新疆经济普查年鉴

Xinjiang Economic Census Yearbook

上 册 2004

新疆维吾尔自治区第一次全国经济普查领导小组办公室 编

中国统计出版社
China Statistics Press

(京)新登字041号

图书在版编目（CIP）数据

新疆经济普查年鉴. 2004
/新疆维吾尔自治区第一次全国经济普查领导小组办公室编.
-北京：中国统计出版社，2006. 8
ISBN 7-5037-5047-2

Ⅰ. 新…
Ⅱ. 新…
Ⅲ. 经济-普查-新疆-2004-年鉴
Ⅳ. F127.54-54

中国版本图书馆CIP数据核字（2006）第076498号

新疆经济普查年鉴—2004

作　　者/新疆维吾尔自治区第一次全国经济普查领导小组办公室编
责任编辑/郭　栋　熊　威
光盘研发/王立群　刘金成　熊　威
E-mail/yearbook@stats.gov.cn
封面设计/黄俊杰　崔宝进
出版发行/中国统计出版社
通信地址/北京市西城区月坛南街57号
邮政编码/100826
办公地址/北京市丰台区西三环南路甲6号
电　　话/邮购（010）63376907　书店（010）68783172
印　　刷/河北天普润印刷厂
经　　销/新华书店
开　　本/880×1230毫米　1/16
字　　数/302千字
印　　张/94. 5
印　　数/1-1000册
版　　别/2006年11月第1版
版　　次/2006年11月第1次印刷
书　　号/ISBN 7-5037-5047-2/F·2364
定　　价/680. 00元

编辑机构名单

编者说明

一、《新疆经济普查年鉴—2004》是以2004年第一次全国经济普查数据为依据编辑出版的一部大型资料汇编丛书。

二、本书共分为7大部分，即：基本单位情况；工业、交通、能源；科技；建筑业；房地产业；贸易、住宿及餐饮业；其他第三产业。

三、由于受普查资料数据来源及格式的影响，第三产业无法完全汇总，只能分几大部分一一列出。

四、本书中，金融业、证券业、保险业、邮政业、电信业、铁路运输业等部门资料，均来自于相关部门的普查资料。

五、其他第三产业是指除交通运输、仓储和邮政业；电信业；批发与零售；住宿和餐饮业；银行业；证券；保险；房地产业；行政事业单位以外的其他第三产业。包括：信息传输、计算机服务和软件业（不包括电信业）；金融业中的其他金融活动；租赁和商务服务业；科学技术研究、技术服务和地质勘察业；水利、环境和公共设施管理业；居民服务和其他服务业六大行业。

六、全部第三产业数据等于交通运输、仓储和邮政业+铁路运输业+电信业+批发与零售业+住宿餐饮业+金融业（其他金融业除外）+房地产业+行政事业单位+行政事业单位+其他第三产业。

七、本书中，未列明金额单位的表，计量单位一般为千元。书中“#”表示其中项。主栏中的首行缩进表明其为上一行的其中项。

八、本书编辑时间较紧，表式众多、数据来源渠道及格式不一，编辑中难免出现问题。敬请读者多加原谅并就有关问题和错误及时与我们联络。

目录

一、全部法人及产业活动单位基本情况

1-1 全部法人单位、产业活动单位基本情况 …… 3
1-2 全部法人单位构成情况 …… 17
1-3 全部产业活动单位构成情况 …… 30
1-4 全部法人单位从业人员情况 …… 44
1-5 全部企业法人单位数及从业人员情况 …… 70
1-6 国有企业法人单位及从业人员情况 …… 82
1-7 集体企业法人单位及从业人员情况 …… 91
1-8 股份有限公司企业法人单位及从业人员 …… 100
1-9 私营企业法人单位及从业人员情况 …… 111
1-10 港澳台商和外商投资企业法人单位及从业人员情况 …… 123
1-11 其他内资企业法人单位及从业人员情况 …… 129
1-12 法人单位从业人员构成情况 …… 133
1-13 企业法人单位从业人员构成情况 …… 159
1-14 事业法人单位从业人员构成情况 …… 185
1-15 机关法人单位从业人员构成情况 …… 197
1-16 社会团体法人单位从业人员构成情况 …… 201
1-17 民办非企业法人单位从业人员构成情况 …… 205
1-18 其他组织机构法人单位从业人员构成情况 …… 211

二、全部工业基本情况及主要经济指标

2-1 全部工业单位数及总产值 …… 223
2-2 工业企业单位数及工业总产值 …… 224
2-3 按行业分工业企业单位数及工业总产值 …… 225
2-4 分地、州、市、县(市)工业企业单位数及工业总产值 …… 226
2-5 全部工业企业主要经济指标 …… 228
2-6 全部工业企业分行业主要经济指标 …… 232
2-7 各地、州、市、县 (市)全部工业企业主要经济指标 …… 236
2-8 分行业国有及国有控股工业企业主要经济指标 …… 244
2-9 分行业国有工业企业主要经济指标 …… 248
2-10 分行业集体工业企业主要经济指标 …… 252
2-11 分行业股份有限公司企业主要经济指标 …… 256
2-12 分行业有限责任公司企业主要经济指标 …… 260
2-13 分行业港澳台商投资企业主要经济指标 …… 264
2-14 分行业外商投资企业主要经济指标 …… 268
2-15 分行业大型工业企业主要经济指标 …… 272
2-16 分行业中型法人工业企业主要经济指标 …… 276

2-17 分行业小型法人工业企业主要经济指标 …… 280
2-18 乌鲁木齐市工业企业主要经济指标 …… 284
2-19 克拉玛依市工业企业主要经济指标 …… 292
2-20 石河子市工业企业主要经济指标 …… 300
2-21 吐鲁番地区工业企业主要经济指标 …… 308
2-22 哈密地区工业企业主要经济指标 …… 316
2-23 昌吉州工业企业主要经济指标 …… 324
2-24 伊犁州工业企业主要经济指标 …… 332
2-25 伊犁州直属县(市)工业企业主要经济指标 …… 340
2-26 塔城地区工业企业主要经济指标 …… 348
2-27 阿勒泰地区工业企业主要经济指标 …… 356
2-28 博尔塔拉蒙古自治州工业企业主要经济指标 …… 364
2-29 巴音郭楞蒙古自治州工业企业主要经济指标 …… 372
2-30 阿克苏地区工业企业主要经济指标 …… 380
2-31 克孜勒苏柯尔克孜自治州工业企业主要经济指标 …… 388
2-32 喀什地区工业企业主要经济指标 …… 396
2-33 和田地区工业企业主要经济指标 …… 404
2-34 规模以上工业企业主要经济指标 …… 412
2-35 规模以上工业企业分行业主要经济指标 …… 424
2-36 各地、州、市、县(市)规模以上工业企业主要经济指标 …… 436
2-37 规模以上国有及国有控股工业企业分行业主要经济指标 …… 460
2-38 规模以上国有工业企业分行业主要经济指标 …… 472
2-39 规模以上集体工业企业分行业主要经济指标 …… 484
2-40 规模以上股份有限公司企业分行业主要经济指标 …… 496
2-41 规模以上有限责任公司企业分行业主要经济指标 …… 508
2-42 规模以上港澳台商投资企业分行业主要经济指标 …… 520
2-43 规模以上外商投资企业分行业主要经济指标 …… 532
2-44 乌鲁木齐市规模以上工业企业主要经济指标 …… 544
2-45 克拉玛依市规模以上工业企业主要经济指标 …… 568
2-46 石河子市规模以上工业企业主要经济指标 …… 592
2-47 吐鲁番地区规模以上工业企业主要经济指标 …… 616
2-48 哈密地区规模以上工业企业主要经济指标 …… 640
2-49 昌吉回族自治州规模以上工业企业主要经济指标 …… 664
2-50 伊犁哈萨克自治州规模以上工业企业主要经济指标 …… 688
2-51 伊犁州直属县(市)规模以上工业企业主要经济指标 …… 712
2-52 塔城地区规模以上工业企业主要经济指标 …… 738
2-53 阿勒泰地区规模以上工业企业主要经济指标 …… 762
2-54 博尔塔拉蒙古自治州规模以上工业企业主要经济指标 …… 786
2-55 巴音郭楞蒙古自治州规模以上工业企业主要经济指标 …… 810
2-56 阿克苏地区规模以上工业企业主要经济指标 …… 834
2-57 克孜勒苏柯尔克孜自治州规模以上工业企业主要经济指标 …… 858
2-58 喀什地区规模以上工业企业主要经济指标 …… 882
2-59 和田地区规模以上工业企业主要经济指标 …… 906
2-60 规模以下工业企业主要经济指标 …… 930
2-61 规模以下工业企业分行业主要经济指标 …… 934
2-62 各地、州、市、县(市)规模以下工业企业主要经济指标 …… 938
2-63 规模以下国有及国有控股工业企业分行业主要经济指标 …… 946
2-64 规模以下国有工业企业分行业主要经济指标 …… 950
2-65 规模以下集体工业企业分行业主要经济指标 …… 954

2–66 规模以下股份有限公司企业分行业主要经济指标 …… 958
2–67 规模以下有限责任公司企业分行业主要经济指标 …… 962
2–68 规模以下港澳台商投资企业分行业主要经济指标 …… 966
2–69 规模以下外商投资企业分行业主要经济指标 …… 970
2–70 主要工业产品产量 …… 974
2–71 规模以上工业企业主要工业产品产量 …… 1008
2–72 规模以下工业企业主要工业产品产量 …… 1044
2–73 各地、州、市主要工业产品产量 …… 1084
2–74 工业企业产品产量、生产能力及能力利用率 …… 1088
2–75 规模以上工业企业产品产量、生产能力及能力利用率 …… 1092
2–76 规模以下工业企业产品产量、生产能力及能力利用率 …… 1096
2–77 全部工业企业能源消费及库存 …… 1098
2–78 规模以上工业企业能源消费及库存 …… 1106
2–79 规模以上工业企业分行业、分品种能源消费总量 …… 1115
2–80 全部工业企业主要原材料消费量 …… 1118

三、企业科技情况

3–1 工业企业科技基本情况表 …… 1122
3–2 全部工业企业科技活动人员情况 …… 1134
3–3 全部工业企业科技活动经费筹集情况 …… 1138
3–4 全部工业企业科技活动经费支出情况 …… 1144
3–5 全部工业企业研究与试验发展（R&D)情况 …… 1148
3–6 全部工业企业科技项目情况 …… 1152
3–7 全部工业企业办科技机构情况 …… 1156
3–8 全部工业企业技术改造、技术获取及减免税情况 …… 1159
3–9 全部工业企业新产品产出和专利情况 …… 1162
3–10 大中型工业企业基本情况表 …… 1164
3–11 大中型工业企业科技活动人员情况 …… 1172
3–12 大中型工业企业科技活动经费筹集情况 …… 1174
3–13 大中型工业企业科技活动经费支出情况 …… 1178
3–14 大中型工业企业研究与试验发展（R&D)情况 …… 1180
3–15 大中型工业企业科技项目情况 …… 1182
3–16 大中型工业企业办科技机构情况 …… 1185
3–17 大中型工业企业技术改造、技术获取及减免税情况 …… 1187
3–18 大中型工业企业新产品产出和专利情况 …… 1189

四、建筑业主要经济指标

4–1 总承包和专业承包建筑业企业主要经济指标 …… 1193
4–2 总承包和专业承包建筑业企业主要经济指标（有工作量的企业） …… 1199
4–3 按地区分的总承包和专业承包建筑业企业房屋建筑完成情况指标 …… 1209
4–4 按地区分的总承包和专业承包建筑业企业房屋建筑完成情况指标（有工作量的企业） …… 1211
4–5 按地区分的总承包和专业承包建筑业企业财务状况指标 …… 1213
4–6 按地区分的总承包和专业承包建筑业企业财务状况指标(有工作量的企业) …… 1218
4–7 按地区分的总承包和专业承包建筑业企业生产情况指标 …… 1223
4–8 按地区分的总承包和专业承包建筑业企业生产情况指标(有工作量的企业) …… 1225
4–9 资质以下建筑业企业主要经济指标 …… 1228

4-10 劳务分包建筑业企业主要经济指标 ……1230
4-11 劳务分包建筑业企业主要经济指标(有工作量的企业) ……1232
4-12 按地区分的劳务分包建筑业企业主要经济指标 ……1234
4-13 按地区分的劳务分包建筑业企业主要经济指标(有工作量的企业) ……1235

五、房地产业主要经济指标

5-1 按各种分组的房地产开发企业指标完成情况 ……1240
5-2 按各种分组的物业管理企业主要指标完成情况 ……1266
5-3 按各种分组的中介服务企业主要指标完成情况 ……1270
5-4 按各种分组的其他房地产企业生产经营情况 ……1274

六、批发零售贸易业、住宿餐饮业基本情况及主要经济指标

6-1 批发和零售业企业基本情况 ……1279
6-2 住宿和餐饮业企业经营情况 ……1280
6-3 分类型批发和零售业企业商品销售情况 ……1281
6-4 分类型限额以上批发和零售业企业商品销售情况 ……1283
6-5 分类型限额以下批发和零售业企业商品销售情况 ……1284
6-6 分行业批发和零售业企业商品销售情况 ……1285
6-7 分行业限额以上批发和零售业企业商品销售情况 ……1287
6-8 分行业限额以下批发和零售业企业商品销售情况 ……1289
6-9 批发和零售业企业商品销售类值 ……1292
6-10 限额以上批发和零售业企业商品销售类值 ……1294
6-11 限额以下批发和零售业企业商品销售类值 ……1296
6-12 各地、州、市、县(市)批发和零售业企业商品销售情况 ……1298
6-13 各地、州、市、县(市)限额以上批发和零售业企业商品销售情况 ……1301
6-14 各地、州、市、县(市)限额以下批发和零售业企业商品销售情况 ……1303
6-15 分类型限额以上批发和零售业企业主要财务状况 ……1306
6-16 分类型限额以下批发和零售业企业主要财务状况 ……1310
6-17 分行业限额以上批发和零售业企业主要财务状况 ……1313
6-18 分行业限额以下批发和零售业企业主要财务状况 ……1321
6-19 各地、州、市、县(市)限额以上批发和零售业企业主要财务状况 ……1330
6-20 各地、州、市、县(市)限额以下批发和零售业企业主要财务状况 ……1338
6-21 其他行业法人附属批发和零售业产业活动单位销售情况 ……1347
6-22 其他行业法人附属批发和零售业产业活动单位分地区销售情况 ……1348
6-23 其他行业法人附属批发和零售业产业活动单位分登记注册类型销售情况 ……1349
6-24 其他行业法人附属批发和零售业产业活动单位分行业销售情况 ……1350
6-25 其他行业法人附属批发和零售业产业活动单位分类商品销售情况 ……1352
6-26 住宿和餐饮业企业基本情况 ……1353
6-27 限额以上住宿和餐饮业企业基本情况 ……1355
6-28 限额以下住宿和餐饮业企业基本情况 ……1357
6-29 住宿和餐饮业企业主要经营情况 ……1358
6-30 限额以上住宿和餐饮业企业主要经营情况 ……1360
6-31 限额以下住宿和餐饮业企业主要经营情况 ……1361
6-32 各地、州、市、县(市)住宿和餐饮业经营状况 ……1362
6-33 各地、州、市、县(市)限额以上住宿和餐饮业经营状况 ……1364
6-34 各地、州、市、县(市)限额以下住宿和餐饮业经营状况 ……1366

6-35 限额以上住宿和餐饮业企业主要财务状况 ……1368
6-36 限额以下住宿和餐饮业企业主要财务状况 ……1372
6-37 各地、州、市、县（市)限额以上住宿和餐饮业企业主要财务状况 ……1375
6-38 各地、州、市、县（市)限额以下住宿和餐饮业企业主要财务状况 ……1383
6-39 其他行业法人附属住宿和餐饮业产业活动单位分登记注册类型经营情况 ……1389
6-40 其他行业法人附属住宿和餐饮业产业活动单位分行业经营情况 ……1390
6-41 其他行业法人附属住宿和餐饮业产业活动单位分地区经营情况 ……1390

七、其他第三产业主要经济指标

7-1 交通运输、铁路、邮政、电信企业单位数和财务状况 ……1393
7-2 交通运输、仓储企业主要业务量 ……1397
7-3 金融业财务状况 ……1397
7-4 银行业企业财务状况 ……1398
7-5 保险业企业财务状况 ……1399
7-6 证券业企业财务状况 ……1340
7-7 其他第三产业企业法人单位主要经济指标 ……1402
7-8 国家邮政企业法人单位主要经济指标 ……1407
7-9 铁路运输业企业法人单位主要经济指标 ……1409
7-10 其他第三产业法人中国有及国有控股企业法人单位主要经济指标 ……1410
7-11 其他第三产业中国有企业法人单位主要经济指标 ……1422
7-12 其他第三产业中集体企业法人单位主要经济指标 ……1434
7-13 其他第三产业法人中股份制企业法人主要经济指标 ……1443
7-14 其他第三产业中私营企业法人单位主要经济指标 ……1455
7-15 其他第三产业中其他内资企业法人主要经济指标 ……1467
7-16 其他第三产业中港奥台商及外商投资企业法人单位主要经济指标 ……1473
7-17 行政事业单位财务状况综合表 ……1479
7-18 新疆个体经营户经营情况表 ……1491

第 1 篇

全部法人及产业活动单位基本情况

1-1 全部法人单位、产业活动单位基本情况

指标名称	法人单位数（个）	单产业法人单位	多产业法人单位	从业人数（人）	产业活动单位数（个）	#多产业法人所属的产业活动单位
总计	**63429**	**58196**	**5233**	**2357895**	**112499**	**54303**
按产业划分						
第一产业					1320	1320
第二产业	7824	7322	502	788092	10448	3126
第三产业	55605	50874	4731	1569803	100731	49857
按登记注册类型分组						
内资企业	63207	57992	5215	2329911	112194	54202
国有企业	21873	18450	3423	1278336	43154	24704
集体企业	1892	1586	306	68477	4254	2668
股份合作企业	209	193	16	6528	289	96
联营企业	104	91	13	4526	166	75
国有联营企业	36	31	5	1487	44	13
集体联营企业	29	28	1	1347	59	31
国有与集体联营企业	17	15	2	877	34	19
其他联营企业	22	17	5	815	29	12
有限责任公司	5042	4476	566	432274	7499	3023
国有独资公司	269	210	59	61792	574	364
其他有限责任公司	4773	4266	507	370482	6925	2659
股份有限公司	355	248	107	131717	1207	959
私营企业	18681	17950	731	300392	20178	2228
私营独资企业	4174	4108	66	50390	4331	223
私营合伙企业	801	782	19	10674	848	66
私营有限责任公司	13344	12717	627	229841	14566	1849
私营股份有限公司	362	343	19	9487	433	90
其他企业	15051	14998	53	107661	35447	20449
港、澳、台商投资企业	85	74	11	13355	139	65
合资经营企业(港或澳、台资)	59	50	9	6643	101	51
合作经营企业(港或澳、台资)	2	1	1	168	3	2
港、澳、台商独资经营企业	21	20	1	6007	25	5
港、澳、台商投资股份有限公司	3	3		537	10	7
外商投资企业	137	130	7	14629	166	36
中外合资经营企业	102	97	5	8338	114	17
中外合作经营企业	10	9	1	786	12	3
外资企业	24	24		1334	24	
外商投资股份有限公司	1		1	4171	16	16

1-1 续表 1

指标名称	法人单位数（个）	单产业法人单位	多产业法人单位	从业人数（人）	产业活动单位数（个）	#多产业法人所属的产业活动单位
按开业时间划分						
1949年以前	1543	1410	133	73451	9397	7987
1950-1952年	1503	1215	288	87083	2276	1061
1953-1957年	3774	3400	374	207887	5319	1919
1958-1962年	3188	2916	272	174339	4816	1900
1963-1965年	780	709	71	49782	1847	1138
1966-1970年	805	719	86	54295	1973	1254
1971-1975年	1622	1433	189	86017	3218	1785
1976-1980年	3039	2638	401	130974	7992	5354
#1978年	625	549	76	24484	1534	985
1981-1985年	7369	6568	801	255734	14263	7695
#1985年	1545	1383	162	60690	3213	1830
1986-1990年	4118	3708	410	159594	9407	5699
1991-1995年	4441	4013	428	181816	8466	4453
#1992年	1040	941	99	38518	1841	900
1996-2000年	10487	9611	876	374239	16176	6565
#1997年	1343	1230	113	42619	2246	1016
2001年	3974	3728	246	128304	5317	1589
2002年	5122	4824	298	146987	6877	2053
2003年	5464	5251	213	128186	7440	2189
2004年	5219	5084	135	104274	6632	1548
其他(不详)	981	969	12	14933	1083	114
按地区分组						
乌鲁木齐市	15721	14941	780	625069	18965	4024
克拉玛依市	1535	1406	129	142976	2162	756
吐鲁番地区	2721	2487	234	81622	3947	1460
哈密地区	2263	2050	213	90861	3212	1162
昌吉回族自治州	5731	5281	450	189836	7897	2616
博尔塔拉蒙古自治州	1999	1813	186	57272	2936	1123
巴音郭楞蒙古自治州	4839	4203	636	180793	7947	3744
阿克苏地区	4507	4011	496	179784	11279	7268
克孜勒苏柯尔克孜自治州	1309	1183	126	39229	3343	2160
喀什地区	5977	5418	559	211240	20719	15301
和田地区	4075	3562	513	106772	10597	7035
伊犁哈萨克自治州	5205	4890	315	191546	8556	3666
塔城地区	3256	2955	301	111505	5117	2162
阿勒泰地区	2644	2404	240	68544	3739	1335
石河子市	1647	1592	55	80846	2083	491

1-1 续表 2

指标名称	法人单位数(个)	单产业法人单位	多产业法人单位	从业人数(人)	产业活动单位数(个)	#多产业法人所属的产业活动单位
按国民经济行业中类分组						
农、林、牧、渔业					1320	1320
农业					86	86
谷物及其他作物的种植					72	72
蔬菜、园艺作物的种植					4	4
水果、坚果、饮料和香料作物的种植					10	10
林业					26	26
林木的培育和种植					26	26
畜牧业					15	15
牲畜的饲养					12	12
猪的饲养					1	1
家禽的饲养					1	1
其他畜牧业					1	1
渔业					6	6
内陆渔业					6	6
农、林、牧、渔服务业					1187	1187
农业服务业					662	662
林业服务业					282	282
畜牧服务业					243	243
采矿业	757	722	35	172152	985	263
煤炭开采和洗选业	375	360	15	60731	455	95
烟煤和无烟煤的开采洗选	375	360	15	60731	455	95
石油和天然气开采业	31	23	8	93168	66	43
天然原油和天然气开采	5	2	3	32560	23	21
与石油和天然气开采有关的服务活动	26	21	5	60608	43	22
黑色金属矿采选业	60	55	5	4801	82	27
铁矿采选	49	45	4	4496	71	26
其他黑色金属矿采选	11	10	1	305	11	1
有色金属矿采选业	85	85		6913	96	11
常用有色金属矿采选	41	41		3373	49	8
贵金属矿采选	43	43		2594	46	3
稀有稀土金属矿采选	1	1		946	1	
非金属矿采选业	203	196	7	6445	280	84
土砂石开采	163	160	3	3143	222	62
化学矿采选	3	2	1	100	4	2
采盐	8	6	2	1019	13	7
石棉及其他非金属矿采选	29	28	1	2183	41	13
其他采矿业	3	3		94	6	3
其他采矿业	3	3		94	6	3

1-1 续表 3

指标名称	法人单位数（个）	单产业法人单位	多产业法人单位	从业人数（人）	产业活动单位数（个）	#多产业法人所属的产业活动单位
制造业	5414	5183	231	358082	6622	1439
农副食品加工业	556	531	25	27614	777	246
谷物磨制	173	165	8	3854	263	98
饲料加工	60	57	3	2529	76	19
植物油加工	165	154	11	9099	257	103
制糖	19	16	3	7878	19	3
屠宰及肉类加工	69	69		1600	81	12
水产品加工	7	7		100	8	1
蔬菜、水果和坚果加工	34	34		1414	38	4
其他农副食品加工	29	29		1140	35	6
食品制造业	277	264	13	14017	339	75
焙烤食品制造	46	41	5	1424	59	18
糖果、巧克力及蜜饯制造	11	11		192	12	1
方便食品制造	21	21		890	22	1
液体乳及乳制品制造	62	58	4	3441	72	14
罐头制造	44	43	1	3699	65	22
调味品、发酵制品制造	31	31		1635	39	8
其他食品制造	62	59	3	2736	70	11
饮料制造业	234	228	6	13046	278	50
酒精制造					1	1
酒的制造	137	132	5	10539	157	25
软饮料制造	90	89	1	2383	113	24
精制茶加工	7	7		124	7	
烟草制品业	5	5		687	6	1
烟叶复烤	1	1		9	1	
卷烟制造	2	2		652	2	
其他烟草制品加工	2	2		26	3	1
纺织业	199	183	16	63759	248	65
棉、化纤纺织及印染精加工	108	102	6	47122	131	29
毛纺织和染整精加工	11	8	3	4609	18	10
麻纺织	9	8	1	5355	14	6
丝绢纺织及精加工	5	4	1	704	6	2
纺织制成品制造	43	42	1	957	48	6
针织品、编织品及其制品制造	23	19	4	5012	31	12
纺织服装、鞋、帽制造业	86	80	6	2959	117	37
纺织服装制造	84	78	6	2918	115	37
纺织面料鞋的制造	1	1		11	1	
制帽	1	1		30	1	
皮革、毛皮、羽毛(绒)及其制品业	34	33	1	1409	37	4
皮革鞣制加工	13	13		999	13	
皮革制品制造	16	15	1	381	17	2
毛皮鞣制及制品加工	4	4		24	5	1
羽毛(绒)加工及制品制造	1	1		5	2	1

1-1 续表 4

指标名称	法人单位数（个）	单产业法人单位	多产业法人单位	从业人数（人）	产业活动单位数（个）	#多产业法人所属的产业活动单位
木材加工及木、竹、藤、棕、草制品业	132	132		5180	151	19
锯材、木片加工	49	49		1035	59	10
人造板制造	49	49		2739	51	2
木制品制造	32	32		1399	36	4
竹、藤、棕、草制品制造	2	2		7	5	3
家具制造业	108	102	6	4983	124	22
木质家具制造	79	73	6	4106	90	17
金属家具制造	20	20		790	20	
塑料家具制造	2	2		10	3	1
其他家具制造	7	7		77	11	4
造纸及纸制品业	158	151	7	11089	180	29
纸浆制造	3	3		882	3	
造纸	48	46	2	7095	52	6
纸制品制造	107	102	5	3112	125	23
印刷业和记录媒介的复制	321	312	9	7516	361	49
印刷	299	290	9	7244	331	41
装订及其他印刷服务活动	22	22		272	30	8
文教体育用品制造业	8	8		1352	9	1
文化用品制造	3	3		21	4	1
体育用品制造	3	3		1317	3	
玩具制造	1	1		3	1	
游艺器材及娱乐用品制造	1	1		11	1	
石油加工、炼焦及核燃料加工业	101	95	6	22976	115	20
精炼石油产品的制造	84	79	5	19905	94	15
炼焦	17	16	1	3071	20	4
核燃料加工					1	1
化学原料及化学制品制造业	423	401	22	26500	488	87
基础化学原料制造	102	98	4	9876	112	14
肥料制造	76	70	6	5039	106	36
农药制造	6	5	1	97	8	3
涂料、油墨、颜料及类似产品制造	74	70	4	1499	81	11
合成材料制造	11	11		3069	12	1
专用化学产品制造	131	124	7	6380	143	19
日用化学产品制造	23	23		540	26	3
医药制造业	72	72		3417	83	11
化学药品原药制造	8	8		500	8	
化学药品制剂制造	8	8		1049	9	1
中药饮片加工	16	16		520	17	1
中成药制造	20	20		955	27	7
兽用药品制造	7	7		221	7	
生物、生化制品的制造	6	6		103	6	
卫生材料及医药用品制造	7	7		69	9	2
化学纤维制造业	10	10		1833	11	1
纤维素纤维原料及纤维制造	3	3		1405	4	1
合成纤维制造	7	7		428	7	

1-1 续表 5

指标名称	法人单位数（个）	单产业法人单位	多产业法人单位	从业人数（人）	产业活动单位数（个）	#多产业法人所属的产业活动单位
橡胶制品业	40	40		3118	42	2
轮胎制造	8	8		2587	8	
橡胶板、管、带的制造	13	13		260	14	1
橡胶零件制造	11	11		120	11	
再生橡胶制造	2	2		48	2	
橡胶靴鞋制造	2	2		64	2	
其他橡胶制品制造	4	4		39	5	1
塑料制品业	399	381	18	23354	476	95
塑料薄膜制造	79	75	4	2396	105	30
塑料板、管、型材的制造	89	84	5	8764	110	26
塑料丝、绳及编织品的制造	72	67	5	9676	81	14
泡沫塑料制造	27	27		472	30	3
塑料包装箱及容器制造	35	35		661	39	4
塑料零件制造	2	1	1	58	3	2
日用塑料制造	81	79	2	1161	91	12
其他塑料制品制造	14	13	1	166	17	4
非金属矿物制品业	1018	989	29	51583	1309	320
水泥、石灰和石膏的制造	96	83	13	23339	117	34
水泥及石膏制品制造	235	230	5	7048	324	94
砖瓦、石材及其他建筑材料制造	603	593	10	16623	766	173
玻璃及玻璃制品制造	40	39	1	3007	48	9
陶瓷制品制造	5	5		38	5	
耐火材料制品制造	25	25		894	32	7
石墨及其他非金属矿物制品制造	14	14		634	17	3
黑色金属冶炼及压延加工业	83	79	4	19419	89	10
炼铁	26	23	3	9961	28	5
炼钢	5	4	1	1786	6	2
钢压延加工	45	45		6855	48	3
铁合金冶炼	7	7		817	7	
有色金属冶炼及压延加工业	33	29	4	5479	37	8
常用有色金属冶炼	11	9	2	3323	12	3
贵金属冶炼	16	14	2	1685	18	4
有色金属合金制造	3	3		182	3	
有色金属压延加工	3	3		289	4	1
金属制品业	328	316	12	10187	386	70
结构性金属制品制造	182	178	4	4200	217	39
金属工具制造	18	17	1	255	23	6
集装箱及金属包装容器制造	27	26	1	1951	34	8
金属丝绳及其制品的制造	24	23	1	569	24	1
建筑、安全用金属制品制造	35	33	2	1891	41	8
金属表面处理及热处理加工	12	12		333	12	
搪瓷制品制造	1	1		1	1	
不锈钢及类似日用金属制品制造	9	8	1	165	12	4
其他金属制品制造	20	18	2	822	22	4

1-1 续表 6

指标名称	法人单位数（个）	单产业法人单位	多产业法人单位	从业人数（人）	产业活动单位数（个）	#多产业法人所属的产业活动单位
通用设备制造业	240	225	15	9914	271	46
锅炉及原动机制造	52	51	1	1631	53	2
金属加工机械制造	5	5		377	8	3
起重运输设备制造	13	11	2	669	14	3
泵、阀门、压缩机及类似机械的制造	10	9	1	682	10	1
轴承、齿轮、传动和驱动部件的制造	6	6		396	7	1
烘炉、熔炉及电炉制造	1	1		8	1	
风机、衡器、包装设备等通用设备制造	17	17		528	20	3
通用零部件制造及机械修理	94	85	9	4713	109	24
金属铸、锻加工	42	40	2	910	49	9
专用设备制造业	144	134	10	6979	198	64
矿山、冶金、建筑专用设备制造	27	23	4	1796	31	8
化工、木材、非金属加工专用设备制造	8	8		113	9	1
食品、饮料、烟草及饲料生产专用设备制造	15	15		265	16	1
印刷、制药、日化生产专用设备制造	2	2		22	2	
纺织、服装和皮革工业专用设备制造	5	5		58	6	1
电子和电工机械专用设备制造	3	3		33	5	2
农、林、牧、渔专用机械制造	67	62	5	4282	109	47
医疗仪器设备及器械制造	2	2		163	3	1
环保、社会公共安全及其他专用设备制造	15	14	1	247	17	3
交通运输设备制造业	162	148	14	8583	217	69
铁路运输设备制造	10	9	1	2672	10	1
汽车制造	145	132	13	5693	200	68
摩托车制造	1	1		1	1	
交通器材及其他交通运输设备制造	6	6		217	6	
电气机械及器材制造业	139	135	4	6567	147	12
电机制造	3	3		291	3	
输配电及控制设备制造	74	72	2	4249	79	7
电线、电缆、光缆及电工器材制造	31	29	2	873	31	2
电池制造	6	6		848	7	1
家用电力器具制造	2	2		10	2	
非电力家用器具制造	6	6		132	7	1
照明器具制造	14	14		130	14	
其他电气机械及器材制造	3	3		34	4	1
通信设备、计算机及其他电子设备制造业	7	7		2457	8	1
电子计算机制造	2	2		33	3	1
电子器件制造	3	3		98	3	
电子元件制造	2	2		2326	2	

1-1 续表 7

指标名称	法人单位数(个)	单产业法人单位	多产业法人单位	从业人数(人)	产业活动单位数(个)	#多产业法人所属的产业活动单位
仪器仪表及文化、办公用机械制造业	19	16	3	704	28	12
通用仪器仪表制造	13	11	2	398	16	5
专用仪器仪表制造	2	1	1	229	3	2
钟表与计时仪器制造					1	1
其他仪器仪表的制造及修理	4	4		77	8	4
工艺品及其他制造业	50	49	1	996	59	10
工艺美术品制造	41	40	1	892	49	9
日用杂品制造	3	3		60	3	
煤制品制造	2	2		17	2	
其他未列明的制造业	4	4		27	5	1
废弃资源和废旧材料回收加工业	28	28		405	31	3
金属废料和碎屑的加工处理	6	6		187	7	1
非金属废料和碎屑的加工处理	22	22		218	24	2
电力、燃气及水的生产和供应业	385	331	54	56213	748	417
电力、热力的生产和供应业	257	222	35	48419	546	324
电力生产	101	89	12	21158	179	90
电力供应	29	13	16	18764	201	188
热力生产和供应	127	120	7	8497	166	46
燃气生产和供应业	19	14	5	1662	23	9
燃气生产和供应业	19	14	5	1662	23	9
水的生产和供应业	109	95	14	6132	179	84
自来水的生产和供应	103	89	14	5783	169	80
污水处理及其再生利用	6	6		349	10	4
建筑业	1268	1086	182	201645	2093	1007
房屋和土木工程建筑业	647	496	151	171410	1357	861
房屋工程建筑	366	257	109	115148	921	664
土木工程建筑	281	239	42	56262	436	197
建筑安装业	242	217	25	20708	313	96
建筑安装业	242	217	25	20708	313	96
建筑装饰业	272	268	4	4641	290	22
建筑装饰业	272	268	4	4641	290	22
其他建筑业	107	105	2	4886	133	28
工程准备	34	33	1	1780	40	7
提供施工设备服务	9	8	1	230	19	11
其他未列明的建筑活动	64	64		2876	74	10

1-1 续表 8

指标名称	法人单位数(个)	单产业法人单位	多产业法人单位	从业人数(人)	产业活动单位数(个)	#多产业法人所属的产业活动单位
交通运输、仓储和邮政业	1100	945	155	128995	2488	1543
铁路运输业	4		4	37437	41	41
铁路旅客运输					2	2
铁路货物运输	4		4	37437	6	6
铁路运输辅助活动					33	33
道路运输业	727	613	114	47348	1027	414
公路旅客运输	151	116	35	9937	223	107
道路货物运输	411	364	47	19196	524	160
道路运输辅助活动	165	133	32	18215	280	147
城市公共交通业	89	79	10	17949	114	35
公共电汽车客运	35	26	9	14911	43	17
轨道交通	2	2		28	2	
出租车客运	44	43	1	1930	59	16
其他城市公共交通	8	8		1080	10	2
水上运输业					8	8
水上运输辅助活动					8	8
航空运输业	11	10	1	4799	21	11
航空客货运输	1	1		2429	1	
通用航空服务	6	6		234	6	
航空运输辅助活动	4	3	1	2136	14	11
管道运输业	2	2		603	4	2
管道运输业	2	2		603	4	2
装卸搬运和其他运输服务业	135	129	6	3857	181	52
装卸搬运	34	33	1	1793	43	10
运输代理服务	101	96	5	2064	138	42
仓储业	112	110	2	3654	189	79
谷物、棉花等农产品仓储	45	44	1	1384	96	52
其他仓储	67	66	1	2270	93	27
邮政业	20	2	18	13348	903	901
国家邮政	17		17	13143	890	890
其他寄递服务	3	2	1	205	13	11
信息传输、计算机服务和软件业	1116	1096	20	27952	1326	230
电信和其他信息传输服务业	151	138	13	22127	347	209
电信	19	12	7	19151	118	106
互联网信息服务	74	74		655	75	1
广播电视传输服务	58	52	6	2321	154	102
计算机服务业	860	856	4	4478	868	12
计算机系统服务	37	35	2	2033	39	4
数据处理	7	7		56	7	
计算机维修	21	20	1	169	23	3
其他计算机服务	795	794	1	2220	799	5
软件业	105	102	3	1347	111	9
公共软件服务	70	67	3	1077	74	7
其他软件服务	35	35		270	37	2

1-1 续表 9

指标名称	法人单位数（个）	单产业法人单位	多产业法人单位	从业人数（人）	产业活动单位数（个）	#多产业法人所属的产业活动单位
批发和零售业	11825	10843	982	169385	15968	5125
批发业	7185	6609	576	102987	9222	2613
农畜产品批发	651	516	135	28792	1119	603
食品、饮料及烟草制品批发	495	430	65	10151	686	256
纺织、服装及日用品批发	338	329	9	3772	356	27
文化、体育用品及器材批发	169	155	14	2222	184	29
医药及医疗器材批发	192	171	21	3319	219	48
矿产品、建材及化工产品批发	2432	2247	185	27140	3468	1221
机械设备、五金交电及电子产品批发	2522	2395	127	23297	2711	316
贸易经纪与代理	64	64		687	65	1
其他批发	322	302	20	3607	414	112
零售业	4640	4234	406	66398	6746	2512
综合零售	389	321	68	16974	619	298
食品、饮料及烟草制品专门零售	244	218	26	3122	470	252
纺织、服装及日用品专门零售	343	308	35	4764	462	154
文化、体育用品及器材专门零售	397	355	42	4392	551	196
医药及医疗器材专门零售	206	158	48	4545	748	590
汽车、摩托车、燃料及零配件专门零售	860	784	76	13911	1296	512
家用电器及电子产品专门零售	1065	1007	58	10050	1171	164
五金、家具及室内装修材料专门零售	722	699	23	4812	817	118
无店铺及其他零售	414	384	30	3828	612	228
住宿和餐饮业	953	827	126	46517	1457	630
住宿业	610	509	101	34701	909	400
旅游饭店	247	173	74	25816	301	128
一般旅馆	321	295	26	8239	547	252
其他住宿服务	42	41	1	646	61	20
餐饮业	343	318	25	11816	548	230
正餐服务	273	258	15	9940	432	174
快餐服务	39	32	7	1136	68	36
饮料及冷饮服务	7	6	1	79	13	7
其他餐饮服务	24	22	2	661	35	13
金融业	396	138	258	57564	3343	3205
银行业	229	36	193	39438	2573	2537
中央银行	23	11	12	2969	108	97
商业银行	187	22	165	34556	2329	2307
其他银行	19	3	16	1913	136	133

1-1 续表 10

指标名称	法人单位数（个）	单产业法人单位	多产业法人单位	从业人数（人）	产业活动单位数（个）	#多产业法人所属的产业活动单位
证券业	9	7	2	1354	74	67
证券市场管理	1	1		30	1	
证券经纪与交易	4	2	2	1198	68	66
证券投资	4	4		126	5	1
保险业	104	42	62	16225	594	552
人寿保险	37	14	23	9680	175	161
非人寿保险	55	17	38	6085	391	374
保险辅助服务	12	11	1	460	28	17
其他金融活动	54	53	1	547	102	49
金融信托与管理	4	4		60	13	9
金融租赁	1	1		67	2	1
财务公司					5	5
邮政储蓄					10	10
典当	25	24	1	231	26	2
其他未列明的金融活动	24	24		189	46	22
房地产业	1593	1485	108	40604	1809	324
房地产业	1593	1485	108	40604	1809	324
房地产开发经营	709	659	50	15434	777	118
物业管理	432	405	27	17343	520	115
房地产中介服务	179	167	12	2449	203	36
其他房地产活动	273	254	19	5378	309	55
租赁和商务服务业	2570	2438	132	81234	3273	835
租赁业	173	166	7	2374	225	59
机械设备租赁	166	159	7	2156	216	57
文化及日用品出租	7	7		218	9	2
商务服务业	2397	2272	125	78860	3048	776
企业管理服务	428	361	67	43412	703	342
法律服务	250	248	2	2585	384	136
咨询与调查	399	390	9	5146	451	61
广告业	465	456	9	4485	501	45
知识产权服务	30	30		173	33	3
职业中介服务	132	128	4	6406	164	36
市场管理	145	142	3	2721	222	80
旅行社	227	217	10	3133	237	20
其他商务服务	321	300	21	10799	353	53
科学研究、技术服务和地质勘查业	1877	1775	102	57547	2705	930
研究与试验发展	171	159	12	6768	185	26
自然科学研究与试验发展	20	18	2	1316	22	4
工程和技术研究与试验发展	28	26	2	878	35	9
农业科学研究与试验发展	87	80	7	3688	90	10
医学研究与试验发展	13	12	1	291	13	1
社会人文科学研究与试验发展	23	23		595	25	2

1-1 续表 11

指标名称	法人单位数（个）	单产业法人单位	多产业法人单位	从业人数（人）	产业活动单位数（个）	#多产业法人所属的产业活动单位
专业技术服务业	1058	1020	38	28912	1308	288
气象服务	124	115	9	2779	142	27
地震服务	33	32	1	587	38	6
测绘服务	38	38		1142	42	4
技术检测	223	209	14	5371	342	133
环境监测	40	40		959	51	11
工程技术与规划管理	481	471	10	15847	565	94
其他专业技术服务	119	115	4	2227	128	13
科技交流和推广服务业	565	525	40	11037	1120	595
技术推广服务	460	422	38	9603	970	548
科技中介服务	46	45	1	585	64	19
其他科技服务	59	58	1	849	86	28
地质勘查业	83	71	12	10830	92	21
矿产地质勘查	29	22	7	3892	35	13
基础地质勘查	28	23	5	4645	29	6
地质勘查技术服务	26	26		2293	28	2
水利、环境和公共设施管理业	629	554	75	39270	1396	842
水利管理业	215	156	59	19587	811	655
防洪管理	8	7	1	341	12	5
水资源管理	162	113	49	17112	664	551
其他水利管理	45	36	9	2134	135	99
环境管理业	199	191	8	10543	304	113
自然保护	95	92	3	1941	166	74
环境治理	104	99	5	8602	138	39
公共设施管理业	215	207	8	9140	281	74
市政公共设施管理	70	66	4	3377	97	31
城市绿化管理	78	76	2	3715	99	23
游览景区管理	67	65	2	2048	85	20
居民服务和其他服务业	803	762	41	11644	1136	374
居民服务业	390	366	24	6018	603	237
家庭服务	40	40		467	44	4
托儿所	40	40		622	46	6
洗染服务	21	19	2	270	32	13
理发及美容保健服务	45	38	7	316	63	25
洗浴服务	44	40	4	1232	67	27
婚姻服务	26	26		68	31	5
殡葬服务	30	28	2	507	47	19
摄影扩印服务	41	35	6	486	54	19
其他居民服务	103	100	3	2050	219	119

1-1 续表 12

指标名称	法人单位数（个）	单产业法人单位	多产业法人单位	从业人数（人）	产业活动单位数（个）	#多产业法人所属的产业活动单位
其他服务业	413	396	17	5626	533	137
修理与维护	248	236	12	3037	328	92
清洁服务	39	38	1	673	46	8
其他未列明的服务	126	122	4	1916	159	37
教育	4488	3999	489	291803	8787	4788
教育	4488	3999	489	291803	8787	4788
学前教育	487	484	3	11395	584	100
初等教育	1804	1461	343	111115	5532	4071
中等教育	1508	1384	124	132506	1773	389
高等教育	78	69	9	24460	88	19
其他教育	611	601	10	12327	810	209
卫生、社会保障和社会福利业	2113	1962	151	108091	3308	1346
卫生	1821	1679	142	104030	2863	1184
医院	536	487	49	73050	605	118
卫生院及社区医疗活动	771	707	64	16673	1007	300
门诊部医疗活动	89	87	2	1533	374	287
计划生育技术服务活动	127	115	12	1860	510	395
妇幼保健活动	84	82	2	2997	94	12
专科疾病防治活动	13	12	1	481	15	3
疾病预防控制及防疫活动	150	138	12	6407	191	53
其他卫生活动	51	51		1029	67	16
社会保障业	80	76	4	1591	152	76
社会保障业	80	76	4	1591	152	76
社会福利业	212	207	5	2470	293	86
提供住宿的社会福利	136	134	2	1968	198	64
不提供住宿的社会福利	76	73	3	502	95	22
文化、体育和娱乐业	981	927	54	24420	1898	971
新闻出版业	96	88	8	5041	105	17
新闻业	14	11	3	265	17	6
出版业	82	77	5	4776	88	11
广播、电视、电影和音像业	268	243	25	7953	728	485
广播	101	92	9	2541	448	356
电视	68	59	9	3615	153	94
电影	96	89	7	1720	123	34
音像制作	3	3		77	4	1

1-1 续表 13

指标名称	法人单位数（个）	单产业法人单位	多产业法人单位	从业人数（人）	产业活动单位数（个）	#多产业法人所属的产业活动单位
文化艺术业	443	428	15	8360	819	391
文艺创作与表演	72	71	1	3308	80	9
艺术表演场馆	14	14		394	14	
图书馆与档案馆	135	134	1	1443	160	26
文物及文化保护	31	31		434	41	10
博物馆	10	10		280	11	1
烈士陵园、纪念馆	3	3		42	8	5
群众文化活动	157	146	11	2057	470	324
文化艺术经纪代理	9	7	2	251	10	3
其他文化艺术	12	12		151	25	13
体育	49	48	1	891	71	23
体育组织	25	24	1	463	36	12
体育场馆	10	10		260	14	4
其他体育	14	14		168	21	7
娱乐业	125	120	5	2175	175	55
室内娱乐活动	74	70	4	1311	107	37
游乐园	10	10		226	11	1
休闲健身娱乐活动	18	18		270	29	11
其他娱乐活动	23	22	1	368	28	6
公共管理和社会组织	25161	23123	2038	484777	51837	28714
中国共产党机关	1138	1069	69	21093	1186	117
中国共产党机关	1138	1069	69	21093	1186	117
国家机构	7985	6103	1882	347626	13764	7661
国家权力机构	147	134	13	4104	158	24
国家行政机构	7499	5650	1849	326435	13176	7526
人民法院和人民检察院	295	283	12	16151	331	48
其他国家机构	44	36	8	936	99	63
人民政协和民主党派	134	132	2	2199	134	2
人民政协	108	107	1	1954	108	1
民主党派	26	25	1	245	26	1
群众团体、社会团体和宗教组织	5105	5057	48	39143	25933	20876
群众团体	576	547	29	3838	640	93
社会团体	1345	1334	11	17872	1451	117
宗教组织	3184	3176	8		23842	20666
基层群众自治组织	10799	10762	37	74716	10820	58
社区自治组织	1591	1582	9	10079	1598	16
村民自治组织	9208	9180	28	64637	9222	42

1-2 全部法人单位构成情况

指标名称	全部法人数	企业法人	事业法人	机关法人	社团法人	其他法人				
							居委会	村委会	民办非企业	其他
总计	**63429**	**28625**	**10675**	**7096**	**2097**	**14936**	**1591**	**9208**	**676**	**3461**
按产业划分										
第二产业	7824	7820	4							
第三产业	55605	20805	10671	7096	2097	14936	1591	9208	676	3461
按开业时间划分										
1949年以前	1543	14	427	76	32	994		58		936
1950-1952年	1503	103	237	605	124	434	2	387	1	44
1953-1957年	3774	332	838	602	81	1921	34	1825	1	61
1958-1962年	3188	227	990	345	49	1577	12	1491	1	73
1963-1965年	780	72	357	82	11	258	4	216		38
1966-1970年	805	75	341	93	9	287	8	212	2	65
1971-1975年	1622	154	696	236	41	495	11	368		116
1976-1980年	3039	276	1008	707	138	910	22	508	2	378
#1978年	625	54	244	127	22	178	4	103		71
1981-1985年	7369	619	1744	1778	230	2998	99	2368	10	521
#1985年	1545	194	468	262	61	560	30	412	2	116
1986-1990年	4118	735	1311	660	244	1168	175	647	12	334
1991-1995年	4441	2095	860	638	303	545	83	147	43	272
#1992年	1040	462	220	106	83	169	31	69	5	64
1996-2000年	10487	7357	939	446	385	1360	313	561	145	341
#1997年	1343	767	177	70	58	271	118	89	14	50
2001年	3974	2990	194	102	79	609	401	78	67	63
2002年	5122	3840	311	408	113	450	246	25	107	72
2003年	5464	4661	211	118	129	345	94	53	127	71
2004年	5219	4376	184	109	129	421	76	111	158	76
其他(不详)	981	699	27	91		164	11	153		
按登记注册类型分组										
内资企业	63207	28409	10674	7096	2096	14932	1591	9208	674	3459
#国有及国有控股	4106	4104	2							
国有企业	21873	2661	10572	7092	1318	230			22	208
集体企业	1892	1776	38		33	45			16	29
股份合作企业	209	194	2			13			6	7
联营企业	104	99	1		2	2			1	1
国有联营企业	36	36								
集体联营企业	29	29								
国有与集体联营企业	17	16			1					
其他联营企业	22	18	1		1	2			1	1
有限责任公司	5042	5013	4		1	24			5	19
国有独资公司	269	265	3		1					
其他有限责任公司	4773	4748	1			24			5	19
股份有限公司	355	351				4				4

1-2 续表 1

指标名称	全部法人数	企业法人	事业法人	机关法人	社团法人	其他法人				
							居委会	村委会	民办非企业	其他
私营企业	18681	18151	1		2	527			369	158
私营独资企业	4174	3801			1	372			298	74
私营合伙企业	801	711	1			89			40	49
私营有限责任公司	13344	13283			1	60			29	31
私营股份有限公司	362	356				6			2	4
其他企业	15051	164	56	4	740	14087	1591	9208	255	3033
港、澳、台商投资企业	85	80	1		1	3			1	2
合资经营企业(港或澳、台资)	59	55			1	3			1	2
合作经营企业(港或澳、台资)	2	2								
港、澳、台商独资经营企业	21	20	1							
港、澳、台商投资股份有限公司	3	3								
外商投资企业	137	136				1			1	
中外合资经营企业	102	101				1			1	
中外合作经营企业	10	10								
外资企业	24	24								
外商投资股份有限公司	1	1								
按营业状态分组										
营业	25283	25279	2			2			1	1
停业(歇业)	1867	1867								
筹建	704	704								
当年关闭	444	444								
当年破产	74	74								
其他	258	257				1				1
按地区分组										
乌鲁木齐市	15721	12112	1318	758	529	1004	465	105	228	206
克拉玛依市	1535	951	149	199	95	141	87	6	20	28
吐鲁番地区	2721	702	471	229	132	1187	36	169	11	971
哈密地区	2263	786	571	279	65	562	42	192	30	298
昌吉回族自治州	5731	2576	881	607	101	1566	129	938	79	420
博尔塔拉蒙古自治州	1999	927	387	279	66	340	30	247	26	37
巴音郭楞蒙古自治州	4839	2399	769	636	298	737	133	383	99	122
阿克苏地区	4507	1465	907	613	172	1350	124	1159	28	39
克孜勒苏柯尔克孜自治州	1309	183	257	265	57	547	26	236	2	283
喀什地区	5977	1338	1051	859	148	2581	152	2337	14	78
和田地区	4075	590	801	573	94	2017	26	1379	4	608
伊犁哈萨克自治州	5205	2001	1484	708	82	930	153	662	59	56
塔城地区	3256	791	788	530	63	1084	79	860	20	125
阿勒泰地区	2644	576	713	492	112	751	69	511	20	151
石河子市	1647	1228	128	69	83	139	40	24	36	39

1-2 续表 2

指标名称	全部法人数	企业法人	事业法人	机关法人	社团法人	其他法人				
							居委会	村委会	民办非企业	其他
按国民经济行业中类分组										
采矿业	757	757								
煤炭开采和洗选业	375	375								
烟煤和无烟煤的开采洗选	375	375								
石油和天然气开采业	31	31								
天然原油和天然气开采	5	5								
与石油和天然气开采有关的服务活动	26	26								
黑色金属矿采选业	60	60								
铁矿采选	49	49								
其他黑色金属矿采选	11	11								
有色金属矿采选业	85	85								
常用有色金属矿采选	41	41								
贵金属矿采选	43	43								
稀有稀土金属矿采选	1	1								
非金属矿采选业	203	203								
土砂石开采	163	163								
化学矿采选	3	3								
采盐	8	8								
石棉及其他非金属矿采选	29	29								
其他采矿业	3	3								
其他采矿业	3	3								
制造业	5414	5413	1							
农副食品加工业	556	556								
谷物磨制	173	173								
饲料加工	60	60								
植物油加工	165	165								
制糖	19	19								
屠宰及肉类加工	69	69								
水产品加工	7	7								
蔬菜、水果和坚果加工	34	34								
其他农副食品加工	29	29								
食品制造业	277	277								
焙烤食品制造	46	46								
糖果、巧克力及蜜饯制造	11	11								
方便食品制造	21	21								
液体乳及乳制品制造	62	62								
罐头制造	44	44								
调味品、发酵制品制造	31	31								
其他食品制造	62	62								
饮料制造业	234	234								
酒的制造	137	137								
软饮料制造	90	90								
精制茶加工	7	7								

1-2 续表 3

指标名称	全部法人数	企业法人	事业法人	机关法人	社团法人	其他法人				
							居委会	村委会	民办非企业	其他
烟草制品业	5	5								
烟叶复烤	1	1								
卷烟制造	2	2								
其他烟草制品加工	2	2								
纺织业	199	199								
棉、化纤纺织及印染精加工	108	108								
毛纺织和染整精加工	11	11								
麻纺织	9	9								
丝绢纺织及精加工	5	5								
纺织制成品制造	43	43								
针织品、编织品及其制品制造	23	23								
纺织服装、鞋、帽制造业	86	86								
纺织服装制造	84	84								
纺织面料鞋的制造	1	1								
制帽	1	1								
皮革、毛皮、羽毛(绒)及其制品业	34	34								
皮革鞣制加工	13	13								
皮革制品制造	16	16								
毛皮鞣制及制品加工	4	4								
羽毛(绒)加工及制品制造	1	1								
木材加工及木、竹、藤、棕、草制品业	132	132								
锯材、木片加工	49	49								
人造板制造	49	49								
木制品制造	32	32								
竹、藤、棕、草制品制造	2	2								
家具制造业	108	107	1							
木质家具制造	79	78	1							
金属家具制造	20	20								
塑料家具制造	2	2								
其他家具制造	7	7								
造纸及纸制品业	158	158								
纸浆制造	3	3								
造纸	48	48								
纸制品制造	107	107								
印刷业和记录媒介的复制	321	321								
印刷	299	299								
装订及其他印刷服务活动	22	22								
文教体育用品制造业	8	8								
文化用品制造	3	3								
体育用品制造	3	3								
玩具制造	1	1								
游艺器材及娱乐用品制造	1	1								

1-2 续表 4

指标名称	全部法人数	企业法人	事业法人	机关法人	社团法人	其他法人			
							居委会	村委会	民办非企业	其他
石油加工、炼焦及核燃料加工业	101	101								
精炼石油产品的制造	84	84								
炼焦	17	17								
化学原料及化学制品制造业	423	423								
基础化学原料制造	102	102								
肥料制造	76	76								
农药制造	6	6								
涂料、油墨、颜料及类似产品制造	74	74								
合成材料制造	11	11								
专用化学产品制造	131	131								
日用化学产品制造	23	23								
医药制造业	72	72								
化学药品原药制造	8	8								
化学药品制剂制造	8	8								
中药饮片加工	16	16								
中成药制造	20	20								
兽用药品制造	7	7								
生物、生化制品的制造	6	6								
卫生材料及医药用品制造	7	7								
化学纤维制造业	10	10								
纤维素纤维原料及纤维制造	3	3								
合成纤维制造	7	7								
橡胶制品业	40	40								
轮胎制造	8	8								
橡胶板、管、带的制造	13	13								
橡胶零件制造	11	11								
再生橡胶制造	2	2								
橡胶靴鞋制造	2	2								
其他橡胶制品制造	4	4								
塑料制品业	399	399								
塑料薄膜制造	79	79								
塑料板、管、型材的制造	89	89								
塑料丝、绳及编织品的制造	72	72								
泡沫塑料制造	27	27								
塑料包装箱及容器制造	35	35								
塑料零件制造	2	2								
日用塑料制造	81	81								
其他塑料制品制造	14	14								

1-2 续表 5

指标名称	全部法人数	企业法人	事业法人	机关法人	社团法人	其他法人			
						居委会	村委会	民办非企业	其他
非金属矿物制品业	1018	1018							
水泥、石灰和石膏的制造	96	96							
水泥及石膏制品制造	235	235							
砖瓦、石材及其他建筑材料制造	603	603							
玻璃及玻璃制品制造	40	40							
陶瓷制品制造	5	5							
耐火材料制品制造	25	25							
石墨及其他非金属矿物制品制造	14	14							
黑色金属冶炼及压延加工业	83	83							
炼铁	26	26							
炼钢	5	5							
钢压延加工	45	45							
铁合金冶炼	7	7							
有色金属冶炼及压延加工业	33	33							
常用有色金属冶炼	11	11							
贵金属冶炼	16	16							
有色金属合金制造	3	3							
有色金属压延加工	3	3							
金属制品业	328	328							
结构性金属制品制造	182	182							
金属工具制造	18	18							
集装箱及金属包装容器制造	27	27							
金属丝绳及其制品的制造	24	24							
建筑、安全用金属制品制造	35	35							
金属表面处理及热处理加工	12	12							
搪瓷制品制造	1	1							
不锈钢及类似日用金属制品制造	9	9							
其他金属制品制造	20	20							
通用设备制造业	240	240							
锅炉及原动机制造	52	52							
金属加工机械制造	5	5							
起重运输设备制造	13	13							
泵、阀门、压缩机及类似机械的制造	10	10							
轴承、齿轮、传动和驱动部件的制造	6	6							
烘炉、熔炉及电炉制造	1	1							
风机、衡器、包装设备等通用设备制造	17	17							
通用零部件制造及机械修理	94	94							
金属铸、锻加工	42	42							

1-2 续表 6

指标名称	全部法人数	企业法人	事业法人	机关法人	社团法人	其他法人	居委会	村委会	民办非企业	其他
专用设备制造业	144	144								
矿山、冶金、建筑专用设备制造	27	27								
化工、木材、非金属加工专用设备制造	8	8								
食品、饮料、烟草及饲料生产专用设备制造	15	15								
印刷、制药、日化生产专用设备制造	2	2								
纺织、服装和皮革工业专用设备制造	5	5								
电子和电工机械专用设备制造	3	3								
农、林、牧、渔专用机械制造	67	67								
医疗仪器设备及器械制造	2	2								
环保、社会公共安全及其他专用设备制造	15	15								
交通运输设备制造业	162	162								
铁路运输设备制造	10	10								
汽车制造	145	145								
摩托车制造	1	1								
交通器材及其他交通运输设备制造	6	6								
电气机械及器材制造业	139	139								
电机制造	3	3								
输配电及控制设备制造	74	74								
电线、电缆、光缆及电工器材制造	31	31								
电池制造	6	6								
家用电力器具制造	2	2								
非电力家用器具制造	6	6								
照明器具制造	14	14								
其他电气机械及器材制造	3	3								
通信设备、计算机及其他电子设备制造业	7	7								
电子计算机制造	2	2								
电子器件制造	3	3								
电子元件制造	2	2								
仪器仪表及文化、办公用机械制造业	19	19								
通用仪器仪表制造	13	13								
专用仪器仪表制造	2	2								
其他仪器仪表的制造及修理	4	4								
工艺品及其他制造业	50	50								
工艺美术品制造	41	41								
日用杂品制造	3	3								
煤制品制造	2	2								
其他未列明的制造业	4	4								
废弃资源和废旧材料回收加工业	28	28								
金属废料和碎屑的加工处理	6	6								
非金属废料和碎屑的加工处理	22	22								

1-2 续表 7

指标名称	全部法人数	企业法人	事业法人	机关法人	社团法人	其他法人				
							居委会	村委会	民办非企业	其他
电力、燃气及水的生产和供应业	385	383	2							
电力、热力的生产和供应业	257	257								
电力生产	101	101								
电力供应	29	29								
热力生产和供应	127	127								
燃气生产和供应业	19	19								
燃气生产和供应业	19	19								
水的生产和供应业	109	107	2							
自来水的生产和供应	103	102	1							
污水处理及其再生利用	6	5	1							
建筑业	1268	1267	1							
房屋和土木工程建筑业	647	646	1							
房屋工程建筑	366	366								
土木工程建筑	281	280	1							
建筑安装业	242	242								
建筑安装业	242	242								
建筑装饰业	272	272								
建筑装饰业	272	272								
其他建筑业	107	107								
工程准备	34	34								
提供施工设备服务	9	9								
其他未列明的建筑活动	64	64								
交通运输、仓储和邮政业	1100	980	116			4				4
铁路运输业	4	4								
铁路货物运输	4	4								
道路运输业	727	621	104			2				2
公路旅客运输	151	151								
道路货物运输	411	410				1				1
道路运输辅助活动	165	60	104			1				1
城市公共交通业	89	89								
公共电汽车客运	35	35								
轨道交通	2	2								
出租车客运	44	44								
其他城市公共交通	8	8								
航空运输业	11	11								
航空客货运输	1	1								
通用航空服务	6	6								
航空运输辅助活动	4	4								
管道运输业	2	2								
管道运输业	2	2								
装卸搬运和其他运输服务业	135	135								
装卸搬运	34	34								
运输代理服务	101	101								

1-2 续表 8

指标名称	全部法人数	企业法人	事业法人	机关法人	社团法人	其他法人	居委会	村委会	民办非企业	其他
仓储业	112	98	12			2				2
谷物、棉花等农产品仓储	45	36	8			1				1
其他仓储	67	62	4			1				1
邮政业	20	20								
国家邮政	17	17								
其他寄递服务	3	3								
信息传输、计算机服务和软件业	1116	1029	52			35			1	34
电信和其他信息传输服务业	151	99	42			10				10
电信	19	18				1				1
互联网信息服务	74	64	2			8				8
广播电视传输服务	58	17	40			1				1
计算机服务业	860	828	9			23			1	22
计算机系统服务	37	36	1							
数据处理	7	2	5							
计算机维修	21	21								
其他计算机服务	795	769	3			23			1	22
软件业	105	102	1			2				2
公共软件服务	70	69	1							
其他软件服务	35	33				2				2
批发和零售业	11825	11825								
批发业	7185	7185								
农畜产品批发	651	651								
食品、饮料及烟草制品批发	495	495								
纺织、服装及日用品批发	338	338								
文化、体育用品及器材批发	169	169								
医药及医疗器材批发	192	192								
矿产品、建材及化工产品批发	2432	2432								
机械设备、五金交电及电子产品批发	2522	2522								
贸易经纪与代理	64	64								
其他批发	322	322								
零售业	4640	4640								
综合零售	389	389								
食品、饮料及烟草制品专门零售	244	244								
纺织、服装及日用品专门零售	343	343								
文化、体育用品及器材专门零售	397	397								
医药及医疗器材专门零售	206	206								
汽车、摩托车、燃料及零配件专门零售	860	860								
家用电器及电子产品专门零售	1065	1065								
五金、家具及室内装修材料专门零售	722	722								
无店铺及其他零售	414	414								

1-2 续表 9

指标名称	全部法人数	企业法人	事业法人	机关法人	社团法人	其他法人				
							居委会	村委会	民办非企业	其他
住宿和餐饮业	953	931	8			14				14
住宿业	610	595	8			7				7
旅游饭店	247	239	5			3				3
一般旅馆	321	315	3			3				3
其他住宿服务	42	41				1				1
餐饮业	343	336				7				7
正餐服务	273	268				5				5
快餐服务	39	38				1				1
饮料及冷饮服务	7	7								
其他餐饮服务	24	23				1				1
金融业	396	363	5	21		7			2	5
银行业	229	203	3	21		2				2
中央银行	23		2	21						
商业银行	187	184	1			2				2
其他银行	19	19								
证券业	9	8	1							
证券市场管理	1		1							
证券经纪与交易	4	4								
证券投资	4	4								
保险业	104	103				1				1
人寿保险	37	36				1				1
非人寿保险	55	55								
保险辅助服务	12	12								
其他金融活动	54	49	1			4			2	2
金融信托与管理	4	4								
金融租赁	1	1								
典当	25	25								
其他未列明的金融活动	24	19	1			4			2	2
房地产业	1593	1582	10			1				1
房地产业	1593	1582	10			1				1
房地产开发经营	709	709								
物业管理	432	428	3			1				1
房地产中介服务	179	174	5							
其他房地产活动	273	271	2							
租赁和商务服务业	2570	2079	335			156			13	143
租赁业	173	164	6			3			1	2
机械设备租赁	166	158	5			3			1	2
文化及日用品出租	7	6	1							

1-2 续表 10

指标名称	全部法人数	企业法人	事业法人	机关法人	社团法人	其他法人				
							居委会	村委会	民办非企业	其他
商务服务业	2397	1915	329			153			12	141
企业管理服务	428	289	126			13				13
法律服务	250	100	56			94			8	86
咨询与调查	399	333	52			14				14
广告业	465	456				9				9
知识产权服务	30	25	5							
职业中介服务	132	91	34			7			3	4
市场管理	145	100	40			5				5
旅行社	227	222	2			3				3
其他商务服务	321	299	14			8			1	7
科学研究、技术服务和地质勘查业	1877	699	1154			24			4	20
研究与试验发展	171	47	119			5			3	2
自然科学研究与试验发展	20	7	13							
工程和技术研究与试验发展	28	14	14							
农业科学研究与试验发展	87	19	65			3			1	2
医学研究与试验发展	13	6	7							
社会人文科学研究与试验发展	23	1	20			2			2	
专业技术服务业	1058	525	522			11			1	10
气象服务	124	11	112			1				1
地震服务	33		33							
测绘服务	38	27	11							
技术检测	223	80	141			2				2
环境监测	40	1	39							
工程技术与规划管理	481	306	168			7				7
其他专业技术服务	119	100	18			1			1	
科技交流和推广服务业	565	96	461			8				8
技术推广服务	460	56	398			6				6
科技中介服务	46	18	26			2				2
其他科技服务	59	22	37							
地质勘查业	83	31	52							
矿产地质勘查	29	14	15							
基础地质勘查	28	3	25							
地质勘查技术服务	26	14	12							
水利、环境和公共设施管理业	629	135	480		1	13				13
水利管理业	215	22	190			3				3
防洪管理	8	1	7							
水资源管理	162	17	144			1				1
其他水利管理	45	4	39			2				2
环境管理业	199	24	169		1	5				5
自然保护	95	4	89		1	1				1
环境治理	104	20	80			4				4

1-2 续表 11

指标名称	全部法人数	企业法人	事业法人	机关法人	社团法人	其他法人				
							居委会	村委会	民办非企业	其他
公共设施管理业	215	89	121			5				5
市政公共设施管理	70	18	51			1				1
城市绿化管理	78	28	48			2				2
游览景区管理	67	43	22			2				2
居民服务和其他服务业	803	666	73			64			31	33
居民服务业	390	281	57			52			28	24
家庭服务	40	35	2			3			1	2
托儿所	40	1	21			18			17	1
洗染服务	21	20				1				1
理发及美容保健服务	45	41				4			1	3
洗浴服务	44	42				2				2
婚姻服务	26	19	1			6			4	2
殡葬服务	30	8	20			2				2
摄影扩印服务	41	40				1				1
其他居民服务	103	75	13			15			5	10
其他服务业	413	385	16			12			3	9
修理与维护	248	245	1			2				2
清洁服务	39	37				2			1	1
其他未列明的服务	126	103	15			8			2	6
教育	4488	156	3711			621			550	71
教育	4488	156	3711			621			550	71
学前教育	487	22	183			282			253	29
初等教育	1804	5	1723			76			57	19
中等教育	1508	6	1449			53			49	4
高等教育	78		75			3			3	
其他教育	611	123	281			207			188	19
卫生、社会保障和社会福利业	2113	157	1816		5	135			63	72
卫生	1821	145	1583			93			48	45
医院	536	93	408			35			13	22
卫生院及社区医疗活动	771	16	732			23			16	7
门诊部医疗活动	89	22	39			28			18	10
计划生育技术服务活动	127	2	125							
妇幼保健活动	84		84							
专科疾病防治活动	13	2	10			1				1
疾病预防控制及防疫活动	150	3	145			2				2
其他卫生活动	51	7	40			4			1	3
社会保障业	80		78			2				2
社会保障业	80		78			2				2
社会福利业	212	12	155		5	40			15	25
提供住宿的社会福利	136	7	101			28			14	14
不提供住宿的社会福利	76	5	54		5	12			1	11

1-2 续表 12

指标名称	全部法人数	企业法人	事业法人	机关法人	社团法人	其他法人				
							居委会	村委会	民办非企业	其他
文化、体育和娱乐业	981	203	729		1	48			12	36
新闻出版业	96	10	80			6				6
新闻业	14	2				2				2
出版业	82	8	70			4				4
广播、电视、电影和音像业	268	71	194			3				3
广播	101	3	97			1				1
电视	68	11	55			2				2
电影	96	56	40							
音像制作	3	1	2							
文化艺术业	443	13	415			15			3	12
文艺创作与表演	72	2	68			2				2
艺术表演场馆	14	3	11							
图书馆与档案馆	135		130			5				5
文化及文化保护	31		31							
博物馆	10		9			1				1
烈士陵园纪念馆	3		3							
群众文化活动	157	1	154			2				2
文化艺术经纪代理	9	5	4							
其他文化艺术	12	2	5			5			3	2
体育	49	3	28		1	17			6	11
体育组织	25		11		1	13			3	10
体育场馆	10	3	7							
其他体育	14		10			4			3	1
娱乐业	125	106	12			7			3	4
室内娱乐活动	74	68	3			3				3
游乐园	10	9	1							
休闲健身娱乐活动	18	13	1			4			3	1
其他娱乐活动	23	16	7							
公共管理和社会组织	25161		2182	7075	2090	13814	1591	9208		3015
中国共产党机关	1138		24	1114						
中国共产党机关	1138		24	1114						
国家机构	7985		2157	5828						
国家权力机构	147		5	142						
国家行政机构	7499		2125	5374						
人民法院和人民检察院	295		8	287						
其他国家机构	44		19	25						
人民政协和民主党派	134		1	133						
人民政协	108			108						
民主党派	26		1	25						
群众团体、社会团体和宗教组织	5105				2090	3015				3015
群众团体	576				576					
社会团体	1345				1308	37				37
宗教组织	3184				206	2978				2978
基层群众自治组织	10799					10799	1591	9208		
社区自治组织	1591					1591	1591			
村民自治组织	9208					9208		9208		

1-3　全部产业活动单位构成情况

指标名称	全部产业活动单位	企业产业活动单位	事业产业活动单位	机关产业活动单位	社团产业活动单位	其他产业活动单位			
							居委会	村委会	其他
总　计	**112499**	**40616**	**21452**	**10731**	**2473**	**37227**	**1598**	**9222**	**26407**
按产业划分									
第一产业	1320	257	1016			47			47
第二产业	10448	9814	21			613			613
第三产业	100731	30545	20415	10731	2473	36567	1598	9222	25747
按登记注册类型分组									
内资企业	112194	40324	21451	10731	2471	37217	1598	9222	26397
国有企业	43154	7875	21204	10707	1445	1923			1923
集体企业	4254	3557	125	3	59	510			510
股份合作企业	289	266	4			19			19
联营企业	166	159	2		2	3			3
国有联营企业	44	44							
集体联营企业	59	59							
国有与集体联营企业	34	32	1		1				
其他联营企业	29	24	1		1	3			3
有限责任公司	7499	7420	18		2	59			59
国有独资公司	574	560	6		2	6			6
其他有限责任公司	6925	6860	12			53			53
股份有限公司	1207	1186				21			21
私营企业	20178	19616	1		3	558			558
私营独资企业	4331	3954			1	376			376
私营合伙企业	848	756	1			91			91
私营有限责任公司	14566	14490			1	75			75
私营股份有限公司	433	416			1	16			16
其他企业	35447	245	97	21	960	34124	1598	9222	23304
港、澳、台商投资企业	139	127	1		2	9			9
合资经营企业(港或澳、台资)	101	90			2	9			9
合作经营企业(港或澳、台资)	3	3							
港、澳、台商独资经营企业	25	24	1						
港、澳、台商投资股份有限公司	10	10							
外商投资企业	166	165				1			1
中外合资经营企业	114	113				1			1
中外合作经营企业	12	12							
外资企业	24	24							
外商投资股份有限公司	16	16							

1-3 续表 1

指标名称	全部产业活动单位	企业产业活动单位	事业产业活动单位	机关产业活动单位	社团产业活动单位	其他产业活动单位			
							居委会	村委会	其他
按开业时间划分									
1949年以前	9397	37	1099	99	129	8033		58	7975
1950-1952年	2276	201	393	738	132	812	2	388	422
1953-1957年	5319	860	1427	633	92	2307	34	1826	447
1958-1962年	4816	436	1678	382	53	2267	12	1501	754
1963-1965年	1847	165	692	106	12	872	4	216	652
1966-1970年	1973	152	921	129	13	758	8	212	538
1971-1975年	3218	280	1444	340	47	1107	11	368	728
1976-1980年	7992	606	2114	930	169	4173	22	509	3642
#1978年	1534	82	479	156	24	793	4	103	686
1981-1985年	14263	1185	3481	2477	286	6834	105	2369	4360
#1985年	3213	454	963	436	75	1285	30	412	843
1986-1990年	9407	1689	2695	1482	294	3247	175	646	2426
1991-1995年	8466	3371	1754	1068	335	1938	83	147	1708
#1992年	1841	711	421	170	91	448	31	69	348
1996-2000年	16176	10471	1943	946	429	2387	313	561	1513
#1997年	2246	1150	354	238	62	442	118	89	235
2001年	5317	3942	384	170	97	724	401	78	245
2002年	6877	4858	645	658	119	597	246	25	326
2003年	7440	6152	422	245	134	487	94	54	339
2004年	6632	5464	318	201	132	517	76	111	330
其他(不详)	1083	747	42	127		167	12	153	2
按地区分组									
乌鲁木齐市	18965	14739	1564	905	594	1163	465	106	592
克拉玛依市	2162	1504	177	207	95	179	87	6	86
吐鲁番地区	3947	1352	895	366	132	1202	36	169	997
哈密地区	3212	1167	808	455	82	700	44	192	464
昌吉回族自治州	7897	3271	1690	987	142	1807	129	938	740
博尔塔拉蒙古自治州	2936	1312	674	339	70	541	30	247	264
巴音郭楞蒙古自治州	7947	3705	1545	982	316	1399	133	384	882
阿克苏地区	11279	2697	2447	1084	206	4845	124	1169	3552
克孜勒苏柯尔克孜自治州	3343	335	892	297	65	1754	26	236	1492
喀什地区	20719	2778	3545	1509	289	12598	152	2338	10108
和田地区	10597	1218	2398	1028	117	5836	27	1379	4430
伊犁哈萨克自治州	8556	2712	2119	1085	92	2548	157	663	1728
塔城地区	5117	1267	1443	737	74	1596	79	860	657
阿勒泰地区	3739	1037	1097	629	116	860	69	511	280
石河子市	2083	1522	158	121	83	199	40	24	135

1-3 续表 2

指标名称	全部产业活动单位	企业产业活动单位	事业产业活动单位	机关产业活动单位	社团产业活动单位	其他产业活动单位	居委会	村委会	其他
按国民经济行业中类分组									
农、林、牧、渔业	1320	257	1016			47			47
农业	86	65	5			16			16
谷物及其他作物的种植	72	54	2			16			16
蔬菜、园艺作物的种植	4	1	3						
水果、坚果、饮料和香料作物的种植	10	10							
林业	26	1	25						
林木的培育和种植	26	1	25						
畜牧业	15	10	3			2			2
牲畜的饲养	12	7	3			2			2
猪的饲养	1	1							
家禽的饲养	1	1							
其他畜牧业	1	1							
渔业	6	3				3			3
内陆渔业	6	3				3			3
农、林、牧、渔服务业	1187	178	983			26			26
农业服务业	662	175	464			23			23
林业服务业	282	1	280			1			1
畜牧服务业	243	2	239			2			2
采矿业	985	959				26			26
煤炭开采和洗选业	455	438				17			17
烟煤和无烟煤的开采洗选	455	438				17			17
石油和天然气开采业	66	66							
天然原油和天然气开采	23	23							
与石油和天然气开采有关的服务活动	43	43							
黑色金属矿采选业	82	80				2			2
铁矿采选	71	69				2			2
其他黑色金属矿采选	11	11							
有色金属矿采选业	96	96							
常用有色金属矿采选	49	49							
贵金属矿采选	46	46							
稀有稀土金属矿采选	1	1							
非金属矿采选业	280	273				7			7
土砂石开采	222	218				4			4
化学矿采选	4	4							
采盐	13	13							
石棉及其他非金属矿采选	41	38				3			3
其他采矿业	6	6							
其他采矿业	6	6							

1-3 续表 3

指标名称	全部产业活动单位	企业产业活动单位	事业产业活动单位	机关产业活动单位	社团产业活动单位	其他产业活动单位	居委会	村委会	其他
制造业	6622	6230	6			386			386
农副食品加工业	777	652	1			124			124
谷物磨制	263	212	1			50			50
饲料加工	76	68				8			8
植物油加工	257	199				58			58
制糖	19	19							
屠宰及肉类加工	81	79				2			2
水产品加工	8	8							
蔬菜、水果和坚果加工	38	34				4			4
其他农副食品加工	35	33				2			2
食品制造业	339	318	1			20			20
焙烤食品制造	59	53	1			5			5
糖果、巧克力及蜜饯制造	12	11				1			1
方便食品制造	22	22							
液体乳及乳制品制造	72	69				3			3
罐头制造	65	58				7			7
调味品、发酵制品制造	39	36				3			3
其他食品制造	70	69				1			1
饮料制造业	278	259				19			19
酒精制造	1					1			1
酒的制造	157	144				13			13
软饮料制造	113	108				5			5
精制茶加工	7	7							
烟草制品业	6	6							
烟叶复烤	1	1							
卷烟制造	2	2							
其他烟草制品加工	3	3							
纺织业	248	233				15			15
棉、化纤纺织及印染精加工	131	121				10			10
毛纺织和染整精加工	18	18							
麻纺织	14	14							
丝绢纺织及精加工	6	6							
纺织制成品制造	48	45				3			3
针织品、编织品及其制品制造	31	29				2			2
纺织服装、鞋、帽制造业	117	117							
纺织服装制造	115	115							
纺织面料鞋的制造	1	1							
制帽	1	1							
皮革、毛皮、羽毛(绒)及其制品业	37	37							
皮革鞣制加工	13	13							
皮革制品制造	17	17							
毛皮鞣制及制品加工	5	5							
羽毛(绒)加工及制品制造	2	2							

1-3　续表 4

指标名称	全部产业活动单位	企业产业活动单位	事业产业活动单位	机关产业活动单位	社团产业活动单位	其他产业活动单位			
							居委会	村委会	其他
木材加工及木、竹、藤、棕、草制品业	151	149				2			2
锯材、木片加工	59	58				1			1
人造板制造	51	50				1			1
木制品制造	36	36							
竹、藤、棕、草制品制造	5	5							
家具制造业	124	120	1			3			3
木质家具制造	90	86	1			3			3
金属家具制造	20	20							
塑料家具制造	3	3							
其他家具制造	11	11							
造纸及纸制品业	180	170				10			10
纸浆制造	3	3							
造纸	52	49				3			3
纸制品制造	125	118				7			7
印刷业和记录媒介的复制	361	357	1			3			3
印刷	331	327	1			3			3
装订及其他印刷服务活动	30	30							
文教体育用品制造业	9	9							
文化用品制造	4	4							
体育用品制造	3	3							
玩具制造	1	1							
游艺器材及娱乐用品制造	1	1							
石油加工、炼焦及核燃料加工业	115	114				1			1
精炼石油产品的制造	94	94							
炼焦	20	19				1			1
核燃料加工	1	1							
化学原料及化学制品制造业	488	465				23			23
基础化学原料制造	112	111				1			1
肥料制造	106	87				19			19
农药制造	8	8							
涂料、油墨、颜料及类似产品制造	81	81							
合成材料制造	12	12							
专用化学产品制造	143	142				1			1
日用化学产品制造	26	24				2			2
医药制造业	83	81				2			2
化学药品原药制造	8	8							
化学药品制剂制造	9	9							
中药饮片加工	17	17							
中成药制造	27	25				2			2
兽用药品制造	7	7							
生物、生化制品的制造	6	6							
卫生材料及医药用品制造	9	9							

1-3 续表 5

指标名称	全部产业活动单位	企业产业活动单位	事业产业活动单位	机关产业活动单位	社团产业活动单位	其他产业活动单位			
							居委会	村委会	其他
化学纤维制造业	11	11							
纤维素纤维原料及纤维制造	4	4							
合成纤维制造	7	7							
橡胶制品业	42	42							
轮胎制造	8	8							
橡胶板、管、带的制造	14	14							
橡胶零件制造	11	11							
再生橡胶制造	2	2							
橡胶靴鞋制造	2	2							
其他橡胶制品制造	5	5							
塑料制品业	476	442				34			34
塑料薄膜制造	105	87				18			18
塑料板、管、型材的制造	110	102				8			8
塑料丝、绳及编织品的制造	81	78				3			3
泡沫塑料制造	30	28				2			2
塑料包装箱及容器制造	39	37				2			2
塑料零件制造	3	2				1			1
日用塑料制造	91	91							
其他塑料制品制造	17	17							
非金属矿物制品业	1309	1232	2			75			75
水泥、石灰和石膏的制造	117	114				3			3
水泥及石膏制品制造	324	310	2			12			12
砖瓦、石材及其他建筑材料制造	766	708				58			58
玻璃及玻璃制品制造	48	47				1			1
陶瓷制品制造	5	5							
耐火材料制品制造	32	32							
石墨及其他非金属矿物制品制造	17	16				1			1
黑色金属冶炼及压延加工业	89	89							
炼铁	28	28							
炼钢	6	6							
钢压延加工	48	48							
铁合金冶炼	7	7							
有色金属冶炼及压延加工业	37	37							
常用有色金属冶炼	12	12							
贵金属冶炼	18	18							
有色金属合金制造	3	3							
有色金属压延加工	4	4							

1-3 续表 6

指标名称	全部产业活动单位	企业产业活动单位	事业产业活动单位	机关产业活动单位	社团产业活动单位	其他产业活动单位	居委会	村委会	其他
金属制品业	386	376				10			10
结构性金属制品制造	217	211				6			6
金属工具制造	23	21				2			2
集装箱及金属包装容器制造	34	33				1			1
金属丝绳及其制品的制造	24	24							
建筑、安全用金属制品制造	41	41							
金属表面处理及热处理加工	12	12							
搪瓷制品制造	1	1							
不锈钢及类似日用金属制品制造	12	12							
其他金属制品制造	22	21				1			1
通用设备制造业	271	267				4			4
锅炉及原动机制造	53	53							
金属加工机械制造	8	8							
起重运输设备制造	14	14							
泵、阀门、压缩机及类似机械的制造	10	10							
轴承、齿轮、传动和驱动部件的制造	7	6				1			1
烘炉、熔炉及电炉制造	1	1							
风机、衡器、包装设备等通用设备制造	20	19				1			1
通用零部件制造及机械修理	109	108				1			1
金属铸、锻加工	49	48				1			1
专用设备制造业	198	161				37			37
矿山、冶金、建筑专用设备制造	31	31							
化工、木材、非金属加工专用设备制造	9	9							
食品、饮料、烟草及饲料生产专用设备制造	16	15				1			1
印刷、制药、日化生产专用设备制造	2	2							
纺织、服装和皮革工业专用设备制造	6	6							
电子和电工机械专用设备制造	5	5							
农、林、牧、渔专用机械制造	109	73				36			36
医疗仪器设备及器械制造	3	3							
环保、社会公共安全及其他专用设备制造	17	17							
交通运输设备制造业	217	215				2			2
铁路运输设备制造	10	10							
汽车制造	200	198				2			2
摩托车制造	1	1							
交通器材及其他交通运输设备制造	6	6							
电气机械及器材制造业	147	147							
电机制造	3	3							
输配电及控制设备制造	79	79							
电线、电缆、光缆及电工器材制造	31	31							
电池制造	7	7							
家用电力器具制造	2	2							
非电力家用器具制造	7	7							
照明器具制造	14	14							
其他电气机械及器材制造	4	4							

1-3 续表 7

指标名称	全部产业活动单位	企业产业活动单位	事业产业活动单位	机关产业活动单位	社团产业活动单位	其他产业活动单位			
							居委会	村委会	其他
通信设备、计算机及其他电子设备制造业	8	8							
电子计算机制造	3	3							
电子器件制造	3	3							
电子元件制造	2	2							
仪器仪表及文化、办公用机械制造业	28	28							
通用仪器仪表制造	16	16							
专用仪器仪表制造	3	3							
钟表与计时仪器制造	1	1							
其他仪器仪表的制造及修理	8	8							
工艺品及其他制造业	59	58				1			1
工艺美术品制造	49	48				1			1
日用杂品制造	3	3							
煤制品制造	2	2							
其他未列明的制造业	5	5							
废弃资源和废旧材料回收加工业	31	30				1			1
金属废料和碎屑的加工处理	7	7							
非金属废料和碎屑的加工处理	24	23				1			1
电力、燃气及水的生产和供应业	748	685	12			51			51
电力、热力的生产和供应业	546	497	8			41			41
电力生产	179	158	2			19			19
电力供应	201	186	1			14			14
热力生产和供应	166	153	5			8			8
燃气生产和供应业	23	23							
燃气生产和供应业	23	23							
水的生产和供应业	179	165	4			10			10
自来水的生产和供应	169	157	2			10			10
污水处理及其再生利用	10	8	2						
建筑业	2093	1940	3			150			150
房屋和土木工程建筑业	1357	1211	3			143			143
房屋工程建筑	921	793				128			128
土木工程建筑	436	418	3			15			15
建筑安装业	313	310				3			3
建筑安装业	313	310				3			3
建筑装饰业	290	290							
建筑装饰业	290	290							
其他建筑业	133	129				4			4
工程准备	40	39				1			1
提供施工设备服务	19	18				1			1
其他未列明的建筑活动	74	72				2			2

1-3 续表 8

指标名称	全部产业活动单位	企业产业活动单位	事业产业活动单位	机关产业活动单位	社团产业活动单位	其他产业活动单位			
							居委会	村委会	其他
交通运输、仓储和邮政业	2488	2269	186			33			33
铁路运输业	41	41							
铁路旅客运输	2	2							
铁路货物运输	6	6							
铁路运输辅助活动	33	33							
道路运输业	1027	839	166			22			22
公路旅客运输	223	221				2			2
道路货物运输	524	510	1			13			13
道路运输辅助活动	280	108	165			7			7
城市公共交通业	114	113				1			1
公共电汽车客运	43	43							
轨道交通	2	2							
出租车客运	59	58				1			1
其他城市公共交通	10	10							
水上运输业	8	8							
水上运输辅助活动	8	8							
航空运输业	21	21							
航空客货运输	1	1							
通用航空服务	6	6							
航空运输辅助活动	14	14							
管道运输业	4	4							
管道运输业	4	4							
装卸搬运和其他运输服务业	181	178	2			1			1
装卸搬运	43	43							
运输代理服务	138	135	2			1			1
仓储业	189	163	18			8			8
谷物、棉花等农产品仓储	96	82	11			3			3
其他仓储	93	81	7			5			5
邮政业	903	902				1			1
国家邮政	890	889				1			1
其他寄递服务	13	13							
信息传输、计算机服务和软件业	1326	1146	139			41			41
电信和其他信息传输服务业	347	204	128			15			15
电信	118	116				2			2
互联网信息服务	75	65	2			8			8
广播电视传输服务	154	23	126			5			5
计算机服务业	868	834	10			24			24
计算机系统服务	39	38	1						
数据处理	7	2	5						
计算机维修	23	22				1			1
其他计算机服务	799	772	4			23			23
软件业	111	108	1			2			2
公共软件服务	74	73	1						
其他软件服务	37	35				2			2

1-3 续表 9

指标名称	全部产业活动单位	企业产业活动单位	事业产业活动单位	机关产业活动单位	社团产业活动单位	其他产业活动单位			
							居委会	村委会	其他
批发和零售业	15968	15825	2	1		140			140
批发业	9222	9109	1			112			112
农畜产品批发	1119	1084				35			35
食品、饮料及烟草制品批发	686	684				2			2
纺织、服装及日用品批发	356	354				2			2
文化、体育用品及器材批发	184	184							
医药及医疗器材批发	219	218				1			1
矿产品、建材及化工产品批发	3468	3397	1			70			70
机械设备、五金交电及电子产品批发	2711	2711							
贸易经纪与代理	65	65							
其他批发	414	412				2			2
零售业	6746	6716	1	1		28			28
综合零售	619	607				12			12
食品、饮料及烟草制品专门零售	470	468				2			2
纺织、服装及日用品专门零售	462	462							
文化、体育用品及器材专门零售	551	550				1			1
医药及医疗器材专门零售	748	748							
汽车、摩托车、燃料及零配件专门零售	1296	1290				6			6
家用电器及电子产品专门零售	1171	1171							
五金、家具及室内装修材料专门零售	817	816				1			1
无店铺及其他零售	612	604	1	1		6			6
住宿和餐饮业	1457	1358	16			83			83
住宿业	909	841	13			55			55
旅游饭店	301	291	5			5			5
一般旅馆	547	495	6			46			46
其他住宿服务	61	55	2			4			4
餐饮业	548	517	3			28			28
正餐服务	432	410	2			20			20
快餐服务	68	66				2			2
饮料及冷饮服务	13	13							
其他餐饮服务	35	28	1			6			6
金融业	3343	3200	20	65		58			58
银行业	2573	2455	7	65		46			46
中央银行	108	29	5	65		9			9
商业银行	2329	2294	1			34			34
其他银行	136	132	1			3			3
证券业	74	72	1			1			1
证券市场管理	1		1						
证券经纪与交易	68	67				1			1
证券投资	5	5							

1-3 续表 10

指标名称	全部产业活动单位	企业产业活动单位	事业产业活动单位	机关产业活动单位	社团产业活动单位	其他产业活动单位			
							居委会	村委会	其他
保险业	594	591	2			1			1
人寿保险	175	173	1			1			1
非人寿保险	391	391							
保险辅助服务	28	27	1						
其他金融活动	102	82	10			10			10
金融信托与管理	13	11	1			1			1
金融租赁	2	2							
财务公司	5	5							
邮政储蓄	10	10							
典当	26	26							
其他未列明的金融活动	46	28	9			9			9
房地产业	1809	1761	21			27			27
房地产业	1809	1761	21			27			27
房地产开发经营	777	774				3			3
物业管理	520	493	3			24			24
房地产中介服务	203	195	8						
其他房地产活动	309	299	10						
租赁和商务服务业	3273	2449	578			246			246
租赁业	225	215	7			3			3
机械设备租赁	216	207	6			3			3
文化及日用品出租	9	8	1						
商务服务业	3048	2234	571			243			243
企业管理服务	703	462	202			39			39
法律服务	384	106	168			110			110
咨询与调查	451	360	69			22			22
广告业	501	486	5			10			10
知识产权服务	33	26	7						
职业中介服务	164	101	55			8			8
市场管理	222	139	45			38			38
旅行社	237	230	3			4			4
其他商务服务	353	324	17			12			12

1-3 续表 11

指标名称	全部产业活动单位	企业产业活动单位	事业产业活动单位	机关产业活动单位	社团产业活动单位	其他产业活动单位			
							居委会	村委会	其他
科学研究、技术服务和地质勘查业	2705	797	1860			48			48
研究与试验发展	185	52	125			8			8
自然科学研究与试验发展	22	7	14			1			1
工程和技术研究与试验发展	35	17	17			1			1
农业科学研究与试验发展	90	21	65			4			4
医学研究与试验发展	13	6	7						
社会人文科学研究与试验发展	25	1	22			2			2
专业技术服务业	1308	597	695			16			16
气象服务	142	13	127			2			2
地震服务	38		38						
测绘服务	42	27	15						
技术检测	342	120	218			4			4
环境监测	51	1	50						
工程技术与规划管理	565	330	226			9			9
其他专业技术服务	128	106	21			1			1
科技交流和推广服务业	1120	109	988			23			23
技术推广服务	970	67	885			18			18
科技中介服务	64	18	41			5			5
其他科技服务	86	24	62						
地质勘查业	92	39	52			1			1
矿产地质勘查	35	19	15			1			1
基础地质勘查	29	5	24						
地质勘查技术服务	28	15	13						
水利、环境和公共设施管理业	1396	162	1162		1	71			71
水利管理业	811	29	733			49			49
防洪管理	12	1	11						
水资源管理	664	23	597			44			44
其他水利管理	135	5	125			5			5
环境管理业	304	26	267		1	10			10
自然保护	166	5	158		1	2			2
环境治理	138	21	109			8			8
公共设施管理业	281	107	162			12			12
市政公共设施管理	97	20	73			4			4
城市绿化管理	99	32	64			3			3
游览景区管理	85	55	25			5			5

1-3 续表 12

指标名称	全部产业活动单位	企业产业活动单位	事业产业活动单位	机关产业活动单位	社团产业活动单位	其他产业活动单位			
							居委会	村委会	其他
居民服务和其他服务业	1136	862	103			171			171
居民服务业	603	372	81			150			150
家庭服务	44	36	5			3			3
托儿所	46	2	23			21			21
洗染服务	32	27				5			5
理发及美容保健服务	63	59				4			4
洗浴服务	67	59				8			8
婚姻服务	31	21	3			7			7
殡葬服务	47	9	33			5			5
摄影扩印服务	54	53				1			1
其他居民服务	219	106	17			96			96
其他服务业	533	490	22			21			21
修理与维护	328	322	1			5			5
清洁服务	46	44				2			2
其他未列明的服务	159	124	21			14			14
教育	8787	209	7802			776			776
教育	8787	209	7802			776			776
学前教育	584	36	213			335			335
初等教育	5532	7	5410			115			115
中等教育	1773	13	1687			73			73
高等教育	88	1	84			3			3
其他教育	810	152	408			250			250
卫生、社会保障和社会福利业	3308	230	2793		5	280			280
卫生	2863	216	2470			177			177
医院	605	121	443			41			41
卫生院及社区医疗活动	1007	35	931			41			41
门诊部医疗活动	374	40	285			49			49
计划生育技术服务活动	510	3	500			7			7
妇幼保健活动	94	1	90			3			3
专科疾病防治活动	15	3	10			2			2
疾病预防控制及防疫活动	191	5	156			30			30
其他卫生活动	67	8	55			4			4
社会保障业	152	1	131			20			20
社会保障业	152	1	131			20			20
社会福利业	293	13	192		5	83			83
提供住宿的社会福利	198	8	126			64			64
不提供住宿的社会福利	95	5	66		5	19			19
文化、体育和娱乐业	1898	277	1511		1	109			109
新闻出版业	105	13	86			6			6
新闻业	17	3	13			1			1
出版业	88	10	73			5			5

1-3　续表 13

指标名称	全部产业活动单位	企业产业活动单位	事业产业活动单位	机关产业活动单位	社团产业活动单位	其他产业活动单位			
							居委会	村委会	其他
广播、电视、电影和音像业	728	95	582			51			51
广播	448	4	437			7			7
电视	153	16	94			43			43
电影	123	74	48			1			1
音像制作	4	1	3						
文化艺术业	819	14	779			26			26
文艺创作与表演	80	2	76			2			2
艺术表演场馆	14	3	11						
图书馆与档案馆	160		155			5			5
文物及文化保护	41		40			1			1
博物馆	11		10			1			1
烈士陵园、纪念馆	8		5			3			3
群众文化活动	470	2	461			7			7
文化艺术经纪代理	10	5	5						
其他文化艺术	25	2	16			7			7
体育	71	4	49		1	17			17
体育组织	36		22		1	13			13
体育场馆	14	4	10						
其他体育	21		17			4			4
娱乐业	175	151	15			9			9
室内娱乐活动	107	99	4			4			4
游乐园	11	9	1			1			1
休闲健身娱乐活动	29	22	3			4			4
其他娱乐活动	28	21	7						
公共管理和社会组织	51837		4222	10665	2466	34484	1598	9222	23664
中国共产党机关	1186		31	1155					
中国共产党机关	1186		31	1155					
国家机构	13764		4190	9377		197			197
国家权力机构	158		9	149					
国家行政机构	13176		4124	8855		197			197
人民法院和人民检察院	331		15	316					
其他国家机构	99		42	57					
人民政协和民主党派	134		1	133					
人民政协	108			108					
民主党派	26		1	25					
群众团体、社会团体和宗教组织	25933				2466	23467			23467
群众团体	640				626	14			14
社会团体	1451				1408	43			43
宗教组织	23842				432	23410			23410
基层群众自治组织	10820					10820	1598	9222	
社区自治组织	1598					1598	1598		
村民自治组织	9222					9222		9222	

1-4 全部法人单位

指标名称	全部法人		企业法人			
	单位数（个）	从业人员（人）	单位数（个）	从业人员（人）	资产总计（千元）	全年营业收入（千元）
总　计	**63429**	**2357895**	**28625**	**1353025**	**1042880383**	**421060336**
按产业划分						
第二产业	7824	788092	7820	787751	313163926	207902984
第三产业	55605	1569803	20805	565274	729716457	213157352
按登记注册类型分组						
内资企业	63207	2329911	28409	1325121	1019270771	410741139
国有企业	21873	1278336	2661	392410	443315932	94406752
集体企业	1892	68477	1776	64833	49402962	10060528
股份合作企业	209	6528	194	6138	1788777	611633
联营企业	104	4526	99	4404	1027439	508423
国有联营企业	36	1487	36	1487	472053	184992
集体联营企业	29	1347	29	1347	199480	154387
国有与集体联营企业	17	877	16	873	211178	144694
其他联营企业	22	815	18	697	144728	24350
有限责任公司	5042	432274	5013	431627	213541621	109586347
国有独资公司	269	61792	265	61609	54920222	12763858
其他有限责任公司	4773	370482	4748	370018	158621399	96822489
股份有限公司	355	131717	351	131614	218122880	127034222
私营企业	18681	300392	18151	292461	91431226	68373324
私营独资企业	4174	50390	3801	45122	3622179	3003468
私营合伙企业	801	10674	711	9373	938340	1078281
私营有限责任公司	13344	229841	13283	228706	83108213	62622611
私营股份有限公司	362	9487	356	9260	3762494	1668964
其他企业	15051	107661	164	1634	639934	159910
港、澳、台商投资企业	85	13355	80	13327	11852167	4258819
合资经营企业(港或澳、台资)	59	6643	55	6621	6249908	2351358
合作经营企业(港或澳、台资)	2	168	2	168	43168	9124
港、澳、台商独资经营企业	21	6007	20	6001	4655364	1762254
港、澳、台商投资股份有限公司	3	537	3	537	903727	136083
外商投资企业	137	14629	136	14577	11757445	6060378
中外合资经营企业	102	8338	101	8286	5944394	2796133
中外合作经营企业	10	786	10	786	346691	514309
外资企业	24	1334	24	1334	242658	138269
外商投资股份有限公司	1	4171	1	4171	5223702	2611667

从业人员情况

事业法人		机关法人		社团法人		其他法人	
单位数（个）	从业人员（人）	单位数（个）	从业人员（人）	单位数（个）	从业人员（人）	单位数（个）	从业人员（人）
10675	**565476**	**7096**	**305108**	**2097**	**22523**	**14936**	**111763**
4	341						
10671	565135	7096	305108	2097	22523	14936	111763
10674	565470	7096	305108	2096	22522	14932	111690
10572	560915	7092	305082	1318	11453	230	8476
38	2353			33	285	45	1006
2	18					13	372
1	72			2	6	2	44
				1	4		
1	72			1	2	2	44
4	182			1	15	24	450
3	168			1	15		
1	14					24	450
						4	103
1	9			2	18	527	7904
				1	8	372	5260
1	9					89	1292
				1	10	60	1125
						6	227
56	1921	4	26	740	10745	14087	93335
1	6			1	1	3	21
				1	1	3	21
1	6						
						1	52
						1	52

1-4 续表 1

指标名称	全部法人 单位数 (个)	全部法人 从业人员 (人)	企业法人 单位数 (个)	企业法人 从业人员 (人)	企业法人 资产总计 (千元)	企业法人 全年营业收入 (千元)
按开业时间划分						
1949年以前	1543	73451	14	9004	8641230	12751838
1950-1952年	1503	87083	103	13033	19066744	2405848
1953-1957年	3774	207887	332	87451	46306672	23819385
1958-1962年	3188	174339	227	67728	27252364	16472498
1963-1965年	780	49782	72	22456	4008805	2309295
1966-1970年	805	54295	75	23616	5319745	3313791
1971-1975年	1622	86017	154	28843	13307941	5695549
1976-1980年	3039	130974	276	37362	61069850	11547333
#1978年	625	24484	54	2087	461546	505515
1981-1985年	7369	255734	619	93230	93224878	18487031
#1985年	1545	60690	194	27764	40876637	8193100
1986-1990年	4118	159594	735	77261	81241245	31369935
1991-1995年	4441	181816	2095	128177	223491034	42185528
#1992年	1040	38518	462	26169	19120257	9273231
1996-2000年	10487	374239	7357	323326	292140995	129659768
#1997年	1343	42619	767	33800	51896370	11960996
2001年	3974	128304	2990	114790	49514014	31977975
2002年	5122	146987	3840	117631	37729781	31571749
2003年	5464	128186	4661	110317	41080665	40713892
2004年	5219	104274	4376	88551	35683517	16703787
其他(不详)	981	14933	699	10249	3800903	75134
按地区分组						
乌鲁木齐市	15721	625069	12112	477788	501748696	177068919
克拉玛依市	1535	142976	951	126585	99408551	68530827
吐鲁番地区	2721	81622	702	48194	27004258	13640294
哈密地区	2263	90861	786	56705	27299773	10070778
昌吉回族自治州	5731	189836	2576	113938	72935207	25243982
博尔塔拉蒙古自治州	1999	57272	927	28838	15614845	13890303
巴音郭楞蒙古自治州	4839	180793	2399	115340	87273780	35565799
阿克苏地区	4507	179784	1465	70060	52023630	17607213
克孜勒苏柯尔克孜自治州	1309	39229	183	6528	2640943	721910
喀什地区	5977	211240	1338	64007	38264213	10538382
和田地区	4075	106772	590	25278	9730334	2615724
伊犁哈萨克自治州	5205	191546	2001	85062	38560888	18330422
塔城地区	3256	111505	791	47520	18947896	8258751
阿勒泰地区	2644	68544	576	26528	9563622	4908301
石河子市	1647	80846	1228	60654	41863747	14068731

事业法人		机关法人		社团法人		其他法人	
单位数（个）	从业人员（人）	单位数（个）	从业人员（人）	单位数（个）	从业人员（人）	单位数（个）	从业人员（人）
427	50502	76	8792	32	202	994	4951
237	34358	605	35882	124	775	434	3035
838	72051	602	32585	81	861	1921	14939
990	72523	345	17960	49	358	1577	15770
357	20569	82	3877	11	86	258	2794
341	20754	93	7556	9	18	287	2351
696	43466	236	10228	41	209	495	3271
1008	56502	707	31246	138	622	910	5242
244	15013	127	6386	22	68	178	930
1744	73367	1778	70223	230	1156	2998	17758
468	19203	262	9625	61	278	560	3820
1311	38403	660	31274	244	3859	1168	8797
860	25274	638	22509	303	1830	545	4026
220	7885	106	2761	83	627	169	1076
939	26739	446	11445	385	2442	1360	10287
177	4180	70	2261	58	150	271	2228
194	5670	102	1773	79	977	609	5094
311	11021	408	12944	113	800	450	4591
211	5467	118	2126	129	6163	345	4113
184	8158	109	1835	129	2165	421	3565
27	652	91	2853			164	1179
1318	95698	758	35693	529	3949	1004	11941
149	10048	199	4490	95	380	141	1473
471	18456	229	8248	132	861	1187	5863
571	21459	279	8300	65	375	562	4022
881	46864	607	19931	101	692	1566	8411
387	15218	279	9098	66	205	340	3913
769	39771	636	19741	298	740	737	5201
907	50920	613	35443	172	7568	1350	15793
257	11757	265	18063	57	215	547	2666
1051	70741	859	53719	148	3263	2581	19510
801	35714	573	30720	94	1422	2017	13638
1484	67204	708	29666	82	1394	930	8220
788	41514	530	15750	63	306	1084	6415
713	25240	492	12478	112	853	751	3445
128	14872	69	3768	83	300	139	1252

1-4 续表 2

指标名称	全部法人		企业法人			
	单位数（个）	从业人员（人）	单位数（个）	从业人员（人）	资产总计（千元）	全年营业收入（千元）
按国民经济行业中类分组						
采矿业	757	172152	757	172152	106476570	62939328
煤炭开采和洗选业	375	60731	375	60731	8200958	3248872
烟煤和无烟煤的开采洗选	375	60731	375	60731	8200958	3248872
石油和天然气开采业	31	93168	31	93168	94185827	57406860
天然原油和天然气开采	5	32560	5	32560	72225747	43392107
与石油和天然气开采有关的服务活动	26	60608	26	60608	21960080	14014753
黑色金属矿采选业	60	4801	60	4801	1834760	1144087
铁矿采选	49	4496	49	4496	1761625	1117582
其他黑色金属矿采选	11	305	11	305	73135	26505
有色金属矿采选业	85	6913	85	6913	1140418	801307
常用有色金属矿采选	41	3373	41	3373	725892	533190
贵金属矿采选	43	2594	43	2594	331070	199840
稀有稀土金属矿采选	1	946	1	946	83456	68277
非金属矿采选业	203	6445	203	6445	1112327	336402
土砂石开采	163	3143	163	3143	392687	139627
化学矿采选	3	100	3	100	28248	9300
采盐	8	1019	8	1019	48854	44629
石棉及其他非金属矿采选	29	2183	29	2183	642538	142846
其他采矿业	3	94	3	94	2280	1800
其他采矿业	3	94	3	94	2280	1800
制造业	5414	358082	5413	358044	128890629	98881101
农副食品加工业	556	27614	556	27614	9285630	7403406
谷物磨制	173	3854	173	3854	1110778	1349298
饲料加工	60	2529	60	2529	1134628	1560592
植物油加工	165	9099	165	9099	3688563	2743266
制糖	19	7878	19	7878	1900758	1043763
屠宰及肉类加工	69	1600	69	1600	661961	332610
水产品加工	7	100	7	100	28534	17807
蔬菜、水果和坚果加工	34	1414	34	1414	362413	217514
其他农副食品加工	29	1140	29	1140	397995	138556
食品制造业	277	14017	277	14017	7433381	3146991
焙烤食品制造	46	1424	46	1424	173980	151344
糖果、巧克力及蜜饯制造	11	192	11	192	65097	30454
方便食品制造	21	890	21	890	271050	215604
液体乳及乳制品制造	62	3441	62	3441	1617396	735310
罐头制造	44	3699	44	3699	4475018	1503628
调味品、发酵制品制造	31	1635	31	1635	317359	197498
其他食品制造	62	2736	62	2736	513481	313153
饮料制造业	234	13046	234	13046	6312576	1762753
酒的制造	137	10539	137	10539	5208033	1446057
软饮料制造	90	2383	90	2383	1081412	310835
精制茶加工	7	124	7	124	23131	5861

事业法人		机关法人		社团法人		其他法人	
单位数（个）	从业人员（人）	单位数（个）	从业人员（人）	单位数（个）	从业人员（人）	单位数（个）	从业人员（人）
1	38						

1-4 续表 3

指标名称	全部法人		企业法人			
	单位数（个）	从业人员（人）	单位数（个）	从业人员（人）	资产总计（千元）	全年营业收入（千元）
烟草制品业	5	687	5	687	938651	725824
烟叶复烤	1	9	1	9	300	
卷烟制造	2	652	2	652	897322	725807
其他烟草制品加工	2	26	2	26	41029	17
纺织业	199	63759	199	63759	11477769	6024936
棉、化纤纺织及印染精加工	108	47122	108	47122	7978151	4915266
毛纺织和染整精加工	11	4609	11	4609	1697859	186150
麻纺织	9	5355	9	5355	584364	412249
丝绢纺织及精加工	5	704	5	704	61051	13005
纺织制成品制造	43	957	43	957	99410	85902
针织品、编织品及其制品制造	23	5012	23	5012	1056934	412364
纺织服装、鞋、帽制造业	86	2959	86	2959	171013	134844
纺织服装制造	84	2918	84	2918	169089	133962
纺织面料鞋的制造	1	11	1	11	1424	832
制帽	1	30	1	30	500	50
皮革、毛皮、羽毛(绒)及其制品业	34	1409	34	1409	511376	387744
皮革鞣制加工	13	999	13	999	447435	372049
皮革制品制造	16	381	16	381	56119	15035
毛皮鞣制及制品加工	4	24	4	24	6712	617
羽毛(绒)加工及制品制造	1	5	1	5	1110	43
木材加工及木、竹、藤、棕、草制品业	132	5180	132	5180	704692	486707
锯材、木片加工	49	1035	49	1035	130472	98735
人造板制造	49	2739	49	2739	428109	276315
木制品制造	32	1399	32	1399	145786	111057
竹、藤、棕、草制品制造	2	7	2	7	325	600
家具制造业	108	4983	107	4945	1348898	936535
木质家具制造	79	4106	78	4068	1184978	835321
金属家具制造	20	790	20	790	154459	98411
塑料家具制造	2	10	2	10	3686	148
其他家具制造	7	77	7	77	5775	2655
造纸及纸制品业	158	11089	158	11089	2809473	1107854
纸浆制造	3	882	3	882	328199	76630
造纸	48	7095	48	7095	1972254	699255
纸制品制造	107	3112	107	3112	509020	331969
印刷业和记录媒介的复制	321	7516	321	7516	843534	575085
印刷	299	7244	299	7244	823034	562119
装订及其他印刷服务活动	22	272	22	272	20500	12966
文教体育用品制造业	8	1352	8	1352	55646	3053
文化用品制造	3	21	3	21	1210	466
体育用品制造	3	1317	3	1317	51433	1507
玩具制造	1	3	1	3		
游艺器材及娱乐用品制造	1	11	1	11	3003	1080
石油加工、炼焦及核燃料加工业	101	22976	101	22976	24831684	35813336
精炼石油产品的制造	84	19905	84	19905	24181723	35441879
炼焦	17	3071	17	3071	649961	371457

事业法人		机关法人		社团法人		其他法人	
单位数（个）	从业人员（人）	单位数（个）	从业人员（人）	单位数（个）	从业人员（人）	单位数（个）	从业人员（人）
1	38						
1	38						

1-4 续表 4

指标名称	全部法人		企业法人			
	单位数（个）	从业人员（人）	单位数（个）	从业人员（人）	资产总计（千元）	全年营业收入（千元）
化学原料及化学制品制造业	423	26500	423	26500	9149474	6019411
基础化学原料制造	102	9876	102	9876	2744153	1922589
肥料制造	76	5039	76	5039	1984886	830722
农药制造	6	97	6	97	31608	32318
涂料、油墨、颜料及类似产品制造	74	1499	74	1499	344393	213074
合成材料制造	11	3069	11	3069	2443651	1810480
专用化学产品制造	131	6380	131	6380	1438298	1178554
日用化学产品制造	23	540	23	540	162485	31674
医药制造业	72	3417	72	3417	1395432	396052
化学药品原药制造	8	500	8	500	172893	66005
化学药品制剂制造	8	1049	8	1049	403992	87941
中药饮片加工	16	520	16	520	88928	33359
中成药制造	20	955	20	955	508172	176160
兽用药品制造	7	221	7	221	71617	27377
生物、生化制品的制造	6	103	6	103	134330	3225
卫生材料及医药用品制造	7	69	7	69	15500	1985
化学纤维制造业	10	1833	10	1833	1047720	339451
纤维素纤维原料及纤维制造	3	1405	3	1405	472425	301336
合成纤维制造	7	428	7	428	575295	38115
橡胶制品业	40	3118	40	3118	858046	755730
轮胎制造	8	2587	8	2587	786636	667243
橡胶板、管、带的制造	13	260	13	260	45350	54672
橡胶零件制造	11	120	11	120	16977	19031
再生橡胶制造	2	48	2	48	5620	9560
橡胶靴鞋制造	2	64	2	64	600	986
其他橡胶制品制造	4	39	4	39	2863	4238
塑料制品业	399	23354	399	23354	8574538	4895917
塑料薄膜制造	79	2396	79	2396	666976	503336
塑料板、管、型材的制造	89	8764	89	8764	5572164	3644513
塑料丝、绳及编织品的制造	72	9676	72	9676	1877732	491254
泡沫塑料制造	27	472	27	472	84215	87630
塑料包装箱及容器制造	35	661	35	661	184330	55968
塑料零件制造	2	58	2	58	8927	4485
日用塑料制造	81	1161	81	1161	153873	91385
其他塑料制品制造	14	166	14	166	26321	17346
非金属矿物制品业	1018	51583	1018	51583	15413928	5425600
水泥、石灰和石膏的制造	96	23339	96	23339	8851260	2725466
水泥及石膏制品制造	235	7048	235	7048	2058237	1117796
砖瓦、石材及其他建筑材料制造	603	16623	603	16623	3638415	999967
玻璃及玻璃制品制造	40	3007	40	3007	696145	507114
陶瓷制品制造	5	38	5	38	5511	1019
耐火材料制品制造	25	894	25	894	90149	40188
石墨及其他非金属矿物制品制造	14	634	14	634	74211	34050

事业法人		机关法人		社团法人		其他法人	
单位数（个）	从业人员（人）	单位数（个）	从业人员（人）	单位数（个）	从业人员（人）	单位数（个）	从业人员（人）

1-4 续表 5

指标名称	全部法人		企业法人			
	单位数（个）	从业人员（人）	单位数（个）	从业人员（人）	资产总计（千元）	全年营业收入（千元）
黑色金属冶炼及压延加工业	83	19419	83	19419	9761620	12690425
炼铁	26	9961	26	9961	3677758	4048136
炼钢	5	1786	5	1786	400945	363798
钢压延加工	45	6855	45	6855	5525694	8092590
铁合金冶炼	7	817	7	817	157223	185901
有色金属冶炼及压延加工业	33	5479	33	5479	2163225	1716230
常用有色金属冶炼	11	3323	11	3323	1099238	955094
贵金属冶炼	16	1685	16	1685	572341	235884
有色金属合金制造	3	182	3	182	370460	291868
有色金属压延加工	3	289	3	289	121186	233384
金属制品业	328	10187	328	10187	1777601	1535190
结构性金属制品制造	182	4200	182	4200	769125	764562
金属工具制造	18	255	18	255	12661	14593
集装箱及金属包装容器制造	27	1951	27	1951	556505	304365
金属丝绳及其制品的制造	24	569	24	569	56810	113637
建筑、安全用金属制品制造	35	1891	35	1891	175563	118661
金属表面处理及热处理加工	12	333	12	333	72159	46926
搪瓷制品制造	1	1	1	1		
不锈钢及类似日用金属制品制造	9	165	9	165	15612	15120
其他金属制品制造	20	822	20	822	119166	157326
通用设备制造业	240	9914	240	9914	2097299	1080334
锅炉及原动机制造	52	1631	52	1631	409843	83062
金属加工机械制造	5	377	5	377	64248	71378
起重运输设备制造	13	669	13	669	145817	96616
泵、阀门、压缩机及类似机械的制造	10	682	10	682	88698	40423
轴承、齿轮、传动和驱动部件的制造	6	396	6	396	93763	36983
烘炉、熔炉及电炉制造	1	8	1	8	126	116
风机、衡器、包装设备等通用设备制造	17	528	17	528	92759	81394
通用零部件制造及机械修理	94	4713	94	4713	1088950	591780
金属铸、锻加工	42	910	42	910	113095	78582
专用设备制造业	144	6979	144	6979	1803801	795209
矿山、冶金、建筑专用设备制造	27	1796	27	1796	652991	374080
化工、木材、非金属加工专用设备制造	8	113	8	113	121317	13127
食品、饮料、烟草及饲料生产专用设备制造	15	265	15	265	29779	11429
印刷、制药、日化生产专用设备制造	2	22	2	22	696	934
纺织、服装和皮革工业专用设备制造	5	58	5	58	10336	9571
电子和电工机械专用设备制造	3	33	3	33	2644	4256
农、林、牧、渔专用机械制造	67	4282	67	4282	935384	355590
医疗仪器设备及器械制造	2	163	2	163	19002	4858
环保、社会公共安全及其他专用设备制造	15	247	15	247	31652	21364

事业法人		机关法人		社团法人		其他法人	
单位数（个）	从业人员（人）	单位数（个）	从业人员（人）	单位数（个）	从业人员（人）	单位数（个）	从业人员（人）

1-4 续表 6

指标名称	全部法人 单位数（个）	全部法人 从业人员（人）	企业法人 单位数（个）	企业法人 从业人员（人）	企业法人 资产总计（千元）	企业法人 全年营业收入（千元）
交通运输设备制造业	162	8583	162	8583	1429323	1292384
铁路运输设备制造	10	2672	10	2672	120777	109082
汽车制造	145	5693	145	5693	1264266	1171712
摩托车制造	1	1	1	1	802	
交通器材及其他交通运输设备制造	6	217	6	217	43478	11590
电气机械及器材制造业	139	6567	139	6567	5019843	2652616
电机制造	3	291	3	291	360092	280514
输配电及控制设备制造	74	4249	74	4249	3877618	1738892
电线、电缆、光缆及电工器材制造	31	873	31	873	336958	372574
电池制造	6	848	6	848	396152	235993
家用电力器具制造	2	10	2	10	1944	600
非电力家用器具制造	6	132	6	132	12415	7881
照明器具制造	14	130	14	130	30297	12644
其他电气机械及器材制造	3	34	3	34	4367	3518
通信设备、计算机及其他电子设备制造业	7	2457	7	2457	1434635	620973
电子计算机制造	2	33	2	33	3194	521
电子器件制造	3	98	3	98	14102	2918
电子元件制造	2	2326	2	2326	1417339	617534
仪器仪表及文化、办公用机械制造业	19	704	19	704	135389	94695
通用仪器仪表制造	13	398	13	398	80180	59737
专用仪器仪表制造	2	229	2	229	45122	23428
其他仪器仪表的制造及修理	4	77	4	77	10087	11530
工艺品及其他制造业	50	996	50	996	36809	15373
工艺美术品制造	41	892	41	892	28169	9858
日用杂品制造	3	60	3	60	4910	3110
煤制品制造	2	17	2	17	270	95
其他未列明的制造业	4	27	4	27	3460	2310
废弃资源和废旧材料回收加工业	28	405	28	405	67623	46443
金属废料和碎屑的加工处理	6	187	6	187	22816	26218
非金属废料和碎屑的加工处理	22	218	22	218	44807	20225
电力、燃气及水的生产和供应业	385	56213	383	56070	38742972	11446395
电力、热力的生产和供应业	257	48419	257	48419	34008162	10428246
电力生产	101	21158	101	21158	15634389	3996241
电力供应	29	18764	29	18764	12735706	5277140
热力生产和供应	127	8497	127	8497	5638067	1154865
燃气生产和供应业	19	1662	19	1662	1933756	583776
燃气生产和供应业	19	1662	19	1662	1933756	583776
水的生产和供应业	109	6132	107	5989	2801054	434373
自来水的生产和供应	103	5783	102	5759	2488224	425295
污水处理及其再生利用	6	349	5	230	312830	9078

事业法人		机关法人		社团法人		其他法人	
单位数（个）	从业人员（人）	单位数（个）	从业人员（人）	单位数（个）	从业人员（人）	单位数（个）	从业人员（人）
2	143						
2	143						
1	24						
1	119						

1-4 续表 7

指标名称	全部法人		企业法人			
	单位数（个）	从业人员（人）	单位数（个）	从业人员（人）	资产总计（千元）	全年营业收入（千元）
建筑业	1268	201645	1267	201485	39053755	34636160
房屋和土木工程建筑业	647	171410	646	171250	32891850	29763166
房屋工程建筑	366	115148	366	115148	21796507	19330047
土木工程建筑	281	56262	280	56102	11095343	10433119
建筑安装业	242	20708	242	20708	4790447	3803018
建筑安装业	242	20708	242	20708	4790447	3803018
建筑装饰业	272	4641	272	4641	833018	454795
建筑装饰业	272	4641	272	4641	833018	454795
其他建筑业	107	4886	107	4886	538440	615181
工程准备	34	1780	34	1780	226122	203215
提供施工设备服务	9	230	9	230	52186	40712
其他未列明的建筑活动	64	2876	64	2876	260132	371254
交通运输、仓储和邮政业	1100	128995	980	114149	39184163	18872265
铁路运输业	4	37437	4	37437	21665198	9005291
铁路货物运输	4	37437	4	37437	21665198	9005291
道路运输业	727	47348	621	32655	6052425	3923043
公路旅客运输	151	9937	151	9937	1764195	889366
道路货物运输	411	19196	410	19183	3856514	2914941
道路运输辅助活动	165	18215	60	3535	431716	118736
城市公共交通业	89	17949	89	17949	1167640	795091
公共电汽车客运	35	14911	35	14911	951254	706886
轨道交通	2	28	2	28	28744	8612
出租车客运	44	1930	44	1930	121368	54942
其他城市公共交通	8	1080	8	1080	66274	24651
航空运输业	11	4799	11	4799	3317386	3154355
航空客货运输	1	2429	1	2429	1179298	2841687
通用航空服务	6	234	6	234	298155	14395
航空运输辅助活动	4	2136	4	2136	1839933	298273
管道运输业	2	603	2	603	1783327	176256
管道运输业	2	603	2	603	1783327	176256
装卸搬运和其他运输服务业	135	3857	135	3857	378189	325613
装卸搬运	34	1793	34	1793	59375	56483
运输代理服务	101	2064	101	2064	318814	269130
仓储业	112	3654	98	3501	3179650	742828
谷物、棉花等农产品仓储	45	1384	36	1273	2589513	471004
其他仓储	67	2270	62	2228	590137	271824
邮政业	20	13348	20	13348	1640348	749788
国家邮政	17	13143	17	13143	1633668	737459
其他寄递服务	3	205	3	205	6680	12329

事业法人		机关法人		社团法人		其他法人	
单位数(个)	从业人员(人)	单位数(个)	从业人员(人)	单位数(个)	从业人员(人)	单位数(个)	从业人员(人)
1	160						
1	160						
1	160						
116	14815					4	31
104	14675					2	18
						1	13
104	14675					1	5
12	140					2	13
8	104					1	7
4	36					1	6

1-4 续表 8

指标名称	全部法人		企业法人			
	单位数（个）	从业人员（人）	单位数（个）	从业人员（人）	资产总计（千元）	全年营业收入（千元）
信息传输、计算机服务和软件业	1116	27952	1029	26184	23754945	10050641
电信和其他信息传输服务业	151	22127	99	20588	21818308	8126466
电信	19	19151	18	19126	21031253	7939104
互联网信息服务	74	655	64	581	354109	49801
广播电视传输服务	58	2321	17	881	432946	137561
计算机服务业	860	4478	828	4275	1686422	1800735
计算机系统服务	37	2033	36	1999	1372337	1669222
数据处理	7	56	2	13	300	130
计算机维修	21	169	21	169	37090	30162
其他计算机服务	795	2220	769	2094	276695	101221
软件业	105	1347	102	1321	250215	123440
公共软件服务	70	1077	69	1061	229747	99506
其他软件服务	35	270	33	260	20468	23934
批发和零售业	11825	169385	11825	169385	110842627	123999819
批发业	7185	102987	7185	102987	92742255	103685414
农畜产品批发	651	28792	651	28792	33911314	22024204
食品、饮料及烟草制品批发	495	10151	495	10151	5695524	5970837
纺织、服装及日用品批发	338	3772	338	3772	3060156	3314881
文化、体育用品及器材批发	169	2222	169	2222	822050	1016137
医药及医疗器材批发	192	3319	192	3319	1411902	2066976
矿产品、建材及化工产品批发	2432	27140	2432	27140	30896391	45380785
机械设备、五金交电及电子产品批发	2522	23297	2522	23297	12943886	17048140
贸易经纪与代理	64	687	64	687	1541091	1399917
其他批发	322	3607	322	3607	2459941	5463537
零售业	4640	66398	4640	66398	18100372	20314405
综合零售	389	16974	389	16974	4510902	2950692
食品、饮料及烟草制品专门零售	244	3122	244	3122	982597	391258
纺织、服装及日用品专门零售	343	4764	343	4764	1178619	873352
文化、体育用品及器材专门零售	397	4392	397	4392	1030038	988305
医药及医疗器材专门零售	206	4545	206	4545	1305895	1555859
汽车、摩托车、燃料及零配件专门零售	860	13911	860	13911	4712532	9306605
家用电器及电子产品专门零售	1065	10050	1065	10050	2386499	2765415
五金、家具及室内装修材料专门零售	722	4812	722	4812	1001713	837465
无店铺及其他零售	414	3828	414	3828	991577	645454
住宿和餐饮业	953	46517	931	45476	8876252	2825155
住宿业	610	34701	595	33769	7828403	2159918
旅游饭店	247	25816	239	25178	6401965	1818712
一般旅馆	321	8239	315	7950	1317134	296857
其他住宿服务	42	646	41	641	109304	44349
餐饮业	343	11816	336	11707	1047849	665237
正餐服务	273	9940	268	9883	776960	617507
快餐服务	39	1136	38	1114	36864	39176
饮料及冷饮服务	7	79	7	79	2476	1163
其他餐饮服务	24	661	23	631	231549	7391

事业法人		机关法人		社团法人		其他法人	
单位数（个）	从业人员（人）	单位数（个）	从业人员（人）	单位数（个）	从业人员（人）	单位数（个）	从业人员（人）
52	1631					35	137
42	1477					10	62
						1	25
2	52					8	22
40	1425					1	15
9	138					23	65
1	34						
5	43						
3	61					23	65
1	16					2	10
1	16						
						2	10
8	690					14	351
8	690					7	242
5	511					3	127
3	179					3	110
						1	5
						7	109
						5	57
						1	22
						1	30

1-4 续表 9

指标名称	全部法人		企业法人			
	单位数（个）	从业人员（人）	单位数（个）	从业人员（人）	资产总计（千元）	全年营业收入（千元）
金融业	396	57564	363	54217	413685671	34743311
银行业	229	39438	203	36265	382956790	14705431
中央银行	23	2969				
商业银行	187	34556	184	34352	341350890	12998328
其他银行	19	1913	19	1913	41605900	1707103
证券业	9	1354	8	1324	8411701	344774
证券市场管理	1	30				
证券经纪与交易	4	1198	4	1198	7855795	289737
证券投资	4	126	4	126	555906	55037
保险业	104	16225	103	16158	16290019	19240524
人寿保险	37	9680	36	9613	12205078	5531300
非人寿保险	55	6085	55	6085	4031223	13605745
保险辅助服务	12	460	12	460	53718	103479
其他金融活动	54	547	49	470	6027161	452582
金融信托与管理	4	60	4	60	3069307	228431
金融租赁	1	67	1	67	2204991	186761
典当	25	231	25	231	258627	29764
其他未列明的金融活动	24	189	19	112	494236	7626
房地产业	1593	40604	1582	40319	45093635	11735806
房地产业	1593	40604	1582	40319	45093635	11735806
房地产开发经营	709	15434	709	15434	38260761	10447637
物业管理	432	17343	428	17220	2372611	593713
房地产中介服务	179	2449	174	2307	617397	367280
其他房地产活动	273	5378	271	5358	3842866	327176
租赁和商务服务业	2570	81234	2079	72608	70866446	7947139
租赁业	173	2374	164	2332	1151185	312003
机械设备租赁	166	2156	158	2118	1094278	308865
文化及日用品出租	7	218	6	214	56907	3138
商务服务业	2397	78860	1915	70276	69715261	7635136
企业管理服务	428	43412	289	39184	62404302	5208057
法律服务	250	2585	100	1194	88231	107380
咨询与调查	399	5146	333	4324	1438096	287046
广告业	465	4485	456	4416	661886	520900
知识产权服务	30	173	25	133	28643	4553
职业中介服务	132	6406	91	6037	96099	108843
市场管理	145	2721	100	1828	993597	91424
旅行社	227	3133	222	3099	1387020	908177
其他商务服务	321	10799	299	10061	2617387	398756

事业法人		机关法人		社团法人		其他法人	
单位数（个）	从业人员（人）	单位数（个）	从业人员（人）	单位数（个）	从业人员（人）	单位数（个）	从业人员（人）
5	139	21	2890			7	318
3	103	21	2890			2	180
2	79	21	2890				
1	24					2	180
1	30						
1	30						
						1	67
						1	67
1	6					4	71
1	6					4	71
10	242					1	43
10	242					1	43
3	80					1	43
5	142						
2	20						
335	6524					156	2102
6	31					3	11
5	27					3	11
1	4						
329	6493					153	2091
126	3663					13	565
56	404					94	987
52	640					14	182
						9	69
5	40						
34	328					7	41
40	808					5	85
2	18					3	16
14	592					8	146

1-4 续表 10

指标名称	全部法人		企业法人			
	单位数（个）	从业人员（人）	单位数（个）	从业人员（人）	资产总计（千元）	全年营业收入（千元）
科学研究、技术服务和地质勘查业	1877	57547	699	18564	11782268	1763212
研究与试验发展	171	6768	47	743	375969	65480
自然科学研究与试验发展	20	1316	7	147	30811	13833
工程和技术研究与试验发展	28	878	14	313	161248	42133
农业科学研究与试验发展	87	3688	19	257	147775	9382
医学研究与试验发展	13	291	6	23	36085	132
社会人文科学研究与试验发展	23	595	1	3	50	
专业技术服务业	1058	28912	525	15194	10911541	1499875
气象服务	124	2779	11	194	12954	14761
地震服务	33	587				
测绘服务	38	1142	27	384	36750	33805
技术检测	223	5371	80	1685	182721	119641
环境监测	40	959	1	4	270	46
工程技术与规划管理	481	15847	306	10994	8233361	1014127
其他专业技术服务	119	2227	100	1933	2445485	317495
科技交流和推广服务业	565	11037	96	1401	293177	89151
技术推广服务	460	9603	56	897	213499	63858
科技中介服务	46	585	18	184	51508	8684
其他科技服务	59	849	22	320	28170	16609
地质勘查业	83	10830	31	1226	201581	108706
矿产地质勘查	29	3892	14	550	61456	43658
基础地质勘查	28	4645	3	237	16260	15579
地质勘查技术服务	26	2293	14	439	123865	49469
水利、环境和公共设施管理业	629	39270	135	3218	2398719	194625
水利管理业	215	19587	22	818	761755	39395
防洪管理	8	341	1	36	2198	2280
水资源管理	162	17112	17	716	755043	33946
其他水利管理	45	2134	4	66	4514	3169
环境管理业	199	10543	24	702	294930	20469
自然保护	95	1941	4	141	56410	3568
环境治理	104	8602	20	561	238520	16901
公共设施管理业	215	9140	89	1698	1342034	134761
市政公共设施管理	70	3377	18	432	950459	29087
城市绿化管理	78	3715	28	496	69695	43719
游览景区管理	67	2048	43	770	321880	61955

事业法人		机关法人		社团法人		其他法人	
单位数（个）	从业人员（人）	单位数（个）	从业人员（人）	单位数（个）	从业人员（人）	单位数（个）	从业人员（人）
1154	38602					24	381
119	5927					5	98
13	1169						
14	565						
65	3337					3	94
7	268						
20	588					2	4
522	13475					11	243
112	2577					1	8
33	587						
11	758						
141	3679					2	7
39	955						
168	4633					7	220
18	286					1	8
461	9596					8	40
398	8671					6	35
26	396					2	5
37	529						
52	9604						
15	3342						
25	4408						
12	1854						
480	35621			1	1	13	430
190	18709					3	60
7	305						
144	16356					1	40
39	2048					2	20
169	9514			1	1	5	326
89	1794			1	1	1	5
80	7720					4	321
121	7398					5	44
51	2941					1	4
48	3188					2	31
22	1269					2	9

1-4 续表 11

指标名称	全部法人 单位数（个）	全部法人 从业人员（人）	企业法人 单位数（个）	企业法人 从业人员（人）	企业法人 资产总计（千元）	企业法人 全年营业收入（千元）
居民服务和其他服务业	803	11644	666	9251	1156135	421816
居民服务业	390	6018	281	4533	410918	166723
家庭服务	40	467	35	363	9639	3178
托儿所	40	622	1	18	1226	962
洗染服务	21	270	20	241	10616	5691
理发及美容保健服务	45	316	41	297	37638	15554
洗浴服务	44	1232	42	1190	105198	56962
婚姻服务	26	68	19	45	1477	295
殡葬服务	30	507	8	99	31839	4056
摄影扩印服务	41	486	40	484	38470	24995
其他居民服务	103	2050	75	1796	174815	55030
其他服务业	413	5626	385	4718	745217	255093
修理与维护	248	3037	245	2999	256355	185877
清洁服务	39	673	37	575	27862	19020
其他未列明的服务	126	1916	103	1144	461000	50196
教育	4488	291803	156	3599	337123	154485
教育	4488	291803	156	3599	337123	154485
学前教育	487	11395	22	311	14858	4760
初等教育	1804	111115	5	89	2210	1382
中等教育	1508	132506	6	352	37240	11172
高等教育	78	24460				
其他教育	611	12327	123	2847	282815	137171
卫生、社会保障和社会福利业	2113	108091	157	4386	677029	206844
卫生	1821	104030	145	4212	639057	203798
医院	536	73050	93	3449	605137	172870
卫生院及社区医疗活动	771	16673	16	238	8589	8531
门诊部医疗活动	89	1533	22	207	6581	4562
计划生育技术服务活动	127	1860	2	7	665	404
妇幼保健活动	84	2997				
专科疾病防治活动	13	481	2	20	650	463
疾病预防控制及防疫活动	150	6407	3	197	14998	15021
其他卫生活动	51	1029	7	94	2437	1947
社会保障业	80	1591				
社会保障业	80	1591				
社会福利业	212	2470	12	174	37972	3046
提供住宿的社会福利	136	1968	7	111	30746	2452
不提供住宿的社会福利	76	502	5	63	7226	594
文化、体育和娱乐业	981	24420	203	3918	1061444	242234
新闻出版业	96	5041	10	1232	154140	139890
新闻业	14	265	2	38	4357	9452
出版业	82	4776	8	1194	149783	130438

事业法人		机关法人		社团法人		其他法人	
单位数（个）	从业人员（人）	单位数（个）	从业人员（人）	单位数（个）	从业人员（人）	单位数（个）	从业人员（人）
73	1750					64	643
57	1053					52	432
2	48					3	56
21	455					18	149
						1	29
						4	19
						2	42
1	2					6	21
20	387					2	21
						1	2
13	161					15	93
16	697					12	211
1	23					2	15
						2	98
15	674					8	98
3711	275375					621	12829
3711	275375					621	12829
183	7363					282	3721
1723	107288					76	3738
1449	128920					53	3234
75	24386					3	74
281	7418					207	2062
1816	101089			5	18	135	2598
1583	97637					93	2181
408	68101					35	1500
732	16246					23	189
39	935					28	391
125	1853						
84	2997						
10	456					1	5
145	6190					2	20
40	859					4	76
78	1571					2	20
78	1571					2	20
155	1881			5	18	40	397
101	1556					28	301
54	325			5	18	12	96
729	19957			1	1	48	544
80	3591					6	218
10	157					2	70
70	3434					4	148

1-4 续表 12

指标名称	全部法人		企业法人			
	单位数（个）	从业人员（人）	单位数（个）	从业人员（人）	资产总计（千元）	全年营业收入（千元）
广播、电视、电影和音像业	268	7953	71	975	558366	48059
广播	101	2541	3	55	12018	5110
电视	68	3615	11	125	382551	14286
电影	96	1720	56	791	163725	28651
音像制作	3	77	1	4	72	12
文化艺术业	443	8360	13	92	10127	2166
文艺创作与表演	72	3308	2	10	1160	400
艺术表演场馆	14	394	3	22	6117	600
图书馆与档案馆	135	1443				
文物及文化保护	31	434				
博物馆	10	280				
烈士陵园、纪念馆	3	42				
群众文化活动	157	2057	1	2	8	6
文化艺术经纪代理	9	251	5	50	2160	879
其他文化艺术	12	151	2	8	682	281
体育	49	891	3	16	4087	478
体育组织	25	463				
体育场馆	10	260	3	16	4087	478
其他体育	14	168				
娱乐业	125	2175	106	1603	334724	51641
室内娱乐活动	74	1311	68	887	94626	23208
游乐园	10	226	9	195	17908	3572
休闲健身娱乐活动	18	270	13	230	53291	2678
其他娱乐活动	23	368	16	291	168899	22183
公共管理和社会组织	25161	484777				
中国共产党机关	1138	21093				
中国共产党机关	1138	21093				
国家机构	7985	347626				
国家权力机构	147	4104				
国家行政机构	7499	326435				
人民法院和人民检察院	295	16151				
其他国家机构	44	936				
人民政协和民主党派	134	2199				
人民政协	108	1954				
民主党派	26	245				
群众团体、社会团体和宗教组织	5105	39143				
群众团体	576	3838				
社会团体	1345	17872				
宗教组织	3184	17433				
基层群众自治组织	10799	74716				
社区自治组织	1591	10079				
村民自治组织	9208	64637				

事业法人		机关法人		社团法人		其他法人	
单位数（个）	从业人员（人）	单位数（个）	从业人员（人）	单位数（个）	从业人员（人）	单位数（个）	从业人员（人）
194	6888					3	90
97	2480					1	6
55	3406					2	84
40	929						
2	73						
415	8135					15	133
68	3287					2	11
11	372						
130	1412					5	31
31	434						
9	260					1	20
3	42						
154	2037					2	18
4	201						
5	90					5	53
28	808			1	1	17	66
11	413			1	1	13	49
7	244						
10	151					4	17
12	535					7	37
3	399					3	25
1	31						
1	28					4	12
7	77						
2182	68700	7075	302218	2090	22503	13814	91356
24	239	1114	20854				
24	239	1114	20854				
2157	68460	5828	279166				
5	110	142	3994				
2125	66230	5374	260205				
8	1672	287	14479				
19	448	25	488				
1	1	133	2198				
		108	1954				
1	1	25	244				
				2090	22503	3015	16640
				576	3838		
				1308	17490	37	382
				206	1175	2978	16258
						10799	74716
						1591	10079
						9208	64637

1-5 全部企业法人单位数及从业人员情况

指标名称	单位数（个）		单产业企业法人		从业人数（人）		单产业企业法人	
	2001年	2004年	2001年	2004年	2001年	2004年	2001年	2004年
总　计	**24791**	**28625**	**21997**	**26314**	**1420427**	**1353025**	**744679**	**756997**
按产业划分								
第二产业	8443	7820	7752	7318	876540	787751	476974	455671
第三产业	16348	20805	14245	18996	543887	565274	267705	301326
按登记注册类型分组								
内资企业	24561	28409	21794	26116	1401622	1325121	733484	742910
国有企业	5453	2661	4253	2095	599406	392410	222810	124364
集体企业	4184	1776	3645	1477	164389	64833	112958	44396
股份合作企业	362	194	330	179	13496	6138	10348	5249
联营企业	160	99	151	86	6393	4404	5906	3262
国有联营企业	51	36	48	31	2012	1487	1911	952
集体联营企业	47	29	45	28	1136	1347	1116	1049
国有与集体联营企业	38	16	34	14	1868	873	1502	697
其他联营企业	24	18	24	13	1377	697	1377	564
有限责任公司	3277	5013	2835	4447	346325	431627	187599	253776
国有独资公司	297	265	230	206	78592	61609	26708	20767
其他有限责任公司	2980	4748	2605	4241	267733	370018	160891	233009
股份有限公司	261	351	216	244	88781	131614	33083	53336
私营企业	10816	18151	10318	17428	181975	292461	160032	257014
私营独资企业	2678	3801	2631	3737	40861	45122	38719	43289
私营合伙企业	645	711	627	693	10190	9373	9564	9089
私营有限责任公司	7165	13283	6747	12660	125387	228706	106833	197180
私营股份有限公司	328	356	313	338	5537	9260	4916	7456
其他企业	48	164	46	160	857	1634	748	1513
港、澳、台商投资企业	121	80	100	69	13115	13327	6975	5679
合资经营企业(港或澳、台资)	93	55	78	46	9651	6621	4355	2719
合作经营企业(港或澳、台资)	2	2	2	1	390	168	390	3
港、澳、台商独资经营企业	19	20	16	19	2293	6001	2035	2420
港、澳、台商投资股份有限公司	7	3	4	3	781	537	195	537
外商投资企业	109	136	103	129	5690	14577	4220	8408
中外合资经营企业	86	101	81	96	5031	8286	3726	6406
中外合作经营企业	7	10	6	9	424	786	259	668
外资企业	14	24	14	24	182	1334	182	1334
外商投资股份有限公司	2	1	2		53	4171	53	

1-5 续表 1

指标名称	单位数(个)		单产业企业法人		从业人数(人)		单产业企业法人	
	2001年	2004年	2001年	2004年	2001年	2004年	2001年	2004年
按开业时间划分								
1949年以前	35	14	21	11	13231	9004	2322	7580
1950-1952年	244	103	164	64	68292	13033	11887	2636
1953-1957年	681	332	483	211	101549	87451	19212	12998
1958-1962年	467	227	337	160	101447	67728	32335	21842
1963-1965年	179	72	134	49	35356	22456	12755	2109
1966-1970年	162	75	127	57	30810	23616	13296	11822
1971-1975年	314	154	225	121	43359	28843	14174	9205
1976-1980年	656	276	482	222	56128	37362	26894	13066
#1978年	96	54	76	48	6701	2087	3513	983
1981-1985年	1296	619	1051	490	137521	93230	55540	33361
#1985年	444	194	348	149	34720	27764	16396	14537
1986-1990年	1618	735	1360	585	125498	77261	65515	40429
1991-1995年	3943	2095	3475	1847	200025	128177	116331	70225
#1992年	855	462	705	391	43611	26169	20821	15308
1996-2000年	11511	7357	10598	6641	406972	323326	290731	190873
#1997年	1279	767	1170	682	44024	33800	32539	17375
2001年	3605	2990	3460	2773	99202	114790	82650	79316
2002年		3840		3646		117631		96109
2003年		4661		4480		110317		88250
2004年		4376		4263		88551		67533
其他(不详)	80	699	80	694	1037	10249	1037	9643
按地区分组								
乌鲁木齐市	9986	12112	9139	11488	520405	477788	269485	277447
克拉玛依市	859	951	699	838	117294	126585	26702	44273
吐鲁番地区	661	702	542	581	32208	48194	21353	18694
哈密地区	722	786	620	706	80407	56705	28295	27162
昌吉回族自治州	2542	2576	2290	2378	122393	113938	91594	85937
博尔塔拉蒙古自治州	719	927	656	833	24043	28838	18843	17417
巴音郭楞蒙古自治州	1785	2399	1472	2098	113132	115340	41895	55675
阿克苏地区	1321	1465	1117	1305	68354	70060	34215	39345
克孜勒苏柯尔克孜自治州	229	183	195	157	9322	6528	6135	4803
喀什地区	1314	1338	1123	1149	70451	64007	41599	38589
和田地区	655	590	553	502	27178	25278	15128	12757
伊犁哈萨克自治州	1936	2001	1797	1882	99996	85062	72584	54520
塔城地区	998	791	894	715	50417	47520	38997	30378
阿勒泰地区	570	576	455	490	28560	26528	17239	15787
石河子市	494	1228	445	1192	56267	60654	20615	34213

1-5 续表 2

指标名称	单位数（个）		单产业企业法人		从业人数（人）		单产业企业法人	
	2001年	2004年	2001年	2004年	2001年	2004年	2001年	2004年
按国民经济行业中类分组								
采矿业		757		722		172152		51725
煤炭开采和洗选业		375		360		60731		31061
烟煤和无烟煤的开采洗选		375		360		60731		31061
石油和天然气开采业		31		23		93168		5131
天然原油和天然气开采		5		2		32560		2999
与石油和天然气开采有关的服务活动		26		21		60608		2132
黑色金属矿采选业		60		55		4801		2546
铁矿采选		49		45		4496		2357
其他黑色金属矿采选		11		10		305		189
有色金属矿采选业		85		85		6913		6913
常用有色金属矿采选		41		41		3373		3373
贵金属矿采选		43		43		2594		2594
稀有稀土金属矿采选		1		1		946		946
非金属矿采选业		203		196		6445		5980
土砂石开采		163		160		3143		3028
化学矿采选		3		2		100		11
采盐		8		6		1019		814
石棉及其他非金属矿采选		29		28		2183		2127
其他采矿业		3		3		94		94
其他采矿业		3		3		94		94
制造业		5413		5182		358044		269151
农副食品加工业		556		531		27614		23461
谷物磨制		173		165		3854		3244
饲料加工		60		57		2529		1955
植物油加工		165		154		9099		7413
制糖		19		16		7878		6595
屠宰及肉类加工		69		69		1600		1600
水产品加工		7		7		100		100
蔬菜、水果和坚果加工		34		34		1414		1414
其他农副食品加工		29		29		1140		1140
食品制造业		277		264		14017		11600
焙烤食品制造		46		41		1424		1167
糖果、巧克力及蜜饯制造		11		11		192		192
方便食品制造		21		21		890		890
液体乳及乳制品制造		62		58		3441		2395
罐头制造		44		43		3699		2725
调味品、发酵制品制造		31		31		1635		1635
其他食品制造		62		59		2736		2596
饮料制造业		234		228		13046		10625
酒的制造		137		132		10539		8178
软饮料制造		90		89		2383		2323
精制茶加工		7		7		124		124

1-5 续表 3

指标名称	单位数（个）		单产业企业法人		从业人数（人）		单产业企业法人	
	2001年	2004年	2001年	2004年	2001年	2004年	2001年	2004年
烟草制品业		5		5		687		687
烟叶复烤		1		1		9		9
卷烟制造		2		2		652		652
其他烟草制品加工		2		2		26		26
纺织业		199		183		63759		43347
棉、化纤纺织及印染精加工		108		102		47122		37438
毛纺织和染整精加工		11		8		4609		1700
麻纺织		9		8		5355		2298
丝绢纺织及精加工		5		4		704		48
纺织制成品制造		43		42		957		907
针织品、编织品及其制品制造		23		19		5012		956
纺织服装、鞋、帽制造业		86		80		2959		2595
纺织服装制造		84		78		2918		2554
纺织面料鞋的制造		1		1		11		11
制帽		1		1		30		30
皮革、毛皮、羽毛(绒)及其制品业		34		33		1409		1392
皮革鞣制加工		13		13		999		999
皮革制品制造		16		15		381		364
毛皮鞣制及制品加工		4		4		24		24
羽毛(绒)加工及制品制造		1		1		5		5
木材加工及木、竹、藤、棕、草制品业		132		132		5180		5180
锯材、木片加工		49		49		1035		1035
人造板制造		49		49		2739		2739
木制品制造		32		32		1399		1399
竹、藤、棕、草制品制造		2		2		7		7
家具制造业		107		101		4945		2835
木质家具制造		78		72		4068		1958
金属家具制造		20		20		790		790
塑料家具制造		2		2		10		10
其他家具制造		7		7		77		77
造纸及纸制品业		158		151		11089		9033
纸浆制造		3		3		882		882
造纸		48		46		7095		5599
纸制品制造		107		102		3112		2552
印刷业和记录媒介的复制		321		312		7516		6929
印刷		299		290		7244		6657
装订及其他印刷服务活动		22		22		272		272
文教体育用品制造业		8		8		1352		1352
文化用品制造		3		3		21		21
体育用品制造		3		3		1317		1317
玩具制造		1		1		3		3
游艺器材及娱乐用品制造		1		1		11		11
石油加工、炼焦及核燃料加工业		101		95		22976		19105
精炼石油产品的制造		84		79		19905		17739
炼焦		17		16		3071		1366

1-5 续表 4

指标名称	单位数（个）		单产业企业法人		从业人数（人）		单产业企业法人	
	2001年	2004年	2001年	2004年	2001年	2004年	2001年	2004年
化学原料及化学制品制造业		423		401		26500		21666
基础化学原料制造		102		98		9876		8701
肥料制造		76		70		5039		2700
农药制造		6		5		97		36
涂料、油墨、颜料及类似产品制造		74		70		1499		1263
合成材料制造		11		11		3069		3069
专用化学产品制造		131		124		6380		5357
日用化学产品制造		23		23		540		540
医药制造业		72		72		3417		3417
化学药品原药制造		8		8		500		500
化学药品制剂制造		8		8		1049		1049
中药饮片加工		16		16		520		520
中成药制造		20		20		955		955
兽用药品制造		7		7		221		221
生物、生化制品的制造		6		6		103		103
卫生材料及医药用品制造		7		7		69		69
化学纤维制造业		10		10		1833		1833
纤维素纤维原料及纤维制造		3		3		1405		1405
合成纤维制造		7		7		428		428
橡胶制品业		40		40		3118		3118
轮胎制造		8		8		2587		2587
橡胶板、管、带的制造		13		13		260		260
橡胶零件制造		11		11		120		120
再生橡胶制造		2		2		48		48
橡胶靴鞋制造		2		2		64		64
其他橡胶制品制造		4		4		39		39
塑料制品业		399		381		23354		10702
塑料薄膜制造		79		75		2396		2333
塑料板、管、型材的制造		89		84		8764		2706
塑料丝、绳及编织品的制造		72		67		9676		3383
泡沫塑料制造		27		27		472		472
塑料包装箱及容器制造		35		35		661		661
塑料零件制造		2		1		58		12
日用塑料制造		81		79		1161		985
其他塑料制品制造		14		13		166		150
非金属矿物制品业		1018		989		51583		39036
水泥、石灰和石膏的制造		96		83		23339		12802
水泥及石膏制品制造		235		230		7048		5955
砖瓦、石材及其他建筑材料制造		603		593		16623		16146
玻璃及玻璃制品制造		40		39		3007		2567
陶瓷制品制造		5		5		38		38
耐火材料制品制造		25		25		894		894
石墨及其他非金属矿物制品制造		14		14		634		634

1-5 续表 5

指标名称	单位数（个）		单产业企业法人		从业人数（人）		单产业企业法人	
	2001年	2004年	2001年	2004年	2001年	2004年	2001年	2004年
黑色金属冶炼及压延加工业		83		79		19419		10403
炼铁		26		23		9961		2161
炼钢		5		4		1786		570
钢压延加工		45		45		6855		6855
铁合金冶炼		7		7		817		817
有色金属冶炼及压延加工业		33		29		5479		3302
常用有色金属冶炼		11		9		3323		1480
贵金属冶炼		16		14		1685		1351
有色金属合金制造		3		3		182		182
有色金属压延加工		3		3		289		289
金属制品业		328		316		10187		8809
结构性金属制品制造		182		178		4200		4068
金属工具制造		18		17		255		226
集装箱及金属包装容器制造		27		26		1951		1137
金属丝绳及其制品的制造		24		23		569		554
建筑、安全用金属制品制造		35		33		1891		1749
金属表面处理及热处理加工		12		12		333		333
搪瓷制品制造		1		1		1		1
不锈钢及类似日用金属制品制造		9		8		165		157
其他金属制品制造		20		18		822		584
通用设备制造业		240		225		9914		7797
锅炉及原动机制造		52		51		1631		1598
金属加工机械制造		5		5		377		377
起重运输设备制造		13		11		669		395
泵、阀门、压缩机及类似机械的制造		10		9		682		662
轴承、齿轮、传动和驱动部件的制造		6		6		396		396
烘炉、熔炉及电炉制造		1		1		8		8
风机、衡器、包装设备等通用设备制造		17		17		528		528
通用零部件制造及机械修理		94		85		4713		2986
金属铸、锻加工		42		40		910		847
专用设备制造业		144		134		6979		4344
矿山、冶金、建筑专用设备制造		27		23		1796		1389
化工、木材、非金属加工专用设备制造		8		8		113		113
食品、饮料、烟草及饲料生产专用设备制造		15		15		265		265
印刷、制药、日化生产专用设备制造		2		2		22		22
纺织、服装和皮革工业专用设备制造		5		5		58		58
电子和电工机械专用设备制造		3		3		33		33
农、林、牧、渔专用机械制造		67		62		4282		2101
医疗仪器设备及器械制造		2		2		163		163
环保、社会公共安全及其他专用设备制造		15		14		247		200

1-5 续表 6

指标名称	单位数（个）		单产业企业法人		从业人数（人）		单产业企业法人	
	2001年	2004年	2001年	2004年	2001年	2004年	2001年	2004年
交通运输设备制造业		162		148		8583		7442
铁路运输设备制造		10		9		2672		2401
汽车制造		145		132		5693		4823
摩托车制造		1		1		1		1
交通器材及其他交通运输设备制造		6		6		217		217
电气机械及器材制造业		139		135		6567		4804
电机制造		3		3		291		291
输配电及控制设备制造		74		72		4249		2639
电线、电缆、光缆及电工器材制造		31		29		873		720
电池制造		6		6		848		848
家用电力器具制造		2		2		10		10
非电力家用器具制造		6		6		132		132
照明器具制造		14		14		130		130
其他电气机械及器材制造		3		3		34		34
通信设备、计算机及其他电子设备制造业		7		7		2457		2457
电子计算机制造		2		2		33		33
电子器件制造		3		3		98		98
电子元件制造		2		2		2326		2326
仪器仪表及文化、办公用机械制造业		19		16		704		489
通用仪器仪表制造		13		11		398		355
专用仪器仪表制造		2		1		229		57
其他仪器仪表的制造及修理		4		4		77		77
工艺品及其他制造业		50		49		996		986
工艺美术品制造		41		40		892		882
日用杂品制造		3		3		60		60
煤制品制造		2		2		17		17
其他未列明的制造业		4		4		27		27
废弃资源和废旧材料回收加工业		28		28		405		405
金属废料和碎屑的加工处理		6		6		187		187
非金属废料和碎屑的加工处理		22		22		218		218
电力、燃气及水的生产和供应业		383		329		56070		31071
电力、热力的生产和供应业		257		222		48419		25337
电力生产		101		89		21158		13981
电力供应		29		13		18764		3263
热力生产和供应		127		120		8497		8093
燃气生产和供应业		19		14		1662		427
燃气生产和供应业		19		14		1662		427
水的生产和供应业		107		93		5989		5307
自来水的生产和供应		102		88		5759		5077
污水处理及其再生利用		5		5		230		230
建筑业		1267		1085		201485		103724
房屋和土木工程建筑业		646		495		171250		80839
房屋工程建筑		366		257		115148		44751
土木工程建筑		280		238		56102		36088

1-5 续表 7

指标名称	单位数(个)		单产业企业法人		从业人数(人)		单产业企业法人	
	2001年	2004年	2001年	2004年	2001年	2004年	2001年	2004年
建筑业		1267		1085		201485		103724
房屋和土木工程建筑业		646		495		171250		80839
房屋工程建筑		366		257		115148		44751
土木工程建筑		280		238		56102		36088
建筑安装业		242		217		20708		13781
建筑安装业		242		217		20708		13781
建筑装饰业		272		268		4641		4341
建筑装饰业		272		268		4641		4341
其他建筑业		107		105		4886		4763
工程准备		34		33		1780		1747
提供施工设备服务		9		8		230		140
其他未列明的建筑活动		64		64		2876		2876
交通运输、仓储和邮政业		980		844		114149		33430
铁路运输业		4				37437		
铁路货物运输		4				37437		
道路运输业		621		526		32655		16603
公路旅客运输		151		116		9937		4930
道路货物运输		410		364		19183		10120
道路运输辅助活动		60		46		3535		1553
城市公共交通业		89		79		17949		5582
公共电汽车客运		35		26		14911		2556
轨道交通		2		2		28		28
出租车客运		44		43		1930		1918
其他城市公共交通		8		8		1080		1080
航空运输业		11		10		4799		3461
航空客货运输		1		1		2429		2429
通用航空服务		6		6		234		234
航空运输辅助活动		4		3		2136		798
管道运输业		2		2		603		603
管道运输业		2		2		603		603
装卸搬运和其他运输服务业		135		129		3857		3739
装卸搬运		34		33		1793		1736
运输代理服务		101		96		2064		2003
仓储业		98		96		3501		3407
谷物、棉花等农产品仓储		36		35		1273		1227
其他仓储		62		61		2228		2180
邮政业		20		2		13348		35
国家邮政		17				13143		
其他寄递服务		3		2		205		35
信息传输、计算机服务和软件业		1029		1015		26184		7066
电信和其他信息传输服务业		99		92		20588		1850
电信		18		11		19126		388
互联网信息服务		64		64		581		581
广播电视传输服务		17		17		881		881

1-5 续表 8

指标名称	单位数（个）		单产业企业法人		从业人数（人）		单产业企业法人	
	2001年	2004年	2001年	2004年	2001年	2004年	2001年	2004年
计算机服务业		828		824		4275		3957
计算机系统服务		36		34		1999		1725
数据处理		2		2		13		13
计算机维修		21		20		169		134
其他计算机服务		769		768		2094		2085
软件业		102		99		1321		1259
公共软件服务		69		66		1061		999
其他软件服务		33		33		260		260
批发和零售业		11825		10843		169385		114976
批发业		7185		6609		102987		70716
农畜产品批发		651		516		28792		13996
食品、饮料及烟草制品批发		495		430		10151		5894
纺织、服装及日用品批发		338		329		3772		3608
文化、体育用品及器材批发		169		155		2222		1361
医药及医疗器材批发		192		171		3319		2400
矿产品、建材及化工产品批发		2432		2247		27140		19502
机械设备、五金交电及电子产品批发		2522		2395		23297		20155
贸易经纪与代理		64		64		687		687
其他批发		322		302		3607		3113
零售业		4640		4234		66398		44260
综合零售		389		321		16974		9113
食品、饮料及烟草制品专门零售		244		218		3122		2127
纺织、服装及日用品专门零售		343		308		4764		4187
文化、体育用品及器材专门零售		397		355		4392		2604
医药及医疗器材专门零售		206		158		4545		2318
汽车、摩托车、燃料及零配件专门零售		860		784		13911		7664
家用电器及电子产品专门零售		1065		1007		10050		8732
五金、家具及室内装修材料专门零售		722		699		4812		4543
无店铺及其他零售		414		384		3828		2972
住宿和餐饮业		931		807		45476		29652
住宿业		595		495		33769		18939
旅游饭店		239		165		25178		11359
一般旅馆		315		290		7950		6951
其他住宿服务		41		40		641		629
餐饮业		336		312		11707		10713
正餐服务		268		253		9883		9162
快餐服务		38		31		1114		864
饮料及冷饮服务		7		6		79		74
其他餐饮服务		23		22		631		613

1-5　续表 9

指标名称	单位数（个）		单产业企业法人		从业人数（人）		单产业企业法人	
	2001年	2004年	2001年	2004年	2001年	2004年	2001年	2004年
金融业		363		119		54217		5944
银行业		203		24		36265		1030
商业银行		184		21		34352		837
其他银行		19		3		1913		193
证券业		8		6		1324		190
证券经纪与交易		4		2		1198		64
证券投资		4		4		126		126
保险业		103		41		16158		4265
人寿保险		36		13		9613		3207
非人寿保险		55		17		6085		914
保险辅助服务		12		11		460		144
其他金融活动		49		48		470		459
金融信托与管理		4		4		60		60
金融租赁		1		1		67		67
典当		25		24		231		220
其他未列明的金融活动		19		19		112		112
房地产业		1582		1474		40319		34117
房地产业		1582		1474		40319		34117
房地产开发经营		709		659		15434		13225
物业管理		428		401		17220		14983
房地产中介服务		174		162		2307		1980
其他房地产活动		271		252		5358		3929
租赁和商务服务业		2079		1970		72608		37184
租赁业		164		157		2332		1995
机械设备租赁		158		151		2118		1781
文化及日用品出租		6		6		214		214
商务服务业		1915		1813		70276		35189
企业管理服务		289		238		39184		6895
法律服务		100		100		1194		1194
咨询与调查		333		326		4324		4161
广告业		456		447		4416		4294
知识产权服务		25		25		133		133
职业中介服务		91		87		6037		5642
市场管理		100		98		1828		1743
旅行社		222		212		3099		2274
其他商务服务		299		280		10061		8853
科学研究、技术服务和地质勘查业		699		679		18564		17318
研究与试验发展		47		45		743		622
自然科学研究与试验发展		7		6		147		133
工程和技术研究与试验发展		14		13		313		206
农业科学研究与试验发展		19		19		257		257
医学研究与试验发展		6		6		23		23
社会人文科学研究与试验发展		1		1		3		3

1-5 续表 10

指标名称	单位数（个）		单产业企业法人		从业人数（人）		单产业企业法人	
	2001年	2004年	2001年	2004年	2001年	2004年	2001年	2004年
专业技术服务业		525		511		15194		14405
气象服务		11		11		194		194
测绘服务		27		27		384		384
技术检测		80		75		1685		1613
环境监测		1		1		4		4
工程技术与规划管理		306		301		10994		10586
其他专业技术服务		100		96		1933		1624
科技交流和推广服务业		96		95		1401		1394
技术推广服务		56		55		897		890
科技中介服务		18		18		184		184
其他科技服务		22		22		320		320
地质勘查业		31		28		1226		897
矿产地质勘查		14		11		550		221
基础地质勘查		3		3		237		237
地质勘查技术服务		14		14		439		439
水利、环境和公共设施管理业		135		129		3218		2649
水利管理业		22		19		818		319
防洪管理		1		1		36		36
水资源管理		17		14		716		217
其他水利管理		4		4		66		66
环境管理业		24		24		702		702
自然保护		4		4		141		141
环境治理		20		20		561		561
公共设施管理业		89		86		1698		1628
市政公共设施管理		18		18		432		432
城市绿化管理		28		27		496		480
游览景区管理		43		41		770		716
居民服务和其他服务业		666		628		9251		8411
居民服务业		281		260		4533		4031
家庭服务		35		35		363		363
托儿所		1		1		18		18
洗染服务		20		19		241		239
理发及美容保健服务		41		34		297		147
洗浴服务		42		38		1190		1116
婚姻服务		19		19		45		45
殡葬服务		8		8		99		99
摄影扩印服务		40		34		484		302
其他居民服务		75		72		1796		1702
其他服务业		385		368		4718		4380
修理与维护		245		233		2999		2759
清洁服务		37		36		575		535
其他未列明的服务		103		99		1144		1086

1-5 续表 11

指标名称	单位数（个）		单产业企业法人		从业人数（人）		单产业企业法人	
	2001年	2004年	2001年	2004年	2001年	2004年	2001年	2004年
教育		156		152		3599		3367
教育		156		152		3599		3367
学前教育		22		22		311		311
初等教育		5		5		89		89
中等教育		6		6		352		352
其他教育		123		119		2847		2615
卫生、社会保障和社会福利业		157		146		4386		3844
卫生		145		135		4212		3701
医院		93		83		3449		2938
卫生院及社区医疗活动		16		16		238		238
门诊部医疗活动		22		22		207		207
计划生育技术服务活动		2		2		7		7
专科疾病防治活动		2		2		20		20
疾病预防控制及防疫活动		3		3		197		197
其他卫生活动		7		7		94		94
社会福利业		12		11		174		143
提供住宿的社会福利		7		7		111		111
不提供住宿的社会福利		5		4		63		32
文化、体育和娱乐业		203		190		3918		3368
新闻出版业		10		10		1232		1232
新闻业		2		2		38		38
出版业		8		8		1194		1194
广播、电视、电影和音像业		71		64		975		619
广播		3		2		55		38
电视		11		11		125		125
电影		56		50		791		452
音像制作		1		1		4		4
文化艺术业		13		11		92		62
文艺创作与表演		2		2		10		10
艺术表演场馆		3		3		22		22
群众文化活动		1		1		2		2
文化艺术经纪代理		5		3		50		20
其他文化艺术		2		2		8		8
体育		3		3		16		16
体育场馆		3		3		16		16
娱乐业		106		102		1603		1439
室内娱乐活动		68		65		887		772
游乐园		9		9		195		195
休闲健身娱乐活动		13		13		230		230
其他娱乐活动		16		15		291		242

1-6 国有企业法人单位及从业人员情况

指标名称	单位数（个）		单产业法人		从业人数（人）		单产业法人	
	2001年	2004年	2001年	2004年	2001年	2004年	2001年	2004年
总　计	**5453**	**2661**	**4253**	**2095**	**599406**	**392410**	**222810**	**124364**
按产业划分								
第二产业	1292	564	1042	464	313523	190844	126298	71847
第三产业	4161	2097	3211	1631	285883	201566	96512	52517
按营业状态分组								
营业	4936	2374	3765	1818	580164	384671	206558	117082
停业(歇业)	307	159	289	151	9764	4347	8191	3943
筹建	26	15	25	15	1160	682	1117	682
当年关闭	57	67	54	67	541	1528	477	1528
当年破产	36	23	34	23	2324	868	2219	868
其他	91	23	86	21	5453	314	4248	261
按开业时间划分								
1949年以前	27	7	15	5	6935	1423	2036	637
1950-1952年	102	42	59	23	36780	7160	7926	923
1953-1957年	278	127	172	80	73797	67317	11558	6830
1958-1962年	294	139	199	91	69043	41630	22623	10320
1963-1965年	96	33	66	25	29355	13885	9269	1112
1966-1970年	98	30	70	24	23130	8503	7135	3963
1971-1975年	174	79	110	58	25670	19755	8159	3498
1976-1980年	355	116	223	84	31515	11314	11705	4263
#1978年	44	26	33	23	2354	641	1379	549
1981-1985年	530	233	400	172	78839	64915	21407	15433
#1985年	181	72	118	51	21454	15069	5749	5659
1986-1990年	714	249	597	194	56646	30455	30557	20504
1991-1995年	1235	587	1035	488	85760	50296	39317	20059
#1992年	349	163	283	135	18511	6830	8239	4361
1996-2000年	1359	600	1130	479	70874	45580	43360	16850
#1997年	252	85	227	62	12594	5426	9917	1647
2001年	186	123	172	103	11039	7928	7735	4875
2002年		110		98		9691		7915
2003年		111		102		9829		4851
2004年		60		54		2047		1649
其他(不详)	5	15	5	15	23	682	23	682

1-6 续表 1

指标名称	单位数（个）		单产业法人		从业人数（人）		单产业法人	
	2001年	2004年	2001年	2004年	2001年	2004年	2001年	2004年
按地区分组								
乌鲁木齐市	1473	874	1207	749	212450	141354	77026	54914
克拉玛依市	127	58	85	40	45997	53451	3316	4861
吐鲁番地区	188	101	133	65	9287	19913	4109	2146
哈密地区	222	141	170	112	49365	23161	9738	6010
昌吉回族自治州	323	124	231	99	27248	15584	13573	8197
博尔塔拉蒙古自治州	252	123	216	86	8191	12580	5041	4233
巴音郭楞蒙古自治州	462	233	332	175	52276	32987	13015	8744
阿克苏地区	341	125	236	89	30741	11542	10384	4141
克孜勒苏柯尔克孜自治州	135	45	113	38	6558	2280	4310	1704
喀什地区	490	180	376	130	34538	11262	16394	3995
和田地区	288	107	225	68	16140	7108	8128	2400
伊犁哈萨克自治州	533	232	450	191	44879	19212	27528	8382
塔城地区	262	98	199	72	16887	12903	12027	3733
阿勒泰地区	235	110	184	88	15345	9622	9275	4508
石河子市	122	110	96	93	29504	19451	8946	6396
按国民经济行业中类分组								
采矿业		52		44		74261		9703
煤炭开采和洗选业		27		23		10978		4569
烟煤和无烟煤的开采洗选		27		23		10978		4569
石油和天然气开采业		3		1		58237		245
与石油和天然气开采有关的服务活动		3		1		58237		245
黑色金属矿采选业		5		4		277		209
铁矿采选		5		4		277		209
有色金属矿采选业		8		8		3643		3643
常用有色金属矿采选		2		2		1235		1235
贵金属矿采选		5		5		1462		1462
稀有稀土金属矿采选		1		1		946		946
非金属矿采选业		9		8		1126		1037
土砂石开采		3		3		104		104
化学矿采选		1				89		
采盐		3		3		46		46
石棉及其他非金属矿采选		2		2		887		887
制造业		222		191		45999		24287
农副食品加工业		22		18		2660		1570
谷物磨制		12		11		308		217
饲料加工		2		2		47		47
植物油加工		4		2		2089		1257
制糖		2		1		168		1
蔬菜、水果和坚果加工		2		2		48		48

1-6 续表 2

指标名称	单位数（个）		单产业法人		从业人数（人）		单产业法人	
	2001年	2004年	2001年	2004年	2001年	2004年	2001年	2004年
食品制造业		14		13		1400		1055
焙烤食品制造		1		1		1		1
液体乳及乳制品制造		2		1		345		
罐头制造		5		5		259		259
调味品、发酵制品制造		2		2		502		502
其他食品制造		4		4		293		293
饮料制造业		5		5		1012		1012
酒的制造		5		5		1012		1012
烟草制品业		2		2		652		652
卷烟制造		2		2		652		652
纺织业		11		7		10295		1995
棉、化纤纺织及印染精加工		8		5		8392		1639
毛纺织和染整精加工		2		1		1894		347
针织品、编织品及其制品制造		1		1		9		9
纺织服装、鞋、帽制造业		7		7		1223		1223
纺织服装制造		7		7		1223		1223
皮革、毛皮、羽毛(绒)及其制品业		1		1		22		22
皮革制品制造		1		1		22		22
木材加工及木、竹、藤、棕、草制品业		2		2		155		155
锯材、木片加工		1		1		18		18
人造板制造		1		1		137		137
家具制造业		3		3		89		89
木质家具制造		2		2		89		89
金属家具制造		1		1				
造纸及纸制品业		6		5		969		772
造纸		4		3		933		736
纸制品制造		2		2		36		36
印刷业和记录媒介的复制		40		38		3086		2732
印刷		39		37		3073		2719
装订及其他印刷服务活动		1		1		13		13
石油加工、炼焦及核燃料加工业		4		2		615		100
精炼石油产品的制造		4		2		615		100
化学原料及化学制品制造业		12		11		2037		1917
基础化学原料制造		3		2		1393		1273
肥料制造		2		2		46		46
涂料、油墨、颜料及类似产品制造		1		1		198		198
专用化学产品制造		5		5		232		232
日用化学产品制造		1		1		168		168
医药制造业		2		2		909		909
化学药品制剂制造		2		2		909		909

1-6 续表 3

指标名称	单位数（个）		单产业法人		从业人数（人）		单产业法人	
	2001年	2004年	2001年	2004年	2001年	2004年	2001年	2004年
橡胶制品业		1		1		91		91
橡胶板、管、带的制造		1		1		91		91
塑料制品业		11		8		6527		389
塑料薄膜制造		3		3		51		51
塑料板、管、型材的制造		4		3		504		298
塑料丝、绳及编织品的制造		2				5932		
塑料包装箱及容器制造		1		1		40		40
其他塑料制品制造		1		1				
非金属矿物制品业		23		19		4754		1335
水泥、石灰和石膏的制造		11		8		3332		944
水泥及石膏制品制造		6		5		1195		164
砖瓦、石材及其他建筑材料制造		6		6		227		227
黑色金属冶炼及压延加工业		3		3		444		444
炼铁		1		1		188		188
铁合金冶炼		2		2		256		256
有色金属冶炼及压延加工业		3		3		1720		1720
常用有色金属冶炼		2		2		1056		1056
贵金属冶炼		1		1		664		664
金属制品业		7		6		846		770
结构性金属制品制造		4		4		384		384
建筑、安全用金属制品制造		2		1		108		32
其他金属制品制造		1		1		354		354
通用设备制造业		8		7		891		768
金属加工机械制造		1		1		29		29
泵、阀门、压缩机及类似机械的制造		1		1		384		384
风机、衡器、包装设备等通用设备制造		1		1		39		39
通用零部件制造及机械修理		5		4		439		316
专用设备制造业		18		14		2072		1469
矿山、冶金、建筑专用设备制造		4		2		835		607
化工、木材、非金属加工专用设备制造		1		1		53		53
食品、饮料、烟草及饲料生产专用设备制造		1		1		90		90
农、林、牧、渔专用机械制造		11		9		1021		646
环保、社会公共安全及其他专用设备制造		1		1		73		73
交通运输设备制造业		11		9		3135		2806
铁路运输设备制造		5		4		2496		2225
汽车制造		5		4		628		570
交通器材及其他交通运输设备制造		1		1		11		11
电气机械及器材制造业		6		5		395		292
输配电及控制设备制造		4		4		231		231
电线、电缆、光缆及电工器材制造		1				103		
电池制造		1		1		61		61

1-6 续表 4

指标名称	单位数（个）		单产业法人		从业人数（人）		单产业法人	
	2001年	2004年	2001年	2004年	2001年	2004年	2001年	2004年
电力、燃气及水的生产和供应业		142		115		20562		11422
电力、热力的生产和供应业		65		52		14807		7277
电力生产		29		25		5125		3060
电力供应		12		5		7804		2444
热力生产和供应		24		22		1878		1773
燃气生产和供应业		3		1		1102		11
燃气生产和供应业		3		1		1102		11
水的生产和供应业		74		62		4653		4134
自来水的生产和供应		72		60		4544		4025
污水处理及其再生利用		2		2		109		109
建筑业		148		114		50022		26435
房屋和土木工程建筑业		112		79		45016		22817
房屋工程建筑		44		25		21161		3515
土木工程建筑		68		54		23855		19302
建筑安装业		26		25		4264		2876
建筑安装业		26		25		4264		2876
建筑装饰业		6		6		236		236
建筑装饰业		6		6		236		236
其他建筑业		4		4		506		506
工程准备		3		3		480		480
其他未列明的建筑活动		1		1		26		26
交通运输、仓储和邮政业		186		120		78814		9128
铁路运输业		4				37437		
铁路货物运输		4				37437		
道路运输业		104		63		14396		3612
公路旅客运输		33		18		2449		745
道路货物运输		31		19		9044		1946
道路运输辅助活动		40		26		2903		921
城市公共交通业		8		6		8835		616
公共电汽车客运		6		4		8368		149
出租车客运		1		1		322		322
其他城市公共交通		1		1		145		145
航空运输业		4		4		2473		2473
航空客货运输		1		1		2429		2429
通用航空服务		2		2		39		39
航空运输辅助活动		1		1		5		5

1-6 续表 5

指标名称	单位数（个）		单产业法人		从业人数（人）		单产业法人	
	2001年	2004年	2001年	2004年	2001年	2004年	2001年	2004年
装卸搬运和其他运输服务业		17		16		566		509
装卸搬运		7		6		152		95
运输代理服务		10		10		414		414
仓储业		32		31		1964		1918
谷物、棉花等农产品仓储		19		18		1019		973
其他仓储		13		13		945		945
邮政业		17				13143		
国家邮政		17				13143		
信息传输、计算机服务和软件业		17		13		1602		149
电信和其他信息传输服务业		9		6		1508		100
电信		3				1408		
互联网信息服务		1		1				
广播电视传输服务		5		5		100		100
计算机服务业		5		5		27		27
计算机系统服务		1		1		8		8
计算机维修		2		2		11		11
其他计算机服务		2		2		8		8
软件业		3		2		67		22
公共软件服务		3		2		67		22
批发和零售业		840		639		26907		12067
批发业		540		411		17892		7746
农畜产品批发		134		76		5974		1607
食品、饮料及烟草制品批发		87		67		3898		1420
纺织、服装及日用品批发		12		11		592		575
文化、体育用品及器材批发		14		12		654		280
医药及医疗器材批发		21		10		684		312
矿产品、建材及化工产品批发		121		96		3771		1829
机械设备、五金交电及电子产品批发		114		104		1911		1331
贸易经纪与代理		14		14		133		133
其他批发		23		21		275		259
零售业		300		228		9015		4321
综合零售		33		25		1800		1202
食品、饮料及烟草制品专门零售		45		37		995		541
纺织、服装及日用品专门零售		6		6		203		203
文化、体育用品及器材专门零售		71		51		1967		548
医药及医疗器材专门零售		40		19		1495		595
汽车、摩托车、燃料及零配件专门零售		31		24		1420		549
家用电器及电子产品专门零售		17		17		102		102
五金、家具及室内装修材料专门零售		17		17		210		210
无店铺及其他零售		40		32		823		371

1-6 续表 6

指标名称	单位数（个）		单产业法人		从业人数（人）		单产业法人	
	2001年	2004年	2001年	2004年	2001年	2004年	2001年	2004年
住宿和餐饮业		243		197		16632		8946
住宿业		227		184		15867		8244
旅游饭店		104		68		12220		4957
一般旅馆		114		107		3497		3137
其他住宿服务		9		9		150		150
餐饮业		16		13		765		702
正餐服务		13		11		440		395
快餐服务		1		1		20		20
其他餐饮服务		2		1		305		287
金融业		97		11		24906		852
银行业		74		6		22743		704
商业银行		61		5		21418		649
其他银行		13		1		1325		55
证券业		1		1		39		39
证券投资		1		1		39		39
保险业		20		2		2081		66
非人寿保险		20		2		2081		66
其他金融活动		2		2		43		43
金融信托与管理		1		1		37		37
其他未列明的金融活动		1		1		6		6
房地产业		145		132		4904		3504
房地产业		145		132		4904		3504
房地产开发经营		32		29		761		670
物业管理		64		58		3183		2260
房地产中介服务		4		4		29		29
其他房地产活动		45		41		931		545
租赁和商务服务业		218		186		35911		6978
租赁业		11		9		587		342
机械设备租赁		7		5		384		139
文化及日用品出租		4		4		203		203
商务服务业		207		177		35324		6636
企业管理服务		62		43		29940		2046
法律服务		3		3		17		17
咨询与调查		20		19		278		267
广告业		19		19		228		228
职业中介服务		7		6		601		586
市场管理		10		9		483		434
旅行社		34		34		396		396
其他商务服务		52		44		3381		2662

1-6 续表 7

指标名称	单位数（个）		单产业法人		从业人数（人）		单产业法人	
	2001年	2004年	2001年	2004年	2001年	2004年	2001年	2004年
科学研究、技术服务和地质勘查业		157		153		6678		6472
研究与试验发展		15		14		444		337
自然科学研究与试验发展		3		3		75		75
工程和技术研究与试验发展		5		4		211		104
农业科学研究与试验发展		7		7		158		158
专业技术服务业		114		112		5298		5260
气象服务		5		5		109		109
测绘服务		2		2		91		91
技术检测		19		19		285		285
工程技术与规划管理		77		76		4538		4520
其他专业技术服务		11		10		275		255
科技交流和推广服务业		24		24		615		615
技术推广服务		12		12		403		403
科技中介服务		5		5		60		60
其他科技服务		7		7		152		152
地质勘查业		4		3		321		260
矿产地质勘查		3		2		106		45
基础地质勘查		1		1		215		215
水利、环境和公共设施管理业		35		33		1258		902
水利管理业		7		5		469		113
水资源管理		5		3		440		84
其他水利管理		2		2		29		29
环境管理业		8		8		293		293
自然保护		1		1		45		45
环境治理		7		7		248		248
公共设施管理业		20		20		496		496
市政公共设施管理		7		7		208		208
城市绿化管理		3		3		103		103
游览景区管理		10		10		185		185
居民服务和其他服务业		48		45		1230		1173
居民服务业		19		18		751		748
家庭服务		1		1		3		3
洗浴服务		2		1		30		27
婚姻服务		2		2		5		5
殡葬服务		3		3		15		15
摄影扩印服务		2		2		34		34
其他居民服务		9		9		664		664
其他服务业		29		27		479		425
修理与维护		15		14		201		178
清洁服务		2		2		55		55
其他未列明的服务		12		11		223		192

1-6 续表 8

指标名称	单位数（个）		单产业法人		从业人数（人）		单产业法人	
	2001年	2004年	2001年	2004年	2001年	2004年	2001年	2004年
教育		26		25		909		894
教育		26		25		909		894
学前教育		4		4		74		74
其他教育		22		21		835		820
卫生、社会保障和社会福利业		17		17		417		417
卫生		14		14		387		387
医院		2		2		44		44
卫生院及社区医疗活动		2		2		26		26
门诊部医疗活动		4		4		61		61
计划生育技术服务活动		1		1		2		2
疾病预防控制及防疫活动		3		3		197		197
其他卫生活动		2		2		57		57
社会福利业		3		3		30		30
提供住宿的社会福利		1		1		9		9
不提供住宿的社会福利		2		2		21		21
文化、体育和娱乐业		68		60		1398		1035
新闻出版业		6		6		468		468
新闻业		1		1		17		17
出版业		5		5		451		451
广播、电视、电影和音像业		52		46		826		487
广播		1		1		21		21
电视		4		4		77		77
电影		47		41		728		389
文化艺术业		2		1		14		4
艺术表演场馆		1		1		4		4
文化艺术经纪代理		1				10		
娱乐业		8		7		90		76
室内娱乐活动		6		5		50		36
游乐园		1		1		37		37
其他娱乐活动		1		1		3		3

1-7　集体企业法人单位及从业人员情况

指标名称	单位数（个）		单产业法人（个）		从业人数（人）		单产业法人（人）	
	2001年	2004年	2001年	2004年	2001年	2004年	2001年	2004年
总　计	**4184**	**1776**	**3645**	**1477**	**164389**	**64833**	**112958**	**44396**
按产业划分								
第二产业	2007	729	1874	685	103465	28408	80248	23759
第三产业	2177	1047	1771	792	60924	36425	32710	20637
按营业状态分组								
营业	3710	1506	3188	1225	156221	62209	105322	41954
停业(歇业)	358	168	342	152	5708	1743	5191	1566
筹建	20	10	20	10	248	312	248	312
当年关闭	66	57	66	56	1423	256	1423	256
当年破产	14	19	14	19	136	108	136	108
其他	16	16	15	15	653	205	638	200
按开业时间划分								
1949年以前	5	1	4	1	283	11	241	11
1950-1952年	127	52	99	35	3858	1408	2098	397
1953-1957年	347	158	268	101	13505	4176	4091	1984
1958-1962年	115	39	94	32	4665	3172	2309	2981
1963-1965年	53	17	45	15	2007	348	1429	246
1966-1970年	38	13	36	12	1090	518	905	505
1971-1975年	90	31	76	29	3120	917	2130	783
1976-1980年	225	70	197	64	10247	2598	7645	2173
#1978年	43	9	36	8	2222	130	1080	125
1981-1985年	564	213	486	176	29599	9794	21640	6377
#1985年	186	54	162	43	8866	3147	7297	2070
1986-1990年	591	228	483	160	31810	10472	18310	4561
1991-1995年	1151	416	1022	367	39603	15555	30364	12276
#1992年	307	138	250	119	12126	7044	7333	5315
1996-2000年	790	328	750	296	22295	9743	20261	7628
#1997年	143	53	131	49	3316	1349	2881	1237
2001年	86	45	83	39	2261	1316	1489	730
2002年		50		47		1742		1250
2003年		50		44		1186		989
2004年		55		49		1565		1193
其他(不详)	2	10	2	10	46	312	46	312

1-7 续表 1

指标名称	单位数（个）		单产业法人（个）		从业人数（人）		单产业法人（人）	
	2001年	2004年	2001年	2004年	2001年	2004年	2001年	2004年
按地区分组								
乌鲁木齐市	1377	570	1245	521	49740	17385	37606	14578
克拉玛依市	139	64	99	50	11949	5923	4550	3304
吐鲁番地区	140	80	117	64	4755	2724	3167	1405
哈密地区	128	77	113	61	4821	2245	4066	1619
昌吉回族自治州	416	142	355	129	16643	6215	13021	4730
博尔塔拉蒙古自治州	93	36	85	27	2783	1910	1671	673
巴音郭楞蒙古自治州	294	150	222	102	10916	4411	5800	2251
阿克苏地区	200	93	168	73	7619	2756	4863	879
克孜勒苏柯尔克孜自治州	48	17	41	15	1458	442	1100	334
喀什地区	387	203	330	141	20550	9215	11491	5943
和田地区	229	84	202	67	7884	1979	4859	882
伊犁哈萨克自治州	417	143	391	131	11685	5858	10192	5123
塔城地区	202	71	187	62	9629	2816	8413	2222
阿勒泰地区	77	33	59	23	2315	747	1098	293
石河子市	37	13	31	11	1642	207	1061	160
按国民经济行业中类分组								
采矿业		136		133		6819		6745
煤炭开采和洗选业		94		94		6009		6009
烟煤和无烟煤的开采洗选		94		94		6009		6009
石油和天然气开采业		1				20		
与石油和天然气开采有关的服务活动		1				20		
黑色金属矿采选业		5		5		82		82
铁矿采选		4		4		54		54
其他黑色金属矿采选		1		1		28		28
有色金属矿采选业		3		3		117		117
常用有色金属矿采选		1		1		58		58
贵金属矿采选		2		2		59		59
非金属矿采选业		33		31		591		537
土砂石开采		28		26		532		478
采盐		1		1		19		19
石棉及其他非金属矿采选		4		4		40		40
制造业		478		455		14679		12872
农副食品加工业		32		30		268		236
谷物磨制		16		14		110		78
植物油加工		8		8		87		87
制糖		1		1				
屠宰及肉类加工		5		5		58		58
水产品加工		1		1		8		8
蔬菜、水果和坚果加工		1		1		5		5

1-7 续表 2

指标名称	单位数（个）		单产业法人（个）		从业人数（人）		单产业法人（人）	
	2001年	2004年	2001年	2004年	2001年	2004年	2001年	2004年
食品制造业		15		15		344		344
焙烤食品制造		5		5		87		87
方便食品制造		2		2		90		90
液体乳及乳制品制造		2		2		13		13
罐头制造		1		1		62		62
调味品、发酵制品制造		3		3		49		49
其他食品制造		2		2		43		43
饮料制造业		17		17		195		195
酒的制造		6		6		78		78
软饮料制造		9		9		95		95
精制茶加工		2		2		22		22
烟草制品业		1		1		23		23
其他烟草制品加工		1		1		23		23
纺织业		21		20		1818		1768
棉、化纤纺织及印染精加工		9		9		1642		1642
纺织制成品制造		11		10		176		126
针织品、编织品及其制品制造		1		1				
纺织服装、鞋、帽制造业		20		16		613		297
纺织服装制造		20		16		613		297
皮革、毛皮、羽毛(绒)及其制品业		3		3		36		36
皮革制品制造		2		2		29		29
毛皮鞣制及制品加工		1		1		7		7
木材加工及木、竹、藤、棕、草制品业		3		3		22		22
木制品制造		3		3		22		22
家具制造业		10		9		166		161
木质家具制造		6		5		84		79
金属家具制造		4		4		82		82
造纸及纸制品业		15		14		668		661
造纸		3		3		231		231
纸制品制造		12		11		437		430
印刷业和记录媒介的复制		53		52		950		920
印刷		52		51		939		909
装订及其他印刷服务活动		1		1		11		11
石油加工、炼焦及核燃料加工业		4		4		293		293
精炼石油产品的制造		4		4		293		293

1-7 续表 3

指标名称	单位数（个）		单产业法人（个）		从业人数（人）		单产业法人（人）	
	2001年	2004年	2001年	2004年	2001年	2004年	2001年	2004年
化学原料及化学制品制造业		31		30		1525		1159
基础化学原料制造		11		10		977		611
肥料制造		2		2		199		199
涂料、油墨、颜料及类似产品制造		5		5		77		77
专用化学产品制造		12		12		268		268
日用化学产品制造		1		1		4		4
医药制造业		2		2		22		22
中成药制造		1		1		20		20
兽用药品制造		1		1		2		2
橡胶制品业		3		3		15		15
轮胎制造		1		1		11		11
橡胶零件制造		1		1		1		1
再生橡胶制造		1		1		3		3
塑料制品业		24		23		644		632
塑料薄膜制造		5		4		196		184
塑料板、管、型材的制造		3		3		139		139
塑料丝、绳及编织品的制造		6		6		160		160
塑料包装箱及容器制造		2		2		56		56
日用塑料制造		7		7		79		79
其他塑料制品制造		1		1		14		14
非金属矿物制品业		117		115		3122		2964
水泥、石灰和石膏的制造		4		3		451		294
水泥及石膏制品制造		23		22		339		338
砖瓦、石材及其他建筑材料制造		82		82		2060		2060
玻璃及玻璃制品制造		3		3		78		78
耐火材料制品制造		4		4		185		185
石墨及其他非金属矿物制品制造		1		1		9		9
黑色金属冶炼及压延加工业		5		5		798		798
钢压延加工		5		5		798		798
有色金属冶炼及压延加工业		5		4		531		391
常用有色金属冶炼		1		1		284		284
贵金属冶炼		4		3		247		107

1-7 续表 4

指标名称	单位数（个）		单产业法人（个）		从业人数（人）		单产业法人（人）	
	2001年	2004年	2001年	2004年	2001年	2004年	2001年	2004年
金属制品业		23		20		379		316
结构性金属制品制造		10		9		93		86
金属工具制造		2		1		32		3
集装箱及金属包装容器制造		2		2		13		13
金属丝绳及其制品的制造		1		1		132		132
建筑、安全用金属制品制造		2		2		24		24
金属表面处理及热处理加工		1		1		6		6
不锈钢及类似日用金属制品制造		1		1		9		9
其他金属制品制造		4		3		70		43
通用设备制造业		18		15		877		468
锅炉及原动机制造		3		2		130		97
起重运输设备制造		1		1		60		60
泵、阀门、压缩机及类似机械的制造		2		2		68		68
风机、衡器、包装设备等通用设备制造		1		1		75		75
通用零部件制造及机械修理		5		3		396		20
金属铸、锻加工		6		6		148		148
专用设备制造业		9		8		235		188
矿山、冶金、建筑专用设备制造		2		2		58		58
食品、饮料、烟草及饲料生产专用设备制造		1		1				
农、林、牧、渔专用机械制造		5		5		130		130
环保、社会公共安全及其他专用设备制造		1				47		
交通运输设备制造业		19		19		389		389
铁路运输设备制造		2		2		82		82
汽车制造		13		13		241		241
摩托车制造		1		1		1		1
交通器材及其他交通运输设备制造		3		3		65		65
电气机械及器材制造业		8		8		97		97
输配电及控制设备制造		4		4		60		60
电线、电缆、光缆及电工器材制造		3		3		32		32
家用电力器具制造		1		1		5		5
仪器仪表及文化、办公用机械制造业		3		2		195		23
通用仪器仪表制造		1		1		10		10
专用仪器仪表制造		1				172		
其他仪器仪表的制造及修理		1		1		13		13
工艺品及其他制造业		15		15		331		331
工艺美术品制造		13		13		327		327
日用杂品制造		1		1		1		1
煤制品制造		1		1		3		3
废弃资源和废旧材料回收加工业		2		2		123		123
金属废料和碎屑的加工处理		1		1		118		118
非金属废料和碎屑的加工处理		1		1		5		5

1-7 续表 5

指标名称	单位数（个）		单产业法人（个）		从业人数（人）		单产业法人（人）	
	2001年	2004年	2001年	2004年	2001年	2004年	2001年	2004年
电力、燃气及水的生产和供应业		27		23		904		598
电力、热力的生产和供应业		19		17		529		386
电力生产		14		12		342		199
热力生产和供应		5		5		187		187
水的生产和供应业		8		6		375		212
自来水的生产和供应		8		6		375		212
建筑业		88		74		6006		3544
房屋和土木工程建筑业		56		45		4190		1975
房屋工程建筑		23		18		1444		797
土木工程建筑		33		27		2746		1178
建筑安装业		20		17		1105		858
建筑安装业		20		17		1105		858
建筑装饰业		6		6		46		46
建筑装饰业		6		6		46		46
其他建筑业		6		6		665		665
工程准备		4		4		605		605
提供施工设备服务		1		1		30		30
其他未列明的建筑活动		1		1		30		30
交通运输、仓储和邮政业		43		38		3097		2697
道路运输业		19		14		867		467
公路旅客运输		1		1		8		8
道路货物运输		17		12		845		445
道路运输辅助活动		1		1		14		14
城市公共交通业		1		1		291		291
公共电汽车客运		1		1		291		291
装卸搬运和其他运输服务业		13		13		1440		1440
装卸搬运		11		11		1224		1224
运输代理服务		2		2		216		216
仓储业		10		10		499		499
谷物、棉花等农产品仓储		1		1				
其他仓储		9		9		499		499
信息传输、计算机服务和软件业		5		5		323		323
电信和其他信息传输服务业		5		5		323		323
电信		3		3		238		238
广播电视传输服务		2		2		85		85

1-7 续表 6

指标名称	单位数（个）		单产业法人（个）		从业人数（人）		单产业法人（人）	
	2001年	2004年	2001年	2004年	2001年	2004年	2001年	2004年
批发和零售业		500		380		13068		8233
批发业		316		223		10961		6617
农畜产品批发		51		36		6869		4508
食品、饮料及烟草制品批发		24		19		580		273
纺织、服装及日用品批发		4		4		36		36
文化、体育用品及器材批发		5		3		105		17
医药及医疗器材批发		1				7		
矿产品、建材及化工产品批发		180		114		2902		1388
机械设备、五金交电及电子产品批发		40		38		331		285
其他批发		11		9		131		110
零售业		184		157		2107		1616
综合零售		70		54		902		562
食品、饮料及烟草制品专门零售		19		16		143		116
纺织、服装及日用品专门零售		16		16		204		204
文化、体育用品及器材专门零售		6		5		46		24
医药及医疗器材专门零售		2		2		27		27
汽车、摩托车、燃料及零配件专门零售		13		11		124		73
家用电器及电子产品专门零售		8		5		75		37
五金、家具及室内装修材料专门零售		12		11		223		218
无店铺及其他零售		38		37		363		355
住宿和餐饮业		58		48		1966		988
住宿业		47		40		1739		837
旅游饭店		7		4		1023		241
一般旅馆		31		28		632		524
其他住宿服务		9		8		84		72
餐饮业		11		8		227		151
正餐服务		7		5		183		114
快餐服务		1				7		
其他餐饮服务		3		3		37		37
金融业		112		19		8418		327
银行业		111		18		8417		326
商业银行		106		16		7941		188
其他银行		5		2		476		138
其他金融活动		1		1		1		1
其他未列明的金融活动		1		1		1		1
房地产业		60		54		1378		966
房地产业		60		54		1378		966
房地产开发经营		7		7		131		131
物业管理		11		8		636		277
房地产中介服务		2		2		31		31
其他房地产活动		40		37		580		527

1-7 续表 7

指标名称	单位数（个）		单产业法人（个）		从业人数（人）		单产业法人（人）	
	2001年	2004年	2001年	2004年	2001年	2004年	2001年	2004年
租赁和商务服务业		136		123		5163		4561
租赁业		7		6		69		62
机械设备租赁		7		6		69		62
商务服务业		129		117		5094		4499
企业管理服务		55		46		1786		1566
法律服务		4		4		40		40
咨询与调查		9		9		131		131
广告业		6		6		75		75
职业中介服务		9		9		546		546
市场管理		6		6		71		71
旅行社		7		7		68		68
其他商务服务		33		30		2377		2002
科学研究、技术服务和地质勘查业		33		31		1603		1317
研究与试验发展		2		2		11		11
工程和技术研究与试验发展		1		1		8		8
农业科学研究与试验发展		1		1		3		3
专业技术服务业		25		23		1300		1014
气象服务		1		1		8		8
测绘服务		1		1		6		6
技术检测		3		3		429		429
工程技术与规划管理		14		14		412		412
其他专业技术服务		6		4		445		159
科技交流和推广服务业		4		4		15		15
技术推广服务		3		3		12		12
其他科技服务		1		1		3		3
地质勘查业		2		2		277		277
基础地质勘查		1		1		11		11
地质勘查技术服务		1		1		266		266
水利、环境和公共设施管理业		10		10		96		96
水利管理业		9		9		84		84
水资源管理		8		8		74		74
其他水利管理		1		1		10		10
公共设施管理业		1		1		12		12
城市绿化管理		1		1		12		12

1-7 续表 8

指标名称	单位数（个）		单产业法人（个）		从业人数（人）		单产业法人（人）	
	2001年	2004年	2001年	2004年	2001年	2004年	2001年	2004年
居民服务和其他服务业		59		54		683		569
居民服务业		40		37		554		449
家庭服务		3		3		10		10
洗染服务		3		2		116		114
理发及美容保健服务		1				47		
洗浴服务		2		2		16		16
婚姻服务		1		1		2		2
殡葬服务		2		2		36		36
摄影扩印服务		1		1		1		1
其他居民服务		27		26		326		270
其他服务业		19		17		129		120
修理与维护		10		9		86		83
其他未列明的服务		9		8		43		37
教育		12		12		244		244
教育		12		12		244		244
学前教育		2		2		25		25
初等教育		1		1		5		5
其他教育		9		9		214		214
卫生、社会保障和社会福利业		11		10		314		244
卫生		9		8		258		188
医院		3		2		148		78
卫生院及社区医疗活动		2		2		83		83
门诊部医疗活动		1		1		10		10
计划生育技术服务活动		1		1		5		5
其他卫生活动		2		2		12		12
社会福利业		2		2		56		56
提供住宿的社会福利		2		2		56		56
文化、体育和娱乐业		8		8		72		72
广播、电视、电影和音像业		4		4		51		51
电视		2		2		18		18
电影		2		2		33		33
文化艺术业		1		1		10		10
艺术表演场馆		1		1		10		10
娱乐业		3		3		11		11
室内娱乐活动		2		2		8		8
休闲健身娱乐活动		1		1		3		3

1-8 股份有限公司企业法人单位及从业人员

指标名称	单位数（个）		单产业法人（个）		从业人数（人）		单产业法人（人）	
	2001年	2004年	2001年	2004年	2001年	2004年	2001年	2004年
总　计	3241	5099	2821	4485	356514	501632	193974	286345
按产业划分								
第二产业	1201	1709	1037	1512	282875	357858	147919	206525
第三产业	2040	3390	1784	2973	73639	143774	46055	79820
按登记注册类型分组								
股份有限公司		5099		4485		501632		286345
有限责任公司		4748		4241		370018		233009
其他有限责任公司		4748		4241		370018		233009
股份有限公司		351		244		131614		53336
按开业时间分组								
1949年以前	1	3		2	5968	7531		6893
1950-1952年	10	6	4	4	9298	4145	1760	1155
1953-1957年	30	30	20	16	12347	13558	1850	2588
1958-1962年	34	29	24	20	14050	12162	4081	6028
1963-1965年	17	9	14	3	3433	3434	1828	619
1966-1970年	12	13	11	4	4803	10956	4745	3881
1971-1975年	26	29	18	20	13251	7758	2925	4541
1976-1980年	36	30	28	21	7992	7001	5363	4504
#1978年	5	4	3	3	1226	819	155	110
1981-1985年	68	59	48	40	22661	13609	8686	7538
#1985年	20	28	16	20	2426	6830	1937	4583
1986-1990年	95	79	76	64	25494	27301	9570	10431
1991-1995年	275	224	235	185	29992	31584	13812	14001
#1992年	51	45	37	31	7670	8641	1848	2499
1996-2000年	1886	1419	1652	1201	158525	157166	99921	82247
#1997年	174	129	148	107	13091	16592	7110	5496
2001年	733	688	673	592	48489	65885	39222	38784
2002年		779		710		54096		41719
2003年		869		801		47499		35515
2004年		667		638		34729		22821
其他(不详)	18	166	18	164	211	3218	211	3080
按营业状态分组								
营业	2972	4498	2561	3896	347525	493292	185856	278388
停业(歇业)	100	284	97	277	1919	3667	1872	3468
筹建	140	169	135	167	3982	3273	3612	3135
当年关闭	8	80	8	80	1449	306	1449	306
当年破产	6	11	6	11	896	69	896	69
其他	15	57	14	54	743	1025	289	979

1-8 续表 1

指标名称	单位数（个）		单产业法人（个）		从业人数（人）		单产业法人（人）	
	2001年	2004年	2001年	2004年	2001年	2004年	2001年	2004年
按地区分组								
乌鲁木齐市	1053	1338	935	1213	103868	152263	54578	80875
克拉玛依市	207	222	160	166	51305	55743	14191	26105
吐鲁番地区	138	168	112	130	12169	16979	8960	9070
哈密地区	96	129	82	113	13215	13442	9510	9900
昌吉回族自治州	380	611	330	543	45842	50695	37339	37263
博尔塔拉蒙古自治州	176	326	165	304	9091	8443	8362	7172
巴音郭楞蒙古自治州	185	347	156	299	32446	39649	8925	20610
阿克苏地区	309	602	266	527	19717	42864	10870	22380
克孜勒苏柯尔克孜自治州	6	38	4	29	491	1824	163	1120
喀什地区	136	359	123	311	8239	27733	6850	18074
和田地区	26	79	21	66	440	6244	305	2855
伊犁哈萨克自治州	238	345	226	312	19818	31018	14112	17702
塔城地区	97	194	82	170	13922	20802	9318	14478
阿勒泰地区	117	162	92	137	5868	7329	4057	5076
石河子市	77	179	67	165	20083	26604	6434	13665
按国民经济行业中类分组								
采矿业		127		108		53580		17402
煤炭开采和洗选业		58		51		12806		8754
烟煤和无烟煤的开采洗选		58		51		12806		8754
石油和天然气开采业		17		12		34678		4653
天然原油和天然气开采		5		2		32560		2999
与石油和天然气开采有关的服务活动		12		10		2118		1654
黑色金属矿采选业		15		12		2751		972
铁矿采选		11		9		2524		861
其他黑色金属矿采选		4		3		227		111
有色金属矿采选业		14		14		968		968
常用有色金属矿采选		8		8		717		717
贵金属矿采选		6		6		251		251
非金属矿采选业		23		19		2377		2055
土砂石开采		13		12		609		548
采盐		3		1		931		726
石棉及其他非金属矿采选		7		6		837		781

1-8　续表 2

指标名称	单位数（个）		单产业法人（个）		从业人数（人）		单产业法人（人）	
	2001年	2004年	2001年	2004年	2001年	2004年	2001年	2004年
制造业		1051		979.00		179495.00		130341
农副食品加工业		161		149.00		14447.00		11925
谷物磨制		29		25.00		1624.00		1142
饲料加工		28		26.00		1671.00		1215
植物油加工		61		57.00		3866.00		3398
制糖		11		9.00		6177.00		5061
屠宰及肉类加工		11		11.00		299.00		299
水产品加工		1		1.00		12.00		12
蔬菜、水果和坚果加工		12		12.00		515.00		515
其他农副食品加工		8		8.00		283.00		283
食品制造业		84		81.00		7577.00		6477
焙烤食品制造		6		6.00		599.00		599
糖果、巧克力及蜜饯制造		1		1.00		12.00		12
方便食品制造		6		6.00		214.00		214
液体乳及乳制品制造		23		23.00		1496.00		1496
罐头制造		26		25.00		2969.00		1995
调味品、发酵制品制造		8		8.00		806.00		806
其他食品制造		14		12.00		1481.00		1355
饮料制造业		62		59.00		7409.00		5246
酒的制造		37		35.00		5980.00		3877
软饮料制造		23		22.00		1366.00		1306
精制茶加工		2		2.00		63.00		63
纺织业		75		68.00		39175.00		31118
棉、化纤纺织及印染精加工		49		48.00		27297.00		27188
毛纺织和染整精加工		7		5.00		2364.00		1002
麻纺织		5		4.00		5232.00		2175
丝绢纺织及精加工		1		1.00		6.00		6
纺织制成品制造		7		7.00		422.00		422
针织品、编织品及其制品制造		6		3.00		3854.00		325
纺织服装、鞋、帽制造业		7		7.00		225.00		225
纺织服装制造		7		7.00		225.00		225
皮革、毛皮、羽毛(绒)及其制品业		8		8.00		352.00		352
皮革鞣制加工		3		3.00		225.00		225
皮革制品制造		3		3.00		116.00		116
毛皮鞣制及制品加工		2		2.00		11.00		11
木材加工及木、竹、藤、棕、草制品业		19		19.00		1488.00		1488
锯材、木片加工		5		5.00		51.00		51
人造板制造		8		8.00		574.00		574
木制品制造		6		6.00		863.00		863

1-8 续表 3

指标名称	单位数(个)		单产业法人(个)		从业人数(人)		单产业法人(人)	
	2001年	2004年	2001年	2004年	2001年	2004年	2001年	2004年
家具制造业		4		4		111		111
木质家具制造		2		2		55		55
金属家具制造		1		1		28		28
其他家具制造		1		1		28		28
造纸及纸制品业		31		28		6359		4850
纸浆制造		3		3		882		882
造纸		12		11		4450		3151
纸制品制造		16		14		1027		817
印刷业和记录媒介的复制		28		26		927		779
印刷		25		23		886		738
装订及其他印刷服务活动		3		3		41		41
文教体育用品制造业		1		1		6		6
文化用品制造		1		1		6		6
石油加工、炼焦及核燃料加工业		24		22		19195		15938
精炼石油产品的制造		20		19		16887		15335
炼焦		4		3		2308		603
化学原料及化学制品制造业		92		86		10852		9853
基础化学原料制造		23		23		2927		2927
肥料制造		20		20		1291		1291
农药制造		1				61		
涂料、油墨、颜料及类似产品制造		7		6		458		311
合成材料制造		4		4		2976		2976
专用化学产品制造		33		29		2959		2168
日用化学产品制造		4		4		180		180
医药制造业		28		28		1745		1745
化学药品原药制造		7		7		460		460
化学药品制剂制造		2		2		37		37
中药饮片加工		5		5		336		336
中成药制造		7		7		676		676
兽用药品制造		4		4		193		193
生物、生化制品的制造		2		2		42		42
卫生材料及医药用品制造		1		1		1		1
化学纤维制造业		7		7		1721		1721
纤维素纤维原料及纤维制造		3		3		1405		1405
合成纤维制造		4		4		316		316

1-8　续表 4

指标名称	单位数（个）				从业人数（人）			
			单产业法人（个）				单产业法人（人）	
	2001年	2004年	2001年	2004年	2001年	2004年	2001年	2004年
橡胶制品业		7		7		2573		2573
轮胎制造		3		3		2489		2489
橡胶板、管、带的制造		2		2		64		64
橡胶零件制造		1		1		9		9
其他橡胶制品制造		1		1		11		11
塑料制品业		73		68		9226		3311
塑料薄膜制造		16		15		1006		996
塑料板、管、型材的制造		22		21		6867		1154
塑料丝、绳及编织品的制造		13		13		760		760
泡沫塑料制造		3		3		76		76
塑料包装箱及容器制造		5		5		130		130
日用塑料制造		8		6		329		153
其他塑料制品制造		6		5		58		42
非金属矿物制品业		133		123		21094		13459
水泥、石灰和石膏的制造		41		34		16739		9214
水泥及石膏制品制造		41		40		1770		1750
砖瓦、石材及其他建筑材料制造		35		33		1051		961
玻璃及玻璃制品制造		9		9		1207		1207
陶瓷制品制造		1		1		3		3
耐火材料制品制造		4		4		255		255
石墨及其他非金属矿物制品制造		2		2		69		69
黑色金属冶炼及压延加工业		22		19		13861		6061
炼铁		8		5		8635		835
炼钢		1		1		44		44
钢压延加工		11		11		4875		4875
铁合金冶炼		2		2		307		307
有色金属冶炼及压延加工业		12		9		2533		496
常用有色金属冶炼		3		1		1849		6
贵金属冶炼		6		5		335		141
有色金属合金制造		2		2		167		167
有色金属压延加工		1		1		182		182
金属制品业		56		53		3631		2540
结构性金属制品制造		26		26		1129		1129
金属工具制造		2		2		75		75
集装箱及金属包装容器制造		11		10		1602		788
金属丝绳及其制品的制造		5		5		156		156
建筑、安全用金属制品制造		7		6		335		269
金属表面处理及热处理加工		2		2		66		66
不锈钢及类似日用金属制品制造		1		1		21		21
其他金属制品制造		2		1		247		36

1-8 续表 5

指标名称	单位数（个）		单产业法人（个）		从业人数（人）		单产业法人（人）	
	2001年	2004年	2001年	2004年	2001年	2004年	2001年	2004年
通用设备制造业		39		33		4037		2772
锅炉及原动机制造		11		11		694		694
金属加工机械制造		1		1		295		295
起重运输设备制造		3		2		313		69
泵、阀门、压缩机及类似机械的制造		3		2		159		139
轴承、齿轮、传动和驱动部件的制造		1		1		327		327
通用零部件制造及机械修理		16		13		2058		1100
金属铸、锻加工		4		3		191		148
专用设备制造业		19		17		2649		1014
矿山、冶金、建筑专用设备制造		4		4		286		286
化工、木材、非金属加工专用设备制造		1		1		2		2
食品、饮料、烟草及饲料生产专用设备制造		1		1		13		13
印刷、制药、日化生产专用设备制造		1		1		17		17
电子和电工机械专用设备制造		1		1		9		9
农、林、牧、渔专用机械制造		9		7		2162		527
医疗仪器设备及器械制造		1		1		150		150
环保、社会公共安全及其他专用设备制造		1		1		10		10
交通运输设备制造业		14		13		1213		798
铁路运输设备制造		2		2		7		7
汽车制造		12		11		1206		791
电气机械及器材制造业		31		30		4452		2846
电机制造		2		2		253		253
输配电及控制设备制造		18		17		3100		1494
电线、电缆、光缆及电工器材制造		7		7		306		306
电池制造		3		3		778		778
照明器具制造		1		1		15		15
通信设备、计算机及其他电子设备制造业		3		3		2409		2409
电子器件制造		2		2		92		92
电子元件制造		1		1		2317		2317
仪器仪表及文化、办公用机械制造业		4		4		91		91
通用仪器仪表制造		3		3		34		34
专用仪器仪表制造		1		1		57		57
工艺品及其他制造业		4		4		119		119
工艺美术品制造		4		4		119		119
废弃资源和废旧材料回收加工业		3		3		18		18
金属废料和碎屑的加工处理		1		1		10		10
非金属废料和碎屑的加工处理		2		2		8		8

1-8 续表 6

指标名称	单位数（个）		单产业法人（个）		从业人数（人）		单产业法人（人）	
	2001年	2004年	2001年	2004年	2001年	2004年	2001年	2004年
电力、燃气及水的生产和供应业		123		112		17157		12282
电力、热力的生产和供应业		94		84		15977		11127
电力生产		37		34		9572		7425
电力供应		9		4		2946		451
热力生产和供应		48		46		3459		3251
燃气生产和供应业		12		11		385		360
燃气生产和供应业		12		11		385		360
水的生产和供应业		17		17		795		795
自来水的生产和供应		15		15		714		714
污水处理及其再生利用		2		2		81		81
建筑业		408		313		107626		46500
房屋和土木工程建筑业		269		189		93371		36959
房屋工程建筑		188		128		73134		30205
土木工程建筑		81		61		20237		6754
建筑安装业		67		54		11083		6649
建筑安装业		67		54		11083		6649
建筑装饰业		42		41		1334		1144
建筑装饰业		42		41		1334		1144
其他建筑业		30		29		1838		1748
工程准备		5		5		66		66
提供施工设备服务		4		3		119		29
其他未列明的建筑活动		21		21		1653		1653
交通运输、仓储和邮政业		251		215		19161		10910
道路运输业		176		151		10603		6740
公路旅客运输		73		59		6176		3167
道路货物运输		99		88		4267		3413
道路运输辅助活动		4		4		160		160
城市公共交通业		33		25		6337		2189
公共电汽车客运		16		9		5445		1309
轨道交通		1		1		22		22
出租车客运		14		13		321		309
其他城市公共交通		2		2		549		549
航空运输业		2		2		904		904
通用航空服务		1		1		171		171
航空运输辅助活动		1		1		733		733
装卸搬运和其他运输服务业		19		18		687		665
运输代理服务		19		18		687		665

1-8 续表 7

指标名称	单位数（个）		单产业法人（个）		从业人数（人）		单产业法人（人）	
	2001年	2004年	2001年	2004年	2001年	2004年	2001年	2004年
仓储业		19		18		444		396
谷物、棉花等农产品仓储		6		6		63		63
其他仓储		13		12		381		333
邮政业		2		1		186		16
其他寄递服务		2		1		186		16
信息传输、计算机服务和软件业		53		48		11302		1530
电信和其他信息传输服务业		17		15		10427		849
电信		2				9578		
互联网信息服务		7		7		209		209
广播电视传输服务		8		8		640		640
计算机服务业		23		21		431		248
计算机系统服务		9		8		297		149
计算机维修		2		1		37		2
其他计算机服务		12		12		97		97
软件业		13		12		444		433
公共软件服务		10		9		417		406
其他软件服务		3		3		27		27
批发和零售业		1641		1443		46803		25972
批发业		1044		919		29204		17311
农畜产品批发		172		139		11243		5137
食品、饮料及烟草制品批发		93		75		1817		1236
纺织、服装及日用品批发		36		34		687		658
文化、体育用品及器材批发		10		10		118		118
医药及医疗器材批发		27		22		872		571
矿产品、建材及化工产品批发		359		312		8007		4371
机械设备、五金交电及电子产品批发		233		219		4638		3708
贸易经纪与代理		23		23		292		292
其他批发		91		85		1530		1220
零售业		597		524		17599		8661
综合零售		62		44		5236		2165
食品、饮料及烟草制品专门零售		32		31		569		551
纺织、服装及日用品专门零售		30		26		552		492
文化、体育用品及器材专门零售		27		27		247		247
医药及医疗器材专门零售		32		22		1085		567
汽车、摩托车、燃料及零配件专门零售		139		119		6411		1940
家用电器及电子产品专门零售		119		110		1847		1323
五金、家具及室内装修材料专门零售		81		76		906		788
无店铺及其他零售		75		69		746		588

1-8 续表 8

指标名称	单位数（个）		单产业法人（个）		从业人数（人）		单产业法人（人）	
	2001年	2004年	2001年	2004年	2001年	2004年	2001年	2004年
住宿和餐饮业		124		101		7328		5018
住宿业		96		76		5751		3601
旅游饭店		50		35		4353		2506
一般旅馆		37		32		1218		915
其他住宿服务		9		9		180		180
餐饮业		28		25		1577		1417
正餐服务		24		22		1258		1150
快餐服务		3		2		289		237
其他餐饮服务		1		1		30		30
金融业		116		53		20386		4397
银行业		17				4976		
商业银行		16				4864		
其他银行		1				112		
证券业		6		4		1281		147
证券经纪与交易		4		2		1198		64
证券投资		2		2		83		83
保险业		73		30		13912		4044
人寿保险		36		13		9613		3207
非人寿保险		32		13		3946		800
保险辅助服务		5		4		353		37
其他金融活动		20		19		217		206
金融信托与管理		1		1		8		8
金融租赁		1		1		67		67
典当		13		12		120		109
其他未列明的金融活动		5		5		22		22
房地产业		570		522		18249		15361
房地产业		570		522		18249		15361
房地产开发经营		320		294		7703		6339
物业管理		161		150		7866		7180
房地产中介服务		29		25		752		592
其他房地产活动		60		53		1928		1250
租赁和商务服务业		341		315		10838		7820
租赁业		17		16		749		710
机械设备租赁		16		15		747		708
文化及日用品出租		1		1		2		2

1-8 续表 9

指标名称	单位数（个）		单产业法人（个）		从业人数（人）		单产业法人（人）	
	2001年	2004年	2001年	2004年	2001年	2004年	2001年	2004年
商务服务业		324		299		10089		7110
企业管理服务		63		49		3594		1086
法律服务		3		3		17		17
咨询与调查		50		50		565		565
广告业		52		50		1166		1129
知识产权服务		3		3		12		12
职业中介服务		20		19		1284		1249
市场管理		12		12		160		160
旅行社		71		66		1229		901
其他商务服务		50		47		2062		1991
科学研究、技术服务和地质勘查业		145		142		5123		4787
研究与试验发展		7		7		129		129
自然科学研究与试验发展		2		2		51		51
工程和技术研究与试验发展		3		3		73		73
医学研究与试验发展		2		2		5		5
专业技术服务业		120		118		4391		4238
气象服务		4		4		69		69
测绘服务		5		5		56		56
技术检测		22		21		581		575
工程技术与规划管理		73		72		3171		3024
其他专业技术服务		16		16		514		514
科技交流和推广服务业		10		10		218		218
技术推广服务		7		7		195		195
科技中介服务		1		1		4		4
其他科技服务		2		2		19		19
地质勘查业		8		7		385		202
矿产地质勘查		5		4		324		141
地质勘查技术服务		3		3		61		61
水利、环境和公共设施管理业		29		27		588		534
水利管理业		1		1		5		5
水资源管理		1		1		5		5
环境管理业		5		5		190		190
自然保护		1		1		63		63
环境治理		4		4		127		127
公共设施管理业		23		21		393		339
市政公共设施管理		3		3		33		33
城市绿化管理		6		6		149		149
游览景区管理		14		12		211		157

1-8 续表 10

指标名称	单位数（个）		单产业法人（个）		从业人数（人）		单产业法人（人）	
	2001年	2004年	2001年	2004年	2001年	2004年	2001年	2004年
居民服务和其他服务业		63		60		1280		1229
居民服务业		23		21		649		606
家庭服务		2		2		13		13
托儿所		1		1		18		18
洗染服务		2		2		32		32
理发及美容保健服务		1		1		3		3
洗浴服务		5		5		228		228
殡葬服务		1		1		20		20
摄影扩印服务		5		4		82		52
其他居民服务		6		5		253		240
其他服务业		40		39		631		623
修理与维护		24		23		433		425
清洁服务		2		2		59		59
其他未列明的服务		14		14		139		139
教育		22		19		1026		809
教育		22		19		1026		809
中等教育		2		2		299		299
其他教育		20		17		727		510
卫生、社会保障和社会福利业		14		9		620		420
卫生		14		9		620		420
医院		14		9		620		420
文化、体育和娱乐业		21		19		1070		1033
新闻出版业		4		4		764		764
新闻业		1		1		21		21
出版业		3		3		743		743
广播、电视、电影和音像业		5		4		31		14
广播		1				17		
电视		2		2		8		8
电影		2		2		6		6
文化艺术业		2		1		25		5
文化艺术经纪代理		1				20		
其他文化艺术		1		1		5		5
娱乐业		10		10		250		250
室内娱乐活动		4		4		67		67
游乐园		3		3		33		33
休闲健身娱乐活动		1		1		86		86
其他娱乐活动		2		2		64		64

1-9 私营企业法人单位及从业人员情况

指标名称	单位数(个)		单产业法人(个)		从业人数(人)		单产业法人(人)	
	2001年	2004年	2001年	2004年	2001年	2004年	2001年	2004年
总　　计	**10816**	**18151**	**10318**	**17428**	**181975**	**292461**	**160032**	**257014**
按产业划分								
第二产业	3415	4440	3316	4314	89849	136073	82720	119598
第三产业	7401	13711	7002	13114	92126	156388	77312	137416
按登记注册类型分组								
私营企业		18151		17428		292461		257014
私营独资企业		3801		3737		45122		43289
私营合伙企业		711		693		9373		9089
私营有限责任公司		13283		12660		228706		197180
私营股份有限公司		356		338		9260		7456
按开业时间划分								
1949年以前	2	3	2	3	45	39	45	39
1950-1952年		1		1		13		13
1953-1957年	5	9	5	8	318	755	318	747
1958-1962年	8	8	8	6	821	1065	821	593
1963-1965年	2	5	2	2	14	918	14	39
1966-1970年	3	10	3	9	240	292	240	148
1971-1975年	6	8	5	8	166	251	135	251
1976-1980年	19	36	17	35	1842	3731	594	1751
#1978年	1	4	1	4	45	119	45	119
1981-1985年	92	94	84	87	3097	2992	2563	2470
#1985年	44	33	40	29	1239	1340	1072	873
1986-1990年	156	139	150	132	4524	3849	4096	2804
1991-1995年	1005	735	932	685	26612	17561	20773	14454
#1992年	101	87	95	79	2789	1997	2397	1626
1996-2000年	6961	4715	6613	4416	110417	82287	98471	72020
#1997年	649	469	607	435	11223	8503	9900	7482
2001年	2507	2062	2447	1978	33251	34731	31334	31213
2002年		2804		2698		49187		42714
2003年		3535		3440		48175		43504
2004年		3508		3444		41600		39707
其他(不详)	50	479	50	476	628	5015	628	4547
按营业状态分组								
营业	9799	16089	9312	15393	170971	277922	149235	243264
停业(歇业)	434	1190	428	1169	4623	7105	4498	6934
筹建	490	481	485	478	5615	5031	5533	4563
当年关闭	79	229	79	228	659	971	659	971
当年破产	2	17	2	17		46		46
其他	12	145	12	143	107	1386	107	1236

1-9 续表 1

指标名称	单位数（个）		单产业法人（个）		从业人数（人）		单产业法人（人）	
	2001年	2004年	2001年	2004年	2001年	2004年	2001年	2004年
按地区分组								
乌鲁木齐市	5633	8941	5358	8643	88305	113606	75646	103927
克拉玛依市	367	591	340	569	4445	9636	3706	8729
吐鲁番地区	162	329	151	304	2917	6500	2617	4993
哈密地区	237	412	219	395	4715	8296	3760	7864
昌吉回族自治州	1317	1633	1277	1557	25795	37035	23239	32748
博尔塔拉蒙古自治州	179	426	171	402	2493	5241	2284	4702
巴音郭楞蒙古自治州	737	1595	677	1462	11850	31216	9570	20881
阿克苏地区	417	586	406	566	7511	10520	7005	10032
克孜勒苏柯尔克孜自治州	31	75	29	68	631	1758	483	1431
喀什地区	263	530	259	511	5272	10085	5197	9046
和田地区	92	307	88	291	1526	7370	1444	6168
伊犁哈萨克自治州	623	1200	612	1172	11460	21590	11264	19911
塔城地区	412	384	403	371	8650	9289	8234	8458
阿勒泰地区	98	240	85	218	2383	7111	1952	5316
石河子市	248	902	243	899	4022	13208	3631	12808
按国民经济行业中类分组								
采矿业		404		403		16040		15946
煤炭开采和洗选业		180		179		10787		10693
烟煤和无烟煤的开采洗选		180		179		10787		10693
石油和天然气开采业		10		10		233		233
与石油和天然气开采有关的服务活动		10		10		233		233
黑色金属矿采选业		30		30		1164		1164
铁矿采选		25		25		1120		1120
其他黑色金属矿采选		5		5		44		44
有色金属矿采选业		52		52		1797		1797
常用有色金属矿采选		24		24		1007		1007
贵金属矿采选		28		28		790		790
非金属矿采选业		129		129		1965		1965
土砂石开采		112		112		1718		1718
化学矿采选		2		2		11		11
采盐		1		1		23		23
石棉及其他非金属矿采选		14		14		213		213
其他采矿业		3		3		94		94
其他采矿业		3		3		94		94

1-9 续表 2

指标名称	单位数（个）		单产业法人（个）		从业人数（人）		单产业法人（人）	
	2001年	2004年	2001年	2004年	2001年	2004年	2001年	2004年
制造业		3384		3295		86367		77125
农副食品加工业		306		300		6878		6487
谷物磨制		108		107		1320		1315
饲料加工		25		25		570		570
植物油加工		87		82		2835		2449
制糖		3		3		439		439
屠宰及肉类加工		44		44		681		681
水产品加工		4		4		78		78
蔬菜、水果和坚果加工		16		16		373		373
其他农副食品加工		19		19		582		582
食品制造业		145		138		3744		3049
焙烤食品制造		32		28		710		478
糖果、巧克力及蜜饯制造		9		9		176		176
方便食品制造		12		12		332		332
液体乳及乳制品制造		31		29		1208		759
罐头制造		11		11		309		309
调味品、发酵制品制造		17		17		242		242
其他食品制造		33		32		767		753
饮料制造业		132		131		2117		2076
酒的制造		81		80		1572		1531
软饮料制造		49		49		529		529
精制茶加工		2		2		16		16
烟草制品业		1		1		3		3
其他烟草制品加工		1		1		3		3
纺织业		76		74		7572		4750
棉、化纤纺织及印染精加工		34		32		6855		4033
麻纺织		3		3		43		43
丝绢纺织及精加工		3		3		42		42
纺织制成品制造		24		24		331		331
针织品、编织品及其制品制造		12		12		301		301
纺织服装、鞋、帽制造业		46		45		624		601
纺织服装制造		45		44		594		571
制帽		1		1		30		30
皮革、毛皮、羽毛(绒)及其制品业		21		20		977		960
皮革鞣制加工		9		9		752		752
皮革制品制造		10		9		214		197
毛皮鞣制及制品加工		1		1		6		6
羽毛(绒)加工及制品制造		1		1		5		5

1-9 续表 3

指标名称	单位数（个）		单产业法人（个）		从业人数（人）		单产业法人（人）	
	2001年	2004年	2001年	2004年	2001年	2004年	2001年	2004年
木材加工及木、竹、藤、棕、草制品业		101		101		3145		3145
锯材、木片加工		40		40		893		893
人造板制造		39		39		1851		1851
木制品制造		20		20		394		394
竹、藤、棕、草制品制造		2		2		7		7
家具制造业		85		81		1775		1678
木质家具制造		64		60		1050		953
金属家具制造		13		13		666		666
塑料家具制造		2		2		10		10
其他家具制造		6		6		49		49
造纸及纸制品业		103		101		2730		2387
造纸		28		28		1182		1182
纸制品制造		75		73		1548		1205
印刷业和记录媒介的复制		185		181		2311		2256
印刷		169		165		2119		2064
装订及其他印刷服务活动		16		16		192		192
文教体育用品制造业		7		7		1346		1346
文化用品制造		2		2		15		15
体育用品制造		3		3		1317		1317
玩具制造		1		1		3		3
游艺器材及娱乐用品制造		1		1		11		11
石油加工、炼焦及核燃料加工业		63		61		1653		1554
精炼石油产品的制造		52		50		1267		1168
炼焦		11		11		386		386
化学原料及化学制品制造业		257		245		5544		4618
基础化学原料制造		53		51		1881		1192
肥料制造		46		41		1096		1028
农药制造		4		4		34		34
涂料、油墨、颜料及类似产品制造		60		57		750		661
合成材料制造		7		7		93		93
专用化学产品制造		73		71		1527		1447
日用化学产品制造		14		14		163		163
医药制造业		34		34		594		594
化学药品原药制造		1		1		40		40
化学药品制剂制造		3		3		72		72
中药饮片加工		10		10		143		143
中成药制造		11		11		198		198
兽用药品制造		2		2		26		26
生物、生化制品的制造		3		3		56		56
卫生材料及医药用品制造		4		4		59		59

1-9 续表 4

指标名称	单位数（个）		单产业法人（个）		从业人数（人）		单产业法人（人）	
	2001年	2004年	2001年	2004年	2001年	2004年	2001年	2004年
化学纤维制造业		3		3		112		112
合成纤维制造		3		3		112		112
橡胶制品业		28		28		429		429
轮胎制造		4		4		87		87
橡胶板、管、带的制造		10		10		105		105
橡胶零件制造		8		8		100		100
再生橡胶制造		1		1		45		45
橡胶靴鞋制造		2		2		64		64
其他橡胶制品制造		3		3		28		28
塑料制品业		275		267		6287		5998
塑料薄膜制造		51		49		1007		966
塑料板、管、型材的制造		58		55		1204		1065
塑料丝、绳及编织品的制造		49		47		2521		2458
泡沫塑料制造		23		23		338		338
塑料包装箱及容器制造		25		25		424		424
塑料零件制造		2		1		58		12
日用塑料制造		61		61		641		641
其他塑料制品制造		6		6		94		94
非金属矿物制品业		709		697		20399		19100
水泥、石灰和石膏的制造		38		36		2482		2015
水泥及石膏制品制造		153		152		2701		2696
砖瓦、石材及其他建筑材料制造		462		454		12669		12282
玻璃及玻璃制品制造		26		25		1584		1144
陶瓷制品制造		4		4		35		35
耐火材料制品制造		15		15		372		372
石墨及其他非金属矿物制品制造		11		11		556		556
黑色金属冶炼及压延加工业		48		47		3988		2772
炼铁		17		17		1138		1138
炼钢		4		3		1742		526
钢压延加工		24		24		854		854
铁合金冶炼		3		3		254		254
有色金属冶炼及压延加工业		9		9		331		331
常用有色金属冶炼		4		4		113		113
贵金属冶炼		2		2		96		96
有色金属合金制造		1		1		15		15
有色金属压延加工		2		2		107		107

1-9 续表 5

指标名称	单位数（个）		单产业法人（个）		从业人数（人）		单产业法人（人）	
	2001年	2004年	2001年	2004年	2001年	2004年	2001年	2004年
金属制品业		231		226		4536		4388
结构性金属制品制造		137		134		2002		1877
金属工具制造		12		12		113		113
集装箱及金属包装容器制造		12		12		232		232
金属丝绳及其制品的制造		17		16		227		212
建筑、安全用金属制品制造		24		24		1424		1424
金属表面处理及热处理加工		9		9		261		261
搪瓷制品制造		1		1		1		1
不锈钢及类似日用金属制品制造		7		6		135		127
其他金属制品制造		12		12		141		141
通用设备制造业		167		162		3495		3175
锅炉及原动机制造		36		36		394		394
金属加工机械制造		3		3		53		53
起重运输设备制造		9		8		296		266
泵、阀门、压缩机及类似机械的制造		3		3		66		66
轴承、齿轮、传动和驱动部件的制造		5		5		69		69
烘炉、熔炉及电炉制造		1		1		8		8
风机、衡器、包装设备等通用设备制造		14		14		382		382
通用零部件制造及机械修理		65		62		1701		1431
金属铸、锻加工		31		30		526		506
专用设备制造业		92		91		1357		1337
矿山、冶金、建筑专用设备制造		14		13		172		152
化工、木材、非金属加工专用设备制造		6		6		58		58
食品、饮料、烟草及饲料生产专用设备制造		12		12		162		162
印刷、制药、日化生产专用设备制造		1		1		5		5
纺织、服装和皮革工业专用设备制造		5		5		58		58
电子和电工机械专用设备制造		2		2		24		24
农、林、牧、渔专用机械制造		39		39		748		748
医疗仪器设备及器械制造		1		1		13		13
环保、社会公共安全及其他专用设备制造		12		12		117		117
交通运输设备制造业		107		97		2068		1734
汽车制造		105		95		1927		1593
交通器材及其他交通运输设备制造		2		2		141		141

1-9　续表 6

指标名称	单位数（个）		单产业法人（个）		从业人数（人）		单产业法人（人）	
	2001年	2004年	2001年	2004年	2001年	2004年	2001年	2004年
电气机械及器材制造业		89		87		1319		1265
电机制造		1		1		38		38
输配电及控制设备制造		46		45		659		655
电线、电缆、光缆及电工器材制造		19		18		382		332
电池制造		2		2		9		9
家用电力器具制造		1		1		5		5
非电力家用器具制造		4		4		77		77
照明器具制造		13		13		115		115
其他电气机械及器材制造		3		3		34		34
通信设备、计算机及其他电子设备制造业		3		3		20		20
电子计算机制造		1		1		5		5
电子器件制造		1		1		6		6
电子元件制造		1		1		9		9
仪器仪表及文化、办公用机械制造业		11		9		408		365
通用仪器仪表制造		8		6		344		301
其他仪器仪表的制造及修理		3		3		64		64
工艺品及其他制造业		27		26		341		331
工艺美术品制造		20		19		241		231
日用杂品制造		2		2		59		59
煤制品制造		1		1		14		14
其他未列明的制造业		4		4		27		27
废弃资源和废旧材料回收加工业		23		23		264		264
金属废料和碎屑的加工处理		4		4		59		59
非金属废料和碎屑的加工处理		19		19		205		205
电力、燃气及水的生产和供应业		58		54		2264		2073
电力、热力的生产和供应业		50		47		2043		1952
电力生产		7		7		329		329
电力供应		1		1		7		7
热力生产和供应		42		39		1707		1616
燃气生产和供应业		3		2		156		56
燃气生产和供应业		3		2		156		56
水的生产和供应业		5		5		65		65
自来水的生产和供应		5		5		65		65
建筑业		594		562		31402		24454
房屋和土木工程建筑业		191		169		22726		16650
房屋工程建筑		102		82		15626		9960
土木工程建筑		89		87		7100		6690
建筑安装业		123		117		3877		3148
建筑安装业		123		117		3877		3148

1-9 续表 7

指标名称	单位数（个）		单产业法人（个）		从业人数（人）		单产业法人（人）	
	2001年	2004年	2001年	2004年	2001年	2004年	2001年	2004年
建筑装饰业		213		210		2922		2812
建筑装饰业		213		210		2922		2812
其他建筑业		67		66		1877		1844
工程准备		22		21		629		596
提供施工设备服务		4		4		81		81
其他未列明的建筑活动		41		41		1167		1167
交通运输、仓储和邮政业		471		443		9777		8733
道路运输业		306		282		5789		4784
公路旅客运输		42		36		1084		790
道路货物运输		251		233		4266		3555
道路运输辅助活动		13		13		439		439
城市公共交通业		46		46		2450		2450
公共电汽车客运		11		11		771		771
轨道交通		1		1		6		6
出租车客运		29		29		1287		1287
其他城市公共交通		5		5		386		386
航空运输业		3		3		81		81
通用航空服务		2		2		21		21
航空运输辅助活动		1		1		60		60
装卸搬运和其他运输服务业		81		77		918		879
装卸搬运		14		14		375		375
运输代理服务		67		63		543		504
仓储业		34		34		520		520
谷物、棉花等农产品仓储		8		8		136		136
其他仓储		26		26		384		384
邮政业		1		1		19		19
其他寄递服务		1		1		19		19
信息传输、计算机服务和软件业		926		923		4976		4835
电信和其他信息传输服务业		63		63		519		519
电信		8		8		150		150
互联网信息服务		55		55		369		369
计算机服务业		780		778		3719		3584
计算机系统服务		25		24		1679		1553
数据处理		2		2		13		13
计算机维修		16		16		82		82
其他计算机服务		737		736		1945		1936
软件业		83		82		738		732
公共软件服务		54		53		510		504
其他软件服务		29		29		228		228

1-9 续表 8

指标名称	单位数（个）		单产业法人（个）		从业人数（人）		单产业法人（人）	
	2001年	2004年	2001年	2004年	2001年	2004年	2001年	2004年
批发和零售业		8613		8197		76586		66388
批发业		5147		4955		41204		37606
农畜产品批发		261		250		3107		2410
食品、饮料及烟草制品批发		266		254		2671		2537
纺织、服装及日用品批发		285		279		2454		2336
文化、体育用品及器材批发		138		128		1239		840
医药及医疗器材批发		138		135		1608		1497
矿产品、建材及化工产品批发		1735		1690		12113		11608
机械设备、五金交电及电子产品批发		2105		2010		16130		14643
贸易经纪与代理		26		26		258		258
其他批发		193		183		1624		1477
零售业		3466		3242		35382		28782
综合零售		218		193		8147		5129
食品、饮料及烟草制品专门零售		135		123		1111		803
纺织、服装及日用品专门零售		287		256		3724		3207
文化、体育用品及器材专门零售		283		262		2059		1712
医药及医疗器材专门零售		126		112		1659		1050
汽车、摩托车、燃料及零配件专门零售		666		621		5642		4845
家用电器及电子产品专门零售		899		854		7910		7186
五金、家具及室内装修材料专门零售		606		589		3459		3313
无店铺及其他零售		246		232		1671		1537
住宿和餐饮业		472		436		15424		13338
住宿业		197		176		6507		5116
旅游饭店		62		50		3959		2771
一般旅馆		122		113		2325		2122
其他住宿服务		13		13		223		223
餐饮业		275		260		8917		8222
正餐服务		220		211		7813		7314
快餐服务		31		26		766		575
饮料及冷饮服务		7		6		79		74
其他餐饮服务		17		17		259		259
金融业		28		28		279		279
证券业		1		1		4		4
证券投资		1		1		4		4
保险业		7		7		107		107
保险辅助服务		7		7		107		107
其他金融活动		20		20		168		168
金融信托与管理		1		1		8		8
典当		12		12		111		111
其他未列明的金融活动		7		7		49		49

1-9 续表 9

指标名称	单位数（个）		单产业法人（个）		从业人数（人）		单产业法人（人）	
	2001年	2004年	2001年	2004年	2001年	2004年	2001年	2004年
房地产业		767		730		14530		13141
房地产业		767		730		14530		13141
房地产开发经营		334		313		6142		5388
物业管理		180		175		5081		4907
房地产中介服务		135		129		1459		1310
其他房地产活动		118		113		1848		1536
租赁和商务服务业		1280		1245		17697		14872
租赁业		123		120		832		786
机械设备租赁		122		119		823		777
文化及日用品出租		1		1		9		9
商务服务业		1157		1125		16865		14086
企业管理服务		79		71		2677		1020
法律服务		67		67		927		927
咨询与调查		244		238		3230		3078
广告业		370		363		2860		2775
知识产权服务		20		20		107		107
职业中介服务		52		50		2807		2462
市场管理		68		67		1061		1025
旅行社		102		98		1294		822
其他商务服务		155		151		1902		1870
科学研究、技术服务和地质勘查业		340		331		4777		4484
研究与试验发展		20		19		152		138
自然科学研究与试验发展		2		1		21		7
工程和技术研究与试验发展		4		4		20		20
农业科学研究与试验发展		9		9		90		90
医学研究与试验发展		4		4		18		18
社会人文科学研究与试验发展		1		1		3		3
专业技术服务业		251		244		3948		3676
测绘服务		18		18		228		228
技术检测		34		31		335		309
环境监测		1		1		4		4
工程技术与规划管理		134		131		2742		2499
其他专业技术服务		64		63		639		636

1-9 续表 10

指标名称	单位数（个）		单产业法人（个）		从业人数（人）		单产业法人（人）	
	2001年	2004年	2001年	2004年	2001年	2004年	2001年	2004年
科技交流和推广服务业		57		56		541		534
技术推广服务		34		33		287		280
科技中介服务		12		12		120		120
其他科技服务		11		11		134		134
地质勘查业		12		12		136		136
矿产地质勘查		4		4		34		34
基础地质勘查		1		1		11		11
地质勘查技术服务		7		7		91		91
水利、环境和公共设施管理业		52		50		1132		973
水利管理业		3		2		206		63
防洪管理		1		1		36		36
水资源管理		1				143		
其他水利管理		1		1		27		27
环境管理业		9		9		204		204
自然保护		2		2		33		33
环境治理		7		7		171		171
公共设施管理业		40		39		722		706
市政公共设施管理		8		8		191		191
城市绿化管理		16		15		220		204
游览景区管理		16		16		311		311
居民服务和其他服务业		476		451		5755		5260
居民服务业		188		175		2400		2172
家庭服务		28		28		335		335
洗染服务		13		13		79		79
理发及美容保健服务		38		32		241		138
洗浴服务		33		30		916		845
婚姻服务		15		15		38		38
殡葬服务		1		1		24		24
摄影扩印服务		29		26		239		210
其他居民服务		31		30		528		503
其他服务业		288		276		3355		3088
修理与维护		191		182		2179		1973
清洁服务		32		31		460		420
其他未列明的服务		65		63		716		695

1-9 续表 11

指标名称	单位数（个）		单产业法人（个）		从业人数（人）		单产业法人（人）	
	2001年	2004年	2001年	2004年	2001年	2004年	2001年	2004年
教育		87		87		1263		1263
教育		87		87		1263		1263
学前教育		16		16		212		212
初等教育		4		4		84		84
中等教育		3		3		46		46
其他教育		64		64		921		921
卫生、社会保障和社会福利业		109		105		2947		2706
卫生		103		99		2890		2649
医院		71		67		2586		2345
卫生院及社区医疗活动		10		10		123		123
门诊部医疗活动		17		17		136		136
专科疾病防治活动		2		2		20		20
其他卫生活动		3		3		25		25
社会福利业		6		6		57		57
提供住宿的社会福利		4		4		46		46
不提供住宿的社会福利		2		2		11		11
文化、体育和娱乐业		90		88		1245		1144
广播、电视、电影和音像业		5		5		27		27
电视		2		2		12		12
电影		2		2		11		11
音像制作		1		1		4		4
文化艺术业		8		8		43		43
文艺创作与表演		2		2		10		10
艺术表演场馆		1		1		8		8
群众文化活动		1		1		2		2
文化艺术经纪代理		3		3		20		20
其他文化艺术		1		1		3		3
体育		2		2		14		14
体育场馆		2		2		14		14
娱乐业		75		73		1161		1060
室内娱乐活动		49		47		732		631
游乐园		5		5		125		125
休闲健身娱乐活动		11		11		141		141
其他娱乐活动		10		10		163		163

1-10 港澳台商和外商投资企业法人单位及从业人员情况

指标名称	单位数(个)		单产业法人(个)		从业人数(人)		单产业法人(人)	
	2001年	2004年	2001年	2004年	2001年	2004年	2001年	2004年
总　计	**230**	**216**	**203**	**198**	**18805**	**27904**	**11195**	**14087**
按产业划分								
第二产业	130	124	122	119	9360	13717	8118	11253
第三产业	100	92	81	79	9445	14187	3077	2834
按登记注册类型分组								
港、澳、台商投资企业		80		69		13327		5679
合资经营企业(港或澳、台资)		55		46		6621		2719
合作经营企业(港或澳、台资)		2		1		168		3
港、澳、台商独资经营企业		20		19		6001		2420
港、澳、台商投资股份有限公司		3		3		537		537
外商投资企业		136		129		14577		8408
中外合资经营企业		101		96		8286		6406
中外合作经营企业		10		9		786		668
外资企业		24		24		1334		1334
外商投资股份有限公司		1				4171		
按开业时间划分								
1981-1985年	2	2	1	2	355	832	45	832
#1985年	1	2	1	2	45	832	45	832
1986-1990年	5	5	5	4	450	1434	450	953
1991-1995年	109	65	94	58	9745	8031	4994	5393
#1992年	16	9	11	7	1791	1153	350	1003
1996-2000年	101	62	91	54	7294	8691	4868	2998
#1997年	17	9	15	8	1544	612	672	447
2001年	12	13	11	13	853	761	730	761
2002年		25		25		996		996
2003年		15		15		1271		1271
2004年		15		13		5641		636
其他(不详)	1	14	1	14	108	247	108	247
按营业状态分组								
营业	182	181	156	163	17619	27206	10037	13389
停业(歇业)	29	14	28	14	668	398	640	398
筹建	15	14	15	14	352	247	352	247
当年关闭	1	2	1	2	59	1	59	1
其他	3	5	3	5	107	52	107	52

1-10 续表 1

指标名称	单位数（个）		单产业法人（个）		从业人数（人）		单产业法人（人）	
	2001年	2004年	2001年	2004年	2001年	2004年	2001年	2004年
按地区分组								
乌鲁木齐市	171	133	147	119	12995	20526	5971	7100
克拉玛依市	7	5	6	5	633	361	510	361
吐鲁番地区	8	8	8	6	1439	1237	1439	905
哈密地区	3	9	3	9	333	1207	333	1207
昌吉回族自治州	8	11	8	10	814	1132	814	1092
博尔塔拉蒙古自治州	1	1	1	1	12	20	12	20
巴音郭楞蒙古自治州	4	7	4	6	213	369	213	350
阿克苏地区	2	5	2	5	166	248	166	248
克孜勒苏柯尔克孜自治州		1		1		12		12
喀什地区	1	3	1	3	78	102	78	102
和田地区	1		1		160		160	
伊犁哈萨克自治州	11	14	11	14	721	1021	721	1021
塔城地区	1	4		4	310	774		774
阿勒泰地区	5	2	5	2	256	46	256	46
石河子市	7	13	6	13	675	849	522	849
按国民经济行业中类分组								
采矿业		5		5		185		185
黑色金属矿采选业		1		1		15		15
铁矿采选		1		1		15		15
有色金属矿采选业		4		4		170		170
常用有色金属矿采选		2		2		138		138
贵金属矿采选		2		2		32		32
制造业		111		107		13319		10874
农副食品加工业		18		17		1482		1364
饲料加工		5		4		241		123
植物油加工		1		1		40		40
屠宰及肉类加工		6		6		451		451
水产品加工		1		1		2		2
蔬菜、水果和坚果加工		3		3		473		473
其他农副食品加工		2		2		275		275
食品制造业		8		8		540		540
焙烤食品制造		1		1		2		2
方便食品制造		1		1		254		254
液体乳及乳制品制造		2		2		102		102
罐头制造		1		1		100		100
其他食品制造		3		3		82		82
饮料制造业		16		15		2213		2046
酒的制造		7		6		1847		1680
软饮料制造		8		8		343		343
精制茶加工		1		1		23		23

1-10 续表 2

指标名称	单位数（个）		单产业法人（个）		从业人数（人）		单产业法人（人）	
	2001年	2004年	2001年	2004年	2001年	2004年	2001年	2004年
纺织业		10		10		3174		3174
棉、化纤纺织及印染精加工		7		7		2588		2588
毛纺织和染整精加工		1		1		265		265
针织品、编织品及其制品制造		2		2		321		321
木材加工及木、竹、藤、棕、草制品业		3		3		273		273
人造板制造		1		1		177		177
木制品制造		2		2		96		96
家具制造业		2		1		2600		592
木质家具制造		2		1		2600		592
造纸及纸制品业		2		2		346		346
造纸		1		1		299		299
纸制品制造		1		1		47		47
印刷业和记录媒介的复制		1		1		39		39
印刷		1		1		39		39
石油加工、炼焦及核燃料加工业		4		4		366		366
精炼石油产品的制造		3		3		116		116
炼焦		1		1		250		250
化学原料及化学制品制造业		11		10		477		325
基础化学原料制造		3		3		128		128
肥料制造		2		2		91		91
涂料、油墨、颜料及类似产品制造		1		1		16		16
专用化学产品制造		2		1		217		65
日用化学产品制造		3		3		25		25
医药制造业		4		4		138		138
化学药品制剂制造		1		1		31		31
中药饮片加工		1		1		41		41
中成药制造		1		1		61		61
生物、生化制品的制造		1		1		5		5
橡胶制品业		1		1		10		10
橡胶零件制造		1		1		10		10
塑料制品业		6		6		169		169
塑料板、管、型材的制造		2		2		50		50
泡沫塑料制造		1		1		58		58
塑料包装箱及容器制造		2		2		11		11
日用塑料制造		1		1		50		50
非金属矿物制品业		9		9		558		558
水泥、石灰和石膏的制造		1		1		167		167
水泥及石膏制品制造		1		1		116		116
砖瓦、石材及其他建筑材料制造		4		4		121		121
玻璃及玻璃制品制造		2		2		138		138
耐火材料制品制造		1		1		16		16

1-10 续表 3

指标名称	单位数（个）		单产业法人（个）		从业人数（人）		单产业法人（人）	
	2001年	2004年	2001年	2004年	2001年	2004年	2001年	2004年
黑色金属冶炼及压延加工业		2		2		79		79
钢压延加工		2		2		79		79
有色金属冶炼及压延加工业		2		2		100		100
常用有色金属冶炼		1		1		21		21
贵金属冶炼		1		1		79		79
金属制品业		4		4		192		192
结构性金属制品制造		1		1		78		78
集装箱及金属包装容器制造		2		2		104		104
其他金属制品制造		1		1		10		10
通用设备制造业		2		2		77		77
风机、衡器、包装设备等通用设备制造		1		1		32		32
通用零部件制造及机械修理		1		1		45		45
专用设备制造业		2		2		286		286
矿山、冶金、建筑专用设备制造		2		2		286		286
交通运输设备制造业		1		1		70		70
汽车制造		1		1		70		70
电气机械及器材制造业		1		1		92		92
输配电及控制设备制造		1		1		92		92
通信设备、计算机及其他电子设备制造业		1		1		28		28
电子计算机制造		1		1		28		28
仪器仪表及文化、办公用机械制造业		1		1		10		10
通用仪器仪表制造		1		1		10		10
电力、燃气及水的生产和供应业		2		1		22		3
电力、热力的生产和供应业		1		1		3		3
电力生产		1		1		3		3
燃气生产和供应业		1				19		
燃气生产和供应业		1				19		
建筑业		6		6		191		191
房屋和土木工程建筑业		1		1		112		112
土木工程建筑		1		1		112		112
建筑安装业		3		3		35		35
建筑安装业		3		3		35		35
建筑装饰业		2		2		44		44
建筑装饰业		2		2		44		44

1-10 续表 4

指标名称	单位数（个）		单产业法人（个）		从业人数（人）		单产业法人（人）	
	2001年	2004年	2001年	2004年	2001年	2004年	2001年	2004年
交通运输、仓储和邮政业		8		8		803		803
道路运输业		4		4		167		167
道路货物运输		4		4		167		167
管道运输业		2		2		603		603
管道运输业		2		2		603		603
装卸搬运和其他运输服务业		1		1		14		14
运输代理服务		1		1		14		14
仓储业		1		1		19		19
其他仓储		1		1		19		19
信息传输、计算机服务和软件业		4		2		7801		49
电信和其他信息传输服务业		2				7752		
电信		2				7752		
计算机服务业		1		1		39		39
计算机维修		1		1		39		39
软件业		1		1		10		10
公共软件服务		1		1		10		10
批发和零售业		25		23		1218		352
批发业		11		11		183		183
农畜产品批发		3		3		67		67
食品、饮料及烟草制品批发		1		1		17		17
矿产品、建材及化工产品批发		3		3		17		17
机械设备、五金交电及电子产品批发		4		4		82		82
零售业		14		12		1035		169
综合零售		1				834		
食品、饮料及烟草制品专门零售		1		1		16		16
纺织、服装及日用品专门零售		3		3		71		71
文化、体育用品及器材专门零售		2		2		18		18
家用电器及电子产品专门零售		4		3		49		17
无店铺及其他零售		3		3		47		47
住宿和餐饮业		13		6		3224		625
住宿业		11		4		3156		557
旅游饭店		10		3		3128		529
一般旅馆		1		1		28		28
餐饮业		2		2		68		68
正餐服务		1		1		56		56
快餐服务		1		1		12		12

1-10 续表 5

指标名称	单位数（个）		单产业法人（个）		从业人数（人）		单产业法人（人）	
	2001年	2004年	2001年	2004年	2001年	2004年	2001年	2004年
房地产业		14		14		544		544
房地产业		14		14		544		544
房地产开发经营		11		11		494		494
物业管理		2		2		39		39
其他房地产活动		1		1		11		11
租赁和商务服务业		13		13		267		267
租赁业		3		3		53		53
机械设备租赁		3		3		53		53
商务服务业		10		10		214		214
企业管理服务		3		3		132		132
咨询与调查		5		5		32		32
广告业		1		1		11		11
旅行社		1		1		39		39
科学研究、技术服务和地质勘查业		6		5		71		31
研究与试验发展		1		1		3		3
农业科学研究与试验发展		1		1		3		3
专业技术服务业		2		1		55		15
技术检测		2		1		55		15
地质勘查业		3		3		13		13
矿产地质勘查		1		1		1		1
地质勘查技术服务		2		2		12		12
居民服务和其他服务业		5		4		140		44
居民服务业		2		1		101		5
摄影扩印服务		2		1		101		5
其他服务业		3		3		39		39
修理与维护		2		2		36		36
其他未列明的服务		1		1		3		3
教育		1		1		81		81
教育		1		1		81		81
其他教育		1		1		81		81
卫生、社会保障和社会福利业		1		1		24		24
卫生		1		1		24		24
医院		1		1		24		24
文化、体育和娱乐业		2		2		14		14
体育		1		1		2		2
体育场馆		1		1		2		2
娱乐业		1		1		12		12
室内娱乐活动		1		1		12		12

1-11 其他内资企业法人单位及从业人员情况

指标名称	单位数（个）		单产业法人（个）		从业人数（人）		单产业法人（人）	
	2001年	2004年	2001年	2004年	2001年	2004年	2001年	2004年
总　　计	**48**	**164**	**46**	**160**	**857**	**1634**	**748**	**1513**
按产业划分								
第二产业	11	15	11	14	246	309	246	284
第三产业	37	149	35	146	611	1325	502	1229
按开业时间划分								
1953-1957	1		1		4		4	
1958-1962年	2	1	2	1	6	32	6	32
1963-1965年		3		2		60		35
1976-1980	3		3		209		209	
1981-1985年	5	1	4	1	142	7	37	7
1986-1990年	5	5	5	5	109	93	109	93
1991-1995年	6	7	5	7	104	72	100	72
#1992年		1		1		2		2
1996-2000年	20	35	20	32	218	450	218	354
#1997年	6	5	6	5	78	30	78	30
2001年	6	11	6	11	65	75	65	75
2002年		29		29		289		289
2003年		35		35		219		219
2004年		34		34		258		258
其他(不详)		3		3		79		79
按营业状态分组								
营业	31	141	30	137	624	1409	620	1288
停业(歇业)	3	12	2	12	108	72	3	72
筹建		3		3		79		79
当年关闭		2		2		12		12
当年破产		1		1		20		20
其他	14	5	14	5	125	42	125	42
按地区分组								
乌鲁木齐市	15	88	15	87	149	651	149	625
克拉玛依市	1		1		21		21	
吐鲁番地区		4		3		56		7
哈密地区	6	3	6	3	41	62	41	62
昌吉回族自治州	15	5	14	5	426	37	422	37
博尔塔拉蒙古自治州	2	5	2	4	8	39	8	18
巴音郭楞蒙古自治州		1		1		3		3
阿克苏地区		13		12		154		129
克州	5		4		134		29	
喀什地区	1	11	1	11	46	253	46	253
和田地区	1		1		6		6	
伊犁哈萨克自治州	1	6	1	6	25	65	25	65
塔城地区		16		16		136		136
阿勒泰地区	1	7	1	7	1	54	1	54
石河子市		5		5		124		124

1-11 续表 1

指标名称	单位数（个）		单产业法人（个）		从业人数（人）		单产业法人（人）	
	2001年	2004年	2001年	2004年	2001年	2004年	2001年	2004年
按国民经济行业中类分组								
采矿业		4		4		87		87
煤炭开采和洗选业		2		2		45		45
烟煤和无烟煤的开采洗选		2		2		45		45
非金属矿采选业		2		2		42		42
土砂石开采		2		2		42		42
制造业		10		9		217		192
纺织服装、鞋、帽制造业		1				25		
纺织服装制造		1				25		
塑料制品业		1		1		46		46
塑料薄膜制造		1		1		46		46
非金属矿物制品业		4		4		102		102
砖瓦、石材及其他建筑材料制造		4		4		102		102
金属制品业		2		2		36		36
结构性金属制品制造		1		1		2		2
金属工具制造		1		1		34		34
通用设备制造业		1		1		5		5
泵、阀门、压缩机及类似机械的制造		1		1		5		5
工艺品及其他制造业		1		1		3		3
工艺美术品制造		1		1		3		3
建筑业		1		1		5		5
建筑装饰业		1		1		5		5
建筑装饰业		1		1		5		5
交通运输、仓储和邮政业		3		3		45		45
航空运输业		1		1		3		3
通用航空服务		1		1		3		3
装卸搬运和其他运输服务业		2		2		42		42
装卸搬运		2		2		42		42
信息传输、计算机服务和软件业		20		20		108		108
计算机服务业		18		18		46		46
计算机系统服务		1		1		15		15
其他计算机服务		17		17		31		31
软件业		2		2		62		62
公共软件服务		1		1		57		57
其他软件服务		1		1		5		5

1-11 续表 2

指标名称	单位数（个）		其中：单产业法人（个）		从业人数（人）		其中：单产业法人（人）	
	2001年	2004年	2001年	2004年	2001年	2004年	2001年	2004年
批发和零售业		54		53		273		252
批发业		23		23		145		145
食品、饮料及烟草制品批发		1		1		23		23
纺织、服装及日用品批发		1		1		3		3
矿产品、建材及化工产品批发		8		8		83		83
机械设备、五金交电及电子产品批发		12		12		32		32
贸易经纪与代理		1		1		4		4
零售业		31		30		128		107
综合零售		1		1		2		2
食品、饮料及烟草制品专门零售		2		2		10		10
文化、体育用品及器材专门零售		2		2		9		9
汽车、摩托车、燃料及零配件专门零售		2		1		23		2
家用电器及电子产品专门零售		15		15		56		56
五金、家具及室内装修材料专门零售		5		5		10		10
无店铺及其他零售		4		4		18		18
住宿和餐饮业		5		5		224		224
住宿业		2		2		91		91
旅游饭店		1		1		71		71
一般旅馆		1		1		20		20
餐饮业		3		3		133		133
正餐服务		3		3		133		133
金融业		2		2		45		45
保险业		1		1		42		42
非人寿保险		1		1		42		42
其他金融活动		1		1		3		3
其他未列明的金融活动		1		1		3		3
房地产业		3		2		41		15
房地产业		3		2		41		15
物业管理		3		2		41		15
租赁和商务服务业		31		31		315		315
租赁业		1		1		25		25
机械设备租赁		1		1		25		25
商务服务业		30		30		290		290
企业管理服务		2		2		41		41
法律服务		22		22		189		189
咨询与调查		2		2		30		30
旅行社		3		3		30		30
其他商务服务		1		1				

1-11 续表 3

指标名称	单位数（个）		单产业法人（个）		从业人数（人）		单产业法人（人）	
	2001年	2004年	2001年	2004年	2001年	2004年	2001年	2004年
科学研究、技术服务和地质勘查业		5		5		34		34
研究与试验发展		1		1		1		1
工程和技术研究与试验发展		1		1		1		1
专业技术服务业		3		3		21		21
测绘服务		1		1		3		3
工程技术与规划管理		2		2		18		18
科技交流和推广服务业		1		1		12		12
其他科技服务		1		1		12		12
水利、环境和公共设施管理业		1		1		3		3
公共设施管理业		1		1		3		3
城市绿化管理		1		1		3		3
居民服务和其他服务业		7		7		82		82
居民服务业		4		4		27		27
家庭服务		1		1		2		2
理发及美容保健服务		1		1		6		6
殡葬服务		1		1		4		4
其他居民服务		1		1		15		15
其他服务业		3		3		55		55
修理与维护		2		2		54		54
清洁服务		1		1		1		1
教育		7		7		59		59
教育		7		7		59		59
中等教育		1		1		7		7
其他教育		6		6		52		52
卫生、社会保障和社会福利业		3		3		30		30
卫生		3		3		30		30
医院		2		2		27		27
卫生院及社区医疗活动		1		1		3		3
文化、体育和娱乐业		8		7		66		17
广播、电视、电影和音像业		1		1		1		1
电影		1		1		1		1
娱乐业		7		6		65		16
室内娱乐活动		5		5		13		13
其他娱乐活动		2		1		52		3

1-12 法人单位从业人员构成情况

指标名称	单位数（个）	就业人员（人）	#女性	研究生及以上学历者	大学本科学历者	大专学历者	高中学历者	初中及以下学历者
总计	**63429**	**2357895**	**907347**	**13054**	**271519**	**668889**	**769656**	**634777**
按产业划分								
第二产业	7824	788092	251909	1787	43449	130522	293264	319070
第三产业	55605	1569803	655438	11267	228070	538367	476392	315707
按登记注册类型分组								
内资企业	63207	2329911	893542	12891	269489	660710	759442	627379
国有企业	21873	1278336	527279	8970	203234	446852	383379	235901
集体企业	1892	68477	24859	187	3383	13492	23517	27898
股份合作企业	209	6528	1958	21	273	1065	2401	2768
联营企业	104	4526	1615	6	195	739	1444	2142
国有联营企业	36	1487	571	3	79	262	683	460
集体联营企业	29	1347	502		49	151	207	940
国有与集体联营企业	17	877	271	2	26	170	232	447
其他联营企业	22	815	271	1	41	156	322	295
有限责任公司	5042	432274	146962	1047	23267	81908	159135	166917
国有独资公司	269	61792	19701	95	3079	11981	21539	25098
其他有限责任公司	4773	370482	127261	952	20188	69927	137596	141819
股份有限公司	355	131717	51925	1112	15297	32377	52332	30599
私营企业	18681	300392	112346	1305	19722	72316	107704	99345
私营独资企业	4174	50390	18015	89	1918	7424	15483	25476
私营合伙企业	801	10674	4052	106	1217	2231	2776	4344
私营有限责任公司	13344	229841	86112	1081	16079	60785	85468	66428
私营股份有限公司	362	9487	4167	29	508	1876	3977	3097
其他企业	15051	107661	26598	243	4118	11961	29530	61809
港、澳、台商投资企业	85	13355	6371	64	634	3280	4879	4498
合资经营企业(港或澳、台资)	59	6643	2618	26	299	1257	2339	2722
合作经营企业(港或澳、台资)	2	168	87		2	14	25	127
港、澳、台商独资经营企业	21	6007	3517	36	245	1847	2367	1512
港、澳、台商投资股份有限公司	3	537	149	2	88	162	148	137
外商投资企业	137	14629	7434	99	1396	4899	5335	2900
中外合资经营企业	102	8338	3609	36	650	2280	3348	2024
中外合作经营企业	10	786	452	12	79	374	259	62
外资企业	24	1334	559	5	71	164	339	755
外商投资股份有限公司	1	4171	2814	46	596	2081	1389	59

1-12 续表 1

指标名称	具有技术职称的人员	高级技术职称者	中级技术职称者	初级技术职称者	具有技术等级证书人员	高级技师	技师	高级工	中级工
总计	**665253**	**58190**	**236411**	**370652**	**250301**	**6561**	**15060**	**94653**	**134027**
按产业业划分									
第二产业	149862	10730	51421	87711	132171	2243	7506	45989	76433
第三产业	515391	47460	184990	282941	118130	4318	7554	48664	57594
按登记注册类型分组									
内资企业	661783	57779	235408	368596	249248	6518	14959	94324	133447
国有企业	482372	41936	171873	268563	135113	3475	7013	61490	63135
集体企业	11801	865	3607	7329	3310	130	348	840	1992
股份合作企业	658	67	203	388	266	22	76	49	119
联营企业	912	61	393	458	346	8	50	144	144
国有联营企业	394	30	190	174	170		21	96	53
集体联营企业	266	16	85	165	126	5	13	25	83
国有与集体联营企业	127	5	55	67	50	3	16	23	8
其他联营企业	125	10	63	52					
有限责任公司	81458	5825	26345	49288	54582	897	3420	14966	35299
国有独资公司	13317	970	3980	8367	11275	64	754	3390	7067
其他有限责任公司	68141	4855	22365	40921	43307	833	2666	11576	28232
股份有限公司	29926	2824	11436	15666	35462	381	1105	12460	21516
私营企业	50549	5451	20105	24993	19496	1583	2872	4203	10838
私营独资企业	5248	681	2009	2558	2115	242	431	379	1063
私营合伙企业	1777	274	769	734	571	40	89	77	365
私营有限责任公司	42214	4311	16801	21102	16195	1242	2206	3693	9054
私营股份有限公司	1310	185	526	599	615	59	146	54	356
其他企业	4107	750	1446	1911	673	22	75	172	404
港、澳、台商投资企业	1512	215	448	849	545	21	51	211	262
合资经营企业(港或澳、台资)	607	58	194	355	510	19	51	201	239
合作经营企业(港或澳、台资)	20	1	19						
港、澳、台商独资经营企业	621	41	186	394	5	2			3
港、澳、台商投资股份有限公司	264	115	49	100	30			10	20
外商投资企业	1958	196	555	1207	508	22	50	118	318
中外合资经营企业	1210	135	377	698	430	20	50	105	255
中外合作经营企业	80	9	44	27	8	1		4	3
外资企业	93	17	35	41	70	1		9	60
外商投资股份有限公司	575	35	99	441					

1-12 续表 2

指标名称	单位数(个)	就业人员(人)	#女性	研究生及以上学历者	大学本科学历者	大专学历者	高中学历者	初中及以下学历者
按开业时间划分								
1949年以前	1543	73451	34257	1121	14350	23250	20714	14016
1950-1952年	1503	87083	34260	1003	15328	34640	25297	10815
1953-1957年	3774	207887	83602	1194	32360	61491	67761	45081
1958-1962年	3188	174339	72290	559	19161	47486	56743	50390
1963-1965年	780	49782	22489	117	5010	13887	14604	16164
1966-1970年	805	54295	22592	103	6339	18023	14102	15728
1971-1975年	1622	86017	36621	256	12055	30225	29772	13709
1976-1980年	3039	130974	51404	1021	22781	47503	32013	27656
#1978年	625	24484	10514	325	5698	8641	5576	4244
1981-1985年	7369	255734	89788	1044	31310	80021	75154	68205
#1985年	1545	60690	23891	313	8229	19760	14980	17408
1986-1990年	4118	159594	56017	750	16904	44760	50397	46783
1991-1995年	4441	181816	64832	1232	20626	50138	57045	52775
#1992年	1040	38518	12483	190	3574	9839	11983	12932
1996-2000年	10487	374239	147087	2154	33105	95260	137820	105900
#1997年	1343	42619	17479	369	4394	12621	14536	10699
2001年	3974	128304	42283	708	10696	28153	45414	43333
2002年	5122	146987	55331	675	12082	35134	49802	49294
2003年	5464	128186	47841	476	8435	28189	50702	40384
2004年	5219	104274	42320	531	9225	26665	37837	30016
其他(不详)	981	14933	4333	110	1752	4064	4479	4528
按地区分组								
乌鲁木齐市	15721	625069	248115	7706	96168	178633	196980	145582
克拉玛依市	1535	142976	55877	587	18712	33120	61574	28983
吐鲁番地区	2721	81622	28815	358	9082	20579	27248	24355
哈密地区	2263	90861	34269	190	7976	23648	35933	23114
昌吉回族自治州	5731	189836	74588	872	19301	54977	55275	59411
博尔塔拉蒙古自治州	1999	57272	24785	161	7488	19186	15788	14649
巴音郭楞蒙古自治州	4839	180793	70543	519	17303	49647	67116	46208
阿克苏地区	4507	179784	65918	354	16491	47163	54039	61737
克孜勒苏柯尔克孜自治州	1309	39229	14451	100	4468	14805	10667	9189
喀什地区	5977	211240	71519	356	18650	53892	67635	70707
和田地区	4075	106772	31287	153	8367	27433	29446	41373
伊犁哈萨克自治州	5205	191546	81104	623	20686	63589	63427	43221
塔城地区	3256	111505	45066	285	10371	35822	36800	28227
阿勒泰地区	2644	68544	27943	168	7073	25144	21466	14693
石河子市	1647	80846	33067	622	9383	21251	26262	23328

1-12 续表 3

指标名称	具有技术职称的人员	高级技术职称者	中级技术职称者	初级技术职称者	具有技术等级证书人员	高级技师	技师	高级工	中级工
按开业时间划分									
1949年以前	40464	4757	15568	20139	6979	111	274	3118	3476
1950-1952年	30182	3424	12179	14579	7251	558	418	2839	3436
1953-1957年	80113	6817	29158	44138	26844	269	1330	14188	11057
1958-1962年	60322	4425	20812	35085	22625	325	839	11024	10437
1963-1965年	17260	982	6250	10028	6342	154	334	1849	4005
1966-1970年	20912	1519	7090	12303	4684	165	781	1504	2234
1971-1975年	39427	2835	13419	23173	14473	182	421	4680	9190
1976-1980年	49558	5069	17762	26727	12312	350	773	6036	5153
#1978年	10467	1320	3931	5216	1899	71	103	996	729
1981-1985年	69505	5331	23566	40608	21067	775	1110	7824	11358
#1985年	19165	1487	6557	11121	6314	284	434	2643	2953
1986-1990年	41664	3246	13451	24967	16910	327	848	6732	9003
1991-1995年	40604	3574	13964	23066	18823	285	1061	6658	10819
#1992年	8595	830	2938	4827	3116	78	237	1018	1783
1996-2000年	78035	7293	27696	43046	51501	1419	2914	17514	29654
#1997年	8939	866	2909	5164	3920	295	269	1159	2197
2001年	25179	2045	8760	14374	14819	298	905	3328	10288
2002年	28339	2788	10080	15471	10412	426	1223	3007	5756
2003年	19488	1896	7600	9992	7661	457	840	2741	3623
2004年	22085	1905	8209	11971	6719	367	835	1423	4094
其他(不详)	2116	284	847	985	879	93	154	188	444
按地区分组									
乌鲁木齐市	169419	23573	65604	80242	75869	1518	4824	27837	41690
克拉玛依市	45070	3828	18472	22770	33733	221	1329	14464	17719
吐鲁番地区	23482	1274	7302	14906	12242	280	722	5276	5964
哈密地区	23478	1655	8976	12847	10199	119	458	4271	5351
昌吉回族自治州	56297	5518	23083	27696	15949	929	1071	6042	7907
博尔塔拉蒙古自治州	17508	980	5930	10598	4459	229	349	1598	2283
巴音郭楞蒙古自治州	48528	3623	16806	28099	22655	442	795	8608	12810
阿克苏地区	46581	2223	13326	31032	11893	336	940	4133	6484
克孜勒苏柯尔克孜自治州	11159	908	3666	6585	2478	687	589	484	718
喀什地区	54692	2758	17793	34141	9971	311	840	3668	5152
和田地区	28917	2429	9497	16991	7194	454	914	2012	3814
伊犁哈萨克自治州	60509	3020	18586	38903	17834	420	917	7136	9361
塔城地区	33041	2223	10346	20472	7683	375	395	2817	4096
阿勒泰地区	22959	1419	7686	13854	6006	150	299	2327	3230
石河子市	23613	2759	9338	11516	12136	90	618	3980	7448

1-12 续表 4

指标名称	单位数（个）	就业人员（人）	#女性	研究生及以上学历者	大学本科学历者	大专学历者	高中学历者	初中及以下学历者
按国民经济行业中类分组								
采矿业	757	172152	49256	504	14947	27190	71679	57832
煤炭开采和洗选业	375	60731	11487	44	1154	5254	19593	34686
烟煤和无烟煤的开采洗选	375	60731	11487	44	1154	5254	19593	34686
石油和天然气开采业	31	93168	33795	437	13384	19778	45940	13629
天然原油和天然气开采	5	32560	12475	260	5469	6710	14405	5716
与石油和天然气开采有关的服务活动	26	60608	21320	177	7915	13068	31535	7913
黑色金属矿采选业	60	4801	1125	8	128	598	1810	2257
铁矿采选	49	4496	1050	8	126	581	1750	2031
其他黑色金属矿采选	11	305	75		2	17	60	226
有色金属矿采选业	85	6913	1449	12	184	983	2547	3187
常用有色金属矿采选	41	3373	645	7	135	550	1545	1136
贵金属矿采选	43	2594	552	5	33	267	692	1597
稀有稀土金属矿采选	1	946	252		16	166	310	454
非金属矿采选业	203	6445	1389	3	97	575	1771	3999
土砂石开采	163	3143	553		46	268	940	1889
化学矿采选	3	100	51			22	40	38
采盐	8	1019	253	1	8	103	287	620
石棉及其他非金属矿采选	29	2183	532	2	43	182	504	1452
其他采矿业	3	94	11			2	18	74
其他采矿业	3	94	11			2	18	74
制造业	5414	358082	142701	889	15223	52313	136526	153131
农副食品加工业	556	27614	8943	85	925	4043	11708	10853
谷物磨制	173	3854	1242	7	85	568	1478	1716
饲料加工	60	2529	689	62	351	670	845	601
植物油加工	165	9099	2414	7	235	1187	4011	3659
制糖	19	7878	2792	1	107	981	4068	2721
屠宰及肉类加工	69	1600	597	3	29	157	470	941
水产品加工	7	100	44		2	33	39	26
蔬菜、水果和坚果加工	34	1414	733	3	65	296	435	615
其他农副食品加工	29	1140	432	2	51	151	362	574
食品制造业	277	14017	5739	28	674	3133	4887	5295
焙烤食品制造	46	1424	809	1	40	202	558	623
糖果、巧克力及蜜饯制造	11	192	74		4	21	88	79
方便食品制造	21	890	487	1	45	169	226	449
液体乳及乳制品制造	62	3441	1572	7	212	666	1259	1297
罐头制造	44	3699	1213	8	238	1446	1220	787
调味品、发酵制品制造	31	1635	528	3	55	278	629	670
其他食品制造	62	2736	1056	8	80	351	907	1390
饮料制造业	234	13046	5392	42	575	2199	5515	4715
酒的制造	137	10539	4550	30	386	1737	4361	4025
软饮料制造	90	2383	781	10	183	440	1083	667
精制茶加工	7	124	61	2	6	22	71	23

1-12 续表 5

指标名称	具有技术职称的人员	高级技术职称者	中级技术职称者	初级技术职称者	具有技术等级证书人员	高级技师	技师	高级工	中级工
按国民经济行业中类分组									
采矿业	40975	3550	16032	21393	36937	379	1450	17181	17927
煤炭开采和洗选业	6860	497	2275	4088	5008	69	370	851	3718
烟煤和无烟煤的开采洗选	6860	497	2275	4088	5008	69	370	851	3718
石油和天然气开采业	32083	2904	13105	16074	30491	107	935	15869	13580
天然原油和天然气开采	9777	1354	4325	4098	15744	37	328	7397	7982
与石油和天然气开采有关的服务活动	22306	1550	8780	11976	14747	70	607	8472	5598
黑色金属矿采选业	537	29	188	320	340	26	15	93	206
铁矿采选	513	29	185	299	303	9	14	93	187
其他黑色金属矿采选	24		3	21	37	17	1		19
有色金属矿采选业	1058	102	344	612	844	76	93	347	328
常用有色金属矿采选	636	66	205	365	477	24	77	111	265
贵金属矿采选	296	31	97	168	211	52		96	63
稀有稀土金属矿采选	126	5	42	79	156		16	140	
非金属矿采选业	437	18	120	299	250	97	37	21	95
土砂石开采	169	3	50	116	129	90	15	4	20
化学矿采选	1		1		7			7	
采盐	33	2	11	20					
石棉及其他非金属矿采选	234	13	58	163	114	7	22	10	75
其他采矿业					4	4			
其他采矿业					4	4			
制造业	47004	3739	15703	27562	45734	1018	2688	13194	28834
农副食品加工业	3996	210	1140	2646	2396	69	168	647	1512
谷物磨制	384	26	136	222	270	8	23	43	196
饲料加工	454	64	162	228	129	20	28	29	52
植物油加工	1274	57	392	825	1078	29	72	293	684
制糖	1446	31	292	1123	721		8	233	480
屠宰及肉类加工	124	9	57	58	86	4	21	14	47
水产品加工	23	1	13	9	6		3	2	1
蔬菜、水果和坚果加工	140	11	41	88	56	8	5	15	28
其他农副食品加工	151	11	47	93	50		8	18	24
食品制造业	1947	147	632	1168	1218	86	106	264	762
焙烤食品制造	125	8	48	69	237	21	31	22	163
糖果、巧克力及蜜饯制造	19		8	11	6			1	5
方便食品制造	80	3	39	38	6				6
液体乳及乳制品制造	497	50	149	298	219	16	25	41	137
罐头制造	626	35	214	377	173	33	13	24	103
调味品、发酵制品制造	246	12	72	162	446	7	23	149	267
其他食品制造	354	39	102	213	131	9	14	27	81
饮料制造业	1739	136	510	1093	1040	52	89	254	645
酒的制造	1367	100	377	890	950	39	72	235	604
软饮料制造	360	34	127	199	89	13	16	19	41
精制茶加工	12	2	6	4	1		1		

1-12 续表 6

指标名称	单位数(个)	就业人员(人)	#女性	研究生及以上学历者	大学本科学历者	大专学历者	高中学历者	初中及以下学历者
烟草制品业	5	687	223		75	253	254	105
烟叶复烤	1	9	3			1	5	3
卷烟制造	2	652	213		73	238	244	97
其他烟草制品加工	2	26	7		2	14	5	5
纺织业	199	63759	42622	36	828	5142	21552	36201
棉、化纤纺织及印染精加工	108	47122	31780	10	405	3853	15733	27121
毛纺织和染整精加工	11	4609	2972	2	221	411	1121	2854
麻纺织	9	5355	3194	2	31	166	2467	2689
丝绢纺织及精加工	5	704	418		12	42	268	382
纺织制成品制造	43	957	699		19	99	523	316
针织品、编织品及其制品制造	23	5012	3559	22	140	571	1440	2839
纺织服装、鞋、帽制造业	86	2959	1954	3	105	433	882	1536
纺织服装制造	84	2918	1919	3	105	431	877	1502
纺织面料鞋的制造	1	11	8			2	2	7
制帽	1	30	27				3	27
皮革、毛皮、羽毛(绒)及其制品业	34	1409	462		8	209	425	767
皮革鞣制加工	13	999	190		4	178	314	503
皮革制品制造	16	381	259		4	27	105	245
毛皮鞣制及制品加工	4	24	11			4	3	17
羽毛(绒)加工及制品制造	1	5	2				3	2
木材加工及木、竹、藤、棕、草制品业	132	5180	1643	4	81	391	1620	3084
锯材、木片加工	49	1035	210		6	76	252	701
人造板制造	49	2739	915	3	46	199	1049	1442
木制品制造	32	1399	517	1	29	116	317	936
竹、藤、棕、草制品制造	2	7	1				2	5
家具制造业	108	4983	1595	11	164	517	1346	2945
木质家具制造	79	4106	1365	7	130	411	1092	2466
金属家具制造	20	790	202	4	33	97	215	441
塑料家具制造	2	10	4			3	4	3
其他家具制造	7	77	24		1	6	35	35
造纸及纸制品业	158	11089	4646	3	278	1293	4201	5314
纸浆制造	3	882	387		9	89	460	324
造纸	48	7095	2869	3	208	882	2638	3364
纸制品制造	107	3112	1390		61	322	1103	1626
印刷业和记录媒介的复制	321	7516	3849	7	204	1229	3519	2557
印刷	299	7244	3709	5	197	1171	3378	2493
装订及其他印刷服务活动	22	272	140	2	7	58	141	64
文教体育用品制造业	8	1352	636	3	16	392	921	20
文化用品制造	3	21	1		1	5	9	6
体育用品制造	3	1317	631	3	12	383	908	11
玩具制造	1	3	1			1	2	
游艺器材及娱乐用品制造	1	11	3		3	3	2	3
石油加工、炼焦及核燃料加工业	101	22976	7635	107	2691	5127	11401	3650
精炼石油产品的制造	84	19905	7211	105	2664	4967	9371	2798
炼焦	17	3071	424	2	27	160	2030	852

1-12 续表 7

指标名称	具有技术职称的人员	高级技术职称者	中级技术职称者	初级技术职称者	具有技术等级证书人员	高级技师	技师	高级工	中级工
烟草制品业	129	1	28	100	114		22	73	19
烟叶复烤									
卷烟制造	120		25	95	106		15	72	19
其他烟草制品加工	9	1	3	5	8		7	1	
纺织业	4164	154	1134	2876	2322	32	221	717	1352
棉、化纤纺织及印染精加工	2916	96	771	2049	1964	17	173	583	1191
毛纺织和染整精加工	590	23	171	396	267	9	29	99	130
麻纺织	166	9	47	110	36	1	4	14	17
丝绢纺织及精加工	52	3	11	38	2		2		
纺织制成品制造	65	3	19	43	28		11	10	7
针织品、编织品及其制品制造	375	20	115	240	25	5	2	11	7
纺织服装、鞋、帽制造业	383	23	97	263	547	14	47	236	250
纺织服装制造	383	23	97	263	517	14	47	236	220
纺织面料鞋的制造									
制帽					30				30
皮革、毛皮、羽毛(绒)及其制品业	142	2	56	84	84		7	31	46
皮革鞣制加工	82	2	41	39	77		6	30	41
皮革制品制造	55		15	40	6			1	5
毛皮鞣制及制品加工	5			5	1		1		
羽毛(绒)加工及制品制造									
木材加工及木、竹、藤、棕、草制品业	430	16	162	252	302	11	42	78	171
锯材、木片加工	46	1	12	33	45	2	5	19	19
人造板制造	231	3	84	144	178	4	35	43	96
木制品制造	153	12	66	75	79	5	2	16	56
竹、藤、棕、草制品制造									
家具制造业	395	32	118	245	172	6	26	23	117
木质家具制造	239	19	75	145	104	6	14	8	76
金属家具制造	151	13	39	99	65		9	15	41
塑料家具制造	3		3						
其他家具制造	2		1	1	3		3		
造纸及纸制品业	869	36	254	579	894	6	71	180	637
纸浆制造	46		5	41	6		1	3	2
造纸	612	26	185	401	787	4	45	157	581
纸制品制造	211	10	64	137	101	2	25	20	54
印刷业和记录媒介的复制	943	92	310	541	1791	100	64	619	1008
印刷	920	87	306	527	1774	98	64	605	1007
装订及其他印刷服务活动	23	5	4	14	17	2		14	1
文教体育用品制造业	264	5	155	104	1				1
文化用品制造	5	2	2	1	1				1
体育用品制造	250		150	100					
玩具制造	1			1					
游艺器材及娱乐用品制造	8	3	3	2					
石油加工、炼焦及核燃料加工业	4671	405	1953	2313	7922	36	232	2498	5156
精炼石油产品的制造	4597	397	1921	2279	7885	33	223	2494	5135
炼焦	74	8	32	34	37	3	9	4	21

1-12 续表 8

指标名称	单位数(个)	就业人员(人)	#女性	研究生及以上学历者	大学本科学历者	大专学历者	高中学历者	初中及以下学历者
化学原料及化学制品制造业	423	26500	8839	93	1431	4710	8417	11849
基础化学原料制造	102	9876	3133	16	343	1361	2709	5447
肥料制造	76	5039	1746	30	275	1087	1598	2049
农药制造	6	97	22		11	14	28	44
涂料、油墨、颜料及类似产品制造	74	1499	485	9	66	350	597	477
合成材料制造	11	3069	1302	10	336	638	697	1388
专用化学产品制造	131	6380	1907	26	375	1147	2541	2291
日用化学产品制造	23	540	244	2	25	113	247	153
医药制造业	72	3417	1509	33	302	766	1352	964
化学药品原药制造	8	500	197		11	121	196	172
化学药品制剂制造	8	1049	561	6	55	192	423	373
中药饮片加工	16	520	178	7	27	71	173	242
中成药制造	20	955	388	15	151	312	357	120
兽用药品制造	7	221	113	3	47	32	117	22
生物、生化制品的制造	6	103	24		6	20	71	6
卫生材料及医药用品制造	7	69	48	2	5	18	15	29
化学纤维制造业	10	1833	605	6	84	224	507	1012
纤维素纤维原料及纤维制造	3	1405	473	5	57	133	271	939
合成纤维制造	7	428	132	1	27	91	236	73
橡胶制品业	40	3118	1188	2	28	192	2537	359
轮胎制造	8	2587	1002	1	18	101	2347	120
橡胶板、管、带的制造	13	260	77	1	7	31	119	102
橡胶零件制造	11	120	40		2	28	42	48
再生橡胶制造	2	48	4			2	6	40
橡胶靴鞋制造	2	64	50			5	12	47
其他橡胶制品制造	4	39	15		1	25	11	2
塑料制品业	399	23354	9987	49	1712	5038	7954	8601
塑料薄膜制造	79	2396	869		63	312	806	1215
塑料板、管、型材的制造	89	8764	2907	41	687	2953	3565	1518
塑料丝、绳及编织品的制造	72	9676	5241	6	906	1408	2602	4754
泡沫塑料制造	27	472	160	2	19	93	193	165
塑料包装箱及容器制造	35	661	345		9	75	209	368
塑料零件制造	2	58	7			10	44	4
日用塑料制造	81	1161	383		20	155	436	550
其他塑料制品制造	14	166	75		8	32	99	27
非金属矿物制品业	1018	51583	15142	53	1301	5581	17077	27571
水泥、石灰和石膏的制造	96	23339	7922	20	617	3010	9023	10669
水泥及石膏制品制造	235	7048	1607	13	302	1052	2602	3079
砖瓦、石材及其他建筑材料制造	603	16623	3964	11	195	1018	3996	11403
玻璃及玻璃制品制造	40	3007	1076	8	167	344	935	1553
陶瓷制品制造	5	38	10			3	12	23
耐火材料制品制造	25	894	366	1	13	83	318	479
石墨及其他非金属矿物制品制造	14	634	197		7	71	191	365

1-12 续表 9

指标名称	具有技术职称的人员	高级技术职称者	中级技术职称者	初级技术职称者	具有技术等级证书人员	高级技师	技师	高级工	中级工
化学原料及化学制品制造业	4318	520	1476	2322	3584	61	184	760	2579
基础化学原料制造	1398	147	382	869	1203	15	40	118	1030
肥料制造	923	164	354	405	478	13	32	52	381
农药制造	28	8	8	12	2	1	1		
涂料、油墨、颜料及类似产品制造	289	33	108	148	61	9	17	12	23
合成材料制造	408	24	175	209	526	1	3	88	434
专用化学产品制造	1097	133	409	555	1311	22	90	490	709
日用化学产品制造	175	11	40	124	3		1		2
医药制造业	616	71	209	336	230	12	45	20	153
化学药品原药制造	92	5	33	54	14	1	2	5	6
化学药品制剂制造	182	21	72	89	14		4	2	8
中药饮片加工	53	5	17	31	29	1	17	2	9
中成药制造	213	29	63	121	150	10	21	2	117
兽用药品制造	52	5	16	31	14			4	10
生物、生化制品的制造	15	4	5	6	9		1	5	3
卫生材料及医药用品制造	9	2	3	4					
化学纤维制造业	130	34	35	61	92		5	60	27
纤维素纤维原料及纤维制造	40	24	3	13	4		4		
合成纤维制造	90	10	32	48	88		1	60	27
橡胶制品业	252	20	55	177	2203	1	5	7	2190
轮胎制造	204	17	33	154	2190		3		2187
橡胶板、管、带的制造	20	3	8	9	2		1		1
橡胶零件制造	22		12	10	11	1	1	7	2
再生橡胶制造	3			3					
橡胶靴鞋制造	3		2	1					
其他橡胶制品制造									
塑料制品业	3848	326	1381	2141	5167	37	136	2372	2622
塑料薄膜制造	233	34	70	129	200	8	4	74	114
塑料板、管、型材的制造	1248	64	307	877	1238	21	63	389	765
塑料丝、绳及编织品的制造	2064	198	922	944	3638	1	36	1896	1705
泡沫塑料制造	63	5	23	35	9	2	5	1	1
塑料包装箱及容器制造	68	5	17	46	21	2	2	6	11
塑料零件制造	7	7							
日用塑料制造	120	11	35	74	34	3	5	6	20
其他塑料制品制造	45	2	7	36	27		21		6
非金属矿物制品业	5520	354	1920	3246	5639	127	511	1902	3099
水泥、石灰和石膏的制造	2830	134	857	1839	3364	24	147	860	2333
水泥及石膏制品制造	971	83	375	513	1237	46	59	859	273
砖瓦、石材及其他建筑材料制造	1045	91	412	542	757	42	247	89	379
玻璃及玻璃制品制造	519	29	238	252	116	10	48	16	42
陶瓷制品制造	9		3	6					
耐火材料制品制造	89	8	20	61	138	1	2	73	62
石墨及其他非金属矿物制品制造	57	9	15	33	27	4	8	5	10

1-12 续表 10

指标名称	单位数（个）	就业人员（人）	#女性	研究生及以上学历者	大学本科学历者	大专学历者	高中学历者	初中及以下学历者
黑色金属冶炼及压延加工业	83	19419	5316	41	888	3314	10249	4927
炼铁	26	9961	2859	3	424	1707	5720	2107
炼钢	5	1786	438	14	48	120	910	694
钢压延加工	45	6855	1840	24	398	1341	3321	1771
铁合金冶炼	7	817	179		18	146	298	355
有色金属冶炼及压延加工业	33	5479	1369	4	163	779	2255	2278
常用有色金属冶炼	11	3323	953		89	481	1361	1392
贵金属冶炼	16	1685	285	3	55	224	735	668
有色金属合金制造	3	182	54	1	5	21	34	121
有色金属压延加工	3	289	77		14	53	125	97
金属制品业	328	10187	2963	21	345	1261	3985	4575
结构性金属制品制造	182	4200	1004	13	160	746	1595	1686
金属工具制造	18	255	29		4	28	85	138
集装箱及金属包装容器制造	27	1951	848	3	70	232	980	666
金属丝绳及其制品的制造	24	569	228		15	62	233	259
建筑、安全用金属制品制造	35	1891	429	3	34	75	661	1118
金属表面处理及热处理加工	12	333	60	2	17	50	133	131
搪瓷制品制造	1	1				1		
不锈钢及类似日用金属制品制造	9	165	55		1	17	63	84
其他金属制品制造	20	822	310		44	50	235	493
通用设备制造业	240	9914	2549	26	355	1322	3573	4638
锅炉及原动机制造	52	1631	460	3	62	296	626	644
金属加工机械制造	5	377	124		33	50	167	127
起重运输设备制造	13	669	155	5	40	119	260	245
泵、阀门、压缩机及类似机械的制造	10	682	224	5	27	54	126	470
轴承、齿轮、传动和驱动部件的制造	6	396	145	1	14	48	223	110
烘炉、熔炉及电炉制造	1	8	8			1	1	6
风机、衡器、包装设备等通用设备制造	17	528	130	3	37	128	227	133
通用零部件制造及机械修理	94	4713	1112	8	121	535	1722	2327
金属铸、锻加工	42	910	191	1	21	91	221	576
专用设备制造业	144	6979	2059	11	295	1149	2146	3378
矿山、冶金、建筑专用设备制造	27	1796	452	6	127	363	587	713
化工、木材、非金属加工专用设备制造	8	113	27		6	13	43	51
食品、饮料、烟草及饲料生产专用设备制造	15	265	53		10	21	108	126
印刷、制药、日化生产专用设备制造	2	22	11			8	14	
纺织、服装和皮革工业专用设备制造	5	58	17			7	22	29
电子和电工机械专用设备制造	3	33	9		10	5	18	
农、林、牧、渔专用机械制造	67	4282	1294	1	112	655	1219	2295
医疗仪器设备及器械制造	2	163	120		3	19	27	114
环保、社会公共安全及其他专用设备制造	15	247	76	4	27	58	108	50

1-12 续表 11

指标名称	具有技术职称的人员	高级技术职称者	中级技术职称者	初级技术职称者	具有技术等级证书人员	高级技师	技师	高级工	中级工
黑色金属冶炼及压延加工业	2755	159	621	1975	1961	21	98	601	1241
炼铁	1226	57	280	889	1437	1	52	475	909
炼钢	200	19	49	132	192	12	20	29	131
钢压延加工	1250	79	272	899	242	8	26	97	111
铁合金冶炼	79	4	20	55	90				90
有色金属冶炼及压延加工业	711	62	278	371	422	17	35	62	308
常用有色金属冶炼	308	18	131	159	100	3	6	10	81
贵金属冶炼	321	22	121	178	306	10	24	50	222
有色金属合金制造	26	2	9	15	11		4	2	5
有色金属压延加工	56	20	17	19	5	4	1		
金属制品业	1173	84	441	648	1222	23	96	229	874
结构性金属制品制造	573	47	217	309	416	17	57	79	263
金属工具制造	18	1	7	10	36	1	1	4	30
集装箱及金属包装容器制造	246	12	95	139	413	2	13	64	334
金属丝绳及其制品的制造	44	1	12	31	61	1	4	1	55
建筑、安全用金属制品制造	153	12	60	81	268	1	9	77	181
金属表面处理及热处理加工	65	9	26	30	8	1	3	2	2
搪瓷制品制造									
不锈钢及类似日用金属制品制造	15		5	10	17		7	1	9
其他金属制品制造	59	2	19	38	3		2	1	
通用设备制造业	1379	129	516	734	1705	38	94	247	1326
锅炉及原动机制造	245	16	107	122	214	3	12	16	183
金属加工机械制造	54	4	19	31	162	5	9	46	102
起重运输设备制造	147	15	81	51	161	2	3	20	136
泵、阀门、压缩机及类似机械的制造	93	8	27	58	46	4	6	6	30
轴承、齿轮、传动和驱动部件的制造	65	7	26	32	15		1	3	11
烘炉、熔炉及电炉制造	1			1	3				3
风机、衡器、包装设备等通用设备制造	101	12	42	47	93		8	26	59
通用零部件制造及机械修理	572	51	176	345	968	18	51	123	776
金属铸、锻加工	101	16	38	47	43	6	4	7	26
专用设备制造业	1263	139	507	617	1675	15	88	558	1014
矿山、冶金、建筑专用设备制造	378	45	161	172	483	10	23	280	170
化工、木材、非金属加工专用设备制造	10	4	2	4	7			4	3
食品、饮料、烟草及饲料生产专用设备制造	42	4	21	17	18		1	2	15
印刷、制药、日化生产专用设备制造	4	2	2						
纺织、服装和皮革工业专用设备制造	15	5		10	5				5
电子和电工机械专用设备制造	5		3	2	6		1		5
农、林、牧、渔专用机械制造	739	70	296	373	1086	5	52	254	775
医疗仪器设备及器械制造	9	1	2	6	20		6	3	11
环保、社会公共安全及其他专用设备制造	61	8	20	33	50		5	15	30

1-12 续表 12

指标名称	单位数（个）	就业人员（人）	#女性	研究生及以上学历者	大学本科学历者	大专学历者	高中学历者	初中及以下学历者
交通运输设备制造业	162	8583	2126	16	298	1055	4438	2776
铁路运输设备制造	10	2672	423		39	144	1859	630
汽车制造	145	5693	1665	14	256	890	2525	2008
摩托车制造	1	1				1		
交通器材及其他交通运输设备制造	6	217	38	2	3	20	54	138
电气机械及器材制造业	139	6567	2042	194	1144	1759	1976	1494
电机制造	3	291	58	6	67	60	89	69
输配电及控制设备制造	74	4249	1319	171	952	1196	1201	729
电线、电缆、光缆及电工器材制造	31	873	268	4	32	251	279	307
电池制造	6	848	314	10	73	184	301	280
家用电力器具制造	2	10	5			5	1	4
非电力家用器具制造	6	132	27	3	12	28	24	65
照明器具制造	14	130	42		5	22	69	34
其他电气机械及器材制造	3	34	9		3	13	12	6
通信设备、计算机及其他电子设备制造业	7	2457	595	9	190	501	1232	525
电子计算机制造	2	33	5		8	16	9	
电子器件制造	3	98	71	1	12	19	36	30
电子元件制造	2	2326	519	8	170	466	1187	495
仪器仪表及文化、办公用机械制造业	19	704	308	1	46	177	196	284
通用仪器仪表制造	13	398	206	1	30	95	87	185
专用仪器仪表制造	2	229	76		10	53	82	84
其他仪器仪表的制造及修理	4	77	26		6	29	27	15
工艺品及其他制造业	50	996	623		9	71	267	649
工艺美术品制造	41	892	586		7	62	240	583
日用杂品制造	3	60	22		2	4	9	45
煤制品制造	2	17	5			4	10	3
其他未列明的制造业	4	27	10			1	8	18
废弃资源和废旧材料回收加工业	28	405	142	1	8	53	134	209
金属废料和碎屑的加工处理	6	187	88	1	3	25	75	83
非金属废料和碎屑的加工处理	22	218	54		5	28	59	126
电力、燃气及水的生产和供应业	385	56213	20166	43	2748	13586	23533	16303
电力、热力的生产和供应业	257	48419	17134	34	2394	11631	20307	14053
电力生产	101	21158	7721	17	1056	5464	9418	5203
电力供应	29	18764	6941	10	1076	4690	7290	5698
热力生产和供应	127	8497	2472	7	262	1477	3599	3152
燃气生产和供应业	19	1662	615	3	107	489	754	309
燃气生产和供应业	19	1662	615	3	107	489	754	309
水的生产和供应业	109	6132	2417	6	247	1466	2472	1941
自来水的生产和供应	103	5783	2283	4	212	1336	2331	1900
污水处理及其再生利用	6	349	134	2	35	130	141	41

1-12 续表 13

指标名称	具有技术职称的人员	高级技术职称者	中级技术职称者	初级技术职称者	具有技术等级证书人员	高级技师	技师	高级工	中级工
交通运输设备制造业	1809	176	589	1044	2045	31	199	569	1246
铁路运输设备制造	147	7	51	89	297		19	13	265
汽车制造	1648	166	532	950	1745	31	180	555	979
摩托车制造									
交通器材及其他交通运输设备制造	14	3	6	5	3			1	2
电气机械及器材制造业	2672	348	974	1350	806	218	46	171	371
电机制造	83	15	44	24	9	1	2	4	2
输配电及控制设备制造	2192	283	810	1099	487	205	25	95	162
电线、电缆、光缆及电工器材制造	184	20	55	109	58	8	7	25	18
电池制造	155	18	39	98	216	1	9	30	176
家用电力器具制造					1		1		
非电力家用器具制造	29	9	12	8	19	3		13	3
照明器具制造	16	1	6	9	8		2		6
其他电气机械及器材制造	13	2	8	3	8			4	4
通信设备、计算机及其他电子设备制造业	253	30	69	154	53		44	1	8
电子计算机制造	8	2	3	3					
电子器件制造	13	7	3	3	9			1	8
电子元件制造	232	21	63	148	44		44		
仪器仪表及文化、办公用机械制造业	126	20	46	60	97	1	1	10	85
通用仪器仪表制造	72	16	28	28	19			3	16
专用仪器仪表制造	49	4	13	32	51	1	1	7	42
其他仪器仪表的制造及修理	5		5		27				27
工艺品及其他制造业	53	1	14	38	16	3	2	3	8
工艺美术品制造	46	1	14	31	9	1	1	2	5
日用杂品制造	6			6	1	1			
煤制品制造	1			1	2	1		1	
其他未列明的制造业					4		1		3
废弃资源和废旧材料回收加工业	54	7	23	24	14	1	4	2	7
金属废料和碎屑的加工处理	25	1	8	16					
非金属废料和碎屑的加工处理	29	6	15	8	14	1	4	2	7
电力、燃气及水的生产和供应业	12437	713	3144	8580	15916	105	1049	6003	8759
电力、热力的生产和供应业	10755	592	2649	7514	15266	101	1033	5747	8385
电力生产	4675	250	1237	3188	7862	19	659	2985	4199
电力供应	4605	252	1018	3335	5771	27	310	2190	3244
热力生产和供应	1475	90	394	991	1633	55	64	572	942
燃气生产和供应业	380	36	155	189	73		4	54	15
燃气生产和供应业	380	36	155	189	73		4	54	15
水的生产和供应业	1302	85	340	877	577	4	12	202	359
自来水的生产和供应	1227	81	312	834	528	4	12	194	318
污水处理及其再生利用	75	4	28	43	49			8	41

1-12 续表 14

指标名称	单位数（个）	就业人员（人）	#女性	研究生及以上学历者	大学本科学历者	大专学历者	高中学历者	初中及以下学历者
建筑业	1268	201645	39786	351	10531	37433	61526	91804
房屋和土木工程建筑业	647	171410	32791	279	8278	30152	51225	81476
房屋工程建筑	366	115148	23173	174	5036	20828	32939	56171
土木工程建筑	281	56262	9618	105	3242	9324	18286	25305
建筑安装业	242	20708	5241	43	1517	5009	7683	6456
建筑安装业	242	20708	5241	43	1517	5009	7683	6456
建筑装饰业	272	4641	1198	19	520	1633	1314	1155
建筑装饰业	272	4641	1198	19	520	1633	1314	1155
其他建筑业	107	4886	556	10	216	639	1304	2717
工程准备	34	1780	180	3	83	185	618	891
提供施工设备服务	9	230	52	1	18	91	94	26
其他未列明的建筑活动	64	2876	324	6	115	363	592	1800
交通运输、仓储和邮政业	1100	128995	39672	101	5311	20371	60977	42235
铁路运输业	4	37437	9165	6	1633	5851	21592	8355
铁路货物运输	4	37437	9165	6	1633	5851	21592	8355
道路运输业	727	47348	13508	55	1646	7007	18803	19837
公路旅客运输	151	9937	2838	9	206	1314	4284	4124
道路货物运输	411	19196	4572	33	475	2515	8828	7345
道路运输辅助活动	165	18215	6098	13	965	3178	5691	8368
城市公共交通业	89	17949	7487	8	192	1357	8925	7467
公共电汽车客运	35	14911	6818	8	150	1144	7396	6213
轨道交通	2	28	6		5	6	17	
出租车客运	44	1930	377		21	103	1277	529
其他城市公共交通	8	1080	286		16	104	235	725
航空运输业	11	4799	1645	18	847	1888	1475	571
航空客货运输	1	2429	909	14	606	1037	641	131
通用航空服务	6	234	47		18	122	61	33
航空运输辅助活动	4	2136	689	4	223	729	773	407
管道运输业	2	603	144	3	93	161	213	133
管道运输业	2	603	144	3	93	161	213	133
装卸搬运和其他运输服务业	135	3857	1151	1	77	373	1143	2263
装卸搬运	34	1793	546		10	62	232	1489
运输代理服务	101	2064	605	1	67	311	911	774
仓储业	112	3654	995	2	172	913	1196	1371
谷物、棉花等农产品仓储	45	1384	522	1	92	523	518	250
其他仓储	67	2270	473	1	80	390	678	1121
邮政业	20	13348	5577	8	651	2821	7630	2238
国家邮政	17	13143	5507	7	648	2765	7491	2232
其他寄递服务	3	205	70	1	3	56	139	6

1-12 续表 15

指标名称	具有技术职称的人员	高级技术职称者	中级技术职称者	初级技术职称者	具有技术等级证书人员	高级技师	技师	高级工	中级工
建筑业	49446	2728	16542	30176	33584	741	2319	9611	20913
房屋和土木工程建筑业	41334	2067	13479	25788	27238	586	1564	7779	17309
房屋工程建筑	29136	1248	9411	18477	17243	456	988	3812	11987
土木工程建筑	12198	819	4068	7311	9995	130	576	3967	5322
建筑安装业	5725	411	2138	3176	5121	100	592	1575	2854
建筑安装业	5725	411	2138	3176	5121	100	592	1575	2854
建筑装饰业	1602	151	609	842	499	47	115	126	211
建筑装饰业	1602	151	609	842	499	47	115	126	211
其他建筑业	785	99	316	370	726	8	48	131	539
工程准备	277	30	146	101	237	1	13	66	157
提供施工设备服务	75	25	27	23	65		1	1	63
其他未列明的建筑活动	433	44	143	246	424	7	34	64	319
交通运输、仓储和邮政业	18503	1204	6190	11109	33086	89	628	13933	18436
铁路运输业	6630	441	2760	3429	8644		183	2298	6163
铁路货物运输	6630	441	2760	3429	8644		183	2298	6163
道路运输业	7261	461	2064	4736	16099	71	341	8274	7413
公路旅客运输	1255	128	366	761	2663	23	57	1425	1158
道路货物运输	3421	138	878	2405	6025	10	139	2091	3785
道路运输辅助活动	2585	195	820	1570	7411	38	145	4758	2470
城市公共交通业	1010	38	284	688	3367		42	788	2537
公共电汽车客运	846	35	243	568	3202		39	755	2408
轨道交通	1		1						
出租车客运	137	3	38	96	51		3	14	34
其他城市公共交通	26		2	24	114			19	95
航空运输业	1020	51	449	520	411	1	17	267	126
航空客货运输	611	27	256	328	410	1	17	266	126
通用航空服务	69	7	22	40	1			1	
航空运输辅助活动	340	17	171	152					
管道运输业	268	116	48	104	6	3	3		
管道运输业	268	116	48	104	6	3	3		
装卸搬运和其他运输服务业	165	8	65	92	40	1	5	20	14
装卸搬运	12	1	1	10	7				7
运输代理服务	153	7	64	82	33	1	5	20	7
仓储业	621	25	169	427	252	13	5	140	94
谷物、棉花等农产品仓储	367	13	81	273	146	3	1	94	48
其他仓储	254	12	88	154	106	10	4	46	46
邮政业	1528	64	351	1113	4267		32	2146	2089
国家邮政	1526	64	350	1112	4267		32	2146	2089
其他寄递服务	2		1	1					

1-12 续表 16

指标名称	单位数(个)	就业人员(人)	#女性	研究生及以上学历者	大学本科学历者	大专学历者	高中学历者	初中及以下学历者
信息传输、计算机服务和软件业	1116	27952	12457	310	3897	10490	10649	2606
电信和其他信息传输服务业	151	22127	10101	241	2926	8427	8253	2280
电信	19	19151	9045	219	2450	7179	7294	2009
互联网信息服务	74	655	264	14	125	349	125	42
广播电视传输服务	58	2321	792	8	351	899	834	229
计算机服务业	860	4478	1872	22	490	1395	2264	307
计算机系统服务	37	2033	961	4	248	584	1180	17
数据处理	7	56	20	2	34	12	5	3
计算机维修	21	169	57	1	34	93	38	3
其他计算机服务	795	2220	834	15	174	706	1041	284
软件业	105	1347	484	47	481	668	132	19
公共软件服务	70	1077	375	34	407	533	94	9
其他软件服务	35	270	109	13	74	135	38	10
批发和零售业	11825	169385	74416	749	11838	53617	69105	34076
批发业	7185	102987	39312	535	8019	32609	40238	21586
农畜产品批发	651	28792	9572	86	1442	6256	11009	9999
食品、饮料及烟草制品批发	495	10151	4058	50	741	3377	4025	1958
纺织、服装及日用品批发	338	3772	1935	14	318	1283	1780	377
文化、体育用品及器材批发	169	2222	1163	7	207	804	1020	184
医药及医疗器材批发	192	3319	1538	28	358	1557	1079	297
矿产品、建材及化工产品批发	2432	27140	10366	156	2192	8874	10905	5013
机械设备、五金交电及电子产品批发	2522	23297	9167	153	2310	8950	8975	2909
贸易经纪与代理	64	687	303	8	118	297	205	59
其他批发	322	3607	1210	33	333	1211	1240	790
零售业	4640	66398	35104	214	3819	21008	28867	12490
综合零售	389	16974	11193	39	577	3977	8722	3659
食品、饮料及烟草制品专门零售	244	3122	1331	10	119	693	1427	873
纺织、服装及日用品专门零售	343	4764	3142	18	335	1215	2518	678
文化、体育用品及器材专门零售	397	4392	2536	26	261	1606	1950	549
医药及医疗器材专门零售	206	4545	2859	10	336	1989	1659	551
汽车、摩托车、燃料及零配件专门零售	860	13911	5436	26	706	3650	5951	3578
家用电器及电子产品专门零售	1065	10050	5028	64	949	5388	2906	743
五金、家具及室内装修材料专门零售	722	4812	2093	4	282	1331	2126	1069
无店铺及其他零售	414	3828	1486	17	254	1159	1608	790
住宿和餐饮业	953	46517	26943	73	1310	7897	20534	16703
住宿业	610	34701	20452	48	1003	6381	15770	11499
旅游饭店	247	25816	14936	36	762	4849	12101	8068
一般旅馆	321	8239	5086	10	212	1457	3384	3176
其他住宿服务	42	646	430	2	29	75	285	255

1-12 续表 17

指标名称	具有技术职称的人员	高级技术职称者	中级技术职称者	初级技术职称者	具有技术等级证书人员	高级技师	技师	高级工	中级工
信息传输、计算机服务和软件业	8592	540	2167	5885	2393	26	53	394	1920
电信和其他信息传输服务业	6985	395	1656	4934	2295	4	34	375	1882
电信	5894	313	1288	4293	2073	2	26	245	1800
互联网信息服务	182	19	59	104	12	1	2	7	2
广播电视传输服务	909	63	309	537	210	1	6	123	80
计算机服务业	1276	90	364	822	66	16	12	12	26
计算机系统服务	886	32	234	620	1			1	
数据处理	35	7	12	16	7		2	5	
计算机维修	61	4	14	43	18			3	15
其他计算机服务	294	47	104	143	40	16	10	3	11
软件业	331	55	147	129	32	6	7	7	12
公共软件服务	274	46	119	109	22	4	4	3	11
其他软件服务	57	9	28	20	10	2	3	4	1
批发和零售业	29504	2083	9938	17483	7433	480	905	1864	4184
批发业	20156	1445	6826	11885	3860	305	577	1058	1920
农畜产品批发	5023	286	1333	3404	807	91	165	199	352
食品、饮料及烟草制品批发	2047	106	571	1370	357	9	43	112	193
纺织、服装及日用品批发	719	32	312	375	49	11	14	14	10
文化、体育用品及器材批发	432	65	191	176	38	7	4	3	24
医药及医疗器材批发	1023	68	284	671	92	27	26	11	28
矿产品、建材及化工产品批发	5528	351	1927	3250	1333	31	136	393	773
机械设备、五金交电及电子产品批发	4588	457	1867	2264	1119	120	177	303	519
贸易经纪与代理	205	23	89	93	9	3	1	2	3
其他批发	591	57	252	282	56	6	11	21	18
零售业	9348	638	3112	5598	3573	175	328	806	2264
综合零售	1864	74	555	1235	1733	8	35	462	1228
食品、饮料及烟草制品专门零售	414	40	127	247	88	14	22	15	37
纺织、服装及日用品专门零售	623	48	319	256	108	12	15	23	58
文化、体育用品及器材专门零售	739	33	238	468	173	9	9	16	139
医药及医疗器材专门零售	1626	50	348	1228	118	39	34	18	27
汽车、摩托车、燃料及零配件专门零售	1843	153	661	1029	896	33	105	210	548
家用电器及电子产品专门零售	1105	122	454	529	211	29	68	24	90
五金、家具及室内装修材料专门零售	603	42	209	352	102	18	30	12	42
无店铺及其他零售	531	76	201	254	144	13	10	26	95
住宿和餐饮业	4123	269	1336	2518	3716	311	462	906	2037
住宿业	3271	190	1008	2073	3181	242	352	807	1780
旅游饭店	2571	137	765	1669	2408	225	282	520	1381
一般旅馆	668	53	236	379	715	17	67	277	354
其他住宿服务	32		7	25	58		3	10	45

1-12 续表 18

指标名称	单位数（个）	就业人员（人）	#女性	研究生及以上学历者	大学本科学历者	大专学历者	高中学历者	初中及以下学历者
餐饮业	343	11816	6491	25	307	1516	4764	5204
正餐服务	273	9940	5488	11	235	1214	4104	4376
快餐服务	39	1136	595	1	44	167	428	496
饮料及冷饮服务	7	79	42		1	7	27	44
其他餐饮服务	24	661	366	13	27	128	205	288
金融业	396	57564	28663	537	9582	26461	17813	3171
银行业	229	39438	17713	215	7571	19461	9863	2328
中央银行	23	2969	1102	27	815	1267	705	155
商业银行	187	34556	15788	174	6340	17450	8555	2037
其他银行	19	1913	823	14	416	744	603	136
证券业	9	1354	670	214	473	581	75	11
证券市场管理	1	30	11	9	16	3	2	
证券经纪与交易	4	1198	615	193	415	520	66	4
证券投资	4	126	44	12	42	58	7	7
保险业	104	16225	10033	82	1410	6126	7779	828
人寿保险	37	9680	6630	23	556	2681	5816	604
非人寿保险	55	6085	3188	54	802	3259	1747	223
保险辅助服务	12	460	215	5	52	186	216	1
其他金融活动	54	547	247	26	128	293	96	4
金融信托与管理	4	60	27	4	26	23	7	
金融租赁	1	67	23	8	30	20	9	
典当	25	231	120	6	28	140	55	2
其他未列明的金融活动	24	189	77	8	44	110	25	2
房地产业	1593	40604	16408	202	3396	12841	15307	8858
房地产业	1593	40604	16408	202	3396	12841	15307	8858
房地产开发经营	709	15434	5983	139	2156	6737	4763	1639
物业管理	432	17343	7082	26	600	3728	7354	5635
房地产中介服务	179	2449	1229	19	330	957	823	320
其他房地产活动	273	5378	2114	18	310	1419	2367	1264
租赁和商务服务业	2570	81234	31067	689	8719	19978	29618	22230
租赁业	173	2374	776	2	234	618	882	638
机械设备租赁	166	2156	631	1	228	550	804	573
文化及日用品出租	7	218	145	1	6	68	78	65
商务服务业	2397	78860	30291	687	8485	19360	28736	21592
企业管理服务	428	43412	16744	203	2971	7893	18055	14290
法律服务	250	2585	931	158	1284	1050	79	14
咨询与调查	399	5146	2632	80	1455	2836	673	102
广告业	465	4485	2102	40	516	2291	1240	398
知识产权服务	30	173	79	18	68	61	20	6
职业中介服务	132	6406	2721	65	1034	1185	1935	2187
市场管理	145	2721	1186	2	145	820	981	773
旅行社	227	3133	1641	90	336	1471	855	381
其他商务服务	321	10799	2255	31	676	1753	4898	3441

1-12 续表 19

指标名称	具有技术职称的人员	高级技术职称者	中级技术职称者	初级技术职称者	具有技术等级证书人员	高级技师	技师	高级工	中级工
餐饮业	852	79	328	445	535	69	110	99	257
正餐服务	757	72	288	397	424	62	103	86	173
快餐服务	79	6	29	44	105	5	6	12	82
饮料及冷饮服务					2		1		1
其他餐饮服务	16	1	11	4	4	2		1	1
金融业	22437	744	6452	15241	1006	148	241	424	193
银行业	19850	538	5467	13845	882	109	220	383	170
中央银行	1525	40	580	905	91	20	15	43	13
商业银行	17379	433	4608	12338	762	83	191	335	153
其他银行	946	65	279	602	29	6	14	5	4
证券业	679	90	364	225	31	1	7	23	
证券市场管理	26	6	8	12					
证券经纪与交易	612	78	333	201	23	1	7	15	
证券投资	41	6	23	12	8			8	
保险业	1723	90	520	1113	88	38	14	16	20
人寿保险	495	38	173	284	17	3	3	3	8
非人寿保险	1164	50	336	778	71	35	11	13	12
保险辅助服务	64	2	11	51					
其他金融活动	185	26	101	58	5			2	3
金融信托与管理	39	9	26	4	1			1	
金融租赁	39	3	25	11					
典当	58	8	28	22	2				2
其他未列明的金融活动	49	6	22	21	2			1	1
房地产业	10798	1038	4766	4994	1911	115	262	515	1019
房地产业	10798	1038	4766	4994	1911	115	262	515	1019
房地产开发经营	6323	696	2892	2735	606	63	139	124	280
物业管理	2699	194	1125	1380	1060	44	107	301	608
房地产中介服务	707	85	344	278	86	3		28	55
其他房地产活动	1069	63	405	601	159	5	16	62	76
租赁和商务服务业	15328	1666	6214	7448	5768	194	437	1834	3303
租赁业	458	18	202	238	340	7	13	114	206
机械设备租赁	449	18	196	235	202	7	13	74	108
文化及日用品出租	9		6	3	138			40	98
商务服务业	14870	1648	6012	7210	5428	187	424	1720	3097
企业管理服务	8414	740	3068	4606	4581	70	313	1473	2725
法律服务	605	60	274	271	6			3	3
咨询与调查	2652	520	1402	730	121	20	35	42	24
广告业	769	64	293	412	102	17	31	29	25
知识产权服务	43	14	18	11	3				3
职业中介服务	433	77	191	165	215	15	9	20	171
市场管理	397	25	161	211	105	9	6	42	48
旅行社	586	36	217	333	66	39	11	8	8
其他商务服务	971	112	388	471	229	17	19	103	90

1-12 续表 20

指标名称	单位数(个)	就业人员(人)	#女性	研究生及以上学历者	大学本科学历者	大专学历者	高中学历者	初中及以下学历者
科学研究、技术服务和地质勘查业	1877	57547	19465	968	16229	19785	13509	7056
研究与试验发展	171	6768	2552	365	2750	1771	970	912
自然科学研究与试验发展	20	1316	466	149	487	337	188	155
工程和技术研究与试验发展	28	878	290	22	490	238	98	30
农业科学研究与试验发展	87	3688	1432	124	1355	969	569	671
医学研究与试验发展	13	291	124	29	103	70	65	24
社会人文科学研究与试验发展	23	595	240	41	315	157	50	32
专业技术服务业	1058	28912	9528	374	9187	11869	5651	1831
气象服务	124	2779	1104	43	441	1044	1041	210
地震服务	33	587	158	28	191	199	130	39
测绘服务	38	1142	418	5	187	452	378	120
技术检测	223	5371	1860	40	1336	2280	1283	432
环境监测	40	959	444	31	376	369	138	45
工程技术与规划管理	481	15847	4746	185	6204	6792	1948	718
其他专业技术服务	119	2227	798	42	452	733	733	267
科技交流和推广服务业	565	11037	4480	134	2232	4170	3374	1127
技术推广服务	460	9603	3908	77	1862	3656	3006	1002
科技中介服务	46	585	230	15	176	212	105	77
其他科技服务	59	849	342	42	194	302	263	48
地质勘查业	83	10830	2905	95	2060	1975	3514	3186
矿产地质勘查	29	3892	891	25	737	637	1421	1072
基础地质勘查	28	4645	1203	21	597	813	1534	1680
地质勘查技术服务	26	2293	811	49	726	525	559	434
水利、环境和公共设施管理业	629	39270	14986	88	2861	9040	12293	14988
水利管理业	215	19587	6111	39	1420	4837	5935	7356
防洪管理	8	341	102	1	58	96	104	82
水资源管理	162	17112	5320	23	1080	4209	5186	6614
其他水利管理	45	2134	689	15	282	532	645	660
环境管理业	199	10543	5097	27	621	1888	2992	5015
自然保护	95	1941	539	22	327	593	496	503
环境治理	104	8602	4558	5	294	1295	2496	4512
公共设施管理业	215	9140	3778	22	820	2315	3366	2617
市政公共设施管理	70	3377	1197	8	465	947	943	1014
城市绿化管理	78	3715	1699	8	232	879	1575	1021
游览景区管理	67	2048	882	6	123	489	848	582

1-12 续表 21

指标名称	具有技术职称的人员	高级技术职称者	中级技术职称者	初级技术职称者	具有技术等级证书人员	高级技师	技师	高级工	中级工
科学研究、技术服务和地质勘查业	33551	5794	13348	14409	8092	246	434	3874	3538
研究与试验发展	4288	1186	1689	1413	875	14	43	505	313
自然科学研究与试验发展	851	323	343	185	125		6	87	32
工程和技术研究与试验发展	697	182	262	253	58	6	3	34	15
农业科学研究与试验发展	2112	458	830	824	616	7	26	344	239
医学研究与试验发展	180	44	78	58	33	1	5	15	12
社会人文科学研究与试验发展	448	179	176	93	43		3	25	15
专业技术服务业	18650	3240	7993	7417	2319	76	122	1050	1071
气象服务	1955	182	901	872	221	15	15	84	107
地震服务	313	59	133	121	54		2	34	18
测绘服务	644	62	281	301	167	4	3	88	72
技术检测	2475	326	963	1186	493	4	29	260	200
环境监测	619	97	250	272	100	4	4	57	35
工程技术与规划管理	11766	2331	5117	4318	993	30	50	433	480
其他专业技术服务	878	183	348	347	291	19	19	94	159
科技交流和推广服务业	6632	592	2068	3972	1233	123	239	465	406
技术推广服务	5899	483	1792	3624	1132	118	231	424	359
科技中介服务	307	42	132	133	48	1	4	31	12
其他科技服务	426	67	144	215	53	4	4	10	35
地质勘查业	3981	776	1598	1607	3665	33	30	1854	1748
矿产地质勘查	1470	298	618	554	1544	9	12	809	714
基础地质勘查	1707	278	700	729	1515	23	13	727	752
地质勘查技术服务	804	200	280	324	606	1	5	318	282
水利、环境和公共设施管理业	7806	605	1927	5274	8739	99	207	4636	3797
水利管理业	4578	264	1153	3161	4946	82	144	2447	2273
防洪管理	139	10	34	95	41		1	20	20
水资源管理	3717	175	949	2593	4306	10	87	2200	2009
其他水利管理	722	79	170	473	599	72	56	227	244
环境管理业	1240	141	251	848	1177	9	26	558	584
自然保护	536	63	156	317	286	4	15	181	86
环境治理	704	78	95	531	891	5	11	377	498
公共设施管理业	1988	200	523	1265	2616	8	37	1631	940
市政公共设施管理	977	92	275	610	1063	1	15	730	317
城市绿化管理	764	97	185	482	1052	7	17	624	404
游览景区管理	247	11	63	173	501		5	277	219

1-12 续表 22

指标名称	单位数(个)	就业人员(人)	#女性	研究生及以上学历者	大学本科学历者	大专学历者	高中学历者	初中及以下学历者
居民服务和其他服务业	803	11644	5254	28	521	2743	4644	3708
居民服务业	390	6018	3493	17	290	1495	2194	2022
家庭服务	40	467	285	2	25	113	154	173
托儿所	40	622	572	1	22	204	252	143
洗染服务	21	270	200	2	5	24	140	99
理发及美容保健服务	45	316	273	3	27	74	140	72
洗浴服务	44	1232	684	3	40	150	457	582
婚姻服务	26	68	46		6	33	26	3
殡葬服务	30	507	161		33	159	188	127
摄影扩印服务	41	486	298		36	159	252	39
其他居民服务	103	2050	974	6	96	579	585	784
其他服务业	413	5626	1761	11	231	1248	2450	1686
修理与维护	248	3037	667	7	114	566	1457	893
清洁服务	39	673	332	1	20	112	218	322
其他未列明的服务	126	1916	762	3	97	570	775	471
教育	4488	291803	170476	3017	72677	133888	66406	15815
教育	4488	291803	170476	3017	72677	133888	66406	15815
学前教育	487	11395	10207	29	640	4670	4694	1362
初等教育	1804	111115	69583	117	11322	57401	38022	4253
中等教育	1508	132506	73857	652	44078	62788	19011	5977
高等教育	78	24460	11149	1893	12844	4929	2219	2575
其他教育	611	12327	5680	326	3793	4100	2460	1648
卫生、社会保障和社会福利业	2113	108091	70494	840	15709	42867	37866	10809
卫生	1821	104030	68511	821	15087	41017	36961	10144
医院	536	73050	48633	728	12221	28584	24010	7507
卫生院及社区医疗活动	771	16673	10831	9	812	6034	8091	1727
门诊部医疗活动	89	1533	1024	5	258	543	580	147
计划生育技术服务活动	127	1860	1507	4	216	933	645	62
妇幼保健活动	84	2997	2446	16	303	1396	1154	128
专科疾病防治活动	13	481	320	3	69	228	171	10
疾病预防控制及防疫活动	150	6407	3236	40	1022	2848	2089	408
其他卫生活动	51	1029	514	16	186	451	221	155
社会保障业	80	1591	805	11	367	962	178	73
社会保障业	80	1591	805	11	367	962	178	73
社会福利业	212	2470	1178	8	255	888	727	592
提供住宿的社会福利	136	1968	947	4	168	657	619	520
不提供住宿的社会福利	76	502	231	4	87	231	108	72
文化、体育和娱乐业	981	24420	10972	190	5111	8959	7205	2955
新闻出版业	96	5041	2272	59	1925	2079	762	216
新闻业	14	265	101	6	103	111	37	8
出版业	82	4776	2171	53	1822	1968	725	208

1-12 续表 23

指标名称	具有技术职称的人员	高级技术职称者	中级技术职称者	初级技术职称者	具有技术等级证书人员	高级技师	技师	高级工	中级工
居民服务和其他服务业	1922	223	772	927	1558	99	264	437	758
居民服务业	778	104	304	370	600	43	131	205	221
家庭服务	61	11	16	34	15	1		8	6
托儿所	109	6	51	52	132	17	5	53	57
洗染服务	16		5	11					
理发及美容保健服务	89	10	43	36	75	8	34	17	16
洗浴服务	95	19	34	42	69	3	64		2
婚姻服务	10		4	6	1		1		
殡葬服务	81	5	28	48	96	2	5	67	22
摄影扩印服务	106	24	46	36	73	6	10	35	22
其他居民服务	211	29	77	105	139	6	12	25	96
其他服务业	1144	119	468	557	958	56	133	232	537
修理与维护	696	90	352	254	775	55	112	182	426
清洁服务	115	12	19	84	21		11	8	2
其他未列明的服务	333	17	97	219	162	1	10	42	109
教育	210394	21461	83464	105469	15597	941	1026	6599	7031
教育	210394	21461	83464	105469	15597	941	1026	6599	7031
学前教育	4825	236	1798	2791	1440	52	5	752	631
初等教育	83139	4601	31159	47379	3554	427	428	414	2285
中等教育	101220	11205	40759	49256	5902	401	391	2445	2665
高等教育	16131	4420	7353	4358	3308	13	107	2270	918
其他教育	5079	999	2395	1685	1393	48	95	718	532
卫生、社会保障和社会福利业	76528	5243	23324	47961	6788	308	408	3041	3031
卫生	75174	5179	22883	47112	6339	296	378	2777	2888
医院	54469	4349	17715	32405	4026	142	205	2053	1626
卫生院及社区医疗活动	10282	148	1604	8530	1382	111	123	287	861
门诊部医疗活动	1067	82	367	618	62	1	6	28	27
计划生育技术服务活动	1247	37	281	929	68	8	3	22	35
妇幼保健活动	2339	128	748	1463	194	8	20	70	96
专科疾病防治活动	409	16	124	269	24	2	1	9	12
疾病预防控制及防疫活动	4869	394	1864	2611	469	24	17	228	200
其他卫生活动	492	25	180	287	114		3	80	31
社会保障业	840	34	291	515	74	7	2	35	30
社会保障业	840	34	291	515	74	7	2	35	30
社会福利业	514	30	150	334	375	5	28	229	113
提供住宿的社会福利	426	25	112	289	332	3	16	209	104
不提供住宿的社会福利	88	5	38	45	43	2	12	20	9
文化、体育和娱乐业	12568	1944	5145	5479	1850	77	72	955	746
新闻出版业	2924	675	1301	948	320	7	11	197	105
新闻业	197	35	72	90	15		2	5	8
出版业	2727	640	1229	858	305	7	9	192	97

1-12 续表 24

指标名称	单位数（个）	就业人员（人）	#女性	研究生及以上学历者	大学本科学历者	大专学历者	高中学历者	初中及以下学历者
广播、电视、电影和音像业	268	7953	3376	45	1682	3156	2073	997
广播	101	2541	1128	13	546	1033	682	267
电视	68	3615	1467	31	1017	1672	636	259
电影	96	1720	720	1	99	427	724	469
音像制作	3	77	61		20	24	31	2
文化艺术业	443	8360	4134	32	1090	2905	3292	1041
文艺创作与表演	72	3308	1403	4	248	790	1666	600
艺术表演场馆	14	394	159		41	88	204	61
图书馆与档案馆	135	1443	1050	14	391	754	257	27
文物及文化保护	31	434	212	8	100	193	96	37
博物馆	10	280	123	2	44	96	80	58
烈士陵园、纪念馆	3	42	19		10	18	6	8
群众文化活动	157	2057	1005	4	222	880	734	217
文化艺术经纪代理	9	251	90		6	44	191	10
其他文化艺术	12	151	73		28	42	58	23
体育	49	891	281	4	155	356	267	109
体育组织	25	463	126	1	43	194	172	53
体育场馆	10	260	119	3	81	71	68	37
其他体育	14	168	36		31	91	27	19
娱乐业	125	2175	909	50	259	463	811	592
室内娱乐活动	74	1311	538	48	220	265	442	336
游乐园	10	226	124		11	53	93	69
休闲健身娱乐活动	18	270	97	1	12	51	117	89
其他娱乐活动	23	368	150	1	16	94	159	98
公共管理和社会组织	25161	484777	134165	3475	70909	169430	110466	130497
中国共产党机关	1138	21093	3806	414	4753	7001	2540	6385
中国共产党机关	1138	21093	3806	414	4753	7001	2540	6385
国家机构	7985	347626	103156	2616	60084	147508	77333	60085
国家权力机构	147	4104	1140	54	856	2168	811	215
国家行政机构	7499	326435	97096	2362	52997	137443	75032	58601
人民法院和人民检察院	295	16151	4716	178	5999	7484	1289	1201
其他国家机构	44	936	204	22	232	413	201	68
人民政协和民主党派	134	2199	488	33	429	1039	481	217
人民政协	108	1954	441	32	363	978	426	155
民主党派	26	245	47	1	66	61	55	62
群众团体、社会团体和宗教组织	5105	39143	7424	380	4396	6986	7657	19724
群众团体	576	3838	1813	82	1141	1897	608	110
社会团体	1345	17872	5446	294	3128	4429	4602	5419
宗教组织	3184	17433	165	4	127	660	2447	14195
基层群众自治组织	10799	74716	19291	32	1247	6896	22455	44086
社区自治组织	1591	10079	6794	21	951	3811	3885	1411
村民自治组织	9208	64637	12497	11	296	3085	18570	42675

1-12 续表 25

指标名称	具有技术职称的人员	高级技术职称者	中级技术职称者	初级技术职称者	具有技术等级证书人员	高级技师	技师	高级工	中级工
广播、电视、电影和音像业	3981	472	1475	2034	855	21	32	457	345
广播	1395	158	485	752	315	11	2	186	116
电视	2066	258	775	1033	279	4	9	150	116
电影	508	55	209	244	222	6	21	94	101
音像制作	12	1	6	5	39			27	12
文化艺术业	4922	650	2074	2198	529	41	23	233	232
文艺创作与表演	2369	438	1059	872	172	8	10	78	76
艺术表演场馆	237	27	95	115	33			18	15
图书馆与档案馆	781	44	328	409	79	18	3	37	21
文物及文化保护	228	14	97	117	64	13	1	26	24
博物馆	116	30	56	30	45	1	1	26	17
烈士陵园、纪念馆	29	1	15	13	2			1	1
群众文化活动	1030	81	371	578	120	1	4	40	75
文化艺术经纪代理	82	9	36	37	11		2	6	3
其他文化艺术	50	6	17	27	3		2	1	
体育	296	41	137	118	56	2	1	28	25
体育组织	89	11	49	29	17			6	11
体育场馆	102	25	47	30	22	2	1	14	5
其他体育	105	5	41	59	17			8	9
娱乐业	445	106	158	181	90	6	5	40	39
室内娱乐活动	356	99	130	127	30	5	3	11	11
游乐园	46	3	17	26	45			19	26
休闲健身娱乐活动	17	4	4	9	5		1	3	1
其他娱乐活动	26		7	19	10	1	1	7	1
公共管理和社会组织	63337	4646	19947	38744	20193	1185	2155	9252	7601
中国共产党机关	842	176	405	261	1071	32	119	604	316
中国共产党机关	842	176	405	261	1071	32	119	604	316
国家机构	58777	3603	18197	36977	18163	1121	1926	8268	6848
国家权力机构	529	23	43	463	345	6	37	199	103
国家行政机构	57632	3508	17900	36224	16584	1075	1849	7242	6418
人民法院和人民检察院	391	43	132	216	1179	39	39	796	305
其他国家机构	225	29	122	74	55	1	1	31	22
人民政协和民主党派	71	15	27	29	236	2	21	154	59
人民政协	65	15	21	29	226	2	16	149	59
民主党派	6		6		10		5	5	
群众团体、社会团体和宗教组织	2957	778	1113	1066	386	27	52	213	94
群众团体	247	53	92	102	183	12	13	100	58
社会团体	2685	721	1017	947	200	15	39	110	36
宗教组织	25	4	4	17	3			3	
基层群众自治组织	690	74	205	411	337	3	37	13	284
社区自治组织	301	21	99	181	294		9	12	273
村民自治组织	389	53	106	230	43	3	28	1	11

1-13 企业法人单位从业人员构成情况

指标名称	单位数（个）	就业人员（人）	#女性	研究生及以上学历者	大学本科学历者	大专学历者	高中学历者	初中及以下学历者
总　计	**28625**	**1353025**	**487970**	**4644**	**92095**	**287534**	**521517**	**447235**
按开业时间划分								
1949年以前	14	9004	2966	34	1206	2097	3991	1676
1950–1952年	103	13033	4748	12	888	2676	5346	4111
1953–1957年	332	87451	33243	215	9383	19904	37844	20105
1958–1962年	227	67728	25209	54	2740	10350	31019	23565
1963–1965年	72	22456	9059	22	418	2591	7597	11828
1966–1970年	75	23616	7221	18	767	2880	7103	12848
1971–1975年	154	28843	9512	23	2306	6242	14104	6168
1976–1980年	276	37362	12488	139	3209	10586	10516	12912
#1978年	54	2087	878	2	139	534	642	770
1981–1985年	619	93230	30921	140	5318	17415	34936	35421
#1985年	194	27764	10808	77	2928	7401	7136	10222
1986–1990年	735	77261	27548	198	6400	17592	29594	23477
1991–1995年	2095	128177	42912	732	10131	28326	46036	42952
#1992年	462	26169	7309	104	1656	5956	8917	9536
1996–2000年	7357	323326	124430	1456	22887	75368	125087	98528
#1997年	767	33800	13214	304	3239	9134	12040	9083
2001年	2990	114790	35664	526	7320	22681	42148	42115
2002年	3840	117631	43971	335	6038	23416	43540	44302
2003年	4661	110317	40353	367	6170	22688	45573	35519
2004年	4376	88551	34724	315	6086	20401	33723	28026
其他（不详）	699	10249	3001	58	828	2321	3360	3682
按产业划分								
第二产业	7820	787751	251774	1785	43423	130388	293147	319008
第三产业	20805	565274	236196	2859	48672	157146	228370	128227
按登记注册类型分组								
内资企业	28409	1325121	474229	4481	90100	279387	511313	439840
国有企业	2661	392410	141659	936	30284	82187	167708	111295
集体企业	1776	64833	22924	122	2566	12154	22707	27284
股份合作企业	194	6138	1749	14	225	924	2289	2686
联营企业	99	4404	1548	6	188	697	1393	2120
国有联营企业	36	1487	571	3	79	262	683	460
集体联营企业	29	1347	502		49	151	207	940
国有与集体联营企业	16	873	271	2	26	166	232	447
其他联营企业	18	697	204	1	34	118	271	273
有限责任公司	5013	431627	146596	1044	23166	81657	158942	166818
国有独资公司	265	61609	19613	93	3050	11923	21471	25072
其他有限责任公司	4748	370018	126983	951	20116	69734	137471	141746
股份有限公司	351	131614	51876	1110	15273	32316	52322	30593

1-13 续表 1

指标名称	具有技术职称的人员	高级技术职称者	中级技术职称者	初级技术职称者	具有技术等级证书人员	高级技师	技师	高级工	中级工
总　计	**268656**	**20920**	**92835**	**154901**	**182305**	**3701**	**10733**	**61595**	**106276**
按开业时间划分									
1949年以前	2487	175	994	1318	3402	12	78	1237	2075
1950-1952年	3135	228	1296	1611	2860	6	128	777	1949
1953-1957年	28772	2111	10799	15862	17391	100	746	9673	6872
1958-1962年	12329	748	4196	7385	13396	80	493	6004	6819
1963-1965年	2336	113	776	1447	3879	15	147	784	2933
1966-1970年	3676	244	979	2453	3187	79	438	1047	1623
1971-1975年	8493	700	3289	4504	9103	21	161	1956	6965
1976-1980年	11874	931	3256	7687	4246	87	286	1695	2178
#1978年	475	27	134	314	86		16	34	36
1981-1985年	17491	912	5534	11045	11757	273	541	3635	7308
#1985年	6819	399	2169	4251	4149	175	270	1655	2049
1986-1990年	17427	1298	5280	10849	12636	110	624	4841	7061
1991-1995年	26248	2131	8757	15360	15306	203	797	4949	9357
#1992年	4988	427	1678	2883	2162	69	173	595	1325
1996-2000年	61577	5366	21796	34415	47916	1227	2653	15834	28202
#1997年	6910	685	2283	3942	3289	282	238	965	1804
2001年	21197	1409	7221	12567	14256	261	870	3040	10085
2002年	20035	1650	6961	11424	8958	380	1128	2273	5177
2003年	15416	1506	5941	7969	7057	425	797	2508	3327
2004年	14405	1167	5054	8184	6231	337	738	1217	3939
其他(不详)	1758	231	706	821	724	85	108	125	406
按产业划分									
第二产业	149788	10726	51386	87676	132078	2243	7504	45957	76374
第三产业	118868	10194	41449	67225	50227	1458	3229	15638	29902
按登记注册类型分组									
内资企业	265246	20521	91864	152861	181252	3658	10632	61266	105696
国有企业	94324	6236	31682	56406	68093	660	2803	28708	35922
集体企业	9969	605	2840	6524	3189	127	333	772	1957
股份合作企业	543	47	141	355	251	21	73	47	110
联营企业	898	61	383	454	346	8	50	144	144
国有联营企业	394	30	190	174	170		21	96	53
集体联营企业	266	16	85	165	126	5	13	25	83
国有与集体联营企业	127	5	55	67	50	3	16	23	8
其他联营企业	111	10	53	48					
有限责任公司	81241	5792	26205	49244	54486	897	3417	14958	35214
国有独资公司	13278	967	3962	8349	11240	64	754	3385	7037
其他有限责任公司	67963	4825	22243	40895	43246	833	2663	11573	28177
股份有限公司	29904	2823	11424	15657	35462	381	1105	12460	21516

1-13 续表 2

指标名称	单位数（个）	就业人员（人）	#女性	研究生及以上学历者	大学本科学历者	大专学历者	高中学历者	初中及以下学历者
私营企业	18151	292461	107202	1227	18192	68996	105510	98536
私营独资企业	3801	45122	14448	53	1105	5274	13827	24863
私营合伙企业	711	9373	3350	79	803	1675	2550	4266
私营有限责任公司	13283	228706	85375	1068	15826	60283	85212	66317
私营股份有限公司	356	9260	4029	27	458	1764	3921	3090
其他企业	164	1634	675	22	206	456	442	508
港、澳、台商投资企业	80	13327	6359	64	624	3271	4873	4495
合资经营企业(港或澳、台资)	55	6621	2609	26	292	1251	2333	2719
合作经营企业(港或澳、台资)	2	168	87		2	14	25	127
港、澳、台商独资经营企业	20	6001	3514	36	242	1844	2367	1512
港、澳、台商投资股份有限公司	3	537	149	2	88	162	148	137
外商投资企业	136	14577	7382	99	1371	4876	5331	2900
中外合资经营企业	101	8286	3557	36	625	2257	3344	2024
中外合作经营企业	10	786	452	12	79	374	259	62
外资企业	24	1334	559	5	71	164	339	755
外商投资股份有限公司	1	4171	2814	46	596	2081	1389	59
按营业状态分组								
营业	25279	1317318	475821	4419	89499	278687	508404	436309
停业(歇业)	1867	18044	6743	95	1150	4908	6376	5515
筹建	704	10320	3020	58	841	2347	3392	3682
当年关闭	444	3101	924	12	183	529	1603	774
当年破产	74	1115	315	1	23	131	587	373
其他	257	3127	1147	59	399	932	1155	582
按地区分组								
乌鲁木齐市	12112	477788	179364	2918	45175	126046	171730	131919
克拉玛依市	951	126585	46339	504	14691	26650	58000	26740
吐鲁番地区	702	48194	15601	73	3306	7050	19475	18290
哈密地区	786	56705	18804	31	1887	9428	27450	17909
昌吉回族自治州	2576	113938	39528	424	5395	21215	36711	50193
博尔塔拉蒙古自治州	927	28838	11308	70	1441	6421	9827	11079
巴音郭楞蒙古自治州	2399	115340	39390	208	5674	22434	49779	37245
阿克苏地区	1465	70060	24297	78	2415	11539	25772	30256
克孜勒苏柯尔克孜自治州	183	6528	1935	13	263	1129	2331	2792
喀什地区	1338	64007	22948	50	2237	9390	25327	27003
和田地区	590	25278	7034	34	781	3532	7568	13363
伊犁哈萨克自治州	2001	85062	33120	75	3585	16253	33907	31242
塔城地区	791	47520	14627	27	967	7288	20050	19188
阿勒泰地区	576	26528	9680	21	889	5354	10929	9335
石河子市	1228	60654	23995	118	3389	13805	22661	20681

1-13 续表 3

指标名称	具有技术职称的人员	高级技术职称者	中级技术职称者	初级技术职称者	具有技术等级证书人员	高级技师	技师	高级工	中级工
私营企业	48126	4923	19129	24074	19372	1561	2848	4172	10791
私营独资企业	3848	408	1440	2000	2032	227	418	360	1027
私营合伙企业	1343	204	575	564	563	37	89	75	362
私营有限责任公司	41778	4167	16650	20961	16162	1238	2195	3683	9046
私营股份有限公司	1157	144	464	549	615	59	146	54	356
其他企业	241	34	60	147	53	3	3	5	42
港、澳、台商投资企业	1504	212	444	848	545	21	51	211	262
合资经营企业(港或澳、台资)	605	57	193	355	510	19	51	201	239
合作经营企业(港或澳、台资)	20	1	19						
港、澳、台商独资经营企业	615	39	183	393	5	2			3
港、澳、台商投资股份有限公司	264	115	49	100	30			10	20
外商投资企业	1906	187	527	1192	508	22	50	118	318
中外合资经营企业	1158	126	349	683	430	20	50	105	255
中外合作经营企业	80	9	44	27	8	1		4	3
外资企业	93	17	35	41	70	1		9	60
外商投资股份有限公司	575	35	99	441					
按营业状态分组									
营业	262366	20164	90306	151896	180199	3478	10469	61148	105104
停业(歇业)	3504	402	1424	1678	930	115	129	253	433
筹建	1768	233	709	826	724	85	108	125	406
当年关闭	154	16	58	80	81		7	5	69
当年破产	230	9	56	165	230	4	6	15	205
其他	634	96	282	256	141	19	14	49	59
按地区分组									
乌鲁木齐市	103127	10446	37797	54884	62162	1256	4085	19263	37558
克拉玛依市	37583	3084	15201	19298	32231	203	1296	13842	16890
吐鲁番地区	9302	667	2998	5637	10492	109	582	4525	5276
哈密地区	9072	546	3222	5304	8132	65	341	3275	4451
昌吉回族自治州	21084	1559	7382	12143	10487	734	795	2967	5991
博尔塔拉蒙古自治州	4836	197	1544	3095	2309	79	258	730	1242
巴音郭楞蒙古自治州	20571	1332	6510	12729	18371	359	611	6328	11073
阿克苏地区	10654	595	3024	7035	5809	105	463	1544	3697
克孜勒苏柯尔克孜自治州	1093	49	405	639	236	6	34	95	101
喀什地区	10064	419	2406	7239	4237	148	321	1099	2669
和田地区	3530	186	930	2414	2203	114	386	632	1071
伊犁哈萨克自治州	15262	633	4464	10165	9758	145	619	3137	5857
塔城地区	5441	263	1312	3866	3601	230	208	910	2253
阿勒泰地区	4870	217	1256	3397	2994	77	189	987	1741
石河子市	12167	727	4384	7056	9283	71	545	2261	6406

1-13 续表 4

指标名称	单 位 数 (个)	就业人员 (人)	#女 性	研究生 及以上 学历者	大 学 本 科 学历者	大 专 学历者	高 中 学历者	初 中 及以下 学历者
按国民经济行业中类分组								
采矿业	757	172152	49256	504	14947	27190	71679	57832
煤炭开采和洗选业	375	60731	11487	44	1154	5254	19593	34686
烟煤和无烟煤的开采洗选	375	60731	11487	44	1154	5254	19593	34686
石油和天然气开采业	31	93168	33795	437	13384	19778	45940	13629
天然原油和天然气开采	5	32560	12475	260	5469	6710	14405	5716
与石油和天然气开采有关的服务活动	26	60608	21320	177	7915	13068	31535	7913
黑色金属矿采选业	60	4801	1125	8	128	598	1810	2257
铁矿采选	49	4496	1050	8	126	581	1750	2031
其他黑色金属矿采选	11	305	75		2	17	60	226
有色金属矿采选业	85	6913	1449	12	184	983	2547	3187
常用有色金属矿采选	41	3373	645	7	135	550	1545	1136
贵金属矿采选	43	2594	552	5	33	267	692	1597
稀有稀土金属矿采选	1	946	252		16	166	310	454
非金属矿采选业	203	6445	1389	3	97	575	1771	3999
土砂石开采	163	3143	553		46	268	940	1889
化学矿采选	3	100	51			22	40	38
采盐	8	1019	253	1	8	103	287	620
石棉及其他非金属矿采选	29	2183	532	2	43	182	504	1452
其他采矿业	3	94	11			2	18	74
其他采矿业	3	94	11			2	18	74
制造业	5413	358044	142690	889	15222	52311	136521	153101
农副食品加工业	556	27614	8943	85	925	4043	11708	10853
谷物磨制	173	3854	1242	7	85	568	1478	1716
饲料加工	60	2529	689	62	351	670	845	601
植物油加工	165	9099	2414	7	235	1187	4011	3659
制糖	19	7878	2792	1	107	981	4068	2721
屠宰及肉类加工	69	1600	597	3	29	157	470	941
水产品加工	7	100	44		2	33	39	26
蔬菜、水果和坚果加工	34	1414	733	3	65	296	435	615
其他农副食品加工	29	1140	432	2	51	151	362	574
食品制造业	277	14017	5739	28	674	3133	4887	5295
焙烤食品制造	46	1424	809	1	40	202	558	623
糖果、巧克力及蜜饯制造	11	192	74		4	21	88	79
方便食品制造	21	890	487	1	45	169	226	449
液体乳及乳制品制造	62	3441	1572	7	212	666	1259	1297
罐头制造	44	3699	1213	8	238	1446	1220	787
调味品、发酵制品制造	31	1635	528	3	55	278	629	670
其他食品制造	62	2736	1056	8	80	351	907	1390

1-13 续表 5

指标名称	具有技术职称的人员	高级技术职称者	中级技术职称者	初级技术职称者	具有技术等级证书人员	高级技师	技师	高级工	中级工
按国民经济行业中类分组									
采矿业	40975	3550	16032	21393	36937	379	1450	17181	17927
煤炭开采和洗选业	6860	497	2275	4088	5008	69	370	851	3718
烟煤和无烟煤的开采洗选	6860	497	2275	4088	5008	69	370	851	3718
石油和天然气开采业	32083	2904	13105	16074	30491	107	935	15869	13580
天然原油和天然气开采	9777	1354	4325	4098	15744	37	328	7397	7982
与石油和天然气开采有关的服务活动	22306	1550	8780	11976	14747	70	607	8472	5598
黑色金属矿采选业	537	29	188	320	340	26	15	93	206
铁矿采选	513	29	185	299	303	9	14	93	187
其他黑色金属矿采选	24		3	21	37	17	1		19
有色金属矿采选业	1058	102	344	612	844	76	93	347	328
常用有色金属矿采选	636	66	205	365	477	24	77	111	265
贵金属矿采选	296	31	97	168	211	52		96	63
稀有稀土金属矿采选	126	5	42	79	156		16	140	
非金属矿采选业	437	18	120	299	250	97	37	21	95
土砂石开采	169	3	50	116	129	90	15	4	20
化学矿采选	1		1		7			7	
采盐	33	2	11	20					
石棉及其他非金属矿采选	234	13	58	163	114	7	22	10	75
其他采矿业					4	4			
其他采矿业					4	4			
制造业	47001	3739	15703	27559	45730	1018	2688	13194	28830
农副食品加工业	3996	210	1140	2646	2396	69	168	647	1512
谷物磨制	384	26	136	222	270	8	23	43	196
饲料加工	454	64	162	228	129	20	28	29	52
植物油加工	1274	57	392	825	1078	29	72	293	684
制糖	1446	31	292	1123	721		8	233	480
屠宰及肉类加工	124	9	57	58	86	4	21	14	47
水产品加工	23	1	13	9	6		3	2	1
蔬菜、水果和坚果加工	140	11	41	88	56	8	5	15	28
其他农副食品加工	151	11	47	93	50		8	18	24
食品制造业	1947	147	632	1168	1218	86	106	264	762
焙烤食品制造	125	8	48	69	237	21	31	22	163
糖果、巧克力及蜜饯制造	19		8	11	6			1	5
方便食品制造	80	3	39	38	6				6
液体乳及乳制品制造	497	50	149	298	219	16	25	41	137
罐头制造	626	35	214	377	173	33	13	24	103
调味品、发酵制品制造	246	12	72	162	446	7	23	149	267
其他食品制造	354	39	102	213	131	9	14	27	81

1-13 续表 6

指标名称	单位数（个）	就业人员（人）	#女性	研究生及以上学历者	大学本科学历者	大专学历者	高中学历者	初中及以下学历者
饮料制造业	234	13046	5392	42	575	2199	5515	4715
酒的制造	137	10539	4550	30	386	1737	4361	4025
软饮料制造	90	2383	781	10	183	440	1083	667
精制茶加工	7	124	61	2	6	22	71	23
烟草制品业	5	687	223		75	253	254	105
烟叶复烤	1	9	3			1	5	3
卷烟制造	2	652	213		73	238	244	97
其他烟草制品加工	2	26	7		2	14	5	5
纺织业	199	63759	42622	36	828	5142	21552	36201
棉、化纤纺织及印染精加工	108	47122	31780	10	405	3853	15733	27121
毛纺织和染整精加工	11	4609	2972	2	221	411	1121	2854
麻纺织	9	5355	3194	2	31	166	2467	2689
丝绢纺织及精加工	5	704	418		12	42	268	382
纺织制成品制造	43	957	699		19	99	523	316
针织品、编织品及其制品制造	23	5012	3559	22	140	571	1440	2839
纺织服装、鞋、帽制造业	86	2959	1954	3	105	433	882	1536
纺织服装制造	84	2918	1919	3	105	431	877	1502
纺织面料鞋的制造	1	11	8			2	2	7
制帽	1	30	27				3	27
皮革、毛皮、羽毛(绒)及其制品业	34	1409	462		8	209	425	767
皮革鞣制加工	13	999	190		4	178	314	503
皮革制品制造	16	381	259		4	27	105	245
毛皮鞣制及制品加工	4	24	11			4	3	17
羽毛(绒)加工及制品制造	1	5	2				3	2
木材加工及木、竹、藤、棕、草制品业	132	5180	1643	4	81	391	1620	3084
锯材、木片加工	49	1035	210		6	76	252	701
人造板制造	49	2739	915	3	46	199	1049	1442
木制品制造	32	1399	517	1	29	116	317	936
竹、藤、棕、草制品制造	2	7	1				2	5
家具制造业	107	4945	1584	11	163	515	1341	2915
木质家具制造	78	4068	1354	7	129	409	1087	2436
金属家具制造	20	790	202	4	33	97	215	441
塑料家具制造	2	10	4			3	4	3
其他家具制造	7	77	24		1	6	35	35
造纸及纸制品业	158	11089	4646	3	278	1293	4201	5314
纸浆制造	3	882	387		9	89	460	324
造纸	48	7095	2869	3	208	882	2638	3364
纸制品制造	107	3112	1390		61	322	1103	1626

1-13 续表 7

指标名称	具有技术职称的人员	高级技术职称者	中级技术职称者	初级技术职称者	具有技术等级证书人员	高级技师	技师	高级工	中级工
饮料制造业	1739	136	510	1093	1040	52	89	254	645
酒的制造	1367	100	377	890	950	39	72	235	604
软饮料制造	360	34	127	199	89	13	16	19	41
精制茶加工	12	2	6	4	1		1		
烟草制品业	129	1	28	100	114		22	73	19
烟叶复烤									
卷烟制造	120		25	95	106		15	72	19
其他烟草制品加工	9	1	3	5	8		7	1	
纺织业	4164	154	1134	2876	2322	32	221	717	1352
棉、化纤纺织及印染精加工	2916	96	771	2049	1964	17	173	583	1191
毛纺织和染整精加工	590	23	171	396	267	9	29	99	130
麻纺织	166	9	47	110	36	1	4	14	17
丝绢纺织及精加工	52	3	11	38	2		2		
纺织制成品制造	65	3	19	43	28		11	10	7
针织品、编织品及其制品制造	375	20	115	240	25	5	2	11	7
纺织服装、鞋、帽制造业	383	23	97	263	547	14	47	236	250
纺织服装制造	383	23	97	263	517	14	47	236	220
纺织面料鞋的制造									
制帽					30				30
皮革、毛皮、羽毛(绒)及其制品业	142	2	56	84	84		7	31	46
皮革鞣制加工	82	2	41	39	77		6	30	41
皮革制品制造	55		15	40	6			1	5
毛皮鞣制及制品加工	5			5	1		1		
羽毛(绒)加工及制品制造									
木材加工及木、竹、藤、棕、草制品业	430	16	162	252	302	11	42	78	171
锯材、木片加工	46	1	12	33	45	2	5	19	19
人造板制造	231	3	84	144	178	4	35	43	96
木制品制造	153	12	66	75	79	5	2	16	56
竹、藤、棕、草制品制造									
家具制造业	392	32	118	242	168	6	26	23	113
木质家具制造	236	19	75	142	100	6	14	8	72
金属家具制造	151	13	39	99	65		9	15	41
塑料家具制造	3		3						
其他家具制造	2		1	1	3		3		
造纸及纸制品业	869	36	254	579	894	6	71	180	637
纸浆制造	46		5	41	6		1	3	2
造纸	612	26	185	401	787	4	45	157	581
纸制品制造	211	10	64	137	101	2	25	20	54

1-13 续表 8

指标名称	单位数（个）	就业人员（人）	#女性	研究生及以上学历者	大学本科学历者	大专学历者	高中学历者	初中及以下学历者
印刷业和记录媒介的复制	321	7516	3849	7	204	1229	3519	2557
印刷	299	7244	3709	5	197	1171	3378	2493
装订及其他印刷服务活动	22	272	140	2	7	58	141	64
文教体育用品制造业	8	1352	636	3	16	392	921	20
文化用品制造	3	21	1		1	5	9	6
体育用品制造	3	1317	631	3	12	383	908	11
玩具制造	1	3	1			1	2	
游艺器材及娱乐用品制造	1	11	3		3	3	2	3
石油加工、炼焦及核燃料加工业	101	22976	7635	107	2691	5127	11401	3650
精炼石油产品的制造	84	19905	7211	105	2664	4967	9371	2798
炼焦	17	3071	424	2	27	160	2030	852
化学原料及化学制品制造业	423	26500	8839	93	1431	4710	8417	11849
基础化学原料制造	102	9876	3133	16	343	1361	2709	5447
肥料制造	76	5039	1746	30	275	1087	1598	2049
农药制造	6	97	22		11	14	28	44
涂料、油墨、颜料及类似产品制造	74	1499	485	9	66	350	597	477
合成材料制造	11	3069	1302	10	336	638	697	1388
专用化学产品制造	131	6380	1907	26	375	1147	2541	2291
日用化学产品制造	23	540	244	2	25	113	247	153
医药制造业	72	3417	1509	33	302	766	1352	964
化学药品原药制造	8	500	197		11	121	196	172
化学药品制剂制造	8	1049	561	6	55	192	423	373
中药饮片加工	16	520	178	7	27	71	173	242
中成药制造	20	955	388	15	151	312	357	120
兽用药品制造	7	221	113	3	47	32	117	22
生物、生化制品的制造	6	103	24		6	20	71	6
卫生材料及医药用品制造	7	69	48	2	5	18	15	29
化学纤维制造业	10	1833	605	6	84	224	507	1012
纤维素纤维原料及纤维制造	3	1405	473	5	57	133	271	939
合成纤维制造	7	428	132	1	27	91	236	73
橡胶制品业	40	3118	1188	2	28	192	2537	359
轮胎制造	8	2587	1002	1	18	101	2347	120
橡胶板、管、带的制造	13	260	77	1	7	31	119	102
橡胶零件制造	11	120	40		2	28	42	48
再生橡胶制造	2	48	4			2	6	40
橡胶靴鞋制造	2	64	50			5	12	47
其他橡胶制品制造	4	39	15		1	25	11	2

1-13 续表 9

指标名称	具有技术职称的人员	高级技术职称者	中级技术职称者	初级技术职称者	具有技术等级证书人员	高级技师	技师	高级工	中级工
印刷业和记录媒介的复制	943	92	310	541	1791	100	64	619	1008
印刷	920	87	306	527	1774	98	64	605	1007
装订及其他印刷服务活动	23	5	4	14	17	2		14	1
文教体育用品制造业	264	5	155	104	1				1
文化用品制造	5	2	2	1	1				1
体育用品制造	250		150	100					
玩具制造	1			1					
游艺器材及娱乐用品制造	8	3	3	2					
石油加工、炼焦及核燃料加工业	4671	405	1953	2313	7922	36	232	2498	5156
精炼石油产品的制造	4597	397	1921	2279	7885	33	223	2494	5135
炼焦	74	8	32	34	37	3	9	4	21
化学原料及化学制品制造业	4318	520	1476	2322	3584	61	184	760	2579
基础化学原料制造	1398	147	382	869	1203	15	40	118	1030
肥料制造	923	164	354	405	478	13	32	52	381
农药制造	28	8	8	12	2	1	1		
涂料、油墨、颜料及类似产品制造	289	33	108	148	61	9	17	12	23
合成材料制造	408	24	175	209	526	1	3	88	434
专用化学产品制造	1097	133	409	555	1311	22	90	490	709
日用化学产品制造	175	11	40	124	3		1		2
医药制造业	616	71	209	336	230	12	45	20	153
化学药品原药制造	92	5	33	54	14	1	2	5	6
化学药品制剂制造	182	21	72	89	14		4	2	8
中药饮片加工	53	5	17	31	29	1	17	2	9
中成药制造	213	29	63	121	150	10	21	2	117
兽用药品制造	52	5	16	31	14			4	10
生物、生化制品的制造	15	4	5	6	9		1	5	3
卫生材料及医药用品制造	9	2	3	4					
化学纤维制造业	130	34	35	61	92		5	60	27
纤维素纤维原料及纤维制造	40	24	3	13	4		4		
合成纤维制造	90	10	32	48	88		1	60	27
橡胶制品业	252	20	55	177	2203	1	5	7	2190
轮胎制造	204	17	33	154	2190		3		2187
橡胶板、管、带的制造	20	3	8	9	2		1		1
橡胶零件制造	22		12	10	11	1	1	7	2
再生橡胶制造	3			3					
橡胶靴鞋制造	3		2	1					
其他橡胶制品制造									

1-13 续表 10

指标名称	单位数（个）	就业人员（人）	#女性	研究生及以上学历者	大学本科学历者	大专学历者	高中学历者	初中及以下学历者
塑料制品业	399	23354	9987	49	1712	5038	7954	8601
塑料薄膜制造	79	2396	869		63	312	806	1215
塑料板、管、型材的制造	89	8764	2907	41	687	2953	3565	1518
塑料丝、绳及编织品的制造	72	9676	5241	6	906	1408	2602	4754
泡沫塑料制造	27	472	160	2	19	93	193	165
塑料包装箱及容器制造	35	661	345		9	75	209	368
塑料零件制造	2	58	7			10	44	4
日用塑料制造	81	1161	383		20	155	436	550
其他塑料制品制造	14	166	75		8	32	99	27
非金属矿物制品业	1018	51583	15142	53	1301	5581	17077	27571
水泥、石灰和石膏的制造	96	23339	7922	20	617	3010	9023	10669
水泥及石膏制品制造	235	7048	1607	13	302	1052	2602	3079
砖瓦、石材及其他建筑材料制造	603	16623	3964	11	195	1018	3996	11403
玻璃及玻璃制品制造	40	3007	1076	8	167	344	935	1553
陶瓷制品制造	5	38	10			3	12	23
耐火材料制品制造	25	894	366	1	13	83	318	479
石墨及其他非金属矿物制品制造	14	634	197		7	71	191	365
黑色金属冶炼及压延加工业	83	19419	5316	41	888	3314	10249	4927
炼铁	26	9961	2859	3	424	1707	5720	2107
炼钢	5	1786	438	14	48	120	910	694
钢压延加工	45	6855	1840	24	398	1341	3321	1771
铁合金冶炼	7	817	179		18	146	298	355
有色金属冶炼及压延加工业	33	5479	1369	4	163	779	2255	2278
常用有色金属冶炼	11	3323	953		89	481	1361	1392
贵金属冶炼	16	1685	285	3	55	224	735	668
有色金属合金制造	3	182	54	1	5	21	34	121
有色金属压延加工	3	289	77		14	53	125	97
金属制品业	328	10187	2963	21	345	1261	3985	4575
结构性金属制品制造	182	4200	1004	13	160	746	1595	1686
金属工具制造	18	255	29		4	28	85	138
集装箱及金属包装容器制造	27	1951	848	3	70	232	980	666
金属丝绳及其制品的制造	24	569	228		15	62	233	259
建筑、安全用金属制品制造	35	1891	429	3	34	75	661	1118
金属表面处理及热处理加工	12	333	60	2	17	50	133	131
搪瓷制品制造	1	1				1		
不锈钢及类似日用金属制品制造	9	165	55		1	17	63	84
其他金属制品制造	20	822	310		44	50	235	493

1-13 续表 11

指标名称	具有技术职称的人员	高级技术职称者	中级技术职称者	初级技术职称者	具有技术等级证书人员	高级技师	技师	高级工	中级工
塑料制品业	3848	326	1381	2141	5167	37	136	2372	2622
塑料薄膜制造	233	34	70	129	200	8	4	74	114
塑料板、管、型材的制造	1248	64	307	877	1238	21	63	389	765
塑料丝、绳及编织品的制造	2064	198	922	944	3638	1	36	1896	1705
泡沫塑料制造	63	5	23	35	9	2	5	1	1
塑料包装箱及容器制造	68	5	17	46	21	2	2	6	11
塑料零件制造	7	7							
日用塑料制造	120	11	35	74	34	3	5	6	20
其他塑料制品制造	45	2	7	36	27		21		6
非金属矿物制品业	5520	354	1920	3246	5639	127	511	1902	3099
水泥、石灰和石膏的制造	2830	134	857	1839	3364	24	147	860	2333
水泥及石膏制品制造	971	83	375	513	1237	46	59	859	273
砖瓦、石材及其他建筑材料制造	1045	91	412	542	757	42	247	89	379
玻璃及玻璃制品制造	519	29	238	252	116	10	48	16	42
陶瓷制品制造	9		3	6					
耐火材料制品制造	89	8	20	61	138	1	2	73	62
石墨及其他非金属矿物制品制造	57	9	15	33	27	4	8	5	10
黑色金属冶炼及压延加工业	2755	159	621	1975	1961	21	98	601	1241
炼铁	1226	57	280	889	1437	1	52	475	909
炼钢	200	19	49	132	192	12	20	29	131
钢压延加工	1250	79	272	899	242	8	26	97	111
铁合金冶炼	79	4	20	55	90				90
有色金属冶炼及压延加工业	711	62	278	371	422	17	35	62	308
常用有色金属冶炼	308	18	131	159	100	3	6	10	81
贵金属冶炼	321	22	121	178	306	10	24	50	222
有色金属合金制造	26	2	9	15	11		4	2	5
有色金属压延加工	56	20	17	19	5	4	1		
金属制品业	1173	84	441	648	1222	23	96	229	874
结构性金属制品制造	573	47	217	309	416	17	57	79	263
金属工具制造	18	1	7	10	36	1	1	4	30
集装箱及金属包装容器制造	246	12	95	139	413	2	13	64	334
金属丝绳及其制品的制造	44	1	12	31	61	1	4	1	55
建筑、安全用金属制品制造	153	12	60	81	268	1	9	77	181
金属表面处理及热处理加工	65	9	26	30	8	1	3	2	2
搪瓷制品制造									
不锈钢及类似日用金属制品制造	15		5	10	17		7	1	9
其他金属制品制造	59	2	19	38	3		2	1	

1-13 续表 12

指标名称	单位数（个）	就业人员（人）	#女性	研究生及以上学历者	大学本科学历者	大专学历者	高中学历者	初中及以下学历者
通用设备制造业	240	9914	2549	26	355	1322	3573	4638
锅炉及原动机制造	52	1631	460	3	62	296	626	644
金属加工机械制造	5	377	124		33	50	167	127
起重运输设备制造	13	669	155	5	40	119	260	245
泵、阀门、压缩机及类似机械的制造	10	682	224	5	27	54	126	470
轴承、齿轮、传动和驱动部件的制造	6	396	145	1	14	48	223	110
烘炉、熔炉及电炉制造	1	8	8			1	1	6
风机、衡器、包装设备等通用设备制造	17	528	130	3	37	128	227	133
通用零部件制造及机械修理	94	4713	1112	8	121	535	1722	2327
金属铸、锻加工	42	910	191	1	21	91	221	576
专用设备制造业	144	6979	2059	11	295	1149	2146	3378
矿山、冶金、建筑专用设备制造	27	1796	452	6	127	363	587	713
化工、木材、非金属加工专用设备制造	8	113	27		6	13	43	51
食品、饮料、烟草及饲料生产专用设备制造	15	265	53		10	21	108	126
印刷、制药、日化生产专用设备制造	2	22	11			8	14	
纺织、服装和皮革工业专用设备制造	5	58	17			7	22	29
电子和电工机械专用设备制造	3	33	9		10	5	18	
农、林、牧、渔专用机械制造	67	4282	1294	1	112	655	1219	2295
医疗仪器设备及器械制造	2	163	120		3	19	27	114
环保、社会公共安全及其他专用设备制造	15	247	76	4	27	58	108	50
交通运输设备制造业	162	8583	2126	16	298	1055	4438	2776
铁路运输设备制造	10	2672	423		39	144	1859	630
汽车制造	145	5693	1665	14	256	890	2525	2008
摩托车制造	1	1				1		
交通器材及其他交通运输设备制造	6	217	38	2	3	20	54	138
电气机械及器材制造业	139	6567	2042	194	1144	1759	1976	1494
电机制造	3	291	58	6	67	60	89	69
输配电及控制设备制造	74	4249	1319	171	952	1196	1201	729
电线、电缆、光缆及电工器材制造	31	873	268	4	32	251	279	307
电池制造	6	848	314	10	73	184	301	280
家用电力器具制造	2	10	5			5	1	4
非电力家用器具制造	6	132	27	3	12	28	24	65
照明器具制造	14	130	42		5	22	69	34
其他电气机械及器材制造	3	34	9		3	13	12	6
通信设备、计算机及其他电子设备制造业	7	2457	595	9	190	501	1232	525
电子计算机制造	2	33	5		8	16	9	
电子器件制造	3	98	71	1	12	19	36	30
电子元件制造	2	2326	519	8	170	466	1187	495
仪器仪表及文化、办公用机械制造业	19	704	308	1	46	177	196	284
通用仪器仪表制造	13	398	206	1	30	95	87	185
专用仪器仪表制造	2	229	76		10	53	82	84
其他仪器仪表的制造及修理	4	77	26		6	29	27	15

1-13 续表 13

指标名称	具有技术职称的人员	高级技术职称者	中级技术职称者	初级技术职称者	具有技术等级证书人员	高级技师	技师	高级工	中级工
通用设备制造业	1379	129	516	734	1705	38	94	247	1326
锅炉及原动机制造	245	16	107	122	214	3	12	16	183
金属加工机械制造	54	4	19	31	162	5	9	46	102
起重运输设备制造	147	15	81	51	161	2	3	20	136
泵、阀门、压缩机及类似机械的制造	93	8	27	58	46	4	6	6	30
轴承、齿轮、传动和驱动部件的制造	65	7	26	32	15		1	3	11
烘炉、熔炉及电炉制造	1			1	3				3
风机、衡器、包装设备等通用设备制造	101	12	42	47	93		8	26	59
通用零部件制造及机械修理	572	51	176	345	968	18	51	123	776
金属铸、锻加工	101	16	38	47	43	6	4	7	26
专用设备制造业	1263	139	507	617	1675	15	88	558	1014
矿山、冶金、建筑专用设备制造	378	45	161	172	483	10	23	280	170
化工、木材、非金属加工专用设备制造	10	4	2	4	7			4	3
食品、饮料、烟草及饲料生产专用设备制造	42	4	21	17	18		1	2	15
印刷、制药、日化生产专用设备制造	4	2	2						
纺织、服装和皮革工业专用设备制造	15	5		10	5				5
电子和电工机械专用设备制造	5		3	2	6		1		5
农、林、牧、渔专用机械制造	739	70	296	373	1086	5	52	254	775
医疗仪器设备及器械制造	9	1	2	6	20		6	3	11
环保、社会公共安全及其他专用设备制造	61	8	20	33	50		5	15	30
交通运输设备制造业	1809	176	589	1044	2045	31	199	569	1246
铁路运输设备制造	147	7	51	89	297		19	13	265
汽车制造	1648	166	532	950	1745	31	180	555	979
摩托车制造									
交通器材及其他交通运输设备制造	14	3	6	5	3			1	2
电气机械及器材制造业	2672	348	974	1350	806	218	46	171	371
电机制造	83	15	44	24	9	1	2	4	2
输配电及控制设备制造	2192	283	810	1099	487	205	25	95	162
电线、电缆、光缆及电工器材制造	184	20	55	109	58	8	7	25	18
电池制造	155	18	39	98	216	1	9	30	176
家用电力器具制造					1		1		
非电力家用器具制造	29	9	12	8	19	3		13	3
照明器具制造	16	1	6	9	8		2		6
其他电气机械及器材制造	13	2	8	3	8			4	4
通信设备、计算机及其他电子设备制造业	253	30	69	154	53		44	1	8
电子计算机制造	8	2	3	3					
电子器件制造	13	7	3	3	9			1	8
电子元件制造	232	21	63	148	44		44		
仪器仪表及文化、办公用机械制造业	126	20	46	60	97	1	1	10	85
通用仪器仪表制造	72	16	28	28	19			3	16
专用仪器仪表制造	49	4	13	32	51	1	1	7	42
其他仪器仪表的制造及修理	5		5		27				27

1-13 续表 14

指标名称	单位数（个）	就业人员（人）	#女性	研究生及以上学历者	大学本科学历者	大专学历者	高中学历者	初中及以下学历者
工艺品及其他制造业	50	996	623		9	71	267	649
工艺美术品制造	41	892	586		7	62	240	583
日用杂品制造	3	60	22		2	4	9	45
煤制品制造	2	17	5			4	10	3
其他未列明的制造业	4	27	10			1	8	18
废弃资源和废旧材料回收加工业	28	405	142	1	8	53	134	209
金属废料和碎屑的加工处理	6	187	88	1	3	25	75	83
非金属废料和碎屑的加工处理	22	218	54		5	28	59	126
电力、燃气及水的生产和供应业	383	56070	20096	41	2723	13539	23483	16284
电力、热力的生产和供应业	257	48419	17134	34	2394	11631	20307	14053
电力生产	101	21158	7721	17	1056	5464	9418	5203
电力供应	29	18764	6941	10	1076	4690	7290	5698
热力生产和供应	127	8497	2472	7	262	1477	3599	3152
燃气生产和供应业	19	1662	615	3	107	489	754	309
燃气生产和供应业	19	1662	615	3	107	489	754	309
水的生产和供应业	107	5989	2347	4	222	1419	2422	1922
自来水的生产和供应	102	5759	2270	4	212	1335	2320	1888
污水处理及其再生利用	5	230	77		10	84	102	34
建筑业	1267	201485	39732	351	10531	37348	61464	91791
房屋和土木工程建筑业	646	171250	32737	279	8278	30067	51163	81463
房屋工程建筑	366	115148	23173	174	5036	20828	32939	56171
土木工程建筑	280	56102	9564	105	3242	9239	18224	25292
建筑安装业	242	20708	5241	43	1517	5009	7683	6456
建筑安装业	242	20708	5241	43	1517	5009	7683	6456
建筑装饰业	272	4641	1198	19	520	1633	1314	1155
建筑装饰业	272	4641	1198	19	520	1633	1314	1155
其他建筑业	107	4886	556	10	216	639	1304	2717
工程准备	34	1780	180	3	83	185	618	891
提供施工设备服务	9	230	52	1	18	91	94	26
其他未列明的建筑活动	64	2876	324	6	115	363	592	1800
交通运输、仓储和邮政业	980	114149	34920	90	4368	17767	56832	35092
铁路运输业	4	37437	9165	6	1633	5851	21592	8355
铁路货物运输	4	37437	9165	6	1633	5851	21592	8355
道路运输业	621	32655	8817	44	723	4445	14717	12726
公路旅客运输	151	9937	2838	9	206	1314	4284	4124
道路货物运输	410	19183	4570	33	474	2514	8822	7340
道路运输辅助活动	60	3535	1409	2	43	617	1611	1262

1-13 续表 15

指标名称	具有技术职称的人员	高级技术职称者	中级技术职称者	初级技术职称者	具有技术等级证书人员	高级技师	技师	高级工	中级工
工艺品及其他制造业	53	1	14	38	16	3	2	3	8
工艺美术品制造	46	1	14	31	9	1	1	2	5
日用杂品制造	6			6	1	1			
煤制品制造	1			1	2	1		1	
其他未列明的制造业					4		1		3
废弃资源和废旧材料回收加工业	54	7	23	24	14	1	4	2	7
金属废料和碎屑的加工处理	25	1	8	16					
非金属废料和碎屑的加工处理	29	6	15	8	14	1	4	2	7
电力、燃气及水的生产和供应业	12399	710	3126	8563	15881	105	1049	5998	8729
电力、热力的生产和供应业	10755	592	2649	7514	15266	101	1033	5747	8385
电力生产	4675	250	1237	3188	7862	19	659	2985	4199
电力供应	4605	252	1018	3335	5771	27	310	2190	3244
热力生产和供应	1475	90	394	991	1633	55	64	572	942
燃气生产和供应业	380	36	155	189	73		4	54	15
燃气生产和供应业	380	36	155	189	73		4	54	15
水的生产和供应业	1264	82	322	860	542	4	12	197	329
自来水的生产和供应	1226	81	312	833	525	4	12	194	315
污水处理及其再生利用	38	1	10	27	17			3	14
建筑业	49413	2727	16525	30161	33530	741	2317	9584	20888
房屋和土木工程建筑业	41301	2066	13462	25773	27184	586	1562	7752	17284
房屋工程建筑	29136	1248	9411	18477	17243	456	988	3812	11987
土木工程建筑	12165	818	4051	7296	9941	130	574	3940	5297
建筑安装业	5725	411	2138	3176	5121	100	592	1575	2854
建筑安装业	5725	411	2138	3176	5121	100	592	1575	2854
建筑装饰业	1602	151	609	842	499	47	115	126	211
建筑装饰业	1602	151	609	842	499	47	115	126	211
其他建筑业	785	99	316	370	726	8	48	131	539
工程准备	277	30	146	101	237	1	13	66	157
提供施工设备服务	75	25	27	23	65		1	1	63
其他未列明的建筑活动	433	44	143	246	424	7	34	64	319
交通运输、仓储和邮政业	16213	1036	5477	9700	26061	53	485	9423	16100
铁路运输业	6630	441	2760	3429	8644		183	2298	6163
铁路货物运输	6630	441	2760	3429	8644		183	2298	6163
道路运输业	4986	295	1356	3335	9128	35	198	3803	5092
公路旅客运输	1255	128	366	761	2663	23	57	1425	1158
道路货物运输	3408	136	872	2400	6015	9	138	2089	3779
道路运输辅助活动	323	31	118	174	450	3	3	289	155

1-13 续表 16

指标名称	单位数（个）	就业人员（人）	#女性	研究生及以上学历者	大学本科学历者	大专学历者	高中学历者	初中及以下学历者
城市公共交通业	89	17949	7487	8	192	1357	8925	7467
公共电汽车客运	35	14911	6818	8	150	1144	7396	6213
轨道交通	2	28	6		5	6	17	
出租车客运	44	1930	377		21	103	1277	529
其他城市公共交通	8	1080	286		16	104	235	725
航空运输业	11	4799	1645	18	847	1888	1475	571
航空客货运输	1	2429	909	14	606	1037	641	131
通用航空服务	6	234	47		18	122	61	33
航空运输辅助活动	4	2136	689	4	223	729	773	407
管道运输业	2	603	144	3	93	161	213	133
管道运输业	2	603	144	3	93	161	213	133
装卸搬运和其他运输服务业	135	3857	1151	1	77	373	1143	2263
装卸搬运	34	1793	546		10	62	232	1489
运输代理服务	101	2064	605	1	67	311	911	774
仓储业	98	3501	934	2	152	871	1137	1339
谷物、棉花等农产品仓储	36	1273	475	1	74	494	476	228
其他仓储	62	2228	459	1	78	377	661	1111
邮政业	20	13348	5577	8	651	2821	7630	2238
国家邮政	17	13143	5507	7	648	2765	7491	2232
其他寄递服务	3	205	70	1	3	56	139	6
信息传输、计算机服务和软件业	1029	26184	11832	299	3619	9811	10043	2412
电信和其他信息传输服务业	99	20588	9573	232	2724	7830	7700	2102
电信	18	19126	9043	219	2448	7171	7284	2004
互联网信息服务	64	581	230	11	106	316	109	39
广播电视传输服务	17	881	300	2	170	343	307	59
计算机服务业	828	4275	1783	20	427	1319	2214	295
计算机系统服务	36	1999	943	4	230	572	1177	16
数据处理	2	13	2		9	3	1	
计算机维修	21	169	57	1	34	93	38	3
其他计算机服务	769	2094	781	15	154	651	998	276
软件业	102	1321	476	47	468	662	129	15
公共软件服务	69	1061	368	34	395	530	93	9
其他软件服务	33	260	108	13	73	132	36	6
批发和零售业	11825	169385	74416	749	11838	53617	69105	34076
批发业	7185	102987	39312	535	8019	32609	40238	21586
农畜产品批发	651	28792	9572	86	1442	6256	11009	9999
食品、饮料及烟草制品批发	495	10151	4058	50	741	3377	4025	1958
纺织、服装及日用品批发	338	3772	1935	14	318	1283	1780	377
文化、体育用品及器材批发	169	2222	1163	7	207	804	1020	184
医药及医疗器材批发	192	3319	1538	28	358	1557	1079	297
矿产品、建材及化工产品批发	2432	27140	10366	156	2192	8874	10905	5013
机械设备、五金交电及电子产品批发	2522	23297	9167	153	2310	8950	8975	2909
贸易经纪与代理	64	687	303	8	118	297	205	59
其他批发	322	3607	1210	33	333	1211	1240	790

1-13 续表 17

指标名称	具有技术职称的人员	高级技术职称者	中级技术职称者	初级技术职称者	具有技术等级证书人员	高级技师	技师	高级工	中级工
城市公共交通业	1010	38	284	688	3367		42	788	2537
公共电汽车客运	846	35	243	568	3202		39	755	2408
轨道交通	1		1						
出租车客运	137	3	38	96	51		3	14	34
其他城市公共交通	26		2	24	114			19	95
航空运输业	1020	51	449	520	411	1	17	267	126
航空客货运输	611	27	256	328	410	1	17	266	126
通用航空服务	69	7	22	40	1			1	
航空运输辅助活动	340	17	171	152					
管道运输业	268	116	48	104	6	3	3		
管道运输业	268	116	48	104	6	3	3		
装卸搬运和其他运输服务业	165	8	65	92	40	1	5	20	14
装卸搬运	12	1	1	10	7				7
运输代理服务	153	7	64	82	33	1	5	20	7
仓储业	606	23	164	419	198	13	5	101	79
谷物、棉花等农产品仓储	358	13	78	267	106	3	1	67	35
其他仓储	248	10	86	152	92	10	4	34	44
邮政业	1528	64	351	1113	4267		32	2146	2089
国家邮政	1526	64	350	1112	4267		32	2146	2089
其他寄递服务	2		1	1					
信息传输、计算机服务和软件业	7761	473	1872	5416	2176	25	47	266	1838
电信和其他信息传输服务业	6274	347	1409	4518	2085	3	28	252	1802
电信	5882	312	1287	4283	2062	2	26	239	1795
互联网信息服务	143	17	46	80	7	1	1	3	2
广播电视传输服务	249	18	76	155	16		1	10	5
计算机服务业	1171	74	324	773	59	16	12	7	24
计算机系统服务	859	25	218	616					
数据处理	4		4		3		2	1	
计算机维修	61	4	14	43	18			3	15
其他计算机服务	247	45	88	114	38	16	10	3	9
软件业	316	52	139	125	32	6	7	7	12
公共软件服务	259	43	111	105	22	4	4	3	11
其他软件服务	57	9	28	20	10	2	3	4	1
批发和零售业	29504	2083	9938	17483	7433	480	905	1864	4184
批发业	20156	1445	6826	11885	3860	305	577	1058	1920
农畜产品批发	5023	286	1333	3404	807	91	165	199	352
食品、饮料及烟草制品批发	2047	106	571	1370	357	9	43	112	193
纺织、服装及日用品批发	719	32	312	375	49	11	14	14	10
文化、体育用品及器材批发	432	65	191	176	38	7	4	3	24
医药及医疗器材批发	1023	68	284	671	92	27	26	11	28
矿产品、建材及化工产品批发	5528	351	1927	3250	1333	31	136	393	773
机械设备、五金交电及电子产品批发	4588	457	1867	2264	1119	120	177	303	519
贸易经纪与代理	205	23	89	93	9	3	1	2	3
其他批发	591	57	252	282	56	6	11	21	18

1-13 续表 18

指标名称	单位数（个）	就业人员（人）	#女性	研究生及以上学历者	大学本科学历者	大专学历者	高中学历者	初中及以下学历者
零售业	4640	66398	35104	214	3819	21008	28867	12490
综合零售	389	16974	11193	39	577	3977	8722	3659
食品、饮料及烟草制品专门零售	244	3122	1331	10	119	693	1427	873
纺织、服装及日用品专门零售	343	4764	3142	18	335	1215	2518	678
文化、体育用品及器材专门零售	397	4392	2536	26	261	1606	1950	549
医药及医疗器材专门零售	206	4545	2859	10	336	1989	1659	551
汽车、摩托车、燃料及零配件专门零售	860	13911	5436	26	706	3650	5951	3578
家用电器及电子产品专门零售	1065	10050	5028	64	949	5388	2906	743
五金、家具及室内装修材料专门零售	722	4812	2093	4	282	1331	2126	1069
无店铺及其他零售	414	3828	1486	17	254	1159	1608	790
住宿和餐饮业	931	45476	26357	72	1294	7747	20069	16294
住宿业	595	33769	19939	47	987	6232	15350	11153
旅游饭店	239	25178	14560	35	752	4751	11796	7844
一般旅馆	315	7950	4954	10	206	1408	3271	3055
其他住宿服务	41	641	425	2	29	73	283	254
餐饮业	336	11707	6418	25	307	1515	4719	5141
正餐服务	268	9883	5455	11	235	1214	4078	4345
快餐服务	38	1114	585	1	44	167	418	484
饮料及冷饮服务	7	79	42		1	7	27	44
其他餐饮服务	23	631	336	13	27	127	196	268
金融业	363	54217	27357	496	8655	24998	17052	3016
银行业	203	36265	16492	188	6692	18101	9111	2173
商业银行	184	34352	15669	174	6276	17357	8508	2037
其他银行	19	1913	823	14	416	744	603	136
证券业	8	1324	659	205	457	578	73	11
证券经纪与交易	4	1198	615	193	415	520	66	4
证券投资	4	126	44	12	42	58	7	7
保险业	103	16158	9996	80	1390	6081	7779	828
人寿保险	36	9613	6593	21	536	2636	5816	604
非人寿保险	55	6085	3188	54	802	3259	1747	223
保险辅助服务	12	460	215	5	52	186	216	1
其他金融活动	49	470	210	23	116	238	89	4
金融信托与管理	4	60	27	4	26	23	7	
金融租赁	1	67	23	8	30	20	9	
典当	25	231	120	6	28	140	55	2
其他未列明的金融活动	19	112	40	5	32	55	18	2

1-13 续表 19

指标名称	具有技术职称的人员	高级技术职称者	中级技术职称者	初级技术职称者	具有技术等级证书人员	高级技师	技师	高级工	中级工
零售业	9348	638	3112	5598	3573	175	328	806	2264
综合零售	1864	74	555	1235	1733	8	35	462	1228
食品、饮料及烟草制品专门零售	414	40	127	247	88	14	22	15	37
纺织、服装及日用品专门零售	623	48	319	256	108	12	15	23	58
文化、体育用品及器材专门零售	739	33	238	468	173	9	9	16	139
医药及医疗器材专门零售	1626	50	348	1228	118	39	34	18	27
汽车、摩托车、燃料及零配件专门零售	1843	153	661	1029	896	33	105	210	548
家用电器及电子产品专门零售	1105	122	454	529	211	29	68	24	90
五金、家具及室内装修材料专门零售	603	42	209	352	102	18	30	12	42
无店铺及其他零售	531	76	201	254	144	13	10	26	95
住宿和餐饮业	4075	260	1322	2493	3417	282	462	769	1904
住宿业	3228	184	994	2050	2882	213	352	670	1647
旅游饭店	2551	132	760	1659	2236	196	282	474	1284
一般旅馆	645	52	227	366	588	17	67	186	318
其他住宿服务	32		7	25	58		3	10	45
餐饮业	847	76	328	443	535	69	110	99	257
正餐服务	752	69	288	395	424	62	103	86	173
快餐服务	79	6	29	44	105	5	6	12	82
饮料及冷饮服务					2		1		1
其他餐饮服务	16	1	11	4	4	2		1	1
金融业	20770	686	5782	14302	915	128	226	381	180
银行业	18242	489	4824	12929	791	89	205	340	157
商业银行	17296	424	4545	12327	762	83	191	335	153
其他银行	946	65	279	602	29	6	14	5	4
证券业	653	84	356	213	31	1	7	23	
证券经纪与交易	612	78	333	201	23	1	7	15	
证券投资	41	6	23	12	8			8	
保险业	1714	89	514	1111	88	38	14	16	20
人寿保险	486	37	167	282	17	3	3	3	8
非人寿保险	1164	50	336	778	71	35	11	13	12
保险辅助服务	64	2	11	51					
其他金融活动	161	24	88	49	5			2	3
金融信托与管理	39	9	26	4	1			1	
金融租赁	39	3	25	11					
典当	58	8	28	22	2				2
其他未列明的金融活动	25	4	9	12	2			1	1

1-13 续表 20

指标名称	单位数（个）	就业人员（人）	#女性	研究生及以上学历者	大学本科学历者	大专学历者	高中学历者	初中及以下学历者
房地产业	1582	40319	16272	202	3385	12721	15237	8774
房地产业	1582	40319	16272	202	3385	12721	15237	8774
房地产开发经营	709	15434	5983	139	2156	6737	4763	1639
物业管理	428	17220	7030	26	597	3715	7316	5566
房地产中介服务	174	2307	1155	19	322	868	793	305
其他房地产活动	271	5358	2104	18	310	1401	2365	1264
租赁和商务服务业	2079	72608	28105	534	7007	16803	27323	20941
租赁业	164	2332	756	2	226	592	878	634
机械设备租赁	158	2118	613	1	221	527	800	569
文化及日用品出租	6	214	143	1	5	65	78	65
商务服务业	1915	70276	27349	532	6781	16211	26445	20307
企业管理服务	289	39184	15587	158	2431	6487	16754	13354
法律服务	100	1194	386	84	655	416	37	2
咨询与调查	333	4324	2230	68	1223	2400	549	84
广告业	456	4416	2074	40	504	2271	1219	382
知识产权服务	25	133	67	11	49	50	17	6
职业中介服务	91	6037	2557	52	906	1048	1873	2158
市场管理	100	1828	808	2	72	499	654	601
旅行社	222	3099	1623	90	333	1453	842	381
其他商务服务	299	10061	2017	27	608	1587	4500	3339
科学研究、技术服务和地质勘查业	699	18564	5444	312	6110	7270	3638	1234
研究与试验发展	47	743	199	28	368	265	56	26
自然科学研究与试验发展	7	147	31	3	54	76	11	3
工程和技术研究与试验发展	14	313	83	8	170	102	25	8
农业科学研究与试验发展	19	257	73	10	138	78	16	15
医学研究与试验发展	6	23	9	4	6	9	4	
社会人文科学研究与试验发展	1	3	3	3				
专业技术服务业	525	15194	4590	195	4992	6315	2793	899
气象服务	11	194	79	2	22	87	66	17
测绘服务	27	384	132	1	51	159	154	19
技术检测	80	1685	572	8	232	746	526	173
环境监测	1	4			2	2		
工程技术与规划管理	306	10994	3139	148	4322	4712	1379	433
其他专业技术服务	100	1933	668	36	363	609	668	257

1-13 续表 21

指标名称	具有技术职称的人员	高级技术职称者	中级技术职称者	初级技术职称者	具有技术等级证书人员	高级技师	技师	高级工	中级工
房地产业	10708	1037	4755	4916	1832	115	259	476	982
房地产业	10708	1037	4755	4916	1832	115	259	476	982
房地产开发经营	6323	696	2892	2735	606	63	139	124	280
物业管理	2690	194	1124	1372	1014	44	104	280	586
房地产中介服务	635	84	334	217	63	3		11	49
其他房地产活动	1060	63	405	592	149	5	16	61	67
租赁和商务服务业	13006	1433	5057	6516	4457	176	341	1047	2893
租赁业	443	18	200	225	332	6	11	111	204
机械设备租赁	434	18	194	222	194	6	11	71	106
文化及日用品出租	9		6	3	138			40	98
商务服务业	12563	1415	4857	6291	4125	170	330	936	2689
企业管理服务	7334	651	2449	4234	3491	64	228	806	2393
法律服务	255	36	105	114					
咨询与调查	2201	452	1222	527	92	19	34	24	15
广告业	764	64	292	408	102	17	31	29	25
知识产权服务	34	11	14	9	3				3
职业中介服务	303	55	137	111	189	13	7	7	162
市场管理	199	10	72	117	33	1	3	16	13
旅行社	576	34	217	325	65	39	11	7	8
其他商务服务	897	102	349	446	150	17	16	47	70
科学研究、技术服务和地质勘查业	11117	2396	4865	3856	1531	45	101	705	680
研究与试验发展	512	113	171	228	37	6	6	17	8
自然科学研究与试验发展	114	34	54	26					
工程和技术研究与试验发展	230	66	71	93	11	6	3	1	1
农业科学研究与试验发展	154	9	39	106	25		2	16	7
医学研究与试验发展	11	1	7	3	1		1		
社会人文科学研究与试验发展	3	3							
专业技术服务业	9680	2032	4305	3343	1091	33	74	451	533
气象服务	104	3	45	56					
测绘服务	205	33	70	102	17	4	1	2	10
技术检测	477	49	191	237	139	2	13	66	58
环境监测									
工程技术与规划管理	8155	1785	3707	2663	666	11	41	301	313
其他专业技术服务	739	162	292	285	269	16	19	82	152

1-13 续表 22

指标名称	单位数（个）	就业人员（人）	#女性	研究生及以上学历者	大学本科学历者	大专学历者	高中学历者	初中及以下学历者
科技交流和推广服务业	96	1401	362	44	290	444	524	99
技术推广服务	56	897	196	24	181	266	372	54
科技中介服务	18	184	55	3	32	53	75	21
其他科技服务	22	320	111	17	77	125	77	24
地质勘查业	31	1226	293	45	460	246	265	210
矿产地质勘查	14	550	113	8	151	104	180	107
基础地质勘查	3	237	25	3	60	45	32	97
地质勘查技术服务	14	439	155	34	249	97	53	6
水利、环境和公共设施管理业	135	3218	1208	16	315	796	989	1102
水利管理业	22	818	231	10	80	235	232	261
防洪管理	1	36	6		14	18	2	2
水资源管理	17	716	215	8	59	192	209	248
其他水利管理	4	66	10	2	7	25	21	11
环境管理业	24	702	325	3	29	146	124	400
自然保护	4	141	41	2	7	54	39	39
环境治理	20	561	284	1	22	92	85	361
公共设施管理业	89	1698	652	3	206	415	633	441
市政公共设施管理	18	432	121		114	116	135	67
城市绿化管理	28	496	218	1	46	105	183	161
游览景区管理	43	770	313	2	46	194	315	213
居民服务和其他服务业	666	9251	3887	25	397	1983	3738	3108
居民服务业	281	4533	2546	15	208	1027	1637	1646
家庭服务	35	363	239	2	24	77	111	149
托儿所	1	18	5			12	6	
洗染服务	20	241	179	2	3	19	121	96
理发及美容保健服务	41	297	258	3	27	74	123	70
洗浴服务	42	1190	671	3	39	146	453	549
婚姻服务	19	45	29		1	23	18	3
殡葬服务	8	99	33		12	20	58	9
摄影扩印服务	40	484	298		36	159	250	39
其他居民服务	75	1796	834	5	66	497	497	731
其他服务业	385	4718	1341	10	189	956	2101	1462
修理与维护	245	2999	651	7	111	565	1428	888
清洁服务	37	575	246	1	14	64	217	279
其他未列明的服务	103	1144	444	2	64	327	456	295
教育	156	3599	1669	29	511	935	1364	760
教育	156	3599	1669	29	511	935	1364	760
学前教育	22	311	260		21	110	153	27
初等教育	5	89	66		2	46	39	2
中等教育	6	352	218	4	55	102	117	74
其他教育	123	2847	1125	25	433	677	1055	657

1-13 续表 23

指标名称	具有技术职称的人员	高级技术职称者	中级技术职称者	初级技术职称者	具有技术等级证书人员	高级技师	技师	高级工	中级工
科技交流和推广服务业	498	92	227	179	138	5	17	63	53
技术推广服务	308	54	129	125	110	5	14	44	47
科技中介服务	75	11	44	20	26		3	19	4
其他科技服务	115	27	54	34	2				2
地质勘查业	427	159	162	106	265	1	4	174	86
矿产地质勘查	239	99	81	59	176		4	110	62
基础地质勘查	124	30	70	24	76			56	20
地质勘查技术服务	64	30	11	23	13	1		8	4
水利、环境和公共设施管理业	644	93	241	310	446	11	37	164	234
水利管理业	211	24	79	108	277		6	104	167
防洪管理	29	2	18	9	7				7
水资源管理	152	14	49	89	270		6	104	160
其他水利管理	30	8	12	10					
环境管理业	91	11	27	53	40	4	13	14	9
自然保护	35	5	14	16	28	4	12	9	3
环境治理	56	6	13	37	12		1	5	6
公共设施管理业	342	58	135	149	129	7	18	46	58
市政公共设施管理	173	43	70	60	37		6	23	8
城市绿化管理	132	11	54	67	44	7	8	18	11
游览景区管理	37	4	11	22	48		4	5	39
居民服务和其他服务业	1450	192	647	611	1208	82	247	274	605
居民服务业	544	85	223	236	357	27	122	80	128
家庭服务	30	1	10	19	15	1		8	6
托儿所	1	1			1	1			
洗染服务	11		5	6					
理发及美容保健服务	77	9	40	28	72	8	34	17	13
洗浴服务	92	19	32	41	68	3	63		2
婚姻服务	7		3	4					
殡葬服务	31	3	18	10	11	2	3	4	2
摄影扩印服务	106	24	46	36	71	6	10	33	22
其他居民服务	189	28	69	92	119	6	12	18	83
其他服务业	906	107	424	375	851	55	125	194	477
修理与维护	690	88	350	252	769	54	112	180	423
清洁服务	61	4	14	43	21		11	8	2
其他未列明的服务	155	15	60	80	61	1	2	6	52
教育	822	116	433	273	460	16	24	215	205
教育	822	116	433	273	460	16	24	215	205
学前教育	95	1	29	65	9			1	8
初等教育	5		5						
中等教育	139	17	75	47	13		1	2	10
其他教育	583	98	324	161	438	16	23	212	187

1-13 续表 24

指标名称	单位数（个）	就业人员（人）	#女性	研究生及以上学历者	大学本科学历者	大专学历者	高中学历者	初中及以下学历者
卫生、社会保障和社会福利业	157	4386	2990	28	732	1545	1491	590
卫生	145	4212	2906	27	729	1533	1441	482
医院	93	3449	2369	22	575	1229	1202	421
卫生院及社区医疗活动	16	238	179	1	38	81	101	17
门诊部医疗活动	22	207	145	4	65	90	34	14
计划生育技术服务活动	2	7	5			4	2	1
专科疾病防治活动	2	20	14		2	11	5	2
疾病预防控制及防疫活动	3	197	140		30	75	82	10
其他卫生活动	7	94	54		19	43	15	17
社会福利业	12	174	84	1	3	12	50	108
提供住宿的社会福利	7	111	69	1		7	27	76
不提供住宿的社会福利	5	63	15		3	5	23	32
文化、体育和娱乐业	203	3918	1739	7	441	1153	1489	828
新闻出版业	10	1232	621	3	335	547	310	37
新闻业	2	38	26		12	21	5	
出版业	8	1194	595	3	323	526	305	37
广播、电视、电影和音像业	71	975	403		34	255	418	268
广播	3	55	17			19	13	23
电视	11	125	45		5	63	51	6
电影	56	791	340		28	171	353	239
音像制作	1	4	1		1	2	1	
文化艺术业	13	92	48	2	6	38	41	5
文艺创作与表演	2	10	7	2	1	4	2	1
艺术表演场馆	3	22	14		1	6	11	4
群众文化活动	1	2				2		
文化艺术经纪代理	5	50	22		4	23	23	
其他文化艺术	2	8	5			3	5	
体育	3	16	10		1		15	
体育场馆	3	16	10		1		15	
娱乐业	106	1603	657	2	65	313	705	518
室内娱乐活动	68	887	372		41	179	385	282
游乐园	9	195	99		7	32	87	69
休闲健身娱乐活动	13	230	80	1	9	43	96	81
其他娱乐活动	16	291	106	1	8	59	137	86

1-13 续表 25

指标名称	具有技术职称的人员	高级技术职称者	中级技术职称者	初级技术职称者	具有技术等级证书人员	高级技师	技师	高级工	中级工
卫生、社会保障和社会福利业	2087	267	736	1084	130	36	67	6	21
卫生	2082	265	734	1083	123	36	61	6	20
医院	1658	228	558	872	109	34	54	4	17
卫生院及社区医疗活动	156	5	52	99	9	1	4	1	3
门诊部医疗活动	86	17	38	31	2		2		
计划生育技术服务活动	1		1						
专科疾病防治活动	20	3	4	13	1	1			
疾病预防控制及防疫活动	149	12	73	64	2		1	1	
其他卫生活动	12		8	4					
社会福利业	5	2	2	1	7		6		1
提供住宿的社会福利	5	2	2	1	2		1		1
不提供住宿的社会福利					5		5		
文化、体育和娱乐业	711	122	324	265	161	9	28	48	76
新闻出版业	350	92	214	44	4			3	1
新闻业	28	6	13	9					
出版业	322	86	201	35	4			3	1
广播、电视、电影和音像业	231	17	75	139	109	4	21	29	55
广播	14		2	12	4				4
电视	24	7	4	13	19			9	10
电影	193	10	69	114	86	4	21	20	41
音像制作									
文化艺术业	16	2	3	11	2		2		
文艺创作与表演	3	1	2						
艺术表演场馆	3			3					
群众文化活动									
文化艺术经纪代理	10	1	1	8	2		2		
其他文化艺术									
体育									
体育场馆									
娱乐业	114	11	32	71	46	5	5	16	20
室内娱乐活动	48	6	14	28	17	5	3	4	5
游乐园	36	1	9	26	21			7	14
休闲健身娱乐活动	16	4	3	9	5		1	3	1
其他娱乐活动	14		6	8	3		1	2	

1-14 事业法人单位从业人员构成情况

指标名称	单位数（个）	就业人员（人）	#女性	研究生及以上学历者	大学本科学历者	大专学历者	高中学历者	初中及以下学历者
总计	**10675**	**565476**	**300606**	**5069**	**114103**	**230993**	**151799**	**63512**
按开业时间划分								
1949年以前	427	50502	30204	1037	12237	18797	14646	3785
1950-1952年	237	34358	18748	606	7419	13665	9970	2698
1953-1957年	838	72051	39097	547	15696	26556	20137	9115
1958-1962年	990	72523	38829	399	13386	29270	18821	10647
1963-1965年	357	20569	11290	58	3566	8958	5254	2733
1966-1970年	341	20754	11508	53	3819	10038	5389	1455
1971-1975年	696	43466	23478	118	7593	18604	12319	4832
1976-1980年	1008	56502	28583	573	12458	22645	14719	6107
#1978年	244	15013	7675	236	4176	5407	3599	1595
1981-1985年	1744	73367	37386	413	14059	30980	19245	8670
#1985年	468	19203	9581	95	3347	7942	5246	2573
1986-1990年	1311	38403	20473	264	6343	17231	10709	3856
1991-1995年	860	25274	12641	182	4004	10158	6831	4099
#1992年	220	7885	3650	43	1004	2425	2235	2178
1996-2000年	939	26739	12967	396	5887	10608	6913	2935
#1997年	177	4180	1883	38	625	1603	1246	668
2001年	194	5670	2818	83	1892	2146	1172	377
2002年	311	11021	5218	152	2796	5092	2027	954
2003年	211	5467	2646	43	888	2602	1564	370
2004年	184	8158	4442	142	1964	3339	1919	794
其他(不详)	27	652	278	3	96	304	164	85
按产业划分								
第二产业	4	341	135	2	26	134	117	62
第三产业	10671	565135	300471	5067	114077	230859	151682	63450
按登记注册类型分组								
内资企业	10674	565470	300603	5069	114100	230990	151799	63512
国有企业	10572	560915	298199	5037	113228	229183	150548	62919
集体企业	38	2353	1395	21	603	922	485	322
股份合作企业	2	18	5		8	5	5	
联营企业	1	72	37		1	26	34	11
其他联营企业	1	72	37		1	26	34	11
有限责任公司	4	182	84	2	25	51	68	36
国有独资公司	3	168	82	2	25	50	65	26
其他有限责任公司	1	14	2			1	3	10
私营企业	1	9	2		5	4		
私营合伙企业	1	9	2		5	4		
其他企业	56	1921	881	9	230	799	659	224
港、澳、台商投资企业	1	6	3		3	3		
港、澳、台商独资经营企业	1	6	3		3	3		

1-14 续表 1

指标名称	具有技术职称的人员	高级技术职称者	中级技术职称者	初级技术职称者	具有技术等级证书人员	高级技师	技师	高级工	中级工
总计	**352614**	**32562**	**129580**	**190472**	**54291**	**1775**	**2692**	**27031**	**22793**
按开业时间划分									
1949年以前	37654	4539	14410	18705	3322	80	160	1767	1315
1950-1952年	23004	2915	9977	10112	2326	46	77	1297	906
1953-1957年	47329	4242	17018	26069	7776	119	365	3646	3646
1958-1962年	45152	3513	15641	25998	8465	238	273	4740	3214
1963-1965年	13793	804	5178	7811	2159	138	163	942	916
1966-1970年	14223	1002	5027	8194	1147	83	132	382	550
1971-1975年	28888	1991	9598	17299	4790	140	223	2462	1965
1976-1980年	34406	3789	13449	17168	6443	221	271	3486	2465
#1978年	9614	1278	3699	4637	1462	64	63	748	587
1981-1985年	43434	3840	15756	23838	6967	328	396	3171	3072
#1985年	11095	980	3956	6159	1878	95	140	840	803
1986-1990年	21759	1665	7439	12655	3477	190	162	1508	1617
1991-1995年	12000	898	4193	6909	2728	39	191	1284	1214
#1992年	3084	254	1062	1768	843	7	52	366	418
1996-2000年	12723	1473	4444	6806	2610	82	139	1362	1027
#1997年	1557	131	489	937	336	10	20	149	157
2001年	3040	422	1144	1474	455	21	17	236	181
2002年	6443	776	2507	3160	824	25	29	403	367
2003年	3011	209	1174	1628	392	12	27	162	191
2004年	5552	468	2549	2535	371	7	65	167	132
其他(不详)	203	16	76	111	39	6	2	16	15
按产业划分									
第二产业	74	4	35	35	93		2	32	59
第三产业	352540	32558	129545	190437	54198	1775	2690	26999	22734
按登记注册类型分组									
内资企业	352608	32560	129577	190471	54291	1775	2692	27031	22793
国有企业	350332	32331	128760	189241	54000	1769	2688	26873	22670
集体企业	1466	177	596	693	83	1	3	54	25
股份合作企业	13		4	9					
联营企业									
其他联营企业									
有限责任公司	40	3	18	19	35			5	30
国有独资公司	39	3	18	18	35			5	30
其他有限责任公司	1			1					
私营企业									
私营合伙企业									
其他企业	757	49	199	509	173	5	1	99	68
港、澳、台商投资企业	6	2	3	1					
港、澳、台商独资经营企业	6	2	3	1					

1-14 续表 2

指标名称	单位数（个）	就业人员（人）	#女性	研究生及以上学历者	大学本科学历者	大专学历者	高中学历者	初中及以下学历者
按地区分组								
乌鲁木齐市	1318	95698	48899	3263	33863	31225	17440	9907
克拉玛依市	149	10048	6604	20	2538	4204	2215	1071
吐鲁番地区	471	18456	9633	65	3595	8454	4827	1515
哈密地区	571	21459	11981	50	3881	9506	6213	1809
昌吉回族自治州	881	46864	26001	234	8976	21581	11853	4220
博尔塔拉蒙古自治州	387	15218	8448	32	2992	7103	3590	1501
巴音郭楞蒙古自治州	769	39771	23019	124	6966	15900	11133	5648
阿克苏地区	907	50920	26476	170	9103	20205	13494	7948
克孜勒苏柯尔克孜自治州	257	11757	6228	25	1866	5143	3692	1031
喀什地区	1051	70741	35169	149	10658	26528	24527	8879
和田地区	801	35714	17163	59	4485	14638	12878	3654
伊犁哈萨克自治州	1484	67204	36618	231	11073	30470	18401	7029
塔城地区	788	41514	23817	144	6114	19211	11597	4448
阿勒泰地区	713	25240	13180	58	3732	11818	7168	2464
石河子市	128	14872	7370	445	4261	5007	2771	2388
按国民经济行业中类分组								
制造业	1	38	11		1	2	5	30
家具制造业	1	38	11		1	2	5	30
木质家具制造	1	38	11		1	2	5	30
电力、燃气及水的生产和供应业	2	143	70	2	25	47	50	19
水的生产和供应业	2	143	70	2	25	47	50	19
自来水的生产和供应	1	24	13			1	11	12
污水处理及其再生利用	1	119	57	2	25	46	39	7
建筑业	1	160	54			85	62	13
房屋和土木工程建筑业	1	160	54			85	62	13
土木工程建筑	1	160	54			85	62	13
交通运输、仓储和邮政业	116	14815	4742	11	935	2598	4133	7138
道路运输业	104	14675	4689	11	922	2559	4077	7106
道路运输辅助活动	104	14675	4689	11	922	2559	4077	7106
仓储业	12	140	53		13	39	56	32
谷物、棉花等农产品仓储	8	104	45		11	29	42	22
其他仓储	4	36	8		2	10	14	10

1-14 续表 3

指标名称	具有技术职称的人员	高级技术职称者	中级技术职称者	初级技术职称者	具有技术等级证书人员	高级技师	技师	高级工	中级工
按地区分组									
乌鲁木齐市	59081	11377	24694	23010	11299	145	453	7048	3653
克拉玛依市	6747	578	2948	3221	1140	10	22	594	514
吐鲁番地区	13069	535	4015	8519	1247	75	84	518	570
哈密地区	13435	1011	5439	6985	1732	46	85	835	766
昌吉回族自治州	32493	3639	14664	14190	4327	165	153	2418	1591
博尔塔拉蒙古自治州	9334	551	3296	5487	1499	103	28	589	779
巴音郭楞蒙古自治州	25506	2067	9670	13769	3598	58	126	1945	1469
阿克苏地区	30026	1430	9009	19587	4982	169	290	2231	2292
克孜勒苏柯尔克孜自治州	6699	430	2157	4112	1055	219	190	275	371
喀什地区	38785	2064	13669	23052	4549	131	446	2031	1941
和田地区	23670	2100	8111	13459	3633	268	403	908	2054
伊犁哈萨克自治州	41141	2169	12999	25973	6501	197	152	3242	2910
塔城地区	26207	1776	8634	15797	3536	115	131	1627	1663
阿勒泰地区	16481	1085	5986	9410	2475	55	71	1130	1219
石河子市	9940	1750	4289	3901	2718	19	58	1640	1001
按国民经济行业中类分组									
制造业	3			3	4				4
家具制造业	3			3	4				4
木质家具制造	3			3	4				4
电力、燃气及水的生产和供应业	38	3	18	17	35			5	30
水的生产和供应业	38	3	18	17	35			5	30
自来水的生产和供应	1			1	3				3
污水处理及其再生利用	37	3	18	16	32			5	27
建筑业	33	1	17	15	54		2	27	25
房屋和土木工程建筑业	33	1	17	15	54		2	27	25
土木工程建筑	33	1	17	15	54		2	27	25
交通运输、仓储和邮政业	2276	166	707	1403	7015	35	142	4508	2330
道路运输业	2261	164	702	1395	6961	35	142	4469	2315
道路运输辅助活动	2261	164	702	1395	6961	35	142	4469	2315
仓储业	15	2	5	8	54			39	15
谷物、棉花等农产品仓储	9		3	6	40			27	13
其他仓储	6	2	2	2	14			12	2

1-14 续表 4

指标名称	单位数（个）	就业人员（人）	#女性	研究生及以上学历者	大学本科学历者	大专学历者	高中学历者	初中及以下学历者
信息传输、计算机服务和软件业	52	1631	580	11	265	629	548	178
电信和其他信息传输服务业	42	1477	508	9	197	574	526	171
互联网信息服务	2	52	24	3	18	27	2	2
广播电视传输服务	40	1425	484	6	179	547	524	169
计算机服务业	9	138	65	2	56	52	21	7
计算机系统服务	1	34	18		18	12	3	1
数据处理	5	43	18	2	25	9	4	3
其他计算机服务	3	61	29		13	31	14	3
软件业	1	16	7		12	3	1	
公共软件服务	1	16	7		12	3	1	
住宿和餐饮业	8	690	355	1	13	82	337	257
住宿业	8	690	355	1	13	82	337	257
旅游饭店	5	511	287	1	7	50	244	209
一般旅馆	3	179	68		6	32	93	48
金融业	5	139	46	9	62	59	8	1
银行业	3	103	33		44	52	6	1
中央银行	2	79	26		27	45	6	1
商业银行	1	24	7		17	7		
证券业	1	30	11	9	16	3	2	
证券市场管理	1	30	11	9	16	3	2	
其他金融活动	1	6	2		2	4		
其他未列明的金融活动	1	6	2		2	4		
房地产业	10	242	107		11	116	56	59
房地产业	10	242	107		11	116	56	59
物业管理	3	80	23		3	9	24	44
房地产中介服务	5	142	74		8	89	30	15
其他房地产活动	2	20	10			18	2	
租赁和商务服务业	335	6524	2254	91	1169	2313	1905	1046
租赁业	6	31	15		3	23	1	4
机械设备租赁	5	27	13		2	20	1	4
文化及日用品出租	1	4	2		1	3		
商务服务业	329	6493	2239	91	1166	2290	1904	1042
企业管理服务	126	3663	1049	44	510	1209	1122	778
法律服务	56	404	185	13	178	197	12	4
咨询与调查	52	640	303	11	212	302	98	17
知识产权服务	5	40	12	7	19	11	3	
职业中介服务	34	328	145	12	121	125	44	26
市场管理	40	808	330		67	296	287	158
旅行社	2	18	9		2	9	7	
其他商务服务	14	592	206	4	57	141	331	59

1-14 续表 5

指标名称	具有技术职称的人员	高级技术职称者	中级技术职称者	初级技术职称者	具有技术等级证书人员	高级技师	技师	高级工	中级工
信息传输、计算机服务和软件业	800	65	292	443	205	1	6	122	76
电信和其他信息传输服务业	686	46	244	396	198	1	6	117	74
互联网信息服务	34	1	11	22	5		1	4	
广播电视传输服务	652	45	233	374	193	1	5	113	74
计算机服务业	99	16	40	43	7			5	2
计算机系统服务	27	7	16	4	1			1	
数据处理	31	7	8	16	4			4	
其他计算机服务	41	2	16	23	2				2
软件业	15	3	8	4					
公共软件服务	15	3	8	4					
住宿和餐饮业	28	4	13	11	210			115	95
住宿业	28	4	13	11	210			115	95
旅游饭店	16	3	5	8	109			44	65
一般旅馆	12	1	8	3	101			71	30
金融业	125	6	55	64	3		1	2	
银行业	97		46	51	3		1	2	
中央银行	75		27	48	3		1	2	
商业银行	22		19	3					
证券业	26	6	8	12					
证券市场管理	26	6	8	12					
其他金融活动	2		1	1					
其他未列明的金融活动	2		1	1					
房地产业	86	1	11	74	71			39	32
房地产业	86	1	11	74	71			39	32
物业管理	5		1	4	38			21	17
房地产中介服务	72	1	10	61	23			17	6
其他房地产活动	9			9	10			1	9
租赁和商务服务业	1857	191	932	734	1082	15	89	609	369
租赁业	11			11	8	1	2	3	2
机械设备租赁	11			11	8	1	2	3	2
文化及日用品出租									
商务服务业	1846	191	932	723	1074	14	87	606	367
企业管理服务	1051	87	605	359	878	6	82	492	298
法律服务	88	9	40	39	3			2	1
咨询与调查	326	55	118	153	29	1	1	18	9
知识产权服务	9	3	4	2					
职业中介服务	125	19	54	52	21	2		11	8
市场管理	181	11	79	91	63	5	1	26	31
旅行社	4			4	1			1	
其他商务服务	62	7	32	23	79		3	56	20

1-14 续表 6

指标名称	单位数(个)	就业人员(人)	#女性	研究生及以上学历者	大学本科学历者	大专学历者	高中学历者	初中及以下学历者
科学研究、技术服务和地质勘查业	1154	38602	13911	652	10021	12321	9841	5767
研究与试验发展	119	5927	2348	335	2368	1484	905	835
自然科学研究与试验发展	13	1169	435	146	433	261	177	152
工程和技术研究与试验发展	14	565	207	14	320	136	73	22
农业科学研究与试验发展	65	3337	1356	113	1204	871	544	605
医学研究与试验发展	7	268	115	25	97	61	61	24
社会人文科学研究与试验发展	20	588	235	37	314	155	50	32
专业技术服务业	522	13475	4845	179	4126	5401	2840	929
气象服务	112	2577	1021	41	417	957	969	193
地震服务	33	587	158	28	191	199	130	39
测绘服务	11	758	286	4	136	293	224	101
技术检测	141	3679	1287	32	1102	1530	756	259
环境监测	39	955	444	31	374	367	138	45
工程技术与规划管理	168	4633	1522	37	1818	1937	559	282
其他专业技术服务	18	286	127	6	88	118	64	10
科技交流和推广服务业	461	9596	4106	88	1927	3707	2847	1027
技术推广服务	398	8671	3701	51	1667	3373	2632	948
科技中介服务	26	396	174	12	143	157	29	55
其他科技服务	37	529	231	25	117	177	186	24
地质勘查业	52	9604	2612	50	1600	1729	3249	2976
矿产地质勘查	15	3342	778	17	586	533	1241	965
基础地质勘查	25	4408	1178	18	537	768	1502	1583
地质勘查技术服务	12	1854	656	15	477	428	506	428
水利、环境和公共设施管理业	480	35621	13572	70	2496	8109	11205	13741
水利管理业	190	18709	5865	28	1315	4580	5691	7095
防洪管理	7	305	96	1	44	78	102	80
水资源管理	144	16356	5095	14	998	4005	4973	6366
其他水利管理	39	2048	674	13	273	497	616	649
环境管理业	169	9514	4595	23	572	1647	2796	4476
自然保护	89	1794	496	19	318	538	455	464
环境治理	80	7720	4099	4	254	1109	2341	4012
公共设施管理业	121	7398	3112	19	609	1882	2718	2170
市政公共设施管理	51	2941	1075	8	351	827	808	947
城市绿化管理	48	3188	1471	7	181	761	1385	854
游览景区管理	22	1269	566	4	77	294	525	369

1-14 续表 7

指标名称	具有技术职称的人员	高级技术职称者	中级技术职称者	初级技术职称者	具有技术等级证书人员	高级技师	技师	高级工	中级工
科学研究、技术服务和地质勘查业	22184	3368	8340	10476	6483	201	331	3153	2798
研究与试验发展	3741	1070	1509	1162	822	8	37	478	299
自然科学研究与试验发展	737	289	289	159	125		6	87	32
工程和技术研究与试验发展	467	116	191	160	47			33	14
农业科学研究与试验发展	1924	447	782	695	575	7	24	318	226
医学研究与试验发展	169	43	71	55	32	1	4	15	12
社会人文科学研究与试验发展	444	175	176	93	43		3	25	15
专业技术服务业	8768	1185	3557	4026	1169	43	47	593	486
气象服务	1844	179	853	812	221	15	15	84	107
地震服务	313	59	133	121	54		2	34	18
测绘服务	439	29	211	199	150		2	86	62
技术检测	1995	276	770	949	354	2	16	194	142
环境监测	619	97	250	272	100	4	4	57	35
工程技术与规划管理	3426	524	1287	1615	269	19	8	127	115
其他专业技术服务	132	21	53	58	21	3		11	7
科技交流和推广服务业	6121	496	1838	3787	1092	118	221	402	351
技术推广服务	5578	425	1660	3493	1019	113	216	380	310
科技中介服务	232	31	88	113	22	1	1	12	8
其他科技服务	311	40	90	181	51	4	4	10	33
地质勘查业	3554	617	1436	1501	3400	32	26	1680	1662
矿产地质勘查	1231	199	537	495	1368	9	8	699	652
基础地质勘查	1583	248	630	705	1439	23	13	671	732
地质勘查技术服务	740	170	269	301	593		5	310	278
水利、环境和公共设施管理业	7131	510	1677	4944	8292	88	170	4471	3563
水利管理业	4359	240	1074	3045	4668	82	138	2342	2106
防洪管理	110	8	16	86	34		1	20	13
水资源管理	3565	161	900	2504	4036	10	81	2096	1849
其他水利管理	684	71	158	455	598	72	56	226	244
环境管理业	1139	128	221	790	1137	5	13	544	575
自然保护	500	57	142	301	258		3	172	83
环境治理	639	71	79	489	879	5	10	372	492
公共设施管理业	1633	142	382	1109	2487	1	19	1585	882
市政公共设施管理	804	49	205	550	1026	1	9	707	309
城市绿化管理	619	86	125	408	1008		9	606	393
游览景区管理	210	7	52	151	453		1	272	180

1-14 续表 8

指标名称	单位数（个）	就业人员（人）	#女性	研究生及以上学历者	大学本科学历者	大专学历者	高中学历者	初中及以下学历者
居民服务和其他服务业	73	1750	945	1	85	556	658	450
居民服务业	57	1053	675	1	57	334	377	284
家庭服务	2	48	33		1	15	28	4
托儿所	21	455	427		17	141	167	130
婚姻服务	1	2	1		1	1		
殡葬服务	20	387	123		21	136	125	105
其他居民服务	13	161	91	1	17	41	57	45
其他服务业	16	697	270		28	222	281	166
修理与维护	1	23	12		3		20	
其他未列明的服务	15	674	258		25	222	261	166
教育	3711	275375	160238	2863	69289	127507	61752	13964
教育	3711	275375	160238	2863	69289	127507	61752	13964
学前教育	183	7363	6733	8	322	3231	2919	883
初等教育	1723	107288	67101	109	10522	55503	37195	3959
中等教育	1449	128920	71981	605	42957	61443	18281	5634
高等教育	75	24386	11113	1891	12822	4891	2207	2575
其他教育	281	7418	3310	250	2666	2439	1150	913
卫生、社会保障和社会福利业	1816	101089	65894	801	14645	40229	35565	9849
卫生	1583	97637	64227	785	14072	38522	34830	9428
医院	408	68101	45296	700	11491	26555	22386	6969
卫生院及社区医疗活动	732	16246	10536	8	759	5875	7942	1662
门诊部医疗活动	39	935	639		91	387	372	85
计划生育技术服务活动	125	1853	1502	4	216	929	643	61
妇幼保健活动	84	2997	2446	16	303	1396	1154	128
专科疾病防治活动	10	456	304	3	62	217	166	8
疾病预防控制及防疫活动	145	6190	3083	40	989	2769	1999	393
其他卫生活动	40	859	421	14	161	394	168	122
社会保障业	78	1571	793	11	365	948	175	72
社会保障业	78	1571	793	11	365	948	175	72
社会福利业	155	1881	874	5	208	759	560	349
提供住宿的社会福利	101	1556	708	3	151	594	487	321
不提供住宿的社会福利	54	325	166	2	57	165	73	28
文化、体育和娱乐业	729	19957	8996	174	4528	7576	5593	2086
新闻出版业	80	3591	1548	49	1498	1448	430	166
新闻业	10	157	40	5	75	46	25	6
出版业	70	3434	1508	44	1423	1402	405	160

1-14 续表 9

指标名称	具有技术职称的人员	高级技术职称者	中级技术职称者	初级技术职称者	具有技术等级证书人员	高级技师	技师	高级工	中级工
居民服务和其他服务业	330	7	97	226	341	16	15	160	150
居民服务业	166	6	61	99	235	16	7	122	90
家庭服务	6		1	5					
托儿所	102	4	48	50	131	16	5	53	57
婚姻服务	1		1						
殡葬服务	50	2	10	38	84		2	62	20
其他居民服务	7		1	6	20			7	13
其他服务业	164	1	36	127	106		8	38	60
修理与维护	2			2	5			2	3
其他未列明的服务	162	1	36	125	101		8	36	57
教育	204502	20282	81136	103084	14879	902	970	6293	6714
教育	204502	20282	81136	103084	14879	902	970	6293	6714
学前教育	3941	112	1533	2296	1390	41	5	739	605
初等教育	81340	4331	30437	46572	3465	427	422	387	2229
中等教育	99333	10678	40037	48618	5875	401	387	2439	2648
高等教育	16112	4416	7341	4355	3308	13	107	2270	918
其他教育	3776	745	1788	1243	841	20	49	458	314
卫生、社会保障和社会福利业	72878	4847	22048	45983	6506	269	324	2966	2947
卫生	71554	4787	21622	45145	6085	258	300	2716	2811
医院	51735	4030	16774	30931	3857	106	143	2032	1576
卫生院及社区医疗活动	9996	137	1498	8361	1362	110	113	286	853
门诊部医疗活动	686	39	251	396	29	1	1	13	14
计划生育技术服务活动	1246	37	280	929	68	8	3	22	35
妇幼保健活动	2339	128	748	1463	194	8	20	70	96
专科疾病防治活动	387	12	119	256	23	1	1	9	12
疾病预防控制及防疫活动	4700	379	1785	2536	467	24	16	227	200
其他卫生活动	465	25	167	273	85		3	57	25
社会保障业	840	34	291	515	72	7	2	34	29
社会保障业	840	34	291	515	72	7	2	34	29
社会福利业	484	26	135	323	349	4	22	216	107
提供住宿的社会福利	405	23	99	283	317	3	15	201	98
不提供住宿的社会福利	79	3	36	40	32	1	7	15	9
文化、体育和娱乐业	11632	1772	4724	5136	1673	68	42	895	668
新闻出版业	2405	538	1022	845	308	7	10	188	103
新闻业	110	23	42	45	15		2	5	8
出版业	2295	515	980	800	293	7	8	183	95

1-14 续表 10

指标名称	单位数（个）	就业人员（人）	#女性	研究生及以上学历者	大学本科学历者	大专学历者	高中学历者	初中及以下学历者
广播、电视、电影和音像业	194	6888	2943	44	1630	2852	1642	720
广播	97	2480	1109	13	544	1013	667	243
电视	55	3406	1394	30	996	1561	574	245
电影	40	929	380	1	71	256	371	230
音像制作	2	73	60		19	22	30	2
文化艺术业	415	8135	4015	30	1065	2810	3206	1024
文艺创作与表演	68	3287	1391	2	245	777	1664	599
艺术表演场馆	11	372	145		40	82	193	57
图书馆与档案馆	130	1412	1028	14	382	736	253	27
文物及文化保护	31	434	212	8	100	193	96	37
博物馆	9	260	114	2	44	90	66	58
烈士陵园、纪念馆	3	42	19		10	18	6	8
群众文化活动	154	2037	999	4	221	870	725	217
文化艺术经纪代理	4	201	68		2	21	168	10
其他文化艺术	5	90	39		21	23	35	11
体育	28	808	258	3	142	320	240	103
体育组织	11	413	114		34	171	161	47
体育场馆	7	244	109	3	80	71	53	37
其他体育	10	151	35		28	78	26	19
娱乐业	12	535	232	48	193	146	75	73
室内娱乐活动	3	399	151	48	179	84	35	53
游乐园	1	31	25		4	21	6	
休闲健身娱乐活动	1	28	12		2	6	12	8
其他娱乐活动	7	77	44		8	35	22	12
公共管理和社会组织	2182	68700	28831	383	10558	28764	20081	8914
中国共产党机关	24	239	90	11	96	81	28	23
中国共产党机关	24	239	90	11	96	81	28	23
国家机构	2157	68460	28741	372	10461	28683	20053	8891
国家权力机构	5	110	31	4	30	56	17	3
国家行政机构	2125	66230	28018	351	10182	28091	19675	7931
人民法院和人民检察院	8	1672	575	2	130	315	292	933
其他国家机构	19	448	117	15	119	221	69	24
人民政协和民主党派	1	1			1			
民主党派	1	1			1			

1-14 续表 11

指标名称	具有技术职称的人员	高级技术职称者	中级技术职称者	初级技术职称者	具有技术等级证书人员	高级技师	技师	高级工	中级工
广播、电视、电影和音像业	3735	454	1391	1890	743	17	11	426	289
广播	1380	158	482	740	311	11	2	186	112
电视	2028	250	763	1015	257	4	9	139	105
电影	315	45	140	130	136	2		74	60
音像制作	12	1	6	5	39			27	12
文化艺术业	4883	647	2059	2177	522	41	20	229	232
文艺创作与表演	2366	437	1057	872	172	8	10	78	76
艺术表演场馆	234	27	95	112	33			18	15
图书馆与档案馆	770	44	322	404	78	18	3	36	21
文物及文化保护	228	14	97	117	64	13	1	26	24
博物馆	116	30	56	30	45	1	1	26	17
烈士陵园、纪念馆	29	1	15	13	2			1	1
群众文化活动	1027	81	371	575	117	1	4	37	75
文化艺术经纪代理	72	8	35	29	9			6	3
其他文化艺术	41	5	11	25	2		1	1	
体育	279	38	127	114	56	2	1	28	25
体育组织	76	8	40	28	17			6	11
体育场馆	102	25	47	30	22	2	1	14	5
其他体育	101	5	40	56	17			8	9
娱乐业	330	95	125	110	44	1		24	19
室内娱乐活动	308	93	116	99	13			7	6
游乐园	10	2	8		24			12	12
休闲健身娱乐活动									
其他娱乐活动	12		1	11	7	1		5	1
公共管理和社会组织	28711	1339	9513	17859	7438	180	600	3666	2992
中国共产党机关	22	5	7	10	5	2		2	1
中国共产党机关	22	5	7	10	5	2		2	1
国家机构	28689	1334	9506	17849	7433	178	600	3664	2991
国家权力机构									
国家行政机构	28297	1301	9338	17658	6523	177	576	2978	2792
人民法院和人民检察院	209	12	63	134	882		24	673	185
其他国家机构	183	21	105	57	28	1		13	14
人民政协和民主党派									
民主党派									

1-15 机关法人单位从业人员构成情况

指标名称	单位数（个）	就业人员（人）	#女性	研究生及以上学历者	大学本科学历者	大专学历者	高中学历者	初中及以下学历者
总计	**7096**	**305108**	**79695**	**2707**	**55496**	**128006**	**60972**	**57927**
按开业时间划分								
1949年以前	76	8792	932	48	861	2263	1212	4408
1950-1952年	605	35882	9740	375	6761	17839	9058	1849
1953-1957年	602	32585	8545	411	6867	14020	6101	5186
1958-1962年	345	17960	3870	89	2580	6289	3703	5299
1963-1965年	82	3877	1246	34	830	1780	989	244
1966-1970年	93	7556	3137	31	1652	4713	1040	120
1971-1975年	236	10228	2942	105	2054	5048	2513	508
1976-1980年	707	31246	9326	289	6808	13781	5199	5169
#1978年	127	6386	1816	87	1361	2621	1052	1265
1981-1985年	1778	70223	17671	449	11243	29761	15686	13084
#1985年	262	9625	2497	133	1735	3787	1480	2490
1986-1990年	660	31274	5133	186	3243	7983	6086	13776
1991-1995年	638	22509	7069	217	5270	9957	3056	4009
#1992年	106	2761	914	31	586	960	486	698
1996-2000年	446	11445	3976	165	2515	5661	2348	756
#1997年	70	2261	1050	20	306	1276	564	95
2001年	102	1773	531	49	517	812	352	43
2002年	408	12944	3276	140	2424	4649	2449	3282
2003年	118	2126	871	34	565	1037	402	88
2004年	109	1835	594	36	493	1044	234	28
其他(不详)	91	2853	836	49	813	1369	544	78
按产业划分								
第三产业	7096	305108	79695	2707	55496	128006	60972	57927
按登记注册类型分组								
内资企业	7096	305108	79695	2707	55496	128006	60972	57927
国有企业	7092	305082	79680	2707	55493	127993	60962	57927
其他企业	4	26	15		3	13	10	

1-15 续表 1

指标名称	具有技术职称的人员	高级技术职称者	中级技术职称者	初级技术职称者	具有技术等级证书人员	高级技师	技师	高级工	中级工
总　计	**32429**	**2495**	**9669**	**20265**	**12120**	**995**	**1480**	**5401**	**4244**
按开业时间划分									
1949年以前	238	31	131	76	250	19	36	109	86
1950-1952年	4006	270	898	2838	2019	502	204	739	574
1953-1957年	3532	332	1193	2007	1399	48	203	671	477
1958-1962年	1521	77	470	974	630	7	65	235	323
1963-1965年	508	30	105	373	276		22	109	145
1966-1970年	2685	261	998	1426	336	3	210	66	57
1971-1975年	2016	140	518	1358	562	20	33	254	255
1976-1980年	2863	295	925	1643	1573	42	210	829	492
#1978年	347	10	90	247	351	7	24	214	106
1981-1985年	8146	482	2155	5509	2212	167	159	949	937
#1985年	1121	87	391	643	268	13	19	143	93
1986-1990年	1966	164	528	1274	692	21	56	323	292
1991-1995年	1133	124	500	509	711	40	61	392	218
#1992年	235	30	88	117	101	2	9	54	36
1996-2000年	1441	106	567	768	570	71	96	276	127
#1997年	243	20	64	159	59		1	31	27
2001年	91	2	28	61	49	1	5	35	8
2002年	990	100	310	580	581	17	54	314	196
2003年	222	21	87	114	86	16	7	37	26
2004年	917	24	191	702	59	19	15	16	9
其他(不详)	154	36	65	53	115	2	44	47	22
按产业划分									
第三产业	32429	2495	9669	20265	12120	995	1480	5401	4244
按登记注册类型分组									
内资企业	32429	2495	9669	20265	12120	995	1480	5401	4244
国有企业	32427	2495	9668	20264	12120	995	1480	5401	4244
其他企业	2		1	1					

1-15 续表 2

指标名称	单 位 数 (个)	就业人员 (人)	#女 性	研究生及以上学历者	大学本科学历者	大专学历者	高中学历者	初中及以下学历者
按地区分组								
乌鲁木齐市	758	35693	12001	1117	12719	15625	4383	1849
克拉玛依市	199	4490	1682	46	1222	1720	890	612
吐鲁番地区	229	8248	2721	192	1974	4226	1494	362
哈密地区	279	8300	2642	100	1914	4130	1741	415
昌吉回族自治州	607	19931	6162	197	4314	10825	3783	812
博尔塔拉蒙古自治州	279	9098	2881	54	2432	3970	1447	1195
巴音郭楞蒙古自治州	636	19741	5950	129	4063	9880	4478	1191
阿克苏地区	613	35443	7808	90	4396	12334	7807	10816
克孜勒苏柯尔克孜自治州	265	18063	5717	61	2238	8073	3931	3760
喀什地区	859	53719	9158	139	5196	16646	12455	19283
和田地区	573	30720	4969	54	2902	8734	5991	13039
伊犁哈萨克自治州	708	29666	8387	293	5456	14357	7045	2515
塔城地区	530	15750	4873	110	3095	8622	3038	885
阿勒泰地区	492	12478	3725	76	2199	7017	2100	1086
石河子市	69	3768	1019	49	1376	1847	389	107
按国民经济行业中类分组								
金融业	21	2890	1076	27	788	1222	699	154
银行业	21	2890	1076	27	788	1222	699	154
中央银行	21	2890	1076	27	788	1222	699	154
公共管理和社会组织	7075	302218	78619	2680	54708	126784	60273	57773
中国共产党机关	1114	20854	3716	403	4657	6920	2512	6362
中国共产党机关	1114	20854	3716	403	4657	6920	2512	6362
国家机构	5828	279166	74415	2244	49623	118825	57280	51194
国家权力机构	142	3994	1109	50	826	2112	794	212
国家行政机构	5374	260205	69078	2011	42815	109352	55357	50670
人民法院和人民检察院	287	14479	4141	176	5869	7169	997	268
其他国家机构	25	488	87	7	113	192	132	44
人民政协和民主党派	133	2198	488	33	428	1039	481	217
人民政协	108	1954	441	32	363	978	426	155
民主党派	25	244	47	1	65	61	55	62

1-15 续表 3

指标名称	具有技术职称的人员	高级技术职称者	中级技术职称者	初级技术职称者	具有技术等级证书人员	高级技师	技师	高级工	中级工
按地区分组									
乌鲁木齐市	2964	441	1439	1084	1795	96	233	1136	330
克拉玛依市	431	95	164	172	103	8	9	23	63
吐鲁番地区	806	52	175	579	465	94	41	221	109
哈密地区	688	55	196	437	316	5	31	151	129
昌吉回族自治州	2077	158	768	1151	1090	29	120	633	308
博尔塔拉蒙古自治州	1370	126	439	805	523	46	57	242	178
巴音郭楞蒙古自治州	1938	163	472	1303	667	23	55	328	261
阿克苏地区	4897	99	956	3842	1004	56	173	342	433
克孜勒苏柯尔克孜自治州	3248	422	1062	1764	1169	461	355	110	243
喀什地区	5231	167	1457	3607	1100	24	57	504	515
和田地区	1629	118	419	1092	1335	72	120	461	682
伊犁哈萨克自治州	3518	175	940	2403	1394	34	128	710	522
塔城地区	1262	166	342	754	516	29	50	268	169
阿勒泰地区	1318	105	382	831	518	18	37	198	265
石河子市	1052	153	458	441	125		14	74	37
按国民经济行业中类分组									
金融业	1450	40	553	857	88	20	14	41	13
银行业	1450	40	553	857	88	20	14	41	13
中央银行	1450	40	553	857	88	20	14	41	13
公共管理和社会组织	30979	2455	9116	19408	12032	975	1466	5360	4231
中国共产党机关	820	171	398	251	1066	30	119	602	315
中国共产党机关	820	171	398	251	1066	30	119	602	315
国家机构	30088	2269	8691	19128	10730	943	1326	4604	3857
国家权力机构	529	23	43	463	345	6	37	199	103
国家行政机构	29335	2207	8562	18566	10061	898	1273	4264	3626
人民法院和人民检察院	182	31	69	82	297	39	15	123	120
其他国家机构	42	8	17	17	27		1	18	8
人民政协和民主党派	71	15	27	29	236	2	21	154	59
人民政协	65	15	21	29	226	2	16	149	59
民主党派	6		6		10		5	5	

1-16 社会团体法人单位从业人员构成情况

指标名称	单位数(个)	就业人员(人)	#女性	研究生及以上学历者	大学本科学历者	大专学历者	高中学历者	初中及以下学历者
总　计	**2097**	**22523**	**7218**	**377**	**4242**	**6437**	**5403**	**6064**
按开业时间划分								
1949年以前	32	202	50	2	26	28	79	67
1950-1952年	124	775	489	10	252	371	112	30
1953-1957年	81	861	352	20	324	407	81	29
1958-1962年	49	358	126	15	114	169	53	7
1963-1965年	11	86	39	3	17	40	25	1
1966-1970年	9	18	3		5	5	1	7
1971-1975年	41	209	93	9	68	79	38	15
1976-1980年	138	622	214	19	180	235	65	123
#1978年	22	68	14		10	28	10	20
1981-1985年	230	1156	411	39	401	462	149	105
#1985年	61	278	90	8	101	125	33	11
1986-1990年	244	3859	1090	88	600	946	1321	904
1991-1995年	303	1830	579	49	670	740	233	138
#1992年	83	627	210	10	202	255	78	82
1996-2000年	385	2442	823	91	663	1042	353	293
#1997年	58	150	39	4	56	55	17	18
2001年	79	977	267	10	239	515	114	99
2002年	113	800	360	4	142	345	224	85
2003年	129	6163	1565	9	320	409	1785	3640
2004年	129	2165	757	9	221	644	770	521
按产业划分								
第三产业	2097	22523	7218	377	4242	6437	5403	6064
按登记注册类型分组								
内资企业	2096	22522	7218	377	4242	6436	5403	6064
国有企业	1318	11453	4358	255	2899	4590	2681	1028
集体企业	33	285	102	11	75	105	69	25
联营企业	2	6			2	4		
国有与集体联营企业	1	4				4		
其他联营企业	1	2			2			
有限责任公司	1	15	6		4	8	3	
国有独资公司	1	15	6		4	8	3	
私营企业	2	18			1	4	9	4
私营独资企业	1	8			1	3	4	
私营有限责任公司	1	10				1	5	4
其他企业	740	10745	2752	111	1261	1725	2641	5007
港、澳、台商投资企业	1	1				1		
合资经营企业(港或澳、台资)	1	1				1		

1-16 续表 1

指标名称	具有技术职称的人员	高级技术职称者	中级技术职称者	初级技术职称者	具有技术等级证书人员	高级技师	技师	高级工	中级工
总计	**2907**	**773**	**1101**	**1033**	**385**	**27**	**52**	**212**	**94**
按开业时间划分									
1949年以前	63	9	29	25	5			5	
1950-1952年	17	2	5	10	41	4	4	26	7
1953-1957年	179	64	67	48	54	2	6	23	23
1958-1962年	23	7	7	9	16		1	11	4
1963-1965年					3	1		2	
1966-1970年					1				1
1971-1975年	7	3	1	3	10		1	6	3
1976-1980年	114	30	55	29	20		4	11	5
#1978年	10	5	4	1					
1981-1985年	174	69	57	48	67	3	2	46	16
#1985年	26	5	10	11	7		1	3	3
1986-1990年	247	96	95	56	51	6	5	27	13
1991-1995年	465	214	187	64	32	3	5	14	10
#1992年	111	60	43	8	4		1	3	
1996-2000年	771	121	300	350	30	4	9	11	6
#1997年	35	12	16	7	1			1	
2001年	277	48	165	64	27	3	10	11	3
2002年	50	13	26	11					
2003年	112	21	38	53	15			13	2
2004年	408	76	69	263	13	1	5	6	1
按产业划分									
第三产业	2907	773	1101	1033	385	27	52	212	94
按登记注册类型分组									
内资企业	2907	773	1101	1033	385	27	52	212	94
国有企业	1748	490	542	716	295	16	22	169	88
集体企业	100	13	59	28	6		3	1	2
联营企业									
国有与集体联营企业									
其他联营企业									
有限责任公司									
国有独资公司									
私营企业									
私营独资企业									
私营有限责任公司									
其他企业	1059	270	500	289	84	11	27	42	4
港、澳、台商投资企业									
合资经营企业(港或澳、台资)									

1-16 续表 2

指标名称	单位数(个)	就业人员(人)	#女性	研究生及以上学历者	大学本科学历者	大专学历者	高中学历者	初中及以下学历者
按地区分组								
乌鲁木齐市	529	3949	1329	263	1945	1283	291	167
克拉玛依市	95	380	121	5	113	189	60	13
吐鲁番地区	132	861	251	28	138	465	168	62
哈密地区	65	375	145	6	134	175	57	3
昌吉回族自治州	101	692	274	8	221	308	132	23
博尔塔拉蒙古自治州	66	205	85	4	95	93	10	3
巴音郭楞蒙古自治州	298	740	204	11	170	203	75	281
阿克苏地区	172	7568	2629	7	400	1651	2901	2609
克孜勒苏柯尔克孜自治州	57	215	84		52	124	29	10
喀什地区	148	3263	710	14	307	445	428	2069
和田地区	94	1422	544	3	112	191	684	432
伊犁哈萨克自治州	82	1394	266	8	155	558	356	317
塔城地区	63	306	149	4	83	174	36	9
阿勒泰地区	112	853	350	9	152	460	166	66
石河子市	83	300	77	7	165	118	10	
按国民经济行业中类分组								
水利、环境和公共设施管理业	1	1			1			
环境管理业	1	1			1			
自然保护	1	1			1			
卫生、社会保障和社会福利业	5	18	12		7	8	2	1
社会福利业	5	18	12		7	8	2	1
不提供住宿的社会福利	5	18	12		7	8	2	1
文化、体育和娱乐业	1	1				1		
体育	1	1				1		
体育组织	1	1				1		
公共管理和社会组织	2090	22503	7206	377	4234	6428	5401	6063
群众团体、社会团体和宗教组织	2090	22503	7206	377	4234	6428	5401	6063
群众团体	576	3838	1813	82	1141	1897	608	110
社会团体	1308	17490	5387	294	3079	4287	4500	5330
宗教组织	206	1175	6	1	14	244	293	623

1-16 续表 3

指标名称	具有技术职称的人员	高级技术职称者	中级技术职称者	初级技术职称者	具有技术等级证书人员	高级技师	技师	高级工	中级工
按地区分组									
乌鲁木齐市	1172	517	462	193	157	10	11	98	38
克拉玛依市	100	19	61	20	2				2
吐鲁番地区	252	15	95	142	35	2	15	11	7
哈密地区	73	16	46	11	12	1		8	3
昌吉回族自治州	41	7	20	14	23	1	1	15	6
博尔塔拉蒙古自治州	15	7	7	1	12	1	1	5	5
巴音郭楞蒙古自治州	27	8	8	11	9			6	3
阿克苏地区	557	47	136	374	26	4	12	7	3
克孜勒苏柯尔克孜自治州	9	2	2	5	3	1			2
喀什地区	284	47	138	99	42	5	7	25	5
和田地区	25	8	10	7	13		2	9	2
伊犁哈萨克自治州	45	6	12	27	33	1	2	14	16
塔城地区	8	4	2	2	12	1	1	8	2
阿勒泰地区	147	3	26	118	4			4	
石河子市	152	67	76	9	2			2	
按国民经济行业中类分组									
水利、环境和公共设施管理业									
环境管理业									
自然保护									
卫生、社会保障和社会福利业	3		1	2	1			1	
社会福利业	3		1	2	1			1	
不提供住宿的社会福利	3		1	2	1			1	
文化、体育和娱乐业									
体育									
体育组织									
公共管理和社会组织	2904	773	1100	1031	384	27	52	211	94
群众团体、社会团体和宗教组织	2904	773	1100	1031	384	27	52	211	94
群众团体	247	53	92	102	183	12	13	100	58
社会团体	2657	720	1008	929	200	15	39	110	36
宗教组织					1			1	

1-17　民办非企业法人单位从业人员构成情况

指标名称	单位数（个）	就业人员（人）	#女性	研究生及以上学历者	大学本科学历者	大专学历者	高中学历者	初中及以下学历者
总　计	**676**	**11224**	**7535**	**124**	**2476**	**4440**	**3123**	**1061**
按开业时间划分								
1950-1952年	1	17	17			3	10	4
1953-1957年	1	27	19		1	14	8	4
1958-1962年	1	21	12			9	2	10
1966-1970年	2	54	46	1		10	39	4
1976-1980年	2	298	191	1	87	31	140	39
1981-1985年	10	166	95		66	29	41	30
#1985年	2	73	28		34	9	8	22
1986-1990年	12	205	114		49	57	71	28
1991-1995年	43	960	655	8	272	382	192	106
#1992年	5	93	51	1	48	38	4	2
1996-2000年	145	3207	2026	31	659	1267	907	343
#1997年	14	241	152	2	35	116	66	22
2001年	67	1187	865	23	288	479	270	127
2002年	107	1495	980	30	355	644	352	114
2003年	127	1778	1299	16	341	730	565	126
2004年	158	1809	1216	14	358	785	526	126
按产业划分								
第三产业	676	11224	7535	124	2476	4440	3123	1061
按登记注册类型分组								
内资企业	674	11159	7475	124	2446	4413	3115	1061
国有企业	22	860	427	15	237	247	278	83
集体企业	16	262	166	3	75	126	41	17
股份合作企业	6	178	128	1	17	74	72	14
联营企业	1	12	12		3	8	1	
其他联营企业	1	12	12		3	8	1	
有限责任公司	5	120	81		46	58	14	2
其他有限责任公司	5	120	81		46	58	14	2
私营企业	369	6076	4180	51	1137	2560	1748	580
私营独资企业	298	4554	3158	29	733	1895	1432	465
私营合伙企业	40	632	390	7	138	273	155	59
私营有限责任公司	29	785	564	13	224	358	138	52
私营股份有限公司	2	105	68	2	42	34	23	4
其他企业	255	3651	2481	54	931	1340	961	365
港、澳、台商投资企业	1	13	8		5	4	4	
合资经营企业(港或澳、台资)	1	13	8		5	4	4	
外商投资企业	1	52	52		25	23	4	
中外合资经营企业	1	52	52		25	23	4	

1-17 续表 1

指标名称	具有技术职称的人员	高级技术职称者	中级技术职称者	初级技术职称者	具有技术等级证书人员	高级技师	技师	高级工	中级工
总计	**4001**	**962**	**1498**	**1541**	**230**	**24**	**37**	**96**	**73**
按开业时间划分									
1950-1952年									
1953-1957年	26		8	18					
1958-1962年	1			1	11			6	5
1966-1970年	16		1	15					
1976-1980年	261	23	67	171	28			15	13
1981-1985年	30	12	9	9	2		2		
#1985年	22	11	7	4					
1986-1990年	103	10	44	49	32			24	8
1991-1995年	358	130	133	95	10		1	2	7
#1992年	80	47	16	17	1		1		
1996-2000年	1149	196	443	510	41	3	11	19	8
#1997年	83	9	16	58	23	2	9	10	2
2001年	362	136	101	125	17	12	1	1	3
2002年	538	194	154	190	19	2	7	8	2
2003年	496	110	249	137	39	4	5	10	20
2004年	661	151	289	221	31	3	10	11	7
按产业划分									
第三产业	4001	962	1498	1541	230	24	37	96	73
按登记注册类型分组									
内资企业	3947	952	1469	1526	230	24	37	96	73
国有企业	512	98	156	258	77	1		49	27
集体企业	173	54	55	64	23	2	9	10	2
股份合作企业	61	14	38	9					
联营企业	12		9	3					
其他联营企业	12		9	3					
有限责任公司	82	24	47	11					
其他有限责任公司	82	24	47	11					
私营企业	1891	456	748	687	106	21	22	25	38
私营独资企业	1264	239	515	510	68	14	11	13	30
私营合伙企业	191	47	77	67	8	3		2	3
私营有限责任公司	348	134	117	97	30	4	11	10	5
私营股份有限公司	88	36	39	13					
其他企业	1216	306	416	494	24		6	12	6
港、澳、台商投资企业	2	1	1						
合资经营企业(港或澳、台资)	2	1	1						
外商投资企业	52	9	28	15					
中外合资经营企业	52	9	28	15					

1-17 续表 2

指标名称	单位数（个）	就业人员（人）	#女性	研究生及以上学历者	大学本科学历者	大专学历者	高中学历者	初中及以下学历者
按地区分组								
乌鲁木齐市	228	5351	3420	94	1511	2062	1227	457
克拉玛依市	20	347	242	8	99	128	77	35
吐鲁番地区	11	61	42		4	32	20	5
哈密地区	30	315	214	2	85	141	70	17
昌吉回族自治州	79	1099	788	3	212	354	421	109
博尔塔拉蒙古自治州	26	79	44		2	24	37	16
巴音郭楞蒙古自治州	99	1377	958	5	234	673	343	122
阿克苏地区	28	483	308	1	54	201	179	48
克孜勒苏柯尔克孜自治州	2	13	11			2	11	
喀什地区	14	206	103	1	62	76	41	26
和田地区	4	46	29	2	8	19	16	1
伊犁哈萨克自治州	59	1083	803	6	93	422	422	140
塔城地区	20	194	148		22	71	79	22
阿勒泰地区	20	185	128	2	32	68	55	28
石河子市	36	385	297		58	167	125	35
按国民经济行业中类分组								
信息传输、计算机服务和软件业	1	2				2		
计算机服务业	1	2				2		
其他计算机服务	1	2				2		
金融业	2	13	6			13		
其他金融活动	2	13	6			13		
其他未列明的金融活动	2	13	6			13		
租赁和商务服务业	13	94	29		32	27	10	25
租赁业	1	2	1		1	1		
机械设备租赁	1	2	1		1	1		
商务服务业	12	92	28		31	26	10	25
法律服务	8	50	17		26	24		
职业中介服务	3	14	8		5	2	5	2
其他商务服务	1	28	3				5	23
科学研究、技术服务和地质勘查业	4	14	6	1	2	10	1	
研究与试验发展	3	6	3	1	1	4		
农业科学研究与试验发展	1	2	1			2		
社会人文科学研究与试验发展	2	4	2	1	1	2		
专业技术服务业	1	8	3		1	6	1	
其他专业技术服务	1	8	3		1	6	1	

1-17 续表 3

指标名称	具有技术职称的人员	高级技术职称者	中级技术职称者	初级技术职称者	具有技术等级证书人员	高级技师	技师	高级工	中级工
按地区分组									
乌鲁木齐市	2373	627	908	838	138	8	27	53	50
克拉玛依市	107	36	46	25	3			3	
吐鲁番地区	8		4	4	1			1	
哈密地区	80	12	27	41	3	2			1
昌吉回族自治州	403	114	173	116	7		1	3	3
博尔塔拉蒙古自治州	17	2	6	9	3		3		
巴音郭楞蒙古自治州	397	51	113	233	5	2			3
阿克苏地区	64	20	16	28					
克孜勒苏柯尔克孜自治州									
喀什地区	102	37	33	32	11			6	5
和田地区	15	3	10	2					
伊犁哈萨克自治州	220	22	86	112	55	12	5	27	11
塔城地区	18	3	9	6	1		1		
阿勒泰地区	57	7	19	31	2			2	
石河子市	140	28	48	64	1			1	
按国民经济行业中类分组									
信息传输、计算机服务和软件业									
计算机服务业									
其他计算机服务									
金融业									
其他金融活动									
其他未列明的金融活动									
租赁和商务服务业	12			12					
租赁业									
机械设备租赁									
商务服务业	12			12					
法律服务	12			12					
职业中介服务									
其他商务服务									
科学研究、技术服务和地质勘查业	8	1	3	4	1			1	
研究与试验发展	1	1							
农业科学研究与试验发展									
社会人文科学研究与试验发展	1	1							
专业技术服务业	7		3	4	1			1	
其他专业技术服务	7		3	4	1			1	

1-17 续表 4

指标名称	单位数(个)	就业人员(人)	#女性	研究生及以上学历者	大学本科学历者	大专学历者	高中学历者	初中及以下学历者
居民服务和其他服务业	31	278	239	1	21	110	128	18
居民服务业	28	182	158	1	14	58	95	14
家庭服务	1	2	1			1	1	
托儿所	17	133	126	1	4	42	74	12
理发及美容保健服务	1	4	3				4	
婚姻服务	4	13	10		4	5	4	
其他居民服务	5	30	18		6	10	12	2
其他服务业	3	96	81		7	52	33	4
清洁服务	1	54	45		6	48		
其他未列明的服务	2	42	36		1	4	33	4
教育	550	9687	6576	119	2246	3869	2603	850
教育	550	9687	6576	119	2246	3869	2603	850
学前教育	253	3130	2687	21	286	1065	1383	375
初等教育	57	1954	1309	6	366	895	475	212
中等教育	49	2791	1376	41	970	1035	513	232
高等教育	3	74	36	2	22	38	12	
其他教育	188	1738	1168	49	602	836	220	31
卫生、社会保障和社会福利业	63	1075	657	2	161	379	366	167
卫生	48	867	520	2	153	345	301	66
医院	13	381	232	1	46	250	74	10
卫生院及社区医疗活动	16	92	63		7	43	36	6
门诊部医疗活动	18	337	202	1	97	41	153	45
其他卫生活动	1	57	23		3	11	38	5
社会福利业	15	208	137		8	34	65	101
提供住宿的社会福利	14	201	135		7	30	63	101
不提供住宿的社会福利	1	7	2		1	4	2	
文化、体育和娱乐业	12	61	22	1	14	30	15	1
文化艺术业	3	14	9		3	8	2	1
其他文化艺术	3	14	9		3	8	2	1
体育	6	36	8	1	10	20	5	
体育组织	3	21	7	1	7	9	4	
其他体育	3	15	1		3	11	1	
娱乐业	3	11	5		1	2	8	
休闲健身娱乐活动	3	11	5		1	2	8	

1-17 续表 5

指标名称	具有技术职称的人员	高级技术职称者	中级技术职称者	初级技术职称者	具有技术等级证书人员	高级技师	技师	高级工	中级工
居民服务和其他服务业	72	10	11	51	1		1		
居民服务业	18	2	6	10	1		1		
家庭服务									
托儿所	6	1	3	2					
理发及美容保健服务	4			4					
婚姻服务	2			2	1		1		
其他居民服务	6	1	3	2					
其他服务业	54	8	5	41					
清洁服务	54	8	5	41					
其他未列明的服务									
教育	3278	873	1276	1129	140	22	27	48	43
教育	3278	873	1276	1129	140	22	27	48	43
学前教育	592	72	189	331	32	11		5	16
初等教育	576	160	263	153	6		6		
中等教育	1430	498	548	384	8		1	2	5
高等教育	19	4	12	3					
其他教育	661	139	264	258	94	11	20	41	22
卫生、社会保障和社会福利业	615	74	200	341	88	2	9	47	30
卫生	600	73	190	337	77	2	9	41	25
医院	267	47	98	122	13	2	5	3	3
卫生院及社区医疗活动	51	2	21	28	5		2		3
门诊部医疗活动	270	24	68	178	30		2	15	13
其他卫生活动	12		3	9	29			23	6
社会福利业	15	1	10	4	11			6	5
提供住宿的社会福利	14		10	4	11			6	5
不提供住宿的社会福利	1	1							
文化、体育和娱乐业	16	4	8	4					
文化艺术业	5	1	3	1					
其他文化艺术	5	1	3	1					
体育	10	3	4	3					
体育组织	6	3	3						
其他体育	4		1	3					
娱乐业	1		1						
休闲健身娱乐活动	1		1						

1-18 其他组织机构法人单位从业人员构成情况

指标名称	单位数(个)	就业人员(人)	#女性	研究生及以上学历者	大学本科学历者	大专学历者	高中学历者	初中及以下学历者
总　　计	**14260**	**100539**	**24323**	**133**	**3107**	**11479**	**26842**	**58978**
按开业时间划分								
1949年以前	994	4951	105		20	65	786	4080
1950-1952年	433	3018	518		8	86	801	2123
1953-1957年	1920	14912	2346	1	89	590	3590	10642
1958-1962年	1576	15749	4244	2	341	1399	3145	10862
1963-1965年	258	2794	855		179	518	739	1358
1966-1970年	285	2297	677		96	377	530	1294
1971-1975年	495	3271	596	1	34	252	798	2186
1976-1980年	908	4944	602		39	225	1374	3306
#1978年	178	930	131		12	51	273	594
1981-1985年	2988	17592	3304	3	223	1374	5097	10895
#1985年	558	3747	887		84	496	1077	2090
1986-1990年	1156	8592	1659	14	269	951	2616	4742
1991-1995年	502	3066	976	44	279	575	697	1471
#1992年	164	983	349	1	78	205	263	436
1996-2000年	1215	7080	2865	15	494	1314	2212	3045
#1997年	257	1987	1141	1	133	437	603	813
2001年	542	3907	2138	17	440	1520	1358	572
2002年	343	3096	1526	14	327	988	1210	557
2003年	218	2335	1107	7	151	723	813	641
2004年	263	1756	587	15	103	452	665	521
其他(不详)	164	1179	218		15	70	411	683
按产业划分								
第三产业	14260	100539	24323	133	3107	11479	26842	58978
按登记注册类型分组								
内资企业	14258	100531	24322	133	3105	11478	26840	58975
国有企业	208	7616	2956	20	1093	2652	1202	2649
集体企业	29	744	272	30	64	185	215	250
股份合作企业	7	194	76	6	23	62	35	68
联营企业	1	32	18		1	4	16	11
其他联营企业	1	32	18		1	4	16	11
有限责任公司	19	330	195	1	26	134	108	61
其他有限责任公司	19	330	195	1	26	134	108	61
股份有限公司	4	103	49	2	24	61	10	6
私营企业	158	1828	962	27	387	752	437	225
私营独资企业	74	706	409	7	79	252	220	148
私营合伙企业	49	660	310	20	271	279	71	19
私营有限责任公司	31	340	173		29	143	113	55
私营股份有限公司	4	122	70		8	78	33	3
其他企业	13832	89684	19794	47	1487	7628	24817	55705
港、澳、台商投资企业	2	8	1		2	1	2	3
合资经营企业(港或澳、台资)	2	8	1		2	1	2	3

1-18 续表 1

指标名称	具有技术职称的人员	高级技术职称者	中级技术职称者	初级技术职称者	具有技术等级证书人员	高级技师	技师	高级工	中级工
总　计	**4646**	**478**	**1728**	**2440**	**970**	**39**	**66**	**318**	**547**
按开业时间划分									
1949年以前	22	3	4	15					
1950-1952年	20	9	3	8	5		5		
1953-1957年	275	68	73	134	224		10	175	39
1958-1962年	1296	80	498	718	107		7	28	72
1963-1965年	623	35	191	397	25		2	12	11
1966-1970年	312	12	85	215	13		1	9	3
1971-1975年	23	1	13	9	8	1	3	2	2
1976-1980年	40	1	10	29	2		2		
#1978年	21		4	17					
1981-1985年	230	16	55	159	62	4	10	23	25
#1985年	82	5	24	53	12	1	4	2	5
1986-1990年	162	13	65	84	22		1	9	12
1991-1995年	400	77	194	129	36		6	17	13
#1992年	97	12	51	34	5		1		4
1996-2000年	374	31	146	197	334	32	6	12	284
#1997年	111	9	41	61	212	1	1	3	207
2001年	212	28	101	83	15		2	5	8
2002年	283	55	122	106	30	2	5	9	14
2003年	231	29	111	91	72		4	11	57
2004年	142	19	57	66	14		2	6	6
其他(不详)	1	1			1				1
按产业划分									
第三产业	4646	478	1728	2440	970	39	66	318	547
按登记注册类型分组									
内资企业	4646	478	1728	2440	970	39	66	318	547
国有企业	3029	286	1065	1678	528	34	20	290	184
集体企业	93	16	57	20	9			3	6
股份合作企业	41	6	20	15	15	1	3	2	9
联营企业	2		1	1					
其他联营企业	2		1	1					
有限责任公司	95	6	75	14	61		3	3	55
其他有限责任公司	95	6	75	14	61		3	3	55
股份有限公司	22	1	12	9					
私营企业	532	72	228	232	18	1	2	6	9
私营独资企业	136	34	54	48	15	1	2	6	6
私营合伙企业	243	23	117	103					
私营有限责任公司	88	10	34	44	3				3
私营股份有限公司	65	5	23	37					
其他企业	832	91	270	471	339	3	38	14	284
港、澳、台商投资企业									
合资经营企业(港或澳、台资)									

1-18 续表 2

指标名称	单位数(个)	就业人员(人)	#女性	研究生及以上学历者	大学本科学历者	大专学历者	高中学历者	初中及以下学历者
按地区分组								
乌鲁木齐市	776	6590	3102	51	955	2392	1909	1283
克拉玛依市	121	1126	889	4	49	229	332	512
吐鲁番地区	1176	5802	567		65	352	1264	4121
哈密地区	532	3707	483	1	75	268	402	2961
昌吉回族自治州	1487	7312	1835	6	183	694	2375	4054
博尔塔拉蒙古自治州	314	3834	2019	1	526	1575	877	855
巴音郭楞蒙古自治州	638	3824	1022	42	196	557	1308	1721
阿克苏地区	1322	15310	4400	8	123	1233	3886	10060
克孜勒苏柯尔克孜自治州	545	2653	476	1	49	334	673	1596
喀什地区	2567	19304	3431	3	190	807	4857	13447
和田地区	2013	13592	1548	1	79	319	2309	10884
伊犁哈萨克自治州	871	7137	1910	10	324	1529	3296	1978
塔城地区	1064	6221	1452		90	456	2000	3675
阿勒泰地区	731	3260	880	2	69	427	1048	1714
石河子市	103	867	309	3	134	307	306	117
按国民经济行业中类分组								
交通运输、仓储和邮政业	4	31	10		8	6	12	5
道路运输业	2	18	2		1	3	9	5
道路货物运输	1	13	2		1	1	6	5
道路运输辅助活动	1	5				2	3	
仓储业	2	13	8		7	3	3	
谷物、棉花等农产品仓储	1	7	2		7			
其他仓储	1	6	6			3	3	
信息传输、计算机服务和软件业	34	135	45		13	48	58	16
电信和其他信息传输服务业	10	62	20		5	23	27	7
电信	1	25	2		2	8	10	5
互联网信息服务	8	22	10		1	6	14	1
广播电视传输服务	1	15	8		2	9	3	1
计算机服务业	22	63	24		7	22	29	5
其他计算机服务	22	63	24		7	22	29	5
软件业	2	10	1		1	3	2	4
其他软件服务	2	10	1		1	3	2	4
住宿和餐饮业	14	351	231		3	68	128	152
住宿业	7	242	158		3	67	83	89
旅游饭店	3	127	89		3	48	61	15
一般旅馆	3	110	64			17	20	73
其他住宿服务	1	5	5			2	2	1
餐饮业	7	109	73			1	45	63
正餐服务	5	57	33				26	31
快餐服务	1	22	10				10	12
其他餐饮服务	1	30	30			1	9	20

1-18 续表 3

指标名称	具有技术职称的人员	高级技术职称者	中级技术职称者	初级技术职称者	具有技术等级证书人员	高级技师	技师	高级工	中级工
按地区分组									
乌鲁木齐市	702	165	304	233	318	3	15	239	61
克拉玛依市	102	16	52	34	254		2	2	250
吐鲁番地区	45	5	15	25	2				2
哈密地区	130	15	46	69	4		1	2	1
昌吉回族自治州	199	41	76	82	15		1	6	8
博尔塔拉蒙古自治州	1936	97	638	1201	113		2	32	79
巴音郭楞蒙古自治州	89	2	33	54	5		3	1	1
阿克苏地区	383	32	185	166	72	2	2	9	59
克孜勒苏柯尔克孜自治州	110	5	40	65	15		10	4	1
喀什地区	226	24	90	112	32	3	9	3	17
和田地区	48	14	17	17	10		3	2	5
伊犁哈萨克自治州	323	15	85	223	93	31	11	6	45
塔城地区	105	11	47	47	17		4	4	9
阿勒泰地区	86	2	17	67	13		2	6	5
石河子市	162	34	83	45	7		1	2	4
按国民经济行业中类分组									
交通运输、仓储和邮政业	14	2	6	6	10	1	1	2	6
道路运输业	14	2	6	6	10	1	1	2	6
道路货物运输	13	2	6	5	10	1	1	2	6
道路运输辅助活动	1			1					
仓储业									
谷物、棉花等农产品仓储									
其他仓储									
信息传输、计算机服务和软件业	31	2	3	26	12			6	6
电信和其他信息传输服务业	25	2	3	20	12			6	6
电信	12	1	1	10	11			6	5
互联网信息服务	5	1	2	2					
广播电视传输服务	8			8	1				1
计算机服务业	6			6					
其他计算机服务	6			6					
软件业									
其他软件服务									
住宿和餐饮业	20	5	1	14	89	29		22	38
住宿业	15	2	1	12	89	29		22	38
旅游饭店	4	2		2	63	29		2	32
一般旅馆	11		1	10	26			20	6
其他住宿服务									
餐饮业	5	3		2					
正餐服务	5	3		2					
快餐服务									
其他餐饮服务									

1-18 续表 4

指标名称	单位数（个）	就业人员（人）	#女性	研究生及以上学历者	大学本科学历者	大专学历者	高中学历者	初中及以下学历者
金融业	5	305	178	5	77	169	54	
银行业	2	180	112		47	86	47	
商业银行	2	180	112		47	86	47	
保险业	1	67	37	2	20	45		
人寿保险	1	67	37	2	20	45		
其他金融活动	2	58	29	3	10	38	7	
其他未列明的金融活动	2	58	29	3	10	38	7	
房地产业	1	43	29			4	14	25
房地产业	1	43	29			4	14	25
物业管理	1	43	29			4	14	25
租赁和商务服务业	143	2008	679	64	511	835	380	218
租赁业	2	9	4		4	2	3	
机械设备租赁	2	9	4		4	2	3	
商务服务业	141	1999	675	64	507	833	377	218
企业管理服务	13	565	108	1	30	197	179	158
法律服务	86	937	343	61	425	413	30	8
咨询与调查	14	182	99	1	20	134	26	1
广告业	9	69	28		12	20	21	16
职业中介服务	4	27	11	1	2	10	13	1
市场管理	5	85	48		6	25	40	14
旅行社	3	16	9		1	9	6	
其他商务服务	7	118	29		11	25	62	20
科学研究、技术服务和地质勘查业	20	367	104	3	96	184	29	55
研究与试验发展	2	92	2	1	13	18	9	51
农业科学研究与试验发展	2	92	2	1	13	18	9	51
专业技术服务业	10	235	90		68	147	17	3
气象服务	1	8	4		2		6	
技术检测	2	7	1		2	4	1	
工程技术与规划管理	7	220	85		64	143	10	3
科技交流和推广服务业	8	40	12	2	15	19	3	1
技术推广服务	6	35	11	2	14	17	2	
科技中介服务	2	5	1		1	2	1	1

1-18 续表 5

指标名称	具有技术职称的人员	高级技术职称者	中级技术职称者	初级技术职称者	具有技术等级证书人员	高级技师	技师	高级工	中级工
金融业	92	12	62	18					
银行业	61	9	44	8					
商业银行	61	9	44	8					
保险业	9	1	6	2					
人寿保险	9	1	6	2					
其他金融活动	22	2	12	8					
其他未列明的金融活动	22	2	12	8					
房地产业	4			4	8		3		5
房地产业	4			4	8		3		5
物业管理	4			4	8		3		5
租赁和商务服务业	453	42	225	186	229	3	7	178	41
租赁业	4		2	2					
机械设备租赁	4		2	2					
商务服务业	449	42	223	184	229	3	7	178	41
企业管理服务	29	2	14	13	212		3	175	34
法律服务	250	15	129	106	3			1	2
咨询与调查	125	13	62	50					
广告业	5		1	4					
职业中介服务	5	3		2	5		2	2	1
市场管理	17	4	10	3	9	3	2		4
旅行社	6	2		4					
其他商务服务	12	3	7	2					
科学研究、技术服务和地质勘查业	242	29	140	73	77		2	15	60
研究与试验发展	34	2	9	23	16			10	6
农业科学研究与试验发展	34	2	9	23	16			10	6
专业技术服务业	195	23	128	44	58		1	5	52
气象服务	7		3	4					
技术检测	3	1	2						
工程技术与规划管理	185	22	123	40	58		1	5	52
科技交流和推广服务业	13	4	3	6	3		1		2
技术推广服务	13	4	3	6	3		1		2
科技中介服务									

1-18 续表 6

指标名称	单位数（个）	就业人员（人）	#女性	研究生及以上学历者	大学本科学历者	大专学历者	高中学历者	初中及以下学历者
水利、环境和公共设施管理业	13	430	206	2	49	135	99	145
水利管理业	3	60	15	1	25	22	12	
水资源管理	1	40	10	1	23	12	4	
其他水利管理	2	20	5		2	10	8	
环境管理业	5	326	177	1	19	95	72	139
自然保护	1	5	2	1	1	1	2	
环境治理	4	321	175		18	94	70	139
公共设施管理业	5	44	14		5	18	15	6
市政公共设施管理	1	4	1			4		
城市绿化管理	2	31	10		5	13	7	6
游览景区管理	2	9	3			1	8	
居民服务和其他服务业	33	365	183	1	18	94	120	132
居民服务业	24	250	114		11	76	85	78
家庭服务	2	54	12			20	14	20
托儿所	1	16	14		1	9	5	1
洗染服务	1	29	21		2	5	19	3
理发及美容保健服务	3	15	12				13	2
洗浴服务	2	42	13		1	4	4	33
婚姻服务	2	8	6			4	4	
殡葬服务	2	21	5			3	5	13
摄影扩印服务	1	2					2	
其他居民服务	10	63	31		7	31	19	6
其他服务业	9	115	69	1	7	18	35	54
修理与维护	2	15	4			1	9	5
清洁服务	1	44	41				1	43
其他未列明的服务	6	56	24	1	7	17	25	6
教育	71	3142	1993	6	631	1577	687	241
教育	71	3142	1993	6	631	1577	687	241
学前教育	29	591	527		11	264	239	77
初等教育	19	1784	1107	2	432	957	313	80
中等教育	4	443	282	2	96	208	100	37
其他教育	19	324	77	2	92	148	35	47
卫生、社会保障和社会福利业	72	1523	941	9	164	706	442	202
卫生	45	1314	858	7	133	617	389	168
医院	22	1119	736	5	109	550	348	107
卫生院及社区医疗活动	7	97	53		8	35	12	42
门诊部医疗活动	10	54	38		5	25	21	3
专科疾病防治活动	1	5	2		5			
疾病预防控制及防疫活动	2	20	13		3	4	8	5
其他卫生活动	3	19	16	2	3	3		11

1-18 续表 7

指标名称	具有技术职称的人员	高级技术职称者	中级技术职称者	初级技术职称者	具有技术等级证书人员	高级技师	技师	高级工	中级工
水利、环境和公共设施管理业	31	2	9	20	1			1	
水利管理业	8			8	1			1	
水资源管理									
其他水利管理	8			8	1			1	
环境管理业	10	2	3	5					
自然保护	1	1							
环境治理	9	1	3	5					
公共设施管理业	13		6	7					
市政公共设施管理									
城市绿化管理	13		6	7					
游览景区管理									
居民服务和其他服务业	70	14	17	39	8	1	1	3	3
居民服务业	50	11	14	25	7		1	3	3
家庭服务	25	10	5	10					
托儿所									
洗染服务	5			5					
理发及美容保健服务	8	1	3	4	3				3
洗浴服务	3		2	1	1		1		
婚姻服务									
殡葬服务					1			1	
摄影扩印服务					2			2	
其他居民服务	9		4	5					
其他服务业	20	3	3	14	1	1			
修理与维护	4	2	2		1	1			
清洁服务									
其他未列明的服务	16	1	1	14					
教育	1792	190	619	983	118	1	5	43	69
教育	1792	190	619	983	118	1	5	43	69
学前教育	197	51	47	99	9			7	2
初等教育	1218	110	454	654	83			27	56
中等教育	318	12	99	207	6		2	2	2
其他教育	59	17	19	23	20	1	3	7	9
卫生、社会保障和社会福利业	945	55	339	551	63	1	8	21	33
卫生	938	54	337	547	54		8	14	32
医院	809	44	285	480	47		3	14	30
卫生院及社区医疗活动	79	4	33	42	6		4		2
门诊部医疗活动	25	2	10	13	1		1		
专科疾病防治活动	2	1	1						
疾病预防控制及防疫活动	20	3	6	11					
其他卫生活动	3		2	1					

1-18 续表 8

指标名称	单位数（个）	就业人员（人）	#女性	研究生及以上学历者	大学本科学历者	大专学历者	高中学历者	初中及以下学历者
社会保障业	2	20	12		2	14	3	1
社会保障业	2	20	12		2	14	3	1
社会福利业	25	189	71	2	29	75	50	33
提供住宿的社会福利	14	100	35		10	26	42	22
不提供住宿的社会福利	11	89	36	2	19	49	8	11
文化、体育和娱乐业	36	483	215	8	128	199	108	40
新闻出版业	6	218	103	7	92	84	22	13
新闻业	2	70	35	1	16	44	7	2
出版业	4	148	68	6	76	40	15	11
广播、电视、电影和音像业	3	90	30	1	18	49	13	9
广播	1	6	2		2	1	2	1
电视	2	84	28	1	16	48	11	8
文化艺术业	12	119	62		16	49	43	11
文艺创作与表演	2	11	5		2	9		
图书馆与档案馆	5	31	22		9	18	4	
博物馆	1	20	9			6	14	
群众文化活动	2	18	6		1	8	9	
其他文化艺术	2	39	20		4	8	16	11
体育	11	30	5		2	15	7	6
体育组织	10	28	5		2	13	7	6
其他体育	1	2				2		
娱乐业	4	26	15			2	23	1
室内娱乐活动	3	25	15			2	22	1
休闲健身娱乐活动	1	1					1	
公共管理和社会组织	13814	91356	19509	35	1409	7454	24711	57747
群众团体、社会团体和宗教组织	3015	16640	218	3	162	558	2256	13661
社会团体	37	382	59		49	142	102	89
宗教组织	2978	16258	159	3	113	416	2154	13572
基层群众自治组织	10799	74716	19291	32	1247	6896	22455	44086
社区自治组织	1591	10079	6794	21	951	3811	3885	1411
村民自治组织	9208	64637	12497	11	296	3085	18570	42675

1-18 续表 9

指标名称	具有技术职称的人员	高级技术职称者	中级技术职称者	初级技术职称者	具有技术等级证书人员	高级技师	技师	高级工	中级工
社会保障业					2			1	1
社会保障业					2			1	1
社会福利业	7	1	2	4	7	1		6	
提供住宿的社会福利	2		1	1	2			2	
不提供住宿的社会福利	5	1	1	3	5	1		4	
文化、体育和娱乐业	209	46	89	74	16		2	12	2
新闻出版业	169	45	65	59	8		1	6	1
新闻业	59	6	17	36					
出版业	110	39	48	23	8		1	6	1
广播、电视、电影和音像业	15	1	9	5	3			2	1
广播	1		1						
电视	14	1	8	5	3			2	1
文化艺术业	18		9	9	5		1	4	
文艺创作与表演									
图书馆与档案馆	11		6	5	1			1	
博物馆									
群众文化活动	3			3	3			3	
其他文化艺术	4		3	1	1		1		
体育	7		6	1					
体育组织	7		6	1					
其他体育									
娱乐业									
室内娱乐活动									
休闲健身娱乐活动									
公共管理和社会组织	743	79	218	446	339	3	37	15	284
群众团体、社会团体和宗教组织	53	5	13	35	2			2	
社会团体	28	1	9	18					
宗教组织	25	4	4	17	2			2	
基层群众自治组织	690	74	205	411	337	3	37	13	284
社区自治组织	301	21	99	181	294		9	12	273
村民自治组织	389	53	106	230	43	3	28	1	11

第2篇

全部工业基本情况及主要经济指标

2-1 全部工业单位数及总产值

单位：万元

项　　目	全部工业		工业法人单位		非工业法人企业附属的工业产业活动单位		个体工业	
	单位数(个)	工业总产值(当年价格)	企业单位数(个)	工业总产值(当年价格)	产业活动单位数(个)	工业总产值(当年价格)	户　数(户)	工业总产值(当年价格)
总　　计	**37234**	**17583689.5**	**5798.0**	**16560208.6**	**1054.0**	**506004.7**	**30382**	**517476.2**
乌鲁木齐市	3081	4589454.1	1386.0	4506589.8	119.0	47510.2	1576	35354.1
克拉玛依市	482	5384293.8	213.0	5351618.2	66.0	29616.3	203	3059.3
石河子市	410	441681.5	258.0	410645.3	31.0	28079.4	121	2956.8
阿拉尔市	49	56830.3	5.0	4764.4	31.0	48121.1	13	3944.8
图木舒克市	66	13129.1	7.0	6494.9	13.0	5214.6	46	1419.6
五家渠市	165	55793.4	23.0	29841.7	13.0	9287.4	129	16664.3
吐鲁番地区	844	1015835.3	185.0	983408.3	14.0	3587.3	645	28839.7
哈密地区	816	341804.8	182.0	319999.8	46.0	14022.9	588	7782.1
昌吉回族自治州	3410	1462026.4	1019.0	1359448.8	83.0	35538.0	2308	67039.6
伊犁哈萨克自治州	10632	1415828.2	1006.0	1019587.1	265.0	167035.4	9361	229205.7
伊犁州直属县(市)	6044	813594.2	515.0	616647.6	58.0	52041.3	5471	144905.3
塔城地区	2471	381666.0	327.0	264948.5	109.0	73052.8	2035	43664.7
阿勒泰地区	2117	220568.1	164.0	137991.0	98.0	41941.3	1855	40635.8
博尔塔拉蒙古自治州	966	144805.5	109.0	119765.0	44.0	11944.3	813	13096.2
巴音郭楞蒙古自治州	2459	1817245.3	464.0	1722711.5	128.0	67039.7	1867	27494.1
阿克苏地区	4596	551638.1	401.0	475733.3	70.0	25453.0	4125	50451.8
克孜勒苏柯尔克孜自治州	688	25807.8	55.0	21027.3	50.0	3081.5	583	1699.0
喀什地区	4848	200204.1	357.0	177777.7	49.0	7228.9	4442	15197.5
和田地区	3722	67312.0	128.0	50795.5	32.0	3244.7	3562	13271.8

2-2 工业企业单位数及工业总产值

单位：万元

项目	工业法人单位		非工业法人企业附属的工业产业活动单位	
	企业单位数（个）	工业总产值(当年价格)	产业活动单位数（个）	工业总产值(当年价格)
总计	**5798**	**16560208.6**	**1054**	**506004.7**
规模以上企业	1421	15718444.4		
规模以下企业	4377	841764.2		
按登记注册类型分				
内资企业	5692	16175644.2	1053	505995.2
国有企业	385	1937594	603	308720.1
#中央企业	95	1481787.6	480	289096.2
地方企业	290	455806.4	123	19623.9
#自治区属企业	72	253252	18	4673.7
地区(州、市)属企业	54	113854.5	28	5870.4
县(市)属企业	157	78148.3	57	4636.9
集体企业	546	164289.6	154	27151.8
#自治区属企业	36	33852.2	4	439.5
地区(州、市)属企业	45	18072	5	342.7
县(市)属企业	162	44500.8	51	5996.7
镇属企业	65	14436.5	6	902.1
乡属企业	90	14709.9	33	10004.5
股份合作企业	71	24740.9	7	1678.6
联营企业	48	32356.1	8	1141.6
#国有联营企业	19	14198.5		
集体联营企业	16	6062.5	6	991.9
国有与集体联营企业	6	10228.3		
其他联营企业	7	1866.8	2	149.7
有限责任公司	1191	3562486.3	176	103931.7
#国有独资公司	77	730407.9	3	343.7
其他有限责任公司	1114	2832078.4	173	103588
股份有限公司	44	9178517.9	17	53267.6
私营企业	3399	1274834	86	10054.8
#私营独资企业	1341	170637.8	28	2080.9
私营合伙企业	235	46791.9	9	2679.9
私营有限责任公司	1770	992569.9	49	5294
私营股份有限公司	53	64834.4		
港、澳、台商投资企业	32	127691.9	1	9.5
外商投资企业	74	256872.5		
在总计中：国有控股企业	746	12788038.6	824	446405.8
在总计中：农村工业	156	40404.7	53	14723.1
按轻、重工业分				
轻工业	2201	2508082.7	406	214227.9
以农产品为原料	1774	2342412.5	336	193843.3
以非农产品为原料	427	165670.2	70	20384.6
重工业	3597	14052125.9	648	291776.8
采掘工业	670	5879907.5	104	95503.3
原料工业	839	6689610.1	109	39875
加工工业	2088	1482608.3	435	156398.5
按企业规模分				
大型企业	23	9751820.9		
中型企业	180	3090203.6		
小型企业	5595	3718184.1	1054	506004.7

2-3 按行业分工业企业单位数及工业总产值

单位：万元

行业	工业法人单位		非工业法人企业附属的工业产业活动单位	
	企业单位数	工业总产值	产业活动单位数	工业总产值
	（个）	（当年价格）	（个）	（当年价格）
煤炭开采和洗选业	349	305714.3	34	29640.1
石油和天然气开采业	29	5333576.2	3	40754.2
#天然原油和天然气开采	5	4406905.1	1	35566
黑色金属矿采选业	45	113325.7	7	1964.2
有色金属矿采选业	60	85616.6	8	9057.9
非金属矿采选业	185	41493.4	51	13729.7
#采盐	8	5434.7	2	60.8
其他采矿业	2	181.3	1	357.2
农副食品加工业	490	706872.8	172	69961.7
#谷物磨制	161	135669.9	71	22276.9
饲料加工	54	151052.9	12	3567.3
制糖	17	107353.2		
食品制造业	239	401185.4	37	19649.5
#罐头制造	41	222559.9	8	10280.8
饮料制造业	210	207089.8	33	17383.3
#酒的制造	125	173520.7	17	15826.6
烟草制品业	4	71375.6		
纺织业	168	611809.1	25	68236.2
#棉、化纤纺织及印染精加工	92	497428.1	15	67639
毛纺织和染整精加工	11	17154.2		
纺织服装、鞋、帽制造业	75	12077	10	1375.6
皮革、毛皮、羽毛(绒)及其制品业	28	44511.6	1	97.9
#皮革鞣制加工	10	42409.1		
皮革制品制造	13	1269.7		
木材加工及木、竹、藤、棕、草制品业	119	53298.6	10	204.3
家具制造业	93	78760.7	7	1376.1
造纸及纸制品业	139	114434.5	16	3093.6
印刷业和记录媒介的复制	291	54758.9	23	9567
文教体育用品制造业	7	332.7	1	94.7
石油加工、炼焦及核燃料加工业	86	3553947.2	3	4173.8
#炼焦	15	37138.4	2	4173.8
化学原料及化学制品制造业	373	567519	45	30154.1
#基础化学原料制造	90	186880.6	3	3838.4
肥料制造	63	83321.4	24	16347
医药制造业	60	38197.4	9	7200.3
化学纤维制造业	9	43033		
橡胶制品业	35	54470.1	1	91
塑料制品业	346	306958.5	65	62598
非金属矿物制品业	923	562115.1	216	56102.4
#水泥制造	72	274602	5	2491.8
黑色金属冶炼及压延加工业	72	1187956.7	3	1570.1
有色金属冶炼及压延加工业	29	171905.8	1	159.9
金属制品业	278	160635.1	38	9163.2
通用设备制造业	213	102664.6	14	2958.7
专用设备制造业	123	63241.5	40	11187.3
交通运输设备制造业	147	97807.6	45	3577
电气机械及器材制造业	123	251538.3	6	1748.3
通信设备、计算机及其他电子设备制造业	4	62354.3		
仪器仪表及文化、办公用机械制造业	17	7303.3	4	592.4
工艺品及其他制造业	35	1392.8	7	193.5
废弃资源和废旧材料回收加工业	26	4923.6	3	228.5
电力、热力的生产和供应业	247	1011683.1	78	19388.5
#电力生产和电力供应	123	897844.8	50	9249.5
燃气生产和供应业	15	37849.2	2	89
水的生产和供应业	104	36298.2	35	8285.5

2-4 分地、州、市、县(市)工业企业单位数及工业总产值

地　县	工业法人单位		非工业法人企业附属的工业产业活动单位	
	企业单位数（个）	工业总产值（当年价格）	产业活动单位数（个）	工业总产值（当年价格）
全疆总计	**5798**	**16560208.6**	**1054**	**506004.7**
乌鲁木齐市	1386	4506589.8	119	47510.2
乌鲁木齐县	53	7625.9		
克拉玛依市	213	5351618.2	66	29616.3
石河子市	258	410645.3	31	28079.4
阿拉尔市	5	4764.4	31	48121.1
图木舒克市	7	6494.9	13	5214.6
五家渠市	23	29841.7	13	9287.4
吐鲁番地区	185	983408.3	14	3587.3
吐鲁番市	75	74093.4	7	2868.1
鄯善县	71	881148.1	6	660.5
托克逊县	39	28166.8	1	58.7
哈密地区	182	319999.8	46	14022.9
哈密市	142	294642.1	35	8726.5
巴里坤哈萨克自治县	33	16220	9	4985
伊吾县	7	9137.7	2	311.4
昌吉回族自治州	1019	1359448.8	83	35538
昌吉市	322	492042.3	14	1929.2
阜康市	114	157003.3	8	937.5
米泉市	224	377847.2		
呼图壁县	134	122376.4	16	17026.4
玛纳斯县	84	144153.6	19	11358
奇台县	46	32631.8	18	2821.3
吉木萨尔县	61	26979.6	7	1457.3
木垒哈萨克自治县	34	6414.6	1	8.3
伊犁哈萨克自治州	1006	1019587.1	265	167035.4
伊犁州直属县(市)	515	616647.6	58	52041.3
伊宁市	167	139852.1	10	2516.1
奎屯市	105	193799.9	9	37157.8
伊宁县	45	66563	3	959.1
察布查尔锡伯自治县	47	15324	10	1836.3
霍城县	40	59116.5	12	3751.9
巩留县	58	13995.4	2	364.6
新源县	11	99212.2	8	4709.7
昭苏县	18	21924.2	3	205.8
特克斯县	7	1292.6	1	540
尼勒克县	17	5567.7		
塔城地区	327	264948.5	109	73052.8
塔城市	25	23716.2	17	2261.1
乌苏市	59	64094.5	26	39464.3
额敏县	30	46747.7	15	1334.6
沙湾县	107	85244.5	45	21854.6
托里县	60	19241.3	1	263.6
裕民县	14	1962	1	364.5
和布克赛尔蒙古自治县	32	23942.3	4	7510.1
阿勒泰地区	164	137991	98	41941.3
阿勒泰市	58	51956.7	25	5898.3
布尔津县	19	10400.1	12	5450.9
富蕴县	23	55744.6	17	12926
福海县	20	8897.5	26	6751.6
哈巴河县	17	5758.9	7	8468.1
青河县	17	2395	5	726.6
吉木乃县	10	2838.2	6	1719.8

2-4 续表 1

地　县	工业法人单位		非工业法人企业附属的工业产业活动单位	
	企业单位数(个)	工业总产值(当年价格)	产业活动单位数(个)	工业总产值(当年价格)
博尔塔拉蒙古自治州	109	119765	44	11944.3
博乐市	69	101012.6	23	8138.2
精河县	26	14753	15	2874.8
温泉县	14	3999.4	6	931.3
巴音郭楞蒙古自治州	464	1722711.5	128	67039.7
库尔勒市	217	1455062.5	59	23007.8
轮台县	39	87093.7	4	118.4
尉犁县	36	39767.7	15	1754.6
若羌县	14	16808.8	4	309.6
且末县	13	2336.7	1	41
焉耆回族自治县	36	25840.8	6	869.4
和静县	54	55321.2	25	4135.9
和硕县	35	18661.9	8	535.2
博湖县	20	21818.2	6	36267.8
阿克苏地区	401	475733.3	70	25453
阿克苏市	137	188708.7	14	4517.3
温宿县	40	15166.9	15	4240.9
库车县	97	187168.5	10	4797.2
沙雅县	17	9540.6	2	604
新和县	19	8216.6	5	436.8
拜城县	51	56290	9	2945.7
乌什县	9	476.2	9	2788.5
阿瓦提县	23	8349.8	6	5122.6
柯坪县	8	1816		
克孜勒苏柯尔克孜自治州	55	21027.3	50	3081.5
阿图什市	29	14336	15	980.3
阿克陶县	20	3318.2	7	331.4
阿合奇县	3	139	2	84
乌恰县	3	3234.1	26	1685.8
喀什地区	357	177777.7	49	7228.9
喀什市	131	105561.1	3	444.8
疏附县	30	6023.4		
疏勒县	24	20796.9	13	944.1
英吉沙县	15	5479.1	3	96.3
泽普县	28	10434	4	276
莎车县	31	7497.8	7	561.7
叶城县	39	6892.6	2	201
麦盖提县	12	1857.7	11	3388.4
岳普湖县	9	4161.8	2	296.5
伽师县	16	2286.8	3	619.2
巴楚县	17	6463.3	1	400.9
塔什库尔干塔吉克自治县	5	323.2		
和田地区	128	50795.5	32	3244.7
和田市	34	29707.9	13	413.8
和田县	19	8631.7	8	165.8
墨玉县	11	965	3	2350.1
皮山县	16	1202.2	2	213
洛浦县	24	9094.7	3	
策勒县	12	419.4	1	5.8
于田县	8	437.2	1	96.2
民丰县	4	337.4	1	

2-5 全部工业企业

项目	企业单位数	亏损单位数	工业总产值(现价)	工业销售产值	出口交货值	年末存货	固定资产原价
总计	**5807**	**2460**	**16560208.6**	**16158806.4**	**317945.7**	**2658900.6**	**24532217.3**
规模以上	1430	539	15718444.4	15373639.7	316548.2	2396469.3	23114141.3
规模以下	4377	1921	841764.2	785166.7	1397.5	262431.3	1418076
按登记注册类型分							
内资企业	5701	2405	16175644.2	15789674.1	227047.9	2555784.2	24187879.1
国有企业	394	210	1937594	1896631.1	21099.8	354738.8	3697342.1
#中央企业	99	46	1481787.6	1449641	6755.4	272978.3	2660884.3
地方企业	295	164	455806.4	446990.1	14344.4	81760.5	1036457.8
#自治区属企业	72	30	253252	252410.5	2535.7	35998.5	507514.2
地区(州、市)属企业	56	34	113854.5	112311.6	4135	29137.1	290873.1
县(市)属企业	160	96	78148.3	72861.4		13547.6	222276.8
集体企业	546	229	164289.6	159085.3		44642.2	157516.2
#自治区属企业	36	22	33852.2	34961.7		5659.6	18330.7
地区(州、市)属企业	45	28	18072	18594.8		5397.6	15631
县(市)属企业	162	73	44500.8	40280.5		14474.3	50014
镇属企业	65	14	14436.5	13448.8		2753.8	12156.3
乡属企业	90	23	14709.9	15028.2		2815.2	23674.8
股份合作企业	71	34	24740.9	22327.3	2491.2	6414.7	28880.1
联营企业	48	22	32356.1	28111.3		10043.9	47063.5
#国有联营企业	19	15	14198.5	10607.4		3778.6	20020.9
集体联营企业	16		6062.5	5748.8		1546.8	6831
国有与集体联营企业	6	3	10228.3	10004		965.8	11299.2
其他联营企业	7	4	1866.8	1751.1		3752.7	8912.4
有限责任公司	1191	516	3562486.3	3405801.5	100040.8	892900.6	5314249.8
#国有独资公司	77	40	730407.9	709910.4	153.8	108858.3	1753054.5
其他有限责任公司	1114	476	2832078.4	2695891.1	99887	784042.3	3561195.3
股份有限公司	44	13	9178517.9	9083906.4	88030.7	917082.9	14065426.2
私营企业	3399	1380	1274834	1192979.1	15385.4	329896.4	876852.4
#私营独资企业	1341	349	170637.8	163512.2	70	28184.9	132876.7
私营合伙企业	235	85	46791.9	46055.5	77.5	6852.6	20597.5
私营有限责任公司	1770	921	992569.9	916258.6	15237.9	273150.5	666429.7
私营股份有限公司	53	25	64834.4	67152.8		21708.4	56948.5
港、澳、台商投资企业	32	15	127691.9	120386.5	36688.3	36546.2	160990.3
外商投资企业	74	40	256872.5	248745.8	54209.5	66570.2	183347.9
在总计中：国有控股企业	755	367	12788038.6	12625320.9	118973.3	1571005.3	21103693.9
在总计中：农村工业	156	37	40404.7	39720.2		9994.6	42102.6
按轻、重工业分							
轻工业	2207	1081	2508082.7	2282737.8	244596.5	1017798.4	2679932.4
以农产品为原料	1779	839	2342412.5	2123623.7	236229.2	966455.3	2310883
以非农产品为原料	428	242	165670.2	159114.1	8367.3	51343.1	369049.4
重工业	3600	1379	14052125.9	13876068.6	73349.2	1641102.2	21852284.9
采掘工业	672	191	5879907.5	5816751.2	3827.4	424104.6	12376654.8
原料工业	839	366	6689610.1	6623529.2	36117.6	770054.1	8028441.6
加工工业	2089	822	1482608.3	1435788.2	33404.2	446943.5	1447188.5
按企业规模分							
大型企业	23	4	9751820.9	9697644.5	37930.5	877045.6	15563871.2
中型企业	180	61	3090203.6	2958907.2	165784.7	796649.2	4838715.9
小型企业	5604	2395	3718184.1	3502254.7	114230.5	985205.8	4129630.2

主要经济指标

计量单位：万元

本年折旧	资产总计	负债合计	实收资本	国家资本	集体资本	法人资本
1576467.1	**27165760.3**	**14344783.4**	**8262217.2**	**4478676.3**	**160457.1**	**2508417.4**
1479343	24880833.1	13253592.9	7274478.1	4153777.7	100246.5	2242282
97124.1	2284927.2	1091190.5	987739.1	324898.6	60210.6	266135.4
1553211.1	26578475	14082458.7	8057452.4	4467004.9	157854.6	2452076.5
212304	4797992.8	2669110	1793713.7	1759443.7	1529.2	29850.5
147702.5	3472667.4	1866407.3	1408823.5	1388772.6	7.1	17404.6
64601.5	1325325.4	802702.7	384890.2	370671.1	1522.1	12445.9
30103.5	608732.4	363928.2	173721.8	165791		7930.8
21562.8	395157.3	248022.4	121096.6	120632		446.6
11429.5	254063	159556.9	74480	71621.3	1522.1	1103.5
11798	242155.8	153999.8	84727.3	268.6	71440.6	6884.1
924.7	36813.1	23845.1	9061.4		9061.4	
1645.6	30118	23229.5	8094.8	93.2	6871	860.5
3689.1	71843.6	44426.1	31551.2	125.6	26993.4	3466.5
842	16794	10069.1	5915.7		5232.2	406.8
1850.2	32251.4	15538.5	11612.6		9082.4	1349.3
1922.6	44406.7	20416.7	17526.9	4	3306.5	10683.6
1913.1	63371.2	69013.3	19010.5	10993.9	1367.2	5965
921.3	27602.9	29021.1	5495.6	4192		1303.6
171.5	9619.2	3689.7	6394.6	5149.1	514.4	491.9
674.3	13914.1	8023.7	4306.5	1494.6	852.8	1513.9
146	12235	28278.8	2813.8	158.2		2655.6
319583.8	7408826.3	4793624.6	2120760.2	941036.6	51393.1	941400.7
99918.8	1938930.8	1377735.1	508724.8	431464.7		77260.1
219665	5469895.5	3415889.5	1612035.4	509571.9	51393.1	864140.6
951365.4	12023386.9	5366540.4	3287727.1	1749475.9	24983.2	1263588.9
54292.7	1997344.6	1009529.5	733505.2	5782.2	3734.8	193522.1
9586.7	212593.3	89685.7	101236.8	62	1053.9	10901.9
1202.5	40352.6	17224.1	20592.9	19	267	3550.1
40183.6	1443859.9	791341	503725.2	569.6	1917.1	113403.2
3319.9	300538.8	111278.7	107950.3	5131.6	496.8	65666.9
10930.6	191517.5	95846.5	80413.4	6274	2030.6	15467.5
12325.4	395767.8	166478.2	124351.4	5397.4	571.9	40873.4
1367574.5	20533756.6	10438593.9	6346658.3	4457865.2	32608.4	1566716.5
3274.3	65062.6	33440.6	24984.9	67	11544.1	6618.2
149125.9	4687774.3	2984472.6	1429877.2	427771.6	55397.2	570331.4
130273.7	4144108.7	2702469.6	1230106.6	356712	45875.5	490846.2
18852.2	543665.6	282003	199770.6	71059.6	9521.7	79485.2
1427341.2	22477986	11360310.8	6832340	4050904.7	105059.9	1938086
845646.4	10625047.5	4599081.7	3837972.6	2399894.9	40489.7	1168628.6
502521.3	8580108.3	4959440.3	1964886.2	1244556.8	30934	451432
79173.5	3272830.2	1801788.8	1029481.2	406453	33636.2	318025.4
1054823	13348480.8	5966195.6	4238094.4	2789402.3	24411.2	1233849.2
272387.9	6905729.9	4445320.2	1696584.3	893239.1	18918	548339.1
249256.2	6911549.6	3933267.6	2327538.5	796034.9	117127.9	726229.1

2-5 续表 1

项　目	个人资本	港澳台资本	外商资本	营业收入合计	产品销售收入	产品销售成本	产品销售税金及附加
总　计	**863797.9**	**181358.7**	**69509.8**	**17323553.9**	**16717743.9**	**12067283**	**331390.6**
规模以上	541321.5	177343.4	59507	16399165.1	15834415.5	11290005.9	315383.3
规模以下	322476.4	4015.3	10002.8	924388.8	883328.4	777277.1	16007.3
按登记注册类型分							
内资企业	847256.3	108058.8	25201.3	16908902.8	16330102.7	11779141.6	327748
国有企业	2890.3			2481850.6	2385616.6	2120652.5	45507.2
#中央企业	2639.2			1940406	1891196.8	1703550.3	42138.5
地方企业	251.1			541444.6	494419.8	417102.2	3368.7
#自治区属企业				310389.6	300429.3	260276.6	1931.3
地区(州、市)属企业	18			141123.5	112135.7	97460.5	689.3
县(市)属企业	233.1			75467.5	71497.6	50784.3	737.9
集体企业	5442.8	691.2		174068.1	166055.3	141598.7	2508.3
#自治区属企业				40000.5	36891	32198	225.7
地区(州、市)属企业	270.1			20105.7	19082.2	16935.6	110.8
县(市)属企业	884.5	81.2		39082.2	38004.2	33282.3	487.3
镇属企业	276.7			12170.6	12105.1	9567.3	350.4
乡属企业	1180.9			14974.4	14952.6	9926.5	756.9
股份合作企业	3532.8			23979.1	23514.1	18257	206.2
联营企业	684.4			31319.4	29657.1	21853.8	723.8
#国有联营企业				13414.1	12031.4	7139.9	363.2
集体联营企业	239.2			6268.3	6110.1	4601.2	268.5
国有与集体联营企业	445.2			10641.1	10522.9	9278	75.5
其他联营企业				995.9	992.7	834.7	16.6
有限责任公司	186218		711.8	3623533.5	3431544.4	2788360.3	30566.3
#国有独资公司				742721.8	711693.6	594188.8	7553.7
其他有限责任公司	186218		711.8	2880811.7	2719850.8	2194171.5	23012.6
股份有限公司	118450.3	106817.6	24411.2	9304773.7	9100206.4	5673436.5	235313.5
私营企业	529837.8	550	78.3	1268527.7	1192677.1	1014371.3	12900.2
#私营独资企业	89219			162227	159776.9	123684.1	4136.6
私营合伙企业	16756.8			43070.4	42903	36522.2	677.8
私营有限责任公司	387207	550	78.3	1005869.3	933069.9	809177.1	7799.2
私营股份有限公司	36655			57361	56927.3	44987.9	286.6
港、澳、台商投资企业	1446.8	55029.4	165.1	145579.8	130169.6	106301	101.1
外商投资企业	15094.8	18270.5	44143.4	269071.3	257471.6	181840.4	3541.5
在总计中：国有控股企业	147268.7	112110.4	30089.1	13561657.4	13150195.4	9138957.5	295928.5
在总计中：农村工业	6755.6			40679.8	39884.9	28753.2	1479.7
按轻、重工业分							
轻工业	278974	73110.6	24292.4	2422241.7	2312664.8	1882297.1	51243.4
以农产品为原料	240263.5	72940.6	23468.8	2251111.7	2151486.3	1754045	49837.6
以非农产品为原料	38710.5	170	823.6	171130	161178.5	128252.1	1405.8
重工业	584823.9	108248.1	45217.4	14901312.2	14405079.1	10184985.9	280147.2
采掘工业	106099.9	98448.3	24411.2	6293932.8	6107047.1	3074740.9	110365.7
原料工业	223860	5517.2	8586.2	6850712.6	6679844.4	5765471.9	159493.2
加工工业	254864	4282.6	12220	1756666.8	1618187.6	1344773.1	10288.3
按企业规模分							
大型企业	68376.2	97644.3	24411.2	10315444	10026531.7	6527052.8	241143.4
中型企业	174158.9	55079.3	6849.9	3158790	3004933.8	2442254.4	53926.3
小型企业	621262.8	28635.1	38248.7	3849319.9	3686278.4	3097975.8	36320.9

计量单位：万元

费用合计（营业费用、管理费用）	营业利润	利润总额	从业人员劳动报酬	劳动、失业保险费	全部从业人员年平均人数	亏损企业亏损额
1853337.5	**2366500.6**	**2230533.2**	**1030590.6**	**63257.7**	**568123**	**497640.9**
1712491.7	2378328.8	2263156.6	889198.4	57088.8	449761	431474.2
140845.8	-11828.2	-32623.4	141392.2	6168.9	118362	66166.7
1802179.5	2326725.5	2189498.8	1011449.6	63014.4	556018	490576.1
315504.3	-70344.8	-110103.3	331937.6	12555.8	135981	159405
208784	-45384.6	-89407.9	264866.5	8014.4	94884	106492.3
106720.3	-24960.2	-20695.4	67071.1	4541.4	41097	52912.7
50757.3	-5786.8	-1575.1	36441.2	2943.5	16520	27672.8
33831.6	-14759.9	-16530.6	17717.5	1198	13780	18112.3
18274.8	-2651.6	-2547.3	11926.4	375.3	9970	6023.4
28549.8	-1435.9	-875.9	22701.7	1163.3	21729	6977.8
4493.7	575.5	1093.9	3710.4	337.4	2195	356
3850.1	-1342.1	-1616.2	2357.9	225.8	1954	1849.6
7313.6	-1111.4	-1428.2	4469	183	5724	2677.8
1747	523.1	510.1	2281.9	26.2	2651	270.8
4430.2	211.4	325.7	3413.2	42.5	3773	595.5
4074.8	1554.6	1566.7	2475.5	100.5	2441	555.3
10984	-3215.1	-3177.6	3542.8	360.3	2960	5136.4
7125.5	-2014.6	-1827.6	1149.1	142.4	966	2687.8
941.2	316.7	477.2	656.8	0.7	812	
1467.7	-216.2	-171.8	1431.9	37.6	661	693.2
1449.6	-1301	-1655.4	305	179.6	521	1755.4
554290.8	96116	147347.3	305935.2	16623.6	207651	167299.9
127055.3	-15417.2	23745.9	97292.2	8610.1	47673	39270.5
427235.5	111533.2	123601.4	208643	8013.5	159978	128029.4
740504.4	2257231	2083936.5	246849.8	29713.7	86453	119746.5
148184.8	46689.3	70763.2	97837	2491.3	98571	31386.3
23554.9	10013.8	8602.1	25778	309.9	26692	3227.3
4171.5	2204.1	2152.9	3961.2	79.8	4495	651.3
109059.5	34006.8	36485.6	62464.5	1937.8	62336	24974.8
11398.9	464.6	23522.6	5633.3	163.8	5048	2532.9
13736.6	11027.9	11343.3	7277.6	88.9	5157	1658
37421.4	28747.2	29691.1	11863.4	154.4	6948	5406.8
1317788.7	2250150.5	2066154.2	755359.3	54785.6	321392	385708
7558.7	3330.7	3296.5	6527.9	74.8	6954	1281.9
379504.1	10537	-3708.7	169278.4	9069.8	164685	131970.7
337398.5	16242.6	5148.5	146670.8	8237.2	146125	113718.2
42105.6	-5705.6	-8857.2	22607.6	832.6	18560	18252.5
1473833.4	2355963.6	2234241.9	861312.2	54187.9	403438	365670.2
661446.2	2072552.1	1968750.9	451041.5	27099.8	167984	87210.5
567131.1	230165.5	176206.2	283570.7	18966.1	140842	241285.8
245256.1	53246	89284.8	126700	8122	94612	37173.9
804969	2282151.6	2120540.5	460413.6	36251.8	156043	166902.4
514319.3	13207.4	41980.8	246798.1	14023.7	157275	173065.5
534049.2	71141.6	68011.9	323378.9	12982.2	254805	157673

2-6 全部工业企业

项目	企业单位数	亏损单位数	工业总产值(现价)	工业销售产值	出口交货值	年末存货	固定资产原价
煤炭开采和洗选业	351	106	305714.3	298519.2	8.3	38071.9	541545.3
石油和天然气开采业	29	12	5333576.2	5296651		340409.3	11652354
#天然原油和天然气开采	5		4406905.1	4391163		193983.1	10038108
黑色金属矿采选业	45	13	113325.7	104818.6		19309.5	76115
有色金属矿采选业	60	11	85616.6	81525.5		10540	60768.5
非金属矿采选业	185	49	41493.4	35055.6	3819.1	15773.9	45720.9
#采盐	8	2	5434.7	4705		1090.7	2830.2
其他采矿业	2		181.3	181.3			151
农副食品加工业	491	160	706872.8	663037.3	24265.8	241009.7	419278.1
#谷物磨制	161	33	135669.9	131044.8		19913.8	65767.5
饲料加工	54	17	151052.9	151613.6		25032.4	51385.4
制糖	17	6	107353.2	94737.6	458.5	76496.4	122020.6
食品制造业	240	112	401185.4	310018.5	111850.8	142162.3	433424.3
#罐头制造	42	19	222559.9	146264	100617.2	102144.7	289182.1
饮料制造业	212	118	207089.8	189727.8	2579.1	147770.4	310576.8
#酒的制造	127	72	173520.7	158542.7	166.2	133578.6	246957.3
烟草制品业	4	2	71375.6	71331.3		27303.6	45560.9
纺织业	168	102	611809.1	565394.1	37091.4	295707.5	771603.8
#棉、化纤纺织及印染精加工	92	61	497428.1	463470	15609.1	192491.6	578370.4
毛纺织和染整精加工	11	8	17154.2	19147.4	462.7	42101.7	99819
纺织服装、鞋、帽制造业	76	42	12077	12374.1	15	4049.2	8808.7
皮革、毛皮、羽毛(绒)及其制品业	28	15	44511.6	39137.1		10495.4	22395.2
#皮革鞣制加工	10	5	42409.1	37535.8		9227.9	19410.9
皮革制品制造	13	7	1269.7	1413.8		1241.8	2312.8
木材加工及木、竹、藤、棕、草制品业	119	42	53298.6	50322	4423.7	13475.6	40618.1
家具制造业	93	50	78760.7	77979.8	59888.2	16513	42321
造纸及纸制品业	139	75	114434.5	106405.8		49462.3	149172.6
印刷业和记录媒介的复制	291	146	54758.9	55113.9		10943.8	73351.5
文教体育用品制造业	7	4	332.7	301.7		57	124.3
石油加工、炼焦及核燃料加工业	86	31	3553947.2	3514765	10097.9	405856	2763425
#炼焦	15	3	37138.4	35842.8	2424.2	2829.9	34325.6
化学原料及化学制品制造业	373	169	567519	547781.6	20604.1	118670.9	510446.9
#基础化学原料制造	90	41	186880.6	184041.5	7005.8	28125.1	166586.8
肥料制造	63	26	83321.4	81168.9	423	26722.8	106940.5
医药制造业	61	34	38197.4	38006.4	2603.8	17926	53072.6
化学纤维制造业	9	4	43033	36606.9		14653	52276.6
橡胶制品业	35	15	54470.1	52287.1	632	16673.9	36488.6
塑料制品业	347	167	306958.5	297626	26134.8	124030.5	430765.5
非金属矿物制品业	923	273	562115.1	551222.9	25	134113.9	852169.2
#水泥制造	72	30	274602	271227.3		71527.1	603856
黑色金属冶炼及压延加工业	72	35	1187956.7	1180417	4200.4	151672.6	595054.9
有色金属冶炼及压延加工业	29	9	171905.8	173978.1	2541.2	26254.2	146287.5
金属制品业	278	132	160635.1	149593.6		40369.9	65091.4
通用设备制造业	213	91	102664.6	97439.6	484.7	42019.9	83256.8
专用设备制造业	123	57	63241.5	58103.8	239.5	34719	76767.9
交通运输设备制造业	147	76	97807.6	96451.6		28994.9	53967.5
电气机械及器材制造业	123	67	251538.3	247998.7	1291.5	72354.2	122311.7
通信设备、计算机及其他电子设备制造业	4	1	62354.3	59582.3	5149.4	12027.7	113496.3
仪器仪表及文化、办公用机械制造业	17	8	7303.3	7760.8		1496.6	6931.4
工艺品及其他制造业	35	14	1392.8	1428.8		743.2	2253.8
废弃资源和废旧材料回收加工业	26	15	4923.6	4696.8		1680	1754
电力、热力的生产和供应业	247	134	1011683.1	1011386		26109.3	3508748
#电力生产和电力供应	123	65	897844.8	897469.6		20612.1	3033833
燃气生产和供应业	15	8	37849.2	38331.4		2165.6	87697.1
水的生产和供应业	104	61	36298.2	35447.6		3314.9	276065.2

分行业主要经济指标

计量单位：万元

本年折旧	资产总计	负债合计	实收资本	国家资本	集体资本	法人资本
25252.1	814965.7	401917.5	324071.6	209295.6	12691.1	55208.8
808405.1	9418264.6	3984303.8	3410669.2	2150819.6	25399.4	1077757.7
711437.1	7222574.7	3007219.3	2442629.6	1196932.9	24455.5	1074148.1
4668.2	181154.7	103289.4	37581.9	13579.9	119.5	17284.8
4022.1	99887	61405.3	26873.3	13160.5	341	7166.1
3292.9	110547.5	48125.7	38616.6	13039.3	1938.7	11211.2
88.9	4885.4	3489.6	1182.6	904.4	16.6	110.3
6	228	40	160			
24826.1	905143.1	562758.4	251543.1	58166.4	16681.9	87867.5
3525.9	110825	57532.2	40721.7	13814.1	946.7	15803.2
2629	112322	49068.7	37522.1	7819.1	3483	15191.6
7424.9	177342.9	138750.3	34425.1	22310.8	5760	793.8
24492.4	737092.3	548284.5	159492.2	17588.8	4718.7	84252.1
15862.8	447241.8	376125.3	61402.8	2841.5		53499
20580.9	629594	385182.7	194046.4	40688.9	5837.4	91720.5
13756.6	520704.6	323789.4	144087.2	40335.5	3137.8	59094.7
2411	93835.1	55490.5	22520.8	18142.1	1500	2868.7
38749.3	1121701.4	818846.3	408502.3	170890.2	11616.8	145855.5
31930.2	775240.1	547946.7	281423.2	117085.8	11264.7	98459.7
3428.9	169785.9	171486.8	58895.8	32758.7	7.1	22933.7
589	17056	12369.9	7535.4	3832.9	633.7	1120.8
1979.6	50037.6	30735.3	12643.1	2.3	366.7	4847.5
1155.2	43643.5	24722.3	10815.9			4789.5
391.1	5611.9	5101.4	1739.9	2.3	342.7	36
2886.1	68416.2	33530.7	29164.1	3612	59.5	7343.5
2406.6	135149.8	23786.7	45842.8	898.4	317.6	18258.7
6861	278997.1	165629	61458	25509.5	1664.9	21640.8
5385.5	84229.6	41616	35987.4	15304.7	2565.1	8033.1
5.3	5564.6	5316.2	968			656.8
156213.7	2480058.8	945465.8	554047.8	475507.8	5983.6	47546.3
893.8	62747.2	28525.4	24051.8			19900.7
32169.5	904008.5	473528.1	311163.1	169385.8	10800.4	61104.2
10406.8	267672	178360.1	77624.9	40424.9	1663.9	16594.1
6597.9	195278.6	68113.6	110425.7	85874.1	2892.1	10758.9
2765.2	126967.7	80730.5	49422.6	9619.4	253.5	25238.2
2764.5	104772	46394.7	51033.5	4850		43660.8
1260.4	85754.6	54788.5	15910.7	150	8	13945.2
21859.7	834813.5	463357	277045.2	177263.6	3782.8	44877.2
47552.1	1531517.3	844018.7	430481.7	85547.9	12983.5	216741.4
31162.4	873538.9	550953.9	200068.9	57350.2	3325.3	110868.1
45264.1	974693.5	449411.6	336775.7	225156.2	4721.8	64263.4
9547.4	215832.5	133119.7	60803.7	17292	1787.8	32585.8
3783.6	174498.9	101729.4	67198.6	4377.6	7823.5	29064.9
4461.6	208321.4	131421.6	62731.5	2319.1	5250.3	20840.5
5060.2	169358.7	139134.1	33549	9041.4	1652.5	15294.8
3034.2	142366.3	101839.6	45530.4	10650	1038.7	18814.2
6163.3	504288.8	293272.2	84449.9	5802.6	1746.3	51333.7
4334.6	143413.5	103689.5	11719	770		7564
500.6	13038.4	6594.4	3206		563.4	555.4
117.3	3672.9	1993.3	1759.3		248.9	513.5
138.3	6362.3	2737	3178.9	65	136	200
233999.9	3333612.8	2486303.6	610640.7	390295.9	7607.6	147120.4
205301.7	2769806.1	2115206.3	438915.3	313105.3	2463.9	113898.6
6553.7	161150.7	87561.3	65788.2	43764.2		11080.1
12104	295392.9	115064.9	118105.5	92286.7	7616.5	12979.3

2-6 续表 1

项目	个人资本	港澳台资本	外商资本	营业收入		产品销售成本	产品销售税金及附加
				合计	产品销售收入		
煤炭开采和洗选业	46876.1			324887.2	291537.9	194144.1	6114
石油和天然气开采业	34637	97644.3	24411.2	5740686	5593596.1	2743245	99864.4
#天然原油和天然气开采	25037.6	97644.3	24411.2	4339211	4227408	1494840	86082.5
黑色金属矿采选业	6597.7			114408.7	111997.3	69817.3	2529.4
有色金属矿采选业	5401.7	804		80130.7	78350.4	49648.9	626.7
非金属矿采选业	12427.4			33640.2	31385.4	17798.3	1208.2
#采盐	151.3			4462.9	4452.4	1827.5	388.4
其他采矿业	160			180	180	87	23
农副食品加工业	70347.1	11177.8	7302.4	740340.6	714460.8	615534.6	3979.1
#谷物磨制	10157.7			134929.8	131522.4	120414.2	291.6
饲料加工	6914.6		4113.8	156059.2	154579	118502.9	2284.4
制糖	5560.5			104376.3	99331.4	76543.9	952.4
食品制造业	47619	2483.9	2829.7	314699.1	304812.5	214476	1269.8
#罐头制造	4814.3		248	150362.8	149141.8	104142.6	303.2
饮料制造业	39305.9	5474.4	11019.3	176275.3	169059	99355	14711.2
#酒的制造	36139.8	99	5280.4	144605.7	139277.6	80432	14607.4
烟草制品业	10			72582.4	72169.1	29743	26703.6
纺织业	32013.2	48126.6		600617.1	571034.2	537370.4	1710.1
#棉、化纤纺织及印染精加工	17502.6	37110.4		489696.4	465950.7	451559.8	1369.3
毛纺织和染整精加工	1402.6	1793.7		18615	17999.4	16825.7	38.8
纺织服装、鞋、帽制造业	1948			13466.3	13018.3	10882.2	123.6
皮革、毛皮、羽毛(绒)及其制品业	7369.6		57	38774.4	36031.7	31252.2	105
#皮革鞣制加工	6026.4			37204.9	34484.7	30014.8	88.9
皮革制品制造	1301.9		57	1503.5	1490.7	1210.4	13.6
木材加工及木、竹、藤、棕、草制品业	15035.6		3113.5	48670.7	47818.7	42025.1	343.3
家具制造业	22511.3	3856.8		93322	80406	64161.4	194.2
造纸及纸制品业	10926.8	1716		110785.4	104276.3	85657.6	695.8
印刷业和记录媒介的复制	9979.4	105.1		57508.5	54298.7	42805.4	506.7
文教体育用品制造业	311.2			305.3	305.3	218.9	4.4
石油加工、炼焦及核燃料加工业	22775.8	440	1794.3	3581334	3514699.4	3068592	142050.6
#炼焦	2416.8		1734.3	37145.7	36358.1	20705.5	112.3
化学原料及化学制品制造业	62054.7	4941.5	2876.5	601941.1	578657.4	453887.3	4305.6
#基础化学原料制造	14147.1	2250	2544.9	192258.9	186728.9	135568.1	1647.8
肥料制造	9955.7	827.8	117.1	83072.2	81653.5	63274.2	492
医药制造业	12133		2178.5	39605.2	37403	23328.1	309.6
化学纤维制造业	2522.7			33945.1	33077.9	26434.1	74.1
橡胶制品业	1787.5		20	75573	51027	43327.4	549.9
塑料制品业	49345.1		1776.5	489564.1	477697.4	420725.6	2056.9
非金属矿物制品业	108861.4	2788.5	3559	542123	534835.9	425619.1	3911.3
#水泥制造	27747.8	363.5	414	269666.8	266920.9	210492.2	1115.9
黑色金属冶炼及压延加工业	42049.3		585	1269043	1201102.1	985678	3735.4
有色金属冶炼及压延加工业	8590.1		548	171623	169505.8	145590.3	453
金属制品业	23747.8	939.8	1245	153519	149107.4	132409.6	837.1
通用设备制造业	34105.6		216	107923.1	96230.6	79054.2	932.5
专用设备制造业	6474.3	90	996	79485.2	67236.8	52266.8	563.9
交通运输设备制造业	14547.5		480	129238.4	98125.6	87448.4	594.3
电气机械及器材制造业	25413.8		153.5	265261.6	260984.6	216233.6	1051.5
通信设备、计算机及其他电子设备制造业	3215		170	62097.3	56871.2	35238	543.8
仪器仪表及文化、办公用机械制造业	1908.8		178.4	9469.5	7944.6	5123.8	57.8
工艺品及其他制造业	996.9			1537.3	1524.3	1149.6	19.4
废弃资源和废旧材料回收加工业	2777.9			4644.3	4622.3	3901.8	49.6
电力、热力的生产和供应业	64846.8	770		1042825	1028895.8	959070.5	8163.9
#电力生产和电力供应	8677.5	770		927338.1	916062.9	864140.9	7470
燃气生产和供应业	6943.9		4000	58377.6	33945.8	23288.7	156.9
水的生产和供应业	5223			43145.5	39511.3	30693.1	261

计量单位：万元

费用合计（营业费用、管理费用）	营业利润	利润总额	从业人员劳动报酬	劳动、失业保险费	全部从业人员年平均人数	亏损企业亏损额
70455.1	21488.1	19396.9	77720.5	4058.6	56844	7286.3
542359.9	2019338.8	1915967.5	349481.3	22330	93934	77561.5
402675.7	2042079.5	1987773.6	129137.4	18965.7	32531	
22834.7	12981.2	13199.4	7974.8	287.2	4602	547.9
15007.5	15635.2	16135.6	9802.6	119.3	6196	549.5
10739	3088.8	4031.5	6044.7	304.7	6374	1265.3
1853.3	345.5	317	1153.5	14.9	1109	99.8
50	20	20	17.6		34	
74510.1	8423	11851.6	27135.5	1722.1	25738	16784.2
8652.4	3203.9	3556.7	3934.7	102.4	3816	1302.1
11722.4	3395.9	6446.5	2930.3	57.6	2495	972.5
20816.3	3253.7	3135.1	8274.2	849.5	7092	2745.2
71292.7	12106.9	9923.8	17989.9	638.5	13804	12990.4
42410.6	2908.3	1563.7	5609.2	123.5	4106	8473
53745.4	9627	5373.5	16951.2	546.7	13252	18071.1
40691.6	10577.2	7553.8	13795.6	415.8	10488	12633.6
9237.1	6649.4	5943.7	1792.2	722.1	573	408
78563	-33853.2	-45633.9	52817.2	2748.3	65342	57024.8
53260.6	-34049.9	-32197.5	38417.8	1970.8	50281	37459.8
7656.8	-6654.9	-6658.5	3583	180.9	3301	6724.2
2177.3	174.2	-132	2275.4	141	2326	567.7
3270.4	1590.7	1573.3	1390.3	38.8	1350	252.2
2750.9	1750.3	1785.5	1063.7	1.8	950	34.4
474.4	-152.4	-207.1	306.1	15.9	372	212.7
5391.1	373.5	996.5	3848.7	38.2	4925	1071.1
11033.9	6128.4	8235.2	5553.4	97.5	4236	1447.7
15791.4	2847.6	4379.6	11183.6	580.6	10619	2187.3
12040.5	4.9	-276	9261.9	938.1	7393	2772.5
677	-539.6	-575.5	702.5	3.6	1003	590.7
163480.2	156225.5	49568.5	57286.5	6771	21222	85423.6
1467.8	10969.7	10991.6	2727	21.1	2115	63.4
86682.1	38677.6	37980.9	44778.1	3503.4	26129	7375.9
33425	17280.8	13942.8	15631	1077.5	9695	2862
14332	4302.5	5479.1	8781.2	1192.5	4999	2049.2
14014	-85.9	180.2	4011	187.6	2987	5870
4891.8	2015.7	2004.7	1755.8	56.8	1788	967.2
6909.4	97.6	35.3	4258.1	85.5	3136	225.5
41669.4	16255.9	18741.3	19861.2	1346.1	16136	4319.2
110333.6	3535.6	32312.7	57461.2	2573	51645	32065.4
70723.2	-13378.7	-9094.1	28227	983.8	22915	27307.1
57775.8	159920.4	158394.5	40530.7	1277.6	21877	6057.5
17784.5	5401.2	9533.3	7912.6	473.3	5119	1986.8
21522.6	2122.9	2465.3	12078.4	609.1	9866	3084.8
19120.7	842.8	626.4	13187.9	805.7	9972	4136.3
19515.7	-2949.5	-3312.5	7517.5	551	5769	9201
18021.3	-2224	-2467	12186	867.6	7793	5795.6
37812.6	7662.1	17041.3	11175.5	272.6	6384	3077.2
12320.5	9278.1	8552.1	5765	109.5	2436	35.7
2493.7	1375.9	1451.1	936.7	80.5	675	224.7
344.9	203.1	59.9	345.5	28.4	562	38.6
453.4	240.4	119.8	400.5	53.4	397	108.5
189740.3	-113022.6	-65573.3	115531.4	7860.6	48016	115699.8
166531.3	-108522	-67352.3	104492.8	7337.4	40271	106963.4
14241.2	-190.2	-378.8	3495	28.9	1651	1898.7
15033.7	-4966.9	-7213.2	8172.7	400.8	6018	8670.7

2-7 各地、州、市、县（市）

项目	企业单位数	亏损单位数	工业总产值(现价)	工业销售产值	出口交货值	年末存货	固定资产原价
全疆总计	**5807**	**2460**	**16560208.6**	**16158806.4**	**317945.7**	**2658900.6**	**24532217.3**
乌鲁木齐市	1387	830	4506589.8	4443877.9	159602.6	846529.9	5509833.2
乌鲁木齐县	53	20	7625.9	7612.6		1589.9	12189.7
克拉玛依市	214	86	5351618.2	5312119.7	7673.7	392999.4	8182733.5
石河子市	258	121	410645.3	390916.7	37427.2	173872.7	585142.3
阿拉尔市	5	1	4764.4	4048.5		1486.7	7485.5
图木舒克市	7	1	6494.9	7058.9		1470.7	20659.1
五家渠市	24	6	29841.7	27016.6	2160.8	13840	34589
吐鲁番地区	187	109	983408.3	960290.6	2388.3	94559.8	2092144.1
吐鲁番市	77	50	74093.4	69068.9	2100.6	24399.8	172094.9
鄯善县	71	38	881148.1	863566.5		60045.5	1888415.9
托克逊县	39	21	28166.8	27655.2	287.7	10114.5	31633.3
哈密地区	182	92	319999.8	309664.4	11918.7	67494.8	500012.6
哈密市	142	78	294642.1	286461.3	11918.7	63420.4	485917.8
巴里坤哈萨克自治县	33	9	16220	14256.3		3755.9	11699.8
伊吾县	7	5	9137.7	8946.8		318.5	2395
昌吉回族自治州	1019	323	1359448.8	1301973.5	36539.4	292005.8	1304740.2
昌吉市	322	122	492042.3	479135.6	22090.6	135433.5	481282.9
阜康市	114	36	157003.3	155497	4200.1	13772.3	175481.9
米泉市	224	59	377847.2	355834.2	423	58135	185558
呼图壁县	134	25	122376.4	119162.1	2085.1	24584.7	118546
玛纳斯县	84	29	144153.6	131578.1	7695.6	36072.1	262633.2
奇台县	46	19	32631.8	31754.4	45	8829.6	34318.6
吉木萨尔县	61	23	26979.6	22006.8		12882	35250.2
木垒哈萨克自治县	34	10	6414.6	7005.3		2296.6	11669.4
伊犁哈萨克自治州	1008	365	1019587.1	964670.5	29829.8	309957.5	1432864.9
伊犁州直属县(市)	517	183	616647.6	586173.5	14842.1	197814.1	805963.5
伊宁市	167	77	139852.1	135777.7	803.5	35920.9	279746.3
奎屯市	106	51	193799.9	187162.5	6741.8	60208.1	217020
伊宁县	45	11	66563	65131.6		17532.7	114692.3
察布查尔锡伯自治县	47	12	15324	15051.9	77.5	1558	12692.1
霍城县	40	9	59116.5	52119.9	3887.1	25076.9	77057.6
巩留县	58	7	13995.4	13883.7		3604.7	13493.4
新源县	12	4	99212.2	90265.6	1439	45995.6	76421.6
昭苏县	18	5	21924.2	20855.2	1893.2	6597.9	8349
特克斯县	7	4	1292.6	1281.6		20.5	1342.7
尼勒克县	17	3	5567.7	4643.8		1298.8	5148.5
塔城地区	327	103	264948.5	248019.1	14987.7	83367	397881.1
塔城市	25	17	23716.2	21411.9	67	4412.6	75188.3
乌苏市	59	22	64094.5	60450	5731.5	22312.2	82888.4
额敏县	30	11	46747.7	46103.4	458.5	19736.3	54774.4
沙湾县	107	39	85244.5	75867.2	8730.7	28642	114745.2
托里县	60	1	19241.3	19318.7		2469.1	21244.7
裕民县	14	1	1962	1529.7		924.2	1578.9
和布克赛尔蒙古自治县	32	12	23942.3	23338.2		4870.6	47461.2
阿勒泰地区	164	79	137991	130477.9		28776.4	229020.3
阿勒泰市	58	32	51956.7	50981.7		12515.8	117105.3
布尔津县	19	9	10400.1	10402		2372.2	23132.3
富蕴县	23	3	55744.6	50406.1		9474.1	51050.8
福海县	20	14	8897.5	8543		2778.8	23571.7
哈巴河县	17	10	5758.9	5490.6		843.4	5211.4
青河县	17	8	2395	2083.4		169.6	4598.6
吉木乃县	10	3	2838.2	2571.1		622.5	4350.2

全部工业企业主要经济指标

计量单位：万元

本年折旧	资产总计	负债合计	实收资本	国家资本	集体资本	法人资本
1576467.1	**27165760.3**	**14344783.4**	**8262217.2**	**4478676.3**	**160457.1**	**2508417.4**
356727	7308903.7	3976657.6	2289879.4	1371909.4	38940.2	524015.5
751	17858.4	9207.1	8825	993.8	1223.6	3120.8
541957.2	6678341.7	2651358.1	2227906.1	1434804.1	28644.9	651221.1
36031	1132458.1	745460.3	230978.5	100320.5	1341.8	89936.5
340.8	13003.8	5612.4	4076.8	1726.8		2300
1248.5	33581.2	19398.5	14505.9	9822.9	706.7	3976.3
2085.8	50744.1	41884.7	15177.2	10837.8	150	2792.9
142566.9	1712649.4	691248.5	602776.7	413545.6	9207.2	129085
12167.6	219739.3	121360	47336.3	21363.7	1947.2	6104.5
127351	1443988.4	538933.1	539653.4	391236.1	5551.7	117133
3048.3	48921.7	30955.4	15787	945.8	1708.3	5847.5
28581	674545.5	436746.5	168357.1	91691.2	1707.3	57826.8
27814.2	644978.6	417070.6	161238	87616.7	1293.6	56880.8
569.2	22484.5	17329.8	4495.6	1642	413.7	946
197.6	7082.4	2346.1	2623.5	2432.5		
75252.4	2246966	1438664.2	542469.8	55078.1	25016.2	291262.7
25230	1081087.1	696144.5	223036.2	10238.2	683.2	150173.5
9125.2	292909.6	160429.8	90587.4	18695.7	394.8	49012
10009.1	349855.9	185595.4	109079.1	9057.1	6744.1	42672.2
7965.1	153151.5	104778.5	45930.1	3286.9	7625.9	22725.3
18043.2	247125.3	205506	39742.8	10721.4	6458	16929.7
1944.1	46612.1	32205.4	13385.5	2361.2	1618	4367.5
2096.5	59666.6	42305.9	15526.3	367.5	1255.6	2730.7
839.2	16557.9	11698.7	5182.4	350.1	236.6	2651.8
94918.6	2009574	1286369.1	548538.1	245303.5	20645.5	160268.5
55258.7	1134817.7	688845.2	327769.6	150560.9	15213.3	85076.7
23651.2	320001.6	235516.9	82182.1	41039.9	6463.4	22939.6
12266.9	336333.3	206398.4	82375.2	41929.4	230	22535.4
7918.4	125578.6	75034.3	49486.6	19962.2	1135	25457.4
577.9	17729.4	4537.7	9519.2	264.2	1411.9	3704.8
4619.4	108670.3	69335.7	29050.4	15517.4	2041	383.1
770.4	21626.5	4561.2	9617	224.3	344.7	4500
4729.4	175459.6	77296.9	57826.1	29159	3432	3081.8
460.3	17662.5	10141	3078.4	727.3	98	500
93.1	2897.2	1712.3	914.3	129.2	30	246.8
171.7	8858.7	4310.8	3720.3	1608	27.3	1727.8
26670.2	582493.6	400661.3	133588.5	49338.7	4018.8	51381
8802.1	82108	70663.8	12030.8	10137.8	333.2	474.1
5792.4	103551.6	78462.8	14486.5	682.1	2126.8	6871.1
2502.5	126263.1	59083.2	28019.7	14462.7	102.5	9737.9
6071.8	164949.4	127646.7	43577.3	9933.9	256.1	23804.3
692.6	40837.2	23249.4	13895.7	7711.7	52	
81.8	3098.3	1238.2	1392.9	243.8	99.9	859
2727	61686	40317.2	20185.6	6166.7	1048.3	9634.6
12989.7	292262.7	196862.6	87180	45403.9	1413.4	23810.8
6576.6	140674.9	116056.4	31227.1	17793.2	514.1	8725.1
1059.3	26358.5	13493.5	13250.2	78.7	9	11542.7
2828.5	81408.7	48470.3	14877.4	11017.7	759	1904.3
1286.9	28021.9	8536.4	22601.4	16193.3	12.1	321.3
433.9	7707.1	5327.7	2539.3	121.7	60	1317.4
541.8	3480.1	1859.5	1234.7	199.3	10.2	
262.7	4611.5	3118.8	1449.9		49	

2-7 续表 1

项目	企业单位数	亏损单位数	工业总产值(现价)	工业销售产值	出口交货值	年末存货	固定资产原价
博尔塔拉蒙古自治州	109	43	119765	114238.1		44850.3	153566.2
博乐市	69	30	101012.6	97339.1		40154	128381.6
精河县	26	10	14753	13659.4		3415.3	21871.9
温泉县	14	3	3999.4	3239.6		1281	3312.7
巴音郭楞蒙古自治州	464	229	1722711.5	1632557.7	27988.2	236537.5	3338635.1
库尔勒市	217	112	1455062.5	1431940	4767	142197.1	3040140.6
轮台县	39	19	87093.7	54319.3	24.4	12263.8	38065.3
尉犁县	36	18	39767.7	37715.3	6729.1	16337.6	71329.3
若羌县	14	8	16808.8	13156.1	109	7811.8	28929.5
且末县	13	9	2336.7	1989		386.4	8839.6
焉耆回族自治县	36	16	25840.8	14662.9	1676.4	12796.1	44618
和静县	54	20	55321.2	47142.4		26921.1	54713.8
和硕县	35	18	18661.9	16157.8	4646.2	8231.3	17129.1
博湖县	20	9	21818.2	15474.9	10036.1	9592.3	34869.9
阿克苏地区	401	106	475733.3	456800.6	2417	117164.2	687406.5
阿克苏市	137	39	188708.7	181694.9		58284.4	325679.4
温宿县	40	12	15166.9	15054.8		4123.2	23860.5
库车县	97	21	187168.5	178131.6	2417	40922.6	205950.9
沙雅县	17	8	9540.6	9000.1		3472.8	14328.2
新和县	19	9	8216.6	7157.4		2432	5114.8
拜城县	51	7	56290	55295.3		3846.8	91444.3
乌什县	9		476.2	444		308.6	1927.6
阿瓦提县	23	6	8349.8	8210.5		3625.3	15255.2
柯坪县	8	4	1816	1812		148.5	3845.6
克孜勒苏柯尔克孜自治州	56	14	21027.3	20471.2		3980.6	35457.9
阿图什市	29	8	14336	13702.7		2503.1	13356.5
阿克陶县	20	3	3318.2	3346		669.9	11531.7
阿合奇县	3	1	139	131.4		22.2	173.3
乌恰县	4	2	3234.1	3291.1		785.4	10396.4
喀什地区	358	78	177777.7	166051.2		33627.1	440220.1
喀什市	131	18	105561.1	102056.3		10222.4	353487.7
疏附县	30	8	6023.4	5587.5		1055.9	11046.3
疏勒县	24	8	20796.9	19257.6		7549.9	19198.2
英吉沙县	16	4	5479.1	4766.7		1396.5	8915.6
泽普县	28	6	10434	10094		3222.7	10204.9
莎车县	31	6	7497.8	4371		4756.6	9865.8
叶城县	39	10	6892.6	6165.8		732.3	9662.4
麦盖提县	12	5	1857.7	1697.3		627.7	2968.7
岳普湖县	9	1	4161.8	4207.9		766.8	1688.9
伽师县	16	5	2286.8	2038.1		386.6	4286.6
巴楚县	17	6	6463.3	5485.8		2909.7	8335.8
塔什库尔干塔吉克自治县	5	1	323.2	323.2			559.2
和田地区	128	56	50795.5	47050.3		28523.6	206727.1
和田市	34	19	29707.9	26452.9		24952.4	135984.1
和田县	19	6	8631.7	8328.4		1203	52121.7
墨玉县	11	1	965	981		105.3	2515.1
皮山县	16	10	1202.2	1204.9		205.1	2427.3
洛浦县	24	4	9094.7	8923.1		1867	10104.7
策勒县	12	7	419.4	385.9		72.5	521.5
于田县	8	6	437.2	436.7		77	2378.8
民丰县	4	3	337.4	337.4		41.3	673.9

计量单位：万元

本年折旧	资产总计	负债合计	实收资本	国家资本	集体资本	法人资本
7721.2	217346.7	152487.3	54978.5	29909	1818.1	12930.5
6199.4	189710.2	138267.5	43444.9	23833.8	467.8	9872.9
1186.1	23120.9	11944.6	9508.2	5896.7	626.1	2626
335.7	4515.6	2275.2	2025.4	178.5	724.2	431.6
204496.7	3298183.8	1691992.8	1118895.7	524216.6	10476.2	453088.6
188922.9	2801539.9	1408712.4	953679.7	457892.9	9136.1	385701.9
2097.1	61312	28211	17908.1	174.7	190	14212.9
3694.5	96355	54615.2	26862.6	373.6	330	24501.1
2161	80384.7	15380.4	61155.8	57142	90	952.8
363.3	7940.4	7300.4	1363.2	937.2	121.4	88.5
1781.5	77346.7	49103.7	18860.7	1224.2	50.1	9861.6
2458.1	96378.5	68259	22687.2	4776.2	357.7	14312.4
927.1	34374	24094.2	9217.2	1452.7	123.2	916.2
2091.2	42552.6	36316.5	7161.2	243.1	77.7	2541.2
36829.1	981042.5	566819.5	246896.2	89252.8	6378.4	89275.7
19968.9	459231.3	242805.6	111136.2	45980.5	4336.6	42574.7
1413.8	39566.1	23821.9	13024.4	4894.7	247.2	3391.7
5748.2	307605.1	216445.3	65540.5	34041.6	1235.3	11082.2
812.9	25546.6	12615.2	8804.4	620		1880
254.8	22506.2	6064.9	5828.6	1497.1		2609.3
7230.1	93685.6	48305.2	30010.2	2112.7	460.1	25212.9
60.9	3796.6	769.7	1695.8		94.7	412.3
1031.3	23140.6	13021	7195.7		4.5	2109.4
308.2	5964.4	2970.7	3660.4	106.2		3.2
3346	45567.3	36037.5	12907.4	4421.7	1044.8	4131.7
848.8	23512.2	16137.8	7603.1	1693.3	719.3	3252.2
1339	12354.4	9906.4	3137	606.1	325.5	834.5
1.3	213.7	60.4	147.5	102.5		45
1156.9	9487	9932.9	2019.8	2019.8		
33359.3	509198.4	419858.4	105520.5	34256.9	13326.1	26093.8
28666.8	372022.4	337795.2	49481.4	26211.5	1020.2	4948.2
511.3	14537.3	7437.9	7978.3	1618.1	1707.3	1238.4
900	36168.5	22084.5	14088.1		814.8	10727.5
622.5	12040.9	7892.8	5894.9	2655.1	64.8	1850
784	15787.5	5518.3	6080.3	818.4	1125.7	3400.9
262.2	18557	18556.2	3127.4	481.9	1135.3	
593.3	12138.5	5041.1	5616.6	373.7	143.3	3154.3
234.5	4905.9	2742.9	2119.9	1098.3	110	68
102.7	4210.9	2338.5	874.5	442.5	10	50
51.6	5346.8	3107.5	1232.1	50	462.7	332
609.1	12282.6	6499.5	8670.9	486.3	6732	224.5
21.3	1200.1	844	356.1	21.1		100
11005.6	253654.1	184188	78353.3	61579.4	1053.7	10211.8
7685.7	174922.7	156378	27566.9	16948.4	164.8	8963.7
2314.2	55431.7	15584.1	42492.8	41314.8	178	60
102.6	3365.1	349.3	1778.6	426.7	7.2	
98.9	2417.6	1436.7	995.2	255.2	22.3	338.6
646.7	13506.5	8152.4	3509.6	1391.4	541.4	569.5
25.9	632.1	247.6	431.3	163.8	138	
125.9	1686.1	1172.2	752.2	607.4	2	
5.7	1692.3	867.7	826.7	471.7		280

2-7 续表 2

项目	个人资本	港澳台资本	外商资本	营业收入合计	产品销售收入	产品销售成本	产品销售税金及附加
全疆总计	**863797.9**	**181358.7**	**69509.8**	**17323553.9**	**16717743.9**	**12067283**	**331390.6**
乌鲁木齐市	286064.3	46182.1	22767.9	4781615.5	4521958	3568987.7	79047
乌鲁木齐县	3486.8			7421	7349.9	5923.1	150.7
克拉玛依市	42400.9	55921.2	14913.9	5534326.3	5415265.1	3658729.8	138753.9
石河子市	28250.3	8964.9	2164.5	570425.7	560022.7	469944.6	2724.3
阿拉尔市	50			5947.5	5936.6	6202.6	7.6
图木舒克市				6714.8	6653.5	6838.2	3.4
五家渠市	1396.5			26480.7	26019.3	23000.1	188.9
吐鲁番地区	18513	27911.8	4514.1	1147054.2	1125846.9	750322	16694.2
吐鲁番市	1715.3	15205.6	1000	106683	100900.5	100566.3	558.5
鄯善县	9512.3	12706.2	3514.1	1013443.1	999022.1	628544.6	15621.6
托克逊县	7285.4			26928.1	25924.3	21211.1	514.1
哈密地区	14438.7	1403	1290.1	316844	303551.1	241536.8	3294.4
哈密市	12753.8	1403	1290.1	294249.5	280966	228958	2877.3
巴里坤哈萨克自治县	1493.9			13627.9	13621.7	9617.2	199.5
伊吾县	191			8966.6	8963.4	2961.6	217.6
昌吉回族自治州	162057	2558.5	6497.3	1350850.1	1310447.1	1109785.7	10210.1
昌吉市	60332.8	363.5	1245	503960.1	493189.5	426711.9	4478.8
阜康市	20202.6		2282.3	169797	155032.6	116335.6	1024.1
米泉市	45440.7	2195	2970	357329.8	346500.2	298776.5	1710.8
呼图壁县	12292			126707.2	125154.2	110765.2	1243.5
玛纳斯县	5633.7			130258.2	129200.2	107429.9	797.6
奇台县	5038.8			33925.8	32665.7	27762.5	256.5
吉木萨尔县	11172.5			22039.1	22020.1	16141.1	484.9
木垒哈萨克自治县	1943.9			6832.9	6684.6	5863	213.9
伊犁哈萨克自治州	117212.9	2284.7	2823	1012586.9	991505	784202.1	41499.9
伊犁州直属县(市)	73834.7	261	2823	623631.1	609955.9	475923.7	36614
伊宁市	9039.2		2700	140733.7	137400.4	121187.8	1505.4
奎屯市	17680.4			215035.9	213030.6	159187.9	27209
伊宁县	2932			61130.3	60023.6	46026.1	325.4
察布查尔锡伯自治县	3754.3	261	123	15409	15108.5	11036.8	1514.7
霍城县	11108.9			54703.1	50841	42152.8	572.2
巩留县	4548			14162.4	13776.7	9240.7	233.3
新源县	22153.3			94545.4	93356.7	63992.6	5069
昭苏县	1753.1			22057.7	20766.8	19236	89.6
特克斯县	508.3			1338.6	1194.5	1031.8	3.1
尼勒克县	357.2			4515	4457.1	2831.2	92.3
塔城地区	27056.3	1793.7		257814.6	253044.7	212459	3662.4
塔城市	1085.7			18494.9	18260.4	24730.7	148.7
乌苏市	4806.5			63480.4	62138.5	48003.4	1724.8
额敏县	1922.9	1793.7		48278.5	45766	37347.8	320.9
沙湾县	9583			87664.6	87387.9	75800.4	451.4
托里县	6132			16966.6	16730.6	10286.5	418.9
裕民县	190.2			1486.7	1456.7	1324.8	23.1
和布克赛尔蒙古自治县	3336			21442.9	21304.6	14965.4	574.6
阿勒泰地区	16321.9	230		131141.2	128504.4	95819.4	1223.5
阿勒泰市	4194.7			51235.5	50122.8	43845.5	295.7
布尔津县	1619.8			9451	9374.4	6919.1	77.2
富蕴县	1196.4			53377.7	52192.2	30649	664.4
福海县	6074.7			8605.4	8439.3	8192	59.5
哈巴河县	1040.2			4267.4	4231.5	3126.4	82.3
青河县	795.2	230		1818.2	1814.2	1243.6	29.8
吉木乃县	1400.9			2386	2330	1843.8	14.6

计量单位：万元

费用合计（营业费用、管理费用）	营业利润	利润总额	从业人员劳动报酬	劳动、失业保险费	全部从业人员年平均人数	亏损企业亏损额
1853337.5	**2366500.6**	**2230533.2**	**1030590.6**	**63257.7**	**568123**	**497640.9**
488997.2	355940.8	267928.4	234874.6	15395.4	133428	206700.9
1612.8	-230.8	-257.4	1705.6	11.8	2202	711.5
356696.9	1152333.7	1056499.4	299822.7	10880.8	87436	70774.3
69823	9914.4	12291.8	34993.4	3867.7	25383	14031.2
513.7	-643.1	-652.9	206.9	11.1	271	838.9
1059.9	-1219.7	-1063.9	574.4	14.1	490	1384.2
5115.5	-2098.6	-2004	2360.9	226.1	3556	2702.8
61062.1	301326.1	291386.4	74472.4	5933.5	30483	26563.7
12943.1	-11436.3	-11077.2	9782.8	1225	6422	13305.4
43246.7	313006.8	302766.9	61587.4	4643.2	21193	10392
4872.3	-244.4	-303.3	3102.2	65.3	2868	2866.3
52228.7	9133.3	7700.8	44341	4247.9	26624	11538.5
45239.3	6486.5	5292.2	41466.5	4133.4	23914	11056.3
3569.4	279.6	28.6	2652	113.6	2505	330
3420	2367.2	2380	222.5	0.9	205	152.2
174532.2	23569.8	38702	81006.5	2501	65556	39328.7
73700	-9647.1	4138.3	25121.2	625.1	19330	21218.6
19217.6	20906.7	21170.7	13727.6	634	9926	1469
33373.2	13946.9	15976.6	16441.2	538.9	15170	2015.1
15803.4	-1752.8	-1353.1	7319.3	78.8	8077	4887.9
17577.2	4059	3576.3	11666.5	189	6947	2526.6
6117.2	-1307	-1431	2707.8	261.5	1973	2241.7
6573	-1272.5	-1916.8	2750.5	112	2947	3216.4
2170.6	-1363.4	-1459	1272.4	61.7	1186	1753.4
170078.8	6845.5	7606.9	97138.4	4314.8	78579	62753.7
93455.9	9506.3	11253.1	51769.4	2487.6	41503	32456.9
25053.7	-8758	-9814.6	16143.8	496.5	13571	17178.2
27327.6	-1316.3	363.8	10657.8	1423.6	7252	10759.2
14245.3	-197.3	2849.7	6560.7	118.7	6292	1244.4
2034.5	1440.9	739.8	1333.7	15	1529	453.3
8131.8	588.6	618	4189.4	188.2	3817	1216.2
1075.7	3312.4	3574.4	1423.8	16.7	2315	194.8
12933.4	13695.5	13253.2	9490.3	173.2	4145	681.5
917.5	714.2	-310.6	1158.7	27.4	1547	548.2
287	-53.4	-77.8	144.4	5.1	233	84.4
1449.4	79.7	57.2	666.8	23.2	802	96.7
52716.8	-5971.2	-6525.1	30929.9	871.7	26740	21300
5992.1	-10693.3	-11261.8	3009.8	388.8	2370	11302.5
11614	2872.7	2072.6	6784.9	109.2	5131	4100.3
6958.1	2283.2	2637.5	3090	104.7	2788	1037.4
13755.8	128.8	-327.4	8647.5	146.1	7892	2642.9
5150.5	958.9	1217.5	4846.7	21.6	4310	42.6
270.1	274.1	397.4	240	1.5	301	0.1
8976.2	-1795.6	-1260.9	4311	99.8	3948	2174.2
23906.1	3310.4	2878.9	14439.1	955.5	10336	8996.8
11530.5	-5639.6	-5761.2	4908.6	654.3	3968	7065.6
2134	-67.8	259.1	1114.3	98.5	730	125.5
6929.4	9733.2	9197.3	5925.7	80.3	3258	266.7
1161.3	-848.3	-737.3	916	29.2	739	814.9
1107.8	-36.4	-109.1	686.3	23.7	642	508.1
486.3	211.7	124.8	505.8	32	615	102.6
556.8	-42.4	-94.7	382.4	37.5	384	113.4

2-7 续表 3

项　目	个人资本	港澳台资本	外商资本	营业收入 合计	营业收入 产品销售收入	产品销售成本	产品销售税金及附加
博尔塔拉蒙古自治州	10320.9			108084.5	107199.4	96872.6	570.1
博乐市	9270.4			88503.8	87693.4	79183.2	445.9
精河县	359.4			16278.5	16208.3	14600.3	112.2
温泉县	691.1			3302.2	3297.7	3089.1	12
巴音郭楞蒙古自治州	87331.4	31001.5	12781.4	1733218.3	1651519.4	764982.5	29175.5
库尔勒市	57908.5	31001.5	12038.8	1511390.9	1434891.2	599002.1	27266.7
轮台县	3330.5			60757.6	60254.9	43664.2	688.3
尉犁县	1657.9			42168.3	41204.9	33354.9	175.3
若羌县	2971			13826.7	13026.6	8980.8	366.4
且末县	216.1			1929.9	1842.8	1593.9	12.5
焉耆回族自治县	6982.2		742.6	16108.4	14875.9	11695	176.7
和静县	3240.9			54276.5	53030.4	41299.1	317.2
和硕县	6725.1			17085.7	16913.6	13783	142.2
博湖县	4299.2			15674.3	15479.1	11609.5	30.2
阿克苏地区	56415.9	5131	442.4	486810.8	455256.9	354268.6	6100.3
阿克苏市	17192	610	442.4	202823.1	189999.6	147946	1151.2
温宿县	4490.8			14286.7	13470.5	9534.7	608.3
库车县	19181.4			184410.5	177480.2	138564.7	3577.1
沙雅县	2166	4138.4		9291.4	8919.8	7702.2	57.9
新和县	1339.6	382.6		18502.6	8096.9	8028.4	22.1
拜城县	2224.5			48045.1	48038.9	34439.4	378.6
乌什县	1188.8			225.1	208	120	13.2
阿瓦提县	5081.8			6045.4	5866.9	5439.4	39.3
柯坪县	3551			3180.9	3176.1	2493.8	252.6
克孜勒苏柯尔克孜自治州	3309.2			20400.9	20071.6	17531.3	160.1
阿图什市	1938.3			13154.2	13092.8	11253.9	82.5
阿克陶县	1370.9			3422.6	3201.5	3240.1	54.4
阿合奇县				128.5	110.5	51.8	4.8
乌恰县				3695.6	3666.8	2985.5	18.4
喀什地区	30528.5		1315.2	168209	164185.9	168358.6	2361.2
喀什市	17301.5			104735.8	102122.3	116133.1	1595.4
疏附县	3414.5			5003	4979.1	4489.5	106.7
疏勒县	2545.8			19706.3	18983.8	16411.3	79.7
英吉沙县	1325			4907	4905.1	4137.5	39.7
泽普县	735.3			9187.8	9009.3	8547.2	170.6
莎车县	1510.2			4908.9	4700.9	3905.7	72.9
叶城县	1531.3		414	6139	6024.5	4214.1	107.6
麦盖提县	843.6			1232.8	1184.4	1025.9	69.7
岳普湖县	372			3871.4	3871.4	2916.6	26.1
伽师县	387.4			2616.3	2616.3	2023.4	60.3
巴楚县	326.9		901.2	5577.5	5465.6	4547.2	30
塔什库尔干塔吉克自治县	235			323.2	323.2	7.1	2.5
和田地区	5508.4			53984.7	52305.4	45719.8	599.7
和田市	1490			32404.1	31409.2	31222.2	307.9
和田县	940			8745.8	8327.8	5834.2	101
墨玉县	1344.7			1044.9	887.7	871.1	10.4
皮山县	379.1			1004.4	982.8	759.7	26.7
洛浦县	1007.3			9567.5	9524	6165.1	123.3
策勒县	129.5			393.9	393.9	244.2	5
于田县	142.8			469.4	425.3	410.2	12
民丰县	75			354.7	354.7	213.1	13.4

计量单位：万元

费用合计 (营业费用、 管理费用)	营业利润	利润总额	从业人员 劳动报酬	劳动、失业 保险费	全部从业人员 年平均人数	亏损企业 亏损额
13240	-4910.2	-4525.5	10185	585.2	9688	7066.7
11170.2	-4624.2	-4361	8227.2	489	7712	6559.2
1750.7	-210.1	-147.8	1711.2	57.8	1698	403.2
319.1	-75.9	-16.7	246.6	38.4	278	104.3
348574.2	514601.8	508794.1	82597.6	12514.8	46764	23126.5
312005.5	497422.6	491136	65870.9	11656.4	29864	17634.4
3953.6	12652.9	12758.7	2097.2	41.3	1885	781.5
6727.6	1875.8	1936	3636.8	137.2	5092	325.9
3720.4	843.5	537.9	2299.3	38.1	1772	421.4
639.9	-297.4	-270.4	395.6	45.4	387	288.9
4744	-816.8	-789.7	1663.4	33.9	1512	1382.7
9485.1	2904.2	3830.4	4153.8	521.2	3781	536.2
2371.3	779.3	699.5	1659.7	20.5	1835	203.6
4926.8	-762.3	-1044.3	820.9	20.8	636	1551.9
67459.2	32994.2	38623	34407.2	1417.3	27453	5422.4
36125.8	7316.9	13991.4	19162.3	563.6	14897	1398.2
3682.6	207	212.2	2834.4	59.8	2300	618.1
17571.4	21478	21472.1	4926.2	407.9	3932	825.8
777.4	193.5	-71.9	476.7	14.9	537	156.2
834.7	-556.5	-865.3	286.7	2.5	277	969.6
7299.6	3954.9	3874.3	5937.4	334.7	4552	541.7
137	71.6	68.9	88	3.6	119	
717.7	-172.3	-319.9	532.9	20	636	685.2
313	501.1	261.2	162.6	10.3	203	227.6
6202.4	-760.3	-1017.5	2198.4	127.4	2981	2005.7
2150	-114.2	-8.8	840.7	24.6	933	363.9
2826	-621.5	-526	623.6	17	920	1088.4
52	10.4	-4.6	35.9	0.7	53	8.4
1174.4	-35	-478.1	698.2	85.1	1075	545
24286.1	-24838.2	17117.9	22314.1	878.5	20625	11079.2
13062.9	-25038.6	17801.9	13856.3	694.3	10153	6071.6
747.3	111.7	-408.2	983.5	30.9	1459	683.4
2284.7	461.4	786.5	1699	21.2	2030	836.3
1951	-396.7	-226.2	907.1	34.7	817	384.6
1424.8	-1114.7	-1131.7	1323.6	16.7	1636	1243.5
749.1	72.6	-105.5	977.2	8.1	1341	400.8
1272.2	600.9	402.3	1237.6	46.1	1560	281.1
178.5	-65.3	-235.9	210.7	4.7	220	361.9
303.5	610.3	475.7	201.4		282	74.7
389.2	186.3	90.3	322	5.9	506	82.1
1872.9	-530	-518	469.5	15.9	541	652.9
50	263.9	186.7	126.2		80	6.3
13467.6	-5688.9	-6853.7	9097.1	342.1	8806	12323.5
8949	-7815.4	-7641.4	5664.6	301.1	5126	10175.7
2557.9	159.6	-141.6	1525	18.7	1254	809.2
156.4	-4.4	-17.3	260.3	3	217	63
181.9	60.1	41.4	268.5	1	506	39.4
1233.4	2044.4	2007.5	1033.7	13	1253	87.2
154	-9.3	-12.6	75.7	1	174	16
123.1	-140.2	-140.9	189.8	4	184	145.9
111.9	16.3	-948.8	79.5	0.3	92	987.1

2-8 分行业国有及国有控股

项目	企业单位数	亏损单位数	工业总产值(现价)	工业销售产值	出口交货值	年末存货	固定资产原价
煤炭开采和洗选业	39	20	167768.3	163334.7	8.3	27694.6	383776
石油和天然气开采业	8	2	5299072.1	5262108		339218.6	11634192
#天然原油和天然气开采	5		4406905.1	4391163		193983.1	10038108
黑色金属矿采选业	9	2	90106.6	85031.6		11545	52019.2
有色金属矿采选业	11	3	51097.7	50021.7		6980.2	35835.6
非金属矿采选业	20	9	20496.5	15807.3	109	8417.2	24499.8
#采盐	6	2	5409.7	4678.2		1085.5	2821.9
其他采矿业							
农副食品加工业	52	19	180209.2	171193.4	2226.1	81846.8	129643.5
#谷物磨制	19	8	40389.1	39183.2		6644.2	31141.3
饲料加工	8		32242.9	32782.9		6461.6	10332.3
制糖	8	2	59392.6	52933.7	458.5	49076.2	51417.3
食品制造业	28	11	137283.2	104179.7	49266.8	42863.5	152936.4
#罐头制造	7	3	97769.1	67157.6	41579.3	36161.5	129911.9
饮料制造业	18	10	67599.1	69323.2		48459.3	85436.2
#酒的制造	14	7	65794.2	67790.6		48042.5	84422.9
烟草制品业	2	1	71374.3	71329.6		27303.4	45524.9
纺织业	30	23	218824	189915.2	25091.1	149201.9	370701.5
#棉、化纤纺织及印染精加工	16	13	164392.9	147000.1	5128.5	77651.1	231643.7
毛纺织和染整精加工	8	6	14325.4	14921.9	462.7	35723.1	87183.2
纺织服装、鞋、帽制造业	10	6	7216	7554.3	15	2359.4	5912.1
皮革、毛皮、羽毛(绒)及其制品业	1	1	45.9	45.9		13.3	35.4
#皮革鞣制加工							
皮革制品制造	1	1	45.9	45.9		13.3	35.4
木材加工及木、竹、藤、棕、草制品业	5	3	2922.3	2719		2095.2	10101.4
家具制造业	4	3	1010.1	1077.4		549.2	2623.7
造纸及纸制品业	13	5	58688.6	53302.2		24084.9	96502.1
印刷业和记录媒介的复制	48	27	25726.6	26126.6		3528.2	45884.8
文教体育用品制造业							
石油加工、炼焦及核燃料加工业	12	4	3327971.9	3319655	7673.7	371456.3	2639176
#炼焦							
化学原料及化学制品制造业	39	10	355467.3	340504	4574.5	53543.9	350464.4
#基础化学原料制造	12	4	145962.4	145234.2	4554.8	17376.2	124252.4
肥料制造	8	1	46651	46642.4		7591.1	85813
医药制造业	11	3	14365.2	14043.7	1032.8	8392.4	25959.7
化学纤维制造业	3	2	6861	5534.4		3161.8	25574.5
橡胶制品业	2		47825	46352	632	15030	33664.9
塑料制品业	27	9	170510.9	162218.9	21660.6	84675.8	346020.8
非金属矿物制品业	58	26	195707.7	194247.7		54299.7	394267.7
#水泥制造	22	12	117988.9	115779.6		38953.5	319923.1
黑色金属冶炼及压延加工业	11	6	1012915.7	1013788	4200.4	99195.3	524363.8
有色金属冶炼及压延加工业	7	1	85448.3	86933.3	2243.5	12122.7	55629.3
金属制品业	13	5	18095.3	18797.9		4483.1	9261.2
通用设备制造业	15	4	22637.4	22423.3		6212.6	10804
专用设备制造业	24	14	36364.5	34850.9	239.5	26221.7	61294.6
交通运输设备制造业	18	10	75596	73195.4		19093.2	35995.3
电气机械及器材制造业	14	10	34380.2	35035.9		9286.3	17220.2
通信设备、计算机及其他电子设备制造业	1		444.3	278.7		135.5	231.2
仪器仪表及文化、办公用机械制造业							
工艺品及其他制造业							
废弃资源和废旧材料回收加工业	1		96	96			100
电力、热力的生产和供应业	117	69	924997.3	925592.1		23117.1	3199519
#电力生产和电力供应	76	50	860506.3	860844.2		19739.3	2912271
燃气生产和供应业	4	2	28122.1	28697.8		1658.7	53889.4
水的生产和供应业	80	47	30792	30006.5		2758.5	244633.7

工业企业主要经济指标

计量单位：万元

本年折旧	资产总计	负债合计	实收资本	国家资本	集体资本	法人资本
15123.5	595287.4	292126.6	244779.8	208390.1		34281.6
807207.1	9376742.7	3963181.1	3396137.7	2150441	24455.5	1074148.1
711437.1	7222574.7	3007219.3	2442629.6	1196932.9	24455.5	1074148.1
2942.7	126326.4	70664.1	29961.2	13579.9		16381.3
2067.4	59962.3	42581.8	13360.5	13160.5		200
1357.9	41465.8	24294.3	16342.1	13028.5	161	2862.9
87.9	4860.4	3488.9	1166.8	904.4	0.8	110.3
6476.5	233904.1	157848.4	71422.7	55692.4	160	10245
1079.4	36043.3	19471.6	18001.6	13814.1		2155
460	36528.1	16180.6	9135.1	6382.1		1750
3573.9	97391.1	71142.9	24149.9	22310.8		793.8
8220.1	277866	196293.3	61640.6	17584.8	1657	41460.2
6680.1	223253.9	162213.2	43805.5	2841.5		40473.8
3791.1	192918.7	108119.2	67935.7	40688.9	100	9940
3753.4	190381.2	107088.7	67377.9	40335.5	100	9840.1
2402.7	89732.2	53114.2	21010.8	18142.1		2868.7
18132	543652.4	444653.8	238645.3	170795	57.1	42583.7
13579	297741.1	239390.6	139987	117057.6		20958.3
3276.9	147719.7	148284.2	54679.6	32758.7	7.1	18846.7
239.1	9471.2	7337.3	4413.5	3832.9		580.6
2.3	86.7	52.5	2.3	2.3		
2.3	86.7	52.5	2.3	2.3		
1131.7	14753.7	11752.4	3672	3612		50
118.5	2710.9	1328.2	863.8	863.8		
3444.5	174802.3	94951.5	34942.1	25459.7		9000
2764.6	41937.1	21042.7	17625.6	15299.7	32.8	2187.1
151744.2	2236502.7	815179.4	477878.7	474687.8		2600
20092.4	543794	272600.2	202040.7	168691.1	909.2	15561.2
7610	196706.6	136364.9	49049.9	40125.1		8528.1
4646.4	135266.6	33852.4	91963.5	85789.1	26	3658.4
684.3	51287.8	28965.8	15769.4	8169.4		4921.9
769.3	46656.4	20264.9	29931.9	4850		24660.8
1110.4	78958.7	51117.7	13614.1	150		13330
16260.3	607336.3	331076.6	206356.9	176811.8	210.6	16288.9
19055.6	647460.7	386278.8	144593	78734.2	732.1	43830.4
15002.8	499007	303842.4	105856.7	55768.1	102.3	32768.6
41406.5	800390.4	332961.3	287691.4	223656.2	1308.4	43571.8
4068.8	96054.7	57837.6	32285	17268		11270.5
605.5	19537.5	10423.8	10022.7	3893.2		5913
600.9	29605.9	15926.4	5102.4	2159.2	438	1972.1
2647.6	123236	106805.8	20153.8	9008.2	50.4	9145.5
1908.6	84478.3	66940.7	24225	10650		13330
893.3	54785.1	32349.2	18225	4302.6		9337
18.7	1360.2	342.5	1000	770		
	100		100	65		
214896.1	2957879.1	2260455.4	491633	388948	755	99972.8
197941.4	2641369.9	2061039.7	394509.5	312554.9		81931.7
5159	111504.2	56815.3	46081.2	42270.2		3811
10231.3	261208.7	102911.1	97198.4	92206.7	1581.3	410.4

2-8 续表 1

项目	个人资本	港澳台资本	外商资本	营业收入合计	营业收入产品销售收入	产品销售成本	产品销售税金及附加
煤炭开采和洗选业	2108.1			190738	168795.8	115297.8	1786.9
石油和天然气开采业	25037.6	97644.3	24411.2	5703230	5558945	2717674	99087.4
#天然原油和天然气开采	25037.6	97644.3	24411.2	4339211	4227408	1494840	86082.5
黑色金属矿采选业				87547.8	87201.1	53055	2028.6
有色金属矿采选业				48885.1	47523.6	30772.6	358.9
非金属矿采选业	289.7			15023	14100.8	8213	637.3
#采盐	151.3			4436.1	4425.6	1808.6	388.2
其他采矿业							
农副食品加工业	4014.8		1310.5	188311.6	181746.6	136159	519.5
#谷物磨制	2032.5			39777.3	37558.3	35023	34.1
饲料加工	635.2		367.8	35436.4	34689.7	10849.5	
制糖	1045.3			61036.2	58154.6	43633.2	446.8
食品制造业	836.9		101.7	109461.9	104464.9	71315.9	433.9
#罐头制造	490.2			69193.8	69075.2	45487.8	74.5
饮料制造业	16306.8		900	62080.2	60770.6	34764.7	6177.8
#酒的制造	16202.3		900	60547.7	59238.1	33611.5	6166
烟草制品业				72580.7	72167.4	29741.7	26703.1
纺织业	13292.5	11917		208719.9	193680.5	191290.9	554.5
#棉、化纤纺织及印染精加工	1021.1	950		159549.7	147544.8	151614.4	458
毛纺织和染整精加工	1273.4	1793.7		14272	13824.4	13074.2	26.8
纺织服装、鞋、帽制造业				8172.7	7887.5	6732.3	37.9
皮革、毛皮、羽毛(绒)及其制品业				48.5	48	34.8	0.5
#皮革鞣制加工							
皮革制品制造				48.5	48	34.8	0.5
木材加工及木、竹、藤、棕、草制品业	10			2637.3	2524.2	2278.2	15.6
家具制造业				1124.3	1104.3	1087.7	25.5
造纸及纸制品业	482.4			56970.5	51816.7	39850.5	443.6
印刷业和记录媒介的复制	6.9	99.1		27876.6	26005.5	19871	131.1
文教体育用品制造业							
石油加工、炼焦及核燃料加工业	390.9	200		3322796	3287477.7	2889587	139683.4
#炼焦							
化学原料及化学制品制造业	16673.2	150	56	375680	365899	276644.9	2497.9
#基础化学原料制造	340.7		56	150112.1	148115.1	105388	1331.4
肥料制造	2490			48720.4	47935.8	33904.1	316.4
医药制造业	847.4		1830.7	14488.6	13031.5	8150.1	96.8
化学纤维制造业	421.1			6398.1	5534.4	5080.8	10
橡胶制品业	134.1			69323	44890.9	37909.9	488.8
塑料制品业	13045.6			351093.3	345778	306840.2	1417.3
非金属矿物制品业	19196.3	2100		197758.5	193288.5	155319.7	682.7
#水泥制造	17217.7			116548	114350.3	91152.3	409.5
黑色金属冶炼及压延加工业	18720		435	1101269	1034404.1	834626.1	3101.3
有色金属冶炼及压延加工业	3698.5		48	86046.4	85224.7	70856.3	153.7
金属制品业	216.5			20674.2	20129.2	17484.1	117.1
通用设备制造业	533.1			23505.7	22933.4	20474.5	164.5
专用设备制造业	953.7		996	53835.6	41868.3	31473.4	229.8
交通运输设备制造业	245			78469.3	73815.7	66555.9	329.2
电气机械及器材制造业	4585.4			36192.3	35489	27700.6	152.2
通信设备、计算机及其他电子设备制造业	230			291.8	275.1	181.3	3
仪器仪表及文化、办公用机械制造业							
工艺品及其他制造业							
废弃资源和废旧材料回收加工业	35			96	96	76	2
电力、热力的生产和供应业	1957.2			955531.1	943438.4	888496.9	7527.7
#电力生产和电力供应	22.9			888675.8	877825.8	834578.9	7163.8
燃气生产和供应业				47282.3	23797.1	16346.2	112.3
水的生产和供应业	3000			37518.7	34041.9	27014.5	216.7

计量单位：万元

费用合计（营业费用、管理费用）	营业利润	利润总额	从业人员劳动报酬	劳动、失业保险费	全部从业人员年平均人数	亏损企业亏损额
44064.8	6079.3	5242.6	49612.7	3640.2	31837	4137.8
538338.6	2015290.9	1911949.9	345911.7	22285.3	91623	76741.9
402675.7	2042079.5	1987773.6	129137.4	18965.7	32531	
17645.4	9717	10107	5813.1	250.5	2572	347.2
7744.8	8966.8	9655.5	7340.1	74.5	3874	124.5
5696.9	463.8	526	3153.4	189.7	2977	843.3
1846.8	344.3	315.8	1136	14.9	1067	99.8
24275.4	5315.6	5859.3	9394.1	1147.4	8439	3156
2915.6	8	258	1439.4	36.9	995	930.2
3212.1	1950.3	2141.1	711.5	19.6	590	
11816	3694.2	3867.6	4619.4	628.7	3908	352.2
23989.9	10891	9512.9	6677.6	266	4589	690.2
15817.3	7798.9	7778	1901	14.1	1373	96
16194.4	6214.2	4486.3	7353.8	206.9	4548	5609.4
15780	6260.9	4520.3	7159	184.5	4392	5553
9235.7	6650.9	5945.2	1791	722.1	571	406.5
39258.2	-27940.2	-40011.6	22210	2285.5	26779	41159.8
23615.6	-24679.1	-23806.3	14879.3	1628.1	19959	24231.6
5556.5	-4973.6	-4997.4	2820.1	165.5	2506	5012.5
1220.3	-1	-119.1	1201.9	81.7	1138	338.9
93	-79.8	-86.9	18.8		29	86.9
93	-79.8	-86.9	18.8		29	86.9
859	-584.5	-323.6	352.7	9.2	296	335.1
442.8	-428.8	-368.9	331.9	7.4	310	401.9
9429.4	2562.2	3222.1	5310.9	338.5	4881	276.3
6974.4	-550.1	-666.7	5017.9	503.3	3432	1466.7
144238.5	128608.4	21763.8	47787.8	6604.5	15249	84096
53423.9	34878.2	31191.3	28318.6	2779.4	13336	2126.7
24321	17633.1	14230.8	11312.1	955.6	5508	1298.5
8620.7	5311.1	5551.3	6318.6	1160.2	2881	7.1
4953.3	261.4	1257.9	2230.6	126.7	1407	1542.2
1645.5	-869	-875	361.6	11.5	356	920.2
6043.6	200.4	204.9	3566.1	53.3	2473	
27795.7	11411.6	12108.2	10809.6	1096.7	7585	1417.3
45660.5	-5621.6	-7181.4	22841.1	1666.2	16036	23508.5
34503.2	-11139.1	-14581.2	16555	759.2	12327	22298.2
46063.8	156045.9	154819.7	29152.2	1199.7	14844	651.4
9107.8	5302.2	8456.7	4509.4	409.2	2210	25.1
2739.8	31.9	272.3	1849.4	127.4	1201	237.5
2488.4	316.6	133.3	2901.4	148.6	1868	565.4
15332.8	-4094	-4197.2	4728.6	394.2	3447	8354.9
11730.9	-3666	-3807.1	8089.4	602.8	4690	5118.9
4827	3022.9	3213.5	1865.9	65.6	1091	1001.7
94.2	13.3	13.3	130.7	1.5	87	
	18	18	8.6		10	
172383.6	-112109.6	-68167.8	104699.2	7165.6	41414	111356.8
159057.7	-110960.7	-70453.3	98265.2	6905.3	37594	105387.5
11183.3	-1338.1	-1514.8	2911	7	1202	1525
12613.1	-4829.3	-6485.4	7106.5	317.5	4991	7138

2-9 分行业国有工业

项目	企业单位数	亏损单位数	工业总产值（现价）	工业销售产值	出口交货值	年末存货	固定资产原价
煤炭开采和洗选业	27	14	33061.4	33510.6	8.3	5096.2	70649.6
石油和天然气开采业	3	2	892167	870945		145235.5	1596084
#天然原油和天然气开采							
黑色金属矿采选业	5	1	21839.3	19769.9		991.2	4039.7
有色金属矿采选业	8	1	44763.1	43874.2		6430.7	32952
非金属矿采选业	9	5	9640.2	5901.1	109	4562.9	11708.9
#采盐	3	2	271.3	256		120.3	503
其他采矿业							
农副食品加工业	17	8	30257.2	30104.4		17231	26619.5
#谷物磨制	9	5	3668.1	3027.2		1106.5	6465.7
饲料加工	2		347.3	293.8		426	181.2
制糖	1		860.9	776.4		5008.1	230.1
食品制造业	12	6	17483.2	15996	6137.5	3661.9	12528.1
#罐头制造	4	3	2974.2	2473.3		1409	3045.2
饮料制造业	5	2	942.8	856.6		8077.8	13311.5
#酒的制造	5	2	942.8	856.6		8077.8	13311.5
烟草制品业	2	1	71374.3	71329.6		27303.4	45524.9
纺织业	10	8	76242.8	66913.5	4620.6	50684	142436.7
#棉、化纤纺织及印染精加工	7	6	73120.3	63818.1	4620.6	46422.8	118280.7
毛纺织和染整精加工	2	2	3094	3063.4		4244.4	24128.4
纺织服装、鞋、帽制造业	7	3	5823.8	6111.8	15	1585.4	3864.6
皮革、毛皮、羽毛(绒)及其制品业	1	1	45.9	45.9		13.3	35.4
#皮革鞣制加工							
皮革制品制造	1	1	45.9	45.9		13.3	35.4
木材加工及木、竹、藤、棕、草制品业	2	2	2287.5	2090.2		1790	8910.6
家具制造业	3	2	635.1	612.5		246.2	616.6
造纸及纸制品业	5	2	1067.7	867.8		4144.9	6600.9
印刷业和记录媒介的复制	39	21	19480.3	19923.7		3039.4	40548.9
文教体育用品制造业							
石油加工、炼焦及核燃料加工业	4	2	12768.3	11837	7673.7	2193.6	9239
#炼焦							
化学原料及化学制品制造业	12	5	23207.2	22564.7	1810.2	8679.5	27192.3
#基础化学原料制造	3	2	13997	12820.7	1810.2	5902.7	17789.7
肥料制造	2		2059	2407.7		193.4	419.7
医药制造业	2		7525.7	7282.1	725.5	2247.9	12787.9
化学纤维制造业							
橡胶制品业	1		4000	4000		694.6	1255.1
塑料制品业	9	4	30609.3	29714.3		8440.9	163385.6
非金属矿物制品业	20	12	34649.2	34733.4		14377	70089.2
#水泥制造	10	7	20565.8	19561.7		11299.7	57973.3
黑色金属冶炼及压延加工业	3	1	8806.3	8403.5		1385.3	4460.1
有色金属冶炼及压延加工业	2		52597.7	52830.8		5074	43815.1
金属制品业	7	3	12713.1	13700.6		2610.6	7193.1
通用设备制造业	8	2	5680.5	5558.7		4679.9	5411.7
专用设备制造业	16	10	20507.7	19716.1		10000.2	25170.8
交通运输设备制造业	10	5	10973.4	11168		2150.7	9411.9
电气机械及器材制造业	6	6	4130.8	4834		1585.7	4473
通信设备、计算机及其他电子设备制造业							
仪器仪表及文化、办公用机械制造业							
工艺品及其他制造业							
废弃资源和废旧材料回收加工业							
电力、热力的生产和供应业	64	39	425927.5	425834.9		6259.1	1061265
#电力生产和电力供应	41	28	395141.3	395182.9		5120.2	937798.4
燃气生产和供应业	3	1	27838.4	27838.4		1648	39529.1
水的生产和供应业	72	41	28547.3	27761.8		2618	196231.9

企业主要经济指标

计量单位：万元

本年折旧	资产总计	负债合计	实收资本	国家资本	集体资本	法人资本
2724.5	142218	89727.7	31367.2	31315.5		
95770	2154168	955961.8	953508.1	953508.1		
295.2	15076.5	8523.3	2803	2803		
1832.9	51499.5	35639.9	12060.5	12060.5		
623.6	19136.1	12273.8	6434.5	5551.7	0.8	875.6
18.2	556.2	1106.2	404.8	397.6	0.8	
848.6	46019	38310.8	12339.2	11734.4		537.2
185.8	6084.7	2703.1	3139.3	3139.3		
16.2	694	513.2	51	51		
9.2	7005.7	5927.7	859.4	475.1		316.7
780	27492.6	25701.7	5985.6	5890.9		76.7
122.6	4018.5	5476	2671.5	2671.5		
648.7	20283.7	22952.5	3970.2	3970.2		
648.7	20283.7	22952.5	3970.2	3970.2		
2402.7	89732.2	53114.2	21010.8	18142.1		2868.7
9227.2	204192.4	197812.8	113590	111600.7	7.1	521
7719	165506.4	152373	86225.6	85658.3		5
1497.6	38552.8	45306.8	27274.4	25852.4	7.1	516
134.2	6685.5	5264.9	2634.4	2634.4		
2.3	86.7	52.5	2.3	2.3		
2.3	86.7	52.5	2.3	2.3		
1091.8	11648.7	10706.4	1690.8	1690.8		
25.3	1040.6	260.7	336.6	336.6		
236.1	36242.2	16042.8	9425.6	9425.6		
2306.8	36447.4	18255	15099.1	15048.9		43.3
1340.7	61254.2	24948.9	12625.8	12584.9		
811.5	51122.9	37856.6	19982.4	19482.4		500
501.7	34303.2	26751.6	13629.1	13629.1		
18.1	2711.8	1392	742.3	742.3		
262.3	24290.1	13648	4103.4	4103.4		
42.1	2060.2	1287.6	284.1	150		
4566.1	179012	63238.7	162338.8	162140.8		
2704.8	116152.4	64862.6	44699.1	38204.6		5599
2336.7	92958.4	51181.3	34795.3	30454.2		3445.6
198.5	11216.8	4827.2	1847.1	1847.1		
3206.8	58069.3	32688.2	23743.7	15817.9		7925.8
334.3	12675.6	6476.8	7646.7	2736.7		4900
340.3	16064.8	6552.7	2289.1	2143.7		145.4
990.6	45053.3	33399.5	7475	7378.7		96.3
582.3	16339.6	12672.6	7443.9	7140.6		303.3
175.2	11896.4	11288.8	3581.3	3581.3		
63817.3	1029069.5	725961.5	203979.2	198874.6		5104.6
55659.2	895255.2	645243.5	163897.2	159039.2		4858
4433	96499.4	44603.5	42270.2	42270.2		
9548.3	205247.2	94196	57146	55271.1	1521.3	353.6

2-9 续表 1

项　　目	个人资本	港澳台资本	外商资本	营业收入合计	营业收入 产品销售收入	产品销售成本	产品销售税金及附加
煤炭开采和洗选业	51.7			34911.3	33879.2	20484.3	356.8
石油和天然气开采业				1364019	1331537	1222834	13004.9
#天然原油和天然气开采							
黑色金属矿采选业				20942.7	20882.6	7730.9	521
有色金属矿采选业				43128.2	41813.4	26636.4	299.7
非金属矿采选业	6.4			6017.5	5271.4	3323.3	200.5
#采盐	6.4			261.9	261.5	134.6	12.7
其他采矿业							
农副食品加工业	67.6			38331.1	36699.2	32359.7	58.6
#谷物磨制				3023.6	2911.4	2435.1	1.6
饲料加工				1040	293.8	225.2	
制糖	67.6			6600.6	6375.8	4889.3	37
食品制造业	18			16737.6	16647.7	12828.8	169.5
#罐头制造				2473.3	2473.3	2469.3	4.2
饮料制造业				831	816.9	452.8	148.5
#酒的制造				831	816.9	452.8	148.5
烟草制品业				72580.7	72167.4	29741.7	26703.1
纺织业	1461.2			77191.5	67367.4	69451.2	179.7
#棉、化纤纺织及印染精加工	562.3			75100.6	65559.3	68000.9	175.5
毛纺织和染整精加工	898.9			2060.6	1777.8	1435.9	3.9
纺织服装、鞋、帽制造业				6482.9	6454.6	5397.8	26.4
皮革、毛皮、羽毛(绒)及其制品业				48.5	48	34.8	0.5
#皮革鞣制加工							
皮革制品制造				48.5	48	34.8	0.5
木材加工及木、竹、藤、棕、草制品业				2091.4	2090.2	1933.8	10
家具制造业				633	613	544	4.9
造纸及纸制品业				2801.2	2390.5	2084.3	52.2
印刷业和记录媒介的复制	6.9			21628.7	19771.8	14011.4	124.9
文教体育用品制造业							
石油加工、炼焦及核燃料加工业	40.9			16094.6	11111.1	7644	13.7
#炼焦							
化学原料及化学制品制造业				25539.7	24027	20555.7	107.6
#基础化学原料制造				15994.4	14586.4	13008.1	86.8
肥料制造				2407.9	2407.9	2060.1	
医药制造业				8562.2	7249.7	4394.5	60.9
化学纤维制造业							
橡胶制品业	134.1			3743.6	3700	3141.2	0.4
塑料制品业	198			35880.6	31278.5	28848.3	32.4
非金属矿物制品业	895.5			36300.3	35785.3	31333.8	257.1
#水泥制造	895.5			20199	20035.3	17809.5	113.2
黑色金属冶炼及压延加工业				7834.3	7623.7	5923.5	32.4
有色金属冶炼及压延加工业				52088.1	51861.4	39376.6	100.8
金属制品业	10			13560.6	13469.2	11949.8	34.4
通用设备制造业				5888.2	5498	4772.3	49.1
专用设备制造业				24982.9	24153.4	18289.7	131.3
交通运输设备制造业				12674.3	11793.1	9730.9	104.7
电气机械及器材制造业				5435.6	5198.1	4565.9	33.2
通信设备、计算机及其他电子设备制造业							
仪器仪表及文化、办公用机械制造业							
工艺品及其他制造业							
废弃资源和废旧材料回收加工业							
电力、热力的生产和供应业				443269.6	439724.9	439244.5	2380.6
#电力生产和电力供应				411990.9	409105.1	412304.8	2227.3
燃气生产和供应业				46422.2	22937.7	15711.1	110.6
水的生产和供应业				35197.1	31755.2	25322	196.8

计量单位：万元

费用合计（营业费用、管理费用）	营业利润	利润总额	从业人员劳动报酬	劳动、失业保险费	全部从业人员年平均人数	亏损企业亏损额
13004.7	1235.1	2446.4	11313.1	224.7	8859	1461.3
135662.9	-26788.6	-75823.7	216774.3	3319.6	59092	76741.9
4238.4	3748.2	3498.3	514.7	22.3	322	13.4
7373.9	7851.2	8665.8	7170.1	58.8	3732	8.4
1899.3	525.2	577	1157.5	34	1152	116.5
121.5	-94.5	-98.6	41.1	1.6	46	99.8
5333.7	-323.4	-213.6	2299.3	516.8	2564	1397.8
860.4	-324.7	-237.8	514.4	8.9	278	439.4
112.7	10.1	9.5	48.9	0.1	44	
1241.3	553.9	553.9	189.4	142.2	157	
2939.7	728.5	193.1	1713.4	41	1449	283.8
95.8	-96	-96	300.6	9.9	251	96
982.8	-750.9	-2174.4	268.8	66.8	1017	2174.4
982.8	-750.9	-2174.4	268.8	66.8	1017	2174.4
9235.7	6650.9	5945.2	1791	722.1	571	406.5
14399.7	-16664.6	-15826.9	8887.1	1595.2	12176	16187.9
13234.2	-15735.5	-15014.5	8317.6	1550.3	11665	15375.5
1152.3	-929.1	-812.4	561.6	43.9	502	812.4
969.4	78.4	1	953	29.8	915	218.8
93	-79.8	-86.9	18.8		29	86.9
93	-79.8	-86.9	18.8		29	86.9
680	-532.4	-269.1	190.9	8.1	155	269.1
88.7	-3.6	27.7	150.5	1.2	125	5.3
780	-447.5	-35.5	603.1	148.6	946	39.7
6431.3	-433.9	-274	4665.2	483.3	3218	947.5
3122.5	535.9	2506.2	734.1	25.5	619	23.6
4866.7	-1317.2	-1081.8	2750.2	373.8	2140	1909.4
3144.6	-1452.5	-1093.9	1892.7	304.2	1399	1107.6
281.5	29	43.6	165.1	-1.4	95	
2688.7	659.1	2475.5	1456.5	23.1	725	
52.1	4.3	2	72.8	0.8	91	
3281.6	-363.2	-478.7	3463.2	29.3	1822	661.1
8286.2	-4229.7	-2456	7202.3	714.6	4866	2795.9
6045.2	-4117.9	-2639	4403.1	130	3470	2731.7
772.9	958.5	816.2	949	3.8	461	63.1
7516.2	4948.6	6953.9	3703.8	392	1699	
1690.6	-151.1	111	949.9	92	841	181.5
1178.1	-303	-378.4	956.1	111.8	1011	546.9
4610.2	1458	1382.5	2382.5	355.9	1861	969
2348.1	119.9	-669.5	3855.9	187.7	2308	1111.9
1534.8	-802.9	-814.7	381.3	13.3	396	814.7
47676.4	-41686.8	-38413.7	35856.2	2718.5	15141	42660.4
42110.1	-40738.9	-38803.7	32760.5	2579.8	13267	40844
10435.6	-813.8	-988.9	2700.1	4.2	1115	999.1
11330.4	-4154.2	-5719.3	6052.9	237.2	4563	6309.2

2-10　分行业集体工业

项　　目	企　业 单位数	亏　损 单位数	工业总产值 （现价）	工　　业 销售产值	 出　口 交货值	年末存货	固定资产 原　　价
煤炭开采和洗选业	84	23	23357.9	23158.4		2423.1	25951.4
石油和天然气开采业	1	1	115.1	115.1			310.6
#天然原油和天然气开采							
黑色金属矿采选业	4	1	220.1	218.1		5.8	91.6
有色金属矿采选业	3	1	3382.3	2294.3		686.7	936.4
非金属矿采选业	30	9	2385.2	2356.9		238.4	2277.2
#采盐	1		2.3	2.3			5.8
其他采矿业							
农副食品加工业	28	9	2718.1	2389.9		846.5	2482.9
#谷物磨制	16	4	572.5	535.9		31.4	803.3
饲料加工							
制糖							
食品制造业	11	4	2118	2051.3		351	5569
#罐头制造	1		148	148			16.5
饮料制造业	15	9	1939.5	1246.3		1270.7	2800.5
#酒的制造	6	4	1418.6	708.3		769.9	1179.5
烟草制品业	1						
纺织业	14	10	19132.7	16218.9		5237.2	22716.8
#棉、化纤纺织及印染精加工	7	4	18090.8	15343.6		4561.9	22009.6
毛纺织和染整精加工							
纺织服装、鞋、帽制造业	18	9	1083.4	957.6		391.4	1248.2
皮革、毛皮、羽毛(绒)及其制品业	2	1	158.6	171.6		220	81.8
#皮革鞣制加工							
皮革制品制造	1		130	143		219.9	59.4
木材加工及木、竹、藤、棕、草制品业	2	1	103.6	110.6		11.8	52.3
家具制造业	8	3	548.1	556.8		110.2	463.5
造纸及纸制品业	12	7	4811.9	4630		2681.3	3592.9
印刷业和记录媒介的复制	40	19	3429.9	3414.9		901.3	5384.6
文教体育用品制造业							
石油加工、炼焦及核燃料加工业	4		5192.1	5040.2		1125.4	915
#炼焦							
化学原料及化学制品制造业	27	13	15122.6	15259.2		3712.5	11819.7
#基础化学原料制造	8	4	5009.5	4797.8		1554.3	4711.4
肥料制造	2		1326	1515		282.8	1072.4
医药制造业	1	1	652.7	752.1		894.1	3.3
化学纤维制造业							
橡胶制品业	1	1	8.1	2.9		23.2	65.1
塑料制品业	19	14	5242	6000		1901.4	5083.1
非金属矿物制品业	109	29	14524.2	13724.4		6280.6	14738.8
#水泥制造	4	2	2853.2	2943.3		1505.3	2456.8
黑色金属冶炼及压延加工业	4	1	25400	24600		4014.4	5718.2
有色金属冶炼及压延加工业	5	2	11301.1	12100.2		2475.7	13284.9
金属制品业	18	11	4201	4178.2		675.9	1164.5
通用设备制造业	16	12	6894.1	7205.1		4903.3	6766.5
专用设备制造业	8	6	1402.1	1350.4		1132.1	1122.9
交通运输设备制造业	15	8	1913	1972.8		622.1	1752.1
电气机械及器材制造业	6	3	1000.9	1050.2		330.1	349.8
通信设备、计算机及其他电子设备制造业							
仪器仪表及文化、办公用机械制造业	3	2	560.4	586.5		591	4595.8
工艺品及其他制造业	9	3	68	64.7		36	182
废弃资源和废旧材料回收加工业	2	1	1777.7	1779.2		56.6	140.2
电力、热力的生产和供应业	18	10	2907.8	2922.1		169.1	10003.8
#电力生产和电力供应	13	6	1419.8	1434.1		102.7	5467.2
燃气生产和供应业							
水的生产和供应业	8	5	617.4	606.4		323.3	5850.8

企业主要经济指标

计量单位：万元

本年折旧	资产总计	负债合计	实收资本	国家资本	集体资本	法人资本
2081	32735.6	16279.9	16027.3	50	12260.8	2113.4
77.6	173.4	198.7	88.7		88.7	
14	252.9	82.4	239.5		119.5	
102.7	1508.5	958.3	361		341	20
400.2	3186.8	1628.2	1045.7		709.1	31.6
0.6	16.5	0.7	15.8		15.8	
235.9	4160.9	2468.9	1745.8		945.8	33
44	1007	646.3	337.3		249.3	33
203.5	6706.1	3764.3	2936.6		2838.1	77.7
1.5	146	195				
168.2	4849.9	4144.4	1312.7		730.8	172.9
105.6	2456.7	2537.6	487.2		72.2	60
	4048.3	2302.8	1500		1500	
975.3	28840.1	16885.3	14472.2	28.2	11273.2	2624.8
897.3	26501.4	14730.4	13484.2	28.2	10983.2	1952.8
176.4	1826.1	1422.1	655		510.7	
41.7	328	163.3	114.9		114.9	
39.9	320.3	157.6	98.9		98.9	
2.4	182.9	94.8	29.5		29.5	
40.2	931.7	745.4	280.7	34.6	219.1	22.9
136.9	5834.8	4459.9	1613.1	49.8	1312.7	20
463.5	6982.3	4651.8	2633.5		1951.7	519.3
129.8	2846	1884.1	884.7		884.7	
793.7	21087	13259.6	5104.8		4341.1	262.1
348.3	9222.1	6502.7	1588.6		1267.5	262.1
78.2	1858.3	511.8	732.8		732.8	
	1044.8	1179.1	50		50	
1.2	30.1	21.8	8		8	
501.2	10366.8	8591.6	3178.2	12.8	3009.8	40.2
1099.1	25137.1	14259.8	9266.1	60	7811.6	411.7
135.5	5050.3	3755.9	909.2		410.6	102.1
289.9	14810.8	9529.6	3413.4		3413.4	
1039.8	21049.4	17982.4	1693.8		1693.8	
76	2893.4	1584.4	882.9		712.7	126.2
349.7	12738.7	8486.4	3512.5		3440.4	46.8
55.5	2750.8	2412.5	1081.7	33.2	1036.5	12
85.7	6601.6	4127.8	824.5		768.4	10
34.7	1315.2	838.9	446.3		346.3	
379.4	3598.4	3211	677.8		461	210.4
16.3	240.2	130.3	131.8		131.8	
46.1	792.5	920.1	136		136	
1203	8163.8	4825.5	2565.3		2439.4	125.9
899.6	4015.5	1874	1638.5		1638.5	
577.4	4140.9	504.4	5813.3		5810.1	3.2

2-10 续表

项目	个人资本	港澳台资本	外商资本	营业收入合计	产品销售收入	产品销售成本	产品销售税金及附加
煤炭开采和洗选业	1603.1			21871.3	21822.3	16009.6	1195.2
石油和天然气开采业				115.1	115.1	85.8	3.9
#天然原油和天然气开采							
黑色金属矿采选业	120			218.1	218.1	162.3	8.9
有色金属矿采选业				2294.3	2294.3	1871.7	5.6
非金属矿采选业	305			3340.1	2402.9	1709	96.3
#采盐				2.3	2.3	1.4	0.2
其他采矿业							
农副食品加工业	157	610		1914.7	1866.4	1465.2	60.7
#谷物磨制	55			533.8	516.8	350.4	45.9
饲料加工							
制糖							
食品制造业	20.8			2348.5	2152.5	1596.5	11.6
#罐头制造				148	148	126.3	0.1
饮料制造业	333.8	75.2		1032	1015	811.8	92.8
#酒的制造	279.8	75.2		569.1	566.3	450.3	87.4
烟草制品业							
纺织业	546			16356.1	15736.5	14606.3	117.7
#棉、化纤纺织及印染精加工	520			15420.7	14803	13800.8	106.7
毛纺织和染整精加工							
纺织服装、鞋、帽制造业	144.3			1096.9	1002.6	727.3	30.7
皮革、毛皮、羽毛(绒)及其制品业				160.7	160.7	124.7	1.9
#皮革鞣制加工							
皮革制品制造				132.1	132.1	112.6	0.6
木材加工及木、竹、藤、棕、草制品业				112.6	112.6	101.2	2.4
家具制造业	4.1			585.6	564.8	522.2	3
造纸及纸制品业	230.6			4269.9	4269.9	4048	12.2
印刷业和记录媒介的复制	156.5	6		4225	3523.5	3024.7	45.8
文教体育用品制造业							
石油加工、炼焦及核燃料加工业				13485.7	12778.9	12305.5	49.6
#炼焦							
化学原料及化学制品制造业	501.6			16958.4	15253.6	12192.5	124.3
#基础化学原料制造	59			5735	4922.9	3493.3	24.2
肥料制造				2020.4	1588.1	1225.7	6
医药制造业				752.1	752.1	821	1.3
化学纤维制造业							
橡胶制品业				2.9	2.9	2.6	0.1
塑料制品业	115.4			6272.2	5397.1	5196.1	23.9
非金属矿物制品业	982.8			13333.1	13061.9	10454.1	290.4
#水泥制造	396.5			2765	2764.7	2375.2	30.3
黑色金属冶炼及压延加工业				26835.2	26835.2	24496.5	89.5
有色金属冶炼及压延加工业				12075	11990.5	10355.9	10
金属制品业	44			4147.6	4130.7	3914.8	21.9
通用设备制造业	25.3			8629.3	7455.2	6437.9	63.4
专用设备制造业				1321.2	1280.7	1071.3	8.2
交通运输设备制造业	46.1			2294.1	2283.8	1851.8	20.4
电气机械及器材制造业	100			1118.7	1101.7	951	16.7
通信设备、计算机及其他电子设备制造业							
仪器仪表及文化、办公用机械制造业	6.4			1370.7	1001.1	151.2	8.4
工艺品及其他制造业				74.7	67.7	44.4	1.5
废弃资源和废旧材料回收加工业				1718.3	1715.8	1492.2	24.8
电力、热力的生产和供应业				3073.6	3070.8	2492.6	59.3
#电力生产和电力供应				1605.3	1602.5	1148.6	45.9
燃气生产和供应业							
水的生产和供应业				664.4	618.4	501	5.9

计量单位：万元

费用合计（营业费用、管理费用）	营业利润	利润总额	从业人员劳动报酬	劳动、失业保险费	全部从业人员年平均人数	亏损企业亏损额
4544.9	529.1	386.4	5370.2	70.8	5572	734.1
130.5	-19.3	-16.8	27.3	1.6	20	16.8
35	11.9	10.9	59.8		73	8.5
387.9	171	157	184.7	10	140	36.6
554.2	223.8	194.2	361.8	52.3	568	30.5
0.7			1		19	
263.7	90.5	86.2	170.8	18	292	68.4
88.3	44.9	44.9	68.7	9.1	117	16.1
831.9	-16.4	57.5	397.1	35.6	301	29.2
0.6	111	14.5	129		72	
356.8	-229.2	-227.4	152.4	18.2	202	235.4
100.1	-68.5	-67.6	57.2	1.6	78	67.7
2045.9	-785.2	-671.6	2025	14.6	1600	676.2
1717.8	-774.9	-558.2	1828.3	14.5	1481	562.8
198.6	139.8	13	278.7	41.2	433	45.9
34.2	1	0.8	24.6	6.2	34	1.3
16.6	2.3	2.1	17.6	3.9	27	
53.2	-44.2	-43.8	29.5	0.2	26	45.1
52.2	8.2	-11.4	194.2	24.6	143	13.4
310.3	-86.2	-60.2	707.5	16.5	684	114
912.1	-279.8	-488.2	943.6	204.3	831	553.3
668.1	136.5	112	459.7	0.2	293	
2716	358.7	1151.7	1914.1	60.6	1437	190.4
1338	-11.5	0.8	997	37.1	907	58.8
233.5	151.4	199.5	376.6	5.4	201	
	-70.2	-95.8	27.1	3.4	28	95.8
2.2	-2	-2	1.2		2	2
856.4	-467.2	-169.1	571.9	35.9	642	240.8
3007.4	205.8	300.7	2762.1	89.8	3565	405
1134.5	-2.6	28.5	272.2	5.1	457	43.3
1281.3	967.9	943.7	1614.7	32.4	899	56.1
2644.9	-954.6	-835.7	911.3	21.9	547	1283.4
272.4	-59.6	-66.8	309.8	12.7	322	90.3
1517.1	-364.8	-116.2	1070.1	98	943	295.1
411.3	-114.9	-178.7	242.3	35.7	236	180.1
977.2	16.7	9.1	452.3	40.3	405	101.6
176.1	-26.4	-31.2	76.8	7.7	95	50.8
1188.2	-35.8	-36	371.7	58.2	195	49.4
34.3	-1.2	-4	53.9		195	5.7
151.2	49.9	27.3	153	53.2	117	3.6
845.9	-266.7	-234.2	520.1	78.9	513	267.1
607.9	-170.2	-156.7	348.6	51.2	361	189.6
1088.4	-523	-1037.3	262.4	20.3	376	1051.9

2-11 分行业股份有限公司

项目	企业单位数	亏损单位数	工业总产值（现价）	工业销售产值	出口交货值	年末存货	固定资产原价
煤炭开采和洗选业							
石油和天然气开采业	4		4399642	4384154		193563	10033690
#天然原油和天然气开采	4		4399642	4384154		193563	10033690
黑色金属矿采选业							
有色金属矿采选业							
非金属矿采选业							
#采盐							
其他采矿业							
农副食品加工业	5	2	46330.1	45378.2		23457.8	53996.7
#谷物磨制	1	1	258	773.5		472.6	1161.1
饲料加工	1		22389.2	22645.7		3915.5	7759.2
制糖	3	1	23682.9	21959		19069.7	45076.4
食品制造业	6	5	79122.7	45789.7	38740.7	38952.7	96929.6
#罐头制造	6	5	79122.7	45789.7	38740.7	38952.7	96929.6
饮料制造业	1		43091.8	42429.3		25000	37183
#酒的制造	1		43091.8	42429.3		25000	37183
烟草制品业							
纺织业	2	2	37305	26922.5	16754	41130.1	61447.8
#棉、化纤纺织及印染精加工							
毛纺织和染整精加工	1	1	5787.9	5543.8	217.5	13717.2	20656.1
纺织服装、鞋、帽制造业							
皮革、毛皮、羽毛(绒)及其制品业							
#皮革鞣制加工							
皮革制品制造							
木材加工及木、竹、藤、棕、草制品业							
家具制造业							
造纸及纸制品业	3		55198.6	50808.4		19301.3	73386.7
印刷业和记录媒介的复制							
文教体育用品制造业							
石油加工、炼焦及核燃料加工业	5	1	3197098.7	3197454		342339.9	2489064
#炼焦							
化学原料及化学制品制造业	3		140091.3	125470.6		22042.2	112544.6
#基础化学原料制造	1		7452.5	7321.9		1611.3	5587.7
肥料制造							
医药制造业							
化学纤维制造业	1	1	3149	2807		938	8276
橡胶制品业	1		43825	42352	632	14335.4	32409.8
塑料制品业	1		112306.6	106060.6	21593.6	64546	153730.3
非金属矿物制品业	3	1	52357.4	51557.1		17030.3	142274.6
#水泥制造	3	1	52357.4	51557.1		17030.3	142274.6
黑色金属冶炼及压延加工业	1		648151.6	649335.3	3630	48823.1	197785.5
有色金属冶炼及压延加工业	1		34894.2	34787.3		5126.1	65870.1
金属制品业							
通用设备制造业							
专用设备制造业	1	1	5979.1	5605.4	239.5	10313.5	29455.9
交通运输设备制造业							
电气机械及器材制造业	2		118549.6	114194	1291.5	35165.6	67545.8
通信设备、计算机及其他电子设备制造业	1		61898.4	59274.5	5149.4	11891.3	113230.7
仪器仪表及文化、办公用机械制造业							
工艺品及其他制造业							
废弃资源和废旧材料回收加工业							
电力、热力的生产和供应业	3		99526.8	99526.8		3126.6	296604.7
#电力生产和电力供应	3		99526.8	99526.8		3126.6	296604.7
燃气生产和供应业							
水的生产和供应业							

企业主要经济指标

计量单位：万元

本年折旧	资产总计	负债合计	实收资本	国家资本	集体资本	法人资本
711274.1	7217810.8	3005576.4	2441109.4	1196143.4	24411.2	1074088.1
711274.1	7217810.8	3005576.4	2441109.4	1196143.4	24411.2	1074088.1
2889.7	81633.4	58460.7	14800	12037.2		487.1
43.4	5403.1	940.8	5000	3550		200
274.5	24091.2	12690.3	4800	4252.8		
2571.8	52139.1	44829.6	5000	4234.4		287.1
5762.1	126873.6	129755.1				
5762.1	126873.6	129755.1				
1527	102739	23500	44100	26900		2200
1527	102739	23500	44100	26900		2200
1566.4	127859.6	85837.8	47601.6	15388.5		12012.1
790	49121.7	43527.4	11256			11226.3
3355.7	129273.1	70285.8	22872.8	14677.8		8195
147987.2	1973664.9	628178.2	435954	435954		
6725.6	164270.6	71923.5	42227.7	23298.8	572	4642.1
318.5	7315.2	2407.6	3250	200		2500
468	13520.1	8424.4	5250	4850		100
1068.3	76898.5	49830.1	13330			13330
10053.8	382911.8	241634.4	22680			12960
8767.2	285563.3	165141.6	41294.9	11226.2		14642
8767.2	285563.3	165141.6	41294.9	11226.2		14642
17907.9	458208.1	226580.3	58957.6			40237.6
3741.8	61564.5	41479.3	14625.3			14625.3
1440.7	56057.3	53372.2	7824.8			7393.2
3215.8	321883.3	179475	32727.1			28229.5
4311	141596.2	103223	10339			7414
19303.1	301058.8	223862.6	32032.9	9000		23032.9
19303.1	301058.8	223862.6	32032.9	9000		23032.9

2-11 续表 1

项 目	个人资本	港澳台资本	外商资本	营业收入合计	产品销售收入	产品销售成本	产品销售税金及附加
煤炭开采和洗选业							
石油和天然气开采业	24411.2	97644.3	24411.2	4332195	4220399	1490472	85883.4
#天然原油和天然气开采	24411.2	97644.3	24411.2	4332195	4220399	1490472	85883.4
黑色金属矿采选业							
有色金属矿采选业							
非金属矿采选业							
#采盐							
其他采矿业							
农副食品加工业	2275.7			46337.6	44454.1	15591.3	262.4
#谷物磨制	1250			767.1	336.1	406	
饲料加工	547.2			23183.1	23183.1	33.9	
制糖	478.5			22387.4	20934.9	15151.4	262.4
食品制造业				46853.3	45879.8	32673.1	81.1
#罐头制造				46853.3	45879.8	32673.1	81.1
饮料制造业	15000			35075	35000	18000	3600
#酒的制造	15000			35075	35000	18000	3600
烟草制品业							
纺织业	11027.7	9173.3		32453	30394.7	25682.3	
#棉、化纤纺织及印染精加工							
毛纺织和染整精加工	29.7			4842.5	4806.4	4858.4	
纺织服装、鞋、帽制造业							
皮革、毛皮、羽毛(绒)及其制品业							
#皮革鞣制加工							
皮革制品制造							
木材加工及木、竹、藤、棕、草制品业							
家具制造业							
造纸及纸制品业				51704.6	47600	36614.3	340.8
印刷业和记录媒介的复制							
文教体育用品制造业							
石油加工、炼焦及核燃料加工业				3194071	3165620.6	2792568	137493.3
#炼焦							
化学原料及化学制品制造业	13714.8			146540.7	146280.2	120127.2	683.1
#基础化学原料制造	550			7783.9	7680.2	6875.4	43.8
肥料制造							
医药制造业							
化学纤维制造业	300			2867	2807	2643	10
橡胶制品业				65579.4	41190.9	34768.7	488.4
塑料制品业	9720			284883.2	284847.1	253259.1	1288.4
非金属矿物制品业	15426.7			55033.9	53370.6	39250.8	139.3
#水泥制造	15426.7			55033.9	53370.6	39250.8	139.3
黑色金属冶炼及压延加工业	18720			667545.2	653779.2	561181.9	2877.5
有色金属冶炼及压延加工业				34659.3	34206.4	29979.3	154.7
金属制品业							
通用设备制造业							
专用设备制造业	431.6			11810.8	5756.6	4811.4	40
交通运输设备制造业							
电气机械及器材制造业	4497.6			129721	126982	104743.6	413.6
通信设备、计算机及其他电子设备制造业	2925			61697	56510.6	34972.6	540.5
仪器仪表及文化、办公用机械制造业							
工艺品及其他制造业							
废弃资源和废旧材料回收加工业							
电力、热力的生产和供应业				105747.4	105127.6	76098.5	1017
#电力生产和电力供应				105747.4	105127.6	76098.5	1017
燃气生产和供应业							
水的生产和供应业							

计量单位：万元

费用合计 (营业费用、 管理费用)	营业利润	利润总额	从业人员 劳动报酬	劳动、失业 保险费	全部从业人员 年平均人数	亏损企业 亏损额
401753.4	2040554.1	1986245.7	127509.2	18940.4	32426	
401753.4	2040554.1	1986245.7	127509.2	18940.4	32426	
8738.7	1781.6	1649.6	2464.8	182.4	2291	947.8
268.2	-135.2	-190.6	27.7	2.6	33	190.6
2387.2	1965	2037.7	384.2	7.2	345	
6083.3	-48.2	-197.5	2052.9	172.6	1913	757.2
16165.5	-3018.3	-3453.4	1667.3	41.7	1079	4363
16165.5	-3018.3	-3453.4	1667.3	41.7	1079	4363
5199.2	10425.3	9913	3950	6.2	1572	
5199.2	10425.3	9913	3950	6.2	1572	
8194.3	1691.4	-10462	3452.4	330	2904	10462
734.4	-947.7	-909.5	1075.8	17.8	1143	909.5
8179.1	2731.2	3403.9	4354.3	236.8	3963	
132131.8	117162.1	8276.3	45872.4	6557.5	13825	84008
14785.3	10935.8	10416.8	6827.3	93.1	3035	
592.7	272	265	541.8	7.3	384	
699	-524	-526	195	5	147	526
5991.5	196.1	202.9	3493.3	52.5	2382	
20252.4	11083	11619.3	5300.3	884.1	4120	
16205.2	-1620.6	-7952	6259.8	122.7	3984	13513.4
16205.2	-1620.6	-7952	6259.8	122.7	3984	13513.4
38175.6	54063.7	53537.5	12028.7	909.2	4273	
3828.8	221.6	735.3	1243.9	18.8	1326	
7271.8	-5903.8	-5926.3	1307.5	20.5	848	5926.3
21934.9	797.2	9548.7	4084.6	25.7	1629	
12171.7	9295.3	8569.3	5588.4	106	2317	
18826.2	7359.3	8137.9	11250.6	1181.1	4332	
18826.2	7359.3	8137.9	11250.6	1181.1	4332	

2-12 分行业有限责任公司

项目	企业单位数	亏损单位数	工业总产值（现价）	工业销售产值	出口交货值	年末存货	固定资产原价
煤炭开采和洗选业	57	23	193717.6	189023.5		26842.7	377043.1
石油和天然气开采业	13	2	38702.3	38499.8		1393.4	19922.8
#天然原油和天然气开采	1		7263.1	7009		420.1	4417.8
黑色金属矿采选业	11	2	71070.1	69764.4		13679.8	59882.4
有色金属矿采选业	9	2	12000.6	10597.7		1051.4	11745.1
非金属矿采选业	23	6	21125.7	19265.3	3710.1	9098.6	21776.3
#采盐	3		5138.4	4422.2		965.2	2318.9
其他采矿业							
农副食品加工业	149	51	402642.4	373646.8	458.5	131696.5	222820.9
#谷物磨制	29	8	93986	90622.8		14647.5	45132.9
饲料加工	26	4	89926.7	90595.3		14199.1	23367.9
制糖	10	4	78830.5	68169.5	458.5	51102.3	73382.2
食品制造业	72	30	218608.3	173161.5	64844.8	81986	262206.3
#罐头制造	20	8	135346.9	94207.3	61052.3	58810.8	183478.3
饮料制造业	56	30	100512	87022.6	2471.8	90523.3	172777
#酒的制造	33	19	86114.3	73646.6	60.5	80738.2	143509.3
烟草制品业							
纺织业	70	41	352755.4	331803.2	8052.4	152096.4	353776.9
#棉、化纤纺织及印染精加工	46	32	289068.2	270736.1	3778.6	101000.8	264244.7
毛纺织和染整精加工	6	3	4600.6	6048.7	245.2	20559.2	40328.4
纺织服装、鞋、帽制造业	7	6	1806.6	1914.7		662	2005
皮革、毛皮、羽毛(绒)及其制品业	5	2	9276.2	7717.4		2159.5	6267.4
#皮革鞣制加工	2	1	8049.2	6964.9		1975.1	5342.8
皮革制品制造	1		441.6	609.9		184.4	311
木材加工及木、竹、藤、棕、草制品业	17	9	6721.5	6537.1		3164.5	8008.9
家具制造业	4	1	265.1	294		80.3	2453.7
造纸及纸制品业	26	15	23594.5	22347.3		10817.7	42572.3
印刷业和记录媒介的复制	28	14	13986.8	14179.5		3107.1	11723
文教体育用品制造业	1	1	3.6	3.6		25.1	16.3
石油加工、炼焦及核燃料加工业	16	7	189793.5	180761.4		36242.7	204824.5
#炼焦	3		18699.8	19093.2		1325.9	28752.3
化学原料及化学制品制造业	82	30	305810.8	304616.1	14309.5	58805.2	300165.9
#基础化学原料制造	20	5	138046.1	138451.6	2744.6	13378.4	113580.9
肥料制造	17	7	65479.2	62943.9		19428.5	95276.2
医药制造业	25	15	25285.3	24463.2	1557.8	8416.3	27088.1
化学纤维制造业	5	2	39386.3	33308.4		13476.7	42221.8
橡胶制品业	4	2	1335.8	1037.4		398.5	609.6
塑料制品业	62	26	67816.9	65748.2	1337.3	23778.6	56134.2
非金属矿物制品业	126	48	268301.1	263418.9		55427.1	449882.2
#水泥制造	36	13	174754.9	173778.8		35789.5	358694.5
黑色金属冶炼及压延加工业	19	11	393050.4	394200	570.4	58385.2	342502.1
有色金属冶炼及压延加工业	9	2	47101	48696.4	2243.5	10484.1	14486.9
金属制品业	52	20	62895	55322.2		17537.3	29126.9
通用设备制造业	36	13	51126.1	48786.8	484.7	17090.3	44602.4
专用设备制造业	15	7	12733.2	11085.9		5641.1	8133.8
交通运输设备制造业	17	8	71208.6	68121.5		18912.7	30183.1
电气机械及器材制造业	32	13	85301.5	85219.6		23603.6	39292.4
通信设备、计算机及其他电子设备制造业	1		444.3	278.7		135.5	231.2
仪器仪表及文化、办公用机械制造业	3	2	935.9	919.1		134.7	669.8
工艺品及其他制造业	1		35.4	41.6			410
废弃资源和废旧材料回收加工业	2	1	121.7	120.8		58.9	134.5
电力、热力的生产和供应业	108	57	460127.1	460561.1		15500.1	2041801
#电力生产和电力供应	55	30	398269.6	398354		12160.6	1776625
燃气生产和供应业	8	5	6023.9	6506.1		215.9	33825.5
水的生产和供应业	20	12	6863.8	6809.7		271.8	72926.8

企业主要经济指标

计量单位：万元

本年折旧	资产总计	负债合计	实收资本	国家资本	集体资本	法人资本
16006.7	552408.7	259660.2	238560.3	177853.1	35	48460.6
1136.6	41844.9	20837.6	14196.1	1168.1	899.5	3197.6
163	4763.9	1642.9	1520.2	789.5	44.3	60
3597.3	137280.2	76816.6	28774.7	10706.9		16978.8
810	17602.6	9611.5	6074.9	1100		4550
1286.8	63064.8	27937.3	17606.8	7476.8	662.7	8163.4
69.7	4304.2	2382.7	762	506.8		110.3
13756.2	513050.4	317858.9	131841.4	31951.3	15041.5	65470.6
2480	76399.2	43377.6	22875.7	7124.8	667.4	13093.9
1375.2	51539.3	20438.8	19702.6	2136	3483	10758.3
4621.5	113654.9	85696.1	24850.5	17601.3	5760	190
13996.7	432870.1	319410.8	97289.6	11490.9	1657	77196.4
9654.3	304673.5	235967.5	54101.3	170		51898.2
11478	380089.8	273421.1	93872.9	9818.7	2965.6	73258.8
8238.5	316416.3	237716.3	65757.5	9465.3	2965.6	46999.2
17099.5	554507.3	404190	148611.9	40641.9	331.5	100624.7
14179.6	401840.1	289083.2	108698.7	28549.3	281.5	73999.6
549.3	64833.4	65166.2	11567.1	6600.1		4493
108.6	3120.5	2208.2	1997.7	1108.5	100	789.2
854.9	13536.9	10982.1	2640.4		251.8	2140.5
412	11925.4	9673.7	2306.5			2106.5
20.5	961.8	658.7	303.9		243.8	12
495.7	14934.2	4561.9	9224.5	1738	3	4613.5
72	7677	2712.2	6101.9		87.9	5781.4
1111.7	60947.2	42427.6	14397.2	1356.3	332.2	10460.5
1219.3	15675.1	6049.3	6610.8	41.4	509.7	4831.8
3	68.4	35.1	50			47
4805.9	316991.5	223566	67984.4	26968.9	4402.9	32980.6
602.2	41815.9	22002.4	17425			17125
19588.4	519994	271647.3	185033.8	125829.6	2742.4	42613.5
7520.6	174284.7	118027.2	39503.1	26443.5	380	11368.2
6001.8	158745.6	52818.5	97154.2	84949.5	1426.6	6496.4
1869.7	73904.7	47158.8	33690.2	4620	168.8	23467.9
2190.3	88741.8	37705.5	44281.9			43560.8
43.8	1899.5	966.6	555.3			473.8
3389.4	146111.1	90964	44231.9	9960.9	558	26344.3
23190.3	617235.6	398323.2	165560.2	27518.5	4015.4	117769.3
16960.5	442884.1	304572.7	112815.7	15669.8	2914.7	87279.9
24963.5	375772.4	131968.5	240815.7	222439.1	1308.4	12565.2
830.9	49340.2	31483.5	12409.8	24	94	8286.5
1651.9	78590.5	47896.3	27795.9	1321.9	6969.8	15762.7
2458.9	93636.7	55029.1	26878.2	25.5	1411.1	16340.6
433.2	29808.4	23539.5	5568.1	184	550.4	3685.9
1582.8	75814.3	57419.1	20514.5	3348.7	160.6	16418.2
1965.6	125095.7	73352	34340.8	2221.3	1400	22297
18.7	1360.2	342.5	1000	770		
36.1	1486.7	844.3	461		102.4	150
41	529.3	121.5	300			200
6.2	214	74.8	150	65		
143856.6	1877345.8	1472694.3	322917	181775.8	4346.4	110149
128739.1	1555746.3	1242165.6	234771.3	144968.1	825.4	81001.7
1697.1	41636.7	30577	13516.2	495.9		9148.1
1930.5	84639.1	19230.4	54904.2	37015.6	285.1	12622.5

2-12 续表 1

项目	个人资本	港澳台资本	外商资本	营业收入合计	营业收入 产品销售收入	产品销售成本	产品销售税金及附加
煤炭开采和洗选业	12211.6			216523.2	184289.4	122130	2099.2
石油和天然气开采业	8930.9			41404.6	38595.2	27254.4	859.5
#天然原油和天然气开采	626.4			7016	7009	4368.6	199.1
黑色金属矿采选业	1089			74187.9	71985.4	51508.4	1433.3
有色金属矿采选业	424.9			10918	10597.7	7141.4	54.8
非金属矿采选业	1303.9			16660.9	16474.1	7745.6	497.3
#采盐	144.9			4174.2	4164.1	1674	375.5
其他采矿业							
农副食品加工业	19378			421893.1	403500.8	360655.8	3045.5
#谷物磨制	1989.6			95460.1	93298.4	85986.5	83.9
饲料加工	3325.3			91822.1	91315.8	82331.2	2238.3
制糖	1299.2			71553.1	68185.5	52440.2	619.2
食品制造业	6945.3			174696.3	169377.1	121657.7	681.9
#罐头制造	2033.1			97438.9	97191.7	65833.3	214.5
饮料制造业	7829.8			79757	75593.4	49623.4	6548.5
#酒的制造	6327.4			65430.6	62927.9	41472.2	6482.3
烟草制品业							
纺织业	7013.8			344631.9	334597.5	315564	1171.5
#棉、化纤纺织及印染精加工	5868.3			279627.4	272935.9	266796.2	900.8
毛纺织和染整精加工	474			6419.1	6184.3	5805.8	34.9
纺织服装、鞋、帽制造业				2132.9	1916	1676.2	14.6
皮革、毛皮、羽毛(绒)及其制品业	248.1			7456.6	7419.4	6857	15.4
#皮革鞣制加工	200			6820.5	6798.8	6415.4	9.7
皮革制品制造	48.1			615.7	609.9	439.3	4.6
木材加工及木、竹、藤、棕、草制品业	2870			6208.3	6165.9	5062.5	38.6
家具制造业	232.6			257.3	257.3	240.2	9.1
造纸及纸制品业	2248.2			23344.5	22346.8	19478.3	115.1
印刷业和记录媒介的复制	1227.9			13807.9	13630.9	11126.7	194.7
文教体育用品制造业	3			3.7	3.7	2.8	0.1
石油加工、炼焦及核燃料加工业	3632			204381.9	197433.3	160228.8	2884.1
#炼焦	300			19503.4	19093.2	12608.4	36.8
化学原料及化学制品制造业	13848.3			326657.4	311812.2	235044.1	2634.1
#基础化学原料制造	1311.4			140116.9	139287	97259.4	1272.5
肥料制造	4281.7			65031.7	64162.9	48946.4	334.8
医药制造业	5433.5			24659.5	23939.2	13761.1	202.9
化学纤维制造业	721.1			30587.2	29780	23506	58.7
橡胶制品业	81.5			1310.3	1277.5	930.6	8.2
塑料制品业	7070.9		297.8	70747.5	67285.1	56554.9	189.9
非金属矿物制品业	15843		414	257878.2	254815.8	202583.5	984.5
#水泥制造	6537.3		414	168340.9	167434.4	130561.6	614.6
黑色金属冶炼及压延加工业	4503			451065.2	397238	284745.9	444.1
有色金属冶炼及压延加工业	4005.3			49325.8	49125.8	45473.5	157.8
金属制品业	3741.5			56780.7	54268.5	45982.2	417.1
通用设备制造业	9101			53047.5	48851.7	40421.2	405.9
专用设备制造业	1147.8			15496	10819.3	8956.8	90.7
交通运输设备制造业	587			77201.9	68926.3	62747.1	224.2
电气机械及器材制造业	8422.5			85707.7	84807.3	66902.1	474.1
通信设备、计算机及其他电子设备制造业	230			291.8	275.1	181.3	3
仪器仪表及文化、办公用机械制造业	208.6			1331.5	1271.2	899.7	0.8
工艺品及其他制造业	100			41.6	41.6	35.4	2.5
废弃资源和废旧材料回收加工业	85			139.7	121.2	97.7	2
电力、热力的生产和供应业	26645.8			469343.2	459765.5	423036.3	4516.8
#电力生产和电力供应	7976.1			404445.4	396680.6	372682.6	4162.9
燃气生产和供应业	3872.2			6651.6	6080.8	3846.1	29.8
水的生产和供应业	4981			7003.2	6858.4	4701.6	56

计量单位：万元

费用合计(营业费用、管理费用)	营业利润	利润总额	从业人员劳动报酬	劳动、失业保险费	全部从业人员年平均人数	亏损企业亏损额
43954.2	14568.7	12083.4	49237.1	3514.4	31897	3518.4
4582	5572.2	5547.9	4845.7	66.9	2202	725.5
922.3	1525.4	1527.9	1628.2	25.3	105	
12426.4	7126.1	7461.1	5919.3	259.4	2973	421.6
1189.6	2052.2	2049.8	632.1	33.7	571	157.7
7055.6	1422.8	1492	3019.1	171	2746	899.9
1725.3	438.8	414.4	1094.9	13.3	1021	
39580.4	3193.8	7303.1	14153.2	830	12599	9485.3
5284.8	2369.9	2736.3	2187.5	71.3	1924	404.7
5302	1453.8	4107.2	1637.7	28.7	1304	611.7
13197.4	3304	3303.9	5720.5	532.6	4794	1459
41048.8	8367.8	6336.2	9656.7	341.9	6837	6947.1
25676.6	5726.9	4910.2	3154.8	60.4	2324	3908.7
32351.8	-8278	-9178.5	7435.3	333.2	6271	12573.4
25251.4	-6927.5	-7234.5	5634.5	284.5	4533	9400.2
42375.3	-17458.4	-17882.7	29081.6	657.1	37696	25412.6
28865.2	-17714.7	-16672	19876.8	339.3	27226	18174.6
4381.8	-3966.3	-4133.2	1596.2	66.3	1303	4198.9
309.6	-40.4	-105.7	301.8	52.6	278	114.4
567.1	5.1	67.8	362.4	23.3	345	11.3
381.6	1.5	68.8	226.3	1.5	221	9.4
166.3	5.5	0.9	129.4	3	113	
709.2	346.9	320.4	802.5	10.7	1473	115.3
209.1	-201.1	-675	128.8	15.8	229	690.4
3557.5	-652.9	52.5	2345.6	128.5	2387	795.6
1672.9	869.9	768	1221.4	52.1	894	268.2
3.6	-2.8	-3.5	1.1		2	3.5
17779.4	15236.1	15601.3	7715.8	126.9	4480	946.9
718	2335.6	2369.7	1968.2	1.6	1444	
48493.5	27380.8	25998.7	25735	2814.1	13310	2265.8
22276	18876.3	15286.2	9969.1	679.5	4729	476.9
11387.3	4165.2	5045.4	6998.7	1174.7	3604	1237.2
9724.2	-480.9	-1913.7	1916	129.6	1693	5321.8
4101.2	2430.9	2360.3	1494.4	38	1531	433
366.7	-20.7	-28.1	297	6.3	183	35.1
9515.1	1602.7	2549.5	3987.4	289.3	3298	1425.6
56359.2	-1235.7	7815.2	22014.1	1216.9	18387	12571.5
43534.1	-6567.5	741	15315.6	698.1	12935	10340.4
10666.4	104723.5	104006.8	20986.8	303.6	12261	1281.7
2543	269.3	1503.2	1278.9	8.7	863	164.3
8290.9	734.6	1169	5306.4	347.2	3664	1268.3
8883.2	1212.5	1549.3	6385.3	306.7	4063	367.7
2036.6	358.3	316.3	1331	30.8	1053	506.9
9934.7	-3511	-2911.7	4726.2	439.8	2818	3866.7
10516.5	7468.8	8006	5196.7	174.3	2982	1748.4
94.2	13.3	13.3	130.7	1.5	87	
351.2	42.2	33	123.5	3.1	80	67
3	0.7	0.7	12		20	
10.2	14.6	14.6	11.5		14	3.4
118078.2	-77155.4	-34353.2	65825.2	3754.8	26081	70959.2
103993.9	-75640.9	-37142.6	59585.6	3509.3	21851	65928.8
2447.7	425.4	426.6	526.8	10	359	639.1
2502.6	-285.9	-446.6	1790.8	131.4	1024	1287.3

2-13　分行业港澳台商投资

项　目	企业单位数	亏损单位数	工业总产值（现价）	工业销售产值	出口交货值	年末存货	固定资产原价
煤炭开采和洗选业							
石油和天然气开采业							
#天然原油和天然气开采							
黑色金属矿采选业							
有色金属矿采选业							
非金属矿采选业							
#采盐							
其他采矿业							
农副食品加工业	3		7125.1	6637.9	1898.1	3245.5	10734.3
#谷物磨制							
饲料加工							
制糖							
食品制造业							
#罐头制造							
饮料制造业	3	3	127.7	60		73.1	438.3
#酒的制造	1	1	30.9	23.7		31.1	33.2
烟草制品业							
纺织业	5	3	48442	47978	4257.2	17599.1	104445.8
#棉、化纤纺织及印染精加工	3	1	43730.1	42541.4	4125.5	15991.6	94872.7
毛纺织和染整精加工	1	1	3591.9	4311		1296	9544.9
纺织服装、鞋、帽制造业							
皮革、毛皮、羽毛(绒)及其制品业							
#皮革鞣制加工							
皮革制品制造							
木材加工及木、竹、藤、棕、草制品业	1		12.3	13.6			
家具制造业	1		30533	30533	30533	1305.6	4376
造纸及纸制品业	2	1	4847.1	3851		2912.3	9743
印刷业和记录媒介的复制							
文教体育用品制造业							
石油加工、炼焦及核燃料加工业	1	1	490.3	427.8		86.1	1044
#炼焦							
化学原料及化学制品制造业	5	2	4952.7	5385.9		2763.3	6758.7
#基础化学原料制造							
肥料制造	2	1	720	700		288.4	605.8
医药制造业							
化学纤维制造业							
橡胶制品业							
塑料制品业							
非金属矿物制品业	5	3	13962.6	12864.5		4170	15903.8
#水泥制造	1	1	1587.3	1557.1		733.9	5008.2
黑色金属冶炼及压延加工业							
有色金属冶炼及压延加工业	1		2020.2	2020.2		303.4	1130.8
金属制品业	3	2	7514.4	5317.2		3370.3	2222.9
通用设备制造业							
专用设备制造业	1		7498.7	5131.6		717.5	2297.3
交通运输设备制造业							
电气机械及器材制造业							
通信设备、计算机及其他电子设备制造业							
仪器仪表及文化、办公用机械制造业							
工艺品及其他制造业							
废弃资源和废旧材料回收加工业							
电力、热力的生产和供应业	1		165.8	165.8			1895.4
#电力生产和电力供应	1		165.8	165.8			1895.4
燃气生产和供应业							
水的生产和供应业							

企业主要经济指标

计量单位：万元

本年折旧	资产总计	负债合计	实收资本	国家资本	集体资本	法人资本
797.3	9752.3	4204.3	11567.8			750
17.8	1041.2	537.1	522.5			20
3.9	103.5	50.3	69.9			
6901.7	85484.6	41918.5	43937.1	2850		6772.2
6447.2	74694.7	32700.5	35322	2850		
450.3	9859.9	8597.9	8492.1			6698.4
30.5	17266.4	764.9	4180.7			3136.2
944.7	14317.5	13114.5	2691			975
76.2	1116.1	980.8	500			300
558.9	14310.5	7583.4	4949.2		2030.6	660
33.8	2599.1	485.8	944.9			
768	30109.5	15206.1	7966.9	3326		1657.4
251.7	4294.4	734.3	1446.9			1083.4
394.8	1882.1	712.1	104.2			56.2
176.1	8492.2	5628.1	2826			930.5
150.8	6183.4	5187.6	300			210
113.8	1561.7	9.1	868	98		
113.8	1561.7	9.1	868	98		

2-13　续表 1

项　　目	个人资本	港澳台资本	外商资本	营业收入合计	产品销售收入	产品销售成本	产品销售税金及附加
煤炭开采和洗选业							
石油和天然气开采业							
#天然原油和天然气开采							
黑色金属矿采选业							
有色金属矿采选业							
非金属矿采选业							
#采盐							
其他采矿业							
农副食品加工业	250	10567.8		12956.1	12511.2	10168	
#谷物磨制							
饲料加工							
制糖							
食品制造业							
#罐头制造							
饮料制造业	46.1	456.4		93.5	60	59.3	2.4
#酒的制造	46.1	23.8		23.7	23.7	12.7	2.4
烟草制品业							
纺织业		34314.9		52949	46361.5	40833.4	0.7
#棉、化纤纺织及印染精加工		32472		47583.8	41056.5	36066.4	
毛纺织和染整精加工		1793.7		5110.6	5050.4	4517	
纺织服装、鞋、帽制造业							
皮革、毛皮、羽毛(绒)及其制品业							
#皮革鞣制加工							
皮革制品制造							
木材加工及木、竹、藤、棕、草制品业							
家具制造业		1044.5		37925	31363.1	23953.8	
造纸及纸制品业		1716		3889.5	3889.2	3408.1	
印刷业和记录媒介的复制							
文教体育用品制造业							
石油加工、炼焦及核燃料加工业		200		1593.8	427.8	237.1	
#炼焦							
化学原料及化学制品制造业		2141.5	117.1	6327.6	5796.7	3834.4	60.4
#基础化学原料制造							
肥料制造		827.8	117.1	696.9	696.9	111.4	
医药制造业							
化学纤维制造业							
橡胶制品业							
塑料制品业							
非金属矿物制品业	195	2788.5		13712.7	13700.7	10614.9	
#水泥制造		363.5		1437.9	1425.9	1115.7	
黑色金属冶炼及压延加工业							
有色金属冶炼及压延加工业			48	2020.2	2020.2	1040.2	1.3
金属制品业	955.7	939.8		6868.2	6826.7	6214.9	32.2
通用设备制造业							
专用设备制造业		90		7088.8	7057.1	5806.1	4.1
交通运输设备制造业							
电气机械及器材制造业							
通信设备、计算机及其他电子设备制造业							
仪器仪表及文化、办公用机械制造业							
工艺品及其他制造业							
废弃资源和废旧材料回收加工业							
电力、热力的生产和供应业		770		155.4	155.4	130.8	
#电力生产和电力供应		770		155.4	155.4	130.8	
燃气生产和供应业							
水的生产和供应业							

计量单位：万元

费用合计 (营业费用、 管理费用)	营业利润	利润总额	从业人员 劳动报酬	劳动、失业 保 险 费	全部从业人员 年平均人数	亏损企业 亏 损 额
2294.7	506.2	300.9	839.2	16.8	480	
98.3	-56.2	-97.1	38.1	3.5	51	97.1
15.8	-7.2	-7.2	5	1.4	12	7.2
4303.7	1654.5	1715.5	2753.9	34	2152	766.2
3332.6	2019	2057.7	2472.4	33.9	1882	424
955.8	-353.1	-330.9	269.9		260	330.9
1578.5	5831	6044.1	1379	3.2	890	
745.5	-263.8	-210.5	334.9	5.4	352	505
255.1	-64.4	-64.4	30.9	9.6	19	64.4
1365.1	577.6	617.3	489.6	3.9	288	105.8
198.5	387	395.2	54		69	79.5
1567.2	1518.6	1542.8	585.8	2.3	374	65.3
351.5	-41.3	-16.9	237.8	1.8	167	16.9
159.1	819.5	940.8	123.7	5.9	74	
566.3	-0.4	3.7	311	2.3	218	54.2
786.1	497.7	529.4	382		256	
17	7.6	20.8	9.5	2	3	
17	7.6	20.8	9.5	2	3	

2-14 分行业外商投资

项目	企业单位数	亏损单位数	工业总产值（现价）	工业销售产值	出口交货值	年末存货	固定资产原价
煤炭开采和洗选业							
石油和天然气开采业							
#天然原油和天然气开采							
黑色金属矿采选业							
有色金属矿采选业	3	1	6897.7	6897.7		1136	3219.9
非金属矿采选业							
#采盐							
其他采矿业							
农副食品加工业	14	9	55386.8	50739.7	18131.8	16684	21022.2
#谷物磨制							
饲料加工	5	4	23499.8	22881		2848.7	8030.5
制糖							
食品制造业	5	2	23470.3	22251.4	1279.2	2959.9	17015.8
#罐头制造	1	1	934.8	630		411.3	2202.5
饮料制造业	12	8	46588.4	45996.9	107.3	15316.7	68703.1
#酒的制造	6	3	31009.6	31043.1	105.7	12976.7	39311
烟草制品业							
纺织业	2	2	5634.1	5443.1		1354	2881.1
#棉、化纤纺织及印染精加工	2	2	5634.1	5443.1		1354	2881.1
毛纺织和染整精加工							
纺织服装、鞋、帽制造业							
皮革、毛皮、羽毛(绒)及其制品业							
#皮革鞣制加工							
皮革制品制造							
木材加工及木、竹、藤、棕、草制品业	2	1	2887.3	2844.5	1635.5	678.1	3089.6
家具制造业	1		29004.3	29004.3	29004.3	7592.7	20745.3
造纸及纸制品业							
印刷业和记录媒介的复制	1	1	132.8	94		131.8	340.9
文教体育用品制造业							
石油加工、炼焦及核燃料加工业	3	1	15305.8	13914.1		1368.4	2664.1
#炼焦	1		11681.3	10395.1		626.5	1918.3
化学原料及化学制品制造业	6	5	4569.2	3919.3	2451	1824.5	6375.8
#基础化学原料制造	3	2	4349.1	3641.3	2451	1612.8	6349.5
肥料制造							
医药制造业	4	2	780.9	1020.1	307.3	2986	5063.3
化学纤维制造业							
橡胶制品业	1		180	180		21.6	32.7
塑料制品业	4	3	3997.5	3773.4	995.4	559	2394.1
非金属矿物制品业	4	1	36494.7	35233.1		5718	17644.8
#水泥制造							
黑色金属冶炼及压延加工业	2	1	11538.8	11912.3		3060.6	4514.7
有色金属冶炼及压延加工业	1	1	555.9	524.6	297.7	759.2	551.7
金属制品业	1		1955.3	1998.7		567.2	716.9
通用设备制造业	2	1	2181.8	2280.7		332.2	707.2
专用设备制造业	1		3482.8	4486.8		2613	628
交通运输设备制造业	1		2274.6	2274.6		57.8	1096.6
电气机械及器材制造业	1		1348.6	1745.2		740.8	1343.6
通信设备、计算机及其他电子设备制造业	1		11.6	29.1		0.8	1.6
仪器仪表及文化、办公用机械制造业	1	1	18.3	7.2		77.3	357.7
工艺品及其他制造业							
废弃资源和废旧材料回收加工业							
电力、热力的生产和供应业							
#电力生产和电力供应							
燃气生产和供应业	1		2175	2175		30.6	2237.2
水的生产和供应业							

企业主要经济指标

计量单位：万元

本年折旧	资产总计	负债合计	实收资本	国家资本	集体资本	法人资本
388.7	7599.2	3776.6	1250			396
1143.6	67293	33767.1	18057.1	1679.3	111.9	8118.5
415.5	17078.6	5817.5	6262.5	1379.3		724.4
1189	17094.8	9258.9	6268.6	203		752
121.5	3273.5	542.6	1000			752
5700.4	87862.1	47247.2	31506.5		100	11542
2595.2	53325.4	27392.5	14963.5		100	5680.7
133.1	6913.7	3046.7	4638.4			
133.1	6913.7	3046.7	4638.4			
162.9	3701.9	1379.4	3113.5			
1274.5	79262.2	5533.6	19889.3			8437
25.8	438.2	92.5	351.3			252.2
183.5	16133.2	5104.5	3180.5		360	746.2
141.4	12027.1	2767.6	2480.5			746.2
395.1	17102.9	10298.9	8187.4	84		2344
392.4	16158.4	10193.9	7288.1	84		1659.2
68.6	9798.6	7148.5	3922	896		771.4
2.2	142.6	33.6	50			30
194.1	3830.2	1864.9	2201.7			723
757.6	37418.6	21471.9	7066			3871
305.1	9270.3	4373.2	1455	870		
27.9	5040.2	2943.8	2000			1500
10.5	1954.7	770.2	1245			
61.7	2066.3	520.6	805.4			589.4
60	9237	3494	1663	667		
64.4	3595.9	1422.3	1200			
43.5	2619.2	1626.1	614.2			460.7
0.3	319.4	21.9	320			150
14.4	771.7	397.7	368.4			190
118.5	6301.9	884.1	4998.1	998.1		

2-14 续表 1

项　　目	个人资本	港澳台资本	外商资本	营业收入		产品销售成本	产品销售税金及附加
				合　计	产品销售收入		
煤炭开采和洗选业							
石油和天然气开采业							
#天然原油和天然气开采							
黑色金属矿采选业							
有色金属矿采选业	50	804		7030.2	6897.7	3005.3	5.7
非金属矿采选业							
#采盐							
其他采矿业							
农副食品加工业	845		7302.4	50186.8	49977.2	44755	0.3
#谷物磨制							
饲料加工	45		4113.8	23693.9	23495.9	21789.5	
制糖							
食品制造业		2483.9	2829.7	19992.2	19229	6807.4	
#罐头制造			248	630	630	534.7	
饮料制造业	3902.4	4942.8	11019.3	48264.4	45549.3	22533.9	3425.4
#酒的制造	3902.4		5280.4	33576	30930.3	13710.1	3425.4
烟草制品业							
纺织业		4638.4		5911	5852.6	5637.1	27.3
#棉、化纤纺织及印染精加工		4638.4		5911	5852.6	5637.1	27.3
毛纺织和染整精加工							
纺织服装、鞋、帽制造业							
皮革、毛皮、羽毛(绒)及其制品业							
#皮革鞣制加工							
皮革制品制造							
木材加工及木、竹、藤、棕、草制品业			3113.5	3347	3347	3025.4	
家具制造业	8640	2812.3		36840.8	30813.4	24795.7	4.7
造纸及纸制品业							
印刷业和记录媒介的复制		99.1		116.7	116.7	86.7	
文教体育用品制造业							
石油加工、炼焦及核燃料加工业	40	240	1794.3	14083.8	13706.9	5365.3	
#炼焦			1734.3	10395.1	10395.1	3457.5	
化学原料及化学制品制造业	750	2250	2759.4	3954.6	3954.6	2345.5	3.6
#基础化学原料制造	750	2250	2544.9	3676.6	3676.6	2150	3.6
肥料制造							
医药制造业	97.4		2157.2	1101.6	1027.3	407.3	12
化学纤维制造业							
橡胶制品业			20	180	180	131.3	3
塑料制品业			1478.7	3946.7	3778.8	3334.6	
非金属矿物制品业	50		3145	26942.6	26638.4	20678.7	2
#水泥制造							
黑色金属冶炼及压延加工业			585	28393.9	28393.9	26105.6	55.5
有色金属冶炼及压延加工业			500	607.4	607.4	552.7	
金属制品业			1245	1774.6	1770.2	1569.8	
通用设备制造业			216	2507.5	2280.7	1775.9	2
专用设备制造业			996	7455.1	6939.1	3966	
交通运输设备制造业	720		480	2274.6	2274.6	1650.3	
电气机械及器材制造业			153.5	1745.2	1745.2	1317.6	
通信设备、计算机及其他电子设备制造业			170	52.1	29.1	20.9	
仪器仪表及文化、办公用机械制造业			178.4	7.2	7.2	6.2	
工艺品及其他制造业							
废弃资源和废旧材料回收加工业							
电力、热力的生产和供应业							
#电力生产和电力供应							
燃气生产和供应业			4000	2355.3	2355.3	1966.2	
水的生产和供应业							

计量单位：万元

费用合计（营业费用、管理费用）	营业利润	利润总额	从业人员劳动报酬	劳动、失业保险费	全部从业人员年平均人数	亏损企业亏损额
1091.5	2803.4	2791.4	279.2	1.5	144	23.9
4976.1	1621.9	1263.5	1268.2	27.2	1009	996.4
2030.5	-294.5	-310.7	189.1	7.1	237	310.7
1864.4	555.3	810	1051.6	10.9	380	9.8
104	-8.7	-8.7	50.3		49	8.7
11989.3	8753.7	7296.1	3593.5	32.4	2142	2349.9
7133.4	7969.6	7112.1	2836.8	13.8	1824	564.3
397.7	-570.9	-630.9	478.9	6.4	615	630.9
397.7	-570.9	-630.9	478.9	6.4	615	630.9
253.2	68.4	169.6	320.5	3.6	245	51.7
5740.5	619.3	2892.1	1083.3	18.9	592	
32.5	14.7	-3.6	21		39	3.6
408.3	7991.9	7987.5	502.5	9	347	18.6
155.4	6782.2	6778.7	326.5		250	
2251.5	-645.9	-586.3	403.4	8.2	264	655.2
2149.3	-626.2	-565.6	358.2	4	232	634.5
626.7	9.8	45	190.3	15.2	140	26.5
33.6	12.1	12.1	32.9	0.3	10	
572.1	-340.6	-219.6	239.8	3.9	158	335
2560	3701.9	3712.1	714.7	3.2	414	3.6
1339.7	893.1	887.2	407.5	1.9	78	1.8
115.4	-60.5	-53.4	21	1.3	21	53.4
133.7	71.1	71.6	288	0.4	19	
502.9	45.6	44.8	183.5	1.5	83	165.3
1262	1730	1719	328	1.7	30	
571.3	1323	1322.9	239.8	1.1	65	
423.5	4.1	16.5	129.6	0.5	95	
26	5.2	5.2	32.7		23	
81.1	-80.1	-81.2	13.8	1	18	81.2
168.4	220.7	219.5	39.7	4.3	17	

2-15 分行业大型工业

项目	企业单位数	亏损单位数	工业总产值（现价）	工业销售产值	出口交货值	年末存货	固定资产原价
煤炭开采和洗选业	2		92299.8	89690.1		16166.5	226652.8
石油和天然气开采业	5	1	5064051	5037682		308856.7	11116158
#天然原油和天然气开采	4		4399642	4384154		193563	10033690
黑色金属矿采选业							
有色金属矿采选业							
非金属矿采选业							
#采盐							
其他采矿业							
农副食品加工业							
#谷物磨制							
饲料加工							
制糖							
食品制造业							
#罐头制造							
饮料制造业							
#酒的制造							
烟草制品业							
纺织业	2		82523.4	78302.8	6355.1	23231.1	80551.6
#棉、化纤纺织及印染精加工	2		82523.4	78302.8	6355.1	23231.1	80551.6
毛纺织和染整精加工							
纺织服装、鞋、帽制造业							
皮革、毛皮、羽毛(绒)及其制品业							
#皮革鞣制加工							
皮革制品制造							
木材加工及木、竹、藤、棕、草制品业							
家具制造业							
造纸及纸制品业							
印刷业和记录媒介的复制							
文教体育用品制造业							
石油加工、炼焦及核燃料加工业	3	1	3022773.7	3023129		327009	2465189
#炼焦							
化学原料及化学制品制造业	2		135785.8	123613.1		20388.8	160305.8
#基础化学原料制造							
肥料制造	1		37029.3	37037.2		2978.2	68419.1
医药制造业							
化学纤维制造业							
橡胶制品业	1		43825	42352	632	14335.4	32409.8
塑料制品业	1		112306.6	106060.6	21593.6	64546	153730.3
非金属矿物制品业							
#水泥制造							
黑色金属冶炼及压延加工业	2		965255.6	966439.3	4200.4	86781.8	503177.6
有色金属冶炼及压延加工业							
金属制品业							
通用设备制造业							
专用设备制造业							
交通运输设备制造业							
电气机械及器材制造业							
通信设备、计算机及其他电子设备制造业	1		61898.4	59274.5	5149.4	11891.3	113230.7
仪器仪表及文化、办公用机械制造业							
工艺品及其他制造业							
废弃资源和废旧材料回收加工业							
电力、热力的生产和供应业	4	2	171101.6	171101.6		3839	712465.9
#电力生产和电力供应	4	2	171101.6	171101.6		3839	712465.9
燃气生产和供应业							
水的生产和供应业							

企业主要经济指标

计量单位：万元

本年折旧	资产总计	负债合计	实收资本	国家资本	集体资本	法人资本
7989.9	356111.9	145922.1	173404.9	141183.7		32221.2
774201.4	8754596.4	3808995.1	3142230.7	1897264.7	24411.2	1074088.1
711274.1	7217810.8	3005576.4	2441109.4	1196143.4	24411.2	1074088.1
3507.7	104642.2	57320.2	35093.4			35093.4
3507.7	104642.2	57320.2	35093.4			35093.4
146790	1883366.1	601682	435954	435954		
9097.7	203926	87515.8	67921.2	53179.1		2142.1
3276.3	67024.3	25100	32221.2	32221.2		
1068.3	76898.5	49830.1	13330			13330
10053.8	382911.8	241634.4	22680			12960
40000.9	756678.7	304822.2	279186.3	220228.7		40237.6
4311	141596.2	103223	10339			7414
57802.3	687753	565250.7	57954.9	41592.1		16362.8
57802.3	687753	565250.7	57954.9	41592.1		16362.8

2-15 续表 1

项目	个人资本	港澳台资本	外商资本	营业收入合计	产品销售收入	产品销售成本	产品销售税金及附加
煤炭开采和洗选业				112359.4	95532.6	68145.8	1012.9
石油和天然气开采业	24411.2	97644.3	24411.2	5344029	5199874	2375730	95323.8
#天然原油和天然气开采	24411.2	97644.3	24411.2	4332195	4220399	1490472	85883.4
黑色金属矿采选业							
有色金属矿采选业							
非金属矿采选业							
#采盐							
其他采矿业							
农副食品加工业							
#谷物磨制							
饲料加工							
制糖							
食品制造业							
#罐头制造							
饮料制造业							
#酒的制造							
烟草制品业							
纺织业				77624.7	74885.3	67386.3	266.9
#棉、化纤纺织及印染精加工				77624.7	74885.3	67386.3	266.9
毛纺织和染整精加工							
纺织服装、鞋、帽制造业							
皮革、毛皮、羽毛(绒)及其制品业							
#皮革鞣制加工							
皮革制品制造							
木材加工及木、竹、藤、棕、草制品业							
家具制造业							
造纸及纸制品业							
印刷业和记录媒介的复制							
文教体育用品制造业							
石油加工、炼焦及核燃料加工业				3017485	2990564	2645660	137092
#炼焦							
化学原料及化学制品制造业	12600			136593.7	135840.5	106892	459.9
#基础化学原料制造							
肥料制造				37989.8	37236.6	26619.8	139.2
医药制造业							
化学纤维制造业							
橡胶制品业				65579.4	41190.9	34768.7	488.4
塑料制品业	9720			284883.2	284847.1	253259.1	1288.4
非金属矿物制品业							
#水泥制造							
黑色金属冶炼及压延加工业	18720			1035426	970537.5	775539.8	2926.8
有色金属冶炼及压延加工业							
金属制品业							
通用设备制造业							
专用设备制造业							
交通运输设备制造业							
电气机械及器材制造业							
通信设备、计算机及其他电子设备制造业	2925			61697	56510.6	34972.6	540.5
仪器仪表及文化、办公用机械制造业							
工艺品及其他制造业							
废弃资源和废旧材料回收加工业							
电力、热力的生产和供应业				179766	176749.2	164698.3	1743.8
#电力生产和电力供应				179766	176749.2	164698.3	1743.8
燃气生产和供应业							
水的生产和供应业							

计量单位：万元

费用合计（营业费用、管理费用）	营业利润	利润总额	从业人员劳动报酬	劳动、失业保险费	全部从业人员年平均人数	亏损企业亏损额
18738.8	4884.1	4157.3	29356.4	3241.3	15867	
529097.2	2011146.3	1917872.8	301409.2	21575	78678	68372.9
401753.4	2040554.1	1986245.7	127509.2	18940.4	32426	
8209.7	566.8	645.1	7165.4	83.7	10239	
8209.7	566.8	645.1	7165.4	83.7	10239	
113531	106593	-2032	44198	6279	13360	84008
15367.5	13368	12956.1	10764.4	1239.1	4522	
5746.1	4978.4	5119.5	4991.3	1153.3	2283	
5991.5	196.1	202.9	3493.3	52.5	2382	
20252.4	11083	11619.3	5300.3	884.1	4120	
42685.7	154701.1	153702.8	26953.4	1046.2	13698	
12171.7	9295.3	8569.3	5588.4	106	2317	
38923.5	-29682.1	12846.9	26184.8	1744.9	10860	14521.5
38923.5	-29682.1	12846.9	26184.8	1744.9	10860	14521.5

2-16 分行业中型法人工业

项目	企业单位数	亏损单位数	工业总产值（现价）	工业销售产值	出口交货值	年末存货	固定资产原价
煤炭开采和洗选业	8	1	67982.4	68354.4	8.3	5899.5	106170.2
石油和天然气开采业	1		15696.1	15696.1		54	7891.1
#天然原油和天然气开采							
黑色金属矿采选业	3	1	61622	61439.6		10479.4	46981.3
有色金属矿采选业	4		42938.1	42326		6165.2	31496.1
非金属矿采选业	1		7266.1	4009.8	109	3776.7	7286.5
#采盐							
其他采矿业							
农副食品加工业	17	5	174434.4	161625.7	12989.1	92676.7	160151.1
#谷物磨制	1	1	9795.4	9659.9		14.3	15629
饲料加工	1		22389.2	22645.7		3915.5	7759.2
制糖	11	3	95812.6	85372.1	458.5	64528.1	109988.4
食品制造业	6	1	132272.8	101091.3	51977.4	43385.2	154691.1
#罐头制造	2	1	99227.5	68408.7	44289.9	37550.3	135082.5
饮料制造业	6	2	112088.2	102837.5	166.2	87064.6	160326.1
#酒的制造	6	2	112088.2	102837.5	166.2	87064.6	160326.1
烟草制品业	1		71289.8	71245.1		27214.2	40914
纺织业	31	18	407507.3	373863.6	26008	195158.5	505390.2
#棉、化纤纺织及印染精加工	25	16	331303.1	307099.8	9254	135067.6	412860.2
毛纺织和染整精加工	2	1	8589.2	9327.2	217.5	16481.2	21985.8
纺织服装、鞋、帽制造业							
皮革、毛皮、羽毛(绒)及其制品业	1		19759.9	18007.3		3900.9	10100.2
#皮革鞣制加工	1		19759.9	18007.3		3900.9	10100.2
皮革制品制造							
木材加工及木、竹、藤、棕、草制品业							
家具制造业	3		66516.1	65783.7	59537.3	10998.2	29644.2
造纸及纸制品业	4		61084.7	56953		20324.2	81698.3
印刷业和记录媒介的复制	1		3823.4	4009.9		252.2	10755.3
文教体育用品制造业							
石油加工、炼焦及核燃料加工业	6	1	180473	171012.6	7673.7	34071.4	199596.2
#炼焦	2		17347.6	17741		1290.6	28326.9
化学原料及化学制品制造业	11	1	226739.8	221754.7	4574.5	29417.8	184958.4
#基础化学原料制造	6	1	154245.2	153629.8	4554.8	18299.1	134743.3
肥料制造	1		5528.4	5273.6		3392.4	13489.9
医药制造业	1		7525.7	7282.1	725.5	2247.9	12567.9
化学纤维制造业	1		33848.5	29171.9		9251.2	14070.9
橡胶制品业							
塑料制品业	2	2	21164	20658.8		6110.6	156677.3
非金属矿物制品业	21	7	287048.1	288648.1		61518.8	513454.6
#水泥制造	16	6	191110.4	188278.2		46825.9	439452.3
黑色金属冶炼及压延加工业	6	2	83672.7	80611.9		32234.4	39441.7
有色金属冶炼及压延加工业	3		87491.9	87618.1		10200.1	109685.2
金属制品业	3		30132.4	24518.9		6468.9	13454.8
通用设备制造业	4		25824.3	24812.6	484.7	8559.9	19684.5
专用设备制造业	3	1	18821.9	18503	239.5	16008.7	41375.4
交通运输设备制造业	4	2	57937.1	56497.4		17579.5	21357.3
电气机械及器材制造业	2		138888.4	134219.6	1291.5	39708.3	73336.1
通信设备、计算机及其他电子设备制造业							
仪器仪表及文化、办公用机械制造业							
工艺品及其他制造业							
废弃资源和废旧材料回收加工业							
电力、热力的生产和供应业	24	15	611497.3	611497.3		14066.3	1972746
#电力生产和电力供应	22	14	593656.5	593656.5		13232.5	1900724
燃气生产和供应业	1	1	26601.9	26601.9		1522.6	38033.5
水的生产和供应业	1	1	8255.3	8255.3		333.3	74780.2

企业主要经济指标

计量单位：万元

本年折旧	资产总计	负债合计	实收资本	国家资本	集体资本	法人资本
4719.8	141992.7	93392.1	38794.9	31665.4		3281.4
505.7	20614.9	9197.8	7445.9	333.6		204.8
2587.5	108121.8	61309.8	27088.2	10706.9		16381.3
1758.6	47992.9	33276.3	11176.5	11176.5		
412.8	12129.1	7444.4	2999.9	2124.3		875.6
8654.8	249806.2	178819.7	60498.1	36666.2	5760	4203.1
474.7	8508.4	6272.6	4493.8	4493.8		
274.5	24091.2	12690.3	4800	4252.8		
6667.5	154639.6	121459.7	28721	20931.6	5760	477.1
8171.9	302328.6	207070.3	59300	2439	1020	34241
7044.6	227007.3	171000.5	33800			33800
8679.1	352032.4	199694.5	96682.5	32439.1	1146.8	38754.1
8679.1	352032.4	199694.5	96682.5	32439.1	1146.8	38754.1
2342.4	85193.3	49758.7	18142.1	18142.1		
27955.9	723239.3	518675.1	266937.4	128428.1	280	78158.4
24906.6	534987.4	400903.8	199728.8	113039.6	280	46591.5
794.2	55169.9	46933.4	13863			13781.1
545.6	20701.9	11328.7	3000			
545.6	20701.9	11328.7	3000			
1759.3	109386.5	11857.4	30750.9			11573.2
3647.3	137596.4	75165.5	25372.8	14677.8		10495
498.2	9180.6	5380.8	3094.7	3094.7		
5020.4	343304.5	234490.6	63176.2	34302.3	4068.9	24805
588.5	40455.4	21325.3	17125			17125
12399.9	321760	166370.2	121198	94353.6	572	16627.4
8308.4	208113.9	138198.4	55762.9	38202.7		10970
1298.2	57373.2	3122.1	54000	51510		
257.3	24036.9	13461.5	4093.4	4093.4		
1874	35140.5	21370.7	10000			9600
4164.8	166350.3	54532.4	158347.5	158149.5		
24244.4	1005891.4	547258.2	251415.5	57687.2		149260.4
19853.5	658925.8	413045.5	140031.4	37968.6		85044.9
1907.4	102869.6	74462.3	24447.2	1150		8201.7
6948.6	119633.8	74167.5	38369	15817.9		22551.1
500.3	33109.6	15260.4	16580		4564	11580
1392	51188.6	33854.7	10450.5		1112.3	9097.1
1975.3	79779.5	69847.8	8849.7	1024.9		7393.2
862.9	76425.5	58887.4	18000			9755
3513	345002	195592.1	34861.5	1500		29449
126294.9	1712910.9	1345664.3	235455.1	183209.8	394	51851.3
122304	1636688.1	1302725.6	210749.1	159509.8		51239.3
4404.3	94966.4	43900.1	41111.9	41111.9		
4389.5	73043.8	33828.9	8944.9	8944.9		

2-16 续表 1

项目	个人资本	港澳台资本	外商资本	营业收入		产品销售成本	产品销售税金及附加
				合计	产品销售收入		
煤炭开采和洗选业	3848.1			80116.6	64737.9	38014.7	714.5
石油和天然气开采业	6907.5			17426.7	15696.1	10073.6	169
#天然原油和天然气开采							
黑色金属矿采选业				59959.8	59673.2	43325.1	1212.2
有色金属矿采选业				42382.2	41067.4	26124	293.8
非金属矿采选业				4457.3	3721.6	2339.8	139.8
#采盐							
其他采矿业							
农副食品加工业	2099.5	10527.2	1242.1	172493.5	166988.3	115842.2	868.4
#谷物磨制				9827.7	9353.4	9133.3	13.6
饲料加工	547.2			23183.1	23183.1	33.9	
制糖	1552.3			89475.6	84774.7	64176.1	836.1
食品制造业	21600			103011.5	102359.9	67501.5	263.7
#罐头制造				70281.4	69919	44551.7	90.3
饮料制造业	21704.7		2637.8	89776.7	86278.6	46886	8984.1
#酒的制造	21704.7		2637.8	89776.7	86278.6	46886	8984.1
烟草制品业				71645.8	71245.1	28818.9	26703.1
纺织业	19375.6	40695.3		399028	377614.6	356262.2	992.9
#棉、化纤纺织及印染精加工	8295.7	31522		324311	306424.9	300930.6	845
毛纺织和染整精加工	81.9			8691.9	8487.8	7839	3.5
纺织服装、鞋、帽制造业							
皮革、毛皮、羽毛(绒)及其制品业	3000			20699.3	18000.8	15684.8	43.9
#皮革鞣制加工	3000			20699.3	18000.8	15684.8	43.9
皮革制品制造							
木材加工及木、竹、藤、棕、草制品业							
家具制造业	15320.9	3856.8		81256.8	68621.6	53776.6	17
造纸及纸制品业	200			57849.2	53744.6	41275.1	379.7
印刷业和记录媒介的复制				4571.3	4049.5	2730.8	33.4
文教体育用品制造业							
石油加工、炼焦及核燃料加工业				189025.2	182691.8	146376	2475
#炼焦				17841	17741	11683.9	32.2
化学原料及化学制品制造业	9645			237175.9	234293.1	172221.2	2541.2
#基础化学原料制造	6590.2			158961.2	156688	112710.6	1396.5
肥料制造	2490			5898.6	5897.1	3459.4	175.2
医药制造业				8561.4	7248.9	4394.5	60.9
化学纤维制造业	400			25647	25643.5	19879.8	55.6
橡胶制品业							
塑料制品业	198			25261.7	21063	19833.5	3.2
非金属矿物制品业	41497.9		2970	279272.4	276362.1	212108.6	811.9
#水泥制造	17017.9			186630.8	184100.9	140750.7	610.2
黑色金属冶炼及压延加工业	15095.5			77809.1	77718.1	69351.6	300.6
有色金属冶炼及压延加工业				86747.4	86067.8	69355.9	255.5
金属制品业	436			26720.3	25830.2	22186.9	75.4
通用设备制造业	241.1			27888.9	25096	21047.5	132.6
专用设备制造业	431.6			29023.1	22888.4	17241.5	149.3
交通运输设备制造业	8245			78918.5	56314.9	52552.8	148.6
电气机械及器材制造业	3912.5			149991.9	147196	120755.1	600.8
通信设备、计算机及其他电子设备制造业							
仪器仪表及文化、办公用机械制造业							
工艺品及其他制造业							
废弃资源和废旧材料回收加工业							
电力、热力的生产和供应业				653171.3	647500.1	618535.2	5366
#电力生产和电力供应				634919.1	629400.6	605029.3	5249.3
燃气生产和供应业				45160.7	21699.8	14604.7	104.7
水的生产和供应业				13740.5	13520.9	13154.3	29.5

计量单位：万元

费用合计（营业费用、管理费用）	营业利润	利润总额	从业人员劳动报酬	劳动、失业保险费	全部从业人员年平均人数	亏损企业亏损额
20937.3	5921.1	3313.9	15485.1	121.3	11517	1688.2
1516.5	3399.7	3251.3	1603.3		1209	
9811.4	5213.6	5857.4	5212.1	228.2	2224	333.8
7174.5	7849.9	8637.8	7065	58.3	3646	
1339.8	637.9	558.3	866.1	17.6	913	
27135.1	6306.6	6369.7	10095.3	951	8537	2508.1
705.9	-471	-269.8	453.5	15.3	333	269.8
2387.2	1965	2037.7	384.2	7.2	345	
17871.7	3661	3672.3	6865	616.1	6023	1650.3
24646.3	11195.9	10398.5	3996.9	46.2	3109	90.6
17820.9	7685.8	7657.6	1690.9	6.5	1148	90.6
25370.5	9264.8	10423.6	8825.6	79	4451	5264.1
25370.5	9264.8	10423.6	8825.6	79	4451	5264.1
8817.1	7004.5	6351.7	1650	722.1	480	
51859.8	-22168.1	-32574	32679	2200.3	39996	41280.9
37823	-29167.9	-27355.1	24275.7	1822.2	31273	30818.9
1387.2	-895.7	-858.9	1826.4	32.6	1922	909.5
1762.5	617.4	585.5	572.6		390	
1762.5	617.4	585.5	572.6		390	
8476.6	6708.6	9193.6	3700.9	23.9	2242	
9488.4	2866.8	3546.1	5000.3	308.6	4574	
1648.5	69.4	66.1	968.7	63.3	566	
18066.3	13482.8	15745.6	7621.6	119.6	4501	387.9
693	1775.6	1809.2	1933.6	1.2	1424	
37257.5	23301.6	19936.2	17449.1	1821.9	8947	1065.7
25109.3	18324.9	14901	11631.9	953.8	5834	1065.7
1836.8	427.2	343.3	927.2	2.1	311	
2688.7	659.1	2475.5	1455	23.1	723	
2975.6	2736	2736	930.1		877	
1997.6	-340	-469	2509.3	23.7	1422	469
66207	-1784.7	24995.5	24895	1480.6	17802	22340.4
52800.3	-9165.5	-7752.9	19393.1	765.4	14897	22310.9
6738.8	1359.8	1212.9	6784.8	32.1	3232	4277.9
11345	5170.2	7689.2	4947.7	410.8	3025	
3114.3	868.7	797.5	2048.1	195.1	1505	
4702.9	903.4	1178.9	3218.1	161.4	1983	
9573.1	-3534.5	-3753.7	2336.3	265.5	1651	5926.3
8718.6	-3365.7	-3055.7	3286.2	117.3	2126	3161.8
24051	2996.4	11423.2	4859.4	27.8	1900	
103492.8	-70719.7	-69828.5	62714.1	4483.2	22000	79188.5
100914.9	-72834.8	-72917.5	61384.6	4477.9	21284	79176.9
10301.4	-828	-999.1	2627.7	4	1038	999.1
3104.4	-2586.1	-4083.2	1394.7	37.8	689	4083.2

2-17 分行业小型法人工业

项目	企业单位数	亏损单位数	工业总产值（现价）	工业销售产值	出口交货值	年末存货	固定资产原价
煤炭开采和洗选业	341	105	145432.1	140474.7		16005.9	208722.3
石油和天然气开采业	23	11	253829.1	243272.9		31498.6	528305.3
#天然原油和天然气开采	1		7263.1	7009		420.1	4417.8
黑色金属矿采选业	42	12	51703.7	43379		8830.1	29133.7
有色金属矿采选业	56	11	42678.5	39199.5		4374.8	29272.4
非金属矿采选业	184	49	34227.3	31045.8	3710.1	11997.2	38434.4
#采盐	8	2	5434.7	4705		1090.7	2830.2
其他采矿业	2		181.3	181.3			151
农副食品加工业	474	155	532438.4	501411.6	11276.7	148333	259127
#谷物磨制	160	32	125874.5	121384.9		19899.5	50138.5
饲料加工	53	17	128663.7	128967.9		21116.9	43626.2
制糖	6	3	11540.6	9365.5		11968.3	12032.2
食品制造业	234	111	268912.6	208927.2	59873.4	98777.1	278733.2
#罐头制造	40	18	123332.4	77855.3	56327.3	64594.4	154099.6
饮料制造业	206	116	95001.6	86890.3	2412.9	60705.8	150250.7
#酒的制造	121	70	61432.5	55705.2		46514	86631.2
烟草制品业	3	2	85.8	86.2		89.4	4646.9
纺织业	135	84	121778.4	113227.7	4728.3	77317.9	185662
#棉、化纤纺织及印染精加工	65	45	83601.6	78067.4		34192.9	84958.6
毛纺织和染整精加工	9	7	8565	9820.2	245.2	25620.5	77833.2
纺织服装、鞋、帽制造业	76	42	12077	12374.1	15	4049.2	8808.7
皮革、毛皮、羽毛(绒)及其制品业	27	15	24751.7	21129.8		6594.5	12295
#皮革鞣制加工	9	5	22649.2	19528.5		5327	9310.7
皮革制品制造	13	7	1269.7	1413.8		1241.8	2312.8
木材加工及木、竹、藤、棕、草制品业	119	42	53298.6	50322	4423.7	13475.6	40618.1
家具制造业	90	50	12244.6	12196.1	350.9	5514.8	12676.8
造纸及纸制品业	135	75	53349.8	49452.8		29138.1	67474.3
印刷业和记录媒介的复制	290	146	50935.5	51104		10691.6	62596.2
文教体育用品制造业	7	4	332.7	301.7		57	124.3
石油加工、炼焦及核燃料加工业	77	29	350700.5	320623.7	2424.2	44775.6	98639.3
#炼焦	13	3	19790.8	18101.8	2424.2	1539.3	5998.7
化学原料及化学制品制造业	360	168	204993.4	202413.8	16029.6	68864.3	165182.7
#基础化学原料制造	84	40	32635.4	30411.7	2451	9826	31843.5
肥料制造	61	26	40763.7	38858.1	423	20352.2	25031.5
医药制造业	60	34	30671.7	30724.3	1878.3	15678.1	40504.7
化学纤维制造业	8	4	9184.5	7435		5401.8	38205.7
橡胶制品业	34	15	10645.1	9935.1		2338.5	4078.8
塑料制品业	344	165	173487.9	170906.6	4541.2	53373.9	120357.9
非金属矿物制品业	902	266	275067	262574.8	25	72595.1	338714.6
#水泥制造	56	24	83491.6	82949.1		24701.2	164403.7
黑色金属冶炼及压延加工业	64	33	139028.4	133365.8		32656.4	52435.6
有色金属冶炼及压延加工业	26	9	84413.9	86360	2541.2	16054.1	36602.3
金属制品业	275	132	130502.7	125074.7		33901	51636.6
通用设备制造业	209	91	76840.3	72627		33460	63572.3
专用设备制造业	120	56	44419.6	39600.8		18710.3	35392.5
交通运输设备制造业	143	74	39870.5	39954.2		11415.4	32610.2
电气机械及器材制造业	121	67	112649.9	113779.1		32645.9	48975.6
通信设备、计算机及其他电子设备制造业	3	1	455.9	307.8		136.4	265.6
仪器仪表及文化、办公用机械制造业	17	8	7303.3	7760.8		1496.6	6931.4
工艺品及其他制造业	35	14	1392.8	1428.8		743.2	2253.8
废弃资源和废旧材料回收加工业	26	15	4923.6	4696.8		1680	1754
电力、热力的生产和供应业	219	117	229084.2	228787.1		8204	823535.7
#电力生产和电力供应	97	49	133086.7	132711.5		3540.6	420642.4
燃气生产和供应业	14	7	11247.3	11729.5		643	49663.6
水的生产和供应业	103	60	28042.9	27192.3		2981.6	201285

企业主要经济指标

计量单位：万元

本年折旧	资产总计	负债合计	实收资本	国家资本	集体资本	法人资本
12542.4	316861.1	162603.3	111871.8	36446.5	12691.1	19706.2
33698	643053.3	166110.9	260992.6	253221.3	988.2	3464.8
163	4763.9	1642.9	1520.2	789.5	44.3	60
2080.7	73032.9	41979.6	10493.7	2873	119.5	903.5
2263.5	51894.1	28129	15696.8	1984	341	7166.1
2880.1	98418.4	40681.3	35616.7	10915	1938.7	10335.6
88.9	4885.4	3489.6	1182.6	904.4	16.6	110.3
6	228	40	160			
16171.3	655336.9	383938.7	191045	21500.2	10921.9	83664.4
3051.2	102316.6	51259.6	36227.9	9320.3	946.7	15803.2
2354.5	88230.8	36378.4	32722.1	3566.3	3483	15191.6
757.4	22703.3	17290.6	5704.1	1379.2		316.7
16320.5	434763.7	341214.2	100192.2	15149.8	3698.7	50011.1
8818.2	220234.5	205124.8	27602.8	2841.5		19699
11901.8	277561.6	185488.2	97363.9	8249.8	4690.6	52966.4
5077.5	168672.2	124094.9	47404.7	7896.4	1991	20340.6
68.6	8641.8	5731.8	4378.7		1500	2868.7
7285.7	293819.9	242851	106471.5	42462.1	11336.8	32603.7
3515.9	135610.5	89722.7	46601	4046.2	10984.7	16774.8
2634.7	114616	124553.4	45032.8	32758.7	7.1	9152.6
589	17056	12369.9	7535.4	3832.9	633.7	1120.8
1434	29335.7	19406.6	9643.1	2.3	366.7	4847.5
609.6	22941.6	13393.6	7815.9			4789.5
391.1	5611.9	5101.4	1739.9	2.3	342.7	36
2886.1	68416.2	33530.7	29164.1	3612	59.5	7343.5
647.3	25763.3	11929.3	15091.9	898.4	317.6	6685.5
3213.7	141400.7	90463.5	36085.2	10831.7	1664.9	11145.8
4887.3	75049	36235.2	32892.7	12210	2565.1	8033.1
5.3	5564.6	5316.2	968			656.8
4403.3	253388.2	109293.2	54917.6	5251.5	1914.7	22741.3
305.3	22291.8	7200.1	6926.8			2775.7
10671.9	378322.5	219642.1	122043.9	21853.1	10228.4	42334.7
2098.4	59558.1	40161.7	21862	2222.2	1663.9	5624.1
2023.4	70881.1	39891.5	24204.5	2142.9	2892.1	10758.9
2507.9	102930.8	67269	45329.2	5526	253.5	25238.2
890.5	69631.5	25024	41033.5	4850		34060.8
192.1	8856.1	4958.4	2580.7	150	8	615.2
7641.1	285551.4	167190.2	96017.7	19114.1	3782.8	31917.2
23307.7	525625.9	296760.5	179066.2	27860.7	12983.5	67481
11308.9	214613.1	137908.4	60037.5	19381.6	3325.3	25823.2
3355.8	115145.2	70127.1	33142.2	3777.5	4721.8	15824.1
2598.8	96198.7	58952.2	22434.7	1474.1	1787.8	10034.7
3283.3	141389.3	86469	50618.6	4377.6	3259.5	17484.9
3069.6	157132.8	97566.9	52281	2319.1	4138	11743.4
3084.9	89579.2	69286.3	24699.3	8016.5	1652.5	7901.6
2171.3	65940.8	42952.2	27530.4	10650	1038.7	9059.2
2650.3	159286.8	97680.1	49588.4	4302.6	1746.3	21884.7
23.6	1817.3	466.5	1380	770		150
500.6	13038.4	6594.4	3206		563.4	555.4
117.3	3672.9	1993.3	1759.3		248.9	513.5
138.3	6362.3	2737	3178.9	65	136	200
49902.7	932948.9	575388.6	317230.7	165494	7213.6	78906.3
25195.4	445365	247230	170211.3	112003.4	2463.9	46296.5
2149.4	66184.3	43661.2	24676.3	2652.3		11080.1
7714.5	222349.1	81236	109160.6	83341.8	7616.5	12979.3

2-17 续表 1

项　　目	个人资本	港澳台资本	外商资本	营业收入合计	产品销售收入	产品销售成本	产品销售税金及附加
煤炭开采和洗选业	43028			132411.2	131267.4	87983.6	4386.6
石油和天然气开采业	3318.3			379229.9	378026	357441.5	4371.6
#天然原油和天然气开采	626.4			7016	7009	4368.6	199.1
黑色金属矿采选业	6597.7			54448.9	52324.1	26492.2	1317.2
有色金属矿采选业	5401.7	804		37748.5	37283	23524.9	332.9
非金属矿采选业	12427.4			29182.9	27663.8	15458.5	1068.4
#采盐	151.3			4462.9	4452.4	1827.5	388.4
其他采矿业	160			180	180	87	23
农副食品加工业	68247.6	650.6	6060.3	567847.1	547472.5	499692.4	3110.7
#谷物磨制	10157.7			125102.1	122169	111280.9	278
饲料加工	6367.4		4113.8	132876.1	131395.9	118469	2284.4
制糖	4008.2			14900.7	14556.7	12367.8	116.3
食品制造业	26019	2483.9	2829.7	211687.6	202452.6	146974.5	1006.1
#罐头制造	4814.3		248	80081.4	79222.8	59590.9	212.9
饮料制造业	17601.2	5474.4	8381.5	86498.6	82780.4	52469	5727.1
#酒的制造	14435.1	99	2642.6	54829	52999	33546	5623.3
烟草制品业	10			936.6	924	924.1	0.5
纺织业	12637.6	7431.3		123964.4	118534.3	113721.9	450.3
#棉、化纤纺织及印染精加工	9206.9	5588.4		87760.7	84640.5	83242.9	257.4
毛纺织和染整精加工	1320.7	1793.7		9923.1	9511.6	8986.7	35.3
纺织服装、鞋、帽制造业	1948			13466.3	13018.3	10882.2	123.6
皮革、毛皮、羽毛(绒)及其制品业	4369.6		57	18075.1	18030.9	15567.4	61.1
#皮革鞣制加工	3026.4			16505.6	16483.9	14330	45
皮革制品制造	1301.9		57	1503.5	1490.7	1210.4	13.6
木材加工及木、竹、藤、棕、草制品业	15035.6		3113.5	48670.7	47818.7	42025.1	343.3
家具制造业	7190.4			12065.2	11784.4	10384.8	177.2
造纸及纸制品业	10726.8	1716		52936.2	50531.7	44382.5	316.1
印刷业和记录媒介的复制	9979.4	105.1		52937.2	50249.2	40074.6	473.3
文教体育用品制造业	311.2			305.3	305.3	218.9	4.4
石油加工、炼焦及核燃料加工业	22775.8	440	1794.3	374823.4	341443.6	276556.3	2483.6
#炼焦	2416.8		1734.3	19304.7	18617.1	9021.6	80.1
化学原料及化学制品制造业	39809.7	4941.5	2876.5	228171.5	208523.8	174774.1	1304.5
#基础化学原料制造	7556.9	2250	2544.9	33297.7	30040.9	22857.5	251.3
肥料制造	7465.7	827.8	117.1	39183.8	38519.8	33195	177.6
医药制造业	12133		2178.5	31043.8	30154.1	18933.6	248.7
化学纤维制造业	2122.7			8298.1	7434.4	6554.3	18.5
橡胶制品业	1787.5		20	9993.6	9836.1	8558.7	61.5
塑料制品业	39427.1		1776.5	179419.2	171787.3	147633	765.3
非金属矿物制品业	67363.5	2788.5	589	262850.6	258473.8	213510.5	3099.4
#水泥制造	10729.9	363.5	414	83036	82820	69741.5	505.7
黑色金属冶炼及压延加工业	8233.8		585	155807.2	152846.5	140786.6	508
有色金属冶炼及压延加工业	8590.1		548	84875.6	83438	76234.4	197.5
金属制品业	23311.8	939.8	1245	126798.7	123277.2	110222.7	761.7
通用设备制造业	33864.5		216	80034.2	71134.6	58006.7	799.9
专用设备制造业	6042.7	90	996	50462.1	44348.4	35025.3	414.6
交通运输设备制造业	6302.5		480	50319.9	41810.7	34895.6	445.7
电气机械及器材制造业	21501.3		153.5	115269.7	113788.6	95478.5	450.7
通信设备、计算机及其他电子设备制造业	290		170	400.3	360.6	265.4	3.3
仪器仪表及文化、办公用机械制造业	1908.8		178.4	9469.5	7944.6	5123.8	57.8
工艺品及其他制造业	996.9			1537.3	1524.3	1149.6	19.4
废弃资源和废旧材料回收加工业	2777.9			4644.3	4622.3	3901.8	49.6
电力、热力的生产和供应业	64846.8	770		209887.3	204646.5	175837	1054.1
#电力生产和电力供应	8677.5	770		112653	109913.1	94413.3	476.9
燃气生产和供应业	6943.9		4000	13216.9	12246	8684	52.2
水的生产和供应业	5223			29405	25990.4	17538.8	231.5

计量单位：万元

费用合计（营业费用、管理费用）	营业利润	利润总额	从业人员劳动报酬	劳动、失业保险费	全部从业人员年平均人数	亏损企业亏损额
30779	10682.9	11925.7	32879	696	29460	5598.1
11746.2	4792.8	-5156.6	46468.8	755	14047	9188.6
922.3	1525.4	1527.9	1628.2	25.3	105	
13023.3	7767.6	7342	2762.7	59	2378	214.1
7833	7785.3	7497.8	2737.6	61	2550	549.5
9399.2	2450.9	3473.2	5178.6	287.1	5461	1265.3
1853.3	345.5	317	1153.5	14.9	1109	99.8
50	20	20	17.6		34	
47375	2116.4	5481.9	17040.2	771.1	17201	14276.1
7946.5	3674.9	3826.5	3481.2	87.1	3483	1032.3
9335.2	1430.9	4408.8	2546.1	50.4	2150	972.5
2944.6	-407.3	-537.2	1409.2	233.4	1069	1094.9
46646.4	911	-474.7	13993	592.3	10695	12899.8
24589.7	-4777.5	-6093.9	3918.3	117	2958	8382.4
28374.9	362.2	-5050.1	8125.6	467.7	8801	12807
15321.1	1312.4	-2869.8	4970	336.8	6037	7369.5
420	-355.1	-408	142.2		93	408
18493.5	-12251.9	-13705	12972.8	464.3	15107	15743.9
7227.9	-5448.8	-5487.5	6976.7	64.9	8769	6640.9
6269.6	-5759.2	-5799.6	1756.6	148.3	1379	5814.7
2177.3	174.2	-132	2275.4	141	2326	567.7
1507.9	973.3	987.8	817.7	38.8	960	252.2
988.4	1132.9	1200	491.1	1.8	560	34.4
474.4	-152.4	-207.1	306.1	15.9	372	212.7
5391.1	373.5	996.5	3848.7	38.2	4925	1071.1
2557.3	-580.2	-958.4	1852.5	73.6	1994	1447.7
6303	-19.2	833.5	6183.3	272	6045	2187.3
10392	-64.5	-342.1	8293.2	874.8	6827	2772.5
677	-539.6	-575.5	702.5	3.6	1003	590.7
31882.9	36149.7	35854.9	5466.9	372.4	3361	1027.7
774.8	9194.1	9182.4	793.4	19.9	691	63.4
34057.1	2008	5088.6	16564.6	442.4	12660	6310.2
8315.7	-1044.1	-958.2	3999.1	123.7	3861	1796.3
6749.1	-1103.1	16.3	2862.7	37.1	2405	2049.2
11325.3	-745	-2295.3	2556	164.5	2264	5870
1916.2	-720.3	-731.3	825.7	56.8	911	967.2
917.9	-98.5	-167.6	764.8	33	754	225.5
19419.4	5512.9	7591	12051.6	438.3	10594	3850.2
44126.6	5320.3	7317.2	32566.2	1092.4	33843	9725
17922.9	-4213.2	-1341.2	8833.9	218.4	8018	4996.2
8351.3	3859.5	3478.8	6792.5	199.3	4947	1779.6
6439.5	231	1844.1	2964.9	62.5	2094	1986.8
18408.3	1254.2	1667.8	10030.3	414	8361	3084.8
14417.8	-60.6	-552.5	9969.8	644.3	7989	4136.3
9942.6	585	441.2	5181.2	285.5	4118	3274.7
9302.7	1141.7	588.7	8899.8	750.3	5667	2633.8
13761.6	4665.7	5618.1	6316.1	244.8	4484	3077.2
148.8	-17.2	-17.2	176.6	3.5	119	35.7
2493.7	1375.9	1451.1	936.7	80.5	675	224.7
344.9	203.1	59.9	345.5	28.4	562	38.6
453.4	240.4	119.8	400.5	53.4	397	108.5
47324	-12620.8	-8591.7	26632.5	1632.5	15156	21989.8
26692.9	-6005.1	-7281.7	16923.4	1114.6	8127	13265
3939.8	637.8	620.3	867.3	24.9	613	899.6
11929.3	-2380.8	-3130	6778	363	5329	4587.5

2-18 乌鲁木齐市工业

项目	企业单位数	亏损单位数	工业总产值(现价)	工业销售产值	出口交货值	年末存货	固定资产原价
总计	**1387**	**830**	**4506589.8**	**4443877.9**	**159602.6**	**846529.9**	**5509833.2**
规模以上	332	132	4355365.2	4300477.3	159087	755553.6	5236051.9
规模以下	1055	698	151224.6	143400.6	515.6	90976.3	273781.3
按登记注册类型分							
内资企业	1337	801	4338449.7	4279385.1	84486.3	799541.9	5351955.3
国有企业	74	42	360568.1	358898.6	2535.7	39796.1	737310.7
#中央企业	20	15	241696.7	240592.5		17127.1	420799.8
地方企业	54	27	118871.4	118306.1	2535.7	22669	316510.9
#自治区属企业	44	20	72136.1	71640.1	2535.7	18072.6	149813.1
地区(州、市)属企业	9	6	46621.5	46559.9		3791.1	165533.8
县(市)属企业	1	1	113.8	106.1		805.3	1164
集体企业	159	84	59551.3	59226.6		19433	39649.8
#自治区属企业	34	20	33103.2	34197.7		5659.6	17930.9
地区(州、市)属企业	22	14	3154.3	2923.9		2598.8	3563.7
县(市)属企业	24	14	3302.5	3252		1332.1	2598.1
镇属企业	1		289	280		147.3	750
乡属企业	9	2	1697.9	2228.9		213.5	2530.4
股份合作企业	6	3	944.5	958.6		773	1332.2
联营企业	21	19	7773.7	7642.7		7343	27965.3
#国有联营企业	15	14	1947	2042.2		2998.1	11335.2
集体联营企业							
国有与集体联营企业	4	3	4912.1	4685.9		736.8	9364.6
其他联营企业	2	2	914.6	914.6		3608.1	7265.5
有限责任公司	240	125	1341695.9	1289316.7	51812.2	311662.8	2050527.5
#国有独资公司	37	14	320902.7	315263.4	153.8	52514	545290.6
其他有限责任公司	203	111	1020793.2	974053.3	51658.4	259148.8	1505236.9
股份有限公司	9	4	2295494.4	2289232.7	25555.4	318775.8	2261531
私营企业	826	523	272328.1	274015.5	4583	101749.7	233595.2
#私营独资企业	160	90	14959.2	13996.4		5335.5	7501.5
私营合伙企业	45	26	4744	4547.7		1439	2312.7
私营有限责任公司	605	397	239780.5	237972.3	4583	89054.7	190399.5
私营股份有限公司	16	10	12844.4	17499.1		5920.5	33381.5
港、澳、台商投资企业	12	5	68952.2	66747.8	34587.7	17868.2	79800.1
外商投资企业	38	24	99187.9	97745	40528.6	29119.8	78077.8
在总计中：国有控股企业	220	115	3700981.2	3663602.5	70180.1	543778	4668560.2
在总计中：农村工业	34	7	11148	11211.7		5030.8	11464
按轻、重工业分							
轻工业	543	368	624225	564959.1	136058.9	265764.8	789501.7
以农产品为原料	415	280	547410.8	488940.9	132232	239389.6	636808
以非农产品为原料	128	88	76814.2	76018.2	3826.9	26375.2	152693.7
重工业	844	462	3882364.8	3878918.8	23543.7	580765.1	4720331.5
采掘工业	69	28	534395.6	520961		83764.3	992409.4
原料工业	180	98	2786200.5	2796276.5	16535.6	323572.9	2997245.5
加工工业	595	336	561768.7	561681.3	7008.1	173427.9	730676.6
按企业规模分							
大型企业	8	1	2663684.9	2663522.5	12620.5	338107.7	2574792.2
中型企业	43	17	1032027.2	984412	124331.5	235543.3	1915549.4
小型企业	1336	812	810877.7	795943.4	22650.6	272878.9	1019491.6

企业主要经济指标

计量单位：万元

本年折旧	资产总计	负债合计	实收资本	国家资本	集体资本	法人资本
356727	**7308903.7**	**3976657.6**	**2289879.4**	**1371909.4**	**38940.2**	**524015.5**
345413.7	6774529.7	3620204.9	2035726.9	1332151.5	19889.2	416815.3
11313.3	534374	356452.7	254152.5	39757.9	19051	107200.2
346540.1	7023005.6	3869884.8	2181220.7	1370045.4	36797.7	492800.8
39614.6	855071.4	512761.1	306806.2	306806.2		
19284.3	429856.1	276352.9	183879.3	183879.3		
20330.3	425215.3	236408.2	122926.9	122926.9		
7534.4	193906.5	119575.5	52033.2	52033.2		
12788.7	229806.3	115913.6	70758.4	70758.4		
7.2	1502.5	919.1	135.3	135.3		
2084.8	82133.5	55820.7	24398.1	60	20260.9	1973.5
817.2	36148.3	23378.3	8850.4		8850.4	
216.9	12905.6	7835	4416.1	60	3555.1	665.6
162.7	4844.6	3996.7	1455.4		1062.1	135.6
60	881.1	942	750		750	
151.7	3365.7	2400	1178.1		384.4	793.7
64.2	2660.8	1322.8	1297		291.3	826.9
1148.5	33359.7	54045.5	8506.2	3596.9	526	4383.3
494.2	14241.2	21115.4	3475.5	2371.9		1103.6
528.8	8605.1	5299.5	3249.4	1209.5	526	1513.9
125.5	10513.4	27630.6	1781.3	15.5		1765.8
113711.5	2650752.6	1570672.9	952612.9	573366.4	15071.6	333592.8
19398.2	683073.8	370440.9	295899.9	245593.9		50306
94313.3	1967678.8	1200232	656713	327772.5	15071.6	283286.8
177209.7	2631705.4	1303290.1	606523.1	480852.3	286.3	70926.3
12700.6	767219.7	371886.8	280999.2	5363.6	361.6	81098
596.9	17159.2	11271.6	7400.3		15.2	1019.4
150	6690.1	3717	3180.3	19	86	1509.3
9935.9	492089.6	272005.6	179975.5	213	260.4	21429.8
2017.8	251280.8	84892.6	90443.1	5131.6		57139.5
5263.7	100931.5	47470.3	40916.8	98	2030.6	5689.3
4923.2	184966.6	59302.5	67741.9	1766	111.9	25525.4
310607.6	5462933.4	2930621.5	1702651.8	1362917.6	4256.8	266359.9
521.1	17661.6	11953.1	6893.2		1757.5	4413.5
39921.1	1405007.7	881096	418737.7	84041	9593.5	198594
32859.8	1154085.9	753404.7	341768.7	65778.2	8619.5	153586.1
7061.3	250921.8	127691.3	76969	18262.8	974	45007.9
316805.9	5903896	3095561.6	1871141.7	1287868.4	29346.7	325421.5
72059.7	1272335.1	621528.9	172402.7	133798.7	2705.4	30168.9
210873.3	3162799.1	1695236.9	1114153.6	851296.8	14600.4	148830.8
33872.9	1468761.8	778795.8	584585.4	302772.9	12040.9	146421.8
198859.5	2871914.1	1267844.4	913175.4	798328.5	286.3	91197.6
104680.9	2687906.4	1587592.6	754026.5	427569.6	4296.9	209037.7
53186.6	1749083.2	1121220.6	622677.5	146011.3	34357	223780.2

2-18 续表 1

项目	企业单位数	亏损单位数	工业总产值(现价)	工业销售产值	出口交货值	年末存货	固定资产原价
按行业分							
煤炭开采和洗选业	40	18	83644.8	79730.7		15787.2	159005.5
石油和天然气开采业	1		447639	438492		66315	827388.3
#天然原油和天然气开采	1		447639	438492		66315	827388.3
黑色金属矿采选业	1		28.8	28.8		2.7	45
有色金属矿采选业	1		721.1	536		197.5	1257.4
非金属矿采选业	26	10	2361.9	2173.5		1461.9	4713.2
#采盐							
其他采矿业							
农副食品加工业	45	27	100118.3	97247.4	7629.8	17642.3	67168.3
#谷物磨制	5	1	24089	23497.4		2523.9	19765.9
饲料加工	9	5	40363.7	40307.4		6009.2	15273.4
制糖							
食品制造业	56	32	132367.9	106831.8	38144.3	37963.1	147876
#罐头制造	3	1	86209.9	60778.3	36594.3	29293.2	120069.6
饮料制造业	31	25	60852	50481.4	166.2	71435.5	144889.7
#酒的制造	12	11	55766.8	46083.7	166.2	67100.2	130725.4
烟草制品业	1						
纺织业	30	24	125205.2	109180.1	26237.6	77078.8	163178.9
#棉、化纤纺织及印染精加工	6	4	78500.6	74575.1	5295.6	23328.1	77472.7
毛纺织和染整精加工	3	2	1630.2	1636.5	245.2	15874.5	32715.2
纺织服装、鞋、帽制造业	29	20	3219.2	3532.6		1776.4	2796.2
皮革、毛皮、羽毛(绒)及其制品业	4	3	225.4	181.8		415.7	179.8
#皮革鞣制加工							
皮革制品制造	2	1	188	142.9		407.5	155.4
木材加工及木、竹、藤、棕、草制品业	10	6	8697.3	8580	4423.7	3540.2	5483.2
家具制造业	52	35	67512.9	67551.1	59537.3	13086.1	31963.4
造纸及纸制品业	46	32	21041.9	19723.8		11026.3	18123.7
印刷业和记录媒介的复制	118	78	35560.4	35777.9		5887	51261.9
文教体育用品制造业	4	2	189.8	161.9		20	65.8
石油加工、炼焦及核燃料加工业	15	8	1084978.9	1095675		152633.5	990445.4
#炼焦							
化学原料及化学制品制造业	126	80	231934.7	225779.4	7705.5	44964.5	225956.7
#基础化学原料制造	29	17	139555.8	136790.3	7005.8	17655.8	119090.9
肥料制造	18	7	58443.5	56560.5		15040.7	76823.9
医药制造业	21	12	22673.4	20564.9	1032.8	8464.5	31188.4
化学纤维制造业	2	2	447.9	453.6		442.1	21858.8
橡胶制品业	13	6	1644.9	1399.3		426.5	528.4
塑料制品业	108	60	79456.4	79277	2110.2	24635.4	193150
非金属矿物制品业	164	89	131592.9	134676.6		36634.7	258624.6
#水泥制造	8	8	48858.4	48655.4		13992.2	160020.1
黑色金属冶炼及压延加工业	29	14	1068230.7	1069063	4200.4	115051.4	540322
有色金属冶炼及压延加工业	6	3	38124.7	39457.3	2541.2	9615.8	10998.5
金属制品业	96	64	35488.7	34861.1		11692.6	15536.3
通用设备制造业	84	46	32293.6	32485.2	484.7	23059.2	35283.7
专用设备制造业	38	24	28899.2	28247.8	239.5	19839.3	54132.1
交通运输设备制造业	56	35	82809.8	81782.8		24858.1	43305.5
电气机械及器材制造业	55	35	86629.9	90133		27868.6	38937.3
通信设备、计算机及其他电子设备制造业	4	1	62354.3	59582.3	5149.4	12027.7	113496.3
仪器仪表及文化、办公用机械制造业	9	5	5331.6	5769.8		945.5	1443.3
工艺品及其他制造业	5	3	422.4	546		387	580.4
废弃资源和废旧材料回收加工业	10	8	4128.9	3941.9		1633.1	1028.7
电力、热力的生产和供应业	46	19	383494.7	383724.2		5746.8	1155429
#电力生产和电力供应	11	5	327184.3	327072.5		3523.4	870837
燃气生产和供应业	2	2	26745.8	26726.6		1522.6	38520.3
水的生产和供应业	3	2	9520.5	9520.5		445.3	113671.5

计量单位：万元

本年折旧	资产总计	负债合计	实收资本	国家资本	集体资本	法人资本
4726.4	264011.5	118977	139904.3	118347.7	1965.1	16944.7
66910.1	999733.8	498999.4	28634.3	14030.8	286.3	12599.2
66910.1	999733.8	498999.4	28634.3	14030.8	286.3	12599.2
5	120		120			
67	1958	1118	810	810		
351.2	6511.8	2434.5	2934.1	610.2	454	625
3402.9	112080.7	95996	47428.4	9745.8	124.9	15695.1
721.1	14914.4	10707.9	5758.2	4493.8	13	1200
660	34835.1	17778.8	9716	4287.8		1326.3
7668	258552.1	178875.5	54771.7	3642.5	4125.2	38761
6143.7	202398.2	148076.5	37150			37150
8372.6	299634.5	220641.1	75842.7	8836.5	50.8	52809.5
7519.3	266788.2	204576.7	58011	8836.5	50.8	41953.2
	4048.3	2302.8	1500		1500	
6689.9	248835.7	166693.5	85013.7	24457.3	125.2	22658.2
4762.4	98247.1	55485.3	35221.5			18629.7
522.2	49426.3	50680.4	7155.2	6606.8		406
162.1	7577.9	5507.7	2989.5	1646.8	407.1	338.6
7.1	863.6	715.4	236.6		16	
4.9	842.1	705.8	208.6			
285.5	10424.7	7055.8	2971.1	183.2	9.9	590
1707.7	108782.2	13543.7	30212.3	527.2	129.2	12110.6
1417.2	34462.9	27963.2	7786.4	800	696	1856.8
3152.4	53967.1	27747.7	23199.5	11785.1	1551.5	4008.2
1.1	5417	5184.5	849.8			609.8
82630	738021.9	277722.6	455290.5	438804	3566.9	2700
13167.9	358612.9	221714.2	119014.7	76356.4	4668.2	19683.7
7558.5	191360.1	134033	52850	38054.7	116.4	10355.2
3950.5	93596.4	43830	40591.2	32403.5	2143.9	3454.9
1060.9	69107.8	40466.9	23219.7	9359.4		8614.7
193.5	41499.3	7584.5	31116.9			31116.9
31	1831.2	1084.8	729.7			110.1
6449.3	244896.1	95810.9	186406.4	156895.9	2517.7	5808.8
13061.8	676304.2	358833.2	169039.4	41897.3	3527.1	74852.1
6784.6	287022.4	198871.7	39650.6	26957.9	1024.4	826.8
42416	838180.1	355922.6	302178.8	221906.5	4185.8	51213.1
613.2	51063.5	28846	14999			8710.5
1024.2	50524.6	36166.1	19803.1	3290.1	1216.5	7617.8
1217	95641.4	69182.5	32531.1	162.9	1621.2	9458.5
2417.1	102961.7	88660.3	19738.5	5810.6	525.7	11447
2071.3	118721.4	87229.9	37698.8	10423	504	14373.2
2019	131116.6	71363.9	40727.2	5092	1559.6	18918.5
4334.6	143413.5	103689.5	11719	770		7564
35.3	7279.2	2539.2	2057.8		49.4	340
14.4	984.1	398.9	548			274.2
96.5	4904.5	2143.2	2456		106	200
69658.9	1010612.2	670817.5	234200.4	125078.2	3390.9	70905.7
53074.1	688473.4	485081.5	118270.5	69856.2		47644.3
4413.9	95647	44139.2	41611.9	41111.9		500
4875	110598.7	38585.9	39588.1	39528.1	60	

2-18 续表 2

项 目	个人资本	港澳台资本	外商资本	营业收入合计	产品销售收入	产品销售成本	产品销售税金及附加
总 计	**286064.3**	**46182.1**	**22767.9**	**4781615.5**	**4521958**	**3568987.7**	**79047**
规模以上	207461.7	44060	15349.2	4621914.5	4385108	3447570	77380.7
规模以下	78602.6	2122.1	7418.7	159701	136850	121417.7	1666.3
按登记注册类型分							
内资企业	270908.8	10324.7	343.3	4570944.3	4330069.8	3413323	77451.8
国有企业				375631.4	339307.4	302179	1814.8
#中央企业				224211.5	217861.5	206405.7	1095.5
地方企业				151419.9	121445.9	95773.3	719.3
#自治区属企业				80646.3	74637	56677.4	526.1
地区(州、市)属企业				70723.2	46758.5	39058.6	192.8
县(市)属企业				50.4	50.4	37.3	0.4
集体企业	2097.7	6		66222.1	61619.9	53797.2	443.6
#自治区属企业				39290	36180.5	31662.6	217.9
地区(州、市)属企业	135.4			3304.7	3139.1	2480.3	22.3
县(市)属企业	251.7	6		3401.9	3212.8	2794.2	25.6
镇属企业				280	280	132.9	4.5
乡属企业				2183.8	2182.8	1812.8	55.9
股份合作企业	178.8			1121.3	1113.4	995.1	5.1
联营企业				7523.5	6720.8	6487.4	90.7
#国有联营企业				2918.2	2136.6	2091.7	57.3
集体联营企业							
国有与集体联营企业				4341.7	4320.6	4160.1	33.3
其他联营企业				263.6	263.6	235.6	0.1
有限责任公司	30582.1			1395013.6	1299213.2	996544.5	8617.3
#国有独资公司				338418.6	321951.2	242849.1	2489.9
其他有限责任公司	30582.1			1056595	977262	753695.4	6127.4
股份有限公司	43853.2	10318.7	286.3	2396567.6	2344355.1	1816171.2	64753.5
私营企业	194119		57	328771.1	277646.3	237087.6	1726.5
#私营独资企业	6365.7			13712.9	13241.3	11841.6	110.9
私营合伙企业	1566			4643.4	4582	4149.9	62.9
私营有限责任公司	158015.3		57	292631.6	242305.4	211353.8	1450.2
私营股份有限公司	28172			17783.2	17517.6	9742.3	102.5
港、澳、台商投资企业	955.7	32143.2		84264.1	74640.7	59395.5	93.3
外商投资企业	14199.8	3714.2	22424.6	126407.1	117247.5	96269.2	1501.9
在总计中：国有控股企业	55976.2	10767.8	2373.5	3898182.1	3727816.1	2914058.2	72495.5
在总计中：农村工业	722.2			11100.3	10572.3	9699.2	136.7
按轻、重工业分							
轻工业	67998.4	41565.2	16945.6	609055.1	570272.2	436519.1	5728
以农产品为原料	56267.7	41395.2	16122	526541.2	490928	372698.1	5192.8
以非农产品为原料	11730.7	170	823.6	82513.9	79344.2	63821	535.2
重工业	218065.9	4616.9	5822.3	4172560.4	3951685.8	3132468.6	73319
采掘工业	4298	1145.4	286.3	579564.5	563983	217359	6602.2
原料工业	93678	2113.7	3633.9	2949297.4	2826834	2464340.6	63685.4
加工工业	120089.9	1357.8	1902.1	643698.5	560868.8	450769	3031.4
按企业规模分							
大型企业	21931.3	1145.4	286.3	2812774.7	2707196.2	2082582.5	65511.5
中型企业	70371.4	40113.1	2637.8	1098513.2	1009922.1	798365.8	9201
小型企业	193761.6	4923.6	19843.8	870327.6	804839.7	688039.4	4334.5

计量单位：万元

费用合计（营业费用、管理费用）	营业利润	利润总额	从业人员劳动报酬	劳动、失业保险费	全部从业人员年平均人数	亏损企业亏损额
488997.2	**355940.8**	**267928.4**	**234874.6**	**15395.4**	**133428**	**206700.9**
441090.7	372130.5	289289.2	208392.7	12620	107900	181313
47906.5	-16189.7	-21360.8	26481.9	2775.4	25528	25387.9
461883.1	345556.9	255852.8	226012.9	15248.5	127748	203376.7
53450	-9721.4	-8058.6	31819.1	1629.4	15769	15656.1
18793.5	-5930.6	-5396.4	14292	459.2	6503	5430.5
34656.5	-3790.8	-2662.2	17527.1	1170.2	9266	10225.6
19481.3	1046.5	3498.3	12192.2	1103.8	6631	3774.1
15122.9	-4787.5	-6109.1	5279.3	66.4	2538	6400.1
52.3	-49.8	-51.4	55.6		97	51.4
9265.8	69.4	349.8	7485.3	595.1	6406	1776.1
4260.8	602.7	1130.9	3435.1	311	2023	319
1106.1	-246.3	-460.3	598.5	101.1	639	601.3
886.6	-180	-191.9	582.1	17.2	706	266.4
87.6	55	55	45		80	
304	79	79	519.1	1.1	522	64.5
229.7	-97.7	2.8	124.7	11.7	133	14.9
5043.4	-4431.2	-5007	1231.4	328.1	1404	5018.9
2764.1	-2334.8	-2562.9	610.9	119.1	610	2574.4
888.6	-737.6	-692.8	355.7	30.7	371	693.2
1390.7	-1358.8	-1751.3	264.8	178.3	423	1751.3
203041	103362.7	104669.2	110523.6	6220	64483	58634.8
58312.5	15371.6	14047.2	46944.3	3624.1	24281	7668.4
144728.5	87991.1	90622	63579.3	2595.9	40202	50966.4
143945.4	250784.3	134751.7	53035	5334.9	18299	113000.2
46891.7	5574.2	29206.5	21781.4	1129.3	21239	9206.8
2349.6	-115.6	-302.4	2029.2	58.3	2128	538.5
486	17.9	-53.9	597	38	815	113
36995.9	5019.8	5785.2	17792.1	908.8	17508	8406
7060.2	652.1	23777.6	1363.1	124.2	788	149.3
7785.1	7588.3	7611.8	4235	59.3	2949	686.5
19329	2795.6	4463.8	4626.7	87.6	2731	2637.7
347022.3	338885.8	222403.2	171293.6	12548.5	79951	178254.4
1407.7	-44.3	-89.8	1210.5	7.1	1514	429.6
121350.8	6104.3	-7217.3	46976.5	2567.7	39084	45695.4
102266.7	7263.3	-4256	37552.1	2196.5	32293	36720.2
19084.1	-1159	-2961.3	9424.4	371.2	6791	8975.2
367646.4	349836.5	275145.7	187898.1	12827.7	94344	161005.5
51376.8	219917.7	184674.6	36550.4	4117	17626	1418.9
200093.9	116730.3	51606.5	97444.8	4026.3	42712	134373.2
116175.7	13188.5	38864.6	53902.9	4684.4	34006	25213.4
141089.1	362182.8	268021.7	84836.5	6497.7	40045	84008
198051.4	3444.1	8160.8	77122	3626.7	37331	70676.6
149856.7	-9686.1	-8254.1	72916.1	5271	56052	52016.3

2-18 续表 3

项　　目	个人资本	港澳台资本	外商资本	营业收入合计	产品销售收入	产品销售成本	产品销售税金及附加
按行业分							
煤炭开采和洗选业	2646.8			95070.9	83684.1	58469	1033.2
石油和天然气开采业	286.3	1145.4	286.3	481141.8	477822.8	157116.3	5489
#天然原油和天然气开采	286.3	1145.4	286.3	481141.8	477822.8	157116.3	5489
黑色金属矿采选业	120			28.8	28.8	21.5	2.3
有色金属矿采选业				483	483	349	
非金属矿采选业	1244.9			2840	1964.3	1403.2	77.7
#采盐							
其他采矿业							
农副食品加工业	6385.3	10527.2	4950.1	107256.6	105210.4	76439	70.7
#谷物磨制	51.4			24509.7	24033.4	22856.7	29.9
饲料加工	798.3		3303.6	41573.7	40751.6	16334.7	0.2
制糖							
食品制造业	5843		2400	113790.3	106960.6	71418.3	360.7
#罐头制造				62399.7	62288.6	39754.7	79.3
饮料制造业	6046.1	802.8	7297	46247.5	42534.4	27139.8	4142.8
#酒的制造	4532.7		2637.8	41627.1	38120.7	24128.4	4118.3
烟草制品业							
纺织业	11994.7	25778.3		113150	106367.4	94343	258.3
#棉、化纤纺织及印染精加工	36	16555.8		71780	67658.3	61357.5	161.7
毛纺织和染整精加工	142.4			1900.9	1836.9	2120.1	22.2
纺织服装、鞋、帽制造业	597			3926.4	3573.1	2921.3	26.5
皮革、毛皮、羽毛(绒)及其制品业	163.6		57	254.8	248.3	208	3.4
#皮革鞣制加工							
皮革制品制造	151.6		57	213.5	207	185.8	2
木材加工及木、竹、藤、棕、草制品业	1774.5		413.5	10246.7	9995.4	8935.4	24.1
家具制造业	13588.5	3856.8		83186.4	70358.9	56099.9	76.9
造纸及纸制品业	4108.6	325		19272.9	18866.8	16926.6	66.3
印刷业和记录媒介的复制	5749.6	105.1		38417.8	35772.1	28673.7	188.8
文教体育用品制造业	240			162.3	162.3	112.2	0.9
石油加工、炼焦及核燃料加工业	9959.6	200	60	1158194	1115525.7	1052153	55880.4
#炼焦							
化学原料及化学制品制造业	13461.5	2141.5	2703.4	242105.8	230214.5	169921.3	1746.1
#基础化学原料制造	1834.8		2488.9	143075.1	139557.5	98597.3	1239.2
肥料制造	1761.1	827.8		58220.8	56970.8	44733.5	242.4
医药制造业	3909.6		1336	22170.3	20609.8	10551.2	186.1
化学纤维制造业				453.6	453.6	474.2	
橡胶制品业	619.6			1446.1	1440.1	1266.8	25.8
塑料制品业	20377.3		806.7	89747.7	80392.2	70608.1	192.2
非金属矿物制品业	48587.9		175	138012.4	134292.6	110422	754.9
#水泥制造	10841.5			51426.6	50833.7	46100.2	212.2
黑色金属冶炼及压延加工业	24288.4		585	1160360	1092982.6	889266.4	3240.5
有色金属冶炼及压延加工业	5788.5		500	40571.7	39967	38030.3	74.1
金属制品业	7148.7	530		43174.5	41093.1	37557.9	255.6
通用设备制造业	21072.5		216	35464.5	32386.3	26250.2	309
专用设备制造业	1955.2			34824.9	28382.5	22423.3	228.8
交通运输设备制造业	11918.6		480	107976.7	82327.9	74512.5	380
电气机械及器材制造业	15003.6		153.5	92619.3	91585.1	74072.9	451.9
通信设备、计算机及其他电子设备制造业	3215		170	62097.3	56871.2	35238	543.8
仪器仪表及文化、办公用机械制造业	1490		178.4	5878.6	5337.5	3807.7	38.9
工艺品及其他制造业	273.8			539.4	539.4	442.4	7.6
废弃资源和废旧材料回收加工业	2150			3947.1	3925.1	3441.6	31.5
电力、热力的生产和供应业	34055.6	770		366301.2	363031.4	319129.1	2736
#电力生产和电力供应		770		306343	304766.1	273434.5	2421
燃气生产和供应业				45288.6	21824.4	14705.7	105.4
水的生产和供应业				14966.2	14743.3	14137	36.8

计量单位：万元

费用合计（营业费用、管理费用）	营业利润	利润总额	从业人员劳动报酬	劳动、失业保险费	全部从业人员年平均人数	亏损企业亏损额
18601.5	1295.1	974.4	20407.6	273.1	14074	1378.4
32033.5	218413.1	183473.7	15478.1	3665.4	2887	
32033.5	218413.1	183473.7	15478.1	3665.4	2887	
23.8	5	5	6.5		6	
107		26.5	78.4	0.3	60	
611	204.5	195	579.8	178.2	599	40.5
11593.9	-750.3	-574.1	3015.9	105.1	2216	3902.8
1034.4	141.8	335.4	584.2	20.2	430	269.8
3949.5	1797.6	1874.5	581.2	21	590	172.2
23814.8	13778.5	12918.1	6024.8	335.7	4171	836
14900.3	7651.1	7623	1372.8	6.7	883	130.2
22916.8	-8695.7	-9491.4	5215.1	126.4	4114	10758
19637.2	-6527.6	-7384.1	4018.3	88.6	2939	8570.4
20503.9	-630.6	-13857.3	11732.1	726.9	12681	16427.5
7202.9	771	809.5	6171	121.1	7885	1046.6
2445.8	-2688.2	-2954.2	822.1	101.4	478	2959.7
822.9	86.4	-14.3	595.5	106.5	665	243.7
55.3	-10.8	-10.8	43.4	8.4	50	12.4
33.3	-7.6	-7.6	32.6	6.1	38	9.2
1150.7	49.9	82.9	952.6	13.4	807	169.5
9215.9	5837.4	8344.8	3591.8	48.6	2653	719.6
2013.7	-41.8	-93.6	1507.5	56.5	1798	1184.2
8061.7	-718.8	-1110.7	5946.8	665.1	4186	2273.7
588.6	-539.4	-546.6	683.2	3.4	982	561.8
40074.2	-25930.6	-84443.3	17336.3	337.2	6541	84736.4
41341.4	19613.6	17334.3	20540.3	2793.6	10992	4251.3
24649.7	15929.7	12564.5	10280.8	1013.1	5014	1723.9
8681.5	3861.1	4938.2	6118.7	1177.2	3176	1012.1
10390.7	265	1234.5	2838	150.1	1797	1909.2
408.4	-429	-433	261.7	35.8	169	433
202.3	-16.9	-16.5	168.3	20	187	26.2
8710.3	1936.6	2700.9	6226	274.1	4335	2211.6
35598.1	-8578.8	7845.6	14460.9	1104.9	10541	22888.8
17250.4	-12673.5	-20500.1	6420.2	470.4	4471	20500.1
48723.6	157763.3	156473.8	31298	1241.1	16343	998.3
1754.4	293.4	293.9	632	5	424	448.3
10317.9	-978.9	-645.5	3637.4	219.4	2797	1469.8
8542.3	-1511.3	-1888.8	4089.1	397.5	3582	2754.8
13008.7	-6182.5	-6069.6	3854.5	380.6	2845	8314
15180.3	-2483.3	-2664.2	8349.2	756.3	4934	5425.8
11246.5	6466.1	7178.7	4530.7	182.4	2712	1140.5
12320.5	9278.1	8552.1	5765	109.5	2436	35.7
914.9	823.2	881.6	404.7	19.7	354	167.9
121	127.5	-11.9	99.8	27.1	94	12.8
340	119.2	-25.7	252.9	53.4	224	59.4
63394.7	-18878	-12969.2	29481.6	867	8214	25188.1
49706.2	-18050.4	-16488.1	24068.7	654.1	4946	21001
10387.8	-888.2	-1056.5	2668.1	7.8	1058	1056.5
3904.2	-3150.2	-4664.4	2121	99.9	900	4664.4

2-19 克拉玛依市工业

项目	企业单位数	亏损单位数	工业总产值（现价）	工业销售产值	出口交货值	年末存货	固定资产原价
总计	**214**	**86**	**5351618.2**	**5312119.7**	**7673.7**	**392999.4**	**8182733.5**
规模以上	74	12	5330473.7	5291791.9	7673.7	387085	8162279
规模以下	140	74	21144.5	20327.8		5914.4	20454.5
按登记注册类型分							
内资企业	210	86	5337730.2	5299658.7	7673.7	389637.5	8179495.2
国有企业	8	3	687743	675944.2	7673.7	119045.5	1097881.4
#中央企业	1	1	664409	653528		115293.7	1082467.4
地方企业	7	2	23334	22416.2	7673.7	3751.8	15414
#自治区属企业	1		6062.3	5907		422	1245.7
地区(州、市)属企业	2		7110.9	7165		1029.9	6132.8
县(市)属企业	2	1	587.8	606.7		341.8	163
集体企业	20	10	10674.8	10595.9		2040.4	13465.9
#自治区属企业							
地区(州、市)属企业							
县(市)属企业	1	1	1.7	1.7		17.8	144.9
镇属企业							
乡属企业							
股份合作企业							
联营企业	2		8038.8	8038.8		1316.3	6827.8
#国有联营企业							
集体联营企业	1		3190.3	3190.3		1134.5	5355.3
国有与集体联营企业	1		4848.5	4848.5		181.8	1472.5
其他联营企业							
有限责任公司	56	18	149412.9	144987.4		15501.5	91414.5
#国有独资公司	1	1	2167.8	2115.1		400.2	1017.3
其他有限责任公司	55	17	147245.1	142872.3		15101.3	90397.2
股份有限公司	6		4442348.5	4422954.1		246150.5	6956382.8
私营企业	118	55	39512.2	37138.3		5583.3	13522.8
#私营独资企业	22	14	1726.8	1700.3		324.1	437
私营合伙企业	3	1	724.4	834.1		180.6	220.7
私营有限责任公司	93	40	37061	34603.9		5078.6	12865.1
私营股份有限公司							
港、澳、台商投资企业	1		7498.7	5131.6		717.5	2297.3
外商投资企业	3		6389.3	7329.4		2644.4	941
在总计中：国有控股企业	23	5	5166914.7	5136444.1	7673.7	371057.1	8071645.1
在总计中：农村工业							
按轻、重工业分							
轻工业	42	21	13560.5	13516		3179.7	11533.9
以农产品为原料	31	14	9455.6	9480		2071.5	8220.6
以非农产品为原料	11	7	4104.9	4036		1108.2	3313.3
重工业	172	65	5338057.7	5298603.7	7673.7	389819.7	8171199.6
采掘工业	15	6	2890263.2	2886857.1		146703.7	6416087.4
原料工业	55	12	2357267.9	2326176.4	7673.7	227294.1	1694326.2
加工工业	102	47	90526.6	85570.2		15821.9	60786
按企业规模分							
大型企业	5	1	4932432.5	4902156.9		346113.3	8014975.1
中型企业	7		83834.8	80112	7673.7	8358.9	45602.5
小型企业	202	85	335350.9	329850.8		38527.2	122155.9

企业主要经济指标

计量单位：万元

个人资本	港澳台资本	外商资本	营业收入 合　计	产　品 销售收入	产品销售 成　本	产品销售 税金及附加
42400.9	**55921.2**	**14913.9**	**5534326.3**	**5415265.1**	**3658729.8**	**138753.9**
34395.7	55921.2	14893.9	5511484.5	5395544.6	3641575.6	138517.5
8005.2		20	22841.8	19720.5	17154.2	236.4
42400.9	55591.2	13897.9	5516788	5398274.5	3647338.3	138746.8
40.9			1038389.8	1001269.6	902300.5	9479
			1011834.7	979475	885258.7	9440.4
40.9			26555.1	21794.6	17041.8	38.6
			5258.7	5209.7	3374.3	2.7
			7418	7147.7	5908.6	26.3
40.9			981.9	587.8	566.7	1.9
			20482.3	18936.5	16534.4	171.5
			1.7	1.7	1.2	
445.2			9528.8	9284.4	7904.2	70.9
			3699	3551.7	3135	29.3
445.2			5829.8	5732.7	4769.2	41.6
5682.2			164612.3	153397.8	123963.1	2203.6
			2027.5	1835.3	1606.6	20.3
5682.2			162584.8	151562.5	122356.5	2183.3
26497.9	55591.2	13897.9	4242564.5	4178207.5	2564542.1	126468
9734.7			41210.3	37178.7	32094	353.8
524.3			1676.3	1676.1	1346	27
256.1			925.6	925.6	636.1	12.6
8954.3			38608.4	34577	30111.9	314.2
	90		7088.8	7057.1	5806.1	4.1
	240	1016	10449.5	9933.5	5585.4	3
28121.5	55591.2	14893.9	5323206.6	5220575.5	3499081.3	136318.7
1693.2			14711.4	13700.5	11332.7	170.6
753.2			10286.1	9537	7967.6	89.8
940			4425.3	4163.5	3365.1	80.8
40707.7	55921.2	14913.9	5519614.9	5401564.6	3647397.1	138583.3
15753.1	55591.2	13897.9	3085567.6	2994847.9	1611704.7	54538.6
18091.6	240		2330479.2	2313126.5	1958800.9	83386
6863	90	1016	103568.1	93590.2	76891.5	658.7
26497.9	55591.2	13897.9	5077813.6	4982625.9	3302892.9	135507.1
677.1			90965.1	83669.8	67993.1	807.4
15225.9	330	1016	365547.6	348969.4	287843.8	2439.4

2-19 续表 1

项目	企业单位数	亏损单位数	工业总产值（现价）	工业销售产值	出口交货值	年末存货	固定资产原价
按行业分							
煤炭开采和洗选业							
石油和天然气开采业	13	6	2884198.6	2880948		146281.7	6414836
#天然原油和天然气开采	2		2203483.1	2211126		30064.1	5324536
黑色金属矿采选业							
有色金属矿采选业	1		6062.3	5907		422	1245.7
非金属矿采选业	1		2.3	2.3			5.8
#采盐	1		2.3	2.3			5.8
其他采矿业							
农副食品加工业	1		1724.9	1699.8		421.9	1911.9
#谷物磨制	1		1724.9	1699.8		421.9	1911.9
饲料加工							
制糖							
食品制造业	1	1	2167.8	2115.1		400.2	1017.3
#罐头制造							
饮料制造业	5	3	1052.1	1053		454.2	2569.8
#酒的制造	2	2	91.5	84.3		377.2	249.9
烟草制品业							
纺织业	1	1	8.9	8.9		0.9	2
#棉、化纤纺织及印染精加工							
毛纺织和染整精加工							
纺织服装、鞋、帽制造业	2	2	965.6	968.3		231	587.9
皮革、毛皮、羽毛(绒)及其制品业	1	1	259.6	259.6		26	12.9
#皮革鞣制加工							
皮革制品制造	1	1	259.6	259.6		26	12.9
木材加工及木、竹、藤、棕、草制品业	2	1	95	91		6	77.9
家具制造业	1	1	3.2	3.2		32	29.9
造纸及纸制品业	2		1206.2	1304.8		360.8	650.9
印刷业和记录媒介的复制	17	5	1995.5	1995.5		176.5	1419
文教体育用品制造业	1	1	79.1	76		11.9	1
石油加工、炼焦及核燃料加工业	15	2	2198971	2182345	7673.7	205860.7	1566407
#炼焦							
化学原料及化学制品制造业	39	10	158610.6	144121.5		22138.2	120015.1
#基础化学原料制造	1	1	14.1	14.7		20.9	67.5
肥料制造							
医药制造业	1	1	74.8	30.4		179.1	956.3
化学纤维制造业							
橡胶制品业	5	1	1457	1321.4		255.2	604.7
塑料制品业	9	3	11931.5	11948.9		2702.4	10980.9
非金属矿物制品业	21	11	3336.5	3523.9		1153.3	4842.7
#水泥制造							
黑色金属冶炼及压延加工业							
有色金属冶炼及压延加工业							
金属制品业	14	8	7254.9	7606.6		2170.9	6950.3
通用设备制造业	29	14	42722.4	38643.7		4560.3	25278.2
专用设备制造业	5		15114.1	13773.7		3661.7	4854
交通运输设备制造业	15	8	2414	2478.4		549	1348.5
电气机械及器材制造业	5	4	5266.5	5231.1		457.9	1285.4
通信设备、计算机及其他电子设备制造业							
仪器仪表及文化、办公用机械制造业	5	1	1795	1814.3		485.6	5273.8
工艺品及其他制造业	1	1	24.5	24.5			35.8
废弃资源和废旧材料回收加工业							
电力、热力的生产和供应业	1		2824.3	2824.3			9533.4
#电力生产和电力供应							
燃气生产和供应业							
水的生产和供应业							

计量单位：万元

个人资本	港澳台资本	外商资本	营业收入 合 计	营业收入 产品销售收入	产品销售成本	产品销售税金及附加
15753.1	55591.2	13897.9	3080306.6	2989635.9	1608329	54535.7
14524.3	55591.2	13897.9	2051155	1993840	710448.6	44545.1
			5258.7	5209.7	3374.3	2.7
			2.3	2.3	1.4	0.2
			2.3	2.3	1.4	0.2
			1779.2	1682.5	1395.7	
			1779.2	1682.5	1395.7	
			2027.5	1835.3	1606.6	20.3
43			1128.9	765.4	635.1	22.6
33			86.3	84.3	67.9	3.3
2			8.9	8.9	4.1	0.3
50			1124.2	1101.9	1050.2	8.1
26			259.6	259.6	219.6	1.2
26			259.6	259.6	219.6	1.2
			93	93	84.5	0.3
			3.2	3.2	6	0.1
10			1792.7	1774.9	1297.2	12.3
622.2			2088.1	2031.5	1687.3	24.9
15			79.1	79.1	52.4	3
312.7	240		2167017.3	2150831.2	1826825.7	82140.7
18069.3			163177.7	162083.8	132179.1	1275.7
50			15.5	14.7	12.7	0.2
			270.4	150.8	198.5	0.1
151.5		20	1664.8	1632	1237.4	24.7
687			12668.6	12194.2	10368.7	79.3
1086			3564.7	3474.5	2843	33
1436.9			12229.9	11377.5	10715.7	75.2
2254.2			44461.3	37625.3	32507.6	329.8
602.5	90	996	18699.2	18040	12675.9	30.5
417.9			2565	2369	2006.8	21
504.6			5232.5	5231.2	3938.4	58.2
307			3385.2	2417.5	1180.2	16.8
50			24.5	24.5	15.7	0.9
			3413.2	3330.4	2293.7	36.3

2-19 续表 2

项　　目	本年折旧	资产总计	负债合计	实收资本	国家资本	集体资本	法人资本
总　　计	**541957.2**	**6678341.7**	**2651358.1**	**2227906.1**	**1434804.1**	**28644.9**	**651221.1**
规模以上	540355.4	6632916.6	2627194.3	2208036	1434804.1	26330.3	641690.8
规模以下	1601.8	45425.1	24163.8	19870.1		2314.6	9530.3
按登记注册类型分							
内资企业	541728.9	6660310.4	2641874.4	2225293.1	1434137.1	28284.9	650981.1
国有企业	64620.1	1610820.1	837311.7	716773.2	716732.3		
#中央企业	62927.3	1536785.6	803418.7	701121.3	701121.3		
地方企业	1692.8	74034.5	33893	15651.9	15611		
#自治区属企业	37.3	6213.6	4275.9	1000	1000		
地区(州、市)属企业	328.9	9341	4850.8	3147.3	3147.3		
县(市)属企业	6.5	543.1	466	188.2	147.3		
集体企业	1093	15686.8	9987.6	5560.7		5328	232.7
#自治区属企业							
地区(州、市)属企业							
县(市)属企业	14.2	333.1	135.4	169.3		169.3	
镇属企业							
乡属企业							
股份合作企业							
联营企业	149.8	11250.9	4342.1	6186	5299.8	161.2	279.8
#国有联营企业							
集体联营企业	41.7	6805.7	2097.4	5428.9	5149.1		279.8
国有与集体联营企业	108.1	4445.2	2244.7	757.1	150.7	161.2	
其他联营企业							
有限责任公司	6754.2	199242.5	102763.3	60163.1	10154.1	8561.8	35765
#国有独资公司	100.3	8676	1443.3	8000	8000		
其他有限责任公司	6653.9	190566.5	101320	52163.1	2154.1	8561.8	35765
股份有限公司	467966.6	4787770.6	1665626	1425481.9	701950.9	13897.9	613646.1
私营企业	1145.2	35539.5	21843.7	11128.2		336	1057.5
#私营独资企业	53.2	1381	937.6	524.3			
私营合伙企业	18.6	429.7	201.1	256.1			
私营有限责任公司	1073.4	33728.8	20705	10347.8		336	1057.5
私营股份有限公司							
港、澳、台商投资企业	150.8	6183.4	5187.6	300			210
外商投资企业	77.5	11847.9	4296.1	2313	667	360	30
在总计中：国有控股企业	533228.5	6445502.1	2522133.1	2162800	1434804.1	14541.4	614847.9
在总计中：农村工业							
按轻、重工业分							
轻工业	719.3	32323.6	12227.1	19115.5	9251.9	376.3	7794.1
以农产品为原料	552.5	21316.1	6966.5	13006.2	9251.9	252	2749.1
以非农产品为原料	166.8	11007.5	5260.6	6109.3		124.3	5045
重工业	541237.9	6646018.1	2639131	2208790.6	1425552.2	28268.6	643427
采掘工业	459183.2	4909026.1	2025272.8	2097583.9	1383903.8	14901.9	613536
原料工业	78088	1605104.1	536798.5	74440.8	32223.9	3924.5	19960.8
加工工业	3966.7	131887.9	77059.7	36765.9	9424.5	9442.2	9930.2
按企业规模分							
大型企业	529696.7	6234257.4	2442548.5	2126603.2	1403072.2	13897.9	613646.1
中型企业	4497.5	153977.6	78292	34525.9	12003.4	6468.3	15377.1
小型企业	7763	290106.7	130517.6	66777	19728.5	8278.7	22197.9

计量单位：万元

费用合计（营业费用、管理费用）	营业利润	利润总额	从业人员劳动报酬	劳动、失业保险费	全部从业人员年平均人数	亏损企业亏损额
356696.9	**1152333.7**	**1056499.4**	**299822.7**	**10880.8**	**87436**	**70774.3**
352047	1152142.6	1056988.4	296773.8	10746.6	84609	69174.7
4649.9	191.1	-489	3048.9	134.2	2827	1599.6
354516.3	1148866.5	1053011.5	298952.8	10878	87090	70774.3
133303	-30272.7	-66868.9	177278.1	2681.3	47830	68882.9
127343.8	-29407.8	-68372.9	173900	2634.6	46252	68372.9
5959.2	-864.9	1504	3378.1	46.7	1578	510
1588.1	280.7	718.3	1940	17.5	685	
1112	196.2	258.6	664.6	5.6	251	
27.7	-12.1	-2.2	47.8		54	2.2
3033.7	-12.2	702.7	1673.4	135.7	1165	288.1
3.5	-3	-3	0.5		4	3
952.7	420.8	580.6	1307.9	6.9	540	
467.7	-74.4	84.6	277.8		298	
485	495.2	496	1030.1	6.9	242	
19325.3	11243.3	12519.9	16485.6	565.6	7551	884.9
516.8	-246.6	-138.6	342.3	4.9	102	138.6
18808.5	11489.9	12658.5	16143.3	560.7	7449	746.3
192388.2	1165905.7	1104883.9	98116.5	7415.3	27060	
5513.4	1581.6	1193.3	4091.3	73.2	2944	718.4
424.1	-60.7	-91.7	301.2	4.3	263	120.3
274.1	2.8	2.6	162.6	0.4	180	6.7
4815.2	1639.5	1282.4	3627.5	68.5	2501	591.4
786.1	497.7	529.4	382		256	
1394.5	2969.5	2958.5	487.9	2.8	90	
330568.7	1139557.2	1042197.1	280800	10153.2	76424	69029.6
2545.2	174.9	395.1	2012.2	35.8	1120	463.5
1638.6	288.4	502	1511	30.7	888	274.7
906.6	-113.5	-106.9	501.2	5.1	232	188.8
354151.7	1152158.8	1056104.3	297810.5	10845	86316	70310.8
216712.3	988675.9	940117	239467.5	3764.8	63275	68439.1
121707.7	158670.3	111052.7	47115.1	6756.8	15990	181
15731.7	4812.6	4934.6	11227.9	323.4	7051	1690.7
301131.2	1125928.8	1026202.7	270342.1	9771.4	72847	68372.9
13045.2	4108	7224.4	9076.5	384.2	4720	
42520.5	22296.9	23072.3	20404.1	725.2	9869	2401.4

2-19 续表 3

项　　目	本年折旧	资产总计	负债合计	实收资本	国家资本	集体资本	法人资本
按行业分							
煤炭开采和洗选业							
石油和天然气开采业	459145.3	4902796	2020996.2	2096568.1	1382903.8	14886.1	613536
#天然原油和天然气开采	395655	3349437.9	1208190.9	1391302.1	681782.5	13942.2	611564
黑色金属矿采选业							
有色金属矿采选业	37.3	6213.6	4275.9	1000	1000		
非金属矿采选业	0.6	16.5	0.7	15.8		15.8	
#采盐	0.6	16.5	0.7	15.8		15.8	
其他采矿业							
农副食品加工业	48.8	1790	79.9	1147.3	1147.3		
#谷物磨制	48.8	1790	79.9	1147.3	1147.3		
饲料加工							
制糖							
食品制造业	100.3	8676	1443.3	8000	8000		
#罐头制造							
饮料制造业	167	6327.6	3837.6	1751.1			1708.1
#酒的制造	22.5	1816	1099.7	1076.7			1043.7
烟草制品业							
纺织业	0.1	4		2			
#棉、化纤纺织及印染精加工							
毛纺织和染整精加工							
纺织服装、鞋、帽制造业	17	943.1	204.4	735.2	104.6		580.6
皮革、毛皮、羽毛(绒)及其制品业	0.8	123	80.6	50			24
#皮革鞣制加工							
皮革制品制造	0.8	123	80.6	50			24
木材加工及木、竹、藤、棕、草制品业	4.2	202.5	76.4	69.6		19.6	50
家具制造业	0.3	161.9	153	50		50	
造纸及纸制品业	77.9	1363.2	379.4	349.2			339.2
印刷业和记录媒介的复制	138.4	1940.7	868.9	951.8		232.4	97.2
文教体育用品制造业	0.2	34.3	44.8	15			
石油加工、炼焦及核燃料加工业	68747.1	1403420	441853.5	21984	11115.3	2067.5	8248.5
#炼焦							
化学原料及化学制品制造业	8901	195029.4	89433.6	51351.5	21108.6	1931.3	10242.3
#基础化学原料制造	4.9	109.3	41.3	100			50
肥料制造							
医药制造业	27.5	6248.4	1705.3	4850			4850
化学纤维制造业							
橡胶制品业	49	1715.6	539.1	642.1			470.6
塑料制品业	456.4	19158.3	10487.3	8634.3	7184.5		762.8
非金属矿物制品业	305	7768	3686.2	3965.4	1240	984.1	655.3
#水泥制造							
黑色金属冶炼及压延加工业							
有色金属冶炼及压延加工业							
金属制品业	217.4	17026.2	8084.5	6449.5		4998.3	14.3
通用设备制造业	1956.6	55082.8	37026	10895.3	313	2871.7	5456.4
专用设备制造业	372.2	18815.1	10657.2	2600	687		224.5
交通运输设备制造业	101.7	3049.7	2370.5	757.9		94.1	245.9
电气机械及器材制造业	118.6	5704.3	1512.3	2504.6			2000
通信设备、计算机及其他电子设备制造业							
仪器仪表及文化、办公用机械制造业	421.5	5354.8	3762.3	1016.4		494	215.4
工艺品及其他制造业	2	52.8	2.9	50			
废弃资源和废旧材料回收加工业							
电力、热力的生产和供应业	543	9323.9	7796.3	1500			1500
#电力生产和电力供应							
燃气生产和供应业							
水的生产和供应业							

计量单位：万元

费用合计（营业费用、管理费用）	营业利润	利润总额	从业人员劳动报酬	劳动、失业保险费	全部从业人员年平均人数	亏损企业亏损额
4067.1	1830	1684.6	3149.2	64.4	3187	193.3
83.9	-45.5	-45.5	28		36	45.5
112.8	30	30	22.4		40	
102	93	93	149.6		264	
13869.8	472	274.4	5466	305.2	5410	2067.7
1258	560	547.9	565.5	4.9	625	50.8
1417.9	-69.5	72.5	517.1	4.2	399	122.1
8363.7	-831.6	-707.5	3112.8	272	2755	953.3
4377.5	48.5	-339.1	1371.5	42.2	1499	975.4
2117.5	159.1	224.8	647.3	30.5	642	21.9
8064	12537.5	10649.4	5164.6	17	2807	1562.1
7945.6	12613.4	10725.3	5077.6	16	2733	1486.2
8817.1	7004.5	6351.7	1650	722.1	480	
8498.9	5686.3	6013.5	6103.3	160.8	7094	253.6
2487.4	108	1014.3	1222.2	110.8	1185	
353.8	-237.1	-242.1	105.3	16.7	56	242.1
54.3	-28.7	-19.7	62.1		90	23.5
1910.5	557.6	518.6	616.4		464	86.9
1817.5	637.4	605.5	597.6		435	
93	-79.8	-86.9	18.8		29	86.9
1203.8	146.4	197.9	1069.9	14.7	1921	338.4
97.1	19.9	0.1	53.4	19.8	67	3.3
296.6	809.5	665.3	1186.3	3.5	404	
895.4	739.4	652.2	657.1	29.8	620	12.5
373.8	-18.1	-18.1	83	2.3	85	20.9
723.9	118.8	267.5	481	6.2	511	49.6
386.1	9.6	134.3	176	3.8	226	27.4
47.8	66	87.6	40.4		26	
94.3	-23.8	-18.2	56.4	7.3	67	20.4
71.8	102.5	148.6	16.5	4	30	
16.7	-2.7	-2.7	33		60	2.7
1555.2	1703.3	1764.1	1263.9	9.7	1643	173.5
7169.3	1064.6	2800.9	4638.3	36	5176	261.6
5842.8	524.8	2345.5	2792.6	26	2682	
4748.9	-326.1	-409.5	4589.7	18.1	1382	3649.6
5862	-1891.5	-54.7	1894.6	43.9	1031	1048.4
407.5	-69.8	-14	284.1	2.2	381	41.5
134.3	6.7	4.9	108.9	1.8	132	16.6
34.8	-5.2	-22.6	16.5	0.4	26	23.8
143.7	22.1	42.4	136.3	3.2	148	10
683.7	541.1	850.3	399.6	2.8	167	6.4
72.8	-6.9	-5.9	38.5	1	41	8.6
44.1	-33.2	-33.2	16.3		25	33.2
17584.1	-21440.3	-20097.7	9946.1	943.6	5236	20794.6
16492	-21013.4	-20194.1	9320.5	891.9	4734	20449.7
1284.2	-135.6	-675.4	1016.9	25.6	979	733.3

2-20 石河子市工业

项 目	企业单位数	亏损单位数	工业总产值(现价)	工业销售产值	出口交货值	年末存货	固定资产原价
总 计	**258**	**121**	**410645.3**	**390916.7**	**37427.2**	**173872.7**	**585142.3**
规模以上	52	26	388727	370505.2	37063.1	164913.2	569309.5
规模以下	206	95	21918.3	20411.5	364.1	8959.5	15832.8
按登记注册类型分							
内资企业	250	119	366582.7	347939.6	36146.4	167539	542041.6
国有企业	24	12	75219	71343.6	6623.1	26652.4	120113.8
#中央企业	22	10	73646.7	69651.3	6623.1	25781.9	113962.6
地方企业	2	2	1572.3	1692.3		870.5	6151.2
#自治区属企业							
地区(州、市)属企业	1	1	1487.8	1607.8		781.3	1540.3
县(市)属企业							
集体企业	8	4	992.2	951.2		486.7	1326.8
#自治区属企业							
地区(州、市)属企业	3	2	313	313		95.3	396
县(市)属企业							
镇属企业							
乡属企业							
股份合作企业							
联营企业							
#国有联营企业							
集体联营企业							
国有与集体联营企业							
其他联营企业							
有限责任公司	33	20	53840.7	51213.8	2686.4	24561.2	79694.1
#国有独资公司							
其他有限责任公司	33	20	53840.7	51213.8	2686.4	24561.2	79694.1
股份有限公司	5	2	186954.6	175154.2	26472.8	96518.8	321628.7
私营企业	179	81	49448.2	49148.8	364.1	19319.9	19250.3
#私营独资企业	100	40	6944.4	6229.9		2855.8	4826
私营合伙企业	12	5	1749.4	1791.4		676.5	400.7
私营有限责任公司	62	32	15042.3	15400.8	364.1	8646.3	8375.2
私营股份有限公司	5	4	25712.1	25726.7		7141.3	5648.4
港、澳、台商投资企业	2	1	8727.5	8533.8		2589.7	8588.3
外商投资企业	6	1	35335.1	34443.3	1280.8	3744	34512.4
在总计中：国有控股企业	40	19	289803.1	280173.6	28434.2	136637.3	483417.5
在总计中：农村工业							
按轻、重工业分							
轻工业	133	72	210552.2	196123.5	15833.6	94769.4	263585.6
以农产品为原料	108	53	206861.8	192421.8	15833.6	93482.6	256061.7
以非农产品为原料	25	19	3690.4	3701.7		1286.8	7523.9
重工业	125	49	200093.1	194793.2	21593.6	79103.3	321556.7
采掘工业							
原料工业	11	2	52496.6	52374.1		2473.3	130384.5
加工工业	114	47	147596.5	142419.1	21593.6	76630	191172.2
按企业规模分							
大型企业	2		156092.9	149846.9	21593.6	66107.6	264330.3
中型企业	8	5	123258.9	119602.7	6840.6	55900.6	143477.2
小型企业	248	116	131293.5	121467.1	8993	51864.5	177334.8

企业主要经济指标

计量单位：万元

个人资本	港澳台资本	外商资本	营业收入合计	其中：产品销售收入	产品销售成本	产品销售税金及附加
28250.3	**8964.9**	**2164.5**	**570425.7**	**560022.7**	**469944.6**	**2724.3**
19289.3	8964.9	1442.9	549577.4	539544.5	451158.6	2489.2
8961		721.6	20848.3	20478.2	18786	235.1
28250.3		297.8	530232.8	521725.6	450097.9	2724.3
1461.2			79955.9	73886.1	66492.8	271.4
1461.2			76990.9	70972.5	64071.9	269.1
			2965	2913.6	2420.9	2.3
			2030.1	1991.3	1498.1	2.3
12.4			952	952	841.4	3.7
			313.8	313.8	213.6	3
3017.8		297.8	48802.3	48069.2	42460.2	311
3017.8		297.8	48802.3	48069.2	42460.2	311
9749.7			361304.2	360010	302822.6	1908.2
13974.3			39090.4	38680.3	37383.7	228.2
3507			6447.7	6301.2	5311.6	154.4
289.2			1817.3	1773.8	1688.3	25
5008.1			15400.3	15348.3	14378.5	36.7
5170			15425.1	15257	16005.3	12.1
	2341		8321	7381.2	7024.7	
	6623.9	1866.7	31871.9	30915.9	12822	
12189	950	423.8	472257.2	463987.6	397663.6	2424.7
13549.5	8964.9	1447.5	189348.9	180440.2	150254.8	713.8
12769.7	8964.9	1447.5	185529.8	176693.7	147053.2	696.4
779.8			3819.1	3746.5	3201.6	17.4
14700.8		717	381076.8	379582.5	319689.8	2010.5
173.6		56	59366	58530.6	36615.1	531.4
14527.2		661	321710.8	321051.9	283074.7	1479.1
9720			334883.5	334234.2	282532.1	1775.1
5592			113965.3	108196.6	99583.6	350.9
12938.3	8964.9	2164.5	121576.9	117591.9	87828.9	598.3

2-20 续表 1

项目	企业单位数	亏损单位数	工业总产值（现价）	工业销售产值	出口交货值	年末存货	固定资产原价
按行业分							
煤炭开采和洗选业							
石油和天然气开采业							
#天然原油和天然气开采							
黑色金属矿采选业							
有色金属矿采选业							
非金属矿采选业							
#采盐							
其他采矿业							
农副食品加工业	14	4	20809.6	21801.5		8503.8	17200.8
#谷物磨制							
饲料加工	3		274.3	319.7		1628.9	976.7
制糖							
食品制造业	16	9	49778.3	40235.1	14764.8	13278.6	58036.1
#罐头制造	2	2	15194.3	7403.4	7348.1	7521.9	21992.3
饮料制造业	13	5	19832.1	19470.5	1.6	9710.2	25607.3
#酒的制造	4	1	3628.3	3766.5		7599.6	3545.8
烟草制品业	1	1	84.5	84.5		89.2	4610.9
纺织业	20	16	96164.9	90003.7	703.1	45638.4	120036.6
#棉、化纤纺织及印染精加工	14	13	88443.1	82606.3	485.6	29990.4	90659.7
毛纺织和染整精加工	2	2	7303.9	7029.2	217.5	15612.7	29348.5
纺织服装、鞋、帽制造业	7	3	808.9	729.5		397.8	153.6
皮革、毛皮、羽毛(绒)及其制品业							
#皮革鞣制加工							
皮革制品制造							
木材加工及木、竹、藤、棕、草制品业	1		660	478.9		14.9	
家具制造业	4	2	948.6	945	350.9	197.3	286.7
造纸及纸制品业	10	5	16883.6	17803.4		15126.2	28998
印刷业和记录媒介的复制	23	8	1346.5	1191.1		485.9	840.4
文教体育用品制造业							
石油加工、炼焦及核燃料加工业							
#炼焦							
化学原料及化学制品制造业	22	12	7071	7482.5		4944.7	2519.6
#基础化学原料制造	2	1	162	408.5		6.6	149.9
肥料制造	8	4	5826.3	5866.7		4707.1	2179.4
医药制造业	2	2	258.4	211.1	13.2	77	308.6
化学纤维制造业							
橡胶制品业	1		58	48		18	5.6
塑料制品业	20	9	118856.3	112492.7	21593.6	66950.5	159213.1
非金属矿物制品业	28	10	3445.4	3928.7		1673.2	7419.7
#水泥制造							
黑色金属冶炼及压延加工业	2	1	2783.2	2587.2		520.2	1392.1
有色金属冶炼及压延加工业							
金属制品业	16	7	12152.3	12966.2		1608.5	3760.1
通用设备制造业	10	3	819.6	802.8		52.8	501.1
专用设备制造业	23	12	6227.9	5449.8		1739.5	3011.3
交通运输设备制造业	8	3	853.2	863.9		483.6	485.5
电气机械及器材制造业	9	7	705.5	704.2		429.9	746.1
通信设备、计算机及其他电子设备制造业							
仪器仪表及文化、办公用机械制造业							
工艺品及其他制造业	1	1	9.5	9.5			20.5
废弃资源和废旧材料回收加工业	3		94.4	57.6			56
电力、热力的生产和供应业	2		48247.4	48247.4		1883.1	128801.4
#电力生产和电力供应	1		43786.3	43786.3		1561.6	110600
燃气生产和供应业	1	1	283.7	859.4		10.7	14360.3
水的生产和供应业	1		1462.5	1462.5		38.7	6770.9

计量单位：万元

个人资本	港澳台资本	外商资本	营业收入合计	营业收入：产品销售收入	产品销售成本	产品销售税金及附加
2219.8		367.8	24704.3	24449.3	23497.9	50.7
		367.8	319.7	319.7	226.1	
224.4	2483.9		37543.2	36302.5	19215.3	26.8
			8113.4	7775	5599.5	9.8
903.5	4140	1079.7	17854.8	17816.8	10878.5	213.8
734			2797.3	2794.1	1907.9	195.4
			934.9	922.3	922.8	
7896.1	950		80407.5	73815.3	74224.8	188.4
6928.6	950		74677.7	68224.8	68612.1	181.4
928.6			5361.6	5222.3	5351.2	3.9
240.6			798.1	750.5	615.6	21.7
50			488.9	478.9	471.5	1.4
100			945.1	945.1	916.1	3.4
14	1391		21107.2	20458.1	15694.9	172.2
721.3			1077.2	1076.3	923.5	19.5
1242.9		56	6611.3	6602.3	5870.2	8.6
50		56	408.5	408.5	361.1	0.2
774			4990.7	4987.2	4438.5	3.8
500			211.1	211.1	217.8	0.2
12			58	48	43	0.2
10819		661	291628.7	291339.2	258049.2	1306.7
1109.2			4096.9	3990	3045.9	100
28			3125	3125	2246	36
437.5			13015.8	12954.8	11340.3	33.9
128.5			837.5	810.6	705.6	5.1
1089.8			5936.6	5897.4	4773.8	17.7
172			863.9	863.9	785.2	6.7
251.2			1031.7	906.3	801.6	6.7
34.5			9.5	9.5	2.3	
56			63.6	63.6	52.5	1.1
			54691.5	53866.1	32920.9	492.9
			50000.3	49387.1	29273	486.7
			860.1	859.4	635.1	1.7
			1523.3	1460.4	1094.3	8.9

2-20 续表 2

项 目	本年折旧	资产总计	负债合计	实收资本	国家资本	集体资本	法人资本
总 计	**36031**	**1132458.1**	**745460.3**	**230978.5**	**100320.5**	**1341.8**	**89936.5**
规模以上	35080.4	1079145.3	712996.1	213375.6	98475.6	7.1	85195.8
规模以下	950.6	53312.8	32464.2	17602.9	1844.9	1334.7	4740.7
按登记注册类型分							
内资企业	31783.3	1080006.1	715440.7	212487.5	96007.2	1341.8	86590.4
国有企业	7725.4	182893.4	123520.5	85582.1	73652.4	7.1	10461.4
#中央企业	7615.4	175795.4	115965.1	81859	72798	7.1	7592.7
地方企业	110	7098	7555.4	3723.1	854.4		2868.7
#自治区属企业							
地区(州、市)属企业	49.7	2559.1	4199.9	854.4	854.4		
县(市)属企业							
集体企业	32.8	1943.7	1386.6	786.9	83	691.5	
#自治区属企业							
地区(州、市)属企业	17.7	586.8	404.7	232.9	33.2	199.7	
县(市)属企业							
镇属企业							
乡属企业							
股份合作企业							
联营企业							
#国有联营企业							
集体联营企业							
国有与集体联营企业							
其他联营企业							
有限责任公司	3389.6	132016.7	93364.8	38228.4	5055.8	594.2	29262.8
#国有独资公司							
其他有限责任公司	3389.6	132016.7	93364.8	38228.4	5055.8	594.2	29262.8
股份有限公司	19376.6	704075.7	462599.6	67314.8	17016		40549.1
私营企业	1257	59055.4	34569.2	20540.4	200	49	6317.1
#私营独资企业	314.8	11472.5	5517.2	5532.6			2025.6
私营合伙企业	31.4	1855.5	1374.2	289.2			
私营有限责任公司	523	32984.6	19272	9493.6	200		4285.5
私营股份有限公司	387.8	12742.8	8405.8	5225		49	6
港、澳、台商投资企业	575.7	9271.6	6051	5191	2850		
外商投资企业	3672	43180.4	23968.6	13300	1463.3		3346.1
在总计中：国有控股企业	29133.9	955240.7	613957.1	187436.2	100037.5	7.1	73828.8
在总计中：农村工业							
按轻、重工业分							
轻工业	16572.3	449303.7	313724.3	150233	82357.1	517.6	43396.4
以农产品为原料	16228.3	437439.7	308466.3	146936.1	80150.3	468.6	43135.1
以非农产品为原料	344	11864	5258	3296.9	2206.8	49	261.3
重工业	19458.7	683154.4	431736	80745.5	17963.4	824.2	46540.1
采掘工业							
原料工业	7570.4	215055.1	132569.7	33466.3	15415.2	21	17800.5
加工工业	11888.3	468099.3	299166.3	47279.2	2548.2	803.2	28739.6
按企业规模分							
大型企业	16684	576540.6	366451.8	48042.8	9000		29322.8
中型企业	8920	234041.1	149416.1	90911.1	51619.8		33699.3
小型企业	10427	321876.4	229592.4	92024.6	39700.7	1341.8	26914.4

计量单位：万元

费用合计（营业费用、管理费用）	营业利润	利润总额	从业人员劳动报酬	劳动、失业保险费	全部从业人员年平均人数	亏损企业亏损额
69823	**9914.4**	**12291.8**	**34993.4**	**3867.7**	**25383**	**14031.2**
66340.4	9382.4	12232.6	26968	3776.8	22197	12780.6
3482.6	532	59.2	8025.4	90.9	3186	1250.6
63588.5	7610.8	10141.2	33137.6	3843.4	24665	12965.4
11447.9	-3694.7	-2801.9	7124.5	1583.2	7465	4481.9
10544.4	-3376.7	-2321.9	6813.4	1559.4	7264	4001.9
903.5	-318	-480	311.1	23.8	201	480
484.9	35.6	-73.5	170.1	23.8	110	73.5
193.3	-27.3	-92.4	550.1	5.6	127	92.4
150	-10.1	-53.9	261	5.1	59	53.9
7697.9	-1916.1	-1781.1	3308.3	188	2802	3154.3
7697.9	-1916.1	-1781.1	3308.3	188	2802	3154.3
39395.3	14875.8	16790	13411.5	1972.2	9512	2063.3
4849.6	-1651.4	-1987.6	8692.5	93.9	4709	3173.5
1040.6	249.1	179.6	3850.9	12.8	1228	219.9
134.7	75.3	76.6	607	0.9	220	36
2461.1	-1.7	-249.3	2497.6	61.8	1275	922.2
1213.2	-1974.1	-1994.5	1737	18.4	1986	1995.4
649.9	-187	-129.5	291.6	2.5	206	424
5584.6	2490.6	2280.1	1564.2	21.8	512	641.8
53245.9	10714.5	13541.3	22395.6	3721.3	18598	7522.5
29618.6	-7830.6	-7165.2	16779.5	1810.8	14912	12382.9
28918.5	-7862.1	-7150.5	16126.9	1797.7	14523	12287.1
700.1	31.5	-14.7	652.6	13.1	389	95.8
40204.4	17745	19457	18213.9	2056.9	10471	1648.3
13437.4	6202.5	7689.4	6117.4	1025.1	3268	40.7
26767	11542.5	11767.6	12096.5	1031.8	7203	1607.6
33095.1	16037.6	17853.3	10667.9	1907.9	6961	
14264.4	-5918.4	-5414.8	9507.7	1465.4	10703	7059.9
22463.5	-204.8	-146.7	14817.8	494.4	7719	6971.3

2-20 续表 3

项 目	本年折旧	资产总计	负债合计	实收资本	国家资本	集体资本	法人资本
按行业分							
煤炭开采和洗选业							
石油和天然气开采业							
#天然原油和天然气开采							
黑色金属矿采选业							
有色金属矿采选业							
非金属矿采选业							
#采盐							
其他采矿业							
农副食品加工业	576.9	34013.7	20092.9	10013.4	5437.6		1988.2
#谷物磨制							
饲料加工	5.6	9152	1283.1	3451.1	1395.3		1688
制糖							
食品制造业	3003.4	79676	76762.7	7451	1000		3742.7
#罐头制造	1356.4	33172.6	33943.3	3000			3000
饮料制造业	2820.1	41452.6	29333.9	11566.3	1377.9		4065.2
#酒的制造	50	14285.3	12638.4	2820.6	1275.4		811.2
烟草制品业	60.3	4538.9	3355.5	2868.7			2868.7
纺织业	8392.8	175947.1	131365.1	94486.6	55463.9	21.3	30155.3
#棉、化纤纺织及印染精加工	6611.1	104711.4	56847.2	70782.4	44490.8		18413
毛纺织和染整精加工	1779.9	71036.2	74368.1	23651.1	10973.1	7.1	11742.3
纺织服装、鞋、帽制造业	33.4	990.4	769.5	306.8	16.2		50
皮革、毛皮、羽毛(绒)及其制品业							
#皮革鞣制加工							
皮革制品制造							
木材加工及木、竹、藤、棕、草制品业		78.4	26.8	50			
家具制造业	17.2	799.2	284.9	329.4	79.4		150
造纸及纸制品业	1240.3	97487.5	45058	18582.6	16680.3	447.3	50
印刷业和记录媒介的复制	52.8	1671.7	825.9	881.3	95		65
文教体育用品制造业							
石油加工、炼焦及核燃料加工业							
#炼焦							
化学原料及化学制品制造业	171.2	19722.4	9536.6	5176.4	684	70	3123.5
#基础化学原料制造	5.9	284.8	116.4	190	84		
肥料制造	137.1	18301.9	8777.8	4431.5	600		3057.5
医药制造业	31.8	913.7	630.2	510			10
化学纤维制造业							
橡胶制品业	0.6	61	55	12			
塑料制品业	10262.6	393743.9	249297.4	25439.8			13959.8
非金属矿物制品业	247.4	12556.3	6972.2	4516	500		2906.8
#水泥制造							
黑色金属冶炼及压延加工业	73.2	3263.4	1267	1429			1401
有色金属冶炼及压延加工业							
金属制品业	214.2	8127.8	2616.9	5478.4			5040.9
通用设备制造业	65.5	590.1	365.4	190.8			62.3
专用设备制造业	189.7	18414.7	17719.6	2798.9	1037.6	568.2	103.3
交通运输设备制造业	27.5	2435.7	2266.6	504	77	235	20
电气机械及器材制造业	32.1	1476.2	1063.2	584.8	333.6		
通信设备、计算机及其他电子设备制造业							
仪器仪表及文化、办公用机械制造业							
工艺品及其他制造业		27	1	34.5			
废弃资源和废旧材料回收加工业	7	230		56			
电力、热力的生产和供应业	7478.5	211128.3	130957.9	31694	15331.2		16362.8
#电力生产和电力供应	6630.2	193628.8	124817.4	25362.8	9000		16362.8
燃气生产和供应业	726	15004.8	12211.8	3811			3811
水的生产和供应业	306.5	8107.3	2624.3	2206.8	2206.8		

计量单位：万元

费用合计（营业费用、管理费用）	营业利润	利润总额	从业人员劳动报酬	劳动、失业保险费	全部从业人员年平均人数	亏损企业亏损额
2482.5	-240	-167.4	1374.9	355.2	1075	685.8
36	57.6	57.6	86.6	1.4	50	
7628.6	-672.3	-933.5	2542.5	31.6	1312	2079.4
3196.3	-1174.8	-1175.6	364.4	5.4	177	1175.6
5106.7	1833.7	1234	1258.4	118.4	783	763.5
763.5	-61.9	-87.7	495.8	83.2	448	93
418.6	-353.6	-406.5	141		91	406.5
8673.3	-9059.3	-8043.4	7895.5	1083.2	9166	8045.6
6996.3	-7421.1	-6523.8	6190.4	1038.2	7546	6523.8
1532.9	-1639.7	-1479.8	1532.1	45	1589	1479.8
118.1	34.9	37.8	165.2	0.3	88	19.1
9.6	6.4	6.4	19.2		7	
112.6	18.4	38.1	130.2	1.3	103	7.3
4079.8	678.7	1192.7	2228.4	190.4	1664	108.2
164	41.6	36.8	371.1	15.3	235	32.6
1187.3	-438.2	-426.9	851.1	2.7	498	586.8
18.2	52.2	52.2	30.6	0.1	35	16.7
975.2	-468.6	-480.7	640.6	1.4	321	529.1
142.6	-149.5	-144.4	40.4	2	16	144.4
3.8	1	1	4.8	0.7	5	
21460.8	11570.1	11839	6891.5	904.5	4703	118.9
875.4	440.6	558.3	1647.3	12.2	731	72.9
204.5	649.6	650.6	148.8		79	24
1303.3	369.6	430.6	766.5	74.9	504	16
116.7	28.2	7.2	292.6	0.4	115	38.2
1139.4	249.8	76.5	725.6	37.6	518	190.9
116.1	-31.9	-31.9	974.1	0.3	195	48.1
201.2	-94.1	-105.7	173.2	7.1	125	108.7
15.6	-8.4	-8.4	40.2		14	8.4
9.9	15.4	10.4	54		53	
13193.6	5464.6	6944	5837.6	1023.8	3101	
12842.7	4954.6	6234	5367.6	1023.8	2841	
747.7	-524.3	-525.9	210.9	2.8	87	525.9
311.3	83.4	22.4	208.4	3	115	

2-21 吐鲁番地区工业

项目	企业单位数	亏损单位数	工业总产值（现价）	工业销售产值	出口交货值	年末存货	固定资产原价
总计	**187**	**109**	**983408.3**	**960290.6**	**2388.3**	**94559.8**	**2092144.1**
规模以上	55	29	745980.2	734772.2	2100.6	58971.2	1558984.9
规模以下	132	80	237428.1	225518.4	287.7	35588.6	533159.2
按登记注册类型分							
内资企业	180	104	959849.7	938854.7	287.7	82508.3	2041459.4
国有企业	19	15	240056.9	229418.6		33549.4	608355.8
#中央企业	1	1	220401	210060		29847.5	512885.5
地方企业	18	14	19655.9	19358.6		3701.9	95470.3
#自治区属企业	2	2	13593.1	13483.9		2747.1	67752.2
地区(州、市)属企业	4	2	1860.2	1746		572	3765
县(市)属企业	11	9	4021.7	3953.2		368.4	23061.5
集体企业	29	15	8692.2	8712.1		2239.6	17800.9
#自治区属企业							
地区(州、市)属企业	5	3	2655.7	2804.9		699	4712.1
县(市)属企业	13	8	3387.4	3346.2		404.4	4388.3
镇属企业	3		252.1	197.1		30.9	310.8
乡属企业	7	4	2364.8	2341.9		1093.1	8337.8
股份合作企业	2	2	259.5	244.2		37.7	903.7
联营企业	1		6645.3	3822.1		74.4	998.2
#国有联营企业	1		6645.3	3822.1		74.4	998.2
集体联营企业							
国有与集体联营企业							
其他联营企业							
有限责任公司	39	19	91553.8	88033.8	262.7	22912.9	60654.5
#国有独资公司	1		33206	29782		2478.6	3513.6
其他有限责任公司	38	19	58347.8	58251.8	262.7	20434.3	57140.9
股份有限公司	2		592900.5	592528.9		17343.3	1329991.7
私营企业	88	53	19741.5	16095	25	6351	22754.6
#私营独资企业	49	24	10370.7	10080.1	25	1109.2	13420.5
私营合伙企业	7	2	782.7	646.1		169.2	436.4
私营有限责任公司	24	20	5746.1	3208.9		4088.3	7288.5
私营股份有限公司	8	7	2842	2159.9		984.3	1609.2
港、澳、台商投资企业	4	2	21632.2	19491.9	2100.6	8865.6	41711.6
外商投资企业	3	3	1926.4	1944		3185.9	8973.1
在总计中：国有控股企业	26	16	873459.3	856905		55249.1	1943707.9
在总计中：农村工业	9	4	5933	5806.4		1198.8	9132
按轻、重工业分							
轻工业	53	32	38688.1	38413	2363.3	22044.7	77824.1
以农产品为原料	40	25	34193.2	34354.3	2100.6	19951.2	57143.8
以非农产品为原料	13	7	4494.9	4058.7	262.7	2093.5	20680.3
重工业	134	77	944720.2	921877.6	25	72515.1	2014320
采掘工业	49	28	870835.8	852737.8		53160.2	1866827.6
原料工业	38	21	63148.6	61430.1		15785.1	137985.8
加工工业	47	28	10735.8	7709.7	25	3569.8	9506.6
按企业规模分							
大型企业	1		585448	585207		15732	1324404
中型企业	6	2	80312.2	76916.1	2100.6	17929.8	118807.5
小型企业	180	107	317648.1	298167.5	287.7	60898	648932.6

企业主要经济指标

计量单位：万元

个人资本	港澳台资本	外商资本	营业收入 合计	营业收入 产品销售收入	产品销售成本	产品销售税金及附加
18513	**27911.8**	**4514.1**	**1147054.2**	**1125846.9**	**750322**	**16694.2**
12781.6	27821.2	3514.1	787417.8	766367.7	407375.6	12769
5731.4	90.6	1000	359636.4	359479.2	342946.4	3925.2
17763	10456.2	2614.1	1121306.3	1104460.9	731457.2	16575.2
			396858.4	396511.3	390031.7	3771.8
			344827.3	344827.3	331541.9	3516.9
			52031.1	51684	58489.8	254.9
			46507.9	46445.2	54403	192.6
			1532.7	1522.6	1152.7	47.8
			3747.9	3516.6	2779.8	13.7
			9676.2	8868.4	6387.2	83.9
			3829.8	3058.2	2351.7	28.9
			3357.4	3340.4	2532.7	15.1
			189.3	189.3	138.8	1.5
			2277.2	2258.4	1348.6	35.5
559.7			270.3	270.3	208.7	4.2
			6645.3	6645.3	1999	295.4
			6645.3	6645.3	1999	295.4
1780			86597.2	83928.3	64502.9	1282.8
			25642.8	25422.4	16497.2	487
1780			60954.4	58505.9	48005.7	795.8
3164.1	10456.2	2614.1	605701.8	592887.4	256686.6	10851.2
12259.2			15557.1	15349.9	11641.1	285.9
8211.9			9568.6	9366.4	6935.4	165.2
334.8			646.3	646.3	576	8.8
2582.4			3181.4	3176.4	2827.4	60.3
1130.1			2160.8	2160.8	1302.3	51.6
	15205.6		23735	19391.9	17268.2	
750	2250	1900	2012.9	1994.1	1596.6	119
2679.1	10456.2	3514.1	1035830.6	1022513.3	664486.9	15872.6
			5742.2	5723	2452	54
1234.4	15056.8	1900	43049.7	37960.4	34433.3	567
1225.5	15056.8	1900	39001.2	34026.6	31915.4	521.4
8.9			4048.5	3933.8	2517.9	45.6
17278.6	12855	2614.1	1104004.5	1087886.5	715888.7	16127.2
5192.9	10456.2	2614.1	1000622.2	985959.6	615003.4	15501.5
9142.9	2250		95445.6	93999.7	94323.3	522.7
2942.8	148.8		7936.7	7927.2	6562	103
2614.1	10456.2	2614.1	597917.9	585207.2	249811.2	10807.4
6522.5	14966.2		110745.4	105916.7	102987.2	772.7
9376.4	2489.4	1900	438390.9	434723	397523.6	5114.1

2-21 续表 1

项 目	企 业 单位数	亏 损 单位数	工业总产值 (现价)	工 业 销售产值	出 口 交货值	年末存货	固定资产 原 价
按行业分							
煤炭开采和洗选业	18	13	10910.5	10117.2		1177.7	16037.5
石油和天然气开采业	2	1	805849	795267		45579.5	1837290
#天然原油和天然气开采	1		585448	585207		15732	1324404
黑色金属矿采选业	10	4	44994.2	38292.6		4862.2	7557.4
有色金属矿采选业	2	1	4800.7	5476.7		115.6	1028.7
非金属矿采选业	17	9	4281.4	3584.3		1425.2	4914.5
#采盐	1		477.3	477.3			166.1
其他采矿业							
农副食品加工业	9	5	5480.3	5573		1763	1686.3
#谷物磨制	2		2436.9	2733.6		1034.7	483.2
饲料加工	1	1	62.2	62.3		15.5	96
制糖							
食品制造业	3	1	1196.5	1000.2		595.9	700.9
#罐头制造	1	1	156.1	72.7		240.2	192.8
饮料制造业	18	11	4403.2	4333.7		4631.1	8236.6
#酒的制造	15	10	4184.7	4135.7		4629.1	7959.5
烟草制品业							
纺织业	3	2	23985.7	24189.8	2100.6	13153.7	46123.1
#棉、化纤纺织及印染精加工	3	2	23985.7	24189.8	2100.6	13153.7	46123.1
毛纺织和染整精加工							
纺织服装、鞋、帽制造业	1		29.3	29.3		3.8	30.7
皮革、毛皮、羽毛(绒)及其制品业							
#皮革鞣制加工							
皮革制品制造							
木材加工及木、竹、藤、棕、草制品业	1	1	55.5	49.5		40.5	45.8
家具制造业							
造纸及纸制品业	1	1		20		94.9	203.5
印刷业和记录媒介的复制	6	5	138.6	135.8		63.5	658
文教体育用品制造业							
石油加工、炼焦及核燃料加工业	1	1	36.4	30.4		8.9	249.5
#炼焦							
化学原料及化学制品制造业	14	9	17026.2	16921		4239.3	23983.6
#基础化学原料制造	7	3	16331.6	16159.8		3827.7	22512.8
肥料制造	4	4	360.5	388.1		303.7	1196.8
医药制造业	2	1	290	361.5	262.7	700.2	1249.7
化学纤维制造业							
橡胶制品业	2	2	657.5	489.5		255	140.7
塑料制品业	4	4	625.5	208.3		494.3	607.7
非金属矿物制品业	28	10	15742.5	15776.4	25	5566.7	41975.6
#水泥制造	3	2	11499.5	12279.4		4124.6	39050
黑色金属冶炼及压延加工业	9	5	8129.3	5494.4		4484	1714.6
有色金属冶炼及压延加工业	9	3	13777.2	14058		3004.3	12103.2
金属制品业	7	7	5671.3	3574		1979.2	5180.8
通用设备制造业	3	1	79.9	64.8		13	114.5
专用设备制造业	1	1				2.2	3.8
交通运输设备制造业	4	3	308.6	308.6		52.4	710.8
电气机械及器材制造业	1		3	4		9	5.1
通信设备、计算机及其他电子设备制造业							
仪器仪表及文化、办公用机械制造业							
工艺品及其他制造业							
废弃资源和废旧材料回收加工业							
电力、热力的生产和供应业	6	4	12991.5	12991.5		192.8	62039
#电力生产和电力供应	3	2	10962.3	10962.3		107.8	55866.2
燃气生产和供应业							
水的生产和供应业	5	4	1944.5	1939.1		51.9	17553

计量单位：万元

个人资本	港澳台资本	外商资本	营业收入合计	产品销售收入	产品销售成本	产品销售税金及附加
1371.3			9505.9	9054.7	4876.3	109.9
2614.1	10456.2	2614.1	942745.2	930034.5	581353.1	14324.3
2614.1	10456.2	2614.1	597917.9	585207.2	249811.2	10807.4
557.1			41534.4	40079.8	24217.6	910.5
100			5176.7	5176.7	3511.6	54
550.4			1660	1613.9	1044.8	102.8
			207.3	197.2	99.8	56.8
309.2	40.6		5435.5	4837.4	4508.5	4.1
10			2764.8	2759.5	2649	0.3
6			62.3	62.3	61	0.3
18			957.2	957.2	600.6	27.5
			72.7	72.7	41	0.4
319	50	1900	4893.1	4826.2	3306.4	482.9
319		1900	4661.6	4628.2	3215.2	480.4
225	14966.2		28401.7	24092.1	23878.7	29
225	14966.2		28401.7	24092.1	23878.7	29
			29.3	29.3	26.9	1.3
			49.5	49.5	41	0.3
261.5			20	20	18.7	0.1
92.8			136.9	136.9	134.7	3.3
90.1			30.4	30.4	24	0.2
7245.7	2250		18413.1	17330.5	14266	135.2
7157.5	2250		17398.4	16393.8	13406.9	119.6
33.4			561.6	561.6	545.8	5.5
			362.3	362.3	393.8	
			419	419	362.5	0.3
120.6			208.5	208.5	275.5	2
1155.2			15286.2	15213.1	12144.4	152.5
			11640.1	11567.7	9812.4	59.8
1578.5			5209.7	5209.7	4990.4	69.6
266.8			14140.2	14001.4	11038.7	78.3
1250	148.8		3728	3726.4	3480.5	5.8
112.6			72	64.8	52.8	0.4
3			0.7	0.7	0.6	
268.6			381.8	381.8	216.2	6
3.5			5	5	2.3	0.8
			46532.2	46380.1	54702.8	185.4
			44439.2	44436.4	52816.6	178.5
			1719.7	1605	852.6	7.7

2-21 续表 2

项　　目	本年折旧	资产总计	负债合计	实收资本	国家资本	集体资本	法人资本
总　　计	**142566.9**	**1712649.4**	**691248.5**	**602776.7**	**413545.6**	**9207.2**	**129085**
规模以上	107278.6	1067432.4	525158.1	337452.9	161094.8	6841.7	125399.5
规模以下	35288.3	645217	166090.4	265323.8	252450.8	2365.5	3685.5
按登记注册类型分							
内资企业	139048.9	1660701.7	663498.6	581264.9	413545.6	9107.2	127778.8
国有企业	39841.2	749887.4	222289.9	275700	275346.4		353.6
#中央企业	32803.8	614366.4	150630.7	252136.8	252136.8		
地方企业	7037.4	135521	71659.2	23563.2	23209.6		353.6
#自治区属企业	5944.8	103932.7	53279.3	14878.8	14878.8		
地区(州、市)属企业	150.4	4681.6	1414.2	2569.6	2569.6		
县(市)属企业	876.1	26155.7	16401.8	5903.3	5549.7		353.6
集体企业	2260.8	25232.5	13148.5	5154		5154	
#自治区属企业							
地区(州、市)属企业	868.4	6206.5	3243.7	1665.3		1665.3	
县(市)属企业	467.2	3969.2	1760.2	1531.1		1531.1	
镇属企业	30.7	280.8	11.4	235.8		235.8	
乡属企业	873.5	14705.9	8095.4	1695.8		1695.8	
股份合作企业	88.9	876.8	210.2	616.2		23.9	32.6
联营企业	60	3128.1	831	70	70		
#国有联营企业	60	3128.1	831	70	70		
集体联营企业							
国有与集体联营企业							
其他联营企业							
有限责任公司	4455.4	126449.9	92955.1	22413.4	9840.9	1296.5	9496
#国有独资公司	184.2	28958.3	16254.9	8856.9	8856.9		
其他有限责任公司	4271.2	97491.6	76700.2	13556.5	984	1296.5	9496
股份有限公司	91136.5	721895.2	314826.6	264654.7	128288.3	2614.1	117517.9
私营企业	1206.1	33231.8	19237.3	12656.6		18.7	378.7
#私营独资企业	910.9	15541.6	5647.8	8275.9			64
私营合伙企业	53.9	785	434.1	357.5		18.7	4
私营有限责任公司	123.4	13768.2	11260.9	2893.1			310.7
私营股份有限公司	117.9	3137	1894.5	1130.1			
港、澳、台商投资企业	3233.8	28954.6	11494.2	15611.8			406.2
外商投资企业	284.2	22993.1	16255.7	5900		100	900
在总计中：国有控股企业	131268.5	1513414.2	565174.8	548056.6	413321.6	2714.1	115371.5
在总计中：农村工业	948	16407.5	8847.4	1997.8		1721.8	276
按轻、重工业分							
轻工业	4786.1	84361.9	52082.7	26983.1	5240.7	279.7	3271.5
以农产品为原料	4039.7	59540.6	37868.7	21237.6	214.9	279.7	2560.7
以非农产品为原料	746.4	24821.3	14214	5745.5	5025.8		710.8
重工业	137780.8	1628287.5	639165.8	575793.6	408304.9	8927.5	125813.5
采掘工业	126211.7	1404117.3	503308.4	535172.5	392462.2	4490	119957.1
原料工业	10678.2	209373.3	125246.4	35459.1	15811.4	4315.8	3939
加工工业	890.9	14796.9	10611	5162	31.3	121.7	1917.4
按企业规模分							
大型企业	90818	714580	312419	261404.7	128088.3	2614.1	115017.9
中型企业	10018	164414.6	91748.7	34320.6	10056.9		2775
小型企业	41730.9	833654.8	287080.8	307051.4	275400.4	6593.1	11292.1

计量单位：万元

费用合计（营业费用、管理费用）	营业利润	利润总额	从业人员劳动报酬	劳动、失业保险费	全部从业人员年平均人数	亏损企业亏损额
61062.1	**301326.1**	**291386.4**	**74472.4**	**5933.5**	**30483**	**26563.7**
49161.6	300421.9	300473.9	28813.7	5207.8	13728	16536
11900.5	904.2	-9087.5	45658.7	725.7	16755	10027.7
58488.6	301364.2	291434.1	72782	5922.6	29249	25710.6
14108.8	-9416.3	-20110.4	47833.2	1887.3	14708	20237.1
8067.9	1700.6	-8369	42580	685	12581	8369
6040.9	-11116.9	-11741.4	5253.2	1202.3	2127	11868.1
3830.9	-10105	-10906.2	4419.6	1144.9	1430	10906.2
388.8	-60.7	59.9	199	16.5	190	42.2
1762.3	-955.9	-792.6	585.5	39.9	475	817.2
2785.1	-179.7	16.6	1548.3	61.1	1457	558.1
834.3	-18.9	-28.3	621.9	52.3	560	83.1
513.8	295.8	307.9	543.5	8	383	152.9
24.2	24.8	24.8	24.9		44	
1411	-484.3	-287.8	353	0.8	445	322.1
124	-66.6	-66.2	87.9	4.2	100	66.2
3595.6	755.2	751.3	86.3		26	
3595.6	755.2	751.3	86.3		26	
12602.4	5742.2	7145.2	5849.5	71.9	5268	4083.2
3031.4	5415.5	5902.5	810.3	20.5	386	
9571	326.7	1242.7	5039.2	51.4	4882	4083.2
21855.6	304267	303468	14706.9	3883.3	4268	
3417.1	262.4	229.6	2669.9	14.8	3422	766
2286.8	209.2	248.6	1297	1.9	1471	255.9
42.2	19.3	33.5	56.7	2.5	95	7.3
573	-279.2	-342	751.3	8.8	1199	369.2
515.1	313.1	289.5	564.9	1.6	657	133.6
1547.9	699.2	690.6	1294.5	10	868	114.8
1025.6	-737.3	-738.3	395.9	0.9	366	738.3
43194.2	301600.8	290570	63372.2	5789.5	19428	20558.4
1683.2	1587.1	1748.5	1199.7	0.8	788	322.1
5788.1	-2662.4	-2664.2	3035	53.8	3228	3747
3830.8	-2092.6	-2006.3	2444.5	31.9	2672	2956.4
1957.3	-569.8	-657.9	590.5	21.9	556	790.6
55274	303988.5	294050.6	71437.4	5879.7	27255	22816.7
41938.2	315159.3	304888.2	60869.1	4617.7	19859	9096.3
12075.9	-11209.6	-10826.9	9351.9	1248.2	5732	13191.3
1259.9	38.8	-10.7	1216.4	13.8	1664	529.1
21262.9	303995	303203	14165.1	3876	3884	
9478.7	-5110.3	-4606.4	7657.6	1156.3	3967	11828.1
30320.5	2441.4	-7210.2	52649.7	901.2	22632	14735.6

2-21 续表 3

项　目	本年折旧	资产总计	负债合计	实收资本	国家资本	集体资本	法人资本
按行业分							
煤炭开采和洗选业	1458.7	23768.7	10188.4	8001.4		1718.4	4911.7
石油和天然气开采业	123621.8	1328946.4	463049.7	513541.5	380225.1	2614.1	115017.9
#天然原油和天然气开采	90818	714580	312419	261404.7	128088.3	2614.1	115017.9
黑色金属矿采选业	600.5	39655.3	23255.3	9542.5	8926.9	31	27.5
有色金属矿采选业	170.5	3984.1	2920.4	700	600		
非金属矿采选业	360.2	7762.8	3894.6	3387.1	2710.2	126.5	
#采盐	12.3	322.6	32	290	290		
其他采矿业							
农副食品加工业	181.7	3476.5	1949.8	1208.4	80		778.6
#谷物磨制	43.5	1555.9	1019.3	510			500
饲料加工		50.5	44	10			4
制糖							
食品制造业	72.5	1600.5	718.1	499.4	300		181.4
#罐头制造	13.6	540.4	340.7	181.4			181.4
饮料制造业	449.7	18034.8	12401.4	3777.9	120	145.8	1243.1
#酒的制造	416.7	17206.4	11851.4	3567.5	120	110.8	1117.7
烟草制品业							
纺织业	3338.9	36574.8	22887.7	15516.2			325
#棉、化纤纺织及印染精加工	3338.9	36574.8	22887.7	15516.2			325
毛纺织和染整精加工							
纺织服装、鞋、帽制造业	10.6	40.8		26.5		26.5	
皮革、毛皮、羽毛(绒)及其制品业							
#皮革鞣制加工							
皮革制品制造							
木材加工及木、竹、藤、棕、草制品业	42.7	78.3	43.7	5			5
家具制造业							
造纸及纸制品业	4.8	394.5	151.3	261.5			
印刷业和记录媒介的复制	39.2	434.3	112.8	247.7	14.9	107.4	32.6
文教体育用品制造业							
石油加工、炼焦及核燃料加工业	16.1	906.9	11.2	90.1			
#炼焦							
化学原料及化学制品制造业	1849.1	36522.4	20061.4	14648.8	441.6	1081.5	3630
#基础化学原料制造	1258.6	34550.8	18329.2	13400.6	441.6	1001.5	2550
肥料制造	574.2	1357.9	1164.9	1113.4			1080
医药制造业	8.1	1838.9	1410.6	243.2	10		233.2
化学纤维制造业							
橡胶制品业	5.6	654.1	627.6	26.2		8	18.2
塑料制品业	12.5	1161.6	1051.8	194.6			74
非金属矿物制品业	1819.3	54293.4	33892.8	16813	13910.1	1244.7	503
#水泥制造	1604.3	49708	31718.5	15178.8	13878.8	1200	100
黑色金属冶炼及压延加工业	28.9	9198.2	7735.6	1686.5			108
有色金属冶炼及压延加工业	998.6	24510.9	14494.5	2758.8	24	1442	1026
金属制品业	79.7	8015.5	6125.3	1934		69	466.2
通用设备制造业	52.1	212	114.8	112.6			
专用设备制造业	0.4	3.4	5.7	3			
交通运输设备制造业	40.7	847.4	602.4	268.6			
电气机械及器材制造业	1.1	13	9.5	3.5			
通信设备、计算机及其他电子设备制造业							
仪器仪表及文化、办公用机械制造业							
工艺品及其他制造业							
废弃资源和废旧材料回收加工业							
电力、热力的生产和供应业	6712.8	89818	52356.8	2209.3	1467	592.3	150
#电力生产和电力供应	6345.3	83060.4	47207.3	1592.3	1000	592.3	
燃气生产和供应业							
水的生产和供应业	590.1	19901.9	11175.3	5069.4	4715.8		353.6

计量单位：万元

费用合计（营业费用、管理费用）	营业利润	利润总额	从业人员劳动报酬	劳动、失业保险费	全部从业人员年平均人数	亏损企业亏损额
2952.6	1502.6	1525.5	2259.9	12.2	1901	567.8
29330.8	305695.6	294834	56745.1	4561	16465	8369
21262.9	303995	303203	14165.1	3876	3884	
8537.3	6954	7377.8	1401.3	28	1078	33.2
521.1	1090	1090	128.1		71	15.8
596.4	-82.9	60.9	334.7	16.5	344	110.5
48.1	0.9	2.6	21.9	2.3	37	
338.8	28.1	36.3	195.5	1.5	269	77
78.2	35.7	35.3	44.6	0.9	35	
5.7	-4.7	-4.7	3.5	0.3	5	4.7
211.2	117.9	101.4	88.2	17.6	109	9.1
40.4	-9.1	-9.1	29.2	5.9	45	9.1
1563.1	-512.9	-468.1	584.8	7.5	726	563
1391.8	-479.4	-423.3	531	5.4	660	483.4
1823	-1548.2	-1528.4	1568	7.4	1510	2257.1
1823	-1548.2	-1528.4	1568	7.4	1510	2257.1
16.9	-15.8	1	12.8		25	
0.2	8.2	-2.8	8		15	2.8
8.2	-7	-11.2	1.7		15	11.2
37.6	-36.1	-35.2	48.3	9.6	74	39
7.3	-1.1	-1.1	3		3	1.1
3215.2	156.8	98.2	2055.7	21.3	1835	547.4
2988.8	304	278.9	1933.6	19.8	1674	366.3
128.6	-118.2	-145.6	78.6		91	145.6
118.8	-151.1	-141.2	45.5		62	141.2
92.8	-36.6	-33.8	52.2		102	33.8
87.5	-156.5	-157	185.6	1.1	239	157
3977.6	-957.3	-1645.5	1519.6	33.4	1364	2411.6
3160.1	-1391.4	-2048.5	905.2	28.4	630	2305.6
367.5	-217.7	-232.3	724.5		1039	278.2
2065.5	121.1	1047.6	1159.2	8.9	770	314.4
325.4	-83.8	-91.5	277.1	5	542	91.5
22.2	-3.6	10.6	18.3		28	0.8
0.9	-0.8	-0.8	2.1		4	0.8
161.7	-2.1	-2.1	89.1	5.2	94	4.9
1.1	0.8	0.8	3.4		6	
3389.5	-10003.3	-9833.2	4576.4	1189.6	1534	9887.4
2981.8	-9723.9	-9680.9	4378	1166.6	1374	9682.9
1291.9	-532.2	-613.5	384.3	7.7	259	638.1

2-22 哈密地区工业

项目	企业单位数	亏损单位数	工业总产值(现价)	工业销售产值	出口交货值	年末存货	固定资产原价
总计	**182**	**92**	**319999.8**	**309664.4**	**11918.7**	**67494.8**	**500012.6**
规模以上	70	24	305940.4	297613.7	11918.7	60907.7	485994.8
规模以下	112	68	14059.4	12050.7		6587.1	14017.8
按登记注册类型分							
内资企业	174	87	290905.6	283377.3	1286.2	53257.5	493089.4
国有企业	26	11	98067.4	97509.1		9404.1	212457.7
#中央企业	6	3	38828.7	40426.7		4011.1	107819.9
地方企业	20	8	59238.7	57082.4		5393	104637.8
#自治区属企业	3	1	40333.2	40065.7		1965.6	88137.8
地区(州、市)属企业	8	4	12686.6	11698.2		1675.7	5511.4
县(市)属企业	9	3	6218.9	5318.5		1751.7	10988.6
集体企业	17	10	8377.7	7170.1		1667.6	2894.6
#自治区属企业							
地区(州、市)属企业	7	5	3892.8	3829.4		549.5	565.7
县(市)属企业	3	2	1605.9	879		234.6	238.6
镇属企业	2	1	1294.9	1080.8		508.6	1217.2
乡属企业							
股份合作企业	2		411.2	406.2		25.2	146
联营企业	2		4221.7	3928.9		420	5577.7
#国有联营企业	1		3141.7	3141.7		137.4	5344.3
集体联营企业	1		1080	787.2		282.6	233.4
国有与集体联营企业							
其他联营企业							
有限责任公司	31	18	134228.5	132140	1286.2	29409.7	243356.4
#国有独资公司	1		43861.3	43698		3968.4	131299.4
其他有限责任公司	30	18	90367.2	88442	1286.2	25441.3	112057
股份有限公司							
私营企业	96	48	45599.1	42223		12330.9	28657
#私营独资企业	26	10	3462.9	3194.1		935.2	1499.9
私营合伙企业	6	2	837.3	797.5		127.8	737.8
私营有限责任公司	64	36	41298.9	38231.4		11267.9	26419.3
私营股份有限公司							
港、澳、台商投资企业	3	2	2065.7	2043.9		398.3	1224.5
外商投资企业	5	3	27028.5	24243.2	10632.5	13839	5698.7
在总计中：国有控股企业	41	16	222215.8	222766.2		35524.8	446374
在总计中：农村工业	2	1	1475.3	1296.2		339.9	738.6
按轻、重工业分							
轻工业	58	34	68164.4	58927.4	11918.7	27751.6	48134.4
以农产品为原料	49	29	62502.4	53220.7	10632.5	26653.9	40049.3
以非农产品为原料	9	5	5662	5706.7	1286.2	1097.7	8085.1
重工业	124	58	251835.4	250737		39743.2	451878.2
采掘工业	33	14	116736.6	116093.1		18499.6	208999.4
原料工业	37	20	100299.9	98557.1		12210.1	220721.3
加工工业	54	24	34798.9	36086.8		9033.5	22157.5
按企业规模分							
大型企业	1		43861.3	43698		3968.4	131299.4
中型企业	9	4	147934.4	148984.5	10632.5	33304	276393.5
小型企业	172	88	128204.1	116981.9	1286.2	30222.4	92319.7

企业主要经济指标

计量单位：万元

个人资本	港澳台资本	外商资本	营业收入		产品销售成本	产品销售税金及附加
			合计	产品销售收入		
14438.7	**1403**	**1290.1**	**316844**	**303551.1**	**241536.8**	**3294.4**
8419.6	1179	1290.1	305407.1	292157.4	231972.3	2956.8
6019.1	224		11436.9	11393.7	9564.5	337.6
14342.6	75.2		291842.4	278737.8	224103.9	3284.5
1093.5			88687.4	87894.4	75278.1	1006.3
1093.5			32415.8	31834.8	28201.3	295.6
			56271.6	56059.6	47076.8	710.7
			40342.1	40234.6	33988.3	586.5
			11225	11139.3	10155	63.8
			4704.5	4685.7	2933.5	60.4
61	75.2		7060.5	7051.7	5927.9	118.1
61			3847.3	3840.2	3554.5	32.2
	75.2		758.1	758.1	671.8	77.3
			1109.8	1109.8	761.6	1.1
			153.5	153.5	108.1	0.1
42.5			3501.8	2913.4	2892.3	12.8
			2714.7	2126.3	2292.1	
42.5			787.1	787.1	600.2	12.8
1984.8			150023	138488.1	108399.1	1611.1
			56915.1	47468.7	34683.7	446.9
1984.8			93107.9	91019.4	73715.4	1164.2
11160.8			42416.2	42236.7	31498.4	536.1
1149.3			3476.8	3476.8	2441.7	46.2
412.2			753.2	753.2	735	4.2
9599.3			38186.2	38006.7	28321.7	485.7
46.1	23.8	48	2043.9	2043.9	1052.9	3.7
50	1304	1242.1	22957.7	22769.4	16380	6.2
1857.7		48	230991.5	218864.8	178319.6	2472.5
			1258.9	1258.9	874.1	4
2572.5	599	1242.1	57720.8	56181.8	47651.5	549.2
1882.5	599	1242.1	52473.8	51072.7	44131.8	303.2
690			5247	5109.1	3519.7	246
11866.2	804	48	259123.2	247369.3	193885.3	2745.2
4987.7	804		132722.3	122575.5	83898.7	1722.1
4832.5		48	88493.1	87669.9	77872	773.7
2046			37907.8	37123.9	32114.6	249.4
			56915.1	47468.7	34683.7	446.9
633.5		1242.1	143299.3	141570.6	122909.2	1524.2
13805.2	1403	48	116629.6	114511.8	83943.9	1323.3

2-22 续表 1

项目	企业单位数	亏损单位数	工业总产值(现价)	工业销售产值	出口交货值	年末存货	固定资产原价
按行业分							
煤炭开采和洗选业	7	3	46029.3	45932.6		4056.7	135093.8
石油和天然气开采业							
#天然原油和天然气开采							
黑色金属矿采选业	10	3	46750.9	49017.3		10769.8	53739.6
有色金属矿采选业	9	3	21307.7	19030.6		1965.1	13529.4
非金属矿采选业	7	5	2648.7	2112.6		1708	6636.6
#采盐							
其他采矿业							
农副食品加工业	15	6	20218.5	16602.8	10632.5	12831.2	5469.1
#谷物磨制	3		498.2	435.2		192.2	487.5
饲料加工	1	1	136	136		21.3	16
制糖							
食品制造业	5	2	4189.7	3597.8		1589.4	1358
#罐头制造	2	1	913.5	905.9		787	233.6
饮料制造业	11	9	2272.5	1484.6		625.7	1386.5
#酒的制造	7	6	2043	1255.5		453.2	1167.8
烟草制品业							
纺织业	4	2	29644.1	27062.7		8972.2	30236.7
#棉、化纤纺织及印染精加工	3	2	29601.4	27024.2		8970.2	30236
毛纺织和染整精加工							
纺织服装、鞋、帽制造业	4	1	328.1	266.4		124.3	146.7
皮革、毛皮、羽毛(绒)及其制品业	4	2	8066.9	6111.7		2505.1	1237.2
#皮革鞣制加工	2	1	8046.2	6095		2487.6	590.1
皮革制品制造							
木材加工及木、竹、藤、棕、草制品业							
家具制造业							
造纸及纸制品业	3	3	565.4	344.9		522.4	111.7
印刷业和记录媒介的复制	5	4	243.4	241.7		150	625.8
文教体育用品制造业							
石油加工、炼焦及核燃料加工业	2		212.7	238.7		133.1	208.8
#炼焦	1		152.9	152.9		19.2	
化学原料及化学制品制造业	26	11	26308.7	25753.8		6209.3	20472.7
#基础化学原料制造	17	6	20639.8	20253.1		4069.8	12215.9
肥料制造	5	3	2553.1	2637.2		1251.1	5779.8
医药制造业	2	2	1147.8	1760.1	1286.2	298.1	891.3
化学纤维制造业							
橡胶制品业	1		66	66		53.7	0.2
塑料制品业	6	5	3865.7	4285		1773.5	4030
非金属矿物制品业	25	7	19272.2	20007		5084	14052.9
#水泥制造	4	3	5347.1	5034.3		1727.6	7144.6
黑色金属冶炼及压延加工业	5	4	14519.2	13449.9		4266.5	7525.2
有色金属冶炼及压延加工业	3	1	5187.9	5187.9		444	6659.5
金属制品业	7	6	3419.4	3459.3		637.4	452.3
通用设备制造业	5	1	5321.9	5237.9		743.4	815.6
专用设备制造业	1		183	183		281.3	124.1
交通运输设备制造业	5	4	2672.3	2672.3		88.4	1697.2
电气机械及器材制造业	1	1	43.4	43.4		0.4	208.2
通信设备、计算机及其他电子设备制造业							
仪器仪表及文化、办公用机械制造业							
工艺品及其他制造业							
废弃资源和废旧材料回收加工业							
电力、热力的生产和供应业	6	6	54393.2	54393.2		1569.1	186967.3
#电力生产和电力供应	3	3	53892.9	53892.9		1540.7	185913.1
燃气生产和供应业							
水的生产和供应业	3	1	1121.2	1121.2		92.7	6336.2

计量单位：万元

个人资本	港澳台资本	外商资本	营业收入 合计	营业收入 产品销售收入	产品销售成本	产品销售税金及附加
327			59167.8	49721.4	36540.9	472.4
3720.8			52188.4	51918.6	35507.8	1158.4
630.9	804		19441.8	19023	10577.4	53.7
309			1924.3	1912.5	1272.6	37.6
291.5		1242.1	15301.3	14942.1	11644.5	11.6
8.5			442.4	440.5	353.6	0.2
5			136.5	136.5	109.7	8
529.5			3223.9	3108.5	2120.6	218.7
100.8			742.9	742.9	732.7	2.5
676.1	99		1112	1111.6	822.2	127.2
537.1	99		887.8	887.6	661.2	125.9
235	500		28166.4	27155.8	25225.3	137.3
218.8	500		28127.9	27117.3	25196.4	137.1
30			271.9	267.6	189.5	15.7
79.3			6046.1	6036.4	4745.1	6.3
50			6021.4	6021.4	4740.3	5.2
91.1			403.1	403.1	344.9	0.5
50			252.7	241.7	235.7	2
262			238.7	238.7	214.2	0.2
50			152.9	152.9	143.9	0.2
2501.8			26720.6	26515.2	19403	271.2
1705.8			20580.4	20556.1	14601	232.6
80			2899.1	2891.3	2052.8	17.7
30			1771.9	1760.4	1585.3	19.1
50			66	66	49.9	0.4
515			4584.2	4343.4	4000.2	6.2
1561.7			20679.3	20323	17588.2	154.8
895.5			4845.3	4840	4296	26.7
1859.2			12430.7	12333	11106.7	39.9
50		48	4751.3	4162.9	3367.8	1.3
269.8			3481.5	3477.2	3334.8	17.2
100			5247.9	5244	4626.3	43.6
			148.5	148.5	113.7	1.1
41			2674.7	2671.9	2121.9	14.5
168			43.4	43.4	29	0.2
60			45646.7	45539.2	44286.3	473
			45263.1	45155.6	43885.4	465.1
			858.9	842	483	10.3

2-22 续表 2

项目	本年折旧	资产总计	负债合计	实收资本	国家资本	集体资本	法人资本
总计	**28581**	**674545.5**	**436746.5**	**168357.1**	**91691.2**	**1707.3**	**57826.8**
规模以上	26499.1	640822	414129.2	157778.5	90414.6	1126.4	55348.8
规模以下	2081.9	33723.5	22617.3	10578.6	1276.6	580.9	2478
按登记注册类型分							
内资企业	27684.3	633094.4	414208.9	161464.9	91691.2	1707.3	53648.6
国有企业	11896.6	227334.9	189443.2	33445.7	26992.1		5360.1
#中央企业	6511.8	124483.7	112395.5	17076.1	11069.1		4913.5
地方企业	5384.8	102851.2	77047.7	16369.6	15923		446.6
#自治区属企业	4688.7	76249.1	60215.7	10529.6	10529.6		
地区(州、市)属企业	247.9	12226.6	6870.5	2186.5	1739.9		446.6
县(市)属企业	448.2	14375.5	9961.5	3653.5	3653.5		
集体企业	310.5	7054.8	5836.8	939.1		511.1	291.8
#自治区属企业							
地区(州、市)属企业	151.8	1663.7	1123	435.4		231.6	142.8
县(市)属企业	55.8	818.5	673.7	159.7		4.5	80
镇属企业	49.4	2523	2246.2	153.7		153.7	
乡属企业							
股份合作企业	2	239.2	107.9	175			175
联营企业	262.9	6341.4	3710.4	1535	1450.1		42.4
#国有联营企业	250.4	5509	2973.1	1450.1	1450.1		
集体联营企业	12.5	832.4	737.3	84.9			42.4
国有与集体联营企业							
其他联营企业							
有限责任公司	13156.3	331126.4	177646.7	109126.2	63180.7	915	43045.7
#国有独资公司	6680.3	160751.6	67491.8	62309.7	45289.9		17019.8
其他有限责任公司	6476	170374.8	110154.9	46816.5	17890.8	915	26025.9
股份有限公司							
私营企业	2056	60997.7	37463.9	16243.9	68.3	281.2	4733.6
#私营独资企业	125.2	3520.6	2155.9	1149.3			
私营合伙企业	73.8	1282.2	824.6	412.2			
私营有限责任公司	1857	56194.9	34483.4	14682.4	68.3	281.2	4733.6
私营股份有限公司							
港、澳、台商投资企业	403.4	2221.7	1039.6	174.1			56.2
外商投资企业	493.3	39229.4	21498	6718.1			4122
在总计中：国有控股企业	23950.4	540796.1	348238.6	136240.9	91203.9	788.3	42343
在总计中：农村工业	45.4	1887.2	1765.4	134.5		65.5	69
按轻、重工业分							
轻工业	3003.8	93625.7	65129.8	24182.1	10039.3	114.2	9615
以农产品为原料	2489.7	81335	49435.4	21375.4	8779.4	114.2	8758.2
以非农产品为原料	514.1	12290.7	15694.4	2806.7	1259.9		856.8
重工业	25577.2	580919.8	371616.7	144175	81651.9	1593.1	48211.8
采掘工业	11475.5	303115.9	150436.7	95891.2	53173.3	116.5	36809.7
原料工业	12631.4	229404.1	192968.1	28652.9	15930.7	972.3	6869.4
加工工业	1470.3	48399.8	28211.9	19630.9	12547.9	504.3	4532.7
按企业规模分							
大型企业	6680.3	160751.6	67491.8	62309.7	45289.9		17019.8
中型企业	15064.4	336225.2	250424	57709.8	30558.9		25275.3
小型企业	6836.3	177568.7	118830.7	48337.6	15842.4	1707.3	15531.7

计量单位：万元

费用合计（营业费用、管理费用）	营业利润	利润总额	从业人员劳动报酬	劳动、失业保险费	全部从业人员年平均人数	亏损企业亏损额
52228.7	**9133.3**	**7700.8**	**44341**	**4247.9**	**26624**	**11538.5**
49196.3	10351.1	9182.3	42453.5	4110.9	24302	9847.4
3032.4	-1217.8	-1481.5	1887.5	137	2322	1691.1
48954	4960.4	3445	43182	4225	25572	10853.3
14274.6	-2445	-2460.9	12057.9	597.4	6066	5651.6
6240.8	-2736.8	-2808.6	3535.7	582.3	2280	3023
8033.8	291.8	347.7	8522.2	15.1	3786	2628.6
5587.9	24.7	89.1	5364.7	3.2	1411	2446.4
739.9	207.6	195.9	2147.4	3.3	1576	89.2
1706	59.5	62.7	1010.1	8.6	799	93
977.2	-166	-132.7	868.5	32.2	838	169.1
273.7	-17.5	1.7	252.5	19.4	227	31.1
106.4	-97.4	-83.6	66.3	11.4	64	84.1
368	-15.9	-15.8	354.4		285	16
34.2	11.1	11.1	22.8		59	
600.4	-480.1	63.7	482.3	10.3	364	
438.4	-492.9	50.9	353.7	10.3	226	
162	12.8	12.8	128.6		138	
26730.2	3760.5	1755.1	25930.7	3413.3	14741	4079.3
9519.8	4636.8	3096	16226.2	3074.2	7803	
17210.4	-876.3	-1340.9	9704.5	339.1	6938	4079.3
6337.4	4279.9	4208.7	3819.8	171.8	3504	953.3
907.4	98.4	59.4	548.3	5.2	600	86.1
114.8	-47.4	-107.5	122.1		129	118.5
5315.2	4228.9	4256.8	3149.4	166.6	2775	748.7
208.2	779	900.3	155.6	7.8	121	40.5
3066.5	3393.9	3355.5	1003.4	15.1	931	644.7
37501	2911.7	2100.1	37310.2	3939.9	20083	6876.1
211.3	-32.7	-32.7	166.6		219	32.7
8732.9	-68.7	-603.3	3924.9	122.9	4515	3292.7
5866.4	1324.3	1267.2	3293	111.6	3845	1377.8
2866.5	-1393	-1870.5	631.9	11.3	670	1914.9
43495.8	9202	8304.1	40416.1	4125	22109	8245.8
25461.5	13270.2	11877.2	23789.3	3438.5	11853	1224.9
13037.5	-4066.9	-3593.2	10589.9	43.5	6013	6364
4996.8	-1.3	20.1	6036.9	643	4243	656.9
9519.8	4636.8	3096	16226.2	3074.2	7803	
20292.4	-2832.9	-2810.6	16044.4	833.2	8130	5746.3
22416.5	7329.4	7415.4	12070.4	340.5	10691	5792.2

2-22 续表 3

项　目	本年折旧	资产总计	负债合计	实收资本	国家资本	集体资本	法人资本
按行业分							
煤炭开采和洗选业	6871.5	166360.2	71895.8	63286.5	45289.9	53.2	17616.4
石油和天然气开采业							
#天然原油和天然气开采							
黑色金属矿采选业	3096	103713.1	59528.7	23591	3214.4	58.5	16597.3
有色金属矿采选业	1134	22336.9	12343.8	4090.9	60		2596
非金属矿采选业	374	10705.7	6668.4	4922.8	4609	4.8	
#采盐							
其他采矿业							
农副食品加工业	236.8	36111.1	19472.5	7527.6	248.8	3	5742.2
#谷物磨制	24.6	751.1	601	322.3	248.8		65
饲料加工	1.3	27.2	8.7	5			
制糖							
食品制造业	289.2	5940.1	5454.1	882.6	134.3		218.8
#罐头制造	2.9	1405.1	1201.8	100.8			
饮料制造业	77.9	3947.5	2340.9	868.7		33.6	60
#酒的制造	61.4	3392.8	1923.9	696.1			60
烟草制品业							
纺织业	1317.9	28965.1	20336.5	9142.2	8407.2		
#棉、化纤纺织及印染精加工	1317.9	28943.1	20332.7	9126	8407.2		
毛纺织和染整精加工							
纺织服装、鞋、帽制造业	19.4	438.2	162.9	170.6		40.6	100
皮革、毛皮、羽毛(绒)及其制品业	489.3	6946.1	2813.9	2789.3		8	2702
#皮革鞣制加工	58.2	6185.4	1911.9	2730			2680
皮革制品制造							
木材加工及木、竹、藤、棕、草制品业							
家具制造业							
造纸及纸制品业	21	658.9	101.8	131.1			40
印刷业和记录媒介的复制	240.1	550.8	484.5	150.1	19.1	29	52
文教体育用品制造业							
石油加工、炼焦及核燃料加工业	11.3	731.3	479.7	262			
#炼焦		424.5	372.5	50			
化学原料及化学制品制造业	1369.9	36899.2	23085.3	8743.3	2106.4	407.5	3727.6
#基础化学原料制造	744.2	22931.4	14316.1	3169.1	623.1	166	674.2
肥料制造	272.1	9961.9	5909.4	4358.2	1133.3	91.5	3053.4
医药制造业	30.2	2564.4	8750.9	760	30		700
化学纤维制造业							
橡胶制品业		70.1	48.5	50			
塑料制品业	266.5	8569.7	4582.5	4409.5	3729.1	103.4	62
非金属矿物制品业	649.9	30068.1	18623.5	11343.9	8319	128.8	1334.4
#水泥制造	319	12432.5	9031.8	3510.8	1232	102.3	1281
黑色金属冶炼及压延加工业	260.3	13801.2	7987.9	4416.2	2021	536	
有色金属冶炼及压延加工业	663.6	7605.9	3900	1604.3	1450.1		56.2
金属制品业	23.1	1822.1	1213.9	505.1	124.4	95.9	15
通用设备制造业	52.6	2729.3	1694.8	645.6			545.6
专用设备制造业	11.5	522.2	385.2	124.1	124.1		
交通运输设备制造业	186.4	3874.2	2317.3	881.3		37	803.3
电气机械及器材制造业	3.4	178.3	34.3	168			
通信设备、计算机及其他电子设备制造业							
仪器仪表及文化、办公用机械制造业							
工艺品及其他制造业							
废弃资源和废旧材料回收加工业							
电力、热力的生产和供应业	10633	171901.8	157252.6	15690.5	10604.5	168	4858
#电力生产和电力供应	10568.2	170442.4	156509.5	14935.8	10077.8		4858
燃气生产和供应业							
水的生产和供应业	252.2	6534	4786.3	1199.9	1199.9		

计量单位：万元

费用合计（营业费用、管理费用）	营业利润	利润总额	从业人员劳动报酬	劳动、失业保险费	全部从业人员年平均人数	亏损企业亏损额
9991.1	4614.6	2962.7	16901.2	3182.6	8409	141.8
11667.6	3637.7	3954	5515.6	210	2554	355.7
2705.5	5501.3	5489.2	1009.9	39.7	588	65
1097.3	-483.4	-528.7	362.6	6.2	302	662.4
2285	1260.6	1173.2	610	21.7	581	231.1
72.5	0.7	0.4	43.9		39	
24		-0.6	4.9		9	0.6
1126.9	-293.8	-305.8	390.2	12.2	438	349.6
97	-89.3	-89.4	58.1	5.2	60	96
272.1	-106.7	-76.1	129.9	13.1	177	91.9
181.2	-80.7	-62.5	78.3	2.8	130	75.3
2616.7	-564.9	-564.5	2226.5	23	2732	630
2609.8	-567.4	-567	2218.9	23	2721	630
63.5	-1.1	3.2	70.2	13.5	72	21.9
173.1	1121.9	1124	54.4	18.8	67	3.2
150	1125.9	1125.9	44.7		51	1.3
64.8	-0.7	-7.6	22.9	1.5	25	7.6
62	-48.7	-42	60.6	12.8	62	42.5
20.7	3.6	3.6	23.1	1.7	22	
5.8	3	3	13.6	0.4	14	
5632.6	1127.4	1058.8	3318.1	28.9	2719	368.8
4370.5	1234.3	1187.2	2638	14.1	2143	193.9
968.3	-144.2	-119.9	324.1	10.8	323	160.7
1581.9	-1414.4	-1887.7	127.6	2.3	119	1887.7
15.6	0.1	0.1	6.6		11	
622.4	-173	-306	333.7	10.4	512	315.2
3253.7	-603.4	-289.4	3331.5	590.9	2202	607
1155	-635.7	-507.9	488.2	5.1	726	560.9
982.9	191.7	178.9	1055	5.3	817	162.5
609.1	295.9	852.5	510.3	16.2	348	139.2
165.1	-39.4	-45.2	160.4	6.8	154	57.9
410	149.9	136.7	540.9	3.3	323	1.3
75.2	-11.7	0.9	47.2	1.7	62	
400.8	136.8	132.9	1433.5	19.3	1144	72.1
17.8	-3.6	-3.6	9.5	1.5	11	3.6
5899.3	-5156.7	-5307.5	5875.3	1.1	1957	5307.5
5846	-5088	-5217.1	5799.8		1873	5217.1
416	-6.7	-5.8	214.3	3.4	216	13

2-23 昌吉州工业

项　目	企业单位数	亏损单位数	工业总产值(现价)	工业销售产值	出口交货值	年末存货	固定资产原价
总　计	**1019**	**323**	**1359448.8**	**1301973.5**	**36539.4**	**292005.8**	**1304740.2**
规模以上	240	78	1224291.1	1175311.1	36494.4	255830.6	1141882.4
规模以下	779	245	135157.7	126662.4	45	36175.2	162857.8
按登记注册类型分							
内资企业	1010	320	1290654.2	1237594	34771.8	280076.8	1262722.4
国有企业	25	11	101859.5	101135.8	23.3	16435.4	101274.1
#中央企业	6	3	51920.9	50946.4	23.3	9449.7	59839.2
地方企业	19	8	49938.6	50189.4		6985.7	41434.9
#自治区属企业	7	1	44027	44511.2		5061.2	26359
地区(州、市)属企业	3	1	2328.4	2459.4		854.3	6517
县(市)属企业	7	5	2888.5	2828.2		62.9	7917.5
集体企业	83	33	33190.2	32493.2		5356.9	30028.3
#自治区属企业	1	1	211.1	226.1			171.5
地区(州、市)属企业	1	1	80.4	65.8		261.6	53.1
县(市)属企业	24	12	18967.5	18745.4		2357.2	19395
镇属企业	24	6	9067.7	8471.8		1772.3	6783.8
乡属企业	9	2	1261.4	1372		163.3	809
股份合作企业	12	5	9413.1	9092.6	2424.2	1846.7	3497.8
联营企业	6		865.8	866.6		390.3	1367.7
#国有联营企业	1		182.5	182.5		206.5	516.2
集体联营企业	3		165.6	164.5		66.8	278.6
国有与集体联营企业	1		467.7	469.6		47.2	462.1
其他联营企业	1		50	50		69.8	110.8
有限责任公司	217	100	533993.5	512299.2	12876.8	136041.2	570630.4
#国有独资公司	4	2	19815.3	19815.3		499.7	32239.1
其他有限责任公司	213	98	514178.2	492483.9	12876.8	135541.5	538391.3
股份有限公司	8	1	288894.9	273917.6	18955.5	67993.5	387841.6
私营企业	659	170	322437.2	307789	492	52012.8	168082.5
#私营独资企业	294	52	64923	62275.8	45	7427.6	51482.2
私营合伙企业	65	15	27095.3	26721		1929.5	7037.4
私营有限责任公司	297	103	225723.7	214097	447	40488.6	107348.1
私营股份有限公司	3		4695.2	4695.2		2167.1	2214.8
港、澳、台商投资企业	4	2	14176.9	13224.3		4609.5	16522.3
外商投资企业	5	1	54617.7	51155.2	1767.6	7319.5	25495.5
在总计中：国有控股企业	40	17	237265.6	232643.9	1790.9	27248.7	362287.1
在总计中：农村工业	24	7	3512.7	3627.4		761.1	1965
按轻、重工业分							
轻工业	331	123	474023.7	441080.7	21531.7	142646.6	398320.9
以农产品为原料	265	96	441228.5	411144.6	19470.6	134145	363742.9
以非农产品为原料	66	27	32795.2	29936.1	2061.1	8501.6	34578
重工业	688	200	885425.1	860892.8	15007.7	149359.2	906419.3
采掘工业	185	39	84085.4	83811.2	8.3	8987.8	99165.5
原料工业	138	50	417771.6	415583.2	11902.6	45109.3	585958.2
加工工业	365	111	383568.1	361498.4	3096.8	95262.1	221295.6
按企业规模分							
大型企业							
中型企业	30	8	590053.4	566720.1	8995.4	118055.5	708169.8
小型企业	989	315	769395.4	735253.4	27544	173950.3	596570.4

企业主要经济指标

计量单位：万元

个人资本	港澳台资本	外商资本	营业收入 合计	营业收入 产品销售收入	产品销售成本	产品销售税金及附加
162057	**2558.5**	**6497.3**	**1350850.1**	**1310447.1**	**1109785.7**	**10210.1**
86221.1	2463.5	6497.3	1223625.1	1189641	1011504.7	7342.4
75835.9	95		127225	120806.1	98281	2867.7
161612			1295165.7	1255189.8	1071005.3	10210.1
			103356.7	101623.4	94762.6	361.5
			52696.4	52152.4	56075.9	204.3
			50660.3	49471	38686.7	157.2
			45396.8	44360.9	35124.5	110.2
			2200.3	2153.6	1473.6	16.4
			2691.7	2589.1	1795.3	29.2
438.3			31248.7	30602.1	26998.6	428.4
			211	211	175.3	2.1
			65.8	65.8	45.8	0.4
199.7			18760.1	18147.1	16501.3	207.3
42			7419.9	7415.9	6250.4	117.1
			1278.8	1278.8	965.1	22.6
869			9804.5	9491.4	6829.4	117.5
48.7			836.6	825.7	594.8	13.8
			141.6	141.6	92.4	0.7
48.7			175.4	164.5	115.8	12.3
			469.6	469.6	348.7	0.6
			50	50	37.9	0.2
36195.9			544826.7	515688	438920.6	4705.8
			19848.3	19815.3	17431.2	91.4
36195.9			524978.4	495872.7	421489.4	4614.4
4477.3			295698.7	291882.9	240623.6	1545.2
119582.8			309393.8	305076.3	262275.7	3037.9
32379.9			62744.1	62204.2	48835.1	1267
8525.2			23914.3	23858.7	21160.8	209.6
78237.7			217323.7	213601.7	187880.4	1553.7
440			5411.7	5411.7	4399.4	7.6
445	2558.5		14072.5	13660.5	10963.2	
		6497.3	41611.9	41596.8	27817.2	
1411.2	2100	300	245138	241812.4	213658.3	1638.5
288.5			3466.9	3466.9	2794.7	76.7
54112.3		548	452667.2	445361.1	382489.5	4681.8
41820.3		548	420787.9	415685.4	357156.3	4540.7
12292			31879.3	29675.7	25333.2	141.1
107944.7	2558.5	5949.3	898182.9	865086	727296.2	5528.3
39338.9			95021.4	81711.5	56113.8	1987.8
19547	363.5	1734.3	429028.8	419956.8	364912.3	2009.8
49058.8	2195	4215	374132.7	363417.7	306270.1	1530.7
25950.2		2970	585754.5	568318.4	477867.4	2805.6
136106.8	2558.5	3527.3	765095.6	742128.7	631918.3	7404.5

2-23 续表 1

项 目	企业单位数	亏损单位数	工业总产值（现价）	工业销售产值	出口交货值	年末存货	固定资产原价
按行业分							
煤炭开采和洗选业	153	32	64109.6	63869.6	8.3	8551.1	87042.2
石油和天然气开采业	8	2	17566.6	17618.2		228.9	10226.5
#天然原油和天然气开采							
黑色金属矿采选业							
有色金属矿采选业	2	1	397	395			370
非金属矿采选业	22	4	2012.2	1928.4		207.8	1526.8
#采盐							
其他采矿业							
农副食品加工业	95	25	180979.6	173940.1	1791.6	36971.6	80894.3
#谷物磨制	23	5	42902.1	40143.7		5333	15027.8
饲料加工	18	4	73041.2	73310		10700.5	24371.8
制糖	2	1	5652.6	7342.9		4353.3	13213.2
食品制造业	38	16	83004.3	66909.9	17664	36826	94758.4
#罐头制造	7	4	43110.9	29605.3	17664	25173.4	59764.8
饮料制造业	31	14	21314	20456.5		11606.4	26390.2
#酒的制造	22	9	20567.8	20030.7		11132.8	18462.5
烟草制品业							
纺织业	27	13	89655.6	88183.2		27920.9	114077.2
#棉、化纤纺织及印染精加工	15	9	83042.1	81225.9		20555.6	100413.2
毛纺织和染整精加工	3	2	2828.8	4225.5		6378.6	12635.8
纺织服装、鞋、帽制造业	8	4	4434.6	4667.7	15	1135.7	3583.5
皮革、毛皮、羽毛(绒)及其制品业	7	3	1088.8	1180.7		1064	2728.2
#皮革鞣制加工	3	2	488.6	403.4		522.2	742.7
皮革制品制造	4	1	600.2	777.3		541.8	1985.5
木材加工及木、竹、藤、棕、草制品业	22	11	12288.1	11235.5		1441.5	5790.7
家具制造业	7	2	8422.6	7656.4		2507	5784.5
造纸及纸制品业	26	9	20195.2	20454.1		6762.6	22072.6
印刷业和记录媒介的复制	19	6	3780.7	3743.3		1069.9	2313.7
文教体育用品制造业	2	1	63.8	63.8		25.1	57.5
石油加工、炼焦及核燃料加工业	29	9	47028.3	44523	2424.2	4352.4	18074.7
#炼焦	10	2	22090.4	20794.8	2424.2	1944.2	14367.5
化学原料及化学制品制造业	61	18	83109.1	84008.4	11962.5	20142	64757.9
#基础化学原料制造	11	1	4955.1	5189.8		1496.6	3858.8
肥料制造	13	6	7292.1	6844.1	423	1167.2	4236.5
医药制造业	7	2	2222.5	1911.3		914	1838.6
化学纤维制造业	2	1	34028.5	29255.9		9392.6	15454.9
橡胶制品业	7	2	1957.7	1880.8		165.8	917.4
塑料制品业	71	26	36945.9	36107.4	1382.3	10964.9	29154.1
非金属矿物制品业	157	39	132124.7	126733.4		24058.4	130979.4
#水泥制造	6	3	27071.4	26643.1		7365.2	70792.4
黑色金属冶炼及压延加工业	12	3	21642.1	21599.1		4375.3	7546.8
有色金属冶炼及压延加工业	7		94359.2	94264		8794.1	87540.5
金属制品业	48	19	67878.6	60101.3		15333.8	23031
通用设备制造业	28	6	10850.6	9846.1		6838.6	10406.8
专用设备制造业	28	9	7095.6	6090.1		3113.3	4569.5
交通运输设备制造业	2	1	5291.5	4799.8		1941.3	3247.4
电气机械及器材制造业	36	14	150199.2	143331.4	1291.5	41735.5	76645.9
通信设备、计算机及其他电子设备制造业							
仪器仪表及文化、办公用机械制造业							
工艺品及其他制造业	5	2	368.2	332		86.1	229.8
废弃资源和废旧材料回收加工业							
电力、热力的生产和供应业	35	18	146502.6	146539.6		2923	340670.7
#电力生产和电力供应	17	8	130363.9	130276.3		2410.2	293156.8
燃气生产和供应业	6	3	5344.6	5270.3		366.7	20269.1
水的生产和供应业	11	8	3187.2	3077.2		189.5	11789.4

计量单位：万元

个人资本	港澳台资本	外商资本	营业收入 合　计	产　品 销售收入	产品销售 成　本	产品销售 税金及附加
28146.3			72832	61692.7	42225.8	1637.2
8070.6			19508	17699.2	12049.4	224.7
50			395	395	448.4	
3072			2286.4	1924.6	1390.2	125.9
17958.3		300	190361.3	188441.7	169437.9	2483.2
2898.3			44576.8	44150.7	40482.7	44.3
3391			75103.1	74896	66042.6	2213.3
			6666.8	6563	4975.7	112.9
5054.1		248	63085.2	62576.3	46937.1	138
700		248	29146.1	28742	20765.7	75.2
8090.5			18928.9	18468.9	11569.2	1239.6
7892			18353.8	18081.4	11280.6	1230.5
1653.2			90178.7	88670	81993.9	419.8
1166			83230.2	81889.5	76042.6	383.2
129.2			4343	4175	3751.5	12
349.4			5147.6	5133.4	4356.9	24.3
1118.1			1197.5	1191.7	990.1	9.3
120			414.4	414.4	383.8	2.8
998.1			783.1	777.3	606.3	6.5
5293.4			11630.8	11289.5	9491.8	109.6
7685.7			7667	7621.1	5960.8	52.2
3907.4			20277	19832.4	17286.8	93.9
1108.1			3640.5	3544.8	2911.9	26.2
56.2			63.9	63.9	54.3	0.5
3719.4		1734.3	51045.6	48863.4	33601.5	156.9
2016.8		1734.3	21741.3	21263.9	11088.5	91.6
7246.5			98086.6	92010.1	79017.8	435
635.2			4680.5	4668.6	4136	24.8
3309.6			7040.7	6937.9	5711.8	42.7
2181.4			1774.1	1762.8	1514.2	11.8
1751.6			25730.4	25726.9	19956.6	55.6
335.3			1865.8	1865.8	1726.5	8.6
5861.5			38813.4	37683.3	31922.6	131
13130.7	2558.5	2970	115568.9	115198.3	96007.6	532.8
246	363.5		23277.3	23150.9	18020.9	112
3487.5			21928.5	21600.4	19757.2	50.7
2434.8			92124.5	91404.9	77064.5	294.3
9252.3		1245	56242.9	55596.2	48298	194.2
7540.9			10166.4	10044.1	8101.9	103.2
1861.8			6021	5993.2	4680.2	174.5
			10720.3	5628.9	5005.8	1.2
5824			157399.6	154313.4	130233.2	480.7
161.6			333.2	332.3	274.2	1.3
2434.7			146251.2	144882.1	138980.7	926.7
749.9			131370.4	130125.5	126415.7	832.9
3133.7			6568.2	6104.8	4506.4	33.6
86			3009.7	2891	2032.3	33.6

2-23 续表 2

项 目	本年折旧	资产总计	负债合计	实收资本	国家资本	集体资本	法人资本
总 计	**75252.4**	**2246966**	**1438664.2**	**542469.8**	**55078.1**	**25016.2**	**291262.7**
规模以上	62513.7	1929739.5	1272463.4	407054.5	53145	19409.8	239317.8
规模以下	12738.7	317226.5	166200.8	135415.3	1933.1	5606.4	51944.9
按登记注册类型分							
内资企业	73294.8	2158656.5	1396857.5	521807.4	51452.1	25016.2	283727.1
国有企业	3364.8	146436	107179.1	36905.2	36803.9		101.3
#中央企业	1225.3	85507.8	69791.5	15792.4	15792.4		
地方企业	2139.5	60928.2	37387.6	21112.8	21011.5		101.3
#自治区属企业	1499.4	37687.1	18045.2	17331	17326		5
地区(州、市)属企业	155.8	14324.1	12991.6	948.1	948.1		
县(市)属企业	433.1	6634.2	4239.6	2637.4	2637.4		
集体企业	1898.4	39742.9	13894.3	20205.6	41	16874	2852.3
#自治区属企业	37.1	314.5	233.5	81		81	
地区(州、市)属企业	14.9	402.7	360	135.2		135.2	
县(市)属企业	958.9	22374.1	3536.7	14501.6	41	11851	2409.9
镇属企业	548.1	9736.5	5467.7	3119.8		2744.1	333.7
乡属企业	115.1	930.2	618.6	211.9		211.9	
股份合作企业	208.6	9849.5	4684.8	3029		157.5	2002.5
联营企业	79.7	2142.5	988.7	999.9	526.1	260.4	164.7
#国有联营企业	29.1	657.4	336.2	300	300		
集体联营企业	13.2	402.6	173	198.2		94.8	54.7
国有与集体联营企业	37.4	863.8	479.5	300	134.4	165.6	
其他联营企业		218.7		201.7	91.7		110
有限责任公司	32897.2	1039606.3	705736.3	272290.2	11890.7	6900.5	217303.1
#国有独资公司	2040.3	26039	26313.7	7634.7	4634.7		3000
其他有限责任公司	30856.9	1013567.3	679422.6	264655.5	7256	6900.5	214303.1
股份有限公司	23917.3	593449.8	403941.7	55509.5	2140.9	572	48319.3
私营企业	10928.8	327429.5	160432.6	132868	49.5	251.8	12983.9
#私营独资企业	3490.9	74889.7	31158.9	34981.3	2	180.5	2418.9
私营合伙企业	295.9	14751.8	4825.4	8777.2		5	247
私营有限责任公司	6996.3	232157.4	120241.2	88319.5	47.5	66.3	9968
私营股份有限公司	145.7	5630.6	4207.1	790			350
港、澳、台商投资企业	821.5	31077.8	15410.7	8736.9	3326		2407.4
外商投资企业	1136.1	57231.7	26396	11925.5	300		5128.2
在总计中：国有控股企业	20783.7	351025.3	284383.5	58886.8	50696.9	572	3806.7
在总计中：农村工业	290.1	3175.5	1315.2	1625.4	67	876.4	393.5
按轻、重工业分							
轻工业	25987.1	689726.6	479244.8	190487.4	13985.9	16102.8	105738.4
以农产品为原料	23820.9	628286.4	441386	165756.9	11328.2	15538.9	96521.5
以非农产品为原料	2166.2	61440.2	37858.8	24730.5	2657.7	563.9	9216.9
重工业	49265.3	1557239.4	959419.4	351982.4	41092.2	8913.4	185524.3
采掘工业	6204.8	182744.5	101862.6	59270.2	6403.8	3240.8	10286.7
原料工业	32070.8	690328	462968.4	151087.6	27494.3	2013.8	99934.7
加工工业	10989.7	684166.9	394588.4	141624.6	7194.1	3658.8	75302.9
按企业规模分							
大型企业							
中型企业	38344.8	1106054.6	757625.4	190672.5	31395.1	2392.8	127964.4
小型企业	36907.6	1140911.4	681038.8	351797.3	23683	22623.4	163298.3

计量单位：万元

费用合计（营业费用、管理费用）	营业利润	利润总额	从业人员劳动报酬	劳动、失业保险费	全部从业人员年平均人数	亏损企业亏损额
174532.2	**23569.8**	**38702**	**81006.5**	**2501**	**65556**	**39328.7**
152643.9	22925.4	36532.8	62572.2	2032.4	45474	31131.1
21888.3	644.4	2169.2	18434.3	468.6	20082	8197.6
169650.4	10530.3	25740.6	78686.3	2491.3	64271	39288
12519.3	-4910.1	-4942.7	9160.4	440.6	6746	12104.7
6641.4	-10052.5	-10316.9	5356.8	50.6	4159	10952.7
5877.9	5142.4	5374.2	3803.6	390	2587	1152
3705.3	5654.7	5833	2932	377.7	1678	444.6
1051.7	-307	-312.3	410.8	11.2	454	463.1
988.8	-143.5	-82.7	407.3	1.1	356	156.9
3643.7	-395.4	-155.4	3527.3	50.6	3902	1001.9
64.4	-30.8	-33.8	82.7		42	33.8
0.6	19	-3.8	23.3	21.6	36	3.8
2076.9	-642.9	-319.7	1142.7	22.1	1380	544.9
800.4	252.1	223.6	1312.9	3.3	1401	196.4
246.7	44.4	48.6	391.6	0.6	357	47
1154.5	1612.9	1602.9	797.7	11.8	634	24.7
255.9	62.3	101.8	143.4	0.2	158	
93.3	45.4	46.5	41.5		25	
21.5	25.8	27.3	54.4	0.2	82	
94.1	26.2	25	46.1		48	
47	-35.1	3	1.4		3	
78487.6	-5194.2	-206.4	31201.2	1372.1	25406	23015.4
2759.4	-435.9	-555.7	1588.2	235.4	561	642.7
75728.2	-4758.3	349.3	29613	1136.7	24845	22372.7
44425.7	6478.6	15400.9	13525.4	361.4	7175	90.6
29163.7	12876.2	13939.5	20330.9	254.6	20250	3050.7
7825.4	4521.2	4275.5	7464.6	75.7	7522	806.3
1398.2	1097.9	1170.2	1040.6	13.2	1250	126.9
19062.7	7130.1	8363.9	11733.1	160.5	11378	2117.5
877.4	127	129.9	92.6	5.2	100	
1560.7	1565.9	1602.2	547	9.3	357	32
3321.1	11473.6	11359.2	1773.2	0.4	928	8.7
29442.6	-575.4	-1204	19443	978.2	10591	15056
557.4	63.7	52.9	977.7	22.7	1040	107
63963.4	-2959.3	155.4	23820.1	666.5	23889	18092.5
58597.4	-2128.4	628.2	20212	601.7	20669	16781.6
5366	-830.9	-472.8	3608.1	64.8	3220	1310.9
110568.8	26529.1	38546.6	57186.4	1834.5	41667	21236.2
15019.2	8948.3	9030.9	17750.3	152.6	15060	1991.3
48016.9	6654.2	9295.3	21815.9	1220	12558	15796.2
47532.7	10926.6	20220.4	17620.2	461.9	14049	3448.7
79949.9	9548.7	19251.6	33035.6	1328	21957	14144.3
94582.3	14021.1	19450.4	47970.9	1173	43599	25184.4

2-23 续表 3

项　　目	本年折旧	资产总计	负债合计	实收资本	国家资本	集体资本	法人资本
按行业分							
煤炭开采和洗选业	5417.4	146396.5	87923.2	44272.8	6025.2	3046.8	7054.5
石油和天然气开采业	632.4	24170.4	11165.7	9736.8	378.6		1287.6
#天然原油和天然气开采							
黑色金属矿采选业							
有色金属矿采选业	19	430	128	420			370
非金属矿采选业	136	11747.6	2645.7	4840.6		194	1574.6
#采盐							
其他采矿业							
农副食品加工业	5397.8	165821.9	93617.2	46341	1100	2162.2	24820.5
#谷物磨制	1290.9	39101.5	18119	10996.5		17.2	8081
饲料加工	1418.1	45536.5	20140.1	14543	800	1520	8832
制糖	1117.6	12494.4	11540.7				
食品制造业	5832.5	143730.9	117422.1	23373.9		63.5	18008.3
#罐头制造	3451.7	84963.5	76827.1	3417.3			2469.3
饮料制造业	3002.7	56284.2	35743.5	24981.5	1329.7	2721.1	12840.2
#酒的制造	1099.7	45443	26823.4	17222.4	1329.7	2594	5406.7
烟草制品业							
纺织业	5377.9	159252	128999.6	38043.9	6873.2	10263.2	19254.3
#棉、化纤纺织及印染精加工	5114.1	134695.7	105029	31974.2	6806.2	10258.2	13743.8
毛纺织和染整精加工	152	22066.2	23202.6	4216.2			4087
纺织服装、鞋、帽制造业	149.4	4326.3	3638.8	2397.7	2025.3	23	
皮革、毛皮、羽毛(绒)及其制品业	511	5330.4	4820.6	1683.4		243.8	321.5
#皮革鞣制加工	169.5	1219.4	720.4	429.5			309.5
皮革制品制造	341.5	4111	4100.2	1253.9		243.8	12
木材加工及木、竹、藤、棕、草制品业	162.2	9529	3296.4	5401.5		19	89.1
家具制造业	497.7	14948.6	6063.4	7685.7			
造纸及纸制品业	1302.6	40943.2	25302.9	12487.4		14	8566
印刷业和记录媒介的复制	263.6	5949.1	2937.4	1730.8		82.7	540
文教体育用品制造业	4	113.3	86.9	103.2			47
石油加工、炼焦及核燃料加工业	813.6	54344.3	27775.2	16193.9	800	264	9676.2
#炼焦	499.8	34546.3	16605.4	9521.8			5770.7
化学原料及化学制品制造业	3384.9	131576.8	73883.8	28290.3	3485.9	1140	16417.9
#基础化学原料制造	270.5	7363.8	4689.1	2847.4			2212.2
肥料制造	213.6	7725.5	3506	3630	227.3		93.1
医药制造业	113.3	10614.6	5850.8	5593.4	220	80	3112
化学纤维制造业	1901.7	36713.2	21600.1	11351.6			9600
橡胶制品业	19.9	1373	918.2	351.6			16.3
塑料制品业	1557.2	100857.7	63446.7	27540.9	1977	120.5	19581.9
非金属矿物制品业	6114.9	231354.5	124738	70603.6	3468.4	1917.9	46558.1
#水泥制造	3066.5	120806.9	69040.8	37592.9	100		36883.4
黑色金属冶炼及压延加工业	261.6	17561.8	11714.3	5017.5			1530
有色金属冶炼及压延加工业	4870.4	94493.1	54995.6	31928	14817.9		14675.3
金属制品业	1398.5	60524	31681.2	22677.3	765.4	800	10614.6
通用设备制造业	356.3	25960.5	11829.6	11178.2	159.9	424.4	3053
专用设备制造业	333.9	9571.8	6072.7	3235.1		392.6	980.7
交通运输设备制造业	122.3	7011.2	3751.1	3087		87	3000
电气机械及器材制造业	3664.7	350184.9	211490.5	34835.6	149.5	186.7	28675.4
通信设备、计算机及其他电子设备制造业							
仪器仪表及文化、办公用机械制造业							
工艺品及其他制造业	21.8	358.5	150.1	223.8		53.3	8.9
废弃资源和废旧材料回收加工业							
电力、热力的生产和供应业	20208.7	281606.3	233278.9	35457.9	8609.5	590.8	23822.9
#电力生产和电力供应	17627	225348.6	186218.1	29392.1	8200.2	54.8	20387.2
燃气生产和供应业	733	30365.5	21857.5	8445.5	512.2		4799.6
水的生产和供应业	669.5	13520.9	9838.5	2958.4	2380.4	125.7	366.3

计量单位：万元

费用合计（营业费用、管理费用）	营业利润	利润总额	从业人员劳动报酬	劳动、失业保险费	全部从业人员年平均人数	亏损企业亏损额
12754.2	5861.7	5072.1	15538.1	146.6	13161	1442.4
2033.8	2961.1	2894.7	1895.4	5.3	1531	395.6
69	-122.4	-122.4	125		90	140
162.2	247.9	1186.5	191.8	0.7	278	13.3
14827.2	3326.6	5889	5333.6	156.4	5047	3573.4
2160.1	1493.4	1603.8	859.4	23.9	834	107.9
4592.6	1953.3	4430.5	1268.2	17.1	1026	450.6
1571.8	6.4	-181.7	882.4	89.1	942	505.7
16390.1	-690	-1501.7	3080.4	43.3	2378	4651.5
9720	-1836	-2688.4	1141.4	7.2	978	3656.6
8381.5	-2693.9	-2585.2	1497.3	123.6	1818	3055.6
6403.1	-894.1	-784.7	1305.6	119.4	1611	1224.9
11259.4	-4536.1	-4242.5	5887.1	94.8	6785	4807.2
8740.4	-2842.8	-2569.2	4627.1	39.4	5416	3054.4
2100.3	-1681.3	-1661.1	762.9	15.4	795	1711.7
822.2	-57.1	-137.8	944.4	10.2	801	201.1
299.5	-101.4	-102.1	225.7	3.5	271	112
28.4	-0.6	-0.6	45.1	0.5	63	9.6
271.1	-100.8	-101.5	180.6	3	208	102.4
1180.7	501	506.5	341.3	3.8	477	67.5
1231.7	388.6	379.7	1429	8.4	915	4.5
2773.1	-301.2	254.3	1618	149.9	1964	235.3
589.7	115.3	253	405.9	11.7	447	38.9
11.9	-2.8	-3.5	4.8		9	3.5
5830.2	10004.8	9570	1498.5	15.9	1257	178.1
1139.8	9236.6	8850	1224.7	12.1	960	56.2
10592.1	2656	3882.4	2441.6	25.6	2135	469.6
325	194.7	168.7	212.5	4.9	230	45
1205.7	5.3	174.4	470.3	1	504	186.3
259.2	-11.1	-8.9	101	2.7	113	78.5
2990.4	2727.8	2727.8	973	9.8	947	8.2
149.2	-18.5	-78.1	89.3	8.2	124	103.1
4775.7	1113.2	2001.3	2076.3	67.5	1577	540.8
14911	4112.5	5140.8	6248.2	82.6	6540	2164.2
7878.3	-2754.7	-1638.8	1647.8	38.1	1218	1684.8
731	1132.9	1055.2	719.6	0.1	656	54.1
7486.1	6618.8	7430.5	3695.7	399.3	2476	
5401.6	2239.1	2159.6	3807.8	173.6	2782	429.3
1875.9	43.6	159.1	1079.3	119.5	996	262.9
1219.5	4.3	-55.2	772.5	22.7	721	240.8
690.4	9.5	22	296.9	3	254	2.3
24701.7	-12.6	8348.6	5120.2	46	2806	1650.3
33.2	26.1	24.5	29.1		38	4.2
16827.7	-11669.4	-11131.4	12600.3	746.1	5334	13734.8
13759.8	-10733.6	-10876.9	11402.9	721.4	4311	13196
1944.5	83.7	81.2	376.3	6.3	314	273.8
1326.6	-388.2	-368	563.1	13.9	514	391.9

2-24 伊犁州工业

项　　目	企　业 单位数	亏　损 单位数	工业总产值 (现价)	工　业 销售产值	出　口 交货值	年末存货	固定资产 原　价
总　　计	**1008**	**365**	**1019587.1**	**964670.5**	**29829.8**	**309957.5**	**1432864.9**
规模以上	247	92	896854.3	852656.8	29752.3	282038.4	1283739.3
规模以下	761	273	122732.8	112013.7	77.5	27919.1	149125.6
按登记注册类型分							
内资企业	998	360	996349.9	941057.8	29829.8	303665.6	1403866.5
国有企业	80	36	208569.9	205808.5		49199.3	357849.3
#中央企业	19	8	106409.9	106023.1		36963.2	177704.6
地方企业	61	28	102160	99785.4		12236.1	180144.7
#自治区属企业	9	3	56175	55808.7		6325.3	93116.8
地区(州、市)属企业	7	4	11166.1	11768.1		1694.5	21869.6
县(市)属企业	44	21	34800.4	32190.1		4208	63381
集体企业	89	24	25728.7	24962.9		4272.3	23630.9
#自治区属企业	1	1	537.9	537.9			228.3
地区(州、市)属企业	2	2	7053.2	7852.3		1180.4	5305.5
县(市)属企业	28	11	6161.2	5026.3		2116.5	6678
镇属企业	13	2	2277.8	2192.5		198.5	1148.4
乡属企业	39	6	7863	7559.3		695.7	8147.2
股份合作企业	32	17	9062	7564.2	67	2995	8260.3
联营企业	6	2	3700.9	2817.8		445.2	2527.5
#国有联营企业	1	1	2282	1418.9		362.2	1827
集体联营企业	4		1354.9	1334.9		23	650.5
国有与集体联营企业							
其他联营企业	1	1	64	64		60	50
有限责任公司	229	92	484935.4	454475.1	18173.5	159400.2	799005.9
#国有独资公司	11	9	57767.3	56294.4		7805	269043.7
其他有限责任公司	218	83	427168.1	398180.7	18173.5	151595.2	529962.2
股份有限公司	4	1	64469.1	60241.5	5731.5	40539.2	80680.4
私营企业	558	188	199883.9	185187.8	5857.8	46814.4	131912.2
#私营独资企业	276	48	32147	30940.8		2861	21750.7
私营合伙企业	36	15	4296.5	3842.9	77.5	637.5	2901.4
私营有限责任公司	241	124	161851.9	149381.5	5780.3	43266	106289.1
私营股份有限公司	5	1	1588.5	1022.6		49.9	971
港、澳、台商投资企业	4	2	3878.7	4513.2		1431.4	10156.9
外商投资企业	6	3	19358.5	19099.5		4860.5	18841.5
在总计中：国有控股企业	144	68	459673.2	447659.8	5510.5	140014.5	946246.6
在总计中：农村工业	52	8	15234.5	14629.9		1523.4	10981
按轻、重工业分							
轻工业	395	164	568654	524199.4	28781.1	240593.1	468856.2
以农产品为原料	334	129	554947.5	512629.8	27850.7	235377	430026.6
以非农产品为原料	61	35	13706.5	11569.6	930.4	5216.1	38829.6
重工业	613	201	450933.1	440471.1	1048.7	69364.4	964008.7
采掘工业	197	38	124595.8	119388.8		16229.2	118490.3
原料工业	157	82	261050.2	260554.2		38693.6	806942.6
加工工业	259	81	65287.1	60528.1	1048.7	14441.6	38575.8
按企业规模分							
大型企业	1	1	31484.7	31484.7		1110.9	164731.2
中型企业	34	9	459109	449771.1	458.5	154662.2	666908.7
小型企业	973	355	528993.4	483414.7	29371.3	154184.4	601225

企业主要经济指标

计量单位：万元

个人资本	港澳台资本	外商资本	营业收入		产品销售成本	产品销售税金及附加
			合计	产品销售收入		
117212.9	**2284.7**	**2823**	**1012586.9**	**991505**	**784202.1**	**41499.9**
70173.9	1793.7	2801.7	914336.4	895042.6	711273	37668.3
47039	491	21.3	98250.5	96462.4	72929.1	3831.6
117117.9		21.3	986897.1	966563.4	769622.1	39676.3
151			223238.9	218363.7	142765	27833.7
16.9			107036.1	105638.9	57093.1	26875.1
134.1			116202.8	112724.8	85671.9	958.6
			70696	68579.7	56069.1	398.3
			11941.6	11719.4	8138.2	139.5
134.1			33546.7	32407.2	21446.4	420.5
1804.2			24789.5	24606.7	19374.3	973.3
			499.5	499.5	360.1	5.7
65.9			7917.9	7852.2	7500.6	6.6
176.6			4894.6	4779.5	3726.8	57.2
234.7			1985.9	1985.9	1579.1	159.4
877			7707	7705	4642.1	590.4
1568.3			7748.8	7689.5	6669.4	53.7
143			2353.2	2340.5	1256.3	208.1
			994.3	981.6	664.7	9.8
143			1334.9	1334.9	569.6	197.7
			24	24	22	0.6
30736.2			473157	464362.8	395105.1	4191
			56938.4	55800.4	56699.3	459.8
30736.2			416218.6	408562.4	338405.8	3731.2
15478.5			53945.1	53485.6	30931.2	3708.1
67236.7		21.3	201664.6	195714.6	173520.8	2708.4
14633.4			28627.4	28562.8	20707.4	1337.5
1041.7			3524.3	3524.3	3103.8	58.8
50714.7		21.3	168493.5	162608.1	148725.6	1281.8
846.9			1019.4	1019.4	984	30.3
	2284.7		5357.7	5297.5	4679	
95		2801.7	20332.1	19644.1	9901	1823.6
21677.3	1793.7	101.7	458951.9	449613.5	336238.4	33063
2033.6			15165.3	14917.6	9419.2	915.4
60330.5	1793.7	123	561021.7	545311.3	412078.9	35168.9
57119.8	1793.7	123	547908.8	533916.1	403236.5	35075.7
3210.7			13112.9	11395.2	8842.4	93.2
56882.4	491	2700	451565.2	446193.7	372123.2	6331
16166.3			118289.6	116430.7	70639.2	3829.4
23649.8		2700	277135.1	274151.2	256600.6	1684.9
17066.3	491		56140.5	55611.8	44883.4	816.7
			31882	31484.7	35245.9	319.9
31105			468773.1	459925.6	332817.3	33662.6
86107.9	2284.7	2823	511931.8	500094.7	416138.9	7517.4

2-24 续表 1

项目	企业单位数	亏损单位数	工业总产值（现价）	工业销售产值	出口交货值	年末存货	固定资产原价
按行业分							
煤炭开采和洗选业	90	22	46673.7	47751.2		3066	58950.1
石油和天然气开采业							
#天然原油和天然气开采							
黑色金属矿采选业	17	4	19483.6	15574.6		3388.7	12183.9
有色金属矿采选业	33	5	48285.8	45978.8		7649.9	39299.4
非金属矿采选业	55	7	9971.4	9902.9		2124.6	7905.9
#采盐	1		2898.1	2819.9		754.7	1345.3
其他采矿业	2		181.3	181.3			151
农副食品加工业	125	35	212709.4	194376.2	3257.2	93349.3	137224
#谷物磨制	46	5	46211.2	44989.4		6901.2	12909.9
饲料加工	11	3	15257.7	16116.4		3684	5093
制糖	8	4	64187	57018.5	458.5	44881.4	79930
食品制造业	49	25	56261.5	41882.6	24270.7	24498.1	66333.5
#罐头制造	12	3	37636	25118.5	22028.2	19311.9	44758.8
饮料制造业	38	21	76890.5	72261.7		36018.8	66021.4
#酒的制造	30	13	75047.5	71053.5		33920	64251.6
烟草制品业	1		71289.8	71245.1		27214.2	40914
纺织业	32	13	94323.5	91704.5	322.8	42885.7	84573.3
#棉、化纤纺织及印染精加工	11	5	43260.5	40466.7		19002.1	24992.1
毛纺织和染整精加工	3	2	5391.3	6256.2		4235.9	25119.5
纺织服装、鞋、帽制造业	8	3	193.3	180.6		90.3	407.9
皮革、毛皮、羽毛(绒)及其制品业	6	3	22588.7	20192.4		4170.7	11391.8
#皮革鞣制加工	2		21759.9	20007.3		4125.9	11350.2
皮革制品制造	3	3	54.1	53.2		44.8	41.6
木材加工及木、竹、藤、棕、草制品业	42	17	11962.7	11452.3		3132.1	13577.7
家具制造业	8	2	609.1	592.2		69.9	601.3
造纸及纸制品业	17	5	10901.6	11113.1		3313.7	10754.3
印刷业和记录媒介的复制	40	20	6106.9	6061.2		1610.6	5732.3
文教体育用品制造业							
石油加工、炼焦及核燃料加工业	8	6	2938.8	2992.1		891.9	1381.3
#炼焦	2	1	202.6	202.6		30.4	639.7
化学原料及化学制品制造业	27	11	6611.7	6073.5	930.4	1249.5	6409
#基础化学原料制造	11	5	2867.9	2873.8		433.6	3800.1
肥料制造	3	1	511.3	577.7		45.5	315.2
医药制造业	9	6	427.4	346.5		427.2	4863.6
化学纤维制造业	2		1635.6	1283		1829.8	4477.5
橡胶制品业	2	1	4365	4348.1		788	1272.7
塑料制品业	51	31	24171.5	22457.4	1048.7	4984.4	13183.1
非金属矿物制品业	170	38	83832.9	79698.6		21605.8	170500.7
#水泥制造	24	8	63384.4	61845.6		15135	152889.2
黑色金属冶炼及压延加工业	10	6	36144.3	35754.6		8224.7	23507.9
有色金属冶炼及压延加工业	3	1	20176.8	20975.9		4378.5	28972.4
金属制品业	29	8	11820.3	10547.3		2595.9	3287.8
通用设备制造业	16	5	1222	1250.9		796	999
专用设备制造业	5	3	847.2	484		569.2	587.4
交通运输设备制造业	14	5	492.5	492.5		469.6	556
电气机械及器材制造业	6	3	5323	5304		624.6	1945.1
通信设备、计算机及其他电子设备制造业							
仪器仪表及文化、办公用机械制造业	3	2	176.7	176.7		65.5	214.3
工艺品及其他制造业	1	1	4.7	4.7		60.9	7.4
废弃资源和废旧材料回收加工业	2	2	103.8	103.8		16.2	56.7
电力、热力的生产和供应业	58	38	124507.2	125989.3		6666.8	583132
#电力生产和电力供应	33	21	109454.4	111062.8		5679.2	532943.3
燃气生产和供应业	2	2	470.5	470.5		26.7	488.4
水的生产和供应业	27	14	5882.4	5466.4		1103.7	31000.8

计量单位：万元

个人资本	港澳台资本	外商资本	营业收入合计	产品销售收入	产品销售成本	产品销售税金及附加
7526.7			46051.9	45622.4	28525.2	2416
1298.4			17818.1	17812.8	8649	406.8
3974.9			45117.6	43805.1	28826.1	459.8
3206.3			9122	9010.4	4551.9	523.8
144.9			2475.9	2475.9	707.6	262.7
160			180	180	87	23
23673.1			212228.2	206390.2	181792.1	685.9
2901.9			42729.5	40873.2	37309.7	98.3
1577.6			16654.5	16305.2	14814.4	4.3
5403.9			57649.6	55522.5	42576.1	473.5
4557		101.7	45119	44658.7	34937.5	156.3
1540.2			26963.6	26831.3	19990.4	56.2
18249.5			65545.7	64448.4	33817.9	7056.4
17948.4			64365	63269.3	32803	7051.3
			71645.8	71245.1	28818.9	26703.1
5124.5	1793.7		109407.5	106626.7	91086.4	263.2
4212.1			54649.5	54368.6	51575.2	86.4
202.4	1793.7		7009.5	6765.2	5602.9	0.7
207			162.5	156.2	121	3.6
3258.2			22776.5	20077.5	17642.4	69.4
3200			22699.3	20000.8	17584.8	68.9
58.2			77.2	76.7	57.6	0.5
1484.9		2700	11402.8	11382.6	9895.8	115
50			560.5	537.9	432.2	14.4
1170.3			11638	11149.3	8458.1	75
413.5			5805.8	5621.2	3880.2	34.4
307			3249.3	2405.7	1918	10.8
50			248.8	248.8	199.6	2
3377.1			6459	6278.1	5426.7	58.1
1737.7			3122.4	2971.4	2492.3	20.1
254.9			578.4	578.3	601.7	0.1
206.7		21.3	832.1	343.6	273.3	4
300			1283	1283	862.5	8
234.1			4091.5	4047.9	3475	0.5
5400.9			23947.5	23905.9	20671.6	206.9
12952.1	230		75036.6	74823.7	55443.6	659.7
6106.7			58231.2	58036.6	43138.6	274.2
8427.7			40405.6	40300.5	35466.1	268.2
			20000.1	19934.4	16025.3	4.3
543.3	261		5754.1	5542	4614.3	122.8
747.1			1263.2	1259	955.6	35.4
			308.6	258.6	173	3
383.1			961.6	853.2	583.5	63.2
3056			5323.5	5304	4049.4	33.4
111.8			205.7	189.6	135.9	2.1
50			9.8	4.7	1.7	
10			46.1	46.1	34.8	0.6
5529.8			142053.1	140449.4	148597.4	969.4
136.7			127199.3	125734.3	134122.4	887.8
168.8			479.7	470.8	365.7	1.6
1053.1			6294.9	5080.3	3607	41.8

2-24 续表 2

项　目	本年折旧	资产总计	负债合计	实收资本	国家资本	集体资本	法人资本
总　计	**94918.6**	**2009574**	**1286369.1**	**548538.1**	**245303.5**	**20645.5**	**160268.5**
规模以上	81631	1782231.8	1168347.6	461088.8	237594.9	9108.6	139616
规模以下	13287.6	227342.2	118021.5	87449.3	7708.6	11536.9	20652.5
按登记注册类型分							
内资企业	93282.8	1981293.3	1270303.8	536000.3	245100.5	20645.5	153115.1
国有企业	19762.9	465939.6	296304.6	139383.8	130993.8	14	8225
#中央企业	8435.5	240409	149628.9	71296.3	71230.1		49.3
地方企业	11327.4	225530.6	146675.7	68087.5	59763.7	14	8175.7
#自治区属企业	6379.2	107225.6	65376.8	35375.8	27450		7925.8
地区(州、市)属企业	438.5	30096.5	22435.2	8374.6	8374.6		
县(市)属企业	4501.7	86345.3	57999.4	23338.2	22940.2	14	249.9
集体企业	1737.4	29941.2	21117.1	11327.2	84.6	8833.8	604.6
#自治区属企业	70.4	350.3	233.3	130		130	
地区(州、市)属企业	251.8	7337	9813.1	544.1		426.1	52.1
县(市)属企业	697.3	9411.1	5356.5	2841.3	84.6	2557.2	22.9
镇属企业	66.8	1562.1	693.4	676.7		415	27
乡属企业	449.7	9690	3652.3	6504		5124.4	502.6
股份合作企业	984.6	17247.1	10605.6	6312.5		2379.7	2364.5
联营企业	180.6	4840.7	3810.4	588		120	325
#国有联营企业	87.6	4067.2	3765.4	200			200
集体联营企业	88	713.5		373		120	110
国有与集体联营企业							
其他联营企业	5	60	45	15			15
有限责任公司	56515.8	1073730.4	744249	240140.4	82887.7	9075.5	117441
#国有独资公司	21915.2	253380.4	215025.9	41821.9	41821.9		
其他有限责任公司	34600.6	820350	529223.1	198318.5	41065.8	9075.5	117441
股份有限公司	4073.4	153632.2	63966.8	55770.1	31134.4		9157.2
私营企业	10028.1	235962.1	130250.3	82478.3		222.5	14997.8
#私营独资企业	1632.7	35169.2	13096.8	16992.1		211.2	2147.5
私营合伙企业	215.1	4824.3	2675.2	2040.8		2.3	996.8
私营有限责任公司	8065.9	194681.7	114237.1	62418.5		9	11673.5
私营股份有限公司	114.4	1286.9	241.2	1026.9			180
港、澳、台商投资企业	468.3	10455.9	8706.9	8983.1			6698.4
外商投资企业	1167.5	17824.8	7358.4	3554.7	203		455
在总计中：国有控股企业	62323.1	1174967	792453.2	326007.6	243106.7	232.9	59095.3
在总计中：农村工业	735.4	15327.3	5255.4	8706.2		5264.4	1408.2
按轻、重工业分							
轻工业	27985.6	884686.2	489748	264012.3	101202.2	10786.7	89776.2
以农产品为原料	25150.2	832754	462443.3	243189.5	87700.9	10544.2	85907.9
以非农产品为原料	2835.4	51932.2	27304.7	20822.8	13501.3	242.5	3868.3
重工业	66933	1124887.8	796621.1	284525.8	144101.3	9858.8	70492.3
采掘工业	6907.6	181925.5	104158.1	56052.6	23680.7	6496.1	9709.5
原料工业	56836.3	868990.8	649810.3	199823.1	116137.3	1242.4	56093.6
加工工业	3189.1	73971.5	42652.7	28650.1	4283.3	2120.3	4689.2
按企业规模分							
大型企业	15560.4	136036.8	114118.7	14246.4	14246.4		
中型企业	40410.3	917482.1	600470.6	218309.3	123295.4	3200	60708.9
小型企业	38947.9	956055.1	571779.8	315982.4	107761.7	17445.5	99559.6

计量单位：万元

费用合计（营业费用、管理费用）	营业利润	利润总额	从业人员劳动报酬	劳动、失业保险费	全部从业人员年平均人数	亏损企业亏损额
170078.8	**6845.5**	**7606.9**	**97138.4**	**4314.8**	**78579**	**62753.7**
149156.1	4955.6	8950.3	80524.5	3537.9	58140	54836.3
20922.7	1889.9	-1343.4	16613.9	776.9	20439	7917.4
167089.3	582.5	1606.9	95306.5	4305.7	77254	62239.6
38350.4	5106	8208.8	21140.3	1588.8	14011	9835.5
16060.8	4670.2	5433.5	7185	1185.3	5415	1778.1
22289.6	435.8	2775.3	13955.3	403.5	8596	8057.4
12685.5	-7.8	2074.6	6582.7	171.4	3136	6613.1
4262.2	277.8	77.6	3717.2	68.3	2645	374.1
5326.3	187.3	622	3638.7	163.8	2798	1070.2
4986	29.8	-735.3	4558.2	161.5	4260	1757.9
168.5	3.6	-3.2	192.6	26.4	130	3.2
1440.7	-1030	-1048.6	475.4	20.5	290	1048.6
996.1	299.6	-278.7	857.8	65.8	1229	549.4
146.9	100.5	118.1	316.4	9.8	432	2
2127.4	576.8	494.1	1584.7	21.4	1744	66.2
1304	-249.5	-160.6	943.1	51.1	1077	384.5
465.2	350.4	224.5	156.7	13.3	214	115.1
234.1	12.5	-113.4	56.7	13	79	113.4
228	339.6	339.6	96		130	
3.1	-1.7	-1.7	4	0.3	5	1.7
89053.1	-15193.4	-16157.4	48609.6	2079.8	38517	40859.6
17140.5	-17888.4	-17774.6	8694.4	696.2	4240	17784.6
71912.6	2695	1617.2	39915.2	1383.6	34277	23075
12254.1	8930.6	8397.5	5277.4	179.8	2585	1953.3
20676.5	1608.6	1829.4	14621.2	231.4	16590	7333.7
4821.1	2155.6	2169.1	4846.5	58.3	6221	408.4
491.2	140.6	130.2	503.5	2.2	706	145.4
15307.6	-741.1	-495.5	9054.1	170.3	9457	6774.3
56.6	53.5	25.6	217.1	0.6	206	5.6
1035.9	-348.1	-325.9	319.9		320	349.9
1953.6	6611.1	6325.9	1512	9.1	1005	164.2
93884	-9888.4	-8261.2	49300.7	3222.4	32636	43362.3
3088.2	1929.1	1794.5	2101.4	24.2	2261	75.1
72909.2	32395.2	28072.5	35350.1	1736.2	31760	12589.4
69496.7	33569.6	29846.7	32603.9	1622	29062	10313.5
3412.5	-1174.4	-1774.2	2746.2	114.2	2698	2275.9
97169.6	-25549.7	-20465.6	61788.3	2578.6	46819	50164.3
25751.6	13094.7	12223.4	21309.1	295.8	17815	2689.1
64308	-42004.7	-36242.3	34057.5	2104.9	20944	46478.9
7110	3360.3	3553.3	6421.7	177.9	8060	996.3
8654.7	-12335.6	-12352	5665	278.2	2214	12352
86152.2	13618	17425	47325.7	2580.2	32104	28353.2
75271.9	5563.1	2533.9	44147.7	1456.4	44261	22048.5

2-24 续表 3

项　目	本年折旧	资产总计	负债合计	实收资本	国家资本	集体资本	法人资本
按行业分							
煤炭开采和洗选业	3006.3	74467.8	42742.2	28403.3	10595.8	5527.6	4753.2
石油和天然气开采业							
#天然原油和天然气开采							
黑色金属矿采选业	805	33555.8	17678.5	3317	1438.6		580
有色金属矿采选业	2359.6	58736	37764	17212.4	10676.5	341	2220
非金属矿采选业	730.7	14937.9	5933.4	6959.9	969.8	627.5	2156.3
#采盐	22.4	2523.5	1490.4	246	101.1		
其他采矿业	6	228	40	160			
农副食品加工业	9408	297532.1	169482.5	71157.1	21808.4	7481	18194.6
#谷物磨制	750.5	29227.1	15784.6	10821.7	2295	236.2	5388.6
饲料加工	307.1	10307.9	4921.1	4149.6	417	1300	855
制糖	5207.2	107729	82020.5	26613.7	17532.7	3200	477.1
食品制造业	3924.7	99535.7	75642.4	26822.2	1921.5	184	20058
#罐头制造	2626.6	68041.8	59248.5	12149.4	645.9		9963.3
饮料制造业	3737.8	140668.7	47823.9	52409	29024.8	2423.2	2711.5
#酒的制造	3495.4	132944.5	42463.8	49540.5	28773.9	382.2	2436
烟草制品业	2342.4	85193.3	49758.7	18142.1	18142.1		
纺织业	3742.1	152955	89404	59012.3	15848.3	136.1	36109.7
#棉、化纤纺织及印染精加工	1072.1	62028.6	33279.2	16089.1	579.5		11297.5
毛纺织和染整精加工	974.8	27257.2	23235.7	23873.3	15178.8		6698.4
纺织服装、鞋、帽制造业	26.5	596.2	459	207			
皮革、毛皮、羽毛(绒)及其制品业	597.9	22397.4	12722.9	3260.5	2.3		
#皮革鞣制加工	595.6	22251.9	12668.7	3200			
皮革制品制造	2.3	145.5	54.2	60.5	2.3		
木材加工及木、竹、藤、棕、草制品业	1549.4	19764.2	8120.5	10744	1663.7	11	4884.4
家具制造业	44.4	847.7	601.8	189.5	34.6	32	72.9
造纸及纸制品业	429.2	15084.6	8794.9	4095.8	156.3	20.6	2748.6
印刷业和记录媒介的复制	818.2	8807.6	2557.6	4314.7	762.6	267.3	2871.3
文教体育用品制造业							
石油加工、炼焦及核燃料加工业	125	2847.3	2127.6	571.7	219.7		45
#炼焦	30.3	300.7	128	55			5
化学原料及化学制品制造业	354	10513.2	4514.2	4472.5	401.2	10.2	684
#基础化学原料制造	273.7	5261.9	2943.4	1941.7	31.5		172.5
肥料制造	10.6	756.2	257.7	274.9			20
医药制造业	882.8	6295.7	3817.1	3798.1		123.5	3446.6
化学纤维制造业	90.5	6698	3896	2100			1800
橡胶制品业	45	2173.6	1334	384.1	150		
塑料制品业	1093.6	25130.1	14811.9	10176.3	2474	391.9	1909.5
非金属矿物制品业	9206.8	198071.6	135327.9	58641.2	13667.9	1489.1	30302.1
#水泥制造	7526	168978.2	120282	48253.1	13171.9	410.6	28563.9
黑色金属冶炼及压延加工业	1634.2	51207.8	33764.2	11974.3	1228.7		2317.9
有色金属冶炼及压延加工业	2401	38127.5	30865.5	9463.6	1000	345.8	8117.8
金属制品业	280	8523.9	5742.7	2828.3	197.7	324.3	1502
通用设备制造业	79.2	2695.2	1608.2	1016.1		216	53
专用设备制造业	21	1398.5	3207.9	745.1	654.7	90.4	
交通运输设备制造业	95.8	1383.6	702.2	559.1	150		26
电气机械及器材制造业	88.3	8514.3	4022.9	3239	71.5		111.5
通信设备、计算机及其他电子设备制造业							
仪器仪表及文化、办公用机械制造业	43.8	404.4	292.9	131.8		20	
工艺品及其他制造业		70.1	33.4	50			
废弃资源和废旧材料回收加工业	17.3	140.1	483.1	40		30	
电力、热力的生产和供应业	43326.3	583436.7	452430.9	117369.2	98821.8	475	12542.6
#电力生产和电力供应	39825.3	519578.3	401346.2	104460.5	92131.3	75	12117.5
燃气生产和供应业	33.1	424.2	268.1	182.5	13.7		
水的生产和供应业	1572.7	36210.2	17592.1	14388.4	13207.3	78	50

计量单位：万元

费用合计（营业费用、管理费用）	营业利润	利润总额	从业人员劳动报酬	劳动、失业保险费	全部从业人员年平均人数	亏损企业亏损额
13663.1	1674.9	1092.3	12247.7	169.2	10911	2127.7
2029	2253.9	1823.4	862.7	22.4	731	136.7
7051.2	8014.3	8117.7	6082.3	57.9	4013	320.3
2958.3	1131.6	1170	2098.8	46.3	2126	104.4
1236.2	310.6	293.1	848.5	8.1	780	
50	20	20	17.6		34	
22522.4	3799.2	3561.5	8912.4	384.1	8772	3041.7
2767.8	1226	1075.4	1161.8	16.3	1251	159.3
1633.5	-182.5	104.9	579.9	4.2	449	122.1
11589.4	1637	1652.6	4784.6	296	4023	1482.3
11415.9	-1304.3	-1852.9	2473.2	90.8	2323	3126.6
8494.2	-1270.4	-1352.5	1348.1	67.2	1054	1975.2
9873.7	17280.2	14932.1	6458.3	50.5	3721	1933.4
9414.7	17579.1	15257.9	6302.1	46.4	3556	1607.6
8817.1	7004.5	6351.7	1650	722.1	480	
11210.6	4415.5	4835.9	8772	183.1	9708	1871.7
3812.9	-789	119.8	3422.8	115.8	3267	1275.9
1577.8	-645.7	-563.4	465.9	19.1	439	573
56	-22.3	-19.7	68.5		95	23.5
1922.3	551.7	512.7	628.8	1.8	487	92.8
1817.5	637.4	605.5	597.6		435	
104.8	-85.7	-92.8	31.2	1.8	52	92.8
1269	123	174.5	1101.3	15.7	1963	361.8
125.5	69.6	49.8	86	21.9	108	4.1
1828.7	874.7	731.7	2112.2	91.9	1431	83.4
1156.8	726	639.5	928.7	71.3	882	75.1
608.2	-44.5	-45.3	164.8	10.5	183	49.5
52.9	-5.7	-5.8	46.8	8.2	68	7.2
843.4	62.1	208.1	547.9	10.2	604	122.2
456	-47.7	76.3	192.7	5.3	248	89
84.8	54.6	76.8	58.7		54	10.8
397.9	-966.3	-1035.6	95.2	11.6	114	1058.2
232.7	181.2	160.7	174	4	315	
68.8	1.6	-0.7	105.8	0.8	151	2.7
1795.6	1574.9	1614.4	1609.6	20.7	2147	341.5
19628	-582.3	4000.1	10727.3	197.4	11238	1324.1
16677.5	-1978.2	2892.9	7053	88.8	6250	959.6
4979.8	-375.2	-461.2	4726.4	20.1	1525	3790.2
5862	-1891.5	-54.7	1894.6	43.9	1031	1048.4
880.2	79.2	125	666.2	12	667	60.4
254	14	15.9	176.5	13.1	206	18.6
262.1	-129.2	-146.5	169	6.6	110	147.8
186.8	27.2	47.5	185.3	4.1	206	10.1
723.5	513	822.2	425.3	2.9	187	34.5
72.8	-6.9	-5.9	38.5	1	41	8.6
3.5	-0.5	-0.5	2.7	0.2	5	0.5
44.1	-33.2	-33.2	16.3		25	33.2
34772.6	-37688.3	-38721.4	19211.6	1924.2	10423	40180.1
32549.9	-35970.9	-37488.7	17504.8	1801.7	9126	38376.1
144.1	-31.4	-42.5	34.8	5.8	30	42.5
2369.1	-470.9	-979.7	1666.1	96.7	1586	1177.4

2–25 伊犁州直属县(市)工业

项目	企业单位数	亏损单位数	工业总产值(现价)	工业销售产值	出口交货值	年末存货	固定资产原价
总计	**517**	**183**	**616647.6**	**586173.5**	**14842.1**	**197814.1**	**805963.5**
规模以上	126	41	560395.5	533995.4	14764.6	186060.3	742774.2
规模以下	391	142	56252.1	52178.1	77.5	11753.8	63189.3
按登记注册类型分							
内资企业	512	179	608715.8	578582.2	14842.1	196576.7	797518.5
国有企业	35	17	123848	123466.9		36632.7	248800.1
#中央企业	10	3	88715.7	88702.8		31451.5	154098.9
地方企业	25	14	35132.3	34764.1		5181.2	94701.2
#自治区属企业	2	1	22164.7	22164.7		3212.7	46853.9
地区(州、市)属企业	1	1	333.8	333.8		29.1	1739.6
县(市)属企业	22	12	12633.8	12265.6		1939.4	46107.7
集体企业	54	12	17387.7	17832.4		3116.5	16407
#自治区属企业							
地区(州、市)属企业	1	1	7031.3	7830.4		1180.4	4919.7
县(市)属企业	21	8	2964	2929		1417.3	3987.9
镇属企业	7		1449.5	1379.9		124.7	844.8
乡属企业	24	3	5443.2	5193.4		394.1	6404.6
股份合作企业	22	11	4173.4	3402.3		910.5	4576.4
联营企业	4		1354.9	1334.9		23	650.5
#国有联营企业							
集体联营企业	4		1354.9	1334.9		23	650.5
国有与集体联营企业							
其他联营企业							
有限责任公司	87	27	260063.8	242486	8984.3	86193.4	393667.1
#国有独资公司	3	3	38556	37326.9		7034.3	185061.6
其他有限责任公司	84	24	221507.8	205159.1	8984.3	79159.1	208605.5
股份有限公司	2		54790.7	53217.3		36409.7	59818.4
私营企业	308	112	147097.3	136842.4	5857.8	33290.9	73599
#私营独资企业	133	21	16197.5	15449.2		1196.1	9332.1
私营合伙企业	17	7	2230.6	1913.7	77.5	327.6	759.8
私营有限责任公司	157	84	128169.3	118989.9	5780.3	31754.2	63257.1
私营股份有限公司	1		499.9	489.6		13	250
港、澳、台商投资企业	1	1	6.5	6.5		120	212
外商投资企业	4	3	7925.3	7584.8		1117.4	8233
在总计中：国有控股企业	57	25	272531.7	261955.4	4985	104043.6	583273.1
在总计中：农村工业	36	5	11096.5	10407		1057.4	8373.3
按轻、重工业分							
轻工业	227	89	403722.8	375843.5	13860.4	165338.5	312096.3
以农产品为原料	185	64	392779.6	366743.4	12930	160654	292991.7
以非农产品为原料	42	25	10943.2	9100.1	930.4	4684.5	19104.6
重工业	290	94	212924.8	210330	981.7	32475.6	493867.2
采掘工业	63	7	18963.7	18853.1		609.1	21192.4
原料工业	87	39	158732.8	158516.3		23478.5	451944.4
加工工业	140	48	35228.3	32960.6	981.7	8388	20730.4
按企业规模分							
大型企业	1	1	31484.7	31484.7		1110.9	164731.2
中型企业	17	4	301923.6	294418.7		119416.1	379076.8
小型企业	499	178	283239.3	260270.1	14842.1	77287.1	262155.5

企业主要经济指标

计量单位：万元

个人资本	港澳台资本	外商资本	营业收入		产品销售成本	产品销售税金及附加
			合计	产品销售收入		
73834.7	**261**	**2823**	**623631.1**	**609955.9**	**475923.7**	**36614**
52882.6		2801.7	571945.6	558832.1	437882.2	34019.5
20952.1	261	21.3	51685.5	51123.8	38041.5	2594.5
73789.7		21.3	614763.2	601763.5	470327.4	36100.2
			140013.7	137821.4	88805.1	26979.2
			89278.2	88063.7	41704.5	26799.2
			50735.5	49757.7	47100.6	180
			36744.5	36744.5	36434.1	124.9
			333.8	333.8	271.9	0.8
			13657.2	12679.4	10394.6	54.3
764.3			17860.5	17678.8	13836.1	830.4
			7896.1	7830.4	7483	4.3
56.6			2942.8	2828.8	2107.1	46.5
215.7			1379.9	1379.9	1176	101.6
492			5142	5140	2820	532.7
1480.3			3641.5	3596.1	2798.8	44.2
143			1334.9	1334.9	569.6	197.7
143			1334.9	1334.9	569.6	197.7
16572.2			253393.6	248655.9	206241.9	2698.8
			38438.8	37481.9	39753.7	352.8
16572.2			214954.8	211174	166488.2	2346
15478.5			46200.4	45788	25190.8	3687.7
39351.4		21.3	152318.6	146888.4	132885.1	1662.2
6755.7			15207.2	15146.4	11356.4	849.8
529.8			1900.1	1900.1	1609.3	31.9
32065.9		21.3	134721.7	129352.3	119509.8	755.5
			489.6	489.6	409.6	25
	261		65	65	66	
45		2801.7	8802.9	8127.4	5530.3	513.8
19862.3		101.7	271565.7	267379.1	188854.2	31337.2
1638.6			10253.5	10005.8	6201.7	801.7
41609.2		123	394000.7	382122.2	276695	33183
39544.8		123	384088.4	373157.9	269820.1	33119.8
2064.4			9912.3	8964.3	6874.9	63.2
32225.5	261	2700	229630.4	227833.7	199228.7	3431
4378			18570.5	18378.2	10585.9	1872.2
16026.4		2700	175048.3	173646.8	159754	1070.5
11821.1	261		36011.6	35808.7	28888.8	488.3
			31882	31484.7	35245.9	319.9
27638.3			316690.8	310707.8	216592	31184
46196.4	261	2823	275058.3	267763.4	224085.8	5110.1

2-25 续表 1

项目	企业单位数	亏损单位数	工业总产值(现价)	工业销售产值	出口交货值	年末存货	固定资产原价
按行业分							
煤炭开采和洗选业	47	6	17490.8	17389.2		597.1	20413.7
石油和天然气开采业							
#天然原油和天然气开采							
黑色金属矿采选业	1	1	56.5	56.5			51.7
有色金属矿采选业	1		360	360			21
非金属矿采选业	14		1056.4	1047.4		12	706
#采盐							
其他采矿业							
农副食品加工业	69	20	126376.3	114165.1	2798.7	54865.7	90166
#谷物磨制	24	2	22232.6	22105.8		2811.1	6251.8
饲料加工	10	3	13716.8	13747.1		2309.3	3553.2
制糖	5	3	36868.3	29705.5		31198.4	62483.5
食品制造业	35	17	29124.8	21324.2	9808.5	13783.6	31750.2
#罐头制造	8	2	16011.3	9976.4	7566	9922	16035.7
饮料制造业	14	6	61993.8	57995.7		28648.4	51902.8
#酒的制造	11	3	61434.8	57835.2		28172.4	50752
烟草制品业	1		71289.8	71245.1		27214.2	40914
纺织业	15	5	72038.9	71484.2	322.8	29295.5	59851.7
#棉、化纤纺织及印染精加工	2		25321.7	25435		7830.9	10736.2
毛纺织和染整精加工	1	1	1578	1578		2348.9	15436
纺织服装、鞋、帽制造业	7	3	168	159.4		86.2	394.9
皮革、毛皮、羽毛(绒)及其制品业	3	1	21805.8	20053.2		4139.2	11385.6
#皮革鞣制加工	2		21759.9	20007.3		4125.9	11350.2
皮革制品制造	1	1	45.9	45.9		13.3	35.4
木材加工及木、竹、藤、棕、草制品业	38	14	11688.4	11125.6		2807.4	12870.8
家具制造业	3	1	364	367.9		2.3	460.7
造纸及纸制品业	8		2876.5	2850.7		800.6	618.5
印刷业和记录媒介的复制	24	10	5084.4	5065.7		1468.9	4391.2
文教体育用品制造业							
石油加工、炼焦及核燃料加工业	5	4	1415.7	1469		742.5	307.5
#炼焦							
化学原料及化学制品制造业	17	7	6412	5908.2	930.4	1178.8	5226.5
#基础化学原料制造	7	3	2784.4	2793.3		425.7	2786.9
肥料制造	2		503.3	569.7		13.7	215.2
医药制造业	5	4	306.3	271.8		185.6	1389
化学纤维制造业	1		257.7	327.5		81.9	364.8
橡胶制品业	1	1	365	348.1		93.4	17.6
塑料制品业	37	21	19234.1	17781.1	981.7	4038.7	10275.9
非金属矿物制品业	79	16	36657.3	35140.1		9351.3	69665.8
#水泥制造	7		26382.4	26247.4		4911.8	62356.6
黑色金属冶炼及压延加工业	7	5	33678.9	33726.4		7752.9	21064.1
有色金属冶炼及压延加工业	3	1	20176.8	20975.9		4378.5	28972.4
金属制品业	15	6	2521.5	2082		1551.8	1920.5
通用设备制造业	12	4	692	681.2		306.4	366.6
专用设备制造业	2	1	198.4	148.4		47.3	79.9
交通运输设备制造业	9	4	301.7	301.7		407.5	360.1
电气机械及器材制造业	5	2	5145.2	5145.2		379.8	1829.8
通信设备、计算机及其他电子设备制造业							
仪器仪表及文化、办公用机械制造业	3	2	176.7	176.7		65.5	214.3
工艺品及其他制造业							
废弃资源和废旧材料回收加工业	2	2	103.8	103.8		16.2	56.7
电力、热力的生产和供应业	20	11	63578.1	63515.6		2638.7	323919.1
#电力生产和电力供应	12	5	56486.3	56423.8		2250.1	294265.3
燃气生产和供应业							
水的生产和供应业	14	8	3652	3380.9		876.2	14034.1

计量单位：万元

个人资本	港澳台资本	外商资本	营业收入 合　计	产　品 销售收入	产品销售 成　本	产品销售 税金及附加
3773			17060.6	16868.3	9489.7	1834.1
120			56.5	56.5	18	0.1
			360	360	216	1.2
485			1093.4	1093.4	862.2	36.8
15730			124963.6	121518	108014	348.8
2405.9			21324.4	20708.3	18962.5	58.5
1577.6			14285.3	13936	12548.2	3.9
1703.9			31828.9	30729.2	23230.9	210.8
3434.8		101.7	22525.2	22496.5	17964.3	128.6
1540.2			10026.7	10011.8	7712.9	34.9
15567			51455.8	50381.2	27407.1	5595.7
15513			51295.3	50220.7	27290.6	5594.2
			71645.8	71245.1	28818.9	26703.1
402			79784.3	77164.7	62914.5	205.1
			31064.1	30869.2	28405.3	54.5
			1541.5	1361.9	943.1	
194			141.3	135	109.5	2
3200			22747.8	20048.8	17619.6	69.4
3200			22699.3	20000.8	17584.8	68.9
			48.5	48	34.8	0.5
1375.1		2700	11087.4	11067.2	9625.9	111.3
5.6			388.7	367.9	264.9	6.8
539.9			3493.7	3015	1970.2	23.3
315.8			4911.9	4769.8	3249.1	26.3
257			1680.1	1675.1	1314.3	5.1
2327			6301.8	6122	5161.8	57.4
809.5			3056.3	2905.3	2439	19.9
160			570.4	570.3	447	0.1
156.7		21.3	269.7	268.3	198.1	1.1
100			327.5	327.5	148.3	4.9
100			347.9	347.9	333.8	0.1
4633.1			20370.5	20328.9	17184.7	195.6
6568			30711.7	30694.3	22227.3	261
3260.1			21839.7	21832.1	15490.3	76.1
8327.7			38323	38217.9	33576.2	257.1
			20000.1	19934.4	16025.3	4.3
272.3	261		2285	2184.4	1854.6	30.8
526.8			682.2	682.2	526.4	14.8
			148.4	148.4	117.8	1
294.1			672	662.7	449.8	54.3
3056			5164.7	5145.2	3902.5	33.2
111.8			205.7	189.6	135.9	2.1
10			46.1	46.1	34.8	0.6
1952			80398.6	79351.7	82215.9	573.8
136.7			72421.4	71442.3	74961.5	544.6
			3980.1	3041.9	1972.3	24.2

2-25 续表 2

项 目	本年折旧	资产总计	负债合计	实收资本	国家资本	集体资本	法人资本
总 计	**55258.7**	**1134817.7**	**688845.2**	**327769.6**	**150560.9**	**15213.3**	**85076.7**
规模以上	49294	1033655.3	638722	282125	145581.5	6441.4	74417.8
规模以下	5964.7	101162.4	50123.2	45644.6	4979.4	8771.9	10658.9
按登记注册类型分							
内资企业	54498.6	1126610.9	685677	324003.9	150357.9	15213.3	84621.7
国有企业	14669.2	324331.8	215217.3	81819	73646.6		8172.4
#中央企业	7300.4	206915.3	133923.5	53828.9	53828.9		
地方企业	7368.8	117416.5	81293.8	27990.1	19817.7		8172.4
#自治区属企业	3858.6	56270	40834.9	10177	2251.2		7925.8
地区(州、市)属企业	64.2	1013.9	237.7	746.9	746.9		
县(市)属企业	3446	60132.6	40221.2	17066.2	16819.6		246.6
集体企业	1057.9	21356.5	16900.1	8212.6	84.6	6943.3	420.4
#自治区属企业							
地区(州、市)属企业	237.9	6938.3	9414.4	345.8		345.8	
县(市)属企业	556.6	6020.9	4443	1809.4	84.6	1645.3	22.9
镇属企业	40.3	1160.6	540.1	456.8		241.1	
乡属企业	219.4	7006.7	2502.6	5497.6		4608.1	397.5
股份合作企业	606.3	10487.8	4732.1	5166.2		2091.7	1594.2
联营企业	88	713.5		373		120	110
#国有联营企业							
集体联营企业	88	713.5		373		120	110
国有与集体联营企业							
其他联营企业							
有限责任公司	29265.6	486426.2	320561.4	130199.5	45492.3	5861	62274
#国有独资公司	17254.3	157245	129991.8	24537.5	24537.5		
其他有限责任公司	12011.3	329181.2	190569.6	105662	20954.8	5861	62274
股份有限公司	3038.3	132214.7	45157.5	49100	31134.4		2487.1
私营企业	5773.3	151080.4	83108.6	49133.6		197.3	9563.6
#私营独资企业	642.5	13367.7	3950.4	7935.3		195	984.6
私营合伙企业	45.4	1299.3	434.2	625.1		2.3	93
私营有限责任公司	5080.4	136112.4	78674	40393.2			8306
私营股份有限公司	5	301	50	180			180
港、澳、台商投资企业	18	250	17	261			
外商投资企业	742.1	7956.8	3151.2	3504.7	203		455
在总计中：国有控股企业	40096	728516.4	458756.2	198330.9	149281.8		29085.1
在总计中：农村工业	408.8	11232.9	3498.8	7599.8		4748.1	1213.1
按轻、重工业分							
轻工业	18616.1	589024.4	313663.2	195430.7	91097.9	8453.4	54147.2
以农产品为原料	17526.8	557678	298314.7	181658.8	82317.4	8323.9	51349.7
以非农产品为原料	1089.3	31346.4	15348.5	13771.9	8780.5	129.5	2797.5
重工业	36642.6	545793.3	375182	132338.9	59463	6759.9	30929.5
采掘工业	981.2	24410.9	7678.1	13134.5	630.5	5078.8	3047.2
原料工业	33831.2	477128.7	344379.3	99914.7	55597.7	762.1	24828.5
加工工业	1830.2	44253.7	23124.6	19289.7	3234.8	919	3053.8
按企业规模分							
大型企业	15560.4	136036.8	114118.7	14246.4	14246.4		
中型企业	21700.3	580436.5	326248.3	157331.8	83305.5	3200	43188
小型企业	17998	418344.4	248478.2	156191.4	53009	12013.3	41888.7

计量单位：万元

费用合计（营业费用、管理费用）	营业利润	利润总额	从业人员劳动报酬	劳动、失业保险费	全部从业人员年平均人数	亏损企业亏损额
93455.9	**9506.3**	**11253.1**	**51769.4**	**2487.6**	**41503**	**32456.9**
82689.4	8470.6	12522.2	44146.9	2248.3	31382	27981
10766.5	1035.7	-1269.1	7622.5	239.3	10121	4475.9
92599.6	7926.4	9532.6	51151.5	2482.4	40977	32273.7
24011.6	-2938.8	-286.4	9026.2	1406.9	5843	8351.8
13276.9	5257.3	5481.7	4481.9	1116.1	2984	1118.2
10734.7	-8196.1	-5768.1	4544.3	290.8	2859	7233.6
7652.3	-7466.8	-5604.7	2381.8	151.8	975	6551.2
175.4	-114.4	-118.5	153	40.2	136	118.5
2907	-614.9	-44.9	2009.5	98.8	1748	563.9
3840.7	-393.4	-1046.1	2457.7	100.2	2745	1627.8
1439	-1030.2	-1048.4	471	20.1	284	1048.4
720.1	113.4	-437.6	617.5	60.1	922	527.8
46.1	56.2	56.2	216.9	4.8	276	
1588.1	410.2	326.7	1121.6	15.2	1215	51.6
938.1	-124.1	-112.9	575.1	35	715	253.1
228	339.6	339.6	96		130	
228	339.6	339.6	96		130	
42785.2	-1339.3	-675.8	25533.8	715.5	19620	16682.4
10951.5	-13217.7	-13235.9	6400	285.1	2915	13235.9
31833.7	11878.4	12560.1	19133.8	430.4	16705	3446.5
8565.5	10658	10148.7	4929.7	160.6	2425	
12230.5	1724.4	1165.5	8533	64.2	9499	5358.6
1971.8	1137.7	1013	1993.8	13.1	2810	224
241.2	17.7	18.2	168.6	1.9	256	11.4
10012.5	519	109.3	6355.6	49.2	6313	5123.2
5	50	25	15		120	
18	-19	-19	8		10	19
838.3	1598.9	1739.5	609.9	5.2	516	164.2
53224.8	-4125.8	-442	25147.2	1948.2	14982	21712
2475.7	940.3	819.7	1594.2	17.9	1690	60.5
49282.3	28038	24403.8	24688.1	1342.1	21686	5837.4
47246.8	27998.1	24914.6	22670.9	1304.8	19686	4987.1
2035.5	39.9	-510.8	2017.2	37.3	2000	850.3
44173.6	-18531.7	-13150.7	27081.3	1145.5	19817	26619.5
4365.8	1907.5	1762.1	3349.2	64.4	3527	238.8
35683.9	-23104.5	-18009.6	20253.8	1048.8	11866	25879.6
4123.9	2665.3	3096.8	3478.3	32.3	4424	501.1
8654.7	-12335.6	-12352	5665	278.2	2214	12352
50645.2	14233.4	17564.5	24331.6	1681.3	15947	10995.7
34156	7608.5	6040.6	21772.8	528.1	23342	9109.2

2-25 续表 3

项　　目	本年折旧	资产总计	负债合计	实收资本	国家资本	集体资本	法人资本
按行业分							
煤炭开采和洗选业	915.5	23031.9	7346.2	12200	630.5	5011.8	2784.7
石油和天然气开采业							
#天然原油和天然气开采							
黑色金属矿采选业	5.4	217.9	95.8	120			
有色金属矿采选业		38		21		21	
非金属矿采选业	60.3	1123.1	236.1	793.5		46	262.5
#采盐							
其他采矿业							
农副食品加工业	6444.3	152423.7	99839.5	45739.3	18032.4	5494.3	6482.6
#谷物磨制	343.9	14396.6	6670.7	6282.7	1131.8	82	2663
饲料加工	152.5	7220.5	3148.7	2849.6	417		855
制糖	4262.2	80626.4	59559.3	21746.6	16365.6	3200	477.1
食品制造业	1850.6	54839.9	31603.5	22283.5	1904.5	184	16658.5
#罐头制造	898.6	30646.4	18843.3	11059.9	645.9		8873.8
饮料制造业	2914.2	121697.6	36966	49075.4	28824.8	2283.6	2400
#酒的制造	2731.8	118242.6	35619.4	46929.5	28773.9	242.6	2400
烟草制品业	2342.4	85193.3	49758.7	18142.1	18142.1		
纺织业	2600.9	106792.2	62091	37413.5	14879.3	136.1	21996.1
#棉、化纤纺织及印染精加工	440.9	27940.2	15561.9	4050			4050
毛纺织和染整精加工	507.7	16638.3	14466.1	14879.3	14879.3		
纺织服装、鞋、帽制造业	25.2	567.6	459	194			
皮革、毛皮、羽毛(绒)及其制品业	597.9	22338.6	12721.2	3202.3	2.3		
#皮革鞣制加工	595.6	22251.9	12668.7	3200			
皮革制品制造	2.3	86.7	52.5	2.3	2.3		
木材加工及木、竹、藤、棕、草制品业	1503.2	19029.5	7780.8	10394.8	1663.7	11	4645
家具制造业	33.5	672.8	488.4	134.5	34.6	21.4	72.9
造纸及纸制品业	44.4	3421.2	1581.1	651.5			111.6
印刷业和记录媒介的复制	633.5	7286.8	1729.7	3625.7	497.4	204.5	2608
文教体育用品制造业							
石油加工、炼焦及核燃料加工业	52.4	1607.8	1394.5	297			40
#炼焦							
化学原料及化学制品制造业	312.6	8809.8	3676.2	3390.2	401.2		662
#基础化学原料制造	244.7	3883.6	2333.6	1013.5	31.5		172.5
肥料制造	5	525	83.7	180			20
医药制造业	23.8	2918.4	557	2317.2		34.7	2104.5
化学纤维制造业	75.5	837.4	35.4	100			
橡胶制品业	2.9	113.4	46.4	100			
塑料制品业	807.9	20348.7	11106.3	9032.4	2474	383.4	1541.9
非金属矿物制品业	4263.7	72322.2	41535.2	25893.6	7566.8	597.7	11161.1
#水泥制造	3314.5	58394.5	33524.4	20974.4	7272.8	330.3	10111.2
黑色金属冶炼及压延加工业	1578.4	47327.6	33263.1	11477.6	1150		1999.9
有色金属冶炼及压延加工业	2401	38127.5	30865.5	9463.6	1000	345.8	8117.8
金属制品业	118.7	4569.3	2701.9	1976	157.7	209	1076
通用设备制造业	44.7	1131.7	610.4	579.8			53
专用设备制造业	9.1	150.1	92.4	51.9	11.9	40	
交通运输设备制造业	89.4	1030.2	631.3	450.1	150		6
电气机械及器材制造业	42.3	8081.4	3701.5	3127.5	71.5		
通信设备、计算机及其他电子设备制造业							
仪器仪表及文化、办公用机械制造业	43.8	404.4	292.9	131.8		20	
工艺品及其他制造业							
废弃资源和废旧材料回收加工业	17.3	140.1	483.1	40		30	
电力、热力的生产和供应业	24736.3	309401.8	235941.2	46799.3	44479.7	75	292.6
#电力生产和电力供应	22516.7	270490.6	204692.9	39850.5	39632.8	75	6
燃气生产和供应业							
水的生产和供应业	667.6	18821.8	9213.9	8550.5	8486.5	64	

计量单位：万元

费用合计（营业费用、管理费用）	营业利润	利润总额	从业人员劳动报酬	劳动、失业保险费	全部从业人员年平均人数	亏损企业亏损额
4067.1	1830	1684.6	3149.2	64.4	3187	193.3
83.9	-45.5	-45.5	28		36	45.5
112.8	30	30	22.4		40	
102	93	93	149.6		264	
13869.8	472	274.4	5466	305.2	5410	2067.7
1258	560	547.9	565.5	4.9	625	50.8
1417.9	-69.5	72.5	517.1	4.2	399	122.1
8363.7	-831.6	-707.5	3112.8	272	2755	953.3
4377.5	48.5	-339.1	1371.5	42.2	1499	975.4
2117.5	159.1	224.8	647.3	30.5	642	21.9
8064	12537.5	10649.4	5164.6	17	2807	1562.1
7945.6	12613.4	10725.3	5077.6	16	2733	1486.2
8817.1	7004.5	6351.7	1650	722.1	480	
8498.9	5686.3	6013.5	6103.3	160.8	7094	253.6
2487.4	108	1014.3	1222.2	110.8	1185	
353.8	-237.1	-242.1	105.3	16.7	56	242.1
54.3	-28.7	-19.7	62.1		90	23.5
1910.5	557.6	518.6	616.4		464	86.9
1817.5	637.4	605.5	597.6		435	
93	-79.8	-86.9	18.8		29	86.9
1203.8	146.4	197.9	1069.9	14.7	1921	338.4
97.1	19.9	0.1	53.4	19.8	67	3.3
296.6	809.5	665.3	1186.3	3.5	404	
895.4	739.4	652.2	657.1	29.8	620	12.5
373.8	-18.1	-18.1	83	2.3	85	20.9
723.9	118.8	267.5	481	6.2	511	49.6
386.1	9.6	134.3	176	3.8	226	27.4
47.8	66	87.6	40.4		26	
94.3	-23.8	-18.2	56.4	7.3	67	20.4
71.8	102.5	148.6	16.5	4	30	
16.7	-2.7	-2.7	33		60	2.7
1555.2	1703.3	1764.1	1263.9	9.7	1643	173.5
7169.3	1064.6	2800.9	4638.3	36	5176	261.6
5842.8	524.8	2345.5	2792.6	26	2682	
4748.9	-326.1	-409.5	4589.7	18.1	1382	3649.6
5862	-1891.5	-54.7	1894.6	43.9	1031	1048.4
407.5	-69.8	-14	284.1	2.2	381	41.5
134.3	6.7	4.9	108.9	1.8	132	16.6
34.8	-5.2	-22.6	16.5	0.4	26	23.8
143.7	22.1	42.4	136.3	3.2	148	10
683.7	541.1	850.3	399.6	2.8	167	6.4
72.8	-6.9	-5.9	38.5	1	41	8.6
44.1	-33.2	-33.2	16.3		25	33.2
17584.1	-21440.3	-20097.7	9946.1	943.6	5236	20794.6
16492	-21013.4	-20194.1	9320.5	891.9	4734	20449.7
1284.2	-135.6	-675.4	1016.9	25.6	979	733.3

2–26 塔城地区工业

项目	企业单位数	亏损单位数	工业总产值(现价)	工业销售产值	出口交货值	年末存货	固定资产原价
总计	**327**	**103**	**264948.5**	**248019.1**	**14987.7**	**83367**	**397881.1**
规模以上	77	32	221186.2	208228.3	14987.7	72997.6	357805.4
规模以下	250	71	43762.3	39790.8		10369.4	40075.7
按登记注册类型分							
内资企业	324	102	249923.4	232193.4	14987.7	78327.9	377727.7
国有企业	25	12	33593.9	33214.2		6261.1	51281.9
#中央企业	5	3	10296.9	10117.2		2543.1	18471.2
地方企业	20	9	23297	23097		3718	32810.7
#自治区属企业	5	2	7215.1	6848.8		648	3162.5
地区(州、市)属企业	2	1	9088.9	9692.5		1628.8	18000
县(市)属企业	12	6	6974.5	6537.2		1432.9	9870.9
集体企业	25	7	4983.8	4931.1		383.3	5562.8
#自治区属企业	1	1	537.9	537.9			228.3
地区(州、市)属企业							
县(市)属企业	3	1	367.6	366.4		3.2	1706.5
镇属企业	4	1	621.8	621.8		37.5	191
乡属企业	12	2	2120.6	2110.1		261.4	1563.5
股份合作企业	8	5	3517.5	3328.2	67	523.1	2514
联营企业	1	1	64	64		60	50
#国有联营企业							
集体联营企业							
国有与集体联营企业							
其他联营企业	1	1	64	64		60	50
有限责任公司	77	32	162869.8	151816.7	9189.2	58181	261476.3
#国有独资公司	1	1	2036.1	1813.7		13.7	5688.7
其他有限责任公司	76	31	160833.7	150003	9189.2	58167.3	255787.6
股份有限公司	1	1	8665.1	6010.9	5731.5	4126	13459.2
私营企业	187	44	36229.3	32828.3		8793.4	43383.5
#私营独资企业	123	21	14044.4	13730.3		1515	10331.6
私营合伙企业	17	6	1801.6	1690.6		278.2	1370.6
私营有限责任公司	45	17	19383.3	16912.4		7000.2	31030.8
私营股份有限公司	2		1000	495			650.5
港、澳、台商投资企业	1	1	3591.9	4311		1296	9544.9
外商投资企业	2		11433.2	11514.7		3743.1	10608.5
在总计中：国有控股企业	46	24	96382.6	97890.7	525.5	20472.4	191713.7
在总计中：农村工业	12	2	2120.6	2110.1		261.4	1563.5
按轻、重工业分							
轻工业	111	44	131375.5	115931.7	14920.7	62006	122626.1
以农产品为原料	100	41	129390.7	114240.7	14920.7	61814	113022
以非农产品为原料	11	3	1984.8	1691		192	9604.1
重工业	216	59	133573	132087.4	67	21361	275255
采掘工业	105	18	45691.5	45819.8		5383.9	48054.5
原料工业	30	20	64837.9	64498		11600	214704.3
加工工业	81	21	23043.6	21769.6	67	4377.1	12496.2
按企业规模分							
大型企业							
中型企业	13	4	107512.7	105576.6	458.5	28791.3	192903.5
小型企业	314	99	157435.8	142442.5	14529.2	54575.7	204977.6

企业主要经济指标

计量单位：万元

个人资本	港澳台资本	外商资本	营业收入 合计	产品销售收入	产品销售成本	产品销售税金及附加
27056.3	**1793.7**		**257814.6**	**253044.7**	**212459**	**3662.4**
10525.4	1793.7		228831.3	224254.5	190563.9	2724.4
16530.9			28983.3	28790.2	21895.1	938
27006.3			241174.8	236477.6	203571.3	2352.6
134.1			33124.6	31746.6	25280	237
			10529.2	10508.7	9595.1	42.8
134.1			22595.4	21237.9	15684.9	194.2
			6307	5290.6	3860.5	12
			9800.8	9616.5	6843.4	134.3
134.1			6469.1	6312.3	4962.8	47.6
964			4726.1	4726.1	3770.4	127
			499.5	499.5	360.1	5.7
120			214.7	214.7	190.7	5.2
9			417.8	417.8	238.2	56.5
385			2309.2	2309.2	1665.8	50.9
47			2537.4	2533.7	2559.1	6.1
			24	24	22	0.6
			24	24	22	0.6
8299.5			159935.9	156778	138659.7	1209.6
			1851.6	1813.6	1881.9	6.2
8299.5			158084.3	154964.4	136777.8	1203.4
			6731.4	6684.3	5256.9	15.5
17561.7			34095.4	33984.9	28023.2	756.8
6646.6			11637.7	11636.2	8387.4	440.8
310.9			1408.3	1408.3	1197	22.4
9854.2			20554.4	20445.4	17891.8	292.6
750			495	495	547	1
	1793.7		5110.6	5050.4	4517	
50			11529.2	11516.7	4370.7	1309.8
1048.3	1793.7		99521.1	95981.5	86150.1	930.8
385			2309.2	2309.2	1665.8	50.9
10720.1	1793.7		133953.9	131111.4	107328.3	1770.5
10088.9	1793.7		132110.7	129418.3	106004.7	1748.4
631.2			1843.2	1693.1	1323.6	22.1
16336.2			123860.7	121933.3	105130.7	1891.9
10258.5			42827.9	42482.3	26383.7	1216.9
3262.3			66192.6	64817.6	66508.7	415
2815.4			14840.2	14633.4	12238.3	260
3266.7			101094.8	99422	80651.8	2067.4
23789.6	1793.7		156719.8	153622.7	131807.2	1595

2-26 续表 1

项目	企业单位数	亏损单位数	工业总产值（现价）	工业销售产值	出口交货值	年末存货	固定资产原价
按行业分							
煤炭开采和洗选业	41	14	28661.4	29917		2323.4	37502.2
石油和天然气开采业							
#天然原油和天然气开采							
黑色金属矿采选业	8	1	1913.1	1119.6		763.9	359.8
有色金属矿采选业	20	1	6605.3	6303.9		422	3725
非金属矿采选业	34	2	8330.4	8298		1874.6	6316.5
#采盐	1		2898.1	2819.9		754.7	1345.3
其他采矿业	2		181.3	181.3			151
农副食品加工业	41	9	66139.7	60607.4	458.5	29375.7	37065.3
#谷物磨制	17	3	16159.8	15146		3062.9	5218.3
饲料加工	1		1540.9	2369.3		1374.7	1539.8
制糖	2		23374.2	23514.7	458.5	12366.7	14120.8
食品制造业	9	4	24893	18360.6	14462.2	10136.7	33291.5
#罐头制造	4	1	21624.7	15142.1	14462.2	9389.9	28723.1
饮料制造业	16	10	13210.5	12763.7		6335.9	12336.4
#酒的制造	12	6	12414.5	12201.4		4718.2	11811
烟草制品业							
纺织业	13	8	21708.3	19472.6		12714.1	24002
#棉、化纤纺织及印染精加工	9	5	17938.8	15031.7		11171.2	14255.9
毛纺织和染整精加工	1	1	3591.9	4311		1296	9544.9
纺织服装、鞋、帽制造业	1		25.3	21.2		4.1	13
皮革、毛皮、羽毛(绒)及其制品业	1	1	1.3	1.3		11	3.2
#皮革鞣制加工							
皮革制品制造	1	1	1.3	1.3		11	3.2
木材加工及木、竹、藤、棕、草制品业	2	2	258.1	309.2		294	610.9
家具制造业	3	1	89.1	88.5		23.4	71.2
造纸及纸制品业	5	3	1457.8	1482.7		1365.6	1353.1
印刷业和记录媒介的复制	9	5	484.3	483.7		99.6	758.6
文教体育用品制造业							
石油加工、炼焦及核燃料加工业	2	1	1330.5	1330.5		119	449.1
#炼焦	1		10	10			15
化学原料及化学制品制造业	6	2	109.4	78		62.8	1053.4
#基础化学原料制造	1	1					891.4
肥料制造	1	1	8	8		31.8	100
医药制造业	1		86.6	45.7		36.3	596.1
化学纤维制造业	1		1377.9	955.5		1747.9	4112.7
橡胶制品业	1		4000	4000		694.6	1255.1
塑料制品业	11	8	4370.3	4322.9	67	750.2	2620.7
非金属矿物制品业	57	11	34037	32368.3		8960	83146.8
#水泥制造	9	3	29254	27781.7		7843.4	77000.5
黑色金属冶炼及压延加工业	1	1	1400	969.2		381.1	1716.9
有色金属冶炼及压延加工业							
金属制品业	11	2	8768.8	7976.1		903.3	1228.2
通用设备制造业	1		480	465.6		144	374.6
专用设备制造业	3	2	648.8	335.6		521.9	507.5
交通运输设备制造业	4		183.8	183.8		8.9	174.5
电气机械及器材制造业	1	1	177.8	158.8		244.8	115.3
通信设备、计算机及其他电子设备制造业							
仪器仪表及文化、办公用机械制造业							
工艺品及其他制造业							
废弃资源和废旧材料回收加工业							
电力、热力的生产和供应业	14	12	32555.3	34099.9		2952.5	134020.5
#电力生产和电力供应	7	7	29398.4	31069.3		2603.7	127257.3
燃气生产和供应业							
水的生产和供应业	8	2	1463.4	1318.5		95.7	8950

计量单位：万元

个人资本	港澳台资本	外商资本	营业收入 合　计	营业收入 产　品 销售收入	产品销售 成　本	产品销售 税金及附加
3610.2			28502.1	28264.9	18688.4	578.1
700			925.9	925.9	602.2	29.2
3330			5702.8	5605.6	3703	109.5
2458.3			7517.1	7505.9	3303.1	477.1
144.9			2475.9	2475.9	707.6	262.7
160			180	180	87	23
3801.5			67440.5	65099.8	55525.4	291.7
385			13991.5	12753	11747.3	32.2
			2369.2	2369.2	2266.2	0.4
			22022.4	20995	15301.9	230.8
797.5			20092.4	19926	14937.6	23.4
			16936.9	16819.5	12277.5	21.3
695.1			12772.7	12750	5289.8	1378.9
540.9			12208.9	12187.8	4840.2	1375.4
4221.1	1793.7		28824.2	28678	27785.8	32.5
4212.1			23585.4	23499.4	23169.9	31.9
	1793.7		5110.6	5050.4	4517	
13			21.2	21.2	11.5	1.6
8.2			24	24	17	
8.2			24	24	17	
80			309.2	309.2	263.8	3.7
24.4			90.3	88.5	63.6	3.7
276.3			1381.6	1371.6	1275.2	10
40.8			504.8	500.2	384.6	3.5
			1330.4	491.8	411.3	5
			10	10	7.2	1.3
986.7			78	78	204.1	0.4
864.8						
94.9			8	8	154.7	
			45.7	45.3	27.6	2.7
200			955.5	955.5	714.2	3.1
134.1			3743.6	3700	3141.2	0.4
429.6			3236	3236	3167.2	10.4
2705.4			32254.4	32121.9	24469.1	282.6
801			28343.5	28212.5	21758.4	145.7
			1111.9	1111.9	1223.3	0.3
231.6			3244.8	3133.4	2612.9	90.4
			465.6	465.6	366.4	20.1
			160.2	110.2	55.2	2
59			183.8	183.5	129.7	8.8
			158.8	158.8	146.9	0.2
1505.5			35090.1	34684.7	42851.9	260.3
			32399.3	32033.7	40357.1	220.3
588			1467	1317.3	1000	9.8

2-26 续表 2

项 目	本年折旧	资产总计	负债合计	实收资本	国家资本	集体资本	法人资本
总 计	**26670.2**	**582493.6**	**400661.3**	**133588.5**	**49338.7**	**4018.8**	**51381**
规模以上	22852.2	514200.4	362336.5	108296	49121.7	2055.3	44799.9
规模以下	3818	68293.2	38324.8	25292.5	217	1963.5	6581.1
按登记注册类型分							
内资企业	25794.5	562765.7	387856.2	125046.4	49338.7	4018.8	44682.6
国有企业	2100.4	72279.1	44692.1	27691.2	27544.5		12.6
#中央企业	987.6	21919.5	8546.8	14395.1	14385.8		9.3
地方企业	1112.8	50359.6	36145.3	13296.1	13158.7		3.3
#自治区属企业	118.3	9202.3	6485.2	1524.6	1524.6		
地区(州、市)属企业	305	26560.1	20127.4	7105.7	7105.7		
县(市)属企业	681.5	12734	8668.4	3666.9	3529.5		3.3
集体企业	567.9	6119.2	2894.1	2287.1		1191	132.1
#自治区属企业	70.4	350.3	233.3	130		130	
地区(州、市)属企业							
县(市)属企业	56	1813.5	78.2	640.6		520.6	
镇属企业	15.4	216.7	120.5	67		31	27
乡属企业	228.4	2378	1093.6	921.4		431.3	105.1
股份合作企业	336.1	2747.4	2142	737.4		10.1	680.3
联营企业	5	60	45	15			15
#国有联营企业							
集体联营企业							
国有与集体联营企业							
其他联营企业	5	60	45	15			15
有限责任公司	18783.3	403316.5	281287.2	71378.6	21794.2	2801.5	38483.4
#国有独资公司	417.9	6560.3	3597.3	3136.5	3136.5		
其他有限责任公司	18365.4	396756.2	277689.9	68242.1	18657.7	2801.5	38483.4
股份有限公司	811.9	14692.4	18754.3				
私营企业	3189.9	63551.1	38041.5	22937.1		16.2	5359.2
#私营独资企业	943.6	17115.7	8689.3	7825.7		16.2	1162.9
私营合伙企业	85	2721.6	1534.3	1214.7			903.8
私营有限责任公司	2054.4	42828.1	27682.5	13146.7			3292.5
私营股份有限公司	106.9	885.7	135.4	750			
港、澳、台商投资企业	450.3	9859.9	8597.9	8492.1			6698.4
外商投资企业	425.4	9868	4207.2	50			
在总计中：国有控股企业	13453.8	239687.3	184207.1	67420.6	48514.7	218.9	15845
在总计中：农村工业	228.4	2378	1093.6	921.4		431.3	105.1
按轻、重工业分							
轻工业	7307.8	249301.1	147802.7	50582.9	7039.9	2010.1	29019.1
以农产品为原料	6664.8	237521.8	140656.3	47264.3	4441.3	1921.3	29019.1
以非农产品为原料	643	11779.3	7146.4	3318.6	2598.6	88.8	
重工业	19362.4	333192.5	252858.6	83005.6	42298.8	2008.7	22361.9
采掘工业	2820.3	77295.8	46015.8	26512.6	11299.5	1092.3	3862.3
原料工业	15501.1	233913.3	190597.1	50336	30106.5		16967.2
加工工业	1041	21983.4	16245.7	6157	892.8	916.4	1532.4
按企业规模分							
大型企业							
中型企业	13370.2	230378.9	181923.9	44301	25813.4		15220.9
小型企业	13300	352114.7	218737.4	89287.5	23525.3	4018.8	36160.1

计量单位：万元

费用合计（营业费用、管理费用）	营业利润	利润总额	从业人员劳动报酬	劳动、失业保险费	全部从业人员年平均人数	亏损企业亏损额
52716.8	**-5971.2**	**-6525.1**	**30929.9**	**871.7**	**26740**	**21300**
46957	-7807.5	-7829.4	24902	585.3	19636	19982.6
5759.8	1836.3	1304.3	6027.9	286.4	7104	1317.4
50645.7	-10630.3	-10780.6	29757.9	867.8	25991	20969.1
8340.4	-1083.8	-264	6368	97.2	5093	1085.8
1492.3	-578.6	-171	1417.4	37.6	1324	532.8
6848.1	-505.2	-93	4950.6	59.6	3769	553
2025.7	-305.6	130	822	18.2	889	61.9
3636.3	70.5	-106.5	3172.9	2.9	2283	181.6
1170.5	-248.6	-117.6	939	38.5	580	309.5
796.6	211.9	126.2	1814.8	57	1210	116.7
168.5	3.6	-3.2	192.6	26.4	130	3.2
25	-6.2	-6.2	98	3	180	21
87	36.1	53.7	84.2	5	128	0.2
457.1	156.1	155.9	339.4	5	385	3.8
165.8	-179.7	-94.3	267.9	9.1	262	119.9
3.1	-1.7	-1.7	4	0.3	5	1.7
3.1	-1.7	-1.7	4	0.3	5	1.7
32160.7	-7751	-9558.8	16754.7	590.3	14055	16670.4
229.2	-236.6	-60	121.5	2.7	127	60
31931.5	-7514.4	-9498.8	16633.2	587.6	13928	16610.4
3367	-1930.8	-1953.3	186.7	17.2	96	1953.3
5812.1	104.8	965.3	4361.8	96.7	5270	1021.3
2328.1	749.8	889.1	2467.4	35.6	3117	151.7
217.7	241.3	233.4	285.1	0.3	369	12.6
3223.3	-895.3	-163.2	1423.3	60.2	1729	857
43	9	6	186	0.6	55	
955.8	-353.1	-330.9	269.9		260	330.9
1115.3	5012.2	4586.4	902.1	3.9	489	
24872.3	-9642	-11330.7	14167	511.1	11652	15542.7
457.1	156.1	155.9	339.4	5	385	3.8
18624.4	5741.1	5252.9	8313.4	198	7659	4653.5
17875.5	5818	5209.8	7846.8	136.5	7214	4535.9
748.9	-76.9	43.1	466.6	61.5	445	117.6
34092.4	-11712.3	-11778	22616.5	673.7	19081	16646.5
14188.5	1117.1	1126.7	12009.3	141.7	10786	1927.6
18019.3	-13216.3	-13070.6	8625.6	427.4	5851	14314.6
1884.6	386.9	165.9	1981.6	104.6	2444	404.3
25339.8	-4679.1	-4103.1	16551.1	454.1	12781	13426.6
27377	-1292.1	-2422	14378.8	417.6	13959	7873.4

2-26 续表 3

项 目	本年折旧	资产总计	负债合计	实收资本	国家资本	集体资本	法人资本
按行业分							
煤炭开采和洗选业	1995.8	50605.9	34868.7	15950.8	9856.3	515.8	1968.5
石油和天然气开采业							
#天然原油和天然气开采							
黑色金属矿采选业	23.6	2824.1	1071.7	700			
有色金属矿采选业	206.2	11239.6	5485.9	4330	1000		
非金属矿采选业	588.7	12398.2	4549.5	5371.8	443.2	576.5	1893.8
#采盐	22.4	2523.5	1490.4	246	101.1		
其他采矿业	6	228	40	160			
农副食品加工业	2585.6	124107.2	54548.4	18047.2	3491.1	1696.7	9057.9
#谷物磨制	345	12044	6856.8	4154.8	1000	154.2	2615.6
饲料加工	154.6	3087.4	1772.4	1300		1300	
制糖	722.8	22581.6	20171.3	1167.1	1167.1		
食品制造业	2007.6	43032.2	42810.4	4104	17		3289.5
#罐头制造	1728	37395.4	40405.2	1089.5			1089.5
饮料制造业	705.5	16097.6	9752.6	1346.2	200	139.6	311.5
#酒的制造	652.9	11940.1	5763.8	716.5		139.6	36
烟草制品业							
纺织业	1101.7	44505	26817	20684.2	669.5		13999.9
#棉、化纤纺织及印染精加工	631.2	34088.4	17717.3	12039.1	579.5		7247.5
毛纺织和染整精加工	450.3	9859.9	8597.9	8492.1			6698.4
纺织服装、鞋、帽制造业	1.3	28.6		13			
皮革、毛皮、羽毛(绒)及其制品业		15	1.5	8.2			
#皮革鞣制加工							
皮革制品制造		15	1.5	8.2			
木材加工及木、竹、藤、棕、草制品业	41.4	572.2	282.5	225			145
家具制造业	2.4	93.8	76.3	26		1.6	
造纸及纸制品业	80.1	2906.6	2146.1	633.9		20.6	337
印刷业和记录媒介的复制	165.6	868.9	643.4	390.6	63.7	62.8	223.3
文教体育用品制造业							
石油加工、炼焦及核燃料加工业	46.3	953.8	615.1	224.7	219.7		5
#炼焦	4	15	10	5			5
化学原料及化学制品制造业	11.8	1440.6	588.9	1008.7			22
#基础化学原料制造		1141.3	383.9	864.8			
肥料制造	5.6	231.2	174	94.9			
医药制造业	32.9	973.8	64.9	88.8		88.8	
化学纤维制造业	15	5860.6	3860.6	2000			1800
橡胶制品业	42.1	2060.2	1287.6	284.1	150		
塑料制品业	260.6	4186	3314.3	805.7		8.5	367.6
非金属矿物制品业	3854	103371	81413.3	23368.9	5999.1	526.2	14138.2
#水泥制造	3367.6	93781	76240.1	20210.4	5899.1		13510.3
黑色金属冶炼及压延加工业	12	1379.1	431.4	318			318
有色金属冶炼及压延加工业							
金属制品业	156.2	3558.1	2772.4	730.3		115.3	383.4
通用设备制造业	28.7	893.8	553.4	216		216	
专用设备制造业	11.9	1248.4	3115.5	693.2	642.8	50.4	
交通运输设备制造业	2.8	280.5	22.6	79			20
电气机械及器材制造业	46	432.9	321.4	111.5			111.5
通信设备、计算机及其他电子设备制造业							
仪器仪表及文化、办公用机械制造业							
工艺品及其他制造业							
废弃资源和废旧材料回收加工业							
电力、热力的生产和供应业	12033.8	136075.1	112644.1	28482.1	23987.7		2988.9
#电力生产和电力供应	11680.8	126577.9	105611.1	25788.3	22799.4		2988.9
燃气生产和供应业							
水的生产和供应业	604.6	10256.8	6561.8	3186.6	2598.6		

计量单位：万元

费用合计（营业费用、管理费用）	营业利润	利润总额	从业人员劳动报酬	劳动、失业保险费	全部从业人员年平均人数	亏损企业亏损额
9403	-100.4	-536.9	8933.1	83.7	7589	1879
191.7	112	112	188.8		228	2.2
1893.1	-64	373.6	1082.3	18.2	1276	42.6
2650.7	1149.5	1158	1787.5	39.8	1659	3.8
1236.2	310.6	293.1	848.5	8.1	780	
50	20	20	17.6		34	
6683.5	3649.9	3715.9	2709.1	39.2	2667	400.9
878.5	356.7	445.4	409.3	7.3	435	108.5
215.6	-113	32.4	62.8		50	
2942.9	3028.4	2889.1	1365.2	21.9	1048	
6842	-1429.1	-1587.9	992.2	39.4	660	2125.8
6376.7	-1429.5	-1577.3	700.8	36.7	412	1953.3
1595.1	4807.1	4350.6	1069.9	22.3	734	282
1265.5	5026.6	4596.2	1011.9	21.9	656	36.4
2318.5	-1261	-1236.7	2509.8	6	2394	1618.1
1325.5	-897	-894.5	2200.6	5	2082	1275.9
955.8	-353.1	-330.9	269.9		260	330.9
1.7	6.4		6.4		5	
8.5	-1.5	-1.5	10.2	0.3	19	1.5
8.5	-1.5	-1.5	10.2	0.3	19	1.5
58	-16.3	-16.3	24.5		35	16.3
10	13	13	15.8	0.9	26	0.8
134.4	-45.4	-49	197.3	3	274	56.2
120.4	-3.1	-9.7	170.8	25.4	143	50.6
181.6	-19.3	-20	46.8		48	21.4
0.1	1.4	1.4	11.8		18	
70.1	-24.3	-26.8	53	2.5	72	36.4
25.6	-25.6	-25.6	6.3	1.4	7	25.6
37	-11.4	-10.8	18.3		28	10.8
22.1	-7.1	20.2	12.4		20	
160.9	78.7	12.1	157.5		285	
52.1	4.3	2	72.8	0.8	91	
204.3	-135	-135.7	309.2	3.1	444	149
9070	-1463.2	800.1	4271.2	129.8	4331	755.1
8248.8	-1995.6	482.7	3241	44.1	2786	679.5
29	-140.6	-140.6	26.4		44	140.6
410.3	134.5	124.7	337	5.2	196	18.9
66.6	12.5	12.5	30	1.5	23	
227.3	-124	-123.9	152.5	6.2	84	124
40.1	5.2	5.2	39.6	0.9	46	
39.8	-28.1	-28.1	25.7	0.1	20	28.1
9475.8	-11025.9	-13354.7	5269.4	381.9	2913	13431.2
8819	-10697.8	-13018.3	4605.1	364.8	2569	13018.3
706.2	-76	22.8	411.1	61.5	380	115.5

2-27 阿勒泰地区工业

项目	企业单位数	亏损单位数	工业总产值（现价）	工业销售产值	出口交货值	年末存货	固定资产原价
总计	**164**	**79**	**137991**	**130477.9**		**28776.4**	**229020.3**
规模以上	44	19	115272.6	110433.1		22980.5	183159.7
规模以下	120	60	22718.4	20044.8		5795.9	45860.6
按登记注册类型分							
内资企业	162	79	137710.7	130282.2		28761	228620.3
国有企业	20	7	51128	49127.4		6305.5	57767.3
#中央企业	4	2	7397.3	7203.1		2968.6	5134.5
地方企业	16	5	43730.7	41924.3		3336.9	52632.8
#自治区属企业	2		26795.2	26795.2		2464.6	43100.4
地区(州、市)属企业	4	2	1743.4	1741.8		36.6	2130
县(市)属企业	10	3	15192.1	13387.3		835.7	7402.4
集体企业	10	5	3357.2	2199.4		772.5	1661.1
#自治区属企业							
地区(州、市)属企业	1	1	21.9	21.9			385.8
县(市)属企业	4	2	2829.6	1730.9		696	983.6
镇属企业	2	1	206.5	190.8		36.3	112.6
乡属企业	3	1	299.2	255.8		40.2	179.1
股份合作企业	2	1	1371.1	833.7		1561.4	1169.9
联营企业	1	1	2282	1418.9		362.2	1827
#国有联营企业	1	1	2282	1418.9		362.2	1827
集体联营企业							
国有与集体联营企业							
其他联营企业							
有限责任公司	65	33	62001.8	60172.4		15025.8	143862.5
#国有独资公司	7	5	17175.2	17153.8		757	78293.4
其他有限责任公司	58	28	44826.6	43018.6		14268.8	65569.1
股份有限公司	1		1013.3	1013.3		3.5	7402.8
私营企业	63	32	16557.3	15517.1		4730.1	14929.7
#私营独资企业	20	6	1905.1	1761.3		149.9	2087
私营合伙企业	2	2	264.3	238.6		31.7	771
私营有限责任公司	39	23	14299.3	13479.2		4511.6	12001.2
私营股份有限公司	2	1	88.6	38		36.9	70.5
港、澳、台商投资企业	2		280.3	195.7		15.4	400
外商投资企业							
在总计中：国有控股企业	41	19	90758.9	87813.7		15498.5	171259.8
在总计中：农村工业	4	1	2017.4	2112.8		204.6	1044.2
按轻、重工业分							
轻工业	57	31	33555.7	32424.2		13248.6	34133.8
以农产品为原料	49	24	32777.2	31645.7		12909	24012.9
以非农产品为原料	8	7	778.5	778.5		339.6	10120.9
重工业	107	48	104435.3	98053.7		15527.8	194886.5
采掘工业	29	13	59940.6	54715.9		10236.2	49243.4
原料工业	40	23	37479.5	37539.9		3615.1	140293.9
加工工业	38	12	7015.2	5797.9		1676.5	5349.2
按企业规模分							
大型企业							
中型企业	4	1	49672.7	49775.8		6454.8	94928.4
小型企业	160	78	88318.3	80702.1		22321.6	134091.9

企业主要经济指标

计量单位：万元

个人资本	港澳台资本	外商资本	营业收入 合计	营业收入 产品销售收入	产品销售成本	产品销售税金及附加
16321.9	**230**		**131141.2**	**128504.4**	**95819.4**	**1223.5**
6765.9			113559.5	111956	82826.9	924.4
9556	230		17581.7	16548.4	12992.5	299.1
16321.9			130959.1	128322.3	95723.4	1223.5
16.9			50100.6	48795.7	28679.9	617.5
16.9			7228.7	7066.5	5793.5	33.1
			42871.9	41729.2	22886.4	584.4
			27644.5	26544.6	15774.5	261.4
			1807	1769.1	1022.9	4.4
			13420.4	13415.5	6089	318.6
75.9			2202.9	2201.8	1767.8	15.9
65.9			21.8	21.8	17.6	2.3
			1737.1	1736	1429	5.5
10			188.2	188.2	164.9	1.3
			255.8	255.8	156.3	6.8
41			1569.9	1559.7	1311.5	3.4
			994.3	981.6	664.7	9.8
			994.3	981.6	664.7	9.8
5864.5			59827.5	58928.9	50203.5	282.6
			16648	16504.9	15063.7	100.8
5864.5			43179.5	42424	35139.8	181.8
			1013.3	1013.3	483.5	4.9
10323.6			15250.6	14841.3	12612.5	289.4
1231.1			1782.5	1780.2	963.6	46.9
201			215.9	215.9	297.5	4.5
8794.6			13217.4	12810.4	11324	233.7
96.9			34.8	34.8	27.4	4.3
	230		182.1	182.1	96	
766.7			87865.1	86252.9	61234.1	795
10			2602.6	2602.6	1551.7	62.8
8001.2			33067.1	32077.7	28055.6	215.4
7486.1			31709.7	31339.9	27411.7	207.5
515.1			1357.4	737.8	643.9	7.9
8320.7	230		98074.1	96426.7	67763.8	1008.1
1529.8			56891.2	55570.2	33669.6	740.3
4361.1			35894.2	35686.8	30337.9	199.4
2429.8	230		5288.7	5169.7	3756.3	68.4
200			50987.5	49795.8	35573.5	411.2
16121.9	230		80153.7	78708.6	60245.9	812.3

2-27 续表 1

项 目	企业单位数	亏损单位数	工业总产值（现价）	工业销售产值	出口交货值	年末存货	固定资产原价
按行业分							
煤炭开采和洗选业	2	2	521.5	445		145.5	1034.2
石油和天然气开采业							
#天然原油和天然气开采							
黑色金属矿采选业	8	2	17514	14398.5		2624.8	11772.4
有色金属矿采选业	12	4	41320.5	39314.9		7227.9	35553.4
非金属矿采选业	7	5	584.6	557.5		238	883.4
#采盐							
其他采矿业							
农副食品加工业	15	6	20193.4	19603.7		9107.9	9992.7
#谷物磨制	5		7818.8	7737.6		1027.2	1439.8
饲料加工							
制糖	1	1	3944.5	3798.3		1316.3	3325.7
食品制造业	5	4	2243.7	2197.8		577.8	1291.8
#罐头制造							
饮料制造业	8	5	1686.2	1502.3		1034.5	1782.2
#酒的制造	7	4	1198.2	1016.9		1029.4	1688.6
烟草制品业							
纺织业	4		576.3	747.7		876.1	719.6
#棉、化纤纺织及印染精加工							
毛纺织和染整精加工	1		221.4	367.2		591	138.6
纺织服装、鞋、帽制造业							
皮革、毛皮、羽毛(绒)及其制品业	2	1	781.6	137.9		20.5	3
#皮革鞣制加工							
皮革制品制造	1	1	6.9	6		20.5	3
木材加工及木、竹、藤、棕、草制品业	2	1	16.2	17.5		30.7	96
家具制造业	2		156	135.8		44.2	69.4
造纸及纸制品业	4	2	6567.3	6779.7		1147.5	8782.7
印刷业和记录媒介的复制	7	5	538.2	511.8		42.1	582.5
文教体育用品制造业							
石油加工、炼焦及核燃料加工业	1	1	192.6	192.6		30.4	624.7
#炼焦	1	1	192.6	192.6		30.4	624.7
化学原料及化学制品制造业	4	2	90.3	87.3		7.9	129.1
#基础化学原料制造	3	1	83.5	80.5		7.9	121.8
肥料制造							
医药制造业	3	2	34.5	29		205.3	2878.5
化学纤维制造业							
橡胶制品业							
塑料制品业	3	2	567.1	353.4		195.5	286.5
非金属矿物制品业	34	11	13138.6	12190.2		3294.5	17688.1
#水泥制造	8	5	7748	7816.5		2379.8	13532.1
黑色金属冶炼及压延加工业	2		1065.4	1059		90.7	726.9
有色金属冶炼及压延加工业							
金属制品业	3		530	489.2		140.8	139.1
通用设备制造业	3	1	50	104.1		345.6	257.8
专用设备制造业							
交通运输设备制造业	1	1	7	7		53.2	21.4
电气机械及器材制造业							
通信设备、计算机及其他电子设备制造业							
仪器仪表及文化、办公用机械制造业							
工艺品及其他制造业	1	1	4.7	4.7		60.9	7.4
废弃资源和废旧材料回收加工业							
电力、热力的生产和供应业	24	15	28373.8	28373.8		1075.6	125192.4
#电力生产和电力供应	14	9	23569.7	23569.7		825.4	111420.7
燃气生产和供应业	2	2	470.5	470.5		26.7	488.4
水的生产和供应业	5	4	767	767		131.8	8016.7

计量单位：万元

个人资本	港澳台资本	外商资本	营业收入		产品销售成本	产品销售税金及附加
			合计	产品销售收入		
143.5			489.2	489.2	347.1	3.8
478.4			16835.7	16830.4	8028.8	377.5
644.9			39054.8	37839.5	24907.1	349.1
263			511.5	411.1	386.6	9.9
4141.6			19824.1	19772.4	18252.7	45.4
111			7413.6	7411.9	6599.9	7.6
3700			3798.3	3798.3	4043.3	31.9
324.7			2501.4	2236.2	2035.6	4.3
1987.4			1317.2	1317.2	1121	81.8
1894.5			860.8	860.8	672.2	81.7
501.4			799	784	386.1	25.6
202.4			357.4	352.9	142.8	0.7
50			4.7	4.7	5.8	
50			4.7	4.7	5.8	
29.8			6.2	6.2	6.1	
20			81.5	81.5	103.7	3.9
354.1			6762.7	6762.7	5212.7	41.7
56.9			389.1	351.2	246.5	4.6
50			238.8	238.8	192.4	0.7
50			238.8	238.8	192.4	0.7
63.4			79.2	78.1	60.8	0.3
63.4			66.1	66.1	53.3	0.2
50			516.7	30	47.6	0.2
338.2			341	341	319.7	0.9
3678.7	230		12070.5	12007.5	8747.2	116.1
2045.6			8048	7992	5889.9	52.4
100			970.7	970.7	666.6	10.8
39.4			224.3	224.2	146.8	1.6
220.3			115.4	111.2	62.8	0.5
30			105.8	7	4	0.1
50			9.8	4.7	1.7	
2072.3			26564.4	26413	23529.6	135.3
			22378.6	22258.3	18803.8	122.9
168.8			479.7	470.8	365.7	1.6
465.1			847.8	721.1	634.7	7.8

2-27 续表 2

项　　目	本年折旧	资产总计	负债合计	实收资本	国家资本	集体资本	法人资本
总　　计	**12989.7**	**292262.7**	**196862.6**	**87180**	**45403.9**	**1413.4**	**23810.8**
规模以上	9484.8	234376.1	167289.1	70667.8	42891.7	611.9	20398.3
规模以下	3504.9	57886.6	29573.5	16512.2	2512.2	801.5	3412.5
按登记注册类型分							
内资企业	12989.7	291916.7	196770.6	86950	45403.9	1413.4	23810.8
国有企业	2993.3	69328.7	36395.2	29873.6	29802.7	14	40
#中央企业	147.5	11574.2	7158.6	3072.3	3015.4		40
地方企业	2845.8	57754.5	29236.6	26801.3	26787.3	14	
#自治区属企业	2402.3	41753.3	18056.7	23674.2	23674.2		
地区(州、市)属企业	69.3	2522.5	2070.1	522	522		
县(市)属企业	374.2	13478.7	9109.8	2605.1	2591.1	14	
集体企业	111.6	2465.5	1322.9	827.5		699.5	52.1
#自治区属企业							
地区(州、市)属企业	13.9	398.7	398.7	198.3		80.3	52.1
县(市)属企业	84.7	1576.7	835.3	391.3		391.3	
镇属企业	11.1	184.8	32.8	152.9		142.9	
乡属企业	1.9	305.3	56.1	85		85	
股份合作企业	42.2	4011.9	3731.5	408.9		277.9	90
联营企业	87.6	4067.2	3765.4	200			200
#国有联营企业	87.6	4067.2	3765.4	200			200
集体联营企业							
国有与集体联营企业							
其他联营企业							
有限责任公司	8466.9	183987.7	142400.4	38562.3	15601.2	413	16683.6
#国有独资公司	4243	89575.1	81436.8	14147.9	14147.9		
其他有限责任公司	4223.9	94412.6	60963.6	24414.4	1453.3	413	16683.6
股份有限公司	223.2	6725.1	55	6670.1			6670.1
私营企业	1064.9	21330.6	9100.2	10407.6		9	75
#私营独资企业	46.6	4685.8	457.1	1231.1			
私营合伙企业	84.7	803.4	706.7	201			
私营有限责任公司	931.1	15741.2	7880.6	8878.6		9	75
私营股份有限公司	2.5	100.2	55.8	96.9			
港、澳、台商投资企业		346	92	230			
外商投资企业							
在总计中：国有控股企业	8773.3	206763.3	149489.9	60256.1	45310.2	14	14165.2
在总计中：农村工业	98.2	1716.4	663	185		85	90
按轻、重工业分							
轻工业	2061.7	46360.7	28282.1	17998.7	3064.4	323.2	6609.9
以农产品为原料	958.6	37554.2	23472.3	14266.4	942.2	299	5539.1
以非农产品为原料	1103.1	8806.5	4809.8	3732.3	2122.2	24.2	1070.8
重工业	10928	245902	168580.5	69181.3	42339.5	1090.2	17200.9
采掘工业	3106.1	80218.8	50464.2	16405.5	11750.7	325	2800
原料工业	7504	157948.8	114833.9	49572.4	30433.1	480.3	14297.9
加工工业	317.9	7734.4	3282.4	3203.4	155.7	284.9	103
按企业规模分							
大型企业							
中型企业	5339.8	106666.7	92298.4	16676.5	14176.5		2300
小型企业	7649.9	185596	104564.2	70503.5	31227.4	1413.4	21510.8

计量单位：万元

费用合计（营业费用、管理费用）	营业利润	利润总额	从业人员劳动报酬	劳动、失业保险费	全部从业人员年平均人数	亏损企业亏损额
23906.1	**3310.4**	**2878.9**	**14439.1**	**955.5**	**10336**	**8996.8**
19509.7	4292.5	4257.5	11475.6	704.3	7122	6872.7
4396.4	-982.1	-1378.6	2963.5	251.2	3214	2124.1
23844	3286.4	2854.9	14397.1	955.5	10286	8996.8
5998.4	9128.6	8759.2	5746.1	84.7	3075	397.9
1291.6	-8.5	122.8	1285.7	31.6	1107	127.1
4706.8	9137.1	8636.4	4460.4	53.1	1968	270.8
3007.5	7764.6	7549.3	3378.9	1.4	1272	
450.5	321.7	302.6	391.3	25.2	226	74
1248.8	1050.8	784.5	690.2	26.5	470	196.8
348.7	211.3	184.6	285.7	4.3	305	13.4
1.7	0.2	-0.2	4.4	0.4	6	0.2
251	192.4	165.1	142.3	2.7	127	0.6
13.8	8.2	8.2	15.3		28	1.8
82.2	10.5	11.5	123.7	1.2	144	10.8
200.1	54.3	46.6	100.1	7	100	11.5
234.1	12.5	-113.4	56.7	13	79	113.4
234.1	12.5	-113.4	56.7	13	79	113.4
14107.2	-6103.1	-5922.8	6321.1	774	4842	7506.8
5959.8	-4434.1	-4478.7	2172.9	408.4	1198	4488.7
8147.4	-1669	-1444.1	4148.2	365.6	3644	3018.1
321.6	203.4	202.1	161	2	64	
2633.9	-220.6	-301.4	1726.4	70.5	1821	953.8
521.2	268.1	267	385.3	9.6	294	32.7
32.3	-118.4	-121.4	49.8		81	121.4
2071.8	-364.8	-441.6	1275.2	60.9	1415	794.1
8.6	-5.5	-5.4	16.1		31	5.6
62.1	24	24	42		50	
15786.9	3879.4	3511.5	9986.5	763.1	6002	6107.6
155.4	832.7	818.9	167.8	1.3	186	10.8
5002.5	-1383.9	-1584.2	2348.6	196.1	2415	2098.5
4374.4	-246.5	-277.7	2086.2	180.7	2162	790.5
628.1	-1137.4	-1306.5	262.4	15.4	253	1308
18903.6	4694.3	4463.1	12090.5	759.4	7921	6898.3
7197.3	10070.1	9334.6	5950.6	89.7	3502	522.7
10604.8	-5683.9	-5162.1	5178.1	628.7	3227	6284.7
1101.5	308.1	290.6	961.8	41	1192	90.9
10167.2	4063.7	3963.6	6443	444.8	3376	3930.9
13738.9	-753.3	-1084.7	7996.1	510.7	6960	5065.9

2-27 续表 3

项　　目	本年折旧	资产总计	负债合计	实收资本	国家资本	集体资本	法人资本
按行业分							
煤炭开采和洗选业	95	830	527.3	252.5	109		
石油和天然气开采业							
#天然原油和天然气开采							
黑色金属矿采选业	776	30513.8	16511	2497	1438.6		580
有色金属矿采选业	2153.4	47458.4	32278.1	12861.4	9676.5	320	2220
非金属矿采选业	81.7	1416.6	1147.8	794.6	526.6	5	
#采盐							
其他采矿业							
农副食品加工业	378.1	21001.2	15094.6	7370.6	284.9	290	2654.1
#谷物磨制	61.6	2786.5	2257.1	384.2	163.2		110
饲料加工							
制糖	222.2	4521	2289.9	3700			
食品制造业	66.5	1663.6	1228.5	434.7			110
#罐头制造							
饮料制造业	118.1	2873.5	1105.3	1987.4			
#酒的制造	110.7	2761.8	1080.6	1894.5			
烟草制品业							
纺织业	39.5	1657.8	496	914.6	299.5		113.7
#棉、化纤纺织及印染精加工							
毛纺织和染整精加工	16.8	759	171.7	501.9	299.5		
纺织服装、鞋、帽制造业							
皮革、毛皮、羽毛(绒)及其制品业		43.8	0.2	50			
#皮革鞣制加工							
皮革制品制造		43.8	0.2	50			
木材加工及木、竹、藤、棕、草制品业	4.8	162.5	57.2	124.2			94.4
家具制造业	8.5	81.1	37.1	29		9	
造纸及纸制品业	304.7	8756.8	5067.7	2810.4	156.3		2300
印刷业和记录媒介的复制	19.1	651.9	184.5	298.4	201.5		40
文教体育用品制造业							
石油加工、炼焦及核燃料加工业	26.3	285.7	118	50			
#炼焦	26.3	285.7	118	50			
化学原料及化学制品制造业	29.6	262.8	249.1	73.6		10.2	
#基础化学原料制造	29	237	225.9	63.4			
肥料制造							
医药制造业	826.1	2403.5	3195.2	1392.1			1342.1
化学纤维制造业							
橡胶制品业							
塑料制品业	25.1	595.4	391.3	338.2			
非金属矿物制品业	1089.1	22378.4	12379.4	9378.7	102	365.2	5002.8
#水泥制造	843.9	16802.7	10517.5	7068.3		80.3	4942.4
黑色金属冶炼及压延加工业	43.8	2501.1	69.7	178.7	78.7		
有色金属冶炼及压延加工业							
金属制品业	5.1	396.5	268.4	122	40		42.6
通用设备制造业	5.8	669.7	444.4	220.3			
专用设备制造业							
交通运输设备制造业	3.6	72.9	48.3	30			
电气机械及器材制造业							
通信设备、计算机及其他电子设备制造业							
仪器仪表及文化、办公用机械制造业							
工艺品及其他制造业		70.1	33.4	50			
废弃资源和废旧材料回收加工业							
电力、热力的生产和供应业	6556.2	137959.8	103845.6	42087.8	30354.4	400	9261.1
#电力生产和电力供应	5627.8	122509.8	91042.2	38821.7	29699.1		9122.6
燃气生产和供应业	33.1	424.2	268.1	182.5	13.7		
水的生产和供应业	300.5	7131.6	1816.4	2651.3	2122.2	14	50

计量单位：万元

费用合计（营业费用、管理费用）	营业利润	利润总额	从业人员劳动报酬	劳动、失业保险费	全部从业人员年平均人数	亏损企业亏损额
193	-54.7	-55.4	165.4	21.1	135	55.4
1753.4	2187.4	1756.9	645.9	22.4	467	89
5045.3	8048.3	7714.1	4977.6	39.7	2697	277.7
205.6	-110.9	-81	161.7	6.5	203	100.6
1969.1	-322.7	-428.8	737.3	39.7	695	573.1
631.3	309.3	82.1	187	4.1	191	
282.8	-559.8	-529	306.6	2.1	220	529
196.4	76.3	74.1	109.5	9.2	164	25.4
214.6	-64.4	-67.9	223.8	11.2	180	89.3
203.6	-60.9	-63.6	212.6	8.5	167	85
393.2	-9.8	59.1	158.9	16.3	220	
268.2	-55.5	9.6	90.7	2.4	123	
3.3	-4.4	-4.4	2.2	1.5	4	4.4
3.3	-4.4	-4.4	2.2	1.5	4	4.4
7.2	-7.1	-7.1	6.9	1	7	7.1
18.4	36.7	36.7	16.8	1.2	15	
1397.7	110.6	115.4	728.6	85.4	753	27.2
141	-10.3	-3	100.8	16.1	119	12
52.8	-7.1	-7.2	35	8.2	50	7.2
52.8	-7.1	-7.2	35	8.2	50	7.2
49.4	-32.4	-32.6	13.9	1.5	21	36.2
44.3	-31.7	-32.4	10.4	0.1	15	36
281.5	-935.4	-1037.6	26.4	4.3	27	1037.8
36.1	6.6	-14	36.5	7.9	60	19
3388.7	-183.7	399.1	1817.8	31.6	1731	307.4
2585.9	-507.4	64.7	1019.4	18.7	782	280.1
201.9	91.5	88.9	110.3	2	99	
62.4	14.5	14.3	45.1	4.6	90	
53.1	-5.2	-1.5	37.6	9.8	51	2
3	-0.1	-0.1	9.4		12	0.1
3.5	-0.5	-0.5	2.7	0.2	5	0.5
7712.7	-5222.1	-5269	3996.1	598.7	2274	5954.3
7238.9	-4259.7	-4276.3	3579.2	545	1823	4908.1
144.1	-31.4	-42.5	34.8	5.8	30	42.5
378.7	-259.3	-327.1	238.1	9.6	227	328.6

2-28 博尔塔拉蒙古自治州

项目	企业单位数	亏损单位数	工业总产值（现价）	工业销售产值	工业出口交货值	年末存货	固定资产原价
总计	**109**	**43**	**119765**	**114238.1**		**44850.3**	**153566.2**
规模以上	29	11	101830.5	97710.9		40966.9	129299.7
规模以下	80	32	17934.5	16527.2		3883.4	24266.5
按登记注册类型分							
内资企业	109	43	119765	114238.1		44850.3	153566.2
国有企业	13	6	37210	37066.8		9710.5	81348.6
#中央企业	4		21683.8	21610.8		9639.2	39888.1
地方企业	9	6	15526.2	15456		71.3	41460.5
#自治区属企业	3	2	13616	13616		13.3	34406.5
地区(州、市)属企业	1	1	72.1	72.1			68.8
县(市)属企业	5	3	1838.1	1767.9		58	6985.2
集体企业	7	3	377.5	377.5		0.7	2673.1
#自治区属企业							
地区(州、市)属企业	1		158.7	158.7			559.8
县(市)属企业	2	1	55.6	55.6		0.7	141
镇属企业	2	1	123.1	123.1			1014.2
乡属企业	2	1	40.1	40.1			958.1
股份合作企业							
联营企业							
#国有联营企业							
集体联营企业							
国有与集体联营企业							
其他联营企业							
有限责任公司	43	17	37003.1	34941.7		19667.4	51022.8
#国有独资公司	1		4875.7	4245.4		6598.5	7459.4
其他有限责任公司	42	17	32127.4	30696.3		13068.9	43563.4
股份有限公司							
私营企业	46	17	45174.4	41852.1		15471.7	18521.7
#私营独资企业	20	8	4720.7	5009.8		1081.5	1364.9
私营合伙企业	3		875.1	1302.2		517.6	684.2
私营有限责任公司	23	9	39578.6	35540.1		13872.6	16472.6
私营股份有限公司							
港、澳、台商投资企业							
外商投资企业							
在总计中：国有控股企业	23	9	62802.4	60720.6		25672.5	114482.4
在总计中：农村工业	2	1	40.1	40.1			958.1
按轻、重工业分							
轻工业	49	25	49518.5	47820.3		25434.2	50243.5
以农产品为原料	42	21	48237.2	46707.4		25329.4	46374.3
以非农产品为原料	7	4	1281.3	1112.9		104.8	3869.2
重工业	60	18	70246.5	66417.8		19416.1	103322.7
采掘工业	4		2023.3	1385.3		402.6	1128
原料工业	32	12	56976.6	53806.9		13403.3	94659.7
加工工业	24	6	11246.6	11225.6		5610.2	7535
按企业规模分							
大型企业							
中型企业	8	3	64376.1	60808.3		31219	97876.6
小型企业	101	40	55388.9	53429.8		13631.3	55689.6

工业企业主要经济指标

计量单位：万元

个人资本	港澳台资本	外商资本	营业收入		产品销售	产品销售
			合计	产品销售收入	成本	税金及附加
10320.9			**108084.5**	**107199.4**	**96872.6**	**570.1**
4880.1			94722.8	93886.6	85028.2	490.2
5440.8			13361.7	13312.8	11844.4	79.9
10320.9			108084.5	107199.4	96872.6	570.1
			41675.8	41250	39495.3	146.1
			26008.3	25882.2	22475.2	68.9
			15667.5	15367.8	17020.1	77.2
			13835.9	13576.6	15542.3	65.9
			72.1	40	59.3	
			1759.5	1751.2	1418.5	11.3
			426.7	413.2	407.4	3.2
			209.4	195.9	202.4	0.5
			54.1	54.1	46.7	2.1
			123.1	123.1	126.7	0.5
			40.1	40.1	31.6	0.1
1207.9			37479.2	37299.1	32840	200.7
			4442.7	4396.2	3157.1	61.2
1207.9			33036.5	32902.9	29682.9	139.5
9113			28502.8	28237.1	24129.9	220.1
1238.2			5669.6	5661	2798.2	25.5
181			1307.4	1307.4	869.1	142.5
7693.8			21525.8	21268.7	20462.6	52.1
343			67202.5	66634.1	61287	326.7
			40.1	40.1	31.6	0.1
3720.5			50435.3	50047.6	43203.9	276.5
3692.2			49297.9	48925.8	42156.1	271.9
28.3			1137.4	1121.8	1047.8	4.6
6600.4			57649.2	57151.8	53668.7	293.6
			1768.1	1768.1	1002.4	58.5
5100.7			42278.7	41786.6	40903.5	172.6
1499.7			13602.4	13597.1	11762.8	62.5
2300			59610.9	59205.1	56675.4	215.4
8020.9			48473.6	47994.3	40197.2	354.7

2-28 续表 1

项目	企业单位数	亏损单位数	工业总产值（现价）	工业销售产值	出口交货值	年末存货	固定资产原价
按行业分							
煤炭开采和洗选业							
石油和天然气开采业							
#天然原油和天然气开采							
黑色金属矿采选业							
有色金属矿采选业	1						30
非金属矿采选业	3		2023.3	1385.3		402.6	1098
#采盐	1		1763	1125		210.5	807.5
其他采矿业							
农副食品加工业	17	7	30327.9	28767.6		16799.9	19318.1
#谷物磨制	2		900	800		190.2	168
饲料加工							
制糖	1		4875.7	4245.4		6598.5	7459.4
食品制造业	4	3	472.7	459		111.5	1014.2
#罐头制造							
饮料制造业	5		700.6	1129.7		823.3	725.4
#酒的制造	2		671.7	1100.8		822.6	584.1
烟草制品业							
纺织业	5	4	12166.8	11792.3		7188.2	21396.8
#棉、化纤纺织及印染精加工	5	4	12166.8	11792.3		7188.2	21396.8
毛纺织和染整精加工							
纺织服装、鞋、帽制造业	1	1	19	19		0.7	101
皮革、毛皮、羽毛(绒)及其制品业	1	1	3910.7	3910.7		324	1035.1
#皮革鞣制加工	1	1	3910.7	3910.7		324	1035.1
皮革制品制造							
木材加工及木、竹、藤、棕、草制品业	5	2	9573.4	9468.5		2371.8	2435.4
家具制造业	1	1	117.6	117.6		35.1	2307.6
造纸及纸制品业	1	1	74.1	63.7		24.8	63.9
印刷业和记录媒介的复制	7	3	447.8	447.8		21.9	412.2
文教体育用品制造业							
石油加工、炼焦及核燃料加工业							
#炼焦							
化学原料及化学制品制造业	2	1	561.6	510.8		38	1508.3
#基础化学原料制造	1	1	393.6	370.8		38	1358.3
肥料制造	1		168	140			150
医药制造业							
化学纤维制造业							
橡胶制品业							
塑料制品业	9	1	9369.7	9430.9		3236.7	3521.1
非金属矿物制品业	10	2	7483.2	7389.2		1160.6	6760.4
#水泥制造	2		5984.8	5951.8		965.8	5398.9
黑色金属冶炼及压延加工业	1	1	18185	15188		9471.2	6500
有色金属冶炼及压延加工业							
金属制品业	5	1	243.6	219.8		9.8	339.9
通用设备制造业	4	3	78.9	61.5		24.9	87.6
专用设备制造业	1		718.7	662.5		2241.7	2352.9
交通运输设备制造业							
电气机械及器材制造业							
通信设备、计算机及其他电子设备制造业							
仪器仪表及文化、办公用机械制造业							
工艺品及其他制造业							
废弃资源和废旧材料回收加工业							
电力、热力的生产和供应业	21	8	22565.7	22553.7		556.5	78828.3
#电力生产和电力供应	14	6	20792.6	20780.6		530.4	72664.9
燃气生产和供应业							
水的生产和供应业	5	3	724.7	660.5		7.1	3730

计量单位：万元

个人资本	港澳台资本	外商资本	营业收入 合 计	营业收入 产品销售收入	产品销售成本	产品销售税金及附加
			1768.1	1768.1	1002.4	58.5
			1491	1491	866.6	56
1222.4			33091.5	32848	27379.4	83.3
60			800	800	742	6.5
			4442.7	4396.2	3157.1	61.2
565.3			387.3	387	391.7	4.8
139			1130	1130	711.2	134.6
70			1099	1099	694.7	133.3
420			12960.2	12870.1	12357.1	41.5
420			12960.2	12870.1	12357.1	41.5
			19	19	18.7	0.1
1256.4			1192.4	1192.4	854	1.4
1256.4			1192.4	1192.4	854	1.4
1744.7			5610.4	5415.3	5462.1	24.4
			80.9	80.9	95.5	0.4
			75	72.8	79.2	0.3
89.1			361.6	325.6	269.3	5.5
100			317.3	317.3	311	
			177.3	177.3	213	
100			140	140	98	
632.1			8714.7	8709.9	7607.9	26.9
1439.5			6690.5	6690.5	5471.9	44.5
710			6065	6065	5049.7	30.8
2000			7740.6	7708.1	8005.8	
439			126.1	126.1	104.8	1.5
73.4			61.5	61	43.7	0.6
			4632.4	4632.4	4103.5	23.7
200			22430.4	22165.9	21976.1	114.4
110			20658.1	20398.8	20660.4	103.5
			694.6	679	627.3	3.7

2-28 续表 2

项　目	本年折旧	资产总计	负债合计	实收资本	国家资本	集体资本	法人资本
总　计	**7721.2**	**217346.7**	**152487.3**	**54978.5**	**29909**	**1818.1**	**12930.5**
规模以上	6482.2	180920.2	136238.7	36370.5	27746.3		3744.1
规模以下	1239	36426.5	16248.6	18608	2162.7	1818.1	9186.4
按登记注册类型分							
内资企业	7721.2	217346.7	152487.3	54978.5	29909	1818.1	12930.5
国有企业	4313.8	94262.7	76445.7	17154	17154		
#中央企业	1869.2	53975.7	41478.8	12722.3	12722.3		
地方企业	2444.6	40287	34966.9	4431.7	4431.7		
#自治区属企业	2117.2	32950.2	31662.7	2965.6	2965.6		
地区(州、市)属企业	1.4	128.3	35.5	92.8	92.8		
县(市)属企业	326	7208.5	3268.7	1373.3	1373.3		
集体企业	143	1758	965.5	856.9		856.9	
#自治区属企业							
地区(州、市)属企业	38.1	433.6	86.7	434.2		434.2	
县(市)属企业	5	147.1	67.5	42.7		42.7	
镇属企业	51.2	585.8	345.6	201		201	
乡属企业	48.7	591.5	465.7	179		179	
股份合作企业							
联营企业							
#国有联营企业							
集体联营企业							
国有与集体联营企业							
其他联营企业							
有限责任公司	2520.6	77472.4	42937.4	27799.3	12755	961.2	12875.2
#国有独资公司	463.9	13619.2	8035.3	3000	3000		
其他有限责任公司	2056.7	63853.2	34902.1	24799.3	9755	961.2	12875.2
股份有限公司							
私营企业	743.8	43853.6	32138.7	9168.3			55.3
#私营独资企业	70.1	5691.4	3631.9	1238.2			
私营合伙企业	67.8	1213	657.3	186.3			5.3
私营有限责任公司	605.9	36949.2	27849.5	7743.8			50
私营股份有限公司							
港、澳、台商投资企业							
外商投资企业							
在总计中：国有控股企业	6119.4	143667.5	105127.6	33224.3	29909	195	2777.3
在总计中：农村工业	48.7	591.5	465.7	179		179	
按轻、重工业分							
轻工业	2328.2	85776.3	50137.6	29161.2	14915.7	749.2	9775.8
以农产品为原料	2115.2	80788.5	48339.1	28150.3	14682.1	42.7	9733.3
以非农产品为原料	213	4987.8	1798.5	1010.9	233.6	706.5	42.5
重工业	5393	131570.4	102349.7	25817.3	14993.3	1068.9	3154.7
采掘工业	49.5	2377.9	1415.2	367.3	115.7	3.6	248
原料工业	4996.1	110973.9	89749.5	20803.7	12456.6	1065.3	2181.1
加工工业	347.4	18218.6	11185	4646.3	2421		725.6
按企业规模分							
大型企业							
中型企业	4749.4	136141	108679.9	24171.2	20871.2		1000
小型企业	2971.8	81205.7	43807.4	30807.3	9037.8	1818.1	11930.5

计量单位：万元

费用合计（营业费用、管理费用）	营业利润	利润总额	从业人员劳动报酬	劳动、失业保险费	全部从业人员年平均人数	亏损企业亏损额
13240	**-4910.2**	**-4525.5**	**10185**	**585.2**	**9688**	**7066.7**
10938.8	-4136.8	-3228.5	8482.4	428.8	7474	5405.9
2301.2	-773.4	-1297	1702.6	156.4	2214	1660.8
13240	-4910.2	-4525.5	10185	585.2	9688	7066.7
4881.8	-2317.6	-2072.3	4296.9	355	2884	2909.5
2844.3	439.5	360.4	1999.1	283.2	1729	
2037.5	-2757.1	-2432.7	2297.8	71.8	1155	2909.5
1696.8	-2915.5	-2815.5	2019.8	66.1	873	2819
19.7	-5.3	-5.3	25.4	0.5	23	5.3
321	163.7	388.1	252.6	5.2	259	85.2
109.2	-106.6	-96.6	106	12	107	104.6
	-7	4.6	44.6	4.1	34	
3	2.3	0.7	16.2	1.9	21	1.5
42.1	-46.2	-46.2	24.5	0.3	34	47.4
64.1	-55.7	-55.7	20.7	5.7	18	55.7
5553.1	-1184.3	-1461.8	3787.9	162.1	4608	2697.9
1001.6	200.9	229.7	423.8	12.5	450	
4551.5	-1385.2	-1691.5	3364.1	149.6	4158	2697.9
2695.9	-1301.7	-894.8	1994.2	56.1	2089	1354.7
200.3	-43	-124.7	213.3	4.9	325	188.6
277.9	25.2	28.2	68	2.6	95	
2217.7	-1283.9	-798.3	1712.9	48.6	1669	1166.1
9049.4	-3009	-2613.8	7130.1	422.4	6227	4438.1
64.1	-55.7	-55.7	20.7	5.7	18	55.7
6007.1	-1937	-2444.3	3607.4	97.9	4415	2976.3
5825.9	-1905.7	-2368.4	3375.7	79.6	4184	2890.2
181.2	-31.3	-75.9	231.7	18.3	231	86.1
7232.9	-2973.2	-2081.2	6577.6	487.3	5273	4090.4
539.4	167.7	159.1	319.2	6.2	328	
5600.7	-3840.3	-2826.5	5447.8	458.7	3996	4045.3
1092.8	699.4	586.2	810.6	22.4	949	45.1
7076.1	-3938.1	-3950.6	5225.3	325.1	4585	4539.9
6163.9	-972.1	-574.9	4959.7	260.1	5103	2526.8

2-28 续表 3

项　　目	本年折旧	资产总计	负债合计	实收资本	国家资本	集体资本	法人资本
按行业分							
煤炭开采和洗选业							
石油和天然气开采业							
#天然原油和天然气开采							
黑色金属矿采选业							
有色金属矿采选业		1.4	13.1	30			30
非金属矿采选业	49.5	2376.5	1402.1	337.3	115.7	3.6	218
#采盐	35	1458.1	860.3	226	115.7		110.3
其他采矿业							
农副食品加工业	948.1	43409	27688.7	11727.6	9271.2		1234
#谷物磨制	37.5	249.9	73.4	60			
饲料加工							
制糖	463.9	13619.2	8035.3	3000	3000		
食品制造业	49	806.5	381.4	590.3			25
#罐头制造							
饮料制造业	68.6	1742.2	732.8	694.3			555.3
#酒的制造	61.5	1579.3	638.7	575.3			505.3
烟草制品业							
纺织业	889	25372.8	16318.5	7830	5230		2180
#棉、化纤纺织及印染精加工	889	25372.8	16318.5	7830	5230		2180
毛纺织和染整精加工							
纺织服装、鞋、帽制造业	3	100.7	59.4	30		30	
皮革、毛皮、羽毛(绒)及其制品业	51.8	1529.9	292.3	1256.4			
#皮革鞣制加工	51.8	1529.9	292.3	1256.4			
皮革制品制造							
木材加工及木、竹、藤、棕、草制品业	104.2	6371.5	2493.3	3482.7	1738		
家具制造业	63.4	7220.6	2623.5	5739			5739
造纸及纸制品业	4	119.6	51.3	7	7		
印刷业和记录媒介的复制	38.3	487.2	191.2	275.7	173.9	12.7	
文教体育用品制造业							
石油加工、炼焦及核燃料加工业							
#炼焦							
化学原料及化学制品制造业	70.8	1912.6	1131.4	700		380	220
#基础化学原料制造	66.3	1612.6	951.4	600		380	220
肥料制造	4.5	300	180	100			
医药制造业							
化学纤维制造业							
橡胶制品业							
塑料制品业	237	9411	4321.5	2944.4	2246.6	28.7	37
非金属矿物制品业	426.1	9522.5	4849.7	2944.2			1504.7
#水泥制造	385.4	6720.2	3373.2	1516			806
黑色金属冶炼及压延加工业	6.6	21618.9	20345.5	2000			
有色金属冶炼及压延加工业							
金属制品业	12.2	524.5	156.7	446.4			7.4
通用设备制造业	8.7	142.2	52.1	88.4			15
专用设备制造业	55.4	6424.9	5816.1	174.4	174.4		
交通运输设备制造业							
电气机械及器材制造业							
通信设备、计算机及其他电子设备制造业							
仪器仪表及文化、办公用机械制造业							
工艺品及其他制造业							
废弃资源和废旧材料回收加工业							
电力、热力的生产和供应业	4430.9	73639.6	61990.9	12759	10718.6	685.3	1155.1
#电力生产和电力供应	4028.8	68317.8	59171.9	10702.8	9407.4	490.3	695.1
燃气生产和供应业							
水的生产和供应业	204.6	4612.6	1575.8	921.4	233.6	677.8	10

计量单位：万元

费用合计(营业费用、管理费用)	营业利润	利润总额	从业人员劳动报酬	劳动、失业保险费	全部从业人员年平均人数	亏损企业亏损额
			27.3		35	
539.4	167.7	159.1	291.9	6.2	293	
441	127.3	118.7	224.5	2.9	204	
2760	-36.6	-8.7	1452	26	1475	503.4
47.8	40.3	39.7	14	1.3	20	
1001.6	200.9	229.7	423.8	12.5	450	
103.5	-113	-127.6	56.4		64	130.6
277.7	13.8	16.8	57.8	1.5	98	
266.8	11.5	14.5	39.4	1.5	67	
2034.3	-1528	-1529.9	1510.5	13	2126	1531.2
2034.3	-1528	-1529.9	1510.5	13	2126	1531.2
0.1	0.1	-1.5	8.1	1.9	13	1.5
355	-18	-18	99		120	18
355	-18	-18	99		120	18
312.3	-352.5	-169.5	627.7	1.4	482	184.6
198.5	-213.5	-690.4	84.5	7.5	165	690.4
9.1	-9.1	-6.4	10.1	0.4	20	6.4
87.7	-1.4	-2.7	97.3	29.3	103	8.7
174.6	-168.3	-166.6	106.5	2.1	134	167.6
133.6	-169.3	-167.6	84.5	2.1	104	167.6
41	1	1	22		30	
451	638.8	568.1	361.5	13.4	404	6.1
1265	-18.2	423.6	981.5	67	904	33.4
1013.5	-29	400.7	806.7	53	653	
454.3	-719.2	-726.5	354.2		455	726.5
17	2.8	2.8	35.8		47	1
24.1	0.8	-10	19.6	3.1	31	10.7
427.2	78	37.5	303.7	1.7	345	
3602.8	-2606.9	-2200.2	3501.2	400.8	2186	2966.6
3303.3	-2834.3	-2743.6	3330.6	395.8	1998	2961.2
146.4	-27.5	-75.4	198.4	9.9	188	80

2-29 巴音郭楞蒙古自治州

项目	企业单位数	亏损单位数	工业总产值（现价）	工业销售产值	出口交货值	年末存货	固定资产原价
总　计	**464**	**229**	**1722711.5**	**1632557.7**	**27988.2**	**236537.5**	**3338635.1**
规模以上	118	49	1678695.3	1595257.8	27880.6	218838	3248103.9
规模以下	346	180	44016.2	37299.9	107.6	17699.5	90531.2
按登记注册类型分							
内资企业	459	226	1717391	1627118	27988.2	235481.3	3332272.5
国有企业	37	21	59088.3	53351.5	4244	25315.4	97785.8
#中央企业	8	2	36667.7	31025.9	109	18404.5	51310.8
地方企业	29	19	22420.6	22325.6	4135	6910.9	46475
#自治区属企业	1		1013	1207		552.7	2958.3
地区(州、市)属企业	9	6	11647.9	12539.8	4135	2784.4	20802
县(市)属企业	19	13	9759.7	8578.8		3573.8	22714.7
集体企业	37	18	4957.3	5703		2921.1	8325.3
#自治区属企业							
地区(州、市)属企业	1	1	526	407		10.4	217.3
县(市)属企业	23	10	2999.2	3796.8		2779.4	4207.3
镇属企业	2	1	12.6	12.6			55.8
乡属企业	5	2	149.4	150.5		3.5	299.1
股份合作企业	2	2	754	780		271.9	468.8
联营企业							
#国有联营企业							
集体联营企业							
国有与集体联营企业							
其他联营企业							
有限责任公司	80	38	178990	170533	8365.2	41295.8	380438.6
#国有独资公司	15	11	66519.5	65837.5		3859.1	216268.3
其他有限责任公司	65	27	112470.5	104695.5	8365.2	37436.7	164170.3
股份有限公司	8	4	1283029.8	1245122	11315.5	118022	2686180.6
私营企业	295	143	190571.6	151628.5	4063.5	47655.1	159073.4
#私营独资企业	75	32	4996.1	4013.6		1629.2	4064.6
私营合伙企业	23	8	1785.6	1782.3		516.5	2638.3
私营有限责任公司	195	103	169988.3	132932	4063.5	41011.5	145706.9
私营股份有限公司	2		13801.6	12900.6		4497.9	6663.6
港、澳、台商投资企业	1		720	700		26	418.5
外商投资企业	4	3	4600.5	4739.7		1030.2	5944.1
在总计中：国有控股企业	72	40	1409277.4	1377615.7	4876	147929.1	3014073.1
在总计中：农村工业	6	2	154.4	160.5		3.5	346.1
按轻、重工业分							
轻工业	189	94	211339.5	170543.2	23537.1	85849.7	303298.1
以农产品为原料	155	72	201386.1	160308.8	23537.1	83026.1	269838.5
以非农产品为原料	34	22	9953.4	10234.4		2823.6	33459.6
重工业	275	135	1511372	1462014.5	4451.1	150687.8	3035337
采掘工业	48	20	1208558.4	1188337.3	3819.1	92974.5	2610883.4
原料工业	70	32	199325.1	173958.2		28636.8	330748.9
加工工业	157	83	103488.5	99719	632	29076.5	93704.7
按企业规模分							
大型企业	4	1	1298624	1281535.9	3716.4	105905.7	2841346.4
中型企业	12	4	139336.1	120761.5	4244	45906.6	173015.7
小型企业	448	224	284751.4	230260.3	20027.8	84725.2	324273

工业企业主要经济指标

计量单位：万元

个人资本	港澳台资本	外商资本	营业收入		产品销售成本	产品销售税金及附加
			合计	产品销售收入		
87331.4	**31001.5**	**12781.4**	**1733218.3**	**1651519.4**	**764982.5**	**29175.5**
53084.4	31001.5	12781.4	1693221.4	1615828.3	733541	28670.5
34247			39996.9	35691.1	31441.5	505
87331.4	31001.5	7612.9	1727591.7	1645902.5	760632.7	29126.6
74			61069.3	55366.1	50706.8	376.3
67.6			38116.1	36583.3	31856.8	296.2
6.4			22953.2	18782.8	18850	80.1
			1295.5	1215.3	918.9	9
			13039.2	9212.4	10642.2	28.3
6.4			8618.5	8355.1	7288.9	42.8
26			4849.4	4800	4797.9	34
			377.2	377.2	412.3	
			3172.9	3123.5	3061.9	12.1
			12.6	12.6	9.5	0.2
			150.5	150.5	144.7	5
75			790.7	784.6	758	2.8
26425.8			172223.3	169003.9	130440.6	1391.5
			64619.6	64044.2	52160.8	705.3
26425.8			107603.7	104959.7	78279.8	686.2
7912.9	30451.5	7612.9	1322787.3	1254804	445161.7	26053.2
52817.7	550		165871.7	161143.9	128767.7	1268.8
3407.4			4111.9	3714.6	3246.4	88.4
1415			1809.6	1807.9	1319.7	40.9
47995.3	550		147049.6	142720.8	113790.8	1125.7
			12900.6	12900.6	10410.8	13.8
		117.1	696.8	696.8	111.4	
		5051.4	4929.8	4920.1	4238.4	48.9
14119	30451.5	7612.9	1463059.5	1388205.3	559136.7	27370.7
26			160.5	160.5	208.7	11
45061.2		742.6	188847.5	176456.5	149857.1	1043.4
38354.2		742.6	178114.2	166334.6	141634.3	978.6
6707			10733.3	10121.9	8222.8	64.8
42270.2	31001.5	12038.8	1544370.8	1475062.9	615125.4	28132.1
12629.1	30451.5	7612.9	1239097.4	1199713.1	397206.2	25694.4
11433.7	550		182227	178998.6	139325	1512.2
18207.4		4425.9	123046.4	96351.2	78594.2	925.5
7612.9	30451.5	7612.9	1361403.3	1298075.4	483421.8	26487.2
24166.8			126392	115491.2	93904.8	838.1
55551.7	550	5168.5	245423	237952.8	187655.9	1850.2

2-29 续表 1

项目	企业单位数	亏损单位数	工业总产值（现价）	工业销售产值	出口交货值	年末存货	固定资产原价
按行业分							
煤炭开采和洗选业	14	9	12787	10521.2		2817	31982.5
石油和天然气开采业	5	3	1178323	1164326		82004.2	2562614
#天然原油和天然气开采	1		1170335	1156338		81872	2561780
黑色金属矿采选业	3	1	645.9	635.1		209.5	279.9
有色金属矿采选业	2		400	400			570
非金属矿采选业	24	7	16402.5	12455	3819.1	7943.8	15437.1
#采盐	2	1	267.4	247.2		115.8	474.4
其他采矿业							
农副食品加工业	40	17	36244.2	29014.9	954.7	22234.1	30765.4
#谷物磨制	15	8	1030.3	609		222.3	2271
饲料加工	2		2101	2239		291.9	444.3
制糖	3	1	23845.4	17494.5		18517.3	16811.8
食品制造业	28	10	62453.6	38236.9	15354.1	24563.1	53596.1
#罐头制造	11	6	36541.3	19757.7	15329.7	18965.8	38795.5
饮料制造业	22	16	2303.5	2246		2928.3	11467.1
#酒的制造	13	12	2025.1	1866.5		2487.6	10622.8
烟草制品业	1	1	1.3	1.7		0.2	36
纺织业	10	5	54249.5	51089.9	7219.4	19517.1	103346.1
#棉、化纤纺织及印染精加工	6	3	53649.6	50652.7	7219.4	18937.6	102779.9
毛纺织和染整精加工							
纺织服装、鞋、帽制造业	7	4	1405.5	1432.3		275.5	289.8
皮革、毛皮、羽毛(绒)及其制品业	3	1	167.8	180.8		221.7	117.4
#皮革鞣制加工							
皮革制品制造	3	1	167.8	180.8		221.7	117.4
木材加工及木、竹、藤、棕、草制品业	10	2	6386.1	5956		1767.4	7692.6
家具制造业	5	4	251.5	236.1		141	460.4
造纸及纸制品业	16	8	40790.1	33419.3		10221.8	63653.7
印刷业和记录媒介的复制	16	2	2544.5	2735.9		815.8	4763.4
文教体育用品制造业							
石油加工、炼焦及核燃料加工业	2	1	63289.8	39853.3		9579.4	16431.1
#炼焦							
化学原料及化学制品制造业	34	10	21696.1	22056.9		8645.7	32951.5
#基础化学原料制造	9	6	1828.3	1784		476.1	3238.1
肥料制造	5		6810.6	6496.7		3639.1	14159.2
医药制造业	9	5	2824.8	4346.6	8.9	2967	7839.8
化学纤维制造业	1	1	3149	2807		938	8276
橡胶制品业	4	3	44264	42734	632	14711.7	33018.9
塑料制品业	25	18	6933.9	8108.4		2232.4	5060.2
非金属矿物制品业	79	42	54801.5	51612.6		10058.2	74385.6
#水泥制造	7	2	29314.1	28331.9		5549.9	55020.3
黑色金属冶炼及压延加工业	2	1	13141	12195		4531.9	5140.1
有色金属冶炼及压延加工业							
金属制品业	14	5	8891.3	8334.3		2510.8	3369.5
通用设备制造业	22	10	6366.1	6234		1166.4	5560
专用设备制造业	5	2	909.9	761.7		516	2423.2
交通运输设备制造业	7	5	489.2	489.2		157.3	417.9
电气机械及器材制造业	4	3	1334.4	1201.4		361.6	1152.5
通信设备、计算机及其他电子设备制造业							
仪器仪表及文化、办公用机械制造业							
工艺品及其他制造业	5	3	103.2	64.7		98.8	113.2
废弃资源和废旧材料回收加工业	8	5	268	265		10.7	282.6
电力、热力的生产和供应业	23	16	72912.1	72667.3		2259.5	227731.1
#电力生产和电力供应	6	4	64010.2	63774.3		1344.3	201249.6
燃气生产和供应业	2		2425.2	2425.2		30.6	3604.5
水的生产和供应业	12	9	3556	3514		101	23806

计量单位：万元

个人资本	港澳台资本	外商资本	营业收入 合计	营业收入 产品销售收入	产品销售成本	产品销售税金及附加
2707			8650.7	8647.8	6050.8	109
7912.9	30451.5	7612.9	1216984.4	1178403.7	384397.5	25290.7
7612.9	30451.5	7612.9	1208996	1170538	377464	25241
75.9			635.1	635.1	418.5	18.2
110			400	400	211	32
1823.3			12427.2	11626.5	6128.4	244.5
6.4			247.6	247.2	126.8	12.3
4956.7			38502.2	35956.4	28430.5	234.5
450			562.9	548.8	501.4	5.9
88			2232	2232	2052	
141.4			26370.6	24113.1	18600.6	210
29407.7			40049.9	39600.6	31101.1	139.3
2117.3			20302.2	20067.1	15229.6	31.7
2045.1		742.6	2408.2	2263.1	1583.9	172.8
1657.9		742.6	1903	1883.4	1221.7	169.7
10			1.7	1.7	1.3	0.5
136			56183	52211.1	51285.1	152.6
80			55734	51762.1	50813.4	146.1
257.1			1426	1426	1299.6	11.2
68			170.1	170.1	141.1	3.4
68			170.1	170.1	141.1	3.4
370			5963.1	5956	5440.7	15.1
71.6			258.7	238.7	222.1	2.2
886.2			34175.9	29675.3	23641	254
296.5			2868.2	2732.1	2052.2	22.8
			46892	46862	33941.3	505.1
4588.2	550	117.1	24611.6	22469.7	16418.1	271.7
896.1			2567.6	1784.3	1631.2	8.7
2812		117.1	7171.3	7116.8	3990.8	175.2
4807.3			4650.3	4639.5	3865.3	7.1
300			2867	2807	2643	10
385			65961.8	41508.2	35166.3	489.4
1985.4		308.8	7307.3	7253.8	7187.6	25.4
7662.2			50163.1	49613.9	39379.3	179.2
3			27897.8	27567.4	20901	49.3
380			12193.4	12193.4	9752.8	13.3
1534.9			8060.4	7562.8	6467	28.5
1057.4			7542.6	5929.3	3857.7	65.1
45.1			813.1	762.3	583.1	2.6
147.1			485.1	482.1	347.9	2.3
300			1282.5	1272.1	1168	1.8
107			64.9	64.9	34.4	1.7
296.9			259	259	130.6	2.2
9024.5			72462.9	71673.1	57402.8	834.2
7354.8			64246.2	63602.5	49694.3	754.3
441.4		4000	2605.5	2605.5	2040.9	2.5
3135			3891.4	3616.6	2191.6	30.6

2-29 续表 2

项　　目	本年折旧	资产总计	负债合计	实收资本	国家资本	集体资本	法人资本
总　　计	**204496.7**	**3298183.8**	**1691992.8**	**1118895.7**	**524216.6**	**10476.2**	**453088.6**
规模以上	195882.6	3123534.4	1609383.1	1047124.4	516305.8	8423.5	425527.8
规模以下	8614.1	174649.4	82609.7	71771.3	7910.8	2052.7	27560.8
按登记注册类型分							
内资企业	204119	3284448.7	1686666.1	1111362.4	523218.5	10476.2	451721.9
国有企业	5018.5	138439.2	130377.8	47203.2	45215.6	0.8	1912.8
#中央企业	2128.6	83686.5	83405.4	21451.4	19971		1412.8
地方企业	2889.9	54752.7	46972.4	25751.8	25244.6	0.8	500
#自治区属企业	128.8	2515.1	1534.1	876.1	876.1		
地区(州、市)属企业	1647.8	28819.3	26446.7	20189.4	20189.4		
县(市)属企业	1113.3	23418.3	18991.6	4686.3	4179.1	0.8	500
集体企业	464.1	12803.2	11159.2	2930.4		2230.8	673.6
#自治区属企业							
地区(州、市)属企业	11.3	310.3	268.1	104.6		104.6	
县(市)属企业	224.2	9931.4	9655.7	2178.5		1504.9	673.6
镇属企业	6.9	82.5	42	12.3		12.3	
乡属企业	5	337.9	19	267.2		267.2	
股份合作企业	31.6	1948.5	1683.5	219.4			144.4
联营企业							
#国有联营企业							
集体联营企业							
国有与集体联营企业							
其他联营企业							
有限责任公司	24271.8	487839.3	277189.2	165201.3	93429.8	387.9	44957.8
#国有独资公司	16022.6	174896	132530.3	27560.9	26476.6		1084.3
其他有限责任公司	8249.2	312943.3	144658.9	137640.4	66953.2	387.9	43873.5
股份有限公司	165223.9	2346887.3	1123354.9	788980.3	384543.1	7612.9	350847
私营企业	9109.1	296531.2	142901.5	106827.8	30	243.8	53186.3
#私营独资企业	350.3	7174	3696.2	3568			160.6
私营合伙企业	100.8	2687.2	1117.7	1496.2			81.2
私营有限责任公司	8391.4	269386.5	128872.4	95332	30	90	46666.7
私营股份有限公司	266.6	17283.5	9215.2	6431.6		153.8	6277.8
港、澳、台商投资企业	11.5	1978.1	415.7	117.1			
外商投资企业	366.2	11757	4911	7416.2	998.1		1366.7
在总计中：国有控股企业	184795.6	2730971.8	1377901	941455	523188.5	7646.5	358436.6
在总计中：农村工业	5	415.9	40.3	307.7		281.7	
按轻、重工业分							
轻工业	13356.9	469857.5	335680.9	145181.9	50638.3	643.8	48096
以农产品为原料	11907	423360.7	314269.6	119857.8	44248.9	643.8	35868.3
以非农产品为原料	1449.9	46496.8	21411.3	25324.1	6389.4		12227.7
重工业	191139.8	2828326.3	1356311.9	973713.8	473578.3	9832.4	404992.6
采掘工业	160334	2251358.5	1034623	784117.9	383700	7703.7	342020.7
原料工业	24025.7	331269.4	219453.8	76356.5	29823.7	681.8	33867.3
加工工业	6780.1	245698.4	102235.1	113239.4	60054.6	1446.9	29104.6
按企业规模分							
大型企业	174895.8	2429446.8	1176995.5	807020.5	386085.3	7612.9	367645
中型企业	9022.2	314349.8	193547.1	131069.1	91562.9		15339.4
小型企业	20578.7	554387.2	321450.2	180806.1	46568.4	2863.3	70104.2

计量单位：万元

费用合计（营业费用、管理费用）	营业利润	利润总额	从业人员劳动报酬	劳动、失业保险费	全部从业人员年平均人数	亏损企业亏损额
348574.2	**514601.8**	**508794.1**	**82597.6**	**12514.8**	**46764**	**23126.5**
340179.6	515647.6	510358.5	76555.3	12157	40389	19272.8
8394.6	-1045.8	-1564.4	6042.3	357.8	6375	3853.7
347499.5	514457.6	508600	82288.1	12510	46584	22626.4
14820.3	-9333	-8994.6	8036.2	903.2	9161	12236.7
5915.5	17.2	-28.4	4919.1	279	4978	2532.6
8904.8	-9350.2	-8966.2	3117.1	624.2	4183	9704.1
295.7	20.4	10.8	209.1	45.6	198	
7061.8	-8994.7	-8971.9	1878.5	542.3	2680	8996.1
1547.3	-375.9	-5.1	1029.5	36.3	1305	708
551.1	-408	-206.5	537.1	44.8	648	261.7
11.1	-46.2	-27.8	13.4	1.2	21	27.8
386.7	-243.8	-109	275.6	18.4	366	156.1
4	-1.1	-1.1	6	0.8	9	1.9
13.7	-12.9	-13	79.6	0.8	119	13.6
49.6	-25.8	-18.5	83.7	3.6	77	18.5
35478	3468.2	5039.6	18670.6	797.9	9938	5043
14035.7	-2641.4	-3462.7	8804.9	207.4	3220	3489.3
21442.3	6109.6	8502.3	9865.7	590.5	6718	1553.7
279918.5	503741.2	494966.1	44278.7	10480.4	14837	2448.5
16682	17015	17813.9	10681.8	280.1	11923	2618
891	214.1	197.9	623.2	19.2	802	167.5
411.3	45.8	65.2	227.5	7.7	262	32.2
14182.3	15476.5	16178.2	8532.1	241.4	10033	2418.3
1197.4	1278.6	1372.6	1299	11.8	826	
152.5	432.9	474.7	42		65	
922.2	-288.7	-280.6	267.5	4.8	115	500.1
309164.2	494297.5	485492.4	63704.8	11969.7	29127	16684.8
33.7	-12.9	-13	81	0.8	129	13.6
35786.8	-7113.7	-6340	16111.9	1345	17888	15675.1
33456.8	-7427.4	-6275.6	14775.2	1284.2	16630	14669.9
2330	313.7	-64.4	1336.7	60.8	1258	1005.2
312787.4	521715.5	515134.1	66485.7	11169.8	28876	7451.4
271409.2	505437.2	496621.6	42842.1	10516.6	15057	1439.9
27614.6	12261.2	13698.6	15140.6	397.4	7198	4274.4
13763.6	4017.1	4813.9	8503	255.8	6621	1737.1
285033.8	502564.7	493381.4	51136.5	10550.7	18854	2169.5
27179.2	-4885.5	-3207.2	11429.9	1003	10476	12197.8
36361.2	16922.6	18619.9	20031.2	961.1	17434	8759.2

2-29 续表 3

项 目	本年折旧	资产总计	负债合计	实收资本	国家资本	集体资本	法人资本
按行业分							
煤炭开采和洗选业	1443.8	35251.9	20440.4	9671.9	6496.6		468.3
石油和天然气开采业	158095.5	2162618	990092.8	762188.5	373281.3	7612.9	335317
#天然原油和天然气开采	158054	2158823	987610	761288.5	373031.3	7612.9	334967
黑色金属矿采选业	22	654.9	552.9	105.9		30	
有色金属矿采选业		630		110			
非金属矿采选业	772.7	52203.7	23536.9	12041.6	3922.1	60.8	6235.4
#采盐	17.8	535.7	1021.4	373.8	366.6	0.8	
其他采矿业							
农副食品加工业	1653.4	58154.2	48646.8	10406.1	2907.8	33.9	2507.7
#谷物磨制	135	2067.9	1282.4	1047.4	568.2	13	16.2
饲料加工	25.4	960.2	541	520	282		150
制糖	290.3	33655.1	31602.6	2236.2	1778.1		316.7
食品制造业	2721.8	124622.6	79727.9	32915.2	2195.6		1311.9
#罐头制造	2034.5	53328.7	51014.7	5047.9	2195.6		735
饮料制造业	286.8	20066.8	11982.3	6883.9		164.3	3931.9
#酒的制造	245.7	18328.7	10250.2	6232.4			3831.9
烟草制品业	8.3	54.6	73.5	10			
纺织业	4600.8	127985.3	112384.3	50787.3	29916.8	64.5	20670
#棉、化纤纺织及印染精加工	4539	125935.6	110317.7	49994.8	29916.8		19998
毛纺织和染整精加工							
纺织服装、鞋、帽制造业	19	1174.3	1026.5	325.6	40	28.5	
皮革、毛皮、羽毛(绒)及其制品业	41.6	390.3	160.6	166.9		98.9	
#皮革鞣制加工							
皮革制品制造	41.6	390.3	160.6	166.9		98.9	
木材加工及木、竹、藤、棕、草制品业	473.8	11080.4	9263.6	977.1	27.1		580
家具制造业	19.3	700.5	103.4	346.8	257.2	18	
造纸及纸制品业	2201.8	79155.3	52352.2	15575.1	7865.9	73	6750
印刷业和记录媒介的复制	351.9	4483.9	2286.8	1624	1065.6	145.9	116
文教体育用品制造业							
石油加工、炼焦及核燃料加工业	838.4	29070.5	10937.3	11200			11200
#炼焦							
化学原料及化学制品制造业	2134.6	89733.8	18660	69833.1	63030	300	1247.8
#基础化学原料制造	212.3	3825.6	2748.5	2446.1	1190		360
肥料制造	1318.8	60109.2	3904.5	54439.1	51510		
医药制造业	149.4	16821.5	12890.5	5729			921.7
化学纤维制造业	468	13520.1	8424.4	5250	4850		100
橡胶制品业	1109.3	77876	50181.3	13715			13330
塑料制品业	270	10307.8	8288	3539.4		590.6	654.6
非金属矿物制品业	6461.2	101478.2	60569.8	28391.7	846.6	511.2	19371.7
#水泥制造	4772.9	60967.6	39845.8	12882.6	427.5		12452.1
黑色金属冶炼及压延加工业	140.4	15924.6	8081.4	6657.8			6277.8
有色金属冶炼及压延加工业							
金属制品业	202.5	11267.7	6130.5	3953.9		200	2219
通用设备制造业	366.6	16250.1	5175.6	3956.2	1127.4	117	1654.4
专用设备制造业	1424.1	3495.9	563.7	2432.6			2387.5
交通运输设备制造业	21	559.6	467.5	175.2		28.1	
电气机械及器材制造业	121.2	2430.4	2093.5	456	156		
通信设备、计算机及其他电子设备制造业							
仪器仪表及文化、办公用机械制造业							
工艺品及其他制造业	22.6	243.1	135.5	123.8		16.8	
废弃资源和废旧材料回收加工业	15.9	577.7	60.7	296.9			
电力、热力的生产和供应业	16991.9	184931.2	136742.4	29365	17849.1	381.8	2109.6
#电力生产和电力供应	14535.7	153955.6	116224.7	21803.2	14368.4	80	
燃气生产和供应业	241.3	9180.8	3171.7	7409	998.1		1969.5
水的生产和供应业	805.8	35288.1	6788.1	22275.2	7383.4		11756.8

计量单位：万元

费用合计（营业费用、管理费用）	营业利润	利润总额	从业人员劳动报酬	劳动、失业保险费	全部从业人员年平均人数	亏损企业亏损额
2858.4	-253.2	-470.1	3013.4	115.6	2483	848.7
263838.3	503873.8	495366.4	37836.2	10351	10480	357.8
263500	503313	494806	37337	10351	10115	
212.9	-14.5	-14.7	82.5	3.1	91	14.7
26.3	130.7	46.7	84		110	
4473.3	1700.4	1693.3	1826	46.9	1893	218.7
105	3.3	-0.8	35.3	1.1	39	2
7257	1472.1	1427.8	2439.3	518.4	1922	1135.4
83.7	-27.6	-34.9	76.1	4.2	112	64.7
132.5	-48.2	8.3	72.6	0.1	27	
5562.1	1051.1	878.9	1704.8	436.7	1269	757.2
8324.4	732.3	1367.8	2189.9	78.5	1976	1405.7
5472.6	-586.3	-969.3	1208.9	25.9	812	1332.3
1082.9	-424	-448.6	365	22.2	391	466.4
912.3	-398.4	-419.2	276.3	15.8	292	419.2
1.4	-1.5	-1.5	1.2		2	1.5
11442.6	-10829.1	-10801.3	5872.1	522.1	8504	11357.8
11327.4	-10843.2	-10751.7	5831.9	522	8454	11304.3
133.5	-18.3	-19.6	148.9	6	164	22.5
18.8	6.8	2.4	26.7	4.7	37	0.7
18.8	6.8	2.4	26.7	4.7	37	0.7
690.4	-183.3	242.8	408.7	1.9	430	184.1
49.5	-15.8	-4.4	66.7	1.5	60	6.1
4434.8	1656.6	2197.4	3203.4	66.3	3094	175.7
629.3	120.4	119.5	452	59.3	422	3.9
1470.3	11016.2	10959.5	277.6		246	4.6
4408.7	2219	2198.6	1899.7	23.7	1124	325.3
381.2	-232	-232.8	203.8	6.8	188	245.4
2032.2	925.6	885.8	995.4	2.1	409	
702.9	201.3	-138.6	271.5	7.2	330	230.1
699	-524	-526	195	5	147	526
6034.7	136.8	143.5	3536.3	53.3	2445	59.4
671.9	-610.3	-329.4	381.9	8.1	404	386.3
8705.9	1873	4096.5	3489.7	167.8	3664	504.7
6569.4	360.4	1925	1605.2	106.9	1523	157.3
1097.3	1330	1324.2	1260.2	11	788	23.7
978.5	436.7	282.9	608.4	57.8	402	631.2
943.1	1153.8	1184.2	743.8	20.9	633	210.7
225.4	31.5	31.5	172.1	43.7	164	10.5
148.9	-16.2	-13.5	76	3.1	94	29.3
170.8	-61.1	-59.6	58.3	3.6	88	59.9
29.6	0.4	0.4	16.2	0.1	24	9.3
46.6	79.8	109.1	47.3		62	15.9
15471	-1528.7	-2038.9	10722.1	257.7	3520	3579.4
13823.7	-347.4	-999.8	10041.9	205.7	2903	2450.6
306.6	368	365.3	62.4	6.2	42	
989.2	542.2	500.5	763.1	48.1	528	320.5

2-30 阿克苏地区工业

项目	企业单位数	亏损单位数	工业总产值（现价）	工业销售产值	出口交货值	年末存货	固定资产原价
总计	**401**	**106**	**475733.3**	**456800.6**	**2417**	**117164.2**	**687406.5**
规模以上	87	23	442996.2	425700.2	2417	104307.4	635288.8
规模以下	314	83	32737.1	31100.4		12856.8	52117.7
按登记注册类型分							
内资企业	398	103	468302.9	449903.3	2417	116531.3	683424.2
国有企业	18	9	39301.3	39065.7		1287.3	138525
#中央企业	4		18522.3	18512.2		773.4	69618
地方企业	14	9	20779	20553.5		513.9	68907
#自治区属企业							
地区(州、市)属企业	1	1	13391.7	13391.7			40407.3
县(市)属企业	13	8	7387.3	7161.8		513.9	28499.7
集体企业	31	8	3025.2	2745.6		823	2971.2
#自治区属企业							
地区(州、市)属企业	1		226.9	226.9		2	90
县(市)属企业	8	4	1403.5	1170.1		687	1140.8
镇属企业	13		762.2	734.8		61.5	467.6
乡属企业	3		136	112		9	72
股份合作企业	3		3189.4	2840.4		285.9	12882.7
联营企业	1						94.4
#国有联营企业							
集体联营企业	1						94.4
国有与集体联营企业							
其他联营企业							
有限责任公司	111	30	343276.5	326557.5	2417	86809.6	444381.4
#国有独资公司	2		114633.3	106627.9		26572.9	150421.5
其他有限责任公司	109	30	228643.2	219929.6	2417	60236.7	293959.9
股份有限公司	2	1	24426.1	24755.4		11739.8	41189.4
私营企业	230	55	54709.4	53563.7		15577.7	43082.8
#私营独资企业	123	19	10863.1	10559.1		2702	11092.8
私营合伙企业	19	3	2640.6	2604.7		218.1	1263.8
私营有限责任公司	81	31	40184.3	39429.9		12540.7	28297
私营股份有限公司	7	2	1021.4	970		116.9	2429.2
港、澳、台商投资企业	1	1	40			40	270.8
外商投资企业	2	2	7390.4	6897.3		592.9	3711.5
在总计中：国有控股企业	32	11	225390.8	214570.1		46492.5	458846.8
在总计中：农村工业	5	1	1131.4	1216.5		459.6	3694.1
按轻、重工业分							
轻工业	175	64	126388.2	118444.3	2411.3	54015.9	112290.3
以农产品为原料	153	53	120961.7	113381.8	2411.3	52775.1	87932.3
以非农产品为原料	22	11	5426.5	5062.5		1240.8	24358
重工业	226	42	349345.1	338356.3	5.7	63148.3	575116.2
采掘工业	28	6	36891.7	35770.7		1900.2	42489
原料工业	53	11	277040.9	268293.5	5.7	51498.3	497755.3
加工工业	145	25	35412.5	34292.1		9749.8	34871.9
按企业规模分							
大型企业							
中型企业	13	2	281553	269440.2		64677.5	479380.1
小型企业	388	104	194180.3	187360.4	2417	52486.7	208026.4

企业主要经济指标

计量单位：万元

个人资本	港澳台资本	外商资本	营业收入 合计	营业收入 产品销售收入	产品销售成本	产品销售税金及附加
56415.9	**5131**	**442.4**	**486810.8**	**455256.9**	**354268.6**	**6100.3**
35080.1	4138.4	442.4	456372.5	425534.6	331270	5311.1
21335.8	992.6		30438.3	29722.3	22998.6	789.2
56415.9	610		479461.6	447955.9	347881.9	6073.4
51.7			39716.9	38480.5	30278.8	259.9
			19162	18998.6	13699.2	66.1
51.7			20554.9	19481.9	16579.6	193.8
			12392	12392	11757	137.5
51.7			8162.9	7089.9	4822.6	56.3
305	610		2260.5	2214.2	1558.3	118.7
			226.9	226.9	163.4	16
			653.2	621.9	444.7	29.4
			764.3	749.3	390.2	61.6
10			112	112	75.2	3.6
50			3572.5	3570.5	2345.5	11.3
28047.1			345988.6	321479.3	247380.7	4281.8
			107346.5	106627.9	86086.1	2195.3
28047.1			238642.1	214851.4	161294.6	2086.5
7316.7			26204.5	24573.9	16497.5	26.1
20645.4			61358.6	57296.5	49583.5	1368.5
6376.9			10878.1	10772.8	8559.2	241.9
1100.1			2626.2	2625.5	1522	75.4
13118.4			46886.9	42930.8	38759.7	1011.3
50			967.4	967.4	742.6	39.9
	382.6					
	4138.4	442.4	7349.2	7301	6386.7	26.9
8480			226003.5	213622.7	162475.7	2990.7
3018.4			2012.6	2012.6	1993.3	204.6
19666.9	5131	442.4	139139	123657	109643	1099.5
18159.3	5131	442.4	133070.4	118591.3	106065.8	1033.8
1507.6			6068.6	5065.7	3577.2	65.7
36749			347671.8	331599.9	244625.6	5000.8
5385.5			29450.5	28565.2	14675.8	305.6
19884.6			279486.9	269626.6	205014.5	4220.4
11478.9			38734.4	33408.1	24935.3	474.8
6117.7			274629.7	267698.5	202304.5	3204.1
50298.2	5131	442.4	212181.1	187558.4	151964.1	2896.2

2-30 续表 1

项目	企业单位数	亏损单位数	工业总产值（现价）	工业销售产值	出口交货值	年末存货	固定资产原价
按行业分							
煤炭开采和洗选业	19	3	34916.1	34015.8		1608.1	39125.9
石油和天然气开采业							
#天然原油和天然气开采							
黑色金属矿采选业	3	1	1412.7	1258.2		76.6	2301.2
有色金属矿采选业							
非金属矿采选业	6	2	562.9	496.7		215.5	1061.9
#采盐							
其他采矿业							
农副食品加工业	77	20	67335.6	65066.2		22690.3	34159.5
#谷物磨制	40	9	3627.6	3916.5		1581.9	5968.7
饲料加工	5	1	17370.1	16729.3		1993.1	3457
制糖	3		8792.5	8636.3		2145.9	4606.2
食品制造业	10	3	2378.2	2183		399.7	2422.1
#罐头制造	1		800	800		12	105
饮料制造业	18	7	6756.2	7174.6	2411.3	2607	9760.7
#酒的制造	9	4	4754.7	4664.3		1423.6	4249.8
烟草制品业							
纺织业	16	9	36258.2	31616.9		21670.6	33447.4
#棉、化纤纺织及印染精加工	12	7	35866.7	31212.9		21486.7	33158.5
毛纺织和染整精加工							
纺织服装、鞋、帽制造业	3	2	199.1	199.1		7.9	111.6
皮革、毛皮、羽毛(绒)及其制品业							
#皮革鞣制加工							
皮革制品制造							
木材加工及木、竹、藤、棕、草制品业	13	1	1875.5	1624.4		467.3	2200.5
家具制造业	6	3	154.4	150.2		173.7	243.3
造纸及纸制品业	7	5	1478.2	1217.3		1382	2792.8
印刷业和记录媒介的复制	18	6	1207.4	1367		475.7	2865.1
文教体育用品制造业							
石油加工、炼焦及核燃料加工业	13	4	155991.3	148657.3		32358.6	170107.2
#炼焦	2		14692.5	14692.5		836.1	19318.4
化学原料及化学制品制造业	13	4	13935.3	14224.9	5.7	4476.7	8063.8
#基础化学原料制造	1		9.5	9.5			52
肥料制造	3		1030	1340.7		293	1212.3
医药制造业	3	1	3420	3357.9		1997.6	1286.9
化学纤维制造业	1		3712	2727.4		2035.5	2179.4
橡胶制品业							
塑料制品业	13	3	3624	3489.7		855.6	2475.4
非金属矿物制品业	87	8	57958.6	57612.1		17653.5	88633.6
#水泥制造	5	1	48185.6	48240.6		15842.2	75718.5
黑色金属冶炼及压延加工业	1		4547.9	4547.9		584.5	744.5
有色金属冶炼及压延加工业							
金属制品业	19	5	4919.1	4889.1		1309.4	1927.3
通用设备制造业	3		814.7	941.6		680	397.7
专用设备制造业	8	2	2328.7	1644.1		2155.2	2472.3
交通运输设备制造业	19	8	1473	1552.8		195	1217.9
电气机械及器材制造业							
通信设备、计算机及其他电子设备制造业							
仪器仪表及文化、办公用机械制造业							
工艺品及其他制造业							
废弃资源和废旧材料回收加工业							
电力、热力的生产和供应业	14	4	63567.6	61941.4		825.1	246170.8
#电力生产和电力供应	10	2	61792.5	60268.8		721.4	241239.4
燃气生产和供应业	1		2021.7	2021.7		97.4	9015.9
水的生产和供应业	10	5	2884.9	2823.3		165.7	22221.8

计量单位：万元

个人资本	港澳台资本	外商资本	营业收入 合计	产品销售收入	产品销售成本	产品销售税金及附加
3696			26761.7	26558.2	13302.9	267
815.5			2191.9	1510.2	993.3	32.7
874			496.9	496.8	379.6	5.9
10827.7	610	442.4	81259.7	69612.5	63060.9	213.5
2757.7			5243.1	4770.4	4016.7	75.4
1022		442.4	17536.1	17489.5	16459.4	1.8
15.2			9246.6	8736.6	7234.4	94.8
497.9			2355.7	2344.8	1274.1	78.8
256			800	800	480	48
1726.5	382.6		6555.6	6018.3	3645.7	508.6
1548.1			3733.8	3523.7	2115.6	502.5
3955.7	4138.4		35718.1	34235.1	32606	89.8
3925.1	4138.4		35314.6	33831.6	32242.3	86.5
62.6			184.1	184.1	129.4	2.3
1141.4			1552.8	1537.8	1277.9	23.6
340.8			150.2	150.2	109.1	7.7
132.1			1100.2	1100.2	1005.2	14.3
561.3			1515.7	1515.7	1043.7	140.4
7925			154166.5	149479.8	119564.7	3326.3
300			15002.7	14692.5	9273.5	18.5
3606.7			14588.1	14026.4	10434.8	96.6
45			9.5	9.5	4.1	1.3
350.7			1161.9	1161.9	877.5	1.7
25			2445.8	2445.8	2029	4.6
121.1			3531.1	2727.4	2437.8	
1238.9			2256.5	2256.5	1793.8	39.5
10590.3			61546.3	60069.6	41896.8	422.5
6066.7			51127.7	49899.3	34838.2	120.7
			5111	5111	4626.5	17.2
1019.4			4807.1	4785.7	4192	36.2
44			941.6	941.6	653.6	10.4
687.1			6349.9	1847	1847.4	15.7
757.9			1735.6	1684.1	1175	12.8
1641.1			63773.8	60334.1	42303.6	694.9
60			62484.1	59044.5	41158.6	684.9
3200			1992.8	1521.8	534.7	10.9
927.9			3722.1	2762.2	1951.1	28.1

2-30 续表 2

项 目	本年折旧	资产总计	负债合计	实收资本	国家资本	集体资本	法人资本
总 计	**36829.1**	**981042.5**	**566819.5**	**246896.2**	**89252.8**	**6378.4**	**89275.7**
规模以上	32209	888853.5	522927.9	206355.2	85692	3578	77424.3
规模以下	4620.1	92189	43891.6	40541	3560.8	2800.4	11851.4
按登记注册类型分							
内资企业	36641	974819	565401.3	241932.8	89252.8	6378.4	89275.7
国有企业	10182.5	140698.7	64614.2	45183	45131.3		
#中央企业	3504.3	86898.5	31108.3	37850.9	37850.9		
地方企业	6678.2	53800.2	33505.9	7332.1	7280.4		
#自治区属企业							
地区(州、市)属企业	5161	25705.7	18263.8	1252.7	1252.7		
县(市)属企业	1517.2	28094.5	15242.1	6079.4	6027.7		
集体企业	602.8	4893.9	2661.3	2757.9		1732	110.9
#自治区属企业							
地区(州、市)属企业	32.8	86.7	33.7	42.7		42.7	
县(市)属企业	200.2	2924.2	2106.4	1042.4		1000.6	41.8
镇属企业	28	693	49.2	635.1		599	36.1
乡属企业	8	85.5	2	83.5		40.5	33
股份合作企业	502.1	10107.5	948.9	5120		70	5000
联营企业	5	615	610	100		100	
#国有联营企业							
集体联营企业	5	615	610	100		100	
国有与集体联营企业							
其他联营企业							
有限责任公司	20291.9	655686.6	427689.3	136412.3	40560.7	4248.9	63555.6
#国有独资公司	2161.9	210623.7	168671.2	31298.9	31298.9		
其他有限责任公司	18130	445062.9	259018.1	105113.4	9261.8	4248.9	63555.6
股份有限公司	2461.4	83970.7	28934.7	23492.7	3550		12626
私营企业	2577.5	78261.6	39876.9	28705.3	10.8	227.5	7821.6
#私营独资企业	1075.2	19175.8	8923.3	8012.5			1635.6
私营合伙企业	81.2	2970.3	981.1	1478.1		100	278
私营有限责任公司	1390.3	52960	28903.1	18173.9	10.8	127.5	4917.2
私营股份有限公司	30.8	3155.5	1069.4	1040.8			990.8
港、澳、台商投资企业	1.9	442.9	70.5	382.6			
外商投资企业	186.2	5780.6	1347.7	4580.8			
在总计中：国有控股企业	23523.3	576699.7	361644.2	115124.9	87057.7		19587.2
在总计中：农村工业	464.7	6441.6	3460.6	3091.9		40.5	33
按轻、重工业分							
轻工业	6729.2	239343.9	133060.3	66564.3	8879.4	4509	27935.6
以农产品为原料	5305.4	215810.1	124335.3	59029	4300.2	4449.5	26546.6
以非农产品为原料	1423.8	23533.8	8725	7535.3	4579.2	59.5	1389
重工业	30099.9	741698.6	433759.2	180331.9	80373.4	1869.4	61340.1
采掘工业	2055	86849	36418.8	26292.7	16947.2	380	3580
原料工业	25214.5	599498.9	370630.7	131767.3	63262.2	698.9	47921.6
加工工业	2830.4	55350.7	26709.7	22271.9	164	790.5	9838.5
按企业规模分							
大型企业							
中型企业	23353.5	596363.6	388396.8	118569.4	61554.6	2560	48337.1
小型企业	13475.6	384678.9	178422.7	128326.8	27698.2	3818.4	40938.6

计量单位：万元

费用合计（营业费用、管理费用）	营业利润	利润总额	从业人员劳动报酬	劳动、失业保险费	全部从业人员年平均人数	亏损企业亏损额
67459.2	**32994.2**	**38623**	**34407.2**	**1417.3**	**27453**	**5422.4**
61832.1	31282.7	37911.5	30091.5	1115	21694	3726.2
5627.1	1711.5	711.5	4315.7	302.3	5759	1696.2
66877.7	32995.4	38704.6	34241.3	1411.7	27243	5340.8
8654.2	427.4	3457.2	6790.1	427	3745	864.9
4231.7	1100.4	4152.8	3268.8	73.6	1952	
4422.5	-673	-695.6	3521.3	353.4	1793	864.9
1719.3	-235.3	-251.5	1487.2	313.1	569	251.5
2703.2	-437.7	-444.1	2034.1	40.3	1224	613.4
399.6	183	123	336.9	39.6	527	62.2
32.8	14.7		30.7	0.3	24	
143.7	10.2	-34.3	94.2	25.8	157	52.4
184.6	139.9	139.1	141.2	10.4	247	
30	15.4	15.4	24.2	1.9	24	
853.9	406.2	234.2	283.5	1.9	151	
46037.2	25599	26687.8	18959.1	721.4	15867	2820.8
8387.1	10659.9	10814.6	1812.3	38.7	1090	
37650.1	14939.1	15873.2	17146.8	682.7	14777	2820.8
6321.6	2247.8	5278.4	4498.4	86.4	2717	190.6
4568.2	4059.7	2851.7	3334.8	130.4	4177	1402.3
1320.1	1191.6	488.8	1369.5	42.3	1799	380
293	751.1	742.4	220.4	8.7	296	21.2
2813.1	2068.4	1625.7	1610.5	78.2	1876	950.3
142	48.6	-5.2	134.4	1.2	206	50.8
10.3		-10.3	10		15	10.3
571.2	-1.2	-71.3	155.9	5.6	195	71.3
36099.2	15977.7	21784.6	19064.8	762.7	10887	1057.7
225.1	-198.2	-198.4	148.3	2.4	159	219.7
14542.3	408.2	457.9	6414.1	293.5	8184	3912.2
12963.2	508.8	571.9	5383.3	225.2	7372	3531.5
1579.1	-100.6	-114	1030.8	68.3	812	380.7
52916.9	32586	38165.1	27993.1	1123.8	19269	1510.2
7785.3	6286.1	8420.1	5992.6	87.8	4210	65.1
38747.3	23116.5	26939.6	18811.6	748.4	11347	913.8
6384.3	3183.4	2805.4	3188.9	287.6	3712	531.3
42208	19931.8	24313.9	20580.9	773.3	14278	1221.2
25251.2	13062.4	14309.1	13826.3	644	13175	4201.2

2-30 续表 3

项　目	本年折旧	资产总计	负债合计	实收资本	国家资本	集体资本	法人资本
按行业分							
煤炭开采和洗选业	1554.8	82068.4	33465.6	24472.4	16936.4	380	3460
石油和天然气开采业							
#天然原油和天然气开采							
黑色金属矿采选业	138.9	3445.6	2274	895.5			80
有色金属矿采选业							
非金属矿采选业	361.3	1335	679.2	924.8	10.8		40
#采盐							
其他采矿业							
农副食品加工业	2173	112375.5	58544.9	30762.6	4151.2	4068.9	10662.4
#谷物磨制	238.4	11535.2	4679.2	7586.4	4151.2	135.1	542.4
饲料加工	173.7	7848.7	3249.3	2834.4			1370
制糖	345.9	9845.2	5551.2	2575.2		2560	
食品制造业	392.1	3599.1	1921.2	1286.4		4.5	784
#罐头制造	21	260	56	256			
饮料制造业	856.4	14802.8	9422.5	5224.2		94.7	3020.4
#酒的制造	532.3	7199.2	5482	1804.6			256.5
烟草制品业							
纺织业	1537.5	66163.7	43079.4	16186.7			8092.6
#棉、化纤纺织及印染精加工	1528.1	65633.1	42710.5	16025.8			7962.3
毛纺织和染整精加工							
纺织服装、鞋、帽制造业	7.6	368.1	118.8	130.2		16	51.6
皮革、毛皮、羽毛(绒)及其制品业							
#皮革鞣制加工							
皮革制品制造							
木材加工及木、竹、藤、棕、草制品业	115.2	3402.2	1394.6	1311.4			170
家具制造业	24	470.7	136.8	386.6			45.8
造纸及纸制品业	91.5	6755.7	4494.3	1158.6		199.2	827.3
印刷业和记录媒介的复制	176.3	3359.1	1790.6	1029	149	70.7	248
文教体育用品制造业							
石油加工、炼焦及核燃料加工业	3020.2	250401.1	184458.7	48255.6	24568.8	85.2	15676.6
#炼焦	363.7	27475.7	11419.5	14425			14125
化学原料及化学制品制造业	698.2	16777.4	7488.4	5819.1		155	2057.4
#基础化学原料制造	3	68	21	45			
肥料制造	86.4	1781.1	436.5	350.7			
医药制造业	127.8	4070.3	1491.6	2915			2890
化学纤维制造业	107.8	6241.4	4889.7	1165			1043.9
橡胶制品业							
塑料制品业	430.1	3460.7	1368.6	1980.2			741.3
非金属矿物制品业	4883	139640.8	52772.3	43654.5	1464.3	634.5	30965.4
#水泥制造	3628.9	119780	46037.9	32477.7	1464.3		24946.7
黑色金属冶炼及压延加工业	440.4	2796.7	2019.9	764.6			764.6
有色金属冶炼及压延加工业							
金属制品业	171.1	4737.2	2497.5	1553.4		88	446
通用设备制造业	60.6	1777.3	920.2	575.4			531.4
专用设备制造业	63.3	5227.6	4131	964	164	50	62.9
交通运输设备制造业	187.2	2107.5	1172.9	964.7		18	188.8
电气机械及器材制造业							
通信设备、计算机及其他电子设备制造业							
仪器仪表及文化、办公用机械制造业							
工艺品及其他制造业							
废弃资源和废旧材料回收加工业							
电力、热力的生产和供应业	17731.8	216526.5	134087	45747.6	37229.1	513.7	6363.7
#电力生产和电力供应	17465.7	211182.2	131228.2	43786.5	37229.1	513.7	5983.7
燃气生产和供应业	383.6	9156	5337.2	3200			
水的生产和供应业	1095.4	19976.1	6862.6	5568.7	4579.2		61.6

计量单位：万元

费用合计（营业费用、管理费用）	营业利润	利润总额	从业人员劳动报酬	劳动、失业保险费	全部从业人员年平均人数	亏损企业亏损额
7361.3	6091.4	8343.7	5803.9	61.9	3960	48.5
363.7	143.6	52.4	102.7	23.7	137	7.6
60.3	51.1	24	86	2.2	113	9
6996.7	270.9	780.5	1967.7	127.2	2081	2010.7
1087.4	-133.8	-182.3	308.7	21	461	645.1
1059.8	68.8	131	205.3	11.9	223	57.6
1091.4	358.3	555.6	478.6	15.2	408	
508.8	654	407	304.8	6.6	308	61.1
120	320	320	7.9		12	
1482.4	924.2	409.9	451.2	44.1	450	64.9
779.9	267.6	265.8	356.9	23.3	320	49.9
2833.5	-1153.9	-1054.5	2066.8	20.8	3789	1209.8
2788.1	-1149.5	-1050	2043.1	19.6	3758	1201.8
36.1	16.3	16.3	26.6	1.2	44	14.9
66.9	169.4	125	168.6	0.8	328	15.7
31.5	1.9	-4.6	74.5		77	5.8
268.6	-169	-153.4	113.9	0.2	132	179.4
377.9	1	-22.5	280.7	24.8	307	40.4
9875.5	15660.7	16135	2867.5	23.5	2197	450.2
269.3	1735.8	2144.4	1441.9	0.4	1073	
2769.2	846.6	857.4	947.9	166.2	642	23.8
2.5	2	2	1.7		3	
173.3	146	109.2	46.7		49	
330.6	-66.6	89.5	197.4	2.4	225	128.5
556.3	45.2	45.2	145.1	2.2	200	
248.1	192.5	190.1	246.4	29.8	324	51.8
13309.2	5309.7	9054.4	7246.1	164.9	5851	243
11144	4130.2	7914.5	5844.6	108.3	3905	84.3
178.8	143	109.8	203.8		105	
381.7	245.6	152.8	266.2	7.1	272	25.4
182.7	93	103.3	153.1	1	111	
337.9	36.2	-170.2	313	6.5	324	255.7
419.3	130.6	122.6	259.6	45.9	291	39.7
16876.5	2764.8	2355.6	9470.4	612	4663	359.9
16723.1	2783.4	2383.2	9367.3	607	4550	295.7
640.4	791.6	793.1	83.9		55	
965.3	-199.6	-139.4	559.4	42.3	467	176.6

2-31 克孜勒苏柯尔克孜自治州

项目	企业单位数	亏损单位数	工业总产值(现价)	工业销售产值	出口交货值	年末存货	固定资产原价
总计	**56**	**14**	**21027.3**	**20471.2**		**3980.6**	**35457.9**
规模以上	17	7	17641.1	17080.7		3445.3	29620.8
规模以下	39	7	3386.2	3390.5		535.3	5837.1
按登记注册类型分							
内资企业	56	14	21027.3	20471.2		3980.6	35457.9
国有企业	11	6	1104.8	1131.1		252.9	7553.9
#中央企业							
地方企业	11	6	1104.8	1131.1		252.9	7553.9
#自治区属企业							
地区(州、市)属企业	4	3	254.6	298.7		56.8	3014.8
县(市)属企业	7	3	850.2	832.4		196.1	4539.1
集体企业	2		139.5	137			252.8
#自治区属企业							
地区(州、市)属企业	1						145.3
县(市)属企业	1		139.5	137			107.5
镇属企业							
乡属企业							
股份合作企业	2		8.8	8.8			313
联营企业							
#国有联营企业							
集体联营企业							
国有与集体联营企业							
其他联营企业							
有限责任公司	10	1	16018.2	15262.9		3060.5	22529.9
#国有独资公司							
其他有限责任公司	10	1	16018.2	15262.9		3060.5	22529.9
股份有限公司							
私营企业	31	7	3756	3931.4		667.2	4808.3
#私营独资企业	19	4	1263.5	1458.2		65.5	1444.9
私营合伙企业	2	1	268	248.4		284.1	864.3
私营有限责任公司	9	2	1894.1	2061.1		187.9	2145.4
私营股份有限公司	1		330.4	163.7		129.7	353.7
港、澳、台商投资企业							
外商投资企业							
在总计中：国有控股企业	14	7	5737.3	5795.1		1484.8	23416.4
在总计中：农村工业							
按轻、重工业分							
轻工业	19	4	12999.2	12188.2		2439.6	12413.1
以农产品为原料	13	3	11234.1	10419.2		2161.3	7378.5
以非农产品为原料	6	1	1765.1	1769		278.3	5034.6
重工业	37	10	8028.1	8283		1541	23044.8
采掘工业	15	5	3188.9	3235.6		388.9	6719.3
原料工业	6	1	4301.2	4314.7		1086.6	15509.3
加工工业	16	4	538	732.7		65.5	816.2
按企业规模分							
大型企业							
中型企业							
小型企业	56	14	21027.3	20471.2		3980.6	35457.9

工业企业主要经济指标

计量单位：万元

个人资本	港澳台资本	外商资本	营业收入 合计	营业收入 产品销售收入	产品销售成本	产品销售税金及附加
3309.2			**20400.9**	**20071.6**	**17531.3**	**160.1**
218			16929.2	16775.1	15307.5	67.2
3091.2			3471.7	3296.5	2223.8	92.9
3309.2			20400.9	20071.6	17531.3	160.1
18			1140.4	1047.7	834.7	9.5
18			1140.4	1047.7	834.7	9.5
18			245.1	245.1	247.6	2.4
			895.3	802.6	587.1	7.1
			137.5	137.5	90.7	13.5
			137.5	137.5	90.7	13.5
			8.8	8.8		
574.9			15046.2	14984.8	13858.9	57.8
574.9			15046.2	14984.8	13858.9	57.8
2716.3			4068	3892.8	2747	79.3
985.3			1410.5	1235.3	960.1	40.6
1255			180.8	180.8	116.5	1.8
170			2313	2313	1563.7	26.4
306			163.7	163.7	106.7	10.5
18			6105.2	5972.8	5657.2	52.1
1977			11499.7	11379.1	10070.2	45.6
1750			9809.9	9788.2	9037.1	15.9
227			1689.8	1590.9	1033.1	29.7
1332.2			8901.2	8692.5	7461.1	114.5
696.9			3255.6	3255.6	1991.6	30.5
300			4734.8	4701.3	4768.9	52.3
335.3			910.8	735.6	700.6	31.7
3309.2			20400.9	20071.6	17531.3	160.1

2-31 续表 1

项 目	企业单位数	亏损单位数	工业总产值（现价）	工业销售产值	出口交货值	年末存货	固定资产原价
按行业分							
煤炭开采和洗选业	3	3	211	265		69.3	3221.1
石油和天然气开采业							
#天然原油和天然气开采							
黑色金属矿采选业							
有色金属矿采选业	7	1	2554.5	2713.9		189.9	2867.9
非金属矿采选业	5	1	423.4	256.7		129.7	630.3
#采盐							
其他采矿业							
农副食品加工业	4		2836.7	3134.2		365.2	1188.2
#谷物磨制	2		2727.9	3025.4		365.2	801.2
饲料加工							
制糖							
食品制造业	5		819.8	815.3		180.9	965.5
#罐头制造							
饮料制造业							
#酒的制造							
烟草制品业							
纺织业							
#棉、化纤纺织及印染精加工							
毛纺织和染整精加工							
纺织服装、鞋、帽制造业							
皮革、毛皮、羽毛(绒)及其制品业	2	1	8203.7	7119.4		1768.2	5692.8
#皮革鞣制加工	2	1	8203.7	7119.4		1768.2	5692.8
皮革制品制造							
木材加工及木、竹、藤、棕、草制品业	1		105	105			80
家具制造业							
造纸及纸制品业	1		39	39			150
印刷业和记录媒介的复制	2	2	111.9	103.8		7.3	87.7
文教体育用品制造业							
石油加工、炼焦及核燃料加工业							
#炼焦							
化学原料及化学制品制造业	1						58.6
#基础化学原料制造							
肥料制造							
医药制造业							
化学纤维制造业							
橡胶制品业							
塑料制品业	2		230	417.7		37	390
非金属矿物制品业	12	2	3568.5	3591.5		771.1	8254.8
#水泥制造	2		3174	3190		751.5	7630.5
黑色金属冶炼及压延加工业							
有色金属冶炼及压延加工业							
金属制品业	1	1	19.9	19.9			3.3
通用设备制造业							
专用设备制造业							
交通运输设备制造业	4	1	124.8	124.8		8.9	31
电气机械及器材制造业							
通信设备、计算机及其他电子设备制造业							
仪器仪表及文化、办公用机械制造业							
工艺品及其他制造业							
废弃资源和废旧材料回收加工业							
电力、热力的生产和供应业	2	1	1021	1018.5		335.1	7788.8
#电力生产和电力供应	2	1	1021	1018.5		335.1	7788.8
燃气生产和供应业							
水的生产和供应业	4	1	758.1	746.5		118	4047.9

计量单位：万元

个人资本	港澳台资本	外商资本	营业收入 合计	产品销售收入	产品销售成本	产品销售税金及附加
			241.3	241.3	190.2	2
385.9			2770.4	2770.4	1651.1	13.5
311			243.9	243.9	150.3	15
200			2776.5	2776.5	2446.8	1.3
			2667.7	2667.7	2361.8	0.1
105			710.4	704.2	391.5	23.5
1400			6877.4	6855.7	6451.9	10.6
1400			6877.4	6855.7	6451.9	10.6
100			100	100	65	3.6
25			37	37	16.2	0.2
20			77.3	77.3	117.8	2.7
80						
227			407.7	233	267.8	3.4
384			4189.5	4160.2	3433.4	56.7
190			3609.9	3581.1	2983.5	31.2
5.3			19.9	19.9	13	0.1
66			124.8	124.8	63.9	5.9
			1023.7	1019	1720.1	17.5
			1023.7	1019	1720.1	17.5
			801.1	708.4	552.3	4.1

2-31 续表 2

项 目	本年折旧	资产总计	负债合计	实收资本	国家资本	集体资本	法人资本
总 计	**3346**	**45567.3**	**36037.5**	**12907.4**	**4421.7**	**1044.8**	**4131.7**
规模以上	3089.1	37332.2	32790.6	7846.7	4421.7	397	2810
规模以下	256.9	8235.1	3246.9	5060.7		647.8	1321.7
按登记注册类型分							
内资企业	3346	45567.3	36037.5	12907.4	4421.7	1044.8	4131.7
国有企业	377.3	9757.1	8301.8	4009.7	3991.7		
#中央企业							
地方企业	377.3	9757.1	8301.8	4009.7	3991.7		
#自治区属企业							
地区(州、市)属企业	49	3561.2	3982.6	2234.7	2216.7		
县(市)属企业	328.3	6195.9	4319.2	1775	1775		
集体企业	44.8	266.5	150.3	113.8		113.8	
#自治区属企业							
地区(州、市)属企业	41	159	61	73		73	
县(市)属企业	3.8	107.5	89.3	40.8		40.8	
镇属企业							
乡属企业							
股份合作企业		313	187	253		208.5	44.5
联营企业							
#国有联营企业							
集体联营企业							
国有与集体联营企业							
其他联营企业							
有限责任公司	2628.7	27315.5	23899.5	3973.3	430	428.5	2539.9
#国有独资公司							
其他有限责任公司	2628.7	27315.5	23899.5	3973.3	430	428.5	2539.9
股份有限公司							
私营企业	295.2	7915.2	3498.9	4557.6		294	1547.3
#私营独资企业	35.6	2027.4	631.4	1340.6			355.3
私营合伙企业	30	1427.8	133.2	1255			
私营有限责任公司	188.9	3772.6	2651.2	1362			1192
私营股份有限公司	40.7	687.4	83.1	600		294	
港、澳、台商投资企业							
外商投资企业							
在总计中：国有控股企业	2682.5	23288.9	22135	4486.7	4421.7	47	
在总计中：农村工业							
按轻、重工业分							
轻工业	681.4	22192.8	15857	6308.3	1871.3	605.5	1854.5
以农产品为原料	318.2	15229.7	10772.6	4429.8	266.8	558.5	1854.5
以非农产品为原料	363.2	6963.1	5084.4	1878.5	1604.5	47	
重工业	2664.6	23374.5	20180.5	6599.1	2550.4	439.3	2277.2
采掘工业	322.6	9296.1	6762.3	5206.3	2175.4	294	2040
原料工业	2288.7	12770.1	12946.2	715.8	375	40.8	
加工工业	53.3	1308.3	472	677		104.5	237.2
按企业规模分							
大型企业							
中型企业							
小型企业	3346	45567.3	36037.5	12907.4	4421.7	1044.8	4131.7

计量单位：万元

费用合计 (营业费用、 管理费用)	营业利润	利润总额	从业人员 劳动报酬	劳动、失业 保 险 费	全部从业人员 年平均人数	亏损企业 亏 损 额
6202.4	**-760.3**	**-1017.5**	**2198.4**	**127.4**	**2981**	**2005.7**
3032.9	-1181.9	-1514.7	1646.5	115.4	2001	1905.4
3169.5	421.6	497.2	551.9	12	980	100.3
6202.4	-760.3	-1017.5	2198.4	127.4	2981	2005.7
1064	-451.2	-804.2	607.1	98.8	1114	820
1064	-451.2	-804.2	607.1	98.8	1114	820
650.3	-202.1	-550.8	374.9	83	854	551
413.7	-249.1	-253.4	232.2	15.8	260	269
20.6	12.7	12.9	12.2		22	
					3	
20.6	12.7	12.9	12.2		19	
8.8			6.4		16	
1662.9	-551.2	-531.2	1025.5	17.7	945	1085.4
1662.9	-551.2	-531.2	1025.5	17.7	945	1085.4
3446.1	229.4	305	547.2	10.9	884	100.3
314.8	102.7	103.3	245.1		492	4.5
70.8	-5.3	-5.5	63.2		79	5.5
3018.3	127.7	202.9	183.9	10.9	258	90.3
42.2	4.3	4.3	55		55	
2089.7	-1384.9	-1749.4	1292.4	112.8	1622	1905.4
1358.6	-119.4	-16	735.1	23.8	725	270.7
716.7	32	143.8	429.2	3.1	436	11.6
641.9	-151.4	-159.8	305.9	20.7	289	259.1
4843.8	-640.9	-1001.5	1463.3	103.6	2256	1735
3476.7	368.4	4.7	655.9	85.2	1395	555
883.6	-977.5	-985.1	664.1	8.8	566	1085.4
483.5	-31.8	-21.1	143.3	9.6	295	94.6
6202.4	-760.3	-1017.5	2198.4	127.4	2981	2005.7

2-31 续表 3

项 目	本年折旧	资产总计	负债合计	实收资本	国家资本	集体资本	法人资本
按行业分							
煤炭开采和洗选业	49.9	3734	3959.2	2161.4	2161.4		
石油和天然气开采业							
#天然原油和天然气开采							
黑色金属矿采选业							
有色金属矿采选业	231.7	4587	2562.1	2150	14		1750.1
非金属矿采选业	41	975.1	241	894.9		294	289.9
#采盐							
其他采矿业							
农副食品加工业	34	2080.3	1422.4	805.8	68.8	482.5	54.5
#谷物磨制	32.3	1622	1185.4	428.8	68.8	350	10
饲料加工							
制糖							
食品制造业	39.6	1750.6	1094.7	443	215	123	
#罐头制造							
饮料制造业							
#酒的制造							
烟草制品业							
纺织业							
#棉、化纤纺织及印染精加工							
毛纺织和染整精加工							
纺织服装、鞋、帽制造业							
皮革、毛皮、羽毛(绒)及其制品业	280.1	12456.9	9129	3200			1800
#皮革鞣制加工	280.1	12456.9	9129	3200			1800
皮革制品制造							
木材加工及木、竹、藤、棕、草制品业		200		100			
家具制造业							
造纸及纸制品业		150		25			
印刷业和记录媒介的复制	3.8	76.1	102.8	58	38		
文教体育用品制造业							
石油加工、炼焦及核燃料加工业							
#炼焦							
化学原料及化学制品制造业		58.6		80			
#基础化学原料制造							
肥料制造							
医药制造业							
化学纤维制造业							
橡胶制品业							
塑料制品业	3.3	424.6	318.7	262.5			35.5
非金属矿物制品业	1177.8	6948.2	6184.6	655.2		104.5	166.7
#水泥制造	1129.5	6159.9	5882	190			
黑色金属冶炼及压延加工业							
有色金属冶炼及压延加工业							
金属制品业	1.4	13.3	10.8	5.3			
通用设备制造业							
专用设备制造业							
交通运输设备制造业	2.9	314.5	60.9	101			35
电气机械及器材制造业							
通信设备、计算机及其他电子设备制造业							
仪器仪表及文化、办公用机械制造业							
工艺品及其他制造业							
废弃资源和废旧材料回收加工业							
电力、热力的生产和供应业	1159.2	6400.2	7064.2	415.8	375	40.8	
#电力生产和电力供应	1159.2	6400.2	7064.2	415.8	375	40.8	
燃气生产和供应业							
水的生产和供应业	321.3	5397.9	3887.1	1549.5	1549.5		

计量单位：万元

费用合计（营业费用、管理费用）	营业利润	利润总额	从业人员劳动报酬	劳动、失业保险费	全部从业人员年平均人数	亏损企业亏损额
616	-113.8	-546.5	326.3	81.3	866	546.5
2785.8	477.6	546.6	251.6	3.9	424	8.4
74.9	4.6	4.6	78		105	0.1
211.8	116.6	77	63.5	0.1	75	
193.2	112.6	77	49.1	0.1	58	
222	73.3	82.2	114	5.6	127	
400	5.6	72.7	277.3	1.3	281	5.5
400	5.6	72.7	277.3	1.3	281	5.5
7.8	23.7	23.7	9		50	
20.6			3.6		5	
35.7	-77.8	-6.1	69.3	1.3	51	6.1
					20	
128.3	8.2	8.2	30.1		37	
941.2	24.4	28.9	521.5	13	558	91.7
517.1	72.7	63.7	412.3	3.4	335	
6.8		-2.8	6		7	2.8
45.5	11.1	11.1	20.5		40	0.1
357.8	-1073.9	-1072.5	239.2	5.4	174	1085.4
357.8	-1073.9	-1072.5	239.2	5.4	174	1085.4
348.2	-239.9	-244.6	188.5	15.5	161	259.1

2-32 喀什地区工业

项目	企业单位数	亏损单位数	工业总产值（现价）	工业销售产值	出口交货值	年末存货	固定资产原价
总　计	**358**	**78**	**177777.7**	**166051.2**		**33627.1**	**440220.1**
规模以上	59	31	146652.6	137118.8		24376.3	382670.3
规模以下	299	47	31125.1	28932.4		9250.8	57549.8
按登记注册类型分							
内资企业	356	78	176739.5	164902		33393.1	439067.8
国有企业	27	18	6511.4	6213.2		1401.4	30943.4
#中央企业							
地方企业	27	18	6511.4	6213.2		1401.4	30943.4
#自治区属企业							
地区(州、市)属企业	5	3	1059.5	954.6		388.3	2426.5
县(市)属企业	22	15	5451.9	5258.6		1013.1	28516.9
集体企业	42	9	8164.6	5589.2		5339.5	13208.8
#自治区属企业							
地区(州、市)属企业	1		11	12.9		0.6	22.5
县(市)属企业	24	5	6277.7	3684.5		4527.4	10578.1
镇属企业	2	1	289.6	289.6		1.6	361.2
乡属企业	10	2	1063	1072.4		626	1769.3
股份合作企业	8	3	264.2	300.1		117.7	914.3
联营企业	5	1	1036.2	905.5		35.6	1637.1
#国有联营企业							
集体联营企业	2		198	183		20.8	151
国有与集体联营企业							
其他联营企业	3	1	838.2	722.5		14.8	1486.1
有限责任公司	81	28	137250.5	129000.6		22540	369977.2
#国有独资公司	2	1	53638.1	53638.1		638.5	292015
其他有限责任公司	79	27	83612.4	75362.5		21901.5	77962.2
股份有限公司							
私营企业	191	19	23344.9	22685.4		3945.7	22277
#私营独资企业	136	4	11430.2	11501.8		1413	11110
私营合伙企业	7	2	664.2	606.9		134.7	667.9
私营有限责任公司	42	12	9251.7	8561.7		1697.2	6822
私营股份有限公司	6	1	1998.8	2015		700.8	3677.1
港、澳、台商投资企业							
外商投资企业	2		1038.2	1149.2		234	1152.3
在总计中：国有控股企业	38	20	76635.7	72401.6		6537.3	336857.8
在总计中：农村工业	15	2	1601	1540.4		666.4	2068.5
按轻、重工业分							
轻工业	137	43	72959	63965.2		23286.6	75827.7
以农产品为原料	107	31	68712.6	59817.3		22362.8	51733.8
以非农产品为原料	30	12	4246.4	4147.9		923.8	24093.9
重工业	221	35	104818.7	102086		10340.5	364392.4
采掘工业	21	3	2737.2	2737.8		189.4	4191.9
原料工业	36	11	79532.6	78817.1		4800.3	337963.5
加工工业	164	21	22548.9	20531.1		5350.8	22237
按企业规模分							
大型企业	1		40192.6	40192.6			247992.6
中型企业	4	3	41918.2	38193.1		6918.3	66319.9
小型企业	353	75	95666.9	87665.5		26708.8	125907.6

企业主要经济指标

计量单位：万元

个人资本	港澳台资本	外商资本	营业收入		产品销售成本	产品销售税金及附加
			合计	产品销售收入		
30528.5		**1315.2**	**168209**	**164185.9**	**168358.6**	**2361.2**
8189.8		494	139578	135885.4	146620.7	1308.6
22338.7		821.2	28631	28300.5	21737.9	1052.6
30528.5		414	167059.8	163036.7	167514.7	2349.2
			7180.6	6330.4	4490.6	82.9
			7180.6	6330.4	4490.6	82.9
			1455.2	968.4	725.9	31.4
			5725.4	5362	3764.7	51.5
698.2			5511.5	5405.3	4645.2	94
7.8			12.9	12.9	11	0.9
256.5			3701.4	3641.7	3267.6	39.7
			193.5	147	121.7	1.4
293.9			1073.9	1073.9	880.1	33.7
232			310.7	300.2	196.5	8.3
5			841.3	838.1	648.2	30
5			183	183	109	14.3
			658.3	655.1	539.2	15.7
18400.1		414	130568.8	127599.3	139666.8	1341.9
			53345.8	51731.3	66552.2	443
18400.1		414	77223	75868	73114.6	898.9
11106.2			22438.9	22355.4	17699.7	779.8
7445.4			11337.7	11272.2	8817.1	526.1
225			589.2	588.9	394.9	20.8
2895.8			8982.9	8965.2	7193.2	214.6
540			1529.1	1529.1	1294.5	18.3
		901.2	1149.2	1149.2	843.9	12
142.2		821.2	76276.2	73712.2	91030.8	603.6
666.9			1541.9	1541.9	1218.1	65.7
4720.2		901.2	65671.5	64162.4	61021.8	952.8
4184.6		901.2	61212.9	59999.8	58269.9	890.8
535.6			4458.6	4162.6	2751.9	62
25808.3		414	102537.5	100023.5	107336.8	1408.4
1481.5			2840.1	2740.5	1847	45.4
17029.5		414	78728	76844.9	88272.9	645.2
7297.3			20969.4	20438.1	17216.9	717.8
			41853.9	40239.4	55882.7	288.3
152.7			38428.7	38063.1	41569.1	252.7
30375.8		1315.2	87926.4	85883.4	70906.8	1820.2

2-32 续表 1

项　　目	企业单位数	亏损单位数	工业总产值（现价）	工业销售产值	出口交货值	年末存货	固定资产原价
按行业分							
煤炭开采和洗选业	4	2	968.9	977.9		147.6	2039.1
石油和天然气开采业							
#天然原油和天然气开采							
黑色金属矿采选业	1		9.6	12			8
有色金属矿采选业	2		1087.5	1087.5			570
非金属矿采选业	14	1	671.2	660.4		41.8	1574.8
#采盐	1		22.7	24.5		5.2	2.5
其他采矿业							
农副食品加工业	34	7	22540.6	20957.1		5400.2	13582.7
#谷物磨制	15	2	8594.8	8162.8		938.7	4882.6
饲料加工	3	2	2336.3	2285.4		512.8	1437.2
制糖							
食品制造业	15	5	2629.5	2656.2		738.9	845.8
#罐头制造	1		64.2	54.9		8.1	40
饮料制造业	11	2	8844.2	8268.5		3326.1	8780.2
#酒的制造	5	1	3889.3	3874.5		1138.8	2575.2
烟草制品业							
纺织业	15	8	30572.7	24085.7		10885	22734.3
#棉、化纤纺织及印染精加工	13	8	30113.2	23595.7		10810	21924.3
毛纺织和染整精加工							
纺织服装、鞋、帽制造业	3		447.5	321.4		0.9	517.7
皮革、毛皮、羽毛(绒)及其制品业							
#皮革鞣制加工							
皮革制品制造							
木材加工及木、竹、藤、棕、草制品业	10	1	1587.6	1268.5		692.5	3201.8
家具制造业	7		620.5	610.4		45.2	471.6
造纸及纸制品业	7	4	1131.1	774.9		573.1	1363
印刷业和记录媒介的复制	14	4	810.1	869.4		78.8	1601.5
文教体育用品制造业							
石油加工、炼焦及核燃料加工业							
#炼焦							
化学原料及化学制品制造业	3	1	164.9	229.2		100	318
#基础化学原料制造	1		122.9	187.2		100	242.5
肥料制造							
医药制造业	4	2	1256.1	1439.5		1322.5	1901.6
化学纤维制造业	1		60	80		15	30
橡胶制品业							
塑料制品业	20	7	4825.5	3856.3		1783.4	4187.2
非金属矿物制品业	112	8	32803.8	31246.2		4851.6	29524.8
#水泥制造	8	2	19357	19212.8		3078.5	17174.5
黑色金属冶炼及压延加工业							
有色金属冶炼及压延加工业	1	1	280	35		17.5	13.4
金属制品业	18		1942.9	2095.9		362.1	834.5
通用设备制造业	8	2	761.6	804.8		430	1913.3
专用设备制造业	5	3	697.2	587.1		551.1	2027.3
交通运输设备制造业	12	3	867.2	875.5		190.8	933.8
电气机械及器材制造业	3		20.4	321.2		383.4	269.4
通信设备、计算机及其他电子设备制造业							
仪器仪表及文化、办公用机械制造业							
工艺品及其他制造业	3		72.2	73.6		11.9	585.8
废弃资源和废旧材料回收加工业	3		328.5	328.5		20	330
电力、热力的生产和供应业	14	7	58129.1	58051.2		911.8	317276.2
#电力生产和电力供应	7	2	55040.6	55013.7		671.9	299459.1
燃气生产和供应业							
水的生产和供应业	14	10	3647.3	3477.3		745.9	22784.3

计量单位：万元

个人资本	港澳台资本	外商资本	营业收入合计	产品销售收入	产品销售成本	产品销售税金及附加
300			1030.5	977.9	765.5	22
10			12	12	9.6	0.5
150			1087.5	1087.5	700	11
1021.5			710.1	663.1	371.9	11.9
			24.5	24.5	17.5	
1387.6			20636.6	20519.5	18283.8	119.3
654.4			7821.8	7770.8	6858.9	20.4
26.7			2340.1	2285	2314.3	56.5
196		80	2282.6	2277.5	1897.8	69.7
50			54.9	54.9	45	0.1
570			8839.6	8229.8	4365.4	521.2
420			4384.7	4200.6	1912.6	508.9
305			25906.7	25454.2	30891.3	84.1
225			25396.7	24964.2	30431.8	76
144.3			349.3	349.3	131.4	7.6
3060			1472.7	1460.7	804.2	23.6
614.6			352.4	352.4	242.5	28.1
320.6			758.9	758.9	776.8	6.5
235.5			805.1	781.6	537.3	33.5
55			265.7	229.2	148.5	4.1
35			223.7	187.2	112.5	1.1
473		821.2	1439.5	1439.5	1279.7	29.9
50			80	80	60	0.5
1209.7			3801.3	3797	3653	25.7
6369.2		414	31269.9	31127.6	26466.8	650.4
2134.4		414	19205.1	19088.8	16598.5	130.9
50			35.2	35.2	63.7	0.7
331.9			1960	1943.7	1582.4	49.2
975			804.8	804.8	680	26.2
74.8			1188.3	712.2	504	2.3
358.8			737.9	727	623.1	78.9
55			456.2	456.2	356.6	10.7
230			83.6	76.6	50.6	3
265			328.5	328.5	242.3	14.2
11695			57728.9	56010.6	70638	487.7
60			54697.1	53062.6	67531.6	461.2
21			3785.2	3493.4	2232.4	38.7

2-32 续表 2

项 目	本年折旧	资产总计	负债合计	实收资本	国家资本	集体资本	法人资本
总 计	**33359.3**	**509198.4**	**419858.4**	**105520.5**	**34256.9**	**13326.1**	**26093.8**
规模以上	29217.3	424571.4	376155	59891.4	32749	5034.9	13423.7
规模以下	4142	84627	43703.4	45629.1	1507.9	8291.2	12670.1
按登记注册类型分							
内资企业	33340.1	508242.1	418714.2	104619.3	34256.9	13326.1	26093.8
国有企业	1095.9	33685.4	19732.1	11289.3	9782	1507.3	
#中央企业							
地方企业	1095.9	33685.4	19732.1	11289.3	9782	1507.3	
#自治区属企业							
地区(州、市)属企业	160.5	2507.3	1326.5	1469.6	1469.6		
县(市)属企业	935.4	31178.1	18405.6	9819.7	8312.4	1507.3	
集体企业	1041.5	19682.6	17525.7	8817.6		8027.4	92
#自治区属企业							
地区(州、市)属企业	0.9	26.1	0.5	11.3		3.5	
县(市)属企业	873.9	16579.6	16780.8	7354.5		7048	50
镇属企业	0.6	392.1	249.7	100.4		90.4	10
乡属企业	147.8	2091	228.4	968.4		654.5	20
股份合作企业	34.6	869.7	650.5	316.3		67.1	17.2
联营企业	25.8	1589.9	653.7	931.6	51	105.8	769.8
#国有联营企业							
集体联营企业	10.3	147	50.5	115.8		105.8	5
国有与集体联营企业							
其他联营企业	15.5	1442.9	603.2	815.8	51		764.8
有限责任公司	29609.1	417735.7	370858.4	66046.5	24423.9	2851.5	19957
#国有独资公司	24839.8	268722.1	262639.8	12803.7	12803.7		
其他有限责任公司	4769.3	149013.6	108218.6	53242.8	11620.2	2851.5	19957
股份有限公司							
私营企业	1530.6	34541.8	9290.3	17081		717	5257.8
#私营独资企业	685.6	15237.5	2265.1	8900.4		647	808
私营合伙企业	62.1	968.4	104.5	555			330
私营有限责任公司	584.7	13001.6	5650.9	6362.8		70	3397
私营股份有限公司	198.2	5334.3	1269.8	1262.8			722.8
港、澳、台商投资企业							
外商投资企业	19.2	956.3	1144.2	901.2			
在总计中：国有控股企业	26871.7	327254.9	300213.8	35892.6	33414.9	1507.3	7
在总计中：农村工业	165	2696	278.9	1521.2		829.3	25
按轻、重工业分							
轻工业	3929.2	121713.1	78211.6	51421.9	16541.4	10587.1	18672
以农产品为原料	2711.4	96067.5	67438.8	38773.1	11942.2	3912.1	17833
以非农产品为原料	1217.8	25645.6	10772.8	12648.8	4599.2	6675	839
重工业	29430.1	387485.3	341646.8	54098.6	17715.5	2739	7421.8
采掘工业	185.8	5501.3	1699.9	2214	390.1	90.4	252
原料工业	27365.5	348562.5	323832.5	38330.8	16375.3	740	3772
加工工业	1878.8	33421.5	16114.4	13553.8	950.1	1908.6	3397.8
按企业规模分							
大型企业	21628.3	224953.5	218325.9	5291.7	5291.7		
中型企业	4615.1	78949	71236	20164.7	17312		2700
小型企业	7115.9	205295.9	130296.5	80064.1	11653.2	13326.1	23393.8

计量单位：万元

费用合计（营业费用、管理费用）	营业利润	利润总额	从业人员劳动报酬	劳动、失业保险费	全部从业人员年平均人数	亏损企业亏损额
24286.1	**-24838.2**	**17117.9**	**22314.1**	**878.5**	**20625**	**11079.2**
19042.9	-26108.7	16450.4	15661.8	678	12025	8983.6
5243.2	1270.5	667.5	6652.3	200.5	8600	2095.6
24033	-24878.3	17079.6	22237.4	872.2	20550	11079.2
2399.1	-553.1	-670.1	1578.7	94.8	1616	839.2
2399.1	-553.1	-670.1	1578.7	94.8	1616	839.2
304.5	-77.3	-35.9	272.8	42.4	311	53.9
2094.6	-475.8	-634.2	1305.9	52.4	1305	785.3
2369.1	-412.8	-637.1	1342.5	24.1	1864	874.1
0.8	0.2	0.2	36.6	0.2	61	
2130.8	-560	-722.3	807.6	11.4	1192	856.9
54.7	15.8	14.7	23.5	1.6	42	3.9
99.9	67.4	63.3	398	10.2	434	8.2
136.5	-29.9	-30.1	96.9	12	143	37.6
61.5	101.6	101.6	99.7	1.5	180	2.4
52.7	7	7	64.9	0.5	90	
8.8	94.6	94.6	34.8	1	90	2.4
16527	-25723.9	16756.9	15146.8	712.3	11900	8833.4
7354.6	-22363.4	19628.4	8645.7	456.2	3797	1506
9172.4	-3360.5	-2871.5	6501.1	256.1	8103	7327.4
2519.8	1731.8	1550.4	3921.4	27.1	4769	492.5
814.4	1275.8	1205.4	2398.9	20.1	2853	41.6
83.2	95.4	91	204.6		239	5.5
1327.4	399.1	331.2	1147.7	6.2	1453	247.2
294.8	-38.5	-77.2	170.2	0.8	224	198.2
253.1	40.1	38.3	76.7	6.3	75	
11930.2	-26484.7	15463.2	11520.2	627.6	7459	6046.9
154.6	110.7	105.8	559.7	11.1	681	8.2
10081.9	-3590.3	-4078	6186.9	184	8413	7793.2
7682.1	-2912.1	-3353.4	5128.9	141.5	7363	6862.4
2399.8	-678.2	-724.6	1058	42.5	1050	930.8
14204.2	-21247.9	21195.9	16127.2	694.5	12212	3286
467.7	512.7	283.4	684.3	2.6	804	118.5
11937.3	-22489.3	20155.5	11294.5	602.6	6573	2610.4
1799.2	728.7	757	4148.4	89.3	4835	557.1
5182.4	-20858.5	21134.4	7374.3	295.7	3435	
5630.9	-6275	-5781.7	3184	242.2	3205	6125.1
13472.8	2295.3	1765.2	11755.8	340.6	13985	4954.1

2-32 续表 3

项　　目	本年折旧	资产总计	负债合计	实收资本	国家资本	集体资本	法人资本
按行业分							
煤炭开采和洗选业	76.8	2891.2	1017.9	690.1	390.1		
石油和天然气开采业							
#天然原油和天然气开采							
黑色金属矿采选业	0.8	10		10			
有色金属矿采选业	3	1010	280	350			200
非金属矿采选业	105.2	1590.1	402	1163.9		90.4	52
#采盐	0.4	8.5					
其他采矿业							
农副食品加工业	460	22794.1	11773.1	9234.3	1327	2228.5	4291.2
#谷物磨制	171	6378.9	2939.1	1494.6	690	150.2	
饲料加工	15.2	2776.6	1062.4	1493	637	663	166.3
制糖							
食品制造业	114.8	2947.3	2094.8	1219.2	55.9	10	877.3
#罐头制造	2	38	20	50			
饮料制造业	347.9	16971.1	5415.6	6712.8		203.9	5938.9
#酒的制造	147.3	6370.1	2604.3	1313.9			893.9
烟草制品业							
纺织业	1273.5	45598.2	42916.9	17441.9	9800	1006.5	6330.4
#棉、化纤纺织及印染精加工	1258.5	44773.2	42916.9	16861.9	9800	1006.5	5830.4
毛纺织和染整精加工							
纺织服装、鞋、帽制造业	138.9	409.9	412.7	194.5		50.2	
皮革、毛皮、羽毛(绒)及其制品业							
#皮革鞣制加工							
皮革制品制造							
木材加工及木、竹、藤、棕、草制品业	148.7	7252.5	1738.4	4035			975
家具制造业	13.4	866.4	78.7	752.9		87.9	50.4
造纸及纸制品业	52.1	2043.3	802.1	665.4		194.8	150
印刷业和记录媒介的复制	82.6	1568.7	943.9	1097.7	795.2	64.2	2.8
文教体育用品制造业							
石油加工、炼焦及核燃料加工业							
#炼焦							
化学原料及化学制品制造业	11.4	381.8	173.8	105			50
#基础化学原料制造	8.9	303.7	170.7	35			
肥料制造							
医药制造业	233.7	2994.1	3008.3	1544.2		50	200
化学纤维制造业	3	100		50			
橡胶制品业							
塑料制品业	270.7	8347	4363.3	2446.2	506.5		730
非金属矿物制品业	2130.8	38777.9	22078.8	12304.6	116.5	2405	2999.9
#水泥制造	1082.6	22889.8	14743.1	4433.4		588	1297
黑色金属冶炼及压延加工业							
有色金属冶炼及压延加工业	0.6	31.6	18.1	50			
金属制品业	130.1	2097.4	710	932.1		30.5	569.7
通用设备制造业	156.9	2233.3	649.6	985.9			10.9
专用设备制造业	165.9	2206.8	1807.6	451.4	262.1	25.6	88.9
交通运输设备制造业	176.9	2045.5	898.3	516.3		35.5	122
电气机械及器材制造业	26.4	1061.4	432.9	428.4			373.4
通信设备、计算机及其他电子设备制造业							
仪器仪表及文化、办公用机械制造业							
工艺品及其他制造业	42.8	729.2	184.9	446.1		16.1	200
废弃资源和废旧材料回收加工业	1.6	510	50	330	65		
电力、热力的生产和供应业	26123.1	318019.8	307157.2	29722.3	16375.3	152	1500
#电力生产和电力供应	25176.9	275157.3	266695	15080.3	15020.3		
燃气生产和供应业							
水的生产和供应业	1067.7	23709.8	10449.5	11640.3	4563.3	6675	381

计量单位：万元

费用合计（营业费用、管理费用）	营业利润	利润总额	从业人员劳动报酬	劳动、失业保险费	全部从业人员年平均人数	亏损企业亏损额
220.3	10.5	-98.3	478	1.6	486	114.3
0.4	1.5	1.5	3.5		5	
153.5	263	223	76		120	
93.5	237.7	157.2	126.8	1	193	4.2
5.8	1.2	1.2	16.5		23	
2001.1	205.8	619.4	1040.1	21.4	1074	419.5
765.7	181.2	401.2	348.3	10.3	393	43.6
175.2	-257.6	-162.7	90.5	1.6	83	164.7
224.5	173.7	16.2	211.1	7.1	308	34.1
8.6	1.2	1.2	9.8		14	
1579.3	2242.9	2146	580	31.4	573	8.8
579.2	1313.7	1266.3	260.8	25.5	290	7.5
3210.8	-5517.7	-6008.9	2615.4	38.3	4466	6047.8
3199.4	-5528.7	-6019.9	2567.4	38.3	4386	6047.8
40.3	170.2	21.1	78.6	0.2	162	
649.9	70.6	49.5	181		332	40
34.4	47.4	129.4	52.8	8.3	86	
118.4	-142.7	-147.7	188	16.3	337	161.5
271.6	-6.4	-17.3	212	9.6	268	52.3
86.4	26.7	27.2	53.5	10.5	63	1.9
83	27.1	27.6	48	10.5	52	
205.4	-75.4	-101	164.8	9.3	115	143
5	14.5	30	7		10	
279.6	-160.6	-64.4	255.8	0.6	385	163.9
3847.9	1112	1863.4	4725.4	83.4	5129	538.7
2947.1	413.1	1191.7	1550.8	52.2	1545	241.3
7.4	-36.5	-36.5	20.8		70	36.5
196	142.4	107.1	253	5.9	325	
90.2	8.4	9	244.5	6.2	226	11.1
216.4	-14.3	-23.4	165.4	43.4	197	37.7
80	-1.7	-1.5	177.7	2	246	60.1
85	3.9	3.8	19	0.5	30	
22.6	8.4	5.7	35.6	0.8	64	
12.8	59.2	59.2	30		33	
8249.3	-22968.2	18918.6	9480.6	539.9	4556	2292.6
7801.3	-22419	19598.5	8995.3	502.8	4118	1603
2304.1	-713.5	-770.4	837.7	40.8	766	911.2

2-33 和田地区工业

项目	企业单位数	亏损单位数	工业总产值(现价)	工业销售产值	出口交货值	年末存货	固定资产原价
总计	**128**	**56**	**50795.5**	**47050.3**		**28523.6**	**206727.1**
规模以上	29	19	43932	41042.4		23229	191038.4
规模以下	99	37	6863.5	6007.9		5294.6	15688.7
按登记注册类型分							
内资企业	128	56	50795.5	47050.3		28523.6	206727.1
国有企业	23	17	14532.5	12319.3		17002.1	76654.2
#中央企业							
地方企业	23	17	14532.5	12319.3		17002.1	76654.2
#自治区属企业	2	1	6296.3	6170.9		838.7	43724.8
地区(州、市)属企业	2	2	4167.2	2050.3		15508.8	13283.8
县(市)属企业	19	14	4069	4098.1		654.6	19645.6
集体企业	21	11	416.9	419.5		61.4	1237.8
#自治区属企业							
地区(州、市)属企业							
县(市)属企业	11	5	199.1	185.9		17.2	396.4
镇属企业	3	2	67.5	66.5		33.1	47.3
乡属企业	6	4	134.3	151.1		11.1	751.9
股份合作企业	1	1	119.2	119.2		61.6	157.3
联营企业	4		73.7	88.9		19.1	67.8
#国有联营企业							
集体联营企业	4		73.7	88.9		19.1	67.8
国有与集体联营企业							
其他联营企业							
有限责任公司	11	7	30826.4	29612.9		10450.7	121229.8
#国有独资公司	2	2	13020.9	12593.3		3523.4	104486.6
其他有限责任公司	9	5	17805.5	17019.6		6927.3	16743.2
股份有限公司							
私营企业	68	20	4826.8	4490.5		928.7	7380.2
#私营独资企业	40	4	2818.7	2541.3		444.8	2865.7
私营合伙企业	7	5	328.8	330.3		21.5	431.9
私营有限责任公司	21	11	1679.3	1618.9		462.4	4082.6
私营股份有限公司							
港、澳、台商投资企业							
外商投资企业							
在总计中：国有控股企业	27	20	28386	25842.2		20660.3	183576.2
在总计中：农村工业	7	4	174.3	191.1		11.1	755.2
按轻、重工业分							
轻工业	68	30	14350.4	11420.3		22427.7	31092.6
以农产品为原料	55	26	13213.5	10252.4		22135	25384.9
以非农产品为原料	13	4	1136.9	1167.9		292.7	5707.7
重工业	60	26	36445.1	35630		6095.9	175634.5
采掘工业	7	4	5534.6	5408.1		869.2	9193.6
原料工业	21	13	27581.8	27089.3		4790.1	161972.9
加工工业	32	9	3328.7	3132.6		436.6	4468
按企业规模分							
大型企业							
中型企业	5	3	32148.2	29396.6		20716.8	131336.9
小型企业	123	53	18647.3	17653.7		7806.8	75390.2

企业主要经济指标

计量单位：万元

个人资本	港澳台资本	外商资本	营业收入 合 计	营业收入 产 品 销售收入	产品销售 成 本	产品销售 税金及附加
5508.4			**53984.7**	**52305.4**	**45719.8**	**599.7**
751.3			47369.7	46387.1	41121.3	346.5
4757.1			6615	5918.3	4598.5	253.2
5508.4			53984.7	52305.4	45719.8	599.7
			17674.2	17147.7	14067	83.6
			17674.2	17147.7	14067	83.6
			6410.4	6170.3	4178.8	40
			6849	6845.4	6643.7	0.8
			4414.8	4132	3244.5	42.8
			449.7	446.3	237.4	22.2
			189.3	185.9	142.7	8
			92.2	92.2	56.4	3.1
			151.1	151.1	26.3	10.1
			185.3	119.2	141.2	3.2
			88.9	88.9	71.6	2.1
			88.9	88.9	71.6	2.1
1208.3			31017.1	30211.9	27916.2	316.5
			13176.5	12600.7	16465.5	153.6
1208.3			17840.6	17611.2	11450.7	162.9
4300.1			4569.5	4291.4	3286.4	172.1
2977.8			2554.4	2281.2	1877.7	104.1
155.5			332.8	328.6	250.1	14.5
1166.8			1682.3	1681.6	1158.6	53.5
112.5			31773.2	30670.9	31328	237.9
			191.1	191.1	62.3	11.5
1761.3			17204.6	16190.6	12478.3	186.5
1708.4			15754.4	14989.1	11741.6	167.1
52.9			1450.2	1201.5	736.7	19.4
3747.1			36780.1	36114.8	33241.5	413.2
170			5672.5	5435.4	3251.1	48.7
796.1			27801	27514.7	27268	262.7
2781			3306.6	3164.7	2722.4	101.8
554			35146.1	34637.6	32922.6	252.8
4954.4			18838.6	17667.8	12797.2	346.9

2-33 续表 1

项 目	企业单位数	亏损单位数	工业总产值(现价)	工业销售产值	出口交货值	年末存货	固定资产原价
按行业分							
煤炭开采和洗选业	3	1	5463.4	5338		791.2	9047.6
石油和天然气开采业							
#天然原油和天然气开采							
黑色金属矿采选业							
有色金属矿采选业							
非金属矿采选业	4	3	71.2	70.1		78	146
#采盐	1	1	3.9	8.8		4.5	28.6
其他采矿业							
农副食品加工业	12	5	1620.8	1534.4		397.4	2099
#谷物磨制	7	3	927	1032		208.6	1089.8
饲料加工							
制糖							
食品制造业	6	2	322	309.1		116.2	387.8
#罐头制造	1		8	8		22	52
饮料制造业	8	5	1682.9	1293.2		3556.3	4241.9
#酒的制造	5	3	664.3	552.3		2446.4	2062.9
烟草制品业							
纺织业	4	4	5231.9	2687.4		17339.3	16573.3
#棉、化纤纺织及印染精加工	3	3	4456.3	2339.4		15612.3	13336
毛纺织和染整精加工							
纺织服装、鞋、帽制造业	3	2	26.9	27.9		4.9	82.1
皮革、毛皮、羽毛(绒)及其制品业							
#皮革鞣制加工							
皮革制品制造							
木材加工及木、竹、藤、棕、草制品业	2		12.4	12.4		1.4	32.5
家具制造业	1		5.9	3.2		6.8	18.6
造纸及纸制品业	2	2	128.1	127.5		53.7	234.5
印刷业和记录媒介的复制	5	3	265.2	279.6		12.7	347.2
文教体育用品制造业							
石油加工、炼焦及核燃料加工业							
#炼焦							
化学原料及化学制品制造业	3	1	189.1	180.3		66.4	408.6
#基础化学原料制造							
肥料制造	2	1	181	172.2		62.1	373.5
医药制造业	1		3602.2	3676.6		578.8	747.8
化学纤维制造业							
橡胶制品业							
塑料制品业	5		807.8	742		40.9	498.6
非金属矿物制品业	28	7	12894.4	12274.2		2933	11481.5
#水泥制造	2	1	11154.7	10645.4		2684.3	9251.3
黑色金属冶炼及压延加工业							
有色金属冶炼及压延加工业							
金属制品业	2	1	122	112.4		6.2	10.6
通用设备制造业							
专用设备制造业	1	1	72	72		25.5	59.5
交通运输设备制造业							
电气机械及器材制造业							
通信设备、计算机及其他电子设备制造业							
仪器仪表及文化、办公用机械制造业							
工艺品及其他制造业	13	3	386.6	372.3		98.5	630.9
废弃资源和废旧材料回收加工业							
电力、热力的生产和供应业	17	12	16315.1	16331.9		2050.1	152659.6
#电力生产和电力供应	15	10	15963.9	15980.7		2020	151450.9
燃气生产和供应业	1		557.7	557.7		110.9	1438.6
水的生产和供应业	7	4	1017.9	1048.1		255.4	5580.9

计量单位：万元

个人资本	港澳台资本	外商资本	营业收入合计	营业收入：产品销售收入	产品销售成本	产品销售税金及附加
155			5574.5	5337.4	3197.5	45.3
15			98	98	53.6	3.4
			14.3	14.3	7.8	0.4
915.5			1685.5	1527.3	1392.1	20.4
365.5			1031.9	1024.9	886	10.3
121.1			371.6	304	307.3	3.5
50			8	8	6.2	
497.6			1556.6	1371.7	849.2	81.2
447.6			631.9	630.9	392.7	80.4
50			7561.7	7209	7120.3	7
50			6857.2	6853.6	6698.3	1.6
10			27.9	27.9	21.7	1.2
16.7			60	60	55.2	2.3
			3.2	3.2	2.8	0.2
			127.5	127.5	112	0.2
19.5			279.9	278	181.5	0.8
480			170.8	170.8	118.4	1.1
480			162.7	162.7	114.8	0.9
			3677.4	3677.4	1420	46.7
220.7			819.2	814.8	790	11.7
2707.4			12848.2	12705	8974.1	159.3
554			11133.1	11092	7727.5	67.7
3.8			112.4	95.6	88.3	0.6
			72	72	56.3	0.3
90			470.9	470.9	327.5	4.7
206.1			16550.9	16310.7	19500.5	192
206.1			16190.5	15959.4	19240.8	176.6
			582.7	559.1	500.2	1.2
			1333.8	1085.1	651.3	16.6

2-33 续表 2

项　　目	本年折旧	资产总计	负债合计	实收资本	国家资本	集体资本	法人资本
总　　计	**11005.6**	**253654.1**	**184188**	**78353.3**	**61579.4**	**1053.7**	**10211.8**
规模以上	10207.8	226139.9	169621.8	65935.1	56798.9		8384.9
规模以下	797.8	27514.2	14566.2	12418.2	4780.5	1053.7	1826.9
按登记注册类型分							
内资企业	11005.6	253654.1	184188	78353.3	61579.4	1053.7	10211.8
国有企业	3086.4	96996.2	48498.8	55940.6	55940.6		
#中央企业							
地方企业	3086.4	96996.2	48498.8	55940.6	55940.6		
#自治区属企业	1773.7	48052.5	9963	38731.7	38731.7		
地区(州、市)属企业	383.2	31400.3	29291.5	7018.5	7018.5		
县(市)属企业	929.5	17543.4	9244.3	10190.4	10190.4		
集体企业	82.9	956.2	346.2	829.1		776.4	52.7
#自治区属企业							
地区(州、市)属企业							
县(市)属企业	25.9	403.2	267.2	233.9		181.2	52.7
镇属企业	0.3	57.1	21.9	30.9		30.9	
乡属企业	50.7	453.7	57.1	524.7		524.7	
股份合作企业	6	204.8		108.5		108.5	
联营企业	0.8	103	21.5	93.8		93.8	
#国有联营企业							
集体联营企业	0.8	103	21.5	93.8		93.8	
国有与集体联营企业							
其他联营企业							
有限责任公司	7367.7	145501.3	131601.3	15172	5578.8		8384.9
#国有独资公司	6112.1	110190.7	108888	9538.2	3688.2		5850
其他有限责任公司	1255.6	35310.6	22713.3	5633.8	1890.6		2534.9
股份有限公司							
私营企业	461.8	9892.6	3720.2	6209.3	60	75	1774.2
#私营独资企业	244.8	4137.4	752	3304.8	60		267
私营合伙企业	21.9	467.3	178.7	309		55	98.5
私营有限责任公司	195.1	5287.9	2789.5	2595.5		20	1408.7
私营股份有限公司							
港、澳、台商投资企业							
外商投资企业							
在总计中：国有控股企业	9321.1	213752.5	162223.9	67364.1	61401.6		5850
在总计中：农村工业	50.9	458.5	58.6	528		528	
按轻、重工业分							
轻工业	1399.3	62537.2	42574.8	19854.3	14520.3	381.8	3190.9
以农产品为原料	1119.3	57609.1	41921.4	15438.8	10207.7	351.8	3170.9
以非农产品为原料	280	4928.1	653.4	4415.5	4312.6	30	20
重工业	9606.3	191116.9	141613.2	58499	47059.1	671.9	7020.9
采掘工业	654	16255.3	11525	3331.3	3144	17.3	
原料工业	8671.4	168466.8	128471.3	50246.9	42659.9	617	6173.9
加工工业	280.9	6394.8	1616.9	4920.8	1255.2	37.6	847
按企业规模分							
大型企业							
中型企业	7613.2	163411.9	155823.5	17006.1	10327.2		6124.9
小型企业	3392.4	90242.2	28364.5	61347.2	51252.2	1053.7	4086.9

计量单位：万元

费用合计（营业费用、管理费用）	营业利润	利润总额	从业人员劳动报酬	劳动、失业保险费	全部从业人员年平均人数	亏损企业亏损额
13467.6	**-5688.9**	**-6853.7**	**9097.1**	**342.1**	**8806**	**12323.5**
11587.6	-5406.6	-6648.8	7381.5	310.9	5881	11701.9
1880	-282.3	-204.9	1715.6	31.2	2925	621.6
13467.6	-5688.9	-6853.7	9097.1	342.1	8806	12323.5
4062	-955	-2244.2	3164.5	46.8	3061	2853.3
4062	-955	-2244.2	3164.5	46.8	3061	2853.3
1885.8	214.5	-77.5	781.1	13.3	478	669.4
913.6	-807.2	-812.3	1090.3	21.6	1579	812.3
1262.6	-362.3	-1354.4	1293.1	11.9	1004	1371.6
215.2	-23.1	-25.2	154.5	1	404	31.6
45.5	-4.9	-7.2	70.3	1	203	10.2
34.5	-1.8	-2.1	33.1		77	3.2
133.4	-18.7	-18.2	42.3		110	18.2
169.1	-3.2	-3.2	20.7	4.2	37	3.2
9.3	5.9	5.9	35.1		74	
9.3	5.9	5.9	35.1		74	
8138.8	-4992.4	-4836.2	4729.6	272.4	3639	9280.2
4995.9	-8126.2	-8040.9	2999.8	240	1743	8040.9
3142.9	3133.8	3204.7	1729.8	32.4	1896	1239.3
873.2	278.9	249.2	992.7	17.7	1591	155.2
358.5	213.6	191.5	587.9	6.9	985	9.7
94.1	-14.5	-20.1	88	3.6	129	33.1
420.6	79.8	77.8	316.8	7.2	477	112.4
9269.8	-9165.5	-10369.3	6229.7	292.2	4863	10993.4
133.4	-16.1	-15.6	62.3		145	18.2
3020	1108.2	1049.8	2596.4	43.9	3832	1538.1
2470.7	1110.5	1063.6	2181.8	34.6	3538	1499.6
549.3	-2.3	-13.8	414.6	9.3	294	38.5
10447.6	-6797.1	-7903.5	6500.7	298.2	4974	10785.4
1505.3	704.9	441.7	794.7	15	672	172.4
8548.8	-7580.7	-8479.4	5099.5	280.2	3430	10547
393.5	78.7	134.2	606.5	3	872	66
9113.4	-6564.6	-6732.8	5458	294.7	4464	9282.3
4354.2	875.7	-120.9	3639.1	47.4	4342	3041.2

2-33 续表 3

项　　目	本年折旧	资产总计	负债合计	实收资本	国家资本	集体资本	法人资本
按行业分							
煤炭开采和洗选业	646.5	16015.5	11307.8	3207.5	3052.5		
石油和天然气开采业							
#天然原油和天然气开采							
黑色金属矿采选业							
有色金属矿采选业							
非金属矿采选业	7.5	239.8	217.2	123.8	91.5	17.3	
#采盐	0.4	20.5	84.8	31	31		
其他采矿业							
农副食品加工业	115.9	2776.8	1557	1262	151	97	98.5
#谷物磨制	32.3	1631.1	1061	548.5	151	32	
饲料加工							
制糖							
食品制造业	17.2	445.7	171.7	282.3		108.5	52.7
#罐头制造	1.4	52	1	50			
饮料制造业	343.4	9133.2	5472.2	2834			2336.4
#酒的制造	54.8	4823.1	3401.9	726.2			278.6
烟草制品业							
纺织业	490.3	37634.7	32393.3	9911.4	9781.4		80
#棉、化纤纺织及印染精加工	400.5	31911.7	29754.5	6873.2	6743.2		80
毛纺织和染整精加工							
纺织服装、鞋、帽制造业	2.1	90.1	10.2	21.8		11.8	
皮革、毛皮、羽毛(绒)及其制品业							
#皮革鞣制加工							
皮革制品制造							
木材加工及木、竹、藤、棕、草制品业	0.2	32.5	21.2	16.7			
家具制造业	6.6	22.8	18.4	0.5		0.5	
造纸及纸制品业	18.6	378.4	177.6	332.9		20	312.9
印刷业和记录媒介的复制	13.7	495.1	328.5	296.1	275.3	1.3	
文教体育用品制造业							
石油加工、炼焦及核燃料加工业							
#炼焦							
化学原料及化学制品制造业	25.7	692	84.1	500			20
#基础化学原料制造							
肥料制造	23.9	653.1	79.1	480			
医药制造业	99.7	5498.3	708.3	260			260
化学纤维制造业							
橡胶制品业							
塑料制品业	73.6	832.6	446.4	250.7		30	
非金属矿物制品业	843.5	17039.5	11439.2	4032.7	117.8	36.6	1170.9
#水泥制造	677.7	13443.4	10971.5	946.7	117.8		274.9
黑色金属冶炼及压延加工业							
有色金属冶炼及压延加工业							
金属制品业	0.2	40.4		4.8		1	
通用设备制造业							
专用设备制造业	1.2	161.1	107.1	126.9	126.9		
交通运输设备制造业							
电气机械及器材制造业							
通信设备、计算机及其他电子设备制造业							
仪器仪表及文化、办公用机械制造业							
工艺品及其他制造业	12.5	1148.1	1086.6	233.1		112.7	30.4
废弃资源和废旧材料回收加工业							
电力、热力的生产和供应业	7990.3	154842.4	117441.8	49215.2	42542.1	617	5850
#电力生产和电力供应	7921.2	153572.3	116845.1	48489.8	41816.7	617	5850
燃气生产和供应业	22.8	1372.4	575.8	1128.3	1128.3		
水的生产和供应业	274.1	4762.7	623.6	4312.6	4312.6		

计量单位：万元

费用合计（营业费用、管理费用）	营业利润	利润总额	从业人员劳动报酬	劳动、失业保险费	全部从业人员年平均人数	亏损企业亏损额
1436.6	804.3	541.1	744.4	14.5	593	70.2
68.7	-99.4	-99.4	50.3	0.5	79	102.2
16.5	-97.8	-97.8	5.8	0.5	7	97.8
276.1	-11.4	-16.5	145.7	0.8	212	49.1
121.6	7	5.5	61	0.7	92	11.7
183.2	2.6	2.6	35.4	4.2	62	3.5
	1.8	1.8	4.2		7	
921.2	-244.4	-318.4	167.7	1.8	179	326.6
288.1	-129.3	-65.4	65.3	1	83	73.6
1070.5	-980.1	-945.9	1513.8	24.2	2513	945.9
848.6	-684.6	-696.1	1116.2	21.6	1857	696.1
5.1	-0.1	-0.1	21.6	0.1	68	1.1
	2.5	2.5	6.7		7	
0.1	0.1	0.1	2		3	
49.7	-34.4	-34.4	28.6		47	34.4
140	-135.8	-135.4	62.6	3.5	79	135.7
27.5	24.2	24.2	16.7	0.8	35	4.6
24.4	22.9	22.9	15.1		27	4.6
-255.4	2466.1	2462.8	99.4		76	
82.2	-60.9	21.1	91.4		127	
2505.9	1208.3	1255	1817.9	35.2	2178	871.2
2258.7	1077.9	1144.4	1348	25.2	1509	813.2
22.1	1.4	1.4	12.8		18	0.6
2.8		-2.8	6.1		21	2.8
95.7	49.4	49.9	107.7		306	3.3
6235.1	-8674.6	-9639.8	3712.9	248	1888	9733.8
6131.9	-8650.4	-9616.2	3691.3	247.5	1868	9710.2
70.1	10.4	6.5	58.6		65	
530.4	-17.1	-28.2	394.8	8.5	250	38.5

2-34 规模以上工业

项　　目	企　业 单位数	亏　损 单位数	工业总产值 (现价)	工　　业 销售产值	出　口 交货值	工　业 增加值	年初存货
总　　计	**1430**	**539**	**15718444.4**	**15373639.7**	**316548.2**	**6689966.6**	**1950322**
按登记注册类型分							
内资企业	1367	514	15341608.3	15011687.3	225782.1	6567401.8	1853889.7
国有企业	384	205	1715019.5	1684407.8	21099.8	706066.6	321224.6
#中央企业	98	45	1261386.6	1239581	6755.4	536568.2	242691.4
地方企业	286	160	453632.9	444826.8	14344.4	169498.4	78533.2
#自治区属企业	72	30	253252	252410.5	2535.7	99591.2	37157.6
地区(州、市)属企业	53	33	113267.4	111724.5	4135	42527.2	27360.7
县(市)属企业	154	93	76561.9	71285.2		26283.9	10974.5
集体企业	46	18	101233.2	98224.7		12435.9	22831.9
#自治区属企业	8	2	28691.5	29694.8		6958.8	5238.3
地区(州、市)属企业	5	2	13565.6	14474.4		2136.3	2069.4
县(市)属企业	13	6	29864.6	26875.6		6212.5	7514.5
镇属企业	3	1	3537.9	3380.2		1329.3	1245.6
乡属企业	2	1	2212.4	2212.4		32.5	111.7
股份合作企业	9	4	15373.8	14167.5	2491.2	5888.7	2219.7
联营企业	8	2	24837.6	20542.4		7667.3	2154.6
#国有联营企业	3	1	12069	8382.7		4288.5	1252.5
集体联营企业	2		4270.3	3977.5		1358.6	390.6
国有与集体联营企业	3	1	8498.3	8182.2		2020.2	511.5
其他联营企业							
有限责任公司	571	186	3421179.6	3279745.6	99560.8	1107531.1	653119.2
#国有独资公司	46	18	722172.2	702345.8	19.7	280259.2	64945.4
其他有限责任公司	525	168	2699007.4	2577399.8	99541.1	827271.9	588173.8
股份有限公司	41	12	9178255.9	9082861.5	88030.7	4513846.8	702670.2
私营企业	308	87	885708.7	831737.8	14599.6	213965.4	149669.5
#私营独资企业	24	2	37357.2	37202.8		11157.4	5856.6
私营合伙企业	9	2	23007.8	23419.1		7031.2	1950.6
私营有限责任公司	269	82	770221.1	712161.9	14599.6	179420.8	132266.5
私营股份有限公司	6	1	55122.6	58954		16356	9595.8
港、澳、台商投资企业	17	5	124410.6	117281.5	36556.6	39030.6	32038.7
外商投资企业	46	20	252425.5	244670.9	54209.5	83534.2	64393.6
在总计中：国有控股企业	617	281	12535046.5	12384915.5	118839.2	5850758.9	1239656.8
在总计中：农村工业	10	4	19497.1	19005.6		4607.4	4738.6
按轻、重工业分							
轻工业	594	248	2305998.5	2101158.2	243670.6	619174.9	764766.9
以农产品为原料	479	192	2174763.2	1974352.8	235566	568521	740153.3
以非农产品为原料	115	56	131235.3	126805.4	8104.6	50653.9	24613.6
重工业	836	291	13412445.9	13272481.5	72877.6	6070791.7	1185555.1
采掘工业	138	40	5554139.1	5507223.3	3753.1	4025877.4	305448.8
原料工业	360	148	6598274.7	6537330.2	36117.6	1725895.6	591536.3
加工工业	338	103	1260032.1	1227928	33006.9	319018.7	288570
按企业规模分							
大型企业	23	4	9751820.9	9697644.5	37930.5	4926891.4	707268.3
中型企业	180	61	3090203.6	2958907.2	165784.7	1015656.3	635574.3
小型企业	1227	474	2876419.9	2717088	112833	747418.9	607479.4

企业主要经济指标

计量单位：万元

流动资产合计	短期投资	应收帐款	存货	产成品	流动资产年平均余额	长期投资
7670908.8	**68631.2**	**1267528.4**	**2396469.3**	**1098278.8**	**7236560.6**	**1188335.2**
7403396.7	68246.7	1221691	2299815.4	1074224.2	6967314.7	1145457.1
1616695	5070.5	375823.2	324508.8	88745.6	1524791.3	259552.5
1163674.9	2015.8	302027.7	243130.8	58351.2	1091286.4	194947.8
453020.1	3054.7	73795.5	81378	30394.4	433504.9	64604.7
231911.3	25	37765	35998.5	13835.7	210226.4	10324.3
134095.9	490.5	17625.7	29115.9	9757.5	137602.8	20412.9
62274.3	539.2	15966.2	13186.3	4918.1	57011.2	5319.4
71766.8	20	17642.7	26134	14881	81244.2	4663.3
17998.6		5083	4758.3	2410.2	17202.1	237.5
8012.2		1821.1	2070.8	833.5	8786.5	1107.9
20404.9	10	7295.6	8492.7	5232.8	30766.7	487.5
2964.4		535.4	926	398.7	2674.2	
7516.6		48.9	1126.2	0.8	7484.2	1291
10903.4	5	5189.9	3094	2415.2	10109.6	1077.5
11406	19	1510.8	2597.9	1323.3	11299.1	589.1
5439.8	19	365.7	574	80.7	5189.9	338.5
2263		97.5	1417.1	959.4	2395.2	150.6
3703.2		1047.6	606.8	283.2	3714	100
2391335.5	40343.9	467676.5	810798.6	374395.8	2337632.2	275440.3
487682.6	2984.5	115899	97089	51486.9	510141.8	39518.3
1903652.9	37359.4	351777.5	713709.6	322908.9	1827490.4	235922
2725603.3	21962	249956.8	915512.7	491149.2	2472124.9	421579
575686.7	826.3	103891.1	217169.4	101314.1	530113.4	182555.4
20046.5	5	4515.8	6091.5	2967.1	18097.1	644.2
5016.2		992.9	1753.6	1178.2	4700.1	
455697.6	223.5	87941.7	190022.5	87426	420520.4	31339
94926.4	597.8	10440.7	19301.8	9742.8	86795.8	150572.2
90501	184.5	16277.2	34861.7	10482.1	89464.9	935.4
177011.1	200	29560.2	61792.2	13572.5	179781	41942.7
5354950.7	39123.5	818992.7	1514791.5	687182.6	5003834	637292.7
19534.7	120	3687.6	6577.7	4302.9	18865.7	1291
1841918.4	8296.6	298812.2	901920.7	432252.5	1825347.3	289335.7
1725339.3	7277.1	276451.5	870832.3	417713.8	1703932.7	278887.4
116579.1	1019.5	22360.7	31088.4	14538.7	121414.6	10448.3
5828990.4	60334.6	968716.2	1494548.6	666026.3	5411213.3	898999.5
2077412.8	2594.4	341427	378741.9	143788	1820554.9	206781.9
2412311.8	48277.5	310757	749045.8	323969.3	2338575.1	315348.3
1339265.8	9462.7	316532.2	366760.9	198269	1252083.3	376869.3
3150727.2	3932.2	352595.1	877045.6	392848.4	2881073.6	265539.1
2502123.9	43850.9	491781.4	796649.2	345832.8	2400856.2	718707.8
2018057.7	20848.1	423151.9	722774.5	359597.6	1954630.8	204088.3

2-34 续表 1

项　目	固定资产合计	固定资产原价	生产经营用	累计折旧	本年折旧	固定资产净值年平均余额
总　计	**15337136.6**	**23114141.3**	**21942953.2**	**8812330.8**	**1479343**	**13939098.1**
按登记注册类型分						
内资企业	15128409.2	22789695.7	21635928.8	8685479.1	1457145.6	13740668.9
国有企业	2213155.8	3178938.1	2820263.3	1065073.9	178601.7	2092947.8
#中央企业	1438537.9	2147998.8	1895373.9	727862.2	114898.7	1396591.8
地方企业	774617.9	1030939.3	924889.4	337211.7	63703	696356
#自治区属企业	357407.9	507514.2	473139.7	177754.3	30103.5	329528.9
地区(州、市)属企业	233935.6	289271.5	257300.4	84708.7	21501.4	205647.7
县(市)属企业	169777.9	218359.9	185536.5	66201.8	10592.4	153134
集体企业	38633.3	70570.7	59823.8	34704.8	4756.4	37728.5
#自治区属企业	2885.8	7638.5	7247.1	5128.7	410.4	2910.3
地区(州、市)属企业	4501.7	9844.6	8289.9	5371.7	1133.3	4417.6
县(市)属企业	18468.7	28583.6	26163.8	10833.5	1189	18874.9
镇属企业	2021.2	2614.2	2062.1	695.3	141.9	1917.9
乡属企业	4072.2	6647.2	1947	3911.7	628.5	2959.2
股份合作企业	10693.7	17896.2	12135.3	7874.9	737.8	10049.6
联营企业	13827.4	16983.9	11794.9	5922.2	630.3	10601.6
#国有联营企业	6381.3	8169.5	7354.8	4480.2	398	3851.3
集体联营企业	5224.3	5588.7	1420.3	379.7	54.2	4743.9
国有与集体联营企业	2221.8	3225.7	3019.8	1062.3	178.1	2006.4
其他联营企业						
有限责任公司	3639864.6	4951243.5	4445461.1	1408131.3	295849.2	3403982.1
#国有独资公司	1095166.3	1684430.7	1529785.7	535425.3	97879.4	1088167.1
其他有限责任公司	2544698.3	3266812.8	2915675.4	872706	197969.8	2315815
股份有限公司	8796707.8	14058404.5	13843825.1	6047586.4	949102.1	7812359.8
私营企业	415526.6	495658.8	442625.3	116185.6	27468.1	372999.5
#私营独资企业	25802.1	32002	29620.3	7985.5	1918.3	22699.9
私营合伙企业	2402.5	3203.2	3141.3	915.8	171.5	2301.2
私营有限责任公司	358372.5	418997.3	369807.1	92655.3	22826.1	322679.8
私营股份有限公司	28949.5	41456.3	40056.6	14629	2552.2	25318.6
港、澳、台商投资企业	84382.1	155284.8	148764.9	73748.7	10502.5	83191.1
外商投资企业	124345.3	169160.8	158259.5	53103	11694.9	115238.1
在总计中：国有控股企业	13267712	20432898	19507342.9	8055463.2	1327340.6	12071356.7
在总计中：农村工业	13762	18310.6	12397.5	6542.4	1250.8	11559.9
按轻、重工业分						
轻工业	1689779.3	2335291.2	2073649.2	739861.5	126839.1	1542419.3
以农产品为原料	1450831.7	2045962	1810273.4	665307.1	112554.6	1325365.4
以非农产品为原料	238947.6	289329.2	263375.8	74554.4	14284.5	217053.9
重工业	13647357.3	20778850.1	19869304	8072469.3	1352503.9	12396678.8
采掘工业	7355605.9	11731509.4	11557829.4	4972181.6	802323.9	6534745.3
原料工业	5329617.7	7839839.2	7304417.6	2735007.1	487599	5026257.7
加工工业	962133.7	1207501.5	1007057	365280.6	62581	835675.8
按企业规模分						
大型企业	9677702.8	15563871.2	15265356.6	6511418.6	1054823	8797491.1
中型企业	3481793.8	4838715.9	4285503.5	1559917.8	272387.9	3213919.9
小型企业	2177640	2711554.2	2392093.1	740994.4	152132.1	1927687.1

计量单位：万元

无形资产	资产总计	流动负债		长期负债	负债合计
		合计	应付帐款	合计	
416491	**24880833.1**	**9450307.6**	**2343727.1**	**3732716.9**	**13253592.9**
395319	24331704.8	9246644	2298932.8	3690992.6	13006986.7
40891.3	4176738.5	1875739.8	416567.5	637088.2	2514111.8
29165	2858301.0	1323590.1	319877.4	392180.5	1715776.6
11726.3	1318437.5	552149.7	96690.1	244907.7	798335.2
1215.3	608732.4	257334.9	42947.3	106593.1	363928.2
5240.6	394047.8	178743.4	27334	67568	247557.9
4907.5	248284.6	88758.4	23458.8	66864.4	155653.9
341.5	116448.4	62748.9	18014.9	18561.5	81383.2
8.8	21142.9	13165.4	4290.4	164.9	13403.1
45.8	13672.5	6728.1	771.2	6101.1	12829.2
200.5	40320.0	14132.9	5320.6	11416.6	25549.5
29.9	5015.6	3383.1	960.6	473.5	3856.6
	12879.8	7505.1	79.4	212	7717.1
273.8	23154.6	7192.9	3694.7	2062	9346.2
909.8	26957.2	10405.6	2954.6	2831.1	13236.7
544.7	12704.3	4841.7	420.6	2727.8	7569.5
	7638.1	2731.4	1377.2	103.3	2834.7
365.1	6614.8	2832.5	1156.8		2832.5
233540.6	6710655.4	3484111.6	795379.8	818467.3	4369065.3
99813	1849505.4	988850.2	178160	278965.8	1333423.8
133727.6	4861150.0	2495261.4	617219.8	539501.5	3035641.5
46966	12009087.6	3248517.9	924660.2	2114170.1	5363027.2
72396	1268663.1	557927.3	137661.1	97812.4	656816.3
2412.2	49004.9	20681.8	5561.8	5799.7	26529.7
1411.9	8931.0	2983.1	757.3	529.2	3512.3
66859.2	933592.3	458791.2	124335.9	66169.2	525988.7
1712.7	277134.9	75471.2	7006.1	25314.3	100785.6
3972.4	183105.4	74242.2	15442	17676.8	92537.2
17199.6	366022.9	129421.4	29352.3	24047.5	154069
218152.2	19682108.1	6914792	1760104.5	3171973.7	10154988.6
295.4	34886.7	20583.6	2594.8	1620.3	22292.4
146842.7	4011044.6	2108603.8	487908.7	446050.4	2557240.8
134535.1	3627450.3	1950485	461165.8	396508.4	2349331.2
12307.6	383594.3	158118.8	26742.9	49542	207909.6
269648.3	20869788.5	7341703.8	1855818.4	3286666.5	10696352.1
102062.3	9783928.9	2591081.1	859853.8	1762935.3	4355137.4
67255.6	8277723.7	3491428.8	713734.7	1242126.2	4800134.3
100330.4	2808135.9	1259193.9	282229.9	281605	1541080.4
104171	13348480.8	3802564.9	1094438.5	2163589.8	5966195.6
157852.5	6905729.9	3362182.7	723875.2	1015810.4	4445320.2
154467.5	4626622.4	2285560	525413.4	553316.7	2842077.1

2-34 续表 2

项　　目	所有者权益合计	实收资本	国家资本	集体资本	法人资本	个人资本	港澳台资本
总　计	**11614702.1**	**7274478.1**	**4153777.7**	**100246.5**	**2242282**	**541321.5**	**177343.4**
按登记注册类型分							
内资企业	11312180	7092350.3	4143667.6	97644	2193384.9	525461	107367.6
国有企业	1662373.8	1538945.2	1504678.5	1529.2	29847.2	2890.3	
#中央企业	1142524.4	1156686.7	1136635.8	7.1	17404.6	2639.2	
地方企业	519849.4	382258.5	368042.7	1522.1	12442.6	251.1	
#自治区属企业	244551.3	173721.8	165791		7930.8		
地区(州、市)属企业	146489.9	120271.1	119806.5		446.6	18	
县(市)属企业	92630.7	72673.8	69818.4	1522.1	1100.2	233.1	
集体企业	35065.2	30226.6	28.2	26971.4	2307.2	919.8	
#自治区属企业	7739.8	4211.8		4211.8			
地区(州、市)属企业	843.3	2056.6		2056.6			
县(市)属企业	14770.5	15968.9	28.2	13907.3	2002.8	30.6	
镇属企业	1159	1038.5		1038.5			
乡属企业	5162.7	1155.8		1155.8			
股份合作企业	13808.4	8186.4		356.4	7275.2	554.8	
联营企业	13720.5	9713.2	7002.2	187.2	2036.1	487.7	
#国有联营企业	5134.8	1720.1	1520.1		200		
集体联营企业	4803.4	5513.8	5149.1		322.2	42.5	
国有与集体联营企业	3782.3	2479.3	333	187.2	1513.9	445.2	
其他联营企业							
有限责任公司	2339308.9	1828810.1	880632.9	43014.6	769101.8	135646.8	
#国有独资公司	516081.6	457368.3	385195.7		72172.6		
其他有限责任公司	1823227.3	1371441.8	495437.2	43014.6	696929.2	135646.8	
股份有限公司	6636056.4	3277861.5	1745925.9	24983.2	1259108.4	116615.2	106817.6
私营企业	611846.8	398607.3	5399.9	602	123709	268346.4	550
#私营独资企业	22475.2	17749.3		36		17713.3	
私营合伙企业	5418.7	3711.8			5.3	3706.5	
私营有限责任公司	407603.6	278348.5	268.3	412.2	60081.4	217036.6	550
私营股份有限公司	176349.3	98797.7	5131.6	153.8	63622.3	29890	
港、澳、台商投资企业	90568.2	75370.5	6176	2030.6	14113.7	955.7	51929.4
外商投资企业	211953.9	106757.3	3934.1	571.9	34783.4	14904.8	18046.4
在总计中：国有控股企业	9514581.4	5971047	4134536.8	30492.2	1525611.9	140448.5	111811.3
在总计中：农村工业	12594.3	8183.6		1592.3	2881.3	3710	
按轻、重工业分							
轻工业	1451522.6	1126056.9	412101	33558.1	417690.2	175177.5	71604.1
以农产品为原料	1275837.9	1014018.9	342482.9	31575.5	391919.2	160788.7	71604.1
以非农产品为原料	175684.7	112038	69618.1	1982.6	25771	14388.8	
重工业	10163179.5	6148421.2	3741676.7	66688.4	1824591.8	366144	105739.3
采掘工业	5428791.5	3493476.1	2145371.1	26733.3	1145325.6	53311.6	98323.3
原料工业	3477336.5	1845340.3	1231402.3	23712	415885.2	161473.4	4547.2
加工工业	1257051.5	809604.8	364903.3	16243.1	263381	151359	2868.8
按企业规模分							
大型企业	7372281.2	4238094.4	2789402.3	24411.2	1233849.2	68376.2	97644.3
中型企业	2457875.6	1696584.3	893239.1	18918	548339.1	174158.9	55079.3
小型企业	1784545.3	1339799.4	471136.3	56917.3	460093.7	298786.4	24619.8

计量单位：万元

外商资本	主营业务收入	主营业务成本	主营业务税金及附加	其他业务收入	其他业务利润	营业费用
59507	**15834415.5**	**11290005.9**	**315383.3**	**564749.6**	**88878.9**	**368663.9**
24825.2	15452355.2	11006546	311774.8	540044.2	86558.9	346530.1
	2039681.1	1788135.5	41955.7	96214	23938.5	54442.7
	1546369.5	1372008.4	38621.6	49209.2	16989	37193
	493311.6	416127.1	3334.1	47004.8	6949.5	17249.7
	300429.3	260276.6	1931.3	9960.3	3566.5	7937.9
	111512.5	96895.4	659.4	28967.8	2516	5851.3
	71012.6	50374.3	733.2	3969.9	598.1	2664.7
	106966.4	94641.8	535.7	4201.3	1167.6	4219.2
	31866	28076.1	160.7	1381.4	199.9	126.6
	14727.8	13274.6	47.6	761.9	186.2	508.9
	25479.8	23139.2	130.3	767.6	22.1	1350.3
	3184.2	2423	12.4			308.2
	2128.9	1314	10	18.8		
	15698.4	12173.2	41.2	311.2	207.8	464.8
	23158.4	16630	393	866.6	182.3	3629
	9753.2	4955.8	305.2	601.1	112	3356.9
	4338.8	3735.2	42.1	147.3	5.9	201.1
	9066.4	7939	45.7	118.2	64.4	71
414	3321098.5	2694200.9	28890.8	178231.3	23603.9	131472.7
	706274.5	588733.9	7507.4	30165.7	2506.1	13040
414	2614824	2105467	21383.4	148065.6	21097.8	118432.7
24411.2	9099599.2	5672720.2	235314.8	204136.3	31932.1	126181.2
	846153.2	728044.4	4643.6	56083.5	5526.7	26120.5
	37920.9	27894.7	266.6	552.8	18.6	2234.8
	21087.8	18193.6	199.1			707
	737943.2	642977	4058	55334	5485.3	20952
	49201.3	38979.1	119.9	196.7	22.8	2226.7
165.1	128401	104657.5	97.4	13810.7	512.7	5099.1
34516.7	253659.3	178802.4	3511.1	10894.7	1807.3	17034.7
28146.3	12779766.5	8784901.9	292037.3	401815.4	63369	224914.9
	19529.3	14928.2	291.9	769.5	183.7	495.2
15926	2142891.5	1736946.5	48312	92975.2	14669.5	117301.1
15648.5	2013940.1	1636421.8	47247.5	87384.7	13378.4	108132.7
277.5	128951.4	100524.7	1064.5	5590.5	1291.1	9168.4
43581	13691524	9553059.4	267071.3	471774.4	74209.4	251362.8
24411.2	5668509.1	2676697.1	102129.2	185263.6	27027.5	65436.9
8320.2	6597467.8	5694586.7	158345.9	162926.9	33186.5	127844
10849.6	1425547.1	1181775.6	6596.2	123583.9	13995.4	58081.9
24411.2	10026531.7	6527052.8	241143.4	288912.3	46766.6	112156.4
6849.9	3004933.8	2442254.4	53926.3	153856.2	19861.5	122035.6
28245.9	2802950	2320698.7	20313.6	121981.1	22250.8	134471.9

2-34 续表 3

项　目	管理费用	税　金	财产保险费	差旅费	工会经费	办公费	职工教育费
总　计	**1099791.3**	**34745**	**12602.6**	**31412.6**	**9307.2**	**23704.5**	**7981.1**
按登记注册类型分							
内资企业	1078466.8	34341.6	12386.5	29980.2	9048.6	22841.8	7822.1
国有企业	220595.3	3484.7	1894.1	6928.5	2014.3	6413.2	2047.7
#中央企业	147068.5	2057.1	760.8	4105	1043.1	3751.2	788.2
地方企业	73526.8	1427.6	1133.3	2823.5	971.2	2662	1259.5
#自治区属企业	35503.2	503.2	366.9	1103.9	414.3	688	238.7
地区(州、市)属企业	23587.4	428.4	600	1171.3	361.4	1419.9	268
县(市)属企业	12570.1	470.7	151.7	524.9	174.6	507.7	745.8
集体企业	8777.1	151.1	58.6	410.4	102.4	196	110.4
#自治区属企业	2601.4	27.8	12.8	58	49.8	34.5	55.6
地区(州、市)属企业	1684.2	14.3	8.2	61.6	15.3	24.7	12
县(市)属企业	1754.9	26.5	8.8	133.3	15	22	10
镇属企业	301.8	24.1	5.3	25.2	1.2	26.2	5.2
乡属企业	921.7	16.1	5.8	16.9	4	8.8	4.4
股份合作企业	1327.3	116.6	21.1	83.7	16.6	24.8	14.6
联营企业	1843.5	18.9	51.6	165.4	26.9	115.6	29.5
#国有联营企业	766.5	8.4	21.5	117.1	7	105.5	13
集体联营企业	428.9	0.7	5	7.3	5.7	3.2	6
国有与集体联营企业	648.1	9.8	25.1	41	14.2	6.9	10.5
其他联营企业							
有限责任公司	263408.9	8226.3	3858.1	9650.7	4188.6	9256.1	3303.9
#国有独资公司	76183.2	1709.2	1439.2	2900.9	1525.6	3234.5	1184.1
其他有限责任公司	187225.7	6517.1	2418.9	6749.8	2663	6021.6	2119.8
股份有限公司	544704.6	21135.4	5978.6	9972.7	2345.1	4709.1	1886.7
私营企业	37810.1	1208.6	524.4	2768.8	354.7	2127	429.3
#私营独资企业	2552	44.2	23.3	75.4	15.4	117.8	16.5
私营合伙企业	579.2	15.8	32	51.4	7.8	55.1	6.3
私营有限责任公司	30816.9	989.2	466	2472.5	293	1780.6	316.5
私营股份有限公司	3862	159.4	3.1	169.5	38.5	173.5	90
港、澳、台商投资企业	5698.2	127	92.8	322.7	76.8	272	38.6
外商投资企业	15626.3	276.4	123.3	1109.7	181.8	590.7	120.4
在总计中：国有控股企业	905885.1	29364.1	10224	21792.9	6736.6	16411.5	6020.1
在总计中：农村工业	1729.6	42.6	72.6	77.7	27.6	40.1	8.9
按轻、重工业分							
轻工业	153409.3	4031.2	1985.6	6294.1	1961.5	4547.4	1444.9
以农产品为原料	134467.9	3505.7	1810.4	5442.1	1740	3832.4	1278
以非农产品为原料	18941.4	525.5	175.2	852	221.5	715	166.9
重工业	946382	30713.8	10617	25118.5	7345.7	19157.1	6536.2
采掘工业	542714.3	21100.8	1859.1	11192.6	2245.2	6771.9	2470
原料工业	295839.4	6937.1	7810.1	9500.3	3829.9	9138.3	3184.7
加工工业	107828.3	2675.9	947.8	4425.6	1270.6	3246.9	881.5
按企业规模分							
大型企业	631652.9	22172.8	6347.9	12017.3	2987.7	6866.9	2419.7
中型企业	263005.1	6173.1	3760.4	9468.3	3777	8247.8	2797.9
小型企业	205133.3	6399.1	2494.3	9927	2542.5	8589.8	2763.5

计量单位：万元

排污费	财务费用		营业利润	投资收益	补贴收入	营业外收入
		利息支出				
8589.4	**244036.5**	**245993.5**	**2378328.8**	**-5913.9**	**78119.1**	**41656.5**
8533.2	239053.6	241112.5	2337578.4	-7188.3	77194	39914.9
1026.4	32148.8	31393.2	-71912.6	15040.5	9792.1	17126.3
249	16454.6	16355.2	-47085.2	11610.5	3311.8	13674.1
777.4	15694.2	15038	-24827.4	3430	6480.3	3452.2
289.1	7316.2	7568.5	-5786.8	1512.3	4402	2459.9
246.7	4317.8	3626.2	-14714.9	88.3	579.7	472.9
231.7	2865.5	2648.8	-2563.8	-49.5	1378.6	458.9
87.4	1075.9	860.4	-384.8	788	697.8	258.4
25.8	3.7	3.7	1099.9		20	124
54.8	307.1	132.4	-905.5	22.7	67.7	16.1
1.3	503.2	467.7	-461.7		487	73.1
0.3	41.3	40.7	102.5			1.3
3.3	170.6	170.6	-287.4	75	83.5	38
12.5	198.3	207.7	1772.3	-10.6	2.8	68.7
5.9	156	156	628.6	300.6	442.2	15.6
1.9	144.7	144.7	274.8	300	244	0.1
4	-0.3	-0.3	-61.6		152.6	14.3
	11.6	11.6	415.4	0.6	45.6	1.2
3105.5	121385.1	116788.9	111384.9	362.8	46549.8	11054.9
890.5	33634.5	34008.9	-11362.1	-3504.4	9133	5975.7
2215	87750.6	82780	122747	3867.2	37416.8	5079.2
3927.8	68888.9	76834.8	2257635.5	-47147.2	13563	9909.3
367.7	15200.6	14871.5	38454.5	23477.6	6146.3	1481.7
27.1	709.8	654.3	1822.4		130.5	4.7
27.2	21.1	23	1395.1			3.9
310.4	10621.7	10346.2	35055.8	657.2	5906.2	1022.7
3	3848	3848	181.2	22820.4	109.6	450.4
10.9	2211.3	2162.4	11161.4	44	355	402.6
45.3	2771.6	2718.6	29589	1230.4	570.1	1339
6866.4	165044.1	170214.3	2256677.2	-44228.2	50192.7	34713.9
7.5	675.2	567.6	2114.6	75	88.5	39.7
1397.4	58503.6	56593.8	26335.4	-1973.7	11362.8	8517.2
1230.7	54977.1	53147.1	27607.6	-1401.7	10994	6301.6
166.7	3526.5	3446.7	-1272.2	-572	368.8	2215.6
7192	185532.9	189399.7	2351993.4	-3940.2	66756.3	33139.3
2685.9	23947.7	31402.2	2065094	14237.6	9769.7	14334.7
4229.5	127005.4	118720.4	232818.7	-50427.1	48229.5	12291
276.6	34579.8	39277.1	54080.7	32249.3	8757.1	6513.6
3788.5	61159.7	69303.8	2282151.6	-32963.9	13270.3	20336.8
3028.1	129278.6	125963.6	13207.4	19646	36796.7	13686.8
1772.8	53598.2	50726.1	82969.8	7404	28052.1	7632.9

2-34 续表 4

项　目	营业外支出	利润总额	应交所得税	广告费	劳动、待业保险费	养老保险和医疗保险费	住房公积金和住房补贴
总　计	**243660.9**	**2263156.6**	**121319.3**	**11439.8**	**57088.8**	**147607.2**	**45230**
按登记注册类型分							
内资企业	242457.8	2221086.1	113979.2	9943	56916.3	146011.5	44972.4
国有企业	69544.7	-101626.6	7032	1293.8	11854.4	45868.1	17938.4
#中央企业	63191	-81038.9	3524.7	1204.1	7329.4	35482.1	14750
地方企业	6353.7	-20587.7	3507.3	89.7	4525	10386	3188.4
#自治区属企业	3096.9	-1575.1	2184.6	33.6	2943.5	5176.1	2268.8
地区(州、市)属企业	2197.9	-16513.9	511.7	37.9	1187.8	2850.3	509.5
县(市)属企业	829	-2456.3	771.6	18.2	369.1	1905.5	317
集体企业	331.2	1139.1	946.8	37.5	329.2	1460.8	215
#自治区属企业	67.2	1360.1	474.7		109	626.2	85.9
地区(州、市)属企业	94.2	-994.1	75.2	36.4	74.4	303.4	66.6
县(市)属企业	38.7	52.3	115.5		20.3	365	5.6
镇属企业	21.1	82.8	35.8				
乡属企业	82.4	-176.5	20.3		1.4	2.2	
股份合作企业	105	1669.5	617.2	1.8	13.5	105.7	10.7
联营企业	12.1	1246.9	420.7		32.1	307.9	42.2
#国有联营企业	4.2	688.8	247.8		23.3	115.7	12.4
集体联营企业	7.9	97.4	9			87.3	
国有与集体联营企业		460.7	163.9		8.8	104.9	29.8
其他联营企业							
有限责任公司	25817.9	168066.8	27123.4	2687.5	14410.3	45725.1	10864.4
#国有独资公司	12567.2	28527.7	7396.1	46	8302	18887.5	4678.6
其他有限责任公司	13250.7	139539.1	19727.3	2641.5	6108.3	26837.6	6185.8
股份有限公司	144125.3	2083901	72182.9	5313	29710	49768.2	15680.3
私营企业	2521.6	66689.4	5656.2	609.4	566.8	2775.7	221.4
#私营独资企业	159.1	1807.7	301.5	3.5	5.3	100.2	
私营合伙企业	1.3	1397.7	417.9	6.5	4.8	21.4	9.4
私营有限责任公司	2172.9	40110.6	4562	589.2	402.1	2306.3	209
私营股份有限公司	188.3	23373.4	374.8	10.2	154.6	347.8	3
港、澳、台商投资企业	278.4	11517.7	1313.9	23.2	64.8	660.9	68
外商投资企业	924.7	30552.8	6026.2	1473.6	107.7	934.8	189.6
在总计中：国有控股企业	230605	2084933.2	89459.8	7189.9	52954.9	127373.4	40928.9
在总计中：农村工业	170.8	2143.9	114.3	3	2	4.5	
按轻、重工业分							
轻工业	13587.6	19140.9	11753.5	7593.3	6910.9	20615.8	3354.6
以农产品为原料	11026.5	21826.6	10182	7272.1	6550.3	17999.3	2820
以非农产品为原料	2561.1	-2685.7	1571.5	321.2	360.6	2616.5	534.6
重工业	230073.3	2244015.7	109565.8	3846.5	50177.9	126991.4	41875.4
采掘工业	131318.2	1971689.7	67414.6	2426.1	25908	68225.9	24682
原料工业	90733.1	179396.9	29780.2	747.9	18201.5	45182.7	13869.8
加工工业	8022	92929.1	12371	672.5	6068.4	13582.8	3323.6
按企业规模分							
大型企业	204573.5	2120540.5	73704.9	2848	36251.8	84654.3	29329.8
中型企业	22368.4	41980.8	20326	4577.4	14023.7	38498.4	10919.2
小型企业	16719	100635.3	27288.4	4014.4	6813.3	24454.5	4981

计量单位：万元

本年应付工资总额	主营业务	本年应付福利费总额	主营业务	本年应交增值税	本年进项税额
889198.4	**860522.1**	**121306**	**117125.2**	**915465.4**	**1776286.2**
870998.2	842579.8	119523.3	115363.3	899786.6	1740261.3
289161.3	283718.5	40405.6	39516.5	134526.1	158709.1
222286.5	220412	31517.5	31134.3	103446.8	125489.7
66874.8	63306.5	8888.1	8382.2	31079.3	33219.4
36441.2	35484.6	4685.1	4556.6	20378.4	19463.4
17604.5	16392.6	2467.5	2266.3	6766	9674.7
11843.1	10845.1	1603.2	1484.3	3754.1	2543
9623.5	9370.3	1193.7	1157.3	4885.2	12239.9
2640.3	2595.5	354.1	347.7	1799.8	3704
1211.1	1196.9	158	156.1	846.9	1774.5
1746.9	1680.7	132.5	124.8	1346.8	2497.7
528.1	528.1	74	74	195.5	350.9
342.8	339.7	149.5	149.5	38.5	
1074.2	1046.9	160.3	160.3	648.9	1660.7
2010.3	1819.6	212.1	194.2	1453.1	1754.8
496.7	481.2	55.3	55.3	790.8	232.7
406.4	406.4	58.8	58.8	204.8	562.2
1107.2	932	98	80.1	457.5	959.9
281317.6	263323.7	37874	35517.5	193113.1	331356
94330.3	84551.3	12614.5	11378.2	47549.1	61442.8
186987.3	178772.4	25259.5	24139.3	145564	269913.2
246790.5	243965.6	34187.8	33802.4	543300.9	1140383.4
41020.8	39335.2	5489.8	5015.1	21859.3	94157.4
2585.2	2565.9	324.5	296.8	1226.9	2478.4
448	434.7	24.7	24.4	556.1	2650.9
33764.9	32111.9	4588.5	4141.8	18570.1	85386.5
4222.7	4222.7	552.1	552.1	1506.2	3641.6
7016.4	6974.3	588.2	582.2	5112.6	13736.5
11183.8	10968	1194.5	1179.7	10566.2	22288.4
703770.1	682511.6	96242.7	93326.7	805651.1	1450524.2
1916.1	1911	277.5	277.5	623.5	1343
139171.6	134889.1	18866.2	18152.8	78950.9	241674.7
123390.5	119834.8	16800.1	16173.3	73123.7	230958
15781.1	15054.3	2066.1	1979.5	5827.2	10716.7
750026.8	725633	102439.8	98972.4	836514.5	1534611.5
386825.8	375758.3	54152.6	52442.3	476407.3	562719.8
272932.5	264111	36535	35368.9	312116.2	840844.4
90268.5	85763.7	11752.2	11161.2	47991	131047.3
460413.6	452809.8	64395.4	63196.3	637949.7	1197659.2
246798.1	235592.1	33034.1	31633.9	181052.1	296505.5
181986.7	172120.2	23876.5	22295	96463.6	282121.5

2-34 续表 5

项 目	本 年 销项税额	工业中间 投入合计	直接材料	制造费用中 的中间投入	管理费用中 的中间投入	营业费用中 的中间投入
总 计	**2470414.1**	**9943716**	**7343153.4**	**1657680.5**	**452190.6**	**246818.9**
按登记注册类型分						
内资企业	2425966	9673765.9	7127091.1	1633339.9	441808.1	232637.1
国有企业	276450.1	1143251.8	806552.8		120262	34478.3
#中央企业	215307.7	828048	580712.7	113017	94732.8	23278.1
地方企业	61142.4	315203.8	225840.1	36949.6	25529.2	11200.2
#自治区属企业	39059	174039.2	131115.9	18881.4	10887.7	5838
地区(州、市)属企业	15722.3	77496.2	58118.1	4450.2	7704.8	2914.8
县(市)属企业	5414.5	54032.1	31018.9	12527.6	5906	1714.1
集体企业	16942	93682.5	76552.8	9105.6	4338.6	2609.6
#自治区属企业	5503.1	23532.5	20832.8	1879.5	746.9	69.6
地区(州、市)属企业	2594.4	12276.2	9882.3	635.1	961.3	490.4
县(市)属企业	3633.7	24998.9	19992.9	2551	703.4	1248.4
镇属企业	534.9	2404.1	1823.9	352.5	130.7	55.7
乡属企业		2218.4	809.7	362.9	875.2	
股份合作企业	3300	10134	8085.1	547.8	888.8	414
联营企业	3077	18623.4	11206.8	3019	731.8	3509.8
#国有联营企业	929.5	8571.3	2547.1	2292.2	255.3	3332
集体联营企业	744.6	3116.5	2744.8	94.5	149.1	128.4
国有与集体联营企业	1402.9	6935.6	5914.9	632.3	327.4	49.4
其他联营企业						
有限责任公司	504192.4	2506761.6	1909772.7	265697.7	118318.2	91595.1
#国有独资公司	104690.7	489462.1	330865.4	90008	26867.6	8086.6
其他有限责任公司	399501.7	2017299.5	1578907.3	175689.7	91450.6	83508.5
股份有限公司	1510998.4	5207710	3744613.7	1134093.1	177061.9	83052.4
私营企业	111006.1	693602.6	570307.2	70910.1	20206.8	16977.9
#私营独资企业	3063	27426.7	21972	2179	1239.4	1326.5
私营合伙企业	3131	16532.7	14376	1286.2	313.2	536.2
私营有限责任公司	99737.5	609370.4	502402.7	65616.5	17029.5	13700
私营股份有限公司	5074.6	40272.8	31556.5	1828.4	1624.7	1415.2
港、澳、台商投资企业	17163.7	90492.6	73132.3	9780.6	2465.6	2902.8
外商投资企业	27284.4	179457.5	142930	14560	7916.9	11279
在总计中：国有控股企业	2061950.5	7489711.5	5385951.7	1436901.1	350960.3	151011
在总计中：农村工业	1924	15513.2	10073.1	3145.5	1362.4	257
按轻、重工业分						
轻工业	280912.2	1765557.3	1413794.5	134039.3	73202.1	86156.9
以农产品为原料	265365.9	1679148.7	1355351.6	122563	65035.6	81360.5
以非农产品为原料	15546.3	86408.6	58442.9	11476.3	8166.5	4796.4
重工业	2189501.9	8178158.7	5929358.9	1523641.2	378988.5	160662
采掘工业	878960.8	2004659	662406.8	1052418.7	218742.8	47152.5
原料工业	1140569.1	5184495.3	4459935.1	404452.5	119203.8	73905.7
加工工业	169972	989004.4	807017	66770	41041.9	39603.8
按企业规模分						
大型企业	1665898.2	5462879.2	3811830.7	1270517.7	241410.3	77960.8
中型企业	449387.3	2255599.4	1742338.3	190643.1	109118.5	84220.9
小型企业	355128.6	2225237.4	1788984.4	196519.7	101661.8	84637.2

计量单位：万元

经营活动产生的现金流量净额	投资活动产生的现金流量净额	筹资活动产生的现金流量净额	全部从业人员年平均人数(人)	利税总额	亏损企业亏损额
4275679.3	**-2671333.7**	**-910797.9**	**449761**	**3494005.3**	**431474.2**
4240657.5	-2633436.1	-902607.9	438636	3432647.5	425831.3
112536.3	-173531	194520.2	123207	74855.2	150910
45142.7	-130141.8	182784.1	82303	61029.5	98123.3
67393.6	-43389.2	11736.1	40904	13825.7	52786.7
42802.9	-18669.4	-3130.5	16520	20734.6	27672.8
14158	-10118.5	8162.5	13669	-9088.5	18077.6
9753.7	-11636.6	4790.9	9888	2031	5932.1
10144.3	-21151	1039.6	6936	6560	2465.8
-56.9	-386.4	522.3	1403	3320.6	47.1
85	-55.5	-315.8	921	-99.6	1115.1
4481.6	-20402.4	1968.2	1958	1529.4	734.1
349.1	-129.3		420	290.7	87.1
318.2	-52.6	-271.3	223	-128	235
108.4	-439.4	132.7	919	2359.6	135.8
1290.8	846.3	-1383.8	1097	3093	149.1
1045.5	1346.8	-1931.6	331	1784.8	113.4
-459.7	-131.8	565.9	436	344.3	
705	-368.7	-18.1	330	963.9	35.7
449782.8	-280300.1	-80074.5	183088	390070.7	139443.8
92638.9	-70451.3	-21089.8	45218	83584.2	34440.1
357143.9	-209848.8	-58984.7	137870	306486.5	105003.7
3545062.3	-2109277	-1035455	86386	2862516.7	119555.9
121732.6	-49583.9	18612.9	37003	93192.3	13170.9
785.6	-702.7	1817.8	2436	3301.2	29.2
810.5	-371.1	300	464	2152.9	21.4
94164	-35183.3	33128.1	30623	62738.7	11138.6
25972.5	-13326.8	-16633	3480	24999.5	1981.7
5960.4	-5360.2	1598.1	4814	16727.7	1312
29061.4	-32537.4	-9788.1	6311	44630.1	4330.9
3937738	-2452978.5	-981356.9	301025	3182621.6	365370.5
1160	81.5	674.8	1303	3059.3	846.1
142861.4	-151986.3	83264	131414	146403.8	100489.5
120668.4	-146583	80413.9	119888	142197.8	89600.5
22193	-5403.3	2850.1	11526	4206	10889
4132817.9	-2519347.4	-994061.9	318347	3347601.5	330984.7
3179947.6	-1919479	-970477	133132	2550226.2	74651
836928.1	-425520.3	-139019.7	128955	649859	233973.8
115942.2	-174348.1	115434.8	56260	147516.3	22359.9
3672235.5	-2220291.5	-1084030.9	156043	2999633.6	166902.4
340008.4	-288202.8	107587.7	157275	276959.2	173065.5
263435.4	-162839.4	65645.3	136443	217412.5	91506.3

2-35 规模以上工业企业

项目	企业单位数	亏损单位数	工业总产值(现价)	工业销售产值	出口交货值	工业增加值	年初存货
煤炭开采和洗选业	69	27	228747.9	224714.4	8.3	136769.2	23389
石油和天然气开采业	14	2	5110995.9	5084372.8		3810058.3	251423.7
#天然原油和天然气开采	5		4406905.1	4391163		3474516	122204
黑色金属矿采选业	21	3	108864.7	102165.4		30136.3	12825
有色金属矿采选业	18	3	77388	73300.5		37303.6	7703.5
非金属矿采选业	16	5	28142.6	22670.2	3744.8	11610	10107.6
#采盐	5	2	4932.4	4200.9		2645.4	915.8
其他采矿业							
农副食品加工业	170	54	653868.3	616061.6	24265.8	114563.4	217157.3
#谷物磨制	38	11	120669.4	116007.5		21086	11584.4
饲料加工	29	6	147113.7	147661.1		22666.9	22570.7
制糖	15	6	107318.8	94703.2	458.5	25049.4	59610.6
食品制造业	84	31	379728.5	292043.8	111826.4	105467.5	92641.2
#罐头制造	28	16	218684.6	143608.9	100617.2	59252.9	53330.1
饮料制造业	36	14	186699.5	174442.6	2579.1	86046.1	99215
#酒的制造	28	11	160946.1	149483.7	166.2	76387.7	93881.8
烟草制品业	2	1	71374.3	71329.6		50699	20499.8
纺织业	73	44	595723.2	550195.4	36825.6	121805	241002.7
#棉、化纤纺织及印染精加工	56	37	490631.9	457266.4	15609.1	92662	165942.3
毛纺织和染整精加工	6	5	16681.9	18057.9	462.7	2326.3	23466.2
纺织服装、鞋、帽制造业	9	5	7293.5	7617.2	15	2408.5	1851.8
皮革、毛皮、羽毛(绒)及其制品业	6	1	38257.1	33637.3		10065.4	4304.7
#皮革鞣制加工	4		37769.6	32981.5		9804.7	4144.3
皮革制品制造	2	1	487.5	655.8		260.7	160.4
木材加工及木、竹、藤、棕、草制品业	13	5	38321.3	36924.3	4423.7	8805.4	7742.2
家具制造业	9	3	70615.5	69926.5	59537.3	16813.8	9962.5
造纸及纸制品业	36	13	100314.4	93304		39278.5	35710.5
印刷业和记录媒介的复制	49	23	35245.3	35824		12845.8	6028.6
文教体育用品制造业							
石油加工、炼焦及核燃料加工业	43	11	3545412.7	3506913	10097.9	659181.9	300361.3
#炼焦	7		35813.2	34699.9	2424.2	18162.5	787.3
化学原料及化学制品制造业	98	22	528105	510586	20604.1	167776.4	86658
#基础化学原料制造	25	9	176876.2	174494	7005.8	60779.3	24184.7
肥料制造	19	5	77707	75877.7	423	23756.1	17145.6
医药制造业	15	4	31569.3	32319.7	2319	13381	12747.7
化学纤维制造业	4	1	42087.4	35661.8		11734.4	6769.7
橡胶制品业	4		49285.4	47624.8	632	10269.5	12717
塑料制品业	68	21	258820.8	252986.4	25762.5	69068.9	77469.2
非金属矿物制品业	120	41	479640.2	474734.8		155133.4	85205.9
#水泥制造	56	24	269970.9	266562.8		96779.1	58254.6
黑色金属冶炼及压延加工业	37	16	1178679.2	1171894.6	4200.4	354804.2	111530.2
有色金属冶炼及压延加工业	18	4	169147.6	171642.4	2541.2	38198.4	26294
金属制品业	52	14	125179.4	116214.5		29447.4	18534.1
通用设备制造业	40	10	76253.9	73376.4	484.7	24200.7	27610.8
专用设备制造业	27	13	50490.1	46795.4	239.5	12746.3	25435.4
交通运输设备制造业	20	9	86656	85084.8		16574.3	26998.4
电气机械及器材制造业	38	15	239338.8	236145.5	1291.5	49930.6	51458
通信设备、计算机及其他电子设备制造业	1		61898.4	59274.5	5149.4	16134	9827.6
仪器仪表及文化、办公用机械制造业	3	1	4533.9	4533.9		2048.3	519.5
工艺品及其他制造业							
废弃资源和废旧材料回收加工业	2		3212.4	3014.8		869.1	231.2
电力、热力的生产和供应业	131	76	987051.8	987130.5		435717.4	24452.4
#电力生产和电力供应	77	50	891241.1	891152.9		402110.9	19610.8
燃气生产和供应业	9	4	36415.7	36917.1		10924.4	1371.3
水的生产和供应业	75	43	33086.4	32259.2		17150.2	2565.2

分行业主要经济指标

计量单位：万元

流动资产合计	短期投资	应收帐款	存货	产成品	流动资产年平均余额	长期投资
218435.4	1802.9	57535.1	29763.3	17732.9	210095.7	43675
1693594	601.5	244688.7	310238.4	108912.8	1459543.9	145939.9
924767.5		23832.7	193983.1	99494.4	748037.8	16275.2
91557.8	170	27945.2	17318.4	5668	76710.5	13102.7
43728.4	20	2792.7	9982.1	4482.8	43191.1	1036
30097.2		8465.3	11439.7	6991.5	31013.7	3028.3
1814.9		371.9	1085.5	435.2	1844.7	571.5
420955.3	386.3	46397.9	224067.8	112384.5	396071.4	60444.8
52313.3	105	12343.4	16916.6	5236.5	49836.1	3873.8
46337	112	5896.4	22548.6	3772.5	46400.6	3922.1
99199		3408.4	76496.4	62782.4	82250.6	
282978.6	491.6	63013.4	133975.1	110688.6	259933.5	19949.1
194396.1	488.6	49174	100159.7	93178.2	172492.8	12127.2
228892.9	2181.5	22756.5	122588.9	19482.8	228048.4	82499.6
213749.4	2181.5	19122.7	116520.6	14865.3	213798.1	79800.8
55391.5		5774.2	27303.4	14.1	54650.7	
494599.3	3563.9	82785.9	273277.3	131848.2	526456.7	47645.3
324738.5	2351.1	44150.6	187718.3	86401.1	351064.8	29516.6
87448.4		25013.8	35355.9	27260.3	86840.6	592.2
5103	2	849.3	1805.1	671.2	5386.6	157
23305.9		10478.1	8310.2	4497.6	25686.7	
22762.4		10237.5	8112.5	4324.4	25171.8	
543.5		240.6	197.7	173.2	514.9	
16449.7		2992	9929.1	3800.3	14948.2	699
48628.7	147.3	11894.6	12707.5	4071	52403.2	34066.9
112395.2	450.9	24138.7	42954.7	26232.3	108327	30058.2
19921.7	53.6	3820.6	5906.2	2125.1	19689.3	1523.9
864259	15057.7	48806.8	402948.3	215468.9	799622.8	50533.1
20666.6		2350.9	2408.1	1256.1	18361.7	4907
348091.9	11723	59607.3	102154.7	55044.3	325617.5	62656.8
103030.7	17.4	21821.9	24662.4	12532.4	91827.4	21195.1
82432.6	5	12833.9	24372.7	12816.9	65747.3	6465.5
34838.7		10705.3	12724.9	5898.8	38502.5	3192
21688.6		2459.4	13972.6	5007.2	17746.6	495
39664.1	40	9845.3	15162.3	8448	42795	5
369345.4	1685.4	57843.9	109070.2	70655.3	353950.7	34347.9
504688.5	19674.7	158275.4	105322.1	34206.8	490168.3	282277.9
298588.7	18316.7	98679.5	70292.6	16713.6	298274.1	119809.4
376784	441.2	15105.1	148719.3	41439.9	346704.7	4652.3
84300	59	12236.1	25782.3	6852	81229.2	7381
73692.5		24349.7	29292.1	14432.7	68202.7	4719.9
85532.3	1892.8	27617.7	28821.1	15409.2	80021	11956.1
76129.4		23577.3	28665.9	13736.8	74146.1	3624.7
73231.9		13741.2	25870	13249.4	77574.4	5259
259244.6	4979.5	69764.3	63760.3	29143	232039.6	124114.1
41128.4		15133.3	11891.3	6144.1	39218.8	9396.3
4545.8		1697.7	729	154	4388.7	562.6
1752.7		698.6	374.7	163.6	1631.9	650
534483.5	2689.9	92006	24811	2331.3	565763.4	76782.8
436028.2	596	76120	20461.1	2303.6	469937.7	71285.4
48050.4	2	2134.1	2078.7	841.2	40059.1	13548.1
43422.5	514.5	5595.7	2751.3	48.6	45021	8354.9

2-35 续表 1

项 目	固定资产合计	固定资产原价	生产经营用	累计折旧	本年折旧	固定资产净值年平均余额
煤炭开采和洗选业	337133.8	448744.1	346381.2	160692.2	18001.1	278103.5
石油和天然气开采业	6912942.2	11137413.3	11095583.4	4764610.7	775409	6160023.7
#天然原油和天然气开采	6268287.2	10038108.1	10008184.1	4366776.8	711437.1	5464533.2
黑色金属矿采选业	47309	68003.4	48140.6	23143.1	4130.6	44687.9
有色金属矿采选业	39343.5	51722.9	46113.5	15912.8	3445.7	33926.7
非金属矿采选业	18877.4	25625.7	21610.7	7822.8	1337.5	18003.5
#采盐	2088.7	2655.8	1840.5	793.1	75.6	1672.1
其他采矿业						
农副食品加工业	237644	353432.5	296219.9	129589.1	21300.7	214799.4
#谷物磨制	30736.6	53275.4	45323.5	22380.9	2816.4	29874.2
饲料加工	39274	47729.8	38141	14175	2504.2	32468
制糖	68095.6	122014.4	107925.6	55328.8	7424.7	64282
食品制造业	322484.2	401172.1	376959.5	88366.9	22105.6	296098.2
#罐头制造	225406	285475.3	280949.4	60763.9	15718	215018.3
饮料制造业	184392.6	255031.2	234849.3	72546.6	15778.3	173763.3
#酒的制造	152096.7	216780.2	197075.4	66878.2	12020.7	143260.3
烟草制品业	33849.9	45524.9	28281.8	18408.2	2402.7	27090.3
纺织业	467684.3	723240.6	641519.1	273844	37157.6	428728
#棉、化纤纺织及印染精加工	368640	561898.4	499647.7	206503	31392.7	340029
毛纺织和染整精加工	56027.5	83163.1	74037.5	33049.3	3118.9	47213.1
纺织服装、鞋、帽制造业	2357.4	4497.6	3098.4	1845	155.2	2539.3
皮革、毛皮、羽毛(绒)及其制品业	16263.3	17153.9	9335.9	1266.2	926.5	14794.4
#皮革鞣制加工	15803.6	16807.5	9156.8	1125.9	903.7	14575.8
皮革制品制造	459.7	346.4	179.1	140.3	22.8	218.6
木材加工及木、竹、藤、棕、草制品业	19294.5	24926.1	23563.3	5839.4	1330	18791.8
家具制造业	26558.7	32262.3	30526.1	8111.6	1907.3	25865.2
造纸及纸制品业	99722.2	134368.5	119742.6	44323.3	5806.9	87429.1
印刷业和记录媒介的复制	29513.6	51614.6	47190.3	22427.3	3271.1	29825.8
文教体育用品制造业						
石油加工、炼焦及核燃料加工业	1523915.6	2757351.3	2635102.9	1149617.3	155825	1558413.5
#炼焦	34219.6	32447.8	31512.3	1815.1	816.9	27210.6
化学原料及化学制品制造业	349525.2	469420.1	420974	137320.7	28625.7	322790.3
#基础化学原料制造	122155.4	156242.2	142723.5	39782.3	9448.4	108379
肥料制造	69369.1	99608.3	95148.5	35712.9	5663.9	64503.4
医药制造业	30625.4	31128.9	26196.3	6583.3	1196.1	27211.5
化学纤维制造业	35555.9	28639	26569	3145.1	2464.8	25842.8
橡胶制品业	35713.1	34318.5	24754.5	16957.3	1153.1	17731.3
塑料制品业	343584.1	398387.2	288937.7	109725.5	18822.3	276529.7
非金属矿物制品业	544744.3	756585.4	702052.7	258974.4	38514.7	497167.8
#水泥制造	422340.1	593967.2	544214.5	213227.5	28649.2	380659.2
黑色金属冶炼及压延加工业	570555.5	589249.3	582231.5	196565.1	45051.7	370105.5
有色金属冶炼及压延加工业	101537.2	144682.6	131936.2	54152.9	9409.2	92123
金属制品业	37725.8	47928.5	44457.5	11431.9	2433.4	35964.7
通用设备制造业	37034.5	58740	46489.2	24318.2	3090.6	35822.3
专用设备制造业	41881	66000	62462.5	26048	3075.3	40898.6
交通运输设备制造业	22965.8	40754.5	36281.6	18560.3	2112.1	22397.7
电气机械及器材制造业	85884.7	112721	96590.1	31361.5	5520.9	79027.5
通信设备、计算机及其他电子设备制造业	90324.7	113230.7	113100.3	27455.8	4311	78409.9
仪器仪表及文化、办公用机械制造业	4071.8	6028.3	5236.2	2306.5	416.6	4131.1
工艺品及其他制造业						
废弃资源和废旧材料回收加工业	641.9	793.6	789.3	151.7	82.2	618.7
电力、热力的生产和供应业	2425181.7	3383359.2	3079121.5	1027700.5	225614.3	2359553.3
#电力生产和电力供应	2087125.5	2991111.5	2725011.7	936978.3	202184.3	2065210.9
燃气生产和供应业	82821	78873.8	50028.4	13206.7	6359.6	76037
水的生产和供应业	177476.8	221215.7	200526.2	57998.9	10798.6	163851.8

计量单位：万元

无形资产	资产总计	流动负债 合计	流动负债 应付帐款	长期负债 合计	负债合计
80052	684846.5	268601.7	44362.2	71780.6	341502.2
18987.6	8799967.2	2169591.6	783791.3	1662074	3831665.6
10862	7222574.7	1358980.2	573395.6	1648239.1	3007219.3
1704.2	160217.7	78052.7	15782.7	16646.9	94699.8
182.5	85334.8	44744.9	11000.8	11126.9	55872.6
1136	53562.7	30090.2	4916.8	1306.9	31397.2
1.5	4537.8	2688	358.6	768.9	3456.9
36713.5	773974.1	427662.8	82000.9	37225.3	466700.7
1932.2	89473.8	43604.5	12427.4	5503.1	49155.9
5005.5	95290	39134.1	12080	6465.5	45599.6
9236.3	177320.7	126891.6	24440.9	11548	138743.3
45878	675170.6	457136.3	111434.7	55300.1	512667.5
5217.3	439131	336075.9	79853.2	36035.9	372114.4
11141.7	510543.8	238955.9	40137	70653.4	309609.4
9738.7	459001.8	214689.4	33655.9	68457.7	283147.2
329.2	89732.2	35214.1	10268.9	17900	53114.2
25926.6	1043290.5	567919.6	160433.5	181196.6	749618.1
21146	749992.7	389470.7	148497	139953.5	529526.1
693.2	145207.9	104799.5	5986.4	37295	142494.5
	7992.5	5641	1304.4	203.5	5845.1
797.5	40514.9	24287.6	5279.4		24287.6
761.4	39466.4	23576.4	5021.2		23576.4
36.1	1048.5	711.2	258.2		711.2
2279.5	39319	16111.5	4781.6	6824.8	22936.4
5291	114556	13817.4	4781.6	446.7	14264.1
4192.1	250155.3	120492.6	25889.1	27934	148444.7
2114.9	53387	22108.2	7323	2298.7	24408.4
8149.2	2466232.5	647712.9	139889.3	223287	937272.6
14	59845.7	26128.6	9510.7		26728.6
38063.3	809392.5	339343.9	82629.5	82356.9	421701.1
1743.5	248710.1	113236.9	34420.9	53168.4	166405.3
19571.4	179627.9	49904.5	11454.8	11506.7	61411.5
2671.9	72817.3	42480	7057.1	4106.3	46586.3
3023	60762.6	33363.8	12852.1	5181.6	38545.4
4921.3	80598.9	41667.1	7211.1	10152.7	51819.8
16089.1	768742.4	337349.1	63195.8	87826.3	425318.3
25495.3	1363556.2	600264.1	101076.2	161304.8	761569.4
15143.1	859518.4	420597.9	66505.8	125682.8	546281
6059.2	959071.8	391678.6	108458.9	48393.2	440111.6
6804.1	206639.6	106651.7	20804.4	24531.1	131401
4715.5	122554.1	67117.4	21200	3404.3	70522.3
13214.9	159539.9	80111.8	23656.1	4105.8	84290.4
10262.2	134221.4	97561.1	26707.5	10214.7	107825.9
13010.7	115284.9	81477.3	34722.7	1459.9	82937.3
8528.4	478001	240550.9	44248.2	39238.3	279803.7
712	141596.2	58881.4	8898.4	44341.6	103223
8.4	9200	4501.5	903.9	43.4	4544.9
12.6	3084.5	1423	132		1423
15541.1	3165219.3	1646106.6	309368.4	746239.7	2392394.6
6458.7	2711071.2	1468384.8	265608.3	626361.6	2094747.5
1272	149224.8	39377.2	8787.7	40389.8	79767.1
1210.5	232528.4	72260.1	8439.9	33221.1	105501.6

2-35 续表 2

项　　目	所有者权益合计	实收资本	国家资本	集体资本	法人资本	个人资本	港澳台资本
煤炭开采和洗选业	343344.3	267048.1	208848.6	599.3	44227.5	13372.7	
石油和天然气开采业	4968301.6	3155679.7	1898638	25310.7	1076601	33075	97644.3
#天然原油和天然气开采	4215355.4	2442629.6	1196933	24455.5	1074148	25037.6	97644.3
黑色金属矿采选业	65517.9	35216.6	13579.9		16804.8	4831.9	
有色金属矿采选业	29462.2	19245.3	12660.5	320	4601	984.8	679
非金属矿采选业	22165.5	16286.4	11644.3	503.3	3091.6	1047.2	
#采盐	1080.9	876.8	614.4	0.8	110.3	151.3	
其他采矿业							
农副食品加工业	307273.4	192573.7	52136.7	15031.2	63154.1	45633.7	10527.2
#谷物磨制	40317.9	28003	10079.1	437.3	13862.6	3624	
饲料加工	49690.4	29887.4	6439.8	3483	11383	4939.2	
制糖	38577.4	34409.9	22310.8	5760	793.8	5545.3	
食品制造业	160221.9	130169.5	16933.5	1273.3	71248.5	35400.6	2483.9
#罐头制造	64735.4	57881	2841.5		51918.8	2872.7	
饮料制造业	200934.4	142829.3	40438	2926	61688.9	27473.5	4942.8
#酒的制造	175854.6	120848.4	40335.5	2926	45931.5	27375	
烟草制品业	36618	21010.8	18142.1		2868.7		
纺织业	293672.4	388297.9	165714.6	11315.3	134632.6	28558	48077.4
#棉、化纤纺织及印染精加工	220466.6	275167.7	117085.8	11258.2	93655.3	16058	37110.4
毛纺织和染整精加工	2713.4	56237.3	32153	7.1	21221.5	1062	1793.7
纺织服装、鞋、帽制造业	2147.4	3369.6	2739		580.6	50	
皮革、毛皮、羽毛(绒)及其制品业	16227.3	8186.2	2.3	243.8	4492	3448.1	
#皮革鞣制加工	15890	7880			4480	3400	
皮革制品制造	337.3	306.2	2.3	243.8	12	48.1	
木材加工及木、竹、藤、棕、草制品业	16382.6	14581.2	27.1		4000	7440.6	
家具制造业	100291.9	33099.5	336.6		11573.2	17332.9	3856.8
造纸及纸制品业	101710.6	51323.1	25303.4	456	18901	4946.7	1716
印刷业和记录媒介的复制	28978.6	21981.9	15048.9	376.9	4184	2372.1	
文教体育用品制造业							
石油加工、炼焦及核燃料加工业	1528959.9	549586.4	475507.8	5888.9	46712.1	19503.3	240
#炼焦	33117.1	23005			19870.7	1400	
化学原料及化学制品制造业	387691.4	268954.2	167776.6	8476.4	49100.8	37050.7	3943.7
#基础化学原料制造	82304.8	70048	40288.9	1167.5	15148.7	8704	2250
肥料制造	118216.4	100748.5	84740.8	2057	8815.1	5018.5	
医药制造业	26231	21780.4	9249.4	80	6837.3	4659.3	
化学纤维制造业	22217.2	18415	4850		12543.9	1021.1	
橡胶制品业	18775.1	14169.8	150		13670.6	349.2	
塑料制品业	343424.1	248355.8	176440.1	1414.8	38709.9	30841.5	
非金属矿物制品业	601986.8	356081.4	84885.6	4750.6	194466.7	66131	2463.5
#水泥制造	313237.4	194629.2	57350.2	3245	107722.9	25533.6	363.5
黑色金属冶炼及压延加工业	518960.2	332445.9	225077.5	3821.8	63456.4	39655.2	
有色金属冶炼及压延加工业	75238.6	58231.4	17268	1762.3	32317.8	6335.3	
金属制品业	52031.8	43265.7	4058.6	6034.2	21642.2	9606.9	678.8
通用设备制造业	75249.5	44384.5	2143.7	3281.5	14738.6	24004.7	
专用设备制造业	26395.5	21322	8229.7		10202.1	1804.2	90
交通运输设备制造业	32347.6	36984.9	10489.3		16100.6	9915	
电气机械及器材制造业	198197.3	73143.1	5281.3	1400	47084.5	19223.8	
通信设备、计算机及其他电子设备制造业	38373.2	10339			7414	2925	
仪器仪表及文化、办公用机械制造业	4655.1	1863		494	210.4	1158.6	
工艺品及其他制造业							
废弃资源和废旧材料回收加工业	1661.5	1306		106		1200	
电力、热力的生产和供应业	772571.8	543435	381015.2	2798.9	125492.7	34128.2	
#电力生产和电力供应	616070.8	414943.3	306512.6	507.1	100207.3	7716.3	
燃气生产和供应业	69457.7	60133.8	43750.5		6542.6	5840.7	
水的生产和供应业	127026.8	69382	55411.1	1581.3	12389.6		

计量单位：万元

外商资本	主营业务收入	主营业务成本	主营业务税金及附加	其他业务收入	其他业务利润	营业费用
	221153.1	143966.6	2337.8	33248.5	4097.7	6882.9
24411.2	5246456.9	2409327.4	96285.6	147015.8	20977.6	41409.6
24411.2	4227408	1494840.1	86082.5	111802.7	8236.2	14951.1
	109393.5	67844.8	2479.7	2411.4	605.2	12122.8
	71653.6	45533.6	426.8	1746.3	534.2	1453.5
	19852	10024.7	599.3	841.6	812.8	3568.1
	4228.4	1708.8	331.4	0.4	0.2	286.6
6090.8	671302.8	576960.9	3481.3	23415	3481.3	25223.3
	117260.6	108422.1	84.6	2829	325.9	2767.9
3642.4	150853	115252.2	2259.6	1432.6	213	4328.9
	99294.5	76524.2	950.5	5044.9	1948.6	7567.1
2829.7	287834	200837	1004.8	4218.6	535.2	29768.7
248	146893.4	102283	289.2	1221	101.7	17890.7
5360.1	155763.8	89350.8	13795.7	6158.9	3417.1	18906
4280.4	131377.1	74747.6	13768.1	5150.4	2660.6	13543.7
	72167.4	29741.7	26703.1	413.3	98.5	2306.5
	557474.5	524531.3	1575.7	28836.4	3051.3	19864
	461074.2	446696.6	1331.1	23450.3	2839.2	15995.3
	16853.5	15647.9	27.5	609.4	-278.6	790
	8093.7	6983.6	32.3	50.6	19.8	232.6
	33382.2	29128.4	88.9	2726.5	124.9	798.2
	32724.3	28654.3	83.8	2720.2	118.6	756.3
	657.9	474.1	5.1	6.3	6.3	41.9
3113.5	34447.2	31030.9	136.7	669.3	147.2	812.3
	72794.9	57630.3	32.3	12861	376.4	3136.7
	91725	74509.8	541.9	6067.4	597	4133.2
	35123.1	26714.1	173.9	2060.1	1394.7	790.2
1734.3	3507205.6	3062405.4	141991.7	63841.8	20862.8	55824.9
1734.3	35238.5	19867	103.9	787.6	442.2	137.1
2606	541281.8	422199.2	3773.2	17157.3	1653.3	22856.8
2488.9	177630.9	128235.1	1487.3	3187.4	779.3	10917.1
117.1	76204.5	58436.8	382.9	1323.7	-177.3	3337.1
954.4	31317.8	18114.7	251	1447.5	604	5589.2
	32133.4	25674.8	68.7	867.2	336.5	1853.4
	46474.3	39155	499.8	24434.5	298.7	2133.4
949.5	436295.4	383266.6	1752.3	8837.8	1970.9	12625.6
3384	464105.4	369575.2	1741.6	3703.4	1134	26679.2
414	262880.3	206685.7	1037	2738.3	935	21671.8
435	1192885.9	978470.6	3632.6	67883.5	5563.9	25282.6
548	167194.5	143542.4	438	1512.5	348.1	2679.2
1245	122078.3	107064.7	498	2180.9	852.9	4403.6
216	73383.6	59719.3	587.9	8553.3	1557.6	3418.3
996	55499.4	42550.2	265.3	12107.9	864.1	2944.7
480	86491.4	77987.5	302.2	29030.8	2397.4	3653.6
153.5	249184.5	206009.6	950.3	3864.6	1320.4	12867.1
	56510.6	34972.6	540.5	5186.4	1296.6	1691
	5163.4	2540.2	35.5	304.5	216.6	1176.5
	3006.7	2674.1	25.7	3.5	3.1	48.6
	1006971	939563.9	7963.2	13555.3	3773.8	3721.3
	910103.2	859601.6	7393.8	11189.7	3075.3	1544.6
4000	32439.4	22057.5	146.7	24043.1	3049.3	5009.5
	36175.4	28346.5	223.3	3493.1	504	2796.8

2-35 续表 3

项　目	管理费用	税　金	财产保险费	差旅费	工会经费	办公费	职工教育费
煤炭开采和洗选业	45914.9	620.5	618.1	2037.6	1115.5	2076.5	911.3
石油和天然气开采业	475019.5	19293.7	1055.9	7997.6	846.2	4104.8	722
#天然原油和天然气开采	368264.4	18205.7	859.8	5473.7	462	1871.5	433.7
黑色金属矿采选业	8615.8	151.4	49	268.6	101.3	177.1	735.5
有色金属矿采选业	9266.2	157.5	102.6	721.7	138.1	304.6	69.4
非金属矿采选业	3897.9	877.7	33.5	167.1	44.1	108.9	31.8
#采盐	1476.6	839.1	9.8	59.3	10.8	32.2	4
其他采矿业							
农副食品加工业	29905.6	972.1	483.8	1298	424.1	967.5	293.8
#谷物磨制	3430.8	152.4	58.8	172	42.7	138.5	28.5
饲料加工	5087.5	106.9	130.8	295.4	78.7	296.8	47.8
制糖	9716.5	370.3	108.2	241.3	165.8	120.5	125.9
食品制造业	18713.6	469.9	184	986.8	165.2	617.5	148.6
#罐头制造	10324.3	189.1	75.5	463	74.1	168.1	69.3
饮料制造业	17835.1	524	159.9	715.4	176.6	613.8	132.9
#酒的制造	15907	509.7	156.3	626.7	167.6	565.7	114.9
烟草制品业	6776	174.9	97.1	299.5	48.1	178.8	38.1
纺织业	39276.8	898.5	568.4	1188.3	616.7	613.7	391.4
#棉、化纤纺织及印染精加工	26556.8	757.9	450.8	907.3	482.9	376.2	276.7
毛纺织和染整精加工	3705.4	56.7	35.8	98.4	44.1	103.3	33
纺织服装、鞋、帽制造业	733.9	10.4	15.6	26.7	9.4	15	10.6
皮革、毛皮、羽毛(绒)及其制品业	715.1	6.2	19.4	102.3	7.5	41.8	11.9
#皮革鞣制加工	517.1	1.1	18.5	96.9	4.3	38.6	11.8
皮革制品制造	198	5.1	0.9	5.4	3.2	3.2	0.1
木材加工及木、竹、藤、棕、草制品业	1983.8	52.8	28.6	87.4	39.2	128.7	24.7
家具制造业	5552.5	25.9	11.2	305.9	110.4	118.5	85.6
造纸及纸制品业	7257.3	201.8	107.5	310.9	90.5	374.5	76.6
印刷业和记录媒介的复制	6963.1	146.5	63.1	168.8	87	171.1	72.5
文教体育用品制造业							
石油加工、炼焦及核燃料加工业	98119.9	674.9	4531.2	2721.4	773.9	1704.2	574.2
#炼焦	997.4	123.8	52	43	16	41.7	11.9
化学原料及化学制品制造业	47716.3	984.2	603.6	2259.3	629.2	1515.4	498.3
#基础化学原料制造	19131.6	301	146.4	559.8	223.7	513.7	124.2
肥料制造	7779.1	156.9	79.1	300.5	91.1	199.5	115.5
医药制造业	5091	176.2	26.7	140.8	46.1	188.7	17.7
化学纤维制造业	1521.1	17.2	118.5	93	11.1	50	18.3
橡胶制品业	3148.9	82.8	37.9	70.8	69.3	57.6	19.9
塑料制品业	16215.2	461.3	223.6	547.7	174.7	451.9	143.8
非金属矿物制品业	43352.3	1118.8	341.8	1421.6	646.6	1498	499.2
#水泥制造	29837.4	809	249.7	811.8	473.7	817.4	354.2
黑色金属冶炼及压延加工业	27190.8	974.1	204.2	982.8	399.5	510.4	511.4
有色金属冶炼及压延加工业	11358.7	109.5	185.5	339.8	105.8	278.4	76.7
金属制品业	7178.7	253.9	47.6	467.1	172.5	346.2	79
通用设备制造业	9096.2	220	205.2	728.4	132	338.8	89.9
专用设备制造业	11956.2	154.2	21.3	205.4	74.2	182.8	58.6
交通运输设备制造业	9123.3	215.4	33.6	210.2	116.6	171.1	98.3
电气机械及器材制造业	15040.9	481.5	80.5	754.1	156	489.8	62
通信设备、计算机及其他电子设备制造业	5669.8	240.2	15.8	84.5	54.6	106	30.7
仪器仪表及文化、办公用机械制造业	611.6	19.4	5.2	27.1	12.5	32	11.9
工艺品及其他制造业							
废弃资源和废旧材料回收加工业	198.1	0.8	0.4	4.4	7	13.9	6.7
电力、热力的生产和供应业	92660.3	3606.8	2176.1	3216.9	1568.5	4659.8	1306.1
#电力生产和电力供应	82269.1	2914.7	2049.6	2947.4	1467.3	4251.3	1226.2
燃气生产和供应业	7835.1	88.7	63.7	85.7	26.2	121.9	38.8
水的生产和供应业	8279.8	281.3	82.5	369	111	374.8	82.9

计量单位：万元

排污费	财务费用		营业利润	投资收益	补贴收入	营业外收入
		利息支出				
319	4027	4451	17612.3	-1030	5005.3	4252
2131.6	17383.2	24531.2	2018042.8	14437.8	3386.2	9731
2125.5	19460.2	26608.2	2042079.5	6195.4	2999	2134.8
84.3	1400.5	1265	12830.7	700.8	195.5	174.9
128.9	514.1	550.4	14703.1	117.1	1006.6	44.1
22.1	622.9	604.6	1905.1	11.9	176.1	132.7
0.7	35.5	35.4	343.4			4.9
510.9	11231.8	10923.4	9124.3	269	6116.7	1083
11.8	656.6	667	2388.3	13.8	517.2	379
15.9	1615.1	1484.8	3475.2	296.5	3341.8	104.3
403	3521.2	3516.7	3249.9	0.3	368.7	78.1
248.9	17551.5	17236.6	11692.1	79.3	1519.3	662.9
96.6	13840.6	13548.3	2541.6	-7.4	124.4	39.4
123.9	7548.8	7372.7	13860.2	2200.5	232.4	478.5
106.8	7252.8	7079.1	11024.5	2363.2	198.7	350.5
6.6	153.2	153.7	6650.9		120	7.7
155.7	13486.8	12680.7	-29219.1	-6766.3	1601.1	2420.9
59.6	9665.7	8823.4	-33307.4	467.2	1376.7	1248.2
40.9	957.4	955.7	-4412.9	0.4	70.3	135.2
6.1	74	74	54.7			9.3
42.6	1073.9	1070.7	1701.2		70.5	41.3
42.5	1054.5	1051.3	1775.5		66.7	41.3
0.1	19.4	19.4	-74.3		3.8	
26.8	576.8	560.7	56.6	0.2	579.3	181.9
3.6	278.1	277.1	6748.8	1328.9	423.9	789.8
171.3	2417.8	2435.4	3317.5	1170.5	431.5	479.8
7.5	295.5	291.4	688.6	92.8	223.7	352.7
1425.5	8080.4	4266.2	156335.3	-41375.9	3895.3	6246.6
8.3	54.3	59.6	10976	382.3		2.3
245.5	7284.8	6908.4	39766.9	102	3154.3	997.5
192.6	1075.1	1068.2	17541.6	-720.3	521	161.8
38.1	2166.3	2191.6	4593.6	33.1	1648.1	465.3
15.1	634.1	632.4	2111.7	-237.2	267.1	1875.6
31.5	1017.3	780.9	2335.9		13	16
20.6	1067.1	1059.4	224.3	1.7		98.6
38.6	7846.3	12615	16516.4	736.8	2049.2	2822.3
523.6	25485.3	24887.4	1097.8	11390.2	31740.8	3260.5
481.3	18450.1	17887.8	-13031.1	-11680.2	28856.5	2089.9
89	4381.7	4372.8	159876.4	-235.4	111.7	208
200.6	3409.2	3291.7	5320.6	1144.6	3527.4	97.6
23.1	663.6	657.3	3234.2	51.6	384.3	546.7
14.1	1048.7	1024.9	1833.2	175.5	161	165.2
18.1	698.8	698.2	-1771.8	13.1	683.4	200.6
13	832.6	832.5	-1898.4	6.2	432.4	279.4
39.2	7708.5	8061.7	8200.4	8329.9	444.8	396.3
37.4	4810.9	4430.3	9295.3	-150		96.3
	7.6	7.6	1008.6		65.8	0.8
	7	6.9	56.3			2.5
1812.7	87852.8	84485.1	-110347	1659.1	9928.5	3203.4
1588.1	80382.7	77114.8	-107664	1547.5	2967.5	2761.1
	881.5	873.1	-441.6	-8.1		73.7
52	1682.4	1623.1	-4195.5	-130.5	172	226.4

2-35 续表 4

项　目	营业外支出	利润总额	应交所得税	广告费	劳动、待业保险费	养老保险和医疗保险费	住房公积金和住房补贴
煤炭开采和洗选业	9490.7	16344.3	4239.6	2.4	3786.4	10177.8	1078.4
石油和天然气开采业	120861	1924737	58577.2	2407.2	21642.5	54374.3	22872.1
#天然原油和天然气开采	65635.2	1987774	55899	2398.1	18965.7	28291	10041.3
黑色金属矿采选业	502.8	13232.9	3129.5	0.3	286.7	1292.4	169.3
有色金属矿采选业	203.4	15337.9	1253.9		103	1682.2	515
非金属矿采选业	260.3	2037.7	214.4	16.2	89.4	699.2	47.2
#采盐	112.1	313.2	157.8	3.1	12.6	157.5	35
其他采矿业							
农副食品加工业	2074	12621.3	1953	318.3	1529.6	3777.9	847.5
#谷物磨制	123.8	2982.4	429.9	106.2	67.6	566.5	364.9
饲料加工	207.8	6387.1	108	67.1	41.4	306.7	52.7
制糖	594.1	3131.3	450.2	14.7	849.5	1817.1	231.7
食品制造业	2122.6	10002.6	1321.7	1516	265.4	1275.5	179.2
#罐头制造	1422.8	1277.8	101	31.2	106.4	320.6	64.2
饮料制造业	3007.3	12180.8	3412.9	3759.8	378.8	1684.3	174.5
#酒的制造	1855.2	10676.8	3244	3032	331.8	1645.6	166.3
烟草制品业	717.4	5945.2	230	831.2	722.1	296	293.5
纺织业	2028.3	-40142.3	284	155.5	2552.8	7919.6	693.7
#棉、化纤纺织及印染精加工	546	-31408.2	241.1	30	1944.5	6277.9	405.3
毛纺织和染整精加工	42.9	-4489.4	42.8	3.3	88.1	272.4	59.2
纺织服装、鞋、帽制造业	92.1	-21.9	4.6	1.7	31.4	248.5	37.7
皮革、毛皮、羽毛(绒)及其制品业	88.2	1724.9	193.2		4.3	40.2	
#皮革鞣制加工	72.7	1810.9	193.2		1.3	1.3	
皮革制品制造	15.5	-86			3	38.9	
木材加工及木、竹、藤、棕、草制品业	33.3	784.3	163.3	1.9	14.4	116	21.9
家具制造业	29.8	9261.6	794.1	113.8	32.2	352.7	49
造纸及纸制品业	486.2	4946.9	999	80.1	506.4	1194.2	328.4
印刷业和记录媒介的复制	375	951.5	390.4	14.9	495.5	1213.8	212.3
文教体育用品制造业							
石油加工、炼焦及核燃料加工业	75431.1	49659.9	5223.7	162.9	6722.9	8150.8	3223.9
#炼焦	363.8	10998	3017.3	0.1	1.6	93.1	0.7
化学原料及化学制品制造业	4991.1	38821.7	7109.1	350.2	3271.4	5969	1500.8
#基础化学原料制造	3212.3	14300	423.2	18.4	983.7	2221.1	573.3
肥料制造	794.4	5735.7	2507.4	49.6	1173.4	1436.6	197.1
医药制造业	319.3	3710.3	1840.6	669.3	50.2	546.7	107.5
化学纤维制造业	31	2267.3	33.6		7.2	85.4	11.8
橡胶制品业	106	218.6	4.9	64.4	55	616.5	185.9
塑料制品业	3302	19557.2	2655.6	230	1134.2	2216.8	400.3
非金属矿物制品业	3643.8	30609.2	3580	222.1	1945.9	6070.9	802.5
#水泥制造	3096.7	-8877	2077.4	193.1	973.9	4776.4	634.8
黑色金属冶炼及压延加工业	1508.1	158416.2	12720.9	25.2	1269.6	6672.4	837.8
有色金属冶炼及压延加工业	256.1	10060.6	1302.5	2.6	460.9	1142.1	312.1
金属制品业	206.9	4052	592.3	59.5	323.1	913.6	303
通用设备制造业	163	2361.6	863.2	21.3	386.5	1440.4	558.7
专用设备制造业	572	-1806.1	551.8	5.8	401.8	1148.9	179.4
交通运输设备制造业	932.2	-2071	710.3	80.6	579.8	1360.5	244.1
电气机械及器材制造业	205.3	17291.6	1159	174.8	184.3	1157.3	427.3
通信设备、计算机及其他电子设备制造业	724.7	8569.3	1131.2		106	987.6	375.6
仪器仪表及文化、办公用机械制造业	2.2	1073.1	33	0.7	66.9	127.8	31.1
工艺品及其他制造业							
废弃资源和废旧材料回收加工业	17.4	33.7	10.7	4	53.2	43	7.1
电力、热力的生产和供应业	6709	-63206.8	4157.2	136.2	7367.6	20450.8	7754.6
#电力生产和电力供应	5741.9	-66925.4	1956.1	111.9	7065.3	18928	7372.3
燃气生产和供应业	245	-621	303.9	0.7	13.1	676.1	149.2
水的生产和供应业	1922.3	-5785.4	175	10.2	248.3	1486	297.6

计量单位：万元

本年应付工资总额	主营业务应付工资	本年应付福利费总额	主营业务应付	本年应交增值税	本年进项税额
60705.2	53480.3	8459.4	7272.5	18929.2	10102.6
306421	304199.9	43103.7	42793.3	442551.5	538612.4
129137.4	126931	18007.6	17699.3	373252	447588.8
7549.5	7335.6	891.4	869.6	7181.1	7739.6
8785.3	7528.4	1223.2	1047.8	6394	4501.8
3364.8	3214.1	474.9	459.1	1351.5	1763.4
1114.1	1111.5	112.1	111.4	592.9	99.9
22885.3	22221.2	3474.5	3381.6	9883.8	63308.6
3077	2998.2	573.9	564.9	619.3	14575.5
2560.1	2390.8	390.8	368.3	506	1925.7
8269.4	8061.6	1173.4	1147.2	5075.7	12109.4
13994.7	13115.1	1679.4	1586.7	10085.5	33065.7
5173.4	5093.5	659.8	655	5203.5	17160.8
14042.1	13660	1679.2	1618.4	12309.8	29865.8
12245.8	11886.9	1503.1	1442.3	11284.9	27388
1791	1791	126.2	126.2	7149.8	5526.2
49293.3	48141.9	6856.3	6547.9	21478.9	70354.2
37009.6	35907.4	5459.8	5161.5	18197.6	57975.4
3316.4	3306.5	313.3	312.6	671.7	2545.4
1133.1	1133.1	182.2	182.2	284.8	439
1004.6	949.5	146.8	134.8	1457.2	4304.8
856.4	812.2	126.1	115.6	1396.1	4254.4
148.2	137.3	20.7	19.2	61.1	50.4
2315.1	1940.7	401.4	219.5	1346.8	2989.4
4222.9	4222.9	440.1	440.1	246.7	7321.9
9353.1	9189.7	1204.7	1182.7	6704.4	10539.4
5809.6	5609.3	978.1	948.9	1739.3	3292.5
56770.4	54273.6	7769.9	7464.8	103076.9	563156.6
2587.4	2561.4	257.1	244.2	2679.3	1442.2
39811.4	38808.1	5497.4	5380.6	28813.8	52274.1
14387.1	14325.5	1996.7	1986.8	14171.7	15582.6
7881.4	7747.1	1122.8	1104.1	2332.1	3408.7
2965.6	2860.5	454	438.5	2774.7	2588.8
1427.7	1391.4	176.7	171.7	1308.4	3986.3
3811	3804.4	507	506.1	1798.5	15333.8
14464.3	14151	2006.7	1966.7	9493.1	17881
39687.9	37806.2	5280.8	4900.7	27558.2	19607.3
27596.3	26166.8	3977.4	3654.8	20377.1	11406.1
39456.3	39258.7	4838.9	4800.5	69019.4	150077
7534.7	7474.2	863.5	857	6794.8	23768.7
8328.8	7972.9	934.4	889.4	3087.1	14911.2
9415.8	8799.9	1141.9	1066.8	4357.6	8333.5
5616.1	5083.7	849.6	797.6	3137.7	4800.8
8858.4	8390.9	905.1	823.9	2739.7	16092.7
10133	9254	1420.1	1291.8	5453.2	34877.2
5588.4	5588.4	925.7	925.7	5414	4803.4
703.2	580.3	97.9	77.5	152	694.1
169	169	23.7	23.7	205.3	262
111841	108319.7	14923.8	14710.3	87375.2	45298.6
102628.1	99798.7	13690.6	13578	82910.3	42420.9
3348.6	2827.5	471.1	398.1	1690.5	3464
6596.2	5975	896.3	822.5	2121	347.8

2-35 续表 5

项　　目	本　年 销项税额	工业中间 投入合计	直接材料	制造费用中 的中间投入	管理费用中 的中间投入	营业费用中 的中间投入
煤炭开采和洗选业	28245.4	110897.9	51210.3	32421.4	18214.4	5034.3
石油和天然气开采业	822831.5	1743489.1	526733.2	981029	190353.4	27990.3
#天然原油和天然气开采	669596.6	1305641.1	275185.5	885835.8	112042.2	13117.4
黑色金属矿采选业	14735.2	85909.5	44241.3	27037.1	3454.7	9775.9
有色金属矿采选业	10497.6	46478.4	32021.3	8599.1	4378.8	965.1
非金属矿采选业	2651.1	17884.1	8200.7	3332.1	2341.5	3386.9
#采盐	683.5	2879.9	702.1	1076.4	791.4	274.5
其他采矿业						
农副食品加工业	64470	548971.5	479609	29912.1	13478.8	14879.1
#谷物磨制	13806	100202.7	93916	2259.7	1491	1879.4
饲料加工	1792	124952.8	114877	3820.2	2425.9	2214.6
制糖	16579.9	87345.1	67787	6513.2	3903.2	5620.5
食品制造业	33513.5	284346.5	213280.6	16292.9	12254.1	24967.4
#罐头制造	14342.4	164635.2	118400.5	7659.4	7629.5	17105.2
饮料制造业	32744.2	112963.2	70664.5	12325.5	8857.1	13567.3
#酒的制造	29808.4	95843.3	60356.5	10337.9	7630.7	10265.4
烟草制品业	12496.9	27825.1	19929.1	528.9	4912.4	2301.5
纺织业	88551.9	495397.1	405704.1	44242.7	16212.9	15750.6
#棉、化纤纺织及印染精加工	73972.6	416167.5	347786.1	37250.3	8665.3	12800.1
毛纺织和染整精加工	2512	15027.3	10280.1	2592.6	608.9	588.3
纺织服装、鞋、帽制造业	574.1	5169.8	4267.9	276.8	338.9	212
皮革、毛皮、羽毛(绒)及其制品业	5761	29648.9	25960.5	1549.9	344.2	720.4
#皮革鞣制加工	5649.5	29361	25797.4	1514.7	277.8	716.6
皮革制品制造	111.5	287.9	163.1	35.2	66.4	3.8
木材加工及木、竹、藤、棕、草制品业	3756	30862.7	25444.7	3168.8	1231.3	441.1
家具制造业	3353.3	54048.4	42192.2	5851	2987.8	2739.3
造纸及纸制品业	14340.7	67740.3	54882	4557.5	3067	2816
印刷业和记录媒介的复制	4890.2	24138.8	19258.6	1798.8	2373.8	412.1
文教体育用品制造业						
石油加工、炼焦及核燃料加工业	663260.5	2989307.7	2769213.2	160105.6	33625.8	18282.7
#炼焦	3532.2	20330	16940.2	2621.7	607.2	106.6
化学原料及化学制品制造业	79278.9	389142.4	258859.9	77387.2	27654.9	17955.6
#基础化学原料制造	29023.4	130268.6	97621.5	9848.8	12794.5	8928.7
肥料制造	5070.4	56283	42726.6	6728.3	1868.8	2793
医药制造业	5289.9	20963	12631.8	978.1	1562.5	5156.5
化学纤维制造业	5447.5	31661.4	21837.2	7164.3	949.5	693.1
橡胶制品业	17036	40814.4	35624.3	1533.5	680.2	1909.3
塑料制品业	22041.8	199245	161907.2	12182.6	6976.9	10332
非金属矿物制品业	46118.4	352065	239847	51204.2	19014.7	16513.8
#水泥制造	32991.1	193568.9	114559	34908	12463.6	13188.2
黑色金属冶炼及压延加工业	215112.4	892894.4	798834.9	55237.7	11461.3	22986
有色金属冶炼及压延加工业	29991	137744	121180	5860.6	4951.1	2343.1
金属制品业	18871.6	98819.1	86375.3	6453.1	2609.2	2717.9
通用设备制造业	12403	56410.8	41322.8	7021.7	4544.7	2472.9
专用设备制造业	7919.5	40881.5	29805.6	3775.3	4190.1	2411.7
交通运输设备制造业	18662	72821.4	63844.6	3273.9	2936.6	1941.8
电气机械及器材制造业	39912.6	194861.4	165030.9	8061.3	5785.7	8275
通信设备、计算机及其他电子设备制造业	9105.8	51178.4	40739.7	881.2	3257.6	1489
仪器仪表及文化、办公用机械制造业	846.1	2637.6	2199	179.4	150.2	101.4
工艺品及其他制造业						
废弃资源和废旧材料回收加工业	467.2	2548.6	1616	783.6	101.3	40.7
电力、热力的生产和供应业	127539.8	638709.6	439036.2	77589.3	31935.7	2295.6
#电力生产和电力供应	120500.8	572040.5	396679.8	66688.8	27029.3	1259.9
燃气生产和供应业	5272.3	27181.8	22565.2	493.4	1352.5	1889.2
水的生产和供应业	2425.2	18057.2	7082.6	4590.9	3649	1052.3

计量单位：万元

经营活动产生的现金流量净额	投资活动产生的现金流量净额	筹资活动产生的现金流量净额	全部从业人员年平均人数(人)	利税总额	亏损企业亏损额
27762.8	-34340.9	6485.8	40201	37611.3	4518.3
3124048	-1878362.9	-980788.3	80965	2463574	68753.1
3092766	-1778959.5	-1101363.2	32531	2447108.1	
4333.4	-1694.9	6856.2	3956	22893.7	361.9
19492	-1931	-1381.1	4865	22158.7	276.8
4311.4	-3149.3	-1649.6	3145	3988.5	740.9
823.2	-937.3	18.1	1030	1237.5	99.8
-23361.1	-13954.2	17642	20785	25986.4	12683.1
-5262.6	-2612.8	4313.6	2576	3686.3	876.2
10252	-1414	2141.2	2129	9152.7	884.8
-23387.1	10621.9	-55.9	7084	9157.5	2745.2
43715.9	-37037.5	22058.8	10397	21092.9	11156
26633.2	-29367	24981.5	3662	6770.5	8463
36087	-10914.8	-12223	9771	38286.3	10732
31577.5	-6580.8	-12649.3	8440	35729.8	9211.5
4067.6	-14060.5	14392.4	571	39798.1	406.5
37462.2	-31289.5	11178	60320	-17087.7	51354.7
28741.7	-32999.5	21322.2	47922	-11879.5	36630.3
-762.2	118.5	561.7	2937	-3790.2	4540
1112.5	-22.6	-1.6	1070	295.2	241.7
-1738.6	2250.2	13261.6	828	3271	86.9
-1758.6	2250.2	13311.3	686	3290.8	
20		-49.7	142	-19.8	86.9
-559.4	-667.1	945.6	2612	2267.8	448.3
11084.6	-16055.9	3705.3	2746	9540.6	31.7
9346.9	-16145.6	6251	8477	12193.2	1236.6
6983.9	-2262.4	-1879.7	4009	2864.7	1001.6
237711.6	-123911.6	-69364.8	20586	294728.5	85145.7
18058	-9668.8	988.1	1892	13781.2	
248054.9	-36847.3	30837.8	21380	71408.7	4707
35941.5	-22066.7	-968.8	8336	29959	2094.1
6706.9	-6893.6	29471.8	4255	8450.7	1588.9
4597.7	-5914.7	941.8	2043	6736	2203.1
2536.1	-6289.8	10779.3	1509	3644.4	526
261.2	-5306.8	439.2	2581	2516.9	
51233.1	-68507.4	18503.6	10698	30802.6	2182.5
90324.7	-58767.2	-32668.6	30418	59909	27549.2
52595.6	-33019	-21260.4	22072	12537.1	26885.8
117974.6	-130316.5	-39763.3	20748	231068.2	5741.7
24967.5	-3440.2	-5152	4663	17293.4	1361.9
865.6	-2460.1	2329.4	6035	7637.1	761.7
7712	-1094.4	153.4	6151	7307.1	1591.2
5894.7	-2415.3	-560.6	3890	1596.9	7218.6
-220.6	64.3	-242.6	5252	970.9	4831.5
-15918.2	-37148.4	61265.2	5263	23695.1	2492.6
12836.8	-6398.3		2317	14523.8	
1540.6	-1010.8	-500.3	455	1260.6	48.2
-63.4	-15	-34.5	133	264.7	
166350.5	-107599.2	-5755.6	44464	32131.6	112190.4
135082.8	-86960.9	-4919.8	38675	23378.7	105919.4
7602.4	-13620.9	17482.8	1524	1216.2	1770.6
7268.4	-695.2	-4341.5	4933	-3441.1	7122.2

2-36 各地、州、市、县(市)规模

项目	企业单位数	亏损单位数	工业总产值(现价)	工业销售产值	出口交货值	工业增加值	年初存货
全疆总计	**1430**	**539**	**15718444.4**	**15373639.7**	**316548.2**	**6689966.6**	**1950322**
乌鲁木齐市	332	132	4355365.2	4300477.3	159087	1323619.8	625399.5
乌鲁木齐县	2	1	1329.9	1124.8		581.9	269.3
克拉玛依市	74	12	5330473.7	5291791.9	7673.7	2651371.8	330443.3
石河子市	52	26	388727	370505.2	37063.1	115823	138945.9
阿拉尔市	2	1	4246	3644		147	2664.8
图木舒克市	5	1	6288.9	6886.5		1849.3	582.9
五家渠市	14	4	28529.9	26070.2	2160.8	4830.2	11850.5
吐鲁番地区	55	29	745980.2	734772.2	2100.6	534595.7	51340.3
吐鲁番市	21	12	68311.7	64064.5	2100.6	25371.4	18589.5
鄯善县	22	8	652265.5	645727.5		500849.8	20311.8
托克逊县	12	9	25403	24980.2		8374.5	12439
哈密地区	70	24	305940.4	297613.7	11918.7	128039.1	56439.7
哈密市	53	19	283786.2	277345.2	11918.7	118614.6	53879.7
巴里坤哈萨克自治县	13	2	13313.3	11611.6		5035.9	2251.3
伊吾县	4	3	8840.9	8656.9		4388.6	308.7
昌吉回族自治州	240	78	1224291.1	1175311.1	36494.4	347961	228641.4
昌吉市	68	21	455681.9	445089.3	22090.6	111881.4	114462
阜康市	27	10	147168.8	146035.5	4200.1	51459.6	13355.5
米泉市	74	15	339775.3	319996.7	423	96451.2	37201.1
呼图壁县	29	11	99248.4	97077.8	2085.1	24079	21062.3
玛纳斯县	23	11	135609.9	123035	7695.6	50048.8	23570.9
奇台县	11	6	28003.2	27542		8530.2	6866.2
吉木萨尔县	5	2	17247.8	14063.9		5794.2	10740.3
木垒哈萨克自治县	3	2	1555.8	2470.9		-283.4	1383.1
伊犁哈萨克自治州	247	92	896854.3	852656.8	29752.3	325190.7	217069.8
伊犁州直属县(市)	126	41	560395.5	533995.4	14764.6	216316.7	135069.4
伊宁市	31	15	122701.2	120031.5	803.5	40504.7	31061.2
奎屯市	33	10	186031.4	179672.9	6741.8	82188.2	38404.2
伊宁县	16	3	61496.5	60154.8		23115.7	13388.3
察布查尔锡伯自治县	5	3	6298.8	6114.3		1003.7	633.9
霍城县	18	6	53937.8	47741.8	3887.1	12910.1	13560.3
巩留县	3		9627.5	10022.7		4564	903.9
新源县	8	2	97365.4	89083.1	1439	47309	34219.4
昭苏县	8	1	20245.6	19303	1893.2	3712	2598.6
特克斯县	1		69.5	69.5		44	12
尼勒克县	3	1	2621.8	1801.8		965.3	287.6
塔城地区	77	32	221186.2	208228.3	14987.7	68515.5	62330.7
塔城市	7	7	20141.2	19475.3	67	8028.6	1378.8
乌苏市	18	8	50533.2	46962.8	5731.5	16165.2	22333
额敏县	14	6	45656.6	45043.5	458.5	13599	15053.2
沙湾县	22	7	71786	63542.4	8730.7	13469.9	19462.9
托里县	3		12884.3	12909		6769.6	2056.8
裕民县	1		91.7	91.7		35.5	7.1
和布克赛尔蒙古自治县	12	4	20093.2	20203.6		10447.7	2038.9
阿勒泰地区	44	19	115272.6	110433.1		40358.5	19669.7
阿勒泰市	20	10	46366.8	46031.6		10798.8	7840.7
布尔津县	3		5555	5644.2		2169.9	1087.2
富蕴县	11	2	52262.1	47816.6		23483.7	7054.5
福海县	5	3	7519.2	7373		2178.4	2829.4
哈巴河县	2	1	2582.8	2582.8		1351.1	454
青河县	2	2	191.2	191.2		97.9	10.2
吉木乃县	1	1	795.5	793.7		278.7	393.7

以上工业企业主要经济指标

计量单位：万元

固定资产合计	固定资产原价	生产经营用	累计折旧	本年折旧	固定资产净值年平均余额
15337136.6	**23114141.3**	**21942953.2**	**8812330.8**	**1479343**	**13939098.1**
3906264.5	5236051.9	4989546.1	1816400.4	345413.7	3479252.5
1669.5	2710.2	2710.2	1072.9	170.3	1676.8
4765088.2	8162279	7999947.6	3467906.3	540355.4	4604974.7
457994.8	569309.5	502431.6	195038.3	35080.4	380568.5
5756.9	6265.5	5383	723.3	218.2	4519.8
23589.1	20075.2	19914.2	3124.7	1239.3	14080
18954.7	33536.9	26708	15140.5	2025.6	19307
817766.1	1558984.9	1508415.8	811804.4	107278.6	721029.9
109245.6	165218.7	156499.6	62877.8	11438.2	99718.5
688586.3	1367734.2	1329630.4	742326.5	93474.5	603560.4
19934.2	26032	22285.8	6600.1	2365.9	17751
356003.1	485994.8	423162	153724.7	26499.1	314858.7
346283.1	474682.7	415581.4	149880.1	25913.8	307620.2
7942.8	9212.6	5713.9	3455.4	417.8	5526
1777.2	2099.5	1866.7	389.2	167.5	1712.5
853412	1141882.4	1039487.8	352419.9	62513.7	777454.3
319967.8	427311.6	355141.8	126285.4	20937.6	313301.5
136816	152926.4	146644.8	41982.7	7857.2	105219.7
122245.2	158226.6	150556.3	41549.2	7934.6	113397.9
74615.4	93195.9	88419.1	21883.8	4886.4	52151.2
155314.1	251847.9	243348.2	104736.1	17399.5	151939.9
21814.1	29431.4	28222.6	9394.8	1645.3	19879.1
16491.5	22153.3	21374.9	5398.8	1380.2	16382.6
6147.9	6789.3	5780.1	1189.1	472.9	5182.4
976909.1	1283739.3	1062790.5	388487.8	81631	884296.2
544018.3	742774.2	639595.2	234011.6	49294	497972.7
189769	261591.9	250398.1	81496.4	21383.3	182411.2
165544.4	209566.6	165659	57048.2	11510.3	140489.9
66690	102550.2	86514	40775.2	6498.1	62461
4926.7	5908.3	5753.5	1224.9	172.3	4591.2
52389.6	71824.1	60233.2	21561.1	4263.2	48143.6
6196.9	7470	6677.8	1871.3	449.8	5421.2
50014	73690.6	54917.6	26961.9	4587.3	47707.5
5185.8	6984	6561	2169.6	331.1	4678.1
926.1	505.9	482.7	123.6	12.7	382.2
2375.8	2682.6	2398.3	779.4	85.9	1686.8
274747.7	357805.4	261122.3	112277.3	22852.2	247774.4
53423.2	70791.1	13299.1	21648.4	8187.3	49131.8
49862.8	73809.2	64898	29182.6	4922.1	47999.7
34949.1	52692	42639.6	21026.8	2312.4	32320.3
84868.8	100623.3	92236.7	27239.9	5000.1	71436.1
15248.3	15846.6	15058.1	4412	169	11244.4
307.7	307.7	280.1			307.7
36087.8	43735.5	32710.7	8767.6	2261.3	35334.4
158143.1	183159.7	162073	42198.9	9484.8	138549.1
93997.1	102093.5	99508.1	17205.2	5127.8	84108.8
15091.1	15450.8	14404.2	2956.4	698.9	12502.9
29108.9	40227.2	33631	14359.8	2257.9	23908
17563.1	21446.1	11129.8	6025.5	1159.5	15681.3
1528.9	1738.6	1738.6	209.7	133.6	1536.9
500	725	315.3	317.8	29.6	426.8
354	1478.5	1346	1124.5	77.5	384.4

2-36 续表 1

项　目	企业单位数	亏损单位数	工业总产值（现价）	工业销售产值	出口交货值	工业增加值	年初存货
博尔塔拉蒙古自治州	29	11	101830.5	97710.9		17686.6	27974.4
博乐市	21	9	87988.9	84804		14651.1	26210
精河县	7	2	12520.9	11727.1		2767.9	1245
温泉县	1		1320.7	1179.8		267.6	519.4
巴音郭楞蒙古自治州	118	49	1678695.3	1595257.8	27880.6	1031353.9	149251.3
库尔勒市	58	20	1436404.2	1414153.1	4767	948415.5	93137.6
轮台县	9	5	78424.6	48003.7		35134.3	9058.1
尉犁县	6	3	36333.6	35006.1	6720.2	8106	12701.4
若羌县	5	2	15732.9	12095	109	5460.2	6015.6
且末县	2	2	1168.6	897.7		426.3	4.6
焉耆回族自治县	9	6	22879.5	12377.3	1602.1	5718.9	6068.3
和静县	14	5	51399.5	44446.6		18065.3	14218.4
和硕县	10	3	15626	13776.3	4646.2	5324.8	3273.3
博湖县	5	3	20726.4	14502	10036.1	4702.6	4774
阿克苏地区	87	23	442996.2	425700.2	2417	143414.7	67256.4
阿克苏市	30	5	180707.9	174020.9		59624.2	41805.2
温宿县	9	3	12390.4	12101.8		5713.8	1256.5
库车县	23	2	179678.5	171601.4	2417	51641.8	16598.9
沙雅县	4	4	5664.2	5546.1		1542.4	36.5
新和县	4	2	7304.6	6331.7		-213.8	1532.4
拜城县	10	2	51416.9	50494.8		23420	3189.1
乌什县							
阿瓦提县	3	2	4161.7	3931.5		911.9	2134.2
柯坪县	4	3	1672	1672		774.4	703.6
克孜勒苏柯尔克孜自治州	17	7	17641.1	17080.7		3961.3	1272.8
阿图什市	8	2	13274	12662.8		2611.7	466
阿克陶县	3	2	1024	1025.4		319	422.9
阿合奇县	2	1	109	101.4		35.5	2
乌恰县	4	2	3234.1	3291.1		995.1	381.9
喀什地区	59	31	146652.6	137118.8		43082.9	22552.8
喀什市	15	8	96944.4	92417.7		33417.4	8555.5
疏附县	5	5	3747.4	3512.6		916.3	21.6
疏勒县	9	2	19242.7	17530		3218.2	5879.2
英吉沙县	5	3	3409.2	3527		514	513.7
泽普县	4	2	6627.5	7006.4		1443.4	3467
莎车县	5	2	5485.7	2678.3		1214.8	2027.9
叶城县	4	1	2317.9	2255.8		856.8	238.2
麦盖提县	3	3	539.1	502.5		161.4	468
岳普湖县	4	1	3132.8	3178.9		872.6	845.8
伽师县	1	1	155.5	155.5		53.8	
巴楚县	3	2	5005.2	4308.9		397.3	535.9
塔什库尔干塔吉克自治县	1	1	45.2	45.2		16.9	
和田地区	29	19	43932	41042.4		17039.6	18636.2
和田市	11	7	27599.8	24920.3		10219.8	16380.6
和田县	4	3	7579.5	7454.1		3449.4	887.7
墨玉县	2	1	426	426		135.3	71.9
皮山县	2	2	190.9	190.9		45.7	9.4
洛浦县	4	1	7638.2	7548.6		3030	1281.4
策勒县	1	1	81.6	81.6		29.7	2
于田县	3	2	351.5	356.4		114.1	3.2
民丰县	2	2	64.5	64.5		15.6	

计量单位：万元

固定资产合计	固定资产原价	生产经营用	累计折旧	本年折旧	固定资产净值年平均余额
99816.8	129299.7	119704.9	34218.5	6482.2	94640.5
91864.6	116630.1	108100	29379.2	5757.4	86948.9
7853.3	12545.6	11480.9	4810.4	718.2	7596.5
98.9	124	124	28.9	6.6	95.1
2060255.6	3248103.9	3184481.4	1264196.1	195882.6	1781940.7
1879126.9	3008103	2982094.1	1196485.9	184886.2	1610990.8
22448.2	24045.4	18582.3	2753.5	1299.7	19322.9
44772.2	62929	45670.9	20232	2039.2	44774.8
23235	26407.3	24212.3	6658	1988.2	20478.9
4029.2	5679.4	2920.2	2014.8	164.1	3668.3
23410.2	35391.8	29326.8	12384.5	1254.5	20218.9
37854.6	45426.8	43365.7	8897.9	2012.4	35837.5
8870.2	13590	13125	4801.5	577.1	9098.5
16509.1	26531.2	25184.1	9968	1661.2	17550.1
515831.5	635288.8	547333.6	153116.4	32209	441277.8
248617.7	313969.1	267005.5	93786.2	17962.9	219909.6
10236.1	13620.9	10772.6	4082.6	1088.2	9685.7
178981.9	198584.4	172851.1	19706.2	4882.1	138760.3
11047.6	12436.6	10520.3	3460	724.8	8503.6
3613.9	3823.4	3438.2	684.4	206.9	3159
57814	85674.4	76734.9	29040.9	6778.3	56573.1
2044.6	3712.6	3517.2	2028.2	261.7	2057.6
3475.7	3467.4	2493.8	327.9	304.1	2628.9
21497	29620.8	20547.3	10770.7	3089.1	18756.7
9619.9	10930.2	6234.6	2001.6	764.7	9058.8
6067.7	8165.9	7996.9	2617.5	1166.2	5545.2
110.6	128.3	123.3	24.7	1.3	110.6
5698.8	10396.4	6192.5	6126.9	1156.9	4042.1
306284.3	382670.3	324558.1	103212	29217.3	253378.7
262565.5	330786.3	280969.7	91013.1	26915.4	214334.1
6091.4	8266.9	8266.9	2350.5	360.8	5938.6
11134.4	14052.9	13645.2	2959.6	790.3	10402.7
3419.6	4033.2	3005.8	1457	323.3	2771.9
4547.8	5193.6	3642.8	645.8	215.8	4263.2
6714.3	8693	5512.9	2709	219.1	6407.5
3339.2	4285.4	4032	682.4	151.1	3310.1
2233.3	2038.1	1536.5	803.1	59.5	1292.3
1177.6	1365.1	1248.6	245.6	89.6	1148.8
2865.8	2892.7	1862.7	26.9	26.9	2795.9
1971.2	838.9	615.9	306.7	53.2	501.8
224.2	224.2	219.1	12.3	12.3	211.8
151712.9	191038.4	168541.3	42046.8	10207.8	148762.1
102661.3	127695.5	106240.2	26932.7	7337.2	99908.7
40087.7	50303.9	50303.9	10741.2	2132.5	40388.4
1758.1	2092.1	1941.2	409.4	85.5	1560.1
356.6	436.1	307.3	105.1	18.1	340.1
5404.5	7673.7	6979.4	2311.1	506.8	5214
145.1	250	250	105.3	13	150.7
1038.6	2132.5	2064.7	1135.6	114	1051
261	454.6	454.6	306.4	0.7	149.1

2-36 续表 2

项 目	流动资产合 计	短期投资	应收帐款	存 货	产成品	流动资产年平均余额	长期投资
全疆总计	**7670908.8**	**68631.2**	**1267528.4**	**2396469.3**	**1098278.8**	**7236560.6**	**1188335.2**
乌鲁木齐市	2193754.5	29185.7	352810.9	755553.6	285871.5	2039790	471566
乌鲁木齐县	1563.6		675.9	213.8	1.6	1494.8	
克拉玛依市	1598022.3	17050.5	269384	387085	154657.6	1536425.6	205632.3
石河子市	501299.3	3756.3	90295.5	164913.2	111767.4	476607	95650.2
阿拉尔市	4096.5			1264	1200.6	3547.4	20
图木舒克市	8438.8		3663.7	1222.4	707.4	8912.6	514.7
五家渠市	26287.7		6340.3	13520.3	8869.2	27008.1	414.1
吐鲁番地区	218584.9	165.3	24878.4	58971.2	27460.5	190445.7	18931.1
吐鲁番市	90640.9		11441.9	21282.1	5963.5	67746.2	5434.2
鄯善县	112855.6	165	12273.8	28524.2	14680.3	106901.6	13134.8
托克逊县	15088.4	0.3	1162.7	9164.9	6816.7	15797.9	362.1
哈密地区	244136.3	22.1	67671.9	60907.7	21479.8	239014.3	25596.7
哈密市	230342.5	22	64253.5	57356.3	18926.2	227234.8	25516.2
巴里坤哈萨克自治县	9305.8	0.1	2983.1	3279.8	2326.8	8748.5	80.5
伊吾县	4488		435.3	271.6	226.8	3031	
昌吉回族自治州	809119.5	16380.3	177135	255830.6	124646.4	797359.6	197963.2
昌吉市	449076.9	14596.8	92147.6	122335.7	50452.3	432725.8	173230.5
阜康市	83348.6	601.5	16371.4	11581.8	5910.6	73600.8	5945.1
米泉市	140069.1	1141.4	33349	50029.4	25013.1	135778.1	13354.6
呼图壁县	36128	27	8419.4	19446.7	11975	53789.8	228.5
玛纳斯县	69733.2	7	20803.9	34871.5	21006.2	68151.1	2795
奇台县	14448.5	5	2788.3	7781.4	4169.3	14602.2	102
吉木萨尔县	14735.9		3081	9125.3	5907.3	14974.8	2307.5
木垒哈萨克自治县	1579.3	1.6	174.4	658.8	212.6	3737	
伊犁哈萨克自治州	653349.9	917.1	108167.7	282038.4	119369.2	628540.6	100909.8
伊犁州直属县(市)	406462.2	472	60014.7	186060.3	72611	393233.6	47408.2
伊宁市	83356.5	150	10970.5	30400.7	12039.3	92886.2	3746.1
奎屯市	144300.1	37	26475.4	57336.9	16976.8	131607.3	3431.8
伊宁县	35270.2	110	8292.6	16855.4	7629.6	34271.1	74.4
察布查尔锡伯自治县	2531.7		474.8	923	681.7	2322.7	
霍城县	45408.5		7588.7	24562.1	18428.6	40468.5	477.5
巩留县	6379.9		1698.1	2810.3	441.4	6712.2	
新源县	76914.2	175	3946.1	45845.1	13884.2	72597.1	39678.1
昭苏县	9779		347.3	6252.4	1697.1	10143.1	0.3
特克斯县	210.7		13.1	10.5		210.7	
尼勒克县	2311.4		208.1	1063.9	832.3	2014.7	
塔城地区	173949.7	5	35163.2	72997.6	37289.8	162530.2	52670.3
塔城市	17992.4		2191.3	2926.9	2557.8	18048.5	3295.9
乌苏市	36785.9		3869.4	19710.3	7688.5	35692.6	16.1
额敏县	36814.2		5038.6	19320.8	8488.6	30535.7	48723.9
沙湾县	53030.2		14848.9	25228.5	15548.7	49144.8	554.4
托里县	11453.5	5	2144.5	1952.8	1717.3	10738.5	23.8
裕民县	128.1		56.8	12		128.1	
和布克赛尔蒙古自治县	17745.4		7013.7	3846.3	1288.9	18242	56.2
阿勒泰地区	72938	440.1	12989.8	22980.5	9468.4	72776.8	831.3
阿勒泰市	31431.8	412.1	4252.9	10828.8	3738.8	28909.1	370.6
布尔津县	3034		1479.6	1166.5	49.9	3621.8	
富蕴县	27256	25	5138.6	8430.9	4611.2	29824	460.5
福海县	6552.2		748	1832.5	1062.8	6037.1	
哈巴河县	2831.3		594.5	454.7		2730.7	
青河县	182.1		68.8	12.2		200.5	0.2
吉木乃县	1650.6	3	707.4	254.9	5.7	1453.6	

计量单位：万元

无形资产	资产总计	流动负债		长期负债	负债合计
		合　计	应付帐款	合　计	
416491	**24880833.1**	**9450307.6**	**2343727.1**	**3732716.9**	**13253592.9**
176766.7	6774529.7	2772291.8	627876.3	847609.6	3620204.9
	3328	2447.4	174.5	368.5	2815.9
26448.7	6632916.6	1656941.4	417379.9	970202.9	2627194.3
15177	1079145.3	567671.2	103861.2	145285.4	712996.1
986.6	11148.5	3937.2	113.9	1600	5537.2
2.7	32700.8	7826.6	1426.1	11434.1	19260.8
2872.5	48814.9	35963.9	7270.8	5220.3	41184.2
10913.9	1067432.4	312248.1	120392.1	212909.8	525158.1
1528.1	208060.5	94543	9287.3	21096.7	115639.8
3849.4	818450.7	197422.3	97680.4	184427.7	381850
5536.4	40921.2	20282.8	13424.4	7385.4	27668.3
7209.7	640822	287469.2	70295.9	126401.3	414129.2
7199.4	617216.9	272974.5	67169.7	125114.1	398346.5
0.7	17330.3	12930.6	2856.7	1202.7	14133.3
9.6	6274.8	1564.1	269.5	84.5	1649.4
59384.3	1929739.5	1042311.9	207894.6	228480.9	1272463.4
30886.9	976210.4	499651.3	79054	127188	626858.6
2220.9	228471.3	114241.9	23652.7	20964.9	136809.8
15101	294711.4	140786.2	35331.6	21882.5	162668.8
4104.7	116372	48082.1	27908.3	34012.1	82094.2
4245.8	232734.3	176570.5	33085.7	21140.3	197710.8
1250.1	38343.4	28039.5	3715.5	292.1	28379.8
1540.7	35134	28026.6	4285.3	2000	30026.6
34.2	7762.7	6913.8	861.5	1001	7914.8
30446	1782231.8	886826.9	160302	279119.6	1168347.6
21585.9	1033655.3	440659.7	87097.4	197739.8	638722
6467.2	286465.6	161309.4	17706.7	52841.9	214151.7
5706.8	319468.8	102827.3	31099.1	92313.7	195162.9
2563.9	111841	42830	8784.2	24815.4	67645.4
470.9	8022.9	2588.1	839.1	236.2	2824.3
1904.9	100716.2	57432.8	12797.6	8824.8	66557.6
49	12880.6	3013.3	222.8		3013.3
4046.2	172880	59445	13471.2	17125.3	76570.5
342.5	15520.6	8795	1798.8	241.5	9036.5
	1136.8	95.4		851	946.4
34.5	4722.8	2323.4	377.9	490	2813.4
8182	514200.4	314443.5	46564.9	45825.8	362336.5
63.4	75418.1	53349.9	3213.6	13064.2	66504.9
654.7	87698.3	66200.1	13420.2	2551.3	68751.4
2525.7	123555.7	52784.7	6582.3	3056.6	56701.4
2356.6	142804.2	105709.5	15666.4	7067.4	112776.9
1843	28669.5	15246.3	3289.7	3855	20207.8
	435.8	192	88.4		192
738.6	55618.8	20961	4304.3	16231.3	37202.1
678.1	234376.1	131723.7	26639.7	35554	167289.1
118.7	126372.3	87615.5	14787.7	20069.3	107685
26.2	18151.5	5586.3	1446.9	1472.6	7059
519.5	58671.8	29663.4	8378.4	11495.2	41169.7
13.7	24133.1	4620	1719.6	1781.2	6401.2
	4360.2	2747.7	116.1	500	3247.7
	682.6	277	71.5	235.7	512.7
	2004.6	1213.8	119.5		1213.8

2-36 续表 3

项 目	流动资产		应收帐款	存 货		流动资产	长期投资
	合 计	短期投资			产成品	年平均余额	
博尔塔拉蒙古自治州	76174	521.8	12865.1	40966.9	26875.5	67089.2	2546.2
博乐市	69790.1	508.8	11351.4	37847.7	24546.8	60001.2	1954.7
精河县	5631.8	13	1495	2672.7	1976.8	6335.9	591.5
温泉县	752.1		18.7	446.5	351.9	752.1	
巴音郭楞蒙古自治州	871549.1	609.3	57948.3	218838	156184.4	746091	13642.8
库尔勒市	689866.2	124.9	33168	134244.6	105215.1	584507.9	9676.7
轮台县	20689.8	1.4	2255	10434.8	6583	18294.5	20
尉犁县	31157.5	3	3554.6	13422.2	4246.7	32839.9	3392.6
若羌县	44510.4		5054.1	7798	2914.2	31073.4	
且末县	626.2		144.9	145.7		721.9	
焉耆回族自治县	16006.9		1780	11795.5	9434.7	12793.6	
和静县	41744.1	480	5584.8	25067.4	14781.2	38365.2	310.5
和硕县	13116.3		2785.7	7205.6	5924	13335.3	240
博湖县	13831.7		3621.2	8724.2	7085.5	14159.3	3
阿克苏地区	270801.2	5	56301.9	104307.4	41862.4	258770.5	50460
阿克苏市	137788.7	5	25154.8	54326.5	17721.8	145145.5	42495.1
温宿县	6311.1		529.9	1771.8	313.3	5540	73.7
库车县	85286.2		24310.9	38134	20014.3	70883.1	2293.6
沙雅县	7719.4		1032.9	2610.1	1106.8	5338.5	669.4
新和县	5773.2		1037.7	2207	1252.1	5293	
拜城县	20766		2442	3189.5	1113.7	19524.9	4528.2
乌什县							
阿瓦提县	5018.5		325.7	1944	339	4977.8	400
柯坪县	2138.1		1468	124.5	1.4	2067.7	
克孜勒苏柯尔克孜自治州	15201	0.2	7579.7	3445.3	1612.1	15034.1	
阿图什市	10148.9		5831.3	2211.7	1161.3	10017.2	
阿克陶县	1286.9	0.2	239.1	426		1498.5	
阿合奇县	58.1		14.3	22.2	8	58.1	
乌恰县	3707.1		1495	785.4	442.8	3460.3	
喀什地区	110590.1	17.6	23251.2	24376.3	10764.6	127363.3	3152.5
喀什市	72741		13146.1	8467.8	2940.4	88742.5	2419.7
疏附县	2249.3		1114.3	821.5	331.4	1932.1	50
疏勒县	11074.4	4	2288.1	5695.8	3769.9	11545.8	590
英吉沙县	2803.1		505.7	549.3	36.7	2638.5	
泽普县	3215.7		286.5	1774.2	630.8	3912.2	50
莎车县	8935.6		4387.6	3596.3	2126.8	9141.2	
叶城县	1545.9	13.6	299.3	142.5	23.1	1605.7	
麦盖提县	977.8		243.7	319.8	22.3	1289.8	42.8
岳普湖县	2303.1		101.3	766.8	141.3	2204.4	
伽师县	92		71.9			88.7	
巴楚县	4016.2		171.7	2242.3	741.9	3626.4	
塔什库尔干塔吉克自治县	636		635			636	
和田地区	69503.7		9234.8	23229	4950.2	74561.6	1335.6
和田市	51154.3		6761.4	20434.2	3999.3	57647.5	1335.6
和田县	12793.7		1902.1	957.3		11942.5	
墨玉县	153.6		14.3	68.7		231.8	
皮山县	77.4		20.4	37.3	27.7	56.2	
洛浦县	5021.6		347.5	1719.8	918.7	4378.6	
策勒县	62.3		52.3	2.4		42.8	
于田县	221.3		131.8	4.5	4.5	241.3	
民丰县	19.5		5	4.8		20.9	

计量单位：万元

无形资产	资产总计	流动负债		长期负债	负债合计
		合　计	应付帐款	合　计	
2125.3	180920.2	94469.6	23227.2	41768.7	136238.7
1984.1	165826.5	88281.3	22367.1	39959.9	128241.6
100.1	14201.6	5412.1	692.3	1761.3	7173.4
41.1	892.1	776.2	167.8	47.5	823.7
61654.5	3123534.4	953434.7	410151.1	655900.7	1609383.1
44832.8	2736693.7	758317.6	367514	616690.6	1375032.8
66.4	43844.0	20463	4482.3	128.7	20614.4
431	80105.1	18774.2	3654.3	24839	43613.2
10188.3	77934.0	14757.5	1894.8	180	14937.6
2.6	4658.1	2085.3	144.9	2820.5	4906
2624	42166.0	36570.5	8782.2	1393.8	37964.3
1976.1	82262.3	59559.3	14283	1997.2	61556.6
1482.4	25159.9	16214	4577.8	3198.1	19412.1
50.9	30711.3	26693.3	4817.8	4652.8	31346.1
17995.1	888853.5	359566.6	85284.3	97674.3	522927.9
8413.1	441257.2	211837.4	42971.8	22390.1	234228.9
3015.2	19646.0	12155	1912.2	3634.9	15790.1
4308.5	288840.3	73442	30378	66195	205221.1
1285.7	20879.0	6813.6	684.3	3171.2	9984.8
277.3	20178.7	5176.3	1294.3	200	5376.3
296.1	84574.6	42930.5	6096	732.5	43673.1
399.2	7863.9	5591.6	1909.7	343.1	5934.9
	5613.8	1620.2	38	1007.5	2718.7
277.9	37332.2	26130.7	4920.2	6659.8	32790.6
219.2	20320.8	12055.3	3261.6	3021.6	15076.9
1.1	7355.7	5897.1	491.5	1823.3	7720.4
	168.7	60.4	0.4		60.4
57.6	9487.0	8117.9	1166.7	1814.9	9932.9
3247.6	424571.4	298851.8	89292.3	77293.8	376155
2045.8	339861.1	244216.1	64394.7	69563.9	313780
0.1	8390.8	2936.6	2490.9	2682.2	5618.9
472.6	23282.1	15252.6	2754.1	330.9	15583.5
	6806.9	3119.8	205.4	2474.2	5594
29	8298.4	3701.8	1318.6	392.1	4093.9
300.1	15950.0	16462.1	13641.7	565	17027.1
	4976.9	2285.7	1175.1	94	2380
11	3315.5	1210.1	807.9	884.3	2103.4
327.5	3815.2	2245.2	158.2		2245.2
	2957.8	2091.5	473.8		2091.5
61.5	6051.6	4486.3	1039	307.2	4793.5
	865.1	844	832.9		844
982.5	226139.9	144366	14039.2	25155.7	169621.8
789.9	156771.7	133386.6	13050.8	11725.9	145212.5
57.6	53660.1	6242	359	8835	15077.1
1.7	1927.2	299.9	44.8	31	330.9
0.4	434.6	247.4	107.6		247.4
132.4	10630.5	3558.8	383.4	3357.5	6916.3
	207.5	49.4	1.3	4.4	53.8
0.5	1260.4	471.9	25	501.2	973.1
	1247.9	110	67.3	700.7	810.7

2-36 续表 4

项　　目	所有者权益合　　计	实收资本	国家资本	集体资本	法人资本	个人资本	港澳台资本
全疆总计	**11614702.1**	**7274478.1**	**4153777.7**	**100246.5**	**2242282**	**541321.5**	**177343.4**
乌鲁木齐市	3152043.6	2035726.9	1332151.5	19889.2	416815.3	207461.7	44060
乌鲁木齐县	512.1	993.8	993.8				
克拉玛依市	4005722.3	2208036	1434804.1	26330.3	641690.8	34395.7	55921.2
石河子市	366149.2	213375.6	98475.6	7.1	85195.8	19289.3	8964.9
阿拉尔市	5611.3	2726.8	1726.8		1000		
图木舒克市	13440	13779.2	9822.9		3956.3		
五家渠市	7630.7	13935.6	10833.8	100	2626.9	374.9	
吐鲁番地区	542274.3	337452.9	161094.8	6841.7	125399.5	12781.6	27821.2
吐鲁番市	92420.7	42706	21339.7	1001.5	4439.8	810	15115
鄯善县	436600.7	281819	139099.3	5333.1	115545.4	5620.9	12706.2
托克逊县	13252.9	12927.9	655.8	507.1	5414.3	6350.7	
哈密地区	226439.9	157778.5	90414.6	1126.4	55348.8	8419.6	1179
哈密市	218617.5	152379.9	86340.1	960.4	54760.8	7849.5	1179
巴里坤哈萨克自治县	3197	2966.1	1642	166	588	570.1	
伊吾县	4625.4	2432.5	2432.5				
昌吉回族自治州	657276.1	407054.5	53145	19409.8	239317.8	86221.1	2463.5
昌吉市	349351.8	179993.7	10212.7	394	137629.8	30148.7	363.5
阜康市	91661.5	60742.5	18648.7	67	27383	12361.5	
米泉市	132042.6	86185	8132.7	3382	38075.2	31525.1	2100
呼图壁县	34277.8	28003.9	2985.2	7073.8	13086.1	4858.8	
玛纳斯县	35023.5	34406.1	10521.4	5899	15460	2525.7	
奇台县	9963.6	9158.2	2361.2	1447.2	3803.3	1546.5	
吉木萨尔县	5107.4	6542.3		1146.8	2331.7	3063.8	
木垒哈萨克自治县	-152.1	2022.8	283.1		1548.7	191	
伊犁哈萨克自治州	613884.2	461088.8	237594.9	9108.6	139616	70173.9	1793.7
伊犁州直属县(市)	394933.3	282125	145581.5	6441.4	74417.8	52882.6	
伊宁市	72313.9	69334.8	39341.6	2876.1	21495.5	2921.6	
奎屯市	124305.9	75996.3	41878.5		19643.2	14474.6	
伊宁县	44195.6	43442.1	17243.2	133.3	24509.5	1556.1	
察布查尔锡伯自治县	5198.6	3133.9	264.2		732.5	2035.5	
霍城县	34158.6	24402.6	15517.4		337.1	8548.1	
巩留县	9867.3	5754.3	174.3		4500	1080	
新源县	96309.5	56368.5	28802.8	3432	2700	21433.7	
昭苏县	6484.1	1955.3	622.3		500	833	
特克斯县	190.4	129.2	129.2				
尼勒克县	1909.4	1608	1608				
塔城地区	151863.9	108296	49121.7	2055.3	44799.9	10525.4	1793.7
塔城市	8913.2	10327	9920.8	81	313.2	12	
乌苏市	18946.9	9450.5	682.1	1400	5566.2	1802.2	
额敏县	66854.3	27373.9	14462.7	74.3	9707.9	1335.3	1793.7
沙湾县	30027.3	36122.9	9933.9		19713.1	6475.9	
托里县	8461.7	7711.7	7711.7				
裕民县	243.8	243.8	243.8				
和布克赛尔蒙古自治县	18416.7	17066.2	6166.7	500	9499.5	900	
阿勒泰地区	67087	70667.8	42891.7	611.9	20398.3	6765.9	
阿勒泰市	18687.3	23778.9	15515.9	277.9	6647.9	1337.2	
布尔津县	11092.5	11088.7			11088.7		
富蕴县	17502.1	12823.4	11017.7	334	1461.7	10	
福海县	17731.9	20855.5	16193.3			4662.2	
哈巴河县	1112.5	1200			1200		
青河县	169.9	164.8	164.8				
吉木乃县	790.8	756.5				756.5	

计量单位：万元

管理费用	税　金	财产保险费	差旅费	工会经费	办公费	职工教育费
1099791.3	**34745**	**12602.6**	**31412.6**	**9307.2**	**23704.5**	**7981.1**
233267.9	5610.4	3379.3	7653.6	2824.5	5978.8	2163.9
391.6		1.4	8.7	5.2	8.2	3.9
268704.4	19335	4255.5	7103.8	1662.8	4539.3	1280.9
29833.3	552.1	341.3	899.7	377	549.1	283.8
172.8		1.2	10	10		
969	59.2	11.6	22.2	28.3	17.9	38.9
2554.3	46.2	19.5	82.3	43.2	26.9	31.3
27049.8	645.7	114.6	1082	149.6	696	99.7
6592.3	150.3	64.5	193.8	59	154.2	51.8
17748.7	421.8	27.2	839.8	50.4	491.1	40.8
2708.8	73.6	22.9	48.4	40.2	50.7	7.1
24762.2	705.4	184.2	965.6	488	575.7	433.2
23540.1	676.8	148.8	855.5	466.6	507	413.1
926.3	6.5	14.3	95.5	19.2	57.9	17.3
295.8	22.1	21.1	14.6	2.2	10.8	2.8
70818.1	1756.5	854.5	2829.6	855.1	3164.8	710
25159.8	733.3	212.4	1091.2	295.8	1076.7	191.8
10589.6	120.5	75.4	294.4	99.9	350.1	130.6
16228.5	331.5	214.5	917.2	221.1	1138.4	186
4447.8	124.2	15.2	138.2	36.9	111.2	28.9
9300.9	333.7	240.8	208.7	149.1	286.2	131.8
2504.9	68.8	23.4	95.5	29	87.6	22.2
1661.8	44.5	64.7	51.7	16.2	79.8	12.2
924.8		8.1	32.7	7.1	34.8	6.5
83162.4	2380.1	1753.7	4153.5	1306.8	3751.4	1667.5
46126.4	880.8	1038.2	1845	676.8	1611.4	583.4
12018.9	217.4	369.6	533.3	228.3	633.8	214.6
16161.5	398.3	267.8	702.5	161.9	437.8	124.2
7362.6	17.3	196.5	196.3	94.1	140.4	65.5
304.4	21.1	1.8	38.6	0.6	14.3	0.4
3006.5	10.5	89.5	151	37.5	104.1	46.4
414.4	1.1	5.2	16.7	6.2	8	4.4
6043.6	205.5	80.4	166.4	141.2	225	122.5
465	8.1	14	24.3	4.8	34.1	3.2
45.2	0.7	0.3	0.4	0.3	2.1	0.2
304.3	0.8	13.1	15.5	1.9	11.8	2
25522.6	1420.2	595.4	1793.6	431.3	1650.3	323.2
1383.8	185.8	96.3	35	7.4	20.3	8
6604.6	115.1	24.6	174.4	96.9	243.5	56.5
2922.7	134.9	57.2	95.5	57.2	50.2	39.1
4753.2	115.9	98.1	195.1	82.1	165.1	106.7
3890.4	30.5	300.5	1137.4	122.7	1019	65.5
8.5	0.2	7.7	0.6			
5959.4	837.8	11	155.6	65	152.2	47.4
11513.4	79.1	120.1	514.9	198.7	489.7	760.9
4294.4	7.7	37.4	247.1	69.3	249.4	65.3
711.1	1.8	1.6	17.1	11.2	18.8	12.2
5210.3	64	74.7	179.9	78.2	149.7	661.1
615.1	4.5	2	26.9	15.4	10.2	7.7
449.1	0.7	3.2	31.7	19.5	48.4	10.9
76.7			3.2	2.1	6	1.5
156.7	0.4	1.2	9	3	7.2	2.2

2-36 续表 5

项目	所有者权益		国家资本	集体资本	法人资本	个人资本	港澳台资本
	合计	实收资本					
博尔塔拉蒙古自治州	44681.5	36370.5	27746.3		3744.1	4880.1	
博乐市	37584.9	29395.4	21849.6		2715.8	4830	
精河县	7028.2	6925	5896.7		1028.3		
温泉县	68.4	50.1				50.1	
巴音郭楞蒙古自治州	1504147.3	1047124.4	516305.8	8423.5	425527.8	53084.4	31001.5
库尔勒市	1351656.9	925632.2	451872.9	8268.9	378461.7	43988.4	31001.5
轮台县	23229.6	14180.1	174.7		12955.4	1050	
尉犁县	36491.9	21122.1	373.6		19998.5	750	
若羌县	62996.4	58972.8	55607.2		875.6	2490	
且末县	-247.9	901.6	901.6				
焉耆回族自治县	4201.7	4858.9	1224.2		2892.1		
和静县	20705.7	15462.6	4776.2	153.8	10205.3	327.3	
和硕县	5747.8	5527.2	1315.7		139.2	4072.3	
博湖县	-634.8	466.9	59.7	0.8		406.4	
阿克苏地区	365925.6	206355.2	85692	3578	77424.3	35080.1	4138.4
阿克苏市	207028.3	102211.6	45969.7	3508	40396.5	11895	
温宿县	3855.9	3242	1344.7		779.2	1118.1	
库车县	83619.2	57225.7	34041.6		8578.9	14605.2	
沙雅县	10894.2	7107.4	620		750	1599	4138.4
新和县	14802.4	4362.4	1497.1		2598.5	266.8	
拜城县	40901.5	26563.9	2112.7	70	23781.2	600	
乌什县							
阿瓦提县	1929	2480			540	1940	
柯坪县	2895.1	3162.2	106.2			3056	
克孜勒苏柯尔克孜自治州	4541.6	7846.7	4421.7	397	2810	218	
阿图什市	5243.9	5118.3	1693.3	397	2810	218	
阿克陶县	-364.7	606.1	606.1				
阿合奇县	108.3	102.5	102.5				
乌恰县	-445.9	2019.8	2019.8				
喀什地区	48416.4	59891.4	32749	5034.9	13423.7	8189.8	
喀什市	26081.1	33582.8	26191.5		1958	5433.3	
疏附县	2771.9	3764.2	1074.4	1507.3	1182.5		
疏勒县	7698.6	8230.6		664.6	6891.2	674.8	
英吉沙县	1212.9	2311.9	1761.9		50	500	
泽普县	4204.5	4258.4	818.4	663	2777		
莎车县	-1077.1	2250.2	481.9	1000		768.3	
叶城县	2596.9	1965.1	322.7		515	713.4	
麦盖提县	1212.1	1098.3	1098.3				
岳普湖县	1570	592.5	442.5		50	100	
伽师县	866.3	50	50				
巴楚县	1258.1	1766.3	486.3	1200			
塔什库尔干塔吉克自治县	21.1	21.1	21.1				
和田地区	56518.1	65935.1	56798.9		8384.9	751.3	
和田市	11559.2	21070.6	12288.4		8384.9	397.3	
和田县	38583	41254.8	41254.8				
墨玉县	1596.3	426.7	426.7				
皮山县	187.2	255.2	255.2				
洛浦县	3714.2	1745.4	1391.4			354	
策勒县	153.7	163.8	163.8				
于田县	287.3	546.9	546.9				
民丰县	437.2	471.7	471.7				

计量单位：万元

管理费用	税　金	财产保险费	差旅费	工会经费	办公费	职工教育费
6910.7	247.1	47.8	224.6	142.2	172.4	85.5
6263.1	235	35.6	201.6	129.3	137.9	74.5
587.9	11.4	11.5	21.8	12.7	33.6	10.8
59.7	0.7	0.7	1.2	0.2	0.9	0.2
298534.9	1569.8	717.7	4080.9	799.2	2128	653.9
286144	1128.9	533.3	3295.7	645.9	1651.3	474.4
1117.9	12.5	46.4	148	11	131.4	8.3
1640.7	139.2	67	228.1	11.6	30.4	9.3
2208.9	45.5	35.3	70.4	25.5	71.9	20.9
162.1	6.6	0.7	5.2	3.2	10.3	3.2
1642	95	3.1	96.1	27.4	39.3	20.1
3699	58.1	8.8	122	48.1	150.3	101.8
815.3	40.1	20.5	71	13.7	28.4	6.7
1105	43.9	2.6	44.4	12.8	14.7	9.2
38250.8	1354.8	595.4	1374.9	392.4	1074.3	356.7
21486.5	780.3	198.6	462.4	217.4	599.5	210.4
1825.3	29.3	8.6	90.5	23.4	53.7	21.6
9328.8	131.8	162.3	610.9	63.3	302.7	56.8
202.3	18.8	3	9	0.5	8.3	1.7
219.2	21.4	10	20.8	1.8	8.4	2.6
4856.5	361.8	190.9	158.4	83.7	92.7	62.2
209.7	10.6	2	11.5	1.3	7.7	0.9
122.5	0.8	20	11.4	1	1.3	0.5
1932.2	224.1	29.4	101.1	28.3	81.1	24.9
671.8	7.2	15	54.6	11.1	19.4	11
220.4	11.1	7	10.5	5.3	18.3	4.1
35.4	3	1.3	5.8		3.9	
1004.6	202.8	6.1	30.2	11.9	39.5	9.8
6848.4	141.1	104.9	400.6	92.3	330.1	77
3013.8	59	74.5	149.4	50.8	146	44.4
297.1	16.8	4	5.5	4.3	5.7	5.2
1181.4	8.8	6.7	48.6	8.5	43.9	5.2
609.7	0.3	4.8	29.5	5.5	10.4	0.2
469.9	13.3	3.8	9	8	8.8	5.2
444.2	12	2.3	76.3	6.6	46.3	4.3
169.3	4.8	0.5	60.3	3.6	21.8	2.8
134.8	10.7	5.4	4.9	0.8	21	0.8
192.4	3.2	0.7	8	0.4	10.8	0.3
7					0.7	0.1
300.3	12.2	2.2	9.1	3.8	14.7	8.5
28.5						
6020.1	117.5	192	428.2	107.5	618.7	73.9
3277.4	73.2	161.1	248.3	67.4	545.7	48.2
1939	25.6	23.2	135.7	14.7	41.5	11.8
100	0.3	1.6	9.4	4	4.8	2.9
55.9	0.2		1.4	0.5	3.8	0.5
499.8	6.2	4.7	31.8	3.4	18.2	7.4
52.8	0.1		0.2	0.6	2.6	0.9
56.5	9.8	1.4	0.8	16.6	1	2
38.7	2.1		0.6	0.3	1.1	0.2

2-36 续表 6

项目	外商资本	主营业务收入	主营业务成本	主营业务税金及附加	其他业务收入	其他业务利润	营业费用
全疆总计	**59507**	**15834415.5**	**11290005.9**	**315383.3**	**564749.6**	**88878.9**	**368663.9**
乌鲁木齐市	15349.2	4385108	3447570	77380.7	236806.5	31224.6	106303.4
乌鲁木齐县		1074.5	861.7	4.1			20.1
克拉玛依市	14893.9	5395544.6	3641575.6	138517.5	115939.9	30743.7	79874.1
石河子市	1442.9	539544.5	451158.6	2489.2	10032.9	2535.4	22619.9
阿拉尔市		5539	5913.4	0.1	10.9	6.8	31.5
图木舒克市		6447.5	6681.2	0.4	61.3	61.3	10.4
五家渠市		24726.1	22092.8	64.8	423.9	85.8	1258.1
吐鲁番地区	3514.1	766367.7	407375.6	12769	21050.1	4609.5	17801.3
吐鲁番市		96464.5	97488.4	421.6	5665	570.8	1927.7
鄯善县	3514.1	646214	290440.1	11926.9	14391.4	1328.2	14795.6
托克逊县		23689.2	19447.1	420.5	993.7	2710.5	1078
哈密地区	1290.1	292157.4	231972.3	2956.8	13249.7	2760.5	13927.7
哈密市	1290.1	272151	221688.1	2656.7	13241.6	2770.7	8865.8
巴里坤哈萨克自治县		11332.9	7587.8	84.7	4.9	-13.4	2032
伊吾县		8673.5	2696.4	215.4	3.2	3.2	3029.9
昌吉回族自治州	6497.3	1189641	1011504.7	7342.4	33984.1	3444.2	49895.6
昌吉市	1245	459658.9	398175	3869.5	9571.1	1334	24516.8
阜康市	2282.3	145466.5	108822.1	652.5	14022.3	464.6	3219
米泉市	2970	313512.1	270575.9	1184.6	6967.2	1121.8	10085.4
呼图壁县		104325.9	93914.7	607.4	1067.6	151.7	4194.1
玛纳斯县		120770.8	101340.8	651	1030.8	254.4	3411.8
奇台县		28524.7	24307	181.8	1254.2	157.9	2327.8
吉木萨尔县		15178.3	11976.8	190.9	11.9	-93.4	1949
木垒哈萨克自治县		2203.8	2392.4	4.7	59	53.2	191.7
伊犁哈萨克自治州	2801.7	895042.6	711273	37668.3	19293.8	4545.5	33440.3
伊犁州直属县(市)	2801.7	558832.1	437882.2	34019.5	13113.5	2368.1	19648.7
伊宁市	2700	122262.1	109223.3	1198.1	3070.2	838.9	2458
奎屯市		205704.9	153244.6	27161.2	1897.2	417.5	5707.3
伊宁县		55158.1	42221.5	111.5	1059.3	242.3	2984.7
察布查尔锡伯自治县	101.7	6123.4	5813.6	4.7	292	6.5	165
霍城县		46544.5	38656.9	417.5	3862.1	508.8	2831.5
巩留县		9950.3	6422.8	35.8	355.7	55.4	72.7
新源县		91971.2	62851.6	5062.9	1188.7	134.7	5292.4
昭苏县		19214.6	18010.5	23.2	1283.3	138.7	72.5
特克斯县		69.5	35.5	0.3	47.1	20.2	7.4
尼勒克县		1833.5	1401.9	4.3	57.9	5.1	57.2
塔城地区		224254.5	190563.9	2724.4	4576.8	1879.5	10559
塔城市		16313.9	23072.6	96.5	92.3	262.6	1029.2
乌苏市		54863.4	42589.2	1616.1	1341.9	640.3	1877.8
额敏县		44806.1	36421.9	301.2	2499.4	866.6	2023.5
沙湾县		77630.4	67515.5	106.8	276.4	119.2	3864.2
托里县		12351.4	8028.5	121.4	236	-7.7	74.6
裕民县		50.3	192.1	1.2	30		
和布克赛尔蒙古自治县		18239	12744.1	481.2	100.8	-1.5	1689.7
阿勒泰地区		111956	82826.9	924.4	1603.5	297.9	3232.6
阿勒泰市		46018	40630.6	232.6	274.5	-48.4	1861.4
布尔津县		5644.2	3448.2	13	76.6	22.6	499.8
富蕴县		49612.8	29161.5	631.5	1183.2	300.6	614.9
福海县		7133.9	6974.9	42.5	13.2	2.3	176.6
哈巴河县		2582.9	1799.1	1.7			
青河县		174.4	149.5	1.1			
吉木乃县		789.8	663.1	2	56	20.8	79.9

计量单位：万元

排污费	财务费用	利息支出	营业利润	投资收益	补贴收入	营业外收入
8589.4	**244036.5**	**245993.5**	**2378328.8**	**-5913.9**	**78119.1**	**41656.5**
2243.4	101519.4	97291.9	372130.5	-38699.9	26736	16537.7
	16.7	16.7	-282.4			3.1
2802.6	3468.5	3436.7	1152142.6	17221.3	1634.6	12993.4
174.5	13887.2	18770.2	9382.4	930.4	2338.2	1750.7
	134.7	134.4	-686			0.5
1.7	60.5	60.5	-1245.7			12.9
2.5	1050.5	1091.1	-2145.3	33.7		270
265.4	4310.5	11220.6	300421.9	1371.3	418.5	502.3
186.1	2534.6	2267.5	-10885.1	908	17	215.6
65.8	1330.5	8506.3	311324.2	463.3	401.5	247.6
13.5	445.4	446.8	-17.2			39.1
204.7	10506.4	11121.4	10351.1	163.9	2591.1	1514.2
193	10227.1	10881.4	7625.9	151.9	2555.6	1491.1
8.5	266.7	226.3	298.8	12		12.3
3.2	12.6	13.7	2426.4		35.5	10.8
396.8	31930.2	30882.3	22925.4	8287.3	8565	1818.6
148.7	17130.4	16833.3	-7858.6	8269.9	6109.7	668.2
59.8	3038.3	3138.8	20632.4	-362.4	1019.2	163.7
99.3	3326.4	3273.3	13232.9	411	1002.4	360.2
3.2	2779.5	2448.9	-1465.9	-2.2	384.9	132.1
27.4	3509.7	2957.6	3110	1.5	33	217
57.8	649.9	649.9	-1289.1		15.8	52.6
0.6	1282.2	1335.9	-1975.8	44.5		218.3
	213.8	244.6	-1460.5	-75		6.5
1068	32553.4	29269.5	4955.6	158.8	22315.3	1538.5
594.7	16914.3	16630.6	8470.6	600.4	17868.3	861.9
143.2	6972.1	6767.5	-8799.7	3.6	615.4	299.6
110.6	3952.5	3925.8	-1188.8	492.6	2289.6	397
159.6	2546.4	2498.1	260.2	98.2	14140.1	35.7
18.3	38.1	37.8	507.5		33.4	15.2
131.5	1879.4	1875.9	257.8	-1.1	246.7	54.4
10.8	35.3	35.3	3024.7		314.7	9.3
14.6	1293.3	1293	13761.2	7.1	184	26.8
5.1	158.8	158.8	623.5		44.1	8.5
			1.3		0.3	
1	38.4	38.4	22.9			15.4
408	10875.4	7913.9	-7807.5	-684.2	3830.1	473.6
75.8	3092.1	168.3	-10556.9	-497.7	93.3	129.8
22.4	1692.3	1670.1	2559.2		286.2	99.2
34.2	1806.4	1775.1	2055.8	6.7	626.5	94.4
110.3	3537	3541.1	-78.5	25.7	1506.6	48.2
148	304.3	307.1	-15.6		471	28.6
17.3	443.3	452.2	-1771.5	-218.9	846.5	73.4
65.3	4763.7	4725	4292.5	242.6	616.9	203
9.7	3728.3	3726.3	-4384.1	-20.1	46.3	162.5
12	527.8	527.8	3		354.7	0.7
17	342.9	306.2	9333.8	262.7	120.5	24.1
18	39.3	39.3	-723.8		95.4	2.7
3	114.5	114.5	218.5			13
	7.6	7.6	-60.5			
5.6	3.3	3.3	-94.4			

2-36 续表 7

项　　目	外商资本	主营业务收　　入	主营业务成　　本	主营业务税金及附加	其他业务收　　入	其他业务利　　润	营业费用
博尔塔拉蒙古自治州		93886.6	85028.2	490.2	836.2	22.8	1674.7
博乐市		79431.8	71912.9	392.9	762.7	-5.9	1298.3
精河县		13253.8	11945.6	97.3	70.2	25.9	369
温泉县		1201	1169.7		3.3	2.8	7.4
巴音郭楞蒙古自治州	12781.4	1615828.3	733541	28670.5	77393.1	2073.1	23115.5
库尔勒市	12038.8	1417718.1	583478.2	27108.7	73014.8	-250.4	11505.9
轮台县		54758.2	38979	596.6	429.2	-59.7	730
尉犁县		38411.2	30651.1	138.5	373.5	313.8	2804.9
若羌县		11963.3	7943	323.4	800.1	777.3	871.6
且末县		766.9	667.8	4.2	64.8	46.8	
焉耆回族自治县	742.6	12730.1	10185.6	159.7	1232.5	478.4	916.7
和静县		50342.4	39090.5	241.1	1245	695.3	4016.6
和硕县		14636.1	11811.8	77.5	55.7	34.3	738.4
博湖县		14502	10734	20.8	177.5	37.3	1531.4
阿克苏地区	442.4	425534.6	331270	5311.1	30837.9	5733.8	13607.7
阿克苏市	442.4	181792.3	141392.4	911.4	12796.7	2268.5	6980.8
温宿县		10921.2	7399.5	499	370.2	195.6	776.6
库车县		171215.4	134383.3	3336.9	6766.4	3060.8	4193.4
沙雅县		4997.5	4228.6	36.8	364.1	53.6	80.3
新和县		7048	6919.6	3.1	10384	4	484.9
拜城县		43675	31182.2	274.7	6.2	5.7	973.2
乌什县							
阿瓦提县		3362.5	3522.4	0.2	145.5	143.2	1.4
柯坪县		2522.7	2242	249	4.8	2.4	117.1
克孜勒苏柯尔克孜自治州		16775.1	15307.5	67.2	154.1	-0.6	747.2
阿图什市		11957	10556.9	40.9	61.4	10.7	586.2
阿克陶县		1070.8	1721.9	4.8	45.9	-43.2	
阿合奇县		80.5	43.2	3.1	18	8.5	14.9
乌恰县		3666.8	2985.5	18.4	28.8	23.4	146.1
喀什地区	494	135885.4	146620.7	1308.6	3692.6	801	3731.8
喀什市		92370.4	107582.5	1069.5	2514.6	465.9	1604.5
疏附县		3052.4	2989.3	27.3	1.9		110.8
疏勒县		17306.2	14964.3	52.2	625.6	136.3	719.6
英吉沙县		3712.9	3195.2	18	1.9	0.3	786.9
泽普县		6404.4	6493.5	68.1	178.2	18.1	326.7
莎车县		2956.8	2363.7	45.2	189.1	66.9	37.4
叶城县	414	2145.2	1861.9	14.7	87	87	3.4
麦盖提县		585.1	660.6	1.2	48.4	21.8	10.6
岳普湖县		2842.4	2460.8	7.4			31.6
伽师县		155.5	86.2	1.8		-1.5	37.5
巴楚县	80	4308.9	3955.6	2.3	45.9	6.2	47.8
塔什库尔干塔吉克自治县		45.2	7.1	0.9			15
和田地区		46387.1	41121.3	346.5	982.6	231.5	624.7
和田市		29800.9	29832.4	223.4	576.3	-3.4	481.8
和田县		7453.5	5188.2	43.4	240.1	148.7	7.9
墨玉县		420.9	416.5	3.2	62	30.8	5.9
皮山县		191	151.6	1.6	21.6	8.1	
洛浦县		7978.4	5065.7	60.7	38.5	8.5	125.3
策勒县		89.6	40.6	0.6			
于田县		371	379.2	10.7	44.1	38.8	3.8
民丰县		81.8	47.1	2.9			

计量单位：万元

排污费	财务费用		营业利润	投资收益	补贴收入	营业外收入
		利息支出				
37.1	2353.4	2364.2	-4136.8		451.2	375.2
29.4	2061.9	2074.4	-4110.4		431.7	263.1
7.3	269.2	267.5	25.4		19.5	58.4
0.4	22.3	22.3	-51.8			53.7
745	18529.2	18137.1	515647.6	372.8	6332.3	2074.4
445.7	10986.7	11012.7	498118.1	460.9	4091.6	1860.6
30.2	578.9	581.2	12696.1		341.8	4.2
4	1620.4	1489.5	1869.4	-88.1	216.1	18.7
11.2	474.5	509.9	919.2			40.8
	139.4	138.6	-159.8		7.5	10.7
3.4	1372.9	1371.9	-1068.4		121	35.2
229.9	1206.4	1206.3	3047.5		981.5	69.5
18.6	410.7	410	816.7		248.6	28.4
2	1739.3	1417	-591.2		324.2	6.3
483	9973.6	9137	31282.7	4330.3	5073.6	1294.8
144.1	6270.9	6224.6	7226.9	3905.7	4294.6	933.2
90.6	145.3	145.9	545.2		91.5	16.6
88.4	2310	2338.4	20897.6	4.1	436.9	209.2
1	119.1	41.3	59		2.2	2.1
5.8	15.3	16.1	-671.4		81.6	0.3
150.2	939.7	263.8	3477.2	420.5	85.3	128.9
2.6	105.9	106.9	-346.9		81.5	1.1
0.3	67.4		95.1			3.4
8.8	353.5	355.9	-1181.9		135.6	75.7
4.3	165.4	167.8	-55.4		135.6	40.1
1.2	164.4	164.4	-1083.9			13.8
0.1			-7.6			
3.2	23.7	23.7	-35			21.8
105.3	8462.7	7882.1	-26108.7	-45	1434.2	355.6
67.5	7649.1	7573.5	-25095.9		849.2	302.4
2.6	189.6	-227.7	-134.6			25.3
23.4	4.6	2.1	520.4	-45	403.9	13
	250	174.3	-372.6		168.6	0.6
0.9	85.5	85.3	-1021.3			1.6
	87.7	87.7	47.5			3.3
0.5	33.5	24.6	147.5			
0.3	-0.3	-0.3	-200			8.5
	24	23.6	102.4		12.5	0.6
	34	34	-12.5			
10.1	105	105	-83.3			0.3
			-6.3			
50.6	4942.8	4838.6	-5406.6	-38.8	93.5	542
25.1	4296.8	4191.5	-7253.9	-38.8	87.8	269.4
0.5	329.7	344.8	93.6			8.3
	2.7	2.7	-57.8			0.4
	0.9	0.9	-1.2		2.1	6.1
25	298.3	298.3	1966.2			257.1
	0.4	0.4	-4.8			
	14		-141.8			0.7
			-6.9		3.6	

2-36 续表 8

项　　目	营业外支出	利润总额	应交所得税	广告费	劳动、待业保险费	养老保险和医疗保险费	住房公积金和住房补贴
全疆总计	**243660.9**	**2263156.6**	**121319.3**	**11439.8**	**57088.8**	**147607.2**	**45230**
乌鲁木齐市	79304.3	289289.2	49594.5	2339.3	12620	33992.9	9568
乌鲁木齐县	23	-273.5	8.7		2.3	41.3	2.6
克拉玛依市	127003.5	1056988.4	8619.3	334	10746.6	49699.3	21873.9
石河子市	1706	12232.6	2475.4	1122.5	3776.8	5366.6	690.8
阿拉尔市	0.1	-685.6			11.1		
图木舒克市	28.8	-1089.9			14.1	113.4	23.3
五家渠市	143.5	-2045.8	44.3	7.1	226.1	701.8	22.2
吐鲁番地区	1391	300473.9	30677.2	79.2	5207.8	4592.5	2071.5
吐鲁番市	110.7	-10698.3	249.8	4	1205.5	826.4	600.5
鄯善县	1211	311219.6	30209.2	24	3941.1	3690.8	1446.3
托克逊县	69.3	-47.4	218.2	51.2	61.2	75.3	24.7
哈密地区	5379.4	9182.3	2153	45	4110.9	5500.4	475.9
哈密市	5290.5	6492.8	1707.2	44.8	3996.4	5348.6	467
巴里坤哈萨克自治县	55.5	250.3	66	0.2	113.6	138.5	7.2
伊吾县	33.4	2439.2	379.8		0.9	13.3	1.7
昌吉回族自治州	5361.4	36532.8	6629.6	1450.2	2032.4	7819	1690.9
昌吉市	1302.8	5886.4	1134.2	1117.1	452.3	2599.7	546.8
阜康市	1186.4	20562.7	3150.7	12.5	576.1	1370.9	321.6
米泉市	1083.6	13922.9	1779.8	100.5	463.6	1082.2	170.2
呼图壁县	62	-1012.9	332.8	24.4	26.1	381.4	6
玛纳斯县	596	2765.5	66.9	2.9	176.3	1646.7	546.5
奇台县	198.3	-1419	72.4	38.3	256.5	408.7	30.3
吉木萨尔县	913.4	-2624.9	92.8	136.8	79.2	257.5	51.9
木垒哈萨克自治县	18.9	-1547.9		17.7	2.3	71.9	17.6
伊犁哈萨克自治州	4193.3	8950.3	9108	3215.7	3537.9	9952.5	2729.1
伊犁州直属县(市)	2859.9	12522.2	5611	3080.8	2248.3	5766.9	1360.1
伊宁市	597.9	-8366.1	53.2	44.5	440.1	2319.3	554.6
奎屯市	1123.4	437.3	1098.6	872	1385.9	997	569.8
伊宁县	240.1	3394.2	805.2	36.9	92.6	794.4	90.1
察布查尔锡伯自治县	20.9	-168.2	29.6	3.2	0.5	16.9	1.5
霍城县	130.2	440.7	210	36.7	176.1	505.1	53
巩留县	26.8	3322	205.4		0.8	18.4	
新源县	161.9	13305.1	3151.3	2084.5	125	1018.3	89.7
昭苏县	542.3	133.8	47.6	0.3	22.9	25.6	1.4
特克斯县	0.1	1.5	1.2		1.4	14.8	
尼勒克县	16.3	21.9	8.9	2.7	3	57.1	
塔城地区	983.5	-7829.4	2871.9	116.9	585.3	2216.3	729
塔城市	154.3	-11141.7		8.1	359.3	84.4	145.4
乌苏市	254.9	1847.2	2325.6	1.4	36	362.1	224.8
额敏县	214.5	2681	169.3	6.2	34	428.6	77.6
沙湾县	94.5	-350.5	99.8	98.7	85.7	686.3	170.3
托里县	75.4	243.2	110.1		17.6	183.3	51.3
裕民县		122			0.9	11.7	
和布克赛尔蒙古自治县	189.9	-1230.6	167.1	2.5	51.8	459.9	59.6
阿勒泰地区	349.9	4257.5	625.1	18	704.3	1969.3	640
阿勒泰市	112	-4460.8	48.3	17.6	563.8	558	145.6
布尔津县	14.6	343.9	35.3		61.5	75.1	37.1
富蕴县	188.5	8964	410.1		63.2	1144.4	429.8
福海县	1.4	-632.8	7.4	0.4	8.4	104.7	7.8
哈巴河县	10.8	220.7	124		3.6	43.8	14.8
青河县	21.7	-82.2			1.5	23	4.9
吉木乃县	0.9	-95.3			2.3	20.3	

计量单位：万元

本　年销项税额	工业中间投入合计		制造费用中的中间投入	管理费用中的中间投入	营业费用中的中间投入
		直接材料			
2470414.1	**9943716**	**7343153.4**	**1657680.5**	**452190.6**	**246818.9**
701959.9	3223361.9	2650258.4	302618.6	90779.2	78186.1
77.1	792.3	607.3	112.6	43.3	12.4
991250.7	3066289.6	2138232.2	768181.7	121050.9	35356.3
39148.1	289959	235738.2	15027.4	7479.5	17834.8
672.5	4099	3679.4	180.8	101.2	2.9
1360.4	5233	4529	149.3	485.2	9
3555.8	24922.9	21162.9	1208.1	735.6	905.1
120268.5	273414.7	104614.7	129698.5	19039.3	15751.7
10535.3	48592.7	36746.4	5661.2	2465.2	1185.3
106210.2	206313.9	54425.3	121087.5	15670.7	13799.9
3523	18508.1	13443	2949.8	903.4	766.5
40831.5	198089.9	140359.6	27758	9583.4	9882.5
37890.4	183724.7	135033.2	22863.3	8797.2	6803.9
1842	9055.9	3919.3	3150.8	669	1050.1
1099.1	5309.3	1407.1	1743.9	117.2	2028.5
156071.9	920678.3	758889.8	59130	36121	34614.5
53644.1	354280.5	292035.2	16617.6	11719.3	16785.2
27081.5	105841.3	88155.4	6239.7	6045.4	2362.5
37099.7	252672.8	211340.4	21747.8	9212	7046.2
15483.5	79599.8	69016.7	2102.5	2482	3219.1
17795.4	94304.2	72765.8	11697.6	4142	2189.1
2264.5	20059.6	16019.3	541.6	1328.2	1520.6
2434.4	12009.9	8638.9	136.4	582.6	1369.8
268.8	1910.2	918.1	46.8	609.5	122
131294.6	628568.6	470055.6	60283.7	40027.2	25648.7
81436.4	378085	293619.9	30831.7	21613.1	15106
20873.6	90138.6	63153.4	10881.4	7665.6	1466.1
29946.2	116983.1	95200.6	5634.3	7056.6	5139.1
5967.8	41656.9	29800.8	5098.8	2556.4	1654.5
794.7	5367.4	4549.4	398.1	241.5	140.3
6456.4	43107.4	34416.3	3587	1363.9	1860.8
1438.1	5639.9	4454.8	816.3	280.2	53.3
13697.8	56667.5	45951.8	2781.3	1935.7	4705.4
2058.9	16759.1	14863.4	1432.9	272.6	31.4
4.6	30.1	21	7.6	1.5	
198.3	1735	1208.4	194	239.1	55.1
33965	166950	114810.8	19414.9	13938.1	7910.8
3125.8	14841.3	7651.2	2393.1	803.3	901.6
6411.3	38005.6	23361.8	7155.8	4341.3	1454.4
7133	34291.5	28801.9	1368.6	1015.5	1299.1
13103.4	61315.3	47677.6	5195.3	2274.5	2630.9
1389.9	7090.3	3536.9	637.6	2547.7	63.8
	56.2	56.2			
2801.6	11349.8	3725.2	2664.5	2955.8	1561
15893.2	83533.6	61624.9	10037.1	4476	2631.9
5958.3	38016.6	27136	3540.7	1977.1	1634.5
696	3912.5	1328.6	1398.1	208.2	449.8
8061.4	33689.3	28462.6	2915.2	1599.2	369.4
979	5846.2	3662.4	1670.5	352.2	121.8
188.1	1397.8	689.2	354.1	240	
10.4	103.7	8.5	61.3	26.3	
	567.5	337.6	97.2	73	56.4

2-36 续表 9

项 目	营业外支出	利润总额	应交所得税	广告费	劳动、待业保险费	养老保险和医疗保险费	住房公积金和住房补贴
博尔塔拉蒙古自治州	173.5	-3228.5	500.2	60.4	428.8	1593	429.7
博乐市	159.4	-3319.6	496.9	57.3	420.1	1350.2	385.4
精河县	14.1	89.2	3	3.1	8.5	238.8	44.3
温泉县		1.9	0.3		0.2	4	
巴音郭楞蒙古自治州	14058.2	510358.5	3713.8	2628.4	12157	19066.5	3686.3
库尔勒市	12725.7	491806.2	2516.8	2516.1	11501.6	17036.4	3581.1
轮台县	67.5	12974.6	568.7	0.3	5.9	48.6	2.4
尉犁县	32.6	1983.4		26.1	84.8	464.5	10
若羌县	195.6	764.3	76.2	16.1	32.9	468.3	5.8
且末县	0.2	-141.8			19.8	44.7	3.1
焉耆回族自治县	163.5	-1072.3	32.1	40.8	27.7	111.4	10
和静县	104.5	3982.3	346.7	13	469.5	758	60.5
和硕县	306.3	787.4	82.5	15.5	7.8	70.1	6
博湖县	462.3	-725.6	90.8	0.5	7	64.5	7.4
阿克苏地区	3214.2	37911.5	5986.8	144.7	1115	4824.3	1159.1
阿克苏市	1644	14011.6	1549.8	131.1	460.9	3910.6	774.2
温宿县	95.3	573.1	200.8	5.3	27.5	113.2	7.8
库车县	595.7	20952.3	2950.9	8.1	287.1	361	232.6
沙雅县	22.1	-131.3		0.1	10.1	41.4	2.8
新和县	36.5	-626	11.6		1.9	15.9	1
拜城县	497.2	3620.8	1259.6	0.1	324.6	362.3	140.7
乌什县							
阿瓦提县	321.3	-585.4	4.1		1.3	11.5	
柯坪县	2.1	96.4	10		1.6	8.4	
克孜勒苏柯尔克孜自治州	80.6	-1514.7	33.2	0.1	115.4	260.8	8.7
阿图什市	32.1	52.9	27.2	0.1	15	97	8.3
阿克陶县	11.8	-1081.9	1.3		14.6	78.9	0.4
阿合奇县		-7.6	0.1		0.7	3.8	
乌恰县	36.7	-478.1	4.6		85.1	81.1	
喀什地区	771.9	16450.4	787.7	10	678	2985.6	532.3
喀什市	540.2	17778.5	281.9	6.9	607.6	2520.6	486.1
疏附县	4.8	-661.5			13.6	72.3	8
疏勒县	23.9	868.4	364.4	3.1	11.5	72.8	13.3
英吉沙县	3.9	-207.2			1.2	55.2	2.7
泽普县	1.3	-1020.9	3.1		8.3	91.6	5.6
莎车县	118.8	-68	73.4		3.9	69.2	10.3
叶城县	10.8	136.6	51		27.4	1.2	
麦盖提县	58.5	-250	5.1		1.6	21.4	1.9
岳普湖县	6.7	-20.7	8.8			36.5	
伽师县		-12.5					
巴楚县	3	-86			2.9	44.8	4.4
塔什库尔干塔吉克自治县		-6.3					
和田地区	851.2	-6648.8	996.3	3.2	310.9	1138.6	268.3
和田市	164.2	-7186.4	840.5	1.9	287.8	900.9	213.4
和田县	333.3	-207.6			13.3	99.7	39.3
墨玉县	1.2	-58.7			3	42.4	8.8
皮山县	0.1	-18.7			0.9	10.5	
洛浦县	283.9	1936.3	155.8	1.3	4.3	67.4	3.3
策勒县		-4.8			0.8	4.5	
于田县	68.4	-136.9			0.5	9.9	3.5
民丰县	0.1	-972			0.3	3.3	

计量单位：万元

本年销项税额	工业中间投入合计		制造费用中的中间投入	管理费用中的中间投入	营业费用中的中间投入
		直接材料			
11444.7	87384.2	69817.8	10626.9	3366.2	1219.9
9347.2	75929.2	62106.4	8090.8	2811.8	858.3
1963.5	10401.9	7587.3	1692.8	498.2	354.4
134	1053.1	124.1	843.3	56.2	7.2
189660.7	747319.6	384746.4	223477.3	103248.2	17318.5
168261.3	582219	268473.9	196795.8	96389.8	9572.8
8020.6	44349.4	38067.6	4655.2	681	366.7
1192.5	29256.2	10356.8	13868.8	1341.5	2068.7
621	10680.7	6545.1	1349.6	1534.5	777
	749.3	24.3	444.3	141.3	
1779.9	18004.9	13793	1170.7	941	727.3
7520.5	34909.8	28989.9	2040.8	880.8	1791.9
1868.9	10965	6869.3	2489.4	548.7	646.9
396	16185.3	11626.5	662.7	789.6	1367.2
59257.9	318508.1	258457.6	29517.2	13571.1	6988.6
24224.3	131075.7	102988.1	12677.5	5329.9	3809.3
902.9	7488.9	3921.3	1701.5	1112.8	608
27755.7	132578.9	117686.6	7266.3	3685.8	1630.2
527.2	4185.4	3638	243.9	112.6	71.8
1026	7555.8	6594.7	812.1	94.1	39.6
4420.5	31418.4	19944.5	6643.7	3149.4	741.1
401.3	3305	2967	172	59.9	0.2
	900	717.4	0.2	26.6	88.4
2174.3	14496.9	10084.8	2772.9	718	577.2
1814.9	11132	9395.4	756.7	366.4	448.1
88.7	793.7	425.4	81	122.9	
5.7	79.2	24.3	15.7	28.7	10.5
265	2492	239.7	1919.5	200	118.6
16020.3	110883.2	81811	15339.7	3151.4	2118.4
12409.6	69389.6	48999.3	11344.8	1124	272.4
340.3	2908.8	2161.1	486.5	69.8	1.8
1257.7	16518.5	13940.3	1063.3	823.2	687.1
56.8	3113	1352.4	483.1	240.9	786.6
897	5377.7	4714	160.8	170.7	246.7
168.4	4394.3	3191.5	858.2	254.8	2.1
128.6	1589.7	1130.5	390.3	35.4	
22.2	394.9	200.8	74.8	109.6	10
326.5	2336.8	2039.4	184.3	65.5	23.6
	111.2	12.7	21	6.5	37
410.5	4717.7	4059	264.6	247	42.1
2.7	31	10	8	4	9
5442.3	30507.1	10716	11710.4	2733.2	404.7
4618.3	19720.5	4669.5	9191.1	1238.7	324.4
736	4708.9	1679.7	1670.2	1023.3	6
	310.3	37.1	228	42.5	
4.3	149.5	89.1	37.2	22.3	
61.1	5248	4188.7	328.9	359.1	73
4.1	56	14.3	20.5	20.8	
15.4	261.9	30.4	207.7	8.5	1.3
3.1	52	7.2	26.8	18	

2-36 续表 10

项 目	本年应付工资总额	本年应付工资总额 主营业务应付	本年应付福利费总额	本年应付福利费总额 主营业务应付	本年应交增值税	本年进项税额
全疆总计	**889198.4**	**860522.1**	**121306**	**117125.2**	**915465.4**	**1776286.2**
乌鲁木齐市	208392.7	197913.3	27493.1	26237.1	191616.5	522317.7
乌鲁木齐县	331.9	293	43.7	41.5	44.3	33.9
克拉玛依市	296773.8	293420.6	41593.4	41128.1	387187.7	611914.8
石河子市	26968	26642.7	3255	3239.9	17055	30656.6
阿拉尔市	115.5	115	10.6	10.5		906
图木舒克市	546.4	546.4	47.3	47.3	793.4	573
五家渠市	2219.1	2137.3	346.6	327.9	1440.4	2623.9
吐鲁番地区	28813.7	26634	3558.9	3255	62030.2	58320.5
吐鲁番市	8758.1	8740.9	1096.4	1091.7	5652.4	5085.1
鄯善县	17484	15340.5	2253.4	1957	54898.2	51176.6
托克逊县	2571.6	2552.6	209.1	206.3	1479.6	2058.8
哈密地区	42453.5	39106.1	5233.1	4647.5	20188.6	21859.3
哈密市	40076.7	36731.3	4955	4369.4	18553.1	20562.8
巴里坤哈萨克自治县	2186.8	2184.8	268.7	268.7	778.5	1044.8
伊吾县	190	190	9.4	9.4	857	251.7
昌吉回族自治州	62572.2	61670.6	8390.6	8262.7	44348.2	121911.3
昌吉市	20889.9	20561.3	3119.8	3071.5	10480	46646.6
阜康市	11148.7	11122.7	1396.3	1357.4	10132.1	17465.9
米泉市	11802.5	11646.7	1647.3	1623.9	9348.7	31514.1
呼图壁县	4649	4291.9	493.7	480.4	4430.4	11791.1
玛纳斯县	10255.3	10221.2	1205.7	1201.7	8743.1	10551.9
奇台县	2233.9	2233.9	312.5	312.5	586.6	1927.1
吉木萨尔县	1200.6	1200.6	160.4	160.4	556.3	1870.3
木垒哈萨克自治县	392.3	392.3	54.9	54.9	71	144.3
伊犁哈萨克自治州	80524.5	76893.3	10777.7	10227.6	56905	86931.5
伊犁州直属县(市)	44146.9	43103.1	6047.7	5884.8	34006.2	60009.9
伊宁市	14083.3	13757.3	2081.4	2047.7	7942.1	13625.4
奎屯市	9804	9462.7	1224.2	1177	13139.9	18889.9
伊宁县	5627.1	5613.7	872.2	871.7	3276.1	3348.3
察布查尔锡伯自治县	273.1	273.1	23.5	23.5	72.3	755.2
霍城县	3541.9	3319.1	509.5	451.3	2079.7	5364.5
巩留县	583.6	548.4	102.3	98.2	576.4	879.5
新源县	9207.1	9194	1115.5	1108.5	6611.1	14945.9
昭苏县	704.4	669.6	85.7	80.8	225.5	2077.9
特克斯县	29.9	24.7	3.5	3.5	4.6	
尼勒克县	292.5	240.5	29.9	22.6	78.5	123.3
塔城地区	24902	23600.4	3193.7	3029.1	14279.3	18862.8
塔城市	2674.8	2319.2	326.1	326.1	2728.7	2501.6
乌苏市	5805.6	5397	761	717.4	3637.6	3381.3
额敏县	2809.6	2696.6	352.8	348.7	2233.9	4998.6
沙湾县	6204.4	5877.8	752.3	643.8	2999.2	6790.5
托里县	3766.8	3754.1	454.7	453	975.6	418.7
裕民县	40.1	40.1				
和布克赛尔蒙古自治县	3600.7	3515.6	546.8	540.1	1704.3	772.1
阿勒泰地区	11475.6	10189.8	1536.3	1313.7	8619.5	8058.8
阿勒泰市	3954.8	3805	558.8	505.7	2448.6	3948.6
布尔津县	754.3	741.3	105.6	94	527.4	168.6
富蕴县	5436.5	4342.5	708.9	555.1	4910.9	3561.2
福海县	693.2	684.8	82.1	80.9	505.4	358.4
哈巴河县	384.4	384.4	45.9	45.9	166.1	22
青河县	103.6	103.6	14.2	14.2	10.4	
吉木乃县	148.8	128.2	20.8	17.9	50.7	

计量单位：万元

经营活动产生的现金流量净额	投资活动产生的现金流量净额	筹资活动产生的现金流量净额	全部从业人员年平均人数(人)	利税总额	亏损企业亏损额
4275679.3	**-2671333.7**	**-910797.9**	**449761**	**3494005.3**	**431474.2**
451422.4	-504592.6	29852.1	107900	558286.4	181313
-8.5	-45.9	94.7	265	-225.1	300
1915592.1	-858143	-845596	84609	1582693.6	69174.7
39647.8	-82834.2	40310.9	22197	31776.8	12780.6
			154	-685.5	838.9
186.1	-1440.1	2060.4	445	-296.1	1384.2
-245.6	-443.9	-1354.4	3348	-540.6	2636.2
429810.9	-199675.3	-177415.8	13728	375273.1	16536
13964.8	64.3	-1134.8	4809	-4624.3	12682.8
413974.3	-199218.6	-175223.7	6646	378044.7	1407.5
1871.8	-521	-1057.3	2273	1852.7	2445.7
30170.7	-28625.4	-26363.8	24302	32327.7	9847.4
29924.8	-28486.3	-26269.9	22253	27702.6	9705.4
232.2	-139.1	-93.9	1913	1113.5	49
13.7			136	3511.6	93
110616.5	-109722.1	69648.3	45474	88223.4	31131.1
16404	-50002	47448.2	14587	20235.9	17447.7
33991.2	-18219.1	8149.4	7450	31347.3	857.2
13134.5	-15148.3	4869.6	10247	24456.2	1295.1
30589.5	-25595.7	14119.5	4862	4024.9	2813.7
16018.7	-338.8	-4810.4	5603	12159.6	2161.8
-3013.1	-125.3		1382	-650.6	2064.7
3425.7	-263.1	1447.7	1126	-1877.7	2934.9
66	-29.8	-1575.7	217	-1472.2	1556
83914.8	-33772	56510.7	58140	103523.6	54836.3
58217.6	-19531	40914.1	31382	80547.9	27981
22645.6	-6161.3	-489.3	10929	774.1	15174.6
19724.4	-8326.7	31687.8	6011	40738.4	10395.3
13116.2	-5240.8	-4364.5	4987	6781.8	426
-282.2	-176.3	823.1	273	-91.2	364.6
-1506.4	2462.8	13863.9	3254	2937.9	994.8
-1214.1	-21.5	52.9	862	3934.2	
5537.6	-727.4	-1526.2	3878	24979.1	617.6
694.6	-378.1	-497.4	948	382.5	0.3
7.9	-526.7	641.3	29	6.4	
-506	-435	722.5	211	104.7	7.8
6427.4	-5636.1	10834.4	19636	9174.3	19982.6
0.8	-58.6	7.4	1933	-8316.5	11141.7
4914.9	-1002.5	-783.9	4002	7100.9	3748
-6533.3	-236.4	-1102.6	2355	5216.1	962.5
4980.8	-3879.2	13484.5	5029	2755.5	2058.1
1396.9	-654	89.5	3016	1340.2	
3.6			35	123.2	
1663.7	194.6	-860.5	3266	954.9	2072.3
19269.8	-8604.9	4762.2	7122	13801.4	6872.7
10664.9	-8500.2	3846.9	2956	-1779.6	5659.4
1983.7	-1106.4	-1117.3	361	884.3	
6508	1012.3	2000.1	2897	14506.4	178.9
74.9	-87.4	-3.9	447	-84.9	701.9
117.5	86.3	62	231	388.5	155
-7.8	10	-1.9	88	-70.7	82.2
-71.4	-19.5	-23.7	142	-42.6	95.3

2-36 续表 11

项 目	本年应付工资总额	主营业务应付	本年应付福利费总额	主营业务应付	本年应交增值税	本年进项税额
博尔塔拉蒙古自治州	8482.4	8123.7	1303.2	1162.9	3240.3	8171.9
博乐市	7247.8	6929.8	1156.3	1021.9	2591.4	6523.4
精河县	1214.5	1173.8	144.2	138.3	648.9	1485.9
温泉县	20.1	20.1	2.7	2.7		162.6
巴音郭楞蒙古自治州	76555.3	74718.1	11294.2	10869.5	99978.2	250361.5
库尔勒市	63585.8	62341.4	9281.5	8936.3	94230.3	231039.4
轮台县	764.7	585.5	112.4	86.7	1059.1	6434.9
尉犁县	3158.7	3098.1	573.6	566.2	1028.6	1684.7
若羌县	2136.6	1960.5	371.8	347.2	408	652.7
且末县	213.3	213.3	42.5	42.5	7	
焉耆回族自治县	1182.2	1168.1	141.9	141.9	844.3	1247.9
和静县	3659	3557.6	515.3	501.1	1575.6	6068.7
和硕县	1194.2	1139.4	167.1	159.5	663.8	1762.8
博湖县	660.8	654.2	88.1	88.1	161.5	1470.4
阿克苏地区	30091.5	29319.2	4152	4060.2	18926.6	45512.3
阿克苏市	17778.7	17519.4	2609.2	2599.1	9992	16290.6
温宿县	2154.6	2119.7	294.6	290.9	812.3	338.2
库车县	3902.1	3498.9	539.6	475.2	4542.2	25796.7
沙雅县	324.4	294.6	55.1	50.5	63.6	466.8
新和县	187.2	184.3	31.1	28.7	37.4	986.2
拜城县	5411.8	5411.8	605.9	605.9	3421.5	1299.3
乌什县						
阿瓦提县	225.3	183.1	12.3	5.7	55.2	334.5
柯坪县	107.4	107.4	4.2	4.2	2.4	
克孜勒苏柯尔克孜自治州	1646.5	1463.5	200.9	179.7	827.1	1377.6
阿图什市	654.1	493.8	89.2	69.3	469.7	1355.6
阿克陶县	276.3	254.6	37.9	36.6	88.7	
阿合奇县	17.9	16.9	0.2	0.2	5.7	
乌恰县	698.2	698.2	73.6	73.6	263	22
喀什地区	15661.8	15418.1	2316.9	2281.6	7313.5	10325.1
喀什市	11695.3	11644.3	1879.5	1868.7	5862.6	7359.9
疏附县	493.7	445.7	29.6	24	77.7	337.2
疏勒县	1248.7	1248.1	146.4	144.2	494	1249.6
英吉沙县	429.3	429.3	61.7	61.7	217.8	
泽普县	429.1	429.1	52	52	193.6	722.3
莎车县	633.4	505.4	60.7	44.5	123.4	64.6
叶城县	282.9	282.9	38.8	38.8	128.6	
麦盖提县	76.6	76.3	7.3	7.1	17.2	8.3
岳普湖县	152.3	141.5	13.4	13.4	76.6	282.5
伽师县	27.6	27.6	3.9	3.9	9.5	
巴楚县	173.7	168.7	23.6	23.3	109.8	300.7
塔什库尔干塔吉克自治县	19.2	19.2			2.7	
和田地区	7381.5	6400.2	1332.5	1187.7	3614.7	2523.2
和田市	5062.7	4823.6	1011.4	966.6	2340.5	2322.1
和田县	1220	985.9	167.5	136.9	578.8	201.1
墨玉县	195.6	137.1	27.2	19.6	19.6	
皮山县	45.1	45.1	6	6	4.3	
洛浦县	643.4	321.9	88.8	43.4	639.8	
策勒县	27.9	20.9	3.9	2.9	4.1	
于田县	153.3	32.2	21.7	6.3	24.5	
民丰县	33.5	33.5	6	6	3.1	

计量单位：万元

经营活动产生的现金流量净额	投资活动产生的现金流量净额	筹资活动产生的现金流量净额	全部从业人员年平均人数(人)	利税总额	亏损企业亏损额
-9419	-995	10999.6	7474	502	5405.9
-712.4	262.4	3557.1	6384	-335.3	5319.2
-8968.9	-1257.4	7582.5	1051	835.4	86.7
262.3		-140	39	1.9	
1148786.5	-770951.8	-86573.1	40389	639007.2	19272.8
1083093.9	-762674.2	-109466.8	27623	613145.2	15850.5
46746.3	-1049.3	6249.5	632	14630.3	276.5
6855.2	-2514.9	-4055	4562	3150.5	129.5
2172.8	-2846.8	28691.8	1570	1495.7	148.3
417.8	-1106.6	552.3	176	-130.6	141.8
-7228.2	-1633.1	997.2	966	-68.3	1207.3
15091.3	1323.5	-7185.4	3204	5799	308.6
1347.1	-386.6	-467.2	1225	1528.7	13.3
290.3	-63.8	-1889.5	431	-543.3	1197
52701.8	-57596.3	20355.6	21694	62149.2	3726.2
33275.1	-30998.6	8968	13220	24915	1129.4
1107.7	-621.2	-655.8	1350	1884.4	106.1
11040.5	-11561.5	3984.4	2715	28831.4	415.4
-2023.7	-7786.5	10134.1	312	-30.9	131.3
-949.3	-328.4	1970.8	137	-585.5	675.7
10778.9	-6358.4	-5086.2	3632	7317	459
-545	59.1	1040.3	204	-530	585.7
17.6	-0.8		124	347.8	223.6
-6713.5	-2790.6	5977.5	2001	-620.4	1905.4
-6483.3	-2440.9	5992.8	647	563.5	265.1
277.6	-281.6	-15.2	256	-988.4	1086.9
4.7	4.6		23	1.2	8.4
-512.5	-72.7	-0.1	1075	-196.7	545
16421.7	-14193.2	-8987.4	12025	25072.5	8983.6
16024.1	-10570.7	-10406.6	7498	24710.6	5640.6
429.8	141.6	-138.4	726	-556.5	661.5
214.1	-2023	-315.6	1316	1414.6	708.1
339.6	-40.7	-15.5	426	28.6	225.1
206.7	-71.9	3.5	586	-759.2	1031.4
125.6	-15.8	-110.6	701	100.6	263
70.6	-103.4	28.5	286	279.9	24.2
89.3	-690.7		72	-231.6	250
33.3	-26.9	-11.7	198	63.3	74.7
64.9			31	-1.2	12.5
-1176.3	-791.7	1979	161	26.1	86.2
			24	-2.7	6.3
12786.1	-5558.2	-222.5	5881	-2687.6	11701.9
3860.9	-5515.9	-70.6	3997	-4622.5	9679.3
-217.3	-91.7	-246	803	414.6	799.5
52.3	-66.2	11.4	132	-35.9	63
22.5	-2.4	8	28	-12.8	18.7
8882.9	118	65.5	728	2636.8	23
30			20	-0.1	4.8
154.8		9.2	138	-101.7	141.6
			35	-966	972

2-37 规模以上国有及国有控股

项目	企业单位数	亏损单位数	工业总产值（现价）	工业销售产值	出口交货值	工业增加值	年初存货
煤炭开采和洗选业	36	18	166824.9	162554.7	8.3	102190	17666.5
石油和天然气开采业	7	1	5078671.1	5052048		3799729	251108.9
#天然原油和天然气开采	5		4406905.1	4391163		3474516	122204
黑色金属矿采选业	9	2	90106.6	85031.6		22566.4	10409.3
有色金属矿采选业	9	2	50353.5	49277.5		25694.9	6030.4
非金属矿采选业	13	5	19558.5	14929.5	109	7450.8	6844.5
#采盐	5	2	4932.4	4200.9		2645.4	915.8
其他采矿业							
农副食品加工业	39	12	178694.9	169358.5	2226.1	31441.7	64846.1
#谷物磨制	15	6	40034.3	38355		6161.9	5021.3
饲料加工	6		32132.5	32674.8		4390.6	5217.3
制糖	8	2	59392.6	52933.7	458.5	13945.2	36098.4
食品制造业	22	8	135156.8	102133	49266.8	36201	22407.3
#罐头制造	7	3	97769.1	67157.6	41579.3	25697.5	16633.2
饮料制造业	13	6	67324.7	69202.7		34523.5	43548.8
#酒的制造	12	6	65765	67765.4		34381.5	43205.1
烟草制品业	2	1	71374.3	71329.6		50699	20499.8
纺织业	23	18	216262.2	187908.6	24957	38656.1	125607.5
#棉、化纤纺织及印染精加工	15	12	163742	146493	5128.5	24287	73628
毛纺织和染整精加工	5	5	13880.6	14274.5	462.7	946.4	21347.3
纺织服装、鞋、帽制造业	8	4	6606.5	6897.2	15	2206.4	1809.8
皮革、毛皮、羽毛(绒)及其制品业	1	1	45.9	45.9		-2.6	38.4
#皮革鞣制加工							
皮革制品制造	1	1	45.9	45.9		-2.6	38.4
木材加工及木、竹、藤、棕、草制品业	1	1	2287.5	2090.2		-51.4	1143.1
家具制造业	3	2	635.1	612.5		271.7	228.8
造纸及纸制品业	11	3	58325.8	52829.3		28348.8	19931.3
印刷业和记录媒介的复制	39	20	24937.4	25380.8		9425.2	3570.4
文教体育用品制造业							
石油加工、炼焦及核燃料加工业	11	3	3327481.6	3319227	7673.7	598318.8	277157.8
#炼焦							
化学原料及化学制品制造业	30	6	353414.2	338699	4574.5	129693.9	48284.3
#基础化学原料制造	7	3	144947.7	144329.1	4554.8	50592.1	16625.1
肥料制造	6		45916.5	45936.2		19187.3	5493.1
医药制造业	6		13336.2	13005.6	1032.8	6095.3	7624
化学纤维制造业	2	1	6861	5534.4		660	2762.6
橡胶制品业	2		47825	46352	632	9864.4	12625.8
塑料制品业	21	6	169376.6	161293	21660.6	49726.9	60944.5
非金属矿物制品业	44	17	190831.4	189353.7		64504.6	42233.5
#水泥制造	22	12	117988.9	115779.6		46832.1	31250.9
黑色金属冶炼及压延加工业	9	5	1011491.9	1012728	4200.4	317367.1	93074.3
有色金属冶炼及压延加工业	7	1	85448.3	86933.3	2243.5	20401.4	14916
金属制品业	12	5	17912.8	18615.4		3480.6	3279.7
通用设备制造业	11	2	21952.6	21724.3		6017.5	5682.5
专用设备制造业	21	12	35418.1	34547.1	239.5	8135.6	23969.7
交通运输设备制造业	15	8	74564.2	72163.6		12408.9	17429.7
电气机械及器材制造业	11	7	33887.4	34555.4		7914.9	7495.3
通信设备、计算机及其他电子设备制造业							
仪器仪表及文化、办公用机械制造业							
工艺品及其他制造业							
废弃资源和废旧材料回收加工业							
电力、热力的生产和供应业	102	60	920144.9	920829.1		404590.7	23072.3
#电力生产和电力供应	67	45	858105.7	858533		382475	19276.8
燃气生产和供应业	4	2	28122.1	28697.8		7236.8	866.9
水的生产和供应业	73	42	29812.5	29027		14991.3	2547

工业企业分行业主要经济指标

计量单位：万元

流动资产 合计	短期投资	应收帐款	存货	产成品	流动资产 年平均余额	长期投资
180497.8	1802.9	50491.2	25965.8	15764.9	176417.7	40627.4
1672480.9		237363.5	309371.1	108904.8	1441893.2	142072.6
924767.5		23832.7	193983.1	99494.4	748037.8	16275.2
74309.1		24471.8	11545	1857.8	62615.6	12877.4
32653.7	10	2060.8	6908.5	3067.4	33362.2	686
21168.1		7718.3	7636.9	4430.9	22040.7	591.5
1814.9		371.9	1085.5	435.2	1844.7	571.5
128944.7	15	14046.2	79869.1	50474.2	117085.8	3903.6
16649.7		4480.6	6078.3	1645	15479.5	200
12961.7		659.9	5628.9	860.9	13625.1	2578.3
63939.7		1648.8	49076.2	40867.2	53231	
121819.3	480	29226.8	42627.8	39790.3	107492.3	15017.9
98626.9	480	26051.2	36161.5	35606	82538.4	11812.8
92125.7	2181.5	6553.5	48263.2	5070.6	92546.3	46619.3
91567.3	2181.5	6508.6	47942.6	4948.7	92030.9	45683.3
55391.5		5774.2	27303.4	14.1	54650.7	
263558.2	1427.1	55569.3	137573	71530.8	271481.3	23371.5
133688.2	214.3	20420.9	76427.9	33870.3	137244.2	5805.8
83083.2		24603.1	32591.9	25127.7	82534.5	411.6
4723.9	2	678.6	1764.1	654.1	5036.6	157
39.8		26.5	13.3	13.3	51.3	
39.8		26.5	13.3	13.3	51.3	
2267		338.8	1571.5	403.8	2173.8	
526.5		157.7	246.2	145.2	525.6	17.5
71269.1	410.9	15908.5	23919.3	13404.8	67037.9	24801.4
13099.4	12.5	2548.4	3250.8	1233.8	12939.9	696.9
757296.9	2000	34258.2	371370.2	199472.2	704308	39000.4
195682.9	1017.3	33534	52922	33582.5	176943.4	47726
74607.1	17.3	16539.2	16936	9019.2	63526	21038.5
52737.6		7107.1	7472.5	1282.3	37197.6	1054
17822.4		4325.9	7863.7	3981	21227.2	1259.1
5921.6		1788.4	2973.5	897.3	5388.7	
38722.4	40	9791.8	15030	8372.9	41899.3	5
285511.1	1568	37720.4	84166.1	57346	273716.8	23406.5
231717.1	18268.2	85276.9	51499.8	15612.2	221557.4	112320.8
156223.8	17508	54881.7	38953.5	8466.9	149887	108156.1
282491	433.2	8180.6	97894.8	14288.5	267164	957.9
45975.9	24	7215.4	12122.7	2407.4	43048.9	1116.5
12755.5		5524.6	4276.6	1892.7	13446.5	392
20468.5	1892.8	6021.4	5655.6	3217.7	20448	87.2
69551.3		22304	26082.3	12438.2	66773.7	3624.7
50287.6		8508	18882.8	11281.8	50859.1	2060.7
38771.8	4479.5	8060.5	8836.8	2458.8	35964.5	488.6
489524.7	2544.1	85987.6	22996.9	2331.3	521790.2	72085.2
417950.7	540.1	73335.3	19671.2	2303.6	452053.4	68410.7
38771.2		2068.4	1658.7	792.7	31985.3	13294.6
38804.1	514.5	5492.5	2730	48.6	39962.1	8027.5

2-37　续表 1

项　目	固定资产合计	固定资产原价	生产经营用	累计折旧	本年折旧	固定资产净值年平均余额
煤炭开采和洗选业	290610.2	382095.9	293914.2	136748.8	14557.9	236037.8
石油和天然气开采业	6900685	11121306.2	11079565.6	4760649.6	774403.3	6148772.7
#天然原油和天然气开采	6268287.2	10038108.1	10008184.1	4366776.8	711437.1	5464533.2
黑色金属矿采选业	33486.3	52019.2	32826.3	18599.6	2942.7	33206.8
有色金属矿采选业	25613	35442.5	30723	12904.3	2049.9	20691.8
非金属矿采选业	16094	22551.5	18766.7	6986.9	1182.7	15744.8
#采盐	2088.7	2655.8	1840.5	793.1	75.6	1672.1
其他采矿业						
农副食品加工业	77571.6	121941.5	101676.6	49037.4	6077.4	71731.2
#谷物磨制	12787	29027.4	25674.2	15255.9	1019	13825.9
饲料加工	12247.1	10105.5	7046.1	2098.9	437.4	6608.1
制糖	30912.2	51417.3	47269.6	21673.9	3573.9	29312.2
食品制造业	125115.4	149807.9	147692.9	25076.2	7926.4	114284.2
#罐头制造	110547.9	129911.9	128274.6	19581.9	6680.1	100146.4
饮料制造业	49688.4	85092.5	70386	36120	3763.3	50610.2
#酒的制造	49130.6	84288.7	69831.3	35870.9	3746.4	50038.4
烟草制品业	33849.9	45524.9	28281.8	18408.2	2402.7	27090.3
纺织业	209655.8	349366	295050	147990.7	17507.4	197372.1
#棉、化纤纺织及印染精加工	138197.9	226010.4	189031.2	92526.7	13579	132291.9
毛纺织和染整精加工	54547.8	81833.4	72707.8	33045	3114.7	46249.6
纺织服装、鞋、帽制造业	2306.9	4434.5	3035.4	1832.5	151.1	2504.3
皮革、毛皮、羽毛(绒)及其制品业	37.7	35.4	7	2.3	2.3	35.4
#皮革鞣制加工						
皮革制品制造	37.7	35.4	7	2.3	2.3	35.4
木材加工及木、竹、藤、棕、草制品业	3728.4	5254.5	4546.6	1561.2	306.7	3844.6
家具制造业	496.6	616.6	380.8	174.1	25.3	450.1
造纸及纸制品业	72461.3	95477.5	85728.4	31924.9	3399.4	60952.2
印刷业和记录媒介的复制	25242.7	43951.1	39918.1	19034.1	2565.2	25211.5
文教体育用品制造业						
石油加工、炼焦及核燃料加工业	1416965.8	2638132.4	2528724	1129798	151668	1468048.3
#炼焦						
化学原料及化学制品制造业	263891.7	348950.6	315128.6	96503.9	20038.9	243641.9
#基础化学原料制造	98087.9	123841	114312.6	29135	7587.3	87455.5
肥料制造	59772.9	84867.1	81705.8	29331.6	4630.3	56057.7
医药制造业	20297.4	20589.2	16804.6	3803.7	495.9	17416.7
化学纤维制造业	12820	10455.4	9945.2	1197.3	575.8	9540.1
橡胶制品业	35368.9	33664.9	24329.1	16647.9	1110.4	17383.1
塑料制品业	289871.5	343991.3	239708.9	98300	16089.7	235490.8
非金属矿物制品业	269592.5	385014.9	346072.4	145592.4	18624	240478.3
#水泥制造	220238.1	319923.1	283499.4	128011.2	15002.8	192889.7
黑色金属冶炼及压延加工业	510164.6	524123.9	522445.5	181513.6	41343.9	324353.8
有色金属冶炼及压延加工业	37350.3	55629.3	48617.7	25629	4068.8	29155.5
金属制品业	5471.7	8745	8560.1	3468.7	576.4	5296.4
通用设备制造业	5763	9169.7	9117.4	4850.1	511.7	4532.9
专用设备制造业	36460.6	58929.3	56896.2	24111.1	2611	35650.9
交通运输设备制造业	17430.3	34640.8	30167.9	17027.2	1799.4	17772.8
电气机械及器材制造业	11000.3	16630	15598.1	6895.3	873.8	10853.7
通信设备、计算机及其他电子设备制造业						
仪器仪表及文化、办公用机械制造业						
工艺品及其他制造业						
废弃资源和废旧材料回收加工业						
电力、热力的生产和供应业	2245856.5	3170076.3	2881845.9	966869.1	212496.4	2199173.9
#电力生产和电力供应	2020026.6	2893395.4	2638388.1	903740.6	196595.1	1999431.9
燃气生产和供应业	59228.1	53889.4	35790.2	10261	5159	54101.8
水的生产和供应业	163535.6	205347.9	185091.7	55944.1	10033.8	149925.8

计量单位：万元

无形资产	资产总计	流动负债		长期负债	负债合计
		合　计	应付帐款	合　计	
72772.6	588725.6	220181.3	39090.6	65210.7	286501.7
18773.1	8762376.3	2150476.4	778722.3	1662074	3812550.4
10862	7222574.7	1358980.2	573395.6	1648239.1	3007219.3
1216.5	126326.4	58382.8	11588.1	12281.1	70664.1
	59226.7	32446.4	8594.7	9878.5	42325.7
678.6	38614.6	21633.5	2538.6	1222.9	22856.5
1.5	4537.8	2688	358.6	768.9	3456.9
4316.4	215122.2	141409.9	24709.9	9240	150954.5
256	29956.5	15384.8	6156.7	2759.1	18143.9
1004.1	28838.3	10146.4	988.6	5226	15372.4
2431	97391.1	70838.3	11745.4	1	71142.9
7533.6	271816.6	163898.1	42501.5	28925.8	193052.3
564.7	223253.9	135287	39478	26926.1	162213.2
1877.2	192272.2	102211.4	14335	5141.8	107353.2
1877.2	190219.8	101572.3	14228.2	5141.8	106714.1
329.2	89732.2	35214.1	10268.9	17900	53114.2
11090.1	510683.2	351727.8	84931.4	61580.5	413808.3
9943.4	289770.1	207873.6	74933.3	23337.4	231311
693.2	139159.7	101393.5	5829.9	37295	139088.5
	7562.8	5250	944.7	203.5	5453.6
	86.7	52.5	18		52.5
	86.7	52.5	18		52.5
28.3	6313.1	2599.6	149.5	4404.6	7004.2
	1040.6	257.7	30.9	3	260.7
1468.9	173490.9	80198.1	14579.2	13600	93798.1
928.4	40277.3	18051.1	5823.3	1985.7	20038.2
4062.6	2235386.6	527978.5	110048	220636	814198.6
22749.7	538711.5	211784.3	48053.4	58387.2	270171.7
787.9	194941.2	91359.1	28873.8	43787.2	135146.3
18106.2	132332.9	23031.2	4343.9	9801.1	32832.5
1317.6	40729.1	18206.4	4281.7	2994.5	21200.9
1019.8	19761.5	10164.1	1174.5	3150	13314.1
4567	78958.7	40965	7199.4	10152.7	51117.7
1803.6	603993.9	263771.2	48287.2	65166.1	329076.2
16215.3	632205.2	289716.6	50673	84127.1	373843.8
12844.6	499007.0	223623.4	34230.7	80218.9	303842.4
2197.8	796050.1	284151.1	78243.6	44561.4	328752.2
5371.1	96054.7	42749.2	9286	14870.2	57837.6
156.9	18880.1	9195.2	2448.8	892.4	10087.6
998.7	27636.6	14262.6	4498.5	530.9	14793.5
10209.1	120279.7	87793	25318.3	9999.2	97842.3
12303.9	82815.8	63540.1	27302.3	1449.7	64989.9
2993.7	53263.2	27193.1	7292.8	3953.9	31147.1
10613.3	2929465.8	1541214.6	284017.7	699888	2241128.2
5241	2621729.5	1430336	263616.1	617183.5	2047520.6
24.7	111504.2	30769.8	4968.1	26045.5	56815.3
534.5	212744	67346.5	8184.6	31516.8	98883.7

2-37 续表 2

项　　目	所有者权益合计	实收资本	国家资本	集体资本	法人资本	个人资本	港澳台资本
煤炭开采和洗选业	302223.9	243890.8	208070.1		34012.6	1808.1	
石油和天然气开采业	4949825.9	3144000.9	1898304	24455.5	1074148	25037.6	97644.3
#天然原油和天然气开采	4215355.4	2442629.6	1196933	24455.5	1074148	25037.6	97644.3
黑色金属矿采选业	55662.3	29961.2	13579.9		16381.3		
有色金属矿采选业	16901	12860.5	12660.5		200		
非金属矿采选业	15758.1	14726.4	11644.3	0.8	2841.6	239.7	
#采盐	1080.9	876.8	614.4	0.8	110.3	151.3	
其他采矿业							
农副食品加工业	64167.7	59532.3	49662.7		6883.4	2686.2	
#谷物磨制	11812.6	12762.2	10079.1		1955	728.1	
饲料加工	13465.9	6588	5002.8		950	635.2	
制糖	26248.2	24149.9	22310.8		793.8	1045.3	
食品制造业	76483.1	59856.9	16933.5	1167	41146.5	508.2	
#罐头制造	58759.5	43805.5	2841.5		40473.8	490.2	
饮料制造业	84919	67478.9	40438	100	9756.1	16284.8	
#酒的制造	83505.7	67277.9	40335.5	100	9756.1	16186.3	
烟草制品业	36618	21010.8	18142.1		2868.7		
纺织业	96874.9	229619.9	165686.4	57.1	38930.5	13028.9	11917
#棉、化纤纺织及印染精加工	58459.1	138506.7	117057.6		19478	1021.1	950
毛纺织和染整精加工	71.2	53630.3	32153	7.1	18666.7	1009.8	1793.7
纺织服装、鞋、帽制造业	2109.2	3319.6	2739		580.6		
皮革、毛皮、羽毛(绒)及其制品业	34.2	2.3	2.3				
#皮革鞣制加工							
皮革制品制造	34.2	2.3	2.3				
木材加工及木、竹、藤、棕、草制品业	-691.1	27.1	27.1				
家具制造业	779.9	336.6	336.6				
造纸及纸制品业	79692.8	34302.7	25303.4		8600	399.3	
印刷业和记录媒介的复制	20239.1	16131.8	15048.9		1076	6.9	
文教体育用品制造业							
石油加工、炼焦及核燃料加工业	1421188	477378.7	474687.8		2300	390.9	
#炼焦							
化学原料及化学制品制造业	268539.8	199564.2	167391.8	909.2	14488	16625.2	150
#基础化学原料制造	59794.9	48751.8	39989.1		8470	292.7	
肥料制造	99500.4	90030.2	84655.8	26	2858.4	2490	
医药制造业	19528.2	11301.2	7799.4		2150	397.4	
化学纤维制造业	6447.4	6415	4850		1143.9	421.1	
橡胶制品业	17837	13614.1	150		13330	134.1	
塑料制品业	274917.7	204714.7	176040.1	210.6	15744	12720	
非金属矿物制品业	258361.4	141317.1	78161.9	204.3	41848.7	19002.2	2100
#水泥制造	195164.6	105856.7	55768.1	102.3	32768.6	17217.7	
黑色金属冶炼及压延加工业	467297.9	287562.7	223577.5	1308.4	43521.8	18720	
有色金属冶炼及压延加工业	38217.1	32285	17268		11270.5	3698.5	
金属制品业	8792.5	9722.7	3593.2		5913	216.5	
通用设备制造业	12843.1	4043.9	2143.7	438	1022.6	439.6	
专用设备制造业	22437.4	19291.6	8229.7		9112.2	953.7	
交通运输设备制造业	17825.9	23834.9	10489.3		13100.6	245	
电气机械及器材制造业	22116.1	17703.7	3781.3		9337	4585.4	
通信设备、计算机及其他电子设备制造业							
仪器仪表及文化、办公用机械制造业							
工艺品及其他制造业							
废弃资源和废旧材料回收加工业							
电力、热力的生产和供应业	688084.7	481811.6	380112.8	60	99739.6	1899.2	
#电力生产和电力供应	573956	388108.2	306260.2		81848		
燃气生产和供应业	54688.9	46081.2	42270.2		3811		
水的生产和供应业	113860.3	57346	55411.1	1581.3	353.6		

计量单位：万元

外商资本	主营业务收入	主营业务成本	主营业务税金及附加	其他业务收入	其他业务利润	营业费用
	167966.8	114618.3	1778.1	21942.2	826.1	4232.2
24411.2	5214117.7	2386131.7	95570.5	144285.1	21411.9	41128.9
24411.2	4227408	1494840.1	86082.5	111802.7	8236.2	14951.1
	87201.1	53055	2028.6	346.7	-50.8	9783.9
	47523.6	30772.6	358.9	1327.5	372	500.4
	13536.6	7787	557.5	832	803.4	1507.1
	4228.4	1708.8	331.4	0.4	0.2	286.6
300	179775.1	134257.5	512.5	6094.3	1756.6	8868.8
	36587.7	34002.1	34.1	1788	225.9	898.5
	34588.5	10760.8		746.7	54.6	1072.3
	58154.6	43633.2	446.8	2881.6	1149.1	5025.9
101.7	103348.8	70300.7	406.9	593.1	200	12016.3
	69075.2	45487.8	74.5	118.6	103.2	7859.9
900	60624	34653	6167.1	1309.5	379.6	7593.9
900	59186.7	33563.4	6158.3	1309.5	379.6	7410.6
	72167.4	29741.7	26703.1	413.3	98.5	2306.5
	191494.8	189079.1	543.8	14684.1	395.2	8648.5
	147037.7	151076.4	458	12004.9	409.2	5990.2
	13172.1	12667.3	24	441.4	-286.1	564.7
	7373.6	6279	29.5	50.6	19.8	231.4
	48	34.8	0.5	0.5	0.5	12.2
	48	34.8	0.5	0.5	0.5	12.2
	2090.2	1933.8	10	1.2	1.2	8.7
	613	544	4.9	20	19.3	17.9
	51360.8	39354.6	441.9	5052.3	474.5	2827.5
	25228.9	19138.2	124.9	1856.9	1191.2	375.5
	3287049.9	2889350.3	139683.4	34152.1	16640	47552
	363931.2	274991.5	2494.7	9731.6	1591	12768.1
	147174.9	104672.8	1328.9	1990.5	561.1	6760
	47101.2	33135.4	316.3	781.6	255.8	1337.3
954.4	11979.8	7420.9	80.4	1405.6	564.9	1428.8
	5534.4	5080.8	10	863.7	333	295.2
	44890.9	37909.9	488.8	24432.1	296.3	2061.9
	344861.2	306000.8	1413.8	5295.2	1451.8	9765.7
	190661.6	152680.8	637.5	2916.7	752	9973.9
	114350.3	91152.3	409.5	2197.7	555.3	8091.8
435	1033432.8	833804.8	3093.7	66851.8	5483.4	22872.8
48	85224.7	70856.3	153.7	821.7	195.4	921.4
	19987.6	17391.7	116.4	545	156.8	997.2
	22234.3	19850.2	155	563.7	364.3	289.4
996	41500.8	31298.4	229	11957.8	717.1	2441.6
	72912.6	65918.1	282.3	3890.8	961.3	2759.7
	34781.8	27084.6	148.3	581.3	213.7	1330.5
	939537.8	884930.9	7495.2	12066.6	2753.2	3003.6
	875908.4	833018.5	7143.4	10828	2803.2	1530
	23797.1	16346.2	112.3	23485.2	2506.6	3665.9
	32977.6	26304.7	204.1	3445.2	489.2	2727.5

2-37 续表 3

项目	管理费用		财产保险费	差旅费	工会经费	办公费	职工教育费
		税金					
煤炭开采和洗选业	36150.9	460	556.9	1782.1	908.1	1782.8	780.8
石油和天然气开采业	471920.8	19231.4	982.8	7812.1	807	4017.7	692.5
#天然原油和天然气开采	368264.4	18205.7	859.8	5473.7	462	1871.5	433.7
黑色金属矿采选业	7007.3	137.5	33.8	135.3	92.1	86.8	724.3
有色金属矿采选业	6907.1	66.5	73.2	535.3	114	183.8	48.3
非金属矿采选业	3480.2	863.2	33.4	128	34.5	90.2	25.8
#采盐	1476.6	839.1	9.8	59.3	10.8	32.2	4
其他采矿业							
农副食品加工业	11790.1	231.9	152.2	473.3	219.2	308.7	123.5
#谷物磨制	1526.8	60.9	24.4	45.3	20.1	55.9	15.9
饲料加工	1405.4	41.2	57.8	110.7	52.7	110.9	7.9
制糖	5636.3	79.5	58.9	191.8	100	74.9	72.5
食品制造业	5094.2	122.8	94.6	379	59.2	140.5	57.5
#罐头制造	2383.2	5.3	50.9	264.8	18.4	50.5	26.6
饮料制造业	6676.5	277.6	33.4	174.3	88.2	95.5	89.4
#酒的制造	6540.7	275.5	29.9	167.2	85.2	93.1	87.1
烟草制品业	6776	174.9	97.1	299.5	48.1	178.8	38.1
纺织业	22560.8	306.5	221	398.1	320.4	281.8	182.3
#棉、化纤纺织及印染精加工	14144.8	208.4	168	239.1	260.1	143.5	126
毛纺织和染整精加工	3280.8	56.5	34.6	84	29.1	96.9	32.5
纺织服装、鞋、帽制造业	706.9	10.4	6.6	23.7	8.4	12	9.6
皮革、毛皮、羽毛(绒)及其制品业	68.2	3.6		2.7	0.2	2.7	0.1
#皮革鞣制加工							
皮革制品制造	68.2	3.6		2.7	0.2	2.7	0.1
木材加工及木、竹、藤、棕、草制品业	260.9	19.4	0.5	5.9	3.2	2.1	2.4
家具制造业	67.6	0.5	1.2	1.5	1	2.4	0.2
造纸及纸制品业	5090.2	172.6	80.6	174.4	52	176.5	49.8
印刷业和记录媒介的复制	6031.8	131.7	50.1	123.6	73.4	122.3	62
文教体育用品制造业							
石油加工、炼焦及核燃料加工业	89493.7	440.6	4341.8	2325.2	669.7	1313.4	495.7
#炼焦							
化学原料及化学制品制造业	36045.8	639.2	355	1397	463.7	992.2	321.1
#基础化学原料制造	16791.3	246.7	114.3	429.9	193	415.1	105.9
肥料制造	5766.1	122.7	39.5	123.8	53.5	138.4	49.6
医药制造业	2462.7	126.8	20.4	68.5	34	69.8	7.7
化学纤维制造业	568.9	4.2	10.6	27.5	4.9	8.4	3.2
橡胶制品业	2913.7	77	36.5	62.6	65.1	39.1	16.8
塑料制品业	11228.7	319.9	186.1	267.1	126.3	217.2	98.7
非金属矿物制品业	22429.1	662.9	181.8	611.1	368.4	724.1	297.4
#水泥制造	15955.1	568.2	154.9	410.4	261.6	394.3	202.9
黑色金属冶炼及压延加工业	19871.8	858.7	170.6	580.1	284.2	258.7	327.6
有色金属冶炼及压延加工业	6865.6	21	115.7	131.9	59.5	103.3	36
金属制品业	1547.6	27.2	17.5	60.8	21.7	51.9	18.8
通用设备制造业	1906.9	20.6	127.2	74.8	29.7	49.5	22.2
专用设备制造业	10877.8	122.2	11.5	147.8	62.6	168	49.9
交通运输设备制造业	7342.6	163.6	26.8	143.7	105.6	138.9	89.7
电气机械及器材制造业	2677.9	109.4	6.8	92.1	37.1	78.9	17.2
通信设备、计算机及其他电子设备制造业							
仪器仪表及文化、办公用机械制造业							
工艺品及其他制造业							
废弃资源和废旧材料回收加工业							
电力、热力的生产和供应业	84383	3252.3	2064.6	2957	1443.8	4248.9	1212.6
#电力生产和电力供应	77585.4	2765.6	1972.4	2824.9	1377.6	4016.2	1159.1
燃气生产和供应业	6884	68.6	60.9	39.1	22.7	100.3	37.7
水的生产和供应业	7795.8	239.4	72.8	357.8	108.6	364.3	81.2

计量单位：万元

排污费	财务费用	利息支出	营业利润	投资收益	补贴收入	营业外收入
209.8	3451	3829.8	6169.3	-1040.3	4987.8	4088.9
2131.6	17221	24369	2013590.3	14567.4	3292.7	9677.5
2125.5	19460.2	26608.2	2042079.5	6195.4	2999	2134.8
56.8	854.2	707	9717	696.8	57.1	152.1
75.3	302.4	314.1	8969.5	116.2	1005.2	37.4
19.8	394.8	376.7	566	100		125.4
0.7	35.5	35.4	343.4			4.9
331.5	2890.6	2873.6	5660.2	-40.6	798.8	527.4
2	204.3	197.2	141.4	0.1	117.2	280.8
	620.8	603.1	1938.7	94.5	441.7	3.5
322	1153.8	1151.4	3694.2	0.3	135.1	61.8
62	6381.5	6472.1	10323.9	67.6	220.4	70
13.2	5574.2	5661.5	7798.9	67.6	13.3	1.7
51.8	1803.3	1802.2	6309.1	236.5	100	47.6
51.8	1792.8	1792.1	6299.6	236.5	100	27.3
6.6	153.2	153.7	6650.9		120	7.7
50.7	5572.9	5430.1	-25495.1	-7224.2	415.6	2108
23.7	3183.7	3015	-24351.3	9.3	193.3	974.3
24.4	954.5	953	-4464.9	0.4	70.3	135.2
6.1	74.5	74.5	69.7			9.1
0.1	12.6	12.6	-79.8		3.8	
0.1	12.6	12.6	-79.8		3.8	
1	321.4	321.4	-443.4		266.5	0.2
	3.2	3.5	-3.6		32.2	1
132.6	1376.2	1399.7	2617.4	610.8	92.7	34.2
6.3	227.8	224.9	-308	3.4	102.9	336.9
1378.8	6937.7	3180.6	128672.8	-42096.8	3629.9	6196
134.9	4294.8	4331.4	34884.7	-1063.1	1027.1	658.6
93.6	673.4	684.9	17506.6	-770.3	341.6	128
34.1	1356.9	1379.5	5407.8	33.1	426.4	266
9.9	327.3	325.8	665.6	223.5	50.6	1868.8
18.1	391.2	391.9	-478.8		13	16
5.6	1068	1060.3	200.4	1.7		98.6
35.2	6602.4	11534.5	11506.4	246.9	601.6	2513.2
195.4	11990.6	11980	-4476.1	-11088.2	22425.4	1854.1
191.8	10456.3	10444.9	-11139.1	-11338.2	20406.8	1373.6
2.8	3192.8	3194.5	156029.8	-129.3	83	117
132.5	1320.8	1392.4	5302.2	241.1	2738	5
0.1	101.7	98.9	-13.5	-1.9	8.9	329.2
0.8	156.7	157.4	221.5	-94.1		30.6
17.9	629.2	628.8	-2978.1	13.1	682.5	159.9
13	758.9	758.8	-3345.7	6.2	432.4	256.5
0.6	651.7	637.3	3102.5	-14.7	115.1	123.1
1726.8	83339.4	80003.4	-110873.5	1572.4	6717.5	2970.7
1565	78784.9	75513.3	-110156.8	1493.5	2640.3	2644.2
	633.4	625.6	-1338.1	-8.1		68.2
52	1606.9	1547.8	-4718.3	-130.5	172	225

2-37 续表 4

项 目	营业外支出	利润总额	应交所得税	广告费	劳动、待业保险费	养老保险和医疗保险费	住房公积金和住房补贴
煤炭开采和洗选业	8559.6	5348.6	1004.8	1.6	3639.4	9472.4	1040
石油和天然气开采业	120809.1	1920319	58308.3	2398.1	21600.3	54002.4	22696.2
#天然原油和天然气开采	65635.2	1987774	55899	2398.1	18965.7	28291	10041.3
黑色金属矿采选业	299.2	10107	3048.1		250.5	1233	164.3
有色金属矿采选业	140.5	9658.2	505.3		71.8	1458.3	515
非金属矿采选业	246.3	617.3	181.4	5.1	77.7	690.2	47.2
#采盐	112.1	313.2	157.8	3.1	12.6	157.5	35
其他采矿业							
农副食品加工业	335.3	6372.2	247.1	158.2	1115.5	2186.4	675.2
#谷物磨制	62.2	477.2	111.1	27.7	33.7	309.7	341.5
饲料加工	37.5	2133.4	2.3	24.9	19.6	101.4	31.5
制糖	52.1	3867.6	29.8	5	628.7	1294.4	217.9
食品制造业	575.7	8979.6	388.3	158.1	81	725.8	88.8
#罐头制造	103.6	7778	0.2		14.1	106.2	1.4
饮料制造业	1600.4	4591.1	1409.4	2350.1	195.5	1087.5	126.7
#酒的制造	1582.4	4568.7	1402.1	2328.1	174.2	1087.5	126.7
烟草制品业	717.4	5945.2	230	831.2	722.1	296	293.5
纺织业	1058.7	-36858.4	67.2	119.3	2177.9	4632.7	427.9
#棉、化纤纺织及印染精加工	212.8	-23473.7	41.4		1627.1	3671.2	196.2
毛纺织和染整精加工	41.5	-4540	25.8	2.1	73.3	89.6	14.8
纺织服装、鞋、帽制造业	92.1	-7.1	4.6	1.4	30.7	240.1	36.1
皮革、毛皮、羽毛(绒)及其制品业	10.9	-86.9					
#皮革鞣制加工							
皮革制品制造	10.9	-86.9					
木材加工及木、竹、藤、棕、草制品业	3.4	-180.1			1.9	19.3	
家具制造业	1.9	27.7	18.8	0.7	1.2	26.6	2
造纸及纸制品业	74	3282.6	326.1	0.6	334.8	792	266.1
印刷业和记录媒介的复制	251.2	-147.5	93.3	9	485	1073	198.3
文教体育用品制造业							
石油加工、炼焦及核燃料加工业	74574	21828.2	586.3	88.1	6594.9	7363.6	2747.4
#炼焦							
化学原料及化学制品制造业	4419.5	31078.2	4516	230.2	2776.2	4761.8	954.2
#基础化学原料制造	3102.8	14103.7	145	17.9	954.1	1901.8	483.2
肥料制造	585.2	5546	2196.7	27.4	1159.5	1298.2	166.6
医药制造业	60.7	2760.3	869.3	238.9	30.7	384.9	100.3
化学纤维制造业	31	-480.8	6.8		7.2	85.4	11.8
橡胶制品业	95.8	204.9	1.2	64.4	53.3	594	175.3
塑料制品业	3203.9	12095.4	1689.3	194.7	1074.1	1843.9	356.3
非金属矿物制品业	1911.6	-6190.6	851.3	153.7	1524.4	3970.2	595.7
#水泥制造	1790.4	-14581.2	541.9	142.6	759.2	3083.8	464.7
黑色金属冶炼及压延加工业	1216.9	154867.1	10280.7	12	1199.7	5888.1	786.7
有色金属冶炼及压延加工业	70.3	8456.7	592.7	0.1	409.2	733.7	259.9
金属制品业	58.6	225.8	231	11.8	127.4	275.8	28.7
通用设备制造业	41.3	135.7	194.3	3.5	128	319.3	228
专用设备制造业	565.8	-3047.8	166.5	5.2	390	949.9	152.5
交通运输设备制造业	916.8	-3526	240.9	24.1	574.9	1164.4	210.9
电气机械及器材制造业	21.1	3303	45.4	2.4	63.8	331.4	168.5
通信设备、计算机及其他电子设备制造业							
仪器仪表及文化、办公用机械制造业							
工艺品及其他制造业							
废弃资源和废旧材料回收加工业							
电力、热力的生产和供应业	6492	-66930	3243.8	117.9	6969.1	18758	7156.5
#电力生产和电力供应	5645.6	-69730.6	1232.6	109.6	6765	17697.8	6843.2
燃气生产和供应业	236.8	-1514.8	0.5		7	611.4	139.1
水的生产和供应业	1913.2	-6300.5	111.1	9.5	239.7	1401.9	279.8

计量单位：万元

本年应付工资总额	主营业务应付	本年应付福利费总额	主营业务应付	本年应交增值税	本年进项税额
49083	42119.3	6755.4	5626.1	13965.9	7066.6
303331.7	301125.3	42665.3	42357	440880.8	537139.6
129137.4	126931	18007.6	17699.3	373252	447588.8
5813.1	5662.6	701.8	681.5	6069.5	5821.7
7329.1	6139.8	1023.2	857.3	4611.5	2886.8
2743.1	2656.1	406.8	397.7	1270	881
1114.1	1111.5	112.1	111.4	592.9	99.9
9103.7	8695.6	1282.1	1231.6	4329.1	18312.1
1381.1	1360.6	192	189.1	38.7	4666.8
657.9	499.6	102.9	80.4	210.5	3
4619.4	4445.4	630.9	605.8	2941.2	7253.2
5341.5	4941.7	701.5	653.8	4663.2	10196.1
1901	1854.1	234.3	234.3	3176.8	7576.6
7298	6947.1	864.3	803.5	5865.7	12666.6
7138.8	6787.9	843.7	782.9	5865.7	12517.3
1791	1791	126.2	126.2	7149.8	5526.2
20969.9	20034.2	3600.2	3305.8	6560	27286.9
14726.9	13835.8	3083.5	2798.5	5432	22201.9
2565.8	2560.5	208.2	208.2	430.8	2127.9
1066.1	1066.1	173.2	173.2	164.8	344
18.8	18.8	2.6	2.6	3.7	3.5
18.8	18.8	2.6	2.6	3.7	3.5
174.2	168.3	22.8	22.8	125.5	
150.5	150.5	14.6	14.6	48.3	26.5
5266.6	5159.5	659.9	646.1	4920.5	5471.8
4831.8	4760.1	841.6	831.3	1198	2258.6
47756.9	47229.4	6632.8	6558.7	95970.9	532907.8
28108.2	27655	3882.7	3841.5	22726.5	34607.2
11200.8	11183.6	1544.6	1539.9	12332.8	12848.4
6253.3	6119	898.6	879.9	1863.5	2673.5
2000.2	1971.1	318	315	1077.8	1109.8
340.1	303.8	47.2	42.2	132	802.9
3566.1	3559.5	470.8	469.9	1690.2	15299.4
10631.9	10477.4	1398.2	1379.8	7543.3	7645
21998	21191.2	2519.5	2446.3	13051.1	10395.3
16555	15947.4	2059.3	2013.5	10768.9	6265.3
28943.8	28792.4	3400.4	3364.9	63478.9	128243.3
4509.4	4467.1	471.6	467.1	3407.3	13898.9
1807.9	1739.1	184.1	178.8	740.4	2997
2773.7	2679.4	242.6	236.5	1630.5	1807.6
4612.7	4088.5	660.3	609.4	2187.7	3670.1
7804.4	7336.9	768.6	687.4	1948.8	10440.5
1778.8	1331.8	241.6	179	1553.4	4622.1
103693.7	100263.1	13921.3	13724.4	83484.8	42876.2
97517.6	94690.2	13102.4	12990.1	80218.4	40816
2911	2389.9	402	329	1273.1	3011.1
6221.2	5600	839.5	765.7	1928.1	302

2-37 续表 5

项　　目	本　　年 销项税额	工业中间 投入合计	直接材料	制造费用中 的中间投入	管理费用中 的中间投入	营业费用中 的中间投入
煤炭开采和洗选业	20292.6	78590.8	39168.2	21504.2	11622.4	2854.5
石油和天然气开采业	819681.1	1719823.2	508244.5	978489.2	187886.7	27981.8
#天然原油和天然气开采	669596.6	1305641.1	275185.5	885835.8	112042.2	13117.4
黑色金属矿采选业	11843.5	73609.7	36023.3	26068.7	2359.4	8304.1
有色金属矿采选业	7136.1	29270.1	19954.3	5458.7	3113.6	441.1
非金属矿采选业	1687.2	13377.7	7421.5	2167	2022.1	1372.3
#采盐	683.5	2879.9	702.1	1076.4	791.4	274.5
其他采矿业						
农副食品加工业	19997.4	151365.1	132075.2	6517.5	4524.4	5496.7
#谷物磨制	4632.3	33911.1	31698	704.2	636.1	668.5
饲料加工	26.3	27952.4	25312.3	980.8	569.3	469.2
制糖	9721.4	48388.6	38278.7	3694.4	2038	3223.7
食品制造业	13312.1	103619	77793.2	5624.9	3779.3	10040.1
#罐头制造	9902.7	75248.4	57197.7	2644.2	2247	7585.3
饮料制造业	11030.6	38666.9	24286	2471.5	3228.9	6877.2
#酒的制造	10785.4	37249.2	23302.5	2366.4	3093.4	6694.1
烟草制品业	12496.9	27825.1	19929.1	528.9	4912.4	2301.5
纺织业	32827.6	184166.1	151655	13190.5	7188.8	6558.9
#棉、化纤纺织及印染精加工	27993.2	144887	125172.5	8625.4	3236.2	4669.2
毛纺织和染整精加工	1857.8	13365	9279.5	2314.3	453.7	363
纺织服装、鞋、帽制造业	454.1	4564.9	3683	271.4	324.8	211
皮革、毛皮、羽毛(绒)及其制品业	7.2	52.2	20.7	6.8	12.1	
#皮革鞣制加工						
皮革制品制造	7.2	52.2	20.7	6.8	12.1	
木材加工及木、竹、藤、棕、草制品业		2464.4	1812.7	154	167.6	8.7
家具制造业	58.9	411.7	221.6	126	46.8	14.1
造纸及纸制品业	9161.6	34897.5	27517.8	1978.2	1975.9	2049.4
印刷业和记录媒介的复制	3314.4	16710.2	13265.4	1132.5	1904.2	180.3
文教体育用品制造业						
石油加工、炼焦及核燃料加工业	625940.9	2825133.7	2628630.5	146847.4	28391.1	14327
#炼焦						
化学原料及化学制品制造业	56118.9	246446.8	145960.4	64528.7	20740.2	10922.7
#基础化学原料制造	24766.2	106688.4	81200.5	7276.9	11450.2	6087.4
肥料制造	3854.6	28592.7	19642.2	5588.6	897.7	1107.3
医药制造业	2146.9	8318.7	5547.7	377	787.5	1279.2
化学纤维制造业	1087.7	6333	5176.8	254	316	195
橡胶制品业	16929.3	39650.8	34796.6	1419.5	516.3	1850.4
塑料制品业	10800.3	127193	101029	6516.4	4302.8	8742.4
非金属矿物制品业	22042.6	139377.9	93989.2	18158.7	8458.8	6780.6
#水泥制造	16405.5	81925.7	47087.5	13049	5754	5578.9
黑色金属冶炼及压延加工业	187926.8	757603.7	678454.8	45952.4	8570.7	21433
有色金属冶炼及压延加工业	16885.3	68454.2	61743.1	2423.3	2121.3	845.7
金属制品业	3584.3	15172.6	13971.8	276.4	381.3	441.4
通用设备制造业	3156.8	17565.6	14856	1293.2	1037.3	222.4
专用设备制造业	5835.7	29470.2	20785	2445.4	3542.8	2067.8
交通运输设备制造业	12258.2	64104.1	56847.2	2700	2155.9	1650.2
电气机械及器材制造业	6085.6	27525.9	23025.2	1437.4	1363.6	1048
通信设备、计算机及其他电子设备制造业						
仪器仪表及文化、办公用机械制造业						
工艺品及其他制造业						
废弃资源和废旧材料回收加工业						
电力、热力的生产和供应业	121239.1	599039	412487.1	72620.5	28640.5	1951.5
#电力生产和电力供应	115918.6	555849.1	386106.4	64525.1	25187.3	1245.4
燃气生产和供应业	4424.3	22158.4	18826.1	7	1149.8	1542.1
水的生产和供应业	2186.5	16749.3	6753.7	3953.8	3415	1019.9

计量单位：万元

经营活动产生的现金流量净额	投资活动产生的现金流量净额	筹资活动产生的现金流量净额	全部从业人员年平均人数(人)	利税总额	亏损企业亏损额
22067	-29148.7	6037.1	31227	21092.6	4030.3
3114472.5	-1874473.7	-984554.6	79042	2456770.2	68372.9
3092766	-1778959.5	-1101363.2	32531	2447108.1	
2977	1276.4	5430	2572	18205.1	347.2
11195.5	1328.7	1211.4	3852	14628.6	121.8
1808.8	-1139.5	-782.2	2659	2444.8	740.9
823.2	-937.3	18.1	1030	1237.5	99.8
2074.4	-974.8	-2852.9	8125	11213.8	2624.8
1323	-48.1	-547	920	550	709.2
1795.1	-71.2	1581	541	2343.9	
150.1	-589.2	-2622.7	3908	7255.6	352.2
8007.2	-29019.5	25799.3	4028	14049.7	423.5
6248.7	-27818.5	26348.8	1373	11029.3	96
9950.5	1216	-1409.3	4472	16623.9	5503.2
9888.2	1216	-1390.8	4358	16592.7	5503.2
4067.6	-14060.5	14392.4	571	39798.1	406.5
7966.6	1744.6	-8748	24924	-29754.6	37991.5
1869.2	-2409.7	-529.3	19663	-17583.7	23899
-789.1	118.5	595.6	2158	-4085.2	4540
1112.5	-22.6	-1.6	1010	187.2	226.9
0.7			29	-82.7	86.9
0.7			29	-82.7	86.9
-55.6	-11.2	-245.6	137	-44.6	180.1
-11.4	-36.7	16.7	125	80.9	5.3
4317.6	-15260.8	6624.6	4808	8645	215.8
4572.7	-2517.9	-1280	3269	1175.4	946.9
165777.5	-110053.4	-75560.9	15230	257482.5	84031.6
234132.4	-31182.8	38087.7	13109	56299.4	2088
32609.9	-20971.1	469.1	5365	27765.4	1286.2
5922.6	-4887.1	29707.6	2831	7725.8	
5151.3	-3841.1	-1351.8	1177	3918.5	
-1715.9	-2388.2	4066.6	347	-338.8	526
194.8	-5306.8	439.2	2473	2383.9	
35642.7	-65206.4	25987.5	7382	21052.5	1363
24050.1	-30053.6	-5696.3	15385	7498	22362.4
18377.3	-24712.9	-10671	12327	-3402.8	22298.2
107689.3	-122941.7	-44016.3	14689	221439.7	603.7
8279.4	-2524.1	-101.7	2210	12017.7	25.1
-2375	-73	143.5	1176	1082.6	237.5
1298.7	-634.6	66.2	1704	1921.2	546.9
2693	-1951.4	-615.5	3264	-631.1	7205.4
866.7	49.6	-1275.1	4491	-1294.9	4820.4
583.6	-4904.8	3545.5	1022	5004.7	912.2
151715.6	-100788.2	2330.6	40659	24050	110008.4
127941.6	-83735.8	1090.2	37094	17631.2	104590.8
6089	-11711.6	17298.1	1202	-129.4	1525
3141.2	1633.8	-4341.5	4655	-4168.3	6890.4

2-38　规模以上国有工业

项　　目	企　业 单位数	亏　损 单位数	工业总产值 (现价)	工　业 销售产值	出　口 交货值	工　业 增加值	年初存货
煤炭开采和洗选业	27	14	33061.4	33510.6	8.3	18193.6	3988.1
石油和天然气开采业	2	1	671766	660885		325212.7	128904.9
#天然原油和天然气开采							
黑色金属矿采选业	5	1	21839.3	19769.9		7377.6	1275.4
有色金属矿采选业	7	1	44018.9	43130		23902	6013.4
非金属矿采选业	8	4	9630.2	5897.1	109	3024.9	4439.7
#采盐	3	2	271.3	256		141.7	111.3
其他采矿业							
农副食品加工业	17	8	30257.2	30104.4		-2665.1	17251.8
#谷物磨制	9	5	3668.1	3027.2		929.3	1052.1
饲料加工	2		347.3	293.8		72.2	396.8
制糖	1		860.9	776.4		-5224.2	2801.3
食品制造业	12	6	17483.2	15996	6137.5	4524.5	3839.7
#罐头制造	4	3	2974.2	2473.3		946.7	1466.5
饮料制造业	5	2	942.8	856.6		61.3	8612.8
#酒的制造	5	2	942.8	856.6		61.3	8612.8
烟草制品业	2	1	71374.3	71329.6		50699	20499.8
纺织业	10	8	76242.8	66913.5	4620.6	13270.8	45349.4
#棉、化纤纺织及印染精加工	7	6	73120.3	63818.1	4620.6	13104.6	39536.5
毛纺织和染整精加工	2	2	3094	3063.4		161.9	5802.1
纺织服装、鞋、帽制造业	7	3	5823.8	6111.8	15	2008.4	1645.4
皮革、毛皮、羽毛(绒)及其制品业	1	1	45.9	45.9		-2.6	38.4
#皮革鞣制加工							
皮革制品制造	1	1	45.9	45.9		-2.6	38.4
木材加工及木、竹、藤、棕、草制品业	1	1	2287.5	2090.2		-51.4	1143.1
家具制造业	3	2	635.1	612.5		271.7	228.8
造纸及纸制品业	5	2	1067.7	867.8		1238.1	3512.7
印刷业和记录媒介的复制	38	20	19477.7	19921.1		8854.3	3474.9
文教体育用品制造业							
石油加工、炼焦及核燃料加工业	4	2	12768.3	11837	7673.7	2940.5	2258.3
#炼焦							
化学原料及化学制品制造业	12	5	23207.2	22564.7	1810.2	5474	9259.2
#基础化学原料制造	3	2	13997	12820.7	1810.2	2960.8	6985.2
肥料制造	2		2059	2407.7		358.3	233.9
医药制造业	2		7525.7	7282.1	725.5	3669.8	1772
化学纤维制造业							
橡胶制品业	1		4000	4000		-188.8	666.7
塑料制品业	9	4	30609.3	29714.3		10716	5919.6
非金属矿物制品业	19	12	34499.2	34583.4		10183.9	14663.2
#水泥制造	10	7	20565.8	19561.7		6766.2	10673.1
黑色金属冶炼及压延加工业	2	1	8232.1	7833.5		3399.7	387.4
有色金属冶炼及压延加工业	2		52597.7	52830.8		16443.1	5601
金属制品业	7	3	12713.1	13700.6		2157.1	1625.8
通用设备制造业	8	2	5680.5	5558.7		1547.8	4752.2
专用设备制造业	16	10	20507.7	19716.1		7038	8592.4
交通运输设备制造业	10	5	10973.4	11168		5092.1	2375.9
电气机械及器材制造业	6	6	4130.8	4834		-56	2205.7
通信设备、计算机及其他电子设备制造业							
仪器仪表及文化、办公用机械制造业							
工艺品及其他制造业							
废弃资源和废旧材料回收加工业							
电力、热力的生产和供应业	61	38	425235	425142.4		159591.2	7683.8
#电力生产和电力供应	39	28	394827.9	394869.5		147273.3	6474.2
燃气生产和供应业	3	1	27838.4	27838.4		7591.4	835.5
水的生产和供应业	72	41	28547.3	27761.8		14547	2407.6

企业分行业主要经济指标

计量单位：万元

流动资产合计	短期投资	应收帐款	存货	产成品	流动资产年平均余额	长期投资
42506.9	18.7	6712.7	5096.2	3228.7	38603	26317.5
747713.4		213530.8	115388	9410.4	693855.4	125797.4
10263.7		3558.1	991.2	950.4	7454	
27901.2	10	1971.8	6430.7	3067.4	30770.3	686
11595.3		3457.4	4510.8	3070.3	12290.7	23
233.7		84.4	120.3	89.7	247.7	3
26319.8		3616.3	17231	9126.1	26218.9	905.9
1882.1		472.6	1106.5	569	2277.7	
589.2		41.5	426	79.2	611.3	
6773.4		215.9	5008.1	3685.1	5876	
16018.7	480	1818.4	3661.9	2928.6	17863.8	2748.6
2634	480	326.9	1409	1347	2335.7	98.5
10798.3		622.3	8077.8	484.1	9780.5	18
10798.3		622.3	8077.8	484.1	9780.5	18
55391.5		5774.2	27303.4	14.1	54650.7	
106382.6	25	15412.2	50684	22322.3	106368.4	4961.9
84496.8	25	11168.8	46422.8	19953.3	85083.3	4595.3
21800.7		4199.7	4244.4	2357.3	21200	366.6
4355.9	2	671.2	1585.4	559.4	4677.4	157
39.8		26.5	13.3	13.3	51.3	
39.8		26.5	13.3	13.3	51.3	
2267		338.8	1571.5	403.8	2173.8	
526.5		157.7	246.2	145.2	525.6	17.5
7587.3	3.8	481.9	4144.9	702.6	8807.9	19146.7
11900.8	12.5	1747.4	3039.4	1233.8	12057.8	696.9
24883.5	2000	2342.9	2193.6	1364.6	27884.3	28798.1
29799.2		10233.3	8679.5	5356.9	25059.7	2564
18904		6165.5	5902.7	4357.3	14856.3	2387.5
2287.1		1754.6	193.4	86.2	1581.3	79
8369.4		3183.6	2247.9	867	11496.8	437.9
1302.2		327.6	694.6		1317.9	
47468.2		8865.5	8440.9	3839.7	37758.8	12988.8
55095.7		25802.2	14365	5457.5	53965.1	2281.3
41708.4		17402.8	11299.7	3540.7	39846.1	1962.3
6109.5		1527.3	1294.6	975.5	5384.7	30
23394.1		2570.8	5074	1025.9	21177.9	36
7828		2734.7	2610.6	1131.7	8170.1	367
11008.5		1309.4	4679.9	3157.7	11054.8	57.2
24173.2		4008.4	10000.2	5945.9	21679.4	2305.5
7896.7		2899.5	2150.7	592.6	7718.2	1458.1
8005.4		2332.5	1585.7	501.1	8012.9	247.7
204043.6	2004	40260.8	6249.9	27.7	188148.3	5182.4
172964.5		36596.1	5120.2		157064.9	5147.4
38186.8		2065.4	1648	792.7	31398.9	13294.6
37562.3	514.5	5461.6	2618	48.6	38414	8027.5

2-38 续表 1

项 目	固定资产合计	固定资产原价	生产经营用	累计折旧	本年折旧	固定资产净值年平均余额
煤炭开采和洗选业	66818.7	70649.6	58935.2	25732	2724.5	44661.5
石油和天然气开采业	632397.8	1083198.1	1071381.5	393872.8	62966.2	684239.5
#天然原油和天然气开采						
黑色金属矿采选业	3104.6	4039.7	3131.1	974.6	295.2	3034.5
有色金属矿采选业	22638.3	32952	29047.2	12427.4	1832.9	19139.6
非金属矿采选业	7307	11633	9299.5	4630.7	621.5	7154.9
#采盐	304.1	503	187.9	200.2	18.2	307.4
其他采矿业						
农副食品加工业	18241.6	26619.5	17538.2	8286.7	848.6	18590.9
#谷物磨制	4137.1	6465.7	4786.9	2201.6	185.8	3953.3
饲料加工	95.7	181.2	181.2	85.6	16.2	94.7
制糖	187.8	230.1	230.1	47.9	9.2	140.4
食品制造业	8467.4	12528.1	11937.3	3877.3	780	8738
#罐头制造	1285.3	3045.2	2547.5	1934.9	122.6	1131.7
饮料制造业	7984.3	13311.5	13006.5	5327.2	648.7	8368.8
#酒的制造	7984.3	13311.5	13006.5	5327.2	648.7	8368.8
烟草制品业	33849.9	45524.9	28281.8	18408.2	2402.7	27090.3
纺织业	83040.2	142436.7	105321.1	66459	9227.2	75409.4
#棉、化纤纺织及印染精加工	67226.8	118280.7	88420.9	55978.3	7719	59562.3
毛纺织和染整精加工	15796.4	24128.4	16872.6	10470.1	1497.6	15830.1
纺织服装、鞋、帽制造业	1925	3864.6	2465.5	1644.5	134.2	2194.6
皮革、毛皮、羽毛(绒)及其制品业	37.7	35.4	7	2.3	2.3	35.4
#皮革鞣制加工						
皮革制品制造	37.7	35.4	7	2.3	2.3	35.4
木材加工及木、竹、藤、棕、草制品业	3728.4	5254.5	4546.6	1561.2	306.7	3844.6
家具制造业	496.6	616.6	380.8	174.1	25.3	450.1
造纸及纸制品业	9179.4	6600.9	6197.8	2366.5	236.1	4142.3
印刷业和记录媒介的复制	22645	40530.9	36497.9	18211.6	2299.5	22605.6
文教体育用品制造业						
石油加工、炼焦及核燃料加工业	7531.7	9239	5622.4	7959.2	1340.7	1763.4
#炼焦						
化学原料及化学制品制造业	18507.2	27192.3	22410.8	10926.9	811.5	16124.2
#基础化学原料制造	13011.7	17789.7	14490.4	6661	501.7	11171.4
肥料制造	345.7	419.7	419.7	96.1	18.1	322.2
医药制造业	14931.2	12787.9	11966.6	879.2	262.3	12089.6
化学纤维制造业						
橡胶制品业	758	1255.1	1195.1	497.1	42.1	781
塑料制品业	117305.8	163385.6	69069.5	48930.4	4566.1	106739
非金属矿物制品业	48948.9	70039.2	57434.3	28871.8	2703.8	39087
#水泥制造	39873.3	57973.3	46374.3	25650.4	2336.7	31405.6
黑色金属冶炼及压延加工业	3772.1	4293.2	4179.9	521.1	155.9	2094.2
有色金属冶炼及压延加工业	28165.3	43815.1	36803.5	21136.2	3206.8	21932.7
金属制品业	4227.5	7193.1	7008.2	2990.3	334.3	4123.8
通用设备制造业	3999.7	5411.7	5359.4	2855.4	340.3	2755.3
专用设备制造业	18364.6	25170.8	23805.7	7225.5	990.6	18398.8
交通运输设备制造业	6177.4	9411.9	7861.6	3715	582.3	5668.3
电气机械及器材制造业	3621.1	4473	3441.1	1540	175.2	3614.1
通信设备、计算机及其他电子设备制造业						
仪器仪表及文化、办公用机械制造业						
工艺品及其他制造业						
废弃资源和废旧材料回收加工业						
电力、热力的生产和供应业	812895	1059713.2	968724.6	301113.8	63756.9	743656.2
#电力生产和电力供应	713067.1	937326.8	849111.8	273570.6	55635.6	656733.6
燃气生产和供应业	44807.8	39529.1	21429.9	9048	4433	40954.5
水的生产和供应业	157280.6	196231.9	175975.7	52907.9	9548.3	143465.7

计量单位：万元

无形资产	资产总计	流动负债		长期负债	负债合计
		合　计	应付帐款	合　计	
5775.2	142218.0	63361.3	5672.6	25256.8	89727.7
7911.1	1539801.6	791496.2	205326.7	13834.9	805331.1
518.9	15076.5	7317.3	1714.3	1205.8	8523.3
	51499.5	27260.6	7042.9	8378.5	35639.9
	18940.9	11258.3	1139.1	903	12161.4
	556.2	621.9	84.1	484.3	1106.2
449.1	46019.0	37447.8	6535.8	862.9	38310.8
11.9	6084.7	2645	870	58.1	2703.1
0.5	694.0	347.2	14.3	166	513.2
44.5	7005.7	5927.3	1456.8	0.3	5927.7
170.9	27492.6	25091.9	3946.6	609.6	25701.7
	4018.5	5316.5	2831.1	159.4	5476
	20283.7	21414.5	2449.6	1538	22952.5
	20283.7	21414.5	2449.6	1538	22952.5
329.2	89732.2	35214.1	10268.9	17900	53114.2
7819	204192.4	176832.5	49420.4	20880.3	197812.8
7238.7	165506.4	144279.9	48078.2	7993.1	152373
580.3	38552.8	32509.6	1299.2	12797.2	45306.8
	6685.5	5061.3	912.6	203.5	5264.9
	86.7	52.5	18		52.5
	86.7	52.5	18		52.5
28.3	6313.1	2599.6	149.5	4404.6	7004.2
	1040.6	257.7	30.9	3	260.7
312.8	36242.2	15052.8	681.6	990	16042.8
924	36400.9	16224.7	4678.1	1985.7	18211.8
39.5	61254.2	21195.6	879	3753.3	24948.9
5.7	51122.9	37285.8	8582.7	570.7	37856.6
	34303.2	26683.9	6746.2	67.7	26751.6
	2711.8	1178.9	289.2	213	1392
551.4	24290.1	11008	3301.1	2640	13648
	2060.2	1287.6			1287.6
1165.4	179012.0	57089.3	5309.4	6140.4	63238.7
9066.6	115944.4	49691.1	7090.5	15171.4	64862.6
9066.6	92958.4	36888.1	5143.5	14293.1	51181.3
1097.6	11015.7	3154.9	695.7	1587.4	4782
-354.3	58069.3	19436.8	4477.5	13251.4	32688.2
156.9	12675.6	5594.4	1378.1	882.4	6476.8
998.7	16064.8	6021.8	1556.3	530.9	6552.7
7.5	45053.3	29048.4	4734.5	4351	33399.5
74.2	16339.6	11380.8	3357.8	1291.7	12672.6
16.6	11896.4	10500.3	2969.4	788.5	11288.8
2559.2	1028168.0	287546.3	61180.2	437949	725497
1432.8	894859.3	261660.5	51924.3	383582.2	645243.5
24.7	96499.4	22758	3128.7	21845.5	44603.5
534.5	205247.2	66797.6	7939	27378	94196

2-38 续表 2

项　目	所有者权益合计	实收资本	国家资本	集体资本	法人资本	个人资本	港澳台资本
煤炭开采和洗选业	52490.3	31367.2	31315.5			51.7	
石油和天然气开采业	734470.5	701371.3	701371.3				
#天然原油和天然气开采							
黑色金属矿采选业	6553.2	2803	2803				
有色金属矿采选业	15859.6	12060.5	12060.5				
非金属矿采选业	6779.5	6374	5491.2	0.8	875.6	6.4	
#采盐	-550	404.8	397.6	0.8		6.4	
其他采矿业							
农副食品加工业	7708.2	12339.2	11734.4		537.2	67.6	
#谷物磨制	3381.6	3139.3	3139.3				
饲料加工	180.8	51	51				
制糖	1078	859.4	475.1		316.7	67.6	
食品制造业	1790.9	5985.6	5890.9		76.7	18	
#罐头制造	-1457.5	2671.5	2671.5				
饮料制造业	-2668.8	3970.2	3970.2				
#酒的制造	-2668.8	3970.2	3970.2				
烟草制品业	36618	21010.8	18142.1		2868.7		
纺织业	6379.6	113590	111600.7	7.1	521	1461.2	
#棉、化纤纺织及印染精加工	13133.4	86225.6	85658.3		5	562.3	
毛纺织和染整精加工	-6754	27274.4	25852.4	7.1	516	898.9	
纺织服装、鞋、帽制造业	1420.6	2634.4	2634.4				
皮革、毛皮、羽毛(绒)及其制品业	34.2	2.3	2.3				
#皮革鞣制加工							
皮革制品制造	34.2	2.3	2.3				
木材加工及木、竹、藤、棕、草制品业	-691.1	27.1	27.1				
家具制造业	779.9	336.6	336.6				
造纸及纸制品业	20199.4	9425.6	9425.6				
印刷业和记录媒介的复制	18189.1	15095.8	15048.9		40	6.9	
文教体育用品制造业							
石油加工、炼焦及核燃料加工业	36305.3	12625.8	12584.9			40.9	
#炼焦							
化学原料及化学制品制造业	13266.3	19982.4	19482.4		500		
#基础化学原料制造	7551.6	13629.1	13629.1				
肥料制造	1319.8	742.3	742.3				
医药制造业	10642.1	4103.4	4103.4				
化学纤维制造业							
橡胶制品业	772.6	284.1	150			134.1	
塑料制品业	115773.3	162338.8	162140.8			198	
非金属矿物制品业	51081.8	44684.1	38189.6		5599	895.5	
#水泥制造	41777.1	34795.3	30454.2		3445.6	895.5	
黑色金属冶炼及压延加工业	6233.7	1768.4	1768.4				
有色金属冶炼及压延加工业	25381.1	23743.7	15817.9		7925.8		
金属制品业	6198.8	7646.7	2736.7		4900	10	
通用设备制造业	9512.1	2289.1	2143.7		145.4		
专用设备制造业	11653.8	7475	7378.7		96.3		
交通运输设备制造业	3667	7443.9	7140.6		303.3		
电气机械及器材制造业	607.6	3581.3	3581.3				
通信设备、计算机及其他电子设备制造业							
仪器仪表及文化、办公用机械制造业							
工艺品及其他制造业							
废弃资源和废旧材料回收加工业							
电力、热力的生产和供应业	302418.1	203168.7	198064.1		5104.6		
#电力生产和电力供应	249362.9	163438.5	158580.5		4858		
燃气生产和供应业	51895.9	42270.2	42270.2				
水的生产和供应业	111051.2	57146	55271.1	1521.3	353.6		

计量单位：万元

外商资本	主营业务收　　入	主营业务成　　本	主营业务税金及附加	其他业务收　　入	其他业务利　　润	营业费用
	33879.2	20484.3	356.8	1032.1	563.9	903.2
	986709.7	891291.6	9488	32482.4	13175.7	26177.8
	20882.6	7730.9	521	60.1	60.1	3064
	41813.4	26636.4	299.7	1314.8	371.3	484.7
	5270.7	3322.5	200.4	746.1	749.7	320
	261.5	134.6	12.7	0.4	0.2	25.1
	36699.2	32359.7	58.6	1631.9	625.3	1477.9
	2911.4	2435.1	1.6	112.2	75.6	126.5
	293.8	225.2		746.2	54.2	60.9
	6375.8	4889.3	37	224.8	224.8	499.4
	16647.7	12828.8	169.5	89.9	14.1	1307.6
	2473.3	2469.3	4.2			11
	816.9	452.8	148.5	14.1	16.9	374.3
	816.9	452.8	148.5	14.1	16.9	374.3
	72167.4	29741.7	26703.1	413.3	98.5	2306.5
	67367.4	69451.2	179.7	9824.1	-90	2428.9
	65559.3	68000.9	175.5	9541.3	138.6	2259.1
	1777.8	1435.9	3.9	282.8	-228.6	169.8
	6454.6	5397.8	26.4	28.3	19.8	231.4
	48	34.8	0.5	0.5	0.5	12.2
	48	34.8	0.5	0.5	0.5	12.2
	2090.2	1933.8	10	1.2	1.2	8.7
	613	544	4.9	20	19.3	17.9
	2390.5	2084.3	52.2	410.7	206	35.1
	19769.2	14008.6	124.9	1856.9	1191.2	375.5
	11111.1	7644	13.7	4983.5	205	746.2
	24027	20555.7	107.6	1512.7	228.3	1620.4
	14586.4	13008.1	86.8	1408	203.6	1207.4
	2407.9	2060.1				172.1
	7249.7	4394.5	60.9	1312.5	554.4	753.9
	3700	3141.2	0.4	43.6	42.5	6
	31278.5	28848.3	32.4	4602.1	375.9	1052.4
	35635.3	31228.8	232.1	515	215.5	1200.9
	20035.3	17809.5	113.2	163.7	144.8	1055.7
	7142	5517.1	27.8	210.6	63.6	78.6
	51861.4	39376.6	100.8	226.7	80.8	345.3
	13469.2	11949.8	34.4	91.4	63.4	810.8
	5498	4772.3	49.1	390.2	217.4	157.5
	24153.4	18289.7	131.3	829.5	316.5	970.2
	11793.1	9730.9	104.7	881.2	551.2	270
	5198.1	4565.9	33.2	237.5	132.8	533.2
	439251.7	438784.4	2375.7	3524.7	875.9	1020.1
	409047.2	412241.4	2223.8	2865.8	602	122.6
	22937.7	15711.1	110.6	23484.5	2505.9	3004.6
	31755.2	25322	196.8	3441.9	485.9	2346.9

2-38 续表 3

项　目	管理费用	税　金	财产保险费	差旅费	工会经费	办公费	职工教育费
煤炭开采和洗选业	10909.6	62.9	342	991.3	179.9	1175	232.7
石油和天然气开采业	103656.4	1025.7	123	2338.4	345	2146.2	258.8
#天然原油和天然气开采							
黑色金属矿采选业	1119.4	21.6	20	25.7	4.6	17.8	617.4
有色金属矿采选业	6584.6	66.2	58.2	433.3	114	68.1	40.5
非金属矿采选业	1490.3	14.9	3.3	42.7	21.2	51.6	15.7
#采盐	90.2	0.9	1.3	3.5	0.4	1.8	0.2
其他采矿业							
农副食品加工业	3253.4	57.9	15.1	112.9	52.9	59.9	25
#谷物磨制	679.6	9.3	3.9	11.7	5.2	11.1	2.9
饲料加工	51.8	0.5	0.5	1.3	0.4	4.1	0.2
制糖	715.8	6.4	0.6	22.2	12.1	11.9	7.4
食品制造业	956.1	77.1	18	36.3	20.9	58.7	14.9
#罐头制造	72.5		1.2	11.8	1.5	7.4	2.2
饮料制造业	448.1	32.4	0.4	13.6	3.7	4.3	2.8
#酒的制造	448.1	32.4	0.4	13.6	3.7	4.3	2.8
烟草制品业	6776	174.9	97.1	299.5	48.1	178.8	38.1
纺织业	10761.4	75	140.4	129.4	160.3	81.6	36.3
#棉、化纤纺织及印染精加工	9779.3	62.4	140.3	110.5	153.5	66.2	30.4
毛纺织和染整精加工	968.9	12.5		16.9	6.7	13.3	5.8
纺织服装、鞋、帽制造业	666.1	10.2	4.5	21	4.3	9	9.4
皮革、毛皮、羽毛(绒)及其制品业	68.2	3.6		2.7	0.2	2.7	0.1
#皮革鞣制加工							
皮革制品制造	68.2	3.6		2.7	0.2	2.7	0.1
木材加工及木、竹、藤、棕、草制品业	260.9	19.4	0.5	5.9	3.2	2.1	2.4
家具制造业	67.6	0.5	1.2	1.5	1	2.4	0.2
造纸及纸制品业	489.5	38.4	1.8	7	2.6	9.3	3.2
印刷业和记录媒介的复制	5858.8	131.3	49.1	121.7	73.4	115.4	59.5
文教体育用品制造业							
石油加工、炼焦及核燃料加工业	1210.5	10.3	10.8	20	19	29.5	4.7
#炼焦							
化学原料及化学制品制造业	3123.6	44.2	29.6	81.2	34.9	98.1	17.2
#基础化学原料制造	1881.5	35.2	9.4	32.3	22.9	42.5	5.9
肥料制造	109.9	0.5	6	12.9	0.2	37.4	1.3
医药制造业	1638.4	31.2	17.7	29	28.7	33.1	2.9
化学纤维制造业							
橡胶制品业	46.1	2	5	1.3	1.5	1.4	1.1
塑料制品业	1692.3	129.1	30.1	65.4	12.9	75.9	11.6
非金属矿物制品业	5162	111.3	45.5	120.4	80.3	117.7	68.1
#水泥制造	3316.8	75	45.1	88.4	28.9	78.2	28.6
黑色金属冶炼及压延加工业	638.8	20.4	7.1	6.6	13.4	10.5	8.8
有色金属冶炼及压延加工业	6144.1	6	106.2	102.2	50.2	83.7	27.3
金属制品业	817.5	23.6	16.8	49.4	13	19.9	13.3
通用设备制造业	960.1	4.3	6.4	25.8	11.5	10.5	8.5
专用设备制造业	3315	82	4.8	84.6	31.3	82	22.2
交通运输设备制造业	1959.5	27.1	17.5	61.5	40.7	65	18.3
电气机械及器材制造业	660.6	39.4	1.5	10.2	11.9	19.8	3.9
通信设备、计算机及其他电子设备制造业							
仪器仪表及文化、办公用机械制造业							
工艺品及其他制造业							
废弃资源和废旧材料回收加工业							
电力、热力的生产和供应业	25472.2	846.1	591.8	1302.8	501.4	1328	366.2
#电力生产和电力供应	22237.5	657.7	524.9	1226.7	463.7	1203.2	342.7
燃气生产和供应业	6796.4	62.7	57.5	31.8	21	95.9	36.4
水的生产和供应业	7591.8	233	71.2	353.4	107.3	359.3	80.2

计量单位：万元

排污费	财务费用	利息支出	营业利润	投资收益	补贴收入	营业外收入
168.9	1191.9	1213.8	1235.1	2693.4	28.4	200.5
6.1	-2239.2	-2239.2	-28489.2	8372	293.7	7542.7
3.8	55	19.5	3748.2			9.2
75.3	304.6	304.6	7851.2	116.2	1005.2	37.4
12.2	71.8	48.4	526.9	100		82.7
	6.2	6.2	-94.5			2.5
68	602.4	609	-323.4		86	131.3
0.6	54.3	54.1	-324.7		12.5	113.2
			10.1			
64.9	26.1	26	553.9			1.3
32.2	676	679.4	728.5		16.5	23.4
3	12.3	12.3	-96			
	160.4	159.3	-750.9	0.3		1.7
	160.4	159.3	-750.9	0.3		1.7
6.6	153.2	153.7	6650.9		120	7.7
18.8	1209.4	899.2	-16664.6	7.4	191.8	859.2
18.7	1195.8	885.6	-15735.5	7	149.9	767.7
	13.6	13.6	-929.1	0.4	41.9	91.5
6.1	71.9	71.9	78.4			8.3
0.1	12.6	12.6	-79.8		3.8	
0.1	12.6	12.6	-79.8		3.8	
1	321.4	321.4	-443.4		266.5	0.2
	3.2	3.5	-3.6		32.2	1
0.1	255.4	256.8	-447.5	425.8	3.3	5.8
6.3	196.6	193.7	-433.9	3.4	102.9	336.9
9.8	1165.8	1179.5	535.9	1978.2	9.9	39.2
12.2	122.7	126	-1317.2	49.7	359.3	27.2
11.5	55.7	56	-1452.5	49.7	341.6	10.5
	-0.5		29		17.7	
9.9	296.4	296.4	659.1	7.9		1868.8
0.3			4.3			0.5
3	536.9	528	-363.2	111.7	9.5	2296.7
107	1921.3	1922.1	-4247.7	7.6	1441.7	1402.9
103.9	1672.7	1672	-4117.9	7.5	1312.5	1223.2
	-12.4	-12.4	955.6	22.3	83	3.3
127.6	1026.8	1113.9	4948.6	-62.3	2131.7	4.8
0.1	62.3	62.3	-151.1	-1.9	8.9	294.3
0.8	60.5	60.8	-303	-99.3		29.9
4.8	325	324.8	1458	12.4	429.3	53.3
2.9	118.6	118.5	119.9	13.3	18.9	4.7
0.6	341	341	-802.9		1.5	6.1
291.4	21111	20666.5	-41623.8	1421	2976.1	1558.7
170.4	19728.6	19348.3	-40710.4	1435.5	1417.3	1413.7
	634.6	625.6	-813.8	-8.1		66.7
50.5	1391.7	1332.6	-4154.2	-130.5	172	221.2

2-38 续表 4

项 目	营业外支出	利润总额	应交所得税	广告费	劳动、待业保险费	养老保险和医疗保险费	住房公积金和住房补贴
煤炭开采和洗选业	1413.4	2446.4	199.6		224.7	1385.4	105
石油和天然气开采业	55173.9	-67454.7	2409.3		2634.6	25711.4	12654.9
#天然原油和天然气开采							
黑色金属矿采选业	42.3	3498.3	692.4		22.3	3.5	1.7
有色金属矿采选业	140.5	8665.8	140.4		58.8	1432.9	515
非金属矿采选业	197.8	578.7	20		34	445.3	
#采盐	73.8	-98.6			1.6	11.3	
其他采矿业							
农副食品加工业	162.5	-213.6	8.6	42.4	516.8	661.4	102
#谷物磨制	38.7	-237.8	6.3		8.9	75.7	24.1
饲料加工		9.5	2.3		0.1	4.9	0.2
制糖	7.2	553.9			142.2	187.2	20.9
食品制造业	419.9	193.1	94.2	44.1	41	277	42.5
#罐头制造		-96			9.9	28.2	
饮料制造业	1425.6	-2174.4		115.4	66.8	3.8	8.2
#酒的制造	1425.6	-2174.4		115.4	66.8	3.8	8.2
烟草制品业	717.4	5945.2	230	831.2	722.1	296	293.5
纺织业	134	-15826.9	20.6	1.9	1595.2	2417.9	49.7
#棉、化纤纺织及印染精加工	117	-15014.5	20.6		1550.3	2409.5	49.7
毛纺织和染整精加工	16.9	-812.4		1.9	43.9	8.4	
纺织服装、鞋、帽制造业	91.9	1	4.1	1.4	29.8	221	30.5
皮革、毛皮、羽毛(绒)及其制品业	10.9	-86.9					
#皮革鞣制加工							
皮革制品制造	10.9	-86.9					
木材加工及木、竹、藤、棕、草制品业	3.4	-180.1			1.9	19.3	
家具制造业	1.9	27.7	18.8	0.7	1.2	26.6	2
造纸及纸制品业	24.4	-35.5	0.3		148.6	3.3	4.6
印刷业和记录媒介的复制	251.2	-273.4	93.3	9	483.3	1057.5	197
文教体育用品制造业							
石油加工、炼焦及核燃料加工业	57.2	2506.2	234.5		25.5	361.5	87.8
#炼焦							
化学原料及化学制品制造业	193.4	-1081.8	183.8	4.1	373.8	650	113
#基础化学原料制造	43.8	-1093.9	4.5		304.2	445.4	82.4
肥料制造	3.1	43.6			1.4	3.4	3
医药制造业	60.4	2475.5	852.6	22	23.1	266.8	63.4
化学纤维制造业							
橡胶制品业	2.8	2	0.3		0.8	6.6	
塑料制品业	2985.6	-478.7	23.1	136.5	29.3	359.8	132.3
非金属矿物制品业	303.7	-2474	11.9	2.1	714.6	998.4	106.3
#水泥制造	289.4	-2639	8.1		130	570.6	69.3
黑色金属冶炼及压延加工业	248.2	815.9	290.1		3.8	168.7	20.8
有色金属冶炼及压延加工业	68.9	6953.9	312.4		392	628.6	247.5
金属制品业	29.9	111	174	4.7	92	193.6	13.4
通用设备制造业	25	-378.4	29.5	3.5	111.8	223.2	22
专用设备制造业	420.6	1382.5	8.5	2	355.9	512.8	75.5
交通运输设备制造业	867.7	-669.5	147.5	11.6	187.7	456.2	91.1
电气机械及器材制造业	16.8	-814.7	0.3		13.3	138.1	27.1
通信设备、计算机及其他电子设备制造业							
仪器仪表及文化、办公用机械制造业							
工艺品及其他制造业							
废弃资源和废旧材料回收加工业							
电力、热力的生产和供应业	1927.4	-38379	720.3	51.7	2708.3	5000.3	2532
#电力生产和电力供应	1389	-38803.7	396	44.1	2576.9	4544.9	2382.3
燃气生产和供应业	233.8	-988.9	0.5		4.2	571.2	131.1
水的生产和供应业	1892.3	-5719.3	111.1	9.5	237.2	1370	268.5

计量单位：万元

本年应付工资总额	主营业务应付	本年应付福利费总额	主营业务应付	本年应交增值税	本年进项税额
11313.1	10857.7	1490.7	1419.9	2812	1050
174194.3	174194.3	24657.7	24657.7	67628.8	89550.8
514.7	503.8	12	11.2	1519.6	1232.5
7170.1	5996.3	1009	843.1	4271.6	2518.1
1147.9	1145.3	226.8	226.7	373.9	582.4
41.1	38.5	5.2	5.1	16.3	
2299.3	2193.3	306.2	291	732.3	4954
514.4	514.4	39.8	39.8	11.5	152.6
48.9	44.3	6.8	5.8		
189.4	88	26.5	12.3	289	823.5
1713.4	1593.2	228	216.7	365.9	1193.9
300.6	255.6	36.6	36.6	45	254.8
268.8	251.6	69.4	54.7		618.6
268.8	251.6	69.4	54.7		618.6
1791	1791	126.2	126.2	7149.8	5526.2
8887.1	7993.5	2252.6	1966.7	2104.7	11609
8317.6	7428.3	2108.5	1823.5	1856	11558.4
561.6	561.6	142.7	142.7	244.4	49.9
953	953	157.4	157.4	133.4	219.2
18.8	18.8	2.6	2.6	3.7	3.5
18.8	18.8	2.6	2.6	3.7	3.5
174.2	168.3	22.8	22.8	125.5	
150.5	150.5	14.6	14.6	48.3	26.5
603.1	603.1	73.8	73.8	1158.7	120
4662.8	4591.1	817.9	807.6	1198	1456.8
734.1	372.3	92.8	41.9	353.4	1636.6
2750.2	2715.9	377.1	370	1215.7	2335.8
1892.7	1875.5	241.4	236.7	893.4	1561.1
165.1	165.1	49.6	49.6		
1456.5	1434.6	200.7	197.7	577	647.3
72.8	66.2	10.2	9.3	3.7	
3463.2	3453.2	413.6	413.6	2686.4	4023.7
7160.3	6699.9	533.7	504.4	2771	3008.9
4403.1	3942.7	380.9	351.6	1726.3	1331.6
894.4	859.2	125.2	120.3	290.1	687.9
3703.8	3693.8	355.6	355.6	2498.6	6977.9
949.9	948.2	81.9	81.6	457.1	2493.3
956.1	912.4	87.9	81.8	298.7	251.8
2382.5	2298.2	353.7	342.5	1021.7	2372.6
3855.9	3855.9	165.3	165.3	792.3	746.4
381.3	316.7	48	38.9	263.1	754.3
35785.2	35476.5	4900.5	4856	28586.9	8888.7
32726.1	32456.8	4506.4	4467.5	27143.5	7752.1
2700.1	2179	375.7	302.7	1229.4	2920.4
6052.9	5431.7	816	742.2	1854.8	302

2-38 续表 5

项 目	本年销项税额	工业中间投入合计	直接材料	制造费用中的中间投入	管理费用中的中间投入	营业费用中的中间投入
煤炭开采和洗选业	3658.5	17669.8	8388.9	2526.6	4879.6	692.3
石油和天然气开采业	150084.5	414182.1	233059	92653.4	75844.5	14864.4
#天然原油和天然气开采						
黑色金属矿采选业	2704.4	15981.3	10856	2602.3	405	2063
有色金属矿采选业	6521.4	24388.5	16421.1	4355	2876.3	431.5
非金属矿采选业	543.5	6979.2	4455.8	1080.7	1063.9	307
#采盐	7	145.9	26.7	51.1	48.2	13.7
其他采矿业						
农副食品加工业	4123.5	33437.4	30105.7	1013.1	935.5	920
#谷物磨制	102.8	2750.3	2108.7	235.2	271	81.1
饲料加工		275.1	209.9	2.2	30.1	32.9
制糖	1061	6374.1	5568.2	245.8	95.8	438.2
食品制造业	791	13324.6	10069.5	948.9	418.5	1211.7
#罐头制造	227.5	2072.5	1653.7	345.5	53	8
饮料制造业	236.8	881.5	297.4	31	78.2	314.5
#酒的制造	236.8	881.5	297.4	31	78.2	314.5
烟草制品业	12496.9	27825.1	19929.1	528.9	4912.4	2301.5
纺织业	12880.8	65076.7	56885.4	3180.4	1537.5	2264
#棉、化纤纺织及印染精加工	12568.1	61871.7	53944.9	3179.6	1454.3	2097.1
毛纺织和染整精加工	307.7	3176.5	2912	0.8	83.2	166.9
纺织服装、鞋、帽制造业	297.9	3948.8	3228.7	152.9	284.1	211
皮革、毛皮、羽毛(绒)及其制品业	7.2	52.2	20.7	6.8	12.1	
#皮革鞣制加工						
皮革制品制造	7.2	52.2	20.7	6.8	12.1	
木材加工及木、竹、藤、棕、草制品业		2464.4	1812.7	154	167.6	8.7
家具制造业	58.9	411.7	221.6	126	46.8	14.1
造纸及纸制品业	138.1	988.3	612.9	29.5	72.1	18.4
印刷业和记录媒介的复制	2604	11821.4	8620.3	1008.3	1815.9	180.3
文教体育用品制造业						
石油加工、炼焦及核燃料加工业	1320.2	10181.2	6569	925.1	833	688.3
#炼焦						
化学原料及化学制品制造业	3368.1	18948.9	14654.6	1796.4	1182.8	1192.4
#基础化学原料制造	2264	11929.6	8557.9	1422.3	849.7	1044
肥料制造		1700.7	1604.4	11.1	29.2	56.5
医药制造业	1224.3	4432.9	2904.1	149.7	332.7	750
化学纤维制造业						
橡胶制品业		4192.5	3978.2	175.6	32.9	5.8
塑料制品业	6632.4	22579.7	17996.1	2367.2	1161.6	517.9
非金属矿物制品业	5659.9	27086.3	19123.2	3882.2	1434.5	725.1
#水泥制造	2950.4	15525.9	10020.5	2404	820	608.7
黑色金属冶炼及压延加工业	978	5122.5	4322.6	626.9	107.6	77.8
有色金属冶炼及压延加工业	9428.7	38653.2	33396.3	2056.8	1858.4	314.9
金属制品业	2814.9	11013.1	10237.6	203.1	207.4	302.7
通用设备制造业	379.1	4431.4	3372.6	370.8	505.9	121.6
专用设备制造业	3372.2	14491.4	10692.3	1327.7	1284.5	861.9
交通运输设备制造业	1486.5	6673.6	4689.7	1123	683.4	67
电气机械及器材制造业	1017.9	4449.9	2317.6	1056.1	331.3	403.9
通信设备、计算机及其他电子设备制造业						
仪器仪表及文化、办公用机械制造业						
工艺品及其他制造业						
废弃资源和废旧材料回收加工业						
电力、热力的生产和供应业	35217.4	294230.7	242490	19564.3	10449	616.4
#电力生产和电力供应	32997.2	274698.1	230539.6	15614.5	8762.4	53
燃气生产和供应业	4289.9	21476.4	18652.3	7	1134.7	1047.8
水的生产和供应业	2113.2	15855.1	6171.8	3936.9	3372.3	982.4

计量单位：万元

经营活动产生的现金流量净额	投资活动产生的现金流量净额	筹资活动产生的现金流量净额	全部从业人员年平均人数(人)	利税总额	亏损企业亏损额
8172.5	-6406.6	5792.1	8859	5615.2	1461.3
21706.5	-95514.2	116808.6	46511	9662.1	68372.9
836.8	-737.1	277.1	322	5538.9	13.4
6914.1	1545.3	3343.8	3732	13237.1	8.4
307.5	-147.7	-115.3	1145	1153	114.8
21.8	-2.3	-10	46	-69.6	99.8
4926.4	2.9	-3236.2	2564	577.3	1397.8
690.7	38.2	-616.9	278	-224.7	439.4
33.8	-13.2		44	9.5	
1264.7	-19.8	-1439.8	157	879.9	
2192.6	-464.7	-720.9	1449	728.5	283.8
846.4	7		251	-46.8	96
-5.8	-24.5	-0.7	1017	-2025.9	2174.4
-5.8	-24.5	-0.7	1017	-2025.9	2174.4
4067.6	-14060.5	14392.4	571	39798.1	406.5
-4752.4	-344.3	4318.2	12176	-13542.5	16187.9
-4305.7	-472.7	4176.2	11665	-12983	15375.5
-448.5	128.4	142	502	-564.1	812.4
1070.2	-22.6	-1.6	915	160.8	218.8
0.7			29	-82.7	86.9
0.7			29	-82.7	86.9
-55.6	-11.2	-245.6	137	-44.6	180.1
-11.4	-36.7	16.7	125	80.9	5.3
-161.8	-6.9	341.5	946	1175.4	39.7
4192.4	-1942.9	-1508.2	3214	1049.5	946.9
524	-2483.5	1724.4	619	2873.3	23.6
367	506	319.1	2140	241.5	1909.4
543.1	461.6	35.3	1399	-113.7	1107.6
-426.3	-9.3	277	95	43.6	
4315.2	-2626	-1363.6	725	3113.4	
22.2	3.1	0.2	91	6.1	
1124.1	-17849.3	31223.7	1822	2240.1	661.1
2306.8	-177.1	-626.9	4816	529.1	2795.9
2249.9	-183.3	-650.8	3470	-799.5	2731.7
3913.5	-2693.2		408	1133.8	63.1
9297.7	-3588	-753.7	1699	9553.3	
-1929.4	-46.1	-26.5	841	602.5	181.5
119.9	-119.7	91.7	1011	-30.6	546.9
1819.3	-1087.1	-335.1	1861	2535.5	969
1320.4	291.7	-338.2	2308	227.5	1111.9
45.9	-620	590.2	396	-518.4	814.7
31005.7	-14943.9	11596.4	15080	-7416.4	42625.7
24082.8	-7464.9	7703.9	13233	-9436.4	40844
5898.5	-11569.8	17298.1	1115	351.1	999.1
2985.2	1643.6	-4341.5	4563	-3667.7	6309.2

2-39 规模以上集体工业企业

项目	企业单位数	亏损单位数	工业总产值（现价）	工业销售产值	出口交货值	工业增加值	年初存货
煤炭开采和洗选业	2	1	1470.1	1491.8		800.5	273.2
石油和天然气开采业							
#天然原油和天然气开采							
黑色金属矿采选业							
有色金属矿采选业	1		2798.4	1710.4		407.3	375.8
非金属矿采选业							
#采盐							
其他采矿业							
农副食品加工业							
#谷物磨制							
饲料加工							
制糖							
食品制造业	2		1696.9	1705.9		1014.5	322.9
#罐头制造							
饮料制造业							
#酒的制造							
烟草制品业							
纺织业	5	4	18051.9	15297.7		3546.7	3927.6
#棉、化纤纺织及印染精加工	5	4	18051.9	15297.7		3546.7	3927.6
毛纺织和染整精加工							
纺织服装、鞋、帽制造业							
皮革、毛皮、羽毛(绒)及其制品业							
#皮革鞣制加工							
皮革制品制造							
木材加工及木、竹、藤、棕、草制品业							
家具制造业							
造纸及纸制品业	2		3699.7	3484.7		717.4	1943.1
印刷业和记录媒介的复制							
文教体育用品制造业							
石油加工、炼焦及核燃料加工业	2		4707.8	4550.7		-7600.3	1069.1
#炼焦							
化学原料及化学制品制造业	10	2	12345.6	12285.8		3779	2609.1
#基础化学原料制造	4	1	4183.1	3934.8		1572.8	1304.7
肥料制造	1		1326	1515		529.4	641.6
医药制造业							
化学纤维制造业							
橡胶制品业							
塑料制品业	2	1	3007.5	3834.8		-23	1226.3
非金属矿物制品业	4	2	5231.1	5335.5		1431.2	1853.2
#水泥制造	2	1	2451.3	2541.4		13.2	1142.9
黑色金属冶炼及压延加工业	3	1	25400	24600		4155.2	3092.4
有色金属冶炼及压延加工业	4	2	10839	11638.1		1050.8	1330.6
金属制品业	1		3195.4	3195.4		858.2	480
通用设备制造业	5	3	5737	6039.6		1251.4	3817.4
专用设备制造业							
交通运输设备制造业							
电气机械及器材制造业							
通信设备、计算机及其他电子设备制造业							
仪器仪表及文化、办公用机械制造业	1	1	516.1	516.1		183.3	456.4
工艺品及其他制造业							
废弃资源和废旧材料回收加工业	1		1716.3	1717.8		634	54.8
电力、热力的生产和供应业	1	1	820.4	820.4		229.7	
#电力生产和电力供应	1	1	820.4	820.4		229.7	
燃气生产和供应业							
水的生产和供应业							

分行业主要经济指标

计量单位：万元

流动资产合计	短期投资	应收帐款	存货	产成品	流动资产年平均余额	长期投资
577.8		142.9	170.4	13.7	503.8	
867.2	10	23	673.6	673.6	733.6	
713.6		358.2	299.2	204	641.4	
11299.2		5900.9	4561.9	2506.4	21865.8	40.5
11299.2		5900.9	4561.9	2506.4	21865.8	40.5
3073.4	10	132.7	2338.8	1921.7	2905.1	
2046.7		450.7	1105.7	313.9	1974.6	
10115.9		2933.1	2624.2	953.8	10177	1097.7
5873.7		1408.7	1341.3	585.5	5622.9	
1222.8		530.8	248.8	131.4	1501	
3647.7		1192.3	1190.3	781	3551.1	320.6
5364.3		1375.8	2142.5	1493.7	5573.8	286.4
2657.4		220.5	1265.3	896.5	2879.9	126.4
12136.6		1293.9	3999.9	2755.3	10642.9	34.3
12052.4		633.7	2453.4	706	12621.6	2296.9
480.2		26.7	197.6	63.9	563.1	
7538.1		2249.2	3818.4	2472.5	7610.3	132.3
526.4		59.7	420.8		630.7	352.6
597.3		435.8	40.4	21.5	599.9	
730		434.1	96.9		649.5	102
730		434.1	96.9		649.5	102

2-39 续表 1

项目	固定资产合计	固定资产原价	生产经营用	累计折旧	本年折旧	固定资产净值年平均余额
煤炭开采和洗选业	1542	1967.5	1662.6	488.2	78	1405.3
石油和天然气开采业						
#天然原油和天然气开采						
黑色金属矿采选业						
有色金属矿采选业	539.9	865.2	770.7	325.3	75.6	639.8
非金属矿采选业						
#采盐						
其他采矿业						
农副食品加工业						
#谷物磨制						
饲料加工						
制糖						
食品制造业	273.8	532.8	498.8	258.9	52.3	263.8
#罐头制造						
饮料制造业						
#酒的制造						
烟草制品业						
纺织业	14643.8	21950.5	20216.1	7312.9	887.4	15577.1
#棉、化纤纺织及印染精加工	14643.8	21950.5	20216.1	7312.9	887.4	15577.1
毛纺织和染整精加工						
纺织服装、鞋、帽制造业						
皮革、毛皮、羽毛(绒)及其制品业						
#皮革鞣制加工						
皮革制品制造						
木材加工及木、竹、藤、棕、草制品业						
家具制造业						
造纸及纸制品业	645.1	1551.2	1406.9	999	58	477.3
印刷业和记录媒介的复制						
文教体育用品制造业						
石油加工、炼焦及核燃料加工业	360	738.6	738.6	378.6	123.2	415.7
#炼焦						
化学原料及化学制品制造业	3937.9	8023.2	7304.5	4197.4	541.3	3688.6
#基础化学原料制造	2164	3778.8	3340	1722	190.1	1853.2
肥料制造	280.6	949.5	949.5	669	65.9	339
医药制造业						
化学纤维制造业						
橡胶制品业						
塑料制品业	1410.9	2597.5	2407.3	1194.1	21.1	1420.3
非金属矿物制品业	2498.3	4158.4	3984.3	2365	272.3	1782.2
#水泥制造	921.8	1931	1756.9	1349.8	106.6	576.3
黑色金属冶炼及压延加工业	1656.6	4743.7	4613.9	3530.2	289.9	1613.3
有色金属冶炼及压延加工业	6486.6	12812.5	7127.6	7628.6	1009.5	5623.8
金属制品业	105.6	132.4	132.4	26.8	5.2	106.8
通用设备制造业	1340.6	3622.7	3198.5	2317.4	190.9	1346.9
专用设备制造业						
交通运输设备制造业						
电气机械及器材制造业						
通信设备、计算机及其他电子设备制造业						
仪器仪表及文化、办公用机械制造业	2352.8	4518.7	3974.2	2165.9	374.4	2540
工艺品及其他制造业						
废弃资源和废旧材料回收加工业	88	127.3	127.3	39.3	38.7	76.2
电力、热力的生产和供应业	751.4	2228.5	1660.1	1477.2	738.6	751.4
#电力生产和电力供应	751.4	2228.5	1660.1	1477.2	738.6	751.4
燃气生产和供应业						
水的生产和供应业						

计量单位：万元

无形资产	资产总计	流动负债合计	应付帐款	长期负债合计	负债合计
	2119.8	1475.4	69.4	212	1687.4
	1407.1	714.6	400.4		714.6
0.2	987.6	560.8	416.8		560.8
181.6	26415.0	6115	3130.6	8605.3	14720.3
181.6	26415.0	6115	3130.6	8605.3	14720.3
	3718.6	2922	738.9	150	3072
18.9	2675.7	1814.2	1292.3		1814.2
112.8	15264.7	7859.9	2727.9	574.8	8434.7
43.3	8081.2	5289.7	1342.9	574.8	5864.5
	1503.4	40.7			40.7
	5558.8	3503.5	747	2014.5	5518
10.9	8484.9	5106.3	848.4	558.8	5665.1
	3951.6	2798.4	124.8	558.8	3357.2
0.8	13828.3	9421.3	3043.8		9421.3
1.2	20844.7	11608.7	689.7	6237.8	17846.5
	587.9	461.2	405.4		461.2
5.6	9022.8	6922.7	2871.8	164.9	7160.4
8.4	3251.5	2894.3	441.1	43.4	2937.7
	696.5	529.1	18.6		529.1
1.1	1584.5	839.9	172.8		839.9
1.1	1584.5	839.9	172.8		839.9

2-39 续表 2

项　　目	所有者权益合计	实收资本	国家资本	集体资本	法人资本	个人资本	港澳台资本
煤炭开采和洗选业	432.4	563.3		563.3			
石油和天然气开采业							
#天然原油和天然气开采							
黑色金属矿采选业							
有色金属矿采选业	692.5	320		320			
非金属矿采选业							
#采盐							
其他采矿业							
农副食品加工业							
#谷物磨制							
饲料加工							
制糖							
食品制造业	426.8	131.3		106.3	25		
#罐头制造							
饮料制造业							
#酒的制造							
烟草制品业							
纺织业	11694.7	13409.2	28.2	10978.2	1952.8	450	
#棉、化纤纺织及印染精加工	11694.7	13409.2	28.2	10978.2	1952.8	450	
毛纺织和染整精加工							
纺织服装、鞋、帽制造业							
皮革、毛皮、羽毛(绒)及其制品业							
#皮革鞣制加工							
皮革制品制造							
木材加工及木、竹、藤、棕、草制品业							
家具制造业							
造纸及纸制品业	646.6	456		456			
印刷业和记录媒介的复制							
文教体育用品制造业							
石油加工、炼焦及核燃料加工业	861.5	790		790			
#炼焦							
化学原料及化学制品制造业	6830	4009.2		3501	69	439.2	
#基础化学原料制造	2216.7	1236.5		1167.5	69		
肥料制造	1462.7	695.9		695.9			
医药制造业							
化学纤维制造业							
橡胶制品业							
塑料制品业	40.8	1128		1128			
非金属矿物制品业	2819.8	1814.5		1733.9	50	30.6	
#水泥制造	594.4	410.9		330.3	50	30.6	
黑色金属冶炼及压延加工业	4407	2513.4		2513.4			
有色金属冶炼及压延加工业	2998.2	1668.3		1668.3			
金属制品业	126.7	95.9		95.9			
通用设备制造业	1862.4	2112.4		2112.4			
专用设备制造业							
交通运输设备制造业							
电气机械及器材制造业							
通信设备、计算机及其他电子设备制造业							
仪器仪表及文化、办公用机械制造业	313.8	602		391.6	210.4		
工艺品及其他制造业							
废弃资源和废旧材料回收加工业	167.4	106		106			
电力、热力的生产和供应业	744.6	507.1		507.1			
#电力生产和电力供应	744.6	507.1		507.1			
燃气生产和供应业							
水的生产和供应业							

计量单位：万元

外商资本	主营业务收入	主营业务成本	主营业务税金及附加	其他业务收入	其他业务利润	营业费用
	1230	1037.7	11.3			12.5
	1710.4	1414.3	4.4			29.8
	1815.8	1369.6	9.3			247.5
	14757.1	13761.9	103.9	617.7	16.7	455.8
	14757.1	13761.9	103.9	617.7	16.7	455.8
	3274.5	3033.2	4.4			16
	12287.1	11827	48.1	706.8	380.8	469
	12460.9	9773.1	105	1501.7	315.8	780.9
	4036.8	2860.6	17.9	690.8	117.9	567
	1588.1	1225.7	6	432.3	28.5	2.9
	3169.8	3093.4	12.5	15.9	3.1	18.8
	4950.3	4229.9	39.4	188.8	62.7	803.8
	2362.9	2072.6	16	0.3	0.3	800.8
	26835.2	24496.5	89.5			0.9
	11554.6	9970.9	10	84.5	65.7	185.4
	3195.5	3085.7	12.3	2.6	2.6	
	6105.7	5284.4	45.6	834.1	143.1	206.4
	909.6		4.5	243.9	174.8	977.8
	1709.7	1487.9	24.4	2.5	2.3	
	1000.2	776.3	11.1	2.8		14.6
	1000.2	776.3	11.1	2.8		14.6

2-39 续表 3

项 目	管理费用		财产保险费	差旅费	工会经费	办公费	职工教育费
		税 金					
煤炭开采和洗选业	172.5	2.4	5	3.7	4	1.1	7.2
石油和天然气开采业							
#天然原油和天然气开采							
黑色金属矿采选业							
有色金属矿采选业	208.6			2.7		1.3	2
非金属矿采选业							
#采盐							
其他采矿业							
农副食品加工业							
#谷物磨制							
饲料加工							
制糖							
食品制造业	86.6	0.2		6.7		5.3	0.8
#罐头制造							
饮料制造业							
#酒的制造							
烟草制品业							
纺织业	828.1	16.3	2	72.9	1.4	5.9	0.9
#棉、化纤纺织及印染精加工	828.1	16.3	2	72.9	1.4	5.9	0.9
毛纺织和染整精加工							
纺织服装、鞋、帽制造业							
皮革、毛皮、羽毛(绒)及其制品业							
#皮革鞣制加工							
皮革制品制造							
木材加工及木、竹、藤、棕、草制品业							
家具制造业							
造纸及纸制品业	179.1	2.2	4.5	12.8		4.1	2.2
印刷业和记录媒介的复制							
文教体育用品制造业							
石油加工、炼焦及核燃料加工业	188	1	2.3	9.6	0.4	6.9	5.4
#炼焦							
化学原料及化学制品制造业	1316	60.7	14.6	128.5	9.2	89.8	8.4
#基础化学原料制造	397.3	13.9	5.1	38.8	1.4	28.6	2.4
肥料制造	227.9	4.1	2.6	7.4	5.3	1.1	4
医药制造业							
化学纤维制造业							
橡胶制品业							
塑料制品业	323.1	12.5	0.4	10.2	4.2	4.2	4.5
非金属矿物制品业	738.6	3.5	4.2	25.2	16.3	5.9	13
#水泥制造	265.7	0.1	0.6	14.8	6.9	3	2.2
黑色金属冶炼及压延加工业	1299	7.4	5.6	7.7	26.7	14.4	36.4
有色金属冶炼及压延加工业	1903.6	16.9	11.7	61.3	12.2	21.6	10.5
金属制品业	87.4		0.4	2.7	1.4	3.3	1
通用设备制造业	886.5	14	4.4	49.8	12.8	21.5	7.8
专用设备制造业							
交通运输设备制造业							
电气机械及器材制造业							
通信设备、计算机及其他电子设备制造业							
仪器仪表及文化、办公用机械制造业	141	11.2	1	5.5	6.7	0.7	3.6
工艺品及其他制造业							
废弃资源和废旧材料回收加工业	142.2	0.8	0.4	2.3	3	3.9	3.7
电力、热力的生产和供应业	276.8	2	2.1	8.8	4.1	6.1	3
#电力生产和电力供应	276.8	2	2.1	8.8	4.1	6.1	3
燃气生产和供应业							
水的生产和供应业							

计量单位：万元

排污费	财务费用	利息支出	营业利润	投资收益	补贴收入	营业外收入
0.7	2.6	2	-6.6			1.3
	3.8	3.8	191.4			
0.1	-0.8	-0.5	103.8		62.3	
	430.9	430.9	-776.1		184.4	37.3
	430.9	430.9	-776.1		184.4	37.3
0.2	12.6	12.4	6.9			1.2
	2.5	2.5	133.3			
42	50.6	45.8	553.9	690.3	65	1.5
42	66.6	61.8	48.1		17	0.3
	-10.8	-10.8	164.9		20	1
	25.4	25.4	-300.3		201.5	98.6
6.8	73.9	38.4	-100.3		27.1	35.5
	37.3	2.4	-56.8		27.1	6.3
18.9	-21.6	-21.6	970.9			6.2
11.3	482.6	305.4	-932.2	97.7	83.5	47
	-0.1		12.7			
0.4	2.6	2.6	-174.1		74	20
	9.2	9.2	-48.1			0.5
	4	4	53.5			2.5
7	-2.3	0.1	-73.5			6.8
7	-2.3	0.1	-73.5			6.8

2-39 续表 4

项 目	营业外支出	利润总额	应交所得税	广告费	劳动、待业保险费	养老保险和医疗保险费	住房公积金和住房补贴
煤炭开采和洗选业	23.3	-28.6	20.3		0.6	0.5	
石油和天然气开采业							
#天然原油和天然气开采							
黑色金属矿采选业							
有色金属矿采选业	27.8	163.6	24.5		0.2	2.3	
非金属矿采选业							
#采盐							
其他采矿业							
农副食品加工业							
#谷物磨制							
饲料加工							
制糖							
食品制造业	0.7	64.5	56.6	37.2	1.2	19.9	1.1
#罐头制造							
饮料制造业							
#酒的制造							
烟草制品业							
纺织业	5	-559.4			14.5	232.1	
#棉、化纤纺织及印染精加工	5	-559.4			14.5	232.1	
毛纺织和染整精加工							
纺织服装、鞋、帽制造业							
皮革、毛皮、羽毛(绒)及其制品业							
#皮革鞣制加工							
皮革制品制造							
木材加工及木、竹、藤、棕、草制品业							
家具制造业							
造纸及纸制品业	0.2	46.3	14.6		1.7	28.2	0.9
印刷业和记录媒介的复制							
文教体育用品制造业							
石油加工、炼焦及核燃料加工业	17.1	108.8	43.9		0.1	1.9	
#炼焦							
化学原料及化学制品制造业	49.8	1261.2	279.8		14.5	248.3	10.1
#基础化学原料制造	44.3	21.3	24.6		6.8	143.4	1.7
肥料制造		186	62.9		5.4	74.1	8.4
医药制造业							
化学纤维制造业							
橡胶制品业							
塑料制品业	1.1	-1.2	29.2		2.6	61.5	5.5
非金属矿物制品业	5.7	-37.1	50.4		17.7	218.4	21.5
#水泥制造	1.9	-25.3	5.9		4.7	89.2	
黑色金属冶炼及压延加工业	40.3	937.3	327.9		32.4	301.5	33.2
有色金属冶炼及压延加工业	131.1	-838.3	79.3		21.7	139.3	51
金属制品业		12.7	4.2		1.1	10	2.1
通用设备制造业	11.1	93.3	5.9		64.1	125.6	34.2
专用设备制造业							
交通运输设备制造业							
电气机械及器材制造业							
通信设备、计算机及其他电子设备制造业							
仪器仪表及文化、办公用机械制造业	0.6	-48.2			58.1	22.9	31.1
工艺品及其他制造业							
废弃资源和废旧材料回收加工业	17.4	30.9	10.2		53.2	40	7.1
电力、热力的生产和供应业		-66.7		0.3	45.5	8.4	17.2
#电力生产和电力供应		-66.7		0.3	45.5	8.4	17.2
燃气生产和供应业							
水的生产和供应业							

计量单位：万元

本年应付工资总额	主营业务应付	本年应付福利费总额	主营业务应付	本年应交增值税	本年进项税额
446	446	165.8	165.8	55.3	58.3
130.8	107.2	18.3	15	57.7	145.6
62.5	62.5	8.1	8.1	79.6	116
1774.9	1732.4	22.2	17.8	981.6	1557.9
1774.9	1732.4	22.2	17.8	981.6	1557.9
265.5	265.5	37.1	37.1	81.7	471.4
443.3	443.3	62.3	62.3	183.7	1919.9
1587.9	1585.9	228.7	228.7	802.5	1311.9
852	850	141.3	141.3	405.5	381.5
374.7	374.7	36.9	36.9	154.8	151.9
210.3	210.2	29.5	29.5	90.3	416.3
658	658	93.6	93.6	402.7	347.5
258	258	37.5	37.5	171.2	126.4
1613.2	1613.2	225.7	225.7	1112.3	3445.9
844.6	827.3	100.9	99	286	1085.3
126.5	126.5	6.3	6.3	133.9	409.8
768.7	723.9	98.8	92.4	251.7	756.7
336.7	213.8	46.7	26.3	48.4	114.8
149	149	20.9	20.9	192.6	54.2
205.6	205.6	28.8	28.8	125.2	28.4
205.6	205.6	28.8	28.8	125.2	28.4

2-39 续表 5

项目	本年销项税额	工业中间投入合计	直接材料	制造费用中的中间投入	管理费用中的中间投入	营业费用中的中间投入
煤炭开采和洗选业	77.4	724.9	452	158.1	101.7	10.5
石油和天然气开采业						
#天然原油和天然气开采						
黑色金属矿采选业						
有色金属矿采选业	203.3	2448.8	2115.7	320.5	2.3	6.5
非金属矿采选业						
#采盐						
其他采矿业						
农副食品加工业						
#谷物磨制						
饲料加工						
制糖						
食品制造业	309.2	762	535	16.7	34.1	177
#罐头制造						
饮料制造业						
#酒的制造						
烟草制品业						
纺织业	2539.5	15486.8	12887.6	1307.8	436.6	423.9
#棉、化纤纺织及印染精加工	2539.5	15486.8	12887.6	1307.8	436.6	423.9
毛纺织和染整精加工						
纺织服装、鞋、帽制造业						
皮革、毛皮、羽毛(绒)及其制品业						
#皮革鞣制加工						
皮革制品制造						
木材加工及木、竹、藤、棕、草制品业						
家具制造业						
造纸及纸制品业	559.2	3064	2667.4	238	130	16
印刷业和记录媒介的复制						
文教体育用品制造业						
石油加工、炼焦及核燃料加工业	2102.7	12491.8	11718.6	250.5	65.6	454.6
#炼焦						
化学原料及化学制品制造业	2093.8	9369.1	6215.3	1994.4	762.8	346
#基础化学原料制造	781.4	3015.8	1692.8	727.6	312	216.8
肥料制造	306.7	951.4	877.1	45.9	38.3	0.9
医药制造业						
化学纤维制造业						
橡胶制品业						
塑料制品业	263.4	3120.8	2788.7	130.1	169.5	7.1
非金属矿物制品业	777.6	4202.6	1916.5	1270.8	166.2	775.2
#水泥制造	297.6	2609.3	716.9	991.6	91.3	772.2
黑色金属冶炼及压延加工业	4553.5	22357.1	21232.4	684.2	462.1	
有色金属冶炼及压延加工业	1344.3	10074.2	7123.2	848	1441	179.4
金属制品业	543.7	2471.1	2429.5		41.7	
通用设备制造业	1010.9	4737.3	3558.3	710.7	336.5	129.2
专用设备制造业						
交通运输设备制造业						
电气机械及器材制造业						
通信设备、计算机及其他电子设备制造业						
仪器仪表及文化、办公用机械制造业	163.2	381.2	245.4	2.5	54.4	69.7
工艺品及其他制造业						
废弃资源和废旧材料回收加工业	246.7	1274.9	449.2	767.5	54.2	
电力、热力的生产和供应业	153.6	715.9	218	405.8	79.9	14.5
#电力生产和电力供应	153.6	715.9	218	405.8	79.9	14.5
燃气生产和供应业						
水的生产和供应业						

计量单位：万元

经营活动产生的现金流量净额	投资活动产生的现金流量净额	筹资活动产生的现金流量净额	全部从业人员年平均人数(人)	利税总额	亏损企业亏损额
104.9	-136.9		270	38	87.1
40.8	-22.4	-3.8	79	225.7	
-39.6	-51.9		84	153.4	
4469.5	-20352.6	1997.3	1386	526.1	562.8
4469.5	-20352.6	1997.3	1386	526.1	562.8
-79.9			353	132.4	
-145.6	-1		271	340.6	
220.9	-114.8	305	1112	2168.7	37.5
-157.8	7.6		805	444.7	32.7
-476.1		300	165	346.8	
-189.8	22.5	18	214	101.6	56.8
208.8	-138.5	-25.3	658	405	196.2
-30.3	-23.3	-25.3	436	161.9	43.1
3000.8	-220.2	237.3	898	2139.1	56.1
883.3	-56.2	-587.2	499	-542.3	1283.4
-8.1		0.1	89	158.9	
1035.7	-61.6	1.5	586	390.6	71
712.5	-2.4	-868.8	172	4.7	48.2
-69.9	-15	-34.5	112	247.9	
			153	69.6	66.7
			153	69.6	66.7

2-40 规模以上股份有限公司

项目	企业单位数	亏损单位数	工业总产值(现价)	工业销售产值	出口交货值	工业增加值	年初存货
煤炭开采和洗选业							
石油和天然气开采业	4		4399642	4384154		3470249.8	122071.4
#天然原油和天然气开采	4		4399642	4384154		3470249.8	122071.4
黑色金属矿采选业							
有色金属矿采选业							
非金属矿采选业							
#采盐							
其他采矿业							
农副食品加工业	4	1	46072.1	44604.7		7089.8	17484.6
#谷物磨制							
饲料加工	1		22389.2	22645.7		3762.4	3558.9
制糖	3	1	23682.9	21959		3327.4	13925.7
食品制造业	6	5	79122.7	45789.7	38740.7	20968.3	20114.3
#罐头制造	6	5	79122.7	45789.7	38740.7	20968.3	20114.3
饮料制造业	1		43091.8	42429.3		26816.8	19800
#酒的制造	1		43091.8	42429.3		26816.8	19800
烟草制品业							
纺织业	2	2	37305	26922.5	16754	10842.9	40915
#棉、化纤纺织及印染精加工							
毛纺织和染整精加工	1	1	5787.9	5543.8	217.5	1077.9	11669.5
纺织服装、鞋、帽制造业							
皮革、毛皮、羽毛(绒)及其制品业							
#皮革鞣制加工							
皮革制品制造							
木材加工及木、竹、藤、棕、草制品业							
家具制造业							
造纸及纸制品业	3		55198.6	50808.4		27006.2	17687.8
印刷业和记录媒介的复制							
文教体育用品制造业							
石油加工、炼焦及核燃料加工业	5	1	3197098.7	3197453.7		567419.7	267588.2
#炼焦							
化学原料及化学制品制造业	3		140091.3	125470.6		51272.3	21826.5
#基础化学原料制造	1		7452.5	7321.9		2478.6	1395.7
肥料制造							
医药制造业							
化学纤维制造业	1	1	3149	2807		327	702
橡胶制品业	1		43825	42352	632	10053.2	11959.1
塑料制品业	1		112306.6	106060.6	21593.6	32609.1	47127
非金属矿物制品业	2	1	52357.4	51288.1		23819.9	11757.3
#水泥制造	2	1	52357.4	51288.1		23819.9	11757.3
黑色金属冶炼及压延加工业	1		648151.6	649335.3	3630	161994.4	50510
有色金属冶炼及压延加工业	1		34894.2	34787.3		7898.4	4399
金属制品业							
通用设备制造业							
专用设备制造业	1	1	5979.1	5605.4	239.5	-2024.4	10171.4
交通运输设备制造业							
电气机械及器材制造业	1		118545.6	114191.6	1291.5	19637	25559.5
通信设备、计算机及其他电子设备制造业	1		61898.4	59274.5	5149.4	16134	9827.6
仪器仪表及文化、办公用机械制造业							
工艺品及其他制造业							
废弃资源和废旧材料回收加工业							
电力、热力的生产和供应业	3		99526.8	99526.8		61732.4	3169.5
#电力生产和电力供应	3		99526.8	99526.8		61732.4	3169.5
燃气生产和供应业							
水的生产和供应业							

企业分行业主要经济指标

计量单位：万元

流动资产合计	短期投资	应收帐款	存货	产成品	流动资产年平均余额	长期投资
922419.4		23832.7	193563	99084.9	745754.2	15821
922419.4		23832.7	193563	99084.9	745754.2	15821
36017.9		714.9	22985.2	17449.8	27213.7	2578.3
10072.7		385.1	3915.5	645.1	10714.6	2578.3
25945.2		329.8	19069.7	16804.7	16499.1	
56488.3		12551.1	38952.7	37279.5	50359	
56488.3		12551.1	38952.7	37279.5	50359	
39250	170	2780	25000	1980	39080	39000
39250	170	2780	25000	1980	39080	39000
83190.3	1212.8	28212.4	41130.1	22569.4	88308.7	17199.1
38909.3		18013.4	13717.2	10755.5	39266.6	45
70257	30	17390.8	19301.3	13486.3	67137.7	10283.9
685835		14465.3	342339.9	185073.2	640034	10202.3
44063	1000	4546.8	22042.2	19953.9	51479.2	25352.9
4500.6		2246.1	1611.3	411.1	4307.6	
1811		416	938	708	2059	
37420.2	40	9464.2	14335.4	8372.9	40581.4	5
217550.1	1568	23165.6	64546	45997.1	216336.6	8639.6
78746.7	17508	23820.4	17030.2	2115.5	74205.3	104211.1
78746.7	17508	23820.4	17030.2	2115.5	74205.3	104211.1
159094.3	433.2	2928.9	48823.1	10569.6	162168.2	
11320.1		1759	5126.1	1771	10194.7	100
30154.2		12060.9	10313.5	3331.6	31416.8	1319.2
145292.4		41673.4	34068.1	15262.4	126482.9	122078.9
41128.4		15133.3	11891.3	6144.1	39218.8	9396.3
65565		15041.1	3126.6		60094.7	55391.4
65565		15041.1	3126.6		60094.7	55391.4

2-40 续表 1

项　目	固定资产合计	固定资产原价	生产经营用	累计折旧	本年折旧	固定资产净值年平均余额
煤炭开采和洗选业						
石油和天然气开采业	6266406.3	10033690.3	10005603.3	4364239.9	711274.1	5462446.9
#天然原油和天然气开采	6266406.3	10033690.3	10005603.3	4364239.9	711274.1	5462446.9
黑色金属矿采选业						
有色金属矿采选业						
非金属矿采选业						
#采盐						
其他采矿业						
农副食品加工业	33795.2	52835.6	46738.4	23938.8	2846.3	24533.6
#谷物磨制						
饲料加工	10478.8	7759.2	5431.4	1486.3	274.5	4530.8
制糖	23316.4	45076.4	41307	22452.5	2571.8	20002.8
食品制造业	69115.7	96929.6	95887.4	27715.4	5762.1	69923.6
#罐头制造	69115.7	96929.6	95887.4	27715.4	5762.1	69923.6
饮料制造业	24299	37183	23928	12884	1527	26010
#酒的制造	24299	37183	23928	12884	1527	26010
烟草制品业						
纺织业	26574.1	61447.8	53289.5	36301.9	1566.4	24277.4
#棉、化纤纺织及印染精加工						
毛纺织和染整精加工	10135.4	20656.1	20656.1	14142	790	5910.4
纺织服装、鞋、帽制造业						
皮革、毛皮、羽毛(绒)及其制品业						
#皮革鞣制加工						
皮革制品制造						
木材加工及木、竹、藤、棕、草制品业						
家具制造业						
造纸及纸制品业	42680.8	73386.7	62895.9	31804.5	3355.7	41172.4
印刷业和记录媒介的复制						
文教体育用品制造业						
石油加工、炼焦及核燃料加工业	1275861.5	2489064.1	2383635.1	1115582.1	147987.2	1367880
#炼焦						
化学原料及化学制品制造业	85417.7	112544.6	95778.4	27476	6725.6	81191.5
#基础化学原料制造	2811	5587.7	4185.1	2828.6	318.5	2893.6
肥料制造						
医药制造业						
化学纤维制造业	10863	8276	7877	975	468	7583
橡胶制品业	34610.9	32409.8	23134	16150.8	1068.3	16602.1
塑料制品业	153168.4	153730.3	153730.3	41898	10053.8	110555.4
非金属矿物制品业	94606.8	138438	137813.1	61626.5	6610.2	78202.3
#水泥制造	94606.8	138438	137813.1	61626.5	6610.2	78202.3
黑色金属冶炼及压延加工业	298055.2	197785.5	197785.5	66396.2	17907.9	139482
有色金属冶炼及压延加工业	50035	65870.1	65870.1	17659.4	3741.8	49962.6
金属制品业						
通用设备制造业						
专用设备制造业	14214.3	29455.9	29367.6	15245	1440.7	14010.1
交通运输设备制造业						
电气机械及器材制造业	49449.5	65521.8	55408.6	17014.3	3152.9	44557.9
通信设备、计算机及其他电子设备制造业	90324.7	113230.7	113100.3	27455.8	4311	78409.9
仪器仪表及文化、办公用机械制造业						
工艺品及其他制造业						
废弃资源和废旧材料回收加工业						
电力、热力的生产和供应业	177229.7	296604.7	291982.6	143222.8	19303.1	175559.1
#电力生产和电力供应	177229.7	296604.7	291982.6	143222.8	19303.1	175559.1
燃气生产和供应业						
水的生产和供应业						

计量单位：万元

无形资产	资产总计	流动负债		长期负债	负债合计
		合　计	应付帐款	合　计	
10862	7217810.8	1357337.3	573308.6	1648239.1	3005576.4
10862	7217810.8	1357337.3	573308.6	1648239.1	3005576.4
3795.4	76230.3	52159.9	6942.1	5060	57519.9
922.9	24091.2	7630.3	878.2	5060	12690.3
2872.5	52139.1	44529.6	6063.9		44829.6
1146	126873.6	129755.1	23157.5		129755.1
1146	126873.6	129755.1	23157.5		129755.1
190	102739.0	23500	6000		23500
190	102739.0	23500	6000		23500
446.3	127859.6	85135.2	5453.6	702.6	85837.8
	49121.7	43524.8	1435.7	2.6	43527.4
3158.7	129273.1	61900.7	9581.9	8385	70285.8
320	1973664.9	468095.5	88272.9	160082.7	628178.2
2113	164270.6	70448.7	8039.4	1474.8	71923.5
1.9	7315.2	2407.6	307.9		2407.6
846	13520.1	5274.4	744.3	3150	8424.4
4567	76898.5	39677.4	7199.4	10152.7	49830.1
547.9	382911.8	184495.3	35121.6	57100	241634.4
2943.5	280522.8	120450.8	12764.3	42130	162580.8
2943.5	280522.8	120450.8	12764.3	42130	162580.8
1058.6	458208.1	184240.3	69932.4	42340	226580.3
109.4	61564.5	38478.6	10558.3	3000.7	41479.3
10187.6	56057.3	47954	16510.9	5418.2	53372.2
1206.8	318027.6	154463.4	22746.4	25000	179463.4
712	141596.2	58881.4	8898.4	44341.6	103223
2755.8	301058.8	166269.9	19428.2	57592.7	223862.6
2755.8	301058.8	166269.9	19428.2	57592.7	223862.6

2-40 续表 2

项　　目	所有者权益合计	其中:实收资本	国家资本	集体资本	法人资本	个人资本	港澳台资本
煤炭开采和洗选业							
石油和天然气开采业	4212234.4	2441109.4	1196143	24411.2	1074088	24411.2	97644.3
#天然原油和天然气开采	4212234.4	2441109.4	1196143	24411.2	1074088	24411.2	97644.3
黑色金属矿采选业							
有色金属矿采选业							
非金属矿采选业							
#采盐							
其他采矿业							
农副食品加工业	18710.4	9800	8487.2		287.1	1025.7	
#谷物磨制							
饲料加工	11400.9	4800	4252.8			547.2	
制糖	7309.5	5000	4234.4		287.1	478.5	
食品制造业	-2881.5						
#罐头制造	-2881.5						
饮料制造业	79239	44100	26900		2200	15000	
#酒的制造	79239	44100	26900		2200	15000	
烟草制品业							
纺织业	42021.8	47601.6	15388.5		12012.1	11027.7	9173.3
#棉、化纤纺织及印染精加工							
毛纺织和染整精加工	5594.3	11256			11226.3	29.7	
纺织服装、鞋、帽制造业							
皮革、毛皮、羽毛(绒)及其制品业							
#皮革鞣制加工							
皮革制品制造							
木材加工及木、竹、藤、棕、草制品业							
家具制造业							
造纸及纸制品业	58987.3	22872.8	14677.8		8195		
印刷业和记录媒介的复制							
文教体育用品制造业							
石油加工、炼焦及核燃料加工业	1345486.7	435954	435954				
#炼焦							
化学原料及化学制品制造业	92347.1	42227.7	23298.8	572	4642.1	13714.8	
#基础化学原料制造	4907.6	3250	200		2500	550	
肥料制造							
医药制造业							
化学纤维制造业	5095.7	5250	4850		100	300	
橡胶制品业	17064.4	13330			13330		
塑料制品业	141277.4	22680			12960	9720	
非金属矿物制品业	117942	39294.9	11226.2		12642	15426.7	
#水泥制造	117942	39294.9	11226.2		12642	15426.7	
黑色金属冶炼及压延加工业	231627.8	58957.6			40237.6	18720	
有色金属冶炼及压延加工业	20085.2	14625.3			14625.3		
金属制品业							
通用设备制造业							
专用设备制造业	2685.1	7824.8			7393.2	431.6	
交通运输设备制造业							
电气机械及器材制造业	138564.2	29861.5			25949	3912.5	
通信设备、计算机及其他电子设备制造业	38373.2	10339			7414	2925	
仪器仪表及文化、办公用机械制造业							
工艺品及其他制造业							
废弃资源和废旧材料回收加工业							
电力、热力的生产和供应业	77196.2	32032.9	9000		23032.9		
#电力生产和电力供应	77196.2	32032.9	9000		23032.9		
燃气生产和供应业							
水的生产和供应业							

计量单位：万元

外商资本	主营业务收入	主营业务成本	主营业务税金及附加	其他业务收入	其他业务利润	营业费用
24411.2	4220399	1490471.5	85883.4	111795.7	8229.8	14951.1
24411.2	4220399	1490471.5	85883.4	111795.7	8229.8	14951.1
	44118	15185.3	262.4	1452.5	514.2	3010.6
	23183.1	33.9				823.8
	20934.9	15151.4	262.4	1452.5	514.2	2186.8
	45879.8	32673.1	81.1	973.5	21.8	6201.8
	45879.8	32673.1	81.1	973.5	21.8	6201.8
	35000	18000	3600	75	25.3	3000
	35000	18000	3600	75	25.3	3000
	30394.7	25682.3		2058.3	-105	1629.3
	4806.4	4858.4		36.1	-161.5	187.1
	47600	36614.3	340.8	4104.6	265.4	2518.8
	3165620.6	2792567.9	137493.3	28450	15734.5	44182.3
	146280.2	120127.2	683.1	260.5	251.2	3545
	7680.2	6875.4	43.8	103.7	103.7	126.3
	2807	2643	10	60	21	167
	41190.9	34768.7	488.4	24388.5	253.8	2055.9
	284847.1	253259.1	1288.4	36.1	1024.9	7687.2
	53101.9	38942.6	140.6	1663.3	374	3703.3
	53101.9	38942.6	140.6	1663.3	374	3703.3
	653779.2	561181.9	2877.5	13766	2519.6	21378.3
	34206.4	29979.3	154.7	452.9	-22	945.2
	5756.6	4811.4	40	6054.2	225.1	232.4
	126979.6	104741.5	413.6	2739	907.3	9175.7
	56510.6	34972.6	540.5	5186.4	1296.6	1691
	105127.6	76098.5	1017	619.8	394.6	106.3
	105127.6	76098.5	1017	619.8	394.6	106.3

2-40 续表 3

项 目	管理费用		财产保险费	差旅费	工会经费	办公费	职工教育费
		税 金					
煤炭开采和洗选业							
石油和天然气开采业	367333.4	18189	844	5465.7	429.4	1857.2	409.3
#天然原油和天然气开采	367333.4	18189	844	5465.7	429.4	1857.2	409.3
黑色金属矿采选业							
有色金属矿采选业							
非金属矿采选业							
#采盐							
其他采矿业							
农副食品加工业	3648.6	113.4	58.9	139.8	90.6	133.5	33.9
#谷物磨制							
饲料加工	1044.7	32	54.8	90.7	49.9	99.9	3.7
制糖	2603.9	81.4	4.1	49.1	40.7	33.6	30.2
食品制造业	5006.6	120		98.5	29.9	35.5	25.1
#罐头制造	5006.6	120		98.5	29.9	35.5	25.1
饮料制造业	2250	28.9	6.8	46.2	46.6	9.3	48.6
#酒的制造	2250	28.9	6.8	46.2	46.6	9.3	48.6
烟草制品业							
纺织业	5087.1	40.8	18.2	77.3	10.3	34.8	16.5
#棉、化纤纺织及印染精加工							
毛纺织和染整精加工	507.1	2		17.2	4.1	10.3	11.9
纺织服装、鞋、帽制造业							
皮革、毛皮、羽毛(绒)及其制品业							
#皮革鞣制加工							
皮革制品制造							
木材加工及木、竹、藤、棕、草制品业							
家具制造业							
造纸及纸制品业	4102.9	129.5	61.1	132.2	43.7	187.6	45.1
印刷业和记录媒介的复制							
文教体育用品制造业							
石油加工、炼焦及核燃料加工业	83313.8	430.1	4262.4	1908.6	630.6	1139.6	472.4
#炼焦							
化学原料及化学制品制造业	9268.9	237.8	148.8	306.4	150.5	251.3	119.7
#基础化学原料制造	457	10	0.5	20	7.2	3.5	5.3
肥料制造							
医药制造业							
化学纤维制造业	373	0.1	6	19	2	5	1
橡胶制品业	2867.6	75	31.5	61.3	63.6	37.7	15.7
塑料制品业	7106.6	161.6	148.1	150.6	87.3	52.2	74.9
非金属矿物制品业	5987.2	179.6	55.1	203.4	146.2	221.1	107.6
#水泥制造	5987.2	179.6	55.1	203.4	146.2	221.1	107.6
黑色金属冶炼及压延加工业	13708.9	680.6	146.2	507.5	218.5	157.4	273.3
有色金属冶炼及压延加工业	1498.9	43.7	19.7	48.5	24	43.8	18.1
金属制品业							
通用设备制造业							
专用设备制造业	6806.2	27.9	0.7	34.4	18.5	54.5	16.8
交通运输设备制造业							
电气机械及器材制造业	6895.2	174.5	41.5	352.1	60	195.8	
通信设备、计算机及其他电子设备制造业	5669.8	240.2	15.8	84.5	54.6	106	30.7
仪器仪表及文化、办公用机械制造业							
工艺品及其他制造业							
废弃资源和废旧材料回收加工业							
电力、热力的生产和供应业	13779.9	262.7	113.8	336.7	238.8	186.8	178
#电力生产和电力供应	13779.9	262.7	113.8	336.7	238.8	186.8	178
燃气生产和供应业							
水的生产和供应业							

计量单位：万元

排污费	财务费用	利息支出	营业利润	投资收益	补贴收入	营业外收入
2095	19468.9	26616.9	2040554.1	6195.4	2999	2131.7
2095	19468.9	26616.9	2040554.1	6195.4	2999	2131.7
64.1	1811.3	1795.1	1916.8	94.8		13.6
	518.7	503	1965	94.5		3.2
64.1	1292.6	1292.1	-48.2	0.3		10.4
46.8	4957.1	4575.2	-3018.3			9.2
46.8	4957.1	4575.2	-3018.3			9.2
2	-50.8	-50.8	10425.3			
2	-50.8	-50.8	10425.3			
2.5	1477.9	1504.2	1691.4	-7233.9	157.6	1005.8
	40.2	39.1	-947.7		28.4	10.6
126.7	1557.4	1574	2731.2	700.4	35	14.9
1368	4635.7	888.7	117162.1	-44075	3620	6081.7
37.5	1971.4	1970.8	10935.8	-332.9		16.1
37.5	9.4	9.4	272			0.5
2.1	159	159	-524		13	16
5.3	1068	1060.3	196.1	1.7		98.1
28.8	5458.6	10401.1	11083	139.9	410.7	153.2
19	6269.9	6255.9	-1567.7	-11037.8	4602.9	31
19	6269.9	6255.9	-1567.7	-11037.8	4602.9	31
0.1	3088.4	3088.4	54063.7	-151.6		30.2
32.8	1384.7	1384.7	221.6		510.9	45
13.1	233.2	233.2	-5903.8	0.7	245.2	49.4
19.4	5647.3	6029.2	1013.6	8298.6	43.3	96.3
37.4	4810.9	4430.3	9295.3	-150		96.3
27.2	4940	4918.6	7359.3	402.5	925.4	20.8
27.2	4940	4918.6	7359.3	402.5	925.4	20.8

2-40 续表 4

项　目	营业外支出	利润总额	应交所得税	广告费	劳动、待业保险费	养老保险和医疗保险费	住房公积金和住房补贴
煤炭开采和洗选业							
石油和天然气开采业	65634.6	1986246	55394.8	2398.1	18940.4	27934.3	9890.5
#天然原油和天然气开采	65634.6	1986246	55394.8	2398.1	18940.4	27934.3	9890.5
黑色金属矿采选业							
有色金属矿采选业							
非金属矿采选业							
#采盐							
其他采矿业							
农副食品加工业	198.1	1840.2	1.5	28.2	179.8	466.9	64.2
#谷物磨制							
饲料加工	25.1	2037.7		23	7.2	85.8	24
制糖	173	-197.5	1.5	5.2	172.6	381.1	40.2
食品制造业	444.4	-3453.4			41.7	129	46.4
#罐头制造	444.4	-3453.4			41.7	129	46.4
饮料制造业		9913	1390	2072	6.2	668.3	76
#酒的制造		9913	1390	2072	6.2	668.3	76
烟草制品业							
纺织业	804.6	-10462		114.9	330	578.2	216.9
#棉、化纤纺织及印染精加工							
毛纺织和染整精加工	0.6	-909.5		0.2	17.8	9.5	
纺织服装、鞋、帽制造业							
皮革、毛皮、羽毛(绒)及其制品业							
#皮革鞣制加工							
皮革制品制造							
木材加工及木、竹、藤、棕、草制品业							
家具制造业							
造纸及纸制品业	77.6	3403.9	268.4	78	236.8	858.2	258.4
印刷业和记录媒介的复制							
文教体育用品制造业							
石油加工、炼焦及核燃料加工业	74512.5	8276.3		81.5	6557.5	6879.2	2560.8
#炼焦							
化学原料及化学制品制造业	202.3	10416.8	1741.7	180.7	93.1	967.7	139.9
#基础化学原料制造	7.6	265	87.4	0.5	7.3	73.8	12.3
肥料制造							
医药制造业							
化学纤维制造业	31	-526			5	49	6
橡胶制品业	93	202.9	0.9	64.4	52.5	587.4	175.3
塑料制品业	167.5	11619.3	1380.9	55	884.1	1100.5	146.8
非金属矿物制品业	72.8	-8044.4	297.5	103.5	121.9	1606.4	329.5
#水泥制造	72.8	-8044.4	297.5	103.5	121.9	1606.4	329.5
黑色金属冶炼及压延加工业	404.8	53537.5	9832.3	12	909.2	3341.1	420.5
有色金属冶炼及压延加工业	42.2	735.3	289.5	2.5	18.8	226.2	
金属制品业							
通用设备制造业							
专用设备制造业	108.3	-5926.3		3.2	20.5	278.8	44.8
交通运输设备制造业							
电气机械及器材制造业	36.8	9415	254.7	90	25.4	301.4	99.4
通信设备、计算机及其他电子设备制造业	724.7	8569.3	1131.2		106	987.6	375.6
仪器仪表及文化、办公用机械制造业							
工艺品及其他制造业							
废弃资源和废旧材料回收加工业							
电力、热力的生产和供应业	570.1	8137.9	199.5	29	1181.1	2808	829.3
#电力生产和电力供应	570.1	8137.9	199.5	29	1181.1	2808	829.3
燃气生产和供应业							
水的生产和供应业							

计量单位：万元

本年应付工资总额	主营业务应付	本年应付福利费总额	主营业务应付	本年应交增值税	本年进项税额
127509.2	125460.1	17779.7	17493.4	372209.8	447439.5
127509.2	125460.1	17779.7	17493.4	372209.8	447439.5
2437.1	2283.4	351.8	330.3	940.2	3080.1
384.2	230.5	53.8	32.3	104.5	3
2052.9	2052.9	298	298	835.7	3077.1
1667.3	1657.3	229.9	228.3	303.3	6096.5
1667.3	1657.3	229.9	228.3	303.3	6096.5
3950	3950	399	399	3601.5	9429.4
3950	3950	399	399	3601.5	9429.4
3452.4	3452.4	127.1	127.1	150.5	3568.6
1075.8	1075.8	19	19		1037.4
4354.3	4270.7	538.4	532.3	3796.8	4981.9
45872.4	45706.7	6380.3	6357.1	94539.9	511245.5
6827.3	6827.3	956.9	956.9	6592.5	16594.8
541.8	541.8	77	77	477.7	848.2
195	195	27	27	132	400
3493.3	3493.3	460.6	460.6	1686.5	15299.4
5300.3	5300.3	742	742	4081.3	
6256.2	6256.2	875.9	875.9	5336.9	2942.7
6256.2	6256.2	875.9	875.9	5336.9	2942.7
12028.7	12028.7	1884.3	1884.3	28746	85810.9
1243.9	1243.9	174.1	174.1	2065.2	3907.7
1307.5	994.7	191.5	151.8	197.1	604.5
4056.6	4006.6	567.9	560.9	1652.9	18793.1
5588.4	5588.4	925.7	925.7	5414	4803.4
11250.6	11250.6	1575.7	1575.7	11854.5	5385.4
11250.6	11250.6	1575.7	1575.7	11854.5	5385.4

2-40 续表 5

项目	本年销项税额	工业中间投入合计	直接材料	制造费用中的中间投入	管理费用中的中间投入	营业费用中的中间投入
煤炭开采和洗选业						
石油和天然气开采业	668405.1	1301602	274815.6	883006.7	111193.4	13117.4
#天然原油和天然气开采	668405.1	1301602	274815.6	883006.7	111193.4	13117.4
黑色金属矿采选业						
有色金属矿采选业						
非金属矿采选业						
#采盐						
其他采矿业						
农副食品加工业	3494.1	39922.5	33117	1780	1386.6	1827.6
#谷物磨制						
饲料加工	26.3	18731.3	16942.6	607	342	321
制糖	3467.8	21191.2	16174.4	1173	1044.6	1506.6
食品制造业	2000.5	58457.7	42539.9	1512.4	3355.9	6092.4
#罐头制造	2000.5	58457.7	42539.9	1512.4	3355.9	6092.4
饮料制造业	5827.9	19876.5	15994.9	591.4	484.7	2856.3
#酒的制造	5827.9	19876.5	15994.9	591.4	484.7	2856.3
烟草制品业						
纺织业	2355.9	26612.6	17594.9	3289	3119.6	1131.2
#棉、化纤纺织及印染精加工						
毛纺织和染整精加工	351.9	4710	3087.3	1318.1	142.7	121.7
纺织服装、鞋、帽制造业						
皮革、毛皮、羽毛(绒)及其制品业						
#皮革鞣制加工						
皮革制品制造						
木材加工及木、竹、藤、棕、草制品业						
家具制造业						
造纸及纸制品业	7200	31989.2	25543.3	1868.5	1562.8	1457.2
印刷业和记录媒介的复制						
文教体育用品制造业						
石油加工、炼焦及核燃料加工业	605785.4	2724218.9	2536572.2	143658	26211.4	13141.6
#炼焦						
化学原料及化学制品制造业	23187.3	95411.5	33388.6	50280.7	6872.8	2898
#基础化学原料制造	1325.9	5451.6	5029.5	167.4	219	26.3
肥料制造						
医药制造业						
化学纤维制造业	488	2954	2335	194	199	67
橡胶制品业	16929.3	35458.3	30818.4	1243.9	483.4	1844.6
塑料制品业		83778.8	65046.2	3536	2423.6	7314.4
非金属矿物制品业	8173.1	33874.4	16848.1	5733.2	2134.9	2888.3
#水泥制造	8173.1	33874.4	16848.1	5733.2	2134.9	2888.3
黑色金属冶炼及压延加工业	113618.6	514903.2	457378.6	27269.2	6747.5	20419.5
有色金属冶炼及压延加工业	5939.9	29061	25850.6	189	823.9	812.8
金属制品业						
通用设备制造业						
专用设备制造业	801.6	8200.6	5393.7	529.8	1842.6	201.3
交通运输设备制造业						
电气机械及器材制造业	20446	100561.5	85352.8	2267	1800.9	5493.5
通信设备、计算机及其他电子设备制造业	9105.8	51178.4	40739.7	881.2	3257.6	1489
仪器仪表及文化、办公用机械制造业						
工艺品及其他制造业						
废弃资源和废旧材料回收加工业						
电力、热力的生产和供应业	17239.9	49648.9	35284.2	6263.1	3161.3	0.3
#电力生产和电力供应	17239.9	49648.9	35284.2	6263.1	3161.3	0.3
燃气生产和供应业						
水的生产和供应业						

计量单位：万元

经营活动产生的现金流量净额	投资活动产生的现金流量净额	筹资活动产生的现金流量净额	全部从业人员年平均人数(人)	利税总额	亏损企业亏损额
3092766	-1778959.5	-1101363.2	32426	2444338.9	
3092766	-1778959.5	-1101363.2	32426	2444338.9	
-10360.4	-343.1	3907.4	2258	3042.8	757.2
1680.5		1181.3	345	2142.2	
-12040.9	-343.1	2726.1	1913	900.6	757.2
12598.3	-1291.6	-1855.5	1079	-3069	4363
12598.3	-1291.6	-1855.5	1079	-3069	4363
8290	2560		1572	17114.5	
8290	2560		1572	17114.5	
6382.3	4028.5	-8419.6	2904	-10311.5	10462
-83.7	-13.3	145.6	1143	-909.5	909.5
4274.7	-13917.7	5423	3963	7541.5	
166557.4	-102316.4	-83968.9	13825	240309.5	84008
193076	-2472.2	8107.2	3035	17692.4	
375	-73.4	-32.7	384	786.5	
-153	-2174	2241	147	-384	526
172.6	-5309.9	439	2382	2377.8	
34476.8	-46458.8	-6012.4	4120	16989	
10067.1	-23046	-5339.1	3979	-2566.9	13513.4
10067.1	-23046	-5339.1	3979	-2566.9	13513.4
9907.1	-77160	61004.4	4273	85161	
5606.5	-891.5	-4081.6	1326	2955.2	
817.8	-834.2	-162.1	848	-5689.2	5926.3
-17004.9	-28018.3	53455.5	1600	11481.5	
12836.8	-6398.3		2317	14523.8	
14751.2	-26274	41169.9	4332	21009.4	
14751.2	-26274	41169.9	4332	21009.4	

2-41 规模以上有限责任公司

项 目	企 业 单位数	亏 损 单位数	工业总产值 (现价)	工 业 销售产值	出 口 交货值	工 业 增加值	年初存货
煤炭开采和洗选业	29	9	185488.7	180961.5		112418.1	18835
石油和天然气开采业	7	1	37388	37133.9		14074.5	445.6
#天然原油和天然气开采	1		7263.1	7009		4266.2	132.6
黑色金属矿采选业	8	1	69507.6	68991.4		15212.1	9434.4
有色金属矿采选业	3	1	10688.3	9305.4		4242.1	788.4
非金属矿采选业	8	1	18512.4	16773.1	3635.8	8585.1	5667.9
#采盐	2		4661.1	3944.9		2503.7	804.5
其他采矿业							
农副食品加工业	89	24	388642.4	362584.3	458.5	78773.6	130818.8
#谷物磨制	17	3	91390.8	88214.2		14690.4	9139.4
饲料加工	19	3	88789.1	89404.7		15269	11154.6
制糖	10	4	78830.5	68169.5	458.5	26250.9	40575
食品制造业	40	13	212105.5	167145.6	64844.8	56953	46278.6
#罐头制造	15	6	133957.9	93155.3	61052.3	36174.7	30707
饮料制造业	19	8	92677.9	81172.3	2471.8	33402.1	60178.4
#酒的制造	14	7	81860.5	70831.7	60.5	29763.7	55482.1
烟草制品业							
纺织业	40	21	345485.8	325248.5	7918.3	65300.6	116092.4
#棉、化纤纺织及印染精加工	30	19	284736.7	266971.2	3778.6	48280.3	87907.6
毛纺织和染整精加工	2	1	4208.1	5139.7	245.2	53.9	5994.6
纺织服装、鞋、帽制造业	1	1	782.7	785.4		198	164.4
皮革、毛皮、羽毛(绒)及其制品业	2		8416.5	7500.5		1141	225.7
#皮革鞣制加工	1		7974.9	6890.6		877.7	103.7
皮革制品制造	1		441.6	609.9		263.3	122
木材加工及木、竹、藤、棕、草制品业	2		3943	4026.4		1020.5	642.3
家具制造业							
造纸及纸制品业	13	5	21068.8	20299.2		5629.4	7156.2
印刷业和记录媒介的复制	5	1	11414.2	11414.2		3035.1	2161.7
文教体育用品制造业							
石油加工、炼焦及核燃料加工业	14	5	189122.7	180255.3		47399.1	14389.1
#炼焦	3		18699.8	19093.2		7636.6	340.4
化学原料及化学制品制造业	44	9	298210	297807.2	14309.5	94403.2	39857
#基础化学原料制造	9	3	135781.1	136461.7	2744.6	49219.2	11474.1
肥料制造	10	3	63823	61459.1		20754.9	11227.8
医药制造业	9	2	21744	21851.1	1286.2	9116.6	5759
化学纤维制造业	3		38938.4	32854.8		11407.4	6067.7
橡胶制品业	1		452.4	316.8		142.9	86.4
塑料制品业	24	5	59768	58451.7	1337.3	13322.6	14407.4
非金属矿物制品业	59	17	253137	249804.1		79762.1	38865.1
#水泥制造	33	12	173482.2	172675.8		58666.2	31431
黑色金属冶炼及压延加工业	14	7	391320.6	392878	570.4	167314.6	48324.6
有色金属冶炼及压延加工业	6	1	46304.1	47979.5	2243.5	4964.4	12218.6
金属制品业	22	5	51474.3	44029.6		14937.4	9982.3
通用设备制造业	13	2	44844.6	43585.5	484.7	14676.3	14017.1
专用设备制造业	6	2	11268.2	10132.9		3402.8	3787.1
交通运输设备制造业	6	3	68776.7	65689.8		8979.5	16873.7
电气机械及器材制造业	20	6	82482.4	82316.7		24407.9	16205.8
通信设备、计算机及其他电子设备制造业							
仪器仪表及文化、办公用机械制造业	1		893	893		309.2	47
工艺品及其他制造业							
废弃资源和废旧材料回收加工业							
电力、热力的生产和供应业	56	32	446742.9	447519.7		208449.7	12850.1
#电力生产和电力供应	32	21	393317.7	393703.4		191322.1	9864.5
燃气生产和供应业	4	2	5039.4	5540.8		1947	333.8
水的生产和供应业	3	2	4539.1	4497.4		2603.2	157.6

企业分行业主要经济指标

计量单位：万元

流动资产		应收帐款	存 货		流动资产	长期投资
合 计	短期投资			产成品	年平均余额	
170062.3	1784.2	49348.3	24062	14178.5	166419.1	17330.5
22530.2	601.5	6683.7	1286.3	417.5	19356.4	4103
2348.1			420.1	409.5	2283.6	454.2
68114.3	165	22512.6	12791	2274.2	58636.4	13102.7
5937.9		146.7	979.7	319.1	4605.9	
18501.9		5007.9	6928.9	3921.2	18723	3005.3
1581.2		287.5	965.2	345.5	1597	568.5
228333.5	381.3	30680	126063.5	68515.9	217462	54250.8
43042.5	100	10787.9	13307.3	3324.9	40549.5	3873.8
24462	112	4026.9	13832	1901.3	24456.2	921.1
64045.4		2760.2	51102.3	41229.8	57231.2	
172021.6	8.6	42612.7	79627.5	64763.8	157814.9	15004.3
132764.8	8.6	35977.5	57777.4	52584.8	118027.4	11944.3
148408.8	2011.5	17600.5	74643.8	15333.2	151324.5	42317.5
139723.9	2011.5	15210.9	70162.1	11446.8	142451.8	39618.7
217354.6	2138.6	24713.8	135554.9	71334.2	234116.9	25222.8
156997.1	2138.6	19900.8	96925	51235.1	172499	24659.8
22641.6		1483.3	16098.3	13737.9	22526.6	180.6
368		7.4	178.7	94.7	359.2	
6695.5		4562.9	1688.5	1153.8	6655.4	
6191.8		4348.8	1504.1	993.9	6191.8	
503.7		214.1	184.4	159.9	463.6	
2279.8		579.6	1445.1	1054.8	1777.9	
15440	407.1	2111.8	8894.8	4758.1	14787.9	229
5722.4		1477.4	2547.4	871.9	5551.3	827
95558.4	12857.7	24035.7	35954	17651.2	81531.2	10330.7
8934.8		582.7	1325.9	230.5	8732.9	3857
221704.6	10702.9	31088.9	55182	19491.5	195022	26531.1
60460.4	17.3	11274.7	12612.7	5436.5	53103.4	18807.6
68588.4	5	7515.9	18532.2	7496.1	52177	1384
19398		6812.9	5598.2	3006.9	19781.9	1772.9
19877.6		2043.4	13034.6	4299.2	15687.6	495
495.7		43	110.7	62.6	495.7	
64937.8	111.4	13930.6	21252.2	12786.7	62316.3	7200.4
225898.3	1568.9	75533.4	46130.9	13855.8	226516.5	17278.4
161204	808.7	51029.1	35707.4	7570.6	167084.1	13445.6
141859	5	7361.7	56655	8911.4	122167	3478
28785.7	40	5412.3	10400.9	2584	27574.4	3529.6
41706.3		13431.4	15220.8	9296.4	38390.3	4352.9
48094.2	1892.8	17209.7	14462.3	6871.3	44238.6	8250.4
9493.5		2830.2	4983.1	3223.8	8727.5	
46419		6554.8	18554.2	11117.4	47286.3	720.9
82171.4	4979.5	18974.1	21545.1	9894.6	75396.4	1223.2
746.8		285.8	33.4		581.1	
250675.8	685.9	33903.6	14667	2303.6	302959.3	14303
193886.5	596	23164.8	12015.4	2303.6	249320.9	10452.6
5882.4	2	45.6	188.8	48.5	4762.3	253.5
5860.2		134.1	133.3		6607	327.4

2-41 续表 1

项 目	固定资产合 计	固定资产原 价	生产经营用	累计折旧	本年折旧	固定资产净值年平均余额
煤炭开采和洗选业	259618.5	364054.2	277678.8	130250.8	14591.5	224373.3
石油和天然气开采业	13096.7	19219.3	17319	6233.8	1071.1	12600.9
#天然原油和天然气开采	1880.9	4417.8	2580.8	2536.9	163	2086.3
黑色金属矿采选业	33660.2	52765.9	34041.7	19385.2	3151.6	33254.8
有色金属矿采选业	8529	9342	8840.9	948.2	670.6	8390.7
非金属矿采选业	11570.4	13992.7	12311.2	3192.1	716	10848.6
#采盐	1784.6	2152.8	1652.6	592.9	57.4	1364.7
其他采矿业						
农副食品加工业	136137.1	199086.8	165979	69438.1	12576	125707.9
#谷物磨制	23221.4	42407.5	37034.7	18757.8	2395.7	22907.4
饲料加工	18310.6	22094.4	15082.4	5294.5	1327.8	17539.4
制糖	42519.2	73382.2	63062.8	31519.1	4621.5	41980.3
食品制造业	213377.1	252539.3	233307.9	45503.5	12957.7	191148.3
#罐头制造	152016.4	182386.7	179400.7	30883.2	9608.9	141055.6
饮料制造业	107850.1	140824.5	137526.8	33924.9	7969	96569.7
#酒的制造	95527.5	126054.3	123233.7	31898.1	7118.3	85537.4
烟草制品业						
纺织业	237437.7	315454	299614.6	84805.6	15961.8	207831
#棉、化纤纺织及印染精加工	186094.1	249261.5	237478.8	68479.9	13721.8	164795.9
毛纺织和染整精加工	24783.5	28833.7	26963.9	4204.5	381	19934.2
纺织服装、鞋、帽制造业	381.9	569.9	569.9	188	16.9	309.7
皮革、毛皮、羽毛(绒)及其制品业	5147	5184.5	1437.1	391.5	270.6	4803.3
#皮革鞣制加工	4725	4873.5	1265	253.5	250.1	4620.1
皮革制品制造	422	311	172.1	138	20.5	183.2
木材加工及木、竹、藤、棕、草制品业	3435.5	3789.5	3657.9	354	256.6	3493.8
家具制造业						
造纸及纸制品业	34675.8	38207.9	36259.4	6667.6	916.7	29667.6
印刷业和记录媒介的复制	5079.1	8696.2	8306.2	3572.8	819.1	5415.5
文教体育用品制造业						
石油加工、炼焦及核燃料加工业	188098.8	204745.5	198266.2	22028.7	4802.5	144795.4
#炼焦	29000.8	28752.3	27858.1	1370.7	602.2	24071.1
化学原料及化学制品制造业	214234.2	288311.2	265959.4	84135.4	18285.3	198970.2
#基础化学原料制造	89213.1	111415.6	105077.1	24313.8	7377.4	80271.8
肥料制造	63937.3	92613.3	89163.7	33342.8	5262.6	59969.3
医药制造业	13542.7	14123.9	10241.5	3142.5	729.8	13052.1
化学纤维制造业	24692.9	20363	18692	2170.1	1996.8	18259.8
橡胶制品业	228.2	495.6	267.4	267.4	36.7	228.2
塑料制品业	45861.8	48418.9	38248.8	11647.9	2562.9	34606.5
非金属矿物制品业	312881.2	426014.9	392831.4	130449.5	21373.7	295169.1
#水泥制造	261586.5	357889.1	327313	112047.8	16882.3	244674.4
黑色金属冶炼及压延加工业	222740.2	341887.3	338603.3	121514.9	24924.2	194933.1
有色金属冶炼及压延加工业	10983.5	13905.6	13855.7	3437.1	765.3	10261.2
金属制品业	19240.2	24762.7	22515.4	5861.7	1263.7	18219.5
通用设备制造业	24271.4	38895	28162.6	15030.8	2069.2	25097.2
专用设备制造业	7027.4	7778	5779.7	2209.8	377.6	6206.5
交通运输设备制造业	13781.5	28078.9	25156.3	13633.5	1330.1	14555.7
电气机械及器材制造业	27692.6	36628.2	31682.4	11487.2	1851.1	26190.9
通信设备、计算机及其他电子设备制造业						
仪器仪表及文化、办公用机械制造业	513.8	625	510.8	111.2	35.8	474.6
工艺品及其他制造业						
废弃资源和废旧材料回收加工业						
电力、热力的生产和供应业	1392935.9	1975807.2	1772207.1	568044.6	138708.3	1399297
#电力生产和电力供应	1188671	1741764.2	1573475.1	512926.8	126001.5	1224820.1
燃气生产和供应业	30946	31692.1	21080.2	3011.9	1540.7	28863.9
水的生产和供应业	20196.2	24983.8	24550.5	5091	1250.3	20386.1

计量单位：万元

无形资产	资产总计	流动负债		长期负债	负债合计
		合　计	应付帐款	合　计	
74196.1	525922.0	196177.7	38035.9	45625.8	241813.8
214.5	40163.8	19673.3	4990.7		19673.3
	4763.9	1642.9	87		1642.9
661.8	119776.5	58963.8	12190.1	11080.1	70043.9
5.4	14472.3	8286.7	2519.9	988.2	9274.9
1136	34621.8	18831.9	3777.7	403.9	19235.8
1.5	3981.6	2066.1	274.5	284.6	2350.7
22754.4	457680.3	227957.9	48716.6	22193.9	250615.8
1758.2	72409.8	34984.8	9712.8	5130	40114.9
3036.1	47209.0	18297.1	5801.2	1239.5	19536.6
6305.6	113654.9	74144.8	16126.7	11547.7	85696.1
11457.7	415096.4	262002	70905.2	46343.2	308576
3276.4	301842.5	198370.4	52203.4	35876.5	234249.4
4960.4	304086.1	154703.4	23267.6	63494.4	218197.9
4255.2	279674.3	144833.4	21371.4	63494.4	208327.9
14433.8	496395.1	241851	86890.1	110666.5	352519.4
10792.7	379834.2	189015.7	82571	83558.2	272575.8
	47673.5	21112.2	2702.8	23950.2	45062.4
	877.3	188.7	32.1		188.7
54.4	12035.9	9654.5	1930.2		9654.5
18.3	11074.1	8995.8	1690		8995.8
36.1	961.8	658.7	240.2		658.7
287.7	6141.9	1765.3	157.9		1765.3
654.8	51651.9	23314.1	10366.8	13010.4	36342.5
390.9	12095.1	4433.9	1717.2	91.9	4525.9
5497.1	316249.1	98048.4	35774.3	59394	223115
	41815.9	22002.4	8473.9		22002.4
32922.1	497375.8	190001.7	54158.5	69513.9	259515.7
802.6	169866.8	71203.5	23930.4	43972.8	115176.3
18519.5	153158.8	39058.2	9749.9	10419.4	49477.7
1775.5	37978.2	24071.6	2907.6	1466.3	25537.9
2177	47242.5	28089.4	12107.8	2031.6	30121
354.3	1078.2	306.1	11.7		306.1
12762.7	132379.8	65665	13195.2	17087.1	82752.1
7318	567861.3	300759.7	61307.1	68021.6	368781.3
3052.7	441936.4	240491	42219.8	64052.6	304543.6
2045.5	370490.1	124094.6	13147.5	2685.8	126780.4
4962.8	48631.2	30342	4957.4	613.4	30955.4
3093.8	69776.1	37715.4	10394.6	1529	39244.4
220.6	81661.6	46605.5	15006.1	2867.3	49472.8
	16603.5	11117.4	2645.9	445.5	11612.9
12229.7	73151.2	55801.3	25612.1	158	55959.3
6774.9	118082.7	56359.4	13905.5	13444.3	69818.2
	1260.7	653.8	149.5		653.8
9014.9	1774865.2	1167376.9	218923.6	245450.8	1412851.6
2240.2	1503054.1	1038478	193794.5	185186.7	1223665
507.8	37670.6	13836.7	5176.5	14017.3	27854.1
676	27281.2	5462.5	500.9	5843.1	11305.6

2-41 续表 2

项　目	所有者权益合计	其中:实收资本	国家资本	集体资本	法人资本	个人资本	港澳台资本
煤炭开采和洗选业	284108.2	230203.1	177533.1		43750.9	8919.1	
石油和天然气开采业	20490.5	12992.1	1123.1	899.5	2512.6	8456.9	
#天然原油和天然气开采	3121	1520.2	789.5	44.3	60	626.4	
黑色金属矿采选业	49732.6	28214.7	10706.9		16498.8	1009	
有色金属矿采选业	5197.4	3800	600		3200		
非金属矿采选业	15386	9912.4	6153.1	502.5	2216	1040.8	
#采盐	1630.9	472	216.8		110.3	144.9	
其他采矿业							
农副食品加工业	207064.5	111512	31415.1	14641.4	50225.5	15230	
#谷物磨制	32294.9	22026.7	6939.8	437.3	12993.9	1655.7	
饲料加工	27672.4	17472.6	2136	3483	9703	2150.6	
制糖	27958.8	24850.5	17601.3	5760	190	1299.2	
食品制造业	104239.2	87716.1	10839.6	1167	69935.6	5773.9	
#罐头制造	65311.9	53159.5	170		51166.8	1822.7	
饮料制造业	85888.2	66957.6	9567.8	2826	49351.7	5212.1	
#酒的制造	71346.4	56350.4	9465.3	2826	38945.5	5113.6	
烟草制品业							
纺织业	143875.7	133781.2	35847.2	330	91548.2	6055.8	
#棉、化纤纺织及印染精加工	107258.4	104159.1	28549.3	280	69847.4	5482.4	
毛纺织和染整精加工	2611.1	9214.8	6300.6		2780.8	133.4	
纺织服装、鞋、帽制造业	688.6	685.2	104.6		580.6		
皮革、毛皮、羽毛(绒)及其制品业	2381.4	2303.9		243.8	1812	248.1	
#皮革鞣制加工	2078.3	2000			1800	200	
皮革制品制造	303.1	303.9		243.8	12	48.1	
木材加工及木、竹、藤、棕、草制品业	4376.6	4000			4000		
家具制造业							
造纸及纸制品业	15309.4	12798.6	1200		9681	1917.6	
印刷业和记录媒介的复制	7569.2	5054.1		376.9	4144	533.2	
文教体育用品制造业							
石油加工、炼焦及核燃料加工业	93134.1	67720.2	26968.9	4402.9	32766.4	3582	
#炼焦	19813.5	17425			17125	300	
化学原料及化学制品制造业	237860.1	176052.5	124594.1	2185.6	38053.1	11219.7	
#基础化学原料制造	54690.5	38306	26391.5		10840.1	1074.4	
肥料制造	103681.1	94472	83816.2	1335.1	5410.1	3910.6	
医药制造业	12440.3	15119.2	4250	80	6757.3	4031.9	
化学纤维制造业	17121.5	13165			12443.9	721.1	
橡胶制品业	772.1	422.1			340.6	81.5	
塑料制品业	49627.7	38011.6	9150.2	202.1	23839.1	4820.2	
非金属矿物制品业	199080	147246.7	27012.2	3016.7	107604.8	9199	
#水泥制造	137392.8	111760.9	15669.8	2914.7	87229.9	5532.5	
黑色金属冶炼及压延加工业	243709.7	240505.9	222439.1	1308.4	12357.2	4401.2	
有色金属冶炼及压延加工业	17675.8	12259.8		94	8210.5	3955.3	
金属制品业	30531.7	23910.7	1321.9	5868.3	14259.7	2460.8	
通用设备制造业	32188.8	21664.4		1169.1	13203.8	7291.5	
专用设备制造业	4990.6	3713.2	184		2502.6	1026.6	
交通运输设备制造业	17191.9	19391	3348.7		15797.3	245	
电气机械及器材制造业	48264.5	31653.1	1700	1400	20674.8	7878.3	
通信设备、计算机及其他电子设备制造业							
仪器仪表及文化、办公用机械制造业	606.9	261		102.4		158.6	
工艺品及其他制造业							
废弃资源和废旧材料回收加工业							
电力、热力的生产和供应业	362013.6	285155.9	173951.1	2138	92255.2	16811.6	
#电力生产和电力供应	279389.1	213703.3	138932.1		67316.4	7454.8	
燃气生产和供应业	9816.5	10390.8	482.2		6542.6	3366	
水的生产和供应业	15975.6	12236	140	60	12036		

计量单位：万元

外商资本	主营业务收入	主营业务成本	主营业务税金及附加	其他业务收入	其他业务利润	营业费用
	177283.5	117000.9	1872.9	32216.4	3533.8	5787.1
	37148.3	25648.8	820.4	2737.7	-427.9	280.7
	7009	4368.6	199.1	7	6.4	
	71290.4	51244.7	1423.4	2202.5	427.5	4804.4
	9305.4	6299.5	52.8	286.3	154	163.2
	14581.3	6702.2	398.9	95.5	63.1	3248.1
	3966.9	1574.2	318.7			261.5
	391810.4	350257.4	3002.9	17993.5	2027.9	14060.9
	89821.9	82811.6	74.1	2149.2	194.9	2268.9
	90182	81319.8	2236	483.1	87	1924
	68185.5	52440.2	619.2	3367.6	1209.6	4796.4
	164585.4	117920.9	570.5	906.5	207.6	18280.7
	96511.6	65330.7	203.9	247.2	79.6	11633.4
	70428.3	45508.4	6229.3	3354.7	2058.6	8767
	60299.3	39527.2	6201.7	2415.6	1310.1	6880.7
	328818.5	309578.5	1123.9	9402.1	2737.6	12368.1
	270201	263913	883.5	6417.3	2261.3	10445.9
	5218.9	4836.6	23.6	230.3	42.1	285.8
	919	881.2	3.1	22.3		
	7323.4	6776.9	14.3	27.5	16.6	133.8
	6713.5	6337.6	9.7	21.7	10.8	104.1
	609.9	439.3	4.6	5.8	5.8	29.7
	3917.7	3271.2	9.7	2.2	2.2	264.1
	20255.9	17396.1	96.9	896.2	29.7	1141.9
	10981.4	9124.2	27.7	107.4	107.4	200.8
	196927.2	159635.7	2879.1	6873	2018.1	6671.9
	19093.2	12608.4	36.8	410.2	162.8	39.5
	305185.5	229420.1	2596.8	12802.4	654	12067
	137445.3	95798.4	1264.3	786.9	354.1	5836.9
	62595.3	47473.8	327.7	866.8	-213.3	2397.7
	20909.3	11099.3	186.4	60.7	41.3	4768.1
	29326.4	23031.8	58.7	807.2	315.5	1686.4
	627.4	365.1	7.3	2.4	2.4	35.3
	61153	51103	158.8	3310.2	404.4	2775.6
414	244468.9	193468	856.6	1267.6	542.7	17602
414	166375.2	129494.5	608.6	898.9	415.8	15116.7
	395920.8	283673.5	437.6	53787.8	2960.7	1802.7
	48406.4	44897.1	144.5	160	112.3	937.5
	49072.3	40969.5	351.3	1782.1	617.3	2297.7
	43829.3	36369.5	338.3	3700.9	937.6	1760.4
	9870.6	8081.5	86.3	4676.5	266.7	167.3
	66612.9	61087.4	178	8101	488.1	2634.4
	81805	64348.8	458.9	624.1	255.3	2338.7
	1129	773.9		60.3	13.1	
	447670.2	412150.8	4452.7	9354.5	2474.8	2399
	392094.1	369040	4132.3	7699.3	2077.2	1301.1
	5115.2	3090.5	26.3	558.6	543.4	1578
	4420.2	3024.5	26.5	51.2	18.1	449.9

2-41 续表 3

项 目	管理费用	税 金	财产保险费	差旅费	工会经费	办公费	职工教育费
煤炭开采和洗选业	33669.7	543.6	262.5	999.1	909.5	830.6	646.4
石油和天然气开采业	3931.3	78.2	72.1	188.7	67.6	80.9	50.8
#天然原油和天然气开采	931	16.7	15.8	8	32.6	14.3	24.4
黑色金属矿采选业	6471.2	114.2	21.2	129	95.3	108.1	114.5
有色金属矿采选业	706.9	31.9	1.2	39.7	16.2	67.4	8.5
非金属矿采选业	2407.6	862.8	30.2	124.4	22.9	57.3	16.1
#采盐	1386.4	838.2	8.5	55.8	10.4	30.4	3.8
其他采矿业							
农副食品加工业	16832.4	651.8	277.6	726.8	224.4	456.1	172.9
#谷物磨制	2284.4	130.9	50.2	119	32.1	103.5	22.7
饲料加工	2328.6	47.4	59.3	119.7	15.2	135	13.9
制糖	6198.3	282.5	101.8	163.2	106.9	74.5	83.7
食品制造业	10332	205.2	139.9	650.4	105.2	376.3	87.3
#罐头制造	5025.4	67.8	72.2	337.4	42.7	94.6	41.4
饮料制造业	10365.6	295.9	128.5	283.8	65.4	329.4	67
#酒的制造	9044.3	283.9	125	229.7	58	287.6	52
烟草制品业							
纺织业	18286.6	437.5	266.8	461.8	376.6	360.5	304.7
#棉、化纤纺织及印染精加工	11919.3	358.8	180	288.3	264.4	173.7	213.5
毛纺织和染整精加工	1946.1	33.7	23.3	53	28.8	79.4	14.2
纺织服装、鞋、帽制造业	40.8	0.2	2.1	2.7	4.1	3	0.2
皮革、毛皮、羽毛(绒)及其制品业	306	1.5	14.3	39.2	7.3	13.3	3.2
#皮革鞣制加工	176.2		13.4	36.5	4.3	12.8	3.2
皮革制品制造	129.8	1.5	0.9	2.7	3	0.5	
木材加工及木、竹、藤、棕、草制品业	80.9	1.4	1.6	8.5	2.9	6	1
家具制造业							
造纸及纸制品业	1514.3	16.2	27.6	94.1	31.2	40.4	21.1
印刷业和记录媒介的复制	793	13.4	10.7	38.9	8.8	32.8	8.7
文教体育用品制造业							
石油加工、炼焦及核燃料加工业	9581.5	132.9	165.8	621.2	86.8	374.5	68.3
#炼焦	635.4	104.4	52	40.6	10.8	32.8	8
化学原料及化学制品制造业	30147.9	584.3	348.6	1340.8	384.9	917.5	285.2
#基础化学原料制造	15320.9	220.4	120.1	412.5	175.7	409.6	101.9
肥料制造	6757.9	136.3	64.9	166.4	69.1	119.2	64.4
医药制造业	2989.6	143.3	7.5	88.5	15	128.4	13.2
化学纤维制造业	1148.1	17.1	112.5	74	9.1	45	17.3
橡胶制品业	209.7	4.6	1.4	5.9	4.2	11.7	3.1
塑料制品业	4372.9	55	25.5	164.1	44.8	184.4	16.2
非金属矿物制品业	24292	647	198.3	629.7	351.9	780.2	268.9
#水泥制造	18291.3	535.4	138.4	400	258	436.7	188.1
黑色金属冶炼及压延加工业	7845.6	224	26	194.6	130.5	162.3	109.9
有色金属冶炼及压延加工业	1124.6	29.1	14.5	90.9	9.6	85.7	13.2
金属制品业	4448.8	135.2	18.9	205.5	147.2	202.9	48.9
通用设备制造业	5086	157.7	171	412.7	89.6	188.1	62.6
专用设备制造业	1295.3	35.1	5.9	50.2	22	27	16.5
交通运输设备制造业	5897.4	159.1	9.3	84.6	64.9	80.1	71.7
电气机械及器材制造业	6245.7	235.8	33.4	346.2	74	227	48.8
通信设备、计算机及其他电子设备制造业							
仪器仪表及文化、办公用机械制造业	268.9	2.6	3.1	18.1	0.5	16.3	4.3
工艺品及其他制造业							
废弃资源和废旧材料回收加工业							
电力、热力的生产和供应业	51554.3	2345.4	1443.6	1508	808.1	3039.8	748.9
#电力生产和电力供应	45263.6	1897.1	1397.3	1340.1	753.6	2850.3	697.2
燃气生产和供应业	474.3	16	5.2	13	4.4	7.6	1.8
水的生产和供应业	688	48.3	11.3	15.6	3.7	15.5	2.7

计量单位：万元

排污费	财务费用		营业利润	投资收益	补贴收入	营业外收入
		利息支出				
148.9	2735.2	3134	14578.7	-3723.4	4976.9	4032.5
30.5	153	153	5886.2	-129.6	93.5	56.6
30.5	-8.7	-8.7	1525.4			3.1
64.8	814.7	717.5	6959.5	696.8	60.4	164.5
13	129.5	169	1760.4	0.9	1	3.2
9.9	551.1	556.2	1378.2	-88.1	176.1	50
0.7	29.3	29.2	437.9			2.4
332.5	5707.7	5508.5	4384.3	289.1	4923.2	602.9
10.8	484.8	495.5	2251.4	13.8	456	195.4
15.5	753.4	646.9	1493.8	202	3105.4	98.6
265	2202.7	2198.8	3304		337.1	66.4
135.7	10764.7	10827.3	8076.2	-29.3	545.3	191
42.8	8855.5	8945.1	5720.3	-7.4	124.4	26.7
115.4	7028.9	6878.3	-5339.2	2219.4	144.2	279.6
98.3	6847.5	6701.6	-6891.8	2382.1	139.2	256.7
125.4	7542.8	7230.2	-13407.5	460.2	995.7	365.4
32.4	5738.4	5415.5	-17076.9	460.2	970.8	316.4
40.4	378.4	378.2	-2183			6.7
	2.6	2.6	-8.7			0.8
1.5	91.2	94.1	16.4		66.7	14.2
1.5	84.4	87.3	10.9		66.7	14.2
	6.8	6.8	5.5			
2	31.9	31.9	262.1			0.4
36.5	307.9	308.1	-172		338.9	330.5
1.1	98.1	97.2	778.8	89.4	58.4	12.7
7.8	1507.7	1428.3	15346.4	720.8	161.1	94.9
6.1	43.1	48.4	2335.6	382.3		2.3
132.6	4287.8	3927.4	28056.8	-385.2	2377.5	801.8
84.1	677.7	688.9	18907.1	-820	142.1	145.9
35.5	1797.4	1819.5	4337.3	33.1	1370.9	321.3
4.2	269.6	269.2	1449.7	-247.1	240.2	6.8
29.4	858.3	621.9	2859.9			
	-0.9	-0.9	13.3			
3.2	1368.5	1217.1	1812	5.9	852.1	224.9
353.9	11125.7	10612.3	-138.4	-452.3	23859.2	1263.8
349.5	10057.4	9543.7	-6492.5	-702.2	21304.7	773.2
20.7	817.3	809.6	104658.4	-24.9	5	74.9
20.5	349.5	323.7	270.9	809.2	300.2	0.2
4	432.2	426.9	1294.6	53.6	338.2	248.4
11.1	792.8	768.7	1201.7	274.8	4.7	110
	116.6	116.2	413.3		8.9	66.2
10.1	634.5	634.5	-3448	-7.1	413.5	260.1
17	1385.7	1359.2	7548.5	24	380	240
	-0.7	-0.7	100			
1472.3	61074	58159.6	-75539.4	-194.3	5228.9	1547
1383.2	55584.3	52706	-74775.6	-290.5	624.8	1286.5
	116.5	117.5	373.1			6.4
1.5	290.7	290.5	-41.3			5.2

2-41 续表 4

项　　目	营业外支出	利润总额	应交所得税	广告费	劳动、待业保险费	养老保险和医疗保险费	住房公积金和住房补贴
煤炭开采和洗选业	7902.4	12280.6	3699.4	2.2	3447	8678.2	973.4
石油和天然气开采业	52.5	5854.2	742.9	9.1	66.7	719.8	316.2
#天然原油和天然气开采	0.6	1527.9	504.2		25.3	356.7	150.8
黑色金属矿采选业	422.1	7460.9	2127.6		259.4	1267	167.6
有色金属矿采选业	1.2	1764.3	665.5		28.6	189	
非金属矿采选业	62.5	1459	194.4	16.2	55.4	253.9	47.2
#采盐	38.3	411.8	157.8	3.1	11	146.2	35
其他采矿业							
农副食品加工业	993.8	8375.7	1274	202.3	753.3	2187.8	615.9
#谷物磨制	72.5	2654	354.7	100.6	57.5	447.7	340.8
饲料加工	155.2	4122.5	48	33.2	24.3	144.3	13.3
制糖	413.1	3303.9	448.7	9.2	532.6	1221.3	170.6
食品制造业	1074.3	6182.5	1042.5	981.6	116.5	738.1	84.2
#罐头制造	977.9	4888.6	86.8	31	48	158.7	17.8
饮料制造业	874.7	-3632.7	358.4	338.3	276.9	776.4	69.8
#酒的制造	328.1	-4441.6	196.2	313.6	243.5	743.4	61.6
烟草制品业							
纺织业	917.9	-13137.6	210.3	9.5	552.8	3678	416.8
#棉、化纤纺织及印染精加工	261.4	-15999.1	167.4	0.8	319.4	2622.9	345.3
毛纺织和染整精加工	21.2	-2436.6	42.8	1.2	26.4	254.5	59.2
纺织服装、鞋、帽制造业	0.2	-8.1	0.5		0.9	19.1	5.6
皮革、毛皮、羽毛(绒)及其制品业	18.3	79.1			4.3	38.9	
#皮革鞣制加工	13.7	78.2			1.3		
皮革制品制造	4.6	0.9			3	38.9	
木材加工及木、竹、藤、棕、草制品业	2	260.5	33.8		3.8	3.3	
家具制造业							
造纸及纸制品业	50.2	447.1	194.7	0.6	100.9	146	35.8
印刷业和记录媒介的复制	105.4	834.1	210.2	0.6	6.8	111.7	15.3
文教体育用品制造业							
石油加工、炼焦及核燃料加工业	628.1	15696.5	1940.3	67.9	125.8	781.7	539.8
#炼焦	351.8	2369.7	508.9	0.1	1.6	66	0.7
化学原料及化学制品制造业	4283.6	26361.4	4061.4	131.4	2769.6	3864.9	1182.2
#基础化学原料制造	3062	15313.2	159.6	17.9	661.5	1501.8	473.8
肥料制造	607.9	5246.7	2277.2	43.1	1164.7	1325.6	182.4
医药制造业	258.3	1195.3	985.3	647.3	24.2	245.1	29.8
化学纤维制造业		2793.3	33.6		2.2	36.4	5.8
橡胶制品业	10.2	3.1	0.8		1.7	22.5	10.6
塑料制品业	101	2744.3	318.7	27.2	198.6	477.1	114.7
非金属矿物制品业	2867.1	9090.2	1596.1	101.2	940.3	2950.1	331.6
#水泥制造	2690.1	812.2	1263.5	87.6	698.1	2349.3	230.6
黑色金属冶炼及压延加工业	678.5	103998.2	1889.8	4.2	303.5	2616	330.7
有色金属冶炼及压延加工业	11.6	1598.6	165.9	0.1	8.7	49.4	1.2
金属制品业	71.7	1919.9	310.2	18.7	217.8	611.4	284.1
通用设备制造业	88.4	1502.6	513.3	1	183.7	871.8	475.4
专用设备制造业	27.6	460.8	226.3	0.6	23.7	301.4	30.5
交通运输设备制造业	50.7	-2832.2	96	16.5	389.9	782.8	128.2
电气机械及器材制造业	106.6	8095.9	834.1	57.4	139.3	641.6	267.2
通信设备、计算机及其他电子设备制造业							
仪器仪表及文化、办公用机械制造业		100	33		0.9	10.9	
工艺品及其他制造业							
废弃资源和废旧材料回收加工业							
电力、热力的生产和供应业	4120	-33187	3030.6	52.2	3392.3	12484.6	4347.7
#电力生产和电力供应	3779.7	-36672.3	1184.6	38.5	3259.9	11516.1	4137.8
燃气生产和供应业	7	372.4	269.9	0.7	3.7	54.2	8
水的生产和供应业	30	-66.1	63.9	0.7	11.1	116	29.1

计量单位：万元

本年应付工资总额	主营业务应付	本年应付福利费总额	主营业务应付	本年应交增值税	本年进项税额
46723.6	39961.7	6534.5	5444.4	15477.8	8817.2
4509.8	4352.5	637.2	615.2	2712.9	1622.1
1628.2	1470.9	227.9	205.9	1042.2	149.3
5812.8	5662.8	768.8	749.3	4441.9	5416.4
481.1	437.1	67.2	61	507	501.3
2216.9	2068.8	248.1	232.4	977.6	1181
1073	1073	106.9	106.3	576.6	99.9
12758.3	12443.3	2146.4	2103.5	6786.7	37320.3
2019.2	1951.2	468.5	459.5	583.3	11497.7
1487.5	1487.5	230.2	230.2	227.9	1922.7
5720.5	5614.1	806	794	3811.6	7860.1
7738.2	7072.4	965.8	897	6893.5	18771
3039.4	3014.5	376.1	372.9	4855.2	10622.1
6320.4	5978.7	841	794.9	4168.8	15379.2
5122.2	4780.5	695.9	649.8	3910.6	14734.1
26984.7	26775.4	3546.6	3529.3	13668	42463.9
19010.7	18846.3	2421.3	2413.2	10906.3	34441.7
1409.1	1399.2	151.6	150.9	306.9	720.7
113.1	113.1	15.8	15.8	31.4	124.8
346.3	332.7	48.4	46.6	305.4	940.2
216.9	214.2	30.3	30	248	893.3
129.4	118.5	18.1	16.6	57.4	46.9
376.4	373	52.6	52.1	178.9	491.2
1990	1947.8	280.2	269.5	1069.8	2561.2
766.4	637.8	109.3	90.4	364.9	1362.7
7705.5	5917.7	1000.6	807	4467.7	29813.2
1968.2	1968.2	207.9	207.9	872.2	693.8
24631.7	23871.5	3450.8	3362.4	17618.8	25653.7
9632.5	9617.5	1353.8	1351.7	11646.5	11633.2
6832.1	6716	965.6	949.4	1962.3	2854.6
1284.2	1205.5	189.6	177.8	1863.9	1480.5
1232.7	1196.4	149.7	144.7	1176.4	3586.3
212.5	212.5	36.2	36.2	72.3	34.4
3146.1	2957.9	475.8	444.3	1629.8	7358.6
19400	18323	2904.9	2675.3	13808.1	8240.4
15134.2	14269.1	2348.1	2148.6	11761.9	6191.8
20737.8	20610.1	2094.9	2062.8	37156	44727.9
1180	1179.1	161.1	161	1632.7	9157.1
4371.9	4119.2	596.8	566.4	1890.5	5493.6
5480.7	5208.5	674.6	642.6	2926.5	5331.3
1132.6	1005.5	141.7	141.7	383.5	897.7
4211.3	3743.8	640.1	558.9	1259.1	11389.8
4925.4	4274	696.4	601.4	3039.2	9988.5
100	100	14	14	47.6	104.3
63441.1	60255.8	8238	8072.7	46023.1	30735.5
58096.1	55536	7520.4	7446.7	43600.1	29221.8
442.8	442.8	66.6	66.6	267.1	364.9
543.3	543.3	80.3	80.3	266.2	45.8

2-41 续表 5

项 目	本 年 销项税额	工业中间 投入合计	直接材料	制造费用中 的中间投入	管理费用中 的中间投入	营业费用中 的中间投入
煤炭开采和洗选业	23706.5	88548.4	40201.9	29015	12412.2	4184.1
石油和天然气开采业	4341.9	26026.4	17477.6	5136.3	3251	8.5
#天然原油和天然气开采	1191.5	4039.1	369.9	2829.1	848.8	
黑色金属矿采选业	9776	58737.4	29350.7	22274.6	2591.8	3705.6
有色金属矿采选业	1008.4	6953.2	4682.2	1643.1	350.6	147.8
非金属矿采选业	2107.6	10904.9	3744.9	2251.4	1277.6	3079.9
#采盐	676.5	2734	675.4	1025.3	743.2	260.8
其他采矿业						
农副食品加工业	40105.2	316655.5	276450.3	17860.2	7757.6	8879.7
#谷物磨制	11028.5	77283.7	73071.4	1285.7	910.6	1531.2
饲料加工	1592.1	73748	67960.1	2605.2	1370.2	1059.1
制糖	11447.8	56391.2	43501.9	4385.9	2681	3619.7
食品制造业	21234.5	162046	117956.2	11191.7	7277.3	14856.1
#罐头制造	12058.3	102638.4	73163	5574.9	4042.1	11002.9
饮料制造业	18027.6	63444.6	35944.3	6889.7	6798.9	6782.8
#酒的制造	17480	56007.4	31797.9	5766.9	5856.6	5738.5
烟草制品业						
纺织业	56601.2	293853.2	249559.5	18132.4	8751.9	9866.6
#棉、化纤纺织及印染精加工	45548.3	247362.7	214260.5	14613.2	4485.2	8265.4
毛纺织和染整精加工	994.6	4461.1	2390.6	1138.5	305.1	248.5
纺织服装、鞋、帽制造业	156.2	616.1	454.3	118.5	40.7	
皮革、毛皮、羽毛(绒)及其制品业	1245.6	7580.9	6918.2	405.4	89.3	76.8
#皮革鞣制加工	1141.3	7345.2	6775.8	377	35	73
皮革制品制造	104.3	235.7	142.4	28.4	54.3	3.8
木材加工及木、竹、藤、棕、草制品业	670.1	3101.4	2021.6	984	17.6	46.3
家具制造业						
造纸及纸制品业	3438.8	16509.2	13602.1	831.5	769.3	998.4
印刷业和记录媒介的复制	1636.8	8744	7788.1	280.1	431.4	146.3
文教体育用品制造业						
石油加工、炼焦及核燃料加工业	31511.2	146191.3	129536	9116.9	4340.3	1690.4
#炼焦	1035.7	11935.4	10669.3	818.8	375.4	28.8
化学原料及化学制品制造业	42237.1	221425.6	170450.7	19993.9	16744.9	9948.3
#基础化学原料制造	22988.9	98208.4	75189.2	6364.2	10795.7	5181.6
肥料制造	4172.4	45030.4	33357.1	6316.1	1451.3	2108.5
医药制造业	3296.2	14491.3	8072.3	753.9	1050.3	4345.2
化学纤维制造业	4959.5	28707.4	19502.2	6970.3	750.5	626.1
橡胶制品业	106.7	381.8	210.2		139.6	32.9
塑料制品业	8516.8	48075.2	39758.6	3358.1	1905.2	1684.8
非金属矿物制品业	22876.8	187183	127459.7	27573.9	11328.2	9695.5
#水泥制造	19321.1	126577.9	77890.9	22166.1	8329.7	8133.8
黑色金属冶炼及压延加工业	79479.9	261162	236449.9	19951.7	2599.3	1351
有色金属冶炼及压延加工业	10353.2	42972.4	39390.8	1837.6	568.6	825.9
金属制品业	7169.2	38427.4	33128.5	2162	1242.6	1462.1
通用设备制造业	8138.7	33094.8	25243.5	2899	2834.5	1325
专用设备制造业	1259.2	8248.9	7069.8	337.9	604.2	120.4
交通运输设备制造业	12570	61056.3	55291.8	1780.2	1676.7	1673.1
电气机械及器材制造业	12593	61113.7	53170.7	1908.5	2917	1731.8
通信设备、计算机及其他电子设备制造业						
仪器仪表及文化、办公用机械制造业	151.9	631.4	532.9	73.8	25.4	
工艺品及其他制造业						
废弃资源和废旧材料回收加工业						
电力、热力的生产和供应业	73994.9	284316.3	155414.2	48942.8	17362.9	1522.4
#电力生产和电力供应	69879.8	245595.7	130340.4	43983.1	14495.8	1192.1
燃气生产和供应业	609.7	3359.5	2028.2	369.3	134.1	711.4
水的生产和供应业	312	2202.1	910.8	654	276.7	69.9

计量单位：万元

经营活动产生的现金流量净额	投资活动产生的现金流量净额	筹资活动产生的现金流量净额	全部从业人员年平均人数(人)	利税总额	亏损企业亏损额
18535.7	-27248.7	443.9	29429	29631.3	2858.5
9606.7	-3889.2	3766.7	1950	9387.5	380.2
			105	2769.2	
2313.2	1009.3	5473.4	2857	13326.2	333.8
5368.4	-698.1	-3963.2	317	2324.1	155
4003.9	-3001.6	-1534.3	2000	2835.5	626.1
801.4	-935	28.1	984	1307.1	
-21342.9	1647.9	27030.6	11193	18165.3	7272
-5870.2	-2671.7	4440.5	1686	3311.4	323.6
4938.1	0.7	1196.5	1159	6586.4	574.5
-12670.8	11057.5	-1353.6	4794	7734.7	1459
24851.9	-31531.8	22313.8	5703	13646.5	6103.1
12332.6	-27934.8	26124.6	2177	9947.7	3899.3
17825.5	-7243.3	-13963.8	5090	6765.4	6826.3
14383.1	-3059.5	-14390.1	3959	5670.7	6580.3
28970.9	-4770.9	5320.5	34287	1654.3	20593.5
26186	-2324	7187.1	25591	-4209.3	17474.4
-230	3.4	274.1	1032	-2106.1	2487.2
42.3			95	26.4	8.1
-2975.7	-2301.3	5400.3	318	398.8	
-2995	-2301.3	5450	205	335.9	
19.3		-49.7	113	62.9	
462.2	-101.8	-313.7	902	449.1	
2984.5	-1608.2	243.4	1896	1613.8	356.9
1479.8	-623.5	-469.8	504	1226.7	43.2
17317.4	-19574	5619.3	4466	23043.3	851.7
11131.3	-11174.7	-314.8	1444	3278.7	
50387.5	-32952.5	24675.3	12177	46577	1511.7
32936.7	-21630.1	884.2	4332	28224	274.3
7183.7	-6636.9	29622	3398	7536.7	1032
-420.6	-2740.4	2600.2	1126	3245.6	2188.5
2689.1	-4115.8	8538.3	1362	4028.4	
66.4			63	82.7	
8201.3	-1551	-6953.1	2262	4532.9	847.9
48513.6	-14136.6	-12846.9	15816	23754.9	10616.3
39426.9	-9875.6	-15523.2	12683	13182.7	10256.1
94445.3	-45274.5	-100870.9	11963	141591.8	1182.3
8513.4	-381.9	2109.9	734	3375.8	25.1
-246.9	-1537.6	2446.4	2825	4161.7	429.8
1624.9	-1221.7	-619.3	3206	4767.4	226.3
864.6	-68.2	-373.8	840	930.6	323.3
-444.4	-249.5	-936.9	2401	-1395.1	3708.5
2325.9	-7561.7	4142.5	2693	11594	1568.7
24			57	147.6	
117807.8	-64183.6	-58167.3	23894	17288.8	69046.5
96024.2	-53112.1	-53793.6	20678	11060.1	65008.7
1703.9	-2051.1	814	292	665.8	547.5
4283.2	-2338.8		370	226.6	813

2-42 规模以上港澳台商投资

项目	企业单位数	亏损单位数	工业总产值(现价)	工业销售产值	出口交货值	工业增加值	年初存货
煤炭开采和洗选业							
石油和天然气开采业							
#天然原油和天然气开采							
黑色金属矿采选业							
有色金属矿采选业							
非金属矿采选业							
#采盐							
其他采矿业							
农副食品加工业	1		6054.4	5522.2	1898.1	2208.6	2303.1
#谷物磨制							
饲料加工							
制糖							
食品制造业							
#罐头制造							
饮料制造业							
#酒的制造							
烟草制品业							
纺织业	4	2	47322	46852.4	4125.5	16787.6	17195
#棉、化纤纺织及印染精加工	3	1	43730.1	42541.4	4125.5	15755	17195
毛纺织和染整精加工	1	1	3591.9	4311		1032.6	
纺织服装、鞋、帽制造业							
皮革、毛皮、羽毛(绒)及其制品业							
#皮革鞣制加工							
皮革制品制造							
木材加工及木、竹、藤、棕、草制品业							
家具制造业	1		30533	30533	30533	9125.2	976.4
造纸及纸制品业	2	1	4847.1	3851		960.7	1816.8
印刷业和记录媒介的复制							
文教体育用品制造业							
石油加工、炼焦及核燃料加工业							
#炼焦							
化学原料及化学制品制造业	3		4947.3	5378		2216.1	3732.8
#基础化学原料制造							
肥料制造	1		720	700		710.2	67.1
医药制造业							
化学纤维制造业							
橡胶制品业							
塑料制品业							
非金属矿物制品业	2	1	13680	12682.4		3313.1	3389.6
#水泥制造	1	1	1587.3	1557.1		826.3	548.3
黑色金属冶炼及压延加工业							
有色金属冶炼及压延加工业	1		2020.2	2020.2		995.7	412.8
金属制品业	2	1	7507.9	5310.7		1258.2	2212.2
通用设备制造业							
专用设备制造业	1		7498.7	5131.6		2165.4	
交通运输设备制造业							
电气机械及器材制造业							
通信设备、计算机及其他电子设备制造业							
仪器仪表及文化、办公用机械制造业							
工艺品及其他制造业							
废弃资源和废旧材料回收加工业							
电力、热力的生产和供应业							
#电力生产和电力供应							
燃气生产和供应业							
水的生产和供应业							

企业分行业主要经济指标

计量单位：万元

流动资产合计	短期投资	应收帐款	存货	产成品	流动资产年平均余额	长期投资
4168.4		440.5	2634	1773.9	4508.5	
32849.5	184.5	3668.3	17287.6	2980.5	34850.3	221
28752.7	184.5	2350.9	15991.6	2570.9	31002.9	221
4096.8		1317.4	1296	409.6	3847.4	
13590.9		3873.9	1305.6	497	11165.5	380.5
5318.6		611.3	2912.3	2344.6	4648	
7722.5		2841.2	2446.2	1224.3	8490.6	308.2
1367.4		1050.3	26	20	1130.1	
17519.2		2937.7	4004.8	1108.5	16195.7	25.7
2093.7		347.7	733.9	348.8	2199	7.8
1003.8			303.4		775.6	
5420.1		1176.3	3250.3	389.8	5067	
2908		728	717.5	163.5	3763.7	

2-42 续表 1

项　目	固定资产合计	固定资产原价	生产经营用	累计折旧	本年折旧	固定资产净值年平均余额
煤炭开采和洗选业						
石油和天然气开采业						
#天然原油和天然气开采						
黑色金属矿采选业						
有色金属矿采选业						
非金属矿采选业						
#采盐						
其他采矿业						
农副食品加工业	3403.9	9552.3	7232.9	6165.5	638.5	3393.8
#谷物磨制						
饲料加工						
制糖						
食品制造业						
#罐头制造						
饮料制造业						
#酒的制造						
烟草制品业						
纺织业	48689.7	104417.6	103133.7	55728.7	6897.5	49910.7
#棉、化纤纺织及印染精加工	43377.5	94872.7	93588.8	51496	6447.2	44372.3
毛纺织和染整精加工	5312.2	9544.9	9544.9	4232.7	450.3	5538.4
纺织服装、鞋、帽制造业						
皮革、毛皮、羽毛(绒)及其制品业						
#皮革鞣制加工						
皮革制品制造						
木材加工及木、竹、藤、棕、草制品业						
家具制造业	2753.4	4376	3856.9	1629.3	30.5	2777.9
造纸及纸制品业	8733.7	9743	8168.1	1309.6	944.7	8428.8
印刷业和记录媒介的复制						
文教体育用品制造业						
石油加工、炼焦及核燃料加工业						
#炼焦						
化学原料及化学制品制造业	5221.3	6532	6285.1	3574.6	534.4	4409.3
#基础化学原料制造						
肥料制造	386.3	418.5	418.5	35	11.5	346.2
医药制造业						
化学纤维制造业						
橡胶制品业						
塑料制品业						
非金属矿物制品业	10987.5	15224.9	14649.2	3765	753.2	10337.9
#水泥制造	2180	5008.2	4432.5	2591.6	251.7	2338.1
黑色金属冶炼及压延加工业						
有色金属冶炼及压延加工业	733.8	1130.8	1130.8	396.9	394.8	437
金属制品业	2433.2	2010.9	2010.9	307.4	158.1	2070.1
通用设备制造业						
专用设备制造业	1425.6	2297.3	2297.3	871.7	150.8	1425.6
交通运输设备制造业						
电气机械及器材制造业						
通信设备、计算机及其他电子设备制造业						
仪器仪表及文化、办公用机械制造业						
工艺品及其他制造业						
废弃资源和废旧材料回收加工业						
电力、热力的生产和供应业						
#电力生产和电力供应						
燃气生产和供应业						
水的生产和供应业						

计量单位：万元

无形资产	资产总计	流动负债 合计	应付帐款	长期负债 合计	负债合计
	7894.9	3630.5	170.5		3630.5
1973.3	84554.6	28103.8	5795.3	12794.6	41298.4
1860.4	74694.7	20450.9	5246.6	12249.6	32700.5
112.9	9859.9	7652.9	548.7	545	8597.9
541.6	17266.4	764.9	470.5		764.9
64.7	14317.5	8235.4	799.5	4879.1	13114.5
235.3	13487.3	7495	1971.6	3.1	7498.1
224.4	1978.1	415.7	26.4		415.7
744.5	29277.0	14720	2853.6		14720
12.8	4294.4	734.3	255.3		734.3
39.2	1882.1	493.9	89.5		712.1
373.8	8242.2	5611.1	3291.5		5611.1
	6183.4	5187.6			5187.6

2-42 续表 2

项　　目	所有者权益合计	其中：实收资本	国家资本	集体资本	法人资本	个人资本	港澳台资本
煤炭开采和洗选业							
石油和天然气开采业							
#天然原油和天然气开采							
黑色金属矿采选业							
有色金属矿采选业							
非金属矿采选业							
#采盐							
其他采矿业							
农副食品加工业	4264.4	10527.2					10527.2
#谷物磨制							
饲料加工							
制糖							
食品制造业							
#罐头制造							
饮料制造业							
#酒的制造							
烟草制品业							
纺织业	43256.2	43814.1	2850		6698.4		34265.7
#棉、化纤纺织及印染精加工	41994.2	35322	2850				32472
毛纺织和染整精加工	1262	8492.1			6698.4		1793.7
纺织服装、鞋、帽制造业							
皮革、毛皮、羽毛(绒)及其制品业							
#皮革鞣制加工							
皮革制品制造							
木材加工及木、竹、藤、棕、草制品业							
家具制造业	16501.5	4180.7			3136.2		1044.5
造纸及纸制品业	1203	2691			975		1716
印刷业和记录媒介的复制							
文教体育用品制造业							
石油加工、炼焦及核燃料加工业							
#炼焦							
化学原料及化学制品制造业	5989.2	3741.4		2030.6	450		1143.7
#基础化学原料制造							
肥料制造	1562.4	117.1					
医药制造业							
化学纤维制造业							
橡胶制品业							
塑料制品业							
非金属矿物制品业	14557	7446.9	3326		1657.4		2463.5
#水泥制造	3560.1	1446.9			1083.4		363.5
黑色金属冶炼及压延加工业							
有色金属冶炼及压延加工业	1170	104.2			56.2		
金属制品业	2631.1	2565			930.5	955.7	678.8
通用设备制造业							
专用设备制造业	995.8	300			210		90
交通运输设备制造业							
电气机械及器材制造业							
通信设备、计算机及其他电子设备制造业							
仪器仪表及文化、办公用机械制造业							
工艺品及其他制造业							
废弃资源和废旧材料回收加工业							
电力、热力的生产和供应业							
#电力生产和电力供应							
燃气生产和供应业							
水的生产和供应业							

计量单位：万元

外商资本	主营业务收入	主营业务成本	主营业务税金及附加	其他业务收入	其他业务利润	营业费用
	11895.5	9368.2		44.9	12.4	1727.1
	46106.9	40583.4		6587.5	430.9	1238
	41056.5	36066.4		6527.3	361.5	1090.7
	5050.4	4517		60.2	69.4	147.3
	31363.1	23953.8		6561.9	0.1	735.7
	3889.2	3408.1		0.3	-0.4	138.1
117.1	5788.7	3829.9	59.8	530.9	40.9	319.2
117.1	696.8	111.4				18.7
	13518.6	10518.9		12		325.1
	1425.9	1115.7		12		171.2
48	2020.2	1040.2	1.3			
	6761.7	6148.9	32.2	41.5	-8.1	222.5
	7057.1	5806.1	4.1	31.7	36.9	393.4

2-42 续表 3

项　目	管理费用	税　金	财产保险费	差旅费	工会经费	办公费	职工教育费
煤炭开采和洗选业							
石油和天然气开采业							
#天然原油和天然气开采							
黑色金属矿采选业							
有色金属矿采选业							
非金属矿采选业							
#采盐							
其他采矿业							
农副食品加工业	412.8	7.8	4.5	20.9	2.4	7.6	
#谷物磨制							
饲料加工							
制糖							
食品制造业							
#罐头制造							
饮料制造业							
#酒的制造							
烟草制品业							
纺织业	1787.7	89.3	67.6	49.5	34.6	14.2	7.3
#棉、化纤纺织及印染精加工	1504.4	80.8	55.1	38.2	30.1	13.9	6.2
毛纺织和染整精加工	283.3	8.5	12.5	11.3	4.5	0.3	1.1
纺织服装、鞋、帽制造业							
皮革、毛皮、羽毛(绒)及其制品业							
#皮革鞣制加工							
皮革制品制造							
木材加工及木、竹、藤、棕、草制品业							
家具制造业	856.6	9.2		2.1	27.6	25.2	20.7
造纸及纸制品业	324	2.6	2	18.4	0.7	86.8	1
印刷业和记录媒介的复制							
文教体育用品制造业							
石油加工、炼焦及核燃料加工业							
#炼焦							
化学原料及化学制品制造业	853.9	1.8	10.3	147.1	0.4	38.6	0.9
#基础化学原料制造							
肥料制造	133.7		1.2	72		8.2	0.6
医药制造业							
化学纤维制造业							
橡胶制品业							
塑料制品业							
非金属矿物制品业	660.8	3.3		43	6.2	80.4	3.6
#水泥制造	180.3	3.3		1.7	4.8	2.6	3.6
黑色金属冶炼及压延加工业							
有色金属冶炼及压延加工业	148.9		0.9	1.2	1.8	1	1.4
金属制品业	277.3	7.6	3.6	24.8	1.5	15.2	2.5
通用设备制造业							
专用设备制造业	376.2	5.4	3.9	15.7	1.6	3	1.2
交通运输设备制造业							
电气机械及器材制造业							
通信设备、计算机及其他电子设备制造业							
仪器仪表及文化、办公用机械制造业							
工艺品及其他制造业							
废弃资源和废旧材料回收加工业							
电力、热力的生产和供应业							
#电力生产和电力供应							
燃气生产和供应业							
水的生产和供应业							

计量单位：万元

排污费	财务费用	利息支出	营业利润	投资收益	补贴收入	营业外收入
	15.9	15.9	399.9			101.3
4.3	1262.7	1218.3	1665.9			133.1
3.8	737.5	693.5	2019			106.7
0.5	525.2	524.8	-353.1			26.4
	-13.8	-13.8	5831	14.3	137.1	68.6
2.4	283.4	283.4	-263.8		24.7	45.9
0.8	116.9	114.1	649.8	29.8	56.8	2
	0.1	0.1	432.9		41.8	
	471	470	1542.8		5.2	19.2
			-41.3		5.2	19.2
3	10.2	10.5	819.5		121.2	0.1
0.4	48.5	47.5	18.6	-0.1	10	0.7
	16.5	16.5	497.7			31.7

2-42 续表 4

项目	营业外支出	利润总额	应交所得税	广告费	劳动、待业保险费	养老保险和医疗保险费	住房公积金和住房补贴
煤炭开采和洗选业							
石油和天然气开采业							
#天然原油和天然气开采							
黑色金属矿采选业							
有色金属矿采选业							
非金属矿采选业							
#采盐							
其他采矿业							
农副食品加工业	158.3	174.1			9.3	128.7	28.7
#谷物磨制							
饲料加工							
制糖							
食品制造业							
#罐头制造							
饮料制造业							
#酒的制造							
烟草制品业							
纺织业	72.2	1726.8	46.7	3	33.9	302.9	7.2
#棉、化纤纺织及印染精加工	68	2057.7	46.7	3	33.9	302.9	7.2
毛纺织和染整精加工	4.2	-330.9					
纺织服装、鞋、帽制造业							
皮革、毛皮、羽毛(绒)及其制品业							
#皮革鞣制加工							
皮革制品制造							
木材加工及木、竹、藤、棕、草制品业							
家具制造业	7	6044.1	598.7	11.6	3.2	44.7	
造纸及纸制品业	17.3	-210.5		1	5.4	55.5	
印刷业和记录媒介的复制							
文教体育用品制造业							
石油加工、炼焦及核燃料加工业							
#炼焦							
化学原料及化学制品制造业	15.2	723.1	173.4	2.6	3	42.8	14.1
#基础化学原料制造							
肥料制造		474.7	142.4	2		2.4	
医药制造业							
化学纤维制造业							
橡胶制品业							
塑料制品业							
非金属矿物制品业		1567.2	58.8		1.8	23.9	5.4
#水泥制造		-16.9			1.8	23.9	5.4
黑色金属冶炼及压延加工业							
有色金属冶炼及压延加工业		940.8	258.4		5.9	3.8	
金属制品业	8.4	22.7	19.1	5	2.3	27.5	
通用设备制造业							
专用设备制造业		529.4	158.8			31.1	12.6
交通运输设备制造业							
电气机械及器材制造业							
通信设备、计算机及其他电子设备制造业							
仪器仪表及文化、办公用机械制造业							
工艺品及其他制造业							
废弃资源和废旧材料回收加工业							
电力、热力的生产和供应业							
#电力生产和电力供应							
燃气生产和供应业							
水的生产和供应业							

计量单位：万元

本年应付工资总额	主营业务应付	本年应付福利费总额	主营业务应付	本年应交增值税	本年进项税额
769.1	769.1	29.8	29.8	330	1333.2
2742.3	2742.3	69.9	69.9	3277.9	4685.9
2472.4	2472.4	69.9	69.9	3157.5	3948.5
269.9	269.9			120.4	737.4
1379	1379	193.1	193.1		3056.9
334.9	334.9	33.7	33.7	123.9	548.7
468.6	468.6	67	67	495.4	765
42	42	5.9	5.9	41.8	
513.8	513.8	33.3	33.3	209.8	1796.7
237.8	237.8	33.3	33.3	147.2	97.3
123.7	91.4	17.3	12.8		
303	293.2	36.9	35.4	16.4	1009.3
382	382	107.2	107.2	659.2	540.8

2-42 续表 5

项目	本年销项税额	工业中间投入合计	直接材料	制造费用中的中间投入	管理费用中的中间投入	营业费用中的中间投入
煤炭开采和洗选业						
石油和天然气开采业						
#天然原油和天然气开采						
黑色金属矿采选业						
有色金属矿采选业						
非金属矿采选业						
#采盐						
其他采矿业						
农副食品加工业	2023.9	4175.8	2555.3	1191.2	194.9	218.5
#谷物磨制						
饲料加工						
制糖						
食品制造业						
#罐头制造						
饮料制造业						
#酒的制造						
烟草制品业						
纺织业	8243	33812.3	26272.6	4291.6	908.1	1077.3
#棉、化纤纺织及印染精加工	7385.2	31132.6	24382.4	4156.4	830.2	1026.1
毛纺织和染整精加工	857.8	2679.7	1890.2	135.2	77.9	51.2
纺织服装、鞋、帽制造业						
皮革、毛皮、羽毛(绒)及其制品业						
#皮革鞣制加工						
皮革制品制造						
木材加工及木、竹、藤、棕、草制品业						
家具制造业	1114.7	21407.8	18118.2	2300.9	267	735.5
造纸及纸制品业	676.9	4010.3	3432.5	130.5	81.3	82.6
印刷业和记录媒介的复制						
文教体育用品制造业						
石油加工、炼焦及核燃料加工业						
#炼焦						
化学原料及化学制品制造业	1215.3	3226.6	2184.4	329	355.3	241
#基础化学原料制造						
肥料制造		51.6	44.7	3.1	1.9	1.8
医药制造业						
化学纤维制造业						
橡胶制品业						
塑料制品业						
非金属矿物制品业	1696.2	10576.7	9434.1	303.9	214.5	153.2
#水泥制造	244.4	908.2	669.3	64.3	50.7	123.9
黑色金属冶炼及压延加工业						
有色金属冶炼及压延加工业		1024.5	967		47.3	
金属制品业	998	6266.1	5710.3	335.3	58.3	113.7
通用设备制造业						
专用设备制造业	1195.7	5992.5	4457.9	898.2	338.9	281
交通运输设备制造业						
电气机械及器材制造业						
通信设备、计算机及其他电子设备制造业						
仪器仪表及文化、办公用机械制造业						
工艺品及其他制造业						
废弃资源和废旧材料回收加工业						
电力、热力的生产和供应业						
#电力生产和电力供应						
燃气生产和供应业						
水的生产和供应业						

计量单位：万元

经营活动产生的现金流量净额	投资活动产生的现金流量净额	筹资活动产生的现金流量净额	全部从业人员年平均人数(人)	利税总额	亏损企业亏损额
			334	504.1	
2097.6	-1.7	-1950	2142	5004.7	754.9
2097.6	-1.7	-1950	1882	5215.2	424
			260	-210.5	330.9
2125.6	-3147.6		890	6044.1	
664.1	-333.9	41.9	352	-86.6	505
273.1	-9.1	37.6	275	1278.3	
222.7			65	516.5	
-2218.1	-1146.3	3028.2	283	1777	16.9
3.1	1		167	130.3	16.9
392.5			74	942.1	
254.5	-357.4		208	71.3	35.2
2371.1	-364.2	440.4	256	1192.7	

2-43 规模以上外商投资

项　目	企业单位数	亏损单位数	工业总产值(现价)	工业销售产值	出口交货值	工业增加值	年初存货
煤炭开采和洗选业							
石油和天然气开采业							
#天然原油和天然气开采							
黑色金属矿采选业							
有色金属矿采选业	1		6555.7	6555.7		3900.4	
非金属矿采选业							
#采盐							
其他采矿业							
农副食品加工业	9	5	54203.6	49802.3	18131.8	10857.8	18744.9
#谷物磨制							
饲料加工	3	3	23332.4	22714.8		1999.7	5368.5
制糖							
食品制造业	5	2	23470.3	22251.4	1279.2	6722.3	15175.9
#罐头制造	1	1	934.8	630		306.7	
饮料制造业	8	4	45842.3	45576.6	107.3	24572.3	9168.1
#酒的制造	5	2	30906.3	30958.3	105.7	18552.3	8531.2
烟草制品业							
纺织业	2	2	5634.1	5443.1		979.1	496.3
#棉、化纤纺织及印染精加工	2	2	5634.1	5443.1		979.1	496.3
毛纺织和染整精加工							
纺织服装、鞋、帽制造业							
皮革、毛皮、羽毛(绒)及其制品业							
#皮革鞣制加工							
皮革制品制造							
木材加工及木、竹、藤、棕、草制品业	2	1	2887.3	2844.5	1635.5	601.6	700.6
家具制造业	1		29004.3	29004.3	29004.3	4334.7	6205
造纸及纸制品业							
印刷业和记录媒介的复制							
文教体育用品制造业							
石油加工、炼焦及核燃料加工业	2		14407.8	13057.7		9766.7	92.2
#炼焦	1		11681.3	10395.1		8099.9	33.5
化学原料及化学制品制造业	2	2	4317.1	3452.8	2451	977.1	1526.6
#基础化学原料制造	2	2	4317.1	3452.8	2451	977.1	1526.6
肥料制造							
医药制造业	1		570.5	680.5	307.3	276	3623
化学纤维制造业							
橡胶制品业							
塑料制品业	3	2	3938.1	3714	995.4	677.7	275.9
非金属矿物制品业	1		36081.6	34890.1		11872.9	1544.7
#水泥制造							
黑色金属冶炼及压延加工业	1		11538.8	11912.3		1887.1	1353.2
有色金属冶炼及压延加工业	1	1	555.9	524.6	297.7	-122.2	793.7
金属制品业	1		1955.3	1998.7		410.7	567.2
通用设备制造业	2	1	2181.8	2280.7		992.8	378.4
专用设备制造业	1		3482.8	4486.8		1806.4	2668
交通运输设备制造业	1		2274.6	2274.6		1674.7	
电气机械及器材制造业	1		1348.6	1745.2		432.9	1064.2
通信设备、计算机及其他电子设备制造业							
仪器仪表及文化、办公用机械制造业							
工艺品及其他制造业							
废弃资源和废旧材料回收加工业							
电力、热力的生产和供应业							
#电力生产和电力供应							
燃气生产和供应业	1		2175	2175		913.2	15.7
水的生产和供应业							

企业分行业主要经济指标

计量单位：万元

流动资产合计	短期投资	应收帐款	存货	产成品	流动资产年平均余额	长期投资
3255.7			705.9		2165.5	350
42442.9		4645.8	15524.7	1859.3	43349.8	592.7
5458		223.9	2164.2	393.8	6134.2	422.7
5123		1433.5	2959.9	1585.2	5457.6	
671.5		219.4	411.3	400.1	671.5	
28126.7		1733.4	13790.8	1074.9	25578.8	1164.1
21668.1		489.2	12204.2	343.8	20201.2	1164.1
3369.9		414.1	1354	401.5	2548.6	
3369.9		414.1	1354	401.5	2548.6	
1249.2		125.9	678.1	411.6	1400.9	304
26054.1		4950.2	7592.7	2023.7	32024	33668.9
10909.5	200	1121.8	636.3	602.5	9072.8	
8509.8		238.4	626.5	602.5	7073.8	
9502.1		152.2	1612.8	839.6	9811.5	
9502.1		152.2	1612.8	839.6	9811.5	
4380.6		621.4	2873.4	1587.7	4671.9	821.2
1874.7		1105.6	401.1	37	2018.6	
14669.8		6541.4	5501.1	1076.5	14685.4	3961.8
6380.2		43.6	3060.6		8075.6	
3558.1		1470.4	759.2	190.1	4420.3	1080
1316		593.1	567.2	10.8	1036.2	
1488.8		474.2	332.2	139.6	1583.7	
8954		3743	2613	1072	7969	
2427.5			57.8		2037.3	
1452		390.6	740.8	660.5	1401.6	
476.3			30.6		471.9	

2-43 续表 1

项　目	固定资产合　计	固定资产原　价	生产经营用	累计折旧	本年折旧	固定资产净值年平均余额
煤炭开采和洗选业						
石油和天然气开采业						
#天然原油和天然气开采						
黑色金属矿采选业						
有色金属矿采选业	1595.7	2506	2265.9	910.3	285.6	1845
非金属矿采选业						
#采盐						
其他采矿业						
农副食品加工业	9707.4	18528	15912.8	8815.4	941.5	9927
#谷物磨制						
饲料加工	3445.6	7950.3	7911.2	4499.6	409.1	3584.2
制糖						
食品制造业	10827.6	17015.8	14454.6	6095	1189	9581.2
#罐头制造	2081	2202.5	2202.5	121.5	121.5	2081
饮料制造业	42883.9	61588.4	58596.8	19655.3	5502.1	41408.2
#酒的制造	22910.6	38107.6	35116	16013.7	2595.2	21937.5
烟草制品业						
纺织业	2883.6	2881.1	1770.1	133.1	133.1	2441.6
#棉、化纤纺织及印染精加工	2883.6	2881.1	1770.1	133.1	133.1	2441.6
毛纺织和染整精加工						
纺织服装、鞋、帽制造业						
皮革、毛皮、羽毛(绒)及其制品业						
#皮革鞣制加工						
皮革制品制造						
木材加工及木、竹、藤、棕、草制品业	2027.7	3089.6	3064.8	1061.9	162.9	2076.4
家具制造业	16667.4	20745.3	20472.9	4619.7	1274.5	16408.6
造纸及纸制品业						
印刷业和记录媒介的复制						
文教体育用品制造业						
石油加工、炼焦及核燃料加工业	3571.9	2198.6	2198.6	360.2	156.7	1562.2
#炼焦	3503.3	1918.3	1918.3	148.5	141.4	1505.2
化学原料及化学制品制造业	6028.1	6249.8	5736.1	1409.1	390.5	4965.6
#基础化学原料制造	6028.1	6249.8	5736.1	1409.1	390.5	4965.6
肥料制造						
医药制造业	1374.3	3069.7	2920.7	2184.8	61.9	1298.6
化学纤维制造业						
橡胶制品业						
塑料制品业	1496	2151.7	1899.3	677	180.4	1338
非金属矿物制品业	16497.9	17340.9	17340.9	3522	725.1	14297.7
#水泥制造						
黑色金属冶炼及压延加工业	2752.1	4514.7	4514.7	1766.7	305.1	2839.3
有色金属冶炼及压延加工业	320.7	551.7	551.7	261.2	27.9	304.5
金属制品业	638.7	716.9	716.9	78.2	10.5	710.2
通用设备制造业	366.1	707.2	671.6	342.5	61.7	376.9
专用设备制造业	269	628	628	359	60	298
交通运输设备制造业	969.2	1096.6	1096.6	177.4	64.4	939.6
电气机械及器材制造业	988.5	1343.6	1343.6	355.1	43.5	873.7
通信设备、计算机及其他电子设备制造业						
仪器仪表及文化、办公用机械制造业						
工艺品及其他制造业						
废弃资源和废旧材料回收加工业						
电力、热力的生产和供应业						
#电力生产和电力供应						
燃气生产和供应业	2479.5	2237.2	2102.9	319.1	118.5	1745.8
水的生产和供应业						

计量单位：万元

无形资产	资产总计	流动负债合计	应付帐款	长期负债合计	负债合计
71.6	58013	2445	44		2445
4858.6	578423	25735	4199.4	6112.8	31847.8
528.5	100390	4970.5	777.1		4970.5
875.3	170948	7026.1	5611.7	2232.8	9258.9
521	32735	542.6	542.2		542.6
5519.4	782014	38186.6	8097.3	5443.9	43630.5
4821.6	510712	23790.1	3512.4	3248.2	27038.3
88.9	69137	3046.7	595.1		3046.7
88.9	69137	3046.7	595.1		3046.7
112.6	37019	1379.3	996		1379.4
2871.8	792622	5103.7	1969.7	429.9	5533.6
14	144954	2936.1	899		3536.1
14	120271	2167.6	797.7		2767.6
404.5	159347	4479.2	1557.6	5628.1	10107.3
404.5	159347	4479.2	1557.6	5628.1	10107.3
345	69211	4209.5	130		4209.5
11	33817	1864.9	540.2		1864.9
1172.8	365249	16975.5	396.4	4200	21175.5
	91323	4372.7	604.1		4372.7
81.4	50402	2943.8			2943.8
	19547	770.2	318.3		770.2
211.4	20663	520.6	378.7		520.6
14	92370	3494	2621		3494
199.1	35959	1422.3			1422.3
178.7	26192	1626.1	393.8		1626.1
169.5	63019	884.1			884.1

2-43 续表 2

项 目	所有者权益合计	其中:实收资本	国家资本	集体资本	法人资本	个人资本	港澳台资本
煤炭开采和洗选业							
石油和天然气开采业							
#天然原油和天然气开采							
黑色金属矿采选业							
有色金属矿采选业	3356.3	700			21		679
非金属矿采选业							
#采盐							
其他采矿业							
农副食品加工业	25994.5	13430.7	300	111.9	6133	795	
#谷物磨制							
饲料加工	5068.5	4367.4			680	45	
制糖							
食品制造业	7835.9	6268.6	203		752		2483.9
#罐头制造	2730.9	1000			752		
饮料制造业	34570.9	24437.2		100	10131.9	3902.4	4942.8
#酒的制造	24032.9	13063.5		100	4780.7	3902.4	
烟草制品业							
纺织业	3867	4638.4					4638.4
#棉、化纤纺织及印染精加工	3867	4638.4					4638.4
毛纺织和染整精加工							
纺织服装、鞋、帽制造业							
皮革、毛皮、羽毛(绒)及其制品业							
#皮革鞣制加工							
皮革制品制造							
木材加工及木、竹、藤、棕、草制品业	2322.5	3113.5					
家具制造业	73728.6	19889.3			8437	8640	2812.3
造纸及纸制品业							
印刷业和记录媒介的复制							
文教体育用品制造业							
石油加工、炼焦及核燃料加工业	10959.3	3080.5		360	746.2		240
#炼焦	9259.5	2480.5			746.2		
化学原料及化学制品制造业	5827.4	7148.1			1659.2	750	2250
#基础化学原料制造	5827.4	7148.1			1659.2	750	2250
肥料制造							
医药制造业	2711.6	1947.8	896			97.4	
化学纤维制造业							
橡胶制品业							
塑料制品业	1516.8	1672.5			723		
非金属矿物制品业	15349.4	6600			3630		
#水泥制造							
黑色金属冶炼及压延加工业	4759.6	1305	870				
有色金属冶炼及压延加工业	2096.4	2000			1500		
金属制品业	1184.5	1245					
通用设备制造业	1545.7	805.4			589.4		
专用设备制造业	5743	1663	667				
交通运输设备制造业	2173.6	1200				720	
电气机械及器材制造业	993.1	614.2			460.7		
通信设备、计算机及其他电子设备制造业							
仪器仪表及文化、办公用机械制造业							
工艺品及其他制造业							
废弃资源和废旧材料回收加工业							
电力、热力的生产和供应业							
#电力生产和电力供应							
燃气生产和供应业	5417.8	4998.1	998.1				
水的生产和供应业							

计量单位：万元

外商资本	主营业务收入	主营业务成本	主营业务税金及附加	其他业务收入	其他业务利润	营业费用
	6555.7	2689.2		132.5	8.2	307.7
6090.8	49039.8	43879.5	0.3	208.7	66.5	1667.6
3642.4	23329.7	21673		198	66.5	958.3
2829.7	19229	6807.4		763.2	-47.8	1510.8
248	630	534.7				1.6
5360.1	45110.6	22193.9	3417.7	2715.1	1316.3	6448.4
4280.4	30852.9	13571.9	3417.7	2645.7	1308.3	2972.4
	5852.6	5637.1	27.3	58.4	0.5	186.5
	5852.6	5637.1	27.3	58.4	0.5	186.5
3113.5	3347	3025.4				47
	30813.4	24795.7	4.7	6027.4	346.8	1845.9
1734.3	13209.5	4945.6				7.9
1734.3	10395.1	3457.5				7.9
2488.9	3488.1	2036.9	3.6			1599
2488.9	3488.1	2036.9	3.6			1599
954.4	687.7	363.6		74.3	8.3	60.7
949.5	3711	3274.5		167.9	39.4	96.2
2970	26256.7	20249.5				303.1
435	28385.7	26105.6	55.5			1092.8
500	607.4	552.7				33.1
1245	1770.2	1569.8		4.4	4.4	92
216	2280.7	1775.9	2	226.8	45.8	200.7
996	6939.1	3966		516	18.9	1159
480	2274.6	1650.3				203.7
153.5	1745.2	1317.6				172.6
4000	2355.3	1966.2				

2-43 续表 3

项目	管理费用	税金	财产保险费	差旅费	工会经费	办公费	职工教育费
煤炭开采和洗选业							
石油和天然气开采业							
#天然原油和天然气开采							
黑色金属矿采选业							
有色金属矿采选业	725.2	0.9	3.9	48.5	5.1	4.5	3.8
非金属矿采选业							
#采盐							
其他采矿业							
农副食品加工业	1932	37.7	35.1	112.5	12.7	97.7	27.3
#谷物磨制							
饲料加工	863.3	18.2	8.4	66.2	5	37	22.9
制糖							
食品制造业	355.7	9.6	3	29.8	4	15.5	5.9
#罐头制造	102.4	1.1		1.3		1.8	
饮料制造业	4433.1	158.7	19.7	331	54.1	252	6.9
#酒的制造	3826.3	156.4	19.6	296.4	52.5	245.7	3.9
烟草制品业							
纺织业	184.9	1.2	0.6	118.1	0.1	2.9	0.2
#棉、化纤纺织及印染精加工	184.9	1.2	0.6	118.1	0.1	2.9	0.2
毛纺织和染整精加工							
纺织服装、鞋、帽制造业							
皮革、毛皮、羽毛(绒)及其制品业							
#皮革鞣制加工							
皮革制品制造							
木材加工及木、竹、藤、棕、草制品业	171.4	0.1	4.7	20.5	2.6	13.5	2.1
家具制造业	3903.7	1.2	4.1	203.8	81.7	44.9	61.2
造纸及纸制品业							
印刷业和记录媒介的复制							
文教体育用品制造业							
石油加工、炼焦及核燃料加工业	253.6	6.2	2	6.5	2.4	8.7	1.8
#炼焦	154.7	5.5		0.2		5.4	
化学原料及化学制品制造业	594.5	7.3	3.3	28.9	8.2	13.2	2.8
#基础化学原料制造	594.5	7.3	3.3	28.9	8.2	13.2	2.8
肥料制造							
医药制造业	276.8	1.4	1.5	21.2	2.3	17	1
化学纤维制造业							
橡胶制品业							
塑料制品业	374.5	11	2	32.9	1.4	16.4	1.9
非金属矿物制品业	974.3	21.3	17.6	45.1		37.6	
#水泥制造							
黑色金属冶炼及压延加工业	227.6	3.3	3.3	12.2	1.5	10.3	1.1
有色金属冶炼及压延加工业	40.7		1.2	1.3		2.8	
金属制品业	30.4	0.6		1.2		4.3	
通用设备制造业	303.7	1.8	10.8	36.1	2.4	17	0.6
专用设备制造业	100	2	6	3		10.1	1.3
交通运输设备制造业	338		2.9	39.1		7.6	
电气机械及器材制造业	246.5	5.4	0.6	11.9	2.5	11.3	1.9
通信设备、计算机及其他电子设备制造业							
仪器仪表及文化、办公用机械制造业							
工艺品及其他制造业							
废弃资源和废旧材料回收加工业							
电力、热力的生产和供应业							
#电力生产和电力供应							
燃气生产和供应业	159.7	6.7	1	6.1	0.8	3.4	0.6
水的生产和供应业							

计量单位：万元

排污费	财务费用	利息支出	营业利润	投资收益	补贴收入	营业外收入
15	14.5	18.3	2827.3			
1.5	1107.2	1103.7	1829.3	-115	26.3	15.5
0.2	149.5	147.1	-284.8			1.7
9.8	-2.1	-0.1	555.3			388.7
			-8.7			
3.9	410.3	385.9	9360.2	-19.2	88.2	193.6
3.9	295.7	269	8077.1	-19.2	59.5	88.5
0.1	26.3		-570.9			0.3
0.1	26.3		-570.9			0.3
4.2	34.8	34.6	68.4		101.2	0.4
2.1	-9.1	-9.1	619.3	1314.6	253.8	704.9
	-7.2	-7.2	8009.6			
	-7.2	-7.2	6782.2			
8.4	-50.7	-51.8	-695.1	50	20.3	
8.4	-50.7	-51.8	-695.1	50	20.3	
	16.9	15.6	-1.8		26.9	
0.1	14.3	13.9	-261.3		19.7	3.3
	1110	1110	3619.8			7
	9.3	9.3	894.9			24.3
	41.6	40.8	-60.5		7.1	
	11.3	11.2	71.1			0.5
0.2	-1.5	-1.5	45.6		13.6	
	3	3	1730			
	29.6	29.6	1323			
	4.4	3.9	4.1		13	0.5
	8.7	8.5	220.7			

2-43 续表 4

项　目	营业外支出	利润总额	应交所得税	广告费	劳动、待业保险费	养老保险和医疗保险费	住房公积金和住房补贴
煤炭开采和洗选业							
石油和天然气开采业							
#天然原油和天然气开采							
黑色金属矿采选业							
有色金属矿采选业	12	2815.3	423.5		0.7	9.4	
非金属矿采选业							
#采盐							
其他采矿业							
农副食品加工业	64	1461.6	228.8	16.8	17.5	129.6	36.1
#谷物磨制							
饲料加工	26.9	-310.3		6.4	5.7	70.2	15.2
制糖							
食品制造业	87.9	810		207.1	10.9	12.6	1.5
#罐头制造		-8.7				2.5	
饮料制造业	698.8	7914.7	1660.7	1227.8	27.4	219.7	11.1
#酒的制造	93.3	7219.6	1654	524.7	13.8	214	11.1
烟草制品业							
纺织业	0.1	-630.9			6.4	35.3	3.1
#棉、化纤纺织及印染精加工	0.1	-630.9			6.4	35.3	3.1
毛纺织和染整精加工							
纺织服装、鞋、帽制造业							
皮革、毛皮、羽毛(绒)及其制品业							
#皮革鞣制加工							
皮革制品制造							
木材加工及木、竹、藤、棕、草制品业		169.6			3.6	41.6	
家具制造业	0.4	2892.1	154.8		18.9	250.5	46.5
造纸及纸制品业							
印刷业和记录媒介的复制							
文教体育用品制造业							
石油加工、炼焦及核燃料加工业	3.5	8006.1	2236.5		0.8	12.5	9.8
#炼焦	3.5	6778.7	2033.6			2.8	
化学原料及化学制品制造业	9.7	-634.5			3.9	30.2	3.1
#基础化学原料制造	9.7	-634.5			3.9	30.2	3.1
肥料制造							
医药制造业		33.4	2.7		2.6	34.8	14.3
化学纤维制造业							
橡胶制品业							
塑料制品业	2.6	-140.3	17.3	5.4	2.3	9.7	1
非金属矿物制品业	1	3625.8	529.9				
#水泥制造							
黑色金属冶炼及压延加工业	30.2	889	158.3		1.9	33.8	27.3
有色金属冶炼及压延加工业		-53.4			1.3	3.9	
金属制品业		71.6			0.4		
通用设备制造业	0.8	44.8	22.8	2.8	1.5	18.3	7.8
专用设备制造业	11	1719	158		1.7	24.8	16
交通运输设备制造业	0.4	1322.9	396.9	13.4	1.1	13.5	0.4
电气机械及器材制造业	1.1	16.5	2.5	0.3	0.5	15.3	2.5
通信设备、计算机及其他电子设备制造业							
仪器仪表及文化、办公用机械制造业							
工艺品及其他制造业							
废弃资源和废旧材料回收加工业							
电力、热力的生产和供应业							
#电力生产和电力供应							
燃气生产和供应业	1.2	219.5	33.5		4.3	39.3	9.1
水的生产和供应业							

计量单位：万元

应付工资	主营业务 工　资	福　利	主营业务 福　利	增值税	进项税
874.8	3357.9	2547.1	367.9	424.9	3.5
2024.6	43651.2	38782.8	1451	1161.2	1149
7.1	21339.8	20106.2	332.9	270.9	480.3
2975.6	17400.9	15399.3	760.6	216.4	1026.7
	628.1	482	48.6	95.9	1.6
8465.1	25593.5	16012	4466.7	1371.5	3333
6076.9	15910.8	9850.4	3601.9	1087.4	1075.4
338.7	4678.6	4220.9	153.9	92.1	185.4
338.7	4678.6	4220.9	153.9	92.1	185.4
217.4	2378.7	1707.5	512.4	84.9	39.1
347.7	24669.6	19053.6	1927	2129.1	1569
2245.5	6272.3	4080.1	2004.6	189.8	5
1767.1	4956	3320.4	1494.8	143	5
154.8	3405.6	1452.9	94.2	326.1	1583.1
154.8	3405.6	1452.9	94.2	326.1	1583.1
260.2	523.9	283.4	22.6	140.5	60.5
429.8	3326.4	2767.7	354.6	163.8	26
1981.6	25257	21946	1040	860	301
4514.8	9663.4	8630.1	209	159.3	655.7
69.4	678.3	579.7	1.8	22.1	33.1
	1544.6	1345.9	149.6	27.4	10.4
427.3	1349.1	662.2	408.2	147.5	132.7
1179	2542.4	1060.1	467.1	85	927.2
386.7	745.4	448.9		176.2	90.7
296.7	1062.2	719.1	51.7	139.1	147.9
94.7	1356.5	1230.7	117.1		

2-43 续表 5

项目	本年销项税额	工业中间投入合计	直接材料	制造费用中的中间投入	管理费用中的中间投入	营业费用中的中间投入
煤炭开采和洗选业						
石油和天然气开采业						
#天然原油和天然气开采						
黑色金属矿采选业						
有色金属矿采选业	874.8	3357.9	2547.1	367.9	424.9	3.5
非金属矿采选业						
#采盐						
其他采矿业						
农副食品加工业	2024.6	43651.2	38782.8	1451	1161.2	1149
#谷物磨制						
饲料加工	7.1	21339.8	20106.2	332.9	270.9	480.3
制糖						
食品制造业	2975.6	17400.9	15399.3	760.6	216.4	1026.7
#罐头制造		628.1	482	48.6	95.9	1.6
饮料制造业	8465.1	25593.5	16012	4466.7	1371.5	3333
#酒的制造	6076.9	15910.8	9850.4	3601.9	1087.4	1075.4
烟草制品业						
纺织业	338.7	4678.6	4220.9	153.9	92.1	185.4
#棉、化纤纺织及印染精加工	338.7	4678.6	4220.9	153.9	92.1	185.4
毛纺织和染整精加工						
纺织服装、鞋、帽制造业						
皮革、毛皮、羽毛(绒)及其制品业						
#皮革鞣制加工						
皮革制品制造						
木材加工及木、竹、藤、棕、草制品业	217.4	2378.7	1707.5	512.4	84.9	39.1
家具制造业	347.7	24669.6	19053.6	1927	2129.1	1569
造纸及纸制品业						
印刷业和记录媒介的复制						
文教体育用品制造业						
石油加工、炼焦及核燃料加工业	2245.5	6272.3	4080.1	2004.6	189.8	5
#炼焦	1767.1	4956	3320.4	1494.8	143	5
化学原料及化学制品制造业	154.8	3405.6	1452.9	94.2	326.1	1583.1
#基础化学原料制造	154.8	3405.6	1452.9	94.2	326.1	1583.1
肥料制造						
医药制造业	260.2	523.9	283.4	22.6	140.5	60.5
化学纤维制造业						
橡胶制品业						
塑料制品业	429.8	3326.4	2767.7	354.6	163.8	26
非金属矿物制品业	1981.6	25257	21946	1040	860	301
#水泥制造						
黑色金属冶炼及压延加工业	4514.8	9663.4	8630.1	209	159.3	655.7
有色金属冶炼及压延加工业	69.4	678.3	579.7	1.8	22.1	33.1
金属制品业		1544.6	1345.9	149.6	27.4	10.4
通用设备制造业	427.3	1349.1	662.2	408.2	147.5	132.7
专用设备制造业	1179	2542.4	1060.1	467.1	85	927.2
交通运输设备制造业	386.7	745.4	448.9		176.2	90.7
电气机械及器材制造业	296.7	1062.2	719.1	51.7	139.1	147.9
通信设备、计算机及其他电子设备制造业						
仪器仪表及文化、办公用机械制造业						
工艺品及其他制造业						
废弃资源和废旧材料回收加工业						
电力、热力的生产和供应业						
#电力生产和电力供应						
燃气生产和供应业	94.7	1356.5	1230.7	117.1		
水的生产和供应业						

计量单位：万元

经营活动产生的现金流量净额	投资活动产生的现金流量净额	筹资活动产生的现金流量净额	全部从业人员年平均人数(人)	利税总额	亏损企业亏损额
2837.9	-639.6	-604.3	124	3517.9	
211.8	-4579.4	-12046.2	940	1767.3	798.3
1797.2	-610.1	-355.7	210	-303.2	310.3
-86.8	-49.9	139.5	380	1462.9	9.8
31.7	-30.6		49	-8.7	8.7
9342.1	-6207	-258.5	1947	15655.9	1731.3
8275	-6056.8	-258.5	1747	14194.1	456.8
-503.4	-3305.5	4144.7	615	-580	630.9
-503.4	-3305.5	4144.7	615	-580	630.9
19.6	-45.3		245	262.6	51.7
2355.1	-13151.2	-1021.7	592	2896.8	
7013.7	1305.3	1384.9	300	9637.3	
6916.8	1505.9	1302.9	250	8153.3	
683.1	-346.3	-848.7	205	-565.3	634.5
683.1	-346.3	-848.7	205	-565.3	634.5
754.2	-533	-316.8	61	262.8	
-34.3	-3.6		134	-74.3	255.7
4660	-4831	662	362	4674.1	
-3321.6	-97.7	-354	76	956.2	
			21	-53.2	53.4
813.2		46.1	19	71.6	
-251.6	-77	1.5	83	206.9	165.3
			30	2585	
4591	42.5	30.2	65	1468.4	
-22.6	-18.7	-117.5	95	163	
		-629.3	17	314.2	

2-44 乌鲁木齐市规模以上

项目	企业单位数	亏损单位数	工业总产值（现价）	工业销售产值	出口交货值	工业增加值	年初存货
总计	**332**	**132**	**4355365.2**	**4300477.3**	**159087**	**1323619.8**	**625399.5**
按登记注册类型分							
内资企业	307	124	4192644.8	4140739.5	84102.4	1280482.8	584390.6
国有企业	74	42	360568.1	358898.6	2535.7	116586.8	38046.6
#中央企业	20	15	241696.7	240592.5		71964.6	15610.6
地方企业	54	27	118871.4	118306.1	2535.7	44622.2	22436
#自治区属企业	44	20	72136.1	71640.1	2535.7	27752.7	20010.4
地区(州、市)属企业	9	6	46621.5	46559.9		16841.6	2425.6
县(市)属企业	1	1	113.8	106.1		27.9	
集体企业	16	5	42031.6	41535.3		9015.7	11042
#自治区属企业	8	2	28691.5	29694.8		6958.8	5238.3
地区(州、市)属企业	1		959.9	959.9		262.8	47.3
县(市)属企业	1		1145.7	1103.1		132.5	466.6
镇属企业							
乡属企业							
股份合作企业							
联营企业	2	1	3649.8	3333.7		443.5	408.8
#国有联营企业							
集体联营企业							
国有与集体联营企业	2	1	3649.8	3333.7		443.5	408.8
其他联营企业							
有限责任公司	125	45	1311411.1	1262540.7	51678.1	458913	214197.2
#国有独资公司	23	5	315257.1	309874.5	19.7	119594.6	37261.3
其他有限责任公司	102	40	996154	952666.2	51658.4	339318.4	176935.9
股份有限公司	8	4	2295490.4	2289230.3	25555.4	659443.1	270214.8
私营企业	82	27	179493.8	185200.9	4333.2	36080.7	50481.2
#私营独资企业	1		811.1	851.5		130.3	50.8
私营合伙企业							
私营有限责任公司	80	27	167536.7	168471	4333.2	31729.6	44767
私营股份有限公司	1		11146	15878.4		4220.8	5663.4
港、澳、台商投资企业	7	1	67170.7	65020.7	34456	22339.1	16034.3
外商投资企业	18	7	95549.7	94717.1	40528.6	20797.9	24974.6
在总计中：国有控股企业	162	72	3685188.8	3648553.9	70046	1163936.6	440564
在总计中：农村工业	2	1	6616.3	6661.3		200	3423.6
按轻、重工业分							
轻工业	107	49	567582.6	511703.1	135793.1	151756	173684.7
以农产品为原料	90	43	505033.3	449242	131966.2	125861.3	158865.4
以非农产品为原料	17	6	62549.3	62461.1	3826.9	25894.7	14819.3
重工业	225	83	3787782.6	3788774.2	23293.9	1171863.8	451714.8
采掘工业	9	3	526000.4	512548.3		379151.9	44766.7
原料工业	87	35	2769494.1	2780523	16535.6	669697.6	289995.1
加工工业	129	45	492288.1	495702.9	6758.3	123014.3	116953
按企业规模分							
大型企业	8	1	2663684.9	2663522.5	12620.5	844437.2	273134.4
中型企业	43	17	1032027.2	984412	124331.5	326297	197661
小型企业	281	114	659653.1	652542.8	22135	152885.6	154604.1

工业企业主要经济指标

计量单位：万元

流动资产合计	短期投资	应收帐款	存货	产成品	流动资产年平均余额	长期投资
2193754.5	**29185.7**	**352810.9**	**755553.6**	**285871.5**	**2039790**	**471566**
2074054.4	29185.7	333943	712130.3	271107.8	1913853.3	433718
240758.9	5.5	40948.1	39796.1	13688	228544.5	41339.7
92320.5		15073.3	17127.1	4666.5	81533.4	15777.7
148438.4	5.5	25874.8	22669	9021.5	147011.1	25562
77654.1		20925.2	18072.6	8030	77029.3	9924.3
69553.9	5.5	4796.7	3791.1	991.5	68734.8	15637.7
1230.4		152.9	805.3		1247	
27171.4	10	6044.4	11939.1	7888.3	26371	237.5
17998.6		5083	4758.3	2410.2	17202.1	237.5
329.6		192.4	81		301.4	
567.8		133.7	369.6	59.7	768.8	
677.6		252.6	425	283.2	837.1	
677.6		252.6	425	283.2	837.1	
838232.8	9230	164004.2	283259.1	120735.1	803057.5	94514.6
220561.6	2984.5	62587.7	42820.6	24395.8	220828.8	19528.7
617671.2	6245.5	101416.5	240438.5	96339.3	582228.7	74985.9
733091.2	19154	76393.2	317678.3	106060.1	633205.5	128026.8
234122.5	786.2	46300.5	59032.7	22453.1	221837.7	169599.4
351.6		38.3	230.5	176.9	351.6	
159352.6	188.4	38001.7	53166.1	20802.9	153351.7	19037.2
74418.3	597.8	8260.5	5636.1	1473.3	68134.4	150562.2
45970.7		7386.3	17153.5	7391.3	44327	692.6
73729.4		11481.6	26269.8	7372.4	81609.7	37155.4
1562518.2	27655.8	237573.1	527184.8	197822.1	1422737.9	214432.4
5901.7	10	632.3	4117.6	3814.4	5684	
515099	2935.5	79414.8	221982	97664.1	512456.8	114494.4
459691.2	2430.5	70804.4	207067.3	90907.8	453887.1	110767.1
55407.8	505	8610.4	14914.7	6756.3	58569.7	3727.3
1678655.5	26250.2	273396.1	533571.6	188207.4	1527333.2	357071.6
228905.7	1784.2	42174.7	81457	15488.6	205057.4	1995.7
905114.1	18628.5	97716.4	317540.7	108119	810025.6	141397.5
544635.7	5837.5	133505	134573.9	64599.8	512250.2	213678.4
793569.2	2321.2	65365.3	338107.7	106883.8	679266.3	20831
868736.7	21928.3	170543.5	235543.3	93229.5	833541.5	412422.1
531448.6	4936.2	116902.1	181902.6	85758.2	526982.2	38312.9

2-44 续表 1

项目	企业单位数	亏损单位数	工业总产值（现价）	工业销售产值	出口交货值	工业增加值	年初存货
按行业分							
煤炭开采和洗选业	6	3	77507.3	73392.2		42047.6	9884.9
石油和天然气开采业	1		447639	438492		336686.3	34600.4
#天然原油和天然气开采	1		447639	438492		336686.3	34600.4
黑色金属矿采选业							
有色金属矿采选业	1		721.1	536		394.3	253
非金属矿采选业	1		133	128.1		23.7	28.4
#采盐							
其他采矿业							
农副食品加工业	16	8	94944	92039.6	7629.8	11094.4	18125.7
#谷物磨制	2	1	24054	23462.4		2050.7	2115.4
饲料加工	3	1	39178.4	39111.7		4983	7478.9
制糖							
食品制造业	16	4	127248	101849	38144.3	36450.9	20217
#罐头制造	2	1	85925.9	60543.3	36594.3	22850.8	12862.5
饮料制造业	7	5	56295.2	47842.6	166.2	19975	46361.4
#酒的制造	5	4	53709.5	45441.9	166.2	18994.4	46029
烟草制品业							
纺织业	7	4	120562	104814.4	25971.8	33352.4	51905
#棉、化纤纺织及印染精加工	3	1	77619.6	73837.9	5295.6	21432.7	14339.4
毛纺织和染整精加工	1	1	1406.8	1356.3	245.2	-1326	3875.7
纺织服装、鞋、帽制造业	3	2	1006.6	1017.7		406.9	284.1
皮革、毛皮、羽毛(绒)及其制品业							
#皮革鞣制加工							
皮革制品制造							
木材加工及木、竹、藤、棕、草制品业	3	1	8202.4	8350.2	4423.7	1730.2	1943.2
家具制造业	5	1	63001.6	63067.6	59537.3	14234.1	8361.6
造纸及纸制品业	10	5	16895.4	15689.9		3290.7	7249.7
印刷业和记录媒介的复制	23	12	24452.2	24880		8700.7	3277.6
文教体育用品制造业							
石油加工、炼焦及核燃料加工业	8	3	1083276.4	1094065.3		128966.7	131172.4
#炼焦							
化学原料及化学制品制造业	26	9	218353.8	212821.2	7705.5	73308.7	31715.3
#基础化学原料制造	5	3	135503.1	133123.5	7005.8	46866	15055.7
肥料制造	7	2	57425.6	55556.7		18875.6	9204.6
医药制造业	7	2	20256.4	18755.4	1032.8	8142.6	7666.6
化学纤维制造业							
橡胶制品业							
塑料制品业	28	10	66104.5	67055.3	1860.4	18205.3	13589.1
非金属矿物制品业	24	11	113321.5	117948.8		29332.2	25102.9
#水泥制造	8	8	48858.4	48655.4		10095.3	14247.4
黑色金属冶炼及压延加工业	15	5	1066385.1	1067276.7	4200.4	323185.8	104414.4
有色金属冶炼及压延加工业	5	2	37674.6	39037.9	2541.2	3041.4	11162.4
金属制品业	18	7	21643.8	21092.8		3849.3	4890
通用设备制造业	17	5	21274.1	22438.6	484.7	5446.1	13523.4
专用设备制造业	8	5	23898.2	23389.6	239.5	3320.4	15934.3
交通运输设备制造业	15	7	78099.2	76998.3		12789.1	24654.9
电气机械及器材制造业	20	7	81898.6	85392.4		21158.9	20530.7
通信设备、计算机及其他电子设备制造业	1		61898.4	59274.5	5149.4	16134	9827.6
仪器仪表及文化、办公用机械制造业	1		3124.8	3124.8		1555.8	16.1
工艺品及其他制造业							
废弃资源和废旧材料回收加工业	2		3212.4	3014.8		869.1	231.2
电力、热力的生产和供应业	35	11	380213.2	380569.2		152784.1	7278.9
#电力生产和电力供应	9	4	326468.3	326468.3		134977.3	4434.2
燃气生产和供应业	1	1	26601.9	26601.9		7386.3	724.6
水的生产和供应业	2	2	9520.5	9520.5		5756.8	472.7

计量单位：万元

流动资产合计	短期投资	应收帐款	存货	产成品	流动资产年平均余额	长期投资
74780.4	1784.2	25794.3	14909.7	10284.8	78712.4	1995.7
152986.4		15755.6	66315	5169.3	125206.1	
152986.4		15755.6	66315	5169.3	125206.1	
1027.2		577.7	197.5		1031.5	
111.7		47.1	34.8	34.5	107.4	
50539	10	6770.4	16512.7	6025.7	52559.9	3062.9
8436.4		2883.2	2520.9	519.7	7917.1	
15033.4		611.6	5785.4	908.8	16180.1	3001
109227.5		25795.7	35729.8	32435.9	94521.5	15445
86008.1		22975.6	29203.2	28958.8	73578.7	11724.3
112460.3	900	7745.2	62466.9	4340.7	110356.2	38191.2
110814.8	900	7519.4	62290.2	4336.2	108697.5	38191.2
107227.4	1316.6	14818.9	66305.3	35243.8	114504.1	17450.4
39383.1	103.8	2991.6	22038.3	10014.3	41344.2	3.9
18276.4		1072.6	13334.3	11605.3	18220.5	
1883.2		132.5	370.9	69.1	1797.6	
5429.8		1063.9	3049.2	453.3	4733.5	240
42379	147.3	9373.9	10361.4	3077.3	45844.7	34049.4
15474.6	10	2250	9711.7	7411.6	14569.3	108.9
12456.7	46.6	2665.5	2686.9	843	11962.6	606.2
269556.8		3921.5	151603.1	69834.4	197061.3	12155.6
128170.3	22.3	28285.9	37655.4	19153.2	115830	22965.4
70040.1	17.3	14919.3	15689.9	8354.3	58384.9	21038.5
33388.4		5685.1	14380.4	6785.4	31369.8	1383
20649.1		4755	7610.1	3902.3	23743.1	2646
73685.5		17476.3	18711.1	9362.4	61675.3	16355.8
211961.4	18866	60384.3	24576.5	7527.6	195109.6	250701.6
87537.3	17508	29566.3	13992.2	3593.6	81230.7	92551.8
310376.2	433.2	9680	114321.1	21075.1	291910.6	2962.7
28053.2	40	6830.3	9454.9	2771	27831.8	1822
19245.1		8184.4	6654.5	2369.5	19969.1	988.2
29556.1		9422.1	13776.9	8198.7	29597.4	3851.2
48026.8		15892.3	16624.4	6343.7	47382.4	3588.2
66381.5		11336.1	23422.1	12821.2	70633.8	4608.2
83096.6	4979.5	17663.2	22467.1	9894	77434.4	1562.7
41128.4		15133.3	11891.3	6144.1	39218.8	9396.3
3272.6		1352.2	274.8	154	3176.9	210
1752.7		698.6	374.7	163.6	1631.9	650
120774.1	630	26941.7	5515.9		134847.5	10314.7
55949.5	540.1	14668.6	3523.4		66303.4	5074.7
37839.6		2032.1	1522.6	767.7	31097	13294.6
14245.3		30.9	445.3		15732.3	2343.1

2-44 续表 2

项　目	固定资产合　计	固定资产原　价	生产经营用	累计折旧	本年折旧	固定资产净值年平均余额
总　计	**3906264.5**	**5236051.9**	**4989546.1**	**1816400.4**	**345413.7**	**3479252.5**
按登记注册类型分						
内资企业	3812634.5	5092483.5	4853087.2	1761130.4	335960.1	3386982
国有企业	560427.6	737310.7	605497	227976.9	39614.6	507467.3
#中央企业	311181.3	420799.8	315288.5	134568.8	19284.3	278468.6
地方企业	249246.3	316510.9	290208.5	93408.1	20330.3	228998.7
#自治区属企业	105315	149813.1	144614.4	52946.7	7534.4	101061.9
地区(州、市)属企业	143759.2	165533.8	144628.3	39467.3	12788.7	127745.7
县(市)属企业	172.1	1164	965.8	994.1	7.2	191.1
集体企业	4324.2	11832.1	11132.6	8079.2	722.1	4113.1
#自治区属企业	2885.8	7638.5	7247.1	5128.7	410.4	2910.3
地区(州、市)属企业	169.2	423.6	423.6	254.4	47.8	159.2
县(市)属企业	44.2	274.7	274.7	230.5	31.3	25.9
镇属企业						
乡属企业						
股份合作企业						
联营企业	1250.5	1753.2	1564.4	561.1	70	1165.6
#国有联营企业						
集体联营企业						
国有与集体联营企业	1250.5	1753.2	1564.4	561.1	70	1165.6
其他联营企业						
有限责任公司	1375010.3	1929766.1	1835949	613218.7	110057.8	1280527.1
#国有独资公司	292393	495710.2	454867.4	223192	18745.8	272941.6
其他有限责任公司	1082617.3	1434055.9	1381081.6	390026.7	91312	1007585.5
股份有限公司	1747671.6	2259507	2248802.2	871652.3	177146.8	1479102.2
私营企业	123950.3	152314.4	150142	39642.2	8348.8	114606.7
#私营独资企业	251	292	292	41	20.4	250.1
私营合伙企业						
私营有限责任公司	108519.4	124964.2	122791.8	27598.4	6545.9	99014.5
私营股份有限公司	15179.9	27058.2	27058.2	12002.8	1782.5	15342.1
港、澳、台商投资企业	46448.6	76605.8	70661.6	33911	5045	44748.7
外商投资企业	47181.4	66962.6	65797.3	21359	4408.6	47521.8
在总计中：国有控股企业	3409466.1	4569615.7	4339166.8	1619997.1	307799.4	3015467.7
在总计中：农村工业	3664.4	5153.1	5153.1	1581.7	139.8	3619.8
按轻、重工业分						
轻工业	489144.8	670391.7	639706.3	196499.4	34793.2	456961.6
以农产品为原料	394812.5	553222.8	526958.7	165682.2	28622.1	368814
以非农产品为原料	94332.3	117168.9	112747.6	30817.2	6171.1	88147.6
重工业	3417119.7	4565660.2	4349839.8	1619901	310620.5	3022290.9
采掘工业	952472	978859.4	948130.2	249432.3	71157.2	801529.8
原料工业	2012688.4	2953971.1	2893826.5	1155280.7	209053.7	1801451.1
加工工业	451959.3	632829.7	507883.1	215188	30409.6	419310
按企业规模分						
大型企业	1976450.5	2574792.2	2550154.6	961197	198859.5	1675229.9
中型企业	1348529.6	1915549.4	1743989.9	631383.2	104680.9	1286639
小型企业	581284.4	745710.3	695401.6	223820.2	41873.3	517383.6

计量单位：万元

无形资产	资产总计	流动负债		长期负债	负债合计
		合　计	应付帐款	合　计	
176766.7	**6774529.7**	**2772291.8**	**627876.3**	**847609.6**	**3620204.9**
165785.1	6510833.3	2691765.6	611390	832249.2	3524318.2
11564.8	855071.4	283446.7	37387.6	229314.3	512761.1
10228.8	429856.1	124710.6	9857.8	151642.2	276352.9
1336	425215.3	158736.1	27529.8	77672.1	236408.2
741.7	193906.5	91844.1	22366.2	27731.4	119575.5
594.3	229806.3	65972.9	5163.6	49940.7	115913.6
	1502.5	919.1			919.1
25	31770.4	21164	7848.9	314.9	21551.7
8.8	21142.9	13165.4	4290.4	164.9	13403.1
0.2	499.0	110.8	36.8		110.8
16	628.0	327.4	295.3		327.4
26.9	2169.6	587.8	366.3		587.8
26.9	2169.6	587.8	366.3		587.8
113540.5	2428812.9	1132314.9	299020.1	295079.6	1427624.7
86934.4	621821.1	265865.6	66710.8	73326.7	339192.3
26606.1	1806991.8	866449.3	232309.3	221752.9	1088432.4
16110.9	2627849.7	1031843.6	215117.9	271434.9	1303278.5
24517	565159.3	222408.6	51649.2	36105.5	258514.4
	643.6	7.9	4		7.9
22854.3	322692.4	168317.7	48776.4	11065.9	179383.8
1662.7	241823.3	54083	2868.8	25039.6	79122.7
2522.1	96500.5	30844.5	6297.3	14930.5	45775
8459.5	167195.9	49681.7	10189	429.9	50111.7
131091.5	5327154.4	2204154.1	504432.8	647529	2851911.6
	9569.5	7878.8	746.5	150	8028.8
23107.8	1146818.9	519256.6	99121.9	172051.9	691538.8
17016.6	986884.7	449743.5	89722.7	154993.9	604739.5
6091.2	159934.2	69513.1	9399.2	17058	86799.3
153658.9	5627710.8	2253035.2	528754.4	675557.7	2928666.1
67206.2	1254210.9	538254.9	71658.3	74696.7	612951.6
29958.8	3091932.2	1193664	329540.4	468340	1662004.2
56493.9	1281567.7	521116.3	127555.7	132521	653710.3
76607.5	2871914.1	1016662.5	215564.7	251180.1	1267844.4
53239.2	2687906.4	1165616.7	270542	421747.6	1587592.6
46920	1214709.2	590012.6	141769.6	174681.9	764767.9

2-44 续表 3

项目	固定资产合计	固定资产原价	生产经营用	累计折旧	本年折旧	固定资产净值年平均余额
按行业分						
煤炭开采和洗选业	107656.8	149909.1	119179.9	58112.1	4168.5	85824.7
石油和天然气开采业	843828.3	827388.3	827388.3	190738.9	66910.1	714682.9
#天然原油和天然气开采	843828.3	827388.3	827388.3	190738.9	66910.1	714682.9
黑色金属矿采选业						
有色金属矿采选业	836	1257.4	1257.4	427.6	67	862
非金属矿采选业	150.9	304.6	304.6	153.7	11.6	160.2
#采盐						
其他采矿业						
农副食品加工业	32949	56370.5	50489.5	26758.6	2685.5	28213.3
#谷物磨制	6243.1	19644.9	18863.4	12473.1	715.1	7588
饲料加工	13251.4	14727.7	12399.9	5682.2	626.6	7388.5
制糖						
食品制造业	114311.3	138691.5	138012.3	25164.6	7295.8	105664.4
#罐头制造	101757.1	119646.6	119196.6	17933.1	6138.7	94008.7
饮料制造业	93838.1	124419.1	124078.3	31428.8	7357.2	85444.3
#酒的制造	91268.3	120672.6	120559.8	30252	7029.9	82249.3
烟草制品业						
纺织业	89746	144053.8	132593.5	52085.8	6094.3	86614.9
#棉、化纤纺织及印染精加工	48001	71607	70323.1	23575.3	4757.1	47211.1
毛纺织和染整精加工	23303.8	27504	25634.2	4200.2	376.8	18970.7
纺织服装、鞋、帽制造业	247.9	463.6	463.6	215.9	18.6	239.8
皮革、毛皮、羽毛(绒)及其制品业						
#皮革鞣制加工						
皮革制品制造						
木材加工及木、竹、藤、棕、草制品业	2255.6	4541.9	4524.6	2387.1	241.2	2162.1
家具制造业	20753.6	27122.8	26331.3	6918.8	1427.7	20535.2
造纸及纸制品业	11458.6	14805.1	13069	4286.4	1169.2	10714.8
印刷业和记录媒介的复制	22015.8	38529.1	36109.9	16804.6	2299.7	22196
文教体育用品制造业						
石油加工、炼焦及核燃料加工业	448941.8	988656.7	988229.2	513808.8	82513	484284.2
#炼焦						
化学原料及化学制品制造业	153086.2	213160.2	196598.9	69745.4	12478.7	140308.3
#基础化学原料制造	91994.2	116335.3	107465.8	27211.5	7407.4	82044.3
肥料制造	46658.8	75635.4	72735.8	30128.1	3863.4	45834.5
医药制造业	26272.5	24881.7	21097.1	4571.5	813.8	22997.5
化学纤维制造业						
橡胶制品业						
塑料制品业	133342.4	184315.3	90553.6	54996.1	5892.2	121218.5
非金属矿物制品业	145988.7	234186.2	221535.9	97662.8	11599	141427.4
#水泥制造	96307.2	160020.1	147782.7	70689.4	6784.6	91937.2
黑色金属冶炼及压延加工业	518532.7	538168.6	536473.7	187977.7	42343.1	333945.8
有色金属冶炼及压延加工业	8926.7	10896.3	10846.4	2166.1	609.9	8462.3
金属制品业	7634.4	9287.4	9095.8	2576.5	674.3	7185.4
通用设备制造业	11804.4	22489.8	21010.1	11031.9	804.9	11481.7
专用设备制造业	29999.2	50163.2	49993.7	21573.3	2252	29399.4
交通运输设备制造业	19088	36151.3	31686.1	17545.7	1793.8	18842.8
电气机械及器材制造业	24913.9	33182.5	32923.1	10542.8	1727.5	23569.4
通信设备、计算机及其他电子设备制造业	90324.7	113230.7	113100.3	27455.8	4311	78409.9
仪器仪表及文化、办公用机械制造业	1205.2	884.6	751.2	29.4	6.4	1116.5
工艺品及其他制造业						
废弃资源和废旧材料回收加工业	641.9	793.6	789.3	151.7	82.2	618.7
电力、热力的生产和供应业	837938.8	1125817.3	1089322.9	347031.8	68486.2	791628.6
#电力生产和电力供应	623211.8	867278.8	865349.4	289556.5	52831.4	601188.7
燃气生产和供应业	43622.9	38033.5	20918.4	8691.7	4404.3	39805.2
水的生产和供应业	63952.2	83896.2	80818.2	23358.5	4875	61236.3

计量单位：万元

无形资产	资产总计	流动负债合计	应付帐款	长期负债合计	负债合计
66159.2	252256.4	95907.2	19311.1	16731.6	112638.8
1047	999733.8	441342.3	52094.8	57657.1	498999.4
1047	999733.8	441342.3	52094.8	57657.1	498999.4
	1958.0	810	149	308	1118
	262.7	195.4	103.4		195.4
2592.9	89710.7	43730.1	9526	8008.6	51738.7
108.7	14798.4	8296.3	3569.6	2400	10696.3
1175.3	32654.4	11610.5	1443.4	5210	16820.5
1822.4	243010.0	142255.7	37408.1	27974.5	170458.6
564.7	201720.2	121124.8	31895.6	26766.7	147891.5
4101.3	249091.1	127379	12559	59869.5	187248.5
3562.4	244336.9	125360.5	11327.5	59869.5	185230
2604.4	217980.3	83977.1	15697.1	51521.7	135500.6
2057.1	89934.2	20410.3	8921.6	26713.4	47125.5
	41625.3	17706.2	2546.3	23950.2	41656.4
	2365.6	1253.1	264.4	14.2	1267.3
304.7	8231.0	5334	2163.9	420.6	5754.7
3464.8	100657.5	8014.6	3157.2	429.9	8444.5
63.5	27319.5	19243.7	4317.4	3792.7	23036.4
859.4	36021.1	14544.6	4950.9	1966	16510.6
2908.2	734529.7	200859.4	64533.2	73833	274692.5
12997.3	318378.1	143142.8	41725	57492.9	200635.7
1119.7	184613.9	84841.3	25601.5	44033.7	128875
7997	90156.7	32031.2	9284.2	10373.5	42404.7
2084.9	51852.8	24025.8	5133.1	4056.8	28082.6
1671.1	225702.0	74417	11160.7	11257.3	85674.3
16276	625534.2	237416.1	33817.4	86579.8	323996
10448.4	287022.4	141112.6	16409.8	57759.1	198871.7
2652.4	834751.9	311425.8	83680.1	42978.9	354404.7
5020.2	43838.1	28055.2	4928.9	420.9	28476.1
378.4	29739.0	18422.8	5996	1217.4	19640.2
11980.4	68162.9	31358.3	7771.5	877.1	32308.2
10195.1	92009.4	66453.1	19490.8	8376.2	74829.3
12936.5	103100.5	75282.5	32083.2	228.3	75510.8
6486	116077.4	53679.7	15248.5	10731.9	64411.7
712	141596.2	58881.4	8898.4	44341.6	103223
	4687.8	953.4	313.3		953.4
12.6	3084.5	1423	132		1423
7411.3	977380.5	407724.4	128175.1	248890.7	656615.2
1256.5	685492.7	297358.5	108591.1	186329.5	483688.1
24.7	94966.4	22406.5	2841.2	21493.6	43900.1
	80540.6	32377.8	245.6	6138.8	38516.6

2-44 续表 4

项目	所有者权益合计	其中：实收资本	国家资本	集体资本	法人资本	个人资本	港澳台资本
总计	**3152043.6**	**2035726.9**	**1332151.5**	**19889.2**	**416815.3**	**207461.7**	**44060**
按登记注册类型分							
内资企业	2984233.9	1942102.8	1330385.5	17746.7	390969.4	192396.2	10318.7
国有企业	342310.3	306806.2	306806.2				
#中央企业	153503.2	183879.3	183879.3				
地方企业	188807.1	122926.9	122926.9				
#自治区属企业	74331	52033.2	52033.2				
地区(州、市)属企业	113892.7	70758.4	70758.4				
县(市)属企业	583.4	135.3	135.3				
集体企业	10218.7	6534.8		6070.6	25	439.2	
#自治区属企业	7739.8	4211.8		4211.8			
地区(州、市)属企业	388.2	106.3		106.3			
县(市)属企业	300.6	290		290			
镇属企业							
乡属企业							
股份合作企业							
联营企业	1581.8	1722.2	182.3	26	1513.9		
#国有联营企业							
集体联营企业							
国有与集体联营企业	1581.8	1722.2	182.3	26	1513.9		
其他联营企业							
有限责任公司	998907	836794.3	537413.1	11363.8	263390.2	24627.2	
#国有独资公司	282628.8	258370.5	212067.7		46302.8		
其他有限责任公司	716278.2	578423.8	325345.4	11363.8	217087.4	24627.2	
股份有限公司	1324571.2	603657.5	480852.3	286.3	68645.8	43268.1	10318.7
私营企业	306644.9	186587.8	5131.6		57394.5	124061.7	
#私营独资企业	635.7	635				635	
私营合伙企业							
私营有限责任公司	143308.6	99346.7			400	98946.7	
私营股份有限公司	162700.6	86606.1	5131.6		56994.5	24480	
港、澳、台商投资企业	50725.5	38218		2030.6	5105.5	955.7	30126.2
外商投资企业	117084.2	55406.1	1766	111.9	20740.4	14109.8	3615.1
在总计中：国有控股企业	2472961.6	1623049.2	1323669.9	2578.8	229802.4	54853.7	10468.7
在总计中：农村工业	1540.7	2817.3		371	2446.3		
按轻、重工业分							
轻工业	452998.9	302663.6	78334.9	2381.1	125743.9	44173.3	41240.9
以农产品为原料	379864	276543.3	61081.2	2121.1	121204.8	40383.3	41240.9
以非农产品为原料	73134.9	26120.3	17253.7	260	4539.1	3790	
重工业	2699044.7	1733063.3	1253816.6	17508.1	291071.4	163288.4	2819.1
采掘工业	641259.3	163521.5	133276.6	286.3	27800.6	726.3	1145.4
原料工业	1429928	1081538	850313.4	11651.7	143711.4	71293.9	1143.7
加工工业	627857.4	488003.8	270226.6	5570.1	119559.4	91268.2	530
按企业规模分							
大型企业	1604069.7	913175.4	798328.5	286.3	91197.6	21931.3	1145.4
中型企业	1098032.6	754026.5	427569.6	4296.9	209037.7	70371.4	40113.1
小型企业	449941.3	368525	106253.4	15306	116580	115159	2801.5

计量单位：万元

外商资本	主营业务 收　入	主营业务 成　本	主营业务 税金及附加	其他业务 收　入	其他业务 利　润	营业费用
15349.2	**4385108**	**3447570**	**77380.7**	**236806.5**	**31224.6**	**106303.4**
286.3	4196838.3	3294848.9	75788.7	219894.5	29964.4	94610.3
	339307.4	302179	1814.8	36324	6013.6	9636
	217861.5	206405.7	1095.5	6350	746.2	1785.7
	121445.9	95773.3	719.3	29974	5267.4	7850.3
	74637	56677.4	526.1	6009.3	2467.9	3526.1
	46758.5	39058.6	192.8	23964.7	2799.5	4324.2
	50.4	37.3	0.4			
	43551.3	38753	185.4	1557.6	235.6	494.8
	31866	28076.1	160.7	1381.4	199.9	126.6
	959.9	623.7	6			177.2
	1075.6	1002.1	3.8	133.7	2	17.2
	3333.7	3169.8	4.1	21.1	6.1	71
	3333.7	3169.8	4.1	21.1	6.1	71
	1276035.7	975995.3	8368.1	87940.9	6770.1	44419.5
	318679.8	239638.1	2473.1	16111.5	-820.3	5379.6
	957355.9	736357.2	5895	71829.4	7590.4	39039.9
286.3	2344352.7	1816169.1	64753.5	52212.5	14588.1	33395.8
	190257.5	158582.7	662.8	41838.4	2350.9	6593.2
	793.4	692.9	3.9			85.6
	173585.7	149525.7	569.6	41809.2	2330.1	5754.9
	15878.4	8364.1	89.3	29.2	20.8	752.7
	73794.9	58773.1	92	8457.4	211.1	3295
15062.9	114474.8	93948	1500	8454.6	1049.1	8398.1
1675.7	3715612.6	2903015.1	72346.2	161971.6	22849.9	73330.6
	6407.7	6561	4.6	526	2.1	
10789.5	518483.5	390085.6	5269.6	29556.2	6645.3	39203
10512	452687.8	338387.7	4834.4	27710.4	5827	33372.8
277.5	65795.7	51697.9	435.2	1845.8	818.3	5830.2
4559.7	3866624.5	3057484.4	72111.1	207250.3	24579.3	67100.4
286.3	555995.2	211260	6372.6	14656.8	829.9	4546.4
3423.9	2811247.6	2450659.4	63428.7	118456.5	15773.9	42158.5
849.5	499381.7	395565	2309.8	74137	7975.5	20395.5
286.3	2707196.2	2082582.5	65511.5	105578.5	17195.9	31518.9
2637.8	1009922.1	798365.8	9201	88591.1	9577	45678.9
12425.1	667989.7	566621.7	2668.2	42636.9	4451.7	29105.6

2-44 续表 5

项目	所有者权益合计	其中:实收资本	国家资本	集体资本	法人资本	个人资本	港澳台资本
按行业分							
煤炭开采和洗选业	139617.6	133974.1	118332.7		15201.4	440	
石油和天然气开采业	500734.4	28634.3	14030.8	286.3	12599.2	286.3	1145.4
#天然原油和天然气开采	500734.4	28634.3	14030.8	286.3	12599.2	286.3	1145.4
黑色金属矿采选业							
有色金属矿采选业	840	810	810				
非金属矿采选业	67.3	103.1	103.1				
#采盐							
其他采矿业							
农副食品加工业	37972	37767.2	9181.6	111.9	8848.7	4991.5	10527.2
#谷物磨制	4102.1	5693.8	4493.8		1200		
饲料加工	15833.9	8260	4287.8		225	547.2	
制糖							
食品制造业	70270.2	48193	3132.5	1126.3	37266	4268.2	
#罐头制造	51547.5	36800			36800		
饮料制造业	61842.6	55836.1	8836.5		39656.6	3902.4	802.8
#酒的制造	59106.9	51879.9	8836.5		36503.2	3902.4	
烟草制品业							
纺织业	82479.7	78471.9	22686.4	50	18847.2	11159.2	25729.1
#棉、化纤纺织及印染精加工	42808.7	33671.2			17115.4		16555.8
毛纺织和染整精加工	-31.1	6607.8	6300.6		226	81.2	
纺织服装、鞋、帽制造业	1098.3	552.9	552.9				
皮革、毛皮、羽毛(绒)及其制品业							
#皮革鞣制加工							
皮革制品制造							
木材加工及木、竹、藤、棕、草制品业	2476.3	1980				1566.5	
家具制造业	92213	26082			11573.2	10652	3856.8
造纸及纸制品业	4283.1	4623.5	800	456	975	2067.5	325
印刷业和记录媒介的复制	19510.5	14710.4	11554.3	376.9	1036	1743.2	
文教体育用品制造业							
石油加工、炼焦及核燃料加工业	459837.2	454467.5	438804	3566.9	2300	9796.6	
#炼焦							
化学原料及化学制品制造业	117742.4	101060.9	76056.2	4087.6	13732.9	3551.6	1143.7
#基础化学原料制造	55738.9	50558.4	38002.7		10066.8		
肥料制造	47752	38259	32403.5	2057	2648.6	1149.9	
医药制造业	23770.2	15571.2	8989.4		2968.1	2659.3	
化学纤维制造业							
橡胶制品业							
塑料制品业	140027.7	176111	156737.5	844.1	3131.2	15120.7	
非金属矿物制品业	301538.2	149494.7	41477.9	1579.2	65037.4	41400.2	
#水泥制造	88150.7	39650.6	26957.9	1024.4	826.8	10841.5	
黑色金属冶炼及压延加工业	480347.2	300110.6	221906.5	3285.8	50720.1	23763.2	
有色金属冶炼及压延加工业	15362	12999			8710.5	3788.5	
金属制品业	10098.8	10650.6	3271.1		4257.3	2592.2	530
通用设备制造业	35854.7	22702.9	147.4	808.2	4979.6	16551.7	
专用设备制造业	17180.1	14479.6	5032.1		9015.9	431.6	
交通运输设备制造业	27589.7	33404.6	10262.3		12797.3	9865	
电气机械及器材制造业	51665.7	33774.2	4869.3	1400	16393	10958.4	
通信设备、计算机及其他电子设备制造业	38373.2	10339			7414	2925	
仪器仪表及文化、办公用机械制造业	3734.4	1000				1000	
工艺品及其他制造业							
废弃资源和废旧材料回收加工业	1661.5	1306		106		1200	
电力、热力的生产和供应业	320765.3	216259.8	124380.2	1744	69354.7	20780.9	
#电力生产和电力供应	201804.6	117302.5	69758.2		47544.3		
燃气生产和供应业	51066.3	41111.9	41111.9				
水的生产和供应业	42024	9144.9	9084.9	60			

计量单位：万元

外商资本	主营业务收　入	主营业务成　本	主营业务税金及附加	其他业务收　入	其他业务利　润	营业费用
	77465.7	53614.3	878.5	11337.8	-1579.6	1359.5
286.3	477822.8	157116.3	5489	3319	2409.5	3173.7
286.3	477822.8	157116.3	5489	3319	2409.5	3173.7
	483	349				11
	223.7	180.4	5.1			2.2
4106.3	100662.6	71753.7	36.6	1524.4	274.6	4729.7
	23998.4	22840.2	26.9	474.3	28.4	474.3
3200	39648.3	15366.4		798.9	104.3	1539.1
2400	102478.2	67864.9	330.1	1547.2	378	12060
	62053.6	39569.7	69.3	111.1	96.6	7404.3
2637.8	40037.6	25165.3	4066	3483.5	1696	6662.7
2637.8	37500.6	23670.8	4055.2	3424	1727	5850.9
	102338.8	90171.9	243.9	6551	1898.3	4663.7
	66966.1	60469.6	160	3928	1620.5	2439.1
	1537.5	1856	20.1	62.3	34.6	60.5
	1007.6	705.2	5			16.6
413.5	9783.7	8753.8	18.1	139.1	121.8	287.5
	65736.8	52059.2	15.1	12795.1	346.9	2727.7
	15034.4	13306.8	26.5	185.9	32.1	227.8
	24754.2	18832.9	114.8	1694.1	1164	436.5
	1114264.1	1051207.5	55877.8	41125.2	8591.6	4872.4
2488.9	216444.8	158095.2	1542.3	10049.7	1019.2	9603.8
2488.9	135720	95464.6	1211.4	2000.8	601.3	6930
	55830.1	43728.3	149.8	1237.6	-172.1	1658.7
954.4	18773.5	9245.4	174.5	1436	592.5	5219.4
277.5	68721.7	59685.7	124.5	6756.5	495.7	2080.2
	119854.9	97385.3	436.3	947.7	167.3	6189.3
	50833.7	46100.2	212.2	592.9	123.7	4027.9
435	1091197.3	887635.4	3224.9	67359.5	5498.2	22847.9
500	39547.6	37621	73.4	40	15.6	787.9
	27955.1	25053	157	627.6	99.2	827.6
216	23503.1	18897	179.4	2515.3	522.6	1691.5
	23668	18414.5	192	6389.2	503.7	959.9
480	77221.1	70034.4	285.8	23927.7	2310.4	3458.1
153.5	86810.8	69794.4	427.6	930.2	218.5	3033.8
	56510.6	34972.6	540.5	5186.4	1296.6	1691
	3124.8	1766.3	31	0.3	28.7	198.7
	3006.7	2674.1	25.7	3.5	3.1	48.6
	360231.7	316472.8	2717.8	3250.8	452.6	1899.3
	304172.3	272838.8	2420.8	1576.9	60.6	89.6
	21699.8	14604.7	104.7	23460.9	2483	2945.9
	14743.3	14137	36.8	222.9	184.5	1589.5

2-44 续表 6

项　目	管理费用	税　金	财产保险费	差旅费	工会经费	办公费	职工教育费
总　计	**233267.9**	**5610.4**	**3379.3**	**7653.6**	**2824.5**	**5978.8**	**2163.9**
按登记注册类型分							
内资企业	220892.1	5489.2	3282	6940.7	2652	5545.7	2053.8
国有企业	33536.5	878.6	340.7	1141	460.8	1294	334.3
#中央企业	9764.3	417.8	149.2	768.1	206.9	809.2	147.6
地方企业	23772.2	460.8	191.5	372.9	253.9	484.8	186.7
#自治区属企业	14493.8	296.1	125.6	264.4	189.5	323.6	118
地区(州、市)属企业	9226.1	163.3	65.9	107.4	64.3	158.5	68.6
县(市)属企业	52.3	1.4		1.1	0.1	2.7	0.1
集体企业	3173.7	37.3	17.8	94.2	50.7	64.5	62.3
#自治区属企业	2601.4	27.8	12.8	58	49.8	34.5	55.6
地区(州、市)属企业	48.9			5.4		4.1	0.4
县(市)属企业	37.2	0.5	0.5	2.1	0.4	3.1	0.3
镇属企业							
乡属企业							
股份合作企业							
联营企业	157.3	5.6	4	11	1.2	2.5	0.8
#国有联营企业							
集体联营企业							
国有与集体联营企业	157.3	5.6	4	11	1.2	2.5	0.8
其他联营企业							
有限责任公司	99256.4	2705.1	1225.8	3220.1	1602.4	2747.5	1196.3
#国有独资公司	43920.2	869.7	581.1	1443.7	843.5	1151	657.1
其他有限责任公司	55336.2	1835.4	644.7	1776.4	758.9	1596.5	539.2
股份有限公司	72731.9	1470.8	1616.8	1814	448.6	850.1	390.2
私营企业	12036.3	391.8	76.9	660.4	88.3	587.1	69.9
#私营独资企业	19	0.4				8.9	
私营合伙企业							
私营有限责任公司	9801.6	308.6	76.9	581.7	83.3	523.7	69.9
私营股份有限公司	2215.7	82.8		78.7	5	54.5	
港、澳、台商投资企业	3277	70	46.8	147	45.6	97	22.2
外商投资企业	9098.8	51.2	50.5	565.9	126.9	336.1	87.9
在总计中：国有控股企业	183550.1	4221.1	2964.7	5542.1	2164.3	4221.7	1743.9
在总计中：农村工业	385	15.2	5.1	8.9		1.4	1.9
按轻、重工业分							
轻工业	45321	935.2	457.5	1779.9	604.9	1254.9	435.5
以农产品为原料	37779.1	746.3	381.9	1471.3	508.3	1054.1	387.7
以非农产品为原料	7541.9	188.9	75.6	308.6	96.6	200.8	47.8
重工业	187946.9	4675.2	2921.8	5873.7	2219.6	4723.9	1728.4
采掘工业	28590.4	264.8	179.6	1142.6	464.1	495.5	337
原料工业	101109.7	3080.3	2475.3	2921.5	1137.1	2584.2	988.8
加工工业	58246.8	1330.1	266.9	1809.6	618.4	1644.2	402.6
按企业规模分							
大型企业	77745.5	1615.7	1727.3	2033.1	755.8	988.1	661.8
中型企业	96711.3	2385.6	1124.3	3224.8	1319.1	2560.6	964.5
小型企业	58811.1	1609.1	527.7	2395.7	749.6	2430.1	537.6

计量单位：万元

排污费	财务费用	利息支出	营业利润	投资收益	补贴收入	营业外收入
2243.4	**101519.4**	**97291.9**	**372130.5**	**-38699.9**	**26736**	**16537.7**
2235.8	100515.3	96329.5	360780.3	-40036.9	26145.6	15525.5
66.4	10277.5	10263.1	-9721.4	1550.6	2486.6	6504.8
8.5	7243.5	7241.2	-5930.6	120.6	865.8	4312.7
57.9	3034	3021.9	-3790.8	1430	1620.8	2192.1
42	1461.4	1458.4	1046.5	1456.7	1275.3	2053.8
15.9	1572.6	1563.5	-4787.5	-26.7	345.5	137
			-49.8			1.3
26.1	14.6	14.7	1145.8		82.3	125.2
25.8	3.7	3.7	1099.9		20	124
0.1	-0.5	-0.5	104.8		50.7	
	-0.4	-0.4	17.7			
	17.4	17.4	-79.8		45.6	1
	17.4	17.4	-79.8		45.6	1
1497.1	46771.1	46745.2	109439.5	-1660.4	13922.2	4963.8
624.7	6171.6	6112.2	18101.3	-4119.3	6945.6	4018.8
872.4	40599.5	40633	91338.2	2458.9	6976.6	945
617.1	37601	33462.8	251000.7	-63383.9	8164	3304.4
29.1	5833.7	5826.3	8995.5	23456.8	1444.9	626.3
1			0.9			
28.1	2101.3	2093.9	8249.7	636.4	1444.9	218.8
	3732.4	3732.4	744.9	22820.4		407.5
4	850.6	816	7728.7	44	162.1	258.2
3.6	153.5	146.4	3621.5	1293	428.3	754
2090.8	81319.6	77544.6	345117.3	-65670.4	21287.6	14402.3
0.2	333.2	333.2	-350.1			1.2
104.1	17726.5	17804.5	15089.2	-3295.8	1719.8	4252.3
76.3	16442.6	16535.9	13937.1	-3304.4	1561.4	2307.2
27.8	1283.9	1268.6	1152.1	8.6	158.4	1945.1
2139.3	83792.9	79487.4	357041.3	-35404.1	25016.2	12285.4
25	16313.2	16249.2	219541.9	-3412.5	4791.1	3536.2
1984.4	53069.3	49262.5	117864.3	-55671	14987.6	4168.1
129.9	14410.4	13975.7	19635.1	23679.4	5237.5	4581.1
635.6	31824.7	27619.7	362182.8	-47626.9	8508.5	5345.7
1389.9	55661.2	55753.4	3444.1	6759.1	9138	9390.4
217.9	14033.5	13918.8	6503.6	2167.9	9089.5	1801.6

2-44 续表 7

项　　目	管理费用	税　金	财产保险费	差旅费	工会经费	办公费	职工教育费
按行业分							
煤炭开采和洗选业	14689.4	161.1	179.6	507.3	440.2	378.4	333.3
石油和天然气开采业	13785.2	102.6		631.9	23.4	113.5	3.3
#天然原油和天然气开采	13785.2	102.6		631.9	23.4	113.5	3.3
黑色金属矿采选业							
有色金属矿采选业	79			3.4	0.5	2.5	0.4
非金属矿采选业	36.8	1.1				1.1	
#采盐							
其他采矿业							
农副食品加工业	3839.9	150	93.7	223.9	70.4	229.5	38
#谷物磨制	454.9	37.3	18.1	12	9.1	17.7	8.6
饲料加工	1669.7	46.1	61.6	124.3	54	123.4	24.5
制糖							
食品制造业	4620.6	64.1	85	342.7	42.2	109.6	48.8
#罐头制造	2096.1	2	49.7	223.7	16.9	12.9	22.8
饮料制造业	6444	215.2	33.4	298.1	58.4	221.6	39
#酒的制造	6108.3	215.1	33.4	279.8	58.4	206.4	29
烟草制品业							
纺织业	10875.2	140	121.6	177.8	163.2	151.2	113.9
#棉、化纤纺织及印染精加工	3811	51.1	52.5	60.4	109.1	36.2	69.3
毛纺织和染整精加工	1521.5	33.5	22.1	38.6	13.8	73	13.7
纺织服装、鞋、帽制造业	129.3	0.7	0.4	5.6	1	3.4	0.5
皮革、毛皮、羽毛(绒)及其制品业							
#皮革鞣制加工							
皮革制品制造							
木材加工及木、竹、藤、棕、草制品业	514	16.6	6.4	35.1	18.6	82	8.7
家具制造业	5016.4	23.6	5.6	261.6	109.4	77.3	84.2
造纸及纸制品业	1021.5	19.3	15.4	49.6	3.6	41.7	6.2
印刷业和记录媒介的复制	5115.7	105.7	36.7	92.5	63.2	101.7	55.6
文教体育用品制造业							
石油加工、炼焦及核燃料加工业	27638.2	262.3	1381.9	388.2	28.8	237	25.1
#炼焦							
化学原料及化学制品制造业	25970.4	389.2	191.2	1100.3	308.5	712.1	190.6
#基础化学原料制造	16046.7	203.8	106	400.6	191.1	401.1	99.5
肥料制造	5539.2	134.8	56.8	117.2	63.4	73.9	56.1
医药制造业	3535.7	63.9	23.1	110.7	39.8	166.7	12.2
化学纤维制造业							
橡胶制品业							
塑料制品业	4136	151.1	30.9	173.5	33	164	18
非金属矿物制品业	12477.9	386.5	52	334.5	157.6	486.7	96.5
#水泥制造	5507.4	232.5	18.2	110.6	94	175.9	56.6
黑色金属冶炼及压延加工业	22061.6	884.2	176.9	640.6	310.8	287.7	367.7
有色金属冶炼及压延加工业	566.9	25.6	13.9	34.9	0.5	22.6	6.2
金属制品业	2076.7	30.1	5.3	93.3	102.6	152.1	14.4
通用设备制造业	3269.6	112.4	16.7	212.9	37.3	130.6	17.5
专用设备制造业	9101.4	103	4.9	82.3	39.7	118.4	41.5
交通运输设备制造业	8118.9	191.1	26.9	174.4	113.9	151	96
电气机械及器材制造业	6126.6	187.6	32.2	290.1	58.4	235.1	32.5
通信设备、计算机及其他电子设备制造业	5669.8	240.2	15.8	84.5	54.6	106	30.7
仪器仪表及文化、办公用机械制造业	201.7	5.6	1.1	3.5	5.3	15	4
工艺品及其他制造业							
废弃资源和废旧材料回收加工业	198.1	0.8	0.4	4.4	7	13.9	6.7
电力、热力的生产和供应业	27495.3	1446.2	763.2	1211.7	485.4	1324.2	417.4
#电力生产和电力供应	20841.3	954.3	730	1106.4	426.9	1131.4	371
燃气生产和供应业	6721.4	57.3	53.5	30.8	18	94.8	33.1
水的生产和供应业	1734.7	73.3	11.6	53.5	29.2	47.4	21.9

计量单位：万元

排污费	财务费用	利息支出	营业利润	投资收益	补贴收入	营业外收入
25	1221.4	1179.7	1129.8	-3552.5	3063.1	2923.2
	15074.6	15052.3	218413.1	140	1728	611.4
	15074.6	15052.3	218413.1	140	1728	611.4
	17	17				0.2
	0.2	0.2	-1			1.4
1.3	1130.1	1091.1	918.8	90.9	273.6	226.7
	96.5	95.5	133.8	0.1	104.7	104.2
	531.9	514.2	1848.4	94.5		4.4
31.6	5671.6	5764.4	13280.1	176.1	189	40.6
10.2	5364.9	5455.8	7646.1	67.6	9.7	1.4
19.6	6349.4	6397.8	-7321.1	2320.4	193.7	23.9
19.6	6350.1	6398.5	-6807.7	2320.4	193.7	23.5
29	2606.2	2602.2	1529.7	-7230.1	190.3	1091.5
0.8	616.3	585.5	1090.5	3.8	36.2	85.6
23.9	375.5	375.5	-2235			6.7
	5.4	5.4	146.1			7.1
4.9	132.8	132.7	199.3		19.9	14
2.3	-23.1	-23.1	6494.1	1328.9	390.9	774.6
6.7	314.9	314.7	151.4			39.7
2	186.6	183.6	314.1	3.4	68.2	114.8
564.4	7101.5	3351.8	-25841.7	-43979.7	3717.2	1538.5
124.9	2180.1	2158.5	20751.6	-701.3	1940.5	686.3
85.2	655.3	653.9	16019.4	-770.3	361.9	146.4
34.2	1231.6	1218.2	4023.8	33.1	1366.3	298.4
9.9	491.1	489.7	748.8	13.9	267.1	1871.4
5	757.5	747.4	2436.7	601.6	275.2	2421
58.4	12338.8	12337.2	-6922.1	10655.6	6878.4	1839.6
51.5	7715.1	7715.1	-12673.5	-12414.7	4795	1259.5
29.2	3643.7	3643.2	157779.6	-160.4	88	126
	366	347.9	148.2	3.5	273.2	0.2
0.1	173.2	169.4	-158.7	144.1	180.6	301.8
10.2	192	192	-203.6	0.5	18.3	67.7
15.9	549.3	548.6	-4779.6	1.1	662.1	71.6
13	806.3	806.3	-2059.2	-0.2	432.4	271.1
2.7	966.5	939.5	6951.6	-0.1	138.6	202.2
37.4	4810.9	4430.3	9295.3	-150		96.3
	-0.9	-0.9	956.7		65.8	0.3
	7	6.9	56.3			2.5
1248.4	33235.2	33201	-18305.6	1621.1	5681.9	1078.9
1129.3	28744.9	28744.8	-18017.9	1498.4	716.3	822.6
	634.1	625.1	-828	-8.1		60.9
1.5	580	580	-3150.2	-18.6		32.3

2-44 续表 8

项　　目	营业外支出	利润总额	应交所得税	广告费	劳动、待业保险费	养老保险和医疗保险费	住房公积金和住房补贴
总　计	**79304.3**	**289289.2**	**49594.5**	**2339.3**	**12620**	**33992.9**	**9568**
按登记注册类型分							
内资企业	78970.2	276207.1	48192.4	1845.7	12525.3	32940.7	9399
国有企业	9377	-8058.6	1488.2	364.9	1629.4	5968.7	1905.6
#中央企业	5261.7	-5396.4	7.8	309.5	459.2	2635.4	1081.5
地方企业	4115.3	-2662.2	1480.4	55.4	1170.2	3333.3	824.1
#自治区属企业	2335	3498.3	1355.1	31.2	1103.8	2197.2	544.9
地区(州、市)属企业	1777.4	-6109.1	125.3	24.2	66.4	1136.1	279.2
县(市)属企业	2.9	-51.4					
集体企业	71	1396.2	551.7	37.2	112	677.8	87.9
#自治区属企业	67.2	1360.1	474.7		109	626.2	85.9
地区(州、市)属企业	0.1	54.5	53.3	36.1	0.9	8.2	
县(市)属企业	0.2	10.1	5.8		0.1	1.9	
镇属企业							
乡属企业							
股份合作企业							
联营企业		-35.3	0.3		1.9	21.8	3.3
#国有联营企业							
集体联营企业							
国有与集体联营企业		-35.3	0.3		1.9	21.8	3.3
其他联营企业							
有限责任公司	10093.5	114018.2	6871.4	918.2	5165.8	19220.4	4498.7
#国有独资公司	6010.6	17500.9	4765.8	13.8	3386	9520.3	2046.7
其他有限责任公司	4082.9	96517.3	2105.6	904.4	1779.8	9700.1	2452
股份有限公司	59032.2	134618	37513.3	171.5	5334.6	6132.2	2777.9
私营企业	396.5	34268.6	1767.5	353.9	281.6	919.8	125.6
#私营独资企业	0.1	0.8	0.7		0.6	6.9	
私营合伙企业							
私营有限责任公司	283.7	10407.6	1477.2	345.5	161.8	912.9	123.9
私营股份有限公司	112.7	23860.2	289.6	8.4	119.2		1.7
港、澳、台商投资企业	253.6	7772.5	648.8	20	46.7	463.1	42.8
外商投资企业	80.5	5309.6	753.3	473.6	48	589.1	126.2
在总计中：国有控股企业	77203.4	230695.4	43737.5	935.1	11668.7	27914.6	8006.7
在总计中：农村工业	1.7	-350.6	2				
按轻、重工业分							
轻工业	4798.2	5494.2	2867	1911.6	1395.1	5888.3	1459.1
以农产品为原料	3105.1	4924.8	1620.1	1713.1	1290.5	4810.1	1162.9
以非农产品为原料	1693.1	569.4	1246.9	198.5	104.6	1078.2	296.2
重工业	74506.1	283795	46727.5	427.7	11224.9	28104.6	8108.9
采掘工业	40043.7	184441.9	26967.5	2.7	3937.9	5391.2	2120.1
原料工业	27851.2	53293.4	13908	120.4	3816.1	15247.5	4147.4
加工工业	6611.2	46059.7	5852	304.6	3470.9	7465.9	1841.4
按企业规模分							
大型企业	60438.8	268021.7	39659.1	32.3	6497.7	13257.9	3462
中型企业	13529.2	8160.8	3887.1	975	3626.7	12974.2	4203.9
小型企业	5336.3	13106.7	6048.3	1332	2495.6	7760.8	1902.1

计量单位：万元

本年应付工资总额	主营业务应付	本年应付福利费总额	主营业务应付	本年应交增值税	本年进项税额
208392.7	**197913.3**	**27493.1**	**26237.1**	**191616.5**	**522317.7**
200115	189668.6	26632.2	25377.7	187263.8	503559.3
31819.1	30703.2	4125.8	3990.2	20398.7	15622.7
14292	13798.6	1947.5	1900.3	12987.2	5191.1
17527.1	16904.6	2178.3	2089.9	7411.5	10431.6
12192.2	12090.8	1444.9	1429.5	4865.5	6478.2
5279.3	4758.2	731.2	658.2	2540.8	3940.9
55.6	55.6	2.2	2.2	5.2	12.5
3343.1	3298.3	451.8	445.4	2089.9	5320.7
2640.3	2595.5	354.1	347.7	1799.8	3704
26	26	3.6	3.6	59.8	103.4
24.3	24.3	3.4	3.4	41.3	165.2
77.1	58.9	7	4.5	41	396.4
77.1	58.9	7	4.5	41	396.4
102673.9	94417.8	13107.7	12260.2	88832.5	134310
45008.2	38780.8	6015.8	5443.2	20136.1	22841.2
57665.7	55637	7091.9	6817	68696.4	111468.8
53007	52540.5	7565.8	7504.6	69626.2	319558.3
9194.8	8649.9	1374.1	1172.8	6275.5	28351.2
26.3	26.3	1.9	1.9	36.5	98.4
7969.5	7424.6	1238	1036.7	5341.7	28252.8
1199	1199	134.2	134.2	897.3	
4162	4152.2	368.7	367.2	2324.8	7389.9
4115.7	4092.5	492.2	492.2	2027.9	11368.5
166102.4	157001	21625.6	20630.2	167101.3	434884.7
269.5	269.5	31.5	31.5	82.1	1100.6
35981.1	35557.1	4580	4507.9	17731.4	57564.2
29551.2	29149.1	3684.9	3615.8	14936.4	52013.2
6429.9	6408	895.1	892.1	2795	5551
172411.6	162356.2	22913.1	21729.2	173885.1	464753.5
34137	30780.8	4888.4	4405.9	20268.1	67415.7
95404.3	91261.4	12126.4	11775.8	130448.5	342888.7
42870.3	40314	5898.3	5547.5	23168.5	54449.1
84836.5	82210.5	11469.2	11085.5	107467	357765.7
77122	71780.8	9762.7	9362.9	62474.5	81526.9
46434.2	43922	6261.2	5788.7	21675	83025.1

2-44 续表 9

项　目	营业外支出	利润总额	应交所得税	广告费	劳动、待业保险费	养老保险和医疗保险费	住房公积金和住房补贴
按行业分							
煤炭开采和洗选业	2622.3	941.3	408.9	0.6	270.9	5066.8	625.6
石油和天然气开采业	37418.9	183473.7	26549.8	2.1	3665.4	303.3	1494.5
#天然原油和天然气开采	37418.9	183473.7	26549.8	2.1	3665.4	303.3	1494.5
黑色金属矿采选业							
有色金属矿采选业	2.5	26.5	8.7		0.3	5.6	
非金属矿采选业		0.4	0.1		1.3	15.5	
#采盐							
其他采矿业							
农副食品加工业	232.2	877.9	114	72.1	44	502.3	393.5
#谷物磨制	7.4	335.4	90.8	3.7	20.2	171.5	313.3
饲料加工	41.6	1905.1	2.3	28.7	11.6	144.4	39.2
制糖							
食品制造业	147.4	12424.8	327.9	348.1	67.7	491.8	55.3
#罐头制造	106.8	7618	0.2		3.7	78.4	2.4
饮料制造业	1575.2	-6829.8		571.4	84.5	356	38.8
#酒的制造	1510.6	-6252.2		567.7	81.9	343.7	38.8
烟草制品业							
纺织业	894.2	-10809.6	39.3	119.1	609.8	2189.3	437.6
#棉、化纤纺织及印染精加工	68.4	1154.2	13.5	1.9	114.3	1170.9	197
毛纺织和染整精加工	19.8	-2487.2	25.8		11.6	71.7	14.8
纺织服装、鞋、帽制造业	17.4	135.9			20.5	5	1.6
皮革、毛皮、羽毛(绒)及其制品业							
#皮革鞣制加工							
皮革制品制造							
木材加工及木、竹、藤、棕、草制品业	0.6	232.6	7.1	1.9	6.8	72.7	21.1
家具制造业	12	8976.5	775.3	32.2	29.2	316.5	47
造纸及纸制品业	79.8	143.7	341.7	1.5	31.3	180.1	15.9
印刷业和记录媒介的复制	141.4	353.4	158.3	10.3	398.6	802.3	173.6
文教体育用品制造业							
石油加工、炼焦及核燃料加工业	19787.4	-84360.5	193.6	36.1	316.1	553.5	385.1
#炼焦							
化学原料及化学制品制造业	4029.2	18429.7	2547.1	77.5	2630.3	3535.4	891.8
#基础化学原料制造	3049.4	12708	67.5	12.3	941.8	1660	547.3
肥料制造	498.6	5013	2247	17.3	1169.1	1366.4	178.5
医药制造业	96.5	2817.1	1021.9	667.4	44.7	431.1	100
化学纤维制造业							
橡胶制品业							
塑料制品业	2984.5	3315.6	895.8	136.4	198	651.8	182.4
非金属矿物制品业	1722.6	9693.6	480.7	23.4	810.2	1595.4	284
#水泥制造	1466	-20500.1		4	470.4	995.1	157.2
黑色金属冶炼及压延加工业	1303.7	156492.8	10733.8	18	1235.2	6215.2	821.5
有色金属冶炼及压延加工业	2.1	663.7	89.9	0.1	2.9	22.6	
金属制品业	75.3	443.7	108.3	17.5	69.2	292.2	116.2
通用设备制造业	63.6	-10	99.2	17.1	44.6	415.7	69.1
专用设备制造业	472.2	-4726.7	8.4	3.8	316.8	593.5	107.7
交通运输设备制造业	899.9	-2255.8	634.6	64.7	573.6	1224.1	226.8
电气机械及器材制造业	86.7	7330.9	233.3	71.1	128.7	484.9	288.1
通信设备、计算机及其他电子设备制造业	724.7	8569.3	1131.2		106	987.6	375.6
仪器仪表及文化、办公用机械制造业	1.6	1021.3		0.7	7.9	94	
工艺品及其他制造业							
废弃资源和废旧材料回收加工业	17.4	33.7	10.7	4	53.2	43	7.1
电力、热力的生产和供应业	2141.2	-12453	2674.9	42.2	808	5665.6	2191.8
#电力生产和电力供应	1461.5	-16468.8	665.5	41.9	648.6	4668.6	1947
燃气生产和供应业	223.9	-999.1			4	553.4	130.6
水的生产和供应业	1527.9	-4664.4			40.3	326.7	85.7

计量单位：万元

本年应付工资总额	主营业务应付	本年应付福利费总额	主营业务应付	本年应交增值税	本年进项税额
18553.4	15224.9	2648.3	2166.4	6073.4	4129.6
15478.1	15478.1	2225.4	2225.4	14181.3	63286.1
15478.1	15478.1	2225.4	2225.4	14181.3	63286.1
78.4	50.7	10.9	10.3		
27.1	27.1	3.8	3.8	13.4	
2540.4	2355	290	263.8	558.7	7199.7
579.7	579.7	81.2	81.2	7.1	3122.6
501.9	348.2	112.1	90.6	111.6	3
4071.8	3935.8	560.8	541.1	5366.3	10213.7
1352.8	1350.9	173.5	173.5	3131.8	6437.1
4510.1	4469.7	678.1	663.4	2574	12876
3830.6	3813.4	590.2	575.5	2328.7	12746.6
10690.1	10649.8	1111.3	1102.8	4538.1	10924.6
5954.4	5954.4	691.7	691.7	3768.5	7464.1
658.5	653.2	46.5	46.5	66	303.2
63.8	63.8	26.7	26.7	51.8	97.6
785.5	566.6	211.3	54.4	146	1669
2833.8	2833.8	309.9	309.9	74.2	6192.9
1030.4	1030.4	143.3	143.3	317.5	2251.1
4031.4	4031.4	579	579	1085.4	2388.5
17216.5	16548.4	2367.8	2330.9	19064	169879.5
18867.1	18721.3	2640.7	2638.2	14814.5	18203.7
9709.5	9709.5	1357.1	1357.1	11109.7	11907.7
5990.7	5972.5	833.8	831.3	1960.3	2921.5
2354.9	2333	368.4	365.4	1874.7	1421.7
4938.3	4801.1	671	651.7	3557.2	9544.4
10563.8	9997	1162.8	1117.9	7411.2	4310.4
6420.2	5996	650	625.6	4872.7	3487
31143.5	31069.4	3729.4	3705	64554.3	138761.9
625.4	624.5	87.8	87.7	1079.9	8412.9
2032.8	1902	266.6	252.8	721.8	3549.3
2519.8	2319.6	329.3	304.2	943.6	2871.6
3100.1	2783.7	445.9	401.2	1114.6	2878.1
7085.7	6618.2	844.6	763.4	2438	14327
4052.8	3558.1	571.8	501.1	2550	11284.2
5588.4	5588.4	925.7	925.7	5414	4803.4
266.5	266.5	37.2	37.2	56	475
169	169	23.7	23.7	205.3	262
28983.1	26226.4	3634.9	3527	28727.7	7060
23996.5	21893.6	2944.2	2930.6	25794.7	5139.9
2627.7	2106.6	367.9	294.9	1193.2	2795.4
1563	1563	218.8	218.8	916.4	248.4

2-44 续表 10

项　　目	本　年 销项税额	工业中间 投入合计	直接材料	制造费用中 的中间投入	管理费用中 的中间投入	营业费用中 的中间投入
总　　计	**701959.9**	**3223361.9**	**2650258.4**	**302618.6**	**90779.2**	**78186.1**
按登记注册类型分						
内资企业	684334.4	3099425.8	2550574.6	291935.2	85451.4	70949.1
国有企业	34776.1	264380	225097.6	11058	12659.7	5287
#中央企业	17196	182719.3	164854.4	4058	5666.5	896.7
地方企业	17580.1	81660.7	60243.2	7000	6993.2	4390.3
#自治区属企业	11135.5	49248.9	34975	5376	4663.6	2772.9
地区(州、市)属企业	6426.9	32320.7	25224.3	1598	2308.4	1617.4
县(市)属企业	17.7	91.1	43.9	26	21.2	
集体企业	7527	35105.8	31425.5	2264.3	1079.3	322.1
#自治区属企业	5503.1	23532.5	20832.8	1879.5	746.9	69.6
地区(州、市)属企业	163.2	756.9	532.3	14	34.1	177
县(市)属企业	205.6	1054.5	1020.5	2.7	21.4	10.3
镇属企业						
乡属企业						
股份合作企业						
联营企业	437.4	3247.3	2831	263.8	85.7	49.4
#国有联营企业						
集体联营企业						
国有与集体联营企业	437.4	3247.3	2831	263.8	85.7	49.4
其他联营企业						
有限责任公司	216080.1	941330.6	750818.4	72189.1	39006.7	32545.3
#国有独资公司	41479.6	215798.6	166406.9	26553	13377.6	3289.5
其他有限责任公司	174600.5	725532	584411.5	45636.1	25629.1	29255.8
股份有限公司	391255	1705673.5	1418161.8	194071	27610.2	28229.5
私营企业	34258.8	149688.6	122240.3	12089	5009.8	4515.8
#私营独资企业	134.9	717.3	340.2	300	3.1	74
私营合伙企业						
私营有限责任公司	33226.6	141148.8	120433.1	10940.6	3873	3800.8
私营股份有限公司	897.3	7822.5	1467	848.4	1133.7	641
港、澳、台商投资企业	8393.9	47156.4	36948.4	6442.5	1269.2	1645.7
外商投资企业	9231.6	76779.7	62735.4	4240.9	4058.6	5591.3
在总计中：国有控股企业	598554.4	2688353.5	2215279.8	265846.1	69334.3	56573.5
在总计中：农村工业	1181.2	6498.4	4958.7	972.1	234.4	
按轻、重工业分						
轻工业	66790.8	433558	337920.8	29589.9	20264.8	28055.8
以农产品为原料	58736	394108.4	308122.2	26860.2	17412.8	25270.4
以非农产品为原料	8054.8	39449.6	29798.6	2729.7	2852	2785.4
重工业	635169.1	2789803.9	2312337.6	273028.7	70514.4	50130.3
采掘工业	92277.3	167116.6	43414.4	90248.6	14013.5	3126.9
原料工业	468228.1	2230245	1950761.3	156619.4	36247.8	33547.2
加工工业	74663.7	392442.3	318161.9	26160.7	20253.1	13456.2
按企业规模分						
大型企业	464356.2	1926714.7	1624026.9	219442.2	24322.9	27098
中型企业	136928.4	768204.7	592147.6	48342.6	41493.6	30559.7
小型企业	100675.3	528442.5	434083.9	34833.8	24962.7	20528.4

计量单位：万元

经营活动产生的现金流量净额	投资活动产生的现金流量净额	筹资活动产生的现金流量净额	全部从业人员年平均人数(人)	利税总额	亏损企业亏损额
451422.4	**-504592.6**	**29852.1**	**107900**	**558286.4**	**181313**
436688.5	-481948.2	31385.1	102705	539259.6	179111.2
26393.7	-34993.6	43885.4	15769	14154.9	15656.1
3458.4	-18130.4	33333.6	6503	8686.3	5430.5
22935.3	-16863.2	10551.8	9266	5468.6	10225.6
15901.7	-11025.9	-464.1	6631	8889.9	3774.1
7047.4	-5822.4	11015.9	2538	-3375.5	6400.1
-13.8	-14.9		97	-45.8	51.4
3038.5	-439.3	522.3	2135	3671.5	131.9
-56.9	-386.4	522.3	1403	3320.6	47.1
-67.9	-51.9		44	120.3	
-145.6	-1		14	55.2	
-99	-1.4	77.5	88	9.8	35.7
-99	-1.4	77.5	88	9.8	35.7
217914.7	-142715	-117288.8	58907	211218.8	47755.9
42073.7	-33975.9	-8679.3	22874	40110.1	4182
175841	-108739.1	-108609.5	36033	171108.7	43573.9
158016.9	-278452.8	114698.6	18270	268997.7	113000.2
31423.7	-25346.1	-10509.9	7536	41206.9	2531.4
84.9	285.5	325	30	41.2	
8077	-11096.3	6620.4	6897	16318.9	2531.4
23261.8	-14535.3	-17455.3	609	24846.8	
2482.7	-3490.7	79.5	2904	10189.3	505
12251.2	-19153.7	-1612.5	2291	8837.5	1696.8
371544	-441263.4	53608.2	76201	470142.9	169057.7
			352	-263.9	358.7
48186.2	-48620.3	-6009.3	28657	28495.2	31477.8
42168.1	-50971.4	1036.3	24913	24695.6	26176.8
6018.1	2351.1	-7045.6	3744	3799.6	5301
403236.2	-455972.3	35861.4	79243	529791.2	149835.2
102360.8	-188323.9	73624.4	15103	211082.6	946.8
236095.2	-193082	-81223.8	40645	247170.6	132392.7
64780.2	-74566.4	43460.8	23495	71538	16495.7
247759	-335993.8	28314	40045	441000.2	84008
165322.7	-135476.2	-8150.6	37331	79836.3	70676.6
38340.7	-33122.6	9688.7	30524	37449.9	26628.4

2-44 续表 11

项目	本年销项税额	工业中间投入合计	直接材料	制造费用中的中间投入	管理费用中的中间投入	营业费用中的中间投入
按行业分						
煤炭开采和洗选业	9810.7	41533.1	24127.6	12172.5	3191.6	820
石油和天然气开采业	82453.2	125134	19049.6	77927.6	10785.2	2297
#天然原油和天然气开采	82453.2	125134	19049.6	77927.6	10785.2	2297
黑色金属矿采选业						
有色金属矿采选业		326.8	181.3	112.5	7	9
非金属矿采选业	13.4	122.7	55.9	36	29.7	0.9
#采盐						
其他采矿业						
农副食品加工业	6880	84408.3	76986.6	3225.1	1271.7	1794.8
#谷物磨制	3033.9	22010.4	21519.2	11	70.5	313.2
饲料加工	33.4	34307	31651	855.6	580.6	687.9
制糖						
食品制造业	15364.8	96163.4	72368.7	4811.9	3419.6	9891.6
#罐头制造	9453.6	66206.9	49606.4	1949.4	2025	7261.2
饮料制造业	13806.1	38894.2	20257	5132.3	2968.6	4186.9
#酒的制造	13562.4	37043.8	19492.3	4496.7	2717.4	3987.3
烟草制品业						
纺织业	14607.1	91747.7	72750.8	7698.9	5123.2	3568.6
#棉、化纤纺织及印染精加工	11048.2	59955.4	51665.1	4374.2	1315.7	1984.1
毛纺织和染整精加工	340.4	2798.8	1390	860.2	149.9	23.2
纺织服装、鞋、帽制造业	125.5	651.5	557.3	35.1	40.2	13.3
皮革、毛皮、羽毛(绒)及其制品业						
#皮革鞣制加工						
皮革制品制造						
木材加工及木、竹、藤、棕、草制品业	1683.9	6618.2	5148.3	858.7	248.7	229.7
家具制造业	2067.7	48841.7	39681.1	4298.7	2499.3	2385.7
造纸及纸制品业	2576.7	13922.2	11613	1385.1	482.8	126.4
印刷业和记录媒介的复制	3355.9	16836.9	13783.4	1151.3	1523.4	192.2
文教体育用品制造业						
石油加工、炼焦及核燃料加工业	188906.9	973373.7	882460.5	82075.6	1260.3	475.8
#炼焦						
化学原料及化学制品制造业	31535.1	159859.6	123803.7	11899.4	13548.2	8428.2
#基础化学原料制造	22377.2	99746.8	76019.2	5525	11245.5	6301.8
肥料制造	4247.7	40510.3	31902.6	5302.9	563.9	1509.3
医药制造业	3230.3	13988.5	6930	485	1155.1	4927.3
化学纤维制造业						
橡胶制品业						
塑料制品业	12297.2	51456.4	43038.9	3952.3	2364.3	1343.4
非金属矿物制品业	11498.9	91400.5	57412.2	11186.9	5680.8	4781.8
#水泥制造	8238.8	43635.8	23911.9	5979.4	2732.4	3297
黑色金属冶炼及压延加工业	199787.6	807753.6	724776.9	48328.1	9610.9	21394
有色金属冶炼及压延加工业	9086.1	35713.1	33321.5	1042.1	306.9	676.6
金属制品业	4229.1	18516.3	15332.9	1934.1	584.6	491.5
通用设备制造业	3789.5	16771.6	12555.5	1708.6	1107.6	1207.9
专用设备制造业	4001.2	21692.4	16121.3	1424.2	2690.9	906.7
交通运输设备制造业	16634.6	67748.1	60025.3	2717	2348	1851.5
电气机械及器材制造业	13503.2	63289.7	54399.1	2609.7	3049.2	2265.2
通信设备、计算机及其他电子设备制造业	9105.8	51178.4	40739.7	881.2	3257.6	1489
仪器仪表及文化、办公用机械制造业	531	1625	1420.7	103.1	70.4	31.7
工艺品及其他制造业						
废弃资源和废旧材料回收加工业	467.2	2548.6	1616	783.6	101.3	40.7
电力、热力的生产和供应业	35457.8	256156.8	199295.9	12563.6	10250.6	811.5
#电力生产和电力供应	30490.5	217285.7	175909.1	5359	7240.8	31.9
燃气生产和供应业	3988.6	20408.8	17663.7		1107.3	1003.7
水的生产和供应业	1164.8	4680.1	2784	78.4	694.2	543.5

计量单位：万元

经营活动产生的现金流量净额	投资活动产生的现金流量净额	筹资活动产生的现金流量净额	全部从业人员年平均人数(人)	利税总额	亏损企业亏损额
7334.7	-16501.5	1322.3	12110	7893.2	946.8
94907	-171807.5	72386.8	2887	203144	
94907	-171807.5	72386.8	2887	203144	
83.6	-14.9	-49	60	26.5	
35.5		-35.7	46	18.9	
4702.3	-219.6	-581.4	1769	1473.2	2171.5
929.2	-34.6	-935.2	420	369.4	269.8
2837.9	-142.8	915	494	2016.7	141.3
8031	-25382.5	21756.3	3085	18121.2	505
6066	-23508.6	21187.7	863	10819.1	130.2
14224.9	-7923.2	-12794	3470	-189.8	8071.2
14218.3	-7892.6	-12794	2764	131.7	7438.5
5547	3930.3	-7771.7	11299	-6027.6	13373.5
-1420.7	-116.3	1125.5	7517	5082.7	701.9
-256.9	3.4	308	253	-2401.1	2487.2
239.4	-22.5	-5.6	102	192.7	29.4
-523.5	-422	664.5	633	396.7	7
4860.3	-16200.7	-1061.4	1861	9065.8	26.4
283.3	-612.8	243.1	1197	487.7	922.2
4521.2	-1979.8	-946.3	2388	1553.6	744.1
32490.7	-26738.2	-5448.1	6430	-9418.7	84648.6
37529.9	-26525.1	2181.8	9269	34786.5	2857.7
31513.3	-20287.1	-142.2	4468	25029.1	1465.1
4006.5	-3721.1	1749.6	3022	7123.1	887.4
4860.9	-5415.9	541.1	1413	4866.3	308.7
3354.2	-21148.3	32261.9	3079	6997.3	1410.9
34745.2	-20270.8	-23123.1	6858	17541.1	20525.6
4390.3	-607.7	-6518.3	4471	-15415.2	20500.1
110796.1	-123043.6	-44965.4	16142	224272	951.5
-1684.9	-413.5	2491.4	414	1817	78.5
-404.8	-276.2	586.5	1298	1322.5	286.5
3700.6	747.9	914.2	1748	1113	641
4619.2	-2215	-728.5	2018	-3420.1	6884.9
-465.7	-395.1	11.8	3829	468	4776.2
67.3	-7241.7	7535.9	2242	10308.5	836.2
12836.8	-6398.3		2317	14523.8	
804.1	-1008.4	368.5	226	1108.3	
-63.4	-15	-34.5	133	264.7	
57941.9	-21556.2	-26822.9	7758	18992.5	24646.1
41337.1	-14310.1	-23774.7	4856	11746.7	20960.9
5911.1	-11593.6	17318.4	1038	298.8	999.1
136.5	6071.1	-6364.8	781	-3711.2	4664.4

2-45 克拉玛依市规模以上

项目	企业单位数	亏损单位数	工业总产值(现价)	工业销售产值	出口交货值	工业增加值	年初存货
总计	**74**	**12**	**5330473.7**	**5291791.9**	**7673.7**	**2651371.8**	**330443.3**
按登记注册类型分							
内资企业	71	12	5316765.7	5279510.9	7673.7	2645733.2	327716.6
国有企业	8	3	687743	675944.2	7673.7	327971.6	132822.2
#中央企业	1	1	664409	653528		323376.6	128850
地方企业	7	2	23334	22416.2	7673.7	4595	3972.2
#自治区属企业	1		6062.3	5907		2281.1	444.7
地区(州、市)属企业	2		7110.9	7165		1533	1325.3
县(市)属企业	2	1	587.8	606.7		4.9	341.8
集体企业	5	1	9060.6	8946.1		-6096.2	1182.8
#自治区属企业							
地区(州、市)属企业							
县(市)属企业							
镇属企业							
乡属企业							
股份合作企业							
联营企业	2		8038.8	8038.8		2514.1	393.8
#国有联营企业							
集体联营企业	1		3190.3	3190.3		937.4	291.1
国有与集体联营企业	1		4848.5	4848.5		1576.7	102.7
其他联营企业							
有限责任公司	36	5	144561.2	140615.4		44087	11558.2
#国有独资公司	1	1	2167.8	2115.1		398.8	325.6
其他有限责任公司	35	4	142393.4	138500.3		43688.2	11232.6
股份有限公司	6		4442348.5	4422954.1		2273109.5	180859.7
私营企业	14	3	25013.6	23012.3		4147.2	899.9
#私营独资企业							
私营合伙企业	1	1	448.3	558		119.1	297.8
私营有限责任公司	13	2	24565.3	22454.3		4028.1	602.1
私营股份有限公司							
港、澳、台商投资企业	1		7498.7	5131.6		2165.4	
外商投资企业	2		6209.3	7149.4		3473.2	2726.7
在总计中：国有控股企业	23	5	5166914.7	5136444.1	7673.7	2614424	317975
在总计中：农村工业							
按轻、重工业分							
轻工业	6	2	8754.6	8778.2		1887.6	1251.7
以农产品为原料	5	2	6070.9	6094.5		1409.3	1141.6
以非农产品为原料	1		2683.7	2683.7		478.3	110.1
重工业	68	10	5321719.1	5283013.7	7673.7	2649484.2	329191.6
采掘工业	9	1	2889876.5	2886483.1		2131741.8	152058.8
原料工业	32	2	2353405.3	2322602	7673.7	492736	166384.7
加工工业	27	7	78437.3	73928.6		25006.4	10748.1
按企业规模分							
大型企业	5	1	4932432.5	4902156.9		2566162.1	294403.5
中型企业	7		83834.8	80112	7673.7	20899.9	6695.8
小型企业	62	11	314206.4	309523		64309.8	29344

工业企业主要经济指标

计量单位：万元

流动资产合计	短期投资	应收帐款	存货	产成品	流动资产年平均余额	长期投资
1598022.3	**17050.5**	**269384**	**387085**	**154657.6**	**1536425.6**	**205632.3**
1583760.6	16850.5	264029.6	383744.7	153422.1	1522693.9	205632.3
777955.1	2000	218350.5	119045.5	11354.1	728145.3	154345.5
745728.3		213530.8	115293.7	9410.4	692092.3	125797.4
32226.8	2000	4819.7	3751.8	1943.7	36053	28548.1
4915.6		229.8	422	207.3	4061.4	
4511		2417.3	1029.9	371.8	5451.4	
493.5		125.7	341.8	137.4	497.9	
4703.8		1157.9	1598.4	355.9	4423	1539.4
4686		795	1316.3	754.8	4669.5	250.6
1660.4			1134.5	754.8	1792.6	150.6
3025.6		795	181.8		2876.9	100
101809.1	14850.5	23476.4	13994.2	5393.3	93325.1	12661.4
1409.2		25.3	400.2	52.7	1216.7	10
100399.9	14850.5	23451.1	13594	5340.6	92108.4	12651.4
684394.6		15063.5	246150.5	135208.8	682261.2	35363.5
10212		5186.3	1639.8	355.2	9869.8	1471.9
200.9		9.5	172.3	169.7	294	
10011.1		5176.8	1467.5	185.5	9575.8	1471.9
2908		728	717.5	163.5	3763.7	
11353.7	200	4626.4	2622.8	1072	9968	
1489303.1	3892.8	242434.1	371057.1	148977.3	1435922.6	190423.8
4002.5		362.7	1784.1	457.7	4108.6	89.4
3105		85.4	1399.3	356	3211.1	60
897.5		277.3	384.8	101.7	897.5	29.4
1594019.8	17050.5	269021.3	385300.9	154199.9	1532317	205542.9
977409		217405.4	146487.4	10027.2	890060.4	136918.2
550524.5	15157.7	28719.2	226219.5	139323.1	577898.9	60349.7
66086.3	1892.8	22896.7	12594	4849.6	64357.7	8275
1352222		222394	346113.3	135276.8	1292619.7	159625.6
83115.9	16850.5	15188	8358.9	4410.2	80577.4	38348.4
162684.4	200	31802	32612.8	14970.6	163228.5	7658.3

2-45 续表 1

项目	企业单位数	亏损单位数	工业总产值(现价)	工业销售产值	出口交货值	工业增加值	年初存货
按行业分							
煤炭开采和洗选业							
石油和天然气开采业	8	1	2883814.2	2880576.1		2129461	151614.1
#天然原油和天然气开采	2		2203483.1	2211126		1800960	22661.6
黑色金属矿采选业							
有色金属矿采选业	1		6062.3	5907		2281.1	444.7
非金属矿采选业							
#采盐							
其他采矿业							
农副食品加工业	1		1724.9	1699.8		452.6	504
#谷物磨制	1		1724.9	1699.8		452.6	504
饲料加工							
制糖							
食品制造业	1	1	2167.8	2115.1		398.8	325.6
#罐头制造							
饮料制造业							
#酒的制造							
烟草制品业							
纺织业							
#棉、化纤纺织及印染精加工							
毛纺织和染整精加工							
纺织服装、鞋、帽制造业	1	1	782.7	785.4		198	164.4
皮革、毛皮、羽毛(绒)及其制品业							
#皮革鞣制加工							
皮革制品制造							
木材加工及木、竹、藤、棕、草制品业							
家具制造业							
造纸及纸制品业	1		855.5	954.2		199	128.9
印刷业和记录媒介的复制	1		540	540		160.9	18.7
文教体育用品制造业							
石油加工、炼焦及核燃料加工业	12	1	2198071.3	2181444.8	7673.7	445764.7	146489.2
#炼焦							
化学原料及化学制品制造业	20	1	155193.4	141016.6		46514.4	19826
#基础化学原料制造							
肥料制造							
医药制造业							
化学纤维制造业							
橡胶制品业	1		452.4	316.8		142.9	86.4
塑料制品业	4	1	10656.8	10736		2653.4	1220.9
非金属矿物制品业	2	1	1156.3	1266		352.2	297.8
#水泥制造							
黑色金属冶炼及压延加工业							
有色金属冶炼及压延加工业							
金属制品业	2		6036.8	6387.5		1795.6	1843.6
通用设备制造业	10	3	38772.4	35200.1		11848.3	3655.4
专用设备制造业	4		14622.4	13282		5455.5	2945.5
交通运输设备制造业	1	1	811.1	811.1		318	2.7
电气机械及器材制造业	1		4520	4520		1948	192.4
通信设备、计算机及其他电子设备制造业							
仪器仪表及文化、办公用机械制造业	2	1	1409.1	1409.1		492.5	503.4
工艺品及其他制造业							
废弃资源和废旧材料回收加工业							
电力、热力的生产和供应业	1		2824.3	2824.3		935.2	179.6
#电力生产和电力供应							
燃气生产和供应业							
水的生产和供应业							

计量单位：万元

流动资产合计	短期投资	应收帐款	存货	产成品	流动资产年平均余额	长期投资
972493.4		217175.6	146065.4	9819.9	885999	136918.2
217812.1		1052	30064.1	409.5	187080.6	9996.2
4915.6		229.8	422	207.3	4061.4	
421.9			421.9	159.2	989.6	
421.9			421.9	159.2	989.6	
1409.2		25.3	400.2	52.7	1216.7	10
368		7.4	178.7	94.7	359.2	
660.2		7.5	347.3	49.4	425.1	50
245.7		45.2	51.2		220.5	
489638.6	15057.7	18026.8	205765.2	120922.4	516011.7	32850
61163	100	10774.7	20839.1	18502.4	61926.7	27424.1
495.7		43	110.7	62.6	495.7	
7444.9		3213.3	2220.5	1319	7864.8	150.6
779.4		235.7	257.4	169.7	883.2	
8172.7		1843.3	1886.2	555.6	7743	3031.7
30654.9	1892.8	10958.5	3834.1	1289.8	29769.6	4540.1
13398		4860.3	3580.5	1266.2	13141.5	
177.8		43.6	55.3		152.9	
3689.7		1353.5	195.1	186.7	3095.2	200
1273.2		345.5	454.2		1211.8	352.6
620.4		195			858	105

2-45 续表 2

项　目	固定资产合　计	固定资产原　价	生产经营用	累计折旧	本年折旧	固定资产净值年平均余额
总　计	**4765088.2**	**8162279**	**7999947.6**	**3467906.3**	**540355.4**	**4604974.7**
按登记注册类型分						
内资企业	4763325	8159073.4	7996742	3466463.9	540129.3	4603194.1
国有企业	644549.6	1097881.4	1082438	402656.3	64620.1	690943.5
#中央企业	631866.9	1082467.4	1070650.8	393673.1	62927.3	683836.7
地方企业	12682.7	15414	11787.2	8983.2	1692.8	7106.8
#自治区属企业	1208.4	1245.7	1245.7	37.3	37.3	1208.4
地区(州、市)属企业	4383.7	6132.8	5821.4	1749.1	328.9	4483.2
县(市)属企业	49.6	163	163	113.4	6.5	40.5
集体企业	4245.9	9207.4	8662.9	4961.5	802.6	4489.3
#自治区属企业						
地区(州、市)属企业						
县(市)属企业						
镇属企业						
乡属企业						
股份合作企业						
联营企业	5965.9	6827.8	2755.4	868.4	149.8	5363.9
#国有联营企业						
集体联营企业	4994.6	5355.3	1300	367.2	41.7	4523.1
国有与集体联营企业	971.3	1472.5	1455.4	501.2	108.1	840.8
其他联营企业						
有限责任公司	55217.7	84437.8	63363.8	29259.1	6227.3	55252.6
#国有独资公司	776.2	1017.3	981.6	241.1	100.3	651.5
其他有限责任公司	54441.5	83420.5	62382.2	29018	6127	54601.1
股份有限公司	4050561.8	6956382.8	6835590.2	3027166.5	467966.6	3844610.5
私营企业	2784.1	4336.2	3931.7	1552.1	362.9	2534.3
#私营独资企业						
私营合伙企业	37.5	156.2	156.2	118.7	15.6	54.5
私营有限责任公司	2746.6	4180	3775.5	1433.4	347.3	2479.8
私营股份有限公司						
港、澳、台商投资企业	1425.6	2297.3	2297.3	871.7	150.8	1425.6
外商投资企业	337.6	908.3	908.3	570.7	75.3	355
在总计中：国有控股企业	4706945.8	8071645.1	7928881.4	3435375.8	533228.5	4546813.7
在总计中：农村工业						
按轻、重工业分						
轻工业	2809.3	4362.1	4013.7	1552.8	223.9	2634.7
以农产品为原料	2725.4	4183.7	3835.3	1458.3	203.8	2555.5
以非农产品为原料	83.9	178.4	178.4	94.5	20.1	79.2
重工业	4762278.9	8157916.9	7995933.9	3466353.5	540131.5	4602340
采掘工业	3751477.8	6414974.8	6401281	2798964.6	459066.3	3547761.7
原料工业	977771.5	1692245.3	1556573.5	649715.2	77911.8	1021959.8
加工工业	33029.6	50696.8	38079.4	17673.7	3153.4	32618.5
按企业规模分						
大型企业	4671566.2	8014975.1	7882365.9	3407789.5	529696.7	4517671.5
中型企业	30718.2	45602.5	28686.7	21136.2	4497.5	24736.4
小型企业	62803.8	101701.4	88895	38980.6	6161.2	62566.8

计量单位：万元

无形资产	资产总计	流动负债		长期负债	负债合计
		合计	应付帐款	合计	
26448.7	**6632916.6**	**1656941.4**	**417379.9**	**970202.9**	**2627194.3**
26434.7	6615027.9	1647491.3	414657.6	970202.9	2617744.2
8396.9	1610820.1	819462	206635.6	17849.7	837311.7
7911.1	1536785.6	789583.8	204596.3	13834.9	803418.7
485.8	74034.5	29878.2	2039.3	4014.8	33893
	6213.6	4015.9	665	260	4275.9
446.3	9341.0	4834.6	642	16.2	4850.8
	543.1	332.9	33.5	133.1	466
16.9	10773.7	7335.1	2333.8	43.4	7378.5
338.2	11250.9	4241.8	1700	100.3	4342.1
	6805.7	1997.1	909.5	100.3	2097.4
338.2	4445.2	2244.7	790.5		2244.7
8337.5	179590.3	84226.9	26703.1	8865.5	93142.4
6440	8676.0	738.8	69.3	704.5	1443.3
1897.5	170914.3	83488.1	26633.8	8161	91699.1
9086.3	4787770.6	723074.2	174226.8	942551.8	1665626
258.9	14822.3	9151.3	3058.3	792.2	9943.5
	238.4	183.9	79.1		183.9
258.9	14583.9	8967.4	2979.2	792.2	9759.6
	6183.4	5187.6			5187.6
14	11705.3	4262.5	2722.3		4262.5
24275.4	6445502.1	1560876.8	388228	961206.3	2522133.1
6451.9	13529.5	2238.1	989.9	704.5	2942.6
6451.9	12518.6	1323.6	207.7	704.5	2028.1
	1010.9	914.5	782.2		914.5
19996.8	6619387.1	1654703.3	416390	969498.4	2624251.7
15716.1	4907312.1	1155641.4	342818.4	868902.9	2024544.3
2928.8	1600462.2	437477.6	56201.9	96918.7	534396.3
1351.9	111612.8	61584.3	17369.7	3676.8	65311.1
16997.4	6234257.4	1488217.5	377538.2	954331	2442548.5
1061.6	153977.6	72684.1	13724.7	5607.9	78292
8389.7	244681.6	96039.8	26117	10264	106353.8

2-45 续表 3

项 目	固定资产合计	固定资产原价	生产经营用	累计折旧	本年折旧	固定资产净值年平均余额
按行业分						
煤炭开采和洗选业						
石油和天然气开采业	3750269.4	6413729.1	6400035.3	2798927.3	459029	3546553.3
#天然原油和天然气开采	3113839.9	5324535.8	5322698.8	2403090.9	395655	2858204.3
黑色金属矿采选业						
有色金属矿采选业	1208.4	1245.7	1245.7	37.3	37.3	1208.4
非金属矿采选业						
#采盐						
其他采矿业						
农副食品加工业	1356.2	1911.9	1600.5	555.7	48.8	1386.1
#谷物磨制	1356.2	1911.9	1600.5	555.7	48.8	1386.1
饲料加工						
制糖						
食品制造业	776.2	1017.3	981.6	241.1	100.3	651.5
#罐头制造						
饮料制造业						
#酒的制造						
烟草制品业						
纺织业						
#棉、化纤纺织及印染精加工						
毛纺织和染整精加工						
纺织服装、鞋、帽制造业	381.9	569.9	569.9	188	16.9	309.7
皮革、毛皮、羽毛(绒)及其制品业						
#皮革鞣制加工						
皮革制品制造						
木材加工及木、竹、藤、棕、草制品业						
家具制造业						
造纸及纸制品业	157.8	446.4	446.4	288.6	28.9	154.9
印刷业和记录媒介的复制	53.3	238.2	236.9	184.9	8.9	53.3
文教体育用品制造业						
石油加工、炼焦及核燃料加工业	877957.6	1566213.3	1454026.1	623458.1	68733.3	925726.2
#炼焦						
化学原料及化学制品制造业	91301.4	116677	93524.2	25414.6	8655.6	87749.3
#基础化学原料制造						
肥料制造						
医药制造业						
化学纤维制造业						
橡胶制品业	228.2	495.6	267.4	267.4	36.7	228.2
塑料制品业	8188.6	9796.3	5734.7	1614.2	342.1	7796.3
非金属矿物制品业	1370.2	1521.9	940.2	151.7	48.6	1383
#水泥制造						
黑色金属冶炼及压延加工业						
有色金属冶炼及压延加工业						
金属制品业	3557	6191.2	5366.4	2634.2	136.6	3725.9
通用设备制造业	13037.3	21952.4	16919.5	8915.1	1734.7	12691.4
专用设备制造业	3011.7	4668.5	3439	1656.8	331.3	3047.1
交通运输设备制造业	46.1	75.6	75.6	29.5	14.1	51.7
电气机械及器材制造业	723.9	851.6	851.6	127.7	99.1	680.3
通信设备、计算机及其他电子设备制造业						
仪器仪表及文化、办公用机械制造业	2866.6	5143.7	4485	2277.1	410.2	3014.6
工艺品及其他制造业						
废弃资源和废旧材料回收加工业						
电力、热力的生产和供应业	8596.4	9533.4	9201.6	937	543	8563.5
#电力生产和电力供应						
燃气生产和供应业						
水的生产和供应业						

计量单位：万元

无形资产	资产总计	流动负债 合计	流动负债 应付帐款	长期负债 合计	负债合计
15716.1	4901098.5	1151625.5	342153.4	868642.9	2020268.4
7709	3349437.9	353382.9	134224	854808	1208190.9
	6213.6	4015.9	665	260	4275.9
11.9	1790.0	79.9	17.4		79.9
11.9	1790.0	79.9	17.4		79.9
6440	8676.0	738.8	69.3	704.5	1443.3
	877.3	188.7	32.1		188.7
	876.3	253.9	72.5		253.9
	299.0	62.3	16.4		62.3
1211.2	1403030.6	351634.9	39976	90033.3	441668.2
1717.6	189118.6	83460.9	16403.2	2385.4	85846.3
354.3	1078.2	306.1	11.7		306.1
474.7	16259.1	7240.4	1585.6	1143	8383.4
	2149.6	552.3	420.6		552.3
373.6	15254.6	7121.5	1437.9		7121.5
126.2	49175.1	31634	9794.7	2490.4	34124.4
14	18345.8	10197	3199.2		10247
	223.9	199.8			199.8
0.7	4614.3	785.1	329.4		785.1
8.4	4512.2	3548.1	590.6	43.4	3591.5
	9323.9	3296.3	604.9	4500	7796.3

2-45 续表 4

项　　目	所有者权益合　计	其　中:实收资本	国家资本	集体资本	法人资本	个人资本	港澳台资本
总　计	**4005722.3**	**2208036**	**1434804.1**	**26330.3**	**641690.8**	**34395.7**	**55921.2**
按登记注册类型分							
内资企业	3997283.7	2205473	1434137.1	25970.3	641480.8	34395.7	55591.2
国有企业	773508.4	716773.2	716732.3			40.9	
#中央企业	733366.9	701121.3	701121.3				
地方企业	40141.5	15651.9	15611			40.9	
#自治区属企业	1937.7	1000	1000				
地区(州、市)属企业	4490.2	3147.3	3147.3				
县(市)属企业	77.1	188.2	147.3			40.9	
集体企业	3395.2	3223.8		3013.4	210.4		
#自治区属企业							
地区(州、市)属企业							
县(市)属企业							
镇属企业							
乡属企业							
股份合作企业							
联营企业	6908.8	6186	5299.8	161.2	279.8	445.2	
#国有联营企业							
集体联营企业	4708.3	5428.9	5149.1		279.8		
国有与集体联营企业	2200.5	757.1	150.7	161.2		445.2	
其他联营企业							
有限责任公司	86447.9	51324.1	10154.1	8561.8	27102.5	5505.7	
#国有独资公司	7232.7	8000	8000				
其他有限责任公司	79215.2	43324.1	2154.1	8561.8	27102.5	5505.7	
股份有限公司	3122144.6	1425481.9	701950.9	13897.9	613646.1	26497.9	55591.2
私营企业	4878.8	2484		336	242	1906	
#私营独资企业							
私营合伙企业	54.5	103				103	
私营有限责任公司	4824.3	2381		336	242	1803	
私营股份有限公司							
港、澳、台商投资企业	995.8	300			210		90
外商投资企业	7442.8	2263	667	360			240
在总计中：国有控股企业	3923369	2162800	1434804.1	14541.4	614847.9	28121.5	55591.2
在总计中：农村工业							
按轻、重工业分							
轻工业	10586.9	10326.8	9251.9	74.3	870.6	130	
以农产品为原料	10490.5	10252.5	9251.9		870.6	130	
以非农产品为原料	96.4	74.3		74.3			
重工业	3995135.4	2197709.2	1425552.2	26256	640820.2	34265.7	55921.2
采掘工业	2882767.8	2096369.4	1383903.8	14797.4	613214	14965.1	55591.2
原料工业	1066065.9	72051.2	32223.9	3845	19450.8	16291.5	240
加工工业	46301.7	29288.6	9424.5	7613.6	8155.4	3009.1	90
按企业规模分							
大型企业	3791708.9	2126603.2	1403072.2	13897.9	613646.1	26497.9	55591.2
中型企业	75685.6	34525.9	12003.4	6468.3	15377.1	677.1	
小型企业	138327.8	46906.9	19728.5	5964.1	12667.6	7220.7	330

计量单位：万元

外商资本	主营业务收入	主营业务成本	主营业务税金及附加	其他业务收入	其他业务利润	营业费用
14893.9	**5395544.6**	**3641575.6**	**138517.5**	**115939.9**	**30743.7**	**79874.1**
13897.9	5378734	3630315.4	138513.4	115392.2	30687.9	78321.7
	1001269.6	902300.5	9479	37120.2	13539.8	27327.5
	979475	885258.7	9440.4	32359.7	13160.1	26177.8
	21794.6	17041.8	38.6	4760.5	379.7	1149.7
	5209.7	3374.3	2.7	49	36.1	72.5
	7147.7	5908.6	26.3	270.3	95.4	353.7
	587.8	566.7	1.9	394.1	-4	13.2
	17103.5	14895	144.6	1199.5	696.1	1572.2
	9284.4	7904.2	70.9	244.4	64.2	81.1
	3551.7	3135	29.3	147.3	5.9	81.1
	5732.7	4769.2	41.6	97.1	58.3	
	149248.1	120069.2	2163.1	9988.1	2162	3395.3
	1835.3	1606.6	20.3	192.2	61.8	142.3
	147412.8	118462.6	2142.8	9795.9	2100.2	3253
13897.9	4178207.5	2564542.1	126468	64357	13882.5	45114.2
	23620.9	20604.4	187.8	2483	343.3	831.4
	649.5	387.8	9.7			232.3
	22971.4	20216.6	178.1	2483	343.3	599.1
	7057.1	5806.1	4.1	31.7	36.9	393.4
996	9753.5	5454.1		516	18.9	1159
14893.9	5220575.5	3499081.3	136318.7	102631.1	27736	73982.6
	9112.2	7655.1	104.6	395.7	199.4	277.5
	6428.5	5432.7	41.5	385.6	198.2	195.1
	2683.7	2222.4	63.1	10.1	1.2	82.4
14893.9	5386432.4	3633920.5	138412.9	115544.2	30544.3	79596.6
13897.9	2994461.2	1611365.4	54534	90717.3	19470.1	26260.8
	2309565.1	1956034.3	83355.7	17336.7	9356.2	48911.5
996	82406.1	66520.8	523.2	7490.2	1718	4424.3
13897.9	4982625.9	3302892.9	135507.1	95187.7	25620.1	56342.7
	83669.8	67993.1	807.4	7295.3	1500.9	2696
996	329248.9	270689.6	2203	13456.9	3622.7	20835.4

2-45 续表 5

项　　目	所有者权益合计	其中:实收资本	国家资本	集体资本	法人资本	个人资本	港澳台资本
按行业分							
煤炭开采和洗选业							
石油和天然气开采业	2880830.1	2095369.4	1382904	14797.4	613214	14965.1	55591.2
#天然原油和天然气开采	2141247	1391302.1	681782.5	13942.2	611564	14524.3	55591.2
黑色金属矿采选业							
有色金属矿采选业	1937.7	1000	1000				
非金属矿采选业							
#采盐							
其他采矿业							
农副食品加工业	1710.1	1147.3	1147.3				
#谷物磨制	1710.1	1147.3	1147.3				
饲料加工							
制糖							
食品制造业	7232.7	8000	8000				
#罐头制造							
饮料制造业							
#酒的制造							
烟草制品业							
纺织业							
#棉、化纤纺织及印染精加工							
毛纺织和染整精加工							
纺织服装、鞋、帽制造业	688.6	685.2	104.6		580.6		
皮革、毛皮、羽毛(绒)及其制品业							
#皮革鞣制加工							
皮革制品制造							
木材加工及木、竹、藤、棕、草制品业							
家具制造业							
造纸及纸制品业	622.4	300			290	10	
印刷业和记录媒介的复制	236.7	120				120	
文教体育用品制造业							
石油加工、炼焦及核燃料加工业	961362.4	21844.5	11115.3	1988	8248.5	252.7	240
#炼焦							
化学原料及化学制品制造业	103272.3	48781	21108.6	1931.3	9702.3	16038.8	
#基础化学原料制造							
肥料制造							
医药制造业							
化学纤维制造业							
橡胶制品业	772.1	422.1			340.6	81.5	
塑料制品业	7875.7	7817.3	7184.5		632.8		
非金属矿物制品业	1597.3	1583	1240			343	
#水泥制造							
黑色金属冶炼及压延加工业							
有色金属冶炼及压延加工业							
金属制品业	8133.1	5530.8		4898.3		632.5	
通用设备制造业	15050.7	8490.4	313	2221.3	4747.1	1209	
专用设备制造业	8098.8	2532	687		224.5	534.5	90
交通运输设备制造业	24.1	50				50	
电气机械及器材制造业	3829.2	2000			2000		
通信设备、计算机及其他电子设备制造业							
仪器仪表及文化、办公用机械制造业	920.7	863		494	210.4	158.6	
工艺品及其他制造业							
废弃资源和废旧材料回收加工业							
电力、热力的生产和供应业	1527.6	1500			1500		
#电力生产和电力供应							
燃气生产和供应业							
水的生产和供应业							

计量单位：万元

外商资本	主营业务收　　入	主营业务成　　本	主营业务税金及附加	其他业务收　　入	其他业务利　　润	营业费用
13897.9	2989251.5	1607991.1	54531.3	90668.3	19434	26188.3
13897.9	1993840	710448.6	44545.1	57315	6177.4	
	5209.7	3374.3	2.7	49	36.1	72.5
	1682.5	1395.7		96.7	79.8	52.8
	1682.5	1395.7		96.7	79.8	52.8
	1835.3	1606.6	20.3	192.2	61.8	142.3
	919	881.2	3.1	22.3		
	1452.7	1029	9.8	17.8		
	539	520.2	8.3	56.6	56.6	
	2149931.3	1825989.7	82138.8	16185.6	9125.3	45032.7
	158987.1	129973.3	1243.7	1078.4	207.4	3961.2
	627.4	365.1	7.3	2.4	2.4	35.3
	11097.4	9544.1	68.4	320.9	21.5	382
	1357.5	917.3	13.9	2.8	1.6	235.9
	10188.9	9373.9	58	633	297.2	129.2
	34216.6	29332.4	281.4	5567.7	1045.9	1049.7
996	17548.3	12231	29.9	659.2	161.5	1614
	811.2	649.2	4.9			0.4
	4520.2	3333.9	54.9			
	2038.6	773.9	4.5	304.2	187.9	977.8
	3330.4	2293.7	36.3	82.8	24.7	

2-45 续表 6

项　　目	管理费用	税　金	财产保险费	差旅费	工会经费	办公费	职工教育费
总　　计	**268704.4**	**19335**	**4255.5**	**7103.8**	**1662.8**	**4539.3**	**1280.9**
按登记注册类型分							
内资企业	268129.3	19326.9	4243.6	7078.8	1658.8	4522.9	1276.6
国有企业	106755.5	1044.9	150.4	2391.3	387.6	2239.1	269.2
#中央企业	103396	1020.7	123	2307.1	339.1	2134.4	254.4
地方企业	3359.5	24.2	27.4	84.2	48.5	104.7	14.8
#自治区属企业	1471.7	0.5	0.3	36.1	22.2	17	5
地区(州、市)属企业	546.6	13.6	12.6	36.6	8.3	56.6	6.2
县(市)属企业	6	0.1	0.6	1.2	1.5	0.3	0.1
集体企业	930.2	32.1	9.7	73.1	16.1	45.2	15.8
#自治区属企业							
地区(州、市)属企业							
县(市)属企业							
镇属企业							
乡属企业							
股份合作企业							
联营企业	877.7	4.3	25.1	33.1	18.2	6.1	13.6
#国有联营企业							
集体联营企业	386.9	0.1	4	3.1	5.2	1.7	3.9
国有与集体联营企业	490.8	4.2	21.1	30	13	4.4	9.7
其他联营企业							
有限责任公司	13482.4	288.2	340.6	824.4	278.5	495.4	228.5
#国有独资公司	380.4	15.7	2.3	13.8	1.8	0.7	1.3
其他有限责任公司	13102	272.5	338.3	810.6	276.7	494.7	227.2
股份有限公司	144542.8	17938.6	3680	3597.9	941.2	1654.9	734
私营企业	1540.7	18.8	37.8	159	17.2	82.2	15.5
#私营独资企业							
私营合伙企业	25.2	3	0.3	1.4		1.6	
私营有限责任公司	1515.5	15.8	37.5	157.6	17.2	80.6	15.5
私营股份有限公司							
港、澳、台商投资企业	376.2	5.4	3.9	15.7	1.6	3	1.2
外商投资企业	198.9	2.7	8	9.3	2.4	13.4	3.1
在总计中：国有控股企业	254557.2	19035.2	4009	6108.3	1401.8	3961.5	1056.9
在总计中：农村工业							
按轻、重工业分							
轻工业	987.5	27.9	10.7	70.6	13	38.3	6.9
以农产品为原料	691.2	25.3	7.2	23.8	12.4	12.5	6.4
以非农产品为原料	296.3	2.6	3.5	46.8	0.6	25.8	0.5
重工业	267716.9	19307.1	4244.8	7033.2	1649.8	4501	1274
采掘工业	189412	18604.5	958.9	4264.7	650.1	2820.2	497.5
原料工业	70412	591	3052.5	2200.2	873.3	1380	677.4
加工工业	7892.9	111.6	233.4	568.3	126.4	300.8	99.1
按企业规模分							
大型企业	243690	18958.2	3674.6	5792.4	1271.7	3714.7	982
中型企业	8374.6	78.4	151.6	378.1	160.7	294.5	120.3
小型企业	16639.8	298.4	429.3	933.3	230.4	530.1	178.6

计量单位：万元

排污费	财务费用	利息支出	营业利润	投资收益	补贴收入	营业外收入
2802.6	**3468.5**	**3436.7**	**1152142.6**	**17221.3**	**1634.6**	**12993.4**
2802.6	3449	3417.2	1148687.5	17221.3	1634.6	12961.7
53.8	-780	-786.9	-30272.7	10250.9	746.2	7691.4
6.1	-2230	-2230	-29407.8	8372	293.7	7542.7
47.7	1450	1443.1	-864.9	1878.9	452.5	148.7
37.6	43.9	43.9	280.7		442.6	10.4
0.3	211.7	205.4	196.2			111.9
	8.5	8.5	-12.1		9.9	
	4.4	4.4	253.2	690.3	0.4	4.7
0.8	-6.1	-6.1	420.8	0.6	152.6	14.5
0.8	-0.3	-0.3	-74.4		152.6	14.3
	-5.8	-5.8	495.2	0.6		0.2
36.5	1429	1404.1	11654.1	745.9	501.1	287.9
	-5.9	-5.9	-246.6		93.6	14.4
36.5	1434.9	1410	11900.7	745.9	407.5	273.5
2709	2731.2	2731.2	1165905.7	5533.6		4962.4
2.5	70.5	70.5	726.4		234.3	0.8
2.5	1	1	-6.5			
	69.5	69.5	732.9		234.3	0.8
	16.5	16.5	497.7			31.7
	3	3	2957.4			
2794.1	2028.9	2021.6	1139557.2	15785.1	992.4	12686.9
0.3	12.7	12.7	274.2		165.1	127.1
0.3	12.3	12.3	253.9		165.1	127.1
	0.4	0.4	20.3			
2802.3	3455.8	3424	1151868.4	17221.3	1469.5	12866.3
1979.2	834.5	834.5	988738.6	14349.1	736.3	7958.6
818.1	1600.5	1599.9	158604.3	2693.9	384.4	4640.6
5	1020.8	989.6	4525.5	178.3	348.8	267.1
2715.1	1098.5	1098.5	1125928.8	13905.6	293.7	12131.4
47.4	1974.6	1974	4108	2679.9	446.5	91.5
40.1	395.4	364.2	22105.8	635.8	894.4	770.5

2-45 续表 7

项　　目	管理费用	税　金	财产保险费	差旅费	工会经费	办公费	职工教育费
按行业分							
煤炭开采和洗选业							
石油和天然气开采业	187940.3	18604	958.6	4228.6	627.9	2803.2	492.5
#天然原油和天然气开采	82883	17527.7	778.8	1858	255.6	608.3	213.4
黑色金属矿采选业							
有色金属矿采选业	1471.7	0.5	0.3	36.1	22.2	17	5
非金属矿采选业							
#采盐							
其他采矿业							
农副食品加工业	172.8	9.1	1.7	6	2.7	3.6	2
#谷物磨制	172.8	9.1	1.7	6	2.7	3.6	2
饲料加工							
制糖							
食品制造业	380.4	15.7	2.3	13.8	1.8	0.7	1.3
#罐头制造							
饮料制造业							
#酒的制造							
烟草制品业							
纺织业							
#棉、化纤纺织及印染精加工							
毛纺织和染整精加工							
纺织服装、鞋、帽制造业	40.8	0.2	2.1	2.7	4.1	3	0.2
皮革、毛皮、羽毛(绒)及其制品业							
#皮革鞣制加工							
皮革制品制造							
木材加工及木、竹、藤、棕、草制品业							
家具制造业							
造纸及纸制品业	68.4	0.2	0.6	0.9	2.3	0.5	1.4
印刷业和记录媒介的复制	28.8	0.1	0.5	0.4	1.5	4.7	1.5
文教体育用品制造业							
石油加工、炼焦及核燃料加工业	61450.3	225	2924.5	1728.6	680.5	1113.8	507.5
#炼焦							
化学原料及化学制品制造业	8974.8	368	129.4	511	191.5	286	169
#基础化学原料制造							
肥料制造							
医药制造业							
化学纤维制造业							
橡胶制品业	209.7	4.6	1.4	5.9	4.2	11.7	3.1
塑料制品业	901.4	5.3	15.5	41.9	11.6	61.4	8.7
非金属矿物制品业	103.8	3.5	6.8	5.4	1.1	5.8	1.4
#水泥制造							
黑色金属冶炼及压延加工业							
有色金属冶炼及压延加工业							
金属制品业	986.9	1.3	8.2	23.7	24.8	9.6	19
通用设备制造业	3925.4	66.5	175	387	63.1	151.8	46.8
专用设备制造业	870.5	13.7	13.1	44.2	3.6	23.4	4
交通运输设备制造业	167.8	0.2	3.3	10.6	1	2.1	0.8
电气机械及器材制造业	317.5	2.7	6	26	9.8	18	7.4
通信设备、计算机及其他电子设备制造业							
仪器仪表及文化、办公用机械制造业	409.9	13.8	4.1	23.6	7.2	17	7.9
工艺品及其他制造业							
废弃资源和废旧材料回收加工业							
电力、热力的生产和供应业	283.2	0.6	2.1	7.4	1.9	6	1.4
#电力生产和电力供应							
燃气生产和供应业							
水的生产和供应业							

计量单位：万元

排污费	财务费用	利息支出	营业利润	投资收益	补贴收入	营业外收入
1941.6	790.6	790.6	988457.9	14349.1	293.7	7948.2
1935.5	2996.3	2996.3	1016358.4	5946		374.1
37.6	43.9	43.9	280.7		442.6	10.4
0.3	14.4	14.4	126.6			111.9
0.3	14.4	14.4	126.6			111.9
	-5.9	-5.9	-246.6		93.6	14.4
	2.6	2.6	-8.7			0.8
	1.1	1.1	344.4		71.5	
	0.1	0.1	38.2			
813.8	-1011.1	-1011.7	145456.2	2221.4	104.6	4610.1
1.1	2233.8	2233.8	12804.7	469.7	139.7	30
	-0.9	-0.9	13.3			
0.8	233.5	227.2	-10.1		152.6	16.6
2.5	1	1	87.2			
	32.9	32.9	-94.8	11	127.5	202.4
1.7	672.6	648.1	784	167.3	68.7	11.9
	45.8	45.4	2918.6			31.8
			-11.1			
	27.4	27.4	786.5			3.9
	8.5	8.5	51.9			0.5
3.2	378.2	378.2	363.7	2.8	140.1	0.5

2-45 续表 8

项　目	营业外支出	利润总额	应交所得税	广告费	劳动、待业保险费	养老保险和医疗保险费	住房公积金和住房补贴
总　计	**127003.5**	**1056988.4**	**8619.3**	**334**	**10746.6**	**49699.3**	**21873.9**
按登记注册类型分							
内资企业	126992.5	1053512.6	8099.6	334	10744.1	49633.7	21835.5
国有企业	55284.7	-66868.9	2308.1	1.1	2681.3	26390.7	12823.6
#中央企业	55173.5	-68372.9	2241.3		2634.6	25711.4	12654.9
地方企业	111.2	1504	66.8	1.1	46.7	679.3	168.7
#自治区属企业	15.4	718.3	21		17.5	174.7	51.3
地区(州、市)属企业	49.5	258.6	14.8	1.1	5.6	95.7	29
县(市)属企业		-2.2				1.4	
集体企业	23.6	925	189.8		122.1	117.9	54.9
#自治区属企业							
地区(州、市)属企业							
县(市)属企业							
镇属企业							
乡属企业							
股份合作企业							
联营企业	7.9	580.6	163.6		6.9	167.9	26.5
#国有联营企业							
集体联营企业	7.9	84.6				84.8	
国有与集体联营企业		496	163.6		6.9	83.1	26.5
其他联营企业							
有限责任公司	142.9	13046.1	3899	86.1	506.7	2503.9	1411.5
#国有独资公司		-138.6		25.3	4.9	48.5	16.2
其他有限责任公司	142.9	13184.7	3899	60.8	501.8	2455.4	1395.3
股份有限公司	71517.8	1104883.9	1215.8	245.2	7415.3	20330	7470.5
私营企业	15.6	945.9	323.3	1.6	11.8	123.3	48.5
#私营独资企业							
私营合伙企业	0.2	-6.7		0.2		1.1	
私营有限责任公司	15.4	952.6	323.3	1.4	11.8	122.2	48.5
私营股份有限公司							
港、澳、台商投资企业		529.4	158.8			31.1	12.6
外商投资企业	11	2946.4	360.9		2.5	34.5	25.8
在总计中：国有控股企业	126824.5	1042197.1	4513.9	271.6	10153.2	47407	20698.8
在总计中：农村工业							
按轻、重工业分							
轻工业	39.6	526.8	168	25.3	13.3	173.1	57.3
以农产品为原料	39.6	506.5	155.9	25.3	12.8	168.2	57.3
以非农产品为原料		20.3	12.1		0.5	4.9	
重工业	126963.9	1056461.6	8451.3	308.7	10733.3	49526.2	21816.6
采掘工业	71599.4	940183.2	3035.4		3762.5	39422.6	17948.3
原料工业	55266.4	111056.8	3906.8	307.1	6745.4	8757.8	3172.9
加工工业	98.1	5221.6	1509.1	1.6	225.4	1345.8	695.4
按企业规模分							
大型企业	126056.8	1026202.7	3457.1	245.2	9771.4	45737.8	19973.6
中型企业	101.5	7224.4	1616.7	13.6	384.2	1550.5	896.1
小型企业	845.2	23561.3	3545.5	75.2	591	2411	1004.2

计量单位：万元

本年应付工资总额	主营业务应付	本年应付福利费总额	主营业务应付	本年应交增值税	本年进项税额
296773.8	**293420.6**	**41593.4**	**41128.1**	**387187.7**	**611914.8**
295936.8	292583.6	41419.4	40954.1	385405.9	610839.2
177278.1	176779.6	25047.7	24977.6	67642.7	91121
173900	173900	24616.9	24616.9	67172.6	88716
3378.1	2879.6	430.8	360.7	470.1	2405
1940	1847	271.6	258.5	198.8	125.9
664.6	664.6	60.8	60.8	263.6	749.2
47.8	40.1	3.6	3.6	7.4	159.5
1451.6	1328.7	188	167.6	353.1	2269.5
1307.9	1150.9	129.8	114.4	556.3	1034.5
277.8	277.8	38.8	38.8	139.8	471
1030.1	873.1	91	75.6	416.5	563.5
15778.6	13458.2	2113.9	1788.5	7536.7	14115.9
342.3	213.9	47.9	29.9	87.6	8.8
15436.3	13244.3	2066	1758.6	7449.1	14107.1
98116.5	97950.8	13686.5	13663.3	308595.2	499507.5
2004.1	1915.4	253.5	242.7	721.9	2790.8
121.6	109.8			39	
1882.5	1805.6	253.5	242.7	682.9	2790.8
382	382	107.2	107.2	659.2	540.8
455	455	66.8	66.8	1122.6	534.8
280800	279666.1	39358	39205.6	380108.1	593767.4
1281.8	1153.4	148	130	289.2	631.3
1058.3	929.9	116.8	98.8	257.6	378.1
223.5	223.5	31.2	31.2	31.6	253.2
295492	292267.2	41445.4	40998.1	386898.5	611283.5
239368	239103	33733.3	33696.1	297195.1	226344.3
46721.3	44423.1	6434	6118.9	84062.7	375955
9402.7	8741.1	1278.1	1183.1	5640.7	8984.2
270342.1	270342.1	38069.1	38069.1	371723.9	562461
9076.5	7368.2	1119.2	878.7	3467.1	9700.9
17355.2	15710.3	2405.1	2180.3	11996.7	39752.9

2-45 续表 9

项目	营业外支出	利润总额	应交所得税	广告费	劳动、待业保险费	养老保险和医疗保险费	住房公积金和住房补贴
按行业分							
煤炭开采和洗选业							
石油和天然气开采业	71584	939464.9	3014.4		3745	39247.9	17897
#天然原油和天然气开采	16387.6	1006291	504.2		1073.3	13187.7	5078.8
黑色金属矿采选业							
有色金属矿采选业	15.4	718.3	21		17.5	174.7	51.3
非金属矿采选业							
#采盐							
其他采矿业							
农副食品加工业	38.3	200.2	6		3.5	50.9	15.9
#谷物磨制	38.3	200.2	6		3.5	50.9	15.9
饲料加工							
制糖							
食品制造业		-138.6		25.3	4.9	48.5	16.2
#罐头制造							
饮料制造业							
#酒的制造							
烟草制品业							
纺织业							
#棉、化纤纺织及印染精加工							
毛纺织和染整精加工							
纺织服装、鞋、帽制造业	0.2	-8.1	0.5		0.9	19.1	5.6
皮革、毛皮、羽毛(绒)及其制品业							
#皮革鞣制加工							
皮革制品制造							
木材加工及木、竹、藤、棕、草制品业							
家具制造业							
造纸及纸制品业	0.3	415.6	137.1		3	39.7	19.6
印刷业和记录媒介的复制	0.8	37.4	12.3		0.5	10	
文教体育用品制造业							
石油加工、炼焦及核燃料加工业	55062.4	97329.9	1136.1	118.7	6381.4	7322	2729.2
#炼焦							
化学原料及化学制品制造业	203.5	13240.6	2770.7	188.4	360.7	1394.6	424.9
#基础化学原料制造							
肥料制造							
医药制造业							
化学纤维制造业							
橡胶制品业	10.2	3.1	0.8		1.7	22.5	10.6
塑料制品业	19.7	139.4	8.8	1.1	3.8	150	22.5
非金属矿物制品业	0.2	87	30.9	0.2		1.1	
#水泥制造							
黑色金属冶炼及压延加工业							
有色金属冶炼及压延加工业							
金属制品业	10	236.1	77.9		18.3	286.2	110.4
通用设备制造业	42.7	989.2	512.8		127.5	635	451.8
专用设备制造业	11.4	2939	543.1		6.4	112.8	41
交通运输设备制造业		-11.1		0.3	0.6	5.1	2.1
电气机械及器材制造业	3.3	787.1	301.8		8.1	99.3	25.9
通信设备、计算机及其他电子设备制造业							
仪器仪表及文化、办公用机械制造业	0.6	51.8	33		59	33.8	31.1
工艺品及其他制造业							
废弃资源和废旧材料回收加工业							
电力、热力的生产和供应业	0.5	506.6	12.1		3.8	46.1	18.8
#电力生产和电力供应							
燃气生产和供应业							
水的生产和供应业							

计量单位：万元

本年应付工资总额	主营业务应付	本年应付福利费总额	主营业务应付	本年应交增值税	本年进项税额
237428	237256	33461.7	33437.6	296996.3	226218.4
62157.2	61999.9	8652.9	8630.9	229701.2	137326.3
1940	1847	271.6	258.5	198.8	125.9
383.6	383.6	22.4	22.4		36.4
383.6	383.6	22.4	22.4		36.4
342.3	213.9	47.9	29.9	87.6	8.8
113.1	113.1	15.8	15.8	31.4	124.8
105.3	105.3	14.7	14.7	98	155.4
114	114	16	16	40.6	52.7
35074.4	33370.7	4891.6	4652.9	78774	358334.9
11466.8	10872.3	1517.1	1440.7	5320.3	17501.7
212.5	212.5	36.2	36.2	72.3	34.4
743.6	743.6	102.2	102.2	498.1	1419
175.4	136.6	7.5	3.8	81.4	
1258.1	1113.7	186.3	166.1	340.7	1453.1
4954.7	4686.6	600.8	562.3	2317.7	4499.9
935.4	935.4	188.4	188.4	1811.3	1148.1
51.7	51.7	7.2	7.2	42.2	
634.6	547.2	88.8	76.6	381	210.6
436.7	313.8	60.7	40.3	96	219.1
403.6	403.6	56.5	56.5		371.6

2-45 续表 10

项目	本年销项税额	工业中间投入合计	直接材料	制造费用中的中间投入	管理费用中的中间投入	营业费用中的中间投入
总计	**991250.7**	**3066289.6**	**2138232.2**	**768181.7**	**121050.9**	**35356.3**
按登记注册类型分						
内资企业	988397.6	3056438.4	2131954.5	766306.6	120580.2	34148.1
国有企业	151125.8	427414.1	239907.9	94610.4	77748.1	15927.7
#中央企业	148844	408205	229256	90680.7	75633.9	14864.4
地方企业	2281.8	19209.1	10651.9	3929.7	2114.2	1063.3
#自治区属企业	324.7	3980	3.2	2902.1	968.3	62.5
地区(州、市)属企业	994.2	5841.5	4817.3	211.1	271.3	330.1
县(市)属企业	166.9	590.3	529.8	38	3.6	10.4
集体企业	2615.6	15509.9	12697.5	1620.9	571.6	615.5
#自治区属企业						
地区(州、市)属企业						
县(市)属企业						
镇属企业						
乡属企业						
股份合作企业						
联营企业	1576.3	6081	5256.7	408.5	350.8	71.1
#国有联营企业						
集体联营企业	610.8	2392.7	2172.8	40	109.1	71.1
国有与集体联营企业	965.5	3688.3	3083.9	368.5	241.7	
其他联营企业						
有限责任公司	21619.7	108010.9	76308.1	19200.9	9247.5	1825.4
#国有独资公司	96.4	1856.6	1463.7	133.2	176.6	89
其他有限责任公司	21523.3	106154.3	74844.4	19067.7	9070.9	1736.4
股份有限公司	808102.7	2477834.2	1780508.1	647641	31701.4	15252.5
私营企业	3357.5	21588.3	17276.2	2824.9	960.8	455.9
#私营独资企业						
私营合伙企业		368.2	118.1	27	9.3	212.8
私营有限责任公司	3357.5	21220.1	17158.1	2797.9	951.5	243.1
私营股份有限公司						
港、澳、台商投资企业	1195.7	5992.5	4457.9	898.2	338.9	281
外商投资企业	1657.4	3858.7	1819.8	976.9	131.8	927.2
在总计中：国有控股企业	966180.7	2932598.8	2039558.6	747075.9	111541.3	32394.1
在总计中：农村工业						
按轻、重工业分						
轻工业	920.2	7156.2	5145	1205	600.8	192.7
以农产品为原料	635.4	4919.2	3730	652.3	393.4	131.2
以非农产品为原料	284.8	2237	1415	552.7	207.4	61.5
重工业	990330.5	3059133.4	2133087.2	766976.7	120450.1	35163.6
采掘工业	516492.7	1055329.8	321142.2	637416.7	81001	14935.4
原料工业	459340	1944732	1768098.4	122472.5	35045.1	17515.5
加工工业	14497.8	59071.6	43846.6	7087.5	4404	2712.7
按企业规模分						
大型企业	927140.3	2737994.3	1868592.9	733499.7	105361.9	29441.3
中型企业	12584.8	66402	43211.1	13322.7	5894.3	1999.3
小型企业	51525.6	261893.3	226428.2	21359.3	9794.7	3915.7

计量单位：万元

经营活动产生的现金流量净额	投资活动产生的现金流量净额	筹资活动产生的现金流量净额	全部从业人员年平均人数(人)	利税总额	亏损企业亏损额
1915592.1	**-858143**	**-845596**	**84609**	**1582693.6**	**69174.7**
1913124.1	-857578.2	-846118.4	84273	1577431.9	69174.7
18040.9	-98536.2	117328.7	47830	10252.8	68882.9
13854.4	-95514.2	116808.6	46252	8240.1	68372.9
4186.5	-3022	520.1	1578	2012.7	510
1065.9		720.9	685	919.8	
2416	-153.3	-2016.4	251	548.5	
-35.8		-8.5	54	7.1	2.2
1606.3	-124.8	-868.8	824	1422.7	48.2
344.3	-499.1	470.3	540	1207.8	
-459.7	-131.8	565.9	298	253.7	
804	-367.3	-95.6	242	954.1	
19263.6	-6323.5	845	7002	22745.9	175
270.4	-34.7		102	-30.7	138.6
18993.2	-6288.8	845	6900	22776.6	36.4
1872312.9	-752076.4	-964179.2	27060	1539947.1	
1556.1	-18.2	285.6	1017	1855.6	68.6
			105	42	6.7
1556.1	-18.2	285.6	912	1813.6	61.9
2371.1	-364.2	440.4	256	1192.7	
96.9	-200.6	82	80	4069	
1891660.9	-852715.9	-844574.7	76424	1558623.9	69029.6
2123.7	5.9	-614.4	433	920.6	146.7
1682.4	5.9	-614.4	397	805.6	146.7
441.3			36	115	
1913468.4	-858148.9	-844981.6	84176	1581773	69028
1562899.4	-772735.1	-776168	63172	1291912.3	68372.9
340529.9	-80660.8	-68967.5	15626	278475.2	12.3
10039.1	-4753	153.9	5378	11385.5	642.8
1883014.9	-847447.2	-850997.7	72847	1533433.7	68372.9
9394.2	-4729.5	1795.2	4720	11498.9	
23183	-5966.3	3606.5	7042	37761	801.8

2-45 续表 11

项目	本年销项税额	工业中间投入合计	直接材料	制造费用中的中间投入	管理费用中的中间投入	营业费用中的中间投入
按行业分						
煤炭开采和洗选业						
石油和天然气开采业	516168	1051349.8	321139	634514.6	80032.7	14872.9
#天然原油和天然气开采	367027.5	632224.1	84623.9	541519.1	3084.8	
黑色金属矿采选业						
有色金属矿采选业	324.7	3980	3.2	2902.1	968.3	62.5
非金属矿采选业						
#采盐						
其他采矿业						
农副食品加工业	36.1	1272.3	955.8	121.7	138.2	42.2
#谷物磨制	36.1	1272.3	955.8	121.7	138.2	42.2
饲料加工						
制糖						
食品制造业	96.4	1856.6	1463.7	133.2	176.6	89
#罐头制造						
饮料制造业						
#酒的制造						
烟草制品业						
纺织业						
#棉、化纤纺织及印染精加工						
毛纺织和染整精加工						
纺织服装、鞋、帽制造业	156.2	616.1	454.3	118.5	40.7	
皮革、毛皮、羽毛(绒)及其制品业						
#皮革鞣制加工						
皮革制品制造						
木材加工及木、竹、藤、棕、草制品业						
家具制造业						
造纸及纸制品业	253.4	754.5	654.3	79.5	19.6	
印刷业和记录媒介的复制	93.3	419.7	201.9	199.4	18.3	
文教体育用品制造业						
石油加工、炼焦及核燃料加工业	436534.2	1831080.6	1719866.8	68839.8	28419	14966.1
#炼焦						
化学原料及化学制品制造业	22719.3	113999.3	48633.7	53800.4	6720.5	2610.9
#基础化学原料制造						
肥料制造						
医药制造业						
化学纤维制造业						
橡胶制品业	106.7	381.8	210.2		139.6	32.9
塑料制品业	1898.8	8501.5	7080.2	474.4	354.4	359
非金属矿物制品业		885.5	573.3	33	63.3	214.9
#水泥制造						
黑色金属冶炼及压延加工业						
有色金属冶炼及压延加工业						
金属制品业	1790.4	4581.9	3691.9	788.3	42.6	26.2
通用设备制造业	6840.1	29241.8	21633.1	3678.8	2517.1	740.2
专用设备制造业	2955.1	10978.2	7392.2	1522.1	748.3	1269.8
交通运输设备制造业		535.3	103.4	265.8	166.1	
电气机械及器材制造业	591.6	2953	2384	248.8	292.8	
通信设备、计算机及其他电子设备制造业						
仪器仪表及文化、办公用机械制造业	315.1	1012.6	778.3	76.3	79.8	69.7
工艺品及其他制造业						
废弃资源和废旧材料回收加工业						
电力、热力的生产和供应业	371.3	1889.1	1012.9	385	113	
#电力生产和电力供应						
燃气生产和供应业						
水的生产和供应业						

计量单位：万元

经营活动产生的现金流量净额	投资活动产生的现金流量净额	筹资活动产生的现金流量净额	全部从业人员年平均人数(人)	利税总额	亏损企业亏损额
1561833.5	-772735.1	-776888.9	62487	1290992.5	68372.9
1540943	-676817	-893794	15645	1280537.2	
1065.9		720.9	685	919.8	
602.1	40.6	-614.4	91	200.2	
602.1	40.6	-614.4	91	200.2	
270.4	-34.7		102	-30.7	138.6
42.3			95	26.4	8.1
			62	523.4	
767.6			47	86.3	
140665.8	-80421	-77687.1	10726	258242.7	2.2
199637.1	-239.8	8719.6	4750	19804.6	10.1
66.4			63	82.7	
1610.6	-364.9	-500.5	530	705.9	3.6
-192.1	-1050.8	1480	152	182.3	6.7
-57.4	-42	642.2	1021	634.8	
3454.6	-1133.6	-642.1	2710	3588.3	573.2
3261.7	-367.6	43.1	395	4780.2	
			58	36	11.1
1158.8	-1791.7		220	1223	
736.5	-2.4	-868.8	229	152.3	48.2
668.3			186	542.9	

2-46 石河子市规模以上

项　目	企　业 单位数	亏　损 单位数	工业总产值 (现价)	工　业 销售产值	出　口 交货值	工　业 增加值	年初存货
总　计	**52**	**26**	**388727**	**370505.2**	**37063.1**	**115823**	**138945.9**
按登记注册类型分							
内资企业	46	24	344696.4	327716.6	35782.3	102263.1	120467.3
国有企业	24	12	75219	71343.6	6623.1	15743.4	24699.8
#中央企业	22	10	73646.7	69651.3	6623.1	15521	23660.6
地方企业	2	2	1572.3	1692.3		222.4	1039.2
#自治区属企业							
地区(州、市)属企业	1	1	1487.8	1607.8		117	940.3
县(市)属企业							
集体企业							
#自治区属企业							
地区(州、市)属企业							
县(市)属企业							
镇属企业							
乡属企业							
股份合作企业							
联营企业							
#国有联营企业							
集体联营企业							
国有与集体联营企业							
其他联营企业							
有限责任公司	13	8	50927.4	48927.1	2686.4	8817.6	15014.4
#国有独资公司							
其他有限责任公司	13	8	50927.4	48927.1	2686.4	8817.6	15014.4
股份有限公司	5	2	186954.6	175154.2	26472.8	73485.6	72547.9
私营企业	4	2	31595.4	32291.7		4216.5	8205.2
#私营独资企业							
私营合伙企业							
私营有限责任公司	3	1	6065.6	6761.9		-905	4424.8
私营股份有限公司	1	1	25529.8	25529.8		5121.5	3780.4
港、澳、台商投资企业	2	1	8727.5	8533.8		1368.4	3640.9
外商投资企业	4	1	35303.1	34254.8	1280.8	12191.5	14837.7
在总计中：国有控股企业	35	17	288546.9	279437.4	28434.2	91908.9	109321
在总计中：农村工业							
按轻、重工业分							
轻工业	35	20	200944	187151.3	15469.5	45673.4	82830.2
以农产品为原料	34	20	199481.5	185688.8	15469.5	44901.2	82823
以非农产品为原料	1		1462.5	1462.5		772.2	7.2
重工业	17	6	187783	183353.9	21593.6	70149.6	56115.7
采掘工业							
原料工业	3		50688.6	50458.6		33582.7	1702
加工工业	14	6	137094.4	132895.3	21593.6	36566.9	54413.7
按企业规模分							
大型企业	2		156092.9	149846.9	21593.6	63271.2	48450.1
中型企业	8	5	123258.9	119602.7	6840.6	23095.8	44126.1
小型企业	42	21	109375.2	101055.6	8628.9	29456	46369.7

工业企业主要经济指标

计量单位：万元

流动资产合计	短期投资	应收帐款	存货	产成品	流动资产年平均余额	长期投资
501299.3	**3756.3**	**90295.5**	**164913.2**	**111767.4**	**476607**	**95650.2**
487083.2	3571.8	86960.1	159237	109839.7	462752.9	95650.2
73492.1	2003.8	10935.7	26652.4	14232.8	70503.9	20345.2
71782.6	2003.8	10385.3	25781.9	13653.1	68625.7	20342.2
1709.5		550.4	870.5	579.7	1878.2	3
1271.9		415	781.3	579.7	1298.9	3
43795.5		11908.5	23647.3	11219.1	41505.3	1108
43795.5		11908.5	23647.3	11219.1	41505.3	1108
352598.2	1568	61361.6	96518.8	72694.9	334350.1	68897
17197.4		2754.3	12418.5	11692.9	16393.6	5300
8699.7		1762.3	5393.1	5123.4	8941.1	5300
8497.7		992	7025.4	6569.5	7452.5	
4846.9	184.5	1339.5	2589.7	812.3	5174.3	
9369.2		1995.9	3086.5	1115.4	8679.8	
447579.4	3756.3	75790.6	135601.1	88492.5	428916.3	90178.2
205634.1	188.3	54568.4	88708.8	58197.6	197217.5	26365.2
203336.8	188.3	54374.8	88670.1	58197.6	194985.2	25757.1
2297.3		193.6	38.7		2232.3	608.1
295665.2	3568	35727.1	76204.4	53569.8	279389.5	69285
56260.3	2000	6149.9	2330.6	35	41793.9	55391.4
239404.9	1568	29577.2	73873.8	53534.8	237595.6	13893.6
268203.4	1568	28644	66107.6	45997.1	254884.7	64031
132582.6		40189.6	55900.6	41546.5	125860.2	5369
100513.3	2188.3	21461.9	42905	24223.8	95862.1	26250.2

2-46 续表 1

项目	企业单位数	亏损单位数	工业总产值(现价)	工业销售产值	出口交货值	工业增加值	年初存货
按行业分							
煤炭开采和洗选业							
石油和天然气开采业							
#天然原油和天然气开采							
黑色金属矿采选业							
有色金属矿采选业							
非金属矿采选业							
#采盐							
其他采矿业							
农副食品加工业	4	1	19063.7	20175		1995.2	5501
#谷物磨制							
饲料加工	1		76.3	74.4		18.4	16.6
制糖							
食品制造业	7	5	49339.8	39864.2	14764.8	12735.4	20557.2
#罐头制造	2	2	15194.3	7403.4	7348.1	4446.9	3151.5
饮料制造业	4	2	19247.8	19009	1.6	7376	8167.5
#酒的制造	1	1	3537.8	3736		1269.5	7397.9
烟草制品业	1	1	84.5	84.5		105.4	98.9
纺织业	8	8	94331.8	88243.7	703.1	14930	35148.2
#棉、化纤纺织及印染精加工	6	6	87027.9	81214.5	485.6	14263.8	21344.6
毛纺织和染整精加工	2	2	7303.9	7029.2	217.5	666.2	13803.6
纺织服装、鞋、帽制造业	2		283.7	268.8		260.4	8.7
皮革、毛皮、羽毛(绒)及其制品业							
#皮革鞣制加工							
皮革制品制造							
木材加工及木、竹、藤、棕、草制品业							
家具制造业	2	1	451.1	447.5		192.6	114.7
造纸及纸制品业	4	1	16400.1	17331		7170	13073.1
印刷业和记录媒介的复制	2	1	279	265.1		136.2	153.7
文教体育用品制造业							
石油加工、炼焦及核燃料加工业							
#炼焦							
化学原料及化学制品制造业	2	1	5267.2	5311.9		139.3	3645.3
#基础化学原料制造							
肥料制造	2	1	5267.2	5311.9		139.3	3645.3
医药制造业							
化学纤维制造业							
橡胶制品业							
塑料制品业	3		115645.9	109335.9	21593.6	33643.4	47745.6
非金属矿物制品业	2	1	1366.6	1929.4		204.3	614.9
#水泥制造							
黑色金属冶炼及压延加工业	1		2441.2	2211.2		695.5	102.5
有色金属冶炼及压延加工业							
金属制品业	1		10557	11538.4		1539.8	597
通用设备制造业							
专用设备制造业	3	1	3967	3891.9		1395.7	1488.2
交通运输设备制造业	1	1		21.4			171.1
电气机械及器材制造业	1	1	7	7		-1	120.2
通信设备、计算机及其他电子设备制造业							
仪器仪表及文化、办公用机械制造业							
工艺品及其他制造业							
废弃资源和废旧材料回收加工业							
电力、热力的生产和供应业	2		48247.4	48247.4		32887.2	1599.5
#电力生产和电力供应	1		43786.3	43786.3		30662.1	1323.1
燃气生产和供应业	1	1	283.7	859.4		-354.6	31.4
水的生产和供应业	1		1462.5	1462.5		772.2	7.2

计量单位：万元

流动资产合计	短期投资	应收帐款	存货	产成品	流动资产年平均余额	长期投资
10495.7		1558.7	5874.3	3789.1	11244.7	410.1
84.7		23.9	18.7	3.5	82.7	
32703.8		9460.1	13079.4	10533.8	32212.3	
15759.5		7554.9	7521.9	7194.2	13036.3	
17828.7		2690.7	9367.4	2857	17404.4	936
11234		1627.1	7566.6	2008.5	11931.4	
437.6		135.4	89.2		579.3	
96498.2	184.5	27249.7	45137.9	30209.5	90440.7	443.3
43325.6	184.5	8625.4	29525.2	18168	37883.8	392.9
53172.6		18624.3	15612.7	12041.5	52556.9	50.4
135.1		48.1	26.2	24.8	121	
308.5		108	113.9	44.2	293.6	
44684.5	3.8	13192.7	14797.5	10580.5	42481.8	23967.7
244.7		-68.6	184.3	158.7	207.4	
8745.2		2995.4	4627.3	4533.3	7973.8	5079
8745.2		2995.4	4627.3	4533.3	7973.8	5079
219658.8	1568	23642	65481.2	46457.9	218261.5	8811.6
2762.6		1094	978.5	905.9	2683	
1821.4		372.2	447.5	35	1043.7	
4204		1525.8	1173.6	634.9	4484.2	
2690.3		287	1284.1	918.8	2878	3
576.7		2.8	162.7		576.7	
182.9		27.2	155.7	84	152	
54438.9	2000	5777.7	1883.1		40750.2	55391.4
50653.3		5478.4	1561.6		38548.1	55391.4
584.4		3	10.7		586.4	
2297.3		193.6	38.7		2232.3	608.1

2-46 续表 2

项目	固定资产合计	固定资产原价	生产经营用	累计折旧	本年折旧	固定资产净值年平均余额
总计	**457994.8**	**569309.5**	**502431.6**	**195038.3**	**35080.4**	**380568.5**
按登记注册类型分						
内资企业	427589.6	526315.3	462089.9	182882.9	30834.6	352838
国有企业	79031.3	120113.8	81751	49600	7725.4	66710
#中央企业	74071.5	113962.6	79253.1	48408.7	7615.4	61576
地方企业	4959.8	6151.2	2497.9	1191.3	110	5134
#自治区属企业						
地区(州、市)属企业	1284.1	1540.3	1211.5	256.1	49.7	1305.1
县(市)属企业						
集体企业						
#自治区属企业						
地区(州、市)属企业						
县(市)属企业						
镇属企业						
乡属企业						
股份合作企业						
联营企业						
#国有联营企业						
集体联营企业						
国有与集体联营企业						
其他联营企业						
有限责任公司	69501.9	76200.4	62101.4	13287.5	3200.3	60799.4
#国有独资公司						
其他有限责任公司	69501.9	76200.4	62101.4	13287.5	3200.3	60799.4
股份有限公司	272072.4	321628.7	310020.4	117867.7	19376.6	219633.9
私营企业	6984	8372.4	8217.1	2127.7	532.3	5694.7
#私营独资企业						
私营合伙企业						
私营有限责任公司	3042.6	2847.2	2691.9	543.9	174.2	2167.8
私营股份有限公司	3941.4	5525.2	5525.2	1583.8	358.1	3526.9
港、澳、台商投资企业	4354.6	8588.3	8588.3	3765.3	575.7	4139.7
外商投资企业	26050.6	34405.9	31753.4	8390.1	3670.1	23590.8
在总计中：国有控股企业	387617.6	481851.4	429437.4	171913.4	29043.9	321868.2
在总计中：农村工业						
按轻、重工业分						
轻工业	177592	255522.3	194999.9	94392.3	16105.6	154090.5
以农产品为原料	172390.1	248751.4	188229	92656.1	15799.1	148608.2
以非农产品为原料	5201.9	6770.9	6770.9	1736.2	306.5	5482.3
重工业	280402.8	313787.2	307431.7	100646	18974.8	226478
采掘工业						
原料工业	99695.9	130121.3	125979.1	53812.1	7548.5	92713.5
加工工业	180706.9	183665.9	181452.6	46833.9	11426.3	133764.5
按企业规模分						
大型企业	237980.3	264330.3	260592.1	91040.1	16684	189198.8
中型企业	84825.2	143477.2	108498.8	63733.1	8920	75619.9
小型企业	135189.3	161502	133340.7	40265.1	9476.4	115749.8

计量单位：万元

无形资产	资产总计	流动负债		长期负债	负债合计
		合计	应付帐款	合计	
15177	**1079145.3**	**567671.2**	**103861.2**	**145285.4**	**712996.1**
14676.6	1033779.5	544263.8	93726.7	139527.8	683831.1
8997.3	182893.4	101072.2	13817.2	22448	123520.5
8676.9	175795.4	94017.2	13309.7	21947.6	115965.1
320.4	7098.0	7055	507.5	500.4	7555.4
	2559.1	3699.5	492	500.4	4199.9
564.6	115753.8	66419.2	19614.8	13195.6	79614.8
564.6	115753.8	66419.2	19614.8	13195.6	79614.8
4539.5	704075.7	358740.9	56516.6	103819.6	462599.6
575.2	31056.6	18031.5	3778.1	64.6	18096.2
575.2	18617.5	9800.9	1191.7	29.9	9830.9
	12439.1	8230.6	2586.4	34.7	8265.3
64.7	9271.6	4721.9	1702	1329.1	6051
435.7	36094.2	18685.5	8432.5	4428.5	23114
12781.8	945818.8	475632.3	82110	136077.6	611749.3
10749.6	424455.2	270408	47894.5	31640.5	302048.6
10749.6	416347.9	270073.7	47781.1	29350.5	299424.3
	8107.3	334.3	113.4	2290	2624.3
4427.4	654690.1	297263.2	55966.7	113644.9	410947.5
2733	214247.8	82117.5	14094.8	50107.2	132224.7
1694.4	440442.3	215145.7	41871.9	63537.7	278722.8
3280.9	576540.6	262612.7	48222.5	103800	366451.8
8133.4	234041.1	142566.9	23338.6	6849.2	149416.1
3762.7	268563.6	162491.6	32300.1	34636.2	197128.2

2-46 续表 3

项　　目	固定资产合　计	固定资产原　价	生产经营用	累计折旧	本年折旧	固定资产净值年平均余额
按行业分						
煤炭开采和洗选业						
石油和天然气开采业						
#天然原油和天然气开采						
黑色金属矿采选业						
有色金属矿采选业						
非金属矿采选业						
#采盐						
其他采矿业						
农副食品加工业	9593.1	13256.9	6135.6	3678.1	481.9	10043.9
#谷物磨制						
饲料加工	25.7	56.2	56.2	30.6	5.6	28.5
制糖						
食品制造业	44506.3	57691.7	45700.5	17613.4	2962.2	36617.1
#罐头制造	16516.8	21992.3	21980.9	5475.5	1356.4	16556.1
饮料制造业	21120	25342.1	25093	4359.2	2704.8	20231.6
#酒的制造	2417.4	3459.5	3459.5	1042.1	22.4	2561.9
烟草制品业	3675.7	4610.9	1286.4	935.2	60.3	3828.9
纺织业	69363.9	119292.9	89455.4	56164.4	8340.5	59237.6
#棉、化纤纺织及印染精加工	52171.8	89944.4	67362.7	39126.7	6560.6	45956.2
毛纺织和染整精加工	17192.1	29348.5	22092.7	17037.7	1779.9	13281.4
纺织服装、鞋、帽制造业	15.2	71.1	71.1	42.9	7	31.4
皮革、毛皮、羽毛(绒)及其制品业						
#皮革鞣制加工						
皮革制品制造						
木材加工及木、竹、藤、棕、草制品业						
家具制造业	149.3	199.5	170.8	50.3	9.5	148.1
造纸及纸制品业	23956.7	28067.2	20097.1	9692.1	1212.6	18360.2
印刷业和记录媒介的复制	9.9	219.1	219.1	120.5	20.3	109.4
文教体育用品制造业						
石油加工、炼焦及核燃料加工业						
#炼焦						
化学原料及化学制品制造业	2269.9	1935.6	1935.6	379.8	122.7	1552.6
#基础化学原料制造						
肥料制造	2269.9	1935.6	1935.6	379.8	122.7	1552.6
医药制造业						
化学纤维制造业						
橡胶制品业						
塑料制品业	155561.6	156879.6	155048.4	43001.1	10208.7	112042.4
非金属矿物制品业	5098.2	5108.8	5105	177.9	77.6	3754.7
#水泥制造						
黑色金属冶炼及压延加工业	1193.8	1319.9	1116.9	158.9	70	1174.6
有色金属冶炼及压延加工业						
金属制品业	1778.8	3428.7	3428.7	1649.8	202.5	1675.4
通用设备制造业						
专用设备制造业	1570.4	1838.5	1475.9	330.1	75.9	1555.9
交通运输设备制造业		75.7	68	51.1	12.2	30.6
电气机械及器材制造业	7.7	38.7	30.7	31.1	0.7	5.6
通信设备、计算机及其他电子设备制造业						
仪器仪表及文化、办公用机械制造业						
工艺品及其他制造业						
废弃资源和废旧材料回收加工业						
电力、热力的生产和供应业	98502.1	128801.4	124862.2	53653.2	7478.5	91538.9
#电力生产和电力供应	84811.9	110600	106861.8	49142.1	6630.2	78643.4
燃气生产和供应业	14420.3	14360.3	14360.3	1213	726	13147.3
水的生产和供应业	5201.9	6770.9	6770.9	1736.2	306.5	5482.3

计量单位：万元

无形资产	资产总计	流动负债合计	应付帐款	长期负债合计	负债合计
548.3	21060.4	15622.2	2600.3	664.5	16286.7
0.5	119.5	73.9	14.3	16	89.9
1163.2	78611.6	71270	13237.2	5236	76506
896.3	33172.6	30943.3	5210.3	3000	33943.3
158.9	40522.4	26413.7	7712.1	2195.7	28609.4
	14129.5	12609.9	4142.2		12609.9
320.4	4538.9	3355.5	15.5		3355.5
7819	174385.9	110636.9	19335.8	18990.9	129627.8
7238.7	103349.7	49068.6	16668.6	6191.1	55259.7
580.3	71036.2	61568.3	2667.2	12799.8	74368.1
	163.3	138.9	15.8		139
	457.8	188.8	25.7		188.8
739.8	96261.6	42241.4	4828.6	2255.3	44496.7
	346.0	206.3	10.1	8.1	214.4
492.7	17586.8	8435.8	1022.8	122.9	8558.9
492.7	17586.8	8435.8	1022.8	122.9	8558.9
981.1	388019.1	187671.5	35827.5	57482.4	245193
	7860.8	4941.4	1759.7		4941.4
	3119.5	1266.8	639.9		1266.8
155.3	6138.2	1051.1	647		1051.1
53.1	4316.9	4552.4	643.4	500.8	5053.3
12.2	1319.5	247.5	4.4	1231.6	1479.1
	196.2	234.2	127.7		234.2
2733	211128.3	80850.7	13454.9	50107.2	130957.9
2733	193628.8	78117.4	13100.9	46700	124817.4
	15004.8	8011.8	1839.4	4200	12211.8
	8107.3	334.3	113.4	2290	2624.3

2-46 续表 4

项目	所有者权益合计	其中：实收资本	国家资本	集体资本	法人资本	个人资本	港澳台资本
总计	**366149.2**	**213375.6**	**98475.6**	**7.1**	**85195.8**	**19289.3**	**8964.9**
按登记注册类型分							
内资企业	349948.4	196771.7	95625.6	7.1	81849.7	19289.3	
国有企业	59372.9	85582.1	73652.4	7.1	10461.4	1461.2	
#中央企业	59830.3	81859	72798	7.1	7592.7	1461.2	
地方企业	-457.4	3723.1	854.4		2868.7		
#自治区属企业							
地区(州、市)属企业	-1640.8	854.4	854.4				
县(市)属企业							
集体企业							
#自治区属企业							
地区(州、市)属企业							
县(市)属企业							
镇属企业							
乡属企业							
股份合作企业							
联营企业							
#国有联营企业							
集体联营企业							
国有与集体联营企业							
其他联营企业							
有限责任公司	36139	35074.8	4757.2		27839.2	2478.4	
#国有独资公司							
其他有限责任公司	36139	35074.8	4757.2		27839.2	2478.4	
股份有限公司	241476.1	67314.8	17016		40549.1	9749.7	
私营企业	12960.4	8800	200		3000	5600	
#私营独资企业							
私营合伙企业							
私营有限责任公司	8786.6	3800	200		3000	600	
私营股份有限公司	4173.8	5000				5000	
港、澳、台商投资企业	3220.6	5191	2850				2341
外商投资企业	12980.2	11412.9			3346.1		6623.9
在总计中：国有控股企业	334069.5	184602.4	98275.6	7.1	73180.7	12189	950
在总计中：农村工业							
按轻、重工业分							
轻工业	122406.6	140516.6	80928	7.1	40418.9	9118	8964.9
以农产品为原料	116923.6	138309.8	78721.2	7.1	40418.9	9118	8964.9
以非农产品为原料	5483	2206.8	2206.8				
重工业	243742.6	72859	17547.6		44776.9	10171.3	
采掘工业							
原料工业	82023.1	33095	15331.2		17763.8		
加工工业	161719.5	39764	2216.4		27013.1	10171.3	
按企业规模分							
大型企业	210088.8	48042.8	9000		29322.8	9720	
中型企业	84625	90911.1	51619.8		33699.3	5592	
小型企业	71435.4	74421.7	37855.8	7.1	22173.7	3977.3	8964.9

计量单位：万元

外商资本	主营业务收入	主营业务成本	主营业务税金及附加	其他业务收入	其他业务利润	营业费用
1442.9	**539544.5**	**451158.6**	**2489.2**	**10032.9**	**2535.4**	**22619.9**
	501435.9	431425	2489.2	8137.1	2439.4	17458.1
	73886.1	66492.8	271.4	6069.8	923.6	3644.7
	70972.5	64071.9	269.1	6018.4	893.3	3503.7
	2913.6	2420.9	2.3	51.4	30.3	141
	1991.3	1498.1	2.3	38.8	30.3	88.1
	45489.2	40002.5	295.5	589.6	305.1	3057.4
	45489.2	40002.5	295.5	589.6	305.1	3057.4
	360010	302822.6	1908.2	1294.2	1202.1	10081.6
	22050.6	22107.1	14.1	183.5	8.6	674.4
	6990	6277.3	2.5	16	6.6	360.1
	15060.6	15829.8	11.6	167.5	2	314.3
	7381.2	7024.7		939.8	105.4	347.1
1442.9	30727.4	12708.9		956	-9.4	4814.7
	463024.7	396793.5	2417.4	8152.2	2326.4	15308.8
1079.7	171672.7	141464.4	619.2	8812.3	853.7	12468.8
1079.7	170212.3	140370.1	610.3	8749.4	816.1	12403.3
	1460.4	1094.3	8.9	62.9	37.6	65.5
363.2	367871.8	309694.2	1870	1220.6	1681.7	10151.1
	56615.1	34767.9	525.9	825.4	429.8	162.7
363.2	311256.7	274926.3	1344.1	395.2	1251.9	9988.4
	334234.2	282532.1	1775.1	649.3	1416.1	7793.5
	108196.6	99583.6	350.9	5768.7	370.1	5553.7
1442.9	97113.7	69042.9	363.2	3614.9	749.2	9272.7

2-46 续表 5

项　　目	所有者权益合计	其中：实收资本	国家资本	集体资本	法人资本	个人资本	港澳台资本
按行业分							
煤炭开采和洗选业							
石油和天然气开采业							
#天然原油和天然气开采							
黑色金属矿采选业							
有色金属矿采选业							
非金属矿采选业							
#采盐							
其他采矿业							
农副食品加工业	4773.7	4885.9	4058.3			827.6	
#谷物磨制							
饲料加工	29.6	16	16				
制糖							
食品制造业	2105.6	7028.6	1000		3544.7		2483.9
#罐头制造	-770.7	3000			3000		
饮料制造业	11913	11188.3	1377.9		3890.2	700.5	4140
#酒的制造	1519.6	2663.6	1275.4		786.2	602	
烟草制品业	1183.4	2868.7			2868.7		
纺织业	44758.1	94126.2	55463.9	7.1	30115.3	7589.9	950
#棉、化纤纺织及印染精加工	48090	70475.1	44490.8		18373	6661.3	950
毛纺织和染整精加工	-3331.9	23651.1	10973.1	7.1	11742.3	928.6	
纺织服装、鞋、帽制造业	24.3	16.2	16.2				
皮革、毛皮、羽毛(绒)及其制品业							
#皮革鞣制加工							
皮革制品制造							
木材加工及木、竹、藤、棕、草制品业							
家具制造业	269	79.4	79.4				
造纸及纸制品业	51764.9	18021.5	16630.5				1391
印刷业和记录媒介的复制	131.6	95	95				
文教体育用品制造业							
石油加工、炼焦及核燃料加工业							
#炼焦							
化学原料及化学制品制造业	9027.9	3600	600		3000		
#基础化学原料制造							
肥料制造	9027.9	3600	600		3000		
医药制造业							
化学纤维制造业							
橡胶制品业							
塑料制品业	142826.1	23686.6			13202.1	10121.3	
非金属矿物制品业	2919.4	2600	500		2100		
#水泥制造							
黑色金属冶炼及压延加工业	1852.7	1401			1401		
有色金属冶炼及压延加工业							
金属制品业	5087.1	4900			4900		
通用设备制造业							
专用设备制造业	-736.4	1054.4	1004.4			50	
交通运输设备制造业	-159.6	77	77				
电气机械及器材制造业	-38	35	35				
通信设备、计算机及其他电子设备制造业							
仪器仪表及文化、办公用机械制造业							
工艺品及其他制造业							
废弃资源和废旧材料回收加工业							
电力、热力的生产和供应业	80170.4	31694	15331.2		16362.8		
#电力生产和电力供应	68811.4	25362.8	9000		16362.8		
燃气生产和供应业	2793	3811			3811		
水的生产和供应业	5483	2206.8	2206.8				

计量单位：万元

外商资本	主营业务收入	主营业务成本	主营业务税金及附加	其他业务收入	其他业务利润	营业费用
	22700.3	21319.8	13.5	223	186.8	825.5
	74.4	45.3				11.5
	35865.6	18893.7	21.8	1240.7	-174.9	3585.5
	7775	5599.5	9.8	338.4	-144	1034.1
1079.7	17693.9	10806.1	203.6	37.4	3.2	3866.7
	2763.6	1894.1	194.8	3.2	3.2	256.2
	922.3	922.8		12.6		52.9
	72072	72432.7	184.4	6571.6	510.1	2552.8
	66849.7	67081.5	180.5	6432.3	598.1	2203.2
	5222.3	5351.2	3.9	139.3	-88	349.6
	268.8	204.4	14.7	14.1	6.9	1.4
	447.6	383.3	3.2			12.3
	19976.7	15188	167.2	649.1	284.3	1500.1
	265.1	219.3	1.9	0.9	-0.3	6.1
	4432.4	3929.2	0.6	3.5	1.4	352.5
	4432.4	3929.2	0.6	3.5	1.4	352.5
363.2	288122.4	255488.1	1295.5	289.5	1158.1	7924.4
	2000.6	1386.6	10.2			194.1
	2749	1847	33			56.4
	11538.4	10104.5	28.9	61	61.4	745.5
	4275.4	3364.1	7.2	38.8	30.3	110.6
	21.4	13.7				
	6.7	5		1.7		
	53866.1	32920.9	492.9	825.4	429.8	106.3
	49387.1	29273	486.7	613.2	391.2	106.3
	859.4	635.1	1.7	0.7	0.7	661.3
	1460.4	1094.3	8.9	62.9	37.6	65.5

2-46 续表 6

项　目	管理费用		财产保险费	差旅费	工会经费	办公费	职工教育费
		税　金					
总　计	**29833.3**	**552.1**	**341.3**	**899.7**	**377**	**549.1**	**283.8**
按登记注册类型分							
内资企业	29008.8	541.2	340.6	827.7	369	453.2	274.2
国有企业	6789.5	142.9	141.6	130.5	64.9	129	39
#中央企业	6029.1	130.2	141.6	116.8	57	120.4	36.9
地方企业	760.4	12.7		13.7	7.9	8.6	2.1
#自治区属企业							
地区(州、市)属企业	394.2	2.2		10.7	5.1	5	
县(市)属企业							
集体企业							
#自治区属企业							
地区(州、市)属企业							
县(市)属企业							
镇属企业							
乡属企业							
股份合作企业							
联营企业							
#国有联营企业							
集体联营企业							
国有与集体联营企业							
其他联营企业							
有限责任公司	2458.7	80.2	19.8	117.5	21.6	70.1	19
#国有独资公司							
其他有限责任公司	2458.7	80.2	19.8	117.5	21.6	70.1	19
股份有限公司	18636.4	233.8	175	496	239	191	182.5
私营企业	1124.2	84.3	4.2	83.7	43.5	63.1	33.7
#私营独资企业							
私营合伙企业							
私营有限责任公司	289.6	12.1	1.1	26.8	10.8	24.6	8.8
私营股份有限公司	834.6	72.2	3.1	56.9	32.7	38.5	24.9
港、澳、台商投资企业	184.5	2.5	0.5	15.1	4.5	75.9	1.4
外商投资企业	640	8.4	0.2	56.9	3.5	20	8.2
在总计中：国有控股企业	25813.9	403.6	325.2	662.6	313.6	361.6	230.2
在总计中：农村工业							
按轻、重工业分							
轻工业	11649.9	318.1	122.1	306.2	136	367.3	96.6
以农产品为原料	11471.9	312.7	116.5	293.5	131.9	359.8	93.9
以非农产品为原料	178	5.4	5.6	12.7	4.1	7.5	2.7
重工业	18183.4	234	219.2	593.5	241	181.8	187.2
采掘工业							
原料工业	9048.2	24.7	40.6	286.1	124.1	32.6	92
加工工业	9135.2	209.3	178.6	307.4	116.9	149.2	95.2
按企业规模分							
大型企业	15697.3	179.3	148.1	417.7	208.5	62.7	164.7
中型企业	7221.9	207	118.9	182.3	100.7	218.3	63.7
小型企业	6914.1	165.8	74.3	299.7	67.8	268.1	55.4

计量单位：万元

排污费	财务费用		营业利润	投资收益	补贴收入	营业外收入
		利息支出				
174.5	**13887.2**	**18770.2**	**9382.4**	**930.4**	**2338.2**	**1750.7**
174.4	13645.5	18524.8	7147.7	930.4	2270	1212.8
48.8	1013.7	1037.9	-3694.7	361	635.8	888.7
48.8	1011.6	1035.3	-3376.7	361	507.5	854.1
	2.1	2.6	-318		128.3	34.6
	2.6	2.6	35.6		8.3	34.4
14.5	1506.3	1494.7	-1713.6	-0.5	206.4	121.5
14.5	1506.3	1494.7	-1713.6	-0.5	206.4	121.5
108.1	10677.3	15541.6	14875.8	569.9	1399.5	186.5
3	448.2	450.6	-2319.8		28.3	16.1
	421	423.4	-358.1		0.7	11.3
3	27.2	27.2	-1961.7		27.6	4.8
0.1	118.3	118.1	-187		24.7	45.6
	123.4	127.3	2421.7		43.5	492.3
144.5	11831.5	16768.5	10683.5	930.4	2078.7	1159.2
109.8	3785.9	3734.9	-7624.1	389.5	656.6	1532.8
109.8	3718.1	3664.5	-7707.5	454.3	656.6	1528.6
	67.8	70.4	83.4	-64.8		4.2
64.7	10101.3	15035.3	17006.5	540.9	1681.6	217.9
35.8	4177.2	4159.8	6139.2	401	1145.4	20.8
28.9	5924.1	10875.5	10867.3	139.9	536.2	197.1
56	9604.3	14525.6	16037.6	540.9	1336.1	174
81.3	1488.8	1475.8	-5918.4	29	261.8	790.4
37.2	2794.1	2768.8	-736.8	360.5	740.3	786.3

2-46 续表 7

项目	管理费用	税金	财产保险费	差旅费	工会经费	办公费	职工教育费
按行业分							
煤炭开采和洗选业							
石油和天然气开采业							
#天然原油和天然气开采							
黑色金属矿采选业							
有色金属矿采选业							
非金属矿采选业							
#采盐							
其他采矿业							
农副食品加工业	931.4	26.9	3.9	2	18.3	19.4	1.5
#谷物磨制							
饲料加工	16.8			0.6	0.2	1.6	0.1
制糖							
食品制造业	1976	67	11.4	68.3	25.8	38.1	20.8
#罐头制造	1023.5	5.8		14.8	4.8	6.2	3.5
饮料制造业	915.3	7	5.3	53.4	6.3	14.6	8.9
#酒的制造	362.8	2.6	1.7	11.7	1.7	7.3	4.2
烟草制品业	366.2	10.5		3	2.8	3.6	2.1
纺织业	5235.4	114.4	68.5	102.8	50.7	91.3	52
#棉、化纤纺织及印染精加工	4105.9	99.9	68.5	82.6	39.9	76.6	34.5
毛纺织和染整精加工	1129.5	14.5		20.2	10.8	14.7	17.5
纺织服装、鞋、帽制造业	3.7			0.1		1.1	0.1
皮革、毛皮、羽毛(绒)及其制品业							
#皮革鞣制加工							
皮革制品制造							
木材加工及木、竹、藤、棕、草制品业							
家具制造业	37	0.1		1.4	0.3	1.3	
造纸及纸制品业	1976.3	86.7	27.4	59.4	26.9	189.1	7.9
印刷业和记录媒介的复制	30.6	0.1		3.1	0.8	1.3	0.6
文教体育用品制造业							
石油加工、炼焦及核燃料加工业							
#炼焦							
化学原料及化学制品制造业	214.3	9.4	6	20.1	9.1	53.6	8.6
#基础化学原料制造							
肥料制造	214.3	9.4	6	20.1	9.1	53.6	8.6
医药制造业							
化学纤维制造业							
橡胶制品业							
塑料制品业	7614.6	169.8	153.1	188.2	88.7	65.2	75.9
非金属矿物制品业	108.2	1.4		17.1	1.7	10	1.3
#水泥制造							
黑色金属冶炼及压延加工业	116.6	6.1		9.1	1.5	2.1	1.1
有色金属冶炼及压延加工业							
金属制品业	432.8	18.9	16.1	36.6	9.8	5	7.5
通用设备制造业							
专用设备制造业	627.3	3.9		35.2	5.9	11	0.6
交通运输设备制造业	43.7			2.9			
电气机械及器材制造业	6.7						
通信设备、计算机及其他电子设备制造业							
仪器仪表及文化、办公用机械制造业							
工艺品及其他制造业							
废弃资源和废旧材料回收加工业							
电力、热力的生产和供应业	8931.6	18.6	40.6	277	122.6	30.5	90.9
#电力生产和电力供应	8590.7	17.7		267.1	121.2	10.5	89.8
燃气生产和供应业	87.6	5.9	3.4	7.3	1.7	4.4	1.3
水的生产和供应业	178	5.4	5.6	12.7	4.1	7.5	2.7

计量单位：万元

排污费	财务费用	利息支出	营业利润	投资收益	补贴收入	营业外收入
1.1	272.4	277.8	-475.6	-0.5	74.2	54.4
			0.8			
55.9	2003.4	1955.6	-723.9		16.5	417.6
18.9	1138.7	1095.1	-1174.8			0.1
1.6	253.1	255	1856.7		28.7	125.6
1.6	127.6	127.6	-68.6			0.2
	-0.5		-353.6		120	0.2
13	621.7	618.1	-8808.8		335	877.6
13	567.9	565.4	-7169.1		271.4	775.6
	53.8	52.7	-1639.7		63.6	102
	1.4	1.4	47.7			
	3.6	3.9	9.9		20.6	
38.2	562.3	551.7	733.9	454.8	60.3	53.2
	0.7	1	6.2		1.3	
	332.3	334.7	-436.4			3.5
	332.3	334.7	-436.4			3.5
28.8	5484.5	10426.6	11212.5	139.9	425.5	153.4
	99.3	99.1	183.8		102.4	3
	21.5	12.3	674.6			
0.1			285.4			1.3
	1.1	7.1	195.5		8.3	34.4
	8.1	8	-44.2			
			-5			
35.8	4155.7	4147.5	5464.6	401	1145.4	20.8
27.2	4145.7	4124.5	4954.6	401	925.4	20.8
	-1.2		-524.3			1.5
	67.8	70.4	83.4	-64.8		4.2

2-46 续表 8

项　　目	营业外支出	利润总额	应交所得税	广告费	劳动、待业保险费	养老保险和医疗保险费	住房公积金和住房补贴
总　　计	**1706**	**12232.6**	**2475.4**	**1122.5**	**3776.8**	**5366.6**	**690.8**
按登记注册类型分							
内资企业	1008.8	10150.9	2451.4	210.4	3752.6	5331.5	683.6
国有企业	590.6	-2801.9	361.4	9.3	1583.2	1781.7	77.1
#中央企业	528.7	-2321.9	361.4	9.3	1559.4	1749	77.1
地方企业	61.9	-480			23.8	32.7	
#自治区属企业							
地区(州、市)属企业	4.8	-73.5			23.8	32.7	
县(市)属企业							
集体企业							
#自治区属企业							
地区(州、市)属企业							
县(市)属企业							
镇属企业							
乡属企业							
股份合作企业							
联营企业							
#国有联营企业							
集体联营企业							
国有与集体联营企业							
其他联营企业							
有限责任公司	109.5	-1494.6	271.1	112.8	168.8	454.2	65.4
#国有独资公司							
其他有限责任公司	109.5	-1494.6	271.1	112.8	168.8	454.2	65.4
股份有限公司	241.5	16790	1818.5	84.2	1972.2	2845.5	541.1
私营企业	67.2	-2342.6	0.4	4.1	28.4	250.1	
#私营独资企业							
私营合伙企业							
私营有限责任公司	14.8	-360.9	0.2	4.1	10	2	
私营股份有限公司	52.4	-1981.7	0.2		18.4	248.1	
港、澳、台商投资企业	12.8	-129.5			2.5	33.8	7.2
外商投资企业	684.4	2211.2	24	912.1	21.7	1.3	
在总计中：国有控股企业	927.7	13522.8	2193.2	194.7	3712.9	4863.3	654
在总计中：农村工业							
按轻、重工业分							
轻工业	1426.8	-6882	415.9	1019.6	1768.1	2446.7	226.8
以农产品为原料	1426.5	-6904.4	408.5	1019.6	1765.1	2411	216.3
以非农产品为原料	0.3	22.4	7.4		3	35.7	10.5
重工业	279.2	19114.6	2059.5	102.9	2008.7	2919.9	464
采掘工业							
原料工业	87.8	7618.6	491.8	30.8	1023.8	1592.9	298.1
加工工业	191.4	11496	1567.7	72.1	984.9	1327	165.9
按企业规模分							
大型企业	235.3	17853.3	1550.1	84	1907.9	2619.8	434.9
中型企业	544.3	-5414.8	497.9	5.9	1465.4	2111.5	169.6
小型企业	926.4	-205.9	427.4	1032.6	403.5	635.3	86.3

计量单位：万元

本年应付工资总额	主营业务应付	本年应付福利费总额	主营业务应付	本年应交增值税	本年进项税额
26968	**26642.7**	**3255**	**3239.9**	**17055**	**30656.6**
25153.2	24859.9	3200.2	3185.1	15301.5	26008.8
7124.5	7108.5	904.3	897.1	3364.2	11071.5
6813.4	6797.4	859	858	3200	10781.9
311.1	311.1	45.3	39.1	164.2	289.6
170.1	170.1	25.4	19.2	7.4	173.4
2778	2508.9	361.1	354.3	1457.3	5521.1
2778	2508.9	361.1	354.3	1457.3	5521.1
13411.5	13411.5	1679.7	1679.7	10349	6183.7
1839.2	1831	255.1	254	131	3232.5
205.4	197.2	26.4	25.3	14	821.8
1633.8	1633.8	228.7	228.7	117	2410.7
291.6	291.6	15.3	15.3	542.9	838.4
1523.2	1491.2	39.5	39.5	1210.6	3809.4
22198.6	21957	2802.1	2794.2	15150.6	20855.5
14081	13795.9	1476.7	1468.9	6945.4	24003.7
13872.6	13598.9	1447.7	1439.9	6855.8	24003.7
208.4	197	29	29	89.6	
12887	12846.8	1778.3	1771	10109.6	6652.9
5912.4	5912.4	832	832	5397.9	3228.6
6974.6	6934.4	946.3	939	4711.7	3424.3
10667.9	10667.9	1493.5	1493.5	9305.1	2660.4
9507.7	9507.7	980.8	980.8	3206.1	17612.2
6792.4	6467.1	780.7	765.6	4543.8	10384

2-46 续表 9

项　　目	营业外支出	利润总额	应交所得税	广告费	劳动、待业保险费	养老保险和医疗保险费	住房公积金和住房补贴
按行业分							
煤炭开采和洗选业							
石油和天然气开采业							
#天然原油和天然气开采							
黑色金属矿采选业							
有色金属矿采选业							
非金属矿采选业							
#采盐							
其他采矿业							
农副食品加工业	115.6	-422.6	6	12.4	343	149	25.4
#谷物磨制							
饲料加工		0.8			0.1	1.1	0.2
制糖							
食品制造业	473.8	-923.4	60.6	209.1	31.1	251.1	51.8
#罐头制造	0.9	-1175.6			5.4	64.1	19.2
饮料制造业	648.1	1257.2	14	796	116.1	82.8	
#酒的制造	24.6	-93		71.9	83.2	81.7	
烟草制品业	57.1	-406.5					
纺织业	88	-7760.7	35.4	2.1	1083.1	1737.6	45.6
#棉、化纤纺织及印染精加工	82.6	-6280.9	35.4		1038.1	1719.7	45.6
毛纺织和染整精加工	5.4	-1479.8		2.1	45	17.9	
纺织服装、鞋、帽制造业		53.8	4.1				
皮革、毛皮、羽毛(绒)及其制品业							
#皮革鞣制加工							
皮革制品制造							
木材加工及木、竹、藤、棕、草制品业							
家具制造业	0.8	29.7	14.8		0.7	14.2	
造纸及纸制品业	40.9	1262.8	268.6		190.4	167.4	91.4
印刷业和记录媒介的复制	2.2	5.3	5		0.7	8.9	2.1
文教体育用品制造业							
石油加工、炼焦及核燃料加工业							
#炼焦							
化学原料及化学制品制造业	1	-433.9			1.4	3	3
#基础化学原料制造							
肥料制造	1	-433.9			1.4	3	3
医药制造业							
化学纤维制造业							
橡胶制品业							
塑料制品业	172	11859.8	1398.2	65.8	887.5	1144.9	152.2
非金属矿物制品业		289.3		1.6	1.6	16.1	2.4
#水泥制造							
黑色金属冶炼及压延加工业		674.6	222.6	1.8		3.6	
有色金属冶炼及压延加工业							
金属制品业	6.1	273.8	169	4.7	67.8	82.8	
通用设备制造业							
专用设备制造业	9.3	81.9	0.2		23.8	36.5	0.3
交通运输设备制造业		-44.2				0.3	
电气机械及器材制造业		-4.8	0.3			3.2	
通信设备、计算机及其他电子设备制造业							
仪器仪表及文化、办公用机械制造业							
工艺品及其他制造业							
废弃资源和废旧材料回收加工业							
电力、热力的生产和供应业	87.8	6944	269.2	29	1023.8	1589.3	298.1
#电力生产和电力供应	67.8	6234	169.2	29	1023.8	1519.3	288.1
燃气生产和供应业	3	-525.9			2.8	40.2	8
水的生产和供应业	0.3	22.4	7.4		3	35.7	10.5

计量单位：万元

本年应付工资总额	主营业务应付	本年应付福利费总额	主营业务应付	本年应交增值税	本年进项税额
767.7	707.8	107.5	106.5	403.6	2948.9
10.6	6	1.4	0.4		
2359.2	2315.7	207.4	201.3	837.7	4664.9
364.4	364.4	50.3	50.3	213.7	1305.6
1166.2	995.9	116.9	116.2	855.7	2329.4
460.8	290.5	65.3	64.6	226.6	476.8
141	141	19.9	19.9	156.8	116.2
7368.7	7368.7	808.8	808.8	2232.5	11975.1
5836.6	5836.6	662.1	662.1	2232.5	10888.7
1532.1	1532.1	146.7	146.7		1086.4
45.1	45.1	0.5	0.5	16	14.6
103.9	103.9	8.1	8.1	31.7	15
1861.9	1861.9	171.3	171.3	2302.8	1913.6
58.9	58.9	7.3	7.3	19	26
221.1	221.1	56.1	56.1	5.8	255.7
221.1	221.1	56.1	56.1	5.8	255.7
5523.3	5491.3	769.8	769.8	4177.1	339.9
157	157	22.4	22.4	96.1	264.5
74.8	74.8	10.5	10.5	114.1	268.2
501.9	501.9	24.2	24.2	342.4	2236.5
328.9	320.7	46.6	39.3	46.6	235.6
6.5	6.5	0.9	0.9		1.4
25	25				
5837.6	5837.6	821.5	821.5	5283.8	2960.4
5367.6	5367.6	751.5	751.5	5223.8	2660.4
210.9	210.9	26.3	26.3	43.7	90.7
208.4	197	29	29	89.6	

2-46 续表 10

项 目	本 年 销项税额	工业中间 投入合计	直接材料	制造费用中 的中间投入	管理费用中 的中间投入	营业费用中 的中间投入
总 计	**39148.1**	**289959**	**235738.2**	**15027.4**	**7479.5**	**17834.8**
按登记注册类型分						
内资企业	32808.1	257734.8	209325.6	13167.7	7213.8	14390.3
国有企业	11629.3	62839.8	55885.2	2003.5	1391.4	2554.1
#中央企业	11355.8	61325.7	54845.6	1930.2	1126.9	2419.5
地方企业	273.5	1514.1	1039.6	73.3	264.5	134.6
#自治区属企业						
地区(州、市)属企业	179.6	1378.2	1030.9	64.3	193.9	86.5
县(市)属企业						
集体企业						
#自治区属企业						
地区(州、市)属企业						
县(市)属企业						
镇属企业						
乡属企业						
股份合作企业						
联营企业						
#国有联营企业						
集体联营企业						
国有与集体联营企业						
其他联营企业						
有限责任公司	7097.3	43567.1	37252.5	1242.3	1138.3	2427.7
#国有独资公司						
其他有限责任公司	7097.3	43567.1	37252.5	1242.3	1138.3	2427.7
股份有限公司	10756.2	123818	90649.1	9191.9	4383.2	8916.5
私营企业	3325.3	27509.9	25538.8	730	300.9	492
#私营独资企业						
私营合伙企业						
私营有限责任公司	743.2	6984.6	6100.1	161.6	124.1	177.8
私营股份有限公司	2582.1	20525.3	19438.7	568.4	176.8	314.2
港、澳、台商投资企业	1385.6	7902	7107.5	321.2	42.3	312.7
外商投资企业	4954.4	24322.2	19305.1	1538.5	223.4	3131.8
在总计中：国有控股企业	28378.3	211788.6	168959.4	12083.8	6243.9	12678.1
在总计中：农村工业						
按轻、重工业分						
轻工业	26286.7	162216	139249.5	7082.8	2860.3	9237.5
以农产品为原料	26197.1	161436.1	138700.4	6996.2	2799.2	9222.2
以非农产品为原料	89.6	779.9	549.1	86.6	61.1	15.3
重工业	12861.4	127743	96488.7	7944.6	4619.2	8597.3
采掘工业						
原料工业	8826.5	22503.8	13221	3753.4	1304.1	48.1
加工工业	4034.9	105239.2	83267.7	4191.2	3315.1	8549.2
按企业规模分						
大型企业	7884.2	102126.8	74449.9	7243.5	3514.4	7314.7
中型企业	18445.4	103369.2	91893.8	4470.2	1627.6	3888.8
小型企业	12818.5	84463	69394.5	3313.7	2337.5	6631.3

计量单位：万元

经营活动产生的现金流量净额	投资活动产生的现金流量净额	筹资活动产生的现金流量净额	全部从业人员年平均人数(人)	利税总额	亏损企业亏损额
39647.8	**-82834.2**	**40310.9**	**22197**	**31776.8**	**12780.6**
36160.8	-82682.3	42260.9	21522	27941.6	11714.8
-312.2	-1687.1	-757.1	7465	833.7	4481.9
-229.8	-1679.3	-787.1	7264	1147.2	4001.9
-82.4	-7.8	30	201	-313.5	480
-82.4	-7.8	30	110	-63.8	73.5
-4476.3	-887.1	-2051.8	2360	258.2	2710.4
-4476.3	-887.1	-2051.8	2360	258.2	2710.4
41957.5	-79834.3	45082	9512	29047.2	2063.3
-1008.2	-273.8	-12.2	2185	-2197.5	2459.2
-193.3	-181.7		236	-344.4	477.5
-814.9	-92.1	-12.2	1949	-1853.1	1981.7
2428.2	-1.7	-1950	206	413.4	424
1058.8	-150.2		469	3421.8	641.8
39730.2	-81830.9	40195.1	18388	31090.8	7426.6
-3385.3	-8386	-1484.7	13742	682.6	11598.8
-3596.5	-8389.8	-1350.8	13627	561.7	11598.8
211.2	3.8	-133.9	115	120.9	
43033.1	-74448.2	41795.6	8455	31094.2	1181.8
10710.6	-28433.9	47667.9	3166	13542.4	
32322.5	-46014.3	-5872.3	5289	17551.8	1181.8
43234.5	-72472.2	41389.3	6961	28933.5	
-2745.3	-7673.8	2009	10703	-1857.8	7059.9
-841.4	-2688.2	-3087.4	4533	4701.1	5720.7

2-46 续表 11

项目	本年销项税额	工业中间投入合计	直接材料	制造费用中的中间投入	管理费用中的中间投入	营业费用中的中间投入
按行业分						
煤炭开采和洗选业						
石油和天然气开采业						
#天然原油和天然气开采						
黑色金属矿采选业						
有色金属矿采选业						
非金属矿采选业						
#采盐						
其他采矿业						
农副食品加工业	2710.2	17472.1	16498.7	285.5	127.8	287.7
#谷物磨制						
饲料加工		57.9	29.6		16.8	11.5
制糖						
食品制造业	3884.8	37442.1	30941.2	1089.4	392.8	3015.3
#罐头制造	480	10961.1	8425.7	170.8	191.9	1034
饮料制造业	3200	12727.5	8434.8	965.7	444.8	2629.1
#酒的制造	702.6	2494.9	1944.4	0.4	195.3	227.2
烟草制品业	93.9	135.9	8.7	9	70.6	48.1
纺织业	13299.9	81634.3	73657.3	3863	1110.1	2382.2
#棉、化纤纺织及印染精加工	12885.5	74996.6	68863.5	2544.1	921.5	2099.6
毛纺织和染整精加工	414.4	6637.7	4793.8	1318.9	188.6	282.6
纺织服装、鞋、帽制造业		39.3	29.7	3.6	3.3	1.3
皮革、毛皮、羽毛(绒)及其制品业						
#皮革鞣制加工						
皮革制品制造						
木材加工及木、竹、藤、棕、草制品业						
家具制造业	30.8	290.2	120.4	118.5	36.9	10.8
造纸及纸制品业	2932.5	11532.9	8876.8	646	600.1	847.7
印刷业和记录媒介的复制	45	161.8	132.8	15.5	12.8	
文教体育用品制造业						
石油加工、炼焦及核燃料加工业						
#炼焦						
化学原料及化学制品制造业	261.5	5133.7	4437.6	80	94.4	189.4
#基础化学原料制造						
肥料制造	261.5	5133.7	4437.6	80	94.4	189.4
医药制造业						
化学纤维制造业						
橡胶制品业						
塑料制品业	450.3	86179.6	67072.5	3643.2	2639	7340.4
非金属矿物制品业	337.8	1258.4	813.5	123.4	58.1	164.1
#水泥制造						
黑色金属冶炼及压延加工业	382.3	1859.8	1668.3	45.9	76.3	47.8
有色金属冶炼及压延加工业						
金属制品业	2567.9	9359.6	8908.1	88.7	108.2	254.6
通用设备制造业						
专用设备制造业	279.4	2617.9	1857.2	254.9	398.3	106.4
交通运输设备制造业	3.6					
电气机械及器材制造业		8	5	1	2	
通信设备、计算机及其他电子设备制造业						
仪器仪表及文化、办公用机械制造业						
工艺品及其他制造业						
废弃资源和废旧材料回收加工业						
电力、热力的生产和供应业	8444.2	20644	11552.7	3707.5	1227.8	0.3
#电力生产和电力供应	7884.2	18348	9403.7	3707.5	1090.8	0.3
燃气生产和供应业	134.4	682	173.8		15.1	494.3
水的生产和供应业	89.6	779.9	549.1	86.6	61.1	15.3

计量单位：万元

经营活动产生的现金流量净额	投资活动产生的现金流量净额	筹资活动产生的现金流量净额	全部从业人员年平均人数(人)	利税总额	亏损企业亏损额
-4581.1	-204.5	-2087.8	847	-5.5	588
-4.7			10	0.8	
485.8	-943.5	-688.7	1255	-63.9	2062.7
-914.1	-2.1	322.5	177	-952.1	1175.6
1654.1	-216.6	-646.2	712	2316.5	734.8
533	-66.4	-627.7	428	328.4	93
			91	-249.7	406.5
-587	344.9	-1998.7	8963	-5343.8	7760.7
-54.8	242.8	-2286.3	7374	-3867.9	6280.9
-532.2	102.1	287.6	1589	-1475.9	1479.8
	-0.1		54	84.5	
15.8	-11.6	16.7	86	64.6	3.3
-600.3	-7354.5	4053.9	1565	3732.8	33.3
16.2	-3.9		54	26.2	9.5
-470	-8	277	192	-427.5	477.5
-470	-8	277	192	-427.5	477.5
34476.8	-46458.8	-6012.4	4266	17332.4	
-113.9	-40.7		141	395.6	55.9
362.9	-120.5	116.2	65	821.7	
-1930.9	-43.1	-126.4	350	645.1	
-91.3	327.5	-100	235	135.7	73.5
261.3	350.6	89.5	9	-44.2	44.2
			9	-4.8	4.8
10347.7	-28313.4	47551.7	3101	12720.7	
8757.7	-26013.4	47401.7	2841	11944.5	
190.5	-141.8		87	-480.5	525.9
211.2	3.8	-133.9	115	120.9	

2-47 吐鲁番地区规模以上

项 目	企 业 单位数	亏 损 单位数	工业总产值 (现价)	工 业 销售产值	出 口 交货值	工 业 增加值	年初存货
总 计	**55**	**29**	**745980.2**	**734772.2**	**2100.6**	**534595.7**	**51340.3**
按登记注册类型分							
内资企业	51	26	723155.5	714031.2		526801.8	40447.6
国有企业	18	14	19655.9	19358.6		8661.8	3673.9
#中央企业							
地方企业	18	14	19655.9	19358.6		8661.8	3673.9
#自治区属企业	2	2	13593.1	13483.9		6010.8	2733.3
地区(州、市)属企业	4	2	1860.2	1746		1011.4	430.2
县(市)属企业	11	9	4021.7	3953.2		1642.7	496.4
集体企业	5	2	6186.7	6296.4		1453.7	926.7
#自治区属企业							
地区(州、市)属企业	2	1	2379	2488.7		709.1	569.1
县(市)属企业	2		2230.3	2230.3		1132	356
镇属企业							
乡属企业	1	1	1577.4	1577.4		-387.4	1.6
股份合作企业							
联营企业	1		6645.3	3822.1		2122.6	499.8
#国有联营企业	1		6645.3	3822.1		2122.6	499.8
集体联营企业							
国有与集体联营企业							
其他联营企业							
有限责任公司	21	8	87737.6	84593.6		23797.3	18928.5
#国有独资公司	1		33206	29782		7239	1591.3
其他有限责任公司	20	8	54531.6	54811.6		16558.3	17337.2
股份有限公司	2		592900.5	592528.9		486777.1	14885.7
私营企业	4	2	10029.5	7431.6		3989.3	1533
#私营独资企业	1		5733.1	5597.8		1751.8	1181.8
私营合伙企业							
私营有限责任公司	3	2	4296.4	1833.8		2237.5	351.2
私营股份有限公司							
港、澳、台商投资企业	2	1	21001.6	18881.8	2100.6	7106.1	8494
外商投资企业	2	2	1823.1	1859.2		687.8	2398.7
在总计中：国有控股企业	24	15	652581	646367.7		504404.3	22722.4
在总计中：农村工业	2	1	5113.4	5019.9		1701.2	1.6
按轻、重工业分							
轻工业	17	9	36017.6	35798.9	2100.6	11745.5	21600
以农产品为原料	9	5	31843.9	32133.4	2100.6	10042.9	20473.5
以非农产品为原料	8	4	4173.7	3665.5		1702.6	1126.5
重工业	38	20	709962.6	698973.3		522850.2	29740.3
采掘工业	15	6	646272	638902.3		502752.1	17552.4
原料工业	20	11	58156.2	56655.3		19529.1	11172.2
加工工业	3	3	5534.4	3415.7		569	1015.7
按企业规模分							
大型企业	1		585448	585207		484298.5	13490
中型企业	6	2	80312.2	76916.1	2100.6	23629.7	20932.5
小型企业	48	27	80220	72649.1		26667.5	16917.8

工业企业主要经济指标

计量单位：万元

流动资产		应收帐款	存货		流动资产	长期投资
合　计	短期投资			产成品	年平均余额	
218584.9	**165.3**	**24878.4**	**58971.2**	**27460.5**	**190445.7**	**18931.1**
192932.8	165.3	23360.4	47787	26725.1	162832.5	18714
58578.2		7041.9	3701.9	1514.4	34801	3157.8
58578.2		7041.9	3701.9	1514.4	34801	3157.8
53608.8		5570.8	2747.1	975.8	29731	16
1941.2		505	572	314.1	2075.1	
2893.5		937.1	368.4	224.5	2875.7	3141.8
12389.6		1159.5	1884.8	146.4	12496.2	1393
3769.8		1063.9	611.8	105	3898.3	102
1239.3		52	268.6	40.6	1243.3	
7380.5		43.6	1004.4	0.8	7354.6	1291
2198.2		365	74.4	74.4	2078.7	
2198.2		365	74.4	74.4	2078.7	
58899.5	165.3	10423.3	20785	9791	53998.1	7884.2
22045		7081.9	2478.6		17994.4	4716.5
36854.5	165.3	3341.4	18306.4	9791	36003.7	3167.7
54112.6		4259.2	17343.3	12454.7	54054.7	6279
6754.7		111.5	3997.6	2744.2	5403.8	
2062.2		5.5	712.7	315.7	2497	
4692.5		106	3284.9	2428.5	2906.8	
12788.2		1518	8770.8	576.9	14251.1	217.1
12863.9			2413.4	158.5	13362.1	
144072		16958.3	25401.6	14061	114608.9	14393.4
8269.7		91.7	1097.9	94.3	8101.7	1291
31214.4	0.3	2589	19221.4	7481.4	33564.9	3599
27640.8	0.3	1958.5	17862.6	6446	29815.5	457.2
3573.6		630.5	1358.8	1035.4	3749.4	3141.8
187370.5	165	22289.4	39749.8	19979.1	156880.8	15332.1
88425.2	165	11690.9	22628.8	14887.1	82066.5	11015.5
96241.8		10387.7	15138.5	4798.8	72487.6	4316.6
2703.5		210.8	1982.5	293.2	2326.7	
49612		2013.1	15732	12043.6	49747.1	6279
92211		12389.3	17929.8	6328.3	70567.4	4933.6
76761.9	165.3	10476	25309.4	9088.6	70131.2	7718.5

2-47 续表 1

项　　目	企业单位数	亏损单位数	工业总产值（现价）	工业销售产值	出口交货值	工业增加值	年初存货
按行业分							
煤炭开采和洗选业	5	4	8719	8100.2		4681	435.6
石油和天然气开采业	1		585448	585207		484298.5	13490
#天然原油和天然气开采	1		585448	585207		484298.5	13490
黑色金属矿采选业	5		44814	38248.7		10442.4	2491.1
有色金属矿采选业	1		4052.6	4728.6		914.3	17
非金属矿采选业	3	2	3238.4	2617.8		2415.9	1118.7
#采盐							
其他采矿业							
农副食品加工业	3	2	4477.4	4576.9		815.9	499.4
#谷物磨制	1		2391.9	2688.6		310.6	196.8
饲料加工							
制糖							
食品制造业	1		1040.4	927.5		695.1	254.2
#罐头制造							
饮料制造业	3	1	3573.2	3469.4		1168.1	3450.4
#酒的制造	3	1	3573.2	3469.4		1168.1	3450.4
烟草制品业							
纺织业	2	1	23790.6	24084.4	2100.6	8058.3	16510.5
#棉、化纤纺织及印染精加工	2	1	23790.6	24084.4	2100.6	8058.3	16510.5
毛纺织和染整精加工							
纺织服装、鞋、帽制造业							
皮革、毛皮、羽毛(绒)及其制品业							
#皮革鞣制加工							
皮革制品制造							
木材加工及木、竹、藤、棕、草制品业							
家具制造业							
造纸及纸制品业							
印刷业和记录媒介的复制	1	1	2.7	2.7		0.6	13.2
文教体育用品制造业							
石油加工、炼焦及核燃料加工业							
#炼焦							
化学原料及化学制品制造业	5	2	16062.1	15964.5		5185.3	3902.2
#基础化学原料制造	5	2	16062.1	15964.5		5185.3	3902.2
肥料制造							
医药制造业	1						
化学纤维制造业							
橡胶制品业							
塑料制品业							
非金属矿物制品业	5	3	12726.8	13099.1		4153.4	5173.4
#水泥制造	3	2	11499.5	12279.4		3773.7	4324.3
黑色金属冶炼及压延加工业	3	2	4753.9	2289.9		2820.6	351.2
有色金属冶炼及压延加工业	5	1	12993.1	13273.9		2545.4	2207.5
金属制品业	2	2	5495.9	3394.9		564.9	1002.7
通用设备制造业							
专用设备制造业							
交通运输设备制造业							
电气机械及器材制造业							
通信设备、计算机及其他电子设备制造业							
仪器仪表及文化、办公用机械制造业							
工艺品及其他制造业							
废弃资源和废旧材料回收加工业							
电力、热力的生产和供应业	4	4	12847.6	12847.6		5204.1	387
#电力生产和电力供应	2	2	10950.4	10950.4		4331.7	253.2
燃气生产和供应业							
水的生产和供应业	5	4	1944.5	1939.1		631.9	36.2

计量单位：万元

流动资产合计	短期投资	应收帐款	存货	产成品	流动资产年平均余额	长期投资
3509.9		338	842.7	672.3	3160.5	20
49612		2013.1	15732	12043.6	49747.1	6279
49612		2013.1	15732	12043.6	49747.1	6279
29160.9	165	8837.5	4626	1290.5	24366.7	4716.5
3095.8		88.3	115.6		1547.9	
3046.6		414	1312.5	880.7	3244.3	
1779	0.3	205.2	1435.5	411.4	1553.6	
1088.9		48.1	1034.7	70.8	878.9	
699.8		336.8	354.7	258.3	763	
8592.8		368.1	3299.1	428.6	8479.8	240.1
8592.8		368.1	3299.1	428.6	8479.8	240.1
17256.5		1385.2	13116.3	5601.5	19768.4	217.1
17256.5		1385.2	13116.3	5601.5	19768.4	217.1
12.5			11.7	4.5	13.7	
16950.1		2893.3	3669.7	965.2	17946.4	
16950.1		2893.3	3669.7	965.2	17946.4	
53					45	
14098.1		4825.9	5105.2	2004.6	12186.6	136
12900		4671.1	4124.6	1214.3	10925.8	136
5719.7		48.5	4199.3	2574.8	3604.1	
12910.4		148	2978.2	44.5	12760.8	4078.6
2672.5		210.8	1954.1	267.7	2295.7	
47761.6		2626.8	166.7		27250.5	102
47076.7		2104.7	107.8		26649.5	102
1653.7		138.9	51.9	12.3	1711.6	3141.8

2-47 续表 2

项目	固定资产合计	固定资产原价	生产经营用	累计折旧	本年折旧	固定资产净值年平均余额
总计	**817766.1**	**1558984.9**	**1508415.8**	**811804.4**	**107278.6**	**721029.9**
按登记注册类型分						
内资企业	796733.3	1509740.9	1459171.8	782190.5	103873.2	699749.7
国有企业	72962.8	95470.3	84374.3	29212.2	7037.4	65861.8
#中央企业						
地方企业	72962.8	95470.3	84374.3	29212.2	7037.4	65861.8
#自治区属企业	50194.4	67752.2	61919.8	23558.2	5944.8	43700.9
地区(州、市)属企业	2735.6	3765	3315.4	1074.8	150.4	2718.1
县(市)属企业	19419.5	23061.5	18247.5	4256.4	876.1	18830.4
集体企业	5721.9	12261.7	6994.7	7813.9	1614	4618.6
#自治区属企业						
地区(州、市)属企业	1731.1	4368.9	3800.5	2637.9	842.4	1573.2
县(市)属企业	511.6	2051.5	1748.2	1539.9	153.2	577
镇属企业						
乡属企业	3479.2	5841.3	1446	3636.1	618.4	2468.4
股份合作企业						
联营企业	424	998.2	998.2	601.4	60	396.8
#国有联营企业	424	998.2	998.2	601.4	60	396.8
集体联营企业						
国有与集体联营企业						
其他联营企业						
有限责任公司	45173.7	56547.4	53028.3	13002.7	3452.4	39467.9
#国有独资公司	2026.9	3513.6	3513.6	1486.7	184.2	1796.9
其他有限责任公司	43146.8	53033.8	49514.7	11516	3268.2	37671
股份有限公司	660254	1329991.7	1300502.1	729101.6	91136.5	578837.6
私营企业	12196.9	14471.6	13274.2	2458.7	572.9	10567
#私营独资企业	7784.9	10058.9	8862.5	2458	572.5	6173.7
私营合伙企业						
私营有限责任公司	4412	4412.7	4411.7	0.7	0.4	4393.3
私营股份有限公司						
港、澳、台商投资企业	14733.5	41474.3	41474.3	26771.1	3121.2	16217.6
外商投资企业	6299.3	7769.7	7769.7	2842.8	284.2	5062.6
在总计中：国有控股企业	735994.1	1430656.3	1391109.9	760796	98452.4	647130.9
在总计中：农村工业	4221.5	6583.6	2167.8	3689.6	671.9	3157.2
按轻、重工业分						
轻工业	38445.6	72683	67164.5	34593.2	4369.2	38879.9
以农产品为原料	22241.4	53079.5	52175.9	31014.8	3628.9	23177.1
以非农产品为原料	16204.2	19603.5	14988.6	3578.4	740.3	15702.8
重工业	779320.5	1486301.9	1441251.3	777211.2	102909.4	682150
采掘工业	674321.2	1347006.6	1316508.6	733341.3	92476.1	591613.5
原料工业	99959.3	134255.3	119702.7	43834.6	10403.8	85526.9
加工工业	5040	5040	5040	35.3	29.5	5009.6
按企业规模分						
大型企业	657443	1324404	1296317	726273	90818	575944
中型企业	66219.7	118807.5	109897.1	52330.3	10018	65860.6
小型企业	94103.4	115773.4	102201.7	33201.1	6442.6	79225.3

计量单位：万元

无形资产	资产总计	流动负债合计	应付帐款	长期负债合计	负债合计
10913.9	**1067432.4**	**312248.1**	**120392.1**	**212909.8**	**525158.1**
9073.6	1018540.7	294457.2	115233.6	203721.3	498178.7
159.7	135521.0	63528.5	5518	8130.5	71659.2
159.7	135521.0	63528.5	5518	8130.5	71659.2
14.7	103932.7	49424.3	799.2	3854.9	53279.3
	4681.6	1209.6	562.9	204.6	1414.2
142	26155.7	12330.7	3695.8	4071	16401.8
44.4	19553.7	10935.6	800.3	339.3	11274.9
44.4	5647.3	2741.5	219.8	101.3	2842.8
	1755.7	1028.4	501.1	238	1266.4
	12150.7	7165.7	79.4		7165.7
505.9	3128.1	831	420.6		831
505.9	3128.1	831	420.6		831
6481.4	118856.4	67598.1	28619.1	20006.5	87604.6
169.9	28958.3	16254.9	6048.3		16254.9
6311.5	89898.1	51343.2	22570.8	20006.5	71349.7
1247.9	721895.2	142381.6	79619.7	172445	314826.6
634.3	19586.3	9182.4	255.9	2800	11982.4
463	10310.1	1156.6	22.2	2800	3956.6
171.3	9276.2	8025.8	233.7		8025.8
264.6	28152.8	10205.7	3924.5	872.2	11077.9
1575.7	20738.9	7585.2	1234	8316.3	15901.5
3603.2	898725.2	230716.7	93277.4	183795.2	414512.1
	13782.2	7621.6	174.7	258.3	7879.9
1835.1	75472.3	36195.6	13727.6	11752.3	47947.9
1809.3	52294.2	27402.7	12661	7625.6	35028.3
25.8	23178.1	8792.9	1066.6	4126.7	12919.6
9078.8	991960.1	276052.5	106664.5	201157.5	477210.2
8112.2	781928.4	174289.5	94777.9	176194.5	350484.1
842	202148.4	95642.8	9840	24955.3	120598.2
124.6	7883.3	6120.2	2046.6	7.7	6127.9
1246	714580.0	139974	79311.8	172445	312419
914.1	164414.6	84543	18100.7	7205.7	91748.7
8753.8	188437.8	87731.1	22979.6	33259.1	120990.4

2-47 续表 3

项目	固定资产合计	固定资产原价	生产经营用	累计折旧	本年折旧	固定资产净值年平均余额
按行业分						
煤炭开采和洗选业	8556.9	10649.7	8764.9	2723.7	736.3	8233.2
石油和天然气开采业	657443	1324404	1296317	726273	90818	575944
#天然原油和天然气开采	657443	1324404	1296317	726273	90818	575944
黑色金属矿采选业	4359.9	7252.9	6813	3010	588.1	4013.3
有色金属矿采选业	564.2	663.5	663.5	129.4	129.4	534.1
非金属矿采选业	3397.2	4036.5	3950.2	1205.2	204.3	2888.9
#采盐						
其他采矿业						
农副食品加工业	916.8	1182	1124.4	380.3	65.4	809.9
#谷物磨制	457	471.2	456	114.2	41.5	457.8
饲料加工						
制糖						
食品制造业	311.2	495.3	495.3	184.1	57.7	327.8
#罐头制造						
饮料制造业	2723.2	5766.7	5403.3	3103.3	224.4	2717.3
#酒的制造	2723.2	5766.7	5403.3	3103.3	224.4	2717.3
烟草制品业						
纺织业	18593.8	46113.2	45634.2	27519.4	3338.6	19644.1
#棉、化纤纺织及印染精加工	18593.8	46113.2	45634.2	27519.4	3338.6	19644.1
毛纺织和染整精加工						
纺织服装、鞋、帽制造业						
皮革、毛皮、羽毛(绒)及其制品业						
#皮革鞣制加工						
皮革制品制造						
木材加工及木、竹、藤、棕、草制品业						
家具制造业						
造纸及纸制品业						
印刷业和记录媒介的复制	7.6	17.6	14	11.8	0.5	5.8
文教体育用品制造业						
石油加工、炼焦及核燃料加工业						
#炼焦						
化学原料及化学制品制造业	16402	22072.3	19023.7	7105.9	1225.8	13583.6
#基础化学原料制造	16402	22072.3	19023.7	7105.9	1225.8	13583.6
肥料制造						
医药制造业	200	220	220	20	5	160
化学纤维制造业						
橡胶制品业						
塑料制品业						
非金属矿物制品业	37385.9	40431.3	40215	9551	1692.7	26748.6
#水泥制造	36518.6	39050	39050	9025.2	1604.3	25983.7
黑色金属冶炼及压延加工业	277.8	278.5	277.5	0.7	0.4	259.1
有色金属冶炼及压延加工业	6368.3	11453.8	6755.2	6708.2	954.9	5148.8
金属制品业	4993.9	4993.9	4993.9	30.3	28.6	4963.5
通用设备制造业						
专用设备制造业						
交通运输设备制造业						
电气机械及器材制造业						
通信设备、计算机及其他电子设备制造业						
仪器仪表及文化、办公用机械制造业						
工艺品及其他制造业						
废弃资源和废旧材料回收加工业						
电力、热力的生产和供应业	40392.6	61400.7	54596.3	20994.6	6618.4	40551.7
#电力生产和电力供应	35754.5	55762.6	49361.8	19514.8	6342.8	36103.7
燃气生产和供应业						
水的生产和供应业	14871.8	17553	13154.4	2853.5	590.1	14496.2

计量单位：万元

无形资产	资产总计	流动负债		长期负债	负债合计
		合　计	应付帐款	合　计	
6074.2	18195.7	5211.8	3144.7	3242	8453.8
1246	714580.0	139974	79311.8	172445	312419
1246	714580.0	139974	79311.8	172445	312419
792	39029.3	22980.1	8857	4.8	22984.9
	3660.0	2920.4	1551.8		2920.4
	6463.4	3203.2	1912.6	502.7	3706
23	2729.8	1815.5	511.8	0.2	1815.7
	1545.9	1019.3	436.4		1019.3
	1015.6	348.4	265.1	4	352.4
1521.7	13077.8	7207.9	426.9	3219.7	10427.6
1521.7	13077.8	7207.9	426.9	3219.7	10427.6
264.6	36466.5	18377.2	11722.3	4405.7	22782.9
264.6	36466.5	18377.2	11722.3	4405.7	22782.9
	20.1	2.1			2.1
572.2	33926.0	9181.7	1518.4	8529.4	17711.1
572.2	33926.0	9181.7	1518.4	8529.4	17711.1
	253.2	186.5			186.5
64.1	51792.5	16712.5	3347.9	16280.6	32993.2
45	49708.0	15883.5	3171.6	15834.9	31718.5
46.7	6044.4	5622.9	1331		5622.9
24	23739.7	13424.7	609	430.5	13855.2
124.6	7806.2	6058.6	2000		6058.6
154.1	88730.3	51530	3210	160.5	51690.5
15.8	82949.0	47186.6	172.8		47186.6
6.7	19901.9	7490.6	671.8	3684.7	11175.3

2-47 续表 4

项目	所有者权益合计	其中：实收资本	国家资本	集体资本	法人资本	个人资本	港澳台资本
总计	**542274.3**	**337452.9**	**161094.8**	**6841.7**	**125399.5**	**12781.6**	**27821.2**
按登记注册类型分							
内资企业	520362	317951.7	161094.8	6741.7	125013.3	12031.6	10456.2
国有企业	63861.8	23563.2	23209.6		353.6		
#中央企业							
地方企业	63861.8	23563.2	23209.6		353.6		
#自治区属企业	50653.4	14878.8	14878.8				
地区(州、市)属企业	3267.4	2569.6	2569.6				
县(市)属企业	9753.9	5903.3	5549.7		353.6		
集体企业	8278.8	2831.1		2831.1			
#自治区属企业							
地区(州、市)属企业	2804.5	1508.6		1508.6			
县(市)属企业	489.3	300		300			
镇属企业							
乡属企业	4985	1022.5		1022.5			
股份合作企业							
联营企业	2297.1	70	70				
#国有联营企业	2297.1	70	70				
集体联营企业							
国有与集体联营企业							
其他联营企业							
有限责任公司	31251.8	19745.2	9526.9	1296.5	7141.8	1780	
#国有独资公司	12703.4	8856.9	8856.9				
其他有限责任公司	18548.4	10888.3	670	1296.5	7141.8	1780	
股份有限公司	407068.6	264654.7	128288.3	2614.1	117517.9	3164.1	10456.2
私营企业	7603.9	7087.5				7087.5	
#私营独资企业	6353.5	5747.5				5747.5	
私营合伙企业							
私营有限责任公司	1250.4	1340				1340	
私营股份有限公司							
港、澳、台商投资企业	17074.9	15501.2			386.2		15115
外商投资企业	4837.4	4000		100		750	2250
在总计中：国有控股企业	484213.1	295629.8	160894.8	2714.1	115371.5	2679.1	10456.2
在总计中：农村工业	5902.3	1298.5		1022.5	276		
按轻、重工业分							
轻工业	27524.4	23026.3	5240.7	100	1456.2	363.2	14966.2
以农产品为原料	17265.9	17546.9	214.9	100	1002.6	363.2	14966.2
以非农产品为原料	10258.5	5479.4	5025.8		453.6		
重工业	514749.9	314426.6	155854.1	6741.7	123943.3	12418.4	12855
采掘工业	431444.3	279043.5	140035.4	2616.6	119957.1	3364.1	10456.2
原料工业	81550.2	33566.8	15787.4	4125.1	3600	7804.3	2250
加工工业	1755.4	1816.3	31.3		386.2	1250	148.8
按企业规模分							
大型企业	402161	261404.7	128088.3	2614.1	115017.9	2614.1	10456.2
中型企业	72665.9	34320.6	10056.9		2775	6522.5	14966.2
小型企业	67447.4	41727.6	22949.6	4227.6	7606.6	3645	2398.8

计量单位：万元

外商资本	主营业务收入	主营业务成本	主营业务税金及附加	其他业务收入	其他业务利润	营业费用
3514.1	**766367.7**	**407375.6**	**12769**	**21050.1**	**4609.5**	**17801.3**
2614.1	745569.2	389051.1	12657.7	16721.7	4509.8	17060.7
	51684	58489.8	254.9	347.1	154.3	818.5
	51684	58489.8	254.9	347.1	154.3	818.5
	46445.2	54403	192.6	62.7	62.7	513.3
	1522.6	1152.7	47.8	10.1	3.9	96.2
	3516.6	2779.8	13.7	231.3	68.6	209
	6466.2	4570.1	30.7	712.4	117.9	146.3
	2742	2082.2	25	693.6	117.9	146.3
	2230.3	1629.6	2.2			
	1493.9	858.3	3.5	18.8		
	6645.3	1999	295.4			3341.2
	6645.3	1999	295.4			3341.2
	80546.4	61640	1170.1	2652.8	3464.6	4594.9
	25422.4	16497.2	487	220.4	8.7	2138.8
	55124	45142.8	683.1	2432.4	3455.9	2456.1
2614.1	592887.4	256686.6	10851.2	12814.4	773	7421.7
	7339.9	5665.6	55.4	195		738.1
	5403	3840.5	46.3	195		734.1
	1936.9	1825.1	9.1			4
	18881.8	16866.1		4309.6	89.9	572.5
900	1916.7	1458.4	111.3	18.8	9.8	168.1
3514.1	677488.8	332845.2	12298.9	13307.2	802.6	13782
	4936.4	1946.3	19.1	18.8		90.7
900	35349.1	32264.8	479.9	5051.4	117.9	1053.1
900	31811.5	30170.8	437	4936.7	103.7	792.8
	3537.6	2094	42.9	114.7	14.2	260.3
2614.1	731018.6	375110.8	12289.1	15998.7	4491.6	16748.2
2614.1	638016.3	281587.8	11846.2	14635.5	4043.5	14394.4
	89418.6	90164.6	440.4	1362.9	442.4	2186.5
	3583.7	3358.4	2.5	0.3	5.7	167.3
2614.1	585207.2	249811.2	10807.4	12710.7	669.3	7295.4
	105916.7	102987.2	772.7	4828.7	202.3	3506.6
900	75243.8	54577.2	1188.9	3510.7	3737.9	6999.3

2-47 续表 5

项 目	所有者权益合计	其中：实收资本	国家资本	集体资本	法人资本	个人资本	港澳台资本
按行业分							
煤炭开采和洗选业	9741.9	5401.7			4911.7	490	
石油和天然气开采业	402161	261404.7	128088.3	2614.1	115017.9	2614.1	10456.2
#天然原油和天然气开采	402161	261404.7	128088.3	2614.1	115017.9	2614.1	10456.2
黑色金属矿采选业	16044.4	9156.9	8926.9		27.5	202.5	
有色金属矿采选业	739.6	600	600				
非金属矿采选业	2757.4	2480.2	2420.2	2.5		57.5	
#采盐							
其他采矿业							
农副食品加工业	914.1	880.8	80		727.6	73.2	
#谷物磨制	526.6	500			500		
饲料加工							
制糖							
食品制造业	663.2	300	300				
#罐头制造							
饮料制造业	2650.2	1185	120	100		65	
#酒的制造	2650.2	1185	120	100		65	
烟草制品业							
纺织业	13683.6	15466.2			275	225	14966.2
#棉、化纤纺织及印染精加工	13683.6	15466.2			275	225	14966.2
毛纺织和染整精加工							
纺织服装、鞋、帽制造业							
皮革、毛皮、羽毛(绒)及其制品业							
#皮革鞣制加工							
皮革制品制造							
木材加工及木、竹、藤、棕、草制品业							
家具制造业							
造纸及纸制品业							
印刷业和记录媒介的复制	18	14.9	14.9				
文教体育用品制造业							
石油加工、炼焦及核燃料加工业							
#炼焦							
化学原料及化学制品制造业	16214.9	13240.6	441.6	1001.5	2500	7047.5	2250
#基础化学原料制造	16214.9	13240.6	441.6	1001.5	2500	7047.5	2250
肥料制造							
医药制造业	66.7	10	10				
化学纤维制造业							
橡胶制品业							
塑料制品业							
非金属矿物制品业	18799.3	15310.1	13910.1	1200	200		
#水泥制造	17989.5	15178.8	13878.8	1200	100		
黑色金属冶炼及压延加工业	421.5	590				590	
有色金属冶炼及压延加工业	9884.5	2583.3		1416.5	1000	166.8	
金属制品业	1747.6	1785			386.2	1250	148.8
通用设备制造业							
专用设备制造业							
交通运输设备制造业							
电气机械及器材制造业							
通信设备、计算机及其他电子设备制造业							
仪器仪表及文化、办公用机械制造业							
工艺品及其他制造业							
废弃资源和废旧材料回收加工业							
电力、热力的生产和供应业	37039.8	1974.1	1467	507.1			
#电力生产和电力供应	35762.4	1507.1	1000	507.1			
燃气生产和供应业							
水的生产和供应业	8726.6	5069.4	4715.8		353.6		

计量单位：万元

外商资本	主营业务收入	主营业务成本	主营业务税金及附加	其他业务收入	其他业务利润	营业费用
	7001.1	3409.6	57.3	451.2	2827.6	163.4
2614.1	585207.2	249811.2	10807.4	12710.7	669.3	7295.4
2614.1	585207.2	249811.2	10807.4	12710.7	669.3	7295.4
	40035.9	24172.1	907.9	1454.6	524	6896.2
	4728.6	3471.5	49.4			0.1
	1043.5	723.4	24.2	19	22.6	39.3
	4019	3847.8	3.3	598.1	43.5	97.4
	2714.5	2606.5	0.1	5.3	3.7	33.9
	872.5	559.1	26.8			42.8
900	3801.7	2576.5	404.8	29	-29.7	188
900	3801.7	2576.5	404.8	29	-29.7	188
	23986.8	23742.2	28.9	4309.6	89.9	507.4
	23986.8	23742.2	28.9	4309.6	89.9	507.4
	4	4.3				
	16199.5	13230.7	111.6	999.6	225.5	1149.6
	16199.5	13230.7	111.6	999.6	225.5	1149.6
	0.8					
	12651.1	10513	68.3	72.7	71.9	903.6
	11567.7	9812.4	59.8	72.4	66.2	839
	2224.8	2178.3	7.8			0.6
	13190.4	10316.7	76.8	138.8	96.7	182.7
	3559.6	3340.1	2.4			167.3
	46236.2	54626.5	184.4	152.1	54	14.6
	44424.5	52808.2	177.8	2.8		14.6
	1605	852.6	7.7	114.7	14.2	152.9

12-47 续表 6

项　　目	管理费用	税　金	财产保险费	差旅费	工会经费	办公费	职工教育费
总　　计	**27049.8**	**645.7**	**114.6**	**1082**	**149.6**	**696**	**99.7**
按登记注册类型分							
内资企业	25716.7	455.1	87.3	1032.3	133.5	669.2	88.4
国有企业	3938.7	31.4	18.5	72.1	14.3	92.6	17.3
#中央企业							
地方企业	3938.7	31.4	18.5	72.1	14.3	92.6	17.3
#自治区属企业	2393.9	4.5	7	30	4	41.7	9.3
地区(州、市)属企业	293.9	10	7	8.8	2.6	8.6	2.5
县(市)属企业	1195	12.5	3.8	31.5	6.7	41.7	4.8
集体企业	1575.9	30.8	13.3	73.4	7.3	23.3	6.9
#自治区属企业							
地区(州、市)属企业	610.1	14.1	4.7	32.8	4.5	9.5	3.5
县(市)属企业	156.2	0.7	5.7	27.4	2.8	5.3	2
镇属企业							
乡属企业	809.6	16	2.9	13.2		8.5	1.4
股份合作企业							
联营企业	212.3	2.8	2.1	10.3		6.6	
#国有联营企业	212.3	2.8	2.1	10.3		6.6	
集体联营企业							
国有与集体联营企业							
其他联营企业							
有限责任公司	5653.1	172.8	50.9	201.6	75.8	236.4	37.2
#国有独资公司	905.1	29.5	1.4	28.2	3	16.8	2.4
其他有限责任公司	4748	143.3	49.5	173.4	72.8	219.6	34.8
股份有限公司	13797.2	204.4	0.5	640.8	30.2	285.2	22.3
私营企业	539.5	12.9	2	34.1	5.9	25.1	4.7
#私营独资企业	371.7	11.3		7.1	5.5	11.7	
私营合伙企业							
私营有限责任公司	167.8	1.6	2	27	0.4	13.4	4.7
私营股份有限公司							
港、澳、台商投资企业	633.8	37.3	27	17.4	12.6	6.2	7.1
外商投资企业	699.3	153.3	0.3	32.3	3.5	20.6	4.2
在总计中：国有控股企业	19171.3	414.4	27.1	752.3	41.3	446	39
在总计中：农村工业	988.6	24	7.9	27	21	15.5	1.4
按轻、重工业分							
轻工业	3092.3	226.1	45.2	62.7	31.4	58.7	15.8
以农产品为原料	1809.1	204.5	39.8	35.1	22.6	37	9
以非农产品为原料	1283.2	21.6	5.4	27.6	8.8	21.7	6.8
重工业	23957.5	419.6	69.4	1019.3	118.2	637.3	83.9
采掘工业	16993.2	306.3	28.9	750.1	64	422.6	33.6
原料工业	6835.9	111.6	39.2	258	53.7	204.4	46.9
加工工业	128.4	1.7	1.3	11.2	0.5	10.3	3.4
按企业规模分							
大型企业	13340.2	194.4		620.8	23	281.7	17
中型企业	4564.7	89.1	31.7	71.3	35.2	44.4	13.4
小型企业	9144.9	362.2	82.9	389.9	91.4	369.9	69.3

计量单位：万元

排污费	财务费用		营业利润	投资收益	补贴收入	营业外收入
		利息支出				
265.4	**4310.5**	**11220.6**	**300421.9**	**1371.3**	**418.5**	**502.3**
253.7	3971.9	10894.7	300371.8	1321.3	418.5	480.7
68.3	1283.7	1337.7	-11116.9	46.3	101.9	212.1
68.3	1283.7	1337.7	-11116.9	46.3	101.9	212.1
39.5	923.7	977.2	-10105	0.3		38.4
3.4	-1.3	-1.1	-60.7	100		40.9
25.4	358.3	358.7	-955.9	-54	101.9	132.8
50.6	158.7	161.1	105.2	75	100.5	45.1
47	-8.1	-5.7	7.2		17	7.1
1	-3.8	-3.8	446.1			
2.6	170.6	170.6	-348.1	75	83.5	38
	42.1	42.1	755.2			
	42.1	42.1	755.2			
63.8	1594.3	1290.1	6081.3	1314.6	216.1	58.7
	-12.5	-12.5	5415.5	508.9		23.2
63.8	1606.8	1302.6	665.8	805.7	216.1	35.5
37.5	636.7	7807	304267	-114.6		164.8
33.5	256.4	256.7	280			
5	256.9	256.7	348.5			
28.5	-0.5		-68.5			
3.3	219.4	206.4	679.9			21.4
8.4	119.2	119.5	-629.8	50		0.2
69.1	2124.9	9360.9	299899.3	440.6	101.9	414.3
2.6	171.3	170.8	1720.4	75	83.5	38.5
13.6	776	762.8	-2196	-54	80	57.8
4.7	493	479.5	-1787.4			41.8
8.9	283	283.3	-408.6	-54	80	16
251.8	3534.5	10457.8	302617.9	1425.3	338.5	444.5
15.5	938.5	8116	313805.5	494.3		242.1
226.5	2591.6	2337.4	-11110.2	931	338.5	202.1
9.8	4.4	4.4	-77.4			0.3
	627.3	7797.6	303995	-114.6		164.3
45.8	1407.4	1447.5	-5110.3	508.9		89.2
219.6	2275.8	1975.5	1537.2	977	418.5	248.8

2-47 续表 7

项　　目	管理费用		财产保险费	差旅费	工会经费	办公费	职工教育费
		税　金					
按行业分							
煤炭开采和洗选业	1719.2	74.7	16.2	41.4	30.8	27.2	9.1
石油和天然气开采业	13340.2	194.4		620.8	23	281.7	17
#天然原油和天然气开采	13340.2	194.4		620.8	23	281.7	17
黑色金属矿采选业	1520.5	32.7	11.9	64	9.2	66.7	7
有色金属矿采选业	113.5			4		27.8	
非金属矿采选业	299.8	4.5	0.8	19.9	1	19.2	0.5
#采盐							
其他采矿业							
农副食品加工业	126.5	10.9	6.9	3.1	2.6	4.5	1.3
#谷物磨制	45.6	7.4	4.9	0.8	1.3	0.7	
饲料加工							
制糖							
食品制造业	126.3	6.3	0.5	1	1.1	0.2	0.8
#罐头制造							
饮料制造业	661.5	156.3	5.1	16.9	1	20.5	2.3
#酒的制造	661.5	156.3	5.1	16.9	1	20.5	2.3
烟草制品业							
纺织业	1017	37.3	27.8	15	19	11.9	5.4
#棉、化纤纺织及印染精加工	1017	37.3	27.8	15	19	11.9	5.4
毛纺织和染整精加工							
纺织服装、鞋、帽制造业							
皮革、毛皮、羽毛(绒)及其制品业							
#皮革鞣制加工							
皮革制品制造							
木材加工及木、竹、藤、棕、草制品业							
家具制造业							
造纸及纸制品业							
印刷业和记录媒介的复制	4.1			0.1		0.1	
文教体育用品制造业							
石油加工、炼焦及核燃料加工业							
#炼焦							
化学原料及化学制品制造业	1616.1	39.5	9.4	70.9	17.9	22.2	10
#基础化学原料制造	1616.1	39.5	9.4	70.9	17.9	22.2	10
肥料制造							
医药制造业							
化学纤维制造业							
橡胶制品业							
塑料制品业							
非金属矿物制品业	1377	50.4	16	48.9	19.3	58	21
#水泥制造	1096.8	42.3	13	39.1	15.9	52.8	18.4
黑色金属冶炼及压延加工业	182.2	1.6	2	28.6	0.4	21.1	3
有色金属冶炼及压延加工业	1564.2	20.2	10.4	97.9	11.9	79.7	10.4
金属制品业	117.1	0.3	1.3	11.2	0.5	10.3	3.4
通用设备制造业							
专用设备制造业							
交通运输设备制造业							
电气机械及器材制造业							
通信设备、计算机及其他电子设备制造业							
仪器仪表及文化、办公用机械制造业							
工艺品及其他制造业							
废弃资源和废旧材料回收加工业							
电力、热力的生产和供应业	2376.6	8	4.4	21.5	7.6	28.6	5.1
#电力生产和电力供应	2090.7	3	4.1	9.8	4.6	6.6	3.3
燃气生产和供应业							
水的生产和供应业	888	8.6	1.9	16.8	4.3	16.3	3.4

计量单位：万元

排污费	财务费用	利息支出	营业利润	投资收益	补贴收入	营业外收入
3.5	171.6	171.2	1814.3			1.4
	627.3	7797.6	303995	-114.6		164.3
	627.3	7797.6	303995	-114.6		164.3
11.8	104.9	100.8	6958.2	508.9		24.4
	-11.7		1105.8			
0.2	46.4	46.4	-67.8	100		52
0.9	12.3	12	-27			
	-1.5	-1.8	33.6			
0.2	-1.1	-1.1	118.6			
0.8	196	196	-255.3			14.7
0.8	196	196	-255.3			14.7
3	284.7	271.5	-1503			27.1
3	284.7	271.5	-1503			27.1
			-2.1			
93.9	199	199.1	313	50	17	0.8
93.9	199	199.1	313	50	17	0.8
65.7	1257.4	955.3	-1392	0.3	182	11.9
65.2	1224.3	922.2	-1391.4	0.3	182	11.6
19	-0.4		-143.6			
24.1	191.9	183.4	160.2	880.7	117.6	38
9.8	4.4	4.4	-71.8			
24.3	976.8	1032.7	-10048.4		21.9	151.7
7.3	866.6	922.5	-9716.8			45.2
8.2	251	251.3	-532.2	-54	80	16

2-47 续表 8

项　　目	营业外支出	利润总额	应交所得税	广告费	劳动、待业保险费	养老保险和医疗保险费	住房公积金和住房补贴
总　　计	**1391**	**300473.9**	**30677.2**	**79.2**	**5207.8**	**4592.5**	**2071.5**
按登记注册类型分							
内资企业	1332	300411.2	30630.5	65.7	5199	4440	2071.5
国有企业	154.2	-11741.4	42.7	1.9	1202.3	352.4	596.3
#中央企业							
地方企业	154.2	-11741.4	42.7	1.9	1202.3	352.4	596.3
#自治区属企业	11.4	-10906.2			1144.9	179.5	538
地区(州、市)属企业	20.3	59.9	33.6		16.5	42.1	2.4
县(市)属企业	15.3	-792.6	8.7	1.9	39.9	118	51.2
集体企业	125.4	197.2	97	0.3	53.9	157.7	24.3
#自治区属企业							
地区(州、市)属企业	44.2	-12.9	17.7	0.3	52.3	151.8	18.9
县(市)属企业	1	445.1	79.3		0.8	4.2	5.4
镇属企业							
乡属企业	80.2	-235			0.8	1.7	
股份合作企业							
联营企业	3.9	751.3	247.8			1.2	
#国有联营企业	3.9	751.3	247.8			1.2	
集体联营企业							
国有与集体联营企业							
其他联营企业							
有限责任公司	175.3	7479.9	2712.4	63	59.5	641.4	136.6
#国有独资公司	45.1	5902.5	2107.9		20.5	339.7	124.9
其他有限责任公司	130.2	1577.4	604.5	63	39	301.7	11.7
股份有限公司	849.3	303468	27417.4	0.5	3883.3	3269.8	1314.3
私营企业	23.9	256.2	113.2			17.5	
#私营独资企业	23.1	325.5	113.2			17.5	
私营合伙企业							
私营有限责任公司	0.8	-69.3					
私营股份有限公司							
港、澳、台商投资企业	7.8	693.5	46.7	1.2	7.9	102.8	
外商投资企业	51.2	-630.8		12.3	0.9	49.7	
在总计中：国有控股企业	1089.1	298936.4	30105.4	64.8	5102.2	3952.8	2028.2
在总计中：农村工业	112.9	1801.3	84		0.8	1.7	
按轻、重工业分							
轻工业	192.4	-2306.7	102.2	67.3	34.1	318.5	32.9
以农产品为原料	54.5	-1800.1	58.8	65	12.2	194.1	6.2
以非农产品为原料	137.9	-506.6	43.4	2.3	21.9	124.4	26.7
重工业	1198.6	302780.6	30575	11.9	5173.7	4274	2038.6
采掘工业	978.8	313558.6	30175.6	11.1	3925.7	3708.7	1426.9
原料工业	218.6	-10699.7	398.8	0.8	1246.5	558.1	611.7
加工工业	1.2	-78.3	0.6		1.5	7.2	
按企业规模分							
大型企业	841.7	303203	27330		3876	3196	1302
中型企业	94.5	-4606.4	2355.2	1.7	1156.3	690.8	670.2
小型企业	454.8	1877.3	992	77.5	175.5	705.7	99.3

计量单位：万元

本年应付工资总额	主营业务应付	本年应付福利费总额	主营业务应付	本年应交增值税	本年进项税额
28813.7	**26634**	**3558.9**	**3255**	**62030.2**	**58320.5**
27225.4	25069.7	3492.7	3191.5	60600.9	55798.3
5253.2	5188.8	734.9	724.2	2609	663.2
5253.2	5188.8	734.9	724.2	2609	663.2
4419.6	4419.6	627.4	627.4	2314.1	426.4
199	181.8	26.4	21.7	123.1	130.8
585.5	541.3	74.2	68.5	161.9	106
961.2	958.1	117.2	117.2	367.2	176
587.6	587.6	82.2	82.2	367.2	176
285.8	285.8	24.5	24.5		
87.8	84.7	10.5	10.5		
86.3	86.3	5.8	5.8	651.4	212.4
86.3	86.3	5.8	5.8	651.4	212.4
5315.6	5289.6	530.3	527.9	4752.1	6437.9
810.3	810.3	67.8	67.8	2047.1	1718
4505.3	4479.3	462.5	460.1	2705	4719.9
14706.9	12657.8	1985.3	1699	51732.2	47897.6
902.2	889.1	119.2	117.4	489	411.2
601.1	597.7	77.1	76.7	401.2	394.3
301.1	291.4	42.1	40.7	87.8	16.9
1231.4	1231.4	40.5	40.5	1213.7	2433.3
356.9	332.9	25.7	23	215.6	88.9
20770.3	18656.8	2756.6	2459.6	57211.9	50257.4
929.5	926.4	28.3	28.3	223	
2544.4	2481.6	167.2	158.8	2209.8	4131.7
2010	1994.4	94.2	91.8	1971.9	3945.1
534.4	487.2	73	67	237.9	186.6
26269.3	24152.4	3391.7	3096.2	59820.4	54188.8
17455.2	15395.7	2192.1	1905.8	55000.2	50525.1
8569.1	8511.7	1172.4	1163.2	4788.5	3107.9
245	245	27.2	27.2	31.7	555.8
14165.1	12116	1908.3	1622	51254.5	47049.4
7657.6	7654.2	849.7	849.3	6499.2	6057.2
6991	6863.8	800.9	783.7	4276.5	5213.9

2-47 续表 9

项　　目	营业外支出	利润总额	应交所得税	广告费	劳动、待业保险费	养老保险和医疗保险费	住房公积金和住房补贴
按行业分							
煤炭开采和洗选业	43.6	1770.4	92.3		10.6	163.9	
石油和天然气开采业	841.7	303203	27330		3876	3196	1302
#天然原油和天然气开采	841.7	303203	27330		3876	3196	1302
黑色金属矿采选业	90.8	7397.9	2355.7		27.9	340.9	124.9
有色金属矿采选业		1105.8	364.9				
非金属矿采选业	2.7	81.5	32.7	11.1	11.2	7.9	
#采盐							
其他采矿业							
农副食品加工业	3	-30		0.9	1.2	21.3	1.2
#谷物磨制	0.4	33.2		0.6	0.9	8.1	1.2
饲料加工							
制糖							
食品制造业	16.5	102.1	33.6		11.7	18	2.4
#罐头制造							
饮料制造业	44.2	-284.8	12.1	62.9	3.4	63.5	5
#酒的制造	44.2	-284.8	12.1	62.9	3.4	63.5	5
烟草制品业							
纺织业	7.3	-1483.2	46.7	1.2	7.4	105.6	
#棉、化纤纺织及印染精加工	7.3	-1483.2	46.7	1.2	7.4	105.6	
毛纺织和染整精加工							
纺织服装、鞋、帽制造业							
皮革、毛皮、羽毛(绒)及其制品业							
#皮革鞣制加工							
皮革制品制造							
木材加工及木、竹、藤、棕、草制品业							
家具制造业							
造纸及纸制品业							
印刷业和记录媒介的复制		-2.1			0.2	3.7	
文教体育用品制造业							
石油加工、炼焦及核燃料加工业							
#炼焦							
化学原料及化学制品制造业	88.1	292.9	218.3	0.5	19.8	266.1	14
#基础化学原料制造	88.1	292.9	218.3	0.5	19.8	266.1	14
肥料制造							
医药制造业							
化学纤维制造业							
橡胶制品业							
塑料制品业							
非金属矿物制品业	22.6	-2049	27.1	0.4	30.9	82.6	9.3
#水泥制造	22.4	-2048.5	25.2		28.4	58	9.3
黑色金属冶炼及压延加工业	4.7	-148.3					
有色金属冶炼及压延加工业	90.7	1091.6	155.3		8.7	36.6	6.6
金属制品业	1.2	-73			1.5	7.2	
通用设备制造业							
专用设备制造业							
交通运输设备制造业							
电气机械及器材制造业							
通信设备、计算机及其他电子设备制造业							
仪器仪表及文化、办公用机械制造业							
工艺品及其他制造业							
废弃资源和废旧材料回收加工业							
电力、热力的生产和供应业	12.7	-9887.4		0.3	1189.6	197.4	581.8
#电力生产和电力供应	11.4	-9682.9		0.3	1166.6	162.6	550.2
燃气生产和供应业							
水的生产和供应业	121.2	-613.5	8.5	1.9	7.7	81.8	24.3

计量单位：万元

本年应付工资总额	主营业务应付	本年应付福利费总额	主营业务应付	本年应交增值税	本年进项税额
1582	1582	121.8	121.8	495.6	151.3
14165.1	12116	1908.3	1622	51254.5	47049.4
14165.1	12116	1908.3	1622	51254.5	47049.4
1360.4	1350	139.3	139.3	2956.9	2867.6
102.3	102.3	14.2	14.2	245.9	368.7
245.4	245.4	8.5	8.5	47.3	88.1
112.5	96.9	12.9	10.5		718.8
40.4	40.4	5.7	5.7		433.9
54.8	54.8	7.7	7.7	68.7	79.6
353.7	353.7	25.6	25.6	404	245.7
353.7	353.7	25.6	25.6	404	245.7
1540	1540	55.2	55.2	1567.9	2980.6
1540	1540	55.2	55.2	1567.9	2980.6
3.8	3.8	0.5	0.5		
1870	1825.4	251.9	244.1	1236.3	1484.9
1870	1825.4	251.9	244.1	1236.3	1484.9
1.5	1.5				
1009.5	1009.5	159	159	794.3	598.2
905.2	905.2	145.9	145.9	687.7	495
286.9	277.2	37	35.6	76	123.5
949.2	946.1	108.3	108.3	553	841.5
234.5	234.5	27.2	27.2	30.3	531.7
4557.8	4557.8	629.3	629.3	2235.5	163
4370	4370	601.4	601.4	2130.5	144.5
384.3	337.1	52.2	46.2	64	27.9

2-47 续表 10

项目	本年销项税额	工业中间投入合计	直接材料	制造费用中的中间投入	管理费用中的中间投入	营业费用中的中间投入
总计	**120268.5**	**273414.7**	**104614.7**	**129698.5**	**19039.3**	**15751.7**
按登记注册类型分						
内资企业	116329.5	256954.6	91823.2	127804	18221.5	15134
国有企业	3109.4	13603.1	10109.8	829.8	979.9	399.9
#中央企业						
地方企业	3109.4	13603.1	10109.8	829.8	979.9	399.9
#自治区属企业	2624.4	9896.4	8197.4	258.6	217.4	299.3
地区(州、市)属企业	253.9	971.9	692.8	143.8	110.7	25.9
县(市)属企业	231.1	2540.9	1212.2	282	613.7	74.7
集体企业	543.2	5100.2	2236.1	1311.9	1259.5	134
#自治区属企业						
地区(州、市)属企业	543.2	2037.1	1016.7	542.5	352	134
县(市)属企业		1098.3	539.3	461.6	101.2	
镇属企业						
乡属企业		1964.8	680.1	307.8	806.3	
股份合作企业						
联营企业	863.8	5174.1	48.3	1736.5	24.8	3322.4
#国有联营企业	863.8	5174.1	48.3	1736.5	24.8	3322.4
集体联营企业						
国有与集体联营企业						
其他联营企业						
有限责任公司	11283.1	68692.4	35693.7	25409	2424.5	3570.9
#国有独资公司	3765.1	28014.1	7559.9	18152.5	214.2	2100
其他有限责任公司	7518	40678.3	28133.8	7256.5	2210.3	1470.9
股份有限公司	99629.8	157855.6	38927.5	97915.5	13259.2	7116.7
私营企业	900.2	6529.2	4807.8	601.3	273.6	590.1
#私营独资企业	795.5	4382.5	2910.2	423.2	205.8	586.4
私营合伙企业						
私营有限责任公司	104.7	2146.7	1897.6	178.1	67.8	3.7
私营股份有限公司						
港、澳、台商投资企业	3634.5	15109.2	12282.5	1676.5	473.6	457.2
外商投资企业	304.5	1350.9	509	218	344.2	160.5
在总计中：国有控股企业	107306.6	205388.6	55963.9	119383	14837.3	13079.5
在总计中：农村工业	223	3635.2	1575.7	935.3	902.9	50
按轻、重工业分						
轻工业	6197.5	26481.9	20357.9	2949.5	1710	688.5
以农产品为原料	5819.1	23772.9	19087.7	2551.6	1018.1	622.5
以非农产品为原料	378.4	2709	1270.2	397.9	691.9	66
重工业	114071	246932.8	84256.8	126749	17329.3	15063.2
采掘工业	105525.4	198520.1	49485.6	120231.7	14461.3	13403
原料工业	7970.6	43415.6	30051.6	6361.6	2817.7	1593.1
加工工业	575	4997.1	4719.6	155.7	50.3	67.1
按企业规模分						
大型企业	98303.9	152404	33898	97748.1	13040.2	7090.4
中型企业	12440.3	63181.7	37121.9	20469.9	1076.5	3106
小型企业	9524.3	57829	33594.8	11480.5	4922.6	5555.3

计量单位：万元

经营活动产生的现金流量净额	投资活动产生的现金流量净额	筹资活动产生的现金流量净额	全部从业人员年平均人数(人)	利税总额	亏损企业亏损额
429810.9	**-199675.3**	**-177415.8**	**13728**	**375273.1**	**16536**
429538.1	-198982.8	-177116.4	12673	373669.8	15870
3087.1	513.6	-191	2127	-8877.5	11868.1
3087.1	513.6	-191	2127	-8877.5	11868.1
2379.6	939.2		1430	-8399.5	10906.2
-30.2	-5.1		190	230.8	42.2
733.2	-420.5	-187.9	475	-617	817.2
404.5	-52.6	-271.3	719	595.1	301.7
-158.9			504	379.3	66.7
245.2			112	447.3	
318.2	-52.6	-271.3	103	-231.5	235
240.6	-118.6	-43.9	26	1698.1	
240.6	-118.6	-43.9	26	1698.1	
16279.2	4061.3	1700.4	4364	13402.1	3618.4
1039.3	4401	4862.3	386	8436.6	
15239.9	-339.7	-3161.9	3978	4965.5	3618.4
407829	-202900.4	-177303.7	4268	366051.4	
1697.7	-486.1	-1006.9	1169	800.6	81.8
1549.4	-486.1	-1006.9	627	773	
148.3			542	27.6	81.8
281.3	-357.3		766	1907.2	35.2
-8.5	-335.2	-299.4	289	-303.9	630.8
415791.5	-198259.4	-174753.2	6810	368447.2	12189.4
318.2	-52.6	-271.3	421	2043.4	235
615.9	-187.2	153.1	2312	383	3236.6
238.3	-23.8	335.4	1839	608.8	2598.5
377.6	-163.4	-182.3	473	-225.8	638.1
429195	-199488.1	-177568.9	11416	374890.1	13299.4
412660.4	-198748.4	-174613.8	6133	380405	280.9
16219.9	-382.4	-2955.1	4797	-5470.8	12940.2
314.7	-357.3		486	-44.1	78.3
407454	-202827	-177271	3884	365264.9	
4890.1	4780.7	3797.8	3967	2665.5	11828.1
17466.8	-1629	-3942.6	5877	7342.7	4707.9

2-47 续表 11

项目	本年销项税额	工业中间投入合计	直接材料	制造费用中的中间投入	管理费用中的中间投入	营业费用中的中间投入
按行业分						
煤炭开采和洗选业	646.9	4533.6	2050.5	1671.3	565.1	75.1
石油和天然气开采业	98303.9	152404	33898	97748.1	13040.2	7090.4
#天然原油和天然气开采	98303.9	152404	33898	97748.1	13040.2	7090.4
黑色金属矿采选业	5824.5	37328.5	10396.1	19997.8	626.4	6203.3
有色金属矿采选业	614.7	3384.2	2564	755.4	76.5	
非金属矿采选业	135.4	869.8	577	59.1	153.1	34.2
#采盐						
其他采矿业						
农副食品加工业	620.9	3661.5	2844	663.9	78.9	62.4
#谷物磨制	352	2081.3	1920.3	91	40.6	30.9
饲料加工						
制糖						
食品制造业	148.3	414	321.9	50.9	39.5	2.8
#罐头制造						
饮料制造业	649.7	2809.1	1783.9	160.7	501.7	166.8
#酒的制造	649.7	2809.1	1783.9	160.7	501.7	166.8
烟草制品业						
纺织业	4548.5	17300.2	14457.9	1726.8	437.5	393.3
#棉、化纤纺织及印染精加工	4548.5	17300.2	14457.9	1726.8	437.5	393.3
毛纺织和染整精加工						
纺织服装、鞋、帽制造业						
皮革、毛皮、羽毛(绒)及其制品业						
#皮革鞣制加工						
皮革制品制造						
木材加工及木、竹、藤、棕、草制品业						
家具制造业						
造纸及纸制品业						
印刷业和记录媒介的复制		2.1	1.9	0.2		
文教体育用品制造业						
石油加工、炼焦及核燃料加工业						
#炼焦						
化学原料及化学制品制造业	2721.2	12113.1	9313.8	893	855	852.3
#基础化学原料制造	2721.2	12113.1	9313.8	893	855	852.3
肥料制造						
医药制造业						
化学纤维制造业						
橡胶制品业						
塑料制品业						
非金属矿物制品业	1640.8	9367.7	3837.7	3100.7	613.9	558
#水泥制造	1431	8413.5	3192.1	3005.5	448.2	543.4
黑色金属冶炼及压延加工业	199.5	2009.3	1552.3	360.6	96.3	0.5
有色金属冶炼及压延加工业	1336.5	11000.7	7868.4	1566.7	1191.3	182.4
金属制品业	549.5	4961.3	4688.2	151.6	50	67.1
通用设备制造业						
专用设备制造业						
交通运输设备制造业						
电气机械及器材制造业						
通信设备、计算机及其他电子设备制造业						
仪器仪表及文化、办公用机械制造业						
工艺品及其他制造业						
废弃资源和废旧材料回收加工业						
电力、热力的生产和供应业	2282.4	9879	8125	535.8	226.9	14.5
#电力生产和电力供应	2158.9	8749.2	7382.4	405.8	79.9	14.5
燃气生产和供应业						
水的生产和供应业	45.8	1376.6	334.1	255.9	487	48.6

计量单位：万元

经营活动产生的现金流量净额	投资活动产生的现金流量净额	筹资活动产生的现金流量净额	全部从业人员年平均人数(人)	利税总额	亏损企业亏损额
205.8	0.8	-77.1	1123	2323.3	265.9
407454	-202827	-177271	3884	365264.9	
407454	-202827	-177271	3884	365264.9	
1279.9	4282.4	4818.4	884	11262.7	
3750.6	-204.6	-2084.1	41	1401.1	
-29.9			201	153	15
-4.6		385.8	126	-26.7	63.2
-4.6		385.8	30	33.3	
-7.1			56	197.6	
219.9	-23.8	-25.5	347	524	321.3
219.9	-23.8	-25.5	347	524	321.3
23.3		-24.9	1360	113.6	2211.9
23.3		-24.9	1360	113.6	2211.9
-0.3			6	-2.1	2.1
1816.7	-910.9	-1339	1604	1640.8	351.4
1816.7	-910.9	-1339	1604	1640.8	351.4
			2		
1289.1	-132.6	-954.6	797	-1186.4	2310.9
1140.8	-114.6	-852	630	-1301	2305.6
139			496	-64.5	160.8
10761.7	-21	-652.8	556	1721.4	235
290.6	-357.3		475	-40.3	73
2361.7	664.1	-111.3	1511	-7467.5	9887.4
1903.1	939.2		1363	-7374.6	9682.9
260.5	-145.4	-79.7	259	-541.8	638.1

2-48 哈密地区规模以上

项　　目	企　业 单位数	亏　损 单位数	工业总产值 (现价)	工　业 销售产值	出　口 交货值	工　业 增加值	年初存货
总　　计	**70**	**24**	**305940.4**	**297613.7**	**11918.7**	**128039.1**	**56439.7**
按登记注册类型分							
内资企业	66	23	277261.8	271709.6	1286.2	116273.8	46584.8
国有企业	26	11	98067.4	97509.1		37257.1	8601
#中央企业	6	3	38828.7	40426.7		15236.4	5462.2
地方企业	20	8	59238.7	57082.4		22020.7	3138.8
#自治区属企业	3	1	40333.2	40065.7		15282.4	1498.1
地区(州、市)属企业	8	4	12686.6	11698.2		4107.7	292.4
县(市)属企业	9	3	6218.9	5318.5		2630.6	1348.3
集体企业	4	1	5819.9	5461.9		1951.6	1215.6
#自治区属企业							
地区(州、市)属企业	1		3195.4	3195.4		858.2	480
县(市)属企业							
镇属企业	1		1149.2	970.3		473.1	721.1
乡属企业							
股份合作企业							
联营企业	2		4221.7	3928.9		1708.5	852.2
#国有联营企业	1		3141.7	3141.7		1287.3	752.7
集体联营企业	1		1080	787.2		421.2	99.5
国有与集体联营企业							
其他联营企业							
有限责任公司	17	6	132142.7	130298.8	1286.2	59386.6	30896.3
#国有独资公司	1		43861.3	43698		34382.6	2914.7
其他有限责任公司	16	6	88281.4	86600.8	1286.2	25004	27981.6
股份有限公司							
私营企业	17	5	37010.1	34510.9		15970	5019.7
#私营独资企业	2		1786.6	1845.5		568.8	93.2
私营合伙企业							
私营有限责任公司	15	5	35223.5	32665.4		15401.2	4926.5
私营股份有限公司							
港、澳、台商投资企业	1		2020.2	2020.2		995.7	412.8
外商投资企业	3	1	26658.4	23883.9	10632.5	10769.6	9442.1
在总计中：国有控股企业	39	14	221490.6	222122.6		93078.9	38429.3
在总计中：农村工业	2	1	1475.3	1296.2		620.3	14.5
按轻、重工业分							
轻工业	14	5	62596.8	54566.3	11918.7	21635.4	26814.2
以农产品为原料	8	3	57304.6	49196.4	10632.5	18617.1	24899
以非农产品为原料	6	2	5292.2	5369.9	1286.2	3018.3	1915.2
重工业	56	19	243343.6	243047.4		106403.7	29625.5
采掘工业	18	4	114578.6	113914.7		60267.9	13470.2
原料工业	23	11	98206	96613.2		36973.3	8817.4
加工工业	15	4	30559	32519.5		9162.5	7337.9
按企业规模分							
大型企业	1		43861.3	43698		34382.6	2914.7
中型企业	9	4	147934.4	148984.5	10632.5	47768.5	36820.1
小型企业	60	20	114144.7	104931.2	1286.2	45888	16704.9

工业企业主要经济指标

计量单位：万元

流动资产合计	短期投资	应收帐款	存货	产成品	流动资产年平均余额	长期投资
244136.3	**22.1**	**67671.9**	**60907.7**	**21479.8**	**239014.3**	**25596.7**
214899.3	22.1	65805.6	47207.2	20551.8	211721.5	25246.7
54336.5		22572.9	9404.1	5258.5	57881.4	3411.6
25549.6		15936.6	4011.1	2082.4	24792.5	2445.2
28786.9		6636.3	5393	3176.1	33088.9	966.4
18052.4		2412.8	1965.6	725.1	22896	210
5622.1		2600.6	1675.7	1144.6	5100	692.9
5112.4		1622.9	1751.7	1306.4	5092.9	63.5
3314.1		805.6	1024	544.4	2937.2	
480.2		26.7	197.6	63.9	563.1	
1459.3			486.5	249.8	1197.6	
2187.5	19	97.5	420	210.9	2669.8	338.5
1584.9	19		137.4	6.3	2067.2	338.5
602.6		97.5	282.6	204.6	602.6	
133002.3		37789.3	28260.5	8995	128451.5	21459.6
56761		14590.2	3968.4	513.9	52223.5	12254.2
76241.3		23199.1	24292.1	8481.1	76228	9205.4
22058.9	3.1	4540.3	8098.6	5543	19781.6	37
584.9		271.6	249.7	116.8	507.1	
21474	3.1	4268.7	7848.9	5426.2	19274.5	37
1003.8			303.4		775.6	
28233.2		1866.3	13397.1	928	26517.2	350
184040.7	19	59029	35380.4	12765.2	182024.3	24209.4
1374.6		778.9	339.9	230.7	1176.5	
49674.9		7855.3	25474.1	8325	52415.9	440
45115.4		5780.9	24423.7	7569.3	46539	
4559.5		2074.4	1050.4	755.7	5876.9	440
194461.4	22.1	59816.6	35433.6	13154.8	186598.4	25156.7
123704.8		31559.8	17975.2	4984.7	109696.7	21048.1
48719.9	22.1	15395.2	11641.9	5056.4	53594	1136.6
22036.7		12861.6	5816.5	3113.7	23307.7	2972
56761		14590.2	3968.4	513.9	52223.5	12254.2
117255.5		34689.1	33304	7704	121433.6	10555.1
70119.8	22.1	18392.6	23635.3	13261.9	65357.2	2787.4

2-48 续表 1

项目	企业单位数	亏损单位数	工业总产值(现价)	工业销售产值	出口交货值	工业增加值	年初存货
按行业分							
煤炭开采和洗选业	2	1	45062	44963.4		34922.4	2920.7
石油和天然气开采业							
#天然原油和天然气开采							
黑色金属矿采选业	8	2	46297.7	48541.5		14930.2	8679.1
有色金属矿采选业	6		20717	18439.9		9879.5	519.2
非金属矿采选业	2	1	2501.9	1969.9		535.8	1351.2
#采盐							
其他采矿业							
农副食品加工业	3		18924.2	15369.5	10632.5	6844.2	9107.4
#谷物磨制	1		431	373		172.4	79.7
饲料加工							
制糖							
食品制造业	3	1	3804.7	3228.3		2362.2	1103
#罐头制造	1	1	778.5	736.4		376.4	703.3
饮料制造业							
#酒的制造							
烟草制品业							
纺织业	2	1	29511.1	26950.9		7408.8	13450.3
#棉、化纤纺织及印染精加工	2	1	29511.1	26950.9		7408.8	13450.3
毛纺织和染整精加工							
纺织服装、鞋、帽制造业							
皮革、毛皮、羽毛(绒)及其制品业	1		8034.8	6083.6		3967.1	1616.5
#皮革鞣制加工	1		8034.8	6083.6		3967.1	1616.5
皮革制品制造							
木材加工及木、竹、藤、棕、草制品业							
家具制造业							
造纸及纸制品业							
印刷业和记录媒介的复制	1	1	56	56		20.6	21.5
文教体育用品制造业							
石油加工、炼焦及核燃料加工业							
#炼焦							
化学原料及化学制品制造业	12	2	23075.2	23061.3		8658.1	4661.4
#基础化学原料制造	9	1	19344.6	19133.3		7171.6	3437.8
肥料制造	2	1	1332.6	1613		489.4	1223.6
医药制造业	1	1	1144.8	1756.8	1286.2	271.4	1445.5
化学纤维制造业							
橡胶制品业							
塑料制品业	2	2	3068.1	3600.7		717.4	1265.7
非金属矿物制品业	5	2	18126.3	19048.6		4187.4	5042.6
#水泥制造	3	2	5136.1	4823.9		1105.1	1492
黑色金属冶炼及压延加工业	5	4	14519.2	13449.9		4665.3	1304.8
有色金属冶炼及压延加工业	2		5161.9	5161.9		2283	1165.5
金属制品业	2	1	3211.4	3207.4		865.2	480
通用设备制造业	4		4892.9	4892.9		1203.9	446.3
专用设备制造业	1		183	183		81.7	330.5
交通运输设备制造业	1		2482.8	2482.8		1725.5	41.2
电气机械及器材制造业							
通信设备、计算机及其他电子设备制造业							
仪器仪表及文化、办公用机械制造业							
工艺品及其他制造业							
废弃资源和废旧材料回收加工业							
电力、热力的生产和供应业	4	4	54044.2	54044.2		21748.3	1417.3
#电力生产和电力供应	3	3	53892.9	53892.9		21647.2	1417.3
燃气生产和供应业							
水的生产和供应业	3	1	1121.2	1121.2		761.1	70

计量单位：万元

流动资产合计	短期投资	应收帐款	存货	产成品	流动资产年平均余额	长期投资
57416.6		15025.8	4014.6	530.5	52881.6	12281.2
53993.2		14722.7	10744.6	2890.2	45731.2	8160.9
7102.1		130.8	1521.9	471.7	5808.5	586
5192.9		1680.5	1694.1	1092.3	5275.4	20
24834.9		1822.6	12309.5	1026.4	24312.2	
394.4		201.2	185.6	28.4	307.3	
2516.2		601.3	1390.3	1280.2	1678.3	65
808.4		78.2	723.9	681.4	237	
13776.9		1616.9	8888	3892.3	16360.4	
13776.9		1616.9	8888	3892.3	16360.4	
5655.8		2258.6	2482.5	1961.6	5594.1	
5655.8		2258.6	2482.5	1961.6	5594.1	
39.4		4.6	19.8	7.6	35.3	
15178.5	0.1	4853.6	4905	3071.7	14859.2	6.4
11643.5	0.1	3028.7	3771.8	2510.1	11395.3	
2488.3		1683.1	712.7	376.6	2463.9	
1340.8		852.6	291.3	156.9	2941.1	365
2559.3		816.3	1302.3	748.5	2621	1981.2
16966.7		9654.7	3986.3	1793	18318.2	896.1
5204.9		1916.6	1614.1	327.8	5522.1	578.1
6199.8	3	1862.7	4266.5	2212.2	6092.7	10
2588.7	19		440.8	6.3	2842.8	338.5
840.2		205	326.7	169.5	889	28.2
1548.6		1008.7	382.7		1783	72.2
356			281.3	168.9	325.7	33.5
1435.8		1268.6	18.1		1429	532.5
23083		8587.2	1548.7		27741.1	210
23054.9		8575.2	1540.7		27708.1	210
1510.9		698.7	92.7		1494.5	10

2-48 续表 2

项　　目	固定资产合　　计	固定资产原　　价	生产经营用	累计折旧	本年折旧	固定资产净值年平均余额
总　　计	**356003.1**	**485994.8**	**423162**	**153724.7**	**26499.1**	**314858.7**
按登记注册类型分						
内资企业	351829.2	479904.8	419718.3	151808.7	25717.4	310750.6
国有企业	167880.5	212457.7	209139.7	52896.2	11896.6	142468.6
#中央企业	96108.7	107819.9	106237.2	13054.3	6511.8	82078.2
地方企业	71771.8	104637.8	102902.5	39841.9	5384.8	60390.4
#自治区属企业	57777.3	88137.8	87867.2	35605.7	4688.7	50636.5
地区(州、市)属企业	4806.4	5511.4	5398.1	1018.4	247.9	2770.4
县(市)属企业	9188.1	10988.6	9637.2	3217.8	448.2	6983.5
集体企业	1289.9	1770.8	1332	588.1	91.5	1138.2
#自治区属企业						
地区(州、市)属企业	105.6	132.4	132.4	26.8	5.2	106.8
县(市)属企业						
镇属企业	671.8	899.8	627.6	330.3	40.9	587.6
乡属企业						
股份合作企业						
联营企业	3776.5	5577.7	5464.6	3543.8	262.9	2657.2
#国有联营企业	3546.8	5344.3	5344.3	3531.3	250.4	2436.4
集体联营企业	229.7	233.4	120.3	12.5	12.5	220.8
国有与集体联营企业						
其他联营企业						
有限责任公司	160483.3	238905.8	185551.1	89028.3	12162.7	150131.7
#国有独资公司	89950.5	131299.4	97631	48890.3	6680.3	82689.7
其他有限责任公司	70532.8	107606.4	87920.1	40138	5482.4	67442
股份有限公司						
私营企业	18399	21192.8	18230.9	5752.3	1303.7	14354.9
#私营独资企业	472.5	656.4	508.8	262	51.7	470.9
私营合伙企业						
私营有限责任公司	17926.5	20536.4	17722.1	5490.3	1252	13884
私营股份有限公司						
港、澳、台商投资企业	733.8	1130.8	1130.8	396.9	394.8	437
外商投资企业	3440.1	4959.2	2312.9	1519.1	386.9	3671.1
在总计中：国有控股企业	320694.9	445265.8	389506.7	144295.6	23866	285006.3
在总计中：农村工业	512.5	738.6	572	231	45.4	443.8
按轻、重工业分						
轻工业	24100.2	42545	39632	20041.3	2010.9	21964.1
以农产品为原料	18151.7	34795.1	32145.4	17351.2	1526.6	17568.8
以非农产品为原料	5948.5	7749.9	7486.6	2690.1	484.3	4395.3
重工业	331902.9	443449.8	383530	133683.4	24488.2	292894.6
采掘工业	146380.8	206513.2	151579.7	71733.6	11217.1	134935.5
原料工业	173355.3	218764.1	216427.2	55267.6	12313.4	146467.9
加工工业	12166.8	18172.5	15523.1	6682.2	957.7	11491.2
按企业规模分						
大型企业	89950.5	131299.4	97631	48890.3	6680.3	82689.7
中型企业	200400.4	276393.5	254231.4	81867.4	15064.4	180608.1
小型企业	65652.2	78301.9	71299.6	22967	4754.4	51560.9

计量单位：万元

无形资产	资产总计	流动负债		长期负债	负债合计
		合计	应付帐款	合计	
7209.7	**640822.0**	**287469.2**	**70295.9**	**126401.3**	**414129.2**
2908.4	601554.9	272391.5	69574.7	120876.3	393308.3
1479.5	227334.9	114512.9	39407.2	74889.8	189443.2
371.2	124483.7	42243.5	28552	70152	112395.5
1108.3	102851.2	72269.4	10855.2	4737.8	77047.7
10.6	76249.1	58843.7	8282.8	1372	60215.7
1097.6	12226.6	5243.4	1562.5	1587.4	6870.5
0.1	14375.5	8182.3	1009.9	1778.4	9961.5
	4606.3	3849.3	1701.3	473.5	4322.8
	587.9	461.2	405.4		461.2
	2131.2	1622.7	374.1	473.5	2096.2
38.8	6341.4	2479.6	467.7	1230.8	3710.4
38.8	5509.0	1745.3		1227.8	2973.1
	832.4	734.3	467.7	3	737.3
1201	321448.4	130259.8	24169.7	40171.1	170430.9
26.7	160751.6	49124.3	12601.6	18367.5	67491.8
1174.3	160696.8	81135.5	11568.1	21803.6	102939.1
189.1	41823.9	21289.9	3828.8	4111.1	25401
	1057.4	549.3	42.2		549.3
189.1	40766.5	20740.6	3786.6	4111.1	24851.7
39.2	1882.1	493.9	89.5		712.1
4262.1	37385.0	14583.8	631.7	5525	20108.8
2295.7	536721.3	231002.1	61603.7	113673	344933.8
	1887.2	1765.4	921.8		1765.4
5044.5	80057.4	41499.2	3158.9	14145	55644.2
4835.6	68767.9	28116.1	2551.6	12266.9	40383
208.9	11289.5	13383.1	607.3	1878.1	15261.2
2165.2	560764.6	245970	67137	112256.3	358485
255.2	298001.8	111865.1	18607.6	34793.1	146658.2
1588	225190.7	113338.6	44598.6	76663.2	190260.5
322	37572.1	20766.3	3930.8	800	21566.3
26.7	160751.6	49124.3	12601.6	18367.5	67491.8
4620.1	336225.2	156629.8	43608.6	93794.2	250424
2562.9	143845.2	81715.1	14085.7	14239.6	96213.4

2-48 续表 3

项目	固定资产合计	固定资产原价	生产经营用	累计折旧	本年折旧	固定资产净值年平均余额
按行业分						
煤炭开采和洗选业	92396.5	133825.9	98641.6	50218.9	6775.2	83852.5
石油和天然气开采业						
#天然原油和天然气开采						
黑色金属矿采选业	37108.9	53736	35157.1	17821.9	3094	35894.6
有色金属矿采选业	11872	12650.3	11818.1	2217	997.7	10252.3
非金属矿采选业	5003.4	6301	5962.9	1475.8	350.2	4936.1
#采盐						
其他采矿业						
农副食品加工业	3713.8	3903.7	1297	865.5	146.4	2547.1
#谷物磨制	233.6	440.2	312.8	206.6	21.4	160
饲料加工						
制糖						
食品制造业	318.8	530.6	530.6	211.8	202.7	200
#罐头制造	7.3	8.2	8.2	0.9	0.8	8.7
饮料制造业						
#酒的制造						
烟草制品业						
纺织业	13905.6	30234	30191	16360.6	1317.9	14461.9
#棉、化纤纺织及印染精加工	13905.6	30234	30191	16360.6	1317.9	14461.9
毛纺织和染整精加工						
纺织服装、鞋、帽制造业						
皮革、毛皮、羽毛(绒)及其制品业	484.6	583.8	583.8	99.2	58	511
#皮革鞣制加工	484.6	583.8	583.8	99.2	58	511
皮革制品制造						
木材加工及木、竹、藤、棕、草制品业						
家具制造业						
造纸及纸制品业						
印刷业和记录媒介的复制	40.4	65.4	65.4	25	3.5	40.1
文教体育用品制造业						
石油加工、炼焦及核燃料加工业						
#炼焦						
化学原料及化学制品制造业	13552.1	17311.4	14637.2	4658.6	786.7	12259.5
#基础化学原料制造	9199.7	11178.4	9718.7	2878	484.7	8250.4
肥料制造	3338.8	4518.6	3304.1	1179.8	116.4	3012.5
医药制造业	635.3	891.3	707.7	409.1	30.2	516.5
化学纤维制造业						
橡胶制品业						
塑料制品业	2405.6	3343.4	2223.1	1200.3	199.3	2430.3
非金属矿物制品业	9114.3	13180.4	12748.6	5625.8	605.2	7458.9
#水泥制造	5867.7	7144.6	6999.8	2767.6	319	4274.1
黑色金属冶炼及压延加工业	6440.4	7525.2	7060.5	1458.7	260.3	3692.5
有色金属冶炼及压延加工业	4280.6	6475.1	6475.1	3928.2	645.2	2873.4
金属制品业	199.1	311.8	311.8	112.7	10.6	193.7
通用设备制造业	572.6	793.7	793.7	221.1	44.7	594.1
专用设备制造业	132.7	124.1	96.5	23	11.5	106.8
交通运输设备制造业	1257.8	1430.7	1430.7	486.3	103.4	972.4
电气机械及器材制造业						
通信设备、计算机及其他电子设备制造业						
仪器仪表及文化、办公用机械制造业						
工艺品及其他制造业						
废弃资源和废旧材料回收加工业						
电力、热力的生产和供应业	147566.9	186440.8	186173.1	44235.1	10604.2	127377.5
#电力生产和电力供应	147039.2	185913.1	185652.4	44193.9	10568.2	126873.1
燃气生产和供应业						
水的生产和供应业	5001.7	6336.2	6256.5	2070.1	252.2	3687.5

计量单位：万元

无形资产	资产总计	流动负债 合计	应付帐款	长期负债 合计	负债合计
26.7	163880.3	51701.8	12773.8	18458.4	70160.2
31.4	103571.2	45403.7	4404	14035.3	59439
171.4	20308.2	8282.1	1362.8	2299.4	10581.5
25.7	10242.1	6477.5	67		6477.5
4437.5	33080.1	11803.4	237.4	5546	17349.4
	628.0	496.6	200.3		496.6
34	3038.5	2664.2	1064.7	63.5	2727.7
	815.7	996	914.9		996
398.1	28651.9	13392.1	1399.3	6720.9	20113
398.1	28651.9	13392.1	1399.3	6720.9	20113
	6140.4	1911.9			1911.9
	6140.4	1911.9			1911.9
	79.8	12.7			12.7
329.8	29080.9	17550.5	5977.6	1283.3	18833.8
9.4	20852.9	12867.1	5522.4	483.3	13350.4
300.8	6141.7	3070	232.3	800	3870
174.8	2532.7	8700.2	205.7	43	8743.2
	6995.7	3482.3	685.3		3482.3
372.8	27482.7	14574.3	2569.2	2856.6	17430.9
372.8	12147.3	5852.1	1967.9	2856.6	8708.7
1126.8	13801.2	6325.7	2019.5	1622.5	7987.9
78	7391.1	2239.2	89.5	1227.8	3685.2
1.6	1071.3	689.4	405.4		689.4
	2193.4	1227.2	759.1		1227.2
	522.2	385.2	115.3		385.2
	3226.1	1576.6	909.2		1576.6
1	170998.2	86054.5	34999.3	70473	156528.3
1	170442.4	86036.5	34987.3	70473	156509.5
0.1	6534.0	3014.7	251.8	1771.6	4786.3

2-48 续表 4

项目	所有者权益合计	其中：实收资本	国家资本	集体资本	法人资本	个人资本	港澳台资本
总计	**226439.9**	**157778.5**	**90414.6**	**1126.4**	**55348.8**	**8419.6**	**1179**
按登记注册类型分							
内资企业	207993.7	151506.2	90414.6	1126.4	51545.6	8419.6	
国有企业	37638.8	33445.7	26992.1		5360.1	1093.5	
#中央企业	12088.2	17076.1	11069.1		4913.5	1093.5	
地方企业	25550.6	16369.6	15923		446.6		
#自治区属企业	15780.5	10529.6	10529.6				
地区(州、市)属企业	5356.1	2186.5	1739.9		446.6		
县(市)属企业	4414	3653.5	3653.5				
集体企业	283.5	330.9		261.9	69		
#自治区属企业							
地区(州、市)属企业	126.7	95.9		95.9			
县(市)属企业							
镇属企业	35	100.5		100.5			
乡属企业							
股份合作企业							
联营企业	2631	1535	1450.1		42.4	42.5	
#国有联营企业	2535.9	1450.1	1450.1				
集体联营企业	95.1	84.9			42.4	42.5	
国有与集体联营企业							
其他联营企业							
有限责任公司	151017.5	106099.4	61904.1	788.3	42221.5	1185.5	
#国有独资公司	93259.8	62309.7	45289.9		17019.8		
其他有限责任公司	57757.7	43789.7	16614.2	788.3	25201.7	1185.5	
股份有限公司							
私营企业	16422.9	10095.2	68.3	76.2	3852.6	6098.1	
#私营独资企业	508.1	447.5				447.5	
私营合伙企业							
私营有限责任公司	15914.8	9647.7	68.3	76.2	3852.6	5650.6	
私营股份有限公司							
港、澳、台商投资企业	1170	104.2			56.2		
外商投资企业	17276.2	6168.1			3747		1179
在总计中：国有控股企业	191534.6	134612.6	89966.3	788.3	42281	1529	
在总计中：农村工业	121.8	134.5		65.5	69		
按轻、重工业分							
轻工业	24413.2	20532.7	9935		8562.8	292.8	500
以农产品为原料	28384.9	18316	8675.1		7706	192.8	500
以非农产品为原料	-3971.7	2216.7	1259.9		856.8	100	
重工业	202026.7	137245.8	80479.6	1126.4	46786	8126.8	679
采掘工业	151343.6	94398.7	53173.3		36294.7	4251.7	679
原料工业	34677.3	26936.1	15930.7	804.3	6535.6	3617.5	
加工工业	16005.8	15911	11375.6	322.1	3955.7	257.6	
按企业规模分							
大型企业	93259.8	62309.7	45289.9		17019.8		
中型企业	85548.3	57709.8	30558.9		25275.3	633.5	
小型企业	47631.8	37759	14565.8	1126.4	13053.7	7786.1	1179

计量单位：万元

外商资本	主营业务收入	主营业务成本	主营业务税金及附加	其他业务收入	其他业务利润	营业费用
1290.1	**292157.4**	**231972.3**	**2956.8**	**13249.7**	**2760.5**	**13927.7**
	267727.1	214886.3	2955.1	13061.4	2753.3	12997.1
	87894.4	75278.1	1006.3	793	188.8	4289.8
	31834.8	28201.3	295.6	581	73.7	176.3
	56059.6	47076.8	710.7	212	115.1	4113.5
	40234.6	33988.3	586.5	107.5	85.7	3123.8
	11139.3	10155	63.8	85.7	27	158.4
	4685.7	2933.5	60.4	18.8	2.4	831.3
	5490.5	4640.4	16.3	2.6	2.6	435.3
	3195.5	3085.7	12.3	2.6	2.6	
	1036.1	680.6				294.8
	2913.4	2892.3	12.8	588.4	111.3	120.1
	2126.3	2292.1		588.4	111.3	0.1
	787.1	600.2	12.8			120
	136766.2	106887.3	1603	11508	2331.7	6518.3
	47468.7	34683.7	446.9	9446.4	1818.5	1772
	89297.5	72203.6	1156.1	2061.6	513.2	4746.3
	34662.6	25188.2	316.7	169.4	118.9	1633.6
	1930.9	1183.5	10.8			570.8
	32731.7	24004.7	305.9	169.4	118.9	1062.8
48	2020.2	1040.2	1.3			
1242.1	22410.1	16045.8	0.4	188.3	7.2	930.6
48	218257.4	177751.6	2472.4	12120.8	2303.4	9881.4
	1258.9	874.1	4			140.5
1242.1	52180.6	44339.9	388	1506.4	432.8	2434.7
1242.1	47387.7	41077.7	142.5	1368.5	347.5	1845.5
	4792.9	3262.2	245.5	137.9	85.3	589.2
48	239976.8	187632.4	2568.8	11743.3	2327.7	11493
	120338	81771.8	1691.1	10146.8	2045.3	7408.7
48	86073.3	76588.1	670.2	821.1	180.6	3412.1
	33565.5	29272.5	207.5	775.4	101.8	672.2
	47468.7	34683.7	446.9	9446.4	1818.5	1772
1242.1	141570.6	122909.2	1524.2	1728.7	292.2	3682.2
48	103118.1	74379.4	985.7	2074.6	649.8	8473.5

2-48 续表 5

项 目	所有者权益合计	其中：实收资本	国家资本	集体资本	法人资本	个人资本	港澳台资本
按行业分							
煤炭开采和洗选业	93720.1	62786.3	45289.9		17496.4		
石油和天然气开采业							
#天然原油和天然气开采							
黑色金属矿采选业	44132.2	23482.5	3214.4		16597.3	3670.8	
有色金属矿采选业	9726.7	3520.9	60		2201	580.9	679
非金属矿采选业	3764.6	4609	4609				
#采盐							
其他采矿业							
农副食品加工业	15730.7	6516.9	248.8		5026		
#谷物磨制	131.4	248.8	248.8				
饲料加工							
制糖							
食品制造业	310.8	336.8	30		156.8	150	
#罐头制造	-180.3	50				50	
饮料制造业							
#酒的制造							
烟草制品业							
纺织业	8538.9	9050	8407.2			142.8	500
#棉、化纤纺织及印染精加工	8538.9	9050	8407.2			142.8	500
毛纺织和染整精加工							
纺织服装、鞋、帽制造业							
皮革、毛皮、羽毛(绒)及其制品业	4228.5	2680			2680		
#皮革鞣制加工	4228.5	2680			2680		
皮革制品制造							
木材加工及木、竹、藤、棕、草制品业							
家具制造业							
造纸及纸制品业							
印刷业和记录媒介的复制	67.1	19.1	19.1				
文教体育用品制造业							
石油加工、炼焦及核燃料加工业							
#炼焦							
化学原料及化学制品制造业	10247.1	5626.7	973.1	316	3474.8	862.8	
#基础化学原料制造	7502.5	2073.3	623.1	166	421.4	862.8	
肥料制造	2271.7	3053.4			3053.4		
医药制造业	-6210.5	730	30		700		
化学纤维制造业							
橡胶制品业							
塑料制品业	3513.4	4023.9	3690.1	76.2		257.6	
非金属矿物制品业	10051.8	10570.2	8319	102.3	1253.4	895.5	
#水泥制造	3438.6	3429.8	1232	102.3	1200	895.5	
黑色金属冶炼及压延加工业	5813.3	4416.2	2021	536		1859.2	
有色金属冶炼及压延加工业	3705.9	1554.3	1450.1		56.2		
金属制品业	381.9	220.3	124.4	95.9			
通用设备制造业	966.2	545.6			545.6		
专用设备制造业	137	124.1	124.1				
交通运输设备制造业	1649.5	303.3			303.3		
电气机械及器材制造业							
通信设备、计算机及其他电子设备制造业							
仪器仪表及文化、办公用机械制造业							
工艺品及其他制造业							
废弃资源和废旧材料回收加工业							
电力、热力的生产和供应业	14217	15462.5	10604.5		4858		
#电力生产和电力供应	13680	14935.8	10077.8		4858		
燃气生产和供应业							
水的生产和供应业	1747.7	1199.9	1199.9				

计量单位：万元

外商资本	主营业务 收　　入	主营业务 成　　本	主营业务 税金及附加	其他业务 收　　入	其他业务 利　　润	营业费用
	48734	35591.6	458	9446.4	1818.5	1772.3
	51401.9	35022.4	1154.2	269.8	52.8	4740.3
	18432.3	10002.7	48	418.8	162.2	676.5
	1769.8	1155.1	30.9	11.8	11.8	219.6
1242.1	13703.2	10579.2		357.9	88.9	540.5
	373.3	291.5		1.9	-13.4	21.7
	2768.6	1783.9	216.1	109.5	58	451.4
	574.5	587.9				42.9
	27044	25123.4	137.1	1010.6	258.6	1256.6
	27044	25123.4	137.1	1010.6	258.6	1256.6
	6010	4731.9	5.2			5.5
	6010	4731.9	5.2			5.5
	56	55.3	0.2			
	24122.4	17514.4	179.4	201.3	27.5	3060.6
	19627.3	13885.8	143.5	22.2	-7.2	2680.3
	1954.9	1304.7	16.4	5.8	1.3	313.9
	1756.8	1583.2	19.1	11.5	11.5	81.2
	3600.8	3361.6	3.6	235.7	14.4	91.8
	19373.6	16909.2	116.3	356.3	67.6	473.9
	4659.6	4162.9	15.4	5.3	2.6	381.9
	12333	11106.7	39.9	97.7	-11.8	349.8
48	4146.5	3332.3	1.3	588.4	111.3	0.1
	3225.3	3112.1	12.6	3.3	0.6	0.2
	4899	4300.9	42.9	3.9	-14.2	71.8
	148.5	113.7	1.1			36.1
	2482.8	2009.3	10.5	2.4	1.3	
	45306.9	44100.4	470.1	107.5	85.7	
	45155.6	43885.4	465.1	107.5	85.7	
	842	483	10.3	16.9	15.8	99.5

2-48 续表 6

项　目	管理费用	税　金	财产保险费	差旅费	工会经费	办公费	职工教育费
总　计	**24762.2**	**705.4**	**184.2**	**965.6**	**488**	**575.7**	**433.2**
按登记注册类型分							
内资企业	23428.8	701.7	154.8	780.4	479.9	556.9	424.5
国有企业	3787.9	129.4	35.1	122.2	70.6	90.5	53.8
#中央企业	2128.3	39.3	2.8	30.5	52.2	28	39.8
地方企业	1659.6	90.1	32.3	91.7	18.4	62.5	14
#自治区属企业	352.5	54.2	20	21.5	1.8	14.8	1.4
地区(州、市)属企业	559.3	20.5	7.9	27.9	5.9	24.2	3.4
县(市)属企业	747.8	15.4	4.4	42.3	10.7	23.5	9.2
集体企业	151.4	1.8	2.9	17.5	2.4	28.5	2.9
#自治区属企业							
地区(州、市)属企业	87.4		0.4	2.7	1.4	3.3	1
县(市)属企业							
镇属企业	26.5	0.6	1	5.6	0.5	14.9	0.5
乡属企业							
股份合作企业							
联营企业	387.2	5.9	5.4	13	7.5	12.5	7.3
#国有联营企业	345.2	5.3	4.4	8.8	7	11	5.2
集体联营企业	42	0.6	1	4.2	0.5	1.5	2.1
国有与集体联营企业							
其他联营企业							
有限责任公司	16902.8	488.7	67.1	392.7	382.8	268.3	344.2
#国有独资公司	7151.1	217	28.4	157.2	241.8	115.5	181
其他有限责任公司	9751.7	271.7	38.7	235.5	141	152.8	163.2
股份有限公司							
私营企业	2199.5	75.9	44.3	235	16.6	157.1	16.3
#私营独资企业	23.4	1.2	2	8.3	1.3	1.6	3.5
私营合伙企业							
私营有限责任公司	2176.1	74.7	42.3	226.7	15.3	155.5	12.8
私营股份有限公司							
港、澳、台商投资企业	148.9		0.9	1.2	1.8	1	1.4
外商投资企业	1184.5	3.7	28.5	184	6.3	17.8	7.3
在总计中：国有控股企业	18909.3	570.5	102.2	472.1	451.4	339.9	396.5
在总计中：农村工业	37.5	1.2	1.5	9.2	0.5	10.3	1.4
按轻、重工业分							
轻工业	3571.2	146.9	44.5	234.1	35.8	55.7	45.9
以农产品为原料	1451.5	84	42	197.1	28.8	30.9	38.7
以非农产品为原料	2119.7	62.9	2.5	37	7	24.8	7.2
重工业	21191	558.5	139.7	731.5	452.2	520	387.3
采掘工业	15353	427.8	94.7	522.9	349.1	306.3	306
原料工业	2795.9	83.5	34.9	137.5	35.9	136.4	29.6
加工工业	3042.1	47.2	10.1	71.1	67.2	77.3	51.7
按企业规模分							
大型企业	7151.1	217	28.4	157.2	241.8	115.5	181
中型企业	8576.7	248.9	51.1	193.2	168.6	121.5	184.8
小型企业	9034.4	239.5	104.7	615.2	77.6	338.7	67.4

计量单位：万元

排污费	财务费用		营业利润	投资收益	补贴收入	营业外收入
		利息支出				
204.7	**10506.4**	**11121.4**	**10351.1**	**163.9**	**2591.1**	**1514.2**
186.7	9591.6	10206.2	6110.2	163.9	2467.9	1513.9
9.3	6196.9	6409.7	-2445	17.9	192.5	324.3
2.8	3936.2	4076.2	-2736.8		77.3	176.2
6.5	2260.7	2333.5	291.8	17.9	115.2	148.1
2.6	2111.6	2205.8	24.7	1.4	79.7	136.1
1.2	22.2	24	207.6	4.5		2.4
2.7	126.9	103.7	59.5	12	35.5	9.6
2	72.3	67.6	-19.9			
	-0.1		12.7			
0.3	39.1	39.1	0.1			
5.1	93.1	93.1	-480.1	300	244	0.1
1.9	93.1	93.1	-492.9	300	244	0.1
3.2			12.8			
137.5	2437.2	2866	4402.2	-158	1887.8	1178.7
7.1	596.7	993.6	4636.8	90	1811	990.3
130.4	1840.5	1872.4	-234.6	-248	76.8	188.4
32.8	792.1	769.8	4653	4	143.6	10.8
0.7	22.3	20.6	125.4			1.6
32.1	769.8	749.2	4527.6	4	143.6	9.2
3	10.2	10.5	819.5		121.2	0.1
15	904.6	904.7	3421.4		2	0.2
77.6	8411.2	9028	3165.6	601	2425.8	1487
1.7	33.3	28.5	-32.7			
65.7	1501.9	1598.4	492.4	-468.7	2	7.2
2.5	1418.8	1518	1869.1		2	2.5
63.2	83.1	80.4	-1376.7	-468.7		4.7
139	9004.5	9523	9858.7	632.6	2589.1	1507
119.8	2440.8	2725.7	13396.2	282.8	2004.6	1128.9
16	6208.3	6438.4	-3777.6	328.1	555.4	167.4
3.2	355.4	358.9	240.1	21.7	29.1	210.7
7.1	596.7	993.6	4636.8	90	1811	990.3
56.3	8033.5	8268.9	-2832.9	189.3	159.8	427.9
141.3	1876.2	1858.9	8547.2	-115.4	620.3	96

2-48 续表 7

项　目	管理费用	税　金	财产保险费	差旅费	工会经费	办公费	职工教育费
按行业分							
煤炭开采和洗选业	7474.2	217.3	29.4	182.8	249.9	129.5	186.6
石油和天然气开采业							
#天然原油和天然气开采							
黑色金属矿采选业	5634.6	110.3	35.6	176.9	88.2	99.1	107.1
有色金属矿采选业	1750.2	89.9	28.5	142.6	7.7	71.2	7.4
非金属矿采选业	494	10.3	1.2	20.6	3.3	6.5	4.9
#采盐							
其他采矿业							
农副食品加工业	416	4.1	28.1	23.7	1.8	19.9	4
#谷物磨制	38.8	0.1	0.7	2.7	0.6	0.9	0.5
饲料加工							
制糖							
食品制造业	423.8	40.5	1.3	24.2	1.2	15.9	1.2
#罐头制造	39.6			4.8		3.1	0.3
饮料制造业							
#酒的制造							
烟草制品业							
纺织业	983.4	79.1	10.7	166.2	27	6.7	34.4
#棉、化纤纺织及印染精加工	983.4	79.1	10.7	166.2	27	6.7	34.4
毛纺织和染整精加工							
纺织服装、鞋、帽制造业							
皮革、毛皮、羽毛(绒)及其制品业	9.9	0.8	3.2	1.8		0.5	
#皮革鞣制加工	9.9	0.8	3.2	1.8		0.5	
皮革制品制造							
木材加工及木、竹、藤、棕、草制品业							
家具制造业							
造纸及纸制品业							
印刷业和记录媒介的复制	2.6			0.6		0.7	
文教体育用品制造业							
石油加工、炼焦及核燃料加工业							
#炼焦							
化学原料及化学制品制造业	1562.2	50.7	20.5	83.3	17.6	86.8	16.9
#基础化学原料制造	1144.8	49.9	15.8	72.4	9.8	72.4	11
肥料制造	323.9	0.4	0.4	10.9	1.5	14.4	1.2
医药制造业	1439.2	11.9		6.9	2.1	2.2	1.8
化学纤维制造业							
橡胶制品业							
塑料制品业	262.9	12	0.8	7.7	2.3	3.1	2.8
非金属矿物制品业	2172.2	36.9	0.9	45.4	57.2	41.3	42.2
#水泥制造	489.2	6.9	0.9	25	7.1	14.1	5.1
黑色金属冶炼及压延加工业	627.5	18.1	12	28.2	9.9	37.3	5.9
有色金属冶炼及压延加工业	494.1	5.3	5.3	10	8.8	12	6.6
金属制品业	95.3	1.2	0.4	4.5	1.4	3.4	1.8
通用设备制造业	314.1	2.8	1.9	7.1	4.5	16.3	3.4
专用设备制造业	37.6	0.3	0.3	1.7	1	1.3	0.7
交通运输设备制造业	231.8	0.1	2	18.8	0.1	11.6	
电气机械及器材制造业							
通信设备、计算机及其他电子设备制造业							
仪器仪表及文化、办公用机械制造业							
工艺品及其他制造业							
废弃资源和废旧材料回收加工业							
电力、热力的生产和供应业	40.3	3.3	0.9	1.9	0.3	0.6	1
#电力生产和电力供应	33.7	1.8	0.1	1.2	0.1	0.5	0.2
燃气生产和供应业							
水的生产和供应业	296.3	10.5	1.2	10.7	3.7	9.8	4.5

计量单位：万元

排污费	财务费用	利息支出	营业利润	投资收益	补贴收入	营业外收入
7.4	632.6	1029.5	4649.5	90	1811	990.3
62.3	1268.8	1155.5	3634.5	191.9	192.2	129
48.1	189.7	214.6	5580.1	0.9	1.4	6.9
2	349.7	326.1	-467.9			2.7
0.1	931.7	931.7	1394.6		2	1
0.1	7.2	7.2	0.6			
60.9	5	2.2	-53.6			0.1
2			-95.9			
0.4	356.9	456.1	-554.8			0.6
0.4	356.9	456.1	-554.8			0.6
	130.3	130.2	1127.2			
	130.3	130.2	1127.2			
	-0.1		-2			0.9
8.5	244	239.7	1365.9			44.8
7.5	157.9	152.3	1384.4			14
	61.8	62	-64.5			26.3
3.7	57.9	57.9	-1412.3	-468.7		3.1
	93.9	93.9	-105.7		8.1	0.1
4.3	274.7	277.5	-505.7	26.7	96	197
2.3	129.1	130.5	-516.9	26.7	75	21
1	5.6	7.3	191.7			4.3
4.9	103.3	103.6	326.6	300	365.2	0.2
	0.3	0.4	5.2	-1.9		1.2
	4	4.7	151.1	5.2		
0.2	1.5	1.5	-11.7	12		2.6
	24	24	208.5	6.4		
0.3	5812.4	6044.7	-5163.4	1.4	115.2	127.9
0.1	5812.3	6044.6	-5088	1.4	79.7	127.2
0.6	20.2	20.3	-6.7			1.5

2-48 续表 8

项 目	营业外支出	利润总额	应交所得税	广告费	劳动、待业保险费	养老保险和医疗保险费	住房公积金和住房补贴
总 计	**5379.4**	**9182.3**	**2153**	**45**	**4110.9**	**5500.4**	**475.9**
按登记注册类型分							
内资企业	5338.8	4858.5	1349.9	34.6	4090.7	5446	472.8
国有企业	465.9	-2460.9	518.6	14.2	597.4	735.2	70
#中央企业	242.4	-2808.6	10.2	1	582.3	465.7	38.7
地方企业	223.5	347.7	508.4	13.2	15.1	269.5	31.3
#自治区属企业	152.8	89.1	379.8		3.2	38.3	1.7
地区(州、市)属企业	16.4	195.9	100.3	11.6	3.3	64.8	16.4
县(市)属企业	54.3	62.7	28.3	1.6	8.6	166.4	13.2
集体企业	0.1	-19.8	11.1		1.1	10	2.1
#自治区属企业							
地区(州、市)属企业		12.7	4.2		1.1	10	2.1
县(市)属企业							
镇属企业		0.2	0.1				
乡属企业							
股份合作企业							
联营企业	0.3	63.7	9		10.3	91.6	12.4
#国有联营企业	0.3	50.9			10.3	89.1	12.4
集体联营企业		12.8	9			2.5	
国有与集体联营企业							
其他联营企业							
有限责任公司	4778.3	2527.7	616.6	19.6	3362.4	4523.1	383
#国有独资公司	4432.1	3096	192.7		3074.2	2838.9	289.3
其他有限责任公司	346.2	-568.3	423.9	19.6	288.2	1684.2	93.7
股份有限公司							
私营企业	94.2	4747.8	194.6	0.8	119.5	86.1	5.3
#私营独资企业	11.7	115.3	18.2				
私营合伙企业							
私营有限责任公司	82.5	4632.5	176.4	0.8	119.5	86.1	5.3
私营股份有限公司							
港、澳、台商投资企业		940.8	258.4		5.9	3.8	
外商投资企业	40.6	3383	544.7	10.4	14.3	50.6	3.1
在总计中：国有控股企业	5229.4	2360.8	1081.8	30.7	3937.7	5088.2	457.4
在总计中：农村工业	0.1	-32.7	6.8				
按轻、重工业分							
轻工业	43.5	-10.7	157	12.3	52.8	386.8	50.8
以农产品为原料	29.9	1843.5	142.1	10.6	42.3	227.4	38.5
以非农产品为原料	13.6	-1854.2	14.9	1.7	10.5	159.4	12.3
重工业	5335.9	9193	1996	32.7	4058.1	5113.6	425.1
采掘工业	4738	12093.2	1367.1	0.5	3427.3	4049.4	331.7
原料工业	457.7	-3166.3	495.8	9.8	39.1	443.6	27.6
加工工业	140.2	266.1	133.1	22.4	591.7	620.6	65.8
按企业规模分							
大型企业	4432.1	3096	192.7		3074.2	2838.9	289.3
中型企业	661.8	-2810.6	222.7	17	833.2	1672	101.6
小型企业	285.5	8896.9	1737.6	28	203.5	989.5	85

计量单位：万元

本年应付工资总额	主营业务应付	本年应付福利费总额	主营业务应付	本年应交增值税	本年进项税额
42453.5	**39106.1**	**5233.1**	**4647.5**	**20188.6**	**21859.3**
41338.3	38023.2	5088.6	4507.5	19420	19387.3
12057.9	11986.9	1177.3	1168.1	7411.5	6250.5
3535.7	3535.7	249.2	249.2	2934.9	2400.9
8522.2	8451.2	928.1	918.9	4476.6	3849.6
5364.7	5339.8	744	740.5	3669.9	2592.9
2147.4	2101.3	79.3	73.6	425.5	950.4
1010.1	1010.1	104.8	104.8	381.2	306.3
596.5	594.5	94.2	94.2	297.4	643.7
126.5	126.5	6.3	6.3	133.9	409.8
303.4	303.4	42.5	42.5	83.2	93.9
482.3	482.3	69.5	69.5	110.4	111.5
353.7	353.7	49.5	49.5	45.4	20.3
128.6	128.6	20	20	65	91.2
25546.5	22334.1	3487.5	2915.6	9807.5	8985.4
16226.2	13298	2167.9	1638.8	4234	1820.6
9320.3	9036.1	1319.6	1276.8	5573.5	7164.8
2655.1	2625.4	260.1	260.1	1793.2	3396.2
242	242	19.5	19.5	119.8	204.8
2413.1	2383.4	240.6	240.6	1673.4	3191.4
123.7	91.4	17.3	12.8		
991.5	991.5	127.2	127.2	768.6	2472
37222.3	33956.7	4597.2	4028.7	16584.2	14843.6
166.6	164.6	45.4	45.4	80.3	140
3403.1	3370.3	482.3	475	1973.2	6205.2
2790.7	2788.9	396.3	396.3	1490.4	5972.4
612.4	581.4	86	78.7	482.8	232.8
39050.4	35735.8	4750.8	4172.5	18215.4	15654.1
23423.5	20272.7	3100	2544.4	9163.1	6885.9
10284.5	10172.9	1391.1	1368.4	7079.4	5987.2
5342.4	5290.2	259.7	259.7	1972.9	2781
16226.2	13298	2167.9	1638.8	4234	1820.6
16044.4	15903	2073.6	2054.1	9887.1	12487.4
10182.9	9905.1	991.6	954.6	6067.5	7551.3

2-48 续表 9

项　　目	营业外支出	利润总额	应交所得税	广告费	劳动、待业保险费	养老保险和医疗保险费	住房公积金和住房补贴
按行业分							
煤炭开采和洗选业	4435.8	3079.7	192.7	0.2	3182.6	2859.7	289.3
石油和天然气开采业							
#天然原油和天然气开采							
黑色金属矿采选业	244.5	3951.8	430.4	0.3	209.6	904.4	39.4
有色金属矿采选业	35.1	5554.2	724.1		29.1	217.5	3
非金属矿采选业	22.6	-492.5	19.9		6	67.8	
#采盐							
其他采矿业							
农副食品加工业	29.8	1367.6	121.3	10.4	15	27.9	7.2
#谷物磨制	0.2	0.3	0.1			6.8	7.2
饲料加工							
制糖							
食品制造业	5.3	-58.8	11.2	0.3	10.2	61.9	6.3
#罐头制造	0.1	-96		0.2	5.2		
饮料制造业							
#酒的制造							
烟草制品业							
纺织业		-554.2	20.8		22.1	198.3	31.3
#棉、化纤纺织及印染精加工		-554.2	20.8		22.1	198.3	31.3
毛纺织和染整精加工							
纺织服装、鞋、帽制造业							
皮革、毛皮、羽毛(绒)及其制品业		1127.2					
#皮革鞣制加工		1127.2					
皮革制品制造							
木材加工及木、竹、藤、棕、草制品业							
家具制造业							
造纸及纸制品业							
印刷业和记录媒介的复制		-1.1				1.2	
文教体育用品制造业							
石油加工、炼焦及核燃料加工业							
#炼焦							
化学原料及化学制品制造业	125.8	1292.7	124.7	15.4	16.7	299.7	9.4
#基础化学原料制造	73.6	1332.7	118.3	5.6	12.5	208.2	
肥料制造	2	-40.2	5.7	9.8	0.8	25.7	1.8
医药制造业	7.7	-1885.6			2.1	33.2	
化学纤维制造业							
橡胶制品业							
塑料制品业	45.6	-236.1	7.7	0.5	1.9	35.6	1.1
非金属矿物制品业	16	-191.9	0.2	4.7	585.1	497.2	41.5
#水泥制造	5	-389.1		4.2	5.1	89.1	6.9
黑色金属冶炼及压延加工业	17.1	178.9	119.1		5.3	47.9	8.3
有色金属冶炼及压延加工业	0.3	991.7	258.4		16.2	92.9	12.4
金属制品业	1.2	1.1	4.2		1.1	10	2.1
通用设备制造业	18.3	138	41.4		2.7	39.8	11.8
专用设备制造业	2	0.9	0.1		1.7	16.2	
交通运输设备制造业	9.9	205	73.1	11.6	0.1	19.4	6.8
电气机械及器材制造业							
通信设备、计算机及其他电子设备制造业							
仪器仪表及文化、办公用机械制造业							
工艺品及其他制造业							
废弃资源和废旧材料回收加工业							
电力、热力的生产和供应业	361.7	-5280.5				5.5	
#电力生产和电力供应	337.5	-5217.1				5.5	
燃气生产和供应业							
水的生产和供应业	0.7	-5.8	3.7	1.6	3.4	64.3	6

计量单位：万元

本年应付工资总额	主营业务应付	本年应付福利费总额	主营业务应付	本年应交增值税	本年进项税额
16660.9	13732.7	2219.2	1690.1	4250.3	1893.1
5463.3	5284.7	700.9	680.6	3196.5	3616.4
967.4	923.4	133.5	127.3	1528.7	1346.9
331.9	331.9	46.4	46.4	187.6	29.5
482.3	482.3	104.8	104.8	76.5	1672.1
40.2	40.2	5.5	5.5		60.5
321.7	296.8	42.9	36.5	188	172.6
50	50	2.2	2.2		
2205.1	2203.3	281.7	281.7	1357.6	3379.8
2205.1	2203.3	281.7	281.7	1357.6	3379.8
41.9	41.9	3.9	3.9	52.6	920.5
41.9	41.9	3.9	3.9	52.6	920.5
11.4	11.4	3.7	3.7	3.7	
3009.5	3007.5	397.5	397.5	2054	2021.9
2458.8	2456.8	316.9	316.9	1628	1761.4
236	236	30.4	30.4	183.9	44.1
126.4	120.3	17.7	16.8	242.1	60.2
187.6	186	17.2	17.2	23.7	526.7
2971.4	2971.4	179.4	172.3	1074	1607.1
439.6	439.6	49.6	42.5	113	38.2
1055	977.7	146.4	135.3	630.4	1321.9
477.4	445.1	66.8	62.3	45.4	20.3
126.9	126.9	9.7	9.7	135.7	412.6
528.2	477.6	11.7	11.7	276.3	
47.2	47.2	6.5	6.5	1.3	12.3
1370	1370	4.2	4.2	148.9	
5853.7	5853.7	811.4	811.4	4662.6	2845.4
5799.8	5799.8	809.8	809.8	4657.7	2845.4
214.3	214.3	27.6	27.6	52.7	

2-48 续表 10

项 目	本 年 销项税额	工业中间 投入合计	直接材料	制造费用中 的中间投入	管理费用中 的中间投入	营业费用中 的中间投入
总 计	**40831.5**	**198089.9**	**140359.6**	**27758**	**9583.4**	**9882.5**
按登记注册类型分						
内资企业	37966.9	180408	125951.3	26813.1	8787.3	9264.7
国有企业	13238.2	68221.8	46020.7	11381.4	1511.6	3111.2
#中央企业	5233.2	26527.2	14693.9	7120.9	657.2	119
地方企业	8005	41694.6	31326.8	4260.5	854.4	2992.2
#自治区属企业	6197.9	28720.7	22556.7	1787.7	141.9	2122.8
地区(州、市)属企业	1215.5	9004.4	8246.5	232.6	344.7	158.4
县(市)属企业	591.6	3969.5	523.6	2240.2	367.8	711
集体企业	935.5	4165.7	3323.6	590.9	81.6	97.3
#自治区属企业						
地区(州、市)属企业	543.7	2471.1	2429.5		41.7	
县(市)属企业						
镇属企业	177.1	759.3	553.3	114.1	7.6	45.2
乡属企业						
股份合作企业						
联营企业	199.5	2623.6	2101.6	261.9	109.7	57.3
#国有联营企业	65.7	1899.8	1529.6	207.4	69.7	
集体联营企业	133.8	723.8	572	54.5	40	57.3
国有与集体联营企业						
其他联营企业						
有限责任公司	18561	82563.6	57484	11835.7	5726.4	5080.3
#国有独资公司	6028.5	13712.7	4508	5059	2308.6	1240.4
其他有限责任公司	12532.5	68850.9	52976	6776.7	3417.8	3839.9
股份有限公司						
私营企业	5032.7	22833.3	17021.4	2743.2	1358	918.6
#私营独资企业	328.2	1337.6	1081.9	37.8	21.1	174.5
私营合伙企业						
私营有限责任公司	4704.5	21495.7	15939.5	2705.4	1336.9	744.1
私营股份有限公司						
港、澳、台商投资企业		1024.5	967		47.3	
外商投资企业	2864.6	16657.4	13441.3	944.9	748.8	617.8
在总计中：国有控股企业	30772.5	144995.9	99523.5	22649.2	6850.7	7561.3
在总计中：农村工业	214.7	935.3	340.8	476.8	32.3	52.1
按轻、重工业分						
轻工业	7704.4	42934.6	35922.7	2111.4	1159.3	2239.3
以农产品为原料	7028.8	40177.9	34468	1714.3	820.8	1756
以非农产品为原料	675.6	2756.7	1454.7	397.1	338.5	483.3
重工业	33127.1	155155.3	104436.9	25646.6	8424.1	7643.2
采掘工业	15959	63473.8	36551.1	13480.8	6067.3	4933.8
原料工业	12693.5	68312.1	48452.5	10365.9	1142	2143.4
加工工业	4474.6	23369.4	19433.3	1799.9	1214.8	566
按企业规模分						
大型企业	6028.5	13712.7	4508	5059	2308.6	1240.4
中型企业	22277.1	110053	82738	12771.1	3365.8	3144.6
小型企业	12525.9	74324.2	53113.6	9927.9	3909	5497.5

计量单位：万元

经营活动产生的现金流量净额	投资活动产生的现金流量净额	筹资活动产生的现金流量净额	全部从业人员年平均人数(人)	利税总额	亏损企业亏损额
30170.7	**-28625.4**	**-26363.8**	**24302**	**32327.7**	**9847.4**
29613.1	-24283.3	-14881.4	23309	27233.6	9230.2
13912.2	-10776.1	-9606.6	6066	5956.9	5651.6
3839.7	-2007.7	-4630.1	2280	421.9	3023
10072.5	-8768.4	-4976.5	3786	5535	2628.6
7176.9	-6034.3	-4429	1411	4345.5	2446.4
2550.3	-2577.4	-346	1576	685.2	89.2
345.3	-156.7	-201.5	799	504.3	93
-7	7.6	0.1	543	293.9	32.7
-8.1		0.1	89	158.9	
1.1	7.6		235	83.4	
274.1	1477.4	-1839.4	364	186.9	
274.1	1477.4	-1839.4	226	96.3	
			138	90.6	
10885.9	-10891.8	-3417.2	14329	13938.2	3295.9
6290.3	-6488	368	7803	7776.9	
4595.6	-4403.8	-3785.2	6526	6161.3	3295.9
4547.9	-4100.4	-18.3	2007	6857.7	250
			220	245.9	
4547.9	-4100.4	-18.3	1787	6611.8	250
392.5			74	942.1	
165.1	-4342.1	-11482.4	919	4152	617.2
24217.4	-19044	-12441.5	19984	21417.4	6615.4
			219	51.6	32.7
-2191.5	-4383.3	-13037.1	3853	2350.5	2612.9
-1946.7	-4274.8	-13345.8	3212	3476.4	714.3
-244.8	-108.5	308.7	641	-1125.9	1898.6
32362.2	-24242.1	-13326.7	20449	29977.2	7234.5
15302.2	-13985.1	-1213.6	11464	22947.4	989.6
15870.4	-10141	-10990.2	5601	4583.3	5917.8
1189.6	-116	-1122.9	3384	2446.5	327.1
6290.3	-6488	368	7803	7776.9	
10944.9	-14807.9	-20816	8130	8600.7	5746.3
12935.5	-7329.5	-5915.8	8369	15950.1	4101.1

2-48 续表 11

项 目	本 年 销项税额	工业中间 投入合计	直接材料	制造费用中 的中间投入	管理费用中 的中间投入	营业费用中 的中间投入
按行业分						
煤炭开采和洗选业	6199.8	14389.9	4822.4	5106	2588.5	1240.4
石油和天然气开采业						
#天然原油和天然气开采						
黑色金属矿采选业	6754.7	34564	22392.9	5590.4	2143.9	3168
有色金属矿采选业	2838.7	12366.2	8776.7	1963.3	1091.9	344.6
非金属矿采选业	165.8	2153.7	559.1	821.1	243	180.8
#采盐						
其他采矿业						
农副食品加工业	1690.6	12156.5	9851.4	564.8	283.9	524.7
#谷物磨制	13	258.6	172.7	35.4	28.8	14.5
饲料加工						
制糖						
食品制造业	370.7	1630.5	948.7	85.6	182.4	408.8
#罐头制造		402.1	354.3	37.1	10.4	0.3
饮料制造业						
#酒的制造						
烟草制品业						
纺织业	4361.4	23459.9	20270.7	1084.3	522	1226
#棉、化纤纺织及印染精加工	4361.4	23459.9	20270.7	1084.3	522	1226
毛纺织和染整精加工						
纺织服装、鞋、帽制造业						
皮革、毛皮、羽毛(绒)及其制品业	973.1	4120.3	3957.2	25.8	2	5
#皮革鞣制加工	973.1	4120.3	3957.2	25.8	2	5
皮革制品制造						
木材加工及木、竹、藤、棕、草制品业						
家具制造业						
造纸及纸制品业						
印刷业和记录媒介的复制	3.7	39.1	34.4	2.3	2.5	
文教体育用品制造业						
石油加工、炼焦及核燃料加工业						
#炼焦						
化学原料及化学制品制造业	4019.1	16471.1	10439.3	3071.7	702.3	2013.8
#基础化学原料制造	3365	13801	8639.6	2800	523.2	1680.3
肥料制造	195.6	1027.1	345.7	173.4	179.1	267.1
医药制造业	302.3	1115.5	860.3	112.6	73.9	10.8
化学纤维制造业						
橡胶制品业						
塑料制品业	545.1	2374.4	2084.8	76	63.8	55.9
非金属矿物制品业	2648.1	15012.9	11680.9	2099.8	700.5	257
#水泥制造	95.1	4144	2905.5	775.2	153.3	180.9
黑色金属冶炼及压延加工业	1777.7	10484.3	8997.4	863.8	335.3	282.2
有色金属冶炼及压延加工业	65.7	2924.3	2496.6	207.4	117	
金属制品业	548.3	2481.9	2438	0.1	43.3	0.2
通用设备制造业		3965.3	3751.2	5	133.3	71.8
专用设备制造业	25.2	102.6	2.6	38	32	28.5
交通运输设备制造业	148.9	906.2	581.6	84.5	216.1	
电气机械及器材制造业						
通信设备、计算机及其他电子设备制造业						
仪器仪表及文化、办公用机械制造业						
工艺品及其他制造业						
废弃资源和废旧材料回收加工业						
电力、热力的生产和供应业	7390	36958.5	25413.4	5719.5	13.2	
#电力生产和电力供应	7390	36903.4	25363.4	5719.5	8.2	
燃气生产和供应业						
水的生产和供应业	2.6	412.8		236	92.6	64

计量单位：万元

经营活动产生的现金流量净额	投资活动产生的现金流量净额	筹资活动产生的现金流量净额	全部从业人员年平均人数(人)	利税总额	亏损企业亏损额
6209.2	-6488	368	8153	7788	16.3
2056.5	-4022	1186.5	2496	8302.5	347.2
6718.9	-3322.2	-2650.7	554	7130.9	
317.6	-152.9	-117.4	261	-274	626.1
-3014.5	-4133.2	-11796.6	402	1444.1	
-5.7		-7.2	31	0.3	
98.7	-41.9	11.2	359	345.3	96
			50	-96	96
906.5	-136.5	-1314.6	2697	940.5	617.2
906.5	-136.5	-1314.6	2697	940.5	617.2
161.3	-5.1	-234.6	46	1185	
161.3	-5.1	-234.6	46	1185	
			17	2.8	1.1
1527.4	-930.8	-587.7	2307	3526.1	112.1
1358.5	-652.4	62	1906	3104.2	32.7
154	-131.7	-665.2	204	160.1	79.4
-377.8	-56.8	420.2	116	-1624.4	1885.6
777.4	48.7	180	352	-208.8	236.1
165.9	-48.6	-0.7	1753	998.4	442.1
157	-48.6	-0.7	650	-260.7	442.1
2654.1	-2826.7	-46	817	849.2	162.5
666.6	1477.4	-1839.4	300	1038.4	
-14.8	-1.9	-3.2	90	149.4	11.6
286.2	-1.1	-344	304	457.2	
-37	0.5	37.3	62	3.3	
	116.2	-343.3	1072	364.4	
11034.2	-8090.7	-9166.1	1928	-147.8	5280.5
11034.2	-8090.7	-9166.1	1873	-94.3	5217.1
34.3	-9.8	-122.7	216	57.2	13

2-49 昌吉回族自治州规模

项目	企业单位数	亏损单位数	工业总产值（现价）	工业销售产值	出口交货值	工业增加值	年初存货
总　计	**240**	**78**	**1224291.1**	**1175311.1**	**36494.4**	**347961**	**228641.4**
按登记注册类型分							
内资企业	233	76	1155993.4	1111473.5	34726.8	322333.9	222420.8
国有企业	25	11	101859.5	101135.8	23.3	37965.4	15666
#中央企业	6	3	51920.9	50946.4	23.3	21667.2	9293.9
地方企业	19	8	49938.6	50189.4		16298.2	6372.1
#自治区属企业	7	1	44027	44511.2		13929.8	4665.9
地区(州、市)属企业	3	1	2328.4	2459.4		1003.8	569.4
县(市)属企业	7	5	2888.5	2828.2		1142.7	72.8
集体企业	8	4	19276.8	19156.2		5141	2866.3
#自治区属企业							
地区(州、市)属企业							
县(市)属企业	5	3	16281.8	16140		4184.5	2324.4
镇属企业	2	1	2388.7	2409.9		856.2	524.5
乡属企业							
股份合作企业	2		8177.1	8034.2	2424.2	3096.2	937.6
联营企业							
#国有联营企业							
集体联营企业							
国有与集体联营企业							
其他联营企业							
有限责任公司	109	46	508786.2	488537.4	12876.8	132704.7	125863.6
#国有独资公司	3	1	19555.2	19555.2		5460	451.4
其他有限责任公司	106	45	489231	468982.2	12876.8	127244.7	125412.2
股份有限公司	8	1	288894.9	273917.6	18955.5	88721.8	51499.8
私营企业	81	14	228998.9	220692.3	447	54704.8	25587.5
#私营独资企业	14	1	20081.8	19502.2		7170	3458.1
私营合伙企业	5		19966.8	19852.1		5487.7	801.8
私营有限责任公司	60	13	184305.1	176692.8	447	40794.8	21306
私营股份有限公司	2		4645.2	4645.2		1252.3	21.6
港、澳、台商投资企业	2	1	13680	12682.4		3313.1	3389.6
外商投资企业	5	1	54617.7	51155.2	1767.6	22314	2831
在总计中：国有控股企业	35	15	235860.8	231453.8	1790.9	97605.1	25382.6
在总计中：农村工业							
按轻、重工业分							
轻工业	99	39	441970	412078.4	21531.7	104745.7	129110.6
以农产品为原料	86	31	415480	387566.5	19470.6	98169	126096.7
以非农产品为原料	13	8	26490	24511.9	2061.1	6576.7	3013.9
重工业	141	39	782321.1	763232.7	14962.7	243215.3	99530.8
采掘工业	24	5	40032.7	41160.1	8.3	19188.7	4303.4
原料工业	50	19	399541.8	398490.3	11902.6	146398.8	33769.7
加工工业	67	15	342746.6	323582.3	3051.8	77627.8	61457.7
按企业规模分							
大型企业							
中型企业	30	8	590053.4	566720.1	8995.4	189453.3	92314.6
小型企业	210	70	634237.7	608591	27499	158507.7	136326.8

以上工业企业主要经济指标

计量单位：万元

流动资产合计	短期投资	应收帐款	存货	产成品	流动资产年平均余额	长期投资
809119.5	**16380.3**	**177135**	**255830.6**	**124646.4**	**797359.6**	**197963.2**
764466.7	16380.3	165428	244506.3	121448	755665.8	193805.7
59123.5	27	9888.6	16435.4	9498.2	57584.9	765.6
29470.1	2	6463.7	9449.7	6333.3	29552.5	617
29653.4	25	3424.9	6985.7	3164.9	28032.4	148.6
20427.1	25	2197.3	5061.2	2018.9	18977.1	138
6300.4		952.5	854.3	490.1	6084.4	
1139.7		48	62.9		1134.9	10.6
6625		2944.4	2352.7	1359.5	16791.3	40.5
4966.6		2364.4	1894.8	1210.6	15175.1	40.5
1505.1		535.4	439.5	148.9	1476.6	
4558.9		2949.1	1007.9	662.1	4123.3	1050
382716.4	15318.3	71325.6	121103.4	54453	387355.5	61919.4
4451.9		2233.9	483.6		4817.6	114
378264.5	15318.3	69091.7	120619.8	54453	382537.9	61805.4
227416.3	1030	62173.3	67993.5	41205.4	216213.2	128186.7
84026.6	5	16147	35613.4	14269.8	73597.6	1843.5
7932.2	5	2456.8	2901.2	1281.8	6918.5	
2745.5		656.1	862.7	758.2	2491.9	
70206		12116	29707.1	12229.8	61201	1843.5
3142.9		918.1	2142.4		2986.2	
17519.2		2937.7	4004.8	1108.5	16195.7	25.7
27133.6		8769.3	7319.5	2089.9	25498.1	4131.8
112576.9	2138.5	26381.2	25313.3	12390.9	121557.3	2563.2
254586.3	3284.1	47947.1	126016.8	67781.8	275680.6	39410.7
235486.9	3284.1	44230.4	119738.9	65827.6	257466.3	38822.9
19099.4		3716.7	6277.9	1954.2	18214.3	587.8
554533.2	13096.2	129187.9	129813.8	56864.6	521679	158552.5
38346.3	601.5	10255.3	3293.3	2405.2	32200	3940.5
222645.2	12381.3	44745.3	41488.1	13077.9	229129.9	18919
293541.7	113.4	74187.3	85032.4	41381.5	260349.1	135693
424546.4	4437.2	107833.5	118055.5	61412.3	415273.7	173288.6
384573.1	11943.1	69301.5	137775.1	63234.1	382085.9	24674.6

2-49 续表 1

项　目	企业单位数	亏损单位数	工业总产值(现价)	工业销售产值	出口交货值	工业增加值	年初存货
按行业分							
煤炭开采和洗选业	22	4	23630	24757.4	8.3	13983	4091.1
石油和天然气开采业	2	1	16402.7	16402.7		5205.7	212.3
#天然原油和天然气开采							
黑色金属矿采选业							
有色金属矿采选业							
非金属矿采选业							
#采盐							
其他采矿业							
农副食品加工业	37	10	172128.3	165650.2	1791.6	34292.3	56911.2
#谷物磨制	9	2	40455.4	37983.7		5454.8	3409.1
饲料加工	11	1	72013.1	72220.8		14394.9	7839.5
制糖	2	1	5652.6	7342.9		2852.7	4158.7
食品制造业	14	5	79433.7	63766.1	17664	20339.7	23995.7
#罐头制造	6	4	42700.9	29205.3	17664	10729.7	17070.5
饮料制造业	8	3	18327.9	17912.2		6239.8	10160.9
#酒的制造	8	3	18327.9	17912.2		6239.8	10160.9
烟草制品业							
纺织业	14	8	87954.4	86290.5		19173.7	22273.7
#棉、化纤纺织及印染精加工	12	8	82645	80990.4		17162.7	19706.8
毛纺织和染整精加工	1		2801.3	3783.4		1379.9	2118.9
纺织服装、鞋、帽制造业	1	1	4063.5	4356.3	15	1274.9	1246.5
皮革、毛皮、羽毛(绒)及其制品业	1		441.6	609.9		263.3	122
#皮革鞣制加工							
皮革制品制造	1		441.6	609.9		263.3	122
木材加工及木、竹、藤、棕、草制品业	3	1	9463.3	8595.5		2890.2	1853.7
家具制造业	1		6978.8	6246.4		2308	1372.1
造纸及纸制品业	7	3	16673.7	17208.4		5292.2	6714.1
印刷业和记录媒介的复制	3	1	2608.4	2601		685.9	665.5
文教体育用品制造业							
石油加工、炼焦及核燃料加工业	9	1	42963.3	41042.4	2424.2	17451.1	1710.6
#炼焦	5		21120.7	20007.4	2424.2	12408.7	760.9
化学原料及化学制品制造业	15	3	76400.1	77668.6	11962.5	22112.8	13636.4
#基础化学原料制造	3	1	2777.6	2969.9		773.3	1240.6
肥料制造	4	1	6420.4	6017	423	1518.7	871.3
医药制造业	1		1606	1515.1		318.1	
化学纤维制造业	1		33848.5	29171.9		10607.2	4007.1
橡胶制品业	1		1008	956		262.2	4.8
塑料制品业	12	2	26220.6	25962.4	1337.3	5347.7	7391
非金属矿物制品业	21	6	118852.2	114378.5		34671.4	12872.6
#水泥制造	4	3	26784.4	26351.1		10499	5668.8
黑色金属冶炼及压延加工业	5	1	20128.1	20233		4187	1308.3
有色金属冶炼及压延加工业	4		93474.2	93525.8		26494.9	7397
金属制品业	14	2	63221	55900.1		17099.1	8044.9
通用设备制造业	3	1	5479.5	5101.9		2417.4	5358.8
专用设备制造业	4	2	3990.5	3413.3		1023.2	1601.8
交通运输设备制造业	1		5185.9	4694.2		1662.7	1819.9
电气机械及器材制造业	10	4	144703.2	138423.9	1291.5	24596.7	29709.2
通信设备、计算机及其他电子设备制造业							
仪器仪表及文化、办公用机械制造业							
工艺品及其他制造业							
废弃资源和废旧材料回收加工业							
电力、热力的生产和供应业	17	12	141684	141684		65235.6	3826.7
#电力生产和电力供应	12	8	129074.7	129074.7		60892.5	3656
燃气生产和供应业	4	2	4775.7	4701.4		1471.5	263
水的生产和供应业	5	5	2644	2542		1053.7	70.5

计量单位：万元

流动资产合计	短期投资	应收帐款	存货	产成品	流动资产年平均余额	长期投资
26186.2		5522.9	3133.6	2397.2	21375.4	1197.8
12160.1	601.5	4732.4	159.7	8	10824.6	2742.7
80511.6	107	13726.9	34932.9	13220.8	77865	5816.1
21642.3	105	6904	4732.2	2011.1	22458.5	3649.9
20741.3	2	3758	10491.9	1558.5	19216.5	921.1
5719.9		27.6	4353.3	3801.1	5038.3	
53642.2	8.6	10782.1	35709.7	26928.6	54502.7	2200
36564.8	8.6	7162.9	25133.4	21934.5	36307.1	
21782.9	1111.5	4755.1	8674.4	4210.8	24850.9	2269.5
21782.9	1111.5	4755.1	8674.4	4210.8	24850.9	2269.5
44192.9	2025	9846.5	23243.9	13956.5	65950.8	22320.2
39332.3	2025	9435.8	20164.8	11659	61111.7	22049.6
4365.2		410.7	2764	2132.6	4306.1	180.6
1930.7	2	293.4	1039.6	452.3	2355.2	157
503.7		214.1	184.4	159.9	463.6	
503.7		214.1	184.4	159.9	463.6	
2690.6		487.5	1119.8	430	2763.5	
5723.2		2363	2099.9	848.5	6032.9	
17429.8	30	3585.9	6066.7	3633.5	19254.1	4738.1
1474		355.4	636.1	13.4	1614	827
24489.4		5918.6	3097.7	2207.2	20342.2	1974.1
14918		2222.5	1572	1256.1	12903	1725.6
60181.3	11575.6	3272.7	17838.1	3791.7	63743.1	6408
2737.3		195.4	1155.4	372.2	2432	
2713.8		616.2	975.7	435.6	2896.7	3.5
765.7		253.9	354	100.5	753.3	15
14019.1		671	9251.2	3251.8	10610	495
446		10.5	21.6	12.5	400	
40854.5	111.4	6418.1	9067.7	4079.8	39620	5094.6
104996.9	805.7	28236.9	20318.2	7000.9	103054.3	13636
66210.1	805.7	17791.1	7322.2	1757.5	66756.7	9656.3
7176.3		141.1	3882.7	2219.6	6620.6	500
28010.3		2856.4	8544	3365.6	25387.3	100
27894.1		6771.4	13974.2	9506.6	22569.5	671.8
11091.4		3976.4	5823.1	2525.2	7684.6	3492.6
3054.2		469.7	2001.3	1281.4	3015.3	
4028.1		946.3	1822.1	428.2	4145.4	118.3
163023.1		44656.9	39864.5	18567.4	142956.4	122079
39635.8		15653.6	2603.9		48949.6	518.9
31683.6		14711.3	2344.4		41672.3	411
7904.5	2	82.4	306.5	48.5	6938.1	253.5
3320.9		133.9	59.1		2717.2	338

2-49 续表 2

项　　目	固定资产合　计	固定资产原　价	生产经营用	累计折旧	本年折旧	固定资产净值年平均余额
总　　计	**853412**	**1141882.4**	**1039487.8**	**352419.9**	**62513.7**	**777454.3**
按登记注册类型分						
内资企业	818476.7	1101162	999343.1	342694.8	60624.4	747267.7
国有企业	84018.3	101274.1	58876	36498.5	3364.8	80523.7
#中央企业	53577.1	59839.2	20374.6	21201.2	1225.3	54805.5
地方企业	30441.2	41434.9	38501.4	15297.3	2139.5	25718.2
#自治区属企业	16757	26359	25552.6	10956.3	1499.4	14403.4
地区(州、市)属企业	7990.5	6517	5879.8	1238.7	155.8	5633.4
县(市)属企业	5317	7917.5	6668.6	2904.8	433.1	5215.7
集体企业	14716.2	19367.5	19054.8	5015.3	922.9	15317.9
#自治区属企业						
地区(州、市)属企业						
县(市)属企业	13330.9	17617.2	17584.4	4645.5	821.2	13958.6
镇属企业	1349.4	1714.4	1434.5	365	101	1330.3
乡属企业						
股份合作企业	1630.2	2714.8	2714.8	1109.6	136	1608.1
联营企业						
#国有联营企业						
集体联营企业						
国有与集体联营企业						
其他联营企业						
有限责任公司	418929.9	513285.4	474260.5	126654.1	27928.3	358208.1
#国有独资公司	20664.4	31129.5	30582.1	10526.9	1987.3	21007.4
其他有限责任公司	398265.5	482155.9	443678.4	116127.2	25941	337200.7
股份有限公司	233120.1	387841.6	374870.5	157992.3	23917.3	231347.6
私营企业	66062	76678.6	69566.5	15425	4355.1	60262.3
#私营独资企业	12476.7	15533.7	14887	3500.5	590.8	11970.1
私营合伙企业	1821.9	1902.9	1857.9	196.2	45.4	1717.5
私营有限责任公司	50001.3	57032.7	51407.6	11222.8	3573.9	44866.4
私营股份有限公司	1762.1	2209.3	1414	505.5	145	1708.3
港、澳、台商投资企业	10987.5	15224.9	14649.2	3765	753.2	10337.9
外商投资企业	23947.8	25495.5	25495.5	5960.1	1136.1	19848.7
在总计中：国有控股企业	222778.9	358739.8	314994.3	156396.6	20330	220323.1
在总计中：农村工业						
按轻、重工业分						
轻工业	262255.3	339840.9	313803.8	90668.9	20754.8	227820.4
以农产品为原料	241657.7	314329.4	290752.3	84171.9	19322	208041.6
以非农产品为原料	20597.6	25511.5	23051.5	6497	1432.8	19778.8
重工业	591156.7	802041.5	725684	261751	41758.9	549633.9
采掘工业	52826.1	51855.5	43285.4	14696.7	2320.2	34721.1
原料工业	374229.1	562694.5	520832	207876	30364.5	370769.6
加工工业	164101.5	187491.5	161566.6	39178.3	9074.2	144143.2
按企业规模分						
大型企业						
中型企业	491307	708169.8	650075.6	249888.1	38344.8	456533.4
小型企业	362105	433712.6	389412.2	102531.8	24168.9	320920.9

计量单位：万元

无形资产	资产总计	流动负债		长期负债	负债合计
		合　计	应付帐款	合　计	
59384.3	**1929739.5**	**1042311.9**	**207894.6**	**228480.9**	**1272463.4**
56900.4	1843230.8	1006583.7	202806.8	223693.1	1231347.4
1938	146436.0	71151.6	12441	36024.6	107179.1
1739.9	85507.8	40550	6539.6	29238.6	69791.5
198.1	60928.2	30601.6	5901.4	6786	37387.6
2.8	37687.1	16315	3110.1	1730.2	18045.2
33.2	14324.1	10466.8	787.4	2524.8	12991.6
162.1	6634.2	1708.6	660	2531	4239.6
223.4	21934.0	-5606.9	-9106.3	8605.3	2998.4
153.9	18820.8	-7472.9	-9735.2	8605.3	1132.4
29.9	2884.4	1760.4	586.5		1760.4
223.6	7481.1	2734.3	1331.4	547.1	3281.4
40908.2	909713.4	501404.9	114492.2	122502.6	623922.3
25.2	25255.6	25680	950.6	403.3	26083.3
40883	884457.8	475724.9	113541.6	122099.3	597839
4525.4	593449.8	357385.5	55703.2	46556.1	403941.7
9081.8	164216.5	79514.3	27945.3	9457.4	90024.5
1178.1	21609.2	10148.9	5156.2	1736.5	11933.6
1267	5849.6	1526.3	350.7	223	1749.3
6636.7	131168.7	63656.7	21611.1	7497.9	72159.2
	5589.0	4182.4	827.3		4182.4
744.5	29277.0	14720	2853.6		14720
1739.4	57231.7	21008.2	2234.2	4787.8	26396
3780.3	342424.3	230025.5	25763.1	47934.1	277962.5
20674.4	582060.9	324691.8	91601.7	78291.3	404031.6
16558	536475.5	299526.8	87139.7	73461.7	374037
4116.4	45585.4	25165	4462	4829.6	29994.6
38709.9	1347678.6	717620.1	116292.9	150189.6	868431.8
2387.3	97509.8	49832.1	3370.3	13023.2	62858.3
14657.5	632781.2	366077.4	61044.9	77213.6	443891
21665.1	617387.6	301710.6	51877.7	59952.8	361682.5
14679.6	1106054.6	609693.9	125058	147928.4	757625.4
44704.7	823684.9	432618	82836.6	80552.5	514838

2-49 续表 3

项目	固定资产合计	固定资产原价	生产经营用	累计折旧	本年折旧	固定资产净值年平均余额
按行业分						
·煤炭开采和洗选业	45131.5	42474.3	33953.3	12898.9	1761.2	27982.4
石油和天然气开采业	7694.6	9381.2	9332.1	1797.8	559	6738.7
#天然原油和天然气开采						
黑色金属矿采选业						
有色金属矿采选业						
非金属矿采选业						
#采盐						
其他采矿业						
农副食品加工业	51052.1	70101.5	60636.3	21518.5	4809.6	44040.3
#谷物磨制	10442	13714.7	10970	3712.6	1261.5	8533.1
饲料加工	19697.7	24103.8	19967.3	5834.3	1376.5	18668.5
制糖	6198.9	13213.2	12148.7	6881.4	1117.6	4923.4
食品制造业	73487.4	89808.8	84057.5	16899.4	5248.7	70038.2
#罐头制造	46052.8	59384.8	58468.2	13688.5	3444.7	45580.7
饮料制造业	10525	14556.4	13945.3	5064.1	1006.6	10072.5
#酒的制造	10525	14556.4	13945.3	5064.1	1006.6	10072.5
烟草制品业						
纺织业	73300.8	101410	98990.1	29091.8	5128.7	56676.1
#棉、化纤纺织及印染精加工	71353	99681.6	97361.7	28957	5066.3	55325.5
毛纺织和染整精加工	1479.7	1329.7	1329.7	4.3	4.2	963.5
纺织服装、鞋、帽制造业	1651	3306.1	1907	1372.8	106.6	1914.4
皮革、毛皮、羽毛(绒)及其制品业	422	311	172.1	138	20.5	183.2
#皮革鞣制加工						
皮革制品制造	422	311	172.1	138	20.5	183.2
木材加工及木、竹、藤、棕、草制品业	4070.4	4254.3	4254.3	225.9	60	4037.9
家具制造业	5308.5	4522.9	3814	1018.7	454.3	4879.9
造纸及纸制品业	11779.8	19576	16439.1	7885.3	980.2	11937.5
印刷业和记录媒介的复制	816.4	1188.7	1154.9	328	147.1	989.4
文教体育用品制造业						
石油加工、炼焦及核燃料加工业	20565.6	15867.4	15401.2	1466	672.2	11054.4
#炼焦	15697.2	13129.4	13088.1	872.6	453.2	8837.4
化学原料及化学制品制造业	38837.7	56787.9	55524.7	18923.5	2609	36392.1
#基础化学原料制造	2297.7	2384.7	2353.2	501.7	73.8	2217.1
肥料制造	1482.1	2690.3	2344.6	1428.5	172.3	1316.6
医药制造业	553.6	680.6	220.9	127	33.5	562.7
化学纤维制造业	18623.2	14070.9	13450	1874	1874	12190
橡胶制品业	116	158	158	42	6	120
塑料制品业	27443.2	23018.5	20879.3	4294.5	1045.7	17804.5
非金属矿物制品业	87113	118745.9	117017.8	34308.6	5325.6	84051.5
#水泥制造	43964.8	70439.4	69622.7	26625.1	3036.5	45020.7
黑色金属冶炼及压延加工业	7909.7	6770	5993.6	605.1	237.4	4902.2
有色金属冶炼及压延加工业	64301.8	87067	86535.6	26043.7	4815.3	61741.4
金属制品业	16507.8	19787.3	18074.9	3468	1107.6	15270.7
通用设备制造业	6654.7	8182.9	2811.8	1674.2	220	8070.3
专用设备制造业	2565.8	3064	2822	745.9	194.9	2421
交通运输设备制造业	2528.6	2850	2850	321.3	113	2451.2
电气机械及器材制造业	57558.8	74825.6	61182.2	19407.6	3524.3	52264.3
通信设备、计算机及其他电子设备制造业						
仪器仪表及文化、办公用机械制造业						
工艺品及其他制造业						
废弃资源和废旧材料回收加工业						
电力、热力的生产和供应业	197011.6	325432.6	287078.3	135716.9	19172.9	209808.5
#电力生产和电力供应	163280.2	285394.1	247803.8	124743	17131.1	179688.6
燃气生产和供应业	13016.4	13788.3	11705.1	1810.3	704.4	12042.7
水的生产和供应业	6865	9894.3	9126.4	3352.1	575.4	6816.3

计量单位：万元

无形资产	资产总计	流动负债 合计	应付帐款	长期负债 合计	负债合计
2268.8	74793.9	39375.7	1634.4	13023.2	52401.9
118.5	22715.9	10456.4	1735.9		10456.4
7455.1	146342.6	79782.8	21264.1	3979.9	84810.9
460.3	36684.6	15232.5	2778	1739.3	17020
3149.6	44550.8	19093.3	8428	358.4	19451.7
575.6	12494.4	11540.7	2142.1		11540.7
2722.3	132464.9	100308.7	26933.9	9097.1	109405.8
1697.5	84493.5	73786.1	15201.3	3001	76787.1
1597.4	37273.2	21307.2	3959.5	65.1	21372.3
1597.4	37273.2	21307.2	3959.5	65.1	21372.3
188	140876.6	58339.6	21766.3	49907.9	108247.6
151.9	133738.5	54811.4	21566.1	49907.9	104719.4
	6048.2	3406	156.5		3406
	3738.7	3196.2	408.7	185.1	3381.3
36.1	961.8	658.7	240.2		658.7
36.1	961.8	658.7	240.2		658.7
281	7043.7	2898.5	1098	24.4	2922.9
1826.2	12857.9	5545.1	1593.5	13.8	5558.9
2169.4	36172.5	15024.3	4171.1	8094	23118.4
386.5	3504.7	1570.2	578.9	101	1671.3
1103.4	48300.2	22397.4	9200.6	1594	24591.4
14	32370.0	14709.1	5924.7		15309.1
10244.4	116551.8	54202	9986.5	11842	66044
42.2	5239.1	3727.7	1450.6	122	3849.7
365.6	4610.9	2365.1	371.9	210.3	2575.4
296.8	1631.5	523.7	56.4	6.5	530.2
2003.2	35140.5	19339.1	7817	2031.6	21370.7
	562.0	396			396
12533.5	87252.6	40747.7	6263.8	13850.3	54602
3609.9	211172.0	96609.3	10597	19461.3	116070.6
109.3	120297.9	53862.8	5489.8	15000	68862.8
222.9	16100.0	10284.3	5276	280	10564.3
1329.2	93825.4	50900.8	13111.8	3700.7	54601.5
3249.6	48348.9	24443.1	6702.9	2186.9	26630.6
100	21343.7	9050.8	2923.9	338.3	9389.1
	5747.1	3878.7	1740	215.5	4094.2
	6675.0	3642	1667.6		3642
1562.7	344384.3	180214.7	25837.8	28300.9	208530
2429.6	240217.1	176285.9	18617.6	45482.8	221768.7
1267.1	196719.8	151659.4	10238.9	32027.4	183686.8
1077.8	22423.3	5513.7	2325.2	11344.3	16858.1
572	11317.7	5419.3	386	3354.3	8773.6

2-49 续表 4

项 目	所有者权益合计	其中：实收资本	国家资本	集体资本	法人资本	个人资本	港澳台资本
总 计	**657276.1**	**407054.5**	**53145**	**19409.8**	**239317.8**	**86221.1**	**2463.5**
按登记注册类型分							
内资企业	611883.4	387682.1	49519	19409.8	232532.2	86221.1	
国有企业	39256.9	36905.2	36803.9		101.3		
#中央企业	15716.3	15792.4	15792.4				
地方企业	23540.6	21112.8	21011.5		101.3		
#自治区属企业	19641.9	17331	17326		5		
地区(州、市)属企业	1332.5	948.1	948.1				
县(市)属企业	2394.6	2637.4	2637.4				
集体企业	18935.6	14160	28.2	12179	1952.8		
#自治区属企业							
地区(州、市)属企业							
县(市)属企业	17688.4	13162	28.2	11181	1952.8		
镇属企业	1124	938		938			
乡属企业							
股份合作企业	4199.7	2451.3			1999.5	451.8	
联营企业							
#国有联营企业							
集体联营企业							
国有与集体联营企业							
其他联营企业							
有限责任公司	285791.1	222730.6	10546	6622.8	175393.5	30168.3	
#国有独资公司	-827.7	7469.9	4469.9		3000		
其他有限责任公司	286618.8	215260.7	6076.1	6622.8	172393.5	30168.3	
股份有限公司	189508.1	55509.5	2140.9	572	48319.3	4477.3	
私营企业	74192	55925.5		36	4765.8	51123.7	
#私营独资企业	9675.6	8613.9		36		8577.9	
私营合伙企业	4100.3	3172.6				3172.6	
私营有限责任公司	59009.5	43379			4415.8	38963.2	
私营股份有限公司	1406.6	760			350	410	
港、澳、台商投资企业	14557	7446.9	3326		1657.4		2463.5
外商投资企业	30835.7	11925.5	300		5128.2		
在总计中：国有控股企业	64461.8	57152.5	49389.7	572	3706.7	1084.1	2100
在总计中：农村工业							
按轻、重工业分							
轻工业	178029.3	143505.1	13754.1	15243	82640.3	31319.7	
以农产品为原料	162438.5	126702.6	11261.2	15163	75341.6	24388.8	
以非农产品为原料	15590.8	16802.5	2492.9	80	7298.7	6930.9	
重工业	479246.8	263549.4	39390.9	4166.8	156677.5	54901.4	2463.5
采掘工业	34651.5	23108.2	6036.8	466	2370.5	14234.9	
原料工业	188890.2	127946.2	27246.8	1798	83714.8	13088.8	363.5
加工工业	255705.1	112495	6107.3	1902.8	70592.2	27577.7	2100
按企业规模分							
大型企业							
中型企业	348429.2	190672.5	31395.1	2392.8	127964.4	25950.2	
小型企业	308846.9	216382	21749.9	17017	111353.4	60270.9	2463.5

计量单位：万元

外商资本	主营业务收　入	主营业务成　本	主营业务税金及附加	其他业务收　入	其他业务利　润	营业费用
6497.3	**1189641**	**1011504.7**	**7342.4**	**33984.1**	**3444.2**	**49895.6**
	1134525.6	973168.6	7342.4	33957	3439.8	49155.4
	101623.4	94762.6	361.5	1733.3	866.7	1618.9
	52152.4	56075.9	204.3	544	473.5	640.6
	49471	38686.7	157.2	1189.3	393.2	978.3
	44360.9	35124.5	110.2	1035.9	233.8	381.7
	2153.6	1473.6	16.4	46.7	81.1	222
	2589.1	1795.3	29.2	102.6	80.7	342
	18376	16653.4	119.1	615.3	14.3	491.2
	15621.6	14333.2	103.7	585.7	-15.3	452.3
	2148.1	1742.4	12.4			13.4
	8440.5	6260.7	20.3	299	196.6	292.1
	493482.2	419965	4409.8	26328.9	507.3	23590.6
	19555.2	17219	89.8	21.6	19.4	
	473927	402746	4320	26307.3	487.9	23590.6
	291882.9	240623.6	1545.2	3815.8	1190.2	14957.4
	220720.6	194903.3	886.5	1164.7	664.7	8205.2
	20504.2	16374.5	198.3	336.6	-1.4	756.1
	17429.1	16117.4	24.6			304.1
	177425.6	158037	658.4	828.1	666.1	6447.4
	5361.7	4374.4	5.2			697.6
	13518.6	10518.9		12		325.1
6497.3	41596.8	27817.2		15.1	4.4	415.1
300	240635.6	212653.4	1629.2	3314.2	996.1	2647.1
548	418257.3	359946.7	4185.9	3918.7	300.8	21942.5
548	393988.9	339051.8	4119.4	3573.8	168.1	20759.3
	24268.4	20894.9	66.5	344.9	132.7	1183.2
5949.3	771383.7	651558	3156.5	30065.4	3143.4	27953.1
	41608.9	25597.6	405.1	12825.5	100.4	1858.3
1734.3	403416.6	350665.5	1890.3	7654.2	1252.6	9800.5
4215	326358.2	275294.9	861.1	9585.7	1790.4	16294.3
2970	568318.4	477867.4	2805.6	17436.1	1611.3	23485.7
3527.3	621322.6	533637.3	4536.8	16548	1832.9	26409.9

2-49 续表 5

项　　目	所有者权益合计	其中：实收资本	国家资本	集体资本	法人资本	个人资本	港澳台资本
按行业分							
煤炭开采和洗选业	22392	14375.4	5703.2	466	1567.9	6638.3	
石油和天然气开采业	12259.5	8732.8	333.6		802.6	7596.6	
#天然原油和天然气开采							
黑色金属矿采选业							
有色金属矿采选业							
非金属矿采选业							
#采盐							
其他采矿业							
农副食品加工业	61531.7	37292.7	1100	2067	22032.3	11793.4	
#谷物磨制	19664.6	9808		13	8081	1714	
饲料加工	25099.1	14186.4	800	1520	8790	3076.4	
制糖	953.7						
食品制造业	23059.1	15613.1			12928.8	2436.3	
#罐头制造	7706.4	3017.3			2469.3	300	
饮料制造业	15900.9	14985.2	1329.7	2594	4450.9	6610.6	
#酒的制造	15900.9	14985.2	1329.7	2594	4450.9	6610.6	
烟草制品业							
纺织业	32629	35123.8	6806.2	10258.2	17298.6	760.8	
#棉、化纤纺织及印染精加工	29019.1	31516.8	6806.2	10258.2	13743.8	708.6	
毛纺织和染整精加工	2642.2	2607			2554.8	52.2	
纺织服装、鞋、帽制造业	357.4	2025.3	2025.3				
皮革、毛皮、羽毛(绒)及其制品业	303.1	303.9		243.8	12	48.1	
#皮革鞣制加工							
皮革制品制造	303.1	303.9		243.8	12	48.1	
木材加工及木、竹、藤、棕、草制品业	4120.8	3971.1				3971.1	
家具制造业	7299	6680.9				6680.9	
造纸及纸制品业	13054.1	10356.6			8519	1837.6	
印刷业和记录媒介的复制	1833.4	1002			500	502	
文教体育用品制造业							
石油加工、炼焦及核燃料加工业	23708.8	13717.3	800	264	9387	1532	
#炼焦	17060.9	8580			5745.7	1100	
化学原料及化学制品制造业	50507.8	20660	3394.2	1140	13891.1	2234.7	
#基础化学原料制造	1389.4	2350			2038	312	
肥料制造	2035.5	1428.3	227.3		93.1	1107.9	
医药制造业	1101.3	840	220	80	540		
化学纤维制造业	13769.8	10000			9600	400	
橡胶制品业	166	133.6				133.6	
塑料制品业	32650.6	21971.3	1474.2		19206	1291.1	
非金属矿物制品业	95101.4	62381.2	3436	950.8	45675.4	6885.5	2463.5
#水泥制造	51435.1	37346.9	100		36883.4		363.5
黑色金属冶炼及压延加工业	5535.7	4633			1400	3233	
有色金属冶炼及压延加工业	39223.9	31823.2	14817.9		14625.3	2380	
金属制品业	21718.3	16834.7	465.4	700	10033.9	4390.4	
通用设备制造业	11954.6	9252		252	3000	6000	
专用设备制造业	1652.9	1257.7			961.7	296	
交通运输设备制造业	3033	3000			3000		
电气机械及器材制造业	135854.3	32418.6	149.5		27436.6	4832.5	
通信设备、计算机及其他电子设备制造业							
仪器仪表及文化、办公用机械制造业							
工艺品及其他制造业							
废弃资源和废旧材料回收加工业							
电力、热力的生产和供应业	18448.4	19233	8362	394	9381.1	1095.9	
#电力生产和电力供应	13033	16114.4	8000.2		7752.7	361.5	
燃气生产和供应业	5565.2	5884.5	512.2		2731.6	2640.7	
水的生产和供应业	2544.1	2551.6	2215.6		336		

计量单位：万元

外商资本	主营业务收入	主营业务成本	主营业务税金及附加	其他业务收入	其他业务利润	营业费用
	25206.2	14685.7	235.8	11088.4	631.2	1588.1
	16402.7	10911.9	169.3	1737.1	-530.8	270.2
300	181078.4	162951.7	2385.3	949.2	100.9	5508.1
	42005.7	38542.2	35.3	426.1	5.9	912.2
	73841.8	65129.3	2203.3	207.1	-94.1	1566.8
	6563	4975.7	112.9	103.8	103.8	362
248	59377.2	44264.4	122.9	507.8	-38.9	6720.8
248	28342	20385.7	75.2	404.1	-17.1	4098.1
	16792.1	10379	1115.6	261.2	-74.7	2657.4
	16792.1	10379	1115.6	261.2	-74.7	2657.4
	86852.1	80240.9	392.5	1499.3	134.3	3114.2
	81654	75817.3	382.6	1331.3	126.8	2888.9
	3681.4	2980.6	3.5	168	7.5	225.3
	4708.5	4095.1	6.4	14.2	12.9	196.4
	609.9	439.3	4.6	5.8	5.8	29.7
	609.9	439.3	4.6	5.8	5.8	29.7
	8656.9	7243.3	82.1	331.3	-6.7	218.9
	6445.1	5027.1	12.3	45.9	10.2	391.1
	16549.5	14827.7	26	324.6	20.2	842.8
	2377.7	1973.9	10.5	8.2	4.1	148.6
1734.3	45503.2	30617.4	142.1	975.7	717.8	3003.5
1734.3	20546	10593.5	85.4	477.4	280.4	105.7
	85675.1	73667.9	383.9	4068	202.7	2834.8
	2667.8	2523.2	7.7	11.9	11.9	41
	6109.8	4944.2	40.2	75.2		539.1
	1364	1195.6	3.9			54
	25643.5	19879.8	55.6	3.5	3.5	1541.3
	956	880	3.7			36.2
	27506.2	22614.9	66.8	1039.8	207.7	1607.6
2970	103463.2	87107.1	247.5	130.2	109.4	4078.8
	22858.9	17758.6	107	126.4	105.6	2964.9
	20233.3	18695.7	44.9	301.3	43.5	47.3
	90708.6	76495	282.2	679.6	58.8	1435.4
1245	51391.9	44493.1	120.9	516.3	315.6	2002.6
	5265.3	4191.2	32.9	58.5	54.4	333.6
	3373	2834	4.8	11	2	118.9
	5493.4	4900.2	0.4	5091.4	78	144.7
	149831.6	126428.7	438.1	2902.8	1079.4	9615.2
	140384.3	134999.4	893.7	1258.5	132.5	153.1
	128846.7	125314.9	827.2	1193.8	98.2	
	5444	3816.6	28.2	86.9	86.9	891.4
	2348.1	1648.1	29.5	87.6	83.5	310.9

2-49 续表 6

项　　目	管理费用	税　金	财产保险费	差旅费	工会经费	办公费	职工教育费
总　　计	**70818.1**	**1756.5**	**854.5**	**2829.6**	**855.1**	**3164.8**	**710**
按登记注册类型分							
内资企业	68415.6	1724.7	836.9	2728.6	842.4	3031.5	705.5
国有企业	7719.5	65.5	26.7	213.9	90.7	267.9	156.7
#中央企业	3827.7	38.5	5.9	155.3	40.1	189.5	56.5
地方企业	3891.8	27	20.8	58.6	50.6	78.4	100.2
#自治区属企业	2918.2	0.6	18.9	26.9	34.3	35	22.3
地区(州、市)属企业	418	17		3.6	8.1	14.3	72.4
县(市)属企业	465.4	9.1	1.9	23.2	7.7	21.7	4.9
集体企业	1206.4	40.1	6.3	44.2	3.1	20.1	7.1
#自治区属企业							
地区(州、市)属企业							
县(市)属企业	906.9	16.6	2	20.5	2.4	7.5	2.4
镇属企业	275.3	23.5	4.3	19.6	0.7	11.3	4.7
乡属企业							
股份合作企业	515.8	7.9		35.3	9.6	6.5	8.6
联营企业							
#国有联营企业							
集体联营企业							
国有与集体联营企业							
其他联营企业							
有限责任公司	31655.5	872.1	423.8	1217.2	400.4	1598.8	268.7
#国有独资公司	1621.5	62.7	21	18.4	20.1	288.9	15.1
其他有限责任公司	30034	809.4	402.8	1198.8	380.3	1309.9	253.6
股份有限公司	19510.6	526.6	300.4	627.7	271	597.8	161.2
私营企业	7807.8	212.5	79.7	590.3	67.6	540.4	103.2
#私营独资企业	1461.6	14	16.1	37.1	8.3	83.1	11.5
私营合伙企业	215.1	10.3	26.9	40.5	1	46.3	1.8
私营有限责任公司	6016.3	188.2	36.7	510.8	58.3	411	89.9
私营股份有限公司	114.8			1.9			
港、澳、台商投资企业	660.8	3.3		43	6.2	80.4	3.6
外商投资企业	1741.7	28.5	17.6	58	6.5	52.9	0.9
在总计中：国有控股企业	20480.8	409	304.4	534.9	286.9	1039.9	300.8
在总计中：农村工业							
按轻、重工业分							
轻工业	21152.1	534.7	309.7	892.3	207.6	894.3	166.4
以农产品为原料	19306.3	488.4	286.2	772.6	184.6	749.1	148.3
以非农产品为原料	1845.8	46.3	23.5	119.7	23	145.2	18.1
重工业	49666	1221.8	544.8	1937.3	647.5	2270.5	543.6
采掘工业	6418.5	37.4	40.7	223.7	96	216	137.7
原料工业	26290	583.4	418.9	797.6	403.5	1396.1	284.3
加工工业	16957.5	601	85.2	916	148	658.4	121.6
按企业规模分							
大型企业							
中型企业	36467	868.5	554.8	1279.2	477.8	1252.4	304.7
小型企业	34351.1	888	299.7	1550.4	377.3	1912.4	405.3

计量单位：万元

排污费	财务费用		营业利润	投资收益	补贴收入	营业外收入
		利息支出				
396.8	**31930.2**	**30882.3**	**22925.4**	**8287.3**	**8565**	**1818.6**
396.8	30294.9	29248.1	9909	8402.3	8559.8	1785.7
20.8	3180.9	2961	-4910.1	-62.3	356.9	102.2
15	2173.1	1866.1	-10052.5			54.3
5.8	1007.8	1094.9	5142.4	-62.3	356.9	47.9
3.6	405.4	492.5	5654.7	-62.3	300.3	24.7
0.3	411.7	411.7	-307			6.6
1.9	181.4	181.4	-143.5		56.6	14.9
0.3	441.8	440.6	-521.6		286	67.8
0.3	439.4	438.8	-629.2		258.4	66.5
	2.2	1.6	102.4			1.3
1.7	37.1	37.1	1523.3			
198.3	15149.1	14020.3	-724.8	-348.1	6590.3	1162.7
24.1	1044.8	1013.8	-400.5			215.7
174.2	14104.3	13006.5	-324.3	-348.1	6590.3	947
85.8	9957.7	10323.3	6478.6	8895	554.2	160.4
89.9	1528.3	1465.8	8063.6	-82.3	772.4	292.6
17.8	288.8	284.2	1423.5		2	3.1
22.4	23.3	22.2	744.6			
49.7	1166.2	1109.4	5776.1	-82.3	770.4	286.6
	50	50	119.4			2.9
	471	470	1542.8		5.2	19.2
	1164.3	1164.2	11473.6	-115		13.7
57.5	6031.9	5779.8	-556.8	-96.3	356.9	350.4
195.6	11977.4	11091.6	671.2	701.7	2923.3	666.2
180.8	10993.6	10109.4	1244.4	701.7	2868.3	632.9
14.8	983.8	982.2	-573.2		55	33.3
201.2	19952.8	19790.7	22254.2	7585.6	5641.7	1152.4
9.2	812.6	797.4	6617	-160.7	111	96.6
125.7	9622.4	9279.6	6412.7	-453.2	4508.9	486.9
66.3	9517.8	9713.7	9224.5	8199.5	1021.8	568.9
166.1	19997.2	19971.2	9548.7	7972.7	3311.3	675.6
230.7	11933	10911.1	13376.7	314.6	5253.7	1143

2-49 续表 7

项　　目	管理费用		财产保险费	差旅费	工会经费	办公费	职工教育费
		税　金					
按行业分							
煤炭开采和洗选业	4981.1	30.7	24.4	101.7	90	189.4	132.9
石油和天然气开采业	1437.4	6.7	16.3	122	6	26.6	4.8
#天然原油和天然气开采							
黑色金属矿采选业							
有色金属矿采选业							
非金属矿采选业							
#采盐							
其他采矿业							
农副食品加工业	6221.5	109.8	58.8	241.7	75.6	186.2	50.3
#谷物磨制	883.1	31.1	15	58.9	11.7	50.6	7.1
饲料加工	2219.1	41	24.3	74.6	14.8	76.1	13.2
制糖	911.7	26.6	2.4	5.6	18.7	10.6	14
食品制造业	4436.6	111.3	42.2	192.6	46	276.6	35.6
#罐头制造	2700	74.9	9.5	69.2	21.4	44.5	17.4
饮料制造业	2957.6	66.7	66.7	83.2	9.9	76.4	18
#酒的制造	2957.6	66.7	66.7	83.2	9.9	76.4	18
烟草制品业							
纺织业	3262	174.2	10.1	126.6	27.2	108.3	17.3
#棉、化纤纺织及印染精加工	2768.7	168.9	6.9	110.8	12.2	100.1	16.6
毛纺织和染整精加工	424.6	0.2	1.2	14.4	15	6.4	0.5
纺织服装、鞋、帽制造业	476.4	9.5	4.1	15.3	2.9	4.4	8.5
皮革、毛皮、羽毛(绒)及其制品业	129.8	1.5	0.9	2.7	3	0.5	
#皮革鞣制加工							
皮革制品制造	129.8	1.5	0.9	2.7	3	0.5	
木材加工及木、竹、藤、棕、草制品业	732.9	2.1	10	10.8	1.7	26.5	1.6
家具制造业	468.5	1.8	4.4	42.8		38.8	1.2
造纸及纸制品业	772.2	10.6	4.9	43.6	19.1	57.8	17.1
印刷业和记录媒介的复制	223	4.8	3.7	10.6	0.9	6.9	1.5
文教体育用品制造业							
石油加工、炼焦及核燃料加工业	2254.1	55	5.6	44.3	31.3	47.6	13.6
#炼焦	755.4	21.1	1.6	20.6	13.8	33.7	10.3
化学原料及化学制品制造业	5773.1	49.9	171.3	233	57.6	230.4	77.2
#基础化学原料制造	94.2	5.6	14.8	10	0.4	10.7	0.3
肥料制造	514.4	8.1	43.7	11	15.1	40.5	
医药制造业	84.6	3.2	2.1	3.3	0.7	3.4	0.5
化学纤维制造业	827.2		94.8	56.3		32	
橡胶制品业	25.5	1.2		2.3		6.8	
塑料制品业	1421.2	49.2	4.9	64.9	7.2	102.7	14.2
非金属矿物制品业	5827.8	130	39.1	247.9	73.4	292.6	55.9
#水泥制造	3419.2	66.5	13.3	14.5	55	74.9	41.6
黑色金属冶炼及压延加工业	443.3	5.8	0.6	95.2	6.4	47.1	4.8
有色金属冶炼及压延加工业	4238.5	52.3	65.5	88.1	52.6	96.1	29.4
金属制品业	2521.8	136.5	6.8	121.9	28.1	106	26.5
通用设备制造业	792.8	35.2	0.9	30.6	13.7	18.4	12.4
专用设备制造业	461.1	18.6	2.7	19	8.1	9.9	6
交通运输设备制造业	514.3	22.6		2.4		6.2	0.3
电气机械及器材制造业	7908.2	272.4	42.3	389.1	73.1	215.5	16.1
通信设备、计算机及其他电子设备制造业							
仪器仪表及文化、办公用机械制造业							
工艺品及其他制造业							
废弃资源和废旧材料回收加工业							
电力、热力的生产和供应业	10238.1	364.2	158.8	375.6	211.8	908.9	159.2
#电力生产和电力供应	9198.4	330.6	154.1	285.4	194.5	853.5	146.2
燃气生产和供应业	759.4	13.3	1.8	35.7	1.3	17.2	1.4
水的生产和供应业	628.1	17.4	10.8	26.4	7.5	25.6	3.7

计量单位：万元

排污费	财务费用	利息支出	营业利润	投资收益	补贴收入	营业外收入
9.2	674.7	659.5	3671.8		17.5	74.5
	137.9	137.9	2945.2	-160.7	93.5	22.1
71.4	2063.4	1926.4	3069.4	94.1	2555.3	191.4
0.9	254	253.6	1394.7	7	149.2	8.5
12.5	594	533.2	2035	202	2123.5	95.3
51.5	298.1	298	6.4			0.1
41.2	4088.3	4088.9	-294.7	-75	3	90.5
28.9	2915.1	2932.4	-1849.2	-75		6.4
19.4	475.7	279.6	-867.9	40.4		215.6
19.4	475.7	279.6	-867.9	40.4		215.6
19.2	3059.3	2751.4	-2784.8	37.4	188.8	80.6
2.7	3058.6	2750.9	-2837.6	37.4	188.8	80.6
16.5	2.9	2.7	52			
6.1	63.2	63.2	-116.1			1.2
	6.8	6.8	5.5			
	6.8	6.8	5.5			
12	20.9	20.9	352.1			0.1
1.3	298	296.7	258.3		0.8	14.2
22.3	610.9	605	-509.9	515.4	95.1	53.2
1.2	18.9	18.1	6.9	89.4	26.1	0.4
8.2	147.3	147.3	10068.8	-24.4	66.8	4.2
8.2	58.4	59.6	9240.2	-24.4		1.7
4.5	690.1	299.2	2527.9	281.6	790.5	169
	5.6	5.6	8		7.5	0.1
3.6	41.7	42.2	30.2		218.4	136.1
	4.6	4.6	21.3			0.8
	607.1	370	2736			
15			10.6			
0.8	804.6	628.7	1200.3		634.6	177.5
22.5	3320.3	3306.3	2991.1	-567.5	2285.5	158.7
10.2	1491.9	1485.4	-2777.1	-567.5	2285.5	92.6
21.8	11.5	11.3	1034.1	-82.1		
39.9	1712.5	1798.5	6603.8	-62.3	912.8	50.2
10.6	378.6	376.1	2190.5	-101.6	60.1	4.8
1.4	120.7	120.7	-151.5	2.5	74	38.7
0.2	25	24.8	-68.8		0.9	10.6
	-5.8	-5.8	17.6			8.3
35.8	6642.2	7023.9	-121.4	8298.6	43.3	124
32.8	5621.4	5590.4	-11388.9	1.5	685.3	318.2
29.3	4180.6	4149.8	-10576.2	1.5		304.9
	147.3	147.1	-112			3.9
	184.8	184.8	-369.8		31.1	5.9

2-49 续表 8

项 目	营业外支出	利润总额	应交所得税	广告费	劳动、待业保险费	养老保险和医疗保险费	住房公积金和住房补贴
总 计	**5361.4**	**36532.8**	**6629.6**	**1450.2**	**2032.4**	**7819**	**1690.9**
按登记注册类型分							
内资企业	5348.5	23606.4	3915	1450.2	2030.2	7762.4	1672.2
国有企业	725.9	-4942.7	82.5	4	440.6	1632.6	399.7
#中央企业	615.2	-10316.9	23.5	4	50.6	923.8	162.1
地方企业	110.7	5374.2	59		390	708.8	237.6
#自治区属企业	84.4	5833	1		377.7	450.8	212.3
地区(州、市)属企业	11.9	-312.3	49.7		11.2	146	2.9
县(市)属企业	10.7	-82.7	0.5		1.1	80.9	22.4
集体企业	28.7	-196.5	46.5		14.5	257.1	0.2
#自治区属企业							
地区(州、市)属企业							
县(市)属企业	7.2	-311.5			14.5	252.5	0.2
镇属企业	21.1	82.6	35.7				
乡属企业							
股份合作企业	9.6	1513.6	516.7		3.8	67.1	
联营企业							
#国有联营企业							
集体联营企业							
国有与集体联营企业							
其他联营企业							
有限责任公司	3252	3429.8	1342.5	1143.9	1186.6	3301.8	566.2
#国有独资公司	335.5	-520.3		0.5	234.4	226.7	85.3
其他有限责任公司	2916.5	3950.1	1342.5	1143.4	952.2	3075.1	480.9
股份有限公司	687.3	15400.9	984.2	170.5	361.4	2204.3	704.2
私营企业	645	8401.3	942.6	131.8	23.3	299.5	1.9
#私营独资企业	104	1324.6	159.2	3.5	0.5	47.6	
私营合伙企业		744.6	209.2				
私营有限责任公司	541	6209.8	574.2	128.3	17.6	251.9	1.9
私营股份有限公司		122.3			5.2		
港、澳、台商投资企业		1567.2	58.8		1.8	23.9	5.4
外商投资企业	12.9	11359.2	2655.8		0.4	32.7	13.3
在总计中：国有控股企业	1628.8	-1278.3	672.1	4.5	970.5	3478	1116.1
在总计中：农村工业							
按轻、重工业分							
轻工业	1597.2	3366.7	1072.9	1244.9	476.1	2180.6	225.7
以农产品为原料	1543.8	3904.8	997	1134.2	463.4	1977.1	189.1
以非农产品为原料	53.4	-538.1	75.9	110.7	12.7	203.5	36.6
重工业	3764.2	33166.1	5556.7	205.3	1556.3	5638.4	1465.2
采掘工业	975.7	5984.7	415.1	9.6	53.5	732.6	61.3
原料工业	2370.2	8585	3899.7	35.7	1159.3	3621.8	1205.2
加工工业	418.3	18596.4	1241.9	160	343.5	1284	198.7
按企业规模分							
大型企业							
中型企业	2553.2	19251.6	1561.9	413	1328	4415.4	1279.5
小型企业	2808.2	17281.2	5067.7	1037.2	704.4	3403.6	411.4

计量单位：万元

本年应付工资总额	主营业务应付	本年应付福利费总额	主营业务应付	本年应交增值税	本年进项税额
62572.2	**61670.6**	**8390.6**	**8262.7**	**44348.2**	**121911.3**
60285.2	59470.6	8097	7978.3	41510	117834.7
9160.4	9044.3	1011.3	996.5	5395.3	9365.8
5356.8	5356.8	633.8	633.8	2483.9	1465.8
3803.6	3687.5	377.5	362.7	2911.4	7900
2932	2881.5	240.7	235	2628.4	7603.1
410.8	346.2	56.4	47.3	150.1	181.1
407.3	407.3	72	72	120	64.1
1044.3	1044.3	49.8	49.8	1171.6	2033.1
809	809	16.8	16.8	1032.2	1700.2
224.7	224.7	31.5	31.5	112.3	257
533.8	533.8	81.6	81.6	391.8	948.3
26934.7	26520.3	4094.7	4060.5	16714	51687.1
1541.5	1541.5	185.3	185.3	928.3	1811.3
25393.2	24978.8	3909.4	3875.2	15785.7	49875.8
13525.4	13465.4	1890.5	1881.9	14079.3	34441.6
9086.6	8862.5	969.1	908	3758	19358.8
1320.7	1315.6	160.2	132.9	633	686.3
185.5	184	7.9	7.6	226.9	2504.5
7489.5	7272	793.6	760.1	2705.5	16010.7
90.9	90.9	7.4	7.4	192.6	157.3
513.8	513.8	33.3	33.3	209.8	1796.7
1773.2	1686.2	260.3	251.1	2628.4	2279.9
18911.4	18795.3	2300.6	2285.8	16409.4	19893.7
20155.1	19733	2524.3	2485	11506.6	43283.8
17563.6	17151.5	2199.2	2159.9	10985.7	40739.9
2591.5	2581.5	325.1	325.1	520.9	2543.9
42417.1	41937.6	5866.3	5777.7	32841.6	78627.5
8368.8	8332.8	1266.8	1240.8	3737.5	4006.9
20461.8	20383.4	2847.7	2831.8	22583.3	37182
13586.5	13221.4	1751.8	1705.1	6520.8	37438.6
33035.6	32877	4468.4	4449.5	30327	61735.9
29536.6	28793.6	3922.2	3813.2	14021.2	60175.4

2-49 续表 9

项目	营业外支出	利润总额	应交所得税	广告费	劳动、待业保险费	养老保险和医疗保险费	住房公积金和住房补贴
按行业分							
煤炭开采和洗选业	946.7	3113.6	415.1	0.5	48.4	709.5	48.7
石油和天然气开采业	29	2871.1		9.1	5.1	23.1	12.6
#天然原油和天然气开采							
黑色金属矿采选业							
有色金属矿采选业							
非金属矿采选业							
#采盐							
其他采矿业							
农副食品加工业	427.4	5484.1	329.5	86	134.4	572.1	41
#谷物磨制	9	1550.4	140.1	61.6	23.9	104.7	20.1
饲料加工	35.2	4420.6	62	17.8	12.5	93	2.8
制糖	188.2	-181.7	1.5		89.1	256.8	4.8
食品制造业	802.4	-1078.6	573.7	794.8	10.7	114.4	19.3
#罐头制造	783.8	-2701.6		17	7.2	76.2	19.3
饮料制造业	146.6	-758.5	51.5	170.5	97.4	205.6	26
#酒的制造	146.6	-758.5	51.5	170.5	97.4	205.6	26
烟草制品业							
纺织业	34.6	-2512.6	17.1	1.2	56.2	609.3	56.8
#棉、化纤纺织及印染精加工	33.2	-2564			39.4	407.4	9
毛纺织和染整精加工	1.4	50.6	17	1.2	14.8	182.8	44.4
纺织服装、鞋、帽制造业	74.5	-189.4		1.1	9.3	209.1	28.4
皮革、毛皮、羽毛(绒)及其制品业	4.6	0.9			3	38.9	
#皮革鞣制加工							
皮革制品制造	4.6	0.9			3	38.9	
木材加工及木、竹、藤、棕、草制品业	6.6	345.6	122.3			1	
家具制造业	15.9	257.4		80.9	1.8	9.6	
造纸及纸制品业	44.9	108.9	2.6	78	148.5	175.8	13.1
印刷业和记录媒介的复制	8.8	114	0.8	2.6	3.9	51.9	4.5
文教体育用品制造业							
石油加工、炼焦及核燃料加工业	493.7	9621.6	2671.8	2.2	1.9	101.9	1.7
#炼焦	363.8	8853.6	2508.4		1.2	68	
化学原料及化学制品制造业	348.2	3421	541.6	45.8	13.7	205	86.9
#基础化学原料制造		15.6	19.1		3.7	4.9	12
肥料制造	188.1	196.6	24.6	4.4		9.5	8
医药制造业	0.1	22		0.6			
化学纤维制造业		2736	21.8				
橡胶制品业		10.6	2.9				
塑料制品业	44.4	1968	21	21.7	26	81.5	12
非金属矿物制品业	733.1	4134.7	788.7	4	42.3	387.3	65.3
#水泥制造	694.7	-1661.2	13.4	2	38.1	306.1	64.2
黑色金属冶炼及压延加工业		952	14.2	1.2		2.2	
有色金属冶炼及压延加工业	89	7415.5	486.6	2.5	398.7	578.1	208.4
金属制品业	23.9	2129.9	81.9	35.8	164	208.5	39.8
通用设备制造业	18.9	-55.2	2.6	0.7	103.7	187.8	21.2
专用设备制造业	3.8	-61.1		0.6	8.7	161.1	1.9
交通运输设备制造业	1.6	24.3	2.6	4	2.7	74.6	8.4
电气机械及器材制造业	95.9	8248.6	322.3	90.8	36.5	532	110.9
通信设备、计算机及其他电子设备制造业							
仪器仪表及文化、办公用机械制造业							
工艺品及其他制造业							
废弃资源和废旧材料回收加工业							
电力、热力的生产和供应业	941.1	-11325	86.4	15.4	709.4	2471.1	857.7
#电力生产和电力供应	875.6	-11145.4	86.4	2.5	702.9	2347.4	842.5
燃气生产和供应业	7	-115.1	8.7		2	14.8	1.5
水的生产和供应业	18.7	-351.5	63.9	0.2	4.1	92.8	24.8

计量单位：万元

本年应付工资总额	主营业务应付	本年应付福利费总额	主营业务应付	本年应交增值税	本年进项税额
6650.3	6614.3	1020.3	994.3	2189.3	2710.2
1718.5	1718.5	246.5	246.5	1548.2	1296.7
4741.1	4667.2	830.4	812.7	2103.1	14844.8
777.9	730.4	242.6	236.5	488	5286.2
1213	1213	149.4	149.4	288.4	1481.5
882.4	882.4	125.1	125.1	298.8	853.8
2812.9	2547	322.4	309.8	891.6	8388.6
1133.4	1123.4	153.6	152	459.1	3834.3
1065	1057	142.7	142.7	652	1924.3
1065	1057	142.7	142.7	652	1924.3
5472.8	5427.7	413	406.6	4993	10221
4561	4520.5	285.4	279.7	4687.1	9612.5
750.6	746	105.1	104.4	240.9	417.5
817.7	817.7	126.9	126.9	63.4	29.4
129.4	118.5	18.1	16.6	57.4	46.9
129.4	118.5	18.1	16.6	57.4	46.9
108	108	15.7	15.7	180.7	153.2
1238.6	1238.6	115.6	115.6	124.2	1102.5
1322.5	1314.2	178.2	177.1	935	1823.4
272.1	272.1	38	38	113.8	278.1
1320.3	1289.9	144.4	131	2678.3	4913.5
1145.5	1119.5	121.2	108.3	2246.6	1097.6
1672.9	1657.9	262.4	260.3	3201.9	9426.6
94.6	79.6	29.5	27.4	12.4	203.8
401.6	401.6	59.6	59.6	93.4	175.1
39.1	39.1	5.4	5.4	39.5	24.6
930.1	930.1	129.5	129.5	1176.4	3183.4
32.4	32.4			36	
1370.7	1338.7	188.8	185.6	694.9	3212
4242	4005.5	807.9	780.1	3352.1	6027.3
1639.1	1631.1	451.9	451.5	1355.3	1372.8
615.4	590.4	53.3	53.3	405.6	2668.7
3666.9	3666.9	347.8	347.8	4830.5	13408.7
3277.9	3277.9	321.3	321.3	981.2	5001.4
644.5	644.5	96	96	343.6	567.5
460.9	460.9	60.6	60.6	24.5	309.5
262.8	262.8	36.8	36.8	102.6	1695.7
4874.6	4760	665.5	649.4	2183.3	22274.9
12032	12032	1659	1659	10078.6	5903.1
11142.1	11142.1	1526.2	1526.2	9766	5903.1
327.8	327.8	64	64	230.1	429.5
453	453	80.1	80.1	137.4	45.8

2-49 续表 10

项 目	本 年 销项税额	工业中间 投入合计	直接材料	制造费用中 的中间投入	管理费用中 的中间投入	营业费用中 的中间投入
总 计	**156071.9**	**920678.3**	**758889.8**	**59130**	**36121**	**34614.5**
按登记注册类型分						
内资企业	150381.3	875169.5	720665.9	55782.8	34300.3	34132.8
国有企业	14510	69289.4	58320.5	3452.4	3190.6	1145
#中央企业	3526.2	32737.6	27230	1165.4	1646.7	522.4
地方企业	10983.8	36551.8	31090.5	2287	1543.9	622.6
#自治区属企业	10190.1	32725.6	29049.1	1898.3	1056.9	315.9
地区(州、市)属企业	321.6	1474.7	520.1	176.3	220.8	145.8
县(市)属企业	416.3	1865.8	1252.2	63	233.2	136
集体企业	3220.6	15307.4	13184.6	669.9	548.3	462.8
#自治区属企业						
地区(州、市)属企业						
县(市)属企业	2759.8	13129.5	11493.4	324.6	419.8	452.3
镇属企业	357.8	1644.8	1270.6	238.4	123.1	10.5
乡属企业						
股份合作企业	1340.1	5472.7	4848	24.7	299	263.9
联营企业						
#国有联营企业						
集体联营企业						
国有与集体联营企业						
其他联营企业						
有限责任公司	63996.9	392795.5	319316.3	25291.6	16862.4	16183.3
#国有独资公司	2631.5	15023.5	13390.3	200.8	387.6	
其他有限责任公司	61365.4	377772	305926	25090.8	16474.8	16183.3
股份有限公司	45144.7	214252.4	175810.7	9262.9	8519.4	10701.7
私营企业	22169	178052.1	149185.8	17081.3	4880.6	5376.1
#私营独资企业	1140.5	13544.8	11154.8	849.7	833.5	418
私营合伙企业	2694.4	14706	13200.2	1069.4	175.5	237.6
私营有限责任公司	18111.8	146215.8	121738.3	15046.2	3804.6	4460.5
私营股份有限公司	222.3	3585.5	3092.5	116	67	260
港、澳、台商投资企业	1696.2	10576.7	9434.1	303.9	214.5	153.2
外商投资企业	3994.4	34932.1	28789.8	3043.3	1606.2	328.5
在总计中：国有控股企业	35473	154665.1	127015.5	10025.7	9601.6	1990.4
在总计中：农村工业						
按轻、重工业分						
轻工业	48420.1	348730.9	287286.9	21697.3	11879.5	15889.8
以农产品为原料	45531.2	328296.7	272612.1	19096.5	10501.4	15093.1
以非农产品为原料	2888.9	20434.2	14674.8	2600.8	1378.1	796.7
重工业	107651.8	571947.4	471602.9	37432.7	24241.5	18724.7
采掘工业	7719	24581.5	15340	2906.8	4112.7	1409.4
原料工业	57762.2	275726.3	226396.7	18889.6	13478.1	7346.7
加工工业	42170.6	271639.6	229866.2	15636.3	6650.7	9968.6
按企业规模分						
大型企业						
中型企业	86695.9	430927.1	348347.2	28366.7	17622.8	16593.2
小型企业	69376	489751.2	410542.6	30763.3	18498.2	18021.3

计量单位：万元

经营活动产生的现金流量净额	投资活动产生的现金流量净额	筹资活动产生的现金流量净额	全部从业人员年平均人数(人)	利税总额	亏损企业亏损额
110616.5	**-109722.1**	**69648.3**	**45474**	**88223.4**	**31131.1**
99476	-105024	65329.3	44263	72458.8	31105.5
12532.7	-9122.6	6519.9	6746	814.1	12104.7
5673.8	-8103.6	6833	4159	-7628.7	10952.7
6858.9	-1019	-313.1	2587	8442.8	1152
5662.3	-522.3	-274.2	1678	8571.6	444.6
833.4	-292.9	0.2	454	-145.8	463.1
407.5	-100.2	-131.3	356	66.5	156.9
5008.9	-20492.6	2029.9	1160	1094.2	548.4
4608.8	-20355.7	2024.9	961	824.4	461.3
348	-136.9		185	207.3	87.1
392.4	-217.7	-137	459	1925.7	
67460.2	-29517	5962.9	21029	24553.6	17652.8
1396.4	-604.3	-1316.2	518	497.8	607.3
66063.8	-28912.7	7279.1	20511	24055.8	17045.5
2246.8	-32999.7	42152.8	7175	31025.4	90.6
11835	-12674.4	8800.8	7694	13045.8	709
756.4	-56.1	-87.9	1047	2155.9	25.2
			193	996.1	
11078.6	-12618.3	8888.7	6358	9573.7	683,8
			96	320.1	
-2218.1	-1146.3	3028.2	283	1777	16.9
13358.6	-3551.8	1290.8	928	13987.6	8.7
16997	-14762	1034.8	10043	16760.3	15020.2
64508.4	-37867.8	20832	19364	19059.2	12868.2
57211.7	-38065.5	16028.6	17331	19009.9	11886.1
7296.7	197.7	4803.4	2033	49.3	982.1
46108.1	-71854.3	48816.3	26110	69164.2	18262.9
9152.6	-12263.2	12699	6553	10127.3	586
44228.7	-22321	-16476.7	11002	33058.6	15237
-7273.2	-37270.1	52594	8555	25978.3	2439.9
55924.3	-66208	66424.9	21957	52384.2	14144.3
54692.2	-43514.1	3223.4	23517	35839.2	16986.8

2-49 续表 11

项　　目	本　年销项税额	工业中间投入合计	直接材料	制造费用中的中间投入	管理费用中的中间投入	营业费用中的中间投入
按行业分						
煤炭开采和洗选业	4865.1	11836.3	4110.4	2681.8	2960	1409.4
石油和天然气开采业	2853.9	12745.2	11229.6	225	1152.7	
#天然原油和天然气开采						
黑色金属矿采选业						
有色金属矿采选业						
非金属矿采选业						
#采盐						
其他采矿业						
农副食品加工业	15032.9	139939.1	126045.3	5273.3	3233.3	3323.8
#谷物磨制	4882.1	35488.6	33732.3	391.7	397.8	712.8
饲料加工	1303.4	57906.6	53983.5	1138.3	1270	920.8
制糖	1129.7	3098.7	1568.4	536.4	349.3	346.5
食品制造业	6877.1	59985.6	44692.9	2825.4	2930.7	5448.3
#罐头制造	2476.1	32430.3	22980.1	1135.3	1675.3	3724.5
饮料制造业	2367.7	12740.1	7636.6	710.5	1736	2181.3
#酒的制造	2367.7	12740.1	7636.6	710.5	1736	2181.3
烟草制品业						
纺织业	15231.1	73773.7	63834.2	2494.8	1412.8	2972.6
#棉、化纤纺织及印染精加工	14320.9	70169.4	61643.5	1506.4	1213.6	2747.3
毛纺织和染整精加工	654.2	1662.3	1000.6	278.3	155.2	225.3
纺织服装、鞋、帽制造业	92.6	2852	2248.7	114.2	229.5	196.4
皮革、毛皮、羽毛(绒)及其制品业	104.3	235.7	142.4	28.4	54.3	3.8
#皮革鞣制加工						
皮革制品制造	104.3	235.7	142.4	28.4	54.3	3.8
木材加工及木、竹、藤、棕、草制品业	198.7	6753.8	5618.8	510.4	474.7	129
家具制造业	1226.7	4795	2289.5	1426.3	441.7	339.5
造纸及纸制品业	1072.7	12316.5	10303.2	713.1	282.1	407.2
印刷业和记录媒介的复制	393	2036.3	1762.6	63.5	113.3	78
文教体育用品制造业						
石油加工、炼焦及核燃料加工业	7208.7	28190.5	22389	2273.1	1454.8	1926.3
#炼焦	2961.6	10958.6	8413.5	1923.1	480.6	83
化学原料及化学制品制造业	12789.7	57489.2	45997.9	4497.8	3837.3	2466.1
#基础化学原料制造	201.2	2016.7	1495.4	426.2	63.3	26.2
肥料制造	313.4	4995.1	4098.9	113.9	317.4	423.2
医药制造业	64.1	1327.4	1108.8	82.4	80.6	51
化学纤维制造业	4359.8	24417.7	15946.2	6873.3	509.4	481.7
橡胶制品业		781.8	617.5	114	24.3	26
塑料制品业	3805.4	21567.8	17642.1	1445.5	856.6	819
非金属矿物制品业	6450.7	87532.9	68812.6	8689.2	3728.2	2982.6
#水泥制造	1370.9	17640.7	8745.2	3045.5	2212.2	2145.9
黑色金属冶炼及压延加工业	3094.7	16346.7	13259.8	2764.8	302.9	14.9
有色金属冶炼及压延加工业	18158.4	71809.8	64318.2	2643	1918	1218.1
金属制品业	5781.7	47103.1	41643.4	2478	1145.9	1457.2
通用设备制造业	911.1	3405.7	2251.2	478.3	278.3	277.2
专用设备制造业	303.2	2991.8	2510.7	279.1	109.1	67.9
交通运输设备制造业	1798.3	3625.8	3134.3	203.2	204.2	89.9
电气机械及器材制造业	24461.7	122289.8	102527	4966.9	2329	5824.7
通信设备、计算机及其他电子设备制造业						
仪器仪表及文化、办公用机械制造业						
工艺品及其他制造业						
废弃资源和废旧材料回收加工业						
电力、热力的生产和供应业	15505.2	86527	73682.3	3337.1	3810.8	75.4
#电力生产和电力供应	15309.9	77948.2	67220.3	3211.2	3336.1	
燃气生产和供应业	776.9	3534.3	2592.4	369.3	185.2	240.1
水的生产和供应业	286.5	1727.7	542.2	568.3	325.3	107.1

计量单位：万元

经营活动产生的现金流量净额	投资活动产生的现金流量净额	筹资活动产生的现金流量净额	全部从业人员年平均人数(人)	利税总额	亏损企业亏损额
6613.2	-8777.9	9029.2	5220	5538.7	205.8
2539.4	-3485.3	3669.8	1333	4588.6	380.2
5162.9	-16383.8	9153.7	4205	9972.5	3302.7
-3106.7	-2301.9	3702.6	711	2073.7	81.7
5821.6	-1015.3	-41.3	959	6912.3	409.8
-6659.9	-127		942	230	505.7
22331.2	-1074.5	-3221.3	2027	-64.1	4123.2
11010.3	-297.7	-440.4	953	-2167.3	3656.6
-653.9	-4.7	2362.6	1257	1009.1	1079.5
-653.9	-4.7	2362.6	1257	1009.1	1079.5
21310.8	-20583	7867.8	6257	2872.9	3048
21197.8	-20583	7901.7	5318	2505.7	3048
26.9		-33.9	779	295	
875.8			723	-119.6	189.4
19.3		-49.7	113	62.9	
19.3		-49.7	113	62.9	
217.4			173	608.4	25.2
6235.7	181.5	4750	760	393.9	
2025.7	-272	-616.7	1599	1069.9	140.4
-59.5	-10.9	-68.1	273	238.3	2.9
14103	-5987.3	2026.4	984	12442	14.6
13048.7	-4504.5	1106.2	819	11185.6	
853	-4495.9	-5378.2	1404	7006.8	354.3
432	-190	597.5	97	35.7	45
435.9	-276.9	-253.2	417	330.2	144.6
123.6	-23.8	-55.3	36	65.4	
6199.4	263.4	600.3	877	3968	
			45	50.3	
6423.7	-378.7	-7871.7	545	2729.7	86
10604.7	-9725.7	2938.4	3486	7734.3	1901
6788.2	-3986.4	-1225.9	1202	-198.9	1684.8
1336.1	-2387.7	800	548	1402.5	21.3
11107.4	-1307.8	-4362.7	2434	12528.2	
935	-1477.2	1861.9	2114	3232	312.4
-1127.6	142.4	283.6	530	321.3	211.7
-156.8	-150.3	262.3	379	-31.8	100.6
9.3	-7.4		218	127.3	
-17187	-28074.6	53456.8	2468	10870	1588.7
10396.7	-4638.6	-8669	4793	-352.7	13446.1
7038.4	-3210.7	-7319.9	4113	-552.2	13196
15.4	-972.2	996.3	262	143.2	245.6
362.6	-90.1	-118.1	411	-184.6	351.5

2-50 伊犁哈萨克自治州规模

项　目	企业单位数	亏损单位数	工业总产值(现价)	工业销售产值	出口交货值	工业增加值	年初存货
总　计	**247**	**92**	**896854.3**	**852656.8**	**29752.3**	**325190.7**	**217069.8**
按登记注册类型分							
内资企业	241	88	873903.9	829246.3	29752.3	313457	212150.7
国有企业	74	33	206614.4	203857.2		112234.2	43022.2
#中央企业	19	8	106409.9	106023.1		66898.1	31275.3
地方企业	55	25	100204.5	97834.1		45336.1	11746.9
#自治区属企业	9	3	56175	55808.7		29380.1	6282
地区(州、市)属企业	6	3	10787	11389		5562.6	1686.3
县(市)属企业	39	19	33224	30617.9		10397.5	3775.5
集体企业	5	2	13045.9	12706		1037.7	2459.5
#自治区属企业							
地区(州、市)属企业	1	1	7031.3	7830.4		306.2	973
县(市)属企业	2		4395.1	3279.4		831.1	1228.5
镇属企业							
乡属企业	1		635	635		419.9	110.1
股份合作企业	4	3	3320.3	2609.9	67	1368.5	1240.1
联营企业	1	1	2282	1418.9		878.6	
#国有联营企业	1	1	2282	1418.9		878.6	
集体联营企业							
国有与集体联营企业							
其他联营企业							
有限责任公司	108	32	448018.3	421890.1	18173.5	145953.2	114091.8
#国有独资公司	6	5	57046.5	55573.6		21496.3	6404.7
其他有限责任公司	102	27	390971.8	366316.5	18173.5	124456.9	107687.1
股份有限公司	4	1	64469.1	60241.5	5731.5	28618.4	30931.1
私营企业	45	16	136153.9	126522.7	5780.3	23366.4	20406
#私营独资企业	2		2596.5	2556.4		508.7	299.4
私营合伙企业							
私营有限责任公司	43	16	133557.4	123966.3	5780.3	22857.7	20106.6
私营股份有限公司							
港、澳、台商投资企业	1	1	3591.9	4311		1032.6	
外商投资企业	5	3	19358.5	19099.5		10701.1	4919.1
在总计中：国有控股企业	116	50	452343.3	441101.7	5510.5	206807.6	104454.2
在总计中：农村工业	3		5487.1	5223.2		1754.5	627.3
按轻、重工业分							
轻工业	140	42	530977	491548.9	28781.1	177241	173136.5
以农产品为原料	117	31	520748.3	483276.7	27850.7	172205.2	172085.8
以非农产品为原料	23	11	10228.7	8272.2	930.4	5035.8	1050.7
重工业	107	50	365877.3	361107.9	971.2	147949.7	43933.3
采掘工业	25	6	92291.2	88975.2		45702.3	11954.7
原料工业	60	35	242480.4	242833.3		93439.8	27579.1
加工工业	22	9	31105.7	29299.4	971.2	8807.6	4399.5
按企业规模分							
大型企业	1	1	31484.7	31484.7		15218.9	1596.1
中型企业	34	9	459109	449771.1	458.5	208302.4	123952.8
小型企业	212	82	406260.6	371401	29293.8	101669.4	91520.9

以上工业企业主要经济指标

计量单位：万元

流动资产合计	短期投资	应收帐款	存货	产成品	流动资产年平均余额	长期投资
653349.9	**917.1**	**108167.7**	**282038.4**	**119369.2**	**628540.6**	**100909.8**
639627.9	917.1	106546.7	275881.9	118308.9	615645.7	100604.3
175270.5	22	35820.5	48880.9	7602.8	168613.7	2710.4
103224.2	10	22779.5	36963.2	3831	100109.1	1661.8
72046.3	12	13041	11917.7	3771.8	68504.6	1048.6
38750.9		4355.3	6325.3	1378	39786.9	36
8490.3	5	2612.4	1685.3	1510.9	8595.1	62.4
24731.7	7	6073.1	3898.8	882.9	20034.9	950.2
7126.9	10	826.1	3187.6	2198	7709.6	1132.3
3432.6		538.1	1180.4	664.6	4023.7	1005.9
3195.2	10	40.7	1812.3	1533.4	3063.6	126.4
136.1		5.3	121.8		129.6	
3019.8	5	849.2	1823.1	1598.1	2690.7	27.5
1656.7		0.7	362.2		1044	
1656.7		0.7	362.2		1044	
320281.9	710.1	52618.4	146465.5	76753.3	310942.9	57014.9
38263.5		1549.1	7699.7	5332.6	46027.9	998.7
282018.4	710.1	51069.3	138765.8	71420.7	264915	56016.2
61133.5	170	4113.4	40539.2	16483.2	55096	39000
71138.6		12318.4	34623.4	13673.5	69548.8	719.2
1928.3		807.4	251.1	104.5	1801.2	
69210.3		11511	34372.3	13569	67747.6	719.2
4096.8		1317.4	1296	409.6	3847.4	
9625.2		303.6	4860.5	650.7	9047.5	305.5
373332.3	604.1	60695.1	136893.3	50139.3	360844.8	47854.4
2086.6	110	884.7	922.3	163.5	2001.4	
388494.5	879.1	46489.2	226477.8	96001.9	361877.3	91122.7
378057.6	879.1	44365.6	222466	93318	351738.6	90209.9
10436.9		2123.6	4011.8	2683.9	10138.7	912.8
264855.4	38	61678.5	55560.6	23367.3	266663.3	9787.1
57959.6	30	12434.1	13046.3	7425.1	59816.1	598.3
185693.1	8	40573.4	35065.9	13076.8	186488.5	7561.3
21202.7		8671	7448.4	2865.4	20358.7	1627.5
13477.7		507.9	1110.9		22928.1	718.3
355712.7	627.1	45388.1	154662.2	56260.2	343178.7	44897.3
284159.5	290	62271.7	126265.3	63109	262433.8	55294.2

2-50 续表 1

项　　目	企业单位数	亏损单位数	工业总产值（现价）	工业销售产值	出口交货值	工业增加值	年初存货
按行业分							
煤炭开采和洗选业	9	4	26212.9	27527.8		15219.1	3089.5
石油和天然气开采业							
#天然原油和天然气开采							
黑色金属矿采选业	6		15902.4	13689.9		4279	1472.4
有色金属矿采选业	7	2	44572.6	42265.6		23327.6	6393.1
非金属矿采选业	3		5603.3	5491.9		2876.6	999.7
#采盐	1		2898.1	2819.9		1763.2	442.1
其他采矿业							
农副食品加工业	54	14	196148.5	180185.3	3257.2	34443.8	68139.2
#谷物磨制	13	3	38669.2	37375.5		9205.4	4425.3
饲料加工	8	1	14486.8	15448.8		1631.7	3850.5
制糖	8	4	64187	57018.5	458.5	12008.8	33571
食品制造业	21	8	51177.8	37365	24270.7	13162.9	13611.8
#罐头制造	8	2	36681.1	24275.2	22028.2	9895.5	11729.8
饮料制造业	6		71845.2	68425.2		44495.5	23955.9
#酒的制造	6		71845.2	68425.2		44495.5	23955.9
烟草制品业	1		71289.8	71245.1		50593.6	20400.9
纺织业	19	6	92614.3	89908.1	322.8	19012.1	40271.4
#棉、化纤纺织及印染精加工	10	4	43078.7	40284.9		4466	19147.1
毛纺织和染整精加工	2	2	5169.9	5889		1606.2	3668
纺织服装、鞋、帽制造业							
皮革、毛皮、羽毛(绒)及其制品业	3	1	21805.8	20053.2		4957.3	2462.5
#皮革鞣制加工	2		21759.9	20007.3		4959.9	2424.1
皮革制品制造	1	1	45.9	45.9		-2.6	38.4
木材加工及木、竹、藤、棕、草制品业	4	1	6385.1	6015.4		1341.4	1154.7
家具制造业							
造纸及纸制品业	4		8490.1	8773.1		2527.4	1972.6
印刷业和记录媒介的复制	7	2	4545.4	4541.8		2222.1	1051.2
文教体育用品制造业							
石油加工、炼焦及核燃料加工业	2	2	1979	2013.5		160.4	338.2
#炼焦							
化学原料及化学制品制造业	5	2	5414.4	4891.8	930.4	2113.5	699.5
#基础化学原料制造	2	1	2463.8	2466.8		753.4	542.9
肥料制造	1		479.3	537.7		118.5	113.2
医药制造业							
化学纤维制造业	1		1377.9	955.5		467.2	
橡胶制品业	1		4000	4000		-188.8	666.7
塑料制品业	6	3	15315	14583.9	971.2	5156.3	1088.8
非金属矿物制品业	21	7	66424.2	63800.4		31266.5	13806.6
#水泥制造	17	5	61124.8	59825		29381.1	13223.2
黑色金属冶炼及压延加工业	4	3	34077.8	34053.6		9820.6	3636.7
有色金属冶炼及压延加工业	2	1	19843.8	20642.9		3833.7	4361.6
金属制品业	5	1	3102.2	2622.9		1042	985.6
通用设备制造业							
专用设备制造业	3	3	672	374.2		247.9	498.2
交通运输设备制造业	1		77	77		79	308.6
电气机械及器材制造业	2	1	5011.6	5011.6		1504.2	300.3
通信设备、计算机及其他电子设备制造业							
仪器仪表及文化、办公用机械制造业							
工艺品及其他制造业							
废弃资源和废旧材料回收加工业							
电力、热力的生产和供应业	30	22	118059.6	119640.5		48472.5	4542.1
#电力生产和电力供应	23	17	107590.3	109261.2		44797.6	3873.6
燃气生产和供应业							
水的生产和供应业	20	9	4906.6	4501.6		2757.3	862

计量单位：万元

流动资产合计	短期投资	应收帐款	存货	产成品	流动资产年平均余额	长期投资
21391.7	5	6550.1	2436.6	1629.2	21895	148.3
7228.3	5	3993	1675.2	1413.1	5381.6	
26583.6	20	1210.1	7576.2	3789.8	29865.1	450
2756		680.9	1358.3	593	2674.4	
1132.6		113.2	754.7	211.2	1034.2	
137870.6	265	10529.7	89815.2	52541.1	118664	49181
16198.6		1958.4	6384.5	1996.3	13292.9	223.9
6061.6	110	1196.5	3535.7	990.9	6450.2	
58341.5		1662.3	44881.4	36860.5	45745.5	
37573.1		8172.6	22835	20061.6	32104.5	359.4
29422.7		7150	18796.4	17349.3	24504.8	334.4
50604.8	170	3210.7	31407.5	2985.4	49369.7	39100
50604.8	170	3210.7	31407.5	2985.4	49369.7	39100
54953.9		5638.8	27214.2	14.1	54071.4	
75047.2	30	10488.6	41559.7	14155.9	73116	1151.4
31063.9	30	2715.6	18959.5	8277.3	28280	790.2
11634.2		4906.2	3644.9	1480.9	11757.1	361.2
10954.6		3656.6	4139.2	1382.2	13437.2	
10914.8		3630.1	4125.9	1368.9	13385.9	
39.8		26.5	13.3	13.3	51.3	
3257.7		629.7	2042.4	1611	2889.5	459
5069.7	407.1	1646.3	2139.2	731.6	5217.2	414.7
3425.6	7	535.6	1320.6	356.7	3376.5	3.4
1219.9		291.2	564	129.9	1002.8	
2969.6		1218.4	944.8	755	3197.3	156.6
1581.9		758.6	367.5	330.6	1597.8	156.6
289.8		238.6	6.7	6.4	259.3	
1747.9			1747.9	858.1	1747.9	
1302.2		327.6	694.6		1317.9	
7263.5		1596.9	3147.8	1860.2	7542	1627.5
53816.1	3	24642.3	17810.2	6206.1	55211.1	722.7
48944.1	3	23625.7	14831.6	3563.1	50781.3	722.7
20292.5	5	961.5	6898.3	4705.3	19996.7	579.6
12737.4		2401.4	4364.4	664.6	12406.5	1041.9
3501.7		1268.7	1693.7	498.8	3331.6	
882.2		23.9	542.4	86.6	847.3	
632		143.8	389.7		636.6	
6164.1		4847.9	375.2		5478.3	
98469.8		12392	6285.2	2303.6	98448.1	4601.5
88243.6		11784.3	5605.3	2303.6	91318.5	4567
5634.2		1109.4	1060.9	36.3	5314.4	912.8

2-50 续表 2

项目	固定资产合计	固定资产原价	生产经营用	累计折旧	本年折旧	固定资产净值年平均余额
总　计	**976909.1**	**1283739.3**	**1062790.5**	**388487.8**	**81631**	**884296.2**
按登记注册类型分						
内资企业	963962.8	1255382.9	1037542.9	373052	80013.2	871157.9
国有企业	266871	352928.3	286831.4	118705.5	18891.1	226929.5
#中央企业	133735.9	177704.6	140883	58055.7	8435.5	111941.8
地方企业	133135.1	175223.7	145948.4	60649.8	10455.6	114987.7
#自治区属企业	61715	93116.8	72207.7	35724.1	6379.2	56554.8
地区(州、市)属企业	19180.2	20789.6	18936.3	6080	401.7	14554.8
县(市)属企业	50450.1	59540	53027.1	18837.7	3666.7	42114.4
集体企业	5180.9	10256.2	8586.9	5496.7	598.8	4932.8
#自治区属企业						
地区(州、市)属企业	2495.8	4919.7	3933.4	2452.6	237.9	2578.4
县(市)属企业	1427.7	2765.2	2496.6	1667.5	178.8	1194.8
镇属企业						
乡属企业	593	805.9	501	275.6	10.1	490.8
股份合作企业	1985.6	2253.1	1207.7	1085.1	95.6	1209.1
联营企业	2410.5	1827	1012.3	347.5	87.6	1018.1
#国有联营企业	2410.5	1827	1012.3	347.5	87.6	1018.1
集体联营企业						
国有与集体联营企业						
其他联营企业						
有限责任公司	573183.5	735288.9	613175.9	202956.9	50767.8	529253.4
#国有独资公司	203859.6	259240.6	255010.3	65619.6	20925.8	195871.4
其他有限责任公司	369323.9	476048.3	358165.6	137337.3	29842	333382
股份有限公司	52876.4	80680.4	65196.1	28793.1	4073.4	53318.9
私营企业	61454.9	72149	61532.6	15667.2	5498.9	54496.1
#私营独资企业	1878.1	2340.3	2093.1	462.2	187.4	1942.8
私营合伙企业						
私营有限责任公司	59576.8	69808.7	59439.5	15205	5311.5	52553.3
私营股份有限公司						
港、澳、台商投资企业	5312.2	9544.9	9544.9	4232.7	450.3	5538.4
外商投资企业	7634.1	18811.5	15702.7	11203.1	1167.5	7599.9
在总计中：国有控股企业	702123.1	921622.9	746081	274760.7	59491.8	637672.9
在总计中：农村工业	2069	2540.7	2164.6	760.1	117.4	1822.1
按轻、重工业分						
轻工业	300986.9	423706.7	357590.3	145865.2	24246.5	272425.5
以农产品为原料	277065.4	395996.5	333984.6	136989.7	22684.9	254014.9
以非农产品为原料	23921.5	27710.2	23605.7	8875.5	1561.6	18410.6
重工业	675922.2	860032.6	705200.2	242622.6	57384.5	611870.7
采掘工业	59876.3	82051.4	69270.8	30703.8	4080.1	49427.6
原料工业	603055.5	761365.8	627322	208155.7	52634.7	551080.8
加工工业	12990.4	16615.4	8607.4	3763.1	669.7	11362.3
按企业规模分						
大型企业	120680.6	164731.2	161835.6	47093.8	15560.4	119687.6
中型企业	487938.9	666908.7	516325.4	220833.3	40410.3	436118.9
小型企业	368289.6	452099.4	384629.5	120560.7	25660.3	328489.7

计量单位：万元

无形资产	资产总计	流动负债		长期负债	负债合计
		合　计	应付帐款	合　计	
30446	**1782231.8**	**886826.9**	**160302**	**279119.6**	**1168347.6**
30154.4	1754607.1	872375.6	157733.7	278014.6	1152391.3
4198.3	459850.8	146460.4	37490.2	144461.1	292049.5
170.4	240409.0	84089.3	19794.2	65538.5	149628.9
4027.9	219441.8	62371.1	17696	78922.6	142420.6
392.2	107225.6	23798.2	6919.6	41578.6	65376.8
1855	29590.9	12773.9	3036	8090.3	21970.7
1780.7	80762.1	25211.4	7308.7	28977	54208.8
1.2	13444.2	7729.4	667.1	6770.6	14500
1.2	6938.3	3414.6	109.2	5999.8	9414.4
	4749.4	2907.6	489.6	558.8	3466.4
	729.1	339.4		212	551.4
21.4	5236.8	3171.9	1364.3	1514.9	4777.6
	4067.2	2265.4		1500	3765.4
	4067.2	2265.4		1500	3765.4
22310	980958.1	571531.3	88926.7	116194.6	688208
717.1	244829.5	166338.9	20896.4	43268.1	209607.1
21592.9	736128.6	405192.4	68030.3	72926.5	478600.9
622.2	153632.2	63666.8	10786.4		63966.8
3001.3	137417.8	77550.4	18499	7573.4	85124
	3826.4	1774.9	183.7	1182	2956.9
3001.3	133591.4	75775.5	18315.3	6391.4	82167.1
112.9	9859.9	7652.9	548.7	545	8597.9
178.7	17764.8	6798.4	2019.6	560	7358.4
7692.4	1145119.5	534136.2	92003.2	234171.7	770231.4
295.4	4451.1	1789.8	751.8	212	2001.8
21735.6	811480.7	395566.2	83632.7	53735.7	450504
21414.1	774496.1	383350.6	80300.1	46981.2	431513.9
321.5	36984.6	12215.6	3332.6	6754.5	18990.1
8710.4	970751.1	491260.7	76669.3	225383.9	717843.6
3411.2	123412.6	64136.7	13266.7	15947.7	81191.9
4277.8	810131.9	406613.2	57747.2	206526.4	613140.2
1021.4	37206.6	20510.8	5655.4	2909.8	23511.5
169.7	136036.8	87829	9138	26289.7	114118.7
19965.4	917482.1	448700.7	68716.5	150358.7	600470.6
10310.9	728712.9	350297.2	82447.5	102471.2	453758.3

2-50 续表 3

项　目	固定资产合计	固定资产原价	生产经营用	累计折旧	本年折旧	固定资产净值年平均余额
按行业分						
煤炭开采和洗选业	27775	38894.4	32817.6	16232.7	1533.6	22631.4
石油和天然气开采业						
#天然原油和天然气开采						
黑色金属矿采选业	4697	4604.2	3760.2	1044.1	302.6	3604.6
有色金属矿采选业	24414.5	35211.9	30493.9	12848.9	2088.1	20595.5
非金属矿采选业	2989.8	3340.9	2199.1	578.1	155.8	2596.1
#采盐	1345.1	1345.3	845.1	214.9	22.4	928.3
其他采矿业						
农副食品加工业	78966.5	124593.2	106186.2	48805.5	8770.5	75038.1
#谷物磨制	7016.1	8976.7	7503.7	2173.2	420.3	7093.8
饲料加工	2717.7	4415.4	2771.2	1742.9	289.3	2814.4
制糖	44707.9	79930	71410	36439.7	5207.2	43590.9
食品制造业	47205	58104.6	54826.2	11248.3	3375.5	45129.6
#罐头制造	34583.6	43902.6	41899.5	9599.2	2572.7	32582.9
饮料制造业	33579.3	59272.4	42220.7	25711.8	3050.6	35239.1
#酒的制造	33579.3	59272.4	42220.7	25711.8	3050.6	35239.1
烟草制品业	30174.2	40914	26995.4	17473	2342.4	23261.4
纺织业	61645.4	82732.5	80584.4	26946.4	3634.6	53426.6
#棉、化纤纺织及印染精加工	23486	24914	24704.5	5288.4	1049.2	18763.4
毛纺织和染整精加工	14051.9	24980.9	24980.9	11807.1	958	13997.5
纺织服装、鞋、帽制造业						
皮革、毛皮、羽毛(绒)及其制品业	10631.7	11385.6	7315	775.5	597.9	9480.1
#皮革鞣制加工	10594	11350.2	7308	773.2	595.6	9444.7
皮革制品制造	37.7	35.4	7	2.3	2.3	35.4
木材加工及木、竹、藤、棕、草制品业	6092.9	7544.6	7405.5	1451.7	516.8	5904.8
家具制造业						
造纸及纸制品业	7263.7	9552	8095.6	4034.2	348.8	4848.9
印刷业和记录媒介的复制	2524.3	4293	3627.4	1847.3	514.8	2573.8
文教体育用品制造业						
石油加工、炼焦及核燃料加工业	331.4	594.5	550.2	263.1	55.9	294.5
#炼焦						
化学原料及化学制品制造业	2323.4	3796.9	3437.7	1502	201.6	2261.8
#基础化学原料制造	1464.1	2345.5	2236.1	909.9	176.4	1494.6
肥料制造	5.2	5.2	5.2			5.2
医药制造业						
化学纤维制造业	4112.7	4112.7	3173.8	73.8	15	4112.7
橡胶制品业	758	1255.1	1195.1	497.1	42.1	781
塑料制品业	7334.1	8577.1	3505.8	1343.9	329	5946.1
非金属矿物制品业	115811.8	154493.9	128948.8	50493.3	7688.6	105236.2
#水泥制造	113679.5	150558.7	126131.4	48595.5	7359	103256.9
黑色金属冶炼及压延加工业	21481.3	22597.1	19369.9	5785.1	1561.6	15461
有色金属冶炼及压延加工业	17659.8	28790.4	21323.9	15306.7	2383.9	13897.1
金属制品业	1245.4	1672.9	1395	450.7	77.6	1214.4
通用设备制造业						
专用设备制造业	316.7	514.6	403.9	197.9	10.9	314.8
交通运输设备制造业	45.3	171.2	171.2	126.4	75.6	49
电气机械及器材制造业	1366.9	1777.1	188.8	440.7	37	1305
通信设备、计算机及其他电子设备制造业						
仪器仪表及文化、办公用机械制造业						
工艺品及其他制造业						
废弃资源和废旧材料回收加工业						
电力、热力的生产和供应业	443309.1	549971.5	451264.9	135917.6	40615.9	411676.5
#电力生产和电力供应	411898.5	517360.5	418796.3	128955.3	38654.7	384152.6
燃气生产和供应业						
水的生产和供应业	22853.9	24971	21334.3	7092	1304.3	17416.1

计量单位：万元

无形资产	资产总计	流动负债 合计	流动负债 应付帐款	长期负债 合计	负债合计
2174.5	51622.7	26819	3336.3	5046.1	32971.6
526.9	13729.7	6921.9	2283.8	2606.8	9528.9
	51537.8	27988.3	7214.7	8259.5	36248.6
709.8	6522.4	2407.5	431.9	35.3	2442.8
	2523.5	1490.4	186.8		1490.4
7075.4	277185.1	144666.1	22869.6	14906.8	160336.7
147.3	23649.8	13349.2	3837.6	372	13721.3
346	9148.4	4117.1	1323.9	540.2	4657.3
3981.1	107729.0	70169.9	11429.3	11547	82020.5
1787.6	87606.1	67061.1	15239.6	2914	69975.2
881.6	65359.9	57464.5	12687.3	159.4	57624
723.3	125490.5	35529	10374.8	2348	37877.1
723.3	125490.5	35529	10374.8	2348	37877.1
8.8	85193.3	31858.6	10253.4	17900	49758.7
9948.2	148887.0	78138.6	10583.7	8490.8	87029.4
6331.3	61809.6	28353	8290.1	4855.8	33208.8
112.9	26498.2	22119	616.4	545	23064
743.1	22338.6	12721.2	3349.2		12721.2
743.1	22251.9	12668.7	3331.2		12668.7
	86.7	52.5	18		52.5
287.7	10244.6	3183.1	609.7		3183.1
	12893.6	7043.9	3485.5	347	7408.9
840	6841.9	1426.1	142.6	74.6	1500.7
	1551.3	1127.8	412.9	14.7	1142.5
315.7	6154.1	2935.7	321.4		2935.7
	3202.7	2005.1	254.9		2005.1
	295.0	77.7	4.8		77.7
	5860.6	3860.6	3860.6		3860.6
	2060.2	1287.6			1287.6
156.5	16472.4	7450.1	1342.9	1825.4	9366.3
885.8	172935.1	98697.5	16611.8	25609.3	124306.9
885.8	165569.3	94453.9	15501.5	24445.8	118899.7
1989.6	44396.0	26034.8	6419.5	3432.3	29467.2
352.7	37845.3	12031.8	2065.2	18751.2	30783
348.2	5132.9	3448.4	1541.5		3448.4
	1244.8	3113.5	631.1	31.8	3145.3
62	739.9	528.9	58.3		529
449	7980.0	3678.9	1978.9		3678.9
1049.7	549522.1	268822.1	32624.6	159882.4	428705
570.6	506629.9	257135.1	27363.1	134956.6	392092.1
11.5	30243.8	8044.8	2258.5	6643.6	14708.3

2-50 续表 4

项　目	所有者权益合计	其中：实收资本	国家资本	集体资本	法人资本	个人资本	港澳台资本
总　计	**613884.2**	**461088.8**	**237594.9**	**9108.6**	**139616**	**70173.9**	**1793.7**
按登记注册类型分							
内资企业	602215.8	449092	237391.9	9108.6	132462.6	70128.9	
国有企业	167801.3	137286.3	128899.6	14	8221.7	151	
#中央企业	90780.1	71296.3	71230.1		49.3	16.9	
地方企业	77021.2	65990	57669.5	14	8172.4	134.1	
#自治区属企业	41848.8	35375.8	27450		7925.8		
地区(州、市)属企业	7620.2	8022.8	8022.8				
县(市)属企业	26553.3	21592.5	21197.8	14	246.6	134.1	
集体企业	-1055.8	1610		1129.4		480.6	
#自治区属企业							
地区(州、市)属企业	-2476.1	345.8		345.8			
县(市)属企业	1283	680.9		650.3		30.6	
镇属企业							
乡属企业	177.7	133.3		133.3			
股份合作企业	459.2	615.1		286.4	275.7	53	
联营企业	301.8	200			200		
#国有联营企业	301.8	200			200		
集体联营企业							
国有与集体联营企业							
其他联营企业							
有限责任公司	292750.1	215034.8	77357.9	7678.8	107589.6	22408.5	
#国有独资公司	35222.4	38083.8	38083.8				
其他有限责任公司	257527.7	176951	39274.1	7678.8	107589.6	22408.5	
股份有限公司	89665.4	55770.1	31134.4		9157.2	15478.5	
私营企业	52293.8	38575.7			7018.4	31557.3	
#私营独资企业	869.5	806.4				806.4	
私营合伙企业							
私营有限责任公司	51424.3	37769.3			7018.4	30750.9	
私营股份有限公司							
港、澳、台商投资企业	1262	8492.1			6698.4		1793.7
外商投资企业	10406.4	3504.7	203		455	45	
在总计中：国有控股企业	374888.1	317311.8	235576.4	22.5	58500.9	21316.6	1793.7
在总计中：农村工业	2449.3	1133.3		133.3	90	910	
按轻、重工业分							
轻工业	360976.7	233989.3	100258.9	7370.7	77519.9	46944.4	1793.7
以农产品为原料	342982.2	218812.5	86837.6	7356.7	77019.9	45702.9	1793.7
以非农产品为原料	17994.5	15176.8	13421.3	14	500	1241.5	
重工业	252907.5	227099.5	137336	1737.9	62096.1	23229.5	
采掘工业	42220.7	31998	22604.1	953.3	5585.8	2854.8	
原料工业	196991.7	181730.4	110564.3	676.1	54076.4	13713.6	
加工工业	13695.1	13371.1	4167.6	108.5	2433.9	6661.1	
按企业规模分							
大型企业	21918.1	14246.4	14246.4				
中型企业	317011.5	218309.3	123295.4	3200	60708.9	31105	
小型企业	274954.6	228533.1	100053.1	5908.6	78907.1	39068.9	1793.7

计量单位：万元

外商资本	主营业务收入	主营业务成本	主营业务税金及附加	其他业务收入	其他业务利润	营业费用
2801.7	**895042.6**	**711273**	**37668.3**	**19293.8**	**4545.5**	**33440.3**
	870348.1	696855	35844.7	18545.6	3793.9	32587.8
	217464.1	141959.1	27827.7	4875.2	903.6	3550.1
	105638.9	57093.1	26875.1	1397.2	143.2	2759.9
	111825.2	84866	952.6	3478	760.4	790.2
	68579.7	56069.1	398.3	2116.3	456	297.6
	11304.1	7741.5	138.1	222.2	-31.2	1.1
	31922.9	21037.2	415.9	1139.5	335.6	491.5
	12553.3	11513	34.9	65.7	65.7	256.8
	7830.4	7483	4.3	65.7	65.7	185.4
	3126.7	2557.4	15.9			58.2
	635	455.7	6.5			
	3004.3	2892.8	7	10.2	9.7	118.2
	981.6	664.7	9.8	12.7	0.7	15.6
	981.6	664.7	9.8	12.7	0.7	15.6
	442239.6	377379.3	3772.6	7961.9	2279.7	20324.1
	55201.8	56081.1	452.1	1021.9	230.3	809
	387037.8	321298.2	3320.5	6940	2049.4	19515.1
	53485.6	30931.2	3708.1	459.5	139.5	5359.1
	140619.6	131514.9	484.6	5160.4	395	2963.9
	2420.7	1924.1	1.9	13.1	13.1	12.1
	138198.9	129590.8	482.7	5147.3	381.9	2951.8
	5050.4	4517		60.2	69.4	147.3
2801.7	19644.1	9901	1823.6	688	682.2	705.2
101.7	444743.3	332180.4	33031.4	9202.1	2128.8	16849.3
	5325.2	3885.2	64.2	224.7	181.6	214
101.7	518417.9	390238.7	34590.1	14412.4	2965	21995.4
101.7	510329.1	383947.2	34543.2	13265.7	2712.3	21699.1
	8088.8	6291.5	46.9	1146.7	252.7	296.3
2700	376624.7	321034.3	3078.2	4881.4	1580.5	11444.9
	87481.9	52835.9	1344.2	1724.5	457.5	2020.1
2700	257276.7	242207.4	1432.8	2850	964.9	8537.5
	31866.1	25991	301.2	306.9	158.1	887.3
	31484.7	35245.9	319.9	397.3	397.3	
	459925.6	332817.3	33662.6	8847.5	2006.7	19227.9
2801.7	403632.3	343209.8	3685.8	10049	2141.5	14212.4

2-50 续表 5

项　　目	所有者权益合　　计	其　　中:实收资本	国家资本	集体资本	法人资本	个人资本	港澳台资本
按行业分							
煤炭开采和洗选业	18651.1	14945.6	10545.8	133.3	2150.1	2116.4	
石油和天然气开采业							
#天然原油和天然气开采							
黑色金属矿采选业	4200.8	1719.8	1438.6		180	101.2	
有色金属矿采选业	15289.2	12300.4	10176.5	320	1400	403.9	
非金属矿采选业	4079.6	3032.2	443.2	500	1855.7	233.3	
#采盐	1033.1	246	101.1			144.9	
其他采矿业							
农副食品加工业	116848.4	63331.9	21703.4	7124.7	15892.6	18611.2	
#谷物磨制	9928.5	7837.8	2295	74.3	4071.6	1396.9	
饲料加工	4491.1	3799.6	417	1300	855	1227.6	
制糖	25708.5	26613.7	17532.7	3200	477.1	5403.9	
食品制造业	17630.9	21268.8	1904.5		15883.4	3379.2	
#罐头制造	7735.9	11050.6	645.9		8914.5	1490.2	
饮料制造业	87613.4	46205.9	28773.9	232	2200	15000	
#酒的制造	87613.4	46205.9	28773.9	232	2200	15000	
烟草制品业	35434.6	18142.1	18142.1				
纺织业	61857.6	57077.7	15548.8		35245.9	4489.3	1793.7
#棉、化纤纺织及印染精加工	28600.8	16006.3	579.5		11297.5	4129.3	
毛纺织和染整精加工	3434.2	23371.4	14879.3		6698.4		1793.7
纺织服装、鞋、帽制造业							
皮革、毛皮、羽毛(绒)及其制品业	9617.4	3202.3	2.3			3200	
#皮革鞣制加工	9583.2	3200				3200	
皮革制品制造	34.2	2.3	2.3				
木材加工及木、竹、藤、棕、草制品业	7061.5	6900			4000	200	
家具制造业							
造纸及纸制品业	5484.7	3166.3			2350	816.3	
印刷业和记录媒介的复制	5341.2	3417.5	762.6		2648	6.9	
文教体育用品制造业							
石油加工、炼焦及核燃料加工业	408.8	316.7	219.7			97	
#炼焦							
化学原料及化学制品制造业	3218.4	2335.4	401.2		142.5	1791.7	
#基础化学原料制造	1197.6	635.7	31.5		122.5	481.7	
肥料制造	217.3	130			20	110	
医药制造业							
化学纤维制造业	2000	2000			1800	200	
橡胶制品业	772.6	284.1	150			134.1	
塑料制品业	7106.1	6843.4	2474	8.5	1224.9	3136	
非金属矿物制品业	48628.2	47528	13565.9	330.3	29011.8	4620	
#水泥制造	46669.6	46342.5	13171.9	330.3	28511.8	4328.5	
黑色金属冶炼及压延加工业	14928.8	11601.7	1150		2241.9	8209.8	
有色金属冶炼及压延加工业	7062.3	9271.6	1000	345.8	7925.8		
金属制品业	1684.5	1517.7	197.7	100	1189	31	
通用设备制造业							
专用设备制造业	-1900.5	654.7	654.7				
交通运输设备制造业	210.9	150	150				
电气机械及器材制造业	4301.1	3071.5	71.5			3000	
通信设备、计算机及其他电子设备制造业							
仪器仪表及文化、办公用机械制造业							
工艺品及其他制造业							
废弃资源和废旧材料回收加工业							
电力、热力的生产和供应业	120817.1	107662.2	94991.2		12274.4	396.6	
#电力生产和电力供应	114537.8	100714.8	88687		12027.8		
燃气生产和供应业							
水的生产和供应业	15535.5	13141.3	13127.3	14			

计量单位：万元

外商资本	主营业务收入	主营业务成本	主营业务税金及附加	其他业务收入	其他业务利润	营业费用
	25462.6	16358	356	429.5	114.5	417.3
	16018.4	7383.5	369.7	5.3	5.3	334.9
	41320.1	27373.5	318.5	1278.5	335.9	439.5
	4680.8	1720.9	300	11.2	1.8	828.4
	2475.9	707.6	262.7			170.6
	196325.8	173338.6	560.3	5674.6	1214	7901.8
	35425.2	32957.1	9.4	1777.6	178.8	726.6
	15704.8	14265.1	2.1	324.9	155.5	710.8
	55522.5	42576.1	473.5	2127.1	730.4	4727.7
101.7	40719	31745	77.8	186.4	108.8	3659.6
	26393.6	19621.5	55.7	132.3	87.9	2952.9
	60831.2	31024.2	6816.9	1019.3	788.1	3742
	60831.2	31024.2	6816.9	1019.3	788.1	3742
	71245.1	28818.9	26703.1	400.7	98.5	2253.6
	104864.1	89771.8	223.3	2665.9	202	2442.7
	54256.9	51414.2	76.4	210.1	187.2	1373.5
	6412.3	5460.1		239.8	-232.7	154.6
	20048.8	17619.6	69.4	2699	108.3	658.9
	20000.8	17584.8	68.9	2698.5	107.8	646.7
	48	34.8	0.5	0.5	0.5	12.2
2700	5976.1	5282.3	11.8	2.2	2.2	276.7
	9264.1	6769	60.9	488.7	71.3	638.2
	4251.1	2804.1	18.9	131.1	121.3	124.7
	1331.1	1221.6	3.8	838.6	86.7	10.9
	5120.5	4360.4	12.9	161.4	-64.1	146.4
	2579.9	2203.6	9.1	147	-54.8	116.2
	537.7	430.6		0.1	-9.4	11.9
	955.5	714.2	3.1			16.9
	3700	3141.2	0.4	43.6	42.5	6
	17011.5	14238.8	173.3	40.8	40.8	283.7
	60148.5	44816.4	251	194.6	32.7	5329.8
	56105.1	41525.8	229.4	187	33.8	5154.4
	38685	34241.3	251.9	92.5	34	1433.2
	19601.4	15777.4	4.3	65.7	65.7	273.1
	2889	2224.3	88.4	129.5	14	252.2
	153.1	94.9	2.4	49.8	47.2	15.7
	461.5	380.7	0.6	9.3	7.7	50.4
	5011.6	3805.6	26.2	19.5	15.2	145.4
	134822.5	143297.2	932	1517	797.3	1533.7
	124327.5	132960.6	875.2	1463	718.4	1326
	4144.2	2949.6	31.4	1139.1	253.8	224.6

2-50 续表 6

项　目	管理费用	税　金	财产保险费	差旅费	工会经费	办公费	职工教育费
总　计	**83162.4**	**2380.1**	**1753.7**	**4153.5**	**1306.8**	**3751.4**	**1667.5**
按登记注册类型分							
内资企业	81733.3	2367.4	1736.1	4029.7	1273.5	3657.6	1661.8
国有企业	29872.8	488.6	824.1	1971.6	398.8	1636.9	877.8
#中央企业	11010.5	263.1	277.7	399.1	130.6	226	94.6
地方企业	18862.3	225.5	546.4	1572.5	268.2	1410.9	783.2
#自治区属企业	11134.2	99.1	157.9	599.7	117.7	206.3	69.1
地区(州、市)属企业	3826.5	20.5	308	833.8	108.9	1039.1	68.5
县(市)属企业	3883	105.8	80.4	135.6	41.5	161.5	645.5
集体企业	1475.9	0.3	8.6	33.5	16.3	10.5	14.3
#自治区属企业							
地区(州、市)属企业	937.8	0.2	3.1	20.7	9.4	7.8	7.1
县(市)属企业	391		0.6	8.8	2.9	2.2	4.2
镇属企业							
乡属企业	112.1	0.1	2.9	3.7	4	0.3	3
股份合作企业	125.3	5.9	2.1	9.7	1.3	10.1	0.5
联营企业	209	0.3	15	98		87.9	7.8
#国有联营企业	209	0.3	15	98		87.9	7.8
集体联营企业							
国有与集体联营企业							
其他联营企业							
有限责任公司	39334.1	1692	801.3	1489.6	726.4	1609.5	627.8
#国有独资公司	7328.8	128.2	346.1	360.1	167	615.7	135.9
其他有限责任公司	32005.3	1563.8	455.2	1129.5	559.4	993.8	491.9
股份有限公司	5516.4	65.5	12.5	110.8	73.6	37.6	68.9
私营企业	5199.8	114.8	72.5	316.5	57.1	265.1	64.7
#私营独资企业	556.2	1.1	2.3	19.4	0.2	3.7	0.1
私营合伙企业							
私营有限责任公司	4643.6	113.7	70.2	297.1	56.9	261.4	64.6
私营股份有限公司							
港、澳、台商投资企业	283.3	8.5	12.5	11.3	4.5	0.3	1.1
外商投资企业	1145.8	4.2	5.1	112.5	28.8	93.5	4.6
在总计中：国有控股企业	54404.1	1755	1391.8	2965.2	821.9	2707.8	1286.7
在总计中：农村工业	266.5	1.4	38.1	22.6	5.6	12.6	4
按轻、重工业分							
轻工业	33422.5	764.8	523.1	1454	442.8	1099.2	386.3
以农产品为原料	31648.8	715.7	499.4	1370.4	416.1	1009.7	338.1
以非农产品为原料	1773.7	49.1	23.7	83.6	26.7	89.5	48.2
重工业	49739.9	1615.3	1230.6	2699.5	864	2652.2	1281.2
采掘工业	16163.9	944.7	390	1503.2	313.7	1351.6	811.5
原料工业	31634	577	817.7	1052.1	510.4	1220.8	442
加工工业	1942	93.6	22.9	144.2	39.9	79.8	27.7
按企业规模分							
大型企业	4236.9	124.2	307.8	209.7	114.2	424.6	85.7
中型企业	48663.6	878.4	965.2	2553	817.1	2066.5	604
小型企业	30261.9	1377.5	480.7	1390.8	375.5	1260.3	977.8

计量单位：万元

排污费	财务费用	利息支出	营业利润	投资收益	补贴收入	营业外收入
1068	**32553.4**	**29269.5**	**4955.6**	**158.8**	**22315.3**	**1538.5**
1059.4	31925.6	28669	-1302.4	156.4	22224	1438.1
483.8	4718.5	4682.8	5226.6	147.9	4290.2	440.2
79.1	2290.4	2295.6	4670.2	46.2	1265.4	162.6
404.7	2428.1	2387.2	556.4	101.7	3024.8	277.6
163.6	1253.7	1254.1	-7.8	116.2	2301.2	51.9
111.7	382.9	384.2	312.3		28.4	34.6
129.3	794.5	751.9	273.4	-14.5	695.2	158.9
8.4	357.3	145.2	-846.3	22.7		14.7
7.7	315.8	138.6	-1030.2	22.7		9
	41.2	6.3	204.9			5.7
0.7			60.7			
10.6	26.1	26.1	-141.6	-10.6	2.8	66.5
	9.5	9.5	12.5			
	9.5	9.5	12.5			
399.5	22992	19998.6	-13800.1	-100.7	16333	795.3
103.1	8248.8	8245.5	-17221.5		187.5	89.8
296.4	14743.2	11753.1	3421.4	-100.7	16145.5	705.5
71.9	1378.6	1372	8930.6	0.3		0.6
85.2	2443.6	2434.8	-684.1	96.8	1598	120.8
0.2	74.9	74.9	-135.3		116	
85	2368.7	2359.9	-548.8	96.8	1482	120.8
0.5	525.2	524.8	-353.1			26.4
8.1	102.6	75.7	6611.1	2.4	91.3	74
753	20518.5	17550.5	-8757.6	-536.7	17473.6	981.9
2.8	80.2	35.1	996.7		5	
375.5	10772.3	10623.1	33308.6	447.3	1607.3	790.2
335.5	10518.9	10375.6	33601.6	447.3	1607	662.2
40	253.4	247.5	-293		0.3	128
692.5	21781.1	18646.4	-28353	-288.5	20708	748.3
182.3	726.5	735.3	10436	-155	591	106.5
503.7	20655.4	17513.2	-40995.4	-128.8	19785	495.3
6.5	399.2	397.9	2206.4	-4.7	332	146.5
74	4417.8	4417.8	-12335.6			60.7
641.9	18260.7	15326.3	13618	-72.4	17458.6	556.8
352.1	9874.9	9525.4	3673.2	231.2	4856.7	921

2-50 续表 7

项　目	管理费用	税　金	财产保险费	差旅费	工会经费	办公费	职工教育费
按行业分							
煤炭开采和洗选业	8075	34.3	312	900.4	193.6	1132.9	140.2
石油和天然气开采业							
#天然原油和天然气开采							
黑色金属矿采选业	1069.3	7.8	1.5	21.8	3.2	9.6	616.1
有色金属矿采选业	5686.8	66.7	70.9	525.5	107.2	184.4	53.1
非金属矿采选业	1332.8	835.9	5.6	55.5	9.7	24.7	2.1
#采盐	1060.8	835.2	5.5	43.4	6.8	21	1
其他采矿业							
农副食品加工业	8774.8	316.3	201.5	420.9	134.8	335.1	108.6
#谷物磨制	1013.2	43.9	15.3	72.1	12.3	47.8	7.6
饲料加工	574	2.4	41.4	71.9	3.9	75.7	2.8
制糖	4638.1	200.5	73.4	145.2	94.5	63.4	74
食品制造业	4269.2	83.3	18.4	158.9	19.7	111	17.8
#罐头制造	3161.1	62.6	13.3	82	11.6	78	11.1
饮料制造业	4571.7	50.7	40.2	143.7	79.7	178.3	53.2
#酒的制造	4571.7	50.7	40.2	143.7	79.7	178.3	53.2
烟草制品业	6409.8	164.4	97.1	296.5	45.3	175.2	36
纺织业	5422.9	77.7	103	183.6	93.2	128.4	81
#棉、化纤纺织及印染精加工	1389.9	45.8	57.7	56	39.3	28.8	29.1
毛纺织和染整精加工	629.8	8.5	12.5	25.2	4.5	9.2	1.3
纺织服装、鞋、帽制造业							
皮革、毛皮、羽毛(绒)及其制品业	399.2	3.9	1.9	61.3	0.2	28	8.7
#皮革鞣制加工	331	0.3	1.9	58.6		25.3	8.6
皮革制品制造	68.2	3.6		2.7	0.2	2.7	0.1
木材加工及木、竹、藤、棕、草制品业	201.7	1.5	4.6	14.2	5.5	14.7	4.4
家具制造业							
造纸及纸制品业	880.7	1.2	17	54.3	25.7	9.9	12
印刷业和记录媒介的复制	748	5	5.7	36.6	9.8	31.2	5.7
文教体育用品制造业							
石油加工、炼焦及核燃料加工业	206.2	0.6	1.2	11.5	0.6	1.6	0.5
#炼焦							
化学原料及化学制品制造业	370.6	0.4	13.1	20.2	2.9	9.4	3.2
#基础化学原料制造	143.7		0.4	4.9	2.1	5.4	1.6
肥料制造	22.7			1		0.5	
医药制造业							
化学纤维制造业	125	13	13.1	9.2	6.2	9.6	15.1
橡胶制品业	46.1	2	5	1.3	1.5	1.4	1.1
塑料制品业	619.3	7.1	3.8	27.1	24.5	18.3	17.2
非金属矿物制品业	7516.9	87.7	88.1	187.9	120	157.8	121.1
#水泥制造	7234.2	68.6	88	177.3	114.3	146.6	90.4
黑色金属冶炼及压延加工业	2640.8	54.9	11.8	91.3	68.3	52.7	58.1
有色金属冶炼及压延加工业	4495	6.1	90.4	108.9	32	68	24.1
金属制品业	284.1	48.5	0.5	57.8	3.7	31.3	2
通用设备制造业							
专用设备制造业	219.6	12.5	0.1	2.3	2.3	4.5	1.4
交通运输设备制造业	46.8	1.4	1.4	1.1	1.6	0.2	1.2
电气机械及器材制造业	476.3	15.7		37.6	5.4	12.8	4.1
通信设备、计算机及其他电子设备制造业							
仪器仪表及文化、办公用机械制造业							
工艺品及其他制造业							
废弃资源和废旧材料回收加工业							
电力、热力的生产和供应业	16759.9	445.5	622.8	649.4	289.1	934.8	262.9
#电力生产和电力供应	15962.2	413.7	604.1	626.9	279.8	889.1	256.2
燃气生产和供应业							
水的生产和供应业	1513.9	36	23	74.7	21.1	85.6	16.6

计量单位：万元

排污费	财务费用	利息支出	营业利润	投资收益	补贴收入	营业外收入
124.7	424.3	464.2	112.4	-271.2	28.4	51.1
10.2	45.6	8.9	2116.3			0.8
40.6	257.4	257.4	7664.3	116.2	562.6	26.6
6.8	-0.8	4.8	543			28
0.6	4.8	4.8	310.6			
165.5	4015.6	3924.1	3604	5.4	950.8	356.3
6.5	192.3	185.8	874	6.7	50	141.2
2.7	263.1	213.2	-165.7		365.9	0.6
124.6	2223.6	2220.4	1637	0.3	166.7	60.7
24.6	2604.5	2578.3	-1523.3	-21.9	89.4	13.8
20	2276.9	2251	-1580.1		47.3	3.8
21.1	-29.8	-56.4	17693.8	2.4		80.4
21.1	-29.8	-56.4	17693.8	2.4		80.4
6.6	153.7	153.7	7004.5			7.5
59.5	2792.5	2800.1	4469.2	417.1	494.5	96.3
8.1	1015.8	1012.7	-766.8	416.7	487.8	31.5
0.5	525.2	524.8	-590.2	0.4	6.7	26.5
41.1	852.4	846.4	557.6		3.8	27.1
41	839.8	833.8	637.4			27.1
0.1	12.6	12.6	-79.8		3.8	
6.8	86.3	86.1	119.5	0.2	91.3	0.8
1.6	71	70.7	915.3	44.3	29.6	18.6
0.1	21.8	21.5	655.1		38.9	62.2
0.1	1.2	1.3	-25.8			0.1
2.3	98.7	98.5	67.2		156.2	14.8
1.3	57	57	-4.6		134.6	0.5
0.3	3.6	3.6	59.5		21.6	
13.4	19	19	78.7			
0.3			4.3			0.5
1.9	324.9	323.7	1663.6	-4.7	28.8	33.7
130.1	4100.6	4064.9	-1882.4	304.2	16075.9	129.6
124.4	4064	4028.9	-2041.7	304.2	16075.9	100
13	611.3	610.3	-459.5	7.1	23.7	67.4
131.7	1035.5	858.3	-1918.2	22.7	1858.6	9
2	7.6	7.6	40.3		16.1	35.2
0.4	1.2	1.1	-130.6		4.1	1.3
			-10			
0.4	39	39	534.4		261.4	61.5
228.4	14818.3	11889.5	-36518.4	-463	1600.9	317.5
168.4	14302.1	11373.3	-35246	-448.5	937.3	299.8
34.8	201.6	196.5	-419.7		0.3	98.4

2-50 续表 8

项　　目	营业外支出	利润总额	应交所得税	广告费	劳动、待业保险费	养老保险和医疗保险费	住房公积金和住房补贴
总　　计	**4193.3**	**8950.3**	**9108**	**3215.7**	**3537.9**	**9952.5**	**2729.1**
按登记注册类型分							
内资企业	4161.5	2955.3	7454	3192.5	3528.8	9849.4	2718
国有企业	1320.3	8332.8	1197.3	846.5	1575.3	3347.2	1140.4
#中央企业	751.9	5433.5	250.9	831.8	1185.3	1205.7	403.7
地方企业	568.4	2899.3	946.4	14.7	390	2141.5	736.7
#自治区属企业	148.9	2074.6	424.1		171.4	1441.2	612.5
地区(州、市)属企业	97.6	112.3	184		61	152.5	36.6
县(市)属企业	306.3	711.3	338.1	14.7	157.6	545.1	87.6
集体企业	81.2	-890.2	50.7		25.6	198.7	45.6
#自治区属企业							
地区(州、市)属企业	49.9	-1048.4			20.1	133.4	45.6
县(市)属企业	29.1	181.4	30.4		4.9	64.8	
镇属企业							
乡属企业	2.2	58.5	20.3		0.6	0.5	
股份合作企业	8.4	-62.9	10.9		7.1	5.1	
联营企业		-113.4			13	25.4	
#国有联营企业		-113.4			13	25.4	
集体联营企业							
国有与集体联营企业							
其他联营企业							
有限责任公司	2159.9	-12658.1	3909.9	191.7	1693.6	5157	1384.1
#国有独资公司	153.7	-17105.8			643.7	1815.8	617.8
其他有限责任公司	2006.2	4447.7	3909.9	191.7	1049.9	3341.2	766.3
股份有限公司	34.8	8397.5	1420.3	2077	179.8	881.5	120.8
私营企业	556.9	-50.4	864.9	77.3	34.4	234.5	27.1
#私营独资企业	4.6	16.1	1.3				
私营合伙企业							
私营有限责任公司	552.3	-66.5	863.6	77.3	34.4	234.5	27.1
私营股份有限公司							
港、澳、台商投资企业	4.2	-330.9					
外商投资企业	27.6	6325.9	1654	23.2	9.1	103.1	11.1
在总计中：国有控股企业	2016.7	-7140.4	3356.9	3036.6	3072.4	7685.1	2285.5
在总计中：农村工业	56.1	945.6	21.5	3	0.7	2.8	
按轻、重工业分							
轻工业	2707	31344.3	4651.8	3099	1495.5	3201.9	685.6
以农产品为原料	2435.2	31566.2	4644.1	3092.3	1437.1	2950.1	640.5
以非农产品为原料	271.8	-221.9	7.7	6.7	58.4	251.8	45.1
重工业	1486.3	-22394	4456.2	116.7	2042.4	6750.6	2043.5
采掘工业	502.4	9990.5	1507.2	3.1	134.7	1834.5	514.2
原料工业	902.6	-35053.4	2519.1	99.6	1889.7	4745.5	1506
加工工业	81.3	2668.9	429.9	14	18	170.6	23.3
按企业规模分							
大型企业	77.1	-12352			278.2	1280.7	451.8
中型企业	1905.7	17425	6500.8	2957.6	2580.2	5694.7	1712.5
小型企业	2210.5	3877.3	2607.2	258.1	679.5	2977.1	564.8

计量单位：万元

本年应付工资总额	主营业务应付	本年应付福利费总额	主营业务应付	本年应交增值税	本年进项税额
80524.5	**76893.3**	**10777.7**	**10227.6**	**56905**	**86931.5**
78748.7	75128.5	10659.3	10109.2	54448.6	84963.2
21030	19462.1	2764.8	2563.1	18497.4	11846.5
7185	6432.1	870.9	770.9	10339.7	8381
13845	13030	1893.9	1792.2	8157.7	3465.5
6582.7	6050.3	905.4	834.2	5340.3	1822.2
3680.6	3630	434.6	428.8	1168.8	405.1
3565	3333	551.6	526.9	1647.7	1238.2
1894.8	1857	246.3	241.1	504.8	1436.6
471	456.8	65.9	64	286	1085.3
295.8	272.2	41.4	38.1	172.1	272
255	255	139	139	38.5	
200.7	173.4	24.3	24.3	3.7	458.9
56.7	41.2			94	
56.7	41.2			94	
44396.8	42547.9	6232.2	5913.7	28061.7	44141.3
8313.9	8214.8	1159.9	1111.7	6184.4	6092.4
36082.9	34333.1	5072.3	4802	21877.3	38048.9
5277.4	5277.4	588.1	588.1	3946.2	11444.5
5892.3	5769.5	803.6	778.9	3340.8	15635.4
189.2	189.2	26.5	26.5		349.2
5703.1	5580.3	777.1	752.4	3340.8	15286.2
269.9	269.9			120.4	737.4
1505.9	1494.9	118.4	118.4	2336	1230.9
47895.7	45520.4	6294	5968.9	37758.7	40980.2
487.2	487.2	171.5	171.5	238.1	102.4
31240.3	30354.1	3905.8	3774.1	24725.9	60369
29161.6	28467.9	3684.3	3577.5	24122.5	60187.7
2078.7	1886.2	221.5	196.6	603.4	181.3
49284.2	46539.2	6871.9	6453.5	32179.1	26562.5
15602.2	14131.4	2127.2	1926.6	8270.9	4604.1
31534.8	30599.2	4469.8	4281.2	23021.9	19253.1
2147.2	1808.6	274.9	245.7	886.3	2705.3
5665	5665	799.7	799.7	4245.6	3982.8
47325.7	45323	6268.9	5965.8	38382.9	47411.8
27533.8	25905.3	3709.1	3462.1	14276.5	35536.9

2-50 续表 9

项目	营业外支出	利润总额	应交所得税	广告费	劳动、待业保险费	养老保险和医疗保险费	住房公积金和住房补贴
按行业分							
煤炭开采和洗选业	265.4	-265	890.2	1.1	28.6	416.1	6.3
石油和天然气开采业							
#天然原油和天然气开采							
黑色金属矿采选业	54.5	1845.9	323.7		22.4	8.3	
有色金属矿采选业	150.4	7860.9	135.2		54.6	1270.9	460.7
非金属矿采选业	32.1	548.7	158.1	2	29.1	139.2	47.2
#采盐	27.3	293.1	157.8		8.1	104.2	35
其他采矿业							
农副食品加工业	492.2	3539.3	456.6	80.6	357.4	1110.4	198.5
#谷物磨制	66.8	850.3	73.1	34	8.4	107.6	5
饲料加工	109.9	90.8	9.6	14	3.6	29.9	1.5
制糖	225.5	1652.6	115.9	13.3	296	811.5	142.9
食品制造业	90.5	-1962	56.3	73.7	79.1	79.7	16.8
#罐头制造	52	-1580.7	19.2		67.2	27.7	13.8
饮料制造业	58.1	16781.3	3128.4	2100.6	18.8	852.8	87.1
#酒的制造	58.1	16781.3	3128.4	2100.6	18.8	852.8	87.1
烟草制品业	660.3	6351.7	230	831.2	722.1	296	293.5
纺织业	678.6	4800.1	124.6	5	161.8	466.7	
#棉、化纤纺织及印染精加工	28.9	142	124.6		110.8	63.2	
毛纺织和染整精加工	16.3	-573			16.7		
纺织服装、鞋、帽制造业							
皮革、毛皮、羽毛(绒)及其制品业	69.9	518.6	193.2			1.3	
#皮革鞣制加工	59	605.5	193.2			1.3	
皮革制品制造	10.9	-86.9					
木材加工及木、竹、藤、棕、草制品业	2.2	209.2	33.9		5	16.7	
家具制造业							
造纸及纸制品业	220.7	787	239.6	0.6	73.8	26.1	27.1
印刷业和记录媒介的复制	162.9	593.4	210.4	0.6	20.5	115.1	17.5
文教体育用品制造业							
石油加工、炼焦及核燃料加工业	0.9	-26.5				2.2	2.6
#炼焦							
化学原料及化学制品制造业	13.1	225.2	8.8		5.5	70.2	
#基础化学原料制造	1.2	129.4			3.1	36.9	
肥料制造		81.1					
医药制造业							
化学纤维制造业		12.1	5				
橡胶制品业	2.8	2	0.3		0.8	6.6	
塑料制品业	5.5	1744.4	106.9		5.6	34.4	20.4
非金属矿物制品业	438.5	2943.5	500.6	56.8	80.9	1046.1	130.6
#水泥制造	275.4	2845.5	500.4	56.1	80.9	1046.1	130.6
黑色金属冶炼及压延加工业	125.8	-487	1507.4	2.4	18.1	301.2	8
有色金属冶炼及压延加工业	74	-101.9	312.3		34.4	411.9	84.7
金属制品业	3.8	87.7	33.7		1.2	20.8	
通用设备制造业							
专用设备制造业	22.6	-147.8		1.4	2.4	17.5	0.5
交通运输设备制造业	20.8	10.8			2.8	37	
电气机械及器材制造业	13.9	843.4	280	12.6	2.8	21	2.4
通信设备、计算机及其他电子设备制造业							
仪器仪表及文化、办公用机械制造业							
工艺品及其他制造业							
废弃资源和废旧材料回收加工业							
电力、热力的生产和供应业	425.1	-37477.4	165.1	41.1	1751.8	2932.5	1280.1
#电力生产和电力供应	352.3	-36816.3	156.3	30.3	1690.5	2779.7	1252.4
燃气生产和供应业							
水的生产和供应业	108.7	-287.3	7.7	6	58.4	251.8	45.1

计量单位：万元

本年应付工资总额	主营业务应付	本年应付福利费总额	主营业务应付	本年应交增值税	本年进项税额
8315.2	8001.5	1178.6	1135	2492.8	635.7
550.5	525.6	26.8	25.3	914.9	1199
5591.4	4499.2	779.5	624	4310.5	2586.5
1145.1	1105.1	142.3	142.3	552.7	182.9
848.5	848.5	100.5	100.5	378.9	44
7955	7915.5	1135.8	1126.6	3836.9	21750.6
863.6	843.1	132.9	130	26	4504.4
516.2	505.2	82.8	82.8	106	417.2
4784.6	4784.6	697.1	697.1	2723.3	6505.7
1773.3	1608.2	204.1	187.3	1237	4739.1
1087.8	1042.8	127.6	127.6	913.2	2971.6
5786.6	5623.2	586.6	541.2	6610.5	11376
5786.6	5623.2	586.6	541.2	6610.5	11376
1650	1650	106.3	106.3	6993	5410
8495.2	8380	1021.1	1018.1	3182.4	13058.7
3391.1	3280.2	318.5	316.4	976.6	5835.3
375.2	375.2	15	15	364.8	738.3
616.4	574.9	94.5	84.3	1099.2	2444.1
597.6	556.1	91.9	81.7	1095.5	2440.6
18.8	18.8	2.6	2.6	3.7	3.5
558.5	555.1	55	54.5	307.3	712.8
1849.9	1838.6	258.9	257.3	723.1	898.6
573.7	416	234.5	213.9	276.5	364.4
61.3	61.3	8.5	8.5	38.1	335.5
387	387	47.5	47.5	355.8	178.7
132.9	132.9	24.3	24.3	144.8	123.1
34.6	34.6	3.3	3.3		
157.5	157.5				
72.8	66.2	10.2	9.3	3.7	
892.4	833.2	123.5	118.3	325.2	1687
7515.2	7120.7	1123.3	1006.1	5902.4	3283.4
6718.9	6338.3	1061.9	945.8	5615.3	3046.2
4428.3	4416.8	614	612.5	2509.2	3991.2
1815.8	1791.6	252.8	250.9	286	1085.3
265.6	243.1	28.2	25.3	159	225.8
155.7	75	21.8	21.8	10.7	10.5
81.7	81.7	11.4	11.4	8	68.6
381.6	212	48.3	28.1	253	601.9
18123.1	17607.2	2495.8	2427.2	14285.1	10105.2
16892.7	16385.2	2336.2	2268.8	13698.7	9859.7
1325.7	1147.1	168.4	144.6	232	

2-50 续表 10

项目	本年销项税额	工业中间投入合计	直接材料	制造费用中的中间投入	管理费用中的中间投入	营业费用中的中间投入
总计	**131294.6**	**628568.6**	**470055.6**	**60283.7**	**40027.2**	**25648.7**
按登记注册类型分						
内资企业	126872.5	614895.5	460741.6	57490	39412.6	25325.7
国有企业	28182	112877.6	82720.5	9159.7	13113.3	3165.6
#中央企业	17573.4	49851.5	36437.6	2593	5867.9	2662.6
地方企业	10608.6	63026.1	46282.9	6566.7	7245.4	503
#自治区属企业	6848.5	32135.2	25496.1	2243.1	2893.9	248.4
地区(州、市)属企业	1553.9	6393.2	2752	441.7	2816.1	0.5
县(市)属企业	2205.3	24474.2	18034.4	3873.8	1517.4	254.1
集体企业	1875.9	12513	9261.3	2026.2	669.6	198.6
#自治区属企业						
地区(州、市)属企业	1344.3	7011.1	5903.8	78.6	533.5	179.4
县(市)属企业	444.1	3736.1	2515.5	1140.6	32.3	6.5
镇属企业						
乡属企业		253.6	129.6	55.1	68.9	
股份合作企业	282.1	1955.5	1647.2	116.9	69.2	96.1
联营企业		1497.4	969.2	348.3	160.8	9.6
#国有联营企业		1497.4	969.2	348.3	160.8	9.6
集体联营企业						
国有与集体联营企业						
其他联营企业						
有限责任公司	71300.4	330126.8	239088.9	32882.8	20274.4	14888.7
#国有独资公司	11948.3	41734.6	22218.3	6748.8	3976.3	542.4
其他有限责任公司	59352.1	288392.2	216870.6	26134	16298.1	14346.3
股份有限公司	7539.6	39796.9	29639.5	1629.4	2585	4564.4
私营企业	17692.5	116128.3	97415	11326.7	2540.3	2402.7
#私营独资企业	180.2	2087.8	1616.4	290.3	96.9	9.3
私营合伙企业						
私营有限责任公司	17512.3	114040.5	95798.6	11036.4	2443.4	2393.4
私营股份有限公司						
港、澳、台商投资企业	857.8	2679.7	1890.2	135.2	77.9	51.2
外商投资企业	3564.3	10993.4	7423.8	2658.5	536.7	271.8
在总计中：国有控股企业	65435.2	283294.4	201820.8	24158.8	23306.9	13489.4
在总计中：农村工业	305.1	3970.7	2837.9	761.3	184.2	107.1
按轻、重工业分						
轻工业	71159.7	378461.9	301756	27969	20105	17859.6
以农产品为原料	70867	372665.6	298496	26383.7	19466.6	17800.4
以非农产品为原料	292.7	5796.3	3260	1585.3	638.4	59.2
重工业	60134.9	250106.7	168299.6	32314.7	19922.2	7789.1
采掘工业	12233.2	54859.8	37338.3	7456.7	7518.4	1819.9
原料工业	44611.9	172062.5	112077.7	22260.1	11812.8	5256.5
加工工业	3289.8	23184.4	18883.6	2597.9	591	712.7
按企业规模分						
大型企业	8208.9	20511.4	10415.3	3407	2271.3	
中型企业	81641.7	289189.5	213585.7	21162.3	21377.6	14803.2
小型企业	41444	318867.7	246054.6	35714.4	16378.3	10845.5

计量单位：万元

经营活动产生的现金流量净额	投资活动产生的现金流量净额	筹资活动产生的现金流量净额	全部从业人员年平均人数(人)	利税总额	亏损企业亏损额
83914.8	**-33772**	**56510.7**	**58140**	**103523.6**	**54836.3**
81817.5	-33730.8	58709	56887	93248.6	54341.2
20148.5	-12296.6	36738	13909	54657.9	9711.2
4758.5	-2091.9	30366	5415	42648.3	1778.1
15390	-10204.7	6372	8494	12009.6	7933.1
10499.8	-2522.3	1691	3136	7813.2	6613.1
566.6	-261.5	-625.3	2618	1419.2	339.4
4345.2	-7428.5	5306.3	2723	2774.9	980.6
308.1	-38.1	-345	1042	-350.5	1130.1
319.9	-3.6	-315.9	284	-758.1	1048.4
-11.8	-34.5	-29.1	358	369.4	
			120	103.5	
-431.5	-111.8	269.7	264	-52.2	121
530.8	-12	-48.3	79	-9.6	113.4
530.8	-12	-48.3	79	-9.6	113.4
35979	-25867.9	15528.2	33854	19176.2	36291.3
17527.2	-2303.7	-778	4027	-10469.3	17115.5
18451.8	-23564.2	16306.2	29827	29645.5	19175.8
8552.4	2087	2073.1	2585	16051.8	1953.3
16730.2	2508.6	4493.3	5154	3775	5020.9
-15.5	20.7	500	293	18	
16745.7	2487.9	3993.3	4861	3757	5020.9
			260	-210.5	330.9
2097.3	-41.2	-2198.3	993	10485.5	164.2
55091.5	-25816.1	45407.1	31336	63649.7	42181.6
841.8	134.1	946.1	241	1247.9	
25561.4	-23229.4	38467.2	26685	90660.3	7797.6
23519.7	-22094.5	36375.7	24795	90231.9	7301.5
2041.7	-1134.9	2091.5	1890	428.4	496.1
58353.4	-10542.6	18043.5	31455	12863.3	47038.7
10242.4	-392.2	1267.6	11352	19605.6	2080
42563.5	-9983.3	16657.8	18106	-10598.7	44649.6
5547.5	-167.1	118.1	1997	3856.4	309.1
12193.2			2214	-7786.5	12352
25906	-8446.5	35330.4	32104	89470.5	28353.2
45815.6	-25325.5	21180.3	23822	21839.6	14131.1

2-50 续表 11

项目	本年销项税额	工业中间投入合计		制造费用中的中间投入	管理费用中的中间投入	营业费用中的中间投入
			直接材料			
按行业分						
煤炭开采和洗选业	2890	13486.6	5390.4	3024.5	4360.2	287.2
石油和天然气开采业						
#天然原油和天然气开采						
黑色金属矿采选业	2072	12538.3	10458.5	1271.3	429.4	333.5
有色金属矿采选业	6535.6	25555.5	20127.9	2691.6	2106.4	372.2
非金属矿采选业	735.6	3279.4	1361.5	469.3	622.4	827
#采盐	422.9	1513.8	573.5	311.9	453.6	170
其他采矿业						
农副食品加工业	23035	165541.6	139687.7	11691.9	4379	5767.4
#谷物磨制	4311.6	29489.8	26954.3	1164.6	614.4	564.2
饲料加工	437.2	12961.1	10813.6	1358.9	261.5	264
制糖	9192.5	54901.5	42731.1	4342.7	1959.7	3644.4
食品制造业	2174.6	39251.9	27231.8	2718.6	3424.2	3272.8
#罐头制造	514	27698.8	17977.4	1905.7	2715	2823.8
饮料制造业	10780.7	33960.2	25079.7	4051.3	1714.4	3144.6
#酒的制造	10780.7	33960.2	25079.7	4051.3	1714.4	3144.6
烟草制品业	12403	27689.2	19920.4	519.9	4841.8	2253.4
纺织业	16362.6	76784.6	63143.3	5001.6	3890.1	1957.1
#棉、化纤纺织及印染精加工	6666.8	39589.3	33295.5	3641.2	537.8	1099
毛纺织和染整精加工	1103	3928.5	3095.7	135.2	115.2	57.2
纺织服装、鞋、帽制造业						
皮革、毛皮、羽毛(绒)及其制品业	3542.3	17947.7	15085.1	1118.7	252.9	638.6
#皮革鞣制加工	3535.1	17895.5	15064.4	1111.9	240.8	638.6
皮革制品制造	7.2	52.2	20.7	6.8	12.1	
木材加工及木、竹、藤、棕、草制品业	1020.1	5351	3915.8	1188.9	104.1	55.9
家具制造业						
造纸及纸制品业	1624.7	6685.8	5012	492.6	491.7	618.5
印刷业和记录媒介的复制	634	2599.8	2034	124.9	333.8	85.3
文教体育用品制造业						
石油加工、炼焦及核燃料加工业	368	1856.7	1675.2	90.1	79.4	10.8
#炼焦						
化学原料及化学制品制造业	286	3656.7	2944.4	305.7	222.4	85.5
#基础化学原料制造	216.6	1855.2	1468.8	176.5	84.8	68.1
肥料制造		360.8	354.6		2.6	
医药制造业						
化学纤维制造业		910.7	714.2	37	124.1	16.4
橡胶制品业		4192.5	3978.2	175.6	32.9	5.8
塑料制品业	1839.7	10483.9	8353.1	1304	230.3	271.6
非金属矿物制品业	15011.6	41060.1	22541.8	9063.8	2709.6	2644.3
#水泥制造	14585.3	37359	20343.4	7893.1	2508	2550.5
黑色金属冶炼及压延加工业	6351	26766.4	23309.4	1502.9	381.4	961.4
有色金属冶炼及压延加工业	1344.3	16296.1	13175.3	401.4	1417.9	266
金属制品业	260.3	2219.2	1239.9	648.9	121.6	201.2
通用设备制造业						
专用设备制造业	20.1	434.8	353.6	27.6	42.6	9.8
交通运输设备制造业	76.6	6		3.4	2.2	0.4
电气机械及器材制造业	854.9	3760.4	3561.1	24.6	5.2	130.5
通信设备、计算机及其他电子设备制造业						
仪器仪表及文化、办公用机械制造业						
工艺品及其他制造业						
废弃资源和废旧材料回收加工业						
电力、热力的生产和供应业	21036.7	83872.2	48777.6	11634.4	7251.8	1390.1
#电力生产和电力供应	20616.9	76491.4	44489.1	9787.7	6699.7	1212.8
燃气生产和供应业						
水的生产和供应业	35.2	2381.3	983.7	699.2	455.4	41.4

计量单位：万元

经营活动产生的现金流量净额	投资活动产生的现金流量净额	筹资活动产生的现金流量净额	全部从业人员年平均人数(人)	利税总额	亏损企业亏损额
987.3	-379.7	-1790	6618	2583.8	1811.6
684.2	-1064.5	673.8	371	3130.5	
7711	1610.7	2681.8	3380	12489.9	268.4
859.9	-558.7	-298	983	1401.4	
492.4	-509.5		780	934.7	
-8327.7	-2290.4	3544.1	7477	7936.5	2540.3
-112.5	-104.4	1584.9	855	885.7	85.3
757.5	267.4	957.2	393	198.9	111.4
-15421	-823.4	432.1	4023	4849.4	1482.3
9547.8	-5425.6	6313.4	1564	-647.2	2796.2
10697.6	-4549	5518.2	850	-611.8	1974.9
10316.1	2476.1	-2225.9	2974	30208.7	
10316.1	2476.1	-2225.9	2974	30208.7	
4067.6	-14060.5	14392.4	480	40047.8	
4867.5	-1983.3	609	9329	8205.8	1826.7
2695.5	455.4	2109.7	3241	1195	1253.7
	13		316	-208.2	573
1075.8	4556.6	8095.9	464	1687.2	86.9
1075.1	4556.6	8095.9	435	1769.9	
0.7			29	-82.7	86.9
642.2	-101.8	-313.7	1102	528.3	51.7
2516.6	-1105	164.3	1025	1571	
1380.1	-84.2	-629.9	499	888.8	51.4
411.4	-63.9		52	15.4	26.5
559.3		-259.8	392	593.9	33.3
444.5		-147.1	168	283.3	21.3
17.8			18	81.1	
-1947.4	-4165	6112.4	285	15.2	
22.2	3.1	0.2	91	6.1	
3868.1	-129.8	-21.3	1093	2242.9	138
14707.3	639.5	-6571.6	6487	9096.9	961.5
12963.1	-533.1	-6971.6	5780	8690.2	939.6
-435.8	-3397.7	2896	1270	2274.1	3719.1
4116.7	-3175.3	-788.5	959	188.4	1048.4
1750.1		120	288	335.1	16.8
-10.9			90	-134.7	147.8
-25.5		-0.6	66	19.4	
-157.3	-40.4	132.5	135	1122.6	5.2
24444.7	-2724.7	21982.7	9473	-22260.3	38843
17268.2	6423.3	17928.3	8741	-22242.4	37678.6
283.5	-2307.5	1691.5	1193	-23.9	463.5

2-51　伊犁州直属县(市)规模

项　　目	企业单位数	亏损单位数	工业总产值(现价)	工业销售产值	出口交货值	工业增加值	年初存货
总　　计	**126**	**41**	**560395.5**	**533995.4**	**14764.6**	**216316.7**	**135069.4**
按登记注册类型分							
内资企业	122	38	552470.2	526410.6	14764.6	213957.2	133523.5
国有企业	34	16	123848	123466.9		75813.7	30583.9
#中央企业	10	3	88715.7	88702.8		61169.6	25708.1
地方企业	24	13	35132.3	34764.1		14644.1	4875.8
#自治区属企业	2	1	22164.7	22164.7		8562	3430.6
地区(州、市)属企业	1	1	333.8	333.8		192.9	31.3
县(市)属企业	21	11	12633.8	12265.6		5889.2	1413.9
集体企业	3	1	9263	10034.4		1149.9	1935.8
#自治区属企业							
地区(州、市)属企业	1	1	7031.3	7830.4		306.2	973
县(市)属企业	1		1596.7	1569		423.8	852.7
镇属企业							
乡属企业	1		635	635		419.9	110.1
股份合作企业							
联营企业							
#国有联营企业							
集体联营企业							
国有与集体联营企业							
其他联营企业							
有限责任公司	50	10	251192.6	234778.4	8984.3	90491.5	59841
#国有独资公司	2	2	38452.6	37223.5		17064.2	6123.2
其他有限责任公司	48	8	212740	197554.9	8984.3	73427.3	53717.8
股份有限公司	2		54790.7	53217.3		27256.9	27563.5
私营企业	33	11	113375.9	104913.6	5780.3	19245.2	13599.3
#私营独资企业	1		580	560		98.6	151.4
私营合伙企业							
私营有限责任公司	32	11	112795.9	104353.6	5780.3	19146.6	13447.9
私营股份有限公司							
港、澳、台商投资企业							
外商投资企业	4	3	7925.3	7584.8		2359.5	1545.9
在总计中：国有控股企业	51	20	270553.4	260664.7	4985	140790.8	76599.2
在总计中：农村工业	2		3768.9	3366.2		921.3	260.4
按轻、重工业分							
轻工业	87	24	386721.6	360583	13860.4	145627.9	115378.3
以农产品为原料	73	16	377885	353558	12930	141287.9	114483.9
以非农产品为原料	14	8	8836.6	7025	930.4	4340	894.4
重工业	39	17	173673.9	173412.4	904.2	70688.8	19691.1
采掘工业	3	1	4097.2	4129		2641.7	366.9
原料工业	23	11	147363.8	147908.4		60475.2	16930.5
加工工业	13	5	22212.9	21375	904.2	7571.9	2393.7
按企业规模分							
大型企业	1	1	31484.7	31484.7		15218.9	1596.1
中型企业	17	4	301923.6	294418.7		136040.9	92723.4
小型企业	108	36	226987.2	208092	14764.6	65056.9	40749.9

以上工业企业主要经济指标

计量单位：万元

流动资产合计	短期投资	应收帐款	存　货	产成品	流动资产年平均余额	长期投资
406462.2	**472**	**60014.7**	**186060.3**	**72611**	**393233.6**	**47408.2**
403178.3	472	59716.5	184942.9	71987.8	389651.1	47102.7
120949.2	7	21045.3	36414.2	1230.6	112327.8	1750.7
88130.9		16513.3	31451.5	1138	84750.5	736.7
32818.3	7	4532	4962.7	92.6	27577.3	1014
18859.9		3217.7	3212.7		16884.9	36
60.6		13.3	29.1		196.3	38.4
13897.8	7	1301	1720.9	92.6	10496.1	939.6
5896.7		561.1	2440.9	1524.4	6483.3	1132.3
3432.6		538.1	1180.4	664.6	4023.7	1005.9
2328		17.7	1138.7	859.8	2330	126.4
136.1		5.3	121.8		129.6	
164870.8	295	26446.5	82233.6	46485.8	167519.5	4581.7
21247.6		521	7034.3	5113.8	30471	718.3
143623.2	295	25925.5	75199.3	41372	137048.5	3863.4
55669.2	170	3082.2	36409.7	12676.7	48759.9	39000
55792.4		8581.4	27444.5	10070.3	54560.6	638
619.9		105.9	162.8	16.2	600.1	
55172.5		8475.5	27281.7	10054.1	53960.5	638
3283.9		298.2	1117.4	623.2	3582.5	305.5
240218.2	177	34647.6	102407.2	34510	230565.3	43069
1455.8	110	445	757.9	12.6	1502.5	
281800.1	467	32972.1	160003.2	62487.5	267271.8	42171.9
272926	467	31345	156176.1	59839.9	258607.5	41300.5
8874.1		1627.1	3827.1	2647.6	8664.3	871.4
124662.1	5	27042.6	26057.1	10123.5	125961.8	5236.3
3188.4		1113.4	350.8	44.8	3309.8	124.5
105338.5	5	18801.3	20867.8	8246.9	107074.2	3511.8
16135.2		7127.9	4838.5	1831.8	15577.8	1600
13477.7		507.9	1110.9		22928.1	718.3
245992.4	205	29151.3	119416.1	38042.1	233519.2	40586.8
146992.1	267	30355.5	65533.3	34568.9	136786.3	6103.1

2-51 续表 1

项目	企业单位数	亏损单位数	工业总产值（现价）	工业销售产值	出口交货值	工业增加值	年初存货
按行业分							
煤炭开采和洗选业	3	1	4097.2	4129		2641.7	366.9
石油和天然气开采业							
#天然原油和天然气开采							
黑色金属矿采选业							
有色金属矿采选业							
非金属矿采选业							
#采盐							
其他采矿业							
农副食品加工业	32	8	119625.4	108014.9	2798.7	20103.9	37182.8
#谷物磨制	6	1	18787.1	18682.2		3827.5	1505.5
饲料加工	7	1	12945.9	13079.5		2325.8	2565.6
制糖	5	3	36868.3	29705.5		4667.3	20923
食品制造业	16	6	25980.8	18711.9	9808.5	6467.4	5960.3
#罐头制造	6	1	15414.4	9488.1	7566	4212	4485.6
饮料制造业	5		60412	56910.5		36153.9	20582.7
#酒的制造	5		60412	56910.5		36153.9	20582.7
烟草制品业	1		71289.8	71245.1		50593.6	20400.9
纺织业	9	1	71236.9	70715.2	322.8	19848.2	26402.9
#棉、化纤纺织及印染精加工	2		25321.7	25435		6339	5289.4
毛纺织和染整精加工	1	1	1578	1578		573.6	3668
纺织服装、鞋、帽制造业							
皮革、毛皮、羽毛(绒)及其制品业	3	1	21805.8	20053.2		4957.3	2462.5
#皮革鞣制加工	2		21759.9	20007.3		4959.9	2424.1
皮革制品制造	1	1	45.9	45.9		-2.6	38.4
木材加工及木、竹、藤、棕、草制品业	4	1	6385.1	6015.4		1341.4	1154.7
家具制造业							
造纸及纸制品业	2		1805.8	1807.8		710.9	317.2
印刷业和记录媒介的复制	4		4275	4275		2129.4	954.3
文教体育用品制造业							
石油加工、炼焦及核燃料加工业	1	1	658.5	693		-55.2	332.2
#炼焦							
化学原料及化学制品制造业	5	2	5414.4	4891.8	930.4	2113.5	699.5
#基础化学原料制造	2	1	2463.8	2466.8		753.4	542.9
肥料制造	1		479.3	537.7		118.5	113.2
医药制造业							
化学纤维制造业							
橡胶制品业							
塑料制品业	5	2	14418.8	13717.4	904.2	5080.9	1046.8
非金属矿物制品业	6	1	28852.9	27908.5		15035.3	4210.3
#水泥制造	4		25026.3	25068.3		13613.8	4021.6
黑色金属冶炼及压延加工业	3	2	32677.8	33084.4		9177.7	3636.7
有色金属冶炼及压延加工业	2	1	19843.8	20642.9		3833.7	4361.6
金属制品业	2	1	1202	1026		390.5	555.7
通用设备制造业							
专用设备制造业	1	1	48.4	48.4		14.2	25.7
交通运输设备制造业	1		77	77		79	308.6
电气机械及器材制造业	2	1	5011.6	5011.6		1504.2	300.3
通信设备、计算机及其他电子设备制造业							
仪器仪表及文化、办公用机械制造业							
工艺品及其他制造业							
废弃资源和废旧材料回收加工业							
电力、热力的生产和供应业	8	5	61762	61762		32133.7	3101.1
#电力生产和电力供应	6	4	55649.2	55649.2		29629.9	2679.1
燃气生产和供应业							
水的生产和供应业	11	6	3514.5	3254.4		2061.5	705.7

计量单位：万元

流动资产合计	短期投资	应收帐款	存货	产成品	流动资产年平均余额	长期投资
3188.4		1113.4	350.8	44.8	3309.8	124.5
81114.2	260	4290.6	53840.6	35874.5	70262.7	332.7
7212.8		495.2	2608.7	1065.9	6226.8	
3908.9	110	1099.8	2161	437.5	4187.3	
41310.4		1554.5	31198.4	28673.9	31883.7	
22493.9		4142.3	12428.5	10698.4	18477	334.4
15579.4		3170.1	9426.8	8475.9	11836.4	334.4
44263.5	170	3205.3	27664.4	2957.9	43904.7	39100
44263.5	170	3205.3	27664.4	2957.9	43904.7	39100
54953.9		5638.8	27214.2	14.1	54071.4	
53387.4	30	8280.6	29118.3	8317.2	52896.8	1131.4
13586	30	1868.7	7830.9	2859.9	11993.3	770.2
7537.4		3588.8	2348.9	1071.3	7909.7	361.2
10954.6		3656.6	4139.2	1382.2	13437.2	
10914.8		3630.1	4125.9	1368.9	13385.9	
39.8		26.5	13.3	13.3	51.3	
3257.7		629.7	2042.4	1611	2889.5	459
1888.1		1145.4	261.4	71.7	1888.2	398.6
3060.2	7	498.7	1222	292.6	3035.3	3.4
518.8		27.2	445	129.9	455.4	
2969.6		1218.4	944.8	755	3197.3	156.6
1581.9		758.6	367.5	330.6	1597.8	156.6
289.8		238.6	6.7	6.4	259.3	
6806.9		1458.9	2916.6	1750.4	7138.1	1600
18126.7		6832.9	7458.3	3575.9	18045.3	232.2
13951		5983.7	4869.4	1290.3	14060.5	232.2
19894	5	954.8	6517.2	4451.8	19598.2	579.6
12737.4		2401.4	4364.4	664.6	12406.5	1041.9
1707.4		364	917.4	2.9	1500.3	
64.1		18.5	24.3	16.1	64.5	
632		143.8	389.7		636.6	
6164.1		4847.9	375.2		5478.3	
54207.9		8532.6	2549.4		56700.5	1042.5
46441.4		8373.8	2208.8		52079.7	1008
4071.4		612.9	876.2		3840	871.4

2-51 续表 2

项目	固定资产合计	固定资产原价	生产经营用	累计折旧	本年折旧	固定资产净值年平均余额
总计	**544018.3**	**742774.2**	**639595.2**	**234011.6**	**49294**	**497972.7**
按登记注册类型分						
内资企业	539713.1	734541.2	634471	230076.9	48551.9	493900.9
国有企业	186647.3	245144	198674.9	81490.8	13884.1	158876.5
#中央企业	116406.3	154098.9	119086.5	47374.2	7300.4	100160.4
地方企业	70241	91045.1	79588.4	34116.6	6583.7	58716.1
#自治区属企业	30931.2	46853.9	40373.7	20198.2	3858.6	27001.1
地区(州、市)属企业	914.9	1739.6	914.9	824.6	64.2	862.1
县(市)属企业	38394.9	42451.6	38299.8	13093.8	2660.9	30852.9
集体企业	3976.6	7625.6	6160.3	4070.4	351.2	3624.2
#自治区属企业						
地区(州、市)属企业	2495.8	4919.7	3933.4	2452.6	237.9	2578.4
县(市)属企业	887.8	1900	1725.9	1342.2	103.2	555
镇属企业						
乡属企业	593	805.9	501	275.6	10.1	490.8
股份合作企业						
联营企业						
#国有联营企业						
集体联营企业						
国有与集体联营企业						
其他联营企业						
有限责任公司	268343.4	375719.9	345500	113771.3	27783.5	257379.9
#国有独资公司	126939.8	178086.3	174345.7	54368.3	16397.9	125707.9
其他有限责任公司	141403.6	197633.6	171154.3	59403	11385.6	131672
股份有限公司	37106.5	59818.4	45218	23449.3	3038.3	37503.6
私营企业	43639.3	46233.3	38917.8	7295.1	3494.8	36516.7
#私营独资企业	230.6	242.3	204.9	11.7	2.4	230.6
私营合伙企业						
私营有限责任公司	43408.7	45991	38712.9	7283.4	3492.4	36286.1
私营股份有限公司						
港、澳、台商投资企业						
外商投资企业	4305.2	8233	5124.2	3934.7	742.1	4071.8
在总计中：国有控股企业	412668.4	570511.3	490312	185226.5	38361.5	380180.5
在总计中：农村工业	1288.7	1675.6	1299.5	485.6	21.1	1195.1
按轻、重工业分						
轻工业	208023.4	293613.7	240047.6	101719.9	17333.5	186388.3
以农产品为原料	193214.9	276873.4	226918	94850.9	16416	176700.1
以非农产品为原料	14808.5	16740.3	13129.6	6869	917.5	9688.2
重工业	335994.9	449160.5	399547.6	132291.7	31960.5	311584.4
采掘工业	4470.2	6934.1	5467.5	2520.8	291.4	4380.6
原料工业	321118.7	429292.6	388209	127021.1	31163.7	298440.1
加工工业	10406	12933.8	5871.1	2749.8	505.4	8763.7
按企业规模分						
大型企业	120680.6	164731.2	161835.6	47093.8	15560.4	119687.6
中型企业	271014.4	379076.8	308314.6	127911.1	21700.3	241042.7
小型企业	152323.3	198966.2	169445	59006.7	12033.3	137242.4

计量单位：万元

无形资产	资产总计	流动负债		长期负债	负债合计
		合　　计	应付帐款	合　　计	
21585.9	**1033655.3**	**440659.7**	**87097.4**	**197739.8**	**638722**
21544.9	1025698.5	437518.5	86275.7	197729.8	635570.8
1723.5	318996.2	88126	22397.2	123388.5	211515.1
70.8	206915.3	69335.5	16074.8	64587.7	133923.5
1652.7	112080.9	18790.5	6322.4	58800.8	77591.6
392.2	56270.0	6218.2	1956	34616.7	40834.9
	1013.9	237.7	4.4		237.7
1260.5	54797.0	12334.6	4362	24184.1	36519
1.2	11009.7	5947	198.4	6770.6	12717.6
1.2	6938.3	3414.6	109.2	5999.8	9414.4
	3342.3	2193	89.2	558.8	2751.8
	729.1	339.4		212	551.4
16476.3	459688.5	239663.4	41737.7	65145.1	304830.2
664.2	150560.4	99263.8	10798.9	26289.7	125553.5
15812.1	309128.1	140399.6	30938.8	38855.4	179276.7
438.9	132214.7	44857.5	8553		45157.5
2905	103789.4	58924.6	13389.4	2425.6	61350.4
	850.5	482	13		482
2905	102938.9	58442.6	13376.4	2425.6	60868.4
41	7956.8	3141.2	821.7	10	3151.2
4193.7	710276.5	282732.7	54448.2	162426	445462.8
295.4	3040.0	1182.9	403	212	1394.9
16509.4	554399.7	248240.6	52542.7	49377.5	297940.2
16198.7	528940.9	239595.8	50264.2	44620.5	284538.2
310.7	25458.8	8644.8	2278.5	4757	13402
5076.5	479255.6	192419.1	34554.7	148362.3	340781.8
314.7	8100.9	2317	291.6	1165.9	3482.9
3752.4	442002.5	176246.6	30912	145451.9	321698.8
1009.4	29152.2	13855.5	3351.1	1744.5	15600.1
169.7	136036.8	87829	9138	26289.7	114118.7
14351.9	580436.5	203818.7	42408	122125.8	326248.3
7064.3	317182.0	149012	35551.4	49324.3	198355

2-51 续表 3

项目	固定资产合计	固定资产原价	生产经营用	累计折旧	本年折旧	固定资产净值年平均余额
按行业分						
煤炭开采和洗选业	4470.2	6934.1	5467.5	2520.8	291.4	4380.6
石油和天然气开采业						
#天然原油和天然气开采						
黑色金属矿采选业						
有色金属矿采选业						
非金属矿采选业						
#采盐						
其他采矿业						
农副食品加工业	52007.8	82735.2	73491.9	32449	6121.8	49858.6
#谷物磨制	3474.8	3920.1	3437	583.4	169.3	3263.2
饲料加工	1806.9	2875.6	2271.2	1113.9	134.7	1836.1
制糖	36208	62483.5	55313.7	27348.3	4262.2	35063.7
食品制造业	24771.3	29084.8	25806.4	4641.7	1611.6	21857.6
#罐头制造	13119.3	15983	13979.9	3143.9	898.6	10172
饮料制造业	30250.4	48693.9	31642.2	18443.4	2625.2	31711
#酒的制造	30250.4	48693.9	31642.2	18443.4	2625.2	31711
烟草制品业	30174.2	40914	26995.4	17473	2342.4	23261.4
纺织业	41933.3	58982.2	57043.6	19356.9	2565.4	37110.1
#棉、化纤纺织及印染精加工	9103.1	10736.2	10736.2	1942.2	440.9	8002.3
毛纺织和染整精加工	8739.7	15436	15436	7574.4	507.7	8459.1
纺织服装、鞋、帽制造业						
皮革、毛皮、羽毛(绒)及其制品业	10631.7	11385.6	7315	775.5	597.9	9480.1
#皮革鞣制加工	10594	11350.2	7308	773.2	595.6	9444.7
皮革制品制造	37.7	35.4	7	2.3	2.3	35.4
木材加工及木、竹、藤、棕、草制品业	6092.9	7544.6	7405.5	1451.7	516.8	5904.8
家具制造业						
造纸及纸制品业	304.3	417.8	416.4	114.8	22.9	294.4
印刷业和记录媒介的复制	2179.3	3623.4	3247.2	1522.7	494	2222.3
文教体育用品制造业						
石油加工、炼焦及核燃料加工业	93.7	160.4	116.1	66.7	13.6	94.2
#炼焦						
化学原料及化学制品制造业	2323.4	3796.9	3437.7	1502	201.6	2261.8
#基础化学原料制造	1464.1	2345.5	2236.1	909.9	176.4	1494.6
肥料制造	5.2	5.2	5.2			5.2
医药制造业						
化学纤维制造业						
橡胶制品业						
塑料制品业	7231.7	8220.7	3241.6	1180	307.6	5751.7
非金属矿物制品业	41824.3	64103.7	57220.4	23172.1	3515.5	41139.2
#水泥制造	40840.2	61459.5	55044	21400.1	3269.7	40232.1
黑色金属冶炼及压延加工业	20535.7	20880.2	18469.9	5013.8	1549.6	14515.4
有色金属冶炼及压延加工业	17659.8	28790.4	21323.9	15306.7	2383.9	13897.1
金属制品业	970.7	1368.5	1123	397.8	69.9	962.7
通用设备制造业						
专用设备制造业	15.6	39.9	39.9	24.3	1.6	15.5
交通运输设备制造业	45.3	171.2	171.2	126.4	75.6	49
电气机械及器材制造业	1366.9	1777.1	188.8	440.7	37	1305
通信设备、计算机及其他电子设备制造业						
仪器仪表及文化、办公用机械制造业						
工艺品及其他制造业						
废弃资源和废旧材料回收加工业						
电力、热力的生产和供应业	235394.9	309148.5	284573.4	82946.1	23288.5	223206.5
#电力生产和电力供应	213334.4	284975.1	260400	76951.8	21575	203102.9
燃气生产和供应业						
水的生产和供应业	13740.9	14001.1	10858.2	5085.5	660.2	8693.7

计量单位：万元

无形资产	资产总计	流动负债 合计	应付帐款	长期负债 合计	负债合计
314.7	8100.9	2317	291.6	1165.9	3482.9
4420.8	140115.6	80663	12711	14155.3	95121.9
104.2	10795.3	5307	1154.7	130	5437
344.1	6061.0	2344.7	625.2	540.2	2884.9
2409.7	80626.4	47708.7	7923.4	11547	59559.3
1430.2	49663.2	26479.8	8316.9	2914	29393.9
524.2	29647.4	17930.8	6572	159.4	18090.3
585.6	115682.5	31871.8	9176.9	1798	33669.9
585.6	115682.5	31871.8	9176.9	1798	33669.9
8.8	85193.3	31858.6	10253.4	17900	49758.7
7882.5	105024.5	52798.4	5901.1	7853.2	60651.6
4378.5	27940.2	10708.7	4199.2	4853.2	15561.9
	16638.3	14466.1	67.7		14466.1
743.1	22338.6	12721.2	3349.2		12721.2
743.1	22251.9	12668.7	3331.2		12668.7
	86.7	52.5	18		52.5
287.7	10244.6	3183.1	609.7		3183.1
	2595.0	1025.8	308.6		1043.8
840	6128.8	1131.8	106		1131.8
	612.5	537.4	147.4		537.4
315.7	6154.1	2935.7	321.4		2935.7
	3202.7	2005.1	254.9		2005.1
	295.0	77.7	4.8		77.7
156.5	15795.1	6982.6	875.4	1739.5	8722.1
820.6	62110.2	26207.1	5242.5	10646	36853.2
820.6	56777.6	22256.9	4168.4	10535.1	32792
1954.6	43016.9	25603.4	6391.5	3432.3	29035.8
352.7	37845.3	12031.8	2065.2	18751.2	30783
336.2	3014.3	1896.8	361.6		1896.8
	79.7	58.3	10.4	5	63.3
62	739.9	528.9	58.3		529
449	7980.0	3678.9	1978.9		3678.9
624.5	292502.3	111674.3	17416	112733.3	224407.8
210.4	262012.2	106376.6	14506.4	93391.4	199768.1
0.7	18718.0	4474	1204.4	4646.1	9120.2

2-51 续表 4

项 目	所有者权益合计	其中:实收资本	国家资本	集体资本	法人资本	个人资本	港澳台资本
总 计	**394933.3**	**282125**	**145581.5**	**6441.4**	**74417.8**	**52882.6**	
按登记注册类型分							
内资企业	390127.7	278620.3	145378.5	6441.4	73962.8	52837.6	
国有企业	107481.1	80155.3	71982.9		8172.4		
#中央企业	72991.8	53828.9	53828.9				
地方企业	34489.3	26326.4	18154		8172.4		
#自治区属企业	15435.1	10177	2251.2		7925.8		
地区(州、市)属企业	776.2	746.9	746.9				
县(市)属企业	18278	15402.5	15155.9		246.6		
集体企业	-1707.9	840		809.4		30.6	
#自治区属企业							
地区(州、市)属企业	-2476.1	345.8		345.8			
县(市)属企业	590.5	360.9		330.3		30.6	
镇属企业							
乡属企业	177.7	133.3		133.3			
股份合作企业							
联营企业							
#国有联营企业							
集体联营企业							
国有与集体联营企业							
其他联营企业							
有限责任公司	154858.3	119464.2	42261.2	5632	57257.9	14313.1	
#国有独资公司	25006.9	21818.5	21818.5				
其他有限责任公司	129851.4	97645.7	20442.7	5632	57257.9	14313.1	
股份有限公司	87057.2	49100	31134.4		2487.1	15478.5	
私营企业	42439	29060.8			6045.4	23015.4	
#私营独资企业	368.5	306.4				306.4	
私营合伙企业							
私营有限责任公司	42070.5	28754.4			6045.4	22709	
私营股份有限公司							
港、澳、台商投资企业							
外商投资企业	4805.6	3504.7	203		455	45	
在总计中：国有控股企业	264813.7	193357.2	144387		29035.1	19833.4	
在总计中：农村工业	1645.1	1033.3		133.3		900	
按轻、重工业分							
轻工业	256459.5	180006.5	90907.4	5632	48245.3	35120.1	
以农产品为原料	244402.7	169484.5	82126.9	5632	47745.3	33878.6	
以非农产品为原料	12056.8	10522	8780.5		500	1241.5	
重工业	138473.8	102118.5	54674.1	809.4	26172.5	17762.5	
采掘工业	4618	1709.1	580.5	133.3	645.6	349.7	
原料工业	120303.7	88743.7	50858.8	676.1	23330	11178.8	
加工工业	13552.1	11665.7	3234.8		2196.9	6234	
按企业规模分							
大型企业	21918.1	14246.4	14246.4				
中型企业	254188.2	157331.8	83305.5	3200	43188	27638.3	
小型企业	118827	110546.8	48029.6	3241.4	31229.8	25244.3	

计量单位：万元

外商资本	主营业务收　入	主营业务成　本	主营业务税金及附加	其他业务收　入	其他业务利　润	营业费用
2801.7	**558832.1**	**437882.2**	**34019.5**	**13113.5**	**2368.1**	**19648.7**
	550704.7	432351.9	33505.7	12438	1977.3	19363
	137821.4	88805.1	26979.2	2192.3	154.1	2762.1
	88063.7	41704.5	26799.2	1214.5	83.4	2407.8
	49757.7	47100.6	180	977.8	70.7	354.3
	36744.5	36434.1	124.9			87.7
	333.8	271.9	0.8			
	12679.4	10394.6	54.3	977.8	70.7	266.6
	9881.7	9081.8	22.3	65.7	65.7	213.8
	7830.4	7483	4.3	65.7	65.7	185.4
	1416.3	1143.1	11.5			28.4
	635	455.7	6.5			
	241580.6	200744.8	2440.2	4681.6	1291.9	10016.5
	37378.5	39656.9	352	956.9	355.5	706.6
	204202.1	161087.9	2088.2	3724.7	936.4	9309.9
	45788	25190.8	3687.7	412.4	115	4725.2
	115633	108529.4	376.3	5086	350.6	1645.4
	572	534.4		13	13	
	115061	107995	376.3	5073	337.6	1645.4
2801.7	8127.4	5530.3	513.8	675.5	390.8	285.7
101.7	266100.9	187877.9	31330.4	4174	793.5	11290.1
	2978.4	2489.8	8.2	224.7	181.6	214
101.7	367617.6	264966.5	32883.3	11527.4	1578.2	15238.2
101.7	360768.6	259718.3	32848.9	10613.6	1543.5	14993.2
	6849	5248.2	34.4	913.8	34.7	245
2700	191214.5	172915.7	1136.2	1586.1	789.9	4410.5
	3900.8	2358	37.9	192.3	45.8	64
2700	163049.1	150926.8	889.4	1289.9	669.8	3778
	24264.6	19630.9	208.9	103.9	74.3	568.5
	31484.7	35245.9	319.9	397.3	397.3	
	310707.8	216592	31184	5983	731.5	13699.1
2801.7	216639.6	186044.3	2515.6	6733.2	1239.3	5949.6

2-51 续表 5

项　　目	所有者权益合计	其中：实收资本	国家资本	集体资本	法人资本	个人资本	港澳台资本
按行业分							
煤炭开采和洗选业	4618	1709.1	580.5	133.3	645.6	349.7	
石油和天然气开采业							
#天然原油和天然气开采							
黑色金属矿采选业							
有色金属矿采选业							
非金属矿采选业							
#采盐							
其他采矿业							
农副食品加工业	44993.7	40778.9	17927.4	5400	5019.6	12431.9	
#谷物磨制	5358.3	3993.7	1131.8		1465	1396.9	
饲料加工	3176.1	2499.6	417		855	1227.6	
制糖	21067.1	21746.6	16365.6	3200	477.1	1703.9	
食品制造业	20269.3	20080.6	1904.5		15567.7	2506.7	
#罐头制造	11557.1	10809.9	645.9		8673.8	1490.2	
饮料制造业	82012.6	46205.9	28773.9	232	2200	15000	
#酒的制造	82012.6	46205.9	28773.9	232	2200	15000	
烟草制品业	35434.6	18142.1	18142.1				
纺织业	44372.9	36539.3	14879.3		21300	360	
#棉、化纤纺织及印染精加工	12378.3	4050			4050		
毛纺织和染整精加工	2172.2	14879.3	14879.3				
纺织服装、鞋、帽制造业							
皮革、毛皮、羽毛(绒)及其制品业	9617.4	3202.3	2.3			3200	
#皮革鞣制加工	9583.2	3200				3200	
皮革制品制造	34.2	2.3	2.3				
木材加工及木、竹、藤、棕、草制品业	7061.5	6900			4000	200	
家具制造业							
造纸及纸制品业	1551.2	430			50	380	
印刷业和记录媒介的复制	4997	3105.4	497.4		2608		
文教体育用品制造业							
石油加工、炼焦及核燃料加工业	75.1	97				97	
#炼焦							
化学原料及化学制品制造业	3218.4	2335.4	401.2		142.5	1791.7	
#基础化学原料制造	1197.6	635.7	31.5		122.5	481.7	
肥料制造	217.3	130			20	110	
医药制造业							
化学纤维制造业							
橡胶制品业							
塑料制品业	7073	6774.9	2474		1176.9	3124	
非金属矿物制品业	25257	20740.1	7566.8	330.3	10611.2	2231.8	
#水泥制造	23985.6	19904.6	7272.8	330.3	10111.2	2190.3	
黑色金属冶炼及压延加工业	13981.1	11283.7	1150		1923.9	8209.8	
有色金属冶炼及压延加工业	7062.3	9271.6	1000	345.8	7925.8		
金属制品业	1117.5	1157.7	157.7		1000		
通用设备制造业							
专用设备制造业	16.4	11.9	11.9				
交通运输设备制造业	210.9	150	150				
电气机械及器材制造业	4301.1	3071.5	71.5			3000	
通信设备、计算机及其他电子设备制造业							
仪器仪表及文化、办公用机械制造业							
工艺品及其他制造业							
废弃资源和废旧材料回收加工业							
电力、热力的生产和供应业	68094.5	41651.1	41404.5		246.6		
#电力生产和电力供应	62244.1	36557.6	36557.6				
燃气生产和供应业							
水的生产和供应业	9597.8	8486.5	8486.5				

计量单位：万元

外商资本	主营业务收入	主营业务成本	主营业务税金及附加	其他业务收入	其他业务利润	营业费用
	3900.8	2358	37.9	192.3	45.8	64
	115568.8	102954.2	265.6	3325.2	530.5	4836.7
	17454.2	16275.1	1.5	560.1	53.5	290.7
	13335.6	11998.9	1.7	324.9	155.5	625.5
	30729.2	23230.9	210.8	1099.7	220.4	3459.7
101.7	20134.5	16183.2	55.6	22.5	18.4	1578.5
	9895.4	7615.5	34.8	14.9	14	1033
	49314.5	26653.5	5507.1	1006.8	496.7	3322.5
	49314.5	26653.5	5507.1	1006.8	496.7	3322.5
	71245.1	28818.9	26703.1	400.7	98.5	2253.6
	76395.7	62231.5	201.1	2590.5	131.4	1966.9
	30869.2	28405.3	54.5	194.9	186	1045
	1361.9	943.1		179.6	-302.1	7.3
	20048.8	17619.6	69.4	2699	108.3	658.9
	20000.8	17584.8	68.9	2698.5	107.8	646.7
	48	34.8	0.5	0.5	0.5	12.2
2700	5976.1	5282.3	11.8	2.2	2.2	276.7
	2258.1	1312.7	19.9	478.7	71.3	4.6
	3978.7	2602.9	17.6	90.2	88.4	110.8
	849.3	817.5	0.1			10.9
	5120.5	4360.4	12.9	161.4	-64.1	146.4
	2579.9	2203.6	9.1	147	-54.8	116.2
	537.7	430.6		0.1	-9.4	11.9
	16187.4	13376.2	172.8	40.8	40.8	264.7
	23594.3	16829.9	84.4	7.6	-1.1	1906.9
	20678.2	14485.1	68.9			1838
	37573.1	33018	251.6	92.5	34	1430.6
	19601.4	15777.4	4.3	65.7	65.7	273.1
	1043.6	866.9	5.1	19.9	19.9	78.8
	48.4	41.8	0.4			1.8
	461.5	380.7	0.6	9.3	7.7	50.4
	5011.6	3805.6	26.2	19.5	15.2	145.4
	77615.5	80684.7	553.1	982.5	622.7	93.2
	70680.2	74454	535.6	979.1	641.7	62.5
	2904.4	1906.3	18.9	906.2	35.8	173.3

2-51 续表 6

项 目	管理费用	税 金	财产保险费	差旅费	工会经费	办公费	职工教育费
总 计	**46126.4**	**880.8**	**1038.2**	**1845**	**676.8**	**1611.4**	**583.4**
按登记注册类型分							
内资企业	45649.8	880.7	1033.6	1790.3	668.3	1578.5	578.8
国有企业	17402.1	299.6	393	644.9	155	448.8	126.2
#中央企业	8690.2	231.2	269.6	345.9	84.7	201.1	72.7
地方企业	8711.9	68.4	123.4	299	70.3	247.7	53.5
#自治区属企业	6524.6	24.6	105.9	207	43.5	142	31.5
地区(州、市)属企业	175.5	0.1	1.9	6.4	0.1	12.9	2.3
县(市)属企业	2011.8	43.7	15.6	85.6	26.7	92.8	19.7
集体企业	1232.3	0.3	6.6	30.5	16.3	9	12.3
#自治区属企业							
地区(州、市)属企业	937.8	0.2	3.1	20.7	9.4	7.8	7.1
县(市)属企业	182.4		0.6	6.1	2.9	0.9	2.2
镇属企业							
乡属企业	112.1	0.1	2.9	3.7	4	0.3	3
股份合作企业							
联营企业							
#国有联营企业							
集体联营企业							
国有与集体联营企业							
其他联营企业							
有限责任公司	19976.9	447.2	560.8	789.7	395.6	890.7	329.6
#国有独资公司	4775.5	124.2	325.3	223.4	126.6	427	95
其他有限责任公司	15201.4	323	235.5	566.3	269	463.7	234.6
股份有限公司	3467.8	31.9	10.9	90.2	66.2	29.3	63.3
私营企业	3570.7	101.7	62.3	235	35.2	200.7	47.4
#私营独资企业	18.1	0.1	0.4	0.6	0.1	0.1	0.1
私营合伙企业							
私营有限责任公司	3552.6	101.6	61.9	234.4	35.1	200.6	47.3
私营股份有限公司							
港、澳、台商投资企业							
外商投资企业	476.6	0.1	4.6	54.7	8.5	32.9	4.6
在总计中：国有控股企业	30180.7	522.5	789.5	1097.5	413.5	1020	362.2
在总计中：农村工业	194.2	1.3	37	20.9	4.7	11.3	4
按轻、重工业分							
轻工业	24345.8	509.1	363.2	1074.6	310.5	831.8	291.4
以农产品为原料	23144.8	486.9	360.4	1017.6	289.2	775.7	247.5
以非农产品为原料	1201	22.2	2.8	57	21.3	56.1	43.9
重工业	21780.6	371.7	675	770.4	366.3	779.6	292
采掘工业	857.4	3.2	9.4	21	13.7	12.3	10.3
原料工业	19428.5	297.1	648.7	637.2	318.6	734.5	257.6
加工工业	1494.7	71.4	16.9	112.2	34	32.8	24.1
按企业规模分							
大型企业	4236.9	124.2	307.8	209.7	114.2	424.6	85.7
中型企业	28155.7	511	471.3	933.5	387.1	580.3	339.6
小型企业	13733.8	245.6	259.1	701.8	175.5	606.5	158.1

计量单位：万元

排污费	财务费用	利息支出	营业利润	投资收益	补贴收入	营业外收入
594.7	**16914.3**	**16630.6**	**8470.6**	**600.4**	**17868.3**	**861.9**
589.9	16838.3	16554.9	6871.7	598	17777	800.4
252.4	3758.4	3755.7	-2849.8	24.5	3243.7	268.2
58.6	2178.9	2184.3	5257.3	39	756.5	112.5
193.8	1579.5	1571.4	-8107.1	-14.5	2487.2	155.7
125.8	1040	1040	-7466.8		1858.6	32
0.5	-0.1	-0.1	-114.4			
67.5	539.6	531.5	-525.9	-14.5	628.6	123.7
8.4	353.2	141.1	-956	22.7		14.7
7.7	315.8	138.6	-1030.2	22.7		9
	37.4	2.5	13.5			5.7
0.7			60.7			
205.8	10338.9	10279.5	-774.1	506	13823.8	398.5
101.6	4871.7	4869.4	-12625.8			60.9
104.2	5467.2	5410.1	11851.7	506	13823.8	337.6
65	372.5	372.5	10658	0.3		0.6
58.3	2015.3	2006.1	793.6	44.5	709.5	118.4
0.2	20	20	12.5			
58.1	1995.3	1986.1	781.1	44.5	709.5	118.4
4.8	76	75.7	1598.9	2.4	91.3	61.5
442.2	10784.8	10768.8	-3451.7	128.9	15600.2	501.7
2.8	79.3	34.2	174.5		5	
270.9	6287.2	6213.1	28101.7	442.2	1327.5	407.5
237.5	6182.1	6116.9	28136.1	442.2	1327.2	346.4
33.4	105.1	96.2	-34.4		0.3	61.1
323.8	10627.1	10417.5	-19631.1	158.2	16540.8	454.4
1.9	58.6	60.1	570.5			26.7
317	10177.5	9967.6	-22487	152.3	16209.8	282
4.9	391	389.8	2285.4	5.9	331	145.7
74	4417.8	4417.8	-12335.6			60.7
376.5	8790.4	8792.2	14233.4	562.5	15079	298.3
144.2	3706.1	3420.6	6572.8	37.9	2789.3	502.9

2-51 续表 7

项　目	管理费用	税　金	财产保险费	差旅费	工会经费	办公费	职工教育费
按行业分							
煤炭开采和洗选业	857.4	3.2	9.4	21	13.7	12.3	10.3
石油和天然气开采业							
#天然原油和天然气开采							
黑色金属矿采选业							
有色金属矿采选业							
非金属矿采选业							
#采盐							
其他采矿业							
农副食品加工业	5211.6	200.3	141	255.6	82	207.8	65.7
#谷物磨制	400.1	13.6	3.4	44.4	5.7	23.3	3.6
饲料加工	506.2	2.1	41.3	71.8	3.8	29.2	2.8
制糖	3114.4	146.5	44.6	81.7	61.1	39.6	49
食品制造业	1701.7	32.2	8.1	124.9	10	91.7	9.7
#罐头制造	738.7	11.5	3.3	51.6	3	63.4	4.6
饮料制造业	3902.5	46.6	39.7	85.9	59.4	117.7	53.2
#酒的制造	3902.5	46.6	39.7	85.9	59.4	117.7	53.2
烟草制品业	6409.8	164.4	97.1	296.5	45.3	175.2	36
纺织业	4651.7	34.1	66.1	142.1	73.2	118.4	69.4
#棉、化纤纺织及印染精加工	915.2	10.8	33.4	27.8	23.9	21.2	18.7
毛纺织和染整精加工	346.5			13.9		8.9	0.2
纺织服装、鞋、帽制造业							
皮革、毛皮、羽毛(绒)及其制品业	399.2	3.9	1.9	61.3	0.2	28	8.7
#皮革鞣制加工	331	0.3	1.9	58.6		25.3	8.6
皮革制品制造	68.2	3.6		2.7	0.2	2.7	0.1
木材加工及木、竹、藤、棕、草制品业	201.7	1.5	4.6	14.2	5.5	14.7	4.4
家具制造业							
造纸及纸制品业	216.1	0.9		12.6	9.8	4.4	0.2
印刷业和记录媒介的复制	604.7	4.3	5	33.3	7.8	29.5	4.6
文教体育用品制造业							
石油加工、炼焦及核燃料加工业	24.1	0.4	1.1	2.2		0.5	0.1
#炼焦							
化学原料及化学制品制造业	370.6	0.4	13.1	20.2	2.9	9.4	3.2
#基础化学原料制造	143.7		0.4	4.9	2.1	5.4	1.6
肥料制造	22.7			1		0.5	
医药制造业							
化学纤维制造业							
橡胶制品业							
塑料制品业	595.9	5.8	3.5	24.6	23.5	11.6	16.9
非金属矿物制品业	2895	21.6	50.2	62.3	45.4	42.3	62.6
#水泥制造	2660.8	8.5	50.2	54	39.8	39.5	31.9
黑色金属冶炼及压延加工业	2614.4	51.9	8.8	88.3	68.1	51.7	57.9
有色金属冶炼及压延加工业	4495	6.1	90.4	108.9	32	68	24.1
金属制品业	164.7	48		34.2	2.5	4.3	1.1
通用设备制造业							
专用设备制造业	9.7	0.1			0.2	1	0.1
交通运输设备制造业	46.8	1.4	1.4	1.1	1.6	0.2	1.2
电气机械及器材制造业	476.3	15.7		37.6	5.4	12.8	4.1
通信设备、计算机及其他电子设备制造业							
仪器仪表及文化、办公用机械制造业							
工艺品及其他制造业							
废弃资源和废旧材料回收加工业							
电力、热力的生产和供应业	9336.3	228.9	494.7	370.1	172.6	557.7	137.6
#电力生产和电力供应	8874.4	204.1	494.7	355.3	166.9	531.5	133.3
燃气生产和供应业							
水的生产和供应业	941.2	9.1	2.1	48.1	15.7	52.2	12.3

计量单位：万元

排污费	财务费用	利息支出	营业利润	投资收益	补贴收入	营业外收入
1.9	58.6	60.1	570.5			26.7
106.6	2765.3	2706.7	582.8	0.3	681.6	101.8
0.2	97.2	91.3	443.2		33.4	16.6
2.7	200.6	150.8	-52.7		218.9	0.6
95.1	1789.6	1787	-831.6	0.3	135.1	52.6
9.7	649	637.6	-19.9	-21.9	89.4	12.2
7.1	323.6	312.4	160.4		47.3	3.8
17.8	-56.4	-56.4	12681.6	2.4		67.9
17.8	-56.4	-56.4	12681.6	2.4		67.9
6.6	153.7	153.7	7004.5			7.5
53	1778.7	1789.8	5697.1	417.1	490.5	69.7
2.2	527.2	527.2	108	416.7	483.8	31.3
			-237.1	0.4	6.7	0.1
41.1	852.4	846.4	557.6		3.8	27.1
41	839.8	833.8	637.4			27.1
0.1	12.6	12.6	-79.8		3.8	
6.8	86.3	86.1	119.5	0.2	91.3	0.8
0.6	-1.6	-1.6	777.8	44.3	29.6	0.1
0.1	22.8	22.5	707.9		32.3	60.1
0.1	1.8	1.3	-5.1			
2.3	98.7	98.5	67.2		156.2	14.8
1.3	57	57	-4.6		134.6	0.5
0.3	3.6	3.6	59.5		21.6	
1.5	321.1	319.9	1744.8	5.9	28.8	33.7
8.6	1241.3	1205.8	653.9	98.2	12731.4	69.3
3.4	1204.5	1169.6	515.2	98.2	12731.4	39.7
9	611.3	610.3	-318.9	7.1	23.7	67.4
131.7	1035.5	858.3	-1918.2	22.7	1858.6	9
2	3.1	3.1	-61.2		15.1	35.2
	1.1	1.1	-6.4		4.1	1
			-10			
0.4	39	39	534.4		261.4	61.5
166.7	7199.3	7203.2	-20728.2	24.1	1370.2	164.6
130.2	6745	6748.9	-20449.2	38.6	749.8	146.9
28.2	53.3	45.2	-161.1		0.3	31.5

2-51 续表 8

项　　目	营业外支出	利润总额	应交所得税	广告费	劳动、待业保险费	养老保险和医疗保险费	住房公积金和住房补贴
总　计	**2859.9**	**12522.2**	**5611**	**3080.8**	**2248.3**	**5766.9**	**1360.1**
按登记注册类型分							
内资企业	2845.7	10782.7	5611	3057.6	2243.1	5701.4	1351.2
国有企业	925	-197.4	557.2	838.5	1400.7	1452.4	550.2
#中央企业	724.7	5481.7	230	831.2	1116.1	503	330.6
地方企业	200.3	-5679.1	327.2	7.3	284.6	949.4	219.6
#自治区属企业	28.5	-5604.7	312.3		151.8	522	150.5
地区(州、市)属企业	4.1	-118.5			40.2	57.1	6.3
县(市)属企业	167.7	44.1	14.9	7.3	92.6	370.3	62.8
集体企业	53.4	-972.1	26.2		25.4	196.4	45.6
#自治区属企业							
地区(州、市)属企业	49.9	-1048.4			20.1	133.4	45.6
县(市)属企业	1.3	17.8	5.9		4.7	62.5	
镇属企业							
乡属企业	2.2	58.5	20.3		0.6	0.5	
股份合作企业							
联营企业							
#国有联营企业							
集体联营企业							
国有与集体联营企业							
其他联营企业							
有限责任公司	1341.6	1355.3	2782.1	133.3	638.1	3026.3	621.3
#国有独资公司	79.1	-12644			283.5	1404.2	472.7
其他有限责任公司	1262.5	13999.3	2782.1	133.3	354.6	1622.1	148.6
股份有限公司	10.9	10148.7	1390	2077	160.6	853.2	107
私营企业	514.8	448.2	855.5	8.8	18.3	173.1	27.1
#私营独资企业		12.5	1.3				
私营合伙企业							
私营有限责任公司	514.8	435.7	854.2	8.8	18.3	173.1	27.1
私营股份有限公司							
港、澳、台商投资企业							
外商投资企业	14.2	1739.5		23.2	5.2	65.5	8.9
在总计中：国有控股企业	1199.9	293	2471.4	2978.4	1891.6	4372.4	1217.1
在总计中：农村工业	41.3	138.2	21.5	3	0.6	1.2	
按轻、重工业分							
轻工业	2289.4	26429.5	2695.5	3002.3	1257	2635.2	594.8
以农产品为原料	2072.6	26547.1	2690.4	3001.6	1239.4	2438.1	562.5
以非农产品为原料	216.8	-117.6	5.1	0.7	17.6	197.1	32.3
重工业	570.5	-13907.3	2915.5	78.5	991.3	3131.7	765.3
采掘工业	14.3	582.9	223.9	1	11.5	156.2	6.3
原料工业	481.4	-17224.9	2295.9	64.9	965.9	2840.4	736.2
加工工业	74.8	2734.7	395.7	12.6	13.9	135.1	22.8
按企业规模分							
大型企业	77.1	-12352			278.2	1280.7	451.8
中型企业	1209.4	17564.5	3864.1	2954.6	1681.3	2879.8	658.9
小型企业	1573.4	7309.7	1746.9	126.2	288.8	1606.4	249.4

计量单位：万元

本年应付工资总额	主营业务应付	本年应付福利费总额	主营业务应付	本年应交增值税	本年进项税额
44146.9	**43103.1**	**6047.7**	**5884.8**	**34006.2**	**60009.9**
43537	42504.2	5982.5	5819.6	33293.5	59525
9009.5	8690.6	1277.9	1243	11506.4	7342.1
4481.9	4393.4	489.6	477.6	9375.7	7030
4527.6	4297.2	788.3	765.4	2130.7	312.1
2381.8	2371.8	332.9	332.9	1293.6	40.1
153	153	21.4	21.4	20	
1992.8	1772.4	434	411.1	817.1	272
891	876.8	228	226.1	438.9	1211.7
471	456.8	65.9	64	286	1085.3
165	165	23.1	23.1	114.4	126.4
255	255	139	139	38.5	
24083.7	23471.2	3378.8	3273.3	14893.6	26776.9
6298.8	6298.8	888.4	888.4	4819.1	4688.8
17784.9	17172.4	2490.4	2384.9	10074.5	22088.1
4929.7	4929.7	536.1	536.1	3855.5	10825.3
4623.1	4535.9	561.7	541.1	2599.1	13369
32.5	32.5	4.6	4.6		113
4590.6	4503.4	557.1	536.5	2599.1	13256
609.9	598.9	65.2	65.2	712.7	484.9
24644.5	24091.1	3307.1	3217.7	22791	27252.7
443.1	443.1	165.3	165.3	38.5	
22848.8	22158.4	2986.5	2866.4	19551.5	44531.6
21167.4	20638.8	2813.7	2714.4	19012.9	44350.3
1681.4	1519.6	172.8	152	538.6	181.3
21298.1	20944.7	3061.2	3018.4	14454.7	15478.3
921.9	833.4	232.7	220.7	235.5	
18686.8	18637.2	2616.4	2611	13484.2	13062.3
1689.4	1474.1	212.1	186.7	735	2416
5665	5665	799.7	799.7	4245.6	3982.8
24331.6	24268.6	3155.5	3143.8	22345.7	36261.6
14150.3	13169.5	2092.5	1941.3	7414.9	19765.5

2-51 续表 9

项　　目	营业外支出	利润总额	应交所得税	广告费	劳动、待业保险费	养老保险和医疗保险费	住房公积金和住房补贴
按行业分							
煤炭开采和洗选业	14.3	582.9	223.9	1	11.5	156.2	6.3
石油和天然气开采业							
#天然原油和天然气开采							
黑色金属矿采选业							
有色金属矿采选业							
非金属矿采选业							
#采盐							
其他采矿业							
农副食品加工业	225	451.3	242.7	56.3	295.2	702.1	131.3
#谷物磨制	9.2	483.9	53.7	23	4.9	48.5	
饲料加工	108.3	58.4	7.2	14	3.6	26	1.5
制糖	76.9	-707.5		13	272	543.7	100.4
食品制造业	34.9	-404.8	51.3	8.5	35.5	61.4	8.2
#罐头制造	0.6	211.1	14.2		30.5	17.2	5.2
饮料制造业	44.7	12194.9	1474.4	2100.6	14.9	815.2	84.9
#酒的制造	44.7	12194.9	1474.4	2100.6	14.9	815.2	84.9
烟草制品业	660.3	6351.7	230	831.2	722.1	296	293.5
纺织业	671	6003.3	97.1	5	160.8	436.5	
#棉、化纤纺织及印染精加工	25.6	1014.3	97.1		110.8	33	
毛纺织和染整精加工	12.1	-242.1			16.7		
纺织服装、鞋、帽制造业							
皮革、毛皮、羽毛(绒)及其制品业	69.9	518.6	193.2			1.3	
#皮革鞣制加工	59	605.5	193.2			1.3	
皮革制品制造	10.9	-86.9					
木材加工及木、竹、藤、棕、草制品业	2.2	209.2	33.9		5	16.7	
家具制造业							
造纸及纸制品业	208.3	643.5	191.3		2	26.1	27.1
印刷业和记录媒介的复制	156.5	643.9	210.4		5.3	97.5	17.5
文教体育用品制造业							
石油加工、炼焦及核燃料加工业		-5.1					
#炼焦							
化学原料及化学制品制造业	13.1	225.2	8.8		5.5	70.2	
#基础化学原料制造	1.2	129.4			3.1	36.9	
肥料制造		81.1					
医药制造业							
化学纤维制造业							
橡胶制品业							
塑料制品业	5.5	1807.7	106.9		5.5	32.1	20.4
非金属矿物制品业	315.5	2409.5	442.3	55.9	26	385.3	14.4
#水泥制造	152.4	2332.1	442.3	55.2	26	385.3	14.4
黑色金属冶炼及压延加工业	125.8	-346.4	1507.4	2.4	18.1	301.2	8
有色金属冶炼及压延加工业	74	-101.9	312.3		34.4	411.9	84.7
金属制品业	0.2	-11.2				6.8	
通用设备制造业							
专用设备制造业	22.5	-23.8			0.4	4.9	
交通运输设备制造业	20.8	10.8			2.8	37	
电气机械及器材制造业	13.9	843.4	280	12.6	2.8	21	2.4
通信设备、计算机及其他电子设备制造业							
仪器仪表及文化、办公用机械制造业							
工艺品及其他制造业							
废弃资源和废旧材料回收加工业							
电力、热力的生产和供应业	127.8	-19297.5		7.3	882.9	1690.4	629.1
#电力生产和电力供应	113.1	-19627.3			832.6	1616.6	606.6
燃气生产和供应业							
水的生产和供应业	53.7	-183	5.1		17.6	197.1	32.3

计量单位：万元

本年应付工资总额	主营业务应付	本年应付福利费总额	主营业务应付	本年应交增值税	本年进项税额
921.9	833.4	232.7	220.7	235.5	
4999.9	4968.4	669.3	661.2	2143.6	11736.4
414.3	393.8	50.4	47.5	15.8	2024.8
453.4	442.4	48.8	48.8	106	
3112.8	3112.8	463.2	463.2	1384.6	3863.7
1096.7	950.1	122.5	107.5	212.8	2781.5
602.1	557.1	65.5	65.5		1439.3
4890.6	4727.2	533.4	488	4987.2	10630
4890.6	4727.2	533.4	488	4987.2	10630
1650	1650	106.3	106.3	6993	5410
6048.5	6048.5	869.6	869.6	2932.7	10636.1
1222.2	1222.2	168.4	168.4	851.6	4150.8
105.3	105.3	15	15	244.4	0.9
616.4	574.9	94.5	84.3	1099.2	2444.1
597.6	556.1	91.9	81.7	1095.5	2440.6
18.8	18.8	2.6	2.6	3.7	3.5
558.5	555.1	55	54.5	307.3	712.8
1087.8	1087.8	152.2	152.2	216.4	201.6
473.5	327.9	223.4	202.8	264.1	364.4
26.3	26.3	3.6	3.6	0.9	149
387	387	47.5	47.5	355.8	178.7
132.9	132.9	24.3	24.3	144.8	123.1
34.6	34.6	3.3	3.3		
846.9	801.2	119	113.8	325.2	1548.7
3271	3257.1	405.5	404.4	2515.3	1593.3
2560	2560	358.3	358.3	2302.1	1451
4401.9	4390.4	605	603.5	2506.2	3991.2
1815.8	1791.6	252.8	250.9	286	1085.3
158.5	158.5	14.9	14.9	90.3	177.7
8.6	8.6	1.2	1.2	5.7	2.5
81.7	81.7	11.4	11.4	8	68.6
381.6	212	48.3	28.1	253	601.9
9495.4	9484.9	1359.9	1358.4	8100.8	5696.1
8976.8	8966.3	1264.1	1262.6	7620.6	5520.4
928.4	780.5	119.7	100	167.2	

2-51 续表 10

项目	本年销项税额	工业中间投入合计	直接材料	制造费用中的中间投入	管理费用中的中间投入	营业费用中的中间投入
总计	**81436.4**	**378085**	**293619.9**	**30831.7**	**21613.1**	**15106**
按登记注册类型分						
内资企业	80238.8	371806.5	289271.9	29430.4	21297.9	14968
国有企业	17116.4	59540.7	41773.2	4335.7	7167	2506.4
#中央企业	15280.9	36921.8	25599.2	1421.8	5381.1	2340.8
地方企业	1835.5	22618.9	16174	2913.9	1785.9	165.6
#自治区属企业	1293.6	14896.3	12562.5	322.8	884.4	86.6
地区(州、市)属企业		160.9	55.6	33.6	71.8	
县(市)属企业	541.9	7561.7	3555.9	2557.5	829.7	79
集体企业	1585.1	8552	6433.2	953.8	632.4	179.4
#自治区属企业						
地区(州、市)属企业	1344.3	7011.1	5903.8	78.6	533.5	179.4
县(市)属企业	240.8	1287.3	399.8	820.1	30	
镇属企业						
乡属企业		253.6	129.6	55.1	68.9	
股份合作企业						
联营企业						
#国有联营企业						
集体联营企业						
国有与集体联营企业						
其他联营企业						
有限责任公司	39630.8	175594.7	131912.3	15323.4	10857.6	7162.5
#国有独资公司	9217.3	26207.5	12974.6	5084.5	2804.9	471.8
其他有限责任公司	30413.5	149387.2	118937.7	10238.9	8052.7	6690.7
股份有限公司	7410.6	31389.3	24824.4	1311.4	950.3	3930.7
私营企业	14495.9	96729.8	84328.8	7506.1	1690.6	1189
#私营独资企业	90	481.4	314	134.8	12.6	
私营合伙企业						
私营有限责任公司	14405.9	96248.4	84014.8	7371.3	1678	1189
私营股份有限公司						
港、澳、台商投资企业						
外商投资企业	1197.6	6278.5	4348	1401.3	315.2	138
在总计中：国有控股企业	39611.8	152553.6	107469.9	12789.2	12554.9	8954.8
在总计中：农村工业		2886.1	2083.1	490.2	126.4	107.1
按轻、重工业分						
轻工业	53559.1	260645.2	208709.2	18306.7	15079.4	12262.7
以农产品为原料	53297	255610	205712	16915.3	14587.5	12213.1
以非农产品为原料	262.1	5035.2	2997.2	1391.4	491.9	49.6
重工业	27877.3	117439.8	84910.7	12525	6533.7	2843.3
采掘工业		1691	1093.4	188.9	311.3	38.8
原料工业	24881.6	100372.8	71819.4	10243.3	5804.9	2327.7
加工工业	2995.7	15376	11997.9	2092.8	417.5	476.8
按企业规模分						
大型企业	8208.9	20511.4	10415.3	3407	2271.3	
中型企业	50516.8	188228.4	146293.4	9458.4	12339.3	11346.9
小型企业	22710.7	169345.2	136911.2	17966.3	7002.5	3759.1

计量单位：万元

经营活动产生的现金流量净额	投资活动产生的现金流量净额	筹资活动产生的现金流量净额	全部从业人员年平均人数(人)	利税总额	亏损企业亏损额
58217.6	**-19531**	**40914.1**	**31382**	**80547.9**	**27981**
56239.7	-19537.2	43112.4	30866	77581.9	27816.8
11277	-12526.6	34833.4	5825	38288.2	8262.8
3694.1	-1997.1	30515.6	2984	41656.6	1118.2
7582.9	-10529.5	4317.8	2841	-3368.4	7144.6
4443.7	-4159.7	-472.6	975	-4186.2	6551.2
-110.8	-71.7	8	136	-97.7	118.5
3250	-6298.1	4782.4	1730	915.5	474.9
267.3	-15.7	-341.2	683	-510.9	1048.4
319.9	-3.6	-315.9	284	-758.1	1048.4
-52.6	-12.1	-25.3	279	143.7	
			120	103.5	
24135.4	-11494.6	1960.7	18139	18689.1	14372.7
13296.6	-0.3	-1054	2859	-7472.9	12644
10838.8	-11494.3	3014.7	15280	26162	1728.7
5768.5	2224.5	2726.1	2425	17691.9	
14791.5	2275.2	3933.4	3794	3423.6	4132.9
-15.5	20.7	500	48	12.5	
14807	2254.5	3433.4	3746	3411.1	4132.9
1977.9	6.2	-2198.3	516	2966	164.2
35699.2	-16370.9	39566.3	14606	54414.4	20968.1
734.1	347.1	847	199	184.9	
27623.9	-16967.1	23303.8	19122	78864.3	3151.2
25768.4	-16261.2	21493.1	17627	78408.9	2887.7
1855.5	-705.9	1810.7	1495	455.4	263.5
30593.7	-2563.9	17610.3	12260	1683.6	24829.8
636.7	-210.7	-796.5	747	856.3	40
24952.1	-2183	18408.9	9971	-2851.3	24669.3
5004.9	-170.2	-2.1	1542	3678.6	120.5
12193.2			2214	-7786.5	12352
18314.2	-7959.8	34048.5	15947	71094.2	10995.7
27710.2	-11571.2	6865.6	13221	17240.2	4633.3

2-51 续表 11

项目	本年销项税额	工业中间投入合计	直接材料	制造费用中的中间投入	管理费用中的中间投入	营业费用中的中间投入
按行业分						
煤炭开采和洗选业		1691	1093.4	188.9	311.3	38.8
石油和天然气开采业						
#天然原油和天然气开采						
黑色金属矿采选业						
有色金属矿采选业						
非金属矿采选业						
#采盐						
其他采矿业						
农副食品加工业	12244	101665.1	84901.6	8091.4	2686.3	3220.5
#谷物磨制	1861.6	14975.4	13635.2	677.8	311.7	253.5
饲料加工		10726.1	9279.6	805.5	261.5	178.9
制糖	4873.6	33585.6	24611.8	3272.2	1386.6	2525.4
食品制造业	1555.8	19726.2	15172.7	1521.5	1162.1	1220.9
#罐头制造	416	11202.4	8557.4	900.6	516.5	904.3
饮料制造业	8414	29245.3	22003.9	2794.1	1492.9	3010.8
#酒的制造	8414	29245.3	22003.9	2794.1	1492.9	3010.8
烟草制品业	12403	27689.2	19920.4	519.9	4841.8	2253.4
纺织业	13779.5	54321.4	45140.6	2014.3	3649.7	1738.1
#棉、化纤纺织及印染精加工	4946.5	19834.3	17211.5	789.1	375.3	931.2
毛纺织和染整精加工	245.2	1248.8	1205.5		37.3	6
纺织服装、鞋、帽制造业						
皮革、毛皮、羽毛(绒)及其制品业	3542.3	17947.7	15085.1	1118.7	252.9	638.6
#皮革鞣制加工	3535.1	17895.5	15064.4	1111.9	240.8	638.6
皮革制品制造	7.2	52.2	20.7	6.8	12.1	
木材加工及木、竹、藤、棕、草制品业	1020.1	5351	3915.8	1188.9	104.1	55.9
家具制造业						
造纸及纸制品业	421	1311.3	1002.4	120.3	186.6	3.6
印刷业和记录媒介的复制	627.3	2409.7	1897.5	107.9	300.6	80.9
文教体育用品制造业						
石油加工、炼焦及核燃料加工业	144.3	714.6	604.2	79.1	18.7	10.8
#炼焦						
化学原料及化学制品制造业	286	3656.7	2944.4	305.7	222.4	85.5
#基础化学原料制造	216.6	1855.2	1468.8	176.5	84.8	68.1
肥料制造		360.8	354.6		2.6	
医药制造业						
化学纤维制造业						
橡胶制品业						
塑料制品业	1839.4	9663.1	7579.5	1297.3	211	254.2
非金属矿物制品业	3968.5	16332.9	10436.1	2610	1090.7	954.8
#水泥制造	3711	13714.6	8918.2	1723.9	929	939
黑色金属冶炼及压延加工业	6348	26006.3	22599.4	1481.3	355.4	958.9
有色金属冶炼及压延加工业	1344.3	16296.1	13175.3	401.4	1417.9	266
金属制品业	147.2	901.8	109.1	635.4	79.5	74.7
通用设备制造业						
专用设备制造业	8.2	39.9	31	2.9	3.3	1.6
交通运输设备制造业	76.6	6		3.4	2.2	0.4
电气机械及器材制造业	854.9	3760.4	3561.1	24.6	5.2	130.5
通信设备、计算机及其他电子设备制造业						
仪器仪表及文化、办公用机械制造业						
工艺品及其他制造业						
废弃资源和废旧材料回收加工业						
电力、热力的生产和供应业	12407.4	37729.1	21725.5	5819.4	2909.6	75.3
#电力生产和电力供应	12135.4	33639.9	19893	4326.7	2622.2	53
燃气生产和供应业						
水的生产和供应业	4.6	1620.2	720.9	505.3	308.9	31.8

计量单位：万元

经营活动产生的现金流量净额	投资活动产生的现金流量净额	筹资活动产生的现金流量净额	全部从业人员年平均人数(人)	利税总额	亏损企业亏损额
636.7	-210.7	-796.5	747	856.3	40
-457.7	-1528.3	-2154.3	4750	2860.5	1720.1
-279	-31	1521.5	399	501.2	0.3
757.5	267.4	957.2	343	166.1	111.4
-7803.1	-516	420.7	2755	887.9	953.3
1601	-5675.5	6405.8	1090	-136.4	838.6
2856.6	-4547.9	5737.7	585	245.9	21.6
10196.7	2523.5	-2225.9	2497	22689.2	
10196.7	2523.5	-2225.9	2497	22689.2	
4067.6	-14060.5	14392.4	480	40047.8	
6317.9	-1979.4	-2390.9	7004	9137.1	242.1
4147.7	459.3	-890.2	1185	1920.4	
	13		56	2.3	242.1
1075.8	4556.6	8095.9	464	1687.2	86.9
1075.1	4556.6	8095.9	435	1769.9	
0.7			29	-82.7	86.9
642.2	-101.8	-313.7	1102	528.3	51.7
1641			266	879.8	
1302.8	-84.4	-629.9	378	925.6	
263.7			22	-4.1	5.1
559.3		-259.8	392	593.9	33.3
444.5		-147.1	168	283.3	21.3
17.8			18	81.1	
3868.1	-129.8	-21.3	1019	2305.7	74.7
6619.5	-1048.9	-2511.1	2976	5009.2	20.6
4861.3	-2221.5	-2911.1	2355	4703.1	
-645.8	-3397.7	2896	1226	2411.4	3578.5
4116.7	-3175.3	-788.5	959	188.4	1048.4
1216.7			159	84.2	16.8
-11.9			15	-17.7	23.8
-25.5		-0.6	66	19.4	
-157.3	-40.4	132.5	135	1122.6	5.2
15292.8	6700.1	19673.3	4837	-10643.6	19964.3
12379.6	11072.9	16188.9	4475	-11471.1	19857.8
97.3	-1878.5	1410.7	798	3.1	230.9

新疆经济普查年鉴

Xinjiang Economic Census Yearbook

2004

下 册

新疆维吾尔自治区第一次全国经济普查领导小组办公室 编

中国统计出版社
China Statistics Press

目　录

一、全部法人及产业活动单位基本情况

1-1　全部法人单位、产业活动单位基本情况 …… 3
1-2　全部法人单位构成情况 …… 17
1-3　全部产业活动单位构成情况 …… 30
1-4　全部法人单位从业人员情况 …… 44
1-5　全部企业法人单位数及从业人员情况 …… 70
1-6　国有企业法人单位及从业人员情况 …… 82
1-7　集体企业法人单位及从业人员情况 …… 91
1-8　股份有限公司企业法人单位及从业人员 …… 100
1-9　私营企业法人单位及从业人员情况 …… 111
1-10　港澳台商和外商投资企业法人单位及从业人员情况 …… 123
1-11　其他内资企业法人单位及从业人员情况 …… 129
1-12　法人单位从业人员构成情况 …… 133
1-13　企业法人单位从业人员构成情况 …… 159
1-14　事业法人单位从业人员构成情况 …… 185
1-15　机关法人单位从业人员构成情况 …… 197
1-16　社会团体法人单位从业人员构成情况 …… 201
1-17　民办非企业法人单位从业人员构成情况 …… 205
1-18　其他组织机构法人单位从业人员构成情况 …… 211

二、全部工业基本情况及主要经济指标

2-1　全部工业单位数及总产值 …… 223
2-2　工业企业单位数及工业总产值 …… 224
2-3　按行业分工业企业单位数及工业总产值 …… 225
2-4　分地、州、市、县(市)工业企业单位数及工业总产值 …… 226
2-5　全部工业企业主要经济指标 …… 228
2-6　全部工业企业分行业主要经济指标 …… 232
2-7　各地、州、市、县（市)全部工业企业主要经济指标 …… 236
2-8　分行业国有及国有控股工业企业主要经济指标 …… 244
2-9　分行业国有工业企业主要经济指标 …… 248
2-10　分行业集体工业企业主要经济指标 …… 252
2-11　分行业股份有限公司企业主要经济指标 …… 256
2-12　分行业有限责任公司企业主要经济指标 …… 260
2-13　分行业港澳台商投资企业主要经济指标 …… 264
2-14　分行业外商投资企业主要经济指标 …… 268
2-15　分行业大型工业企业主要经济指标 …… 272
2-16　分行业中型法人工业企业主要经济指标 …… 276

2-17 分行业小型法人工业企业主要经济指标 …… 280
2-18 乌鲁木齐市工业企业主要经济指标 …… 284
2-19 克拉玛依市工业企业主要经济指标 …… 292
2-20 石河子市工业企业主要经济指标 …… 300
2-21 吐鲁番地区工业企业主要经济指标 …… 308
2-22 哈密地区工业企业主要经济指标 …… 316
2-23 昌吉州工业企业主要经济指标 …… 324
2-24 伊犁州工业企业主要经济指标 …… 332
2-25 伊犁州直属县(市)工业企业主要经济指标 …… 340
2-26 塔城地区工业企业主要经济指标 …… 348
2-27 阿勒泰地区工业企业主要经济指标 …… 356
2-28 博尔塔拉蒙古自治州工业企业主要经济指标 …… 364
2-29 巴音郭楞蒙古自治州工业企业主要经济指标 …… 372
2-30 阿克苏地区工业企业主要经济指标 …… 380
2-31 克孜勒苏柯尔克孜自治州工业企业主要经济指标 …… 388
2-32 喀什地区工业企业主要经济指标 …… 396
2-33 和田地区工业企业主要经济指标 …… 404
2-34 规模以上工业企业主要经济指标 …… 412
2-35 规模以上工业企业分行业主要经济指标 …… 424
2-36 各地、州、市、县(市)规模以上工业企业主要经济指标 …… 436
2-37 规模以上国有及国有控股工业企业分行业主要经济指标 …… 460
2-38 规模以上国有工业企业分行业主要经济指标 …… 472
2-39 规模以上集体工业企业分行业主要经济指标 …… 484
2-40 规模以上股份有限公司企业分行业主要经济指标 …… 496
2-41 规模以上有限责任公司企业分行业主要经济指标 …… 508
2-42 规模以上港澳台商投资企业分行业主要经济指标 …… 520
2-43 规模以上外商投资企业分行业主要经济指标 …… 532
2-44 乌鲁木齐市规模以上工业企业主要经济指标 …… 544
2-45 克拉玛依市规模以上工业企业主要经济指标 …… 568
2-46 石河子市规模以上工业企业主要经济指标 …… 592
2-47 吐鲁番地区规模以上工业企业主要经济指标 …… 616
2-48 哈密地区规模以上工业企业主要经济指标 …… 640
2-49 昌吉回族自治州规模以上工业企业主要经济指标 …… 664
2-50 伊犁哈萨克自治州规模以上工业企业主要经济指标 …… 688
2-51 伊犁州直属县(市)规模以上工业企业主要经济指标 …… 712
2-52 塔城地区规模以上工业企业主要经济指标 …… 738
2-53 阿勒泰地区规模以上工业企业主要经济指标 …… 762
2-54 博尔塔拉蒙古自治州规模以上工业企业主要经济指标 …… 786
2-55 巴音郭楞蒙古自治州规模以上工业企业主要经济指标 …… 810
2-56 阿克苏地区规模以上工业企业主要经济指标 …… 834
2-57 克孜勒苏柯尔克孜自治州规模以上工业企业主要经济指标 …… 858
2-58 喀什地区规模以上工业企业主要经济指标 …… 882
2-59 和田地区规模以上工业企业主要经济指标 …… 906
2-60 规模以下工业企业主要经济指标 …… 930
2-61 规模以下工业企业分行业主要经济指标 …… 934
2-62 各地、州、市、县 (市)规模以下工业企业主要经济指标 …… 938
2-63 规模以下国有及国有控股工业企业分行业主要经济指标 …… 946
2-64 规模以下国有工业企业分行业主要经济指标 …… 950
2-65 规模以下集体工业企业分行业主要经济指标 …… 954

2-66 规模以下股份有限公司企业分行业主要经济指标 …… 958
2-67 规模以下有限责任公司企业分行业主要经济指标 …… 962
2-68 规模以下港澳台商投资企业分行业主要经济指标 …… 966
2-69 规模以下外商投资企业分行业主要经济指标 …… 970
2-70 主要工业产品产量 …… 974
2-71 规模以上工业企业主要工业产品产量 …… 1008
2-72 规模以下工业企业主要工业产品产量 …… 1044
2-73 各地、州、市主要工业产品产量 …… 1084
2-74 工业企业产品产量、生产能力及能力利用率 …… 1088
2-75 规模以上工业企业产品产量、生产能力及能力利用率 …… 1092
2-76 规模以下工业企业产品产量、生产能力及能力利用率 …… 1096
2-77 全部工业企业能源消费及库存 …… 1098
2-78 规模以上工业企业能源消费及库存 …… 1106
2-79 规模以上工业企业分行业、分品种能源消费总量 …… 1115
2-80 全部工业企业主要原材料消费量 …… 1118

三、企业科技情况

3-1 工业企业科技基本情况表 …… 1122
3-2 全部工业企业科技活动人员情况 …… 1134
3-3 全部工业企业科技活动经费筹集情况 …… 1138
3-4 全部工业企业科技活动经费支出情况 …… 1144
3-5 全部工业企业研究与试验发展（R&D)情况 …… 1148
3-6 全部工业企业科技项目情况 …… 1152
3-7 全部工业企业办科技机构情况 …… 1156
3-8 全部工业企业技术改造、技术获取及减免税情况 …… 1159
3-9 全部工业企业新产品产出和专利情况 …… 1162
3-10 大中型工业企业基本情况表 …… 1164
3-11 大中型工业企业科技活动人员情况 …… 1172
3-12 大中型工业企业科技活动经费筹集情况 …… 1174
3-13 大中型工业企业科技活动经费支出情况 …… 1178
3-14 大中型工业企业研究与试验发展（R&D)情况 …… 1180
3-15 大中型工业企业科技项目情况 …… 1182
3-16 大中型工业企业办科技机构情况 …… 1185
3-17 大中型工业企业技术改造、技术获取及减免税情况 …… 1187
3-18 大中型工业企业新产品产出和专利情况 …… 1189

四、建筑业主要经济指标

4-1 总承包和专业承包建筑业企业主要经济指标 …… 1193
4-2 总承包和专业承包建筑业企业主要经济指标（有工作量的企业）…… 1199
4-3 按地区分的总承包和专业承包建筑业企业房屋建筑完成情况指标 …… 1209
4-4 按地区分的总承包和专业承包建筑业企业房屋建筑完成情况指标（有工作量的企业）…… 1211
4-5 按地区分的总承包和专业承包建筑业企业财务状况指标 …… 1213
4-6 按地区分的总承包和专业承包建筑业企业财务状况指标(有工作量的企业) …… 1218
4-7 按地区分的总承包和专业承包建筑业企业生产情况指标 …… 1223
4-8 按地区分的总承包和专业承包建筑业企业生产情况指标(有工作量的企业) …… 1225
4-9 资质以下建筑业企业主要经济指标 …… 1228

4-10 劳务分包建筑业企业主要经济指标 …… 1230
4-11 劳务分包建筑业企业主要经济指标(有工作量的企业) …… 1232
4-12 按地区分的劳务分包建筑业企业主要经济指标 …… 1234
4-13 按地区分的劳务分包建筑业企业主要经济指标(有工作量的企业) …… 1235

五、房地产业主要经济指标

5-1 按各种分组的房地产开发企业指标完成情况 …… 1240
5-2 按各种分组的物业管理企业主要指标完成情况 …… 1266
5-3 按各种分组的中介服务企业主要指标完成情况 …… 1270
5-4 按各种分组的其他房地产企业生产经营情况 …… 1274

六、批发零售贸易业、住宿餐饮业基本情况及主要经济指标

6-1 批发和零售业企业基本情况 …… 1279
6-2 住宿和餐饮业企业经营情况 …… 1280
6-3 分类型批发和零售业企业商品销售情况 …… 1281
6-4 分类型限额以上批发和零售业企业商品销售情况 …… 1283
6-5 分类型限额以下批发和零售业企业商品销售情况 …… 1284
6-6 分行业批发和零售业企业商品销售情况 …… 1285
6-7 分行业限额以上批发和零售业企业商品销售情况 …… 1287
6-8 分行业限额以下批发和零售业企业商品销售情况 …… 1289
6-9 批发和零售业企业商品销售类值 …… 1292
6-10 限额以上批发和零售业企业商品销售类值 …… 1294
6-11 限额以下批发和零售业企业商品销售类值 …… 1296
6-12 各地、州、市、县(市)批发和零售业企业商品销售情况 …… 1298
6-13 各地、州、市、县(市)限额以上批发和零售业企业商品销售情况 …… 1301
6-14 各地、州、市、县(市)限额以下批发和零售业企业商品销售情况 …… 1303
6-15 分类型限额以上批发和零售业企业主要财务状况 …… 1306
6-16 分类型限额以下批发和零售业企业主要财务状况 …… 1310
6-17 分行业限额以上批发和零售业企业主要财务状况 …… 1313
6-18 分行业限额以下批发和零售业企业主要财务状况 …… 1321
6-19 各地、州、市、县(市)限额以上批发和零售业企业主要财务状况 …… 1330
6-20 各地、州、市、县(市)限额以下批发和零售业企业主要财务状况 …… 1338
6-21 其他行业法人附属批发和零售业产业活动单位销售情况 …… 1347
6-22 其他行业法人附属批发和零售业产业活动单位分地区销售情况 …… 1348
6-23 其他行业法人附属批发和零售业产业活动单位分登记注册类型销售情况 …… 1349
6-24 其他行业法人附属批发和零售业产业活动单位分行业销售情况 …… 1350
6-25 其他行业法人附属批发和零售业产业活动单位分类商品销售情况 …… 1352
6-26 住宿和餐饮业企业基本情况 …… 1353
6-27 限额以上住宿和餐饮业企业基本情况 …… 1355
6-28 限额以下住宿和餐饮业企业基本情况 …… 1357
6-29 住宿和餐饮业企业主要经营情况 …… 1358
6-30 限额以上住宿和餐饮业企业主要经营情况 …… 1360
6-31 限额以下住宿和餐饮业企业主要经营情况 …… 1361
6-32 各地、州、市、县(市)住宿和餐饮业经营状况 …… 1362
6-33 各地、州、市、县(市)限额以上住宿和餐饮业经营状况 …… 1364
6-34 各地、州、市、县(市)限额以下住宿和餐饮业经营状况 …… 1366

6-35 限额以上住宿和餐饮业企业主要财务状况 …… 1368
6-36 限额以下住宿和餐饮业企业主要财务状况 …… 1372
6-37 各地、州、市、县（市)限额以上住宿和餐饮业企业主要财务状况 …… 1375
6-38 各地、州、市、县（市)限额以下住宿和餐饮业企业主要财务状况 …… 1383
6-39 其他行业法人附属住宿和餐饮业产业活动单位分登记注册类型经营情况 …… 1389
6-40 其他行业法人附属住宿和餐饮业产业活动单位分行业经营情况 …… 1390
6-41 其他行业法人附属住宿和餐饮业产业活动单位分地区经营情况 …… 1390

七、其他第三产业主要经济指标

7-1 交通运输、铁路、邮政、电信企业单位数和财务状况 …… 1393
7-2 交通运输、仓储企业主要业务量 …… 1397
7-3 金融业财务状况 …… 1397
7-4 银行业企业财务状况 …… 1398
7-5 保险业企业财务状况 …… 1399
7-6 证券业企业财务状况 …… 1340
7-7 其他第三产业企业法人单位主要经济指标 …… 1402
7-8 国家邮政企业法人单位主要经济指标 …… 1407
7-9 铁路运输业企业法人单位主要经济指标 …… 1409
7-10 其他第三产业法人中国有及国有控股企业法人单位主要经济指标 …… 1410
7-11 其他第三产业中国有企业法人单位主要经济指标 …… 1422
7-12 其他第三产业中集体企业法人单位主要经济指标 …… 1434
7-13 其他第三产业法人中股份制企业法人主要经济指标 …… 1443
7-14 其他第三产业中私营企业法人单位主要经济指标 …… 1455
7-15 其他第三产业中其他内资企业法人主要经济指标 …… 1467
7-16 其他第三产业中港奥台商及外商投资企业法人单位主要经济指标 …… 1473
7-17 行政事业单位财务状况综合表 …… 1479
7-18 新疆个体经营户经营情况表 …… 1491

第2篇（续）

全部工业基本情况及主要经济指标

2-52 塔城地区规模以上

项　　目	企　业 单位数	亏　损 单位数	工业总产值 (现价)	工　　业 销售产值	出　口 交货值	工　业 增加值	年初存货
总　　计	**77**	**32**	**221186.2**	**208228.3**	**14987.7**	**68515.5**	**62330.7**
按登记注册类型分							
内资企业	75	31	206161.1	192402.6	14987.7	59141.3	58957.5
国有企业	24	11	33591.3	33211.6		12697	6361.3
#中央企业	5	3	10296.9	10117.2		3793.1	2868.1
地方企业	19	8	23294.4	23094.4		8903.9	3493.2
#自治区属企业	5	2	7215.1	6848.8		3285.5	576.7
地区(州、市)属企业	2	1	9088.9	9692.5		4460.1	1604.2
县(市)属企业	11	5	6971.9	6534.6		1162.4	1309.2
集体企业	1	1	984.5	961.2		-519.5	147.9
#自治区属企业							
地区(州、市)属企业							
县(市)属企业							
镇属企业							
乡属企业							
股份合作企业	2	2	1949.2	1776.2	67	1048.3	183.3
联营企业							
#国有联营企业							
集体联营企业							
国有与集体联营企业							
其他联营企业							
有限责任公司	41	14	146934.7	137167.2	9189.2	43249.2	45272.3
#国有独资公司	1	1	2036.1	1813.7		657.2	15.2
其他有限责任公司	40	13	144898.6	135353.5	9189.2	42592	45257.1
股份有限公司	1	1	8665.1	6010.9	5731.5	751.5	3364.1
私营企业	6	2	14036.3	13275.5		1914.8	3628.6
#私营独资企业	1		2016.5	1996.4		410.1	148
私营合伙企业							
私营有限责任公司	5	2	12019.8	11279.1		1504.7	3480.6
私营股份有限公司							
港、澳、台商投资企业	1	1	3591.9	4311		1032.6	
外商投资企业	1		11433.2	11514.7		8341.6	3373.2
在总计中：国有控股企业	39	19	95669.3	97279.5	525.5	33016.2	16888.9
在总计中：农村工业							
按轻、重工业分							
轻工业	41	13	117761.6	104912.4	14920.7	26514.6	49121.2
以农产品为原料	34	11	116641.4	103937.1	14920.7	25986.9	49062
以非农产品为原料	7	2	1120.2	975.3		527.7	59.2
重工业	36	19	103424.6	103315.9	67	42000.9	13209.5
采掘工业	9	2	32938.2	33808.5		18225.6	4160
原料工业	20	14	63175.8	62853.6		22999.3	7356.3
加工工业	7	3	7310.6	6653.8	67	776	1693.2
按企业规模分							
大型企业							
中型企业	13	4	107512.7	105576.6	458.5	50090.5	25266.2
小型企业	64	28	113673.5	102651.7	14529.2	18425	37064.5

工业企业主要经济指标

计量单位：万元

流动资产合计	短期投资	应收帐款	存货	产成品	流动资产年平均余额	长期投资
173949.7	**5**	**35163.2**	**72997.6**	**37289.8**	**162530.2**	**52670.3**
163511.6	5	33840.4	67958.5	36852.7	153217.8	52670.3
27796.5	5	9559.9	6261.1	3040.7	26987.4	458.2
9406.2		5263.2	2543.1	1151.6	9710.7	434.3
18390.3	5	4296.7	3718	1889.1	17276.7	23.9
6263.4		878.1	648	269.6	5048.7	
7142.1	5	1979.2	1628.8	1510	7312.3	23.8
4911.4		1439.2	1432.9	109.5	4828	0.1
363		242	73.1		492.7	
727		302	261.7	118.5	828.8	27.5
118620.7		19474.5	52847.9	28144.8	108704.7	52103.4
2273.5		146.5	13.7		1954.6	
116347.2		19328	52834.2	28144.8	106750.1	52103.4
4948.4		650.1	4126	3806.5	5757.6	
11056		3611.9	4388.7	1742.2	10446.6	81.2
1308.4		701.5	88.3	88.3	1201.1	
9747.6		2910.4	4300.4	1653.9	9245.5	81.2
4096.8		1317.4	1296	409.6	3847.4	
6341.3		5.4	3743.1	27.5	5465	
78321.5	5	17774	20112.7	10865	75567.3	3954.1
89772.3		10988.8	56022.9	29695.6	79328.9	48860.1
88615.8		10700.2	55927.2	29695.6	78230.9	48860
1156.5		288.6	95.7		1098	0.1
84177.4	5	24174.4	16974.7	7594.2	83201.3	3810.2
25840	5	6333.2	3859.1	2384.7	25273.4	23.8
53848.8		16348.2	10883.6	4512.2	53666.4	3758.9
4488.6		1493	2232	697.3	4261.5	27.5
79169.8	5	14980	28791.3	15296.3	75355.6	3746.5
94779.9		20183.2	44206.3	21993.5	87174.6	48923.8

2-52 续表 1

项 目	企 业 单位数	亏 损 单位数	工业总产值 (现价)	工 业 销售产值	出 口 交货值	工 业 增加值	年初存货
按行业分							
煤炭开采和洗选业	5	2	22079.5	23362.6		12553.9	2715.6
石油和天然气开采业							
#天然原油和天然气开采							
黑色金属矿采选业							
有色金属矿采选业	1		5255.4	4954		2795.1	444.7
非金属矿采选业	3		5603.3	5491.9		2876.6	999.7
#采盐	1		2898.1	2819.9		1763.2	442.1
其他采矿业							
农副食品加工业	17	4	58256	54536.3	458.5	11762.3	23765.1
#谷物磨制	5	2	13241	12185.8		4339.5	2491.2
饲料加工	1		1540.9	2369.3		-694.1	1284.9
制糖	2		23374.2	23514.7	458.5	6646.2	10339.4
食品制造业	3	1	23327.1	16847.5	14462.2	6145.6	7429
#罐头制造	2	1	21266.7	14787.1	14462.2	5683.5	7244.2
饮料制造业	1		11433.2	11514.7		8341.6	3373.2
#酒的制造	1		11433.2	11514.7		8341.6	3373.2
烟草制品业							
纺织业	10	5	21377.4	19192.9		-836.1	13868.5
#棉、化纤纺织及印染精加工	8	4	17757	14849.9		-1873	13857.7
毛纺织和染整精加工	1	1	3591.9	4311		1032.6	
纺织服装、鞋、帽制造业							
皮革、毛皮、羽毛(绒)及其制品业							
#皮革鞣制加工							
皮革制品制造							
木材加工及木、竹、藤、棕、草制品业							
家具制造业							
造纸及纸制品业	1		798.2	820.7		89	563.2
印刷业和记录媒介的复制	1	1	71.6	69.5		17.3	63
文教体育用品制造业							
石油加工、炼焦及核燃料加工业	1	1	1320.5	1320.5		215.6	6
#炼焦							
化学原料及化学制品制造业							
#基础化学原料制造							
肥料制造							
医药制造业							
化学纤维制造业	1		1377.9	955.5		467.2	
橡胶制品业	1		4000	4000		-188.8	666.7
塑料制品业	1	1	896.2	866.5	67	75.4	42
非金属矿物制品业	9	3	29153.8	27616.6		13587.8	6430.8
#水泥制造	8	3	28874	27401.7		13493.7	6304.8
黑色金属冶炼及压延加工业	1	1	1400	969.2		642.9	
有色金属冶炼及压延加工业							
金属制品业	2		1511	1246.6		561.6	386
通用设备制造业							
专用设备制造业	2	2	623.6	325.8		233.7	472.5
交通运输设备制造业							
电气机械及器材制造业							
通信设备、计算机及其他电子设备制造业							
仪器仪表及文化、办公用机械制造业							
工艺品及其他制造业							
废弃资源和废旧材料回收加工业							
电力、热力的生产和供应业	10	9	31581.3	33162.2		8647.1	1045.5
#电力生产和电力供应	7	7	29398.4	31069.3		8026.5	837.7
燃气生产和供应业							
水的生产和供应业	7	2	1120.2	975.3		527.7	59.2

计量单位：万元

流动资产合计	短期投资	应收帐款	存货	产成品	流动资产年平均余额	长期投资
18168.4	5	5422.5	2078.8	1584.4	18537.6	23.8
4915.6		229.8	422	207.3	4061.4	
2756		680.9	1358.3	593	2674.4	
1132.6		113.2	754.7	211.2	1034.2	
42939.8		4198.1	27241	13392.8	36208.1	48798.9
7103.3		1111.1	2814.2	490.3	5904.9	223.9
2152.7		96.7	1374.7	553.4	2262.9	
14596.1		5.3	12366.7	7123.8	11217.5	
14412.3		4009.3	9838.5	9192.2	13099.4	25
13843.3		3979.9	9369.6	8873.4	12668.4	
6341.3		5.4	3743.1	27.5	5465	
6341.3		5.4	3743.1	27.5	5465	
21659.8		2208	12441.4	5838.7	20219.2	20
17477.9		846.9	11128.6	5417.4	16286.7	20
4096.8		1317.4	1296	409.6	3847.4	
1390.4		278.5	854.9	334.9	1390.4	16.1
124.3		0.9	60.4	51.4	100.9	
701.1		264	119		547.4	
1747.9			1747.9	858.1	1747.9	
1302.2		327.6	694.6		1317.9	
456.6		138	231.2	109.8	403.9	27.5
28487.1		14377.9	7665.7	2163.1	29382	490.5
28259		14212.1	7603.4	2100.8	29346.3	490.5
398.5		6.7	381.1	253.5	398.5	
1683.6		856.2	725.8	454.7	1721.2	
818.1		5.4	518.1	70.5	782.8	
24490.2		1865.4	2780.1	2157.9	23374.2	3268.4
23050.5		1501.6	2603.7	2157.9	21927.9	3268.4
1156.5		288.6	95.7		1098	0.1

2-52 续表 2

项　　目	固定资产合计	固定资产原价	生产经营用	累计折旧	本年折旧	固定资产净值年平均余额
总　　计	**274747.7**	**357805.4**	**261122.3**	**112277.3**	**22852.2**	**247774.4**
按登记注册类型分						
内资企业	266106.6	337682	240998.9	100776.2	21976.5	238707.9
国有企业	40383.1	51263.9	47664.5	18648.8	2093.1	31950.9
#中央企业	11933.9	18471.2	16772.2	9799	987.6	8175.8
地方企业	28449.2	32792.7	30892.3	8849.8	1105.5	23775.1
#自治区属企业	2658.2	3162.5	2144.9	515.9	118.3	2506.5
地区(州、市)属企业	17539.1	18000	17537.4	4838.8	305	13028.3
县(市)属企业	6462.1	9852.9	9432.7	3487.1	674.2	6476.6
集体企业	664.4	1765.4	1655.9	1101	172	668.8
#自治区属企业						
地区(州、市)属企业						
县(市)属企业						
镇属企业						
乡属企业						
股份合作企业	355.7	1083.2	275.4	637.4	53.4	447.7
联营企业						
#国有联营企业						
集体联营企业						
国有与集体联营企业						
其他联营企业						
有限责任公司	200715.7	249327.3	160416.9	69922.3	17267.5	181123.7
#国有独资公司	4279.5	5688.7	5688.7	1470.8	417.9	4311.7
其他有限责任公司	196436.2	243638.6	154728.2	68451.5	16849.6	176812
股份有限公司	9583.5	13459.2	13459.2	3875.7	811.9	9977.2
私营企业	14404.2	20783	17527	6591	1578.6	14539.6
#私营独资企业	1647.5	2098	1888.2	450.5	185	1712.2
私营合伙企业						
私营有限责任公司	12756.7	18685	15638.8	6140.5	1393.6	12827.4
私营股份有限公司						
港、澳、台商投资企业	5312.2	9544.9	9544.9	4232.7	450.3	5538.4
外商投资企业	3328.9	10578.5	10578.5	7268.4	425.4	3528.1
在总计中：国有控股企业	150265.8	190701.9	115140.7	54029.2	13170.6	135498
在总计中：农村工业						
按轻、重工业分						
轻工业	77557.6	108806.5	98439.3	36272.2	6156.8	73482.4
以农产品为原料	71694.9	101654	91541.3	34832.7	5631.9	67744.4
以非农产品为原料	5862.7	7152.5	6898	1439.5	524.9	5738
重工业	197190.1	248998.9	162683	76005.1	16695.4	174292
采掘工业	27453.9	36327.4	30329.7	14156.9	1414.4	22006.2
原料工业	167682.8	209621.9	130249	60963.1	15201.1	150120.5
加工工业	2053.4	3049.6	2104.3	885.1	79.9	2165.3
按企业规模分						
大型企业						
中型企业	141513.7	192903.5	118100.5	70273.5	13370.2	124879.5
小型企业	133234	164901.9	143021.8	42003.8	9482	122894.9

计量单位：万元

无形资产	资产总计	流动负债	应付帐款	长期负债	负债合计
		合　计		合　计	
8182	**514200.4**	**314443.5**	**46564.9**	**45825.8**	**362336.5**
7931.4	494532.5	303133.4	44818.3	44730.8	349531.4
1964.2	72232.6	32369.4	7743.7	11163.2	44648.9
99	21919.5	8390.4	2168.3	156.4	8546.8
1865.2	50313.1	23979	5575.4	11006.8	36102.1
	9202.3	5275.4	930.7	1209.8	6485.2
1855	26560.1	11684.5	2952.1	7336.4	20127.4
10.2	12687.5	6431.5	1260.9	2183.9	8625.2
	1027.4	1067.8	68.3		1067.8
21.4	1224.9	866.4	467.5	88.9	1046.1
5720.3	379459.9	235607.1	31223.2	28531.9	264599.1
7.2	6560.3	1372.2	872.8	2225.1	3597.3
5713.1	372899.6	234234.9	30350.4	26306.8	261001.8
160.5	14692.4	18754.3	2233.4		18754.3
65	25895.3	14468.4	3082.2	4946.8	19415.2
	2975.9	1292.9	170.7	1182	2474.9
65	22919.4	13175.5	2911.5	3764.8	16940.3
112.9	9859.9	7652.9	548.7	545	8597.9
137.7	9808.0	3657.2	1197.9	550	4207.2
2864.8	237725.7	142099.6	16942.5	39126.8	182834.5
5157.1	224374.5	127355.9	25461.8	4019.4	132245.2
5146.9	216596.4	124404.5	24498.6	2068.9	127333.5
10.2	7778.1	2951.4	963.2	1950.5	4911.7
3024.9	289825.9	187087.6	21103.1	41806.4	230091.3
2569.6	56173.8	30909.7	4141.6	4175.5	36191.7
443.3	226707.6	149911.2	14726.3	36665.6	186576.8
12	6944.5	6266.7	2235.2	965.3	7322.8
5613.5	230378.9	163822.5	13639.7	16994.9	181923.9
2568.5	283821.5	150621	32925.2	28830.9	180412.6

2-52 续表 3

项　　目	固定资产合　　计	固定资产原　　价	生产经营用	累计折旧	本年折旧	固定资产净值年平均余额
按行业分						
煤炭开采和洗选业	23255.7	31740.8	27130.6	13541.5	1221.3	18201.7
石油和天然气开采业						
#天然原油和天然气开采						
黑色金属矿采选业						
有色金属矿采选业	1208.4	1245.7	1000	37.3	37.3	1208.4
非金属矿采选业	2989.8	3340.9	2199.1	578.1	155.8	2596.1
#采盐	1345.1	1345.3	845.1	214.9	22.4	928.3
其他采矿业						
农副食品加工业	21581.6	33369.9	24535.5	12993.7	2338.7	19987.5
#谷物磨制	2953.8	4009.3	3019.4	1130	210.3	3339.2
饲料加工	910.8	1539.8	500	629	154.6	978.3
制糖	6427.7	14120.8	12770.6	7782.1	722.8	6368.7
食品制造业	22282.1	28809.5	28809.5	6547.9	1743.4	23123.3
#罐头制造	21464.3	27919.6	27919.6	6455.3	1674.1	22410.9
饮料制造业	3328.9	10578.5	10578.5	7268.4	425.4	3528.1
#酒的制造	3328.9	10578.5	10578.5	7268.4	425.4	3528.1
烟草制品业						
纺织业	19712.1	23750.3	23540.8	7589.5	1069.2	16316.5
#棉、化纤纺织及印染精加工	14382.9	14177.8	13968.3	3346.2	608.3	10761.1
毛纺织和染整精加工	5312.2	9544.9	9544.9	4232.7	450.3	5538.4
纺织服装、鞋、帽制造业						
皮革、毛皮、羽毛(绒)及其制品业						
#皮革鞣制加工						
皮革制品制造						
木材加工及木、竹、藤、棕、草制品业						
家具制造业						
造纸及纸制品业	568.7	822.6	822.6	257.7	34.3	564.9
印刷业和记录媒介的复制	108.8	210.5	80.6	101.7	5.9	111.4
文教体育用品制造业						
石油加工、炼焦及核燃料加工业	237.7	434.1	434.1	196.4	42.3	200.3
#炼焦						
化学原料及化学制品制造业						
#基础化学原料制造						
肥料制造						
医药制造业						
化学纤维制造业	4112.7	4112.7	3173.8	73.8	15	4112.7
橡胶制品业	758	1255.1	1195.1	497.1	42.1	781
塑料制品业	102.4	356.4	264.2	163.9	21.4	194.4
非金属矿物制品业	64525.8	77531.5	59765.5	23898.7	3352.6	54466
#水泥制造	63875.8	76860.5	59744.5	23898.7	3352.6	53817.2
黑色金属冶炼及压延加工业	945.6	1716.9	900	771.3	12	945.6
有色金属冶炼及压延加工业						
金属制品业	241.9	292.4	260	50.5	7.1	241.8
通用设备制造业						
专用设备制造业	301.1	474.7	364	173.6	9.3	299.3
交通运输设备制造业						
电气机械及器材制造业						
通信设备、计算机及其他电子设备制造业						
仪器仪表及文化、办公用机械制造业						
工艺品及其他制造业						
废弃资源和废旧材料回收加工业						
电力、热力的生产和供应业	102623.7	130610.4	69170.4	36096.7	11794.2	95157.4
#电力生产和电力供应	99924.9	127257.3	65927.2	35281.2	11680.8	92636.7
燃气生产和供应业						
水的生产和供应业	5862.7	7152.5	6898	1439.5	524.9	5738

计量单位：万元

无形资产	资产总计	流动负债		长期负债	负债合计
		合　计	应付帐款	合　计	
1859.8	43437.8	24486.3	3044.7	3880.2	29473
	6213.6	4015.9	665	260	4275.9
709.8	6522.4	2407.5	431.9	35.3	2442.8
	2523.5	1490.4	186.8		1490.4
2586.1	117732.4	50142	7555	626.5	51228.6
43.1	10359.1	6080.3	1576	143	6223.3
1.9	3087.4	1772.4	698.7		1772.4
1557.7	22581.6	20171.3	2712.4		20171.3
357.4	37124.4	39909.8	6411.2		39909.8
357.4	35712.5	39533.7	6115.3		39533.7
137.7	9808.0	3657.2	1197.9	550	4207.2
137.7	9808.0	3657.2	1197.9	550	4207.2
2065.7	43862.5	25340.2	4682.6	637.6	26377.8
1952.8	33869.4	17644.3	4090.9	2.6	17646.9
112.9	9859.9	7652.9	548.7	545	8597.9
	1975.3	1287	758.9	198.4	1485.4
	233.2	207.7	32.4	56.4	264.1
	938.8	590.4	265.5	14.7	605.1
	5860.6	3860.6	3860.6		3860.6
	2060.2	1287.6			1287.6
	677.3	467.5	467.5	85.9	644.2
52.3	94147.8	62329.4	9937.7	14763.3	77092.7
52.3	93081.0	62329.4	9937.7	13910.7	76240.1
35	1379.1	431.4	28		431.4
12	1975.1	1456.4	1147		1456.4
	1165.1	3055.2	620.7	26.8	3082
356	131308.7	86560	4495.1	22740.2	109300.2
291	126577.9	82870.9	3401.2	22740.2	105611.1
10.2	7778.1	2951.4	963.2	1950.5	4911.7

2-52 续表 4

项目	所有者权益合计	其中:实收资本	国家资本	集体资本	法人资本	个人资本	港澳台资本
总计	**151863.9**	**108296**	**49121.7**	**2055.3**	**44799.9**	**10525.4**	**1793.7**
按登记注册类型分							
内资企业	145001.1	99803.9	49121.7	2055.3	38101.5	10525.4	
国有企业	27583.7	27687.9	27544.5		9.3	134.1	
#中央企业	13372.7	14395.1	14385.8		9.3		
地方企业	14211	13292.8	13158.7			134.1	
#自治区属企业	2717.1	1524.6	1524.6				
地区(州、市)属企业	6432.7	7105.7	7105.7				
县(市)属企业	4062.3	3663.6	3529.5			134.1	
集体企业	-40.4	450				450	
#自治区属企业							
地区(州、市)属企业							
县(市)属企业							
镇属企业							
乡属企业							
股份合作企业	178.8	206.2		8.5	185.7	12	
联营企业							
#国有联营企业							
集体联营企业							
国有与集体联营企业							
其他联营企业							
有限责任公司	114860.8	66580	21577.2	2046.8	37008.5	5947.5	
#国有独资公司	2963	3136.5	3136.5				
其他有限责任公司	111897.8	63443.5	18440.7	2046.8	37008.5	5947.5	
股份有限公司	-4061.9						
私营企业	6480.1	4879.8			898	3981.8	
#私营独资企业	501	500				500	
私营合伙企业							
私营有限责任公司	5979.1	4379.8			898	3481.8	
私营股份有限公司							
港、澳、台商投资企业	1262	8492.1			6698.4		1793.7
外商投资企业	5600.8						
在总计中：国有控股企业	54891.2	66669.8	48297.7	8.5	15522.8	1047.1	1793.7
在总计中：农村工业							
按轻、重工业分							
轻工业	92129.3	42210.3	6822.9	1446.8	24385.5	7761.4	1793.7
以农产品为原料	89262.9	39611.7	4224.3	1446.8	24385.5	7761.4	1793.7
以非农产品为原料	2866.4	2598.6	2598.6				
重工业	59734.6	66085.7	42298.8	608.5	20414.4	2764	
采掘工业	19982.1	17159.7	11299.5	500	3360.2	2000	
原料工业	40130.8	47520.6	30106.5		16817.2	596.9	
加工工业	-378.3	1405.4	892.8	108.5	237	167.1	
按企业规模分							
大型企业							
中型企业	48455	44301	25813.4		15220.9	3266.7	
小型企业	103408.9	63995	23308.3	2055.3	29579	7258.7	1793.7

计量单位：万元

外商资本	主营业务收入	主营业务成本	主营业务税金及附加	其他业务收入	其他业务利润	营业费用
	224254.5	**190563.9**	**2724.4**	**4576.8**	**1879.5**	**10559**
	207687.4	181676.2	1414.6	4504.1	1518.7	9992.2
	31744	25277.2	237	1378	409.3	453.4
	10508.7	9595.1	42.8	20.5	19.6	122.9
	21235.3	15682.1	194.2	1357.5	389.7	330.5
	5290.6	3860.5	12	1016.4	181.6	105.2
	9616.5	6843.4	134.3	184.3	-61.7	1.1
	6309.7	4960	47.6	156.8	269.8	224.2
	961.2	1016.9	8.2			13.2
	1444.6	1581.3	3.6			30.2
	150291.8	133482.8	1096	3053.2	1059.1	8049.5
	1813.6	1881.9	6.2	38	38	31.8
	148478.2	131600.9	1089.8	3015.2	1021.1	8017.7
	6684.3	5256.9	15.5	47.1	24.5	633.9
	16561.5	15061.1	54.3	25.8	25.8	812
	1848.7	1389.7	1.9	0.1	0.1	12.1
	14712.8	13671.4	52.4	25.7	25.7	799.9
	5050.4	4517		60.2	69.4	147.3
	11516.7	4370.7	1309.8	12.5	291.4	419.5
	95351.5	85655.9	923.7	3539.4	1086.5	4087.8
	124057.4	101401.3	1623.7	2670.5	1317.1	5309
	123097	100674.4	1616	2520.8	1106.5	5258.4
	960.4	726.9	7.7	149.7	210.6	50.6
	100197.1	89162.6	1100.7	1906.3	562.4	5250
	30456.3	18628.7	620.4	345.6	106.5	1254.2
	63120.8	64997.8	393.1	1357.8	372.2	3775.3
	6620	5536.1	87.2	202.9	83.7	220.5
	99422	80651.8	2067.4	1672.8	1093.1	4578.8
	124832.5	109912.1	657	2904	786.4	5980.2

2-52 续表 5

项 目	所有者权益合 计	其 中:实收资本	国家资本	集体资本	法人资本	个人资本	港澳台资本
按行业分							
煤炭开采和洗选业	13964.8	13127.5	9856.3		1504.5	1766.7	
石油和天然气开采业							
#天然原油和天然气开采							
黑色金属矿采选业							
有色金属矿采选业	1937.7	1000	1000				
非金属矿采选业	4079.6	3032.2	443.2	500	1855.7	233.3	
#采盐	1033.1	246	101.1			144.9	
其他采矿业							
农副食品加工业	66503.8	15785.1	3491.1	1446.8	8398.9	2448.3	
#谷物磨制	4135.8	3570.9	1000	74.3	2496.6		
饲料加工	1315	1300		1300			
制糖	2410.3	1167.1	1167.1				
食品制造业	-2785.4	988.2			240.7	747.5	
#罐头制造	-3821.2	240.7			240.7		
饮料制造业	5600.8						
#酒的制造	5600.8						
烟草制品业							
纺织业	17484.7	20538.4	669.5		13945.9	4129.3	1793.7
#棉、化纤纺织及印染精加工	16222.5	11956.3	579.5		7247.5	4129.3	
毛纺织和染整精加工	1262	8492.1			6698.4		1793.7
纺织服装、鞋、帽制造业							
皮革、毛皮、羽毛(绒)及其制品业							
#皮革鞣制加工							
皮革制品制造							
木材加工及木、竹、藤、棕、草制品业							
家具制造业							
造纸及纸制品业	489.9	236.3				236.3	
印刷业和记录媒介的复制	-30.9	63.7	63.7				
文教体育用品制造业							
石油加工、炼焦及核燃料加工业	333.7	219.7	219.7				
#炼焦							
化学原料及化学制品制造业							
#基础化学原料制造							
肥料制造							
医药制造业							
化学纤维制造业	2000	2000			1800	200	
橡胶制品业	772.6	284.1	150			134.1	
塑料制品业	33.1	68.5		8.5	48	12	
非金属矿物制品业	17055.1	20010.4	5999.1		13510.3	501	
#水泥制造	16840.9	19910.4	5899.1		13510.3	501	
黑色金属冶炼及压延加工业	947.7	318			318		
有色金属冶炼及压延加工业							
金属制品业	518.7	310		100	189	21	
通用设备制造业							
专用设备制造业	-1916.9	642.8	642.8				
交通运输设备制造业							
电气机械及器材制造业							
通信设备、计算机及其他电子设备制造业							
仪器仪表及文化、办公用机械制造业							
工艺品及其他制造业							
废弃资源和废旧材料回收加工业							
电力、热力的生产和供应业	22008.5	27072.5	23987.7		2988.9	95.9	
#电力生产和电力供应	20966.8	25788.3	22799.4		2988.9		
燃气生产和供应业							
水的生产和供应业	2866.4	2598.6	2598.6				

计量单位：万元

外商资本	主营业务收　入	主营业务成　本	主营业务税金及附加	其他业务收　入	其他业务利　润	营业费用
	21527.8	13944.4	317.7	237.2	68.7	353.3
	4247.7	2963.4	2.7	97.2	36	72.5
	4680.8	1720.9	300	11.2	1.8	828.4
	2475.9	707.6	262.7			170.6
	62485	53313.5	257.3	2299.3	665	2287.9
	11467.9	10710	7.5	1217.1	142.4	194.6
	2369.2	2266.2	0.4			85.3
	20995	15301.9	230.8	1027.4	510	1183.5
	18740.5	13899.5	21.1	120.6	77.1	2049.2
	16498.2	12006	20.9	117.4	73.9	1919.9
	11516.7	4370.7	1309.8	12.5	291.4	419.5
	11516.7	4370.7	1309.8	12.5	291.4	419.5
	28468.4	27540.3	22.2	75.4	70.6	475.8
	23387.7	23008.9	21.9	15.2	1.2	328.5
	5050.4	4517		60.2	69.4	147.3
	861.4	795.5	2.1	10		5.2
	69.5	40.7	0.4	3	2.4	3.9
	481.8	404.1	3.7	838.6	86.7	
	955.5	714.2	3.1			16.9
	3700	3141.2	0.4	43.6	42.5	6
	824.1	862.6	0.5			19
	28039.5	21640.3	134.9	131	13	2363.1
	27832.5	21473.4	133.7	131	13	2352.6
	1111.9	1223.3	0.3			2.6
	1784.2	1312.3	83.1	109.5	-6	171.1
	104.7	53.1	2	49.8	47.2	13.9
	33694.6	41897	255.4	388.2	272.5	1420.1
	32033.7	40357.1	220.3	365.6	197.2	1261.1
	960.4	726.9	7.7	149.7	210.6	50.6

2-52 续表 6

项　目	管理费用	税　金	财产保险费	差旅费	工会经费	办公费	职工教育费
总　计	**25522.6**	**1420.2**	**595.4**	**1793.6**	**431.3**	**1650.3**	**323.2**
按登记注册类型分							
内资企业	24570.1	1407.6	582.4	1724.5	406.5	1589.4	322.1
国有企业	7327.7	122.7	371.9	1224.5	156.2	1106.4	97
#中央企业	1284.3	27.4	3.6	22.7	21.4	20	18.2
地方企业	6043.4	95.3	368.3	1201.8	134.8	1086.4	78.8
#自治区属企业	1871.9	18.9	0.9	349.2	23.9	28.4	10.2
地区(州、市)属企业	3373.2	20.4	302.9	814.6	102.9	1010.3	62.2
县(市)属企业	779.7	55.9	64.4	34.6	7.9	43.7	6.3
集体企业	35		2	0.3		0.2	
#自治区属企业							
地区(州、市)属企业							
县(市)属企业							
镇属企业							
乡属企业							
股份合作企业	29.1	3.3	1.1	4.1	1.3	7.3	0.5
联营企业							
#国有联营企业							
集体联营企业							
国有与集体联营企业							
其他联营企业							
有限责任公司	14092.3	1242.7	199.3	431.4	230.3	421.9	208.8
#国有独资公司	115	3.6		2.4	2.9	5.3	2.2
其他有限责任公司	13977.3	1239.1	199.3	429	227.4	416.6	206.6
股份有限公司	1833.5	31.9		13.9	4.2	5.5	3.2
私营企业	1252.5	7	8.1	50.3	14.5	48.1	12.6
#私营独资企业	538.1	1	1.9	18.8	0.1	3.6	
私营合伙企业							
私营有限责任公司	714.4	6	6.2	31.5	14.4	44.5	12.6
私营股份有限公司							
港、澳、台商投资企业	283.3	8.5	12.5	11.3	4.5	0.3	1.1
外商投资企业	669.2	4.1	0.5	57.8	20.3	60.6	
在总计中：国有控股企业	14916.5	1163.4	491.6	1461.1	255.8	1298.6	192.8
在总计中：农村工业							
按轻、重工业分							
轻工业	7533.8	254.2	143.5	292.4	103.4	232.1	69.6
以农产品为原料	7036	227.7	122.6	268.6	99	201.1	66.3
以非农产品为原料	497.8	26.5	20.9	23.8	4.4	31	3.3
重工业	17988.8	1166	451.9	1501.2	327.9	1418.2	253.6
采掘工业	10001.9	877	308.5	1269.2	211.4	1158.4	136.7
原料工业	7594.2	272.6	137.4	203.4	110.9	215	113.5
加工工业	392.7	16.4	6	28.6	5.6	44.8	3.4
按企业规模分							
大型企业							
中型企业	14410.7	311.7	405.7	1409.1	320.1	1284.7	203.6
小型企业	11111.9	1108.5	189.7	384.5	111.2	365.6	119.6

计量单位：万元

排污费	财务费用	利息支出	营业利润	投资收益	补贴收入	营业外收入
408	**10875.4**	**7913.9**	**-7807.5**	**-684.2**	**3830.1**	**473.6**
404.2	10323.6	7389.1	-12466.6	-684.2	3830.1	434.7
230.9	558.9	562.6	-1083.8	7.2	919.9	137.7
20	85.1	84.9	-578.6	7.2	382.3	38.4
210.9	473.8	477.7	-505.2		537.6	99.3
37.8	48.6	49	-305.6		442.6	10.6
111.2	262	263.3	70.5		28.4	21.6
61.8	166.2	168.4	-248.6		66.6	34.9
	0.3	0.3	-81.7			
0.6	10.2	10.2	-195.9	-10.6	2.8	65.8
150.6	8426	5494	-8114.4	-733.1	2050.5	229
	82.4	82.4	-236.6		187.5	2.3
150.6	8343.6	5411.6	-7877.8	-733.1	1863	226.7
6.9	899.6	893	-1930.8			
15.2	428.6	429	-1060	52.3	856.9	2.2
	54.9	54.9	-147.8		116	
15.2	373.7	374.1	-912.2	52.3	740.9	2.2
0.5	525.2	524.8	-353.1			26.4
3.3	26.6		5012.2			12.5
303.8	5592.5	2679.2	-9505.7	-761.7	1746.8	286.4
87.9	4178.3	4104.2	5493.3	25.2	241.6	247.1
81.8	4030.9	3953.8	5640.6	25.2	241.6	180.8
6.1	147.4	150.4	-147.3			66.3
320.1	6697.1	3809.7	-13300.8	-709.4	3588.5	226.5
167.2	408.7	452.7	-143.3	-271.2	471	62.9
151.8	6280.8	3349.5	-13079.5	-427.6	3116.5	162.8
1.1	7.6	7.5	-78	-10.6	1	0.8
264.3	6350.3	3415.1	-4679.1	-751.1	2259.6	204.1
143.7	4525.1	4498.8	-3128.4	66.9	1570.5	269.5

2-52 续表 7

项目	管理费用	税金	财产保险费	差旅费	工会经费	办公费	职工教育费
按行业分							
煤炭开采和洗选业	7197.4	31.1	302.6	877.6	179.4	1116.7	129.6
石油和天然气开采业							
#天然原油和天然气开采							
黑色金属矿采选业							
有色金属矿采选业	1471.7	10	0.3	336.1	22.3	17	5
非金属矿采选业	1332.8	835.9	5.6	55.5	9.7	24.7	2.1
#采盐	1060.8	835.2	5.5	43.4	6.8	21	1
其他采矿业							
农副食品加工业	2862.7	114.9	57.8	123.4	41.3	99.1	29.8
#谷物磨制	399	30.3	11.9	14.8	3.8	14.8	3.7
饲料加工	67.8	0.3	0.1	0.1	0.1	46.5	
制糖	1325.2	54	27.1	56.7	27.3	23.3	20.4
食品制造业	2501.8	51.1	10.3	32	8.6	18.7	8.1
#罐头制造	2422.4	51.1	10	30.4	8.6	14.6	6.5
饮料制造业	669.2	4.1	0.5	57.8	20.3	60.6	
#酒的制造	669.2	4.1	0.5	57.8	20.3	60.6	
烟草制品业							
纺织业	771.2	43.6	36.9	41.5	20	10	11.6
#棉、化纤纺织及印染精加工	474.7	35	24.3	28.2	15.4	7.6	10.4
毛纺织和染整精加工	283.3	8.5	12.5	11.3	4.5	0.3	1.1
纺织服装、鞋、帽制造业							
皮革、毛皮、羽毛(绒)及其制品业							
#皮革鞣制加工							
皮革制品制造							
木材加工及木、竹、藤、棕、草制品业							
家具制造业							
造纸及纸制品业	42.2	0.3	3.3	3.6	2.1	2	1.4
印刷业和记录媒介的复制	63.9	0.7	0.7	1.1	0.5	1.1	0.3
文教体育用品制造业							
石油加工、炼焦及核燃料加工业	182.1	0.2	0.1	9.3	0.6	1.1	0.4
#炼焦							
化学原料及化学制品制造业							
#基础化学原料制造							
肥料制造							
医药制造业							
化学纤维制造业	125	13	13.1	9.2	6.2	9.6	15.1
橡胶制品业	46.1	2	5	1.3	1.5	1.4	1.1
塑料制品业	23.4	1.3	0.3	2.5	1	6.7	0.3
非金属矿物制品业	3594.8	59.8	32.7	90.9	56.3	80	45.2
#水泥制造	3588.1	59.6	32.6	90.8	56.2	73.8	45.2
黑色金属冶炼及压延加工业	26.4	3	3	3	0.2	1	0.2
有色金属冶炼及压延加工业							
金属制品业	106.6	0.5	0.5	22.4	0.9	27	0.7
通用设备制造业							
专用设备制造业	209.9	12.4	0.1	2.3	2.1	3.5	1.3
交通运输设备制造业							
电气机械及器材制造业							
通信设备、计算机及其他电子设备制造业							
仪器仪表及文化、办公用机械制造业							
工艺品及其他制造业							
废弃资源和废旧材料回收加工业							
电力、热力的生产和供应业	3797.6	209.8	101.7	100.3	53.9	139.1	67.7
#电力生产和电力供应	3576	202.8	83	95.7	51.2	125.4	66
燃气生产和供应业							
水的生产和供应业	497.8	26.5	20.9	23.8	4.4	31	3.3

计量单位：万元

排污费	财务费用	利息支出	营业利润	投资收益	补贴收入	营业外收入
122.8	365.7	404.1	-415.9	-271.2	28.4	24.4
37.6	43.8	43.8	-270.4		442.6	10.5
6.8	-0.8	4.8	543			28
0.6	4.8	4.8	310.6			
44.7	1001.9	970	3411.9	25.2	237.6	136.7
6.1	96.2	95.6	218.2	6.7	16.6	124.5
	62.5	62.4	-113		147	
20.5	434.2	433.6	3028.4			8.1
12.9	1955.5	1940.7	-1599.8			1.5
12.9	1953.3	1938.6	-1740.5			
3.3	26.6		5012.2			12.5
3.3	26.6		5012.2			12.5
6.5	1013.8	1010.3	-1227.9		4	26.6
5.9	488.6	485.5	-874.8		4	0.2
0.5	525.2	524.8	-353.1			26.4
1	14.1	13.8	1.9			3.3
			-36.4			0.2
	-0.6		-20.7			0.1
13.4	19	19	78.7			
0.3			4.3			0.5
0.4	3.8	3.8	-81.2	-10.6		
89.4	2278.9	2278.7	-2027.7	59.5	2885.8	52.1
89.4	2279.1	2278.9	-2049.6	59.5	2885.8	52.1
4			-140.6			
	3.9	3.9	101.2		1	
0.4	0.1		-124.2			0.3
58.4	4002.3	1070.6	-10868.6	-487.1	230.7	110.6
36.9	3981.9	1050.2	-10697.8	-487.1	187.5	110.6
6.1	147.4	150.4	-147.3			66.3

2-52 续表 8

项目	营业外支出	利润总额	应交所得税	广告费	劳动、待业保险费	养老保险和医疗保险费	住房公积金和住房补贴
总计	**983.5**	**-7829.4**	**2871.9**	**116.9**	**585.3**	**2216.3**	**729**
按登记注册类型分							
内资企业	965.9	-12084.9	1217.9	116.9	581.4	2178.7	726.8
国有企业	205.9	-263.4	141.4	7.4	97.2	660.1	134.5
#中央企业	20.2	-171	20.9		37.6	341.9	55.6
地方企业	185.7	-92.4	120.5	7.4	59.6	318.2	78.9
#自治区属企业	17.7	130	51.1		18.2	183.2	57.5
地区(州、市)属企业	61.6	-106.5	60		2.9	33	10.6
县(市)属企业	90.8	-117	9.2	7.4	38.5	99.3	10.8
集体企业		-81.7					
#自治区属企业							
地区(州、市)属企业							
县(市)属企业							
镇属企业							
乡属企业							
股份合作企业		-109.5			0.1	2.3	
联营企业							
#国有联营企业							
集体联营企业							
国有与集体联营企业							
其他联营企业							
有限责任公司	697.5	-9566.4	1067.3	41.3	460.4	1494.1	588.4
#国有独资公司	5.3	-60			2.7	30.4	14.6
其他有限责任公司	692.2	-9506.4	1067.3	41.3	457.7	1463.7	573.8
股份有限公司	22.6	-1953.3			17.2		3.9
私营企业	39.9	-110.6	9.2	68.2	6.5	22.2	
#私营独资企业	4.6	3.6					
私营合伙企业							
私营有限责任公司	35.3	-114.2	9.2	68.2	6.5	22.2	
私营股份有限公司							
港、澳、台商投资企业	4.2	-330.9					
外商投资企业	13.4	4586.4	1654		3.9	37.6	2.2
在总计中：国有控股企业	530.6	-11183.4	306.4	45.6	506.9	1535.2	447.7
在总计中：农村工业							
按轻、重工业分							
轻工业	376.6	5241.4	1906.8	79.2	103.9	487.6	74.5
以农产品为原料	327	5230.1	1905.6	73.2	69.9	443.6	67.3
以非农产品为原料	49.6	11.3	1.2	6	34	44	7.2
重工业	606.9	-13070.8	965.1	37.7	481.4	1728.7	654.5
采掘工业	298	-89.1	874.4	2.1	63.4	570.2	98.5
原料工业	302.4	-12916.9	56.5	34.2	415.1	1124.6	555.5
加工工业	6.5	-64.8	34.2	1.4	2.9	33.9	0.5
按企业规模分							
大型企业							
中型企业	538.1	-4103.1	2527.9	2.4	454.1	1460.9	541.2
小型企业	445.4	-3726.3	344	114.5	131.2	755.4	187.8

计量单位：万元

本年应付工资总额	主营业务应付	本年应付福利费总额	主营业务应付	本年应交增值税	本年进项税额
24902	**23600.4**	**3193.7**	**3029.1**	**14279.3**	**18862.8**
23736.1	22434.5	3140.5	2975.9	12535.6	17379.4
6365.6	6167.5	764.2	747.9	1962.4	1261.5
1417.4	1313.7	195.9	193	586.2	549
4948.2	4853.8	568.3	554.9	1376.2	712.5
822	780	113.6	107.8	284.8	320.7
3172.9	3132.1	371.9	366.1	967.6	383.1
936.6	925	80.5	78.7	122.9	8.7
873	873			8.2	79.3
100.6	87.1	12.1	12.1		237.9
15574.3	14490.3	2172.2	2024.7	10243.1	13555.9
121.5	121.5	7.3	7.3	150.5	396.7
15452.8	14368.8	2164.9	2017.4	10092.6	13159.2
186.7	186.7	29.5	29.5	29.9	619.2
635.9	629.9	162.5	161.7	292	1625.6
156.7	156.7	21.9	21.9		236.2
479.2	473.2	140.6	139.8	292	1389.4
269.9	269.9			120.4	737.4
896	896	53.2	53.2	1623.3	746
13957.7	13325.6	1766.5	1742.7	7832.7	7736.9
6884.5	6728.3	698.4	690.2	4335.4	12626.2
6557.2	6431.7	658.9	654.8	4285	12626.2
327.3	296.6	39.5	35.4	50.4	
18017.5	16872.1	2495.3	2338.9	9943.9	6236.6
9221.6	8944.4	1184.1	1150.8	3006.8	944.5
8441.1	7696.2	1261.5	1142.2	6851	5097.7
354.8	231.5	49.7	45.9	86.1	194.4
16551.1	15663.8	2205.6	2066.3	10637.7	7622
8350.9	7936.6	988.1	962.8	3641.6	11240.8

2-52 续表 9

项　　目	营业外支出	利润总额	应交所得税	广告费	劳动、待业保险费	养老保险和医疗保险费	住房公积金和住房补贴
按行业分							
煤炭开采和洗选业	250.4	-805	666.3	0.1	16.7	256.2	
石油和天然气开采业							
#天然原油和天然气开采							
黑色金属矿采选业							
有色金属矿采选业	15.5	167.2	50		17.6	174.8	51.3
非金属矿采选业	32.1	548.7	158.1	2	29.1	139.2	47.2
#采盐	27.3	293.1	157.8		8.1	104.2	35
其他采矿业							
农副食品加工业	242.8	3527.3	213.9	8	27.7	357.5	56.5
#谷物磨制	40.8	324	19.4	6	2.1	38.9	4.6
饲料加工	1.6	32.4	2.4			3.9	
制糖	147.8	2889.1	115.9		21.9	240.3	42.5
食品制造业	54.2	-1652.4	5	65.2	36.7	10.5	8.6
#罐头制造	51.4	-1791.8	5		36.7	10.5	8.6
饮料制造业	13.4	4586.4	1654		3.9	37.6	2.2
#酒的制造	13.4	4586.4	1654		3.9	37.6	2.2
烟草制品业							
纺织业	7.6	-1203.2	27.5		1	30.2	
#棉、化纤纺织及印染精加工	3.3	-872.3	27.5			30.2	
毛纺织和染整精加工	4.2	-330.9					
纺织服装、鞋、帽制造业							
皮革、毛皮、羽毛(绒)及其制品业							
#皮革鞣制加工							
皮革制品制造							
木材加工及木、竹、藤、棕、草制品业							
家具制造业							
造纸及纸制品业	3.8	1.3	0.2				
印刷业和记录媒介的复制	5.2	-41.4			0.6	7.8	
文教体育用品制造业							
石油加工、炼焦及核燃料加工业	0.9	-21.4				2.2	2.6
#炼焦							
化学原料及化学制品制造业							
#基础化学原料制造							
肥料制造							
医药制造业							
化学纤维制造业		12.1	5				
橡胶制品业	2.8	2	0.3		0.8	6.6	
塑料制品业		-63.3			0.1	2.3	
非金属矿物制品业	115.7	450.6	47.9	0.9	44.1	546.9	96.9
#水泥制造	115.7	428.7	47.7	0.9	44.1	546.9	96.9
黑色金属冶炼及压延加工业		-140.6					
有色金属冶炼及压延加工业							
金属制品业	3.6	98.6	33.7			12.4	
通用设备制造业							
专用设备制造业	0.1	-124		1.4	2	12.6	0.5
交通运输设备制造业							
电气机械及器材制造业							
通信设备、计算机及其他电子设备制造业							
仪器仪表及文化、办公用机械制造业							
工艺品及其他制造业							
废弃资源和废旧材料回收加工业							
电力、热力的生产和供应业	185.8	-13183.6	8.8	33.3	371	575.5	456
#电力生产和电力供应	130.7	-13018.3		30.3	364.8	541.5	450.8
燃气生产和供应业							
水的生产和供应业	49.6	11.3	1.2	6	34	44	7.2

计量单位：万元

本年应付工资总额	主营业务应付	本年应付福利费总额	主营业务应付	本年应交增值税	本年进项税额
7368.5	7143.3	942.7	911.1	2255.3	635.7
708	696	99.1	97.4	198.8	125.9
1145.1	1105.1	142.3	142.3	552.7	182.9
848.5	848.5	100.5	100.5	378.9	44
2329.1	2321.1	360.8	359.7	1471.8	7473.5
294	294	40.4	40.4	10.2	1575.7
62.8	62.8	34	34		417.2
1365.2	1365.2	191	191	1199.3	2293.3
593.9	593.9	77.2	77.2	919.1	1858.8
485.7	485.7	62.1	62.1	913.2	1532.3
896	896	53.2	53.2	1623.3	746
896	896	53.2	53.2	1623.3	746
2446.7	2331.5	151.5	148.5	249.7	2422.6
2168.9	2058	150.1	148	125	1684.5
269.9	269.9			120.4	737.4
116.1	116.1	16.2	16.2	21.1	125.3
17.9	15.6				
35	35	4.9	4.9	37.2	186.5
157.5	157.5				
72.8	66.2	10.2	9.3	3.7	
45.5	32	4.5	4.5		138.3
3235.8	2875.8	575.6	462.4	2583	1324.2
3231.2	2871.2	572.6	459.4	2570.6	1324.2
26.4	26.4	9	9	3	
84.8	62.3	11.4	8.5	65	48.1
147.1	66.4	20.6	20.6	5	8
5148.5	4763.6	675	668.9	4240.2	3587
4605.1	4220.2	636.3	630.2	4170.3	3517.2
327.3	296.6	39.5	35.4	50.4	

2-52 续表 10

项目	本年销项税额	工业中间投入合计	直接材料	制造费用中的中间投入	管理费用中的中间投入	营业费用中的中间投入
总计	**33965**	**166950**	**114810.8**	**19414.9**	**13938.1**	**7910.8**
按登记注册类型分						
内资企业	30740.5	159555.4	109844.8	18022.5	13638.7	7725.8
国有企业	3112.8	22856.7	15884.2	1786.8	4268.1	358.7
#中央企业	1122.1	7090	5999.5	672.7	216.4	116.3
地方企业	1990.7	15766.7	9884.7	1114.1	4051.7	242.4
#自治区属企业	599	4214.4	2486.9	403.3	1208.5	67.1
地区(州、市)属企业	1350.7	5596.4	2493.5	300	2540.4	0.5
县(市)属企业	40.1	5932.4	4903.9	402.7	284.8	174.8
集体企业	87.5	1512.2	712.4	751.9	34.9	12.7
#自治区属企业						
地区(州、市)属企业						
县(市)属企业						
镇属企业						
乡属企业						
股份合作企业	80.2	900.9	808.7	31.5	22.9	27.6
联营企业						
#国有联营企业						
集体联营企业						
国有与集体联营企业						
其他联营企业						
有限责任公司	25397.2	113928.6	79385.6	13130	7048.8	5938.2
#国有独资公司	547.2	1529.4	908	427	112	
其他有限责任公司	24850	112399.2	78477.6	12703	6936.8	5938.2
股份有限公司	68.2	7943.5	4694.4	96.2	1619.6	633.7
私营企业	1994.6	12413.5	8359.5	2226.1	644.4	754.9
#私营独资企业	90.2	1606.4	1302.4	155.5	84.3	9.3
私营合伙企业						
私营有限责任公司	1904.4	10807.1	7057.1	2070.6	560.1	745.6
私营股份有限公司						
港、澳、台商投资企业	857.8	2679.7	1890.2	135.2	77.9	51.2
外商投资企业	2366.7	4714.9	3075.8	1257.2	221.5	133.8
在总计中：国有控股企业	13486.8	70485.8	48685.6	5817.6	7213.7	3176.4
在总计中：农村工业						
按轻、重工业分						
轻工业	13865.1	95582.4	74614.2	8088.9	4365.8	4335.2
以农产品为原料	13844.6	94939.5	74406	7940.7	4236	4325.9
以非农产品为原料	20.5	642.9	208.2	148.2	129.8	9.3
重工业	20099.9	71367.6	40196.6	11326	9572.3	3575.6
采掘工业	3948.3	17719.4	6899.2	3640	5633.6	1137.9
原料工业	16013.9	47027.5	27228.3	7426.1	3811.4	2280.9
加工工业	137.7	6620.7	6069.1	259.9	127.3	156.8
按企业规模分						
大型企业						
中型企业	22464.6	68059.9	42827.5	9288.4	7040.9	2552.8
小型企业	11500.4	98890.1	71983.3	10126.5	6897.2	5358

计量单位：万元

经营活动产生的现金流量净额	投资活动产生的现金流量净额	筹资活动产生的现金流量净额	全部从业人员年平均人数(人)	利税总额	亏损企业亏损额
6427.4	**-5636.1**	**10834.4**	**19636**	**9174.3**	**19982.6**
6308	-5588.7	10834.4	18899	1865.3	19651.7
3242.5	-1091.4	-303.2	5089	1936	1085.2
1184.1	53.3	-668.9	1324	458	532.8
2058.4	-1144.7	365.7	3765	1478	552.4
1219.9	-550.6	731.9	889	426.8	61.9
619.4	-211.1	-631.4	2283	995.4	181.6
240.7	-390.6	265.2	576	53.5	308.9
			280	-65.3	81.7
-166.9		-10	164	-105.9	109.5
201.7	-4800.6	10868.7	12512	1772.7	16068.6
			127	96.7	60
201.7	-4800.6	10868.7	12385	1676	16008.6
2380.9	-1.1	-219.5	96	-1907.9	1953.3
649.8	304.4	498.4	758	235.7	353.4
			245	5.5	
649.8	304.4	498.4	513	230.2	353.4
			260	-210.5	330.9
119.4	-47.4		477	7519.5	
3550	-1451.5	-326.6	11390	-2427	15386.5
-3067	-4998.2	12278.1	6094	11200.5	3974.5
-3244.2	-4576.8	11997.3	5779	11131.1	3859
177.2	-421.4	280.8	315	69.4	115.5
9494.4	-637.9	-1443.7	13542	-2026.2	16008.1
2272.3	-1212.7	-570.6	7599	3538.1	1728.7
6666.5	571.7	-993.3	5628	-5672.8	14092.1
555.6	3.1	120.2	315	108.5	187.3
-1922.3	-575.8	-91.7	12781	8602	13426.6
8349.7	-5060.3	10926.1	6855	572.3	6556

2-52 续表 11

项目	本年销项税额	工业中间投入合计	直接材料	制造费用中的中间投入	管理费用中的中间投入	营业费用中的中间投入
按行业分						
煤炭开采和洗选业	2888	11780.9	4288.8	2835.1	4042.9	248.4
石油和天然气开采业						
#天然原油和天然气开采						
黑色金属矿采选业						
有色金属矿采选业	324.7	2659.1	1248.9	335.6	968.3	62.5
非金属矿采选业	735.6	3279.4	1361.5	469.3	622.4	827
#采盐	422.9	1513.8	573.5	311.9	453.6	170
其他采矿业						
农副食品加工业	8329.8	47965.5	41114.9	2515.7	1401.4	1931.6
#谷物磨制	1608.5	8911.7	8113.8	342	211.6	148.1
饲料加工	437.2	2235	1534	553.4		85.1
制糖	3715.6	17927.3	15576.8	362	491.3	1063
食品制造业	418.6	18100.6	10888.4	1018.4	2218.3	2020
#罐头制造	98	16496.4	9420	1005.1	2198.5	1919.5
饮料制造业	2366.7	4714.9	3075.8	1257.2	221.5	133.8
#酒的制造	2366.7	4714.9	3075.8	1257.2	221.5	133.8
烟草制品业						
纺织业	2583.1	22463.2	18002.7	2987.3	240.4	219
#棉、化纤纺织及印染精加工	1720.3	19755	16084	2852.1	162.5	167.8
毛纺织和染整精加工	857.8	2679.7	1890.2	135.2	77.9	51.2
纺织服装、鞋、帽制造业						
皮革、毛皮、羽毛(绒)及其制品业						
#皮革鞣制加工						
皮革制品制造						
木材加工及木、竹、藤、棕、草制品业						
家具制造业						
造纸及纸制品业	146.4	730.3	576.9	110.9	23.4	5
印刷业和记录媒介的复制		54.3	33.1	14.2	6.9	0.1
文教体育用品制造业						
石油加工、炼焦及核燃料加工业	223.7	1142.1	1071	11	60.7	
#炼焦						
化学原料及化学制品制造业						
#基础化学原料制造						
肥料制造						
医药制造业						
化学纤维制造业		910.7	714.2	37	124.1	16.4
橡胶制品业		4192.5	3978.2	175.6	32.9	5.8
塑料制品业	0.3	820.8	773.6	6.7	19.3	17.4
非金属矿物制品业	9923.8	18149	9411.4	4412	1079.5	967.2
#水泥制造	9911.4	17950.9	9262.7	4370.1	1073	966
黑色金属冶炼及压延加工业	3	760.1	710	21.6	26	2.5
有色金属冶炼及压延加工业						
金属制品业	113.1	1014.4	846	11	29.3	124.2
通用设备制造业						
专用设备制造业	11.9	394.9	322.6	24.7	39.3	8.2
交通运输设备制造业						
电气机械及器材制造业						
通信设备、计算机及其他电子设备制造业						
仪器仪表及文化、办公用机械制造业						
工艺品及其他制造业						
废弃资源和废旧材料回收加工业						
电力、热力的生产和供应业	5875.8	27174.4	16184.6	3023.4	2651.7	1312.4
#电力生产和电力供应	5764.3	25542.2	15010	2918.9	2474	1157.4
燃气生产和供应业						
水的生产和供应业	20.5	642.9	208.2	148.2	129.8	9.3

计量单位：万元

经营活动产生的现金流量净额	投资活动产生的现金流量净额	筹资活动产生的现金流量净额	全部从业人员年平均人数(人)	利税总额	亏损企业亏损额
346.5	-169	-993.5	5831	1768	1728.7
1065.9	-485	720.9	785	368.7	
859.9	-558.7	-298	983	1401.4	
492.4	-509.5		780	934.7	
-8026.3	-611.5	3027.5	2171	5256.4	279.7
33.1		-10	307	341.7	85
			50	32.8	
-7677.8	-234.7		1048	4319.2	
7961.8	251	-142.5	346	-712.2	1953.3
7841	-1.1	-219.5	265	-857.7	1953.3
119.4	-47.4		477	7519.5	
119.4	-47.4		477	7519.5	
-1450.4	-3.9	2999.9	2325	-931.3	1584.6
-1452.2	-3.9	2999.9	2056	-725.4	1253.7
			260	-210.5	330.9
52.6			148	24.5	
46.1			27	-41	41.4
147.7	-63.9		30	19.5	21.4
-1947.4	-4165	6112.4	285	15.2	
22.2	3.1	0.2	91	6.1	
			74	-62.8	63.3
6049.3	1871.5	-2098.5	2777	3168.5	679.5
6049.3	1871.5	-2098.5	2771	3133	679.5
210			44	-137.3	140.6
532.4		120	69	246.7	
1			75	-117	124
259.5	-1235.9	1105.2	2783	-8688	13250.6
227.2	-1269.5	1108.8	2569	-8627.7	13018.3
177.2	-421.4	280.8	315	69.4	115.5

2-53 阿勒泰地区规模以上

项目	企业单位数	亏损单位数	工业总产值(现价)	工业销售产值	出口交货值	工业增加值	年初存货
总计	**44**	**19**	**115272.6**	**110433.1**		**40358.5**	**19669.7**
按登记注册类型分							
内资企业	44	19	115272.6	110433.1		40358.5	19669.7
国有企业	16	6	49175.1	47178.7		23723.5	6077
#中央企业	4	2	7397.3	7203.1		1935.4	2699.1
地方企业	12	4	41777.8	39975.6		21788.1	3377.9
#自治区属企业	2		26795.2	26795.2		17532.6	2274.7
地区(州、市)属企业	3	1	1364.3	1362.7		909.6	50.8
县(市)属企业	7	3	13618.3	11817.7		3345.9	1052.4
集体企业	1		2798.4	1710.4		407.3	375.8
#自治区属企业							
地区(州、市)属企业							
县(市)属企业	1		2798.4	1710.4		407.3	375.8
镇属企业							
乡属企业							
股份合作企业	2	1	1371.1	833.7		320.2	1056.8
联营企业	1	1	2282	1418.9		878.6	
#国有联营企业	1	1	2282	1418.9		878.6	
集体联营企业							
国有与集体联营企业							
其他联营企业							
有限责任公司	17	8	49891	49944.5		12212.5	8978.5
#国有独资公司	3	2	16557.8	16536.4		3774.9	266.3
其他有限责任公司	14	6	33333.2	33408.1		8437.6	8712.2
股份有限公司	1		1013.3	1013.3		610	3.5
私营企业	6	3	8741.7	8333.6		2206.4	3178.1
#私营独资企业							
私营合伙企业							
私营有限责任公司	6	3	8741.7	8333.6		2206.4	3178.1
私营股份有限公司							
港、澳、台商投资企业							
外商投资企业							
在总计中：国有控股企业	26	11	86120.6	83157.5		33000.6	10966.1
在总计中：农村工业	1		1718.2	1857		833.2	366.9
按轻、重工业分							
轻工业	12	5	26493.8	26053.5		5098.5	8637
以农产品为原料	10	4	26221.9	25781.6		4930.4	8539.9
以非农产品为原料	2	1	271.9	271.9		168.1	97.1
重工业	32	14	88778.8	84379.6		35260	11032.7
采掘工业	13	3	55255.8	51037.7		24835	7427.8
原料工业	17	10	31940.8	32071.3		9965.3	3292.3
加工工业	2	1	1582.2	1270.6		459.7	312.6
按企业规模分							
大型企业							
中型企业	4	1	49672.7	49775.8		22171	5963.2
小型企业	40	18	65599.9	60657.3		18187.5	13706.5

工业企业主要经济指标

计量单位：万元

流动资产合计	短期投资	应收帐款	存货	产成品	流动资产年平均余额	长期投资
72938	**440.1**	**12989.8**	**22980.5**	**9468.4**	**72776.8**	**831.3**
72938	440.1	12989.8	22980.5	9468.4	72776.8	831.3
26524.8	10	5215.3	6205.6	3331.5	29298.5	501.5
5687.1	10	1003	2968.6	1541.4	5647.9	490.8
20837.7		4212.3	3237	1790.1	23650.6	10.7
13627.6		259.5	2464.6	1108.4	17853.3	
1287.6		619.9	27.4	0.9	1086.5	0.2
5922.5		3332.9	745	680.8	4710.8	10.5
867.2	10	23	673.6	673.6	733.6	
867.2	10	23	673.6	673.6	733.6	
2292.8	5	547.2	1561.4	1479.6	1861.9	
1656.7		0.7	362.2		1044	
1656.7		0.7	362.2		1044	
36790.4	415.1	6697.4	11384	2122.7	34718.7	329.8
14742.4		881.6	651.7	218.8	13602.3	280.4
22048	415.1	5815.8	10732.3	1903.9	21116.4	49.4
515.9		381.1	3.5		578.5	
4290.2		125.1	2790.2	1861	4541.6	
4290.2		125.1	2790.2	1861	4541.6	
54792.6	422.1	8273.5	14373.4	4764.3	54712.2	831.3
630.8		439.7	164.4	150.9	498.9	
16922.1	412.1	2528.3	10451.7	3818.8	15276.6	90.7
16515.8	412.1	2320.4	10362.7	3782.5	14900.2	49.4
406.3		207.9	89	36.3	376.4	41.3
56015.9	28	10461.5	12528.8	5649.6	57500.2	740.6
28931.2	25	4987.5	8836.4	4995.6	31232.9	450
26505.8	3	5423.9	3314.5	317.7	25747.9	290.6
578.9		50.1	377.9	336.3	519.4	
30550.5	417.1	1256.8	6454.8	2921.8	34303.9	564
42387.5	23	11733	16525.7	6546.6	38472.9	267.3

2-53 续表 1

项　　目	企　业 单位数	亏　损 单位数	工业总产值 (现价)	工　　业 销售产值	出　口 交货值	工　业 增加值	年初存货
按行业分							
煤炭开采和洗选业	1	1	36.2	36.2		23.5	7
石油和天然气开采业							
#天然原油和天然气开采							
黑色金属矿采选业	6		15902.4	13689.9		4279	1472.4
有色金属矿采选业	6	2	39317.2	37311.6		20532.5	5948.4
非金属矿采选业							
#采盐							
其他采矿业							
农副食品加工业	5	2	18267.1	17634.1		2577.6	7191.3
#谷物磨制	2		6641.1	6507.5		1038.4	428.6
饲料加工							
制糖	1	1	3944.5	3798.3		695.3	2308.6
食品制造业	2	1	1869.9	1805.6		549.9	222.5
#罐头制造							
饮料制造业							
#酒的制造							
烟草制品业							
纺织业							
#棉、化纤纺织及印染精加工							
毛纺织和染整精加工							
纺织服装、鞋、帽制造业							
皮革、毛皮、羽毛(绒)及其制品业							
#皮革鞣制加工							
皮革制品制造							
木材加工及木、竹、藤、棕、草制品业							
家具制造业							
造纸及纸制品业	1		5886.1	6144.6		1727.5	1092.2
印刷业和记录媒介的复制	2	1	198.8	197.3		75.4	33.9
文教体育用品制造业							
石油加工、炼焦及核燃料加工业							
#炼焦							
化学原料及化学制品制造业							
#基础化学原料制造							
肥料制造							
医药制造业							
化学纤维制造业							
橡胶制品业							
塑料制品业							
非金属矿物制品业	6	3	8417.5	8275.3		2643.4	3165.5
#水泥制造	5	2	7224.5	7355		2273.6	2896.8
黑色金属冶炼及压延加工业							
有色金属冶炼及压延加工业							
金属制品业	1		389.2	350.3		89.9	43.9
通用设备制造业							
专用设备制造业							
交通运输设备制造业							
电气机械及器材制造业							
通信设备、计算机及其他电子设备制造业							
仪器仪表及文化、办公用机械制造业							
工艺品及其他制造业							
废弃资源和废旧材料回收加工业							
电力、热力的生产和供应业	12	8	24716.3	24716.3		7691.7	395.5
#电力生产和电力供应	10	6	22542.7	22542.7		7141.2	356.8
燃气生产和供应业							
水的生产和供应业	2	1	271.9	271.9		168.1	97.1

计量单位：万元

流动资产合计	短期投资	应收帐款	存货	产成品	流动资产年平均余额	长期投资
34.9		14.2	7		47.6	
7228.3	5	3993	1675.2	1413.1	5381.6	
21668	20	980.3	7154.2	3582.5	25803.7	450
13816.6	5	2041	8733.6	3273.8	12193.2	49.4
1882.5		352.1	961.6	440.1	1161.2	
2435		102.5	1316.3	1062.8	2644.3	
666.9		21	568	171	528.1	
1791.2	407.1	222.4	1022.9	325	1938.6	
241.1		36	38.2	12.7	240.3	
7202.3	3	3431.5	2686.2	467.1	7783.8	
6734.1	3	3429.9	2358.8	172	7374.5	
110.7		48.5	50.5	41.2	110.1	
19771.7		1994	955.7	145.7	18373.4	290.6
18751.7		1908.9	792.8	145.7	17310.9	290.6
406.3		207.9	89	36.3	376.4	41.3

2-53 续表 2

项目	固定资产合计	固定资产原价	生产经营用	累计折旧	本年折旧	固定资产净值年平均余额
总计	**158143.1**	**183159.7**	**162073**	**42198.9**	**9484.8**	**138549.1**
按登记注册类型分						
内资企业	158143.1	183159.7	162073	42198.9	9484.8	138549.1
国有企业	39840.6	56520.4	40492	18565.9	2913.9	36102.1
#中央企业	5395.7	5134.5	5024.3	882.5	147.5	3605.6
地方企业	34444.9	51385.9	35467.7	17683.4	2766.4	32496.5
#自治区属企业	28125.6	43100.4	29689.1	15010	2402.3	27047.2
地区(州、市)属企业	726.2	1050	484	416.6	32.5	664.4
县(市)属企业	5593.1	7235.5	5294.6	2256.8	331.6	4784.9
集体企业	539.9	865.2	770.7	325.3	75.6	639.8
#自治区属企业						
地区(州、市)属企业						
县(市)属企业	539.9	865.2	770.7	325.3	75.6	639.8
镇属企业						
乡属企业						
股份合作企业	1629.9	1169.9	932.3	447.7	42.2	761.4
联营企业	2410.5	1827	1012.3	347.5	87.6	1018.1
#国有联营企业	2410.5	1827	1012.3	347.5	87.6	1018.1
集体联营企业						
国有与集体联营企业						
其他联营企业						
有限责任公司	104124.4	110241.7	107259	19263.3	5716.8	90749.8
#国有独资公司	72640.3	75465.6	74975.9	9780.5	4110	65851.8
其他有限责任公司	31484.1	34776.1	32283.1	9482.8	1606.8	24898
股份有限公司	6186.4	7402.8	6518.9	1468.1	223.2	5838.1
私营企业	3411.4	5132.7	5087.8	1781.1	425.5	3439.8
#私营独资企业						
私营合伙企业						
私营有限责任公司	3411.4	5132.7	5087.8	1781.1	425.5	3439.8
私营股份有限公司						
港、澳、台商投资企业						
外商投资企业						
在总计中：国有控股企业	139188.9	160409.7	140628.3	35505	7959.7	121994.4
在总计中：农村工业	780.3	865.1	865.1	274.5	96.3	627
按轻、重工业分						
轻工业	15405.9	21286.5	19103.4	7873.1	756.2	12554.8
以农产品为原料	12155.6	17469.1	15525.3	7306.1	637	9570.4
以非农产品为原料	3250.3	3817.4	3578.1	567	119.2	2984.4
重工业	142737.2	161873.2	142969.6	34325.8	8728.6	125994.3
采掘工业	27952.2	38789.9	33473.6	14026.1	2374.3	23040.8
原料工业	114254	122451.3	108864	20171.5	6269.9	102520.2
加工工业	531	632	632	128.2	84.4	433.3
按企业规模分						
大型企业						
中型企业	75410.8	94928.4	89910.3	22648.7	5339.8	70196.7
小型企业	82732.3	88231.3	72162.7	19550.2	4145	68352.4

计量单位：万元

无形资产	资产总计	流动负债		长期负债	负债合计
		合　计	应付帐款	合　计	
678.1	**234376.1**	**131723.7**	**26639.7**	**35554**	**167289.1**
678.1	234376.1	131723.7	26639.7	35554	167289.1
510.6	68622.0	25965	7349.3	9909.4	35885.5
0.6	11574.2	6363.4	1551.1	794.4	7158.6
510	57047.8	19601.6	5798.2	9115	28726.9
	41753.3	12304.6	4032.9	5752.1	18056.7
	2016.9	851.7	79.5	753.9	1605.6
510	13277.6	6445.3	1685.8	2609	9064.6
	1407.1	714.6	400.4		714.6
	1407.1	714.6	400.4		714.6
	4011.9	2305.5	896.8	1426	3731.5
	4067.2	2265.4		1500	3765.4
	4067.2	2265.4		1500	3765.4
113.4	141809.7	96260.8	15965.8	22517.6	118778.7
45.7	87708.8	65702.9	9224.7	14753.3	80456.3
67.7	54100.9	30557.9	6741.1	7764.3	38322.4
22.8	6725.1	55			55
31.3	7733.1	4157.4	2027.4	201	4358.4
31.3	7733.1	4157.4	2027.4	201	4358.4
633.9	197117.3	109303.9	20612.5	32618.9	141934.1
	1411.1	606.9	348.8		606.9
69.1	32706.5	19969.7	5628.2	338.8	20318.6
68.5	28958.8	19350.3	5537.3	291.8	19642.2
0.6	3747.7	619.4	90.9	47	676.4
609	201669.6	111754	21011.5	35215.2	146970.5
526.9	59137.9	30910	8833.5	10606.3	41517.3
82.1	141421.8	80455.4	12108.9	24408.9	104864.6
	1109.9	388.6	69.1	200	588.6
	106666.7	81059.5	12668.8	11238	92298.4
678.1	127709.4	50664.2	13970.9	24316	74990.7

2-53 续表 3

项　目	固定资产合计	固定资产原价	生产经营用	累计折旧	本年折旧	固定资产净值年平均余额
按行业分						
煤炭开采和洗选业	49.1	219.5	219.5	170.4	20.9	49.1
石油和天然气开采业						
#天然原油和天然气开采						
黑色金属矿采选业	4697	4604.2	3760.2	1044.1	302.6	3604.6
有色金属矿采选业	23206.1	33966.2	29493.9	12811.6	2050.8	19387.1
非金属矿采选业						
#采盐						
其他采矿业						
农副食品加工业	5377.1	8488.1	8158.8	3362.8	310	5192
#谷物磨制	587.5	1047.3	1047.3	459.8	40.7	491.4
饲料加工						
制糖	2072.2	3325.7	3325.7	1309.3	222.2	2158.5
食品制造业	151.6	210.3	210.3	58.7	20.5	148.7
#罐头制造						
饮料制造业						
#酒的制造						
烟草制品业						
纺织业						
#棉、化纤纺织及印染精加工						
毛纺织和染整精加工						
纺织服装、鞋、帽制造业						
皮革、毛皮、羽毛(绒)及其制品业						
#皮革鞣制加工						
皮革制品制造						
木材加工及木、竹、藤、棕、草制品业						
家具制造业						
造纸及纸制品业	6390.7	8311.6	6856.6	3661.7	291.6	3989.6
印刷业和记录媒介的复制	236.2	459.1	299.6	222.9	14.9	240.1
文教体育用品制造业						
石油加工、炼焦及核燃料加工业						
#炼焦						
化学原料及化学制品制造业						
#基础化学原料制造						
肥料制造						
医药制造业						
化学纤维制造业						
橡胶制品业						
塑料制品业						
非金属矿物制品业	9461.7	12858.7	11962.9	3422.5	820.5	9631
#水泥制造	8963.5	12238.7	11342.9	3296.7	736.7	9207.6
黑色金属冶炼及压延加工业						
有色金属冶炼及压延加工业						
金属制品业	32.8	12	12	2.4	0.6	9.9
通用设备制造业						
专用设备制造业						
交通运输设备制造业						
电气机械及器材制造业						
通信设备、计算机及其他电子设备制造业						
仪器仪表及文化、办公用机械制造业						
工艺品及其他制造业						
废弃资源和废旧材料回收加工业						
电力、热力的生产和供应业	105290.5	110212.6	97521.1	16874.8	5533.2	93312.6
#电力生产和电力供应	98639.2	105128.1	92469.1	16722.3	5398.9	88413
燃气生产和供应业						
水的生产和供应业	3250.3	3817.4	3578.1	567	119.2	2984.4

计量单位：万元

无形资产	资产总计	流动负债 合计	流动负债 应付帐款	长期负债 合计	负债合计
	84.0	15.7			15.7
526.9	13729.7	6921.9	2283.8	2606.8	9528.9
	45324.2	23972.4	6549.7	7999.5	31972.7
68.5	19337.1	13861.1	2603.6	125	13986.2
	2495.4	1961.9	1106.9	99	2061
13.7	4521.0	2289.9	793.5		2289.9
	818.5	671.5	511.5		671.5
	8323.3	4731.1	2418	148.6	4879.7
	479.9	86.6	4.2	18.2	104.8
12.9	16677.1	10161	1431.6	200	10361
12.9	15710.7	9867.6	1395.4		9867.6
	143.5	95.2	32.9		95.2
69.2	125711.1	70587.8	10713.5	24408.9	94997
69.2	118039.8	67887.6	9455.5	18825	86712.9
0.6	3747.7	619.4	90.9	47	676.4

2-53　续表 4

项　　目	所有者权益合计	其　中:实收资本	国家资本	集体资本	法人资本	个人资本	港澳台资本
总　　计	**67087**	**70667.8**	**42891.7**	**611.9**	**20398.3**	**6765.9**	
按登记注册类型分							
内资企业	67087	70667.8	42891.7	611.9	20398.3	6765.9	
国有企业	32736.5	29443.1	29372.2	14	40	16.9	
#中央企业	4415.6	3072.3	3015.4		40	16.9	
地方企业	28320.9	26370.8	26356.8	14			
#自治区属企业	23696.6	23674.2	23674.2				
地区(州、市)属企业	411.3	170.2	170.2				
县(市)属企业	4213	2526.4	2512.4	14			
集体企业	692.5	320		320			
#自治区属企业							
地区(州、市)属企业							
县(市)属企业	692.5	320		320			
镇属企业							
乡属企业							
股份合作企业	280.4	408.9		277.9	90	41	
联营企业	301.8	200			200		
#国有联营企业	301.8	200			200		
集体联营企业							
国有与集体联营企业							
其他联营企业							
有限责任公司	23031	28990.6	13519.5		13323.2	2147.9	
#国有独资公司	7252.5	13128.8	13128.8				
其他有限责任公司	15778.5	15861.8	390.7		13323.2	2147.9	
股份有限公司	6670.1	6670.1			6670.1		
私营企业	3374.7	4635.1			75	4560.1	
#私营独资企业							
私营合伙企业							
私营有限责任公司	3374.7	4635.1			75	4560.1	
私营股份有限公司							
港、澳、台商投资企业							
外商投资企业							
在总计中：国有控股企业	55183.2	57284.8	42891.7	14	13943	436.1	
在总计中：农村工业	804.2	100			90	10	
按轻、重工业分							
轻工业	12387.9	11772.5	2528.6	291.9	4889.1	4062.9	
以农产品为原料	9316.6	9716.3	486.4	277.9	4889.1	4062.9	
以非农产品为原料	3071.3	2056.2	2042.2	14			
重工业	54699.1	58895.3	40363.1	320	15509.2	2703	
采掘工业	17620.6	13129.2	10724.1	320	1580	505.1	
原料工业	36557.2	45466.1	29599		13929.2	1937.9	
加工工业	521.3	300	40			260	
按企业规模分							
大型企业							
中型企业	14368.3	16676.5	14176.5		2300	200	
小型企业	52718.7	53991.3	28715.2	611.9	18098.3	6565.9	

计量单位：万元

外商资本	主营业务收　　入	主营业务成　　本	主营业务税金及附加	其他业务收　　入	其他业务利　　润	营业费用
	111956	**82826.9**	**924.4**	**1603.5**	**297.9**	**3232.6**
	111956	82826.9	924.4	1603.5	297.9	3232.6
	47898.7	27876.8	611.5	1304.9	340.2	334.6
	7066.5	5793.5	33.1	162.2	40.2	229.2
	40832.2	22083.3	578.4	1142.7	300	105.4
	26544.6	15774.5	261.4	1099.9	274.4	104.7
	1353.8	626.2	3	37.9	30.5	
	12933.8	5682.6	314	4.9	-4.9	0.7
	1710.4	1414.3	4.4			29.8
	1710.4	1414.3	4.4			29.8
	1559.7	1311.5	3.4	10.2	9.7	88
	981.6	664.7	9.8	12.7	0.7	15.6
	981.6	664.7	9.8	12.7	0.7	15.6
	50367.2	43151.7	236.4	227.1	-71.3	2258.1
	16009.7	14542.3	93.9	27	-163.2	70.6
	34357.5	28609.4	142.5	200.1	91.9	2187.5
	1013.3	483.5	4.9			
	8425.1	7924.4	54	48.6	18.6	506.5
	8425.1	7924.4	54	48.6	18.6	506.5
	83290.9	58646.6	777.3	1488.7	248.8	1471.4
	2346.8	1395.4	56			
	26742.9	23870.9	83.1	214.5	69.7	1448.2
	26463.5	23554.5	78.3	131.3	62.3	1447.5
	279.4	316.4	4.8	83.2	7.4	0.7
	85213.1	58956	841.3	1389	228.2	1784.4
	53124.8	31849.2	685.9	1186.6	305.2	701.9
	31106.8	26282.8	150.3	202.3	-77.1	984.2
	981.5	824	5.1	0.1	0.1	98.3
	49795.8	35573.5	411.2	1191.7	182.1	950
	62160.2	47253.4	513.2	411.8	115.8	2282.6

2-53 续表 5

项　　目	所有者权益合计	其中:实收资本	国家资本	集体资本	法人资本	个人资本	港澳台资本
按行业分							
煤炭开采和洗选业	68.3	109	109				
石油和天然气开采业							
#天然原油和天然气开采							
黑色金属矿采选业	4200.8	1719.8	1438.6		180	101.2	
有色金属矿采选业	13351.5	11300.4	9176.5	320	1400	403.9	
非金属矿采选业							
#采盐							
其他采矿业							
农副食品加工业	5350.9	6767.9	284.9	277.9	2474.1	3731	
#谷物磨制	434.4	273.2	163.2		110		
饲料加工							
制糖	2231.1	3700				3700	
食品制造业	147	200			75	125	
#罐头制造							
饮料制造业							
#酒的制造							
烟草制品业							
纺织业							
#棉、化纤纺织及印染精加工							
毛纺织和染整精加工							
纺织服装、鞋、帽制造业							
皮革、毛皮、羽毛(绒)及其制品业							
#皮革鞣制加工							
皮革制品制造							
木材加工及木、竹、藤、棕、草制品业							
家具制造业							
造纸及纸制品业	3443.6	2500			2300	200	
印刷业和记录媒介的复制	375.1	248.4	201.5		40	6.9	
文教体育用品制造业							
石油加工、炼焦及核燃料加工业							
#炼焦							
化学原料及化学制品制造业							
#基础化学原料制造							
肥料制造							
医药制造业							
化学纤维制造业							
橡胶制品业							
塑料制品业							
非金属矿物制品业	6316.1	6777.5			4890.3	1887.2	
#水泥制造	5843.1	6527.5			4890.3	1637.2	
黑色金属冶炼及压延加工业							
有色金属冶炼及压延加工业							
金属制品业	48.3	50	40			10	
通用设备制造业							
专用设备制造业							
交通运输设备制造业							
电气机械及器材制造业							
通信设备、计算机及其他电子设备制造业							
仪器仪表及文化、办公用机械制造业							
工艺品及其他制造业							
废弃资源和废旧材料回收加工业							
电力、热力的生产和供应业	30714.1	38938.6	29599		9038.9	300.7	
#电力生产和电力供应	31326.9	38368.9	29330		9038.9		
燃气生产和供应业							
水的生产和供应业	3071.3	2056.2	2042.2	14			

计量单位：万元

外商资本	主营业务收入	主营业务成本	主营业务税金及附加	其他业务收入	其他业务利润	营业费用
	34	55.6	0.4			
	16018.4	7383.5	369.7	5.3	5.3	334.9
	37072.4	24410.1	315.8	1181.3	299.9	367
	18272	17070.9	37.4	50.1	18.5	777.2
	6503.1	5972	0.4	0.4	-17.1	241.3
	3798.3	4043.3	31.9			84.5
	1844	1662.3	1.1	43.3	13.3	31.9
	6144.6	4660.8	38.9			628.4
	202.9	160.5	0.9	37.9	30.5	10
	8514.7	6346.2	31.7	56	20.8	1059.8
	7594.4	5567.3	26.8	56	20.8	963.8
	61.2	45.1	0.2	0.1	0.1	2.3
	23512.4	20715.5	123.5	146.3	-97.9	20.4
	21613.6	18149.5	119.3	118.3	-120.5	2.4
	279.4	316.4	4.8	83.2	7.4	0.7

2-53 续表 6

项 目	管理费用	税 金	财产保险费	差旅费	工会经费	办公费	职工教育费
总 计	**11513.4**	**79.1**	**120.1**	**514.9**	**198.7**	**489.7**	**760.9**
按登记注册类型分							
内资企业	11513.4	79.1	120.1	514.9	198.7	489.7	760.9
国有企业	5143	66.3	59.2	102.2	87.6	81.7	654.6
#中央企业	1036	4.5	4.5	30.5	24.5	4.9	3.7
地方企业	4107	61.8	54.7	71.7	63.1	76.8	650.9
#自治区属企业	2737.7	55.6	51.1	43.5	50.3	35.9	27.4
地区(州、市)属企业	277.8		3.2	12.8	5.9	15.9	4
县(市)属企业	1091.5	6.2	0.4	15.4	6.9	25	619.5
集体企业	208.6			2.7		1.3	2
#自治区属企业							
地区(州、市)属企业							
县(市)属企业	208.6			2.7		1.3	2
镇属企业							
乡属企业							
股份合作企业	96.2	2.6	1	5.6		2.8	
联营企业	209	0.3	15	98		87.9	7.8
#国有联营企业	209	0.3	15	98		87.9	7.8
集体联营企业							
国有与集体联营企业							
其他联营企业							
有限责任公司	5264.9	2.1	41.2	268.5	100.5	296.9	89.4
#国有独资公司	2438.3	0.4	20.8	134.3	37.5	183.4	38.7
其他有限责任公司	2826.6	1.7	20.4	134.2	63	113.5	50.7
股份有限公司	215.1	1.7	1.6	6.7	3.2	2.8	2.4
私营企业	376.6	6.1	2.1	31.2	7.4	16.3	4.7
#私营独资企业							
私营合伙企业							
私营有限责任公司	376.6	6.1	2.1	31.2	7.4	16.3	4.7
私营股份有限公司							
港、澳、台商投资企业							
外商投资企业							
在总计中：国有控股企业	9306.9	69.1	110.7	406.6	152.6	389.2	731.7
在总计中：农村工业	72.3	0.1	1.1	1.7	0.9	1.3	
按轻、重工业分							
轻工业	1542.9	1.5	16.4	87	28.9	35.3	25.3
以农产品为原料	1468	1.1	16.4	84.2	27.9	32.9	24.3
以非农产品为原料	74.9	0.4		2.8	1	2.4	1
重工业	9970.5	77.6	103.7	427.9	169.8	454.4	735.6
采掘工业	5304.6	64.5	72.1	213	88.6	180.9	664.5
原料工业	4611.3	7.3	31.6	211.5	80.9	271.3	70.9
加工工业	54.6	5.8		3.4	0.3	2.2	0.2
按企业规模分							
大型企业							
中型企业	6097.2	55.7	88.2	210.4	109.9	201.5	60.8
小型企业	5416.2	23.4	31.9	304.5	88.8	288.2	700.1

计量单位：万元

排污费	财务费用	利息支出	营业利润	投资收益	补贴收入	营业外收入
65.3	**4763.7**	**4725**	**4292.5**	**242.6**	**616.9**	**203**
65.3	4763.7	4725	4292.5	242.6	616.9	203
0.5	401.2	364.5	9160.2	116.2	126.6	34.3
0.5	26.4	26.4	-8.5		126.6	11.7
	374.8	338.1	9168.7	116.2		22.6
	165.1	165.1	7764.6	116.2		9.3
	121	121	356.2			13
	88.7	52	1047.9			0.3
	3.8	3.8	191.4			
	3.8	3.8	191.4			
10	15.9	15.9	54.3			0.7
	9.5	9.5	12.5			
	9.5	9.5	12.5			
43.1	4227.1	4225.1	-4911.6	126.4	458.7	167.8
1.5	3294.7	3293.7	-4359.1			26.6
41.6	932.4	931.4	-552.5	126.4	458.7	141.2
	106.5	106.5	203.4			
11.7	-0.3	-0.3	-417.7		31.6	0.2
11.7	-0.3	-0.3	-417.7		31.6	0.2
7	4141.2	4102.5	4199.8	96.1	126.6	193.8
	0.9	0.9	822.2			
16.7	306.8	305.8	-286.4	-20.1	38.2	135.6
16.2	305.9	304.9	-175.1	-20.1	38.2	135
0.5	0.9	0.9	-111.3			0.6
48.6	4456.9	4419.2	4578.9	262.7	578.7	67.4
13.2	259.2	222.5	10008.8	116.2	120	16.9
34.9	4197.1	4196.1	-5428.9	146.5	458.7	50.5
0.5	0.6	0.6	-1			
1.1	3120	3119	4063.7	116.2	120	54.4
64.2	1643.7	1606	228.8	126.4	496.9	148.6

2-53 续表 7

项　目	管理费用	税　金	财产保险费	差旅费	工会经费	办公费	职工教育费
按行业分							
煤炭开采和洗选业	20.2			1.8	0.5	3.9	0.3
石油和天然气开采业							
#天然原油和天然气开采							
黑色金属矿采选业	1069.3	7.8	1.5	21.8	3.2	9.6	616.1
有色金属矿采选业	4215.1	56.7	70.6	189.4	84.9	167.4	48.1
非金属矿采选业							
#采盐							
其他采矿业							
农副食品加工业	700.5	1.1	2.7	41.9	11.5	28.2	13.1
#谷物磨制	214.1			12.9	2.8	9.7	0.3
饲料加工							
制糖	198.5		1.7	6.8	6.1	0.5	4.6
食品制造业	65.7			2	1.1	0.6	
#罐头制造							
饮料制造业							
#酒的制造							
烟草制品业							
纺织业							
#棉、化纤纺织及印染精加工							
毛纺织和染整精加工							
纺织服装、鞋、帽制造业							
皮革、毛皮、羽毛(绒)及其制品业							
#皮革鞣制加工							
皮革制品制造							
木材加工及木、竹、藤、棕、草制品业							
家具制造业							
造纸及纸制品业	622.4		13.7	38.1	13.8	3.5	10.4
印刷业和记录媒介的复制	79.4			2.2	1.5	0.6	0.8
文教体育用品制造业							
石油加工、炼焦及核燃料加工业							
#炼焦							
化学原料及化学制品制造业							
#基础化学原料制造							
肥料制造							
医药制造业							
化学纤维制造业							
橡胶制品业							
塑料制品业							
非金属矿物制品业	1027.1	6.3	5.2	34.7	18.3	35.5	13.3
#水泥制造	985.3	0.5	5.2	32.5	18.3	33.3	13.3
黑色金属冶炼及压延加工业							
有色金属冶炼及压延加工业							
金属制品业	12.8			1.2	0.3		0.2
通用设备制造业							
专用设备制造业							
交通运输设备制造业							
电气机械及器材制造业							
通信设备、计算机及其他电子设备制造业							
仪器仪表及文化、办公用机械制造业							
工艺品及其他制造业							
废弃资源和废旧材料回收加工业							
电力、热力的生产和供应业	3626	6.8	26.4	179	62.6	238	57.6
#电力生产和电力供应	3511.8	6.8	26.4	175.9	61.7	232.2	56.9
燃气生产和供应业							
水的生产和供应业	74.9	0.4		2.8	1	2.4	1

计量单位：万元

排污费	财务费用	利息支出	营业利润	投资收益	补贴收入	营业外收入
			-42.2			
10.2	45.6	8.9	2116.3			0.8
3	213.6	213.6	7934.7	116.2	120	16.1
14.2	248.4	247.4	-390.7	-20.1	31.6	117.8
0.2	-1.1	-1.1	212.6			0.1
9	-0.2	-0.2	-559.8		31.6	
2			96.4			0.1
	58.5	58.5	135.6			15.2
	-1	-1	-16.4		6.6	1.9
32.1	580.4	580.4	-508.6	146.5	458.7	8.2
31.6	580.4	580.4	-507.3	146.5	458.7	8.2
	0.6	0.6	0.3			
3.3	3616.7	3615.7	-4921.6			42.3
1.3	3575.2	3574.2	-4099			42.3
0.5	0.9	0.9	-111.3			0.6

2-53 续表 8

项　　目	营业外支出	利润总额	应交所得税	广告费	劳动、待业保险费	养老保险和医疗保险费	住房公积金和住房补贴
总　　计	**349.9**	**4257.5**	**625.1**	**18**	**704.3**	**1969.3**	**640**
按登记注册类型分							
内资企业	349.9	4257.5	625.1	18	704.3	1969.3	640
国有企业	189.4	8793.6	498.7	0.6	77.4	1234.7	455.7
#中央企业	7	122.8		0.6	31.6	360.8	17.5
地方企业	182.4	8670.8	498.7		45.8	873.9	438.2
#自治区属企业	102.7	7549.3	60.7		1.4	736	404.5
地区(州、市)属企业	31.9	337.3	124		17.9	62.4	19.7
县(市)属企业	47.8	784.2	314		26.5	75.5	14
集体企业	27.8	163.6	24.5		0.2	2.3	
#自治区属企业							
地区(州、市)属企业							
县(市)属企业	27.8	163.6	24.5		0.2	2.3	
镇属企业							
乡属企业							
股份合作企业	8.4	46.6	10.9		7	2.8	
联营企业		-113.4			13	25.4	
#国有联营企业		-113.4			13	25.4	
集体联营企业							
国有与集体联营企业							
其他联营企业							
有限责任公司	120.8	-4447	60.5	17.1	595.1	636.6	174.4
#国有独资公司	69.3	-4401.8			357.5	381.2	130.5
其他有限责任公司	51.5	-45.2	60.5	17.1	237.6	255.4	43.9
股份有限公司	1.3	202.1	30.3		2	28.3	9.9
私营企业	2.2	-388	0.2	0.3	9.6	39.2	
#私营独资企业							
私营合伙企业							
私营有限责任公司	2.2	-388	0.2	0.3	9.6	39.2	
私营股份有限公司							
港、澳、台商投资企业							
外商投资企业							
在总计中：国有控股企业	286.2	3750	579.1	12.6	673.9	1777.5	620.7
在总计中：农村工业	14.8	807.4			0.1	1.6	
按轻、重工业分							
轻工业	41	-326.6	49.5	17.5	134.6	79.1	16.3
以农产品为原料	35.6	-211	48.1	17.5	127.8	68.4	10.7
以非农产品为原料	5.4	-115.6	1.4		6.8	10.7	5.6
重工业	308.9	4584.1	575.6	0.5	569.7	1890.2	623.7
采掘工业	190.1	9496.7	408.9		59.8	1108.1	409.4
原料工业	118.8	-4911.6	166.7	0.5	508.7	780.5	214.3
加工工业		-1			1.2	1.6	
按企业规模分							
大型企业							
中型企业	158.2	3963.6	108.8	0.6	444.8	1354	512.4
小型企业	191.7	293.9	516.3	17.4	259.5	615.3	127.6

计量单位：万元

本年应付工资总额	主营业务应付	本年应付福利费总额	主营业务应付	本年应交增值税	本年进项税额
11475.6	**10189.8**	**1536.3**	**1313.7**	**8619.5**	**8058.8**
11475.6	10189.8	1536.3	1313.7	8619.5	8058.8
5654.9	4604	722.7	572.2	5028.6	3242.9
1285.7	725	185.4	100.3	377.8	802
4369.2	3879	537.3	471.9	4650.8	2440.9
3378.9	2898.5	458.9	393.5	3761.9	1461.4
354.7	344.9	41.3	41.3	181.2	22
635.6	635.6	37.1	37.1	707.7	957.5
130.8	107.2	18.3	15	57.7	145.6
130.8	107.2	18.3	15	57.7	145.6
100.1	86.3	12.2	12.2	3.7	221
56.7	41.2			94	
56.7	41.2			94	
4738.8	4586.4	681.2	615.7	2925	3808.5
1893.6	1794.5	264.2	216	1214.8	1006.9
2845.2	2791.9	417	399.7	1710.2	2801.6
161	161	22.5	22.5	60.8	
633.3	603.7	79.4	76.1	449.7	640.8
633.3	603.7	79.4	76.1	449.7	640.8
9293.5	8103.7	1220.4	1008.5	7135	5990.6
44.1	44.1	6.2	6.2	199.6	102.4
1507	1467.4	220.9	217.5	839	3211.2
1437	1397.4	211.7	208.3	824.6	3211.2
70	70	9.2	9.2	14.4	
9968.6	8722.4	1315.4	1096.2	7780.5	4847.6
5458.7	4353.6	710.4	555.1	5028.6	3659.6
4406.9	4265.8	591.9	528	2686.7	1093.1
103	103	13.1	13.1	65.2	94.9
6443	5390.6	907.8	755.7	5399.5	3528.2
5032.6	4799.2	628.5	558	3220	4530.6

2-53 续表 9

项　　目	营业外支出	利润总额	应交所得税	广告费	劳动、待业保险费	养老保险和医疗保险费	住房公积金和住房补贴
按行业分							
煤炭开采和洗选业	0.7	-42.9			0.4	3.7	
石油和天然气开采业							
#天然原油和天然气开采							
黑色金属矿采选业	54.5	1845.9	323.7		22.4	8.3	
有色金属矿采选业	134.9	7693.7	85.2		37	1096.1	409.4
非金属矿采选业							
#采盐							
其他采矿业							
农副食品加工业	24.4	-439.3		16.3	34.5	50.8	10.7
#谷物磨制	16.8	42.4		5	1.4	20.2	0.4
饲料加工							
制糖	0.8	-529		0.3	2.1	27.5	
食品制造业	1.4	95.2			6.9	7.8	
#罐头制造							
饮料制造业							
#酒的制造							
烟草制品业							
纺织业							
#棉、化纤纺织及印染精加工							
毛纺织和染整精加工							
纺织服装、鞋、帽制造业							
皮革、毛皮、羽毛(绒)及其制品业							
#皮革鞣制加工							
皮革制品制造							
木材加工及木、竹、藤、棕、草制品业							
家具制造业							
造纸及纸制品业	8.6	142.2	48.1	0.6	71.8		
印刷业和记录媒介的复制	1.2	-9.1		0.6	14.6	9.8	
文教体育用品制造业							
石油加工、炼焦及核燃料加工业							
#炼焦							
化学原料及化学制品制造业							
#基础化学原料制造							
肥料制造							
医药制造业							
化学纤维制造业							
橡胶制品业							
塑料制品业							
非金属矿物制品业	7.3	83.4	10.4		10.8	113.9	19.3
#水泥制造	7.3	84.7	10.4		10.8	113.9	19.3
黑色金属冶炼及压延加工业							
有色金属冶炼及压延加工业							
金属制品业		0.3			1.2	1.6	
通用设备制造业							
专用设备制造业							
交通运输设备制造业							
电气机械及器材制造业							
通信设备、计算机及其他电子设备制造业							
仪器仪表及文化、办公用机械制造业							
工艺品及其他制造业							
废弃资源和废旧材料回收加工业							
电力、热力的生产和供应业	111.5	-4996.3	156.3	0.5	497.9	666.6	195
#电力生产和电力供应	108.5	-4170.7	156.3		493.1	621.6	195
燃气生产和供应业							
水的生产和供应业	5.4	-115.6	1.4		6.8	10.7	5.6

计量单位：万元

本年应付工资总额	主营业务应付	本年应付福利费总额	主营业务应付	本年应交增值税	本年进项税额
24.8	24.8	3.2	3.2	2	
550.5	525.6	26.8	25.3	914.9	1199
4883.4	3803.2	680.4	526.6	4111.7	2460.6
626	626	105.7	105.7	221.5	2540.7
155.3	155.3	42.1	42.1		903.9
306.6	306.6	42.9	42.9	139.4	348.7
82.7	64.2	4.4	2.6	105.1	98.8
646	634.7	90.5	88.9	485.6	571.7
82.3	72.5	11.1	11.1	12.4	
1008.4	987.8	142.2	139.3	804.1	365.9
927.7	907.1	131	128.1	742.6	271
22.3	22.3	1.9	1.9	3.7	
3479.2	3358.7	460.9	399.9	1944.1	822.1
3310.8	3198.7	435.8	376	1907.8	822.1
70	70	9.2	9.2	14.4	

2-53 续表 10

项　　目	本　　年 销项税额	工业中间 投入合计	直接材料	制造费用中 的中间投入	管理费用中 的中间投入	营业费用中 的中间投入
总　　计	**15893.2**	**83533.6**	**61624.9**	**10037.1**	**4476**	**2631.9**
按登记注册类型分						
内资企业	15893.2	83533.6	61624.9	10037.1	4476	2631.9
国有企业	7952.8	30480.2	25063.1	3037.2	1678.2	300.5
#中央企业	1170.4	5839.7	4838.9	498.5	270.4	205.5
地方企业	6782.4	24640.5	20224.2	2538.7	1407.8	95
#自治区属企业	4955.9	13024.5	10446.7	1517	801	94.7
地区(州、市)属企业	203.2	635.9	202.9	108.1	203.9	
县(市)属企业	1623.3	10980.1	9574.6	913.6	402.9	0.3
集体企业	203.3	2448.8	2115.7	320.5	2.3	6.5
#自治区属企业						
地区(州、市)属企业						
县(市)属企业	203.3	2448.8	2115.7	320.5	2.3	6.5
镇属企业						
乡属企业						
股份合作企业	201.9	1054.6	838.5	85.4	46.3	68.5
联营企业		1497.4	969.2	348.3	160.8	9.6
#国有联营企业		1497.4	969.2	348.3	160.8	9.6
集体联营企业						
国有与集体联营企业						
其他联营企业						
有限责任公司	6272.4	40603.5	27791	4429.4	2368	1788
#国有独资公司	2183.8	13997.7	8335.7	1237.3	1059.4	70.6
其他有限责任公司	4088.6	26605.8	19455.3	3192.1	1308.6	1717.4
股份有限公司	60.8	464.1	120.7	221.8	15.1	
私营企业	1202	6985	4726.7	1594.5	205.3	458.8
#私营独资企业						
私营合伙企业						
私营有限责任公司	1202	6985	4726.7	1594.5	205.3	458.8
私营股份有限公司						
港、澳、台商投资企业						
外商投资企业						
在总计中：国有控股企业	12336.6	60255	45665.3	5552	3538.3	1358.2
在总计中：农村工业	305.1	1084.6	754.8	271.1	57.8	
按轻、重工业分						
轻工业	3735.5	22234.3	18432.6	1573.4	659.8	1261.7
以农产品为原料	3725.4	22116.1	18378	1527.7	643.1	1261.4
以非农产品为原料	10.1	118.2	54.6	45.7	16.7	0.3
重工业	12157.7	61299.3	43192.3	8463.7	3816.2	1370.2
采掘工业	8284.9	35449.4	29345.7	3627.8	1573.5	643.2
原料工业	3716.4	24662.2	13030	4590.7	2196.5	647.9
加工工业	156.4	1187.7	816.6	245.2	46.2	79.1
按企业规模分						
大型企业						
中型企业	8660.3	32901.2	24464.8	2415.5	1997.4	903.5
小型企业	7232.9	50632.4	37160.1	7621.6	2478.6	1728.4

计量单位：万元

经营活动产生的现金流量净额	投资活动产生的现金流量净额	筹资活动产生的现金流量净额	全部从业人员年平均人数(人)	利税总额	亏损企业亏损额
19269.8	**-8604.9**	**4762.2**	**7122**	**13801.4**	**6872.7**
19269.8	-8604.9	4762.2	7122	13801.4	6872.7
5629	1321.4	2207.8	2995	14433.7	363.2
-119.7	-148.1	519.3	1107	533.7	127.1
5748.7	1469.5	1688.5	1888	13900	236.1
4836.2	2188	1431.7	1272	11572.6	
58	21.3	-1.9	199	521.5	39.3
854.5	-739.8	258.7	417	1805.9	196.8
40.8	-22.4	-3.8	79	225.7	
40.8	-22.4	-3.8	79	225.7	
-264.6	-111.8	279.7	100	53.7	11.5
530.8	-12	-48.3	79	-9.6	113.4
530.8	-12	-48.3	79	-9.6	113.4
11641.9	-9572.7	2698.8	3203	-1285.6	5850
4230.6	-2303.4	276	1041	-3093.1	4411.5
7411.3	-7269.3	2422.8	2162	1807.5	1438.5
403	-136.4	-433.5	64	267.8	
1288.9	-71	61.5	602	115.7	534.6
1288.9	-71	61.5	602	115.7	534.6
15842.3	-7993.7	6167.4	5340	11662.3	5827
107.7	-213	99.1	42	1063	
1004.5	-1264.1	2885.3	1469	595.5	671.9
995.5	-1256.5	2885.3	1389	691.9	554.8
9	-7.6		80	-96.4	117.1
18265.3	-7340.8	1876.9	5653	13205.9	6200.8
7333.4	1031.2	2634.7	3006	15211.2	311.3
10944.9	-8372	-757.8	2507	-2074.6	5888.2
-13			140	69.3	1.3
9514.1	89.1	1373.6	3376	9774.3	3930.9
9755.7	-8694	3388.6	3746	4027.1	2941.8

2-53 续表 11

项　　目	本　年 销项税额	工业中间 投入合计	直接材料	制造费用中 的中间投入	管理费用中 的中间投入	营业费用中 的中间投入
按行业分						
煤炭开采和洗选业	2	14.7	8.2	0.5	6	
石油和天然气开采业						
#天然原油和天然气开采						
黑色金属矿采选业	2072	12538.3	10458.5	1271.3	429.4	333.5
有色金属矿采选业	6210.9	22896.4	18879	2356	1138.1	309.7
非金属矿采选业						
#采盐						
其他采矿业						
农副食品加工业	2461.2	15911	13671.2	1084.8	291.3	615.3
#谷物磨制	841.5	5602.7	5205.3	144.8	91.1	162.6
饲料加工						
制糖	603.3	3388.6	2542.5	708.5	81.8	56
食品制造业	200.2	1425.1	1170.7	178.7	43.8	31.9
#罐头制造						
饮料制造业						
#酒的制造						
烟草制品业						
纺织业						
#棉、化纤纺织及印染精加工						
毛纺织和染整精加工						
纺织服装、鞋、帽制造业						
皮革、毛皮、羽毛(绒)及其制品业						
#皮革鞣制加工						
皮革制品制造						
木材加工及木、竹、藤、棕、草制品业						
家具制造业						
造纸及纸制品业	1057.3	4644.2	3432.7	261.4	281.7	609.9
印刷业和记录媒介的复制	6.7	135.8	103.4	2.8	26.3	4.3
文教体育用品制造业						
石油加工、炼焦及核燃料加工业						
#炼焦						
化学原料及化学制品制造业						
#基础化学原料制造						
肥料制造						
医药制造业						
化学纤维制造业						
橡胶制品业						
塑料制品业						
非金属矿物制品业	1119.3	6578.2	2694.3	2041.8	539.4	722.3
#水泥制造	962.9	5693.5	2162.5	1799.1	506	645.5
黑色金属冶炼及压延加工业						
有色金属冶炼及压延加工业						
金属制品业		303	284.8	2.5	12.8	2.3
通用设备制造业						
专用设备制造业						
交通运输设备制造业						
电气机械及器材制造业						
通信设备、计算机及其他电子设备制造业						
仪器仪表及文化、办公用机械制造业						
工艺品及其他制造业						
废弃资源和废旧材料回收加工业						
电力、热力的生产和供应业	2753.5	18968.7	10867.5	2791.6	1690.5	2.4
#电力生产和电力供应	2717.2	17309.3	9586.1	2542.1	1603.5	2.4
燃气生产和供应业						
水的生产和供应业	10.1	118.2	54.6	45.7	16.7	0.3

计量单位：万元

经营活动产生的现金流量净额	投资活动产生的现金流量净额	筹资活动产生的现金流量净额	全部从业人员年平均人数(人)	利税总额	亏损企业亏损额
4.1			40	-40.5	42.9
684.2	-1064.5	673.8	371	3130.5	
6645.1	2095.7	1960.9	2595	12121.2	268.4
156.3	-150.6	2670.9	556	-180.4	540.5
133.4	-73.4	73.4	149	42.8	
59.9	-72.7	11.4	220	-357.7	529
-15	-1.1	50.1	128	201.4	4.3
823	-1105	164.3	611	666.7	
31.2	0.2		94	4.2	10
2038.5	-183.1	-1962	734	919.2	261.4
2052.5	-183.1	-1962	654	854.1	260.1
1			60	4.2	
8892.4	-8188.9	1204.2	1853	-2928.7	5628.1
4661.4	-3380.1	630.6	1697	-2143.6	4802.5
9	-7.6		80	-96.4	117.1

2-54 博尔塔拉蒙古自治州规模

项目	企业单位数	亏损单位数	工业总产值(现价)	工业销售产值	出口交货值	工业增加值	年初存货
总计	**29**	**11**	**101830.5**	**97710.9**		**17686.6**	**27974.4**
按登记注册类型分							
内资企业	29	11	101830.5	97710.9		17686.6	27974.4
国有企业	13	6	37210	37066.8		6382.9	9432.9
#中央企业	4		21683.8	21610.8		4327.8	9206.8
地方企业	9	6	15526.2	15456		2055.1	226.1
#自治区属企业	3	2	13616	13616		1432	125.6
地区(州、市)属企业	1	1	72.1	72.1		18.1	
县(市)属企业	5	3	1838.1	1767.9		605	100.5
集体企业							
#自治区属企业							
地区(州、市)属企业							
县(市)属企业							
镇属企业							
乡属企业							
股份合作企业							
联营企业							
#国有联营企业							
集体联营企业							
国有与集体联营企业							
其他联营企业							
有限责任公司	10	3	31223.5	29461.5		5277.9	14688.7
#国有独资公司	1		4875.7	4245.4		1379.3	5841.5
其他有限责任公司	9	3	26347.8	25216.1		3898.6	8847.2
股份有限公司							
私营企业	6	2	33397	31182.6		6025.8	3852.8
#私营独资企业	1		1661.6	2129.4		5.5	264.3
私营合伙企业	1		671.7	1098.8		78.7	702
私营有限责任公司	4	2	31063.7	27954.4		5941.6	2886.5
私营股份有限公司							
港、澳、台商投资企业							
外商投资企业							
在总计中：国有控股企业	20	8	62186.7	60104.8		10729.3	23426.9
在总计中：农村工业							
按轻、重工业分							
轻工业	15	7	37850	37332.8		3754.9	21387.4
以农产品为原料	13	5	37328.1	36870.7		3553.6	21381.1
以非农产品为原料	2	2	521.9	462.1		201.3	6.3
重工业	14	4	63980.5	60378.1		13931.7	6587
采掘工业	1		1763	1125		740.5	362.4
原料工业	10	4	54104.1	51074.1		11378.4	3797.6
加工工业	3		8113.4	8179		1812.8	2427
按企业规模分							
大型企业							
中型企业	8	3	64376.1	60808.3		9003.6	18888.7
小型企业	21	8	37454.4	36902.6		8683	9085.7

以上工业企业主要经济指标

计量单位：万元

流动资产合计	短期投资	应收帐款	存货	产成品	流动资产年平均余额	长期投资
76174	**521.8**	**12865.1**	**40966.9**	**26875.5**	**67089.2**	**2546.2**
76174	521.8	12865.1	40966.9	26875.5	67089.2	2546.2
30306.9	517	8072.2	9710.5	4557.8	29563	610.4
21837.9		7363.3	9639.2	4538.9	21164.9	536.7
8469	517	708.9	71.3	18.9	8398.1	73.7
5720.1		438.4	13.3		5728.8	
21.9		4.9			21	
2727	517	265.6	58	18.9	2648.3	73.7
25332	4.8	3647.5	17904.7	13921	24650	1335.8
6814.4			6598.5	6426.3	5941.7	
18517.6	4.8	3647.5	11306.2	7494.7	18708.3	1335.8
20535.1		1145.4	13351.7	8396.7	12876.2	600
2149.8		167.4	509.8	163.7	1840	
791		20.3	517.6	250.3	791	
17594.3		957.7	12324.3	7982.7	10245.2	600
51991.1	521.8	10911.1	25497.1	16785.5	49892	1936.2
32550	517.8	3006.1	22587	14543.6	32307.1	841
30554.1	4.8	2987	22579.9	14543.6	30311.3	767.3
1995.9	513	19.1	7.1		1995.8	73.7
43624	4	9859	18379.9	12331.9	34782.1	1705.2
448.6		174.3	210.5	134.3	562.8	568.5
33297.3	4	7304.9	13038.1	7783.4	25737.8	1136.7
9878.1		2379.8	5131.3	4414.2	8481.5	
54537.8	4.8	8849.2	31219	20613.6	45472.2	1894
21636.2	517	4015.9	9747.9	6261.9	21617	652.2

2-54 续表 1

项 目	企业单位数	亏损单位数	工业总产值(现价)	工业销售产值	出口交货值	工业增加值	年初存货
按行业分							
煤炭开采和洗选业							
石油和天然气开采业							
#天然原油和天然气开采							
黑色金属矿采选业							
有色金属矿采选业							
非金属矿采选业	1		1763	1125		740.5	362.4
#采盐	1		1763	1125		740.5	362.4
其他采矿业							
农副食品加工业	6	1	24720.1	24255.5		3141.9	15240.3
#谷物磨制							
饲料加工							
制糖	1		4875.7	4245.4		1379.3	5841.5
食品制造业							
#罐头制造							
饮料制造业	1		671.7	1098.8		78.7	702
#酒的制造	1		671.7	1098.8		78.7	702
烟草制品业							
纺织业	3	2	11679	11269.5		248	5408.6
#棉、化纤纺织及印染精加工	3	2	11679	11269.5		248	5408.6
毛纺织和染整精加工							
纺织服装、鞋、帽制造业							
皮革、毛皮、羽毛(绒)及其制品业							
#皮革鞣制加工							
皮革制品制造							
木材加工及木、竹、藤、棕、草制品业	1	1	8733.2	8733.2		2001.2	1589.9
家具制造业							
造纸及纸制品业	1	1	74.1	63.7		17.9	24.5
印刷业和记录媒介的复制	2	1	183.2	183.2		67.1	5.7
文教体育用品制造业							
石油加工、炼焦及核燃料加工业							
#炼焦							
化学原料及化学制品制造业							
#基础化学原料制造							
肥料制造							
医药制造业							
化学纤维制造业							
橡胶制品业							
塑料制品业	2		7394.7	7516.5		1593.1	1930.1
非金属矿物制品业	2		5984.8	5951.8		1920	1165
#水泥制造	2		5984.8	5951.8		1920	1165
黑色金属冶炼及压延加工业	1	1	18185	15188		2673.4	341.6
有色金属冶炼及压延加工业							
金属制品业							
通用设备制造业							
专用设备制造业	1		718.7	662.5		219.7	496.9
交通运输设备制造业							
电气机械及器材制造业							
通信设备、计算机及其他电子设备制造业							
仪器仪表及文化、办公用机械制造业							
工艺品及其他制造业							
废弃资源和废旧材料回收加工业							
电力、热力的生产和供应业	6	2	21201.1	21201.1		4783.8	701.1
#电力生产和电力供应	4	2	19959	19959		4398	631.4
燃气生产和供应业							
水的生产和供应业	2	2	521.9	462.1		201.3	6.3

计量单位：万元

流动资产合计	短期投资	应收帐款	存货	产成品	流动资产年平均余额	长期投资
448.6		174.3	210.5	134.3	562.8	568.5
448.6		174.3	210.5	134.3	562.8	568.5
20837.4		2107.7	15331.9	10234.6	20737.7	10
6814.4			6598.5	6426.3	5941.7	
791		20.3	517.6	250.3	791	
791		20.3	517.6	250.3	791	
8809.2	4.8	821.8	6701.1	4039.8	8666	757.3
8809.2	4.8	821.8	6701.1	4039.8	8666	757.3
2135.9			2055.9	813.1	1657.8	
64.7		31.2	24.8	18.9	64.7	
51.8		6	4.5		51.9	
5371.4		1004.5	2889.6	2388	5092.5	
2917.6		1147.9	965.8	211.2	2685.5	
2917.6		1147.9	965.8	211.2	2685.5	
14022.4		760.9	9471.2	6759.1	7151.4	600
4506.7		1375.3	2241.7	2026.2	3389	
14221.4	4	5396.1	545.2		14243.1	536.7
13555		5180.8	519.1		13655.3	536.7
1995.9	513	19.1	7.1		1995.8	73.7

2-54 续表 2

项　目	固定资产合计	固定资产原价	生产经营用	累计折旧	本年折旧	固定资产净值年平均余额
总　计	**99816.8**	**129299.7**	**119704.9**	**34218.5**	**6482.2**	**94640.5**
按登记注册类型分						
内资企业	99816.8	129299.7	119704.9	34218.5	6482.2	94640.5
国有企业	63197.9	81348.6	75968.1	22248.9	4313.8	59077.2
#中央企业	31568.6	39888.1	36043.8	9871	1869.2	30756.1
地方企业	31629.3	41460.5	39924.3	12377.9	2444.6	28321.1
#自治区属企业	27224.4	34406.5	33432.4	9409.7	2117.2	24190.2
地区(州、市)属企业	21.5	68.8	68.8	47.3	1.4	21.5
县(市)属企业	4383.4	6985.2	6423.1	2920.9	326	4109.4
集体企业						
#自治区属企业						
地区(州、市)属企业						
县(市)属企业						
镇属企业						
乡属企业						
股份合作企业						
联营企业						
#国有联营企业						
集体联营企业						
国有与集体联营企业						
其他联营企业						
有限责任公司	24670.7	34566.2	30832.4	9997.9	1741.4	24430.6
#国有独资公司	5314.3	7459.4	6221.5	2145.1	463.9	5312.3
其他有限责任公司	19356.4	27106.8	24610.9	7852.8	1277.5	19118.3
股份有限公司						
私营企业	11948.2	13384.9	12904.4	1971.7	427	11132.7
#私营独资企业	206.4	300.2	294.9	122	18	172.7
私营合伙企业	94.7	566.8	550.8	472	61.5	94.7
私营有限责任公司	11647.1	12517.9	12058.7	1377.7	347.5	10865.3
私营股份有限公司						
港、澳、台商投资企业						
外商投资企业						
在总计中：国有控股企业	85270	113189.7	104305.3	32075.9	6000.5	81169.5
在总计中：农村工业						
按轻、重工业分						
轻工业	29620.1	40650.2	36194.6	11364.7	1808.8	29172.6
以农产品为原料	27797.6	37819.5	33403.9	10163.6	1734.8	27551.9
以非农产品为原料	1822.5	2830.7	2790.7	1201.1	74	1620.7
重工业	70196.7	88649.5	83510.3	22853.8	4673.4	65467.9
采掘工业	439.5	807.5	807.5	378	35	436.4
原料工业	65523.5	82442.3	77906.9	21218.5	4370.9	60941.3
加工工业	4233.7	5399.7	4795.9	1257.3	267.5	4090.2
按企业规模分						
大型企业						
中型企业	78173.7	97876.6	90913.3	23961.1	4749.4	74005.1
小型企业	21643.1	31423.1	28791.6	10257.4	1732.8	20635.4

计量单位：万元

无形资产	资产总计	流动负债		长期负债	负债合计
		合　计	应付帐款	合　计	
2125.3	**180920.2**	**94469.6**	**23227.2**	**41768.7**	**136238.7**
2125.3	180920.2	94469.6	23227.2	41768.7	136238.7
5.7	94262.7	37585.8	5925.3	38859.7	76445.7
	53975.7	28794.8	5440.6	12683.9	41478.8
5.7	40287.0	8791	484.7	26175.8	34966.9
5.7	32950.2	7116.7	57.2	24545.9	31662.7
	128.3	35.5			35.5
	7208.5	1638.8	427.5	1629.9	3268.7
1610.4	52985.4	29684.6	7952.2	2423	32107.6
1490.5	13619.2	8035.3	2071.2		8035.3
119.9	39366.2	21649.3	5881	2423	24072.3
509.2	33672.1	27199.2	9349.7	486	27685.4
	2372.9	2372.9	5.6		2372.9
144.9	1080.0	460.1	82.2	177.1	637.2
364.3	30219.2	24366.2	9261.9	308.9	24675.3
1508.2	140858.9	64039.2	13757.8	40744.3	104783.7
1785.6	64976.3	38132.1	8713.5	2636	40768.1
1785.6	61084.2	36947.7	8543.3	2371.3	39319
	3892.1	1184.4	170.2	264.7	1449.1
339.7	115943.9	56337.5	14513.7	39132.7	95470.6
1.5	1458.1	575.7	87.7	284.6	860.3
328.9	100335.9	47064.6	13780	37971.2	85036.2
9.3	14149.9	8697.2	646	876.9	9574.1
1506.7	136141.0	71227.3	18497.1	37452.4	108679.9
618.6	44779.2	23242.3	4730.1	4316.3	27558.8

2-54 续表 3

项　目	固定资产合计	固定资产原价	生产经营用	累计折旧	本年折旧	固定资产净值年平均余额
按行业分						
煤炭开采和洗选业						
石油和天然气开采业						
#天然原油和天然气开采						
黑色金属矿采选业						
有色金属矿采选业						
非金属矿采选业	439.5	807.5	807.5	378	35	436.4
#采盐	439.5	807.5	807.5	378	35	436.4
其他采矿业						
农副食品加工业	13492.5	16623	14162.3	3203.3	782.1	13263.6
#谷物磨制						
饲料加工						
制糖	5314.3	7459.4	6221.5	2145.1	463.9	5312.3
食品制造业						
#罐头制造						
饮料制造业	94.7	566.8	550.8	472	61.5	94.7
#酒的制造	94.7	566.8	550.8	472	61.5	94.7
烟草制品业						
纺织业	14056.2	20356.3	18461	6338.5	878.6	14067.4
#棉、化纤纺织及印染精加工	14056.2	20356.3	18461	6338.5	878.6	14067.4
毛纺织和染整精加工						
纺织服装、鞋、帽制造业						
皮革、毛皮、羽毛(绒)及其制品业						
#皮革鞣制加工						
皮革制品制造						
木材加工及木、竹、藤、棕、草制品业	1488.3	1571.4	1206.1	83.1	74.9	1213.4
家具制造业						
造纸及纸制品业	54.9	63.9	60.8	39.6	4	24.4
印刷业和记录媒介的复制	99.3	209.5	169	110.2	8.6	101.8
文教体育用品制造业						
石油加工、炼焦及核燃料加工业						
#炼焦						
化学原料及化学制品制造业						
#基础化学原料制造						
肥料制造						
医药制造业						
化学纤维制造业						
橡胶制品业						
塑料制品业	2344.3	3046.8	2686.6	714.3	212.1	2329.5
非金属矿物制品业	3777.5	5398.9	5259.6	1622.7	385.4	3767.4
#水泥制造	3777.5	5398.9	5259.6	1622.7	385.4	3767.4
黑色金属冶炼及压延加工业	6996.5	6500	6500	6.6	6.6	6493.4
有色金属冶炼及压延加工业						
金属制品业						
通用设备制造业						
专用设备制造业	1889.4	2352.9	2109.3	543	55.4	1760.7
交通运输设备制造业						
电气机械及器材制造业						
通信设备、计算机及其他电子设备制造业						
仪器仪表及文化、办公用机械制造业						
工艺品及其他制造业						
废弃资源和废旧材料回收加工业						
电力、热力的生产和供应业	53261.2	68972	64941.2	19506.1	3904	49467.1
#电力生产和电力供应	50755.2	64881.4	61369.6	17825.9	3656	47002.8
燃气生产和供应业						
水的生产和供应业	1822.5	2830.7	2790.7	1201.1	74	1620.7

计量单位：万元

无形资产	资产总计	流动负债 合计	应付帐款	长期负债 合计	负债合计
1.5	1458.1	575.7	87.7	284.6	860.3
1.5	1458.1	575.7	87.7	284.6	860.3
1630.2	36011.7	22675.5	4312.7	569.4	23244.9
1490.5	13619.2	8035.3	2071.2		8035.3
144.9	1080.0	460.1	82.2	177.1	637.2
144.9	1080.0	460.1	82.2	177.1	637.2
10.5	23633.2	13717.3	4123.1	1600	15317.3
10.5	23633.2	13717.3	4123.1	1600	15317.3
323.2	3947.4	1997.2	685.4	154	2151.2
	119.6	26.5	16.8	24.8	51.3
	239.7	68.3	8.5		68.3
9.3	7725.0	3741.5	216.2	16.5	3758
	6720.2	3265.6	1734.7	107.4	3373.2
	6720.2	3265.6	1734.7	107.4	3373.2
	21618.9	20345.5	8008.3		20345.5
	6424.9	4955.7	429.8	860.4	5816.1
5.7	68049.4	21456.3	3351.6	37709.8	59166.3
5.7	64852.6	21028.4	3111.1	36369.4	57398
	3892.1	1184.4	170.2	264.7	1449.1

2-54 续表 4

项　　目	所有者权益合计	其中：实收资本	国家资本	集体资本	法人资本	个人资本	港澳台资本
总　　计	**44681.5**	**36370.5**	**27746.3**		**3744.1**	**4880.1**	
按登记注册类型分							
内资企业	44681.5	36370.5	27746.3		3744.1	4880.1	
国有企业	17817	17154	17154				
#中央企业	12496.9	12722.3	12722.3				
地方企业	5320.1	4431.7	4431.7				
#自治区属企业	1287.5	2965.6	2965.6				
地区(州、市)属企业	92.8	92.8	92.8				
县(市)属企业	3939.8	1373.3	1373.3				
集体企业							
#自治区属企业							
地区(州、市)属企业							
县(市)属企业							
镇属企业							
乡属企业							
股份合作企业							
联营企业							
#国有联营企业							
集体联营企业							
国有与集体联营企业							
其他联营企业							
有限责任公司	20877.8	14791.1	10592.3		3688.8	510	
#国有独资公司	5583.9	3000	3000				
其他有限责任公司	15293.9	11791.1	7592.3		3688.8	510	
股份有限公司							
私营企业	5986.7	4425.4			55.3	4370.1	
#私营独资企业		50				50	
私营合伙企业	442.8	75.3			5.3	70	
私营有限责任公司	5543.9	4300.1			50	4250.1	
私营股份有限公司							
港、澳、台商投资企业							
外商投资企业							
在总计中：国有控股企业	36075.2	30822.6	27746.3		2766.3	310	
在总计中：农村工业							
按轻、重工业分							
轻工业	24208.2	17962.9	14669.5		2823.3	470.1	
以农产品为原料	21765.2	17729.3	14435.9		2823.3	470.1	
以非农产品为原料	2443	233.6	233.6				
重工业	20473.3	18407.6	13076.8		920.8	4410	
采掘工业	597.8	226	115.7		110.3		
原料工业	15299.7	15556.1	10540.1		806	4210	
加工工业	4575.8	2625.5	2421		4.5	200	
按企业规模分							
大型企业							
中型企业	27461.1	24171.2	20871.2		1000	2300	
小型企业	17220.4	12199.3	6875.1		2744.1	2580.1	

计量单位：万元

外商资本	主营业务收入	主营业务成本	主营业务税金及附加	其他业务收入	其他业务利润	营业费用
	93886.6	**85028.2**	**490.2**	**836.2**	**22.8**	**1674.7**
	93886.6	85028.2	490.2	836.2	22.8	1674.7
	41250	39495.3	146.1	425.8	-21.5	303.1
	25882.2	22475.2	68.9	126.1	-73.2	285.3
	15367.8	17020.1	77.2	299.7	51.7	17.8
	13576.6	15542.3	65.9	259.3	46.9	2.3
	40	59.3		32.1		
	1751.2	1418.5	11.3	8.3	4.8	15.5
	32112.3	28338.4	181	171.4	6.3	1008.4
	4396.2	3157.1	61.2	46.5	24.6	399.1
	27716.1	25181.3	119.8	124.9	-18.3	609.3
	20524.3	17194.5	163.1	239	38	363.2
	2749.7	9.8	0.2	8.1	6.9	
	1099	694.7	133.3			28.7
	16675.6	16490	29.6	230.9	31.1	334.5
	66199.8	60964.9	324.2	567.2	-35.2	1256.9
	41591.2	35222.8	251.1	340.5	-60.2	1070.7
	41156.2	34836.7	248.1	338.4	-62	1056.4
	435	386.1	3	2.1	1.8	14.3
	52295.4	49805.4	239.1	495.7	83	604
	1491	866.6	56			90.9
	39399.5	38984.3	151.9	490.9	78.2	380.1
	11404.9	9954.5	31.2	4.8	4.8	133
	59205.1	56675.4	215.4	405.8	-1.2	1033.8
	34681.5	28352.8	274.8	430.4	24	640.9

2-54 续表 5

项目	所有者权益合计	其中:实收资本	国家资本	集体资本	法人资本	个人资本	港澳台资本
按行业分							
煤炭开采和洗选业							
石油和天然气开采业							
#天然原油和天然气开采							
黑色金属矿采选业							
有色金属矿采选业							
非金属矿采选业	597.8	226	115.7		110.3		
#采盐	597.8	226	115.7		110.3		
其他采矿业							
农副食品加工业	12766.8	10043.1	9025		918	100.1	
#谷物磨制							
饲料加工							
制糖	5583.9	3000	3000				
食品制造业							
#罐头制造							
饮料制造业	442.8	75.3			5.3	70	
#酒的制造	442.8	75.3			5.3	70	
烟草制品业							
纺织业	8315.9	7430	5230		1900	300	
#棉、化纤纺织及印染精加工	8315.9	7430	5230		1900	300	
毛纺织和染整精加工							
纺织服装、鞋、帽制造业							
皮革、毛皮、羽毛(绒)及其制品业							
#皮革鞣制加工							
皮革制品制造							
木材加工及木、竹、藤、棕、草制品业	1796.2	1500				1500	
家具制造业							
造纸及纸制品业	68.3	7	7				
印刷业和记录媒介的复制	171.4	173.9	173.9				
文教体育用品制造业							
石油加工、炼焦及核燃料加工业							
#炼焦							
化学原料及化学制品制造业							
#基础化学原料制造							
肥料制造							
医药制造业							
化学纤维制造业							
橡胶制品业							
塑料制品业	3967	2451.1	2246.6		4.5	200	
非金属矿物制品业	3347	1516			806	710	
#水泥制造	3347	1516			806	710	
黑色金属冶炼及压延加工业	1273.4	2000				2000	
有色金属冶炼及压延加工业							
金属制品业							
通用设备制造业							
专用设备制造业	608.8	174.4	174.4				
交通运输设备制造业							
电气机械及器材制造业							
通信设备、计算机及其他电子设备制造业							
仪器仪表及文化、办公用机械制造业							
工艺品及其他制造业							
废弃资源和废旧材料回收加工业							
电力、热力的生产和供应业	8883.1	10540.1	10540.1				
#电力生产和电力供应	7454.6	9407.4	9407.4				
燃气生产和供应业							
水的生产和供应业	2443	233.6	233.6				

计量单位：万元

外商资本	主营业务收　入	主营业务成　本	主营业务税金及附加	其他业务收　入	其他业务利　润	营业费用
	1491	866.6	56			90.9
	1491	866.6	56			90.9
	27213.3	21728.5	73.8	214	-18.9	650.5
	4396.2	3157.1	61.2	46.5	24.6	399.1
	1099	694.7	133.3			28.7
	1099	694.7	133.3			28.7
	12656.4	12223.6	40.4	90.1	-43.1	371.1
	12656.4	12223.6	40.4	90.1	-43.1	371.1
	4800.5	4953.4	11.8	195.1	28.3	20.1
	72.8	79.2	0.3	2.2		1.2
	114.7	110.7	0.3	32.1		4.9
	6772.5	5851	7.5	4.8	4.8	49.5
	6065	5049.7	30.8			272.4
	6065	5049.7	30.8			272.4
	7708.1	8005.8		32.5		85.3
	4632.4	4103.5	23.7			83.5
	20825.9	20975.4	109.3	263.3	49.9	2.3
	19582.5	20022.2	101.3	259.3	46.9	2.3
	435	386.1	3	2.1	1.8	14.3

2-54 续表 6

项目	管理费用	税金	财产保险费	差旅费	工会经费	办公费	职工教育费
总计	**6910.7**	**247.1**	**47.8**	**224.6**	**142.2**	**172.4**	**85.5**
按登记注册类型分							
内资企业	6910.7	247.1	47.8	224.6	142.2	172.4	85.5
国有企业	2982.3	185.7	25.1	57	73.3	81.9	34
#中央企业	1766.3	51.9	14.6	41.1	39.9	53.2	25.5
地方企业	1216	133.8	10.5	15.9	33.4	28.7	8.5
#自治区属企业	903.9	7.1	2.3	5.8	30.3	4.6	4.7
地区(州、市)属企业	19.7	2.9	1	0.5	0.1	0.1	0.5
县(市)属企业	292.4	123.8	7.2	9.6	3	24	3.3
集体企业							
#自治区属企业							
地区(州、市)属企业							
县(市)属企业							
镇属企业							
乡属企业							
股份合作企业							
联营企业							
#国有联营企业							
集体联营企业							
国有与集体联营企业							
其他联营企业							
有限责任公司	2723.9	45.7	12.5	75.8	44	47.2	35.7
#国有独资公司	586.9	27.1	0.8	19.8	5.8	4	4.4
其他有限责任公司	2137	18.6	11.7	56	38.2	43.2	31.3
股份有限公司							
私营企业	1204.5	15.7	10.2	91.8	24.9	43.3	15.8
#私营独资企业	34.2	1	2	0.5		0.6	0.2
私营合伙企业	238.1	2	4.5	5.8	6.8	5.9	2.2
私营有限责任公司	932.2	12.7	3.7	85.5	18.1	36.8	13.4
私营股份有限公司							
港、澳、台商投资企业							
外商投资企业							
在总计中：国有控股企业	5546.9	226.6	36.3	122.3	115.9	125.5	67.6
在总计中：农村工业							
按轻、重工业分							
轻工业	2876.4	64.2	25.4	74.3	53.8	49.8	42.3
以农产品为原料	2766.2	61.5	20.9	68.5	51.3	31.3	40.6
以非农产品为原料	110.2	2.7	4.5	5.8	2.5	18.5	1.7
重工业	4034.3	182.9	22.4	150.3	88.4	122.6	43.2
采掘工业	325.6	3	3	12.4	3.6	9.4	2.8
原料工业	3098.8	172	17	116	77.2	88.7	39.4
加工工业	609.9	7.9	2.4	21.9	7.6	24.5	1
按企业规模分							
大型企业							
中型企业	3959.8	84.7	22.3	115	95.1	80.7	49.1
小型企业	2950.9	162.4	25.5	109.6	47.1	91.7	36.4

计量单位：万元

排污费	财务费用	利息支出	营业利润	投资收益	补贴收入	营业外收入
37.1	**2353.4**	**2364.2**	**-4136.8**		**451.2**	**375.2**
37.1	2353.4	2364.2	-4136.8		451.2	375.2
4.2	1596.4	1600	-2317.6		93	131.6
0.8	792.7	797.9	439.5			8.5
3.4	803.7	802.1	-2757.1		93	123.1
0.2	790.6	790.6	-2915.5			118.2
0.1			-5.3			
3.1	13.1	11.5	163.7		93	4.9
21.3	640.2	661.9	-694.1		161.5	17.2
10	15.6	15.6	200.9			2.2
11.3	624.6	646.3	-895		161.5	15
11.6	116.8	102.3	-1125.1		196.7	226.4
2.1	9.8	9.8	11			
2.1			11.5			3.6
7.4	107	92.5	-1147.6		196.7	222.8
22.8	2146.4	2151.9	-3019.5		254.3	148.7
20.2	832.8	837.7	-1217.3		2.9	66.9
20	824.3	829.3	-1201.1		2.9	66.2
0.2	8.5	8.4	-16.2			0.7
16.9	1520.6	1526.5	-2919.5		448.3	308.3
0.1	24.5	24.4	127.3			2.4
16.8	1442.9	1428.1	-3675		448.3	293.5
	53.2	74	628.2			12.4
13.5	2082.5	2087.7	-3938.1			80.5
23.6	270.9	276.5	-198.7		451.2	294.7

2-54 续表 7

项 目	管理费用		财产保险费	差旅费	工会经费	办公费	职工教育费
		税 金					
按行业分							
煤炭开采和洗选业							
石油和天然气开采业							
#天然原油和天然气开采							
黑色金属矿采选业							
有色金属矿采选业							
非金属矿采选业	325.6	3	3	12.4	3.6	9.4	2.8
#采盐	325.6	3	3	12.4	3.6	9.4	2.8
其他采矿业							
农副食品加工业	1417.8	51.1	9.8	42.2	20.6	18.9	17
#谷物磨制							
饲料加工							
制糖	586.9	27.1	0.8	19.8	5.8	4	4.4
食品制造业							
#罐头制造							
饮料制造业	238.1	2	4.5	5.8	6.8	5.9	2.2
#酒的制造	238.1	2	4.5	5.8	6.8	5.9	2.2
烟草制品业							
纺织业	1066.7	5.3	5.3	17.1	23.4	5.7	20.5
#棉、化纤纺织及印染精加工	1066.7	5.3	5.3	17.1	23.4	5.7	20.5
毛纺织和染整精加工							
纺织服装、鞋、帽制造业							
皮革、毛皮、羽毛(绒)及其制品业							
#皮革鞣制加工							
皮革制品制造							
木材加工及木、竹、藤、棕、草制品业	199.8	0.4	0.9	9.5	10.2	2.6	7.5
家具制造业							
造纸及纸制品业	7.9	0.2	0.3	0.1		0.3	0.1
印刷业和记录媒介的复制	35.7	2.9	1	3.3	0.5	0.5	0.8
文教体育用品制造业							
石油加工、炼焦及核燃料加工业							
#炼焦							
化学原料及化学制品制造业							
#基础化学原料制造							
肥料制造							
医药制造业							
化学纤维制造业							
橡胶制品业							
塑料制品业	306.3	6.1	2.4	12.8	1.6	16	1
非金属矿物制品业	719.4	12.4	2.1	39.6	16.2	27.3	10.6
#水泥制造	719.4	12.4	2.1	39.6	16.2	27.3	10.6
黑色金属冶炼及压延加工业	322.8	0.3		44.7		16.2	
有色金属冶炼及压延加工业							
金属制品业							
通用设备制造业							
专用设备制造业	303.6	1.8		9.1	6	8.5	
交通运输设备制造业							
电气机械及器材制造业							
通信设备、计算机及其他电子设备制造业							
仪器仪表及文化、办公用机械制造业							
工艺品及其他制造业							
废弃资源和废旧材料回收加工业							
电力、热力的生产和供应业	1856.8	158.9	14	22.2	50.8	42.6	21.3
#电力生产和电力供应	1682.5	38	11.6	18.5	50.3	37.4	19.8
燃气生产和供应业							
水的生产和供应业	110.2	2.7	4.5	5.8	2.5	18.5	1.7

计量单位：万元

排污费	财务费用	利息支出	营业利润	投资收益	补贴收入	营业外收入
0.1	24.5	24.4	127.3			2.4
0.1	24.5	24.4	127.3			2.4
15.2	323.4	328.4	313.3		0.2	58.4
10	15.6	15.6	200.9			2.2
2.1			11.5			3.6
2.1			11.5			3.6
2.5	500.9	500.9	-1511.5			4.2
2.5	500.9	500.9	-1511.5			4.2
	15.8		-369.4		20.4	166.8
0.1			-9.1		2.7	
0.1			-5.3			
	13.1	33.9	550.2			7.9
13	21.7	24	-29		337.6	1.6
13	21.7	24	-29		337.6	1.6
	46.2	46.2	-719.2			1.1
	40.1	40.1	78			4.5
3.8	1359.2	1357.9	-2557.4		90.3	124
1	1354.6	1354.8	-2746.4			119.8
0.2	8.5	8.4	-16.2			0.7

2-54 续表 8

项目	营业外支出	利润总额	应交所得税	广告费	劳动、待业保险费	养老保险和医疗保险费	住房公积金和住房补贴
总计	**173.5**	**-3228.5**	**500.2**	**60.4**	**428.8**	**1593**	**429.7**
按登记注册类型分							
内资企业	173.5	-3228.5	500.2	60.4	428.8	1593	429.7
国有企业	117.9	-2072.3	70.8	43.6	355	1153.6	382.3
#中央企业	89.8	360.4		41.4	283.2	507.3	86.6
地方企业	28.1	-2432.7	70.8	2.2	71.8	646.3	295.7
#自治区属企业	18.2	-2815.5		2.2	66.1	578.4	283.2
地区(州、市)属企业		-5.3			0.5	8	1
县(市)属企业	9.9	388.1	70.8		5.2	59.9	11.5
集体企业							
#自治区属企业							
地区(州、市)属企业							
县(市)属企业							
镇属企业							
乡属企业							
股份合作企业							
联营企业							
#国有联营企业							
集体联营企业							
国有与集体联营企业							
其他联营企业							
有限责任公司	39.5	-528.3	220.7	8.5	65.8	343.8	37.2
#国有独资公司		229.7	29.8		12.5	81.6	20.1
其他有限责任公司	39.5	-758	190.9	8.5	53.3	262.2	17.1
股份有限公司							
私营企业	16.1	-627.9	208.7	8.3	8	95.6	10.2
#私营独资企业	0.1	1	0.1			2.8	
私营合伙企业	0.6	14.5	1.8	6.3	1.5	16.1	9.4
私营有限责任公司	15.4	-643.4	206.8	2	6.5	76.7	0.8
私营股份有限公司							
港、澳、台商投资企业							
外商投资企业							
在总计中：国有控股企业	157	-2608.3	275.9	50.9	419.4	1478.7	419.5
在总计中：农村工业							
按轻、重工业分							
轻工业	43.8	-1235.5	32	47.7	19.3	357.9	64.7
以农产品为原料	43.5	-1156.7	32	47.7	16.5	322.5	57.3
以非农产品为原料	0.3	-78.8			2.8	35.4	7.4
重工业	129.7	-1993	468.2	12.7	409.5	1235.1	365
采掘工业	11	118.7		3.1	2.9	42	
原料工业	56.4	-2690	277.3	6.2	402.9	1032.6	338.4
加工工业	62.3	578.3	190.9	3.4	3.7	160.5	26.6
按企业规模分							
大型企业							
中型企业	119.7	-3950.6	29.8	43.6	325.1	1090.7	334.4
小型企业	53.8	722.1	470.4	16.8	103.7	502.3	95.3

计量单位：万元

本年应付工资总额	主营业务应付	本年应付福利费总额	主营业务应付	本年应交增值税	本年进项税额
8482.4	**8123.7**	**1303.2**	**1162.9**	**3240.3**	**8171.9**
8482.4	8123.7	1303.2	1162.9	3240.3	8171.9
4296.9	4255.7	665.7	657.2	1502.9	2797
1999.1	1999.1	313.5	310.7	638.6	2625.8
2297.8	2256.6	352.2	346.5	864.3	171.2
2019.8	2019.8	315.5	315.5	758.5	123.2
25.4	18.4	3.6	2.6	2.9	
252.6	218.4	33.1	28.4	102.9	48
2836.1	2755.5	365.2	349.9	1055	2949.5
423.8	351.2	43.7	32.8	230.8	500.3
2412.3	2404.3	321.5	317.1	824.2	2449.2
1349.4	1112.5	272.3	155.8	682.4	2425.4
56.3	56.3	18.7	18.7		364.8
34.6	34.6	4.8	4.8	105.5	81.3
1258.5	1021.6	248.8	132.3	576.9	1979.3
7016.6	6901.3	1013.8	993.6	2552.8	5187
2907.8	2787.5	418	398	965.1	5453.3
2773.8	2687.7	399.4	384.1	939.7	5437
134	99.8	18.6	13.9	25.4	16.3
5574.6	5336.2	885.2	764.9	2275.2	2718.6
224.5	224.5	6.4	5.8	197.7	55.9
4785.4	4548.5	785	668.5	2012.8	2266.9
564.7	563.2	93.8	90.6	64.7	395.8
5225.3	5152.7	777.9	767	1801.7	5792.8
3257.1	2971	525.3	395.9	1438.6	2379.1

2-54 续表 9

项目	营业外支出	利润总额	应交所得税	广告费	劳动、待业保险费	养老保险和医疗保险费	住房公积金和住房补贴
按行业分							
煤炭开采和洗选业							
石油和天然气开采业							
#天然原油和天然气开采							
黑色金属矿采选业							
有色金属矿采选业							
非金属矿采选业	11	118.7		3.1	2.9	42	
#采盐	11	118.7		3.1	2.9	42	
其他采矿业							
农副食品加工业	36.8	351.8	30.2	41.4	13.7	240.9	44.4
#谷物磨制							
饲料加工							
制糖		229.7	29.8		12.5	81.6	20.1
食品制造业							
#罐头制造							
饮料制造业	0.6	14.5	1.8	6.3	1.5	16.1	9.4
#酒的制造	0.6	14.5	1.8	6.3	1.5	16.1	9.4
烟草制品业							
纺织业	6.1	-1513.4				50.2	
#棉、化纤纺织及印染精加工	6.1	-1513.4				50.2	
毛纺织和染整精加工							
纺织服装、鞋、帽制造业							
皮革、毛皮、羽毛(绒)及其制品业							
#皮革鞣制加工							
皮革制品制造							
木材加工及木、竹、藤、棕、草制品业	2.1	-184.3			0.7	6.3	0.8
家具制造业							
造纸及纸制品业		-6.4			0.4	3.3	0.2
印刷业和记录媒介的复制		-3.2			0.9	12	3.3
文教体育用品制造业							
石油加工、炼焦及核燃料加工业							
#炼焦							
化学原料及化学制品制造业							
#基础化学原料制造							
肥料制造							
医药制造业							
化学纤维制造业							
橡胶制品业							
塑料制品业	17.3	540.8	190.9	3.4	2	50.8	5.6
非金属矿物制品业	9.6	400.7	206.5	4	53	172	11.5
#水泥制造	9.6	400.7	206.5	4	53	172	11.5
黑色金属冶炼及压延加工业	8.4	-726.5					
有色金属冶炼及压延加工业							
金属制品业							
通用设备制造业							
专用设备制造业	45	37.5			1.7	109.7	21
交通运输设备制造业							
电气机械及器材制造业							
通信设备、计算机及其他电子设备制造业							
仪器仪表及文化、办公用机械制造业							
工艺品及其他制造业							
废弃资源和废旧材料回收加工业							
电力、热力的生产和供应业	36.3	-2179.9	70.8	2.2	349.2	854.3	326.1
#电力生产和电力供应	26.7	-2653.2		2.2	347.2	833.1	322.2
燃气生产和供应业							
水的生产和供应业	0.3	-78.8			2.8	35.4	7.4

计量单位：万元

本年应付工资总额	主营业务应付	本年应付福利费总额	主营业务应付	本年应交增值税	本年进项税额
224.5	224.5	6.4	5.8	197.7	55.9
224.5	224.5	6.4	5.8	197.7	55.9
1252.1	1173	189.8	178.3	388.9	3859.2
423.8	351.2	43.7	32.8	230.8	500.3
34.6	34.6	4.8	4.8	105.5	81.3
34.6	34.6	4.8	4.8	105.5	81.3
1426.7	1426.7	196.4	196.4	434.8	1486.8
1426.7	1426.7	196.4	196.4	434.8	1486.8
501.2	368.3	70.4	47.7	398.9	454.4
10.1	10.1	1.3	1.3	2.7	9.7
50.3	43.3	7.1	3.3	7.8	
261	259.5	37.8	34.6	5.1	347
806.7	702.7	203.8	110	364.6	
806.7	702.7	203.8	110	364.6	
354.2	354.2	42.8	42.8		1362.3
303.7	303.7	56	56	59.6	48.8
3123.3	3123.3	468	468	1249.3	450.2
3014.8	3014.8	454.8	454.8	1174.5	428.2
134	99.8	18.6	13.9	25.4	16.3

2-54 续表 10

项　　目	本　年 销项税额	工业中间 投入合计	直接材料	制造费用中 的中间投入	管理费用中 的中间投入	营业费用中 的中间投入
总　计	**11444.7**	**87384.2**	**69817.8**	**10626.9**	**3366.2**	**1219.9**
按登记注册类型分						
内资企业	11444.7	87384.2	69817.8	10626.9	3366.2	1219.9
国有企业	3654.6	32330	25617.9	4219.8	722.7	173.2
#中央企业	2671.5	17994.6	16077.9	459	492	173
地方企业	983.1	14335.4	9540	3760.8	230.7	0.2
#自治区属企业	843.3	12942.5	8712.9	3365.6	73.4	
地区(州、市)属企业	2.9	56.9	46.8		10.1	
县(市)属企业	136.9	1336	780.3	395.2	147.2	0.2
集体企业						
#自治区属企业						
地区(州、市)属企业						
县(市)属企业						
镇属企业						
乡属企业						
股份合作企业						
联营企业						
#国有联营企业						
集体联营企业						
国有与集体联营企业						
其他联营企业						
有限责任公司	4929.5	27000.6	19181.9	4617.9	1759.1	801.5
#国有独资公司	684	3727.2	2282.7	638.7	562.8	227.4
其他有限责任公司	4245.5	23273.4	16899.2	3979.2	1196.3	574.1
股份有限公司						
私营企业	2860.6	28053.6	25018	1789.2	884.4	245.2
#私营独资企业	192.2	1656.1	1491.9	134.6	19.8	
私营合伙企业	186.8	698.5	583.1	24.9	69.8	20.7
私营有限责任公司	2481.6	25699	22943	1629.7	794.8	224.5
私营股份有限公司						
港、澳、台商投资企业						
外商投资企业						
在总计中：国有控股企业	8176.8	54010.2	40437.8	8109.8	2390.2	926
在总计中：农村工业						
按轻、重工业分						
轻工业	6578.9	35060.2	26929.5	4814.2	1665.7	818
以农产品为原料	6544.4	34714.2	26913.3	4547.9	1610.9	817.8
以非农产品为原料	34.5	346	16.2	266.3	54.8	0.2
重工业	4865.8	52324	42888.3	5812.7	1700.5	401.9
采掘工业	253.6	1220.2	101.9	713.4	289.6	90.8
原料工业	4069.9	44738.5	37312	4503.9	1226.4	253.3
加工工业	542.3	6365.3	5474.4	595.4	184.5	57.8
按企业规模分						
大型企业						
中型企业	6875	57174.2	45340.5	7097.5	1909.5	744.2
小型企业	4569.7	30210	24477.3	3529.4	1456.7	475.7

计量单位：万元

经营活动产生的现金流量净额	投资活动产生的现金流量净额	筹资活动产生的现金流量净额	全部从业人员年平均人数(人)	利税总额	亏损企业亏损额
-9419	**-995**	**10999.6**	**7474**	**502**	**5405.9**
-9419	-995	10999.6	7474	502	5405.9
-262.3	649.9	533.1	2884	-423.3	2909.5
-892.3	77.9	615.2	1729	1067.9	
630	572	-82.1	1155	-1491.2	2909.5
155.3	693	-16.9	873	-1991.1	2819
96.2			23	-2.4	5.3
378.5	-121	-65.2	259	502.3	85.2
-7312.8	-1559.3	8303	3366	707.7	1585.6
208.7	-30.5	-25.1	450	521.7	
-7521.5	-1528.8	8328.1	2916	186	1585.6
-1843.9	-85.6	2163.5	1224	217.6	910.8
-1498.5		1490.6	65	1.2	
			60	253.3	
-345.4	-85.6	672.9	1099	-36.9	910.8
1825.1	-150.7	1130.9	6096	268.7	4424.2
-8680.8	-740.8	10158.5	3413	-19.3	1676.1
-8868.4	-685.8	10232.2	3280	31.1	1597.3
187.6	-55	-73.7	133	-50.4	78.8
-738.2	-254.2	841.1	4061	521.3	3729.8
309	-425.5	28.1	204	372.4	
31.4	547.5	804.5	3261	-525.3	3729.8
-1078.6	-376.2	8.5	596	674.2	
-439.4	883.4	511.7	4585	-1933.5	4539.9
-8979.6	-1878.4	10487.9	2889	2435.5	866

2-54 续表 11

项目	本年销项税额	工业中间投入合计	直接材料	制造费用中的中间投入	管理费用中的中间投入	营业费用中的中间投入
按行业分						
煤炭开采和洗选业						
石油和天然气开采业						
#天然原油和天然气开采						
黑色金属矿采选业						
有色金属矿采选业						
非金属矿采选业	253.6	1220.2	101.9	713.4	289.6	90.8
#采盐	253.6	1220.2	101.9	713.4	289.6	90.8
其他采矿业						
农副食品加工业	3186.5	21967.1	18285.2	2011.1	912.9	434.5
#谷物磨制						
饲料加工						
制糖	684	3727.2	2282.7	638.7	562.8	227.4
食品制造业						
#罐头制造						
饮料制造业	186.8	698.5	583.1	24.9	69.8	20.7
#酒的制造	186.8	698.5	583.1	24.9	69.8	20.7
烟草制品业						
纺织业	3155.8	11865.8	7893.3	2499.9	612.1	359.6
#棉、化纤纺织及印染精加工	3155.8	11865.8	7893.3	2499.9	612.1	359.6
毛纺织和染整精加工						
纺织服装、鞋、帽制造业						
皮革、毛皮、羽毛(绒)及其制品业						
#皮革鞣制加工						
皮革制品制造						
木材加工及木、竹、藤、棕、草制品业	853.3	7130.9	6864.3	33.6	199.4	17.8
家具制造业						
造纸及纸制品业	12.4	58.9	55.9		3	
印刷业和记录媒介的复制	2.9	123.9	95.8	12	13.1	3
文教体育用品制造业						
石油加工、炼焦及核燃料加工业						
#炼焦						
化学原料及化学制品制造业						
#基础化学原料制造						
肥料制造						
医药制造业						
化学纤维制造业						
橡胶制品业						
塑料制品业	433.9	5806.7	5086.9	545.4	120.5	40.8
非金属矿物制品业	178	4429.4	3756	158.2	343.2	150.3
#水泥制造	178	4429.4	3756	158.2	343.2	150.3
黑色金属冶炼及压延加工业	1316.3	15511.6	14449.6	608.6	322	85.2
有色金属冶炼及压延加工业						
金属制品业						
通用设备制造业						
专用设备制造业	108.4	558.6	387.5	50	64	17
交通运输设备制造业						
电气机械及器材制造业						
通信设备、计算机及其他电子设备制造业						
仪器仪表及文化、办公用机械制造业						
工艺品及其他制造业						
废弃资源和废旧材料回收加工业						
电力、热力的生产和供应业	1722.3	17666.6	12242.1	3703.5	361.8	
#电力生产和电力供应	1632.3	16735.5	11533.9	3574.6	272.4	
燃气生产和供应业						
水的生产和供应业	34.5	346	16.2	266.3	54.8	0.2

计量单位：万元

经营活动产生的现金流量净额	投资活动产生的现金流量净额	筹资活动产生的现金流量净额	全部从业人员年平均人数(人)	利税总额	亏损企业亏损额
309	-425.5	28.1	204	372.4	
309	-425.5	28.1	204	372.4	
-9575.8	-586.4	9460.6	1198	814.5	70.9
208.7	-30.5	-25.1	450	521.7	
			60	253.3	
			60	253.3	
607.9	-95.7	771.6	1957	-1038.2	1514.7
607.9	-95.7	771.6	1957	-1038.2	1514.7
-1032.7		870.4	347	226.4	184.3
-1.1	-1.2		20	-3.4	6.4
100.6	-2.5		45	4.9	5.3
768.7	-376.2	-199.4	251	553.4	
605.5	-212.2	-57.5	653	796.1	
605.5	-212.2	-57.5	653	796.1	
103.8	160		455	-726.5	726.5
-1847.3		207.9	345	120.8	
354.8	599.7	-8.4	1806	-821.3	2819
162.8	664.5	-16.9	1700	-1377.4	2819
187.6	-55	-73.7	133	-50.4	78.8

2–55 巴音郭楞蒙古自治州规模

项目	企业单位数	亏损单位数	工业总产值(现价)	工业销售产值	出口交货值	工业增加值	年初存货
总计	**118**	**49**	**1678695.3**	**1595257.8**	**27880.6**	**1031353.9**	**149251.3**
按登记注册类型分							
内资企业	113	46	1673374.8	1589818.1	27880.6	1029214.9	148336.3
国有企业	37	21	59088.3	53351.5	4244	9025.1	23585.3
#中央企业	8	2	36667.7	31025.9	109	5041	12999.8
地方企业	29	19	22420.6	22325.6	4135	3984.1	10585.5
#自治区属企业	1		1013	1207		361.8	628.5
地区(州、市)属企业	9	6	11647.9	12539.8	4135	931.2	7317.6
县(市)属企业	19	13	9759.7	8578.8		2691.1	2639.4
集体企业	1	1	1843	2594		-211.9	969.2
#自治区属企业							
地区(州、市)属企业							
县(市)属企业	1	1	1843	2594		-211.9	969.2
镇属企业							
乡属企业							
股份合作企业	1	1	687	720		202.1	42
联营企业							
#国有联营企业							
集体联营企业							
国有与集体联营企业							
其他联营企业							
有限责任公司	33	10	171316.3	163407.3	8282	75436.7	22970.2
#国有独资公司	5	4	65685.9	64990.7		34842.8	1047.2
其他有限责任公司	28	6	105630.4	98416.6	8282	40593.9	21923
股份有限公司	7	4	1283029.8	1244853	11315.5	889045.1	75606.9
私营企业	34	9	157410.4	124892.3	4039.1	55717.8	25162.7
#私营独资企业							
私营合伙企业	1	1	645.9	635.1		252.8	149
私营有限责任公司	31	8	142962.9	111356.6	4039.1	49703.6	24883.3
私营股份有限公司	2		13801.6	12900.6		5761.4	130.4
港、澳、台商投资企业	1		720	700		710.2	67.1
外商投资企业	4	3	4600.5	4739.7		1428.8	847.9
在总计中：国有控股企业	54	28	1407012.2	1375270.2	4876	940088.3	102290.1
在总计中：农村工业							
按轻、重工业分							
轻工业	54	25	198958.4	161007.8	23503.8	57778.2	55105.1
以农产品为原料	44	19	191260.2	152837.6	23503.8	54728	53786.6
以非农产品为原料	10	6	7698.2	8170.2		3050.2	1318.5
重工业	64	24	1479736.9	1434250	4376.8	973575.7	94146.2
采掘工业	13	5	1202055.8	1183746	3744.8	864182.2	58509
原料工业	25	11	189089.8	164315.3		85033.9	16498.4
加工工业	26	8	88591.3	86188.7	632	24359.6	19138.8
按企业规模分							
大型企业	4	1	1298624	1281535.9	3716.4	899432.5	73279.5
中型企业	12	4	139336.1	120761.5	4244	50292.3	33693.5
小型企业	102	44	240735.2	192960.4	19920.2	81629.1	42278.3

以上工业企业主要经济指标

计量单位：万元

流动资产合计	短期投资	应收帐款	存货	产成品	流动资产年平均余额	长期投资
871549.1	**609.3**	**57948.3**	**218838**	**156184.4**	**746091**	**13642.8**
867687.9	609.3	56384.8	217781.8	156075.9	742051	13642.8
62955.1	481.4	6794.2	25315.4	14356.1	69525.8	4080.2
47047.9		4565.7	18404.5	10215.6	46740.6	795.8
15907.2	481.4	2228.5	6910.9	4140.5	22785.2	3284.4
764.3		177.8	552.7	500.6	961.2	
8030.9	480	1098.6	2784.4	1744.2	14969.9	3211.9
7112	1.4	952.1	3573.8	1895.7	6854.1	72.5
2666.6		482	999.6	690.4	2617	320.6
2666.6		482	999.6	690.4	2617	320.6
379.1		170.7	41	17.1	350	
137327.3	55.9	17131.7	38055.9	19871.4	129894.7	6354
25738.1		2612.2	3631.6	1304.9	32844.7	666
111589.2	55.9	14519.5	34424.3	18566.5	97050	5688
584701.4	40	20752.6	118021.9	106038.1	464615.6	729.8
79658.4	32	11053.6	35348	15102.8	75047.9	2158.2
456.8		258.4	198.4		470	
70334.1	32	10525.1	30651.7	13402.8	66355.2	2148.2
8867.5		270.1	4497.9	1700	8222.7	10
1367.4		1050.3	26	20	1130.1	
2493.8		513.2	1030.2	88.5	2909.9	
705913.8	521.4	29525.8	147446	115344.3	586919.3	5536
163922	487.4	18542.5	78247.8	45057.7	165540.4	6816.2
156281.4	486	17204.7	76599.7	44034.4	156342.1	6816.2
7640.6	1.4	1337.8	1648.1	1023.3	9198.3	
707627.1	121.9	39405.8	140590.2	111126.7	580550.6	6826.6
529752.2		11340	90873.4	87624.5	411739.3	2499.8
78050	75.9	8810.4	26493.4	11926.9	83712.1	3980.2
99824.9	46	19255.4	23223.4	11575.3	85099.2	346.6
576152.1	43	16955.6	105905.7	92133.2	470830.7	671
135144.8	3	9923.8	45906.6	20128.9	121997	5757.9
160252.2	563.3	31068.9	67025.7	43922.3	153263.3	7213.9

2-55 续表 1

项目	企业单位数	亏损单位数	工业总产值(现价)	工业销售产值	出口交货值	工业增加值	年初存货
按行业分							
煤炭开采和洗选业	5	3	8818.8	8087.2		4501.6	609.1
石油和天然气开采业	2		1177692	1163695		854407.1	51506.9
#天然原油和天然气开采	1		1170335	1156338		852571	51452
黑色金属矿采选业	1	1	645.9	635.1		252.8	149
有色金属矿采选业							
非金属矿采选业	5	1	14899.1	11328.7	3744.8	5020.7	6244
#采盐	2	1	267.4	247.2		144.9	108.1
其他采矿业							
农副食品加工业	12	5	35217.2	28114.9	954.7	6764	13191.8
#谷物磨制	2	2	845.1	402.3		84.5	76.3
饲料加工	1		2101	2239		68.2	30.9
制糖	3	1	23845.4	17494.5		5187.7	11903.9
食品制造业	12	5	57902.4	35538.7	15329.7	17013.8	10533.7
#罐头制造	7	5	34678.2	18886	15329.7	10386.8	6810
饮料制造业	2	2	1400.4	1553.6		481.5	1420.5
#酒的制造	2	2	1400.4	1553.6		481.5	1420.5
烟草制品业							
纺织业	3	2	52898.6	50154.7	7219.4	8844.9	20077.5
#棉、化纤纺织及印染精加工	3	2	52898.6	50154.7	7219.4	8844.9	20077.5
毛纺织和染整精加工							
纺织服装、鞋、帽制造业	2	1	1157	1189		268.3	148.1
皮革、毛皮、羽毛(绒)及其制品业							
#皮革鞣制加工							
皮革制品制造							
木材加工及木、竹、藤、棕、草制品业	2	1	5537.3	5230		842.4	1200.7
家具制造业	1	1	184	165		79.1	114.1
造纸及纸制品业	8	2	39923.4	32503.7		20540.5	6239.4
印刷业和记录媒介的复制	2		1443	1637		596	667.1
文教体育用品制造业							
石油加工、炼焦及核燃料加工业	2	1	63289.8	39853.3		27902.5	8009.2
#炼焦							
化学原料及化学制品制造业	9	1	15409.2	16489.8		5599.2	4208
#基础化学原料制造	1	1	725	836		29.7	5.5
肥料制造	2		6248.4	5973.6		2457.4	2059.4
医药制造业	3	1	2285.9	3930.8		554.5	1733.9
化学纤维制造业	1	1	3149	2807		327	702
橡胶制品业	1		43825	42352	632	10053.2	11959.1
塑料制品业	4	2	4643	5874		31.5	1528.4
非金属矿物制品业	15	5	49106.6	46098.6		14751	6093.1
#水泥制造	5	2	28864.1	27614.9		8232	3941.1
黑色金属冶炼及压延加工业	1		13007	12106		5517.3	
有色金属冶炼及压延加工业							
金属制品业	3	1	6529	6529		1841.2	264.1
通用设备制造业	4	1	3790.8	3842.7		2349.4	1158.8
专用设备制造业							
交通运输设备制造业							
电气机械及器材制造业	2	2	1213.4	1092.4		219	241.1
通信设备、计算机及其他电子设备制造业							
仪器仪表及文化、办公用机械制造业							
工艺品及其他制造业							
废弃资源和废旧材料回收加工业							
电力、热力的生产和供应业	9	6	69825.8	69589.9		39587.9	1205.3
#电力生产和电力供应	5	3	63988.6	63752.7		37169	714.5
燃气生产和供应业	1		2175	2175		913.2	15.7
水的生产和供应业	6	4	2726.7	2684.7		2094.3	30.7

计量单位：万元

流动资产合计	短期投资	应收帐款	存货	产成品	流动资产年平均余额	长期投资
4418.2		601.7	1883.7	1500.3	4360.8	60
506342.1		5012	81966.3	81872	387767.1	
504357		5012	81872	81872	386004	
456.8		258.4	198.4		470	
18535.1		5467.9	6825	4252.2	19141.4	2439.8
227.4		83.8	115.8	85.2	239.7	3
30873.5		1619.2	21728.3	14677.3	26922.3	795.8
293.3		63.7	136.4	108.8	265.2	
435.2		65.8	291.9	36.4	546	
23060.7		265.8	18517.3	13548.6	18868.9	
40407.3	483	6624.4	22462.9	18104.4	38529	1869.7
24529.3	480	4063.7	17959.7	16297.7	23540.3	68.5
4944.6		1502.6	1863	474	4745.8	
4944.6		1502.6	1863	474	4745.8	
47544.9	3	3418	18557.3	6404.3	56542.1	3177.4
47544.9	3	3418	18557.3	6404.3	56542.1	3177.4
786		367.9	189.7	30.3	753.6	
2935.7		810.9	1661.8	492.9	2903.9	
218		49.7	132.3	101	232	17.5
28303.1		3327.2	9304.6	3361.3	25318.8	778.8
848.7		208.3	586.2	500.6	1058.9	17
14229.7			9579.4	6135.3	12725.3	20
41475.6	20	3701.2	6560	2234.2	26952.3	419
77.8		26.6	8.1		71	
33861.9		1077.8	3418.4	442.8	19663.4	
4604.4		718.6	2185.8	641.2	4793.3	160
1811		416	938	708	2059	
37420.2	40	9464.2	14335.4	8372.9	40581.4	5
4093.8	6	1014	1380.5	818.2	4175.7	320.6
27870.8		8538.5	7901.1	3542.4	25954.1	315.5
15455.5		4868	5546.8	1807.3	15535.2	294.5
8530.2			4485.3	1700	7941.7	
4417.7		2755.2	984		4015.7	
6799.4		1170.4	678.9	200.9	5502.9	
573.9		146.6	221.1	60.7	502.9	
29502.2	55.9	611	2109.8		37448	3246.7
23016.3	55.9	123.5	1344.3		31407.4	3236.7
476.3			30.6		471.9	
3129.9	1.4	144.4	88.6		4221.1	

2-55 续表 2

项 目	固定资产合计	固定资产原价	生产经营用	累计折旧	本年折旧	固定资产净值年平均余额
总 计	**2060255.6**	**3248103.9**	**3184481.4**	**1264196.1**	**195882.6**	**1781940.7**
按登记注册类型分						
内资企业	2053958.9	3241741.3	3178309.7	1263393.6	195504.9	1777169.1
国有企业	67695.7	97785.8	80634.4	34515.7	5018.5	64453.8
#中央企业	33506.8	51310.8	40078.5	19177.6	2128.6	32643.1
地方企业	34188.9	46475	40555.9	15338.1	2889.9	31810.7
#自治区属企业	1750.8	2958.3	2575.1	1207.5	128.8	1574.1
地区(州、市)属企业	16576.5	20802	19833.6	7075.5	1647.8	14847.8
县(市)属企业	15861.6	22714.7	18147.2	7055.1	1113.3	15388.8
集体企业	1096.8	1983.7	1793.5	894.4	1.1	1085.1
#自治区属企业						
地区(州、市)属企业						
县(市)属企业	1096.8	1983.7	1793.5	894.4	1.1	1085.1
镇属企业						
乡属企业						
股份合作企业	50.5	63.1	63	12.5	4.1	35
联营企业						
#国有联营企业						
集体联营企业						
国有与集体联营企业						
其他联营企业						
有限责任公司	150216.7	352860.8	344632.4	105041.5	22904.2	247324.1
#国有独资公司	28993.6	211374.9	205812.6	78158.6	15767.8	133572.2
其他有限责任公司	121223.1	141485.9	138819.8	26882.9	7136.4	113751.9
股份有限公司	1746057.3	2682344	2669440.2	1097260.6	163066.9	1384105
私营企业	88841.9	106703.9	81746.2	25668.9	4510.1	80166.1
#私营独资企业						
私营合伙企业	130	231.9	231.9	101.9	22	142.7
私营有限责任公司	80645.8	99808.4	75455.1	25030.1	4221.5	75282.1
私营股份有限公司	8066.1	6663.6	6059.2	536.9	266.6	4741.3
港、澳、台商投资企业	386.3	418.5	418.5	35	11.5	346.2
外商投资企业	5910.4	5944.1	5753.2	767.5	366.2	4425.4
在总计中：国有控股企业	1866191.4	2999342.5	2966843.6	1198679.4	184313.8	1601393.6
在总计中：农村工业						
按轻、重工业分						
轻工业	204575.4	276655.8	247116.1	85340.4	11984.9	190263.2
以农产品为原料	178188.7	250239.5	221950.8	81340.7	10745.1	167686.9
以非农产品为原料	26386.7	26416.3	25165.3	3999.7	1239.8	22576.3
重工业	1855680.2	2971448.1	2937365.3	1178855.7	183897.7	1591677.5
采掘工业	1680413.3	2596478.5	2590612.5	1055039.2	159513.1	1342081.5
原料工业	108361.3	308323.6	290322.5	99491.2	20629.7	206491.2
加工工业	66905.6	66646	56430.3	24325.3	3754.9	43104.8
按企业规模分						
大型企业	1740837.3	2841346.4	2811521.7	1153674.7	174895.8	1490351.5
中型企业	127335.7	173015.7	163613	56911.2	9022.2	115301.7
小型企业	192082.6	233741.8	209346.7	53610.2	11964.6	176287.5

计量单位：万元

无形资产	资产总计	流动负债合计	应付帐款	长期负债合计	负债合计
61654.5	**3123534.4**	**953434.7**	**410151.1**	**655900.7**	**1609383.1**
61260.6	3109799.3	948108	408426.5	655900.7	1604056.4
1091.1	138439.2	117640.6	34524.3	12736.7	130377.8
59.6	83686.5	79495.5	26741.3	3909.8	83405.4
1031.5	54752.7	38145.1	7783	8826.9	46972.4
	2515.1	1391.7	694.7	142.4	1534.1
999.1	28819.3	25836	4256.5	610.5	26446.7
32.4	23418.3	10917.4	2831.8	8074	18991.6
	4262.7	2624.7	536	2014.5	4639.2
	4262.7	2624.7	536	2014.5	4639.2
	429.7	391	359.7		391.5
19145.5	421556.6	219649.2	29261.1	30821	250494.1
882.9	161780.6	113059.9	4964.7	14672.1	127755.6
18262.6	259776.0	106589.3	24296.4	16148.9	122738.5
9626.8	2341846.8	543431.4	328058.6	577362.7	1120794.1
31397.2	203264.3	64371.1	15686.8	32965.8	97359.7
	586.8	518.8	237.9		518.8
31347.2	185394.0	54877.1	14725.3	32725.8	87625.7
50	17283.5	8975.2	723.6	240	9215.2
224.4	1978.1	415.7	26.4		415.7
169.5	11757.0	4911	1698.2		4911
20268.4	2707279.9	751334.3	366350.2	617098.1	1368456.7
40208.2	419769.6	250526.6	67534.4	53618.3	304145.9
39045	383355.8	237432.6	64717.3	50215.4	287648.9
1163.2	36413.8	13094	2817.1	3402.9	16497
21446.3	2703764.8	702908.1	342616.7	602282.4	1305237.2
1739.9	2215672.5	459980.3	312474.4	564240.7	1024221.2
3336.1	300746.8	176978.4	15463.3	25272.5	202297.3
16370.3	187345.5	65949.4	14679	12769.2	78718.7
5560.4	2429446.8	564816.6	319437.6	612178.9	1176995.5
43960.9	314349.8	184567	38686.8	8980	193547.1
12133.2	379737.8	204051.1	52026.7	34741.8	238840.5

2-55 续表 3

项 目	固定资产合计	固定资产原价	生产经营用	累计折旧	本年折旧	固定资产净值年平均余额
按行业分						
煤炭开采和洗选业	19694	22929.3	19498.2	4046	818	18863.2
石油和天然气开采业	1653706.9	2562510.7	2562510.7	1046873.7	158092.9	1316104.8
#天然原油和天然气开采	1653176	2561780	2561780	1046674	158054	1315702
黑色金属矿采选业	130	231.9	231.9	101.9	22	142.7
有色金属矿采选业						
非金属矿采选业	6882.4	10806.6	8371.7	4017.6	580.2	6970.8
#采盐	289.9	474.4	173.2	185.8	17.8	292.4
其他采矿业						
农副食品加工业	13576.7	25297.6	20763.9	12091.6	1344	12114.5
#谷物磨制	639.4	1041.9	707.2	507.7	53.2	504.9
饲料加工	326.8	326.3	236.8	34	25.4	287.1
制糖	7835	16811.8	14635.4	8994.2	290.3	7128.1
食品制造业	37955.8	49613.3	47904.9	14818.7	2502.7	34247.4
#罐头制造	24490.2	37258.1	36226.4	12754.6	1974.7	24209
饮料制造业	6956.3	7030.3	5919.8	244.9	148.5	6156.3
#酒的制造	6956.3	7030.3	5919.8	244.9	148.5	6156.3
烟草制品业						
纺织业	72147.5	102109.1	82166.6	34263.5	4518.2	71446.7
#棉、化纤纺织及印染精加工	72147.5	102109.1	82166.6	34263.5	4518.2	71446.7
毛纺织和染整精加工						
纺织服装、鞋、帽制造业	61.4	86.9	86.8	25.4	6.1	44
皮革、毛皮、羽毛(绒)及其制品业						
#皮革鞣制加工						
皮革制品制造						
木材加工及木、竹、藤、棕、草制品业	5387.3	7013.9	6172.8	1691.6	437.1	5473.6
家具制造业	347.3	417.1	210	123.8	15.8	302
造纸及纸制品业	44609.3	61433.9	61110.6	18049.3	2027.5	40995.3
印刷业和记录媒介的复制	2281.6	3929.6	3546.4	1648	164.1	2133.9
文教体育用品制造业						
石油加工、炼焦及核燃料加工业	14639.6	16431.1	11419.1	1791.5	838.4	12913.3
#炼焦						
化学原料及化学制品制造业	26364.3	27988.7	27765.8	5135.7	1864.2	23349.5
#基础化学原料制造	797.7	1926	1926	1175.3	80.3	789
肥料制造	15076.6	13908.4	13908.4	2219.6	1309.7	12192
医药制造业	1959.2	3095.9	3016	1101.1	141.3	2010.6
化学纤维制造业	10863	8276	7877	975	468	7583
橡胶制品业	34610.9	32409.8	23134	16150.8	1068.3	16602.1
塑料制品业	1848.2	3014	2793.2	1173.4	109.9	1826.1
非金属矿物制品业	46380.4	61552.9	59093.7	15180.9	3535	46636.3
#水泥制造	38546.6	50546.2	48360.7	11846.4	2606.9	38858.1
黑色金属冶炼及压延加工业	6461.5	4683.8	4079.4	129.4	129.4	3168
有色金属冶炼及压延加工业						
金属制品业	618.1	686.2	686.2	79.2	48.6	589.7
通用设备制造业	4161.9	3050.7	2779.6	985.4	142.2	2089.1
专用设备制造业						
交通运输设备制造业						
电气机械及器材制造业	571.9	943.8	443.7	369.7	44.6	577.1
通信设备、计算机及其他电子设备制造业						
仪器仪表及文化、办公用机械制造业						
工艺品及其他制造业						
废弃资源和废旧材料回收加工业						
电力、热力的生产和供应业	32063.5	215596	206459.1	81119	16065.8	134946.3
#电力生产和电力供应	21929.5	201162.6	192034.5	76331.2	14535	124345.2
燃气生产和供应业	2479.5	2237.2	2102.9	319.1	118.5	1745.8
水的生产和供应业	13497.1	14727.6	14337.4	1689.9	631.3	12908.6

计量单位：万元

无形资产	资产总计	流动负债		长期负债	负债合计
		合计	应付帐款	合计	
480.9	24653.2	16077	1434.8	472.4	16549.6
860	2161839.0	426193.4	308495.4	563329	989522.4
860	2158823.0	424281	307765	563329	987610
	586.8	518.8	237.9		518.8
399	28593.5	17191.1	2306.3	439.3	17630.4
	535.7	582.1	76.2	439.3	1021.4
4566.8	50438.7	41806.7	8423.9	270.6	42077.6
	932.7	786	357.8		786
34	796.0	389	45.8		389
2668.1	33655.1	31601.5	5649.9	1	31602.6
31697.4	112122.5	66304.4	15510.4	6096	72400.4
1177.2	50267.6	49319.5	13029	101.3	49420.8
1544.5	13452.1	7362.9	2598.9	1486.4	8849.3
1544.5	13452.1	7362.9	2598.9	1486.4	8849.3
16.9	124634.4	80944.8	27474.4	28788.6	109733.4
16.9	124634.4	80944.8	27474.4	28788.6	109733.4
	847.6	864.1	583.4	4.2	868.8
1082.9	9852.3	2698.7	224.6	6225.8	8924.5
	582.8	68.9	5.2	3	71.9
1219.4	75362.2	35897.9	8603.2	13420.2	49318.1
	3147.4	1597.5	799.5	146.4	1744
15.3	29070.5	10937.3	373.7		10937.3
11284.9	79591.0	11112.1	2782	601	11713.2
	875.5	614	73.1		614
10412.7	59351.3	3537.7	394.8		3537.8
49.4	7995.1	7710.3	1635.2		7710.3
846	13520.1	5274.4	744.3	3150	8424.4
4567	76898.5	39677.4	7199.4	10152.7	49830.1
	6441.3	4169.7	706.4	2154.5	6324.2
680.5	75593.5	46904.6	9622.8	690.3	47594.9
482.9	54878.9	37051.2	5941.7	233.8	37285
20.8	15302.4	7859.2	204.2		7859.2
6.2	5042.4	3880.2	1665.7		3880.2
1008.3	11969.6	3518.5	864.6		3518.5
9.4	1155.2	909.1	389.8	5.5	914.6
862	171646.0	111017.6	6331.9	18211.9	129275.9
119.1	153869.3	99246	2219	16978.6	116224.7
169.5	6301.9	884.1			884.1
267.4	16894.4	2054	933.2	252.9	2307

2-55 续表 4

项　目	所有者权益合计	其中：实收资本	国家资本	集体资本	法人资本	个人资本	港澳台资本
总　计	**1504147.3**	**1047124.4**	**516305.8**	**8423.5**	**425527.8**	**53084.4**	**31001.5**
按登记注册类型分							
内资企业	1495738.9	1039591.1	515307.7	8423.5	424161.1	53084.4	31001.5
国有企业	8061.4	47203.2	45215.6	0.8	1912.8	74	
#中央企业	281.1	21451.4	19971		1412.8	67.6	
地方企业	7780.3	25751.8	25244.6	0.8	500	6.4	
#自治区属企业	981	876.1	876.1				
地区(州、市)属企业	2372.6	20189.4	20189.4				
县(市)属企业	4426.7	4686.3	4179.1	0.8	500	6.4	
集体企业	-376.5	486		486			
#自治区属企业							
地区(州、市)属企业							
县(市)属企业	-376.5	486		486			
镇属企业							
乡属企业							
股份合作企业	38.2	50				50	
联营企业							
#国有联营企业							
集体联营企业							
国有与集体联营企业							
其他联营企业							
有限责任公司	171062.5	137413.1	85549	170	32756.3	18937.8	
#国有独资公司	34025	20674.9	20674.9				
其他有限责任公司	137037.5	116738.2	64874.1	170	32756.3	18937.8	
股份有限公司	1211048.7	786980.3	384543.1	7612.9	348847	7912.9	30451.5
私营企业	105904.6	67458.5		153.8	40645	26109.7	550
#私营独资企业							
私营合伙企业	68	60.9				60.9	
私营有限责任公司	97768.3	60966			34367.2	26048.8	550
私营股份有限公司	8068.3	6431.6		153.8	6277.8		
港、澳、台商投资企业	1562.4	117.1					
外商投资企业	6846	7416.2	998.1		1366.7		
在总计中：国有控股企业	1328819.2	928648.6	515307.7	7613.7	356609.8	11053	30451.5
在总计中：农村工业							
按轻、重工业分							
轻工业	115623.7	123317.4	50245.7		40582.5	31746.6	
以农产品为原料	95706.9	102916.4	44043.9		28643.3	29486.6	
以非农产品为原料	19916.8	20401	6201.8		11939.2	2260	
重工业	1388523.6	923807	466060.1	8423.5	384945.3	21337.8	31001.5
采掘工业	1191451.3	775280.9	383700	7613.7	336092.6	9810.2	30451.5
原料工业	98449.5	64550.2	28348	153.8	27837.6	7660.8	550
加工工业	98622.8	83975.9	54012.1	656	21015.1	3866.8	
按企业规模分							
大型企业	1242447.3	807020.5	386085.3	7612.9	367645	7612.9	30451.5
中型企业	120802.7	131069.1	91562.9		15339.4	24166.8	
小型企业	140897.3	109034.8	38657.6	810.6	42543.4	21304.7	550

计量单位：万元

外商资本	主营业务收入	主营业务成本	主营业务税金及附加	其他业务收入	其他业务利润	营业费用
12781.4	**1615828.3**	**733541**	**28670.5**	**77393.1**	**2073.1**	**23115.5**
7612.9	1610211.4	729191.2	28621.6	77383.4	2072.4	22911.8
	55366.1	50706.8	376.3	5703.2	1083.3	2066.1
	36583.3	31856.8	296.2	1532.8	1381.4	1525.6
	18782.8	18850	80.1	4170.4	-298.1	540.5
	1215.3	918.9	9	80.2	28.7	12.7
	9212.4	10642.2	28.3	3826.8	-474.8	429.1
	8355.1	7288.9	42.8	263.4	148	98.7
	1922.6	2050.9	0.2	15.9	3.1	18.8
	1922.6	2050.9	0.2	15.9	3.1	18.8
	720.1	704.6	2.8			1.2
	162176.8	124137.2	1331.2	2910.2	1036.7	8252.1
	63110.6	51169.3	690.5	545.4	214.1	195.5
	99066.2	72967.9	640.7	2364.8	822.6	8056.6
7612.9	1254535.3	444853.5	26054.5	67983.3	-159.5	8999.5
	135490.5	106738.2	856.6	770.8	108.8	3574.1
	635.1	418.5	18.2			141.9
	121954.8	95908.9	824.6	770.8	108.8	2970.1
	12900.6	10410.8	13.8			462.1
117.1	696.8	111.4				18.7
5051.4	4920.1	4238.4	48.9	9.7	0.7	185
7612.9	1386029.4	557063.6	27330.5	74684.5	1169.9	11501.7
742.6	167149.7	141651.8	882.4	11770	1482.8	8629.9
742.6	158686.7	135098.2	847.5	11445	1336.1	8134.7
	8463	6553.6	34.9	325	146.7	495.2
12038.8	1448678.6	591889.2	27788.1	65623.1	590.3	14485.6
7612.9	1195699.5	393874.1	25557.4	39382.3	-228.1	7101.1
	169777.2	130724.8	1446	1180.3	531.2	4242.6
4425.9	83201.9	67290.3	784.7	25060.5	287.2	3141.9
7612.9	1298075.4	483421.8	26487.2	63327.9	-567.9	7433.9
	115491.2	93904.8	838.1	10900.8	1402.7	6800
5168.5	202261.7	156214.4	1345.2	3164.4	1238.3	8881.6

2-55 续表 5

项　　目	所有者权益合计	其中：实收资本	国家资本	集体资本	法人资本	个人资本	港澳台资本
按行业分							
煤炭开采和洗选业	8103.6	7876.6	6496.6			1380	
石油和天然气开采业	1172316.6	761538.5	373281.3	7612.9	334967	7612.9	30451.5
#天然原油和天然气开采	1171213	761288.5	373031.3	7612.9	334967	7612.9	30451.5
黑色金属矿采选业	68	60.9				60.9	
有色金属矿采选业							
非金属矿采选业	10963.1	5804.9	3922.1	0.8	1125.6	756.4	
#采盐	-485.7	373.8	366.6	0.8		6.4	
其他采矿业							
农副食品加工业	8361.1	7533.8	2722.8		637.2	4173.8	
#谷物磨制	146.7	383.2	383.2				
饲料加工	407	370	282			88	
制糖	2052.5	2236.2	1778.1		316.7	141.4	
食品制造业	39722.1	28102.3	2195.6		1080.2	24826.5	
#罐头制造	846.8	3707.1	2195.6		735	776.5	
饮料制造业	4602.8	2015.5			1147.9	125	
#酒的制造	4602.8	2015.5			1147.9	125	
烟草制品业							
纺织业	14901	49264.8	29916.8		19348		
#棉、化纤纺织及印染精加工	14901	49264.8	29916.8		19348		
毛纺织和染整精加工							
纺织服装、鞋、帽制造业	-21.2	90	40			50	
皮革、毛皮、羽毛(绒)及其制品业							
#皮革鞣制加工							
皮革制品制造							
木材加工及木、竹、藤、棕、草制品业	927.8	230.1	27.1			203	
家具制造业	510.9	257.2	257.2				
造纸及纸制品业	26044.1	14427.2	7865.9		6350	211.3	
印刷业和记录媒介的复制	1403.4	1045.6	1045.6				
文教体育用品制造业							
石油加工、炼焦及核燃料加工业	18133.2	11200			11200		
#炼焦							
化学原料及化学制品制造业	67877.8	66946.9	63030		599.8	2650	550
#基础化学原料制造	261.5	1190	1190				
肥料制造	55813.5	54117.1	51510			2490	
医药制造业	284.8	2219.2			219.2	2000	
化学纤维制造业	5095.7	5250	4850		100	300	
橡胶制品业	17064.4	13330			13330		
塑料制品业	117.1	1353.2		486	388.4	170	
非金属矿物制品业	27998.6	17235.2	804.1		15905.3	525.8	
#水泥制造	17593.9	10090.5	427.5		9660	3	
黑色金属冶炼及压延加工业	7443.2	6277.8			6277.8		
有色金属冶炼及压延加工业							
金属制品业	1162.2	500		170	46	284	
通用设备制造业	8451.1	2332.8	1127.4		1005.4	200	
专用设备制造业							
交通运输设备制造业							
电气机械及器材制造业	240.6	356	156			200	
通信设备、计算机及其他电子设备制造业							
仪器仪表及文化、办公用机械制造业							
工艺品及其他制造业							
废弃资源和废旧材料回收加工业							
电力、热力的生产和供应业	42370.1	23982	16373.4	153.8	100	7354.8	
#电力生产和电力供应	37644.6	21723.2	14368.4			7354.8	
燃气生产和供应业	5417.8	4998.1	998.1				
水的生产和供应业	14587.4	12895.8	1195.8		11700		

计量单位：万元

外商资本	主营业务收入	主营业务成本	主营业务税金及附加	其他业务收入	其他业务利润	营业费用
	6662.8	4588.2	67.9	2	-0.3	93.3
7612.9	1177772.7	383496.9	25288.6	38580.7	-1004.4	4482
7612.9	1170538	377464	25241	38458	-1020	4482
	635.1	418.5	18.2			141.9
	10628.9	5370.5	182.7	799.6	776.6	2383.9
	247.2	126.8	12.3	0.4	0.2	21.3
	35060.1	27655.2	220.9	2508.1	1262.4	2258.3
	344.6	342.8	0.4	12.4	8	20.1
	2232	2052				40
	24113.1	18600.6	210	2257.5	1047.3	1762.7
	37080.7	29048.7	92.9	426.7	136.2	2574.2
	19195.4	14540.9	31.2	235.1	78.3	2041.1
742.6	1571.1	1001.5	119	19.6	2.3	386.2
742.6	1571.1	1001.5	119	19.6	2.3	386.2
	51265.1	50340.1	145.5	3971.3	-319	1950.2
	51265.1	50340.1	145.5	3971.3	-319	1950.2
	1189.8	1097.7	3.1			18.2
	5230	4798.1	12.9	1.6	1.6	9.1
	165.4	160.7	1.7	20	19.3	5.6
	28758.8	22712.8	248.9	4399.1	189.1	908.3
	1649.6	1257.2	13.1	100.2	45.8	27.2
	46862	33941.3	505.1	30	70.9	531.6
117.1	17110.7	11650.3	230.8	69.7	7.2	972.3
	836.4	927.2	4	5.9	2.6	
117.1	6593.9	3570.8	175.2	1.5	1.5	429.6
	4100.3	3373.2	6.8			169.7
	2807	2643	10	60	21	167
	41190.9	34768.7	488.4	24388.5	253.8	2055.9
308.8	5202.7	5221.5	12.5	52.3	18.1	140.9
	44396.3	34743.3	98.1	331.7	66.8	3070
	26850.7	20147.4	49.5	330.4	65.9	2732.3
	12106	9673.8	13			462.1
	5748.9	4460	13.5	209	64	28.4
	3605.9	1807	45.7	407.9	-51.1	134.6
	1162.5	1075.9	0.9	10.4	7.3	21.2
	68807.2	54612.4	811.1	750.1	387.1	
	63580.9	49669.1	753.6	643.7	322.4	
4000	2355.3	1966.2				
	2702.5	1658.3	19.2	254.6	118.4	123.4

2-55 续表 6

项　　目	管理费用	税　金	财产保险费	差旅费	工会经费	办公费	职工教育费
总　　计	**298534.9**	**1569.8**	**717.7**	**4080.9**	**799.2**	**2128**	**653.9**
按登记注册类型分							
内资企业	297753.6	1552.1	705.6	3924.4	797.6	2093.1	651.8
国有企业	10937.4	172.3	37.7	275.1	229.8	180.6	74.7
#中央企业	4092.4	37	19.3	171.4	90.8	102.6	40.6
地方企业	6845	135.3	18.4	103.7	139	78	34.1
#自治区属企业	229.4	17.6	11.7	8	4.2	12.7	3.2
地区(州、市)属企业	5695.1	55.8	2.6	57.4	115.9	25.3	18.5
县(市)属企业	920.5	61.9	4.1	38.3	18.9	40	12.4
集体企业	115.2	8.6		3.6	1.5	1.8	1.1
#自治区属企业							
地区(州、市)属企业							
县(市)属企业	115.2	8.6		3.6	1.5	1.8	1.1
镇属企业							
乡属企业							
股份合作企业	27		9	3	1	3	1
联营企业							
#国有联营企业							
集体联营企业							
国有与集体联营企业							
其他联营企业							
有限责任公司	16732.1	530.7	371.3	596.2	286	621.5	218.6
#国有独资公司	8326.5	306	314.3	289.4	160	404.1	121.6
其他有限责任公司	8405.6	224.7	57	306.8	126	217.4	97
股份有限公司	265541.2	643.8	150.4	2553	253.8	974.7	263.8
私营企业	4400.7	196.7	137.2	493.5	25.5	311.5	92.6
#私营独资企业							
私营合伙企业	71.2			3.4		0.6	2.3
私营有限责任公司	3632.6	192.3	137.2	458.1	24.7	230.4	25.2
私营股份有限公司	696.9	4.4		32	0.8	80.5	65.1
港、澳、台商投资企业	133.7		1.2	72		8.2	0.6
外商投资企业	647.6	17.7	10.9	84.5	1.6	26.7	1.5
在总计中：国有控股企业	286302.3	1054.3	528.5	3205.9	657.5	1638.5	472.8
在总计中：农村工业							
按轻、重工业分							
轻工业	17052.7	535.5	171	692.2	255.5	293.4	116.6
以农产品为原料	16065.4	483.3	164.4	651.1	238.1	268.5	110.1
以非农产品为原料	987.3	52.2	6.6	41.1	17.4	24.9	6.5
重工业	281482.2	1034.3	546.7	3388.7	543.7	1834.6	537.3
采掘工业	261515.8	420.9	115.2	2547.7	222.3	996.3	253.3
原料工业	13652.5	488.3	368.5	436.1	231.7	644.4	245.8
加工工业	6313.9	125.1	63	404.9	89.7	193.9	38.2
按企业规模分							
大型企业	269791.9	884	461.7	2786.4	372.7	1279.6	327.5
中型企业	15191.7	319.1	76.8	300	219	240.8	164.1
小型企业	13551.3	366.7	179.2	994.5	207.5	607.6	162.3

计量单位：万元

排污费	财务费用	利息支出	营业利润	投资收益	补贴收入	营业外收入
745	**18529.2**	**18137.1**	**515647.6**	**372.8**	**6332.3**	**2074.4**
744.9	18439.5	18047.7	515503.4	372.8	6285.5	2070.5
93.1	1816.8	1818.8	-9333	7.1	484.3	175.8
85.9	297.5	298.2	17.2		14.4	72.4
7.2	1519.3	1520.6	-9350.2	7.1	469.9	103.4
	53.6	53.2	20.4		2.9	19.3
2.8	937.6	937.6	-8994.7	7	121.7	32.9
4.4	528.1	529.8	-375.9	0.1	345.3	51.2
	-1.4	-1.4	-258		201.5	0.3
	-1.4	-1.4	-258		201.5	0.3
	-0.5	-0.5	-15			0.2
329.1	8520.7	8556.1	4256.6	-18.1	2839.9	622.6
110.1	5226.1	5225.9	-2313.8	16		289.4
219	3294.6	3330.2	6570.4	-34.1	2839.9	333.2
279.4	5133	4837.5	503794.1	381.7	1284	1117.9
43.3	2970.9	2837.2	17058.7	2.1	1475.8	153.7
	-0.2	-0.2	-14.5			0.3
43.3	2932.7	2799	15794.6	2.1	1393.8	118.2
	38.4	38.4	1278.6		82	35.2
	0.1	0.1	432.9		41.8	
0.1	89.6	89.3	-288.7		5	3.9
625.2	10528.5	10592.6	494610.1	404.8	2166.8	1574
334.8	7610.6	7188.9	-7027.2	165.1	1840.6	519.7
331.9	7420.2	6999.3	-7375.5	165.1	1793.3	483.5
2.9	190.4	189.6	348.3		47.3	36.2
410.2	10918.6	10948.2	522674.8	207.7	4491.7	1554.7
206	1491.8	1491.6	505900.6	135.9	1447.1	1060
191.2	7739.9	7743.4	12502.8	70	2084.3	343
13	1686.9	1713.2	4271.4	1.8	960.3	151.7
300.7	7808	7668.6	502564.7	241.1	1311	1360.2
279.6	5187.5	5257.5	-4885.5	163.1	2045.5	113.7
164.7	5533.7	5211	17968.4	-31.4	2975.8	600.5

2-55 续表 7

项目	管理费用	税金	财产保险费	差旅费	工会经费	办公费	职工教育费
按行业分							
煤炭开采和洗选业	1532	12.7	11.7	91.5	30	68	25.1
石油和天然气开采业	258516.4	386	81	2394.3	165.9	879.8	204.4
#天然原油和天然气开采	258256	381	81	2363	160	868	200
黑色金属矿采选业	71.2			3.4		0.6	2.3
有色金属矿采选业							
非金属矿采选业	1396.2	22.2	22.5	58.5	26.4	47.9	21.5
#采盐	77.5	0.2	0.9	3.3	0.3	1.7	0.2
其他采矿业							
农副食品加工业	3801.6	134.7	16.2	131.2	53.6	61.9	38.3
#谷物磨制	6.7	0.1	1.5	0.4	0.3	1.8	
饲料加工	73	1.1	1.3	3.7	1.4	1.2	1
制糖	2957.2	97.8	3.6	55.9	44.3	37.5	30.5
食品制造业	1883.1	67.8	18	147.7	22.4	48.7	18.6
#罐头制造	1205.7	41.7	1	65.3	19.4	22.7	13.9
饮料制造业	274.4		1.2	47.1	2.4	31.7	1.8
#酒的制造	274.4		1.2	47.1	2.4	31.7	1.8
烟草制品业							
纺织业	7127.7	174.7	67	214.1	140.3	35.5	14.1
#棉、化纤纺织及印染精加工	7127.7	174.7	67	214.1	140.3	35.5	14.1
毛纺织和染整精加工							
纺织服装、鞋、帽制造业	83.7		9	3	1.4	3.1	1.3
皮革、毛皮、羽毛(绒)及其制品业							
#皮革鞣制加工							
皮革制品制造							
木材加工及木、竹、藤、棕、草制品业	335.4	32.2	6.7	17.8	3.2	2.9	2.5
家具制造业	30.6	0.4	1.2	0.1	0.7	1.1	0.2
造纸及纸制品业	2487.9	83	39.6	94.1	12.9	65.8	31.9
印刷业和记录媒介的复制	325.2	22.4	12.2	11.7	4.3	15.5	3.3
文教体育用品制造业							
石油加工、炼焦及核燃料加工业	532.2	10	35	55.8	4.8	94.5	3.6
#炼焦							
化学原料及化学制品制造业	1838.2	7.7	18.6	145.2	9.2	71.5	7.8
#基础化学原料制造	86.1	2.2		1	2.4	1.9	1.8
肥料制造	1099.4	3.6	14.9	103	2.7	41.3	2.7
医药制造业	182.4	11.5	0.3	6.4	2.5	5.9	2.4
化学纤维制造业	373	0.1	6	19	2	5	1
橡胶制品业	2867.6	75	31.5	61.3	63.6	37.7	15.7
塑料制品业	351.9	19.7	2	17.7	1.6	7.8	2.5
非金属矿物制品业	2835.5	96.1	28.5	100.4	35.5	98.5	33.4
#水泥制造	1951.2	78.1	27.2	53.3	20.6	36.3	22.5
黑色金属冶炼及压延加工业	613.5			30.2		43.2	64.5
有色金属冶炼及压延加工业							
金属制品业	465.7		3.4	96.2	1	19.6	2
通用设备制造业	447	1.3	8.9	69.8	4.7	18.8	3.5
专用设备制造业							
交通运输设备制造业							
电气机械及器材制造业	116.7	1.2		5.8	6.4	3.4	0.7
通信设备、计算机及其他电子设备制造业							
仪器仪表及文化、办公用机械制造业							
工艺品及其他制造业							
废弃资源和废旧材料回收加工业							
电力、热力的生产和供应业	9489.9	363.9	295.9	237.7	196.7	438.3	147.6
#电力生产和电力供应	9001.6	359	287.9	227.7	193.6	387.6	145.4
燃气生产和供应业	159.7	6.7	1	6.1	0.8	3.4	0.6
水的生产和供应业	396.2	40.5	0.3	14.8	6.9	17.9	3.3

计量单位：万元

排污费	财务费用	利息支出	营业利润	投资收益	补贴收入	营业外收入
3	536.3	536.3	-185.8			29.2
190	752.8	752.8	504231.6	224	1271	985
190	762	762	503313	224	1271	985
	-0.2	-0.2	-14.5			0.3
13	202.9	202.7	1869.3	-88.1	176.1	45.5
	6.2	6.2	3.3			1.8
199.1	1051.4	1050.9	1502.8		310.7	33.5
0.2	13.1	13.1	-30.5		4.8	1.3
	19.5	18.8	-48.2		56.3	0.3
196.9	842.2	841.7	1051.1			13.8
20.9	3103.2	2781.1	514.8	0.1	1127.8	62.8
15	2079.4	1757.7	-624.6		67.4	27.7
	80.9	80.8	-288.6		5	6.3
	80.9	80.8	-288.6		5	6.3
6	2216.6	2084.9	-10834	7	152.5	39.2
6	2216.6	2084.9	-10834	7	152.5	39.2
	1.4	1.4	-14.3			0.2
3.1	321	321	-244.9		447.7	0.2
	-0.4	-0.4	-13.5		11.6	1
102.4	858.3	892.2	1731.7	156	172.3	315.1
2.5	57.6	57.2	15.1		13.4	25.4
25	406.5	406	11016.2			2.8
5	582.9	621	1843.4		110.4	3.9
4.7	0.3	0.3	-178.6			
	460.3	495.9	860.1		41.8	1
1.5	80.4	80.4	287.8	2		0.2
2.1	159	159	-524		13	16
5.3	1068	1060.3	196.1	1.7		98.1
0.1	-2.4	-2.4	-503.6		265.2	3.5
58.1	1711.5	1712.6	2004.9	0.1	2103.9	29.6
50.7	1639.6	1640.6	396.8		1450.6	10.3
	-10.1	-10.1	1353.7			9.2
0.2	54.5	54.5	790.8			
	14.4	14.4	1106.1			29.8
0.3	14.3	12.8	-59.2		1.5	
107.4	5260.2	5260.7	-979.3	70	117.4	317.6
105.4	4819.1	4819.1	-340.1	69.4	7.5	277.4
	8.7	8.5	220.7			
	-0.5	-1.3	624.3		32.8	20

2-55 续表 8

项 目	营业外支出	利润总额	应交所得税	广告费	劳动、待业保险费	养老保险和医疗保险费	住房公积金和住房补贴
总 计	**14058.2**	**510358.5**	**3713.8**	**2628.4**	**12157**	**19066.5**	**3686.3**
按登记注册类型分							
内资企业	14054	510164.4	3537.9	2585.1	12152.2	19017.5	3676.2
国有企业	335.3	-8994.6	346.5	1.2	903.2	2121	99.4
#中央企业	138.9	-28.4	168.1		279	1217.6	59.6
地方企业	196.4	-8966.2	178.4	1.2	624.2	903.4	39.8
#自治区属企业	31.8	10.8	3.6	0.2	45.6	47.2	
地区(州、市)属企业	138.8	-8971.9	4	1	542.3	667.3	24.3
县(市)属企业	25.8	-5.1	170.8		36.3	188.9	15.5
集体企业	0.6	-56.8				14.9	
#自治区属企业							
地区(州、市)属企业							
县(市)属企业	0.6	-56.8				14.9	
镇属企业							
乡属企业							
股份合作企业		-14.8		0.3	0.7	8.4	1.6
联营企业							
#国有联营企业							
集体联营企业							
国有与集体联营企业							
其他联营企业							
有限责任公司	1690.3	5993	832.4	91.5	727	3376.4	1051.8
#国有独资公司	1080.2	-3088.6	3.6		193.5	1901.7	762.5
其他有限责任公司	610.1	9081.6	828.8	91.5	533.5	1474.7	289.3
股份有限公司	11704	494873.7	1515.9	2460.6	10479.6	12877.4	2520.6
私营企业	323.8	18363.9	843.1	31.5	41.7	619.4	2.8
#私营独资企业							
私营合伙企业	0.5	-14.7			3.1	1.7	
私营有限责任公司	300.1	17006	758.1	29.7	26.8	518	1.5
私营股份有限公司	23.2	1372.6	85	1.8	11.8	99.7	1.3
港、澳、台商投资企业		474.7	142.4	2		2.4	
外商投资企业	4.2	-280.6	33.5	41.3	4.8	46.6	10.1
在总计中：国有控股企业	12735.7	486008.8	1948.2	2477.7	11936.5	17325.4	3421.9
在总计中：农村工业							
按轻、重工业分							
轻工业	1356.6	-5868.7	340.3	145	1219.9	3009.2	328.6
以农产品为原料	1101.7	-6045.6	325.8	143.7	1187.2	2813.5	300.7
以非农产品为原料	254.9	176.9	14.5	1.3	32.7	195.7	27.9
重工业	12701.6	516227.2	3373.5	2483.4	10937.1	16057.3	3357.7
采掘工业	11214.7	497328.8	1686.6	2396	10488.1	12297	2166
原料工业	1274.4	13725.7	1123.8	1.9	344	2907	962
加工工业	212.5	5172.7	563.1	85.5	105	853.3	229.7
按企业规模分							
大型企业	12095.6	493381.4	1515.9	2486.5	10550.7	14325.6	3081.3
中型企业	627.1	-3207.2	521.1	18.2	1003	2498.5	251.3
小型企业	1335.5	20184.3	1676.8	123.7	603.3	2242.4	353.7

计量单位：万元

本年应付工资总额	主营业务应付	本年应付福利费总额	主营业务应付	本年应交增值税	本年进项税额
76555.3	**74718.1**	**11294.2**	**10869.5**	**99978.2**	**250361.5**
76245.8	74442.2	11239.3	10817.2	99773.8	250056.4
8036.2	6909.2	1841.7	1516.2	2261.9	6593.7
4919.1	4318.5	1391.4	1160.7	1519.6	4503.1
3117.1	2590.7	450.3	355.5	742.3	2090.6
209.1	209.1	29.3	29.3	101	90.4
1878.5	1397.2	260.1	167.7	289.9	1469.3
1029.5	984.4	160.9	158.5	351.4	530.9
74.7	74.6	10.5	10.5	6.4	295.7
74.7	74.6	10.5	10.5	6.4	295.7
67	67	9	9	120	95
17165.5	16808.9	2186.1	2130.9	11039.5	10604.8
8603.9	8543.9	1144.1	1130.7	7009.3	2678.4
8561.6	8265	1042	1000.2	4030.2	7926.4
44275.1	44191.5	6166	6159.9	82637.7	220214.7
6627.3	6391	1026	990.7	3708.3	12252.5
82.5	82.5	11.5	11.5	27.4	56.6
5245.8	5009.5	832.7	797.4	3381.6	11122.3
1299	1299	181.8	181.8	299.3	1073.6
42	42	5.9	5.9	41.8	
267.5	233.9	49	46.4	162.6	305.1
63115.6	61623.5	9441.4	9065.1	92470.1	229796.3
14527.9	13335.7	2722.6	2399.6	6896	18365.4
13704	12533.9	2599	2276	6438.4	16645.9
823.9	801.8	123.6	123.6	457.6	1719.5
62027.4	61382.4	8571.6	8469.9	93082.2	231996.1
41197.3	40972	5907	5859.3	79363.4	202333.9
14408	14202.2	1793.4	1767.1	10693	12379
6422.1	6208.2	871.2	843.5	3025.8	17283.2
51136.5	51136.5	7215	7215	87380.1	218231.2
11429.9	10240.7	2235.3	1918.1	5505.3	12674.2
13988.9	13340.9	1843.9	1736.4	7092.8	19456.1

2-55 续表 9

项　　目	营业外支出	利润总额	应交所得税	广告费	劳动、待业保险费	养老保险和医疗保险费	住房公积金和住房补贴
按行业分							
煤炭开采和洗选业	102.8	-259.4			95.6	265.9	
石油和天然气开采业	10987.4	495724.2	1683	2396	10351	11604	2166
#天然原油和天然气开采	10987	494806	1515	2396	10351	11604	2166
黑色金属矿采选业	0.5	-14.7			3.1	1.7	
有色金属矿采选业							
非金属矿采选业	124	1878.7	3.6		38.4	425.4	
#采盐	5.9	-0.8			1.1	9.9	
其他采矿业							
农副食品加工业	288.5	1544	126.4	0.4	514.9	714.8	79
#谷物磨制	0.2	-24.6			2.6	10.9	
饲料加工		8.3			0.1	5.4	5.8
制糖	174.3	878.9		0.2	436.7	577.9	63.9
食品制造业	565.2	1140.3	182.4	63.9	39.9	135.7	9.5
#罐头制造	478.8	-1008.3	71.6	14	17.7	64.3	9.5
饮料制造业	5.3	-279.2		51.8	3.1	28.8	
#酒的制造	5.3	-279.2		51.8	3.1	28.8	
烟草制品业							
纺织业	108	-10742.5		26.1	522	1207	41.7
#棉、化纤纺织及印染精加工	108	-10742.5		26.1	522	1207	41.7
毛纺织和染整精加工							
纺织服装、鞋、帽制造业		-14.1		0.6	0.7	15.3	2.1
皮革、毛皮、羽毛(绒)及其制品业							
#皮革鞣制加工							
皮革制品制造							
木材加工及木、竹、藤、棕、草制品业	21.8	181.2			1.9	19.3	
家具制造业	1.1	-2	4	0.7	0.5	12.4	2
造纸及纸制品业	99.4	2275.7	9.4		59	601.8	161.1
印刷业和记录媒介的复制	33.6	20.3	3.6	0.2	47.1	97.7	5.3
文教体育用品制造业							
石油加工、炼焦及核燃料加工业	59.5	10959.5	120				
#炼焦							
化学原料及化学制品制造业	123.4	1834.3	540.1	18.9	13.6	107.7	7.7
#基础化学原料制造		-178.6			2.8	45	
肥料制造	84.9	818	214.9	18.1	2.1	26.1	5.8
医药制造业	211.6	78.4	6		2	20.1	
化学纤维制造业	31	-526			5	49	6
橡胶制品业	93	202.9	0.9	64.4	52.5	587.4	175.3
塑料制品业	1.8	-236.7	3.4	0.7	1.7	22.5	1
非金属矿物制品业	72.4	4066.1	448.5	2.1	142.7	259.9	4.3
#水泥制造	41.6	1816.1	390.6	0.1	104.9	183.2	1.7
黑色金属冶炼及压延加工业	15	1347.9	85	1.8	11	98	
有色金属冶炼及压延加工业							
金属制品业	0.4	790.4	79.4			3	31.1
通用设备制造业	0.4	1135.5	173.1		6.2	95.8	4.8
专用设备制造业							
交通运输设备制造业							
电气机械及器材制造业		-57.7		0.3	2.1	16.9	
通信设备、计算机及其他电子设备制造业							
仪器仪表及文化、办公用机械制造业							
工艺品及其他制造业							
废弃资源和废旧材料回收加工业							
电力、热力的生产和供应业	1098	-1572.3	210.4		214.7	2525.2	958.4
#电力生产和电力供应	1006.7	-992.5	210.4		205.7	2477.6	934.1
燃气生产和供应业	1.2	219.5	33.5		4.3	39.3	9.1
水的生产和供应业	12.9	664.2	1.1	0.5	24	111.9	21.9

单位：万元

本年应付工资总额	主营业务应付	本年应付福利费总额	主营业务应付	本年应交增值税	本年进项税额
2098.5	1981.3	366.4	333.8	412.7	108.5
37631.3	37631.3	5261.8	5261.8	78571.2	200761.8
37337	37337	5221	5221	78115	199927
82.5	82.5	11.5	11.5	27.4	56.6
1385	1276.9	267.3	252.2	352.1	1407
35.3	35.3	5	5	15.6	
2315.8	2214.4	333.2	319	1457.3	4377.5
34.5	34.5	4.8	4.8	10.7	39.7
72.6	72.6	10.1	10.1		
1704.8	1603.4	249.4	235.2	1353.5	3430.6
1752.2	1670.2	223.9	212.5	999.8	4357.6
1112.7	1089.7	146.9	143.7	397.1	2482.7
205.1	205.1	16.6	16.6	66.9	135.8
205.1	205.1	16.6	16.6	66.9	135.8
5798.4	4949.6	1521.5	1242.2	1318.1	3745.3
5798.4	4949.6	1521.5	1242.2	1318.1	3745.3
93.4	93.4	12.3	12.3	122.2	172.6
361.9	342.7	49	47.2	313.9	
46.6	46.6	6.5	6.5	16.6	11.5
3106	2972.6	431.4	414	2301.2	3403.7
316.1	316.1	43.8	43.8	141.2	121.4
277.6	247.3	38.6	31.5	505.4	5818
1526.7	1389.3	214.3	195.4	752.4	2021.5
121.3	121.3	17	17	40.5	101.7
969.2	853.1	135.7	119.5	81.7	12.3
187.1	182.6	26.1	25.4	65.6	707.4
195	195	27	27	132	400
3493.3	3493.3	460.6	460.6	1686.5	15299.4
235.1	235	59.7	59.7	86.7	477.6
2404	2296.3	308.4	297.4	1641.6	2138.3
1540	1432.3	187.9	176.9	1168.9	1829.9
1254.2	1254.2	175.5	175.5	299.3	1073.6
384.3	384.3	41.3	41.3	234.3	777.8
418.8	321.8	45.3	33.8	359.2	244.7
48.9	48.2	6.4	6.4	11.5	196.8
10446.8	10419.5	1264.9	1261.2	7853.8	2538.3
10038.9	10038.9	1229.2	1229.2	7589.1	2538.3
39.7	39.7	5.6	5.6	94.7	
451	428.9	75.3	75.3	154.6	8.8

2-55 续表 10

项 目	本 年 销项税额	工业中间 投入合计	直接材料	制造费用中 的中间投入	管理费用中 的中间投入	营业费用中 的中间投入
总 计	**189660.7**	**747319.6**	**384746.4**	**223477.3**	**103248.2**	**17318.5**
按登记注册类型分						
内资企业	189129.5	743933.7	382475.8	222766.7	103021.4	17230.3
国有企业	7853.9	52325.1	40354.2	4971.8	3351.2	1831.1
#中央企业	5693.2	33146.3	25967.7	3450.8	2038.8	1391.5
地方企业	2160.7	19178.8	14386.5	1521	1312.4	439.6
#自治区属企业	191.4	752.2	588.5	18.1	81.8	10.2
地区(州、市)属企业	1360.7	11006.6	8601.1	382.9	699.9	385.1
县(市)属企业	608.6	7420	5196.9	1120	530.7	44.3
集体企业	64.8	2061.3	1898.8	89.4	67.4	7.1
#自治区属企业						
地区(州、市)属企业						
县(市)属企业	64.8	2061.3	1898.8	89.4	67.4	7.1
镇属企业						
乡属企业						
股份合作企业	120	604.9	584.9	5.4	14.1	1
联营企业						
#国有联营企业						
集体联营企业						
国有与集体联营企业						
其他联营企业						
有限责任公司	21259.1	106919.1	57299	26281.9	8833.4	5984.1
#国有独资公司	9667.3	37852.4	11600.5	16466.1	4473	86.7
其他有限责任公司	11591.8	69066.7	45698.5	9815.8	4360.4	5897.4
股份有限公司	145099.8	476622.4	203701.9	172092.5	87897	7798
私营企业	14731.9	105400.9	78637	19325.7	2858.3	1609
#私营独资企业						
私营合伙企业	84	420.5	304.8	12.8	38	65.1
私营有限责任公司	13275	96640.9	70773.9	19017.3	2573.1	1343.9
私营股份有限公司	1372.9	8339.5	7558.3	295.6	247.2	200
港、澳、台商投资企业		51.6	44.7	3.1	1.9	1.8
外商投资企业	531.2	3334.3	2225.9	707.5	224.9	86.4
在总计中：国有控股企业	164786	559394	248811.7	194631.5	95975.3	9447
在总计中：农村工业						
按轻、重工业分						
轻工业	21722.5	148076.2	107193.5	20625.8	6320.1	6326.2
以农产品为原料	19619.2	142970.6	103511.5	20091.9	5866.7	6080.3
以非农产品为原料	2103.3	5105.6	3682	533.9	453.4	245.9
重工业	167938.2	599243.4	277552.9	202851.5	96928.1	10992.3
采掘工业	125004.3	417237	149701.4	172954.1	86998.4	6091.3
原料工业	22976.7	114748.9	72738.8	24550.1	7323.8	2396.3
加工工业	19957.2	67257.5	55112.7	5347.3	2605.9	2504.7
按企业规模分						
大型企业	147953.9	486571.6	184565.5	197831.1	90591	5776
中型企业	17083.5	94549.1	72753	6675	5296.6	4637
小型企业	24623.3	166198.9	127427.9	18971.2	7360.6	6905.5

计量单位：万元

经营活动产生的现金流量净额	投资活动产生的现金流量净额	筹资活动产生的现金流量净额	全部从业人员年平均人数(人)	利税总额	亏损企业亏损额
1148786.5	**-770951.8**	**-86573.1**	**40389**	**639007.2**	**19272.8**
1148428.3	-769975.2	-86949.5	40209	638559.8	18772.7
11456.1	-2060	2836.2	9161	-6356.4	12236.7
13428	-78.6	-1414.1	4978	1787.4	2532.6
-1971.9	-1981.4	4250.3	4183	-8143.8	9704.1
202.9	-105.1	-193.4	198	120.8	
-3033.8	-644.8	4139.3	2680	-8653.7	8996.1
859	-1231.5	304.4	1305	389.1	708
-200.2			115	-50.2	56.8
-200.2			115	-50.2	56.8
			60	108	14.8
33457.8	-23468.4	4028.7	8564	18363.7	3653.7
11405.7	-13304.5	-13227.4	3084	4611.2	3099.6
22052.1	-10163.9	17256.1	5480	13752.5	554.1
1046498.4	-742442	-99001.1	14832	603565.9	2448.5
57216.2	-2004.8	5186.7	7477	22928.8	362.2
6.9	19		86	30.9	14.7
53683.7	-3324.4	4352.2	6565	21212.2	347.5
3525.6	1300.6	834.5	826	1685.7	
222.7			65	516.5	
135.5	-976.6	376.4	115	-69.1	500.1
1078765.9	-760113.8	-82442.2	28656	605809.4	16043.5
14810.3	-17076.1	-669.1	15944	1909.7	14623.9
10696.7	-12518.5	-2833.2	15255	1240.3	13953
4113.6	-4557.6	2164.1	689	669.4	670.9
1133976.2	-753875.7	-85904	24445	637097.5	4648.9
1062634.9	-729029.1	-103155	13618	602249.6	513.5
66175.7	-15884.2	-11533.7	6449	25864.7	3568.4
5165.6	-8962.4	28784.7	4378	8983.2	567
1063569.7	-746891	-117148	18854	607248.7	2169.5
5476.3	-10847.4	29989.3	10476	3136.2	12197.8
79740.5	-13213.4	585.6	11059	28622.3	4905.5

2-55 续表 11

项目	本年销项税额	工业中间投入合计	直接材料	制造费用中的中间投入	管理费用中的中间投入	营业费用中的中间投入
按行业分						
煤炭开采和洗选业	521.2	4729.9	2435.3	1097.9	616.1	44.3
石油和天然气开采业	123052.5	401856.1	141417	170613.7	85342.6	3730
#天然原油和天然气开采	121812	395879	137614	168641	85132	3730
黑色金属矿采选业	84	420.5	304.8	12.8	38	65.1
有色金属矿采选业						
非金属矿采选业	1346.6	10230.5	5544.3	1229.7	1001.7	2251.9
#采盐	6.3	138.1	25.7	47.6	46.2	12.4
其他采矿业						
农副食品加工业	5209.1	29910.5	25154.2	1048.2	1181.6	1475.1
#谷物磨制	41.6	771.3	679.8	43.4	25.7	9.3
饲料加工		2032.8	1927.5	56.8	16.7	12.3
制糖	4377.7	20011.2	16790.6	577.5	644.9	1156
食品制造业	4002.3	41888.4	31072.8	3954.1	1397.7	2360.6
#罐头制造	1403.1	24688.5	17441.7	2224.1	979.2	1964.1
饮料制造业	266.3	985.8	364.6	130.1	191	219.2
#酒的制造	266.3	985.8	364.6	130.1	191	219.2
烟草制品业						
纺织业	3557.8	45371.8	26526.5	13671.2	1760.1	1197.4
#棉、化纤纺织及印染精加工	3557.8	45371.8	26526.5	13671.2	1760.1	1197.4
毛纺织和染整精加工						
纺织服装、鞋、帽制造业	199.8	1010.9	977.9	5.4	25.2	1
皮革、毛皮、羽毛(绒)及其制品业						
#皮革鞣制加工						
皮革制品制造						
木材加工及木、竹、藤、棕、草制品业		5008.8	3897.5	577.2	204.4	8.7
家具制造业	28.1	121.5	101.2	7.5	9.9	3.3
造纸及纸制品业	5762.4	21684.1	17623.6	1238.3	1158	805.9
印刷业和记录媒介的复制	262.7	988.2	772.7	24.7	116.2	17
文教体育用品制造业						
石油加工、炼焦及核燃料加工业	6828.6	35892.7	31891.8	2977.9	363.8	252.7
#炼焦						
化学原料及化学制品制造业	2729.4	10562.4	6533	1560.6	1038.7	847.2
#基础化学原料制造	142.2	735.8	684.7	28.1	22.7	
肥料制造	52.2	3872.7	1268.7	1029.2	710.8	403.7
医药制造业	765.9	1797	1436.2	82.5	93.9	104
化学纤维制造业	488	2954	2335	194	199	67
橡胶制品业	16929.3	35458.3	30818.4	1243.9	483.4	1844.6
塑料制品业	327	4698.2	4292.5	217.1	140	51
非金属矿物制品业	3598.5	35997.2	26493.1	4411.7	1770.7	1610.2
#水泥制造	2813.6	21801	14492.8	2970.4	1186.8	1511.4
黑色金属冶炼及压延加工业	1372.9	7789	7149.2	230.9	219	200
有色金属冶炼及压延加工业						
金属制品业	1013.1	4922.1	4302.4	172.4	372.8	20
通用设备制造业	602.5	1800.6	440.7	985.1	286.6	73.8
专用设备制造业						
交通运输设备制造业						
电气机械及器材制造业	188.1	1005.9	786.9	142.1	48.3	14.3
通信设备、计算机及其他电子设备制造业						
仪器仪表及文化、办公用机械制造业						
工艺品及其他制造业						
废弃资源和废旧材料回收加工业						
电力、热力的生产和供应业	10294.4	38091.7	10543.2	17262.3	5026	
#电力生产和电力供应	10075.2	34408.7	8203.1	16603.1	4783.4	
燃气生产和供应业	94.7	1356.5	1230.7	117.1		
水的生产和供应业	135.5	787	300.9	268.9	163.5	54.2

计量单位：万元

经营活动产生的现金流量净额	投资活动产生的现金流量净额	筹资活动产生的现金流量净额	全部从业人员年平均人数(人)	利税总额	亏损企业亏损额
2499.5	472.1	756.6	1715	221.2	496.8
1057314.1	-727508	-102685	10374	599584	
1049462	-727508	-102685	10115	598162	
6.9	19		86	30.9	14.7
2814.4	-2012.2	-1226.6	1443	2413.5	2
16.9	-2.3	-10	39	27.1	2
-2809.4	189.2	-5438.3	1761	3222.2	938.1
23.9	-1.2	-8.3	46	-13.5	24.6
74.4	-22.5	-201	26	8.3	
-4535.2	-51.4	-4366.2	1269	2442.4	757.2
2729.7	-3829.2	-2331.6	1443	2233	1331.7
-451	-1007.8	-1470.7	693	-580	1331.7
6197.1	-912.7	1005.7	175	-93.3	279.2
6197.1	-912.7	1005.7	175	-93.3	279.2
-60.6	-1002.5	1766.2	8405	-9278.9	11284.5
-60.6	-1002.5	1766.2	8405	-9278.9	11284.5
-45		4	96	111.2	14.8
137.2	-143.3	-275.6	357	508	180.1
-27.2	-25.1		39	16.3	2
4473.6	-6800.1	2406.4	2959	4825.8	93.9
289.6	-122.8	-267.6	286	174.6	
44845.6	-55.2	6629.8	246	11970	4.6
2059.9	-3228.5	28747	751	2817.5	178.6
376.5	-26.3		93	-134.1	178.6
1971.9	-2765.7	29041.2	376	1074.9	
45.9	-15.3	-57.2	234	150.8	8.8
-153	-2174	2241	147	-384	526
172.6	-5309.9	439	2382	2377.8	
-58.4	-3.6	12	219	-137.5	256.1
4461.2	210	-3982	2287	5805.8	234.6
3185.3	245.2	-4130.9	1466	3034.5	157.3
3263.7	1300.6	915	780	1660.2	
277	2	-300	159	1038.2	61.4
1326.6	-850	-67.1	387	1540.4	165.3
200		140	78	-45.3	57.7
14655.9	-16768.7	-14377.8	3237	7092.6	3047.8
13687.6	-16591.3	-13869.6	2898	7350.2	2443.3
		-629.3	17	314.2	
4169.6	-2383.6	2.3	326	838	94.1

2-56 阿克苏地区规模以上

项目	企业单位数	亏损单位数	工业总产值(现价)	工业销售产值	出口交货值	工业增加值	年初存货
总计	**87**	**23**	**442996.2**	**425700.2**	**2417**	**143414.7**	**67256.4**
按登记注册类型分							
内资企业	85	21	435605.8	418802.9	2417	142412.3	66236.2
国有企业	18	9	39301.3	39065.7		22662.5	1023.7
#中央企业	4		18522.3	18512.2		10088.6	580.2
地方企业	14	9	20779	20553.5		12573.9	443.5
#自治区属企业							
地区(州、市)属企业	1	1	13391.7	13391.7		8785.8	
县(市)属企业	13	8	7387.3	7161.8		3788.1	443.5
集体企业							
#自治区属企业							
地区(州、市)属企业							
县(市)属企业							
镇属企业							
乡属企业							
股份合作企业	2		3189.4	2803.4		1221.9	
联营企业							
#国有联营企业							
集体联营企业							
国有与集体联营企业							
其他联营企业							
有限责任公司	52	6	332013.1	316822.8	2417	96731.9	51539
#国有独资公司	2		114633.3	106627.9		28284.2	7311.3
其他有限责任公司	50	6	217379.8	210194.9	2417	68447.7	44227.7
股份有限公司	1		24168.1	23981.9		14646.2	6124.3
私营企业	12	6	36933.9	36129.1		7149.8	7549.2
#私营独资企业	1	1	2959.7	2947.1		787.5	
私营合伙企业	1		1275.1	1275.1		1092.9	
私营有限责任公司	10	5	32699.1	31906.9		5269.4	7549.2
私营股份有限公司							
港、澳、台商投资企业							
外商投资企业	2	2	7390.4	6897.3		1002.4	1020.2
在总计中：国有控股企业	29	9	224958.7	213752.8		84013.9	20283.8
在总计中：农村工业	1	1	805	805		331.4	671.6
按轻、重工业分							
轻工业	41	17	113948.6	106574.7	2411.3	22270.2	38245.2
以农产品为原料	33	13	110230.8	103105.2	2411.3	20586.2	37914.5
以非农产品为原料	8	4	3717.8	3469.5		1684	330.7
重工业	46	6	329047.6	319125.5	5.7	121144.5	29011.2
采掘工业	13	2	33831.4	32827.6		19033.9	1469.5
原料工业	21	4	271860.1	263423	5.7	94783.6	24379.1
加工工业	12		23356.1	22874.9		7327	3162.6
按企业规模分							
大型企业							
中型企业	13	2	281553	269440.2		95485.7	31265
小型企业	74	21	161443.2	156260	2417	47929	35991.4

工业企业主要经济指标

计量单位：万元

流动资产合计	短期投资	应收帐款	存货	产成品	流动资产年平均余额	长期投资
270801.2	**5**	**56301.9**	**104307.4**	**41862.4**	**258770.5**	**50460**
268802.6	5	56299.9	103714.5	41765.3	256909.8	50460
18666.9		2599.2	1287.3	474	16344.5	26704
9936.5		1437.6	773.4	225.2	9303.5	26365.8
8730.4		1161.6	513.9	248.8	7041	338.2
2991.4					2394.4	
5739		1161.6	513.9	248.8	4646.6	338.2
2945.6		1220.9	222	137.9	2945.6	
195316.3	5	44142.8	79965.5	34527.2	185989.6	7833.6
46912.1		18211.7	26572.9	13460.7	35455	
148404.2	5	25931.1	53392.6	21066.5	150534.6	7833.6
28155.5		5840	11267.2	1004	32328.6	15096.2
23718.3		2497	10972.5	5622.2	19301.5	826.2
4163.6		768.8	912.8	666.4	3201.7	644.2
822		48.6	2.6		653.2	
18732.7		1679.6	10057.1	4955.8	15446.6	182
1998.6		2	592.9	97.1	1860.7	
124663.4		30615.8	45743.7	17680.2	116082.3	42000.2
1902.1		1300	100		1902.1	
94102.5		11908.9	46311.3	19542.7	90467.7	3017.3
90030.4		11034.2	45876	19413.7	87234.2	2752.8
4072.1		874.7	435.3	129	3233.5	264.5
176698.7	5	44393	57996.1	22319.7	168302.8	47442.7
18198.9		2771.3	1608.5	732.2	16200	28197.3
140647.1		35215.9	50386.3	17841	134655.4	19140.6
17852.7	5	6405.8	6001.3	3746.5	17447.4	104.8
152732.4		34298.8	64677.5	26515.3	150119.9	19558.6
118068.8	5	22003.1	39629.9	15347.1	108650.6	30901.4

2-56 续表 1

项　目	企业单位数	亏损单位数	工业总产值(现价)	工业销售产值	出口交货值	工业增加值	年初存货
按行业分							
煤炭开采和洗选业	12	2	32626.7	31777.4		18802	1436.1
石油和天然气开采业							
#天然原油和天然气开采							
黑色金属矿采选业	1		1204.7	1050.2		231.9	33.4
有色金属矿采选业							
非金属矿采选业							
#采盐							
其他采矿业							
农副食品加工业	18	7	60848.4	59023.8		10808.2	23980.4
#谷物磨制	2	2	477.4	395.1		172.4	239.6
饲料加工	3	1	16989.1	16348.3		1467.8	2568.2
制糖	1		8758.1	8601.9		3620.9	4135.5
食品制造业	2		1901.2	1714.5		876.7	191.5
#罐头制造	1		800	800		398	20
饮料制造业	2		6075	6591.9	2411.3	2950.6	1723.9
#酒的制造	1		4238.5	4180.6		2102	471.3
烟草制品业							
纺织业	8	5	34863.3	30226.1		4597.5	8498.7
#棉、化纤纺织及印染精加工	8	5	34863.3	30226.1		4597.5	8498.7
毛纺织和染整精加工							
纺织服装、鞋、帽制造业							
皮革、毛皮、羽毛(绒)及其制品业							
#皮革鞣制加工							
皮革制品制造							
木材加工及木、竹、藤、棕、草制品业							
家具制造业							
造纸及纸制品业	1	1	1002.1	780		240.8	308.2
印刷业和记录媒介的复制	1		256	271		-37.8	
文教体育用品制造业							
石油加工、炼焦及核燃料加工业	10	3	155832.9	148493.7		38936.5	12641.7
#炼焦	2		14692.5	14692.5		5753.8	26.4
化学原料及化学制品制造业	3		12774.6	13065.9	5.7	4147.2	2989.8
#基础化学原料制造							
肥料制造	1		533.5	867.8		157.2	28.2
医药制造业	1		2674	2685		1295.9	1322.7
化学纤维制造业	1		3712	2727.4		333	2060.6
橡胶制品业							
塑料制品业							
非金属矿物制品业	7		52620.7	52844.1		21562.1	9339.7
#水泥制造	3		47857.4	47911.4		20491.2	9234.2
黑色金属冶炼及压延加工业	1		4547.9	4547.9		1224.6	70.7
有色金属冶炼及压延加工业							
金属制品业	3		3420.5	3459.3		589.4	23.9
通用设备制造业	1		710.9	833.9		351.3	
专用设备制造业	1		1935.3	1202.9		845.3	1417.7
交通运输设备制造业							
电气机械及器材制造业							
通信设备、计算机及其他电子设备制造业							
仪器仪表及文化、办公用机械制造业							
工艺品及其他制造业							
废弃资源和废旧材料回收加工业							
电力、热力的生产和供应业	6	1	61351.7	59828.5		33032.1	832.5
#电力生产和电力供应	6	1	61351.7	59828.5		33032.1	832.5
燃气生产和供应业	1		2021.7	2021.7		1422.1	225.7
水的生产和供应业	7	4	2616.6	2555		1205.3	159.2

计量单位：万元

流动资产 合计	短期投资	应收帐款	存货	产成品	流动资产 年平均余额	长期投资
17480.3		2637.7	1534.3	658	15439	27972
718.6		133.6	74.2	74.2	761	225.3
47631.3		6704.4	19531	7422.1	47396.2	1138.9
377.6		65.8	217.3	210.2	309.2	
3177.5		133.7	1976.6	206.1	3125.7	
5262.5		1452.7	2145.9	2145.9	6656.2	
496		100	323	129	366.5	
151		100	12		80	
3906.7		805.4	1456.9	904.7	3768.3	773.6
2178.8		119.4	511.5	60.7	1971.9	
30337.5		1886.6	20309.8	9263.3	28651.2	770
30337.5		1886.6	20309.8	9263.3	28651.2	770
708.6		97.9	562.9	445.5	996	
587		10	263	155.3	581.5	70.3
65124.6		20648.7	32338.9	16239.7	52479.5	3533.4
5748.6		128.4	836.1		5458.7	3181.4
9436.4	5	1591.4	3872	1875.7	9291.7	104.8
945.2	5	537.7	251.5	236.8	1120.4	
2597.7		57.5	1704.9	1033.5	2431.3	
4110.6		1372.4	2035.5	189.3	3329.7	
46311.8		13972.9	16058.4	1506.9	52624.2	15096.2
41624.3		11004.9	15786.5	1494.3	47535.1	15096.2
2193.9		1278.2	584.5		1888.2	
1396.6		889.3	298.3	218.1	1459.4	
1482.5		531.6	670.1	315.3	1458.5	
2487.4		522.2	1746.6	1431.8	2291.5	
29104.3		2174.1	721.4		29932.6	511
29104.3		2174.1	721.4		29932.6	511
962.3		13.3	97.4		677.2	
3727.1		874.7	124.3		2947	264.5

2-56 续表 2

项　目	固定资产合计	固定资产原价	生产经营用	累计折旧	本年折旧	固定资产净值年平均余额
总　计	**515831.5**	**635288.8**	**547333.6**	**153116.4**	**32209**	**441277.8**
按登记注册类型分						
内资企业	512443.9	631577.3	544695.1	152661.9	32022.8	438268.5
国有企业	91689	138525	125397	49757.2	10182.5	86395.3
#中央企业	49855.7	69618	63975.5	21554.3	3504.3	46492.4
地方企业	41833.3	68907	61421.5	28202.9	6678.2	39902.9
#自治区属企业						
地区(州、市)属企业	22714.2	40407.3	38000	17843.9	5161	21980
县(市)属企业	19119.1	28499.7	23421.5	10359	1517.2	17922.9
集体企业						
#自治区属企业						
地区(州、市)属企业						
县(市)属企业						
镇属企业						
乡属企业						
股份合作企业	7027.4	12865.2	8149.8	5667.7	502.1	7197.4
联营企业						
#国有联营企业						
集体联营企业						
国有与集体联营企业						
其他联营企业						
有限责任公司	361330	419320.1	353095.9	74483.2	17833	308421.5
#国有独资公司	144292	150421.5	140142.6	6129.5	2161.9	106446.2
其他有限责任公司	217038	268898.6	212953.3	68353.7	15671.1	201975.3
股份有限公司	34094.2	40028.3	39403.4	17752.3	2418	21404.1
私营企业	18303.3	20838.7	18649	5001.5	1087.2	14850.2
#私营独资企业	2114.1	2114.1	2041.3	1051.8	426.5	1085.8
私营合伙企业	318.4	345.4	344.5	27	27	291.8
私营有限责任公司	15870.8	18379.2	16263.2	3922.7	633.7	13472.6
私营股份有限公司						
港、澳、台商投资企业						
外商投资企业	3387.6	3711.5	2638.5	454.5	186.2	3009.3
在总计中：国有控股企业	378271.6	457100.3	396271.6	104176.7	23463.7	314034.5
在总计中：农村工业	3294.6	3294.6	2340	280	276.3	2517
按轻、重工业分						
轻工业	65746.4	84848.3	75125.3	24722.9	4743	59776.4
以农产品为原料	51511.5	63899.9	56432	17411.2	3701.5	46435
以非农产品为原料	14234.9	20948.4	18693.3	7311.7	1041.5	13341.4
重工业	450085.1	550440.5	472208.3	128393.5	27466	381501.4
采掘工业	29305.9	39037	22909.7	10728.5	1563.5	25130
原料工业	402434.2	487855.2	435972.1	112573.9	24223.2	337941.4
加工工业	18345	23548.3	13326.5	5091.1	1679.3	18430
按企业规模分						
大型企业						
中型企业	398204.5	479380.1	433328.9	109783.2	23353.5	332775.5
小型企业	117627	155908.7	114004.7	43333.2	8855.5	108502.3

计量单位：万元

无形资产	资产总计	流动负债		长期负债	负债合计
		合　计	应付帐款	合　计	
17995.1	**888853.5**	**359566.6**	**85284.3**	**97674.3**	**522927.9**
17630.1	883072.9	358218.9	85094.3	97674.3	521580.2
2426.3	140698.7	48309.9	3764.6	16302.9	64614.2
	86898.5	19842.4	1642.1	11264.6	31108.3
2426.3	53800.2	28467.5	2122.5	5038.3	33505.9
	25705.7	17728.8		535	18263.8
2426.3	28094.5	10738.7	2122.5	4503.3	15242.1
28.8	10007	895.7	639.3		895.7
12119.8	607630.2	257300.5	73889.8	78108.7	401094.6
2806.2	210623.7	41287.1	21293.4	61800	168671.2
9313.6	397006.5	216013.4	52596.4	16308.7	232423.4
1207	78567.6	27993.9	4631		27993.9
1848.2	46169.4	23718.9	2169.6	3262.7	26981.8
443.6	7365.5	3931.2	40.6	81.2	4012.4
	1176.2	294	7.4	129.1	423.1
1404.6	37627.7	19493.7	2121.6	3052.4	22546.3
365	5780.6	1347.7	190		1347.7
6885.6	570593.6	211774.7	50168.3	83113.3	360473.5
	5196.7	1528		1000	2616.5
8865	184776.4	93227.4	18488.4	11765	104996.7
8784.2	165661.6	89727	17423.4	8680.2	98411.3
80.8	19114.8	3500.4	1065	3084.8	6585.4
9130.1	704077.1	266339.2	66795.9	85909.3	417931.2
3096.7	81204.3	27048	2264.3	7231.5	34289.6
5728.6	586239.4	223231.4	58010.1	75447.8	364351.8
304.8	36633.4	16059.8	6521.5	3230	19289.8
7257.7	596363.6	244657.9	64823	78154.7	388396.8
10737.4	292489.9	114908.7	20461.3	19519.6	134531.1

2-56 续表 3

项目	固定资产合计	固定资产原价	生产经营用	累计折旧	本年折旧	固定资产净值年平均余额
按行业分						
煤炭开采和洗选业	28292.7	36858.6	20731.3	9563.3	1439.6	24097.3
石油和天然气开采业						
#天然原油和天然气开采						
黑色金属矿采选业	1013.2	2178.4	2178.4	1165.2	123.9	1032.7
有色金属矿采选业						
非金属矿采选业						
#采盐						
其他采矿业						
农副食品加工业	18872.6	23902.5	19960.3	7461.5	1624.4	17275.4
#谷物磨制	915.9	1615.7	952.9	729	59.5	878.3
饲料加工	1844.1	2680.8	1952	831.7	167.4	2228.4
制糖	4039.5	4600	3510	868.4	345.7	3327.3
食品制造业	493.4	516	241.2	62.6	45.2	434.9
#罐头制造	109	105	100	23	21	80
饮料制造业	6555.5	8079.4	8079.4	1101.5	611.4	6008
#酒的制造	2663.8	3394.2	3394.2	731.8	333.5	2651.6
烟草制品业						
纺织业	22592.3	27541	24548.5	7840.2	1196.9	19738.8
#棉、化纤纺织及印染精加工	22592.3	27541	24548.5	7840.2	1196.9	19738.8
毛纺织和染整精加工						
纺织服装、鞋、帽制造业						
皮革、毛皮、羽毛(绒)及其制品业						
#皮革鞣制加工						
皮革制品制造						
木材加工及木、竹、藤、棕、草制品业						
家具制造业						
造纸及纸制品业	441.4	424	424	47.8	35.7	393.1
印刷业和记录媒介的复制	560	1057	640	527	31.7	521
文教体育用品制造业						
石油加工、炼焦及核燃料加工业	161479.6	169588.3	165477.1	8829.8	3012.2	124140.9
#炼焦	18522.4	19318.4	18424.2	942.5	363.7	18373.2
化学原料及化学制品制造业	4463	7180.5	7130.5	2736.2	656.8	4396.4
#基础化学原料制造						
肥料制造	537.7	914.8	914.8	377.1	79.4	590
医药制造业	423.7	611.6	611.6	187.9	72.6	461.6
化学纤维制造业	1957	2179.4	2068.2	222.3	107.8	1957.1
橡胶制品业						
塑料制品业						
非金属矿物制品业	64599	81134.4	79309.4	30318.4	4253	50214.6
#水泥制造	59453.8	75016.9	73836.8	29346	3593.3	44958.7
黑色金属冶炼及压延加工业	602.7	744.5	700	440.4	440.4	349.8
有色金属冶炼及压延加工业						
金属制品业	668.5	1060.1	703.7	239.2	105.1	828
通用设备制造业	195.8	371.2	308.2	180.3	54.6	231.8
专用设备制造业	1697.6	2261.7	1682.9	578.8	53.5	1674.2
交通运输设备制造业						
电气机械及器材制造业						
通信设备、计算机及其他电子设备制造业						
仪器仪表及文化、办公用机械制造业						
工艺品及其他制造业						
废弃资源和废旧材料回收加工业						
电力、热力的生产和供应业	178879.3	240046.9	193499.6	73519.7	16943.3	166342
#电力生产和电力供应	178879.3	240046.9	193499.6	73519.7	16943.3	166342
燃气生产和供应业	8193.7	9015.9	487.2	822.2	383.6	8193.7
水的生产和供应业	13850.5	20537.4	18552.1	7272.1	1017.3	12986.5

计量单位：万元

无形资产	资产总计	流动负债		长期负债	负债合计
		合　计	应付帐款	合　计	
2742.8	77903.6	24819.8	2264.3	7231.5	32061.4
353.9	3300.7	2228.2			2228.2
5785.3	84183.1	45100.9	8260.3	378.5	45479.7
	1293.6	990.4	37.7	40	1030.4
276.1	5327.1	3158	631.5	10.4	3168.4
521	9823	5544.2	3148.4		5544.2
27.7	1017.1	269.7	139.2	79.5	351.8
	260	46		7.5	56
474.9	11710.8	6541.6	1103.1	1291.9	7833.5
474.9	5317.6	2952.5	467.5	1291.9	4244.4
2350.2	57845	30750.6	6821.2	6999.7	37750.3
2350.2	57845	30750.6	6821.2	6999.7	37750.3
	1150	761	394		761
	1217.6	1012	369.4	2.6	1015.9
2911.1	249750.2	60756.1	25392.9	57812	184240.7
	27475.7	11419.5	3586		11419.5
108.7	14164.6	5728.8	2824.6		5728.8
2.6	1485.5	387	144		387
	3053.7	625.2	45.2		625.2
173.8	6241.4	4889.7	430.2		4889.7
2813.8	128968.9	48949.7	12097.6	978.9	49928.6
2650.5	118972.7	45059	10361.3	978.9	46037.9
	2796.7	1940.4	877.6	79.5	2019.9
32.8	2104.6	1059.4	401.8		1059.4
	1688	920.2	507.8		920.2
	4185	3123.5	321.9	230	3353.5
167	210058.8	114475.9	20515.3	16577.4	131053.3
167	210058.8	114475.9	20515.3	16577.4	131053.3
	9156	2337.2	1592.1	3000	5337.2
53.1	18357.7	3276.7	925.8	3012.8	6289.6

2-56 续表 4

项 目	所有者权益合计	其中：实收资本	国家资本	集体资本	法人资本	个人资本	港澳台资本
总 计	**365925.6**	**206355.2**	**85692**	**3578**	**77424.3**	**35080.1**	**4138.4**
按登记注册类型分							
内资企业	361492.7	201774.4	85692	3578	77424.3	35080.1	
国有企业	76084.5	45183	45131.3			51.7	
#中央企业	55790.2	37850.9	37850.9				
地方企业	20294.3	7332.1	7280.4			51.7	
#自治区属企业							
地区(州、市)属企业	7441.9	1252.7	1252.7				
县(市)属企业	12852.4	6079.4	6027.7			51.7	
集体企业							
#自治区属企业							
地区(州、市)属企业							
县(市)属企业							
镇属企业							
乡属企业							
股份合作企业	9111.3	5070		70	5000		
联营企业							
#国有联营企业							
集体联营企业							
国有与集体联营企业							
其他联营企业							
有限责任公司	206535.6	120652.3	40560.7	3508	57105.9	19477.7	
#国有独资公司	41952.5	31298.9	31298.9				
其他有限责任公司	164583.1	89353.4	9261.8	3508	57105.9	19477.7	
股份有限公司	50573.7	18492.7			12426	6066.7	
私营企业	19187.6	12376.4			2892.4	9484	
#私营独资企业	3353.1	1349				1349	
私营合伙企业	753.1	300				300	
私营有限责任公司	15081.4	10727.4			2892.4	7835	
私营股份有限公司							
港、澳、台商投资企业							
外商投资企业	4432.9	4580.8					4138.4
在总计中：国有控股企业	210120.1	109637.1	83507.7		19089.4	7040	
在总计中：农村工业	2580.2	2800				2800	
按轻、重工业分							
轻工业	79779.7	44263.6	5329.4	3438	21357.9	9557.5	4138.4
以农产品为原料	67250.3	39434.4	750.2	3438	21174.3	9491.1	4138.4
以非农产品为原料	12529.4	4829.2	4579.2		183.6	66.4	
重工业	286145.9	162091.6	80362.6	140	56066.4	25522.6	
采掘工业	46914.7	22940.9	16936.4		2900	3104.5	
原料工业	221887.6	126936.4	63262.2	70	46999.6	16604.6	
加工工业	17343.6	12214.3	164	70	6166.8	5813.5	
按企业规模分							
大型企业							
中型企业	207966.8	118569.4	61554.6	2560	48337.1	6117.7	
小型企业	157958.8	87785.8	24137.4	1018	29087.2	28962.4	4138.4

计量单位：万元

外商资本	主营业务收入	主营业务成本	主营业务税金及附加	其他业务收入	其他业务利润	营业费用
442.4	**425534.6**	**331270**	**5311.1**	**30837.9**	**5733.8**	**13607.7**
	418233.6	324883.3	5284.2	30789.7	5689.4	13356.4
	38480.5	30278.8	259.9	1236.4	91.4	612.9
	18998.6	13699.2	66.1	163.4	88	149.7
	19481.9	16579.6	193.8	1073	3.4	463.2
	12392	11757	137.5			
	7089.9	4822.6	56.3	1073	3.4	463.2
	3533.5	2315.1	11.1	2	1.5	53.3
	311462.1	239458.6	4041.1	24472.4	3781.8	11657.1
	106627.9	86086.1	2195.3	718.6	700.5	2203.7
	204834.2	153372.5	1845.8	23753.8	3081.3	9453.4
	24237.8	16091.5	26.1	1199.6	316.2	851.9
	40519.7	36739.3	946	3879.3	1498.5	181.2
	2303	2164	3.9			44.5
	1275.1	575.2	13.3			
	36941.6	34000.1	928.8	3879.3	1498.5	136.7
442.4	7301	6386.7	26.9	48.2	44.4	251.3
	213216.2	162011.9	2987.3	11949.7	2559.4	3919.3
	1601.1	1661.6	200			50
442.4	111510.2	100215.2	733.8	14886	1300.6	3937.6
442.4	108199.7	98009.1	690.2	13926.1	1383.3	3812.8
	3310.5	2206.1	43.6	959.9	-82.7	124.8
	314024.4	231054.8	4577.3	15951.9	4433.2	9670.1
	25838.4	12735.5	266.7	885.2	121.8	1487.2
	265230.9	201412.7	4152.2	9832.8	3658.8	6796.9
	22955.1	16906.6	158.4	5233.9	652.6	1386
	267698.5	202304.5	3204.1	6931.2	2520.5	8274.4
442.4	157836.1	128965.5	2107	23906.7	3213.3	5333.3

2-56 续表 5

项目	所有者权益合计	其中:实收资本	国家资本	集体资本	法人资本	个人资本	港澳台资本
按行业分							
煤炭开采和洗选业	45842.2	22144.4	16936.4		2900	2308	
石油和天然气开采业							
#天然原油和天然气开采							
黑色金属矿采选业	1072.5	796.5				796.5	
有色金属矿采选业							
非金属矿采选业							
#采盐							
其他采矿业							
农副食品加工业	38703.4	16259.9	601.2	3438	7543.3	4235	
#谷物磨制	263.2	601.2	601.2				
饲料加工	2158.7	1812.4			1370		
制糖	4278.8	2560		2560			
食品制造业	665.3	506			183.6	322.4	
#罐头制造	204	256				256	
饮料制造业	3877.3	3500			2500	1000	
#酒的制造	1073.2	1000				1000	
烟草制品业							
纺织业	20094.7	15533.5			7520.1	3875	4138.4
#棉、化纤纺织及印染精加工	20094.7	15533.5			7520.1	3875	4138.4
毛纺织和染整精加工							
纺织服装、鞋、帽制造业							
皮革、毛皮、羽毛(绒)及其制品业							
#皮革鞣制加工							
皮革制品制造							
木材加工及木、竹、藤、棕、草制品业							
家具制造业							
造纸及纸制品业	389	421			417	4	
印刷业和记录媒介的复制	201.7	149	149				
文教体育用品制造业							
石油加工、炼焦及核燃料加工业	65509.5	48040.4	24568.8	70	15576.6	7825	
#炼焦	16056.2	14425			14125	300	
化学原料及化学制品制造业	8435.8	4931			2057.4	2873.6	
#基础化学原料制造							
肥料制造	1098.5	160.7				160.7	
医药制造业	2428.5	2150			2150		
化学纤维制造业	1351.7	1165			1043.9	121.1	
橡胶制品业							
塑料制品业							
非金属矿物制品业	79040.3	37476.1	1464.3		28455.2	7556.6	
#水泥制造	72934.8	32377.7	1464.3		24846.7	6066.7	
黑色金属冶炼及压延加工业	776.8	764.6			764.6		
有色金属冶炼及压延加工业							
金属制品业	1045.2	536.8		70	40	426.8	
通用设备制造业	767.8	504.9			460.9	44	
专用设备制造业	831.5	656.1	164			492.1	
交通运输设备制造业							
电气机械及器材制造业							
通信设备、计算机及其他电子设备制造业							
仪器仪表及文化、办公用机械制造业							
工艺品及其他制造业							
废弃资源和废旧材料回收加工业							
电力、热力的生产和供应业	79005.5	43040.8	37229.1		5811.7		
#电力生产和电力供应	79005.5	43040.8	37229.1		5811.7		
燃气生产和供应业	3818.8	3200				3200	
水的生产和供应业	12068.1	4579.2	4579.2				

计量单位：万元

外商资本	主营业务收入	主营业务成本	主营业务税金及附加	其他业务收入	其他业务利润	营业费用
	24536.2	11887.2	237	203.5	98.7	1477.7
	1302.2	848.3	29.7	681.7	23.1	9.5
442.4	63120.2	57711	118.9	11114.2	182.6	2008.9
	417.4	343.7	1.1	1.2	1.2	21.3
442.4	17132.9	16139.6		46.6	43.9	407.2
	8699.7	7214.7	92.9	510	42.5	315.6
	1654.6	972	66.5			113.4
	800	480	48			60
	5437.4	3233.5	441.1	525.2	412.6	518.9
	3026.1	1752.4	441.1	210	134	248.7
	33450.5	31925.1	78.3	1483	476.1	1032.5
	33450.5	31925.1	78.3	1483	476.1	1032.5
	616	597.3	2.3			14.8
	403.2	327.1	1.6			30
	149313.9	119427.9	3324.1	4686.7	2270.5	2373.8
	14692.5	9273.5	18.5	310.2	161.8	31.4
	12924.8	9514.4	67.8	521.7	22.5	690.9
	745.7	529	0.7			31.4
	1645	1297.3				19.5
	2727.4	2437.8		803.7	312	128.2
	55200.2	38454.1	198.3	1464.6	408.8	4489.7
	49588.7	34452.3	118.9	1228.4	333.7	4050.4
	5111	4626.5	17.2			
	3499	3144.6	9.8	1.2	0.9	81.5
	833.9	571.6	1.9			48.3
	1179.5	1021.5	2.8	4494.3	107.1	6
	58601.9	41024	677.8	3427.2	1045.8	5.5
	58601.9	41024	677.8	3427.2	1045.8	5.5
	1521.8	534.7	10.9	471	455.8	487.2
	2455.9	1714.1	25.1	959.9	-82.7	71.4

2-56 续表 6

项目	管理费用	税金	财产保险费	差旅费	工会经费	办公费	职工教育费
总计	**38250.8**	**1354.8**	**595.4**	**1374.9**	**392.4**	**1074.3**	**356.7**
按登记注册类型分							
内资企业	38042.3	1349	594.7	1369.8	391.2	1065.5	354.5
国有企业	6421.5	193.3	133.2	164.2	106.6	130.3	94.4
#中央企业	3435.8	34.9	14.1	67.5	49.9	64.4	44.8
地方企业	2985.7	158.4	119.1	96.7	56.7	65.9	49.6
#自治区属企业							
地区(州、市)属企业	970.4	120	110.8	23.5	29.1	39.2	21.8
县(市)属企业	2015.3	38.4	8.3	73.2	27.6	26.7	27.8
集体企业							
#自治区属企业							
地区(州、市)属企业							
县(市)属企业							
镇属企业							
乡属企业							
股份合作企业	659.2	102.8	10	35.7	4.7	5.2	4.5
联营企业							
#国有联营企业							
集体联营企业							
国有与集体联营企业							
其他联营企业							
有限责任公司	25361.6	950.4	358.3	972	187.1	782.1	186.5
#国有独资公司	5104.1	17.9	71.5	410.7	30.6	147.9	26.3
其他有限责任公司	20257.5	932.5	286.8	561.3	156.5	634.2	160.2
股份有限公司	4428.1	51.9	43	132.5	87.7	117.8	63.8
私营企业	1171.9	50.6	50.2	65.4	5.1	30.1	5.3
#私营独资企业	35.2	13.2	0.6	0.2	0.1	3.1	1.2
私营合伙企业	29.6	0.5	0.3	0.3		0.7	
私营有限责任公司	1107.1	36.9	49.3	64.9	5	26.3	4.1
私营股份有限公司							
港、澳、台商投资企业							
外商投资企业	208.5	5.8	0.7	5.1	1.2	8.8	2.2
在总计中：国有控股企业	25215.5	821.6	276.4	767.2	240.1	723.3	236.8
在总计中：农村工业	52	0.8	20	10	0.5	0.3	0.2
按轻、重工业分							
轻工业	6113.9	277.7	131.3	269.9	54.2	134.5	42.4
以农产品为原料	5266.1	253.2	124.8	229.3	43.1	110.7	32.7
以非农产品为原料	847.8	24.5	6.5	40.6	11.1	23.8	9.7
重工业	32136.9	1077.1	464.1	1105	338.2	939.8	314.3
采掘工业	5830.4	82	21.9	155.8	69.9	102.8	74.3
原料工业	24304.9	904.3	395.3	859.3	235	772.2	215.8
加工工业	2001.6	90.8	46.9	89.9	33.3	64.8	24.2
按企业规模分							
大型企业							
中型企业	26239.2	898.3	451.7	828.4	259.3	753.9	231.1
小型企业	12011.6	456.5	143.7	546.5	133.1	320.4	125.6

计量单位：万元

排污费	财务费用		营业利润	投资收益	补贴收入	营业外收入
		利息支出				
483	**9973.6**	**9137**	**31282.7**	**4330.3**	**5073.6**	**1294.8**
482.7	9862.2	9048.5	31283.9	4330.3	5073.6	1294.2
160.3	1619.8	981.1	427.4	2719.2	317.6	438.5
	646.2	681.3	1100.4	2710.7	287.7	394.2
160.3	973.6	299.8	-673	8.5	29.9	44.3
108	748.9	75.5	-235.3	3.5		25
52.3	224.7	224.3	-437.7	5	29.9	19.3
0.2	135.6	145	405.6			2
273.6	6682.3	6564.6	25642	640.1	2461.8	838.1
1	1079.3	1055.5	10659.9		85.3	75.1
272.6	5603	5509.1	14982.1	640.1	2376.5	763
19	773.4	759.4	2383	970.8	2161.3	12.3
29.6	651.1	598.4	2425.9	0.2	132.9	3.3
0.3	48.6		29.8			
0.2	-3		660			
29.1	605.5	598.4	1736.1	0.2	132.9	3.3
0.3	111.4	88.5	-1.2			0.6
196.4	6684.7	6000.9	16113.7	3909.1	2957.6	717.5
0.2	57.2		-219.7			
127.9	1906.1	1754.4	63.5	222.7	1796.1	111
122.5	1819.3	1667.7	99.1	217.7	1773.9	100.4
5.4	86.8	86.7	-35.6	5	22.2	10.6
355.1	8067.5	7382.6	31219.2	4107.6	3277.5	1183.8
145.7	113.2	155.7	5890.9	2703.7	88.6	181.7
203.8	7107.2	6378.3	22918.9	1401.9	3180.9	759.9
5.6	847.1	848.6	2409.4	2	8	242.2
222.1	7694.4	6955.3	19931.8	1414.1	3540.7	752.8
260.9	2279.2	2181.7	11350.9	2916.2	1532.9	542

2-56 续表 7

项　目	管理费用	税　金	财产保险费	差旅费	工会经费	办公费	职工教育费
按行业分							
煤炭开采和洗选业	5510.2	81.4	21.9	153.3	69.2	101.7	71.3
石油和天然气开采业							
#天然原油和天然气开采							
黑色金属矿采选业	320.2	0.6		2.5	0.7	1.1	3
有色金属矿采选业							
非金属矿采选业							
#采盐							
其他采矿业							
农副食品加工业	2983.1	118.6	54.7	146.4	21.2	55.3	18.8
#谷物磨制	422.8			2.2	1.3	1.8	
饲料加工	441.2	14.4	1.1	15.1	1.3	12.2	5.2
制糖	622.6	18.3	28	14.8	2.5	5	3
食品制造业	222	2.5	0.7	10.1	0.9	6.8	0.7
#罐头制造	50			0.7		0.2	
饮料制造业	596.1	7.2	3.3	23.5	6.1	23.5	1.5
#酒的制造	402.8	7.2	3.3	16.8	4.9	17.1	0.6
烟草制品业							
纺织业	1167.5	37.7	58.7	30.2	10.8	14.9	8.6
#棉、化纤纺织及印染精加工	1167.5	37.7	58.7	30.2	10.8	14.9	8.6
毛纺织和染整精加工							
纺织服装、鞋、帽制造业							
皮革、毛皮、羽毛(绒)及其制品业							
#皮革鞣制加工							
皮革制品制造							
木材加工及木、竹、藤、棕、草制品业							
家具制造业							
造纸及纸制品业	42.4	0.6	2.3	8.9		9.4	
印刷业和记录媒介的复制	81.9			4.6	1.7	2.5	1.3
文教体育用品制造业							
石油加工、炼焦及核燃料加工业	6038.9	122	183	493	27.9	209.7	23.9
#炼焦	242	102.7	50.4	22.4	2.2	8	1.6
化学原料及化学制品制造业	1220.2	69.4	42.1	71.6	13.6	48.1	14
#基础化学原料制造							
肥料制造	65.2	0.6	1	4.6	3.4	0.7	6.4
医药制造业	149.2	85	1.2	6.5	0.4	1.5	0.3
化学纤维制造业	195.9	4.1	4.6	8.5	2.9	3.4	2.2
橡胶制品业							
塑料制品业							
非金属矿物制品业	6217.1	78.7	54.5	223	130.4	191.2	87.2
#水泥制造	5816.6	73.7	52.4	209.5	121.5	173	84.9
黑色金属冶炼及压延加工业	147.8	3.1	0.9	13.2	2.2	2.5	5.7
有色金属冶炼及压延加工业							
金属制品业	114.7	16.4	2.1	12.2	0.6	2.2	1.6
通用设备制造业	123.9	0.8	1.8	5.8	2.7	2	2
专用设备制造业	213.7			4.4	5.8	1.5	4.3
交通运输设备制造业							
电气机械及器材制造业							
通信设备、计算机及其他电子设备制造业							
仪器仪表及文化、办公用机械制造业							
工艺品及其他制造业							
废弃资源和废旧材料回收加工业							
电力、热力的生产和供应业	12169.2	704.6	157.8	121.2	83.4	383.8	101.3
#电力生产和电力供应	12169.2	704.6	157.8	121.2	83.4	383.8	101.3
燃气生产和供应业	61	0.1		4.8	1.7	1	
水的生产和供应业	675.8	22	5.8	31.2	10.2	17.2	9

计量单位：万元

排污费	财务费用	利息支出	营业利润	投资收益	补贴收入	营业外收入
145.7	131.8	155.7	5754.7	2703.7	85.3	161.3
	-18.6		136.2		3.3	20.4
50.1	950.4	881.7	-34.3	79.1	1533.9	25.9
	19.7	19.5	-404.4		7.7	
0.3	180.7	179.5	64.5		701.2	3.7
20	141.7	141	354.5		202	1.3
2.2	9.9		438.7			
0.1	10		320			
36.3	143.8	143.7	916.4	-77		7.9
30	9.4	10.1	305.5			5.7
20	481.4	407.4	-1103.5		240	17.8
20	481.4	407.4	-1103.5		240	17.8
	-0.7		-40.2			
	1.4	1.4	-4.5			48.8
14	1435	1371.5	15661.6	406.8	6.7	90.9
0.1	-4.1		1735.8	406.7		0.6
5.3	682.4	682.4	829.3	2		42.8
	35	35	120.9			
	0.8	0.6		215.6		
16	232.2	232.9	45.2			
75.7	1312.2	1298.9	4937.4	970.8	2886.5	334.3
75.7	1269.8	1255.6	4214.5	970.8	2886.5	154.5
5	31	30.9	143			
0.3	12.1	12	183.4			
			86.3			17
	28.7	29.6	35.1		8	43.8
109.1	4360.7	3709.6	2660.6	24.3	287.7	471.7
109.1	4360.7	3709.6	2660.6	24.3	287.7	471.7
	92.2	92	791.6			1.6
3.3	86.9	86.7	-154.3	5	22.2	10.6

2-56 续表 8

项　　目	营业外支出	利润总额	应交所得税	广告费	劳动、待业保险费	养老保险和医疗保险费	住房公积金和住房补贴
总　计	**3214.2**	**37911.5**	**5986.8**	**144.7**	**1115**	**4824.3**	**1159.1**
按登记注册类型分							
内资企业	3203.8	37982.8	5986.8	144	1109.4	4801.2	1159.1
国有企业	414.4	3457.2	533.9	1.2	427	1115.1	290.6
#中央企业	300.3	4152.8	461.5	1.2	73.6	806.6	159.5
地方企业	114.1	-695.6	72.4		353.4	308.5	131.1
#自治区属企业							
地区(州、市)属企业	44.7	-251.5			313.1	101.2	103.7
县(市)属企业	69.4	-444.1	72.4		40.3	207.3	27.4
集体企业							
#自治区属企业							
地区(州、市)属企业							
县(市)属企业							
镇属企业							
乡属企业							
股份合作企业	87	233.6	89.6	1.5	1.9	25.1	9.1
联营企业							
#国有联营企业							
集体联营企业							
国有与集体联营企业							
其他联营企业							
有限责任公司	2271.8	26748.3	4740.4	37.7	582.3	2364.3	628.5
#国有独资公司	5.8	10814.6	275.6	5.8	38.7	122.9	130.7
其他有限责任公司	2266	15933.7	4464.8	31.9	543.6	2241.4	497.8
股份有限公司	58.4	5469	297.5	103.5	83.8	1227.5	230.9
私营企业	372.2	2074.7	325.4	0.1	14.4	69.2	
#私营独资企业	14.5	-4			4.2	10.8	
私营合伙企业		660	206.9		0.2	2.5	
私营有限责任公司	357.7	1418.7	118.5	0.1	10	55.9	
私营股份有限公司							
港、澳、台商投资企业							
外商投资企业	10.4	-71.3		0.7	5.6	23.1	
在总计中：国有控股企业	1380.6	21976	1419.2	115.6	758.2	3797	1025.4
在总计中：农村工业		-219.7			0.5		
按轻、重工业分							
轻工业	1017.1	508.6	748.8	9.2	176.2	663.7	59.2
以农产品为原料	980.8	533.8	703.8	9.2	139.4	475.3	36.5
以非农产品为原料	36.3	-25.2	45		36.8	188.4	22.7
重工业	2197.1	37402.9	5238	135.5	938.8	4160.6	1099.9
采掘工业	789.3	8154.8	2260.1		80	612.7	95.3
原料工业	1290.4	26878	2177.6	132.7	690.4	3444.4	930.9
加工工业	117.4	2370.1	800.3	2.8	168.4	103.5	73.7
按企业规模分							
大型企业							
中型企业	1458.6	24313.9	2843.2	129.2	773.3	3622	942.9
小型企业	1755.6	13597.6	3143.6	15.5	341.7	1202.3	216.2

计量单位：万元

本年应付工资总额	主营业务应付	本年应付福利费总额	主营业务应付	本年应交增值税	本年进项税额
30091.5	**29319.2**	**4152**	**4060.2**	**18926.6**	**45512.3**
29935.6	29163.3	4140.1	4048.3	18903	45398.6
6790.1	6730	786.5	778.8	3156.2	1138.5
3268.8	3268.8	510	510	1048.9	725.4
3521.3	3461.2	276.5	268.8	2107.3	413.1
1487.2	1487.2	14.9	14.9	1710.4	404.8
2034.1	1974	261.6	253.9	396.9	8.3
272.7	272.7	45.4	45.4	133.4	158.5
17608.3	17008	2571.9	2501.8	12715	37121.1
1812.3	1549.5	259.5	215.4	1221.4	19150.7
15796	15458.5	2312.4	2286.4	11493.6	17970.4
4470.7	4470.7	625.9	625.9	2335.1	1135.5
793.8	681.9	110.4	96.4	563.3	5845
98.1	98.1	20.2	20.2	22	196
23.8	23.8	0.5	0.5	157.3	8.5
671.9	560	89.7	75.7	384	5640.5
155.9	155.9	11.9	11.9	23.6	113.7
19003	18493.8	2641.6	2582.7	10835.1	28557.1
63.3	63.3	0.8	0.8		
4945.8	4754.4	728.7	707.1	1860.1	10453.3
4272.4	4110.8	638.9	621.9	1664	10452.7
673.4	643.6	89.8	85.2	196.1	0.6
25145.7	24564.8	3423.3	3353.1	17066.5	35059
5640.3	5347.2	760.6	713.4	2577.6	251.1
18169	18036.1	2511	2492.3	13210.4	33100.7
1336.4	1181.5	151.7	147.4	1278.5	1707.2
20580.9	20547.1	2796.6	2795.5	13409.6	34672.7
9510.6	8772.1	1355.4	1264.7	5517	10839.6

2-56 续表 9

项　　目	营业外支出	利润总额	应交所得税	广告费	劳动、待业保险费	养老保险和医疗保险费	住房公积金和住房补贴
按行业分							
煤炭开采和洗选业	676.8	8102.8	2240.4		56.3	575.6	90.3
石油和天然气开采业							
#天然原油和天然气开采							
黑色金属矿采选业	112.5	52	19.7		23.7	37.1	5
有色金属矿采选业							
非金属矿采选业							
#采盐							
其他采矿业							
农副食品加工业	402	583.3	636.7	6.9	88.9	195.3	26.5
#谷物磨制		-396.7			2.5	3.2	
饲料加工	21.1	126.2	34.1	5.7	11.9	23.3	
制糖	6.1	551.8	303	1.2	15.2	89.3	
食品制造业	0.5	438.2	49		3.3	21.2	
#罐头制造		320	10				
饮料制造业	441.1	406.1	50.2	0.3	26.3	11.9	
#酒的制造	13.7	297.5	50.2	0.3	17	11.9	
烟草制品业							
纺织业	133.6	-996.5	0.1	0.8	19.1	169.1	
#棉、化纤纺织及印染精加工	133.6	-996.5	0.1	0.8	19.1	169.1	
毛纺织和染整精加工							
纺织服装、鞋、帽制造业							
皮革、毛皮、羽毛(绒)及其制品业							
#皮革鞣制加工							
皮革制品制造							
木材加工及木、竹、藤、棕、草制品业							
家具制造业							
造纸及纸制品业	0.2	-40.4					
印刷业和记录媒介的复制	3.9	0.5		1.2	1.5	13.9	
文教体育用品制造业							
石油加工、炼焦及核燃料加工业	27.2	16135.9	1102.2	5.9	23.5	171.2	105.3
#炼焦		2144.4	508.9	0.1	0.4	25.1	0.7
化学原料及化学制品制造业	22.9	851.2	357.8	1.6	162.6	26.8	63.1
#基础化学原料制造							
肥料制造	19.8	101.1	15.2			5.9	
医药制造业		215.6			1.4	48.7	4.2
化学纤维制造业		45.2	6.8		2.2	36.4	5.8
橡胶制品业							
塑料制品业							
非金属矿物制品业	233.4	8721.4	513	120.7	110.1	1431.6	236.6
#水泥制造	227.5	7998.8	380.5	120.7	108.3	1420.2	236.4
黑色金属冶炼及压延加工业	33.4	109.8	38.8			4.3	
有色金属冶炼及压延加工业							
金属制品业	84.1	99.3	22.7	1.5			3.4
通用设备制造业		103.3	34.1		1	13.6	
专用设备制造业	5	82			3.8	50.6	7
交通运输设备制造业							
电气机械及器材制造业							
通信设备、计算机及其他电子设备制造业							
仪器仪表及文化、办公用机械制造业							
工艺品及其他制造业							
废弃资源和废旧材料回收加工业							
电力、热力的生产和供应业	1001.7	2352.1	647.6	5.1	557.8	1838.9	589.2
#电力生产和电力供应	1001.7	2352.1	647.6	5.1	557.8	1838.9	589.2
燃气生产和供应业	0.1	793.1	261.7	0.7		10.9	
水的生产和供应业	35.8	-143.4	6		33.5	167.2	22.7

计量单位：万元

本年应付工资总额	主营业务应付	本年应付福利费总额	主营业务应付	本年应交增值税	本年进项税额
5547.5	5254.4	747.7	700.5	2492.2	251.1
92.8	92.8	12.9	12.9	85.4	
1499.8	1401.8	310.7	301.8	697	3166.9
34.8	34.8	3.8	3.8		7.7
166.1	166.1	29.7	29.7		
473.8	440	58.1	57	469.3	819
181.8	181.8	24.3	24.3	51.8	
7.9	7.9				
304.9	304.9	42.7	42.7	382.2	316.8
264.5	264.5	37.1	37.1	382.2	200.5
1998.8	1989.1	224.9	223.7	461.6	6288.1
1998.8	1989.1	224.9	223.7	461.6	6288.1
67	56.6	5.6	3.7	24.1	83.9
91.7	91.7	12.8	12.8	13.2	
2820.3	2756	319	310	2017.1	23875.2
1441.9	1441.9	135.9	135.9	432.7	344.6
725.6	661.6	100.8	91.7	1052.9	1150.3
28.2	28.2	3.9	3.9	7	
157.2	150	22	22	85.9	194.1
145.1	108.8	20.2	15.2		402.9
6053.6	6021.2	847.3	842.4	4403.7	1156.5
5803.1	5798.5	812.2	811.6	4066.9	1135.5
203.8	203.8	27.4	27.4	430.5	406
122.9	122.9	12.3	12.3	56.9	447
132.5	132.5	18.5	18.5	42.4	70.5
201	73.9	10.3	10.3	54.9	107.6
9161.8	9161.8	1327.1	1327.1	6313.7	7507.3
9161.8	9161.8	1327.1	1327.1	6313.7	7507.3
83.9	83.9			116.8	87.5
499.5	469.7	65.5	60.9	144.3	0.6

2-56 续表 10

项目	本年销项税额	工业中间投入合计		制造费用中的中间投入	管理费用中的中间投入	营业费用中的中间投入
			直接材料			
总计	**59257.9**	**318508.1**	**258457.6**	**29517.2**	**13571.1**	**6988.6**
按登记注册类型分						
内资企业	59231.4	312096.5	252500.8	29354.2	13547.4	6831.9
国有企业	4382.4	19795	13103.1	2413.5	2184.2	474.4
#中央企业	1604.1	9482.6	6586.1	1217.3	889	144
地方企业	2778.3	10312.4	6517	1196.2	1295.2	330.4
#自治区属企业						
地区(州、市)属企业	2107.2	6316.3	5318.1		249.3	
县(市)属企业	671.1	3996.1	1198.9	1196.2	1045.9	330.4
集体企业						
#自治区属企业						
地区(州、市)属企业						
县(市)属企业						
镇属企业						
乡属企业						
股份合作企业	1557.8	2100.9	1005	400.8	506.5	53
联营企业						
#国有联营企业						
集体联营企业						
国有与集体联营企业						
其他联营企业						
有限责任公司	43710.9	247996.2	203494.4	23142.6	8981.9	5695
#国有独资公司	18104.1	87570.5	82018.3	2570.8	1390.9	511.2
其他有限责任公司	25606.8	160425.7	121476.1	20571.8	7591	5183.8
股份有限公司	3470.6	11857	7215.1	2288.9	1106.5	473.1
私营企业	6109.7	30347.4	27683.2	1108.4	768.3	136.4
#私营独资企业	125.1	2194.2	1953	124	27.9	40.7
私营合伙企业	165.8	339.5	169.8	152.1	20.6	
私营有限责任公司	5818.8	27813.7	25560.4	832.3	719.8	95.7
私营股份有限公司						
港、澳、台商投资企业						
外商投资企业	26.5	6411.6	5956.8	163	23.7	156.7
在总计中：国有控股企业	36500	151779.9	127066.7	9888.5	6442.8	1697.2
在总计中：农村工业		473.6	360		8.6	47.8
按轻、重工业分						
轻工业	11438.6	93538.5	77330.1	8689.2	3057.6	2555.5
以农产品为原料	10995.8	91308.6	76659.5	7874.3	2492.5	2463
以非农产品为原料	442.8	2229.9	670.6	814.9	565.1	92.5
重工业	47819.3	224969.6	181127.5	20828	10513.5	4433.1
采掘工业	2585.5	17375.1	7079.3	5616.2	3408.5	1157.9
原料工业	41259.7	190286.9	160537	13797.7	6112	2733
加工工业	3974.1	17307.6	13511.2	1414.1	993	542.2
按企业规模分						
大型企业						
中型企业	42564	199476.9	165389.1	15283.2	7221.8	3888.4
小型企业	16693.9	119031.2	93068.5	14234	6349.3	3100.2

计量单位：万元

经营活动产生的现金流量净额	投资活动产生的现金流量净额	筹资活动产生的现金流量净额	全部从业人员年平均人数(人)	利税总额	亏损企业亏损额
52701.8	**-57596.3**	**20355.6**	**21694**	**62149.2**	**3726.2**
52795.3	-53810.3	16300.3	21499	62170	3654.9
6268.3	-1956.3	-4295.5	3745	6873.3	864.9
1545.2	-789.9	-338.5	1952	5267.8	
4723.1	-1166.4	-3957	1793	1605.5	864.9
3814.3	-273.3	-4055.8	569	1596.4	251.5
908.8	-893.1	98.8	1224	9.1	613.4
147.5	-109.9		136	378.1	
39289.9	-21826	10475.5	14152	43504.4	2035.9
-1158.9	-5366.5	6616.6	1090	14231.3	
40448.8	-16459.5	3858.9	13062	29273.1	2035.9
7648.4	-22658.4	1022.5	2684	7830.2	
-558.8	-7259.7	9097.8	782	3584	754.1
-127.2	-446.5	605.3	84	21.9	4
803.6	-390.1	300	20	830.6	
-1235.2	-6423.1	8192.5	678	2731.5	750.1
-93.5	-3786	4055.3	195	-20.8	71.3
25159.4	-40619.7	164.2	10764	35798.4	864.9
			70	-19.7	219.7
3360.1	-2432.6	29881.8	6321	3102.5	2981.4
2859.1	-1716.7	28962.8	5772	2888	2808.8
501	-715.9	919	549	214.5	172.6
49341.7	-55163.7	-9526.2	15373	59046.7	744.8
4457.5	-3461.3	-2721.2	3676	10999.1	44.1
40366.8	-49856.2	-4128.4	10549	44240.6	700.7
4517.4	-1846.2	-2676.6	1148	3807	
46970.9	-38918.3	294.8	14278	40927.6	1221.2
5730.9	-18678	20060.8	7416	21221.6	2505

2-56 续表 11

项目	本年销项税额	工业中间投入合计	直接材料	制造费用中的中间投入	管理费用中的中间投入	营业费用中的中间投入
按行业分						
煤炭开采和洗选业	2585.5	16316.9	6390.3	5451.4	3191.5	1151.9
石油和天然气开采业						
#天然原油和天然气开采						
黑色金属矿采选业		1058.2	689	164.8	217	6
有色金属矿采选业						
非金属矿采选业						
#采盐						
其他采矿业						
农副食品加工业	3577.4	50737.2	43283	4265.7	1329.6	908.5
#谷物磨制	3	305	193	34.2	53	5.1
饲料加工		15521.3	14406.1	387.5	250.2	296.8
制糖	1196	5606.5	4414.2	417.9	386.5	246.2
食品制造业		1076.3	757.3	120.4	113.8	74.9
#罐头制造		402	350		2	40
饮料制造业	640.6	3506.6	2227.9	433.1	333.3	368.5
#酒的制造	582.7	2518.7	1671	380.9	224.7	232.7
烟草制品业						
纺织业	5792.6	30727.4	25830.7	2932.2	524.2	958.9
#棉、化纤纺织及印染精加工	5792.6	30727.4	25830.7	2932.2	524.2	958.9
毛纺织和染整精加工						
纺织服装、鞋、帽制造业						
皮革、毛皮、羽毛(绒)及其制品业						
#皮革鞣制加工						
皮革制品制造						
木材加工及木、竹、藤、棕、草制品业						
家具制造业						
造纸及纸制品业	105.9	785.4	743.2	2.9	29.7	10.3
印刷业和记录媒介的复制		307	186.5	55.3	34.2	29.6
文教体育用品制造业						
石油加工、炼焦及核燃料加工业	23414.1	118913.5	110929.9	3849.1	2048.5	651
#炼焦	570.6	9371.4	8526.7	698.6	126.6	23.6
化学原料及化学制品制造业	2168.6	9680.3	6626.5	1278.6	633.6	459.2
#基础化学原料制造						
肥料制造		383.3	318.5	28.9	0.6	0.3
医药制造业	279.6	1464	1196.4	125.1	122.5	19.2
化学纤维制造业	599.7	3379	2841.8	60	117	128
橡胶制品业						
塑料制品业						
非金属矿物制品业	3564.9	35462.3	24665	6001.9	1563.9	1919.3
#水泥制造	3470.6	31433.1	21468.6	5627.6	1327.5	1739.6
黑色金属冶炼及压延加工业	732.1	3753.8	3098.6	520.7	103.5	
有色金属冶炼及压延加工业						
金属制品业	1769.6	2888	2566.4	147.1	92.1	70.3
通用设备制造业	105.7	402	261.5	29.9	77.6	33
专用设备制造业	162.5	1144.9	1025.2	57.7	27.7	5.6
交通运输设备制造业						
电气机械及器材制造业						
通信设备、计算机及其他电子设备制造业						
仪器仪表及文化、办公用机械制造业						
工艺品及其他制造业						
废弃资源和废旧材料回收加工业						
电力、热力的生产和供应业	13111.6	34633.3	24419.9	3326.8	2525.5	0.4
#电力生产和电力供应	13111.6	34633.3	24419.9	3326.8	2525.5	0.4
燃气生产和供应业	204.7	716.4	455.2		32.6	136.4
水的生产和供应业	442.8	1555.6	263.3	694.5	453.3	57.6

计量单位：万元

经营活动产生的现金流量净额	投资活动产生的现金流量净额	筹资活动产生的现金流量净额	全部从业人员年平均人数(人)	利税总额	亏损企业亏损额
4151.6	-2551.5	-2898.7	3557	10832	44.1
305.9	-909.8	177.5	119	167.1	
-734	10653.1	13557.3	1373	1399.2	1620.6
47.5	-1.2	13	50	-395.6	396.7
765.3	-500.8	511.3	178	126.2	57.6
3020.3	11654.2	3903.3	400	1114	
132.5	-70.7	-30.7	157	556.5	
			12	368	
1947.1	-1575.9	214.4	238	1229.4	
497	-156.7	-344.5	194	1120.8	
2774.2	-10037.7	13272.5	3632	-456.6	1147.8
2774.2	-10037.7	13272.5	3632	-456.6	1147.8
649.1			50	-14	40.4
44	-123.8		101	15.3	
5195.1	-10646	5114.2	2148	21477.1	449.2
5009.3	-5164.3	-118.1	1073	2595.6	
4544.5	-507.7	-1522.9	534	1971.9	
590.8	9.8	-677.6	26	108.8	
-258.4	-418.2	93	166	301.5	
-1562.9	-214.2	1825.6	200	45.2	
12703.6	-27837.4	-1040.6	4060	13323.4	
12388.1	-27460.5	-473.1	3850	12184.6	
222.3		78.5	105	557.5	
74.6	-14.1	-130	114	166	
-35.9		8.8	88	147.6	
163.7	-10.4	-282.7	235	139.7	
20518.3	-11749.7	-8848	4358	9343.6	251.5
20518.3	-11749.7	-8848	4358	9343.6	251.5
1498	-937.1	-182.3	55	920.8	
368.5	-645.2	949.7	404	26	172.6

2-57 克孜勒苏柯尔克孜自治州

项目	企业单位数	亏损单位数	工业总产值(现价)	工业销售产值	出口交货值	工业增加值	年初存货
总计	**17**	**7**	**17641.1**	**17080.7**		**3961.3**	**1272.8**
按登记注册类型分							
内资企业	17	7	17641.1	17080.7		3961.3	1272.8
国有企业	11	6	1104.8	1131.1		388.8	265.7
#中央企业							
地方企业	11	6	1104.8	1131.1		388.8	265.7
#自治区属企业							
地区(州、市)属企业	4	3	254.6	298.7		98.4	37.2
县(市)属企业	7	3	850.2	832.4		290.4	228.5
集体企业							
#自治区属企业							
地区(州、市)属企业							
县(市)属企业							
镇属企业							
乡属企业							
股份合作企业							
联营企业							
#国有联营企业							
集体联营企业							
国有与集体联营企业							
其他联营企业							
有限责任公司	5	1	15312.9	14557.6		3081.6	930.6
#国有独资公司							
其他有限责任公司	5	1	15312.9	14557.6		3081.6	930.6
股份有限公司							
私营企业	1		1223.4	1392		490.9	76.5
#私营独资企业							
私营合伙企业							
私营有限责任公司	1		1223.4	1392		490.9	76.5
私营股份有限公司							
港、澳、台商投资企业							
外商投资企业							
在总计中：国有控股企业	14	7	5737.3	5795.1		1874.2	940.5
在总计中：农村工业							
按轻、重工业分							
轻工业	10	2	12312.2	11520.8		2201.1	519.8
以农产品为原料	5	1	10777.1	9981.8		1627.2	308.6
以非农产品为原料	5	1	1535.1	1539		573.9	211.2
重工业	7	5	5328.9	5559.9		1760.2	753
采掘工业	5	4	1473.4	1688.4		589.6	127.9
原料工业	2	1	3855.5	3871.5		1170.6	625.1
加工工业							
按企业规模分							
大型企业							
中型企业							
小型企业	17	7	17641.1	17080.7		3961.3	1272.8

规模以上工业企业主要经济指标

计量单位：万元

流动资产合计	短期投资	应收帐款	存货	产成品	流动资产年平均余额	长期投资
15201	**0.2**	**7579.7**	**3445.3**	**1612.1**	**15034.1**	
15201	0.2	7579.7	3445.3	1612.1	15034.1	
3148.2	0.2	1026.6	252.9	54	3137.8	
3148.2	0.2	1026.6	252.9	54	3137.8	
1252.9		175	56.8	0.5	1250.7	
1895.3	0.2	851.6	196.1	53.5	1887.1	
11073.3		6001.4	3051.5	1552.1	11044.2	
11073.3		6001.4	3051.5	1552.1	11044.2	
979.5		551.7	140.9	6	852.1	
979.5		551.7	140.9	6	852.1	
7179.9	0.2	2602.1	1484.8	590.9	7076.2	
9531.9	0.1	5453.1	2155.5	1155.3	9542.8	
7272.9		4531.5	1877.2	1061.2	7334.9	
2259	0.1	921.6	278.3	94.1	2207.9	
5669.1	0.1	2126.6	1289.8	456.8	5491.3	
2279	0.1	782.6	218.2	14	2156.9	
3390.1		1344	1071.6	442.8	3334.4	
15201	0.2	7579.7	3445.3	1612.1	15034.1	

2-57 续表 1

项　　目	企　业 单位数	亏　损 单位数	工业总产值 （现价）	工　　业 销售产值	出　口 交货值	工　业 增加值	年初存货
按行业分							
煤炭开采和洗选业	3	3	211	265		82.8	51.4
石油和天然气开采业							
#天然原油和天然气开采							
黑色金属矿采选业							
有色金属矿采选业	2	1	1262.4	1423.4		506.8	76.5
非金属矿采选业							
#采盐							
其他采矿业							
农副食品加工业	2		2727.9	3025.4		723.4	199
#谷物磨制	2		2727.9	3025.4		723.4	199
饲料加工							
制糖							
食品制造业	2		780	795.1		316	50.5
#罐头制造							
饮料制造业							
#酒的制造							
烟草制品业							
纺织业							
#棉、化纤纺织及印染精加工							
毛纺织和染整精加工							
纺织服装、鞋、帽制造业							
皮革、毛皮、羽毛(绒)及其制品业	1		7974.9	6890.6		877.7	103.7
#皮革鞣制加工	1		7974.9	6890.6		877.7	103.7
皮革制品制造							
木材加工及木、竹、藤、棕、草制品业							
家具制造业							
造纸及纸制品业							
印刷业和记录媒介的复制	1	1	71.3	63.2		24.9	5.1
文教体育用品制造业							
石油加工、炼焦及核燃料加工业							
#炼焦							
化学原料及化学制品制造业							
#基础化学原料制造							
肥料制造							
医药制造业							
化学纤维制造业							
橡胶制品业							
塑料制品业							
非金属矿物制品业	1		2974	2990		893.4	301.2
#水泥制造	1		2974	2990		893.4	301.2
黑色金属冶炼及压延加工业							
有色金属冶炼及压延加工业							
金属制品业							
通用设备制造业							
专用设备制造业							
交通运输设备制造业							
电气机械及器材制造业							
通信设备、计算机及其他电子设备制造业							
仪器仪表及文化、办公用机械制造业							
工艺品及其他制造业							
废弃资源和废旧材料回收加工业							
电力、热力的生产和供应业	1	1	881.5	881.5		277.2	323.9
#电力生产和电力供应	1	1	881.5	881.5		277.2	323.9
燃气生产和供应业							
水的生产和供应业	4	1	758.1	746.5		259.1	161.5

计量单位：万元

流动资产合计	短期投资	应收帐款	存货	产成品	流动资产年平均余额	长期投资
1274.9	0.1	226.6	69.3		1280.2	
1004.1		556	148.9	14	876.7	
1019		175.3	365.2	66.8	1083.2	
1019		175.3	365.2	66.8	1083.2	
689.8		237.6	160.9	94.1	650.6	
6191.8		4348.8	1504.1	993.9	6191.8	
6191.8		4348.8	1504.1	993.9	6191.8	
13.9		1.3	7.3	0.5	13.3	
2426.8		1320	736.5	442.8	2180	
2426.8		1320	736.5	442.8	2180	
963.3		24	335.1		1154.4	
963.3		24	335.1		1154.4	
1617.4	0.1	690.1	118		1603.9	

2-57 续表 2

项目	固定资产合计	固定资产原价	生产经营用	累计折旧	本年折旧	固定资产净值年平均余额
总计	**21497**	**29620.8**	**20547.3**	**10770.7**	**3089.1**	**18756.7**
按登记注册类型分						
内资企业	21497	29620.8	20547.3	10770.7	3089.1	18756.7
国有企业	6387.4	7553.9	6946	3070.7	377.3	4653
#中央企业						
地方企业	6387.4	7553.9	6946	3070.7	377.3	4653
#自治区属企业						
地区(州、市)属企业	2093.2	3014.8	2928.6	1957.1	49	1061.9
县(市)属企业	4294.2	4539.1	4017.4	1113.6	328.3	3591.1
集体企业						
#自治区属企业						
地区(州、市)属企业						
县(市)属企业						
镇属企业						
乡属企业						
股份合作企业						
联营企业						
#国有联营企业						
集体联营企业						
国有与集体联营企业						
其他联营企业						
有限责任公司	14682.2	21410.3	12998.9	7470.9	2586.8	13650.3
#国有独资公司						
其他有限责任公司	14682.2	21410.3	12998.9	7470.9	2586.8	13650.3
股份有限公司						
私营企业	427.4	656.6	602.4	229.1	125	453.4
#私营独资企业						
私营合伙企业						
私营有限责任公司	427.4	656.6	602.4	229.1	125	453.4
私营股份有限公司						
港、澳、台商投资企业						
外商投资企业						
在总计中：国有控股企业	15855.8	23416.4	18374.4	10096.4	2682.5	13217.7
在总计中：农村工业						
按轻、重工业分						
轻工业	9808	10548.8	5844.2	1832.4	647.1	8817.5
以农产品为原料	5391.2	5795.2	1636.7	515.3	286.5	5298.5
以非农产品为原料	4416.8	4753.6	4207.5	1317.1	360.6	3519
重工业	11689	19072	14703.1	8938.3	2442	9939.2
采掘工业	2863.2	3915.2	3750.2	2266.6	176.1	1681.3
原料工业	8825.8	15156.8	10952.9	6671.7	2265.9	8257.9
加工工业						
按企业规模分						
大型企业						
中型企业						
小型企业	21497	29620.8	20547.3	10770.7	3089.1	18756.7

计量单位：万元

无形资产	资产总计	流动负债		长期负债	负债合计
		合　计	应付帐款	合　计	
277.9	**37332.2**	**26130.7**	**4920.2**	**6659.8**	**32790.6**
277.9	37332.2	26130.7	4920.2	6659.8	32790.6
215.1	9757.1	4050.3	565.2	4251.4	8301.8
215.1	9757.1	4050.3	565.2	4251.4	8301.8
215.1	3561.2	2771.4	169.9	1211.1	3982.6
	6195.9	1278.9	395.3	3040.3	4319.2
51.7	25963.5	21388.8	4297.5	2408.4	23797.2
51.7	25963.5	21388.8	4297.5	2408.4	23797.2
11.1	1611.6	691.6	57.5		691.6
11.1	1611.6	691.6	57.5		691.6
229.5	23288.9	15475.1	2353.8	6659.8	22135
208.1	19693.4	12096.4	3312.6	3149.9	15246.3
208.1	13011.3	10293.8	2756.3	89.1	10382.9
	6682.1	1802.6	556.3	3060.8	4863.4
69.8	17638.8	14034.3	1607.6	3509.9	17544.3
55.4	5391.2	3540.8	262.3	1146.5	4687.4
14.4	12247.6	10493.5	1345.3	2363.4	12856.9
277.9	37332.2	26130.7	4920.2	6659.8	32790.6

2-57 续表 3

项目	固定资产合计	固定资产原价	生产经营用	累计折旧	本年折旧	固定资产净值年平均余额
按行业分						
煤炭开采和洗选业	2414.8	3221.1	3115.3	2014	49.9	1206.9
石油和天然气开采业						
#天然原油和天然气开采						
黑色金属矿采选业						
有色金属矿采选业	448.4	694.1	634.9	252.6	126.2	474.4
非金属矿采选业						
#采盐						
其他采矿业						
农副食品加工业	583.9	801.2	337.4	223.5	32.3	591.8
#谷物磨制	583.9	801.2	337.4	223.5	32.3	591.8
饲料加工						
制糖						
食品制造业	698.7	774.5	475.6	366.7	39.6	361.2
#罐头制造						
饮料制造业						
#酒的制造						
烟草制品业						
纺织业						
#棉、化纤纺织及印染精加工						
毛纺织和染整精加工						
纺织服装、鞋、帽制造业						
皮革、毛皮、羽毛(绒)及其制品业	4725	4873.5	1265	253.5	250.1	4620.1
#皮革鞣制加工	4725	4873.5	1265	253.5	250.1	4620.1
皮革制品制造						
木材加工及木、竹、藤、棕、草制品业						
家具制造业						
造纸及纸制品业						
印刷业和记录媒介的复制	26.2	51.7	34.2	25.6	3.8	32.2
文教体育用品制造业						
石油加工、炼焦及核燃料加工业						
#炼焦						
化学原料及化学制品制造业						
#基础化学原料制造						
肥料制造						
医药制造业						
化学纤维制造业						
橡胶制品业						
塑料制品业						
非金属矿物制品业	3497.5	7475.5	3271.6	4203.9	1110.5	3044.4
#水泥制造	3497.5	7475.5	3271.6	4203.9	1110.5	3044.4
黑色金属冶炼及压延加工业						
有色金属冶炼及压延加工业						
金属制品业						
通用设备制造业						
专用设备制造业						
交通运输设备制造业						
电气机械及器材制造业						
通信设备、计算机及其他电子设备制造业						
仪器仪表及文化、办公用机械制造业						
工艺品及其他制造业						
废弃资源和废旧材料回收加工业						
电力、热力的生产和供应业	5328.3	7681.3	7681.3	2467.8	1155.4	5213.5
#电力生产和电力供应	5328.3	7681.3	7681.3	2467.8	1155.4	5213.5
燃气生产和供应业						
水的生产和供应业	3774.2	4047.9	3732	963.1	321.3	3212.2

计量单位：万元

无形资产	资产总计	流动负债		长期负债	负债合计
		合　计	应付帐款	合　计	
44.3	3734.0	2812.6	204.8	1146.5	3959.2
11.1	1657.2	728.2	57.5		728.2
19	1622	1182.3	1016.5	3.1	1185.4
19	1622	1182.3	1016.5	3.1	1185.4
170.8	1559.3	961.4	465.2	131	1092.4
18.3	11074.1	8995.8	1690		8995.8
18.3	11074.1	8995.8	1690		8995.8
	40.1	85.6	27.9		85.6
13.3	5954.9	5192.2	1045.7	689.8	5882
13.3	5954.9	5192.2	1045.7	689.8	5882
1.1	6292.7	5301.3	299.6	1673.6	6974.9
1.1	6292.7	5301.3	299.6	1673.6	6974.9
	5397.9	871.3	113	3015.8	3887.1

2-57 续表 4

项　目	所有者权益合计	其中：实收资本	国家资本	集体资本	法人资本	个人资本	港澳台资本
总　计	**4541.6**	**7846.7**	**4421.7**	**397**	**2810**	**218**	
按登记注册类型分							
内资企业	4541.6	7846.7	4421.7	397	2810	218	
国有企业	1455.3	4009.7	3991.7			18	
#中央企业							
地方企业	1455.3	4009.7	3991.7			18	
#自治区属企业							
地区(州、市)属企业	-421.4	2234.7	2216.7			18	
县(市)属企业	1876.7	1775	1775				
集体企业							
#自治区属企业							
地区(州、市)属企业							
县(市)属企业							
镇属企业							
乡属企业							
股份合作企业							
联营企业							
#国有联营企业							
集体联营企业							
国有与集体联营企业							
其他联营企业							
有限责任公司	2166.3	2837	430	397	1810	200	
#国有独资公司							
其他有限责任公司	2166.3	2837	430	397	1810	200	
股份有限公司							
私营企业	920	1000			1000		
#私营独资企业							
私营合伙企业							
私营有限责任公司	920	1000			1000		
私营股份有限公司							
港、澳、台商投资企业							
外商投资企业							
在总计中：国有控股企业	1153.9	4486.7	4421.7	47		18	
在总计中：农村工业							
按轻、重工业分							
轻工业	4447.1	4296.3	1871.3	397	1810	218	
以农产品为原料	2628.4	2644.8	266.8	350	1810	218	
以非农产品为原料	1818.7	1651.5	1604.5	47			
重工业	94.5	3550.4	2550.4		1000		
采掘工业	703.8	3175.4	2175.4		1000		
原料工业	-609.3	375	375				
加工工业							
按企业规模分							
大型企业							
中型企业							
小型企业	4541.6	7846.7	4421.7	397	2810	218	

计量单位：万元

外商资本	主营业务收　入	主营业务成　本	主营业务税金及附加	其他业务收　入	其他业务利　润	营业费用
	16775.1	**15307.5**	**67.2**	**154.1**	**-0.6**	**747.2**
	16775.1	15307.5	67.2	154.1	-0.6	747.2
	1047.7	834.7	9.5	92.7	-43.5	66.8
	1047.7	834.7	9.5	92.7	-43.5	66.8
	245.1	247.6	2.4			3.9
	802.6	587.1	7.1	92.7	-43.5	62.9
	14281.5	13519.6	52.4	61.4	42.9	433
	14281.5	13519.6	52.4	61.4	42.9	433
	1445.9	953.2	5.3			247.4
	1445.9	953.2	5.3			247.4
	5972.8	5657.2	52.1	132.4	-11.4	259.1
	10791.3	9719.3	36.8	120.6	-26.5	381.2
	9420.4	8779.9	10.3	21.7	10.8	244.6
	1370.9	939.4	26.5	98.9	-37.3	136.6
	5983.8	5588.2	30.4	33.5	25.9	366
	1721.2	1152.8	10.2			253.9
	4262.6	4435.4	20.2	33.5	25.9	112.1
	16775.1	15307.5	67.2	154.1	-0.6	747.2

2–57 续表 5

项　　目	所有者权益合计	其中:实收资本	国家资本	集体资本	法人资本	个人资本	港澳台资本
按行业分							
煤炭开采和洗选业	-225.2	2161.4	2161.4				
石油和天然气开采业							
#天然原油和天然气开采							
黑色金属矿采选业							
有色金属矿采选业	929	1014	14		1000		
非金属矿采选业							
#采盐							
其他采矿业							
农副食品加工业	436.6	428.8	68.8	350	10		
#谷物磨制	436.6	428.8	68.8	350	10		
饲料加工							
制糖							
食品制造业	466.9	280	215	47		18	
#罐头制造							
饮料制造业							
#酒的制造							
烟草制品业							
纺织业							
#棉、化纤纺织及印染精加工							
毛纺织和染整精加工							
纺织服装、鞋、帽制造业							
皮革、毛皮、羽毛(绒)及其制品业	2078.3	2000			1800	200	
#皮革鞣制加工	2078.3	2000			1800	200	
皮革制品制造							
木材加工及木、竹、藤、棕、草制品业							
家具制造业							
造纸及纸制品业							
印刷业和记录媒介的复制	-45.5	38	38				
文教体育用品制造业							
石油加工、炼焦及核燃料加工业							
#炼焦							
化学原料及化学制品制造业							
#基础化学原料制造							
肥料制造							
医药制造业							
化学纤维制造业							
橡胶制品业							
塑料制品业							
非金属矿物制品业	72.9						
#水泥制造	72.9						
黑色金属冶炼及压延加工业							
有色金属冶炼及压延加工业							
金属制品业							
通用设备制造业							
专用设备制造业							
交通运输设备制造业							
电气机械及器材制造业							
通信设备、计算机及其他电子设备制造业							
仪器仪表及文化、办公用机械制造业							
工艺品及其他制造业							
废弃资源和废旧材料回收加工业							
电力、热力的生产和供应业	-682.2	375	375				
#电力生产和电力供应	-682.2	375	375				
燃气生产和供应业							
水的生产和供应业	1510.8	1549.5	1549.5				

计量单位：万元

外商资本	主营业务收入	主营业务成本	主营业务税金及附加	其他业务收入	其他业务利润	营业费用
	241.3	190.2	2			
	1479.9	962.6	8.2			253.9
	2667.7	2361.8	0.1			136.6
	2667.7	2361.8	0.1			136.6
	665	389.2	22.5	6.2	6.2	80.3
	6713.5	6337.6	9.7	21.7	10.8	104.1
	6713.5	6337.6	9.7	21.7	10.8	104.1
	36.7	78.4	0.4			3.8
	3381.1	2806	16.2	28.8	23.4	112.1
	3381.1	2806	16.2	28.8	23.4	112.1
	881.5	1629.4	4	4.7	2.5	
	881.5	1629.4	4	4.7	2.5	
	708.4	552.3	4.1	92.7	-43.5	56.4

2-57 续表 6

项 目	管理费用	税 金	财产保险费	差旅费	工会经费	办公费	职工教育费
总 计	**1932.2**	**224.1**	**29.4**	**101.1**	**28.3**	**81.1**	**24.9**
按登记注册类型分							
内资企业	1932.2	224.1	29.4	101.1	28.3	81.1	24.9
国有企业	925.9	14	4.1	28.6	8.9	39.5	7.1
#中央企业							
地方企业	925.9	14	4.1	28.6	8.9	39.5	7.1
#自治区属企业							
地区(州、市)属企业	636.8	0.1	0.5	15.6	5.6	29.9	4.4
县(市)属企业	289.1	13.9	3.6	13	3.3	9.6	2.7
集体企业							
#自治区属企业							
地区(州、市)属企业							
县(市)属企业							
镇属企业							
乡属企业							
股份合作企业							
联营企业							
#国有联营企业							
集体联营企业							
国有与集体联营企业							
其他联营企业							
有限责任公司	864.9	209.7	23.7	66.3	18.9	40.5	14.3
#国有独资公司							
其他有限责任公司	864.9	209.7	23.7	66.3	18.9	40.5	14.3
股份有限公司							
私营企业	141.4	0.4	1.6	6.2	0.5	1.1	3.5
#私营独资企业							
私营合伙企业							
私营有限责任公司	141.4	0.4	1.6	6.2	0.5	1.1	3.5
私营股份有限公司							
港、澳、台商投资企业							
外商投资企业							
在总计中：国有控股企业	1577.6	221.1	14.4	57.7	22.6	66.4	17.5
在总计中：农村工业							
按轻、重工业分							
轻工业	599	19.4	13.4	50.7	10.7	22	7.7
以农产品为原料	279	2.7	13.4	37.7	6.2	13.9	4.2
以非农产品为原料	320	16.7		13	4.5	8.1	3.5
重工业	1333.2	204.7	16	50.4	17.6	59.1	17.2
采掘工业	771.5	0.4	5.7	26.7	5.9	35.6	8.3
原料工业	561.7	204.3	10.3	23.7	11.7	23.5	8.9
加工工业							
按企业规模分							
大型企业							
中型企业							
小型企业	1932.2	224.1	29.4	101.1	28.3	81.1	24.9

计量单位：万元

排污费	财务费用	利息支出	营业利润	投资收益	补贴收入	营业外收入
8.8	**353.5**	**355.9**	**-1181.9**		**135.6**	**75.7**
8.8	353.5	355.9	-1181.9		135.6	75.7
1.4	71.3	71.3	-451.2		68.9	38.7
1.4	71.3	71.3	-451.2		68.9	38.7
0.2	9.6	9.6	-202.1		68.9	26.3
1.2	61.7	61.7	-249.1			12.4
4.9	264.4	267.1	-811.3		66.7	37
4.9	264.4	267.1	-811.3		66.7	37
2.5	17.8	17.5	80.6			
2.5	17.8	17.5	80.6			
4.8	253	253	-1384.9		68.9	61.5
2.9	147.7	150.4	-120.9		135.6	40.5
1.7	82.7	85.4	33.3		135.6	40.1
1.2	65	65	-154.2			0.4
5.9	205.8	205.5	-1061			35.2
2.6	27.3	27	-41.6			12.4
3.3	178.5	178.5	-1019.4			22.8
8.8	353.5	355.9	-1181.9		135.6	75.7

2-57 续表 7

项目	管理费用		财产保险费	差旅费	工会经费	办公费	职工教育费
		税金					
按行业分							
煤炭开采和洗选业	606.5		2.8	16.6	5.4	33.9	4.8
石油和天然气开采业							
#天然原油和天然气开采							
黑色金属矿采选业							
有色金属矿采选业	165	0.4	2.9	10.1	0.5	1.7	3.5
非金属矿采选业							
#采盐							
其他采矿业							
农副食品加工业	58.4	2.6		0.7	0.9	0.8	0.7
#谷物磨制	58.4	2.6		0.7	0.9	0.8	0.7
饲料加工							
制糖							
食品制造业	102.6	2.8		5.4	2	3.4	1.5
#罐头制造							
饮料制造业							
#酒的制造							
烟草制品业							
纺织业							
#棉、化纤纺织及印染精加工							
毛纺织和染整精加工							
纺织服装、鞋、帽制造业							
皮革、毛皮、羽毛(绒)及其制品业	176.2		13.4	36.5	4.3	12.8	3.2
#皮革鞣制加工	176.2		13.4	36.5	4.3	12.8	3.2
皮革制品制造							
木材加工及木、竹、藤、棕、草制品业							
家具制造业							
造纸及纸制品业							
印刷业和记录媒介的复制	31.8	0.1		0.5	1	0.3	0.3
文教体育用品制造业							
石油加工、炼焦及核燃料加工业							
#炼焦							
化学原料及化学制品制造业							
#基础化学原料制造							
肥料制造							
医药制造业							
化学纤维制造业							
橡胶制品业							
塑料制品业							
非金属矿物制品业	388.9	202.8	5.6	14.9	7.2	9.6	5.5
#水泥制造	388.9	202.8	5.6	14.9	7.2	9.6	5.5
黑色金属冶炼及压延加工业							
有色金属冶炼及压延加工业							
金属制品业							
通用设备制造业							
专用设备制造业							
交通运输设备制造业							
电气机械及器材制造业							
通信设备、计算机及其他电子设备制造业							
仪器仪表及文化、办公用机械制造业							
工艺品及其他制造业							
废弃资源和废旧材料回收加工业							
电力、热力的生产和供应业	172.8	1.5	4.7	8.8	4.5	13.9	3.4
#电力生产和电力供应	172.8	1.5	4.7	8.8	4.5	13.9	3.4
燃气生产和供应业							
水的生产和供应业	230	13.9		7.6	2.5	4.7	2

计量单位：万元

排污费	财务费用		营业利润	投资收益	补贴收入	营业外收入
		利息支出				
	9.5	9.5	-113.8			12.4
2.6	17.8	17.5	72.2			
	-1.8	-2	112.6			
	-1.8	-2	112.6			
0.1	3.2	3.2	73.3			23
1.5	84.4	87.3	10.9		66.7	14.2
1.5	84.4	87.3	10.9		66.7	14.2
0.2	0.1	0.1	-77.8		68.9	2.9
3.2	14.1	14.1	67.2			21.4
3.2	14.1	14.1	67.2			21.4
0.1	164.4	164.4	-1086.6			1.4
0.1	164.4	164.4	-1086.6			1.4
1.1	61.8	61.8	-239.9			0.4

2-57 续表 8

项 目	营业外支出	利润总额	应交所得税	广告费	劳动、待业保险费	养老保险和医疗保险费	住房公积金和住房补贴
总 计	**80.6**	**-1514.7**	**33.2**	**0.1**	**115.4**	**260.8**	**8.7**
按登记注册类型分							
内资企业	80.6	-1514.7	33.2	0.1	115.4	260.8	8.7
国有企业	32.3	-804.2	4		98.8	152.2	8.3
#中央企业							
地方企业	32.3	-804.2	4		98.8	152.2	8.3
#自治区属企业							
地区(州、市)属企业	15.6	-550.8			83	94.9	
县(市)属企业	16.7	-253.4	4		15.8	57.3	8.3
集体企业							
#自治区属企业							
地区(州、市)属企业							
县(市)属企业							
镇属企业							
乡属企业							
股份合作企业							
联营企业							
#国有联营企业							
集体联营企业							
国有与集体联营企业							
其他联营企业							
有限责任公司	48.3	-791.1	29.2	0.1	15.3	95.8	0.4
#国有独资公司							
其他有限责任公司	48.3	-791.1	29.2	0.1	15.3	95.8	0.4
股份有限公司							
私营企业		80.6			1.3	12.8	
#私营独资企业							
私营合伙企业							
私营有限责任公司		80.6			1.3	12.8	
私营股份有限公司							
港、澳、台商投资企业							
外商投资企业							
在总计中：国有控股企业	66.7	-1749.4	33.2		112.8	238	8.7
在总计中：农村工业							
按轻、重工业分							
轻工业	33.1	-13.2	31	0.1	23.8	104	8.3
以农产品为原料	24.3	149.4	0.2	0.1	3.1	35.5	
以非农产品为原料	8.8	-162.6	30.8		20.7	68.5	8.3
重工业	47.5	-1501.5	2.2		91.6	156.8	0.4
采掘工业	16.8	-474.3			82.8	88.8	
原料工业	30.7	-1027.2	2.2		8.8	68	0.4
加工工业							
按企业规模分							
大型企业							
中型企业							
小型企业	80.6	-1514.7	33.2	0.1	115.4	260.8	8.7

计量单位：万元

本年应付工资总额	主营业务应付	本年应付福利费总额	主营业务应付	本年应交增值税	本年进项税额
1646.5	**1463.5**	**200.9**	**179.7**	**827.1**	**1377.6**
1646.5	1463.5	200.9	179.7	827.1	1377.6
607.1	456.1	58.2	38.7	90.4	25.3
607.1	456.1	58.2	38.7	90.4	25.3
374.9	350.9	33.4	30.1	39.8	25.3
232.2	105.2	24.8	8.6	50.6	
943.3	911.3	129.2	127.5	629.5	1278.5
943.3	911.3	129.2	127.5	629.5	1278.5
96.1	96.1	13.5	13.5	107.2	73.8
96.1	96.1	13.5	13.5	107.2	73.8
1292.4	1112.1	151.3	130.4	471.6	56.8
627.6	451.1	77.4	57.1	378.6	1281.8
340.6	313.9	47.7	44.1	251.5	1250.3
287	137.2	29.7	13	127.1	31.5
1018.9	1012.4	123.5	122.6	448.5	95.8
432.1	426.1	41.6	40.7	148.8	95.8
586.8	586.3	81.9	81.9	299.7	
1646.5	1463.5	200.9	179.7	827.1	1377.6

2-57 续表 9

项　　目	营业外支出	利润总额	应交所得税	广告费	劳动、待业保险费	养老保险和医疗保险费	住房公积金和住房补贴
按行业分							
煤炭开采和洗选业	16.8	-546.5			81.3	75.3	
石油和天然气开采业							
#天然原油和天然气开采							
黑色金属矿采选业							
有色金属矿采选业		72.2			1.5	13.5	
非金属矿采选业							
#采盐							
其他采矿业							
农副食品加工业	0.2	77	0.2	0.1	0.1	11.4	
#谷物磨制	0.2	77	0.2	0.1	0.1	11.4	
饲料加工							
制糖							
食品制造业	14.1	82.2	27		5.6	22.8	
#罐头制造							
饮料制造业							
#酒的制造							
烟草制品业							
纺织业							
#棉、化纤纺织及印染精加工							
毛纺织和染整精加工							
纺织服装、鞋、帽制造业							
皮革、毛皮、羽毛(绒)及其制品业	13.7	78.2			1.3		
#皮革鞣制加工	13.7	78.2			1.3		
皮革制品制造							
木材加工及木、竹、藤、棕、草制品业							
家具制造业							
造纸及纸制品业							
印刷业和记录媒介的复制		-6			1.3	19.1	
文教体育用品制造业							
石油加工、炼焦及核燃料加工业							
#炼焦							
化学原料及化学制品制造业							
#基础化学原料制造							
肥料制造							
医药制造业							
化学纤维制造业							
橡胶制品业							
塑料制品业							
非金属矿物制品业	30.5	58.2	2.2		3.4	4.3	
#水泥制造	30.5	58.2	2.2		3.4	4.3	
黑色金属冶炼及压延加工业							
有色金属冶炼及压延加工业							
金属制品业							
通用设备制造业							
专用设备制造业							
交通运输设备制造业							
电气机械及器材制造业							
通信设备、计算机及其他电子设备制造业							
仪器仪表及文化、办公用机械制造业							
工艺品及其他制造业							
废弃资源和废旧材料回收加工业							
电力、热力的生产和供应业	0.2	-1085.4			5.4	63.7	0.4
#电力生产和电力供应	0.2	-1085.4			5.4	63.7	0.4
燃气生产和供应业							
水的生产和供应业	5.1	-244.6	3.8		15.5	50.7	8.3

计量单位：万元

本年应付工资总额	主营业务应付	本年应付福利费总额	主营业务应付	本年应交增值税	本年进项税额
326.3	320.3	28.1	27.2	38.7	22
105.8	105.8	13.5	13.5	110.1	73.8
49.1	49.1	6.9	6.9	0.5	353.7
49.1	49.1	6.9	6.9	0.5	353.7
108.6	79.8	13.1	11.7	81.6	31.5
216.9	214.2	30.3	30	248	893.3
216.9	214.2	30.3	30	248	893.3
64.5	40.5	8.6	5.3	2.9	3.3
359.8	359.8	50.4	50.4	222.5	
359.8	359.8	50.4	50.4	222.5	
227	226.5	31.5	31.5	77.2	
227	226.5	31.5	31.5	77.2	
188.5	67.5	18.5	3.2	45.6	

2-57 续表 10

项　目	本　年 销项税额	工业中间 投入合计	直接材料	制造费用中 的中间投入	管理费用中 的中间投入	营业费用中 的中间投入
总　计	**2174.3**	**14496.9**	**10084.8**	**2772.9**	**718**	**577.2**
按登记注册类型分						
内资企业	2174.3	14496.9	10084.8	2772.9	718	577.2
国有企业	95.7	796.4	220.8	153.7	308.6	51.5
#中央企业						
地方企业	95.7	796.4	220.8	153.7	308.6	51.5
#自治区属企业						
地区(州、市)属企业	45.1	186	63.9	10.5	109	2.5
县(市)属企业	50.6	610.4	156.9	143.2	199.6	49
集体企业						
#自治区属企业						
地区(州、市)属企业						
县(市)属企业						
镇属企业						
乡属企业						
股份合作企业						
联营企业						
#国有联营企业						
集体联营企业						
国有与集体联营企业						
其他联营企业						
有限责任公司	1897.6	12860.8	9496.6	2447.3	300.3	352.2
#国有独资公司						
其他有限责任公司	1897.6	12860.8	9496.6	2447.3	300.3	352.2
股份有限公司						
私营企业	181	839.7	367.4	171.9	109.1	173.5
#私营独资企业						
私营合伙企业						
私营有限责任公司	181	839.7	367.4	171.9	109.1	173.5
私营股份有限公司						
港、澳、台商投资企业						
外商投资企业						
在总计中：国有控股企业	508.4	4324.7	1131.7	2179.8	560.9	208.8
在总计中：农村工业						
按轻、重工业分						
轻工业	1650	10489.7	9084.8	640.9	305	311.3
以农产品为原料	1491.4	9401.4	8613.7	428.5	79.1	197.4
以非农产品为原料	158.6	1088.3	471.1	212.4	225.9	113.9
重工业	524.3	4007.2	1000	2132	413	265.9
采掘工业	224.6	1022.6	425.4	179.1	223.5	176.8
原料工业	299.7	2984.6	574.6	1952.9	189.5	89.1
加工工业						
按企业规模分						
大型企业						
中型企业						
小型企业	2174.3	14496.9	10084.8	2772.9	718	577.2

计量单位：万元

经营活动产生的现金流量净额	投资活动产生的现金流量净额	筹资活动产生的现金流量净额	全部从业人员年平均人数(人)	利税总额	亏损企业亏损额
-6713.5	**-2790.6**	**5977.5**	**2001**	**-620.4**	**1905.4**
-6713.5	-2790.6	5977.5	2001	-620.4	1905.4
74	-60	-76.5	1114	-704.3	820
74	-60	-76.5	1114	-704.3	820
-21.3		1.9	854	-508.6	551
95.3	-60	-78.4	260	-195.7	269
-6949.5	-2730.6	6054	757	-109.2	1085.4
-6949.5	-2730.6	6054	757	-109.2	1085.4
162			130	193.1	
162			130	193.1	
-154.8	-489.3	14.4	1622	-1225.7	1905.4
-6620.1	-2448.4	5977.6	585	402.2	265.1
-6692.8	-2301.3	5965	321	411.2	6
72.7	-147.1	12.6	264	-9	259.1
-93.4	-342.2	-0.1	1416	-1022.6	1640.3
137.6			1011	-315.3	554.9
-231	-342.2	-0.1	405	-707.3	1085.4
-6713.5	-2790.6	5977.5	2001	-620.4	1905.4

2-57 续表 11

项　目	本　年销项税额	工业中间投入合计	直接材料	制造费用中的中间投入	管理费用中的中间投入	营业费用中的中间投入
按行业分						
煤炭开采和洗选业	40.7	156.9	57.2	4.9	94.8	
石油和天然气开采业						
#天然原油和天然气开采						
黑色金属矿采选业						
有色金属矿采选业	183.9	865.7	368.2	174.2	128.7	176.8
非金属矿采选业						
#采盐						
其他采矿业						
农副食品加工业	343.8	2005	1816.9	44.7	23.3	121.9
#谷物磨制	343.8	2005	1816.9	44.7	23.3	121.9
饲料加工						
制糖						
食品制造业	113.1	545.6	337	73.5	63.7	68.2
#罐头制造						
饮料制造业						
#酒的制造						
烟草制品业						
纺织业						
#棉、化纤纺织及印染精加工						
毛纺织和染整精加工						
纺织服装、鞋、帽制造业						
皮革、毛皮、羽毛(绒)及其制品业	1141.3	7345.2	6775.8	377	35	73
#皮革鞣制加工	1141.3	7345.2	6775.8	377	35	73
皮革制品制造						
木材加工及木、竹、藤、棕、草制品业						
家具制造业						
造纸及纸制品业						
印刷业和记录媒介的复制	6.2	49.3	20.3	6.5	19.9	2.5
文教体育用品制造业						
石油加工、炼焦及核燃料加工业						
#炼焦						
化学原料及化学制品制造业						
#基础化学原料制造						
肥料制造						
医药制造业						
化学纤维制造业						
橡胶制品业						
塑料制品业						
非金属矿物制品业	222.5	2303.1	189.9	1908.3	101.7	89.1
#水泥制造	222.5	2303.1	189.9	1908.3	101.7	89.1
黑色金属冶炼及压延加工业						
有色金属冶炼及压延加工业						
金属制品业						
通用设备制造业						
专用设备制造业						
交通运输设备制造业						
电气机械及器材制造业						
通信设备、计算机及其他电子设备制造业						
仪器仪表及文化、办公用机械制造业						
工艺品及其他制造业						
废弃资源和废旧材料回收加工业						
电力、热力的生产和供应业	77.2	681.5	384.7	44.6	87.8	
#电力生产和电力供应	77.2	681.5	384.7	44.6	87.8	
燃气生产和供应业						
水的生产和供应业	45.6	544.6	134.8	139.2	163.1	45.7

计量单位：万元

经营活动产生的现金流量净额	投资活动产生的现金流量净额	筹资活动产生的现金流量净额	全部从业人员年平均人数(人)	利税总额	亏损企业亏损额
-24.4			866	-505.8	546.5
162			145	190.5	8.4
-3700.9		513.1	58	77.6	
-3700.9		513.1	58	77.6	
2.2	-87.1	91	115	186.3	
-2995	-2301.3	5450	205	335.9	
-2995	-2301.3	5450	205	335.9	
3.1		1.9	46	-2.7	6
-477.9	-72.7	-0.1	250	296.9	
-477.9	-72.7	-0.1	250	296.9	
246.9	-269.5		155	-1004.2	1085.4
246.9	-269.5		155	-1004.2	1085.4
70.5	-60	-78.4	161	-194.9	259.1

2-58 喀什地区规模以上

项目	企业单位数	亏损单位数	工业总产值(现价)	工业销售产值	出口交货值	工业增加值	年初存货
总计	**59**	**31**	**146652.6**	**137118.8**		**43082.9**	**22552.8**
按登记注册类型分							
内资企业	58	31	145737.8	136204		42915	22157.2
国有企业	25	18	6303.4	6005.2		2210.4	1728.4
#中央企业							
地方企业	25	18	6303.4	6005.2		2210.4	1728.4
#自治区属企业							
地区(州、市)属企业	3	3	851.5	746.6		280.9	742.6
县(市)属企业	22	15	5451.9	5258.6		1929.5	985.8
集体企业	2	2	3968.7	1528.8		144.3	2169.8
#自治区属企业							
地区(州、市)属企业							
县(市)属企业	2	2	3968.7	1528.8		144.3	2169.8
镇属企业							
乡属企业							
股份合作企业							
联营企业							
#国有联营企业							
集体联营企业							
国有与集体联营企业							
其他联营企业							
有限责任公司	26	10	128969.3	122047.4		38783.6	17428.6
#国有独资公司	2	1	53638.1	53638.1		23768.7	
其他有限责任公司	24	9	75331.2	68409.3		15014.9	17428.6
股份有限公司							
私营企业	5	1	6496.4	6622.6		1776.7	830.4
#私营独资企业	2		1726.8	1772.9		234.8	509
私营合伙企业							
私营有限责任公司	3	1	4769.6	4849.7		1541.9	321.4
私营股份有限公司							
港、澳、台商投资企业							
外商投资企业	1		914.8	914.8		167.9	395.6
在总计中：国有控股企业	28	20	75374.4	71083.8		26131.5	8081.6
在总计中：农村工业							
按轻、重工业分							
轻工业	35	19	61765.7	54068.6		10497.6	18814.3
以农产品为原料	23	11	58492.4	50969.9		9248.6	18374.1
以非农产品为原料	12	8	3273.3	3098.7		1249	440.2
重工业	24	12	84886.9	83050.2		32585.3	3738.5
采掘工业	3	2	648.9	657.9		251.9	103.1
原料工业	12	5	74483.7	74339.5		30521.9	2071.7
加工工业	9	5	9754.3	8052.8		1811.5	1563.7
按企业规模分							
大型企业	1		40192.6	40192.6		19688.4	
中型企业	4	3	41918.2	38193.1		8075.3	9577.8
小型企业	54	28	64541.8	58733.1		15319.2	12975

工业企业主要经济指标

计量单位：万元

流动资产合计	短期投资	应收帐款	存货	产成品	流动资产年平均余额	长期投资
110590.1	**17.6**	**23251.2**	**24376.3**	**10764.6**	**127363.3**	**3152.5**
110379.6	17.6	23249.3	24176.8	10764.6	127035.3	3152.5
7439.5	13.6	3041.9	1389.4	306	8289.8	654.7
7439.5	13.6	3041.9	1389.4	306	8289.8	654.7
759.1		159	376.3	213.2	906.5	
6680.4	13.6	2882.9	1013.1	92.8	7383.3	654.7
7769.4		4222.8	3147.8	1698.1	7898.9	
7769.4		4222.8	3147.8	1698.1	7898.9	
91685.3	4	14960.4	18615.1	8151.5	106955.6	2497.8
46629.7		7007	638.5		64738.5	1129
45055.6	4	7953.4	17976.6	8151.5	42217.1	1368.8
3485.4		1024.2	1024.5	609	3891	
873.9			323.7	141.3	980	
2611.5		1024.2	700.8	467.7	2911	
210.5		1.9	199.5		328	
66126.7	13.6	13697.1	6363	2051.7	83893.9	2188.7
45124.1	4	11124.5	18307	8715.6	44171.5	1743.7
41764.9	4	9764.4	17879.9	8710.5	40034.9	1095
3359.2		1360.1	427.1	5.1	4136.6	648.7
65466	13.6	12126.7	6069.3	2049	83191.8	1408.8
922.7	13.6	296.4	147.6	60.6	853.8	
57505.3		9259.3	3234	747.8	75406.9	1402.8
7038		2571	2687.7	1240.6	6931.1	6
40729.8		2125			58573.5	1129
21648		8574.4	6918.3	2334.3	21372.9	728.8
48212.3	17.6	12551.8	17458	8430.3	47416.9	1294.7

2-58 续表 1

项 目	企 业 单位数	亏 损 单位数	工业总产值 (现价)	工 业 销售产值	出 口 交货值	工 业 增加值	年初存货
按行业分							
煤炭开采和洗选业	3	2	648.9	657.9		251.9	103.1
石油和天然气开采业							
#天然原油和天然气开采							
黑色金属矿采选业							
有色金属矿采选业							
非金属矿采选业							
#采盐							
其他采矿业							
农副食品加工业	11	4	18430.1	17937.1		2889.6	2793.2
#谷物磨制	4	1	8195	7807.1		2294.6	276.5
饲料加工	2	2	2269	2218.1		102.9	786.1
制糖							
食品制造业	3	1	2205.1	2200.5		752.4	718.5
#罐头制造							
饮料制造业	2		8258.7	7813.2		3115	2284
#酒的制造	1		3641.9	3666		1558.2	293.9
烟草制品业							
纺织业	5	5	29191.9	22596.9		2352	12542
#棉、化纤纺织及印染精加工	5	5	29191.9	22596.9		2352	12542
毛纺织和染整精加工							
纺织服装、鞋、帽制造业							
皮革、毛皮、羽毛(绒)及其制品业							
#皮革鞣制加工							
皮革制品制造							
木材加工及木、竹、藤、棕、草制品业							
家具制造业							
造纸及纸制品业							
印刷业和记录媒介的复制	3	2	425	436		148.3	51.5
文教体育用品制造业							
石油加工、炼焦及核燃料加工业							
#炼焦							
化学原料及化学制品制造业							
#基础化学原料制造							
肥料制造							
医药制造业							
化学纤维制造业							
橡胶制品业							
塑料制品业	3	1	3974.1	3100.9		510.5	328.9
非金属矿物制品业	11	4	22567.5	21581.6		6989.7	2270.3
#水泥制造	7	1	18461.7	18317.5		5981.2	2071.5
黑色金属冶炼及压延加工业							
有色金属冶炼及压延加工业							
金属制品业	1		1243.4	1363.8		158.5	336.9
通用设备制造业							
专用设备制造业	1	1	431	324		134	699.1
交通运输设备制造业							
电气机械及器材制造业							
通信设备、计算机及其他电子设备制造业							
仪器仪表及文化、办公用机械制造业							
工艺品及其他制造业							
废弃资源和废旧材料回收加工业							
电力、热力的生产和供应业	5	4	56022	56022		24540.7	0.2
#电力生产和电力供应	3	2	54430.9	54430.9		24046.8	
燃气生产和供应业							
水的生产和供应业	11	7	3254.9	3084.9		1240.3	425.1

计量单位：万元

流动资产合计	短期投资	应收帐款	存货	产成品	流动资产年平均余额	长期投资
922.7	13.6	296.4	147.6	60.6	853.8	
8208.5	4	269.5	4210.3	1434	7494.8	10
1973.6		43.7	783.1	56	2019.1	
803.3		106.9	448.4	68.3	799.4	
1516.6		20.9	658.2	5.1	1405.7	
6496.7		1326.7	2490.3	2093.6	6400.4	580
2805.7			390.7	110.8	2960.1	
25439.1		8134.1	10495.9	5178.1	24639.5	505
25439.1		8134.1	10495.9	5178.1	24639.5	505
153.6		32.2	43	4.8	143.9	
3135.2		1384.6	1491.5	848.2	2744.4	6
9775.2		1911.2	3033.9	801.9	10118.3	273.8
7167.2		1290.7	2377.7	747.8	7564.5	273.8
670.2		434.9	201.9	125.1	858.7	
624.6		131	338.1	213.2	774.2	
50338.1		7968.6	856.3		67842.4	1129
47550.9		7739.9	671.9		65659.8	1129
3309.6		1341.1	409.3		4087.2	648.7

2-58 续表 2

项　　目	固定资产合　计	固定资产原　价	生产经营用	累计折旧	本年折旧	固定资产净值年平均余额
总　计	**306284.3**	**382670.3**	**324558.1**	**103212**	**29217.3**	**253378.7**
按登记注册类型分						
内资企业	306127.9	382477.8	324430.1	103175.9	29203.5	253225.2
国有企业	24179.6	30421.8	24389	8444.7	1071.3	22246.2
#中央企业						
地方企业	24179.6	30421.8	24389	8444.7	1071.3	22246.2
#自治区属企业						
地区(州、市)属企业	1144.2	1904.9	1060	817.9	135.9	1091.5
县(市)属企业	23035.4	28516.9	23329	7626.8	935.4	21154.7
集体企业	2057.5	3891.3	2266.4	1855.7	3.4	2033.5
#自治区属企业						
地区(州、市)属企业						
县(市)属企业	2057.5	3891.3	2266.4	1855.7	3.4	2033.5
镇属企业						
乡属企业						
股份合作企业						
联营企业						
#国有联营企业						
集体联营企业						
国有与集体联营企业						
其他联营企业						
有限责任公司	277211.6	345027.4	295257.5	92378.3	27872.3	226290
#国有独资公司	220663.1	292015	248961.1	82582.1	24839.8	184173.9
其他有限责任公司	56548.5	53012.4	46296.4	9796.2	3032.5	42116.1
股份有限公司						
私营企业	2679.2	3137.3	2517.2	497.2	256.5	2655.5
#私营独资企业	618.4	706.4	640.7	88	51	633.8
私营合伙企业						
私营有限责任公司	2060.8	2430.9	1876.5	409.2	205.5	2021.7
私营股份有限公司						
港、澳、台商投资企业						
外商投资企业	156.4	192.5	128	36.1	13.8	153.5
在总计中：国有控股企业	253287.1	331806.3	282719.6	92049.7	26596.4	215116.3
在总计中：农村工业						
按轻、重工业分						
轻工业	46589.8	55340.1	47008.4	11995.8	2470.6	42489.3
以农产品为原料	31044.6	38006.6	33444.5	8041	1961.9	28700.4
以非农产品为原料	15545.2	17333.5	13563.9	3954.8	508.7	13788.9
重工业	259694.5	327330.2	277549.7	91216.2	26746.7	210889.4
采掘工业	611.9	1039.1	736.5	456.3	75.3	685.3
原料工业	253033	318751.1	270808.6	89159.3	26220.8	204260.3
加工工业	6049.6	7540	6004.6	1600.6	450.6	5943.8
按企业规模分						
大型企业	182794.4	247992.6	204938.7	75460.2	21628.3	146718.1
中型企业	56506.1	66319.9	62644.1	10813.9	4615.1	56292.8
小型企业	66983.8	68357.8	56975.3	16937.9	2973.9	50367.8

计量单位：万元

无形资产	资产总计	流动负债		长期负债	负债合计
		合　计	应付帐款	合　计	
3247.6	**424571.4**	**298851.8**	**89292.3**	**77293.8**	**376155**
3247.6	424201.9	298294.4	89291.5	77293.8	375597.6
351.3	33081.5	12960.8	4190.1	6761.9	19732.1
351.3	33081.5	12960.8	4190.1	6761.9	19732.1
	1903.4	1326.5	362		1326.5
351.3	31178.1	11634.3	3828.1	6761.9	18405.6
30.6	10103.4	14717.7	13233.8		14717.7
30.6	10103.4	14717.7	13233.8		14717.7
2538.2	374524.1	267429.3	70632.8	70338.2	337767.5
282.4	268722.1	202942.2	41034.4	59697.6	262639.8
2255.8	105802	64487.1	29598.4	10640.6	75127.7
327.5	6492.9	3186.6	1234.8	193.7	3380.3
327.5	1819.8	740.1	107.3		740.1
	4673.1	2446.5	1127.5	193.7	2640.2
	369.5	557.4	0.8		557.4
699.6	322776.4	231360.6	59644.7	66459.5	297829.5
2303.3	96287	65230.2	36381.2	3604	68834.5
2004	76420.9	57667.3	34114.3	1055.5	58722.8
299.3	19866.1	7562.9	2266.9	2548.5	10111.7
944.3	328284.4	233621.6	52911.1	73689.8	307320.5
23	1891.2	936.7	116.9	81.2	1017.9
682.4	312983.3	223410.5	47787.2	73371.9	296782.5
238.9	13409.9	9274.4	5007	236.7	9520.1
282.4	224953.5	193328.3	32624.1	24997.6	218325.9
65.9	78949	34404.9	26051.4	36831.1	71236
2899.3	120668.9	71118.6	30616.8	15465.1	86593.1

2-58 续表 3

项目	固定资产合计	固定资产原价	生产经营用	累计折旧	本年折旧	固定资产净值年平均余额
按行业分						
煤炭开采和洗选业	611.9	1039.1	736.5	456.3	75.3	685.3
石油和天然气开采业						
#天然原油和天然气开采						
黑色金属矿采选业						
有色金属矿采选业						
非金属矿采选业						
#采盐						
其他采矿业						
农副食品加工业	6582.9	8262.6	6861	2538.8	321.1	5103.2
#谷物磨制	2289.1	3821.6	3284.6	1384.8	140.3	2145.5
饲料加工	1410.6	1419.6	757.6	19.3	13.4	1052.6
制糖						
食品制造业	235.2	287.8	223.3	99.7	32.7	185.1
#罐头制造						
饮料制造业	7152.8	7864.3	7425	775.1	327.4	5884.4
#酒的制造	1868.7	2061.3	1622	256.2	143.3	1517.6
烟草制品业						
纺织业	16426.4	20450.2	18136.4	4132.9	1234.2	16881.4
#棉、化纤纺织及印染精加工	16426.4	20450.2	18136.4	4132.9	1234.2	16881.4
毛纺织和染整精加工						
纺织服装、鞋、帽制造业						
皮革、毛皮、羽毛(绒)及其制品业						
#皮革鞣制加工						
皮革制品制造						
木材加工及木、竹、藤、棕、草制品业						
家具制造业						
造纸及纸制品业						
印刷业和记录媒介的复制	658.1	1178.1	835.2	520.1	47.2	657.1
文教体育用品制造业						
石油加工、炼焦及核燃料加工业						
#炼焦						
化学原料及化学制品制造业						
#基础化学原料制造						
肥料制造						
医药制造业						
化学纤维制造业						
橡胶制品业						
塑料制品业	1907.9	2339.5	1674.9	470.4	41	1862.8
非金属矿物制品业	15833.6	19371.1	15161.6	4304.8	1291.2	14994.2
#水泥制造	12446	15299.9	11420.9	3606.9	987	11620.6
黑色金属冶炼及压延加工业						
有色金属冶炼及压延加工业						
金属制品业	114.5	176.3	175	61.8	16.7	119.5
通用设备制造业						
专用设备制造业	639.6	953	414	370.5	88.7	587.9
交通运输设备制造业						
电气机械及器材制造业						
通信设备、计算机及其他电子设备制造业						
仪器仪表及文化、办公用机械制造业						
工艺品及其他制造业						
废弃资源和废旧材料回收加工业						
电力、热力的生产和供应业	240587	303451.2	259387.7	85552.4	25233.8	192639.7
#电力生产和电力供应	224100.1	297081.8	254027.9	84368.2	25079.8	187454.5
燃气生产和供应业						
水的生产和供应业	15534.4	17297.1	13527.5	3929.2	508	13778.1

计量单位：万元

无形资产	资产总计	流动负债		长期负债	负债合计
		合　计	应付帐款	合　计	
23	1891.2	936.7	116.9	81.2	1017.9
1448.2	16759.1	7950.7	1837.6	1055.5	9006.2
1051.7	5367.9	1519.8	59.2	706.5	2226.3
24	2693.8	692.3	193.1	330.5	1022.8
0.1	1754.5	1795.7	1.2		1795.7
430.3	14660	4707.7	1059		4707.7
169.6	4844.2	1899.4	276.4		1899.4
96.5	42467	42392	30957.9		42392
96.5	42467	42392	30957.9		42392
29	840.8	847.9	259		847.9
154.5	5280.1	3373.6	2383.4	25	3407.6
84.4	26254.3	16515.6	6309.4	2961.8	19477.4
	20173.4	11764.3	4148.3	2750.1	14514.4
	784.7	354.6	326.5		354.6
	1264.2	794.9	136		794.9
682.4	292809.9	211646.2	43638.9	70621.8	282268.1
282.4	273080.3	203888.7	41939.4	62361.8	266250.6
299.2	19805.6	7536.2	2266.5	2548.5	10085

2-58 续表 4

项　　目	所有者权益合计	其中:实收资本	国家资本	集体资本	法人资本	个人资本	港澳台资本
总　　计	**48416.4**	**59891.4**	**32749**	**5034.9**	**13423.7**	**8189.8**	
按登记注册类型分							
内资企业	48604.3	59811.4	32749	5034.9	13423.7	8189.8	
国有企业	13349.4	10815.6	9308.3	1507.3			
#中央企业							
地方企业	13349.4	10815.6	9308.3	1507.3			
#自治区属企业							
地区(州、市)属企业	576.9	995.9	995.9				
县(市)属企业	12772.5	9819.7	8312.4	1507.3			
集体企业	-4614.3	1050		1000	50		
#自治区属企业							
地区(州、市)属企业							
县(市)属企业	-4614.3	1050		1000	50		
镇属企业							
乡属企业							
股份合作企业							
联营企业							
#国有联营企业							
集体联营企业							
国有与集体联营企业							
其他联营企业							
有限责任公司	36756.6	45877.5	23440.7	2527.6	12253.7	7241.5	
#国有独资公司	6082.3	12803.7	12803.7				
其他有限责任公司	30674.3	33073.8	10637	2527.6	12253.7	7241.5	
股份有限公司							
私营企业	3112.6	2068.3			1120	948.3	
#私营独资企业	1079.7	100				100	
私营合伙企业							
私营有限责任公司	2032.9	1968.3			1120	848.3	
私营股份有限公司							
港、澳、台商投资企业							
外商投资企业	-187.9	80					
在总计中：国有控股企业	24946.9	33419.3	31912	1507.3			
在总计中：农村工业							
按轻、重工业分							
轻工业	27452.5	32247.6	16516.4	4446.9	10488.9	715.4	
以农产品为原料	17698.1	26141.1	11917.2	2939.6	10488.9	715.4	
以非农产品为原料	9754.4	6106.5	4599.2	1507.3			
重工业	20963.9	27643.8	16232.6	588	2934.8	7474.4	
采掘工业	873.3	390.1	390.1				
原料工业	16200.8	23960.1	15146.7	588	1177	6634.4	
加工工业	3889.8	3293.6	695.8		1757.8	840	
按企业规模分							
大型企业	6627.6	5291.7	5291.7				
中型企业	7713	20164.7	17312		2700	152.7	
小型企业	34075.8	34435	10145.3	5034.9	10723.7	8037.1	

计量单位：万元

外商资本	主营业务收　　入	主营业务成　　本	主营业务税金及附加	其他业务收　　入	其他业务利　　润	营业费用
494	**135885.4**	**146620.7**	**1308.6**	**3692.6**	**801**	**3731.8**
414	134970.6	145776.8	1308.6	3692.6	801	3724.2
	6122.5	4322.2	54.4	830.2	140.2	74.1
	6122.5	4322.2	54.4	830.2	140.2	74.1
	760.5	557.5	2.9	466.8	-16.5	0.4
	5362	3764.7	51.5	363.4	156.7	73.7
	1503	1566	4.5	32.3	32.3	803.8
	1503	1566	4.5	32.3	32.3	803.8
414	120300.8	133480.5	1186.4	2830.1	628.5	2798.9
	51731.3	66552.2	443	1614.5	217.3	
414	68569.5	66928.3	743.4	1215.6	411.2	2798.9
	7044.3	6408.1	63.3			47.4
	1816	1705.4	1.3			31.6
	5228.3	4702.7	62			15.8
80	914.8	843.9				7.6
	71737.6	89640	535.8	2544	369.4	1043
80	54100.2	53290.3	663.2	1443.6	399.8	2623.9
80	50985.4	51340.2	632.4	1150.7	300	2569.4
	3114.8	1950.1	30.8	292.9	99.8	54.5
414	81785.2	93330.4	645.4	2249	401.2	1107.9
	657.9	525.5	6	52.6	40.4	3.4
414	72821	84976.4	586.9	1730.8	348.5	990.4
	8306.3	7828.5	52.5	465.6	12.3	114.1
	40239.4	55882.7	288.3	1614.5	217.3	
	38063.1	41569.1	252.7	365.6	124.2	1387.7
494	57582.9	49168.9	767.6	1712.5	459.5	2344.1

2-58 续表 5

项　　目	所有者权益合计	其中：实收资本	国家资本	集体资本	法人资本	个人资本	港澳台资本
按行业分							
煤炭开采和洗选业	873.3	390.1	390.1				
石油和天然气开采业							
#天然原油和天然气开采							
黑色金属矿采选业							
有色金属矿采选业							
非金属矿采选业							
#采盐							
其他采矿业							
农副食品加工业	7752.9	4500.4	1327	1939.6	518.4	715.4	
#谷物磨制	3141.6	1090.6	690			400.6	
饲料加工	1671	1443	637	663	143		
制糖							
食品制造业	-41.2	165.9	35.9		50		
#罐头制造							
饮料制造业	9952.3	5838			5838		
#酒的制造	2944.8	838			838		
烟草制品业							
纺织业	75	14882.5	9800	1000	4082.5		
#棉、化纤纺织及印染精加工	75	14882.5	9800	1000	4082.5		
毛纺织和染整精加工							
纺织服装、鞋、帽制造业							
皮革、毛皮、羽毛(绒)及其制品业							
#皮革鞣制加工							
皮革制品制造							
木材加工及木、竹、藤、棕、草制品业							
家具制造业							
造纸及纸制品业							
印刷业和记录媒介的复制	-7.1	790.2	790.2				
文教体育用品制造业							
石油加工、炼焦及核燃料加工业							
#炼焦							
化学原料及化学制品制造业							
#基础化学原料制造							
肥料制造							
医药制造业							
化学纤维制造业							
橡胶制品业							
塑料制品业	1872.5	1243.2	383.2		400	460	
非金属矿物制品业	6776.9	5863.9	50.5	588	2297	2514.4	
#水泥制造	5659	4313.4		588	1177	2134.4	
黑色金属冶炼及压延加工业							
有色金属冶炼及压延加工业							
金属制品业	430.1	237.8			237.8		
通用设备制造业							
专用设备制造业	469.3	262.1	262.1				
交通运输设备制造业							
电气机械及器材制造业							
通信设备、计算机及其他电子设备制造业							
仪器仪表及文化、办公用机械制造业							
工艺品及其他制造业							
废弃资源和废旧材料回收加工业							
电力、热力的生产和供应业	10541.8	19646.7	15146.7			4500	
#电力生产和电力供应	6829.7	13791.7	13791.7				
燃气生产和供应业							
水的生产和供应业	9720.6	6070.6	4563.3	1507.3			

计量单位：万元

外商资本	主营业务收入	主营业务成本	主营业务税金及附加	其他业务收入	其他业务利润	营业费用
	657.9	525.5	6	52.6	40.4	3.4
	17116.4	15894.1	67.8	99.6	47.9	466.7
	6843.8	6053.6	11.1	33.5	33.5	353.4
	2218.8	2254.5	54.2	55.1	3.4	53.5
80	1821	1507.6	5.6	1.9		9.6
	7773.2	4014.1	495.4	599.8	457.6	677.3
	3991.7	1754.4	487.4	184.1	110.4	185.6
	23964	29690.1	62	432.2	-193.2	1412.2
	23964	29690.1	62	432.2	-193.2	1412.2
	324.7	245.5	1.8	19.1	-12.3	5.6
	3205.2	3180.1				5.9
414	21967.5	19257.6	176	116.3	131.2	994.4
414	18679.4	16117.2	129.7	116.3	131.2	987.9
	1363.8	1191.3	5.1			101.7
	449.2	316.7	1.1	465.6	12.3	
	54141.6	68859.2	457.2	1614.5	217.3	2.5
	52491.8	67114.1	446.6	1614.5	217.3	
	3100.9	1938.9	30.6	291	99.8	52.5

2-58 续表 6

项目	管理费用	税金	财产保险费	差旅费	工会经费	办公费	职工教育费
总计	**6848.4**	**141.1**	**104.9**	**400.6**	**92.3**	**330.1**	**77**
按登记注册类型分							
内资企业	6787.2	140.2	103.4	399.4	91.2	329.2	76.5
国有企业	1804.6	50.4	25.1	114.9	22.7	127.4	17
#中央企业							
地方企业	1804.6	50.4	25.1	114.9	22.7	127.4	17
#自治区属企业							
地区(州、市)属企业	274.6	2.5	3.5	8.4	3.3	6.7	1.2
县(市)属企业	1530	47.9	21.6	106.5	19.4	120.7	15.8
集体企业	148.4	0.1		70.9	5	2.1	
#自治区属企业							
地区(州、市)属企业							
县(市)属企业	148.4	0.1		70.9	5	2.1	
镇属企业							
乡属企业							
股份合作企业							
联营企业							
#国有联营企业							
集体联营企业							
国有与集体联营企业							
其他联营企业							
有限责任公司	4531.8	85.5	74	189.3	61	182.6	56.2
#国有独资公司							
其他有限责任公司	4531.8	85.5	74	189.3	61	182.6	56.2
股份有限公司							
私营企业	302.4	4.2	4.3	24.3	2.5	17.1	3.3
#私营独资企业	50.7	2	0.3	2.8		5.1	
私营合伙企业							
私营有限责任公司	251.7	2.2	4	21.5	2.5	12	3.3
私营股份有限公司							
港、澳、台商投资企业							
外商投资企业	61.2	0.9	1.5	1.2	1.1	0.9	0.5
在总计中：国有控股企业	2700.8	64.3	28.5	152.3	52.4	168.3	39.2
在总计中：农村工业							
按轻、重工业分							
轻工业	4396.3	101.9	32.3	275.3	64.9	217.1	54.5
以农产品为原料	3383.6	75.9	19.1	179.6	52.6	108.8	45.3
以非农产品为原料	1012.7	26	13.2	95.7	12.3	108.3	9.2
重工业	2452.1	39.2	72.6	125.3	27.4	113	22.5
采掘工业	155.3	5.5	1.1	6.9	3.4	4	2.5
原料工业	1769.8	19.9	43.9	81.8	18.6	81.3	14.2
加工工业	527	13.8	27.6	36.6	5.4	27.7	5.8
按企业规模分							
大型企业							
中型企业	1904	36.4	30.1	64	36.5	70.8	31.8
小型企业	4944.4	104.7	74.8	336.6	55.8	259.3	45.2

计量单位：万元

排污费	财务费用	利息支出	营业利润	投资收益	补贴收入	营业外收入
105.3	**8462.7**	**7882.1**	**-26108.7**	**-45**	**1434.2**	**355.6**
95.5	8462.7	7882.1	-26110.7	-45	1434.2	355.5
6.6	497	359.5	-542.6		6.9	54.2
6.6	497	359.5	-542.6		6.9	54.2
2.7	6.1		-66.8		6.9	14.9
3.9	490.9	359.5	-475.8			39.3
	28.2	28.2	-243.2		27.1	0.6
	28.2	28.2	-243.2		27.1	0.6
84.2	7887.7	7474.2	-25577.6	-45	1280.8	269.8
	7354.6	7354.6	-22363.4		10	110.2
84.2	533.1	119.6	-3214.2	-45	1270.8	159.6
4.7	49.8	20.2	252.7		119.4	30.9
	8.5	8.1	18.6		12.5	
4.7	41.3	12.1	234.1		106.9	30.9
9.8			2			0.1
8.7	7855.3	7716.3	-26683.2		16.9	277.6
44	484	25.4	-3596.3	-45	427.9	183.3
41.7	264.3	-138.3	-3441.3	-45	427.9	153.4
2.3	219.7	163.7	-155			29.9
61.3	7978.7	7856.7	-22512.4		1006.3	172.3
	13.6	13.6	-5.5			0.9
54.4	7920.6	7833.2	-22150.4		805.1	162.9
6.9	44.5	9.9	-356.5		201.2	8.5
	5182.4	5182.4	-20858.5		10	110.2
42.4	2339.2	2337.5	-6275		434.5	131.8
62.9	941.1	362.2	1024.8	-45	989.7	113.6

2-58 续表 7

项　　目	管理费用	税　金	财产保险费	差旅费	工会经费	办公费	职工教育费
按行业分							
煤炭开采和洗选业	155.3	5.5	1.1	6.9	3.4	4	2.5
石油和天然气开采业							
#天然原油和天然气开采							
黑色金属矿采选业							
有色金属矿采选业							
非金属矿采选业							
#采盐							
其他采矿业							
农副食品加工业	809.4	34.4	6.9	35.2	9.4	25	11.6
#谷物磨制	280.6	17.2	1.2	11.6	1.9	7	1.6
饲料加工	93.7	1.9	1.1	5.2	3.1	6.6	1
制糖							
食品制造业	136.8	2.5	1.5	1.9	1.3	1.4	0.6
#罐头制造							
饮料制造业	832.2	9.2	0.2	35.2	4.6	34.4	4.9
#酒的制造	329.8	9.1	0.2	21.7	2.8	22.1	3.6
烟草制品业							
纺织业	1447.5	26	7.2	105.9	36	44.7	27.2
#棉、化纤纺织及印染精加工	1447.5	26	7.2	105.9	36	44.7	27.2
毛纺织和染整精加工							
纺织服装、鞋、帽制造业							
皮革、毛皮、羽毛(绒)及其制品业							
#皮革鞣制加工							
皮革制品制造							
木材加工及木、竹、藤、棕、草制品业							
家具制造业							
造纸及纸制品业							
印刷业和记录媒介的复制	166.6	5.4	3.3	2.1	1.5	3.4	1.1
文教体育用品制造业							
石油加工、炼焦及核燃料加工业							
#炼焦							
化学原料及化学制品制造业							
#基础化学原料制造							
肥料制造							
医药制造业							
化学纤维制造业							
橡胶制品业							
塑料制品业	169.2	10.1	10.2	3.6	0.2	8.5	0.6
非金属矿物制品业	1728.4	17.6	44.1	100	15.7	89	13.8
#水泥制造	1516.1	14.8	26.9	76.7	12.3	76.9	9.3
黑色金属冶炼及压延加工业							
有色金属冶炼及压延加工业							
金属制品业	26.9	0.7		3.1		3.6	0.6
通用设备制造业							
专用设备制造业	118.6	0.2	0.2	6.6	1.8	3.5	0.1
交通运输设备制造业							
电气机械及器材制造业							
通信设备、计算机及其他电子设备制造业							
仪器仪表及文化、办公用机械制造业							
工艺品及其他制造业							
废弃资源和废旧材料回收加工业							
电力、热力的生产和供应业	253.7	5.1	17	5.1	6.3	4.4	4.9
#电力生产和电力供应	136.7	4.9	2.5	0.8	2.9	2.9	2
燃气生产和供应业							
水的生产和供应业	1003.8	24.4	13.2	95	12.1	108.2	9.1

计量单位：万元

排污费	财务费用	利息支出	营业利润	投资收益	补贴收入	营业外收入
	13.6	13.6	-5.5			0.9
4.5	178	196.7	-239		416	17.2
2.6	46.2	65.2	132.4		200.8	11.5
0.4	25.9	25.9	-259.6		94.9	
9.8	-0.3	-0.4	150.8			0.1
23	-11.2	-13.7	2222.8	-45	5	0.5
12.2	42.9	42.9	1301.8			0.5
3.1	97.5	-321.3	-5532.3			120.7
3.1	97.5	-321.3	-5532.3			120.7
1.3	0.4	0.4	-48.2		6.9	14.9
0.5	3.2	3.1	-153.1		177	8.5
57.7	351.9	313.6	378.7		792.6	49.9
52.7	316.7	306.8	612.6		768.4	49.9
			38.8			
1.4	6.1		-8.3			
1.7	7603.9	7526.4	-22763		36.7	113
0.5	7526.4	7526.4	-22460		10	110.2
2.3	219.6	163.7	-150.4			29.9

2-58 续表 8

项目	营业外支出	利润总额	应交所得税	广告费	劳动、待业保险费	养老保险和医疗保险费	住房公积金和住房补贴
总计	**771.9**	**16450.4**	**787.7**	**10**	**678**	**2985.6**	**532.3**
按登记注册类型分							
内资企业	770	16450.2	787.7	10	677.6	2981.5	532.3
国有企业	222.7	-688.1	72.6		91.9	368.8	39.7
#中央企业							
地方企业	222.7	-688.1	72.6		91.9	368.8	39.7
#自治区属企业							
地区(州、市)属企业	20.9	-53.9			39.5	76.9	6
县(市)属企业	201.8	-634.2	72.6		52.4	291.9	33.7
集体企业	0.6	-216				26.7	
#自治区属企业							
地区(州、市)属企业							
县(市)属企业	0.6	-216				26.7	
镇属企业							
乡属企业							
股份合作企业							
联营企业							
#国有联营企业							
集体联营企业							
国有与集体联营企业							
其他联营企业							
有限责任公司	537.4	16962.2	642.6	10	583.3	2539.6	492.6
#国有独资公司	397.2	19628.4			456.2	1587.5	401.8
其他有限责任公司	140.2	-2666.2	642.6	10	127.1	952.1	90.8
股份有限公司							
私营企业	9.3	392.1	72.5		2.4	46.4	
#私营独资企业	1	28.4	8.8			14.6	
私营合伙企业							
私营有限责任公司	8.3	363.7	63.7		2.4	31.8	
私营股份有限公司							
港、澳、台商投资企业							
外商投资企业	1.9	0.2			0.4	4.1	
在总计中：国有控股企业	657.7	15238.6	72.6		580.3	2437.5	498.8
在总计中：农村工业							
按轻、重工业分							
轻工业	215.4	-3914.1	347.7	7.1	117.1	994.9	101.7
以农产品为原料	128.1	-3701.7	280.2	7.1	80.7	804.6	83.8
以非农产品为原料	87.3	-212.4	67.5		36.4	190.3	17.9
重工业	556.5	20364.5	440	2.9	560.9	1990.7	430.6
采掘工业	109.7	-114.3			1.6	30	5.9
原料工业	426.5	20646	403	0.7	522	1897.2	423.8
加工工业	20.3	-167.2	37	2.2	37.3	63.5	0.9
按企业规模分							
大型企业	396.1	21134.4			295.7	1397.6	334.9
中型企业	54.9	-5781.7	113.3	0.7	242.2	931.1	138.2
小型企业	320.9	1097.7	674.4	9.3	140.1	656.9	59.2

计量单位：万元

本年应付工资总额	主营业务应付	本年应付福利费总额	主营业务应付	本年应交增值税	本年进项税额
15661.8	**15418.1**	**2316.9**	**2281.6**	**7313.5**	**10325.1**
15622.8	15384.1	2313.4	2278.4	7243.2	10239.9
1502.3	1413.5	168.1	156.1	340.6	92.6
1502.3	1413.5	168.1	156.1	340.6	92.6
196.4	196.4	26.8	26.8	29.8	84.3
1305.9	1217.1	141.3	129.3	310.8	8.3
257.3	214.8	35.9	31.5	94.8	64.6
257.3	214.8	35.9	31.5	94.8	64.6
13444.1	13347.5	2092.3	2073.7	6540.1	9898.1
8645.7	8645.2	1434.2	1434.2	3886.1	4095.1
4798.4	4702.3	658.1	639.5	2654	5803
419.1	408.3	17.1	17.1	267.7	184.6
51.5	40.7	0.4	0.4	14.4	184.6
367.6	367.6	16.7	16.7	253.3	
39	34	3.5	3.2	70.3	85.2
11189.6	11100.3	1809.9	1797.9	4629.6	6629
4160.7	3975.5	592.6	569.3	1866.3	5967.4
3445.1	3338.8	497.5	485.5	1673.7	5967.4
715.6	636.7	95.1	83.8	192.6	
11501.1	11442.6	1724.3	1712.3	5447.2	4357.7
278	268.1	36.4	35.7	41.4	
10634.9	10599.5	1627.4	1620.7	5103.6	4096.6
588.2	575	60.5	55.9	302.2	261.1
7374.3	7373.8	1272.7	1272.7	2339.5	3688.1
3184	3149.1	489.2	483.8	2602.8	3490.1
5103.5	4895.2	555	525.1	2371.2	3146.9

2-58 续表 9

项　目	营业外支出	利润总额	应交所得税	广告费	劳动、待业保险费	养老保险和医疗保险费	住房公积金和住房补贴
按行业分							
煤炭开采和洗选业	109.7	-114.3			1.6	30	5.9
石油和天然气开采业							
#天然原油和天然气开采							
黑色金属矿采选业							
有色金属矿采选业							
非金属矿采选业							
#采盐							
其他采矿业							
农副食品加工业	4.4	188	125.3	7.1	12.1	146	14.9
#谷物磨制	1	341.9	118.8	6.2	4.8	80.6	2.2
饲料加工		-164.7		0.9	1.6	9.6	3.2
制糖							
食品制造业	1.9	21.2			0.8	7	
#罐头制造							
饮料制造业	63.7	2120	154.9		26.9	58	5.6
#酒的制造	51.5	1251.2			25.5	41.5	
烟草制品业							
纺织业	37.9	-6000.9			38.3	570.6	57.3
#棉、化纤纺织及印染精加工	37.9	-6000.9			38.3	570.6	57.3
毛纺织和染整精加工							
纺织服装、鞋、帽制造业							
皮革、毛皮、羽毛(绒)及其制品业							
#皮革鞣制加工							
皮革制品制造							
木材加工及木、竹、藤、棕、草制品业							
家具制造业							
造纸及纸制品业							
印刷业和记录媒介的复制	20.2	-34.6			3	25.9	6
文教体育用品制造业							
石油加工、炼焦及核燃料加工业							
#炼焦							
化学原料及化学制品制造业							
#基础化学原料制造							
肥料制造							
医药制造业							
化学纤维制造业							
橡胶制品业							
塑料制品业	11	21.3	21.8		0.6	8.6	0.9
非金属矿物制品业	31.6	1171.6	403	2.9	52.4	250.6	14
#水泥制造	23	1389.9	403	0.7	52.2	248.1	14
黑色金属冶炼及压延加工业							
有色金属冶炼及压延加工业							
金属制品业		38.8	15.2			1.4	
通用设备制造业							
专用设备制造业	0.7	-9			36.5	51	
交通运输设备制造业							
电气机械及器材制造业							
通信设备、计算机及其他电子设备制造业							
仪器仪表及文化、办公用机械制造业							
工艺品及其他制造业							
废弃资源和废旧材料回收加工业							
电力、热力的生产和供应业	403.5	19256.1			469.8	1649.1	409.8
#电力生产和电力供应	401.7	19531.4			468.6	1637.1	409.8
燃气生产和供应业							
水的生产和供应业	87.3	-207.8	67.5		36	187.4	17.9

计量单位：万元

本年应付工资总额	主营业务应付	本年应付福利费总额	主营业务应付	本年应交增值税	本年进项税额
278	268.1	36.4	35.7	41.4	
591.5	580.7	72.6	70.9	144.1	1360.5
242.5	231.7	33	33	87	621.6
79.7	79.7	5.3	5.3		24
111.1	106.1	13.5	13.2	124.9	183.1
517.2	517.2	55	55	659	511.9
244.9	244.9	34.2	34.2	508.5	201
2103.5	2013	343.4	333.4	726.6	3877.9
2103.5	2013	343.4	333.4	726.6	3877.9
131.3	131.3	14.2	14.2	19.9	34
91	78.4	9.5	5.4	76.2	
1861.5	1826	202.3	196.4	1227.1	36.6
1470.7	1435.8	168	162.6	1075.7	1.5
29.3	29.3	4.1	4.1	63.8	175.7
77.1	77.1	12.6	12.6	10.8	50.3
9164.2	9163.7	1459.4	1458.1	4027.9	4095.1
8824.7	8824.2	1434.2	1434.2	3933.8	4095.1
706.1	627.2	93.9	82.6	191.8	

2-58 续表 10

项　目	本　年 销项税额	工业中间 投入合计	直接材料	制造费用中 的中间投入	管理费用中 的中间投入	营业费用中 的中间投入
总　计	**16020.3**	**110883.2**	**81811**	**15339.7**	**3151.4**	**2118.4**
按登记注册类型分						
内资企业	15864.8	110066	81087.9	15271.2	3132.8	2111.4
国有企业	254.8	4433.6	1332.8	1747	797.3	59.5
#中央企业						
地方企业	254.8	4433.6	1332.8	1747	797.3	59.5
#自治区属企业						
地区(州、市)属企业	114	600.4	266.2	175.4	152.5	0.2
县(市)属企业	140.8	3833.2	1066.6	1571.6	644.8	59.3
集体企业	159.4	3919.2	2525.4	532.1	61.3	772.2
#自治区属企业						
地区(州、市)属企业						
县(市)属企业	159.4	3919.2	2525.4	532.1	61.3	772.2
镇属企业						
乡属企业						
股份合作企业						
联营企业						
#国有联营企业						
集体联营企业						
国有与集体联营企业						
其他联营企业						
有限责任公司	15284.2	96725.8	73569.8	11958.7	2062.2	1247.4
#国有独资公司	7975.9	33755.5	18802.9	7598		
其他有限责任公司	7308.3	62970.3	54766.9	4360.7	2062.2	1247.4
股份有限公司						
私营企业	166.4	4987.4	3659.9	1033.4	212	32.3
#私营独资企业	166.4	1506.4	1423.6	19.4	31.3	23.6
私营合伙企业						
私营有限责任公司		3481	2236.3	1014	180.7	8.7
私营股份有限公司						
港、澳、台商投资企业						
外商投资企业	155.5	817.2	723.1	68.5	18.6	7
在总计中：国有控股企业	11075.3	53872.5	34593.7	10137.1	1130	156.4
在总计中：农村工业						
按轻、重工业分						
轻工业	7196.6	53134.4	45504.3	3912.5	2138.4	1095.2
以农产品为原料	7106.1	50917.5	44834	3063.7	1708.1	1047.4
以非农产品为原料	90.5	2216.9	670.3	848.8	430.3	47.8
重工业	8823.7	57748.8	36306.7	11427.2	1013	1023.2
采掘工业	41.4	438.4	164.6	201.2	59	
原料工业	8360.6	49065.4	29569.4	10070.2	591.2	914
加工工业	421.7	8245	6572.7	1155.8	362.8	109.2
按企业规模分						
大型企业	6022.3	22843.7	11374.2	6287.1		
中型企业	5611.2	36445.7	30140.9	3061	504.9	399.7
小型企业	4386.8	51593.8	40295.9	5991.6	2646.5	1718.7

计量单位：万元

经营活动产生的现金流量净额	投资活动产生的现金流量净额	筹资活动产生的现金流量净额	全部从业人员年平均人数(人)	利税总额	亏损企业亏损额
16421.7	**-14193.2**	**-8987.4**	**12025**	**25072.5**	**8983.6**
16421.7	-14193.2	-8987.4	11993	25002	8983.6
1169.6	-975	-172.9	1532	-293.1	839.2
1169.6	-975	-172.9	1532	-293.1	839.2
17.6			227	-21.2	53.9
1152	-975	-172.9	1305	-271.9	785.3
-14.8	-11.2	-27.6	398	-116.7	216
-14.8	-11.2	-27.6	398	-116.7	216
15230.8	-13186.8	-8778.6	9624	24688.7	7905.5
11080.9	-8172.3	-8685.5	3797	23957.5	1506
4149.9	-5014.5	-93.1	5827	731.2	6399.5
36.1	-20.2	-8.3	439	723.1	22.9
36.1	-20.2	-8.3	70	44.1	
			369	679	22.9
			32	70.5	
14597.1	-10875.5	-8940.4	7065	20404	6046.9
2472.8	-5538.1	1163.5	5533	-1384.6	6632.5
1795.1	-4712.6	1205.8	4892	-1395.6	6279.3
677.7	-825.5	-42.3	641	11	353.2
13948.9	-8655.1	-10150.9	6492	26457.1	2351.1
23	-3.5	-24.5	286	-66.9	114.3
13836.4	-8654.8	-10151.5	5673	26336.5	1921.4
89.5	3.2	25.1	533	187.5	315.4
8719.9	-8172.3	-8685.5	3435	23762.2	
7086.1	-2150.2	-1384.9	3205	-2926.2	6125.1
615.7	-3870.7	1083	5385	4236.5	2858.5

2-58 续表 11

项目	本年销项税额	工业中间投入合计	直接材料	制造费用中的中间投入	管理费用中的中间投入	营业费用中的中间投入
按行业分						
煤炭开采和洗选业	41.4	438.4	164.6	201.2	59	
石油和天然气开采业						
#天然原油和天然气开采						
黑色金属矿采选业						
有色金属矿采选业						
非金属矿采选业						
#采盐						
其他采矿业						
农副食品加工业	1371	15684.6	14699.4	259.2	424.8	123.2
#谷物磨制	690.2	5987.4	5820.2	19	46.7	55.3
饲料加工	18	2166.1	2065.7	23.1	30.1	21.3
制糖						
食品制造业	307.2	1577.6	1330.8	192.9	45.4	8.8
#罐头制造						
饮料制造业	780	5802.7	3999.2	562.8	679.8	572.1
#酒的制造	709.5	2592.2	1800.9	382.4	280.4	85.6
烟草制品业						
纺织业	4594.9	27566.5	24687	1956.1	482.5	343.4
#棉、化纤纺织及印染精加工	4594.9	27566.5	24687	1956.1	482.5	343.4
毛纺织和染整精加工						
纺织服装、鞋、帽制造业						
皮革、毛皮、羽毛(绒)及其制品业						
#皮革鞣制加工						
皮革制品制造						
木材加工及木、竹、藤、棕、草制品业						
家具制造业						
造纸及纸制品业						
印刷业和记录媒介的复制	53	296.6	123.9	93.8	76.8	1.7
文教体育用品制造业						
石油加工、炼焦及核燃料加工业						
#炼焦						
化学原料及化学制品制造业						
#基础化学原料制造						
肥料制造						
医药制造业						
化学纤维制造业						
橡胶制品业						
塑料制品业	72.9	3539.8	3028.9	346.6	155.3	5.8
非金属矿物制品业	355.1	16804.9	12336	2552.8	647.3	916.9
#水泥制造	306.8	13556.2	9944.6	1853.3	528.8	912.8
黑色金属冶炼及压延加工业						
有色金属冶炼及压延加工业						
金属制品业	239.5	1148.7	1010.1	26.5	12.8	99.3
通用设备制造业						
专用设备制造业	61	307.8	142.3	83.2	76.2	
交通运输设备制造业						
电气机械及器材制造业						
通信设备、计算机及其他电子设备制造业						
仪器仪表及文化、办公用机械制造业						
工艺品及其他制造业						
废弃资源和废旧材料回收加工业						
电力、热力的生产和供应业	8053.8	35509.2	19624.8	8216.9	62.4	1.2
#电力生产和电力供应	7975.9	34317.9	18812.1	7960	19.4	
燃气生产和供应业						
水的生产和供应业	90.5	2206.4	664	847.7	429.1	46

计量单位：万元

经营活动产生的现金流量净额	投资活动产生的现金流量净额	筹资活动产生的现金流量净额	全部从业人员年平均人数(人)	利税总额	亏损企业亏损额
23	-3.5	-24.5	286	-66.9	114.3
-1147.7	-1019.2	1590.2	631	399.9	233.5
25.9	-210.1	-304.3	252	440	18.1
			69	-110.5	164.7
-7.3			143	151.7	4.6
1149.7	-2019.7	-239.4	460	3274.4	
250			241	2247.1	
1765.2	-1673.7	-145	3541	-5212.3	6000.9
1765.2	-1673.7	-145	3541	-5212.3	6000.9
27.9			142	-12.9	44.9
-8			113	97.5	51.8
2399.5	-352	-1277.8	1742	2574.7	297.7
2295.4	-355.2	-1302.9	1461	2595.3	43.1
			29	107.7	
-6.6			110	2.9	9
11541	-8299.6	-8848.6	4212	23741.2	1878.3
11352	-8321.5	-8816.7	3942	23911.8	1603
685	-825.5	-42.3	616	14.6	348.6

2-59 和田地区规模以上

项目	企业单位数	亏损单位数	工业总产值(现价)	工业销售产值	出口交货值	工业增加值	年初存货
总　计	**29**	**19**	**43932**	**41042.4**		**17039.6**	**18636.2**
按登记注册类型分							
内资企业	29	19	43932	41042.4		17039.6	18636.2
国有企业	22	16	14522.5	12315.3		6488.7	12904.9
#中央企业							
地方企业	22	16	14522.5	12315.3		6488.7	12904.9
#自治区属企业	2	1	6296.3	6170.9		3160.5	769.1
地区(州、市)属企业	2	2	4167.2	2050.3		2235.7	11593.8
县(市)属企业	18	13	4059	4094.1		1092.5	542
集体企业							
#自治区属企业							
地区(州、市)属企业							
县(市)属企业							
镇属企业							
乡属企业							
股份合作企业							
联营企业							
#国有联营企业							
集体联营企业							
国有与集体联营企业							
其他联营企业							
有限责任公司	7	3	29409.5	28727.1		10550.9	5731.3
#国有独资公司	1	1	12245.3	12245.3		3412.9	1796.4
其他有限责任公司	6	2	17164.2	16481.8		7138	3934.9
股份有限公司							
私营企业							
#私营独资企业							
私营合伙企业							
私营有限责任公司							
私营股份有限公司							
港、澳、台商投资企业							
外商投资企业							
在总计中：国有控股企业	24	17	27465.4	25355.2		10066.2	14764
在总计中：农村工业							
按轻、重工业分							
轻工业	12	7	10489.3	8296.3		5726.9	13487.8
以农产品为原料	5	3	9471.4	7248.2		5364.7	13224
以非农产品为原料	7	4	1017.9	1048.1		362.2	263.8
重工业	17	12	33442.7	32746.1		11312.7	5148.4
采掘工业	3	2	5315.2	5194.7		2274.6	770.7
原料工业	11	9	26792.5	26283.2		8853.4	4165.1
加工工业	3	1	1335	1268.2		184.7	212.6
按企业规模分							
大型企业							
中型企业	5	3	32148.2	29396.6		11709.5	16319.1
小型企业	24	16	11783.8	11645.8		5330.1	2317.1

工业企业主要经济指标

计量单位：万元

流动资产合计	短期投资	应收帐款	存货	产成品	流动资产年平均余额	长期投资
69503.7		**9234.8**	**23229**	**4950.2**	**74561.6**	**1335.6**
69503.7		9234.8	23229	4950.2	74561.6	1335.6
37718.3		4194	16950	2454.1	34315.8	819.2
37718.3		4194	16950	2454.1	34315.8	819.2
12018		1457.6	838.7		11054.7	
23348.9		1888.7	15508.8	2396.9	20720.6	805
2351.4		847.7	602.5	57.2	2540.5	14.2
31785.4		5040.8	6279	2496.1	40245.8	516.4
18096.1			1796.4		28053	101.2
13689.3		5040.8	4482.6	2496.1	12192.8	415.2
56281.7		4194	18881.2	2463.3	62683.9	920.4
30830		6464	17523.6	3408.2	27414.3	1234.4
30128.6		6288.1	17268.2	3408.2	26713	1220.2
701.4		175.9	255.4		701.3	14.2
38673.7		2770.8	5705.4	1542	47147.3	101.2
11060.8		542.2	795.7	4.5	10145	
26976.7		2140.6	4734.4	1474.2	36358.4	101.2
636.2		88	175.3	63.3	643.9	
58581.7		2676.2	20716.8	3843.4	64133.7	906.2
10922		6558.6	2512.2	1106.8	10427.9	429.4

2-59 续表 1

项目	企业单位数	亏损单位数	工业总产值(现价)	工业销售产值	出口交货值	工业增加值	年初存货
按行业分							
煤炭开采和洗选业	2	1	5311.3	5185.9		2277.8	767.5
石油和天然气开采业							
#天然原油和天然气开采							
黑色金属矿采选业							
有色金属矿采选业							
非金属矿采选业	1	1	3.9	8.8		-3.2	3.2
#采盐	1	1	3.9	8.8		-3.2	3.2
其他采矿业							
农副食品加工业	1		697.6	794.6		164.6	62.7
#谷物磨制	1		697.6	794.6		164.6	62.7
饲料加工							
制糖							
食品制造业							
#罐头制造							
饮料制造业	1	1	1004.4	726.7		165.9	988.5
#酒的制造							
烟草制品业							
纺织业	1	1	3984.1	1867.2		2184	11589.5
#棉、化纤纺织及印染精加工	1	1	3984.1	1867.2		2184	11589.5
毛纺织和染整精加工							
纺织服装、鞋、帽制造业							
皮革、毛皮、羽毛(绒)及其制品业							
#皮革鞣制加工							
皮革制品制造							
木材加工及木、竹、藤、棕、草制品业							
家具制造业							
造纸及纸制品业							
印刷业和记录媒介的复制	1	1	183.1	183.1		51.7	4.3
文教体育用品制造业							
石油加工、炼焦及核燃料加工业							
#炼焦							
化学原料及化学制品制造业							
#基础化学原料制造							
肥料制造							
医药制造业	1		3602.2	3676.6		2798.5	579
化学纤维制造业							
橡胶制品业							
塑料制品业	1		705.3	638.5		75.9	78.5
非金属矿物制品业	2	1	11154.7	10645.4		3933.1	2226.2
#水泥制造	2	1	11154.7	10645.4		3933.1	2226.2
黑色金属冶炼及压延加工业							
有色金属冶炼及压延加工业							
金属制品业							
通用设备制造业							
专用设备制造业	1	1	72	72		22.9	23.2
交通运输设备制造业							
电气机械及器材制造业							
通信设备、计算机及其他电子设备制造业							
仪器仪表及文化、办公用机械制造业							
工艺品及其他制造业							
废弃资源和废旧材料回收加工业							
电力、热力的生产和供应业	9	8	15637.8	15637.8		4920.3	1938.9
#电力生产和电力供应	7	6	15286.6	15286.6		4845.1	1938.9
燃气生产和供应业	1		557.7	557.7		85.9	110.9
水的生产和供应业	7	4	1017.9	1048.1		362.2	263.8

计量单位：万元

流动资产合计	短期投资	应收帐款	存货	产成品	流动资产年平均余额	长期投资
11054.5		541.6	791.2		10137	
6.3		0.6	4.5	4.5	8	
6.3		0.6	4.5	4.5	8	
467.3			134.8	9.2	315.1	
467.3			134.8	9.2	315.1	
1484.4		331.7	1045.8	937.7	1881.9	409.2
23151.1		1881.7	15505.4	2396.9	20489.5	805
23151.1		1881.7	15505.4	2396.9	20489.5	805
197.8		7	3.4		231.1	
4828		4067.7	578.8	64.4	3795.4	6
249.7		69.1	38.9	38.3	254.2	
6659.9		572.3	2684.3	1446.5	5946.2	
6659.9		572.3	2684.3	1446.5	5946.2	
103.2		15.6	25.5		101.2	
20316.8		1568.3	2050.1	27.7	30412.2	101.2
20120		1486.4	2020		30216.8	101.2
283.3		3.3	110.9	25	288.5	
701.4		175.9	255.4		701.3	14.2

2-59 续表 2

项目	固定资产合计	固定资产原价	生产经营用	累计折旧	本年折旧	固定资产净值年平均余额
总计	**151712.9**	**191038.4**	**168541.3**	**42046.8**	**10207.8**	**148762.1**
按登记注册类型分						
内资企业	151712.9	191038.4	168541.3	42046.8	10207.8	148762.1
国有企业	56499.7	76578.3	70732.5	21186.6	3084.3	56531.5
#中央企业						
地方企业	56499.7	76578.3	70732.5	21186.6	3084.3	56531.5
#自治区属企业	35465.6	43724.8	43724.8	8308.8	1773.7	36198.7
地区(州、市)属企业	7246.3	13283.8	10218.6	6082.6	383.2	7434.3
县(市)属企业	13787.8	19569.7	16789.1	6795.2	927.4	12898.5
集体企业						
#自治区属企业						
地区(州、市)属企业						
县(市)属企业						
镇属企业						
乡属企业						
股份合作企业						
联营企业						
#国有联营企业						
集体联营企业						
国有与集体联营企业						
其他联营企业						
有限责任公司	95213.2	114460.1	97808.8	20860.2	7123.5	92230.6
#国有独资公司	86232.7	101249.3	86061.9	16453.4	6022.3	83704
其他有限责任公司	8980.5	13210.8	11746.9	4406.8	1101.2	8526.6
股份有限公司						
私营企业						
#私营独资企业						
私营合伙企业						
私营有限责任公司						
私营股份有限公司						
港、澳、台商投资企业						
外商投资企业						
在总计中：国有控股企业	143292.7	178663	157129.4	37940.5	9129.1	140770.4
在总计中：农村工业						
按轻、重工业分						
轻工业	14281.7	22581.6	17186.1	8742.6	1065.4	14076.4
以农产品为原料	10235.4	17000.7	13010.3	6835.7	791.3	10386.9
以非农产品为原料	4046.3	5580.9	4175.8	1906.9	274.1	3689.5
重工业	137431.2	168456.8	151355.2	33304.2	9142.4	134685.7
采掘工业	4617.9	8971.2	8957.3	4440.7	643.9	4741.6
原料工业	131442.6	157744.9	141675.5	28466.1	8459.1	128582.4
加工工业	1370.7	1740.7	722.4	397.4	39.4	1361.7
按企业规模分						
大型企业						
中型企业	102821.9	131336.9	112645.3	30152.1	7613.2	100181.6
小型企业	48891	59701.5	55896	11894.7	2594.6	48580.5

计量单位：万元

无形资产	资产总计	流动负债		长期负债	负债合计
		合　计	应付帐款	合　计	
982.5	**226139.9**	**144366**	**14039.2**	**25155.7**	**169621.8**
982.5	226139.9	144366	14039.2	25155.7	169621.8
60.2	96801.0	35197.1	11477.4	13089.2	48386.4
60.2	96801.0	35197.1	11477.4	13089.2	48386.4
47.6	48052.5	4585.3	52.5	5377.7	9963
	31400.3	26844.5	10299.2	2347	29291.5
12.6	17348.2	3767.3	1125.7	5364.5	9131.9
922.3	129338.9	109168.9	2561.8	12066.5	121235.4
37.7	104467.7	99523.2	1519.3	6726	106249.2
884.6	24871.2	9645.7	1042.5	5340.5	14986.2
231.2	202429.6	135372.5	13113.6	20057.4	155530
644.3	47008.1	30632	10743.2	2832.6	33564.6
643.8	42245.4	30251.8	10659.1	2589.2	32941
0.5	4762.7	380.2	84.1	243.4	623.6
338.2	179131.8	113734	3296	22323.1	136057.2
57.6	15936	4979.9	149	6392.7	11372.6
172.2	161079.6	108129.8	2930.7	15506.6	123636.5
108.4	2116.2	624.3	216.3	423.8	1048.1
217.7	163411.9	136246.4	12376.1	19477.1	155823.5
764.8	62728	8119.6	1663.1	5678.6	13798.3

2-59 续表 3

项目	固定资产合计	固定资产原价	生产经营用	累计折旧	本年折旧	固定资产净值年平均余额
按行业分						
煤炭开采和洗选业	4603.7	8942.6	8942.6	4426.3	643.5	4726.6
石油和天然气开采业						
#天然原油和天然气开采						
黑色金属矿采选业						
有色金属矿采选业						
非金属矿采选业	14.2	28.6	14.7	14.4	0.4	15
#采盐	14.2	28.6	14.7	14.4	0.4	15
其他采矿业						
农副食品加工业	560.3	835.4	335	300.5	22.5	534.9
#谷物磨制	560.3	835.4	335	300.5	22.5	534.9
饲料加工						
制糖						
食品制造业						
#罐头制造						
饮料制造业	1847.7	2133.7	2133.7	285.9	285.9	1915.1
#酒的制造						
烟草制品业						
纺织业	7093.5	13069.5	10104	5975.8	376.5	7285.6
#棉、化纤纺织及印染精加工	7093.5	13069.5	10104	5975.8	376.5	7285.6
毛纺织和染整精加工						
纺织服装、鞋、帽制造业						
皮革、毛皮、羽毛(绒)及其制品业						
#皮革鞣制加工						
皮革制品制造						
木材加工及木、竹、藤、棕、草制品业						
家具制造业						
造纸及纸制品业						
印刷业和记录媒介的复制	152.8	214.3	114.6	106.8	6.7	148.7
文教体育用品制造业						
石油加工、炼焦及核燃料加工业						
#炼焦						
化学原料及化学制品制造业						
#基础化学原料制造						
肥料制造						
医药制造业	581.1	747.8	323	166.7	99.7	502.6
化学纤维制造业						
橡胶制品业						
塑料制品业	224.6	242.6	242.6	18.3	15.4	228.6
非金属矿物制品业	5766.8	9251.3	8712.6	3635.4	677.7	5345.4
#水泥制造	5766.8	9251.3	8712.6	3635.4	677.7	5345.4
黑色金属冶炼及压延加工业						
有色金属冶炼及压延加工业						
金属制品业						
通用设备制造业						
专用设备制造业	57.9	59.5	25.3	28.7	1.2	30.8
交通运输设备制造业						
电气机械及器材制造业						
通信设备、计算机及其他电子设备制造业						
仪器仪表及文化、办公用机械制造业						
工艺品及其他制造业						
废弃资源和废旧材料回收加工业						
电力、热力的生产和供应业	125675.8	148493.6	132962.9	24830.7	7781.4	123237
#电力生产和电力供应	124603	147284.9	131909.8	24669.2	7712.3	122188.9
燃气生产和供应业	1088.2	1438.6	454.5	350.4	22.8	1102.3
水的生产和供应业	4046.3	5580.9	4175.8	1906.9	274.1	3689.5

计量单位：万元

无形资产	资产总计	流动负债		长期负债	负债合计
		合　计	应付帐款	合　计	
57.6	15915.5	4940.1	141.1	6347.7	11287.8
	20.5	39.8	7.9	45	84.8
	20.5	39.8	7.9	45	84.8
133.3	1160.9	652.2	116.9	242.2	894.4
133.3	1160.9	652.2	116.9	242.2	894.4
444.5	4185.9	2046.8	261.5		2046.8
	31049.7	26609.3	10200.7	2347	29056.3
	31049.7	26609.3	10200.7	2347	29056.3
	350.6	235.2	98.5		235.2
66	5498.3	708.3	-18.5		708.3
108.4	582.7	293.3	26.5	71.9	365.2
132.4	13443.4	5945.1	656.1	5026.4	10971.5
132.4	13443.4	5945.1	656.1	5026.4	10971.5
	161.1	107.1			107.1
39.8	147636.2	102184.7	2274.6	10480.2	112665
39.4	146366.1	101588	1811.1	10480.2	112068.3
	1372.4	223.9	189.8	351.9	575.8
0.5	4762.7	380.2	84.1	243.4	623.6

2-59 续表 4

项目	所有者权益合计	其中:实收资本	国家资本	集体资本	法人资本	个人资本	港澳台资本
总计	**56518.1**	**65935.1**	**56798.9**		**8384.9**	**751.3**	
按登记注册类型分							
内资企业	56518.1	65935.1	56798.9		8384.9	751.3	
国有企业	48414.6	55880.1	55880.1				
#中央企业							
地方企业	48414.6	55880.1	55880.1				
#自治区属企业	38089.5	38731.7	38731.7				
地区(州、市)属企业	2108.8	7018.5	7018.5				
县(市)属企业	8216.3	10129.9	10129.9				
集体企业							
#自治区属企业							
地区(州、市)属企业							
县(市)属企业							
镇属企业							
乡属企业							
股份合作企业							
联营企业							
#国有联营企业							
集体联营企业							
国有与集体联营企业							
其他联营企业							
有限责任公司	8103.5	10055	918.8		8384.9	751.3	
#国有独资公司	-1781.5	6500	650		5850		
其他有限责任公司	9885	3555	268.8		2534.9	751.3	
股份有限公司							
私营企业							
#私营独资企业							
私营合伙企业							
私营有限责任公司							
私营股份有限公司							
港、澳、台商投资企业							
外商投资企业							
在总计中：国有控股企业	46899.6	62643.6	56681.1		5850	112.5	
在总计中：农村工业							
按轻、重工业分							
轻工业	13443.5	13854.6	11482.1		2260	112.5	
以农产品为原料	9304.4	9542	7169.5		2260	112.5	
以非农产品为原料	4139.1	4312.6	4312.6				
重工业	43074.6	52080.5	45316.8		6124.9	638.8	
采掘工业	4563.4	3023.5	3023.5				
原料工业	37443.1	47717	41038.1		6124.9	554	
加工工业	1068.1	1340	1255.2			84.8	
按企业规模分							
大型企业							
中型企业	7588.4	17006.1	10327.2		6124.9	554	
小型企业	48929.7	48929	46471.7		2260	197.3	

计量单位：万元

外商资本	主营业务收入	主营业务成本	主营业务税金及附加	其他业务收入	其他业务利润	营业费用
	46387.1	**41121.3**	**346.5**	**982.6**	**231.5**	**624.7**
	46387.1	41121.3	346.5	982.6	231.5	624.7
	17147	14066.2	83.5	526.5	-4.6	245.8
	17147	14066.2	83.5	526.5	-4.6	245.8
	6170.3	4178.8	40	240.1	148.7	7.9
	6845.4	6643.7	0.8	3.6	1.3	174.2
	4131.3	3243.7	42.7	282.8	-154.6	63.7
	29240.1	27055.1	263	456.1	236.1	378.9
	12245.3	16043.5	148.2	226.7	31.2	
	16994.8	11011.6	114.8	229.4	204.9	378.9
	30179.8	30796.7	231.9	753.2	26.6	260.8
	13122	9857.9	64.3	436.2	-16.2	448.6
	12036.9	9206.6	47.7	187.5	163	412.7
	1085.1	651.3	16.6	248.7	-179.2	35.9
	33265.1	31263.4	282.2	546.4	247.7	176.1
	5199.6	3124.1	39.7	237.1	146.7	11.7
	26723.1	26861.6	240.8	281.3	74.5	140.5
	1342.4	1277.7	1.7	28	26.5	23.9
	34637.6	32922.6	252.8	508.5	221.1	322.3
	11749.5	8198.7	93.7	474.1	10.4	302.4

2-59 续表 5

项目	所有者权益合计	其中：实收资本	国家资本	集体资本	法人资本	个人资本	港澳台资本
按行业分							
煤炭开采和洗选业	4627.7	2992.5	2992.5				
石油和天然气开采业							
#天然原油和天然气开采							
黑色金属矿采选业							
有色金属矿采选业							
非金属矿采选业	-64.3	31	31				
#采盐	-64.3	31	31				
其他采矿业							
农副食品加工业	266.5	263.5	151			112.5	
#谷物磨制	266.5	263.5	151			112.5	
饲料加工							
制糖							
食品制造业							
#罐头制造							
饮料制造业	2139.1	2000			2000		
#酒的制造							
烟草制品业							
纺织业	1993.4	6743.2	6743.2				
#棉、化纤纺织及印染精加工	1993.4	6743.2	6743.2				
毛纺织和染整精加工							
纺织服装、鞋、帽制造业							
皮革、毛皮、羽毛(绒)及其制品业							
#皮革鞣制加工							
皮革制品制造							
木材加工及木、竹、藤、棕、草制品业							
家具制造业							
造纸及纸制品业							
印刷业和记录媒介的复制	115.4	275.3	275.3				
文教体育用品制造业							
石油加工、炼焦及核燃料加工业							
#炼焦							
化学原料及化学制品制造业							
#基础化学原料制造							
肥料制造							
医药制造业	4790	260			260		
化学纤维制造业							
橡胶制品业							
塑料制品业	217.5	84.8				84.8	
非金属矿物制品业	2471.9	946.7	117.8		274.9	554	
#水泥制造	2471.9	946.7	117.8		274.9	554	
黑色金属冶炼及压延加工业							
有色金属冶炼及压延加工业							
金属制品业							
通用设备制造业							
专用设备制造业	54	126.9	126.9				
交通运输设备制造业							
电气机械及器材制造业							
通信设备、计算机及其他电子设备制造业							
仪器仪表及文化、办公用机械制造业							
工艺品及其他制造业							
废弃资源和废旧材料回收加工业							
电力、热力的生产和供应业	34971.2	46770.3	40920.3		5850		
#电力生产和电力供应	34297.8	46044.9	40194.9		5850		
燃气生产和供应业	796.6	1128.3	1128.3				
水的生产和供应业	4139.1	4312.6	4312.6				

计量单位：万元

外商资本	主营业务收入	主营业务成本	主营业务税金及附加	其他业务收入	其他业务利润	营业费用
	5185.3	3116.3	39.3	237.1	146.7	7.9
	14.3	7.8	0.4			3.8
	14.3	7.8	0.4			3.8
	787.5	687	0.2			15
	787.5	687	0.2			15
	726.6	455.9		183.9	161.7	178.1
	6662.2	6515.1	0.6	3.6	3.6	174.2
	6662.2	6515.1	0.6	3.6	3.6	174.2
	183.2	128.6	0.2		-2.3	
	3677.4	1420	46.7			45.4
	711.3	721.2	0.2	4.4	3.6	0.2
	11092	7727.5	67.7	41.1	39.6	140.2
	11092	7727.5	67.7	41.1	39.6	140.2
	72	56.3	0.3			
	15631.1	19134.1	173.1	240.2	34.9	0.3
	15279.8	18874.4	157.7	231.1	34.3	0.3
	559.1	500.2	1.2	23.6	22.9	23.7
	1085.1	651.3	16.6	248.7	-179.2	35.9

2-59 续表 6

项 目	管理费用	税 金	财产保险费	差旅费	工会经费	办公费	职工教育费
总 计	**6020.1**	**117.5**	**192**	**428.2**	**107.5**	**618.7**	**73.9**
按登记注册类型分							
内资企业	6020.1	117.5	192	428.2	107.5	618.7	73.9
国有企业	3436.1	57	117.2	197.9	45.7	79.9	24.9
#中央企业							
地方企业	3436.1	57	117.2	197.9	45.7	79.9	24.9
#自治区属企业	1605.6	23.5	23.2	111.5	10.3	32.3	5.7
地区(州、市)属企业	726.2		80.2	37.1	4.2	12.4	
县(市)属企业	1104.3	33.5	13.8	49.3	31.2	35.2	19.2
集体企业							
#自治区属企业							
地区(州、市)属企业							
县(市)属企业							
镇属企业							
乡属企业							
股份合作企业							
联营企业							
#国有联营企业							
集体联营企业							
国有与集体联营企业							
其他联营企业							
有限责任公司	2584	60.5	74.8	230.3	61.8	538.8	49
#国有独资公司	858.6	35.4	72.3	159.6	52	489.9	39
其他有限责任公司	1725.4	25.1	2.5	70.7	9.8	48.9	10
股份有限公司							
私营企业							
#私营独资企业							
私营合伙企业							
私营有限责任公司							
私营股份有限公司							
港、澳、台商投资企业							
外商投资企业							
在总计中：国有控股企业	4348.6	96	189.9	362.1	98.3	575.6	64.3
在总计中：农村工业							
按轻、重工业分							
轻工业	1318	33.6	83.2	76.9	10.7	50.1	7
以农产品为原料	824.2	14	80.6	57.2	6.8	34.1	2
以非农产品为原料	493.8	19.6	2.6	19.7	3.9	16	5
重工业	4702.1	83.9	108.8	351.3	96.8	568.6	66.9
采掘工业	1184.7	3.5	19.4	35.9	3.1	11.6	5.5
原料工业	3401.9	74.1	85.4	308.5	90.8	554.8	58.9
加工工业	115.5	6.3	4	6.9	2.9	2.2	2.5
按企业规模分							
大型企业							
中型企业	4095.4	46.6	173.6	267	65.2	540.7	49.4
小型企业	1924.7	70.9	18.4	161.2	42.3	78	24.5

计量单位：万元

排污费	财务费用	利息支出	营业利润	投资收益	补贴收入	营业外收入
50.6	**4942.8**	**4838.6**	**-5406.6**	**-38.8**	**93.5**	**542**
50.6	4942.8	4838.6	-5406.6	-38.8	93.5	542
7.6	362.9	363.8	-953.3	1.9	11.3	27.4
7.6	362.9	363.8	-953.3	1.9	11.3	27.4
	272.3	292.8	214.5			7.1
0.1	13.2	13.2	-807.2			6
7.5	77.4	57.8	-360.6	1.9	11.3	14.3
43	4579.9	4474.8	-4453.3	-40.7	82.2	514.6
10.4	3915.4	4010.6	-7830.7			146.6
32.6	664.5	464.2	3377.4	-40.7	82.2	368
19.2	4294.8	4390.9	-8769.1	1.9	11.3	174.4
1.3	120.6	119.3	1548.6	-38.8	5.6	13
1.3	119.9	118.8	1565.7	-40.7		6.5
	0.7	0.5	-17.1	1.9	5.6	6.5
49.3	4822.2	4719.3	-6955.2		87.9	529
0.5	211.2	231.8	687.1			8.4
48.8	4610.6	4487.1	-7579.3		5.7	514.8
	0.4	0.4	-63		82.2	5.8
41.8	4695.7	4612.3	-6564.6			520.9
8.8	247.1	226.3	1158	-38.8	93.5	21.1

2-59 续表 7

项　　目	管理费用	税　金	财产保险费	差旅费	工会经费	办公费	职工教育费
按行业分							
煤炭开采和洗选业	1172	2.8	19	35.7	3	11.5	5.5
石油和天然气开采业							
#天然原油和天然气开采							
黑色金属矿采选业							
有色金属矿采选业							
非金属矿采选业	12.7	0.7	0.4	0.2	0.1	0.1	
#采盐	12.7	0.7	0.4	0.2	0.1	0.1	
其他采矿业							
农副食品加工业	53.9	3.6	0.4	4.6	0.6	5.8	0.4
#谷物磨制	53.9	3.6	0.4	4.6	0.6	5.8	0.4
饲料加工							
制糖							
食品制造业							
#罐头制造							
饮料制造业	344.2	9.7		8.5	1.4	6.9	1.1
#酒的制造							
烟草制品业							
纺织业	636.3		80.2	37	3.2	12.4	
#棉、化纤纺织及印染精加工	636.3		80.2	37	3.2	12.4	
毛纺织和染整精加工							
纺织服装、鞋、帽制造业							
皮革、毛皮、羽毛(绒)及其制品业							
#皮革鞣制加工							
皮革制品制造							
木材加工及木、竹、藤、棕、草制品业							
家具制造业							
造纸及纸制品业							
印刷业和记录媒介的复制	89.9			0.1	1		
文教体育用品制造业							
石油加工、炼焦及核燃料加工业							
#炼焦							
化学原料及化学制品制造业							
#基础化学原料制造							
肥料制造							
医药制造业	-300.1	0.7		7	0.6	9	0.5
化学纤维制造业							
橡胶制品业							
塑料制品业	66.7	0.7		5.3	0.2	0.3	0.1
非金属矿物制品业	1560.7	10.4	2.1	45.3	7	26.9	7.9
#水泥制造	1560.7	10.4	2.1	45.3	7	26.9	7.9
黑色金属冶炼及压延加工业							
有色金属冶炼及压延加工业							
金属制品业							
通用设备制造业							
专用设备制造业	2.8	0.2		0.6		0.8	
交通运输设备制造业							
电气机械及器材制造业							
通信设备、计算机及其他电子设备制造业							
仪器仪表及文化、办公用机械制造业							
工艺品及其他制造业							
废弃资源和废旧材料回收加工业							
电力、热力的生产和供应业	1841.2	63.7	83.3	263.2	83.8	527.9	51
#电力生产和电力供应	1739	63.6	83.1	261.6	83.5	522.1	50.6
燃气生产和供应业	46	5.4	4	1	2.7	1.1	2.4
水的生产和供应业	493.8	19.6	2.6	19.7	3.9	16	5

计量单位：万元

排污费	财务费用	利息支出	营业利润	投资收益	补贴收入	营业外收入
0.5	211.2	231.8	784.9			7.7
			-97.8			0.7
			-97.8			0.7
1.2	16.5	16.5	14.9			0.4
1.2	16.5	16.5	14.9			0.4
	90.9	89.9	-108.1	-40.7		
	13.2	13.2	-666.9			
	13.2	13.2	-666.9			
0.1			-140.3			6
	-0.7	-0.8	2466.1			0.1
			-73.4		82.2	
31.4	557.8	358.6	1077.9			367.5
31.4	557.8	358.6	1077.9			367.5
17.4	4052.8	4128.5	-8657.2		5.7	147.3
10.4	4051.8	4127.5	-8633		3.6	147.2
	0.4	0.4	10.4			5.8
	0.7	0.5	-17.1	1.9	5.6	6.5

2-59 续表 8

项 目	营业外支出	利润总额	应交所得税	广告费	劳动、待业保险费	养老保险和医疗保险费	住房公积金和住房补贴
总 计	**851.2**	**-6648.8**	**996.3**	**3.2**	**310.9**	**1138.6**	**268.3**
按登记注册类型分							
内资企业	851.2	-6648.8	996.3	3.2	310.9	1138.6	268.3
国有企业	414.9	-2242.5	5.4		46.8	489.3	79.1
#中央企业							
地方企业	414.9	-2242.5	5.4		46.8	489.3	79.1
#自治区属企业	299	-77.5			13.3	68.8	24.9
地区(州、市)属企业		-812.3			21.6	232.1	8
县(市)属企业	115.9	-1352.7	5.4		11.9	188.4	46.2
集体企业							
#自治区属企业							
地区(州、市)属企业							
县(市)属企业							
镇属企业							
乡属企业							
股份合作企业							
联营企业							
#国有联营企业							
集体联营企业							
国有与集体联营企业							
其他联营企业							
有限责任公司	436.3	-4406.3	990.9	3.2	264.1	649.3	189.2
#国有独资公司	107	-7791.1	20.7	0.6	237.4	403.9	183.3
其他有限责任公司	329.3	3384.8	970.2	2.6	26.7	245.4	5.9
股份有限公司							
私营企业							
#私营独资企业							
私营合伙企业							
私营有限责任公司							
私营股份有限公司							
港、澳、台商投资企业							
外商投资企业							
在总计中：国有控股企业	522.2	-10018.6	26.9	0.6	284.9	904	262.4
在总计中：农村工业							
按轻、重工业分							
轻工业	31.5	1391.3	818.9	1.3	31.6	345.6	36.9
以农产品为原料	28.1	1419.5	813.5	1.3	23.1	265.3	13.9
以非农产品为原料	3.4	-28.2	5.4		8.5	80.3	23
重工业	819.7	-8040.1	177.4	1.9	279.3	793	231.4
采掘工业	338.7	423.9			11	16.4	12.3
原料工业	471	-8476.3	176.3	1.9	268.3	759.1	219.1
加工工业	10	12.3	1.1			17.5	
按企业规模分							
大型企业							
中型企业	677.9	-6732.8	176.3	1.9	294.7	825.5	203.6
小型企业	173.3	84	820	1.3	16.2	313.1	64.7

计量单位：万元

本年应付工资总额	主营业务应付	本年应付福利费总额	主营业务应付	本年应交增值税	本年进项税额
7381.5	**6400.2**	**1332.5**	**1187.7**	**3614.7**	**2523.2**
7381.5	6400.2	1332.5	1187.7	3614.7	2523.2
3154.9	2641.6	994	928.9	733.9	1422.1
3154.9	2641.6	994	928.9	733.9	1422.1
781.1	626.7	106.3	86.7	501.9	201.1
1090.3	1090.3	714.6	714.6	13.9	1160.1
1283.5	924.6	173.1	127.6	218.1	60.9
4226.6	3758.6	338.5	258.8	2880.8	1101.1
2602.2	2602.2	88.4	88.4	1584	726
1624.4	1156.4	250.1	170.4	1296.8	375.1
5787.8	5274.5	1117.5	1052.4	2317.9	2256.9
1713.9	1550.5	822.7	803.7	548	1518.3
1319.1	1253.7	774.3	763.4	480.8	1518.3
394.8	296.8	48.4	40.3	67.2	
5667.6	4849.7	509.8	384	3066.7	1004.9
698.9	504	92.8	67.8	443.5	201.1
4856.4	4270.5	402.2	306.4	2606.4	726
112.3	75.2	14.8	9.8	16.8	77.8
5458	4938.1	1040.8	957.4	2822.5	2075.7
1923.5	1462.1	291.7	230.3	792.2	447.5

2-59 续表 9

项目	营业外支出	利润总额	应交所得税	广告费	劳动、待业保险费	养老保险和医疗保险费	住房公积金和住房补贴
按行业分							
煤炭开采和洗选业	270.8	521.7			10.5	15	12.3
石油和天然气开采业							
#天然原油和天然气开采							
黑色金属矿采选业							
有色金属矿采选业							
非金属矿采选业	67.9	-97.8			0.5	1.4	
#采盐	67.9	-97.8			0.5	1.4	
其他采矿业							
农副食品加工业	0.3	15	0.8		0.7	10.8	
#谷物磨制	0.3	15	0.8		0.7	10.8	
饲料加工							
制糖							
食品制造业							
#罐头制造							
饮料制造业	24.4	-246			0.8	8.8	2.6
#酒的制造							
烟草制品业							
纺织业		-678			21.6	194.4	8
#棉、化纤纺织及印染精加工		-678			21.6	194.4	8
毛纺织和染整精加工							
纺织服装、鞋、帽制造业							
皮革、毛皮、羽毛(绒)及其制品业							
#皮革鞣制加工							
皮革制品制造							
木材加工及木、竹、藤、棕、草制品业							
家具制造业							
造纸及纸制品业							
印刷业和记录媒介的复制		-134.3				37.7	
文教体育用品制造业							
石油加工、炼焦及核燃料加工业							
#炼焦							
化学原料及化学制品制造业							
#基础化学原料制造							
肥料制造							
医药制造业	3.4	2462.8	812.7	1.3		13.6	3.3
化学纤维制造业							
橡胶制品业							
塑料制品业	0.2	8.6	1.1				
非金属矿物制品业	301	1144.4	155.6	1.3	25.2	212.2	
#水泥制造	301	1144.4	155.6	1.3	25.2	212.2	
黑色金属冶炼及压延加工业							
有色金属冶炼及压延加工业							
金属制品业							
通用设备制造业							
专用设备制造业		-2.8					
交通运输设备制造业							
电气机械及器材制造业							
通信设备、计算机及其他电子设备制造业							
仪器仪表及文化、办公用机械制造业							
工艺品及其他制造业							
废弃资源和废旧材料回收加工业							
电力、热力的生产和供应业	170	-9620.7	20.7	0.6	243.1	546.9	219.1
#电力生产和电力供应	170	-9597.1	20.7	0.6	242.6	539.6	218.3
燃气生产和供应业	9.8	6.5				17.5	
水的生产和供应业	3.4	-28.2	5.4		8.5	80.3	23

计量单位：万元

本年应付工资总额	主营业务应付	本年应付福利费总额	主营业务应付	本年应交增值税	本年进项税额
693.1	500.8	92.6	67.7	442.8	201.1
5.8	3.2	0.2	0.1	0.7	
5.8	3.2	0.2	0.1	0.7	
30.7	30.7	35.1	35.1		108.8
30.7	30.7	35.1	35.1		108.8
98.7	98.7	10.2	10.2		68.6
1043.5	1043.5	708	708		1148.6
1043.5	1043.5	708	708		1148.6
46.8	46.8	6.6	6.6	13.9	11.5
99.4	34	14.4	3.5	466.9	180.8
47.6	10.5	6.6	1.6	1.4	16.9
1348	982.5	183.8	120	828.5	
1348	982.5	183.8	120	828.5	
6.1	6.1	0.9	0.9	3.4	
3508.4	3288	218.4	186.4	1777.9	726
3486.8	3268.8	214.2	182.6	1763.2	726
58.6	58.6	7.3	7.3	12	60.9
394.8	296.8	48.4	40.3	67.2	

2-59　续表 10

项　　目	本　年 销项税额	工业中间 投入合计	直接材料	制造费用中 的中间投入	管理费用中 的中间投入	营业费用中 的中间投入
总　计	**5442.3**	**30507.1**	**10716**	**11710.4**	**2733.2**	**404.7**
按登记注册类型分						
内资企业	5442.3	30507.1	10716	11710.4	2733.2	404.7
国有企业	2027.6	8767.7	3090.3	3547.9	1553.5	213.1
#中央企业						
地方企业	2027.6	8767.7	3090.3	3547.9	1553.5	213.1
#自治区属企业	703.2	3637.7	1537	1031.9	790.5	6
地区(州、市)属企业	1146.8	1945.4	538.1	1013.6	218.1	162.4
县(市)属企业	177.6	3184.6	1015.2	1502.4	544.9	44.7
集体企业						
#自治区属企业						
地区(州、市)属企业						
县(市)属企业						
镇属企业						
乡属企业						
股份合作企业						
联营企业						
#国有联营企业						
集体联营企业						
国有与集体联营企业						
其他联营企业						
有限责任公司	3414.7	21739.4	7625.7	8162.5	1179.7	191.6
#国有独资公司	2310	10416.4	613.9	5887.1		
其他有限责任公司	1104.7	11323	7011.8	2275.4	1179.7	191.6
股份有限公司						
私营企业						
#私营独资企业						
私营合伙企业						
私营有限责任公司						
私营股份有限公司						
港、澳、台商投资企业						
外商投资企业						
在总计中：国有控股企业	4436.3	19717.1	3855.7	9738	1605.5	223.1
在总计中：农村工业						
按轻、重工业分						
轻工业	2011.3	5310.4	2259.6	1908.3	698.5	323.4
以农产品为原料	1959.5	4587.5	2087.4	1561.2	524.3	294.7
以非农产品为原料	51.8	722.9	172.2	347.1	174.2	28.7
重工业	3431	25196.7	8456.4	9802.1	2034.7	81.3
采掘工业	644.8	3484.1	1662.6	1013.4	589.6	7.3
原料工业	2696.3	20545.5	5744.9	8698.9	1431.8	59.3
加工工业	89.9	1167.1	1048.9	89.8	13.3	14.7
按企业规模分						
大型企业						
中型企业	4332.9	23261.2	7494.8	9305.2	1537.8	227.7
小型企业	1109.4	7245.9	3221.2	2405.2	1195.4	177

计量单位：万元

经营活动产生的现金流量净额	投资活动产生的现金流量净额	筹资活动产生的现金流量净额	全部从业人员年平均人数(人)	利税总额	亏损企业亏损额
12786.1	**-5558.2**	**-222.5**	**5881**	**-2687.6**	**11701.9**
12786.1	-5558.2	-222.5	5881	-2687.6	11701.9
190.9	-406.9	-219	3054	-1425.1	2851.6
190.9	-406.9	-219	3054	-1425.1	2851.6
-241.5	-91.7	-164.8	478	464.4	669.4
-16.1	-80	18.7	1579	-797.6	812.3
448.5	-235.2	-72.9	997	-1091.9	1369.9
12595.2	-5151.3	-3.5	2827	-1262.5	8850.3
2505.2	-4571.9	-225.2	1087	-6058.9	7791.1
10090	-579.4	221.7	1740	4796.4	1059.2
2735.3	-4978.8	-460.6	4173	-7468.8	10642.7
1627.2	-1027	156.2	2015	2003.6	1096.8
1258.6	-779	127.6	1765	1948	1058.3
368.6	-248	28.6	250	55.6	38.5
11158.9	-4531.2	-378.7	3866	-4691.2	10605.1
-232.2	-111.7	-200	560	907.1	168
11365.1	-4436.1	-205.7	3175	-5629.1	10434.3
26	16.6	27	131	30.8	2.8
11001.7	-4636.8	-386.3	4464	-3657.5	9282.3
1784.4	-921.4	163.8	1417	969.9	2419.6

2-59 续表 11

项 目	本 年 销项税额	工业中间 投入合计	直接材料	制造费用中 的中间投入	管理费用中 的中间投入	营业费用中 的中间投入
按行业分						
煤炭开采和洗选业	644.1	3476.3	1661.6	1009.9	587.6	6
石油和天然气开采业						
#天然原油和天然气开采						
黑色金属矿采选业						
有色金属矿采选业						
非金属矿采选业	0.7	7.8	1	3.5	2	1.3
#采盐	0.7	7.8	1	3.5	2	1.3
其他采矿业						
农副食品加工业	98.7	533	151.5	303	52	10
#谷物磨制	98.7	533	151.5	303	52	10
饲料加工						
制糖						
食品制造业						
#罐头制造						
饮料制造业	66.3	838.5	297.7	154.1	217.7	78.1
#酒的制造						
烟草制品业						
纺织业	1133.1	1800.1	477.7	998.2	148.6	162.4
#棉、化纤纺织及印染精加工	1133.1	1800.1	477.7	998.2	148.6	162.4
毛纺织和染整精加工						
纺织服装、鞋、帽制造业						
皮革、毛皮、羽毛(绒)及其制品业						
#皮革鞣制加工						
皮革制品制造						
木材加工及木、竹、藤、棕、草制品业						
家具制造业						
造纸及纸制品业						
印刷业和记录媒介的复制	13.7	145.3	60.4	15.4	69.5	
文教体育用品制造业						
石油加工、炼焦及核燃料加工业						
#炼焦						
化学原料及化学制品制造业						
#基础化学原料制造						
肥料制造						
医药制造业	647.7	1270.6	1100.1	90.5	36.5	44.2
化学纤维制造业						
橡胶制品业						
塑料制品业	13.5	630.8	586.5	44.3		
非金属矿物制品业	278.5	8050.1	4876	1683.5	873.5	59.3
#水泥制造	278.5	8050.1	4876	1683.5	873.5	59.3
黑色金属冶炼及压延加工业						
有色金属冶炼及压延加工业						
金属制品业						
通用设备制造业						
专用设备制造业	3.4	52.5	13	38.5	1	
交通运输设备制造业						
电气机械及器材制造业						
通信设备、计算机及其他电子设备制造业						
仪器仪表及文化、办公用机械制造业						
工艺品及其他制造业						
废弃资源和废旧材料回收加工业						
电力、热力的生产和供应业	2417.8	12495.4	868.9	7015.4	558.3	
#电力生产和电力供应	2417.8	12204.7	676.1	6980	496.8	
燃气生产和供应业	73	483.8	449.4	7	12.3	14.7
水的生产和供应业	51.8	722.9	172.2	347.1	174.2	28.7

计量单位：万元

经营活动产生的现金流量净额	投资活动产生的现金流量净额	筹资活动产生的现金流量净额	全部从业人员年平均人数(人)	利税总额	亏损企业亏损额
-237.1	-111.7	-200	553	1003.8	70.2
4.9			7	-96.7	97.8
4.9			7	-96.7	97.8
39.2		-16.4	32	15.2	
39.2		-16.4	32	15.2	
1032	-714.3	125.3	78	-246	246
31.5	-80	-26.6	1525	-677.4	678
31.5	-80	-26.6	1525	-677.4	678
-47.6		45.3	54	-120.2	134.3
203.5	15.3		76	2976.4	
38.6	-7.2	47.3	45	10.2	
8776.7	126.8	65.5	1509	2040.6	813.2
8776.7	126.8	65.5	1509	2040.6	813.2
			21	0.9	2.8
2588.4	-4562.9	-271.2	1666	-7669.7	9621.1
2563.5	-4562.9	-271.2	1646	-7676.2	9597.5
-12.6	23.8	-20.3	65	19.7	
368.6	-248	28.6	250	55.6	38.5

2-60 规模以下工业

项目	企业单位数	亏损单位数	工业总产值(现价)	工业销售产值	出口交货值
总　　计	**4377**	**1921**	**841764.2**	**785166.7**	**1397.5**
按登记注册类型分					
内资企业	4334	1891	834035.9	777986.8	1265.8
国有企业	10	5	222574.5	212223.3	
#中央企业	1	1	220401	210060	
地方企业	9	4	2173.5	2163.3	
#自治区属企业					
地区(州、市)属企业	3	1	587.1	587.1	
县(市)属企业	6	3	1586.4	1576.2	
集体企业	500	211	63056.4	60860.6	
#自治区属企业	28	20	5160.7	5266.9	
地区(州、市)属企业	40	26	4506.4	4120.4	
县(市)属企业	149	67	14636.2	13404.9	
镇属企业	62	13	10898.6	10068.6	
乡属企业	88	22	12497.5	12815.8	
股份合作企业	62	30	9367.1	8159.8	
联营企业	40	20	7518.5	7568.9	
#国有联营企业	16	14	2129.5	2224.7	
集体联营企业	14		1792.2	1771.3	
国有与集体联营企业	3	2	1730	1821.8	
其他联营企业	7	4	1866.8	1751.1	
有限责任公司	620	330	141306.7	126055.9	480
#国有独资公司	31	22	8235.7	7564.6	134.1
其他有限责任公司	589	308	133071	118491.3	345.9
股份有限公司	3	1	262	1044.9	
私营企业	3091	1293	389125.3	361241.3	785.8
#私营独资企业	1317	347	133280.6	126309.4	70
私营合伙企业	226	83	23784.1	22636.4	77.5
私营有限责任公司	1501	839	222348.8	204096.7	638.3
私营股份有限公司	47	24	9711.8	8198.8	
港、澳、台商投资企业	15	10	3281.3	3105	131.7
外商投资企业	28	20	4447	4074.9	
在总计中：国有控股企业	138	86	252992.1	240405.4	134.1
在总计中：农村工业	146	33	20907.6	20714.6	
按轻、重工业分					
轻工业	1613	833	202084.2	181579.6	925.9
以农产品为原料	1300	647	167649.3	149270.9	663.2
以非农产品为原料	313	186	34434.9	32308.7	262.7
重工业	2764	1088	639680	603587.1	471.6
采掘工业	534	151	325768.4	309527.9	74.3
原料工业	479	218	91335.4	86199	
加工工业	1751	719	222576.2	207860.2	397.3
按企业规模分					
大型企业					
中型企业					
小型企业	4377	1921	841764.2	785166.7	1397.5

企业主要经济指标

计量单位：万元

年初存货	年末存货	固定资产原　　价	本年折旧	资产总计	负债合计	实收资本	国家资本	集体资本
215266.7	**262431.3**	**1418076**	**97124.1**	**2284927.2**	**1091190.5**	**987739.1**	**324898.6**	**60210.6**
209771.6	255968.8	1398183.4	96065.5	2246770.2	1075472	965102.1	323337.3	60210.6
30022.5	30230	518404	33702.3	621254.3	154998.2	254768.5	254765.2	
29626	29847.5	512885.5	32803.8	614366.4	150630.7	252136.8	252136.8	
396.5	382.5	5518.5	898.5	6887.9	4367.5	2631.7	2628.4	
23	21.2	1601.6	61.4	1109.5	464.5	825.5	825.5	
373.5	361.3	3916.9	837.1	5778.4	3903	1806.2	1802.9	
16972	18508.2	86945.5	7041.6	125707.4	72616.6	54500.7	240.4	44469.2
907.2	901.3	10692.2	514.3	15670.2	10442	4849.6		4849.6
3018.1	3326.8	5786.4	512.3	16445.5	10400.3	6038.2	93.2	4814.4
5609	5981.6	21430.4	2500.1	31523.6	18876.6	15582.3	97.4	13086.1
1289.9	1827.8	9542.1	700.1	11778.4	6212.5	4877.2		4193.7
1584.5	1689	17027.6	1221.7	19371.6	7821.4	10456.8		7926.6
2621	3320.7	10983.9	1184.8	21252.1	11070.5	9340.5	4	2950.1
7830.2	7446	30079.6	1282.8	36414	55776.6	9297.3	3991.7	1180
4073.4	3204.6	11851.4	523.3	14898.6	21451.6	3775.5	2671.9	
127	129.7	1242.3	117.3	1981.1	855	880.8		514.4
490.6	359	8073.5	496.2	7299.3	5191.2	1827.2	1161.6	665.6
3139.2	3752.7	8912.4	146	12235	28278.8	2813.8	158.2	
67882.7	82102	363006.3	23734.6	698170.9	424559.3	291950.1	60403.7	8378.5
9373.8	11769.3	68623.8	2039.4	89425.4	44311.3	51356.5	46269	
58508.9	70332.7	294382.5	21695.2	608745.5	380248	240593.6	14134.7	8378.5
2354.9	1570.2	7021.7	2263.3	14299.3	3513.2	9865.6	3550	
82059.3	112727	381193.6	26824.6	728681.5	352713.2	334897.9	382.3	3132.8
15786.6	22093.4	100874.7	7668.4	163588.4	63156	83487.5	62	1017.9
3409.5	5099	17394.3	1031	31421.6	13711.8	16881.1	19	267
61482.1	83128	247432.4	17357.5	510267.6	265352.3	225376.7	301.3	1504.9
1381.1	2406.6	15492.2	767.7	23403.9	10493.1	9152.6		343
1989	1684.5	5705.5	428.1	8412.1	3309.3	5042.9	98	
3506.1	4778	14187.1	630.5	29744.9	12409.2	17594.1	1463.3	
51446.7	56213.8	670795.9	40233.9	851648.5	283605.3	375611.3	323328.4	2116.2
2878.9	3416.9	23792	2023.5	30175.9	11148.2	16801.3	67	9951.8
94711.9	115877.7	344641.2	22286.8	676729.7	427231.8	303820.3	15670.6	21839.1
77400.5	95623	264921	17719.1	516658.4	353138.4	216087.7	14229.1	14300
17311.4	20254.7	79720.2	4567.7	160071.3	74093.4	87732.6	1441.5	7539.1
120554.8	146553.6	1073434.8	74837.3	1608197.5	663958.7	683918.8	309228	38371.5
38546.5	45362.7	645145.4	43322.5	841118.6	243944.3	344496.5	254523.8	13756.4
16616.5	21008.3	188602.4	14922.3	302384.6	159306	119545.9	13154.5	7222
65391.8	80182.6	239687	16592.5	464694.3	260708.4	219876.4	41549.7	17393.1
215266.7	262431.3	1418076	97124.1	2284927.2	1091190.5	987739.1	324898.6	60210.6

2-60 续表 1

项　目	法人资本	个人资本	港澳台资本	外商资本	营业收入	
					合　计	产品销售收入
总　计	**266135.4**	**322476.4**	**4015.3**	**10002.8**	**924388.8**	**883328.4**
按登记注册类型分						
内资企业	258691.6	321795.3	691.2	376.1	916503.4	877747.5
国有企业	3.3				345955.5	345935.5
#中央企业					344827.3	344827.3
地方企业	3.3				1128.2	1108.2
#自治区属企业						
地区(州、市)属企业					643.2	623.2
县(市)属企业	3.3				485	485
集体企业	4576.9	4523	691.2		62900.4	59088.9
#自治区属企业					6753.1	5025
地区(州、市)属企业	860.5	270.1			4616	4354.4
县(市)属企业	1463.7	853.9	81.2		12834.8	12524.4
镇属企业	406.8	276.7			8986.4	8920.9
乡属企业	1349.3	1180.9			12826.7	12823.7
股份合作企业	3408.4	2978			7969.5	7815.7
联营企业	3928.9	196.7			7294.4	6498.7
#国有联营企业	1103.6				3059.8	2278.2
集体联营企业	169.7	196.7			1782.2	1771.3
国有与集体联营企业					1456.5	1456.5
其他联营企业	2655.6				995.9	992.7
有限责任公司	172298.9	50571.2		297.8	124203.7	110445.9
#国有独资公司	5087.5				6281.6	5419.1
其他有限责任公司	167211.4	50571.2		297.8	117922.1	105026.8
股份有限公司	4480.5	1835.1			1038.2	607.2
私营企业	69813.1	261491.4		78.3	366291	346523.9
#私营独资企业	10901.9	71505.7			123753.3	121856
私营合伙企业	3544.8	13050.3			21982.6	21815.2
私营有限责任公司	53321.8	170170.4		78.3	212592.1	195126.7
私营股份有限公司	2044.6	6765			7963	7726
港、澳、台商投资企业	1353.8	491.1	3100		3368.1	1768.6
外商投资企业	6090	190	224.1	9626.7	4517.3	3812.3
在总计中：国有控股企业	41104.6	6820.2	299.1	1942.8	380075.5	370428.9
在总计中：农村工业	3736.9	3045.6			20381	20355.6
按轻、重工业分						
轻工业	152641.2	103796.5	1506.5	8366.4	186375	169773.3
以农产品为原料	98927	79474.8	1336.5	7820.3	149786.9	137546.2
以非农产品为原料	53714.2	24321.7	170	546.1	36588.1	32227.1
重工业	113494.2	218679.9	2508.8	1636.4	738013.8	713555.1
采掘工业	23303	52788.3	125		440160.1	438538
原料工业	35546.8	62386.6	970	266	90317.9	82376.6
加工工业	54644.4	103505	1413.8	1370.4	207535.8	192640.5
按企业规模分						
大型企业						
中型企业						
小型企业	266135.4	322476.4	4015.3	10002.8	924388.8	883328.4

计量单位：万元

产品销售成本	产品销售税金及附加	费用合计(营业费用、管理费用)	营业利润	利润总额	从业人员劳动报酬	劳动、失业保险费	全部从业人员年平均人数	亏损企业亏损额
777277.1	**16007.3**	**140845.8**	**-11828.2**	**-32623.4**	**141392.2**	**6168.9**	**118362**	**66166.7**
772595.6	15973.2	138129	-10852.9	-31587.3	140451.4	6098.1	117382	64744.8
332517	3551.5	8317.5	1567.8	-8476.7	42776.3	701.4	12774	8495
331541.9	3516.9	8067.9	1700.6	-8369	42580	685	12581	8369
975.1	34.6	249.6	-132.8	-107.7	196.3	16.4	193	126
565.1	29.9	75.1	-45	-16.7	113	10.2	111	34.7
410	4.7	174.5	-87.8	-91	83.3	6.2	82	91.3
46956.9	1972.6	14477.6	-1051.1	-2015	13078.2	834.1	14793	4512
4121.9	65	1762	-524.4	-266.2	1070.1	228.4	792	308.9
3661	63.2	1349.9	-436.6	-622.1	1146.8	151.4	1033	734.5
10143.1	357	3705.2	-649.7	-1480.5	2722.1	162.7	3766	1943.7
7144.3	338	1095.7	420.6	427.3	1753.8	26.2	2231	183.7
8612.5	746.9	3337.9	498.8	502.2	3070.4	41.1	3550	360.5
6083.8	165	2084.4	-217.7	-102.8	1401.3	87	1522	419.5
5223.8	330.8	5355.5	-3843.7	-4424.5	1532.5	328.2	1863	4987.3
2184.1	58	2857.4	-2289.4	-2516.4	652.4	119.1	635	2574.4
866	226.4	311.5	378.3	379.8	250.4	0.7	376	
1339	29.8	737	-631.6	-632.5	324.7	28.8	331	657.5
834.7	16.6	1449.6	-1301	-1655.4	305	179.6	521	1755.4
94159.4	1675.5	38024.1	-15268.9	-20719.5	24617.6	2213.3	24563	27856.1
5454.9	46.3	4197.6	-4055.1	-4781.8	2961.9	308.1	2455	4830.4
88704.5	1629.2	33826.5	-11213.8	-15937.7	21655.7	1905.2	22108	23025.7
716.3	-1.3	729.7	-404.5	35.5	59.3	3.7	67	190.6
286326.9	8256.6	69053.6	8234.8	4073.8	56816.2	1924.5	61568	18215.4
95789.4	3870	18058.3	8191.4	6794.4	23192.8	304.6	24256	3198.1
18328.6	478.7	2864.2	809	755.2	3513.2	75	4031	629.9
166200.1	3741.2	46668.9	-1049	-3625	28699.6	1535.7	31713	13836.2
6008.8	166.7	1462.2	283.4	149.2	1410.6	9.2	1568	551.2
1643.5	3.7	728	-133.5	-174.4	261.2	24.1	343	346
3038	30.4	1988.8	-841.8	-861.7	679.6	46.7	637	1075.9
354055.6	3891.2	21944.6	-6526.7	-18779	51589.2	1830.7	20367	20337.5
13825	1187.8	4658.7	1216.1	1152.6	4611.8	72.8	5651	435.8
145350.6	2931.4	50290.1	-15798.4	-22849.6	30106.8	2158.9	33271	31481.2
117623.2	2590.1	39820.8	-11365	-16678.1	23280.3	1686.9	26237	24117.7
27727.4	341.3	10469.3	-4433.4	-6171.5	6826.5	472	7034	7363.5
631926.5	13075.9	90555.7	3970.2	-9773.8	111285.4	4010	85091	34685.5
398043.8	8236.5	29347.3	7458.1	-2938.8	64215.7	1191.8	34852	12559.5
70885.2	1147.3	16442.3	-2653.2	-3190.7	10638.2	764.6	11887	7312
162997.5	3692.1	44766.1	-834.7	-3644.3	36431.5	2053.6	38352	14814
777277.1	16007.3	140845.8	-11828.2	-32623.4	141392.2	6168.9	118362	66166.7

2-61 规模以下工业企业

项目	企业单位数	亏损单位数	工业总产值（现价）	工业销售产值	出口交货值
煤炭开采和洗选业	282	79	76966.4	73804.8	
石油和天然气开采业	15	10	222580.3	212278.2	
#天然原油和天然气开采					
黑色金属矿采选业	24	10	4461	2653.2	
有色金属矿采选业	42	8	8228.6	8225	
非金属矿采选业	169	44	13350.8	12385.4	74.3
#采盐	3		502.3	504.1	
其他采矿业	2		181.3	181.3	
农副食品加工业	321	106	53004.5	46975.7	
#谷物磨制	123	22	15000.5	15037.3	
饲料加工	25	11	3939.2	3952.5	
制糖	2		34.4	34.4	
食品制造业	156	81	21456.9	17974.7	24.4
#罐头制造	14	3	3875.3	2655.1	
饮料制造业	176	104	20390.3	15285.2	
#酒的制造	99	61	12574.6	9059	
烟草制品业	2	1	1.3	1.7	
纺织业	95	58	16085.9	15198.7	265.8
#棉、化纤纺织及印染精加工	36	24	6796.2	6203.6	
毛纺织和染整精加工	5	3	472.3	1089.5	
纺织服装、鞋、帽制造业	67	37	4783.5	4756.9	
皮革、毛皮、羽毛(绒)及其制品业	22	14	6254.5	5499.8	
#皮革鞣制加工	6	5	4639.5	4554.3	
皮革制品制造	11	6	782.2	758	
木材加工及木、竹、藤、棕、草制品业	106	37	14977.3	13397.7	
家具制造业	84	47	8145.2	8053.3	350.9
造纸及纸制品业	103	62	14120.1	13101.8	
印刷业和记录媒介的复制	242	123	19513.6	19289.9	
文教体育用品制造业	7	4	332.7	301.7	
石油加工、炼焦及核燃料加工业	43	20	8534.5	7851.8	
#炼焦	8	3	1325.2	1142.9	
化学原料及化学制品制造业	275	147	39414	37195.6	
#基础化学原料制造	65	32	10004.4	9547.5	
肥料制造	44	21	5614.4	5291.2	
医药制造业	46	30	6628.1	5686.7	284.8
化学纤维制造业	5	3	945.6	945.1	
橡胶制品业	31	15	5184.7	4662.3	
塑料制品业	279	146	48137.7	44639.6	372.3
非金属矿物制品业	803	232	82474.9	76488.1	25
#水泥制造	16	6	4631.1	4664.5	
黑色金属冶炼及压延加工业	35	19	9277.5	8522.4	
有色金属冶炼及压延加工业	11	5	2758.2	2335.7	
金属制品业	226	118	35455.7	33379.1	
通用设备制造业	173	81	26410.7	24063.2	
专用设备制造业	96	44	12751.4	11308.4	
交通运输设备制造业	127	67	11151.6	11366.8	
电气机械及器材制造业	85	52	12199.5	11853.2	
通信设备、计算机及其他电子设备制造业	3	1	455.9	307.8	
仪器仪表及文化、办公用机械制造业	14	7	2769.4	3226.9	
工艺品及其他制造业	35	14	1392.8	1428.8	
废弃资源和废旧材料回收加工业	24	15	1711.2	1682	
电力、热力的生产和供应业	116	58	24631.3	24255.5	
#电力生产和电力供应	46	15	6603.7	6316.7	
燃气生产和供应业	6	4	1433.5	1414.3	
水的生产和供应业	29	18	3211.8	3188.4	

分行业主要经济指标

计量单位：万元

年初存货	年末存货	固定资产原价	本年折旧	资产总计	负债合计	实收资本	国家资本	集体资本
3847.3	8308.6	92801.2	7251	130119.2	60415.3	57023.5	447	12091.8
29982.8	30170.9	514940.8	32996.1	618297.4	152638.2	254989.5	252181.8	88.7
1079.7	1991.1	8111.6	537.6	20937	8589.6	2365.3		119.5
532.2	557.9	9045.6	576.4	14552.2	5532.7	7628	500	21
3104.5	4334.2	20095.2	1955.4	56984.8	16728.5	22330.2	1395	1435.4
7	5.2	174.4	13.3	347.6	32.7	305.8	290	15.8
		151	6	228	40	160		
9781.8	16941.9	65845.6	3525.4	131169	96057.7	58969.4	6029.7	1650.7
3177.5	2997.2	12492.1	709.5	21351.2	8376.3	12718.7	3735	509.4
1510.7	2483.8	3655.6	124.8	17032	3469.1	7634.7	1379.3	
		6.2	0.2	22.2	7	15.2		
6589.8	8187.2	32252.2	2386.8	61921.7	35617	29322.7	655.3	3445.4
2004.4	1985	3706.8	144.8	8110.8	4010.9	3521.8		
20845	25181.5	55545.6	4802.6	119050.2	75573.3	51217.1	250.9	2911.4
14089.4	17058	30177.1	1735.9	61702.8	40642.2	23238.8		211.8
0.3	0.2	36	8.3	4102.9	2376.3	1510		1500
20987.5	22430.2	48363.2	1591.7	78410.9	69228.2	20204.4	5175.6	301.5
2846.2	4773.3	16472	537.5	25247.4	18420.6	6255.5		6.5
8703.5	6745.8	16655.9	310	24578	28992.3	2658.5	605.7	
1779.9	2244.1	4311.1	433.8	9063.5	6524.8	4165.8	1093.9	633.7
1532.4	2185.2	5241.3	1053.1	9522.7	6447.7	4456.9		122.9
494.7	1115.4	2603.4	251.5	4177.1	1145.9	2935.9		
1025	1044.1	1966.4	368.3	4563.4	4390.2	1433.7		98.9
2477.1	3546.5	15692	1556.1	29097.2	10594.3	14582.9	3584.9	59.5
3211	3805.5	10058.7	499.3	20593.8	9522.6	12743.3	561.8	317.6
5519.3	6507.6	14804.1	1054.1	28841.8	17184.3	10134.9	206.1	1208.9
4369.4	5037.6	21736.9	2114.4	30842.6	17207.6	14005.5	255.8	2188.2
44.1	57	124.3	5.3	5564.6	5316.2	968		
1885.2	2907.7	6073.2	388.7	13826.3	8193.2	4461.4		94.7
42.9	421.8	1877.8	76.9	2901.5	1796.8	1046.8		
14874.8	16516.2	41026.8	3543.8	94616	51827	42208.9	1609.2	2324
2809.7	3462.7	10344.6	958.4	18961.9	11954.8	7576.9	136	496.4
2125.9	2350.1	7332.2	934	15650.7	6702.1	9677.2	1133.3	835.1
5669.7	5201.1	21943.7	1569.1	54150.4	34144.2	27642.2	370	173.5
299.3	680.4	23637.6	299.7	44009.4	7849.3	32618.5		
1446.2	1511.6	2170.1	107.3	5155.7	2968.7	1740.9		8
11296.3	14960.3	32378.3	3037.4	66071.1	38038.7	28689.4	823.5	2368
23142.8	28791.8	95583.8	9037.4	167961.1	82449.3	74400.3	662.3	8232.9
1392.7	1234.5	9888.8	2513.2	14020.5	4672.9	5439.7		80.3
1175.7	2953.3	5805.6	212.4	15621.7	9300	4329.8	78.7	900
492.4	471.9	1604.9	138.2	9192.9	1718.7	2572.3	24	25.5
9496.8	11077.8	17162.9	1350.2	51944.8	31207.1	23932.9	319	1789.3
10986.1	13198.8	24516.8	1371	48781.5	47131.2	18347	175.4	1968.8
5054.7	6053.1	10767.9	1984.9	35137.3	31308.2	12227	811.7	1652.5
2792.7	3124.9	13213	922.1	27081.4	18902.3	8545.5	160.7	1038.7
7147	8593.9	9590.7	642.4	26287.8	13468.5	11306.8	521.3	346.3
114.3	136.4	265.6	23.6	1817.3	466.5	1380	770	
575.3	767.6	903.1	84	3838.4	2049.5	1343		69.4
917.4	743.2	2253.8	117.3	3672.9	1993.3	1759.3		248.9
332.1	1305.3	960.4	56.1	3277.8	1314	1872.9	65	30
1254.8	1298.3	125388.6	8385.6	168393.5	93909	67205.7	9280.7	4808.7
216.5	151	42721.1	3117.4	58734.9	20458.8	23972	6592.7	1956.8
77.2	86.9	8823.3	194.1	11925.9	7794.2	5654.4	13.7	
551.8	563.6	54849.5	1305.4	62864.5	9563.3	48723.5	36875.6	6035.2

2-61 续表 1

项　　目	法人资本	个人资本	港澳台资本	外商资本	营业收入	
					合　计	产品销售收入
煤炭开采和洗选业	10981.3	33503.4			70485.6	70384.8
石油和天然气开采业	1157	1562			347213.3	347139.2
#天然原油和天然气开采						
黑色金属矿采选业	480	1765.8			2603.8	2603.8
有色金属矿采选业	2565.1	4416.9	125		6730.8	6696.8
非金属矿采选业	8119.6	11380.2			12946.6	11533.4
#采盐					234.1	224
其他采矿业		160			180	180
农副食品加工业	24713.4	24713.4	650.6	1211.6	45622.8	43158
#谷物磨制	1940.6	6533.7			14840.2	14261.8
饲料加工	3808.6	1975.4		471.4	3773.6	3726
制糖		15.2			36.9	36.9
食品制造业	13003.6	12218.4			22646.5	16978.5
#罐头制造	1580.2	1941.6			2248.4	2248.4
饮料制造业	30031.6	11832.4	531.6	5659.2	14352.6	13295.2
#酒的制造	13163.2	8764.8	99	1000	8078.2	7900.5
烟草制品业		10			1.7	1.7
纺织业	11222.9	3455.2	49.2		14306.2	13559.7
#棉、化纤纺织及印染精加工	4804.4	1444.6			5171.9	4876.5
毛纺织和染整精加工	1712.2	340.6			1152.1	1145.9
纺织服装、鞋、帽制造业	540.2	1898			5322	4924.6
皮革、毛皮、羽毛(绒)及其制品业	355.5	3921.5		57	2665.7	2649.5
#皮革鞣制加工	309.5	2626.4			1760.4	1760.4
皮革制品制造	24	1253.8		57	839.3	832.8
木材加工及木、竹、藤、棕、草制品业	3343.5	7595			13554.2	13371.5
家具制造业	6685.5	5178.4			7666.1	7611.1
造纸及纸制品业	2739.8	5980.1			12993	12551.3
印刷业和记录媒介的复制	3849.1	7607.3	105.1		20325.3	19175.6
文教体育用品制造业	656.8	311.2			305.3	305.3
石油加工、炼焦及核燃料加工业	834.2	3272.5	200	60	10286.2	7493.8
#炼焦	30	1016.8			1119.6	1119.6
化学原料及化学制品制造业	12003.4	25004	997.8	270.5	43502	37375.6
#基础化学原料制造	1445.4	5443.1		56	11440.6	9098
肥料制造	1943.8	4937.2	827.8		5544	5449
医药制造业	18400.9	7473.7		1224.1	6839.9	6085.2
化学纤维制造业	31116.9	1501.6			944.5	944.5
橡胶制品业	274.6	1438.3		20	4664.2	4552.7
塑料制品业	6167.3	18503.6		827	44430.9	41402
非金属矿物制品业	22274.7	42730.4	325	175	74314.2	70730.5
#水泥制造	3145.2	2214.2			4048.2	4040.6
黑色金属冶炼及压延加工业	807	2394.1		150	8273.1	8216.2
有色金属冶炼及压延加工业	268	2254.8			2916	2311.3
金属制品业	7422.7	14140.9	261		29259.8	27029.1
通用设备制造业	6101.9	10100.9			25986.2	22847
专用设备制造业	5092.7	4670.1			11877.9	11737.4
交通运输设备制造业	2713.6	4632.5			13716.2	11634.2
电气机械及器材制造业	4249.2	6190			12212.5	11800.1
通信设备、计算机及其他电子设备制造业	150	290		170	400.3	360.6
仪器仪表及文化、办公用机械制造业	345	750.2		178.4	4001.6	2781.2
工艺品及其他制造业	513.5	996.9			1537.3	1524.3
废弃资源和废旧材料回收加工业	200	1577.9			1634.1	1615.6
电力、热力的生产和供应业	21627.7	30718.6	770		22298.3	21924.8
#电力生产和电力供应	13691.3	961.2	770		6045.2	5959.7
燃气生产和供应业	4537.5	1103.2			1895.1	1506.4
水的生产和供应业	589.7	5223			3477	3335.9

计量单位：万元

产品销售成本	产品销售税金及附加	费用合计(营业费用、管理费用)	营业利润	利润总额	从业人员劳动报酬	劳动、失业保险费	全部从业人员年平均人数	亏损企业亏损额
50177.5	3776.2	13630.3	3875.8	3052.6	17015.3	272.2	16643	2768
333917.9	3578.8	8547.6	1296	-8769.4	43060.3	687.5	12969	8808.4
1972.5	49.7	695.6	150.5	-33.5	425.3	0.5	646	186
4115.3	199.9	3773.7	932.1	797.7	1017.3	16.3	1331	272.7
7773.6	608.9	2650.1	1183.7	1993.8	2679.9	215.3	3229	524.4
118.7	57	54.6	2.1	3.8	39.4	2.3	79	
87	23	50	20	20	17.6		34	
38573.7	497.8	8149.4	-701.3	-769.7	4250.2	192.5	4953	4101.1
11992.1	207	1797.1	815.6	574.3	857.7	34.8	1240	425.9
3250.7	24.8	690.9	-79.3	59.4	370.2	16.2	366	87.7
19.7	1.9	11.5	3.8	3.8	4.8		8	
13639	265	5258.9	414.8	-78.8	3995.2	373.1	3407	1834.4
1859.6	14	355	366.7	285.9	435.8	17.1	444	10
10004.2	915.5	9455.5	-4233.2	-6807.3	2909.1	167.9	3481	7339.1
5684.4	839.3	3988.1	-447.3	-3123	1549.8	84	2048	3422.1
1.3	0.5	1.4	-1.5	-1.5	1.2		2	1.5
12839.1	134.4	5935.4	-4634.1	-5491.6	3523.9	195.5	5022	5670.1
4863.2	38.2	1042.8	-742.5	-789.3	1408.2	26.3	2359	829.5
1177.8	11.3	2204	-2242	-2169.1	266.6	92.8	364	2184.2
3898.6	91.3	1136.8	119.5	-110.1	1142.3	109.6	1256	326
2123.8	16.1	683.2	-110.5	-151.6	385.7	34.5	522	165.3
1360.5	5.1	423	-25.2	-25.4	207.3	0.5	264	34.4
736.3	8.5	215.1	-78.1	-121.1	157.9	12.9	230	125.8
10994.2	206.6	2018.2	316.9	212.2	1533.6	23.8	2313	622.8
6531.1	161.9	2066.6	-620.4	-1026.4	1330.5	65.3	1490	1416
11147.8	153.9	1983.1	-469.9	-567.3	1830.5	74.2	2142	950.7
16091.3	332.8	3991.7	-683.7	-1227.5	3452.3	442.6	3384	1770.9
218.9	4.4	677	-539.6	-575.5	702.5	3.6	1003	590.7
6186.9	58.9	1455	-109.8	-91.4	516.1	48.1	636	277.9
838.5	8.4	279	-6.3	-6.4	139.6	19.5	223	63.4
31688.1	532.4	8824.2	-1089.3	-840.8	4966.7	232	4749	2668.9
7333	160.5	2301.2	-260.8	-357.2	1243.9	93.8	1359	767.9
4837.4	109.1	1049.5	-291.1	-256.6	899.8	19.1	744	460.3
5213.4	58.6	2699.7	-2197.6	-3530.1	1045.4	137.4	944	3666.9
759.3	5.4	500	-320.2	-262.6	328.1	49.6	279	441.2
4172.4	50.1	560	-126.7	-183.3	447.1	30.5	555	225.5
37459	304.6	4982.3	-260.5	-815.9	5396.9	211.9	5438	2136.7
56043.9	2169.7	14816.8	2437.8	1703.5	17773.3	627.1	21227	4516.2
3806.5	78.9	763.9	-347.6	-217.1	630.7	9.9	843	421.3
7207.4	102.8	920.7	44	-21.7	1074.4	8	1129	315.8
2047.9	15	337.4	80.6	-527.3	377.9	12.4	456	624.9
25344.9	339.1	9276.7	-1111.3	-1586.7	3749.6	286	3831	2323.1
19334.9	344.6	5557.5	-990.4	-1735.2	3772.1	419.2	3821	2545.1
9716.6	298.6	3916	-1177.7	-1506.4	1901.4	149.2	1879	1982.4
9460.9	292.1	4411.8	-325.6	-396	3327.6	287.8	2541	964.1
10224	101.2	2196.1	-538.3	-250.3	1042.5	88.3	1121	584.6
265.4	3.3	148.8	-17.2	-17.2	176.6	3.5	119	35.7
2583.6	22.3	698	367.3	378	233.5	13.6	220	176.5
1149.6	19.4	344.9	203.1	59.9	345.5	28.4	562	38.6
1227.7	23.9	199.7	184.1	86.1	231.5	0.2	264	108.5
19506.6	200.7	5505.9	-2675.6	-2366.5	3690.4	493	3552	3509.4
4539.3	76.2	2334.9	-858	-426.9	1864.7	272.1	1596	1044
1231.2	10.2	515.1	251.4	242.2	146.4	15.8	127	128.1
2346.6	37.7	2274.7	-771.4	-1427.8	1576.5	152.5	1085	1548.5

2-62 各地、州、市、县(市)规模

项目	企业单位数	亏损单位数	工业总产值(现价)	工业销售产值	
					出口交货值
全疆总计	**4377**	**1921**	**841764.2**	**785166.7**	**1397.5**
乌鲁木齐市	1055	698	151224.6	143400.6	515.6
乌鲁木齐县	51	19	6296	6487.8	
克拉玛依市	140	74	21144.5	20327.8	
石河子市	206	95	21918.3	20411.5	364.1
阿拉尔市	3		518.4	404.5	
图木舒克市	2		206	172.4	
五家渠市	10	2	1311.8	946.4	
吐鲁番地区	132	80	237428.1	225518.4	287.7
吐鲁番市	56	38	5781.7	5004.4	
鄯善县	49	30	228882.6	217839	
托克逊县	27	12	2763.8	2675	287.7
哈密地区	112	68	14059.4	12050.7	
哈密市	89	59	10855.9	9116.1	
巴里坤哈萨克自治县	20	7	2906.7	2644.7	
伊吾县	3	2	296.8	289.9	
昌吉回族自治州	779	245	135157.7	126662.4	45
昌吉市	254	101	36360.4	34046.3	
阜康市	87	26	9834.5	9461.5	
米泉市	150	44	38071.9	35837.5	
呼图壁县	105	14	23128	22084.3	
玛纳斯县	61	18	8543.7	8543.1	
奇台县	35	13	4628.6	4212.4	45
吉木萨尔县	56	21	9731.8	7942.9	
木垒哈萨克自治县	31	8	4858.8	4534.4	
伊犁哈萨克自治州	761	273	122732.8	112013.7	77.5
伊犁州直属县(市)	391	142	56252.1	52178.1	77.5
伊宁市	136	62	17150.9	15746.2	
奎屯市	73	41	7768.5	7489.6	
伊宁县	29	8	5066.5	4976.8	
察布查尔锡伯自治县	42	9	9025.2	8937.6	77.5
霍城县	22	3	5178.7	4378.1	
巩留县	55	7	4367.9	3861	
新源县	4	2	1846.8	1182.5	
昭苏县	10	4	1678.6	1552.2	
特克斯县	6	4	1223.1	1212.1	
尼勒克县	14	2	2945.9	2842	
塔城地区	250	71	43762.3	39790.8	
塔城市	18	10	3575	1936.6	
乌苏市	41	14	13561.3	13487.2	
额敏县	16	5	1091.1	1059.9	
沙湾县	85	32	13458.5	12324.8	
托里县	57	1	6357	6409.7	
裕民县	13	1	1870.3	1438	
和布克赛尔蒙古自治县	20	8	3849.1	3134.6	
阿勒泰地区	120	60	22718.4	20044.8	
阿勒泰市	38	22	5589.9	4950.1	
布尔津县	16	9	4845.1	4757.8	
富蕴县	12	1	3482.5	2589.5	
福海县	15	11	1378.3	1170	
哈巴河县	15	9	3176.1	2907.8	
青河县	15	6	2203.8	1892.2	
吉木乃县	9	2	2042.7	1777.4	

以下工业企业主要经济指标

计量单位：万元

年初存货	年末存货	固定资产原价	本年折旧	资产总计	负债合计	实收资本	国家资本	集体资本
215266.7	**262431.3**	**1418076**	**97124.1**	**2284927.2**	**1091190.5**	**987739.1**	**324898.6**	**60210.6**
77296.5	90976.3	273781.3	11313.3	534374	356452.7	254152.5	39757.9	19051
896.8	1376.1	9479.5	580.7	14530.4	6391.2	7831.2		1223.6
4663.9	5914.4	20454.5	1601.8	45425.1	24163.8	19870.1		2314.6
6025.8	8959.5	15832.8	950.6	53312.8	32464.2	17602.9	1844.9	1334.7
180.7	222.7	1220	122.6	1855.3	75.2	1350		
	248.3	583.9	9.2	880.4	137.7	726.7		706.7
260.4	319.7	1052.1	60.2	1929.2	700.5	1241.6	4	50
34082.4	35588.6	533159.2	35288.3	645217	166090.4	265323.8	252450.8	2365.5
2186	3117.7	6876.2	729.4	11678.8	5720.2	4630.3	24	945.7
30857.2	31521.3	520681.7	33876.5	625537.7	157083.1	257834.4	252136.8	218.6
1039.2	949.6	5601.3	682.4	8000.5	3287.1	2859.1	290	1201.2
5021.6	6587.1	14017.8	2081.9	33723.5	22617.3	10578.6	1276.6	580.9
4569.5	6064.1	11235.1	1900.4	27761.7	18724.1	8858.1	1276.6	333.2
364	476.1	2487.2	151.4	5154.2	3196.5	1529.5		247.7
88.1	46.9	295.5	30.1	807.6	696.7	191		
27786	36175.2	162857.8	12738.7	317226.5	166200.8	135415.3	1933.1	5606.4
12476	13097.8	53971.3	4292.4	104876.7	69285.9	43042.5	25.5	289.2
2002.1	2190.5	22555.5	1268	64438.3	23620	29844.9	47	327.8
5757.4	8105.6	27331.4	2074.5	55144.5	22926.6	22894.1	924.4	3362.1
3659.3	5138	25350.1	3078.7	36779.5	22684.3	17926.2	301.7	552.1
1544.9	1200.6	10785.3	643.7	14391	7795.2	5336.7	200	559
372.7	1048.2	4887.2	298.8	8268.7	3825.6	4227.3		170.8
613.9	3756.7	13096.9	716.3	24532.6	12279.3	8984	367.5	108.8
1359.7	1637.8	4880.1	366.3	8795.2	3783.9	3159.6	67	236.6
22430	27919.1	149125.6	13287.6	227342.2	118021.5	87449.3	7708.6	11536.9
8623.2	11753.8	63189.3	5964.7	101162.4	50123.2	45644.6	4979.4	8771.9
3976.6	5520.2	18154.4	2267.9	33536	21365.2	12847.3	1698.3	3587.3
2168.5	2871.2	7453.4	756.6	16864.5	11235.5	6378.9	50.9	230
597.5	677.3	12142.1	1420.3	13737.6	7388.9	6044.5	2719	1001.7
589.7	635	6783.8	405.6	9706.5	1713.4	6385.3		1411.9
342.8	514.8	5233.5	356.2	7954.1	2778.1	4647.8		2041
337.4	794.4	6023.4	320.6	8745.9	1547.9	3862.7	50	344.7
78.4	150.5	2731	142.1	2579.6	726.4	1457.6	356.2	
250.1	345.5	1365	129.2	2141.9	1104.5	1123.1	105	98
20	10	836.8	80.4	1760.4	765.9	785.1		30
262.2	234.9	2465.9	85.8	4135.9	1497.4	2112.3		27.3
8023.9	10369.4	40075.7	3818	68293.2	38324.8	25292.5	217	1963.5
488.9	1485.7	4397.2	614.8	6689.9	4158.9	1703.8	217	252.2
2964.4	2601.9	9079.2	870.3	15853.3	9711.4	5036		726.8
394.8	415.5	2082.4	190.1	2707.4	2381.8	645.8		28.2
3194.6	3413.5	14121.9	1071.7	22145.2	14869.8	7454.4		256.1
351.5	516.3	5398.1	523.6	12167.7	3041.6	6184		52
413.8	912.2	1271.2	81.8	2662.5	1046.2	1149.1		99.9
215.9	1024.3	3725.7	465.7	6067.2	3115.1	3119.4		548.3
5782.9	5795.9	45860.6	3504.9	57886.6	29573.5	16512.2	2512.2	801.5
2346.9	1687	15011.8	1448.8	14302.6	8371.4	7448.2	2277.3	236.2
738.6	1205.7	7681.5	360.4	8207	6434.5	2161.5	78.7	9
1153.5	1043.2	10823.6	570.6	22736.9	7300.6	2054		425
865.4	946.3	2125.6	127.4	3888.8	2135.2	1745.9		12.1
375.3	388.7	3472.8	300.3	3346.9	2080	1339.3	121.7	60
70.9	157.4	3873.6	512.2	2797.5	1346.8	1069.9	34.5	10.2
232.3	367.6	2871.7	185.2	2606.9	1905	693.4		49

2-62 续表 1

项目	企业单位数	亏损单位数	工业总产值（现价）	工业销售产值	出口交货值
博尔塔拉蒙古自治州	80	32	17934.5	16527.2	
博乐市	48	21	13023.7	12535.1	
精河县	19	8	2232.1	1932.3	
温泉县	13	3	2678.7	2059.8	
巴音郭楞蒙古自治州	346	180	44016.2	37299.9	107.6
库尔勒市	159	92	18658.3	17786.9	
轮台县	30	14	8669.1	6315.6	24.4
尉犁县	30	15	3434.1	2709.2	8.9
若羌县	9	6	1075.9	1061.1	
且末县	11	7	1168.1	1091.3	
焉耆回族自治县	27	10	2961.3	2285.6	74.3
和静县	40	15	3921.7	2695.8	
和硕县	25	15	3035.9	2381.5	
博湖县	15	6	1091.8	972.9	
阿克苏地区	314	83	32737.1	31100.4	
阿克苏市	107	34	8000.8	7674	
温宿县	31	9	2776.5	2953	
库车县	74	19	7490	6530.2	
沙雅县	13	4	3876.4	3454	
新和县	15	7	912	825.7	
拜城县	41	5	4873.1	4800.5	
乌什县	9		476.2	444	
阿瓦提县	20	4	4188.1	4279	
柯坪县	4	1	144	140	
克孜勒苏柯尔克孜自治州	39	7	3386.2	3390.5	
阿图什市	21	6	1062	1039.9	
阿克陶县	17	1	2294.2	2320.6	
阿合奇县	1		30	30	
乌恰县					
喀什地区	299	47	31125.1	28932.4	
喀什市	116	10	8616.7	9638.6	
疏附县	25	3	2276	2074.9	
疏勒县	15	6	1554.2	1727.6	
英吉沙县	11	1	2069.9	1239.7	
泽普县	24	4	3806.5	3087.6	
莎车县	26	4	2012.1	1692.7	
叶城县	35	9	4574.7	3910	
麦盖提县	9	2	1318.6	1194.8	
岳普湖县	5		1029	1029	
伽师县	15	4	2131.3	1882.6	
巴楚县	14	4	1458.1	1176.9	
塔什库尔干塔吉克自治县	4		278	278	
和田地区	99	37	6863.5	6007.9	
和田市	23	12	2108.1	1532.6	
和田县	15	3	1052.2	874.3	
墨玉县	9		539	555	
皮山县	14	8	1011.3	1014	
洛浦县	20	3	1456.5	1374.5	
策勒县	11	6	337.8	304.3	
于田县	5	4	85.7	80.3	
民丰县	2	1	272.9	272.9	

年初存货	年末存货	固定资产原价	本年折旧	资产总计	负债合计	实收资本	国家资本	集体资本
1688.5	3883.4	24266.5	1239	36426.5	16248.6	18608	2162.7	1818.1
883.3	2306.3	11751.5	442	23883.7	10025.9	14049.5	1984.2	467.8
585.6	742.6	9326.3	467.9	8919.3	4771.2	2583.2		626.1
219.6	834.5	3188.7	329.1	3623.5	1451.5	1975.3	178.5	724.2
14106	17699.5	90531.2	8614.1	174649.4	82609.7	71771.3	7910.8	2052.7
6501.2	7952.5	32037.6	4036.7	64846.2	33679.6	28047.5	6020	867.2
623.3	1829	14019.9	797.4	17468	7596.6	3728		190
3137.3	2915.4	8400.3	1655.3	16249.9	11002	5740.5		330
97	13.8	2522.2	172.8	2450.7	442.8	2183	1534.8	90
202.8	240.7	3160.2	199.2	3282.3	2394.4	461.6	35.6	121.4
307	1000.6	9226.2	527	35180.7	11139.4	14001.8		50.1
1684	1853.7	9287	445.7	14116.2	6702.4	7224.6		203.9
743.1	1025.7	3539.1	350	9214.1	4682.1	3690	137	123.2
810.3	868.1	8338.7	430	11841.3	4970.4	6694.3	183.4	76.9
9095	12856.8	52117.7	4620.1	92189	43891.6	40541	3560.8	2800.4
2650.9	3957.9	11710.3	2006	17974.1	8576.7	8924.6	10.8	828.6
2722.2	2351.4	10239.6	325.6	19920.1	8031.8	9782.4	3550	247.2
1276	2788.6	7366.5	866.1	18764.8	11224.2	8314.8		1235.3
467.1	862.7	1891.6	88.1	4667.6	2630.4	1697		
125.5	225	1291.4	47.9	2327.5	688.6	1466.2		
574.2	657.3	5769.9	451.8	9111	4632.1	3446.3		390.1
263.4	308.6	1927.6	60.9	3796.6	769.7	1695.8		94.7
940.7	1681.3	11542.6	769.6	15276.7	7086.1	4715.7		4.5
75	24	378.2	4.1	350.6	252	498.2		
162.4	535.3	5837.1	256.9	8235.1	3246.9	5060.7		647.8
8.4	291.4	2426.3	84.1	3191.4	1060.9	2484.8		322.3
154	243.9	3365.8	172.8	4998.7	2186	2530.9		325.5
		45		45		45		
7294.9	9250.8	57549.8	4142	84627	43703.4	45629.1	1507.9	8291.2
1665.1	1754.6	22701.4	1751.4	32161.3	24015.2	15898.6	20	1020.2
88.9	234.4	2779.4	150.5	6146.5	1819	4214.1	543.7	200
1891.7	1854.1	5145.3	109.7	12886.4	6501	5857.5		150.2
43.1	847.2	4882.4	299.2	5234	2298.8	3583	893.2	64.8
1306.6	1448.5	5011.3	568.2	7489.1	1424.4	1821.9		462.7
878.6	1160.3	1172.8	43.1	2607	1529.1	877.2		135.3
516.9	589.8	5377	442.2	7161.6	2661.1	3651.5	51	143.3
316.7	307.9	930.6	175	1590.4	639.5	1021.6		110
		323.8	13.1	395.7	93.3	282		10
88.7	386.6	1393.9	24.7	2389	1016	1182.1		462.7
498.6	667.4	7496.9	555.9	6231	1706	6904.6		5532
		335	9	335		335		
5172.6	5294.6	15688.7	797.8	27514.2	14566.2	12418.2	4780.5	1053.7
4249.3	4518.2	8288.6	348.5	18151	11165.5	6496.3	4660	164.8
45.4	245.7	1817.8	181.7	1771.6	507	1238	60	178
58.2	36.6	423	17.1	1437.9	18.4	1351.9		7.2
184	167.8	1991.2	80.8	1983	1189.3	740		22.3
506.4	147.2	2431	139.9	2876	1236.1	1764.2		541.4
64.2	70.1	271.5	12.9	424.6	193.8	267.5		138
65.1	72.5	246.3	11.9	425.7	199.1	205.3	60.5	2
	36.5	219.3	5	444.4	57	355		

2-62 续表 2

项　　目	法人资本	个人资本	港澳台资本	外商资本	营业收入	
					合　计	产品销售收入
全疆总计	**266135.4**	**322476.4**	**4015.3**	**10002.8**	**924388.8**	**883328.4**
乌鲁木齐市	107200.2	78602.6	2122.1	7418.7	159701	136850
乌鲁木齐县	3120.8	3486.8			6346.5	6275.4
克拉玛依市	9530.3	8005.2		20	22841.8	19720.5
石河子市	4740.7	8961		721.6	20848.3	20478.2
阿拉尔市	1300	50			397.6	397.6
图木舒克市	20				206	206
五家渠市	166	1021.6			1330.7	1293.2
吐鲁番地区	3685.5	5731.4	90.6	1000	359636.4	359479.2
吐鲁番市	1664.7	905.3	90.6	1000	4553.5	4436
鄯善县	1587.6	3891.4			352837.7	352808.1
托克逊县	433.2	934.7			2245.2	2235.1
哈密地区	2478	6019.1	224		11436.9	11393.7
哈密市	2120	4904.3	224		8856.9	8815
巴里坤哈萨克自治县	358	923.8			2290.1	2288.8
伊吾县		191			289.9	289.9
昌吉回族自治州	51944.9	75835.9	95		127225	120806.1
昌吉市	12543.7	30184.1			34730.1	33530.6
阜康市	21629	7841.1			10308.2	9566.1
米泉市	4597	13915.6	95		36850.5	32988.1
呼图壁县	9639.2	7433.2			21313.7	20828.3
玛纳斯县	1469.7	3108			8456.6	8429.4
奇台县	564.2	3492.3			4146.9	4141
吉木萨尔县	399	8108.7			6848.9	6841.8
木垒哈萨克自治县	1103.1	1752.9			4570.1	4480.8
伊犁哈萨克自治州	20652.5	47039	491	21.3	98250.5	96462.4
伊犁州直属县(市)	10658.9	20952.1	261	21.3	51685.5	51123.8
伊宁市	1444.1	6117.6			15401.4	15138.3
奎屯市	2892.2	3205.8			7433.8	7325.7
伊宁县	947.9	1375.9			4912.9	4865.5
察布查尔锡伯自治县	2972.3	1718.8	261	21.3	8993.6	8985.1
霍城县	46	2560.8			4296.5	4296.5
巩留县		3468			3856.4	3826.4
新源县	381.8	719.6			1385.5	1385.5
昭苏县		920.1			1559.8	1552.2
特克斯县	246.8	508.3			1222	1125
尼勒克县	1727.8	357.2			2623.6	2623.6
塔城地区	6581.1	16530.9			28983.3	28790.2
塔城市	160.9	1073.7			2088.7	1946.5
乌苏市	1304.9	3004.3			7275.1	7275.1
额敏县	30	587.6			973	959.9
沙湾县	4091.2	3107.1			9757.8	9757.5
托里县		6132			4379.2	4379.2
裕民县	859	190.2			1406.4	1406.4
和布克赛尔蒙古自治县	135.1	2436			3103.1	3065.6
阿勒泰地区	3412.5	9556	230		17581.7	16548.4
阿勒泰市	2077.2	2857.5			4943	4104.8
布尔津县	454	1619.8			3730.2	3730.2
富蕴县	442.6	1186.4			2581.7	2579.4
福海县	321.3	1412.5			1458.3	1305.4
哈巴河县	117.4	1040.2			1684.5	1648.6
青河县		795.2	230		1643.8	1639.8
吉木乃县		644.4			1540.2	1540.2

计量单位：万元

产品销售成本	产品销售税金及附加	费用合计(营业费用、管理费用)	营业利润	利润总额	从业人员劳动报酬	劳动、失业保险费	全部从业人员年平均人数	亏损企业亏损额
777277.1	**16007.3**	**140845.8**	**-11828.2**	**-32623.4**	**141392.2**	**6168.9**	**118362**	**66166.7**
121417.7	1666.3	47906.5	-16189.7	-21360.8	26481.9	2775.4	25528	25387.9
5061.4	146.6	1184.4	51.6	16.1	1373.7	9.5	1937	411.5
17154.2	236.4	4649.9	191.1	-489	3048.9	134.2	2827	1599.6
18786	235.1	3482.6	532	59.2	8025.4	90.9	3186	1250.6
289.2	7.5	174.7	42.9	32.7	91.4		117	
157	3	20	26	26	28		45	
907.3	124.1	252.6	46.7	41.8	141.8		208	66.6
342946.4	3925.2	11900.5	904.2	-9087.5	45658.7	725.7	16755	10027.7
3077.9	136.9	1888.5	-551.2	-378.9	1024.7	19.5	1613	622.6
338104.5	3694.7	9371.9	1682.6	-8452.7	44103.4	702.1	14547	8984.5
1764	93.6	640.1	-227.2	-255.9	530.6	4.1	595	420.6
9564.5	337.6	3032.4	-1217.8	-1481.5	1887.5	137	2322	1691.1
7269.9	220.6	2606.3	-1139.4	-1200.6	1389.8	137	1661	1350.9
2029.4	114.8	344.4	-19.2	-221.7	465.2		592	281
265.2	2.2	81.7	-59.2	-59.2	32.5		69	59.2
98281	2867.7	21888.3	644.4	2169.2	18434.3	468.6	20082	8197.6
28536.9	609.3	6893	-1788.5	-1748.1	4231.3	172.8	4743	3770.9
7513.5	371.6	2370.7	274.3	608	2578.9	57.9	2476	611.8
28200.6	526.2	3732.9	714	2053.7	4638.7	75.3	4923	720
16850.5	636.1	4382	-286.9	-340.2	2670.3	52.7	3215	2074.2
6089.1	146.6	1354.8	949	810.8	1411.2	12.7	1344	364.8
3455.5	74.7	634.6	-17.9	-12	473.9	5	591	177
4164.3	294	1680	703.3	708.1	1549.9	32.8	1821	281.5
3470.6	209.2	840.3	97.1	88.9	880.1	59.4	969	197.4
72929.1	3831.6	20922.7	1889.9	-1343.4	16613.9	776.9	20439	7917.4
38041.5	2594.5	10766.5	1035.7	-1269.1	7622.5	239.3	10121	4475.9
11964.5	307.3	3604.7	41.7	-1448.5	2060.5	56.4	2642	2003.6
5943.3	47.8	1506.3	-127.5	-73.5	853.8	37.7	1241	363.9
3804.6	213.9	1351.6	-457.5	-544.5	933.6	26.1	1305	818.4
5223.2	1510	1527	933.4	908	1060.6	14.5	1256	88.7
3495.9	154.7	414.4	330.8	177.3	647.5	12.1	563	221.4
2817.9	197.5	553.3	287.7	252.4	840.2	15.9	1453	194.8
1141	6.1	304.1	-65.7	-51.9	283.2	48.2	267	63.9
1225.5	66.4	221.2	90.7	-444.4	454.3	4.5	599	547.9
996.3	2.8	234.4	-54.7	-79.3	114.5	3.7	204	84.4
1429.3	88	1049.5	56.8	35.3	374.3	20.2	591	88.9
21895.1	938	5759.8	1836.3	1304.3	6027.9	286.4	7104	1317.4
1658.1	52.2	487	-136.4	-120.1	335	29.5	437	160.8
5414.2	108.7	1439.3	313.5	225.4	979.3	73.2	1129	352.3
925.9	19.7	205.5	227.4	-43.5	280.4	70.7	433	74.9
8284.9	344.6	1601.4	207.3	23.1	2443.1	60.4	2863	584.8
2258	297.5	881.2	974.5	974.3	1079.9	4	1294	42.6
1132.7	21.9	261.6	274.1	275.4	199.9	0.6	266	0.1
2221.3	93.4	883.8	-24.1	-30.3	710.3	48	682	101.9
12992.5	299.1	4396.4	-982.1	-1378.6	2963.5	251.2	3214	2124.1
3214.9	63.1	1646.4	-1255.5	-1300.4	953.8	90.5	1012	1406.2
3470.9	64.2	395.3	-70.8	-84.8	360	37	369	125.5
1487.5	32.9	761.3	399.4	233.3	489.2	17.1	361	87.8
1217.1	17	330.3	-124.5	-104.5	222.8	20.8	292	113
1327.3	80.6	544.2	-254.9	-329.8	301.9	20.1	411	353.1
1094.1	28.7	402	272.2	207	402.2	30.5	527	20.4
1180.7	12.6	316.9	52	0.6	233.6	35.2	242	18.1

2-62 续表 3

项　　目	法人资本	个人资本	港澳台资本	外商资本	营业收入	
					合　计	产品销售收入
博尔塔拉蒙古自治州	9186.4	5440.8			13361.7	13312.8
博乐市	7157.1	4440.4			8309.3	8261.6
精河县	1597.7	359.4			2954.5	2954.5
温泉县	431.6	641			2097.9	2096.7
巴音郭楞蒙古自治州	27560.8	34247			39996.9	35691.1
库尔勒市	7240.2	13920.1			20658	17173.1
轮台县	1257.5	2280.5			5570.2	5496.7
尉犁县	4502.6	907.9			3383.6	2793.7
若羌县	77.2	481			1063.3	1063.3
且末县	88.5	216.1			1098.2	1075.9
焉耆回族自治县	6969.5	6982.2			2145.8	2145.8
和静县	4107.1	2913.6			2689.1	2688
和硕县	777	2652.8			2393.9	2277.5
博湖县	2541.2	3892.8			994.8	977.1
阿克苏地区	11851.4	21335.8	992.6		30438.3	29722.3
阿克苏市	2178.2	5297	610		8234.1	8207.3
温宿县	2612.5	3372.7			2995.3	2549.3
库车县	2503.3	4576.2			6428.7	6264.8
沙雅县	1130	567			3929.8	3922.3
新和县	10.8	1072.8	382.6		1070.6	1048.9
拜城县	1431.7	1624.5			4363.9	4363.9
乌什县	412.3	1188.8			225.1	208
阿瓦提县	1569.4	3141.8			2537.4	2504.4
柯坪县	3.2	495			653.4	653.4
克孜勒苏柯尔克孜自治州	1321.7	3091.2			3471.7	3296.5
阿图什市	442.2	1720.3			1135.8	1135.8
阿克陶县	834.5	1370.9			2305.9	2130.7
阿合奇县	45				30	30
乌恰县						
喀什地区	12670.1	22338.7		821.2	28631	28300.5
喀什市	2990.2	11868.2			9850.8	9751.9
疏附县	55.9	3414.5			1948.7	1926.7
疏勒县	3836.3	1871			1774.5	1677.6
英吉沙县	1800	825			1192.2	1192.2
泽普县	623.9	735.3			2605.2	2604.9
莎车县		741.9			1763	1744.1
叶城县	2639.3	817.9			3906.8	3879.3
麦盖提县	68	843.6			599.3	599.3
岳普湖县		272			1029	1029
伽师县	332	387.4			2460.8	2460.8
巴楚县	224.5	326.9		821.2	1222.7	1156.7
塔什库尔干塔吉克自治县	100	235			278	278
和田地区	1826.9	4757.1			6615	5918.3
和田市	578.8	1092.7			2026.9	1608.3
和田县	60	940			1052.2	874.3
墨玉县		1344.7			562	466.8
皮山县	338.6	379.1			791.8	791.8
洛浦县	569.5	653.3			1550.6	1545.6
策勒县		129.5			304.3	304.3
于田县		142.8			54.3	54.3
民丰县	280	75			272.9	272.9

产品销售成　本	产品销售税金及附加	费用合计(营业费用、管理费用)	营业利润	利润总额	从业人员劳动报酬	劳动、失业保　险　费	全部从业人员年平均人数	亏损企业亏 损 额
11844.4	79.9	2301.2	-773.4	-1297	1702.6	156.4	2214	1660.8
7270.3	53	1546.9	-513.8	-1041.4	979.4	68.9	1328	1240
2654.7	14.9	524.6	-235.5	-237	496.7	49.3	647	316.5
1919.4	12	229.7	-24.1	-18.6	226.5	38.2	239	104.3
31441.5	505	8394.6	-1045.8	-1564.4	6042.3	357.8	6375	3853.7
15523.9	158	3368.9	-695.5	-670.2	2285.1	154.8	2241	1783.9
4685.2	91.7	1526.8	-43.2	-215.9	1332.5	35.4	1253	505
2703.8	36.8	661.6	6.4	-47.4	478.1	52.4	530	196.4
1037.8	43	165.4	-75.7	-226.4	162.7	5.2	202	273.1
926.1	8.3	338.4	-137.6	-128.6	182.3	25.6	211	147.1
1509.4	17	812.4	251.6	282.6	481.2	6.2	546	175.4
2208.6	76.1	563.1	-143.3	-151.9	494.8	51.7	577	227.6
1971.2	64.7	406.9	-37.4	-87.9	465.5	12.7	610	190.3
875.5	9.4	551.1	-171.1	-318.7	160.1	13.8	205	354.9
22998.6	789.2	5627.1	1711.5	711.5	4315.7	302.3	5759	1696.2
6553.6	239.8	1387.6	90	-20.2	1383.6	102.7	1677	268.8
2135.2	109.3	935.4	-338.2	-360.9	679.8	32.3	950	512
4181.4	240.2	1739.2	580.4	519.8	1024.1	120.8	1217	410.4
3473.6	21.1	375.7	134.5	59.4	152.3	4.8	225	24.9
1108.8	19	115.3	114.9	-239.3	99.5	0.6	140	293.9
3257.2	103.9	530.2	477.7	253.5	525.6	10.1	920	82.7
120	13.2	137	71.6	68.9	88	3.6	119	
1917	39.1	400.7	174.6	265.5	307.6	18.7	432	99.5
251.8	3.6	6	406	164.8	55.2	8.7	79	4
2223.8	92.9	3169.5	421.6	497.2	551.9	12	980	100.3
697	41.6	726.6	-58.8	-61.7	186.6	9.6	286	98.8
1518.2	49.6	2441.2	462.4	555.9	347.3	2.4	664	1.5
8.6	1.7	1.7	18	3	18		30	
21737.9	1052.6	5243.2	1270.5	667.5	6652.3	200.5	8600	2095.6
8550.6	525.9	795.5	57.3	23.4	2161	86.7	2655	431
1500.2	79.4	149.8	246.3	253.3	489.8	17.3	733	21.9
1447	27.5	379.1	-59	-81.9	450.3	9.7	714	128.2
942.3	21.7	304.4	-24.1	-19	477.8	33.5	391	159.5
2053.7	102.5	542.7	-93.4	-110.8	894.5	8.4	1050	212.1
1542	27.7	179.8	25.1	-37.5	343.8	4.2	640	137.8
2352.2	92.9	1066	453.4	265.7	954.7	18.7	1274	256.9
365.3	68.5	33.4	134.7	14.1	134.1	3.1	148	111.9
455.8	18.7	55.5	507.9	496.4	49.1		84	
1937.2	58.5	310.7	198.8	102.8	294.4	5.9	475	69.6
591.6	27.7	1419.8	-446.7	-432	295.8	13	380	566.7
	1.6	6.5	270.2	193	107		56	
4598.5	253.2	1880	-282.3	-204.9	1715.6	31.2	2925	621.6
1389.8	84.5	893	-561.5	-455	601.9	13.3	1129	496.4
646	57.6	281.3	66	66	305	5.4	451	9.7
454.6	7.2	47.8	53.4	41.4	64.7		85	
608.1	25.1	125.1	61.3	60.1	223.4	0.1	478	20.7
1099.4	62.6	310	78.2	71.2	390.3	8.7	525	64.2
203.6	4.4	100.8	-4.5	-7.8	47.8	0.2	154	11.2
31	1.3	48.8	1.6	-4	36.5	3.5	46	4.3
166	10.5	73.2	23.2	23.2	46		57	15.1

2-63 规模以下国有及国有控股

项目	企业单位数	亏损单位数	工业总产值(现价)	工业销售产值	出口交货值
煤炭开采和洗选业	3	2	943.4	780	
石油和天然气开采业	1	1	220401	210060	
#天然原油和天然气开采					
黑色金属矿采选业					
有色金属矿采选业	2	1	744.2	744.2	
非金属矿采选业	7	4	938	877.8	
#采盐	1		477.3	477.3	
其他采矿业					
农副食品加工业	13	7	1514.3	1834.9	
#谷物磨制	4	2	354.8	828.2	
饲料加工	2		110.4	108.1	
制糖					
食品制造业	6	3	2126.4	2046.7	
#罐头制造					
饮料制造业	5	4	274.4	120.5	
#酒的制造	2	1	29.2	25.2	
烟草制品业					
纺织业	7	5	2561.8	2006.6	134.1
#棉、化纤纺织及印染精加工	1	1	650.9	507.1	
毛纺织和染整精加工	3	1	444.8	647.4	
纺织服装、鞋、帽制造业	2	2	609.5	657.1	
皮革、毛皮、羽毛(绒)及其制品业					
#皮革鞣制加工					
皮革制品制造					
木材加工及木、竹、藤、棕、草制品业	4	2	634.8	628.8	
家具制造业	1	1	375	464.9	
造纸及纸制品业	2	2	362.8	472.9	
印刷业和记录媒介的复制	9	7	789.2	745.8	
文教体育用品制造业					
石油加工、炼焦及核燃料加工业	1	1	490.3	427.8	
#炼焦					
化学原料及化学制品制造业	9	4	2053.1	1805	
#基础化学原料制造	5	1	1014.7	905.1	
肥料制造	2	1	734.5	706.2	
医药制造业	5	3	1029	1038.1	
化学纤维制造业	1	1			
橡胶制品业					
塑料制品业	6	3	1134.3	925.9	
非金属矿物制品业	14	9	4876.3	4894	
#水泥制造					
黑色金属冶炼及压延加工业	2	1	1423.8	1059.6	
有色金属冶炼及压延加工业					
金属制品业	1		182.5	182.5	
通用设备制造业	4	2	684.8	699	
专用设备制造业	3	2	946.4	303.8	
交通运输设备制造业	3	2	1031.8	1031.8	
电气机械及器材制造业	3	3	492.8	480.5	
通信设备、计算机及其他电子设备制造业	1		444.3	278.7	
仪器仪表及文化、办公用机械制造业					
工艺品及其他制造业					
废弃资源和废旧材料回收加工业	1		96	96	
电力、热力的生产和供应业	15	9	4852.4	4763	
#电力生产和电力供应	9	5	2400.6	2311.2	
燃气生产和供应业					
水的生产和供应业	7	5	979.5	979.5	

工业企业分行业主要经济指标

计量单位：万元

年初存货	年末存货	固定资产原价	本年折旧	资产总计	负债合计	实收资本	国家资本	集体资本
109.2	1728.8	1680.1	565.6	6561.8	5624.9	889	320	
29626	29847.5	512885.5	32803.8	614366.4	150630.7	252136.8	252136.8	
71.7	71.7	393.1	17.5	735.6	256.1	500	500	
1225.5	780.3	1948.3	175.2	2851.2	1437.8	1615.7	1384.2	160.2
		166.1	12.3	322.6	32	290	290	
2294.2	1977.7	7702	399.1	18781.9	6893.9	11890.4	6029.7	160
1029.6	565.9	2113.9	60.4	6086.8	1327.7	5239.4	3735	
793.5	832.7	226.8	22.6	7689.8	808.2	2547.1	1379.3	
184.3	235.7	3128.5	293.7	6049.4	3241	1783.7	651.3	490
220.5	196.1	343.7	27.8	646.5	766	456.8	250.9	
158.6	99.9	134.2	7	161.4	374.6	100		
10097.1	11628.9	21335.5	624.6	32969.2	30845.5	9025.4	5108.6	
1224.2	1223.2	5633.3		7971	8079.6	1480.3		
3242.6	3131.2	5349.8	162.2	8560	9195.7	1049.3	605.7	
616.7	595.3	1477.6	88	1908.4	1883.7	1093.9	1093.9	
473.5	523.7	4846.9	825	8440.6	4748.2	3644.9	3584.9	
372	303	2007.1	93.2	1670.3	1067.5	527.2	527.2	
148	165.6	1024.6	45.1	1311.4	1153.4	639.4	156.3	
283.7	277.4	1933.7	199.4	1659.8	1004.5	1493.8	250.8	32.8
69.1	86.1	1044	76.2	1116.1	980.8	500		
669.7	621.9	1513.8	53.5	5082.5	2428.5	2476.5	1299.3	
368.3	440.2	411.4	22.7	1765.4	1218.6	298.1	136	
271.8	118.6	945.9	16.1	2933.7	1019.9	1933.3	1133.3	
627.5	528.7	5370.5	188.4	10558.7	7764.9	4468.2	370	
198.8	188.3	15119.1	193.5	26894.9	6950.8	23516.9		
304.8	509.7	2029.5	170.6	3342.4	2000.4	1642.2	771.7	
2148.7	2799.9	9252.8	431.6	15255.5	12435	3275.9	572.3	527.8
101.9	1300.5	239.9	62.6	4340.3	4209.1	128.7	78.7	
161.3	206.5	516.2	29.1	657.4	336.2	300	300	
341.3	557	1634.3	89.2	1969.3	1132.9	1058.5	15.5	
153.3	139.4	2365.3	36.6	2956.3	8963.5	862.2	778.5	50.4
220.2	210.4	1354.5	109.2	1662.5	1950.8	390.1	160.7	
246.5	449.5	590.2	19.5	1521.9	1202.1	521.3	521.3	
104.2	135.5	231.2	18.7	1360.2	342.5	1000	770	
		100		100		100	65	
241.8	120.2	29442.2	2399.7	28413.3	19327.2	9821.4	8835.2	695
76	68.1	18875.6	1346.3	19640.4	13519.1	6401.3	6294.7	
135.2	28.5	39285.8	197.5	48464.7	4027.4	39852.4	36795.6	

2-63 续表 1

项　目	法人资本	个人资本	港澳台资本	外商资本	营业收入	
					合　计	产品销售收入
煤炭开采和洗选业	269	300			829	829
石油和天然气开采业					344827.3	344827.3
#天然原油和天然气开采						
黑色金属矿采选业						
有色金属矿采选业					34	
非金属矿采选业	21.3	50			654.4	564.2
#采盐					207.3	197.2
其他采矿业						
农副食品加工业	3361.6	1328.6		1010.5	2442.2	1971.5
#谷物磨制	200	1304.4			1401.6	970.6
饲料加工	800			367.8	101.2	101.2
制糖						
食品制造业	313.7	328.7			5520	1116.1
#罐头制造						
饮料制造业	183.9	22			146.7	146.6
#酒的制造	84	16			51.5	51.4
烟草制品业						
纺织业	3653.2	263.6			2541	2185.7
#棉、化纤纺织及印染精加工	1480.3				507.1	507.1
毛纺织和染整精加工	180	263.6			658.5	652.3
纺织服装、鞋、帽制造业					748.5	513.9
皮革、毛皮、羽毛(绒)及其制品业						
#皮革鞣制加工						
皮革制品制造						
木材加工及木、竹、藤、棕、草制品业	50	10			545.9	434
家具制造业					491.3	491.3
造纸及纸制品业	400	83.1			557.4	455.9
印刷业和记录媒介的复制	1111.1		99.1		790.8	776.6
文教体育用品制造业						
石油加工、炼焦及核燃料加工业	300		200		1593.8	427.8
#炼焦						
化学原料及化学制品制造业	1073.2	48		56	2017.2	1967.8
#基础化学原料制造	58.1	48		56	946.7	940.2
肥料制造	800				837.6	834.6
医药制造业	2771.9	450		876.3	1103.2	1051.7
化学纤维制造业	23516.9					
橡胶制品业						
塑料制品业	544.9	325.6			936.9	916.8
非金属矿物制品业	1981.7	194.1			4180.2	2626.9
#水泥制造						
黑色金属冶炼及压延加工业	50				983.9	971.3
有色金属冶炼及压延加工业						
金属制品业					141.6	141.6
通用设备制造业	949.5	93.5			707.7	699.1
专用设备制造业	33.3				377	367.5
交通运输设备制造业	229.4				1665.9	903.1
电气机械及器材制造业					829.2	707.2
通信设备、计算机及其他电子设备制造业		230			291.8	275.1
仪器仪表及文化、办公用机械制造业						
工艺品及其他制造业						
废弃资源和废旧材料回收加工业		35			96	96
电力、热力的生产和供应业	233.2	58			3926.7	3900.6
#电力生产和电力供应	83.7	22.9			1939.4	1917.4
燃气生产和供应业						
水的生产和供应业	56.8	3000			1095.9	1064.3

计量单位：万元

产品销售成本	产品销售税金及附加	费用合计(营业费用、管理费用)	营业利润	利润总额	从业人员劳动报酬	劳动、失业保险费	全部从业人员年平均人数	亏损企业亏损额
679.5	8.8	230.7	-90	-106	529.7	0.8	610	107.5
331541.9	3516.9	8067.9	1700.6	-8369	42580	685	12581	8369
		34.9	-2.7	-2.7	11	2.7	22	2.7
426	79.8	314.8	-102.2	-91.3	410.3	112	318	102.4
99.8	56.8	48.1	0.9	2.6	21.9	2.3	37	
1901.5	7	725.9	-344.6	-512.9	290.4	31.9	314	531.2
1020.9		286	-133.4	-219.2	58.3	3.2	75	221
88.7		113.6	11.6	7.7	53.6		49	
1015.2	27	497.9	567.1	533.3	1336.1	185	561	266.7
111.7	10.7	120.7	-94.9	-104.8	55.8	11.4	76	106.2
48.1	7.7	35.9	-38.7	-48.4	20.2	10.3	34	49.8
2211.8	10.7	2476	-2445.1	-3153.2	1240.1	107.6	1855	3168.3
538		296.9	-327.8	-332.6	152.4	1	296	332.6
406.9	2.8	756.5	-508.7	-457.4	254.3	92.2	348	472.5
453.3	8.4	207.5	-70.7	-112	135.8	51	128	112
344.4	5.6	268	-141.1	-143.5	178.5	7.3	159	155
543.7	20.6	354.1	-425.2	-396.6	181.4	6.2	185	396.6
495.9	1.7	135.5	-55.2	-60.5	44.3	3.7	73	60.5
732.8	6.2	339.3	-242.1	-519.2	186.1	18.3	163	519.8
237.1		255.1	-64.4	-64.4	30.9	9.6	19	64.4
1653.4	3.2	315.2	-6.5	113.1	210.4	3.2	227	38.7
715.2	2.5	96.3	126.5	127.1	111.3	1.5	143	12.3
768.7	0.1	160.4	-96.7	5.3	65.3	0.7	50	7.1
729.2	16.4	734.5	-404.2	-1502.4	230.4	96	230	1542.2
		390.2	-390.2	-394.2	21.5	4.3	9	394.2
839.4	3.5	198.9	-94.8	12.8	177.7	22.6	203	54.3
2638.9	45.2	1266.9	-1145.5	-990.8	843.1	141.8	651	1146.1
821.3	7.6	126.4	16.1	-47.4	208.4		155	47.7
92.4	0.7	93.3	45.4	46.5	41.5		25	
624.3	9.5	135.4	95.1	-2.4	127.7	20.6	164	18.5
175	0.8	1384.2	-1115.9	-1149.4	115.9	4.2	183	1149.5
637.8	46.9	869.7	-320.3	-281.1	285	27.9	199	298.5
616	3.9	166.9	-79.6	-89.5	87.1	1.8	69	89.5
181.3	3	94.2	13.3	13.3	130.7	1.5	87	
76	2		18	18	8.6		10	
3566	32.5	1657.6	-1236.1	-1237.8	1005.5	196.5	755	1348.4
1560.4	20.4	1157.4	-803.9	-722.7	747.6	140.3	500	796.7
709.8	12.6	482.9	-111	-184.9	885.3	77.8	336	247.6

2-64 规模以下国有工业

项　　目	企业单位数	亏损单位数	工业总产值（现价）	工业销售产值	出口交货值
煤炭开采和洗选业					
石油和天然气开采业	1	1	220401	210060	
#天然原油和天然气开采					
黑色金属矿采选业					
有色金属矿采选业	1		744.2	744.2	
非金属矿采选业	1	1	10	4	
#采盐					
其他采矿业					
农副食品加工业					
#谷物磨制					
饲料加工					
制糖					
食品制造业					
#罐头制造					
饮料制造业					
#酒的制造					
烟草制品业					
纺织业					
#棉、化纤纺织及印染精加工					
毛纺织和染整精加工					
纺织服装、鞋、帽制造业					
皮革、毛皮、羽毛(绒)及其制品业					
#皮革鞣制加工					
皮革制品制造					
木材加工及木、竹、藤、棕、草制品业	1	1			
家具制造业					
造纸及纸制品业					
印刷业和记录媒介的复制	1	1	2.6	2.6	
文教体育用品制造业					
石油加工、炼焦及核燃料加工业					
#炼焦					
化学原料及化学制品制造业					
#基础化学原料制造					
肥料制造					
医药制造业					
化学纤维制造业					
橡胶制品业					
塑料制品业					
非金属矿物制品业	1		150	150	
#水泥制造					
黑色金属冶炼及压延加工业	1		574.2	570	
有色金属冶炼及压延加工业					
金属制品业					
通用设备制造业					
专用设备制造业					
交通运输设备制造业					
电气机械及器材制造业					
通信设备、计算机及其他电子设备制造业					
仪器仪表及文化、办公用机械制造业					
工艺品及其他制造业					
废弃资源和废旧材料回收加工业					
电力、热力的生产和供应业	3	1	692.5	692.5	
#电力生产和电力供应	2		313.4	313.4	
燃气生产和供应业					
水的生产和供应业					

企业分行业主要经济指标

计量单位：万元

年初存货	年末存货	固定资产原价	本年折旧	资产总计	负债合计	实收资本	国家资本	集体资本
29626	29847.5	512885.5	32803.8	614366.4	150630.7	252136.8	252136.8	
53.1	52.1	75.9	2.1	195.2	112.4	60.5	60.5	
218.5	218.5	3656.1	785.1	5335.6	3702.2	1663.7	1663.7	
		18	7.3	46.5	43.2	3.3		
8	12	50	1	208		15	15	
101.9	90.7	166.9	42.6	201.1	45.2	78.7	78.7	
15	9.2	1551.6	60.4	901.5	464.5	810.5	810.5	
		471.6	23.6	395.9		458.7	458.7	

2-64 续表 1

项　　目	法人资本	个人资本	港澳台资本	外商资本	营业收入	
					合　计	产品销售收入
煤炭开采和洗选业						
石油和天然气开采业					344827.3	344827.3
#天然原油和天然气开采						
黑色金属矿采选业						
有色金属矿采选业						
非金属矿采选业					0.7	0.7
#采盐						
其他采矿业						
农副食品加工业						
#谷物磨制						
饲料加工						
制糖						
食品制造业						
#罐头制造						
饮料制造业						
#酒的制造						
烟草制品业						
纺织业						
#棉、化纤纺织及印染精加工						
毛纺织和染整精加工						
纺织服装、鞋、帽制造业						
皮革、毛皮、羽毛(绒)及其制品业						
#皮革鞣制加工						
皮革制品制造						
木材加工及木、竹、藤、棕、草制品业						
家具制造业						
造纸及纸制品业						
印刷业和记录媒介的复制	3.3				2.6	2.6
文教体育用品制造业						
石油加工、炼焦及核燃料加工业						
#炼焦						
化学原料及化学制品制造业						
#基础化学原料制造						
肥料制造						
医药制造业						
化学纤维制造业						
橡胶制品业						
塑料制品业						
非金属矿物制品业					150	150
#水泥制造						
黑色金属冶炼及压延加工业					481.7	481.7
有色金属冶炼及压延加工业						
金属制品业						
通用设备制造业						
专用设备制造业						
交通运输设备制造业						
电气机械及器材制造业						
通信设备、计算机及其他电子设备制造业						
仪器仪表及文化、办公用机械制造业						
工艺品及其他制造业						
废弃资源和废旧材料回收加工业						
电力、热力的生产和供应业					493.2	473.2
#电力生产和电力供应					77.9	57.9
燃气生产和供应业						
水的生产和供应业						

计量单位：万元

产品销售成　本	产品销售税金及附加	费用合计(营业费用、管理费用)	营业利润	利润总额	从业人员劳动报酬	劳动、失业保　险　费	全部从业人员年平均人数	亏损企业亏 损 额
331541.9	3516.9	8067.9	1700.6	-8369	42580	685	12581	8369
0.8	0.1	17.2	-1.7	-1.7	9.6		7	1.7
		89	-89	-89	16.7	6.2	18	89
2.8		0.4		-0.6	2.4		4	0.6
105	25	2	18	18	42		50	
406.4	4.6	67.9	2.9	0.3	54.6		53	
460.1	4.9	73.1	-63	-34.7	71	10.2	61	34.7
63.4	3.5	21.4	-28.5		34.4	2.9	34	

2-65 规模以下集体工业

项目	企业单位数	亏损单位数	工业总产值(现价)	工业销售产值	出口交货值
煤炭开采和洗选业	82	22	21887.8	21666.6	
石油和天然气开采业	1	1	115.1	115.1	
#天然原油和天然气开采					
黑色金属矿采选业	4	1	220.1	218.1	
有色金属矿采选业	2	1	583.9	583.9	
非金属矿采选业	30	9	2385.2	2356.9	
#采盐	1		2.3	2.3	
其他采矿业					
农副食品加工业	28	9	2718.1	2389.9	
#谷物磨制	16	4	572.5	535.9	
饲料加工					
制糖					
食品制造业	9	4	421.1	345.4	
#罐头制造	1		148	148	
饮料制造业	15	9	1939.5	1246.3	
#酒的制造	6	4	1418.6	708.3	
烟草制品业	1				
纺织业	9	6	1080.8	921.2	
#棉、化纤纺织及印染精加工	2		38.9	45.9	
毛纺织和染整精加工					
纺织服装、鞋、帽制造业	18	9	1083.4	957.6	
皮革、毛皮、羽毛(绒)及其制品业	2	1	158.6	171.6	
#皮革鞣制加工					
皮革制品制造	1		130	143	
木材加工及木、竹、藤、棕、草制品业	2	1	103.6	110.6	
家具制造业	8	3	548.1	556.8	
造纸及纸制品业	10	7	1112.2	1145.3	
印刷业和记录媒介的复制	40	19	3429.9	3414.9	
文教体育用品制造业					
石油加工、炼焦及核燃料加工业	2		484.3	489.5	
#炼焦					
化学原料及化学制品制造业	17	11	2777	2973.4	
#基础化学原料制造	4	3	826.4	863	
肥料制造	1				
医药制造业	1	1	652.7	752.1	
化学纤维制造业					
橡胶制品业	1	1	8.1	2.9	
塑料制品业	17	13	2234.5	2165.2	
非金属矿物制品业	105	27	9293.1	8388.9	
#水泥制造	2	1	401.9	401.9	
黑色金属冶炼及压延加工业	1				
有色金属冶炼及压延加工业	1		462.1	462.1	
金属制品业	17	11	1005.6	982.8	
通用设备制造业	11	9	1157.1	1165.5	
专用设备制造业	8	6	1402.1	1350.4	
交通运输设备制造业	15	8	1913	1972.8	
电气机械及器材制造业	6	3	1000.9	1050.2	
通信设备、计算机及其他电子设备制造业					
仪器仪表及文化、办公用机械制造业	2	1	44.3	70.4	
工艺品及其他制造业	9	3	68	64.7	
废弃资源和废旧材料回收加工业	1	1	61.4	61.4	
电力、热力的生产和供应业	17	9	2087.4	2101.7	
#电力生产和电力供应	12	5	599.4	613.7	
燃气生产和供应业					
水的生产和供应业	8	5	617.4	606.4	

企业分行业主要经济指标

计量单位：万元

年初存货	年末存货	固定资产原价	本年折旧	资产总计	负债合计	实收资本	国家资本	集体资本
1441.5	2252.7	23983.9	2003	30615.8	14592.5	15464	50	11697.5
		310.6	77.6	173.4	198.7	88.7		88.7
34.3	5.8	91.6	14	252.9	82.4	239.5		119.5
1.6	13.1	71.2	27.1	101.4	243.7	41		21
80.3	238.4	2277.2	400.2	3186.8	1628.2	1045.7		709.1
		5.8	0.6	16.5	0.7	15.8		15.8
165.9	846.5	2482.9	235.9	4160.9	2468.9	1745.8		945.8
21	31.4	803.3	44	1007	646.3	337.3		249.3
54.9	51.8	5036.2	151.2	5718.5	3203.5	2805.3		2731.8
		16.5	1.5	146	195			
1104.7	1270.7	2800.5	168.2	4849.9	4144.4	1312.7		730.8
576.5	769.9	1179.5	105.6	2456.7	2537.6	487.2		72.2
				4048.3	2302.8	1500		1500
634.2	675.3	766.3	87.9	2425.1	2165	1063		295
		59.1	9.9	86.4	10.1	75		5
377.3	391.4	1248.2	176.4	1826.1	1422.1	655		510.7
208.4	220	81.8	41.7	328	163.3	114.9		114.9
207.6	219.9	59.4	39.9	320.3	157.6	98.9		98.9
47.2	11.8	52.3	2.4	182.9	94.8	29.5		29.5
100.3	110.2	463.5	40.2	931.7	745.4	280.7	34.6	219.1
408	342.5	2041.7	78.9	2116.2	1387.9	1157.1	49.8	856.7
827.8	901.3	5384.6	463.5	6982.3	4651.8	2633.5		1951.7
10	19.7	176.4	6.6	170.3	69.9	94.7		94.7
2022.5	1088.3	3796.5	252.4	5822.3	4824.9	1095.6		840.1
265.2	213	932.6	158.2	1140.9	638.2	352.1		100
34	34	122.9	12.3	354.9	471.1	36.9		36.9
797.6	894.1	3.3		1044.8	1179.1	50		50
18	23.2	65.1	1.2	30.1	21.8	8		8
685.5	711.1	2485.6	480.1	4808	3073.6	2050.2	12.8	1881.8
3649	4138.1	10580.4	826.8	16652.2	8594.7	7451.6	60	6077.7
247.2	240	525.8	28.9	1098.7	398.7	498.3		80.3
14.5	14.5	974.5		982.5	108.3	900		900
27.5	22.3	472.4	30.3	204.7	135.9	25.5		25.5
502	478.3	1032.1	70.8	2305.5	1123.2	787		616.8
1070.2	1084.9	3143.8	158.8	3715.9	1326	1400.1		1328
1032.4	1132.1	1122.9	55.5	2750.8	2412.5	1081.7	33.2	1036.5
610.7	622.1	1752.1	85.7	6601.6	4127.8	824.5		768.4
378	330.1	349.8	34.7	1315.2	838.9	446.3		346.3
203.3	170.2	77.1	5	346.9	273.3	75.8		69.4
35	36	182	16.3	240.2	130.3	131.8		131.8
38	16.2	12.9	7.4	96	391	30		30
114.7	72.2	7775.3	464.4	6579.3	3985.6	2058.2		1932.3
5.6	5.8	3238.7	161	2431	1034.1	1131.4		1131.4
276.7	323.3	5850.8	577.4	4140.9	504.4	5813.3		5810.1

2-65 续表 1

项　　目	法人资本	个人资本	港　澳 台资本	外商资本	营业收入 合　　计	 产品销售收入
煤炭开采和洗选业	2113.4	1603.1			20641.3	20592.3
石油和天然气开采业					115.1	115.1
#天然原油和天然气开采						
黑色金属矿采选业		120			218.1	218.1
有色金属矿采选业	20				583.9	583.9
非金属矿采选业	31.6	305			3340.1	2402.9
#采盐					2.3	2.3
其他采矿业						
农副食品加工业	33	157	610		1914.7	1866.4
#谷物磨制	33	55			533.8	516.8
饲料加工						
制糖						
食品制造业	52.7	20.8			532.7	336.7
#罐头制造					148	148
饮料制造业	172.9	333.8	75.2		1032	1015
#酒的制造	60	279.8	75.2		569.1	566.3
烟草制品业						
纺织业	672	96			981.3	979.4
#棉、化纤纺织及印染精加工		70			45.9	45.9
毛纺织和染整精加工						
纺织服装、鞋、帽制造业		144.3			1096.9	1002.6
皮革、毛皮、羽毛(绒)及其制品业					160.7	160.7
#皮革鞣制加工						
皮革制品制造					132.1	132.1
木材加工及木、竹、藤、棕、草制品业					112.6	112.6
家具制造业	22.9	4.1			585.6	564.8
造纸及纸制品业	20	230.6			995.4	995.4
印刷业和记录媒介的复制	519.3	156.5	6		4225	3523.5
文教体育用品制造业						
石油加工、炼焦及核燃料加工业					491.8	491.8
#炼焦						
化学原料及化学制品制造业	193.1	62.4			2995.8	2792.7
#基础化学原料制造	193.1	59			1007.4	886.1
肥料制造						
医药制造业					752.1	752.1
化学纤维制造业						
橡胶制品业					2.9	2.9
塑料制品业	40.2	115.4			3086.5	2227.3
非金属矿物制品业	361.7	952.2			8194	8111.6
#水泥制造	52.1	365.9			401.8	401.8
黑色金属冶炼及压延加工业						
有色金属冶炼及压延加工业					435.9	435.9
金属制品业	126.2	44			949.5	935.2
通用设备制造业	46.8	25.3			1689.5	1349.5
专用设备制造业	12				1321.2	1280.7
交通运输设备制造业	10	46.1			2294.1	2283.8
电气机械及器材制造业		100			1118.7	1101.7
通信设备、计算机及其他电子设备制造业						
仪器仪表及文化、办公用机械制造业		6.4			217.2	91.5
工艺品及其他制造业					74.7	67.7
废弃资源和废旧材料回收加工业					6.1	6.1
电力、热力的生产和供应业	125.9				2070.6	2070.6
#电力生产和电力供应					602.3	602.3
燃气生产和供应业						
水的生产和供应业	3.2				664.4	618.4

计量单位：万元

产品销售成本	产品销售税金及附加	费用合计(营业费用、管理费用)	营业利润	利润总额	从业人员劳动报酬	劳动、失业保险费	全部从业人员年平均人数	亏损企业亏损额
14971.9	1183.9	4357.3	535.7	415	4924.2	70.2	5302	647
85.8	3.9	130.5	-19.3	-16.8	27.3	1.6	20	16.8
162.3	8.9	35	11.9	10.9	59.8		73	8.5
457.4	1.2	145.7	-20.4	-6.6	53.9	9.8	61	36.6
1709	96.3	554.2	223.8	194.2	361.8	52.3	568	30.5
1.4	0.2	0.7			1		19	
1465.2	60.7	263.7	90.5	86.2	170.8	18	292	68.4
350.4	45.9	88.3	44.9	44.9	68.7	9.1	117	16.1
226.9	2.3	498.6	-120.2	-7	334.6	34.4	217	29.2
126.3	0.1	0.6	111	14.5	129		72	
811.8	92.8	356.8	-229.2	-227.4	152.4	18.2	202	235.4
450.3	87.4	100.1	-68.5	-67.6	57.2	1.6	78	67.7
844.4	13.8	331.1	-9.1	-112.2	250.1	0.1	214	113.4
38.9	2.8	3	1.2	1.2	53.4		95	
727.3	30.7	198.6	139.8	13	278.7	41.2	433	45.9
124.7	1.9	34.2	1	0.8	24.6	6.2	34	1.3
112.6	0.6	16.6	2.3	2.1	17.6	3.9	27	
101.2	2.4	53.2	-44.2	-43.8	29.5	0.2	26	45.1
522.2	3	52.2	8.2	-11.4	194.2	24.6	143	13.4
1014.8	7.8	102.6	-93.1	-106.5	442	14.8	331	114
3024.7	45.8	912.1	-279.8	-488.2	943.6	204.3	831	553.3
478.5	1.5	8.6	3.2	3.2	16.4	0.1	22	
2419.4	19.3	568.5	-195.2	-109.5	326.2	46.1	325	152.9
632.7	6.3	307.1	-59.6	-20.5	145	30.3	102	26.1
		13.5	-13.5	13.5	1.9		36	
821	1.3		-70.2	-95.8	27.1	3.4	28	95.8
2.6	0.1	2.2	-2	-2	1.2		2	2
2102.7	11.4	489.1	-166.9	-167.9	361.6	33.3	428	184
6224.2	251	1391.1	306.1	337.8	2104.1	72.1	2907	208.8
302.6	14.3	30.7	54.2	53.8	14.2	0.4	21	0.2
		3	-3	6.4	1.5		1	
385		73.3	-22.4	2.6	66.7	0.2	48	
829.1	9.6	185.1	-72.3	-79.5	183.3	11.6	233	90.3
1153.5	17.8	421.6	-190.7	-209.5	301.4	33.9	357	224.1
1071.3	8.2	411.3	-114.9	-178.7	242.3	35.7	236	180.1
1851.8	20.4	977.2	16.7	9.1	452.3	40.3	405	101.6
951	16.7	176.1	-26.4	-31.2	76.8	7.7	95	50.8
151.2	3.9	60.2	12.3	12.2	35	0.1	23	1.2
44.4	1.5	34.3	-1.2	-4	53.9		195	5.7
4.3	0.4	5	-3.6	-3.6	4		5	3.6
1716.3	48.2	556.8	-193.2	-167.5	314.5	33.4	360	200.4
372.3	34.8	318.8	-96.7	-90	143	5.7	208	122.9
501	5.9	1088.4	-523	-1037.3	262.4	20.3	376	1051.9

2-66 规模以下股份有限公司

项　　目	企　业 单位数	亏　损 单位数	工业总产值 (现价)	工业销售产值	出口交货值
煤炭开采和洗选业					
石油和天然气开采业					
#天然原油和天然气开采					
黑色金属矿采选业					
有色金属矿采选业					
非金属矿采选业					
#采盐					
其他采矿业					
农副食品加工业	1	1	258	773.5	
#谷物磨制	1	1	258	773.5	
饲料加工					
制糖					
食品制造业					
#罐头制造					
饮料制造业					
#酒的制造					
烟草制品业					
纺织业					
#棉、化纤纺织及印染精加工					
毛纺织和染整精加工					
纺织服装、鞋、帽制造业					
皮革、毛皮、羽毛(绒)及其制品业					
#皮革鞣制加工					
皮革制品制造					
木材加工及木、竹、藤、棕、草制品业					
家具制造业					
造纸及纸制品业					
印刷业和记录媒介的复制					
文教体育用品制造业					
石油加工、炼焦及核燃料加工业					
#炼焦					
化学原料及化学制品制造业					
#基础化学原料制造					
肥料制造					
医药制造业					
化学纤维制造业					
橡胶制品业					
塑料制品业					
非金属矿物制品业	1			269	
#水泥制造	1			269	
黑色金属冶炼及压延加工业					
有色金属冶炼及压延加工业					
金属制品业					
通用设备制造业					
专用设备制造业					
交通运输设备制造业					
电气机械及器材制造业	1		4	2.4	
通信设备、计算机及其他电子设备制造业					
仪器仪表及文化、办公用机械制造业					
工艺品及其他制造业					
废弃资源和废旧材料回收加工业					
电力、热力的生产和供应业					
#电力生产和电力供应					
燃气生产和供应业					
水的生产和供应业					

企业分行业主要经济指标

计量单位：万元

年初存货	年末存货	固定资产原价	本年折旧	资产总计	负债合计	实收资本	国家资本	集体资本
962.2	472.6	1161.1	43.4	5403.1	940.8	5000	3550	
962.2	472.6	1161.1	43.4	5403.1	940.8	5000	3550	
308.2	0.1	3836.6	2157	5040.5	2560.8	2000		
308.2	0.1	3836.6	2157	5040.5	2560.8	2000		
1084.5	1097.5	2024	62.9	3855.7	11.6	2865.6		

2-66 续表 1

项 目	法人资本	个人资本	港澳台资本	外商资本	营业收入	
					合 计	产品销售收入
煤炭开采和洗选业						
石油和天然气开采业						
#天然原油和天然气开采						
黑色金属矿采选业						
有色金属矿采选业						
非金属矿采选业						
#采盐						
其他采矿业						
农副食品加工业	200	1250			767.1	336.1
#谷物磨制	200	1250			767.1	336.1
饲料加工						
制糖						
食品制造业						
#罐头制造						
饮料制造业						
#酒的制造						
烟草制品业						
纺织业						
#棉、化纤纺织及印染精加工						
毛纺织和染整精加工						
纺织服装、鞋、帽制造业						
皮革、毛皮、羽毛(绒)及其制品业						
#皮革鞣制加工						
皮革制品制造						
木材加工及木、竹、藤、棕、草制品业						
家具制造业						
造纸及纸制品业						
印刷业和记录媒介的复制						
文教体育用品制造业						
石油加工、炼焦及核燃料加工业						
#炼焦						
化学原料及化学制品制造业						
#基础化学原料制造						
肥料制造						
医药制造业						
化学纤维制造业						
橡胶制品业						
塑料制品业						
非金属矿物制品业	2000				268.7	268.7
#水泥制造	2000				268.7	268.7
黑色金属冶炼及压延加工业						
有色金属冶炼及压延加工业						
金属制品业						
通用设备制造业						
专用设备制造业						
交通运输设备制造业						
电气机械及器材制造业	2280.5	585.1			2.4	2.4
通信设备、计算机及其他电子设备制造业						
仪器仪表及文化、办公用机械制造业						
工艺品及其他制造业						
废弃资源和废旧材料回收加工业						
电力、热力的生产和供应业						
#电力生产和电力供应						
燃气生产和供应业						
水的生产和供应业						

计量单位：万元

产品销售成本	产品销售税金及附加	费用合计(营业费用、管理费用)	营业利润	利润总额	从业人员劳动报酬	劳动、失业保险费	全部从业人员年平均人数	亏损企业亏损额
406		268.2	-135.2	-190.6	27.7	2.6	33	190.6
406		268.2	-135.2	-190.6	27.7	2.6	33	190.6
308.2	-1.3	244.8	-52.9	92.4	3.6	0.8	5	
308.2	-1.3	244.8	-52.9	92.4	3.6	0.8	5	
2.1		216.7	-216.4	133.7	28	0.3	29	

2-67 规模以下有限责任公司

项目	企业单位数	亏损单位数	工业总产值(现价)	工业销售产值	出口交货值
煤炭开采和洗选业	28	14	8228.9	8062	
石油和天然气开采业	6	1	1314.3	1365.9	
#天然原油和天然气开采					
黑色金属矿采选业	3	1	1562.5	773	
有色金属矿采选业	6	1	1312.3	1292.3	
非金属矿采选业	15	5	2613.3	2492.2	74.3
#采盐	1		477.3	477.3	
其他采矿业					
农副食品加工业	60	27	14000	11062.5	
#谷物磨制	12	5	2595.2	2408.6	
饲料加工	7	1	1137.6	1190.6	
制糖					
食品制造业	32	17	6502.8	6015.9	
#罐头制造	5	2	1389	1052	
饮料制造业	37	22	7834.1	5850.3	
#酒的制造	19	12	4253.8	2814.9	
烟草制品业					
纺织业	30	20	7269.6	6554.7	134.1
#棉、化纤纺织及印染精加工	16	13	4331.5	3764.9	
毛纺织和染整精加工	4	2	392.5	909	
纺织服装、鞋、帽制造业	6	5	1023.9	1129.3	
皮革、毛皮、羽毛(绒)及其制品业	3	2	859.7	216.9	
#皮革鞣制加工	1	1	74.3	74.3	
皮革制品制造					
木材加工及木、竹、藤、棕、草制品业	15	9	2778.5	2510.7	
家具制造业	4	1	265.1	294	
造纸及纸制品业	13	10	2525.7	2048.1	
印刷业和记录媒介的复制	23	13	2572.6	2765.3	
文教体育用品制造业	1	1	3.6	3.6	
石油加工、炼焦及核燃料加工业	2	2	670.8	506.1	
#炼焦					
化学原料及化学制品制造业	38	21	7600.8	6808.9	
#基础化学原料制造	11	2	2265	1989.9	
肥料制造	7	4	1656.2	1484.8	
医药制造业	16	13	3541.3	2612.1	271.6
化学纤维制造业	2	2	447.9	453.6	
橡胶制品业	3	2	883.4	720.6	
塑料制品业	38	21	8048.9	7296.5	
非金属矿物制品业	67	31	15164.1	13614.8	
#水泥制造	3	1	1272.7	1103	
黑色金属冶炼及压延加工业	5	4	1729.8	1322	
有色金属冶炼及压延加工业	3	1	796.9	716.9	
金属制品业	30	15	11420.7	11292.6	
通用设备制造业	23	11	6281.5	5201.3	
专用设备制造业	9	5	1465	953	
交通运输设备制造业	11	5	2431.9	2431.7	
电气机械及器材制造业	12	7	2819.1	2902.9	
通信设备、计算机及其他电子设备制造业	1		444.3	278.7	
仪器仪表及文化、办公用机械制造业	2	2	42.9	26.1	
工艺品及其他制造业	1		35.4	41.6	
废弃资源和废旧材料回收加工业	2	1	121.7	120.8	
电力、热力的生产和供应业	52	25	13384.2	13041.4	
#电力生产和电力供应	23	9	4951.9	4650.6	
燃气生产和供应业	4	3	984.5	965.3	
水的生产和供应业	17	10	2324.7	2312.3	

企业分行业主要经济指标

计量单位：万元

年初存货	年末存货	固　　定 资产原价	本年折旧	资产总计	负债合计	实收资本	国家资本	集体资本
872.3	2780.7	12988.9	1415.2	26486.7	17846.4	8357.2	320	35
211.3	107.1	703.5	65.5	1681.1	1164.3	1204	45	
1023.7	888.8	7116.5	445.7	17503.7	6772.7	560		
79.1	71.7	2403.1	139.4	3130.3	336.6	2274.9	500	
2125.3	2169.7	7783.6	570.8	28443	8701.5	7694.4	1323.7	160.2
		166.1	12.3	322.6	32	290	290	
2800.7	5633	23734.1	1180.2	55370.1	67243.1	20329.4	536.2	400.1
608	1340.2	2725.4	84.3	3989.4	3262.7	849	185	230.1
400.3	367.1	1273.5	47.4	4330.3	902.2	2230		
1890.8	2358.5	9667	1039	17773.7	10834.8	9573.5	651.3	490
864.2	1033.4	1091.6	45.4	2831	1718.1	941.8		
14121	15879.5	31952.5	3509	76003.7	55223.2	26915.3	250.9	139.6
8942.2	10576.1	17455	1120.2	36742	29388.4	9407.1		139.6
14486.2	16541.5	38322.9	1137.7	58112.2	51670.6	14830.7	4794.7	1.5
2347	4075.8	14983.2	457.8	22005.9	16507.4	4539.6		1.5
5707.6	4460.9	11494.7	168.3	17159.9	20103.8	2352.3	299.5	
506.8	483.3	1435.1	91.7	2243.2	2019.5	1312.5	1003.9	100
443.3	471	1082.9	584.3	1501	1327.6	336.5		8
443.3	471	469.3	161.9	851.3	677.9	306.5		
1578.1	1719.4	4219.4	239.1	8792.3	2796.6	5224.5	1738	3
48.5	80.3	2453.7	72	7677	2712.2	6101.9		87.9
1677.3	1922.9	4364.4	195	9295.3	6085.1	1598.6	156.3	332.2
599.4	559.7	3026.8	400.2	3580	1523.4	1556.7	41.4	132.8
15.8	25.1	16.3	3	68.4	35.1	50		
212.7	288.7	79	3.4	742.4	451	264.2		
3192.8	3623.2	11854.7	1303.1	22618.2	12131.6	8981.3	1235.5	556.8
596.1	765.7	2165.3	143.2	4417.9	2850.9	1197.1	52	380
1039.4	896.3	2662.9	739.2	5586.8	3340.8	2682.2	1133.3	91.5
3482.8	2818.1	12964.2	1139.9	35926.5	21620.9	18571	370	88.8
198.8	442.1	21858.8	193.5	41499.3	7584.5	31116.9		
406.5	287.8	114	7.1	821.3	660.5	133.2		
1892.9	2526.4	7715.3	826.5	13731.3	8211.9	6220.3	810.7	355.9
7837.6	9296.2	23867.3	1816.6	49374.3	29541.9	18313.5	506.3	998.7
39.6	82.1	805.4	78.2	947.7	29.1	1054.8		
430.8	1730.2	614.8	39.3	5282.3	5188.1	309.8		
22.4	83.2	581.3	65.6	709	528.1	150	24	
2138.6	2316.5	4364.2	388.2	8814.4	8651.9	3885.2		1101.5
2179.4	2628	5707.4	389.7	11975.1	5556.3	5213.8	25.5	242
430.9	658	355.8	55.6	13204.9	11926.6	1854.9		550.4
256.6	358.5	2104.2	252.7	2663.1	1459.8	1123.5		160.6
1363.9	2058.5	2664.2	114.5	7013	3533.8	2687.7	521.3	
104.2	135.5	231.2	18.7	1360.2	342.5	1000	770	
145.1	101.3	44.8	0.3	226	190.5	200		
		410	41	529.3	121.5	300		
36.3	58.9	134.5	6.2	214	74.8	150	65	
858.2	833.1	65993.5	5148.3	102480.6	59842.7	37761.1	7824.7	2208.4
210.9	145.2	34860.8	2737.6	52692.2	18500.6	21068	6036	825.4
5.8	27.1	2133.4	156.4	3966.1	2722.9	3125.4	13.7	
206.8	138.5	47943	680.2	57357.9	7924.8	42668.2	36875.6	225.1

2-67 续表 1

项目	法人资本	个人资本	港澳台资本	外商资本	营业收入	
					合计	产品销售收入
煤炭开采和洗选业	4709.7	3292.5			7023.3	7005.9
石油和天然气开采业	685	474			1518.6	1446.9
#天然原油和天然气开采						
黑色金属矿采选业	480	80			695	695
有色金属矿采选业	1350	424.9			1326.3	1292.3
非金属矿采选业	5947.4	263.1			1984.1	1892.8
#采盐					207.3	197.2
其他采矿业						
农副食品加工业	15245.1	4148			12089.2	11690.4
#谷物磨制	100	333.9			3489	3476.5
饲料加工	1055.3	1174.7			1157	1133.8
制糖						
食品制造业	7260.8	1171.4			9204.4	4791.7
#罐头制造	731.4	210.4			680.1	680.1
饮料制造业	23907.1	2617.7			5974	5165.1
#酒的制造	8053.7	1213.8			2715.7	2628.6
烟草制品业						
纺织业	9076.5	958			6411.3	5779
#棉、化纤纺织及印染精加工	4152.2	385.9			3009.1	2734.9
毛纺织和染整精加工	1712.2	340.6			969.9	965.4
纺织服装、鞋、帽制造业	208.6				1191.6	997
皮革、毛皮、羽毛(绒)及其制品业	328.5				105.7	96
#皮革鞣制加工	306.5				85.3	85.3
皮革制品制造						
木材加工及木、竹、藤、棕、草制品业	613.5	2870			2288.4	2248.2
家具制造业	5781.4	232.6			257.3	257.3
造纸及纸制品业	779.5	330.6			2192.4	2090.9
印刷业和记录媒介的复制	687.8	694.7			2719.1	2649.5
文教体育用品制造业	47	3			3.7	3.7
石油加工、炼焦及核燃料加工业	214.2	50			581.7	506.1
#炼焦						
化学原料及化学制品制造业	4560.4	2628.6			8669.5	6626.7
#基础化学原料制造	528.1	237			1884.7	1841.7
肥料制造	1086.3	371.1			1569.6	1567.6
医药制造业	16710.6	1401.6			3689.5	3029.9
化学纤维制造业	31116.9				453.6	453.6
橡胶制品业	133.2				680.5	650.1
塑料制品业	2505.2	2250.7		297.8	6284.3	6132.1
非金属矿物制品业	10164.5	6644			12141.7	10346.9
#水泥制造	50	1004.8			1066.8	1059.2
黑色金属冶炼及压延加工业	208	101.8			1356.6	1317.2
有色金属冶炼及压延加工业	76	50			759.4	719.4
金属制品业	1503	1280.7			5926.3	5196.2
通用设备制造业	3136.8	1809.5			5517.3	5022.4
专用设备制造业	1183.3	121.2			948.9	948.7
交通运输设备制造业	620.9	342			2488	2313.4
电气机械及器材制造业	1622.2	544.2			3278.6	3002.3
通信设备、计算机及其他电子设备制造业		230			291.8	275.1
仪器仪表及文化、办公用机械制造业	150	50			142.2	142.2
工艺品及其他制造业	200	100			41.6	41.6
废弃资源和废旧材料回收加工业		85			139.7	121.2
电力、热力的生产和供应业	17893.8	9834.2			12318.5	12095.3
#电力生产和电力供应	13685.3	521.3			4652	4586.5
燃气生产和供应业	2605.5	506.2			977.8	965.6
水的生产和供应业	586.5	4981			2531.8	2438.2

计量单位：万元

产品销售成本	产品销售税金及附加	费用合计(营业费用、管理费用)	营业利润	利润总额	从业人员劳动报酬	劳动、失业保险费	全部从业人员年平均人数	亏损企业亏损额
5129.1	226.3	1762.2	-10	-197.2	2513.5	67.4	2468	659.9
1605.6	39.1	217	-314	-306.3	335.9	0.2	252	345.3
263.7	9.9	336.1	166.6	0.2	106.5		116	87.8
841.9	2	190	291.8	285.5	151	5.1	254	2.7
1043.4	98.4	848.8	44.6	33	802.2	115.6	746	273.8
99.8	56.8	48.1	0.9	2.6	21.9	2.3	37	
10398.4	42.6	2979.4	-1190.5	-1072.6	1394.9	76.7	1406	2213.3
3174.9	9.8	246.7	118.5	82.3	168.3	13.8	238	81.1
1011.4	2.3	296	-40	-15.3	150.2	4.4	145	37.2
3736.8	111.4	1671.4	291.6	153.7	1918.5	225.4	1134	844
502.6	10.6	162.3	6.6	21.6	115.4	12.4	147	9.4
4115	319.2	6190.3	-2938.8	-5545.8	1114.9	56.3	1181	5747.1
1945	280.6	2478.9	-35.7	-2792.9	512.3	41	574	2819.9
5985.5	47.6	4177.8	-4050.9	-4745.1	2096.9	104.3	3409	4819.1
2883.2	17.3	761.6	-637.8	-672.9	866.1	19.9	1635	700.2
969.2	11.3	1771.5	-1783.3	-1696.6	187.1	39.9	271	1711.7
795	11.5	266.2	-31.7	-97.6	188.7	51.7	183	106.3
80.1	1.1	36.1	-11.3	-11.3	16.1	19	27	11.3
77.8		16.9	-9.4	-9.4	9.4	0.2	16	9.4
1791.3	28.9	332.3	84.8	59.9	426.1	6.9	571	115.3
240.2	9.1	209.1	-201.1	-675	128.8	15.8	229	690.4
2082.2	18.2	593.4	-480.9	-394.6	355.6	27.6	491	438.7
2002.5	167	581	91.1	-66.1	455	45.3	390	225
2.8	0.1	3.6	-2.8	-3.5	1.1		2	3.5
593.1	5	18.3	-110.3	-95.2	10.3	1.1	14	95.2
5624	37.3	1990.8	-676	-362.7	1103.3	44.5	1133	754.1
1461	8.2	440.5	-30.8	-27	336.6	18	397	202.6
1472.6	7.1	434.3	-172.1	-201.3	166.6	10	206	205.2
2661.8	16.5	1696.9	-1930.6	-3109	631.8	105.4	567	3133.3
474.2		408.4	-429	-433	261.7	35.8	169	433
565.5	0.9	122.6	-34	-31.2	84.5	4.6	120	35.1
5451.9	31.1	998.1	-209.3	-194.8	841.3	90.7	1036	577.7
9115.5	127.9	3339.5	-1097.3	-1275	2614.1	276.6	2571	1955.2
1067.1	6	68.7	-75	-71.2	181.4		252	84.3
1072.4	6.5	200.8	65.1	8.6	249	0.1	298	99.4
576.4	13.3	131.4	-1.6	-95.4	98.9		129	139.2
5012.7	65.8	1112.2	-560	-750.9	934.5	129.4	839	838.5
4051.7	67.6	1244	10.8	46.7	904.6	123	857	141.4
875.3	4.4	457.4	-55	-144.5	198.4	7.1	213	183.6
1659.7	46.2	768.4	-63	-79.5	514.9	49.9	417	158.2
2553.3	15.2	546.4	-79.7	-89.9	271.3	35	289	179.7
181.3	3	94.2	13.3	13.3	130.7	1.5	87	
125.8	0.8	83	-57.8	-67	23.5	2.2	23	67
35.4	2.5	3	0.7	0.7	12		20	
97.7	2	10.2	14.6	14.6	11.5		14	3.4
10885.5	64.1	3050.9	-1616	-1166.2	2384.1	362.5	2187	1912.7
3642.6	30.6	1844.9	-865.3	-470.3	1489.5	249.4	1173	920.1
755.6	3.5	278.9	52.3	54.2	84	6.3	67	91.6
1677.1	29.5	1074	-244.6	-380.5	1247.5	120.3	654	474.3

2-68 规模以下港澳台商投资

项目	企业单位数	亏损单位数	工业总产值(现价)	工业销售产值	出口交货值
煤炭开采和洗选业					
石油和天然气开采业					
#天然原油和天然气开采					
黑色金属矿采选业					
有色金属矿采选业					
非金属矿采选业					
#采盐					
其他采矿业					
农副食品加工业	2		1070.7	1115.7	
#谷物磨制					
饲料加工					
制糖					
食品制造业					
#罐头制造					
饮料制造业	3	3	127.7	60	
#酒的制造	1	1	30.9	23.7	
烟草制品业					
纺织业	1	1	1120	1125.6	131.7
#棉、化纤纺织及印染精加工					
毛纺织和染整精加工					
纺织服装、鞋、帽制造业					
皮革、毛皮、羽毛(绒)及其制品业					
#皮革鞣制加工					
皮革制品制造					
木材加工及木、竹、藤、棕、草制品业	1		12.3	13.6	
家具制造业					
造纸及纸制品业					
印刷业和记录媒介的复制					
文教体育用品制造业					
石油加工、炼焦及核燃料加工业	1	1	490.3	427.8	
#炼焦					
化学原料及化学制品制造业	2	2	5.4	7.9	
#基础化学原料制造					
肥料制造	1	1			
医药制造业					
化学纤维制造业					
橡胶制品业					
塑料制品业					
非金属矿物制品业	3	2	282.6	182.1	
#水泥制造					
黑色金属冶炼及压延加工业					
有色金属冶炼及压延加工业					
金属制品业	1	1	6.5	6.5	
通用设备制造业					
专用设备制造业					
交通运输设备制造业					
电气机械及器材制造业					
通信设备、计算机及其他电子设备制造业					
仪器仪表及文化、办公用机械制造业					
工艺品及其他制造业					
废弃资源和废旧材料回收加工业					
电力、热力的生产和供应业	1		165.8	165.8	
#电力生产和电力供应	1		165.8	165.8	
燃气生产和供应业					
水的生产和供应业					

企业分行业主要经济指标

计量单位：万元

年初存货	年末存货	固定资产原价	本年折旧	资产总计	负债合计	实收资本	国家资本	集体资本
504.1	611.5	1182	158.8	1857.4	573.8	1040.6		
28.3	73.1	438.3	17.8	1041.2	537.1	522.5		
25.3	31.1	33.2	3.9	103.5	50.3	69.9		
750.8	311.5	28.2	4.2	930	620.1	123		
69.1	86.1	1044	76.2	1116.1	980.8	500		
321.5	317.1	226.7	24.5	823.2	85.3	1207.8		
262.4	262.4	187.3	22.3	621	70.1	827.8		
95.2	165.2	678.9	14.8	832.5	486.1	520		
220	120	212	18	250	17	261		
		1895.4	113.8	1561.7	9.1	868	98	
		1895.4	113.8	1561.7	9.1	868	98	

2-68 续表 1

项　　目	法人资本	个人资本	港澳台资本	外商资本	营业收入	
					合　　计	产品销售收入
煤炭开采和洗选业						
石油和天然气开采业						
#天然原油和天然气开采						
黑色金属矿采选业						
有色金属矿采选业						
非金属矿采选业						
#采盐						
其他采矿业						
农副食品加工业	750	250	40.6		1015.7	615.7
#谷物磨制						
饲料加工						
制糖						
食品制造业						
#罐头制造						
饮料制造业	20	46.1	456.4		93.5	60
#酒的制造		46.1	23.8		23.7	23.7
烟草制品业						
纺织业	73.8		49.2		254.6	254.6
#棉、化纤纺织及印染精加工						
毛纺织和染整精加工						
纺织服装、鞋、帽制造业						
皮革、毛皮、羽毛(绒)及其制品业						
#皮革鞣制加工						
皮革制品制造						
木材加工及木、竹、藤、棕、草制品业						
家具制造业						
造纸及纸制品业						
印刷业和记录媒介的复制						
文教体育用品制造业						
石油加工、炼焦及核燃料加工业	300		200		1593.8	427.8
#炼焦						
化学原料及化学制品制造业	210		997.8		8	8
#基础化学原料制造						
肥料制造			827.8		0.1	0.1
医药制造业						
化学纤维制造业						
橡胶制品业						
塑料制品业						
非金属矿物制品业		195	325		182.1	182.1
#水泥制造						
黑色金属冶炼及压延加工业						
有色金属冶炼及压延加工业						
金属制品业			261		65	65
通用设备制造业						
专用设备制造业						
交通运输设备制造业						
电气机械及器材制造业						
通信设备、计算机及其他电子设备制造业						
仪器仪表及文化、办公用机械制造业						
工艺品及其他制造业						
废弃资源和废旧材料回收加工业						
电力、热力的生产和供应业			770		155.4	155.4
#电力生产和电力供应			770		155.4	155.4
燃气生产和供应业						
水的生产和供应业						

计量单位：万元

产品销售成本	产品销售税金及附加	费用合计(营业费用、管理费用)	营业利润	利润总额	从业人员劳动报酬	劳动、失业保险费	全部从业人员年平均人数	亏损企业亏损额
799.8		138.9	106.3	126.8	70.1	7.5	146	
59.3	2.4	98.3	-56.2	-97.1	38.1	3.5	51	97.1
12.7	2.4	15.8	-7.2	-7.2	5	1.4	12	7.2
250	0.7	15.3	-11.4	-11.3	11.6	0.1	10	11.3
237.1		255.1	-64.4	-64.4	30.9	9.6	19	64.4
4.5	0.6	75.1	-72.2	-105.8	21	0.9	13	105.8
		46	-45.9	-79.5	12		4	79.5
96		110.3	-24.2	-24.4	72	0.5	91	48.4
66		18	-19	-19	8		10	19
130.8		17	7.6	20.8	9.5	2	3	
130.8		17	7.6	20.8	9.5	2	3	

2–69 规模以下外商投资

项　　目	企　业 单位数	亏　损 单位数	工业总产值 (现价)	工业销售 产　　值	
					出口交货值
煤炭开采和洗选业					
石油和天然气开采业					
#天然原油和天然气开采					
黑色金属矿采选业					
有色金属矿采选业	2	1	342	342	
非金属矿采选业					
#采盐					
其他采矿业					
农副食品加工业	5	4	1183.2	937.4	
#谷物磨制					
饲料加工	2	1	167.4	166.2	
制糖					
食品制造业					
#罐头制造					
饮料制造业	4	4	746.1	420.3	
#酒的制造	1	1	103.3	84.8	
烟草制品业					
纺织业					
#棉、化纤纺织及印染精加工					
毛纺织和染整精加工					
纺织服装、鞋、帽制造业					
皮革、毛皮、羽毛(绒)及其制品业					
#皮革鞣制加工					
皮革制品制造					
木材加工及木、竹、藤、棕、草制品业					
家具制造业					
造纸及纸制品业					
印刷业和记录媒介的复制	1	1	132.8	94	
文教体育用品制造业					
石油加工、炼焦及核燃料加工业	1	1	898	856.4	
#炼焦					
化学原料及化学制品制造业	4	3	252.1	466.5	
#基础化学原料制造	1		32	188.5	
肥料制造					
医药制造业	3	2	210.4	339.6	
化学纤维制造业					
橡胶制品业	1		180	180	
塑料制品业	1	1	59.4	59.4	
非金属矿物制品业	3	1	413.1	343	
#水泥制造					
黑色金属冶炼及压延加工业	1	1			
有色金属冶炼及压延加工业					
金属制品业					
通用设备制造业					
专用设备制造业					
交通运输设备制造业					
电气机械及器材制造业					
通信设备、计算机及其他电子设备制造业	1		11.6	29.1	
仪器仪表及文化、办公用机械制造业	1	1	18.3	7.2	
工艺品及其他制造业					
废弃资源和废旧材料回收加工业					
电力、热力的生产和供应业					
#电力生产和电力供应					
燃气生产和供应业					
水的生产和供应业					

企业分行业主要经济指标

计量单位：万元

年初存货	年末存货	固定资产原价	本年折旧	资产总计	负债合计	实收资本	国家资本	集体资本
412.5	430.1	713.9	103.1	1797.9	1331.6	550		
975.3	1159.3	2494.2	202.1	9450.7	1919.3	4626.4	1379.3	
704	684.5	80.2	6.4	7039.6	847	1895.1	1379.3	
672.4	1525.9	7114.7	198.3	9660.7	3616.7	7069.3		
658.4	772.5	1203.4		2254.2	354.2	1900		
109.5	131.8	340.9	25.8	438.2	92.5	351.3		
595	732.1	465.5	26.8	1637.8	1568.4	100		
141.9	211.7	126	4.6	1168.2	191.6	1039.3	84	
13.2		99.7	1.9	223.7	86.6	140	84	
195.9	112.6	1993.6	6.7	2877.5	2939	1974.2		
4.6	21.6	32.7	2.2	142.6	33.6	50		
139.6	157.9	242.4	13.7	448.5		529.2		
202.1	216.9	303.9	32.5	893.7	296.4	466		
				138	0.5	150		
9.8	0.8	1.6	0.3	319.4	21.9	320		
47.5	77.3	357.7	14.4	771.7	397.7	368.4		

2-69 续表 1

项　目	法人资本	个人资本	港澳台资本	外商资本	营业收入	
					合　计	产品销售收入
煤炭开采和洗选业						
石油和天然气开采业						
#天然原油和天然气开采						
黑色金属矿采选业						
有色金属矿采选业	375	50	125		342	342
非金属矿采选业						
#采盐						
其他采矿业						
农副食品加工业	1985.5	50		1211.6	938.3	937.4
#谷物磨制						
饲料加工	44.4			471.4	166.2	166.2
制糖						
食品制造业						
#罐头制造						
饮料制造业	1410.1			5659.2	438.7	438.7
#酒的制造	900			1000	77.4	77.4
烟草制品业						
纺织业						
#棉、化纤纺织及印染精加工						
毛纺织和染整精加工						
纺织服装、鞋、帽制造业						
皮革、毛皮、羽毛(绒)及其制品业						
#皮革鞣制加工						
皮革制品制造						
木材加工及木、竹、藤、棕、草制品业						
家具制造业						
造纸及纸制品业						
印刷业和记录媒介的复制	252.2		99.1		116.7	116.7
文教体育用品制造业						
石油加工、炼焦及核燃料加工业		40		60	874.3	497.4
#炼焦						
化学原料及化学制品制造业	684.8			270.5	466.5	466.5
#基础化学原料制造				56	188.5	188.5
肥料制造						
医药制造业	771.4			1202.8	339.6	339.6
化学纤维制造业						
橡胶制品业	30			20	180	180
塑料制品业				529.2	67.8	67.8
非金属矿物制品业	241	50		175	685.9	381.7
#水泥制造						
黑色金属冶炼及压延加工业				150	8.2	8.2
有色金属冶炼及压延加工业						
金属制品业						
通用设备制造业						
专用设备制造业						
交通运输设备制造业						
电气机械及器材制造业						
通信设备、计算机及其他电子设备制造业	150			170	52.1	29.1
仪器仪表及文化、办公用机械制造业	190			178.4	7.2	7.2
工艺品及其他制造业						
废弃资源和废旧材料回收加工业						
电力、热力的生产和供应业						
#电力生产和电力供应						
燃气生产和供应业						
水的生产和供应业						

计量单位：万元

产品销售成本	产品销售税金及附加	费用合计(营业费用、管理费用)	营业利润	利润总额	从业人员劳动报酬	劳动、失业保险费	全部从业人员年平均人数	亏损企业亏损额
316.1	5.7	44.1	-23.9	-23.9	14.6	0.8	20	23.9
875.5		269.3	-207.4	-198.1	79.1	9.7	69	198.1
116.5		59.4	-9.7	-0.4	28.7	1.4	27	0.4
340	7.7	697.5	-606.5	-618.6	197.6	5	195	618.6
138.2	7.7	39	-107.5	-107.5	39		77	107.5
86.7		32.5	14.7	-3.6	21		39	3.6
419.7		154	-17.7	-18.6	49	8.2	47	18.6
308.6		108.7	49.2	48.2	70.2	4.3	59	20.7
113.1		6.5	68.9	68.9	25	0.1	27	
43.7	12	272.3	11.6	11.6	74.7	12.6	79	26.5
131.3	3	33.6	12.1	12.1	32.9	0.3	10	
60.1		87.1	-79.3	-79.3	27.2	1.6	24	79.3
429.2	2	172.6	82.1	86.3	65.7	3.2	52	3.6
		10	-1.8	-1.8	1.1		2	1.8
20.9		26	5.2	5.2	32.7		23	
6.2		81.1	-80.1	-81.2	13.8	1	18	81.2

2-70 主要工业产品产量

指标名称	计量单位	本年生产
原煤	吨	37493992.08
1.无烟煤	吨	3223534
2.烟煤	吨	34270458.08
(1)炼焦烟煤	吨	3770198.84
(2)一般烟煤	吨	30500259.24
洗精煤	吨	1219287
1.炼焦用洗精煤	吨	864822
2.其他用洗精煤	吨	354465
洗混末煤	吨	1750
筛选块煤	吨	822672
烟块煤	吨	822672
天然原油	吨	22530197
天然气	万立方米	574805
液化天然气	吨	191951
铁矿石原矿	吨	3870807
铁矿石成品矿	吨	1746206.8
其中：铁精矿	吨	1440709.8
人造富铁矿	吨	809214.2
其中：烧结铁矿	吨	101600
球团铁矿	吨	706614.2
锰矿石成品矿	吨	16791.3
其中：锰块矿	吨	16791.3
铬矿石成品矿	吨	96070.86
1.富铬块矿	吨	48100
2.铬铁矿	吨	47970.86
铜矿山产品含铜量	吨	21802
其中：铜选矿产品含铜量	吨	21802
铅选矿产品含铅量	吨	10454
锌选矿产品含锌量	吨	52590
镍精矿含镍量	吨	17933.5
天然碳酸镁	吨	14598
金矿含金量	千克	9188.92
其中：金精矿含金量	千克	227.7
金块矿含金量	千克	2859.92
银矿含银量	千克	2133
其中：银精矿含银量	千克	2133
锂精矿折合量	吨	1120
绿堆石精矿折合量	吨	116
钽铁精矿折合量	吨	11
石灰石	吨	2260106.5

2-70 续表 1

指标名称	计量单位	本 年 生 产
石膏	吨	88764.32
天然大理石荒料	立方米	1888
天然花岗石荒料	立方米	65703
原状石英岩	吨	15050
原状板岩	吨	5
耐火粘土矿	吨	21922.25
耐火粘土熟料	吨	2134
白云石	吨	24921
萤石	吨	5050
高岭土(也称瓷土)	吨	125
砂石	吨	11168621
硫铁矿石(折含硫 35%)	吨	142234
磷矿石(折含五氧化二磷30%)	吨	7000
重晶石	吨	2000
原盐	吨	873219
2.湖盐	吨	873219
石棉	吨	84006.42
云母	吨	14396
滑石	吨	38137.96
宝石类矿	千克	175350
玉石类矿	千克	135802
天然沥青	吨	499
石英砂	吨	37229
小麦粉(面粉)	吨	2741190.02
其中: 小麦专用粉	吨	926317.3
大米	吨	128224.9
大米粉	吨	45
玉米粉	吨	43734
糯米	吨	1000
谷物片	吨	25
饲料	吨	1028023.41
其中: 配合饲料	吨	568410.09
浓缩饲料	吨	36327.96
预混合饲料	吨	25218.15
混合饲料	吨	189684.95
宠物饲料	吨	40
毛油(初榨植物油)	吨	416264.91
其中: 大豆毛油	吨	22762
花生毛油	吨	20
棉籽毛油	吨	169055.46
菜籽毛油	吨	114631.9

2-70 续表 2

指标名称	计量单位	本 年 生 产
精制食用植物油	吨	320012.53
其中：大豆精制油	吨	26699.56
花生精制油	吨	170
菜籽精制油	吨	77556.49
芝麻精制油	吨	112
葵花籽精制油	吨	46722.05
非食用植物油	吨	542
其中：蓖麻油	吨	542
棉短绒	吨	68856.59
油渣饼	吨	352989.03
成品糖	吨	372604.65
1.白砂糖	吨	364588.65
2.绵白糖	吨	8016
加工糖	吨	134
糖蜜	吨	21523.68
鲜冷藏肉	吨	21855.8
其中：鲜猪肉	吨	9689
鲜牛肉	吨	503.2
鲜羊肉	吨	8002.6
鲜鸡肉	吨	2
冻肉	吨	5994.51
冻牛肉	吨	811.98
冻羊肉	吨	1674.03
冻鸡肉	吨	3.5
动物肠衣	吨	2056.57
熟肉制品	吨	16774.91
1.蒸煮香肠制品	吨	117.5
2.熏肉制品	吨	727.54
3.腌腊肉制品	吨	5.14
4.酱卤烧烤肉制品	吨	297.8
5.干炸肉制品	吨	10
6.其他方法制作的熟肉制品	吨	15616.93
水生动物冷冻品	吨	2894.5
水生动物腌制品	吨	71.85
鱼糜(熟肉)制品	吨	217
饲料用水生动物产品	吨	2150
暂时保藏的蔬菜	吨	82.81
干制蔬菜(脱水蔬菜)	吨	1678
腌渍菜	吨	6241.6
果酱	吨	1781.55
焙、炒加工的坚果及果仁	吨	8647.79

2-70 续表 3

指标名称	计量单位	本年生产
糕点	吨	11908.16
1.西式糕点	吨	2503.82
2.中式糕点	吨	2947.34
其中：月饼	吨	692.78
3.其它糕点	吨	6457
面包	吨	2001.52
饼干	吨	18355.22
其中：威化饼干及薄脆饼	吨	10993
膨化食品	吨	6951
焙烤咸脆食品	吨	19
糖果	吨	1993
蜜饯果脯	吨	2547
面制品	吨	16071.2
米制品	吨	9.99
速冻米面食品	吨	1915.26
1.速冻包馅食品	吨	1891.26
2.速冻无馅米面食品	吨	24
方便面	吨	25020.83
液体乳	吨	126868.95
其中：超高温灭菌液体乳	吨	70040.65
杀菌液体乳	吨	19308.04
酸乳	吨	33160.26
乳粉	吨	15912.81
奶油	吨	9600.5
干酪(奶酪)	吨	18.98
其他含天然乳制品	吨	529.4
罐头	吨	664084.82
1.肉、禽类罐头	吨	318.5
其中：牛肉及杂碎罐头	吨	258.9
禽类罐头	吨	59.6
2.水生动物罐头	吨	12
其中：鱼罐头	吨	12
3.蔬菜罐头	吨	645016.82
其中：番茄、番茄酱罐头	吨	641596.99
蘑菇和其他食用菌罐头	吨	9.83
4.水果罐头	吨	17412
其中：桃罐头	吨	23
5.其他未列明的罐头食品	吨	1325.5
味精	吨	7427
酱油	吨	12200.37
酱	吨	322
食醋	吨	23489.68
复合调味品	吨	2086.2
其中：辣椒酱	吨	2006.2

2-70 续表 4

指标名称	计量单位	本年生产
蜂蜜营养制品	吨	1548.6
冷冻饮品	吨	14232.85
1.冰淇淋类	吨	6870.43
2.雪糕类	吨	3067.82
3.其他冷冻饮品	吨	4294.6
食用盐	吨	84093.48
1.加碘盐	吨	74430.98
2.调味盐	吨	8
3.其他食用盐	吨	9654.5
其他加工盐	吨	10477.2
食品添加剂	吨	1328.7
其中：果胶	吨	36
植物制粘结剂	吨	18.7
食品香味、甜味添加剂	吨	355
食品保鲜剂	吨	262
食品着色剂	吨	435
动物饲料专用添加剂	吨	7865
发酵酒精(折96度，商品量)	千升	28657.77
其中：小麦发酵酒精	千升	731
高梁发酵酒精	千升	1.6
糖蜜发酵酒精	千升	26410.17
白酒(折65度)	千升	60780.25
1.固态法白酒	千升	42693.3
2.半固态法白酒	千升	6.06
3.液态法白酒	千升	8183.29
4.其他白酒	千升	9897.6
啤酒	千升	249003.24
1.熟啤酒	千升	245614.66
2.生啤酒	千升	2902.58
3.鲜啤酒	千升	486
啤酒麦芽	吨	16843.61
黄酒	千升	17
葡萄酒	千升	34983.55
1.瓶装葡萄酒	千升	34241.16
其中：瓶装红葡萄酒	千升	858.2
2.散装葡萄酒	千升	742.39
其中：散装红葡萄酒	千升	238
葡萄白兰地	千升	60
果酒	千升	928.11
露酒	千升	57.5
其他蒸馏酒及其他未列明的配制酒	千升	190.99

2-70 续表 5

指标名称	计量单位	本年生产
软饮料	吨	306996.18
1.碳酸饮料	吨	6325.37
其中：可乐型碳酸饮料	吨	4961.05
低热量型碳酸饮料	吨	393.1
2.瓶(罐)装饮用水	吨	238195.39
其中：饮用天然矿泉水	吨	103039
饮用纯净水	吨	131615.69
3.果菜汁	吨	14716.42
其中：果汁	吨	1651
果浆	吨	7124.5
浓缩果汁	吨	2984.76
4.果菜汁饮料	吨	10812.88
其中：果汁饮料	吨	7691.4
蔬菜汁饮料	吨	3080.48
5.含乳饮料	吨	867.72
6.固体饮料	吨	40
其中：果香型固体饮料	吨	10
7.茶饮料	吨	36017.4
8.其他未包括的软饮料	吨	21
精制茶	吨	92
其中：保健茶	吨	92
茶制品	吨	15
烟叶复烤	吨	422
卷烟	万支	700000
1.一类卷烟	万支	5756
2.二类卷烟	万支	89270
3.三类卷烟	万支	263234
4.四类卷烟	万支	341740
烟丝	吨	1.75
纱	吨	291386.35
其中：棉纱	吨	291656.35
线	吨	3821.6
缝纫线	吨	3700
布	万米	13989.3
其　中：色织布	万米	1621
合计中：1.棉布	万米	13989.3
印染布	万米	311.24
合计中：1.漂白布	万米	62
2.染色布	万米	249.24
合计中：1.棉印染布	万米	311.24

2-70 续表 6

指标名称	计量单位	本年生产
毛条	吨	226.6
1.粗梳毛条	吨	3.6
2.精梳毛条	吨	223
毛纱	吨	77.83
绒线(俗称毛线)	吨	980
1.纯毛绒线	吨	945
2.混纺绒线	吨	35
毛机织物(呢绒)	万米	205.92
1.纯毛机织物	万米	130.3
其中：精梳毛机织物	万米	130.3
2.毛混纺机织物	万米	75.62
其中：精梳毛混纺机织物	万米	75.62
亚麻打成麻	吨	8859
麻纱线	吨	3357.38
其中：亚麻纱	吨	3357.38
其中：纯亚麻纱	吨	3357.38
生丝(未加捻)	吨	38.91
其中：桑蚕丝	吨	38.91
丝织品	万米	177.35
其中：桑蚕丝织品	万米	177.35
印染丝织品	万米	126.5
1.炼白丝织品	万米	126
2.染色丝织品	万米	0.38
3.印花丝织品	万米	0.12
床褥单类	万条	44.78
被罩	万个	184.17
床罩	万个	1137
棉被	万条	8.37
毛巾	万条	75
窗帘及类似品	副	15601
天蓬、遮阳蓬及类似品	万个	22.1
毛毯	条	320
其中：其他毛毯	条	320
麻袋(混合数)	万条	1
丝巾类	万条	0.2
丝制领带及类似品	万条	0.27
帘子布	吨	201
纺织材料制传输带	吨	0.52
无纺布	吨	12886
无纺材料及其制品	吨	193.2
筛布	吨	6.5
棉、化纤针织坯布	吨	1809
其中：棉针织坯布	吨	1809

2-70 续表 7

指标名称	计量单位	本年生产
棉化纤针织衫裤	万件	366.02
1.棉毛类针织衫裤	万件	359.02
2.单面布类衫裤	万件	7
棉化纤针织袜	万双	588.43
其中：棉针织袜	万双	0.76
合成纤维丝袜	万双	587.67
棉化纤针织手套	万付	183.15
保持体形的服装	万件	330
其中：其他保持体形的服装	万件	330
毛针织及编织衫裤	万件	178.11
其中：羊绒衫	万件	68.49
羊毛衫	万件	108.98
毛围巾及类似品	条	7217
其中：羊绒围巾	条	7217
麻针织衫裤	万件	4
其中：苎麻针织衫裤	万件	1
梭织服装(不包括针织服装)	万件	488.23
其中：大衣	万件	5.98
羽绒服	万件	2.49
防寒服	万件	5.29
西服及西服套装(套裙)	万件	72.96
上衣	万件	130.57
裤子	万件	81.01
裙子、旗袍	万件	10.32
衬衫	万件	20.91
婴儿服装及衣着附件	万件	21.28
运动服、滑雪服及游泳服	万件	0.56
布鞋	双	68583.2
帽子	个	85803.82
其中：毛皮帽	个	2434
皮革帽	个	4726
成品革(折牛皮)	标准张	135640
其中：牛皮革	标准张	18838
羊皮革(折牛皮)	标准张	1402
轻革	平方米	3612929
其中：沙发及汽车座垫革	平方米	10872
皮鞋	万双	30.16
其中：牛面皮鞋	万双	24.8
猪面皮鞋	万双	0.5
羊面皮鞋	万双	0.51
合成革鞋、人造革鞋	万双	1.28

2-70 续表 8

指标名称	计量单位	本 年 生 产
皮革服装	件	26977
1.皮革大衣	件	5431
其中：天然皮革大衣	件	1100
2.皮革上衣	件	8436
其中：天然皮革上衣	件	4401
3.皮裤	件	2055
4.其他皮革服装	件	11055
皮革手套	万双	0.45
皮腰带	万条	2.02
毛皮服装	件	3762
其中：天然毛皮服装	件	3762
锯材	立方米	982244.19
1.普通锯材	立方米	961047.19
2.特种锯材	立方米	3978
其中：包装箱锯材	立方米	3978
3.其他锯材	立方米	17219
木片和木粒	千克	3363315
人造板	立方米	342769.71
1.胶合板	立方米	52908.93
其中：木胶合板	立方米	52908.93
2.纤维板	立方米	218851.8
其中：木质纤维板	立方米	209399
其中：中密度纤维板	立方米	192699
非木质纤维板	立方米	9452.8
3.刨花板	立方米	26054
其中：木质刨花板	立方米	26054
其中：普通刨花板	立方米	20999
4.其他人造板	立方米	44954.98
其中：细木工板	立方米	39546.98
单板	平方米	800
木门	扇	215103
其中：实木门	扇	108179
木模	件	100
木地板	平方米	4000
其中：实木地板	平方米	4000
木桶	万只	0.85
包装用木箱	万件	9.81
板条箱	万件	1
木筷子	标准箱	7900
其中：一次性木筷	标准箱	7900

2-70 续表 9

指标名称	计量单位	本年生产
竹质包装用品	件	480
藤制品	件	10000
草制品	件	471500
木质家具	件	2260813
1.木床	件	250689
2.木质卧室柜(服装柜)	件	71757
3.木质梳妆台	件	28974
4.木质五斗橱	件	22066
5.木质写字台	件	88903
6.木质书柜	件	53822
7.木质会议桌	件	151625
8.木质沙发	件	70177
9.木质沙发床	件	15073
10.木质椅类	件	638715
11.木质餐桌	件	114833
12.木质餐厅柜	件	2313
13.木质展示柜	件	606
14.木质厨房整体橱柜	件	863
15.其他木家具	件	750397
金属家具	件	305501
1.金属文件柜	件	277006
2.钢木床类	件	6798
3.钢木桌类	件	5439
4.金属框架沙发	件	275
5.金属底座的转动坐具	件	771
6.金属椅	件	5525
7.不锈钢厨房整体橱柜	件	2354
8.其他金属家具	件	7333
塑料家具	件	5611
其中：塑料坐具	件	4411
塑料桌类	件	1200
软体家具	件	35273
其中：床垫	件	4487
软体沙发	件	21178
玻璃家具	件	857
纸浆	吨	177789.91
1.木浆	吨	7393.12
2.非木材纤维纸浆	吨	54579.68
其中：禾草浆	吨	9177.68
苇(荻)浆	吨	45402

2-70 续表 10

指标名称	计量单位	本年生产
3.废纸纸浆	吨	115817.11
机制纸及纸板	吨	263065.8
1.未涂布印刷用纸及书写用纸	吨	86715
(1)新闻纸	吨	12674
(2)书写印刷纸	吨	74041
2.涂布类印刷用纸	吨	3409
其中：铜版纸	吨	109
3.卫生用纸	吨	12156.47
4.包装用纸及纸板	吨	146407.33
其中：包装纸	吨	1817
箱纸板	吨	76347.59
白纸板	吨	1045
瓦楞原纸	吨	43513.74
5.其他机制纸及纸板	吨	14378
手工宣纸	吨	7.4
纸制品	吨	147602.38
1.纸和纸板容器	吨	135512.7
其中：瓦楞纸箱	吨	114461.6
非瓦楞纸箱及盒	吨	5529
纸管(筒)	吨	11870.1
纸餐具	吨	524
2.纸浆模制品	吨	43.6
其中：一次性纸浆模餐具	吨	18.6
纸制超市托盒(盘)	吨	25
3.卫生用纸制品	吨	10918.58
其中：卫生纸	吨	8342.08
纸手帕及纸面巾	吨	1305
餐巾纸	吨	627
纸卫生巾	吨	14.5
4.未列明的其他纸制品	吨	1127.5
单色印刷	令	1336137.23
多色印刷	对开色令	4792842.93
塑料印刷	万印	27035.2
本册	万本	3770.1
1.用于书写的本册	万本	3642.55
2.其他本册	万本	127.55
黑板、白板及类似板	件	82
墨水	吨	150
篮球架及用具	套	22
训练器材	台	12
运动专用手套	副	15000

2-70 续表 11

指标名称	计量单位	本 年 生 产
运动专用帽	个	5000
游乐设备	台(套)	28
汽油	吨	2358451.18
其中: 车用汽油	吨	2358451.18
石脑油	吨	45145
溶剂油	吨	160928.64
煤油	吨	244526
其中: 航空煤油	吨	135589
柴油	吨	5230965.3
1.轻柴油	吨	5227185.3
2.重柴油	吨	1780
3.其他柴油	吨	2000
燃料油	吨	288842.79
润滑油	吨	601112
润滑脂	吨	1550.34
润滑油基础油	吨	382690
液化石油气	吨	505731.64
石蜡	吨	128942
石油焦	吨	407173
石油沥青	吨	1105786.92
焦炭	吨	1790384.75
其中: 机械化焦炉生产的焦炭	吨	1133796.7
焦油	吨	6053
硫酸(折100%)	吨	114045.83
发烟硫酸(实物量)	吨	2154
盐酸(氯化氢)(含量31%以上)	吨	132417.02
过氧化氢(双氧水)	吨	3990
白炭黑(轻质二氧化硅)	吨	2600
二硫化碳	吨	3000
烧碱(折100%)	吨	174445.3
固体烧碱(实物量)	吨	11006
离子膜法烧碱(折100%)	吨	164510
纯碱(碳酸钠)	吨	113178
硫化钠(硫化碱)	吨	163547
无水硫酸钠	吨	454319
硫酸铝	吨	300
硫酸锌(皓矾)	吨	652
硫酸钾	吨	43111
沉淀硫酸钡	吨	1700
硝酸钾	吨	1062.2
硝酸钠	吨	12555.15

2-70 续表 12

指标名称	计量单位	本年生产
偏磷酸钾	吨	642
硅酸钠	吨	11829
电石(碳化钙)	吨	115991
碳酸锶	吨	2150
碳酸锂	吨	2026
重质碳酸钙	吨	891
轻质碳酸钙	吨	21227
柠檬酸及柠檬酸盐及酯	吨	11419
丙烷	吨	136
乙烯	吨	253711
丙烯	吨	232960
异丁烯	吨	1511
丁二烯	吨	33498
溶解乙炔	吨	1387.26
粗苯	吨	6353
纯苯	吨	84786
甲苯	吨	63154
对二甲苯	吨	56606
混合二甲苯	吨	51573
精甲醇	吨	73841
氯乙酸	吨	16.88
环烷酸	吨	199
三聚氰胺	吨	10389
甲醛	吨	17988.07
合成酒精(乙醇)	千升	65
铬酸酐	吨	222.03
红钒钠(重铬酸钠)	吨	35.6
硫磺	吨	331
合成氨	吨	1015630
氮肥(折含氮100%)	吨	808500
1.尿素(折含氮100%)	吨	776202
2.硝酸铵(折含氮100%)	吨	32298
磷肥	吨	18186.3
1.普通过磷酸钙(折含五氧化二磷100%)	吨	13362.3
2.其他磷肥	吨	4824
钾肥	吨	43109
1.氯化钾(折含氧化钾100%)	吨	1859
2.其他钾肥(折含氧化钾100%)	吨	41250
合成复合肥料(实物量)	吨	63229
1.磷酸铵肥料(含一铵、二铵)	吨	887
2.磷酸二氢铵及其混合物	吨	666
3.其他合成复合肥料	吨	61676

2-70 续表 13

指标名称	计量单位	本年生产
微量元素肥料	吨	7499.9
化学农药制剂	吨	1001
1.杀虫、杀螨剂制剂	吨	19
2.杀菌剂制剂	吨	581
3.其他化学农药制剂	吨	401
生物除草剂制剂	吨	11
生物杀虫剂制剂	吨	20
涂料(油漆)	吨	17924.54
其中：汽车涂料	吨	67
木器涂料	吨	4861.62
防腐涂料	吨	2834.83
轻工涂料	吨	2400
建筑涂料	吨	15984.83
1.功能性建筑涂料	吨	366.5
2.墙面涂料	吨	11328.99
3.地坪涂料	吨	55
4.防水涂料	吨	3684.09
5.其他建筑涂料	吨	550.25
涂料辅助材料	吨	188.61
1.稀释剂	吨	79
2.固化剂	吨	70
3.脱漆剂	吨	4.83
4.其他辅助材料	吨	34.78
油墨	吨	825
1.印刷油墨	吨	585
2.专用油墨	吨	240
胶粘剂	吨	129.5
建筑防水嵌缝密封材料	吨	27.66
初级形态的塑料	吨	624572.66
1.低密度聚乙烯树脂(LDPE)	吨	213745
2.线型低密度聚乙烯树脂(LLDPE)	吨	229
3.聚丙烯树脂	吨	227548.88
4.聚氯乙烯树脂	吨	179485.78
5.氯化聚乙烯树脂	吨	227
6.氨基塑料	吨	137
7.其他初级形态的塑料	吨	3200
合成橡胶	吨	32260
其中：顺丁橡胶	吨	32260
合成纤维单体	吨	137395.61
1.精对苯二甲酸(PTA)	吨	80115
2.乙二醇	吨	57280.61

2-70 续表 14

指标名称	计量单位	本 年 生 产
合成纤维聚合物	吨	71310.72
其中：聚酯	吨	71310.72
化学试剂	吨	7207.07
催化剂	吨	6536.75
1.石油化工用催化剂	吨	1446.55
2.防治公害用催化剂	吨	1634
3.其他催化剂	吨	3456.2
塑料助剂	吨	759
纺织及类似工业用整理剂、助剂	吨	226.9
造纸及类似工业用整理剂、助剂	吨	924
制革及类似工业用整理剂、助剂	吨	4
钻井用助剂	吨	51094.65
建工建材用化学助剂	吨	6065.45
碳黑(或称炉黑)	吨	15367
水处理剂	吨	5815.32
油田用化学制剂	吨	16608.23
合成脂肪酸	吨	443.44
硬脂酸	吨	102
炸药	吨	27700
雷管	万支	2966.76
震源药柱	吨	8976
烟火制品	千元	3678
其中：烟花	千元	3598
污水处理化学药剂	吨	190
1.杀菌灭藻剂	吨	75
2.其他污水处理化学药剂	吨	115
明胶	吨	115
骨胶	吨	101
肥(香)皂	吨	629
1.洗衣皂	吨	579
2.其他皂类产品	吨	50
合成洗涤剂	吨	34283.51
其中：合成洗衣粉	吨	31341.8
液体洗涤剂	吨	1511.76
工业清洗剂	吨	656
公共设施、环境卫生洗涤清洁剂	吨	1.8
表面活性剂	吨	213
其中：非离子型表面活性剂	吨	213
清洁类化妆品	千元	179
其中：洗发液	吨	8

2-70 续表 15

指标名称	计量单位	本年生产
护理类化妆品	千元	2497
其中：护肤用品	千元	2497
美容、修饰类化妆品	千元	4674
香料	吨	154
其中：天然香料	吨	154
化学药品原药	吨	290.65
其中：麻醉用药	吨	12.65
其它化学原料药	吨	278
氨基酸	吨	1451
其中：谷氨酸	吨	1451
输液	万瓶	1433
片剂	万片	121415
胶囊剂	万粒	13327.7
滴剂	万支	8.4
颗粒剂	万袋(包)	112.6
气雾剂	万支(瓶)	4.2
外用液体制剂	万支(瓶)	124.71
植物类饮片	千克	675580.4
动物类饮片	千克	11533.5
矿物类饮片	千克	4211.5
中成药	吨	3712.06
1.丸剂	吨	109
2.冲剂	吨	45.04
3.糖浆	吨	7.13
4.片剂	吨	190.28
5.针剂	吨	6.85
6.膏药	吨	1001
7.口服液	吨	1194.32
8.胶囊	吨	40.72
9.散剂	吨	146.77
10.其他中成药	吨	970.95
兽用化学药品	吨	1540.19
兽用中草药	吨	7.92
酶及类似生化药品	千克	124700.33
卫生材料及敷料	筒(卷、包、团)	85557.84
1.经药物浸涂的医用软填料	筒(卷、包、团)	85000
2.纱布、软填料及类似物品	筒(卷、包、团)	494.84
3.医用敷料	筒(卷、包、团)	63
医用缝合材料及外科用无菌材料	团(盒、瓶)	56856
医用试剂	千克	7.05
化纤浆粕	吨	49663.94
其中：化纤棉绒浆粕	吨	49663.94

2-70 续表 16

指标名称	计量单位	本 年 生 产
人造纤维	吨	19559
其中：人造纤维短纤维	吨	19559
其中：粘胶短纤维	吨	19559
合成纤维	吨	23253.98
其中：涤纶纤维	吨	20933
其中：涤纶短纤维	吨	20478
涤纶长丝	吨	455
丙纶纤维	吨	16.76
未列明的其他合成纤维	吨	2304.22
橡胶轮胎外胎	条	870913
其 中：子午线轮胎外胎	条	1200
合计中：1.载重汽车轮胎外胎	条	669341
2.轿车轮胎外胎	条	5000
3.工程机械用轮胎外胎	条	1951
4.农、林业机械用轮胎外胎	条	193421
6.其他新的充气橡胶轮胎外胎	条	1200
橡胶轮胎内胎	条	727510
其中：载重汽车轮胎内胎	条	516596
其他橡胶轮胎内胎	条	210914
橡胶管	万标米	649.12
橡胶板	吨	1290
橡胶型材及异型材	吨	1848.45
橡胶线及绳	吨	1
橡胶零件及附件	吨	943.24
其中：橡胶密封件	吨	426.85
初级形状的再生橡胶	吨	5600
医疗、卫生用橡胶制品	吨	260
橡胶靴鞋	万双	45.64
其中：胶面胶鞋	万双	45.64
塑料薄膜	吨	105130.86
1.聚乙烯塑料薄膜	吨	93156.36
2.聚丙烯塑料薄膜	吨	524
3.聚苯乙烯塑料薄膜	吨	40.72
4.聚氯乙烯塑料薄膜	吨	10638.9
5.聚酯塑料薄膜	吨	190
6.其他非泡沫塑料薄膜	吨	580.88
塑料板、片及类似型材	吨	10055.62
1.聚乙烯塑料板、片	吨	2665.27
2.聚丙烯塑料板、片	吨	1474.57
3.聚苯乙烯塑料板、片	吨	1117.29
4.聚氯乙烯塑料板、片	吨	4465.42
5.丙烯腈-丁二烯-苯乙烯共聚物(ABS)板、片	吨	39.17
6.其他塑料板、片及类似型材	吨	293.9

2-70 续表 17

指标名称	计量单位	本年生产
塑料类防水卷材	吨	7580
塑料制管子及其附件	吨	100110.95
其中：塑料制硬管	吨	45091.05
塑料制软管	吨	33748.79
塑料条、棒、型材	吨	28742.78
其中：聚乙烯条、棒、型材	吨	10581.18
聚氯乙烯条、棒、型材	吨	2152
塑料包扎用绳、扁条及带状物品	吨	652.48
塑料编织布	吨	580
塑料编织袋	吨	32998.33
泡沫塑料	吨	39524.48
其中：聚乙烯泡沫塑料	吨	281.36
聚苯乙烯泡沫塑料	吨	6245.09
聚氯乙烯泡沫塑料	吨	15961
聚氨酯泡沫塑料	吨	3182
塑料包装箱及容器	吨	12692.89
其中：塑料包装箱类	吨	3217.45
塑料盒及类似品	吨	199.77
塑料桶、瓶及类似品	吨	9055.02
塑料塞子、盖子及类似品	吨	284
塑料零件及附件	吨	2504.58
其中：塑料制绝缘零件	吨	1004
塑料密封制品	吨	42
全塑凉鞋、拖鞋(包括发泡拖鞋)	吨	15
	双	14305
日用塑料制品	吨	47397.68
1.塑料餐具、厨具	吨	5
2.塑料浴缸、淋浴盘及盥洗盆	吨	125
3.塑料制卫生设备、洁具配件	吨	100
5.建筑用塑料制品	吨	43139.35
其中：塑钢门窗	吨	42808.85
6.其他日用塑料制品	吨	4028.33
水泥熟料	吨	8357557.63
其中：窑外分解窑熟料	吨	3342386
水泥	吨	12129940.27
1.通用水泥	吨	11799804.27
其中：P·Ⅰ(Ⅱ)42.5	吨	857968.34
P·Ⅰ(Ⅱ)42.5R	吨	192742
P·Ⅰ(Ⅱ)52.5	吨	2077
P·Ⅰ(Ⅱ)52.5R	吨	2346
P·O 32.5	吨	3232001.59

2-70 续表 18

指标名称	计量单位	本 年 生 产
P·O 32.5R	吨	1892840.35
P·O 42.5	吨	526110.81
P·O 42.5R	吨	207878
P·S 32.5	吨	546769
P·S 32.5R	吨	72695
P·S 42.5	吨	11403
P·C 32.5	吨	1395451.45
P·C 32.5R	吨	867353
P·C 42.5	吨	13238
2.特种水泥	吨	330136
其中：油井水泥	吨	105728
道路硅酸盐水泥	吨	42824
砌筑水泥	吨	116506
石灰	吨	313704
熟石膏	吨	57867.25
商品混凝土	立方米	2872744.29
水泥排水管	千米	759.73
	吨	131175.32
水泥压力管	千米	41
	吨	55219
其中：预应力钢筒混凝土管	千米	17.42
	吨	51000
水泥电杆	根	117391
	吨	111087.2
水泥混凝土桩	米	10000
水泥轨枕	根	782036
	吨	258982
水泥混凝土砖	万块	2422.07
水泥混凝土瓦	万片	29.47
水泥预制构件	立方米	810955.13
其中：水泥混凝土预制板	立方米	488655.34
水泥混凝土房屋整体预制件	立方米	31782
水泥钢筋混凝土桥梁构件	吨	45413
石棉水泥瓦	平方米	619
纤维增强水泥板	平方米	404641
石膏板	平方米	5686513.73
其中：纸面石膏板	平方米	5565060.4
石膏纤维板	平方米	9604
装饰石膏板	平方米	53520
石膏空心条板	平方米	3296

2-70 续表 19

指标名称	计量单位	本年生产
加气混凝土	立方米	249012.81
其中：加气混凝土砌块	立方米	178462.81
砖	万块	758255.61
1.烧结砖	万块	664999.35
其中：烧结普通砖(掺30%以上废渣)	万块	375428.48
烧结空心砖和空心砌块	万块	3652
烧结多孔砖	万块	14459.32
2.蒸压砖	万块	5567.66
其中：蒸压灰砂砖	万块	3380
蒸压灰砂空心砖	万块	300.66
3.其他砖	万块	87688.6
瓦	万片	1169.5
其中：烧结瓦	万片	169.5
其他瓦	万片	1000
建筑砌块	立方米	101365.08
其中：普通混凝土小型空心砌块	立方米	68018.08
石膏砌块	立方米	3700
瓷质砖	平方米	1250029
细炻砖	平方米	761770
炻质砖	平方米	1261994
陶质砖	平方米	22063722.48
陶瓷耐酸砖	平方米	1219
陶瓷管	吨	5377
天然石材(已加工)	平方米	1625318.18
其中：天然大理石板材	平方米	109663.18
天然花岗石板材	平方米	1513215
人造石材	平方米	40400
碑石及其制品	平方米	80
沥青和改性沥青防水卷材	平方米	4760156
沥青制防水制品	吨	11742
隔热和隔音矿物材料	吨	22724.3
其中：岩石棉	吨	292
膨胀蛭石	吨	3701.5
膨胀珍珠岩	吨	17910.8
硅酸铝纤维	吨	528
隔热、隔音矿物材料制品	吨	10784.41
其中：矿物棉装饰吸声板	吨	1445
建筑绝热用及吸声用玻璃棉制品	吨	1782.29
硅酸铝棉及制品	吨	1146
平板玻璃	重量箱	1226528.29
	平方米	20197762

2-70 续表 20

指标名称	计量单位	本 年 生 产
其中：浮法平板玻璃	重量箱	245844.89
	平方米	3659306
垂直引上平板玻璃	重量箱	24590.4
	平方米	163936
平拉平板玻璃	重量箱	956093
	平方米	16374520
钢化玻璃	平方米	193862.8
夹层玻璃	平方米	67555
汽车用玻璃	平方米	4388
日用玻璃制品	吨	12
玻璃包装容器	吨	58703.87
	万个	22476.26
其中：饮料瓶	吨	3148
	万个	798
食品瓶	吨	892
	万个	231
啤酒瓶	吨	19687.87
	万个	8376.79
白酒瓶	吨	34175
	万个	10964.47
输液瓶	吨	660
	万个	200
玻璃保温容器	万个	405
其中：小口玻璃保温容器	万个	405
保温容器用的玻璃胆	万个	1500
其中：小口保温容器用的玻璃胆	万个	1500
玻璃纤维布	米	284340
其中：无碱玻璃纤维布	米	284340
玻璃纤维原料球	吨	154
其中：无碱球	吨	149
玻璃纤维增强塑料制品	吨	43755.5
其中：玻璃纤维增强塑料板材	吨	150
玻璃纤维增强塑料型材	吨	40
玻璃纤维增强塑料管材	吨	43451.7
卫生陶瓷制品	件	56726
1.陶瓷制便器	件	36184
其中：陶瓷制大便器	件	36184
2.陶瓷制洗涤器	件	13712
其中：陶瓷洗面器	件	13712
3.陶瓷水箱	件	6830

2-70 续表 21

指标名称	计量单位	本年生产
日用陶瓷制品	万件	16.2
1.日用瓷器具	万件	0.95
2.日用陶器具	万件	15.25
石棉制品	吨	93
1.石棉制纱、线、织物及制品	吨	85
2.石棉隔热保温制品	吨	8
云母制品	千克	535410
耐火材料制品	吨	68670
1.致密定型耐火制品	吨	10668
其中：镁质砖	吨	848
高铝质砖	吨	192
2.隔热耐火制品	吨	5719
3.不定型耐火制品	吨	22683
4.耐火陶瓷制品	吨	5500
5.其他耐火材料制品	吨	24100
石墨及炭素制品	吨	27840.65
1.石墨制品	吨	4127
其中：石墨阳极	吨	4127
2.炭制品	吨	23713.65
其中：炭块	吨	1208.65
炭电极	吨	22505
磨具	吨	61
其中：固结磨具	吨	61
磨料	吨	18461
其中：超硬磨料	吨	16000
生铁	吨	1938948.22
1.炼钢生铁	吨	1805173
2.铸造生铁	吨	133775.22
球墨铸铁	吨	40
铸铁管	吨	2310
铸铁管附件	吨	400
粗钢	吨	2491278
按化学成分分		
1.非合金钢	吨	1428642
2.低合金钢	吨	1018576
3.合金钢(不含不锈钢)	吨	44010
4.不锈钢	吨	50
按冶炼方法分		
1.转炉钢	吨	1519060
2.电炉钢	吨	972168
3.其他炉种冶炼钢	吨	50

2-70 续表 22

指标名称	计量单位	本 年 生 产
按状态分		
1.连铸坯	吨	2374377
2.模铸钢锭	吨	116901
轧制、锻造钢坯	吨	2367818
1.轧制钢坯	吨	2361764
其中：轧制连铸坯	吨	2222784
2.锻造钢坯	吨	6054
钢材(未扣除外购国产钢材用量)	吨	2541456.85
1.铁道用钢材	吨	10436
按化学成分分		
非合金钢	吨	10436
按品种用途分		
其他品种铁道用钢材	吨	10436
2.大型型钢	吨	4432
按化学成分分		
非合金钢	吨	4432
按电子工艺分		
热轧大型型钢	吨	4432
按品种分		
大型U型钢(大型槽钢)	吨	3411
其中：大型角钢	吨	1021
3.中小型型钢	吨	81968.75
按化学成分分		
(1)非合金钢	吨	80753.75
(2)低合金钢	吨	1160
(3)不锈钢	吨	55
按电子工艺分		
(1)热轧中小型型钢	吨	81887.75
(2)其它工艺中小型型钢	吨	81
按品种分		
(1)中小U型钢(小槽钢)	吨	16562
(2)中小型角钢	吨	65325.75
(3)未列名其它品种中小型型钢	吨	81
4.棒材	吨	127041
按化学成分分		
(1)非合金钢	吨	70823
(2)低合金钢	吨	12275
(3)合金钢(不含不锈钢)	吨	43943
按电子工艺分		
(1)热轧棒材	吨	124109
(2)冷轧(拔)棒材	吨	2932

2-70 续表 23

指标名称	计量单位	本年生产
5.钢筋	吨	1078174
按化学成分分		
(1)非合金钢	吨	112530
(2)低合金钢	吨	964673
(3)不锈钢	吨	971
按电子工艺分		
(1)热轧钢筋	吨	1075658
(2)冷轧(拔)钢筋	吨	2516
按强度等级分		
(1)一级钢筋	吨	42371
(2)二级钢筋	吨	831901
(3)三级钢筋	吨	202931
6.线材(盘条)	吨	942399
(1)非合金钢线材(盘条)	吨	851361
(2)低合金钢线材(盘条)	吨	91038
7.热轧窄钢带	吨	145241
其中：非合金钢	吨	145241
8.无缝钢管	吨	7402
按化学成分分		
(1)非合金钢	吨	5897
(2)低合金钢	吨	5
(3)合金钢(不含不锈钢)	吨	1500
按电子工艺分		
(1)热轧无缝钢管	吨	7207
(2)锻压、挤压、旋压无缝钢管	吨	195
9.焊接钢管	吨	144363.1
按化学成分分		
(1)非合金钢	吨	48887.1
(2)低合金钢	吨	95476
按品种分		
(1)直缝焊接管	吨	129264.1
(2)螺旋焊接管	吨	15099
外购国产钢材中再加工成钢材的耗用量		
中小型型钢	吨	904.75
钢筋	吨	8039
线材(盘条)	吨	1054
热轧薄板	吨	5
无缝钢管	吨	8402.04
焊接钢管	吨	137861.1
铁合金	吨	33989.42
1.普通铁合金	吨	31614
其中：锰铁	吨	395
硅铁	吨	11064
硅锰铁	吨	12084

2-70 续表 24

指标名称	计量单位	本 年 生 产
2.特种铁合金	吨	2375.42
其中：铬铁合金	吨	2375.42
粗铜	吨	3120
其中：再生粗铜	吨	3120
精炼铜(电解铜)	吨	3453
1.矿产铜	吨	3003
2.再生铜	吨	450
粗铅	吨	400
其中：矿产粗铅	吨	400
高冰镍含镍量	吨	2719
氧化钴	吨	26
金属钴	吨	2
原铝(电解铝)	吨	53442
再生铝	吨	3604
黄金	千克	4173.3
1.矿产成品金	千克	1115.5
2.冶炼产金	千克	3057.8
(1)金矿料产金	千克	2922.8
(2)有色料副产金	千克	31
(3)再生金	千克	104
白银	千克	1249
其中：有色副产银	千克	1249
铂	千克	15
钯	千克	15
铝合金	吨	40675
铝材	吨	9359
其中：铝型材	吨	9359
金材	千克	0.44
钢铁结构体及其部件	吨	52758.45
其中：桥梁用钢铁结构	吨	8620.65
钢塔、钢格构杆	吨	1211
脚手架、坑道支撑用钢铁制支柱	吨	952
钢铁制水闸门	吨	32
空间钢铁结构件	吨	23352.28
钢铁制房屋构架	吨	6042.04
铝制结构体及加工铝材	吨	632
预制建筑物(活动房屋)	个	1978
金属制门及其框架、门槛	吨	15332.63
	件(套)	230048
其中：钢铁门及其框架、门槛	吨	10507.41
	件(套)	140707

2-70 续表 25

指标名称	计量单位	本年生产
铝合金门及其框架、门槛	吨	1330.72
	件(套)	63077
金属制窗及窗框	吨	34930.69
	件(套)	223541
1.钢铁制窗及窗框	吨	26664.52
	件(套)	172025
其中：钢铁制百叶窗	吨	61.03
	件(套)	2910
2.铝合金窗及窗框	吨	7320.25
	件(套)	30371
3.未列名其他金属制窗及窗框	吨	945.92
	件(套)	21145
通用手工具	万把	0.6
专用手工具	万把	0.8
农业通用金属手工具	万件	29.6
其中：锹及铲	万件	4.62
园艺用手工具	万件	0.1
其中：园艺用刀剪	万件	0.1
日常用刀及类似制品	万把	6.76
金属压力容器	吨	6475
	个	12779
其中：钢铁制压力容器	吨	6363
	个	12768
大型金属容器(容积＞300升)	吨	1958
	个	8069
其中：钢铁制大型金属容器	吨	1523
	个	213
金属包装容器(容积不超过300升)	万只	2420.69
	吨	45369.26
1.钢铁制包装容器	万只	2361.54
	吨	44736.16
2.铝制包装容器	万只	29
	吨	29
铝制易拉罐及罐体	万只	29
	吨	29
3.其他金属包装容器(容积不超过300升)	万只	30.15
	吨	604.1
金属制塞、盖及类似包装用附件	吨	269.82
金属丝	吨	75200.07
其中：钢丝	吨	70721.07

2-70 续表 26

指标名称	计量单位	本 年 生 产
钢丝绳	吨	95.11
钢绞线	吨	841
钢丝网	吨	768.8
家具用金属附件及架座	吨	142
建筑用金属制附件及架座	吨	1163.67
其中：门窗五金件	万个	200
供暖用散热器(暖气片)	吨	32802.7
其中：铸铁散热器	吨	26495.8
金属制沐浴喷头	个	50
保险柜	个	4323
消防用铸铁件	吨	31.5
日用搪瓷杂件	吨	48
金属制卫生器具	吨	80.4
其中：不锈钢制卫生器具	吨	37.4
金属制烹饪炊具	吨	558.9
1.不锈钢制烹饪炊具	吨	35
其中：不锈钢锅	口	280
2.铝制烹饪炊具	吨	248
3.其他金属制烹饪炊具	吨	275.9
焊条	吨	18963
其中：电焊条	吨	18963
金属链条	米	10245
金属铸造制品	吨	9485
工业锅炉	蒸发量吨	2266.32
	台	1134
1.蒸汽锅炉	蒸发量吨	140.5
	台	33
2.热水锅炉	蒸发量吨	2125.82
	台	1101
内燃机(不包括汽车发动机)	台	1000
	千瓦	12350
其中：柴油内燃机	台	1000
	千瓦	12350
金属成形机床	台	27
	吨	1750
其中：其他金属成形机床	台	27
铸造机械	台	1050
铸造工具	台	580
起重机械	台	222
	吨	3621
其中：塔式起重机	台	87

2-70 续表 27

指标名称	计量单位	本 年 生 产
门座式起重机	台	15
门式起重机(龙门起重机)	台	14
桥式起重机	台	73
悬臂起重机	台	3
单梁起重机	台	28
未列名起重机	台	2
电梯	台	80
自动扶梯及自动人行道	台	77
输送机械	台	576
	米	70527
其中：斗式提升(输送)机	台	177
件货提升(输送)机	台	65
带式输送机	台	265
刮板输送机	台	20
螺旋输送机	台	49
泵(液体泵)	台	4385
其中：液压泵(回转式排液泵)	台	2986
离心泵	台	1383
其中：单级离心泵	台	174
多级离心泵	台	18
其他液体泵	台	16
阀门	套	1569
	吨	16.87
其中：普通阀门	套	1569
其中：调节阀	套	994
闸阀	套	575
滚动轴承	万套	98.24
1.球轴承	万套	16.53
2.滚子轴承	万套	32.95
3.带座外球面球轴承	万套	48.76
轴承零件	吨	2
齿轮传动轴	个	150
齿轮	个	3832
铰接链(工业链条)	吨	37
炉用燃烧器	台	105
风机	台	3665
其中：离心通风机	台	3124
普通鼓风机	台	120
其他风机	台	421
水过滤、净化机械及装置	台	96
其中：电磁净水器	台	96

2-70 续表 28

指标名称	计量单位	本 年 生 产
机械法气体过滤器	台	3
其中：其他机械或物理法过滤器	台	3
非家用空调设备	台	504
其中：组合式空调机组	台	500
灭火器	台	3729
包装专用设备	台	6
其中：贴标签机械	台	6
衡器	台	252
1.固定衡器	台	250
其中：地中衡	台	25
汽车衡	台	225
2.其他衡器	台	2
减速机	台	283
金属密封垫	万件	256.84
机械密封	套	1934
金属紧固件	吨	6703.55
1.钢铁制紧固件	吨	4933.55
2.其他金属制紧固件	吨	1770
钢钉	吨	40.3
弹簧	吨	1637
铸铁件	吨	33412.3
铸钢件	吨	3546.71
金属锻件	吨	4184.05
其中：自由锻件	吨	3394.11
模锻件	吨	711.55
有色金属锻件	吨	50
采矿设备	台	402
	吨	345
1.采掘、凿岩设备	台	8
其中：矿用装载设备	台	5
2.矿山卷扬(提升)设备	台	356
3.矿物筛分、洗选设备	台	14
其中：振动筛	台	10
4.其他采矿专用设备	台	24
矿山用牵引车及其矿车	辆	200
石油钻探、开采专用设备	台(套)	1318
其中：石油钻井设备	台(套)	573
采油设备	台(套)	745
挖掘、铲土运输机械	台	6
其中：平地机	台	6

2-70 续表 29

指标名称	计量单位	本 年 生 产
压实机械	台	85
其中：打夯机	台	85
非公路用货运自卸车(翻斗车)	辆	58
非金属矿物混合或搅拌机械	台	479
其中：搅拌机	台	479
炼油、化工专用设备	台	387
	吨	567.12
1.化工专用炉	台	75
2.其他炼油、化工生产专用设备	台	312
模具	套	1083.71
1.玻璃用模具	套	181
2.矿物材料用模具	套	50
3.塑料用模具	套	56
4.其他未列明的模具	套	796.71
谷物、干豆加工机械	台	845
其中：分选机	台	150
去石机	台	10
碾压粉碎机(砻谷机)	台	623
筛分机	台	43
清洁机	台	8
制糖机械	台	100
动植物油脂榨油提取加工机械	台	618
其中：榨油机	台	606
饲料生产专用设备	台	3582
其中：饲料粉碎机	台	3192
饲料混合机	台	390
灯泡及类似品的封装机	台	3560
粗纱机	台	20
电机、变压器专用生产机械	台(条)	132
其中：线圈绕线机	台	39
拖拉机	台	2234
1.中型拖拉机	台	827
2.小型拖拉机	台	1407
农、林用自装或自卸式挂车	台	34
土壤耕整机械	台	3168
其中：机引犁	台	576
机引耙	台	537
松土机	台	1683
旋耕机	台	11
播种、种植机械	台	11115
其中：播种机	台	8543
移植机(移栽机)	台	20

2-70 续表 30

指标名称	计量单位	本 年 生 产
植物保护和管理机械	台	1904
其中：中耕机	台	296
追肥机械	台	8
植保、中耕、追肥联合机械	台	1600
收获机械	台	59
其中：联合收割机	台	31
机动收割机械	台	23
场上作业机械	台	1713
其中：机动脱粒机	台	300
作物烘干、干燥机	台	1368
排灌溉设备	台	15
灌溉系统	套	91
其中：微灌网络	套	91
农用喷射机械及器具	台	30
其中：机动喷雾(粉)机	台	30
草坪、公园或运动场机动割草机	台	160
牧草收获机械	台	1357
其中：割草机	台	613
草料打包机	台	35
畜禽饲养、配种、孵化育雏设备	台	274
其中：家畜饲养机械	台	274
棉花加工机械	台	1137
其中：轧花机	台	861
剥绒机	台	60
清绒机	台	143
清籽机	台	48
农作物的清洁、分选机械	台	50
注射器	万个	603
人造人体器官	个(副)	3282
大气污染防治设备	台	87
1.除尘设备	台	87
其中：袋式除尘器	台	59
旋风式除尘器	台	28
水质污染防治设备	台(套)	6
其中：沉淀、过滤装置	台	2
固体废弃物处理设备	台	1334
道路交通安全检测设备	台	20
水利专用机械	台	97
自来水生产专用设备	台	197
窄轨非机动车辆	辆	437
铁路机车车辆配件及零件	吨	1977

2-70 续表 31

指标名称	计量单位	本年生产
汽车整车	辆	2095
合计中：1.汽油汽车	辆	87
2.柴油汽车	辆	2008
3.载货汽车	辆	1797
4.半挂牵引车	辆	298
汽车底盘	辆	60
改装汽车	辆	1923
1.载货汽车	辆	19
2.自卸汽车	辆	227
3.牵引汽车	辆	451
4.客车	辆	232
5.厢式汽车	辆	57
6.罐式汽车	辆	409
7.特种结构汽车	辆	23
8.其它改装汽车	辆	505
汽车车辆的车身(包括驾驶室)	辆	35
挂车、半挂车	辆	453
汽车零配件	万件	357.89
残疾人用车	辆	300
其中：残疾人动力车	辆	300
发电机组	台	168
	千瓦	74290
其中：风力发电机组	台	112
	千瓦	67200
柴油或半柴油发电机组	台	56
	千瓦	7090
交流电动机	台	4076
	千瓦	51800
变压器	台	9393
	千伏安	11357474
其中：500KVA≤额定容量≤8000KVA变压器	台	7709
	千伏安	11122075
电力电容器成套装置	套	36
电路开关、保护及连接用电气装置	台	1211
其中：隔离开关及断续开关	台	1211
电力控制或电力分配装置	台(面)	55191
其中：全封闭组合式高压开关装置	台	1517
高压开关板	面	2088
低压开关板	面(台)	47200
安全、自动化监控设备	台(套)	119
其中：成套集控保护设备	套	108

2-70 续表 32

指标名称	计量单位	本年生产
电线	千米	34398.07
其中：安装电线	千米	8206
通信及电子网络用电缆	对千米	63282.94
电力电缆	千米	21787.66
裸铜线	吨	2949.54
铜包钢线	吨	1470.6
光缆	芯千米	56
其中：普通光缆	芯千米	56
电气绝缘子(玻璃、陶瓷制除外)	吨	523.59
电气设备的绝缘配件	吨	31
蓄电池	只	9843
其中：酸性蓄电池	千伏安时	106821.08
	只	9843
原电池及原电池组(折R20标准只)	万只	3036.62
其中：二氧化锰原电池(组)	万只	2896.88
其中：普通(糊式)锌锰电池	万只	1246
纸板锌锰电池	万只	1650.88
其他原电池及原电池组	万只	139.74
太阳能用具	台	4503
其中：太阳能热水器	台	4363
灯具及照明装置	套(台、个)	11376
其中：室内照明灯具及装置	套(台、个)	350
户外照明用灯具及装置	台	4972
其中：街灯及照明装置	台	4972
特殊用途电灯及照明装置	台	420
发光标志、发光铭牌及类似品	台	5634
其中：霓虹灯	台	1040
广告灯	台	19
灯座、插头及插座	万个	32.4
半导体器件	万只	296.4
其中：特种元器件及传感器	万只	296.4
自动化仪表及系统	台(套)	762
其中：自动调节与控制仪表	台	117
工业自动控制系统	台(套)	221
其中：其他形式的自动控制系统	台	221
工业过程测量仪表	台	110
其中：流量测量仪表	台	110
水表	个	16037
电能表	个	141090
热量表	个	174
钟	只	196000
其中：石英钟	只	196000

2-70 续表 33

指标名称	计量单位	本 年 生 产
雕塑工艺品	千元	5005
其中：硬质材料雕刻工艺品	件(套)	5983
金属工艺品	千元	537
金属工艺标牌	件	537
抽纱刺绣工艺品	千元	200
其中：刺绣工艺品	件	14000
地毯、挂毯	平方米	34607
其中：手工地毯	平方米	30577
机制地毯	平方米	1780
挂毯	平方米	50
贵金属首饰	千元	7034
其中：金首饰	千元	2057.6
银首饰	千元	545.8
铂首饰	千元	30.6
宝石或半宝石制品	千元	219
其他煤制品	吨	1600
金属废料	吨	3047
其中：废钢铁	吨	3047
纺织品废料	吨	278.5
废纸	吨	798
塑料废料	吨	2579.28
发电量	万千瓦小时	2662975.93
1.火电	万千瓦小时	2267387.21
2.水电	万千瓦小时	370823.5
3.风力发电	万千瓦小时	24739.72
4.其他能源发电量	万千瓦小时	25.5
售电量	万千瓦小时	1775462.28
供热总量	万吉焦	9983.76
1.蒸汽	万吉焦	1945.1
2.热水	万吉焦	8038.66
煤气生产量	万立方米	334685
1.焦炉煤气	万立方米	32891
2.其他煤气	万立方米	301794
天然气供应量	万立方米	22116.7
液化石油气供应总量	万吨	3.71
自来水	万立方米	65163.62
中水	万立方米	1595

2-71 规模以上工业企业

指标名称	计量单位	企业单位数(个)	年初库存	本年生产
原煤	吨	72	969431	23168024.58
筛选块煤	吨	2		822672
1.无烟煤	吨	13	61334	1353738
2.烟煤	吨	62	908097	21814286.58
(1)炼焦烟煤	吨	13	25292	3428292.84
(2)一般烟煤	吨	52	882805	18385993.74
洗精煤	吨	2	5559	1201914
1.炼焦用洗精煤	吨	1		864822
2.其他用洗精煤	吨	2	5559	337092
2.烟块煤	吨	2		822672
天然原油	吨	6	786867	22369979
天然气	万立方米	4		572250
液化天然气	吨	1	2459	182014
铁矿石原矿	吨	12	174019	3324673
铁矿石成品矿	吨	10	145246.38	1589358.8
其中：铁精矿	吨	10	126946.38	1427058.8
人造富铁矿	吨	5	69101	806214.2
其中：烧结铁矿	吨	1		101600
球团铁矿	吨	5	69101	704614.2
锰矿石成品矿	吨	1	3300	13591.3
1.锰块矿	吨	1	3300	13591.3
铬矿石成品矿	吨	2		78156
1.富铬块矿	吨	1		32142
3.铬铁矿	吨	1		46014
铜矿山产品含铜量	吨	3	862	7881
1.铜选矿产品含铜量	吨	3	862	7881
铅选矿产品含铅量	吨	3	74	3668
锌选矿产品含锌量	吨	3	12	10519
镍精矿含镍量	吨	6	32	7243.5
天然碳酸镁	吨	1		14598
金矿含金量	千克	5		3027.92
其中：金精矿含金量	千克	2		149
金块矿含金量	千克	3		2836.92
银矿含银量	千克	1	170	2133
其中：银精矿含银量	千克	1	170	2133
锂精矿折合量	吨	1	1280	1120
绿堆石精矿折合量	吨	1	56	116
钽铁精矿折合量	吨	1	30	11
石灰石	吨	3	1500	721381
天然花岗石荒料	立方米	3	12960	50353
耐火粘土矿	吨	1	486.37	14741.45
砂石	吨	1		119586
硫铁矿石(折含硫 35%)	吨	1	74999	142234
重晶石	吨	1		2000
原盐	吨	9	374015	743064
2.湖盐	吨	9	374015	743064

主要工业产品产量

本年销售量	出口交货量	销售额(千元)	企业自用	其他	年末库存
20929057.27		1922707	1799690.32	65365	1343342.99
750575		110124	70556	1541	
1406657		115726	3865		4550
19522400.27		1806981	1795825.32	65365	1338792.99
1940415.84		274443	1353660	4173	155336
17581984.43		1532538	442165.32	61192	1183456.99
816739		179399	358571		32163
696716		169797	138213		29893
120023		9602	220358		2270
750575		110124	70556	1541	
20983447		37251756	521930	804395	847074
216944		1133673	264740	90566	
181995		114810			2478
2438176		230617	899984		160532
931922.7		315301	711391.89		91290.59
759322.7		266973	711391.89		83290.59
853944.53		366293			21370.67
101600		38137			
752344.53		328156			21370.67
16891.3		6394			
16891.3		6394			
76825		46150			1331
31566		19300			576
45259		26850			755
5928		21689	2120		695
5928		21689	2120		695
3635		10223			107
10487		27522			44
6687.07		375787			588.43
14598		5390			
299		32331	2728.92		
1		110	148		
298		32221	2538.92		
2303		47286			
2303		47286			
					2400
					172
30		6291			11
438612		6060	282769		1500
32447		24601	10630		20236
11534.53		5104			3693.29
114802		1281			4784
4518		596	194850		17865
2000		210			
457261		52236	121635	27000	511183
457261		52236	121635	27000	511183

2-71 续表 1

指标名称	计量单位	企业单位数(个)	年初库存	本年生产
石棉	吨	2	8819.7	82031.42
云母	吨	1	2610	5464
石英砂	吨	1	20	4300
小麦粉(面粉)	吨	38	20225.2	628085.6
其中：小麦专用粉	吨	5	2465	75436
玉米粉	吨	1		6133
饲料	吨	41	48515.59	752908.39
其中：配合饲料	吨	24	19123.1	467436.88
浓缩饲料	吨	9	15544	34813.55
预混合饲料	吨	6	5771	17437.5
混合饲料	吨	7	3538	48524.5
毛油(初榨植物油)	吨	41	15284.85	157159.51
其中：大豆毛油	吨	4	4251	22752
棉籽毛油	吨	26	6040	68320.8
菜籽毛油	吨	14	1004	45293
精制食用植物油	吨	46	26343.48	215279.92
其中：大豆精制油	吨	5	3389	26439.56
菜籽精制油	吨	18	5771	61907.49
葵花籽精制油	吨	13	6797	35500.55
非食用植物油	吨	1		252
其中：蓖麻油	吨	1		252
棉短绒	吨	3	274.07	6146.09
油渣饼	吨	23	19698.07	234067.83
成品糖	吨	14	218476.06	372604.65
1.白砂糖	吨	14	217542.06	364588.65
2.绵白糖	吨	2	934	8016
加工糖	吨	1		22
糖蜜	吨	3		21523.68
鲜冷藏肉	吨	1		837
鲜牛肉	吨	1		396
鲜羊肉	吨	1		441
冻肉	吨	1	18.09	171.2
冻牛肉	吨	1	6.59	105.6
冻羊肉	吨	1	11.5	62.1
冻鸡肉	吨	1		3.5
动物肠衣	吨	4	23.75	1944.75
熟肉制品	吨	1	55.77	161.73
6.其他方法制作的熟肉制品	吨	1	55.77	161.73
水生动物冷冻品	吨	1		811
鱼糜(熟肉)制品	吨	1		217
干制蔬菜(脱水蔬菜)	吨	3	355	1119
腌渍菜	吨	1		6001
果酱	吨	1	2508.74	1558.05
焙、炒加工的坚果及果仁	吨	3	300	1623
糕点	吨	5	9.3	1021.75
1.西式糕点	吨	2		200
2.中式糕点	吨	4		446.75

本 年 销售量	出 口 交货量	销售额 (千元)	企业 自用	其 他	年 末 库 存
64369.12	960	502899		1886.55	24595.45
120		159			7954
4308		1093			12
618727.8		1114327	798	2911	25874
74695		152151		485	2721
5903	650	9520			230
734467.43		1435393	145	1730.5	65081.05
461710.64		915228	21	1725	23103.34
35443.61		75269			14913.94
8831.5		12371			14377
45244.5		59124	124	5.5	6688.5
145157.3		802045	6631	376	20280.06
23631		110940	1334		2038
58632.8		334895	3710	376	11642
42165		238122	1587		2545
195013.68		1189268	1295	6395	38919.72
27760.39		146948		172	1896.17
58763.17		362711		1751	7164.32
35047.34		214990		254	6996.21
252		2394			
252		2394			
6004.73		23301			415.43
231899.81		338565		1629	20237.09
337512.9	1666	797460			253567.81
332990.9	1666	787890			249139.81
4522		9570			4428
22		9337			
13365		9709	7375		783.68
802		9761			35
373		4710			23
429		5051			12
116.4		2560			72.89
76.6		1697			35.59
36.7		820			36.9
3.1		43			0.4
1809	985	125315			159.5
183		7043			34.5
183		7043			34.5
805	245	6732			6
217	180	6918			
1194	180	15653			280
4616		36928			1385
1124.12		7267			2942.67
1711		18840			212
1020.95		39695			10.1
200		3737			
442.75		30498			4

2-71 续表 2

指标名称	计量单位	企业单位数(个)	年初库存	本年生产
其中：月饼	吨	3		273
3.其它糕点	吨	1	9.3	375
面包	吨	3		980
膨化食品	吨	1	400	2000
面制品	吨	1	19	220
速冻米面食品	吨	2	7.9	760.3
1.速冻包馅食品	吨	2	7.9	760.3
方便面	吨	4	13222	24497.5
液体乳	吨	14	5264.49	99066.46
其中：超高温灭菌液体乳	吨	10	3917.99	59993.28
杀菌液体乳	吨	5	4.2	10696.04
酸乳	吨	9	924.3	25407.14
乳粉	吨	13	1053	13412.66
干酪(奶酪)	吨	1		6.4
其他含天然乳制品	吨	2		448
罐头	吨	31	190111.23	608030.32
2.水生动物罐头	吨	1	8	12
(1)鱼罐头	吨	1	8	12
3.蔬菜罐头	吨	29	187672.23	593101.32
其中：番茄、番茄酱罐头	吨	28	184900.23	589693.99
蘑菇和其他食用菌罐头	吨	1	412	2.33
4.水果罐头	吨	3	2426	14894
7.其他未列明的罐头食品	吨	1	5	23
味精	吨	3	590	7329
酱油	吨	2	531	5615
食醋	吨	3	957	8679
复合调味品	吨	1		66
辣椒酱	吨	1		66
蜂蜜营养制品	吨	1		122
冷冻饮品	吨	2	1417	10638
1.冰淇淋类	吨	2	1245	5583
2.雪糕类	吨	1		1720
3.其他冷冻饮品	吨	2	172	3335
食用盐	吨	5	10983	68887.4
1.加碘盐	吨	4	8877	59232.9
3.其他食用盐	吨	2	2106	9654.5
其他加工盐	吨	3	1310.93	3977.2
食品添加剂	吨	2	81	577
食品香味、甜味添加剂	吨	1	81	355
动物饲料专用添加剂	吨	2	1065	7261
发酵酒精(折96度，商品量)	千升	11	16328.57	27925.17
糖蜜发酵酒精	千升	10	14990.57	26410.17
白酒(折65度)	千升	11	7591.35	42874.13
1.固态法白酒	千升	7	3884.59	37688.45
4.其他白酒	千升	4	3706.76	5185.68
啤酒	千升	9	6732.47	246062.24
1.熟啤酒	千升	9	6725.47	242673.66
2.生啤酒	千升	4	7	2902.58
3.鲜啤酒	千升	2		486

本年 销售量	出口 交货量	销售额 (千元)	企业 自用	其他	年末 库存
269		21868			4
378.2		5460			6.1
980		15876			
1400		14000			1000
201		704			38
741.1		8893			27.1
741.1		8893			27.1
25896.5	1769	245490			11823
96274.95		438054	24.57	132	7899.43
58539.15		241098	24.57	132	5215.55
10699.36		32273			0.88
24476.44		150603			1855
12507.08		177338			1958.58
6.4		448			
443.85	397.4	15557			4.15
407712.13	284824.99	1655444	585.24	24	389820.18
16		421			4
16		421			4
403835.13	282898.99	1634579	582.24		376356.18
402064.13	282065.99	1620480	582.24		371947.85
330		9854			84.33
3841	1926	19594		19	13460
20		850	3	5	
7139	140	51606			780
5585		6715		1	560
8959		10133		1	676
21.5	21.5	109			44.5
21.5	21.5	109			44.5
122		1257			
11191		43963			864
5979		30321			849
1720		4300			
3492		9342			15
66498.9		36943		120	13251.5
57262.3		27585		120	10727.6
9236.6		9358			2523.9
3022.75		1602			2265.38
559		23969			99
337		11250			99
5702		13456			2624
28148.58		75133	2	3.6	16099.56
26442.58		69199	2	3.6	14952.56
42124.79		711515	72		8268.69
37467.03		624213	72		4034.01
4657.76		87302			4234.68
246979.11		566103	2.68		5812.92
244200.93		561822	2.68		5195.52
2293.18		3595			616.4
485		686			1

2-71 续表 3

指标名称	计量单位	企业单位数(个)	年初库存	本年生产
啤酒麦芽	吨	2	8179.6	15448.61
葡萄酒	千升	4	2090	28650
1.瓶装葡萄酒	千升	4	2032	28540
其中：瓶装红葡萄酒	千升	1	12	40
2.散装葡萄酒	千升	1	58	110
其中：散装红葡萄酒	千升	1	40	88
葡萄白兰地	千升	1		60
软饮料	吨	14	15185.16	120400.09
1.碳酸饮料	吨	1		2948.05
其中：可乐型碳酸饮料	吨	1		2948.05
2.瓶(罐)装饮用水	吨	6	1284	61294.36
饮用纯净水	吨	6	1284	61294.36
3.果菜汁	吨	4	9407.16	12632.76
果浆	吨	1	5223	7085
浓缩果汁	吨	2	3390.16	2819.76
4.果菜汁饮料	吨	4	316	7507.52
其中：果汁饮料	吨	2		4920.52
蔬菜汁饮料	吨	2	316	2587
8.茶饮料	吨	2	4178	36017.4
烟叶复烤	吨	1		422
卷烟	万支	1	3700	700000
1.一类卷烟	万支	1	1459	5756
2.二类卷烟	万支	1	753	89270
3.三类卷烟	万支	1		263234
4.四类卷烟	万支	1	1488	341740
纱	吨	53	23051.94	253898.3
1.棉纱	吨	53	23051.94	253898.3
线	吨	6	607	3821
布	万米	18	1231.41	12082.22
其　中：色织布	万米	1	42	1525
合计中：1.棉布	万米	18	1231.41	12082.22
印染布	万米	1	18	227
2.染色布	万米	1	18	227
合计中：1.棉印染布	万米	1	18	227
毛条	吨	1	99	223
2.精梳毛条	吨	1	99	223
毛纱	吨	1	35	60
绒线(俗称毛线)	吨	4	204	953
1.纯毛绒线	吨	4	175	918
2.混纺绒线	吨	2	29	35
毛机织物(呢绒)	万米	3	237.57	198.3
1.纯毛机织物	万米	3	221.57	130.3
(2)精梳毛机织物	万米	3	221.57	130.3
2.毛混纺机织物	万米	1	16	68
(2)精梳毛混纺机织物	万米	1	16	68
亚麻打成麻	吨	2	1417	8703
麻纱线	吨	2	230.09	3357.38
1.亚麻纱	吨	2	230.09	3357.38

本年销售量	出口交货量	销售额(千元)	企业自用	其他	年末库存
16566.41		38758	805.89	1653.22	4602.69
23727	39	149061	4		7009
23727	39	149061	4		6841
30		896			22
					168
					128
3		1920			57
118860.26	3634	241302		329	16395.99
2347.39		5370			600.66
2347.39		5370			600.66
62471.36		41287			107
62471.36		41287			107
10559	3626	66595			11480.92
5831		35265			6477
3684	3626	25273			2525.92
6865.77		29898		275	682.75
4512.77		15229			407.75
2353		14669		275	275
36616.74	8	98152		54	3524.66
422		845			
700993		712451			2707
5384		33418			1831
89400		220465			623
263129		261405			105
343080		197163			148
221311.11	4802	3938244	14660.23	4372.52	36606.38
221311.11	4802	3938244	14660.23	4372.52	36606.38
3558		81234			870
11217.23	150	436477		83.91	2012.49
1468	150	47091		-8	107
11217.23	150	436477		83.91	2012.49
168	114	4222			77
168	114	4222			77
168	114	4222			77
240	48	9654			82
240	48	9654			82
65		13500			30
647	53	125503	400		110
625	50	122206	371		97
22	3	3297	29		13
233.71	9	79734	1.15		201.01
173.71	6	55224	1.15		177.01
173.71	6	55224	1.15		177.01
60	3	24510			24
60	3	24510			24
9627		83572			493
3187.02		109420			400.45
3187.02		109420			400.45

2-71 续表 4

指标名称	计量单位	企业单位数(个)	年初库存	本年生产
其中：纯亚麻纱	吨	2	230.09	3357.38
丝织品	万米	1		50.17
1.桑蚕丝织品	万米	1		50.17
床褥单类	万条	1		27.4
棉被	万条	1	0.01	0.07
无纺布	吨	3	867	3356
棉、化纤针织坯布	吨	1		1133
1.棉针织坯布	吨	1		1133
棉化纤针织衫裤	万件	3	143.29	337.42
1.棉毛类针织衫裤	万件	3	143.29	337.42
棉化纤针织袜	万双	1		587.67
合成纤维丝袜	万双	1		587.67
棉化纤针织手套	万付	1	3.58	35.88
保持体形的服装	万件	1	140	330
2.其他保持体形的服装	万件	1	140	330
毛针织及编织衫裤	万件	5	127.79	130.92
其中：羊绒衫	万件	4	48.78	64.6
羊毛衫	万件	4	79.01	66.32
毛围巾及类似品	条	1		7217
其中：羊绒围巾	条	1		7217
梭织服装(不包括针织服装)	万件	12	21.78	106.76
其中：大衣	万件	1		1.5
防寒服	万件	4	0.41	2.79
西服及西服套装(套裙)	万件	2	4.7	0.6
上衣	万件	5	0.21	12.55
裤子	万件	3	0.06	6.08
帽子	个	2	8034	13505
轻革	平方米	3	7684	2853212
皮鞋	万双	1	0.9	6.4
其中：牛面皮鞋	万双	1	0.9	6.4
锯材	立方米	2	2679.04	36579.25
1.普通锯材	立方米	2	2679.04	36579.25
人造板	立方米	9	12579	213816.8
2.纤维板	立方米	8	11399	206636.8
(1)木质纤维板	立方米	7	11399	197184
中密度纤维板	立方米	6	10917	185484
3.刨花板	立方米	2	1180	7180
(1)木质刨花板	立方米	2	1180	7180
其中：普通刨花板	立方米	1	780	3790
木门	扇	3	15697	25400
其中：实木门	扇	1	1	126
包装用木箱	万件	1	0.08	2.86
木质家具	件	9	98056	1206793
1.木床	件	4	96	64143
5.木质写字台	件	3	580	12489
6.木质书柜	件	3	195	6173
7.木质会议桌	件	2	3697	129250

本 年 销售量	出 口 交货量	销售额 (千元)	企 业 自 用	其 他	年 末 库 存
3187.02		109420			400.45
50.17		311			
50.17		311			
27.4		9209			
0.06		320			0.02
3051		33015	11		1161
			1133		
			1133		
384.53	233	43851			96.18
384.53	233	43851			96.18
587.67	587.67	5296			
587.67	587.67	5296			
36.08		2055			3.38
376	233	40878			94
376	233	40878			94
137.2	54.37	182303		0.27	121.24
76.64	48.83	120445		0.27	36.47
60.56	5.54	61858			84.77
2847		370			4370
2847		370			4370
116.93	1.1	68293			11.61
1.5		1095			
2.74		5741			0.46
0.6		700			4.7
12.04		7672			0.72
5.7		3783			0.44
14716		8707			6823
2717043		226477		110	143743
6.4		6099			0.9
6.4		6099			0.9
35639.98		88695			3618.31
35639.98		88695			3618.31
189313		179118	12		37070.8
181865		169165	12		36158.8
176317		166522	12		32254
164243		156863	12		32146
7448		9953			912
7448		9953			912
4380		7612			190
37570		14551	53		3474
63		12			64
1.33		4480			1.61
1196086	950574	680139			108763
59972		32796			4267
12309		5803			760
6212		3007			156
116011		18779			16936

2-71 续表 5

指标名称	计量单位	企业单位数(个)	年初库存	本年生产
8.木质沙发	件	3	427	2534
9.木质沙发床	件	1	19	101
10.木质椅类	件	4	51560	517574
11.木质餐桌	件	2	10297	94033
15.其他木家具	件	5	31185	380496
金属家具	件	3	60605	266035
1.金属文件柜	件	2	60416	264143
2.钢木床类	件	1	189	1602
10.其他金属家具	件	1		290
软体家具	件	1	453	1726
其中：床垫	件	1	30	87
软体沙发	件	1	423	14
纸浆	吨	9	1481	152357.12
1.木浆	吨	1		7393.12
2.非木材纤维纸浆	吨	3	1481	45402
苇(荻)浆	吨	3	1481	45402
3.废纸纸浆	吨	5		99562
机制纸及纸板	吨	16	30565	200128
1.未涂布印刷用纸及书写用纸	吨	6	8505	84945
(1)新闻纸	吨	4	1387	10904
(2)书写印刷纸	吨	3	7118	74041
2.涂布类印刷用纸	吨	2		3409
其中：铜版纸	吨	1		109
3.卫生用纸	吨	3	299	6579
4.包装用纸及纸板	吨	5	20905	94508
箱纸板	吨	3	5704	63454
白纸板	吨	1	197	1045
瓦楞原纸	吨	5	7136	25575
5.其他机制纸及纸板	吨	2	856	10687
纸制品	吨	23	12049	88629.21
1.纸和纸板容器	吨	20	11997	86752.21
其中：瓦楞纸箱	吨	17	10015	84903.21
非瓦楞纸箱及盒	吨	2	1018	1033
纸管(筒)	吨	1	74	316
3.卫生用纸制品	吨	1	52	1667
其中：卫生纸	吨	1	52	1667
4.未列明的其他纸制品	吨	1		210
单色印刷	令	42	84479	831687.15
多色印刷	对开色令	20	222165	4658742
本册	万本	3	50	230
1.用于书写的本册	万本	3	48	217
2.其他本册	万本	1	2	13
塑料印刷	万印	1	200	26970
汽油	吨	8	121559.78	2358451.18
1.车用汽油	吨	8	121559.78	2358451.18
石脑油	吨	2		45145
溶剂油	吨	13	17026	129425.64

本　年 销售量	出　口 交货量	销售额 (千元)	企　业 自　用	其　他	年　末 库　存
2681		1676			280
89		41			31
517831	500000	281310			51303
94055	94000	15739			10275
386926	356574	320988			24755
255338		55553			71302
253624		55093			70935
1424		402			367
290		58			
1848		210			331
62		19			55
161		18			276
47463.38		137429	102756		3618.74
4690.38		13977			2702.74
42773		123452	3194		916
42773		123452	3194		916
			99562		
167593		489334	28463	329	34308
85037		352937	681		7732
9130		34770			3161
75907		318167	681		4571
2610		8297			799
109		489			
6334		18696			544
64169		98508	27782	329	23133
42525		67078	19727	279	6627
162		435	1058		22
17236		20232	6997	50	8428
9443		10896			2100
90235.21		252246		495	9948
88906.21		243491		495	9348
86824.21		225101			8094
1227		4046			824
300		3242			90
1119		3010			600
1119		3010			600
210		5745			
459495.15		92587			46001
1319877		239690			152743
273		1575			7
259		1340			6
14		235			1
26720		8019			450
2361494.7		6117851	3843.25	3146	111527.01
2361494.7		6117851	3843.25	3146	111527.01
42687		85842	510		1948
115981.79		269247	8932.98	-9	21545.87

2-71 续表 6

指标名称	计量单位	企业单位数(个)	年初库存	本年生产
煤油	吨	4	5778	244526
其中：航空煤油	吨	2	4104	135589
柴油	吨	13	219941.92	5228965.3
1.轻柴油	吨	12	219941.92	5227185.3
2.重柴油	吨	1		1780
燃料油	吨	11	13468.74	278122.79
润滑油	吨	19	33207.53	592321.92
润滑脂	吨	4	424.55	1008
润滑油基础油	吨	1	12779	382690
液化石油气	吨	7	18699	505731.64
石蜡	吨	5	7567	128942
石油焦	吨	5	23972	407173
石油沥青	吨	7	135008	1105232
焦炭	吨	15	20951.5	1485402.85
其中：机械化焦炉生产的焦炭	吨	7	19848.5	1111037.8
焦油	吨	2		5903
硫酸(折100%)	吨	6	16859	111450.83
发烟硫酸(实物量)	吨	1	2485	2154
盐酸(氯化氢)(含量31%以上)	吨	6	3785	132417.02
过氧化氢(双氧水)	吨	1	404	3990
二硫化碳	吨	1		3000
烧碱(折100%)	吨	3	12635	174069
固体烧碱(实物量)	吨	1	956	11006
离子膜法烧碱(折100%)	吨	2	11742	164510
纯碱(碳酸钠)	吨	1	12698	113178
硫化钠(硫化碱)	吨	11	6996.85	118991
无水硫酸钠	吨	2	22380	454319
硫酸钾	吨	2	2753	39031
硝酸钾	吨	1	2313	198
硝酸钠	吨	3	813.65	12555.15
电石(碳化钙)	吨	2	295	110991
碳酸锂	吨	1	524	2026
柠檬酸及柠檬酸盐及酯	吨	1	1519	11419
丙烷	吨	1		136
乙烯	吨	1	532	253711
丙烯	吨	3	185	232960
异丁烯	吨	1	349.85	1511
丁二烯	吨	1	77	33498
粗苯	吨	1		6353
纯苯	吨	3	1855	84786
甲苯	吨	1	2234	63154
对二甲苯	吨	1	7191	56606
混合二甲苯	吨	1	1972	51573
精甲醇	吨	2	2766	73841
氯乙酸	吨	1		16.88
环烷酸	吨	1		199
三聚氰胺	吨	2	468	10389
甲醛	吨	2	1260	10489

本年 销售量	出口 交货量	销售额 (千元)	企业 自用	其他	年末 库存
244264		700681		440	5600
137350		391195		63	2280
5216827.57		14013184	10902	14640	206537.65
5215047.57		14007844	10902	14640	206537.65
1780		5340			
112893.59		226573	162981		15716.94
594706.72		2203219			30822.73
1053		7447			379.55
391223		1105010			4246
449047.64		903837	52887	1300	21196
128302		301962		100	8107
379492		180344		-1	51654
1071363		1127793	169	2000	166708
646756.33	78916	382483	801582.92		58015.1
305876.53	7570	177520	772947.92		52061.85
5103		2967			800
90692.63		38460	16481		21136.2
2838		1194	1596		205
113398.35		65162	19041		3762.67
4117		5250			277
3000		10257			
171527	17712	335743	3300		11877
11934		16920			28
134375	17712	164257	3300		38577
125256		107182		56	564
106438		111383		54	19495.85
344460.5	41274	35663			132238.5
36965		56813			4819
2492		5733			19
12556.95		16674	0.85		811
108314		237854		1999	973
1883	94	38284	51	344	272
11636	11414	70231			1302
136		400			
			253711	80	452
61618		209341	171330		197
1838.58		9822			22.27
			33449		126
6353		10861			
82195		504872		-14	4460
62116		309075	114	24	3134
9796		52974	52255		1746
51412		241067		-9	2142
72894		123720		19	3694
16.88		115			
143		262			56
9629		69383			1228
9804		12579	150		1795

2-71 续表 7

指标名称	计量单位	企业单位数(个)	年初库存	本年生产
铬酸酐	吨	1	32.75	222.03
红钒钠(重铬酸钠)	吨	1	18.65	35.6
硫磺	吨	1		331
合成氨	吨	3	6784	1015630
氮肥(折含氮100%)	吨	3	48366	808500
1.尿素(折含氮100%)	吨	3	48351	776202
5.硝酸铵(折含氮100%)	吨	1	15	32298
磷肥	吨	3	3805	12658
1.普通过磷酸钙(折含五氧化二磷100%)	吨	2	1170	8028
4.其他磷肥	吨	1	2635	4630
钾肥	吨	3	3084	40114
1.氯化钾(折含氧化钾100%)	吨	1		1859
2.其他钾肥(折含氧化钾100%)	吨	2	3084	38255
微量元素肥料	吨	1	499	1073
化学农药制剂	吨	1	3	581
2.杀菌剂制剂	吨	1	3	581
涂料(油漆)	吨	7	2242	15884
木器涂料	吨	1		4327
防腐涂料	吨	2	202	1711
轻工涂料	吨	1	175	2240
建筑涂料	吨	2	133.91	2526.42
2.墙面涂料	吨	1	132.91	620.42
4.防水涂料	吨	1	1	1906
涂料辅助材料	吨	1	2	37
1.稀释剂	吨	1	2	37
初级形态的塑料	吨	8	11494.95	621143.66
1.低密度聚乙烯树脂(LDPE)	吨	1	702	213745
6.聚丙烯树脂	吨	4	4255.51	227548.88
8.聚氯乙烯树脂	吨	2	6471.44	179485.78
10.氯化聚乙烯树脂	吨	1	66	227
22.氨基塑料	吨	1		137
合成橡胶	吨	1		32260
3.顺丁橡胶	吨	1		32260
合成纤维单体	吨	3	2252	137395.61
1.精对苯二甲酸(PTA)	吨	1	2252	80115
5.乙二醇	吨	2		57280.61
合成纤维聚合物	吨	3	2856.63	71310.72
其中：聚酯	吨	3	2856.63	71310.72
化学试剂	吨	1		11
催化剂	吨	2	494.29	1945.43
2.石油化工用催化剂	吨	1	88.29	1240.43
6.其他催化剂	吨	1	406	705
钻井用助剂	吨	12	1813.01	25461.45
建工建材用化学助剂	吨	2	484	1388
碳黑(或称炉黑)	吨	3	5756	15367
水处理剂	吨	3	71	969
油田用化学制剂	吨	1		2021

本 年 销售量	出 口 交货量	销售额 (千元)	企 业 自 用	其 他	年 末 库 存
243.7		2400			11.08
54.25		295			
					331
4679		8979	1011226		6509
796073		2088412	23832		36961
785432		2048431	2160		36961
10641		39981	21672		
13107		42485			3356
8128		34426			1070
4979		8059			2286
38159		67686			5039
1687		5808			172
36472		61878			4867
806		4574			766
298		6387			286
298		6387			286
13933	6026	86867	13		4180
3948	3701	21987			379
1493	775	10632			420
2335		15129	13		67
2555.97		23587	18.36		86
649.97		8147	18.36		85
1906		15440			1
37		243			2
37		243			2
597844.44		4166591	13832.15	819	20143.02
213904		1633026		37	506
209625.2		1379555	13832.15	782	7565.04
174030.24		1151647			11926.98
269		2295			24
16		68			121
32260		309856			
32260		309856			
102210.61		721497	30399	774	6264
47613		291051	30398	618	3738
54597.61		430446	1	156	2526
52921.26	10568	503668	20276		970.09
52921.26	10568	503668	20276		970.09
11		1252			
1812.23		22985			627.49
1166.23		15531			162.49
646		7454			465
25071.88		126782	212	110	1880.58
745		2318	853	37	237
18802	20	65839			2321
965		8599			75
2021		6063			

2-71 续表 8

指标名称	计量单位	企业单位数(个)	年初库存	本年生产
炸药	吨	4	2360	27700
雷管	万支	1	283.04	2966.76
震源药柱	吨	1	670	8976
合成洗涤剂	吨	4	4026	27226.8
其中：合成洗衣粉	吨	3	4023	27000.8
液体洗涤剂	吨	1		2
化学药品原药	吨	3	81.37	58
2.消化系统用药	吨	1	7.4	
6.中枢神经系统用药	吨	1	10.97	
24.其它化学原料药	吨	2	63	58
氨基酸	吨	1	76	1451
谷氨酸	吨	1	76	1451
输液	万瓶	1	145	1433
片剂	万片	1	5489	119406
植物类饮片	千克	2	555	85068
动物类饮片	千克	1		7528.5
矿物类饮片	千克	1		4211.5
中成药	吨	6	475.61	1566.65
1.丸剂	吨	1	22	109
2.冲剂	吨	1	5.75	5.01
3.糖浆	吨	1	0.35	
4.片剂	吨	3	10	128.64
5.针剂	吨	1	0.45	6.85
7.口服液	吨	3	62.5	864.02
8.胶囊	吨	1	0.3	0.44
9.散剂	吨	1		4.77
10.其他中成药	吨	4	374.26	447.92
兽用化学药品	吨	1	384.62	1478.41
化纤浆粕	吨	4	2544.21	49663.94
1.化纤棉绒浆粕	吨	4	2544.21	49663.94
人造纤维	吨	1		19559
1.人造纤维短纤维	吨	1		19559
其中：粘胶短纤维	吨	1		19559
合成纤维	吨	2	316.74	21537.98
2.涤纶纤维	吨	1	37	19892
其中：涤纶短纤维	吨	1	37	19892
5.丙纶纤维	吨	1	53.92	16.76
10.未列明的其他合成纤维	吨	1	225.82	1629.22
橡胶轮胎外胎	条	1	56713	864713
合计中：1.载重汽车轮胎外胎	条	1	49779	669341
3.工程机械用轮胎外胎	条	1	313	1951
4.农、林业机械用轮胎外胎	条	1	6621	193421
橡胶轮胎内胎	条	1	20539	727510
1.载重汽车轮胎内胎	条	1	15553	516596
5.其他橡胶轮胎内胎	条	1	4986	210914
橡胶管	万标米	2		130.52
橡胶型材及异型材	吨	2	83	636.45

本年销售量	出口交货量	销售额(千元)	企业自用	其他	年末库存
25719	20	98760		1728	2613
2819.18	19.2	23353			430.62
8568		72016		1078	
28042.2		59924			3210.6
27853.2		59441			3170.6
2		6			
111.65	2	35386			27.72
2.65		290			4.75
2	2	420			8.97
107		34676			14
1178		8000			349
1178		8000			349
1438		18330			140
118342		22912			6553
76866		16927			8757
2555		113			4973.5
1744		8			2467.5
1604.35	118	170304	0.2		437.71
95		7380			36
9.97		236			0.79
0.03		3			0.32
123.96		26359			14.68
5.43		4135			1.87
856.87		69600			69.65
0.07		135			0.67
4.66		1			0.11
508.36	118	62455	0.2		313.62
1394.73		15151			468.3
35196.04		119695	13986		3026.11
35196.04		119695	13986		3026.11
19365		258712			194
19365		258712			194
19365		258712			194
21477.31		202181			377.41
19929		174111			
19929		174111			
					70.68
1548.31		28070			306.73
850009	23555	406860			71417
659109	23555	387058			60011
1951		5849			313
188949		13953			11093
646486	23555	16660			101563
465506	23555	14354			66643
180980		2306			34920
130.52		31751			
604.45		8718			115

2-71 续表 9

指标名称	计量单位	企业单位数(个)	年初库存	本年生产
橡胶零件及附件	吨	1	100	150
初级形状的再生橡胶	吨	1	28	5600
医疗、卫生用橡胶制品	吨	1	37	260
塑料薄膜	吨	26	12411.32	56307.23
1.聚乙烯塑料薄膜	吨	26	9484.32	49659.23
4.聚氯乙烯塑料薄膜	吨	1	2927	6648
塑料板、片及类似型材	吨	7	1789.3	5978.9
1.聚乙烯塑料板、片	吨	3	84.3	1614
2.聚丙烯塑料板、片	吨	1		171
4.聚氯乙烯塑料板、片	吨	3	1705	4170
6.其他塑料板、片及类似型材	吨	1		23.9
塑料类防水卷材	吨	3	435.19	5454
塑料制管子及其附件	吨	28	8980.89	65642.31
其中：塑料制硬管	吨	17	3393.3	36876.82
塑料制软管	吨	14	3632.87	11622.19
塑料条、棒、型材	吨	4	4943.04	26431.18
其中：聚乙烯条、棒、型材	吨	1	1103.04	9167.18
聚氯乙烯条、棒、型材	吨	2	566	1734
塑料编织布	吨	1	22	499
塑料编织袋	吨	20	1437	19838.82
泡沫塑料	吨	5	716	16705
聚苯乙烯泡沫塑料	吨	3	426	2235
聚氨酯泡沫塑料	吨	1	27	853
塑料包装箱及容器	吨	7	435.8	6884.45
其中：塑料包装箱类	吨	2	295.8	464.45
塑料桶、瓶及类似品	吨	6	140	6420
塑料塞子、盖子及类似品	吨	2	34	99
塑料零件及附件	吨	1		39
日用塑料制品	吨	15	780	5235.8
3.塑料制卫生设备、洁具配件	吨	1	1	
5.建筑用塑料制品	吨	13	758	3783.8
塑钢门窗	吨	13	758	3783.8
6.其他日用塑料制品	吨	2	21	1452
水泥熟料	吨	46	900283.49	8135117.09
其中：窑外分解窑熟料	吨	19	402782.65	3259114
水泥	吨	57	499642.48	11806089.87
1.通用水泥	吨	57	485249.48	11477389.87
其中：P·Ⅰ(Ⅱ)42.5	吨	7	15375.88	791126.34
P·Ⅰ(Ⅱ)42.5R	吨	4	3650	192742
P·Ⅰ(Ⅱ)52.5	吨	2	300	2077
P·Ⅰ(Ⅱ)52.5R	吨	1	382	2346
P·O 32.5	吨	26	166834.66	3115981
P·O 32.5R	吨	10	48819.46	1886285.35
P·O 42.5	吨	19	41478	515026
P·O 42.5R	吨	6	17584.74	207878
P·S 32.5	吨	9	33340.44	467197
P·S 32.5R	吨	3	1800	72695

本年 销售量	出口 交货量	销售额 (千元)	企业 自用	其他	年末 库存
180		360			70
5311		9560			317
296		2713			1
51998.12		495249	71	3785.03	12864.4
43711.12		421982	71	3624.03	11737.4
8287		73267		161	1127
5890.2	553	62376	0.3		1877.7
1425.6	553	31931	0.3		272.4
140		2324			31
4307		27899			1568
17.6		222			6.3
5021.65		45675			867.54
62478.03		401369	369.78	51	11724.39
35227.61		235359	366.8	51	4624.71
11730.27		132978	2.98		3521.81
28715.7		238544	1043	75.01	1540.51
9727.7		91995		75.01	467.51
1887		14421			413
501		6012			20
19393.82	782	253981	167	26	1689
17112		63540			309
2601		38015			60
829		9633			51
6644.24		113578			676.01
246.24		2680			514.01
6398		110898			162
122		2193			11
37		185			2
4999.8	1113	52795			1016
					1
3545.8		42667			996
3545.8		42667			996
1454	1113	10128			19
1125244.5		194641	6875542.65	20389	1014224.43
254746		17084	2968492.98	1205	437452.67
11787205.86		2591130	1036	64	517426.49
11460958.86		2496560	1036	64	500580.49
772501.23		161339			34000.99
193382		45554			3010
2007		955			370
2515		949			213
3106694.76		722133	100	40	175980.9
1894757.98		393807			40346.83
516562		105605			39942
203542.21		59103			21920.53
474426.9		81434			26110.54
53573		14135			20922

2-71 续表 10

指标名称	计量单位	企业单位数(个)	年初库存	本年生产
P·S 42.5	吨	3	1681	11403
P·C 32.5	吨	12	52602.93	1395451.45
P·C 32.5R	吨	3	22535	867353
P·C 42.5	吨	1		1085
2.特种水泥	吨	9	14393	328700
其中：油井水泥	吨	2	6347	105728
道路硅酸盐水泥	吨	4	1108	42388
砌筑水泥	吨	7	1786	115506
石灰	吨	4		162693
商品混凝土	立方米	15		2508168.29
水泥排水管	千米	3	19.78	164.33
	吨	3	7222.91	42920
水泥压力管	千米	2	4.64	22.22
	吨	2	3541	52613
其中：预应力钢筒混凝土管	千米	1	0.17	17.42
	吨	1	498	51000
水泥电杆	根	5	13797	28585
	吨	5	25213	36618
水泥轨枕	根	2	153915	777536
	吨	2	52565	258374
水泥混凝土砖	万块	2	9.64	36.87
水泥预制构件	立方米	4	697.28	9179
其中：水泥混凝土预制板	立方米	1	8	25
水泥钢筋混凝土桥梁构件	吨	1		1810
纤维增强水泥板	平方米	1	379971	404011
(2)非木质纤维板	立方米	1		9452.8
石膏板	平方米	3	674243	5012206
其中：纸面石膏板	平方米	3	674243	5012206
加气混凝土	立方米	3	81096	185631
其中：加气混凝土砌块	立方米	2	77786	120391
砖	万块	7	3400.38	10973.64
1.烧结砖	万块	4	2383.38	7996.64
其中：烧结普通砖(掺30%以上废渣)	万块	3	2095.38	5766.32
烧结多孔砖	万块	1	288	67
2.蒸压砖	万块	1	1017	1477
3.其他砖	万块	2		1500
建筑砌块	立方米	1	5017	9152
其中：普通混凝土小型空心砌块	立方米	1	5017	9152
瓷质砖	平方米	1	37329	52529
细炻砖	平方米	1	471477	761145
炻质砖	平方米	1	294148	965836
陶质砖	平方米	10	108484	21659500
陶瓷耐酸砖	平方米	1		1219
建筑用琉璃制品	吨	1	8614	
陶瓷管	吨	1		5270
天然石材(已加工)	平方米	5	232966	829500
天然花岗石板材	平方米	5	232966	829500

本年销售量	出口交货量	销售额(千元)	企业自用	其他	年末库存
8143		2360			4941
1415378.56		269336	22	24	32629.82
865699		134666			24189
883		273			202
326247		94570			16846
106649		42247			5426
41874		12252			1622
111835		27020			5457
58940		8257	102725		1028
2508153.29		614684		15	
153.58		28991			30.53
42463		28991			7679.91
23.61		96088			3.25
53727		96088			2427
17.45		93496			0.14
51088		93496			410
29769		19686		90	12523
38345		19686		62	23424
865250		120246			66201
288330		120246			22609
33.71		368			12.8
8800.37		10146	3		1072.91
8		19			25
1350		17757			460
303665		7236			480317
5548		2643			3904.8
5056647		23055			629802
5056647		23055			629802
214150		25737			52577
149853		18185			48324
9727.32		14322			4646.7
7808.32		11097			2571.7
6337		8403			1524.7
118		272			237
519		790			1975
1400		2435			100
12244		2149			1925
12244		2149			1925
45463		2078			44395
336756		54			895866
1210071		8520			49913
20476316		294291			1291668
217		7			1002
2392		17			6222
341		17			4929
853717		189502		16865	191884
853717		189502		16865	191884

2-71 续表 11

指标名称	计量单位	企业单位数(个)	年初库存	本年生产
沥青和改性沥青防水卷材	平方米	3	95847	78088
沥青制防水制品	吨	1		8621
平板玻璃	重量箱	4	112347.24	1118718.89
	平方米	4	1773041	18055332
其中：浮法平板玻璃	重量箱	2	7.24	198518.89
	平方米	2	789	1920098
平拉平板玻璃	重量箱	2	112340	920200
	平方米	2	1772252	16135234
钢化玻璃	平方米	1	9717	109802
玻璃包装容器	吨	4	10505.87	35034.87
	万个	4	4603.09	16731.79
啤酒瓶	吨	2	6820.87	19687.87
	万个	2	2572.09	8376.79
白酒瓶	吨	2	3685	15206
	万个	2	2031	6449
玻璃保温容器	万个	1		405
其中：小口玻璃保温容器	万个	1		405
保温容器用的玻璃胆	万个	1	164	1500
其中：小口保温容器用的玻璃胆	万个	1	164	1500
玻璃纤维增强塑料制品	吨	4	5393	41349.8
玻璃纤维增强塑料管材	吨	4	5393	41349
石棉制品	吨	1	15	85
1.石棉制纱、线、织物及制品	吨	1	15	85
耐火材料制品	吨	1	6	2670
3.不定型耐火制品	吨	1	6	1338
5.其他耐火材料制品	吨	1		1332
石墨及炭素制品	吨	4	6494.22	27824.25
1.石墨制品	吨	1		4127
石墨阳极	吨	1		4127
2.炭制品	吨	3	6494.22	23697.25
其中：炭块	吨	1	131.22	1192.25
炭电极	吨	2	6363	22505
磨料	吨	1	475	2181
生铁	吨	12	1795.41	1909340.8
1.炼钢生铁	吨	5	18	1803553
2.铸造生铁	吨	8	1777.41	105787.8
粗钢	吨	8	34795	2478913
1.非合金钢	吨	7	2753	1428642
2.低合金钢	吨	2		1006261
3.合金钢(不含不锈钢)	吨	1		44010
1.转炉钢	吨	2		1519060
2.电炉钢	吨	7	2753	959853
1.连铸坯	吨	5	2753	2374377
2.模铸钢锭	吨	3		104536
轧制、锻造钢坯	吨	7	9902	2365012
1.轧制钢坯	吨	6	9902	2361764
其中：轧制连铸坯	吨	2		2222784

本年销售量	出口交货量	销售额(千元)	企业自用	其他	年末库存
133889		1452			40046
8621		13205			
1126615.08		57901		7.24	104443.81
18591299		57901		789	1236285
191875.08		21158		7.24	6643.81
1789359		21158		789	130739
934740		36743			97800
16801940		36743			1105546
119011		14823			508
26374.9		37303			19165.84
14121.19		37303			7213.69
13911.9		15794			12596.84
7142.19		15794			3806.69
12338		20597			6553
5285		20597			3195
384		32640			21
384		32640			21
1410		42930			254
1410		42930			254
40275		400252	400	534.8	5533
40275		400252	400	534	5533
64		784			36
64		784			36
2636		2873			40
1304		2666			40
1332		207			
19588.27		31156	11072		3658.2
4127		8463			
4127		8463			
15461.27		22693	11072		3658.2
1290.27		3910			33.2
14171		18783	11072		3625
1937		9203			719
1770573.66		3039754	68690.5		71872.05
1730257		2969783	27000		46314
40316.66		69971	41690.5		25558.05
86188		224876	2392643		34877
84793		222614	116218		14592
			16233		
84793		222614	99985		14592
84793		222614	60218		14592
			56000		
3517		19620	156456		8390
375		3910	156456		8284
			16233		

2-71 续表 12

指标名称	计量单位	企业单位数(个)	年初库存	本年生产
2.锻造钢坯	吨	1		3248
钢材(未扣除外购国产钢材用量)	吨	19	139407.05	2535138
1.铁道用钢材	吨	1	1094	10436
(1)非合金钢	吨	1		10436
(3)其他品种铁道用钢材	吨	1		10436
2.大型型钢	吨	1		4432
(1)非合金钢	吨	1		4432
(1)热轧大型型钢	吨	1		4432
(3)大型U型钢(大型槽钢)	吨	1		3411
(4)大型角钢	吨	1		1021
3.中小型型钢	吨	3	8674	79768
(1)非合金钢	吨	3		79768
(1)热轧中小型型钢	吨	3		79768
(3)中小U型钢(小槽钢)	吨	3		16562
(4)中小型角钢	吨	3		63206
4.棒材	吨	5	7747	127041
(1)非合金钢	吨	3		70823
(2)低合金钢	吨	2		12275
(3)合金钢(不含不锈钢)	吨	1		43943
(1)热轧棒材	吨	4		124109
(2)冷轧(拔)棒材	吨	1		2932
5.钢筋	吨	4	68328	1075658
(1)非合金钢	吨	3	5300	110985
(2)低合金钢	吨	1		964673
(1)热轧钢筋	吨	4	5300	1075658
(1)一级钢筋	吨	1	5300	41093
(2)二级钢筋	吨	3		831634
(3)三级钢筋	吨	1		202931
6.线材(盘条)	吨	2	41063	941345
(1)非合金钢线材(盘条)	吨	1		850307
(2)低合金钢线材(盘条)	吨	2		91038
15.热轧窄钢带	吨	3	8198	145241
(1)非合金钢	吨	3		145241
20.无缝钢管	吨	2		7207
(1)非合金钢	吨	1		5707
(3)合金钢(不含不锈钢)	吨	1		1500
(1)热轧无缝钢管	吨	2		7207
21.焊接钢管	吨	8	4303.05	144010
(1)非合金钢	吨	4	1523.05	48575
(2)低合金钢	吨	4		95435
(1)直缝焊接管	吨	5	1170	128911
(2)螺旋焊接管	吨	3	353.05	15099
钢筋	吨	1		6494
无缝钢管	吨	2		7207
焊接钢管	吨	6	4165	137516
铁合金	吨	7	1715.81	33032.42
1.普通铁合金	吨	6	1318	30657
其中：锰铁	吨	1	79	395
硅铁	吨	1	1023	10107
硅锰铁	吨	3	216	12084

本年销售量	出口交货量	销售额(千元)	企业自用	其他	年末库存
3142		15710			106
2557990.07	15391	7529013	254		116300.98
10215		29807			1315
4432		12356			
82621	60	239822			5821
122697	1372	408461	254		11837
1110408	4920	3183571			33578
92842		138465			7551
92842		138465			7551
42842		127346			3551
50000		11119			4000
936406	9039	2641465			46002
25000		87500			1000
142868		391757			10571
6616		33682			591
5466		28298			241
1150		5384			350
6616		33682			591
141727.07		588092			6585.98
46848.07		191999			3249.98
42720		159455			3155
4128.07		32544			94.98
6454		25534			40
6616		33682			591
135150		557504			6532
31346.71		177069			3401.52
28727		160349			3248
444		4226			30
9040		47640			2090
11172		63004			1128

2-71 续表 13

指标名称	计量单位	企业单位数(个)	年初库存	本年生产
2.特种铁合金	吨	1	397.81	2375.42
其中：铬铁合金	吨	1	397.81	2375.42
粗铜	吨	1		3120
2.再生粗铜	吨	1		3120
精炼铜(电解铜)	吨	2	175	3453
1.矿产铜	吨	1	175	3003
2.再生铜	吨	1		450
高冰镍含镍量	吨	1	3	2719
氧化钴	吨	1	31	26
金属钴	吨	1		2
原铝(电解铝)	吨	4	2569	53442
再生铝	吨	2	290	2440
黄金	千克	12	65	2659.9
2.冶炼产金	千克	12	65	2659.9
(1)金矿料产金	千克	10	50	2524.9
(2)有色料副产金	千克	1		31
(3)再生金	千克	1	15	104
白银	千克	1		1249
3.有色副产银	千克	1		1249
铂	千克	1		15
钯	千克	1		15
铝合金	吨	3	2583	20322
铝材	吨	2	1042	9359
铝型材	吨	2	1042	9359
钢铁结构体及其部件	吨	11	2654.86	37331.82
其中：桥梁用钢铁结构	吨	1	1978.4	8365.5
钢塔、钢格构杆	吨	1	61	904
空间钢铁结构件	吨	4	249.46	14895.15
钢铁制房屋构架	吨	1		3261.17
预制建筑物(活动房屋)	个	3		1444
金属制门及其框架、门槛	吨	9	681.82	4409.78
	件(套)	9	15443	125370
其中：钢铁门及其框架、门槛	吨	8	680.82	4245.78
	件(套)	8	15143	76170
铝合金门及其框架、门槛	吨	1	1	164
	件(套)	1	300	49200
金属制窗及窗框	吨	2	23	134
	件(套)	2	501	3834
1.钢铁制窗及窗框	吨	1	23	61
	件(套)	1	501	1282
2.铝合金窗及窗框	吨	1		73
	件(套)	1		2552
金属压力容器	吨	1	135	4769
	个	1	23	795
其中：钢铁制压力容器	吨	1	135	4769
	个	1	23	795
大型金属容器(容积＞300升)	吨	2		59

本年 销售量	出口 交货量	销售额 (千元)	企业 自用	其他	年末 库存
2619.71		16720			153.52
2619.71		16720			153.52
3120		84078			
3120		84078			
3535		75655	4		89
3085		69805	4		89
450		5850			
2713		311335			9
45		10461	3		9
					2
42053	1893	635071	11822	293	1843
2541.9	249	28553			188.1
2679.9		278919			45
2679.9		278919			45
2554.9		265475			20
30		3237			1
95		10207			24
1249		1911			
1249		1911			
12		2148			3
					15
21536	1687	279925		66	1303
9507		189172			894
9507		189172			894
36028.27		242412			3958.41
9300		52562			1043.9
929		7780			36
13243.1		109277			1901.51
3261.17		19881			
1444		54501			
3810.04		32291			1281.56
113411		32291			27402
3648.04		26687			1278.56
64811		26687			26502
162		5604			3
48600		5604			900
135		2785			22
3863		2785			472
62		356			22
1311		356			472
73		2429			
2552		2429			
4085		81919			819
681		81919			137
4085		81919			819
681		81919			137
59		313			

2-71 续表 14

指标名称	计量单位	企业单位数(个)	年初库存	本年生产
	个	2		8
其中：钢铁制大型金属容器	吨	2		59
	个	2		8
金属包装容器(容积不超过300升)	万只	10	94.2	1657.96
	吨	10	3538.95	41656.77
1.钢铁制包装容器	万只	10	94.2	1657.96
	吨	10	3538.95	41656.77
金属制塞、盖及类似包装用附件	吨	1	11	79
金属丝	吨	6	3904.27	69863.67
其中：钢丝	吨	5	3904.27	67373.67
钢绞线	吨	1	226	841
供暖用散热器(暖气片)	吨	8	543.94	29099.1
其中：铸铁散热器	吨	4		23389.2
保险柜	个	1		4320
日用搪瓷杂件	吨	1	117	48
焊条	吨	1	438	18963
1.电焊条	吨	1	438	18963
金属铸造制品	吨	1	165	8741
工业锅炉	蒸发量吨	4	242.07	655.61
	台	4	32	292
1.蒸汽锅炉	蒸发量吨	1	22	134.5
	台	1	8	32
2.热水锅炉	蒸发量吨	4	220.07	521.11
	台	4	24	260
手动葫芦	台	1		
起重机械	台	3	48	123
	吨	3	869	2619
1.塔式起重机	台	2	7	55
3.门式起重机(龙门起重机)	台	1	9	6
5.桥式起重机	台	1	32	62
电梯	台	1		80
自动扶梯及自动人行道	台	1		77
输送机械	台	2	9	88
	米	2	1411	12238
3.带式输送机	台	2	9	88
泵(液体泵)	台	3	2015	4385
1.液压泵(回转式排液泵)	台	1	694	2986
3.离心泵	台	2	1286	1383
其中：单级离心泵	台	1	164	174
多级离心泵	台	1	57	18
4.其他液体泵	台	1	35	16
滚动轴承	万套	1	87.4	98.24
1.球轴承	万套	1	10.4	16.53
2.滚子轴承	万套	1	10.4	32.95
3.带座外球面球轴承	万套	1	66.6	48.76
风机	台	3	104	1472
1.离心通风机	台	2	91	1443
5.其他风机	台	1	13	29

本年 销售量	出口 交货量	销售额 (千元)	企业 自用	其他	年末 库存
8		313			
59		313			
8		313			
1631.39		182434			120.77
41204.72		182434			3991
1631.39		182434			120.77
41204.72		182434			3991
87		2768			3
70833.91		232509			2934.03
68592.91		222665			2685.03
967		13638			100
28454.15		127683	4.4		1184.49
22726.6		50325	4.4		658.2
4320		586			
118		1674			47
18702		104233			699
18702		104233			699
8767		11151			139
627.96		35362			269.72
279		35362			45
113		6001			43.5
29		6001			11
514.96		29361			226.22
250		29361			34
129		25162			42
2812		25162			676
59		11636			3
13		4617			2
57		8909			37
80		18723			
77		13090			
30		6418			67
3144		6418			10505
30		6418			67
4935		26489			1465
3262		14534			418
1637		11629			1032
168		676			170
58		290			17
36		326			15
127.7	27.9	31039			57.94
6.9	6.9	3824			20.03
42.1	3.3	11071			1.25
78.7	17.7	16144			36.66
1379		9686			197
1346		9182			188
33		504			9

2-71 续表 15

指标名称	计量单位	企业单位数(个)	年初库存	本年生产
非家用空调设备	台	1	300	500
其中：组合式空调机组	台	1	300	500
衡器	台	1	35	131
1.固定衡器	台	1	33	129
汽车衡	台	1	33	129
5.其他衡器	台	1	2	2
减速机	台	1	379	283
金属密封垫	万件	1	0.17	107
金属紧固件	吨	3	1206	3027
1.钢铁制紧固件	吨	3	1206	3027
铸铁件	吨	6	1278	9051
铸钢件	吨	1		31
金属锻件	吨	2	148	3041
其中：自由锻件	吨	2	148	3041
采矿设备	台	3	91	33
	吨	3	285	131
1.采掘、凿岩设备	台	2	11	8
矿用装载设备	台	1		5
2.矿山卷扬(提升)设备	台	1	23	
3.矿物筛分、洗选设备	台	1		1
其中：振动筛	台	1		1
6.其他采矿专用设备	台	2	57	24
石油钻探、开采专用设备	台(套)	2	306	1134
其中：石油钻井设备	台(套)	1	258	439
采油设备	台(套)	1	48	695
挖掘、铲土运输机械	台	1	3	6
3.平地机	台	1	3	6
非金属矿物混合或搅拌机械	台	2	42	11
搅拌机	台	2	42	11
炼油、化工专用设备	台	2	15	122
	吨	2	81	459.12
3.化工专用炉	台	1	15	75
6.其他炼油、化工生产专用设备	台	1		47
动植物油脂榨油提取加工机械	台	1		595
榨油机	台	1		595
饲料生产专用设备	台	1	119	1192
其中：饲料粉碎机	台	1	119	1192
拖拉机	台	1	3	1272
2.中型拖拉机	台	1		10
3.小型拖拉机	台	1	3	1262
土壤耕整机械	台	3	138	1680
松土机	台	1	129	1483
旋耕机	台	1	3	11
播种、种植机械	台	5	1389	5967
其中：播种机	台	4	1389	4637
移植机(移栽机)	台	1		20

本年销售量	出口交货量	销售额(千元)	企业自用	其他	年末库存
800		15439			
800		15439			
154		15580			12
150		15449			12
150		15449			12
4		131			
591		643			71
107		6655			0.17
3413		27832			820
3413		27832			820
9015		23620	33		1281
31		166			
3015		11629			174
3015		11629			174
51		2906			73
218		2906			198
12		1448			7
5		722			
4		574			19
1		80			
1		80			
34		804			47
1237		164721			203
541		69391			156
696		95330			47
1		38			8
1		38			8
17		1335			36
17		1335			36
135		2206			2
530.12		2206			10
88		1802			2
47		404			
595		51			
595		51			
499		701		47	765
499		701		47	765
1275		9033			
10		86			
1265		8947			
1784		21698			34
1581		16078			31
11		170			3
5961		27501			1395
5003		25054			1023
20		125			

2-71 续表 16

指标名称	计量单位	企业单位数（个）	年初库存	本年生产
植物保护和管理机械	台	3	28	1666
中耕机	台	2	5	66
植保、中耕、追肥联合机械	台	1	23	1600
收获机械	台	1		31
其中：联合收割机	台	1		31
场上作业机械	台	1		1294
作物烘干、干燥机	台	1		1294
牧草收获机械	台	1	247	1357
其中：割草机	台	1	15	613
草料打包机	台	1	10	35
畜禽饲养、配种、孵化育雏设备	台	1		274
家畜饲养机械	台	1		274
棉花加工机械	台	1	25	231
其中：轧花机	台	1	25	231
大气污染防治设备	台	1	1	28
1.除尘设备	台	1	1	28
旋风式除尘器	台	1	1	28
铁道电气交通管理设备	台	1	8	
其中：信号及安全设备	台	1	8	
水利专用机械	台	1		97
自来水生产专用设备	台	1		82
窄轨非机动车辆	辆	1	483	437
铁路机车车辆配件及零件	吨	1	153	1977
汽车整车	辆	1	409	2095
合计中：1.汽油汽车	辆	1	10	87
2.柴油汽车	辆	1	399	2008
3.载货汽车	辆	1	387	1797
4.半挂牵引车	辆	1	22	298
汽车底盘	辆	1	71	60
改装汽车	辆	6	476	1923
1.载货汽车	辆	2	5	19
3.自卸汽车	辆	5	213	227
4.牵引汽车	辆	2	66	451
5.客车	辆	1	20	232
6.厢式汽车	辆	3	13	57
7.罐式汽车	辆	4	47	409
10.特种结构汽车	辆	2	5	23
12.其它改装汽车	辆	3	107	505
挂车、半挂车	辆	2	90	449
汽车零配件	万件	2	84.93	331.99
发电机组	台	2		168
	千瓦	2		74290
3.风力发电机组	台	1		112
	千瓦	1		67200
4.柴油或半柴油发电机组	台	1		56
	千瓦	1		7090
交流电动机	台	1	485	4076

本年销售量	出口交货量	销售额（千元）	企业自用	其他	年末库存
1666		2547			28
66		1348			5
1600		1199			23
31		2940			
31		2940			
11		6253			1283
11		6253			1283
899		6057			705
290		1285			338
45		2373			
234		394			40
234		394			40
256		6284			
256		6284			
27		626			2
27		626			2
27		626			2
2		84			6
2		84			6
79		122			18
82		5167			
664		2307			256
1982		7192			148
2020		365966			484
89		4925			8
1931		361041			476
1785		331169			399
235		34797			85
88		11240			43
1952		194843			447
24		2302			
332		41526			108
420		26709			97
205		40841			47
67		4494			3
409		35776			47
21		2529			7
474		40666			138
463		21489			76
294.16		90405			122.76
168		269204			
74290		269204			
112		240589			
67200		240589			
56		28615			
7090		28615			
4099		6094			462

2-71 续表 17

指标名称	计量单位	企业单位数(个)	年初库存	本年生产
	千瓦	1	4500	51800
变压器	台	4	3467	8141
	千伏安	4	4540739	11198631
其中：500KVA≤额定容量≤8000KVA变压器	台	4	3225	7495
	千伏安	4	4514934	11049732
电路开关、保护及连接用电气装置	台	1		350
隔离开关及断续开关	台	1		350
电力控制或电力分配装置	台(面)	11	3738	25278
高压开关板	面	9	220	1378
低压开关板	面(台)	11	3518	23327
电线	千米	4	2650	24102
通信及电子网络用电缆	对千米	1	2595	63263
电力电缆	千米	7	2528	20987.66
裸铜线	吨	3	128	2823.54
铜包钢线	吨	2	297	1470.6
电气绝缘子(玻璃、陶瓷制除外)	吨	1		230
电气设备的绝缘配件	吨	1		31
蓄电池	只	1	11140	9798
1.酸性蓄电池	千伏安时	1	14600	106820
	只	1	11140	9798
原电池及原电池组(折R20标准只)	万只	2	2056.2	3036.62
1.二氧化锰原电池(组)	万只	1	1827	2896.88
其中：普通(糊式)锌锰电池	万只	1	879	1246
纸板锌锰电池	万只	1	948	1650.88
5.其他原电池及原电池组	万只	1	229.2	139.74
太阳能用具	台	1	85	1476
太阳能热水器	台	1	85	1476
工业自动控制系统	台(套)	1		220
3.其他形式的自动控制系统	台	1		220
电能表	个	1	450	140757
塑料废料	吨	1	65	665
发电量	万千瓦小时	101		2604911.59
1.火电	万千瓦小时	71		2255943.19
2.水电	万千瓦小时	39		324858.4
4.风力发电	万千瓦小时	6		24110
售电量	万千瓦小时	35		1760520.53
? 供热总量	万吉焦	76		7727.43
1.蒸汽	万吉焦	14		1842.87
2.热水	万吉焦	62		5884.56
煤气生产量	万立方米	1		334685
1.焦炉煤气	万立方米	1		32891
3.其他煤气	万立方米	1		301794
天然气供应量	万立方米	7	81.5	21485.1
液化石油气供应总量	万吨	3		3.46
自来水	万立方米	83		52405.15

本年销售量	出口交货量	销售额(千元)	企业自用	其他	年末库存
51000		6094			5300
9104	75	711923			2504
12381369	130000	711923			3358001
8347	75	700729			2373
12217498	130000	700729			3347168
350		70			
350		70			
24759		144172			4257
1271		50500			327
22915		93672			3930
23143		42215			3609
63337		7472			2521
20901.16	268	418464			2614.5
2840.54		92333	4		107
1344.6		23661			423
210		13691			20
31		8969			
9560		19269			11378
101500		19269			19920
9560		19269			11378
3090.48		12433			2002.34
2843.88		11096			1880
1278		7577			847
1565.88		3519			1033
246.6		1337			122.34
1561		1353			
1561		1353			
220		27400			
220		27400			
134307		31248			6900
719		1039			11
1792247.69		4278371	791869.35	20794.55	
1502818.25		3385875	735419.54	17705.4	
266204.44		799211	55564.81	3089.15	
23225		93285	885		
1756337.65		5886554	272	3910.88	
7211.91		1549705	509.03	6.49	
1410.14		218334	432.73		
5801.77		1331371	76.3	6.49	
			334685		
			32891		
			301794		
21464		273683			102.6
3.26		81407			0.2
50786.8		555104	722.35	896	

2-72 规模以下工业企业

指标名称	计量单位	企业单位数(个)	年初库存	本年生产
原煤	吨	274	534857.96	9462018.5
1.无烟煤	吨	30	3483	1014147
2.烟煤	吨	244	531374.96	8447871.5
(1)炼焦烟煤	吨	2		11500
(2)一般烟煤	吨	242	531374.96	8436371.5
洗精煤	吨	1		17373
2.其他用洗精煤	吨	1		17373
铁矿石原矿	吨	11	2885	339234
铁矿石成品矿	吨	4	500	80588
其中：铁精矿	吨	2		10901
人造富铁矿	吨	1		2000
球团铁矿	吨	1		2000
锰矿石成品矿	吨	2	1080	3200
1.锰块矿	吨	2	1080	3200
铬矿石成品矿	吨	7		17914.86
1.富铬块矿	吨	6		15958
3.铬铁矿	吨	1		1956.86
铜矿山产品含铜量	吨	5	36	9071
1.铜选矿产品含铜量	吨	5	36	9071
铅选矿产品含铅量	吨	1	48	1580
锌选矿产品含锌量	吨	3		1140
镍精矿含镍量	吨	1	54	10690
金矿含金量	千克	5	4	93
其中：金精矿含金量	千克	3	4	60.7
金块矿含金量	千克	2		23
石灰石	吨	27	1565	1140308.4
石膏	吨	7	4073.96	37164.32
天然大理石荒料	立方米	1	762	1513
天然花岗石荒料	立方米	4	1011	4730
原状石英岩	吨	1		15050
原状板岩	吨	1		5
耐火粘土矿	吨	1		2.8
耐火粘土熟料	吨	1	193	900
白云石	吨	1		3500
高岭土(也称瓷土)	吨	1		125
砂石	吨	72	435317	4762349.17
重晶石	吨	1	290	
原盐	吨	6	4118.2	127990
2.湖盐	吨	6	4118.2	127990
石棉	吨	1		25
云母	吨	2	4	126
滑石	吨	4	2823.02	22757.96
玉石类矿	千克	6	30000	135802
石英砂	吨	5	1264	22036
小麦粉(面粉)	吨	116	8858.83	152064.67
其中：小麦专用粉	吨	15	485.83	12249.3
大米	吨	7	499.83	3579.9
玉米粉	吨	1	1	18
饲料	吨	25	946.25	25414.72

主要工业产品产量

本年 销售量	出口 交货量	销售额 (千元)	企业 自用	其他	年末 库存
9239361.18		721335	21850	7493	728172.28
1012315		75671	847		4468
8227046.18		645664	21003	7493	723704.28
11500		1743			
8215546.18		643921	21003	7493	723704.28
17373		4214			
17373		4214			
114823		7706	41331		185965
74387		8950			6701
10900		3212			1
					2000
					2000
4140		845			140
4140		845			140
12738.42		10430			5176.44
11978		5376			3980
760.42		5054			1196.44
9107		15799			
9107		15799			
1628		5792			
1057		6450			83
10744		2052			
32		700	65		
32		700	32.7		
			23		
1090089.4		21854			51784
40896.31		1968			341.97
452		467			1823
3995		2197			1746
9266		1170			5784
5		20			
2.8		70			
903		876	38	18	134
3500		498			
125		10			
4712653.82		247049	13866	69759	401387.35
50		47			240
116039.7		4106	13275		2793.5
116039.7		4106	13275		2793.5
20		300			5
114		384			16
21847.54		1361			3733.44
116100.5		3768			49701.5
22043		4360			1257
142682.36		148098	1060	544.75	16636.39
12339.3		8436			395.83
3775.95		8401		20	283.78
17		2			2
20448.73		36843		9	5903.24

2-72 续表 1

指标名称	计量单位	企业单位数(个)	年初库存	本年生产
其中：配合饲料	吨	11	395.21	18515.21
浓缩饲料	吨	4	32.16	1187.41
预混合饲料	吨	5	209.88	1596.65
混合饲料	吨	8	306	3978.45
毛油(初榨植物油)	吨	40	1190	18204.35
棉籽毛油	吨	26	1130	12785.85
菜籽毛油	吨	6		1808.5
精制食用植物油	吨	34	560.4	18310.3
其中：大豆精制油	吨	1		80
菜籽精制油	吨	5		1990
芝麻精制油	吨	1	3	112
葵花籽精制油	吨	7	188	5009
非食用植物油	吨	1		50
其中：蓖麻油	吨	1		50
油渣饼	吨	12	26	9806
鲜冷藏肉	吨	5	100.5	990.8
其中：鲜猪肉	吨	2		736
鲜牛肉	吨	2	95.5	83.2
鲜羊肉	吨	2	5	171.6
冻肉	吨	7	19.98	1408.31
冻牛肉	吨	1	10.13	6.38
冻羊肉	吨	6	9.85	1401.93
动物肠衣	吨	4	9.43	80.32
熟肉制品	吨	17	110.46	15832.58
1.蒸煮香肠制品	吨	3	16.5	116.5
2.熏肉制品	吨	4	16.49	326.94
3.腌腊肉制品	吨	1	0.11	5.14
4.酱卤烧烤肉制品	吨	7	42	271.8
5.干炸肉制品	吨	1		10
6.其他方法制作的熟肉制品	吨	4	35.36	15102.2
水生动物腌制品	吨	2	2.24	11.85
饲料用水生动物产品	吨	3	35.2	2150
暂时保藏的蔬菜	吨	2	9.85	82.81
干制蔬菜(脱水蔬菜)	吨	2	118	209
腌渍菜	吨	6	6.8	180.6
果酱	吨	3	2	223.5
焙、炒加工的坚果及果仁	吨	9	301.35	1577.59
糕点	吨	26	212.3	2644.17
1.西式糕点	吨	11	48.5	317.22
2.中式糕点	吨	19	163.7	1489.35
其中：月饼	吨	10	72.5	148.77
3.其它糕点	吨	4	0.1	837.6
面包	吨	11	0.4	204.29
饼干	吨	4	31	4118
膨化食品	吨	1		4651
糖果	吨	3	2	415
蜜饯果脯	吨	4	300	2537
面制品	吨	6	50	3369.4
米制品	吨	1	0.2	9.99
速冻米面食品	吨	5	312.8	1144.96
1.速冻包馅食品	吨	5	311.8	1120.96
2.速冻无馅米面食品	吨	1	1	24

本年销售量	出口交货量	销售额（千元）	企业自用	其他	年末库存
13318.97		17419			5591.45
1172.48		3839			47.09
1684.83		9460			121.7
4137.45		5990		9	138
15431.47		68470	2	8.12	3952.76
10799.77		46224	2	8	3106.08
1799.7		9346			8.8
14180.8		69737	5	1.12	4683.78
80		480			
991		9980			999
102		1500			13
3351		17860		1.12	1844.88
35		350			15
35		350			15
5947		4249			3885
1025.9		3952			65.4
736		987			
114.3		1962			64.4
175.6		1003			1
443.48		2212			984.81
12.68		206			3.83
430.8		2006			980.98
71.59		16187			18.16
15761.96		25451	1		180.08
115.96		3735			17.04
240.19		6746			103.24
4.89		136			0.36
291.8		9251			22
5		150			5
15104.12		5433	1		32.44
9.11		57			4.98
2095		2080			90.2
92.66		662			
199		2049			128
68		585	1		118.4
128.47		840			97.03
1460.32	18	10418			418.62
2637.77		24707		0.2	218.5
337.22		6375			28.5
1463.25		13076		0.2	189.6
127.67		2512			93.6
837.3		5256			0.4
202.39		3428		2	0.3
4085		422			64
3498		2270			1153
247.33		1251			169.67
2116		3431		100	621
3065.1		6520			354.3
9.6		120			0.59
993.5		6812			464.26
969.9		6760			462.86
23.6		52			1.4

2-72 续表 2

指标名称	计量单位	企业单位数(个)	年初库存	本年生产
方便面	吨	1	26.87	523.33
液体乳	吨	19	188.27	4024.99
其中：超高温灭菌液体乳	吨	6	148	948.37
杀菌液体乳	吨	2		1667
酸乳	吨	14	10.27	1300.62
乳粉	吨	11	219.35	1532.15
干酪(奶酪)	吨	1	1.75	2.5
其他含天然乳制品	吨	2	1.8	71.4
罐头	吨	15	708.8	9774.5
1.肉、禽类罐头	吨	2	40	318.5
牛肉及杂碎罐头	吨	1		258.9
禽类罐头	吨	1	40	59.6
3.蔬菜罐头	吨	10	495	8613.5
其中：番茄、番茄酱罐头	吨	9	495	8606
蘑菇和其他食用菌罐头	吨	1		7.5
4.水果罐头	吨	1		400
7.其他未列明的罐头食品	吨	2	173.8	442.5
味精	吨	1	10	98
酱油	吨	14	147.73	3167.57
酱	吨	2	8.72	129
食醋	吨	19	337.77	8652.68
复合调味品	吨	4	471.29	1940.2
辣椒酱	吨	4	471.29	1940.2
蜂蜜营养制品	吨	8	253.87	1420.6
冷冻饮品	吨	9	625.65	2913.85
1.冰淇淋类	吨	5	57.65	751.43
2.雪糕类	吨	4		1219.42
3.其他冷冻饮品	吨	1	568	943
食用盐	吨	3	1401.5	8232.08
1.加碘盐	吨	3	1385.9	8224.08
2.调味盐	吨	1	7.6	8
3.其他食用盐	吨	1	8	
其他加工盐	吨	1	2000	6500
食品添加剂	吨	5	32.5	751.7
其中：果胶	吨	1	19	36
植物制粘结剂	吨	1	3.5	18.7
食品保鲜剂	吨	1		262
食品着色剂	吨	2	10	435
动物饲料专用添加剂	吨	1	0.26	
白酒(折65度)	千升	68	5077.22	8387.46
1.固态法白酒	千升	12	412.98	1901.51
2.半固态法白酒	千升	1	0.96	6.06
3.液态法白酒	千升	24	1487.3	3163.96
4.其他白酒	千升	32	3175.98	3315.93
啤酒麦芽	吨	1		1395
黄酒	千升	2		17
葡萄酒	千升	20	2048.8	4399.35
1.瓶装葡萄酒	千升	19	2048.8	3916.96
其中：瓶装红葡萄酒	千升	8	135.69	417.2

本年销售量	出口交货量	销售额(千元)	企业自用	其他	年末库存
279.95		2671			270.25
4004.57		13439		0.02	208.67
995.37		2120			101
1580.5		5282			86.5
1297.7		4900		0.02	13.17
1327.6		17015			423.9
2.8		53			1.45
70.3		512			2.9
5627.6		21106		60	4795.7
42.8		732			315.7
11.5		5			247.4
31.3		727			68.3
4888.9		17993		60	4159.6
4882		17444		60	4159
6.9		549			0.6
400		1695			
295.9		686			320.4
88		700			20
3164.89		3923	0.2		150.21
116.33		109			21.39
8413.28		11049	0.3		576.87
1664.53		5515			746.96
1664.53		5515			746.96
1473.66		10523			200.81
2601.07		8167			938.43
647.35		2547			161.73
1167.72		4059			51.7
786		1561			725
8130.65		5050		613	889.93
8120.65		5036		613	876.33
10		14			5.6
					8
7000		245			1500
761.8		6563			22.4
46		112			9
18.8		1166			3.4
262		450			
435		4835			10
0.09		169			0.17
7307.75		58927	33.9	512.11	5610.92
1659.51		13739	24	11.98	619
3.77		37			3.25
2475.2		16270	5.2	466	1704.86
3169.27		28881	4.7	34.13	3283.81
1395		2511			
9.37		19			7.63
3864.03		19561		28	2556.12
3549.19		18489		28	2388.57
440.8		1254			112.09

2-72 续表 3

指标名称	计量单位	企业单位数(个)	年初库存	本年生产
2.散装葡萄酒	千升	1		482.39
果酒	千升	13	186.25	857.11
露酒	千升	2	86.56	57.5
其他蒸馏酒及其他未列明的配制酒	千升	4	40.19	190.99
软饮料	吨	66	1904.8	150909.2
1.碳酸饮料	吨	5	2	532.1
其中：可乐型碳酸饮料	吨	1	2	8
低热量型碳酸饮料	吨	3		368.1
2.瓶(罐)装饮用水	吨	41	1650.85	145412.08
其中：饮用天然矿泉水	吨	6	687	101834
饮用纯净水	吨	33	932.62	42139.08
3.果菜汁	吨	6	2.36	1979.66
其中：果汁	吨	2		1547
果浆	吨	1		39.5
浓缩果汁	吨	1		165
4.果菜汁饮料	吨	11	232.59	2461.36
其中：果汁饮料	吨	9	216.2	1967.88
蔬菜汁饮料	吨	3	16.39	493.48
5.含乳饮料	吨	3	3	504
10.其他未包括的软饮料	吨	1	14	20
精制茶	吨	3	43	92
保健茶	吨	3	43	92
茶制品	吨	3	39.15	15
烟丝	吨	1	0.4	1.75
纱	吨	18	848.5	5274.05
1.棉纱	吨	18	848.5	5274.05
缝纫线	吨	1		3700
布	万米	15	118	514.48
其　中：色织布	万米	1	14	96
合计中：1.棉布	万米	15	118	514.48
印染布	万米	3	33.04	84.24
合计中：1.漂白布	万米	1	5	62
2.染色布	万米	2	28.04	22.24
合计中：1.棉印染布	万米	3	33.04	84.24
毛条	吨	1		3.6
1.粗梳毛条	吨	1		3.6
毛纱	吨	4	10.6	17.83
绒线(俗称毛线)	吨	1	195	27
1.纯毛绒线	吨	1	195	27
毛机织物(呢绒)	万米	3	30.77	7.62
1.纯毛机织物	万米	1	12.2	
(2)精梳毛机织物	万米	1	12.2	
2.毛混纺机织物	万米	2	18.57	7.62
(2)精梳毛混纺机织物	万米	2	18.57	7.62
亚麻打成麻	吨	2		156
生丝(未加捻)	吨	1	15.32	38.91
1.桑蚕丝	吨	1	15.32	38.91
丝织品	万米	2	1.26	127.1
1.桑蚕丝织品	万米	2	1.26	127.1

本年销售量	出口交货量	销售额(千元)	企业自用	其他	年末库存
314.84		1072			167.55
782.76		6852	0.8	0.2	259.6
61.89		845			82.17
139.45		1562			91.73
148022.86		43913	56.13	718.92	4016.09
518.1		2387			16
8		80			2
354.1		2171			14
143823.41		28286	53.13	704	2482.39
100823.4		2205	50		1647.6
41530.78		25368	3.13	704	833.79
1378.57		3804	3		600.45
1291		2709	1		255
					39.5
28		500			137
1823.78		8756		14.92	855.25
1792.66		8748		14.92	376.5
31.12		8			478.75
452		393			55
27		287			7
81.02		2887			53.98
81.02		2887			53.98
16.5		1382			37.65
1.97		17			0.18
4887.51		28865	53		1182.04
4887.51		28865	53		1182.04
3600		72			100
388.07		12199	23.35		221.06
106		4433			4
388.07		12199	23.35		221.06
88.24		5606			29.04
66		1066			1
22.24		4540			28.04
88.24		5606			29.04
2		117			1.6
2		117			1.6
14.5		2310	3.54		10.39
93		3539			129
93		3539			129
19.23		6998			19.16
4.6		4196			7.6
4.6		4196			7.6
14.63		2802			11.56
14.63		2802			11.56
135		568			21
33		3459	8.4		12.83
33		3459	8.4		12.83
0.55		2316	126.5	0.5	0.81
0.55		2316	126.5	0.5	0.81

2-72 续表 4

指标名称	计量单位	企业单位数(个)	年初库存	本年生产
化学纤维长丝织品	万米	1	6.94	
1.合成纤维长丝织品	万米	1	6.94	
印染丝织品	万米	1	2.51	126.5
1.炼白丝织品	万米	1		126
2.染色丝织品	万米	1	1.57	0.38
3.印花丝织品	万米	1	0.94	0.12
床褥单类	万条	6	3.07	7.38
被罩	万个	5	1.21	9.17
床罩	万个	1		1137
棉被	万条	3	4.34	7.61
毛巾	万条	1	4	60
窗帘及类似品	副	2	607	472
天篷、遮阳篷及类似品	万个	8	1.41	2
毛毯	条	1	6	120
4.其他毛毯	条	1	6	120
丝绸被面	条	1	528	
丝巾类	万条	1	0.28	0.2
丝制领带及类似品	万条	1		0.27
帘子布	吨	2	9	51
纺织材料制传输带	吨	1		0.52
无纺布	吨	2	10000	9530
筛布	吨	1	0.5	6.5
棉、化纤针织坯布	吨	3	83	676
1.棉针织坯布	吨	3	83	676
棉化纤针织衫裤	万件	2	135.73	28.6
1.棉毛类针织衫裤	万件	2	89.03	21.6
3.单面布类衫裤	万件	1	46.7	7
棉化纤针织袜	万双	1	0.14	0.76
其中：棉针织袜	万双	1	0.14	0.76
棉化纤针织手套	万付	6	10.13	124.68
毛针织及编织衫裤	万件	8	25.73	37.78
其中：羊绒衫	万件	6	1.19	2
羊毛衫	万件	4	24.54	35.78
丝针织衫裤	万件	1	0.12	
其中：桑蚕丝针织衫裤	万件	1	0.12	
梭织服装(不包括针织服装)	万件	64	29.49	106.58
其中：大衣	万件	3	0.18	0.23
羽绒服	万件	1		0.06
防寒服	万件	4	0.67	1.25
西服及西服套装(套裙)	万件	19	8.82	21.7
上衣	万件	20	3.38	41.48
裤子	万件	12	0.8	3.74
裙子、旗袍	万件	4	0.13	0.34
衬衫	万件	4	0.15	0.54
婴儿服装及衣着附件	万件	2	0.5	0.26
运动服、滑雪服及游泳服	万件	2	0.09	0.56
布鞋	双	1	21166	49982
帽子	个	7	2532.42	15398.11
其中：毛皮帽	个	1	805	1020

本年销售量	出口交货量	销售额(千元)	企业自用	其他	年末库存
				6.94	
				6.94	
126.85		180			2.16
126		97			
0.11		22			1.84
0.74		61			0.32
7.82		1310		0.25	2.38
8		299		0.23	2.15
1137		116			
3.47		3692			8.48
56		833			8
1071		523			8
2		7043			1.41
120		207			6
120		207			6
110		51			418
0.06		2609			0.42
0.09		6110			0.18
51		1105			9
0.52		3120			
19530		4232			
4.5		26			2.5
534.3	18	6928	155.7		69
534.3	18	6928	155.7		69
59.47	24.7	3078			104.86
25.37		1394			85.26
34.1	24.7	1684			19.6
0.75		93			0.15
0.75		93			0.15
101.99		2834		0.06	32.76
38.26		9758			25.25
2.06		5408			1.13
36.2		4350			24.12
			0.01		0.11
			0.01		0.11
111.45		33573	0.23		24.39
0.25		462			0.16
0.06		164			
1.44		2199			0.48
25.23		6361			5.29
41.93		6763			2.93
3.84		1954			0.7
0.32		1016			0.15
0.56		174			0.13
0.26		303			0.5
0.55		89			0.1
48463		830			22685
14877.1		244			3053.43
1307		50			518

2-72 续表 5

指标名称	计量单位	企业单位数（个）	年初库存	本年生产
成品革(折牛皮)	标准张	4	4615	135640
其中：牛皮革	标准张	3	2835	18838
羊皮革(折牛皮)	标准张	1	1780	1402
轻革	平方米	2		748845
皮鞋	万双	6	2.13	4.72
其中：牛面皮鞋	万双	6	2.13	4.72
皮革服装	件	4	3787	2144
1.皮革大衣	件	1	9	
其中：天然皮革大衣	件	1	9	
2.皮革上衣	件	3	541	922
其中：天然皮革上衣	件	1	50	726
3.皮裤	件	1	8	
4.其他皮革服装	件	2	3229	1222
皮革手套	万双	1	0.11	
毛皮服装	件	2	137	662
1.天然毛皮服装	件	2	137	662
锯材	立方米	28	752	109299.44
1.普通锯材	立方米	26	572	105265.44
2.特种锯材	立方米	1	91	3978
包装箱锯材	立方米	1	91	3978
4.其他锯材	立方米	1	89	56
木片和木粒	千克	5	72000	3354000
人造板	立方米	39	7118.08	73187.71
1.胶合板	立方米	25	3229.06	35882.73
(1)木胶合板	立方米	25	3229.06	35882.73
2.纤维板	立方米	1	1345	7115
(1)木质纤维板	立方米	1	1345	7115
中密度纤维板	立方米	1	1345	7115
3.刨花板	立方米	6	1624	9819
(1)木质刨花板	立方米	6	1624	9819
其中：普通刨花板	立方米	4	1252	8154
4.其他人造板	立方米	15	920.02	20370.98
其中：细木工板	立方米	12	920.02	14962.98
单板	平方米	2		800
木门	扇	13	3402	72189
其中：实木门	扇	8	1275	42332
木模	件	1		100
木地板	平方米	1		2000
其中：实木地板	平方米	1		2000
木桶	万只	2		0.8
包装用木箱	万件	3		6.95
木筷子	标准箱	2		7900
其中：一次性木筷	标准箱	2		7900
木质家具	件	60	23467	162760
1.木床	件	14	759	7269
2.木质卧室柜(服装柜)	件	3	1	443
3.木质梳妆台	件	4	13	67
4.木质五斗橱	件	2		980
5.木质写字台	件	24	2624	30779

本年销售量	出口交货量	销售额(千元)	企业自用	其他	年末库存
133028		3851			7227
18866		890			2807
662		11			2520
712845		14212			36000
5.18		4881			1.67
5.18		4881			1.67
1994		505			3937
					9
					9
1015		408			448
716		218			60
4		1			4
975		96			3476
					0.11
655		237			144
655		237			144
107972.44		33508	200	317	1562
103938.44		29544	200	317	1382
3978		3919			91
3978		3919			91
56		45			89
3258000		3986			168000
61296.93		71568			19008.86
32061.66		42196			7050.13
32061.66		42196			7050.13
3989		4428			4471
3989		4428			4471
3989		4428			4471
8610		6243			2833
8610		6243			2833
6844		3750			2562
16636.27		18701			4654.73
15402.03		17920			480.97
520		285			280
65703	12500	13727			9888
35890	12500	8522			7717
100		300			
2000		1600			
2000		1600			
0.8		1697			
6.9		5811			0.05
7600		354			300
7600		354			300
159212	500	53232	160		26855
6971		2189	140		917
419		494			25
78		33			2
978		583			2
30030		14953			3373

2-72 续表 6

指标名称	计量单位	企业单位数(个)	年初库存	本年生产
6.木质书柜	件	12	1068	4732
7.木质会议桌	件	16	1086	9139
8.木质沙发	件	9	1172	23198
9.木质沙发床	件	1	270	430
10.木质椅类	件	17	9446	49401
11.木质餐桌	件	6	236	998
12.木质餐厅柜	件	3	399	1513
13.木质展示柜	件	2	30	200
14.木质厨房整体橱柜	件	2	3	83
15.其他木家具	件	29	6360	33528
金属家具	件	18	2907	29271
1.金属文件柜	件	9	751	11313
2.钢木床类	件	6	691	3896
3.钢木桌类	件	6	515	5299
4.金属框架沙发	件	1		275
6.金属底座的转动坐具	件	1		771
7.金属椅	件	4	751	4125
9.不锈钢厨房整体橱柜	件	2	124	2354
10.其他金属家具	件	3	75	1238
塑料家具	件	1	1111	3311
其中：塑料坐具	件	1	1111	3311
软体家具	件	6	678	3504
其中：床垫	件	3	210	1885
软体沙发	件	4	467	1607
玻璃家具	件	1	1	12
纸浆	吨	10		20772.79
2.非木材纤维纸浆	吨	4		9177.68
其中：禾草浆	吨	4		9177.68
3.废纸纸浆	吨	9		11595.11
机制纸及纸板	吨	29	5949.49	33935.8
2.涂布类印刷用纸	吨	1	46	
其中：铜版纸	吨	1	42	
3.卫生用纸	吨	8	130	3370.47
4.包装用纸及纸板	吨	17	5744.49	28740.33
其中：包装纸	吨	1	10	
箱纸板	吨	7	687.62	10381.59
瓦楞原纸	吨	10	5046.87	17938.74
5.其他机制纸及纸板	吨	4	29	1825
纸制品	吨	72	10333.28	41519.97
1.纸和纸板容器	吨	57	6844.07	35218.29
其中：瓦楞纸箱	吨	30	2032.07	21410.39
非瓦楞纸箱及盒	吨	9	1032	1589
纸管(筒)	吨	16	3777	11349.9
纸餐具	吨	3		494
2.纸浆模制品	吨	2	4.5	43.6
其中：一次性纸浆模餐具	吨	1	4.5	18.6
纸制超市托盒(盘)	吨	1		25
3.卫生用纸制品	吨	10	2503.71	6020.58

本年 销售量	出口 交货量	销售额 (千元)	企业 自用	其他	年末 库存
4026		3273			1774
8869		5403			1356
20305	500	4339	20		4045
535		212			165
50646		9069			8201
954		509			280
1336		644			576
218		61			12
84		213			2
33763		11257			6125
28564		14385			3614
9919		6955			2145
4017		1148			570
5412		900			402
275		121			
771		72			
4639		237			237
2388		4612			90
1143		340			170
3273		148			1149
3273		148			1149
3484		2066			698
1844		963			251
1640		1103			434
					13
71		65	20632.19		69.6
			9108.08		69.6
			9108.08		69.6
71		65	11524.11		
31713.71		46833			8171.58
46		149			
42		147			
3271.87		10454			228.6
26704.84		31570			7779.98
10		33			
8779.52		10693			2289.69
17655.32		20516			5330.29
1691		4660			163
38101.18		72914	7	108	13637.07
33373.29		61969	7		8682.07
20765.39		34877			2677.07
1759		9600	7		855
9982.9		10880			5144
494		4177			
38.5		1195			9.6
13.5		135			9.6
25		1060			
4545.89		8838			3978.4

2-72 续表 7

指标名称	计量单位	企业单位数(个)	年初库存	本年生产
其中：卫生纸	吨	7	2420.71	5455.08
餐巾纸	吨	2	71	551
纸卫生巾	吨	1	12	14.5
4.未列明的其他纸制品	吨	3	981	237.5
单色印刷	令	154	31566.68	386977.08
多色印刷	对开色令	35	1219.55	111861.93
本册	万本	41	1311.03	2976.12
1.用于书写的本册	万本	36	1281.53	2893.98
2.其他本册	万本	7	29.5	82.14
塑料印刷	万印	1		60
黑板、白板及类似板	件	2	6	82
墨水	吨	1	150	150
篮球架及用具	套	1		22
训练器材	台	1		12
运动专用手套	副	1		15000
运动专用帽	个	1		5000
游乐设备	台(套)	1		28
溶剂油	吨	1	1277	31503
柴油	吨	1		2000
3.其他柴油	吨	1		2000
燃料油	吨	4	568	7720
润滑油	吨	19	1106.58	8015.08
润滑脂	吨	5	48.65	542.34
石油沥青	吨	3	316	554.92
焦炭	吨	9	1148	34910.9
其中：机械化焦炉生产的焦炭	吨	4	608	22758.9
硫酸(折100%)	吨	2	149	2595
白炭黑(轻质二氧化硅)	吨	1	150	2600
烧碱(折100%)	吨	1	76.86	376.3
硫化钠(硫化碱)	吨	3	156	10205
硫酸铝	吨	1		300
硫酸锌(皓矾)	吨	1		652
硫酸钾	吨	2		4080
沉淀硫酸钡	吨	1	60	1700
硝酸钾	吨	1	1280.9	864.2
偏磷酸钾	吨	1		642
漂白粉	吨	1	70	
漂白精	吨	1	15	
硅酸钠	吨	3	310	11829
电石(碳化钙)	吨	1		5000
碳酸锶	吨	1		2150
重质碳酸钙	吨	1		891
轻质碳酸钙	吨	5	3166	21227
溶解乙炔	吨	7	93	1387.26
甲醛	吨	3	603	7499.07
合成酒精(乙醇)	千升	1	105	65
磷肥	吨	3	430	5281.3
1.普通过磷酸钙(折含五氧化二磷100%)	吨	3	430	5281.3

本年销售量	出口交货量	销售额(千元)	企业自用	其他	年末库存
3986.39		7005			3889.4
545		1543			77
14.5		290			12
143.5		912		108	967
372423.91		113229		1286.98	27365.87
98389.93		36398		90	2871.55
2954.73		13251			1332.42
2862.59		11940			1312.92
92.14		1311			19.5
42.7		853			17.3
86		505			2
140		209		150	10
22		572			
12		64			
100		78			14900
38		36			4962
28		1080			
31283		78660			1497
1850		4625			150
1850		4625			150
6776		13592			1512
7655.74		32388			1465.92
532.92		3169			58.07
423		822			447.92
30672.82		13878			5386.08
20072.82		9150			3294.08
516		539	609		1619
2500		875			250
358.69		220			94.47
9061		8566			1300
242		166			58
652		2315			
4080		6372			
1760		792			
1911.4		3420			233.7
642		2115			
70		704			
15		254			
11525		8280			614
3789		7829			1211
329.5		86			1820.5
566		71			325
17924		10288			6469
1403.52		8969			76.74
7357.07		8938			745
39		228			131
5300.3		3527			411
5300.3		3527			411

2-72 续表 8

指标名称	计量单位	企业单位数(个)	年初库存	本年生产
钾肥	吨	2	251	2995
2.其他钾肥(折含氧化钾100%)	吨	2	251	2995
微量元素肥料	吨	5	29.57	636.9
生物除草剂制剂	吨	1	8.2	11
生物杀虫剂制剂	吨	1	2	20
涂料(油漆)	吨	15	693.88	1732.54
其中：汽车涂料	吨	1	2	67
木器涂料	吨	3	448	534.62
防腐涂料	吨	9	242.48	903.83
轻工涂料	吨	1		160
建筑涂料	吨	38	623.92	6703.21
1.功能性建筑涂料	吨	3	22	366.5
2.墙面涂料	吨	28	453.52	4617.37
3.地坪涂料	吨	1	14	55
4.防水涂料	吨	7	134.4	1314.09
5.其他建筑涂料	吨	2		350.25
涂料辅助材料	吨	4	897.14	151.61
1.稀释剂	吨	2		42
3.固化剂	吨	3	897	70
4.脱漆剂	吨	1		4.83
5.其他辅助材料	吨	1	0.14	34.78
油墨	吨	3	56	825
1.印刷油墨	吨	2	8	585
2.专用油墨	吨	1	48	240
胶粘剂	吨	3	13	118
建筑防水嵌缝密封材料	吨	2		27.66
化学试剂	吨	8	657.01	7196.07
催化剂	吨	5	1290.4	4591.32
2.石油化工用催化剂	吨	2	459.6	206.12
5.防治公害用催化剂	吨	1	162	1634
6.其他催化剂	吨	2	668.8	2751.2
塑料助剂	吨	2	30	759
纺织及类似工业用整理剂、助剂	吨	2		226.9
造纸及类似工业用整理剂、助剂	吨	2		924
制革及类似工业用整理剂、助剂	吨	1	4	4
钻井用助剂	吨	14	5246.89	22350.4
建工建材用化学助剂	吨	9	412.9	4027.45
水处理剂	吨	2	20.75	84.55
油田用化学制剂	吨	15	8325.75	13645.13
合成脂肪酸	吨	2	14.2	443.44
硬脂酸	吨	1		102
烟火制品	千元	1		80
污水处理化学药剂	吨	2		190
1.杀菌灭藻剂	吨	1		75
4.其他污水处理化学药剂	吨	1		115
明胶	吨	1	19	115
骨胶	吨	1		11
肥(香)皂	吨	3	75	170
1.洗衣皂	吨	2	75	120
2.香皂	吨	1		
3.其他皂类产品	吨	1		50

本年销售量	出口交货量	销售额(千元)	企业自用	其他	年末库存
2802		4661		7	437
2802		4661		7	437
188.8		1998		16.2	461.47
13		350			6.2
17		34	2		3
1852.59		12361	3	10	560.83
64		118	3		2
594.62		943		10	378
994.25		9998			152.06
134		900			26
6645.82		23504	4		677.31
150.5		1582			238
4781.85		13497	4		285.04
59		102			10
1304.22		3306			144.27
350.25		5017			
606.75		974			442
40		371			2
527		420			440
4.83		9			
34.92		174			
856		5084			25
587		1686			6
269		3398			19
121		595			10
27.16		39			0.5
7393.13		17141	3		456.95
5162.72		8443			719
202.92		2480			462.8
1560		1550			236
3399.8		4413			20.2
655		1071		2	132
226.9		550			
924		4651			
4		29			4
22637.96		38823	3		4956.33
4159.55		8989			280.8
86.55		2943			18.75
18595.66		27619			3375.22
425.14		1837			32.5
102		420			
80		80			
168		1495			22
75		1128			
93		367			22
77		2003			57
11		110			
170		435		75	
120		245		75	
50		190			

2-72 续表 9

指标名称	计量单位	企业单位数(个)	年初库存	本年生产
合成洗涤剂	吨	13	993.55	6641.71
其中：合成洗衣粉	吨	3	461	4341
液体洗涤剂	吨	6	507.11	1509.76
工业清洗剂	吨	4	7.02	656
公共设施、环境卫生洗涤清洁剂	吨	2	3.8	1.8
表面活性剂	吨	2	22.7	213
2.非离子型表面活性剂	吨	2	22.7	213
清洁类化妆品	千元	2		179
洗发液	吨	1		8
护理类化妆品	千元	4	1202	2497
其中：护肤用品	千元	4	1202	2497
美容、修饰类化妆品	千元	1		4674
化学药品原药	吨	1	21.71	12.65
16.麻醉用药	吨	1	21.71	12.65
片剂	万片	1	22760	1849
胶囊剂	万粒	2	192.5	470.7
滴剂	万支	1	6.8	8.4
颗粒剂	万袋(包)	1	15	112.6
气雾剂	万支(瓶)	1		4.2
外用液体制剂	万支(瓶)	3	6.4	124.71
植物类饮片	千克	4	3.2	509512.4
动物类饮片	千克	2	753.75	4005
中成药	吨	10	251.93	705.11
1.丸剂	吨	1	10.01	
2.冲剂	吨	2	41.7	40.03
3.糖浆	吨	1		7.13
4.片剂	吨	3	1.5	61.64
6.膏药	吨	1	1.36	
7.口服液	吨	1	5.84	3
8.胶囊	吨	1		40.28
9.散剂	吨	1	46	142
10.其他中成药	吨	7	145.52	411.03
兽用化学药品	吨	2	4.97	61.78
兽用中草药	吨	2	2.49	7.92
酶及类似生化药品	千克	3	35005.08	124700.33
卫生材料及敷料	筒(卷、包、团)	3	32395.35	85557.84
1.经药物浸涂的医用软填料	筒(卷、包、团)	1	31710	85000
2.纱布、软填料及类似物品	筒(卷、包、团)	2	101.35	494.84
3.医用敷料	筒(卷、包、团)	1	584	63
医用缝合材料及外科用无菌材料	团(盒、瓶)	1	1390	56856
医用试剂	千克	1	1.16	7.05
合成纤维	吨	4	430	1716
2.涤纶纤维	吨	2		1041
其中：涤纶短纤维	吨	1		586
涤纶长丝	吨	1		455
10.未列明的其他合成纤维	吨	2	430	675
橡胶轮胎外胎	条	1	5000	5000
2.轿车轮胎外胎	条	1	5000	5000
橡胶管	万标米	5	50.33	38.6

本年 销售量	出口 交货量	销售额 (千元)	企业 自用	其他	年末 库存
6071.3		14079			1563.96
4201		5601			601
1085.95		5519			930.92
647		2579			16.02
1.8		8			3.8
138		921			97.7
138		921			97.7
179		100			
8		80			
1658		1658			2041
1658		1658			2041
1850		1850			2824
15.87	12.4	3615			18.49
15.87	12.4	3615			18.49
20052		474			4557
534.04		988			129.16
11.4		839			3.8
35.8		314			91.8
4.2		210			
126.73		851		0.01	4.37
374875	20000	5855			134640.6
4137.63		407			621.12
795.11		23970			161.93
3.21		142			6.8
70.97		2067			10.76
6.93		535			0.2
39.28		3081			23.86
0.97		30			0.39
3.02		374			5.82
39.92		2061			0.36
105		7521			83
525.81		8159			30.74
61.74		2703			5.01
8.63		119			1.78
50530.14		517	34470		74705.27
84811.59		1527			33141.6
84200		620			32510
541.59		900			54.6
70		7			577
44246		281			14000
5.79		143			2.42
1808.87		9150			337.13
921.87		5375			119.13
467.87		840			118.13
454		4535			1
887		3775			218
8233		4161			1767
8233		4161			1767
33.02		2135			55.91

2-72 续表 10

指标名称	计量单位	企业单位数（个）	年初库存	本年生产
橡胶板	吨	1	10	1290
橡胶型材及异型材	吨	2	69	132
橡胶线及绳	吨	1		1
橡胶零件及附件	吨	9	227.68	793.24
其中：橡胶密封件	吨	5	157.68	426.85
橡胶靴鞋	万双	1	0.48	25.64
1.胶面胶鞋	万双	1	0.48	25.64
塑料薄膜	吨	48	1893.36	11885.63
1.聚乙烯塑料薄膜	吨	33	683.16	8383.13
2.聚丙烯塑料薄膜	吨	2	20	244
3.聚苯乙烯塑料薄膜	吨	1		40.72
4.聚氯乙烯塑料薄膜	吨	10	1187	3013.9
5.聚酯塑料薄膜	吨	1		190
6.其他非泡沫塑料薄膜	吨	1	3.2	13.88
塑料板、片及类似型材	吨	8	1016	1553.72
1.聚乙烯塑料板、片	吨	5	404	871.27
2.聚丙烯塑料板、片	吨	1		3.57
3.聚苯乙烯塑料板、片	吨	3	336	344.29
4.聚氯乙烯塑料板、片	吨	2	276	295.42
5.丙烯腈-丁二烯-苯乙烯共聚物(ABS)板、片	吨	1		39.17
塑料类防水卷材	吨	1		76
塑料制管子及其附件	吨	28	4092.53	10579.04
其中：塑料制硬管	吨	17	2438.28	7522.23
塑料制软管	吨	8	80.34	1363.6
塑料条、棒、型材	吨	6	596.48	1540.6
其中：聚乙烯条、棒、型材	吨	4	492	897
聚氯乙烯条、棒、型材	吨	1		418
塑料包扎用绳、扁条及带状物品	吨	7	0.16	446.1
塑料编织布	吨	1	14	81
塑料编织袋	吨	55	1531.83	11643.51
泡沫塑料	吨	21	368.18	6107.48
其中：聚乙烯泡沫塑料	吨	4	300.96	12.36
聚苯乙烯泡沫塑料	吨	11	56.28	3957.09
聚氯乙烯泡沫塑料	吨	1		400
聚氨酯泡沫塑料	吨	1		1500
塑料包装箱及容器	吨	22	443.69	2849.44
其中：塑料包装箱类	吨	3	36	183
塑料盒及类似品	吨	3		191.77
塑料桶、瓶及类似品	吨	13	146.69	2314.02
塑料塞子、盖子及类似品	吨	2	15	185
塑料零件及附件	吨	3	80	1046
其中：塑料制绝缘零件	吨	2	80	1004
塑料密封制品	吨	1		42
全塑凉鞋、拖鞋(包括发泡拖鞋)	吨	1		10
	双	1		14285
日用塑料制品	吨	87	4175.11	29480.48
1.塑料餐具、厨具	吨	1		5
2.塑料浴缸、淋浴盘及盥洗盆	吨	1	5	125
5.建筑用塑料制品	吨	74	4070.11	28543.15

本年 销售量	出口 交货量	销售额 (千元)	企业 自用	其他	年末 库存
1250		2760			50
145		835			56
1		1			
805.31	59	13394			215.61
431.31		4890			153.22
17.28		815			8.84
17.28		815			8.84
11000.16		108583			2778.83
7912.3		80438			1153.99
247		6165			17
10.62		92			30.1
2651.54		21448			1549.36
170		380			20
8.7		60			8.38
1616.72	196	19381			953
628.27	196	9418			647
3.57		34			
566.29		5204			114
379.42		4325			192
39.17		400			
66		529			10
12553.01		36014			2118.56
8616.05		20343			1344.46
1118.31		9627			325.63
1506.43		14458			630.65
1008		10924			381
269		1615			149
401.55		4089		2.72	41.99
86		410			9
10586.14	183	99080			2589.2
4071.11		21597			2404.55
51.13		1339			262.19
1912.19		14591			2101.18
400		600			
1480		2960			20
2612.15		21060	335.4		345.58
219		2622			
191.77		1365			
2041.73		16277	73.4		345.58
172		3447			28
1046		9354			80
1004		8246			80
42		1108			
10		1600			
14285		1600			
27492.21		70856		3	6160.38
5		404			
112.5		175			17.5
26573.37		62466		3	6036.89

2-72 续表 11

指标名称	计量单位	企业单位数（个）	年初库存	本年生产
塑钢门窗	吨	73	4057.11	28212.65
6.其他日用塑料制品	吨	11	100	807.33
水泥熟料	吨	9	21733	114266.54
其中：窑外分解窑熟料	吨	2	17933	4500
水泥	吨	12	2894.65	196636.4
1.通用水泥	吨	12	2894.65	195636.4
其中：P·Ⅰ(Ⅱ)42.5	吨	5		66842
P·O 32.5	吨	6	2894.65	84626.59
P·O 32.5R	吨	1		6555
P·O 42.5	吨	1		10502.81
P·S 32.5	吨	1		800
P·C 42.5	吨	1		12153
2.特种水泥	吨	1		1000
砌筑水泥	吨	1		1000
石灰	吨	9	811	130465
熟石膏	吨	8	3719	55716
商品混凝土	立方米	4		65275
水泥排水管	千米	26	78.36	302.56
	吨	26	10268.7	30041.47
水泥压力管	千米	3	2.11	5.78
	吨	3	1224	2596
水泥电杆	根	15	41588	26048
	吨	15	28859	19419.2
水泥混凝土桩	米	2	2300	10000
水泥轨枕	根	1		4500
	吨	1		608
水泥混凝土砖	万块	18	509.31	2180.06
水泥混凝土瓦	万片	2	4.7	21.47
水泥预制构件	立方米	91	21956.45	471680.99
其中：水泥混凝土预制板	立方米	53	11873.37	292261.18
水泥混凝土房屋整体预制件	立方米	1	114	2002
水泥钢筋混凝土桥梁构件	吨	1		43603
石棉水泥瓦	平方米	1		619
纤维增强水泥板	平方米	2	1892	630
石膏板	平方米	11	20422.66	574307.73
其中：纸面石膏板	平方米	2	500	502854.4
石膏纤维板	平方米	2	1171	9604
装饰石膏板	平方米	2		3520
石膏空心条板	平方米	2	13685	3296
加气混凝土	立方米	5	18914.59	62439.81
其中：加气混凝土砌块	立方米	4	18914.59	57129.81
砖	万块	377	25240.06	269420.67
1.烧结砖	万块	325	21015.06	234409.41
其中：烧结普通砖(掺30%以上废渣)	万块	209	10364.47	155988.68
烧结空心砖和空心砌块	万块	2	2453	398
烧结多孔砖	万块	18	1025.59	8596.32
2.蒸压砖	万块	4	130	1910.66
其中：蒸压灰砂砖	万块	1	130	1600

本年销售量	出口交货量	销售额（千元）	企业自用	其他	年末库存
26231.12		57896		3	6035.64
801.34		7811			105.99
22433		3452	104036.54		9530
22433		3452			
179320.4		35090			20210.65
178320.4		34920			20210.65
57848		12163			8994
77616.59		13899			9904.65
5710		1170			845
10502.81		819			
800		219			
11801		2547			352
1000		170			
1000		170			
129658		8666			1618
55463		3278			3972
55007		6025			10268
290.74		18600			90.18
25581.86		18600			14728.31
6.62		3178			1.27
3309		3178			511
36640		13522			30996
26969.6		13522			21308.6
10250		106			2050
4000		160			500
540		160			68
2191.38		13857			497.99
14.2		544			11.97
461710.88		53799	230	475	31221.56
288688.69		22444	207	475	14763.86
2116		2159			
43603		22611			
619		318			
2512		102			10
527161.73		7214	800	217	66551.66
455854.4		2100			47500
8060		403	800	217	1698
3520		245			
4694		315			12287
59438.73		5931	1133		20782.67
56478.73		5635	1133		18432.67
255509.82		269224	1506.4	406.3	37238.21
221975.7		234318	1486.4	313.3	31649.07
146889.44		144663	1239.4	254	17970.31
473		548			2378
7549.86		13127			2072.05
1643.02		346			397.64
1598		246			132

2-72 续表 12

指标名称	计量单位	企业单位数(个)	年初库存	本年生产
蒸压灰砂空心砖	万块	2		300.66
3.其他砖	万块	54	4095	33100.6
瓦	万片	1		1000
3.其他瓦	万片	1		1000
建筑砌块	立方米	13	15020.29	48687.08
其中：普通混凝土小型空心砌块	立方米	10	8044.79	35716.08
石膏砌块	立方米	1	3520	3700
瓷质砖	平方米	2	120000	627500
炻质砖	平方米	1	193261	296158
陶质砖	平方米	10	23125	387622.48
陶瓷管	吨	1	10	43
天然石材(已加工)	平方米	30	56215	637477.18
其中：天然大理石板材	平方米	6	8461	46683.18
天然花岗石板材	平方米	23	43004	588354
人造石材	平方米	3		12050
沥青和改性沥青防水卷材	平方米	21	285646.5	4147968
沥青制防水制品	吨	3	263	3074
隔热和隔音矿物材料	吨	13	861.5	22004.8
岩石棉	吨	2	8	292
膨胀蛭石	吨	1		3262
膨胀珍珠岩	吨	6	850.5	17910.8
硅酸铝纤维	吨	3	3	528
隔热、隔音矿物材料制品	吨	15	1162.12	10175.1
其中：矿物棉装饰吸声板	吨	1	334	1445
建筑绝热用及吸声用玻璃棉制品	吨	3		1782.29
硅酸铝棉及制品	吨	3	225	1146
平板玻璃	重量箱	4	40104	107809.4
	平方米	4	524823	2142430
其中：浮法平板玻璃	重量箱	2	8192	47326
	平方米	2	312077	1739208
垂直引上平板玻璃	重量箱	1		24590.4
	平方米	1		163936
平拉平板玻璃	重量箱	1	31912	35893
	平方米	1	212746	239286
钢化玻璃	平方米	3	1200	84060.8
夹层玻璃	平方米	1	2666	67555
汽车用玻璃	平方米	1	7847.41	4328
玻璃包装容器	吨	5	11815	14103
	万个	5	2809.59	3389.99
其中：饮料瓶	吨	2	9	3148
	万个	2	3	798
食品瓶	吨	1	235	892
	万个	1	61	231
白酒瓶	吨	4	11343	9403
	万个	4	2681.01	2160.99
输液瓶	吨	1	228	660
	万个	1	64.58	200
玻璃纤维布	米	1	175740	284340
其中：无碱玻璃纤维布	米	1	175740	284340

本年 销售量	出口 交货量	销售额 (千元)	企业 自用	其他	年末 库存
35.02		90			265.64
31891.1		34560	20	93	5191.5
1000		1200			
1000		1200			
38404.31		8186		2271	23032.06
28666.89		3868		271	14822.98
4051		668			3169
423442		5242			324058
318474		1862			170945
341360.15		5126			69387.33
3		94			50
542024.38	714	49464			151667.8
34340.38		4009			20803.8
503784	714	44943			127574
12050		1270			
3896930		17161			536684.5
3187		4590			150
19473.9		9665	138		3254.4
250		576			50
2994		482			268
15690.9		5027	138		2932.4
527		3505			4
9441.46		24688		14	1881.76
1425		2168			354
900.79		316			881.5
1055		8104			316
101128		7886			46785.4
1943896		7886			723357
42233		5525			13285
1551261		5525			500024
5100		221			19490.4
34000		221			129936
53795		2140			14010
358635		2140			93397
69015.8		3034			16245
59044		2700			11177
7343.37		128			4832.04
10604		14139			15314
2472.29		13762			3727.29
1481		2106			1676
372		2106			429
506		579			621
131		579			161
8221		10854			12525
1849.29		10477			2992.71
396		600			492
120		600			144.58
319630		463			140450
319630		463			140450

2-72 续表 13

指标名称	计量单位	企业单位数(个)	年初库存	本年生产
玻璃纤维原料球	吨	1	20	149
其中：无碱球	吨	1	20	149
玻璃纤维增强塑料制品	吨	7	62	2392.7
其中：玻璃纤维增强塑料板材	吨	1		150
玻璃纤维增强塑料型材	吨	1	4	40
玻璃纤维增强塑料管材	吨	3	53	2089.7
卫生陶瓷制品	件	1	38274	56726
1.陶瓷制便器	件	1	5197	36184
其中：陶瓷制大便器	件	1	5197	36184
2.陶瓷制洗涤器	件	1	22225	13712
其中：陶瓷洗面器	件	1	22225	13712
3.陶瓷水箱	件	1	10852	6830
日用陶瓷制品	万件	1	0.38	1.9
1.日用瓷器具	万件	1	0.19	0.95
2.日用陶器具	万件	1	0.19	0.95
陈设艺术及美术装饰陶器	件	1	4240	
云母制品	千克	1	28438	535410
耐火材料制品	吨	17	12765	40426
1.致密定型耐火制品	吨	6	1527	3205
其中：镁质砖	吨	1	280	848
高铝质砖	吨	1		192
2.隔热耐火制品	吨	7		5637
3.不定型耐火制品	吨	4	2891	20777
4.耐火陶瓷制品	吨	2	322	5500
5.其他耐火材料制品	吨	4	8025	5307
石墨及炭素制品	吨	1	26.47	16.4
2.炭制品	吨	1	26.47	16.4
其中：炭块	吨	1	26.47	16.4
磨具	吨	1		61
其中：固结磨具	吨	1		61
磨料	吨	1		280
生铁	吨	8	100.36	29457.42
1.炼钢生铁	吨	1		1620
2.铸造生铁	吨	7	100.36	27837.42
球墨铸铁	吨	1	10	40
铸铁管	吨	3	19	230
轧制、锻造钢坯	吨	1		306
2.锻造钢坯	吨	1		306
钢材(未扣除外购国产钢材用量)	吨	9	217.9	4018.85
3.中小型型钢	吨	1		904.75
(1)非合金钢	吨	1		904.75
(1)热轧中小型型钢	吨	1		904.75
(4)中小型角钢	吨	1		904.75
5.钢筋	吨	3	65	1545
(1)非合金钢	吨	3	65	1545
(2)冷轧(拔)钢筋	吨	3	65	1545
(1)一级钢筋	吨	1		1278
(2)二级钢筋	吨	2	65	267

本年销售量	出口交货量	销售额(千元)	企业自用	其他	年末库存
109		320			60
109		320			60
2410.7		4420			44
150		120			
32		81			12
2113.7		3662			29
59690		3191		370	34940
27096		2134		41	14244
27096		2134		41	14244
23139		630		85	12713
23139		630		85	12713
9455		427		244	7983
1.98		660			0.3
0.99		330			0.15
0.99		330			0.15
350		70			3890
319580		3757	63568		180700
36335		16440	100		16756
2480		2477			2252
780		1178			348
192		368			
5637		1987			
18892		8963			4776
5200		859	100		522
4126		2154			9206
9		58			33.87
9		58			33.87
9		58			33.87
61		99			
61		99			
280		139			
25997.85		38699			3559.93
485		687			1135
25512.85		38012			2424.93
40		135			10
234.5		1509			14.5
306		1039			
306		1039			
3701.25		13955			535.5
904.75		2871			
904.75		2871			
904.75		2871			
904.75		2871			
1475		5770			135
1475		5770			135
1475		5770			135
1278		4600			
197		1170			135

2-72 续表 14

指标名称	计量单位	企业单位数(个)	年初库存	本年生产
6.线材(盘条)	吨	1		1054
(1)非合金钢线材(盘条)	吨	1		1054
20.无缝钢管	吨	2		195
(1)非合金钢	吨	1		190
(2)低合金钢	吨	1		5
(3)锻压、挤压、旋压无缝钢管	吨	2		195
21.焊接钢管	吨	2	152.9	320.1
(1)非合金钢	吨	1	152.9	312.1
(2)低合金钢	吨	1		8
(1)直缝焊接管	吨	2	152.9	320.1
中小型型钢	吨	1		904.75
钢筋	吨	3	65	1545
线材(盘条)	吨	1		1054
热轧薄板	吨	1		5
无缝钢管	吨	3		195.04
焊接钢管	吨	1	152.9	312.1
铁合金	吨	1	334.1	957
1.普通铁合金	吨	1	334.1	957
硅铁	吨	1	334.1	957
粗铅	吨	1		400
1.矿产粗铅	吨	1		400
再生铝	吨	2	22	1164
黄金	千克	29		553.2
1.矿产成品金	千克	10		155.3
2.冶炼产金	千克	21		397.9
(1)金矿料产金	千克	21		397.9
铝合金	吨	1	15	353
金材	千克	1		0.44
钢铁结构体及其部件	吨	21	329.32	6955.73
其中：桥梁用钢铁结构	吨	2		255.15
钢塔、钢格构杆	吨	1		90
脚手架、坑道支撑用钢铁制支柱	吨	3	32	952
钢铁制水闸门	吨	1	16	32
空间钢铁结构件	吨	6	271.25	3114.13
钢铁制房屋构架	吨	4	10.07	1780.87
铝制结构体及加工铝材	吨	2		632
预制建筑物(活动房屋)	个	8		509
金属制门及其框架、门槛	吨	33	1597.07	3723.04
	件(套)	33	9345	27357
其中：钢铁门及其框架、门槛	吨	24	1318.31	2655.03
	件(套)	24	7926	21445
铝合金门及其框架、门槛	吨	7	125.59	415.51
	件(套)	7	1098	3807
金属制窗及窗框	吨	33	487.53	2281.67
	件(套)	33	18111	39589
1.钢铁制窗及窗框	吨	19	325.93	1175.25
	件(套)	19	10300	9967
其中：钢铁制百叶窗	吨	1	24.5	4.1
	件(套)	1	800	130

本年销售量	出口交货量	销售额(千元)	企业自用	其他	年末库存
781		3628			273
781		3628			273
195		811			
190		759			
5		52			
195		811			
345.5		875			127.5
337.5		675			127.5
8		200			
345.5		875			127.5
904.75		2871			
1475		5770			135
781		3628			273
5		52			
195.02		1599			0.02
337.5		675			127.5
1246.1		4817			45
1246.1		4817			45
1246.1		4817			45
50		350			350
50		350			350
842		7336			344
553		55912	0.2		
155.3		15322			
397.7		40590	0.2		
397.7		40590	0.2		
326		4194			42
0.44		46			
6213.6		36274		82	989.45
255.15		1821			
90		460			
940.4		5143			43.6
47		378			1
2358.53		15111		82	944.85
1790.94		10565			
632		1040			
500		10035			9
3005.23		19020			2314.88
26521		19020			10181
2009.64		14480			1963.7
20811		14480			8560
510.09		2816			31.01
3697		2816			1208
2263.48		20287			505.72
39629		20287			18071
1194.64		7587			306.54
10476		7587			9791
9.8		52			18.8
326		52			604

2-72 续表 15

指标名称	计量单位	企业单位数(个)	年初库存	本年生产
2.铝合金窗及窗框	吨	16	144.6	239.42
	件(套)	16	7471	12350
3.未列名其他金属制窗及窗框	吨	2	17	867
	件(套)	2	340	17272
农业通用金属手工具	万件	6	0.04	15.08
其中：锹及铲	万件	1		2.1
园艺用手工具	万件	1		0.1
其中：园艺用刀剪	万件	1		0.1
日常用刀及类似制品	万把	3	1	4.5
金属压力容器	吨	3	19	327
	个	3	390	11802
其中：钢铁制压力容器	吨	2	19	270
	个	2	390	11791
大型金属容器(容积＞300升)	吨	3		448
	个	3		61
其中：钢铁制大型金属容器	吨	2		140
	个	2		23
金属包装容器(容积不超过300升)	万只	13	95.56	732.61
	吨	13	933.68	3111.49
1.钢铁制包装容器	万只	11	28.56	703.58
	吨	11	866.68	3079.39
2.铝制包装容器	万只	1	67	29
	吨	1	67	29
铝制易拉罐及罐体	万只	1	67	29
	吨	1	67	29
3.其他金属包装容器(容积不超过300升)	万只	1		0.03
	吨	1		3.1
金属制塞、盖及类似包装用附件	吨	3		72.22
金属丝	吨	9	500.96	5094.4
其中：钢丝	吨	6	262.96	3343.4
钢丝绳	吨	1	35.49	95.11
钢丝网	吨	5	55	746.8
家具用金属附件及架座	吨	1	19	142
建筑用金属制附件及架座	吨	5	19.64	1163.67
其中：门窗五金件	万个	1		200
供暖用散热器(暖气片)	吨	9	230	3681.1
其中：铸铁散热器	吨	3		3084.1
保险柜	个	1	36	3
消防用铸铁件	吨	1		31.5
金属制卫生器具	吨	2		80.4
其中：不锈钢制卫生器具	吨	1		37.4
金属制烹饪炊具	吨	2	86.3	523.9
2.铝制烹饪炊具	吨	1	43	248
3.其他金属制烹饪炊具	吨	1	43.3	275.9
金属链条	米	1	24252	10245
金属铸造制品	吨	5	8	744
工业锅炉	蒸发量吨	22	142.63	860.71
	台	22	137	642
1.蒸汽锅炉	蒸发量吨	1		6

本年 销售量	出口 交货量	销售额 (千元)	企业 自用	其他	年末 库存
246.84		9660			137.18
12765		9660			7056
822		3040			62
16388		3040			1224
15.08		2490			0.04
2.1		146			
0.1		3380			
0.1		3380			
3.5		787	1		1
346		4852			
12192		4852			
289		2852			
12181		2852			
448		3198			
61		3198			
140		1963			
23		1963			
723.31		11021			104.86
2698.23		11021			1346.94
635.28		10046			96.86
2607.13		10046			1338.94
88		749			8
88		749			8
88		749			8
88		749			8
0.03		226			
3.1		226			
67.22		59016			5
5240.06		20766			355.3
3334.06		13088			272.3
52.25		233			78.35
716.4		9589			85.4
134		102			27
1145.92		4296			37.39
170		612			30
3504.78		18767			406.32
3016.4		10084			67.7
5		14			34
13.63		109			17.87
77.4		902			3
37.4		694			
514.3		5310			95.9
251		4785			40
263.3		525			55.9
18059		292			16438
702		3118		1	49
766.47		15492			236.87
570		15492			209
6		47			

2-72 续表 16

指标名称	计量单位	企业单位数(个)	年初库存	本年生产
	台	1		1
2.热水锅炉	蒸发量吨	21	142.63	854.71
	台	21	137	641
内燃机(不包括汽车发动机)	台	1	120	1000
	千瓦	1	1506	12350
2.柴油内燃机	台	1	120	1000
	千瓦	1	1506	12350
铸造机械	台	1	24.42	1050
铸造工具	台	2	42	580
起重机械	台	3	7	87
	吨	3	96	936
1.塔式起重机	台	2	5	20
2.门座式起重机	台	1		15
3.门式起重机(龙门起重机)	台	1		8
5.桥式起重机	台	1		11
8.悬臂起重机	台	1	1	3
12.单梁起重机	台	1		28
13.未列名起重机	台	1	1	2
输送机械	台	6	144	488
	米	6	4879	58289
1.斗式提升(输送)机	台	2	59	177
2.件货提升(输送)机	台	1	25	65
3.带式输送机	台	5	33	177
4.刮板输送机	台	1		20
9.螺旋输送机	台	1	27	49
阀门	套	2	1739	1569
	吨	2	53.24	16.87
1.普通阀门	套	2	1739	1569
调节阀	套	1		994
闸阀	套	1	1739	575
轴承零件	吨	1		2
齿轮	个	4		3832
炉用燃烧器	台	1		105
风机	台	4	60	2133
1.离心通风机	台	2	20	1621
2.普通鼓风机	台	1	15	120
5.其他风机	台	2	25	392
水过滤、净化机械及装置	台	1	14	96
电磁净水器	台	1	14	96
机械法气体过滤器	台	1		3
6.其他机械或物理法过滤器	台	1		3
非家用空调设备	台	1		4
灭火器	台	1	3195	3729
衡器	台	2		121
1.固定衡器	台	2		121
其中：地中衡	台	1		25
汽车衡	台	1		96
金属密封垫	万件	4	11.22	149.84
机械密封	套	1	201	1934

本年销售量	出口交货量	销售额（千元）	企业自用	其他	年末库存
1		47			
760.47		15445			236.87
569		15445			209
1050		1601			70
12980		1601			876
1050		1601			70
12980		1601			876
1043.58		4092			30.84
547		3627			75
60		7243			34
801		7243			231
17		4573			8
6		863			9
					8
11		395			
4		123			
19		1220			9
3		69			
402		15613			230
53349		15613			9819
116		4926			120
80		3440			10
123		3832			87
14		517			6
69		2898			7
1888		924		174	1246
27.59		924		0.5	42.02
1888		924		174	1246
753		423		174	67
1135		501			1179
2		126			
3827		4839			5
105		116			
2018		8079			175
1543		4798			98
100		1038			35
375		2243			42
82		1352			28
82		1352			28
3		1050			
3		1050			
4		138			
3680		322			3244
110		6105			11
110		6105			11
14		1225			11
96		4880			
159.33		9148			1.73
2063		4656			72

2-72 续表 17

指标名称	计 量 单 位	企业单位数 (个)	年 初 库 存	本 年 生 产
金属紧固件	吨	9	159.2	3357.55
1.钢铁制紧固件	吨	7	70.2	1587.55
3.其他金属制紧固件	吨	2	89	1770
钢钉	吨	1		22.71
弹簧	吨	3		1637
铸铁件	吨	23	661.3	4421.3
铸钢件	吨	6	227.58	2530.21
金属锻件	吨	6	161.76	1114.66
其中：自由锻件	吨	2	16.28	325.11
模锻件	吨	2	145.48	711.55
有色金属锻件	吨	1		50
采矿设备	台	4	40	369
	吨	4	21	214
2.矿山卷扬(提升)设备	台	2	40	356
3.矿物筛分、洗选设备	台	2		13
其中：振动筛	台	1		9
矿山用牵引车及其矿车	辆	1	120	200
石油钻探、开采专用设备	台(套)	2	4	184
其中：石油钻井设备	台(套)	1	2	134
采油设备	台(套)	1	2	50
压实机械	台	1		85
打夯机	台	1		85
非公路用货运自卸车(翻斗车)	辆	1		58
非金属矿物混合或搅拌机械	台	3	58	468
搅拌机	台	3	58	468
炼油、化工专用设备	台	1		20
	吨	1		2
6.其他炼油、化工生产专用设备	台	1		20
模具	套	3	167.25	1033.71
4.玻璃用模具	套	1	156	181
6.塑料用模具	套	1	9	56
8.其他未列明的模具	套	1	2.25	796.71
非电力食品用烤炉及烘箱	台	1	60	
谷物、干豆加工机械	台	4	91	834
其中：分选机	台	1	1	150
去石机	台	1	1	10
碾压粉碎机(砻谷机)	台	2	86	623
筛分机	台	2	3	43
清洁机	台	1		8
制糖机械	台	1		100
动植物油脂榨油提取加工机械	台	2	77	23
榨油机	台	1		11
水果、坚果或蔬菜加工机械	台	1	27	
饲料生产专用设备	台	2	53	2390
其中：饲料粉碎机	台	1	53	2000
饲料混合机	台	1		390
灯泡及类似品的封装机	台	1		3560
粗纱机	台	1		20
电机、变压器专用生产机械	台(条)	2		132

本年销售量	出口交货量	销售额(千元)	企业自用	其他	年末库存
2714.21		10618		640	162.54
1560.21		8358			97.54
1154		2260		640	65
12.11		87			10.6
994.6		2223		640	2.4
4502.89		18715			579.71
2333.3		11466			424.49
1011.73		6385			264.69
338.1		1926			3.29
595.63		3431			261.4
50		1000			
381		1514			28
212		1514			23
371		1280			25
10		234			3
6		106			3
280		1000			40
186		2768			2
134		2018			2
52		750			
74		259			11
74		259			11
51		588			7
437		3604			89
437		3604			89
20		87			
2		87			
20		87			
1029.71		5052			171.25
181		290			156
52		778			13
796.71		3984			2.25
				5	55
839		3107			86
142		680			9
11		143			
636		1161			73
42		893			4
8		230			
100		1177			
32		212			68
11		77			
7		7			20
2335		4598			108
1945		2440			108
390		2158			
3560		164			
20		4095			
132		3169			

2-72 续表 18

指标名称	计量单位	企业单位数(个)	年初库存	本年生产
线圈绕线机	台	1		39
拖拉机	台	1	62	782
2.中型拖拉机	台	1	62	782
土壤耕整机械	台	3	2	249
其中：机引犁	台	1		124
机引耙	台	2	2	125
播种、种植机械	台	13	98	2490
其中：播种机	台	10	48	1340
植物保护和管理机械	台	3	38	221
中耕机	台	3	38	221
收获机械	台	2	19	28
机动收割机械	台	1	14	23
场上作业机械	台	4	45	419
其中：机动脱粒机	台	2	37	300
作物烘干、干燥机	台	1	8	74
草坪、公园或运动场机动割草机	台	1	32	160
棉花加工机械	台	7		706
其中：轧花机	台	2		625
清绒机	台	1		8
清籽机	台	2		48
农作物的清洁、分选机械	台	1		50
注射器	万个	1	349	603
人造人体器官	个(副)	1		3282
大气污染防治设备	台	2		59
1.除尘设备	台	2		59
袋式除尘器	台	2		59
水质污染防治设备	台(套)	2	57	6
其中：沉淀、过滤装置	台	1		2
固体废弃物处理设备	台	1		1334
道路交通安全检测设备	台	1		20
自来水生产专用设备	台	3	31	115
汽车车辆的车身(包括驾驶室)	辆	1	15	35
挂车、半挂车	辆	1		4
汽车零配件	万件	4	5.86	24.9
变压器	台	6	727	1227
	千伏安	6	47535	148843
其中：500KVA≤额定容量≤8000KVA变压器	台	3	20	214
	千伏安	3	6970	72343
电力电容器成套装置	套	3	42	36
电路开关、保护及连接用电气装置	台	2	2802	861
隔离开关及断续开关	台	2	2802	861
电力控制或电力分配装置	台(面)	28	4554	25996
其中：全封闭组合式高压开关装置	台	1		1517
高压开关板	面	4	28	710
低压开关板	面(台)	21	4221	21486
安全、自动化监控设备	台(套)	3	7	119
其中：成套集控保护设备	套	2	2	108
电线	千米	8	373.5	8546.07
其中：安装电线	千米	3		6456

本年 销售量	出口 交货量	销售额 (千元)	企业 自用	其他	年末 库存
39		1829			
706		4905			138
706		4905			138
175		2131			76
124		1527			
51		604			76
2288		9212		20	280
1138		8552		20	230
182		494		5	72
182		494		5	72
27		27			20
27		27			10
375		2203			89
254		607			83
76		1286			6
161		193			31
696		5220	2		8
615		985	2		8
8		690			
48		1731			
43		685			7
685		4207			267
3282		148			
56		3681			3
56		3681			3
56		3681			3
8		502			55
2		154			
869		1680			465
20		4751			
110		1136			36
35		523			15
4		291			
19.61		341	1		10.15
1453		10164			501
147842		10164			48536
211		3155			23
70653		3155			8660
40		724			38
2862		566		1	800
2862		566		1	800
24220		26619			6330
1517		2050			
627		2110			111
19780		17664			5927
105		4345			21
93		4210			17
7051.48		11058			1868.09
5050		6069			1406

2-72 续表 19

指标名称	计量单位	企业单位数(个)	年初库存	本年生产
通信及电子网络用电缆	对千米	1	4.59	19.94
电力电缆	千米	1	6	800
裸铜线	吨	1		126
光缆	芯千米	1		56
2.普通光缆	芯千米	1		56
电气绝缘子(玻璃、陶瓷制除外)	吨	2	88.81	293.59
蓄电池	只	1	20	45
1.酸性蓄电池	千伏安时	1	0.48	1.08
	只	1	20	45
太阳能用具	台	3	720	2957
太阳能热水器	台	2	710	2887
灯具及照明装置	套(台、个)	7	698	11346
1.室内照明灯具及装置	套(台、个)	1		350
2.户外照明用灯具及装置	台	3	545	4972
其中：街灯及照明装置	台	3	545	4972
4.特殊用途电灯及照明装置	台	1		420
5.发光标志、发光铭牌及类似品	台	4	153	5604
其中：霓虹灯	台	2		1010
广告灯	台	1		19
灯座、插头及插座	万个	2		16.4
半导体器件	万只	1		296.4
4.特种元器件及传感器	万只	1		296.4
电子元件	万只	1	2939	
自动化仪表及系统	台(套)	2		762
其中：自动调节与控制仪表	台	1		117
工业自动控制系统	台(套)	1		1
3.其他形式的自动控制系统	台	1		1
工业过程测量仪表	台	1		110
3.流量测量仪表	台	1		110
水表	个	2	32073	16037
电能表	个	2		333
热量表	个	1		174
雕塑工艺品	千元	6	3770	4730
其中：硬质材料雕刻工艺品	件(套)	6	5860	5983
金属工艺品	千元	1		537
金属工艺标牌	件	1		537
地毯、挂毯	平方米	14	6485	14357
其中：手工地毯	平方米	12	6437	13377
机制地毯	平方米	1	18	280
贵金属首饰	千元	1		47
其中：金首饰	千元	1		47
宝石或半宝石制品	千元	1	343	219
其他煤制品	吨	1		1600
金属废料	吨	1		3047
其中：废钢铁	吨	1		3047
纺织品废料	吨	1		278.5
废纸	吨	2		406
塑料废料	吨	10	36.11	1075.28
发电量	万千瓦小时	46		33512.91
1.火电	万千瓦小时	5		7499.02
2.水电	万千瓦小时	40		25384.17
4.风力发电	万千瓦小时	2		629.72
售电量	万千瓦小时	5		1263.21
? 供热总量	万吉焦	70	3.75	1250.22
1.蒸汽	万吉焦	6		97.13
2.热水	万吉焦	66	3.75	1153.09
天然气供应量	万立方米	4		631.6
液化石油气供应总量	万吨	2		0.16
自来水	万立方米	25		3238.88

本年 销售量	出口 交货量	销售额 (千元)	企业 自用	其他	年末 库存
14.7		171			9.83
790		4737			16
117		3300			9
27		24			29
27		24			29
312.96		7494		0.37	69.07
42		50			23
1.01		50			0.55
42		50			23
2927		2445			750
2867		2369			730
11834		9995			210
350		93			
5312		8513			205
5312		8513			205
420		66			
5752		1323			5
1005		879			5
19		219			
16.4		839			
185.8		2750			110.6
185.8		2750			110.6
1589		564			1350
762		5482			
117		4935			
1		816			
1		816			
110		1430			
110		1430			
23022		815			25088
111		182			222
58		92			116
4962		1564			3538
6604		1564			5239
537		34			
537		34			
13499		3932		70	7273
12544		3680		70	7200
289		58			9
47		47			
47		47			
200		200			362
1600		95			
3047		4570			
3047		4570			
278.5		159			
406		604			
1025.97		2385			85.42
27942.65		59903	5096.43	473.83	
2748.77		8725	4750.25		
24649.4		47880	313.48	421.29	
544.48		3298	32.7	52.54	
1263.21		2932			
1114.34		170237	139		0.63
97.13		15097			
1017.21		155140	139		0.63
631.6		5960			
0.16		4705			
3238.88		31668			

2-73 各地、州、市

地　州	纱 (吨)	布 (万米)	毛线 (吨)	呢绒 (万米)	丝 (吨)	机制纸及纸板 (吨)
合　计	**291386**	**13989**	**980**	**205.92**	**39**	**263066**
乌鲁木齐市	40421	1612	454	18.47		42733
克拉玛依市						20
石河子市	39967	4272	167	101		33972
阿拉尔市	5892					
图木舒克市						
五家渠市	7512					21960
吐鲁番地区	8904					
哈密地区	14374	44				
昌吉回族自治州	46541	1531		86.45		85720
伊犁哈萨克自治州	48703	2534	359			15162
伊犁州直属县(市)	26309	1183				6484
塔城地区	22394	1351	332			4867
阿勒泰地区			27			3811
博尔塔拉蒙古自治州	11320	168				
巴音郭楞蒙古自治州	25076	1308				60203
阿克苏地区	17695	945				696
克孜勒苏柯尔克孜自治州						
喀什地区	19816	1260				2600
和田地区	5165	316			39	

主要工业产品产量

原盐	糖	饮料酒	卷烟	原煤	原油	天然气	发电量	
(万吨)	(万吨)	(千升)	(亿支)	(万吨)	(万吨)	(万立方米)	(亿千瓦时)	#水电
87.32	**37.26**	**346021**	**70**	**3749.4**	**2253.02**	**574805**	**266.3**	**37.08**
12.57		139950		894.08	358.17	49003	88.68	
0.01		1698		7.28	1115.35	255031	22.7	
		3848					13.62	2.43
		502					0.02	0.02
							0.01	0.01
		66		37.63				
11.25		4474		151.08	225	132646	0.88	0.06
24.51		1734		460.46			13.36	0.03
0.05	2.21	18816		866.29			48.39	0.68
29.79	22.78	129812	70	758.17			27.48	10.72
	12.43	68831	70	296.18			14.03	4.21
29.6	8.78	59717		453.88			7.9	1.62
0.19	1.57	1264		8.12			5.55	4.89
4.5	1.69	753					3.61	2.07
3.16	8.13	6506		116.18	554.38	138125	20.45	7.2
0.25	2.44	18958		388.47	0.12		11.72	3.62
1.21				3.83			0.43	0.26
		17879		12.09			11.79	6.96
0.03		1025		53.84			3.14	3.04

2-73 续表 1

地 州	生 铁 (万吨)	粗钢 (万吨)	大理石 板 材 (平方米)	钢 材 (万吨)	水 泥 (万吨)
合 计	**193.89**	**249.13**	**109663**	**254.15**	**1212.99**
乌鲁木齐市	166.04	227.84	4000	237.28	267.64
克拉玛依市			500		
石河子市				0.39	
阿拉尔市					
图木舒克市					4.24
五家渠市	0.02			0.15	
吐鲁番地区	5.69		19480		26.74
哈密地区	0.79				28.8
昌吉回族自治州	1.23	7.22		8.30	161.44
伊犁哈萨克自治州	6.90	12.44	79207	5.40	265.16
伊犁州直属县(市)	6.51	6.84			102.64
塔城地区		5.6		5.40	129.56
阿勒泰地区	0.38		79207		32.97
博尔塔拉蒙古自治州	8.63				25.79
巴音郭楞蒙古自治州	4.60	1.62	6476	2.63	113.3
阿克苏地区					188.2
克孜勒苏柯尔克孜自治州					3.27
喀什地区				0.00	92.73
和田地区				0.01	35.69

硫 酸 (吨)	烧 碱 (吨)	合成氨 (吨)(折纯)	农用氮、磷、钾 化肥(吨)	碳化钙 (电石)(吨)	塑料制品 (吨)	小型拖拉机 (台)
114046	**174445**	**1015630**	**869795**	**115991**	**388270**	**1407**
298	114718	745443	598734	106514	83310	
					36431	
22236	56192				61653	
					18095	
					1083	
					7460	
49096			200		690	
2297			3624		6009	
14500			7723	9477	70303	1262
11950			2608		52325	145
11950			2555		20730	120
					29565	25
			53		2030	
					13194	
	3535	270187	250096		10488	
13669			6810		8908	
					373	
					16773	
					1173	

2-74　工业企业产品产量、生产能力及能力利用率

产品名称	计量单位	年末生产能力	本年生产量	能力利用率（%）
原煤（按核定能力填报）	万吨	4560.03	3749.4	82.22
洗煤	处理吨	1490000		
天然原油	万吨	2359.44	2253.02	95.49
天然气	万立方米	1316303	574805	43.67
铁矿石原矿	实物吨	5903110	3870807	65.57
铁精矿	万吨	246.48	144.07	58.45
锰矿石原矿	实物吨	11200		
铬矿石原矿	实物吨	648250		
铜采矿（出矿量）	实物吨	34000		
铜金属量	吨	400		
铜选矿处理量	处理吨	47050		
铜选矿产品含铜量	吨	17400	21802	125.3
铅锌选矿处理量	处理吨	239800		
铅选矿产品含铅量	吨	38400	10454	27.22
锌选矿产品含锌量	吨	82620	52590	63.65
镍采矿（出矿量）	实物吨	807000		
镍金属量	吨	2054		
镍选矿处理量	处理吨	530300		
镍选矿产品含镍量	吨	2010		
锑采矿（出矿量）	实物吨	10000		
白云石原矿	实物吨	150000		
耐火粘土原矿	实物吨	120852.8	21922.25	18.14
硫铁矿石（折含硫 35%）	折合吨	150000	142234	94.82
磷矿石（折含五氧化二磷30%）	折合吨	10000		
原盐	万吨	114.5	87.32	76.26
石棉	吨	80400	84006.42	104.49
精制食用植物油	吨	1296995	320012.53	24.67
成品糖	日处理糖料量	38300		
	年产糖量吨	575000	372604.65	64.8
2.甜菜糖	日处理糖料量	38300		
冷库数量	座	31		
冻结设计能力	吨/日	556		
冷藏设计能力	吨	4378		
日平均储藏量	吨	870		
方便面	吨	54328.95	25020.83	46.05
乳粉	吨	114836	15912.81	13.86
味精	吨	20598	7427	36.06
发酵酒精(折96度)	千升	65657.96	28657.77	43.65
白酒	千升	162442.19	60780.25	37.42
啤酒	千升	329000	249003.24	75.68
黄酒	千升	60		
葡萄酒	千升	129539.5	34983.55	27.01
碳酸饮料	吨	11107	6325.37	56.95
瓶(罐)装饮用水	吨	463841.96	238195.39	51.35
卷烟	万支	700000	700000	100
棉纺锭（环锭纺）	锭	2547096		
气流纺锭（转杯纺）	头	73757		

2-74 续表 1

产品名称	计量单位	年末生产能力	本年生产量	能力利用率（%）
棉布织机	台	8557		
其中：无梭织机	台	532		
毛纺锭	锭	60812		
毛织机	台	342		
亚麻纺锭（长纺）	锭	29936		
缫丝机	绪	2400		
丝织机	台	403		
印染布年末生产能力	万米	1950	311.24	15.96
普通锯材	立方米	232140	961047.19	413.99
特种锯材	立方米	7000	3978	56.83
木胶合板	立方米	80534	52908.93	65.7
纤维板	立方米	333320	218851.8	65.66
刨花板	立方米	43490	26054	59.91
纸浆	吨	320284.79	177789.91	55.51
机制纸及纸板	吨	378964.02	263065.8	69.42
单色印刷	令	4683698	1336137.23	28.53
多色印刷	对开色令	7529141	4792842.93	63.66
蒸馏装置	万吨	1692.3		
裂化装置	万吨	518		
其中：催化裂化	万吨	333		
加氢裂化	万吨	60		
焦化装置	万吨	470		
催化重整装置	万吨	115		
加氢精制装置	万吨	390.5		
制氢装置	万吨	7.11		
机械化焦炉生产的焦炭	万吨	248.5	113.38	45.63
硫酸（折100%）	吨	178100	114045.83	64.03
烧碱（折100%）	吨	353400	174445.3	49.36
纯碱（碳酸钠）	吨	120000	113178	94.32
电石(碳化钙)	吨	213367	115991	54.36
乙烯	吨	220000	253711	115.32
丁二烯	吨	35000	33498	95.71
粗苯	吨	14636	6353	43.41
纯苯	吨	125000	84786	67.83
甲苯	吨	75000	63154	84.21
对二甲苯	吨	61000	56606	92.8
混合二甲苯	吨	55000	51573	93.77
精甲醇	吨	120000	73841	61.53
合成氨	吨	1131000	1015630	89.8
尿素（折含氮100%）	吨	848044	776202	91.53
碳酸氢铵（折含氮100%）	吨	31200		
磷肥（折含五氧化二磷100%）	吨	119884	18186.3	15.17
氯化钾（折含氧化钾100%）	吨	5025	1859	37
磷酸铵	吨	35000		
杀菌剂原药	吨	3400		
涂料（油漆）	吨	93693	17924.54	19.13
初级形态的塑料	吨	700950	624572.66	89.1

2-74 续表 2

产品名称	计量单位	年末生产能力	本年生产量	能力利用率（%）
其中：低密度聚乙烯树脂（LDPE）	吨	220000	213745	97.16
聚丙烯树脂	吨	244500	227548.88	93.07
聚氯乙烯树脂	吨	199000	179485.78	90.19
合成橡胶	吨	31014	32260	104.02
顺丁橡胶	吨	30000	32260	107.53
乙丙橡胶	吨	8		
合成纤维单体	吨	150009.62	137395.61	91.59
1.精对苯二甲酸（PTA）	吨	90000	80115	89.02
5.乙二醇	吨	60009.62	57280.61	95.45
合成纤维聚合物	吨	144750	71310.72	49.26
其中：聚酯	吨	144750	71310.72	49.26
合成洗涤剂	吨	424514	34283.51	8.08
紫胶	吨	80000		
人造纤维	吨	30000	19559	65.2
其中：粘胶纤维	吨	30000		
合成纤维	吨	63196	23253.98	36.8
2.涤纶纤维	吨	39806	20933	52.59
5.丙纶纤维	吨	500	16.76	3.35
8.腈氯纶纤维	吨	16000		
10.其他合成纤维	吨	6890	2304.22	33.44
橡胶轮胎外胎	万条	100	87.09	87.09
橡胶管	万标米	1829.4	649.12	35.48
橡胶靴鞋	万双	32.7	45.64	139.57
水泥熟料	万吨	1614.41	835.76	51.77
水泥	万吨	1803.69	1212.99	67.25
平板玻璃	重量箱	3517000	1226528.29	34.87
其中：浮法平板玻璃	重量箱	1952000	245844.89	12.59
垂直引上平板玻璃	重量箱	90000	24590.4	27.32
耐火材料制品	吨	119422	68670	57.5
其中：耐火砖	吨	36602		
石墨及炭素制品	吨	38548	27840.65	72.22
石墨阳极	吨	10000	4127	41.27
炭块	吨	1325	1208.65	91.22
炭电极类	吨	27223	22505	82.67
生铁	万吨	320.86	193.89	60.43
粗钢	万吨	447.53	249.13	55.67
1.转炉钢	万吨	258	151.91	58.88
2.电炉钢	万吨	189.38	97.22	51.34
4.其他炉种冶炼钢	万吨	0.15	0.01	6.67
连铸坯加工能力	万吨	370.14	237.44	64.15
其中：方坯	万吨	370.04		
钢材	万吨	438.9	254.15	57.91
1.铁道用钢材	万吨	2	1.04	52
2.大型型钢	万吨	5	0.44	8.8
其中：热轧大型型钢	万吨	5	0.44	8.8
3.中小型型钢	万吨	15.02	8.2	54.59
其中：热轧中小型型钢	万吨	15.02	8.19	54.53

2-74 续表 3

产品名称	计量单位	年末生产能力	本年生产量	能力利用率 (%)
4.棒材	万吨	30.5	12.7	41.64
其中：热轧棒材	万吨	30.5	12.41	40.69
5.钢筋	万吨	169.56	107.82	63.59
其中：热轧钢筋	万吨	169	107.57	63.65
6.线材（盘条）	万吨	146.8	94.24	64.2
15.热轧窄钢带	万吨	19	14.52	76.42
20.无缝钢管	万吨	21.26	0.74	3.48
其中：热轧无缝钢管	万吨	21.15	0.72	3.4
21.焊接钢管	万吨	29.76	14.44	48.52
普通铁合金	吨	45103	31614	70.09
其中：锰铁	吨	1000	395	39.5
硅铁	吨	11000	11064	100.58
硅锰铁	吨	24915	12084	48.5
特种铁合金	吨	4000	2375.42	59.39
其中：铬铁合金	吨	4000	2375.42	59.39
矿产粗铜冶炼能力	吨	5000		
铜电解能力	吨	5385	3453	64.12
矿产粗铅冶炼能力	吨	600	400	66.67
高冰镍生产能力	吨	7285		
镍电解能力	吨	2040		
铝电解能力	吨	72200	53442	74.02
铝材加工能力	吨	27115	9359	34.52
铝型材	吨	14015	9359	66.78
铝箔材	吨	13100		
工业锅炉	蒸发量吨	5087.7	2266.32	44.55
其中：蒸汽锅炉	蒸发量吨	774	140.5	18.15
热水锅炉	蒸发量吨	4233.7	2125.82	50.21
内燃机（不包括汽车发动机）	千瓦	38870	12350	31.77
柴油内燃机	千瓦	38870	12350	31.77
起重机械	台	414	222	53.62
	吨	9188	3621	39.41
输送机械	台	918	576	62.75
滚动轴承	万套	300	98.24	32.75
拖拉机	台	15350	2234	14.55
其中：大中型拖拉机	台	1000		
汽车	辆	4000	2095	52.38
载货汽车	辆	4000	1797	44.93
发电机组	万千瓦	205	7.43	3.62
风力发电机组	万千瓦	200	6.72	3.36
柴油或半柴油发电机组	万千瓦	5	0.71	14.2
交流电动机	台	5000	4076	81.52
房间空气调节器	万台	0.5		
钟	万只	19.6	19.6	100
发电设备容量总计	万千瓦	584.76		
1.火力发电设备容量	万千瓦	481.13		
2.水力发电设备容量	万千瓦	91.17		
4.未列明的其他发电设备容量	万千瓦	12.46		
蒸汽	吨/小时	35267		
热水	兆瓦	15591.21		

2-75 规模以上工业企业产品产量、生产能力及能力利用率

产品名称	计量单位	企业单位数（个）	年末生产能力	本年生产量	能力利用率（%）
原煤（按核定能力填报）	万吨	73	2787.37	2316.8	83.12
洗煤	处理吨	2	1350000		
天然原油	万吨	6	2337.44	2237	95.7
天然气	万立方米	4	1309703	572250	43.69
铁矿石原矿	实物吨	12	3645000	3324673	91.21
铁精矿	万吨	11	216.48	142.71	65.92
锰矿石原矿	实物吨	1	5000		
铬矿石原矿	实物吨	2	602250		
铜选矿处理量	处理吨	2	38050		
铜选矿产品含铜量	吨	4	12950	7881	60.86
铅锌选矿处理量	处理吨	2	37800		
铅选矿产品含铅量	吨	3	5400	3668	67.93
锌选矿产品含锌量	吨	3	13400	10519	78.5
镍采矿（出矿量）	实物吨	5	792000		
镍金属量	吨	1	2054		
镍选矿处理量	处理吨	3	530300		
镍选矿产品含镍量	吨	1	2010		
耐火粘土原矿	实物吨	1	30000	14741.45	49.14
硫铁矿石（折含硫 35%）	折合吨	1	150000	142234	94.82
原盐	万吨	10	101.27	74.31	73.38
石棉	吨	2	80000	82031.42	102.54
精制食用植物油	吨	61	996322	215279.92	21.61
成品糖	日处理糖料量	14	38300		
	年产糖量吨	14	575000	372604.65	64.8
2.甜菜糖	日处理糖料量	14	38300		
冷库数量	座	1	14		
冻结设计能力	吨/日	1	20		
冷藏设计能力	吨	1	30		
日平均储藏量	吨	1	50		
方便面	吨	4	52640	24497.5	46.54
乳粉	吨	14	102100	13412.66	13.14
味精	吨	3	20500	7329	35.75
发酵酒精(折96度)	千升	11	52890	27925.17	52.8
白酒	千升	12	92695	42874.13	46.25
啤酒	千升	9	324000	246062.24	75.95
葡萄酒	千升	5	103000	28650	27.82
碳酸饮料	吨	1	7900	2948.05	37.32
瓶(罐)装饮用水	吨	7	183298	61294.36	33.44
卷烟	万支	1	700000	700000	100
棉纺锭（环锭纺）	锭	46	2118334		
气流纺锭（转杯纺）	头	32	64270		
棉布织机	台	16	7651		

2-75 续表 1

产品名称	计量单位	企业单位数（个）	年末生产能力	本年生产量	能力利用率（%）
其中：无梭织机	台	4	481		
毛纺锭	锭	8	51544		
毛织机	台	3	276		
亚麻纺锭（长纺）	锭	2	27936		
丝织机	台	1	203		
印染布年末生产能力	万米	1	1600	227	14.19
普通锯材	立方米	3	46660	36579.25	78.4
纤维板	立方米	8	301320	206636.8	68.58
刨花板	立方米	2	8390	7180	85.58
纸浆	吨	10	281000	152357.12	54.22
机制纸及纸板	吨	23	305193	200128	65.57
单色印刷	令	44	3145383	831687.15	26.44
多色印刷	对开色令	21	7117279	4658742	65.46
蒸馏装置	万吨	12	1692		
裂化装置	万吨	8	518		
其中：催化裂化	万吨	7	333		
加氢裂化	万吨	1	60		
焦化装置	万吨	4	470		
催化重整装置	万吨	4	115		
加氢精制装置	万吨	3	390.5		
制氢装置	万吨	2	7.11		
机械化焦炉生产的焦炭	万吨	9	210.6	111.1	52.75
硫酸（折100%）	吨	6	158000	111450.83	70.54
烧碱（折100%）	吨	4	303400	174069	57.37
纯碱（碳酸钠）	吨	1	120000	113178	94.32
电石(碳化钙)	吨	2	204000	110991	54.41
乙烯	吨	1	220000	253711	115.32
丁二烯	吨	1	35000	33498	95.71
粗苯	吨	1	14636	6353	43.41
纯苯	吨	3	125000	84786	67.83
甲苯	吨	2	75000	63154	84.21
对二甲苯	吨	1	60000	56606	94.34
混合二甲苯	吨	1	55000	51573	93.77
精甲醇	吨	3	120000	73841	61.53
合成氨	吨	3	1125000	1015630	90.28
尿素（折含氮100%）	吨	3	848044	776202	91.53
磷肥（折含五氧化二磷100%）	吨	4	47400	12658	26.7
氯化钾（折含氧化钾100%）	吨	1	5000	1859	37.18
磷酸铵	吨	1	30000		
涂料（油漆）	吨	9	56120	15884	28.3
初级形态的塑料	吨	8	700500	621143.66	88.67
其中：低密度聚乙烯树脂（LDPE）	吨	1	220000	213745	97.16

2-75 续表 2

产品名称	计量单位	企业单位数（个）	年末生产能力	本年生产量	能力利用率（%）
聚丙烯树脂	吨	4	244500	227548.88	93.07
聚氯乙烯树脂	吨	2	199000	179485.78	90.19
合成橡胶	吨	1	30000	32260	107.53
顺丁橡胶	吨	1	30000	32260	107.53
合成纤维单体	吨	3	150009.62	137395.61	91.59
1.精对苯二甲酸（PTA）	吨	1	90000	80115	89.02
5.乙二醇	吨	2	60009.62	57280.61	95.45
合成纤维聚合物	吨	3	144750	71310.72	49.26
其中：聚酯	吨	3	144750	71310.72	49.26
合成洗涤剂	吨	4	45004	27226.8	60.5
人造纤维	吨	1	30000	19559	65.2
其中：粘胶纤维	吨	1	30000		
合成纤维	吨	3	42500	21537.98	50.68
2.涤纶纤维	吨	1	20000	19892	99.46
5.丙纶纤维	吨	1	500	16.76	3.35
8.腈氯纶纤维	吨	1	16000		
10.其他合成纤维	吨	1	6000	1629.22	27.15
橡胶轮胎外胎	万条	1	100	86.47	86.47
橡胶管	万标米	2	202	130.52	64.61
水泥熟料	万吨	49	1122.79	813.51	72.45
水泥	万吨	57	1703.87	1180.61	69.29
平板玻璃	重量箱	4	1730000	1118718.89	64.67
其中：浮法平板玻璃	重量箱	2	330000	198518.89	60.16
耐火材料制品	吨	2	4500	2670	59.33
其中：耐火砖	吨	1	1000		
石墨及炭素制品	吨	4	38255	27824.25	72.73
石墨阳极	吨	1	10000	4127	41.27
炭块	吨	1	1255	1192.25	95
炭电极类	吨	2	27000	22505	83.35
生铁	万吨	13	310.83	190.93	61.43
粗钢	万吨	9	447.03	247.89	55.45
1.转炉钢	万吨	2	258	151.91	58.88
2.电炉钢	万吨	7	189	95.99	50.79
4.其他炉种冶炼钢	万吨	1	0.03		
连铸坯加工能力	万吨	3	370	237.44	64.17
其中：方坯	万吨	3	370		
钢材	万吨	18	416.29	253.51	60.9
1.铁道用钢材	万吨	1	2	1.04	52
2.大型型钢	万吨	1	5	0.44	8.8
其中：热轧大型型钢	万吨	1	5	0.44	8.8
3.中小型型钢	万吨	3	14	7.98	57
其中：热轧中小型型钢	万吨	3	14	7.98	57

2-75 续表 3

产品名称	计量单位	企业单位数（个）	年末生产能力	本年生产量	能力利用率（%）
4.棒材	万吨	5	30.5	12.7	41.64
其中：热轧棒材	万吨	5	30.5	12.41	40.69
5.钢筋	万吨	4	169	107.57	63.65
其中：热轧钢筋	万吨	4	169	107.57	63.65
6.线材（盘条）	万吨	2	146	94.13	64.47
15.热轧窄钢带	万吨	3	19	14.52	76.42
20.无缝钢管	万吨	2	1.15	0.72	62.61
其中：热轧无缝钢管	万吨	2	1.15	0.72	62.61
21.焊接钢管	万吨	7	29.64	14.4	48.58
普通铁合金	吨	6	43988	30657	69.69
其中：锰铁	吨	1	1000	395	39.5
硅铁	吨	1	10000	10107	101.07
硅锰铁	吨	3	24800	12084	48.73
特种铁合金	吨	1	4000	2375.42	59.39
其中：铬铁合金	吨	1	4000	2375.42	59.39
矿产粗铜冶炼能力	吨	1	5000		
铜电解能力	吨	2	5385	3453	64.12
高冰镍生产能力	吨	1	7285		
镍电解能力	吨	1	2040		
铝电解能力	吨	4	72200	53442	74.02
铝材加工能力	吨	3	27100	9359	34.54
铝型材	吨	2	14000	9359	66.85
铝箔材	吨	1	13100		
工业锅炉	蒸发量吨	4	2060	655.61	31.83
其中：蒸汽锅炉	蒸发量吨	1	750	134.5	17.93
热水锅炉	蒸发量吨	4	1310	521.11	39.78
起重机械	台	4	228	123	53.95
	吨	4	4991	2619	52.47
输送机械	台	2	220	88	40
滚动轴承	万套	1	300	98.24	32.75
拖拉机	台	1	3000	1272	42.4
其中：大中型拖拉机	台	1	1000		
汽车	辆	1	4000	2095	52.38
载货汽车	辆	1	4000	1797	44.93
发电机组	万千瓦	2	205	7.43	3.62
风力发电机组	万千瓦	1	200	6.72	3.36
柴油或半柴油发电机组	万千瓦	1	5	0.71	14.2
交流电动机	台	1	5000	4076	81.52
房间空气调节器	万台	1	0.5		
发电设备容量总计	万千瓦	107	556.38		
1.火力发电设备容量	万千瓦	80	468.42		
2.水力发电设备容量	万千瓦	38	75.91		
4.未列明的其他发电设备容量	万千瓦	6	12.05		
蒸汽	吨/小时	15	3362		
热水	兆瓦	66	8966.43		

2-76 规模以下工业企业产品产量、生产能力及能力利用率

产品名称	计量单位	企业单位数（个）	年末生产能力	本年生产量	能力利用率（%）
原煤（按核定能力填报）	万吨	289	1453.39	946.2	65.1
洗煤	处理吨	1	140000		
铁矿石原矿	实物吨	13	1966310	339234	17.25
铁精矿	万吨	3	30	1.09	3.63
锰矿石原矿	实物吨	3	6200		
铬矿石原矿	实物吨	6	46000		
铜采矿（出矿量）	实物吨	4	34000		
铜金属量	吨	1	400		
铜选矿处理量	处理吨	1	8000		
铜选矿产品含铜量	吨	3	3450	9071	262.93
铅锌选矿处理量	处理吨	3	196000		
铅选矿产品含铅量	吨	1	23000	1580	6.87
锌选矿产品含锌量	吨	3	61220	1140	1.86
镍采矿（出矿量）	实物吨	1	15000		
锑采矿（出矿量）	实物吨	1	10000		
白云石原矿	实物吨	2	120000		
耐火粘土原矿	实物吨	3	5852.8	2.8	0.05
原盐	万吨	7	12.68	12.8	100.95
石棉	吨	1	400	25	6.25
精制食用植物油	吨	48	184295	18310.3	9.94
冷库数量	座	5	16		
冻结设计能力	吨/日	3	516		
冷藏设计能力	吨	5	1948		
日平均储藏量	吨	3	520		
方便面	吨	2	1688.95	523.33	30.99
乳粉	吨	11	5686	1532.15	26.95
味精	吨	1	98	98	100
发酵酒精(折96度)	千升	2	2767.96		
白酒	千升	69	50385.19	8387.46	16.65
黄酒	千升	2	60		
葡萄酒	千升	25	22229.5	4399.35	19.79
碳酸饮料	吨	8	1857	532.1	28.65
瓶(罐)装饮用水	吨	43	107118.96	145412.08	135.75
棉纺锭（环锭纺）	锭	14	143486		
气流纺锭（转杯纺）	头	6	3487		
棉布织机	台	14	259		
其中：无梭织机	台	5	51		
毛纺锭	锭	4	9268		
毛织机	台	2	66		
亚麻纺锭（长纺）	锭	1	2000		
缫丝机	绪	1	2400		
丝织机	台	1	200		
印染布年末生产能力	万米	5	350	84.24	24.07
普通锯材	立方米	35	179180	105265.44	58.75
特种锯材	立方米	1	7000	3978	56.83
木胶合板	立方米	30	79534	35882.73	45.12
纤维板	立方米	2	32000	7115	22.23
刨花板	立方米	6	34900	9819	28.13
纸浆	吨	15	39284.79	20772.79	52.88
机制纸及纸板	吨	38	65336.02	33935.8	51.94
单色印刷	令	168	1509929	386977.08	25.63
多色印刷	对开色令	36	409632	111861.93	27.31
蒸馏装置	万吨	2	0.3		
机械化焦炉生产的焦炭	万吨	6	31.9	2.28	7.15
硫酸（折100%）	吨	2	20100	2595	12.91
电石(碳化钙)	吨	1	9367	5000	53.38

2-76 续表 1

产品名称	计量单位	企业单位数（个）	年末生产能力	本年生产量	能力利用率（%）
对二甲苯	吨	1	1000		
磷肥（折含五氧化二磷100%）	吨	5	72260	5281.3	7.31
氯化钾（折含氧化钾100%）	吨	1	25		
杀菌剂原药	吨	1	500		
涂料（油漆）	吨	21	36903	1732.54	4.69
初级形态的塑料	吨	1	450		
合成橡胶	吨	1	1000		
合成洗涤剂	吨	13	379510	6641.71	1.75
紫胶	吨	1	80000		
合成纤维	吨	5	20696	1716	8.29
2.涤纶纤维	吨	3	19806	1041	5.26
10.其他合成纤维	吨	2	890	675	75.84
橡胶管	万标米	6	167.4	38.6	23.06
橡胶靴鞋	万双	2	32.7	25.64	78.41
水泥熟料	万吨	9	43.5	11.43	26.28
水泥	万吨	17	77.1	19.66	25.5
平板玻璃	重量箱	4	1787000	107809.4	6.03
其中：浮法平板玻璃	重量箱	2	1622000	47326	2.92
垂直引上平板玻璃	重量箱	1	90000	24590.4	27.32
耐火材料制品	吨	18	69770	40426	57.94
其中：耐火砖	吨	13	24460		
石墨及炭素制品	吨	1	70	16.4	23.43
炭块	吨	1	70	16.4	23.43
生铁	万吨	9	10.03	2.95	29.41
粗钢	万吨	2	0.28		
2.电炉钢	万吨	1	0.2		
4.其他炉种冶炼钢	万吨	1	0.08		
连铸坯加工能力	万吨	2	0.14		
其中：方坯	万吨	1	0.04		
钢材	万吨	10	22.57	0.4	1.77
3.中小型型钢	万吨	1	1	0.09	9
其中：热轧中小型型钢	万吨	1	1	0.09	9
5.钢筋	万吨	3	0.56	0.15	26.79
6.线材（盘条）	万吨	1	0.8	0.11	13.75
20.无缝钢管	万吨	4	20.11	0.02	0.1
其中：热轧无缝钢管	万吨	1	20		
21.焊接钢管	万吨	1	0.1	0.03	30
普通铁合金	吨	1	1000	957	95.7
硅铁	吨	1	1000	957	95.7
矿产粗铅冶炼能力	吨	1	600	400	66.67
铝材加工能力	吨	1	15		
铝型材	吨	1	15		
工业锅炉	蒸发量吨	23	3027.7	860.71	28.43
其中：蒸汽锅炉	蒸发量吨	1	24	6	25
热水锅炉	蒸发量吨	22	2923.7	854.71	29.23
内燃机（不包括汽车发动机）	千瓦	1	38870	12350	31.77
柴油内燃机	千瓦	1	38870	12350	31.77
起重机械	台	3	186	87	46.77
	吨	3	4197	936	22.3
输送机械	台	6	698	488	69.91
拖拉机	台	2	12200	782	6.41
发电设备容量总计	万千瓦	44	10.77		
1.火力发电设备容量	万千瓦	3	1.26		
2.水力发电设备容量	万千瓦	40	9.35		
4.未列明的其他发电设备容量	万千瓦	2	0.16		
蒸汽	吨/小时	6	31905		
热水	兆瓦	65	3507.18		

2-77 全部工业企业能源消费及库存

项目	计量单位	年初库存量	本年消费合计		年末库存量
				工业生产消费	
原煤	吨	2394005.37	26469768.27	26293331.99	2641019.32
洗精煤	吨	39675	1095804.52	1095799.52	124141.24
其他洗煤	吨	110000	105083.5	105078.5	120000
焦炭	吨	57549.23	1268831.77	1268412.41	73785.72
其他焦化产品	吨	34	466	466	
焦炉煤气	万立方米		19408	19408	
高炉煤气	万立方米		11892.62	11892.62	
其他煤气	万立方米		1.82	1.82	
天然气	万立方米		464085.46	447516.66	
液化天然气	吨		123	28	
原油	吨	428116.15	13141344.27	12893796.27	567168.11
汽油	吨	2733.5	52025.56	39374.12	3560.18
煤油	吨	11.23	356.63	340.13	12.66
柴油	吨	10897.13	271124.25	225064.66	12169.82
燃料油	吨	40128.23	249156.81	249155.14	72175.39
液化石油气	吨	1075.1	99050.42	98926.66	345.31
炼厂干气	吨		362984.48	362984.48	
其他石油制品	吨	15847.11	761072.38	760925.95	42140.04
热力	百万千焦		66896343.43	64624437.15	
电力	万千瓦时		1728648.76	1709079.47	

2-77 续表 1 乌鲁木齐市

项目	计量单位	年初库存量	本年消费合计		年末库存量
				工业生产消费	
原煤	吨	778227.9	9651363.05	9635478.24	935704.22
洗精煤	吨	39669	1067398	1067393	124085
其他洗煤	吨	110000	105020	105015	120000
焦炭	吨	11097.42	880707.18	880707.18	24300.14
其他焦化产品	吨				
焦炉煤气	万立方米		19408	19408	
高炉煤气	万立方米		11892.62	11892.62	
其他煤气	万立方米		1.82	1.82	
天然气	万立方米		104076.85	104076.85	
液化天然气	吨		28	28	
原油	吨	136690	4261421.9	4261421.9	215149.16
汽油	吨	826.41	14895.25	14295.49	798.62
煤油	吨	7.94	195.43	195.43	6.87
柴油	吨	3637.95	31987.72	31533.13	3214.57
燃料油	吨	37847.2	212917.43	212917.43	70352.18
液化石油气	吨		50488.19	50487.11	
炼厂干气	吨		193112	193112	
其他石油制品	吨	7268.09	164385.15	164381.47	14484.15
热力	百万千焦		3179098.69	3021312.24	
电力	万千瓦时		565585.59	564718.67	

2-77 续表 2 克拉玛依市

项　目	计量单位	年初库存量	本年消费合计		年末库存量
				工业生产消费	
原煤	吨	205956.8	1691109.91	1690264.37	241663.92
洗精煤	吨				
其他洗煤	吨				
焦炭	吨		720	720	
其他焦化产品	吨				
焦炉煤气	万立方米				
高炉煤气	万立方米				
其他煤气	万立方米				
天然气	万立方米		217584.83	215403.83	
液化天然气	吨				
原油	吨	43048	7610711	7610711	91050
汽油	吨	995.14	12167.88	7312.58	1225.7
煤油	吨		2	2	
柴油	吨	3994.37	105125.01	78127.62	3673.53
燃料油	吨	2183	31282	31282	1738
液化石油气	吨		341	341	
炼厂干气	吨		147654.48	147654.48	
其他石油制品	吨				
热力	百万千焦		41980825.11	41805888.72	
电力	万千瓦时		219022.24	215823.23	

2-77 续表 3 吐鲁番地区

项　目	计量单位	年初库存量	本年消费合计		年末库存量
				工业生产消费	
原煤	吨	32224.8	441289.6	430071	46237.73
洗精煤	吨		3061	3061	
其他洗煤	吨				
焦炭	吨	4323.5	55078.42	55078.42	13683
其他焦化产品	吨	34	466	466	
焦炉煤气	万立方米				
高炉煤气	万立方米				
其他煤气	万立方米				
天然气	万立方米		36723.81	35173.81	
液化天然气	吨		95		
原油	吨		183506	183506	
汽油	吨	6.4	3315.77	1765.8	7.2
煤油	吨		8	2	
柴油	吨	172.83	59080.9	52647.63	64.55
燃料油	吨	0.9	10.05	8.85	1.05
液化石油气	吨		96		
炼厂干气	吨				
其他石油制品	吨		55		
热力	百万千焦		1485161	90733	
电力	万千瓦时		58850.88	55918.5	

2-77 续表 4 哈密地区

项 目	计量单位	年初库存量	本年消费合计	工业生产消费	年末库存量
原煤	吨	66673.26	1457195.86	1450794.34	101526.87
洗精煤	吨				
其他洗煤	吨				
焦炭	吨	2174.01	40480.03	40480.03	7582.45
其他焦化产品	吨				
焦炉煤气	万立方米				
高炉煤气	万立方米				
其他煤气	万立方米				
天然气	万立方米				
液化天然气	吨				
原油	吨				
汽油	吨	106.68	1797.06	1778.06	195.55
煤油	吨	1.21	12.92	12.92	3.48
柴油	吨	380.67	13398.48	13091.98	612.33
燃料油	吨				
液化石油气	吨	6	45.53	18.85	4.21
炼厂干气	吨				
其他石油制品	吨				
热力	百万千焦		3	3	
电力	万千瓦时		67444.95	67051.55	

2-77 续表 5 昌吉州

项 目	计量单位	年初库存量	本年消费合计	工业生产消费	年末库存量
原煤	吨	266435.35	4253661.72	4216090.62	159986.17
洗精煤	吨	6	169	169	
其他洗煤	吨		63.5	63.5	
焦炭	吨	457.73	15580.56	15580.56	316.78
其他焦化产品	吨				
焦炉煤气	万立方米				
高炉煤气	万立方米				
其他煤气	万立方米				
天然气	万立方米		1967.98	1967.98	
液化天然气	吨				
原油	吨		18536.04	18536.04	
汽油	吨	46.63	4654.77	4010.52	82.48
煤油	吨	1.79	92.64	92.64	
柴油	吨	418.09	10957.54	10078.74	553.36
燃料油	吨	35	985.1	985.1	
液化石油气	吨		46318.55	46318.55	
炼厂干气	吨				
其他石油制品	吨	704.6	3164.83	3164.83	26.97
热力	百万千焦		264490.6	261576.6	
电力	万千瓦时		291517.14	289887.48	

2-77 续表 6 博州

项目	计量单位	年初库存量	本年消费合计	工业生产消费	年末库存量
原煤	吨	37451.82	171880.03	168298.32	27224.28
洗精煤	吨				
其他洗煤	吨				
焦炭	吨	350	64234.71	64234.71	5971.21
其他焦化产品	吨				
焦炉煤气	万立方米				
高炉煤气	万立方米				
其他煤气	万立方米				
天然气	万立方米				
液化天然气	吨				
原油	吨				
汽油	吨		208.9	160.6	
煤油	吨				
柴油	吨		558.09	389.65	21
燃料油	吨		4	4	
液化石油气	吨				
炼厂干气	吨				
其他石油制品	吨				
热力	百万千焦				
电力	万千瓦时		9250.73	9066.61	

2-77 续表 7 巴音郭楞蒙古自治州

项目	计量单位	年初库存量	本年消费合计	工业生产消费	年末库存量
原煤	吨	139671.43	1435220.93	1431997.54	179070.82
洗精煤	吨		25176.52	25176.52	56.24
其他洗煤	吨				
焦炭	吨	355.31	66466.34	66466.34	2108.37
其他焦化产品	吨				
焦炉煤气	万立方米				
高炉煤气	万立方米				
其他煤气	万立方米				
天然气	万立方米		92297.92	79487.92	
液化天然气	吨				
原油	吨	241858	872122	624574	250064
汽油	吨	284.73	6080.89	5095.36	1080.69
煤油	吨		10.52	0.02	
柴油	吨	1611.42	23817.24	19462.45	3194.79
燃料油	吨	50.13	1.83	1.83	50.16
液化石油气	吨	1069	756.1	756.1	341
炼厂干气	吨		19568	19568	
其他石油制品	吨		1835.5	1835.5	
热力	百万千焦		13673253	13673253	
电力	万千瓦时		108222.88	103290.61	

2-77 续表 8 阿克苏地区

项目	计量单位	年初库存量	本年消费合计		年末库存量
				工业生产消费	
原煤	吨	143781.41	907582.84	888347.04	60620.64
洗精煤	吨				
其他洗煤	吨				
焦炭	吨	1168.06	8057.79	8050.73	970.28
其他焦化产品	吨				
焦炉煤气	万立方米				
高炉煤气	万立方米				
其他煤气	万立方米				
天然气	万立方米		11406.09	11405.29	
液化天然气	吨				
原油	吨	6520.15	195047.03	195047.03	10904.95
汽油	吨	0.15	1051.26	467.82	
煤油	吨		5.56	5.56	
柴油	吨	14.11	4178.34	2957.75	8.36
燃料油	吨	12	3149.6	3149.6	32
液化石油气	吨		1000	1000	
炼厂干气	吨		2650	2650	
其他石油制品	吨	7797.54	591007.6	591007.6	27595.66
热力	百万千焦		367504	367504	
电力	万千瓦时		50578.57	50188.77	

2-77 续表 9 克州

项目	计量单位	年初库存量	本年消费合计		年末库存量
				工业生产消费	
原煤	吨	4753	71801.1	69994.5	2536
洗精煤	吨				
其他洗煤	吨				
焦炭	吨	1	1	1	
其他焦化产品	吨				
焦炉煤气	万立方米				
高炉煤气	万立方米				
其他煤气	万立方米				
天然气	万立方米				
液化天然气	吨				
原油	吨				
汽油	吨		167.1	8.5	
煤油	吨				
柴油	吨	6	911.3	784.3	6
燃料油	吨				
液化石油气	吨				
炼厂干气	吨				
其他石油制品	吨				
热力	百万千焦				
电力	万千瓦时		4027.65	3962.61	

2-77 续表 10 喀什地区

项 目	计量单位	年初库存量	本年消费合计	工业生产消费	年末库存量
原煤	吨	29107.32	642044.8	637875.33	31309.41
洗精煤	吨				
其他洗煤	吨				
焦炭	吨		577.73	577.73	
其他焦化产品	吨				
焦炉煤气	万立方米				
高炉煤气	万立方米				
其他煤气	万立方米				
天然气	万立方米		0.98	0.98	
液化天然气	吨				
原油	吨		0.3	0.3	
汽油	吨	11	583.16	476.02	0.85
煤油	吨				2
柴油	吨	194.16	1596.82	1451.16	127.57
燃料油	吨		4.87	4.87	
液化石油气	吨	0.1	5.05	5.05	0.1
炼厂干气	吨				
其他石油制品	吨	24.19	28	28	8.19
热力	百万千焦		65.51	65.51	
电力	万千瓦时		26082.4	25529.55	

2-77 续表 11 和田地区

项 目	计量单位	年初库存量	本年消费合计	工业生产消费	年末库存量
原煤	吨	8347.37	182733.84	177080.34	12544.58
洗精煤	吨				
其他洗煤	吨				
焦炭	吨				
其他焦化产品	吨				
焦炉煤气	万立方米				
高炉煤气	万立方米				
其他煤气	万立方米				
天然气	万立方米				
液化天然气	吨				
原油	吨				
汽油	吨	5	608.69	166.81	13
煤油	吨				
柴油	吨	12	2037.38	1925.06	14
燃料油	吨		3	3	
液化石油气	吨				
炼厂干气	吨				
其他石油制品	吨				
热力	百万千焦				
电力	万千瓦时		8131.18	7916.02	

2-77 续表 12 伊犁哈萨克自治州

项 目	计量单位	年初库存量	本年消费合计	工业生产消费	年末库存量
原煤	吨	94898.5	1109521.57	1090961.47	139986.59
洗精煤	吨				
其他洗煤	吨				
焦炭	吨	23331	103665.19	103616.89	1664.84
其他焦化产品	吨				
焦炉煤气	万立方米				
高炉煤气	万立方米				
其他煤气	万立方米				
天然气	万立方米				
液化天然气	吨				
原油	吨				
汽油	吨	370.28	1588.48	834.77	9.33
煤油	吨		13.1	13.1	0.27
柴油	吨	91.55	3135.01	2744.68	334.44
燃料油	吨		798.26	798.26	2
液化石油气	吨				
炼厂干气	吨				
其他石油制品	吨	33	520.02	488.02	5
热力	百万千焦		864.74	781.69	
电力	万千瓦时		54738.72	54275.28	

2-77 续表 13 塔城地区

项 目	计量单位	年初库存量	本年消费合计	工业生产消费	年末库存量
原煤	吨	137437.6	942952.26	929622.87	129006.14
洗精煤	吨				
其他洗煤	吨				
焦炭	吨	1088	2318	2318	1408
其他焦化产品	吨				
焦炉煤气	万立方米				
高炉煤气	万立方米				
其他煤气	万立方米				
天然气	万立方米				
液化天然气	吨				
原油	吨				
汽油	吨	8.17	1062.91	765.66	75
煤油	吨				
柴油	吨	31.5	2231.04	1951.07	103.6
燃料油	吨				
液化石油气	吨				
炼厂干气	吨				
其他石油制品	吨				
热力	百万千焦		380910	380910	
电力	万千瓦时		68786.68	68595.34	

2-77 续表 14 阿勒泰地区

项目	计量单位	年初库存量	本年消费合计	工业生产消费	年末库存量
原煤	吨	45605.79	317303.62	313971.62	53657.25
洗精煤	吨				
其他洗煤	吨				
焦炭	吨	8334	23461	23121	8142
其他焦化产品	吨				
焦炉煤气	万立方米				
高炉煤气	万立方米				
其他煤气	万立方米				
天然气	万立方米				
液化天然气	吨				
原油	吨				
汽油	吨	4.79	647.03	574.32	4.5
煤油	吨				
柴油	吨		1468.45	1418.03	
燃料油	吨				
液化石油气	吨				
炼厂干气	吨				
其他石油制品	吨				
热力	百万千焦				
电力	万千瓦时		25862.33	25020.64	

2-77 续表 15 生产建设兵团

项目	计量单位	年初库存量	本年消费合计	工业生产消费	年末库存量
原煤	吨	403283.02	3193397.14	3161774.39	519944.7
洗精煤	吨				
其他洗煤	吨				
焦炭	吨	4869.2	7483.82	7459.82	7638.65
其他焦化产品	吨				
焦炉煤气	万立方米				
高炉煤气	万立方米				
其他煤气	万立方米				
天然气	万立方米		27		
液化天然气	吨				
原油	吨				
汽油	吨	68.12	3180.38	1645.78	67.26
煤油	吨	0.29	16.46	16.46	0.04
柴油	吨	332.48	10628.95	6489.43	241.72
燃料油	吨		0.67	0.2	
液化石油气	吨				
炼厂干气	吨				
其他石油制品	吨	19.69	76.28	20.53	20.07
热力	百万千焦		5357449.98	4815691.59	
电力	万千瓦时		170033.23	167321.02	

2-77 续表 16 省直辖行政单位

项　　目	计量单位	年初库存量	本年消费合计		年末库存量
				工业生产消费	
原煤	吨	150	710	710	
洗精煤	吨				
其他洗煤	吨				
焦炭	吨				
其他焦化产品	吨				
焦炉煤气	万立方米				
高炉煤气	万立方米				
其他煤气	万立方米				
天然气	万立方米				
液化天然气	吨				
原油	吨				
汽油	吨		16.03	16.03	
煤油	吨				
柴油	吨		11.98	11.98	
燃料油	吨				
液化石油气	吨				
炼厂干气	吨				
其他石油制品	吨				
热力	百万千焦		206717.8	206717.8	
电力	万千瓦时		513.59	513.59	

2-78 规模以上工业企业能源消费及库存

项　　目	计量单位	年初库存量	本年消费合计		年末库存量
				工业生产消费	
原煤	吨	2301647.74	25088561.90	24951154.84	2641019.32
洗精煤	吨	39674.00	1095630.52	1095630.52	124141.24
其他洗煤	吨	110000.00	105063.50	105063.50	120000.00
焦炭	吨	56640.30	1230115.90	1229696.54	73785.72
其他焦化产品	吨				
焦炉煤气	万立方米		19408.00	19408.00	
高炉煤气	万立方米		11892.62	11892.62	
其他煤气	万立方米				
天然气	万立方米		456116.59	441148.79	
液化天然气	吨		28.00	28.00	
原油	吨	428116.15	13138335.37	12890787.37	567168.11
汽油	吨	2663.45	42240.82	31987.90	3560.18
煤油	吨	9.29	171.91	161.41	12.66
柴油	吨	10693.00	203748.98	164808.38	12169.82
燃料油	吨	40047.23	249019.04	249017.37	72175.39
液化石油气	吨	1075.10	98407.88	98381.20	345.31
炼厂干气	吨		362984.48	362984.48	
其他石油制品	吨	13199.45	749407.40	749348.65	42140.04
热力	百万千焦		65160347.89	64287533.33	
电力	万千瓦时		1603888.08	1587559.39	

2-78 续表 1 乌鲁木齐市

项目	计量单位	年初库存量	本年消费合计		年末库存量
				工业生产消费	
原煤	吨	760950.83	9426346.35	9422034.46	935704.22
洗精煤	吨	39669.00	1067338.00	1067338.00	124085.00
其他洗煤	吨	110000.00	105000.00	105000.00	120000.00
焦炭	吨	10964.00	878959.36	878959.36	24300.14
其他焦化产品	吨				
焦炉煤气	万立方米		19408.00	19408.00	
高炉煤气	万立方米		11892.62	11892.62	
其他煤气	万立方米				
天然气	万立方米		103258.14	103258.14	
液化天然气	吨		28.00	28.00	
原油	吨	136690.00	4261417.00	4261417.00	215149.16
汽油	吨	783.53	12147.80	11720.55	798.62
煤油	吨	7.54	110.15	110.15	6.87
柴油	吨	3630.31	29617.71	29368.88	3214.57
燃料油	吨	37801.20	212843.86	212843.86	70352.18
液化石油气	吨		49964.10	49964.10	
炼厂干气	吨		193112.00	193112.00	
其他石油制品	吨	5260.51	156965.53	156962.53	14484.15
热力	百万千焦		2974194.87	2817924.62	
电力	万千瓦时		546477.53	546024.91	

2-78 续表 2 克拉玛依市

项目	计量单位	年初库存量	本年消费合计		年末库存量
				工业生产消费	
原煤	吨	205832.80	1687681.15	1686953.61	241663.92
洗精煤	吨				
其他洗煤	吨				
焦炭	吨				
其他焦化产品	吨				
焦炉煤气	万立方米				
高炉煤气	万立方米				
其他煤气	万立方米				
天然气	万立方米		217577.83	215396.83	
液化天然气	吨				
原油	吨	43048.00	7610711.00	7610711.00	91050.00
汽油	吨	995.09	11823.25	6987.54	1225.70
煤油	吨		2.00	2.00	
柴油	吨	3984.02	104711.90	77725.86	3673.53
燃料油	吨	2183.00	31282.00	31282.00	1738.00
液化石油气	吨		341.00	341.00	
炼厂干气	吨		147654.48	147654.48	
其他石油制品	吨				
热力	百万千焦		41941099.89	41766406.50	
电力	万千瓦时		218403.20	215204.49	

2-78 续表 3 吐鲁番地区

项 目	计量单位	年初库存量	本年消费合计	工业生产消费	年末库存量
原煤	吨	31226.00	352679.20	342341.20	46237.73
洗精煤	吨		3061.00	3061.00	
其他洗煤	吨				
焦炭	吨	4322.00	37173.00	37173.00	13683.00
其他焦化产品	吨				
焦炉煤气	万立方米				
高炉煤气	万立方米				
其他煤气	万立方米				
天然气	万立方米		30430.01	30430.01	
液化天然气	吨				
原油	吨		182381.00	182381.00	
汽油	吨	6.40	635.83	306.88	7.20
煤油	吨				
柴油	吨	101.83	7052.14	6582.21	64.55
燃料油	吨	0.90	6.05	4.85	1.05
液化石油气	吨				
炼厂干气	吨				
其他石油制品	吨				
热力	百万千焦		90733.00	90733.00	
电力	万千瓦时		45392.37	44776.36	

2-78 续表 4 哈密地区

项 目	计量单位	年初库存量	本年消费合计	工业生产消费	年末库存量
原煤	吨	65307.86	1386495.05	1380331.55	101526.87
洗精煤	吨				
其他洗煤	吨				
焦炭	吨	2174.01	40480.03	40480.03	7582.45
其他焦化产品	吨				
焦炉煤气	万立方米				
高炉煤气	万立方米				
其他煤气	万立方米				
天然气	万立方米				
液化天然气	吨				
原油	吨				
汽油	吨	106.63	1578.35	1572.05	195.55
煤油	吨	1.21	12.92	12.92	3.48
柴油	吨	358.27	12449.54	12273.34	612.33
燃料油	吨				
液化石油气	吨	6.00	26.68		4.21
炼厂干气	吨				
其他石油制品	吨				
热力	百万千焦		3.00	3.00	
电力	万千瓦时		65689.81	65307.30	

2-78 续表 5 昌吉回族自治州

项 目	计量单位	年初库存量	本年消费合计		年末库存量
				工业生产消费	
原煤	吨	224914.62	3952782.62	3927307.01	159986.17
洗精煤	吨	5.00	55.00	55.00	
其他洗煤	吨		63.50	63.50	
焦炭	吨	410.13	7520.56	7520.56	316.78
其他焦化产品	吨				
焦炉煤气	万立方米				
高炉煤气	万立方米				
其他煤气	万立方米				
天然气	万立方米		1217.47	1217.47	
液化天然气	吨				
原油	吨		16657.04	16657.04	
汽油	吨	34.60	3435.51	2992.28	82.48
煤油	吨	0.25	2.50	2.50	
柴油	吨	370.62	6200.61	5519.82	553.36
燃料油	吨		965.90	965.90	
液化石油气	吨		46316.55	46316.55	
炼厂干气	吨				
其他石油制品	吨	98.50	1669.63	1669.63	26.97
热力	百万千焦		263010.60	260096.60	
电力	万千瓦时		280345.64	278831.78	

2-78 续表 6 博尔塔拉蒙古自治州

项 目	计量单位	年初库存量	本年消费合计		年末库存量
				工业生产消费	
原煤	吨	34826.00	141411.95	138045.58	27224.28
洗精煤	吨				
其他洗煤	吨				
焦炭	吨	350.00	62718.71	62718.71	5971.21
其他焦化产品	吨				
焦炉煤气	万立方米				
高炉煤气	万立方米				
其他煤气	万立方米				
天然气	万立方米				
液化天然气	吨				
原油	吨				
汽油	吨		133.23	102.39	
煤油	吨				
柴油	吨		410.84	251.84	21.00
燃料油	吨				
液化石油气	吨				
炼厂干气	吨				
其他石油制品	吨				
热力	百万千焦				
电力	万千瓦时		7682.43	7578.28	

2-78 续表 7 巴音郭楞蒙古自治州

项　目	计量单位	年初库存量	本年消费合计	工业生产消费	年末库存量
原煤	吨	133158.32	1322906.03	1320292.68	179070.82
洗精煤	吨		25176.52	25176.52	56.24
其他洗煤	吨				
焦炭	吨	355.31	66242.81	66242.81	2108.37
其他焦化产品	吨				
焦炉煤气	万立方米				
高炉煤气	万立方米				
其他煤气	万立方米				
天然气	万立方米		92202.55	79442.55	
液化天然气	吨				
原油	吨	241858.00	872122.00	624574.00	250064.00
汽油	吨	283.73	5630.52	4759.58	1080.69
煤油	吨		10.52	0.02	
柴油	吨	1598.88	21674.67	17386.61	3194.79
燃料油	吨	50.13	1.83	1.83	50.16
液化石油气	吨	1069.00	755.50	755.50	341.00
炼厂干气	吨		19568.00	19568.00	
其他石油制品	吨				
热力	百万千焦		13673253.00	13673253.00	
电力	万千瓦时		104295.91	99418.86	

2-78 续表 8 阿克苏地区

项　目	计量单位	年初库存量	本年消费合计	工业生产消费	年末库存量
原煤	吨	133521.66	808078.01	790373.56	60620.64
洗精煤	吨				
其他洗煤	吨				
焦炭	吨	1168.06	8057.79	8050.73	970.28
其他焦化产品	吨				
焦炉煤气	万立方米				
高炉煤气	万立方米				
其他煤气	万立方米				
天然气	万立方米		11404.59	11403.79	
液化天然气	吨				
原油	吨	6520.15	195047.03	195047.03	10904.95
汽油	吨	0.15	682.17	175.94	
煤油	吨		4.26	4.26	
柴油	吨	3.00	3367.98	2233.83	8.36
燃料油	吨	12.00	3149.60	3149.60	32.00
液化石油气	吨		1000.00	1000.00	
炼厂干气	吨		2650.00	2650.00	
其他石油制品	吨	7797.54	590381.80	590381.80	27595.66
热力	百万千焦		367504.00	367504.00	
电力	万千瓦时		45749.57	45371.05	

2-78 续表 9 克州

项 目	计量单位	年初库存量	本年消费合计	工业生产消费	年末库存量
原煤	吨	4673.00	67108.60	65565.00	2536.00
洗精煤	吨				
其他洗煤	吨				
焦炭	吨	1.00	1.00	1.00	
其他焦化产品	吨				
焦炉煤气	万立方米				
高炉煤气	万立方米				
其他煤气	万立方米				
天然气	万立方米				
液化天然气	吨				
原油	吨				
汽油	吨		117.50	8.50	
煤油	吨				
柴油	吨	6.00	534.80	533.80	6.00
燃料油	吨				
液化石油气	吨				
炼厂干气	吨				
其他石油制品	吨				
热力	百万千焦				
电力	万千瓦时		3757.37	3696.37	

2-78 续表 10 喀什地区

项 目	计量单位	年初库存量	本年消费合计	工业生产消费	年末库存量
原煤	吨	28117.33	515576.82	513945.82	31309.41
洗精煤	吨				
其他洗煤	吨				
焦炭	吨		63.73	63.73	
其他焦化产品	吨				
焦炉煤气	万立方米				
高炉煤气	万立方米				
其他煤气	万立方米				
天然气	万立方米				
液化天然气	吨				
原油	吨		0.30	0.30	
汽油	吨	1.00	391.56	361.83	0.85
煤油	吨				2.00
柴油	吨	193.46	627.74	594.78	127.57
燃料油	吨		0.87	0.87	
液化石油气	吨	0.10	4.05	4.05	0.10
炼厂干气	吨				
其他石油制品	吨	24.19	28.00	28.00	8.19
热力	百万千焦				
电力	万千瓦时		21147.07	20776.86	

2-78 续表 11 和田地区

项 目	计量单位	年初库存量	本年消费合计	工业生产消费	年末库存量
原煤	吨	7811.07	160763.18	155596.68	12544.58
洗精煤	吨				
其他洗煤	吨				
焦炭	吨				
其他焦化产品	吨				
焦炉煤气	万立方米				
高炉煤气	万立方米				
其他煤气	万立方米				
天然气	万立方米				
液化天然气	吨				
原油	吨				
汽油	吨	5.00	542.81	154.10	13.00
煤油	吨				
柴油	吨	12.00	1903.11	1813.36	14.00
燃料油	吨				
液化石油气	吨				
炼厂干气	吨				
其他石油制品	吨				
热力	百万千焦				
电力	万千瓦时		6596.71	6384.71	

2-78 续表 12 伊犁哈萨克自治州

项 目	计量单位	年初库存量	本年消费合计	工业生产消费	年末库存量
原煤	吨	91312.00	983277.34	967705.34	139986.59
洗精煤	吨				
其他洗煤	吨				
焦炭	吨	23277.00	98570.19	98521.89	1664.84
其他焦化产品	吨				
焦炉煤气	万立方米				
高炉煤气	万立方米				
其他煤气	万立方米				
天然气	万立方米				
液化天然气	吨				
原油	吨				
汽油	吨	368.00	1000.53	443.81	9.33
煤油	吨		13.10	13.10	0.27
柴油	吨	87.13	2265.09	1932.42	334.44
燃料油	吨		768.26	768.26	2.00
液化石油气	吨				
炼厂干气	吨				
其他石油制品	吨	11.00	298.00	298.00	5.00
热力	百万千焦		781.69	781.69	
电力	万千瓦时		50471.48	50040.40	

2-78 续表 13 塔城地区

项　目	计量单位	年初库存量	本年消费合计	工业生产消费	年末库存量
原煤	吨	133913.00	884070.77	874648.23	129006.14
洗精煤	吨				
其他洗煤	吨				
焦炭	吨	1088.00	2318.00	2318.00	1408.00
其他焦化产品	吨				
焦炉煤气	万立方米				
高炉煤气	万立方米				
其他煤气	万立方米				
天然气	万立方米				
液化天然气	吨				
原油	吨				
汽油	吨	8.00	873.21	591.61	75.00
煤油	吨				
柴油	吨	31.00	1703.68	1424.88	103.60
燃料油	吨				
液化石油气	吨				
炼厂干气	吨				
其他石油制品	吨				
热力	百万千焦		380361.68	380361.68	
电力	万千瓦时		30676.46	30492.96	

2-78 续表 14 阿勒泰地区

项　目	计量单位	年初库存量	本年消费合计	工业生产消费	年末库存量
原煤	吨	44232.59	235546.09	232277.09	53657.25
洗精煤	吨				
其他洗煤	吨				
焦炭	吨	7710.00	20633.00	20293.00	8142.00
其他焦化产品	吨				
焦炉煤气	万立方米				
高炉煤气	万立方米				
其他煤气	万立方米				
天然气	万立方米				
液化天然气	吨				
原油	吨				
汽油	吨	4.60	560.72	488.01	4.50
煤油	吨				
柴油	吨		909.82	859.40	
燃料油	吨				
液化石油气	吨				
炼厂干气	吨				
其他石油制品	吨				
热力	百万千焦				
电力	万千瓦时		22915.21	22073.66	

2-78 续表 15 生产建设兵团

项　目	计量单位	年初库存量	本年消费合计	工业生产消费	年末库存量
原煤	吨	401850.66	3163838.74	3133737.03	519944.70
洗精煤	吨				
其他洗煤	吨				
焦炭	吨	4820.79	7377.72	7353.72	7638.65
其他焦化产品	吨				
焦炉煤气	万立方米				
高炉煤气	万立方米				
其他煤气	万立方米				
天然气	万立方米		26.00		
液化天然气	吨				
原油	吨				
汽油	吨	66.72	2674.80	1309.80	67.26
煤油	吨	0.29	16.46	16.46	0.04
柴油	吨	316.48	10307.37	6295.37	241.72
燃料油	吨		0.67	0.20	
液化石油气	吨				
炼厂干气	吨				
其他石油制品	吨	7.71	64.44	8.69	20.07
热力	百万千焦		5262688.36	4723751.44	
电力	万千瓦时		153784.23	151078.31	

2-77 续表 16 省直辖行政单位

项　目	计量单位	年初库存量	本年消费合计	工业生产消费	年末库存量
原煤	吨				
洗精煤	吨				
其他洗煤	吨				
焦炭	吨				
其他焦化产品	吨				
焦炉煤气	万立方米				
高炉煤气	万立方米				
其他煤气	万立方米				
天然气	万立方米				
液化天然气	吨				
原油	吨				
汽油	吨		13.03	13.03	
煤油	吨				
柴油	吨		11.98	11.98	
燃料油	吨				
液化石油气	吨				
炼厂干气	吨				
其他石油制品	吨				
热力	百万千焦		206717.80	206717.80	
电力	万千瓦时		503.09	503.09	

2-79 规模以上工业企业分行业、分品种能源消费总量

行业	原煤（万吨）	洗精煤（万吨）	焦炭（万吨）	原油（万吨）
合 计	**2508.86**	**109.56**	**123.01**	**1313.83**
（一）采矿业	**253.84**	**13.82**	**1.97**	**124.85**
煤炭开采和洗选业	186.38	13.82	0.01	
石油和天然气开采业	58.27			124.85
黑色金属矿采选业	6.04			
有色金属矿采选业	2.43		1.96	
非金属矿采选业	0.72			
其他采矿业				
（二）制造业	**1038.85**	**95.74**	**121.04**	**1188.92**
农副食品加工业	65.48		2.19	
食品制造业	45.22			
饮料制造业	9.44			
烟草制品业	1.00			
纺织业	32.22			
纺织服装、鞋、帽制造业	0.28			
皮革、毛皮、羽毛(绒)及其制品业	0.62			
木材加工及木、竹、藤、棕、草制品业	6.70			
家具制造业	0.44			
造纸及纸制品业	31.93			0.09
印刷业和记录媒介的复制	0.81			
文教体育用品制造业				
石油加工、炼焦及核燃料加工业	291.29			1188.83
化学原料及化学制品制造业	101.13		11.57	
医药制造业	2.69			
化学纤维制造业	3.06			
橡胶制品业	3.08			
塑料制品业	7.25		0.01	
非金属矿物制品业	278.56		1.13	
黑色金属冶炼及压延加工业	70.86	95.73	103.52	
有色金属冶炼及压延加工业	32.93		0.86	
金属制品业	1.11		0.97	
通用设备制造业	1.64		0.61	
专用设备制造业	5.90	0.01	0.13	
交通运输设备制造业	2.23		0.05	
电气机械及器材制造业	2.10			
通信设备、计算机及其他电子设备制造业	40.88			
仪器仪表及文化、办公用机械制造业				
工艺品及其他制造业				
废弃资源和废旧材料回收加工业				
（三）电力、燃气及水的生产和供应业	**1216.17**			**0.06**
电力、热力的生产和供应业	1215.30			0.06
燃气生产和供应业				
水的生产和供应业	0.87			

2-79 续表 1

行　业	汽　油 (万吨)	煤　油 (吨)	柴　油 (万吨)	燃料油 (万吨)
合　计	**4.22**	**171.91**	**20.37**	**24.90**
(一)采矿业	**1.98**	**14.22**	**14.33**	**1.95**
煤炭开采和洗选业	0.28	6.58	0.93	
石油和天然气开采业	1.60		12.31	1.95
黑色金属矿采选业	0.03	7.64	0.41	
有色金属矿采选业	0.05		0.25	
非金属矿采选业	0.02		0.43	
其他采矿业				
(二)制造业	**1.81**	**154.69**	**4.77**	**22.95**
农副食品加工业	0.11		0.16	0.01
食品制造业	0.16	0.18	0.35	
饮料制造业	0.05		0.03	
烟草制品业				
纺织业	0.07	44.26	0.05	
纺织服装、鞋、帽制造业	0.01			
皮革、毛皮、羽毛(绒)及其制品业				
木材加工及木、竹、藤、棕、草制品业	0.01		0.03	
家具制造业	0.02		0.02	
造纸及纸制品业	0.03	0.32	0.04	
印刷业和记录媒介的复制	0.04	3.73	0.01	
文教体育用品制造业				
石油加工、炼焦及核燃料加工业	0.21	63.00	0.55	22.32
化学原料及化学制品制造业	0.38	10.63	1.10	0.01
医药制造业	0.01	2.84	0.01	
化学纤维制造业				
橡胶制品业	0.01		0.01	
塑料制品业	0.08		0.03	
非金属矿物制品业	0.18	1.75	1.54	0.01
黑色金属冶炼及压延加工业	0.12		0.14	0.51
有色金属冶炼及压延加工业	0.04		0.34	
金属制品业	0.06		0.05	
通用设备制造业	0.09	13.70	0.15	
专用设备制造业	0.03	9.30	0.02	
交通运输设备制造业	0.04	4.80	0.04	
电气机械及器材制造业	0.04	0.18	0.03	0.09
通信设备、计算机及其他电子设备制造业	0.02		0.07	
仪器仪表及文化、办公用机械制造业				
工艺品及其他制造业				
废弃资源和废旧材料回收加工业				
(三)电力、燃气及水的生产和供应业	**0.43**	**3.00**	**1.28**	
电力、热力的生产和供应业	0.38	3.00	1.23	
燃气生产和供应业	0.01		0.03	
水的生产和供应业	0.04		0.02	

2-79 续表 2

行 业	液化石油气 (万吨)	天然气 (亿立方米)	热 力 (万百万千焦)	电 力 (亿千瓦时)
合 计	**9.84**	**45.61**	**6516.03**	**160.39**
(一)采矿业	**0.08**	**37.00**	**4539.38**	**26.51**
煤炭开采和洗选业			7.38	2.39
石油和天然气开采业	0.08	37.00	4532.00	20.80
黑色金属矿采选业				0.85
有色金属矿采选业				2.26
非金属矿采选业				0.21
其他采矿业				
(二)制造业	**9.76**	**8.41**	**1776.65**	**95.90**
农副食品加工业			202.77	2.98
食品制造业			137.49	1.92
饮料制造业			25.69	0.64
烟草制品业			0.16	0.07
纺织业			149.41	8.96
纺织服装、鞋、帽制造业			1.14	0.03
皮革、毛皮、羽毛(绒)及其制品业				0.06
木材加工及木、竹、藤、棕、草制品业			0.21	0.50
家具制造业			1.09	0.19
造纸及纸制品业			156.21	2.06
印刷业和记录媒介的复制			7.60	0.14
文教体育用品制造业				
石油加工、炼焦及核燃料加工业	5.13	6.66	678.75	15.77
化学原料及化学制品制造业	4.62	1.68	132.47	12.85
医药制造业		0.01	14.71	0.10
化学纤维制造业				1.14
橡胶制品业			0.05	0.29
塑料制品业		0.03	108.78	4.00
非金属矿物制品业	0.01	0.02	3.62	13.37
黑色金属冶炼及压延加工业			108.71	15.57
有色金属冶炼及压延加工业		0.01	0.11	5.75
金属制品业			6.90	0.38
通用设备制造业			10.97	1.91
专用设备制造业			2.81	0.28
交通运输设备制造业			13.32	0.16
电气机械及器材制造业			9.34	0.41
通信设备、计算机及其他电子设备制造业				6.36
仪器仪表及文化、办公用机械制造业			1.73	0.01
工艺品及其他制造业				
废弃资源和废旧材料回收加工业			2.61	
(三)电力、燃气及水的生产和供应业		**0.20**	**200.00**	**37.98**
电力、热力的生产和供应业		0.05	198.49	36.94
燃气生产和供应业		0.15	0.07	0.03
水的生产和供应业			1.44	1.01

2-80 全部工业企业主要原材料消费量

项 目	计量单位	总 计	乌鲁木齐市	克拉玛依市	吐鲁番地区
生铁	万吨	199.07	159.74	0.16	0.24
钢材	万吨	206.24	31.12	22.18	7.60
钢丝	万吨	2.32	0.46	0.14	0.52
铜	万吨	1.16	0.14		
铝	万吨	3.71	2.12		
铅	万吨	0.20	0.01		
锌	万吨	0.11	0.05		
润滑油	万吨	6.94	4.14	0.38	0.18
硫酸(折100%)	万吨	5.09	1.72	0.35	1.15
盐酸(含量31%以上)	万吨	8.93	3.36	0.66	0.09
乙烯	万吨	7.24	1.31	0.61	0.02
合成橡胶	万吨	0.74	0.09		0.01
水泥	万吨	127.56	63.59	14.20	4.43
平板玻璃	万重量箱	12.87	10.96	0.23	0.37
原木	万立方米	54.03	9.03	0.16	0.45
锯材	万立方米	8.61	5.27	0.01	
纱	万吨	1.10	0.15		
布	万米	807.10	454.66	22.84	

2-80 续表 1

项 目	计量单位	哈密地区	昌吉回族自治州	博尔塔拉蒙古自治州	巴音郭楞蒙古自治州
生铁	万吨	0.12	34.39		0.03
钢材	万吨	1.62	114.10	0.05	17.44
钢丝	万吨	0.60	0.32	0.01	0.17
铜	万吨		1.02		
铝	万吨		1.53		
铅	万吨		0.19		
锌	万吨		0.06		
润滑油	万吨	0.06	1.49		0.03
硫酸(折100%)	万吨	0.01	0.05		0.04
盐酸(含量31%以上)	万吨	0.09	1.49		2.46
乙烯	万吨	0.13	1.36	0.06	0.55
合成橡胶	万吨		0.09		0.50
水泥	万吨	5.48	5.01	0.10	13.55
平板玻璃	万重量箱	0.19	0.06	0.14	0.16
原木	万立方米	0.15	7.29	6.98	5.69
锯材	万立方米	0.23	0.28	0.44	0.37
纱	万吨	0.01	0.10		0.02
布	万米	17.75	187.96	0.23	59.31

2-80 续表 2

项 目	计量单位	阿克苏地区	克孜勒苏柯尔克孜自治州	喀什地区	和田地区
生铁	万吨	0.30	0.01	0.04	0.02
钢材	万吨	0.37		0.19	0.02
钢丝	万吨	0.02	0.01	0.06	
铜	万吨				
铝	万吨			0.06	
铅	万吨				
锌	万吨				
润滑油	万吨	0.01			
硫酸(折100%)	万吨	0.01		0.03	
盐酸(含量31%以上)	万吨	0.05		0.30	0.01
乙烯	万吨	0.10		0.39	
合成橡胶	万吨				
水泥	万吨	5.16	0.10	3.80	0.34
平板玻璃	万重量箱	0.01		0.08	
原木	万立方米	4.51	0.07	1.47	0.75
锯材	万立方米			0.04	
纱	万吨	0.05			
布	万米	1.59		1.29	

2-80 续表 3

项 目	计量单位	伊犁哈萨克自治州	塔城地区	阿勒泰地区	生产建设兵团
生铁	万吨	3.77	0.01	0.03	0.21
钢材	万吨	8.26	0.15	0.19	2.95
钢丝	万吨	0.01			
铜	万吨				
铝	万吨				
铅	万吨				
锌	万吨				
润滑油	万吨	0.59	0.01		0.05
硫酸(折100%)	万吨	0.03	0.02		1.68
盐酸(含量31%以上)	万吨	0.04			0.38
乙烯	万吨	0.33	0.21		2.17
合成橡胶	万吨	0.03	0.01		0.01
水泥	万吨	1.14	0.4	3.18	7.08
平板玻璃	万重量箱	0.50			0.17
原木	万立方米	15.99	0.91	0.11	0.47
锯材	万立方米	0.69	0.03	0.08	1.17
纱	万吨	0.01	0.05		0.71
布	万米	2.53	0.21	1.01	57.72

第3篇

企业科技情况

3-1 工业企业

指标名称	企业数 (个)	#有科技活动	#有R&D活动	#有新产品开发	#有科技机构	从业人员年平均人数 (人)	工程技术人员 (人)
总　　计	**1430**	**98**	**17**	**39**	**63**	**449761**	**54867**
总计中：国有控股企业	616	58	11	27	45	300986	41573
按企业规模分组							
大中型	203	55	12	26	46	313318	39867
大型企业	23	17	9	8	16	156043	25067
中型企业	180	38	3	18	30	157275	14800
小型企业	1227	43	5	13	17	136443	15000
按登记注册类型分组							
内资企业	1367	94	17	38	61	438636	53883
国有企业	384	21	2	6	14	123207	15204
集体企业	46	1			1	6936	524
股份合作企业	9					919	66
联营企业	8					1097	154
国有联营企业	3					331	92
集体联营企业	2					436	15
国有与集体联营企业	3					330	47
有限责任公司	571	45	6	18	25	183088	21275
国有独资公司	46	7	1	4	5	45218	5504
其他有限责任公司	525	38	5	14	20	137870	15771
股份有限公司	41	20	8	10	18	86386	13312
私营企业	308	7	1	4	3	37003	3348
私营独资企业	24					2436	170
私营合伙企业	9					464	31
私营有限责任公司	269	7	1	4	3	30623	2907
私营股份有限公司	6					3480	240
港、澳、台商投资企业	17	1				4814	181
合资经营企业(港或澳、台资)	12					2635	117
港、澳、台商独资经营企业	5	1				2179	64
外商投资企业	46	3		1	2	6311	803
中外合资经营企业	36	3		1	2	5172	737
中外合作经营企业	3					210	17
外资企业	7					929	49
按隶属关系分组							
中央	167	27	7	13	22	157498	23376
省（自治区、直辖市）	162	16	2	7	13	94952	13432
地（区、市、州、盟）	147	7		3	5	41962	3779
县（区、市、旗）	336	9			3	45270	4179
其他	618	39	8	16	20	110079	10101

科技基本情况表

单位：千元

工业总产值	工业增加值	主营业务收入	主营业务税金及附加	主营业务利润	利润总额	年末固定资产原价	生产经营用机器设备原价	微电子控制设备原价
157184444	**66901938**	**158344155**	**3153833**	**42290263**	**22631566**	**231141413**	**118118926**	**9908620**
125348625	58509070	127796011	2920356	37028243	20849352	204324809	100274234	8773713
128420245	59425477	130314655	2950697	37670886	21625213	204025871	100310752	8924204
97518209	49268914	100265317	2411434	32583355	21205405	155638712	69468165	7548576
30902036	10156563	30049338	539263	5087531	419808	48387159	30842587	1375628
28764199	7476461	28029500	203136	4619377	1006353	27115542	17808174	984416
153416083	65676290	154523552	3117748	41340344	22210861	227896957	115707907	9712884
17150195	7062938	20396811	419557	2095899	-1016266	31789381	18630075	658488
1012332	124359	1069664	5357	117889	11391	705707	424714	40658
153738	58887	156984	412	34840	16695	178962	108043	2433
248376	76673	231584	3930	61354	12469	169839	106343	
120690	42885	97532	3052	44922	6888	81695	72176	
42703	13586	43388	421	5615	974	55887	10560	
84983	20202	90664	457	10817	4607	32257	23607	
34211796	11075311	33210985	288908	5980068	1680668	49512435	31029866	1346487
7221722	2802592	7062745	75074	1100332	285277	16844307	10582122	150783
26990074	8272719	26148240	213834	4879736	1395391	32668128	20447744	1195704
91782559	45138468	90995992	2353148	31915642	20839010	140584045	62100737	7549641
8857087	2139654	8461532	46436	1134652	666894	4956588	3308129	115177
373572	111574	379209	2666	97596	18077	320020	221385	
230078	70312	210878	1991	26951	13977	32032	25470	760
7702211	1794208	7379432	40580	909082	401106	4189973	2700777	98586
551226	163560	492013	1199	101023	233734	414563	360497	15831
1244106	390306	1284010	974	236461	115177	1552848	1332747	9759
780412	204760	770582	974	150858	80927	545242	446097	6694
463694	185546	513428		85603	34250	1007606	886650	3065
2524255	835342	2536593	35111	713458	305528	1691608	1078272	185977
2166750	791844	2172966	34838	686514	312010	1524204	967929	151081
233324	19997	233297		16567	-3103	79503	40088	19135
124181	23501	130330	273	10377	-3379	87901	70255	15761
96626904	48444052	98420364	2722713	31807340	19311695	161641624	73202177	5481804
15028803	5761670	15591361	114073	2692450	1007759	27829600	17446125	1011863
6635211	2312464	6520588	75014	1234936	86893	10467582	6682502	278993
6581080	1901668	6173594	48220	1179061	157191	7858555	4621977	403588
32312446	8482084	31638248	193813	5376476	2068028	23344052	16166145	2732372

3-1 续表 1

指标名称	企业数（个）	#有科技活动	#有R&D活动	#有新产品开发	#有科技机构	从业人员年平均人数（人）	工程技术人员（人）
按地区分组							
乌鲁木齐市	332	31	4	21	22	107900	14595
克拉玛依市	74	17	10	1	10	84609	16546
吐鲁番地区	55	3		1	1	13728	1906
哈密地区	70	2		1	2	24302	2115
昌吉回族自治州	240	10	1	4	7	45474	4059
博尔塔拉蒙古自治州	29					7474	1012
巴音郭楞蒙古自治州	118	10	2	3	5	40389	2630
阿克苏地区	87	6		1	3	21694	2065
克孜勒苏柯尔克孜自治州	17					2001	333
喀什地区	59					12025	1809
和田地区	29					5881	591
伊犁哈萨克自治州	126	8		2	3	31382	2708
塔城地区	77	5		1	4	19636	1593
阿勒泰地区	44	2		1	2	7122	462
省直辖行政单位	73	4		3	4	26144	2443
按工业行业大类分组							
采矿业	138	17	6	3	13	133132	18141
煤炭开采和洗选业	69	3	1	1	2	40201	2672
烟煤和无烟煤的开采洗选	69	3	1	1	2	40201	2672
石油和天然气开采业	14	9	5	1	6	80965	14539
天然原油和天然气开采	5	4	2		4	32531	6713
与石油和天然气开采有关的服务活动	9	5	3	1	2	48434	7826
黑色金属矿采选业	21					3956	536
铁矿采选	20					3837	516
其他黑色金属矿采选	1					119	20
有色金属矿采选业	18	4		1	4	4865	229
常用有色金属矿采选	11	1			1	2201	135
贵金属矿采选	6	2			2	1718	90
稀有稀土金属矿采选	1	1		1	1	946	4
非金属矿采选业	16	1			1	3145	165
土砂石开采	6					464	26
化学矿采选	1					89	15
采盐	5	1			1	1030	17
石棉及其他非金属矿采选	4					1562	107

单位：千元

工业总产值	工业增加值	主营业务收入	主营业务税金及附加	主营业务利润	利润总额	年末固定资产原价	生产经营用机器设备原价	微电子控制设备原价
43553652	13236198	43851080	773807	8601573	2892892	52360519	36920020	3210469
53304737	26513718	53955446	1385175	16154515	10569884	81622790	15310595	3848756
7459802	5345957	7663677	127690	3462231	3004739	15589849	3411563	70262
3059404	1280391	2921574	29568	572283	91823	4859948	3174479	2208
12242911	3479610	11896410	73424	1707939	365328	11418824	7066759	613531
1018305	176866	938866	4902	83682	-32285	1292997	1149325	673
16786953	10313539	16158283	286705	8536168	5103585	32481039	28668804	1399082
4429962	1434147	4255346	53111	889535	379115	6352888	4773936	34117
176411	39713	167751	672	14004	-15147	296208	198991	25
1466526	430829	1358854	13086	-120439	164504	3826703	2511999	
439320	170396	463871	3465	49193	-66488	1910384	1499337	228
5603955	2163167	5588321	340195	869304	125222	7427742	5020651	389452
2211862	685155	2242545	27244	309662	-78294	3578054	2038254	87909
1152726	403585	1119560	9244	282047	42575	1831597	1212739	22017
4277918	1228667	5762571	25545	878566	84113	6291871	5161474	229891
55541391	40258874	56685091	1021292	28896828	19716897	117315094	45957851	3965120
2287479	1367792	2211531	23378	748487	163443	4487441	2438889	10542
2287479	1367792	2211531	23378	748487	163443	4487441	2438889	10542
51109959	38100583	52464569	962856	27408439	19247369	111374133	42743542	3954428
44069051	34745160	42274080	860825	26464854	19877736	100381081	36846822	3953428
7040908	3355423	10190489	102031	943585	-630367	10993052	5896720	1000
1088647	301363	1093935	24797	390690	132329	680034	302013	
1076600	299044	1080913	24500	386448	131809	658250	280229	
12047	2319	13022	297	4242	520	21784	21784	
773880	373036	716536	4268	256932	153379	517229	305165	150
530216	286523	487250	3394	198030	132339	439846	252540	
176072	69512	161798	577	46088	18544	59858	35100	150
67592	17001	67488	297	12814	2496	17525	17525	
281426	116100	198520	5993	92280	20377	256257	168242	
46975	27134	26221	439	7151	-5305	103006	78772	
17083	5034	9253	258	4012	1336	8863	3108	
49324	26454	42284	3314	21882	3132	26558	13287	
168044	57478	120762	1982	59235	21214	117830	73075	

3-1　续表 2

指标名称	企业数（个）	#有科技活动	#有R&D活动	#有新产品开发	#有科技机构	从业人员年平均人数（人）	工程技术人员（人）
制造业	1077	74	11	36	47	265708	28225
农副食品加工业	170	5		1	2	20785	1829
谷物磨制	38					2576	280
饲料加工	29	3				2129	207
植物油加工	67	1		1	1	6764	493
制糖	15	1			1	7084	649
屠宰及肉类加工	7					719	48
水产品加工	1					43	10
蔬菜、水果和坚果加工	7					855	56
其他农副食品加工	6					615	86
食品制造业	84	3		1	2	10397	1012
焙烤食品制造	6					443	49
糖果、巧克力及蜜饯制造	2	1				119	5
方便食品制造	3					452	19
液体乳及乳制品制造	21	1			1	2438	212
罐头制造	28					3662	468
调味品、发酵制品制造	7					1285	67
其他食品制造	17	1		1	1	1998	192
饮料制造业	36	4		1	4	9771	690
酒的制造	28	4		1	4	8440	599
软饮料制造	8					1331	91
烟草制品业	2	1			1	571	54
卷烟制造	2	1			1	571	54
纺织业	73	5		3	4	60320	2635
棉、化纤纺织及印染精加工	56	2		1	2	47922	2208
毛纺织和染整精加工	6	1		1	1	2937	202
麻纺织	4	1				5490	85
纺织制成品制造	1					246	6
针织品、编织品及其制品制造	6	1		1	1	3725	134
纺织服装、鞋、帽制造业	9					1070	25
纺织服装制造	9					1070	25
皮革、毛皮、羽毛(绒)及其制品业	6					828	69
皮革鞣制加工	4					686	57
皮革制品制造	2					142	12
木材加工及木、竹、藤、棕、草制品业	13					2612	100
锯材、木片加工	1					347	1
人造板制造	8					1279	54
木制品制造	4					986	45

单位：千元

工业总产值	工业增加值	主营业务收入	主营业务税金及附加	主营业务利润	利润总额	年末固定资产原价	生产经营用机器设备原价	
								微电子控制设备原价
91077514	22005144	90903206	2049209	12620588	3610801	76991832	48198046	5079006
6538683	1147806	6713028	34813	908606	126213	3534325	2248147	113027
1206694	210860	1172606	846	87539	29824	532754	367811	151
1471137	226669	1508530	22596	333412	63871	477298	256422	22360
2197366	283331	2435142	1270	167629	-21526	943724	619562	2523
1073188	250494	992945	9505	218198	31313	1220144	787800	86332
288130	69625	272930	107	31666	4791	69309	20268	
12639	7542	14178	20	8031	4702	8459	4830	40
149940	55022	194685	156	42208	1715	217858	169481	1621
139589	44263	122012	313	19923	11523	64779	21973	
3797285	1054675	2878340	10048	859922	100026	4011721	3337445	247643
80618	23043	74146	395	21139	5139	52620	40943	
91026	39385	21189	66	7236	3495	18555	18148	12200
220633	61626	182456	6	119669	5996	165621	136716	41699
747109	184628	680190	2006	148164	56135	595895	351409	24460
2186846	592529	1468934	2892	443212	12778	2854753	2542958	152928
198351	39729	185125	437	43858	2265	183782	139744	
272702	113735	266300	4246	76644	14218	140495	107527	16356
1866995	860461	1557638	137957	526173	121808	2550312	1508452	25844
1609461	763877	1313771	137681	428614	106768	2167802	1188919	7964
257534	96584	243867	276	97559	15040	382510	319533	17880
713743	506990	721674	267031	157226	59452	455249	65564	7450
713743	506990	721674	267031	157226	59452	455249	65564	7450
5957232	1218050	5574745	15757	313675	-401423	7232406	5274385	635627
4906319	926620	4610742	13311	130465	-314082	5618984	3967337	432841
166819	23263	168535	275	11781	-44894	831631	740078	197486
379144	111972	388973	1444	108582	51925	320627	213747	
61000	16574	47377	22	2667	289	7463	7463	
443950	139621	359118	705	60180	-94661	453701	345760	5300
72935	24085	80937	323	10778	-219	44976	19939	
72935	24085	80937	323	10778	-219	44976	19939	
382571	100654	333822	889	41649	17249	171539	88303	
377696	98047	327243	838	39862	18109	168075	86568	
4875	2607	6579	51	1787	-860	3464	1735	
383213	88054	344472	1367	32796	7843	249261	180364	1483
87332	20012	48005	118	-1647	-1843	15714	5476	
222480	53537	209836	1125	20958	6095	206346	157223	1483
73401	14505	86631	124	13485	3591	27201	17665	

3-1 续表 3

指标名称	企业数（个）	#有科技活动	#有R&D活动	#有新产品开发	#有科技机构	从业人员年平均人数（人）	工程技术人员（人）
家具制造业	9	1		1	1	2746	155
木质家具制造	7					1791	49
金属家具制造	2	1		1	1	955	106
造纸及纸制品业	36	1				8477	412
纸浆制造	2					882	27
造纸	16	1				6091	235
纸制品制造	18					1504	150
印刷业和记录媒介的复制	49	1				4009	767
印刷	48	1				4003	764
装订及其他印刷服务活动	1					6	3
石油加工、炼焦及核燃料加工业	43	6	3	1	4	20586	3946
精炼石油产品的制造	36	6	3	1	4	18694	3714
炼焦	7					1892	232
化学原料及化学制品制造业	98	12	2	5	6	21380	2306
基础化学原料制造	25	2		1	1	8336	840
肥料制造	19	4		2	1	4255	470
农药制造	1					54	1
涂料、油墨、颜料及类似产品制造	9	1				626	107
合成材料制造	4	2	1	2	2	3083	242
专用化学产品制造	38	3	1		2	4736	638
日用化学产品制造	2					290	8
医药制造业	15	3		2	3	2043	252
化学药品原药制造	3					299	43
化学药品制剂制造	2	1			1	725	121
中药饮片加工	1					166	5
中成药制造	7	2		2	2	711	73
兽用药品制造	2					142	10
化学纤维制造业	4	1	1	1	1	1509	74
纤维素纤维原料及纤维制造	3					1362	69
合成纤维制造	1	1	1	1	1	147	5
橡胶制品业	4	1		1	1	2581	161
轮胎制造	1	1		1	1	2382	99
橡胶板、管、带的制造	2					154	60
再生橡胶制造	1					45	2

单位：千元

工业总产值	工业增加值	主营业务收入	主营业务税金及附加	主营业务利润	利润总额	年末固定资产原价	生产经营用机器设备原价	微电子控制设备原价
706155	168138	727949	323	151323	92616	322623	97677	14169
618867	140585	645765	154	134968	89392	271368	65608	2969
87288	27553	82184	169	16355	3224	51255	32069	11200
1003144	392785	917250	5419	166733	49469	1343685	915025	50037
74861	24443	71625	417	16472	1703	298238	199089	10000
699424	315231	610736	4220	115971	28110	905096	603558	37443
228859	53111	234889	782	34290	19656	140351	112378	2594
352453	128458	351231	1739	82351	9515	516146	357124	66910
352426	128452	351191	1739	82354	9536	515970	356984	66910
27	6	40		-3	-21	176	140	
35454127	6591819	35072056	1419917	3028085	496599	27573513	15167821	1070256
35095995	6410194	34719671	1418878	2875409	386619	27249035	15099316	1069337
358132	181625	352385	1039	152676	109980	324478	68505	919
5281050	1677764	5412818	37732	1153094	388217	4694201	2855937	29512
1768762	607793	1776309	14873	479085	143000	1562422	928028	2168
777070	237561	762045	3829	173848	57357	996083	587121	10835
12470	3260	6387	62	1517	1837	6180	696	
159104	33765	136703	768	20399	-2707	55889	28965	
1661565	528757	1759163	6791	282993	116169	1438336	950057	1137
898680	272255	960254	11384	195151	76187	605556	343410	15372
3399	-5627	11957	25	101	-3626	29735	17660	
315693	133810	313178	2510	129521	37103	311289	158257	15919
28914	8647	44360	248	8461	-18249	44912	35439	7074
75257	36698	72497	609	27943	24755	127879	61738	
26740	12959	16450		3477	2156	6116	6116	
159136	70021	155981	1560	85289	28197	122515	50645	8845
25646	5485	23890	93	4351	244	9867	4319	
420874	117344	321334	687	63899	22673	286390	92736	160
389384	114074	293264	587	62359	27933	203630	84876	
31490	3270	28070	100	1540	-5260	82760	7860	160
492854	102695	464743	4998	68195	2186	343185	147460	106000
438250	100532	411909	4884	59338	2029	324098	132709	106000
44524	-459	43274	77	8134	51	17507	13451	
10080	2622	9560	37	723	106	1580	1300	

3-1 续表 4

指标名称	企业数（个）	#有科技活动	#有R&D活动	#有新产品开发	#有科技机构	从业人员年平均人数（人）	工程技术人员（人）
塑料制品业	68	3	1	2	1	10698	2583
塑料薄膜制造	21					1248	115
塑料板、管、型材的制造	29	2		1	1	6570	1457
塑料丝、绳及编织品的制造	8	1	1	1		2416	964
泡沫塑料制造	5					238	31
塑料包装箱及容器制造	2					100	9
日用塑料制造	3					126	7
非金属矿物制品业	120	6		5	4	30418	2543
水泥、石灰和石膏的制造	57	5		4	3	22156	1845
水泥及石膏制品制造	26	1		1	1	3475	321
砖瓦、石材及其他建筑材料制造	22					2286	205
玻璃及玻璃制品制造	11					2140	156
耐火材料制品制造	1					177	6
石墨及其他非金属矿物制品制造	3					184	10
黑色金属冶炼及压延加工业	37	1	1	1	1	20748	3875
炼铁	9	1	1	1	1	11762	3246
炼钢	4					1299	195
钢压延加工	18					6986	369
铁合金冶炼	6					701	65
有色金属冶炼及压延加工业	18					4663	725
常用有色金属冶炼	6					2939	367
贵金属冶炼	8					1280	321
有色金属合金制造	2					192	24
有色金属压延加工	2					252	13
金属制品业	52	3	1	1	1	6035	614
结构性金属制品制造	24	1		1		2223	167
集装箱及金属包装容器制造	9	2	1		1	1683	195
金属丝绳及其制品的制造	5					229	19
建筑、安全用金属制品制造	8					1143	178
金属表面处理及热处理加工	3					154	27
其他金属制品制造	3					603	28
通用设备制造业	40	1		1		6151	824
锅炉及原动机制造	3					554	85
金属加工机械制造	2					324	23
起重运输设备制造	4	1		1		386	56
泵、阀门、压缩机及类似机械的制造	2					429	28
轴承、齿轮、传动和驱动部件的制造	1					331	6
风机、衡器、包装设备等通用设备制造	5					362	99
通用零部件制造及机械修理	20					3644	510
金属铸、锻加工	3					121	17

单位：千元

工业总产值	工业增加值	主营业务收入	主营业务税金及附加	主营业务利润	利润总额	年末固定资产原价	生产经营用机器设备原价	
								微电子控制设备原价
2588208	690689	4362954	17523	512765	195572	3983872	2485092	22788
352261	43788	382792	388	26150	71	222000	112947	2700
1794329	486764	3545556	14971	443489	179066	2110545	1944905	16126
340990	136747	333305	1892	30871	11244	1613971	398555	3941
59835	11702	62988	118	7457	1518	18520	13267	
8776	4104	9707	117	3178	3868	1847	1393	
32017	7584	28606	37	1620	-195	16989	14025	21
4796402	1551334	4641054	17416	927886	306092	7565854	4839309	332583
2711575	970992	2641025	10376	554809	-88377	5968335	3732218	228115
943396	249936	960956	3271	182596	106365	797929	528944	16373
508565	131051	531592	2817	101140	247787	452754	336986	7225
589210	179968	466572	630	81626	40409	313921	217567	80870
19335	12312	17190	234	4237	1413	11378	6710	
24321	7075	23719	88	3478	-1505	21537	16884	
11786792	3548042	11928859	36326	2107827	1584162	5892493	4233715	2220031
3590008	1664413	3490615	2791	1098605	1033523	3241665	1806112	234158
370645	47831	363798	494	4110	-23654	181944	143582	
7634771	1777101	7894679	32334	988131	571064	2394690	2231169	1985873
191368	58697	179767	707	16981	3229	74194	52852	
1691476	381984	1671945	4380	232141	100606	1446826	912271	39145
936715	237071	939753	3240	146721	65311	930046	586470	12138
237909	67632	217208	269	57563	21992	403367	263000	26247
264575	15777	281961	515	10609	5362	51230	4745	
252277	61504	233023	356	17248	7941	62183	58056	760
1251794	294474	1220783	4980	145156	40520	479285	310757	12064
566125	126176	602888	2191	66169	22831	172253	112420	1677
352713	104245	272611	860	46691	12633	160721	91537	10340
79510	14804	80901	249	5037	701	12839	8256	
81557	19382	77432	320	5924	-174	67317	38264	32
43099	9118	42442	184	4553	433	10504	8661	15
128790	20749	144509	1176	16782	4096	55651	51619	
762539	242007	733836	5879	130764	23616	587400	291529	13303
45573	18927	45143	274	9651	-2228	87571	25840	3477
74929	28281	65230	402	9941	759	24770	3644	193
69167	14632	74762	434	11499	1419	55865	27898	135
24204	8175	25132	93	6161	1301	21985	20234	
25331	9671	31038	166	6821	392	53127	39854	7971
53033	17580	54610	668	13215	2221	27218	16518	
439515	137469	406996	3706	70256	18201	297807	152256	1527
30787	7272	30925	136	3220	1551	19057	5285	

3-1 续表 5

指标名称	企业数（个）	#有科技活动	#有R&D活动	#有新产品开发	#有科技机构	从业人员年平均人数（人）	工程技术人员（人）
专用设备制造业	27	4	1	1	4	3890	610
矿山、冶金、建筑专用设备制造	9	2	1	1	2	1443	231
化工、木材、非金属加工专用设备制造	1					62	8
食品、饮料、烟草及饲料生产专用设备制造	1					90	3
农、林、牧、渔专用机械制造	15	2			2	2222	365
环保、社会公共安全及其他专用设备制造	1					73	3
交通运输设备制造业	20	4		4	3	5252	679
铁路运输设备制造	4					1653	88
汽车制造	15	4		4	3	3590	589
交通器材及其他交通运输设备制造	1					9	2
电气机械及器材制造业	38	6	1	3	3	5263	924
电机制造	3					268	39
输配电及控制设备制造	19	4	1	1	2	3543	651
电线、电缆、光缆及电工器材制造	12	1		1		609	78
电池制造	4	1		1	1	843	156
通信设备、计算机及其他电子设备制造业	1	1		1	1	2317	295
电子元件制造	1	1		1	1	2317	295
仪器仪表及文化、办公用机械制造业	3	1				455	56
通用仪器仪表制造	1					226	9
专用仪器仪表制造	2	1				229	47
废弃资源和废旧材料回收加工业	2					133	10
金属废料和碎屑的加工处理	1					112	1
非金属废料和碎屑的加工处理	1					21	9
电力、燃气及水的生产和供应业	215	7			3	50921	8501
电力、热力的生产和供应业	131	5			3	44464	7227
电力生产	50	2			2	19441	3245
电力供应	27	3			1	19234	3105
热力生产和供应	54					5789	877
燃气生产和供应业	9					1524	301
燃气生产和供应业	9					1524	301
水的生产和供应业	75	2				4933	973
自来水的生产和供应	75	2				4933	973

单位：千元

工业总产值	工业增加值	主营业务收入	主营业务税金及附加	主营业务利润	利润总额	年末固定资产原价	生产经营用机器设备原价	微电子控制设备原价
504901	127463	554994	2653	126839	-18061	660000	431168	688
320335	105416	349158	1793	92149	41472	246428	119867	
1830	817	1485	11	337	9	1241	416	
1907	207	935		287	-874	2929	2422	
172809	17302	195917	803	33464	-58852	398042	304648	688
8020	3721	7499	46	602	184	11360	3815	
866560	165743	864914	3022	82017	-20710	407545	290676	14042
88465	46326	89760	922	13079	-3235	44746	10209	
778095	119417	774940	2100	68861	-17033	362042	279787	14042
		214		77	-442	757	680	
2393388	499306	2491845	9503	422246	172916	1127210	738961	3010
279825	68301	279759	946	62669	35524	72460	46520	50
1544100	290106	1640322	5813	289316	119285	837275	507346	1401
332472	55335	337045	744	26682	4853	74473	68483	226
236991	85564	234719	2000	43579	13254	143002	116612	1333
618984	161340	565106	5405	209975	85693	1132307	1130227	37295
618984	161340	565106	5405	209975	85693	1132307	1130227	37295
45339	20483	51634	355	25877	10731	60283	14102	
31248	15558	31248	310	13275	10213	8846	7512	
14091	4925	20386	45	12602	518	51437	6590	
32124	8691	30067	257	3069	337	7936	5603	20
17163	6340	17097	244	1974	309	1273	307	
14961	2351	12970	13	1095	28	6663	5296	20
10565539	4637920	10755858	83332	772847	-696132	36834487	23963029	864494
9870518	4357174	10069710	79632	594439	-632068	33833592	22919692	855495
4033130	2337617	3911111	42534	661983	-273816	16654557	9932513	291118
4879281	1683492	5189921	31404	-230905	-395438	13256558	10541295	506866
958107	336065	968678	5694	163361	37186	3922477	2445884	57511
364157	109244	324394	1467	102352	-6210	788738	279528	4020
364157	109244	324394	1467	102352	-6210	788738	279528	4020
330864	171502	361754	2233	76056	-57854	2212157	763809	4979
330864	171502	361754	2233	76056	-57854	2212157	763809	4979

3-2 全部工业企业科技活动人员情况

单位：人

指标名称	科技活动人员合计	#1.参加科技项目人员	2.科技管理和服务人员	#1.全时人员	2.非全时人员	#科学家和工程师	高中级技术职称人员	#R&D人员
总计	**9986**	**7706**	**2280**	**6767**	**3219**	**7093**	**5078**	**3115**
总计中：国有控股企业	8281	6527	1754	5872	2409	6117	4468	2965
按企业规模分组								
大中型	9069	7027	2042	6139	2930	6509	4728	3075
大型企业	6730	5446	1284	4875	1855	5101	3810	2937
中型企业	2339	1581	758	1264	1075	1408	918	138
小型企业	917	679	238	628	289	584	350	40
按登记注册类型分组								
内资企业	9609	7421	2188	6646	2963	6912	5009	3115
国有企业	2332	2128	204	1412	920	1923	1225	929
集体企业	40	35	5	13	27	6	6	
有限责任公司	1918	1365	553	1109	809	1198	836	107
国有独资公司	676	467	209	377	299	435	353	34
其他有限责任公司	1242	898	344	732	510	763	483	73
股份有限公司	5107	3719	1388	3991	1116	3685	2880	2065
私营企业	212	174	38	121	91	100	62	14
私营有限责任公司	212	174	38	121	91	100	62	14
港、澳、台商投资企业	18	18		18		18	8	
港、澳、台商独资经营企业	18	18		18		18	8	
外商投资企业	359	267	92	103	256	163	61	
中外合资经营企业	359	267	92	103	256	163	61	
按隶属关系分组								
中央	6478	5264	1214	4783	1695	4957	3741	2667
省（自治区、直辖市）	933	696	237	449	484	603	478	62
地（区、市、州、盟）	410	244	166	212	198	260	136	
县（区、市、旗）	201	139	62	142	59	43	22	
其他	1964	1363	601	1181	783	1230	701	386

3-2 续表 1

单位：人

指标名称	科技活动人员合计	#1.参加科技项目人员	2.科技管理和服务人员	#1.全时人员	2.非全时人员	#科学家和工程师	高中级技术职称人员	#R&D人员
按地区分组								
乌鲁木齐市	2217	1772	445	1247	970	1517	1140	108
克拉玛依市	4522	3643	879	3328	1194	3396	2387	2862
吐鲁番地区	524	480	44	466	58	451	432	
哈密地区	176	79	97	38	138	79	69	
昌吉回族自治州	522	355	167	311	211	365	269	91
巴音郭楞蒙古自治州	635	454	181	404	231	436	342	54
阿克苏地区	416	279	137	366	50	221	141	
伊犁哈萨克自治州	223	137	86	149	74	111	65	
塔城地区	145	106	39	94	51	132	63	
阿勒泰地区	36	12	24	33	3	5	4	
省直辖行政单位	570	389	181	331	239	380	166	
按工业行业大类分组								
采矿业	5433	4539	894	3838	1595	4141	3290	2522
煤炭开采和洗选业	441	296	145	223	218	278	233	34
烟煤和无烟煤的开采洗选	441	296	145	223	218	278	233	34
石油和天然气开采业	4902	4187	715	3532	1370	3822	3041	2488
天然原油和天然气开采	3191	2483	708	2428	763	2338	2087	1557
与石油和天然气开采有关的服务活动	1711	1704	7	1104	607	1484	954	931
有色金属矿采选业	82	50	32	79	3	35	14	
常用有色金属矿采选	8	7	1	6	2	2	2	
贵金属矿采选	46	38	8	46		30	10	
稀有稀土金属矿采选	28	5	23	27	1	3	2	
非金属矿采选业	8	6	2	4	4	6	2	
采盐	8	6	2	4	4	6	2	
制造业	4150	2900	1250	2739	1411	2717	1682	593
农副食品加工业	103	30	73	38	65	57	21	
饲料加工	31	25	6	26	5	25	13	
植物油加工	41	5	36	5	36	1	1	
制糖	31		31	7	24	31	7	
食品制造业	143	116	27	102	41	78	49	
糖果、巧克力及蜜饯制造	9	5	4	3	6	3	2	
液体乳及乳制品制造	56	53	3	29	27	53	29	
其他食品制造	78	58	20	70	8	22	18	

3-2 续表 2

单位：人

指标名称	科技活动人员合计	#1.参加科技项目人员	2.科技管理和服务人员	#1.全时人员	2.非全时人员	#科学家和工程师	高中级技术职称人员	#R&D人员
饮料制造业	421	297	124	157	264	191	84	
酒的制造	421	297	124	157	264	191	84	
烟草制品业	24	16	8	8	16	8	6	
卷烟制造	24	16	8	8	16	8	6	
纺织业	269	185	84	112	157	135	102	
棉、化纤纺织及印染精加工	162	90	72	48	114	52	52	
毛纺织和染整精加工	6	5	1	6		5	5	
麻纺织	35	31	4	8	27	19	17	
针织品、编织品及其制品制造	66	59	7	50	16	59	28	
家具制造业	33	30	3	30	3	7	5	
金属家具制造	33	30	3	30	3	7	5	
造纸及纸制品业	17	17		17		17	9	
造纸	17	17		17		17	9	
印刷业和记录媒介的复制	38	6	32	38		3	1	
印刷	38	6	32	38		3	1	
石油加工、炼焦及核燃料加工业	585	286	299	538	47	296	249	181
精炼石油产品的制造	585	286	299	538	47	296	249	181
化学原料及化学制品制造业	692	532	160	526	166	573	256	232
基础化学原料制造	50	43	7	30	20	43	13	
肥料制造	108	74	34	74	34	72	50	
涂料、油墨、颜料及类似产品制造	2	2			2	2	2	
合成材料制造	385	372	13	372	13	360	136	228
专用化学产品制造	147	41	106	50	97	96	55	4
医药制造业	72	60	12	54	18	54	33	
化学药品制剂制造	28	23	5	18	10	23	23	
中成药制造	44	37	7	36	8	31	10	
化学纤维制造业	11	8	3	8	3	11	4	8
合成纤维制造	11	8	3	8	3	11	4	8
橡胶制品业	36	24	12	17	19	5	5	
轮胎制造	36	24	12	17	19	5	5	

3-2 续表 3

单位：人

指标名称	科技活动人员合计	#1.参加科技项目人员	2.科技管理和服务人员	#1.全时人员	2.非全时人员	#科学家和工程师	高中级技术职称人员	#R&D人员
塑料制品业	350	330	20	259	91	330	142	20
塑料板、管、型材的制造	297	277	20	259	38	277	99	
塑料丝、绳及编织品的制造	53	53			53	53	43	20
非金属矿物制品业	404	240	164	327	77	194	150	
水泥、石灰和石膏的制造	372	225	147	302	70	162	122	
水泥及石膏制品制造	32	15	17	25	7	32	28	
黑色金属冶炼及压延加工业	104	97	7	30	74	98	96	28
炼铁	104	97	7	30	74	98	96	28
金属制品业	65	65		51	14	58	26	27
结构性金属制品制造	18	18		15	3	18	2	
集装箱及金属包装容器制造	47	47		36	11	40	24	27
通用设备制造业	16	16		12	4	6	2	
起重运输设备制造	16	16		12	4	6	2	
专用设备制造业	114	102	12	87	27	92	88	6
矿山、冶金、建筑专用设备制造	49	45	4	22	27	44	41	6
农、林、牧、渔专用机械制造	65	57	8	65		48	47	
交通运输设备制造业	238	216	22	134	104	163	108	
汽车制造	238	216	22	134	104	163	108	
电气机械及器材制造业	357	185	172	144	213	284	210	91
输配电及控制设备制造	262	143	119	112	150	232	166	91
电线、电缆、光缆及电工器材制造	16	6	10	16		9	9	
电池制造	79	36	43	16	63	43	35	
通信设备、计算机及其他电子设备制造业	48	37	11	40	8	48	27	
电子元件制造	48	37	11	40	8	48	27	
仪器仪表及文化、办公用机械制造业	10	5	5	10		9	9	
专用仪器仪表制造	10	5	5	10		9	9	
电力、燃气及水的生产和供应业	403	267	136	190	213	235	106	
电力、热力的生产和供应业	383	250	133	174	209	226	103	
电力生产	197	80	117	59	138	80	27	
电力供应	186	170	16	115	71	146	76	
水的生产和供应业	20	17	3	16	4	9	3	
自来水的生产和供应	20	17	3	16	4	9	3	

3-3 全部工业企业

指标名称	科技活动经费筹集总额	企业资金	金融机构贷款	政府资金	国外资金
总　计	**1833249**	**1731116**	**26458**	**46229**	
总计中：国有控股企业	1481655	1432623	8000	13013	
按企业规模分组					
大中型	1745695	1672418	8000	37403	
大型企业	1386336	1350681	8000	9090	
中型企业	359359	321737		28313	
小型企业	87554	58698	18458	8826	
按登记注册类型分组					
内资企业	1812243	1711200	25518	46079	
国有企业	123532	110530		3820	
集体企业	4569	4569			
有限责任公司	176303	141039	17518	15612	
国有独资公司	34472	33400		570	
其他有限责任公司	141831	107639	17518	15042	
股份有限公司	1479129	1427836	8000	25263	
私营企业	28710	27226		1384	
私营有限责任公司	28710	27226		1384	
港、澳、台商投资企业	1200	1200			
港、澳、台商独资经营企业	1200	1200			
外商投资企业	19806	18716	940	150	
中外合资经营企业	19806	18716	940	150	
按隶属关系分组					
中央	1355866	1322609		5975	
省（自治区、直辖市）	68499	61639		6325	
地（区、市、州、盟）	52086	33908	17018	1160	
县（区、市、旗）	23403	14903	8500		
其他	333395	298057	940	32769	
按地区分组					
乌鲁木齐市	242856	219805		22244	
克拉玛依市	692507	684603		1504	
吐鲁番地区	52271	42301	940	200	
哈密地区	3060	3060			
昌吉回族自治州	212194	184556	9018	18393	
巴音郭楞蒙古自治州	472871	471671			
阿克苏地区	15031	14768		263	
伊犁哈萨克自治州	28090	19580	8500	10	
塔城地区	14526	14526			
阿勒泰地区	12708	3526			
省直辖行政单位	87135	72720	8000	3615	

科技活动经费筹集情况

单位：千元

其他资金	#固定资产购建	设备购置	#新产品开发经费支出	外部经费支出	对研究院所及高等学校支出	对其他企业支出
29446	**449471**	**404153**	**97040**	**158810**	**73899**	**84911**
28019	380164	335240	60912	149844	64933	84911
27874	416770	371766	87353	154877	70029	84848
18565	377027	334935	47230	139452	63089	76363
9309	39743	36831	40123	15425	6940	8485
1572	32701	32387	9687	3933	3870	63
29446	448018	402700	96945	157940	73029	84911
9182	12066	7244	8730	8679	7534	1145
	4124	4124				
2134	42732	41710	26017	11927	4334	7593
502	4682	4174	11963	1353	1063	290
1632	38050	37536	14054	10574	3271	7303
18030	382898	343424	52223	136304	60131	76173
100	6198	6198	9975	1030	1030	
100	6198	6198	9975	1030	1030	
	1453	1453	95	870	870	
	1453	1453	95	870	870	
27282	353981	315279	49081	140142	63224	76918
535	4998	4445	7868	9019	1429	7590
	24644	24644	2838	33	30	3
	14407	14207				
1629	51441	45578	37253	9616	9216	400
807	46564	45872	44186	50270	16269	34001
6400	127677	87908	864	68926	42944	25982
8830	473	473	95	29461	5583	23878
	718	718	900	303	303	
227	33691	33691	11743	4316	4316	
1200	187766	187761	3250	460	460	
	2900	2700	1824	50	50	
	10425	10305	3521	430	430	
	1076	1076	43			
9182	6591	3919	84	44	44	
2800	31590	29730	30530	4550	3500	1050

3-3 续表 1

指标名称	科技活动经费筹集总额	企业资金	金融机构贷款	政府资金	国外资金
按工业行业大类分组					
采矿业	947722	927970		1440	
煤炭开采和洗选业	21585	20865		420	
烟煤和无烟煤的开采洗选	21585	20865		420	
石油和天然气开采业	912282	902432		1020	
天然原油和天然气开采	822338	812788		720	
与石油和天然气开采有关的服务活动	89944	89644		300	
有色金属矿采选业	13708	4526			
常用有色金属矿采选	526	526			
贵金属矿采选	1000	1000			
稀有稀土金属矿采选	12182	3000			
非金属矿采选业	147	147			
采盐	147	147			
制造业	857826	783445	18458	44789	
农副食品加工业	8640	4750	3500	390	
饲料加工	7640	3900	3500	240	
植物油加工	1000	850		150	
食品制造业	3333	1933		200	
糖果、巧克力及蜜饯制造	180	180			
液体乳及乳制品制造	553	353		200	
其他食品制造	2600	1400			
饮料制造业	28026	27639		260	
酒的制造	28026	27639		260	
烟草制品业	3695	3695			
卷烟制造	3695	3695			
纺织业	14584	14469		115	
棉、化纤纺织及印染精加工	11735	11620		115	
毛纺织和染整精加工	129	129			
麻纺织	410	410			
针织品、编织品及其制品制造	2310	2310			
家具制造业	10145	10145			
金属家具制造	10145	10145			
造纸及纸制品业	4805	4805			
造纸	4805	4805			
印刷业和记录媒介的复制	7000	2000	5000		
印刷	7000	2000	5000		
石油加工、炼焦及核燃料加工业	333894	327220		274	
精炼石油产品的制造	333894	327220		274	
化学原料及化学制品制造业	80740	65533	9958	5149	
基础化学原料制造	10400	7360	940	2100	
肥料制造	4922	2793		2029	
涂料、油墨、颜料及类似产品制造	650	500		150	
合成材料制造	39418	29780	9018	620	
专用化学产品制造	25350	25100		250	

单位：千元

其他资金	#固定资产购建	设备购置	#新产品开发经费支出	外部经费支出	对研究院所及高等学校支出	对其他企业支出
18312	306147	268877	305	99764	47075	52689
300	3311	2803	211	1353	1063	290
300	3311	2803	211	1353	1063	290
8830	296120	262070	10	98367	45968	52399
8830	289994	258054		92167	39768	52399
	6126	4016	10	6200	6200	
9182	6716	4004	84	44	44	
	215	215				
	125	85				
9182	6376	3704	84	44	44	
11134	133972	125924	96735	59046	26824	32222
	6499	6499	330	430	430	
	6469	6469		400	400	
	30	30	330	30	30	
1200	138	138	800	530	470	60
	28	28		60	60	
	110	110		70	10	60
1200			800	400	400	
127	3902	3902	3501			
127	3902	3902	3501			
	4364	4364	6619			
	4264	4264	4801			
			129			
	100	100				
			1689			
	3911	3911	8805			
	3911	3911	8805			
	1114	1114				
	1114	1114				
	1600	1600				
	1600	1600				
6400	25404	25284	1355	35521	12597	22924
6400	25404	25284	1355	35521	12597	22924
100	27627	21764	4587	8220	920	7300
	473	473	95	8170	870	7300
100	1312	1128	1170	50	50	
	23810	18141	3322			
	2032	2022				

3-3 续表 2

指标名称	科技活动经费筹集总额	企业资金	金融机构贷款	政府资金	国外资金
医药制造业	7850	4420		3360	
化学药品制剂制造	540	340		200	
中成药制造	7310	4080		3160	
化学纤维制造业	1100	1100			
合成纤维制造	1100	1100			
橡胶制品业	8206	8206			
轮胎制造	8206	8206			
塑料制品业	74716	67966		3950	
塑料板、管、型材的制造	68906	62606		3500	
塑料丝、绳及编织品的制造	5810	5360		450	
非金属矿物制品业	12654	12654			
水泥、石灰和石膏的制造	11334	11334			
水泥及石膏制品制造	1320	1320			
黑色金属冶炼及压延加工业	3636	2951		450	
炼铁	3636	2951		450	
金属制品业	6474	6174		300	
结构性金属制品制造	354	354			
集装箱及金属包装容器制造	6120	5820		300	
通用设备制造业	560			560	
起重运输设备制造	560			560	
专用设备制造业	5298	2130		3168	
矿山、冶金、建筑专用设备制造	3158	253		2905	
农、林、牧、渔专用机械制造	2140	1877		263	
交通运输设备制造业	33977	33677		300	
汽车制造	33977	33677		300	
电气机械及器材制造业	179513	157328		21983	
输配电及控制设备制造	172661	155328		17333	
电线、电缆、光缆及电工器材制造	352			150	
电池制造	6500	2000		4500	
通信设备、计算机及其他电子设备制造业	25850	21850		4000	
电子元件制造	25850	21850		4000	
仪器仪表及文化、办公用机械制造业	3130	2800		330	
专用仪器仪表制造	3130	2800		330	
电力、燃气及水的生产和供应业	27701	19701	8000		
电力、热力的生产和供应业	26959	18959	8000		
电力生产	14465	6465	8000		
电力供应	12494	12494			
水的生产和供应业	742	742			
自来水的生产和供应	742	742			

单位：千元

其他资金	#固定资产购建	设备购置	#新产品开发经费支出	外部经费支出	对研究院所及高等学校支出	对其他企业支出
70	2219	2219	3290	2205	2205	
				205	205	
70	2219	2219	3290	2000	2000	
			250			
			250			
	892	887	2200			
	892	887	2200			
2800	23694	21834	25602	6610	4775	1835
2800	23357	21497	25600	4550	3500	1050
	337	337	2	2060	1275	785
	3556	3356	3287	330	230	100
	3046	2846	2387	330	230	100
	510	510	900			
235	100	100	300	161	161	
235	100	100	300	161	161	
	3030	3030	10			
			10			
	3030	3030				
	110	110	100			
	110	110	100			
	295	295	2900	50	50	
	185	185	2900			
	110	110		50	50	
	2737	2737	13064	920	920	
	2737	2737	13064	920	920	
202	10017	10017	3735	4069	4066	3
	9038	9038	50	4069	4066	3
202			145			
	979	979	3540			
	12463	12463	16000			
	12463	12463	16000			
	300	300				
	300	300				
	9352	9352				
	8908	8908				
	8440	8440				
	468	468				
	444	444				
	444	444				

3-4 全部工业企业科技活动经费支出情况

单位：千元

指标名称	科技活动经费支出总额	内部经费支出	1. #经常费支出	劳务费	原材料费	购买和自制设备支出	其他	2.科研基建支出
总计	**1890776**	**1731966**	**1646607**	**396403**	**457191**	**364112**	**428901**	**85359**
总计中：国有控股企业	1549664	1399820	1316311	321518	308920	296655	389218	83509
按企业规模分组								
大中型	1807174	1652297	1567971	376090	440132	332444	419305	84326
大型企业	1457996	1318544	1239076	283888	276354	297559	381275	79468
中型企业	349178	333753	328895	92202	163778	34885	38030	4858
小型企业	83602	79669	78636	20313	17059	31668	9596	1033
按登记注册类型分组								
内资企业	1869410	1711470	1626571	381902	456671	363119	424879	84899
国有企业	123328	114649	108648	81079	11187	6065	10317	6001
集体企业	4569	4569	4569	432		4124	13	
有限责任公司	165146	153219	150921	55665	41588	40434	13234	2298
国有独资公司	33431	32078	31320	19741	5931	3924	1724	758
其他有限责任公司	131715	121141	119601	35924	35657	36510	11510	1540
股份有限公司	1549347	1413043	1336443	239887	395340	306298	394918	76600
私营企业	27020	25990	25990	4839	8556	6198	6397	
私营有限责任公司	27020	25990	25990	4839	8556	6198	6397	
港、澳、台商投资企业	1200	1200	1200	1200				
港、澳、台商独资经营企业	1200	1200	1200	1200				
外商投资企业	20166	19296	18836	13301	520	993	4022	460
中外合资经营企业	20166	19296	18836	13301	520	993	4022	460
按隶属关系分组								
中央	1417196	1277054	1203803	275195	263524	280730	384354	73251
省（自治区、直辖市）	66493	57474	56631	27236	22259	4155	2981	843
地（区、市、州、盟）	52086	52053	52053	12148	10300	24644	4961	
县（区、市、旗）	23390	23390	23190	3571	3991	14207	1421	200
其他	331611	321995	310930	78253	157117	40376	35184	11065
按地区分组								
乌鲁木齐市	238106	187836	186600	81094	45497	45328	14681	1236
克拉玛依市	757309	688383	612036	193248	71614	51330	295844	76347
吐鲁番地区	52631	23170	22710	13141	270	13	9286	460
哈密地区	2921	2618	2618	1428	396	718	76	
昌吉回族自治州	207197	202881	202181	32481	121049	32991	15660	700
巴音郭楞蒙古自治州	473216	472756	472751	42900	171993	187761	70097	5
阿克苏地区	14331	14281	14081	7101	415	2700	3865	200
伊犁哈萨克自治州	28265	27835	27685	7700	6336	10275	3374	150
塔城地区	14513	14513	14513	8884	413	1076	4140	
阿勒泰地区	12702	12658	8847	611	2683	2780	2773	3811
省直辖行政单位	89585	85035	82585	7815	36525	29140	9105	2450

3-4 续表 1

单位：千元

指标名称	科技活动经费支出总额	内部经费支出	1. #经常费支出	劳务费	原材料费	购买和自制设备支出	其他	2.科研基建支出
五、按工业行业大类分组								
采矿业	1000644	900880	828691	238912	204012	233958	151809	72189
煤炭开采和洗选业	20544	19191	18433	14134	492	2553	1254	758
烟煤和无烟煤的开采洗选	20544	19191	18433	14134	492	2553	1254	758
石油和天然气开采业	966171	867804	800264	223337	200667	228580	147680	67540
天然原油和天然气开采	881598	789431	724701	157074	197426	225264	144937	64730
与石油和天然气开采有关的服务活动	84573	78373	75563	66263	3241	3316	2743	2810
有色金属矿采选业	13782	13738	9847	1366	2853	2825	2803	3891
常用有色金属矿采选	520	520	520	300	5	215		
贵金属矿采选	1080	1080	1000	755	170	45	30	80
稀有稀土金属矿采选	12182	12138	8327	311	2678	2565	2773	3811
非金属矿采选业	147	147	147	75			72	
采盐	147	147	147	75			72	
制造业	862431	803385	790215	147201	248041	120802	274171	13170
农副食品加工业	9040	8610	8610	981	1080	6499	50	
饲料加工	7665	7265	7265	236	510	6469	50	
植物油加工	1000	970	970	370	570	30		
制糖	375	375	375	375				
食品制造业	3297	2767	2767	861	999	138	769	
糖果、巧克力及蜜饯制造	180	120	120	69	13	28	10	
液体乳及乳制品制造	517	447	447	192	36	110	109	
其他食品制造	2600	2200	2200	600	950		650	
饮料制造业	28026	28026	28026	16476	2553	3902	5095	
酒的制造	28026	28026	28026	16476	2553	3902	5095	
烟草制品业	3695	3695	3695	1456			2239	
卷烟制造	3695	3695	3695	1456			2239	
纺织业	14584	14584	14584	2871	5258	4364	2091	
棉、化纤纺织及印染精加工	11735	11735	11735	1686	3809	4264	1976	
毛纺织和染整精加工	129	129	129	129				
麻纺织	410	410	410	100	200	100	10	
针织品、编织品及其制品制造	2310	2310	2310	956	1249		105	

3-4 续表 2

单位：千元

指标名称	科技活动经费支出总额	内部经费支出	1. #经常费支出	劳务费	原材料费	购买和自制设备支出	其他	2.科研基建支出
家具制造业	10145	10145	10145	1746	2674	3911	1814	
金属家具制造	10145	10145	10145	1746	2674	3911	1814	
造纸及纸制品业	4805	4805	4805	260	3040	1114	391	
造纸	4805	4805	4805	260	3040	1114	391	
印刷业和记录媒介的复制	7000	7000	7000	1740	3660	1600		
印刷	7000	7000	7000	1740	3660	1600		
石油加工、炼焦及核燃料加工业	332783	297262	297142	30079	20006	25284	221773	120
精炼石油产品的制造	332783	297262	297142	30079	20006	25284	221773	120
化学原料及化学制品制造业	89287	81067	70739	25643	21047	17299	6750	10328
基础化学原料制造	10660	2490	2030	1425	270	13	322	460
肥料制造	4922	4872	4431	2501	447	871	612	441
涂料、油墨、颜料及类似产品制造	650	650	650	200	300		150	
合成材料制造	48833	48833	39418	10397	13960	14395	666	9415
专用化学产品制造	24222	24222	24210	11120	6070	2020	5000	12
医药制造业	7765	5560	5560	1100	1246	2219	995	
化学药品制剂制造	545	340	340	170	125		45	
中成药制造	7220	5220	5220	930	1121	2219	950	
化学纤维制造业	1070	1070	1070	170	380		520	
合成纤维制造	1070	1070	1070	170	380		520	
橡胶制品业	8206	8206	8201	430	6380	887	504	5
轮胎制造	8206	8206	8201	430	6380	887	504	5
塑料制品业	74434	67824	65374	6855	29625	21244	7650	2450
塑料板、管、型材的制造	71356	66806	64356	6291	29625	20907	7533	2450
塑料丝、绳及编织品的制造	3078	1018	1018	564		337	117	
非金属矿物制品业	12184	11854	11624	6983	951	3326	364	230
水泥、石灰和石膏的制造	10864	10534	10304	6523	631	2816	334	230
水泥及石膏制品制造	1320	1320	1320	460	320	510	30	
黑色金属冶炼及压延加工业	3102	2941	2941	2306	535	100		
炼铁	3102	2941	2941	2306	535	100		
金属制品业	5961	5961	5961	1873	1043	3030	15	
结构性金属制品制造	354	354	354	341	13			
集装箱及金属包装容器制造	5607	5607	5607	1532	1030	3030	15	

3-4 续表 3

单位：千元

指标名称	科技活动经费支出总额	内部经费支出	1. #经常费支出	劳务费	原材料费	购买和自制设备支出	其他	2.科研基建支出
通用设备制造业	560	560	560	300	120	110	30	
起重运输设备制造	560	560	560	300	120	110	30	
专用设备制造业	5141	5091	5091	2775	1853	295	168	
矿山、冶金、建筑专用设备制造	3158	3158	3158	1660	1246	185	67	
农、林、牧、渔专用机械制造	1983	1933	1933	1115	607	110	101	
交通运输设备制造业	33912	32992	32992	6720	21335	2737	2200	
汽车制造	33912	32992	32992	6720	21335	2737	2200	
电气机械及器材制造业	179354	175285	175248	33366	118479	9980	13423	37
输配电及控制设备制造	172641	168572	168572	29330	116786	9038	13418	
电线、电缆、光缆及电工器材制造	352	352	352	219	128		5	
电池制造	6361	6361	6324	3817	1565	942		37
通信设备、计算机及其他电子设备制造业	25850	25850	25850	1350	5287	12463	6750	
电子元件制造	25850	25850	25850	1350	5287	12463	6750	
仪器仪表及文化、办公用机械制造业	2230	2230	2230	860	490	300	580	
专用仪器仪表制造	2230	2230	2230	860	490	300	580	
电力、燃气及水的生产和供应业	27701	27701	27701	10290	5138	9352	2921	
电力、热力的生产和供应业	26959	26959	26959	10105	5025	8908	2921	
电力生产	14465	14465	14465	1550	4475	8440		
电力供应	12494	12494	12494	8555	550	468	2921	
水的生产和供应业	742	742	742	185	113	444		
自来水的生产和供应	742	742	742	185	113	444		

3-5 全部工业企业

指标名称	R&D人员						R&D经费		
	折合全时当量（人年）	#科学家和工程师	#全时人员	基础研究	应用研究	试验发展	内部支出（千元）	经常费支出	#人员劳务费
总计	**2357**	**2007**	**1832**		**193**	**2164**	**360078**	**355450**	**122884**
总计中：国有控股企业	2213	1871	1691		193	2020	297036	292409	111529
按企业规模分组									
大中型	2327	1983	1807		193	2134	355296	350669	121895
大型企业	2203	1861	1687		193	2010	295751	291124	111240
中型企业	124	122	120			124	59545	59545	10655
小型企业	30	24	25			30	4782	4781	989
按登记注册类型分组									
内资企业	2357	2007	1832		193	2164	360078	355450	122884
国有企业	624	560	422			624	43581	43445	41422
有限责任公司	74	71	56			74	7315	7307	3401
国有独资公司	22	22	14			22	1476	1469	1127
其他有限责任公司	52	49	42			52	5839	5838	2274
股份有限公司	1645	1368	1340		193	1453	306079	301595	77563
私营企业	14	8	14			14	3103	3103	498
私营有限责任公司	14	8	14			14	3103	3103	498
按隶属关系分组									
中央	1946	1605	1441		193	1754	283983	279730	105742
省（自治区、直辖市）	35	35	20			35	2506	2499	1935
其他	376	368	371			376	73589	73221	15207
按地区分组									
乌鲁木齐市	59	59	34			59	5572	5565	2710
克拉玛依市	2157	1807	1658		193	1965	236806	232185	105292
昌吉回族自治州	91	91	91			91	55130	55130	9391
巴音郭楞蒙古自治州	50	50	48			50	62570	62570	5491

研究与试验发展（R&D)情况

单位：千元

经常费支出中:			R&D科研基建支出	内部支出中:		内部经费支出中:				R&D经费外部支出
基础研究	应用研究	试验发展		固定资产购建支出	设备购置	政府资金	企业资金	国外资金	其他资金	
	39354	**316096**	**4628**	**65985**	**63592**	**6201**	**347890**		**5987**	**48965**
	39354	253055	4627	60674	58282	176	290873		5987	47607
	39354	311315	4627	65722	63330	5936	343373		5987	48965
	39354	251770	4627	60603	58211	159	289605		5987	47172
		59545		5119	5119	5777	53768			1793
		4781	1	263	262	265	4517			
	39354	316096	4628	65985	63592	6201	347890		5987	48965
		43445	136	849	713	17	43564			4290
		7307	8	2557	2552	450	6776		89	147
		1469	7	210	206	32	1422		22	91
		5838	1	2347	2346	418	5354		67	56
	39354	262241	4484	62337	60085	5550	294631		5898	44528
		3103		242	242	184	2919			
		3103		242	242	184	2919			
	39354	240376	4253	59635	57468	17	278068		5898	47460
		2499	7	245	241	159	2258		89	147
		73221	368	6105	5883	6025	67564			1358
		5565	7	2178	2174	176	5307		89	3351
	39354	192831	4621	35905	33516	475	230433		5898	44256
		55130		2757	2757	5550	49580			1358
		62570		25145	25145		62570			

3-5 续表 1

指标名称	R&D人员						R&D经费		
	折合全时当量（人年）	#科学家和工程师	#全时人员	基础研究	应用研究	试验发展	内部支出（千元）	经常费支出	#人员劳务费
按工业行业大类分组									
采矿业	1809	1555	1305		178	1631	252951	248691	99832
煤炭开采和洗选业	22	22	14			22	1476	1469	1127
烟煤和无烟煤的开采洗选	22	22	14			22	1476	1469	1127
石油和天然气开采业	1788	1533	1291		178	1609	251475	247222	98705
天然原油和天然气开采	1149	965	851		178	971	204706	200589	56812
与石油和天然气开采有关的服务活动	639	568	439			639	46769	46633	41893
制造业	548	452	527		15	533	107127	106759	23052
石油加工、炼焦及核燃料加工业	173	80	168		15	159	35696	35696	7508
精炼石油产品的制造	173	80	168		15	159	35696	35696	7508
化学原料及化学制品制造业	230	230	229			230	9628	9260	3782
合成材料制造	228	228	228			228	9477	9110	3682
专用化学产品制造	2	2	1			2	151	150	100
化学纤维制造业	4	4	2			4	1070	1070	170
合成纤维制造	4	4	2			4	1070	1070	170
塑料制品业	6	6	2			6	215	215	119
塑料丝、绳及编织品的制造	6	6	2			6	215	215	119
黑色金属冶炼及压延加工业	13	13	6			13	1030	1030	808
炼铁	13	13	6			13	1030	1030	808
金属制品业	27	25	27			27	4200	4200	1145
集装箱及金属包装容器制造	27	25	27			27	4200	4200	1145
专用设备制造业	4	4	3			4	158	158	129
矿山、冶金、建筑专用设备制造	4	4	3			4	158	158	129
电气机械及器材制造业	91	91	91			91	55130	55130	9391
输配电及控制设备制造	91	91	91			91	55130	55130	9391

经常费支出中:			R&D科研基建支出	内部支出中:		内部经费支出中:				R&D经费外部支出
基础研究	应用研究	试验发展		固定资产购建支出	设备购置	政府资金	企业资金	国外资金	其他资金	
	36479	212212	4260	55636	53465	216	252713		22	41638
		1469	7	210	206	32	1422		22	91
		1469	7	210	206	32	1422		22	91
	36479	210743	4253	55426	53259	184	251291			41547
	36479	164110	4117	54406	52375		204706			37692
		46633	136	1020	884	184	46585			3855
	2875	103884	368	10349	10127	5985	95177		5965	7327
	2875	32821		4380	4380		29798		5898	5478
	2875	32821		4380	4380		29798		5898	5478
		9260	368	815	593	50	9578			
		9110	367	794	573		9477			
		150	1	21	20	50	101			
		1070					1070			
		1070					1070			
		215		71	71	17	198			435
		215		71	71	17	198			435
		1030		35	35	127	836		67	56
		1030		35	35	127	836		67	56
		4200		2291	2291	210	3990			
		4200		2291	2291	210	3990			
		158				31	127			
		158				31	127			
		55130		2757	2757	5550	49580			1358
		55130		2757	2757	5550	49580			1358

3-6 全部工业企业科技项目情况

指标名称	科技项目数（项）	#新产品开发项目数	# R&D项目数	参加项目人员合计（人）	科学家和工程师	高中级技术职称人员	参加项目人员实际工作时间（人年）	项目经费内部支出（千元）	# R&D项目支出	#新产品项目支出
总　　计	**1029**	**388**	**418**	**7706**	**6296**	**4487**	**4900**	**1018373**	**312890**	**319246**
总计中：国有控股企业	891	291	409	6527	5584	4042	4343	830677	290629	184785
按企业规模分组										
大中型	951	342	412	7027	5778	4170	4580	953979	308109	294187
大型企业	747	220	403	5446	4718	3510	3713	764446	289344	150904
中型企业	204	122	9	1581	1060	660	866	189533	18765	143283
小型企业	78	46	6	679	518	317	320	64394	4781	25059
按登记注册类型分组										
内资企业	1022	385	418	7421	6152	4431	4885	998337	312890	304366
国有企业	215	158	90	2128	1865	1195	1341	99599	43445	67347
集体企业	3	2		35	6	6	20	4569		155
有限责任公司	201	67	19	1365	1095	783	724	116921	6727	39738
国有独资公司	68	17	5	467	432	350	276	30042	1469	2518
其他有限责任公司	133	50	14	898	663	433	448	86879	5258	37220
股份有限公司	556	113	308	3719	3102	2385	2703	751518	259615	175466
私营企业	47	45	1	174	84	62	98	25730	3103	21660
私营有限责任公司	47	45	1	174	84	62	98	25730	3103	21660
港、澳、台商投资企业	1	1		18	18	8	11	1200		1200
港、澳、台商独资经营企业	1	1		18	18	8	11	1200		1200
外商投资企业	6	2		267	126	48	3	18836		13680
中外合资经营企业	6	2		267	126	48	3	18836		13680
按隶属关系分组										
中央	698	218	379	5264	4509	3393	3517	741707	278530	160884
省（自治区、直辖市）	135	44	14	696	601	478	319	51003	1919	12789
地（区、市、州、盟）	21	5		244	223	123	62	47960		16957
县（区、市、旗）	15	10		139	38	22	54	15815		3163
其他	160	111	25	1363	925	471	947	161888	32441	125453
按项目来源分组										
国家科技项目	40	14	14	326	301	202	270	67855	19506	33289
地方科技项目	45	20	2	310	288	187	150	46900	9983	17413
其他企业委托科技项目	23	9	6	102	81	64	54	13485	1352	4731
本企业自选科技项目	916	340	394	6919	5605	4020	4406	888487	281928	262167
来自国外的科技项目	3	3	1	40	13	10	10	1616	116	1616
其他科技项目	2	2	1	9	8	4	10	30	5	30

3-6 续表 1

指标名称	科技项目数（项）	#新产品开发项目数	#R&D项目数	参加项目人员合计（人）	科学家和工程师	高中级技术职称人员	参加项目人员实际工作时间（人年）	项目经费内部支出（千元）	#R&D项目支出	#新产品项目支出
按项目合作形式分组										
与境外机构合作	8	4	3	50	41	21	30	3936	2816	733
与国内高校合作	64	21	40	430	377	258	311	57292	34978	33340
与国内独立研究院所合作	38	15	18	268	240	171	149	29213	22690	10097
与境内注册的外商独资企业合作	5	1	4	35	28	23	24	5462	4405	1057
与境内注册的其他企业合作	59	14	25	350	251	193	181	37881	10823	11570
以本企业所办科技机构为主完成	330	123	124	2413	1862	1347	1674	249534	58990	90076
由本企业有关部门组成联合攻关小组协作完成	484	181	174	3966	3366	2361	2367	601754	154032	148741
其他	41	29	30	194	131	113	164	33301	24156	23632
按项目活动类型分组										
应用研究	29	2	29	227	188	178	173	39039	39039	2755
试验发展	389	110	389	2606	2248	1598	2024	273851	273851	74890
研究与试验发展成果应用	611	276		4873	3860	2711	2703	705483		241601
按项目技术经济目标分组										
开发全新产品	132	132	60	1177	1033	653	764	109775	32490	109775
增加已有产品的功能	98	98	26	762	633	412	452	66719	11364	66719
提高产品性能	158	158	26	1030	762	476	736	142752	33791	142752
提高劳动生产率	182		46	1411	1274	849	975	415259	85598	
减少能源消耗	31		11	232	225	94	220	19495	4727	
节约原材料	10		2	71	71	23	53	4060	657	
减少环境污染	31		5	124	89	69	47	23105	173	
其他	387		242	2899	2209	1911	1653	237208	144090	
按地区分组										
乌鲁木齐市	288	111	32	1772	1338	994	964	159629	4985	37941
克拉玛依市	487	176	377	3643	3094	2193	2775	290941	230985	104797
吐鲁番地区	55	5		480	451	432	59	20546		1864
哈密地区	9	4		79	62	55	5	1969		1320
昌吉回族自治州	34	21	3	355	258	162	212	90331	14350	68503
巴音郭楞蒙古自治州	58	20	6	454	388	322	340	326105	62570	37799
阿克苏地区	18	12		279	142	66	225	9698		7155
伊犁哈萨克自治州	17	11		137	88	47	40	21185		13413
塔城地区	12	8		106	95	50	15	14511		14191
阿勒泰地区	2	2		12	4	4	2	7938		7938
省直辖行政单位	49	18		389	376	162	263	75520		24325
按工业行业大类分组										
采矿业	556	128	333	4539	3885	3094	2877	591861	247491	81173
煤炭开采和洗选业	50	12	5	296	278	233	161	17784	1469	500
烟煤和无烟煤的开采洗选	50	12	5	296	278	233	161	17784	1469	500
石油和天然气开采业	497	113	328	4187	3567	2845	2701	564994	246022	72590
天然原油和天然气开采	336	4	240	2483	2083	1891	1545	489675	199389	26800
与石油和天然气开采有关的协作完成	161	109	88	1704	1484	954	1156	75319	46633	45790

3-6 续表 2

指标名称	科技项目数（项）	#新产品开发项目数	#R&D项目数	参加项目人员合计（人）	科学家和工程师	高中级技术职称人员	参加项目人员实际工作时间（人年）	项目经费内部支出（千元）	#R&D项目支出	#新产品项目支出
有色金属矿采选业	8	2		50	34	14	16	8938		7938
常用有色金属矿采选	1	1		7	2	2	1	520		520
贵金属矿采选	6			38	30	10	14	1000		
稀有稀土金属矿采选	1	1		5	2	2	1	7418		7418
非金属矿采选业	1	1		6	6	2	1	145		145
采盐	1	1		6	6	2	1	145		145
制造业	451	247	85	2900	2181	1292	1869	403417	65399	231755
农副食品加工业	5	3		30	25	14	14	562		425
饲料加工	4	3		25	24	13	13	465		425
植物油加工	1			5	1	1	1	97		
食品制造业	11	11		116	72	44	17	2703		2703
糖果、巧克力及蜜饯制造	1	1		5	3	2	1	60		60
液体乳及乳制品制造	6	6		53	53	29	4	443		443
其他食品制造	4	4		58	16	13	12	2200		2200
饮料制造业	9	6		297	134	53	16	28026		23300
酒的制造	9	6		297	134	53	16	28026		23300
烟草制品业	2	2		16	8	6	18	3695		3695
卷烟制造	2	2		16	8	6	18	3695		3695
纺织业	14	10		185	129	98	61	8388		3424
棉、化纤纺织及印染精加工	8	6		90	48	48	23	6690		2076
毛纺织和染整精加工	2	2		5	5	5	1	129		129
麻纺织	3	1		31	17	17	1	410		60
针织品、编织品及其制品制造	1	1		59	59	28	35	1159		1159
家具制造业	3	3		30	7	5	12	10145		10145
金属家具制造	3	3		30	7	5	12	10145		10145
造纸及纸制品业	6	1		17	17	9	14	4805		619
造纸	6	1		17	17	9	14	4805		619
印刷业和记录媒介的复制	1			6	3	1	1	7000		
印刷	1			6	3	1	1	7000		
石油加工、炼焦及核燃料加工业	106	53	49	286	177	145	263	79036	35696	38286
精炼石油产品的制造	106	53	49	286	177	145	263	79036	35696	38286
化学原料及化学制品制造业	43	23	15	532	505	228	470	45561	9260	20515
基础化学原料制造	5			43	43	13	31	2030		
肥料制造	7	3		74	72	50	23	3551		2008
涂料、油墨、颜料及类似产品制造	1			2	2	2	1	650		
合成材料制造	26	17	14	372	360	136	379	27220	9110	6557
专用化学产品制造	4	3	1	41	28	27	37	12110	150	11950
医药制造业	7	7		60	54	33	5	3540		3540
化学药品制剂制造	3	3		23	23	23	1	100		100
中成药制造	4	4		37	31	10	4	3440		3440

3-6 续表 3

指标名称	科技项目数（项）	#新产品开发项目数	#R&D项目数	参加项目人员合计（人）	科学家和工程师	高中级技术职称人员	参加项目人员实际工作时间（人年）	项目经费内部支出（千元）	#R&D项目支出	#新产品项目支出
化学纤维制造业	2	2	2	8	8	4	4	1070	1070	1070
合成纤维制造	2	2	2	8	8	4	4	1070	1070	1070
橡胶制品业	10	8		24	5	5	13	7600		5900
轮胎制造	10	8		24	5	5	13	7600		5900
塑料制品业	49	23	4	330	330	142	277	65374	215	26359
塑料板、管、型材的制造	39	13		277	277	99	257	64356		25341
塑料丝、绳及编织品的制造	10	10	4	53	53	43	21	1018	215	1018
非金属矿物制品业	17	12		240	105	66	145	7951		5755
水泥、石灰和石膏的制造	13	8		225	90	52	142	6631		4435
水泥及石膏制品制造	4	4		15	15	14	3	1320		1320
黑色金属冶炼及压延加工业	31	8	9	97	96	96	40	1701	450	351
炼铁	31	8	9	97	96	96	40	1701	450	351
金属制品业	15	8	2	65	58	26	53	5961	4200	4502
结构性金属制品制造	8	3		18	18	2	18	354		195
集装箱及金属包装容器制造	7	5	2	47	40	24	36	5607	4200	4307
通用设备制造业	1	1		16	6	2	16	360		360
起重运输设备制造	1	1		16	6	2	16	360		360
专用设备制造业	21	6	1	102	87	83	76	4269	158	2899
矿山、冶金、建筑专用设备制造	4	4	1	45	44	41	26	2746	158	2746
农、林、牧、渔专用机械制造	17	2		57	43	42	50	1523		153
交通运输设备制造业	65	40		216	147	108	152	32992		8252
汽车制造	65	40		216	147	108	152	32992		8252
电气机械及器材制造业	27	15	3	185	167	93	156	60788	14350	56765
输配电及控制设备制造	20	14	3	143	125	59	106	58588	14350	56620
电线、电缆、光缆及电工电子器材制造	1	1		6	6	6	7	145		145
电池制造	6			36	36	28	43	2055		
通信设备、计算机及其他设备制造业	5	4		37	37	27	40	19860		10860
电子元件制造	5	4		37	37	27	40	19860		10860
仪器仪表及文化、办公用机械制造业	1	1		5	4	4	6	2030		2030
专用仪器仪表制造	1	1		5	4	4	6	2030		2030
电力、燃气及水的生产和供应业	22	13		267	230	101	153	23095		6318
电力、热力的生产和供应业	20	13		250	221	98	144	22353		6318
电力生产	6	1		80	80	27	3	12023		8
电力供应	14	12		170	141	71	141	10330		6310
水的生产和供应业	2			17	9	3	9	742		
自来水的生产和供应	2			17	9	3	9	742		

3-7 全部工业企业办科技机构情况

指标名称	企业办科技机构数合计（个）	科技活动人员（人）	博士毕业	硕士毕业	机构科技经费内部支出（千元）
总计	**78**	**5444**	**34**	**276**	**947142**
总计中：国有控股企业	56	4597	30	234	853655
按企业规模分组					
大中型	60	5170	30	263	935752
大型企业	26	3769	27	231	818320
中型企业	34	1401	3	32	117432
小型企业	18	274	4	13	11390
按登记注册类型分组					
内资企业	76	5095	34	271	945496
国有企业	22	1256	5	45	57087
集体企业	1	13			450
有限责任公司	28	750	4	25	30884
国有独资公司	6	284			13875
其他有限责任公司	22	466	4	25	17009
股份有限公司	22	2964	23	201	850135
私营企业	3	112	2		6940
私营有限责任公司	3	112	2		6940
港、澳、台商投资企业					
合资经营企业(港或澳、台资)					
外商投资企业	2	349		5	1646
中外合资经营企业	2	349		5	1646
按隶属关系分组					
中央	32	3984	30	230	819589
省（自治区、直辖市）	14	434		3	15802
地（区、市、州、盟）	5	190		2	3407
县（区、市、旗）	3	23			704
其他	24	813	4	41	107640
按地区分组					
乌鲁木齐市	25	1240	6	71	63557
克拉玛依市	17	2267	17	111	291320
吐鲁番地区	1	339		16	5985
哈密地区	3	52			1360
昌吉回族自治州	9	275	3	15	71366
巴音郭楞蒙古自治州	5	513	5	33	434376
阿克苏地区	3	91			1671
伊犁哈萨克自治州	3	95			13228
塔城地区	4	135			1350
阿勒泰地区	2	7			8329
省直辖行政单位	6	430	3	30	54600

3-7 续表 1

指标名称	企业办科技机构数合计(个)	科技活动人员(人)	博士毕业	硕士毕业	机构科技经费内部支出(千元)
按工业行业大类分组					
采矿业	21	3085	24	182	698295
煤炭开采和洗选业	3	133			1340
烟煤和无烟煤的开采洗选	3	133			1340
石油和天然气开采业	13	2893	24	182	688079
天然原油和天然气开采	4	2053	19	138	646929
与石油和天然气开采有关的服务活动	9	840	5	44	41150
有色金属矿采选业	4	53			8729
常用有色金属矿采选	1	2			2
贵金属矿采选	2	46			400
稀有稀土金属矿采选	1	5			8327
非金属矿采选业	1	6			147
土砂石开采					
采盐	1	6			147
制造业	54	2195	10	94	245542
农副食品加工业	2	36			684
植物油加工	1	5			309
制糖	1	31			375
蔬菜、水果和坚果加工					
食品制造业	3	71			1717
液体乳及乳制品制造	2	46			417
其他食品制造	1	25			1300
饮料制造业	4	398		5	11044
酒的制造	4	398		5	11044
烟草制品业	1	16			3695
卷烟制造	1	16			3695
纺织业	4	148			2729
棉、化纤纺织及印染精加工	2	135			2571
毛纺织和染整精加工	1	6			129
针织品、编织品及其制品制造	1	7			29
家具制造业	1	33	2		2100
金属家具制造	1	33	2		2100
印刷业和记录媒介的复制					
装订及其他印刷服务活动					
石油加工、炼焦及核燃料加工业	4	360		12	48254
精炼石油产品的制造	4	360		12	48254
化学原料及化学制品制造业	6	147		2	19347
基础化学原料制造	1	35			20
肥料制造	1	20			1163
合成材料制造	2	48		2	15754
专用化学产品制造	2	44			2410

3-7 续表 2

指标名称	企业办科技机构数合计(个)	科技活动人员(人)	博士毕业	硕士毕业	机构科技经费内部支出(千元)
医药制造业	3	50	4	11	3940
化学药品制剂制造	1	11			340
中成药制造	2	39	4	11	3600
化学纤维制造业	1	11			240
合成纤维制造	1	11			240
橡胶制品业	1	36			8201
轮胎制造	1	36			8201
塑料制品业	3	254	3	30	50750
塑料板、管、型材的制造	3	254	3	30	50750
非金属矿物制品业	4	122		1	960
水泥、石灰和石膏的制造	3	90		1	540
水泥及石膏制品制造	1	32			420
玻璃及玻璃制品制造					
黑色金属冶炼及压延加工业	1	50			2941
炼铁	1	50			2941
有色金属冶炼及压延加工业					
常用有色金属冶炼					
金属制品业	1	4			107
集装箱及金属包装容器制造	1	4			107
专用设备制造业	4	105		2	2347
矿山、冶金、建筑专用设备制造	2	45		2	1058
农、林、牧、渔专用机械制造	2	60			1289
交通运输设备制造业	3	153		1	12437
汽车制造	3	153		1	12437
电气机械及器材制造业	7	173	1	22	67219
输配电及控制设备制造	4	113	1	12	65164
电池制造	3	60		10	2055
通信设备、计算机及其他电子设备制造业	1	28		8	6830
电子元件制造	1	28		8	6830
电力、燃气及水的生产和供应业	3	164			3305
电力、热力的生产和供应业	3	164			3305
电力生产	2	95			2065
电力供应	1	69			1240
热力生产和供应					
水的生产和供应业					
自来水的生产和供应					

3-8 全部工业企业技术改造、技术获取及减免税情况

单位：千元

指标名称	技术改造经费支出	引进国外技术经费支出	引进技术的消化吸收经费支出	购买国内技术经费支出	享受各级政府对技术开发的减免税
总　计	**3637060**	**15322**	**1820**	**39634**	**37446**
总计中：国有控股企业	2821808	9650	430	35499	33862
按企业规模分组					
大中型	3509562	15287	1430	39249	36179
大型企业	2421156	12327	200	28330	17507
中型企业	1088406	2960	1230	10919	18672
小型企业	127498	35	390	385	1267
按登记注册类型分组					
内资企业	3635661	15322	1820	39634	37446
国有企业	106255			2870	
集体企业	4512				
联营企业	50				
国有与集体联营企业	50				
有限责任公司	1574731	3932	1530	8534	7549
国有独资公司	141548		200	100	3400
其他有限责任公司	1433183	3932	1330	8434	4149
股份有限公司	1836388	11390	200	28230	29614
私营企业	113725		90		283
私营独资企业	37000				
私营有限责任公司	67601		90		283
私营股份有限公司	9124				
外商投资企业	1399				
中外合资经营企业	1399				
按隶属关系分组					
中央	1049853	9620	30	28490	4455
省（自治区、直辖市）	1533026	937	200	6829	3400
地（区、市、州、盟）	33711				10839
县（区、市、旗）	10360			180	80
其他	1010110	4765	1590	4135	18672
按地区分组					
乌鲁木齐市	1856905	4637	400	23070	6056
克拉玛依市	614060	9650	1000	800	1908
哈密地区	60479			4479	
昌吉回族自治州	760310	1000	90		50
博尔塔拉蒙古自治州	11622				
巴音郭楞蒙古自治州	113088	35	130	15	3165
阿克苏地区	150910			2190	15507
伊犁哈萨克自治州	49486		200	2540	260
塔城地区	2610				
阿勒泰地区	5780				
省直辖行政单位	11810			6540	10500

3-8 续表 1

单位：千元

指标名称	技术改造经费支出	引进国外技术经费支出	引进技术的消化吸收经费支出	购买国内技术经费支出	享受各级政府对技术开发的减免税
按工业行业大类分组					
采矿业	514740	10620	200	180	3400
煤炭开采和洗选业	91730		200	180	3400
烟煤和无烟煤的开采洗选	91730		200	180	3400
石油和天然气开采业	408880	10620			
天然原油和天然气开采	408880	9620			
与石油和天然气开采有关的服务活动		1000			
有色金属矿采选业	6130				
常用有色金属矿采选	5780				
贵金属矿采选	350				
非金属矿采选业	8000				
采盐	8000				
制造业	3064475	4702	1620	39274	23546
农副食品加工业	11011		170	110	260
谷物磨制	362				
饲料加工	500		170	110	260
植物油加工	9814				
制糖	335				
食品制造业	2948	35	130	15	
焙烤食品制造	1500				
液体乳及乳制品制造	1238	35	30	15	
罐头制造	10				
其他食品制造	200		100		
饮料制造业	12643				
酒的制造	12643				
纺织业	7489	937			
棉、化纤纺织及印染精加工	7489	937			
木材加工及木、竹、藤、棕、草制品业	35500				
人造板制造	35500				
家具制造业	90				
金属家具制造	90				
造纸及纸制品业	15102				
造纸	14590				
纸制品制造	512				
印刷业和记录媒介的复制	1138				
印刷	1138				
石油加工、炼焦及核燃料加工业	552772			21690	1523
精炼石油产品的制造	552772			21690	1523
化学原料及化学制品制造业	93176	30	1090	6229	3215
基础化学原料制造	6239			4219	
肥料制造	56638		90		3215
涂料、油墨、颜料及类似产品制造	2400				
合成材料制造	12800	30			
专用化学产品制造	15099		1000	2010	
医药制造业	46930				
化学药品制剂制造	46930				

3-8 续表 2

单位：千元

指标名称	技术改造经费支出	引进国外技术经费支出	引进技术的消化吸收经费支出	购买国内技术经费支出	享受各级政府对技术开发的减免税
橡胶制品业	600				
轮胎制造	600				
塑料制品业	19446			6540	
塑料薄膜制造	72				
塑料板、管、型材的制造	6540			6540	
塑料丝、绳及编织品的制造	12834				
非金属矿物制品业	205106		230	260	15507
水泥、石灰和石膏的制造	158886		230		15507
水泥及石膏制品制造	420			260	
砖瓦、石材及其他建筑材料制造	21000				
玻璃及玻璃制品制造	24800				
黑色金属冶炼及压延加工业	1381906				
炼铁	1306435				
炼钢	9124				
钢压延加工	66347				
有色金属冶炼及压延加工业	21886			2430	
贵金属冶炼	21886			2430	
金属制品业	7955				339
结构性金属制品制造	6000				
集装箱及金属包装容器制造	955				
建筑、安全用金属制品制造	1000				
金属表面处理及热处理加工					339
通用设备制造业	172				
起重运输设备制造	20				
通用零部件制造及机械修理	152				
专用设备制造业	210				
农、林、牧、渔专用机械制造	210				
交通运输设备制造业	1816				
汽车制造	1816				
电气机械及器材制造业	634449	1960		2000	
输配电及控制设备制造	625189				
电线、电缆、光缆及电工器材制造	5300				
电池制造	3960	1960		2000	
通信设备、计算机及其他电子设备制造业	12130	1740			2317
电子元件制造	12130	1740			2317
仪器仪表及文化、办公用机械制造业					385
专用仪器仪表制造					385
电力、燃气及水的生产和供应业	57845			180	10500
电力、热力的生产和供应业	50500				10500
电力生产	45032				10500
电力供应	4029				
热力生产和供应	1439				
水的生产和供应业	7345			180	
自来水的生产和供应	7345			180	

3-9 全部工业企业新产品产出和专利情况

单位：千元

指标名称	新产品产值	新产品销售收入	出口	专利申请数（件）	发明专利	拥有发明专利数（件）
总　　计	**3096133**	**4251171**	**140181**	**349**	**76**	**165**
总计中：国有控股企业	1966827	1918052	5640	130	23	128
按企业规模分组						
大中型	2847204	3999352	42685	296	50	127
大型企业	1739596	1683752	42685	102	23	93
中型企业	1107608	2315600		194	27	34
小型企业	248929	251819	97496	53	26	38
按登记注册类型分组						
内资企业	3000709	4155675	140181	348	76	165
国有企业	89439	72969		46	1	21
联营企业	1400	1200				
国有与集体联营企业	1400	1200				
有限责任公司	798744	785316	94496	99	25	48
国有独资公司	311882	279541		2		
其他有限责任公司	486862	505775	94496	97	25	48
股份有限公司	2080698	3257561	42685	194	44	87
私营企业	30428	38629	3000	9	6	9
私营有限责任公司	30428	38629	3000	9	6	9
外商投资企业	95424	95496		1		
中外合资经营企业	95424	95496		1		
按隶属关系分组						
中央	380873	349670	620	92	18	107
省（自治区、直辖市）	382952	357653	5020	10	1	2
地（区、市、州、盟）	239798	259147	94296	24	4	19
县（区、市、旗）	14571	5922		3	3	3
其他	2077939	3278779	40245	220	50	34
按地区分组						
乌鲁木齐市	2218940	2158931	40045	107	27	61
克拉玛依市				68	13	72
昌吉回族自治州	592320	1827444	94296	148	28	13
巴音郭楞蒙古自治州	182860	166963	5220			
阿克苏地区	6310	5808		2		
伊犁哈萨克自治州	7786	7128				5
塔城地区	49650	50100		4	3	3
省直辖行政单位	38267	34797	620	20	5	11

3-9 续表 1

单位：千元

指标名称	新产品产值	新产品销售收入	出口	专利申请数(件)	发明专利	拥有发明专利数(件)
按工业行业大类分组						
采矿业				50	5	27
石油和天然气开采业				50	5	27
天然原油和天然气开采				8	4	19
与石油和天然气开采有关的服务活动				42	1	8
制造业	3096133	4251171	140181	299	71	138
食品制造业	2732	2493	200			
液体乳及乳制品制造	1132	293				
其他食品制造	1600	2200	200			
饮料制造业	95424	95496		3	2	11
酒的制造	95424	95496		3	2	11
纺织业	102486	82417				11
棉、化纤纺织及印染精加工	91486	73806				9
针织品、编织品及其制品制造	11000	8611				2
家具制造业	281	297		3		
金属家具制造	281	297		3		
印刷业和记录媒介的复制	6580	5922				
印刷	6580	5922				
石油加工、炼焦及核燃料加工业	18637	19122		22	11	62
精炼石油产品的制造	18637	19122		22	11	62
化学原料及化学制品制造业	205399	215547	94296	10	6	5
肥料制造	1400	1200		7	5	2
涂料、油墨、颜料及类似产品制造	1500	1400				
合成材料制造	194508	212947	94296	2		
专用化学产品制造	7991			1	1	3
医药制造业				14	11	4
中成药制造				14	11	4
化学纤维制造业	1260					
合成纤维制造	1260					
橡胶制品业	180000	164763	5020			
轮胎制造	180000	164763	5020			
塑料制品业	10260	6790	620	20	5	9
塑料板、管、型材的制造	10260	6790	620	20	5	2
塑料丝、绳及编织品的制造						7
非金属矿物制品业	13276	12114				5
水泥、石灰和石膏的制造	13276	12114				
玻璃及玻璃制品制造						5
黑色金属冶炼及压延加工业	1249520	1249520		6	1	2
炼铁				6	1	2
钢压延加工	1249520	1249520				
金属制品业				6	3	6
集装箱及金属包装容器制造				6	3	6
通用设备制造业	17765	17765	3000			
起重运输设备制造	17765	17765	3000			
专用设备制造业	55520	40569		6		
矿山、冶金、建筑专用设备制造	54540	39569		4		
农、林、牧、渔专用机械制造	980	1000		2		
交通运输设备制造业	397013	406149		1		
汽车制造	397013	406149		1		
电气机械及器材制造业	522280	1734449		203	28	20
输配电及控制设备制造	396031	1612800		163	27	20
电线、电缆、光缆及电工器材制造	4193	1481		1		
电池制造	122056	120168		39	1	
通信设备、计算机及其他电子设备制造业	217700	197758	37045	5	4	3
电子元件制造	217700	197758	37045	5	4	3

3-10 大中型工业

指标名称	企业数（个）	#有科技活动	#有R&D活动	#有新产品开发	#有科技机构	从业人员年平均人数（人）	工程技术人员（人）
总　计	**203**	**55**	**12**	**26**	**46**	**313318**	**39867**
总计中：国有控股企业	123	42	10	21	36	244268	35042
按企业规模分组							
大型企业	23	17	9	8	16	156043	25067
中型企业	180	38	3	18	30	157275	14800
按登记注册类型分组							
内资企业	194	53	12	26	44	307818	39685
国有企业	45	15	2	6	12	89453	11309
有限责任公司	103	17	3	9	13	121651	14397
国有独资公司	22	5	1	3	5	41342	5069
其他有限责任公司	81	12	2	6	8	80309	9328
股份有限公司	32	19	7	9	17	84966	13097
私营企业	14	2		2	2	11748	882
私营独资企业	1					627	32
私营有限责任公司	10	2		2	2	7783	624
私营股份有限公司	3					3338	226
港、澳、台商投资企业	4					2952	54
合资经营企业(港或澳、台资)	1					890	9
港、澳、台商独资经营企业	3					2062	45
外商投资企业	5	2			2	2548	128
中外合资经营企业	5	2			2	2548	128
按隶属关系分组							
中央	53	21	7	11	18	138776	21860
省（自治区、直辖市）	47	15	2	7	13	79675	10839
地（区、市、州、盟）	26	3			2	26357	2260
县（区、市、旗）	20	1				15279	1056
其他	57	15	3	8	13	53231	3852

企业基本情况表

单位：千元

工业总产值	工业增加值	主营业务收入	主营业务税金及附加	主营业务利润	利润总额	年末固定资产原价	生产经营用机器设备原价	微电子控制设备原价
128420245	**59425477**	**130314655**	**2950697**	**37670886**	**21625213**	**204025871**	**100310752**	**8924204**
116087568	55975941	118642178	2859450	35456593	20749923	190937702	91623683	8263550
97518209	49268914	100265317	2411434	32583355	21205405	155638712	69468165	7548576
30902036	10156563	30049338	539263	5087531	419808	48387159	30842587	1375628
126618957	58774391	128583361	2923157	37258451	21403459	202336806	99065054	8837224
14217495	5932693	17716193	397692	1505353	-948805	24682380	13919752	429072
21220179	7850364	20316924	172414	4019620	1345835	36722024	22934553	996567
6468033	2621132	6292004	70988	1005344	279813	15594969	9799361	134101
14752146	5229232	14024920	101426	3014276	1066022	21127055	13135192	862466
89358732	44650021	88844672	2348385	31531362	20772794	139410118	61089528	7382087
1822551	341313	1705572	4666	202116	233635	1522284	1121221	29498
57331	17518	54030	463	15162	3255	100589	88625	
1268392	175199	1221092	3064	96320	-1884	1049023	697339	13667
496828	148596	430450	1139	90634	232264	372672	335257	15831
738862	263450	794715		149772	86999	1024654	885037	3007
305330	91252	313631		74093	60441	43760	22914	1466
433532	172198	481084		75679	26558	980894	862123	1541
1062426	387636	936579	27540	262663	134755	664411	360661	83973
1062426	387636	936579	27540	262663	134755	664411	360661	83973
92756264	47375058	94881150	2709060	31190489	19189326	158370817	70873483	5293492
12583802	5136632	13034414	92056	2322309	1059172	23402201	14549927	781776
3584962	1560854	3472892	39111	825642	44955	6894317	4125532	218833
2135625	697390	2016020	8743	405656	96435	2424475	1238634	180731
17359592	4655543	16910179	101727	2926790	1235325	12934061	9523176	2449372

3-10 续表 1

指标名称	企业数（个）	#有科技活动	#有R&D活动	#有新产品开发	#有科技机构	从业人员年平均人数（人）	工程技术人员（人）
按地区分组							
乌鲁木齐市	51	18	4	13	16	77376	10634
克拉玛依市	12	9	6	1	7	77567	14918
吐鲁番地区	7	2			1	7851	1176
哈密地区	10	2		1	2	15933	1250
昌吉回族自治州	30	5	1	2	5	21957	1953
博尔塔拉蒙古自治州	8					4585	768
巴音郭楞蒙古自治州	16	3	1	1	2	29330	1841
阿克苏地区	13	3		1	2	14278	1386
喀什地区	5					6640	877
和田地区	5					4464	389
伊犁哈萨克自治州	18	4		2	3	18161	1608
塔城地区	13	3		1	2	12781	953
阿勒泰地区	4	2		1	2	3376	153
省直辖行政单位	11	4		3	4	19019	1961
按工业行业大类分组							
采矿业	24	12	4	3	12	114054	16483
煤炭开采和洗选业	10	2	1	1	2	27384	1872
烟煤和无烟煤的开采洗选	10	2	1	1	2	27384	1872
石油和天然气开采业	6	6	3	1	6	79887	14073
天然原油和天然气开采	4	4	2		4	32426	6666
与石油和天然气开采有关的服务活动	2	2	1	1	2	47461	7407
黑色金属矿采选业	3					2224	414
铁矿采选	3					2224	414
有色金属矿采选业	4	4		1	4	3646	52
常用有色金属矿采选	1	1			1	1230	2
贵金属矿采选	2	2			2	1470	46
稀有稀土金属矿采选	1	1		1	1	946	4
非金属矿采选业	1					913	72
石棉及其他非金属矿采选	1					913	72
制造业	149	39	8	23	31	164677	17710
农副食品加工业	17					8537	760
谷物磨制	1					333	27
饲料加工	1					345	40
植物油加工	2					1177	56
制糖	11					6023	605
屠宰及肉类加工	1					325	22
蔬菜、水果和坚果加工	1					334	10
食品制造业	6					3109	175
液体乳及乳制品制造	1					336	37
罐头制造	2					1148	45
调味品、发酵制品制造	2					850	24
其他食品制造	1					775	69

单位：千元

工业总产值	工业增加值	主营业务收入	主营业务税金及附加	主营业务利润	利润总额	年末固定资产原价	生产经营用机器设备原价	微电子控制设备原价
36957121	11707342	37171183	747125	7614575	2761825	44903416	32243085	2728585
50162673	25870620	50662957	1363145	15590952	10334271	80605776	14606113	3843363
6657602	5079282	6911239	115801	3267454	2985966	14432115	2474986	69770
1917957	821511	1890393	19711	294753	2854	4076929	2659644	1891
5900534	1894533	5683184	28056	876454	192516	7081698	4104842	513102
643761	90036	592051	2154	23143	-39506	978766	889040	673
14379601	9497248	14135666	273253	8089147	4901742	30143621	27332215	1145529
2815530	954857	2676985	32041	621899	243139	4793801	3870034	32998
821108	277637	783025	5410	-196903	153527	3143125	2151921	
321482	117095	346376	2528	14622	-67328	1313369	979364	217
3334083	1512598	3421925	315039	588507	52125	5438080	3760464	375191
1075127	500905	994220	20674	167028	-41031	1929035	1010742	69927
496727	221710	497958	4112	138111	39636	949284	688720	4498
2936939	880103	4547493	21648	581144	105477	4236856	3539582	138460
53518555	39373445	54803028	988660	28176836	19436488	115426357	44924075	3954645
1602822	997209	1602705	17274	523826	74712	3328230	1892428	217
1602822	997209	1602705	17274	523826	74712	3328230	1892428	217
50797471	37989358	52155701	954928	27342735	19211241	111240488	42649077	3954428
43996420	34702498	42203990	858834	26440441	19862457	100336903	36822077	3953428
6801051	3286860	9951711	96094	902294	-651216	10903585	5827000	1000
616220	130662	596732	12122	151359	58574	469813	145650	
616220	130662	596732	12122	151359	58574	469813	145650	
429381	233533	410674	2938	146496	86378	314961	180776	
248612	165770	248612	2587	102539	75027	272522	153221	
113177	50762	94574	54	31143	8855	24914	10030	
67592	17001	67488	297	12814	2496	17525	17525	
72661	22683	37216	1398	12420	5583	72865	56144	
72661	22683	37216	1398	12420	5583	72865	56144	
66727129	16468984	66916927	1889597	9081715	2809364	60619256	37220507	4341545
1744344	415542	1669883	8684	502777	63697	1601511	1063000	88465
97954	8590	93534	136	2065	-2698	156290	148475	130
223892	37624	231831		231492	20377	77592	54314	
240682	10972	259237	187	18529	-4295	148161	89838	500
958126	272744	847747	8361	197625	36723	1099884	698854	86294
163146	63526	118579		27793	11849	24061	429	
60544	22086	118955		25273	1741	95523	71090	1541
1322728	349014	1023599	2637	345947	103985	1546911	1459041	2556
79330	19439	86689	431	21741	14556	43939	32000	2467
992275	259207	699190	903	252770	76576	1350825	1300361	
152323	26046	140555	254	30312	4766	124158	104924	
98800	44322	97165	1049	41124	8087	27989	21756	89

3-10 续表 2

指标名称	企业数（个）	#有科技活动	#有R&D活动	#有新产品开发	#有科技机构	从业人员年平均人数（人）	工程技术人员（人）
饮料制造业	6	4		1	4	4451	303
酒的制造	6	4		1	4	4451	303
烟草制品业	1	1			1	480	52
卷烟制造	1	1			1	480	52
纺织业	33	3		2	2	50235	1773
棉、化纤纺织及印染精加工	27	1		1	1	41512	1527
毛纺织和染整精加工	2	1		1	1	1922	156
麻纺织	3	1				5040	45
针织品、编织品及其制品制造	1					1761	45
皮革、毛皮、羽毛(绒)及其制品业	1					390	25
皮革鞣制加工	1					390	25
家具制造业	3	1		1	1	2242	107
木质家具制造	2					1482	27
金属家具制造	1	1		1	1	760	80
造纸及纸制品业	4	1				4574	159
纸浆制造	1					611	22
造纸	3	1				3963	137
印刷业和记录媒介的复制	1					566	65
印刷	1					566	65
石油加工、炼焦及核燃料加工业	9	4	3	1	3	17861	3342
精炼石油产品的制造	7	4	3	1	3	16437	3285
炼焦	2					1424	57
化学原料及化学制品制造业	13	4	1	2	4	13469	1317
基础化学原料制造	6	1			1	5834	653
肥料制造	2	1		1	1	2594	327
合成材料制造	2	1	1	1	1	2651	46
专用化学产品制造	3	1			1	2390	291
医药制造业	1	1			1	723	120
化学药品制剂制造	1	1			1	723	120
化学纤维制造业	1					877	24
纤维素纤维原料及纤维制造	1					877	24
橡胶制品业	1	1		1	1	2382	99
轮胎制造	1	1		1	1	2382	99
塑料制品业	3	2	1	2	1	5542	2161
塑料板、管、型材的制造	2	1		1	1	4436	1228
塑料丝、绳及编织品的制造	1	1	1	1		1106	933
非金属矿物制品业	21	6		5	4	17802	1582
水泥、石灰和石膏的制造	16	5		4	3	14897	1229
水泥及石膏制品制造	2	1		1	1	1534	152
砖瓦、石材及其他建筑材料制造	1					609	89
玻璃及玻璃制品制造	2					762	112

单位：千元

工业总产值	工业增加值	主营业务收入	主营业务税金及附加	主营业务利润	利润总额	年末固定资产原价	生产经营用	
							机器设备原价	微电子控制设备原价
1120882	564311	862786	89841	304085	104236	1603261	880893	3410
1120882	564311	862786	89841	304085	104236	1603261	880893	3410
712898	505936	712451	267031	157231	63517	409140	52700	7450
712898	505936	712451	267031	157231	63517	409140	52700	7450
4900307	1104066	4524999	12598	275916	-319289	5859418	4165934	413331
4138265	876378	3813102	11119	118814	-267100	4934118	3434290	393500
85892	24578	84878	35	6453	-8589	219858	219561	14580
360979	105460	371136	1444	103005	51925	297525	190645	
315171	97650	255883		47644	-95525	407917	321438	5251
197599	46554	180008	439	22721	5855	101002	60580	
197599	46554	180008	439	22721	5855	101002	60580	
665161	157679	686216	170	148280	91936	296442	77994	14169
595373	134599	621765	47	134223	89362	251213	49554	2969
69788	23080	64451	123	14057	2574	45229	28440	11200
610847	287337	537446	3797	120898	35461	816983	498694	37443
58861	17275	61446	389	14449	1422	83116	35092	
551986	270062	476000	3408	106449	34039	733867	463602	37443
38234	22112	40495	334	12853	661	107553	42736	39138
38234	22112	40495	334	12853	661	107553	42736	39138
32032467	5813551	31732558	1395670	2416528	137136	26647852	14599281	1015402
31858991	5746353	31555148	1395348	2356279	119044	26364583	14555774	1015402
173476	67198	177410	322	60249	18092	283269	43507	
3625256	1317768	3701336	30011	880193	328923	3452642	2021847	13390
1542452	535853	1566880	13965	425809	149010	1347433	806265	1828
425577	186825	431337	3144	127401	54628	819090	473840	10425
1326388	487937	1386000	6393	247089	101518	1069569	628202	1137
330839	107153	317119	6509	79894	23767	216550	113540	
75257	36698	72489	609	27935	24755	125679	59538	
75257	36698	72489	609	27935	24755	125679	59538	
338485	106072	256435	556	57081	27360	140709	37694	
338485	106072	256435	556	57081	27360	140709	37694	
438250	100532	411909	4884	59338	2029	324098	132709	106000
438250	100532	411909	4884	59338	2029	324098	132709	106000
1334706	418108	3059101	12916	315259	111503	3104076	1921364	9546
1147596	332262	2878681	12896	304599	114073	1565916	1549863	5630
187110	85846	180420	20	10660	-2570	1538160	371501	3916
2870481	994344	2763621	8119	634416	249955	5134546	3201426	287597
1911104	712268	1841009	6102	427400	-77529	4394523	2600653	203553
407051	103413	425691	1014	70671	52919	239880	200769	2743
111460	42208	158784	893	74250	238602	270582	240004	1301
440866	136455	338137	110	62095	35963	229561	160000	80000

3-10 续表 3

指标名称	企业数（个）	#有科技活动	#有R&D活动	#有新产品开发	#有科技机构	从业人员年平均人数（人）	工程技术人员（人）
黑色金属冶炼及压延加工业	8	1	1	1	1	16930	3621
炼铁	3	1	1	1	1	10749	3183
炼钢	2					1092	155
钢压延加工	3					5089	283
有色金属冶炼及压延加工业	3					3025	486
常用有色金属冶炼	2					2350	341
贵金属冶炼	1					675	145
金属制品业	3	1	1			1505	146
集装箱及金属包装容器制造	2	1	1			1155	140
其他金属制品制造	1					350	6
通用设备制造业	4					1983	181
锅炉及原动机制造	1					394	75
轴承、齿轮、传动和驱动部件的制造	1					331	6
通用零部件制造及机械修理	2					1258	100
专用设备制造业	3	2		1	2	1651	344
矿山、冶金、建筑专用设备制造	1	1		1	1	458	131
农、林、牧、渔专用机械制造	2	1			1	1193	213
交通运输设备制造业	4	4		4	3	2126	268
汽车制造	4	4		4	3	2126	268
电气机械及器材制造业	2	2	1	1	2	1900	305
输配电及控制设备制造	1	1	1		1	1600	240
电池制造	1	1		1	1	300	65
通信设备、计算机及其他电子设备制造业	1	1		1	1	2317	295
电子元件制造	1	1		1	1	2317	295
电力、燃气及水的生产和供应业	30	4			3	34587	5674
电力、热力的生产和供应业	28	4			3	32860	5263
电力生产	13	2			2	15007	2572
电力供应	13	2			1	17137	2645
热力生产和供应	2					716	46
燃气生产和供应业	1					1038	236
燃气生产和供应业	1					1038	236
水的生产和供应业	1					689	175
自来水的生产和供应	1					689	175

单位: 千元

工业总产值	工业增加值	主营业务收入	主营业务税金及附加	主营业务利润	利润总额	年末固定资产原价	生产经营用机器设备原价	微电子控制设备原价
10489283	3291989	10482556	32274	2001368	1549157	5426193	3950792	2212013
3494597	1609032	3420399	2521	1083443	1026709	3212845	1784231	234158
299305	29509	304336	472	3664	-22035	161080	135618	
6695381	1653448	6757821	29281	914261	544483	2052268	2030943	1977855
874919	243415	860678	2555	164564	76892	1096852	713648	37285
746794	208140	742968	2555	129798	67427	858145	539743	11200
128125	35275	117710		34766	9465	238707	173905	26085
301324	82217	258302	754	35679	7975	134548	68556	485
195754	66819	142918	465	21629	5237	100261	34269	485
105570	15398	115384	289	14050	2738	34287	34287	
258243	84018	250960	1326	39159	11789	196845	98914	11448
34662	18296	31477	239	6857	101	25407	11260	3477
25331	9671	31038	166	6821	392	53127	39854	7971
198250	56051	188445	921	25481	11296	118311	47800	
188219	27388	228884	1493	54976	-37537	413754	307438	88
121241	45435	124994	856	40872	21351	95666	57668	
66978	-18047	103890	637	14104	-58888	318088	249770	88
579371	61913	563149	1486	36135	-30557	213573	177358	3061
579371	61913	563149	1486	36135	-30557	213573	177358	3061
1388884	277080	1471960	6008	258401	114232	733361	498143	1973
1185456	196370	1269796	4136	218245	94150	655218	420000	648
203428	80710	202164	1872	40156	20082	78143	78143	1325
618984	161340	565106	5405	209975	85693	1132307	1130227	37295
618984	161340	565106	5405	209975	85693	1132307	1130227	37295
8174561	3583048	8594700	72440	412335	-620639	27980258	18166170	628014
7825989	3456060	8242493	71098	339060	-569816	26852121	18038788	626014
3548209	2038334	3468591	39657	558127	-271899	14072659	8115947	275890
4099372	1362827	4592907	30274	-263836	-328807	12059243	9584097	347784
178408	54899	180995	1167	44769	30890	720219	338744	2340
266019	73863	216998	1047	69904	-9991	380335	79341	
266019	73863	216998	1047	69904	-9991	380335	79341	
82553	53125	135209	295	3371	-40832	747802	48041	2000
82553	53125	135209	295	3371	-40832	747802	48041	2000

3-11 大中型工业企业科技活动人员情况

单位：人

指标名称	科技活动人员合计	#1.参加科技项目人员	2.科技管理和服务人员	#1.全时人员	2.非全时人员	#科学家和工程师	高中级技术职称人员	#R&D人员
总　　计	**9069**	**7027**	**2042**	**6139**	**2930**	**6509**	**4728**	**3075**
总计中：国有控股企业	7928	6288	1640	5664	2264	5854	4330	2957
按企业规模分组								
大型企业	6730	5446	1284	4875	1855	5101	3810	2937
中型企业	2339	1581	758	1264	1075	1408	918	138
按登记注册类型分组								
内资企业	8720	6768	1952	6039	2681	6354	4675	3075
国有企业	2185	2026	159	1340	845	1793	1155	929
有限责任公司	1345	947	398	678	667	851	626	89
国有独资公司	650	454	196	354	296	420	343	34
其他有限责任公司	695	493	202	324	371	431	283	55
股份有限公司	5096	3711	1385	3983	1113	3674	2876	2057
私营企业	94	84	10	38	56	36	18	
私营有限责任公司	94	84	10	38	56	36	18	
外商投资企业	349	259	90	100	249	155	53	
中外合资经营企业	349	259	90	100	249	155	53	
按隶属关系分组								
中央	6265	5105	1160	4657	1608	4762	3640	2667
省（自治区、直辖市）	923	689	234	442	481	597	477	62
地（区、市、州、盟）	269	139	130	115	154	176	75	
县（区、市、旗）	73	65	8	65	8	4	4	
其他	1539	1029	510	860	679	970	532	346
按地区分组								
乌鲁木齐市	1880	1517	363	1053	827	1292	1025	108
克拉玛依市	4389	3538	851	3232	1157	3303	2310	2830
吐鲁番地区	514	472	42	463	51	443	424	
哈密地区	176	79	97	38	138	79	69	
昌吉回族自治州	363	206	157	185	178	257	191	91
巴音郭楞蒙古自治州	463	346	117	276	187	333	296	46
阿克苏地区	384	256	128	346	38	194	124	
伊犁哈萨克自治州	161	116	45	92	69	101	59	
塔城地区	133	96	37	90	43	122	60	
阿勒泰地区	36	12	24	33	3	5	4	
省直辖行政单位	570	389	181	331	239	380	166	

3-11 续表 1

单位：人

指标名称	科技活动人员合计	#1.参加科技项目人员	2.科技管理和服务人员	#1.全时人员	2.非全时人员	#科学家和工程师	高中级技术职称人员	#R&D人员
按工业行业大类分组								
采矿业	5358	4476	882	3782	1576	4087	3251	2500
煤炭开采和洗选业	431	289	142	216	215	272	232	34
烟煤和无烟煤的开采洗选	431	289	142	216	215	272	232	34
石油和天然气开采业	4845	4137	708	3487	1358	3780	3005	2466
天然原油和天然气开采	3191	2483	708	2428	763	2338	2087	1557
与石油和天然气开采有关的服务活动	1654	1654		1059	595	1442	918	909
有色金属矿采选业	82	50	32	79	3	35	14	
常用有色金属矿采选	8	7	1	6	2	2	2	
贵金属矿采选	46	38	8	46		30	10	
稀有稀土金属矿采选	28	5	23	27	1	3	2	
制造业	3353	2321	1032	2188	1165	2221	1399	575
饮料制造业	421	297	124	157	264	191	84	
酒的制造	421	297	124	157	264	191	84	
烟草制品业	24	16	8	8	16	8	6	
卷烟制造	24	16	8	8	16	8	6	
纺织业	163	91	72	49	114	70	68	
棉、化纤纺织及印染精加工	122	55	67	35	87	46	46	
毛纺织和染整精加工	6	5	1	6		5	5	
麻纺织	35	31	4	8	27	19	17	
家具制造业	33	30	3	30	3	7	5	
金属家具制造	33	30	3	30	3	7	5	
造纸及纸制品业	17	17		17		17	9	
造纸	17	17		17		17	9	
石油加工、炼焦及核燃料加工业	537	259	278	513	24	271	233	181
精炼石油产品的制造	537	259	278	513	24	271	233	181
化学原料及化学制品制造业	536	397	139	386	150	451	164	228
基础化学原料制造	40	35	5	27	13	35	5	
肥料制造	42	27	15	15	27	25	25	
合成材料制造	317	304	13	304	13	304	88	228
专用化学产品制造	137	31	106	40	97	87	46	
医药制造业	28	23	5	18	10	23	23	
化学药品制剂制造	28	23	5	18	10	23	23	
橡胶制品业	36	24	12	17	19	5	5	
轮胎制造	36	24	12	17	19	5	5	
塑料制品业	345	325	20	254	91	325	142	20
塑料板、管、型材的制造	292	272	20	254	38	272	99	
塑料丝、绳及编织品的制造	53	53			53	53	43	20
非金属矿物制品业	404	240	164	327	77	194	150	
水泥、石灰和石膏的制造	372	225	147	302	70	162	122	
水泥及石膏制品制造	32	15	17	25	7	32	28	
黑色金属冶炼及压延加工业	104	97	7	30	74	98	96	28
炼铁	104	97	7	30	74	98	96	28
金属制品业	43	43		36	7	36	23	27
集装箱及金属包装容器制造	43	43		36	7	36	23	27
专用设备制造业	91	82	9	66	25	73	70	
矿山、冶金、建筑专用设备制造	43	39	4	18	25	39	37	
农、林、牧、渔专用机械制造	48	43	5	48		34	33	
交通运输设备制造业	238	216	22	134	104	163	108	
汽车制造	238	216	22	134	104	163	108	
电气机械及器材制造业	285	127	158	106	179	241	186	91
输配电及控制设备制造	206	91	115	90	116	198	151	91
电池制造	79	36	43	16	63	43	35	
通信设备、计算机及其他电子设备制造业	48	37	11	40	8	48	27	
电子元件制造	48	37	11	40	8	48	27	
电力、燃气及水的生产和供应业	358	230	128	169	189	201	78	
电力、热力的生产和供应业	358	230	128	169	189	201	78	
电力生产	197	80	117	59	138	80	27	
电力供应	161	150	11	110	51	121	51	

3-12 大中型工业企业科技活动经费筹集情况

单位：千元

指标名称	科技活动经费筹集总额	企业资金	金融机构贷款	政府资金	国外资金	其他资金
总计	**1745695**	**1672418**	**8000**	**37403**		**27874**
总计中：国有控股企业	1464132	1417265	8000	11120		27747
按企业规模分组						
大型企业	1386336	1350681	8000	9090		18565
中型企业	359359	321737		28313		9309
按登记注册类型分组						
内资企业	1727289	1654162	8000	37253		27874
国有企业	117917	105115		3620		9182
有限责任公司	113578	104546		8370		662
国有独资公司	33900	33180		420		300
其他有限责任公司	79678	71366		7950		362
股份有限公司	1478029	1426736	8000	25263		18030
私营企业	17765	17765				
私营有限责任公司	17765	17765				
外商投资企业	18406	18256		150		
中外合资经营企业	18406	18256		150		
按隶属关系分组						
中央	1346613	1314606		4795		27212
省（自治区、直辖市）	68279	61419		6325		535
地（区、市、州、盟）	32605	24605	8000			
县（区、市、旗）	3525	3525				
其他	294673	268263		26283		127
按地区分组						
乌鲁木齐市	219389	202909		15945		535
克拉玛依市	675246	668346		500		6400
吐鲁番地区	50871	41841		200		8830
哈密地区	3060	3060				
昌吉回族自治州	188717	171457		17133		127
巴音郭楞蒙古自治州	467271	467271				
阿克苏地区	12471	12471				
伊犁哈萨克自治州	14568	14558		10		
塔城地区	14259	14259				
阿勒泰地区	12708	3526				9182
省直辖行政单位	87135	72720	8000	3615		2800

3-12 续表 1

单位：千元

指标名称	科技活动经费筹集总额	企业资金	金融机构贷款	政府资金	国外资金	其他资金
按工业行业大类分组						
采矿业	939201	919749		1140		18312
煤炭开采和洗选业	21365	20645		420		300
烟煤和无烟煤的开采洗选	21365	20645		420		300
石油和天然气开采业	904128	894578		720		8830
天然原油和天然气开采	822338	812788		720		8830
与石油和天然气开采有关的服务活动	81790	81790				
有色金属矿采选业	13708	4526				9182
常用有色金属矿采选	526	526				
贵金属矿采选	1000	1000				
稀有稀土金属矿采选	12182	3000				9182
制造业	783555	737730		36263		9562
饮料制造业	28026	27639		260		127
酒的制造	28026	27639		260		127
烟草制品业	3695	3695				
卷烟制造	3695	3695				
纺织业	7705	7590		115		
棉、化纤纺织及印染精加工	7166	7051		115		
毛纺织和染整精加工	129	129				
麻纺织	410	410				
家具制造业	10145	10145				
金属家具制造	10145	10145				
造纸及纸制品业	4805	4805				
造纸	4805	4805				
石油加工、炼焦及核燃料加工业	328023	321623				6400
精炼石油产品的制造	328023	321623				6400
化学原料及化学制品制造业	58543	56243		2300		
基础化学原料制造	9000	6900		2100		
肥料制造	1163	1163				
合成材料制造	23380	23380				
专用化学产品制造	25000	24800		200		
医药制造业	540	340		200		
化学药品制剂制造	540	340		200		
橡胶制品业	8206	8206				
轮胎制造	8206	8206				
塑料制品业	71650	64900		3950		2800
塑料板、管、型材的制造	65840	59540		3500		2800
塑料丝、绳及编织品的制造	5810	5360		450		
非金属矿物制品业	12654	12654				
水泥、石灰和石膏的制造	11334	11334				
水泥及石膏制品制造	1320	1320				
黑色金属冶炼及压延加工业	3636	2951		450		235
炼铁	3636	2951		450		235
金属制品业	6000	5700		300		
集装箱及金属包装容器制造	6000	5700		300		
专用设备制造业	4400	1545		2855		
矿山、冶金、建筑专用设备制造	2900	45		2855		
农、林、牧、渔专用机械制造	1500	1500				
交通运输设备制造业	33977	33677		300		
汽车制造	33977	33677		300		
电气机械及器材制造业	175700	154167		21533		
输配电及控制设备制造	169200	152167		17033		
电池制造	6500	2000		4500		
通信设备、计算机及其他电子设备制造业	25850	21850		4000		
电子元件制造	25850	21850		4000		
电力、燃气及水的生产和供应业	22939	14939	8000			
电力、热力的生产和供应业	22939	14939	8000			
电力生产	14465	6465	8000			
电力供应	8474	8474				

3-12 续表 2

单位：千元

指标名称	#固定资产购建	设备购置	#新产品开发经费支出	外部经费支出	对研究院所及高等学校支出	对其他企业支出
总　　计	**416770**	**371766**	**87353**	**154877**	**70029**	**84848**
总计中：国有控股企业	378415	333491	58398	149691	64843	84848
按企业规模分组						
大型企业	377027	334935	47230	139452	63089	76363
中型企业	39743	36831	40123	15425	6940	8485
按登记注册类型分组						
内资企业	415790	370786	87353	154877	70029	84848
国有企业	11044	6222	8730	8609	7524	1085
有限责任公司	16621	15913	17245	9044	1454	7590
国有独资公司	4682	4174	11818	1353	1063	290
其他有限责任公司	11939	11739	5427	7691	391	7300
股份有限公司	382898	343424	51973	136304	60131	76173
私营企业	5227	5227	9405	920	920	
私营有限责任公司	5227	5227	9405	920	920	
外商投资企业	980	980				
中外合资经营企业	980	980				
按隶属关系分组						
中央	353053	314351	47342	140072	63214	76858
省（自治区、直辖市）	4998	4445	7868	9019	1429	7590
地（区、市、州、盟）	10534	10534				
县（区、市、旗）	2400	2320				
其他	45785	40116	32143	5786	5386	400
按地区分组						
乌鲁木齐市	41798	41290	38572	48167	14229	33938
克拉玛依市	126700	86941	864	68926	42944	25982
吐鲁番地区				28591	4713	23878
哈密地区	718	718	900	303	303	
昌吉回族自治州	15117	15117	8815	4266	4266	
巴音郭楞蒙古自治州	187738	187733	2200			
阿克苏地区	2400	2320	1824			
伊犁哈萨克自治州	3072	2952	3521	30	30	
塔城地区	1046	1046	43			
阿勒泰地区	6591	3919	84	44	44	
省直辖行政单位	31590	29730	30530	4550	3500	1050

3-12 续表 3 单位：千元

指标名称	#固定资产购建	设备购置	#新产品开发经费支出	外部经费支出	对研究院所及高等学校支出	对其他企业支出
按工业行业大类分组						
采矿业	305831	268561	305	99764	47075	52689
煤炭开采和洗选业	3311	2803	211	1353	1063	290
烟煤和无烟煤的开采洗选	3311	2803	211	1353	1063	290
石油和天然气开采业	295804	261754	10	98367	45968	52399
天然原油和天然气开采	289994	258054		92167	39768	52399
与石油和天然气开采有关的服务活动	5810	3700	10	6200	6200	
有色金属矿采选业	6716	4004	84	44	44	
常用有色金属矿采选	215	215				
贵金属矿采选	125	85				
稀有稀土金属矿采选	6376	3704	84	44	44	
制造业	102499	94765	87048	55113	22954	32159
饮料制造业	3902	3902	3501			
酒的制造	3902	3902	3501			
纺织业	240	240	4930			
棉、化纤纺织及印染精加工	140	140	4801			
毛纺织和染整精加工			129			
麻纺织	100	100				
家具制造业	3911	3911	8805			
金属家具制造	3911	3911	8805			
造纸及纸制品业	1114	1114				
造纸	1114	1114				
石油加工、炼焦及核燃料加工业	25137	25137	1355	35521	12597	22924
精炼石油产品的制造	25137	25137	1355	35521	12597	22924
化学原料及化学制品制造业	12570	6901	1564	7300		7300
基础化学原料制造				7300		7300
肥料制造	60	60	700			
合成材料制造	10510	4841	864			
专用化学产品制造	2000	2000				
医药制造业				205	205	
化学药品制剂制造				205	205	
橡胶制品业	892	887	2200			
轮胎制造	892	887	2200			
塑料制品业	23347	21487	25602	6610	4775	1835
塑料板、管、型材的制造	23010	21150	25600	4550	3500	1050
塑料丝、绳及编织品的制造	337	337	2	2060	1275	785
非金属矿物制品业	3556	3356	3287	330	230	100
水泥、石灰和石膏的制造	3046	2846	2387	330	230	100
水泥及石膏制品制造	510	510	900			
黑色金属冶炼及压延加工业	100	100	300	161	161	
炼铁	100	100	300	161	161	
金属制品业	3000	3000				
集装箱及金属包装容器制造	3000	3000				
专用设备制造业	295	295	2900			
矿山、冶金、建筑专用设备制造	185	185	2900			
农、林、牧、渔专用机械制造	110	110				
交通运输设备制造业	2737	2737	13064	920	920	
汽车制造	2737	2737	13064	920	920	
电气机械及器材制造业	9235	9235	3540	4066	4066	
输配电及控制设备制造	8256	8256		4066	4066	
电池制造	979	979	3540			
通信设备、计算机及其他电子设备制造业	12463	12463	16000			
电子元件制造	12463	12463	16000			
电力、燃气及水的生产和供应业	8440	8440				
电力、热力的生产和供应业	8440	8440				
电力生产	8440	8440				

3-13 大中型工业企业科技活动经费支出情况

单位：千元

指标名称	科技活动经费支出总额	内部经费支出						
			1. #经常费支出	劳务费	原材料费	购买和自制设备支出	其他	2.科研基建支出
总计	**1807174**	**1652297**	**1567971**	**376090**	**440132**	**332444**	**419305**	**84326**
总计中：国有控股企业	1531922	1382231	1298722	313335	303888	294906	386593	83509
按企业规模分组								
大型企业	1457996	1318544	1239076	283888	276354	297559	381275	79468
中型企业	349178	333753	328895	92202	163778	34885	38030	4858
按登记注册类型分组								
内资企业	1788768	1633891	1549565	362914	439882	331464	415305	84326
国有企业	117374	108765	102764	77480	10488	5043	9753	6001
有限责任公司	105007	95963	94238	43626	28260	14896	7456	1725
国有独资公司	32859	31506	30748	19332	5773	3924	1719	758
其他有限责任公司	72148	64457	63490	24294	22487	10972	5737	967
股份有限公司	1548277	1411973	1335373	239717	394960	306298	394398	76600
私营企业	18110	17190	17190	2091	6174	5227	3698	
私营有限责任公司	18110	17190	17190	2091	6174	5227	3698	
外商投资企业	18406	18406	18406	13176	250	980	4000	
中外合资经营企业	18406	18406	18406	13176	250	980	4000	
按隶属关系分组								
中央	1407694	1267622	1194371	270225	261489	279802	382855	73251
省（自治区、直辖市）	66273	57254	56411	27046	22229	4155	2981	843
地（区、市、州、盟）	32605	32605	32605	10330	7350	10534	4391	
县（区、市、旗）	3605	3605	3525	916	188	2320	101	80
其他	296997	291211	281059	67573	148876	35633	28977	10152
按地区分组								
乌鲁木齐市	214765	166598	165803	72817	39694	41003	12289	795
克拉玛依市	744511	675585	599250	188534	68411	50365	291940	76335
吐鲁番地区	50871	22280	22280	13016			9264	
哈密地区	2921	2618	2618	1428	396	718	76	
昌吉回族自治州	183720	179454	178754	30701	118669	14417	14967	700
巴音郭楞蒙古自治州	467271	467271	467266	39996	170620	187733	68917	5
阿克苏地区	11851	11851	11771	6696	188	2320	2567	80
伊犁哈萨克自治州	14718	14688	14538	5699	2563	2922	3354	150
塔城地区	14259	14259	14259	8777	383	1046	4053	
阿勒泰地区	12702	12658	8847	611	2683	2780	2773	3811
省直辖行政单位	89585	85035	82585	7815	36525	29140	9105	2450

3-13 续表 1

单位：千元

指标名称	科技活动经费支出总额	内部经费支出	1.#经常费支出	劳务费	原材料费	购买和自制设备支出	其他	2.科研基建支出
按工业行业大类分组								
采矿业	994627	894863	822674	237297	202741	233642	148994	72189
煤炭开采和洗选业	20324	18971	18213	13944	462	2553	1254	758
烟煤和无烟煤的开采洗选	20324	18971	18213	13944	462	2553	1254	758
石油和天然气开采业	960521	862154	794614	221987	199426	228264	144937	67540
天然原油和天然气开采	881598	789431	724701	157074	197426	225264	144937	64730
与石油和天然气开采有关的服务活动	78923	72723	69913	64913	2000	3000		2810
有色金属矿采选业	13782	13738	9847	1366	2853	2825	2803	3891
常用有色金属矿采选	520	520	520	300	5	215		
贵金属矿采选	1080	1080	1000	755	170	45	30	80
稀有稀土金属矿采选	12182	12138	8327	311	2678	2565	2773	3811
制造业	789608	734495	722358	131235	232916	90362	267845	12137
饮料制造业	28026	28026	28026	16476	2553	3902	5095	
酒的制造	28026	28026	28026	16476	2553	3902	5095	
烟草制品业	3695	3695	3695	1456			2239	
卷烟制造	3695	3695	3695	1456			2239	
纺织业	7705	7705	7705	1483	4009	240	1973	
棉、化纤纺织及印染精加工	7166	7166	7166	1254	3809	140	1963	
毛纺织和染整精加工	129	129	129	129				
麻纺织	410	410	410	100	200	100	10	
家具制造业	10145	10145	10145	1746	2674	3911	1814	
金属家具制造	10145	10145	10145	1746	2674	3911	1814	
造纸及纸制品业	4805	4805	4805	260	3040	1114	391	
造纸	4805	4805	4805	260	3040	1114	391	
石油加工、炼焦及核燃料加工业	328023	292502	292502	28330	18978	25137	220057	
精炼石油产品的制造	328023	292502	292502	28330	18978	25137	220057	
化学原料及化学制品制造业	66758	59458	50043	22287	18670	3155	5931	9415
基础化学原料制造	8900	1600	1600	1300			300	
肥料制造	1163	1163	1163	638		60	465	
合成材料制造	32795	32795	23380	9449	12670	1095	166	9415
专用化学产品制造	23900	23900	23900	10900	6000	2000	5000	
医药制造业	545	340	340	170	125		45	
化学药品制剂制造	545	340	340	170	125		45	
橡胶制品业	8206	8206	8201	430	6380	887	504	5
轮胎制造	8206	8206	8201	430	6380	887	504	5
塑料制品业	71368	64758	62308	5496	28656	20897	7259	2450
塑料板、管、型材的制造	68290	63740	61290	4932	28656	20560	7142	2450
塑料丝、绳及编织品的制造	3078	1018	1018	564		337	117	
非金属矿物制品业	12184	11854	11624	6983	951	3326	364	230
水泥、石灰和石膏的制造	10864	10534	10304	6523	631	2816	334	230
水泥及石膏制品制造	1320	1320	1320	460	320	510	30	
黑色金属冶炼及压延加工业	3102	2941	2941	2306	535	100		
炼铁	3102	2941	2941	2306	535	100		
金属制品业	5500	5500	5500	1500	1000	3000		
集装箱及金属包装容器制造	5500	5500	5500	1500	1000	3000		
专用设备制造业	4243	4243	4243	2300	1578	295	70	
矿山、冶金、建筑专用设备制造	2900	2900	2900	1450	1198	185	67	
农、林、牧、渔专用机械制造	1343	1343	1343	850	380	110	3	
交通运输设备制造业	33912	32992	32992	6720	21335	2737	2200	
汽车制造	33912	32992	32992	6720	21335	2737	2200	
电气机械及器材制造业	175541	171475	171438	31942	117145	9198	13153	37
输配电及控制设备制造	169180	165114	165114	28125	115580	8256	13153	
电池制造	6361	6361	6324	3817	1565	942		37
通信设备、计算机及其他电子设备制造业	25850	25850	25850	1350	5287	12463	6750	
电子元件制造	25850	25850	25850	1350	5287	12463	6750	
电力、燃气及水的生产和供应业	22939	22939	22939	7558	4475	8440	2466	
电力、热力的生产和供应业	22939	22939	22939	7558	4475	8440	2466	
电力生产	14465	14465	14465	1550	4475	8440		
电力供应	8474	8474	8474	6008			2466	

3-14 大中型工业企业研究与试验发展（R&D)情况

指标名称	R&D人员						R&D经费		
	折合全时当量（人年）	#科学家和工程师	#全时人员	基础研究	应用研究	试验发展	内部支出（千元）	经常费支出	#人员劳务费
总计	**2327**	**1983**	**1807**		**193**	**2134**	**355296**	**350669**	**121895**
总计中：国有控股企业	2209	1867	1689		193	2016	295966	291339	111359
按企业规模分组									
大型企业	2203	1861	1687		193	2010	295751	291124	111240
中型企业	124	122	120			124	59545	59545	10655
按登记注册类型分组									
内资企业	2327	1983	1807		193	2134	355296	350669	121895
国有企业	624	560	422			624	43581	43445	41422
有限责任公司	62	60	47			62	6706	6699	3080
国有独资公司	22	22	14			22	1476	1469	1127
其他有限责任公司	40	38	33			40	5230	5230	1953
股份有限公司	1641	1364	1338		193	1449	305009	300525	77393
按隶属关系分组									
中央	1946	1605	1441		193	1754	283983	279730	105742
省（自治区、直辖市）	35	35	20			35	2506	2499	1935
其他	346	344	346			346	68807	68440	14218
按地区分组									
乌鲁木齐市	59	59	34			59	5572	5565	2710
克拉玛依市	2131	1788	1636		193	1938	233094	228474	104473
昌吉回族自治州	91	91	91			91	55130	55130	9391
巴音郭楞蒙古自治州	46	46	46			46	61500	61500	5321
按工业行业大类分组									
采矿业	1789	1540	1285		178	1611	249548	245288	99242
煤炭开采和洗选业	22	22	14			22	1476	1469	1127
烟煤和无烟煤的开采洗选	22	22	14			22	1476	1469	1127
石油和天然气开采业	1767	1518	1272		178	1589	248072	243819	98115
天然原油和天然气开采	1149	965	851		178	971	204706	200589	56812
与石油和天然气开采有关的服务活动	618	554	420			618	43366	43230	41303
制造业	538	443	521		15	524	105748	105381	22653
石油加工、炼焦及核燃料加工业	173	80	168		15	159	35696	35696	7508
精炼石油产品的制造	173	80	168		15	159	35696	35696	7508
化学原料及化学制品制造业	228	228	228			228	9477	9110	3682
合成材料制造	228	228	228			228	9477	9110	3682
塑料制品业	6	6	2			6	215	215	119
塑料丝、绳及编织品的制造	6	6	2			6	215	215	119
黑色金属冶炼及压延加工业	13	13	6			13	1030	1030	808
炼铁	13	13	6			13	1030	1030	808
金属制品业	27	25	27			27	4200	4200	1145
集装箱及金属包装容器制造	27	25	27			27	4200	4200	1145
电气机械及器材制造业	91	91	91			91	55130	55130	9391
输配电及控制设备制造	91	91	91			91	55130	55130	9391

3-14 续表 1

单位：千元

指标名称	经常费支出中: 基础研究	经常费支出中: 应用研究	经常费支出中: 试验发展	R&D科研基建支出	内部支出中: 固定资产购建支出	内部支出中: 设备购置	内部经费支出中: 政府资金	内部经费支出中: 企业资金	内部经费支出中: 国外资金	内部经费支出中: 其他资金	R&D经费外部支出
总　计		**39354**	**311315**	**4627**	**65722**	**63330**	**5936**	**343373**		**5987**	**48965**
总计中：国有控股企业		39354	251985	4627	60674	58282	176	289803		5987	47607
按企业规模分组											
大型企业		39354	251770	4627	60603	58211	159	289605		5987	47172
中型企业			59545		5119	5119	5777	53768			1793
按登记注册类型分组											
内资企业		39354	311315	4627	65722	63330	5936	343373		5987	48965
国有企业			43445	136	849	713	17	43564			4290
有限责任公司			6699	7	2536	2532	369	6248		89	147
国有独资公司			1469	7	210	206	32	1422		22	91
其他有限责任公司			5230		2326	2326	337	4826		67	56
股份有限公司		39354	261171	4484	62337	60085	5550	293561		5898	44528
按隶属关系分组											
中央		39354	240376	4253	59635	57468	17	278068		5898	47460
省（自治区、直辖市）			2499	7	245	241	159	2258		89	147
其他			68440	367	5842	5621	5760	63047			1358
按地区分组											
乌鲁木齐市			5565	7	2178	2174	176	5307		89	3351
克拉玛依市		39354	189120	4620	35642	33254	210	226986		5898	44256
昌吉回族自治州			55130		2757	2757	5550	49580			1358
巴音郭楞蒙古自治州			61500		25145	25145		61500			
按工业行业大类分组											
采矿业		36479	208809	4260	55394	53223	32	249494		22	41638
煤炭开采和洗选业			1469	7	210	206	32	1422		22	91
烟煤和无烟煤的开采洗选			1469	7	210	206	32	1422		22	91
石油和天然气开采业		36479	207340	4253	55184	53017		248072			41547
天然原油和天然气开采		36479	164110	4117	54406	52375		204706			37692
与石油和天然气开采有关的服务活动			43230	136	778	642		43366			3855
制造业		2875	102506	367	10328	10107	5904	93879		5965	7327
石油加工、炼焦及核燃料加工业		2875	32821		4380	4380		29798		5898	5478
精炼石油产品的制造		2875	32821		4380	4380		29798		5898	5478
化学原料及化学制品制造业			9110	367	794	573		9477			
合成材料制造			9110	367	794	573		9477			
塑料制品业			215		71	71	17	198			435
塑料丝、绳及编织品的制造			215		71	71	17	198			435
黑色金属冶炼及压延加工业			1030		35	35	127	836		67	56
炼铁			1030		35	35	127	836		67	56
金属制品业			4200		2291	2291	210	3990			
集装箱及金属包装容器制造			4200		2291	2291	210	3990			
电气机械及器材制造业			55130		2757	2757	5550	49580			1358
输配电及控制设备制造			55130		2757	2757	5550	49580			1358

3-15 大中型工业企业科技项目情况

指标名称	科技项目数（项）	#新产品开发项目数	#R&D项目数	参加项目人员合计（人）	科学家和工程师	高中级技术职称人员	参加项目人员实际工作时间（人年）	项目经费内部支出（千元）	#R&D项目支出	#新产品项目支出
总　　计	**951**	**342**	**412**	**7027**	**5778**	**4170**	**4580**	**953979**	**308109**	**294187**
总计中：国有控股企业	862	275	407	6288	5368	3924	4239	817890	289559	178404
按企业规模分组										
大型企业	747	220	403	5446	4718	3510	3713	764446	289344	150904
中型企业	204	122	9	1581	1060	660	866	189533	18765	143283
按登记注册类型分组										
内资企业	946	340	412	6768	5660	4130	4577	935573	308109	280507
国有企业	203	152	90	2026	1771	1137	1302	94094	43445	66904
有限责任公司	148	36	16	947	775	594	548	73841	6119	22017
国有独资公司	66	16	5	454	420	343	262	29677	1469	2373
其他有限责任公司	82	20	11	493	355	251	286	44164	4650	19644
股份有限公司	554	111	306	3711	3094	2381	2699	750448	258545	174396
私营企业	41	41		84	20	18	28	17190		17190
私营有限责任公司	41	41		84	20	18	28	17190		17190
外商投资企业	5	2		259	118	40	3	18406		13680
中外合资经营企业	5	2		259	118	40	3	18406		13680
按隶属关系分组										
中央	685	209	379	5105	4350	3304	3451	735585	278530	159082
省（自治区、直辖市）	134	44	14	689	595	477	312	50783	1919	12789
地（区、市、州、盟）	13	3		139	139	62	18	30585		14299
县（区、市、旗）	3	2		65	4	4	21	2952		2456
其他	116	84	19	1029	690	323	777	134074	27660	105561
按项目来源分组										
国家科技项目	36	12	14	304	281	188	261	63873	19506	30195
地方科技项目	36	13	2	244	234	154	115	42721	9983	13578
其他企业委托科技项目	19	7	6	68	61	54	38	11900	1352	3446
本企业自选科技项目	858	308	388	6401	5192	3769	4155	835364	277147	246847
来自国外的科技项目	1	1	1	2	2	1	1	116	116	116
其他科技项目	1	1	1	8	8	4	10	5	5	5
按项目合作形式分组										
与境外机构合作	6	2	3	40	37	19	27	3336	2816	133
与国内高校合作	58	16	38	404	358	246	303	55037	33908	31107
与国内独立研究院所合作	30	11	18	205	179	138	133	26355	22690	8637
与境内注册的外商独资企业合作	5	1	4	35	28	23	24	5462	4405	1057
与境内注册的其他企业合作	53	9	25	266	216	176	162	31915	10823	5644
以本企业所办科技机构为主完成	319	118	124	2263	1757	1290	1580	237206	58990	86507
由本企业有关部门组成联合攻关小组协作完成	447	158	171	3695	3142	2224	2228	570257	150621	139800
其他	33	27	29	119	61	54	123	24411	23856	21302

3-15 续表 1

指标名称	科技项目数(项)	#新产品开发项目数	#R&D项目数	参加项目人员合计(人)	科学家和工程师	高中级技术职称人员	参加项目人员实际工作时间(人年)	项目经费内部支出(千元)	#R&D项目支出	#新产品项目支出
按项目活动类型分组										
应用研究	29	2	29	227	188	178	173	39039	39039	2755
试验发展	383	104	383	2568	2216	1571	1996	269070	269070	70109
研究与试验发展成果应用	539	236		4232	3374	2421	2411	645870		221323
按项目技术经济目标分组										
开发全新产品	112	112	56	967	836	540	673	99481	28159	99481
增加已有产品的功能	89	89	25	731	602	397	434	65672	11214	65672
提高产品性能	141	141	25	860	687	430	667	129034	33491	129034
提高劳动生产率	171		46	1258	1142	757	902	390315	85598	
减少能源消耗	30		11	228	222	91	220	19490	4727	
节约原材料	10		2	71	71	23	53	4060	657	
减少环境污染	26		5	98	75	59	31	14653	173	
其他	372		242	2814	2143	1873	1600	231274	144090	
按地区分组										
乌鲁木齐市	258	93	32	1517	1121	887	851	143927	4985	27973
克拉玛依市	474	169	373	3538	3009	2124	2693	278455	227274	97779
吐鲁番地区	54	5		472	443	424	59	20116		1864
哈密地区	9	4		79	62	55	5	1969		1320
昌吉回族自治州	25	17	3	206	150	84	152	68104	14350	65690
巴音郭楞蒙古自治州	47	12	4	346	325	288	293	321055	61500	33269
阿克苏地区	12	9		256	124	54	220	8998		6902
伊犁哈萨克自治州	13	9		116	79	41	30	13638		13188
塔城地区	8	4		96	85	47	13	14259		13939
阿勒泰地区	2	2		12	4	4	2	7938		7938
省直辖行政单位	49	18		389	376	162	263	75520		24325
按工业行业大类分组										
采矿业	548	124	331	4476	3831	3055	2823	585846	244088	76678
煤炭开采和洗选业	49	12	5	289	272	232	154	17564	1469	500
烟煤和无烟煤的开采洗选	49	12	5	289	272	232	154	17564	1469	500
石油和天然气开采业	491	110	326	4137	3525	2809	2654	559344	242619	68240
天然原油和天然气开采	336	4	240	2483	2083	1891	1545	489675	199389	26800
与石油和天然气开采有关的服务活动	155	106	86	1654	1442	918	1109	69669	43230	41440
有色金属矿采选业	8	2		50	34	14	16	8938		7938
常用有色金属矿采选	1	1		7	2	2	1	520		520
贵金属矿采选	6			38	30	10	14	1000		
稀有稀土金属矿采选	1	1		5	2	2	1	7418		7418
制造业	385	205	81	2321	1746	1037	1626	349800	64021	211191
饮料制造业	9	6		297	134	53	16	28026		23300
酒的制造	9	6		297	134	53	16	28026		23300
烟草制品业	2	2		16	8	6	18	3695		3695
卷烟制造	2	2		16	8	6	18	3695		3695

3-15 续表 2

指标名称	科技项目数（项）	#新产品开发项目数	#R&D项目数	参加项目人员合计（人）	科学家和工程师	高中级技术职称人员	参加项目人员实际工作时间（人年）	项目经费内部支出（千元）	#R&D项目支出	#新产品项目支出
纺织业	10	7		91	64	64	5	2660		2110
棉、化纤纺织及印染精加工	5	4		55	42	42	3	2121		1921
毛纺织和染整精加工	2	2		5	5	5	1	129		129
麻纺织	3	1		31	17	17	1	410		60
家具制造业	3	3		30	7	5	12	10145		10145
金属家具制造	3	3		30	7	5	12	10145		10145
造纸及纸制品业	6	1		17	17	9	14	4805		619
造纸	6	1		17	17	9	14	4805		619
石油加工、炼焦及核燃料加工业	104	52	49	259	156	129	232	75596	35696	38186
精炼石油产品的制造	104	52	49	259	156	129	232	75596	35696	38186
化学原料及化学制品制造业	34	20	14	397	386	139	419	25745	9110	16707
基础化学原料制造	4			35	35	5	31	1600		
肥料制造	4	2		27	25	25	4	1163		808
合成材料制造	24	16	14	304	304	88	354	11182	9110	4099
专用化学产品制造	2	2		31	22	21	31	11800		11800
医药制造业	3	3		23	23	23	1	100		100
化学药品制剂制造	3	3		23	23	23	1	100		100
橡胶制品业	10	8		24	5	5	13	7600		5900
轮胎制造	10	8		24	5	5	13	7600		5900
塑料制品业	48	22	4	325	325	142	276	62308	215	23293
塑料板、管、型材的制造	38	12		272	272	99	256	61290		22275
塑料丝、绳及编织品的制造	10	10	4	53	53	43	21	1018	215	1018
非金属矿物制品业	17	12		240	105	66	145	7951		5755
水泥、石灰和石膏的制造	13	8		225	90	52	142	6631		4435
水泥及石膏制品制造	4	4		15	15	14	3	1320		1320
黑色金属冶炼及压延加工业	31	8	9	97	96	96	40	1701	450	351
炼铁	31	8	9	97	96	96	40	1701	450	351
金属制品业	4	2	2	43	36	23	35	5500	4200	4200
集装箱及金属包装容器制造	4	2	2	43	36	23	35	5500	4200	4200
专用设备制造业	16	3		82	73	70	69	3931		2588
矿山、冶金、建筑专用设备制造	3	3		39	39	37	22	2588		2588
农、林、牧、渔专用机械制造	13			43	34	33	47	1343		
交通运输设备制造业	65	40		216	147	108	152	32992		8252
汽车制造	65	40		216	147	108	152	32992		8252
电气机械及器材制造业	18	12	3	127	127	72	139	57185	14350	55130
输配电及控制设备制造	12	12	3	91	91	44	96	55130	14350	55130
电池制造	6			36	36	28	43	2055		
通信设备、计算机及其他电子设备制造业	5	4		37	37	27	40	19860		10860
电子元件制造	5	4		37	37	27	40	19860		10860
电力、燃气及水的生产和供应业	18	13		230	201	78	131	18333		6318
电力、热力的生产和供应业	18	13		230	201	78	131	18333		6318
电力生产	6	1		80	80	27	3	12023		8
电力供应	12	12		150	121	51	128	6310		6310

3-16 大中型工业企业办科技机构情况

指标名称	企业办科技机构数合计（个）	科技活动人员（人）	博士毕业	硕士毕业	机构科技经费内部支出（千元）	仪器设备（千元）
总　计	**60**	**5170**	**30**	**263**	**935752**	**1655838**
总计中：国有控股企业	46	4447	27	227	851432	1397620
按企业规模分组						
大型企业	26	3769	27	231	818320	1365860
中型企业	34	1401	3	32	117432	289978
按登记注册类型分组						
内资企业	58	4821	30	258	934106	1654971
国有企业	19	1179	5	45	56295	109177
有限责任公司	16	602		12	24316	51508
国有独资公司	6	284			13875	38835
其他有限责任公司	10	318		12	10441	12673
股份有限公司	21	2953	23	201	849895	1490286
私营企业	2	87	2		3600	4000
私营有限责任公司	2	87	2		3600	4000
外商投资企业	2	349		5	1646	867
中外合资经营企业	2	349		5	1646	867
按隶属关系分组						
中央	27	3885	27	223	818408	1341025
省（自治区、直辖市）	14	434		3	15802	94260
地（区、市、州、盟）	2	150			2496	6617
其他	17	701	3	37	99046	213936
按地区分组						
乌鲁木齐市	18	1131	2	60	59152	62944
克拉玛依市	14	2232	17	111	287802	309712
吐鲁番地区	1	339		16	5985	60224
哈密地区	3	52			1360	28079
昌吉回族自治州	7	239	3	13	70364	193430
巴音郭楞蒙古自治州	2	446	5	33	432461	926543
阿克苏地区	2	74			1375	
伊犁哈萨克自治州	3	95			13228	13173
塔城地区	2	125			1096	888
阿勒泰地区	2	7			8329	2765
省直辖行政单位	6	430	3	30	54600	58080

3-16 续表 1

指标名称	企业办科技机构数合计（个）	科技活动人员（人）	博士毕业	硕士毕业	机构科技经费内部支出（千元）	仪器设备（千元）
按工业行业大类分组						
采矿业	20	3079	24	182	698148	1254963
煤炭开采和洗选业	3	133			1340	33950
烟煤和无烟煤的开采洗选	3	133			1340	33950
石油和天然气开采业	13	2893	24	182	688079	1218197
天然原油和天然气开采	4	2053	19	138	646929	1118197
与石油和天然气开采有关的服务活动	9	840	5	44	41150	100000
有色金属矿采选业	4	53			8729	2816
常用有色金属矿采选	1	2			2	200
贵金属矿采选	2	46			400	51
稀有稀土金属矿采选	1	5			8327	2565
制造业	37	1927	6	81	234299	394660
饮料制造业	4	398		5	11044	15402
酒的制造	4	398		5	11044	15402
烟草制品业	1	16			3695	
卷烟制造	1	16			3695	
纺织业	2	128			2250	7130
棉、化纤纺织及印染精加工	1	122			2121	7130
毛纺织和染整精加工	1	6			129	
家具制造业	1	33	2		2100	3800
金属家具制造	1	33	2		2100	3800
石油加工、炼焦及核燃料加工业	3	335		12	44914	51266
精炼石油产品的制造	3	335		12	44914	51266
化学原料及化学制品制造业	4	120			18775	66609
基础化学原料制造	1	35			20	56077
肥料制造	1	20			1163	370
合成材料制造	1	25			15202	8962
专用化学产品制造	1	40			2390	1200
医药制造业	1	11			340	10
化学药品制剂制造	1	11			340	10
橡胶制品业	1	36			8201	1093
轮胎制造	1	36			8201	1093
塑料制品业	3	254	3	30	50750	45200
塑料板、管、型材的制造	3	254	3	30	50750	45200
非金属矿物制品业	4	122		1	960	3989
水泥、石灰和石膏的制造	3	90		1	540	3500
水泥及石膏制品制造	1	32			420	489
黑色金属冶炼及压延加工业	1	50			2941	1562
炼铁	1	50			2941	1562
专用设备制造业	2	82		2	1893	1687
矿山、冶金、建筑专用设备制造	1	39		2	900	232
农、林、牧、渔专用机械制造	1	43			993	1455
交通运输设备制造业	3	153		1	12437	4500
汽车制造	3	153		1	12437	4500
电气机械及器材制造业	6	161	1	22	67169	190402
输配电及控制设备制造	3	101	1	12	65114	185303
电池制造	3	60		10	2055	5099
通信设备、计算机及其他电子设备制造业	1	28		8	6830	2010
电子元件制造	1	28		8	6830	2010
电力、燃气及水的生产和供应业	3	164			3305	6215
电力、热力的生产和供应业	3	164			3305	6215
电力生产	2	95			2065	6215
电力供应	1	69			1240	

3-17 大中型工业企业技术改造、技术获取及减免税情况

单位：千元

指标名称	技术改造经费支出	引进国外技术经费支出	引进技术的消化吸收经费支出	购买国内技术经费支出	享受各级政府对技术开发的减免税
总　计	**3509562**	**15287**	**1430**	**39249**	**36179**
总计中：国有控股企业	2796792	9650	430	35239	33862
按企业规模分组					
大型企业	2421156	12327	200	28330	17507
中型企业	1088406	2960	1230	10919	18672
按登记注册类型分组					
内资企业	3509312	15287	1430	39249	36179
国有企业	92193			2690	
有限责任公司	1552601	3897	1230	8329	6565
国有独资公司	140833		200	100	3400
其他有限责任公司	1411768	3897	1030	8229	3165
股份有限公司	1836388	11390	200	28230	29614
私营企业	28130				
私营有限责任公司	19006				
私营股份有限公司	9124				
外商投资企业	250				
中外合资经营企业	250				
按隶属关系分组					
中央	1045594	9620	30	28490	4455
省（自治区、直辖市）	1522713	937	200	6749	3400
地（区、市、州、盟）	28042				10500
县（区、市、旗）	1867				
其他	911346	4730	1200	4010	17824
按地区分组					
乌鲁木齐市	1850856	4637	400	22990	5717
克拉玛依市	614060	9650	1000	800	1290
哈密地区	60479			4479	
昌吉回族自治州	678446	1000			
博尔塔拉蒙古自治州	1867				
巴音郭楞蒙古自治州	101348				3165
阿克苏地区	150000			2010	15507
伊犁哈萨克自治州	32311		30	2430	
塔城地区	2605				
阿勒泰地区	5780				
省直辖行政单位	11810			6540	10500

3-17 续表 1

单位：千元

指标名称	技术改造经费支出	引进国外技术经费支出	引进技术的消化吸收经费支出	购买国内技术经费支出	享受各级政府对技术开发的减免税
按工业行业大类分组					
采矿业	500255	10620	200	100	3400
煤炭开采和洗选业	85245		200	100	3400
烟煤和无烟煤的开采洗选	85245		200	100	3400
石油和天然气开采业	408880	10620			
天然原油和天然气开采	408880	9620			
与石油和天然气开采有关的服务活动		1000			
有色金属矿采选业	6130				
常用有色金属矿采选	5780				
贵金属矿采选	350				
制造业	2967358	4667	1230	39149	22279
农副食品加工业	335				
制糖	335				
饮料制造业	9994				
酒的制造	9994				
纺织业	7476	937			
棉、化纤纺织及印染精加工	7476	937			
家具制造业	90				
金属家具制造	90				
造纸及纸制品业	14590				
造纸	14590				
石油加工、炼焦及核燃料加工业	552770			21690	1290
精炼石油产品的制造	552770			21690	1290
化学原料及化学制品制造业	90442	30	1000	6229	3165
基础化学原料制造	6239			4219	
肥料制造	56403				3165
合成材料制造	12800	30			
专用化学产品制造	15000		1000	2010	
医药制造业	46930				
化学药品制剂制造	46930				
橡胶制品业	600				
轮胎制造	600				
塑料制品业	19374			6540	
塑料板、管、型材的制造	6540			6540	
塑料丝、绳及编织品的制造	12834				
非金属矿物制品业	177090		230	260	15507
水泥、石灰和石膏的制造	154870		230		15507
水泥及石膏制品制造	420			260	
玻璃及玻璃制品制造	21800				
黑色金属冶炼及压延加工业	1381526				
炼铁	1306435				
炼钢	9124				
钢压延加工	65967				
有色金属冶炼及压延加工业	21886			2430	
贵金属冶炼	21886			2430	
金属制品业	950				
集装箱及金属包装容器制造	950				
专用设备制造业	210				
农、林、牧、渔专用机械制造	210				
交通运输设备制造业	1816				
汽车制造	1816				
电气机械及器材制造业	629149	1960		2000	
输配电及控制设备制造	625189				
电池制造	3960	1960		2000	
通信设备、计算机及其他电子设备制造业	12130	1740			2317
电子元件制造	12130	1740			2317
电力、燃气及水的生产和供应业	41949				10500
电力、热力的生产和供应业	41949				10500
电力生产	41949				10500

3-18 大中型工业企业新产品产出和专利情况

单位：千元

指标名称	新产品产值	新产品销售收入	出口	专利申请数(件)	发明专利	拥有发明专利数(件)
总　计	**2847204**	**3999352**	**42685**	**296**	**50**	**127**
总计中：国有控股企业	1944044	1907948	5640	102	19	106
按企业规模分组						
大型企业	1739596	1683752	42685	102	23	93
中型企业	1107608	2315600		194	27	34
按登记注册类型分组						
内资企业	2751780	3903856	42685	295	50	127
国有企业	88307	72676		46	1	21
有限责任公司	575565	554236		52	5	19
国有独资公司	303891	279541		1		
其他有限责任公司	271674	274695		51	5	19
股份有限公司	2079438	3257561	42685	194	44	87
私营企业	8470	19383		3		
私营有限责任公司	8470	19383		3		
外商投资企业	95424	95496		1		
中外合资经营企业	95424	95496		1		
按隶属关系分组						
中央	368741	340766	620	90	18	104
省（自治区、直辖市）	382952	357653	5020	10	1	2
地（区、市、州、盟）	43890	45000		1		
其他	2051621	3255933	37045	195	31	21
按地区分组						
乌鲁木齐市	2175459	2129581	37045	65	10	35
克拉玛依市				65	10	69
昌吉回族自治州	396312	1613097		145	25	12
巴音郭楞蒙古自治州	180000	164763	5020			
阿克苏地区	6310	5808				
伊犁哈萨克自治州	1206	1206				
塔城地区	49650	50100		1		
省直辖行政单位	38267	34797	620	20	5	11

3-18 续表 1　　　　　　　　　　　　　　　　　　　　　　　　单位：千元

指标名称	新产品产值	新产品销售收入		专利申请数（件）		拥有发明专利数（件）
			出口		发明专利	
按工业行业大类分组						
采矿业				50	5	24
石油和天然气开采业				50	5	24
天然原油和天然气开采				8	4	19
与石油和天然气开采有关的服务活动				42	1	5
制造业	2847204	3999352	42685	246	45	103
饮料制造业	95424	95496		3	2	11
酒的制造	95424	95496		3	2	11
纺织业	91486	73806				9
棉、化纤纺织及印染精加工	91486	73806				9
家具制造业	281	297		3		
金属家具制造	281	297		3		
石油加工、炼焦及核燃料加工业	18637	19122		19	8	62
精炼石油产品的制造	18637	19122		19	8	62
化学原料及化学制品制造业				3	1	3
合成材料制造				2		
专用化学产品制造				1	1	3
橡胶制品业	180000	164763	5020			
轮胎制造	180000	164763	5020			
塑料制品业	10260	6790	620	20	5	9
塑料板、管、型材的制造	10260	6790	620	20	5	2
塑料丝、绳及编织品的制造						7
非金属矿物制品业	13276	12114				
水泥、石灰和石膏的制造	13276	12114				
黑色金属冶炼及压延加工业	1249520	1249520		6	1	2
炼铁				6	1	2
钢压延加工	1249520	1249520				
金属制品业				3		3
集装箱及金属包装容器制造				3		3
专用设备制造业	55520	40569		4		
矿山、冶金、建筑专用设备制造	54540	39569		4		
农、林、牧、渔专用机械制造	980	1000				
交通运输设备制造业	397013	406149		1		
汽车制造	397013	406149		1		
电气机械及器材制造业	518087	1732968		179	24	1
输配电及控制设备制造	396031	1612800		140	23	1
电池制造	122056	120168		39	1	
通信设备、计算机及其他电子设备制造业	217700	197758	37045	5	4	3
电子元件制造	217700	197758	37045	5	4	3

第4篇

建筑业主要经济指标

4-1 总承包和专业承包建筑业企业主要经济指标

单位：个、人、千元、台、千瓦

项目	建筑业企业个数	#有工作量企业个数	从业人员	计算建筑业劳动生产率的平均人数	签订的合同额	自有机械设备年末总台数	自有机械设备年末净值	自有机械设备年末总功率
总计	**848**	**785**	**327971**	**314678**	**47255008**	**98541**	**3583969**	**2388382**
#一、二级企业	229	221	218314	210025	36086550	53632	2461581	1585552
#国有及国有控股	208	198	156119	149979	27164078	37953	1820756	1133557
按登记注册类型分组								
内资企业	844	781	327792	314499	47247812	98472	3582579	2385372
国有企业	102	94	71856	70716	13003475	17779	927757	503293
集体企业	42	37	7176	7127	925907	2925	118754	52205
股份合作企业	2	1	480	380	30335			
联营企业	3	3	466	466	51460	163	20706	3819
国有与集体联营企业								
有限责任公司	333	322	183479	174105	25331874	53497	1858225	1404908
国有独资公司	14	13	7031	6468	1693316	2391	146596	107974
其他有限责任公司	319	309	176448	167637	23638558	51106	1711629	1296934
股份有限公司	10	10	16271	14968	2231276	3448	63004	96281
私营企业	352	314	48064	46737	5673485	20660	594133	324866
私营有限责任公司	341	304	47107	45787	5583662	20069	584768	321111
私营股份有限公司	5	5	281	274	29576	60	3247	3192
其他企业								
港、澳、台商投资企业	4	4	179	179	7196	69	1390	3010
合资经营企业（港或澳、台资）	4	4	179	179	7196	69	1390	3010
按国民经济行业分组								
房屋和土木工程建筑业	500	479	286900	275942	42379474	85042	3127674	2057336
房屋工程建筑	311	300	217774	208657	27111695	67522	1574436	1176466
土木工程建筑	189	179	69126	67285	15267779	17520	1553238	880870
铁路、道路、隧道和桥梁建筑	72	66	36040	35101	10119049	6989	937293	509550
水利和港口建筑	37	37	15498	15176	2161482	5807	192080	135065
工矿工程建筑	16	16	10529	10238	2297081	3238	347687	188172
架线和管道工程建筑	27	27	4138	4110	515171	819	60706	31838
其他土木工程建筑	37	33	2921	2660	174996	667	15472	16245
建筑安装业	148	137	31398	29538	3804790	9995	365569	252257
建筑装饰业	168	141	6037	5688	497306	2378	39316	34683
其他建筑业	32	28	3636	3510	573438	1126	51410	44106

4-1 续表 1

单位：个、人、千元、台、千瓦

项目	建筑业企业个数	#有工作量企业个数	从业人员	计算建筑业劳动生产率的平均人数	签订的合同额	自有机械设备年末总台数	自有机械设备年末净值	自有机械设备年末总功率
按隶属关系分组								
中　央	77	77	83624	81493	13036614	17495	742764	501282
地　区	771	708	244347	233185	34218394	81046	2841205	1887100
按企业资质等级分组								
施工总承包	442	429	300214	288399	43959399	87766	3145604	2087036
特　级	1	1	2799	2714	1192070	1407	55337	60840
一　级	42	42	116729	112918	22176209	23271	1225015	645584
二　级	110	108	91718	87618	12321303	26334	1074099	815786
三　级	289	278	88968	85149	8269817	36754	791153	564826
专业承包	406	356	27757	26279	3295609	10775	438365	301346
特　级								
一　级	12	12	3343	3343	668328	1567	59141	77137
二　级	65	59	6524	6146	920710	2460	103326	47045
三　级	326	282	17524	16424	1663802	6590	274406	176129
全疆合计	**848**	**785**	**327971**	**314678**	**47255008**	**98541**	**3583969**	**2388382**
乌鲁木齐市	426	371	113689	108447	21787535	24749	1339911	679987
克拉玛依市	41	41	28473	28204	4796694	6584	496999	321411
石河子市	36	35	36019	35474	2811102	4647	106362	95882
吐鲁番地区	10	10	4320	3750	686630	2010	107018	55899
哈密地区	22	22	6566	5256	505937	3152	78182	51081
昌吉回族自治州	59	57	25902	25193	2522964	11016	292468	190910
伊犁哈萨克自治州	89	86	34029	32483	3547549	16685	254857	252859
伊犁州直属县(市)	54	51	19660	19295	2259508	10236	133749	100432
塔城地区	18	18	9268	8840	904496	3457	49232	108778
阿勒泰地区	17	17	5101	4348	383545	2992	71876	43649
博尔塔拉蒙古自治州	18	18	3233	3017	348977	2281	62206	33409
巴音郭楞蒙古自治州	44	42	33351	33002	5392179	10223	424295	445016
阿克苏地区	40	40	15097	14053	2144128	5515	233857	141274
克孜勒苏柯尔克孜自治州	8	8	3011	2931	195306	634	16416	5720
喀什地区	33	33	17807	17408	1954347	7630	131291	77049
和田地区	22	22	6474	5460	561660	3415	40107	37885

4-1 续表 2

单位：千元

项目	建筑业总产值	本年固定资产折旧	主营业务应付工资总额	主营业务应付福利费总额	工程结算税金及附加	管理费用中的税金	营业利润	劳动、失业保险费	竣工产值
总计	**34170931**	**628660**	**3487348**	**354877**	**1022904**	**62275**	**590213**	**319497**	**25809179**
#一、二级企业	24838025	447058	2476530	259655	712713	44791	445099	267870	18101137
#国有及国有控股	17898092	365052	1624683	166506	524784	31995	195881	260179	13349219
按登记注册类型分组									
内资企业	34156320	627566	3484492	354556	1022356	62271	589397	319494	25796129
国有企业	7951219	200240	754023	79092	233008	19188	65217	121992	5678490
集体企业	818087	22239	89277	11058	24686	2688	-379	4532	718446
股份合作企业	19249	20	3450	483	508	20	-679	20	18080
联营企业	45530	3231	7976	145	1675	48	1611	437	50950
国有与集体联营企业									
有限责任公司	19187640	302630	2005157	205914	573188	31054	334782	172164	15075480
国有独资公司	1140028	22891	98263	13615	34732	5366	-7312	13653	641647
其他有限责任公司	18047612	279739	1906894	192299	538456	25688	342094	158511	14433833
股份有限公司	1337418	11952	150115	10304	40445	695	53453	9449	718642
私营企业	4797177	87254	474494	47560	148846	8578	135392	10900	3536041
私营有限责任公司	4728195	86198	468063	47212	147001	8205	135890	10746	3483269
私营股份有限公司	26575	432	3025	211	869	20	857	20	22017
其他企业									
港、澳、台商投资企业	14611	1094	2856	321	548	4	816	3	13050
合资经营企业(港或澳、台资)	14611	1094	2856	321	548	4	816	3	13050
按国民经济行业分组									
房屋和土木工程建筑业	30148220	532994	3007992	293578	893615	55135	482968	283747	22500826
房屋工程建筑	19843210	230047	2187151	190929	622068	29122	340935	182103	15347003
土木工程建筑	10305010	302947	820841	102649	271547	26013	142033	101644	7153823
铁路、道路、隧道和桥梁建筑	5971756	183431	419113	49742	163067	8139	86736	30003	3606883
水利和港口建筑	1663287	32491	161786	17181	45668	1493	26210	24507	1374328
工矿工程建筑	1985790	54874	173753	24779	39982	14817	13119	39767	1638627
架线和管道工程建筑	482976	24661	41649	4800	14617	1007	8763	4214	393916
其他土木工程建筑	201201	7490	24540	6147	8213	557	7205	3153	140069
建筑安装业	3074179	75664	384092	54178	101783	5107	83081	34076	2478653
建筑装饰业	467765	7026	55560	4254	14058	1641	22786	829	388875
其他建筑业	480767	12976	39704	2867	13448	392	1378	845	440825

4-1 续表 3

单位：千元

项目	建筑业总产值	本年固定资产折旧	主营业务应付工资总额	主营业务应付福利费总额	工程结算税金及附加	管理费用中的税金	营业利润	劳动、失业保险费	竣工产值
按隶属关系分组									
中央	8900524	149459	845444	74967	233495	6366	80939	120217	6509980
地区	25270407	479201	2641904	279910	789409	55909	509274	199280	19299199
按企业资质等级分组									
施工总承包	31313142	540555	3207464	323868	931323	56551	513451	289930	23613667
特级	870879	16326	39587	5542	28170	1663	30480	17323	818958
一级	14364405	252141	1368081	143045	401733	22567	223212	178395	9818545
二级	9187930	157661	981646	103044	267577	19854	180152	75222	7182557
三级	6889928	114427	818150	72237	233843	12467	79607	18990	5793607
专业承包	2857789	88105	279884	31009	91581	5724	76762	29567	2195512
特级									
一级	537645	9706	47738	4374	14550	795	16441	5881	445479
二级	748045	27550	79065	9192	28853	1575	25294	8372	654556
三级	1534610	50077	151066	17213	46694	3324	35047	15261	1058478
全疆合计	**34170931**	**628660**	**3487348**	**354877**	**1022904**	**62275**	**590213**	**319497**	**25809179**
乌鲁木齐市	13327315	307348	1222624	136230	427237	15798	117616	165296	9113833
克拉玛依市	4046104	91897	386063	50785	114672	18724	145621	28594	3228820
石河子市	2328028	28991	306261	19017	60313	2599	30851	37312	2105350
吐鲁番地区	615493	18205	50448	6359	7530	237	-45030	10775	575469
哈密地区	448542	15010	44220	4273	12574	212	5628	2199	372074
昌吉回族自治州	2071171	33449	281699	26972	61753	2689	66356	8446	1608438
伊犁哈萨克自治州	2825101	35851	296429	26369	78768	2369	43254	17459	2233736
伊犁州直属县(市)	1853532	18918	189522	13468	54593	1360	31362	14414	1430417
塔城地区	657497	10098	67554	10125	15070	899	12903	2505	529337
阿勒泰地区	314072	6835	39353	2776	9105	110	-1011	540	273982
博尔塔拉蒙古自治州	309288	6682	34650	4473	10086	183	4286	2211	234569
巴音郭楞蒙古自治州	4777562	50308	416263	49221	129429	11026	157833	22040	3515240
阿克苏地区	1472906	22510	164709	15748	47645	1295	47177	10033	1262556
克孜勒苏柯尔克孜自治州	142410	3423	29807	973	4630	655	780	766	136567
喀什地区	1238776	11079	200784	11589	50459	1611	14183	12939	1032944
和田地区	568235	3907	53391	2868	17808	4877	1658	1427	389583

4-1 续表 4

单位：平方米、千元

项目	房屋建筑施工面积	房屋建筑竣工面积(平方米)	资产总计	负债合计	所有者权益合计	利润总额	税金总额	应收工程款
总计	**28122995**	**14833462**	**37982399**	**26233758**	**11748641**	**652889**	**1268578**	**11593406**
#一、二级企业	17759496	8586409	27439677	19735433	7704244	487991	886671	8500175
#国有及国有控股	13304867	6270177	20657989	16048817	4609172	203680	622701	6799723
按登记注册类型分组								
内资企业	28122995	14833462	37931356	26200184	11731172	651887	1267738	11590906
国有企业	3878373	1625309	9649897	7769484	1880413	91262	277534	2747946
集体企业	188588	110815	968973	621675	347298	18783	31130	309998
股份合作企业	30202	18102	17851	5220	12631	658	712	11050
联营企业			61227	30058	31169	1972	1995	11233
国有与集体联营企业								
有限责任公司	19673455	10649377	19913424	13712557	6200867	338537	718037	6864052
国有独资公司	472087	254293	1377661	1021388	356273	-15143	42030	362397
其他有限责任公司	19201368	10395084	18535763	12691169	5844594	353680	676007	6501655
股份有限公司	1009697	404206	1298218	900856	397362	54314	49926	308305
私营企业	3342680	2025653	6021766	3160334	2861432	146361	188404	1338322
私营有限责任公司	3262034	1980279	5949858	3137393	2812465	146031	186139	1328185
私营股份有限公司	920	920	43571	14747	28824	968	924	6769
其他企业								
港、澳、台商投资企业			51043	33574	17469	1002	840	2500
合资经营企业（港或澳、台资）			51043	33574	17469	1002	840	2500
按国民经济行业分组								
房屋和土木工程建筑业	26745117	13963987	32466321	22917488	9548833	518366	1094095	10414489
房屋工程建筑	25701715	13454391	21679228	15493041	6186187	368620	763041	7792270
土木工程建筑	1043402	509596	10787093	7424447	3362646	149746	331054	2622219
铁路、道路、隧道和桥梁建筑	271467	150303	6089594	4222746	1866848	93289	182392	1262403
水利和港口建筑	501117	250264	1542693	994360	548333	24006	49762	383001
工矿工程建筑	258144	96765	1811350	1386925	424425	-600	68443	757891
架线和管道工程建筑	6965	6965	939542	577556	361986	24294	19220	131800
其他土木工程建筑	5709	5299	403914	242860	161054	8757	11237	87124
建筑安装业	929724	517824	4391097	2756523	1634574	110307	139496	923613
建筑装饰业			760968	352950	408018	21943	18090	145493
其他建筑业	448154	351651	364013	206797	157216	2273	16897	109811

4-1 续表 5 单位：平方米、千元

项目	房屋建筑施工面积	房屋建筑竣工面积	资产总计	负债合计	所有者权益合计	利润总额	税金总额	应收工程款
按隶属关系分组								
中央	5509019	3053221	8399484	6363807	2035677	106693	252200	2623290
地区	22613976	11780241	29582915	19869951	9712964	546196	1016378	8970116
按企业资质等级分组								
施工总承包	27570358	14555762	33649839	23868160	9781679	546353	1147292	10610673
特级	1775391	723887	1571781	1296838	274943	30099	41179	844907
一级	9449228	4174287	16354245	12773988	3580257	251041	485613	5510925
二级	8089178	4349621	9235003	5899559	3335444	186196	343433	2556341
三级	8256561	5307967	6488810	3897775	2591035	79017	277067	1698500
专业承包	552637	277700	4332560	2365598	1966962	106536	121286	982733
特级								
一级	3612	3612	475679	273080	202599	16075	19255	147391
二级	217478	58889	1374750	788806	585944	34679	38370	285518
三级	293420	177072	2455601	1286724	1168877	55836	62147	536993
全疆合计	**28122995**	**14833462**	**37982399**	**26233758**	**11748641**	**652889**	**1268578**	**11593406**
乌鲁木齐市	9683740	4386976	18219208	13595478	4623730	174023	492756	5562190
克拉玛依市	1658383	977762	5054572	3708000	1346572	157909	177578	1503628
石河子市	2370134	1273543	2213196	1679695	533501	31424	67086	644337
吐鲁番地区	364276	223794	466347	344912	121435	-52778	8795	144588
哈密地区	693036	266702	536440	279661	256779	4837	14267	226343
昌吉回族自治州	2029775	1358289	2448550	1447328	1001222	71995	77956	806463
伊犁哈萨克自治州	2971013	1764037	2024766	1250806	773960	47573	90564	801777
伊犁州直属县(市)	1769822	1004188	1194045	752544	441501	33602	61058	588101
塔城地区	820313	515214	584892	404765	180127	14054	19831	130559
阿勒泰地区	380878	244635	245829	93497	152332	-83	9675	83117
博尔塔拉蒙古自治州	349253	241719	274421	152443	121978	3914	10832	85041
巴音郭楞蒙古自治州	3316962	1688828	3171388	1841950	1329438	145978	177030	1004755
阿克苏地区	1712895	1036903	1535920	799880	736040	47417	63080	257911
克孜勒苏柯尔克孜自治州	179594	156889	188091	86651	101440	775	5454	34610
喀什地区	2077794	980864	1471522	858768	612754	15273	57656	431055
和田地区	716140	477156	377978	188186	189792	4549	25524	90708

4-2 总承包和专业承包建筑业企业主要经济指标（有工作量的企业）

单位：个、人、千元

项目	建筑业企业个数	#有工作量企业个数	从业人员	计算建筑业劳动生产率的平均人数	签订的合同额
总计	**785**	**785**	**327746**	**314561**	**47255008**
#一、二级企业	221	221	218190	209986	36086550
#国有及国有控股	198	198	155967	149914	27164078
按登记注册类型分组					
内资企业	781	781	327567	314382	47247812
国有企业	94	94	71709	70654	13003475
集体企业	37	37	7171	7122	925907
股份合作企业	1	1	480	380	30335
联营企业	3	3	466	466	51460
国有与集体联营企业					
有限责任公司	322	322	183468	174096	25331874
国有独资公司	13	13	7029	6468	1693316
其他有限责任公司	309	309	176439	167628	23638558
股份有限公司	10	10	16271	14968	2231276
私营企业	314	314	48002	46696	5673485
私营有限责任公司	304	304	47045	45746	5583662
私营股份有限公司	5	5	281	274	29576
其他企业					
港、澳、台商投资企业	4	4	179	179	7196
合资经营企业（港或澳、台资）	4	4	179	179	7196
按国民经济行业分组					
房屋和土木工程建筑业	479	479	286744	275873	42379474
房屋工程建筑	300	300	217732	208615	27111695
土木工程建筑	179	179	69012	67258	15267779
铁路、道路、隧道和桥梁建筑	66	66	36015	35078	10119049
水利和港口建筑	37	37	15498	15176	2161482
工矿工程建筑	16	16	10529	10238	2297081
架线和管道工程建筑	27	27	4138	4110	515171
其他土木工程建筑	33	33	2832	2656	174996
建筑安装业	137	137	31383	29523	3804790
建筑装饰业	141	141	6003	5672	497306
其他建筑业	28	28	3616	3493	573438

4-2 续表 1

单位：个、人、千元

项　　目	建筑业企业个数	#有工作量企业个数	从业人员	计算建筑业劳动生产率的平均人数	签订的合同额
按隶属关系分组					
中　央	77	77	83624	81493	13036614
地　区	708	708	244122	233068	34218394
按企业资质等级分组					
施工总承包	429	429	300158	288343	43959399
特　级	1	1	2799	2714	1192070
一　级	42	42	116729	112918	22176209
二　级	108	108	91704	87604	12321303
三　级	278	278	88926	85107	8269817
专业承包	356	356	27588	26218	3295609
特　级					
一　级	12	12	3343	3343	668328
二　级	59	59	6414	6121	920710
三　级	282	282	17465	16388	1663802
全疆合计	**785**	**785**	**327746**	**314561**	**47255008**
乌鲁木齐市	371	371	113482	108348	21787535
克拉玛依市	41	41	28473	28204	4796694
石河子市	35	35	36019	35474	2811102
吐鲁番地区	10	10	4320	3750	686630
哈密地区	22	22	6566	5256	505937
昌吉回族自治州	57	57	25900	25191	2522964
伊犁哈萨克自治州	86	86	34024	32478	3547549
伊犁州直属县(市)	51	51	19655	19290	2259508
塔城地区	18	18	9268	8840	904496
阿勒泰地区	17	17	5101	4348	383545
博尔塔拉蒙古自治州	18	18	3233	3017	348977
巴音郭楞蒙古自治州	42	42	33340	32991	5392179
阿克苏地区	40	40	15097	14053	2144128
克孜勒苏柯尔克孜自治州	8	8	3011	2931	195306
喀什地区	33	33	17807	17408	1954347
和田地区	22	22	6474	5460	561660

4-2 续表 2

单位：台、千元、千瓦

项目	自有机械设备年末总台数	自有机械设备年末净值	自有机械设备年末总功率	建筑业总产值	本年固定资产折旧
总计	**98435**	**3576466**	**2367624**	**34170931**	**625147**
#一、二级企业	53552	2454491	1565027	24838025	444006
#国有及国有控股	37873	1816833	1129274	17898092	362266
按登记注册类型分组					
内资企业	98366	3575076	2364614	34156320	624053
国有企业	17699	923834	499010	7951219	197478
集体企业	2925	118754	52205	818087	22225
股份合作企业				19249	20
联营企业	163	20706	3819	45530	3231
国有与集体联营企业					
有限责任公司	53497	1858225	1404908	19187640	302606
国有独资公司	2391	146596	107974	1140028	22891
其他有限责任公司	51106	1711629	1296934	18047612	279715
股份有限公司	3448	63004	96281	1337418	11952
私营企业	20634	590553	308391	4797177	86541
私营有限责任公司	20043	581188	304636	4728195	85485
私营股份有限公司	60	3247	3192	26575	432
其他企业					
港、澳、台商投资企业	69	1390	3010	14611	1094
合资经营企业（港或澳、台资）	69	1390	3010	14611	1094
按国民经济行业分组					
房屋和土木工程建筑业	84962	3123751	2053053	30148220	530218
房屋工程建筑	67510	1574183	1176253	19843210	229936
土木工程建筑	17452	1549568	876800	10305010	300282
铁路、道路、隧道和桥梁建筑	6921	933623	505480	5971756	182901
水利和港口建筑	5807	192080	135065	1663287	32491
工矿工程建筑	3238	347687	188172	1985790	54874
架线和管道工程建筑	819	60706	31838	482976	24661
其他土木工程建筑	667	15472	16245	201201	5355
建筑安装业	9995	365569	252257	3074179	75588
建筑装饰业	2364	39156	34663	467765	6850
其他建筑业	1114	47990	27651	480767	12491

4-2 续表 3

单位：台、千元、千瓦

项目	自有机械设备年末总台数	自有机械设备年末净值	自有机械设备年末总功率	建筑业总产值	本年固定资产折旧
按隶属关系分组					
中央	17495	742764	501282	8900524	149459
地区	80940	2833702	1866342	25270407	475688
按企业资质等级分组					
施工总承包	87742	3141931	2070368	31313142	540057
特级	1407	55337	60840	870879	16326
一级	23271	1225015	645584	14364405	252141
二级	26322	1070679	799331	9187930	157274
三级	36742	790900	564613	6889928	114316
专业承包	10693	434535	297256	2857789	85090
特级					
一级	1567	59141	77137	537645	9706
二级	2392	99656	42975	748045	24885
三级	6576	274246	176109	1534610	49727
全疆合计	**98435**	**3576466**	**2367624**	**34170931**	**625147**
乌鲁木齐市	24657	1332568	659249	13327315	303835
克拉玛依市	6584	496999	321411	4046104	91897
石河子市	4647	106362	95882	2328028	28991
吐鲁番地区	2010	107018	55899	615493	18205
哈密地区	3152	78182	51081	448542	15010
昌吉回族自治州	11016	292468	190910	2071171	33449
伊犁哈萨克自治州	16685	254857	252859	2825101	35851
伊犁州直属县(市)	10236	133749	100432	1853532	18918
塔城地区	3457	49232	108778	657497	10098
阿勒泰地区	2992	71876	43649	314072	6835
博尔塔拉蒙古自治州	2281	62206	33409	309288	6682
巴音郭楞蒙古自治州	10209	424135	444996	4777562	50308
阿克苏地区	5515	233857	141274	1472906	22510
克孜勒苏柯尔克孜自治州	634	16416	5720	142410	3423
喀什地区	7630	131291	77049	1238776	11079
和田地区	3415	40107	37885	568235	3907

4-2 续表 4

单位：千元

项　　目	主营业务应付工资总额	主营业务应付福利费总额	工程结算税金及附加	管理费用中的税金	营业利润
总　计	**3485386**	**354343**	**1022769**	**62082**	**596854**
#一、二级企业	2475733	259266	712713	44610	449143
#国有及国有控股	1623685	166375	524774	31819	201129
按登记注册类型分组					
内资企业	3482530	354022	1022221	62078	596038
国有企业	753060	78966	232999	19012	70298
集体企业	89159	11042	24652	2684	440
股份合作企业	3450	483	508	20	-679
联营企业	7976	145	1675	48	1611
国有与集体联营企业					
有限责任公司	2005050	205899	573187	31054	334949
国有独资公司	98263	13615	34732	5366	-7301
其他有限责任公司	1906787	192284	538455	25688	342250
股份有限公司	150115	10304	40445	695	53453
私营企业	473720	47183	148755	8565	135966
私营有限责任公司	467289	46835	146910	8192	136464
私营股份有限公司	3025	211	869	20	857
其他企业					
港、澳、台商投资企业	2856	321	548	4	816
合资经营企业（港或澳、台资）	2856	321	548	4	816
按国民经济行业分组					
房屋和土木工程建筑业	3006911	293436	893572	54955	488879
房屋工程建筑	2186604	190858	622025	29114	343059
土木工程建筑	820307	102578	271547	25841	145820
铁路、道路、隧道和桥梁建筑	418605	49671	163067	8084	87312
水利和港口建筑	161786	17181	45668	1493	26210
工矿工程建筑	173753	24779	39982	14817	13119
架线和管道工程建筑	41649	4800	14617	1007	8763
其他土木工程建筑	24514	6147	8213	440	10416
建筑安装业	383879	54149	101757	5107	83346
建筑装饰业	55166	4209	13992	1637	22752
其他建筑业	39430	2549	13448	383	1877

4-2 续表 5 单位：千元

项目	主营业务应付工资总额	主营业务应付福利费总额	工程结算税金及附加	管理费用中的税金	营业利润
按隶属关系分组					
中央	845444	74967	233495	6366	80939
地区	2639942	279376	789274	55716	515915
按企业资质等级分组					
施工总承包	3206654	323479	931280	56531	516049
特级	39587	5542	28170	1663	30480
一级	1368081	143045	401733	22567	223212
二级	981383	102726	267577	19842	180626
三级	817603	72166	233800	12459	81731
专业承包	278732	30864	91489	5551	80805
特级					
一级	47738	4374	14550	795	16441
二级	78531	9121	28853	1406	28864
三级	150448	17139	46602	3320	35520
全疆合计	**3485386**	**354343**	**1022769**	**62082**	**596854**
乌鲁木齐市	1220806	135706	427110	15609	124157
克拉玛依市	386063	50785	114672	18724	145621
石河子市	306261	19017	60313	2599	30851
吐鲁番地区	50448	6359	7530	237	-45030
哈密地区	44220	4273	12574	212	5628
昌吉回族自治州	281699	26972	61753	2689	66356
伊犁哈萨克自治州	296389	26369	78760	2366	43343
伊犁州直属县(市)	189482	13468	54585	1357	31451
塔城地区	67554	10125	15070	899	12903
阿勒泰地区	39353	2776	9105	110	-1011
博尔塔拉蒙古自治州	34650	4473	10086	183	4286
巴音郭楞蒙古自治州	416159	49211	129429	11025	157844
阿克苏地区	164709	15748	47645	1295	47177
克孜勒苏柯尔克孜自治州	29807	973	4630	655	780
喀什地区	200784	11589	50459	1611	14183
和田地区	53391	2868	17808	4877	1658

4-2 续表 6

单位：千元、平方米

项目	劳动、失业保险费	竣工产值	房屋建筑施工面积	房屋建筑竣工面积	资产总计
总计	**318535**	**25809179**	**28122995**	**14833462**	**37749153**
#一、二级企业	266918	18101137	17759496	8586409	27292690
#国有及国有控股	259241	13349219	13304867	6270177	20537401
按登记注册类型分组					
内资企业	318532	25796129	28122995	14833462	37698110
国有企业	121054	5678490	3878373	1625309	9533952
集体企业	4532	718446	188588	110815	962014
股份合作企业	20	18080	30202	18102	17851
联营企业	437	50950			61227
国有与集体联营企业					
有限责任公司	172164	15075480	19673455	10649377	19908261
国有独资公司	13653	641647	472087	254293	1376156
其他有限责任公司	158511	14433833	19201368	10395084	18532105
股份有限公司	9449	718642	1009697	404206	1298218
私营企业	10876	3536041	3342680	2025653	5916587
私营有限责任公司	10722	3483269	3262034	1980279	5844679
私营股份有限公司	20	22017	920	920	43571
其他企业					
港、澳、台商投资企业	3	13050			51043
合资经营企业（港或澳、台资）	3	13050			51043
按国民经济行业分组					
房屋和土木工程建筑业	282809	22500826	26745117	13963987	32341444
房屋工程建筑	182093	15347003	25701715	13454391	21660868
土木工程建筑	100716	7153823	1043402	509596	10680576
铁路、道路、隧道和桥梁建筑	30003	3606883	271467	150303	6080175
水利和港口建筑	24507	1374328	501117	250264	1542693
工矿工程建筑	39767	1638627	258144	96765	1811350
架线和管道工程建筑	4214	393916	6965	6965	939542
其他土木工程建筑	2225	140069	5709	5299	306816
建筑安装业	34076	2478653	929724	517824	4364221
建筑装饰业	829	388875			690529
其他建筑业	821	440825	448154	351651	352959

4-2 续表 7

单位：千元、平方米

项目	劳动、失业保险费	竣工产值	房屋建筑施工面积	房屋建筑竣工面积	资产总计
按隶属关系分组					
中央	120217	6509980	5509019	3053221	8399484
地区	198318	19299199	22613976	11780241	29349669
按企业资质等级分组					
施工总承包	289896	23613667	27570358	14555762	33586784
特级	17323	818958	1775391	723887	1571781
一级	178395	9818545	9449228	4174287	16354245
二级	75198	7182557	8089178	4349621	9190308
三级	18980	5793607	8256561	5307967	6470450
专业承包	28639	2195512	552637	277700	4162369
特级					
一级	5881	445479	3612	3612	475679
二级	7444	654556	217478	58889	1272458
三级	15261	1058478	293420	177072	2387702
全疆合计	**318535**	**25809179**	**28122995**	**14833462**	**37749153**
乌鲁木齐市	164344	9113833	9683740	4386976	17989480
克拉玛依市	28594	3228820	1658383	977762	5054572
石河子市	37312	2105350	2370134	1273543	2213196
吐鲁番地区	10775	575469	364276	223794	466347
哈密地区	2199	372074	693036	266702	536440
昌吉回族自治州	8446	1608438	2029775	1358289	2448082
伊犁哈萨克自治州	17449	2233736	2971013	1764037	2022826
伊犁州直属县(市)	14404	1430417	1769822	1004188	1192105
塔城地区	2505	529337	820313	515214	584892
阿勒泰地区	540	273982	380878	244635	245829
博尔塔拉蒙古自治州	2211	234569	349253	241719	274421
巴音郭楞蒙古自治州	22040	3515240	3316962	1688828	3170278
阿克苏地区	10033	1262556	1712895	1036903	1535920
克孜勒苏柯尔克孜自治州	766	136567	179594	156889	188091
喀什地区	12939	1032944	2077794	980864	1471522
和田地区	1427	389583	716140	477156	377978

4-2 续表 8

单位：千元

项目	负债合计	所有者权益合计	利润总额	税金总额	应收工程款	#竣工工程
总计	**26071453**	**11677700**	**658134**	**1268230**	**11590966**	**8116437**
#一、二级企业	19627604	7665086	490949	886470	8500175	5784184
#国有及国有控股	15949461	4587940	207686	622495	6797283	4634333
按登记注册类型分组						
内资企业	26037879	11660231	657132	1267390	11588466	8115347
国有企业	7671926	1862026	95257	277329	2745506	1974773
集体企业	616302	345712	19522	31092	309998	297827
股份合作企业	5220	12631	658	712	11050	11050
联营企业	30058	31169	1972	1995	11233	6330
国有与集体联营企业						
有限责任公司	13710723	6197538	338548	718036	6864052	4877187
国有独资公司	1020879	355277	-15132	42030	362397	195090
其他有限责任公司	12689844	5842261	353680	676006	6501655	4682097
股份有限公司	900856	397362	54314	49926	308305	180618
私营企业	3102794	2813793	146861	188300	1338322	767562
私营有限责任公司	3079853	2764826	146531	186035	1328185	759564
私营股份有限公司	14747	28824	968	924	6769	6432
其他企业						
港、澳、台商投资企业	33574	17469	1002	840	2500	1090
合资经营企业（港或澳、台资）	33574	17469	1002	840	2500	1090
按国民经济行业分组						
房屋和土木工程建筑业	22814048	9527396	523111	1093852	10412049	7379358
房屋工程建筑	15478188	6182680	370664	762990	7789830	5472441
土木工程建筑	7335860	3344716	152447	330862	2622219	1906917
铁路、道路、隧道和桥梁建筑	4222132	1858043	94308	182337	1262403	803246
水利和港口建筑	994360	548333	24006	49762	383001	243712
工矿工程建筑	1386925	424425	-600	68443	757891	666425
架线和管道工程建筑	577556	361986	24294	19220	131800	128822
其他土木工程建筑	154887	151929	10439	11100	87124	64712
建筑安装业	2748005	1616216	110342	139470	923613	517518
建筑装饰业	306505	384024	21909	18020	145493	116138
其他建筑业	202895	150064	2772	16888	109811	103423

4-2 续表 9

单位：千元

项 目	负债合计	所有者权益合计	利润总额	税金总额	应收工程款	#竣工工程
按隶属关系分组						
中 央	6363807	2035677	106693	252200	2623290	1518306
地 区	19707646	9642023	551441	1016030	8967676	6598131
按企业资质等级分组						
施工总承包	23831881	9754903	548871	1147229	10608233	7423450
特 级	1296838	274943	30099	41179	844907	622444
一 级	12773988	3580257	251041	485613	5510925	3639631
二 级	5878133	3312175	186670	343421	2556341	1805799
三 级	3882922	2587528	81061	277016	1696060	1355576
专业承包	2239572	1922797	109263	121001	982733	692987
特 级						
一 级	273080	202599	16075	19255	147391	98247
二 级	702403	570055	37163	38181	285518	240507
三 级	1247101	1140601	56079	62051	536993	341602
全疆合计	**26071453**	**11677700**	**658134**	**1268230**	**11590966**	**8116437**
乌鲁木齐市	13434139	4555341	179168	492420	5560590	3585219
克拉玛依市	3708000	1346572	157909	177578	1503628	1472771
石河子市	1679695	533501	31424	67086	644337	429372
吐鲁番地区	344912	121435	-52778	8795	144588	93972
哈密地区	279661	256779	4837	14267	226343	198224
昌吉回族自治州	1447328	1000754	71995	77956	806463	398377
伊犁哈萨克自治州	1249906	772920	47662	90553	800937	582857
伊犁州直属县(市)	751644	440461	33691	61047	587261	403855
塔城地区	404765	180127	14054	19831	130559	114967
阿勒泰地区	93497	152332	-83	9675	83117	64035
博尔塔拉蒙古自治州	152443	121978	3914	10832	85041	77624
巴音郭楞蒙古自治州	1841884	1328394	145989	177029	1004755	689416
阿克苏地区	799880	736040	47417	63080	257911	176155
克孜勒苏柯尔克孜自治州	86651	101440	775	5454	34610	32202
喀什地区	858768	612754	15273	57656	431055	309200
和田地区	188186	189792	4549	25524	90708	71048

4-3 按地区分的总承包和专业承包建筑业企业房屋建筑完成情况指标

项 目	房屋建筑竣工面积(平方米)					
	合 计	1.厂房仓库	2.住 宅	3.办 公	4.批发零售	5.住宿餐饮
全疆合计	**14833462**	**973748**	**8332182**	**1366758**	**1047382**	**394040**
乌鲁木齐市	4386976	373348	2226653	388950	534182	105499
克拉玛依市	977762	35568	782753	64509		
石河子市	1273543	209412	666278	103779	74929	37472
吐鲁番地区	223794	4000	128320	22040	20845	3560
哈密地区	266702	6139	181032	14090	11638	
昌吉回族自治州	1358289	68055	889451	87937	40473	37946
伊犁哈萨克自治州	1764037	94018	1016015	184488	41179	47689
伊犁州直属县(市)	1004188	71062	563589	101930	38798	12758
塔城地区	515214	18567	320944	49162	2381	3971
阿勒泰地区	244635	4389	131482	33396		30960
博尔塔拉蒙古自治州	241719	4907	162342	25676	3646	6900
巴音郭楞蒙古自治州	1688828	102639	1003284	116682	139724	104284
阿克苏地区	1036903	31634	520651	99743	95870	26647
克孜勒苏柯尔克孜自治州	156889	8033	64786	15838	3751	6168
喀什地区	980864	27577	475323	132265	79131	9793
和田地区	477156	8418	215294	110761	2014	8082

4-3 续表 1

项 目	房屋建筑竣工面积（平方米）					
	6.居民服务业	7.教 育	8.文化、体育、娱乐	9.卫生医疗	10.科 研	11.其 他
全疆合计	**483372**	**922973**	**216534**	**311108**	**33927**	**751438**
乌鲁木齐市	189602	265458	88453	60323	31800	122708
克拉玛依市	5758	51557	1209	13809		22599
石河子市	17700	80667	16152	18955	342	47857
吐鲁番地区		8932	12613			23484
哈密地区	23142	18244			420	11997
昌吉回族自治州	66697	68858	16025	13181		69666
伊犁哈萨克自治州	18623	166428	24666	77831		93100
伊犁州直属县(市)	15137	100599	8462	43067		48786
塔城地区	3486	43897	11520	20000		41286
阿勒泰地区		21932	4684	14764		3028
博尔塔拉蒙古自治州		14753	9709	1297		12489
巴音郭楞蒙古自治州	46035	46149	3993	39993	1339	84706
阿克苏地区	39681	84475	6297	29510	26	102369
克孜勒苏柯尔克孜自治州	8266	14114	2121	2336		31476
喀什地区	52242	63092	28974	32628		79839
和田地区	15626	40246	6322	21245		49148

4-3 续表 2

项目	竣工房屋价值(千元)					
	合计	1.厂房仓库	2.住宅	3.办公	4.批发零售	5.住宿餐饮
全疆合计	**12868246**	**1089976**	**6524133**	**1370226**	**863258**	**366883**
乌鲁木齐市	4472420	425086	2007682	439833	439573	135335
克拉玛依市	790835	34999	567201	71151		
石河子市	1205160	329426	447575	135413	65659	21246
吐鲁番地区	183783	5001	96042	25355	10710	2040
哈密地区	193990	4320	120393	10358	9300	
昌吉回族自治州	937354	51160	548453	72794	66641	35390
伊犁哈萨克自治州	1317939	93336	704162	158595	22559	42537
伊犁州直属县(市)	772577	74538	415550	86096	20801	12247
塔城地区	359684	15145	191683	44839	1758	3150
阿勒泰地区	185678	3653	96929	27660		27140
博尔塔拉蒙古自治州	171901	3730	116662	19159	2500	1420
巴音郭楞蒙古自治州	1591430	78940	994427	113806	115270	88290
阿克苏地区	814658	34156	372880	123735	75750	18925
克孜勒苏柯尔克孜自治州	121199	4235	60142	15252	2430	3863
喀什地区	725986	19605	336058	96848	51316	9400
和田地区	341591	5982	152456	87927	1550	8437

4-3 续表 3

项目	竣工房屋价值（千元）					
	6.居民服务业	7.教育	8.文化、体育、娱乐	9.卫生医疗	10.科研	11.其他
全疆合计	**422537**	**909619**	**275766**	**312353**	**42305**	**691190**
乌鲁木齐市	196644	366778	153113	83856	40200	184320
克拉玛依市	6580	70856	1510	14960		23578
石河子市	19566	82021	22510	15567	270	65907
吐鲁番地区		6610	13378			24647
哈密地区	17716	14293			200	17410
昌吉回族自治州	41979	44891	12310	14141		49595
伊犁哈萨克自治州	13608	132260	14865	67222		68795
伊犁州直属县(市)	10645	80067	5154	39109		28370
塔城地区	2963	35933	6741	18832		38640
阿勒泰地区		16260	2970	9281		1785
博尔塔拉蒙古自治州		8010	8710	1240		10470
巴音郭楞蒙古自治州	49130	46346	5420	44877	1600	53324
阿克苏地区	32348	57778	4824	24987	35	69240
克孜勒苏柯尔克孜自治州	5679	9128	1380	1748		17342
喀什地区	36082	42079	32256	34163		68179
和田地区	3205	28569	5490	9592		38383

4-4 按地区分的总承包和专业承包建筑业企业房屋建筑完成情况指标（有工作量的企业）

项目	房屋建筑竣工面积(平方米)					
	合计	1.厂房仓库	2.住宅	3.办公	4.批发零售	5.住宿餐饮
全疆合计	**14833462**	**973748**	**8332182**	**1366758**	**1047382**	**394040**
乌鲁木齐市	4386976	373348	2226653	388950	534182	105499
克拉玛依市	977762	35568	782753	64509		
石河子市	1273543	209412	666278	103779	74929	37472
吐鲁番地区	223794	4000	128320	22040	20845	3560
哈密地区	266702	6139	181032	14090	11638	
昌吉回族自治州	1358289	68055	889451	87937	40473	37946
伊犁哈萨克自治州	1764037	94018	1016015	184488	41179	47689
伊犁州直属县(市)	1004188	71062	563589	101930	38798	12758
塔城地区	515214	18567	320944	49162	2381	3971
阿勒泰地区	244635	4389	131482	33396		30960
博尔塔拉蒙古自治州	241719	4907	162342	25676	3646	6900
巴音郭楞蒙古自治州	1688828	102639	1003284	116682	139724	104284
阿克苏地区	1036903	31634	520651	99743	95870	26647
克孜勒苏柯尔克孜自治州	156889	8033	64786	15838	3751	6168
喀什地区	980864	27577	475323	132265	79131	9793
和田地区	477156	8418	215294	110761	2014	8082

4-4 续表 1

项目	房屋建筑竣工面积(平方米)					
	6.居民服务业	7.教育	8.文化、体育、娱乐	9.卫生医疗	10.科研	11.其他
全疆合计	**483372**	**922973**	**216534**	**311108**	**33927**	**751438**
乌鲁木齐市	189602	265458	88453	60323	31800	122708
克拉玛依市	5758	51557	1209	13809		22599
石河子市	17700	80667	16152	18955	342	47857
吐鲁番地区		8932	12613			23484
哈密地区	23142	18244			420	11997
昌吉回族自治州	66697	68858	16025	13181		69666
伊犁哈萨克自治州	18623	166428	24666	77831		93100
伊犁州直属县(市)	15137	100599	8462	43067		48786
塔城地区	3486	43897	11520	20000		41286
阿勒泰地区		21932	4684	14764		3028
博尔塔拉蒙古自治州		14753	9709	1297		12489
巴音郭楞蒙古自治州	46035	46149	3993	39993	1339	84706
阿克苏地区	39681	84475	6297	29510	26	102369
克孜勒苏柯尔克孜自治州	8266	14114	2121	2336		31476
喀什地区	52242	63092	28974	32628		79839
和田地区	15626	40246	6322	21245		49148

4-4 续表 2

项　　目	竣工房屋价值(千元)					
	合　计	1.厂房仓库	2.住　宅	3.办　公	4.批发零售	5.住宿餐饮
全疆合计	**12868246**	**1089976**	**6524133**	**1370226**	**863258**	**366883**
乌鲁木齐市	4472420	425086	2007682	439833	439573	135335
克拉玛依市	790835	34999	567201	71151		
石河子市	1205160	329426	447575	135413	65659	21246
吐鲁番地区	183783	5001	96042	25355	10710	2040
哈密地区	193990	4320	120393	10358	9300	
昌吉回族自治州	937354	51160	548453	72794	66641	35390
伊犁哈萨克自治州	1317939	93336	704162	158595	22559	42537
伊犁州直属县(市)	772577	74538	415550	86096	20801	12247
塔城地区	359684	15145	191683	44839	1758	3150
阿勒泰地区	185678	3653	96929	27660		27140
博尔塔拉蒙古自治州	171901	3730	116662	19159	2500	1420
巴音郭楞蒙古自治州	1591430	78940	994427	113806	115270	88290
阿克苏地区	814658	34156	372880	123735	75750	18925
克孜勒苏柯尔克孜自治州	121199	4235	60142	15252	2430	3863
喀什地区	725986	19605	336058	96848	51316	9400
和田地区	341591	5982	152456	87927	1550	8437

4-4 续表 3

项　　目	竣工房屋价值(千元)					
	6.居民服务业	7.教　育	8.文化、体育、娱乐	9.卫生医疗	10.科　研	11.其　他
全疆合计	**422537**	**909619**	**275766**	**312353**	**42305**	**691190**
乌鲁木齐市	196644	366778	153113	83856	40200	184320
克拉玛依市	6580	70856	1510	14960		23578
石河子市	19566	82021	22510	15567	270	65907
吐鲁番地区		6610	13378			24647
哈密地区	17716	14293			200	17410
昌吉回族自治州	41979	44891	12310	14141		49595
伊犁哈萨克自治州	13608	132260	14865	67222		68795
伊犁州直属县(市)	10645	80067	5154	39109		28370
塔城地区	2963	35933	6741	18832		38640
阿勒泰地区		16260	2970	9281		1785
博尔塔拉蒙古自治州		8010	8710	1240		10470
巴音郭楞蒙古自治州	49130	46346	5420	44877	1600	53324
阿克苏地区	32348	57778	4824	24987	35	69240
克孜勒苏柯尔克孜自治州	5679	9128	1380	1748		17342
喀什地区	36082	42079	32256	34163		68179
和田地区	3205	28569	5490	9592		38383

4-5 按地区分的总承包和专业承包建筑业企业财务状况指标

单位：千元

项　　目	年初存货	年末资产负债		
		流动资产		长期投资
		合　计	#存　货	
全疆合计	**2548995**	**26322415**	**3700558**	**1724350**
乌鲁木齐市	1251279	13145050	2000511	657161
克拉玛依市	153013	3653574	214285	442153
石河子市	211228	1710271	271851	69153
吐鲁番地区	7189	274054	169448	8770
哈密地区	54561	295402	31574	44623
昌吉回族自治州	206422	1545759	260853	126894
伊犁哈萨克自治州	125240	1391795	156253	38776
伊犁州直属县(市)	86561	806622	89455	36803
塔城地区	33402	453611	47124	1493
阿勒泰地区	5277	131562	19674	480
博尔塔拉蒙古自治州	23074	162471	22435	1654
巴音郭楞蒙古自治州	279093	2072665	281232	106434
阿克苏地区	171962	973982	184088	46931
克孜勒苏柯尔克孜自治州	6394	112965	16841	966
喀什地区	37914	806782	60943	157570
和田地区	21626	177645	30244	23265

4-5 续表 1

单位：千元

项　　目	年末资产负债					
	固定资产					在建工程
	合　计	固定资产原价	#生产经营用	累计折旧	#本年折旧	
全疆合计	**8225241**	**10918498**	**8450736**	**3726613**	**628660**	**855617**
乌鲁木齐市	3549819	4805273	3680841	1822569	307348	504668
克拉玛依市	910277	1315134	1226041	483147	91897	75799
石河子市	420832	477890	389808	164877	28991	107579
吐鲁番地区	174587	286008	249344	111421	18205	
哈密地区	183668	245815	175347	66528	15010	2138
昌吉回族自治州	487780	597418	457424	166753	33449	39280
伊犁哈萨克自治州	558965	743177	533303	224818	35851	14396
伊犁州直属县(市)	331084	434779	309648	128273	18918	9998
塔城地区	129643	183985	123888	67688	10098	1970
阿勒泰地区	98238	124413	99767	28857	6835	2428
博尔塔拉蒙古自治州	101101	118856	83350	29325	6682	9904
巴音郭楞蒙古自治州	855485	1133363	910714	308901	50308	10769
阿克苏地区	456186	625010	381904	200766	22510	22693
克孜勒苏柯尔克孜自治州	50067	56716	37795	13901	3423	1711
喀什地区	334643	367454	248087	92591	11079	40833
和田地区	141831	146384	76778	41016	3907	25847

4-5 续表 2

单位：千元

项　　目	无形资产	递延资产	其他资产	资产总计
全疆合计	**1492615**	**141223**	**76555**	**37982399**
乌鲁木齐市	799776	29243	38159	18219208
克拉玛依市	45483	2952	133	5054572
石河子市	5680	6059	1201	2213196
吐鲁番地区	8915	21		466347
哈密地区	12694		53	536440
昌吉回族自治州	188930	84407	14780	2448550
伊犁哈萨克自治州	23721	3333	8176	2024766
伊犁州直属县(市)	16308	3174	54	1194045
塔城地区	145			584892
阿勒泰地区	7268	159	8122	245829
博尔塔拉蒙古自治州	8685	271	239	274421
巴音郭楞蒙古自治州	136091	713		3171388
阿克苏地区	45206	9628	3987	1535920
克孜勒苏柯尔克孜自治州	19707		4386	188091
喀什地区	165291	2752	4484	1471522
和田地区	32436	1844	957	377978

4-5 续表 3

单位：千元

项　　目	年末资产负债				
	流动负债合计	长期负债合计	负债合计	所有者权益合计	#实收资本
全疆合计	**25177545**	**1056213**	**26233758**	**11748641**	**9247406**
乌鲁木齐市	13158370	437108	13595478	4623730	3964851
克拉玛依市	3486247	221753	3708000	1346572	937249
石河子市	1632856	46839	1679695	533501	461930
吐鲁番地区	341352	3560	344912	121435	255485
哈密地区	277761	1900	279661	256779	231156
昌吉回族自治州	1375987	71341	1447328	1001222	696381
伊犁哈萨克自治州	1228468	22338	1250806	773960	579083
伊犁州直属县(市)	744536	8008	752544	441501	336146
塔城地区	392222	12543	404765	180127	127468
阿勒泰地区	91710	1787	93497	152332	115469
博尔塔拉蒙古自治州	127664	24779	152443	121978	110803
巴音郭楞蒙古自治州	1727422	114528	1841950	1329438	767377
阿克苏地区	749900	49980	799880	736040	597533
克孜勒苏柯尔克孜自治州	85923	728	86651	101440	89492
喀什地区	811784	46984	858768	612754	394736
和田地区	173811	14375	188186	189792	161330

4-5 续表 4 单位：千元

项目	年末资产负债					
	所有者权益合计					
	实收资本					
	国家资本	集体资本	法人资本	个人资本	港澳台资本	外商资本
全疆合计	**2254589**	**847375**	**2836778**	**3294501**	**14163**	
乌鲁木齐市	1167109	303718	1404268	1075593	14163	
克拉玛依市	245993	146888	228242	316126		
石河子市	296457		92930	72543		
吐鲁番地区			223593	31892		
哈密地区	47502	11682	96153	75819		
昌吉回族自治州	19817	64836	86167	525561		
伊犁哈萨克自治州	134909	65995	108989	269190		
伊犁州直属县(市)	97779	59712	81032	97623		
塔城地区	37130	6283	5321	78734		
阿勒泰地区			22636	92833		
博尔塔拉蒙古自治州	17940	7100	13595	72168		
巴音郭楞蒙古自治州	202184	10275	222323	332595		
阿克苏地区	54777	71518	197972	273266		
克孜勒苏柯尔克孜自治州	6761	13402	10591	58738		
喀什地区	54813	135837	89440	114646		
和田地区	6327	16124	62515	76364		

4-5 续表 5 单位：千元

项目	损益及分配					
	工程结算收入	工程结算成本	工程结算税金及附加	工程结算利润	其他业务收入	其他业务利润
全疆合计	**32536016**	**28805518**	**1022904**	**2537830**	**1193717**	**216005**
乌鲁木齐市	13451119	11873512	427237	1084673	559747	98528
克拉玛依市	4151904	3668141	114672	367889	181481	16272
石河子市	2128550	1937101	60313	130338	89306	26065
吐鲁番地区	349967	356545	7530	-15146	2696	834
哈密地区	387581	341003	12574	33330	2367	511
昌吉回族自治州	1775961	1501644	61753	190735	31758	4986
伊犁哈萨克自治州	2490498	2244764	78768	157724	158796	32179
伊犁州直属县(市)	1710445	1545602	54593	101521	98601	24373
塔城地区	544778	487042	15070	42384	48733	7340
阿勒泰地区	235275	212120	9105	13819	11462	466
博尔塔拉蒙古自治州	292825	266514	10086	15682	8240	1823
巴音郭楞蒙古自治州	4231753	3713295	129429	327195	77996	12291
阿克苏地区	1443198	1262416	47645	131243	18900	6695
克孜勒苏柯尔克孜自治州	156184	141680	4630	9844	596	316
喀什地区	1191031	1053949	50459	82242	22325	6045
和田地区	485445	444954	17808	22081	39509	9460

4-5 续表 6

单位：千元

项目	损益及分配					
	经营费用	管理费用	#税金	财产保险费	差旅费	工会经费
全疆合计	**169764**	**1985356**	**62275**	**16536**	**101542**	**26169**
乌鲁木齐市	65697	961405	15798	6117	53460	11240
克拉玛依市	1202	220330	18724	2452	15562	4671
石河子市	798	117263	2599	22	4539	1723
吐鲁番地区	1038	30664	237	1247	2849	747
哈密地区	674	27252	212	251	584	331
昌吉回族自治州	21829	111568	2689	308	4347	738
伊犁哈萨克自治州	9242	140890	2369	710	4885	1159
伊犁州直属县(市)	8729	90938	1360	290	2752	867
塔城地区	282	34821	899	336	1746	203
阿勒泰地区	231	15131	110	84	387	89
博尔塔拉蒙古自治州	543	12952	183	4	712	227
巴音郭楞蒙古自治州	61834	170310	11026	2908	6014	841
阿克苏地区	1894	86716	1295	1152	3085	3521
克孜勒苏柯尔克孜自治州	30	9423	655	8	481	124
喀什地区	4381	67071	1611	579	3841	351
和田地区	602	29512	4877	778	1183	496

4-5 续表 7

单位：千元

项目	损益及分配				
	财务费用	#利息支出	营业利润	营业外收入	营业外支出
全疆合计	**178266**	**166434**	**590213**	**75446**	**104997**
乌鲁木齐市	104180	102832	117616	43597	42740
克拉玛依市	18210	15052	145621	4300	11606
石河子市	8289	7011	30851	4312	5478
吐鲁番地区	54	10	-45030	590	8882
哈密地区	961	751	5628	617	1466
昌吉回族自治州	17797	17444	66356	7573	5826
伊犁哈萨克自治州	5759	4617	43254	6006	4223
伊犁州直属县(市)	3594	2898	31362	5008	3818
塔城地区	2000	1614	12903	8	174
阿勒泰地区	165	105	-1011	990	231
博尔塔拉蒙古自治州	267	259	4286	138	511
巴音郭楞蒙古自治州	11343	10937	157833	3182	17077
阿克苏地区	4045	2042	47177	1049	3637
克孜勒苏柯尔克孜自治州	-43	-48	780	166	176
喀什地区	7033	5459	14183	1263	1976
和田地区	371	68	1658	2653	1399

4-5 续表 8

单位：千元

项目	损益及分配				
	利润总额	应交所得税	应付利润	劳动、失业保险费	住房公积金及住房补贴
全疆合计	**652889**	**183399**	**372451**	**319497**	**77770**
乌鲁木齐市	174023	49721	115293	165296	29750
克拉玛依市	157909	44182	50196	28594	26641
石河子市	31424	4174	13183	37312	1548
吐鲁番地区	-52778	1028	291	10775	3359
哈密地区	4837	1481	1595	2199	508
昌吉回族自治州	71995	13514	35705	8446	1355
伊犁哈萨克自治州	47573	9427	15383	17459	1643
伊犁州直属县(市)	33602	5105	12045	14414	1059
塔城地区	14054	3862	3399	2505	524
阿勒泰地区	-83	460	-61	540	60
博尔塔拉蒙古自治州	3914	563	1398	2211	288
巴音郭楞蒙古自治州	145978	36575	118623	22040	2752
阿克苏地区	47417	14140	16648	10033	8587
克孜勒苏柯尔克孜自治州	775	169	157	766	60
喀什地区	15273	5586	1241	12939	1250
和田地区	4549	2839	2738	1427	29

4-5 续表 9

单位：千元、人

项目	工资、福利费				补充资料		全部从业人员年平均人数
	本年应付工资总额	#主营业务	本年应付福利费总额	#主营业务	应收工程款	#竣工工程	
全疆合计	**3789403**	**3487348**	**418206**	**354877**	**11593406**	**8118037**	**327971**
乌鲁木齐市	1356398	1222624	167337	136230	5562190	3586819	113689
克拉玛依市	431282	386063	67832	50785	1503628	1472771	28473
石河子市	322218	306261	21655	19017	644337	429372	36019
吐鲁番地区	53979	50448	8391	6359	144588	93972	4320
哈密地区	87197	44220	5968	4273	226343	198224	6566
昌吉回族自治州	288952	281699	28354	26972	806463	398377	25902
伊犁哈萨克自治州	311430	296429	29022	26369	801777	582857	34029
伊犁州直属县(市)	198459	189522	15132	13468	588101	403855	19660
塔城地区	69944	67554	10560	10125	130559	114967	9268
阿勒泰地区	43027	39353	3330	2776	83117	64035	5101
博尔塔拉蒙古自治州	35184	34650	4549	4473	85041	77624	3233
巴音郭楞蒙古自治州	425434	416263	49843	49221	1004755	689416	33351
阿克苏地区	181822	164709	18307	15748	257911	176155	15097
克孜勒苏柯尔克孜自治州	30240	29807	985	973	34610	32202	3011
喀什地区	201999	200784	12721	11589	431055	309200	17807
和田地区	63268	53391	3242	2868	90708	71048	6474

4-6 按地区分的总承包和专业承包建筑业企业财务状况指标（有工作量的企业）

单位：千元

项目	年初存货	年末资产负债		
		流动资产		长期投资
		合计	#存货	
全疆合计	**2530677**	**26196642**	**3679422**	**1717214**
乌鲁木齐市	1233348	13021120	1979762	650025
克拉玛依市	153013	3653574	214285	442153
石河子市	211228	1710271	271851	69153
吐鲁番地区	7189	274054	169448	8770
哈密地区	54561	295402	31574	44623
昌吉回族自治州	206422	1545759	260853	126894
伊犁哈萨克自治州	124883	1390785	155896	38776
伊犁州直属县(市)	86204	805612	89098	36803
塔城地区	33402	453611	47124	1493
阿勒泰地区	5277	131562	19674	480
博尔塔拉蒙古自治州	23074	162471	22435	1654
巴音郭楞蒙古自治州	279063	2071832	281202	106434
阿克苏地区	171962	973982	184088	46931
克孜勒苏柯尔克孜自治州	6394	112965	16841	966
喀什地区	37914	806782	60943	157570
和田地区	21626	177645	30244	23265

4-6 续表 1

单位：千元

项目	年末资产负债					
	固定资产					在建工程
	合计	固定资产原价	#生产经营用	累计折旧	#本年折旧	
全疆合计	**8130301**	**10811347**	**8417272**	**3707673**	**625147**	**849346**
乌鲁木齐市	3456505	4699900	3649145	1803951	303835	498397
克拉玛依市	910277	1315134	1226041	483147	91897	75799
石河子市	420832	477890	389808	164877	28991	107579
吐鲁番地区	174587	286008	249344	111421	18205	
哈密地区	183668	245815	175347	66528	15010	2138
昌吉回族自治州	487361	596962	456968	166716	33449	39280
伊犁哈萨克自治州	558035	742034	532160	224605	35851	14396
伊犁州直属县(市)	330154	433636	308505	128060	18918	9998
塔城地区	129643	183985	123888	67688	10098	1970
阿勒泰地区	98238	124413	99767	28857	6835	2428
博尔塔拉蒙古自治州	101101	118856	83350	29325	6682	9904
巴音郭楞蒙古自治州	855208	1133184	910545	308829	50308	10769
阿克苏地区	456186	625010	381904	200766	22510	22693
克孜勒苏柯尔克孜自治州	50067	56716	37795	13901	3423	1711
喀什地区	334643	367454	248087	92591	11079	40833
和田地区	141831	146384	76778	41016	3907	25847

4-6 续表 2

单位：千元

项目	年末资产负债			
	无形资产	递延资产	其他资产	资产总计
全疆合计	**1487887**	**140554**	**76555**	**37749153**
乌鲁木齐市	795097	28574	38159	17989480
克拉玛依市	45483	2952	133	5054572
石河子市	5680	6059	1201	2213196
吐鲁番地区	8915	21		466347
哈密地区	12694		53	536440
昌吉回族自治州	188881	84407	14780	2448082
伊犁哈萨克自治州	23721	3333	8176	2022826
伊犁州直属县(市)	16308	3174	54	1192105
塔城地区	145			584892
阿勒泰地区	7268	159	8122	245829
博尔塔拉蒙古自治州	8685	271	239	274421
巴音郭楞蒙古自治州	136091	713		3170278
阿克苏地区	45206	9628	3987	1535920
克孜勒苏柯尔克孜自治州	19707		4386	188091
喀什地区	165291	2752	4484	1471522
和田地区	32436	1844	957	377978

4-6 续表 3

单位：千元

项目	年末资产负债				
	流动负债合计	长期负债合计	负债合计	所有者权益合计	#实收资本
全疆合计	**25032573**	**1038880**	**26071453**	**11677700**	**9159885**
乌鲁木齐市	13014364	419775	13434139	4555341	3879955
克拉玛依市	3486247	221753	3708000	1346572	937249
石河子市	1632856	46839	1679695	533501	461930
吐鲁番地区	341352	3560	344912	121435	255485
哈密地区	277761	1900	279661	256779	231156
昌吉回族自治州	1375987	71341	1447328	1000754	695913
伊犁哈萨克自治州	1227568	22338	1249906	772920	578043
伊犁州直属县(市)	743636	8008	751644	440461	335106
塔城地区	392222	12543	404765	180127	127468
阿勒泰地区	91710	1787	93497	152332	115469
博尔塔拉蒙古自治州	127664	24779	152443	121978	110803
巴音郭楞蒙古自治州	1727356	114528	1841884	1328394	766260
阿克苏地区	749900	49980	799880	736040	597533
克孜勒苏柯尔克孜自治州	85923	728	86651	101440	89492
喀什地区	811784	46984	858768	612754	394736
和田地区	173811	14375	188186	189792	161330

4-6　续表 4

单位：千元

项　　目	年末资产负债					
	所有者权益合计					
	实 收 资 本					
	国家资本	集体资本	法人资本	个人资本	港澳台资本	外商资本
全疆合计	**2234043**	**840869**	**2813103**	**3257707**	**14163**	
乌鲁木齐市	1146563	297212	1382133	1039884	14163	
克拉玛依市	245993	146888	228242	316126		
石河子市	296457		92930	72543		
吐鲁番地区			223593	31892		
哈密地区	47502	11682	96153	75819		
昌吉回族自治州	19817	64836	86167	525093		
伊犁哈萨克自治州	134909	65995	107949	269190		
伊犁州直属县(市)	97779	59712	79992	97623		
塔城地区	37130	6283	5321	78734		
阿勒泰地区			22636	92833		
博尔塔拉蒙古自治州	17940	7100	13595	72168		
巴音郭楞蒙古自治州	202184	10275	221823	331978		
阿克苏地区	54777	71518	197972	273266		
克孜勒苏柯尔克孜自治州	6761	13402	10591	58738		
喀什地区	54813	135837	89440	114646		
和田地区	6327	16124	62515	76364		

4-6　续表 5

单位：千元

项　　目	损益及分配					
	工程结算收入	工程结算成本	工程结算税金及附加	工程结算利润	其他业务收入	其他业务利润
全疆合计	**32531643**	**28802107**	**1022769**	**2537101**	**1184125**	**214909**
乌鲁木齐市	13446746	11870101	427110	1083936	550174	97449
克拉玛依市	4151904	3668141	114672	367889	181481	16272
石河子市	2128550	1937101	60313	130338	89306	26065
吐鲁番地区	349967	356545	7530	-15146	2696	834
哈密地区	387581	341003	12574	33330	2367	511
昌吉回族自治州	1775961	1501644	61753	190735	31758	4986
伊犁哈萨克自治州	2490498	2244764	78760	157732	158781	32166
伊犁州直属县(市)	1710445	1545602	54585	101529	98586	24360
塔城地区	544778	487042	15070	42384	48733	7340
阿勒泰地区	235275	212120	9105	13819	11462	466
博尔塔拉蒙古自治州	292825	266514	10086	15682	8240	1823
巴音郭楞蒙古自治州	4231753	3713295	129429	327195	77992	12287
阿克苏地区	1443198	1262416	47645	131243	18900	6695
克孜勒苏柯尔克孜自治州	156184	141680	4630	9844	596	316
喀什地区	1191031	1053949	50459	82242	22325	6045
和田地区	485445	444954	17808	22081	39509	9460

4-6 续表 6

单位：千元

项　　目	损益及分配					
	经营费用	管理费用	#税　金	财产保险费	差旅费	工会经费
全疆合计	**169666**	**1977210**	**62082**	**16470**	**101362**	**26141**
乌鲁木齐市	65599	953368	15609	6053	53286	11212
克拉玛依市	1202	220330	18724	2452	15562	4671
石河子市	798	117263	2599	22	4539	1723
吐鲁番地区	1038	30664	237	1247	2849	747
哈密地区	674	27252	212	251	584	331
昌吉回族自治州	21829	111568	2689	308	4347	738
伊犁哈萨克自治州	9242	140796	2366	708	4884	1159
伊犁州直属县(市)	8729	90844	1357	288	2751	867
塔城地区	282	34821	899	336	1746	203
阿勒泰地区	231	15131	110	84	387	89
博尔塔拉蒙古自治州	543	12952	183	4	712	227
巴音郭楞蒙古自治州	61834	170295	11025	2908	6009	841
阿克苏地区	1894	86716	1295	1152	3085	3521
克孜勒苏柯尔克孜自治州	30	9423	655	8	481	124
喀什地区	4381	67071	1611	579	3841	351
和田地区	602	29512	4877	778	1183	496

4-6 续表 7

单位：千元

项　　目	损益及分配				
	财务费用	#利息支出	营业利润	营业外收入	营业外支出
全疆合计	**177946**	**166121**	**596854**	**75194**	**104502**
乌鲁木齐市	103860	102519	124157	43345	42245
克拉玛依市	18210	15052	145621	4300	11606
石河子市	8289	7011	30851	4312	5478
吐鲁番地区	54	10	-45030	590	8882
哈密地区	961	751	5628	617	1466
昌吉回族自治州	17797	17444	66356	7573	5826
伊犁哈萨克自治州	5759	4617	43343	6006	4223
伊犁州直属县(市)	3594	2898	31451	5008	3818
塔城地区	2000	1614	12903	8	174
阿勒泰地区	165	105	-1011	990	231
博尔塔拉蒙古自治州	267	259	4286	138	511
巴音郭楞蒙古自治州	11343	10937	157844	3182	17077
阿克苏地区	4045	2042	47177	1049	3637
克孜勒苏柯尔克孜自治州	-43	-48	780	166	176
喀什地区	7033	5459	14183	1263	1976
和田地区	371	68	1658	2653	1399

4-6 续表 8

单位：千元

项　　目	损益及分配				
	利润总额	应交所得税	应付利润	劳动、失业保险费	住房公积金及住房补贴
全疆合计	**658134**	**183379**	**372861**	**318535**	**77544**
乌鲁木齐市	179168	49701	115703	164344	29524
克拉玛依市	157909	44182	50196	28594	26641
石河子市	31424	4174	13183	37312	1548
吐鲁番地区	-52778	1028	291	10775	3359
哈密地区	4837	1481	1595	2199	508
昌吉回族自治州	71995	13514	35705	8446	1355
伊犁哈萨克自治州	47662	9427	15383	17449	1643
伊犁州直属县(市)	33691	5105	12045	14404	1059
塔城地区	14054	3862	3399	2505	524
阿勒泰地区	-83	460	-61	540	60
博尔塔拉蒙古自治州	3914	563	1398	2211	288
巴音郭楞蒙古自治州	145989	36575	118623	22040	2752
阿克苏地区	47417	14140	16648	10033	8587
克孜勒苏柯尔克孜自治州	775	169	157	766	60
喀什地区	15273	5586	1241	12939	1250
和田地区	4549	2839	2738	1427	29

4-6 续表 9

单位：千元、人

项　　目	工资、福利费				补充资料		全部从业人员年平均人数
	本年应付工资总额	#主营业务	本年应付福利费总额	#主营业务	应收工程款	#竣工工程	
全疆合计	**3786672**	**3485386**	**417319**	**354343**	**11590966**	**8116437**	**327746**
乌鲁木齐市	1353811	1220806	166460	135706	5560590	3585219	113482
克拉玛依市	431282	386063	67832	50785	1503628	1472771	28473
石河子市	322218	306261	21655	19017	644337	429372	36019
吐鲁番地区	53979	50448	8391	6359	144588	93972	4320
哈密地区	87197	44220	5968	4273	226343	198224	6566
昌吉回族自治州	288952	281699	28354	26972	806463	398377	25900
伊犁哈萨克自治州	311390	296389	29022	26369	800937	582857	34024
伊犁州直属县(市)	198419	189482	15132	13468	587261	403855	19655
塔城地区	69944	67554	10560	10125	130559	114967	9268
阿勒泰地区	43027	39353	3330	2776	83117	64035	5101
博尔塔拉蒙古自治州	35184	34650	4549	4473	85041	77624	3233
巴音郭楞蒙古自治州	425330	416159	49833	49211	1004755	689416	33340
阿克苏地区	181822	164709	18307	15748	257911	176155	15097
克孜勒苏柯尔克孜自治州	30240	29807	985	973	34610	32202	3011
喀什地区	201999	200784	12721	11589	431055	309200	17807
和田地区	63268	53391	3242	2868	90708	71048	6474

4-7 按地区分的总承包和专业承包建筑业企业生产情况指标

单位：千元

项目	建筑业合同情况			承包工程完成情况			
	签订的合同额	上年结转合同额	本年新签合同额	直接从建设单位承揽工程完成的产值	自行完成施工产值	分包出去工程的产值	从建设单位以外承揽工程完成的产值
全疆合计	**47255008**	**13510862**	**33744146**	**34209267**	**33546571**	**662696**	**624360**
乌鲁木齐市	21787535	6932200	14855335	13263954	13047313	216641	280002
克拉玛依市	4796694	1031926	3764768	4321106	3906746	414360	139358
石河子市	2811102	858308	1952794	2301122	2286956	14166	41072
吐鲁番地区	686630	55710	630920	616155	614955	1200	538
哈密地区	505937	120530	385407	412582	412582		35960
昌吉回族自治州	2522964	465538	2057426	2068921	2068921		2250
伊犁哈萨克自治州	3547549	973097	2574452	2821008	2820107	901	4994
伊犁州直属县(市)	2259508	629221	1630287	1853326	1852525	801	1007
塔城地区	904496	256041	648455	653610	653510	100	3987
阿勒泰地区	383545	87835	295710	314072	314072		
博尔塔拉蒙古自治州	348977	57720	291257	309288	309288		
巴音郭楞蒙古自治州	5392179	1440600	3951579	4770802	4761392	9410	16170
阿克苏地区	2144128	580497	1563631	1415524	1413124	2400	59782
克孜勒苏柯尔克孜自治州	195306	52436	142870	142410	142410		
喀什地区	1954347	802121	1152226	1200535	1200535		38241
和田地区	561660	140179	421481	565860	562242	3618	5993

4-7 续表 1

单位：千元

项目	建筑业总产值	#装饰装修	#在外省完成	建筑工程	安装工程	其他	竣工产值
全疆合计	**34170931**	**943209**	**1954058**	**28366677**	**3965094**	**1839160**	**25809179**
乌鲁木齐市	13327315	371523	1409914	11292333	1507647	527335	9113833
克拉玛依市	4046104	59402	206980	2353250	1328704	364150	3228820
石河子市	2328028	33311		2257560	61211	9257	2105350
吐鲁番地区	615493	4100	233754	224240	341995	49258	575469
哈密地区	448542	3696		371359	26422	50761	372074
昌吉回族自治州	2071171	142340	4680	1890626	153257	27288	1608438
伊犁哈萨克自治州	2825101	95597	26580	2657745	110995	56361	2233736
伊犁州直属县(市)	1853532	74368	26180	1734463	82565	36504	1430417
塔城地区	657497	17782	400	620107	25160	12230	529337
阿勒泰地区	314072	3447		303175	3270	7627	273982
博尔塔拉蒙古自治州	309288	790		300298	4382	4608	234569
巴音郭楞蒙古自治州	4777562	23021	18650	4046272	206724	524566	3515240
阿克苏地区	1472906	12337		1281581	46970	144355	1262556
克孜勒苏柯尔克孜自治州	142410	1090		131533	1503	9374	136567
喀什地区	1238776	165990	53500	1037225	139447	62104	1032944
和田地区	568235	30012		522655	35837	9743	389583

4-7 续表 2 单位：平方米、千元、台、千瓦

项目	房屋建筑施工面积	#新开工	#实行投标承包	#新开工	年末自有施工机械设备		
					净值	总台数	总功率
全疆合计	**28122995**	**17915032**	**24267865**	**16131948**	**3583969**	**98541**	**2388382**
乌鲁木齐市	9683740	5451348	8446244	4679041	1339911	24749	679987
克拉玛依市	1658383	1230763	1467350	1091194	496999	6584	321411
石河子市	2370134	1428914	2015379	1284211	106362	4647	95882
吐鲁番地区	364276	223843	282290	202373	107018	2010	55899
哈密地区	693036	496853	490853	297713	78182	3152	51081
昌吉回族自治州	2029775	1540667	1877596	1477178	292468	11016	190910
伊犁哈萨克自治州	2971013	2061307	2473435	1895665	254857	16685	252859
伊犁州直属县(市)	1769822	1184738	1609179	1136547	133749	10236	100432
塔城地区	820313	586293	490538	468842	49232	3457	108778
阿勒泰地区	380878	290276	373718	290276	71876	2992	43649
博尔塔拉蒙古自治州	349253	279329	347253	279329	62206	2281	33409
巴音郭楞蒙古自治州	3316962	2200871	3276870	2139320	424295	10223	445016
阿克苏地区	1712895	1074571	1484491	1045496	233857	5515	141274
克孜勒苏柯尔克孜自治州	179594	124718	153676	116574	16416	634	5720
喀什地区	2077794	1226468	1408127	1149291	131291	7630	77049
和田地区	716140	575380	544301	474563	40107	3415	37885

4-7 续表 3 单位：人

项目	从业人员情况					
	计算建筑业劳动生产率的平均人数	年末从业人员中管理人员	年末从业人员中工程技术人员	年末从业人员中持有一级资质证书的项目经理	年末从业人员中现场施工工人	#持证上岗人员
全疆合计	**314678**	**43149**	**40596**	**2021**	**113047**	**65712**
乌鲁木齐市	108447	16978	15641	943	45045	21432
克拉玛依市	28204	4384	3124	236	7725	6042
石河子市	35474	3217	2433	74	9810	7670
吐鲁番地区	3750	852	719	41	2254	1373
哈密地区	5256	1299	1218	16	1770	824
昌吉回族自治州	25193	2895	2870	80	3437	1500
伊犁哈萨克自治州	32483	5010	4350	194	10155	5708
伊犁州直属县(市)	19295	3316	2735	37	5874	3523
塔城地区	8840	1191	909	157	3792	2102
阿勒泰地区	4348	503	706		489	83
博尔塔拉蒙古自治州	3017	631	668	73	761	378
巴音郭楞蒙古自治州	33002	2368	4245	278	13000	11721
阿克苏地区	14053	2273	2339	34	9096	4951
克孜勒苏柯尔克孜自治州	2931	193	265		259	105
喀什地区	17408	1988	1747	30	5342	2703
和田地区	5460	1061	977	22	4393	1305

4-7 续表 4

单位：吨、立方米、重量箱、平方米、千元

项 目	主要建筑材料消耗量						补充资料	
	1.钢 材	2.木 材	3.水 泥	4.平板玻璃(重量级)	4.平板玻璃(平方米)	5.铝 材	企 业总产值	境外完成的营业额
全疆合计	**1059198**	**624543**	**10561235**	**382142**	**3326540**	**41068**	**35427798**	**115025**
乌鲁木齐市	462853	127536	1750322	112985	791210	2712	13778525	35032
克拉玛依市	87421	17101	224035	11523	139133	1480	4240999	56313
石河子市	77534	17298	332556	1549	180797	6854	2427557	23000
吐鲁番地区	11725	3793	52817	7703	54115	19	618039	
哈密地区	12767	2444	73436	4594	75985	1872	451254	
昌吉回族自治州	50610	55787	299852	102734	545758	5777	2121960	
伊犁哈萨克自治州	75351	206008	6239470	77592	410389	1988	3000019	680
伊犁州直属县(市)	47054	187930	861889	55979	233072	1725	1973326	680
塔城地区	20780	10465	5311073	18375	91107	239	702156	
阿勒泰地区	7517	7613	66508	3238	86210	24	324537	
博尔塔拉蒙古自治州	26540	5832	72910	11863	113444	1	341244	
巴音郭楞蒙古自治州	121045	87998	781119	16627	252302	852	4855030	
阿克苏地区	58267	57477	233502	6683	247015	12966	1548999	
克孜勒苏柯尔克孜自治州	7236	5545	56925	3710	41000	79	146259	
喀什地区	53665	25291	250773	19571	134193	6200	1323173	
和田地区	14184	12433	193518	5008	341199	268	574740	

4-8 按地区分的总承包和专业承包建筑业企业生产情况指标（有工作量的企业）

单位：千元

项 目	建筑业合同情况			承包工程完成情况			
	签订的合同额	上年结转合 同 额	本年新签合 同 额	直接从建设单位承揽工程完成的 产 值	自行完成施工产值	分包出去工程的产值	从建设单位以外承揽工程完成的 产 值
全疆合计	**47255008**	**13510862**	**33744146**	**34209267**	**33546571**	**662696**	**624360**
乌鲁木齐市	21787535	6932200	14855335	13263954	13047313	216641	280002
克拉玛依市	4796694	1031926	3764768	4321106	3906746	414360	139358
石河子市	2811102	858308	1952794	2301122	2286956	14166	41072
吐鲁番地区	686630	55710	630920	616155	614955	1200	538
哈密地区	505937	120530	385407	412582	412582		35960
昌吉回族自治州	2522964	465538	2057426	2068921	2068921		2250
伊犁哈萨克自治州	3547549	973097	2574452	2821008	2820107	901	4994
伊犁州直属县(市)	2259508	629221	1630287	1853326	1852525	801	1007
塔城地区	904496	256041	648455	653610	653510	100	3987
阿勒泰地区	383545	87835	295710	314072	314072		
博尔塔拉蒙古自治州	348977	57720	291257	309288	309288		
巴音郭楞蒙古自治州	5392179	1440600	3951579	4770802	4761392	9410	16170
阿克苏地区	2144128	580497	1563631	1415524	1413124	2400	59782
克孜勒苏柯尔克孜自治州	195306	52436	142870	142410	142410		
喀什地区	1954347	802121	1152226	1200535	1200535		38241
和田地区	561660	140179	421481	565860	562242	3618	5993

4-8 续表 1

单位：千元

项　　目	建筑业总产值	#装饰装修	#在外省完成	建筑工程	安装工程	其　他	竣工产值
全疆合计	**34170931**	**943209**	**1954058**	**28366677**	**3965094**	**1839160**	**25809179**
乌鲁木齐市	13327315	371523	1409914	11292333	1507647	527335	9113833
克拉玛依市	4046104	59402	206980	2353250	1328704	364150	3228820
石河子市	2328028	33311		2257560	61211	9257	2105350
吐鲁番地区	615493	4100	233754	224240	341995	49258	575469
哈密地区	448542	3696		371359	26422	50761	372074
昌吉回族自治州	2071171	142340	4680	1890626	153257	27288	1608438
伊犁哈萨克自治州	2825101	95597	26580	2657745	110995	56361	2233736
伊犁州直属县(市)	1853532	74368	26180	1734463	82565	36504	1430417
塔城地区	657497	17782	400	620107	25160	12230	529337
阿勒泰地区	314072	3447		303175	3270	7627	273982
博尔塔拉蒙古自治州	309288	790		300298	4382	4608	234569
巴音郭楞蒙古自治州	4777562	23021	18650	4046272	206724	524566	3515240
阿克苏地区	1472906	12337		1281581	46970	144355	1262556
克孜勒苏柯尔克孜自治州	142410	1090		131533	1503	9374	136567
喀什地区	1238776	165990	53500	1037225	139447	62104	1032944
和田地区	568235	30012		522655	35837	9743	389583

4-8 续表 2

单位：平方米、千元、台、千瓦

项　　目	房屋建筑施工面积	#新开工	#实行投标承包	#新开工	年末自有施工机械设备		
					净　值	总台数	总功率
全疆合计	**28122995**	**17915032**	**24267865**	**16131948**	**3576466**	**98435**	**2367624**
乌鲁木齐市	9683740	5451348	8446244	4679041	1332568	24657	659249
克拉玛依市	1658383	1230763	1467350	1091194	496999	6584	321411
石河子市	2370134	1428914	2015379	1284211	106362	4647	95882
吐鲁番地区	364276	223843	282290	202373	107018	2010	55899
哈密地区	693036	496853	490853	297713	78182	3152	51081
昌吉回族自治州	2029775	1540667	1877596	1477178	292468	11016	190910
伊犁哈萨克自治州	2971013	2061307	2473435	1895665	254857	16685	252859
伊犁州直属县(市)	1769822	1184738	1609179	1136547	133749	10236	100432
塔城地区	820313	586293	490538	468842	49232	3457	108778
阿勒泰地区	380878	290276	373718	290276	71876	2992	43649
博尔塔拉蒙古自治州	349253	279329	347253	279329	62206	2281	33409
巴音郭楞蒙古自治州	3316962	2200871	3276870	2139320	424135	10209	444996
阿克苏地区	1712895	1074571	1484491	1045496	233857	5515	141274
克孜勒苏柯尔克孜自治州	179594	124718	153676	116574	16416	634	5720
喀什地区	2077794	1226468	1408127	1149291	131291	7630	77049
和田地区	716140	575380	544301	474563	40107	3415	37885

4-8 续表 3

单位：人

项目	从业人员情况					
	计算建筑业劳动生产率的平均人数	年末从业人员中管理人员	年末从业人员中工程技术人员	年末从业人员中持有一级资质证书的项目经理	年末从业人员中现场施工工人	#持证上岗人员
全疆合计	**314561**	**43062**	**40555**	**2020**	**113040**	**65712**
乌鲁木齐市	108348	16895	15604	942	45038	21432
克拉玛依市	28204	4384	3124	236	7725	6042
石河子市	35474	3217	2433	74	9810	7670
吐鲁番地区	3750	852	719	41	2254	1373
哈密地区	5256	1299	1218	16	1770	824
昌吉回族自治州	25191	2895	2869	80	3437	1500
伊犁哈萨克自治州	32478	5010	4350	194	10155	5708
伊犁州直属县(市)	19290	3316	2735	37	5874	3523
塔城地区	8840	1191	909	157	3792	2102
阿勒泰地区	4348	503	706		489	83
博尔塔拉蒙古自治州	3017	631	668	73	761	378
巴音郭楞蒙古自治州	32991	2364	4242	278	13000	11721
阿克苏地区	14053	2273	2339	34	9096	4951
克孜勒苏柯尔克孜自治州	2931	193	265		259	105
喀什地区	17408	1988	1747	30	5342	2703
和田地区	5460	1061	977	22	4393	1305

4-8 续表 4

单位：吨、立方米、重量箱、平方米、千元

项目	主要建筑材料消耗量						补充资料	
	1.钢材	2.木材	3.水泥	4.平板玻璃(重量级)	4.平板玻璃(平方米)	5.铝材	企业总产值	境外完成的营业额
全疆合计	**1059198**	**624543**	**10561235**	**382142**	**3326540**	**41068**	**35425138**	**115025**
乌鲁木齐市	462853	127536	1750322	112985	791210	2712	13775865	35032
克拉玛依市	87421	17101	224035	11523	139133	1480	4240999	56313
石河子市	77534	17298	332556	1549	180797	6854	2427557	23000
吐鲁番地区	11725	3793	52817	7703	54115	19	618039	
哈密地区	12767	2444	73436	4594	75985	1872	451254	
昌吉回族自治州	50610	55787	299852	102734	545758	5777	2121960	
伊犁哈萨克自治州	75351	206008	6239470	77592	410389	1988	3000019	680
伊犁州直属县(市)	47054	187930	861889	55979	233072	1725	1973326	680
塔城地区	20780	10465	5311073	18375	91107	239	702156	
阿勒泰地区	7517	7613	66508	3238	86210	24	324537	
博尔塔拉蒙古自治州	26540	5832	72910	11863	113444	1	341244	
巴音郭楞蒙古自治州	121045	87998	781119	16627	252302	852	4855030	
阿克苏地区	58267	57477	233502	6683	247015	12966	1548999	
克孜勒苏柯尔克孜自治州	7236	5545	56925	3710	41000	79	146259	
喀什地区	53665	25291	250773	19571	134193	6200	1323173	
和田地区	14184	12433	193518	5008	341199	268	574740	

4-9 资质以下建筑业企业主要经济指标

单位：个、千元、平方米

项目	建筑业企业个数	从业人员	计算建筑业劳动生产率的平均人数	建筑业总产值	竣工产值	房屋建筑施工面积
总计	**337**	**9018**	**9666**	**707445**	**540135**	**167805**
按登记注册类型分组						
内资企业	335	8971	9619	703786	536476	167805
国有企业	45	2163	2990	126894	113628	934
集体企业	37	1270	1330	96630	70567	45962
股份合作企业	1	36	36	1800	1800	2000
联营企业	1	55	55	2230	2230	
国有与集体联营企业						
有限责任公司	63	2361	2540	320243	245744	88098
国有独资公司	1	64	64	6025	6025	6025
其他有限责任公司	62	2297	2476	314218	239719	82073
股份有限公司	3	31	42	3030	3030	3541
私营企业	184	3055	2626	152959	99477	27270
私营有限责任公司	161	2821	2403	143114	90477	26300
私营股份有限公司	5	30	19	845		
其他企业	1					
港、澳、台商投资企业	2	47	47	3659	3659	
合资经营企业（港或澳、台资）	1	21	21	611	611	
按国民经济行业分组						
房屋和土木工程建筑业	120	5314	5659	324875	243741	104861
房屋工程建筑	40	1956	1810	82016	72436	104861
土木工程建筑	80	3358	3849	242859	171305	
铁路、道路、隧道和桥梁建筑	25	1710	1920	96897	86780	
水利和港口建筑	11	475	595	14794	9428	
工矿工程建筑	7	213	208	10724	10724	
架线和管道工程建筑	22	575	744	96225	42709	
其他土木工程建筑	15	385	382	24219	21664	
建筑安装业	72	2055	2349	274173	214611	58500
建筑装饰业	104	753	702	36315	33303	
其他建筑业	41	896	956	72082	48480	4444
按隶属关系分组						
中央	30	2189	2289	177996	161014	44080
地区	307	6829	7377	529449	379121	123725
全疆合计	**337**	**9018**	**9666**	**707445**	**540135**	**167805**
乌鲁木齐市	157	2551	2975	307641	169859	57113
克拉玛依市	14	335	327	27530	22727	
石河子市	33	1468	1247	117028	112448	21751
吐鲁番地区	1					
哈密地区	17	438	829	42564	44871	12500
昌吉回族自治州	37	1316	1288	59864	59964	34509
伊犁哈萨克自治州	15	502	369	20030	9578	17200
伊犁州直属县(市)	9	119	126	6669	3613	
塔城地区	2	230	84	5115	815	200
阿勒泰地区	4	153	159	8246	5150	17000
博尔塔拉蒙古自治州	4	21	19	1085	895	
巴音郭楞蒙古自治州	25	1427	1409	76916	73911	934
阿克苏地区	13	123	109	9203	9203	7125
克孜勒苏柯尔克孜自治州						
喀什地区	16	438	698	39230	30884	16673
和田地区	5	399	396	6354	5795	

4-9 续表 1　　　　单位：平方米、千元

项　　目	房屋建筑竣工面积	资产总计	负债合计	利润总额	主营业务税金及附加	从业人员劳动报酬
总　计	**123740**	**944673**	**444423**	**53837**	**23989**	**91809**
按登记注册类型分组						
内资企业	123740	931838	435807	54365	23975	90412
国有企业	934	167853	110398	1076	3563	29689
集体企业	40057	105579	55197	-2356	7116	13224
股份合作企业	2000	4700	4020	-84	58	360
联营企业		4140	2398	357	74	614
国有与集体联营企业						
有限责任公司	52148	338467	146489	47531	7274	21160
国有独资公司	6025	7755	6971	441	57	304
其他有限责任公司	46123	330712	139518	47090	7217	20856
股份有限公司	1581	3375	1283	-383	68	740
私营企业	27020	307724	116022	8224	5822	24625
私营有限责任公司	26300	291285	109376	7751	5303	23083
私营股份有限公司		7916	3581	-304	215	180
其他企业						
港、澳、台商投资企业		12835	8616	-528	14	1397
合资经营企业（港或澳、台资）		9005	5096	-558	14	443
按国民经济行业分组						
房屋和土木工程建筑业	80040	403268	190437	30846	13029	54297
房屋工程建筑	80040	110773	46303	-820	6273	13406
土木工程建筑		292495	144134	31666	6756	40891
铁路、道路、隧道和桥梁建筑		93905	53868	-2551	2678	24542
水利和港口建筑		17117	7216	1367	510	2041
工矿工程建筑		11813	8746	195	281	2434
架线和管道工程建筑		120918	39408	33180	2412	7757
其他土木工程建筑		48742	34896	-525	875	4117
建筑安装业	43700	353447	194955	24138	7292	22056
建筑装饰业		63899	20228	-2269	1124	5069
其他建筑业		124059	38803	1122	2544	10387
按隶属关系分组						
中　央	26374	164442	89450	6335	3845	26239
地　区	97366	780231	354973	47502	20144	65570
全疆合计	**123740**	**944673**	**444423**	**53837**	**23989**	**91809**
乌鲁木齐市	42313	467933	207351	42832	9684	32575
克拉玛依市		51236	18000	-1409	719	3713
石河子市	14401	91274	43998	3380	1447	7952
吐鲁番地区						
哈密地区	12500	40726	22523	5431	1109	4087
昌吉回族自治州	34509	113774	51565	2734	2165	11379
伊犁哈萨克自治州	3200	39748	20678	113	4351	3512
伊犁州直属县(市)		21893	11782	47	187	1258
塔城地区		9872	3600	15	3955	905
阿勒泰地区	3200	7983	5296	51	209	1349
博尔塔拉蒙古自治州		3110	315	-78	30	201
巴音郭楞蒙古自治州	934	96486	59330	-348	2602	21173
阿克苏地区	6545	9913	8199	614	211	864
克孜勒苏柯尔克孜自治州						
喀什地区	9338	23332	9938	-409	1460	5026
和田地区		7141	2526	977	211	1327

4-10 劳务分包建筑业企业主要经济指标

单位：个、千元

项目	建筑业企业个数	#有工作量	从业人员	计算建筑业劳动生产率的平均人数	建筑业总产值
总计	**84**	**73**	**4230**	**6363**	**228746**
#一、二级企业	72	64	3914	6045	210604
#国有及国有控股	5	5	346	327	14572
按登记注册类型分组					
内资企业	84	73	4230	6363	228746
国有企业	3	3	276	287	11394
集体企业	9	7	1194	1194	73801
股份合作企业					
联营企业					
国有与集体联营企业					
有限责任公司	14	12	335	2586	74034
国有独资公司					
其他有限责任公司	14	12	335	2586	74034
股份有限公司					
私营企业	58	51	2425	2296	69517
私营有限责任公司	55	50	2305	2176	63643
私营股份有限公司	2	1	120	120	5874
其他企业					
港、澳、台商投资企业					
合资经营企业（港或澳、台资）					
按国民经济行业分组					
房屋和土木工程建筑业	27	23	1604	1394	65670
房屋工程建筑	15	15	649	432	3239
土木工程建筑	12	8	955	962	62431
铁路、道路、隧道和桥梁建筑	4	2	370	370	20548
水利和港口建筑					
工矿工程建筑					
架线和管道工程建筑	2				
其他土木工程建筑	6	6	585	592	41883
建筑安装业	22	21	711	690	52971
建筑装饰业	1	1	15	33	2505
其他建筑业	34	28	1900	4246	107600
按隶属关系分组					
中央	3	3	220	371	13522
地区	81	70	4010	5992	215224
按企业资质等级分组					
劳务分包	84	73	4230	6363	228746
一级	3	3	90	1991	39465
二级	69	61	3824	4054	171139
三级					
不分等级	12	9	316	318	18142
全疆合计	**84**	**73**	**4230**	**6363**	**228746**
乌鲁木齐市	49	45	2859	4987	205290
克拉玛依市					
石河子市	20	20	816	739	16138
吐鲁番地区					
哈密地区	9	7	531	623	5446
昌吉回族自治州					
伊犁哈萨克自治州	4				
伊犁州直属县(市)	4				
塔城地区					
阿勒泰地区					
博尔塔拉蒙古自治州					
巴音郭楞蒙古自治州	2	1	24	14	1872
阿克苏地区					
克孜勒苏柯尔克孜自治州					
喀什地区					
和田地区					

4-10 续表 1

单位：千元

项　　目	资产总计	负债合计	利润总额	主营业务税金及附加	从业人员劳动报酬
总　计	**125851**	**78761**	**-2520**	**6998**	**90875**
#一、二级企业	108924	70684	-2518	6398	87671
#国有及国有控股	9687	10276	-81	487	3243
按登记注册类型分组					
内资企业	125851	78761	-2520	6998	90875
国有企业	7158	10257	-19	354	3146
集体企业	39431	27298	-940	2078	11888
股份合作企业					
联营企业					
国有与集体联营企业					
有限责任公司	25646	14627	33	2345	41682
国有独资公司					
其他有限责任公司	25646	14627	33	2345	41682
股份有限公司					
私营企业	53616	26579	-1594	2221	34159
私营有限责任公司	52744	26219	-1600	2028	32719
私营股份有限公司	872	360	6	193	1440
其他企业					
港、澳、台商投资企业					
合资经营企业（港或澳、台资）					
按国民经济行业分组					
房屋和土木工程建筑业	33424	16802	-52	2116	27354
房屋工程建筑	6205	1451	138	122	7487
土木工程建筑	27219	15351	-190	1994	19867
铁路、道路、隧道和桥梁建筑	5850	4874	-110	703	15361
水利和港口建筑					
工矿工程建筑					
架线和管道工程建筑					
其他土木工程建筑	21369	10477	-80	1291	4506
建筑安装业	42202	30309	-2455	1430	6029
建筑装饰业	1297	428	-23	83	330
其他建筑业	48928	31222	10	3369	57162
按隶属关系分组					
中　央	5993	2932	165	278	2482
地　区	119858	75829	-2685	6720	88393
按企业资质等级分组					
劳务分包	125851	78761	-2520	6998	90875
一　级	9839	6442	554	1297	36895
二　级	99085	64242	-3072	5101	50776
三　级					
不分等级	16927	8077	-2	600	3204
全疆合计	**125851**	**78761**	**-2520**	**6998**	**90875**
乌鲁木齐市	109219	71801	-3220	6387	77726
克拉玛依市					
石河子市	9048	3294	364	192	9250
吐鲁番地区					
哈密地区	4740	3146	-66	351	3713
昌吉回族自治州					
伊犁哈萨克自治州					
伊犁州直属县(市)					
塔城地区					
阿勒泰地区					
博尔塔拉蒙古自治州					
巴音郭楞蒙古自治州	2844	520	402	68	186
阿克苏地区					
克孜勒苏柯尔克孜自治州					
喀什地区					
和田地区					

4-11 劳务分包建筑业企业主要经济指标(有工作量的企业)

单位：个、千元

项目	建筑业企业个数	#有工作量	从业人员	计算建筑业劳动生产率的平均人数	建筑业总产值
总计	**73**	**73**	**4216**	**6363**	**228746**
#一、二级企业	64	64	3910	6045	210604
#国有及国有控股	5	5	346	327	14572
按登记注册类型分组					
内资企业	73	73	4216	6363	228746
国有企业	3	3	276	287	11394
集体企业	7	7	1194	1194	73801
股份合作企业					
联营企业					
国有与集体联营企业					
有限责任公司	12	12	335	2586	74034
国有独资公司					
其他有限责任公司	12	12	335	2586	74034
股份有限公司					
私营企业	51	51	2411	2296	69517
私营有限责任公司	50	50	2291	2176	63643
私营股份有限公司	1	1	120	120	5874
其他企业					
港、澳、台商投资企业					
合资经营企业（港或澳、台资）					
按国民经济行业分组					
房屋和土木工程建筑业	23	23	1604	1394	65670
房屋工程建筑	15	15	649	432	3239
土木工程建筑	8	8	955	962	62431
铁路、道路、隧道和桥梁建筑	2	2	370	370	20548
水利和港口建筑					
工矿工程建筑					
架线和管道工程建筑					
其他土木工程建筑	6	6	585	592	41883
建筑安装业	21	21	701	690	52971
建筑装饰业	1	1	15	33	2505
其他建筑业	28	28	1896	4246	107600
按隶属关系分组					
中央	3	3	220	371	13522
地区	70	70	3996	5992	215224
按企业资质等级分组					
劳务分包	73	73	4216	6363	228746
一级	3	3	90	1991	39465
二级	61	61	3820	4054	171139
三级					
不分等级	9	9	306	318	18142
全疆合计	**73**	**73**	**4216**	**6363**	**228746**
乌鲁木齐市	45	45	2855	4987	205290
克拉玛依市					
石河子市	20	20	816	739	16138
吐鲁番地区					
哈密地区	7	7	531	623	5446
昌吉回族自治州					
伊犁哈萨克自治州					
伊犁州直属县(市)					
塔城地区					
阿勒泰地区					
博尔塔拉蒙古自治州					
巴音郭楞蒙古自治州	1	1	14	14	1872
阿克苏地区					
克孜勒苏柯尔克孜自治州					
喀什地区					
和田地区					

4-11 续表 1

单位：千元

项目	资产总计	负债合计	利润总额	主营业务税金及附加	从业人员劳动报酬
总计	**124532**	**78701**	**-2450**	**6998**	**90761**
#一、二级企业	108415	70681	-2448	6398	87641
#国有及国有控股	9687	10276	-81	487	3243
按登记注册类型分组					
内资企业	124532	78701	-2450	6998	90761
国有企业	7158	10257	-19	354	3146
集体企业	39431	27298	-940	2078	11888
股份合作企业					
联营企业					
国有与集体联营企业					
有限责任公司	25646	14627	33	2345	41682
国有独资公司					
其他有限责任公司	25646	14627	33	2345	41682
股份有限公司					
私营企业	52297	26519	-1524	2221	34045
私营有限责任公司	51425	26159	-1530	2028	32605
私营股份有限公司	872	360	6	193	1440
其他企业					
港、澳、台商投资企业					
合资经营企业（港或澳、台资）					
按国民经济行业分组					
房屋和土木工程建筑业	33424	16802	-52	2116	27354
房屋工程建筑	6205	1451	138	122	7487
土木工程建筑	27219	15351	-190	1994	19867
铁路、道路、隧道和桥梁建筑	5850	4874	-110	703	15361
水利和港口建筑					
工矿工程建筑					
架线和管道工程建筑					
其他土木工程建筑	21369	10477	-80	1291	4506
建筑安装业	41392	30252	-2455	1430	5945
建筑装饰业	1297	428	-23	83	330
其他建筑业	48419	31219	80	3369	57132
按隶属关系分组					
中央	5993	2932	165	278	2482
地区	118539	75769	-2615	6720	88279
按企业资质等级分组					
劳务分包	124532	78701	-2450	6998	90761
一级	9839	6442	554	1297	36895
二级	98576	64239	-3002	5101	50746
三级					
不分等级	16117	8020	-2	600	3120
全疆合计	**124532**	**78701**	**-2450**	**6998**	**90761**
乌鲁木齐市	108710	71798	-3150	6387	77696
克拉玛依市					
石河子市	9048	3294	364	192	9250
吐鲁番地区					
哈密地区	4740	3146	-66	351	3713
昌吉回族自治州					
伊犁哈萨克自治州					
伊犁州直属县(市)					
塔城地区					
阿勒泰地区					
博尔塔拉蒙古自治州					
巴音郭楞蒙古自治州	2034	463	402	68	102
阿克苏地区					
克孜勒苏柯尔克孜自治州					
喀什地区					
和田地区					

4-12 按地区分的劳务分包建筑业企业主要经济指标

单位：个、千元

项目	建筑业企业个数	#有工作量企业个数	建筑业总产值	#装饰装修产值	计算建筑业劳动生产率的平均人数	年末从业人员中管理人员	年末从业人员中工程技术人员	年末从业人员中现场施工人
全疆合计	**84**	**73**	**228746**	**10180**	**6363**	**448**	**273**	**2253**
乌鲁木齐市	49	45	205290	10180	4987	314	211	1841
克拉玛依市								
石河子市	20	20	16138		739	88	43	51
吐鲁番地区								
哈密地区	9	7	5446		623	41	13	360
昌吉回族自治州								
伊犁哈萨克自治州	4							
伊犁州直属县(市)	4							
塔城地区								
阿勒泰地区								
博尔塔拉蒙古自治州								
巴音郭楞蒙古自治州	2	1	1872		14	5	6	1
阿克苏地区								
克孜勒苏柯尔克孜自治州								
喀什地区								
和田地区								

4-12 续表 1

单位：千元

项目	固定资产原价	本年折旧	资产总计	负债合计	实收资本	国家资本	集体资本	法人资本	个人资本	港澳台资本	外商资本
全疆合计	**30430**	**2121**	**125851**	**78761**	**45522**	**4252**	**7967**	**13257**	**20046**		
乌鲁木齐市	27654	1969	109219	71801	35104	4252	7967	9967	12918		
克拉玛依市											
石河子市	1338	77	9048	3294	7200			2000	5200		
吐鲁番地区											
哈密地区	1139	56	4740	3146	2100			690	1410		
昌吉回族自治州											
伊犁哈萨克自治州											
伊犁州直属县(市)											
塔城地区											
阿勒泰地区											
博尔塔拉蒙古自治州											
巴音郭楞蒙古自治州	299	19	2844	520	1118			600	518		
阿克苏地区											
克孜勒苏柯尔克孜自治州											
喀什地区											
和田地区											

4-12 续表 2

单位：千元、人

项目	营业收入合计	#主营业务收入	主营业务成本	主营业务税金及附加	费用合计	营业利润	利润总额	从业人员劳动报酬	劳动、失业保险费	全部从业人员年平均人数
全疆合计	**230041**	**228193**	**202906**	**6998**	**20351**	**-1499**	**-2520**	**90875**	**1044**	**4230**
乌鲁木齐市	206586	204846	183434	6387	17281	-2203	-3220	77726	953	2859
克拉玛依市										
石河子市	16138	16100	13694	192	1885	374	364	9250	59	816
吐鲁番地区										
哈密地区	5445	5375	4554	351	1007	-72	-66	3713	3	531
昌吉回族自治州										
伊犁哈萨克自治州										
伊犁州直属县(市)										
塔城地区										
阿勒泰地区										
博尔塔拉蒙古自治州										
巴音郭楞蒙古自治州	1872	1872	1224	68	178	402	402	186	29	24
阿克苏地区										
克孜勒苏柯尔克孜自治州										
喀什地区										
和田地区										

4-13 按地区分的劳务分包建筑业企业主要经济指标（有工作量的企业）

单位：个、千元

项目	建筑业企业个数	#有工作量	建筑业总产值	#装饰装修	计算建筑业劳动生产率的平均人数	管理人员	工程技术人员	现场施工工人	固定资产原价
全疆合计	**73**	**73**	**228746**	**10180**	**6363**	**438**	**267**	**2253**	**30112**
乌鲁木齐市	45	45	205290	10180	4987	307	208	1841	27365
克拉玛依市									
石河子市	20	20	16138		739	88	43	51	1338
吐鲁番地区									
哈密地区	7	7	5446		623	41	13	360	1139
昌吉回族自治州									
伊犁哈萨克自治州									
伊犁州直属县(市)									
塔城地区									
阿勒泰地区									
博尔塔拉蒙古自治州									
巴音郭楞蒙古自治州	1	1	1872		14	2	3	1	270
阿克苏地区									
克孜勒苏柯尔克孜自治州									
喀什地区									
和田地区									

4-13 续表 1

单位：千元

项目	本年折旧	资产总计	负债合计	实收资本					
					国家资本	集体资本	法人资本	个人资本	港澳台资本
全疆合计	**2106**	**124532**	**78701**	**44342**	**4252**	**7967**	**12077**	**20046**	
乌鲁木齐市	1960	108710	71798	34524	4252	7967	9387	12918	
克拉玛依市									
石河子市	77	9048	3294	7200			2000	5200	
吐鲁番地区									
哈密地区	56	4740	3146	2100			690	1410	
昌吉回族自治州									
伊犁哈萨克自治州									
伊犁州直属县(市)									
塔城地区									
阿勒泰地区									
博尔塔拉蒙古自治州									
巴音郭楞蒙古自治州	13	2034	463	518				518	
阿克苏地区									
克孜勒苏柯尔克孜自治州									
喀什地区									
和田地区									

4-13 续表 2

单位：千元

项目	外商资本	营业收入合计	#主营业务收入	主营业务成本	主营业务税金及附加	费用合计
全疆合计		**230041**	**228193**	**202906**	**6998**	**20281**
乌鲁木齐市		206586	204846	183434	6387	17211
克拉玛依市						
石河子市		16138	16100	13694	192	1885
吐鲁番地区						
哈密地区		5445	5375	4554	351	1007
昌吉回族自治州						
伊犁哈萨克自治州						
伊犁州直属县(市)						
塔城地区						
阿勒泰地区						
博尔塔拉蒙古自治州						
巴音郭楞蒙古自治州		1872	1872	1224	68	178
阿克苏地区						
克孜勒苏柯尔克孜自治州						
喀什地区						
和田地区						

4-13 续表 3

单位：千元、人

项　　目	营业利润	利润总额	从业人员劳动报酬	劳动失业保险费	全部从业人员年平均人数
全疆合计	**-1429**	**-2450**	**90761**	**1026**	**4216**
乌鲁木齐市	-2133	-3150	77696	953	2855
克拉玛依市					
石河子市	374	364	9250	59	816
吐鲁番地区					
哈密地区	-72	-66	3713	3	531
昌吉回族自治州					
伊犁哈萨克自治州					
伊犁州直属县(市)					
塔城地区					
阿勒泰地区					
博尔塔拉蒙古自治州					
巴音郭楞蒙古自治州	402	402	102	11	14
阿克苏地区					
克孜勒苏柯尔克孜自治州					
喀什地区					
和田地区					

第5篇

房地产业主要经济指标

5-1 按各种分组的房地产开发

分组指标	企业个数（个）	年末从业人员数（人）	计划总投资	实际需要总投资	累计完成投资	累计新增固定资产	未完工程累计投资
总　计	**709**	**15434**	**3106821**	**3239570**	**1808515**	**1014582**	**665558**
按登记注册类型分							
内资	698	14940	2961895	3094644	1705166	950129	628584
国有	32	761	74941	86164	70748	52866	8864
集体	7	131	5566	5566	5094	3349	697
股份合作							
国有联营							
集体联营							
国有与集体联营							
其他联营							
国有独资公司	5	203	16395	16611	16010	4573	2122
其他有限责任公司	312	7580	1774225	1798223	906913	517806	340902
股份有限公司	8	123	20054	20054	8452	2052	2460
私营独资	1	5					
私营合伙	3	46	1920	2120	1700	1320	380
私营有限责任公司	326	6050	1023533	1120379	690826	364970	272303
私营股份有限公司	4	41	45261	45527	5423	3193	856
其他							
港澳台投资	6	332	137681	137681	99126	63158	34046
港澳台合资经营	5	322	137650	137650	99095	63158	34015
港澳台合作经营							
港澳台独资	1	10	31	31	31		31
港澳台商投资股份有限公司							
外商投资	5	162	7245	7245	4223	1295	2928
外商合资经营	5	162	7245	7245	4223	1295	2928
外商合作经营							
外资企业							
外商投资股份有限公司							
按隶属关系分							
中央	34	759	221531	229531	147607	57170	76597
省	14	423	195539	203207	56302	29832	26441
地区	49	1557	192778	195542	90483	61982	19046
县	96	2006	245186	249494	181254	139651	24593
其他	516	10689	2251787	2361796	1332869	725947	518881
按资质等级分							
一级	8	1375	241305	241869	177533	104727	72014
二级	52	2231	464533	482876	359829	251032	67324
三级	167	3835	1143184	1206279	585907	291022	250861
四级	238	3993	490795	526758	412745	262919	133692
暂定	244	4000	767004	781788	272501	104882	141667
按分地区							
乌鲁木齐市	238	6891	1438226	1548493	857992	401364	380209
克拉玛依市	22	418	139639	139639	89077	57600	31477
吐鲁番地区	8	205	8195	8195	5276	3356	578
哈密地区	24	333	35141	36467	26754	18632	3532
昌吉回族自治州	72	1898	210245	211845	129987	79813	49781
博尔塔拉蒙古自治州	38	409	37337	37337	30746	25217	5529
巴音郭楞蒙古自治州	62	967	330303	339831	207769	134551	60618
阿克苏地区	52	1069	232053	237333	159261	90401	60280
克孜勒苏柯尔克孜自治州	5	54	25980	25980	12980	12980	
喀什地区	31	588	202495	202778	95209	60995	31249
和田地区	10	160	7575	7625	7625	757	
伊犁哈萨克自治州	77	1275	327668	328936	110011	70708	25794
塔城地区	22	376	30126	30724	21519	17918	2492
阿勒泰地区	11	122	19208	19388	14673	11402	3271
石河子市	37	669	62630	64999	39636	28888	10748

企业指标完成情况

单位：万元

	本年计划投资	本年完成投资	商品房建设投资额	土地开发投资额	建筑工程	安装工程	设备工器具购置费	购置旧设备	其他费用	旧建筑物购置费
	1517995	**1125577**	**937618**	**78840**	**837484**	**70023**	**19926**	**693**	**198144**	**3186**
	1426809	1074149	886553	78457	791232	70023	19426	693	193468	3133
	41260	29897	26265	1929	25271	1085			3541	178
	3874	3762	2566	768	2587				1175	
	12501	12116	7576	2883	6429	340	790		4557	
	809302	621648	513161	37322	456870	47572	11536	649	105670	1935
	15954	8452	7952	505	7577	260			615	
	1620	1700	1680	20	1130		50		520	
	535141	391151	325111	33970	289785	18866	7050	44	75450	1020
	7157	5423	2242	1060	1583	1900			1940	
	88231	49682	49449	253	44636		500		4546	
	88200	49651	49418	253	44636		500		4515	
	31	31	31						31	
	2955	1746	1616	130	1616				130	53
	2955	1746	1616	130	1616				130	53
	107304	71320	62065	5455	50656	1223	850		18591	728
	56045	46308	39779	1650	26578	1461			18269	53
	93309	75704	67290	4587	62810	3019	279	22	9596	
	148309	107285	80782	6238	85672	5643	159		15811	110
	1113028	824960	687702	60910	611768	58677	18638	671	135877	2295
	154346	110520	105058	1743	89381	8523			12616	
	291157	248724	204453	19287	191141	19042	3182	100	35359	100
	524488	355473	292632	32099	256547	19533	6394		72999	263
	264116	212863	176403	9382	163886	11098	7853	589	30026	1504
	283888	197997	159072	16329	136529	11827	2497	4	47144	1319
	639191	453420	391110	36715	318186	38631	14249	530	82354	1373
	100427	88877	68407	8613	72729	3898	290	100	11960	705
	7118	4876	2890	382	3299	1035			542	
	26421	20783	13536	2843	14568	362	40	40	5813	129
	133027	102802	74497	7013	77093	6022	400		19287	550
	23814	20511	17523		16443		20		4048	5
	177344	138713	121288	7211	115196	5265	1532		16720	220
	126662	93835	80785	5127	75362	3805	1040	22	13628	
	12421	12421	12121	300	10404	1200	117		700	
	56979	28282	21514	695	18162	1200	835		8085	
	7264	7314	760	450	6020	581	63		650	
	128823	99503	89161	6298	70027	3898	400		25178	11
	20942	16675	13904	2350	11970	1008	21	1	3676	131
	13131	6966	6082	24	6529				437	62
	44431	30599	24040	819	21496	3118	919		5066	

5-1 续表 1

分组指标	土地购置费	住宅投资	别墅、高档公寓	经济适用房	办公楼	商业营业用房	其他
总计	**134936**	**599276**	**29585**	**207447**	**77843**	**390566**	**57892**
按登记注册类型分							
内资	131093	550234	23870	204716	76463	389560	57892
国有	2210	23588		13166	130	4970	1209
集体	583	3091		704		386	285
股份合作							
国有联营							
集体联营							
国有与集体联营							
其他联营							
国有独资公司		7205		3816		4911	
其他有限责任公司	70306	341583	18229	136840	45493	199295	35277
股份有限公司	105	3141		1245	1094	3709	508
私营独资							
私营合伙	180	1200				120	380
私营有限责任公司	55835	167529	5641	46048	28759	176004	18859
私营股份有限公司	1874	2897		2897	987	165	1374
其他							
港澳台投资	3843	47627	5715	2280	1380	675	
港澳台合资经营	3812	47596	5715	2280	1380	675	
港澳台合作经营							
港澳台独资	31	31					
港澳台商投资股份有限公司							
外商投资		1415		451		331	
外商合资经营		1415		451		331	
外商合作经营							
外资企业							
外商投资股份有限公司							
按隶属关系分							
中央	4110	22587		4418	11640	33774	3319
省	14420	32633		12466	5177	3698	4800
地区	5787	56904		22200	1887	14861	2052
县	9054	69981		16192	1144	29383	6777
其他	101565	417171	29585	152171	57995	308850	40944
按资质等级分							
一级	8822	101263	15935	39886	1220	5721	2316
二级	24551	130746	3864	48628	29625	76921	11432
三级	52964	183180	5723	63700	13773	137572	20948
四级	18790	106620	2533	38529	12679	82326	11238
暂定	29809	77467	1530	16704	20546	88026	11958
按分地区						**390566**	**57892**
乌鲁木齐市	51094	221759	18425	89495	46878	158559	26224
克拉玛依市	6387	63007		49109	578	24183	1109
吐鲁番地区	416	2832		800	120	1792	132
哈密地区	4934	12829		240	540	3653	3761
昌吉回族自治州	13998	50115		1527	7453	37891	7343
博尔塔拉蒙古自治州	2712	15601		3672		4597	313
巴音郭楞蒙古自治州	15002	71623	8200	18137	9244	56776	1070
阿克苏地区	9088	36376	2804	18118	7451	41058	8950
克孜勒苏柯尔克孜自治州		10837		5700		1584	
喀什地区	3727	11687		4490	837	15758	
和田地区	550	7018		620	58	136	102
伊犁哈萨克自治州	20548	63544		4765	3102	26507	6350
塔城地区	2354	11121		6729	80	3760	1714
阿勒泰地区	145	3821		3488	260	2331	554
石河子市	3981	17106	156	557	1242	11981	270

单位：万元

本年新增固定资产	本年资金来源合计	上年末结余资金	本年资金来源小计	国家预算内资金	国内贷款	债券	利用外资	外商直接投资
860334	**1354883**	**139033**	**1215850**	**2290**	**125553**			
795881	1257442	110490	1146952	2290	124833			
26603	55449	8011	47438		1350			
3349	3174	985	2189		270			
4573	27483	2359	25124		700			
454658	708099	59306	648793	2290	67228			
2052	15789	495	15294		9334			
1200	3254	468	2786					
300701	438771	38826	399945		45951			
2745	5423	40	5383					
63158	95994	28222	67772		720			
63158	95454	28222	67232		180			
	540		540		540			
1295	1447	321	1126					
1295	1447	321	1126					
31344	97525	10434	87091		1180			
26661	70090	7026	63064		1280			
57047	123337	7428	115909		21831			
94569	105609	7493	98116	510	16890			
650713	958322	106652	851670	1780	84372			
104727	205994	41263	164731		20100			
210592	289800	33269	256531		41445			
258877	417013	41659	375354		34657			
201124	233467	16399	217068	2290	17056			
85014	208609	6443	202166		12295			
860334	**1354883**	**139033**	**1215850**	**2290**	**125553**			
335592	621185	102703	518482		50080			
57600	112382	4712	107670	1780	11350			
3356	5471	375	5096		150			
16704	23342	1277	22065		3927			
75827	109253	4458	104795		16830			
25217	20109	537	19572		530			
120875	134135	6246	127889	510	11890			
64499	99195	5655	93540		13015			
12421	12421	1100	11321					
27939	27926	547	27379		1330			
757	7120		7120					
68374	126997	6999	119998		11811			
15149	14383	184	14199		1420			
10513	6341	70	6271					
25511	34623	4170	30453		3220			

5-1 续表 2

分组指标	对外借款	统借统还	自筹资金		其他		
				企事业单位自有资金	资金来源	集资	定金及预付款
总计			**546282**	**373406**	**541725**	**19634**	**449839**
按登记注册类型分							
内资			479659	307083	540170	19634	448284
国有			19467	5427	26621	115	24927
集体			947	911	972		972
股份合作							
国有联营							
集体联营							
国有与集体联营							
其他联营							
国有独资公司			1340	800	23084	4085	18999
其他有限责任公司			250481	158136	328794	10959	268302
股份有限公司			5526	5526	434		434
私营独资							
私营合伙			250	250	2536	120	2416
私营有限责任公司			197265	133406	156729	4355	132234
私营股份有限公司			4383	2627	1000		
其他							
港澳台投资			66623	66323	429		429
港澳台合资经营			66623	66323	429		429
港澳台合作经营							
港澳台独资							
港澳台商投资股份有限公司							
外商投资					1126		1126
外商合资经营					1126		1126
外商合作经营							
外资企业							
外商投资股份有限公司							
按隶属关系分							
中央			29228	12382	56683	115	54842
省			40164	21700	21620	4085	3848
地区			36717	23885	57361	301	46947
县			37349	24687	43367	2200	33506
其他			402824	290752	362694	12933	310696
按资质等级分							
一级			97832	94644	46799		45429
二级			66261	37524	148825		139811
三级			160567	114803	180130	8476	150707
四级			109304	56421	88418	8370	63274
暂定			112318	70014	77553	2788	50618
按分地区							
乌鲁木齐市			250901	164689	217501	6177	179219
克拉玛依市			32378	22608	62162	7128	51837
吐鲁番地区			1372	1322	3574	800	2249
哈密地区			7764	6922	10374		9707
昌吉回族自治州			40309	31427	47656	2630	39467
博尔塔拉蒙古自治州			15788	6988	3254	30	1612
巴音郭楞蒙古自治州			48723	43095	66766	243	53758
阿克苏地区			53191	28032	27334	770	20875
克孜勒苏柯尔克孜自治州			9421	1321	1900		1900
喀什地区			17294	4068	8755		2987
和田地区			979	979	6141		6141
伊犁哈萨克自治州			45805	42333	62382	156	57931
塔城地区			6792	6182	5987	1000	4977
阿勒泰地区			3541	1916	2730		2730
石河子市			12024	11524	15209	700	14449

单位：平方米、万元、套

本年各项应付款合计	#工程款	设备器材款	本年完成开发土地面积	待开发土地面积	本年购置土地面积	本年土地成交价款	竣工房屋住宅套数合计	#别墅、高档公寓套数
286455	**248087**	**15099**	**3982390**	**4046190**	**6995227**	**142632**	**51216**	**1631**
280771	243484	15089	3686106	4041190	6991836	142483	45689	1415
7032	7032		142967	27532	178551	4430	2604	
853	619		6100	4966	37996	732	262	
6686	1293	300					414	
168034	148768	9710	2348101	1937229	3196828	81261	28592	1189
336	336		22065		15365	100	255	
130	130		1090		6560	180	99	
97179	85117	4747	1165783	2022772	3479898	54682	13202	226
521	189	332		48691	76638	1098	261	
5105	4603	10	286504	5000	3391	149	5462	216
5105	4603	10	286504	5000	1176	118	5462	216
					2215	31		
579			9780				65	
579			9780				65	
23629	16193	1495	139603	69649	248773	6379	1828	
12815	9161	799	112396	327740	440619	15488	1798	
26261	25092	935	367850	220780	259307	6138	4745	64
19011	17394	67	335402	43237	484826	12758	8336	
204739	180247	11803	3027139	3384784	5561702	101869	34509	1567
10414	10389	25	564667	20723	132440	4131	9032	670
66242	56888	3141	923434	951323	1522634	22110	10904	273
96593	83492	3568	1052822	1294742	1937576	56531	14639	487
50178	40537	4689	558191	208009	922152	29805	12102	186
63028	56781	3676	883276	1571393	2480425	30055	4539	15
129258	110269	8293	1014887	1990148	2456576	44575	17727	932
21752	18742	1560	653470	438209	422684	14135	3447	103
2216	2216		50009	14484	31307	416	353	
1439	1379	60	65335	65331	158768	4984	1494	
20876	16939	1819	428428	319404	752908	13818	4892	
1468	1123				119553	2620	1255	
47052	41495	2214	634709	333351	1220931	16196	5211	562
19057	19000	57	346943	71319	507638	12774	3919	9
1000	1000		120000	180000			1123	
735	703	32	168788	5601	57913	3167	1331	
5845	4984		1070		6667	100	486	
23526	19825	400	325836	386081	844501	21960	6102	15
3508	2940	20	54860	5500	134164	3083	1133	
625	188		11430		30766	253	1052	
8098	7284	644	106625	236762	250851	4551	1691	10

5-1 续表 3

分组指标	经济适用房套数	拆迁还建竣工房屋面积	统建代建竣工房屋面积	公益性建筑竣工面积	全年从业人员劳动报酬	房屋施工面积	新开工面积
总计	**18814**	**242921**	**182281**	**9956**	**23379**	**13330294**	**7714748**
按登记注册类型分							
内资	18171	200425	140333	9956	22572	12550499	7374729
国有	1126	12233	3000		1345	438766	316668
集体	152		3015		156	52627	28459
股份合作							
国有联营							
集体联营							
国有与集体联营							
其他联营							
国有独资公司	414				514	100973	19227
其他有限责任公司	11158	137029	92097	4316	11533	7324384	4596305
股份有限公司	180	900			227	104105	63343
私营独资							
私营合伙					109	17956	17956
私营有限责任公司	4880	50263	35309	5640	8635	4465652	2332771
私营股份有限公司	261		6912		53	46036	
其他							
港澳台投资	643	32716	41948		574	728285	330239
港澳台合资经营	643	32716	41948		552	728285	330239
港澳台合作经营							
港澳台独资					22		
港澳台商投资股份有限公司							
外商投资		9780			233	51510	9780
外商合资经营		9780			233	51510	9780
外商合作经营							
外资企业							
外商投资股份有限公司							
按隶属关系分							
中央	576	30528	3000		1577	406651	293168
省	1025	15297	25071		882	359818	255893
地区	1575	20397	19600		1616	1017390	633047
县	1763	40969	9131		2408	1573440	1089600
其他	13875	135730	125479	9956	16896	9972995	5443040
按资质等级分							
一级	3399	32716	41948	4316	1617	1549861	861317
二级	3050	10600	45971		3980	2970461	1753327
三级	5999	52997	72313	5640	6265	3682995	1886987
四级	4766	103801	10783		6653	2934343	1542454
暂定	1600	42807	11266		4864	2192634	1670663
按分地区							
乌鲁木齐市	9080	127429	100306	4316	11198	4960715	2208822
克拉玛依市	3050	9937	19700		1038	1016725	861142
吐鲁番地区	214		6846		485	78163	54381
哈密地区		11897	3822	5640	351	342244	199252
昌吉回族自治州	410	27372	5554		2271	1348962	973359
博尔塔拉蒙古自治州	189		3015		604	313398	204667
巴音郭楞蒙古自治州	1454	10067			1246	1704561	930357
阿克苏地区	1339	40033	8010		1509	964592	735405
克孜勒苏柯尔克孜自治州	460	8500			95	156917	106917
喀什地区	619	900	6912		1033	643081	229327
和田地区	20		1070		153	4670	3600
伊犁哈萨克自治州	475	789			1624	1004410	755966
塔城地区	736	480	24646		463	222473	120464
阿勒泰地区	648		2400		434	144546	60502
石河子市	120	5517			875	424837	270587

单位：套、平方米、万元

房屋竣工面积	竣工房屋价值(万元)	住宅施工面积	住宅新开工面积	住宅竣工面积	竣工住宅价值(万元)	别墅、高档公寓施工面积	新开工面积	别墅、高档公寓竣工面积	别墅、高档公寓竣工价值(万元)
7042455	**779224**	**8631912**	**5506590**	**5116145**	**487702**	**399929**	**163354**	**229857**	**27670**
6453559	714959	7997465	5172720	4578542	436392	342784	106209	172712	21955
274672	25450	387862	274124	256113	23611				
33556	2678	45825	28459	26754	1908				
49527	4489	85347	5601	35901	2804				
3886555	414552	4974211	3332390	2895178	271832	279280	106209	136836	15340
22742	1940	46385	46385	21842	1828				
9676	863	9676	9676	9676	863				
2149343	262616	2413640	1476085	1308355	131505	63504		35876	6615
27488	2371	34519		24723	2041				
579116	62975	585731	326884	530617	50450	57145	57145	57145	5715
579116	62975	585731	326884	530617	50450	57145	57145	57145	5715
9780	1290	48716	6986	6986	860				
9780	1290	48716	6986	6986	860				
237826	31205	240182	144944	178536	23158				
225019	24286	294141	212881	189705	18364				
533990	54334	793937	552545	461071	43687				
1004828	89988	1160791	790265	819568	66385				
5040792	579411	6142861	3805955	3467265	336108	399929	163354	229857	27670
961138	101182	1328706	804275	865709	82836	162569	98250	85229	9787
1672823	200577	2093026	1341457	1217277	114170	58568	34417	24151	3033
1967658	221786	2273168	1345909	1460135	147788	113904	30687	83213	8334
1717239	179941	1760148	1021184	1194872	107857	43948		23642	4446
723597	75738	1176864	993765	378152	35051	20940		13622	2070
2420123	285334	3094472	1642748	1738930	171505	266549	115116	165025	16428
455367	57300	852032	710785	393053	44867				
46493	3356	52951	42274	26301	1613				
164335	16704	291457	179242	130666	12583				
659510	72130	914078	693313	438313	43394				
200618	20377	203868	160842	123351	10224				
938426	113861	923723	547489	621366	61892	104449	23601	60542	10492
557834	61838	552965	419331	360887	29873	26888	24637	2251	300
115917	12421	144417	99417	104417	10837				
248035	20546	287457	133368	195166	14137				
4670	757	3670	2600	3670	727				
698625	67622	696845	554076	577568	53285				
166376	14639	180220	94332	130633	10619				
122516	10251	124011	42597	104515	9090				
243610	22088	309746	184176	167309	13056	2043		2039	450

5-1 续表 4

分组指标	经济适用房施工面积	新开工面积	经济适用房竣工面积	竣工经济适用房价值（万元）	办公楼施工面积	新开工面积	办公楼竣工面积
总 计	**3105476**	**1911444**	**1876166**	**171779**	**904933**	**328467**	**285284**
按登记注册类型分							
内资	3014918	1897376	1827338	167873	770010	326492	243336
国有	247239	149029	125261	10814	1941	1941	1941
集体	28100	18272	16201	897			
股份合作							
国有联营							
集体联营							
国有与集体联营							
其他联营							
国有独资公司	42347	5601	35901	2804			
其他有限责任公司	1922156	1298294	1161442	107229	414952	225050	97718
股份有限公司	17163	17163	14952	1280	21530		
私营独资							
私营合伙							
私营有限责任公司	723394	409017	448858	42808	321453	99501	142295
私营股份有限公司	34519		24723	2041	10134		1382
其他							
港澳台投资	48828	14068	48828	3905	134923	1975	41948
港澳台合资经营	48828	14068	48828	3906	134923	1975	41948
港澳台合作经营							
港澳台独资							
港澳台商投资股份有限公司							
外商投资	41730						
外商合资经营	41730						
外商合作经营							
外资企业							
外商投资股份有限公司							
按隶属关系分							
中央	85185	35439	58347	6148	80286	76800	
省	191287	120487	99759	7781	33360	28987	27012
地区	398606	322211	163788	14355	69239	2368	
县	259637	194614	177157	14325	48177	44377	10629
其他	2170761	1238693	1377115	129170	673871	175935	247643
按资质等级分							
一级	618401	389108	330479	29232	132948		41948
二级	634404	386921	399609	38116	206911	96149	110932
三级	896726	532187	613950	54971	184137	55227	52779
四级	639286	354675	425151	39493	195376	70188	32992
暂定	316659	248553	106977	9967	185561	106903	46633
按分地区							
乌鲁木齐市	1407733	765399	829054	76189	548976	137665	167476
克拉玛依市	655380	528308	353994	39478	5327	3627	2743
吐鲁番地区	35514	24837	15277	860	1000	1000	1000
哈密地区	10000	10000			6606	2316	6606
昌吉回族自治州	37925	36054	25221	1462	113810	56378	34431
博尔塔拉蒙古自治州	40731	37493	7238	829			
巴音郭楞蒙古自治州	238826	142298	159477	12521	87002	45070	26104
阿克苏地区	217441	106186	169681	13381	44372	20112	35214
克孜勒苏柯尔克孜自治州	84000	57000	60000	6000			
喀什地区	72592	47106	66714	5258	44510	29255	1382
和田地区	2600	2600	2600	620			
伊犁哈萨克自治州	84927	39841	38282	3243	37354	20868	1601
塔城地区	114027	76795	76718	6591	3800		
阿勒泰地区	79123	37527	62363	4552	2400	2400	2400
石河子市	24657		9547	795	9776	9776	6327

单位：平方米

办公楼竣工价值(万元)	商业营业用房施工面积	新开工面积	商业营业用房竣工面积	商业营业用房竣工价值(万元)	其他房屋施工面积	新开工面积	其他房屋竣工面积	其他房屋竣工价值(万元)
55919	**3575260**	**1784176**	**1565351**	**226341**	**218189**	**95515**	**75675**	**9262**
44174	3564835	1780002	1556006	225131	218189	95515	75675	9262
175	48963	40603	16618	1664				
	6802		6802	770				
	15626	13626	13626	1685				
18336	1807319	961642	861622	121417	127902	77223	32037	2967
	28096	14133	900	112	8094	2825		
	1980	1980			6300	6300		
25498	1654666	748018	655055	99318	75893	9167	43638	6295
165	1383		1383	165				
11745	7631	1380	6551	780				
11745	7631	1380	6551	780				
	2794	2794	2794	430				
	2794	2794	2794	430				
	82948	71424	56926	7692	3235		2364	355
4875	32317	14025	8302	1047				
	146120	75309	72919	10647	8094	2825		
2128	349465	241781	159624	20288	15007	13177	15007	1187
48916	2964410	1381637	1267580	186667	191853	79513	58304	7720
11745	53182	30647	40782	5469	35025	26395	12699	1132
25573	608631	299533	335792	58759	61893	16188	8822	2075
9290	1170059	469673	424120	61443	55631	16178	30624	3265
3148	931225	424318	474574	66884	47594	26764	14801	2052
6163	812163	560005	290083	33786	18046	9990	8729	738
36091	1190293	370833	469097	71300	126974	57576	44620	6438
540	150087	138987	55963	11439	9279	7743	3608	454
120	24212	11107	19192	1623				
531	35777	16761	18659	2826	8404	933	8404	764
4597	315354	217948	181046	23463	5720	5720	5720	676
	109530	43825	77267	10153				
4840	636438	323798	287176	46658	57398	14000	3780	471
8015	357941	286648	152419	23506	9314	9314	9314	444
	12500	7500	11500	1584				
165	311114	66704	51487	6244				
	1000	1000	1000	30				
200	269305	180987	119421	14135	906	35	35	2
	38453	26132	35743	4020				
260	18135	15505	15601	901				
560	105121	76441	69780	8459	194	194	194	13

5-1 续表 5

分组指标	房屋实际销售面积	房屋销售给个人面积	房屋预售面积	房屋出租面积	房屋出租给个人面积	房屋空置面积	房屋空置一年至三年(含一年)面积
总　计	**6355300**	**6158972**	**741965**	**652966**	**488146**	**4004009**	**1738309**
按登记注册类型分							
内资	5389492	5209325	729725	480538	345616	3772673	1621280
国有	339945	322728	23970	37426	30325	241148	49598
集体	42736	42736		3693	3693	19164	18164
股份合作							
国有联营							
集体联营							
国有与集体联营							
其他联营							
国有独资公司	55537	55537	66561			19392	11889
其他有限责任公司	3230986	3143827	366533	202317	150049	2028887	888930
股份有限公司	22905	22905		900	216	20034	17212
私营独资							
私营合伙	23110	23110	990			8870	8870
私营有限责任公司	1649996	1575587	265907	236202	161333	1431200	626617
私营股份有限公司	24277	22895	5764			3978	
其他							
港澳台投资	958941	942780	168	147288	142390	213326	99019
港澳台合资经营	958694	942533	168	147288	142390	211961	99019
港澳台合作经营							
港澳台独资	247	247				1365	
港澳台商投资股份有限公司							
外商投资	6867	6867	12072	25140	140	18010	18010
外商合资经营	6867	6867	12072	25140	140	18010	18010
外商合作经营							
外资企业							
外商投资股份有限公司							
按隶属关系分							
中央	254132	240286	22155	57432	44750	150258	60013
省	180118	158857	66532	25873	643	180329	16404
地区	466488	459410	33966	13596	9790	364914	114602
县	779585	769622	70885	36207	31228	405728	190557
其他	4674977	4530797	548427	519858	401735	2902780	1356733
按资质等级分							
一级	1432260	1411023	23424	179690	179690	310955	113117
二级	1526517	1465233	112957	42741	34573	897930	424185
三级	1670101	1609268	191570	174667	104273	1288886	570585
四级	1245578	1221476	126364	153132	117147	1009009	431635
暂定	480844	451972	287650	102736	52463	497229	198787
按分地区							
乌鲁木齐市	2738728	2625121	199404	421341	279694	1873503	899688
克拉玛依市	515501	511305	155991	35320	35156	48057	13108
吐鲁番地区	33232	33232	4206	1500	1500	11581	360
哈密地区	133617	132628	31415	714	714	45390	9835
昌吉回族自治州	549769	544638	44871	18358	18358	380191	176850
博尔塔拉蒙古自治州	149021	145804	36050	40972	37349	46496	11741
巴音郭楞蒙古自治州	669736	628317	51924	32336	30729	553224	178625
阿克苏地区	394695	380021	63138	16166	16166	299469	167006
克孜勒苏柯尔克孜自治州	34417	34417	4417			81500	
喀什地区	230516	220314	17721	25801	12317	51906	18139
和田地区						3600	
伊犁哈萨克自治州	466704	466291	32751	15162	10867	369108	76990
塔城地区	118816	118816	6116	21834	21834	56318	39681
阿勒泰地区	90685	88285				37751	27198
石河子市	229863	229783	93961	23462	23462	145915	119088

单位：平方米、万元

房屋空置三年以上(含三年)面积	房屋实际销售额	房屋给个人实际销售额	外销(租)房屋实际销售面积	外销(租)房屋销售给个人面积	外销(租)房屋预售面积	外销(租)房屋出租面积	外销(租)房屋出租给个人面积
109888	**1106143**	**1055926**	**59288**	**59288**	**8329**	**4873**	**1873**
82952	891247	844821	59288	59288	8329	4873	1873
10238	45987	44552	23211	23211			
	5303	5303					
	11160	11160	5270	5270			
40503	486004	470768	25706	25706		3000	
	2948	2948					
	2874	2874					
32211	334470	304880	5101	5101	8329	1873	1873
	2501	2336					
26936	208411	204620					
25571	208374	204583					
1365	37	37					
	6485	6485					
	6485	6485					
11237	38570	38073	43555	43555			
18760	28931	25370					
1030	61840	60544					
6378	88010	87415					
72483	888792	844524	15733	15733	8329	4873	1873
32120	281842	277014					
26398	246828	235163	5270	5270			
31656	282703	255520	30807	30807	8329	1873	1873
17637	205559	201795	23211	23211			
2077	89211	86434				3000	
82937	597199	567147	36077	36077	8329	4873	1873
	73546	71351					
	2882	2882					
	15586	15489					
3443	71775	71248					
	18366	18200					
635	133400	117564					
	43970	43650					
	2237	2237					
	27110	26416					
2876	66070	66011					
2000	12428	12428					
	8185	7925					
17997	33389	33378	23211	23211			

5-1 续表 6

分组指标	外销(租)房屋空置面积	一年至三年	三年以上	外销(租)房屋实际销售额	外销(租)房屋给个人实际销售额	住宅实际销售面积	住宅销售给个人面积
总　计	**78337**	**16896**		**11361**	**11361**	**5383333**	**5303522**
按登记注册类型分							
内资	78337	16896		11361	11361	4507114	4442787
国有				2951	2951	325441	313736
集体						37872	37872
股份合作							
国有联营							
集体联营							
国有与集体联营							
其他联营							
国有独资公司	8356	8356		4200	4200	50028	50028
其他有限责任公司	69981	8540		2910	2910	2778025	2735981
股份有限公司						20948	20948
私营独资							
私营合伙						22818	22818
私营有限责任公司				1300	1300	1250937	1240359
私营股份有限公司						21045	21045
其他							
港澳台投资						874619	859135
港澳台合资经营						874372	858888
港澳台合作经营							
港澳台独资						247	247
港澳台商投资股份有限公司							
外商投资						1600	1600
外商合资经营						1600	1600
外商合作经营							
外资企业							
外商投资股份有限公司							
按隶属关系分							
中央	13321	13321		7431	7431	232632	222421
省						175205	155018
地区						447077	440974
县						676009	666046
其他	65016	3575		3930	3930	3852410	3819063
按资质等级分							
一级						1319830	1300200
二级	8356	8356		4200	4200	1284239	1260096
三级	69981	8540		4210	4210	1417450	1403989
四级				2951	2951	1023683	1018508
暂定						338131	320729
按分地区							
乌鲁木齐市	78337	16896		8410	8410	2347368	2287043
克拉玛依市						476491	476491
吐鲁番地区						21536	21536
哈密地区						125456	125456
昌吉回族自治州						450596	445992
博尔塔拉蒙古自治州						114518	112856
巴音郭楞蒙古自治州						511132	511132
阿克苏地区						296454	290341
克孜勒苏柯尔克孜自治州						32417	32417
喀什地区						211368	204666
和田地区							
伊犁哈萨克自治州						397594	397269
塔城地区						107911	107911
阿勒泰地区						83072	83072
石河子市				2951	2951	207420	207340

单位：平方米、万元

住宅预售面积	住宅出租面积	住宅出租给个人面积	住宅空置面积	一年至三年(含一年)面积	三年以上(含三年)面积	住宅实际销售额	住宅给个人实际销售额
569936	**147976**	**147746**	**2483789**	**977252**	**65450**	**784408**	**774286**
560739	22105	21875	2324774	901743	55298	618111	611462
23258	6696	6696	193968	30472	7424	42039	41781
			9009	9009		4346	4346
65722			9770	2267		6852	6852
294227	5686	5456	1307484	509150	23057	372824	367700
			7312	4490		2134	2134
			6019	6019		2799	2799
171768	9723	9723	787234	340336	24817	185076	183809
5764			3978			2041	2041
	125731	125731	159015	75509	10152	166233	162760
	125731	125731	159015	75509	10152	166196	162723
						37	37
9197	140	140				64	64
9197	140	140				64	64
12956			89259	22073	3985	30332	30332
63418	230		151113	10579	13887	26834	23673
33716	6696	6696	276916	52693	380	55274	54328
62029			300134	135665	2699	70879	70284
397817	141050	141050	1666367	756242	44499	601089	595669
23256	125731	125731	212601	55587	14551	233770	229597
97031	5177	5177	576086	238555	10946	175375	171977
155522	3910	3910	867597	364488	27967	192331	191785
101748	7266	7036	629460	243805	11986	140158	139454
192379	5892	5892	198045	74817		42774	41473
160859	147598	147368	1148034	501074	49848	426315	417572
111906			30129	393		62175	62175
4206			3765	360		1581	1581
30715			24269	3990		13858	13858
32253			261836	104395	846	55909	55382
25727			30377	9133		12588	12435
38200			272282	98325	635	71481	71481
45820			176058	83592		24124	24004
4417			72000			2137	2137
2882	200	200	39913	10004		21796	21267
			2600				
30491	178	178	281367	52527	294	48351	48312
5396			27687	14375	2000	10629	10629
			29109	26548		7397	7397
77064			84363	72536	11827	26067	26056

5-1 续表 7

分组指标	别墅、高档公寓实际销售面积	销售给个人面积	别墅、高档公寓预售面积	别墅、高档公寓出租面积	出租给个人面积	别墅、高档公寓空置面积	空置一年至三年(含一年)
总　计	**161055**	**159334**	**8320**			**78309**	**27883**
按登记注册类型分							
内资	140965	139244	8320			41254	27883
国有							
集体							
股份合作							
国有联营							
集体联营							
国有与集体联营							
其他联营							
国有独资公司							
其他有限责任公司	106920	106920	3137			24683	11312
股份有限公司							
私营独资							
私营合伙							
私营有限责任公司	34045	32324	5183			16571	16571
私营股份有限公司							
其他							
港澳台投资	20090	20090				37055	
港澳台合资经营	20090	20090				37055	
港澳台合作经营							
港澳台独资							
港澳台商投资股份有限公司							
外商投资							
外商合资经营							
外商合作经营							
外资企业							
外商投资股份有限公司							
按隶属关系分							
中央							
省							
地区	27071	27071				733	
县							
其他	133984	132263	8320			77576	27883
按资质等级分							
一级	36286	36286	3137			45942	
二级	21900	21900				2251	2251
三级	72995	72995	1000			15405	14672
四级	25512	25512	682			5451	1700
暂定	4362	2641	3501			9260	9260
按分地区							
乌鲁木齐市	63576	61855	6638			56526	10584
克拉玛依市							
吐鲁番地区							
哈密地区							
昌吉回族自治州							
博尔塔拉蒙古自治州							
巴音郭楞蒙古自治州	91632	91632	1682			10176	5692
阿克苏地区						2251	2251
克孜勒苏柯尔克孜自治州							
喀什地区							
和田地区							
伊犁哈萨克自治州	2000	2000				1250	1250
塔城地区							
阿勒泰地区							
石河子市	3847	3847				8106	8106

单位：平方米、万元

空置三年以上（含三年）	别墅、高档公寓实际销售额	给个人实际销售额	经济适用房实际销售面积	销售给个人面积	经济适用房预售面积	经济适用房出租面积	出租给个人面积
	38948	**38578**	**2050948**	**2015393**	**156670**	**26219**	**26219**
	30910	30540	2008632	1973077	154522	11247	11247
			215714	215226	19363	178	178
			19646	19646			
			50028	50028	43322		
	22546	22546	1319882	1288376	43217	5256	5256
			18627	18627			
	8364	7994	363690	360129	42856	5813	5813
			21045	21045	5764		
	8038	8038	42316	42316		14972	14972
	8038	8038	42316	42316		14972	14972
					2148		
					2148		
			122124	122124	12956		
			155677	135984	52474		
	3249	3249	195455	190984	10105	178	178
			191194	189968	18210		
	35699	35329	1386498	1376333	62925	26041	26041
	12572	12572	463453	459307	10105	14972	14972
	4507	4507	509988	484218	9152	5177	5177
	15143	15143	606393	606109	84386		
	5879	5879	345557	343084	32289	178	178
	847	477	125557	122675	20738	5892	5892
	19170	18800	979703	952908	92920	26041	26041
			447118	442818	14762		
			7159	7159			
			7923	7896			
			7088	7088			
			6051	6051	9701		
	18611	18611	130896	130896	2745		
			164229	163003	25896		
			20000	20000			
			86735	83853	2882		
	374	374	47444	47119	5764	178	178
			64447	64447	2000		
			59962	59962			
	793	793	22193	22193			

5-1 续表 8

分组指标	经济适用房空置面积	空置一年至三年(含一年)	空置三年以上(含三年)	实际销售额	经济适用房给个人实际销售额	办公楼	
						实际销售面积	销售给个人面积
总 计	**854766**	**436788**	**28177**	**266758**	**262624**	**136335**	**88509**
按登记注册类型分							
内资	849947	431969	28177	260162	256028	122475	74649
国有	66758	10774		29562	29499	3000	2098
集体	3995	3995		1846	1846		
股份合作							
国有联营							
集体联营							
国有与集体联营							
其他联营							
国有独资公司	9770	2267		6852	6852		
其他有限责任公司	424334	217340	8251	164978	161084	35129	13115
股份有限公司	2662			1993	1993	420	420
私营独资							
私营合伙							
私营有限责任公司	338450	197593	19926	52890	52713	82077	58549
私营股份有限公司	3978			2041	2041	1849	467
其他							
港澳台投资	4819	4819		6596	6596	13860	13860
港澳台合资经营	4819	4819		6596	6596	13860	13860
港澳台合作经营							
港澳台独资							
港澳台商投资股份有限公司							
外商投资							
外商合资经营							
外商合作经营							
外资企业							
外商投资股份有限公司							
按隶属关系分							
中央	19883	16716	862	14419	14419		
省	59704	8946	800	23739	20706	3000	2098
地区	91430	1893		24229	23490	420	420
县	81382	55847	2000	17594	17474	1000	1000
其他	602367	353386	24515	186777	186535	131915	84991
按资质等级分							
一级	72196	7118	4399	68663	67963	13860	13860
二级	231012	158486		63597	60588	46071	26825
三级	334999	176286	22774	75824	75777	29592	14412
四级	179331	80008	1004	43071	42693	15209	6592
暂定	37228	14890		15603	15603	31603	26820
按分地区							
乌鲁木齐市	547103	256593	25315	156142	152167	89401	51890
克拉玛依市	24472	393		56665	56665	1517	
吐鲁番地区	2641			537	537	1000	1000
哈密地区	2649	2649		709	709	316	
昌吉回族自治州	8876	8876		382	382	22950	22950
博尔塔拉蒙古自治州	1880	1880		738	738		
巴音郭楞蒙古自治州	88598	75649		12838	12838	1354	554
阿克苏地区	88110	78136		12699	12579	14414	10514
克孜勒苏柯尔克孜自治州	40000			1500	1500		
喀什地区	18738	1920		8949	8949	1382	
和田地区	2600						
伊犁哈萨克自治州	8494			4627	4588	1601	1601
塔城地区	8650	2000	2000	4325	4325		
阿勒泰地区	2401			4869	4869	2400	
石河子市	9554	8692	862	1778	1778		

单位：平方米、万元

办公楼预售面积	办公楼出租面积	出租给个人面积	办公楼空置面积	空置一年至三年(含一年)	空置三年以上(含三年)	办公楼实际销售额	给个人实际销售额
11194	**121908**	**51692**	**160988**	**52544**	**13131**	**35971**	**20099**
11026	87342	45909	144530	46561	5496	30373	14501
	3295		1751	1751		1097	767
	110	110					
1555	14731	2063	32253	24483		6058	2329
			6457	6457		80	80
9471	69206	43736	104069	13870	5496	22843	11195
						295	130
168	9566	5783	16458	5983	7635	5598	5598
168	9566	5783	15093	5983	6270	5598	5598
			1365		1365		
	25000						
	25000						
	3288						
	25000		1751	1751		1097	767
			6457	6457		80	80
	3405	110	154	154		80	80
11194	90215	51582	152626	44182	13131	34714	19172
168	5783	5783	14428	5531	6057	5598	5598
6008	9171	1700	50205	22424	5496	10800	7240
1043	81542	41790	28222	5179		12144	1534
3463	16533	2309	39617	16539		2095	1156
512	8879	110	28516	2871	1578	5334	4571
680	116194	49929	106733	35309	13131	29913	15176
1043	1571	1407	3031	1988		239	
						80	80
						31	
6008			4640	640		2262	2262
	110	110					
263	738	246	31977			572	332
3200			13046	13046		2239	2039
						165	
	3295		154	154		210	210
						260	
			1407	1407			

5-1 续表 9

分组指标	商业营业用房实际销售面积	销售给个人面积	商业营业用房预售面积	商业营业用房出租面积	出租给个人面积	商业营业用房空置面积	空置一年至三年(含一年)面积
总 计	**812650**	**747710**	**160835**	**353316**	**259132**	**1253082**	**668392**
按登记注册类型分							
内资	742082	677699	157960	345214	252145	1223357	645845
国有	8581	6894	712	26058	22442	45429	17375
集体	4864	4864		3583	3583	10155	9155
股份合作							
国有联营							
集体联营							
国有与集体联营							
其他联营							
国有独资公司	5509	5509	839			9622	9622
其他有限责任公司	406762	383696	70751	174900	135530	672941	347236
股份有限公司	1537	1537		900	216	5238	5238
私营独资							
私营合伙	292	292	990			2851	2851
私营有限责任公司	313154	273524	84668	139773	90374	477121	254368
私营股份有限公司	1383	1383					
其他							
港澳台投资	65301	64744		8102	6987	11715	4537
港澳台合资经营	65301	64744		8102	6987	11715	4537
港澳台合作经营							
港澳台独资							
港澳台商投资股份有限公司							
外商投资	5267	5267	2875			18010	18010
外商合资经营	5267	5267	2875			18010	18010
外商合作经营							
外资企业							
外商投资股份有限公司							
按隶属关系分							
中央	18577	17865	9199	54144	44750	58635	37940
省	1913	1741	3114	643	643	27465	4074
地区	18991	18016	250	5523	1907	80514	54425
县	99654	99654	8856	32802	31118	100646	54324
其他	673515	610434	139416	260204	180714	985822	517629
按资质等级分							
一级	89165	87678		44287	44287	56583	37804
二级	187742	172770	9918	28393	27696	256931	154066
三级	222235	190043	35005	89215	58573	377015	196505
四级	204938	194663	21153	103456	82115	296988	163348
暂定	108570	102556	94759	87965	46461	265565	116669
按地区分							
乌鲁木齐市	287959	275231	37865	134783	59821	527707	331292
克拉玛依市	32260	29581	43042	33749	33749	14897	10727
吐鲁番地区	10696	10696		1500	1500	7816	
哈密地区	7172	7172	700	714	714	20188	5845
昌吉回族自治州	73301	72774	6610	11358	11358	106108	65213
博尔塔拉蒙古自治州	34503	32948	10323	40862	37239	16119	2608
巴音郭楞蒙古自治州	157250	116631	13461	31598	30483	247265	80300
阿克苏地区	83827	79166	14118	16166	16166	106990	70368
克孜勒苏柯尔克孜自治州	2000	2000				9500	
喀什地区	17766	15648	14839	25601	12117	11993	8135
和田地区						1000	
伊犁哈萨克自治州	67474	67421	2260	11689	10689	87587	24309
塔城地区	10905	10905	720	21834	21834	28631	25306
阿勒泰地区	5213	5213				8642	650
石河子市	22324	22324	16897	23462	23462	58639	43639

单位：平方米、万元

空置三年以上(含三年)面积	商业营业用房实际销售额	商业给个人实际销售额	其他房屋实际销售面积	其他房屋销售给个人面积	其他房屋预售面积	其他房屋出租面积	其他房屋出租给个人面积	其他房屋实际销售额	其他房屋给个人实际销售额
26117	**281856**	**258221**	**22982**	**19231**		**29766**	**29576**	**3908**	**3320**
20477	240171	216831	17821	14190		25877	25687	2592	2027
2814	2354	2004	2923			1377	1187	497	
	957	957							
	4308	4308							
15765	105428	99047	11070	11035		7000	7000	1694	1692
	734	734							
	75	75							
1898	126150	109541	3828	3155		17500	17500	401	335
	165	165							
5640	35264	34969	5161	5041		3889	3889	1316	1293
5640	35264	34969	5161	5041		3889	3889	1316	1293
	6421	6421							
	6421	6421							
7252	7741	7741	2923					497	
4873	1000	930							
650	6486	6136				1377	1187		
3402	16862	16862	2922	2922				189	189
9940	249767	226552	17137	16309		28389	28389	3222	3131
8003	40041	39409	9405	9285		3889	3889	2433	2410
8275	59714	55504	8465	5542				939	442
3689	78164	62137	824	824				64	64
5651	63167	61048	1748	1713		25877	25687	139	137
499	40770	40123	2540	1867				333	267
15045	138611	132559	14000	10957		22766	22576	2360	1840
	9861	7905	5233	5233				1271	1271
	1221	1221							
	1631	1631	673					66	
2320	13415	13415	2922	2922		7000	7000	189	189
	5778	5765							
	61347	45751							
	17607	17607							
	100	100							
	5149	5149							
2582	17507	17489	35					2	
	1799	1799							
	528	528							
6170	7302	7302	119	119				20	20

5-1 续表 10

分组指标	其他房屋 空置面积	一年至三年 (含一年)面积	三年以上 (含三年)面积	年初存货
总　计	**106150**	**40121**	**5190**	**21337034**
按登记注册类型分				
内资	80012	27131	1681	19451704
国有				633567
集体				49483
股份合作				
国有联营				
集体联营				
国有与集体联营				
其他联营				
国有独资公司				732553
其他有限责任公司	16209	8061	1681	4191382
股份有限公司	1027	1027		70380
私营独资				
私营合伙				31439
私营有限责任公司	62776	18043		13738433
私营股份有限公司				4467
其他内资				
港澳台投资	26138	12990	3509	1580868
港澳台合资经营	26138	12990	3509	1580574
港澳台合作经营				
港澳台独资				294
港澳台股份有限				
外商投资				304462
外商合资经营				304462
外商合作经营				
外商独资				
外商股份有限				
按隶属关系分				
中央	2364			1287134
省				314187
地区	1027	1027		523358
县	4794	414	277	487243
其他	97965	38680	4913	18725112
按资质等级分				
一级	27343	14195	3509	1873282
二级	14708	9140	1681	3109289
三级	16052	4413		3176383
四级	42944	7943		12117105
暂定	5103	4430		1060975
按地区分				
乌鲁木齐市	91029	32013	4913	8388836
克拉玛依市				110590
吐鲁番地区				911
哈密地区	933			114082
昌吉回族自治州	7607	6602	277	10286631
博尔塔拉蒙古自治州				35618
巴音郭楞蒙古自治州	1700			843290
阿克苏地区	3375			319702
克孜勒苏柯尔克孜自治州				11791
喀什地区				179306
和田地区				18563
伊犁哈萨克自治州				393280
塔城地区				18838
阿勒泰地区				32747
石河子市	1506	1506		582849

单位：平方米、千元

流动资产		固定资产	累计折旧		资产总计	负 债
合 计	#存 货	原 价		#本年折旧		合 计
28663127	**12989531**	**4409001**	**543725**	**150408**	**38174727**	**26087583**
24668856	11248993	3857286	459666	135274	33430671	22953223
895257	467809	189859	35656	3481	1200687	875702
89591	48752	13484	3545	888	103263	82095
1523450	622248	18433	5221	978	2174843	1505756
12420709	5523826	1561810	184243	56983	15892344	11718459
197759	86971	5913	1383	200	203428	146035
35007	13792	2234	1034	208	38768	24651
9477605	4475046	2064764	228504	72496	13772769	8580289
29478	10549	789	80	40	44569	20236
3443544	1419242	370179	53383	9929	3927317	2358990
3414857	1418948	364408	49932	9561	3889702	2335319
28687	294	5771	3451	368	37615	23671
550727	321296	181536	30676	5205	816739	775370
550727	321296	181536	30676	5205	816739	775370
2973420	1294509	162461	37867	6378	3943865	2836732
823129	218987	278778	37359	5365	1210400	916541
1375857	458476	141564	24049	6922	1795973	1243239
1639130	790383	391647	38781	11713	2296657	1563911
21851591	10227176	3434551	405669	120030	28927832	19527160
5232984	1746906	571254	108707	25534	6212150	4264753
6883344	3478733	743453	98507	25687	9446781	6769140
7427510	3385588	1885295	176596	43532	10189980	7111200
5237982	2698286	629327	87119	28450	6700840	4551146
3881307	1680018	579672	72796	27205	5624976	3391344
18062550	8524734	2857293	322380	85755	23935571	16254334
1745592	190821	25714	3739	2703	1816448	1597380
69601	4702	5790	1978	319	85911	54176
286541	87797	72695	5719	2320	415885	250935
1474935	681375	518559	100124	23244	2551245	1451894
169528	142525	41662	5794	1197	230518	156098
2056532	791059	216748	24163	9713	2713266	1912157
1207502	719657	110112	18015	6106	1474825	1054209
134348	4356	5874	172	139	140454	110808
640362	279388	99495	6446	1728	794973	493952
74836	42680	8097	149	22	83593	75910
1300262	552359	280937	26651	8261	1688090	1139219
194732	83399	79527	11678	4376	292573	220486
85418	35800	8239	986	236	102088	90946
1160388	848879	78259	15731	4289	1849287	1225079

5-1 续表 11

各种分组	所有者权益合计	#实收资本						
			国家资本	集体资本	法人资本	个人资本	港澳台资本	外商资本
总　计	**12087144**	**8261135**	**484109**	**197140**	**3552322**	**3883579**	**67826**	**76159**
按登记注册类型分								
内资	10477448	7842906	484109	197140	3372395	3789162	100	
国有	324985	317246	262357	1000	53694	195		
集体	21168	18100		7730	10370			
股份合作								
国有联营								
集体联营								
国有与集体联营								
其他联营								
国有独资公司	669087	397349	89445		307904			
其他有限责任公司	4173885	3307222	124957	179338	1958005	1044922		
股份有限公司	57393	136855			113690	23165		
私营独资								
私营合伙	14117	9100		4080	1000	4020		
私营有限责任公司	5192480	3636727	7350	4992	926952	2697333	100	
私营股份有限公司	24333	20307			780	19527		
其他								
港澳台投资	1568327	302728			107287	94417	41024	60000
港澳台合资经营	1554383	285935			107287	94417	24231	60000
港澳台合作经营								
港澳台独资	13944	16793					16793	
港澳台商投资股份有限公司								
外商投资	41369	115501			72640		26702	16159
外商合资经营	41369	115501			72640		26702	16159
外商合作经营								
外资企业								
外商投资股份有限公司								
按隶属关系分								
中央	1107133	707652	184147	1000	472934	49571		
省	293859	227310	89111		117455	6485	1800	12459
地区	552734	525650	70680	4476	361716	88778		
县	732746	645570	54661	111629	345033	134247		
其他	9400672	6154953	85510	80035	2255184	3604498	66026	63700
按资质等级分								
一级	1947397	566261	50640		160388	295233		60000
二级	2677641	1970300	233354	52322	1152585	532039		
三级	3078780	2224670	66222	18338	988078	1136075	8457	7500
四级	2149694	1501854	68389	71106	544332	807568	1800	8659
暂定	2233632	1998050	65504	55374	706939	1112664	57569	
按地区分								
乌鲁木齐市	7681237	4623254	309541	56678	2121305	2001412	63118	71200
克拉玛依市	219068	223394			159650	58785		4959
吐鲁番地区	31735	34232	2732		12000	19500		
哈密地区	164950	150780	21358	4992	23950	100480		
昌吉回族自治州	1099351	911718	8840	3100	407788	491990		
博尔塔拉蒙古自治州	74420	71204	3889	1220	8574	57521		
巴音郭楞蒙古自治州	801109	607846	5000	2900	176832	420306	2808	
阿克苏地区	420616	393940	20520	13432	167364	192624		
克孜勒苏柯尔克孜自治州	29646	24610			24610			
喀什地区	301021	283573	1654	90695	98583	92641		
和田地区	7683	10794				10794		
伊犁哈萨克自治州	548871	501918	51195	20043	151702	277078	1900	
塔城地区	72087	90451	19284		41400	29767		
阿勒泰地区	11142	18264			11574	6690		
石河子市	624208	315157	40096	4080	146990	123991		

单位：千元

营业收入合计	土地转让收入	商品房屋销售收入	房屋出租收入	其他收入	营业成本	销售费用	营业税金及附加	主营业务利润	其他业务收入	其他业务利润
10291746	**26495**	**10063449**	**141761**	**60041**	**8165092**	**249101**	**563959**	**1313594**	**151148**	**94618**
9046999	26495	8831073	129390	60041	7122585	242497	502830	1179087	146031	90425
701078	24304	657249	7249	12276	631418	9717	24045	35898	1064	897
45480		43996	1071	413	35255	1972	1555	6698	495	235
275680		274563		1117	224597	9106	15568	26409	453	2196
4572117	2116	4486106	55269	28626	3574369	128907	265151	603690	64078	30781
40166		39428	735	3	34179	528	2196	3263	106	97
29132		29132			24327	476	1601	2728		
3362505	75	3279758	65066	17606	2576575	91650	191566	502714	79835	56219
20841		20841			21865	141	1148	-2313		
1169528		1163421	6107		975908	4782	56573	132265	2084	1743
1157643		1151536	6107		967209	4431	55979	130024	2084	1743
11885		11885			8699	351	594	2241		
75219		68955	6264		66599	1822	4556	2242	3033	2450
75219		68955	6264		66599	1822	4556	2242	3033	2450
915469		894678	9202	11589	706758	34513	38710	135488	2529	4291
357002	24304	325267	7410	21	288559	10151	16751	41541	1199	114
631418		627313	4050	55	486803	30679	33263	80673	3555	939
814596	2116	791332	5412	15736	675556	14358	40472	84210	2768	3519
7573261	75	7424859	115687	32640	6007416	159400	434763	971682	141097	85755
1661441		1651560	9827	54	1336125	16838	89947	218531	28374	29916
2652988		2626894	11807	14287	2161116	50973	138474	302425	12521	16882
2781554		2708735	51557	21262	2224089	72858	145720	338887	46476	21493
2157742	1416	2090838	47675	17813	1654748	62687	123976	316331	22429	16280
1038021	25079	985422	20895	6625	789014	45745	65842	137420	41348	10047
5472388	24304	5328265	91260	28559	4284560	160965	281321	745542	63113	45873
573817		569477	3991	349	508375	1958	37440	26044	2013	1954
30826		30606	20	200	27802	518	1307	1199	2	120
234064	1416	229872	822	1954	203062	1493	10885	18624	938	657
798935		773224	18039	7672	602257	34497	45747	116434	67293	30867
203918		193664	5816	4438	159114	1261	9801	33742	322	260
913054		907227	3927	1900	729455	13456	56257	113886	3099	1871
456202		452670	3023	509	354872	7882	27493	65955	2697	2588
27058		27058			21966		1299	3793	20	8
134687	75	124477	4690	5445	101989	1741	7286	23671	1633	1331
34374		34374			31976	667	1879	-148		
707835		698076	3511	6248	596150	12680	41421	57584	7358	6664
85229	700	80515	3781	233	69861	1217	4172	9979		348
60530		59453		1077	58026	725	2409	-630	218	119
558829		554491	2881	1457	415627	10041	35242	97919	2442	1958

5-1 续表 12

各种分组	管理费用	#税金	差旅费	工会经费	财务费用	#利息支出	营业利润
总计	**751525**	**40918**	**30644**	**2988**	**245192**	**202821**	**411495**
按登记注册类型分							
内资	693934	35864	29195	2901	227671	189491	347907
国有	48556	1835	697	235	12600	8359	-24361
集体	3984	813	78	25	1307	1087	1642
股份合作							
国有联营							
集体联营							
国有与集体联营							
其他联营							
国有独资公司	14174	874	421	53	13244	13243	1187
其他有限责任公司	337353	13496	15737	1863	131733	107953	165385
股份有限公司	3207	12	47	49	153	-11	
私营独资							
私营合伙	1634	581	88	10	-29	-33	1123
私营有限责任公司	283478	17668	12042	664	68597	58888	206858
私营股份有限公司	1548	585	85	2	66	5	-3927
其他							
港澳台投资	34573	5019	847	59	5393	1226	94042
港澳台合资经营	33614	5013	765	59	5028	861	93125
港澳台合作经营							
港澳台独资	959	6	82		365	365	917
港澳台商投资股份有限公司							
外商投资	23018	35	602	28	12128	12104	-30454
外商合资经营	23018	35	602	28	12128	12104	-30454
外商合作经营							
外资企业							
外商投资股份有限公司							
按隶属关系分							
中央	58955	2421	2223	275	28339	23395	52485
省	34188	603	839	160	5592	4852	1875
地区	45773	1738	1582	95	13117	11520	22722
县	52736	3267	3778	242	24282	17540	10711
其他	559873	32889	22222	2216	173862	145514	323702
按资质等级分							
一级	80491	12513	1525	753	34734	31576	133222
二级	154994	6012	5797	508	80325	76618	83988
三级	214819	9088	10149	847	52028	35230	93533
四级	166229	10299	7772	536	46648	31974	119734
暂定	134992	3006	5401	344	31457	27423	-18982
按地区分							
乌鲁木齐市	419669	21716	13267	1824	133751	106879	237995
克拉玛依市	27706	1090	775	88	18120	18048	-17828
吐鲁番地区	3292	31	85	18	181	7	-2154
哈密地区	11683	168	1032	14	3641	3411	3957
昌吉回族自治州	80073	8025	2526	202	30077	22981	37151
博尔塔拉蒙古自治州	9162	827	656	27	1207	599	23633
巴音郭楞蒙古自治州	45507	2099	2754	123	17449	17225	52801
阿克苏地区	31588	1945	1946	106	10008	7786	26947
克孜勒苏柯尔克孜自治州	2877	22	357	14	71	6	853
喀什地区	18644	515	1825	86	6462	3423	-104
和田地区	1930		145	97	4		-2082
伊犁哈萨克自治州	46683	2307	2044	119	11754	11436	5811
塔城地区	11105	913	770	65	1716	1393	-2494
阿勒泰地区	2208	27	173	6	351	237	-3070
石河子市	39398	1233	2289	199	10400	9390	50079

单位：千元、人

投资收益	营业外收入	营业外支出	利润总额	应交所得税	劳动失业保险费	住房公积金及住房补贴	本年应付工资总额	本年应付福利费总额	经济适用房减免税费	全部从业人员年平均人数
39300	**40350**	**41076**	**450069**	**106651**	**19931**	**2820**	**221042**	**28297**	**22941**	**15521**
38918	39209	40386	385648	92513	19808	2791	211559	28139	22941	15029
448	808	4660	-27765	3108	2137	606	13122	2304	4529	726
	144	168	1618	647	73		1570	238		174
9539	633	1717	9642	1622	484	23	4019	561		120
16876	30553	15195	197619	43084	13530	1937	109409	14613	17622	7436
	20	84	-64	65	19		730	168		101
	1	126	998		27		1088	55		146
12055	7050	18436	207527	43987	3538	225	81101	10141	790	6290
			-3927				520	59		36
382	936	441	94919	14082	57		7085	76		328
382	934	438	94003	14082	35		6867	45		317
	2	3	916		22		218	31		11
	205	249	-30498	56	66	29	2398	82		164
	205	249	-30498	56	66	29	2398	82		164
16759	939	4964	65219	833	1820	338	14382	2239	1819	664
3508	391	2265	3509	6887	1486	538	8862	1428	7349	429
322	427	485	22986	6745	1060	234	14782	2120	995	1048
143	2194	2140	10908	4990	2136	230	19317	3219	1612	2129
18568	36399	31222	347447	87196	13429	1480	163699	19291	11166	11251
11972	3090	797	147487	14507	2034	277	17464	1472	3730	1007
24423	29222	7869	129764	29564	4237	786	42901	5979	6096	2213
1207	4174	17732	81182	31453	6742	918	60356	8046	9212	4088
195	2582	8158	114353	24980	5277	524	55480	7378	3800	4505
1503	1282	6520	-22717	6147	1641	315	44841	5422	103	3708
22696	9188	25313	244566	54451	13223	1542	107976	13777	14535	6411
153	15	1768	-19428	5659	430	462	8142	1064	3123	387
10	68	75	-2151	1	98	2	5158	314	134	391
	48	985	3020	2271	524	49	3428	819		341
11977	2264	3264	48128	8585	1351	297	20831	3063	3369	1797
	71	1530	22174	35	101	12	4377	466	80	419
-81	227	1848	51099	7672	659	28	17263	1651		1103
	24397	2130	49214	4413	815	54	12155	1369	794	983
			853		5		944	117		54
	14	-6	-84	3823	410	5	5410	851		555
	28	128	-2182				53	24		64
16	1741	1562	6006	7869	631	19	15946	2258	75	1438
	616	252	-2130	495	686	219	3746	693	637	375
	16	50	-3104	90	88	11	4108	123		322
4529	1657	2177	54088	11287	910	120	11505	1708	194	881

5-2 按各种分组的物业管理

各种分组	企业个数（个）	年末从业人员数（人）	在管物业占地面积（平方米）	在管物业建筑面积（平方米）	#住宅	办公用房
总计	**431**	**17340**	**32556344**	**36024587**	**29045090**	**2417453**
按登记注册类型分						
内资	429	17301	32541296	35951539	28977090	2417453
国有	67	3263	5979898	6025304	4895983	773107
集体	11	636	491542	753671	673948	22721
股份合作	1	16	31	97	92	
国有联营						
集体联营						
国有与集体联营						
其他联营						
国有独资公司	6	358	733512	630622	569342	23680
其他有限责任公司	158	7846	14104418	15268606	12481945	941862
股份有限公司	4	63	61120	62120	40130	5966
私营独资	1	15	32000	32356	30749	
私营合伙						
私营有限责任公司	174	4700	10904599	12903116	10051701	633523
私营股份有限公司	4	363	74170	167200	145804	11136
其他	3	41	160006	108447	87396	5458
港澳台投资	1	24	10000	68000	68000	
港澳台合资经营						
港澳台合作经营						
港澳台独资	1	24	10000	68000	68000	
港澳台商投资股份有限公司						
外商投资	1	15	5048	5048		
外商合资经营	1	15	5048	5048		
外商合作经营						
外资企业						
外商投资股份有限公司						
按隶属关系分						
中央	34	1391	1306392	1769809	1004122	512920
省	13	864	2237760	2088190	1772258	246270
地区	59	2490	5269285	4530163	3737708	168683
县	51	1251	3999685	4185682	3824026	65028
街道	2	31	5300	42800	16000	10000
镇						
乡						
居委会	1	46	85000	72000	51030	370
村委会						
其他	271	11267	19652922	23335943	18639946	1414182
按资质等级分						
一级	4	138	108338	162211	125043	29131
二级	18	3553	5091837	7288430	6181887	600852
三级	286	10103	22505105	23450173	18914623	1462773
其他	123	3546	4851064	5123773	3823537	324697
按地区分						
乌鲁木齐市	186	10663	10414552	14809504	11218574	1579785
克拉玛依市	15	415	721269	692135	450844	128744
吐鲁番地区	5	139	122746	373420	325913	17482
哈密地区	18	1028	2933924	2129690	1807094	40203
昌吉回族自治州	39	1121	7300848	4293641	3633679	369059
博尔塔拉蒙古自治州	8	126	464195	433577	350317	11250
巴音郭楞蒙古自治州	41	913	2771956	5176374	4526396	89522
阿克苏地区	32	845	1372791	1242499	1001055	42911
克孜勒苏柯尔克孜自治州	1	14	47000	36000	35030	70
喀什地区	15	330	632733	648369	582535	5585
和田地区						
伊犁哈萨克自治州	32	892	3252978	3249758	2895878	66483
塔城地区	5	69	81209	243212	198370	2402
阿勒泰地区	4	55	111760	150940	144040	5100
石河子市	30	730	2328383	2545468	1875365	58857

企业主要指标完成情况

单位：千元

商业营业用房	厂房	固定资产原价	本年折旧	资产总计	负债合计	实收资本	国家资本
2828334	**514192**	**1252536**	**76547**	**2307627**	**1373580**	**911110**	**436898**
2823286	514192	1247450	76175	2297779	1368394	904810	436898
276710	32707	396846	24306	563655	227411	347389	343954
22592	17210	61675	4020	99873	62884	53293	
5		8		542	134	500	
37600		5952	588	9938	5544	5725	5725
765899	338650	468122	31467	914500	608649	307428	82508
14297		14619	1460	25094	11144	15075	580
1607		5	2	1453	792	1000	
1685144	125625	257907	12816	608139	416477	156790	3581
3840		41150	1349	68351	29609	16000	
15592		1166	167	6234	5750	1610	550
		3350	210	1500	1750	800	
		3350	210	1500	1750	800	
5048		1736	162	8348	3436	5500	
5048		1736	162	8348	3436	5500	
221693	25686	534879	24241	629592	297632	329072	293898
8382	6607	41201	3108	85553	25957	37950	36101
168929	1904	101281	11422	218695	155219	109489	61066
204491	3962	79613	4740	128653	52479	73395	33438
16800		498	113	768	751	300	300
20000	600	8027	2493	11692	5441	6700	
2188039	475433	487037	30430	1232674	836101	354204	12095
8025		4218	711	10826	4191	2661	
205795	12603	42427	9164	316755	257023	51508	12147
1701690	476569	569275	41913	966227	513289	525322	287296
912824	25020	636616	24759	1013819	599077	331619	137455
1268015	232027	636925	43060	1317812	783159	568392	338221
111874		7602	437	21248	10688	12623	200
30023		1833	167	3433	1462	2802	1202
65193		245504	14925	345659	177158	77377	21693
120687	170216	49781	2528	95107	43880	51863	5069
70890	1120	1703	131	7196	3774	4212	1564
336655	2900	209471	6438	299020	221165	77821	39991
189134	2413	36992	2013	60033	28320	34013	3411
900		662	175	908	114	816	
60249		8788	857	17545	7347	13015	4560
182639	104718	16240	2011	35741	16783	22923	11422
42440		9158	1340	13432	9781	12215	2715
73		1099	42	1807	379	1820	700
349562	798	26778	2423	88686	69570	31218	6150

5-2 续表

各种分组	集体资本	法人资本	个人资本	港澳台资本	外商资本	营业收入合计	#主营业务收入
总计	**82083**	**225424**	**162905**	**800**	**3000**	**592770**	**561049**
按登记注册类型分							
内资	82083	222924	162905			583253	551532
国有	600	1030	1805			124741	118554
集体	53293					29540	28688
股份合作		200	300			156	141
国有联营							
集体联营							
国有与集体联营							
其他联营							
国有独资公司						7347	6008
其他有限责任公司	21382	165101	38437			296872	284819
股份有限公司	3259	10300	936			2865	2865
私营独资		1000				124	124
私营合伙							
私营有限责任公司	3549	44233	105427			108260	96985
私营股份有限公司			16000			11958	11958
其他		1060				1390	1390
港澳台投资				800		340	340
港澳台合资经营							
港澳台合作经营							
港澳台独资				800		340	340
港澳台商投资股份有限公司							
外商投资		2500			3000	9177	9177
外商合资经营		2500			3000	9177	9177
外商合作经营							
外资企业							
外商投资股份有限公司							
按隶属关系分							
中央	2450	30734	1990			83297	79266
省	990	400	459			38127	37862
地区	30300	11378	6745			92155	86946
县	5929	16838	17190			45785	43374
街道						673	673
镇							
乡							
居委会		6700				4005	4005
村委会							
其他	42414	159374	136521	800	3000	328728	308923
按资质等级分							
一级		380	2281			6870	3797
二级	2893	31627	4841			115232	111328
三级	37341	125497	74388	800		318410	296855
其他	41849	67920	81395		3000	152258	149069
按地区分							
乌鲁木齐市	38012	122842	65517	800	3000	401589	382828
克拉玛依市	1820	7860	2743			12624	10629
吐鲁番地区	500	1070	30			2535	2421
哈密地区	21680		34004			28601	27000
昌吉回族自治州	9293	27760	9741			35088	30128
博尔塔拉蒙古自治州	500		2148			1229	1155
巴音郭楞蒙古自治州	4140	28285	5405			28697	26824
阿克苏地区	4990	5770	19842			23850	23470
克孜勒苏柯尔克孜自治州			816			722	722
喀什地区	528	2808	5119			5821	5266
和田地区							
伊犁哈萨克自治州	114	2069	9318			24547	23498
塔城地区		8920	580			12414	12092
阿勒泰地区		479	641			341	316
石河子市	506	17561	7001			14712	14700

单位：千元

主营业务成本	主营业务税金及附加	费用合计	营业利润	利润总额	从业人员报酬	劳动、失业保险费	全部从业人员年平均人数（人）
364578	**25300**	**252847**	**-36159**	**-6910**	**176850**	**24394**	**17600**
361561	24813	247297	-36631	-7609	176263	24319	17561
88003	4614	52275	-14142	-8743	43683	2677	3308
19631	1089	11901	277	-67	8586	655	647
60	8	124	-36	-36	216	7	30
5490	84	3995	-1920	-1040	2445	329	308
191329	12219	91207	5041	18477	77838	16954	7681
474	139	1143	1111	1174	650	110	63
14	6	201	-97	-97	117	3	15
49851	6028	80608	-28519	-18690	38465	3468	5048
6509	380	5017	1530	1785	3422		363
200	246	826	124	-372	841	116	98
12	17	520	-200	-200	250	10	24
12	17	520	-200	-200	250	10	24
3005	470	5030	672	899	337	65	15
3005	470	5030	672	899	337	65	15
67961	2558	25650	-8630	-8591	20623	2017	1304
15492	1895	21473	3490	6769	12239	1022	800
72553	2504	29242	-8924	-6221	24243	2743	2415
22900	2029	16794	4303	7389	9499	1257	1228
140	194	698	-106	-277	300	70	230
3185	40	620	160	160	432		46
182347	16080	158370	-26452	-6139	109514	17285	11577
198	267	7191	-786	-660	2645	673	138
69196	5910	37044	3330	12659	34229	9537	3439
192681	12017	135623	-20389	-15215	105618	10654	10271
102503	7106	72989	-18314	-3694	34358	3530	3752
253912	16653	163612	-22212	-7110	121844	18238	11073
6692	592	4749	120	-466	4175	184	392
1533	146	1107	229	-464	1265	46	168
17215	1791	14021	154	282	8896	1011	1179
24298	943	10967	-1013	-1140	10105	1692	1117
359	61	1133	-335	-206	864	95	126
18828	1118	10953	-3217	-2459	5435	1161	886
7667	1541	10819	3617	12458	3133	343	592
218	12	514	-22	-22	122		14
1842	154	5569	-1983	-761	2994	364	353
10462	855	13568	-513	-230	12448	794	898
9116	726	1034	1455	318	660	24	96
171	15	318	-127	-75	214	13	43
12265	693	14483	-12312	-7035	4695	429	663

5-3 按各种分组的中介服务

各种分组	企业个数（个）	年末从业人员数（人）	房屋代理销售成交合同面积（平方米）	房屋代理销售成交合同数（个）	房屋代理销售成交合同金额（千元）	房屋代理出租成交合同面积（平方米）
总　计	**178**	**2410**	**345802**	**2983**	**615278**	**149579**
按登记注册类型分						
内资	178	2410	345802	2983	615278	149579
国有	9	171				95360
集体	2	31				6425
股份合作	1	8				410
国有联营						
集体联营						
国有与集体联营						
其他联营	1	11				
国有独资公司	2	17	195	42	188	195
其他有限责任公司	27	723	138317	624	281607	7383
股份有限公司	2	29				6000
私营独资	2	26				
私营合伙	1	8				
私营有限责任公司	125	1322	206656	2308	332338	32815
私营股份有限公司	6	64	634	9	1145	991
其他						
港澳台投资						
港澳台合资经营						
港澳台合作经营						
港澳台独资						
港澳台商投资股份有限公司						
外商投资						
外商合资经营						
外商合作经营						
外资企业						
外商投资股份有限公司						
按隶属关系分	**178**	**2410**	**345802**	**2983**	**615278**	**149579**
中央	2	60				
省	1	11				
地区	12	110	10800	144	10944	3225
县	12	166	1695	62	1388	101555
其他	151	2063	333307	2777	602946	44799
按地区分	**178**	**2410**	**345802**	**2983**	**615278**	**149579**
乌鲁木齐市	90	872	286164	2133	575820	10000
克拉玛依市	18	450				23624
吐鲁番地区						
哈密地区	3	45				
昌吉回族自治州	15	138	13205	179	12970	11000
博尔塔拉蒙古自治州	3	16				
巴音郭楞蒙古自治州	14	434	34296	471	15215	360
阿克苏地区	7	59				
克孜勒苏柯尔克孜自治州						
喀什地区	1	18				
和田地区						
伊犁哈萨克自治州	18	225	11942	158	11085	98400
塔城地区	3	43	195	42	188	6195
阿勒泰地区	2	28				
石河子市	4	82				

企业主要指标完成情况

房屋代理出租成交合同数（个）	房屋代理出租成交合同金额（千元）	固定资产原价（千元）	本年折旧（千元）	资产总计（千元）	负债合计（千元）	实收资本（千元）	国家资本
2522	**18659**	**323068**	**30132**	**656629**	**335293**	**265788**	**50170**
2522	18659	323068	30132	656629	335293	265788	50170
1709	2032	29619	460	47112	19380	29370	29370
52	2400	12835	574	12213	7292	6215	
6	241	1251	393	2335	550	2079	
		16		1050	82	1000	
3	5	359	9	1165	1193	1008	1000
50	1672	124834	17501	221464	76080	93046	19800
210	2000	8826	210	74388	71294	1180	
		30	2	86	227		
		20	5	63	224	34	
476	10223	144941	10942	295315	158569	129530	
16	86	337	36	1438	402	2326	
2522	**18659**	**323068**	**30132**	**656629**	**335293**	**265788**	**50170**
		5114	706	12426	6715	23815	23215
				499		500	500
27	472	6061	292	11655	3428	10379	1000
1922	4037	37412	719	48947	21808	26843	25455
573	14150	274481	28415	583102	303342	204251	
2522	**18659**	**323068**	**30132**	**656629**	**335293**	**265788**	**50170**
184	6035	116304	10132	342550	215917	126809	21300
182	7165	153234	17952	202022	74300	81580	
		2745	8	5376	1564	3733	2633
200	1300	5153	311	25250	8948	8895	
		750	104	1245	324	800	
9	129	5873	652	12860	6207	5569	630
		585	92	3769	789	2863	
		402	33	2582	1167	2582	
1734	2025	25953	493	41602	12880	26935	22192
213	2005	8900	244	9132	7386	1477	
		850	86	1401	353	830	
		2319	25	8840	5458	3715	3415

5-3 续表

各种分组	集体资本	法人资本	个人资本	港澳台资本	外商资本	营业收入 合计	#主营业务收入
总　计	**30037**	**111606**	**73975**			**371963**	**369461**
按登记注册类型分							
内资	30037	111606	73975			371963	369461
国有						7794	7718
集体	6215					2401	2401
股份合作		191	1888			241	146
国有联营							
集体联营							
国有与集体联营							
其他联营			1000			375	375
国有独资公司		8				282	282
其他有限责任公司	21852	45003	6391			292769	290873
股份有限公司	680	500				2803	2667
私营独资						229	229
私营合伙			34			288	288
私营有限责任公司	1290	65078	63162			62671	62372
私营股份有限公司		826	1500			2110	2110
其他							
港澳台投资							
港澳台合资经营							
港澳台合作经营							
港澳台独资							
港澳台商投资股份有限公司							
外商投资							
外商合资经营							
外商合作经营							
外资企业							
外商投资股份有限公司							
按隶属关系分							
中央		600				8623	8342
省							
地区	4637	2942	1800			4240	4240
县	180	1008	200			8549	8337
其他	25220	107056	71975			350551	348542
按地区分							
乌鲁木齐市	500	67330	37679			309782	309501
克拉玛依市	29357	34451	17772			29532	27811
吐鲁番地区							
哈密地区			1100			1893	1893
昌吉回族自治州		800	8095			6052	5764
博尔塔拉蒙古自治州			800			729	729
巴音郭楞蒙古自治州		1709	3230			5026	4950
阿克苏地区		2063	800			2335	2335
克孜勒苏柯尔克孜自治州							
喀什地区		2582				2178	2178
和田地区							
伊犁哈萨克自治州		736	4007			7830	7830
塔城地区	180	1297				2628	2492
阿勒泰地区		638	192			1049	1049
石河子市			300			2929	2929

单位：千元、人

主营业务成本	主营业务税金及附加	费用合计	营业利润	利润总额	从业人员报酬	劳动、失业保险费	全部从业人员年平均人数
248455	**8608**	**91644**	**24177**	**23280**	**25772**	**2611**	**2242**
248455	8608	91644	24177	23280	25772	2611	2242
499	264	6877	460	964	2159	138	171
1550	419	945	-513	-513	426		15
51	22	172	-4	-12	76		8
	21	365	-11	-8	133	4	11
18	16	639	-390	-390	187	6	17
231118	3672	31784	25356	26784	6836	594	598
	453	670	1544	-14	460	321	59
	13	287	-71	-71	212		28
223	15	102	-52		13	16	8
14743	3600	48620	-2703	-3999	14953	1392	1288
253	113	1183	561	539	317	140	39
	421	5314	2707	2962	1138	37	60
							11
504	281	3487	-31	1109	1249	45	117
513	622	5998	1492	464	2234	446	208
247438	7284	76845	20009	18745	21151	2083	1846
235244	4636	47876	23411	23551	11235	1137	793
9989	2007	19345	-2354	-3605	5762	687	426
1	96	1707	89	63	550	100	43
666	382	4392	471	287	1580	46	172
240	39	402	48	15	152	30	14
357	259	4491	-69	330	1577	157	299
339	130	1498	368	1866	627	14	62
976	119	777	306	306	230		15
343	327	7518	-106	34	2205	92	227
147	425	313	1607	49	542	295	73
153	65	692	139	117	238	31	34
	123	2633	267	267	1074	22	84

5-4 按各种分组的其他房地产

各种分组	企业个数（个）	年末从业人员数（人）	固定资产原价	本年折旧	资产总计	负债合计	实收资本
总计	**272**	**5361**	**2134627**	**167948**	**3813467**	**2380815**	**1280375**
按登记注册类型分							
内资	271	5350	2134564	167913	3811547	2379940	1278375
国有	46	934	366247	20720	431619	290233	232818
集体	40	580	217002	11221	320800	207635	92047
股份合作	2	9	281	90	2428	195	2255
国有联营	1	4	7870	370	4746		6711
集体联营							
国有与集体联营							
其他联营							
国有独资公司	4	47	10030	441	28901	29154	23193
其他有限责任公司	58	1873	639887	101125	1163495	918316	256821
股份有限公司	2	55	14637	1678	90317	11953	17093
私营独资	7	39	12346	3558	19139	3743	5920
私营合伙	2	8	2820		2060	30	2820
私营有限责任公司	106	1785	862136	28624	1746555	917808	637743
私营股份有限公司	3	16	1308	86	1487	873	954
其他							
港澳台投资	1	11	63	35	1920	875	2000
港澳台合资经营	1	11	63	35	1920	875	2000
港澳台合作经营							
港澳台独资							
港澳台商投资股份有限公司							
外商投资							
外商合资经营							
外商合作经营							
外资企业							
外商投资股份有限公司							
按隶属关系分							
中央	11	162	188995	7597	184876	73973	95912
省	18	481	131678	8452	205314	173313	116165
地区	49	1554	479125	80796	837389	707347	121939
县	26	250	64416	6252	100943	92150	45965
街道	2	43	12915	666	20523	11319	8495
镇	1	3	2105	100	1401	636	1387
乡							
居委会							
村委会	2	110	68244	9416	60135	19837	28853
其他	163	2758	1187149	54669	2402886	1302240	861659
按地区分							
乌鲁木齐市	148	3806	1708617	135686	3076567	1789190	976228
克拉玛依市							
吐鲁番地区	11	113	92585	8485	108587	104485	40679
哈密地区	27	404	88231	3951	246444	189398	56597
昌吉回族自治州	2	3	500	45	6400	1200	600
博尔塔拉蒙古自治州	2	11	293	15	1964	1940	203
巴音郭楞蒙古自治州	17	185	47527	2089	89259	55065	55116
阿克苏地区	3	30	686	52	1323	232	1104
克孜勒苏柯尔克孜自治州							
喀什地区	12	196	35781	2633	69336	65260	15635
和田地区	1	3					
伊犁哈萨克自治州	30	457	123095	13143	158490	133355	112807
塔城地区							
阿勒泰地区	11	91	17299	964	32336	19115	8414
石河子市	8	62	20013	885	22761	21575	12992

企业生产经营情况

单位：千元

国家资本	集体资本	法人资本	个人资本	港澳台资本	外商资本	营业收入		主营业务
						合计	#主营业务收入	成本
260556	**120057**	**452997**	**444265**	**2500**		**327230**	**295002**	**89775**
260556	120057	452997	444265	500		326356	294128	89775
226253		3830	2735			45123	43960	5411
1000	77867	5323	7857			52874	49468	26028
	55	2200				288	288	26
6711						261	256	
23193						4019	4008	2266
3399	20778	175807	56837			116075	106261	27517
	2923	6344	7826			5499	5499	
		2800	3120			9142	9121	7648
	2020		800			180	180	
	16414	256692	364137	500		92542	74734	20748
		1	953			353	353	131
				2000		874	874	
				2000		874	874	
92082		3830				14308	14044	2740
106696	1406	5328	2735			19921	19028	3502
38499	17344	50368	15728			111879	108992	34743
20135	13044	7115	5671			11927	11389	3323
	8495					2515	2515	
	1387					60	60	
888	22637		5328			15719	15048	7584
2256	55744	386356	414803	2500		150901	123926	37883
230468	94667	328730	319863	2500		251725	231144	69051
	5124	33973	1582			4399	4052	1019
8177	5483	38648	4289			19532	13469	4543
		200	400			6618	6618	7647
	203					150	150	
6948	480	3791	43897			7866	7173	913
		360	744			423	423	245
	4735	2810	8090			4325	3631	407
12242	9365	39603	51597			24356	22240	3669
		1052	7362			3925	3890	426
2721		3830	6441			3911	2212	1855

5-4 续表

单位: 千元、人

各种分组	主营业务税金及附加	费用合计	营业利润	利润总额	从业人员报酬	劳动、失业保险费	全部从业人员年平均人数
总计	**21161**	**301991**	**-17533**	**-40929**	**63110**	**11145**	**5521**
按登记注册类型分							
内资	21013	301273	-17541	-40936	63051	11145	5510
国有	3948	54009	-14045	-23462	11537	1928	923
集体	2803	24941	-2073	-9054	5822	888	623
股份合作		103	159	-6	44		9
国有联营	14	536	-294	-285	76		5
集体联营							
国有与集体联营							
其他联营							
国有独资公司	63	1288	392	-469	503	117	28
其他有限责任公司	8585	113905	29536	21424	25578	5947	2078
股份有限公司	302	3899	1298	-258	1714	25	55
私营独资	211	6211	-4928	-3790	293	6	42
私营合伙	6	73	104	137	110		8
私营有限责任公司	5022	96048	-27593	-25061	17199	2234	1724
私营股份有限公司	59	260	-97	-112	175		15
其他							
港澳台投资	148	718	8	7	59		11
港澳台合资经营	148	718	8	7	59		11
港澳台合作经营							
港澳台独资							
港澳台商投资股份有限公司							
外商投资							
外商合资经营							
外商合作经营							
外资企业							
外商投资股份有限公司							
按隶属关系分							
中央	767	14187	-3346	-4261	2392	157	155
省	1721	22265	-4102	-14073	5685	1423	508
地区	7389	105358	29759	16841	23689	5753	1822
县	1445	8910	-1127	-745	2378	142	221
街道	279	2041	195	300	342	103	40
镇	13	136	-89	-89	11		3
乡							
居委会							
村委会	1045	4905	2185	2185	1336		110
其他	8502	144189	-41008	-41087	27277	3567	2662
按地区分							
乌鲁木齐市	15120	239257	-3621	-28493	49622	9383	4044
克拉玛依市							
吐鲁番地区	706	8911	-5971	-3902	760	82	99
哈密地区	1112	15023	-987	-585	3425	643	384
昌吉回族自治州	51	2865	-3945	-3945	69		6
博尔塔拉蒙古自治州	8	178	-36	-36	30		10
巴音郭楞蒙古自治州	744	7186	-963	-848	1321	293	156
阿克苏地区	12	170	-4	166	116	4	30
克孜勒苏柯尔克孜自治州							
喀什地区	441	5406	-1929	-2106	2275	385	192
和田地区							
伊犁哈萨克自治州	2528	17555	-343	-691	4276	283	449
塔城地区							
阿勒泰地区	308	2846	345	335	557	9	84
石河子市	131	2594	-79	-824	659	63	67

第6篇

批发零售贸易业、住宿餐饮业基本情况及主要经济指标

6-1 批发和零售业企业基本情况

单位：万元

指标名称	法人企业（个）	产业活动单位（个）	从业人数（人）	销售合计	批发额	零售额
总　计	**11825**	**15273**	**162929**	**13506197.9**	**11174648.2**	**2331549.7**
批发业	7185	8882	94642	11307410.3	11004244.2	303166.1
限额以上	616	1297	35370	8502909.9	8239531.8	263378.1
限额以下	6569	7585	59272	2804500.4	2764712.4	39788.0
零售业	4640	6391	68287	2198787.6	170404.0	2028383.6
限额以上	320	1139	30588	1703792.3	160874.7	1542917.6
限额以下	4320	5252	37699	494995.3	9529.3	485466.0
按地区分组						
乌鲁木齐市	6088	6674	68610	5324961.4	4109750.8	1215210.6
克拉玛依市	338	393	5264	587911.5	531791.1	56120.4
吐鲁番地区	218	461	3272	110524.0	60801.3	49722.7
哈密地区	237	336	3963	180833.8	127536.6	53297.2
昌吉回族自治州	445	627	7081	443799.1	341308.3	102490.8
博尔塔拉蒙古自治州	500	671	4351	1237311.1	1209543.6	27767.5
巴音郭楞蒙古自治州	1051	1454	12394	660091.6	516260.5	143831.1
阿克苏地区	502	892	9094	606924.4	444303.4	162621.0
克孜勒苏柯尔克孜自治州	72	75	1118	22890.1	17148.4	5741.7
喀什地区	482	1007	15877	418574.9	281392.9	137182.0
和田地区	218	481	4197	115676.2	55851.6	59824.6
伊犁哈萨克自治州	674	813	10037	593371.4	520015.6	73355.8
塔城地区	160	236	3053	406717.4	379536.0	27181.4
阿勒泰地区	130	266	2165	244257.1	223465.0	20792.1
生产建设兵团	710	887	12453	2552353.9	2355943.1	196410.8

6-2 住宿和餐饮业企业经营情况

单位：万元

指标名称	法人企业（个）	产业活动单位（个）	从业人数（人）	营业额			
					客房收入	餐费收入	商品销售收入
总　计	**953**	**1106**	**47283**	**291818.2**	**109941.8**	**147725.6**	**9231.4**
一、住宿业	**610**	**647**	**29006**	**226626.0**	**107038.4**	**88738.6**	**7067.4**
按住宿行业中类分组							
旅游饭店	247	267	20445	190647.3	84424.1	80113.9	5314.8
一般旅馆	321	338	7921	31676.3	19113.6	8093.0	1691.5
其他住宿服务	42	42	640	4302.4	3500.7	531.7	61.1
按星级分组							
五星	8	-	-	46849.3	13363.8	24405.1	2009.3
四星	17	-	-	39408.5	16607.3	14647.1	1112.6
三星	95	-	-	73005.3	37966.4	29017.0	1491.1
二星	101	-	-	21918.1	13021.5	7138.8	508.6
一星	14	-	-	4823.5	1980.1	2237.2	56.3
其他	375	-	-	40621.3	24099.3	11293.4	1889.5
二、餐饮业	**343**	**459**	**18277**	**65192.2**	**2903.4**	**58987.0**	**2164.0**
限额以上	65	151	11731	47606.9	1502.0	44122.5	1431.1
正餐服务	62	132	11315	45852.9	1502.0	42368.5	1431.1
快餐服务	3	17	408	1754.0		1754.0	
饮料及冷饮服务		1	2				
其他餐饮服务		1	6				
限额以下	278	308	6546	17585.3	1401.4	14864.5	732.9
正餐服务	211	229	4908	14186.9	1348.4	11675.6	664.0
快餐服务	36	44	917	2343.2	6.4	2276.0	23.9
饮料及冷饮服务	7	10	89	116.3		92.9	15.0
其他餐饮服务	24	25	632	938.9	46.6	820.0	30.0
按地区分组							
乌鲁木齐市	312	403	22537	166072.2	52003.0	91983.6	4243.0
克拉玛依市	17	18	827	4051.8	1223.8	2236.8	340.0
吐鲁番地区	31	40	1370	5723.3	2776.1	2580.7	75.1
哈密地区	28	31	1050	4982.2	1828.3	2508.7	187.3
昌吉回族自治州	73	76	2044	8218.8	2548.0	4675.5	573.2
博尔塔拉蒙古自治州	20	24	706	3108.1	1293.4	1394.2	175.0
巴音郭楞蒙古自治州	90	101	3870	18019.6	7551.0	8688.1	722.0
阿克苏地区	43	51	1571	8269.7	5951.2	1730.4	131.1
克孜勒苏柯尔克孜自治州	4	4	139	380.9	157.2	216.6	
喀什地区	79	88	2497	18330.4	8859.9	9192.9	51.9
和田地区	25	27	693	2332.1	1585.4	650.5	10.4
伊犁哈萨克自治州	73	73	3415	16430.5	7606.0	6964.8	431.7
塔城地区	30	30	799	2938.4	1117.4	1642.2	103.0
阿勒泰地区	31	31	808	5109.3	2252.3	1782.8	211.9
生产建设兵团	97	109	4957	27850.9	13188.8	11477.8	1975.8

6-3 分类型批发和零售业企业商品销售情况

单位：万元

指标名称	法人企业（个）	产业活动单位数（个）	从业人数（人）	销售合计	批发额	零售额
总　计	**11825**	**15273**	**162929**	**13506197.9**	**11174648.2**	**2331549.7**
一、批发业	**7185**	**8882**	**94642**	**11307410.3**	**11004244.2**	**303166.1**
#国有及国有控股	842	1354	24707	4608840.5	4400382.1	208458.4
内资企业	7174	8871	94459	11290075.9	10986909.8	303166.1
国有企业	540	1021	17048	2456607.3	2376949.8	79657.5
集体企业	316	651	9008	476856.6	475703.9	1152.7
股份合作企业	35	51	422	22990.1	22947.1	43.0
联营企业	11	27	201	8007.4	8007.4	
国有联营企业	3	4	22	2666.2	2666.2	
集体联营企业	1	2	7	1675.1	1675.1	
国有与集体联营企业	4	17	156	3117.3	3117.3	
其他联营企业	3	4	16	548.8	548.8	
有限责任公司	1040	1558	23395	3691283.6	3552549.6	138734.0
国有独资公司	58	132	2279	345996.5	344578.0	1418.5
其他有限责任公司	982	1426	21116	3345287.1	3207971.6	137315.5
股份有限公司	62	165	3222	882502.4	855258.4	27244.0
私营企业	5147	5370	40994	3743082.7	3687159.6	55923.1
私营独资企业	338	343	1694	63448.0	61688.3	1759.7
私营合伙企业	111	115	669	27477.6	25647.3	1830.3
私营有限责任公司	4604	4817	37947	3565360.2	3513130.7	52229.5
私营股份有限公司	94	95	684	86796.9	86693.3	103.6
其他企业	23	28	169	8745.8	8334.0	411.8
港、澳、台商投资企业	2	2	65	8111.5	8111.5	
港、澳、台商独资经营企业	2	2	65	8111.5	8111.5	
外商投资企业	9	9	118	9222.9	9222.9	
中外合资经营企业	7	7	92	8814.4	8814.4	
外资企业	2	2	26	408.5	408.5	

6-3 续表 1

单位：万元

指标名称	法人企业（个）	产业活动单位数（个）	从业人数（人）	销售合计	批发额	零售额
二、零售业	**4640**	**6391**	**68287**	**2198787.6**	**170404.0**	**2028383.6**
#国有及国有控股	392	1100	12153	761596.6	113926.4	647670.2
内资企业	4626	6366	67232	2146533.0	170361.2	1976171.8
国有企业	300	991	10647	308556.1	30260.4	278295.7
集体企业	184	286	2179	32452.1	139.9	32312.2
股份合作企业	23	27	396	2536.5	29.8	2506.7
联营企业	8	13	78	41.2		41.2
国有联营企业	1	2	4	2.0		2.0
集体联营企业	4	7	36	33.7		33.7
国有与集体联营企业	1	2	34	4.9		4.9
其他联营企业	2	2	4	0.6		0.6
有限责任公司	559	891	11871	591607.6	68632.5	522975.1
国有独资公司	17	55	581	18168.3	3707.1	14461.2
其他有限责任公司	542	836	11290	573439.3	64925.4	508513.9
股份有限公司	55	179	5882	320089.8	49187.2	270902.6
私营企业	3466	3938	35976	889456.9	22104.4	867352.5
私营独资企业	654	704	4116	43693.6	804.2	42889.4
私营合伙企业	114	126	951	19786.9	18.5	19768.4
私营有限责任公司	2618	2983	30037	808987.5	19578.6	789408.9
私营股份有限公司	80	125	872	16988.9	1703.1	15285.8
其他企业	31	41	203	1792.8	7.0	1785.8
港、澳、台商投资企业	5	14	123	4420.3	42.8	4377.5
合资经营企业(港或澳、台资)	2	11	99	4072.7	42.8	4029.9
港、澳、台商独资经营企业	2	2	22	334.2		334.2
港、澳、台商投资股份有限公司	1	1	2	13.4		13.4
外商投资企业	9	11	932	47834.3		47834.3
中外合资经营企业	8	10	891	19378.9		19378.9
中外合作经营企业	1	1	41	28455.4		28455.4

6-4 分类型限额以上批发和零售业企业商品销售情况

单位：万元

指标名称	法人企业（个）	产业活动单位数（个）	从业人数（人）	销售合计	批发额	零售额
总 计	**936**	**2436**	**65958**	**10206702.2**	**8400406.5**	**1806295.7**
一、批发业	**616**	**1297**	**35370**	**8502909.9**	**8239531.8**	**263378.1**
#国有及国有控股	221	468	13633	4160628.9	3958232.1	202396.8
内资企业	614	1295	35272	8491206.3	8227828.2	263378.1
国有企业	111	317	8553	2235687.0	2161130.7	74556.3
集体企业	41	137	5199	381128.0	381104.3	23.7
股份合作企业	2	7	100	15030.0	15030.0	
联营企业	2	15	102	5020.6	5020.6	
国有联营企业	1	1	13	2576.6	2576.6	
国有与集体联营企业	1	14	89	2444.0	2444.0	
有限责任公司	200	451	13272	2934728.2	2802587.4	132140.8
国有独资公司	22	76	1566	175845.7	174946.2	899.5
其他有限责任公司	178	375	11706	2758882.5	2627641.2	131241.3
股份有限公司	18	107	2648	856595.1	830107.4	26487.7
私营企业	239	259	5380	2059770.4	2029600.8	30169.6
私营独资企业	1	1	12	14594.2	14594.2	
私营合伙企业	2	2	21	7350.1	5830.8	1519.3
私营有限责任公司	231	251	5315	1972216.9	1943566.6	28650.3
私营股份有限公司	5	5	32	65609.2	65609.2	
其他企业	1	2	18	3247.0	3247.0	
港、澳、台商投资企业	1	1	48	6432.0	6432.0	
港、澳、台商独资经营企业	1	1	48	6432.0	6432.0	
外商投资企业	1	1	50	5271.6	5271.6	
中外合资经营企业	1	1	50	5271.6	5271.6	
二、零售业	**320**	**1139**	**30588**	**1703792.3**	**160874.7**	**1542917.6**
#国有及国有控股	82	483	7422	704902.2	112190.5	592711.7
内资企业	317	1126	29663	1653223.2	160874.7	1492348.5
国有企业	56	456	6518	260871.6	28527.9	232343.7
集体企业	7	15	228	9889.1		9889.1
股份合作企业		1	7			
有限责任公司	97	266	6611	502416.7	67557.3	434859.4
国有独资公司	7	20	339	13832.8	3707.1	10125.7
其他有限责任公司	90	246	6272	488583.9	63850.2	424733.7
股份有限公司	12	107	5384	309232.4	48852.5	260379.9
私营企业	145	274	10846	570813.4	15937.0	554876.4
私营独资企业	6	13	497	8177.6		8177.6
私营合伙企业		1	10			
私营有限责任公司	136	226	10006	555917.9	15937.0	539980.9
私营股份有限公司	3	34	333	6717.9		6717.9
其他企业		7	69			
港、澳、台商投资企业	1	10	60	3858.7		3858.7
合资经营企业(港或澳、台资)	1	10	60	3858.7		3858.7
外商投资企业	2	3	865	46710.4		46710.4
中外合资经营企业	1	2	824	18255.0		18255.0
中外合作经营企业	1	1	41	28455.4		28455.4

6-5 分类型限额以下批发和零售业企业商品销售情况

单位：万元

指标名称	法人企业（个）	产业活动单位数（个）	从业人数（人）	销售合计	批发额	零售额
总　计	**10889**	**12837**	**96971**	**3299495.7**	**2774241.7**	**525254.0**
一、批发业	**6569**	**7585**	**59272**	**2804500.4**	**2764712.4**	**39788.0**
#国有及国有控股	621	886	11074	448211.6	442150.0	6061.6
内资企业	6560	7576	59187	2798869.6	2759081.6	39788.0
国有企业	429	704	8495	220920.3	215819.1	5101.2
集体企业	275	514	3809	95728.6	94599.6	1129.0
股份合作企业	33	44	322	7960.1	7917.1	43.0
联营企业	9	12	99	2986.8	2986.8	
国有联营企业	2	3	9	89.6	89.6	
集体联营企业	1	2	7	1675.1	1675.1	
国有与集体联营企业	3	3	67	673.3	673.3	
其他联营企业	3	4	16	548.8	548.8	
有限责任公司	840	1107	10123	756555.4	749962.2	6593.2
国有独资公司	36	56	713	170150.8	169631.8	519.0
其他有限责任公司	804	1051	9410	586404.6	580330.4	6074.2
股份有限公司	44	58	574	25907.3	25151.0	756.3
私营企业	4908	5111	35614	1683312.3	1657558.8	25753.5
私营独资企业	337	342	1682	48853.8	47094.1	1759.7
私营合伙企业	109	113	648	20127.5	19816.5	311.0
私营有限责任公司	4373	4566	32632	1593143.3	1569564.1	23579.2
私营股份有限公司	89	90	652	21187.7	21084.1	103.6
其他企业	22	26	151	5498.8	5087.0	411.8
港、澳、台商投资企业	1	1	17	1679.5	1679.5	
港、澳、台商独资经营企业	1	1	17	1679.5	1679.5	
外商投资企业	8	8	68	3951.3	3951.3	
中外合资经营企业	6	6	42	3542.8	3542.8	
外资企业	2	2	26	408.5	408.5	
二、零售业	**4320**	**5252**	**37699**	**494995.3**	**9529.3**	**485466.0**
#国有及国有控股	310	617	4731	56694.4	1735.9	54958.5
内资企业	4309	5240	37569	493309.8	9486.5	483823.3
国有企业	244	535	4129	47684.5	1732.5	45952.0
集体企业	177	271	1951	22563.0	139.9	22423.1
股份合作企业	23	26	389	2536.5	29.8	2506.7
联营企业	8	13	78	41.2		41.2
国有联营企业	1	2	4	2.0		2.0
集体联营企业	4	7	36	33.7		33.7
国有与集体联营企业	1	2	34	4.9		4.9
其他联营企业	2	2	4	0.6		0.6
有限责任公司	462	625	5260	89190.9	1075.2	88115.7
国有独资公司	10	35	242	4335.5		4335.5
其他有限责任公司	452	590	5018	84855.4	1075.2	83780.2
股份有限公司	43	72	498	10857.4	334.7	10522.7
私营企业	3321	3664	25130	318643.5	6167.4	312476.1
私营独资企业	648	691	3619	35516.0	804.2	34711.8
私营合伙企业	114	125	941	19786.9	18.5	19768.4
私营有限责任公司	2482	2757	20031	253069.6	3641.6	249428.0
私营股份有限公司	77	91	539	10271.0	1703.1	8567.9
其他企业	31	34	134	1792.8	7.0	1785.8
港、澳、台商投资企业	4	4	63	561.6	42.8	518.8
合资经营企业(港或澳、台资)	1	1	39	214.0	42.8	171.2
港、澳、台商独资经营企业	2	2	22	334.2		334.2
港、澳、台商投资股份有限公司	1	1	2	13.4		13.4
外商投资企业	7	8	67	1123.9		1123.9
中外合资经营企业	7	8	67	1123.9		1123.9

6-6 分行业批发和零售业企业商品销售情况

单位：万元

指标名称	法人企业（个）	产业活动单位数（个）	从业人数（人）	销售合计	批发额	零售额
总　计	**11825**	**15273**	**162929**	**13506197.9**	**11174648.2**	**2331549.7**
一、批发业	**7185**	**8882**	**94642**	**11307410.3**	**11004244.2**	**303166.1**
#国有及国有控股	842	1354	24707	4608840.5	4400382.1	208458.4
农畜产品批发	651	1066	21367	2262104.2	2255618.4	6485.8
谷物、豆及薯类批发	86	277	3777	187626.3	183718.2	3908.1
种子、饲料批发	227	395	3670	115805.8	115445.8	360.0
棉、麻批发	260	309	13011	1915841.6	1913642.4	2199.2
牲畜批发	1	2	8	657.9	657.9	
其他农畜产品批发	77	83	901	42172.6	42154.1	18.5
食品、饮料及烟草制品批	495	664	9815	643791.1	637217.1	6574.0
米、面制品及食用油批发	97	147	2659	87655.1	86888.6	766.5
糕点、糖果及糖批发	26	29	358	16692.6	16589.3	103.3
果品、蔬菜批发	38	47	720	27122.5	27067.5	55.0
肉、禽、蛋及水产品批发	26	36	273	6847.2	6773.4	73.8
盐及调味品批发	68	75	759	28169.1	27803.8	365.3
饮料及茶叶批发	130	143	1657	51769.4	48509.0	3260.4
烟草制品批发	35	110	2521	386700.2	385247.6	1452.6
其他食品批发	75	77	868	38835.0	38337.9	497.1
纺织、服装及日用品批发	338	351	4001	339881.5	336036.6	3844.9
纺织品、针织品及原料批发	86	88	1004	126175.4	125508.0	667.4
服装批发	48	48	863	164590.1	164489.0	101.1
鞋帽批发	8	8	24	326.7	326.7	
厨房、卫生间用具及日用杂货批发	83	87	611	9242.2	8837.7	404.5
化妆品及卫生用品批发	62	67	831	25237.5	22827.9	2409.6
其他日用品批发	51	53	668	14309.6	14047.3	262.3
文化、体育用品及器材批发	169	181	2161	132205.8	129253.9	2951.9
文具用品批发	64	65	794	33595.3	33234.5	360.8
体育用品批发	14	15	161	1587.0	1585.0	2.0
图书批发	45	54	752	77377.0	76737.3	639.7
报刊批发	1	1	12	169.0	169.0	
音像制品及电子出版物批发	6	6	27	172.7	172.7	
首饰、工艺品及收藏品批发	14	14	137	887.3	887.3	
其他文化用品批发	25	26	278	18417.5	16468.1	1949.4
医药及医疗器材批发	192	217	3116	235463.7	231184.5	4279.2
西药批发	44	54	1731	194403.5	191000.5	3403.0
中药材及中成药批发	23	36	444	18093.3	17674.6	418.7
医疗用品及器材批发	125	127	941	22966.9	22509.4	457.5
矿产品、建材及化工产品批发	2432	3270	26634	5032153.7	4818185.8	213967.9
煤炭及制品批发	30	38	931	41770.8	36138.2	5632.6
石油及制品批发	313	454	7084	1266629.5	1073896.6	192732.9
非金属矿及制品批发	14	15	147	16508.6	16478.6	30.0
金属及金属矿批发	863	877	6052	2098713.9	2092833.0	5880.9
建材批发	498	534	3125	247970.3	246711.0	1259.3
化肥批发	303	882	5605	818612.2	812687.9	5924.3
农药批发	56	111	516	21994.7	21977.2	17.5
农用薄膜批发	13	13	129	105319.9	105205.2	114.7
其他化工产品批发	342	346	3045	414633.8	412258.1	2375.7
机械设备、五金交电及电子产品批发	2522	2667	23077	1915581.9	1851646.7	63935.2
农业机械批发	248	270	2071	153203.5	152408.8	794.7
汽车、摩托车及零配件批发	427	447	4220	452969.6	413360.3	39609.3
五金、交电批发	588	611	4192	170496.4	168505.1	1991.3
家用电器批发	76	78	1574	100268.2	98541.2	1727.0
计算机、软件及辅助设备批发	129	133	1596	121175.8	105082.9	16092.9
通讯及广播电视设备批发	76	85	960	104092.5	103521.4	571.1
其他机械设备及电子产品批发	978	1043	8464	813375.9	810227.0	3148.9
贸易经纪与代理	64	64	687	139315.1	139247.7	67.4
贸易经纪与代理	64	64	687	139315.1	139247.7	67.4
其他批发	322	402	3784	606913.3	605853.5	1059.8
再生物资回收与批发	182	258	2212	554791.6	554791.6	
其他未列明的批发	140	144	1572	52121.7	51061.9	1059.8

6-6 续表 1

单位：万元

指标名称	法人企业（个）	产业活动单位数（个）	从业人数（人）	销售合计	批发额	零售额
二、零售业	**4640**	**6391**	**68287**	**2198787.6**	**170404.0**	**2028383.6**
#国有及国有控股	392	1100	12153	761596.6	113926.4	647670.2
综合零售	389	571	16399	324911.2	9581.2	315330.0
百货零售	191	254	7819	177573.0	2809.1	174763.9
超级市场零售	71	118	6671	132863.4	6370.2	126493.2
其他综合零售	127	199	1909	14474.8	401.9	14072.9
食品、饮料及烟草制品专门零售	244	391	3224	39909.5	3245.9	36663.6
粮油零售	75	163	1263	27319.7	3167.2	24152.5
糕点、面包零售	11	15	153	601.2	2.2	599.0
果品、蔬菜零售	13	17	178	1334.8		1334.8
肉、禽、蛋及水产品零售	13	26	187	1337.7		1337.7
饮料及茶叶零售	48	59	423	3324.5	12.7	3311.8
烟草制品零售	24	40	402	2978.2	63.8	2914.4
其他食品零售	60	71	618	3013.4		3013.4
纺织、服装及日用品专门零售	343	434	4981	97684.5	1051.5	96633.0
纺织品及针织品零售	60	75	606	3520.2	121.9	3398.3
服装零售	134	165	2417	53796.6	417.5	53379.1
鞋帽零售	8	14	70	386.8		386.8
钟表、眼镜零售	28	44	445	3476.2	411.0	3065.2
化妆品及卫生用品零售	47	55	445	31370.3	33.9	31336.4
其他日用品零售	66	81	998	5134.4	67.2	5067.2
文化、体育用品及器材专门零售	397	529	4562	105761.5	4868.5	100893.0
文具用品零售	96	105	696	6396.1	158.6	6237.5
体育用品零售	35	36	494	5207.0	208.2	4998.8
图书零售	89	184	1893	77136.9	3760.3	73376.6
报刊零售	3	3	29	12.4		12.4
音像制品及电子出版物零售	12	22	266	1370.4		1370.4
珠宝首饰零售	78	92	594	6624.0	472.7	6151.3
工艺美术品及收藏品零售	18	20	120	746.4		746.4
照相器材零售	13	14	135	3841.9		3841.9
其他文化用品零售	53	53	335	4426.4	268.7	4157.7
医药及医疗器材专门零售	206	746	4963	172165.2	34527.6	137637.6
药品零售	133	670	4349	161701.9	34400.8	127301.1
医疗用品及器材零售	73	76	614	10463.3	126.8	10336.5
汽车、摩托车、燃料及零配件专门零售	860	1221	14518	1018201.2	88458.8	929742.4
汽车零售	166	191	2725	489368.5	13468.9	475899.6
汽车零配件零售	353	380	2741	64468.3	1432.3	63036.0
摩托车及零配件零售	95	114	798	22377.4	761.1	21616.3
机动车燃料零售	246	536	8254	441987.0	72796.5	369190.5
家用电器及电子产品专门零售	1065	1163	10532	291239.0	26793.1	264445.9
家用电器零售	208	237	2402	101451.5	21069.4	80382.1
计算机、软件及辅助设备零售	638	676	3976	92530.6	2267.6	90263.0
通信设备零售	95	121	3349	84785.1	3322.5	81462.6
其他电子产品零售	124	129	805	12471.8	133.6	12338.2
五金、家具及室内装修材料专门零售	722	771	4841	85834.4	867.9	84966.5
五金零售	420	440	2760	57219.4	678.2	56541.2
家具零售	72	83	790	12411.3	7.0	12404.3
涂料零售	17	26	89	1032.4	1.1	1031.3
其他室内装修材料零售	213	222	1202	15171.3	181.6	14989.7
无店铺及其他零售	414	565	4267	63081.1	1009.5	62071.6
生活用燃料零售	95	174	1435	16684.9	757.8	15927.1
花卉零售	15	17	158	334.2	25.0	309.2
旧货零售	2	2	16			
其他未列明的零售	302	372	2658	46062.0	226.7	45835.3

6-7 分行业限额以上批发和零售业企业商品销售情况

单位：万元

指标名称	法人企业（个）	产业活动单位数（个）	从业人数（人）	销售合计	批发额	零售额
总　计	**936**	**2436**	**65958**	**10206702.2**	**8400406.5**	**1806295.7**
一、批发业	**616**	**1297**	**35370**	**8502909.9**	**8239531.8**	**263378.1**
#国有及国有控股	221	468	13633	4160628.9	3958232.1	202396.8
农畜产品批发	154	342	13165	1980066.8	1975077.2	4989.6
谷物、豆及薯类批发	28	143	2348	149239.6	146774.6	2465.0
种子、饲料批发	10	51	852	52354.6	52016.3	338.3
棉、麻批发	111	142	9854	1757468.0	1755281.7	2186.3
牲畜批发		1	1			
其他农畜产品批发	5	5	110	21004.6	21004.6	
食品、饮料及烟草制品批发	53	150	4114	516456.3	512889.3	3567.0
米、面制品及食用油批发	13	33	852	48485.2	48336.9	148.3
糕点、糖果及糖批发	2	4	105	8691.9	8588.6	103.3
果品、蔬菜批发	4	7	259	18033.9	18033.9	
肉、禽、蛋及水产品批发	1	1	17	2754.7	2754.7	
盐及调味品批发	4	4	146	13562.6	13317.8	244.8
饮料及茶叶批发	7	7	271	22732.4	20943.4	1789.0
烟草制品批发	18	88	2324	381782.4	380619.3	1163.1
其他食品批发	4	6	140	20413.2	20294.7	118.5
纺织、服装及日用品批发	15	22	554	277241.4	275239.4	2002.0
纺织品、针织品及原料批发	8	10	278	98187.3	98187.3	
服装批发	2	2	29	153400.5	153400.5	
厨房、卫生间用具及日用杂货批发		1	7			
化妆品及卫生用品批发	4	8	232	16025.0	14023.0	2002.0
其他日用品批发	1	1	8	9628.6	9628.6	
文化、体育用品及器材批发	6	11	559	101922.8	99870.0	2052.8
文具用品批发	3	3	61	22133.6	22133.6	
图书批发	1	6	368	69251.9	68903.9	348.0
其他文化用品批发	2	2	130	10537.3	8832.5	1704.8
医药及医疗器材批发	14	17	1141	182201.4	182201.4	
西药批发	11	13	996	168407.6	168407.6	
中药材及中成药批发	3	4	145	13793.8	13793.8	
矿产品、建材及化工产品批发	225	574	10063	3632023.4	3431196.0	200827.4
煤炭及制品批发	3	11	509	33315.6	27958.0	5357.6
石油及制品批发	49	183	4495	1100433.5	911314.6	189118.9
非金属矿及制品批发	3	3	58	14754.0	14754.0	
金属及金属矿批发	81	87	1528	1266307.8	1264249.8	2058.0
建材批发	16	24	304	129388.4	128995.2	393.2
化肥批发	48	237	2613	685627.4	681727.7	3899.7
农药批发	1	2	80	15227.1	15227.1	
农用薄膜批发	1	1	41	97344.3	97344.3	
其他化工产品批发	23	26	435	289625.3	289625.3	
机械设备、五金交电及电子产品批发	122	148	4937	1251107.8	1201561.0	49546.8
农业机械批发	10	15	417	78255.9	78255.9	
汽车、摩托车及零配件批发	54	64	1419	309279.7	275324.8	33954.9
五金、交电批发	8	11	261	33788.0	33788.0	
家用电器批发	6	6	805	77988.7	77268.7	720.0
计算机、软件及辅助设备批发	10	10	438	70789.4	57146.7	13642.7
通讯及广播电视设备批发	5	5	174	79701.8	79701.8	
其他机械设备及电子产品批发	29	37	1423	601304.3	600075.1	1229.2
贸易经纪与代理	5	5	141	126457.3	126457.3	
贸易经纪与代理	5	5	141	126457.3	126457.3	
其他批发	22	28	696	435432.7	435040.2	392.5
再生物资回收与批发	20	24	656	423772.6	423772.6	
其他未列明的批发	2	4	40	11660.1	11267.6	392.5

6-7 续表 1 单位：万元

指标名称	法人企业（个）	产业活动单位数（个）	从业人数（人）	销售合计	批发额	零售额
二、零售业	**320**	**1139**	**30588**	**1703792.3**	**160874.7**	**1542917.6**
#国有及国有控股	82	483	7422	704902.2	112190.5	592711.7
综合零售	59	132	10611	293306.6	8926.9	284379.7
百货零售	28	48	4915	164950.5	2582.4	162368.1
超级市场零售	31	70	5618	128356.1	6344.5	122011.6
其他综合零售		14	78			
食品、饮料及烟草制品专门零售	10	34	525	21001.2	3141.4	17859.8
粮油零售	8	19	321	19350.3	3141.4	16208.9
烟草制品零售	2	15	204	1650.9		1650.9
纺织、服装及日用品专门零售	13	16	1221	69188.0	351.2	68836.8
服装零售	10	11	1140	39424.1	351.2	39072.9
钟表、眼镜零售	1	1	16	585.7		585.7
化妆品及卫生用品零售	2	2	50	29178.2		29178.2
其他日用品零售		2	15			
文化、体育用品及器材专门零售	26	122	1808	67596.1	3757.4	63838.7
文具用品零售	1	2	63	589.1		589.1
体育用品零售	2	2	115	2539.9		2539.9
图书零售	18	101	1260	57789.2	3288.4	54500.8
音像制品及电子出版物零售		10	183			
珠宝首饰零售	3	4	139	3720.4	469.0	3251.4
照相器材零售	2	3	48	2957.5		2957.5
医药及医疗器材专门零售	25	259	2280	147966.0	32821.6	115144.4
药品零售	23	256	2228	145458.9	32821.6	112637.3
医疗用品及器材零售	2	3	52	2507.1		2507.1
汽车、摩托车、燃料及零配件专门零售	108	398	8749	886412.9	87537.6	798875.3
汽车零售	65	82	1993	449338.7	13168.6	436170.1
汽车零配件零售	7	11	204	32091.6	990.1	31101.5
摩托车及零配件零售	5	8	74	6565.3	701.6	5863.7
机动车燃料零售	31	297	6478	398417.3	72677.3	325740.0
家用电器及电子产品专门零售	56	100	4189	193665.3	23785.9	169879.4
家用电器零售	18	31	1005	74708.1	20586.1	54122.0
计算机、软件及辅助设备零售	25	39	537	45733.7	1461.7	44272.0
通信设备零售	12	29	2627	72415.6	1738.1	70677.5
其他电子产品零售	1	1	20	807.9		807.9
五金、家具及室内装修材料专门零售	9	13	401	13554.7		13554.7
五金零售	6	8	87	4136.6		4136.6
家具零售	1	2	273	7976.0		7976.0
其他室内装修材料零售	2	3	41	1442.1		1442.1
无店铺及其他零售	14	65	804	11101.5	552.7	10548.8
生活用燃料零售	6	21	289	5123.0	552.7	4570.3
其他未列明的零售	8	44	515	5978.5		5978.5

6-8 分行业限额以下批发和零售业企业商品销售情况

单位：万元

指标名称	法人企业（个）	产业活动单位数（个）	从业人数（人）	销售合计	批发额	零售额
总　计	**10889**	**12837**	**96971**	**3299495.7**	**2774241.7**	**525254.0**
一、批发业	**6569**	**7585**	**59272**	**2804500.4**	**2764712.4**	**39788.0**
#国有及国有控股	621	886	11074	448211.6	442150.0	6061.6
农畜产品批发	497	724	8202	282037.4	280541.2	1496.2
谷物、豆及薯类批发	58	134	1429	38386.7	36943.6	1443.1
种子、饲料批发	217	344	2818	63451.2	63429.5	21.7
棉、麻批发	149	167	3157	158373.6	158360.7	12.9
牲畜批发	1	1	7	657.9	657.9	
其他农畜产品批发	72	78	791	21168.0	21149.5	18.5
食品、饮料及烟草制品批发	442	514	5701	127334.8	124327.8	3007.0
米、面制品及食用油批发	84	114	1807	39169.9	38551.7	618.2
糕点、糖果及糖批发	24	25	253	8000.7	8000.7	
果品、蔬菜批发	34	40	461	9088.6	9033.6	55.0
肉、禽、蛋及水产品批发	25	35	256	4092.5	4018.7	73.8
盐及调味品批发	64	71	613	14606.5	14486.0	120.5
饮料及茶叶批发	123	136	1386	29037.0	27565.6	1471.4
烟草制品批发	17	22	197	4917.8	4628.3	289.5
其他食品批发	71	71	728	18421.8	18043.2	378.6
纺织、服装及日用品批发	323	329	3447	62640.1	60797.2	1842.9
纺织品、针织品及原料批发	78	78	726	27988.1	27320.7	667.4
服装批发	46	46	834	11189.6	11088.5	101.1
鞋帽批发	8	8	24	326.7	326.7	
厨房、卫生间用具及日用杂货批发	83	86	604	9242.2	8837.7	404.5
化妆品及卫生用品批发	58	59	599	9212.5	8804.9	407.6
其他日用品批发	50	52	660	4681.0	4418.7	262.3
文化、体育用品及器材批发	163	170	1602	30283.0	29383.9	899.1
文具用品批发	61	62	733	11461.7	11100.9	360.8
体育用品批发	14	15	161	1587.0	1585.0	2.0
图书批发	44	48	384	8125.1	7833.4	291.7
报刊批发	1	1	12	169.0	169.0	
音像制品及电子出版物批发	6	6	27	172.7	172.7	
首饰、工艺品及收藏品批发	14	14	137	887.3	887.3	
其他文化用品批发	23	24	148	7880.2	7635.6	244.6
医药及医疗器材批发	178	200	1975	53262.3	48983.1	4279.2
西药批发	33	41	735	25995.9	22592.9	3403.0
中药材及中成药批发	20	32	299	4299.5	3880.8	418.7
医疗用品及器材批发	125	127	941	22966.9	22509.4	457.5

6-8 续表 1

单位：万元

指标名称	法人企业（个）	产业活动单位数（个）	从业人数（人）	销售合计	批发额	零售额
矿产品、建材及化工产品批发	2207	2696	16571	1400130.3	1386989.8	13140.5
煤炭及制品批发	27	27	422	8455.2	8180.2	275.0
石油及制品批发	264	271	2589	166196.0	162582.0	3614.0
非金属矿及制品批发	11	12	89	1754.6	1724.6	30.0
金属及金属矿批发	782	790	4524	832406.1	828583.2	3822.9
建材批发	482	510	2821	118581.9	117715.8	866.1
化肥批发	255	645	2992	132984.8	130960.2	2024.6
农药批发	55	109	436	6767.6	6750.1	17.5
农用薄膜批发	12	12	88	7975.6	7860.9	114.7
其他化工产品批发	319	320	2610	125008.5	122632.8	2375.7
机械设备、五金交电及电子产品批发	2400	2519	18140	664474.1	650085.7	14388.4
农业机械批发	238	255	1654	74947.6	74152.9	794.7
汽车、摩托车及零配件批发	373	383	2801	143689.9	138035.5	5654.4
五金、交电批发	580	600	3931	136708.4	134717.1	1991.3
家用电器批发	70	72	769	22279.5	21272.5	1007.0
计算机、软件及辅助设备批发	119	123	1158	50386.4	47936.2	2450.2
通讯及广播电视设备批发	71	80	786	24390.7	23819.6	571.1
其他机械设备及电子产品批发	949	1006	7041	212071.6	210151.9	1919.7
贸易经纪与代理	59	59	546	12857.8	12790.4	67.4
贸易经纪与代理	59	59	546	12857.8	12790.4	67.4
其他批发	300	374	3088	171480.6	170813.3	667.3
再生物资回收与批发	162	234	1556	131019.0	131019.0	
其他未列明的批发	138	140	1532	40461.6	39794.3	667.3
二、零售业	**4320**	**5252**	**37699**	**494995.3**	**9529.3**	**485466.0**
#国有及国有控股	310	617	4731	56694.4	1735.9	54958.5
综合零售	330	439	5788	31604.6	654.3	30950.3
百货零售	163	206	2904	12622.5	226.7	12395.8
超级市场零售	40	48	1053	4507.3	25.7	4481.6
其他综合零售	127	185	1831	14474.8	401.9	14072.9
食品、饮料及烟草制品专门零售	234	357	2699	18908.3	104.5	18803.8
粮油零售	67	144	942	7969.4	25.8	7943.6
糕点、面包零售	11	15	153	601.2	2.2	599.0
果品、蔬菜零售	13	17	178	1334.8		1334.8
肉、禽、蛋及水产品零售	13	26	187	1337.7		1337.7
饮料及茶叶零售	48	59	423	3324.5	12.7	3311.8
烟草制品零售	22	25	198	1327.3	63.8	1263.5
其他食品零售	60	71	618	3013.4		3013.4

6-8 续表 2

单位：万元

指标名称	法人企业（个）	产业活动单位数（个）	从业人数（人）	销售合计	批发额	零售额
纺织、服装及日用品专门零售	330	418	3760	28496.5	700.3	27796.2
纺织品及针织品零售	60	75	606	3520.2	121.9	3398.3
服装零售	124	154	1277	14372.5	66.3	14306.2
鞋帽零售	8	14	70	386.8		386.8
钟表、眼镜零售	27	43	429	2890.5	411.0	2479.5
化妆品及卫生用品零售	45	53	395	2192.1	33.9	2158.2
其他日用品零售	66	79	983	5134.4	67.2	5067.2
文化、体育用品及器材专门零售	371	407	2754	38165.4	1111.1	37054.3
文具用品零售	95	103	633	5807.0	158.6	5648.4
体育用品零售	33	34	379	2667.1	208.2	2458.9
图书零售	71	83	633	19347.7	471.9	18875.8
报刊零售	3	3	29	12.4		12.4
音像制品及电子出版物零售	12	12	83	1370.4		1370.4
珠宝首饰零售	75	88	455	2903.6	3.7	2899.9
工艺美术品及收藏品零售	18	20	120	746.4		746.4
照相器材零售	11	11	87	884.4		884.4
其他文化用品零售	53	53	335	4426.4	268.7	4157.7
医药及医疗器材专门零售	181	487	2683	24199.2	1706.0	22493.2
药品零售	110	414	2121	16243.0	1579.2	14663.8
医疗用品及器材零售	71	73	562	7956.2	126.8	7829.4
汽车、摩托车、燃料及零配件专门零售	752	823	5769	131788.3	921.2	130867.1
汽车零售	101	109	732	40029.8	300.3	39729.5
汽车零配件零售	346	369	2537	32376.7	442.2	31934.5
摩托车及零配件零售	90	106	724	15812.1	59.5	15752.6
机动车燃料零售	215	239	1776	43569.7	119.2	43450.5
家用电器及电子产品专门零售	1009	1063	6343	97573.7	3007.2	94566.5
家用电器零售	190	206	1397	26743.4	483.3	26260.1
计算机、软件及辅助设备零售	613	637	3439	46796.9	805.9	45991.0
通信设备零售	83	92	722	12369.5	1584.4	10785.1
其他电子产品零售	123	128	785	11663.9	133.6	11530.3
五金、家具及室内装修材料专门零售	713	758	4440	72279.7	867.9	71411.8
五金零售	414	432	2673	53082.8	678.2	52404.6
家具零售	71	81	517	4435.3	7.0	4428.3
涂料零售	17	26	89	1032.4	1.1	1031.3
其他室内装修材料零售	211	219	1161	13729.2	181.6	13547.6
无店铺及其他零售	400	500	3463	51979.6	456.8	51522.8
生活用燃料零售	89	153	1146	11561.9	205.1	11356.8
花卉零售	15	17	158	334.2	25.0	309.2
旧货零售	2	2	16			
其他未列明的零售	294	328	2143	40083.5	226.7	39856.8

6-9 批发和零售业企业商品销售类值

单位：万元

指　　标	销售合计	批发额	零售额
总　　计	**13506197.9**	**11181788.8**	**2324409.1**
一、批发业	**11307410.3**	**11006648.9**	**300761.4**
#国有及国有控股	4608840.5	4400382.1	208458.4
1.食品、饮料、烟酒类	816263.2	804702.1	11561.1
(1)粮油类	273783.9	268740.5	5043.4
(2)肉禽蛋类	9652.9	9447.0	205.9
(3)其他食品类	109096.3	107917.0	1179.3
(4)饮料类	26100.5	25375.8	724.7
(5)烟酒类	397629.6	393221.8	4407.8
2.服装、鞋帽、针纺织品类	257948.5	256947.0	1001.5
(1)服装类	177295.5	177038.5	257.0
(2)鞋帽类	16034.9	15925.4	109.5
(3)针、纺织品类	64618.1	63983.1	635.0
3.化妆品类	20818.3	18835.5	1982.8
4.金银珠宝类	478.1	478.1	
5.日用品类	56571.4	55362.8	1208.6
#洗涤用品类	8506.4	7817.0	689.4
儿童玩具类	1316.7	1188.1	128.6
6.五金、电料类	103559.3	102074.5	1484.8
7.体育、娱乐用品类	10405.1	10362.1	43.0
8.书报杂志类	104573.0	104034.8	538.2
9.电子出版物及音像制品类	3408.0	3366.6	41.4
10.家用电器和音像器材类	141937.2	140140.4	1796.8
11.中西药品类	226435.4	222670.7	3764.7
#西药	152093.2	149551.6	2541.6
#中草药及中成药	45041.5	44149.6	891.9
12.文化办公用品类	132146.4	112959.3	19187.1
13.家俱类	4264.4	4264.4	
14.通讯器材类	118009.3	117442.4	566.9
15.煤炭及制品类	70293.7	70194.5	99.2
16.木材及制品类	4885.6	4884.6	1.0
17.石油及制品类	1053794.8	860264.0	193530.8
18.化工材料及制品类	1444669.3	1440904.1	3765.2
#化肥类	701295.9	701295.9	
19.金属材料类	2572439.6	2567068.7	5370.9
20.建筑及装潢材料类	170754.8	168772.3	1982.5
21.机电产品及设备类	545442.5	539730.4	5712.1
#农机类	159158.9	159158.9	
22.汽车类	411830.3	374863.6	36966.7
23.种子饲料类	99721.5	99721.5	
24.棉麻类	2086679.3	2086679.3	
25.其他类	850081.3	839925.2	10156.1

6-9 续表 1

单位：万元

指　　标	销售合计	批 发 额	零 售 额
二、零售业	**2198787.6**	**175139.9**	**2023647.7**
#国有及国有控股	761596.6	113926.4	647670.2
1.食品、饮料、烟酒类	175539.6	4747.6	170792.0
(1)粮油类	39742.2	3164.4	36577.8
(2)肉禽蛋类	20114.4	0.2	20114.2
(3)其他食品类	77263.3	198.4	77064.9
(4)饮料类	14705.8	1069.8	13636.0
(5)烟酒类	23713.9	314.8	23399.1
2.服装、鞋帽、针纺织品类	144251.4	478.1	143773.3
(1)服装类	98757.0	386.3	98370.7
(2)鞋帽类	24199.1	4.0	24195.1
(3)针、纺织品类	21295.3	87.8	21207.5
3.化妆品类	32193.4	1939.6	30253.8
4.金银珠宝类	19896.7	883.7	19013.0
5.日用品类	50636.8	4401.3	46235.5
#洗涤用品类	27274.2	4326.8	22947.4
#儿童玩具类	2591.5	7.0	2584.5
6.五金、电料类	36604.2	168.7	36435.5
7.体育、娱乐用品类	7127.4	403.3	6724.1
8.书报杂志类	74506.7	3175.0	71331.7
9.电子出版物及音像制品类	4458.8	493.9	3964.9
10.家用电器和音像器材类	128046.1	21429.0	106617.1
11.中西药品类	168473.7	34381.6	134092.1
#西药	116992.7	24939.5	92053.2
#中草药及中成药	40985.2	9439.9	31545.3
12.文化办公用品类	86635.2	2215.8	84419.4
13.家俱类	13789.7	533.6	13256.1
14.通讯器材类	88376.9	3453.4	84923.5
15.煤炭及制品类	1131.3	6.7	1124.6
16.木材及制品类	290.6		290.6
17.石油及制品类	446511.0	73312.2	373198.8
18.化工材料及制品类	11641.9	125.2	11516.7
#化肥类	8813.7	8813.7	
19.金属材料类	19521.0	804.4	18716.6
20.建筑及装潢材料类	22019.7	631.9	21387.8
21.机电产品及设备类	42034.1	1397.1	40637.0
#农机类	454.9	454.9	
22.汽车类	554543.7	13536.7	541007.0
23.种子饲料类	69.2	69.2	
24.棉麻类	4740.6	4740.6	
25.其他类	65747.9	1811.3	63936.6

6-10 限额以上批发和零售业企业商品销售类值

单位：万元

指　　标	销售合计	批 发 额	零 售 额
总　计	**10206702.2**	**8405173.5**	**1801528.7**
一、批发业	**8502909.9**	**8241544.0**	**261365.9**
#国有及国有控股	4160628.9	3958232.1	202396.8
1.食品、饮料、烟酒类	656340.0	649348.1	6991.9
(1)粮油类	202329.6	199382.0	2947.6
(2)肉禽蛋类	3010.9	3000.9	10.0
(3)其他食品类	65320.3	64882.2	438.1
(4)饮料类	13556.1	13205.9	350.2
(5)烟酒类	372123.1	368877.1	3246.0
2.服装、鞋帽、针纺织品类	223502.7	223156.5	346.2
(1)服装类	169132.4	168961.0	171.4
(2)鞋帽类	15538.2	15444.9	93.3
(3)针、纺织品类	38832.1	38750.6	81.5
3.化妆品类	13090.1	11302.5	1787.6
5.日用品类	30268.4	29689.5	578.9
#洗涤用品类	3471.9	3048.7	423.2
#儿童玩具类	217.4	106.1	111.3
6.五金、电料类	30078.5	30033.8	44.7
7.体育、娱乐用品类	6072.3	6029.3	43.0
8.书报杂志类	98499.8	98053.3	446.5
9.电子出版物及音像制品类	40.8		40.8
10.家用电器和音像器材类	114643.5	113896.0	747.5
11.中西药品类	187342.0	187342.0	
#西药	136487.2	136487.2	
#中草药及中成药	39677.2	39677.2	
12.文化办公用品类	70688.5	54306.2	16382.3
13.家俱类	472.6	472.6	
14.通讯器材类	97132.5	97132.5	
15.煤炭及制品类	62965.4	62965.4	
16.木材及制品类	0.8	0.8	
17.石油及制品类	871381.1	682464.2	188916.9
18.化工材料及制品类	1190587.6	1190047.3	540.3
#化肥类	584920.5	584920.5	
19.金属材料类	1750913.1	1748855.1	2058.0
20.建筑及装潢材料类	81994.4	81208.7	785.7
21.机电产品及设备类	251469.3	249452.3	2017.0
#农机类	90666.3	90666.3	
22.汽车类	286403.2	254031.7	32371.5
23.种子饲料类	44294.3	44294.3	
24.棉麻类	1908630.5	1908630.5	
25.其他类	526098.5	518831.4	7267.1

6-10 续表 1 单位：万元

指标	销售合计	批发额	零售额
二、零售业	**1703792.3**	**163629.5**	**1540162.8**
#国有及国有控股	704902.2	112190.5	592711.7
1.食品、饮料、烟酒类	147646.6	4485.7	143160.9
(1)粮油类	31236.0	3141.4	28094.6
(2)肉禽蛋类	18801.5		18801.5
(3)其他食品类	69826.0	147.6	69678.4
(4)饮料类	11009.0	1012.5	9996.5
(5)烟酒类	16774.1	184.2	16589.9
2.服装、鞋帽、针纺织品类	122363.0	362.7	122000.3
(1)服装类	86412.4	362.7	86049.7
(2)鞋帽类	21983.8		21983.8
(3)针、纺织品类	13966.8		13966.8
3.化妆品类	30098.8	1906.0	28192.8
4.金银珠宝类	15916.6	469.0	15447.6
5.日用品类	42585.1	4309.9	38275.2
#洗涤用品类	24646.6	4304.8	20341.8
#儿童玩具类	2355.0	5.0	2350.0
6.五金、电料类	3229.7		3229.7
7.体育、娱乐用品类	2446.9		2446.9
8.书报杂志类	55690.3	2840.8	52849.5
9.电子出版物及音像制品类	3065.7	447.6	2618.1
10.家用电器和音像器材类	101888.6	20804.7	81083.9
11.中西药品类	151428.0	32811.7	118616.3
#西药	108079.3	23932.0	84147.3
#中草药及中成药	37654.8	8878.7	28776.1
12.文化办公用品类	39452.0	1461.7	37990.3
13.家俱类	8546.5	526.1	8020.4
14.通讯器材类	75275.7	1738.1	73537.6
15.煤炭及制品类	706.1		706.1
17.石油及制品类	398681.2	72996.0	325685.2
18.化工材料及制品类	11.7	2.5	9.2
19.金属材料类	5533.6	382.6	5151.0
20.建筑及装潢材料类	1342.3	421.1	921.2
21.机电产品及设备类	5004.6	1032.3	3972.3
#农机类	400.6	400.6	
22.汽车类	481516.0	13000.1	468515.9
24.棉麻类	2754.8	2754.8	
25.其他类	8608.5	876.1	7732.4

6-11 限额以下批发和零售业企业商品销售类值

单位：万元

指 标	销售合计	批发额	零售额
总 计	**3299495.7**	**2776615.3**	**522880.4**
一、批发业	**2804500.4**	**2765104.9**	**39395.5**
#国有及国有控股	448211.6	442150.0	6061.6
1.食品、饮料、烟酒类	159923.2	155354.0	4569.2
(1)粮油类	71454.3	69358.5	2095.8
(2)肉禽蛋类	6642.0	6446.1	195.9
(3)其他食品类	43776.0	43034.8	741.2
(4)饮料类	12544.4	12169.9	374.5
(5)烟酒类	25506.5	24344.7	1161.8
2.服装、鞋帽、针纺织品类	34445.8	33790.5	655.3
(1)服装类	8163.1	8077.5	85.6
(2)鞋帽类	496.7	480.5	16.2
(3)针、纺织品类	25786.0	25232.5	553.5
3.化妆品类	7728.2	7533.0	195.2
4.金银珠宝类	478.1	478.1	
5.日用品类	26303.0	25673.3	629.7
#洗涤用品类	5034.5	4768.3	266.2
#儿童玩具类	1099.3	1082.0	17.3
6.五金、电料类	73480.8	72040.7	1440.1
7.体育、娱乐用品类	4332.8	4332.8	
8.书报杂志类	6073.2	5981.5	91.7
9.电子出版物及音像制品类	3367.2	3366.6	0.6
10.家用电器和音像器材类	27293.7	26244.4	1049.3
11.中西药品类	39093.4	35328.7	3764.7
#西药	15606.0	13064.4	2541.6
#中草药及中成药	5364.3	4472.4	891.9
12.文化办公用品类	61457.9	58653.1	2804.8
13.家俱类	3791.8	3791.8	
14.通讯器材类	20876.8	20309.9	566.9
15.煤炭及制品类	7328.3	7229.1	99.2
16.木材及制品类	4884.8	4883.8	1.0
17.石油及制品类	182413.7	177799.8	4613.9
18.化工材料及制品类	254081.7	250856.8	3224.9
#化肥类	116375.4	116375.4	
19.金属材料类	821526.5	818213.6	3312.9
20.建筑及装潢材料类	88760.4	87563.6	1196.8
21.机电产品及设备类	293973.2	290278.1	3695.1
#农机类	68492.6	68492.6	
22.汽车类	125427.1	120831.9	4595.2
23.种子饲料类	55427.2	55427.2	
24.棉麻类	178048.8	178048.8	
25.其他类	323982.8	321093.8	2889.0

6-11 续表 1

单位：万元

指　　标	销售合计	批发额	零售额
二、零售业	**494995.3**	**11510.4**	**483484.9**
#国有及国有控股	56694.4	1735.9	54958.5
1.食品、饮料、烟酒类	27893.0	261.9	27631.1
(1)粮油类	8506.2	23.0	8483.2
(2)肉禽蛋类	1312.9	0.2	1312.7
(3)其他食品类	7437.3	50.8	7386.5
(4)饮料类	3696.8	57.3	3639.5
(5)烟酒类	6939.8	130.6	6809.2
2.服装、鞋帽、针纺织品类	21888.4	115.4	21773.0
(1)服装类	12344.6	23.6	12321.0
(2)鞋帽类	2215.3	4.0	2211.3
(3)针、纺织品类	7328.5	87.8	7240.7
3.化妆品类	2094.6	33.6	2061.0
4.金银珠宝类	3980.1	414.7	3565.4
5.日用品类	8051.7	91.4	7960.3
#洗涤用品类	2627.6	22.0	2605.6
#儿童玩具类	236.5	2.0	234.5
6.五金、电料类	33374.5	168.7	33205.8
7.体育、娱乐用品类	4680.5	403.3	4277.2
8.书报杂志类	18816.4	334.2	18482.2
9.电子出版物及音像制品类	1393.1	46.3	1346.8
10.家用电器和音像器材类	26157.5	624.3	25533.2
11.中西药品类	17045.7	1569.9	15475.8
#西药	8913.4	1007.5	7905.9
#中草药及中成药	3330.4	561.2	2769.2
12.文化办公用品类	47183.2	754.1	46429.1
13.家俱类	5243.2	7.5	5235.7
14.通讯器材类	13101.2	1715.3	11385.9
15.煤炭及制品类	425.2	6.7	418.5
16.木材及制品类	290.6		290.6
17.石油及制品类	47829.8	316.2	47513.6
18.化工材料及制品类	11630.2	122.7	11507.5
#化肥类	8813.7	8813.7	
19.金属材料类	13987.4	421.8	13565.6
20.建筑及装潢材料类	20677.4	210.8	20466.6
21.机电产品及设备类	37029.5	364.8	36664.7
#农机类	54.3	54.3	
22.汽车类	73027.7	536.6	72491.1
23.种子饲料类	69.2	69.2	
24.棉麻类	1985.8	1985.8	
25.其他类	57139.4	935.2	56204.2

6-12 各地、州、市、县（市）批发和零售业企业商品销售情况

单位：万元

指标名称	法人企业（个）	产业活动单位数（个）	从业人数（人）	销售合计	批发额	零售额
总　计	**11825**	**15273**	**162929**	**13506197.9**	**11174648.2**	**2331549.7**
乌鲁木齐市	6088	6674	68610	5324961.4	4109750.8	1215210.6
天山区	1215	1368	16245	962378.4	726783.5	235594.9
沙依巴克区	1714	1881	18002	887970.4	665546.7	222423.7
新市区	2049	2212	23860	2577259.8	2068679.8	508580.0
水磨沟区	896	993	7049	564770.9	340086.9	224684.0
头屯河区	154	154	2554	214479.2	207999.6	6479.6
达坂城区	8	8	89	1844.1	110.0	1734.1
东山区	39	42	534	35880.2	27450.1	8430.1
乌鲁木齐县	13	16	277	80378.4	73094.2	7284.2
克拉玛依市	338	393	5264	587911.5	531791.1	56120.4
独山子区	67	79	1406	322265.9	313248.8	9017.1
克拉玛依区	244	286	3590	261313.3	216303.9	45009.4
白碱滩区	27	28	268	4332.3	2238.4	2093.9
吐鲁番地区	218	461	3272	110524.0	60801.3	49722.7
吐鲁番市	95	241	1979	82844.5	46250.5	36594.0
鄯善县	102	181	1126	25166.6	13807.0	11359.6
托克逊县	21	39	167	2512.9	743.8	1769.1
哈密地区	237	336	3963	180833.8	127536.6	53297.2
哈密市	215	304	3786	175083.8	124266.7	50817.1
巴里坤哈萨克自治县	18	27	140	4725.7	3269.9	1455.8
伊吾县	4	5	37	1024.3		1024.3
昌吉回族自治州	445	627	7081	443799.1	341308.3	102490.8
昌吉市	249	345	3909	230101.4	148112.4	81989.0
阜康市	29	38	352	8929.3	6330.2	2599.1
米泉市	64	66	760	56932.9	51872.8	5060.1
呼图壁县	25	30	730	55823.4	49573.4	6250.0
玛纳斯县	35	68	611	59928.8	55497.8	4431.0
奇台县	18	40	311	17944.3	17155.5	788.8
吉木萨尔县	19	25	276	8538.4	7308.7	1229.7
木垒哈萨克自治县	6	15	132	5600.6	5457.5	143.1
博尔塔拉蒙古自治州	500	671	4351	1237311.1	1209543.6	27767.5
博乐市	462	565	3902	1222046.1	1196250.6	25795.5
精河县	25	88	309	10021.2	8409.4	1611.8
温泉县	13	18	140	5243.8	4883.6	360.2

6-12 续表 1 单位：万元

指标名称	法人企业（个）	产业活动单位数（个）	从业人数（人）	销售合计	批发额	零售额
巴音郭楞蒙古自治州	1051	1454	12394	660091.6	516260.5	143831.1
库尔勒市	853	1124	9855	586588.9	451679.7	134909.2
轮台县	34	45	383	6038.3	3075.9	2962.4
尉犁县	22	46	335	28516.1	27811.8	704.3
若羌县	9	10	110	2261.9	1876.7	385.2
且末县	18	20	340	8265.7	7112.9	1152.8
焉耆回族自治县	43	63	458	8498.3	6422.3	2076.0
和静县	40	83	436	9719.4	8614.1	1105.3
和硕县	18	44	257	6229.0	5736.0	493.0
博湖县	14	19	220	3974.0	3931.1	42.9
阿克苏地区	502	892	9094	606924.4	444303.4	162621.0
阿克苏市	284	374	4800	275779.9	156286.1	119493.8
温宿县	29	84	767	35890.6	32322.8	3567.8
库车县	81	130	1087	82153.0	56718.7	25434.3
沙雅县	37	92	945	97615.9	94565.3	3050.6
新和县	15	27	365	30676.9	28030.9	2646.0
拜城县	19	67	316	16230.5	12098.0	4132.5
乌什县	9	36	204	8304.3	7599.2	705.1
阿瓦提县	24	75	565	51264.6	48133.2	3131.4
柯坪县	4	7	45	9008.7	8549.2	459.5
克孜勒苏柯尔克孜自治州	72	75	1118	22890.1	17148.4	5741.7
阿图什市	50	52	809	14337.6	11571.5	2766.1
阿克陶县	6	6	176	7305.7	5396.4	1909.3
阿合奇县	9	10	67	625.9	18.0	607.9
乌恰县	7	7	66	620.9	162.5	458.4
喀什地区	482	1007	15877	418574.9	281392.9	137182.0
喀什市	220	330	5331	172281.9	69259.2	103022.7
疏附县	16	40	672	13105.2	12115.8	989.4
疏勒县	14	34	1228	28980.0	25034.8	3945.2
英吉沙县	10	58	595	13992.6	11571.4	2421.2
泽普县	29	47	961	34452.3	33244.3	1208.0
莎车县	56	194	1873	31971.0	27928.7	4042.3
叶城县	20	69	1025	27047.5	14884.5	12163.0
麦盖提县	18	34	812	13847.4	11286.0	2561.4
岳普湖县	10	12	580	5705.1	4821.4	883.7
伽师县	36	102	1039	10163.3	8873.3	1290.0
巴楚县	44	54	1641	66712.2	62373.5	4338.7
塔什库尔干塔吉克自治县	9	33	120	316.4		316.4

6-12 续表 2

单位：万元

指标名称	法人企业（个）	产业活动单位数（个）	从业人数（人）	销售合计	批发额	零售额
和田地区	218	481	4197	115676.2	55851.6	59824.6
和田市	97	207	1932	68175.7	19476.2	48699.5
和田县	16	25	381	3791.1	1980.1	1811.0
墨玉县	29	44	441	7368.7	5359.1	2009.6
皮山县	20	66	319	6086.7	4653.9	1432.8
洛浦县	20	45	445	15435.9	12849.6	2586.3
策勒县	11	34	235	7033.2	4864.0	2169.2
于田县	18	48	362	6019.2	4962.0	1057.2
民丰县	7	12	82	1765.7	1706.7	59.0
伊犁哈萨克自治州	674	813	10037	593371.4	520015.6	73355.8
伊宁市	324	399	5274	380828.8	336209.2	44619.6
奎屯市	265	286	2982	100924.2	78334.9	22589.3
伊宁县	18	41	418	12275.4	11132.7	1142.7
察布查尔锡伯自治县	4	4	147	5352.4	5339.9	12.5
霍城县	29	37	466	64068.1	63224.5	843.6
巩留县	4	4	133	6943.3	6899.3	44.0
新源县	6	6	185	7907.5	7754.5	153.0
昭苏县	8	13	134	7283.1	7207.8	75.3
特克斯县	8	8	120	4515.0	670.8	3844.2
尼勒克县	8	15	178	3273.6	3242.0	31.6
塔城地区	160	236	3053	406717.4	379536.0	27181.4
塔城市	44	57	955	280270.7	260369.6	19901.1
乌苏市	41	58	777	23100.6	20598.3	2502.3
额敏县	14	24	316	8537.6	7550.6	987.0
沙湾县	33	55	557	83747.0	81702.4	2044.6
托里县	7	12	92	2869.7	2099.9	769.8
裕民县	9	15	218	5967.9	5407.8	560.1
和布克赛尔蒙古自治县	12	15	138	2223.9	1807.4	416.5
阿勒泰地区	130	266	2165	244257.1	223465.0	20792.1
阿勒泰市	73	181	1455	224148.1	208316.7	15831.4
布尔津县	7	14	96	2982.2	2119.8	862.4
富蕴县	10	10	141	3951.2	2242.8	1708.4
福海县	10	21	124	3535.5	2912.8	622.7
哈巴河县	12	16	116	2575.8	1764.6	811.2
青河县	8	8	102	4389.2	3808.4	580.8
吉木乃县	10	16	131	2675.1	2299.9	375.2
生产建设兵团	707	871	12030	2506127.0	2339260.7	166866.3
石河子市	3	16	423	46226.9	16682.4	29544.5

6-13 各地、州、市、县（市)限额以上批发和零售业企业商品销售情况

单位：万元

指标名称	法人企业（个）	产业活动单位数（个）	从业人数（人）	销售合计	批发额	零售额
总　计	**936**	**2436**	**65958**	**10206702.2**	**8400406.5**	**1806295.7**
乌鲁木齐市	401	649	25742	3946109.8	2917675.9	1028433.9
天山区	65	161	6387	760365.0	587442.7	172922.3
沙依巴克区	67	105	5576	580027.0	389208.7	190818.3
新市区	205	286	10645	1996521.3	1542145.8	454375.5
水磨沟区	30	61	1864	305628.0	115856.1	189771.9
头屯河区	22	22	880	193599.0	187785.5	5813.5
达坂城区	1	1	36	1059.6		1059.6
东山区	9	11	205	30739.9	23677.0	7062.9
乌鲁木齐县	2	2	149	78170.0	71560.1	6609.9
克拉玛依市	32	72	2332	514460.3	473871.1	40589.2
独山子区	10	22	729	297936.2	291317.6	6618.6
克拉玛依区	22	50	1603	216524.1	182553.5	33970.6
吐鲁番地区	15	105	1151	77722.7	45011.1	32711.6
吐鲁番市	11	87	983	68097.5	37442.2	30655.3
鄯善县	4	18	168	9625.2	7568.9	2056.3
哈密地区	32	87	1564	131912.9	91293.4	40619.5
哈密市	30	82	1502	128606.1	88976.6	39629.5
巴里坤哈萨克自治县	2	5	62	3306.8	2316.8	990.0
昌吉回族自治州	65	167	3434	358279.4	273838.8	84440.6
昌吉市	36	95	2022	189505.2	116087.6	73417.6
阜康市	1	3	49	3279.4	3279.4	
米泉市	8	8	164	36894.4	33830.3	3064.1
呼图壁县	7	11	537	49796.1	45263.5	4532.6
玛纳斯县	9	26	306	52836.0	50456.8	2379.2
奇台县	1	11	144	14768.0	14768.0	
吉木萨尔县	2	8	148	5981.5	4934.4	1047.1
木垒哈萨克自治县	1	5	64	5218.8	5218.8	
博尔塔拉蒙古自治州	13	43	752	528634.6	509159.1	19475.5
博乐市	12	42	728	524709.8	505234.3	19475.5
精河县	1	1	24	3924.8	3924.8	
巴音郭楞蒙古自治州	48	198	3481	434776.4	330705.7	104070.7
库尔勒市	41	176	3168	395842.9	292421.3	103421.6
尉犁县	1	1	30	21417.4	21417.4	
且末县	1	1	85	6217.0	6217.0	
焉耆回族自治县	2	12	72	3238.3	2591.7	646.6
和静县	2	7	120	5885.1	5882.6	2.5
和硕县	1	1	6	2175.7	2175.7	
阿克苏地区	64	239	4331	448149.8	335204.8	112945.0
阿克苏市	38	120	2754	233211.3	127822.2	105389.1
温宿县	2	9	280	10353.8	10222.7	131.1
库车县	2	22	44	33942.1	33942.1	
沙雅县	7	32	479	83037.6	82699.3	338.3
新和县	4	5	226	26148.5	25196.9	951.6
拜城县	4	14	151	10755.3	7276.0	3479.3
乌什县	2	2	32	6529.1	5909.4	619.7
阿瓦提县	5	35	365	44172.1	42136.2	2035.9

6-13 续表 1

单位：万元

指标名称	法人企业（个）	产业活动单位数（个）	从业人数（人）	销售合计	批发额	零售额
克孜勒苏柯尔克孜自治州	3	3	172	11049.6	10193.3	856.3
阿图什市	1	1	27	4796.9	4796.9	
阿克陶县	2	2	145	6252.7	5396.4	856.3
喀什地区	25	158	8433	263642.6	199571.0	64071.6
喀什市	7	72	2152	97640.8	38262.2	59378.6
疏附县	2	15	439	8787.0	8787.0	
疏勒县	2	2	671	17673.7	17673.7	
英吉沙县	1	1	265	10398.3	10398.3	
泽普县	1	1	538	15545.3	15545.3	
莎车县	3	28	1169	21874.1	20364.8	1509.3
叶城县	4	33	762	17454.4	14270.7	3183.7
麦盖提县	1	1	483	9218.4	9218.4	
岳普湖县	1	1	475	3914.3	3914.3	
伽师县	1	1	598	3313.2	3313.2	
巴楚县	2	3	881	57823.1	57823.1	
和田地区	8	111	995	63630.8	30852.2	32778.6
和田市	4	81	620	46062.5	15067.1	30995.4
洛浦县	1	10	283	11164.6	11164.6	
策勒县	1	8	49	3410.4	2055.8	1354.6
于田县	2	12	43	2993.3	2564.7	428.6
伊犁哈萨克自治州	57	146	4163	451117.2	405414.8	45702.4
伊宁市	26	86	2635	316811.4	283895.6	32915.8
奎屯市	15	21	703	54119.3	46020.5	8098.8
伊宁县	1	11	155	5604.0	5604.0	
察布查尔锡伯自治县	1	1	74	3720.2	3720.2	
霍城县	9	17	259	49182.4	48338.8	843.6
巩留县	2	2	104	6724.4	6724.4	
新源县	1	1	79	4177.8	4177.8	
昭苏县	1	6	64	6606.9	6606.9	
特克斯县	1	1	90	4170.8	326.6	3844.2
塔城地区	20	72	1466	349714.6	331267.5	18447.1
塔城市	10	21	605	268422.6	251404.6	17018.0
乌苏市	4	13	343	14359.9	13837.9	522.0
额敏县	1	6	108	5081.0	5081.0	
沙湾县	4	25	247	58585.8	57865.4	720.4
裕民县	1	7	163	3265.3	3078.6	186.7
阿勒泰地区	9	83	953	215110.1	203245.1	11865.0
阿勒泰市	8	82	914	211867.3	200002.3	11865.0
青河县	1	1	39	3242.8	3242.8	
生产建设兵团	142	288	6612	2366266.8	2226517.4	139749.4
石河子市	2	15	377	46124.6	16585.3	29539.3

6-14 各地、州、市、县（市）限额以下批发和零售业企业商品销售情况

单位：万元

指标名称	法人企业（个）	产业活动单位数（个）	从业人数（人）	销售合计	批发额	零售额
总 计	**10889**	**12837**	**96971**	**3299495.7**	**2774241.7**	**525254.0**
乌鲁木齐市	5687	6025	42868	1378851.6	1192074.9	186776.7
天山区	1150	1207	9858	202013.4	139340.8	62672.6
沙依巴克区	1647	1776	12426	307943.4	276338.0	31605.4
新市区	1844	1926	13215	580738.5	526534.0	54204.5
水磨沟区	866	932	5185	259142.9	224230.8	34912.1
头屯河区	132	132	1674	20880.2	20214.1	666.1
达坂城区	7	7	53	784.5	110.0	674.5
东山区	30	31	329	5140.3	3773.1	1367.2
乌鲁木齐县	11	14	128	2208.4	1534.1	674.3
克拉玛依市	306	321	2932	73451.2	57920.0	15531.2
独山子区	57	57	677	24329.7	21931.2	2398.5
克拉玛依区	222	236	1987	44789.2	33750.4	11038.8
白碱滩区	27	28	268	4332.3	2238.4	2093.9
吐鲁番地区	203	356	2121	32801.3	15790.2	17011.1
吐鲁番市	84	154	996	14747.0	8808.3	5938.7
鄯善县	98	163	958	15541.4	6238.1	9303.3
托克逊县	21	39	167	2512.9	743.8	1769.1
哈密地区	205	249	2399	48920.9	36243.2	12677.7
哈密市	185	222	2284	46477.7	35290.1	11187.6
巴里坤哈萨克自治县	16	22	78	1418.9	953.1	465.8
伊吾县	4	5	37	1024.3		1024.3
昌吉回族自治州	380	460	3647	85519.7	67469.5	18050.2
昌吉市	213	250	1887	40596.2	32024.8	8571.4
阜康市	28	35	303	5649.9	3050.8	2599.1
米泉市	56	58	596	20038.5	18042.5	1996.0
呼图壁县	18	19	193	6027.3	4309.9	1717.4
玛纳斯县	26	42	305	7092.8	5041.0	2051.8
奇台县	17	29	167	3176.3	2387.5	788.8
吉木萨尔县	17	17	128	2556.9	2374.3	182.6
木垒哈萨克自治县	5	10	68	381.8	238.7	143.1
博尔塔拉蒙古自治州	487	628	3599	708676.5	700384.5	8292.0
博乐市	450	523	3174	697336.3	691016.3	6320.0
精河县	24	87	285	6096.4	4484.6	1611.8
温泉县	13	18	140	5243.8	4883.6	360.2

6-14 续表 1

单位：万元

指标名称	法人企业（个）	产业活动单位数（个）	从业人数（人）	销售合计	批发额	零售额
巴音郭楞蒙古自治州	1003	1256	8913	225315.2	185554.8	39760.4
库尔勒市	812	948	6687	190746.0	159258.4	31487.6
轮台县	34	45	383	6038.3	3075.9	2962.4
尉犁县	21	45	305	7098.7	6394.4	704.3
若羌县	9	10	110	2261.9	1876.7	385.2
且末县	17	19	255	2048.7	895.9	1152.8
焉耆回族自治县	41	51	386	5260.0	3830.6	1429.4
和静县	38	76	316	3834.3	2731.5	1102.8
和硕县	17	43	251	4053.3	3560.3	493.0
博湖县	14	19	220	3974.0	3931.1	42.9
阿克苏地区	438	653	4763	158774.6	109098.6	49676.0
阿克苏市	246	254	2046	42568.6	28463.9	14104.7
温宿县	27	75	487	25536.8	22100.1	3436.7
库车县	79	108	1043	48210.9	22776.6	25434.3
沙雅县	30	60	466	14578.3	11866.0	2712.3
新和县	11	22	139	4528.4	2834.0	1694.4
拜城县	15	53	165	5475.2	4822.0	653.2
乌什县	7	34	172	1775.2	1689.8	85.4
阿瓦提县	19	40	200	7092.5	5997.0	1095.5
柯坪县	4	7	45	9008.7	8549.2	459.5
克孜勒苏柯尔克孜自治州	69	72	946	11840.5	6955.1	4885.4
阿图什市	49	51	782	9540.7	6774.6	2766.1
阿克陶县	4	4	31	1053.0		1053.0
阿合奇县	9	10	67	625.9	18.0	607.9
乌恰县	7	7	66	620.9	162.5	458.4
喀什地区	457	849	7444	154932.3	81821.9	73110.4
喀什市	213	258	3179	74641.1	30997.0	43644.1
疏附县	14	25	233	4318.2	3328.8	989.4
疏勒县	12	32	557	11306.3	7361.1	3945.2
英吉沙县	9	57	330	3594.3	1173.1	2421.2
泽普县	28	46	423	18907.0	17699.0	1208.0
莎车县	53	166	704	10096.9	7563.9	2533.0
叶城县	16	36	263	9593.1	613.8	8979.3
麦盖提县	17	33	329	4629.0	2067.6	2561.4
岳普湖县	9	11	105	1790.8	907.1	883.7
伽师县	35	101	441	6850.1	5560.1	1290.0
巴楚县	42	51	760	8889.1	4550.4	4338.7
塔什库尔干塔吉克自治县	9	33	120	316.4		316.4

6-14 续表 2 单位：万元

指标名称	法人企业（个）	产业活动单位数（个）	从业人数（人）	销售合计	批发额	零售额
和田地区	210	370	3202	52045.4	24999.4	27046.0
和田市	93	126	1312	22113.2	4409.1	17704.1
和田县	16	25	381	3791.1	1980.1	1811.0
墨玉县	29	44	441	7368.7	5359.1	2009.6
皮山县	20	66	319	6086.7	4653.9	1432.8
洛浦县	19	35	162	4271.3	1685.0	2586.3
策勒县	10	26	186	3622.8	2808.2	814.6
于田县	16	36	319	3025.9	2397.3	628.6
民丰县	7	12	82	1765.7	1706.7	59.0
伊犁哈萨克自治州	617	667	5874	142254.2	114600.8	27653.4
伊宁市	298	313	2639	64017.4	52313.6	11703.8
奎屯市	250	265	2279	46804.9	32314.4	14490.5
伊宁县	17	30	263	6671.4	5528.7	1142.7
察布查尔锡伯自治县	3	3	73	1632.2	1619.7	12.5
霍城县	20	20	207	14885.7	14885.7	
巩留县	2	2	29	218.9	174.9	44.0
新源县	5	5	106	3729.7	3576.7	153.0
昭苏县	7	7	70	676.2	600.9	75.3
特克斯县	7	7	30	344.2	344.2	
尼勒克县	8	15	178	3273.6	3242.0	31.6
塔城地区	140	164	1587	57002.8	48268.5	8734.3
塔城市	34	36	350	11848.1	8965.0	2883.1
乌苏市	37	45	434	8740.7	6760.4	1980.3
额敏县	13	18	208	3456.6	2469.6	987.0
沙湾县	29	30	310	25161.2	23837.0	1324.2
托里县	7	12	92	2869.7	2099.9	769.8
裕民县	8	8	55	2702.6	2329.2	373.4
和布克赛尔蒙古自治县	12	15	138	2223.9	1807.4	416.5
阿勒泰地区	121	183	1212	29147.0	20219.9	8927.1
阿勒泰市	65	99	541	12280.8	8314.4	3966.4
布尔津县	7	14	96	2982.2	2119.8	862.4
富蕴县	10	10	141	3951.2	2242.8	1708.4
福海县	10	21	124	3535.5	2912.8	622.7
哈巴河县	12	16	116	2575.8	1764.6	811.2
青河县	7	7	63	1146.4	565.6	580.8
吉木乃县	10	16	131	2675.1	2299.9	375.2
生产建设兵团	565	583	5418	139860.2	112743.3	27116.9
石河子市	1	1	46	102.3	97.1	5.2

6-15 分类型限额以上批发和零售业企业主要财务状况

单位：万元

指标名称	企业个数（个）	流动资产 合计	#存货	固定资产 原价	累计折旧	#本年折旧
总计	**936**	**5464731.0**	**1826899.7**	**1357471.5**	**367179.8**	**69976.0**
一、批发业	**616**	**4922957.0**	**1640753.3**	**869650.4**	**255067.6**	**46149.5**
#国有及国有控股	221	2619770.7	975924.9	490555.9	138386.2	29635.9
内资企业	614	4901945.4	1622899.4	866260.0	254649.1	46077.9
国有企业	111	1228176.5	531954.4	238324.3	68360.4	14985.6
集体企业	41	493670.6	186183.4	126810.5	54844.8	4658.9
股份合作企业	2	2526.6	1563.8	1177.6	288.6	28.6
联营企业	2	6841.1	3483.1	772.7	428.3	38.9
国有联营企业	1	1842.5	175.7	51.7	6.9	6.3
国有与集体联营企业	1	4998.6	3307.4	721.0	421.4	32.6
有限责任公司	200	1978172.2	590581.1	295070.4	88395.7	17690.1
国有独资公司	22	183937.8	97186.7	36622.4	11221.7	1776.8
其他有限责任公司	178	1794234.4	493394.4	258448.0	77174.0	15913.3
股份有限公司	18	565279.2	140066.7	100759.6	27270.2	4825.0
私营企业	239	626802.6	169063.1	103336.8	15058.4	3848.7
私营独资企业	1	2704.2	754.3	70.3	24.0	12.0
私营合伙企业	2	963.8	318.0	71.2	18.8	6.8
私营有限责任公司	231	616759.9	166809.8	102952.8	14975.1	3808.3
私营股份有限公司	5	6374.7	1181.0	242.5	40.5	21.6
其他企业	1	476.6	3.8	8.1	2.7	2.1
港、澳、台商投资企业	1	17469.6	16277.7	2391.3	9.5	9.5
港、澳、台商独资经营企业	1	17469.6	16277.7	2391.3	9.5	9.5
外商投资企业	1	3542.0	1576.2	999.1	409.0	62.1
中外合资经营企业	1	3542.0	1576.2	999.1	409.0	62.1
二、零售业	**320**	**541774.0**	**186146.4**	**487821.1**	**112112.2**	**23826.5**
#国有及国有控股	82	206004.2	83600.4	304941.6	77054.9	13476.7
内资企业	317	533254.1	182214.9	483929.2	111667.7	23443.3
国有企业	56	81339.7	33168.4	119087.7	30282.0	6127.7
集体企业	7	5243.8	1814.8	671.9	343.3	63.0
有限责任公司	97	195037.7	75693.9	86172.2	18500.1	4586.5
国有独资公司	7	22013.8	9747.3	5979.0	1923.7	485.3
其他有限责任公司	90	173023.9	65946.6	80193.2	16576.4	4101.2
股份有限公司	12	59072.3	16065.5	155255.9	40793.3	6065.4
私营企业	145	192560.6	55472.3	122741.5	21749.0	6600.7
私营独资企业	6	3267.4	1633.5	541.7	215.2	37.1
私营有限责任公司	136	188413.5	53322.0	121963.4	21479.3	6521.8
私营股份有限公司	3	879.7	516.8	236.4	54.5	41.8
港、澳、台商投资企业	1	80.2	79.7	36.3	29.4	1.5
合资经营企业(港或澳、台资)	1	80.2	79.7	36.3	29.4	1.5
外商投资企业	2	8439.7	3851.8	3855.6	415.1	381.7
中外合资经营企业	1	6345.3	2868.1	3716.6	351.4	351.4
中外合作经营企业	1	2094.4	983.7	139.0	63.7	30.3

6-15 续表 1

单位：万元

指标名称	资产总计	负债合计	实收资本	主营业务收入	主营业务成本	主营业务税金及附加
总 计	**7577365.0**	**6003004.7**	**1185961.0**	**9349965.8**	**8381842.8**	**12318.8**
一、批发业	**6433293.7**	**5158423.7**	**909280.7**	**7825126.8**	**7020059.8**	**8578.9**
#国有及国有控股	3559201.7	2930671.8	503386.5	3850849.6	3379434.0	3523.2
内资企业	6408105.7	5136698.4	904144.6	7814189.1	7009788.7	8576.2
国有企业	1504936.6	1367166.9	203226.9	2047535.8	1761826.1	1643.2
集体企业	602826.1	624245.5	44224.5	372336.3	325773.4	583.5
股份合作企业	3848.0	2841.6	637.1	13638.3	12916.2	3.5
联营企业	7207.5	9503.4	8948.0	4646.2	4045.7	4.5
国有联营企业	1887.3	1155.4	600.0	2202.2	1836.4	4.5
国有与集体联营企业	5320.2	8348.0	8348.0	2444.0	2209.3	
有限责任公司	2556171.7	1926962.3	349317.4	2703212.8	2416042.8	4253.2
国有独资公司	253034.2	217848.4	39937.5	161205.6	145758.9	172.6
其他有限责任公司	2303137.5	1709113.9	309379.9	2542007.2	2270283.9	4080.6
股份有限公司	914138.5	621412.5	150669.5	827288.2	722125.1	975.4
私营企业	818495.2	584236.5	147000.7	1842284.5	1764005.6	1112.6
私营独资企业	2794.2	2508.1	100.0	12473.7	12238.4	2.9
私营合伙企业	1016.3	760.2	195.0	7350.1	7221.5	1.1
私营有限责任公司	807935.3	575632.7	145567.7	1765889.3	1688657.6	1105.9
私营股份有限公司	6749.4	5335.5	1138.0	56571.4	55888.1	2.7
其他企业	482.1	329.7	120.5	3247.0	3053.8	0.3
港、澳、台商投资企业	20066.8	19061.7	1000.0	6432.0	6104.0	
港、澳、台商独资经营企业	20066.8	19061.7	1000.0	6432.0	6104.0	
外商投资企业	5121.2	2663.6	4136.1	4505.7	4167.1	2.7
中外合资经营企业	5121.2	2663.6	4136.1	4505.7	4167.1	2.7
二、零售业	**1144071.3**	**844581.0**	**276680.3**	**1524839.0**	**1361783.0**	**3739.9**
#国有及国有控股	566018.7	467853.4	90978.3	640503.3	556119.5	1650.7
内资企业	1128355.3	833167.5	270377.9	1480304.8	1325912.7	3739.4
国有企业	200619.4	214767.7	23244.3	219890.4	185099.3	491.4
集体企业	7295.8	5667.8	1192.1	8751.6	7481.7	15.1
有限责任公司	308827.6	211912.8	94557.2	445107.6	406524.3	1079.5
国有独资公司	27264.2	33598.8	2906.6	12098.6	10268.5	49.1
其他有限责任公司	281563.4	178314.0	91650.6	433009.0	396255.8	1030.4
股份有限公司	266509.9	172985.5	47707.3	301305.1	263840.6	980.8
私营企业	345102.6	227833.7	103677.0	505250.1	462966.8	1172.6
私营独资企业	3618.0	3082.2	354.0	7813.0	6330.8	20.5
私营有限责任公司	340286.6	223543.2	102843.0	491503.5	451280.2	1142.4
私营股份有限公司	1198.0	1208.3	480.0	5933.6	5355.8	9.7
港、澳、台商投资企业	488.0	491.4	105.0	3298.0	2466.7	0.5
合资经营企业(港或澳、台资)	488.0	491.4	105.0	3298.0	2466.7	0.5
外商投资企业	15228.0	10922.1	6197.4	41236.2	33403.6	
中外合资经营企业	13029.1	8823.2	6097.4	16533.0	14557.3	
中外合作经营企业	2198.9	2098.9	100.0	24703.2	18846.3	

6-15 续表 2

单位：万元

指标名称	主营业务利润	其他业务利润	营业费用	管理费用	营业利润	利润总额
总计	**534873.1**	**49965.6**	**341566.3**	**259175.6**	**10403.0**	**106938.6**
一、批发业	**405921.2**	**30202.4**	**232048.0**	**188488.9**	**40370.9**	**119026.1**
#国有及国有控股	173479.3	19947.1	104284.8	117393.4	-25054.1	28083.4
内资企业	405257.3	30197.4	231589.7	188030.1	40618.2	119326.5
国有企业	77978.6	12288.8	53276.5	64108.9	-13546.0	-13230.1
集体企业	16211.6	2679.6	13249.6	14661.2	960.6	5567.6
股份合作企业	292.8	58.3	425.8	245.0	54.7	47.6
联营企业	288.2	-7.6	434.7	1080.5	-1067.4	-665.4
国有联营企业	361.3		126.9	85.6	152.9	152.9
国有与集体联营企业	-73.1	-7.6	307.8	994.9	-1220.3	-818.3
有限责任公司	199817.8	9238.3	96097.2	72147.6	47173.9	86957.8
国有独资公司	10799.0	2468.6	5835.0	16001.6	-10930.0	199.3
其他有限责任公司	189018.8	6769.7	90262.2	56146.0	58103.9	86758.5
股份有限公司	44185.9	1938.3	22597.0	14142.0	317.8	31008.1
私营企业	66383.3	3991.9	45508.9	21566.0	6695.8	9610.1
私营独资企业	232.4		35.4	26.9	169.9	169.1
私营合伙企业	127.5	0.6	64.7	42.1	25.6	25.4
私营有限责任公司	65342.8	3980.1	45106.7	21380.6	6222.6	9139.2
私营股份有限公司	680.6	11.2	302.1	116.4	277.7	276.4
其他企业	99.1	9.8		78.9	28.8	30.8
港、澳、台商投资企业	328.0	0.4	258.7	64.0	6.6	5.1
港、澳、台商独资经营企业	328.0	0.4	258.7	64.0	6.6	5.1
外商投资企业	335.9	4.6	199.6	394.8	-253.9	-305.5
中外合资经营企业	335.9	4.6	199.6	394.8	-253.9	-305.5
二、零售业	**128951.9**	**19763.2**	**109518.3**	**70686.7**	**-29967.9**	**-12087.5**
#国有及国有控股	61548.0	4795.0	51813.6	33850.8	-20598.1	-7488.3
内资企业	120288.5	17996.2	100465.0	70420.2	-30944.7	-11935.2
国有企业	20078.7	2180.8	23823.5	17798.3	-22246.5	-14305.5
集体企业	584.0	214.9	342.8	373.5	64.2	62.8
有限责任公司	29302.1	6690.4	24673.3	20090.2	-5624.2	-51.9
国有独资公司	854.1	102.1	809.2	2063.4	-2198.4	-1552.0
其他有限责任公司	28448.0	6588.3	23864.1	18026.8	-3425.8	1500.1
股份有限公司	33514.5	1970.9	23115.0	11620.6	929.3	4684.7
私营企业	36809.2	6939.2	28510.4	20537.6	-4067.5	-2325.3
私营独资企业	679.5	119.3	676.6	214.4	-105.4	-100.5
私营有限责任公司	35561.6	6702.0	27066.8	20043.9	-3602.4	-1860.7
私营股份有限公司	568.1	117.9	767.0	279.3	-359.7	-364.1
港、澳、台商投资企业	830.8	13.2	2.4	114.7	726.8	-20.0
合资经营企业(港或澳、台资)	830.8	13.2	2.4	114.7	726.8	-20.0
外商投资企业	7832.6	1753.8	9050.9	151.8	250.0	-132.3
中外合资经营企业	1975.7	1474.8	5209.4	127.9	-1891.5	-1891.5
中外合作经营企业	5856.9	279.0	3841.5	23.9	2141.5	1759.2

6-15 续表 3 单位：万元

指标名称	应交所得税	劳动、失业保险费	应付工资	应付福利费	本年应交增值税	全部从业人员年平均人数(人)
总 计	**38737.9**	**22672.7**	**119640.9**	**17113.3**	**115214.3**	**75613**
一、批发业	**33626.5**	**14634.1**	**73786.1**	**10838.2**	**80813.1**	**45552**
#国有及国有控股	13957.8	8470.3	44660.2	6794.9	47116.7	20680
内资企业	33626.5	14615.9	73583.4	10811.8	80771.0	45352
国有企业	8252.8	4298.9	24456.6	3857.0	25473.9	9300
集体企业	324.1	1263.6	6891.1	1357.6	1211.2	7051
股份合作企业	15.9	13.9	103.3	12.3	35.7	71
联营企业	1.1	2.9	197.3	71.7	39.1	113
国有联营企业	0.8	2.4	35.5	5.0	38.4	13
国有与集体联营企业	0.3	0.5	161.8	66.7	0.7	100
有限责任公司	18496.1	7686.9	29070.3	3376.2	26754.2	19021
国有独资公司	1465.9	1524.2	4403.5	590.2	1824.0	1961
其他有限责任公司	17030.2	6162.7	24666.8	2786.0	24930.2	17060
股份有限公司	3080.5	781.4	5400.1	1108.5	17297.5	4082
私营企业	3456.0	567.8	7438.7	1024.8	9742.5	5697
私营独资企业		1.0	11.0	1.2	38.0	12
私营合伙企业	7.0	2.8	22.6	3.1	11.1	22
私营有限责任公司	3372.0	561.8	7332.4	1010.5	9073.2	5601
私营股份有限公司	77.0	2.2	72.7	10.0	620.2	62
其他企业		0.5	26.0	3.7	216.9	17
港、澳、台商投资企业		0.7	141.0	17.8		150
港、澳、台商独资经营企业		0.7	141.0	17.8		150
外商投资企业		17.5	61.7	8.6	42.1	50
中外合资经营企业		17.5	61.7	8.6	42.1	50
二、零售业	**5111.4**	**8038.6**	**45854.8**	**6275.1**	**34401.2**	**30061**
#国有及国有控股	2560.7	5312.6	22352.4	3153.9	23768.4	11521
内资企业	4530.9	7939.3	44676.2	6127.7	33365.0	29164
国有企业	1073.6	2446.2	9468.2	1345.5	4357.1	5447
集体企业	12.3	13.3	717.9	105.7	70.0	202
有限责任公司	1200.8	1931.5	12935.5	1702.3	10168.0	7944
国有独资公司	90.2	102.0	1237.1	135.2	198.6	493
其他有限责任公司	1110.6	1829.5	11698.4	1567.1	9969.4	7451
股份有限公司	983.6	2357.3	10099.2	1411.6	13569.0	4750
私营企业	1260.6	1191.0	11455.4	1562.6	5200.9	10821
私营独资企业	0.8	9.2	230.3	30.3	256.2	288
私营有限责任公司	1250.6	1147.3	10897.6	1493.0	4852.4	10324
私营股份有限公司	9.2	34.5	327.5	39.3	92.3	209
港、澳、台商投资企业			30.6	4.3		30
合资经营企业(港或澳、台资)			30.6	4.3		30
外商投资企业	580.5	99.3	1148.0	143.1	1036.2	867
中外合资经营企业		96.7	976.2	136.6		834
中外合作经营企业	580.5	2.6	171.8	6.5	1036.2	33

6-16 分类型限额以下批发和零售业企业主要财务状况

单位：万元

指标名称	企业数（个）	年末从业人员数（人）	固定资产原价	本年折旧	资产总计	负债合计
总　计	**10281**	**92952**	**628819.4**	**71860.9**	**3402937.5**	**2620728.0**
一、批发业	**6204**	**58103**	**432117.4**	**48518.4**	**2745273.1**	**2207476.9**
#国有及国有控股	585	11224	158140.7	19593.1	654265.2	743455.8
内资企业	6195	58018	431370.6	48241.6	2740202.8	2204700.5
国有企业	402	7750	118526.8	15272.5	450092.2	552523.8
集体企业	251	4129	51672.4	5225.0	209746.8	192618.7
股份合作企业	29	299	2503.7	230.4	5782.8	3286.9
联营企业	8	122	762.2	27.4	5948.2	5272.4
国有联营企业	2	9	1.8	0.2	229.0	48.6
集体联营企业	1	6	4.4	0.9	3844.6	3948.5
国有与集体联营企业	2	91	672.3	19.2	1614.0	1115.3
其他联营企业	3	16	83.7	7.1	260.6	160.0
有限责任公司	781	10367	96047.6	10299.2	634514.4	492846.6
国有独资公司	34	898	11394.2	2250.4	92691.9	108799.9
其他有限责任公司	747	9469	84653.4	8048.8	541822.5	384046.7
股份有限公司	42	673	16424.2	2642.9	97965.9	179663.8
私营企业	4660	34548	145086.2	14477.6	1333577.4	777159.4
私营独资企业	319	1604	3817.3	297.2	19942.2	12474.4
私营合伙企业	103	573	1476.9	169.1	12927.9	6516.0
私营有限责任公司	4154	31729	137643.0	13661.1	1282276.3	747719.8
私营股份有限公司	84	642	2149.0	350.2	18431.0	10449.2
其他企业	22	130	347.5	66.6	2575.1	1328.9
港、澳、台商投资企业	1	17	65.5	6.0	100.2	100.2
港、澳、台商独资经营企业	1	17	65.5	6.0	100.2	100.2
外商投资企业	8	68	681.3	270.8	4970.1	2676.2
中外合资经营企业	6	42	433.8	253.5	3281.0	1424.9
外资企业	2	26	247.5	17.3	1689.1	1251.3
二、零售业	**4077**	**34849**	**196702.0**	**23342.5**	**657664.4**	**413251.1**
#国有及国有控股	278	3926	46797.1	5844.0	98224.0	95261.0
内资企业	4067	34727	193464.4	22443.5	649414.8	405506.8
国有企业	219	3232	38815.7	5415.8	79508.4	82259.1
集体企业	157	1751	16598.7	1202.6	35069.4	27619.9
股份合作企业	21	361	553.7	180.4	2117.1	1512.6
联营企业	6	41	21.0	2.1	228.0	160.2
国有联营企业	1	3			3.7	
集体联营企业	2	26	8.6		69.5	85.1
国有与集体联营企业	1	8	12.4	2.1	90.3	75.1
其他联营企业	2	4			64.5	
有限责任公司	431	5059	43992.1	5381.1	123138.9	68776.0
国有独资公司	10	191	2987.8	182.5	5444.6	4857.9
其他有限责任公司	421	4868	41004.3	5198.6	117694.3	63918.1
股份有限公司	41	410	1742.9	188.3	7251.5	3029.2
私营企业	3162	23746	91586.3	10032.2	400635.4	221461.2
私营独资企业	615	3456	13002.7	1129.8	32203.0	24626.2
私营合伙企业	108	900	3211.9	444.0	10967.0	6196.5
私营有限责任公司	2367	18925	73905.1	8342.5	349007.6	186952.1
私营股份有限公司	72	465	1466.6	115.9	8457.8	3686.4
其他企业	30	127	154.0	41.0	1466.1	688.6
港、澳、台商投资企业	4	63	121.9	64.8	1054.4	1160.2
合资经营企业(港或澳、台资)	1	39	101.4	63.0	69.2	26.2
港、澳、台商独资经营企业	2	22	20.5	1.8	969.3	1075.6
港、澳、台商投资股份有限公司	1	2			15.9	58.4
外商投资企业	6	59	3115.7	834.2	7195.2	6584.1
中外合资经营企业	6	59	3115.7	834.2	7195.2	6584.1

6-16 续表 1

单位：万元

指标名称	实收资本	营业收入		主营业务	主营业务	费用合计
		合　计	主营业务收入	成　本	税金及附加	
总　计	**1259306.9**	**2972730.2**	**2943343.0**	**2691486.3**	**13473.5**	**429620.3**
一、批发业	**945571.6**	**2490408.2**	**2471673.3**	**2267910.5**	**7380.9**	**325698.4**
#国有及国有控股	166750.8	411569.2	405852.6	376059.4	1270.6	87812.9
内资企业	942879.7	2485529.5	2466883.6	2263443.7	7379.5	325119.2
国有企业	114804.5	207477.2	203748.3	187623.8	570.4	61555.7
集体企业	37208.6	92329.9	90313.0	81656.6	332.6	12445.7
股份合作企业	1566.4	7788.8	7719.4	7247.8	8.3	680.8
联营企业	517.3	2907.1	2907.1	2799.3	11.8	234.1
国有联营企业	212.5	89.6	89.6	58.0	0.3	22.2
集体联营企业	48.0	1675.1	1675.1	1733.7		24.0
国有与集体联营企业	146.0	673.3	673.3	563.1	5.0	171.1
其他联营企业	110.8	469.1	469.1	444.5	6.5	16.8
有限责任公司	187441.9	685741.2	679686.1	619937.6	2060.9	91583.2
国有独资公司	8881.8	148639.7	148109.9	139614.2	179.3	16402.7
其他有限责任公司	178560.1	537101.5	531576.2	480323.4	1881.6	75180.5
股份有限公司	44338.7	24243.9	24014.9	21113.0	49.1	13645.3
私营企业	555861.1	1459762.0	1453215.4	1338228.9	4332.5	144508.5
私营独资企业	8350.4	43537.5	43367.1	39325.3	473.8	4095.8
私营合伙企业	7924.0	17989.8	17947.8	16448.9	47.0	1801.9
私营有限责任公司	530146.8	1377480.9	1371935.4	1264923.6	3702.4	136072.0
私营股份有限公司	9439.9	20753.8	19965.1	17531.1	109.3	2538.8
其他企业	1141.2	5279.4	5279.4	4836.7	13.9	465.9
港、澳、台商投资企业		1394.0	1394.0	1337.7	1.4	63.8
港、澳、台商独资经营企业		1394.0	1394.0	1337.7	1.4	63.8
外商投资企业	2691.9	3484.7	3395.7	3129.1		515.4
中外合资经营企业	1539.8	3076.2	2987.2	2738.8		348.4
外资企业	1152.1	408.5	408.5	390.3		167.0
二、零售业	**313735.3**	**482322.0**	**471669.7**	**423575.8**	**6092.6**	**103921.9**
#国有及国有控股	32019.0	57088.7	55717.3	46305.5	398.5	17606.4
内资企业	309331.9	480769.2	470118.5	422850.0	6055.8	102774.1
国有企业	25767.2	48427.5	47194.5	39231.1	306.0	14972.2
集体企业	13637.9	23257.6	21179.5	22920.0	90.7	3589.4
股份合作企业	612.9	2633.9	2621.0	2360.9	8.5	388.6
联营企业	125.6	85.2	85.2	75.9	1.0	27.5
国有联营企业	50.0	1.9	1.9	1.7		
集体联营企业	25.6	33.7	33.7	29.9	0.8	25.9
国有与集体联营企业	50.0	49.0	49.0	43.8	0.2	1.6
有限责任公司	58007.8	87584.2	85369.7	74485.4	1412.6	14925.8
国有独资公司	753.3	3912.8	3903.9	3350.3	14.6	847.8
其他有限责任公司	57254.5	83671.4	81465.8	71135.1	1398.0	14078.0
股份有限公司	4519.7	11078.3	10244.7	9418.8	82.3	958.5
私营企业	205986.5	306049.4	301771.7	272846.4	4149.3	67651.7
私营独资企业	24097.6	34300.1	34055.9	42664.6	508.5	13065.1
私营合伙企业	7389.3	20779.1	20770.0	18800.8	235.9	1566.0
私营有限责任公司	169068.2	240277.2	236402.1	201754.9	3354.4	48729.1
私营股份有限公司	5431.4	10693.0	10543.7	9626.1	50.5	4291.5
其他企业	674.3	1653.1	1652.2	1511.5	5.4	260.4
港、澳、台商投资企业	288.0	508.7	507.1	401.3	5.6	217.7
合资经营企业(港或澳、台资)	100.0	182.9	181.3	125.7	1.3	75.9
港、澳、台商独资经营企业	188.0	312.9	312.9	275.6	4.3	137.5
港、澳、台商投资股份有限公司		12.9	12.9			4.3
外商投资企业	4115.4	1044.1	1044.1	324.5	31.2	930.1
中外合资经营企业	4115.4	1044.1	1044.1	324.5	31.2	930.1

6-16 续表 2

单位：万元

指标名称	营业利润	利润总额	从业人员劳动报酬	劳动、失业保险费	全部从业人员年平均人数（人）
总　计	**-68036.7**	**-90459.9**	**151671.9**	**10749.1**	**94893**
一、批发业	**-53230.3**	**-65873.5**	**72120.1**	**8233.6**	**59846**
#国有及国有控股	-43125.2	-39315.1	13043.3	4237.4	11646
内资企业	-53188.4	-65709.4	72032.8	8230.5	59759
国有企业	-35296.6	-33805.8	9128.8	3663.9	8166
集体企业	-862.1	-1672.1	3539.2	625.0	4031
股份合作企业	-191.1	-74.9	294.7	20.5	301
联营企业	-138.0	-141.6	97.2	11.4	121
国有联营企业	9.1	8.5	5.3	3.6	9
集体联营企业	-82.6	-82.6	8.0		6
国有与集体联营企业	-65.9	-63.9	73.6	5.4	91
其他联营企业	1.4	-3.6	10.3	2.4	15
有限责任公司	-2291.9	2032.8	10884.6	1289.6	10379
国有独资公司	-5655.3	-3516.9	947.3	163.9	855
其他有限责任公司	3363.4	5549.7	9937.3	1125.7	9524
股份有限公司	-10408.9	-25094.8	879.4	107.8	613
私营企业	-4010.5	-6985.7	47036.1	2508.1	36007
私营独资企业	-18.4	-203.8	1224.7	28.9	2070
私营合伙企业	-114.9	-239.5	486.8	19.3	572
私营有限责任公司	-3898.1	-6211.7	44634.7	2443.0	32492
私营股份有限公司	20.9	-330.7	689.9	16.9	873
其他企业	10.7	32.7	172.8	4.2	141
港、澳、台商投资企业	-8.9	-8.9	2.0		17
港、澳、台商独资经营企业	-8.9	-8.9	2.0		17
外商投资企业	-33.0	-155.2	85.3	3.1	70
中外合资经营企业	4.4	-0.6	66.2	1.9	44
外资企业	-37.4	-154.6	19.1	1.2	26
二、零售业	**-14806.4**	**-24586.4**	**79551.8**	**2515.5**	**35047**
#国有及国有控股	-5007.3	-8105.6	4041.5	817.0	3951
内资企业	-14554.2	-24210.1	79437.0	2499.5	34922
国有企业	-4575.2	-7372.7	3466.4	719.1	3278
集体企业	-462.5	-817.0	1149.2	338.3	1745
股份合作企业	-130.6	-150.6	185.1	8.3	235
联营企业	317.4	-29.4	12.5	1.2	23
国有联营企业	0.2		0.2		1
集体联营企业	-22.9	-22.9	5.4	1.1	11
国有与集体联营企业	340.0	-6.6	6.7	0.1	8
其他联营企业	0.1	0.1	0.2		3
有限责任公司	-675.3	-2379.0	4571.6	489.6	5533
国有独资公司	-211.3	-135.4	143.9	30.9	168
其他有限责任公司	-464.0	-2243.6	4427.7	458.7	5365
股份有限公司	172.0	170.3	463.8	48.9	435
私营企业	-9190.4	-13618.2	69411.8	890.4	23558
私营独资企业	-1932.0	-2803.1	6351.6	66.9	3360
私营合伙企业	402.5	248.5	579.1	15.0	941
私营有限责任公司	-4405.8	-7753.7	62093.9	796.9	18793
私营股份有限公司	-3255.1	-3309.9	387.2	11.6	464
其他企业	-9.6	-13.5	176.6	3.7	115
港、澳、台商投资企业	-10.7	-127.6	66.5	7.2	65
合资经营企业(港或澳、台资)	-20.0	-20.0	37.4	3.6	39
港、澳、台商独资经营企业	0.7	-116.2	25.4	3.6	22
港、澳、台商投资股份有限公司	8.6	8.6	3.7		4
外商投资企业	-241.5	-248.7	48.3	8.8	60
中外合资经营企业	-241.5	-248.7	48.3	8.8	60

6-17 分行业限额以上批发和零售业企业主要财务状况

单位：万元

指标名称	企业个数（个）	流动资产合计	#存货	固定资产原价	累计折旧	#本年折旧
总计	**936**	**5464731.0**	**1826899.7**	**1357471.5**	**367179.8**	**69976.0**
一、批发业	**616**	**4922957.0**	**1640753.3**	**869650.4**	**255067.6**	**46149.5**
#国有及国有控股	221	2619770.7	975924.9	490555.9	138386.2	29635.9
农畜产品批发	154	2285557.2	1034282.2	373157.5	132452.0	17574.9
谷物、豆及薯类批发	28	285318.6	178073.6	49989.4	16516.9	2071.6
种子、饲料批发	10	55214.5	16119.0	21191.0	4649.7	2394.7
棉、麻批发	111	1936180.5	838096.3	301276.4	111226.5	13094.0
其他农畜产品批发	5	8843.6	1993.3	700.7	58.9	14.6
食品、饮料及烟草制品批	53	178633.6	70866.7	79028.5	25190.5	4094.9
米、面制品及食用油批发	13	53507.3	30991.3	15613.7	6957.5	792.9
糕点、糖果及糖批发	2	2085.3	965.4	895.3	342.8	24.0
果品、蔬菜批发	4	18258.4	1050.0	7662.8	3778.9	163.5
肉、禽、蛋及水产品批发	1	300.7	249.7	43.4	14.2	8.1
盐及调味品批发	4	12928.5	557.9	4011.6	1380.4	198.3
饮料及茶叶批发	7	17569.8	8171.6	3654.3	1742.6	144.3
烟草制品批发	18	66464.0	25975.6	40570.1	9937.1	2758.0
其他食品批发	4	7519.6	2905.2	6577.3	1037.0	5.8
纺织、服装及日用品批发	15	152404.0	43571.4	9188.1	1840.0	447.3
纺织品、针织品及原料批发	8	141159.9	41774.2	8187.6	1497.7	318.4
服装批发	2	8465.2	337.1	829.0	297.5	111.5
化妆品及卫生用品批发	4	1673.0	936.9	139.7	37.0	12.3
其他日用品批发	1	1105.9	523.2	31.8	7.8	5.1
文化、体育用品及器材批发	6	35560.8	9042.3	18357.1	3393.0	622.0
文具用品批发	3	11079.6	1746.5	413.4	130.8	23.2
图书批发	1	20463.2	5998.3	15747.8	2444.6	525.3
其他文化用品批发	2	4018.0	1297.5	2195.9	817.6	73.5
医药及医疗器材批发	14	69199.5	24286.4	12400.5	3158.9	581.8
西药批发	11	63209.1	22409.5	10392.6	2909.6	486.8
中药材及中成药批发	3	5990.4	1876.9	2007.9	249.3	95.0
矿产品、建材及化工产品批发	225	1542967.0	344923.1	306362.5	74320.2	19569.9
煤炭及制品批发	3	8799.7	2845.5	25045.8	3041.9	2637.4
石油及制品批发	49	212243.9	30928.1	129811.5	40284.0	10959.3
非金属矿及制品批发	3	7707.3	2476.4	888.7	213.2	38.1
金属及金属矿批发	81	545996.8	90477.8	79879.3	9320.4	2298.4
建材批发	16	132099.1	6282.9	7503.9	1002.5	223.3
化肥批发	48	447252.9	112831.5	50467.8	18088.1	2507.8
农药批发	1	3933.2	55.4	3243.6	157.2	157.2
农用薄膜批发	1	97024.9	72504.4	2910.7	1055.7	180.5
其他化工产品批发	23	87909.2	26521.1	6611.2	1157.2	567.9
机械设备、五金交电及电子产品批发	122	532017.0	91916.4	52610.6	11034.8	2409.1
农业机械批发	10	18085.1	8999.1	14299.6	3372.0	452.1
汽车、摩托车及零配件批发	54	126324.5	31307.0	22203.8	3183.4	610.9
五金、交电批发	8	9704.8	2680.6	1923.7	693.1	119.4
家用电器批发	6	26089.1	3664.5	2152.3	369.4	63.0
计算机、软件及辅助设备批发	10	14243.0	9466.0	824.4	238.6	93.6

6-17 续表 1

单位：万元

指标名称	企业个数（个）	流动资产 合计	#存货	固定资产 原价	累计折旧	#本年折旧
通讯及广播电视设备批发	5	33960.5	1500.1	288.6	37.5	20.8
其他机械设备及电子产品批发	29	303610.0	34299.1	10918.2	3140.8	1049.3
贸易经纪与代理	5	35003.8	1733.0	13141.8	2203.5	397.3
贸易经纪与代理	5	35003.8	1733.0	13141.8	2203.5	397.3
其他批发	22	91614.1	20131.8	5403.8	1474.7	452.3
再生物资回收与批发	20	88591.8	19321.8	4877.3	1316.6	421.7
其他未列明的批发	2	3022.3	810.0	526.5	158.1	30.6
二、零售业	**320**	**541774.0**	**186146.4**	**487821.1**	**112112.2**	**23826.5**
#国有及国有控股	82	206004.2	83600.4	304941.6	77054.9	13476.7
综合零售	59	110511.4	25656.4	184031.8	44454.2	8584.6
百货零售	28	72489.8	13683.3	158191.9	40508.8	6609.4
超级市场零售	31	38021.6	11973.1	25839.9	3945.4	1975.2
食品、饮料及烟草制品专门零售	10	35646.5	22683.7	10772.1	4359.3	596.5
粮油零售	8	33536.7	22306.2	10140.4	4176.7	448.3
烟草制品零售	2	2109.8	377.5	631.7	182.6	148.2
纺织、服装及日用品专门零售	13	27729.9	8209.9	19358.9	4190.8	1094.4
服装零售	10	24882.5	6706.5	19135.9	4067.2	1050.9
钟表、眼镜零售	1	545.2	519.7	61.7	50.9	11.4
化妆品及卫生用品零售	2	2302.2	983.7	161.3	72.7	32.1
文化、体育用品及器材专门零售	26	27625.0	10279.8	31499.4	7344.7	1258.9
文具用品零售	1	1273.8	841.9	76.7	51.1	11.3
体育用品零售	2	2141.8	1510.7	383.9	81.1	11.2
图书零售	18	20072.0	6018.3	30492.1	6967.1	1198.1
珠宝首饰零售	3	2986.0	1469.5	247.9	100.0	20.7
照相器材零售	2	1151.4	439.4	298.8	145.4	17.6
医药及医疗器材专门零售	25	70427.0	30383.2	21683.4	5557.9	719.8
药品零售	23	68805.4	30156.9	21467.1	5459.9	702.5
医疗用品及器材零售	2	1621.6	226.3	216.3	98.0	17.3
汽车、摩托车、燃料及零配件专门零售	108	172311.3	58716.4	145999.8	33639.7	7619.3
汽车零售	65	129357.2	36571.2	42868.4	8610.4	2173.2
汽车零配件零售	7	11487.1	4080.2	6585.5	419.5	251.6
摩托车及零配件零售	5	1571.5	913.5	340.6	37.7	17.1
机动车燃料零售	31	29895.5	17151.5	96205.3	24572.1	5177.4
家用电器及电子产品专门零售	56	75080.2	20990.9	43871.5	8111.4	1838.5
家用电器零售	18	32127.0	13000.6	15413.1	607.0	79.6
计算机、软件及辅助设备零售	25	11354.4	3506.1	1006.8	449.9	121.6
通信设备零售	12	31352.4	4429.8	27428.4	7043.7	1634.5
其他电子产品零售	1	246.4	54.4	23.2	10.8	2.8
五金、家具及室内装修材料专门零售	9	14260.5	8038.2	12476.0	1422.9	839.7
五金零售	6	1980.3	554.7	111.6	23.0	10.2
家具零售	1	11751.9	7374.7	12248.7	1362.9	815.6
其他室内装修材料零售	2	528.3	108.8	115.7	37.0	13.9
无店铺及其他零售	14	8182.2	1187.9	18128.2	3031.3	1274.8
生活用燃料零售	6	6397.1	379.4	17587.1	2855.2	1224.9
其他未列明的零售	8	1785.1	808.5	541.1	176.1	49.9

6-17 续表 2

单位: 万元

指标名称	资产总计	负债合计	实收资本	主营业务收入	主营业务成本	主营业务税金及附加
总　　计	**7577365.0**	**6003004.7**	**1185961.0**	**9349965.8**	**8381842.8**	**12318.8**
一、批发业	**6433293.7**	**5158423.7**	**909280.7**	**7825126.8**	**7020059.8**	**8578.9**
#国有及国有控股	3559201.7	2930671.8	503386.5	3850849.6	3379434.0	3523.2
农畜产品批发	2742081.9	2630193.5	255106.4	1920189.6	1693864.6	1025.2
谷物、豆及薯类批发	345074.7	480371.6	50177.1	137117.3	128483.9	34.5
种子、饲料批发	76187.4	44108.4	18722.6	52354.6	42116.4	321.5
棉、麻批发	2310018.9	2098078.9	183676.7	1710004.9	1503307.6	660.7
其他农畜产品批发	10800.9	7634.6	2530.0	20712.8	19956.7	8.5
食品、饮料及烟草制品批	286082.9	192858.5	88295.8	470890.5	413057.1	1076.9
米、面制品及食用油批发	82309.2	70618.2	25642.8	47380.3	43822.5	7.9
糕点、糖果及糖批发	3387.9	2323.1	622.9	8026.6	7735.1	0.7
果品、蔬菜批发	25111.2	18029.8	5022.9	17034.2	15132.1	259.0
肉、禽、蛋及水产品批发	329.9	199.7	104.0	2354.5	2100.6	1.8
盐及调味品批发	18652.0	13368.0	4705.7	11964.6	9979.1	35.0
饮料及茶叶批发	19514.6	23445.7	3540.9	19429.0	17424.2	41.5
烟草制品批发	110398.8	44213.5	48306.2	345917.2	299984.8	724.9
其他食品批发	26379.3	20660.5	350.4	18784.1	16878.7	6.1
纺织、服装及日用品批发	168798.2	150467.7	9004.6	270537.7	211817.3	25.3
纺织品、针织品及原料批发	155850.1	143680.4	5868.1	94825.1	37283.7	19.3
服装批发	9329.7	4406.6	2066.5	153400.5	152838.9	3.3
化妆品及卫生用品批发	2488.1	1752.6	770.0	12683.5	12204.2	2.7
其他日用品批发	1130.3	628.1	300.0	9628.6	9490.5	
文化、体育用品及器材批发	61864.2	40436.8	9357.2	73310.4	65650.0	107.5
文具用品批发	16054.4	11197.4	4687.8	19229.9	18436.4	16.5
图书批发	39249.7	25380.6	3000.0	45040.1	38482.3	80.5
其他文化用品批发	6560.1	3858.8	1669.4	9040.4	8731.3	10.5
医药及医疗器材批发	87123.6	67759.4	14774.9	156620.7	147314.7	133.6
西药批发	76554.4	60422.7	12254.9	144806.5	136402.5	119.2
中药材及中成药批发	10569.2	7336.7	2520.0	11814.2	10912.2	14.4
矿产品、建材及化工产品批发	2189629.1	1488606.7	366360.4	3318835.3	2963080.0	4373.0
煤炭及制品批发	47844.4	29786.3	14670.0	31216.7	22424.6	127.6
石油及制品批发	397034.2	234066.3	100674.7	1025535.8	947079.0	1206.2
非金属矿及制品批发	8515.9	9385.1	894.8	14754.0	13974.1	2.9
金属及金属矿批发	846284.0	501297.4	135290.0	1134012.6	1051917.8	953.8
建材批发	149478.3	97625.7	38212.6	116763.9	111646.6	111.6
化肥批发	529681.7	442042.5	58407.9	647510.8	563951.3	1694.1
农药批发	11103.9	1292.9	4421.0	13014.7	11531.3	98.8
农用薄膜批发	101475.0	95764.0	957.2	86096.4		
其他化工产品批发	98211.7	77346.5	12832.2	249930.4	240555.3	178.0
机械设备、五金交电及电子产品批发	712320.3	456615.4	134421.0	1101859.3	1049721.6	1340.3
农业机械批发	57546.3	29723.6	12299.2	72965.4	63095.3	135.5
汽车、摩托车及零配件批发	170724.3	108051.7	49093.0	276507.7	261725.0	781.7
五金、交电批发	16031.0	9964.8	5650.8	30661.4	29029.4	24.1
家用电器批发	28056.2	24471.3	21150.0	68204.4	61827.9	37.3
计算机、软件及辅助设备批发	15218.2	11999.8	2882.5	57776.1	55561.0	24.1
通讯及广播电视设备批发	41711.8	37041.3	2650.0	77381.2	76643.8	52.9
其他机械设备及电子产品批发	383032.5	235362.9	40695.5	518363.1	501839.2	284.7
贸易经纪与代理	83064.6	64624.0	13707.4	127066.8	123096.3	170.6
贸易经纪与代理	83064.6	64624.0	13707.4	127066.8	123096.3	170.6
其他批发	102328.9	66861.7	18253.0	385816.5	352458.2	326.5
再生物资回收与批发	97496.7	62578.2	17903.0	374156.4	343178.9	293.6
其他未列明的批发	4832.2	4283.5	350.0	11660.1	9279.3	32.9

6-17 续表 3

单位：万元

指标名称	资产总计	负债合计	实收资本	主营业务收入	主营业务成本	主营业务税金及附加
二、零售业	**1144071.3**	**844581.0**	**276680.3**	**1524839.0**	**1361783.0**	**3739.9**
#国有及国有控股	566018.7	467853.4	90978.3	640503.3	556119.5	1650.7
综合零售	353449.7	256433.5	71077.2	256438.1	215206.6	1212.6
百货零售	278386.5	201973.9	50012.8	141827.5	114544.8	952.3
超级市场零售	75063.2	54459.6	21064.4	114610.6	100661.8	260.3
食品、饮料及烟草制品专门零售	43672.9	77867.6	6087.0	20366.4	17392.7	14.7
粮油零售	41112.4	77250.7	4828.0	18875.2	16108.1	8.9
烟草制品零售	2560.5	616.9	1259.0	1491.2	1284.6	5.8
纺织、服装及日用品专门零售	54182.5	42291.3	14890.0	59856.3	48741.3	130.5
服装零售	51206.4	39474.3	14690.0	34016.9	28903.0	130.0
钟表、眼镜零售	556.1	531.8	50.0	518.4	432.9	
化妆品及卫生用品零售	2420.0	2285.2	150.0	25321.0	19405.4	0.5
文化、体育用品及器材专门零售	56945.3	37562.2	5976.5	59497.7	43427.2	265.7
文具用品零售	1338.3	2709.7	100.0	503.5	377.9	2.3
体育用品零售	2567.5	1915.6	1338.0	2365.5	1979.8	7.6
图书零售	48416.1	29559.2	3178.2	50604.8	36178.8	174.7
珠宝首饰零售	3316.2	2197.4	1201.6	3496.2	2543.9	77.4
照相器材零售	1307.2	1180.3	158.7	2527.7	2346.8	3.7
医药及医疗器材专门零售	94818.1	68211.9	17540.2	127922.7	114531.3	174.8
药品零售	93074.2	66571.1	17393.2	125760.7	112673.3	160.8
医疗用品及器材零售	1743.9	1640.8	147.0	2162.0	1858.0	14.0
汽车、摩托车、燃料及零配件专门零售	361840.3	258674.1	91326.1	801100.6	742176.5	1185.5
汽车零售	190201.1	121886.3	52425.7	393789.4	373713.3	254.1
汽车零配件零售	18249.0	12501.7	5356.4	28700.4	26878.8	23.7
摩托车及零配件零售	2037.2	1747.9	370.0	6328.7	5996.4	4.0
机动车燃料零售	151353.0	122538.2	33174.0	372282.1	335588.0	903.7
家用电器及电子产品专门零售	125585.0	72855.0	43755.3	175506.7	162392.1	493.5
家用电器零售	53855.2	32323.4	24611.7	65496.1	63319.5	35.6
计算机、软件及辅助设备零售	12383.3	7357.1	4704.6	40349.1	38590.2	75.4
通信设备零售	59027.6	32925.9	14339.0	68970.9	59856.3	378.7
其他电子产品零售	318.9	248.6	100.0	690.6	626.1	3.8
五金、家具及室内装修材料专门零售	29465.5	15589.8	23438.7	13202.9	9028.8	6.1
五金零售	2133.1	1571.1	588.7	3995.1	3670.9	3.9
家具零售	26671.8	13577.8	22500.0	7976.0	4235.7	1.6
其他室内装修材料零售	660.6	440.9	350.0	1231.8	1122.2	0.6
无店铺及其他零售	24112.0	15095.6	2589.3	10947.6	8886.5	256.5
生活用燃料零售	21831.3	13296.7	2128.2	4820.0	3307.6	53.8
其他未列明的零售	2280.7	1798.9	461.1	6127.6	5578.9	202.7

6-17 续表 4

单位：万元

指标名称	主营业务利润	其他业务利润	营业费用	管理费用	营业利润	利润总额
总计	**534873.1**	**49965.6**	**341566.3**	**259175.6**	**10403.0**	**106938.6**
一、批发业	**405921.2**	**30202.4**	**232048.0**	**188488.9**	**40370.9**	**119026.1**
#国有及国有控股	173479.3	19947.1	104284.8	117393.4	-25054.1	28083.4
农畜产品批发	84104.6	13801.6	55199.9	76008.7	-27685.7	-15970.2
谷物、豆及薯类批发	-2946.3	2556.3	13886.8	35494.3	-56951.5	-55375.3
种子、饲料批发	9147.5	426.9	2056.1	3940.1	3238.8	4161.6
棉、麻批发	77543.3	10697.0	39004.0	36305.3	25962.4	34647.3
其他农畜产品批发	360.1	121.4	253.0	269.0	64.6	596.2
食品、饮料及烟草制品批发	50703.8	1934.8	9850.3	32415.8	12806.9	15930.7
米、面制品及食用油批发	1299.7	-6.8	2476.9	7546.6	-8608.8	-5827.5
糕点、糖果及糖批发	182.9	148.4	181.9	205.2	-27.1	-18.9
果品、蔬菜批发	872.0	516.3	974.5	735.1	69.0	64.9
肉、禽、蛋及水产品批发	252.1		213.3	21.0	10.3	10.3
盐及调味品批发	1647.8	27.4	753.3	1084.0	121.0	188.9
饮料及茶叶批发	802.5	28.8	1918.7	716.8	-1017.5	-1007.9
烟草制品批发	43799.3	989.1	2623.1	21766.4	21411.7	21525.4
其他食品批发	1847.5	231.6	708.6	340.7	848.3	995.5
纺织、服装及日用品批发	4063.5	518.7	3448.8	2514.0	-1833.0	3089.4
纺织品、针织品及原料批发	3567.3	511.2	2633.6	1938.1	-1269.0	2742.6
服装批发	-30.3	7.5	588.6	301.7	-605.3	304.2
化妆品及卫生用品批发	388.4		220.5	238.5	-63.9	-63.3
其他日用品批发	138.1		6.1	35.7	105.2	105.9
文化、体育用品及器材批发	7552.9	477.9	2550.0	2327.3	3231.4	2105.2
文具用品批发	777.0	3.0	523.6	318.5	-126.6	-103.6
图书批发	6477.3	174.7	1637.9	1637.9	3312.9	2168.0
其他文化用品批发	298.6	300.2	388.5	370.9	45.1	40.8
医药及医疗器材批发	8058.2	379.5	3313.0	3724.6	1334.7	1429.4
西药批发	7170.6	379.4	3043.1	3257.9	1254.5	1351.1
中药材及中成药批发	887.6	0.1	269.9	466.7	80.2	78.3
矿产品、建材及化工产品批发	178906.0	8929.6	121118.0	41897.2	42046.1	89608.9
煤炭及制品批发	8664.5	-23.1	3374.5	1938.5	2439.0	2592.0
石油及制品批发	55652.5	1365.0	49944.7	12967.8	8559.2	24503.1
非金属矿及制品批发	452.8	11.8	109.8	232.3	96.8	219.5
金属及金属矿批发	67385.7	3223.0	32202.7	10065.8	28927.3	42291.8
建材批发	4352.7	239.7	1554.6	1115.4	2026.4	2645.2
化肥批发	31119.8	1274.2	27351.2	11956.4	-3730.4	12618.2
农药批发	1384.6		1077.6	872.8	-593.0	-478.2
农用薄膜批发	2117.8	769.0	9.3	129.2	1293.9	1000.1
其他化工产品批发	7775.6	2070.0	5493.6	2619.0	3026.9	4217.2
机械设备、五金交电及电子产品批发	39861.7	3410.0	23155.1	18079.5	4436.7	12606.0
农业机械批发	2687.0	268.9	5190.1	1680.6	-391.3	623.2
汽车、摩托车及零配件批发	12350.7	1131.7	5454.2	5796.5	3072.9	3526.3
五金、交电批发	1607.9	44.7	616.0	594.4	398.0	670.4
家用电器批发	5980.4	132.6	3208.1	911.4	1890.0	-192.2
计算机、软件及辅助设备批发	2191.0	82.4	899.0	1245.2	-29.3	-110.3
通讯及广播电视设备批发	684.5		524.0	293.4	-178.1	-18.5
其他机械设备及电子产品批发	14360.2	1749.7	7263.7	7558.0	-325.5	8107.1
贸易经纪与代理	3758.9	150.4	2096.0	897.5	-470.2	39.1
贸易经纪与代理	3758.9	150.4	2096.0	897.5	-470.2	39.1
其他批发	28911.6	599.9	11316.9	10624.3	6504.0	10187.6
再生物资回收与批发	28696.4	535.2	11017.1	10512.7	6463.0	10139.2
其他未列明的批发	215.2	64.7	299.8	111.6	41.0	48.4

6-17 续表 5

单位：万元

指标名称	主营业务利润	其他业务利润	营业费用	管理费用	营业利润	利润总额
二、零售业	**128951.9**	**19763.2**	**109518.3**	**70686.7**	**-29967.9**	**-12087.5**
#国有及国有控股	61548.0	4795.0	51813.6	33850.8	-20598.1	-7488.3
综合零售	35789.7	11270.8	30856.3	24662.0	-10122.9	-8603.9
百货零售	25760.2	6545.6	14654.5	19740.5	-6089.0	-5216.9
超级市场零售	10029.5	4725.2	16201.8	4921.5	-4033.9	-3387.0
食品、饮料及烟草制品专门零售	-3690.1	64.4	6564.2	5706.3	-21841.1	-13478.3
粮油零售	-3890.9	43.7	6486.7	5471.8	-21756.2	-13018.3
烟草制品零售	200.8	20.7	77.5	234.5	-84.9	-460.0
纺织、服装及日用品专门零售	10763.1	1229.8	6563.2	3678.4	1302.8	865.4
服装零售	4821.0	950.8	2633.8	3596.6	-835.0	-889.7
钟表、眼镜零售	27.0		58.5	29.7	-4.3	-4.7
化妆品及卫生用品零售	5915.1	279.0	3870.9	52.1	2142.1	1759.8
文化、体育用品及器材专门零售	11326.7	567.6	5511.5	7509.0	1636.7	1501.8
文具用品零售	123.3	2.5	262.0	109.2	-280.0	-279.8
体育用品零售	378.1		141.6	457.7	-222.1	-83.7
图书零售	9773.2	556.6	4886.8	6222.8	2065.1	1792.9
珠宝首饰零售	874.9	2.4	206.3	547.1	113.0	112.2
照相器材零售	177.2	6.1	14.8	172.2	-39.3	-39.8
医药及医疗器材专门零售	11992.6	639.4	4894.8	5537.9	2942.5	3803.3
药品零售	11702.6	639.4	4700.2	5273.7	2997.8	3870.1
医疗用品及器材零售	290.0		194.6	264.2	-55.3	-66.8
汽车、摩托车、燃料及零配件专门零售	46751.8	2445.7	40881.1	10423.5	2580.8	8018.5
汽车零售	16987.3	1069.1	9305.8	7058.1	896.7	2856.6
汽车零配件零售	1758.8	177.2	838.1	424.0	434.4	385.0
摩托车及零配件零售	207.8	-2.3	164.8	128.8	17.1	8.0
机动车燃料零售	27797.9	1201.7	30572.4	2812.6	1232.6	4768.9
家用电器及电子产品专门零售	10725.9	3366.7	9160.9	8994.2	-2915.1	-605.7
家用电器零售	1589.9	475.6	2451.1	1977.2	-2006.2	-2040.9
计算机、软件及辅助设备零售	1164.4	107.0	1131.5	705.6	-93.3	-76.8
通信设备零售	7910.9	2771.0	5558.4	6260.4	-818.8	1508.8
其他电子产品零售	60.7	13.1	19.9	51.0	3.2	3.2
五金、家具及室内装修材料专门零售	4057.5	5.2	4501.3	3283.7	-3778.5	-3775.8
五金零售	209.8	3.4	216.3	93.7	17.5	18.7
家具零售	3738.7	1.8	4222.8	3079.0	-3730.8	-3729.3
其他室内装修材料零售	109.0		62.2	111.0	-65.2	-65.2
无店铺及其他零售	1234.7	173.6	585.0	891.7	226.9	187.2
生活用燃料零售	1041.9	120.4	417.9	683.6	220.7	173.4
其他未列明的零售	192.8	53.2	167.1	208.1	6.2	13.8

6-17 续表 6

单位：万元

指标名称	应交所得税	劳动失业保险费	应付工资	应付福利费	本年应交增值税	全部从业人员年平均人数(人)
总　计	**38737.9**	**22672.7**	**119640.9**	**17113.3**	**115214.3**	**75613**
一、批发业	**33626.5**	**14634.1**	**73786.1**	**10838.2**	**80813.1**	**45552**
#国有及国有控股	13957.8	8470.3	44660.2	6794.9	47116.7	20680
农畜产品批发	5738.7	7671.1	24321.7	3939.6	2533.2	20204
谷物、豆及薯类批发	2.8	2242.5	3820.9	723.0	507.7	2639
种子、饲料批发	150.7	119.6	2048.2	419.9	107.9	1461
棉、麻批发	5546.4	5275.7	18263.2	2762.5	1728.7	15992
其他农畜产品批发	38.8	33.3	189.4	34.2	188.9	112
食品、饮料及烟草制品批	8222.7	1885.0	11663.1	1619.7	14773.6	5093
米、面制品及食用油批发	14.2	476.0	1293.3	158.4	173.0	728
糕点、糖果及糖批发	0.1	22.0	19.6	19.3	5.5	96
果品、蔬菜批发		106.6	514.2	75.5	50.0	445
肉、禽、蛋及水产品批发		3.8	41.8	5.9		20
盐及调味品批发	95.1	65.4	427.5	51.7	341.3	150
饮料及茶叶批发		62.0	304.0	31.2	103.1	273
烟草制品批发	7918.0	1138.2	8965.8	1265.2	13595.3	3253
其他食品批发	195.3	11.0	96.9	12.5	505.4	128
纺织、服装及日用品批发	10.5	47.4	446.4	73.6	34.9	418
纺织品、针织品及原料批发	8.5	26.6	239.9	50.6	11.6	259
服装批发		15.8	57.7	4.0		31
化妆品及卫生用品批发	2.0	5.0	136.7	16.5	23.3	120
其他日用品批发			12.1	2.5		8
文化、体育用品及器材批发	784.7	359.3	1299.4	280.7	92.8	564
文具用品批发		18.9	132.5	11.4	108.2	57
图书批发	775.3	262.7	948.0	55.0	27.8	344
其他文化用品批发	9.4	77.7	218.9	214.3	-43.2	163
医药及医疗器材批发	296.1	783.2	1992.0	317.2	1366.8	1211
西药批发	263.9	770.8	1796.4	286.8	1228.1	1041
中药材及中成药批发	32.2	12.4	195.6	30.4	138.7	170
矿产品、建材及化工产品批发	13959.9	3087.0	25481.8	3364.0	47886.4	10841
煤炭及制品批发	241.5	115.3	1189.9	34.6	700.2	509
石油及制品批发	4615.2	1393.5	13665.7	2265.5	34061.8	5053
非金属矿及制品批发	42.3	23.5	84.0	9.7	42.0	57
金属及金属矿批发	5669.8	223.4	2564.9	346.3	9375.5	1587
建材批发	660.2	146.9	487.4	74.6	1189.4	315
化肥批发	2532.6	1038.3	5552.9	380.6	554.5	2658
农药批发		5.9	448.2	62.7		79
农用薄膜批发		81.4	238.9	33.6	46.0	137
其他化工产品批发	198.3	58.8	1249.9	156.4	1917.0	446
机械设备、五金交电及电子产品批发	2289.0	647.4	7171.4	1048.9	5345.2	6402
农业机械批发	179.7	58.9	406.9	69.9	1432.0	334
汽车、摩托车及零配件批发	622.4	245.1	2011.5	345.0	1861.7	2991
五金、交电批发	80.1	35.5	380.3	43.2	235.6	231
家用电器批发	58.8	40.8	500.3	48.1	324.5	739
计算机、软件及辅助设备批发	17.7	37.0	516.8	97.8	243.7	468
通讯及广播电视设备批发	6.1	17.3	209.3	11.4	233.3	161
其他机械设备及电子产品批发	1324.2	212.8	3146.3	433.5	1014.4	1478
贸易经纪与代理	74.9	40.6	446.9	61.2	171.3	162
贸易经纪与代理	74.9	40.6	446.9	61.2	171.3	162
其他批发	2250.0	113.1	963.4	133.3	8608.9	657
再生物资回收与批发	2234.6	109.2	940.5	130.5	8341.2	629
其他未列明的批发	15.4	3.9	22.9	2.8	267.7	28

6-17 续表 7

单位：万元

指标名称	应交所得税	劳动失业保险费	应付工资	应付福利费	本年应交增值税	全部从业人员年平均人数（人）
二、零售业	**5111.4**	**8038.6**	**45854.8**	**6275.1**	**34401.2**	**30061**
#国有及国有控股	2560.7	5312.6	22352.4	3153.9	23768.4	11521
综合零售	632.0	2727.1	13836.6	1703.7	13809.4	11080
百货零售	536.5	2244.6	7729.8	1016.1	11919.3	5544
超级市场零售	95.5	482.5	6106.8	687.6	1890.1	5536
食品、饮料及烟草制品专门零售		241.2	1455.3	229.2	77.0	728
粮油零售		239.7	1359.2	215.7	30.7	685
烟草制品零售		1.5	96.1	13.5	46.3	43
纺织、服装及日用品专门零售	631.0	167.8	1560.9	227.0	1784.6	1515
服装零售	45.7	165.2	1278.4	202.9	690.6	1450
钟表、眼镜零售	4.6		22.4			17
化妆品及卫生用品零售	580.7	2.6	260.1	24.1	1094.0	48
文化、体育用品及器材专门零售	744.0	763.3	4084.9	557.4	2093.4	1779
文具用品零售		5.7	72.7	24.9	22.8	61
体育用品零售		13.0	126.6	14.9	79.2	140
图书零售	656.4	739.3	3741.2	499.7	1830.7	1454
珠宝首饰零售	87.6	1.6	103.7	14.4	124.5	89
照相器材零售		3.7	40.7	3.5	36.2	35
医药及医疗器材专门零售	712.8	614.9	2863.2	391.8	1943.5	2237
药品零售	712.8	606.6	2783.2	383.1	1801.3	2195
医疗用品及器材零售		8.3	80.0	8.7	142.2	42
汽车、摩托车、燃料及零配件专门零售	1314.2	2232.6	13009.7	2007.9	10896.6	7192
汽车零售	654.9	409.9	3161.9	544.5	2626.9	2345
汽车零配件零售	12.5	34.0	190.3	26.6	234.4	157
摩托车及零配件零售	1.4	2.8	82.2	11.2	27.0	74
机动车燃料零售	645.4	1785.9	9575.3	1425.6	8008.3	4616
家用电器及电子产品专门零售	971.5	1229.2	8497.7	1016.1	3477.8	4758
家用电器零售	14.7	65.0	1080.5	150.8	429.3	1077
计算机、软件及辅助设备零售	49.6	28.6	512.4	54.0	1422.9	452
通信设备零售	907.2	1135.6	6885.6	808.6	1602.1	3209
其他电子产品零售			19.2	2.7	23.5	20
五金、家具及室内装修材料专门零售	9.6	21.4	144.5	67.5	108.6	376
五金零售	9.6	1.2	82.5	22.8	11.7	69
家具零售		4.6	24.7	39.5	11.9	270
其他室内装修材料零售		15.6	37.3	5.2	85.0	37
无店铺及其他零售	96.3	41.1	402.0	74.5	210.3	396
生活用燃料零售	95.0	32.9	323.7	62.9	183.1	324
其他未列明的零售	1.3	8.2	78.3	11.6	27.2	72

6-18 分行业限额以下批发和零售业企业主要财务状况

单位：万元

指标名称	企业数(个)	年末从业人员数(人)	固定资产原价	本年折旧	资产总计	负债合计
总　计	**10281**	**92952**	**628819.4**	**71860.9**	**3402937.5**	**2620728.0**
一、批发业	**6204**	**58103**	**432117.4**	**48518.4**	**2745273.1**	**2207476.9**
#国有及国有控股	585	11224	158140.7	19593.1	654265.2	743455.8
农畜产品批发	471	8443	115612.2	15830.2	628764.5	548475.7
谷物、豆及薯类批发	55	1461	24393.0	3638.5	100341.8	186694.5
种子、饲料批发	210	2718	33862.4	5670.7	119293.7	74547.6
棉、麻批发	141	3469	53278.9	6216.5	363660.4	250866.6
牲畜批发	1	7	0.9	0.1	41.8	4.5
其他农畜产品批发	64	788	4077.0	304.4	45426.8	36362.5
食品、饮料及烟草制品批	416	5649	68778.2	7522.5	276673.4	367197.4
米、面制品及食用油批发	79	1617	21265.0	3378.5	112243.2	165137.1
糕点、糖果及糖批发	24	312	2347.6	207.5	9765.2	7563.6
果品、蔬菜批发	29	367	14324.4	1234.8	22284.3	8549.0
肉、禽、蛋及水产品批发	24	364	4622.5	780.4	12210.0	11274.6
盐及调味品批发	62	685	5146.6	499.7	14152.4	8114.0
饮料及茶叶批发	117	1417	9399.9	793.1	33859.4	19727.0
烟草制品批发	16	186	1402.9	58.2	8779.5	2218.3
其他食品批发	65	701	10269.3	570.3	63379.4	144613.8
纺织、服装及日用品批发	294	3200	12209.8	1568.6	130492.3	107919.0
纺织品、针织品及原料批发	65	649	3994.4	529.6	29599.3	27723.6
服装批发	41	832	1714.5	271.1	68850.9	57546.8
鞋帽批发	8	24	39.8	6.8	799.0	314.6
厨房、卫生间用具及日用杂货批发	82	565	1964.3	158.5	10127.6	7545.8
化妆品及卫生用品批发	53	517	654.3	298.8	6040.9	3360.9
其他日用品批发	45	613	3842.5	303.8	15074.6	11427.3
文化、体育用品及器材批发	158	1645	3906.5	773.1	20164.8	10366.0
文具用品批发	59	759	1420.6	170.8	7391.3	4939.0
体育用品批发	12	149	297.6	45.4	1953.6	829.7
图书批发	44	364	965.6	190.6	4933.4	1514.1
报刊批发	1	6	169.0	11.3	136.0	98.9
音像制品及电子出版物批发	6	27	29.9	9.2	255.8	101.8
首饰、工艺品及收藏品批发	13	128	383.2	17.8	1775.4	1272.1
其他文化用品批发	23	212	640.6	328.0	3719.3	1610.4
医药及医疗器材批发	170	2134	10656.4	1283.0	50979.2	32433.0
西药批发	32	916	5629.3	805.1	20737.2	14063.9
中药材及中成药批发	17	299	3301.0	244.6	12773.0	8897.7
医疗用品及器材批发	121	919	1726.1	233.3	17469.0	9471.4

6-18 续表 1 单位：万元

指标名称	企业数（个）	年末从业人员数（人）	固定资产原价	本年折旧	资产总计	负债合计
矿产品、建材及化工产品批发	2068	15977	102529.1	10536.0	890405.7	625743.6
煤炭及制品批发	26	433	6197.5	545.7	12878.6	7677.9
石油及制品批发	249	2430	25905.0	2378.9	107874.4	56997.0
非金属矿及制品批发	11	84	757.3	77.9	2920.3	570.4
金属及金属矿批发	728	4434	15954.5	1481.3	423176.9	275368.6
建材批发	443	2715	15342.1	1526.4	133021.9	105517.3
化肥批发	240	2838	25567.5	3161.1	118172.2	118098.5
农药批发	55	409	1432.8	198.0	8373.7	5762.0
农用薄膜批发	10	83	228.2	51.1	2171.0	1778.5
其他化工产品批发	306	2551	11144.2	1115.6	81816.7	53973.4
机械设备、五金交电及电子产品批发	2300	17846	101613.4	9506.7	576913.2	382834.5
农业机械批发	229	1686	11243.9	1087.6	51298.8	39435.8
汽车、摩托车及零配件批发	363	2914	25840.6	1946.4	101353.7	65908.4
五金、交电批发	558	3849	13347.2	1712.9	111827.1	72587.9
家用电器批发	67	749	1997.2	193.3	28088.3	23019.4
计算机、软件及辅助设备批发	115	1179	5579.1	525.9	52181.7	43001.9
通讯及广播电视设备批发	68	726	11072.9	703.1	29999.3	24349.9
其他机械设备及电子产品批发	900	6743	32532.5	3337.5	202164.3	114531.2
贸易经纪与代理	51	501	3539.5	298.9	51158.4	63335.0
贸易经纪与代理	51	501	3539.5	298.9	51158.4	63335.0
其他批发	276	2708	13272.3	1199.4	119721.6	69172.7
再生物资回收与批发	149	1378	8127.1	600.3	90532.9	52395.2
其他未列明的批发	127	1330	5145.2	599.1	29188.7	16777.5
二、零售业	**4077**	**34849**	**196702.0**	**23342.5**	**657664.4**	**413251.1**
#国有及国有控股	278	3926	46797.1	5844.0	98224.0	95261.0
综合零售	291	5095	55696.5	4449.8	93293.2	59239.7
百货零售	148	2634	34117.3	1548.0	58595.5	36218.5
超级市场零售	35	1003	5178.4	329.8	8531.1	6448.5
其他综合零售	108	1458	16400.8	2572.0	26166.6	16572.7
食品、饮料及烟草制品专门零售	213	2281	15370.9	1661.4	54560.1	47322.5
粮油零售	59	717	6561.6	768.2	21120.1	31424.2
糕点、面包零售	11	144	1321.0	94.3	14648.3	4675.4
果品、蔬菜零售	11	186	1357.7	90.5	3382.9	2267.2
肉、禽、蛋及水产品零售	9	169	1933.0	251.7	2491.8	799.2
饮料及茶叶零售	45	404	717.9	76.6	2658.0	1216.8
烟草制品零售	21	174	1075.0	245.7	2818.3	1598.3
其他食品零售	57	487	2404.7	134.4	7440.7	5341.4

6-18 续表 2

单位：万元

指标名称	企业数（个）	年末从业人员数（人）	固定资产原价	本年折旧	资产总计	负债合计
纺织、服装及日用品专门零售	316	3444	17821.4	4378.5	63353.1	45634.5
纺织品及针织品零售	56	549	5602.7	1854.4	13251.1	16963.6
服装零售	122	1185	9280.0	2096.5	29360.1	17665.4
鞋帽零售	8	74	78.7	3.3	496.4	330.7
钟表、眼镜零售	25	307	906.8	138.0	9866.8	4865.1
化妆品及卫生用品零售	40	357	416.4	53.5	2798.2	1434.7
其他日用品零售	65	972	1536.8	232.8	7580.5	4375.0
文化、体育用品及器材专门零售	357	2606	11776.5	2416.4	45619.7	26836.6
文具用品零售	92	612	1273.1	192.4	5676.8	3469.6
体育用品零售	32	324	152.0	23.8	1910.5	1109.4
图书零售	69	621	6148.8	1106.8	15997.5	10068.9
报刊零售	3	29	40.0	30.0	44.8	36.8
音像制品及电子出版物零售	11	81	417.5	230.6	1489.5	620.8
珠宝首饰零售	70	418	2425.1	273.7	8386.8	6135.1
工艺美术品及收藏品零售	18	111	373.7	230.7	1531.1	556.8
照相器材零售	11	87	174.9	15.8	990.6	668.7
其他文化用品零售	51	323	771.4	312.6	9592.1	4170.5
医药及医疗器材专门零售	173	2257	6419.9	807.7	35701.6	21418.3
药品零售	104	1709	5149.9	664.3	20068.2	11082.7
医疗用品及器材零售	69	548	1270.0	143.4	15633.4	10335.6
汽车、摩托车、燃料及零配件专门零售	722	5781	30252.0	2573.7	109193.0	52325.7
汽车零售	96	719	5668.1	241.0	30919.3	14283.2
汽车零配件零售	334	2525	6501.3	846.9	32181.1	16289.5
摩托车及零配件零售	86	773	1900.7	193.1	9817.9	4719.0
机动车燃料零售	206	1764	16181.9	1292.7	36274.7	17034.0
家用电器及电子产品专门零售	951	5921	19601.3	3109.2	112037.8	78245.4
家用电器零售	180	1331	2922.7	297.6	22228.4	13349.9
计算机、软件及辅助设备零售	576	3215	9930.4	1175.5	64702.9	50678.7
通信设备零售	81	667	5213.3	1423.1	11531.7	6647.3
其他电子产品零售	114	708	1534.9	213.0	13574.8	7569.5
五金、家具及室内装修材料专门零售	669	4106	11450.1	1215.8	69794.0	35967.2
五金零售	382	2415	7383.7	770.6	41314.7	22020.4
家具零售	67	493	837.3	73.1	8874.2	3767.6
涂料零售	17	82	108.0	8.5	1236.4	540.8
其他室内装修材料零售	203	1116	3121.1	363.6	18368.7	9638.4
无店铺及其他零售	385	3358	28313.4	2730.0	74111.9	46261.2
生活用燃料零售	85	1104	18152.0	1746.6	23347.6	15572.2
花卉零售	14	126	188.7	6.6	403.3	145.5
其他未列明的零售	286	2128	9972.7	976.8	50361.0	30543.5

6-18 续表 3

单位：万元

指标名称	实收资本	营业收入合计	主营业务收入	主营业务成本	主营业务税金及附加	费用合计
总 计	**1259306.9**	**2972730.2**	**2943343.0**	**2691486.3**	**13473.5**	**429620.3**
一、批发业	**945571.6**	**2490408.2**	**2471673.3**	**2267910.5**	**7380.9**	**325698.4**
#国有及国有控股	166750.8	411569.2	405852.6	376059.4	1270.6	87812.9
农畜产品批发	154687.6	270606.4	268950.3	248044.7	459.4	54513.8
谷物、豆及薯类批发	18681.7	38096.0	37721.2	38436.3	14.1	23185.1
种子、饲料批发	41844.0	64470.9	64217.5	53129.9	147.3	14821.5
棉、麻批发	70617.3	146765.6	145898.2	137322.4	152.7	14351.2
牲畜批发	50.0	657.9	657.9	657.9		3.6
其他农畜产品批发	23494.6	20616.0	20455.5	18498.2	145.3	2152.4
食品、饮料及烟草制品批	100089.7	122280.9	119806.9	106365.7	743.1	42310.3
米、面制品及食用油批发	16971.0	38985.4	38311.9	37429.8	40.9	17409.2
糕点、糖果及糖批发	3279.8	7700.6	7367.3	6729.3	326.2	899.2
果品、蔬菜批发	9743.5	8242.6	8157.2	7016.0	36.4	1750.9
肉、禽、蛋及水产品批发	4527.6	4499.6	3747.4	3359.8	41.3	1265.9
盐及调味品批发	3803.0	13986.6	13783.3	10589.9	82.2	3092.9
饮料及茶叶批发	16810.7	28080.0	27701.6	23807.1	124.3	4382.2
烟草制品批发	1377.9	4599.3	4591.6	3501.9	21.1	566.8
其他食品批发	43576.2	16186.8	16146.6	13931.9	70.7	12943.2
纺织、服装及日用品批发	30186.1	60713.5	60044.7	53614.3	155.5	10716.7
纺织品、针织品及原料批发	7605.7	27469.6	26850.8	25341.9	20.6	3798.5
服装批发	8309.9	10275.9	10226.0	8750.6	34.2	1791.7
鞋帽批发	720.0	300.9	300.9	258.6	1.3	82.4
厨房、卫生间用具及日用杂货批发	4241.8	9167.2	9167.2	7687.9	38.4	2446.7
化妆品及卫生用品批发	3206.6	7990.7	7990.6	6946.5	44.7	1146.6
其他日用品批发	6102.1	5509.2	5509.2	4628.8	16.3	1450.8
文化、体育用品及器材批发	10194.6	27929.7	27405.1	23281.9	195.4	4313.8
文具用品批发	3111.2	10532.1	10288.6	8577.2	75.2	1214.3
体育用品批发	1358.0	1469.9	1469.9	1287.7	59.8	436.4
图书批发	2592.2	7448.7	7428.6	6052.2	22.3	1451.8
报刊批发	50.0	169.0	114.0	71.0	16.0	21.0
音像制品及电子出版物批发	258.5	159.0	159.0	125.2	0.7	62.5
首饰、工艺品及收藏品批发	1567.9	849.8	849.8	611.8	10.8	346.8
其他文化用品批发	1256.8	7301.2	7095.2	6556.8	10.6	781.0
医药及医疗器材批发	20124.3	49419.5	49198.5	43441.4	222.4	8269.5
西药批发	5005.2	23948.3	23796.9	21809.8	42.3	3215.5
中药材及中成药批发	5293.3	4348.8	4279.2	4136.9	10.3	1027.4
医疗用品及器材批发	9825.8	21122.4	21122.4	17494.7	169.8	4026.6

6-18 续表 4

单位：万元

指标名称	实收资本	营业收入合计	主营业务收入	主营业务成本	主营业务税金及附加	费用合计
矿产品、建材及化工产品批发	347112.7	1196668.5	1190045.9	1123777.1	1814.0	113901.1
煤炭及制品批发	4664.1	9422.5	8545.8	6794.3	122.4	1775.0
石油及制品批发	44414.8	147561.0	145915.9	131274.0	347.8	15646.2
非金属矿及制品批发	2704.0	1614.4	1568.3	1361.4	1.8	431.3
金属及金属矿批发	142675.3	678377.1	677659.7	658412.9	585.5	57018.9
建材批发	90424.1	108875.1	107906.2	97354.1	241.1	11709.9
化肥批发	28988.9	127210.5	126478.9	118195.0	197.0	10445.1
农药批发	2505.2	6556.8	6519.6	5925.2	9.4	809.6
农用薄膜批发	454.8	7698.3	7646.7	7323.4	1.2	486.0
其他化工产品批发	30281.5	109352.8	107804.8	97136.8	307.8	15579.1
机械设备、五金交电及电子产品批发	233809.8	598748.0	593443.4	529089.2	3101.3	72044.0
农业机械批发	16681.8	72142.3	70672.7	66518.2	225.6	7501.2
汽车、摩托车及零配件批发	43801.4	130416.3	129589.5	121877.3	339.9	10305.3
五金、交电批发	45125.5	121864.1	121708.2	107392.2	850.0	16734.6
家用电器批发	9036.6	19169.3	18718.2	16353.0	60.1	2189.9
计算机、软件及辅助设备批发	12597.1	45712.6	45536.5	41957.2	173.2	5211.4
通讯及广播电视设备批发	7146.7	21971.0	21300.8	20831.6	104.6	4230.2
其他机械设备及电子产品批发	99420.7	187472.4	185917.5	154159.7	1347.9	25871.4
贸易经纪与代理	10459.0	12597.6	12509.8	10020.1	282.3	2937.2
贸易经纪与代理	10459.0	12597.6	12509.8	10020.1	282.3	2937.2
其他批发	38907.8	151444.1	150268.7	130276.1	407.5	16692.0
再生物资回收与批发	26455.8	115964.8	115567.1	102988.5	185.1	10402.3
其他未列明的批发	12452.0	35479.3	34701.6	27287.6	222.4	6289.7
二、零售业	**313735.3**	**482322.0**	**471669.7**	**423575.8**	**6092.6**	**103921.9**
#国有及国有控股	32019.0	57088.7	55717.3	46305.5	398.5	17606.4
综合零售	41870.7	32465.7	30577.7	26601.6	568.5	9265.4
百货零售	24280.7	13341.6	12306.0	8615.3	437.5	5388.3
超级市场零售	6268.2	4315.1	4297.4	3321.6	51.9	1173.8
其他综合零售	11321.8	14809.0	13974.3	14664.7	79.1	2703.3
食品、饮料及烟草制品专门零售	26204.1	18675.1	18408.5	18406.7	245.3	7984.0
粮油零售	6615.4	8982.3	8955.2	10537.9	66.7	5282.6
糕点、面包零售	10237.7	538.3	538.3	433.0	2.9	377.3
果品、蔬菜零售	1063.4	1213.3	1138.2	1042.1	2.0	242.4
肉、禽、蛋及水产品零售	882.0	1389.8	1273.8	1045.3	7.3	416.7
饮料及茶叶零售	2383.4	2510.4	2509.8	1779.9	135.3	650.1
烟草制品零售	1112.8	1307.2	1280.6	1081.0	14.6	266.9
其他食品零售	3909.4	2733.8	2712.6	2487.5	16.5	748.0

6-18 续表 5 单位：万元

指标名称	实收资本	营业收入合计	主营业务收入	主营业务成本	主营业务税金及附加	费用合计
纺织、服装及日用品专门零售	27087.8	26796.5	26408.4	20834.2	189.6	8760.3
纺织品及针织品零售	4138.8	3288.2	3203.2	2506.6	25.6	2123.8
服装零售	10711.7	14134.6	13943.9	10743.6	110.6	3572.7
鞋帽零售	236.6	337.2	337.2	270.5	1.6	93.3
钟表、眼镜零售	6036.8	2542.9	2485.2	1838.5	7.3	678.0
化妆品及卫生用品零售	1856.0	1894.9	1888.3	1729.5	14.3	765.3
其他日用品零售	4107.9	4598.7	4550.6	3745.5	30.2	1527.2
文化、体育用品及器材专门零售	24195.1	36975.0	36494.5	27800.9	537.2	8592.6
文具用品零售	4241.4	5398.4	5372.8	4503.0	46.1	1017.8
体育用品零售	1243.6	3100.6	3100.6	2281.8	174.1	973.3
图书零售	3134.1	18456.7	18165.5	13127.3	118.3	3737.0
报刊零售	60.0	11.8	11.8	10.0	0.4	13.1
音像制品及电子出版物零售	814.0	1397.3	1303.4	1166.4	12.0	228.5
珠宝首饰零售	4988.1	3166.9	3107.8	2336.0	122.7	1188.0
工艺美术品及收藏品零售	1074.9	725.4	725.4	468.0	31.4	320.6
照相器材零售	377.3	860.8	853.7	663.9	13.8	218.5
其他文化用品零售	8261.7	3857.1	3853.5	3244.5	18.4	895.8
医药及医疗器材专门零售	12976.3	27642.7	27454.5	21048.4	365.0	5985.5
药品零售	6469.5	17312.6	17223.3	12518.3	270.4	3740.7
医疗用品及器材零售	6506.8	10330.1	10231.2	8530.1	94.6	2244.8
汽车、摩托车、燃料及零配件专门零售	59029.3	127319.4	124465.8	110821.9	1350.2	15943.3
汽车零售	22173.9	38639.6	38316.4	35369.2	640.7	2896.7
汽车零配件零售	16858.3	30904.8	30583.4	26129.7	190.8	5344.9
摩托车及零配件零售	3849.5	15644.2	14147.6	12669.6	140.8	1609.4
机动车燃料零售	16147.6	42130.8	41418.4	36653.4	377.9	6092.3
家用电器及电子产品专门零售	52471.1	89117.0	87810.6	91574.7	2137.6	28578.5
家用电器零售	10274.4	25022.0	24711.1	21827.0	202.0	3677.4
计算机、软件及辅助设备零售	29254.3	41319.9	40921.9	50567.8	1301.1	15518.8
通信设备零售	6659.6	11978.0	11654.9	10896.7	530.8	5507.0
其他电子产品零售	6282.8	10797.1	10522.7	8283.2	103.7	3875.3
五金、家具及室内装修材料专门零售	36804.6	69755.6	69167.0	62795.7	391.8	8691.5
五金零售	18955.0	51810.6	51465.6	47195.1	208.9	4949.1
家具零售	6199.1	4097.9	3973.3	2976.3	73.3	1363.6
涂料零售	878.9	965.0	964.9	815.7	3.1	233.5
其他室内装修材料零售	10771.6	12882.1	12763.2	11808.6	106.5	2145.3
无店铺及其他零售	33096.3	53575.0	50882.7	43691.7	307.4	10120.8
生活用燃料零售	9284.4	11651.7	11334.2	9079.8	134.3	3425.7
花卉零售	339.0	329.8	323.7	235.6	1.8	183.6
其他未列明的零售	23472.9	41593.5	39224.8	34376.3	171.3	6511.5

6-18 续表 6

单位：万元

指标名称	营业利润	利润总额	从业人员劳动报酬	劳动失业保险费	全部从业人员年平均人数(人)
总　计	**-68036.7**	**-90459.9**	**151671.9**	**10749.1**	**94893**
一、批发业	**-53230.3**	**-65873.5**	**72120.1**	**8233.6**	**59846**
#国有及国有控股	-43125.2	-39315.1	13043.3	4237.4	11646
农畜产品批发	-24894.9	-25159.8	8405.3	1405.3	8972
谷物、豆及薯类批发	-21471.9	-20473.8	1371.9	569.4	1488
种子、饲料批发	-1234.0	-1195.1	2958.8	296.9	3241
棉、麻批发	-2255.6	-3730.5	3518.8	464.6	3480
牲畜批发	-3.6	-3.6	8.4		7
其他农畜产品批发	70.2	243.2	547.4	74.4	756
食品、饮料及烟草制品批	-23772.1	-40003.8	6521.5	810.6	5301
米、面制品及食用油批发	-14337.2	-15984.4	1565.8	264.7	1329
糕点、糖果及糖批发	-250.1	-252.1	263.6	14.4	286
果品、蔬菜批发	305.8	361.6	325.5	69.7	361
肉、禽、蛋及水产品批发	-41.4	127.7	274.5	41.3	297
盐及调味品批发	232.7	170.5	914.7	117.1	635
饮料及茶叶批发	108.3	-660.8	1997.6	175.4	1523
烟草制品批发	535.1	537.4	322.5	33.6	186
其他食品批发	-10325.3	-24303.7	857.3	94.4	684
纺织、服装及日用品批发	-3501.5	-4073.5	11635.6	252.8	3411
纺织品、针织品及原料批发	-1958.5	-2228.8	615.9	45.7	644
服装批发	-270.1	-326.8	677.9	20.6	904
鞋帽批发	-40.7	-42.0	16.1	0.4	29
厨房、卫生间用具及日用杂货批发	-564.6	-652.2	451.3	67.4	545
化妆品及卫生用品批发	-93.3	-263.0	9425.9	19.5	679
其他日用品批发	-574.3	-560.7	448.5	99.2	610
文化、体育用品及器材批发	1002.5	467.3	1353.6	135.0	1368
文具用品批发	478.7	274.5	479.6	75.2	524
体育用品批发	69.3	88.1	91.6	10.7	152
图书批发	546.1	237.1	506.0	38.4	345
报刊批发	6.0	6.0	28.9		28
音像制品及电子出版物批发	-29.3	-29.5	22.2	2.4	32
首饰、工艺品及收藏品批发	-99.8	-113.1	92.4	3.6	139
其他文化用品批发	31.5	4.2	132.9	4.7	148
医药及医疗器材批发	120.8	-894.1	2098.6	270.2	2391
西药批发	690.2	-239.6	932.9	158.3	935
中药材及中成药批发	-791.9	-768.2	298.1	18.4	298
医疗用品及器材批发	222.5	113.7	867.6	93.5	1158

6-18 续表 7 单位：万元

指标名称	营业利润	利润总额	从业人员劳动报酬	劳动失业保险费	全部从业人员年平均人数（人）
矿产品、建材及化工产品批发	-8658.2	-3103.6	15436.6	1348.5	16577
煤炭及制品批发	-1.7	-396.3	567.6	75.2	434
石油及制品批发	799.9	951.5	2629.1	173.7	2406
非金属矿及制品批发	-150.1	-184.0	427.9	0.8	86
金属及金属矿批发	-5326.8	-2284.2	4137.1	309.4	4581
建材批发	72.2	-733.8	2552.6	154.0	2817
化肥批发	-1433.3	1365.8	1798.4	300.0	2883
农药批发	-47.2	-57.7	448.4	20.2	393
农用薄膜批发	-123.8	-8.6	96.4	4.5	83
其他化工产品批发	-2447.4	-1756.3	2779.1	310.7	2894
机械设备、五金交电及电子产品批发	2366.5	2912.7	23266.5	3658.9	18494
农业机械批发	-1762.3	-1216.6	1624.7	154.0	1755
汽车、摩托车及零配件批发	-790.2	-1294.6	2743.1	186.1	3272
五金、交电批发	-1550.4	-902.9	3666.0	217.3	3987
家用电器批发	1080.1	-800.4	1190.6	25.5	746
计算机、软件及辅助设备批发	-907.2	-997.7	3757.6	103.1	1157
通讯及广播电视设备批发	-1557.4	-253.5	1020.6	1970.2	714
其他机械设备及电子产品批发	7853.9	8378.4	9263.9	1002.7	6863
贸易经纪与代理	-40.8	-347.7	692.2	71.2	502
贸易经纪与代理	-40.8	-347.7	692.2	71.2	502
其他批发	4147.4	4329.0	2710.2	281.1	2830
再生物资回收与批发	2267.4	3471.3	1308.9	109.8	1429
其他未列明的批发	1880.0	857.7	1401.3	171.3	1401
二、零售业	**-14806.4**	**-24586.4**	**79551.8**	**2515.5**	**35047**
#国有及国有控股	-5007.3	-8105.6	4041.5	817.0	3951
综合零售	-1123.3	-1894.7	3380.4	392.0	4843
百货零售	-944.3	-1595.3	1768.2	192.4	2624
超级市场零售	-246.1	-248.0	523.6	16.4	876
其他综合零售	67.1	-51.4	1088.6	183.2	1343
食品、饮料及烟草制品专门零售	-6722.2	-6187.1	1975.6	279.2	2319
粮油零售	-5859.7	-5205.2	718.5	107.6	714
糕点、面包零售	-210.6	-235.4	91.8		146
果品、蔬菜零售	-91.0	-28.8	187.8	40.6	195
肉、禽、蛋及水产品零售	-79.0	-114.6	122.2	9.7	174
饮料及茶叶零售	36.0	1.6	404.5	30.7	433
烟草制品零售	-48.8	-40.3	97.3	34.9	165
其他食品零售	-469.1	-564.4	353.5	55.7	492

6-18 续表 8 单位：万元

指标名称	营业利润	利润总额	从业人员劳动报酬	劳动失业保险费	全部从业人员年平均人数（人）
纺织、服装及日用品专门零售	-1465.2	-4939.2	2878.8	223.6	3450
纺织品及针织品零售	-914.3	-3827.8	546.3	76.3	551
服装零售	-187.2	-450.8	1355.4	58.3	1189
鞋帽零售	-28.2	-28.3	40.6	1.3	74
钟表、眼镜零售	100.7	50.4	259.9	54.6	317
化妆品及卫生用品零售	-74.7	-59.7	294.3	6.2	358
其他日用品零售	-361.5	-623.0	382.3	26.9	961
文化、体育用品及器材专门零售	975.8	-385.7	2376.8	352.5	2481
文具用品零售	-86.7	-120.4	422.5	22.1	594
体育用品零售	-147.6	-152.1	253.5	31.8	241
图书零售	1828.3	496.2	963.3	223.4	618
报刊零售	-11.7	-12.1	17.0	3.5	30
音像制品及电子出版物零售	-6.7	-42.4	68.3	1.8	85
珠宝首饰零售	-265.4	-273.8	292.2	20.3	419
工艺美术品及收藏品零售	-69.9	-77.4	83.5	21.8	111
照相器材零售	-42.2	-36.7	43.3	7.1	72
其他文化用品零售	-222.3	-167.0	233.2	20.7	311
医药及医疗器材专门零售	804.7	-610.7	1798.6	205.4	2259
药品零售	1123.8	-239.7	1363.7	175.8	1731
医疗用品及器材零售	-319.1	-371.0	434.9	29.6	528
汽车、摩托车、燃料及零配件专门零售	-167.1	-1438.3	12031.8	274.8	6024
汽车零售	-297.1	-464.4	8155.3	38.7	1023
汽车零配件零售	2.7	-475.3	2018.7	140.3	2413
摩托车及零配件零售	167.9	-129.1	555.2	19.2	753
机动车燃料零售	-40.6	-369.5	1302.6	76.6	1835
家用电器及电子产品专门零售	-7435.4	-8629.3	49098.0	213.3	5962
家用电器零售	-469.3	-659.8	40183.5	50.2	1323
计算机、软件及辅助设备零售	-3468.8	-4371.3	7150.7	113.1	3219
通信设备零售	-3207.2	-3113.5	695.3	16.5	669
其他电子产品零售	-290.1	-484.7	1068.5	33.5	751
五金、家具及室内装修材料专门零售	-394.3	-941.4	3227.4	167.7	4250
五金零售	337.2	-162.7	1894.3	114.4	2415
家具零售	-216.1	-242.5	396.8	14.0	480
涂料零售	-83.9	-99.2	66.3	5.9	82
其他室内装修材料零售	-431.5	-437.0	870.0	33.4	1273
无店铺及其他零售	720.6	440.0	2784.4	407.0	3459
生活用燃料零售	-211.2	-243.4	893.7	148.2	1105
花卉零售	-32.3	-25.1	71.0	2.2	124
其他未列明的零售	964.1	708.5	1819.7	256.6	2230

6-19 各地、州、市、县（市)限额以上批发和零售业企业主要财务状况

单位：万元

指标名称	企业个数（个）	流动资产合计	#存货	固定资产原价	累计折旧	#本年折旧
总计	**936**	**5464731.0**	**1826899.7**	**1357471.5**	**367179.8**	**69976.0**
乌鲁木齐市	401	1680234.2	368504.7	520152.8	111618.9	24926.0
天山区	65	416191.3	82448.8	129406.7	32834.1	6771.7
沙依巴克区	67	220914.0	50243.2	148054.9	36684.0	5346.5
新市区	205	795433.4	164752.4	200091.7	31930.1	10076.8
水磨沟区	30	109798.9	37125.6	23895.9	3859.5	1171.4
头屯河区	22	107252.2	28503.0	10681.6	4424.1	992.3
达坂城区	1	157.6	107.6	260.0	72.4	20.8
东山区	9	7501.3	4267.6	1147.3	514.2	59.7
乌鲁木齐县	2	22985.5	1056.5	6614.7	1300.5	486.8
克拉玛依市	32	64527.0	7713.5	38496.2	14392.6	2539.7
独山子区	10	19233.6	1520.5	23235.0	8677.8	752.4
克拉玛依区	22	45293.4	6193.0	15261.2	5714.8	1787.3
吐鲁番地区	15	50364.8	14449.0	17595.9	7428.2	796.9
吐鲁番市	11	43322.3	9574.7	15273.9	6982.3	683.8
鄯善县	4	7042.5	4874.3	2322.0	445.9	113.1
哈密地区	32	26430.4	11596.0	17225.2	4259.0	868.7
哈密市	30	20368.0	7382.7	16092.9	3731.5	807.2
巴里坤哈萨克自治县	2	6062.4	4213.3	1132.3	527.5	61.5
昌吉回族自治州	65	289839.4	149107.2	81683.8	23556.0	4237.9
昌吉市	36	81215.0	40515.0	37602.9	9998.9	1910.4
阜康市	1	8528.1	4355.7	1449.3	583.5	39.8
米泉市	8	14874.2	7103.0	3368.0	1044.7	198.4
呼图壁县	7	42997.7	6867.1	12000.1	4018.1	510.8
玛纳斯县	9	72244.8	53906.9	22150.5	6677.0	1293.6
奇台县	1	28624.9	16806.3	1439.8	434.6	82.5
吉木萨尔县	2	24080.3	13623.4	2591.6	580.2	135.9
木垒哈萨克自治县	1	17274.4	5929.8	1081.6	219.0	66.5
博尔塔拉蒙古自治州	13	162084.7	29943.1	13739.8	4398.1	681.0
博乐市	12	135596.5	16951.7	10246.9	2554.7	681.0
精河县	1	26488.2	12991.4	3492.9	1843.4	
巴音郭楞蒙古自治州	48	250045.7	117748.8	122021.1	38401.1	9497.9
库尔勒市	41	194399.1	81346.2	107377.9	31218.8	8860.7
尉犁县	1	33405.6	20450.8	6840.1	4325.2	397.2
且末县	1	10274.4	7769.8	4068.3	1273.0	117.2
焉耆回族自治县	2	3858.0	2375.8	1087.9	497.5	44.2
和静县	2	7496.9	5798.8	2584.9	1057.1	71.2
和硕县	1	611.7	7.4	62.0	29.5	7.4
阿克苏地区	64	379106.6	135546.6	128720.5	41014.5	6512.4
阿克苏市	38	62198.6	22192.4	56591.0	9832.0	2018.2
温宿县	2	28986.6	9948.7	6134.7	3568.7	109.2
库车县	2	36497.0	13719.9	9079.2	5626.4	164.8
沙雅县	7	90555.4	39129.4	18345.8	5845.1	1318.9
新和县	4	31134.5	11237.1	8694.9	3190.2	1036.8
拜城县	4	12560.0	7217.0	3666.6	1085.2	579.4
乌什县	2	12763.3	4458.2	3098.8	1561.7	202.3
阿瓦提县	5	104411.2	27643.9	23109.5	10305.2	1082.8

6-19 续表 1

单位：万元

指标名称	企业个数（个）	流动资产合计	#存货	固定资产原价	累计折旧	#本年折旧
克孜勒苏柯尔克孜自治州	3	9363.6	6226.4	1771.4	908.2	84.6
阿图什市	1	311.1		368.8	85.8	30.1
阿克陶县	2	9052.5	6226.4	1402.6	822.4	54.5
喀什地区	25	237865.7	121978.8	90222.5	35631.2	3892.5
喀什市	7	15279.2	6793.9	23431.4	6685.1	1267.6
疏附县	2	10652.9	6526.3	4583.5	2827.4	225.2
疏勒县	2	22975.0	10607.4	8059.1	4859.5	579.3
英吉沙县	1	10405.8	6039.0	3646.6	1761.5	252.2
泽普县	1	14895.0	8606.3	5763.7	2702.4	176.4
莎车县	3	34564.0	20177.5	2336.8	707.3	107.6
叶城县	4	30615.8	9729.3	4612.9	1519.0	70.1
麦盖提县	1	28405.1	16779.7	7618.2	3305.8	195.8
岳普湖县	1	10220.7	9680.6	5449.7	2163.2	111.7
伽师县	1	14756.9	10026.7	7233.8	4419.8	323.6
巴楚县	2	45095.3	17012.1	17486.8	4680.2	583.0
和田地区	8	16515.0	11797.1	17826.5	4846.3	471.8
和田市	4	5613.2	2983.8	7719.2	1924.5	407.7
洛浦县	1	9145.9	7723.9	8695.6	2586.3	14.5
策勒县	1	262.3	262.3	1088.4	214.0	21.4
于田县	2	1493.6	827.1	323.3	121.5	28.2
伊犁哈萨克自治州	57	176805.0	83465.4	62337.6	19159.1	2750.0
伊宁市	26	52415.2	22521.2	39283.7	9831.9	1505.0
奎屯市	15	37503.7	5309.1	9159.3	2739.3	593.1
伊宁县	1	15345.0	8774.0	1341.1	763.0	66.7
察布查尔锡伯自治县	1	5896.1	3456.8	1285.1	568.8	66.4
霍城县	9	19308.2	5129.4	5479.3	1821.2	291.5
巩留县	2	9261.1	7905.6	829.6	419.1	62.7
新源县	1	12467.0	10718.2	3158.2	1531.4	75.0
昭苏县	1	14778.0	11589.6	522.4	309.3	40.4
特克斯县	1	9830.7	8061.5	1278.9	1175.1	49.2
塔城地区	20	207914.6	72305.7	24949.4	8341.6	1787.3
塔城市	10	103827.5	30389.1	12344.1	3017.8	682.5
乌苏市	4	26998.1	12007.6	6330.2	3165.6	518.9
额敏县	1	5921.7	4868.7	1278.1	415.3	76.7
沙湾县	4	65563.6	21641.5	4226.1	1309.3	466.3
裕民县	1	5603.7	3398.8	770.9	433.6	42.9
阿勒泰地区	9	21356.6	8685.6	10353.4	2859.8	616.1
阿勒泰市	8	15728.3	5166.6	9910.1	2596.9	567.0
青河县	1	5628.3	3519.0	443.3	262.9	49.1
生产建设兵团	142	1889611.3	686672.8	204154.9	48988.9	9994.9
石河子市	2	2666.4	1159.0	6220.5	1376.3	318.3

6-19 续表 2

单位：万元

指标名称	资产总计	负债合计	实收资本	主营业务收入	主营业务成本	主营业务税金及附加
总　计	**7577365.0**	**6003004.7**	**1185961.0**	**9349965.8**	**8381842.8**	**12318.8**
乌鲁木齐市	2504939.6	1746049.0	557594.2	3408485.4	3178071.9	4571.6
天山区	667935.0	519040.3	113640.0	631740.1	563653.9	1014.5
沙依巴克区	406525.0	281717.5	79252.3	513267.8	472559.8	1292.4
新市区	1116036.3	707689.1	303812.8	1733558.3	1642878.7	1910.2
水磨沟区	146159.2	99653.3	42404.2	261762.0	241370.3	150.4
头屯河区	124918.3	101830.4	14981.4	171856.8	165532.3	148.4
达坂城区	417.6	51.6	316.0	1058.8	763.4	36.1
东山区	8278.4	5865.1	1965.0	27247.3	26200.2	15.4
乌鲁木齐县	34669.8	30201.7	1222.5	67994.3	65113.3	4.2
克拉玛依市	116749.2	87357.9	28141.9	501614.5	456301.7	748.9
独山子区	51859.0	30474.1	20779.6	297201.9	284099.9	132.3
克拉玛依区	64890.2	56883.8	7362.3	204412.6	172201.8	616.6
吐鲁番地区	72022.1	55237.5	15190.3	73378.2	66809.0	120.3
吐鲁番市	63048.6	47650.2	14159.1	63844.4	58823.2	115.8
鄯善县	8973.5	7587.3	1031.2	9533.8	7985.8	4.5
哈密地区	44920.3	37427.0	8617.9	131407.6	122464.6	213.9
哈密市	38253.1	29324.9	7908.0	128100.8	119138.2	212.0
巴里坤哈萨克自治县	6667.2	8102.1	709.9	3306.8	3326.4	1.9
昌吉回族自治州	401713.4	326008.2	45447.7	344409.4	301289.6	315.4
昌吉市	147520.8	105716.3	23633.0	184805.4	169373.6	179.7
阜康市	9393.9	8269.1	456.1	3279.4	3125.4	
米泉市	17353.4	13105.2	1671.1	36894.5	35302.0	4.4
呼图壁县	55251.2	43938.4	6748.8	40622.0	37305.4	124.6
玛纳斯县	95639.5	78905.2	9732.9	52839.8	31174.0	5.3
奇台县	30744.2	30639.3	1498.1	14768.0	14348.2	
吉木萨尔县	26844.7	26683.5	1169.7	5981.5	5799.9	1.4
木垒哈萨克自治县	18965.7	18751.2	538.0	5218.8	4861.1	
博尔塔拉蒙古自治州	183683.8	132954.4	23789.5	452103.4	397173.1	539.8
博乐市	154924.2	101960.4	22767.8	448630.1	394120.6	534.5
精河县	28759.6	30994.0	1021.7	3473.3	3052.5	5.3
巴音郭楞蒙古自治州	358382.1	286765.3	50042.3	389346.9	356936.9	578.4
库尔勒市	293793.0	219262.3	46090.7	346063.0	318137.1	565.7
尉犁县	36977.1	36175.0	899.2	25783.8	23398.3	0.1
且末县	13315.0	12527.5	748.3	6217.0	4992.8	10.5
焉耆回族自治县	4464.1	7077.2	657.3	3162.3	2693.5	1.9
和静县	9176.6	11176.9	1631.1	5885.1	5528.8	
和硕县	656.3	546.4	15.7	2235.7	2186.4	0.2
阿克苏地区	539826.6	459512.9	48123.8	464747.3	407656.2	2511.2
阿克苏市	144837.3	114210.9	18889.9	232020.2	209366.5	921.1
温宿县	32199.4	26217.6	362.3	10350.1		7.2
库车县	41039.6	35207.5	1826.0	33942.1	23347.4	1525.3
沙雅县	104929.3	95456.2	6036.9	83037.6	78478.9	1.2
新和县	37572.1	33789.0	1814.1	26148.5	24867.8	2.9
拜城县	16756.0	25975.1	2259.1	10755.3	10203.5	31.9
乌什县	14609.8	15814.4	709.8	6529.1	6116.0	1.4
阿瓦提县	147883.1	112842.2	16225.7	61964.4	55276.1	20.2

6-19 续表 3

单位：万元

指标名称	资产总计	负债合计	实收资本	主营业务收入	主营业务成本	主营业务税金及附加
克孜勒苏柯尔克孜自治州	10250.2	15989.3	699.8	9870.6	9466.5	7.5
阿图什市	594.2	88.7	150.0	3617.9	3189.4	4.6
阿克陶县	9656.0	15900.6	549.8	6252.7	6277.1	2.9
喀什地区	326261.9	361481.4	41371.4	263045.6	205398.1	315.6
喀什市	48336.9	37334.3	5793.5	97640.8	86917.2	139.2
疏附县	12493.8	18239.2	11133.9	8787.0	8023.1	
疏勒县	29056.6	35677.8	2642.2	17673.7	1901.3	24.4
英吉沙县	12379.9	15642.4	479.4	10392.9	7514.6	3.5
泽普县	18119.1	23521.3	1518.4	15545.3	13483.4	22.4
莎车县	43907.1	49347.2	7024.4	10353.3	8291.1	0.6
叶城县	38791.1	37243.0	3901.2	17454.4	9023.5	20.8
麦盖提县	32854.1	22614.3	3561.1	20147.6	16061.5	72.6
岳普湖县	13657.2	28777.3	719.8	3914.3		4.0
伽师县	17744.0	33293.0	1428.4	3313.2	3029.0	
巴楚县	58922.1	59791.6	3169.1	57823.1	51153.4	28.1
和田地区	36782.0	28734.1	3436.1	58585.0	50456.8	94.5
和田市	13542.8	10851.6	1416.0	41016.7	36157.6	70.0
洛浦县	17981.7	14881.4	660.0	11164.6	8583.1	
策勒县	3407.8	2537.5	825.3	3410.4	3051.5	1.4
于田县	1849.7	463.6	534.8	2993.3	2664.6	23.1
伊犁哈萨克自治州	252176.4	319352.1	48468.4	431279.9	407367.7	597.0
伊宁市	110817.0	74830.3	33474.0	297894.7	280288.9	506.5
奎屯市	46051.8	40421.2	4568.4	53686.2	49772.7	72.6
伊宁县	15943.0	37946.0	1457.2	5604.0	5551.0	
察布查尔锡伯自治县	6626.6	12467.5	532.3	3720.2	3383.1	
霍城县	23560.1	33641.1	3980.9	49170.1	45830.7	17.9
巩留县	10083.7	19371.9	620.0	6724.4	6203.5	
新源县	14093.9	37559.6	1466.4	4177.8	3667.5	
昭苏县	15065.8	32019.8	1296.7	6606.9	8652.0	
特克斯县	9934.5	31094.7	1072.5	3695.6	4018.3	
塔城地区	239059.9	221079.6	29027.7	345413.6	308449.1	219.8
塔城市	123057.3	58205.8	16847.2	266630.5	234109.8	195.1
乌苏市	31089.4	48487.1	2279.0	17002.0	16022.4	3.0
额敏县	6902.4	29975.2	1035.1	5081.1	4487.6	2.7
沙湾县	72069.7	73732.6	8384.2	53434.7	50914.3	19.0
裕民县	5941.1	10678.9	482.2	3265.3	2915.0	
阿勒泰地区	34548.6	29615.3	3278.7	212513.1	206381.6	77.5
阿勒泰市	28698.4	20950.7	3211.6	209733.1	203476.6	77.5
青河县	5850.2	8664.6	67.1	2780.0	2905.0	
生产建设兵团	2447039.5	1883488.2	280567.6	2224376.1	1871437.1	1350.2
石河子市	9009.4	11952.5	2163.7	39389.2	36182.9	57.2

6-19 续表 4

单位：万元

指标名称	主营业务利润	其他业务利润	营业费用	管理费用	营业利润	利润总额
总计	**534873.1**	**49965.6**	**341566.3**	**259175.6**	**10403.0**	**106938.6**
乌鲁木齐市	223937.2	22953.5	127703.7	93894.1	4422.2	19087.7
天山区	67013.2	4095.4	31084.5	24447.7	6153.0	10413.5
沙依巴克区	39200.6	5897.2	23495.4	21164.8	-2504.4	-385.4
新市区	87138.2	9627.7	52629.6	38439.6	-1862.0	3950.8
水磨沟区	20241.3	2059.7	13892.7	5225.5	2689.0	3021.1
头屯河区	6176.1	962.2	4132.3	3013.2	182.5	2177.7
达坂城区	259.3	0.4	77.4	63.8	118.5	73.6
东山区	1031.7	-0.1	593.0	498.6	-57.4	-51.7
乌鲁木齐县	2876.8	311.0	1798.8	1040.9	-297.0	-111.9
克拉玛依市	32414.9	1048.3	19000.2	6569.5	8957.3	21143.7
独山子区	8274.0	635.3	5207.2	2808.0	519.1	12307.7
克拉玛依区	24140.9	413.0	13793.0	3761.5	8438.2	8836.0
吐鲁番地区	1802.9	868.2	4513.9	2429.5	827.7	1048.8
吐鲁番市	886.8	863.5	3918.6	1717.4	765.4	990.3
鄯善县	916.1	4.7	595.3	712.1	62.3	58.5
哈密地区	5211.9	490.0	5722.1	3502.8	-897.6	-940.6
哈密市	5446.1	490.0	5498.2	3425.3	-104.1	-147.1
巴里坤哈萨克自治县	-234.2		223.9	77.5	-793.5	-793.5
昌吉回族自治州	20298.3	3294.0	13089.7	11498.4	-1846.8	9627.4
昌吉市	13706.6	632.6	7884.8	5849.8	205.5	5781.4
阜康市	154.0	-747.1	266.3	240.0	110.4	110.4
米泉市	544.3	8.0	1113.9	737.1	-401.3	121.9
呼图壁县	2835.7	159.4	1251.5	1318.2	315.4	1197.1
玛纳斯县	3582.7	51.4	1057.6	1296.9	873.7	2058.9
奇台县	-483.0		902.8	1078.7	-2445.1	160.2
吉木萨尔县	-238.2	1672.6	451.3	631.1	82.7	113.8
木垒哈萨克自治县	196.2	22.9	161.5	346.6	-588.1	83.7
博尔塔拉蒙古自治州	42161.3	1086.5	21918.8	11167.2	18785.7	22206.3
博乐市	42204.0	994.5	21460.6	10795.8	19394.2	21586.2
精河县	-42.7	92.0	458.2	371.4	-608.5	620.1
巴音郭楞蒙古自治州	14185.1	2780.2	21678.5	14344.9	616.6	5583.5
库尔勒市	10795.2	3385.5	20263.0	11293.0	2075.3	5495.6
尉犁县	1678.3	-682.4	467.1	544.5	627.3	651.8
且末县	1213.7	31.9	563.6	393.0	219.8	219.8
焉耆回族自治县	265.8	18.8	195.1	1363.8	-1500.6	-1307.4
和静县	183.0	26.4	173.3	729.4	-807.0	521.9
和硕县	49.1		16.4	21.2	1.8	1.8
阿克苏地区	29510.8	3140.0	16530.9	15312.1	-110.8	8767.2
阿克苏市	19201.9	1419.7	10393.4	6350.2	3537.8	6691.0
温宿县	569.1	58.1		379.9	245.6	219.7
库车县	-178.8		796.2	1025.6	-2094.4	1156.8
沙雅县	3697.8	104.3	1774.6	1503.8	522.7	905.9
新和县	8.0	-63.3	1269.6	1422.6	-1887.2	-1254.0
拜城县	35.1	156.5	369.8	1218.3	-2024.7	-1067.4
乌什县	-156.5	189.8	568.2	744.7	-810.6	-623.4
阿瓦提县	6334.2	1274.9	1359.1	2667.0	2400.0	2738.6

6-19 续表 5

单位：万元

指标名称	主营业务利润	其他业务利润	营业费用	管理费用	营业利润	利润总额
克孜勒苏柯尔克孜自治州	-510.3	485.8	906.9	3055.7	-3495.4	-3049.9
阿图什市	401.0		22.9	227.5	173.0	168.2
阿克陶县	-911.3	485.8	884.0	2828.2	-3668.4	-3218.1
喀什地区	30750.0	105.2	13215.9	13239.4	9860.9	13039.7
喀什市	10115.4	35.0	6189.9	2237.8	2182.7	2517.8
疏附县	-221.9	-21.4	985.8	1585.1	-1338.6	-789.1
疏勒县	2872.4	-337.8	1041.8	811.2	255.7	384.2
英吉沙县	2742.1	5.1	132.7	889.0	1847.7	1522.3
泽普县	2039.5		58.2	960.3	770.4	1001.1
莎车县	-315.2	7.3	2376.8	3276.4	-3001.9	-4302.6
叶城县	4191.1	99.3	599.1	656.6	2216.2	5819.9
麦盖提县	3276.1		737.3	864.8	2495.5	2637.7
岳普湖县	60.4		139.2	564.1	-636.3	-661.1
伽师县	284.2	9.6	620.4	747.1	38.0	38.0
巴楚县	5705.9	308.1	334.7	647.0	5031.5	4871.5
和田地区	4731.7	-77.2	3926.2	3287.1	260.0	-173.4
和田市	1724.6	88.3	3064.5	1113.3	526.2	523.5
洛浦县	2581.5	-164.2	505.4	1567.9	208.9	208.9
策勒县	262.8		213.5	142.3	-93.0	17.5
于田县	162.8	-1.3	142.8	463.6	-382.1	-923.3
伊犁哈萨克自治州	2622.5	1040.8	21997.2	25359.1	-43114.8	-34603.6
伊宁市	7885.8	552.9	9173.5	7230.8	-451.5	-70.9
奎屯市	3159.5	272.3	1036.2	2234.4	734.6	1135.9
伊宁县	53.0		1038.0	5065.0	-7691.0	-7650.0
察布查尔锡伯自治县	337.1		501.0	1221.1	-1898.2	-1901.6
霍城县	989.9	158.4	1658.4	3865.1	-5636.4	-5066.2
巩留县	-267.3	2.7	912.1	1778.9	-2930.2	-2330.3
新源县	398.5		111.8	66.3	120.0	120.0
昭苏县	-3995.1	54.5	1950.0	3092.2	-8563.2	-7934.3
特克斯县	-5938.9		5616.2	805.3	-16798.9	-10906.2
塔城地区	27696.0	-70.1	11471.8	13406.2	6814.1	3649.4
塔城市	25189.4	44.9	7136.8	3615.4	20316.8	25940.0
乌苏市	806.9	-134.9	868.2	5904.9	-7398.9	-6941.7
额敏县	84.9			228.0	-844.8	-8404.5
沙湾县	1876.9	19.9	2854.4	3071.5	-4185.6	-4653.6
裕民县	-262.1		612.4	586.4	-1073.4	-2290.8
阿勒泰地区	1782.8	124.4	4271.2	1420.9	-493.4	1172.0
阿勒泰市	1907.8	125.0	4271.2	1286.9	51.2	1261.8
青河县	-125.0	-0.6		134.0	-544.6	-89.8
生产建设兵团	95430.4	12684.3	53141.4	40275.3	9666.2	39975.0
石河子市	2847.6	11.7	2477.9	413.4	151.1	405.4

6-19 续表 6

单位：万元

指标名称	应交所得税	劳动失业保险费	应付工资	应付福利费	本年应交增值税	全部从业人员年平均人数（人）
总　计	**38737.9**	**22672.7**	**119640.9**	**17113.3**	**115214.3**	**75613**
乌鲁木齐市	13176.9	7021.2	45834.9	6033.9	35153.7	29036
天山区	5971.1	1829.5	12000.3	1269.7	8136.0	6725
沙依巴克区	1073.3	2094.5	10123.3	1339.0	13556.2	6253
新市区	4189.1	2367.6	19169.5	2758.5	8695.0	12813
水磨沟区	1080.8	561.3	2660.0	398.4	2530.0	1891
头屯河区	792.1	133.8	1410.4	202.6	1094.1	943
达坂城区	12.3		37.4	3.1	10.2	36
东山区	12.5	8.8	218.7	32.3	709.2	204
乌鲁木齐县	45.7	25.7	215.3	30.3	423.0	171
克拉玛依市	5206.9	383.4	5427.4	794.5	13822.9	2948
独山子区	1641.4	163.3	1439.4	202.4	206.9	872
克拉玛依区	3565.5	220.1	3988.0	592.1	13616.0	2076
吐鲁番地区	191.4	334.7	1919.1	284.7	1019.4	1221
吐鲁番市	160.4	268.3	1707.8	260.4	959.3	1019
鄯善县	31.0	66.4	211.3	24.3	60.1	202
哈密地区	214.4	414.8	2171.5	313.3	6427.0	1719
哈密市	214.4	399.3	2093.6	305.6	6427.0	1661
巴里坤哈萨克自治县		15.5	77.9	7.7		58
昌吉回族自治州	1622.9	1006.7	7492.4	980.0	-1726.0	4694
昌吉市	1039.3	625.3	4056.6	554.8	999.6	1979
阜康市		20.7	136.7	18.3		64
米泉市	7.1	46.6	280.5	37.0	44.8	212
呼图壁县	66.4	58.8	800.3	97.6	122.5	779
玛纳斯县	508.9	199.5	1563.2	207.1	-2896.8	1204
奇台县		52.5	228.0	31.9		171
吉木萨尔县	1.2	2.3	281.5	26.5	3.9	148
木垒哈萨克自治县		1.0	145.6	6.8		137
博尔塔拉蒙古自治州	6158.7	300.3	1911.2	207.5	13350.9	966
博乐市	6158.7	218.9	1649.1	202.2	13285.6	663
精河县		81.4	262.1	5.3	65.3	303
巴音郭楞蒙古自治州	2067.6	1586.6	9204.1	1460.0	4352.9	4432
库尔勒市	2067.6	1134.5	8361.5	1391.6	4200.5	3772
尉犁县		90.8	351.8	15.2		248
且末县		1.1	189.4	23.7	130.2	189
焉耆回族自治县		40.5	168.3	13.4	22.2	90
和静县		293.8	125.1	14.0		120
和硕县		25.9	8.0	2.1		13
阿克苏地区	2537.7	1033.2	9902.6	999.1	3082.9	7388
阿克苏市	1536.9	576.3	4915.6	538.1	2407.8	2784
温宿县		43.8	394.2	55.2	423.8	302
库车县		11.6	786.8			563
沙雅县	229.8	114.9	1090.7	139.5		1146
新和县	34.1	30.0	617.7	63.0	203.3	506
拜城县	101.7	169.0	894.5	85.9	34.0	251
乌什县		27.9	91.3	5.5	14.0	176
阿瓦提县	635.2	59.7	1111.8	111.9		1660

6-19 续表 7

单位：万元

指标名称	应交所得税	劳动失业保险费	应付工资	应付福利费	本年应交增值税	全部从业人员年平均人数(人)
克孜勒苏柯尔克孜自治州	57.8	41.2	270.9	52.6	135.7	333
阿图什市	57.8	8.8	73.2	6.3	99.7	29
阿克陶县		32.4	197.7	46.3	36.0	304
喀什地区	3036.7	4042.3	8209.0	1789.9	9188.6	7620
喀什市	678.3	488.5	2742.3	368.4	8723.8	1305
疏附县	9.9	3.8	445.6	277.1	-522.7	450
疏勒县		16.5	510.8	93.3	740.8	668
英吉沙县		54.2	254.4	35.6		265
泽普县			502.3		1134.3	538
莎车县	667.1	107.2	1185.5	107.2	259.9	1155
叶城县		54.9	195.7	110.2	202.4	784
麦盖提县	870.4	151.8	742.9	102.1	906.9	483
岳普湖县		159.6	345.9	34.1	36.7	482
伽师县			209.3	538.4	-2622.5	598
巴楚县	811.0	3005.8	1074.3	123.5	329.0	892
和田地区	397.3	365.0	1720.4	270.7	1029.5	774
和田市	241.7	191.0	1324.4	185.6	762.5	441
洛浦县	144.9	85.1	277.2	38.8	240.0	231
策勒县		18.2	62.1			49
于田县	10.7	70.7	56.7	46.3	27.0	53
伊犁哈萨克自治州	1159.0	861.7	6462.8	1018.8	12686.5	3701
伊宁市	764.3	571.5	4436.7	601.4	12015.6	2236
奎屯市	291.7	35.6	978.6	159.1	399.5	615
伊宁县		2.8	348.0	165.0		155
察布查尔锡伯自治县		35.0	88.2	11.7		74
霍城县	99.5	47.2	256.0	47.4	175.5	254
巩留县	3.5	38.4	107.0	3.9		104
新源县		1.0	66.3	1.2		79
昭苏县			125.2	20.3	95.9	77
特克斯县		130.2	56.8	8.8		107
塔城地区	815.9	2071.1	2498.3	332.6	5299.9	1357
塔城市	783.6	459.0	1507.4	218.1	5051.8	596
乌苏市	13.4	794.8	477.6	59.6		340
额敏县		14.5	64.3	4.9		62
沙湾县	18.9	760.5	359.8	50.0	238.3	261
裕民县		42.3	89.2		9.8	98
阿勒泰地区	410.1	198.7	830.3	189.2	303.9	601
阿勒泰市	410.1	198.7	776.1	181.7	303.9	562
青河县			54.2	7.5		39
生产建设兵团	1540.0	2884.2	15321.1	2330.3	10578.2	8442
石河子市	144.6	127.6	464.9	56.2	508.3	381

6-20 各地、州、市、县（市)限额以下批发和零售业企业主要财务状况

单位：万元

指标名称	企业数（个）	年末从业人员数（人）	固定资产原价	本年折旧	资产总计	负债合计
总　计	**10281**	**92952**	**628819.4**	**71860.9**	**3402937.5**	**2620728.0**
乌鲁木齐市	5346	39635	194994.7	24548.6	1484752.4	1101192.3
天山区	1067	8822	58318.3	9007.5	392289.9	440043.5
沙依巴克区	1560	11400	50149.7	6201.9	287253.2	156676.6
新市区	1799	13011	62293.1	6500.1	599253.1	363096.1
水磨沟区	835	5088	17110.8	2000.9	174207.7	124288.2
头屯河区	38	809	3694.4	544.0	18820.0	8383.6
达坂城区	7	53	148.5	5.1	620.7	266.5
东山区	29	327	1589.3	99.8	5939.4	3805.8
乌鲁木齐县	11	125	1690.6	189.3	6368.4	4632.0
克拉玛依市	306	3025	15077.1	2048.4	54277.9	36258.2
独山子区	57	743	3494.0	497.3	12639.0	8064.4
克拉玛依区	222	2014	10574.9	1286.5	38160.9	25158.8
白碱滩区	27	268	1008.2	264.6	3478.0	3035.0
吐鲁番地区	198	2218	20815.9	3548.8	51628.3	43491.0
吐鲁番市	83	995	9685.4	2609.4	20536.8	15558.5
鄯善县	95	1003	6425.3	782.9	14366.7	8526.1
托克逊县	20	220	4705.2	156.5	16724.8	19406.4
哈密地区	198	2353	17368.6	1995.2	72687.1	59130.8
哈密市	179	2244	15113.3	1768.7	67814.3	55097.0
巴里坤哈萨克自治县	15	75	1449.8	224.6	2475.0	2036.8
伊吾县	4	34	805.5	1.9	2397.8	1997.0
昌吉回族自治州	375	3678	31000.2	1836.7	113342.3	74788.4
昌吉市	210	1877	17200.4	803.7	71644.7	50128.0
阜康市	27	337	2631.2	183.1	7748.6	5065.7
米泉市	56	596	4813.7	423.8	14772.2	6624.7
呼图壁县	18	194	1467.5	57.5	4601.9	3658.2
玛纳斯县	25	301	1921.6	147.3	5921.5	4243.2
奇台县	17	171	1258.6	117.9	4566.5	1975.4
吉木萨尔县	17	128	1361.6	84.9	3440.9	2677.6
木垒哈萨克自治县	5	74	345.6	18.5	646.0	415.6
博尔塔拉蒙古自治州	454	3879	25045.2	2241.9	437228.4	347190.8
博乐市	421	3464	21206.5	1706.8	419790.5	323957.9
精河县	22	279	3053.1	487.5	8251.4	10637.1
温泉县	11	136	785.6	47.6	9186.5	12595.8

6-20 续表 1

单位：万元

指标名称	企业数（个）	年末从业人员数（人）	固定资产原价	本年折旧	资产总计	负债合计
巴音郭楞蒙古自治州	943	9545	65277.1	6005.1	220218.8	159938.1
库尔勒市	764	7188	42798.2	3838.3	153630.2	97982.4
轮台县	31	385	2918.1	242.0	7158.4	7669.6
尉犁县	20	351	3123.4	393.8	9299.9	7712.0
若羌县	9	109	1745.8	126.6	6107.2	4966.3
且末县	15	231	1865.9	271.5	3507.6	2816.9
焉耆回族自治县	40	393	3118.2	168.1	10011.4	8413.0
和静县	38	343	3099.8	220.5	5691.7	3945.4
和硕县	12	303	2841.4	514.9	15261.7	15670.1
博湖县	14	242	3766.3	229.4	9550.7	10762.4
阿克苏地区	422	4087	41898.3	4362.9	237212.4	136932.9
阿克苏市	242	1750	10335.1	626.4	72009.7	44475.6
温宿县	26	399	6334.4	1094.8	22527.9	27725.6
库车县	70	660	7207.5	507.7	28649.4	11168.7
沙雅县	30	460	7754.7	848.1	32497.6	30455.1
新和县	11	136	1512.3	513.0	7381.4	3330.4
拜城县	15	293	3762.5	585.9	11135.6	3343.4
乌什县	7	137	1763.7	25.4	4328.8	2679.0
阿瓦提县	17	200	2849.4	144.0	56994.9	10810.3
柯坪县	4	52	378.7	17.6	1687.1	2944.8
克孜勒苏柯尔克孜自治州	46	795	6877.3	570.1	17044.6	13832.7
阿图什市	31	659	5860.4	372.4	15500.8	13220.4
阿克陶县	4	31	227.0	37.1	340.9	182.2
阿合奇县	5	41	285.1	91.0	272.6	49.9
乌恰县	6	64	504.8	69.6	930.3	380.2
喀什地区	432	6790	81907.6	11432.9	187006.8	155549.6
喀什市	207	2788	31038.6	4120.2	72844.8	56758.5
疏附县	14	233	3458.1	391.0	4203.8	3088.5
疏勒县	12	355	6541.6	1378.1	17284.8	16650.9
英吉沙县	9	320	2316.9	362.0	5586.3	5468.6
泽普县	28	423	5316.7	764.4	22241.4	18579.7
莎车县	41	683	10529.3	1832.2	19905.4	12757.8
叶城县	16	340	3819.6	377.4	5776.3	3192.9
麦盖提县	17	338	7903.2	488.5	17582.5	18127.8
岳普湖县	9	95	1311.1	213.5	2450.7	5715.9
伽师县	31	427	3923.1	538.8	7120.5	4856.9
巴楚县	41	712	5254.7	927.9	11405.9	9991.8
塔什库尔干塔吉克自治县	7	76	494.7	38.9	604.4	360.3

6-20 续表 2

单位：万元

指标名称	企业数（个）	年末从业人员数（人）	固定资产原价	本年折旧	资产总计	负债合计
和田地区	172	2956	26933.2	3715.7	94868.9	95411.9
和田市	70	1145	9134.8	2099.8	24721.6	18182.5
和田县	16	378	1342.0	100.1	4317.9	8591.8
墨玉县	21	430	5296.5	478.0	23919.3	26195.0
皮山县	20	286	2434.6	253.6	13555.4	9059.9
洛浦县	19	152	1686.9	249.0	6084.2	7063.8
策勒县	10	168	2410.9	63.5	9024.4	10407.2
于田县	12	310	3470.4	166.0	11840.7	10229.1
民丰县	4	87	1157.1	305.7	1405.4	5682.6
伊犁哈萨克自治州	568	5520	30656.0	3366.2	141009.2	124478.9
伊宁市	269	2553	9282.7	877.3	46054.7	34449.8
奎屯市	231	2056	8545.0	897.2	38198.0	23654.4
伊宁县	17	263	7684.4	820.7	27369.3	21660.5
察布查尔锡伯自治县	3	73	139.5	36.0	982.4	463.9
霍城县	19	203	1633.3	242.8	11900.8	11687.2
巩留县	2	29	57.7	3.0	112.9	64.4
新源县	5	106	556.5	52.8	2061.0	897.3
昭苏县	7	70	305.0	46.8	651.5	236.1
特克斯县	7	30	203.6	20.4	301.4	71.6
尼勒克县	8	137	2248.3	369.2	13377.2	31293.7
塔城地区	138	1567	15754.4	1817.6	40398.7	40525.1
塔城市	34	350	4674.2	747.7	11559.8	8555.3
乌苏市	35	422	4672.8	483.8	5860.3	3545.7
额敏县	13	194	1262.8	41.4	2917.2	2106.1
沙湾县	29	320	2548.9	361.8	10225.6	7049.4
托里县	7	88	1251.7	74.0	5556.2	9881.4
裕民县	8	55	535.1	44.9	1009.5	472.4
和布克赛尔蒙古自治县	12	138	808.9	64.0	3270.1	8914.8
阿勒泰地区	117	1177	10947.6	1197.0	34135.5	54070.3
阿勒泰市	63	539	3424.3	399.9	9464.8	8153.7
布尔津县	7	95	1107.8	96.2	3459.1	8355.5
富蕴县	9	129	1419.9	311.0	5113.3	9610.8
福海县	9	129	1477.3	248.8	3962.4	5369.3
哈巴河县	12	116	1294.1	47.6	4898.6	15055.4
青河县	7	68	458.5	33.4	1064.5	728.3
吉木乃县	10	101	1765.7	60.1	6172.8	6797.3
生产建设兵团	565	5681	43996.5	3158.3	216450.8	177174.6
石河子市	1	46	269.7	15.5	675.4	762.4

6-20 续表 3　　单位：万元

指标名称	实收资本	营业收入合计	#主营业务收入	主营业务成本	主营业务税金及附加	费用合计
总 计	**1259306.9**	**2972730.2**	**2943343.0**	**2691486.3**	**13473.5**	**429620.3**
乌鲁木齐市	718924.9	1175590.5	1168072.1	1079985.6	6790.3	185104.1
天山区	162886.0	185800.1	183817.1	176414.9	2727.8	60319.1
沙依巴克区	168246.5	269277.2	268221.1	239280.7	1974.2	44017.4
新市区	264001.5	466966.5	462796.1	418361.5	1567.6	57238.2
水磨沟区	110056.5	227982.2	227833.0	223861.0	389.4	19192.1
头屯河区	9657.3	18245.0	18238.7	15852.5	116.5	2457.1
达坂城区	395.1	784.5	784.1	633.1	0.3	159.5
东山区	2731.5	4499.0	4403.7	3930.6	10.0	625.4
乌鲁木齐县	950.5	2036.0	1978.3	1651.3	4.5	1095.3
克拉玛依市	17674.4	74371.5	73326.0	64698.8	443.0	13613.5
独山子区	4094.0	24849.8	24301.5	22449.9	39.9	2755.5
克拉玛依区	11986.9	45213.3	44747.9	39574.8	307.7	9500.0
白碱滩区	1593.5	4308.4	4276.6	2674.1	95.4	1358.0
吐鲁番地区	14541.9	37218.6	36518.5	32109.2	173.1	6006.3
吐鲁番市	6889.6	13953.6	13794.8	12183.2	77.7	2547.5
鄯善县	5801.7	16565.4	16050.9	13817.0	80.2	2830.8
托克逊县	1850.6	6699.6	6672.8	6109.0	15.2	628.0
哈密地区	19260.1	49106.2	47707.1	43098.5	180.3	8001.8
哈密市	17663.3	46656.6	45303.2	40774.4	168.6	7625.1
巴里坤哈萨克自治县	962.6	1425.3	1402.4	1299.1	7.8	222.4
伊吾县	634.2	1024.3	1001.5	1025.0	3.9	154.3
昌吉回族自治州	41562.1	85184.7	83944.1	76461.5	378.3	10939.8
昌吉市	27243.6	39779.1	39065.7	35345.4	192.4	5931.3
阜康市	2340.6	6033.9	5649.9	5202.9	35.0	1188.3
米泉市	6899.0	20048.2	19984.9	18531.0	85.8	1398.9
呼图壁县	1046.8	6035.9	6025.8	5447.8	22.3	873.3
玛纳斯县	1483.2	7123.9	7092.8	6215.9	27.8	743.0
奇台县	1202.3	3184.8	3178.0	3042.4	9.4	252.9
吉木萨尔县	1089.9	2588.8	2556.9	2347.8	2.9	446.3
木垒哈萨克自治县	256.7	390.1	390.1	328.3	2.7	105.8
博尔塔拉蒙古自治州	114630.2	610240.0	609301.3	566697.6	442.1	72490.0
博乐市	112352.1	599958.9	599031.0	557031.5	433.3	66933.6
精河县	1382.9	5987.0	5981.0	5643.6	6.8	3417.8
温泉县	895.2	4294.1	4289.3	4022.5	2.0	2138.6

6-20 续表 4

单位：万元

指标名称	实收资本	营业收入 合 计	#主营业务收入	主营业务成本	主营业务税金及附加	费用合计
巴音郭楞蒙古自治州	60638.8	207457.9	203183.3	180206.6	907.7	28282.1
库尔勒市	46953.8	172018.6	168663.4	150704.2	768.9	20036.5
轮台县	2288.2	6520.6	6105.8	5629.1	40.5	1326.2
尉犁县	1123.7	7286.6	7185.0	6398.3	9.2	982.6
若羌县	1221.7	2261.9	2261.9	1980.0	0.4	709.5
且末县	1613.9	2048.6	2043.5	1548.5	19.8	643.1
焉耆回族自治县	2710.6	4993.2	4924.0	4200.2	18.1	978.9
和静县	2466.5	4160.7	3881.8	3491.4	12.8	623.1
和硕县	927.9	4124.4	4124.4	3701.2	9.2	1430.7
博湖县	1332.5	4043.3	3993.5	2553.7	28.8	1551.5
阿克苏地区	43181.3	158113.2	155133.8	146407.4	471.1	19373.7
阿克苏市	16975.5	43916.5	42164.3	36757.3	331.1	5490.0
温宿县	4322.1	25408.5	25355.5	23834.8	9.7	4615.1
库车县	7314.7	45109.4	44943.8	46412.9	50.8	2747.6
沙雅县	6715.6	14932.2	14377.4	13329.8	31.6	2218.6
新和县	3275.7	4533.7	4205.3	3929.7	27.2	853.0
拜城县	1041.1	5497.8	5454.1	4350.5	13.3	1266.3
乌什县	1100.4	1907.8	1854.2	1614.0	1.6	339.2
阿瓦提县	1973.2	7794.6	7766.5	7366.7	4.5	1645.7
柯坪县	463.0	9012.7	9012.7	8811.7	1.3	198.2
克孜勒苏柯尔克孜自治州	6793.6	14698.5	14546.1	13191.8	121.3	1806.4
阿图什市	5945.7	12385.5	12235.7	11461.6	110.6	1242.6
阿克陶县	114.7	1015.8	1015.8	874.1	4.3	80.0
阿合奇县	195.5	625.9	625.9	348.0	4.2	88.0
乌恰县	537.7	671.3	668.7	508.1	2.2	395.8
喀什地区	60909.8	155136.4	151639.7	125438.6	1971.8	23011.3
喀什市	29403.7	74660.0	73703.0	58613.7	1579.8	8016.2
疏附县	2765.8	4318.2	4318.2	4016.2	31.7	527.0
疏勒县	2316.0	11407.1	11306.3	9744.4	22.9	1868.3
英吉沙县	2176.8	3594.3	3594.3	3044.1	4.9	723.1
泽普县	2568.3	19041.6	18905.1	17169.5	14.1	2039.0
莎车县	4978.8	10397.0	10007.6	8912.3	55.9	1973.5
叶城县	1198.6	9787.7	9593.1	6052.2	53.1	763.9
麦盖提县	5713.2	4951.1	4907.1	4406.2	41.5	2591.6
岳普湖县	1777.9	2603.9	2601.6	2305.5	4.7	1663.7
伽师县	2504.8	6850.1	6850.1	5561.7	69.3	1193.3
巴楚县	5190.9	7209.0	5536.9	5593.4	64.1	1422.0
塔什库尔干塔吉克自治县	315.0	316.4	316.4	19.4	29.8	229.7

6-20 续表 5

单位：万元

指标名称	实收资本	营业收入 合 计	#主营业务 收 入	主营业务 成 本	主营业务 税 金 及附加	费用合计
和田地区	23935.4	52347.0	50517.1	44929.1	185.3	10180.6
和田市	9216.1	22002.6	20619.3	18185.9	69.2	2773.3
和田县	1454.6	3783.6	3768.4	3483.2	14.9	950.4
墨玉县	4633.6	7718.5	7361.6	6401.6	18.3	2239.1
皮山县	3274.1	6086.7	6086.7	5214.0	20.6	1375.3
洛浦县	1978.1	4271.3	4271.3	3942.2	11.9	925.5
策勒县	1408.3	3622.8	3621.2	3661.5	46.7	720.9
于田县	1618.2	3095.8	3025.9	2687.0	3.3	438.3
民丰县	352.4	1765.7	1762.7	1353.7	0.4	757.8
伊犁哈萨克自治州	46192.4	137343.0	136395.7	124239.2	352.3	16092.3
伊宁市	16885.1	58609.7	58201.2	52656.8	224.2	6229.1
奎屯市	17066.0	47335.5	46968.7	42506.2	104.4	4907.6
伊宁县	7464.2	6671.4	6669.2	6354.2	8.2	1516.6
察布查尔锡伯自治县	362.8	1632.2	1632.2	1549.7	2.4	63.7
霍城县	2374.7	14858.2	14837.5	14050.5	5.1	1558.0
巩留县	10.9	218.9	218.9	158.7	1.2	56.2
新源县	1160.0	3733.3	3584.2	3129.9	1.6	358.3
昭苏县	207.2	587.9	587.9	454.9	2.0	102.8
特克斯县	172.0	344.2	344.2	278.5	1.6	103.2
尼勒克县	489.5	3351.7	3351.7	3099.8	1.6	1196.8
塔城地区	11411.1	55356.7	54977.9	48597.1	188.1	10322.0
塔城市	2956.0	11832.8	11707.4	10497.0	65.8	1491.1
乌苏市	2464.6	8756.5	8642.4	6670.6	27.7	1570.9
额敏县	627.0	3480.7	3462.9	2876.1	11.7	541.2
沙湾县	3268.8	23655.6	23537.2	22031.3	50.6	1332.2
托里县	792.8	2626.7	2626.7	2271.0	4.8	2205.6
裕民县	334.2	2679.3	2676.2	2324.9	5.8	347.7
和布克赛尔蒙古自治县	967.7	2325.1	2325.1	1926.2	21.7	2833.3
阿勒泰地区	6629.8	29581.7	29075.1	27057.4	108.6	4866.2
阿勒泰市	3224.1	12222.1	12184.3	10815.6	66.7	1745.5
布尔津县	624.3	2947.9	2946.0	2796.2	3.4	588.8
富蕴县	601.7	3897.9	3825.9	3413.3	3.9	463.8
福海县	594.2	3493.0	3138.1	3007.3	5.5	661.3
哈巴河县	654.4	3254.6	3251.6	3679.6	8.7	717.7
青河县	451.4	1092.1	1092.1	845.5	9.4	234.9
吉木乃县	479.7	2674.1	2637.1	2499.9	11.0	454.2
生产建设兵团	72756.3	130958.3	128979.2	118343.0	760.2	19505.0
石河子市	264.8	26.0	26.0	24.9		25.2

6-20 续表 6

单位：万元

指标名称	营业利润	利润总额	从业人员劳动报酬	劳动失业保险费	全部从业人员年平均人数(人)
总　计	**-68036.7**	**-90459.9**	**151671.9**	**10749.1**	**94893**
乌鲁木齐市	-38105.9	-58789.4	64192.3	5372.8	41253
天山区	-21691.4	-41471.9	26989.9	903.5	9251
沙依巴克区	-5751.1	-5325.6	17341.1	3109.1	11910
新市区	-8152.6	-8309.2	13882.1	766.8	13685
水磨沟区	-1610.1	-2926.2	4639.4	488.3	5084
头屯河区	-171.4	-148.1	939.2	79.7	846
达坂城区	2.6	-10.9	27.5		47
东山区	-43.2	-58.0	226.1	12.4	279
乌鲁木齐县	-688.7	-539.5	147.0	13.0	151
克拉玛依市	-980.2	-1237.4	3285.5	179.7	2967
独山子区	-43.4	33.5	730.1	35.8	714
克拉玛依区	-1413.0	-1163.9	2316.9	121.3	1991
白碱滩区	476.2	-107.0	238.5	22.6	262
吐鲁番地区	-938.2	-1095.1	1950.0	171.5	2202
吐鲁番市	-737.7	-637.1	886.9	84.4	983
鄯善县	-146.1	-388.1	885.8	62.7	988
托克逊县	-54.4	-69.9	177.3	24.4	231
哈密地区	-2168.4	-789.3	2026.6	214.5	2286
哈密市	-1936.5	-626.0	1919.4	194.9	2125
巴里坤哈萨克自治县	-85.1	-58.8	82.0	9.8	127
伊吾县	-146.8	-104.5	25.2	9.8	34
昌吉回族自治州	-2566.9	-1799.1	2968.6	216.6	3687
昌吉市	-2149.1	-1422.1	1533.0	119.3	1915
阜康市	-435.0	-283.5	319.5	16.0	371
米泉市	190.1	106.7	456.4	25.0	535
呼图壁县	83.7	93.1	155.8	13.8	198
玛纳斯县	126.5	60.8	215.7	24.7	279
奇台县	-96.8	-44.9	130.2	7.9	169
吉木萨尔县	-239.6	-260.7	104.9	8.3	146
木垒哈萨克自治县	-46.7	-48.5	53.1	1.6	74
博尔塔拉蒙古自治州	-10426.2	-3668.7	3327.5	314.7	4739
博乐市	-5470.2	119.6	3011.8	252.8	4334
精河县	-3087.1	-2486.5	204.0	42.9	272
温泉县	-1868.9	-1301.8	111.7	19.0	133

6-20 续表 7

单位：万元

指标名称	营业利润	利润总额	从业人员劳动报酬	劳动失业保险费	全部从业人员年平均人数（人）
巴音郭楞蒙古自治州	-435.3	-1948.7	7461.2	751.5	8873
库尔勒市	970.6	187.6	5876.9	445.5	6675
轮台县	205.4	-399.6	284.9	76.3	383
尉犁县	-123.5	-373.7	201.0	19.8	238
若羌县	-366.2	179.0	132.0	20.9	104
且末县	333.8	333.5	99.9	25.5	231
焉耆回族自治县	-81.9	-84.1	216.2	37.2	385
和静县	-229.3	-162.2	217.0	46.1	313
和硕县	-1016.4	-1595.0	225.3	13.5	302
博湖县	-127.8	-34.2	208.0	66.7	242
阿克苏地区	727.6	-2855.3	3978.5	368.5	4209
阿克苏市	2962.6	772.0	1284.4	90.3	1847
温宿县	-1091.2	-190.7	394.0	29.8	399
库车县	1104.3	-934.5	1171.2	50.3	714
沙雅县	-845.9	-551.6	489.1	73.8	469
新和县	-40.9	-41.8	118.7	9.1	121
拜城县	-141.6	-53.3	236.2	50.5	294
乌什县	-47.5	15.7	55.0	27.6	126
阿瓦提县	-1173.7	-1608.7	192.1	32.8	187
柯坪县	1.5	-262.4	37.8	4.3	52
克孜勒苏柯尔克孜自治州	-539.8	-669.5	504.4	55.0	672
阿图什市	-579.1	-576.9	392.7	31.6	534
阿克陶县	84.9	61.9	33.3	4.5	31
阿合奇县	185.7	113.6	23.5	1.6	43
乌恰县	-231.3	-268.1	54.9	17.3	64
喀什地区	5747.9	271.3	47630.2	1170.5	6777
喀什市	7154.3	6895.4	44714.7	279.4	2728
疏附县	-254.4	-233.2	128.6	29.6	231
疏勒县	-311.0	-431.4	275.9	82.2	361
英吉沙县	-177.8	-726.7	143.9	62.6	320
泽普县	-160.2	-322.3	345.9	67.3	423
莎车县	-221.0	-326.1	495.2	88.0	683
叶城县	2723.9	1395.2	228.3	60.7	343
麦盖提县	-2039.8	-2444.5	292.4	82.6	341
岳普湖县	-1245.1	-1595.9	96.7	50.6	95
伽师县	70.8	-175.5	360.0	33.3	456
巴楚县	148.2	-1487.8	487.7	323.8	720
塔什库尔干塔吉克自治县	60.0	-275.9	60.9	10.4	76

6-20 续表 8 单位：万元

指标名称	营业利润	利润总额	从业人员劳动报酬	劳动失业保险费	全部从业人员年平均人数（人）
和田地区	-4245.4	-3648.0	1998.7	381.8	2951
和田市	-224.0	94.2	798.5	77.2	1163
和田县	-630.1	-838.7	84.7	50.3	388
墨玉县	-1156.3	-900.3	347.1	92.7	409
皮山县	-518.0	-428.9	296.4	47.2	285
洛浦县	-576.2	-567.0	158.4	16.2	154
策勒县	-778.6	-522.1	170.8	29.7	168
于田县	-52.6	46.5	95.8	7.5	306
民丰县	-309.6	-531.7	47.0	61.0	78
伊犁哈萨克自治州	-4269.3	-5799.1	4169.2	279.8	6016
伊宁市	-908.9	-673.4	1612.4	93.7	3096
奎屯市	-549.5	-64.2	1595.0	64.7	2015
伊宁县	-1209.8	-154.9	272.7	62.2	266
察布查尔锡伯自治县	16.4	8.1	33.1	4.2	81
霍城县	-776.1	-531.3	220.1	33.6	193
巩留县	2.8	3.0	20.5	2.5	27
新源县	113.2	137.2	104.9	8.0	106
昭苏县	28.2	9.6	34.7	3.7	65
特克斯县	-39.1	-52.0	20.6	0.5	30
尼勒克县	-946.5	-4481.2	255.2	6.7	137
塔城地区	-3589.5	-4197.4	1391.5	146.6	1566
塔城市	-314.0	-393.8	302.3	27.8	349
乌苏市	570.7	583.9	310.0	28.3	426
额敏县	136.0	114.3	209.2	14.7	180
沙湾县	240.0	253.7	277.8	36.9	323
托里县	-1844.3	-2040.9	96.7	15.4	97
裕民县	72.1	13.3	61.4	6.9	56
和布克赛尔蒙古自治县	-2450.0	-2727.9	134.1	16.6	135
阿勒泰地区	-460.4	-240.0	1166.3	200.6	1174
阿勒泰市	-303.2	-113.5	485.7	70.1	538
布尔津县	455.9	-39.7	107.7	18.1	84
富蕴县	45.9	-97.9	139.4	39.3	141
福海县	-265.6	-112.7	140.6	23.2	126
哈巴河县	-1154.4	-129.8	135.1	15.2	117
青河县	13.1	5.3	65.3	34.0	65
吉木乃县	747.9	248.3	92.5	0.7	103
生产建设兵团	-5796.2	-3994.3	5575.4	907.0	5475
石河子市	9.5	0.1	46.0	18.0	46

6-21 其他行业法人附属批发和零售业产业活动单位销售情况

单位：万元

指标名称	产业活动单位数(个)	年末从业人数(人)	销售合计	批发额	零售额
总　　计	**694**	**8588**	**839669.3**	**706892.9**	**132776.4**
一、批发业	**339**	**4923**	**749418.5**	**698848.8**	**50569.7**
1.工业法人	85	1732	259362.4	213034.3	46328.1
2.建筑业法人	12	145	22841.0	21394.0	1447.0
3.房地产业法人	3	9	379.7	379.7	
4.交通运输电信业法人	12	229	36605.4	35871.6	733.8
6.住宿餐饮业法人	6	23	944.7	944.7	
7.服务业法人	23	240	266555.5	266535.5	20.0
8.行政事业单位法人	22	129	3041.9	2951.7	90.2
9.农业法人	176	2416	159687.9	157737.3	1950.6
二、零售业	**355**	**3665**	**90250.8**	**8044.1**	**82206.7**
1.工业法人	166	1389	30637.3	7294.1	23343.2
2.建筑业法人	28	635	2821.6	15.0	2806.6
3.房地产业法人	9	61	483.0	18.7	464.3
4.交通运输电信业法人	39	436	30297.3		30297.3
6.住宿餐饮业法人	19	124	588.0	57.2	530.8
7.服务业法人	19	174	5083.2		5083.2
8.行政事业单位法人	30	141	6795.4		6795.4
9.农业法人	45	705	13545.0	659.1	12885.9

6-22 其他行业法人附属批发和零售业产业活动单位分地区销售情况

单位：万元

指标名称	产业活动单位数（个）	年末从业人数（人）	销售合计	批发额	零售额
总　计	**694**	**8588**	**839669.3**	**706892.9**	**132776.4**
一、批发业	**339**	**4923**	**749418.5**	**698848.8**	**50569.7**
乌鲁木齐市	38	619	315354.3	312481.7	2872.6
克拉玛依市	10	105	5466.7	4445.8	1020.9
吐鲁番地区	8	279	28945.4	637.9	28307.5
哈密地区	4	562	22330.0	7329.5	15000.5
昌吉州	13	177	6373.7	6357.2	16.5
博州	2	5			
巴州	36	161	24686.3	24529.8	156.5
阿克苏地区	36	174	24656.9	23923.5	733.4
克州	3	10	781.4	781.4	
喀什地区	2	46	5.5		5.5
和田地区	20	65	386.8	359.5	27.3
伊犁州	3	17	1263.6	35.0	1228.6
塔城地区	5	23	497.6	429.8	67.8
阿勒泰地区	1	8	301.9	204.9	97.0
生产建设兵团	158	2672	318368.4	317332.8	1035.6
二、零售业	**355**	**3665**	**90250.8**	**8044.1**	**82206.7**
乌鲁木齐市	74	505	30751.6	18.7	30732.9
克拉玛依市	66	970	14212.6	4570.8	9641.8
吐鲁番地区	10	50	1725.0		1725.0
哈密地区	10	31	74.4		74.4
昌吉州	16	152	2177.7	8.4	2169.3
博州	4	15	79.0	57.4	21.6
巴州	37	188	3884.5	227.5	3657.0
阿克苏地区	13	94	7206.0	2427.2	4778.8
克州	1	1	2.0		2.0
喀什地区	39	76	221.0	2.8	218.2
和田地区	9	30	4890.9		4890.9
伊犁州	4	36	145.4		145.4
塔城地区	6	26	335.0		335.0
阿勒泰地区	8	551	1434.5		1434.5
生产建设兵团	58	940	23111.2	731.3	22379.9

6-23 其他行业法人附属批发和零售业产业活动单位分登记注册类型销售情况

单位：万元

指标名称	产业活动单位数（个）	年末从业人数（人）	销售合计	批发额	零售额
总　计	**694**	**8588**	**839669.3**	**706892.9**	**132776.4**
一、批发业	**339**	**4923**	**749418.5**	**698848.8**	**50569.7**
内资企业	338	4902	748950.6	698380.9	50569.7
国有企业	231	3284	512469.6	479210.3	33259.3
集体企业	19	105	909.5	892.9	16.6
股份合作企业	1	8	110.0	100.0	10.0
联营企业	3	17	111.5	111.5	
国有联营企业	1	1	5.0	5.0	
集体联营企业	1	9	106.4	106.4	
其他联营企业	1	7	0.1	0.1	
有限责任公司	35	1223	210527.3	193372.0	17155.3
国有独资公司	5	601	23007.1	7801.5	15205.6
其他有限责任公司	30	622	187520.2	185570.5	1949.7
股份有限公司	2	55	4100.4	4100.4	
私营企业	45	208	20721.1	20592.6	128.5
私营独资企业	7	15	271.5	271.5	
私营合伙企业	2	7	52.0	46.0	6.0
私营有限责任公司	35	185	20397.6	20275.1	122.5
私营股份有限公司	1	1			
其他企业	2	2	1.2	1.2	
外商投资企业	1	21	467.9	467.9	
中外合资经营企业	1	21	467.9	467.9	
二、零售业	**355**	**3665**	**90250.8**	**8044.1**	**82206.7**
内资企业	346	3623	88428.6	8044.1	80384.5
国有企业	166	2008	46827.3	667.5	46159.8
集体企业	35	167	8694.3	60.2	8634.1
股份合作企业	1	13	141.8		141.8
联营企业	5	10	116.2		116.2
国有联营企业	1	6	113.7		113.7
集体联营企业	4	4	2.5		2.5
有限责任公司	66	533	22808.4	7070.2	15738.2
国有独资公司	6	23	71.4		71.4
其他有限责任公司	60	510	22737.0	7070.2	15666.8
股份有限公司	1	10	3002.4		3002.4
私营企业	68	870	6497.1	243.5	6253.6
私营独资企业	17	68	353.1		353.1
私营合伙企业	3	34	176.7		176.7
私营有限责任公司	48	768	5967.3	243.5	5723.8
其他企业	4	12	341.1	2.7	338.4
港、澳、台商投资企业	9	42	1822.2		1822.2
合资经营企业(港或澳、台资)	9	42	1822.2		1822.2

6-24 其他行业法人附属批发和零售业产业活动单位分行业销售情况

单位：万元

指标名称	产业活动单位数（个）	年末从业人数（人）	销售合计	批发额	零售额
总　计	**694**	**8588**	**839669.3**	**706892.9**	**132776.4**
一、批发业	**339**	**4923**	**749418.5**	**698848.8**	**50569.7**
农畜产品批发	53	836	40319.6	40200.1	119.5
谷物、豆及薯类批发	9	150	5882.8	5882.8	
种子、饲料批发	38	562	19086.0	18966.5	119.5
棉、麻批发	3	83	12126.2	12126.2	
其他农畜产品批发	3	41	3224.6	3224.6	
食品、饮料及烟草制品批	22	329	253369.7	253337.0	32.7
糕点、糖果及糖批发	3	10	63.8	63.8	
果品、蔬菜批发	4	70	4366.5	4366.5	
盐及调味品批发	4	26	871.8	856.6	15.2
饮料及茶叶批发	7	181	4648.4	4630.9	17.5
烟草制品批发	2	37	243249.2	243249.2	
其他食品批发	2	5	170.0	170.0	
纺织、服装及日用品批发	5	24	13.4	13.4	
纺织品、针织品及原料批发	2	6	0.4	0.4	
其他日用品批发	3	18	13.0	13.0	
文化、体育用品及器材批发	3	10	6.5		6.5
文具用品批发	1	2			
报刊批发	1	3	6.5		6.5
首饰、工艺品及收藏品批发	1	5			
医药及医疗器材批发	2	15	187.5	187.0	0.5
中药材及中成药批发	1	11	184.9	184.9	
医疗用品及器材批发	1	4	2.6	2.1	0.5
矿产品、建材及化工产品批发	198	3047	427731.8	378868.9	48862.9
煤炭及制品批发	4	464	4002.4	4002.4	
石油及制品批发	16	596	103103.8	71146.9	31956.9
金属及金属矿批发	6	40	2166.6	1914.6	252.0
建材批发	15	179	33013.8	18007.2	15006.6
化肥批发	109	1540	124018.5	122842.0	1176.5
农药批发	42	94	8628.6	8157.7	470.9
其他化工产品批发	6	134	152798.1	152798.1	
机械设备、五金交电及电子产品批发	43	548	22373.8	20826.2	1547.6
农业机械批发	2	14	322.1	322.1	
汽车、摩托车及零配件批发	12	169	7054.4	7022.6	31.8
五金、交电批发	10	42	1815.6	485.2	1330.4
通讯及广播电视设备批发	2	36	356.9	356.9	
其他机械设备及电子产品批发	17	287	12824.8	12639.4	185.4
贸易经纪与代理	1	20			
贸易经纪与代理	1	20			
其他批发	12	94	5416.2	5416.2	
再生物资回收与批发	7	26	2588.7	2588.7	
其他未列明的批发	5	68	2827.5	2827.5	

6-24 续表 1

单位：万元

指标名称	产业活动单位数（个）	年末从业人数（人）	销售合计	批发额	零售额
二、零售业	**355**	**3665**	**90250.8**	**8044.1**	**82206.7**
综合零售	48	1254	11732.5	276.9	11455.6
百货零售	29	1081	10619.9	209.7	10410.2
超级市场零售	6	43	120.6		120.6
其他综合零售	13	130	992.0	67.2	924.8
食品、饮料及烟草制品专门零售	79	446	3826.0	219.2	3606.8
粮油零售	52	330	2367.1		2367.1
糕点、面包零售	13	72	1147.8		1147.8
果品、蔬菜零售	2	6	9.4		9.4
肉、禽、蛋及水产品零售	3	14	3.3		3.3
饮料及茶叶零售	4	13	7.4	2.7	4.7
其他食品零售	5	11	291.0	216.5	74.5
纺织、服装及日用品专门零售	28	111	1926.9	13.8	1913.1
纺织品及针织品零售	12	60	1824.8		1824.8
服装零售	6	38	91.2	11.0	80.2
钟表、眼镜零售	1	1	1.5		1.5
其他日用品零售	9	12	9.4	2.8	6.6
文化、体育用品及器材专门零售	22	108	5249.3		5249.3
文具用品零售	6	31	4444.8		4444.8
图书零售	8	34	499.2		499.2
报刊零售	5	24	265.5		265.5
音像制品及电子出版物零售	1	5	11.1		11.1
工艺美术品及收藏品零售	1	13	27.5		27.5
其他文化用品零售	1	1	1.2		1.2
医药及医疗器材专门零售	2	9	76.4		76.4
药品零售	2	9	76.4		76.4
汽车、摩托车、燃料及零配件专门零售	75	675	41737.2	4996.8	36740.4
汽车零售	5	41	2771.7		2771.7
汽车零配件零售	22	89	1474.3		1474.3
摩托车及零配件零售	1	22	552.0	71.8	480.2
机动车燃料零售	47	523	36939.2	4925.0	32014.2
家用电器及电子产品专门零售	8	32	446.0	16.0	430.0
计算机、软件及辅助设备零售	5	23	365.4	16.0	349.4
通信设备零售	2	7	70.6		70.6
其他电子产品零售	1	2	10.0		10.0
五金、家具及室内装修材料专门零售	46	242	5096.1	94.2	5001.9
五金零售	26	151	1352.8	94.2	1258.6
家具零售	9	30	1256.2		1256.2
涂料零售	3	29	36.0		36.0
其他室内装修材料零售	8	32	2451.1		2451.1
无店铺及其他零售	47	788	20160.4	2427.2	17733.2
流动货摊零售	1	12	2.0		2.0
生活用燃料零售	18	580	15985.8	2427.2	13558.6
花卉零售	3	15	61.8		61.8
旧货零售	1	4			
其他未列明的零售	24	177	4110.8		4110.8

6-25 其他行业法人附属批发和零售业产业活动单位分类商品销售情况

单位：万元

指标名称	销售合计	批发额	零售额
总　计	**839669.3**	**706892.9**	**132776.4**
一、批发业	**749418.5**	**698848.8**	**50569.7**
(1)食品、饮料、烟酒类	256006.2	255940.4	65.8
(2)服装、鞋帽、针纺织品类	205.1	205.1	
(5)日用品类	3	3.0	
(6)五金、电料类	1827.8	556.0	1271.8
(8)书报杂志类	6.5		6.5
(10)家用电器和音像器材类	98.7	98.7	
(11)中西药品类	186.2	185.7	0.5
(14)通讯器材类	323.2	323.2	
(15)煤炭及制品类	4352.8	4352.8	
(16)木材及制品类	112	92.0	20.0
(17)石油及制品类	104085.2	71725.0	32360.2
(18)化工材料及制品类	245677.5	245225.2	452.3
(19)金属材料类	36483.8	21483.8	15000.0
(20)建筑及装潢材料类	10794.9	10685.7	109.2
(21)机电产品及设备类	11952.7	11750.3	202.4
(22)汽车类	7742.2	7578.2	164.0
(23)种子饲料类	22283.1	22050.6	232.5
(24)棉麻类	13667.9	13663.9	4.0
(25)其他类	33609.7	32929.2	680.5
二、零售业	**90250.8**	**8044.1**	**82206.7**
(1)食品、饮料、烟酒类	6362.1	219.2	6142.9
(2)服装、鞋帽、针纺织品类	4847.5	11.0	4836.5
(3)化妆品类	424.6		424.6
(4)金银珠宝类	246		246.0
(5)日用品类	1403.8		1403.8
(6)五金、电料类	1034.6	70.8	963.8
(7)体育、娱乐用品类	155.1		155.1
(8)书报杂志类	539.1		539.1
(9)电子出版物及音像制品类	28.5		28.5
(10)家用电器和音像器材类	1861		1861.0
(11)中西药品类	418		418.0
(12)文化办公用品类	5176.4	16.0	5160.4
(13)家具类	1333.2		1333.2
(14)通讯器材类	125.3		125.3
(15)煤炭及制品类	6068	2427.2	3640.8
(16)木材及制品类	9		9.0
(17)石油及制品类	47519.8	4925.0	42594.8
(18)化工材料及制品类	15	15.0	
(19)金属材料类	605.4	25.4	580.0
(20)建筑及装潢材料类	1692.7		1692.7
(21)机电产品及设备类	1077.7	15.9	1061.8
(22)汽车类	3702.5	15.9	3686.6
(23)种子饲料类	54.4	10.0	44.4
(25)其他类	5551.1	292.7	5258.4

6–26 住宿和餐饮业企业基本情况

指标名称	法人企业 (个)	产业活动单位 (个)	从业人数 (人)
总　计	**953**	**1106**	**47283**
一、住宿业	**610**	**647**	**29006**
#国有及国有控股	267	272	14797
1.按登记注册类型分组			
内资企业	599	634	27168
国有企业	239	253	14273
集体企业	47	51	1364
股份合作企业	9	9	414
联营企业	3	3	98
国有联营企业	2	2	94
国有与集体联营企业	1	1	4
有限责任公司	93	102	4412
国有独资公司	3	3	41
其他有限责任公司	90	99	4371
股份有限公司	6	6	436
私营企业	199	207	6075
私营独资企业	57	58	1154
私营合伙企业	13	14	254
私营有限责任公司	123	129	4420
私营股份有限公司	6	6	247
其他企业	3	3	96
港、澳、台商投资企业	7	8	823
合资经营企业(港或澳、台资)	6	7	776
合作经营企业(港或澳、台资)	1	1	47
外商投资企业	4	5	1015
中外合资经营企业	3	4	573
中外合作经营企业	1	1	442
2.按住宿行业中类分			
旅游饭店	247	267	20445
一般旅馆	321	338	7921
其他住宿服务	42	42	640
3.按星级分组			
五星	8		
四星	17		
三星	95		
二星	101		
一星	14		
其他	375		

6-26 续表 1

指标名称	法人企业(个)	产业活动单位(个)	从业人数(人)
二、餐饮业	**343**	**459**	**18277**
#国有及国有控股	20	53	3808
1.按登记注册类型分组			
内资企业	341	450	16898
国有企业	16	49	3335
集体企业	11	21	594
股份合作企业	1	2	40
联营企业		1	85
国有联营企业		1	85
有限责任公司	27	41	2831
其他有限责任公司	27	41	2831
股份有限公司	1	2	65
私营企业	282	331	9815
私营独资企业	107	110	2693
私营合伙企业	11	11	300
私营有限责任公司	160	205	6696
私营股份有限公司	4	5	126
其他企业	3	3	133
港、澳、台商投资企业		5	731
合资经营企业(港或澳、台资)		4	613
合作经营企业(港或澳、台资)		1	118
外商投资企业	2	4	648
中外合资经营企业	1	3	636
外资企业	1	1	12
2.按餐饮行业中类分组			
正餐服务	273	361	16223
快餐服务	39	61	1325
饮料及冷饮服务	7	11	91
其他餐饮服务	24	26	638

6-27 限额以上住宿和餐饮业企业基本情况

指标名称	法人企业（个）	产业活动单位（个）	从业人数（人）
总　计	**300**	**404**	**32522**
一、住宿业	**235**	**253**	**20791**
#国有及国有控股	124	126	11066
1.按登记注册类型分组			
内资企业	226	242	19019
国有企业	117	127	10932
集体企业	9	9	770
股份合作企业	3	3	269
联营企业	1	1	55
国有联营企业	1	1	55
有限责任公司	41	45	3065
国有独资公司	1	1	20
其他有限责任公司	40	44	3045
股份有限公司	5	5	431
私营企业	49	51	3426
私营独资企业	10	11	475
私营合伙企业	2	2	141
私营有限责任公司	33	34	2587
私营股份有限公司	4	4	223
其他企业	1	1	71
港、澳、台商投资企业	6	7	785
合资经营企业(港或澳、台资)	5	6	738
合作经营企业(港或澳、台资)	1	1	47
外商投资企业	3	4	987
中外合资经营企业	2	3	545
中外合作经营企业	1	1	442
2.按住宿行业中类分			
旅游饭店	208	223	19313
一般旅馆	24	27	1418
其他住宿服务	3	3	60
3.按星级分组			
五星	8		
四星	17		
三星	95		
二星	101		
一星	14		

6-27 续表 1

单位：个

指标名称	法人企业（个）	产业活动单位（个）	从业人数（人）
二、餐饮业	**65**	**151**	**11731**
#国有及国有控股	5	35	3246
1.按登记注册类型分组			
内资企业	64	143	10364
国有企业	2	31	2773
集体企业	1	5	333
联营企业		1	85
国有联营企业		1	85
有限责任公司	8	18	2125
其他有限责任公司	8	18	2125
股份有限公司		1	57
私营企业	52	86	4911
私营独资企业	11	12	984
私营合伙企业	1	1	81
私营有限责任公司	40	73	3846
其他企业	1	1	80
港、澳、台商投资企业		5	731
合资经营企业(港或澳、台资)		4	613
合作经营企业(港或澳、台资)		1	118
外商投资企业	1	3	636
中外合资经营企业	1	3	636
2.按餐饮行业中类分组			
正餐服务	62	132	11315
快餐服务	3	17	408
饮料及冷饮服务		1	2
其他餐饮服务		1	6

6-28 限额以下住宿和餐饮业企业基本情况

指标名称	法人企业(个)	产业活动单位(个)	从业人数(人)
总　计	**653**	**702**	**14761**
一、住宿业	**375**	**394**	**8215**
#国有及国有控股	143	146	3731
1.按登记注册类型分组			
内资企业	373	392	8149
国有企业	122	126	3341
集体企业	38	42	594
股份合作企业	6	6	145
联营企业	2	2	43
国有联营企业	1	1	39
国有与集体联营企业	1	1	4
有限责任公司	52	57	1347
国有独资公司	2	2	21
其他有限责任公司	50	55	1326
股份有限公司	1	1	5
私营企业	150	156	2649
私营独资企业	47	47	679
私营合伙企业	11	12	113
私营有限责任公司	90	95	1833
私营股份有限公司	2	2	24
其他企业	2	2	25
港、澳、台商投资企业	1	1	38
合资经营企业(港或澳、台资)	1	1	38
外商投资企业	1	1	28
中外合资经营企业	1	1	28
2.按住宿行业中类分			
旅游饭店	39	44	1132
一般旅馆	297	311	6503
其他住宿服务	39	39	580
3.按星级分组			
其他	375		
二、餐饮业	**278**	**308**	**6546**
#国有及国有控股	15	18	562
1.按登记注册类型分组			
内资企业	277	307	6534
国有企业	14	18	562
集体企业	10	16	261
股份合作企业	1	2	40
有限责任公司	19	23	706
其他有限责任公司	19	23	706
股份有限公司	1	1	8
私营企业	230	245	4904
私营独资企业	96	98	1709
私营合伙企业	10	10	219
私营有限责任公司	120	132	2850
私营股份有限公司	4	5	126
其他企业	2	2	53
外商投资企业	1	1	12
外资企业	1	1	12
2.按餐饮行业中类分组			
正餐服务	211	229	4908
快餐服务	36	44	917
饮料及冷饮服务	7	10	89
其他餐饮服务	24	25	632

6-29 住宿和餐饮业企业主要经营情况

单位：万元

指标名称	营业额	客房收入	餐费收入	商品销售收入
总　计	**291818.2**	**109941.8**	**147725.6**	**9231.4**
一、住宿业	**226626.0**	**107038.4**	**88738.6**	**7067.4**
#国有及国有控股	133579.3	60231.2	52110.0	5210.3
1.按登记注册类型分组				
内资企业	200278.2	94841.3	77713.1	6657.7
国有企业	115838.2	52960.7	44673.3	4700.1
集体企业	8621.4	4266.9	2827.8	26.7
股份合作企业	1999.9	1318.2	573.0	
联营企业	976.5	591.5	354.1	0.9
国有联营企业	972.3	587.5	353.9	0.9
国有与集体联营企业	4.2	4.0	0.2	
有限责任公司	38164.5	17881.8	15773.1	1276.1
国有独资公司	180.4	101.8	78.6	
其他有限责任公司	37984.1	17780.0	15694.5	1276.1
股份有限公司	3939.2	1689.8	1717.2	49.8
私营企业	30665.5	16073.8	11780.2	604.1
私营独资企业	3742.3	1907.8	1655.1	79.0
私营合伙企业	1954.4	726.9	1193.7	11.2
私营有限责任公司	23713.7	12770.0	8354.4	510.9
私营股份有限公司	1255.1	669.1	577.0	3.0
其他企业	73.0	58.6	14.4	
港、澳、台商投资企业	16895.6	7842.3	6907.5	284.7
合资经营企业(港或澳、台资)	16138.6	7351.3	6696.6	284.7
合作经营企业(港或澳、台资)	757.0	491.0	210.9	
外商投资企业	9452.2	4354.8	4118.0	125.0
中外合资经营企业	6740.0	3181.8	2925.4	
中外合作经营企业	2712.2	1173.0	1192.6	125.0
2.按住宿行业中类分				
旅游饭店	190647.3	84424.1	80113.9	5314.8
一般旅馆	31676.3	19113.6	8093.0	1691.5
其他住宿服务	4302.4	3500.7	531.7	61.1
3.按星级分组				
五星	46849.3	13363.8	24405.1	2009.3
四星	39408.5	16607.3	14647.1	1112.6
三星	73005.3	37966.4	29017.0	1491.1
二星	21918.1	13021.5	7138.8	508.6
一星	4823.5	1980.1	2237.2	56.3
其他	40621.3	24099.3	11293.4	1889.5

6-29 续表 1

单位：万元

指标名称	营业额	客房收入	餐费收入	商品销售收入
二、餐饮业	**65192.2**	**2903.4**	**58987.0**	**2164.0**
#国有及国有控股	4268.8	699.3	3151.9	290.8
1.按登记注册类型分组				
内资企业	64345.8	2903.4	58140.6	2164.0
国有企业	2388.6	683.3	1294.7	283.8
集体企业	886.3	249.2	617.7	19.4
有限责任公司	6746.4	898.6	5373.2	136.9
其他有限责任公司	6746.4	898.6	5373.2	136.9
股份有限公司	1.7	0.5	0.9	0.1
私营企业	53440.8	1060.1	50095.3	1723.8
私营独资企业	12079.7	283.0	10897.1	710.9
私营合伙企业	1556.8	230.1	1078.3	201.0
私营有限责任公司	39601.2	547.0	37916.8	811.9
私营股份有限公司	203.1		203.1	
外商投资企业	846.4		846.4	
中外合资经营企业	800.5		800.5	
外资企业	45.9		45.9	
2.按餐饮行业中类分组				
正餐服务	60039.8	2850.4	54044.1	2095.1
快餐服务	4097.2	6.4	4030.0	23.9
饮料及冷饮服务	116.3		92.9	15.0
其他餐饮服务	938.9	46.6	820.0	30.0

6-30 限额以上住宿和餐饮业企业主要经营情况

单位：万元

指标名称	营业额	客房收入	餐费收入	商品销售收入
总　计	**233611.6**	**84441.1**	**121567.7**	**6609.0**
一、住宿业	**186004.7**	**82939.1**	**77445.2**	**5177.9**
#国有及国有控股	116646.0	49748.7	49388.8	3775.2
1.按登记注册类型分组				
内资企业	159859.5	70917.9	66419.7	4768.2
国有企业	101435.1	43578.9	42433.9	3310.9
集体企业	7118.2	3202.9	2694.4	26.1
股份合作企业	1458.5	1055.6	318.3	
联营企业	891.6	506.8	353.9	0.9
国有联营企业	891.6	506.8	353.9	0.9
有限责任公司	23225.2	10008.4	9957.0	866.5
国有独资公司	69.5	34.9	34.6	
其他有限责任公司	23155.7	9973.5	9922.4	866.5
股份有限公司	3939.2	1689.8	1717.2	49.8
私营企业	21772.7	10870.9	8930.6	514.0
私营独资企业	1722.3	790.6	816.5	57.4
私营合伙企业	877.7	452.8	391.5	10.8
私营有限责任公司	17988.6	9029.0	7145.6	442.8
私营股份有限公司	1184.1	598.5	577.0	3.0
其他企业	19.0	4.6	14.4	
港、澳、台商投资企业	16719.1	7692.5	6907.5	284.7
合资经营企业(港或澳、台资)	15962.1	7201.5	6696.6	284.7
合作经营企业(港或澳、台资)	757.0	491.0	210.9	
外商投资企业	9426.1	4328.7	4118.0	125.0
中外合资经营企业	6713.9	3155.7	2925.4	
中外合作经营企业	2712.2	1173.0	1192.6	125.0
2.按住宿行业中类分				
旅游饭店	176524.0	77322.0	74434.2	4969.8
一般旅馆	7455.8	3831.0	2797.2	183.1
其他住宿服务	2024.9	1786.1	213.8	25.0
3.按星级分组				
五星	46849.3	13363.8	24405.1	2009.3
四星	39408.5	16607.3	14647.1	1112.6
三星	73005.3	37966.4	29017.0	1491.1
二星	21918.1	13021.5	7138.8	508.6
一星	4823.5	1980.1	2237.2	56.3
二、餐饮业	**47606.9**	**1502.0**	**44122.5**	**1431.1**
#国有及国有控股	3215.1	435.7	2437.4	249.3
1.按登记注册类型分组				
内资企业	46806.4	1502.0	43322.0	1431.1
国有企业	1388.1	435.7	610.4	249.3
集体企业	247.6		247.6	
有限责任公司	5259.5	760.7	4052.1	125.5
其他有限责任公司	5259.5	760.7	4052.1	125.5
私营企业	39170.2	305.6	37670.9	1056.3
私营独资企业	5672.5	4.0	5468.5	200.0
私营合伙企业	909.2	188.7	477.1	201.0
私营有限责任公司	32588.5	112.9	31725.3	655.3
其他企业	741.0		741.0	
外商投资企业	800.5		800.5	
中外合资经营企业	800.5		800.5	
2.按餐饮行业中类分组				
正餐服务	45852.9	1502.0	42368.5	1431.1
快餐服务	1754.0		1754.0	

6-31 限额以下住宿和餐饮业企业主要经营情况

单位：万元

指标名称	营业额	客房收入	餐费收入	商品销售收入
总　计	**58206.6**	**25500.7**	**26157.9**	**2622.4**
一、住宿业	**40621.3**	**24099.3**	**11293.4**	**1889.5**
#国有及国有控股	16933.3	10482.5	2721.2	1435.1
1.按登记注册类型分组				
内资企业	40418.7	23923.4	11293.4	1889.5
国有企业	14403.1	9381.8	2239.4	1389.2
集体企业	1503.2	1064.0	133.4	0.6
股份合作企业	541.4	262.6	254.7	
联营企业	84.9	84.7	0.2	
国有联营企业	80.7	80.7		
国有与集体联营企业	4.2	4.0	0.2	
有限责任公司	14939.3	7873.4	5816.1	409.6
国有独资公司	110.9	66.9	44.0	
其他有限责任公司	14828.4	7806.5	5772.1	409.6
私营企业	8892.8	5202.9	2849.6	90.1
私营独资企业	2020.0	1117.2	838.6	21.6
私营合伙企业	1076.7	274.1	802.2	0.4
私营有限责任公司	5725.1	3741.0	1208.8	68.1
私营股份有限公司	71.0	70.6		
其他企业	54.0	54.0		
港、澳、台商投资企业	176.5	149.8		
合资经营企业(港或澳、台资)	176.5	149.8		
外商投资企业	26.1	26.1		
中外合资经营企业	26.1	26.1		
2.按住宿行业中类分				
旅游饭店	14123.3	7102.1	5679.7	345.0
一般旅馆	24220.5	15282.6	5295.8	1508.4
其他住宿服务	2277.5	1714.6	317.9	36.1
3.按星级分组				
其他	40621.3	24099.3	11293.4	1889.5
二、餐饮业	**17585.3**	**1401.4**	**14864.5**	**732.9**
#国有及国有控股	1053.7	263.6	714.5	41.5
1.按登记注册类型分组				
内资企业	17539.4	1401.4	14818.6	732.9
国有企业	1000.5	247.6	684.3	34.5
集体企业	638.7	249.2	370.1	19.4
有限责任公司	1486.9	137.9	1321.1	11.4
其他有限责任公司	1486.9	137.9	1321.1	11.4
股份有限公司	1.7	0.5	0.9	0.1
私营企业	14270.6	754.5	12424.4	667.5
私营独资企业	6407.2	279.0	5428.6	510.9
私营合伙企业	647.6	41.4	601.2	
私营有限责任公司	7012.7	434.1	6191.5	156.6
私营股份有限公司	203.1		203.1	
其他企业	141.0	11.7	17.8	
外商投资企业	45.9		45.9	
外资企业	45.9		45.9	
2.按餐饮行业中类分组				
正餐服务	14186.9	1348.4	11675.6	664.0
快餐服务	2343.2	6.4	2276.0	23.9
饮料及冷饮服务	116.3		92.9	15.0
其他餐饮服务	938.9	46.6	820.0	30.0

6–32 各地、州、市、县（市）住宿和餐饮业经营状况

单位：万元

指标名称	法人企业（个）	产业活动单位数（个）	从业人数（人）	营业额	客房收入	餐费收入	商品销售收入
总　计	**953**	**1106**	**47283**	**291818.2**	**109941.8**	**147725.6**	**9231.4**
乌鲁木齐市	312	403	22537	166072.2	52003.0	91983.6	4243.0
天山区	99	136	8729	57061.6	21469.5	26547.6	802.1
沙依巴克区	112	140	7996	70416.0	20219.9	41522.8	1797.4
新市区	49	69	3864	27623.0	8164.2	15606.1	1619.2
水磨沟区	43	47	1829	10373.1	1822.7	8057.4	17.3
头屯河区	3	3	11	3.5	3.5		
达坂城区	1	1	17	38.0	20.0	18.0	
东山区	4	6	41	72.4	28.6	33.4	7.0
乌鲁木齐县	1	1	50	484.6	274.6	198.3	
克拉玛依市	17	18	827	4051.8	1223.8	2236.8	340.0
独山子区	4	4	206	896.7	431.9	432.3	1.9
克拉玛依区	13	14	621	3155.1	791.9	1804.5	338.1
吐鲁番地区	31	40	1370	5723.3	2776.1	2580.7	75.1
吐鲁番市	18	24	791	3689.7	1932.2	1514.3	57.4
鄯善县	10	13	511	1810.4	767.2	926.9	17.7
托克逊县	3	3	68	223.2	76.7	139.5	
哈密地区	28	31	1050	4982.2	1828.3	2508.7	187.3
哈密市	24	27	925	4546.7	1659.4	2287.8	141.6
巴里坤哈萨克自治县	3	3	65	199.0	96.2	102.8	
伊吾县	1	1	60	236.5	72.7	118.1	45.7
昌吉回族自治州	73	76	2044	8218.8	2548.0	4675.5	573.2
昌吉市	34	34	1217	4735.0	1402.5	2715.5	275.8
阜康市	7	7	141	653.8	191.6	442.8	19.2
米泉市	7	7	274	1569.5	392.6	853.6	268.2
呼图壁县	3	4	107	501.1	189.1	298.5	10.0
玛纳斯县	11	12	174	418.8	167.2	251.6	
奇台县	5	6	76	205.5	98.8	102.5	
吉木萨尔县	5	5	45	105.1	76.2	11.0	
木垒哈萨克自治县	1	1	10	30.0	30.0		
博尔塔拉蒙古自治州	20	24	706	3108.1	1293.4	1394.2	175.0
博乐市	14	14	497	2621.9	1126.9	1107.6	148.6
精河县	4	8	85	387.8	143.1	215.6	26.4
温泉县	2	2	124	98.4	23.4	71.0	
巴音郭楞蒙古自治州	90	101	3870	18019.6	7551.0	8688.1	722.0
库尔勒市	57	64	3047	14988.4	6013.4	7284.6	705.0
轮台县	9	10	287	1409.6	686.4	673.5	
尉犁县	1	1	70	219.2	104.5	102.3	11.8
若羌县	1	2	38	132.1	67.1	65.0	
且末县	2	2	114	302.7	176.2	121.4	0.7
焉耆回族自治县	3	3	61	245.6	135.4	99.2	0.1
和静县	7	9	126	219.3	162.6	49.8	1.4
和硕县	9	9	105	460.1	164.8	292.3	3.0
博湖县	1	1	22	42.6	40.6		
阿克苏地区	43	51	1571	8269.7	5951.2	1730.4	131.1
阿克苏市	19	19	845	5120.0	3983.5	805.6	0.8
温宿县	2	2	29	91.3	41.0	50.0	
库车县	5	5	168	1507.2	1050.8	294.0	93.4
沙雅县	4	12	109	519.2	342.6	127.9	1.0
新和县	3	3	180	286.9	113.7	160.2	12.0
拜城县	3	3	107	367.3	193.0	161.6	3.8
乌什县	1	1	45	96.8	37.6	59.2	
阿瓦提县	4	4	65	241.8	153.6	68.1	20.1
柯坪县	2	2	23	39.2	35.4	3.8	

6-32 续表 1　　单位：万元

指标名称	法人企业（个）	产业活动单位数（个）	从业人数（人）	营业额	客房收入	餐费收入	商品销售收入
克孜勒苏柯尔克孜自治州	4	4	139	380.9	157.2	216.6	
阿图什市	4	4	139	380.9	157.2	216.6	
喀什地区	79	88	2497	18330.4	8859.9	9192.9	51.9
喀什市	52	58	1990	17102.5	8419.3	8431.2	51.9
疏附县	1	1	13				
英吉沙县	4	5	97	250.8	50.6	200.2	
泽普县	3	3	43	188.1	75.3	112.0	
莎车县	6	8	214	550.8	244.1	288.4	
叶城县	1	1	8	20.0	18.0	2.0	
麦盖提县	3	3	48	89.3		89.3	
岳普湖县	3	3	38	77.9	32.1	45.8	
伽师县	4	4	29	51.0	20.5	24.0	
塔什库尔干塔吉克自治县	2	2	17				
和田地区	25	27	693	2332.1	1585.4	650.5	10.4
和田市	17	17	581	1840.6	1390.2	365.2	
皮山县	2	2	20	70.3	69.9		
洛浦县	1	2	28	134.7	20.8	113.9	
策勒县	1	2	15	56.5	10.0	46.5	
于田县	2	2	31	154.9	47.1	97.4	10.4
民丰县	2	2	18	75.1	47.4	27.5	
伊犁哈萨克自治州	73	73	3415	16430.5	7606.0	6964.8	431.7
伊宁市	32	32	1936	10161.4	4544.7	4224.2	289.0
奎屯市	20	20	903	4150.0	2180.2	1584.0	88.9
伊宁县	1	1	45	263.7	36.7	220.8	
察布查尔锡伯自治县	5	5	127	493.8	27.1	424.7	41.3
霍城县	4	4	128	515.8	333.8	176.4	
新源县	2	2	69	410.8	212.9	188.8	
昭苏县	6	6	127	330.7	196.0	116.2	12.5
特克斯县	1	1	19	51.9	33.6	18.3	
尼勒克县	2	2	61	52.4	41.0	11.4	
塔城地区	30	30	799	2938.4	1117.4	1642.2	103.0
塔城市	6	6	249	864.1	282.2	514.2	50.8
乌苏市	5	5	145	494.2	248.0	243.0	
额敏县	2	2	50	266.8	133.3	133.5	
沙湾县	8	8	224	721.7	284.0	366.1	42.1
托里县	3	3	40	100.0	18.0	82.0	
裕民县	2	2	24	149.8	30.4	84.6	10.1
和布克赛尔蒙古自治县	4	4	67	341.8	121.5	218.8	
阿勒泰地区	31	31	808	5109.3	2252.3	1782.8	211.9
阿勒泰市	9	9	309	1766.8	869.0	727.9	106.3
布尔津县	12	12	268	2531.1	1017.2	685.6	51.1
富蕴县	3	3	48	194.8	111.4	62.7	15.6
福海县	1	1	47	177.7	65.4	92.5	15.6
哈巴河县	4	4	79	161.1	81.9	69.1	0.7
青河县	1	1	40	151.3	80.2	58.8	10.6
吉木乃县	1	1	17	126.5	27.2	86.2	12.0
生产建设兵团	97	109	4957	27850.9	13188.8	11477.8	1975.8

6-33 各地、州、市、县（市)限额以上住宿和餐饮业经营状况

单位：万元

指标名称	法人企业（个）	产业活动单位数（个）	从业人数（人）	营业额	客房收入	餐费收入	商品销售收入
总计	**300**	**404**	**32522**	**233611.6**	**84441.1**	**121567.7**	**6609.0**
乌鲁木齐市	113	181	17173	149930.5	44674.6	85059.8	3897.1
天山区	36	63	7012	51250.2	19832.2	23024.4	778.9
沙依巴克区	46	70	6030	64089.9	15996.9	40248.2	1735.4
新市区	23	40	3061	26001.2	7329.0	15091.4	1380.0
水磨沟区	7	7	1020	8104.6	1241.9	6497.5	2.8
乌鲁木齐县	1	1	50	484.6	274.6	198.3	
克拉玛依市	6	7	593	3124.1	973.9	1712.7	221.1
独山子区	3	3	204	895.7	430.9	432.3	1.9
克拉玛依区	3	4	389	2228.4	543.0	1280.4	219.2
吐鲁番地区	12	21	931	4264.0	2270.1	1730.3	20.1
吐鲁番市	7	13	535	2770.5	1590.7	1002.2	2.4
鄯善县	5	8	396	1493.5	679.4	728.1	17.7
哈密地区	10	10	699	3949.1	1548.1	2086.0	136.4
哈密市	8	8	584	3563.0	1428.6	1865.1	90.7
巴里坤哈萨克自治县	1	1	55	149.6	46.8	102.8	
伊吾县	1	1	60	236.5	72.7	118.1	45.7
昌吉回族自治州	16	16	1065	5129.2	1719.5	2603.0	486.6
昌吉市	10	10	762	3445.0	1088.0	1821.8	266.8
阜康市	2	2	56	202.8	97.3	86.5	18.8
米泉市	1	1	81	909.2	188.7	477.1	201.0
呼图壁县	1	1	56	241.7	135.1	103.1	
玛纳斯县	1	1	85	257.7	150.2	107.5	
吉木萨尔县	1	1	25	72.8	60.2	7.0	
博尔塔拉蒙古自治州	7	11	437	2359.3	952.7	1065.3	145.0
博乐市	5	5	365	1985.0	823.1	849.7	118.6
精河县	2	6	72	374.3	129.6	215.6	26.4
巴音郭楞蒙古自治州	25	31	2554	13729.4	5480.2	6934.1	612.9
库尔勒市	16	19	1982	11454.3	4235.0	5970.8	595.9
轮台县	2	2	205	1095.5	573.8	493.5	
尉犁县	1	1	70	219.2	104.5	102.3	11.8
若羌县	1	2	38	132.1	67.1	65.0	
且末县	1	1	103	302.7	176.2	121.4	0.7
焉耆回族自治县	1	1	46	227.0	134.4	81.6	0.1
和静县	1	3	63	159.1	127.7	24.5	1.4
和硕县	2	2	47	139.5	61.5	75.0	3.0

6-33 续表 1 单位：万元

指标名称	法人企业（个）	产业活动单位数（个）	从业人数（人）	营业额	客房收入	餐费收入	商品销售收入
阿克苏地区	17	19	988	6703.4	4743.2	1374.9	130.1
阿克苏市	8	8	522	4153.3	3196.8	625.6	0.8
库车县	3	3	140	1415.9	959.5	294.0	93.4
沙雅县	1	3	38	326.7	180.0	100.0	
新和县	2	2	125	267.5	100.8	154.2	12.0
拜城县	1	1	75	265.5	179.0	73.8	3.8
乌什县	1	1	45	96.8	37.6	59.2	
阿瓦提县	1	1	43	177.7	89.5	68.1	20.1
克孜勒苏柯尔克孜自治州	2	2	115	356.5	143.1	207.3	
阿图什市	2	2	115	356.5	143.1	207.3	
喀什地区	12	15	962	4542.5	2599.3	1806.6	
喀什市	9	12	867	4249.7	2462.2	1664.2	
莎车县	1	1	78	292.8	137.1	142.4	
塔什库尔干塔吉克自治县	2	2	17				
和田地区	1	1	77	285.5	228.9		
和田市	1	1	77	285.5	228.9		
伊犁哈萨克自治州	29	29	2347	13299.1	6563.4	5202.9	348.8
伊宁市	16	16	1467	8771.5	4063.6	3524.1	273.3
奎屯市	6	6	624	3374.3	1956.9	1081.2	74.7
伊宁县	1	1	45	263.7	36.7	220.8	
察布查尔锡伯自治县	1	1	20	103.5	4.6	97.9	0.8
霍城县	3	3	111	504.3	327.4	171.3	
新源县	1	1	61	229.9	140.6	89.3	
特克斯县	1	1	19	51.9	33.6	18.3	
塔城地区	9	9	493	1806.9	675.4	976.4	93.8
塔城市	3	3	190	656.3	277.2	318.4	43.8
乌苏市	2	2	105	402.6	188.1	211.3	
沙湾县	2	2	129	390.6	127.6	208.1	39.9
裕民县	1	1	21	143.8	24.4	84.6	10.1
和布克赛尔蒙古自治县	1	1	48	213.6	58.1	154.0	
阿勒泰地区	16	16	615	3110.9	1631.1	1153.1	174.0
阿勒泰市	3	3	231	1394.8	707.5	567.7	70.1
布尔津县	5	5	177	982.7	591.5	260.1	49.4
富蕴县	3	3	48	194.8	111.4	62.7	15.6
福海县	1	1	47	177.7	65.4	92.5	15.6
哈巴河县	2	2	55	83.1	47.9	25.1	0.7
青河县	1	1	40	151.3	80.2	58.8	10.6
吉木乃县	1	1	17	126.5	27.2	86.2	12.0
生产建设兵团	25	36	3473	21021.2	10237.6	9655.3	343.1

6-34 各地、州、市、县(市)限额以下住宿和餐饮业经营状况

单位：万元

指标名称	法人企业（个）	产业活动单位数（个）	从业人数（人）	营业额	客房收入	餐费收入	商品销售收入
总　计	**653**	**702**	**14761**	**58206.6**	**25500.7**	**26157.9**	**2622.4**
乌鲁木齐市	199	222	5364	16141.7	7328.4	6923.8	345.9
天山区	63	73	1717	5811.4	1637.3	3523.2	23.2
沙依巴克区	66	70	1966	6326.1	4223.0	1274.6	62.0
新市区	26	29	803	1621.8	835.2	514.7	239.2
水磨沟区	36	40	809	2268.5	580.8	1559.9	14.5
头屯河区	3	3	11	3.5	3.5		
达坂城区	1	1	17	38.0	20.0	18.0	
东山区	4	6	41	72.4	28.6	33.4	7.0
克拉玛依市	11	11	234	927.7	249.9	524.1	118.9
独山子区	1	1	2	1.0	1.0		
克拉玛依区	10	10	232	926.7	248.9	524.1	118.9
吐鲁番地区	19	19	439	1459.3	506.0	850.4	55.0
吐鲁番市	11	11	256	919.2	341.5	512.1	55.0
鄯善县	5	5	115	316.9	87.8	198.8	
托克逊县	3	3	68	223.2	76.7	139.5	
哈密地区	18	21	351	1033.1	280.2	422.7	50.9
哈密市	16	19	341	983.7	230.8	422.7	50.9
巴里坤哈萨克自治县	2	2	10	49.4	49.4		
昌吉回族自治州	57	60	979	3089.6	828.5	2072.5	86.6
昌吉市	24	24	455	1290.0	314.5	893.7	9.0
阜康市	5	5	85	451.0	94.3	356.3	0.4
米泉市	6	6	193	660.3	203.9	376.5	67.2
呼图壁县	2	3	51	259.4	54.0	195.4	10.0
玛纳斯县	10	11	89	161.1	17.0	144.1	
奇台县	5	6	76	205.5	98.8	102.5	
吉木萨尔县	4	4	20	32.3	16.0	4.0	
木垒哈萨克自治县	1	1	10	30.0	30.0		
博尔塔拉蒙古自治州	13	13	269	748.8	340.7	328.9	30.0
博乐市	9	9	132	636.9	303.8	257.9	30.0
精河县	2	2	13	13.5	13.5		
温泉县	2	2	124	98.4	23.4	71.0	
巴音郭楞蒙古自治州	65	70	1316	4290.2	2070.8	1754.0	109.1
库尔勒市	41	45	1065	3534.1	1778.4	1313.8	109.1
轮台县	7	8	82	314.1	112.6	180.0	
且末县	1	1	11				
焉耆回族自治县	2	2	15	18.6	1.0	17.6	
和静县	6	6	63	60.2	34.9	25.3	
和硕县	7	7	58	320.6	103.3	217.3	
博湖县	1	1	22	42.6	40.6		

6-34 续表 1

单位：万元

指标名称	法人企业（个）	产业活动单位数（个）	从业人数（人）	营业额	客房收入	餐费收入	商品销售收入
阿克苏地区	26	32	583	1566.3	1208.0	355.5	1.0
阿克苏市	11	11	323	966.7	786.7	180.0	
温宿县	2	2	29	91.3	41.0	50.0	
库车县	2	2	28	91.3	91.3		
沙雅县	3	9	71	192.5	162.6	27.9	1.0
新和县	1	1	55	19.4	12.9	6.0	
拜城县	2	2	32	101.8	14.0	87.8	
阿瓦提县	3	3	22	64.1	64.1		
柯坪县	2	2	23	39.2	35.4	3.8	
克孜勒苏柯尔克孜自治州	2	2	24	24.4	14.1	9.3	
阿图什市	2	2	24	24.4	14.1	9.3	
喀什地区	67	73	1535	13787.9	6260.6	7386.3	51.9
喀什市	43	46	1123	12852.8	5957.1	6767.0	51.9
疏附县	1	1	13				
英吉沙县	4	5	97	250.8	50.6	200.2	
泽普县	3	3	43	188.1	75.3	112.0	
莎车县	5	7	136	258.0	107.0	146.0	
叶城县	1	1	8	20.0	18.0	2.0	
麦盖提县	3	3	48	89.3		89.3	
岳普湖县	3	3	38	77.9	32.1	45.8	
伽师县	4	4	29	51.0	20.5	24.0	
和田地区	24	26	616	2046.6	1356.5	650.5	10.4
和田市	16	16	504	1555.1	1161.3	365.2	
皮山县	2	2	20	70.3	69.9		
洛浦县	1	2	28	134.7	20.8	113.9	
策勒县	1	2	15	56.5	10.0	46.5	
于田县	2	2	31	154.9	47.1	97.4	10.4
民丰县	2	2	18	75.1	47.4	27.5	
伊犁哈萨克自治州	44	44	1068	3131.4	1042.6	1761.9	82.9
伊宁市	16	16	469	1389.9	481.1	700.1	15.7
奎屯市	14	14	279	775.7	223.3	502.8	14.2
察布查尔锡伯自治县	4	4	107	390.3	22.5	326.8	40.5
霍城县	1	1	17	11.5	6.4	5.1	
新源县	1	1	8	180.9	72.3	99.5	
昭苏县	6	6	127	330.7	196.0	116.2	12.5
尼勒克县	2	2	61	52.4	41.0	11.4	
塔城地区	21	21	306	1131.5	442.0	665.8	9.2
塔城市	3	3	59	207.8	5.0	195.8	7.0
乌苏市	3	3	40	91.6	59.9	31.7	
额敏县	2	2	50	266.8	133.3	133.5	
沙湾县	6	6	95	331.1	156.4	158.0	2.2
托里县	3	3	40	100.0	18.0	82.0	
裕民县	1	1	3	6.0	6.0		
和布克赛尔蒙古自治县	3	3	19	128.2	63.4	64.8	
阿勒泰地区	15	15	193	1998.4	621.2	629.7	37.9
阿勒泰市	6	6	78	372.0	161.5	160.2	36.2
布尔津县	7	7	91	1548.4	425.7	425.5	1.7
哈巴河县	2	2	24	78.0	34.0	44.0	
生产建设兵团	72	73	1484	6829.7	2951.2	1822.5	1632.7

6–35 限额以上住宿和餐饮业企业主要财务状况

单位：万元

指标名称	企业个数(个)	流动资产合计	#存货	固定资产原价	累计折旧	#本年折旧
总计	**296**	**112294.1**	**15526.9**	**652988.8**	**161538.0**	**26679.2**
一、住宿业	**231**	**102415.2**	**13938.3**	**629815.5**	**157101.8**	**25496.3**
#国有及国有控股	121	56542.0	7453.8	396592.6	94311.1	15630.4
1.按登记注册类型分组						
内资企业	222	83146.7	11249.4	511526.7	114812.5	21887.2
国有企业	114	47133.8	5717.8	318466.9	78001.0	14054.6
集体企业	9	2599.3	526.7	20261.8	5944.2	1180.3
股份合作企业	3	333.8	152.3	2465.1	851.1	38.5
联营企业	1	1226.3	107.6	2883.2	998.4	188.5
国有联营企业	1	1226.3	107.6	2883.2	998.4	188.5
有限责任公司	41	12797.9	2152.1	86136.1	12980.4	2377.9
国有独资公司	1	238.1	1.5	1685.7	146.7	128.9
其他有限责任公司	40	12559.8	2150.6	84450.4	12833.7	2249.0
股份有限公司	5	2509.1	375.7	15375.7	5307.8	698.7
私营企业	48	16416.0	2217.2	64937.9	10729.6	3348.7
私营独资企业	9	1082.9	293.7	2702.1	392.3	143.9
私营合伙企业	2	69.6	6.1	2984.7	254.7	150.0
私营有限责任公司	33	12753.9	1826.2	54390.0	8595.7	2837.8
私营股份有限公司	4	2509.6	91.2	4861.1	1486.9	217.0
其他企业	1	130.5		1000.0		
港、澳、台商投资企业	6	14503.1	2121.8	91341.0	30211.5	2246.5
合资经营企业(港或澳、台资)	5	13889.1	2082.6	88053.0	29064.6	2066.9
合作经营企业(港或澳、台资)	1	614.0	39.2	3288.0	1146.9	179.6
外商投资企业	3	4765.4	567.1	26947.8	12077.8	1362.6
中外合资经营企业	2	2686.2	331.5	8042.9	3821.5	635.1
中外合作经营企业	1	2079.2	235.6	18904.9	8256.3	727.5
2.按住宿行业中类分						
旅游饭店	206	95247.6	13572.0	600200.0	151143.5	23931.7
一般旅馆	22	6647.6	348.3	28177.7	5732.4	1481.0
其他住宿服务	3	520.0	18.0	1437.8	225.9	83.6
二、餐饮业	**65**	**9878.9**	**1588.6**	**23173.3**	**4436.2**	**1182.9**
#国有及国有控股	5	669.6	120.6	4490.3	1302.6	150.6
1.按登记注册类型分组						
内资企业	64	9728.9	1560.7	23107.7	4413.6	1176.3
国有企业	2	511.2	72.3	4381.3	1255.7	129.6
集体企业	1					
有限责任公司	8	1333.6	217.2	5650.5	378.4	329.4
其他有限责任公司	8	1333.6	217.2	5650.5	378.4	329.4
私营企业	52	7759.4	1217.5	13024.5	2770.0	712.6
私营独资企业	11	1329.9	295.4	2546.2	468.3	211.6
私营合伙企业	1	361.3	46.8	678.1	308.1	48.0
私营有限责任公司	40	6068.2	875.3	9800.2	1993.6	453.0
其他企业	1	124.7	53.7	51.4	9.5	4.7
外商投资企业	1	150.0	27.9	65.6	22.6	6.6
中外合资经营企业	1	150.0	27.9	65.6	22.6	6.6
2.按餐饮行业中类分组						
正餐服务	62	9125.2	1509.1	22893.3	4350.0	1157.8
快餐服务	3	753.7	79.5	280.0	86.2	25.1

6-35 续表 1

单位：万元

指标名称	资产总计	负债合计	实收资本	主营业务收入	主营业务成本	主营业务税金及附加
总计	**702970.9**	**387797.9**	**325427.0**	**229053.0**	**87207.8**	**14320.2**
一、住宿业	**658700.2**	**361441.2**	**303730.4**	**180619.1**	**58470.6**	**11288.3**
#国有及国有控股	416761.6	193180.5	229290.3	111265.9	37807.4	7229.1
1.按登记注册类型分组						
内资企业	559034.9	295609.2	255912.8	154310.3	52825.2	9769.2
国有企业	342231.9	164512.1	192559.8	96309.6	34126.5	6077.7
集体企业	17274.3	21827.7	7109.7	7000.5	1499.2	456.1
股份合作企业	4033.3	2760.9	275.7	1521.4	739.2	127.0
联营企业	3151.6	1358.8	1829.4	860.7	155.9	49.0
国有联营企业	3151.6	1358.8	1829.4	860.7	155.9	49.0
有限责任公司	94297.6	40328.9	20787.6	23629.7	6849.1	1629.1
国有独资公司	1830.1	694.5	600.0	69.5	214.7	3.6
其他有限责任公司	92467.5	39634.4	20187.6	23560.2	6634.4	1625.5
股份有限公司	17922.8	13339.8	5939.4	3938.8	2313.4	265.8
私营企业	78992.9	51364.2	27381.2	21030.6	7130.8	1164.4
私营独资企业	3530.8	2222.5	1568.8	1716.1	734.8	135.7
私营合伙企业	3082.0	2165.3	984.9	860.2	256.6	45.5
私营有限责任公司	64512.8	42113.0	21858.6	17282.8	5704.0	919.9
私营股份有限公司	7867.3	4863.4	2968.9	1171.5	435.4	63.3
其他企业	1130.5	116.8	30.0	19.0	11.1	0.1
港、澳、台商投资企业	79670.5	60962.2	17260.2	17116.3	3868.6	902.3
合资经营企业(港或澳、台资)	76915.4	59526.0	15260.2	16359.3	3784.2	865.5
合作经营企业(港或澳、台资)	2755.1	1436.2	2000.0	757.0	84.4	36.8
外商投资企业	19994.8	4869.8	30557.4	9192.5	1776.8	616.8
中外合资经营企业	6976.4	1228.0	6695.4	6713.9	1240.1	385.3
中外合作经营企业	13018.4	3641.8	23862.0	2478.6	536.7	231.5
2.按住宿行业中类分						
旅游饭店	622831.4	344458.2	285321.2	171207.0	55751.8	10881.6
一般旅馆	32907.2	16063.6	15830.8	7387.2	2688.8	336.1
其他住宿服务	2961.6	919.4	2578.4	2024.9	30.0	70.6
二、餐饮业	**44270.7**	**26356.7**	**21696.6**	**48433.9**	**28737.2**	**3031.9**
#国有及国有控股	4390.7	1495.1	3010.1	3215.5	1474.8	184.2
1.按登记注册类型分组						
内资企业	42611.8	24720.5	21572.5	47633.9	28427.2	2991.9
国有企业	3802.9	1183.8	2710.1	1388.5	561.5	65.0
集体企业	92.5	7.3	100.0	247.6	127.1	13.6
有限责任公司	7020.7	5868.8	5372.1	5213.8	2190.5	325.5
其他有限责任公司	7020.7	5868.8	5372.1	5213.8	2190.5	325.5
私营企业	31512.7	17564.9	13340.3	40043.0	25005.0	2547.1
私营独资企业	4061.7	3527.8	575.0	5626.0	3387.2	377.2
私营合伙企业	1442.6	136.8	664.0	909.2	727.6	65.8
私营有限责任公司	26008.4	13900.3	12101.3	33507.8	20890.2	2104.1
其他企业	183.0	95.7	50.0	741.0	543.1	40.7
外商投资企业	1658.9	1636.2	124.1	800.0	310.0	40.0
中外合资经营企业	1658.9	1636.2	124.1	800.0	310.0	40.0
2.按餐饮行业中类分组						
正餐服务	43048.3	25718.4	20966.6	46679.9	27819.8	2920.3
快餐服务	1222.4	638.3	730.0	1754.0	917.4	111.6

6-35 续表 2

单位：万元

指标名称	主营业务利润	其它业务利润	营业费用	管理费用	营业利润	利润总额
总计	**110424.2**	**2479.5**	**86820.5**	**60556.5**	**-23044.3**	**-16826.4**
一、住宿业	**95320.9**	**2277.6**	**74485.6**	**55536.9**	**-21655.2**	**-16231.7**
#国有及国有控股	57346.1	1457.4	46435.1	36232.4	-17449.0	-13237.9
1.按登记注册类型分组						
内资企业	76527.5	2057.4	64791.4	45903.0	-21447.4	-15858.7
国有企业	48064.2	1085.4	38958.6	30284.9	-14382.2	-10417.9
集体企业	4602.0	79.7	3836.4	1831.5	-629.5	-581.7
股份合作企业	-164.9	35.4	820.2	304.0	-483.8	-476.8
联营企业	194.5	30.9	461.3	189.8	17.1	14.6
国有联营企业	194.5	30.9	461.3	189.8	17.1	14.6
有限责任公司	12856.1	336.2	10660.7	6578.2	-2279.0	-2028.5
国有独资公司	-148.8			10.8	-159.3	-159.3
其他有限责任公司	13004.9	336.2	10660.7	6567.4	-2119.7	-1869.2
股份有限公司	759.3	10.1	1296.4	497.2	-563.2	-521.4
私营企业	10208.5	479.7	8727.8	6207.0	-3094.2	-1814.4
私营独资企业	404.1	9.0	559.0	283.7	-120.5	5.7
私营合伙企业	305.9		252.2	350.8	-59.3	-33.7
私营有限责任公司	8836.6	464.9	7463.1	5365.6	-2885.6	-1648.1
私营股份有限公司	661.9	5.8	453.5	206.9	-28.8	-138.3
其他企业	7.8		30.0	10.4	-32.6	-32.6
港、澳、台商投资企业	11994.5	9.3	6008.5	6443.4	-278.8	-308.5
合资经营企业(港或澳、台资)	11709.6	9.3	5657.6	6074.0	-192.9	-215.0
合作经营企业(港或澳、台资)	284.9		350.9	369.4	-85.9	-93.5
外商投资企业	6798.9	210.9	3685.7	3190.5	71.0	-64.5
中外合资经营企业	5088.5		2242.4	1905.3	917.8	924.2
中外合作经营企业	1710.4	210.9	1443.3	1285.2	-846.8	-988.7
2.按住宿行业中类分						
旅游饭店	90393.5	2132.3	70552.5	51472.2	-19997.4	-15106.9
一般旅馆	3003.1	145.3	3571.6	2394.7	-1910.3	-1065.1
其他住宿服务	1924.3		361.5	1670.0	252.5	-59.7
二、餐饮业	**15103.3**	**201.9**	**12334.9**	**5019.6**	**-1389.1**	**-594.7**
#国有及国有控股	1556.5	7.5	1246.0	419.9	-103.7	-74.9
1.按登记注册类型分组						
内资企业	14653.3	201.9	12174.9	4759.6	-1419.0	-633.1
国有企业	762.0		528.3	187.3	44.9	8.4
集体企业	106.9		119.9	3.2	-16.2	
有限责任公司	1540.6	8.0	1848.8	828.5	-837.7	110.3
其他有限责任公司	1540.6	8.0	1848.8	828.5	-837.7	110.3
私营企业	12086.6	193.9	9565.6	3690.2	-604.4	-746.2
私营独资企业	1848.8	1.9	1219.5	602.8	23.7	23.7
私营合伙企业	115.8		23.8	60.8	24.1	24.1
私营有限责任公司	10122.0	192.0	8322.3	3026.6	-652.2	-794.0
其他企业	157.2		112.3	50.4	-5.6	-5.6
外商投资企业	450.0		160.0	260.0	29.9	38.4
中外合资经营企业	450.0		160.0	260.0	29.9	38.4
2.按餐饮行业中类分组						
正餐服务	14378.3	194.7	11712.2	4903.4	-1382.5	-636.5
快餐服务	725.0	7.2	622.7	116.2	-6.6	41.8

6-35 续表 3

单位：万元

指标名称	应交所得税	劳动失业保险费	应付工资	应付福利费	全部从业人员年平均人数(人)
总　计	**905.4**	**3466.1**	**35942.0**	**4825.7**	**32026**
一、住宿业	**828.6**	**3289.5**	**31290.3**	**4384.4**	**26384**
#国有及国有控股	216.6	2180.9	19020.0	2969.5	15653
1.按登记注册类型分组					
内资企业	361.2	2867.2	26912.2	3806.8	23160
国有企业	211.9	1978.0	16162.4	2292.5	13385
集体企业	3.4	120.0	1515.3	279.3	1228
股份合作企业	1.6	80.8	238.0	16.5	269
联营企业	4.8	7.6	128.0	17.9	154
国有联营企业	4.8	7.6	128.0	17.9	154
有限责任公司	2.8	240.5	3953.5	525.1	3828
国有独资公司		1.2	21.9	3.1	33
其他有限责任公司	2.8	239.3	3931.6	522.0	3795
股份有限公司	70.5	221.3	1700.1	203.8	500
私营企业	66.2	219.0	3199.9	469.2	3725
私营独资企业	6.7	0.9	354.2	36.1	472
私营合伙企业		2.6	102.8	11.1	127
私营有限责任公司	51.7	169.9	2533.5	407.9	2903
私营股份有限公司	7.8	45.6	209.4	14.1	223
其他企业			15.0	2.5	71
港、澳、台商投资企业		124.0	2468.0	264.3	1863
合资经营企业(港或澳、台资)		89.5	2295.1	264.3	1686
合作经营企业(港或澳、台资)		34.5	172.9		177
外商投资企业	467.4	298.3	1910.1	313.3	1361
中外合资经营企业	467.4	283.3	1161.4	31.6	878
中外合作经营企业		15.0	748.7	281.7	483
2.按住宿行业中类分					
旅游饭店	804.6	3154.9	29658.6	4218.6	24923
一般旅馆	23.9	130.0	1533.1	153.2	1401
其他住宿服务	0.1	4.6	98.6	12.6	60
二、餐饮业	**76.8**	**176.6**	**4651.7**	**441.3**	**5642**
#国有及国有控股		49.8	513.0	70.6	579
1.按登记注册类型分组					
内资企业	76.8	176.6	4564.5	429.1	5582
国有企业		7.1	239.3	28.1	197
集体企业					30
有限责任公司	19.6	53.9	935.6	87.0	971
其他有限责任公司	19.6	53.9	935.6	87.0	971
私营企业	57.2	115.6	3306.0	296.4	4304
私营独资企业	12.5	33.9	686.3	73.0	920
私营合伙企业	11.6		98.4	13.7	81
私营有限责任公司	33.1	81.7	2521.3	209.7	3303
其他企业			83.6	17.6	80
外商投资企业			87.2	12.2	60
中外合资经营企业			87.2	12.2	60
2.按餐饮行业中类分组					
正餐服务	72.4	138.8	4404.3	402.4	5341
快餐服务	4.4	37.8	247.4	38.9	301

6-36 限额以下住宿和餐饮业企业主要财务状况

单位：万元

指标名称	企业数（个）	年末从业人员数（人）	固定资产原价	本年折旧	资产总计	负债合计
总　计	**626**	**14086**	**146460.0**	**14818.8**	**178503.7**	**88315.5**
一、住宿业	**363**	**8247**	**125485.3**	**13141.5**	**139870.1**	**74365.5**
#国有及国有控股	140	3695	62777.2	7591.2	71904.3	39510.8
1.按登记注册类型分组						
内资企业	361	8181	117721.9	13041.4	131880.8	72284.4
国有企业	121	3298	57914.9	6641.9	59999.1	33220.0
集体企业	36	512	3827.3	689.0	7293.5	3662.4
股份合作企业	5	140	2713.0	50.6	2506.3	1962.4
联营企业	2	43	589.8	213.4	496.2	64.2
国有联营企业	1	39	574.8	213.1	481.5	64.2
国有与集体联营企业	1	4	15.0	0.3	14.7	
有限责任公司	51	1464	23010.6	3156.3	28203.2	13985.1
国有独资公司	2	21	418.6	65.3	372.5	15.8
其他有限责任公司	49	1443	22592.0	3091.0	27830.7	13969.3
私营企业	144	2699	29659.1	2289.2	33350.6	19380.1
私营独资企业	44	690	5689.9	229.1	5325.9	1708.4
私营合伙企业	11	147	858.2	24.1	1158.1	166.0
私营有限责任公司	87	1838	22857.2	2032.1	26633.0	17372.1
私营股份有限公司	2	24	253.8	3.9	233.6	133.6
其他企业	2	25	7.2	1.0	31.9	10.2
港、澳、台商投资企业	1	38	773.6	31.6	630.3	222.1
合资经营企业(港或澳、台资)	1	38	773.6	31.6	630.3	222.1
外商投资企业	1	28	6989.8	68.5	7359.0	1859.0
中外合资经营企业	1	28	6989.8	68.5	7359.0	1859.0
2.按住宿行业中类分						
旅游饭店	39	1142	20715.2	1575.0	27512.5	16489.5
一般旅馆	286	6524	99128.2	10817.3	104391.9	54511.3
其他住宿服务	38	581	5641.9	749.2	7965.7	3364.7
二、餐饮业	**263**	**5839**	**20974.7**	**1677.3**	**38633.6**	**13950.0**
#国有及国有控股	13	286	1051.2	105.0	1297.2	564.2
1.按登记注册类型分组						
内资企业	262	5827	20948.9	1674.4	38607.8	13928.0
国有企业	12	277	903.0	95.1	1220.5	495.7
集体企业	9	192	487.6	15.4	628.0	209.7
有限责任公司	19	599	2912.8	136.7	3915.1	1308.9
其他有限责任公司	19	599	2912.8	136.7	3915.1	1308.9
股份有限公司	1	8	20.0	1.0	35.0	
私营企业	219	4698	16225.2	1099.8	32408.9	11798.8
私营独资企业	93	1663	5210.7	290.8	6663.9	2164.0
私营合伙企业	10	219	320.9	64.1	703.1	313.8
私营有限责任公司	112	2731	10638.6	740.2	24921.3	9208.3
私营股份有限公司	4	85	55.0	4.7	120.6	112.7
其他企业	2	53	400.3	326.4	400.3	114.9
外商投资企业	1	12	25.8	2.9	25.8	22.0
外资企业	1	12	25.8	2.9	25.8	22.0
2.按餐饮行业中类分组						
正餐服务	200	4597	18726.1	1564.5	34809.0	12078.0
快餐服务	35	798	1147.6	69.6	2485.1	1413.1
饮料及冷饮服务	7	79	207.8	9.0	247.6	81.3
其他餐饮服务	21	365	893.2	34.2	1091.9	377.6

6-36 续表 1

单位：万元

指标名称	实收资本	营业收入合计	#主营业务收入	主营业务成本	主营业务税金及附加	费用合计
总　计	**98071.3**	**51176.7**	**48148.5**	**23636.1**	**3342.2**	**28929.3**
一、住宿业	**74730.4**	**32894.0**	**30212.7**	**12610.8**	**2060.9**	**22263.4**
#国有及国有控股	40463.2	16490.1	14904.9	6119.9	972.4	11656.9
1.按登记注册类型分组						
内资企业	68825.4	32691.4	30010.1	12602.7	2050.1	22015.7
国有企业	35415.8	13946.8	12555.9	5884.3	788.0	9684.4
集体企业	4325.6	1557.4	1308.2	485.2	105.3	1309.9
股份合作企业	1123.4	541.5	517.4	266.0	47.2	180.7
联营企业	436.3	122.0	84.9		7.3	110.8
国有联营企业	421.8	117.8	80.7		6.8	110.8
国有与集体联营企业	14.5	4.2	4.2		0.5	
有限责任公司	11034.6	6724.0	6204.8	2128.3	480.3	5118.2
国有独资公司	368.7	110.9	110.9	82.1	3.1	38.0
其他有限责任公司	10665.9	6613.1	6093.9	2046.2	477.2	5080.2
私营企业	16438.7	9745.7	9284.9	3825.2	620.8	5581.7
私营独资企业	2893.2	2079.5	2026.4	897.6	123.4	913.0
私营合伙企业	628.0	1058.9	962.6	856.5	11.2	150.9
私营有限责任公司	12867.5	6536.3	6224.9	2050.2	481.0	4454.9
私营股份有限公司	50.0	71.0	71.0	20.9	5.2	62.9
其他企业	51.0	54.0	54.0	13.7	1.2	30.0
港、澳、台商投资企业	405.0	176.5	176.5	8.1	8.8	161.0
合资经营企业(港或澳、台资)	405.0	176.5	176.5	8.1	8.8	161.0
外商投资企业	5500.0	26.1	26.1		2.0	86.7
中外合资经营企业	5500.0	26.1	26.1		2.0	86.7
2.按住宿行业中类分						
旅游饭店	12439.7	6231.1	5790.8	2246.6	467.2	3415.6
一般旅馆	59214.7	24251.9	22219.7	9714.2	1448.9	16307.4
其他住宿服务	3076.0	2411.0	2202.2	650.0	144.8	2540.4
二、餐饮业	**23340.9**	**18282.7**	**17935.8**	**11025.3**	**1281.3**	**6665.9**
#国有及国有控股	835.5	1292.2	1232.8	843.0	33.6	226.7
1.按登记注册类型分组						
内资企业	23284.9	18236.8	17889.9	11012.1	1279.0	6630.9
国有企业	716.5	1239.0	1179.6	774.0	29.7	225.1
集体企业	816.7	638.7	616.7	422.2	42.3	255.1
有限责任公司	2715.9	1533.0	1527.0	956.8	98.7	737.9
其他有限责任公司	2715.9	1533.0	1527.0	956.8	98.7	737.9
股份有限公司	20.0	1.7	1.7	1.2	0.1	18.9
私营企业	18767.9	14683.4	14535.4	8846.3	1106.8	5392.8
私营独资企业	5506.7	6012.2	5987.6	3402.5	425.0	1490.0
私营合伙企业	291.2	647.6	646.6	393.7	36.5	159.5
私营有限责任公司	12860.6	7494.6	7372.2	4644.2	604.8	3645.1
私营股份有限公司	109.4	529.0	529.0	405.9	40.5	98.2
其他企业	247.9	141.0	29.5	11.6	1.4	1.1
外商投资企业	56.0	45.9	45.9	13.2	2.3	35.0
外资企业	56.0	45.9	45.9	13.2	2.3	35.0
2.按餐饮行业中类分组						
正餐服务	20864.9	15196.8	14868.8	9186.6	1103.5	5492.5
快餐服务	1576.6	2178.5	2165.6	1400.7	124.6	867.4
饮料及冷饮服务	146.0	116.3	116.3	48.1	7.3	45.1
其他餐饮服务	753.4	791.1	785.1	389.9	45.9	260.9

6-36 续表 2

单位：万元

指标名称	营业利润	利润总额	从业人员劳动报酬	劳动失业保险费	全部从业人员年平均人数（人）
总　计	**-1955.4**	**-2707.9**	**10986.2**	**1102.4**	**14159**
一、住宿业	**-2078.4**	**-2447.3**	**7460.6**	**979.4**	**8312**
#国有及国有控股	-1670.3	-1842.6	3946.9	694.4	3844
1.按登记注册类型分组					
内资企业	-2014.4	-2382.3	7416.2	975.4	8245
国有企业	-1823.5	-1947.8	3447.9	623.5	3415
集体企业	-231.3	-277.7	440.0	92.3	519
股份合作企业	38.5	31.5	116.8	13.2	134
联营企业	3.9	3.9	30.6	14.1	35
国有联营企业	0.2	0.2	30.5	14.1	31
国有与集体联营企业	3.7	3.7	0.1		4
有限责任公司	165.4	175.0	1471.6	137.2	1458
国有独资公司	-12.3	-12.3	24.1	0.9	22
其他有限责任公司	177.7	187.3	1447.5	136.3	1436
私营企业	-176.5	-376.3	1896.6	95.1	2659
私营独资企业	192.5	101.4	391.7	16.2	662
私营合伙企业	47.9	32.1	195.8	0.4	142
私营有限责任公司	-398.9	-492.6	1288.8	74.1	1819
私营股份有限公司	-18.0	-17.2	20.3	4.4	36
其他企业	9.1	9.1	12.7		25
港、澳、台商投资企业	-1.4	-2.4	37.2	4.0	39
合资经营企业(港或澳、台资)	-1.4	-2.4	37.2	4.0	39
外商投资企业	-62.6	-62.6	7.2		28
中外合资经营企业	-62.6	-62.6	7.2		28
2.按住宿行业中类分					
旅游饭店	191.4	246.1	1062.4	66.3	1241
一般旅馆	-2370.5	-2689.8	6019.1	880.1	6522
其他住宿服务	100.7	-3.6	379.1	33.0	549
二、餐饮业	**123.0**	**-260.6**	**3525.6**	**123.0**	**5847**
#国有及国有控股	225.4	214.7	235.2	24.6	288
1.按登记注册类型分组					
内资企业	127.6	-256.0	3515.4	121.9	5837
国有企业	246.7	236.0	225.4	24.6	279
集体企业	-53.2	-48.0	100.2	0.2	192
有限责任公司	-234.7	-295.9	393.5	4.6	617
其他有限责任公司	-234.7	-295.9	393.5	4.6	617
股份有限公司	0.5	1.4	0.8		10
私营企业	143.6	-174.2	2758.2	88.2	4686
私营独资企业	788.0	500.4	1068.9	23.9	1675
私营合伙企业	71.8	47.8	131.1	4.8	210
私营有限责任公司	-700.6	-698.5	1513.0	59.5	2718
私营股份有限公司	-15.6	-23.9	45.2		83
其他企业	24.7	24.7	37.3	4.3	53
外商投资企业	-4.6	-4.6	10.2	1.1	10
外资企业	-4.6	-4.6	10.2	1.1	10
2.按餐饮行业中类分组					
正餐服务	32.7	-249.8	2769.2	103.1	4621
快餐服务	-24.3	-38.7	542.0	9.4	787
饮料及冷饮服务	20.0	5.8	51.3	0.8	78
其他餐饮服务	94.6	22.1	163.1	9.7	361

6–37 各地、州、市、县（市)限额以上住宿和餐饮业企业主要财务状况

单位：万元

指标名称	企业个数（个）	流动资产 合计	#存货	固定资产 原价	累计折旧	#本年折旧
总　计	**296**	**112294.1**	**15526.9**	**652988.8**	**161538**	**26679.2**
乌鲁木齐市	112	64797	8310.8	374380.3	98532.7	15304.3
天山区	35	27758.9	3438.1	149901.8	40802.2	7145.7
沙依巴克区	46	24511.5	2872.2	147041.5	37484	3929.2
新市区	23	10764.8	1427.3	57216.5	18073.6	3192.4
水磨沟区	7	1460.5	530.8	18898.4	1664.2	967.6
乌鲁木齐县	1	301.3	42.4	1322.1	508.7	69.4
克拉玛依市	6	1175.4	154.1	3391.3	219.3	153.4
独山子区	3	266.5	13.8	317.4	81.4	15.9
克拉玛依区	3	908.9	140.3	3073.9	137.9	137.5
吐鲁番地区	12	3455.7	585.6	14248	4051.6	851.4
吐鲁番市	7	2678.6	334.3	11322.1	3595.8	708.3
鄯善县	5	777.1	251.3	2925.9	455.8	143.1
哈密地区	10	2578.9	251.5	14627.7	4043	463.7
哈密市	8	2227.6	198.5	11747.9	3779	445.6
巴里坤哈萨克自治县	1	302.4	26.2	1478.6	174.6	7.2
伊吾县	1	48.9	26.8	1401.2	89.4	10.9
昌吉回族自治州	16	2370.7	333.7	14689.2	3741.4	615.2
昌吉市	10	1454.9	252.8	10739.9	2533.4	433
阜康市	2	310.2	25.6	528	38.8	21.9
米泉市	1	361.3	46.8	678.1	308.1	48
呼图壁县	1	75.5	3	434.6	289.9	37.6
玛纳斯县	1	155.6	5.5	1456.3	510.3	48.8
吉木萨尔县	1	13.2		852.3	60.9	25.9
博尔塔拉蒙古自治州	7	1426.3	225.4	6185.5	1521.8	214
博乐市	5	1109.7	205.3	5162.4	1252.5	183.4
精河县	2	316.6	20.1	1023.1	269.3	30.6
巴音郭楞蒙古自治州	24	7371.4	821.5	32723.4	7742.7	1704.3
库尔勒市	15	5386	725.6	23685	6102.8	1122.4
轮台县	2	200.4	19.8	3282.3	487.3	203
尉犁县	1	412.7	12.8	443.4	135.4	22.5
若羌县	1	45.2	5.8	150	69.8	
且末县	1	163.4	32.6	1027.3	142.3	26.6
焉耆回族自治县	1	243.5	13.2	336.9	165.8	21.7
和静县	1	408.9	8.9	1063.8	267.7	74.3
和硕县	2	511.3	2.8	2734.7	371.6	233.8

6-37 续表 1 单位：万元

指标名称	企业个数（个）	流动资产合计	#存货	固定资产原价	累计折旧	#本年折旧
阿克苏地区	17	2040.8	288.8	18936.2	4807.1	1475.8
阿克苏市	8	702.6	136.4	9788.7	2108.9	710
库车县	3	533.5	14.9	4811.3	1914.9	637.1
沙雅县	1	126.3		361.8	40	2.5
新和县	2	294.9	70.9	1359.4	265.7	10.7
拜城县	1	181.1	27	1029.9	188.4	41.5
乌什县	1	74.1		646.2	46.1	19
阿瓦提县	1	128.3	39.6	938.9	243.1	55
克孜勒苏柯尔克孜自治州	2	245.1	34.5	172.7		
阿图什市	2	245.1	34.5	172.7		
喀什地区	10	3644.2	753.8	12874.9	3215.7	430.9
喀什市	9	3545.2	735.4	11736.5	2963.7	394.8
莎车县	1	99	18.4	1138.4	252	36.1
和田地区	1	386.4	10.7	1795.6	266.6	108.2
和田市	1	386.4	10.7	1795.6	266.6	108.2
伊犁哈萨克自治州	29	5282.1	1100.3	54239.3	10661.5	1577
伊宁市	16	2721.9	825	34610.9	6654.8	939.6
奎屯市	6	2067.1	225.3	14569.7	3030.3	510
伊宁县	1	101.8	1.6	417.8	2.3	
察布查尔锡伯自治县	1	3.5	1.5	120	24.5	7.5
霍城县	3	195.9	46.9	3009.2	802.1	93.7
新源县	1	183.3		1288.7	91.5	18
特克斯县	1	8.6		223	56	8.2
塔城地区	9	1816.3	340	6546.2	1521.1	286.8
塔城市	3	722.3	232.6	1736.4	519.4	132.1
乌苏市	2	359.3	56	1851.3	536.1	29.5
沙湾县	2	718.8	48.6	2708.8	449.8	119.9
裕民县	1	12.3	2.8	229		
和布克赛尔蒙古自治县	1	3.6		20.7	15.8	5.3
阿勒泰地区	16	2007.5	409.3	11665.9	2356.6	923.6
阿勒泰市	3	679	106	6520.5	1635.9	697.3
布尔津县	5	1049.6	239.3	2112.6	426.5	108.1
富蕴县	3	7.8	1.3	932.6	33.8	18
福海县	1	76.8	23.9	664.1	12.9	12.9
哈巴河县	2	67.1	10.8	1091.3	161.4	70
青河县	1	115.1	24.3	174.6	22.1	8.7
吉木乃县	1	12.1	3.7	170.2	64	8.6
生产建设兵团	25	13696.3	1906.9	86512.6	18856.9	2570.6

6-37 续表 2

单位：万元

指标名称	资产总计	负债合计	实收资本	主营业务收　　入	主营业务成　　本	主营业务税金及附加
总　　计	**702970.9**	**387797.9**	**325427.0**	**229053.0**	**87207.8**	**14320.2**
乌鲁木齐市	400262.8	217851.4	182825.7	147163.0	51655.3	9663.0
天山区	172951.3	114167.7	33508.8	47650.7	11986.5	3072.4
沙依巴克区	154020.6	53577.3	105145.5	64992.8	23997.1	4107.8
新市区	53073.3	34439.4	37585.9	26283.8	12046.9	1979.8
水磨沟区	19066.0	15084.5	6090.3	7751.1	3490.2	461.8
乌鲁木齐县	1151.6	582.5	495.2	484.6	134.6	41.2
克拉玛依市	5695.3	2069.0	4320.0	3124.1	1874.5	196.8
独山子区	507.0	360.5	400.7	895.7	516.5	62.3
克拉玛依区	5188.3	1708.5	3919.3	2228.4	1358.0	134.5
吐鲁番地区	14298.1	9879.9	7048.0	4193.6	1282.4	274.0
吐鲁番市	11028.2	7411.1	5265.1	2700.0	523.6	150.2
鄯善县	3269.9	2468.8	1782.9	1493.6	758.8	123.8
哈密地区	14341.6	5982.3	7917.1	3845.0	1441.2	171.6
哈密市	11336.6	5004.9	6202.6	3458.9	1293.6	151.1
巴里坤哈萨克自治县	1632.6	771.2	600.0	149.6	48.4	7.7
伊吾县	1372.4	206.2	1114.5	236.5	99.2	12.8
昌吉回族自治州	15030.6	11545.7	4909.0	4955.3	2384.9	270.3
昌吉市	10020.7	9442.1	2366.0	3284.8	1449.3	178.5
阜康市	876.7	686.2	259.4	202.6	142.4	11.2
米泉市	1442.6	136.8	664.0	909.2	727.6	65.8
呼图壁县	220.2	45.5	297.2	241.7	52.4	7.6
玛纳斯县	1285.1	317.8	1054.4	256.8	13.2	7.2
吉木萨尔县	1185.3	917.3	268.0	60.2		
博尔塔拉蒙古自治州	6939.3	2870.7	3340.3	2352.5	1498.9	136.2
博乐市	5437.8	2045.7	3104.3	1980.9	1380.6	122.9
精河县	1501.5	825.0	236.0	371.6	118.3	13.3
巴音郭楞蒙古自治州	38947.9	30585.0	7221.4	12931.0	7491.3	821.3
库尔勒市	26974.2	23352.9	3740.0	10783.6	6456.1	703.8
轮台县	4314.0	3417.1	1115.2	1067.3	411.2	59.2
尉犁县	1104.3	850.3	211.7	219.2	137.0	13.0
若羌县	152.1	20.3	138.7	132.1		3.6
且末县	1048.4	111.2	964.7	302.7	94.7	25.4
焉耆回族自治县	740.1	513.9	129.9	134.4	14.6	7.3
和静县	1610.6	823.8	21.2	152.2	100.0	5.4
和硕县	3004.2	1495.5	900.0	139.5	277.7	3.6

6-37 续表 3 单位：万元

指标名称	资产总计	负债合计	实收资本	主营业务收入	主营业务成本	主营业务税金及附加
阿克苏地区	18746.3	11381.4	10557.6	6521.5	2421.2	312.8
阿克苏市	9780.1	6301.4	7091.6	4144.2	1243.0	166.2
库车县	3891.3	2554.6	1301.2	1243.1	437.2	89.2
沙雅县	488.1	246.1	242.0	326.7	208.8	16.1
新和县	1614.9	456.6	730.4	267.5	141.5	16.2
拜城县	1046.6	811.2	277.1	265.5	280.7	7.7
乌什县	992.9	794.2	315.3	96.8	32.5	2.7
阿瓦提县	932.4	217.3	600.0	177.7	77.5	14.7
克孜勒苏柯尔克孜自治州	685.0	292.8	288.9	355.9	233.5	10.0
阿图什市	685.0	292.8	288.9	355.9	233.5	10.0
喀什地区	17361.9	13407.7	1941.9	4478.1	2091.3	267.6
喀什市	16376.5	12729.6	1504.5	4198.6	1996.9	261.4
莎车县	985.4	678.1	437.4	279.5	94.4	6.2
和田地区	2182.0	967.4	1080.0	285.5	188.6	22.5
和田市	2182.0	967.4	1080.0	285.5	188.6	22.5
伊犁哈萨克自治州	56615.6	31109.4	35953.2	13033.6	4795.2	700.1
伊宁市	34370.9	22142.4	20904.4	8509.2	3374.7	507.7
奎屯市	17278.0	6595.5	12132.7	3374.3	814.3	149.1
伊宁县	519.6	44.3	475.3	267.1	113.9	3.4
察布查尔锡伯自治县	99.0		24.5	102.5	65.0	
霍城县	2702.0	1671.1	1211.0	498.7	225.6	24.7
新源县	1380.5	656.1	939.7	229.9	180.0	13.6
特克斯县	265.6		265.6	51.9	21.7	1.6
塔城地区	9141.9	5826.1	2009.2	1865.9	1141.1	139.0
塔城市	2214.7	1716.1	498.6	638.5	274.9	38.2
乌苏市	3442.5	2498.6	195.8	466.2	170.7	61.5
沙湾县	3164.6	1554.4	1070.0	383.9	337.3	22.7
裕民县	290.2	42.9	229.0	165.2	151.8	2.7
和布克赛尔蒙古自治县	29.9	14.1	15.8	212.1	206.4	13.9
阿勒泰地区	12720.8	5598.9	6034.1	3005.8	1080.5	159.1
阿勒泰市	5694.4	2202.6	3711.7	1388.4	352.8	82.6
布尔津县	3489.3	2013.0	787.7	903.1	374.3	41.2
富蕴县	1166.3	529.3	434.0	194.8	81.4	9.4
福海县	775.9	263.6	100.0	160.5	92.5	9.6
哈巴河县	1209.0	468.0	756.1	84.0	38.8	10.2
青河县	267.6	90.7	152.4	149.6	92.6	4.5
吉木乃县	118.3	31.7	92.2	125.4	48.1	1.6
生产建设兵团	90001.8	38430.2	49980.6	20942.2	7627.9	1175.9

6-37 续表 4 单位：万元

指标名称	主营业务利润	其它业务利润	营业费用	管理费用	营业利润	利润总额
总 计	**110424.2**	**2479.5**	**86820.5**	**60556.5**	**-23044.3**	**-16826.4**
乌鲁木齐市	85844.7	968.9	58509.0	39946.3	-12165.5	-9046.5
天山区	32591.8	278.2	19760.9	17828.8	-4890.0	-1737.9
沙依巴克区	36887.9	279.8	20324.9	15544.2	243.8	48.9
新市区	12257.1	382.3	13951.7	5738.9	-6809.1	-6197.7
水磨沟区	3799.1	11.6	4255.9	738.0	-724.4	-1162.3
乌鲁木齐县	308.8	17.0	215.6	96.4	14.2	2.5
克拉玛依市	1052.8		637.8	944.2	-580.2	-577.9
独山子区	316.9		236.7	142.0	-61.8	-59.5
克拉玛依区	735.9		401.1	802.2	-518.4	-518.4
吐鲁番地区	808.9	73.2	1842.0	1260.6	-618.9	-467.2
吐鲁番市	661.4	69.4	1364.8	952.2	-263.4	-278.7
鄯善县	147.5	3.8	477.2	308.4	-355.5	-188.5
哈密地区	1464.2	143.8	1432.5	877.1	-54.2	-126.0
哈密市	1246.2	145.8	1277.6	816.0	-52.7	-124.7
巴里坤哈萨克自治县	93.5	-2.0	66.2	25.8	-2.0	-2.0
伊吾县	124.5		88.7	35.3	0.5	0.7
昌吉回族自治州	1663.3	109.0	1541.4	1454.3	-633.8	-678.7
昌吉市	1201.2	102.0	1161.7	1166.3	-604.7	-653.0
阜康市	38.7	0.2	10.3	17.6	21.3	21.0
米泉市	115.8		23.8	60.8	24.1	24.1
呼图壁县	181.7		174.9	49.5	-42.7	-42.7
玛纳斯县	76.6	1.0	159.8	101.1	-27.9	-18.4
吉木萨尔县	49.3	5.8	10.9	59.0	-3.9	-9.7
博尔塔拉蒙古自治州	358.5	14.2	529.3	517.1	-348.1	-162.7
博乐市	232.5	7.4	415.3	443.3	-369.7	-168.9
精河县	126.0	6.8	114.0	73.8	21.6	6.2
巴音郭楞蒙古自治州	1467.2	429.4	3842.2	3098.0	-2246.8	-1627.8
库尔勒市	1069.3	280.9	3130.6	2431.2	-1832.8	-1302.6
轮台县	278.5		318.4	413.0	-149.3	-77.0
尉犁县	69.2	1.8		73.7	-5.0	0.2
若羌县	128.5		114.8	18.0	-4.3	-4.3
且末县	23.3	159.5	159.3	36.5	-13.1	-12.9
焉耆回族自治县	38.6	-13.9	73.9	37.9	-13.9	-13.9
和静县	1.6	1.1	45.2	69.7	-68.9	-57.8
和硕县	-141.8			18.0	-159.5	-159.5

6-37 续表 5 单位：万元

指标名称	主营业务利润	其它业务利润	营业费用	管理费用	营业利润	利润总额
阿克苏地区	2229.6	129.7	1423.0	2853.6	-1951.8	-237.5
阿克苏市	1868.1	59.2	952.1	2072.0	-1124.7	-197.3
库车县	76.1	59.6	335.3	533.8	-770.9	-17.3
沙雅县	101.8		31.0	43.1	27.7	26.0
新和县	59.5	5.4	48.6	24.1	29.8	29.8
拜城县	-23.0	3.9		12.8	-37.9	-7.4
乌什县	61.6	1.6	37.6	67.3	-42.4	-42.4
阿瓦提县	85.5		18.4	100.5	-33.4	-28.9
克孜勒苏柯尔克孜自治州	61.4		51.0	0.2	61.0	-103.2
阿图什市	61.4		51.0	0.2	61.0	-103.2
喀什地区	1185.6	193.5	1543.7	489.0	-485.7	-123.3
喀什市	1252.8	193.5	1361.2	430.6	-159.0	-56.1
莎车县	-67.2		182.5	58.4	-326.7	-67.2
和田地区	74.4	46.7		8.4	112.7	64.6
和田市	74.4	46.7		8.4	112.7	64.6
伊犁哈萨克自治州	3609.3	86.6	5184.1	3347.7	-1505.8	-1371.1
伊宁市	1634.6	74.1	3247.7	2317.7	-1153.5	-965.8
奎屯市	1474.9	11.7	1644.0	778.1	-270.9	-315.5
伊宁县	149.8		134.2	8.7	5.4	-3.6
察布查尔锡伯自治县	37.5		5.0	8.5	23.5	17.0
霍城县	247.6	0.8	127.1	164.9	-55.6	-48.5
新源县	36.3			61.6	-48.5	-48.5
特克斯县	28.6		26.1	8.2	-6.2	-6.2
塔城地区	-551.6	11.5	1233.7	614.3	-1523.3	-1361.2
塔城市	128.6	5.1	231.2	234.6	-345.8	-183.6
乌苏市	-685.2	3.2	919.3	270.5	-985.4	-985.4
沙湾县	23.9	1.6	82.7	94.4	-159.2	-158.7
裕民县	-10.7			1.1	-12.1	-12.1
和布克赛尔蒙古自治县	-8.2	1.6	0.5	13.7	-20.8	-21.4
阿勒泰地区	896.3	-32.3	1133.3	542.2	-124.0	-256.2
阿勒泰市	301.9	-10.4	651.1	163.3	107.0	60.3
布尔津县	425.0	-29.5	316.4	226.0	-140.0	-124.2
富蕴县	49.3		54.7	50.8	-1.7	-1.7
福海县	31.4	0.9		28.4	0.1	21.0
哈巴河县	35.0	5.0		43.0	-3.0	-125.2
青河县	52.5	1.7	35.6	12.1	6.5	6.5
吉木乃县	1.2		75.5	18.6	-92.9	-92.9
生产建设兵团	10259.6	305.3	7917.5	4603.5	-979.9	-751.7

6-37 续表 6

单位：万元

指标名称	应交所得税	劳动失业保险费	应付工资	应付福利费	全部从业人员年平均人数(人)
总　计	**905.4**	**3466.1**	**35942.0**	**4825.7**	**32026**
乌鲁木齐市	665.4	1615.2	20403.7	2739.7	16579
天山区	593.8	705.3	7874.6	796.3	6081
沙依巴克区	62.7	608.2	7462.1	942.9	6371
新市区	8.5	193.9	3755.3	828.1	3058
水磨沟区		91.8	1259.3	165.1	1019
乌鲁木齐县	0.4	16.0	52.4	7.3	50
克拉玛依市		23.8	599.5	95.2	645
独山子区		2.4	218.1	12.8	210
克拉玛依区		21.4	381.4	82.4	435
吐鲁番地区	5.0	50.5	838.0	110.1	969
吐鲁番市	4.8	50.5	510.3	69.2	577
鄯善县	0.2		327.7	40.9	392
哈密地区	12.5	34.2	803.3	116.9	721
哈密市	12.5	23.5	720.8	105.8	606
巴里坤哈萨克自治县		9.1	39.2	5.1	55
伊吾县		1.6	43.3	6.0	60
昌吉回族自治州	17.3	35.2	914.6	90.9	1078
昌吉市	3.4	9.7	614.8	49.7	787
阜康市	2.3	3.5	36.0	3.7	54
米泉市	11.6		98.4	13.7	81
呼图壁县		20.0	73.0	10.2	56
玛纳斯县		1.6	78.0	13.6	75
吉木萨尔县		0.4	14.4		25
博尔塔拉蒙古自治州	2.6	52.1	441.0	46.1	476
博乐市		51.1	394.3	40.9	404
精河县	2.6	1.0	46.7	5.2	72
巴音郭楞蒙古自治州	48.5	224.4	2873.6	374.4	2379
库尔勒市	48.5	151.1	2386.8	314.8	1816
轮台县		15.7	149.4	16.1	189
尉犁县		7.7	60.4	8.4	66
若羌县		3.9	31.0	3.3	37
且末县		12.2	69.6	9.7	90
焉耆回族自治县		12.6	59.2	8.3	46
和静县		20.0	75.3	10.7	75
和硕县		1.2	41.9	3.1	60

6-37　续表 7　　　　单位：万元

指标名称	应交所得税	劳动失业保险费	应付工资	应付福利费	全部从业人员年平均人数（人）
阿克苏地区	3.9	23.4	653.7	55.3	953
阿克苏市	3.9	4.6	395.7	32.8	533
库车县		5.5	25.7	6.5	140
沙雅县		4.1	36.6		38
新和县		1.2	64.7	2.0	79
拜城县		8.0	74.0	10.8	75
乌什县			11.0		45
阿瓦提县			46.0	3.2	43
克孜勒苏柯尔克孜自治州			69.6		115
阿图什市			69.6		115
喀什地区	1.6	94.3	1134.4	131.5	945
喀什市	1.6	94.3	1026.4	111.6	867
莎车县			108.0	19.9	78
和田地区	22.6		24.9	3.5	30
和田市	22.6		24.9	3.5	30
伊犁哈萨克自治州	22.2	370.3	1848.6	278.1	2385
伊宁市	4.3	256.6	1171.3	201.7	1521
奎屯市	17.9	92.7	481.2	52.3	614
伊宁县		6.5	33.6	4.4	42
察布查尔锡伯自治县		0.9	9.0	0.8	20
霍城县			80.0	10.5	108
新源县		13.6	60.1	8.4	61
特克斯县			13.4		19
塔城地区	20.9	172.1	378.6	61.3	509
塔城市	20.9	116.2	112.3	14.0	190
乌苏市		55.9	118.1	13.9	124
沙湾县			100.0	23.3	129
裕民县			16.2		21
和布克赛尔蒙古自治县			32.0	10.1	45
阿勒泰地区	82.9	48.9	1519.1	212.0	652
阿勒泰市	70.5	31.6	1130.3	163.4	225
布尔津县	5.2	3.8	211.2	30.0	214
富蕴县	0.4	3.9	46.0	6.0	46
福海县	2.6	2.1	27.9	3.9	47
哈巴河县	4.2		45.6	2.6	55
青河县			28.4	1.9	48
吉木乃县		7.5	29.7	4.2	17
生产建设兵团		721.7	3439.4	510.7	3590

6-38 各地、州、市、县（市）限额以下住宿和餐饮业企业主要财务状况

单位：万元

指标名称	企业数（个）	年末从业人员数（人）	固定资产原价	本年折旧	资产总计	负债合计
总　计	**626**	**14086**	**146460.0**	**14818.8**	**178503.7**	**88315.5**
乌鲁木齐市	191	4694	53145.5	6167.5	66769.4	31588.0
天山区	63	1588	18524.3	1627.0	23975.3	15134.6
沙依巴克区	64	1796	24425.6	3062.3	24299.5	10515.4
新市区	25	502	2659.8	375.4	3700.8	1279.5
水磨沟区	33	750	5269.4	1053.1	12480.6	4258.6
头屯河区	1	3	48.7		59.6	29.7
达坂城区	1	17	1093.0	38.0	1022.0	8.3
东山区	4	38	1124.7	11.7	1231.6	361.9
克拉玛依市	11	234	857.3	290.5	1147.5	513.8
独山子区	1	2	10.0		10.0	
克拉玛依区	10	232	847.3	290.5	1137.5	513.8
吐鲁番地区	19	447	1556.8	159.4	2380.8	1220.3
吐鲁番市	11	264	527.6	21.6	1221.6	695.1
鄯善县	5	115	314.3	14.5	484.4	251.3
托克逊县	3	68	714.9	123.3	674.8	273.9
哈密地区	17	289	1224.8	145.5	2290.6	1831.0
哈密市	15	279	1214.4	143.0	2183.8	1728.0
巴里坤哈萨克自治县	2	10	10.4	2.5	106.8	103.0
昌吉回族自治州	54	977	8415.6	369.8	13693.5	6421.8
昌吉市	22	444	3345.0	175.8	4397.3	1744.2
阜康市	5	89	871.9	26.6	3619.5	2407.9
米泉市	6	193	1958.3	57.8	2075.9	188.8
呼图壁县	2	51	211.4	12.0	146.4	195.5
玛纳斯县	10	119	852.4	33.5	894.0	316.9
奇台县	4	51	839.3	23.7	2141.5	1470.0
吉木萨尔县	4	20	284.4	37.0	391.6	65.8
木垒哈萨克自治县	1	10	52.9	3.4	27.3	32.7
博尔塔拉蒙古自治州	13	269	4717.1	293.0	6286.6	3359.9
博乐市	9	132	2526.4	199.1	3978.1	1217.2
精河县	2	13	107.5	18.5	168.2	91.2
温泉县	2	124	2083.2	75.4	2140.3	2051.5
巴音郭楞蒙古自治州	57	1329	13616.8	1128.8	16523.8	10020.2
库尔勒市	36	1104	11102.3	915.6	12355.0	8763.6
轮台县	5	67	675.1	153.4	534.9	235.6
焉耆回族自治县	2	15	158.0	1.6	161.0	93.0
和静县	6	63	81.7	4.3	156.6	83.3
和硕县	7	58	1253.6	44.2	2954.4	482.7
博湖县	1	22	346.1	9.7	361.9	362.0

6-38 续表 1

单位：万元

指标名称	企业数（个）	年末从业人员数（人）	固定资产原价	本年折旧	资产总计	负债合计
阿克苏地区	26	573	11585.4	1467.6	5914.6	1482.0
阿克苏市	11	323	4064.0	386.7	3514.9	1166.6
温宿县	2	29	313.0	8.9	248.6	143.6
库车县	2	28	6179.0	1039.0	1193.0	150.0
沙雅县	3	61	529.6	16.5	698.8	3.5
新和县	1	55	243.0	4.5	6.4	6.0
拜城县	2	32	75.0		75.0	
阿瓦提县	3	22	86.0	6.2	92.1	6.5
柯坪县	2	23	95.8	5.8	85.8	5.8
克孜勒苏柯尔克孜自治州	2	24	33.3	16.5	50.3	83.8
阿图什市	2	24	33.3	16.5	50.3	83.8
喀什地区	63	1459	8651.5	1129.9	9394.5	2128.3
喀什市	40	1082	5620.6	930.7	6503.6	1650.5
疏附县	1	13	100.0		100.0	
英吉沙县	4	98	905.9	10.8	343.0	103.2
泽普县	3	43	306.7	49.9	374.9	65.1
莎车县	5	105	789.9	58.3	1057.2	73.3
叶城县	1	8	154.6	2.2	270.0	96.0
麦盖提县	3	48	87.5		105.3	
岳普湖县	3	38	483.9	14.1	486.9	
伽师县	3	24	202.4	63.9	153.6	140.2
和田地区	22	585	8422.9	752.5	9586.0	2912.2
和田市	14	474	7447.2	724.0	8350.4	2691.1
皮山县	2	20	68.0	5.6	167.2	17.9
洛浦县	1	27	3.6		161.2	161.2
策勒县	1	15	72.3	2.9	88.1	
于田县	2	31	201.8	10.9	182.1	40.0
民丰县	2	18	630.0	9.1	637.0	2.0
伊犁哈萨克自治州	43	1064	7337.2	511.2	7261.0	3233.9
伊宁市	16	469	3208.2	315.5	2774.7	1037.7
奎屯市	13	275	1126.8	84.4	1618.4	948.6
察布查尔锡伯自治县	4	107	565.0	35.0	582.0	76.0
霍城县	1	17	7.7		79.0	35.0
新源县	1	8	353.8	10.3	493.9	185.8
昭苏县	6	127	1659.6	12.2	1307.7	583.1
尼勒克县	2	61	416.1	53.8	405.3	367.7
塔城地区	21	433	3965.1	353.7	4914.0	1902.1
塔城市	3	59	181.5	17.0	308.3	63.5
乌苏市	3	40	153.0	1.6	807.0	
额敏县	2	50	1223.4	59.7	1289.4	153.4
沙湾县	6	98	1240.0	194.7	1441.9	1315.7
托里县	3	40	375.4	18.0	519.9	235.4
裕民县	1	3	1.1		1.1	
和布克赛尔蒙古自治县	3	143	790.7	62.7	546.4	134.1
阿勒泰地区	15	193	4348.0	401.1	9879.2	4649.9
阿勒泰市	6	78	746.3	117.1	1275.8	1682.7
布尔津县	7	91	3091.1	218.7	7960.9	2953.4
哈巴河县	2	24	510.6	65.3	642.5	13.8
生产建设兵团	72	1516	18582.7	1631.8	22411.9	16968.3

6-38 续表 2

单位：万元

指标名称	实收资本	营业收入合计	#主营业务收入	主营业务成本	主营业务税金及附加	费用合计
总　计	**98071.3**	**51176.7**	**48148.5**	**23636.1**	**3342.2**	**28929.3**
乌鲁木齐市	40104.1	17460.5	16165.5	7481.2	1167.0	11691.6
天山区	13354.3	6495.3	6149.1	2528.5	466.3	3807.1
沙依巴克区	17003.5	6623.2	5818.5	2875.0	381.9	5038.9
新市区	2727.6	1893.0	1802.9	722.0	116.1	1373.6
水磨沟区	4887.6	2335.1	2281.1	1264.7	194.9	1419.2
头屯河区	29.8	3.5	3.5	4.5	0.3	1.1
达坂城区	1093.0	38.0	38.0	15.0	1.8	28.0
东山区	1008.3	72.4	72.4	71.5	5.7	23.7
克拉玛依市	577.9	916.0	916.0	679.5	53.9	277.6
独山子区	10.0	1.0	1.0	0.6	0.1	
克拉玛依区	567.9	915.0	915.0	678.9	53.8	277.6
吐鲁番地区	1094.3	1367.3	1325.3	658.8	111.1	476.7
吐鲁番市	626.1	919.2	877.2	427.7	71.5	279.9
鄯善县	203.7	224.9	224.9	129.5	31.3	61.2
托克逊县	264.5	223.2	223.2	101.6	8.3	135.6
哈密地区	843.5	1045.1	907.2	662.9	48.6	299.6
哈密市	829.1	995.7	857.8	621.2	45.1	294.3
巴里坤哈萨克自治县	14.4	49.4	49.4	41.7	3.5	5.3
昌吉回族自治州	7806.0	3144.9	3068.8	1724.4	194.5	1471.4
昌吉市	3391.9	1319.6	1289.5	657.0	68.1	775.0
阜康市	1624.5	457.1	451.1	267.2	24.5	199.3
米泉市	437.4	660.3	653.7	355.1	54.1	286.5
呼图壁县	125.2	259.4	259.4	198.0	14.5	43.8
玛纳斯县	815.0	174.1	161.1	89.9	15.7	62.2
奇台县	1016.0	205.5	200.9	127.0	15.1	84.2
吉木萨尔县	336.0	32.3	28.3	22.4	1.2	3.6
木垒哈萨克自治县	60.0	36.6	24.8	7.8	1.3	16.8
博尔塔拉蒙古自治州	3336.1	944.5	944.3	375.6	55.8	757.9
博乐市	3066.6	649.0	648.8	285.0	34.3	426.5
精河县	124.5	13.5	13.5		0.7	31.0
温泉县	145.0	282.0	282.0	90.6	20.8	300.4
巴音郭楞蒙古自治州	7089.5	4571.6	4182.9	2249.3	308.8	2535.8
库尔勒市	4848.9	3812.3	3455.4	1830.8	256.7	2266.0
轮台县	101.8	314.3	292.8	60.6	34.7	153.4
焉耆回族自治县	44.0	18.6	18.6	9.4	1.2	15.0
和静县	168.1	63.2	60.9	42.4	3.2	13.5
和硕县	1805.1	320.6	314.6	256.5	10.7	70.6
博湖县	121.6	42.6	40.6	49.6	2.3	17.3

6-38 续表 3

单位：万元

指标名称	实收资本	营业收入合计	#主营业务收入	主营业务成本	主营业务税金及附加	费用合计
阿克苏地区	3821.3	1627.6	1526.9	660.0	157.2	1733.1
阿克苏市	2486.5	966.7	945.9	399.7	86.5	1469.2
温宿县	55.0	91.3	91.3	45.9	18.7	21.8
库车县	830.0	91.3	91.3	71.6	3.6	5.4
沙雅县	225.3	260.3	180.4	43.4	14.0	174.8
新和县	6.4	12.9	12.9		0.9	14.5
拜城县	60.0	101.8	101.8	65.0	27.6	3.0
阿瓦提县	92.1	64.1	64.1	20.2	3.7	44.0
柯坪县	66.0	39.2	39.2	14.2	2.2	0.4
克孜勒苏柯尔克孜自治州	60.0	54.3	43.9	5.4	4.8	59.6
阿图什市	60.0	54.3	43.9	5.4	4.8	59.6
喀什地区	6592.9	5373.2	5285.4	2793.2	287.1	1898.5
喀什市	4606.9	4406.6	4331.6	2297.7	252.4	1655.8
疏附县	100.0	60.0	60.0	38.6	1.4	
英吉沙县	246.0	220.0	209.3	81.0	8.3	86.3
泽普县	309.1	188.1	188.1	117.3	6.4	42.9
莎车县	728.0	258.0	258.0	93.6	1.7	46.1
叶城县	120.0	20.0	20.0	13.0	2.9	2.1
麦盖提县	78.3	89.3	89.3	38.7	9.4	5.9
岳普湖县	185.6	80.2	78.1	76.5	2.0	42.0
伽师县	219.0	51.0	51.0	36.8	2.6	17.4
和田地区	3732.6	2072.0	2037.8	858.6	152.2	1054.2
和田市	2953.8	1580.5	1567.5	519.5	123.6	918.2
皮山县	138.2	70.3	69.9	6.7	5.4	51.5
洛浦县		134.7	113.9	107.8	2.8	
策勒县	87.7	56.5	56.5	39.2	4.9	11.5
于田县	95.9	154.9	154.9	100.4	7.3	72.3
民丰县	457.0	75.1	75.1	85.0	8.2	0.7
伊犁哈萨克自治州	4387.1	3250.6	3074.0	1420.1	283.3	1683.3
伊宁市	1930.9	1509.1	1346.6	574.7	155.1	962.7
奎屯市	542.2	775.7	770.7	400.8	72.4	374.3
察布查尔锡伯自治县	241.0	390.3	390.3	270.3	12.1	114.9
霍城县	31.0	11.5	11.5	3.6	0.8	13.8
新源县	195.3	180.9	171.8	73.1	6.8	42.3
昭苏县	1446.7	330.7	330.7	75.3	33.5	158.2
尼勒克县		52.4	52.4	22.3	2.6	17.1
塔城地区	3235.4	1424.1	1401.1	937.5	85.8	525.1
塔城市	113.0	235.6	235.6	114.2	17.6	79.0
乌苏市	851.6	91.6	91.6	121.0	4.6	44.2
额敏县	1140.8	266.8	266.8	227.3	19.5	84.0
沙湾县	355.5	344.6	321.6	233.2	19.4	149.4
托里县	337.1	100.1	100.1	61.2	8.9	9.8
裕民县		6.0	6.0	3.5		1.3
和布克赛尔蒙古自治县	437.4	379.4	379.4	177.1	15.8	157.4
阿勒泰地区	4481.2	1938.4	1898.5	442.7	95.0	1157.2
阿勒泰市	267.7	421.0	406.9	174.2	22.7	187.4
布尔津县	3853.3	1439.5	1413.7	180.0	70.2	969.8
哈巴河县	360.2	77.9	77.9	88.5	2.1	
生产建设兵团	10909.4	5986.6	5370.9	2686.9	337.1	3307.7

6-38 续表 4

单位：万元

指标名称	营业利润	利润总额	从业人员劳动报酬	劳动失业保险费	全部从业人员年平均人数（人）
总　计	**-1955.4**	**-2707.9**	**10986.2**	**1102.4**	**14159**
乌鲁木齐市	-2007.9	-2336.1	3872.7	625.5	4730
天山区	-192.5	-543.2	1266.1	101.1	1604
沙依巴克区	-1097.4	-1052.1	1594.1	389.3	1785
新市区	-181.9	-353.1	508.1	41.9	546
水磨沟区	-498.4	-349.7	462.9	92.1	735
头屯河区	-2.4	-2.4	1.8		3
达坂城区	-6.8	-7.0	18.0		24
东山区	-28.5	-28.6	21.7	1.1	33
克拉玛依市	-75.6	-64.2	234.5	15.9	225
独山子区	0.3	0.3	0.5		2
克拉玛依区	-75.9	-64.5	234.0	15.9	223
吐鲁番地区	98.7	79.6	283.3	19.3	427
吐鲁番市	118.1	110.1	154.2	1.8	254
鄯善县	2.9	2.5	71.2	5.7	112
托克逊县	-22.3	-33.0	57.9	11.8	61
哈密地区	62.7	29.9	145.6	8.3	279
哈密市	63.8	27.7	138.4	8.3	269
巴里坤哈萨克自治县	-1.1	2.2	7.2		10
昌吉回族自治州	-228.3	-317.5	698.8	58.8	999
昌吉市	-198.1	-294.5	283.5	51.0	430
阜康市	8.8	6.2	84.4		130
米泉市	-34.8	-37.5	185.1	1.5	192
呼图壁县	3.1	14.9	24.5	1.4	47
玛纳斯县	6.5	6.5	55.0	3.5	119
奇台县	-20.8	-20.8	49.3	1.4	51
吉木萨尔县	1.1	5.1	11.8		20
木垒哈萨克自治县	5.9	2.6	5.2		10
博尔塔拉蒙古自治州	-234.7	-193.8	197.5	10.0	263
博乐市	-86.7	-72.7	113.7	5.8	126
精河县	-18.2	-23.3	7.8	3.3	13
温泉县	-129.8	-97.8	76.0	0.9	124
巴音郭楞蒙古自治州	-174.6	-214.7	976.4	66.4	1387
库尔勒市	-193.6	-211.0	822.0	48.9	1130
轮台县	65.7	48.0	55.7	8.5	67
焉耆回族自治县	-7.0	-2.2	7.0	0.5	15
和静县	4.1	-2.8	25.6	1.8	59
和硕县	-17.2	-19.5	52.3	2.9	94
博湖县	-26.6	-27.2	13.8	3.8	22

6-38 续表 5

单位：万元

指标名称	营业利润	利润总额	从业人员劳动报酬	劳动失业保险费	全部从业人员年平均人数（人）
阿克苏地区	188.2	60.1	393.3	11.8	516
阿克苏市	90.8	-4.6	228.8	2.3	268
温宿县	4.9	0.7	23.6	4.6	29
库车县	42.1	10.5	12.3	2.9	28
沙雅县	28.1	28.1	33.6	0.5	61
新和县	-2.5		14.5		55
拜城县	6.2	6.2	31.7		32
阿瓦提县	-3.8	-3.8	20.3	1.1	20
柯坪县	22.4	23.0	28.5	0.4	23
克孜勒苏柯尔克孜自治州	7.2	7.3	17.3		27
阿图什市	7.2	7.3	17.3		27
喀什地区	500.6	370.5	1222.0	13.8	1451
喀什市	301.7	306.5	1035.3	8.1	1100
疏附县	20.0	20.0	6.0		13
英吉沙县	33.7	-7.3	54.0	2.8	98
泽普县	21.5	20.4	32.3	0.6	40
莎车县	127.2	-0.6	40.8	1.3	87
叶城县	2.0	2.0	5.3	1.0	8
麦盖提县	41.5	41.5	14.3		43
岳普湖县	-41.2	-6.2	19.0		38
伽师县	-5.8	-5.8	15.0		24
和田地区	108.9	20.0	325.2	23.4	581
和田市	76.0	-11.9	203.8	2.7	470
皮山县	6.3	4.1	20.5	5.7	20
洛浦县	24.1	24.1	48.8	9.8	27
策勒县	0.9	0.9	13.4		15
于田县	-0.8	0.4	24.7	2.0	31
民丰县	2.4	2.4	14.0	3.2	18
伊犁哈萨克自治州	-162.0	-10.6	626.7	9.9	945
伊宁市	-267.6	-109.0	296.0	6.0	446
奎屯市	-71.8	-73.3	171.8		257
察布查尔锡伯自治县	60.4	48.1	61.4	3.9	91
霍城县	-6.7	-6.7	7.0		17
新源县	49.6	56.2	7.0		8
昭苏县	63.7	63.7	71.0		107
尼勒克县	10.4	10.4	12.5		19
塔城地区	23.8	0.2	388.3	22.5	459
塔城市	24.8	25.2	53.6	7.6	56
乌苏市	10.4	10.4	24.4	1.0	45
额敏县	4.6	4.6	42.5		65
沙湾县	-66.5	-65.6	82.7	9.3	105
托里县	20.2	-4.7	52.5		42
裕民县	1.2	1.2	1.5		3
和布克赛尔蒙古自治县	29.1	29.1	131.1	4.6	143
阿勒泰地区	275.4	248.6	280.5	10.8	232
阿勒泰市	33.7	17.9	63.4	1.0	78
布尔津县	254.4	243.4	200.7	9.8	130
哈巴河县	-12.7	-12.7	16.4		24
生产建设兵团	-337.8	-387.2	1324.1	206.0	1638

6-39 其他行业法人附属住宿和餐饮业产业活动单位分登记注册类型经营情况

单位：万元

指标名称	产业活动单位数（个）	年末从业人数（人）	营业额	客房收入	餐费收入	商品销售收入
总　计	**351**	**7468**	**35175.9**	**15622.1**	**17429.8**	**304.4**
一、住宿业	**262**	**5201**	**25757.3**	**15055.8**	**8799.2**	**245.2**
内资企业	262	5201	25757.3	15055.8	8799.2	245.2
国有企业	128	2506	10893.9	5965.7	4322.2	93.1
集体企业	29	483	1737.3	1200.7	440.3	41.8
联营企业	2	19	79.5	59.5	20.0	
集体联营企业	1	3	3.5	3.5		
其他联营企业	1	16	76.0	56.0	20.0	
有限责任公司	57	1407	6911.6	4054.8	2294.0	29.6
国有独资公司	9	214	1059.6	898.2	127.4	1.8
其他有限责任公司	48	1193	5852.0	3156.6	2166.6	27.8
股份有限公司	3	188	3774.7	2054.5	1418.0	78.1
私营企业	39	554	2262.9	1639.6	288.3	2.6
私营独资企业	5	14	111.0	111.0		
私营合伙企业	2	15	64.7	61.6		
私营有限责任公司	32	525	2087.2	1467.0	288.3	2.6
其他企业	4	44	97.4	81.0	16.4	
二、餐饮业	**89**	**2267**	**9418.6**	**566.3**	**8630.6**	**59.2**
内资企业	89	2267	9418.6	566.3	8630.6	59.2
国有企业	34	604	2310.7	385.7	1859.0	44.8
集体企业	8	87	184.1	16.0	168.1	
股份合作企业	1	3	4.5		4.5	
有限责任公司	20	665	3329.4	57.3	3128.0	4.7
其他有限责任公司	20	665	3329.4	57.3	3128.0	4.7
股份有限公司	1	324	1541.6		1541.6	
私营企业	22	553	1996.1	107.3	1877.2	9.7
私营有限责任公司	21	549	1995.0	107.3	1876.1	9.7
私营股份有限公司	1	4	1.1		1.1	
其他企业	3	31	52.2		52.2	

6-40 其他行业法人附属住宿和餐饮业产业活动单位分行业经营情况

单位：万元

指标名称	产业活动单位数（个）	年末从业人数（人）	营业额	客房收入	餐费收入	商品销售收入
总　计	**351**	**7468**	**35175.9**	**15622.1**	**17429.8**	**304.4**
一、住宿业	**262**	**5201**	**25757.3**	**15055.8**	**8799.2**	**245.2**
旅游饭店	34	1410	11715.4	6234.6	4873.7	163.4
一般旅馆	209	3485	12919.6	8346.9	3330.1	63.1
其他住宿服务	19	306	1122.3	474.3	595.4	18.7
二、餐饮业	**89**	**2267**	**9418.6**	**566.3**	**8630.6**	**59.2**
正餐服务	71	2040	8889.3	501.7	8167.2	59.2
快餐服务	7	24	11.7	1.0	10.7	
饮料及冷饮服务	2	7	12.1		10.8	
其他餐饮服务	9	196	505.5	63.6	441.9	

6-41 其他行业法人附属住宿和餐饮业产业活动单位分地区经营情况

单位：万元

指标名称	产业活动单位数（个）	年末从业人数（人）	营业额
总　计	**351**	**7468**	**35175.9**
一、住宿业	**262**	**5201**	**25757.3**
乌鲁木齐市	29	1075	6938.6
克拉玛依市	24	1385	6541.8
吐鲁番地区	17	118	413.3
哈密地区	12	184	929.5
昌吉州	19	192	1205.5
博尔塔拉蒙古自治州	4	24	44.3
巴音郭楞蒙古自治州	21	413	2009.0
阿克苏地区	7	73	361.2
克孜勒苏柯尔克孜自治州	11	69	337.6
喀什地区	28	374	433.0
和田地区	5	54	232.1
伊犁哈萨克自治州	5	84	119.2
塔城地区	15	152	375.7
阿勒泰地区	12	171	1118.7
生产建设兵团	53	833	4697.8
二、餐饮业	**89**	**2267**	**9418.6**
乌鲁木齐市	23	753	2867.1
克拉玛依市	13	259	1550.2
吐鲁番地区	3	49	76.4
哈密地区	3	19	60.0
昌吉州	8	110	286.5
巴音郭楞蒙古自治州	5	72	75.7
阿克苏地区	2	8	
喀什地区	4	124	761.2
和田地区	1	3	
塔城地区	5	82	275.1
阿勒泰地区	3	19	25.5
生产建设兵团	19	769	3440.9

第 7 篇

其他第三产业主要经济指标

7-1 交通运输、铁路、邮政、电信企业单位数和财务状况

单位：千元

指标名称	企业数（个）	年末从业人员数（人）	固定资产原价	本年折旧	资产总计	负债合计
总计	**999**	**145703**	**66787967**	**5307523**	**67312544**	**32042533**
#国有及国有控股	241	111536	54538025	3705811	54416936	24030743
按开业时间划分						
1949年以前	3	1424	393371	59384	428924	392265
1950-1952年	4	1379	213597	7368	220664	71421
1953-1957年	15	3983	722995	49553	984345	656174
1958-1962年	10	14962	6871425	209514	6433856	1801068
1963-1965年	4	8571	663299	49478	510484	260780
1966-1970年	6	662	186919	4323	503556	382886
1971-1975年	14	9140	3240670	202010	5118257	4033139
1976-1980年	12	1661	216547	33431	249894	165577
#1978年	3	206	12566	996	14968	13728
1981-1985年	21	33617	18975828	435628	19158951	5342229
#1985年	10	7994	2577548	105061	4586861	1115735
1986-1990年	27	1534	149398	10750	249296	201198
1991-1995年	79	6768	1600561	460553	2069870	1269106
#1992年	12	1116	83427	17032	128481	92467
1996-2000年	267	26399	7117977	1269674	9021141	6122638
#1997年	33	1434	324146	49565	423943	195148
2001年	120	7730	2870285	253483	3178288	2064965
2002年	123	5540	499089	91404	698248	485737
2003年	144	5399	631918	80481	850042	487579
2004年	126	16623	22423604	2090480	17622325	8304478
其他(不详)	24	311	10484	9	14403	1293
按登记注册类型分组						
内资企业	989	137148	56573397	3854142	56648753	25085979
国有企业	190	92650	37071153	2065581	39827241	16934586
集体企业	46	3335	149681	34388	147203	120310
股份合作企业	9	430	43463	4986	46512	8544
联营企业	2	47	2341	117	1800	991
国有联营企业	1	4				
集体联营企业	1	43	2341	117	1800	991
有限责任公司	239	29425	18135284	1591925	15143106	7310746
国有独资公司	7	1975	2068392	111568	2182674	930521
其他有限责任公司	232	27450	16066892	1480357	12960432	6380225
股份有限公司	21	1289	123720	37560	146212	31743
私营企业	479	9927	1047730	119584	1336650	679059
私营独资企业	32	935	23835	2301	25931	5628
私营合伙企业	15	198	3330	673	26852	13695
私营有限责任公司	416	8572	987193	113813	1240597	645995
私营股份有限公司	16	222	33372	2797	43270	13741
其他企业	3	45	25	1	30	
港、澳、台商投资企业	3	4057	3545129	561557	4529349	3984939
合资经营企业(港或澳、台资)	1	19	61237	5162	70522	21297
港、澳、台商独资经营企业	1	3581	2993962	353835	3558329	3310438
港、澳、台商投资股份有限公司	1	457	489930	202560	900498	653204
外商投资企业	7	4498	6669441	891824	6134441	2971615
中外合资经营企业	6	327	498306	82818	910739	699222
外商投资股份有限公司	1	4171	6171135	809006	5223702	2272393

7-1 续表 1

单位：千元

指标名称	企业数（个）	年末从业人员数（人）	固定资产原价	本年折旧	资产总计	负债合计
按营业状态分组						
营业	878	144303	66689038	5287289	67139380	31796193
停业(歇业)	47	908	72090	19519	133611	215520
筹建	24	311	10484	9	14403	1293
当年关闭	37	73	14768	95	20073	28068
当年破产	4	24				
其他	9	84	1587	611	5077	1459
按地区分组						
乌鲁木齐市	311	76029	44906342	3804335	45165204	22849328
克拉玛依市	39	2257	322723	71144	389030	235331
吐鲁番地区	25	2304	213395	45795	220029	142340
哈密地区	21	13277	6457999	154932	5763321	1000394
昌吉回族自治州	140	6888	842194	137900	1360413	849120
博尔塔拉蒙古自治州	46	1957	229269	38852	284770	99912
巴音郭楞蒙古自治州	75	18061	10402412	458410	9946591	4447189
阿克苏地区	48	3995	506655	86085	485336	264939
克孜勒苏柯尔克孜自治州	10	483	52033	14004	58111	15832
喀什地区	63	4528	633346	113601	697471	441314
和田地区	36	2246	254715	31954	267128	156453
伊犁哈萨克自治州	84	4686	627859	115407	994462	566751
塔城地区	41	2907	467336	72476	591737	287850
阿勒泰地区	44	3397	277499	48981	330119	200280
石河子市	16	2688	594190	113647	758822	485500
按国民经济行业中类分组						
交通运输、仓储和邮政业	981	126577	41468305	2813364	46281291	20350690
铁路运输业	5	49865	28194970	711013	28063404	9688464
#铁路货物运输	4	37437	21036498	611824	21665198	8708667
道路运输业	621	32655	4941767	519336	5913912	3777136
公路旅客运输	151	9937	1539324	180386	1737611	972701
道路货物运输	410	19183	3036715	313088	3748921	2640337
道路运输辅助活动	60	3535	365728	25862	427380	164098
城市公共交通业	89	17949	1321206	202937	1167640	695763
公共电汽车客运	35	14911	1088094	168678	951254	579600
轨道交通	2	28	27827	1856	28744	9439
出租车客运	44	1930	134067	25275	121368	80499
其他城市公共交通	8	1080	71218	7128	66274	26225
航空运输业	11	4799	2221478	155928	3317386	923716
航空客货运输	1	2429	72264	16407	1179298	155071
通用航空服务	6	234	273699	36368	298155	94251
航空运输辅助活动	4	2136	1875515	103153	1839933	674394
管道运输业	2	603	942880	281333	1783327	1326178
装卸搬运和其他运输服务业	135	3857	181300	59595	370464	182894
装卸搬运	34	1793	39411	9250	59374	29178
运输代理服务	101	2064	141889	50345	311090	153716
仓储业	98	3501	1062568	76445	3146840	2560141
谷物、棉花等农产品仓储	36	1273	746851	33306	2562614	2159186
其他仓储	62	2228	315717	43139	584226	400955
邮政业	20	13348	2602136	806777	2518318	1196398
国家邮政	17	13143	2596147	803577	2511638	1190947
其他寄递服务	3	205	5989	3200	6680	5451
信息传输、计算机服务和软件业	18	19126	25319662	2494159	21031253	11691843

7-1 续表 2

单位：千元

指标名称	实收资本	营业收入合计	#主营业务收入	主营业务成本	主营业务税金及附加	费用合计
总计	**38104726**	**28436100**	**26587474**	**20795432**	**846592**	**5432888**
#国有及国有控股	33818070	22765750	3541183	17385523	662072	3711021
按开业时间划分						
1949年以前	73207	94118	79899	99212	2116	46905
1950-1952年	151628	40389	37453	23210	2071	14947
1953-1957年	473356	1296344	1289641	1219017	14340	63368
1958-1962年	5138818	3554264	2430263	2032989	71373	289561
1963-1965年	76748	415336	392392	269297	39026	90399
1966-1970年	42368	174832	147461	123154	890	28264
1971-1975年	1328036	3198006	3104835	2762202	100178	315792
1976-1980年	63829	111601	97127	76662	3480	26487
#1978年	2497	4632	4632	1623	341	2939
1981-1985年	16869410	7261260	7141830	6266555	217967	1017000
#1985年	2947335	4045004	4034586	3338905	122509	595919
1986-1990年	76897	72999	71312	51836	3908	26214
1991-1995年	580951	911510	860620	594674	24698	236468
#1992年	39539	108890	108356	31063	3436	74749
1996-2000年	2519783	2734993	2643544	2105670	83451	897815
#1997年	280826	240481	238976	155354	12140	116252
2001年	1056725	1040051	912067	772440	26839	250101
2002年	239660	381638	373820	215781	20298	154849
2003年	280451	455771	417745	302850	20035	123571
2004年	9119298	6692988	6587465	3879883	215922	1850394
其他(不详)	13561					753
按登记注册类型分组						
内资企业	34876136	24499778	22695735	18652085	727009	4231331
国有企业	26308434	17902541	16366441	14282581	499890	2482020
集体企业	54180	162925	147242	116498	4740	43437
股份合作企业	24119	19828	18958	13700	647	4162
联营企业	500	1233	662	622	24	58
国有联营企业						
集体联营企业	500	1233	662	622	24	58
有限责任公司	7814777	5622691	5387157	3754686	177049	1389007
国有独资公司	1410829	414745	373672	403831	10088	103124
其他有限责任公司	6403948	5207946	5013485	3350855	166961	1285883
股份有限公司	103804	69206	68713	28248	11725	26280
私营企业	570312	721284	706492	455725	32929	286346
私营独资企业	13615	29283	29269	9926	993	15375
私营合伙企业	3893	6158	6158	1835	230	3267
私营有限责任公司	532024	663707	650208	435756	31061	256763
私营股份有限公司	20780	22136	20857	8208	645	10941
其他企业	10	70	70	25	5	21
港、澳、台商投资企业	456615	1267216	1222633	841400	33367	347593
合资经营企业(港或澳、台资)	25000	42245	42245	6313	1284	7361
港、澳、台商独资经营企业	247890	1093755	1050646	773247	28445	307969
港、澳、台商投资股份有限公司	183725	131216	129742	61840	3638	32263
外商投资企业	2771975	2669106	2669106	1301947	86216	853964
中外合资经营企业	190375	57439	57439	42011	1724	25336
外商投资股份有限公司	2581600	2611667	2611667	1259936	84492	828628

7-1 续表 3 单位：千元

指标名称	实收资本	营业收入		主营业务	主营业务	费用合计
		合计	主营业务收入	成本	税金及附加	
按营业状态分组						
营业	38015952	28425997	26577371	20787701	846263	5402031
停业(歇业)	70838	8180	8180	6205	250	20151
筹建	13561					753
当年关闭	1640					9420
当年破产						
其他	2735	1923	1923	1526	79	533
按地区分组						
乌鲁木齐市	22452983	19933890	19387108	14500982	627574	4094611
克拉玛依市	102324	263851	231350	200579	7303	58208
吐鲁番地区	40076	123455	118653	94062	3124	29449
哈密地区	5078309	3437869	2317349	1927726	68048	251757
昌吉回族自治州	470461	652964	640757	490447	18321	111755
博尔塔拉蒙古自治州	84967	162067	158046	59591	6036	90351
巴音郭楞蒙古自治州	8390748	2040203	1981830	2100433	61110	307013
阿克苏地区	163278	225170	221452	146845	11033	100053
克孜勒苏柯尔克孜自治州	14023	15735	15049	11319	621	8868
喀什地区	257620	217291	212285	166689	7473	62887
和田地区	110333	93706	91676	70255	3148	42947
伊犁哈萨克自治州	315895	533206	526363	429977	10322	128260
塔城地区	291038	150685	144656	106892	5901	49781
阿勒泰地区	86584	279473	266530	234379	11959	51328
石河子市	246087	306535	274370	255256	4619	45620
按国民经济行业中类分组						
交通运输、仓储和邮政业	28824186	20496996	18848932	16093872	599185	3284776
铁路运输业	22178710	10643305	9313075	8256421	288050	1041544
#铁路货物运输	16307047	8994899	7720898	7052180	239602	811517
道路运输业	2245944	3914340	3770698	3256844	100069	712348
公路旅客运输	650628	885399	839663	650938	25434	226993
道路货物运输	1356171	2911542	2823726	2544121	68605	438101
道路运输辅助活动	239145	117399	107309	61785	6030	47254
城市公共交通业	293912	795091	731063	529429	52676	190687
公共电汽车客运	203571	706886	643025	482316	47859	157259
轨道交通	15300	8612	8612	3358	334	2668
出租车客运	34304	54942	54793	26416	2713	25401
其他城市公共交通	40737	24651	24633	17339	1770	5359
航空运输业	2521417	3154355	3113401	2602915	101885	606124
航空客货运输	872898	2841687	2841687	2321685	90981	472193
通用航空服务	303368	14395	14395	27904	2334	6211
航空运输辅助活动	1345151	298273	257319	253326	8570	127720
管道运输业	344698	176256	174782	89799	4989	55354
装卸搬运和其他运输服务业	166631	319001	315560	172604	17551	121446
装卸搬运	15485	56483	55981	38363	1922	15175
运输代理服务	151146	262518	259579	134241	15629	106271
仓储业	510008	729930	695858	502534	9447	290418
谷物、棉花等农产品仓储	352639	458106	426781	391438	1293	171146
其他仓储	157369	271824	269077	111096	8154	119272
邮政业	562866	764718	734495	683326	24518	266855
国家邮政	556866	752389	722166	673583	23872	265326
其他寄递服务	6000	12329	12329	9743	646	1529
信息传输、计算机服务和软件业	9280540	7939104	7738542	4701560	247407	2148112

7-2 交通运输、仓储企业主要业务量

项　　目	计量单位	合　计
道路运输企业营运车辆	辆	35221
#客车	辆	11652
货车	辆	22626
道路运输企业货运量	万吨	6578.6
道路运输企业客运量	万人	14566
道路运输企业旅客周转量	万人公里	1469957.6
道路运输企业货物周转量	万吨公里	774306.1
城市公共交通企业车辆	辆	6949
出租汽车辆数	辆	5292
城市公交企业客运量	万人	75420.3
民航机场旅客吞吐量	万人	516.4
民航机场货物吞吐量	万吨	8.6
航空公司飞机架数	架	54
#通用航空	架	32
航空公司客运量	万人	286.4
航空公司旅客周转量	万人公里	528470.9
航空公司货运量	万吨	2.5
航空公司货物周转量	万吨公里	7374.9
管道运输企业输油（气)量	万吨	289
管道运输企业输油（气)周转量	万吨公里	59002
装卸搬运及其它运输服务企业装卸量	万吨	29.8

7-3 金融业财务状况

单位：千元

指标名称	银行业	保险业	证券业
	本期余额	期末数	期末数
资产总计	**314885390**	**11038030**	**7257856**
流动资产	193242550	10268754	6205579
长期资产	119879852	81586	403366
固定资产	8937863	648403	499147
累计折旧	2493049	240386	404130
无形递延及其他资产	1762987	39286	166505
负债总计	**314885390**	**10619567**	**6370573**
流动负债	182298553	1289312	4166412
长期负债	143886992	9330256	4161
所有者权益	**-11300155**	**418463**	**883138**
实收资本	4164974	127500	1311945
资本公积	351103	10	602290
公益金	41172	29011	40942
营业收入	20992682	6236536	321982
营业支出	20964024	3266763	565549
营业税金及附加	621452	106840	20435
营业利润	292428	99056	-243518
利润总额	-587946	97453	-56229

7-4 银行业企业财务状况

单位：千元

指标名称	固定资产原价	本年折旧	资产总计	负债合计	实收资本
总计	**8937863**	**2493049**	**314885390**	**314885390**	**4164974**
乌鲁木齐市	4354986	1143269	144342574	144342574	2855857
克拉玛依市	317672	89524	19740160	19740160	56320
吐鲁番地区	232020	72267	5069371	5069371	91815
哈密地区	245533	79350	9435936	9435936	66527
昌吉回族自治州	426665	139573	18098310	18098310	11440
博尔塔拉蒙古自治州	234314	70563	6269570	6269570	40882
巴音郭楞蒙古自治州	581330	156086	21948636	21948636	260822
阿克苏地区	408498	126717	20560777	20560777	214441
克孜勒苏柯尔克孜自治州	45623	13848	1220989	1220989	10889
喀什地区	500190	136604	18176395	18176395	80419
和田地区	136716	44348	5185776	5185776	50848
伊犁哈萨克自治州	593495	175766	19447024	19447024	236692
塔城地区	474747	125069	8685077	8685077	75240
阿勒泰地区	169240	56135	5505072	5505072	89624
石河子市	216834	63930	11199723	11199723	23158

7-4 续表 1

单位：千元

指标名称	主营业务收入	主营业务成本	主营业务税金及附加	营业利润	利润总额
总计	**20992682**	**20964024**	**621452**	**292428**	**-587946**
乌鲁木齐市	12607480	13648885	358651	-880273	-1256712
克拉玛依市	685915	495124	16051	196451	175429
吐鲁番地区	234853	300398	4951	-63864	-92236
哈密地区	441323	419605	12082	29678	722
昌吉回族自治州	1028439	874745	45711	154814	77046
博尔塔拉蒙古自治州	372618	348562	9427	24336	13912
巴音郭楞蒙古自治州	1077447	839483	38187	261483	177428
阿克苏地区	829025	731737	24377	130259	68338
克孜勒苏柯尔克孜自治州	49468	54081	1347	-3083	-4960
喀什地区	802067	717929	21070	89608	21380
和田地区	246447	265240	4463	-14079	-24163
伊犁哈萨克自治州	1032712	873545	38560	169925	120101
塔城地区	622259	596109	15510	27880	5839
阿勒泰地区	273396	311697	6506	-38058	-53571
石河子市	689233	486885	24560	207349	183500

7-5 保险业企业财务状况

单位：千元

指标名称	固定资产原价	本年折旧	资产总计	负债合计	实收资本
总　计	**866380**	**240386**	**11038030**	**10619567**	**127500**
乌鲁木齐市	390728	94674	4568193	4414097	127500
克拉玛依市	27953	7353	633066	655072	
吐鲁番地区	25271	7303	209926	203294	
哈密地区	20301	6376	319545	315552	
昌吉回族自治州	69933	19576	1160866	1098982	
博尔塔拉蒙古自治州	22393	6825	220560	209810	
巴音郭楞蒙古自治州	49983	17590	820489	775266	
阿克苏地区	46198	12954	484982	441890	
克孜勒苏柯尔克孜自治州	8599	1926	38946	43200	
喀什地区	41784	11884	459156	432589	
和田地区	19442	7656	93314	96106	
伊犁哈萨克自治州	58838	19753	954517	877502	
塔城地区	37206	8026	418135	413880	
阿勒泰地区	21560	9451	258496	255900	
石河子市	26191	9039	397839	386427	

7-5　续表 1

单位：千元

指标名称	主营业务收入	主营业务成本	主营业务税金及附加	营业利润	利润总额
总　计	**6236536**	**3266763**	**106840**	**728407**	**2877076**
乌鲁木齐市	1944242	1000150	33312	288156	1107230
克拉玛依市	443253	210625	9472	44960	221085
吐鲁番地区	162015	103792	4738	19102	52957
哈密地区	188474	85879	2122	16581	98395
昌吉回族自治州	681256	336558	9164	52503	296704
博尔塔拉蒙古自治州	142240	88388	2145	16891	48198
巴音郭楞蒙古自治州	544126	297042	10493	54615	217512
阿克苏地区	350652	193871	7692	40392	132019
克孜勒苏柯尔克孜自治州	28111	17459	615	4113	10212
喀什地区	356025	191540	8068	40982	137343
和田地区	85785	57665	2115	11743	24268
伊犁哈萨克自治州	583978	310889	7776	60820	202018
塔城地区	247488	112050	2605	21581	122216
阿勒泰地区	161711	77063	2399	16972	81763
石河子市	317180	183792	4124	38996	125156

7-6 证券业企业财务状况

单位：千元

指标名称	企业数（个）	固定资产原价	累计折旧	资产总计	负债合计	实收资本
总　计	**7**	**899274**	**404130**	**7257856**	**6370573**	**1311945**
#国有及国有控股	2	658497	253200	4593754	3873191	639245
按登记注册类型分组						
内资企业	7	899274	404130	7257856	6370573	1311945
国有企业	1	14796	2509	66811	33893	30500
有限责任公司	3	236502	148086	2619077	2486873	634700
其他有限责任公司	3	236502	148086	2619077	2486873	634700
股份有限公司	2	647973	253535	4567374	3849807	638745
私营企业	1	3		4594		8000
私营有限责任公司	1	3		4594		8000
按国民经济行业分组（中类）						
金融业	7	899274	404130	7257856	6370573	1311945
证券业	7	899274	404130	7257856	6370573	1311945
证券经纪与交易	4	883204	401269	7140192	6318626	1243445
证券投资	3	16070	2861	117664	51947	68500
按地区分组						
乌鲁木齐市	7	899274	404130	7257856	6370573	1311945

7-6 续表 1 计量单位：千元

指标名称	营业收入		主营业务	营业税金	营业利润	利润总额	劳 动
	合 计	主营业务收入	支 出	及 附 加			保险费
总 计	**496677**	**493531**	**505567**	**21763**	**-13886**	**17141**	**9369**
#国有及国有控股	294885	292221	312200	11676	-19978	7032	6561
按登记注册类型分组							
内资企业	496677	493531	505567	21763	-13886	17141	9369
国有企业	8645	8645	7533	427	1112	899	94
有限责任公司	201792	201310	193367	10087	6092	10109	2808
其他有限责任公司	201792	201310	193367	10087	6092	10109	2808
股份有限公司	286240	283576	304667	11249	-21090	6133	6467
私营企业							
私营有限责任公司							
按国民经济行业分组（中类）							
金融业	496677	493531	505567	21763	-13886	17141	9369
证券业	496677	493531	505567	21763	-13886	17141	9369
证券经纪与交易	485361	482233	495175	21190	-12941	15963	9250
证券投资	11316	11298	10392	573	-945	1178	119
按地区分组							
乌鲁木齐市	496677	493531	505567	21763	-13886	17141	9369

7-7 其他第三产业企业法人单位主要经济指标

单位：千元

指标名称	企业数（个）	年末从业人员数（人）	固定资产原价	本年折旧	资产总计
总　　计	**5146**	**110353**	**16455906**	**1348606**	**85199409**
#国有及国有控股	823	46013	8523225	681187	53473850
按开业时间划分					
1949年以前	2	29	1564	107	1989
1950-1952年	13	382	223384	32947	2107144
1953-1957年	40	5835	373272	37366	874891
1958-1962年	28	3184	269623	59770	438502
1963-1965年	9	3292	50228	2797	93265
1966-1970年	7	1491	8396	2739	17009
1971-1975年	10	414	34432	14724	54251
1976-1980年	35	706	80178	5544	263638
#1978年	5	57	5896	343	5658
1981-1985年	67	2668	715809	24206	2920803
#1985年	20	525	60505	4153	1593481
1986-1990年	85	5589	2445236	120248	4611721
1991-1995年	347	14618	3309357	297678	24185547
#1992年	84	4292	154463	20303	2317433
1996-2000年	1101	26323	4194394	299843	28815568
#1997年	109	1617	223640	19669	2097052
2001年	527	9753	1699177	215862	9023495
2002年	720	9352	898952	67961	4100014
2003年	996	15486	1239875	78288	5555210
2004年	1067	10407	688449	88089	1665603
其他(不详)	92	824	223580	437	470759
按登记注册类型分组					
内资企业	5116	109707	16189322	1337508	84754612
国有企业	581	35530	5143623	377257	16433404
集体企业	272	8261	967099	82193	3184766
股份合作企业	28	1094	17883	2117	594462
联营企业	14	145	22010	1486	42380
国有联营企业	3	27	16450	465	26241
集体联营企业	6	58	3448	910	13393
国有与集体联营企业	3	18	1000	40	1082
其他联营企业	2	42	1112	71	1664
有限责任公司	718	21847	3612228	348892	37027443
国有独资公司	65	1892	1634214	151741	26047044
其他有限责任公司	653	19955	1978014	197151	10980399
股份有限公司	49	2326	1237134	136546	11780617
私营企业	3370	39793	5083418	380876	15125354
私营独资企业	1105	6169	324569	29817	604749
私营合伙企业	170	1871	58948	10302	132029
私营有限责任公司	2028	31006	4665902	336760	14322409
私营股份有限公司	67	747	33999	3997	66167
其他企业	84	711	105927	8141	566186
港、澳、台商投资企业	12	480	252571	8144	295903
合资经营企业(港或澳、台资)	11	470	252193	8019	294575
港、澳、台商独资经营企业	1	10	378	125	1328
外商投资企业	18	166	14013	2954	148894
中外合资经营企业	7	81	6802	821	122260
中外合作经营企业	3	36	3509	311	21121
外资企业	8	49	3702	1822	5513

7-7 续表 1

单位：千元

指标名称	企业数（个）	年末从业人员数（人）	固定资产原价	本年折旧	资产总计
按营业状态分组					
营业	4704	106621	15647505	1227190	79262501
停业(歇业)	200	1911	455603	89791	3981220
筹建	92	824	223580	437	470759
当年关闭	72	255	13327	1048	16026
当年破产	3	9	1200	5	3230
其他	75	733	114691	30135	1465673
按地区分组					
乌鲁木齐市	2224	47648	8432734	739896	50981286
克拉玛依市	209	8312	729997	64839	2716967
吐鲁番地区	173	4128	373913	16893	690098
哈密地区	145	2354	104917	8899	504744
昌吉回族自治州	565	8304	1732762	105775	10898446
博尔塔拉蒙古自治州	129	6585	152580	14356	1192584
巴音郭楞蒙古自治州	408	8957	2899646	141824	6904947
阿克苏地区	238	3493	481089	100761	2110665
克孜勒苏柯尔克孜自治州	14	682	15104	1579	170893
喀什地区	169	2131	216494	15109	320364
和田地区	81	1127	45733	2526	103822
伊犁哈萨克自治州	296	4644	503756	56158	2454071
塔城地区	117	1070	132697	32064	234875
阿勒泰地区	129	4410	107557	10105	215322
石河子市	249	6508	526927	37822	5700325

7-7 续表 2

单位：千元

指标名称	企业数（个）	年末从业人员数（人）	固定资产原价	本年折旧	资产总计
按国民经济行业中类分组					
信息传输、计算机服务和软件业	1011	7058	651095	111122	2723129
电信和其他信息传输服务业	81	1462	383707	81164	787055
互联网信息服务	64	581	33800	6416	354109
广播电视传输服务	17	881	349907	74748	432946
计算机服务业	828	4275	206129	21764	1685859
计算机系统服务	36	1999	15354	4312	1372337
数据处理	2	13	230	15	300
计算机维修	21	169	10307	719	37090
其他计算机服务	769	2094	180238	16718	276132
软件业	102	1321	61259	8194	250215
公共软件服务	69	1061	55276	7132	229747
其他软件服务	33	260	5983	1062	20468
金融业	46	360	35525	1647	771684
其他金融活动	46	360	35525	1647	771684
金融信托与管理	2	15	1830	133	17323
典当	24	224	9791	996	253277
其他未列明的金融活动	20	121	23904	518	501084
租赁和商务服务业	2076	60150	11947264	742426	64307375
租赁业	164	2332	487825	93963	1151185
机械设备租赁	158	2118	448554	82755	1094278
文化及日用品出租	6	214	39271	11208	56907
商务服务业	1912	57818	11459439	648463	63156190
企业管理服务	288	26756	9332877	467378	55941696
法律服务	100	1194	21555	3765	88231
咨询与调查	332	4309	131416	18474	1361421
广告业	456	4416	187298	24693	661886
知识产权服务	25	133	1050	131	28643
职业中介服务	91	6037	34826	3491	96084
市场管理	100	1828	646723	37897	993597
旅行社	222	3099	481999	24302	1387020
其他商务服务	298	10046	621695	68332	2597612
科学研究、技术服务和地质勘查业	698	18552	1018977	136838	11771843
研究与试验发展	46	731	73489	11078	366544
自然科学研究与试验发展	7	147	6516	373	30811
工程和技术研究与试验发展	14	313	48423	8586	161148
农业科学研究与试验发展	18	245	17431	2000	138450
医学研究与试验发展	6	23	1119	119	36085
社会人文科学研究与试验发展	1	3			50

7-7 续表 3

单位：千元

指标名称	企业数（个）	年末从业人员数（人）	固定资产原价	本年折旧	资产总计
专业技术服务业	525	15194	794151	87696	10910541
气象服务	11	194	6526	1199	12954
测绘服务	27	384	18588	1879	36750
技术检测	80	1685	106878	10671	182721
环境监测	1	4	300	9	270
工程技术与规划管理	306	10994	565567	53659	8232361
其他专业技术服务	100	1933	96292	20279	2445485
科技交流和推广服务业	96	1401	55892	8941	293177
技术推广服务	56	897	25965	5506	213499
科技中介服务	18	184	20269	2677	51508
其他科技服务	22	320	9658	758	28170
地质勘查业	31	1226	95445	29123	201581
矿产地质勘查	14	550	35957	10075	61456
基础地质勘查	3	237	13759	8158	16260
地质勘查技术服务	14	439	45729	10890	123865
水利、环境和公共设施管理业	135	3218	977676	123371	2398719
水利管理业	22	818	335731	49974	761755
防洪管理	1	36	1458	111	2198
水资源管理	17	716	330547	48375	755043
其他水利管理	4	66	3726	1488	4514
环境管理业	24	702	225429	49714	294930
自然保护	4	141	16410	622	56410
环境治理	20	561	209019	49092	238520
公共设施管理业	89	1698	416516	23683	1342034
市政公共设施管理	18	432	223750	10105	950459
城市绿化管理	28	496	25819	2581	69695
游览景区管理	43	770	166947	10997	321880
居民服务和其他服务业	666	9251	668406	140163	1155635
居民服务业	281	4533	240676	35278	410418
家庭服务	35	363	1943	406	9139
托儿所	1	18	1187	66	1226
洗染服务	20	241	6202	593	10616
理发及美容保健服务	41	297	25504	1526	37638
洗浴服务	42	1190	58532	6168	105198
婚姻服务	19	45	190	67	1477
殡葬服务	8	99	15074	2599	31839
摄影扩印服务	40	484	26532	3957	38470
其他居民服务	75	1796	105512	19896	174815
其他服务业	385	4718	427730	104885	745217
修理与维护	245	2999	125139	13366	256355
清洁服务	37	575	12830	1615	27862
其他未列明的服务	103	1144	289761	89904	461000

7-7 续表 4 单位：千元

指标名称	企业数（个）	年末从业人员数（人）	固定资产原价	本年折旧	资产总计
教育	155	3568	215528	18951	336253
学前教育	21	280	7589	182	14068
初等教育	5	89	1605	3	2210
中等教育	6	352	18521	1461	37240
其他教育	123	2847	187813	17305	282735
卫生、社会保障和社会福利业	156	4278	527698	33641	673327
卫生	144	4104	512824	31581	635355
医院	92	3341	478582	28366	601435
卫生院及社区医疗活动	16	238	4175	566	8589
门诊部医疗活动	22	207	3651	428	6581
计划生育技术服务活动	2	7	294	26	665
专科疾病防治活动	2	20	322	130	650
疾病预防控制及防疫活动	3	197	23432	1300	14998
其他卫生活动	7	94	2368	765	2437
社会福利业	12	174	14874	2060	37972
提供住宿的社会福利	7	111	10239	1985	30746
不提供住宿的社会福利	5	63	4635	75	7226
文化、体育和娱乐业	203	3918	413737	40447	1061444
新闻出版业	10	1232	37224	4377	154140
新闻业	2	38	1889	992	4357
出版业	8	1194	35335	3385	149783
广播、电视、电影和音像业	71	975	163723	28390	558366
广播	3	55	8887	480	12018
电视	11	125	22365	2893	382551
电影	56	791	132456	25017	163725
音像制作	1	4	15		72
文化艺术业	13	92	7134	281	10127
文艺创作与表演	2	10	80	2	1160
艺术表演场馆	3	22	6296	265	6117
群众文化活动	1	2			8
文化艺术经纪代理	5	50	368	4	2160
其他文化艺术	2	8	390	10	682
体育	3	16	3283	501	4087
体育场馆	3	16	3283	501	4087
娱乐业	106	1603	202373	6898	334724
室内娱乐活动	68	887	67197	3979	94626
游乐园	9	195	14909	470	17908
休闲健身娱乐活动	13	230	33291	240	53291
其他娱乐活动	16	291	86976	2209	168899

7-8 国家邮政企业法人单位主要经济指标

单位：千元

指标名称	企业数（个）	年末从业人员数（人）	固定资产原价	本年折旧	资产总计	负债合计	实收资本	营业收入合计
总计	**17**	**13143**	**2596147**	**803577**	**2511638**	**1190947**	**556866**	**752389**
#国有及国有控股	17	13143	2596147	803577	2511638	1190947	556866	752389
按开业时间划分								
1991-1995年	1	1586	379773	155808	309061	97497	73138	223605
1996-2000年	16	11557	2216374	647769	2202577	1093450	483728	528784
按登记注册类型分组								
内资企业	17	13143	2596147	803577	2511638	1190947	556866	752389
国有企业	17	13143	2596147	803577	2511638	1190947	556866	752389
按地区分组								
乌鲁木齐市	2	3135	1168306	351625	1301966	864523	372503	233953
克拉玛依市	1	480	64985	20665	55240	24980	9603	33082
吐鲁番地区	1	498	103265	27977	98827	30465	7908	26403
哈密地区	1	384	73145	16799	70325	7337	2142	26369
昌吉回族自治州	1	1126	116283	38503	97480	38159	12480	59800
博尔塔拉蒙古自治州	1	351	69528	16955	64103	13982	6649	22482
巴音郭楞蒙古自治州	1	1000	217051	79315	162812	23672	32854	57958
阿克苏地区	1	921	100026	37174	76725	29593	19063	56405
克孜勒苏柯尔克孜自治州	1	223	38892	10126	33175	1067	3373	7122
喀什地区	1	870	126581	49196	93354	33097	17634	46422
和田地区	1	415	71538	17757	63699	23535	9189	20510
伊犁哈萨克自治州	2	1415	199529	57415	186206	53922	28856	70996
塔城地区	1	1479	104034	25160	93366	20599	9031	33287
阿勒泰地区	1	383	92873	35526	69891	8778	13485	21593
石河子市	1	463	50111	19384	44469	17238	12096	36007

7-8 续表 1

单位：千元

指标名称	主营业务收入	主营业务成本	主营业务税金及附加	费用合计	营业利润	利润总额	从业人员劳动报酬	劳动失业保险费	全部从业人员年平均人数（人）
总　计	**722166**	**673583**	**23872**	**265326**	**-222207**	**-226544**	**289172**	**54268**	**13297**
#国有及国有控股	722166	673583	23872	265326	-222207	-226544	289172	54268	13297
按开业时间划分									
1991-1995年	212356	138604	7001	30280	45874	45788	48718	3794	1595
1996-2000年	509810	534979	16871	235046	-268081	-272332	240454	50474	11702
按登记注册类型分组									
内资企业	722166	673583	23872	265326	-222207	-226544	289172	54268	13297
国有企业	722166	673583	23872	265326	-222207	-226544	289172	54268	13297
按地区分组									
乌鲁木齐市	220162	262489	7223	103589	-158095	-147758	105282	12666	4224
克拉玛依市	31078	23070	1020	8127	-195	-199	8125	1938	480
吐鲁番地区	25933	20211	830	6808	-1709	-1769	8362	22	490
哈密地区	26043	20311	854	7888	-2830	-3106	9363	2412	378
昌吉回族自治州	57021	39828	1872	15025	2254	2269	19920	4121	1116
博尔塔拉蒙古自治州	21691	18187	712	5828	-3080	-4966	6838	1443	349
巴音郭楞蒙古自治州	56723	53881	1872	17058	-15434	-15437	19075	4462	956
阿克苏地区	55182	41619	1802	16807	-4127	-4127	19579	4899	871
克孜勒苏柯尔克孜自治州	6872	8539	255	4117	-5778	-5778	4869	1267	176
喀什地区	44806	46339	1472	13140	-14971	-14970	22994	4405	882
和田地区	20243	17812	662	8560	6533	-6167	10570	72	406
伊犁哈萨克自治州	68648	52731	2408	26872	-11536	-11151	17588	7362	1354
塔城地区	31814	29127	1058	10132	-7603	-7665	13767	3509	732
阿勒泰地区	20473	19869	699	11109	-10455	-10525	12840	2815	450
石河子市	35477	19570	1133	10266	4819	4805	10000	2875	433

7-9 铁路运输业企业法人单位主要经济指标

单位：千元

指标名称	企业数（个）	年末从业人员数（人）	固定资产原价	本年折旧	资产总计	负债合计	实收资本	营业收入合计
总　计	**5**	**49865**	**28194970**	**711013**	**28063404**	**9688464**	**22178710**	**10643305**
#国有及国有控股	5	49865	28194970	711013	28063404	9688464	22178710	10643305
按开业时间划分								
1958-1962年	1	12265	6329605	130212	5617825	947653	5056637	3364480
1971-1975年	1	7694	3146559	176874	4967070	3915214	1286536	3078813
1981-1985年	3	29906	18718806	403927	17478509	4825597	15835537	4200012
#1985年	1	5179	2355869	78161	2965880	628795	1979628	1004097
按登记注册类型分组								
内资企业	5	49865	28194970	711013	28063404	9688464	22178710	10643305
国有企业	5	49865	28194970	711013	28063404	9688464	22178710	10643305
按地区分组								
乌鲁木齐市	3	25301	12660900	354224	14331156	5523806	9137827	5731316
哈密地区	1	12265	6329605	130212	5617825	947653	5056637	3364480
巴音郭楞蒙古自治州	1	12299	9204465	226577	8114423	3217005	7984246	1547509

7-9 续表 1

单位：千元

指标名称	主营业务收入	主营业务成本	主营业务税金及附加	费用合计	营业利润	利润总额	从业人员劳动报酬	劳动失业保险费	全部从业人员年平均人数（人）
总　计	**9313075**	**8256421**	**288050**	**1041544**	**-264310**	**-736510**	**1532084**	**242947**	
#国有及国有控股	9313075	8256421	288050	1041544	-264310	-736510	1532084	242947	
按开业时间划分									
1958-1962年	2244758	1868683	65718	236050	72015	9658	322042	60031	
1971-1975年	2985973	2665038	96446	291745	-62169	-283749	282603	53094	
1981-1985年	4082344	3722700	125886	513749	-274156	-462419	927439	129822	
#1985年	995441	811253	30971	97179	57117	81029	200301	24918	
按登记注册类型分组									
内资企业	9313075	8256421	288050	1041544	-264310	-736510	1532084	242947	
国有企业	9313075	8256421	288050	1041544	-264310	-736510	1532084	242947	
按地区分组									
乌鲁木齐市	5573591	4680532	175865	618951	105462	-173672	848166	136347	
哈密地区	2244758	1868683	65718	236050	72015	9658	322042	60031	
巴音郭楞蒙古自治州	1494726	1707206	46467	186543	-441787	-572496	361876	46569	

7-10 其他第三产业法人中国有及国有控股企业法人单位主要经济指标

单位：千元

指标名称	企业数（个）	年末从业人员数（人）	固定资产原价	本年折旧	资产总计
总　计	**823**	**46013**	**8523225**	**681187**	**53473850**
按开业时间划分					
1949年以前	1	8	1450	73	1720
1950-1952年	7	306	151658	5760	1937576
1953-1957年	25	5570	320230	34858	665798
1958-1962年	20	3061	258221	59042	420342
1963-1965年	9	3292	50228	2797	93265
1966-1970年	5	1462	7134	2739	15296
1971-1975年	7	349	32983	14615	52436
1976-1980年	21	379	45864	2197	90981
#1978年	4	55	5375	343	5137
1981-1985年	28	1718	637927	19449	1281166
#1985年	9	191	8554	1537	12394
1986-1990年	46	4495	2306563	99894	4389097
1991-1995年	164	7322	459215	57467	13617501
#1992年	46	1804	102887	12113	2183838
1996-2000年	213	9249	2244645	145401	19816597
#1997年	24	516	67703	6937	1041817
2001年	75	1846	997995	132047	7000085
2002年	67	2772	210596	31248	1382527
2003年	77	2627	352580	21320	2012885
2004年	49	1468	249403	52275	377380
其他(不详)	9	89	195533	5	319198
按登记注册类型分组					
内资企业	820	45908	8464045	678411	53388802
国有企业	581	35530	5143623	377257	16433404
集体企业	37	1324	37464	5937	96923
股份合作企业	5	34	4748	1228	560221
联营企业	4	40	16450	465	26241
国有联营企业	3	27	16450	465	26241
国有与集体联营企业	1	13			
有限责任公司	177	7730	2783452	273472	31386643
国有独资公司	65	1892	1634214	151741	26047044
其他有限责任公司	112	5838	1149238	121731	5339599
股份有限公司	14	1237	478306	20052	4883930
其他企业	2	13	2		1440
港、澳、台商投资企业	2	86	59172	2775	84333
合资经营企业(港或澳、台资)	2	86	59172	2775	84333
外商投资企业	1	19	8	1	715
中外合资经营企业	1	19	8	1	715

7-10 续表 1

单位：千元

指标名称	企业数（个）	年末从业人员数（人）	固定资产原价	本年折旧	资产总计
按营业状态分组					
营业	755	44877	7962248	600574	49891845
停业(歇业)	38	917	346677	77998	3060161
筹建	9	89	196533	5	319198
当年关闭	8		9320	1026	9320
其他	13	130	8447	1584	193326
按地区分组					
乌鲁木齐市	323	16744	3441745	358037	31951823
克拉玛依市	30	1927	342703	10802	1868172
吐鲁番地区	39	2338	176803	4570	277855
哈密地区	35	1449	57260	3310	430921
昌吉回族自治州	50	2234	606130	23123	2363685
博尔塔拉蒙古自治州	29	5819	118695	12470	1080879
巴音郭楞蒙古自治州	83	4148	2600820	106116	5998055
阿克苏地区	44	881	351652	85389	1852193
克孜勒苏柯尔克孜自治州	8	278	9467	1150	23163
喀什地区	32	635	105369	8360	139124
和田地区	12	157	9862	397	11910
伊犁哈萨克自治州	49	1117	173754	27867	1793460
塔城地区	11	235	15871	4777	18603
阿勒泰地区	39	3734	60562	6558	149043
石河子市	39	4317	452532	28261	5514964
按国民经济行业中类分组					
信息传输、计算机服务和软件业	32	1183	351187	75409	609519
电信和其他信息传输服务业	15	811	316241	72293	430258
互联网信息服务	3	141	6653	2167	25797
广播电视传输服务	12	670	309588	70126	404461
计算机服务业	11	269	16366	1048	102475
计算机系统服务	4	197	2929	515	21268
计算机维修	3	50	8026	415	23521
其他计算机服务	4	22	5411	118	57686
软件业	6	103	18580	2068	76786
公共软件服务	6	103	18580	2068	76786
金融业	10	64	19302	463	390836
#其他金融活动	10	64	19302	463	390836
金融信托与管理	1	7	1440	71	4569
典当	1	8			4997
其他未列明的金融活动	8	49	17862	392	381270
租赁和商务服务业	339	29290	6290209	309859	39019468
租赁业	16	746	253952	68515	616521
机械设备租赁	12	543	215679	57538	560684
文化及日用品出租	4	203	38273	10977	55837

7-10　续表 2　　　　单位：千元

指标名称	企业数（个）	年末从业人员数（人）	固定资产原价	本年折旧	资产总计
商务服务业	323	28544	6036257	241344	38402947
企业管理服务	112	20475	5303744	171382	35511249
法律服务	5	26	1084	276	48123
咨询与调查	21	279	8604	872	105202
广告业	29	299	27936	4289	58251
知识产权服务	1	3	359	65	17955
职业中介服务	10	919	11787	390	32589
市场管理	17	610	83972	9518	182999
旅行社	56	866	278872	6938	509663
其他商务服务	72	5067	319899	47614	1936916
科学研究、技术服务和地质勘查业	198	8475	619551	75892	10303422
研究与试验发展	14	432	59755	8281	177414
自然科学研究与试验发展	3	75	5109	337	10574
工程和技术研究与试验发展	5	211	41593	7620	143608
农业科学研究与试验发展	6	146	13053	324	23232
专业技术服务业	147	6735	485437	44490	9933854
气象服务	8	148	4416	598	9308
测绘服务	2	91	8363	795	8543
技术检测	26	357	14142	1478	33690
工程技术与规划管理	94	5724	418637	30758	7806495
其他专业技术服务	17	415	39879	10861	2075818
科技交流和推广服务业	28	666	29121	5369	121298
技术推广服务	15	442	9120	2439	88789
科技中介服务	5	60	15328	2539	21325
其他科技服务	8	164	4673	391	11184
地质勘查业	9	642	45238	17752	70856
矿产地质勘查	7	413	30869	9658	49442
基础地质勘查	1	215	12745	8018	14452
地质勘查技术服务	1	14	1624	76	6962
水利、环境和公共设施管理业	48	1488	589850	78411	1777377
水利管理业	9	523	234963	20028	654903
水资源管理	7	494	233979	19815	653295
其他水利管理	2	29	984	213	1608
环境管理业	10	308	210372	48264	226263
自然保护	1	45	7567	47	11494
环境治理	9	263	202805	48217	214769
公共设施管理业	29	657	144515	10119	896211
市政公共设施管理	7	208	78052	6188	764798
城市绿化管理	6	142	8146	657	23219
游览景区管理	16	307	58317	3274	108194

7-10 续表 3

单位：千元

指标名称	企业数（个）	年末从业人员数（人）	固定资产原价	本年折旧	资产总计
居民服务和其他服务业	65	1705	298305	92836	401699
居民服务业	29	1066	56777	16231	96619
家庭服务	1	3	312	47	375
洗染服务	1	6	336		419
洗浴服务	3	56	195	52	307
婚姻服务	3	5	124	62	813
殡葬服务	4	35	1157	64	14255
摄影扩印服务	4	111	8981	669	14067
其他居民服务	13	850	45672	15337	66383
其他服务业	36	639	241528	76605	305080
修理与维护	18	315	19290	1580	29414
清洁服务	2	55	1019	10	3948
其他未列明的服务	16	269	221219	75015	271718
教育	28	1038	50159	7382	119554
学前教育	3	43	125	24	367
其他教育	25	995	50034	7358	119187
卫生、社会保障和社会福利业	19	458	69164	7588	88437
卫生	14	387	57244	5772	75432
医院	2	44	31944	3688	58352
卫生院及社区医疗活动	2	26	58		88
门诊部医疗活动	4	61	382	19	904
计划生育技术服务活动	1	2	160	11	435
疾病预防控制及防疫活动	3	197	23432	1300	14998
其他卫生活动	2	57	1268	754	655
社会福利业	5	71	11920	1816	13005
提供住宿的社会福利	2	19	7760	1761	7359
不提供住宿的社会福利	3	52	4160	55	5646
文化、体育和娱乐业	84	2312	235498	33347	763538
新闻出版业	8	1198	36599	4209	152196
新闻业	1	17	1872	992	4006
出版业	7	1181	34727	3217	148190
广播、电视、电影和音像业	61	909	154443	27963	545629
广播	3	55	8887	480	12018
电视	7	105	20330	2714	377530
电影	51	749	125226	24769	156081
文化艺术业	2	14	1087		1436
艺术表演场馆	1	4	1084		1146
文化艺术经纪代理	1	10	3		290
娱乐业	13	191	43369	1175	64277
室内娱乐活动	9	89	20210	671	21708
游乐园	1	37	6783	389	8400
其他娱乐活动	3	65	16376	115	34169

7-10 续表 4

单位：千元

指标名称	负债合计	实收资本	营业收入合计	主营业务收入	主营业务成本	主营业务税金及附加
总　计	**23526769**	**22601634**	**4708629**	**4577670**	**2703497**	**140524**
按开业时间划分						
1949年以前		60	140	140	57	3
1950-1952年	586012	513056	21778	7942	1668	214
1953-1957年	205503	126208	213458	211110	115311	22918
1958-1962年	206864	146208	115411	110750	55838	5435
1963-1965年	120153	17978	39680	38994	16999	496
1966-1970年	10258	13544	16140	15643	6943	347
1971-1975年	7329	62550	15367	14923	11402	770
1976-1980年	32290	24433	16686	16367	7774	309
#1978年	346	5497	953	923	147	18
1981-1985年	1578348	175139	66889	66477	44116	2035
#1985年	5771	11816	7513	7489	3154	373
1986-1990年	444318	2860719	1846151	1841038	1044265	24833
1991-1995年	9971774	2834960	362870	353613	194426	11140
#1992年	1407575	377931	103079	102185	76152	2626
1996-2000年	5515546	10634926	908665	828191	505993	27615
#1997年	199246	536022	18526	18254	10507	685
2001年	3279956	2777070	570969	569368	418339	11414
2002年	914941	870523	282456	273244	139249	6364
2003年	509578	1081497	166932	165145	108831	5735
2004年	63701	222147	65037	64725	32286	20896
其他(不详)	80198	240616				
按登记注册类型分组						
内资企业	23483515	22573134	4693523	4562776	2699736	139851
国有企业	7419158	6473194	3433342	3352924	1965864	85984
集体企业	46195	36053	70737	69748	48677	1778
股份合作企业	74223	136330	5758	5758	5386	124
联营企业	17185	18345	16053	16053	5495	505
国有联营企业	17185	18345	16053	16053	5495	505
国有与集体联营企业						
有限责任公司	14322736	13980831	980046	960122	568985	48138
国有独资公司	12417547	11103071	134656	121285	50261	3921
其他有限责任公司	1905189	2877760	845390	838837	518724	44217
股份有限公司	1602578	1927381	187382	157966	105329	3311
其他企业	1440	1000	205	205		11
港、澳、台商投资企业	42479	28500	13655	13443	3176	635
合资经营企业(港或澳、台资)	42479	28500	13655	13443	3176	635
外商投资企业	775		1451	1451	585	38
中外合资经营企业	775		1451	1451	585	38

7-10 续表 5

单位：千元

指标名称	负债合计	实收资本	营业收入合计	主营业务收入	主营业务成本	主营业务税金及附加
按营业状态分组						
营业	21858053	21207405	4696835	4565896	2699185	140254
停业(歇业)	1492347	958246	4086	4066	2570	189
筹建	80198	240616				
当年关闭	9320	9404			24	
其他	86851	185963	7708	7708	1718	81
按地区分组						
乌鲁木齐市	15222505	12429225	2230859	2188765	1209208	94997
克拉玛依市	1541615	398831	246202	243199	156967	6089
吐鲁番地区	135324	130110	50494	49541	30990	879
哈密地区	120656	187970	61188	60865	32208	2142
昌吉回族自治州	901177	1594427	106307	104625	36745	2201
博尔塔拉蒙古自治州	498264	303537	102551	100206	30919	3796
巴音郭楞蒙古自治州	876008	3800342	1564355	1541924	1060393	21756
阿克苏地区	512528	515905	55018	53752	29320	2377
克孜勒苏柯尔克孜自治州	15668	6159	1406	1321	1009	55
喀什地区	153274	77269	34228	32591	18094	533
和田地区	19101	60845	3541	3457	1270	180
伊犁哈萨克自治州	1163414	558178	71126	70082	49088	2849
塔城地区	6663	8087	9892	8706	921	213
阿勒泰地区	83295	53530	45498	43941	29209	1142
石河子市	2277277	2477219	125964	74695	17156	1315
按国民经济行业中类分组						
信息传输、计算机服务和软件业	196421	310757	187640	182458	108872	24525
电信和其他信息传输服务业	116032	219071	154078	150224	86142	23686
互联网信息服务	3105	11000	30415	27686	15405	896
广播电视传输服务	112927	208071	123663	122538	70737	22790
计算机服务业	22859	72040	25453	25453	16762	658
计算机系统服务	10713	10658	11126	11126	8614	173
计算机维修	5955	10600	7325	7325	3282	331
其他计算机服务	6191	50782	7002	7002	4866	154
软件业	57530	19646	8109	6781	5968	181
公共软件服务	57530	19646	8109	6781	5968	181
金融业	177583	209628	6405	6282	2041	73
#其他金融活动	177583	209628	6405	6282	2041	73
金融信托与管理	3066	1100	1253	1145		5
典当	66	5000	210	210		12
其他未列明的金融活动	174451	203528	4942	4927	2041	56
租赁和商务服务业	13814231	18982256	3167980	3063610	1796028	55301
租赁业	282852	237571	207611	200861	106462	9804
机械设备租赁	277625	226646	205149	198399	106460	9800
文化及日用品出租	5227	10925	2462	2462	2	4

7-10 续表 6

单位：千元

指标名称	负债合计	实收资本	营业收入合计	主营业务收入	主营业务成本	主营业务税金及附加
商务服务业	13531379	18744685	2960369	2862749	1689566	45497
企业管理服务	12632322	17405323	2224621	2135757	1181833	30441
法律服务	663	38782	54896	54896	55821	13
咨询与调查	52993	52043	24492	21125	16614	523
广告业	20185	20092	54100	54100	33638	2382
知识产权服务	12309	4000	100	100	47	1
职业中介服务	19789	4070	21823	21699	17342	406
市场管理	88128	85407	19620	18021	7886	1245
旅行社	166939	292161	359785	359562	318667	2386
其他商务服务	538051	842807	200932	197489	57718	8100
科学研究、技术服务和地质勘查业	7542234	2191622	933945	926998	532493	51359
研究与试验发展	113606	44798	47899	47772	24309	1652
自然科学研究与试验发展	8379	4387	6759	6759	4013	142
工程和技术研究与试验发展	100143	21461	38983	38906	18492	1463
农业科学研究与试验发展	5084	18950	2157	2107	1804	47
专业技术服务业	7360092	2023531	809858	803127	461595	47232
气象服务	5470	3170	12998	11672	4673	874
测绘服务	3019	4029	6813	6813	4683	374
技术检测	14791	13461	28180	27525	7387	1087
工程技术与规划管理	6360600	900807	653327	648823	363387	43142
其他专业技术服务	976212	1102064	108540	108294	81465	1755
科技交流和推广服务业	34962	81373	31262	31223	20796	692
技术推广服务	17787	68586	22366	22336	16597	281
科技中介服务	10427	5826	3965	3965	1040	188
其他科技服务	6748	6961	4931	4922	3159	223
地质勘查业	33574	41920	44926	44876	25793	1783
矿产地质勘查	27401	28820	30952	30902	13640	1304
基础地质勘查	4442	8100	13968	13968	12148	479
地质勘查技术服务	1731	5000	6	6	5	
水利、环境和公共设施管理业	1194005	418616	75695	74428	59148	1221
水利管理业	260317	244922	26216	26170	19220	21
水资源管理	259056	243871	25213	25174	18251	3
其他水利管理	1261	1051	1003	996	969	18
环境管理业	110273	107972	12001	11910	16017	589
自然保护	6325	3736	153	153	120	7
环境治理	103948	104236	11848	11757	15897	582
公共设施管理业	823415	65722	37478	36348	23911	611
市政公共设施管理	744687	30260	6042	5960	7599	342
城市绿化管理	13413	6744	16942	16332	10536	52
游览景区管理	65315	28718	14494	14056	5776	217

7-10 续表 7

单位：千元

指标名称	负债合计	实收资本	营业收入合计	主营业务收入	主营业务成本	主营业务税金及附加
居民服务和其他服务业	250064	211008	58536	58000	31843	1758
居民服务业	28934	91445	25802	25423	9906	1108
家庭服务		20				
洗染服务	145	345	102	102	27	6
洗浴服务	371	680	1127	1127	1045	65
婚姻服务	142	533	116	116	87	5
殡葬服务	12162	1063	894	527	468	8
摄影扩印服务	6122	10202	7753	7751	3385	269
其他居民服务	9992	78602	15810	15800	4894	755
其他服务业	221130	119563	32734	32577	21937	650
修理与维护	19260	19200	19578	19421	15815	145
清洁服务	430	3873	4134	4134	3113	117
其他未列明的服务	201440	96490	9022	9022	3009	388
教育	72459	15891	45889	42107	20211	1848
学前教育	316	130	1034	1034	364	
其他教育	72143	15761	44855	41073	19847	1848
卫生、社会保障和社会福利业	143803	51341	28092	28059	18294	52
卫生	142222	41991	26815	26782	18110	16
医院	130600	26458	9195	9195	7676	
卫生院及社区医疗活动	30	76	67	67	65	
门诊部医疗活动	913	202	1421	1388	123	5
计划生育技术服务活动	21	250	195	195	50	11
疾病预防控制及防疫活动	10518	14491	15021	15021	9280	
其他卫生活动	140	514	916	916	916	
社会福利业	1581	9350	1277	1277	184	36
提供住宿的社会福利	176	6417	883	883	142	36
不提供住宿的社会福利	1405	2933	394	394	42	
文化、体育和娱乐业	135969	210515	204447	195728	134567	4387
新闻出版业	50014	40036	138969	137788	115622	2924
新闻业	4773	670	9441	9416	7070	414
出版业	45241	39366	129528	128372	108552	2510
广播、电视、电影和音像业	64936	139439	45555	38255	17883	1115
广播	5668	2028	5110	4870	3220	148
电视	10555	84644	13314	13308	7366	312
电影	48713	52767	27131	20077	7297	655
文化艺术业	30	1100	474	474		23
艺术表演场馆		1084	204	204		6
文化艺术经纪代理	30	16	270	270		17
娱乐业	20989	29940	19449	19211	1062	325
室内娱乐活动	17633	19756	3950	3712	685	227
游乐园		4687	1581	1581		69
其他娱乐活动	3356	5497	13918	13918	377	29

7-10 续表 8

单位：千元

指标名称	费用合计	营业利润	利润总额	从业人员劳动报酬	劳动失业保险费	全部从业人员年平均人数（人）
总　　计	**1690030**	**339495**	**645723**	**568493**	**96134**	**44500**
按开业时间划分						
1949年以前	60	20	20	36	12	8
1950-1952年	9703	9591	54773	7801	2183	316
1953-1957年	62149	33753	-2492	57706	12147	5683
1958-1962年	58466	1810	-5794	25341	2906	3070
1963-1965年	21884	2838	-885	7972	1509	3291
1966-1970年	9101	-401	-233	3577	83	1462
1971-1975年	6814	-540	2288	5902	916	350
1976-1980年	3464	5121	291	3798	303	364
#1978年	213	595	-98	462	17	55
1981-1985年	28031	-6589	-12702	16339	1085	1695
#1985年	4071	-100	-194	1614	133	194
1986-1990年	456029	367054	305586	90080	28370	4289
1991-1995年	305869	-121634	40260	88906	7241	7335
#1992年	36446	-8362	-5266	21600	1356	1816
1996-2000年	441504	-22054	-14656	148069	30887	8691
#1997年	10467	-614	45998	7211	778	549
2001年	107502	46239	248936	30321	2757	1790
2002年	100547	37600	39417	38637	2758	2718
2003年	60774	-8049	-4747	28898	2195	2137
2004年	16605	-3736	-2811	14813	782	1227
其他(不详)	1528	-1528	-1528	297		74
按登记注册类型分组						
内资企业	1681401	337385	643679	564499	95686	44396
国有企业	1044359	425566	321738	404150	66266	34415
集体企业	15412	5003	4002	9001	539	1329
股份合作企业	4233	-3985	-3008	747	14	33
联营企业	4913	5151	5150	228	10	25
国有联营企业	4913	5151	5150	228	10	25
国有与集体联营企业						
有限责任公司	531818	-81569	282721	136713	26426	7741
国有独资公司	302406	-154056	121281	31321	12003	1917
其他有限责任公司	229412	72487	161440	105392	14423	5824
股份有限公司	80508	-12821	33036	13584	2431	841
其他企业	158	40	40	76		12
港、澳、台商投资企业	7675	2169	2103	3736	448	85
合资经营企业(港或澳、台资)	7675	2169	2103	3736	448	85
外商投资企业	954	-59	-59	258		19
中外合资经营企业	954	-59	-59	258		19

7-10 续表 9

单位：千元

指标名称	费用合计	营业利润	利润总额	从业人员劳动报酬	劳动失业保险费	全部从业人员年平均人数(人)
按营业状态分组						
营业	1667827	353117	649973	557916	95307	43514
停业(歇业)	14967	-12271	-10878	8491	380	801
筹建	1528	-1528	-1528	297		74
当年关闭		-24	-50	1		
其他	5708	201	8206	1788	447	111
按地区分组						
乌鲁木齐市	813902	208530	442921	301305	63648	16813
克拉玛依市	39190	52431	55513	42042	5685	2110
吐鲁番地区	19849	-281	-772	18005	333	2352
哈密地区	18207	8631	9274	14349	526	1410
昌吉回族自治州	57001	10959	15948	15348	4056	1701
博尔塔拉蒙古自治州	63803	3597	4998	21377	1641	5502
巴音郭楞蒙古自治州	439670	73656	57195	63696	8814	3941
阿克苏地区	34497	-5097	12880	6858	744	651
克孜勒苏柯尔克孜自治州	1055	-685	-392	1133	264	316
喀什地区	11983	6407	4267	6452	704	609
和田地区	2070	329	564	1087	56	143
伊犁哈萨克自治州	81076	3548	-3236	11600	1802	1089
塔城地区	9009	-208	-103	3163	296	245
阿勒泰地区	19115	-3651	-3098	21796	2983	3765
石河子市	79603	-18671	49764	40282	4582	3853
按国民经济行业中类分组						
信息传输、计算机服务和软件业	40383	14670	13832	30863	2580	991
电信和其他信息传输服务业	29989	14575	18179	24248	1785	651
互联网信息服务	10073	4064	4071	10002	889	141
广播电视传输服务	19916	10511	14108	14246	896	510
计算机服务业	6275	2264	-2086	4546	527	235
计算机系统服务	3147	-302	-4749	1120	110	176
计算机维修	2781	931	864	3320	317	50
其他计算机服务	347	1635	1799	106	100	9
软件业	4119	-2169	-2261	2069	268	105
公共软件服务	4119	-2169	-2261	2069	268	105
金融业	6405	-886	1925	1616	339	65
#其他金融活动	6405	-886	1925	1616	339	65
金融信托与管理	513	735	811	197	41	7
典当	250	-47	-50	106		8
其他未列明的金融活动	5642	-1574	1164	1313	298	50
租赁和商务服务业	1033116	375150	614953	263042	53752	27134
租赁业	49914	48768	46573	10305	6750	738
机械设备租赁	46043	50176	47988	8882	5873	535
文化及日用品出租	3871	-1408	-1415	1423	877	203

7-10 续表 10

单位：千元

指标名称	费用合计	营业利润	利润总额	从业人员劳动报酬	劳动失业保险费	全部从业人员年平均人数（人）
商务服务业	983202	326382	568380	252737	47002	26396
企业管理服务	776270	307176	532577	178133	40542	19422
法律服务	2980	-3918	3029	377	18	26
咨询与调查	5813	2493	1700	2310	37	244
广告业	21222	2199	383	5713	448	337
知识产权服务	160	-108	-96	31	6	3
职业中介服务	9043	2	827	4179	421	429
市场管理	9615	953	957	5532	1058	566
旅行社	35143	3734	3403	10936	1293	871
其他商务服务	122956	13851	25600	45526	3179	4498
科学研究、技术服务和地质勘查业	425342	-31208	32543	187775	28635	9305
研究与试验发展	14923	8222	4026	9520	28	453
自然科学研究与试验发展	3057	-453	-436	1437	7	78
工程和技术研究与试验发展	9613	9338	5253	6094	11	229
农业科学研究与试验发展	2253	-663	-791	1989	10	146
专业技术服务业	386357	-59371	23450	162961	19303	7505
气象服务	6887	691	869	1535	6	151
测绘服务	770	1014	1014	1241	10	92
技术检测	16566	2921	2897	5266	716	372
工程技术与规划管理	326438	-53520	22504	143976	18107	6479
其他专业技术服务	35696	-10477	-3834	10943	464	411
科技交流和推广服务业	10977	-38	-889	7367	6224	700
技术推广服务	6260	-691	-1350	3435	159	462
科技中介服务	2339	398	398	849	9	60
其他科技服务	2378	255	63	3083	6056	178
地质勘查业	13085	19979	5956	7927	3080	647
矿产地质勘查	13039	18667	4957	5524	3077	410
基础地质勘查	38	1303	1033	2064		215
地质勘查技术服务	8	9	-34	339	3	22
水利、环境和公共设施管理业	25791	-1543	-1739	15929	4411	1529
水利管理业	11225	-3571	-2156	5630	3621	568
水资源管理	10964	-3442	-2162	5337	3620	539
其他水利管理	261	-129	6	293	1	29
环境管理业	5305	-9872	-8780	2439	201	301
自然保护	1	25	26	598	104	46
环境治理	5304	-9897	-8806	1841	97	255
公共设施管理业	9261	11900	9197	7860	589	660
市政公共设施管理	1610	2992	3008	3942	88	174
城市绿化管理	2195	4159	4887	1379	343	148
游览景区管理	5456	4749	1302	2539	158	338

7-10 续表 11 单位：千元

指标名称	费用合计	营业利润	利润总额	从业人员劳动报酬	劳动失业保险费	全部从业人员年平均人数(人)
居民服务和其他服务业	32864	-213	2059	19907	1219	1771
居民服务业	20754	1305	3031	11984	872	1137
家庭服务	9	-9	-9	16		3
洗染服务	100	-31	-31	53		6
洗浴服务	221	-169	-203	361		55
婚姻服务	12	12	12	37	2	5
殡葬服务	500	-92	-12	378	28	38
摄影扩印服务	3701	403	955	1517	277	115
其他居民服务	16211	1191	2319	9622	565	915
其他服务业	12110	-1518	-972	7923	347	634
修理与维护	4913	-1208	-1672	4418	230	311
清洁服务	678	226	227	1466		55
其他未列明的服务	6519	-536	473	2039	117	268
教育	20967	2557	2066	9632	1847	1027
学前教育	799	-129	-28	441	48	43
其他教育	20168	2686	2094	9191	1799	984
卫生、社会保障和社会福利业	22689	-2429	-178	7970	437	454
卫生	21243	-2040	-21	7678	393	384
医院	4526	-2851	174	1133	11	44
卫生院及社区医疗活动	1	1	1	61	45	25
门诊部医疗活动	640	815	-191	359		58
计划生育技术服务活动	139	-5	-5	37	3	3
疾病预防控制及防疫活动	15021			5684	266	197
其他卫生活动	916			404	68	57
社会福利业	1446	-389	-157	292	44	70
提供住宿的社会福利	862	-157	-157	153	39	19
不提供住宿的社会福利	584	-232		139	5	51
文化、体育和娱乐业	82473	-16603	-19738	31759	2914	2224
新闻出版业	46135	-25692	-22030	19086	1689	1116
新闻业	4625	-2675	-2956	306	7	18
出版业	41510	-23017	-19074	18780	1682	1098
广播、电视、电影和音像业	30362	-4051	-5998	10104	1052	900
广播	994	552	1055	894	178	55
电视	9545	-3915	-2879	1177	140	98
电影	19823	-688	-4174	8033	734	747
文化艺术业	247	253	204	70		9
艺术表演场馆	247		-49	20		4
文化艺术经纪代理		253	253	50		5
娱乐业	5729	12887	8086	2499	173	199
室内娱乐活动	3317	-266	-257	1329	154	89
游乐园	2007		-4747	932	19	48
其他娱乐活动	405	13153	13090	238		62

7-11 其他第三产业中国有企业法人单位主要经济指标

单位：千元

指标名称	企业数（个）	年末从业人员数（人）	固定资产原价	本年折旧	资产总计
总 计	**581**	**35530**	**5143623**	**377257**	**16433404**
#国有及国有控股	581	35530	5143623	377257	16433404
按开业时间划分					
1949年以前	1	8	1450	73	1720
1950-1952年	4	146	20032	2150	28955
1953-1957年	22	5466	312957	34650	654535
1958-1962年	19	3054	257843	59005	419964
1963-1965年	7	3278	46747	2127	87521
1966-1970年	4	1455	5756	2060	12811
1971-1975年	6	176	9915	570	10675
1976-1980年	20	374	45584	2192	90686
#1978年	3	50	5095	338	4842
1981-1985年	28	1718	637927	19449	1281166
#1985年	9	191	8554	1537	12394
1986-1990年	39	4134	2286329	91725	4160361
1991-1995年	144	6089	346400	38504	4159882
#1992年	39	1115	98043	11645	2107962
1996-2000年	145	5534	613380	79079	3822313
#1997年	16	283	40267	3831	328679
2001年	42	1133	156567	10946	916052
2002年	34	1152	83732	18138	137636
2003年	42	1342	275346	14507	541308
2004年	20	452	43658	2082	107819
其他(不详)	4	19			
按登记注册类型分组					
内资企业	581	35530	5143623	377257	16433404
国有企业	581	35530	5143623	377257	16433404
按营业状态分组					
营业	541	34964	5011087	370397	15289494
停业(歇业)	22	480	122808	5631	1129048
筹建	4	19			
当年关闭	6		9320	1026	9320
其他	8	67	408	203	5542

7-11 续表 1 单位：千元

指标名称	企业数（个）	年末从业人员数（人）	固定资产原价	本年折旧	资产总计
按地区分组					
乌鲁木齐市	220	12444	1812667	218755	6670124
克拉玛依市	17	502	45735	4393	55123
吐鲁番地区	32	2171	165448	3552	261624
哈密地区	31	576	51971	2791	368976
昌吉回族自治州	32	1591	199117	17516	444447
博尔塔拉蒙古自治州	21	5662	69243	11768	222967
巴音郭楞蒙古自治州	59	2587	2155954	54864	4635628
阿克苏地区	27	606	113719	10011	163985
克孜勒苏柯尔克孜自治州	5	254	9089	1135	11449
喀什地区	26	544	93006	7494	124004
和田地区	9	118	5486	324	6924
伊犁哈萨克自治州	36	656	137008	12875	390259
塔城地区	8	183	8150	939	10378
阿勒泰地区	30	3577	55763	6076	136425
石河子市	28	4059	221267	24764	2931091
按国民经济行业中类分组					
信息传输、计算机服务和软件业	14	194	27682	5728	89158
电信和其他信息传输服务业	6	100	15406	4587	22540
互联网信息服务	1				
广播电视传输服务	5	100	15406	4587	22540
计算机服务业	5	27	6353	290	58472
计算机系统服务	1	8	330	126	1706
计算机维修	2	11	612	46	675
其他计算机服务	2	8	5411	118	56091
软件业	3	67	5923	851	8146
公共软件服务	3	67	5923	851	8146
金融业	1	6	81	16	6204
#金融活动	1	6	81	16	6204
#未列明的金融活动	1	6	81	16	6204
租赁和商务服务业	217	23483	3857215	232128	13446017
租赁业	11	587	155045	61967	181335
机械设备租赁	7	384	116772	50990	125498
文化及日用品出租	4	203	38273	10977	55837
商务服务业	206	22896	3702170	170161	13264682
企业管理服务	61	17512	3446258	121054	12295993
法律服务	3	17	73	3	280

7-11 续表 2 单位：千元

指标名称	企业数（个）	年末从业人员数（人）	固定资产原价	本年折旧	资产总计
咨询与调查	20	278	8268	862	104685
广告业	19	228	14434	2996	34397
职业中介服务	7	601	11387	390	30133
市场管理	10	483	39162	4894	89467
旅行社	34	396	30532	3151	65641
其他商务服务	52	3381	152056	36811	644086
科学研究、技术服务和地质勘查业	156	6666	488041	51577	1130386
研究与试验发展	14	432	59755	8281	177414
自然科学研究与试验发展	3	75	5109	337	10574
工程和技术研究与试验发展	5	211	41593	7620	143608
农业科学研究与试验发展	6	146	13053	324	23232
专业技术服务业	114	5298	375901	28114	877985
气象服务	5	109	3002	299	6350
测绘服务	2	91	8363	795	8543
技术检测	19	285	11732	1345	25889
工程技术与规划管理	77	4538	344590	25138	759483
其他专业技术服务	11	275	8214	537	77720
科技交流和推广服务业	24	615	28017	5008	47601
技术推广服务	12	403	8018	2078	16532
科技中介服务	5	60	15328	2539	21325
其他科技服务	7	152	4671	391	9744
地质勘查业	4	321	24368	10174	27386
矿产地质勘查	3	106	11623	2156	12934
基础地质勘查	1	215	12745	8018	14452
水利、环境和公共设施管理业	35	1258	427339	37803	1184657
水利管理业	7	469	154844	17775	212744
水资源管理	5	440	153860	17562	211136
其他水利管理	2	29	984	213	1608
环境管理业	8	293	150416	11138	157409
自然保护	1	45	7567	47	11494
环境治理	7	248	142849	11091	145915
公共设施管理业	20	496	122079	8890	814504
市政公共设施管理	7	208	78052	6188	764798
城市绿化管理	3	103	4218	91	5618
游览景区管理	10	185	39809	2611	44088

7-11 续表 3

单位：千元

指标名称	企业数（个）	年末从业人员数（人）	固定资产原价	本年折旧	资产总计
居民服务和其他服务业	48	1230	52938	7291	80742
居民服务业	19	751	23280	1523	30978
家庭服务	1	3	312	47	375
洗浴服务	2	30	170	52	256
婚姻服务	2	5	124	62	813
殡葬服务	3	15	157	34	255
摄影扩印服务	2	34	1031	91	6117
其他居民服务	9	664	21486	1237	23162
其他服务业	29	479	29658	5768	49764
修理与维护	15	201	7238	1321	16194
清洁服务	2	55	1019	10	3948
其他未列明的服务	12	223	21401	4437	29622
教育	25	878	42976	6404	105486
教育	25	878	42976	6404	105486
学前教育	3	43	125	24	367
其他教育	22	835	42851	6380	105119
卫生、社会保障和社会福利业	17	417	66040	7459	85560
卫生	14	387	57244	5772	75432
医院	2	44	31944	3688	58352
卫生院及社区医疗活动	2	26	58		88
门诊部医疗活动	4	61	382	19	904
计划生育技术服务活动	1	2	160	11	435
疾病预防控制及防疫活动	3	197	23432	1300	14998
其他卫生活动	2	57	1268	754	655
社会福利业	3	30	8796	1687	10128
提供住宿的社会福利	1	9	5206	1637	5206
不提供住宿的社会福利	2	21	3590	50	4922
文化、体育和娱乐业	68	1398	181311	28851	305194
新闻出版业	6	468	23671	2091	114138
新闻业	1	17	1872	992	4006
出版业	5	451	21799	1099	110132
广播、电视、电影和音像业	52	826	145404	26241	176777
广播	1	21	6721	363	7911
电视	4	77	15195	1803	15645
电影	47	728	123488	24075	153221
文化艺术业	2	14	1087		1436
艺术表演场馆	1	4	1084		1146
文化艺术经纪代理	1	10	3		290
娱乐业	8	90	11149	519	12843
室内娱乐活动	6	50	4316	125	4393
游乐园	1	37	6783	389	8400
其他娱乐活动	1	3	50	5	50

7-11 续表 4

单位：千元

指标名称	负债合计	实收资本	营业收入合计	主营业务收入	主营业务成本	主营业务税金及附加
总 计	**7419158**	**6473194**	**3433342**	**3352924**	**1965864**	**85984**
#国有及国有控股	7419158	6473194	3433342	3352924	1965864	85984
按开业时间划分						
1949年以前		60	140	140	57	3
1950-1952年	12469	9837	9308	7392	1668	152
1953-1957年	203203	119284	206881	204962	115071	22626
1958-1962年	206727	145967	115269	110608	55838	5435
1963-1965年	117628	14550	33680	32994	15999	456
1966-1970年	8415	12769	15607	15456	6918	344
1971-1975年	3120	5444	13380	12936	9550	694
1976-1980年	32239	24168	16618	16299	7764	305
#1978年	295	5232	885	855	137	14
1981-1985年	1578348	175139	66889	66477	44116	2035
#1985年	5771	11816	7513	7489	3154	373
1986-1990年	355819	2791918	1831150	1826691	1042781	24103
1991-1995年	2369541	913152	291228	282236	156456	8398
#1992年	1329929	297655	67205	66311	45871	1549
1996-2000年	1656230	1069626	484348	429712	263851	14737
#1997年	82201	155291	10518	10246	5756	334
2001年	331407	596243	221552	220356	186572	2289
2002年	297818	235507	52234	51886	6878	1726
2003年	217890	315940	61899	61670	43175	2264
2004年	28304	43580	13159	13109	9170	417
其他(不详)		10				
按登记注册类型分组						
内资企业	7419158	6473194	3433342	3352924	1965864	85984
国有企业	7419158	6473194	3433342	3352924	1965864	85984
按营业状态分组						
营业	6364767	6335558	3430092	3349674	1964835	85921
停业(歇业)	1039805	126827	1642	1642	334	23
筹建		10				
当年关闭	9320	9404			24	
其他	5266	1395	1608	1608	671	40

7-11 续表 5 单位：千元

指标名称	负债合计	实收资本	营业收入合计	主营业务收入	主营业务成本	主营业务税金及附加
按地区分组						
乌鲁木齐市	3930129	1666596	1403081	1388522	705477	50449
克拉玛依市	30327	10719	62964	60307	28874	1942
吐鲁番地区	124975	124693	46413	46051	30292	797
哈密地区	94379	178170	29749	29426	12677	1045
昌吉回族自治州	341594	132734	43623	42168	23509	1066
博尔塔拉蒙古自治州	139171	47536	89648	87648	28382	3464
巴音郭楞蒙古自治州	415999	3175908	1489258	1486989	1028873	20622
阿克苏地区	64750	59238	39532	39263	24670	1673
克孜勒苏柯尔克孜自治州	4065	5537	1095	1094	984	55
喀什地区	149767	66197	25815	24178	16090	420
和田地区	1638	4467	2595	2511	1267	131
伊犁哈萨克自治州	108678	175951	48514	47586	35044	2532
塔城地区	5454	3478	8113	6927	895	135
阿勒泰地区	73022	48957	34619	33092	21393	818
石河子市	1935210	773013	108323	57162	7437	835
按国民经济行业中类分组						
信息传输、计算机服务和软件业	19329	65190	20521	19721	12839	620
电信和其他信息传输服务业	6364	11888	10712	10712	6419	313
互联网信息服务						
广播电视传输服务	6364	11888	10712	10712	6419	313
计算机服务业	4921	50976	5762	5762	2847	201
计算机系统服务	124	94	324	324	212	
计算机维修	12	600	952	952	106	49
其他计算机服务	4785	50282	4486	4486	2529	152
软件业	8044	2326	4047	3247	3573	106
公共软件服务	8044	2326	4047	3247	3573	106
金融业	5087	1243	179	164		9
#金融活动	5087	1243	179	164		9
#未列明的金融活动	5087	1243	179	164		9
租赁和商务服务业	5696181	5745001	2378549	2317720	1338311	35563
租赁业	49731	112571	33226	32683	24277	1193
机械设备租赁	44504	101646	30764	30221	24275	1189
文化及日用品出租	5227	10925	2462	2462	2	4
商务服务业	5646450	5632430	2345323	2285037	1314034	34370
企业管理服务	5221723	5317203	1987145	1934655	1092283	25372
法律服务	2	132	218	218	14	13

7-11 续表 6 单位：千元

指标名称	负债合计	实收资本	营业收入合计	主营业务收入	主营业务成本	主营业务税金及附加
咨询与调查	52850	51743	24328	20961	16470	514
广告业	14252	11171	37251	37251	21669	1473
职业中介服务	17756	3070	21405	21281	15187	406
市场管理	50735	34972	12927	11604	5548	903
旅行社	31505	39961	156731	156538	139787	913
其他商务服务	257627	174178	105318	102529	23076	4776
科学研究、技术服务和地质勘查业	428073	284001	724402	718352	408856	44033
研究与试验发展	113606	44798	47899	47772	24309	1652
自然科学研究与试验发展	8379	4387	6759	6759	4013	142
工程和技术研究与试验发展	100143	21461	38983	38906	18492	1463
农业科学研究与试验发展	5084	18950	2157	2107	1804	47
专业技术服务业	281971	199960	623716	617882	343865	40966
气象服务	3520	2002	7102	5776	1837	539
测绘服务	3019	4029	6813	6813	4683	374
技术检测	12619	7635	24651	24269	5546	946
工程技术与规划管理	247168	166674	495848	491722	252394	38332
其他专业技术服务	15645	19620	89302	89302	79405	775
科技交流和推广服务业	21872	19823	30411	30372	20696	660
技术推广服务	6137	8036	21720	21690	16497	260
科技中介服务	10427	5826	3965	3965	1040	188
其他科技服务	5308	5961	4726	4717	3159	212
地质勘查业	10624	19420	22376	22326	19986	755
矿产地质勘查	6182	11320	8408	8358	7838	276
基础地质勘查	4442	8100	13968	13968	12148	479
水利、环境和公共设施管理业	893480	189474	56307	55099	49341	1040
水利管理业	70499	53268	26046	26030	19020	21
水资源管理	69238	52217	25043	25034	18051	3
其他水利管理	1261	1051	1003	996	969	18
环境管理业	68494	87456	11682	11591	15975	572
自然保护	6325	3736	153	153	120	7
环境治理	62169	83720	11529	11438	15855	565
公共设施管理业	754487	48750	18579	17478	14346	447
市政公共设施管理	744687	30260	6042	5960	7599	342
城市绿化管理	1517	630	2528	1918	1580	22
游览景区管理	8283	17860	10009	9600	5167	83

7-11 续表 7

单位：千元

指标名称	负债合计	实收资本	营业收入合计	主营业务收入	主营业务成本	主营业务税金及附加
居民服务和其他服务业	73538	46886	40003	39513	18471	1304
居民服务业	11683	24633	16816	16439	5270	744
家庭服务		20				
洗浴服务	286	580	790	790	707	46
婚姻服务	142	533	116	116	87	5
殡葬服务	162	63	814	447	468	8
摄影扩印服务	5761	2313	1685	1685	1002	9
其他居民服务	5332	21124	13411	13401	3006	676
其他服务业	61855	22253	23187	23074	13201	560
修理与维护	16210	5190	11911	11798	8393	64
清洁服务	430	3873	4134	4134	3113	117
其他未列明的服务	45215	13190	7142	7142	1695	379
教育	70641	15403	38616	34834	16202	1553
教育	70641	15403	38616	34834	16202	1553
学前教育	316	130	1034	1034	364	
其他教育	70325	15273	37582	33800	15838	1553
卫生、社会保障和社会福利业	143521	48801	27729	27696	18110	47
卫生	142222	41991	26815	26782	18110	16
医院	130600	26458	9195	9195	7676	
卫生院及社区医疗活动	30	76	67	67	65	
门诊部医疗活动	913	202	1421	1388	123	5
计划生育技术服务活动	21	250	195	195	50	11
疾病预防控制及防疫活动	10518	14491	15021	15021	9280	
其他卫生活动	140	514	916	916	916	
社会福利业	1299	6810	914	914		31
提供住宿的社会福利	17	4500	564	564		31
不提供住宿的社会福利	1282	2310	350	350		
文化、体育和娱乐业	89308	77195	147036	139825	103734	1815
新闻出版业	31777	10036	87955	87930	86227	574
新闻业	4773	670	9441	9416	7070	414
出版业	27004	9366	78514	78514	79157	160
广播、电视、电影和音像业	56076	57576	42317	35369	17140	1015
广播	3335	1070	4038	3798	2537	125
电视	6025	4859	11796	11796	7366	242
电影	46716	51647	26483	19775	7237	648
文化艺术业	30	1100	474	474		23
艺术表演场馆		1084	204	204		6
文化艺术经纪代理	30	16	270	270		17
娱乐业	1425	8483	16290	16052	367	203
室内娱乐活动	1425	3746	1309	1071	367	134
游乐园		4687	1581	1581		69
其他娱乐活动		50	13400	13400		

7-11 续表 8

单位：千元

指标名称	费用合计	营业利润	利润总额	从业人员劳动报酬	劳动失业保险费	全部从业人员年平均人数(人)
总　计	**1044359**	**425566**	**321738**	**404150**	**66266**	**34415**
#国有及国有控股	1044359	425566	321738	404150	66266	34415
按开业时间划分						
1949年以前	60	20	20	36	12	8
1950-1952年	6535	852	824	2373	56	147
1953-1957年	57595	32298	-3956	55239	12033	5581
1958-1962年	58323	1810	-5793	25232	2883	3063
1963-1965年	19884	-122	-2883	7632	1441	3278
1966-1970年	8600	-405	-237	3380	46	1455
1971-1975年	3678	-599	-847	4663	740	177
1976-1980年	3386	5142	312	3758	286	359
#1978年	135	616	-77	422		50
1981-1985年	28031	-6589	-12702	16339	1085	1695
#1985年	4071	-100	-194	1614	133	194
1986-1990年	443766	365993	304055	86260	25357	3930
1991-1995年	122776	23769	2101	75779	6385	6175
#1992年	31441	-8000	-13345	17767	1093	1154
1996-2000年	188518	-2507	34079	78154	12675	5067
#1997年	6212	-1095	-1709	4112	649	289
2001年	39447	4165	2715	17764	1077	1095
2002年	37842	6608	7048	11890	693	1100
2003年	18787	-2448	-941	10585	1309	836
2004年	7131	-2421	-2057	5059	188	438
其他(不详)				7		11
按登记注册类型分组						
内资企业	1044359	425566	321738	404150	66266	34415
国有企业	1044359	425566	321738	404150	66266	34415
按营业状态分组						
营业	1037846	428561	329889	397655	65682	33955
停业(歇业)	5896	-3251	-6967	5663	328	389
筹建				7		11
当年关闭		-24	-50	1		
其他	617	280	-1134	824	256	60

7-11 续表 9 单位：千元

指标名称	费用合计	营业利润	利润总额	从业人员劳动报酬	劳动失业保险费	全部从业人员年平均人数(人)
按地区分组						
乌鲁木齐市	371543	347237	229247	213677	42708	12646
克拉玛依市	24955	15041	17041	9829	547	526
吐鲁番地区	17428	-972	-1412	16788	314	2187
哈密地区	15702	325	134	8677	503	537
昌吉回族自治州	22883	-3523	1031	9280	3630	1088
博尔塔拉蒙古自治州	54785	2575	4385	18283	1399	5364
巴音郭楞蒙古自治州	397066	85555	42184	49419	7376	2765
阿克苏地区	18325	1023	-404	4300	497	379
克孜勒苏柯尔克孜自治州	881	-807	-507	843	257	292
喀什地区	9466	2628	1450	5632	613	508
和田地区	1252	-40	195	737	9	120
伊犁哈萨克自治州	18135	-785	-2360	7975	1370	643
塔城地区	7154	-64	-95	2606	290	193
阿勒泰地区	16189	-3566	-3330	19570	2932	3609
石河子市	68595	-19061	34179	36534	3821	3558
按国民经济行业中类分组						
信息传输、计算机服务和软件业	4692	2480	1818	3604	222	195
电信和其他信息传输服务业	2448	1637	1637	1890	27	100
互联网信息服务						
广播电视传输服务	2448	1637	1637	1890	27	100
计算机服务业	927	1792	1159	362	9	27
计算机系统服务	117		-632	130	9	8
计算机维修	804	-7	-8	139		11
其他计算机服务	6	1799	1799	93		8
软件业	1317	-949	-978	1352	186	68
公共软件服务	1317	-949	-978	1352	186	68
金融业	166	-11	2	77	19	6
#金融活动	166	-11	2	77	19	6
#未列明的金融活动	166	-11	2	77	19	6
租赁和商务服务业	682597	344990	314737	196854	37020	21764
租赁业	10582	4509	2327	6129	6198	587
机械设备租赁	6711	5917	3742	4706	5321	384
文化及日用品出租	3871	-1408	-1415	1423	877	203
商务服务业	672015	340481	312410	190725	30822	21177
企业管理服务	542682	329265	295086	142446	26305	16863
法律服务	202	-11	-11	131	1	17

7-11 续表 10

单位：千元

指标名称	费用合计	营业利润	利润总额	从业人员劳动报酬	劳动失业保险费	全部从业人员年平均人数（人）
咨询与调查	5791	2504	1711	2298	35	243
广告业	17172	2269	454	3515	134	245
职业中介服务	7983	2799	2971	1976	421	106
市场管理	5140	1336	1464	4484	955	441
旅行社	14751	1301	137	5114	935	421
其他商务服务	78294	1018	10598	30761	2036	2841
科学研究、技术服务和地质勘查业	221206	92097	25186	139419	19675	7286
研究与试验发展	14923	8222	4026	9520	28	453
自然科学研究与试验发展	3057	-453	-436	1437	7	78
工程和技术研究与试验发展	9613	9338	5253	6094	11	229
农业科学研究与试验发展	2253	-663	-791	1989	10	146
专业技术服务业	196319	66980	19855	119519	13317	5866
气象服务	4187	666	719	1180	6	102
测绘服务	770	1014	1014	1241	10	92
技术检测	15138	2797	2786	4414	622	280
工程技术与规划管理	170996	58604	12469	107089	12488	5116
其他专业技术服务	5228	3899	2867	5595	191	276
科技交流和推广服务业	8924	1282	980	6562	6143	649
技术推广服务	4365	669	559	2706	78	423
科技中介服务	2339	398	398	849	9	60
其他科技服务	2220	215	23	3007	6056	166
地质勘查业	1040	15613	325	3818	187	318
矿产地质勘查	1002	14310	-708	1754	187	103
基础地质勘查	38	1303	1033	2064		215
水利、环境和公共设施管理业	20781	-5902	-7064	13896	4101	1290
水利管理业	11125	-3412	-2031	4904	3408	514
水资源管理	10864	-3283	-2037	4611	3407	485
其他水利管理	261	-129	6	293	1	29
环境管理业	4907	-9734	-8664	2318	181	286
自然保护	1	25	26	598	104	46
环境治理	4906	-9759	-8690	1720	77	240
公共设施管理业	4749	7244	3631	6674	512	490
市政公共设施管理	1610	2992	3008	3942	88	174
城市绿化管理	936	-10	-10	965	310	106
游览景区管理	2203	4262	633	1767	114	210

7-11 续表 11

单位：千元

指标名称	费用合计	营业利润	利润总额	从业人员劳动报酬	劳动失业保险费	全部从业人员年平均人数（人）
居民服务和其他服务业	22839	1817	-418	14117	823	1294
居民服务业	14748	155	-1443	9191	485	820
家庭服务	9	-9	-9	16		3
洗浴服务	206	-169	-169	269		32
婚姻服务	12	12	12	37	2	5
殡葬服务	310	18	18	238	28	18
摄影扩印服务	1291	-611	-261	338	67	34
其他居民服务	12920	914	-1034	8293	388	728
其他服务业	8091	1662	1025	4926	338	474
修理与维护	2326	1139	687	1620	221	197
清洁服务	678	226	227	1466		55
其他未列明的服务	5087	297	111	1840	117	222
教育	19191	1100	523	7921	1809	826
教育	19191	1100	523	7921	1809	826
学前教育	799	-129	-28	441	48	43
其他教育	18392	1229	551	7480	1761	783
卫生、社会保障和社会福利业	22445	-2359	-123	7896	414	414
卫生	21243	-2040	-21	7678	393	384
医院	4526	-2851	174	1133	11	44
卫生院及社区医疗活动	1	1	1	61	45	25
门诊部医疗活动	640	815	-191	359		58
计划生育技术服务活动	139	-5	-5	37	3	3
疾病预防控制及防疫活动	15021			5684	266	197
其他卫生活动	916			404	68	57
社会福利业	1202	-319	-102	218	21	30
提供住宿的社会福利	635	-102	-102	103	16	9
不提供住宿的社会福利	567	-217		115	5	21
文化、体育和娱乐业	50442	-8646	-12923	20366	2183	1340
新闻出版业	23464	-22260	-18797	9442	1105	410
新闻业	4625	-2675	-2956	306	7	18
出版业	18839	-19585	-15841	9136	1098	392
广播、电视、电影和音像业	23746	129	-2824	9168	944	818
广播	656	480	663	536	144	21
电视	3861	327	670	868	126	70
电影	19229	-678	-4157	7764	674	727
文化艺术业	247	253	204	70		9
艺术表演场馆	247		-49	20		4
文化艺术经纪代理		253	253	50		5
娱乐业	2985	13232	8494	1686	134	103
室内娱乐活动	978	-168	-159	682	115	52
游乐园	2007		-4747	932	19	48
其他娱乐活动		13400	13400	72		3

7–12 其他第三产业中集体企业法人单位主要经济指标

单位：千元

指标名称	企业数（个）	年末从业人员数（人）	固定资产原价	本年折旧	资产总计
总　计	**272**	**8261**	**967099**	**82193**	**3184766**
#国有及国有控股	37	1324	37464	5937	96923
按开业时间划分					
1950–1952年	8	88	73012	27257	182109
1953–1957年	12	119	39479	1748	193252
1958–1962年	6	41	8898	699	14724
1963–1965年	1	13	3481	670	5744
1966–1970年	2	29	1262		1713
1971–1975年	1	33	175	84	175
1976–1980年	7	178	14345	242	130891
1981–1985年	26	598	59729	3089	1599101
#1985年	5	172	43798	1600	1557920
1986–1990年	22	827	119155	17134	177827
1991–1995年	73	4090	90444	12563	214138
#1992年	32	2971	50017	6952	134157
1996–2000年	60	1258	478757	5506	512355
#1997年	6	193	3416	1154	10880
2001年	5	271	5516	4211	8704
2002年	10	80	12807	2289	23311
2003年	21	430	45560	5787	89701
2004年	16	195	14479	914	30521
其他(不详)	2	11			500
按登记注册类型分组					
内资企业	272	8261	967099	82193	3184766
集体企业	272	8261	967099	82193	3184766
按营业状态分组					
营业	248	8016	889724	54016	2913830
停业(歇业)	12	122	11593	1804	195673
筹建	2	11			500
当年关闭	2	5			
当年破产	2	8	1200	5	3230
其他	6	99	64582	26368	71533
按地区分组					
乌鲁木齐市	98	2463	539237	9609	2231493
克拉玛依市	21	2446	144885	25437	242830
吐鲁番地区	20	291	49245	2614	138913
哈密地区	10	206	4252	140	7429
昌吉回族自治州	22	322	26016	1831	97746
博尔塔拉蒙古自治州	6	54	7538	42	13949
巴音郭楞蒙古自治州	24	884	37038	5727	127398
阿克苏地区	9	99	14123	2345	33171

7-12 续表 1

单位：千元

指标名称	企业数（个）	年末从业人员数（人）	固定资产原价	本年折旧	资产总计
克孜勒苏柯尔克孜自治州	2	14	325	14	380
喀什地区	13	262	16997	2385	23328
和田地区	15	269	26204	1180	69929
伊犁哈萨克自治州	17	718	36445	5081	35187
塔城地区	10	163	62213	25715	150092
阿勒泰地区	3	24	1689	47	4960
石河子市	2	46	892	26	7961
按国民经济行业中类分组					
信息传输、计算机服务和软件业	2	85	19659	3288	14489
#电信和其他信息传输服务业	2	85	19659	3288	14489
广播电视传输服务	2	85	19659	3288	14489
金融业	1	1	690		1690
#金融活动	1	1	690		1690
#未列明的金融活动	1	1	690		1690
租赁和商务服务业	136	5163	788401	52757	2884660
租赁业	7	69	34632	1664	85493
#机械设备租赁	7	69	34632	1664	85493
商务服务业	129	5094	753769	51093	2799167
企业管理服务	55	1786	685750	39271	2683588
法律服务	4	40	277	129	414
咨询与调查	9	131	904	592	8370
广告业	6	75	14141	1168	15066
职业中介服务	9	546	2753	257	13758
市场管理	6	71	20374	4243	28136
旅行社	7	68	6706	489	8370
其他商务服务	33	2377	22864	4944	41465
科学研究、技术服务和地质勘查业	33	1603	57212	17720	146071
研究与试验发展	2	11	5262	866	5622
工程和技术研究与试验发展	1	8	5210	847	5331
农业科学研究与试验发展	1	3	52	19	291
专业技术服务业	25	1300	16256	7339	47332
气象服务	1	8	220	190	430
测绘服务	1	6	510	90	510
技术检测	3	429	909	115	3159
工程技术与规划管理	14	412	6487	2160	17009
其他专业技术服务	6	445	8130	4784	26224
科技交流和推广服务业	4	15	2290	95	13328
技术推广服务	3	12	1443	26	11405
其他科技服务	1	3	847	69	1923

7-12 续表 2 单位：千元

指标名称	企业数（个）	年末从业人员数（人）	固定资产原价	本年折旧	资产总计
地质勘查业	2	277	33404	9420	79789
基础地质勘查	1	11	728		1360
地质勘查技术服务	1	266	32676	9420	78429
水利、环境和公共设施管理业	10	96	25305	1465	26056
水利管理业	9	84	25164	1465	25928
水资源管理	8	74	22868	198	23633
其他水利管理	1	10	2296	1267	2295
公共设施管理业	1	12	141		128
#城市绿化管理	1	12	141		128
居民服务和其他服务业	59	683	39882	3189	60223
居民服务业	40	554	29572	2751	45360
家庭服务	3	10	13		996
洗染服务	3	116	596	23	2211
理发及美容保健服务	1	47	7326	705	15887
洗浴服务	2	16	111	17	417
婚姻服务	1	2			3
殡葬服务	2	36	1488	72	3038
摄影扩印服务	1	1	256		256
其他居民服务	27	326	19782	1934	22552
其他服务业	19	129	10310	438	14863
修理与维护	10	86	6700	192	7692
未列明的服务	9	43	3610	246	7171
教育	12	244	14467	1465	24919
教育	12	244	14467	1465	24919
学前教育	2	25	285		642
初等教育	1	5			
其他教育	9	214	14182	1465	24277
卫生、社会保障和社会福利业	11	314	10659	1267	15637
卫生	9	258	7875	1133	13334
医院	3	148	5413	843	7833
卫生院及社区医疗活动	2	83	1308	270	2937
门诊部医疗活动	1	10			1200
计划生育技术服务活动	1	5	134	15	230
其他卫生活动	2	12	1020	5	1134
社会福利业	2	56	2784	134	2303
提供住宿的社会福利	2	56	2784	134	2303
文化、体育和娱乐业	8	72	10824	1042	11021
广播、电视、电影和音像业	4	51	8071	1013	8174
电视	2	18	4438	827	4438
电影	2	33	3633	186	3736
文化艺术业	1	10	2588	29	2588
#艺术表演场馆	1	10	2588	29	2588
娱乐业	3	11	165		259
室内娱乐活动	2	8	30		124
休闲健身娱乐活动	1	3	135		135

7-12 续表 3

单位：千元

指标名称	负债合计	实收资本	营业收入合计	主营业务收入	主营业务成本	主营业务税金及附加
总　计	**2191937**	**644664**	**506891**	**483774**	**386523**	**13619**
#国有及国有控股	46195	36053	70737	69748	48677	1778
按开业时间划分						
1950-1952年	58747	79707	4310	4310	2572	65
1953-1957年	151557	81067	8647	5065	1984	19
1958-1962年	5825	8262	925	925	112	40
1963-1965年	2525	3428	6000	6000	1000	40
1966-1970年	949	1300	783	783		
1971-1975年	103	41	237	210		9
1976-1980年	83070	42654	3836	3836	2535	37
1981-1985年	1332583	113288	134336	133177	145159	291
#1985年	1312727	96810	119468	119447	137196	124
1986-1990年	107962	47167	52488	43154	30425	2084
1991-1995年	96361	76194	116871	111073	76430	4552
#1992年	53305	48932	85575	81429	62758	3127
1996-2000年	294550	80160	65449	63322	45582	2637
#1997年	2236	1264	11685	11685	9427	259
2001年	10879	697	29852	29202	27771	1098
2002年	3074	10733	17378	17378	4803	928
2003年	37846	79181	44560	44120	30038	1194
2004年	5906	20285	21219	21219	18112	625
其他(不详)		500				
按登记注册类型分组						
内资企业	2191937	644664	506891	483774	386523	13619
集体企业	2191937	644664	506891	483774	386523	13619
按营业状态分组						
营业	2071088	483453	495841	473815	382504	13534
停业(歇业)	95637	113710	54	54	43	2
筹建		500				
当年关闭						
当年破产	2470	1510	1230	230	221	3
其他	22742	45491	9766	9675	3755	80
按地区分组						
乌鲁木齐市	1716230	221003	205081	202112	187076	3345
克拉玛依市	145575	60272	180726	170064	138771	7256
吐鲁番地区	134379	41831	9253	5224	4021	85
哈密地区	5006	2491	6857	6745	3260	52
昌吉回族自治州	32191	48256	15611	15328	12908	445
博尔塔拉蒙古自治州	6521	5597	454	439	179	28
巴音郭楞蒙古自治州	51937	98151	23514	20541	8129	732
阿克苏地区	17218	10040	19295	19262	15231	676

7-12 续表 4

单位：千元

指标名称	负债合计	实收资本	营业收入合计	主营业务收入	主营业务成本	主营业务税金及附加
克孜勒苏柯尔克孜自治州	103	122	131	47	25	
喀什地区	13831	10663	13805	13671	5486	115
和田地区	6786	25749	3045	3045	1222	89
伊犁哈萨克自治州	11478	19531	20630	19834	7074	697
塔城地区	46670	98695	5709	5682	2658	50
阿勒泰地区	3099	1851	2483	1483	408	39
石河子市	913	412	297	297	75	10
按国民经济行业中类分组						
信息传输、计算机服务和软件业		10000	5593	5593	4182	181
#电信和其他信息传输服务业		10000	5593	5593	4182	181
广播电视传输服务		10000	5593	5593	4182	181
金融业		1533	100	100	20	10
#金融活动		1533	100	100	20	10
#未列明的金融活动		1533	100	100	20	10
租赁和商务服务业	2027551	545148	322293	304998	262946	5872
租赁业	113789	17358	8238	4833	3216	168
#机械设备租赁	113789	17358	8238	4833	3216	168
商务服务业	1913762	527790	314055	300165	259730	5704
企业管理服务	1854993	488635	221408	213143	213095	2769
法律服务	430	306	1416	1416	1172	74
咨询与调查	940	2267	3717	3458	804	163
广告业	2770	1752	10228	9112	3988	382
职业中介服务	8314	1744	7641	7621	3221	362
市场管理	16755	14099	3726	3711	152	154
旅行社	5940	5135	17885	17885	15740	101
其他商务服务	23620	13852	48034	43819	21558	1699
科学研究、技术服务和地质勘查业	105560	18608	120278	116894	90943	5506
研究与试验发展	3473	3813	1000	970	1492	33
工程和技术研究与试验发展	3105	3778	1000	970	1492	33
农业科学研究与试验发展	368	35				
专业技术服务业	29536	8718	85434	83558	67563	3664
气象服务	210	150	310	310	120	20
测绘服务	48	30	660	660		40
技术检测	2177	880	2469	2224	1967	13
工程技术与规划管理	6471	5236	26708	26522	23185	1222
其他专业技术服务	20630	2422	55287	53842	42291	2369
科技交流和推广服务业	8409	1829	3260	3260	2156	173
技术推广服务	6184	1779	475	475	100	12
其他科技服务	2225	50	2785	2785	2056	161

7-12 续表 5

单位：千元

指标名称	负债合计	实收资本	营业收入合计	主营业务收入	主营业务成本	主营业务税金及附加
地质勘查业	64142	4248	30584	29106	19732	1636
基础地质勘查		167	1341	1341	1174	
地质勘查技术服务	64142	4081	29243	27765	18558	1636
水利、环境和公共设施管理业	4364	23394	2691	2648	1557	34
水利管理业	4181	23294	2522	2479	1390	26
水资源管理		21694	1214	1214	197	
其他水利管理	4181	1600	1308	1265	1193	26
公共设施管理业	183	100	169	169	167	8
#城市绿化管理	183	100	169	169	167	8
居民服务和其他服务业	29288	29627	27911	26975	14258	1384
居民服务业	19995	21667	23093	22283	11257	1202
家庭服务	8	560	84	84	50	2
洗染服务	1022	733	3154	3154	561	152
理发及美容保健服务	7011	709	11644	10898	6617	720
洗浴服务	134	263	176	135	28	5
婚姻服务		3	21	21		1
殡葬服务	2432	708	2413	2413	775	126
摄影扩印服务		200	50	50	37	2
其他居民服务	9388	18491	5551	5528	3189	194
其他服务业	9293	7960	4818	4692	3001	182
修理与维护	4362	5815	2280	2217	1390	66
未列明的服务	4931	2145	2538	2475	1611	116
教育	9305	2189	11287	11274	5470	408
教育	9305	2189	11287	11274	5470	408
学前教育	9	315	371	371	47	
初等教育						
其他教育	9296	1874	10916	10903	5423	408
卫生、社会保障和社会福利业	9755	9809	13689	13309	6899	116
卫生	9596	7662	12670	12290	6732	88
医院	7910	3780	7193	6828	3958	45
卫生院及社区医疗活动	645	1632	4174	4174	2271	
门诊部医疗活动		1000	574	574	320	32
计划生育技术服务活动	101	230	209	209	148	9
其他卫生活动	940	1020	520	505	35	2
社会福利业	159	2147	1019	1019	167	28
提供住宿的社会福利	159	2147	1019	1019	167	28
文化、体育和娱乐业	6114	4356	3049	1983	248	108
广播、电视、电影和音像业	4322	3073	2815	1749	101	90
电视	4219	1955	1518	1512		38
电影	103	1118	1297	237	101	52
文化艺术业	1655	1153	136	136	103	16
#艺术表演场馆	1655	1153	136	136	103	16
娱乐业	137	130	98	98	44	2
室内娱乐活动		130	44	44	1	
休闲健身娱乐活动	137		54	54	43	2

7-12 续表 6

单位：千元

指标名称	费用合计	营业利润	利润总额	从业人员劳动报酬	劳动失业保险费	全部从业人员年平均人数(人)
总　计	**172016**	**-72937**	**-1066**	**92858**	**9227**	**8499**
#国有及国有控股	15412	5003	4002	9001	539	1329
按开业时间划分						
1950-1952年	3946	-1424	-1124	1221	164	86
1953-1957年	10195	-6906	-3440	2307	346	119
1958-1962年	714	60	49	614	89	49
1963-1965年	2000	2960	1998	340	68	13
1966-1970年	460	323	323	282		29
1971-1975年	241	-32		163		30
1976-1980年	1317	-43	-161	2305	189	181
1981-1985年	58556	-68463	-6083	9259	1838	641
#1985年	50014	-67887	-5371	4793	1231	253
1986-1990年	17429	-4125	-1317	15626	516	824
1991-1995年	39947	-3650	2109	34602	1500	4061
#1992年	24353	-4869	1363	26803	1121	3006
1996-2000年	16014	1018	663	14284	3678	1300
#1997年	1698	1666	1895	2287	68	216
2001年	2766	-1782	-1773	1316	107	271
2002年	3591	8057	7782	2273	526	80
2003年	13750	-219	-748	6581	105	563
2004年	1090	1289	656	1680	101	241
其他(不详)				5		11
按登记注册类型分组						
内资企业	172016	-72937	-1066	92858	9227	8499
集体企业	172016	-72937	-1066	92858	9227	8499
按营业状态分组						
营业	167930	-75769	-3161	90335	9038	8314
停业(歇业)	495	-486	-318	1399	48	67
筹建				5		11
当年关闭						
当年破产	83	6	5	48	2	8
其他	3508	3312	2408	1071	139	99
按地区分组						
乌鲁木齐市	78507	-59962	1749	32091	5961	2496
克拉玛依市	29641	-1449	1980	31704	1191	2654
吐鲁番地区	9480	-7858	-4466	2276	145	275
哈密地区	3202	325	220	2069	118	202
昌吉回族自治州	7688	-5362	-2030	4487	286	365
博尔塔拉蒙古自治州	1280	-1048	-1053	559	117	54
巴音郭楞蒙古自治州	14359	-2664	533	7693	634	893
阿克苏地区	2940	529	-239	445	41	98

7-12 续表 7 单位：千元

指标名称	费用合计	营业利润	利润总额	从业人员劳动报酬	劳动失业保险费	全部从业人员年平均人数（人）
克孜勒苏柯尔克孜自治州	99	7		110	7	14
喀什地区	4608	4905	3092	2235	230	306
和田地区	2905	-1090	-1496	1267	31	254
伊犁哈萨克自治州	12496	416	10	5541	353	635
塔城地区	4293	-501	-179	2092	88	223
阿勒泰地区	354	767	765	269	25	24
石河子市	164	48	48	20		6
按国民经济行业中类分组						
信息传输、计算机服务和软件业	1091	22	22	916	12	85
#电信和其他信息传输服务业	1091	22	22	916	12	85
广播电视传输服务	1091	22	22	916	12	85
金融业	65	5		10		1
#金融活动	65	5		10		1
#未列明的金融活动	65	5		10		1
租赁和商务服务业	129487	-84973	-11626	52149	7667	5265
租赁业	8417	-6968	-3586	965	254	67
#机械设备租赁	8417	-6968	-3586	965	254	67
商务服务业	121070	-78005	-8040	51184	7413	5198
企业管理服务	77843	-78196	-10824	24227	5774	1834
法律服务	1337	68	68	463	38	33
咨询与调查	2636	117	320	1202	91	70
广告业	4376	1528	1475	980	148	75
职业中介服务	3662	377	-25	4256	408	549
市场管理	3394	26	11	455	180	71
旅行社	2399	-355	-387	822	64	70
其他商务服务	25423	-1570	1322	18779	710	2496
科学研究、技术服务和地质勘查业	13765	9981	10136	26382	787	1659
研究与试验发展	28	-536	-536	200	10	10
工程和技术研究与试验发展	9	-536	-536	188	10	8
农业科学研究与试验发展	19			12		2
专业技术服务业	8390	6157	5631	16198	676	1362
气象服务	130	40	30	120		9
测绘服务	350	270		82	12	6
技术检测	785	-19	-26	5617		429
工程技术与规划管理	2744	207	155	5659	124	484
其他专业技术服务	4381	5659	5472	4720	540	434
科技交流和推广服务业	952	-21	5	241	21	14
技术推广服务	347	16	42	141	21	11
其他科技服务	605	-37	-37	100		3

7-12 续表 8

单位：千元

指标名称	费用合计	营业利润	利润总额	从业人员劳动报酬	劳动失业保险费	全部从业人员年平均人数（人）
地质勘查业	4395	4381	5036	9743	80	273
基础地质勘查	43	124	7	167		11
地质勘查技术服务	4352	4257	5029	9576	80	262
水利、环境和公共设施管理业	2882	-1326	-1944	492	50	96
水利管理业	2830	-1268	-1886	408	50	84
水资源管理	2354	-1268	-1456	300	20	74
其他水利管理	476		-430	108	30	10
公共设施管理业	52	-58	-58	84		12
#城市绿化管理	52	-58	-58	84		12
居民服务和其他服务业	12101	-136	-916	5996	257	727
居民服务业	10065	171	-49	5059	236	597
家庭服务	107	-18	-30	74		12
洗染服务	2237	204	203	1089	36	125
理发及美容保健服务	2279	1579	1485	354	41	53
洗浴服务	151	-15	-13	94	17	16
婚姻服务	20			12		2
殡葬服务	1583	-71	-71	657		61
摄影扩印服务	14	-1	-1	6		1
其他居民服务	3674	-1507	-1622	2773	142	327
其他服务业	2036	-307	-867	937	21	130
修理与维护	1217	-328	-384	524	15	87
未列明的服务	819	21	-483	413	6	43
教育	3129	2616	2702	2387	53	280
教育	3129	2616	2702	2387	53	280
学前教育		324	324	214	2	25
初等教育						
其他教育	3129	2292	2378	2173	51	255
卫生、社会保障和社会福利业	6697	984	726	3712	290	314
卫生	6460	397	381	3502	253	258
医院	4430	-228	-244	2048	3	148
卫生院及社区医疗活动	1462	451	451	1171	249	83
门诊部医疗活动	65	157	157	157		10
计划生育技术服务活动	40	12	12	16		5
其他卫生活动	463	5	5	110	1	12
社会福利业	237	587	345	210	37	56
提供住宿的社会福利	237	587	345	210	37	56
文化、体育和娱乐业	2799	-110	-166	814	111	72
广播、电视、电影和音像业	2744	-124	-174	698	102	51
电视	1686	-212	-256	203		18
电影	1058	88	82	495	102	33
文化艺术业	18	-1		34	2	10
#艺术表演场馆	18	-1		34	2	10
娱乐业	37	15	8	82	7	11
室内娱乐活动	32	11	4	76	7	8
休闲健身娱乐活动	5	4	4	6		3

7-13 其他第三产业法人中股份制企业法人主要经济指标

单位：千元

指标名称	企业数（个）	年末从业人员数（人）	固定资产原价	本年折旧	资产总计
总 计	**702**	**22281**	**3215148**	**333697**	**22761016**
#国有及国有控股	126	7075	1627544	141783	10223529
按开业时间划分					
1953-1957年	3	175	10068	458	15160
1958-1962年	1	28	68	6	902
1971-1975年	1	173	23068	14045	41761
1976-1980年	4	99	9819	2880	20359
#1978年	1	2	521		521
1981-1985年	5	273	15873	1227	33557
#1985年	3	107	6300	745	16811
1986-1990年	4	426	30015	9941	60878
1991-1995年	20	944	575259	109341	5629994
#1992年	1	33			32815
1996-2000年	155	6865	1283724	79877	9829786
#1997年	11	117	41312	3038	678668
2001年	106	2772	366436	28355	2037074
2002年	114	3053	231493	18823	2319232
2003年	138	4727	234974	15296	1918228
2004年	127	2339	231368	53367	454582
其他(不详)	24	407	202983	81	399503
按登记注册类型分组					
内资企业	702	22281	3215148	333697	22761016
有限责任公司	653	19955	1978014	197151	10980399
其他有限责任公司	653	19955	1978014	197151	10980399
股份有限公司	49	2326	1237134	136546	11780617
按营业状态分组					
营业	618	21036	2983829	331502	20380392
停业(歇业)	35	613	8167	317	1142256
筹建	24	407	202983	81	399503
当年关闭	13	5			
当年破产	1	1			
其他	11	219	20169	1797	838865

7-13 续表 1 单位：千元

指标名称	企业数（个）	年末从业人员数（人）	固定资产原价	本年折旧	资产总计
按地区分组					
乌鲁木齐市	249	8472	1608492	234547	10511357
克拉玛依市	43	3486	178837	13824	506005
吐鲁番地区	33	674	99402	5763	164489
哈密地区	18	1125	32727	3334	71792
昌吉回族自治州	89	1709	332096	17546	6990847
博尔塔拉蒙古自治州	33	532	59749	1515	918761
巴音郭楞蒙古自治州	43	1856	414307	17938	1352158
阿克苏地区	81	1729	72619	9771	1507808
克孜勒苏柯尔克孜自治州	3	58	143	18	12004
喀什地区	27	542	59240	2997	103136
和田地区	2	12	358	5	1079
伊犁哈萨克自治州	33	1044	80830	17821	187223
塔城地区	12	311	6102	412	11219
阿勒泰地区	17	280	32083	2102	39413
石河子市	19	451	238163	6104	383725
按国民经济行业中类分组					
信息传输、计算机服务和软件业	51	1724	354088	70231	607540
电信和其他信息传输服务业	15	849	303175	65191	396609
互联网信息服务	7	209	10252	3038	30771
广播电视传输服务	8	640	292923	62153	365838
计算机服务业	23	431	10165	1627	50528
计算机系统服务	9	297	6140	1380	37989
计算机维修	2	37	1494	191	6539
其他计算机服务	12	97	2531	56	6000
软件业	13	444	40748	3413	160403
公共软件服务	10	417	40118	3378	158469
其他软件服务	3	27	630	35	1934
金融业	19	150	10977	709	195491
#金融活动	19	150	10977	709	195491
金融信托与管理	1	8	390	62	12754
典当	13	120	4398	520	93764
未列明的金融活动	5	22	6189	127	88973
租赁和商务服务业	339	10808	2282764	192647	20422939
租赁业	17	749	131319	10169	621877
机械设备租赁	16	747	131181	10122	621667
文化及日用品出租	1	2	138	47	210

7-13 续表 2

单位：千元

指标名称	企业数(个)	年末从业人员数(人)	固定资产原价	本年折旧	资产总计
商务服务业	322	10059	2151445	182478	19801062
企业管理服务	63	3594	1441908	143336	16312827
法律服务	3	17	1153	300	47978
咨询与调查	49	550	15520	2170	747362
广告业	52	1166	69546	7289	345425
知识产权服务	3	12	44	5	1985
职业中介服务	20	1284	7710	474	11970
市场管理	12	160	47977	3156	102171
旅行社	71	1229	388422	13933	800361
其他商务服务	49	2047	179165	11815	1430983
科学研究、技术服务和地质勘查业	145	5123	268440	34128	926574
研究与试验发展	7	129	2920	141	22208
自然科学研究与试验发展	2	51	1311	20	16369
工程和技术研究与试验发展	3	73	1603	119	4694
医学研究与试验发展	2	5	6	2	1145
专业技术服务业	120	4391	229492	24198	721374
气象服务	4	69	2923	668	5262
测绘服务	5	56	671	142	12400
技术检测	22	581	60045	4943	91191
工程技术与规划管理	73	3171	143437	16139	362439
其他专业技术服务	16	514	22416	2306	250082
科技交流和推广服务业	10	218	7508	1015	129313
技术推广服务	7	195	7131	970	126605
科技中介服务	1	4			656
其他科技服务	2	19	377	45	2052
地质勘查业	8	385	28520	8774	53679
矿产地质勘查	5	324	19688	7554	36448
地质勘查技术服务	3	61	8832	1220	17231
水利、环境和公共设施管理业	29	588	81363	6443	192937
水利管理业	1	5	1360	213	1302
水资源管理	1	5	1360	213	1302
环境管理业	5	190	2354	159	37149
自然保护	1	63	1454	74	36048
环境治理	4	127	900	85	1101
公共设施管理业	23	393	77649	6071	154486
市政公共设施管理	3	33	7057	154	27433
城市绿化管理	6	149	6514	1517	26504
游览景区管理	14	211	64078	4400	100549

7-13 续表 3

单位：千元

指标名称	企业数（个）	年末从业人员数（人）	固定资产原价	本年折旧	资产总计
居民服务和其他服务业	63	1280	73124	19178	140574
居民服务业	23	649	43088	15651	82542
家庭服务	2	13	10		214
托儿所	1	18	1187	66	1226
洗染服务	2	32	550	56	1393
理发及美容保健服务	1	3	44	37	17
洗浴服务	5	228	1993	206	7597
殡葬服务	1	20	1000	30	14000
摄影扩印服务	5	82	8274	687	8450
其他居民服务	6	253	30030	14569	49645
其他服务业	40	631	30036	3527	58032
修理与维护	24	433	24859	3266	47176
清洁服务	2	59	257	6	690
其他未列明的服务	14	139	4920	255	10166
教育	22	1026	44009	3705	74172
教育	22	1026	44009	3705	74172
中等教育	2	299	15232	995	32776
其他教育	20	727	28777	2710	41396
卫生、社会保障和社会福利业	13	512	31324	2259	74982
卫生	13	512	31324	2259	74982
医院	13	512	31324	2259	74982
文化、体育和娱乐业	21	1070	69059	4397	125807
新闻出版业	4	764	13553	2286	40002
新闻业	1	21	17		351
出版业	3	743	13536	2286	39651
广播、电视、电影和音像业	5	31	2966	188	3794
广播	1	17	2166	117	2986
电视	2	8	574	50	574
电影	2	6	226	21	234
文化艺术业	2	25	590	14	600
文化艺术经纪代理	1	20	210	4	220
其他文化艺术	1	5	380	10	380
娱乐业	10	250	51950	1909	81411
室内娱乐活动	4	67	34338	1667	36408
游乐园	3	33	237	19	851
休闲健身娱乐活动	1	86	1799	178	10684
其他娱乐活动	2	64	15576	45	33468

7-13 续表 4

单位：千元

指标名称	负债合计	实收资本	营业收入合计	主营业务收入	主营业务成本	主营业务税金及附加
总　　计	**10974207**	**8865116**	**2932063**	**2804614**	**1750864**	**106321**
#国有及国有控股	3507767	4805141	1032772	996803	624053	47528
按开业时间划分						
1953-1957年	4551	8882	12037	11515	2947	579
1958-1962年	2190	300	29	29	22	2
1971-1975年	4209	57106	1987	1987	1852	76
1976-1980年	6899	2344	20024	20024	9987	898
#1978年		44	3959	3959	2793	130
1981-1985年	17697	10343	19559	19559	9237	987
#1985年	11891	3307	7720	7720	3225	351
1986-1990年	30637	16000	48126	48067	17778	2655
1991-1995年	3831125	1342965	239133	239032	175698	8484
#1992年	51529	66140				
1996-2000年	4145926	4305566	728503	670758	430124	27030
#1997年	394880	210020	11038	10733	4224	371
2001年	900891	725891	768604	753013	507048	18632
2002年	1302797	852905	453666	407312	262084	9603
2003年	510013	955836	556301	549585	291326	15728
2004年	98740	302592	83998	83637	42589	21644
其他(不详)	118532	284386	96	96	172	3
按登记注册类型分组						
内资企业	10974207	8865116	2932063	2804614	1750864	106321
有限责任公司	4591819	5135903	2331643	2233698	1369724	90506
其他有限责任公司	4591819	5135903	2331643	2233698	1369724	90506
股份有限公司	6382388	3729213	600420	570916	381140	15815
按营业状态分组						
营业	10086967	7602176	2881047	2753925	1704708	106005
停业(歇业)	186238	648125	3351	3327	3147	168
筹建	118532	284386	96	96	172	3
当年关闭						
当年破产						
其他	582470	330429	47569	47266	42837	145

7-15 续表 5

单位：千元

指标名称	负债合计	实收资本	营业收入合计	主营业务收入	主营业务成本	主营业务税金及附加
按地区分组						
乌鲁木齐市	4237245	4532103	1798468	1753722	1131374	70133
克拉玛依市	238709	140656	440505	387339	267016	14563
吐鲁番地区	141934	30267	35234	34444	8345	951
哈密地区	33194	14906	42179	41875	26663	1436
昌吉回族自治州	4832263	2441598	173625	168828	94720	2959
博尔塔拉蒙古自治州	383338	289969	34034	33451	11342	1213
巴音郭楞蒙古自治州	519617	543525	151895	131504	92771	5205
阿克苏地区	317688	429605	69482	68312	28465	3162
克孜勒苏柯尔克孜自治州	11900	740	730	730	90	22
喀什地区	44578	58452	35266	34332	14032	1383
和田地区	388	446	827	827		46
伊犁哈萨克自治州	62817	125856	45950	45764	30056	1025
塔城地区	4459	6089	9910	9678	7266	350
阿勒泰地区	36061	6366	47830	47759	17573	2153
石河子市	110016	244538	46128	46049	21151	1720
按国民经济行业中类分组						
信息传输、计算机服务和软件业	212515	294257	271875	258285	172732	31655
电信和其他信息传输服务业	110307	200474	145730	141856	82669	23439
互联网信息服务	4706	13884	33522	30773	17405	1023
广播电视传输服务	105601	186590	112208	111083	65264	22416
计算机服务业	21955	27383	65961	65905	52636	2755
计算机系统服务	16568	20255	42805	42785	34775	2182
计算机维修	3450	2304	18602	18602	14651	504
其他计算机服务	1937	4824	4554	4518	3210	69
软件业	80253	66400	60184	50524	37427	5461
公共软件服务	79952	64700	59388	49914	37135	5434
其他软件服务	301	1700	796	610	292	27
金融业	27464	166585	14301	14211	1685	655
#金融活动	27464	166585	14301	14211	1685	655
金融信托与管理	2450	10000	648	648		36
典当	12985	78590	11489	11399	1450	600
未列明的金融活动	12029	77995	2164	2164	235	19
租赁和商务服务业	10075299	7690309	1843910	1742292	1119532	42418
租赁业	364239	183752	202740	191243	92950	9532
机械设备租赁	364180	183243	202530	191063	92849	9522
文化及日用品出租	59	509	210	180	101	10

7-13 续表 6

单位：千元

指标名称	负债合计	实收资本	营业收入合计	主营业务收入	主营业务成本	主营业务税金及附加
商务服务业	9711060	7506557	1641170	1551049	1026582	32886
企业管理服务	8504262	5937436	712958	626926	448723	18057
法律服务	829	38650	55121	55121	55807	24
咨询与调查	354168	222711	31103	30748	15102	1448
广告业	120442	107008	225766	225602	67449	3034
知识产权服务	349	900	513	358		21
职业中介服务	6934	4647	16697	14757	10563	604
市场管理	49821	42765	8008	7732	3709	349
旅行社	276693	450651	486251	485793	398745	5265
其他商务服务	397562	701789	104753	104012	26484	4084
科学研究、技术服务和地质勘查业	366496	422089	542966	536813	313507	22955
研究与试验发展	5993	15591	7005	7005	1760	385
自然科学研究与试验发展	2838	12500	4864	4864	261	267
工程和技术研究与试验发展	3150	1891	2141	2141	1499	118
医学研究与试验发展	5	1200				
专业技术服务业	284208	308373	478488	473125	281096	20432
气象服务	2280	2167	6367	6365	2746	332
测绘服务	3499	1534	15643	15643	11115	390
技术检测	20351	22883	67988	67959	34671	3631
工程技术与规划管理	165070	141105	301228	300142	176993	12553
其他专业技术服务	93008	140684	87262	83016	55571	3526
科技交流和推广服务业	54228	75050	18138	17751	12756	632
技术推广服务	52421	73760	14954	14741	10513	533
科技中介服务	237	690	55	55	2	1
其他科技服务	1570	600	3129	2955	2241	98
地质勘查业	22067	23075	39335	38932	17895	1506
矿产地质勘查	18610	13700	27785	27779	10907	1233
地质勘查技术服务	3457	9375	11550	11153	6988	273
水利、环境和公共设施管理业	102240	81764	76150	75639	34155	2921
水利管理业	60	1150	299	299	90	
水资源管理	60	1150	299	299	90	
环境管理业	23125	19500	1419	1071	698	48
自然保护	21009	16000	96	96	172	3
环境治理	2116	3500	1323	975	526	45
公共设施管理业	79055	61114	74432	74269	33367	2873
市政公共设施管理	7838	21080	15824	15824	14433	506
城市绿化管理	15492	10326	22083	22079	14765	352
游览景区管理	55725	29708	36525	36366	4169	2015

7-13 续表 7　　　　单位：千元

指标名称	负债合计	实收资本	营业收入合计	主营业务收入	主营业务成本	主营业务税金及附加
居民服务和其他服务业	54052	109399	72890	69041	48909	1476
居民服务业	27692	75494	17008	17001	9679	740
家庭服务	2	130	102	102	1	1
托儿所		1032	962	962	142	55
洗染服务	2343	1010	126	126	35	7
理发及美容保健服务	177	100	97	97		5
洗浴服务	4471	3526	5159	5159	4149	292
殡葬服务	12000	1000	80	80		
摄影扩印服务	361	8389	6088	6081	2385	260
其他居民服务	8338	60307	4394	4394	2967	120
其他服务业	26360	33905	55882	52040	39230	736
修理与维护	22607	26377	42923	40008	33827	273
清洁服务	171	800	893	866	173	42
其他未列明的服务	3582	6728	12066	11166	5230	421
教育	37153	10314	34440	34057	20175	948
教育	37153	10314	34440	34057	20175	948
中等教育	17053	400	8598	8598	9095	2
其他教育	20100	9914	25842	25459	11080	946
卫生、社会保障和社会福利业	46533	29424	17453	17354	8473	579
卫生	46533	29424	17453	17354	8473	579
医院	46533	29424	17453	17354	8473	579
文化、体育和娱乐业	52455	60975	58078	56922	31696	2714
新闻出版业	19315	31300	51935	50779	29777	2391
新闻业	28	500	11	11	108	
出版业	19287	30800	51924	50768	29669	2391
广播、电视、电影和音像业	2444	835	815	815	353	37
广播	2333	300	562	562	233	21
电视	60	190	170	170	120	11
电影	51	345	83	83		5
文化艺术业		380	149	149	90	8
文化艺术经纪代理		300	11	11	40	
其他文化艺术		80	138	138	50	8
娱乐业	30696	28460	5179	5179	1476	278
室内娱乐活动	25469	12380	2887	2887	587	94
游乐园	220	680	757	757	476	90
休闲健身娱乐活动	2531	10000	864	864	153	57
其他娱乐活动	2476	5400	671	671	260	37

7-13 续表 8

单位: 千元

指标名称	费用合计	营业利润	利润总额	从业人员劳动报酬	劳动失业保险费	全部从业人员年平均人数(人)
总　　计	**1098693**	**-19416**	**-229179**	**1072220**	**34072**	**21819**
#国有及国有控股	309920	59666	194476	118976	16854	6665
按开业时间划分						
1953-1957年	6754	1721	1710	4912	543	171
1958-1962年	345	5	-251	83	120	28
1971-1975年	3136	59	3135	1239	176	173
1976-1980年	5608	3531	3940	4748	296	96
#1978年	1145	-109	-109	8		2
1981-1985年	7296	2047	1601	4124	1048	272
#1985年	2936	1208	1077	1594	412	104
1986-1990年	20470	7844	8334	6776	2976	423
1991-1995年	256419	-192683	-468499	15459	570	884
#1992年	1536	-1536	6907	185	86	12
1996-2000年	332558	-52500	-92489	837324	16212	6696
#1997年	9220	-3079	20690	1550	137	145
2001年	165157	73394	139214	40924	4408	2617
2002年	126415	32797	73069	54433	2905	3441
2003年	144824	108030	106022	82705	2975	4686
2004年	26816	-1060	-2364	17879	1278	2070
其他(不详)	2895	-2601	-2601	1614	565	262
按登记注册类型分组						
内资企业	1098693	-19416	-229179	1072220	34072	21819
有限责任公司	687145	196503	398630	1037912	30684	19746
其他有限责任公司	687145	196503	398630	1037912	30684	19746
股份有限公司	411548	-215919	-627809	34308	3388	2073
按营业状态分组						
营业	1081244	-8232	-223643	1063819	33243	20766
停业(歇业)	6015	-4696	-2337	3718	39	582
筹建	2895	-2601	-2601	1614	565	262
当年关闭						
当年破产						
其他	8539	-3887	-598	3069	225	209

7-13 续表 9

单位：千元

指标名称	费用合计	营业利润	利润总额	从业人员劳动报酬	劳动失业保险费	全部从业人员年平均人数（人）
按地区分组						
乌鲁木齐市	473241	139821	263223	879994	16506	8253
克拉玛依市	92492	42826	78558	86436	9508	3802
吐鲁番地区	24253	2568	2486	5840	571	628
哈密地区	6528	7653	8358	8128	282	1110
昌吉回族自治州	323976	-238054	-646477	18974	831	1674
博尔塔拉蒙古自治州	18815	4205	3998	7907	493	509
巴音郭楞蒙古自治州	50304	-8089	16692	16582	1744	1468
阿克苏地区	39456	4727	19347	15277	898	1625
克孜勒苏柯尔克孜自治州	445	183	183	511	65	58
喀什地区	14613	4816	-334	5650	403	517
和田地区	803	-22	-13	124	6	10
伊犁哈萨克自治州	13752	4737	8766	12352	1390	1013
塔城地区	2792	-286	-476	976	6	303
阿勒泰地区	20338	8622	8126	4416	350	347
石河子市	16885	6877	8384	9053	1019	502
按国民经济行业中类分组						
信息传输、计算机服务和软件业	67619	6885	5990	758776	2492	1499
电信和其他信息传输服务业	27200	12194	15099	23009	1947	682
互联网信息服务	10891	4206	4262	10636	990	201
广播电视传输服务	16309	7988	10837	12373	957	481
计算机服务业	16213	1769	-1580	730035	231	399
计算机系统服务	7650	433	-3095	728822	112	271
计算机维修	7351	1026	1023	533	19	37
其他计算机服务	1212	310	492	680	100	91
软件业	24206	-7078	-7529	5732	314	418
公共软件服务	23603	-6766	-7220	5509	288	400
其他软件服务	603	-312	-309	223	26	18
金融业	9100	3031	3294	2319	245	157
#金融活动	9100	3031	3294	2319	245	157
金融信托与管理	896	-283		80	1	8
典当	7066	2542	2522	1760	195	127
未列明的金融活动	1138	772	772	479	49	22
租赁和商务服务业	751080	-88478	-290551	156382	13958	10829
租赁业	53222	46377	46145	6051	836	734
机械设备租赁	53182	46339	46120	6029	832	732
文化及日用品出租	40	38	25	22	4	2

7-13 续表 10　　　　单位：千元

指标名称	费用合计	营业利润	利润总额	从业人员劳动报酬	劳动失业保险费	全部从业人员年平均人数（人）
商务服务业	697858	-134855	-336696	150331	13122	10095
企业管理服务	469834	-260358	-493203	65191	7732	3685
法律服务	3225	-3911	3036	364	154	17
咨询与调查	25467	-1606	33651	7281	585	567
广告业	57300	98132	93867	28760	540	1173
知识产权服务	83	254	374	85		9
职业中介服务	10984	-2389	-2064	9584	778	1206
市场管理	4899	-290	-469	1380	188	159
旅行社	66777	18865	11377	17560	1717	1272
其他商务服务	59289	16448	16735	20126	1428	2007
科学研究、技术服务和地质勘查业	161691	53779	46484	110240	13880	5177
研究与试验发展	5222	-135	-146	1334	77	106
自然科学研究与试验发展	4373	-37	-48	463		47
工程和技术研究与试验发展	842	-95	-95	835	77	54
医学研究与试验发展	7	-3	-3	36		5
专业技术服务业	135279	49788	41703	97697	10658	4467
气象服务	3728	-438	-303	630	7	67
测绘服务	2578	1585	1565	1466	140	55
技术检测	21773	7953	7821	11116	335	592
工程技术与规划管理	81676	37438	30312	70130	9527	3174
其他专业技术服务	25524	3250	2308	14355	649	579
科技交流和推广服务业	5793	-970	-1538	7194	218	218
技术推广服务	4907	-878	-1530	6899	208	195
科技中介服务	136	-84		39		4
其他科技服务	750	-8	-8	256	10	19
地质勘查业	15397	5096	6465	4015	2927	386
矿产地质勘查	12757	3568	4868	3142	2890	317
地质勘查技术服务	2640	1528	1597	873	37	69
水利、环境和公共设施管理业	25744	13036	13974	6643	975	574
水利管理业	58	151	151	41		5
水资源管理	58	151	151	41		5
环境管理业	1908	-1582	-1564	1158	611	160
自然保护	882	-960	-960	256	565	33
环境治理	1026	-622	-604	902	46	127
公共设施管理业	23778	14467	15387	5444	364	409
市政公共设施管理	989	-104	166	692	39	33
城市绿化管理	2036	4926	5939	1273	110	93
游览景区管理	20753	9645	9282	3479	215	283

7-13 续表 11

单位：千元

指标名称	费用合计	营业利润	利润总额	从业人员劳动报酬	劳动失业保险费	全部从业人员年平均人数（人）
居民服务和其他服务业	29580	-296	74	13116	824	1288
居民服务业	14855	-1350	1637	5774	621	659
家庭服务	105	-4	-3	95		10
托儿所	302	463	463	118		18
洗染服务	490	-61	-317	123	123	32
理发及美容保健服务	132	-40	-40	28	2	3
洗浴服务	7056	-2898	-2899	2058	38	239
殡葬服务	190	-110	-30	140		20
摄影扩印服务	2416	1021	1223	1203	216	84
其他居民服务	4164	279	3240	2009	242	253
其他服务业	14725	1054	-1563	7342	203	629
修理与维护	11160	-1684	-1701	5466	75	414
清洁服务	717	-64	-39	500		59
其他未列明的服务	2848	2802	177	1376	128	156
教育	8836	4702	3828	7633	854	738
教育	8836	4702	3828	7633	854	738
中等教育	18	-517	-517	4043	489	281
其他教育	8818	5219	4345	3590	365	457
卫生、社会保障和社会福利业	14334	-5600	-5996	4364	119	500
卫生	14334	-5600	-5996	4364	119	500
医院	14334	-5600	-5996	4364	119	500
文化、体育和娱乐业	30709	-6475	-6276	12747	725	1057
新闻出版业	23314	-3576	-3392	9866	588	740
新闻业	74	-170	-170	53		21
出版业	23240	-3406	-3222	9813	588	719
广播、电视、电影和音像业	459	14	-3	295	41	29
广播	316	34	12	222	34	17
电视	25	20	25	37	7	7
电影	118	-40	-40	36		5
文化艺术业	20	61	61	135		25
文化艺术经纪代理		1	1	85		20
其他文化艺术	20	60	60	50		5
娱乐业	6916	-2974	-2942	2451	96	263
室内娱乐活动	4278	-2072	-2083	920	59	78
游乐园	241	-50	-50	226		34
休闲健身娱乐活动	1883	-712	-669	1103	37	90
其他娱乐活动	514	-140	-140	202		61

7-14 其他第三产业中私营企业法人单位主要经济指标

单位：千元

指标名称	企业数（个）	年末从业人员数（人）	固定资产原价	本年折旧	资产总计
总　计	**3370**	**39793**	**5083418**	**380876**	**15125354**
按开业时间划分					
1949年以前	1	21	114	34	269
1953-1957年	3	75	10768	510	11944
1958-1962年	2	61	2814	60	2912
1971-1975年	2	32	1274	25	1640
1976-1980年	3	50	10150	225	21407
1981-1985年	8	79	2280	441	6979
#1985年	3	55	1853	271	6356
1986-1990年	15	163	6471	354	10562
1991-1995年	87	2907	2112898	113604	5221166
#1992年	8	138	5609	1391	22354
1996-2000年	670	11055	918261	112059	3861153
#1997年	66	950	127292	10155	304866
2001年	350	5246	400445	57816	898549
2002年	532	4636	542535	23151	1295989
2003年	766	7968	674584	41742	2736541
2004年	873	7184	381020	30537	1020716
其他(不详)	58	316	19804	318	35527
按登记注册类型分组					
内资企业	3370	39793	5083418	380876	15125354
私营企业	3370	39793	5083418	380876	15125354
私营独资企业	1105	6169	324569	29817	604749
私营合伙企业	170	1871	58948	10302	132029
私营有限责任公司	2028	31006	4665902	336760	14322409
私营股份有限公司	67	747	33999	3997	66167
按营业状态分组					
营业	3104	38337	4962917	370719	14205633
停业(歇业)	118	616	91778	9407	640018
筹建	58	316	19804	318	35527
当年关闭	47	244	4007	22	6706
其他	43	280	4912	410	237470
按地区分组					
乌鲁木齐市	1554	21403	3452934	233171	11384282
克拉玛依市	122	1796	121281	18976	227074
吐鲁番地区	81	913	31643	3685	52836
哈密地区	81	351	13479	1973	35740
昌吉回族自治州	412	4269	865155	68469	2091348
博尔塔拉蒙古自治州	67	330	15970	1020	36615

7-14 续表 1 单位：千元

指标名称	企业数（个）	年末从业人员数（人）	固定资产原价	本年折旧	资产总计
巴音郭楞蒙古自治州	264	3426	204968	23772	479795
阿克苏地区	108	931	63758	6528	108316
克孜勒苏柯尔克孜自治州	3	344	5547	412	147060
喀什地区	95	721	46102	2113	66266
和田地区	52	695	9219	931	20784
伊犁哈萨克自治州	195	2010	162716	11432	304038
塔城地区	72	282	13527	913	19757
阿勒泰地区	70	450	16699	1753	28060
石河子市	194	1872	60420	5728	123383
按国民经济行业中类分组					
信息传输、计算机服务和软件业	918	4826	217078	26255	1948490
电信和其他信息传输服务业	55	369	23428	3338	323198
互联网信息服务	55	369	23428	3338	323198
广播电视传输服务	780	3719	179630	19117	1550742
计算机服务业	25	1679	7663	2637	1330953
计算机系统服务	2	13	230	15	300
计算机维修	16	82	787	113	7030
其他计算机服务	737	1945	170950	16352	212459
软件业	83	738	14020	3800	74550
公共软件服务	54	510	8672	2773	56234
其他软件服务	29	228	5348	1027	18316
金融业	18	151	7291	506	215424
#金融活动	18	151	7291	506	215424
典当	11	104	5393	476	159513
未列明的金融活动	7	47	1898	30	55911
租赁和商务服务业	1280	17697	3577317	226054	10661219
租赁业	123	832	109281	16722	189054
机械设备租赁	122	823	108421	16538	188194
文化及日用品出租	1	9	860	184	860
商务服务业	1157	16865	3468036	209332	10472165
企业管理服务	79	2677	2464574	135728	8001797
法律服务	67	927	18328	2897	33788
咨询与调查	244	3230	101667	12897	492702
广告业	370	2860	83793	12503	257876
知识产权服务	20	107	634	54	6920
职业中介服务	52	2807	11774	2276	31937
市场管理	68	1061	532013	25474	756333
旅行社	102	1294	45252	5600	479623
其他商务服务	155	1902	210001	11903	411189

7-14 续表 2

单位：千元

指标名称	企业数（个）	年末从业人员数（人）	固定资产原价	本年折旧	资产总计
科学研究、技术服务和地质勘查业	340	4777	148688	21733	558913
研究与试验发展	20	152	5404	1769	62022
自然科学研究与试验发展	2	21	96	16	3868
工程和技术研究与试验发展	4	20	17		4320
农业科学研究与试验发展	9	90	4178	1636	18844
医学研究与试验发展	4	18	1113	117	34940
社会人文科学研究与试验发展	1	3			50
专业技术服务业	251	3948	122019	16772	381228
测绘服务	18	228	9039	850	15258
技术检测	34	335	18286	3889	42473
环境监测	1	4	300	9	270
工程技术与规划管理	134	2742	64179	9142	221570
其他专业技术服务	64	639	30215	2882	101657
科技交流和推广服务业	57	541	18075	2823	101495
技术推广服务	34	287	9373	2432	58957
科技中介服务	12	120	4941	138	29527
其他科技服务	11	134	3761	253	13011
地质勘查业	12	136	3190	369	14168
矿产地质勘查	4	34	1379	50	4365
基础地质勘查	1	11	286	140	448
地质勘查技术服务	7	91	1525	179	9355
水利、环境和公共设施管理业	52	1132	294976	37585	435174
水利管理业	3	206	74244	28268	79622
防洪管理	1	36	1458	111	2198
水资源管理	1	143	72340	28149	76813
其他水利管理	1	27	446	8	611
环境管理业	9	204	12703	1291	31518
自然保护	2	33	7389	501	8868
环境治理	7	171	5314	790	22650
公共设施管理业	40	722	208029	8026	324034
市政公共设施管理	8	191	138641	3763	158228
城市绿化管理	16	220	14176	587	36538
游览景区管理	16	311	55212	3676	129268
居民服务和其他服务业	476	5755	260195	39104	568395
居民服务业	188	2400	139291	14783	242037
家庭服务	28	335	1608	359	7504
洗染服务	13	79	4630	501	6473
理发及美容保健服务	38	241	18119	784	21711
洗浴服务	33	916	56258	5893	96928
婚姻服务	15	38	66	5	661
殡葬服务	1	24	12429	2463	14532
摄影扩印服务	29	239	12772	2894	18340
其他居民服务	31	528	33409	1884	75888

7-14 续表 3

单位：千元

指标名称	企业数（个）	年末从业人员数（人）	固定资产原价	本年折旧	资产总计
其他服务业	288	3355	120904	24321	326358
修理与维护	191	2179	48986	8368	129388
清洁服务	32	460	11554	1599	23224
其他未列明的服务	65	716	60364	14354	173746
教育	87	1263	55576	3697	78059
教育	87	1263	55576	3697	78059
学前教育	16	212	7179	158	13059
初等教育	4	84	1605	3	2210
中等教育	3	46	3230	453	3954
其他教育	64	921	43562	3083	58836
卫生、社会保障和社会福利业	109	2947	416447	22410	491132
卫生	103	2890	413723	22176	466315
医院	71	2586	407293	21336	455026
卫生院及社区医疗活动	10	123	2759	295	5514
门诊部医疗活动	17	136	3269	409	4477
专科疾病防治活动	2	20	322	130	650
其他卫生活动	3	25	80	6	648
社会福利业	6	57	2724	234	24817
提供住宿的社会福利	4	46	2249	214	23237
不提供住宿的社会福利	2	11	475	20	1580
文化、体育和娱乐业	90	1245	105850	3532	168548
广播、电视、电影和音像业	5	27	4927	180	8273
电视	2	12	1461	129	4447
电影	2	11	3451	51	3754
音像制作	1	4	15		72
文化艺术业	8	43	2869	238	5503
文艺创作与表演	2	10	80	2	1160
艺术表演场馆	1	8	2624	236	2383
群众文化活动	1	2			8
文化艺术经纪代理	3	20	155		1650
其他文化艺术	1	3	10		302
体育	2	14	56	7	343
#体育场馆	2	14	56	7	343
娱乐业	75	1161	97998	3107	154429
室内娱乐活动	49	732	13001	1752	36919
游乐园	5	125	7889	62	8657
休闲健身娱乐活动	11	141	31357	62	42472
其他娱乐活动	10	163	45751	1231	66381

7-14 续表 4

单位：千元

指标名称	负债合计	实收资本	营业收入合计	主营业务收入	主营业务成本	主营业务税金及附加
总计	**6708042**	**5866876**	**4168006**	**4125356**	**2612487**	**121259**
按开业时间划分						
1949年以前	136	133	500	500	328	1
1953-1957年	9184	1000	2330	2330		160
1958-1962年	644	793	539	439	309	37
1971-1975年	1312	1433	1164	1164	714	28
1976-1980年	12717	746	39012	39012	36589	159
1981-1985年	3338	2766	4730	3739	1971	259
#1985年	3251	2056	4206	3215	1785	235
1986-1990年	3787	6780	7621	7616	4560	179
1991-1995年	2412455	681184	485885	476164	165834	24052
#1992年	6438	13001	8060	8004	3184	298
1996-2000年	2082323	1419418	2233062	2225004	1650797	42435
#1997年	175276	143542	66156	64874	37939	2347
2001年	313765	468630	321658	317227	181875	9609
2002年	381823	915839	331877	326741	184900	14015
2003年	1094774	1638586	468748	461001	240249	19230
2004年	384025	702136	270439	263978	144021	11081
其他(不详)	7759	27432	441	441	340	14
按登记注册类型分组						
内资企业	6708042	5866876	4168006	4125356	2612487	121259
私营企业	6708042	5866876	4168006	4125356	2612487	121259
私营独资企业	206195	384735	198319	194922	92869	8241
私营合伙企业	44433	75554	95136	94867	34305	5291
私营有限责任公司	6424674	5372256	3831964	3793445	2470055	106373
私营股份有限公司	32740	34331	42587	42122	15258	1354
按营业状态分组						
营业	6265491	5341950	4156346	4113873	2606385	120776
停业(歇业)	269520	396156	9104	9064	5154	299
筹建	7759	27432	441	441	340	14
当年关闭	887	7450	163	161	44	3
其他	164385	93888	1952	1817	564	167
按地区分组						
乌鲁木齐市	5092119	4012049	3306256	3295059	2148004	89533
克拉玛依市	117824	75061	155396	153458	98164	6403
吐鲁番地区	26379	31025	23115	22586	19442	843
哈密地区	11470	27722	18698	18589	11420	618
昌吉回族自治州	872189	1044377	199902	186672	111635	6745
博尔塔拉蒙古自治州	11456	17801	13950	13845	6047	547

7-14 续表 5 单位：千元

指标名称	负债合计	实收资本	营业收入合计	主营业务收入	主营业务成本	主营业务税金及附加
巴音郭楞蒙古自治州	281037	213026	128005	123961	58587	4686
阿克苏地区	43477	52537	47936	47466	32092	912
克孜勒苏柯尔克孜自治州	49063	101987	1676	1676	814	57
喀什地区	10792	44380	52988	51940	20087	901
和田地区	8315	11936	17229	16964	9305	618
伊犁哈萨克自治州	106025	151959	96863	92003	47232	4991
塔城地区	3682	14724	8967	8549	3958	461
阿勒泰地区	12536	14181	15574	15418	8185	820
石河子市	61678	54111	81451	77170	37515	3124
按国民经济行业中类分组						
信息传输、计算机服务和软件业	1161365	540658	1788127	1783665	1396943	23003
电信和其他信息传输服务业	216820	119641	14959	12966	3009	643
互联网信息服务	216820	119641	14959	12966	3009	643
广播电视传输服务	907508	367557	1719993	1717843	1357643	20912
计算机服务业	861484	205111	1624515	1624453	1311539	16817
计算机系统服务		380	130	130	80	13
计算机维修	4245	3820	4235	4127	2899	42
其他计算机服务	41779	158246	91113	89133	43125	4040
软件业	37037	53460	53175	52856	36291	1448
公共软件服务	31057	40275	30243	29963	19225	1175
其他软件服务	5980	13185	22932	22893	17066	273
金融业	69485	133600	20170	20062	260	1076
#金融活动	69485	133600	20170	20062	260	1076
典当	67682	87600	17820	17712	260	952
未列明的金融活动	1803	46000	2350	2350		124
租赁和商务服务业	4382389	4050152	1505650	1480842	776668	65609
租赁业	98898	78650	56683	56364	30055	2694
机械设备租赁	98629	78150	56217	55898	30055	2659
文化及日用品出租	269	500	466	466		35
商务服务业	4283491	3971502	1448967	1424478	746613	62915
企业管理服务	3228273	2615918	492659	477493	135695	22387
法律服务	17796	7999	44129	44088	12808	2561
咨询与调查	201126	287838	221121	219879	110263	14265
广告业	101763	181265	244812	242791	163964	11335
知识产权服务	589	2345	2245	2245	899	322
职业中介服务	11128	15938	33546	32252	19284	1532
市场管理	318024	396628	66178	64282	31164	4347
旅行社	223043	237197	231517	231168	204317	1237
其他商务服务	181749	226374	112760	110280	68219	4929

7-14 续表 6

单位：千元

指标名称	负债合计	实收资本	营业收入合计	主营业务收入	主营业务成本	主营业务税金及附加
科学研究、技术服务和地质勘查业	207928	332428	315434	310668	153151	13353
研究与试验发展	13118	43034	9300	8976	7483	129
自然科学研究与试验发展	601	3700	2210	2210	1763	70
工程和技术研究与试验发展	820	4000	6	6	1	1
农业科学研究与试验发展	6774	4202	6952	6628	5679	53
医学研究与试验发展	4922	31080	132	132	40	5
社会人文科学研究与试验发展	1	52				
专业技术服务业	147328	218697	258533	257416	119682	11869
测绘服务	4672	7285	10621	10619	4405	548
技术检测	19551	25355	17725	17657	7759	899
环境监测	110	300	46	46		2
工程技术与规划管理	88314	119556	159286	158532	61934	8120
其他专业技术服务	34681	66201	70855	70562	45584	2300
科技交流和推广服务业	41689	62495	37137	34207	20079	1072
技术推广服务	25702	37125	26709	25316	18015	746
科技中介服务	10660	17655	4664	3127	1054	123
其他科技服务	5327	7715	5764	5764	1010	203
地质勘查业	5793	8202	10464	10069	5907	283
矿产地质勘查	1373	3302	1572	1572	224	17
基础地质勘查	174	500	270	270		15
地质勘查技术服务	4246	4400	8622	8227	5683	251
水利、环境和公共设施管理业	263314	175687	56441	54115	26004	1687
水利管理业	20423	39091	10358	10358	670	148
防洪管理	148	1000	2280	2280		101
水资源管理	19780	38061	7220	7220	670	
其他水利管理	495	30	858	858		47
环境管理业	18139	10579	7049	6580	2016	266
自然保护	2583	2300	3319	2990	97	197
环境治理	15556	8279	3730	3590	1919	69
公共设施管理业	224752	126017	39034	37177	23318	1273
市政公共设施管理	138244	16934	7221	7221	4570	173
城市绿化管理	8791	23789	18381	17534	12402	595
游览景区管理	77717	85294	13432	12422	6346	505
居民服务和其他服务业	279495	306708	268304	263836	156180	10828
居民服务业	143051	92614	101957	100178	43158	7515
家庭服务	6059	2710	2972	2780	642	106
洗染服务	2250	4799	2257	2206	1560	102
理发及美容保健服务	1809	14060	3764	3680	967	172
洗浴服务	74059	23822	50837	50715	16983	2909
婚姻服务	63	1156	158	158	16	21
殡葬服务	2301	990	727	727	147	34
摄影扩印服务	11011	11091	12199	11893	6329	605
其他居民服务	45499	33986	29043	28019	16514	3566

7-14 续表 7

单位：千元

指标名称	负债合计	实收资本	营业收入合计	主营业务收入	主营业务成本	主营业务税金及附加
其他服务业	136444	214094	166347	163658	113022	3313
修理与维护	59584	77713	125106	123393	87780	1462
清洁服务	7697	17169	13993	13856	11495	602
其他未列明的服务	69163	119212	27248	26409	13747	1249
教育	28712	42026	46870	46616	18271	1496
教育	28712	42026	46870	46616	18271	1496
学前教育	3826	10949	2971	2799	935	68
初等教育	560	722	1382	1359	1170	5
中等教育	221	2453	2301	2301	613	15
其他教育	24105	27902	40216	40157	15553	1408
卫生、社会保障和社会福利业	263199	186866	139716	138620	75761	1445
卫生	248143	174856	138647	137601	75008	1445
医院	243439	168803	131136	130379	70016	1370
卫生院及社区医疗活动	3225	3098	3970	3821	3600	
门诊部医疗活动	876	2505	2567	2567	971	59
专科疾病防治活动		110	463	463	321	2
其他卫生活动	603	340	511	371	100	14
社会福利业	15056	12010	1069	1019	753	
提供住宿的社会福利	15046	10440	869	869	693	
不提供住宿的社会福利	10	1570	200	150	60	
文化、体育和娱乐业	52155	98751	27294	26932	9249	2762
广播、电视、电影和音像业	1804	1913	1001	901	370	35
电视	1022	1300	802	802	365	26
电影	747	513	187	87	5	8
音像制作	35	100	12	12		1
文化艺术业	858	3512	1407	1407	295	85
文艺创作与表演	74	1080	400	400	243	13
艺术表演场馆	266	400	260	260		46
群众文化活动			6	6		
文化艺术经纪代理	499	1732	598	598		20
其他文化艺术	19	300	143	143	52	6
体育	54	338	443	443	243	11
#体育场馆	54	338	443	443	243	11
娱乐业	49439	92988	24443	24181	8341	2631
室内娱乐活动	20472	22945	17625	17483	6005	2225
游乐园	2504	1915	1234	1234	621	57
休闲健身娱乐活动	6888	35440	1760	1760	232	108
其他娱乐活动	19575	32688	3824	3704	1483	241

7-14 续表 8

单位: 千元

指标名称	费用合计	营业利润	利润总额	从业人员劳动报酬	劳动失业保险费	全部从业人员年平均人数(人)
总　计	1260304	287854	308092	426300	22822	38930
按开业时间划分						
1949年以前	104	67	67	150		21
1953-1957年	2303	-133	-74	767	46	74
1958-1962年	218	29	11	314	25	61
1971-1975年	460	-24	-38	261		32
1976-1980年	2184	122	37	1123	281	50
1981-1985年	1790	1419	754	1223	99	72
#1985年	1577	818	786	1007	88	49
1986-1990年	2827	276	-70	1431	96	157
1991-1995年	256253	39834	46399	31124	1333	2902
#1992年	4537	213	244	1351	81	138
1996-2000年	371223	217854	221038	141730	10322	10785
#1997年	39769	-4928	-5358	10316	780	919
2001年	132998	7032	28730	64930	2550	5185
2002年	140079	24755	21484	53074	2060	4672
2003年	244295	-21263	-23518	81130	4043	7659
2004年	105265	18104	13446	48637	1966	7118
其他(不详)	305	-218	-174	406	1	142
按登记注册类型分组						
内资企业	1260304	287854	308092	426300	22822	38930
私营企业	1260304	287854	308092	426300	22822	38930
私营独资企业	84702	24287	18922	50624	1540	6002
私营合伙企业	47877	19659	13376	24799	2164	1931
私营有限责任公司	1109565	235674	277368	344161	18844	30219
私营股份有限公司	18160	8234	-1574	6716	274	778
按营业状态分组						
营业	1234496	306848	324839	420494	22543	38059
停业(歇业)	21052	-15816	-14604	3886	213	512
筹建	305	-218	-174	406	1	142
当年关闭	111	9	3	83		15
其他	4310	-2965	-1965	1386	65	197
按地区分组						
乌鲁木齐市	899885	264144	283533	253763	15420	20612
克拉玛依市	50335	12435	12673	24335	1553	1766
吐鲁番地区	6693	1659	1758	6043	256	887
哈密地区	6510	228	-41	2507	92	328
昌吉回族自治州	90262	-14608	-13407	38684	1465	4294
博尔塔拉蒙古自治州	7163	90	40	2621	17	321

7-14 续表 9

单位：千元

指标名称	费用合计	营业利润	利润总额	从业人员劳动报酬	劳动失业保险费	全部从业人员年平均人数（人）
巴音郭楞蒙古自治州	66982	-4439	-351	30608	1727	3391
阿克苏地区	13662	3675	2752	5807	175	913
克孜勒苏柯尔克孜自治州	5436	-4463	-3721	2503	184	344
喀什地区	15257	16515	13525	5632	91	759
和田地区	6081	1680	2513	4681	83	637
伊犁哈萨克自治州	43846	4704	4634	20268	808	2044
塔城地区	2830	2223	1184	2359	67	283
阿勒泰地区	7249	143	-736	3957	264	431
石河子市	38113	3868	3736	22532	620	1920
按国民经济行业中类分组						
信息传输、计算机服务和软件业	141366	237674	235086	62484	1988	4515
电信和其他信息传输服务业	16442	-4905	-5105	6901	635	357
互联网信息服务	16442	-4905	-5105	6901	635	357
广播电视传输服务	106619	241815	242931	48393	685	3426
计算机服务业	69377	228926	234661	30378	328	1441
计算机系统服务	7	30	30	100	0	13
计算机维修	1970	-783	-771	459	8	77
其他计算机服务	35265	13642	9011	17456	349	1895
软件业	18305	764	-2740	7190	668	732
公共软件服务	10848	-574	-833	4627	573	490
其他软件服务	7457	1338	-1907	2563	95	242
金融业	8023	10781	10558	1692	55	133
#金融活动	8023	10781	10558	1692	55	133
典当	6619	9940	9752	1352	37	96
未列明的金融活动	1404	841	806	340	18	37
租赁和商务服务业	659703	54039	73575	194587	12170	17087
租赁业	22614	2813	-566	6960	337	856
机械设备租赁	22182	2814	-565	6849	329	847
文化及日用品出租	432	-1	-1	111	8	9
商务服务业	637089	51226	74141	187627	11833	16231
企业管理服务	288766	37657	77482	30880	727	2601
法律服务	26003	5326	4080	13329	1235	891
咨询与调查	96233	9388	6448	46331	3531	3342
广告业	88276	2931	-2814	47738	1622	2808
知识产权服务	1686	-347	-432	835	20	107
职业中介服务	12395	7605	5267	10667	1135	2365
市场管理	43079	-5726	-5363	10768	1594	1059
旅行社	34383	-6049	-12748	11951	1124	1249
其他商务服务	46268	441	2221	15128	845	1809

7-14 续表 10

单位：千元

指标名称	费用合计	营业利润	利润总额	从业人员劳动报酬	劳动失业保险费	全部从业人员年平均人数(人)
科学研究、技术服务和地质勘查业	166533	17180	17977	61982	3373	4869
研究与试验发展	4556	-1968	-2555	1751	39	133
自然科学研究与试验发展	768	-391	-309	302		21
工程和技术研究与试验发展	100	10		112		13
农业科学研究与试验发展	2473	-1409	-1155	928	35	78
医学研究与试验发展	1215	-178	-1091	388	4	18
社会人文科学研究与试验发展				21		3
专业技术服务业	140787	19211	19242	52743	2840	3998
测绘服务	4653	1113	1264	2540	106	207
技术检测	7865	1609	1588	3094	88	327
环境监测	178	-134	-134	66		4
工程技术与规划管理	106421	8863	8536	37318	2348	2831
其他专业技术服务	21670	7760	7988	9725	298	629
科技交流和推广服务业	16806	47	1413	5588	303	592
技术推广服务	8580	-380	309	3163	195	345
科技中介服务	3784	317	264	1279	28	123
其他科技服务	4442	110	840	1146	80	124
地质勘查业	4384	-110	-123	1900	191	146
矿产地质勘查	1573	-242	-220	480		45
基础地质勘查	225	30	-1	130	3	11
地质勘查技术服务	2586	102	98	1290	188	90
水利、环境和公共设施管理业	30857	-3358	-4519	10143	402	1383
水利管理业	8406	1134	1133	2457	116	231
防洪管理	2119	60	59	675	68	43
水资源管理	5460	1090	1090	1654		161
其他水利管理	827	-16	-16	128	48	27
环境管理业	3674	647	374	1285	142	209
自然保护	1341	1355	981	170		40
环境治理	2333	-708	-607	1115	142	169
公共设施管理业	18777	-5139	-6026	6401	144	943
市政公共设施管理	4413	-1928	-1928	1025	30	204
城市绿化管理	3765	1224	19	2433	69	383
游览景区管理	10599	-4435	-4117	2943	45	356
居民服务和其他服务业	128995	-12929	-7965	47833	2330	5618
居民服务业	74589	-13653	-9332	21243	1195	2385
家庭服务	3031	-595	-1177	2121	144	317
洗染服务	508	93	13	350	2	79
理发及美容保健服务	3829	-573	-399	2046	144	276
洗浴服务	44606	-4848	-4914	7904	424	897
婚姻服务	258	-137	-119	187		33
殡葬服务	485	62	62	230	13	24
摄影扩印服务	5845	-381	-638	2143	144	241
其他居民服务	16027	-7274	-2160	6262	324	518

7-14 续表 11

单位：千元

指标名称	费用合计	营业利润	利润总额	从业人员劳动报酬	劳动失业保险费	全部从业人员年平均人数（人）
其他服务业	54406	724	1367	26590	1135	3233
修理与维护	33556	2882	3311	18655	718	2140
清洁服务	4812	290	748	2901	222	439
其他未列明的服务	16038	-2448	-2692	5034	195	654
教育	26612	1672	1506	10864	341	1257
教育	26612	1672	1506	10864	341	1257
学前教育	3067	-947	-594	1364	80	208
初等教育	182	46	22	538	50	84
中等教育	2604	-196	-196	360	21	46
其他教育	20759	2769	2274	8602	190	919
卫生、社会保障和社会福利业	77901	-12500	-15290	28493	1752	2792
卫生	77016	-11881	-14691	28191	1752	2736
医院	75217	-12517	-14987	25963	1667	2451
卫生院及社区医疗活动	334	138	-10	1085	1	117
门诊部医疗活动	1109	455	139	776	78	130
专科疾病防治活动	1	139	139	288		20
其他卫生活动	355	-96	28	79	6	18
社会福利业	885	-619	-599	302		56
提供住宿的社会福利	865	-689	-689	254		45
不提供住宿的社会福利	20	70	90	48		11
文化、体育和娱乐业	20314	-4705	-2836	8222	411	1276
广播、电视、电影和音像业	1014	-418	-359	234	30	27
电视	750	-339	-288	126	3	12
电影	228	-54	-46	98	25	11
音像制作	36	-25	-25	10	2	4
文化艺术业	1428	-237	-228	389	40	41
文艺创作与表演	283		3	74		10
艺术表演场馆	283	-69	-102	84	7	8
群众文化活动		6		2		
文化艺术经纪代理	771	-168	-123	200	29	20
其他文化艺术	91	-6	-6	29	4	3
体育	176	14	-1	81		14
#体育场馆	176	14	-1	81		14
娱乐业	17696	-4064	-2248	7518	341	1194
室内娱乐活动	12029	-2456	-1097	4921	215	764
游乐园	316	240	164	980	84	121
休闲健身娱乐活动	2348	-925	-1075	809	35	120
其他娱乐活动	3003	-923	-240	808	7	189

7-15 其他第三产业中其他内资企业法人主要经济指标

单位：千元

指标名称	企业数（个）	年末从业人员数（人）	固定资产原价	本年折旧	资产总计
总计	**84**	**711**	**105927**	**8141**	**566186**
#国有及国有控股	2	13	2		1440
按开业时间划分					
1963-1965年	1	1			
1991-1995年	4	63	14066	4402	140506
1996-2000年	25	300	84403	2719	383381
#1997年	5	30	1317	224	1357
2001年	8	50	358	59	901
2002年	14	124	2436	116	12685
2003年	13	48	1327	338	5286
2004年	19	125	3337	507	23427
按登记注册类型分组					
内资企业	84	711	105927	8141	566186
其他企业	84	711	105927	8141	566186
按营业状态分组					
营业	76	658	82569	6920	271512
停业(歇业)	4	6			17287
当年关闭	1				
其他	3	47	23358	1221	277387
按地区分组					
乌鲁木齐市	39	314	25187	1964	310778
吐鲁番地区	4	56	24804	863	68519
哈密地区	3	62	2105	581	2276
昌吉回族自治州	5	37	1398	27	1633
博尔塔拉蒙古自治州	2	7	80	11	292
巴音郭楞蒙古自治州	1	3	50	1	50
阿克苏地区	2	18	69	11	208
喀什地区	4	37	300	20	1280
伊犁哈萨克自治州	6	73	18129	4485	147102
塔城地区	10	59	33201	117	33224
阿勒泰地区	5	13	111	20	131
石河子市	3	32	493	41	693
按国民经济行业中类分组					
信息传输、计算机服务和软件业	20	108	2757	366	9059
计算机服务业	18	46	2567	361	3271
计算机系统服务	1	15	1221	169	1689
其他计算机服务	17	31	1346	192	1582
软件业	2	62	190	5	5788
公共软件服务	1	57	185	5	5570
其他软件服务	1	5	5		218

7-15 续表 1 单位：千元

指标名称	企业数 (个)	年末从业 人员数 (人)	固定资产 原价	本年折旧	资产总计
金融业	2	14	3094	93	22911
#金融活动	2	14	3094	93	22911
#未列明的金融活动	2	14	3094	93	22911
租赁和商务服务业	31	315	39643	6450	421025
租赁业	1	25	1234	295	1798
#机械设备租赁	1	25	1234	295	1798
商务服务业	30	290	38409	6155	419227
企业管理服务	2	41	33864	5203	410698
法律服务	22	189	1668	436	5715
咨询与调查	2	30	453	44	416
旅行社	3	30	2424	472	2398
其他商务服务	1				
科学研究、技术服务和地质勘查业	5	34	151	22	5133
研究与试验发展	1	1			3195
#工程和技术研究与试验发展	1	1			3195
专业技术服务业	3	21	149	22	498
#测绘服务	1	3	5	2	39
#工程技术与规划管理	2	18	144	20	459
科技交流和推广服务业	1	12	2		1440
#科技服务	1	12	2		1440
水利、环境和公共设施管理业	1	3			22
公共设施管理业	1	3			22
#城市绿化管理	1	3			22
居民服务和其他服务业	7	82	34540	287	36655
居民服务业	4	27	570	267	2455
家庭服务	1	2			50
理发及美容保健服务	1	6	15		23
殡葬服务	1	4			14
其他居民服务	1	15	555	267	2368
其他服务业	3	55	33970	20	34200
修理与维护	2	54	33970	20	34200
清洁服务	1	1			
教育	7	59	568	56	1517
教育	7	59	568	56	1517
中等教育	1	7	59	13	510
其他教育	6	52	509	43	1007
卫生、社会保障和社会福利业	3	30	50	1	1020
卫生	3	30	50	1	1020
医院	2	27			970
卫生院及社区医疗活动	1	3	50	1	50
文化、体育和娱乐业	8	66	25124	866	68844
广播、电视、电影和音像业	1	1			
#电影	1	1			
娱乐业	7	65	25124	866	68844
室内娱乐活动	5	13	475	3	895
其他娱乐活动	2	52	24649	863	67949

7-15 续表 2

单位：千元

指标名称	负债合计	实收资本	营业收入合计	主营业务收入	主营业务成本	主营业务税金及附加
总 计	**219471**	**352945**	**38138**	**30487**	**12741**	**10618**
#国有及国有控股	1440	1000	205	205		11
按开业时间划分						
1963-1965年						
1991-1995年	114798	30605	5362	3092	1764	55
1996-2000年	98379	293898	13308	13278	6262	312
#1997年	1075	1148	1437	1437	1279	8
2001年	106	883	869	869	360	60
2002年	1848	4047	9596	4924	1854	184
2003年	1957	2917	1915	1913	245	78
2004年	2383	20595	7088	6411	2256	9929
按登记注册类型分组						
内资企业	219471	352945	38138	30487	12741	10618
其他企业	219471	352945	38138	30487	12741	10618
按营业状态分组						
营业	141146	128819	37691	30040	12413	10595
停业(歇业)	19	16100				
当年关闭						
其他	78304	208026	447	447	328	23
按地区分组						
乌鲁木齐市	81114	230761	17552	12880	5986	10019
吐鲁番地区	17144	51275	4330	4325	439	116
哈密地区	2192	1096	3211	3211	1239	108
昌吉回族自治州	6	1312	691	691	303	42
博尔塔拉蒙古自治州	11	950	401	401	205	24
巴音郭楞蒙古自治州		100	320	311	5	20
阿克苏地区	82	135	469	467	52	22
喀什地区		730	717	717	495	18
伊犁哈萨克自治州	118002	33132	7137	4204	3059	110
塔城地区	250	33172	1199	1199	92	67
阿勒泰地区	12	132	122	92	26	
石河子市	658	150	1989	1989	840	72
按国民经济行业中类分组						
信息传输、计算机服务和软件业	1813	3482	8168	3466	1585	134
计算机服务业	774	2432	2389	2359	703	127
计算机系统服务	774	1000	1578	1578	508	79
其他计算机服务		1432	811	781	195	48
软件业	1039	1050	5779	1107	882	7
公共软件服务	821	1000	5573	901	882	
其他软件服务	218	50	206	206		7

7-15 续表 3

单位：千元

指标名称	负债合计	实收资本	营业收入合计	主营业务收入	主营业务成本	主营业务税金及附加
金融业	3316	18066	297	297	244	13
#金融活动	3316	18066	297	297	244	13
#未列明的金融活动	3316	18066	297	297	244	13
租赁和商务服务业	193610	239885	19392	16459	9029	475
租赁业	873	836	2540	1877	969	89
#机械设备租赁	873	836	2540	1877	969	89
商务服务业	192737	239049	16852	14582	8060	386
企业管理服务	188841	235660	4091	1821	1715	
法律服务	1883	1809	6298	6298	1353	288
咨询与调查	778	34	965	965		71
旅行社	1235	1546	5498	5498	4992	27
其他商务服务						
科学研究、技术服务和地质勘查业	1529	3185	1032	1030	257	54
研究与试验发展		1150	3	3		
#工程和技术研究与试验发展		1150	3	3		
专业技术服务业	89	1035	824	822	257	43
#测绘服务	16	35	68	66	52	
#工程技术与规划管理	73	1000	756	756	205	43
科技交流和推广服务业	1440	1000	205	205		11
#科技服务	1440	1000	205	205		11
水利、环境和公共设施管理业	22		24	24	19	
公共设施管理业	22		24	24	19	
#城市绿化管理	22		24	24	19	
居民服务和其他服务业	830	34422	1972	1972	104	118
居民服务业	580	612	922	922	14	50
家庭服务		2	20	20	14	1
理发及美容保健服务	67	30	49	49		3
殡葬服务	12	2	22	22		
其他居民服务	501	578	831	831		46
其他服务业	250	33810	1050	1050	90	68
修理与维护	250	33810	1050	1050	90	68
清洁服务						
教育	658	1380	2314	2314	996	74
教育	658	1380	2314	2314	996	74
中等教育		500	273	273		
其他教育	658	880	2041	2041	996	74
卫生、社会保障和社会福利业		660	412	403	5	20
卫生		660	412	403	5	20
医院		560	92	92		
卫生院及社区医疗活动		100	320	311	5	20
文化、体育和娱乐业	17693	51865	4527	4522	502	9730
广播、电视、电影和音像业						
#电影						
娱乐业	17693	51865	4527	4522	502	9730
室内娱乐活动	100	1025	286	281	82	9618
其他娱乐活动	17593	50840	4241	4241	420	112

7-15 续表 4

单位：千元

指标名称	费用合计	营业利润	利润总额	从业人员劳动报酬	劳动失业保险费	全部从业人员年平均人数(人)
总　计	**27973**	**-7395**	**-5233**	**8399**	**723**	**791**
#国有及国有控股	158	40	40	76		12
按开业时间划分						
1963-1965年						
1991-1995年	6258	-3011	-1878	1239	206	126
1996-2000年	12145	-5234	-5049	3794	271	294
#1997年	331	-162	-163	215	3	30
2001年	396	53	42	377	17	55
2002年	3722	-17	-36	1806	206	123
2003年	1422	224	198	305		50
2004年	4030	590	1490	878	23	143
按登记注册类型分组						
内资企业	27973	-7395	-5233	8399	723	791
其他企业	27973	-7395	-5233	8399	723	791
按营业状态分组						
营业	23431	-2949	-2232	7032	604	735
停业(歇业)	83	-83	1168			4
当年关闭						
其他	4459	-4363	-1833	1367	119	52
按地区分组						
乌鲁木齐市	11775	-4341	-2962	4241	329	333
吐鲁番地区	4561	-791	-797	810	93	56
哈密地区	2070	-206	-206	892	97	62
昌吉回族自治州	250	107	105	207	16	37
博尔塔拉蒙古自治州	168	4	3	48		7
巴音郭楞蒙古自治州	120	166	220	12		3
阿克苏地区	433	-38	-38	90		18
喀什地区	179	115	-25	287	8	37
伊犁哈萨克自治州	6738	-3031	-2145	1085	165	136
塔城地区	795	360	360	267	15	59
阿勒泰地区	53	14	6	165		11
石河子市	831	246	246	295		32
按国民经济行业中类分组						
信息传输、计算机服务和软件业	3814	-1237	-1304	1692	211	112
计算机服务业	1365	194	127	435	22	50
计算机系统服务	998	-7	-7	209	14	20
其他计算机服务	367	201	134	226	8	30
软件业	2449	-1431	-1431	1257	189	62
公共软件服务	2265	-1446	-1446	1221	189	57
其他软件服务	184	15	15	36		5

7-15 续表 5

单位：千元

指标名称	费用合计	营业利润	利润总额	从业人员劳动报酬	劳动失业保险费	全部从业人员年平均人数（人）
金融业	319	-279	972	176	22	14
#金融活动	319	-279	972	176	22	14
#未列明的金融活动	319	-279	972	176	22	14
租赁和商务服务业	15858	-6072	-5122	4230	376	388
租赁业	1169	313	65	163		25
#机械设备租赁	1169	313	65	163		25
商务服务业	14689	-6385	-5187	4067	376	363
企业管理服务	9495	-7419	-6092	1704	240	109
法律服务	3586	1162	1122	1726	98	189
咨询与调查	960	-39	-48	311	32	42
旅行社	648	-89	-169	326	6	23
其他商务服务						
科学研究、技术服务和地质勘查业	726	-1	-26	203		34
研究与试验发展	15	-12	-37	20		1
#工程和技术研究与试验发展	15	-12	-37	20		1
专业技术服务业	553	-29	-29	107		21
#测绘服务	56	-40	-40	30		3
#工程技术与规划管理	497	11	11	77		18
科技交流和推广服务业	158	40	40	76		12
#科技服务	158	40	40	76		12
水利、环境和公共设施管理业	4	1	-1	4		3
公共设施管理业	4	1	-1	4		3
#城市绿化管理	4	1	-1	4		3
居民服务和其他服务业	1449	413	407	424	17	80
居民服务业	776	83	77	166		25
家庭服务	2	3	3	18		2
理发及美容保健服务	89	-43	-43	31		6
殡葬服务	23			62		4
其他居民服务	662	123	117	55		13
其他服务业	673	330	330	258	17	55
修理与维护	673	330	330	258	17	54
清洁服务						1
教育	824	470	470	604		60
教育	824	470	470	604		60
中等教育	66	207	207	67		7
其他教育	758	263	263	537		53
卫生、社会保障和社会福利业	212	166	220	222		30
卫生	212	166	220	222		30
医院	92			210		27
卫生院及社区医疗活动	120	166	220	12		3
文化、体育和娱乐业	4767	-856	-849	844	97	70
广播、电视、电影和音像业						
#电影						
娱乐业	4767	-856	-849	844	97	70
室内娱乐活动	184	-1	8	74	4	18
其他娱乐活动	4583	-855	-857	770	93	52

7-16 其他第三产业中港奥台商及外商投资企业法人单位主要经济指标

单位：千元

指标名称	企业数（个）	年末从业人员数（人）	固定资产原价	本年折旧	资产总计
总　计	**30**	**646**	**266584**	**11098**	**444797**
#国有及国有控股	3	105	59180	2776	85048
按开业时间划分					
1991-1995年	9	293	134288	8100	146890
1996-2000年	9	205	129628	2305	242256
#1997年	2	5	3359	505	97229
2001年	1	7	524	453	560
2002年	1	10	378	125	1328
2003年	3	42	929	76	17276
2004年	3	18	44	1	1258
其他(不详)	4	71	793	38	35229
按登记注册类型分组					
港、澳、台商投资企业	12	480	252571	8144	295903
合资经营企业(港或澳、台资)	11	470	252193	8019	294575
港、澳、台商独资经营企业	1	10	378	125	1328
外商投资企业	18	166	14013	2954	148894
中外合资经营企业	7	81	6802	821	122260
中外合作经营企业	3	36	3509	311	21121
外资企业	8	49	3702	1822	5513
按营业状态分组					
营业	21	554	261661	10495	388903
停业(歇业)	1	2	3227	494	3744
筹建	4	71	793	38	35229
当年关闭	1	1			
其他	3	18	903	71	16921
按地区分组					
乌鲁木齐市	25	500	197449	7170	376853
昌吉回族自治州	1	40	9155		13258
克孜勒苏柯尔克孜自治州	1	12			
伊犁哈萨克自治州	3	94	59980	3928	54686

7-16　续表 1　　　　　　　　　　　　　　　　　　　　　　　　　　　　单位：千元

指标名称	企业数（个）	年末从业人员数（人）	固定资产原价	本年折旧	资产总计
按国民经济行业中类分组					
信息传输、计算机服务和软件业	2	49	7792	494	24174
计算机服务业	1	39	7414	369	22846
#计算机维修	1	39	7414	369	22846
软件业	1	10	378	125	1328
#公共软件服务	1	10	378	125	1328
租赁和商务服务业	13	267	173993	5630	205807
租赁业	3	53	55098	2706	68884
#机械设备租赁	3	53	55098	2706	68884
商务服务业	10	214	118895	2924	136923
#企业管理服务	3	132	115109	1086	115365
咨询与调查	5	32	3670	1822	4567
广告业	1	11	21	1	72
旅行社	1	39	95	15	16919
科学研究、技术服务和地质勘查业	6	71	16971	461	131033
研究与试验发展	1	3	132	11	93485
#农业科学研究与试验发展	1	3	132	11	93485
专业技术服务业	2	55	15906	379	20009
#技术检测	2	55	15906	379	20009
地质勘查业	3	13	933	71	17539
矿产地质勘查	1	1	32		690
地质勘查技术服务	2	12	901	71	16849
居民服务和其他服务业	5	140	5261	346	24897
居民服务业	2	101	4199	285	4774
#摄影扩印服务	2	101	4199	285	4774
其他服务业	3	39	1062	61	20123
修理与维护	2	36	706	24	19025
其他未列明的服务	1	3	356	37	1098
教育	1	81	56732	3433	50870
教育	1	81	56732	3433	50870
其他教育	1	81	56732	3433	50870
卫生、社会保障和社会福利业	1	24	2608	240	4272
卫生	1	24	2608	240	4272
#医院	1	24	2608	240	4272
文化、体育和娱乐业	2	14	3227	494	3744
体育	1	2	3227	494	3744
#体育场馆	1	2	3227	494	3744
娱乐业	1	12			
#室内娱乐活动	1	12			

7-16 续表 2

单位：千元

指标名称	负债合计	实收资本	营业收入合计	主营业务收入	主营业务成本	主营业务税金及附加
总计	**268514**	**182038**	**61473**	**57385**	**13518**	**2249**
#国有及国有控股	43254	28500	15106	14894	3761	673
按开业时间划分						
1991-1995年	87597	50463	38301	34213	5083	1316
1996-2000年	167819	84248	20445	20445	7080	842
#1997年	32213	50959	37	37	30	7
2001年	5	3477	218	218	19	11
2002年	538	1400	255	255	144	1
2003年	1322	16216	2223	2223	1163	77
2004年	76	1234	31	31	29	2
其他(不详)	11157	25000				
按登记注册类型分组						
港、澳、台商投资企业	214853	85143	54031	50072	9739	2098
合资经营企业(港或澳、台资)	214315	83743	53776	49817	9595	2097
港、澳、台商独资经营企业	538	1400	255	255	144	1
外商投资企业	53661	96895	7442	7313	3779	151
中外合资经营企业	43255	68959	2017	1888	615	67
中外合作经营企业	2456	21608	3711	3711	1829	
外资企业	7950	6328	1714	1714	1335	84
按营业状态分组						
营业	256836	139124	61438	57350	13489	2242
停业(歇业)	289	1203	35	35	29	7
筹建	11157	25000				
当年关闭						
其他	232	16711				
按地区分组						
乌鲁木齐市	231176	161895	36309	35791	11355	1554
昌吉回族自治州	4852	3400	6085	2515		116
克孜勒苏柯尔克孜自治州						
伊犁哈萨克自治州	32486	16743	19079	19079	2163	579

7-16 续表 3

单位：千元

指标名称	负债合计	实收资本	营业收入合计	主营业务收入	主营业务成本	主营业务税金及附加
按国民经济行业中类分组						
信息传输、计算机服务和软件业	6481	11400	6628	6628	3320	283
计算机服务业	5943	10000	6373	6373	3176	282
#计算机维修	5943	10000	6373	6373	3176	282
软件业	538	1400	255	255	144	1
#公共软件服务	538	1400	255	255	144	1
租赁和商务服务业	179332	57428	18530	18189	2828	969
租赁业	38956	26500	7811	7470		375
#机械设备租赁	38956	26500	7811	7470		375
商务服务业	140376	30928	10719	10719	2828	594
#企业管理服务	125236	16000	9554	9554	1587	542
咨询与调查	7291	4828	1134	1134	1212	50
广告业	2	100	31	31	29	2
旅行社	7847	10000				
科学研究、技术服务和地质勘查业	41645	72498	7034	3459	541	163
研究与试验发展	31924	49756	2	2	1	
#农业科学研究与试验发展	31924	49756	2	2	1	
专业技术服务业	8852	5603	6808	3233	540	152
#技术检测	8852	5603	6808	3233	540	152
地质勘查业	869	17139	224	224		11
矿产地质勘查	659	500	224	224		11
地质勘查技术服务	210	16639				
居民服务和其他服务业	6326	19100	6522	6350	2866	257
居民服务业	1640	2900	4549	4377	1841	219
#摄影扩印服务	1640	2900	4549	4377	1841	219
其他服务业	4686	16200	1973	1973	1025	38
修理与维护	4085	15000	1451	1451	585	38
其他未列明的服务	601	1200	522	522	440	
教育	32195	15440	19013	19013	2105	570
教育	32195	15440	19013	19013	2105	570
其他教育	32195	15440	19013	19013	2105	570
卫生、社会保障和社会福利业	2246	4969	3711	3711	1829	
卫生	2246	4969	3711	3711	1829	
#医院	2246	4969	3711	3711	1829	
文化、体育和娱乐业	289	1203	35	35	29	7
体育	289	1203	35	35	29	7
#体育场馆	289	1203	35	35	29	7
娱乐业						
#室内娱乐活动						

7-16 续表 4

单位：千元

指标名称	费用合计	营业利润	利润总额	从业人员劳动报酬	劳动失业保险费	全部从业人员年平均人数(人)
总　计	**64783**	**-10247**	**-4088**	**10731**	**1139**	**600**
#国有及国有控股	8629	2110	2044	3994	448	104
按开业时间划分						
1991-1995年	24506	3826	6246	2939	253	283
1996-2000年	24203	-11677	-8147	5360	763	207
#1997年	5066	-5066	-1629	42	3	7
2001年	1112	-924	-926	36	30	5
2002年	508	-398	-187	173	33	8
2003年	13474	-94	-94	1594	44	40
2004年	52	-52	-52	45	7	9
其他(不详)	928	-928	-928	584	9	48
按登记注册类型分组						
港、澳、台商投资企业	40275	-1651	1073	7791	1036	451
合资经营企业(港或澳、台资)	39767	-1253	1260	7618	1003	443
港、澳、台商独资经营企业	508	-398	-187	173	33	8
外商投资企业	24508	-8596	-5161	2940	103	149
中外合资经营企业	7648	-6246	-2809	627	15	70
中外合作经营企业	14440	-228	-228	1814	51	34
外资企业	2420	-2122	-2124	499	37	45
按营业状态分组						
营业	51483	-9276	-3021	8949	1079	532
停业(歇业)	20	-21	-117	24		4
筹建	928	-928	-928	584	9	48
当年关闭						
其他	12352	-22	-22	1174	51	16
按地区分组						
乌鲁木齐市	50471	-14671	-10841	9295	1047	473
昌吉回族自治州	2077	322	3694	432		40
克孜勒苏柯尔克孜自治州						
伊犁哈萨克自治州	12235	4102	3059	1004	92	87

7-16 续表 5

单位：千元

指标名称	费用合计	营业利润	利润总额	从业人员劳动报酬	劳动失业保险费	全部从业人员年平均人数（人）
按国民经济行业中类分组						
信息传输、计算机服务和软件业	2485	540	685	3354	350	47
计算机服务业	1977	938	872	3181	317	39
#计算机维修	1977	938	872	3181	317	39
软件业	508	-398	-187	173	33	8
#公共软件服务	508	-398	-187	173	33	8
租赁和商务服务业	23901	-9166	-9009	2649	611	252
租赁业	6398	1038	1038	608	143	51
#机械设备租赁	6398	1038	1038	608	143	51
商务服务业	17503	-10204	-10047	2041	468	201
#企业管理服务	14397	-6972	-6813	1376	431	129
咨询与调查	2148	-2274	-2276	381	37	31
广告业	30	-30	-30	10		2
旅行社	928	-928	-928	274		39
科学研究、技术服务和地质勘查业	20299	-5208	1692	1790	54	69
研究与试验发展	5046	-5045	-1512	18	3	3
#农业科学研究与试验发展	5046	-5045	-1512	18	3	3
专业技术服务业	2663	-117	3250	605		55
#技术检测	2663	-117	3250	605		55
地质勘查业	12590	-46	-46	1167	51	11
矿产地质勘查	260	-46	-46	2		1
地质勘查技术服务	12330			1165	51	10
居民服务和其他服务业	3783	-317	-317	1295	32	123
居民服务业	2663	-174	-174	695	14	92
#摄影扩印服务	2663	-174	-174	695	14	92
其他服务业	1120	-143	-143	600	18	31
修理与维护	954	-59	-59	568	9	28
其他未列明的服务	166	-84	-84	32	9	3
教育	12185	4153	3206	970	92	81
教育	12185	4153	3206	970	92	81
其他教育	12185	4153	3206	970	92	81
卫生、社会保障和社会福利业	2110	-228	-228	649		24
卫生	2110	-228	-228	649		24
#医院	2110	-228	-228	649		24
文化、体育和娱乐业	20	-21	-117	24		4
体育	20	-21	-117	24		4
#体育场馆	20	-21	-117	24		4
娱乐业						
#室内娱乐活动						

7-17 行政事业单位财务状况综合表

单位：千元

指标名称	行政事业单位合计(个)	机关	事业单位	年末从业人员(人)	年末资产	固定资产原价
总　计	**33874**	**7096**	**10567**	**986250**	**120680902**	**73891666**
按登记注册类型分组						
内资企业	33869	7096	10566	986174	120673338	73888968
国有企业	19067	7092	10471	877222	110205741	69452267
集体企业	99		38	3267	3933698	162152
股份合作企业	4		1	69	7356	5593
联营企业	4		1	110	7723	7037
国有与集体联营企业	1			4	2	
其他联营企业	3		1	106	7721	7037
有限责任公司	7		2	227	76567	73367
国有独资公司	2		1	40	119	119
其他有限责任公司	5		1	187	76448	73248
私营企业	73		1	2221	238533	184445
私营独资企业	54			1612	195914	146374
私营合伙企业	10		1	238	17472	14089
私营有限责任公司	8			292	23942	23234
私营股份有限公司	1			79	1205	748
其他企业	14615	4	52	103058	6203720	4004107
港、澳、台商投资企业	4		1	24	749	649
合资经营企业(港或澳、台资)	3			18	615	615
港、澳、台商独资经营企业	1		1	6	134	34
外商投资企业	1			52	6815	2049
中外合资经营企业	1			52	6815	2049
按地区分组						
乌鲁木齐市	3370	758	1304	141757	39141043	24684192
克拉玛依市	558	199	149	15969	4627844	1541042
吐鲁番地区	2003	229	466	33029	2138899	1727772
哈密地区	1420	279	556	33482	3438066	1611633
昌吉回族自治州	3062	607	876	74832	8432196	6047153
博尔塔拉蒙古自治州	1030	279	376	27618	3853820	1684539
巴音郭楞蒙古自治州	2332	636	760	63784	5382020	4238908
阿克苏地区	2997	613	903	108879	10857901	5299612
克孜勒苏柯尔克孜自治州	1123	265	257	32623	1138688	915670
喀什地区	4565	859	1042	146309	12485202	7853845
和田地区	3478	573	798	81399	6304101	3751201
伊犁哈萨克自治州	3126	708	1470	104390	8297163	6106679
塔城地区	2417	530	781	62869	6351466	4075541
阿勒泰地区	2041	492	709	41605	3890596	2250100
石河子市	352	69	120	17705	4341897	2103779
按国民经济行业分组						
交通运输、仓储和邮政业	112		111	14240	3886714	2850825
道路运输业	100		99	14100	3820004	2795014
#道路运输辅助活动	100		99	14100	3820004	2795014
仓储业	12		12	140	66710	55811
谷物、棉花等农产品仓储	8		8	104	44379	38925
其他仓储	4		4	36	22331	16886

7-17 续表 1

单位：千元

指标名称	行政事业单位合计(个)	机关	事业单位	年末从业人员(人)	年末资产	固定资产原价
信息传输、计算机服务和软件业	52		52	1631	220580	185046
电信和其他信息传输服务业	42		42	1477	211594	178371
互联网信息服务	2		2	52	5227	4060
广播电视传输服务	40		40	1425	206367	174311
计算机服务业	9		9	138	8454	6675
计算机系统服务	1		1	34	1093	1093
数据处理	5		5	43	3459	2450
其他计算机服务	3		3	61	3902	3132
软件业	1		1	16	532	
#公共软件服务	1		1	16	532	
金融业	24	21	3	2975	12569506	1094759
银行业	23	21	2	2969	12569404	1094706
#中央银行	23	21	2	2969	12569404	1094706
其他金融活动	1		1	6	102	53
其他未列明的金融活动	1		1	6	102	53
租赁和商务服务业	346		326	6757	8926553	1057770
租赁业	6		6	31	1043	1015
机械设备租赁	5		5	27	723	695
文化及日用品出租	1		1	4	320	320
商务服务业	340		320	6726	8925510	1056755
企业管理服务	129		126	3926	8315410	665098
法律服务	62		52	393	11475	4349
咨询与调查	53		51	645	257842	148491
知识产权服务	5		5	40	11808	5151
职业中介服务	36		33	299	68609	38930
市场管理	39		38	819	128103	84654
旅行社	1		1	10	1510	30
其他商务服务	15		14	594	130753	110052
科学研究、技术服务和地质勘查业	1150		1138	38303	4963390	2318035
研究与试验发展	123		119	6023	1296729	645412
自然科学研究与试验发展	13		13	1169	360238	192300
工程和技术研究与试验发展	14		14	565	222329	54492
农业科学研究与试验发展	67		65	3429	580197	301299
医学研究与试验发展	7		7	268	64033	45105
社会人文科学研究与试验发展	22		20	592	69932	52216
专业技术服务业	517		515	13370	2052442	910658
气象服务	112		111	2582	256768	198401
地震服务	33		33	587	69286	60893
测绘服务	11		11	758	84075	66569
技术检测	142		141	3680	384234	247108
环境监测	39		39	955	87012	54763
工程技术与规划管理	162		162	4522	1145358	269133
其他专业技术服务	18		18	286	25709	13791
科技交流和推广服务业	460		454	9402	477767	296801
技术推广服务	397		392	8490	381423	251711
科技中介服务	27		26	398	58065	23070
其他科技服务	36		36	514	38279	22020

7-17 续表 2

单位：千元

指标名称	行政事业单位合计(个)	机 关	事 业 单 位	年 末 从 业 人员（人）	年末资产	固定资产原 价
地质勘查业	50		50	9508	1136452	465164
矿产地质勘查	15		15	3342	385725	138160
基础地质勘查	24		24	4379	539544	207026
地质勘查技术服务	11		11	1787	211183	119978
水利、环境和公共设施管理业	457		448	32457	7696442	6092755
水利管理业	164		161	15306	5737178	4732484
防洪管理	7		7	305	55548	136687
水资源管理	116		115	12933	4702163	3773774
其他水利管理	41		39	2068	979467	822023
环境管理业	171		167	9778	798139	403603
自然保护	89		89	1794	465245	157957
环境治理	82		78	7984	332894	245646
公共设施管理业	122		120	7373	1161125	956668
市政公共设施管理	51		50	2914	811378	727550
城市绿化管理	48		48	3188	157110	102842
游览景区管理	23		22	1271	192637	126276
居民服务和其他服务业	78		71	1811	255292	180232
居民服务业	61		56	1063	188352	141572
家庭服务	2		2	48	22249	22212
托儿所	21		21	455	14633	11307
婚姻服务	1		1	2	12	12
殡葬服务	21		20	391	134942	103159
其他居民服务	16		12	167	16516	4882
其他服务业	17		15	748	66940	38660
修理与维护	1		1	23	5312	1689
清洁服务	1			54	857	356
未列明的服务	15		14	671	60771	36615
教育	3863		3709	281402	20377190	15172291
学前教育	219		183	8078	329493	273580
初等教育	1759		1723	109806	4411471	2935421
中等教育	1475		1449	131134	7097281	6038263
高等教育	76		75	24425	7600333	5179153
其他教育	334		279	7959	938612	745874
卫生、社会保障和社会福利业	1880		1807	102685	12398129	8539305
卫生	1617		1577	99008	11764979	8091684
医院	425		405	68968	10058412	6783903
卫生院及社区医疗活动	743		731	16368	498951	372256
门诊部医疗活动	41		37	1236	119755	71903
计划生育技术服务活动	125		125	1853	82018	65758
妇幼保健活动	84		84	2997	223351	202094
专科疾病防治活动	10		10	456	59528	41098
疾病预防控制及防疫活动	147		145	6210	503496	402902
其他卫生活动	42		40	920	219468	151770
社会保障业	80		78	1591	214201	132804
社会福利业	183		152	2086	418949	314817
提供住宿的社会福利	115		101	1671	351416	270220
不提供住宿的社会福利	68		51	415	67533	44597

7-17 续表 3

单位：千元

指标名称	行政事业单位合计（个）	机关	事业单位	年末从业人员（人）	年末资产	固定资产原价
文化、体育和娱乐业	751		720	19212	2071250	1515923
新闻出版业	83		78	2695	471262	213445
新闻业	12		10	227	30903	25349
出版业	71		68	2468	440359	188096
广播、电视、电影和音像业	191		189	6920	929541	768942
广播	98		97	2486	124103	106372
电视	56		55	3480	545709	437689
电影	35		35	881	257120	222846
音像制作	2		2	73	2609	2035
文化艺术业	423		413	8200	491670	435360
文艺创作与表演	68		68	3287	84841	74834
艺术表演场馆	10		10	350	11461	11141
图书馆与档案馆	135		130	1443	187380	168282
文物及文化保护	31		31	434	37525	31057
博物馆	9		9	260	17106	14729
烈士陵园、纪念馆	3		3	42	1793	1583
群众文化活动	155		153	2050	127052	110944
文化艺术经纪代理	4		4	201	13921	13003
其他文化艺术	8		5	133	10591	9787
体育	42		28	862	83589	38372
体育组织	23		11	457	58282	20325
体育场馆	7		7	244	15629	9266
其他体育	12		10	161	9678	8781
娱乐业	12		12	535	95188	59804
室内娱乐活动	3		3	399	61415	29873
游乐园	1		1	31	2204	2204
休闲健身娱乐活动	1		1	28	60	60
其他娱乐活动	7		7	77	31509	27667
公共管理和社会组织	25161	7075	2182	484777	47315856	34884725
中国共产党机关	1138	1114	24	21093	1372970	1179442
国家机构	7985	5828	2157	347626	39225329	29235955
国家权力机构	147	142	5	4104	323427	275237
国家行政机构	7499	5374	2125	326435	37098874	27449231
人民法院和人民检察院	295	287	8	16151	1686228	1435798
其他国家机构	44	25	19	936	116800	75689
人民政协和民主党派	134	133	1	2199	211308	176903
人民政协	108	108		1954	208150	173982
民主党派	26	25	1	245	3158	2921
群众团体、社会团体和宗教组织	5105			39143	1226746	913764
群众团体	576			3838	462191	354926
社会团体	1345			17872	248692	99454
宗教组织	3184			17433	515863	459384
基层群众自治组织	10799			74716	5279503	3378661
社区自治组织	1591			10079	170739	134076
村民自治组织	9208			64637	5108764	3244585

7-17 续表 4 单位：千元

指标名称	上年结余	本年收入合计	财政拨款	上级补助收入	事业收入	经营收入
总　计	**3482292**	**48740468**	**29223959**	**2699000**	**11360218**	**3581174**
按登记注册类型分组						
内资企业	3480911	48736992	29223958	2699000	11356790	3581128
国有企业	3107512	46554852	28391481	2608674	10970501	2763116
集体企业	41080	188703	56584	3355	82420	45509
股份合作企业	210	1294	678			616
联营企业	41	2375			2373	
国有与集体联营企业	1	2				
其他联营企业	40	2373			2373	
有限责任公司	793	8411	371	796	202	7042
国有独资公司		823	28			795
其他有限责任公司	793	7588	343	796	202	6247
私营企业	-6160	91125		2946	69905	17646
私营独资企业	-5873	71836		50	60665	10851
私营合伙企业	-537	6391			5692	699
私营有限责任公司	50	10658		2896	1308	6096
私营股份有限公司	200	2240			2240	
其他企业	337435	1890232	774844	83229	231389	747199
港、澳、台商投资企业	2	155	1		107	46
合资经营企业(港或澳、台资)	2	110	1		107	1
港、澳、台商独资经营企业		45				45
外商投资企业	1379	3321			3321	
中外合资经营企业	1379	3321			3321	
按地区分组						
乌鲁木齐市	1824217	13474009	6721894	572460	4164761	1053673
克拉玛依市	67983	1661840	1087553	134571	412585	17435
吐鲁番地区	41170	1212251	854177	64822	204902	62570
哈密地区	42995	1222790	814981	73040	259382	51807
昌吉回族自治州	165217	3659908	1988709	252970	1040276	303877
博尔塔拉蒙古自治州	64080	1226737	773110	114670	245579	71944
巴音郭楞蒙古自治州	100889	3089236	1939327	173742	764107	171600
阿克苏地区	337173	4542866	2716290	282711	846125	524177
克孜勒苏柯尔克孜自治州	70772	953333	751970	50654	122325	9422
喀什地区	203403	4827825	3204583	184861	932475	422654
和田地区	329773	2763233	2056717	97028	330816	169743
伊犁哈萨克自治州	52279	4255720	2640798	252137	832135	402445
塔城地区	28577	2705931	1781841	250273	387505	231586
阿勒泰地区	55876	1842536	1237913	157398	261612	73032
石河子市	97888	1302253	654096	37663	555633	15209
按国民经济行业分组（中类）						
交通运输、仓储和邮政业	78883	809074	590590	99769	101214	17228
道路运输业	76984	797161	584921	99233	99680	13054
#道路运输辅助活动	76984	797161	584921	99233	99680	13054
仓储业	1899	11913	5669	536	1534	4174
谷物、棉花等农产品仓储	2368	8612	4242	101	1534	2735
其他仓储	-469	3301	1427	435		1439

7-17 续表 5

单位：千元

指标名称	上年结余	本年收入合计	财政拨款	上级补助收入	事业收入	经营收入
信息传输、计算机服务和软件业	8940	84118	34286	18627	24707	3847
电信和其他信息传输服务业	8608	77479	30112	17499	24647	3571
互联网信息服务	190	2690	2390	300		
广播电视传输服务	8418	74789	27722	17199	24647	3571
计算机服务业	332	6195	4174	684	60	276
计算机系统服务	61	1149	928			221
数据处理	156	2242	2106	110	4	21
其他计算机服务	115	2804	1140	574	56	34
软件业		444		444		
#公共软件服务		444		444		
金融业	17	234015	115878	66637		46489
银行业	10	233773	115636	66637		46489
#中央银行	10	233773	115636	66637		46489
其他金融活动	7	242	242			
其他未列明的金融活动	7	242	242			
租赁和商务服务业	33752	565890	168812	70901	247687	64871
租赁业	50	611	407	115		
机械设备租赁	50	524	358	115		
文化及日用品出租		87	49			
商务服务业	33702	565279	168405	70786	247687	64871
企业管理服务	21070	415305	114312	53011	208096	32422
法律服务	192	16953	3003	21	8318	5570
咨询与调查	7081	39079	26359	3691	3726	4062
知识产权服务	178	5329	3387	714	368	
职业中介服务	9794	36065	4889	12097	13994	4663
市场管理	-4868	28400	5928	936	10166	10638
旅行社	-2	94			94	
其他商务服务	257	24054	10527	316	2925	7516
科学研究、技术服务和地质勘查业	303211	2958474	1803776	94837	629908	378693
研究与试验发展	52829	513781	277189	24813	129036	69833
自然科学研究与试验发展	39537	167924	115646	742	34486	14455
工程和技术研究与试验发展	4227	75711	29022	3746	27817	14774
农业科学研究与试验发展	-370	205329	93393	14025	54316	38049
医学研究与试验发展	1963	20300	10658	333	7256	1435
社会人文科学研究与试验发展	7472	44517	28470	5967	5161	1120
专业技术服务业	210904	1514160	857403	47415	357089	232182
气象服务	6440	160943	115709	16505	16778	7789
地震服务	1474	36200	31354	776	720	23
测绘服务	1100	56856	43640	1935	10710	570
技术检测	13955	519248	364897	10431	122535	14030
环境监测	4350	79222	34286	3304	30247	7604
工程技术与规划管理	184329	646967	257564	14362	175081	198516
其他专业技术服务	-744	14724	9953	102	1018	3650
科技交流和推广服务业	27471	325615	214079	20783	54644	23524
技术推广服务	22347	276307	183810	15634	49391	15468
科技中介服务	3705	27456	12462	3467	4018	7215
其他科技服务	1419	21852	17807	1682	1235	841

7-17 续表 6

单位: 千元

指标名称	上年结余	本年收入合计	财政拨款	上级补助收入	事业收入	经营收入
地质勘查业	12007	604918	455105	1826	89139	53154
矿产地质勘查	217	222763	147561		45219	29863
基础地质勘查	9922	276616	224195	1804	30876	15138
地质勘查技术服务	1868	105539	83349	22	13044	8153
水利、环境和公共设施管理业	-56455	1625004	479463	79775	479199	477651
水利管理业	-125442	750872	81898	15316	182235	398402
防洪管理	2183	9807	2505	10	6834	438
水资源管理	-112674	623426	68410	11354	144441	339083
其他水利管理	-14951	117639	10983	3952	30960	58881
环境管理业	28913	299469	168748	27298	85341	13720
自然保护	24873	90140	49571	13744	19636	6135
环境治理	4040	209329	119177	13554	65705	7585
公共设施管理业	40074	574663	228817	37161	211623	65529
市政公共设施管理	29374	362625	111959	9862	161579	49367
城市绿化管理	9863	133945	98930	12503	16243	4815
游览景区管理	837	78093	17928	14796	33801	11347
居民服务和其他服务业	17092	157618	33361	2797	107715	12539
居民服务业	14590	127385	23238	2420	97539	3054
家庭服务	137	2780	2599			181
托儿所	304	13556	9922	386	2216	586
婚姻服务		60	60			
殡葬服务	11146	97002	4642	343	91414	553
其他居民服务	3003	13987	6015	1691	3909	1734
其他服务业	2502	30233	10123	377	10176	9485
修理与维护		882				882
清洁服务		1468			1468	
未列明的服务	2502	27883	10123	377	8708	8603
教育	481141	10253614	6521375	482745	2692013	291950
学前教育	7796	273820	177104	14702	71058	6684
初等教育	54230	2787165	2366671	131101	225010	40423
中等教育	86961	4444672	2871613	290514	1088452	102590
高等教育	303714	2258949	873005	19585	1149255	117084
其他教育	28440	489008	232982	26843	158238	25169
卫生、社会保障和社会福利业	215191	8224575	1905853	368456	5037056	501708
卫生	183278	7836149	1579757	348831	5017428	495687
医院	97743	6542775	951869	291595	4487367	432239
卫生院及社区医疗活动	20789	546153	252415	29227	216230	42918
门诊部医疗活动	107	80276	18607	4075	51601	5905
计划生育技术服务活动	3523	73189	44888	7816	15836	1606
妇幼保健活动	16831	160239	55921	4234	94686	4522
专科疾病防治活动	108	26053	10325	78	14810	840
疾病预防控制及防疫活动	41303	339764	228061	9869	90176	6796
其他卫生活动	2874	67700	17671	1937	46722	861
社会保障业	5596	213923	190469	11000	6230	950
社会福利业	26317	174503	135627	8625	13398	5071
提供住宿的社会福利	12579	146867	116671	6697	9585	2892
不提供住宿的社会福利	13738	27636	18956	1928	3813	2179

7-17 续表 7　　单位：千元

指标名称	上年结余	本年收入合计	财政拨款	上级补助收入	事业收入	经营收入
文化、体育和娱乐业	7245	1254541	539117	60123	282206	357079
新闻出版业	2442	444939	69918	22934	50519	299266
新闻业	122	12584	8972	1915	381	1316
出版业	2320	432355	60946	21019	50138	297950
广播、电视、电影和音像业	-3806	381302	138758	11905	178881	45194
广播	13663	104184	50212	5097	45092	759
电视	4940	231487	62728	5616	125362	34367
电影	-22405	40352	23746	1092	7750	7638
音像制作	-4	5279	2072	100	677	2430
文化艺术业	13508	313480	250333	15002	30848	11209
文艺创作与表演	9307	115428	95716	3985	11210	1850
艺术表演场馆	-208	9652	8652	20	585	96
图书馆与档案馆	3297	75342	67811	876	4286	926
文物及文化保护	1010	26125	14909	5580	2455	3005
博物馆	458	11708	8928	402	1877	420
烈士陵园、纪念馆	490	3090	2647	208	226	3
群众文化活动	-1049	63865	46510	3121	8751	4336
文化艺术经纪代理	135	5373	3843	503	186	572
其他文化艺术	68	2897	1317	307	1272	1
体育	5532	90925	68936	10019	10090	995
体育组织	5594	59555	56989	1527	283	652
体育场馆	-84	25569	7216	7863	9652	76
其他体育	22	5801	4731	629	155	267
娱乐业	-10431	23895	11172	263	11868	415
室内娱乐活动	74	10692	10582	10	22	78
游乐园		1550			1550	
休闲健身娱乐活动		386	386			
其他娱乐活动	-10505	11267	204	253	10296	337
公共管理和社会组织	2393275	22573545	17031448	1354333	1758513	1429119
中国共产党机关	70403	1108374	1005117	39890	8140	8513
国家机构	1891443	19174193	14933772	1189220	1522192	660182
国家权力机构	30710	314678	299212	5881	1253	2388
国家行政机构	1825578	17901885	13781836	1146646	1504427	648301
人民法院和人民检察院	34101	863029	762204	35993	14876	8857
其他国家机构	1054	94601	90520	700	1636	636
人民政协和民主党派	12034	196434	181481	3307	3	10154
人民政协	10795	171778	166834	3302	3	153
民主党派	1239	24656	14647	5		10001
群众团体、社会团体和宗教组织	95309	484601	243461	51616	104880	38128
群众团体	48923	274860	162172	34419	46160	7435
社会团体	38794	163513	68770	15793	51724	21389
宗教组织	7592	46228	12519	1404	6996	9304
基层群众自治组织	324086	1609943	667617	70300	123298	712142
社区自治组织	14817	201290	117097	10956	21236	47752
村民自治组织	309269	1408653	550520	59344	102062	664390

7-17　续表 8　　　　单位：千元

指标名称	本年支出合计	人员支出	公用支出	补助支出	收支结余	经营税金	从业人员年平均人数（人）
总　　计	**47798788**	**17820966**	**19225554**	**4527419**	**4423972**	**72768**	**943018**
按登记注册类型分组							
内资企业	47794964	17820019	19222696	4527419	4422939	72768	942926
国有企业	45774639	17181846	18185473	4443213	3887725	68905	835452
集体企业	196453	65930	79327	7756	33330	2085	3609
股份合作企业	1944	906	716	12	-440	11	71
联营企业	2474	913	1249		-58	41	116
国有与集体联营企业	1				2		9
其他联营企业	2473	913	1249		-60	41	107
有限责任公司	8053	2057	2664	60	1151	84	225
国有独资公司	813	208	605		10	29	40
其他有限责任公司	7240	1849	2059	60	1141	55	185
私营企业	89189	28633	51341	2854	-4224	509	2203
私营独资企业	69023	23592	40725	1087	-3060	478	1607
私营合伙企业	7346	3146	3031	906	-1492	29	234
私营有限责任公司	10424	957	6127	861	284	2	287
私营股份有限公司	2396	938	1458		44		75
其他企业	1722212	539734	901926	73524	505455	1133	101250
港、澳、台商投资企业	181	71	91		-24		24
合资经营企业(港或澳、台资)	127	36	91		-15		18
港、澳、台商独资经营企业	54	35			-9		6
外商投资企业	3643	876	2767		1057		68
中外合资经营企业	3643	876	2767		1057		68
按地区分组							
乌鲁木齐市	12711812	3555825	5964066	1099103	2586414	59319	142528
克拉玛依市	1623867	592083	670841	78088	105956	573	16363
吐鲁番地区	1226394	511446	463588	101002	27027	179	32995
哈密地区	1247932	544301	452178	140196	17853	298	33086
昌吉回族自治州	3681112	1325783	1711864	342688	144013	1217	76320
博尔塔拉蒙古自治州	1220116	482503	496587	114990	70701	746	26774
巴音郭楞蒙古自治州	3043979	1205612	1389268	263985	146146	1464	63338
阿克苏地区	4417482	1594195	1747651	458857	462557	883	98224
克孜勒苏柯尔克孜自治州	924561	540368	246760	80029	99544	110	27599
喀什地区	4702484	2314955	1612639	427581	328744	235	127615
和田地区	2907824	1069655	757111	351197	185182	1658	74220
伊犁哈萨克州	4268123	1742838	1464087	472397	39876	3158	102726
塔城地区	2665314	1150241	1096535	232703	69194	1159	62418
阿勒泰地区	1824236	815047	600685	226905	74176	1007	40970
石河子市	1333552	376114	551694	137698	66589	762	17842
按国民经济行业分组（中类）							
交通运输、仓储和邮政业	725817	286146	158286	106974	162140	6333	14205
道路运输业	711298	282750	148627	105569	162847	6304	14067
#道路运输辅助活动	711298	282750	148627	105569	162847	6304	14067
仓储业	14519	3396	9659	1405	-707	29	138
谷物、棉花等农产品仓储	10499	2732	6781	970	481	10	102
其他仓储	4020	664	2878	435	-1188	19	36

7-17 续表 9 单位：千元

指标名称	本年支出合计	人员支出	公用支出	补助支出	收支结余	经营税金	从业人员年平均人数（人）
信息传输、计算机服务和软件业	84818	32458	44242	3838	8240	32	1630
电信和其他信息传输服务业	79174	29822	41854	3411	6913	25	1478
互联网信息服务	2680	1138	1441	100	200		51
广播电视传输服务	76494	28684	40413	3311	6713	25	1427
计算机服务业	5200	2383	2307	317	1327	7	136
计算机系统服务	1090	656	238	196	120	5	34
数据处理	2110	756	1131	30	288		42
其他计算机服务	2000	971	938	91	919	2	60
软件业	444	253	81	110			16
#公共软件服务	444	253	81	110			16
金融业	542184	156569	196784	13277	-308152		2620
银行业	541956	156464	196669	13269	-308173		2614
#中央银行	541956	156464	196669	13269	-308173		2614
其他金融活动	228	105	115	8	21		6
其他未列明的金融活动	228	105	115	8	21		6
租赁和商务服务业	551342	152804	255703	31856	48300	3835	6821
租赁业	586	357	207		75		31
机械设备租赁	499	308	170		75		27
文化及日用品出租	87	49	37				4
商务服务业	550756	152447	255496	31856	48225	3835	6790
企业管理服务	403022	105261	189162	27417	33353	2197	3888
法律服务	16144	5592	8256	248	1001	261	382
咨询与调查	37781	15172	12431	1578	8379	260	740
知识产权服务	3762	480	2579	117	1745		36
职业中介服务	33192	7543	18654	789	12667	261	299
市场管理	27954	12410	11642	1594	-4422	511	809
旅行社	93	93			-1		10
其他商务服务	28808	5896	12772	113	-4497	345	626
科学研究、技术服务和地质勘查业	3001986	951853	1082385	324573	259699	19232	39054
研究与试验发展	514725	128110	258847	71694	51885	1912	6132
自然科学研究与试验发展	168252	34672	95094	16453	39209	870	1162
工程和技术研究与试验发展	70829	11783	44468	11713	9109	143	599
农业科学研究与试验发展	217147	63169	92655	35189	-12188	798	3529
医学研究与试验发展	17800	5758	7388	1919	4463	52	275
社会人文科学研究与试验发展	40697	12728	19242	6420	11292	49	567
专业技术服务业	1625254	481048	568344	87596	99810	14236	13407
气象服务	151706	59837	66738	13422	15677	254	2695
地震服务	36734	14718	12465	5181	940		587
测绘服务	58630	17689	27733	12293	-674	7	744
技术检测	503259	234224	177065	24319	29944	618	3652
环境监测	68510	22185	33041	3071	15062	384	1009
工程技术与规划管理	791388	126693	244624	27879	39908	12890	4445
其他专业技术服务	15027	5702	6678	1431	-1047	83	275
科技交流和推广服务业	312334	157433	95691	32504	40752	823	9457
技术推广服务	265112	141357	75143	29110	33542	264	8541
科技中介服务	23245	7891	12732	1412	7916	559	406
其他科技服务	23977	8185	7816	1982	-706		510

7-17 续表 10

单位：千元

指标名称	本年支出合计	人员支出	公用支出	补助支出	收支结余	经营税金	从业人员年平均人数(人)
地质勘查业	549673	185262	159503	132779	67252	2261	10058
矿产地质勘查	194540	66426	58537	42686	28440	1268	3770
基础地质勘查	256284	86865	66974	64193	30254	259	4382
地质勘查技术服务	98849	31971	33992	25900	8558	734	1906
水利、环境和公共设施管理业	1613692	478276	666552	85007	-45143	4798	32213
水利管理业	786971	209914	358987	32503	-161541	2191	13629
防洪管理	8486	4885	2430	983	3504		307
水资源管理	664486	164244	305666	25320	-153734	1269	11262
其他水利管理	113999	40785	50891	6200	-11311	922	2060
环境管理业	288135	122170	95536	19812	40247	1061	10019
自然保护	80581	28844	29033	6706	34432	390	1814
环境治理	207554	93326	66503	13106	5815	671	8205
公共设施管理业	538586	146192	212029	32692	76151	1546	8565
市政公共设施管理	328214	77353	138319	10465	63785	410	3234
城市绿化管理	130446	46445	34973	13538	13362	87	3283
游览景区管理	79926	22394	38737	8689	-996	1049	2048
居民服务和其他服务业	143886	29383	44818	10760	30824	459	1828
居民服务业	117308	23609	29619	7512	24667	11	1052
家庭服务	2142	350	1721	8	775		46
托儿所	13099	7783	2884	1937	761	5	454
婚姻服务	60	30	25	5			2
殡葬服务	88577	12051	17482	4992	19571		386
其他居民服务	13430	3395	7507	570	3560	6	164
其他服务业	26578	5774	15199	3248	6157	448	776
修理与维护	882	119	718				23
清洁服务	1468	448	1009	11			54
未列明的服务	24228	5207	13472	3237	6157	448	699
教育	10175859	5474191	2679183	1127272	558896	2923	281368
学前教育	268552	152491	72529	35098	13064	23	8154
初等教育	2765199	1907965	409827	348490	76196	147	109955
中等教育	4447561	2572118	1182686	452033	84072	1506	130863
高等教育	2220939	675853	803188	241505	341724	284	24337
其他教育	473608	165764	210953	50146	43840	963	8059
卫生、社会保障和社会福利业	7806662	2175392	4470849	482081	633104	7331	101392
卫生	7438278	2107708	4388006	430016	581149	7324	97638
医院	6205053	1581040	3873664	322091	435465	7091	67650
卫生院及社区医疗活动	533841	253024	203389	38337	33101	89	16374
门诊部医疗活动	75648	21664	42237	4857	4735	30	1325
计划生育技术服务活动	67879	31704	30866	2837	8833		1836
妇幼保健活动	144030	54135	76498	10126	33040		2930
专科疾病防治活动	26534	8454	15582	2369	-373		355
疾病预防控制及防疫活动	317494	142068	100930	46329	63573	77	6256
其他卫生活动	67799	15619	44840	3070	2775	37	912
社会保障业	202880	28562	19677	15002	16639		1631
社会福利业	165504	39122	63166	37063	35316	7	2123
提供住宿的社会福利	139668	32100	49475	34339	19778	7	1693
不提供住宿的社会福利	25836	7022	13691	2724	15538		430

7-17 续表 11

单位：千元

指标名称	本年支出合计	人员支出	公用支出	补助支出	收支结余	经营税金	从业人员年平均人数（人）
文化、体育和娱乐业	1211041	385126	537276	78126	50745	10049	20551
新闻出版业	403259	71298	252208	9079	44122	4526	2670
新闻业	12416	5348	5456	884	290	114	227
出版业	390843	65950	246752	8195	43832	4412	2443
广播、电视、电影和音像业	399404	143696	173075	20076	-21908	4241	6880
广播	101872	49908	38437	7080	15975	1767	2607
电视	246849	73361	122593	8232	-10422	1587	3384
电影	44937	15922	10992	4617	-26990	833	821
音像制作	5746	4505	1053	147	-471	54	68
文化艺术业	299190	146344	90194	40437	27798	1099	9651
文艺创作与表演	112448	62143	25200	19136	12287	260	4437
艺术表演场馆	9669	5901	1464	1548	-225	44	348
图书馆与档案馆	69438	26441	27635	9450	9201	78	1515
文物及文化保护	22585	8699	7329	1349	4550	113	438
博物馆	10999	4589	4753	1125	1167	44	254
烈士陵园、纪念馆	2426	724	1283	402	1154		41
群众文化活动	62776	33635	19694	6345	40	487	2272
文化艺术经纪代理	5504	2865	1647	823	4	32	210
其他文化艺术	3345	1347	1189	259	-380	41	136
体育	82220	15649	12853	4245	14237	179	823
体育组织	61735	7461	5442	1608	3414	6	412
体育场馆	15097	5598	5899	1505	10388	152	251
其他体育	5388	2590	1512	1132	435	21	160
娱乐业	26968	8139	8946	4289	-13504	4	527
室内娱乐活动	13047	5599	2557	4141	-2281	4	331
游乐园	1486	670	705	111	64		43
休闲健身娱乐活动	386	386					28
其他娱乐活动	12049	1484	5684	37	-11287		125
公共管理和社会组织	21941501	7698768	9089476	2263655	3025319	17776	441336
中国共产党机关	1091496	349874	538446	132966	87281	392	18906
国家机构	18752895	6695560	7450204	1990809	2312741	16036	310107
国家权力机构	292643	83778	111434	76059	52745		3568
国家行政机构	17526743	6245876	6948917	1810411	2200720	16036	289356
人民法院和人民检察院	840657	343803	360141	98912	56473		16254
其他国家机构	92852	22103	29712	5427	2803		929
人民政协和民主党派	188545	53857	89941	36082	19923		2061
人民政协	172049	52168	81005	30663	10524		1922
民主党派	16496	1689	8936	5419	9399		139
群众团体、社会团体和宗教组织	474484	142337	214186	38132	105426	1041	36161
群众团体	275285	75482	122900	20360	48498	1	4082
社会团体	156446	51205	69450	16387	45861	1040	16487
宗教组织	42753	15650	21836	1385	11067		15592
基层群众自治组织	1434081	457140	796699	65666	499948	307	74101
社区自治组织	199411	97178	57991	39262	16696	2	9922
村民自治组织	1234670	359962	738708	26404	483252	305	64179

7-18 新疆个体经营户经营情况表

单位：户、人、万元

	户数合计	从业人员数	营业收入	营业支出	雇员报酬	缴纳税费	固定资产原价
总计	**579825**	**1373072**	**6283455**	**3569791**	**233416**	**143652**	**1804589**
按专业分							
1.工业	30382	468704	517476	397245	42085	10933	210919
2.建筑业	1748	13849	53084	42911	7990	1090	9087
3.交通运输业	121235	163247	963648	639091	47880	46324	731238
4.批发业	13946	27146	1172849	292143	10638	10397	24847
5.零售业	250971	367552	2487194	1536774	47392	44058	281912
6.住宿业	3288	7929	34946	20325	2241	1134	44859
7.餐饮业	56183	156084	576200	353364	43932	14511	168762
8.房地产业	11922	14953	12491	5389	118	860	134613
9.租赁和商务服务业	5395	7812	27063	17472	1422	905	17171
10.教育	578	2557	6014	4205	1107	51	4752
11.卫生和福利业	6624	12430	46923	30174	3125	983	20615
12.居民服务业	42389	70204	187033	109537	13803	5942	71497
13.文化、体育和娱乐业	6257	12203	45580	30177	3194	2078	26457
14.其他服务业	28907	48402	152954	90984	8488	4385	57860
按地区分							
乌鲁木齐市	84375	159706	2168732	599344	63360	29193	296261
克拉玛依市	11817	24757	141272	109274	9822	7092	61838
吐鲁番地区	19936	33957	197286	144832	8392	5338	68082
哈密地区	15993	25499	101382	75083	4904	2377	53846
昌吉回族自治州	61624	98534	728040	550973	20512	17761	161088
博尔塔拉蒙古自治州	14603	26074	118861	101362	5703	3158	49150
巴音郭楞蒙古自治州	45893	74918	296230	219362	15809	8615	168050
阿克苏地区	44234	73977	295687	211376	12173	8042	101170
克孜勒苏柯尔克孜自治州	7825	10891	33165	23837	1135	962	16405
喀什地区	58563	80923	242670	130581	9353	10061	101699
和田地区	34494	54958	107016	79113	4636	3487	58344
伊犁哈萨克自治州	61813	135492	653034	464544	34278	14025	217812
塔城地区	26600	40945	174539	116949	6216	5840	89748
阿勒泰地区	20588	404973	194671	144040	7935	5033	74324
生产建设兵团	71467	127468	830869	599121	29186	22667	286774